Jarass/Pieroth

Grundgesetz
für die Bundesrepublik Deutschland

Grundgesetz

für die Bundesrepublik Deutschland

Kommentar

von

Dr. Hans D. Jarass, LL.M. (Harv.)
o. Professor an der Universität Münster

und

Dr. Bodo Pieroth
o. Professor an der Universität Münster

11. Auflage

Verlag C. H. Beck München 2011

Verlag C. H. Beck im Internet:
beck.de

ISBN 978 3 406 60941 1

© 2011 Verlag C. H. Beck oHG
Wilhelmstraße 9, 80801 München

Satz, Druck und Bindung: Druckerei C. H. Beck Nördlingen
(Adresse wie Verlag)

Gedruckt auf säurefreiem, alterungsbeständigem Papier
(hergestellt aus chlorfrei gebleichtem Zellstoff)

Vorwort zur 11. Auflage

Das Grundgesetz, also die Verfassung der Bundesrepublik Deutschland, beeinflusst in einer auch im internationalen Vergleich bemerkenswerten Weise Rechtsordnung und Praxis in vielen Bereichen des öffentlichen sowie des privaten Rechts. Auslegung und Konkretisierung des Grundgesetzes stellen daher eine bedeutsame, aber schwierige Aufgabe dar, bei deren Bewältigung der vorliegende Kommentar helfen will. Er präsentiert in komprimierter Form die (systematisch ausgewertete) Rechtsprechung des Bundesverfassungsgerichts und der anderen obersten Bundesgerichte sowie (mit gewissen Einschränkungen) der Landesverfassungsgerichte zum Grundgesetz. Das Schrifttum ist demgegenüber nur begrenzt berücksichtigt; insoweit geht es vor allem darum, Kommentare und Handbücher zu erschließen. Im Übrigen sollen die vor jeder Vorschrift aufgeführten Literaturhinweise, auch wenn sie auf die neuere Literatur beschränkt bleiben müssen, den Zugang eröffnen.

Die Stoffauswahl orientiert sich an den Zielgruppen des Kommentars: Er wendet sich zum einen an alle, die in der Praxis mit Problemen des Grundgesetzes beschäftigt sind. Daher bleiben rein theoretische Streitfragen grundsätzlich unberücksichtigt. Eine gewisse Ausweitung wurde allerdings im Hinblick auf die andere Zielgruppe, die Studenten und Referendare, vorgenommen: Behandelt werden auch Probleme, die im Studium und im Examen immer wieder eine Rolle spielen. So wurde die den Erläuterungen der Grundrechte zugrundeliegende Dogmatik zusammenfassend in den Vorbemerkungen vor Art. 1 dargestellt, was im Übrigen die Ausführungen zu den einzelnen Grundrechten entlastet. Des Weiteren beschränkt sich die Kommentierung generell auf die Auslegung des Grundgesetzes. Die Auslegung einfach-gesetzlicher Normen, auch wenn sie verfassungsrechtliche Vorgaben konkretisieren und ausgestalten, bleibt ausgeklammert. Lediglich bei der Kommentierung der Zulässigkeitsvoraussetzungen von Verfassungsstreitigkeiten greift die Darstellung weiter aus. Angesprochen werden aber die verfassungsrechtlichen Vorgaben für die Auslegung des Grundgesetzes und des einfachen Rechts und die Rechtsanwendung (etwa in der Einleitung und beim Rechtsstaatsprinzip). Weithin unberücksichtigt bleiben die entsprechenden Regelungen des europäischen Rechts; für den Bereich der Grundrechte wird insoweit auf den Kommentar zur Charta der Grundrechte der Europäischen Union des ersten Autors (2010) verwiesen.

Was die Art der Darstellung angeht, wurde ein durchsichtiger und konsequenter Aufbau angestrebt, der sich beispielsweise bei den Grundrechten an der Prüfungsreihenfolge einer Falllösung orientiert. Inhaltlich folgt die Kommentierung in der Regel der Linie der Rechtsprechung, was gelegentliche Kritik nicht ausschließt. Hauptsächliches Ziel ist es durchgängig, das unübersichtliche und manchmal widersprüchliche Rechtsprechungsmaterial in einsichtiger Weise zu gliedern und zusammenzustellen. Noch mehr: Wissenschaft und Praxis befassen sich meist mit ausgewählten Problemen des Verfas-

Vorwort

sungsrechts und entwickeln jeweils spezifische, divergierende Lösungen, selbst zu vergleichbaren Problemen. Die Folge ist eine drastische Zunahme der Komplexität des Verfassungsrechts. Das birgt die Gefahr, dass die Rechtsanwendung die Vorgaben nicht mehr verarbeiten kann und unberücksichtigt lässt. Daher wird in diesem Kommentar auf Systematik und Stringenz besonderer Wert gelegt; es geht darum, auf die vielen Parallelprobleme im Grundgesetz einheitliche oder doch miteinander vereinbare Antworten zu geben. Das erfordert nicht selten eigene Antworten auf bisher noch offene Fragen.

Im Hinblick auf diese Zielsetzung erwies es sich als förderlich, dass nur zwei Autoren beteiligt sind und zudem sämtliche Vorschriften zum gleichen Zeitpunkt kommentiert werden. Andererseits ergeben sich aus eben diesem Umstand besondere Schwierigkeiten. Ein so anspruchsvolles Vorhaben geht notwendig an die Grenze der Arbeitskraft von zwei Autoren. Seine Realisierung muss zwangsläufig Fehler und Mängel aufweisen, weshalb wir auf Anregungen und Kritik hoffen, die uns auch unter den E-Mail-Adressen *jarass@uni-muenster.de* und *pieroth@uni-muenster.de* erreichen. Zumal für Hinweise auf Fehlzitate sind wir dankbar. Wegen der riesigen Menge der Zitate und der ständigen Fortentwicklung der Kommentierung lassen sie sich trotz wiederholter Kontrollen nicht ganz vermeiden. Die Verantwortung für die Kommentierung liegt bei dem in der Fußzeile ausgewiesenen Verfasser (bei Art.6, Art.20 und Art.33 erfolgt ausnahmsweise innerhalb eines Artikels eine Aufteilung).

Die Neuauflage wurde etwas vorgezogen, weil es zu zahlreichen Änderungen des Grundgesetzes gekommen ist. Nicht weniger als sieben Artikel wurden seit der letzten Auflage neu eingefügt (Art.45d, Art.91c, Art.91d, Art.91e, Art.106b, Art.109a; Art.143d) und weitere zehn Artikel wurden geändert (Art.23, Art.45, Art.87d, Art.93, Art.104b, Art.106, Art.107, Art.108, Art.109, Art.115). Neben der Einarbeitung der Änderungen wurde der Kommentar vollständig überarbeitet. Insb. kam es im Bereich der Grundrechte zu zahlreichen Änderungen, etwa beim allgemeinen Persönlichkeitsrecht; andere gewichtigere Änderungen betrafen Art.23, Art.109 und Art.115. Rechtsprechung und Literatur befinden sich auf dem (veröffentlichten) Stand vom 1. 4. 2010.

Dank verdienen die Mitarbeiter unserer Lehrstühle für ihre vielfältige Unterstützung bei der Erfassung, Sichtung und Auswertung des Rechtsprechungs- und Literaturmaterials, bei der Texterstellung und beim Korrekturlesen.

Münster, im Mai 2010

Hans D. Jarass
Bodo Pieroth

Hinweise für den Gebrauch

Die Kommentierung der einzelnen Artikel erfolgt nach systematischen Gesichtspunkten und nicht notwendig nach der Reihenfolge der einzelnen Absätze bzw. Sätze eines Artikels. Die Hauptfundstellen der einschlägigen Kommentierung sind daher durch hochgestellte Ziffern im Grundgesetztext nachgewiesen. Zudem wurden, um Raum zu sparen, mehrfach auftauchende Fragen jeweils nur einmal behandelt. Die vollständige Kommentierung ergibt sich daher erst, wenn auch die Weiterverweisungen gelesen werden. Hinweise auf andere Grundgesetz-Kommentare beziehen sich auf die Erläuterungen zum selben Artikel (ggf. zum gleichen Absatz) des Grundgesetzes, sofern kein anderer Artikel genannt ist. Die vollständigen Titel der abgekürzt zitierten Literatur finden sich, wenn die Angabe „o. Lit." folgt, in den Literaturangaben zu der betreffenden Vorschrift, im Übrigen im Abkürzungsverzeichnis. Folgen einem Zitat mehrere Fundstellen, findet sich das Zitat wörtlich meist nur in der ersten Fundstelle; die anderen Fundstellen enthalten Belege in der Sache.

Inhaltsverzeichnis

Inhaltsverzeichnis

X

Inhaltsverzeichnis

V. Der Bundespräsident

VI. Die Bundesregierung

VII. Die Gesetzgebung des Bundes

VIII. Die Ausführung der Bundesgesetze und die Bundesverwaltung

Inhaltsverzeichnis

VIII a. Gemeinschaftsaufgaben, Verwaltungszusammenarbeit

IX. Die Rechtsprechung

X. Das Finanzwesen

Inhaltsverzeichnis

Inhaltsverzeichnis

Abkürzungsverzeichnis

Abkürzungsverzeichnis

Abkürzungsverzeichnis

BW, bw	Baden-Württemberg, baden-württembergisch
BWahlG	Bundeswahlgesetz
bzw.	beziehungsweise
DB	Der Betrieb (Zeitschrift)
Degenhart	Degenhart, Staatsrecht I, 25. Aufl. 2009
dementspr.	dementsprechend
DGVZ	Deutsche Gerichtsvollzieher-Zeitung
d. h.	das heißt
diff.	differenzierend
Diss.	Dissertation
DJT	Deutscher Juristentag
DÖV	Die Öffentliche Verwaltung (Zeitschrift)
DR	Dreier (Hg.), Grundgesetz, Bd. I 2. Aufl. 2004, Bd. II 2. Aufl. 2006, Supplementum zu Bd. II 2007, Bd. III 2. Aufl. 2008
DRiG	Deutsches Richter-Gesetz
DRiZ	Deutsche Richter-Zeitung
drs.	derselbe
DRV	Deutsche Rentenversicherung
DtZ	Deutsch-deutsche Rechts-Zeitschrift
DVBl	Deutsches Verwaltungsblatt (Zeitschrift)
E	kurz zuvor zitierte Entscheidungsreihe
EG	Europäische Gemeinschaft
EGH	Ehrengerichtshof
EGMR	Europäischer Gerichtshof für Menschenrechte
EGV	Vertrag zur Gründung der Europäischen Gemeinschaft
EH	Epping/Hillgruber (Hg.), Grundgesetz, 2009
Ehlers	Ehlers (Hg.), Europäische Grundrechte und Grundfreiheiten, 2. Aufl. 2005
Einl.	Einleitung
einschl.	einschließlich
einschr.	einschränkend
EMRK	Europäische Menschenrechtskonvention
EMRK-ZP	Zusatzprotokoll zur Europäischen Menschenrechtskonvention
entspr.	Entsprechend
Epping	Epping, Grundrechte, 3. Aufl. 2007
ES	Ehlers/Schoch (Hg.), Rechtsschutz im Öffentlichen Recht, 2009
ESVGH	Entscheidungssammlung des Hessischen und des Baden-Württembergischen Verwaltungsgerichtshofes
etc.	et cetera
EU	Europäische Union
EuGH	Europäischer Gerichtshof
EuGHE	Entscheidungen des Europäischen Gerichtshofs
EuGRZ	Europäische Grundrechte-Zeitschrift
EuR	Europarecht (Zeitschrift)
EurUP	Zeitschrift für Europäisches Umwelt- und Planungsrecht
EUV	Vertrag zur Gründung der Europäischen Union
EuWG	Europawahlgesetz
EUZBBG	Gesetz über die Zusammenarbeit von Bundesregierung und Deutschem Bundestag in Angelegenheiten der Europäischen Union

Abkürzungsverzeichnis

Abkürzungsverzeichnis

	Bd. VII 1992; Bd. VIII 1995; Bd. IX 1997; 2. Aufl. materiell unverändert;
HbStR[3]	Isensee/Kirchhof (Hg.), Handbuch des Staatsrechts der Bundesrepublik Deutschland, 3. Aufl. Bd. I 2003, Bd. II 2004, Bd. III 2005, Bd. IV 2006, Bd. V 2007; Bd. VI 2008; Bd. VII 2009
HbVerfR	Benda/Maihofer/Vogel (Hg.), Handbuch des Verfassungsrechts der Bundesrepublik Deutschland, 2. Aufl. 1994
Hess, hess	Hessen, hessisch
Hesse	Hesse, Grundzüge des Verfassungsrechts der Bundesrepublik Deutschland, 20. Aufl. 1995 (Nachdr. 1999)
Hg.	Herausgeber
hM	herrschende Meinung
HÖ	Hömig (Hg.), Grundgesetz für die Bundesrepublik Deutschland, 8. Aufl. 2007
HRG	Hochschulrahmengesetz
Hs.	Halbsatz
HSV	Hoffmann-Riem/Schmidt-Aßmann/Voßkuhle (Hg.), Grundlagen des Verwaltungsrechts, Bd. I 2006, Bd. II 2008, Bd. III 2009
Hufen	Hufen, Staatsrecht II, Grundrechte, 2. Aufl. 2009
idF	in der Fassung
idR	in der Regel
idS	in diesem Sinne
i. E.	im Ergebnis
ieS	im engeren Sinne
IN	Jüngste Entscheidungen des BVerfG, zitiert nach der Internetadresse „www.bundesverfassungsgericht.de" mit Entscheidungsdatum und der Zifferngruppe aus dem Aktenzeichen (bei mehreren Aktenzeichen aus dem ersten Aktenzeichen)
InfAuslR	Informationsbrief Ausländerrecht (Zeitschrift)
insb.	insbesondere
InsO	Insolvenzordnung
IntVG	Integrationsverantwortungsgesetz
Ipsen I	Ipsen, Staatsrecht I, 19. Aufl. 2007
Ipsen II	Ipsen, Staatsrecht II, 10. Aufl. 2007
iS	im Sinne
iSd	im Sinne des
iSv	im Sinne von
i. Ü.	im Übrigen
iVm	in Verbindung mit
iwS	im weiteren Sinne
JA	Juristische Arbeitsblätter (Zeitschrift)
Jarass	Jarass, Charta der Grundrechte der Europäischen Union, 2010
Jarass, EU–GR	Jarass, EU-Grundrechte, 2005
JöR	Jahrbuch des öffentlichen Rechts der Gegenwart
JR	Juristische Rundschau (Zeitschrift)
Jura	Juristische Ausbildung (Zeitschrift)
JuS	Juristische Schulung (Zeitschrift)
JVwBL	Justizverwaltungsblatt (Zeitschrift)
JZ	Juristenzeitung (Zeitschrift)

Abkürzungsverzeichnis

Abkürzungsverzeichnis

Abkürzungsverzeichnis

Abkürzungsverzeichnis

UN	Vereinte Nationen
UPR	Umwelt- und Planungsrecht (Zeitschrift)
usw.	und so weiter
UZwGBw	Gesetz über die Anwendung unmittelbaren Zwanges und die Ausübung besonderer Befugnisse durch Soldaten der Bundeswehr und verbündeter Streitkräfte sowie zivile Wachpersonen
v.	vom
v. a.	vor allem
VAG	Versicherungsaufsichtsgesetz
Var.	Variante
VBlBW	Verwaltungsblätter für Baden-Württemberg (Zeitschrift)
VerfGH	Verfassungsgerichtshof
Verh	Verhandlungen
Verw	Die Verwaltung (Zeitschrift)
VerwArch	Verwaltungsarchiv (Zeitschrift)
VersG	Versammlungsgesetz
VG	Verwaltungsgericht
VGH	Verwaltungsgerichtshof
vgl.	vergleiche
VkBl	Verkehrsblatt (Zeitschrift)
VO	Verordnung
Vorb.	Vorbemerkung vor Art. 1
VR	Verwaltungsrundschau (Zeitschrift)
VSSR	Vierteljahresschrift für Sozialrecht
VVDStRL	Veröffentlichungen der Vereinigung der Deutschen Staatsrechtslehrer
VVG	Versicherungsvertragsgesetz
VwGO	Verwaltungsgerichtsordnung
VwRspr	Verwaltungsrechtsprechung (Zeitschrift)
VwV	Verwaltungsvorschrift
VwVfG	Verwaltungsverfahrensgesetz des Bundes bzw. des jeweiligen Landes
WahlG	Wahlgesetz
WissR	Wissenschaftsrecht, Wissenschaftsverwaltung, Wissenschaftsförderung (Zeitschrift)
WiVerw	Wirtschaft und Verwaltung (Zeitschrift)
WMR	Wohnungswirtschafts- und Mietrecht (Zeitschrift)
WRP	Wettbewerb in Recht und Praxis (Zeitschrift)
WRV	Verfassung des Deutschen Reichs v. 1919 (die Art. 136–139, 141 WRV sind im Anschluss an Art. 140 GG kommentiert)
ZAR	Zeitschrift für Ausländerrecht
ZaöRV	Zeitschrift für ausländisches öffentliches Recht und Völkerrecht
zB	zum Beispiel
ZBR	Zeitschrift für Beamtenrecht
ZevKR	Zeitschrift für evangelisches Kirchenrecht
ZfSH	Zeitschrift für Sozialhilfe und Sozialgesetzbuch
ZfWG	Zeitschrift für Wett- und Glücksspielrecht
ZG	Zeitschrift für Gesetzgebung
ZHR	Zeitschrift für das gesamte Handelsrecht und Wirtschaftsrecht

Abkürzungsverzeichnis

Grundgesetz
für die Bundesrepublik Deutschland

Vom 23. Mai 1949 (BGBl I 1),
zuletzt geändert durch das Gesetz zur Änderung des Grundgesetzes
vom 21. 7. 2010 (BGBl I 944)

Einleitung:
Überschrift, Entstehung und Änderungen, Auslegung

Übersicht

1. Überschrift

Die amtliche Überschrift „Grundgesetz für die Bundesrepublik Deutsch- **1**
land" liefert (zusammen mit Art.20 Abs.1) zunächst die **Bezeichnung** für die
deutsche **Verfassung** (Robbers BK 145 zu Art.20). Aufgrund der internationalen Lage im Jahre 1949 war am Zustandekommen des GG lediglich ein Teil
des deutschen Volkes beteiligt, der zudem wegen der Rechte der Westmächte
in seiner Souveränität begrenzt war. Das GG war daher ursprünglich nur als
Übergangsordnung gedacht, weshalb die Bezeichnung *„Grundgesetz"* statt
„Verfassung" gewählt wurde (Murswiek BK 9 ff zur Überschrift; Starck
MKS 1 f). Die Geltungskraft des GG war und ist deshalb nicht von minderem
Rang (Starck MKS 24 zur Präambel). Seit der Wiedervereinigung hat der Begriff seine provisorischen Aspekte verloren (Starck MKS 4; Rn.2 zur Präamb).
Des Weiteren ergibt sich aus der Überschrift und aus Art.20 Abs.1 die **amtli-**
che Bezeichnung für das durch das GG konstituierte Gemeinwesen: *„Bun-*
desrepublik Deutschland" (Starck MKS 6 zur Überschrift).

2. Entstehung, Ausweitung und Änderungen

a) Entstehung und räumliche Ausweitung des GG. Nach den Vor- **2**
arbeiten eines von den Ministerpräsidenten der ursprünglichen Bundesländer
eingesetzten Sachverständigenausschusses, des „Verfassungskonvents von Herrenchiemsee" (dazu Denninger AK I 19 f), erarbeitete der in Bonn tagende
Parlamentarische Rat (vgl. Art.145 Abs.1) vom 1. 9. 1948 bis zum 8. 5.

Einleitung

1949 den Text des GG (dazu Frotscher/Pieroth, Verfassungsgeschichte, 5. A. 2005, Rn.729 ff; Denninger AK I 21 ff; Mußgnug HbStR³ I § 8 Rn.33 ff, 45 ff). Die 65 Mitglieder des Parlamentarischen Rates wurden von den Landtagen der ursprünglichen Bundesländer Baden, Bayern, Bremen, Hamburg, Hessen, Niedersachsen, Nordrhein-Westfalen, Rheinland-Pfalz, Schleswig-Holstein, Württemberg-Baden und Württemberg-Hohenzollern gewählt; dazu kamen fünf Berliner Vertreter mit beratender Stimme. Der erarbeitete Text fand die Zustimmung der Volksvertretungen der Länder; näher Rn.1 zu Art.144. Zur Verkündung und Veröffentlichung sowie zum Inkrafttreten des GG und zum Entstehen der Bundesrepublik Deutschland Rn.2 zu Art.145. 1957 wurde das GG auf das Saarland und 1990 auf die ostdeutschen Länder sowie den Ostteil Berlins erstreckt (dazu Rn.3 zu Art.145). Die Vorbehalte der Alliierten, die die *Anwendung* des Grundgesetzes teilweise begrenzten, wurden stückweise abgebaut und zum 3. 10. 1990 völlig beseitigt (dazu Rn.2 zu Art.144).

3   **b) Änderungen des GG.** Das Grundgesetz (zur Veröffentlichung der ursprünglichen Fassung Rn.2 zu Art.145) ist in zahlreichen Änderungen fortentwickelt worden.

(1) Durch das Strafrechtsänderungsgesetz vom 30. 8. 1951 (BGBl I 739) wurde Art.143 mit Wirkung vom 1. 9. 1951 aufgehoben.

(2) Durch das Gesetz zur Einfügung eines Art.120a vom 14. 8. 1952 (BGBl I 445) wurde Art.120a mit Wirkung zum 18. 8. 1952 eingefügt.

(3) Durch das Gesetz zur Änderung des Art.107 vom 20. 4. 1953 (BGBl I 130) wurde Art.107 S.1 mit Wirkung zum 23. 4. 1953 geändert.

(4) Durch das Gesetz zur Ergänzung des GG vom 26. 3. 1954 (BGBl I 45) wurden Art.73 Nr.1 mit Wirkung zum 5. 5. 1955 geändert sowie Art.79 Abs.1 S.2 und Art.142a mit Wirkung zum 28. 3. 1954 eingefügt.

(5) Durch das 2. Gesetz zur Änderung des Art.107 vom 25. 12. 1954 (BGBl I 517) wurde Art.107 S.1 mit Wirkung zum 31. 12. 1954 geändert.

(6) Durch das Finanzverfassungsgesetz vom 23. 12. 1955 (BGBl I 817) wurden Art.106 und Art.107 mit Wirkung zum 1. 4. 1955 geändert.

(7) Durch das Gesetz zur Ergänzung des GG vom 19. 3. 1956 (BGBl I 111) wurden mit Wirkung zum 22. 3. 1956 Art.1 Abs.3, 12, 36, 49, 60 Abs.1, 96 Abs.3, 137 Abs.1 geändert und Art.17a, 45a, 45b, 59a, 65a, 87a, 87b, 96a, 143 eingefügt.

(8) Durch das Gesetz zur Änderung und Ergänzung des GG vom 24. 12. 1956 (BGBl I 1077) wurde Art.106 Abs.2, 6–8 mit Wirkung zum 1. 4. 1957 geändert.

(9) Durch das Gesetz zur Einfügung eines Artikels 135a in das GG vom 22. 10. 1957 (BGBl I 1745) wurde Art.135a mit Wirkung zum 27. 10. 1957 eingefügt.

(10) Durch das Gesetz zur Ergänzung des GG vom 23. 12. 1959 (BGBl I 813) wurden Art.74 Nr.11a und Art.87c mit Wirkung zum 1. 1. 1960 eingefügt.

(11) Durch das Gesetz zur Einfügung eines Art. über die Luftverkehrsverwaltung in das GG vom 6. 2. 1961 (BGBl I 65) wurde Art.87d mit Wirkung zum 16. 2. 1961 eingefügt.

(12) Durch das 12. Gesetz zur Änderung des GG vom 6. 3. 1961 (BGBl I 141) wurden mit Wirkung zum 12. 3. 1961 Art.96 Abs.3 aufgehoben und Art.96a geändert.

(13) Durch das 13. Gesetz zur Änderung des GG vom 16. 6. 1965 (BGBl I 513) wurden mit Wirkung zum 27. 6. 1965 Art.74 Nr.10 geändert und Art.74 Nr.10a eingefügt.

(14) Durch das 14. Gesetz zur Änderung des GG vom 30. 7. 1965 (BGBl I 649) wurde Art.120 Abs.1 mit Wirkung zum 5. 8. 1965 geändert.

(15) Durch das 15. Gesetz zur Änderung des GG vom 8. 6. 1967 (BGBl I 581) wurde Art.109 Abs.2–4 mit Wirkung zum 14. 6. 1967 eingefügt.

(16) Durch das 16. Gesetz zur Änderung des GG vom 18. 6. 1968 (BGBl I 657) wurden mit Wirkung zum 23. 6. 1968 Art.92, 95, 96a Abs.3, 99, 100 Abs.3 geändert, Art.96 aufgehoben und Art.96a wurde zu Art.96.

(17) Durch das 17. Gesetz zur Ergänzung des GG vom 24. 6. 1968 (BGBl I 709) wurden mit Wirkung zum 28. 6. 1968 Art.9 Abs.3, 10, 11 Abs.2, 12, 35, 73 Nr.1, 87a, 91 geändert, Art.12a, 19 Abs.4 S.2, 20 Abs.4, 53a, 80a, 115a bis 115l eingefügt sowie Art.59a, 65 Abs.2, 142a, 143 aufgehoben.

(18) Durch das 18. Gesetz zur Änderung des GG vom 15. 11. 1968 (BGBl I 1177) wurden mit Wirkung zum 20. 11. 1968 Art.76 Abs.2 und Art.77 Abs.2 S.1, Abs.3 geändert.

(19) Durch das 19. Gesetz zur Änderung des GG vom 29. 1. 1969 (BGBl I 97) wurden mit Wirkung zum 2. 2. 1969 Art.93 Abs.1 Nr.4a, 4b und Art.94 Abs.2 S.2 eingefügt.

(20) Durch das 20. Gesetz zur Änderung des GG vom 12. 5. 1969 (BGBl I 357) wurden mit Wirkung zum 15. 5. 1969 Art.109 Abs.3, 110, 112, 113, 114, 115 geändert.

(21) Durch das 21. Gesetz zur Änderung des GG (Finanzreformgesetz) vom 12. 5. 1969 (BGBl I 359) wurden mit Wirkung zum 1. 1. 1970 Art.91a, 91b, 104a, 105 Abs.2a eingefügt und Art.105 Abs.2, 106, 107, 108, 115c Abs.3, 115k Abs.3 geändert.

(22) Durch das 22. Gesetz zur Änderung des GG vom 12. 5. 1969 (BGBl I 363) wurden mit Wirkung zum 15. 5. 1969 Art.74 Nr.19a, 75 Abs.1 Nr.1a, Abs.2, 3 eingefügt und Art.74 Nr.13, Nr.22, Art.96 Abs.4 geändert.

(23) Durch das 23. Gesetz zur Änderung des GG vom 17. 7. 1969 (BGBl I 817) wurde Art.76 Abs.3 S.1 mit Wirkung zum 23. 7. 1969 geändert.

(24) Durch das 24. Gesetz zur Änderung des GG vom 28. 7. 1969 (BGBl I 985) wurde Art.120 Abs.1 S.2 mit Wirkung zum 1. 8. 1969 geändert.

(25) Durch das 25. Gesetz zur Änderung des GG vom 19. 8. 1969 (BGBl I 1241) wurde Art.29 mit Wirkung zum 23. 8. 1969 geändert.

(26) Durch das 26. Gesetz zur Änderung des GG vom 26. 8. 1969 (BGBl I 1357) wurde Art.96 Abs.5 mit Wirkung zum 30. 8. 1969 eingefügt.

Einleitung

(27) Durch das 27. Gesetz zur Änderung des GG vom 31. 7. 1970 (BGBl I 1161) wurden Art.38 Abs.2 und Art.91a Abs.1 Nr.1 mit Wirkung zum 6. 8. 1970 geändert.

(28) Durch das 28. Gesetz zur Änderung des GG vom 18. 3. 1971 (BGBl I 206) wurden mit Wirkung zum 21. 3. 1971 Art.74a eingefügt und Art.75, Art.98 Abs.3 geändert.

(29) Durch das 29. Gesetz zur Änderung des GG vom 18. 3. 1971 (BGBl I 207) wurde Art.74 Nr.20 mit Wirkung zum 21. 3. 1971 geändert.

(30) Durch das 30. Gesetz zur Änderung des GG vom 12. 4. 1972 (BGBl I 593) wurde Art.74 Nr.24 mit Wirkung zum 15. 4. 1972 eingefügt.

(31) Durch das 31. Gesetz zur Änderung des GG vom 28. 7. 1972 (BGBl I 1305) wurden mit Wirkung zum 3. 8. 1972 Art.35 Abs.2, 73 Nr.10, 87 Abs.1 S.2 geändert und Art.74 Nr.4a eingefügt.

(32) Durch das 32. Gesetz zur Änderung des GG vom 15. 7. 1975 (BGBl I 1901) wurde Art.45c mit Wirkung zum 19. 7. 1975 eingefügt.

(33) Durch das 33. Gesetz zur Änderung des GG vom 23. 8. 1976 (BGBl I 2381) wurden Art.29 mit Wirkung zum 28. 8. 1976 und Art.39 Abs.1 und 2 mit Wirkung zum 14. 12. 1976 geändert sowie Art.45, 45a Abs.1 S.2, 49 aufgehoben.

(34) Durch das 34. Gesetz zur Änderung des GG vom 23. 8. 1976 (BGBl I 2383) wurde Art.74 Nr.4a mit Wirkung zum 28. 8. 1976 geändert.

(35) Durch das 35. Gesetz zur Änderung des GG vom 21. 12. 1983 (BGBl I 1481) wurde Art.21 Abs.1 S.4 mit Wirkung zum 1. 1. 1984 geändert.

(36) Durch das Einigungsvertragsgesetz vom 31. 8. 1990 (BGBl II 889) wurden mit Wirkung zum 29. 9. 1990 die Präambel, Art.51 Abs.2 und Art.146 geändert, Art.23 aufgehoben und Art.135a Abs.2 und Art.143 eingefügt.

(37) Durch das Gesetz zur Änderung des GG vom 14. 7. 1992 (BGBl I 1254) wurde Art.87d Abs.1 mit Wirkung zum 22. 7. 1992 geändert.

(38) Durch das Gesetz zur Änderung des GG vom 21. 12. 1992 (BGBl I 2086) wurden mit Wirkung zum 25. 12. 1992 Art.23, Art.24 Abs.1a, Art.28 Abs.1 S.3, Art.45, Art.52 Abs.3a und Art.88 S.2 eingefügt sowie Art.50 und Art.115e Abs.2 S.2 neu gefasst.

(39) Durch das Gesetz zur Änderung des GG vom 28. 6. 1993 (BGBl I 1002) wurden mit Wirkung zum 30. 6. 1993 Art.16a eingefügt, Art.18 geändert sowie Art.16 Abs.2 S.2 aufgehoben.

(40) Durch das Gesetz zur Änderung des GG vom 20. 12. 1993 (BGBl I 2089) wurden mit Wirkung zum 23. 12. 1993 Art.73 Nr.6, Art.74 Nr.23, Art.80 Abs.2 und Art.87 Abs.1 S.1 geändert sowie Art.73 Nr.6a, Art.87e, Art.106a und Art.143a eingefügt.

(41) Durch das Gesetz zur Änderung des GG vom 30. 8. 1994 (BGBl I 2245) wurden mit Wirkung zum 3. 9. 1994 Art.73 Nr.7, Art.80 Abs.2 und Art.87 Abs.1 S.1 geändert und Art.87 f sowie Art.143b eingefügt.

(42) Durch das Gesetz zur Änderung des GG vom 27. 10. 1994 (BGBl I 3146) wurden mit Wirkung zum 15. 11. 1994 Art.29 Abs.7, Art.72, Art.74, Art.75, Art.76 Abs.2, 3 geändert und Art.3 Abs.2 S.2, Art.3 Abs.3 S.2, Art.20a, Art.28 Abs.2 S.3, Art.29 Abs.8, Art.75 Abs.2, 3,

Art.77 Abs.2a, Art.80 Abs.3, 4, Art.87 Abs.2 S.2, Art.93 Abs.1 Nr.2a, Art.118a und Art.125a eingefügt.

(43) Durch das Gesetz zur Änderung des GG vom 3. 11. 1995 (BGBl I 1492) wurde Art.106 Abs.3, 4 mit Wirkung zum 11. 11. 1995 geändert.

(44) Durch das Gesetz zur Änderung des GG vom 20. 10. 1997 (BGBl I 2470) wurden mit Wirkung zum 25. 10. 1997 Art.28 Abs.2 S.3 und Art.106 Abs.3, 6 geändert sowie Art.106 Abs.5a eingefügt.

(45) Durch das Gesetz zur Änderung des GG vom 26. 3. 1998 (BGBl I 610) wurde Art.13 Abs.3–6 mit Wirkung zum 1. 4. 1998 eingefügt.

(46) Durch das Gesetz zur Änderung des GG vom 16. 7. 1998 (BGBl I 1822) wurde Art.39 Abs.1 mit Wirkung zum 27. 10. 1998 geändert.

(47) Durch Art.1 des Gesetzes zur Änderung des GG vom 29. 11. 2000 (BGBl I 1633) wurde Art.16 Abs.2 S.2 mit Wirkung zum 2. 12. 2000 angefügt.

(48) Durch das Gesetz zur Änderung des GG vom 19. 12. 2000 (BGBl I 1755) wurde Art.12a Abs.4 S.2 mit Wirkung zum 23. 12. 2000 geändert.

(49) Durch das Gesetz zur Änderung des GG vom 26. 11. 2001 (BGBl I 3219) wurde Art.108 mit Wirkung zum 30. 11. 2001 geändert.

(50) Durch das Gesetz zur Änderung des GG (Staatsziel Tierschutz) vom 26. 7. 2002 (BGBl I 2862) wurde Art.20a mit Wirkung zum 1. 8. 2002 geändert.

(51) Durch das Gesetz zur Änderung des GG (Artikel 96) vom 26. 7. 2002 (BGBl I 2863) wurde Art.96 mit Wirkung zum 1. 8. 2002 geändert.

(52) Durch das Gesetz zur Änderung des GG vom 28. 8. 2006 (BGBl I 2034) wurden mit Wirkung zum 1. 9. 2006 Art.22, Art.23 Abs.6, Art.33 Abs.5, Art.52 Abs.3a, Art.72, Art.73, Art.74, Art.84 Abs.1, Art.85 Abs.1, Art.87c, Art.91a, Art.91b, Art.93 Abs.2, 3, Art.98 Abs.3, Art.104a, Art.105 Abs.2, Art.107 Abs.1, Art.109 Abs.4, Art.125a, geändert, Art.104b, Art.125b, Art.125c, Art.143c eingefügt und Art.74a und Art.75 aufgehoben.

(53) Durch das Gesetz zur Änderung des GG vom 8. 10. 2008 (BGBl I 1926) wurden Art.93 Abs.1 Nr.2 geändert und Art.23 Abs.1a sowie Art.45 S.2 eingefügt. Die Änderung ist mit dem Vertrag von Lissabon zum 1. 12. 2009 in Kraft getreten.

(54) Durch das Gesetz zur Änderung des GG vom 19. 3. 2009 (BGBl I 606) wurden mit Wirkung zum 26. 3. 2009 bzw. zum 1. 7. 2009 Art.106 Abs.1, 2, Art.107 Abs.4 S.4 und Art.108 Abs.1 S.1 geändert und Art.106b eingefügt.

(55) Durch das Gesetz zur Änderung des GG vom 17. 7. 2009 (BGBl I 1977) wurde mit Wirkung zum 23. 7. 2009 Art.45d eingefügt.

(56) Durch das Gesetz zur Änderung des GG vom 29. 7. 2009 (BGBl I 2247) wurde mit Wirkung zum 1. 8. 2009 Art.87d Abs.1 geändert.

(57) Durch das Gesetz zur Änderung des GG vom 29. 7. 2009 (BGBl I 2248) wurden mit Wirkung zum 1. 8. 2009 Art.104b Abs.1, Art.109 sowie Art.115 geändert und Art.91c, Art.91d, Art.109a und Art.143d eingefügt.

Einleitung

(58) Durch das Gesetz zur Änderung des GG vom 21. 7. 2010 (BGBl I 944) wurde mit Wirkung zum 27. 7. 2010 Art.91e eingefügt.

4 c) Änderungen der einzelnen GG-Vorschriften. Von den GG-Änderungen wurden die einzelnen Vorschriften des GG folgendermaßen betroffen (die Nummern beziehen sich auf die in Einl.3 enthaltene Änderungsliste): – *Präambel:* Nr.36. – *Art.1:* Nr.7. – *Art.3:* Nr.42. – *Art.9:* Nr.17. – *Art.10:* Nr.17. – *Art.11:* Nr.17. – *Art.12:* Nr.7, 17. – *Art.12a:* Nr.17, 48. – *Art.13:* Nr.45. – *Art.16:* Nr.39, 47. – *Art.16a:* Nr.39. – *Art.17a:* Nr.7. – *Art.18:* Nr.39. – *Art.19:* Nr.17. – *Art.20:* – Nr.17. – *Art.20a:* Nr.42, 50. – *Art.21:* Nr.35. – *Art.22:* Nr.52 – *Art.23:* Nr.36, 38, 52, 53. – *Art.24:* Nr.38. – *Art.28:* Nr.38, 42, 44. – *Art.29:* Nr.25, 33, 42. – *Art.33:* Nr.52. – *Art.35:* Nr.17, 31. – *Art.36:* Nr.7. – *Art.38:* Nr.27. – *Art.39:* Nr.33, 46. – *Art.45:* Nr.33, 38, 53. – *Art.45a:* Nr.7, 33. – *Art.45b:* Nr.7. – *Art.45c:* Nr.32. – *Art.49:* Nr.7, 33. – *Art.45d:* Nr.55. – *Art.50:* Nr.38. – *Art.51:* Nr.36. – *Art.52:* Nr.38, 52. – *Art.53a:* Nr.17. – *Art.59a:* Nr.7, 17. – *Art.60:* Nr.7. – *Art.65:* Nr.17. – *Art.65a:* Nr.7. – *Art.72:* Nr.42, 52. – *Art.73:* Nr.4, 17, 31, 40, 41, 52. – *Art.74:* Nr.10, 13, 22, 29, 30, 31, 34, 40, 42, 52. – *Art.74a:* Nr.28, 52. – *Art.75:* Nr.22, 28, 42, 52. – *Art.76:* Nr.18, 23, 42. – *Art.77:* Nr.18, 42. – *Art.79:* Nr.4. – *Art.80:* Nr.40, 41, 42. – *Art.80a:* Nr.17. – *Art.84:* Nr.52. – *Art.85:* Nr.52. – *Art.87:* Nr.31, 40, 41, 42. – *Art.87a:* Nr.7, 17. – *Art.87b:* Nr.7. – *Art.87c:* Nr.10, 52. – *Art.87d:* Nr.11, 37, 56. – *Art.87e:* Nr.40. – *Art.87f:* Nr.41. – *Art.88:* Nr.38. – *Art.91:* Nr.17. – *Art.91a:* Nr.21, 27, 52. – *Art.91b:* Nr.21, 52. – *Art.91c:* Nr.57. – *Art.91d:* Nr.57. – *Art.92:* Nr.16. – *Art.93:* Nr.19, 42, 52, 53. – *Art.94:* Nr.19. – *Art.95:* Nr.16. – *Art.96:* Nr.7, 12, 16, 22, 26, 51. – *Art.96a:* Nr.7, 12, 16. – *Art.98:* Nr.28, 52. – *Art.99:* Nr.16. – *Art.100:* Nr.16. – *Art.104a:* Nr.21, 52. – *Art.104b:* Nr.52, 57. – *Art.105:* Nr.21, 52. – *Art.106:* Nr.6, 8, 21, 43, 44, 54. – *Art.106a:* Nr.40. – *Art.106b:* Nr.54. – *Art.107:* Nr.3, 5, 6, 21, 52, 54. – *Art.108:* Nr.21, 49, 54. – *Art.109:* Nr.15, 20, 52, 57. – *Art.109a:* Nr.57. – *Art.110:* Nr.20. – *Art.112:* Nr.20. – *Art.113:* Nr.20. – *Art.114:* Nr.20. – *Art.115:* Nr.20, 57. – *Art.115a:* Nr.17. – *Art.115b:* Nr.17. – *Art.115c:* Nr.17, 21. – *Art.115d:* Nr.17. – *Art.115e:* Nr.17, 38. – *Art.115f:* Nr.17. – *Art.115g:* Nr.17. – *Art.115h:* Nr.17. – *Art.115i:* Nr.17. – *Art.115k:* Nr.17, 21. – *Art.118a:* Nr.42. – *Art.120:* Nr.14, 24. – *Art.120a:* Nr.2. – *Art.125a:* Nr.42, 52. – *Art.125b:* Nr.52. – *Art.125c:* Nr.52. – *Art.135a:* Nr.9, 36. – *Art.137:* Nr.7. – *Art.142a:* Nr.4, 17. – *Art.143:* Nr.1, 7, 17, 36. – *Art.143a:* Nr.40. – *Art.143b:* Nr.41. – *Art.143c:* Nr.52. – *Art.143d:* Nr.57. – *Art.146:* Nr.36.

3. Verfassungsrechtliche Vorgaben für die Auslegung

5 a) Auslegung einfachen Rechts. Dem GG werden eine Reihe von Vorgaben für die Auslegung des einfachen Rechts entnommen (zur Auslegung des GG unten Einl.10–13), deren Beachtung vor allem durch den Vorrang des Gesetzes erzwungen wird (vgl. Rn.42f zu Art.20): – **aa)** „Maßgebend für die Auslegung einer Gesetzesbestimmung ist", nach der Rspr. des BVerfG, „der in der Norm zum Ausdruck kommende **objektivierte Wille des Gesetzgebers,** so wie er sich aus dem Wortlaut der Vorschrift und dem Sinnzusammenhang ergibt" (BVerfGE 105, 135/157; 59, 128/153; 79, 106/

121; 110, 226/248; 119, 96/179). Dieser (objektivierte) Gesetzeswille ist gemeint, wenn Art.20 Abs.3 Exekutive und Rechtsprechung an das Gesetz bindet. Der Wille der am Gesetzgebungsprozess beteiligten Personen, der sog. subjektive Wille des Gesetzgebers, bildet nur einen Anhaltspunkt (vgl. unten Einl.7). Zudem wird jede Norm durch die Gemeinschaft der Rechtsanwender, v.a. die obersten Gerichte, konkretisiert bzw. ausgestaltet und damit verselbstständigt (vgl. Hesse 61 ff). Diese Zusammenhänge werden durch die Redeweise vom (objektivierten oder objektiven) Willen des Gesetzgebers nicht gerade verdeutlicht.

bb) Um die Bedeutung einer Gesetzesvorschrift zu ermitteln, kommen **6** die **herkömmlichen Auslegungsmethoden** zum Einsatz (vgl. BVerfGE 82, 6/11; 93, 37/81; 105, 135/157): „Die Auslegung aus dem Wortlaut der Norm (grammatische Auslegung), aus ihrem Zusammenhang (systematische Auslegung), aus ihrem Zweck (teleologische Auslegung) und aus den Gesetzesmaterialien und der Entstehungsgeschichte (historische Auslegung)" sind zulässig (BVerfGE 11, 126/130); vgl. auch zu den einzelnen Methoden unten Einl.10. Es wird keine bestimmte Auslegungsmethode vorgegeben (BVerfGE 82, 6/11; 88, 145/166f); keine hat einen unbedingten Vorrang (BVerfGE 105, 135/157).

Dem entsprechend setzen der **Wortlaut** bzw. die grammatische Auslegung **7** keine unübersteigbare Grenze (BVerfGE 35, 263/278f; 88, 145/166f; 97, 186/196; BAGE 112, 100/107; a.A. BVerwGE 90, 265/269). Nur im (materiellen) Strafrecht stellt sich das anders dar (BVerfGE 87, 209/224; 105, 135/157; 110, 226/248; Rn.50 zu Art.103), nicht hingegen im Strafprozessrecht (BVerfGE 118, 212/243). Andererseits ist ein eindeutiger Wortlaut nur durch sehr gewichtige Gegenargumente zu überwinden (BVerfGE 87, 48/60); allerdings ist die Wortlautgrenze schon aus sprachtheoretischen Gründen vielfach nicht sehr ergiebig (Voßkuhle, AöR 2000, 186f). Bedeutsam ist weiter die **systematische** Interpretation, die verlangt, einzelne Rechtssätze, die in einem Zusammenhang stehen, so auszulegen, dass sie logisch miteinander vereinbar sind (BVerfGE 48, 246/257; 124, 25/40). Der systematischen Interpretation kann man auch die *Kollisionsregeln* für widersprüchliche Vorgaben zuordnen; insoweit kommt es auf den Rang, die Zeitenfolge und die Spezialität an (BVerfGE 98, 106/119). Schließlich spielen die **Entstehungsgeschichte,** insb. die Gesetzgebungsmaterialien, eine Rolle (BVerfGE 1, 299/312; 11, 126/130; 62, 1/45; Bleckmann, JuS 2002, 943), also die *historische Auslegung* (BVerfGE 124, 24/41), zumal bei neueren Gesetzen (BVerfGE 54, 277/297); doch darf das nicht zu einer Gleichsetzung der Vorstellung der gesetzgebenden Instanzen mit dem objektiven Gesetzesinhalt führen (BVerfGE 54, 277/298f; 62, 1/45). Weiter sind „teleologische Gründe" bedeutsam (BVerfGE 77, 288/302); es kommt die **teleologische** Interpretation zum Tragen, die nach Sinn und Zweck des Gesetzes fragt (BVerfGE 110, 226/250). Auch darf ein Gesetz regelmäßig nicht in der Weise ausgelegt werden, dass es keinen relevanten Regelungsbereich hat (BFHE 212, 242/254). Schließlich kann ein gesetzgeberisches *Versehen* korrigiert werden (BVerfGE 11, 139/149; 18, 38/45).

Eine **Rechtsfortbildung** bzw. -ergänzung und damit eine Auslegung iwS **7a** ist möglich (allg. Rn.42 zu Art.20): Eine **Analogie** kommt zum Tragen,

Einleitung

wenn eine „planwidrige Regelungslücke" besteht (BVerfGE 116, 69/83; 67, 256/271; 82, 6/11 f; vgl. Rn.42 zu Art.20) und der gesetzlich ungeregelte Fall nach Maßgabe des Gleichheitssatzes und zur Vermeidung von Wertungswidersprüchen nach der gleichen Rechtsfolge verlangt (BAGE 112, 100/107). Die Lücke kann auch eine Folge der tatsächlichen Entwicklung sein (BVerfGE 82, 6/12). Zur Analogie bei Grundrechtseinschränkungen Rn.43 zu Art.20. In umgekehrter Richtung ist eine **teleologische Reduktion** möglich (BVerfGE 88, 145/167; 97, 186/196), sofern der gesetzessprachlich erfasste Fall nach Maßgabe des Gleichheitssatzes nach einer anderen Entscheidung verlangt, um Wertungswidersprüche zu vermeiden (BAGE 112, 100/107).

8 Hinzu kommt die Berücksichtigung der konkret einschlägigen **verfassungsrechtlichen Vorgaben:** Ist von mehreren Auslegungen nur eine mit dem GG vereinbar, muss diese gewählt werden; näher zur **verfassungskonformen Auslegung** Rn.34 zu Art.20. Das kann etwa eine teleologische Reduktion erfordern (BVerfGE 88, 145/168). Darüber hinaus sind die *Wertentscheidungen* des GG generell bei der Auslegung einfachen Rechts zu berücksichtigen; dies gilt auch für vorkonstitutionelle Gesetze (BVerfGE 19, 1/8). Bedeutung hat das zudem für die Auslegung des Privatrechts im Bereich der Grundrechte; näher zur dadurch begründeten *Ausstrahlungswirkung* der Grundrechte Rn.54–58 zu Art.1. Zudem ist die *EU-rechtskonforme* Auslegung verfassungsrechtlich vorgegeben (Rn.13 zu Art.23). Gleiches gilt für die *völkerrechtsfreundliche Auslegung* (dazu Rn.4a zu Art.25).

9 **cc) Grenzen** jeder Auslegung ergeben sich daraus, dass „einem nach Wortlaut und Sinn eindeutigen Gesetz nicht ein entgegengesetzter Sinn verliehen" wird (BVerfGE 59, 330/334; 54, 277/299 f; 35, 262/280; vgl. unten Einl.13). „Im Wege der Auslegung darf" ein Gericht „nicht das gesetzgeberische Ziel der Norm ... in einem wesentlichen Punkt verfehlen oder verfälschen, an die Stelle der Gesetzesvorschrift inhaltlich eine andere setzen oder den Regelungsinhalt erstmals schaffen" (BVerfGE 78, 20/24). Die Grenzen zur unzulässigen Normsetzung sind überschritten, wenn „im krassen Widerspruch zu allen zur Anwendung gebrachten Normen" Ansprüche begründet werden, die keinerlei Grundlage im geltenden Recht finden (BVerfGE 113, 88/103; vgl. auch Rn.38 f zu Art.3). Zu den Grenzen der *Rechtsfortbildung* Rn.43 zu Art.20.

10 **b) Auslegung des GG. aa)** Die Normen des GG sind mit Hilfe der herkömmlichen **allgemeinen Auslegungsmethoden** (oben Einl.6–9) zu interpretieren (Starck HbStR § 164 Rn.18 f; Sachs SA 38). Bei der Auslegung nach dem *Wortlaut* ist zu beachten, dass „ein im Grundgesetz mehrfach verwendeter Begriff ... nicht überall denselben Inhalt haben muss", insb. im Hinblick auf den Zweck der Regelungen (BVerfGE 6, 32/38; Hopfauf SHH 96); der „gängige Wortsinn" ist nicht allein entscheidend (BVerfGE 74, 102/116; 83, 119/126). Die *systematische* Auslegung verlangt eine Berücksichtigung der anderen Regelungen des GG (BVerfGE 62, 1/38 f; 109, 279/316), seien es Regelungen im gleichen Artikel oder in anderen GG-Artikeln (Sachs SA 42). „Vornehmstes Interpretationsprinzip ist die Einheit der Verfassung" (BVerfGE 19, 206/220; 55, 274/300; Stern SB 91; Hopfauf

SHH 98; krit. Sachs SA 50; Lerche, FS 50 Jahre BVerfG, Bd. I, 2001, 341 f). Im Bereich der Grundrechte ergeben sich daher aus kollidierendem Verfassungsrecht Schranken; näher dazu Vorb. 48–52 vor Art.1. Generell sind widerstreitende Verfassungsnormen im Weg der „praktischen Konkordanz" einander zuzuordnen, die beide Normen zu jeweils (relativ) optimaler Entfaltung kommen lässt (Stern ST I 133; Hesse 72). Widersprüche zu anderen Verfassungsnormen sind möglichst zu vermeiden (BVerwGE 127, 302/360); zu Kollisionsregeln oben Einl.7. Die Vorstellung von verfassungswidrigem Verfassungsrecht (etwa BVerfGE 1, 14/32 f) ist abzulehnen, was natürlich die materielle Verfassungswidrigkeit von Verfassungsänderungen nicht ausschließt (vgl. Rn.6–12 zu Art.79). Die *teleologische* Auslegung erfordert die Beachtung von Sinn und Zweck einer Norm (etwa BVerfGE 74, 51/57; Starck HbStR VII § 164 Rn.21); zudem ist eine Folgenanalyse angebracht (Stein AK II 47, 69 ff). Die *historische* Interpretation verlangt eine Berücksichtigung der Entstehungsgeschichte (BVerfGE 88, 40/56; Sachs SA 41; Stein AK II 58), v. a. dann, wenn sie im Normzusammenhang ihren Ausdruck gefunden hat (BVerfGE 79, 127/143 f) oder Wortlaut und Systematik unergiebig sind (BVerfGE 67, 299/315; 86, 148/221). Besonderes Gewicht hat sie bei Kompetenznormen (BVerfGE 41, 205/220; 68, 319/328; Jarass, NVwZ 00, 1089; Starck HbStR VII § 164 Rn.57; Rn.6 zu Art.70), bei denen zudem die Staatspraxis bedeutsam ist (BVerfGE 41, 205/220; 109, 190/213).

Des Weiteren ist der Vorrang der *spezielleren Regelung* zu beachten **11** (BVerfGE 13, 290/296; 107, 299/312); zur Spezialität im Grundrechtsbereich Vorb.18 vor Art.1. Dies gilt jedoch nicht, wenn die allgemeinere Norm nach ihrem Sinngehalt die stärkere sachliche Beziehung zu dem zu prüfenden Sachverhalt besitzt (vgl. Vorb.18 vor Art.1). Endlich sind die tatsächlichen Eigenheiten des *Normbereichs* zu berücksichtigen (Hesse 69). Auch können Verfassungsnormen einem *Bedeutungswandel* unterliegen (BVerfGE 2, 380/401; 61, 1/67 f; Stein AK II 87 ff).

Über die allgemeinen Auslegungsregeln hinaus verlangt das Prinzip **opti-** **12** **maler Wirksamkeit,** „dass derjenigen Auslegung einer Grundrechtsnorm der Vorzug zu geben ist, die ihre Wirkungskraft am stärksten entfaltet" (BVerfGE 103, 142/153; 43, 154/167; 51, 97/110). Darüber hinaus ist der **Vorrang der Verfassung** (dazu Rn.32 zu Art.20) bedeutsam, was eine Auslegung verfassungsrechtlicher Begriffe nach Maßgabe des einfachen Rechts ausschließt (vgl. BVerfGE 12, 45/53). Endlich ist bei der Auslegung des GG das EU-Recht im Wege der **EU-rechtskonformen Interpretation** zu beachten (Rn.13 zu Art.23). Die Europäische Menschenrechtskonvention ist ausreichend zu berücksichtigen (Rn.10 zu Art.25). Gleiches gilt für sonstiges Völkerrecht; das GG ist *völkerrechtsfreundlich* auszulegen (Rn.4a zu Art.25).

bb) „Die **Grenzen der Auslegung von Verfassungsrecht** liegen ... **13** dort, wo einer nach Wortlaut und Sinn eindeutigen Vorschrift ein entgegengesetzter Sinn verliehen, der normative Gehalt der auszulegenden Norm grundlegend neu bestimmt oder das normative Ziel in einem wesentlichen Punkt verfehlt würde" (BVerfGE 109, 279/316 f; vgl. oben Einl.9).

Präambel

Im Bewußtsein seiner Verantwortung vor Gott[3] und den Menschen, von dem Willen beseelt, als gleichberechtigtes Glied in einem vereinten Europa dem Frieden der Welt zu dienen[4], hat sich das Deutsche Volk[3] kraft seiner verfassungsgebenden Gewalt[2] dieses Grundgesetz gegeben. Die Deutschen in den Ländern Baden-Württemberg, Bayern, Berlin, Brandenburg, Bremen, Hamburg, Hessen, Mecklenburg-Vorpommern, Niedersachsen, Nordrhein-Westfalen, Rheinland-Pfalz, Saarland, Sachsen, Sachsen-Anhalt, Schleswig-Holstein und Thüringen haben in freier Selbstbestimmung die Einheit und Freiheit Deutschlands vollendet[5, 8]. Damit gilt dieses Grundgesetz für das gesamte Deutsche Volk[8 ff].

Literatur: *Vitzthum,* Staatsgebiet, HbStR[3], Bd. II, 2004, § 18; *Papenheim,* Präambeln in der deutschen Verfassungsgeschichte seit Mitte des 19. Jahrhunderts, 1998; *Ennuschat,* „Gott" und Grundgesetz, NJW 1998, 953; *Wiegand,* Das Prinzip Verantwortung und die Präambel des GG, JöR 1995, 31; *Isensee/Kirchhof* (Hg.), Die Einheit Deutschlands, HbStR, Bd. VIII, 1995; *Guggenberger/Stein (Hg.),* Die Verfassungsdiskussion im Jahr der deutschen Einheit, 1991; *Weis,* Verfassungsrechtliche Fragen im Zusammenhang mit der Herstellung der staatlichen Einheit Deutschlands, AöR 1991, 1; *Herdegen,* Die Verfassungsänderungen im Einigungsvertrag, 1991; *v. Münch,* Deutschland gestern – heute – morgen, NJW 1991, 865; *Rauschning,* Beendigung der Nachkriegszeit mit dem Vertrag über die abschließende Regelung in bezug auf Deutschland, DVBl 1990, 1275; *Schnapauff,* Der Einigungsvertrag, DVBl 1990, 1249; *Degenhart,* Verfassungsfragen der deutschen Einheit, DVBl 1990, 973; *Stern/Schmidt-Bleibtreu,* Verträge und Rechtsakte zur deutschen Einheit, Bd. 2: Einigungsvertrag und Wahlvertrag, 1990; *Engel,* Verfassungs-, Gesetzes- und Referendumsvorbehalt für Änderungen des Bundesgebiets und andere gebietsbezogene Akte, AöR 1989, 46; *Fiedler,* Die staats- und völkerrechtliche Stellung der Bundesrepublik Deutschland, JZ 1988, 132. – S. auch Literatur zu Art.116, 143, 146.

1. Bedeutung der Präambel

Die Präambel, die 1990 erheblich verändert wurde (Einl.3 Nr.36), greift **1** die Entstehungs- und Änderungsgeschichte des GG auf und weist auf einige zentrale Anliegen hin, die den Entstehungsvorgang im Jahre 1949 und die Wiedervereinigung von 1990 prägten. Die Präambel hat auch **rechtliche Bedeutung** (BVerfGE 36, 1/17; Kunig MüK 7; Starck MKS 30), sie ist Teil des GG (Huber SA 8), ohne dass sich aus jedem Teil der Präambel rechtliche Folgerungen ableiten lassen (Dreier DR 21). Subjektive Rechte enthält die Präambel nicht (Hillgruber EH 1; Huber SA 15). Auch fällt sie nicht unter Art.79 Abs.3 (Dreier DR 22 ff; Kunig MüK 49; Starck MKS 32; a. A. Murswiek BK 181; Huber SA 9).

2. Verfassungsgebung und internationale Einbettung (S.1)

a) Verfassungsgebung. S.1 der Präambel weist zunächst darauf hin, dass **2** sich das Deutsche Volk kraft seiner **verfassungsgebenden Gewalt** das GG gegeben hat. Das verdeutlicht, dass das GG sich nicht von einer anderen

Präambel

Verfassung ableitet, sondern seinen Rechtsgrund unmittelbar in der Volkssouveränität hat (Murswiek BK 124). Dem steht nicht entgegen, dass das Volk am Erlass des GG nicht beteiligt war, da alle (beteiligten) Länder das GG als verbindliche Fassung angesehen haben und mit den Wahlen zum Bundestag auch das GG bestätigt wurde (Huber SA 19). Entsprechendes gilt für die demokratische Grundlage in den neuen Bundesländern (Huber SA 20). Seit der Änderung der Präambel im Jahre 1990 (Einl.3 Nr.36) und der damit erfolgten Streichung der Aussage, dass das GG nach S.1 der ursprünglichen Fassung nur „für eine Übergangszeit" gedacht ist, stellt das GG nicht nur eine Verfassung im vollen Sinne dar, sondern ist auch die **dauerhafte Verfassung** der Bundesrepublik Deutschland (Busse, DÖV 91, 349). Zur Möglichkeit, das GG gem. Art.146 durch eine neue Verfassung zu ersetzen, vgl. Rn.2–5 zu Art.146.

3   Der Verweis auf das **Deutsche Volk** als Geber des GG, der schon in der ursprünglichen Fassung der Präambel enthalten war, stellt klar, dass die Schaffung des GG keine Vereinbarung der Länder darstellt (Huber SA 22; Starck MKS 20). Auch handelt es sich, trotz der gewichtigen Einflussnahme der Westmächte, um eine deutsche Schöpfung (Hillgruber EH 17; Huber SA 16). Weiter ergibt sich aus der Berufung auf die **„Verantwortung vor Gott"** keine anti-atheistische oder gar prochristliche Auslegungsmaxime für das GG (Dreier DR 32; Starck MKS 36; Kunig MüK 16; Zuleeg AK 10). Deutlich wird aber eine Zurückweisung einer Verabsolutierung der Staatsgewalt (Dreier DR 29; vgl. auch Rn.1 zu Art.1). Die Verantwortung vor **„den Menschen"** weist insb. auf die Berücksichtigung der Belange künftiger Generationen hin (Dreier DR 35).

4   **b) Einbettung in internationale Ordnung.** Aus S.1 der Präambel folgt, im Zusammenhang mit anderen Verfassungsnormen, das **Friedensgebot** des GG (Dreier DR 43f; Huber SA 46), das auch als Verfassungsprinzip des **friedlichen Zusammenlebens der Völker** gekennzeichnet werden kann (näher dazu Rn.1 zu Art.26). Darüber hinaus stellt gem. S.1 die Bereitschaft zur **Einigung Europas**, insb. nach den Erfahrungen verheerender Kriege in Europa, eine verfassungsrechtliche Grundentscheidung dar (BVerfGE 73, 339/386; 123, 267/345f; Zuleeg AK 22), die allerdings den zuständigen Organen weite Spielräume belässt (Dreier DR 42; Starck MKS 41). Die Grundentscheidung zugunsten der europäischen Einigung zielt insb. auf die Sicherung des Friedens in Europa, ohne darauf beschränkt zu sein (Kunig MüK 24). Sie soll den europäischen Völkern eine gemeinsame Zukunft ermöglichen und sichern. Die Entscheidung wird in Art.23 aufgenommen und konkretisiert; näher dazu Rn.10 zu Art.23. Schließlich trägt die Präambel zur Eingliederung Deutschlands in die Völkerrechtsordnung bei (BVerfGE 108, 239/248); näher dazu Rn.4f zu Art.25.

3. Wiedervereinigung und Rechtslage Deutschlands

5   **a) Einheit Deutschlands.** Die Präambel stellte in ihrer ursprünglichen Fassung klar, dass die Schaffung des GG im Jahre 1949 allein im Gebiet der damaligen westlichen Besatzungszonen keinen Verzicht auf die Wiedervereinigung Deutschlands bedeutete. Einen ersten Schritt zur Wiederherstellung

der Einheit Deutschlands bildete der Beitritt des Saarlands nach einer Volksabstimmung und auf der Grundlage des Art. 23 a. F. zum 1. 1. 1957 (BGBl
1956 I 1011). Gem. Art. 1 des am 31. 8. 1990 unterzeichneten Vertrags über
die Herstellung der Einheit Deutschlands, dem *Einigungsvertrag* (BGBl 1990
II 889), sind die Länder Brandenburg, Mecklenburg-Vorpommern, Sachsen,
Sachsen-Anhalt und Thüringen sowie der Ostteil von Berlin mit Wirkung
zum 3. 10. 1990 auf der Grundlage des Art. 23 a. F. der Bundesrepublik beigetreten; dem Vertrag lag ein entsprechender, mit über 80% der (abgegebenen) Stimmen gefasster Beschluss der Volkskammer der DDR zugrunde
(Starck MKS 26). Zum Inkrafttreten des GG in diesem Gebiet Rn. 3 zu
Art. 145. Damit war Deutschland wiedervereinigt, weshalb S. 2 von der Vollendung der Einheit spricht; in die gleiche Richtung zielt Art. 146 (Amtl.
Begr. EVertr BT-Drs. 11/7760, 358; Rn. 1 zu Art. 146). Das früher bestehende Wiedervereinigungsgebot (BVerfGE 36, 1/17 f; 77, 137/149), das sich
nicht notwendig auf Deutschland in den Grenzen von 1937 bezog (Herdegen o. Lit. 8; Degenhart, DVBl 90, 977 f; a. A. Hömig HÖ 5), ist obsolet geworden. Die staatliche Identität der Bundesrepublik Deutschland wurde
durch den Beitritt der neuen Länder nicht berührt (BVerfGE 92, 277/348);
die DDR ist untergegangen (BVerfGE 96, 68/94; Huber SA 30).

b) Verhältnis zum Deutschen Reich. Die Bundesrepublik Deutsch- 6
land ist nach hA trotz ihrer neuen, unabgeleiteten Verfassung (oben Rn. 2)
im Verhältnis zu anderen Völkerrechtssubjekten **identisch** mit dem Deutschen Reich: Das 1871 geschaffene Deutsche Reich ist weder 1945 noch
mit der Gründung der Bundesrepublik oder der DDR untergegangen
(BVerfGE 5, 85/126; 36, 1/16); auch später ist das nicht geschehen (BVerf-
GE 77, 137/155; Fiedler, JZ 88, 135). Von dieser Rechtslage geht das GG
aus (BVerfGE 36, 1/15 f), ohne sie selbst festzuschreiben. Dementsprechend
hebt das BVerfG im Wesentlichen auf völkerrechtliche Gesichtspunkte ab
(BVerfGE 77, 137/154 ff).

Umstritten ist, wie man sich den **Fortbestand des Deutschen Reichs** 7
vorzustellen hat und in welchem Verhältnis es vor der Wiedervereinigung zur
Bundesrepublik und zur früheren DDR stand. Das BVerfG neigte der sog.
Dachtheorie zu (Luchterhandt HbStR³ I § 10 Rn. 74): Spätestens mit dem Abschluss des Grundlagenvertrags bestanden danach „zwei Staaten in Deutschland", die „für einander nicht Ausland sind" (BVerfGE 77, 137/167), gleichwohl aber Völkerrechtssubjekte darstellten (BVerfGE 92, 277/320; 112,
1/32). Darüber wölbte sich das handlungsunfähige Gesamtdeutschland, für
das die Vier Mächte (USA, UdSSR, Großbritannien, Frankreich) Verantwortung trugen (Stolleis HbStR³ I § 7 Rn. 25); zum Erlöschen der Rechte der
Vier Mächte Rn. 2 zu Art. 144. Eine Sezession der DDR aus dem gesamtdeutschen Staatsverband konnte wegen der Vier-Mächte-Verantwortung und der
mangelnden freien Ausübung des Selbstbestimmungsrechts nicht stattfinden
(BVerfGE 77, 137/161; Luchterhandt HbStR³ I § 10 Rn. 2, 9). Die Bundesrepublik war daher vor der Wiedervereinigung teilidentisch mit dem Deutschen Reich (BVerfGE 36, 1/16; 77, 137/155 f); die Staatsgewalt und der Geltungsbereich des GG bezogen sich aber nicht auf das Gebiet der DDR
(BVerfGE 84, 90/122 f; 112, 1/29).

Präambel

4. Geltungsbereich und Bundesgebiet

8   **a) Räumlicher Geltungsbereich.** Gem. S.3 der Präambel gilt das GG
für das gesamte deutsche Volk. Damit ist weniger der personelle als der *räumliche* Geltungsbereich gemeint (Murswiek BK 291, 305; vgl. Dreier DR 78,
80), da viele Normen des GG auch für Ausländer gelten; zur personellen
Zusammensetzung des deutschen Volkes Rn.4 zu Art.20. Anhaltspunkte für
den (heutigen) räumlichen Geltungsbereich des GG können zudem S.2 entnommen werden. Er umfasst das Gebiet aller **in S.2 aufgeführten Länder.**
Zum zeitlichen Geltungsbereich und zur Frage, ab wann das GG in den einzelnen Ländern in Kraft getreten ist, Rn.1–3 zu Art.145.

9   Die Anforderungen des GG gelten für die im Geltungsbereich konstituierte
inländische öffentliche Gewalt, und zwar auch insoweit, als die Aktivitäten
dieser Gewalt im Ausland stattfinden bzw. sich dort auswirken, wie das insb.
für die Grundrechte herausgestellt wurde (Rn.44 zu Art.1). Das GG gilt daher
auch für deutsche Hoheitsakte auf deutschen Schiffen und in deutschen Bot-
schaften (Huber SA 37) sowie im Bereich der deutschen Hoheitsgewässer
(Huber SA 34) sowie in der (deutschen) Ausschließlichen Wirtschaftszone
(Jarass, Naturschutz in der Ausschließlichen Wirtschaftszone, 2002, 50f). Das
GG besagt unmittelbar nichts zum Geltungsbereich einfachgesetzlicher Normen, insb. des Verwaltungsrechts (vgl. BSGE 36, 209/216; tendenziell anders
BGHZ 52, 123/140); soweit allerdings einfachgesetzliche Normen auf das
Staats- bzw. Bundesgebiet beschränkt sind, hat die Präambel mittelbare Be-
deutung.

10   **b) Bundesgebiet.** Indirekt wird durch S.2 der Präambel das Bundesgebiet (vgl. Art.11 Abs.1), also das Staatsgebiet der Bundesrepublik Deutschland, festgelegt (Huber SA 34; Dreier DR 77). Das Bundesgebiet besteht aus
den Gebieten aller Bundesländer. Zum Bundesgebiet gehören auch das Erd-
innere und der Luftraum über den Bundesländern sowie das Küstenmeer,
soweit es von der Bundesrepublik (im Rahmen des Völkerrechts) in Anspruch genommen wird. Das Bundesgebiet kann durch völkerrechtliche
Vereinbarungen iVm einem Bundesgesetz gem. Art.59 Abs.2 S.1 erweitert
oder eingeschränkt werden (Stern ST I 248f; Engel, AöR 1989, 71ff; Huber
SA 36); die Präambel steht jedenfalls *Grenzberichtigungen* nicht entgegen. Zur
Zustimmung des betreffenden Bundeslandes Rn.9 zu Art.32.

11   Die Präambel verdeutlicht weiterhin, dass es weder bundesfreie Landesge-
biete noch ein **bundesunmittelbares Gebiet** gibt (Huber SA 34). Die
Küstengewässer und wohl auch die Ausschließliche Wirtschaftszone dürften
dem jeweiligen Küsten-Bundesland zuzurechnen sein.

I. Die Grundrechte

Vorbemerkungen vor Art. 1:
Allgemeine Grundrechtslehren

Übersicht

Literatur A (Grundrechtsfunktionen): *Borowski,* Grundrechte als Prinzipien, 2. Aufl. 2007; *Calliess,* Die grundrechtliche Schutzfrist im mehrpoligen Verfassungsrechtsverhältnis, JZ 2006, 321; *Isensee,* Menschenwürde: Die säkulare Gesellschaft auf der Suche nach dem Absoluten, AöR 2006, 173; *Jarass,* Funktionen und Dimensionen der Grundrechte, MP II, 2006, § 38; *Schmidt-Aßmann,* Grundrechte als Organisations- und Verfahrensgarantien, MP II, 2006, § 45; *Krebs,* Rechtliche und reale Freiheit, MP II, 2006, § 31; *Lindner,* Theorie der Grundrechtsdogmatik, 2005; *Mayer,* Untermaß, Übermaß und Wesensgehaltsgarantie, 2005; *Cornils,* Die Ausgestaltung der Grundrechte, 2005; *Mager,* Einrichtungsgarantien, 2003; *Cremer,* Freiheitsgrundrechte, 2003; *Poscher,* Grundrechte als Abwehrrechte, 2003; *Borowski,* Grundrechtliche Leistungsrechte, JöR 2002, 301; *Jarass,* Die Grundrechte: Abwehrrechte und objektive Grundsatznormen, in: FS 50 Jahre Bundesverfassungsgericht, 2001, 35; *Jaeckel,* Schutzpflichten im deutschen und europäischen Recht, 2001; *Gellermann,* Grundrechte in einfachgesetzlichem Gewande, 2000; *Dolderer,* Objektive Grundrechtsgehalte, 2000; *Morgenthaler,* Freiheit durch Gesetz, 1999; *Erichsen,* Grundrechtliche Schutzpflichten in der Rechtsprechung des BVerfG, Jura 1997, 85; *Unruh,* Zur Dogmatik der grundrechtlichen Schutzpflichten, 1996; *Alexy,* Theorie der Grundrechte, 3. Aufl. 1996; *Heintschel v. Heinegg/Haltern,* Grundrechte als Leistungsansprüche des Bürgers gegenüber dem Staat, JA 1995, 333; *Jean d'Heur,* Grundrechte im Spannungsverhältnis zwischen subjektiven Freiheitsgarantien und objektiven Grundsatznormen, JZ 1995, 161; *Kopp,* Grundrechtliche Schutz- und Förderungspflichten der öffentlichen Hand, NJW 1994, 1753; *Klein,* Die grundrechtliche Schutzpflicht, DVBl 1994, 489; *H. Dreier,* Dimensionen der Grundrechte, 1993; *Murswiek,* Grundrechte als Teilhaberechte, soziale Grundrechte, HbStR V, 1992, § 112; *Denninger,* Staatliche Hilfe zur Grundrechtsausübung durch Verfahren, Organisation und Finanzierung, HbStR V, 1992, § 113; *Dietlein,* Die Lehre von den grundrechtlichen Schutzpflichten, 1992; *Isensee,* Das Grundrecht als Abwehrrecht und als staatliche Schutzpflicht, HbStR V, 1992, § 111; *Wahl/Masing,* Schutz durch Eingriff, JZ 1990, 553; *Alexy,* Grundrechte als subjektive Rechte und als objektive Normen, Staat 1990, 49; *Böckenförde,* Grundrechte als Grundsatznormen, Staat 1990, 1; *Scherzberg,* „Objektiver" Grundrechtsschutz und subjektives Grundrecht, DVBl 1989, 1128; *Sachs/Stern,* Juristische Bedeutung der Grundrechte, ST III/1, 1988, §§ 63–69; *Lübbe-Wolff,* Die Grundrechte als Eingriffsabwehrrechte, 1988.

Literatur B (Schutzbereich, Beeinträchtigung, Rechtfertigung): *Bethge,* Mittelbare Grundrechtsbeeinträchtigungen, in: Merten/Papier, Handbuch der Grundrechte, Band III, 2009, § 58; *Merten,* Grundrechtlicher Schutzbereich, in: Merten/Papier, Handbuch der Grundrechte, Band III, 2009, § 56; *Peine,* Der Grundrechtseingriff, in: Merten/Papier, Handbuch der Grundrechte, Band III, 2009, § 57; *Eusteberg,* Der grundrechtliche Gewährleistungsgehalt, 2009; *Bumke,* Ausgestaltung von Grundrechten, 2009; *Spielmann,* Konkurrenz von Grundrechtsnormen, 2008; *Calliess,* Die Leistungsfähigkeit des Untermaßverbots, in: FS Starck, 2007, 201; *Fischinger,* Der Grundrechtsverzicht, JuS 2007, 808; *Holoubek,* Der Grundrechtseingriff, in: Merten/Papier (Hg.), Grundsatzfragen der Grundrechtsdogmatik, 2007, 17; *Klein,* Das Übermaßverbot, JuS 2006, 960; *Lorenz,* Grundrechtsschutz gegen Gefahren und Risiken, FS Scholz, 2007, 325; *Papier,* Aktuelle grundrechtsdogmatische Entwicklungen, in: Merten/Papier (Hg.), Grundsatzfragen der Grundrechtsdogmatik, 2007, 81; *Sachs,* Gleichheitsgrundrechte im Recht der Wirtschaft, in: Gedächtnisschrift Tettinger, 2007, 137; *Seiffert,*

Problemkreise des Grundrechtsverzichts, Jura 2007, 99; *Meinke,* In Verbindung mit, 2006; *Murswiek,* Grundrechtsdogmatik am Wendepunkt?, Staat 2006, 473; *Lenz,* Vorbehaltlose Freiheitsrechte, 2006; *Lenz/Leydecker,* Kollidierendes Verfassungsrecht, DÖV 2005, 841; *Merten,* Grundrechtliche Schutzpflichten und Untermaßverbot, in: Gedächtnisschrift für Burmeister, 2005, 227; *Kokott,* Grundrechtliche Schranken und Schranken-Schranken, MP I, 2004, § 22; *Lindner,* „Grundrechtseingriff" oder „grundrechtswidriger Effekt"?, DÖV 2004, 765; *Kahl,* Vom weiten Schutzbereich zum engen Gewährleistungsgehalt, Staat 2004, 167; *Merten,* Der Grundrechtsverzicht, in: Festschrift für Schmitt Glaeser, 2003, 53; *Murswiek,* Das Bundesverfassungsgericht und die Dogmatik mittelbarer Grundrechtseingriffe, NVwZ 2003, 1; *Stern,* Die Grundrechte und ihre Schranken, in: FS 50 Jahre BVerfG, 2001, Bd. II, 1; *Heß,* Grundrechtskonkurrenzen, 2000; *Winkler,* Kollisionen verfassungsrechtlicher Schutznormen, 2000; *Koch,* Der Grundrechtsschutz des Drittbetroffenen, 2000; *v. Arnauld,* Die Freiheitsrechte und ihre Schranken, 1999; *Bethge,* Der Grundrechtseingriff, VVDStRL 57 (1998), 7; *Bumke,* Der Grundrechtsvorbehalt, 1998; *Höfling,* Grundrechtstatbestand – Grundrechtsschranken – Grundrechtsschrankenschranken, Jura 1994, 169; *Albers,* Faktische Grundrechtsbeeinträchtigungen als Schutzbereichsproblem, DVBl 1996, 233; *Jarass,* Bausteine einer umfassenden Grundrechtsdogmatik, AöR 1995, 345; *Sachs,* Grundrechtstatbestand, Grundrechtsbeeinträchtigung, Grundrechtsbegrenzung, ST III/2, 1994, §§ 77–81; *Roth,* Faktische Eingriffe in Freiheit und Eigentum, 1994; *Lerche,* Ausnahmslos und vorbehaltlos geltende Grundrechtsgarantien, FS Mahrenholz, 1994, 515; *Stern,* Die Konkurrenz von Grundrechten des Grundgesetzes, ST III/2, 1994, § 92; *Stern,* Der Grundrechtsverzicht, ST III/2, 1994, § 86; *Isensee,* Das Grundrecht als Abwehrrecht und als staatliche Schutzpflicht, HbStR V, 1992, § 111; *Lerche,* Grundrechtlicher Schutzbereich, Grundrechtsprägung und Grundrechtseingriff, HbStR V, 1992, § 121; *Lerche,* Grundrechtsschranken, HbStR V, 1992, § 122; *Eckhoff,* Der Grundrechtseingriff, 1992; *Pietzcker,* Drittwirkung – Schutzpflicht – Eingriff, FS Dürig, 1990, 345; *Selk,* Einschränkung von Grundrechten durch Kompetenzregelungen, JuS 1990, 895; *Bleckmann/Eckhoff,* Der „mittelbare" Grundrechtseingriff, DVBl 1988, 373; *Bleckmann,* Probleme des Grundrechtsverzichts, JZ 1988, 57. – S. auch Literatur II zu Art.1 und Literatur B zu Art.19. – S. auch Literatur II zu Art.1.

A. Begriff, Arten und Funktionen der Grundrechte

1. Grundlagen

a) Begriff. Der Überschrift des Art.1–19 umfassenden Abschnitts I des **1** GG und der Formulierung des Art.93 Abs.1 Nr.4a entsprechend sind als **Grundrechte** alle in Artikel 1–19 aufgeführten subjektiven Rechte einzustufen, unter Einbeziehung der zugehörigen Regelungen (etwa Art.17a, Art.19 Abs.1–3) wie der zugeordneten Gehalte (vgl. Herdegen MD 9 zu Art.1 III; Stern ST III/1, 351 ff). Die weiteren in Art.93 Abs.1 Nr.4a aufgeführten Rechte aus Art.20 Abs.4, Art.33, Art.38, Art.101, Art.103 und Art.104 sind **„grundrechtsgleiche Rechte"** (Dreier DR 63; Pieroth/Schlink 51); ihre Verletzung kann, wie die der Grundrechte, mit der Verfassungsbeschwerde geltend gemacht werden (Rn.52, 72 zu Art.93). Wenn im Folgenden von Grundrechten gesprochen wird, sind die Grundrechte *und* die grundrechtsgleichen Rechte gemeint, die als **Grundrechte iwS** zusammengefasst werden können. Schließlich enthält das Grundgesetz subjektive Rechte, die nicht mit der Verfassungsbeschwerde verfolgt werden können, obgleich sie Privatpersonen zustehen, etwa in Art.21, in Art.34, in Art.92, in Art.116 Abs.2, in Art.136 WRV oder in Art.137 WRV. Sie können als *„sonstige verfassungsmäßige Rechte"* bezeichnet werden. Sie als „grundrechtsähnliche Rechte" zu bezeichnen (so Sachs SA 17), ist unglücklich, weil der Begriff auch für die grundrechtsgleichen Rechte benutzt wird.

2   **b) Grundrechtsarten.** Entsprechend der unterschiedlichen Wirkungsweise kann man drei Grundrechtsarten unterscheiden (Jarass, AöR 1995, 354 ff; Michael/Morlok Rn.487): Die meisten Grundrechte gehören zu den primär *negativ* wirkenden **Abwehr-** oder **Freiheitsgrundrechten** (unten Vorb.5) des status negativus (Stern SB Einl.33). Einige Grundrechte sind den primär *positiv* wirkenden **Leistungsgrundrechten** (unten Vorb.10) des status positivus (Pieroth/Schlink 60 ff; Jarass MP II § 38 Rn.48 ff) zuzurechnen. Schließlich gibt es die primär *relativ* wirkenden **Gleichheitsgrundrechte** (unten Vorb.9) des status relativus (Jarass MP II § 38 Rn.41 ff). Die zT als weitere Gruppe behandelten *Bewirkungsgrundrechte* (Stern ST III/1, 571 ff) des status activus, auch als Teilnahmerechte bezeichnet (Starck MP II § 41 Rn.1), liegen auf einer anderen Differenzierungsebene und können je nach Eigenart einer der vorgenannten Gruppen zugeordnet werden (Jarass MP II § 38 Rn.14), zumal die Bewirkungsfunktion meist bei den Freiheitsgrundrechten auftritt (Schmitt Glaeser HbStR[3] III § 38 Rn.11 ff).

3   **c) Ausweitung der Grundrechtsfunktionen durch objektive Gehalte.** Die Funktionen der Grundrechte, also ihre rechtlichen Wirkungen, zugunsten des Schutzguts (vgl. BVerfGE 6, 55/72), sind insb. vom BVerfG, seiner Aufgabenstellung entsprechend (BVerfGE 108, 282/295), erheblich ausgeweitet worden: Die Grundrechte, genauer die Freiheitsgrundrechte, enthalten „nicht allein subjektive Abwehrrechte des einzelnen gegen die öffentliche Gewalt, sondern stellen zugleich objektiv-rechtliche **Wertentscheidungen** der Verfassung dar, die für alle Bereiche der Rechtsordnung gelten und Richtlinien für Gesetzgebung, Verwaltung und Rechtsprechung geben" (BVerfGE 49, 89/141 f; 56, 54/73; 73, 261/269; 96, 375/398; Jarass, AöR 1985, 363 ff; Dreier o. Lit. AI 53 ff; krit. Starck MKS 194 zu Art.1). Statt von Wertentscheidungen wird auch von Grundsatznormen, objektiven Normen, objektiven Grundrechtsgehalten oder *Schutzpflichten* gesprochen (BVerfGE 96, 56/64; Jarass MP II § 38 Rn.8 f). Mit diesen Aussagen ist anderes gemeint als der selbstverständliche Umstand, dass Grundrechtsnormen auch objektives Recht sind und für den Staat negative Kompetenznormen bilden. Die Wertentscheidungsgehalte zielen vielmehr darauf ab, den (Freiheits-)Grundrechten **über die Abwehrfunktion hinaus** zusätzliche Grundrechtsfunktionen zu entnehmen, v. a. Leistungs- bzw. Schutzgehalte (näher zu diesen Gehalten unten Vorb.6–8). Der Gewährung eines Abwehrrechts wird eine Wertentscheidung entnommen, die auch in andere Richtung als die der Abwehr staatlichen Handelns aktiviert werden kann (Jarass, AöR 1985, 365; Dreier DR 94 ff). Diese Gehalte können regelmäßig auch vom Grundrechtsinhaber geltend gemacht werden (unten Vorb.6), sind also nicht nur objektives Recht (vgl. Rn.31 zu Art.1; Jarass o. Lit. A, 2001, Bd. 2, 46 ff; auch Enders FH 83).

4   Zum Teil ähnliche Funktionsausweitungen wie durch die objektiven Grundrechtsgehalte wurden und werden den Grundrechten über **Einrich-**

tungsgarantien (Instituts- und institutionelle Garantien) entnommen (vgl. Herdegen MD 18 zu Art.1 III). Auch verfahrensrechtliche Gehalte werden mit dieser Kategorie begründet. Sie dürfte heute ihre eigenständige Bedeutung weithin verloren haben (Dreier DR 108). Das schließt eine spezifische Rolle bei einzelnen Grundrechten nicht aus (Jarass MP II § 38 Rn.13).

2. Funktionen der Abwehr- bzw. Freiheitsgrundrechte

a) Prägung durch Abwehrfunktion. Die weitaus meisten Grundrechte   5
sind Abwehrgrundrechte, die man auch als Freiheitsgrundrechte bezeichnen kann. Sie zielen *primär* auf ein **Unterlassen** des Staates, auf die Abwehr staatlicher Eingriffe. Sie dienen dazu, „die Freiheitssphäre des einzelnen vor Eingriffen der öffentlichen Gewalt zu sichern" (BVerfGE 7, 198/204; 50, 290/337; 68, 193/205). Sie führen zu einer negativen Verpflichtung des Grundrechtsverpflichteten. Bei ihnen dominiert die Abwehrfunktion (Jarass, AöR 1995, 354). Zur Beeinträchtigung der Abwehrfunktion durch Eingriffe unten Rn. 26–29a. Aus den Abwehrgrundrechten ergeben sich zum Teil auch *Gleichbehandlungspflichten* (generell so Kirchhof HbStR V § 124 Rn.227); ob diese Gehalte einen Sonderfall der Abwehrfunktion oder eine eigenständige *Gleichbehandlungsfunktion* bilden, ist umstritten (vgl. Jarass MP II § 38 Rn.39 f; unten Vorb.51).

b) Sekundäre Leistungsfunktion, insb. Schutzpflicht. aa) Den Ab-   6
wehr- oder Freiheitsgrundrechten werden vielfach, meist unter Berufung auf die objektiven Grundrechtsgehalte (oben Vorb.3), sekundär *positive Handlungspflichten* entnommen; man kann insoweit auch von abgeleiteten Leistungsnormen sprechen (Spielmann o. Lit. B 250 f). Sie führen zu einer positiven Verpflichtung des Grundrechtsverpflichteten. Es geht um Leistungspflichten, die auch als *Schutzpflichten* bezeichnet werden (etwa Enders FH 64), obwohl die Schutzpflichten nur einen, allerdings besonders wichtigen Teilbereich bilden. Die Leistungs- und Schutzfunktion führt regelmäßig nicht zu einem Anspruch auf eine bestimmte Leistung oder einen bestimmten Schutz, sondern nur zu einem Anspruch auf irgendeine Leistung oder irgendeinen Schutz mit nicht völlig unzulänglichem Charakter (unten Vorb.53); die Spielräume des Gesetzgebers sind daher hier deutlich größer als bei der Abwehrfunktion (BVerfGE 96, 56/64). Die Schutzpflichten wenden sich auch an Exekutive und Rechtsprechung, unabhängig von einem gesetzlichen Auftrag (BVerfGE 84, 212/226 f; 96, 56/64). Leistungs- und Schutzpflichten enthalten ein *subjektives Recht* des Betroffenen, mag es auch wegen der weiten Spielräume selten auf ein bestimmtes Verhalten gerichtet sein (Jarass MP II § 38 Rn.34 ff; Michael/Morlok Rn.864; auch Herdegen MD 28 zu Art.1 III). Der subjektiv-rechtliche Charakter gilt für den Bereich des Schutzes gegenüber Dritten (BVerfGE 77, 170/214 f; Isensee HbStR V § 111 Rn.92) wie für andere Leistungs- und Teilhaberechte (etwa BVerfGE 35, 79/116). Zur Beeinträchtigung der Leistungs- bzw. Schutzfunktion vgl. auch unten Vorb.31–33.

bb) Innerhalb der Leistungs- und Schutzfunktion kann man verschiedene   7
Teilbereiche unterscheiden: – **(1)** Die **Schutzpflicht** gebietet staatlichen

Stellen, den Schutzgegenstand des Grundrechts vor Verletzungen und Gefährdungen zu schützen, die nicht vom Staat ausgehen und von ihm auch nicht mitzuverantworten sind. Es geht v. a. um Beeinträchtigungen durch private **Dritte** (Dreier DR 101 ff; Jarass, AöR 1985, 378 ff), aber auch durch die ausländische öffentliche Gewalt (Sachs SA 38; vgl. Rn. 7 zu Art. 16). Der Schutz kann insb. durch öffentlich-rechtliche Regelungen erfolgen, etwa durch Verbote, Genehmigungsverfahren und andere verfahrensrechtliche Vorgaben (vgl. BVerfGE 53, 30/61; außerdem unten Vorb. 11 f) oder durch Strafvorschriften (BVerfGE 39, 1/45 ff). Darüber hinaus verlangt die Schutzfunktion, „das Privatrecht so zu gestalten, dass die in den Grundrechten verkörperte objektive Ordnung gewahrt wird" (BVerfGE 98, 365/395) und ist für die Ausstrahlung im Privatrecht (dazu Rn. 54–58 zu Art. 1) bedeutsam. In einem engen Zusammenhang mit der Schutzfunktion steht die Ausgestaltung (dazu unten Vorb. 34 f). Die Schutzfunktion hat in der Praxis erhebliche Bedeutung, allerdings weniger als Anspruchsgrundlage, sondern als Rechtfertigung von Eingriffen in andere Grundrechte (unten Vorb. 45).

8   **(2)** Ein weiterer Teilbereich der Leistungsfunktion kommt zum Tragen, wenn aus dem Grundrecht ein Anspruch auf die Benutzung bestehender Einrichtungen, auf **Teilhabe**, abgeleitet wird, insb. auf Zulassung (Jarass, AöR 1995, 350 f; Rn. 93 zu Art. 2; Rn. 128 zu Art. 5; Rn. 99 zu Art. 12). Hier spielen regelmäßig auch Gleichheitsaspekte eine Rolle. Vereinzelt ergeben sich aus Grundrechten sogar Ansprüche auf **finanzielle** oder andere budgetrelevante **Leistungen** (Rn. 15 zu Art. 1; Rn. 93 zu Art. 2; Rn. 28 zu Art. 7). Solche *originären* Leistungsansprüche führen zu finanziellen Belastungen des Staates und beeinträchtigen die Budgethoheit des Parlaments, weshalb hier Zurückhaltung angebracht ist (Alexy o. Lit. A, 466 f; Starck MKS 189 zu Art. 1).

3. Funktionen der Gleichheitsgrundrechte

9   Die Gleichheitsgrundrechte, also Art. 3 Abs. 1, Art. 3 Abs. 2, Art. 3 Abs. 3 S. 1, Art. 3 Abs. 3 S. 2, Art. 6 Abs. 5, Art. 33 Abs. 1, Art. 33 Abs. 2, Art. 33 Abs. 3 und die Wahlrechtsgleichheit des Art. 38 Abs. 1 zielen *primär* auf ein **relatives Verhalten** des Staates: Er kann, von Sonderfällen abgesehen, den grundrechtlichen Anforderungen dadurch gerecht werden, dass er das fragliche Handeln unterlässt oder aber es derart ausweitet, dass die diskriminierende Wirkung entfällt (Jarass, AöR 1995, 348 f, 354 f; Rn. 40 zu Art. 3). Bei diesen Grundrechten dominiert die *Gleichbehandlungs-* bzw. Nichtdiskriminierungs*funktion*. Sie führen zu einer relativen Verpflichtung der Grundrechtsverpflichteten. Wegen des relativen Charakters unterscheiden sich die Gleichheitsgrundrechte von den Freiheits- bzw. Abwehrgrundrechten (Dreier DR 91; Jarass MP II § 38 Rn. 42, 44; Rupp MP II § 36 Rn. 16; tendenziell Huster LH 42 zu Art. 3 I), die primär ein bestimmtes staatliches Verhalten verbieten (oben Vorb. 5). Gleichwohl werden die Gleichheitsgrundrechte zT als Abwehrrechte qualifiziert (Osterloh SA 38 zu Art. 3; Sachs SA 44). Allerdings könnte man dann auch die Leistungsgrundrechte als Abwehrgrundrechte einstufen, weil hier dem Staat ein Unterlassen verboten wird. Richtig ist andererseits, dass insb. die speziellen Gleichheitsrechte im Rechtfertigungsbereich eine beson-

dere Nähe zu den Abwehrrechten aufweisen (unten Vorb.51). Zur Beeinträchtigung der Gleichbehandlungsfunktion unten Vorb.30. *Sekundär* kann bei den Gleichheitsgrundrechten auch die Schutz- und Teilhabefunktion eine Rolle spielen (Jarass MP II § 38 Rn.46 f; Herdegen MD 24 zu Art.1 III; vgl. Rn.90 f, 132 zu Art.3; Rn.67 zu Art.6).

4. Funktionen der Leistungsgrundrechte

Während die Abwehr- oder Freiheitsgrundrechte (primär) ein staatliches **10** Unterlassen bezwecken, zielen einige Grundrechte gerade umgekehrt *primär* auf ein **positives Handeln des Staates** ab (Jarass MP II § 38 Rn.22 ff, 48 ff), etwa Art.6 Abs.4, Art.17, Art.19 Abs.4, Art.101 und Art.103 Abs.1, wohl auch Art.7 Abs.3. Bei diesen Grundrechten steht die Leistungs- bzw. Schutzfunktion (vgl. dazu oben Vorb.6–8) im Vordergrund (dazu Jarass, AöR 1995, 355 f) und lässt sich bereits dem Normtext entnehmen, weshalb man sie als *Leistungsgrundrechte* bezeichnen kann. Hier geht es um die Einrichtung und den Zugang zu staatlichen Einrichtungen, etwa zu den Gerichten, oder um eine ausreichende Förderung. Zur Beeinträchtigung der Leistungsfunktion unten Vorb.31–33. *Sekundär* können bei den Leistungsgrundrechten auch andere Funktionen eine Rolle spielen (Jarass MP II § 38 Rn.51), vor allem die Abwehrfunktion (vgl. Rn.10 zu Art.17; Rn.51 zu Art.19).

5. Querliegende Funktionen

a) Verfahren und Organisation. Die Grundrechte setzen des Weiteren **11** „Maßstäbe für eine den Grundrechtsschutz effektuierende Organisations- und Verfahrensgestaltung sowie für eine grundrechtsfreundliche Anwendung vorhandener Verfahrensvorschriften" (BVerfGE 69, 315/355; 65, 76/94; 73, 280/296; BVerwGE 118, 270/276; Alexy o. Lit. A 428 ff; Enders FH 71; Denninger HbStR V § 113 Rn.20). Grundrechtsschutz „ist auch durch eine angemessene Verfahrensgestaltung zu bewirken" (BVerfGE 113, 29/57; 73, 280/296; 82, 209/227). Das **Verfahren** muss so gestaltet sein, dass nicht die „Gefahr einer Entwertung der materiellen Grundrechtsposition besteht" (BVerfGE 63, 131/143; Jarass MP II § 38 Rn.52). Dies hat vor allem für das Verwaltungsverfahren Bedeutung (BVerfGE 53, 30/65 ff). Die verfahrensrechtlichen Anforderungen sind umso größer, je stärker das grundrechtlich geschützte Handeln betroffen ist und je größer die Spielräume der Exekutive ausfallen (vgl. Starck MKS 201 zu Art.1 III). An einem Grundrechtsverstoß fehlt es, wenn „von vornherein ausgeschlossen werden (kann), dass bei fehlerfreier Verfahrensgestaltung eine für den Beschwerdeführer günstige Entscheidung getroffen worden wäre oder hätte getroffen werden müssen" (BVerfGE 73, 280/299). Verstöße gegen grundrechtliche Verfahrensvorgaben bilden ein Indiz für die materielle Rechtswidrigkeit (Hufen, Fehler im Verwaltungsverfahren, 4. Aufl. 2002, Rn.554), was zu einer intensiveren Gerichtskontrolle zwingt. Die verfahrensrechtliche Funktion materieller Grundrechte muss zurücktreten, soweit spezielle Verfahrensgrundrechte eingreifen (v. Münch MüK 27). Was das gerichtliche Verfahren gegen Akte der vollziehenden Gewalt angeht, verdrängt Art.19 Abs.4 die sonstigen Grundrechte (Rn.34 zu Art.19). Gleiches dürfte für Art.103 Abs.1 gelten (s. aber Rn.2 zu Art.103).

12   Die Grundrechtsdimension des Verfahrens und der Organisation können **bei allen Grundrechtsarten und -funktionen** auftreten (Dreier DR 105; Cremer o. Lit. A 400 ff; Michael/Morlok Rn. 861; Schmidt-Aßmann MP II § 45 Rn. 9; Stern SB Einl. 74), weshalb man sie als Hilfsfunktionen oder querliegende Funktionen bezeichnen kann: So kann die Abwehrfunktion verfahrensrechtliche Kompensierungen verlangen (BVerfGE 42, 212/220; 46, 325/334 f; 95, 267/308; unten Vorb. 43b), etwa die Gewährung von Auskunft u. ä. (vgl. Rn. 55, 62a zu Art. 2) oder eine Begründung (BVerfGE 103, 21/35 f). Weiter kann dem Grundrechtsträger bei nicht erkennbaren Eingriffen ein Anspruch auf spätere Kenntnis der Maßnahme zustehen, um einen effektiven Grundrechtsschutz zu gewährleisten (BVerfGE 100, 313/361). Mit solchen Kompensierungen wird der Eingriff gemildert, weshalb es nicht um eine echte Leistung geht. Auch bei Ungleichbehandlungen bestehen zum Teil Verfahrensanforderungen (unten Rn. 54). Weiterhin konkretisiert sich die Schutzfunktion (oben Vorb. 6 f) nicht selten in administrativen und gerichtlichen Verfahrensvorschriften (BVerfGE 53, 30/65; 63, 131/143). Besonderes Gewicht kommt schließlich der Organisation, dem Verfahren und der sonstigen Ausgestaltung bei der Teilhabe an öffentlichen Einrichtungen (oben Vorb. 8) zu.

13   **b) Ausstrahlung, insb. im Privatrecht und Ausgestaltung.** Quer zu den Hauptfunktionen liegt auch die *Ausstrahlungswirkung* der Grundrechte, die verlangt, dass bei der Auslegung und Anwendung aller Vorschriften des einfachen Rechts die Wertentscheidungen der Grundrechte zu beachten sind (Jarass MP II § 38 Rn. 60 f; Sachs SA 32). Die Ausstrahlungswirkung gilt in allen Rechtsbereichen (BVerfGE 73, 261/269; 76, 143/161), hat aber vor allem *im Privatrecht* Bedeutung (unten Vorb. 33a und Rn. 54–56 zu Art. 1). Übergreifenden Charakter hat schließlich der Auftrag zu rechtlicher *Ausgestaltung* (dazu unten Vorb. 34 f).

B. Stufen der Grundrechtsprüfung

I. Grundlagen

1. Gestufte Grundrechtsprüfung

14   Die Grundrechtsprüfung wird üblicherweise in **mehreren Stufen** vorgenommen: – **(1)** Zunächst ist zu klären, ob der *Schutzbereich* des Grundrechts berührt ist; näher dazu unten Vorb. 19–23. Man könnte auch vom *Anwendungsbereich* sprechen. Lässt sich das bejahen, ist **(2)** zu entscheiden, ob die Maßnahme als *Beeinträchtigung* des Grundrechts qualifiziert werden kann, was vor allem bei einem Grundrechtseingriff der Fall ist; dazu unten Vorb. 24–36. Liegen die Voraussetzungen der beiden Stufen vor, ist **(3)** zu untersuchen, ob die Beeinträchtigung im Schutzbereich durch *Grundrechtsschranken,* also durch einen Gesetzesvorbehalt oder durch kollidierendes Verfassungsrecht *gerechtfertigt* werden kann. Dazu ist zunächst auf die mögliche *Grundlage* der Rechtfertigung einzugehen; näher dazu unten Vorb. 38–42, 45–47. Dann

sind die Vorgaben der Rechtfertigung, insb. die sog. *Schranken-Schranken* zu prüfen (dazu unten Vorb.43–44, 48 f).

Dieser Prüfungsaufbau ist für die Freiheitsgrundrechte und dort für die **15** Abwehrfunktion entwickelt worden. Bei den **Gleichheitsgrundrechten** stößt dieser Aufbau auf Schwierigkeiten, weshalb ganz überwiegend von einem zweistufigen Prüfungsaufbau ausgegangen wird (etwa Dreier DR 151; Pieroth/Schlink 10 f, 430; Osterloh SA 43 zu Art.3; anders Jarass, AöR 1995, 361 f, 365 ff; Huster FH 87 ff zu Art.3). Genau besehen lässt sich aber bei vielen Gleichheitsrechten „nur" ein eigenständiger *sachlicher* Schutzbereich, der von der Grundrechtsbeeinträchtigung klar abgrenzbar ist, kaum ausmachen (Sachs VR A7 Rn.8 f). Der *persönliche* Schutzbereich ist aber auch hier von Bedeutung. Darüber hinaus ist bei einzelnen Gleichheitsrechten, etwa des Art.33 Abs.1, des Art.33 Abs.2, des Art.33 Abs.3 und des Art.38 Abs.1, ein eigener sachlicher Schutzbereich unschwer auszumachen. Im Übrigen weisen auch einzelne Freiheitsrechte keinen eigenständigen sachlichen Schutzbereich auf (etwa Art.12 Abs.2, 3 und Art.103 Abs.2, 3, evtl. auch Art.2 Abs.2 S.2, Art.104).

Bei den **Leistungsgrundrechten** bzw. bei der grundrechtlichen Leis- **16** tungs- und Schutzfunktion ergeben sich Besonderheiten, weil die Rechtfertigung einen etwas anderen Charakter hat und zudem Beeinträchtigung und Rechtfertigung enger miteinander verbunden sind (vgl. unten Vorb.52). Gleichwohl ist auch hier eine dreistufige Prüfung möglich (Jarass, AöR 1995, 373 ff; v. Heinegg/Pallas, Grundrechte, 2002, 162); vgl. unten Rn.31–33, 56 f.

2. Grundrechtskonkurrenz

Eine Grundrechtskonkurrenz (zur davon zu unterscheidenden Grund- **17** rechtskollision unten Vorb.45) liegt vor, wenn ein Verhalten oder andere persönliche Umstände **eines** Grundrechtsträgers an sich vom Schutzbereich **mehrerer Grundrechte** bzw. grundrechtsgleicher Rechte erfasst wird (Stern SB Einl.142; v. Münch MüK 42; Sachs SA 136); zudem müssen beide Grundrechte beeinträchtigt werden (Epping Rn.564), was relevant wird, wenn ausnahmsweise bei einem Grundrecht ein engerer Eingriffsbegriff zum Tragen kommt (wie bei Art.12: Berufsbezug bzw. berufsregelnde Tendenz). Insgesamt kennzeichnet die Grundrechtskonkurrenz, dass für einen Sachverhalt mehrere Grundrechtsnormen tatbestandlich, d. h. im Hinblick auf Schutzbereich und Beeinträchtigung, einschlägig sind (Spielmann o. Lit. B 23, 56 ff). Keine Grundrechtskonkurrenz liegt vor, wenn es genau genommen um mehrere selbstständige (meist aufeinander folgende) Eingriffe geht, von denen jeder nur ein Grundrecht betrifft (v. Münch MüK 42; Starck MKS 290 zu Art.1). Die Grundrechtskonkurrenz kann zu Schwierigkeiten führen, wenn die einschlägigen Grundrechte unterschiedlich weit gefasste Gesetzes- bzw. Schrankenvorbehalte aufweisen.

In den Fällen der Grundrechtskonkurrenz kann ein Grundrecht von einem **18** anderen verdrängt werden; in der Prüfung wird dann regelmäßig mit dem verdrängenden Grundrecht begonnen. Eine Verdrängung findet zunächst statt, wenn eines der Grundrechte als lex specialis eingestuft werden kann

(Dreier DR 155; Berg HGR III § 71 Rn.27; Sachs VR A11 Rn.4). Bei einer solchen **Spezialität** kann man von einer *unechten* Grundrechtskonkurrenz sprechen. Sie liegt vor, wenn der Schutzbereich eines Grundrechts einen Teil des Schutzbereichs eines anderen Grundrechts bildet, wie das regelmäßig zwischen der allgemeinen Handlungsfreiheit bzw. dem allgemeinen Gleichheitssatz und speziellen Freiheits- und Gleichheitsrechten der Fall ist (Bumke/Voßkuhle 53; Rn.2 zu Art.2 und Rn.2 zu Art.3). Zudem muss bei dem spezielleren Recht ein Eingriff vorliegen, was bedeutsam ist, wenn bei einem Grundrecht ein engerer Eingriffsbegriff zum Tragen kommt (wie bei Art.12: berufsregelnde Tendenz). In anderen Überschneidungsfällen dürfte entscheidend sein, welches Grundrecht „nach seinem Sinngehalt die stärkere sachliche Beziehung zu dem zu prüfenden Sachverhalt" aufweist (BVerfGE 64, 229/238f; 65, 104/112f; 67, 186/195; vgl. Einl.11), welches Grundrecht „im Vordergrund steht" (BVerfGE 92, 191/196; kritisch Sachs SA 136), gegen welches Grundrecht sich der Schwerpunkt des Eingriffs richtet (Bumke/Voßkuhle 55; Stern SB Einl.144). Dies kann man als situationsbezogene **Subsidiarität** bezeichnen (anders Berg HGR III § 71 Rn.32). Im Rahmen des zur Anwendung kommenden Grundrechts werden dann die spezifischen Gehalte des verdrängten Grundrechts mitberücksichtigt (BVerfGE 13, 290/296ff; 65, 104/113), jedenfalls dann, wenn das verdrängte Grundrecht wenigstens dem Schutzbereich nach einschlägig wäre. Hat keines der Grundrechte einen deutlich stärkeren Bezug, liegt **Idealkonkurrenz** vor (vgl. Michael/Morlok Rn.55). Die beiden Grundrechte sind dann parallel anzuwenden; d.h. der staatliche Eingriff muss auch den Anforderungen des strengeren Grundrechts gerecht werden (Pieroth/Schlink 343; Starck MKS 291 zu Art.1).

II. Schutzbereich (Anwendungsbereich)

1. Sachlicher Schutzbereich

19   **aa)** Die einzelnen Grundrechte schützen jeweils bestimmte **Bereiche oder Umstände aus der Sphäre des Grundrechtsinhabers** (vgl. Stern HbStR V § 109 Rn.77; Enders FH 96). Sie bilden den sachlichen Schutzbereich. Im Einzelnen können das *Verhaltensweisen* sein, etwa das Äußern einer Meinung im Falle des Art.5 Abs.1. Der sachliche Schutzbereich kann aber auch in einem *Rechtsgut* oder einer Rechtsposition bestehen, etwa im Leben und der Gesundheit (Art.2 Abs.2 S.1) oder im Eigentum (Art.14), sowie in *Situationen,* in denen sich der Grundrechtsinhaber befindet, wie die Beeinträchtigung subjektiver Rechte (nicht nur verfassungsrechtlicher Art) bei Art.19 Abs.4 oder die Bewerbung um ein öffentliches Amt bei Art.33 Abs.2 (Jarass, AöR 1995, 360). Vor allem bei vielen Gleichheitsgrundrechten, aber auch bei einzelnen Freiheitsgrundrechten lässt sich ein eigenständiger, von der Beeinträchtigung klar abgrenzbarer sachlicher Schutzbereich kaum ausmachen (oben Vorb.15).

20   Bei der näheren Bestimmung des Schutzbereichs sind die nach dem Wortlaut des Grundrechts **vorgegebenen Begrenzungen** (nicht jedoch Begrenzungs*möglichkeiten)* mit zu berücksichtigen. Der Schutzbereich des Art.8 umfasst dementsprechend nur friedliche und waffenlose Versammlungen.

Grenzen des Schutzbereichs einerseits und durch Schrankenvorbehalte und vergleichbare Beschränkungen gezogene Grenzen andererseits unterscheiden sich dadurch, dass nur Letztere mit Hilfe einer Verhältnismäßigkeitsprüfung zu bestimmen sind (näher Jarass, AöR 1995, 370 f). Zur insoweit häufig differierenden Terminologie Pieroth/Schlink 206 ff. Zum zeitlichen Anwendungsbereich der Grundrechte Rn.1–3 zu Art.145; zum räumlichen Anwendungsbereich Rn.8 f zur Präambel und Rn.44 zu Art.1.

bb) Der Schutzbereich ist sinnvollerweise nicht nur als tatsächlicher Sach- und Lebensbereich zu verstehen, sondern wird (auch) durch den normativen **Gewährleistungsgehalt** des betreffenden Grundrechts geprägt, weshalb sich eine eigene Prüfungsstufe des Gewährleistungsinhalts etc. erübrigt (so aber Böckenförde, Staat 2003, 174 f; Hoffmann-Riem, Staat 2004, 226 f; dagegen Dreier DR 122). Im Übrigen gilt es zu beachten, dass auch die Frage des Grundrechtseingriffs vom Gewährleistungsgehalt des betreffenden Grundrechts geprägt sein kann (vgl. Pieroth/Schlink 230; unten Vorb.29), weshalb sich manche Streitfrage besser auf der Eingriffsebene bewältigen lässt, etwa wenn es um staatliche Informationen im Bereich des Art.12 geht (Rn.19 zu Art.12).   **21**

2. Personaler Schutzbereich

Mit dem personalen Schutzbereich werden die Personen umschrieben, die durch das betreffende Grundrecht geschützt werden (**Grundrechtsträger** bzw. *Grundrechtsberechtigte).* Damit wird der objektive Schutzbereich begrenzt, weil das Grundrecht nur zur Anwendung kommt, wenn es um Umstände geht, die diesen Personen zuzuordnen sind. Zudem wird mit dem personalen Schutzbereich festgelegt, wer sich auf ein bestimmtes Grundrecht berufen und daher seine Verletzung gerichtlich geltend machen kann. Die Grundrechte verleihen den Grundrechtsträgern subjektive Rechte, auch im Bereich der sog. objektiven Funktionen (Jarass o. Lit. A, 2001, 46 ff; oben Vorb.3). Andere Personen können die Grundrechtsverletzung nicht geltend machen. Sind sie allerdings ihrerseits in einem Grundrecht beeinträchtigt, kann die Grundrechtsverletzung möglicherweise im Rahmen der Rechtfertigung geprüft werden (dafür etwa BVerfGE 109, 64/89; 113, 29/46 f; Sachs A10 Rn.57; dagegen BVerfGE 49, 1/8 f; 77, 84/101; einschr. BVerfGE 116, 24/59; vgl. auch Rn.23 zu Art.2).   **22**

Grundrechtsträger sind zum einen alle **natürlichen Personen** (näher Rn.10 zu Art.19); zur Frage der Grundrechtsmündigkeit Rn.13 f zu Art.19. Grundrechte stehen auch Ausländern bzw. Nicht-Deutschen zu, soweit sie nicht ausdrücklich auf Deutsche beschränkt sind (Rn.11 f zu Art.19). Wieweit Grundrechte auf **Organisationen** etc. anwendbar sind, wird durch Art.19 Abs.3 geregelt; näher dazu Rn.15–29 zu Art.19. Zum Sonderstatusverhältnis unten Vorb.39.   **23**

III. Beeinträchtigung sowie Ausgestaltung

1. Grundlagen

24   Die Grundrechte schützen nicht vor jeder Einwirkung des Staates im Schutzbereich des Grundrechts. Zunächst muss es sich um die **Einwirkung eines Grundrechtsverpflichteten,** also des Staates i. w. S. (dazu Rn. 32–47 zu Art. 1) handeln. Die Einwirkungen Privater sind nur mittelbar und nur insoweit relevant, als grundrechtliche Schutzpflichten (unten Vorb. 32) und die Ausstrahlungswirkung (Rn. 54–58 zu Art. 1) zum Tragen kommen.

25   Weiter muss die Einwirkung als **Grundrechtsbeeinträchtigung** qualifiziert werden können, die – den Grundrechtsarten und -funktionen (oben Vorb. 2, 5–8) entsprechend – in unterschiedlichen Formen auftritt. Vielfach wird auch von „Eingriff" gesprochen, der aber nur den wichtigsten Unterfall bildet (unten Vorb. 26). Daneben gibt es Ungleichbehandlungen (unten Vorb. 30) und das Unterlassen von Leistung, insb. Schutz (unten Vorb. 31–33). Die Grundrechtsbeeinträchtigung kennzeichnet generell eine belastende oder nachteilige Wirkung im weitesten Sinne. Weiter ist ein *ausreichend enger Zusammenhang* zwischen der staatlichen Maßnahme und der Belastung für den Grundrechtsinhaber erforderlich (Jarass, AöR 1995, 363 f; Antoni HÖ 12); die Belastung muss einem Grundrechtsverpflichteten zurechenbar sein (vgl. Michael/Morlok Rn. 486 ff). Darüber hinaus kann es an einer Grundrechtsbeeinträchtigung fehlen, wenn eine wirksame *Einwilligung* des Grundrechtsträgers vorliegt (dazu unten Vorb. 36).

2. Arten der Beeinträchtigung

26   **a) Eingriffe. aa)** Der in der Grundrechtsdogmatik zentrale Begriff des Eingriffs wird unterschiedlich benutzt. Einerseits wird er auf klassische Eingriffe beschränkt (Sachs VR A8 Rn. 15 ff; wohl auch BVerfGE 105, 279/303; 116, 202/222), andererseits sogar auf das Unterlassen von Leistung erstreckt (Hufen § 8 Rn. 12 ff). Am leistungsfähigsten dürfte die Zwischenlösung sein, mit der der Eingriffsbegriff auf die grundrechtliche Abwehrfunktion (oben Vorb. 5) bezogen wird und (neben klassischen) auch sonstige Eingriffe (unten Rn. 28 f) umfasst, nicht aber das Unterlassen von Leistung (so etwa Jarass MP II § 38 Rn. 17; Dreier DR 123 ff; Krebs MP II § 31 Rn. 123; Cremer o. Lit. A 150 ff; Pieroth/Schlink 238 ff). Der Eingriff ist dann die Grundrechtsbeeinträchtigung im Abwehrbereich und stellt den in Rechtsstreitigkeiten weitaus wichtigsten Fall einer Grundrechtsbeeinträchtigung dar. Bei Freiheitsgrundrechten bildet er die Hauptform der Beeinträchtigung. Sekundär tritt er auch bei Leistungsgrundrechten auf (oben Vorb. 10). Entsprechend der Verknüpfung mit der Abwehrfunktion besteht ein Eingriff generell in einem **positiven Handeln** des Grundrechtsverpflichteten, nicht in einem bloßen Unterlassen (Sachs ST III/2, 163 f; Jarass MP II § 38 Rn. 18; Peine HGR III § 57 Rn. 35). Dabei kann auch ein vorangegangenes positives Tun genügen (Cremer Lit. A 146 f), wenn es für die Beurteilung des Eingriffs bedeutsam ist (vgl. unten Rn. 29a zur Verweigerung einer Genehmigung). Für die weitere Konkretisierung lassen sich zwei Teilbereiche unterscheiden:

(1) Ein **herkömmlicher** bzw. **klassischer** (imperativer) **Eingriff** ist gegeben, wenn die Beeinträchtigung in einer generellen oder individuellen Regelung besteht, die „unmittelbar und gezielt (final) durch ein vom Staat verfügtes ... Ge- oder Verbot, also imperativ, zu einer Verkürzung grundrechtlicher Freiheit führt" (BVerfGE 105, 279/299 f; ähnlich BVerwGE 90, 112/121; Sachs SA 78 ff; vgl. Dreier DR 124). **27**

(2) Außer gegen klassische Eingriffe schützen die Grundrechte in bestimmtem Umfang auch gegen sonstige belastende Einwirkungen, da der „Abwehrgehalt der Grundrechte auch bei *faktischen* und *mittelbaren Beeinträchtigungen* betroffen sein kann" (BVerfGE 116, 202/222; 105, 279/303; 110, 177/191). Man kann insoweit von **sonstigen Eingriffen** sprechen (Jarass MP II § 38 Rn. 20). Hierher rechnen belastende Realakte (vgl. Rn. 18 f zu Art. 12; Rn. 31 zu Art. 14). V. a. aber geht es um mittelbare Wirkungen genereller oder individueller Regelungen, zu Lasten des Adressaten der Regelung wie zu Lasten Dritter (zu Letzterem Sachs VR A8 Rn. 31). Zudem kann die Förderung und Unterstützung der grundrechtsbelastenden Tätigkeit von Privatpersonen ein sonstiger Eingriff sein (BVerfGE 110, 177/191; BVerwGE 90, 112/119 f). Weiter rechnet hierher der Fall, dass eine Grundrechtsausübung mit einem spürbaren Nachteil, dem Entzug einer Leistung, verbunden wird (BVerfGE 110, 177/191). Dann liegt ein *influenzierender Eingriff* vor. Gleiches gilt für lenkende Abgaben hinsichtlich ihrer Lenkungswirkung (vgl. Rn. 46a zu Art. 3). Schließlich können *Grundrechtsgefährdungen* einen Grundrechtseingriff darstellen (BVerfGE 52, 214/220; 66, 39/58; 77, 170/220; Sachs ST III/2, 210 ff). **28**

Solche Einwirkungen faktischer bzw. mittelbarer Art stellen (nur) dann eine Grundrechtsbeeinträchtigung dar, wenn sie „in der Zielsetzung und ihren Wirkungen" klassischen „Eingriffen gleichkommen" (BVerfGE 116, 202/222; 105, 252/273; 110, 177/191) und damit die **Eingriffsschwelle** überschreiten. Das gilt insb. für die faktischen Auswirkungen von Informationshandeln (BVerfGE 113, 67/76). Da es einerseits auf die Zielsetzung ankommt, ist die Schwelle regelmäßig überschritten, wenn die Maßnahme die belastende Wirkung *bezweckt* (BVerwGE 71, 183/193 f; 90, 112/121 f; Sachs VR A8 Rn. 23). Umgekehrt fehlt es an einem Eingriff, „wenn mittelbare Folgen ein bloßer Reflex einer nicht entsprechend ausgerichteten gesetzlichen Regelung sind" (BVerfGE 116, 202/222). Wegen der Relevanz der Wirkungen kommt es weiterhin auf die Intensität der Grundrechtsbeeinträchtigung an. Zudem ist bedeutsam, wie lange das Kausalkette zwischen dem staatlichen Handeln und der Grundrechtsbeeinträchtigung ist. Darüber hinaus spielt eine Rolle, ob die Beeinträchtigung Ausdruck derjenigen Gefahr ist, gegen die das betreffende Grundrecht Schutz bieten will (BVerwGE 71, 183/192; Jarass MP II § 38 Rn. 21). So schützt Art. 12 nicht gegen die Verbreitung zutreffender Informationen am Markt (Rn. 25 zu Art. 12), während das allgemeine Persönlichkeitsrecht auch gegen die Verbreitung wahrer Informationen Schutz bietet. **29**

bb) Unsicherheiten bestehen bei der **Abgrenzung** von **Eingriffen** und dem **Unterlassen** von **Leistung.** Insoweit sind zunächst die unmittelbar zugehörigen Regelungen zu berücksichtigen, weshalb die Verweigerung einer **29a**

Genehmigung regelmäßig einen Eingriff bildet, da sie mit einem Genehmigungsvorbehalt verknüpft ist (Pieroth/Schlink 62). Auch der Entzug einer begünstigenden Position ist ein Eingriff, selbst wenn auf die Einräumung der Position kein Anspruch bestand; daher stellt die Rücknahme eines begünstigenden Verwaltungsakts einen Eingriff dar (BVerfGE 116, 24/52 f). Bei Maßnahmen in staatlichen Einrichtungen ist auf den Schwerpunkt abzustellen. So stellt ein Verbot, eine bestimmte Meinung in einer solchen Einrichtung zu äußern, einen Eingriff dar (Rn.10 zu Art.5 und Rn.12 zu Art.8). Schließlich enthält ein Verstoß gegen verfahrensrechtliche Vorgaben (oben Vorb.11 f) im Zusammenhang mit einem Eingriff seinerseits einen Eingriff.

30   **b) Ungleichbehandlung (relative Benachteiligung).** Bei *Gleichheits*grundrechten liegt eine Grundrechtsbeeinträchtigung darin, dass es wegen der vom Schutzbereich erfassten Eigenschaft (bzw. Handlung) oder (im Falle des Art.3 Abs.1) allgemein zu einer Ungleichbehandlung zweier vergleichbarer Sachverhalte kommt, die beide der gleichen Stelle zuzurechnen sind (dazu Rn.9 zu Art.3). Zudem muss es zu einer relativen Benachteiligung des Grundrechtsinhabers kommen (näher Jarass, AöR 1995, 365 f; vgl. auch Rn.10 f, 88 f, 130 f zu Art.3). Die Ungleichbehandlung kann – im Unterschied zu den beiden anderen Formen der Beeinträchtigung (vgl. oben Vorb.26 und unten Vorb.31) – durch positives Tun oder durch Unterlassen bewirkt werden. Soweit Freiheitsgrundrechten Gleichbehandlungsgehalte entnommen werden, wird eine Ungleichbehandlung vielfach als Sonderform eines Eingriffs eingestuft. Dazu und allgemein zur Rechtfertigung von Benachteiligungen unten Vorb.50 f.

31   **c) Unterlassen von Leistung, insb. Schutz.** Bei Leistungsgrundrechten (oben Vorb.10) liegt die Beeinträchtigung im Unterlassen der fraglichen Leistung bzw. des fraglichen Schutzes (Jarass, AöR 1995, 364 f). Aber auch bei anderen Grundrechtsarten, insb. bei den Freiheitsgrundrechten, spielt diese Form der Beeinträchtigung sekundär eine Rolle (oben Vorb.6–9), wobei für jedes Grundrecht zu klären ist, ob und wieweit es solche Handlungspflichten enthält (dazu Jarass MP II § 38 Rn.28).

32   Im Einzelnen kann die Beeinträchtigung im Unterlassen des notwendigen **Schutzes** und damit in der Verletzung einer Schutzpflicht (dazu oben Vorb.7) bestehen. Gelegentlich kann die Abgrenzung zu den Eingriffen schwierig sein, etwa wenn der Staat Handlungen von Privatpersonen erlaubt oder fördert, die die Grundrechtsausübung anderer behindern. Entscheidend dürfte dann sein, ob der entscheidende Beitrag vom Staat oder von der Privatperson erbracht wird. Die Erteilung einer Genehmigung an Dritte erhält idR nicht den entscheidenden Beitrag (vgl. oben Vorb.29a). Des Weiteren kann die Beeinträchtigung in der Verweigerung der **Teilhabe** an Einrichtungen liegen (oben Vorb.8); hier geht es um die Nichtgewährung grundrechtlicher Leistungen, nicht um einen Eingriff (Murswiek HbStR I § 122 Rn.67). Teilhabepflichten sind allerdings nur betroffen, soweit der Leistungsaspekt im Vordergrund steht (oben Vorb.29a).

33   Eine Grundrechtsbeeinträchtigung durch Unterlassen kann nur vorliegen, wenn das verlangte positive Handeln **verfassungsrechtlich möglich** ist (Jarass MP II § 38 Rn.29). So muss die grundgesetzliche Kompetenzordnung

gewahrt sein (Michael/Morlok Rn.531). Führt das verlangte Handeln zu Eingriffen in Grundrechte Dritter ist eine gesetzliche Grundlage notwendig (vgl. Rn.49 zu Art.20). Zur *Rechtfertigung* des Unterlassens einer verlangten Leistung unten Vorb.52–54.

d) Nichtbeachtung der Ausstrahlungswirkung im Privatrecht. Ein 33a Sonderfall der Grundrechtsbeeinträchtigung liegt in der unzureichenden Berücksichtigung eines Grundrechts bei der Auslegung und Anwendung des Privatrechts, wo der Unterschied zwischen Abwehr und Schutz vernachlässigt wird (dazu Jarass MP II § 38 Rn.67; Rn.54–56 zu Art.1): Zu den Anforderungen der daraus resultierenden Ausstrahlungswirkung Rn.57f zu Art.1.

3. Sonderfall der Ausgestaltung

Bei bestimmten Grundrechten ist der Auftrag zu rechtlicher **Ausgestal-** 34 **tung** des Grundrechts durch den Gesetzgeber bedeutsam (dazu Jarass MP II § 38 Rn.56f; Gellermann o. Lit. A I 90ff; Sachs VR A8 Rn.3f). Die Ausgestaltung kommt vor allem bei rechts- und normgeprägten Grundrechten zum Tragen (Pieroth/Schlink 209ff), ohne darauf beschränkt zu sein (Bumke, o. Lit. B, 42), etwa bei der Vertragsautonomie (Rn.15 zu Art.2), beim Recht der Kriegsdienstverweigerung (Rn.57 zu Art.4), bei der Rundfunkfreiheit (Rn.43–45 zu Art.5), bei den Grundrechten des Art.6 Abs.1, 2 (Rn.17, 44 zu Art.6) und den Grundrechten des Art.9 (Rn.13f, 46f zu Art.9); vgl. auch Rn.20 zu Art.12 und Rn.21, 36 zu Art.14. Zudem ist die Ausgestaltung bei den Leistungsgrundrechten von großer Bedeutung (Gellermann o. Lit. A I 298; Jarass, AöR 1995, 368ff), insb. bei den Justizgrundrechten (Rn.52 zu Art.19; Rn.14f zu Art.103). Die Ausgestaltung bildet zunächst einen Sonderfall der Leistungs- und Schutzfunktion. Ihre spezifische Eigenart liegt aber darin, dass die (zulässige) Ausgestaltung einen **Grundrechtseingriff ausschließt,** auch wenn sie zu negativen Rückwirkungen für bestimmte an sich geschützte Grundrechtsausübungen führt (etwa BVerfGE 73, 118/166; näher Jarass MP II § 38 Rn.58f; Herdegen MD 41 zu Art.1 III; Bethge HGR III § 58 Rn.92; Gellermann, o. Lit. A, 54f). Man könnte auch von Grundrechtsprägung (Lerche HbStR V § 121 Rn.40ff) oder Inhaltsbestimmung (Hufen § 8 Rn.2) sprechen. Alternativ ist denkbar, den Eingriff zu bejahen, im Anwendungsbereich der Ausgestaltung aber eine Art *Ausgestaltungsvorbehalt* anzunehmen (so Michael/Morlok Rn.40). Von einem solchen Verständnis wird vielfach im Bereich des Art.12 Abs.1 und des Art.14 ausgegangen.

Bei der Annahme einer (zulässigen) Ausgestaltung ist **Vorsicht** und **Zu-** 35 **rückhaltung** geboten, um nicht verdeckte Eingriffe zu ermöglichen. Sie muss „vom Ziel der Ausgestaltungsermächtigung getragen" sein (BVerfGE 118, 1/31; 77, 275/284; 92, 26/41; Gellermann o. Lit. A 282). Wie weit sie reicht, hängt vom jeweiligen Grundrecht ab (Bumke, o. Lit. B, 52ff). Soweit die Ausgestaltung allein die Förderung der Entfaltung des fraglichen Grundrechts betrifft, genügt es, wenn sie insoweit sachgerecht und geeignet ist (BVerfGE 74, 297/334; 77, 275/284; NVwZ 08, 663f); zudem muss sie für die nachteilig betroffenen Grundrechtsinhaber zumutbar sein (BVerfGE 77,

275/284; NVwZ 08, 663f; Jarass MP II § 38 Rn.59). Falls dagegen auch die Verfolgung sonstiger öffentlicher Interessen ermöglicht wird (vgl. Rn.14, 47 zu Art.9), ist eine volle Verhältnismäßigkeitsprüfung notwendig (vgl. BVerfG-K, NJW 01, 2618). I.Ü. hat der Gesetzgeber einen Ausgestaltungsspielraum. Überschreitet die Ausgestaltung die Ausgestaltungsermächtigung, müssen die Eingriffsvoraussetzungen gewahrt sein (Gellermann o. Lit. A 285; vgl. BVerfGE 95, 220/235). Führt die Ausgestaltung zu Eingriffen in andere Grundrechte, sind die Vorgaben zum kollidierenden Verfassungsrecht (unten Vorb.48f) zu beachten.

4. Einwilligung (Grundrechtsverzicht)

36   Eine Grundrechtsbeeinträchtigung liegt unter bestimmten Voraussetzungen nicht vor, wenn der Betroffene in die Maßnahme und ihre Wirkung einwilligt (Stern ST III/2 887ff; Di Fabio MD 36 zu Art.2 II); die Einwilligung unterbricht den Zurechnungszusammenhang (Peine HGR III § 57 Rn.40). Man spricht dann auch von *Grundrechtsverzicht*. Diese Möglichkeit besteht allerdings bei **verschiedenen Grundrechten** in sehr **unterschiedlichem Umfang**: Bei bestimmten Grundrechten ist die Einwilligung in die Beeinträchtigung geradezu als Grundrechtsausübung geschützt. Besonders deutlich ist das bei Art.16 Abs.1, aber auch bei Art.12 und Art.14. Andere Grundrechte sind dagegen eher verzichtsfeindlich; s. im Einzelnen Rn.13f zu Art.1, Rn.86, 89 zu Art.2, Rn.31 zu Art.9, Rn.13 zu Art.10, Rn.6, 8 zu Art.16, Rn.21 zu Art.104. Immerhin kann hier in Einzelfällen aufgrund der Einwilligung eine Beeinträchtigung zu verneinen sein (vgl. Rn.14 zu Art.1). Darüber hinaus kann der objektive Gehalt eines Grundrechts einer Einwilligung entgegenstehen, insb. dann, wenn die Beeinträchtigung von besonderer Dauer und Schwere ist (Pieroth/Schlink 139). Andererseits kann eine Einwilligung auch im Bereich der Schutzpflichten bedeutsam sein (Michael/Morlok Rn.539). Zur Einwilligung in die Beeinträchtigung durch Private Rn.58 zu Art.1; Rn.78 zu Art.12.

36a   Die Einwilligung muss eine rechtlich verbindliche **Erklärung** sein (Manssen 136), die von einem Einwilligungsbefugten und -berechtigten abgegeben wird (Merten HGR III § 73 Rn.16f). Weiter muss sie freiwillig sein (Merten HGR III § 73 Rn.21f), woran es fehlt, wenn ohne die Zustimmung gewichtige Nachteile entstehen (BVerwGE 119, 123/127; Dreier DR 131). Zudem muss die Einwilligung ausreichend konkret sein, damit der Betroffene die Folgen abschätzen kann (Stern SB Einl.156; Schmidt-Aßmann MD 247 zu Art.19 IV; Michael/Morlok Rn.538). Daher ist es nicht möglich, generell auf die Ausübung eines Grundrechts zu verzichten, sondern allenfalls auf einzelne, durch das Grundrecht geschützte Handlungsweisen. Wird die Einwilligung durch die Gewährung von Vorteilen herbeigeführt, kann ein Eingriff vorliegen (oben Vorb.28).

IV. Rechtfertigung von Eingriffen (Schranken)

1. Mögliche Rechtfertigungsgrundlagen

Erfolgt im Schutzbereich eines Grundrechts ein *Eingriff* (dazu oben Vorb. **37** 26–29), muss die Maßnahme nicht verfassungswidrig sein. Sie kann vielmehr unter bestimmten Voraussetzungen gerechtfertigt sein (zur Rechtfertigung anderer Beeinträchtigungen unten Vorb.50–54); dies gilt auch für eingriffsbezogene Verfahrenspflichten (BVerfGE 109, 279/364; zu derartigen Pflichten oben Vorb.12). Für die Rechtfertigung ist jeweils zu klären, ob der Eingriff verhältnismäßig ist, während die Bestimmung des Schutzbereichs wie des Eingriffs keine solche **Abwägung** erfordert (oben Vorb.20). Schutzbereich und Eingriff bestimmen also die *grundsätzliche* Reichweite der grundrechtlichen Gewährleistung, weshalb bei Vorliegen eines Eingriffs im Schutzbereich ein Indiz für die Verfassungswidrigkeit spricht, ähnlich wie die Erfüllung des Tatbestands einer Strafrechtsnorm ein **Indiz** für die Rechtswidrigkeit bildet (Jarass, AöR 1995, 371). Lediglich bei der allgemeinen Handlungsfreiheit wird man eine solche Indizwirkung ablehnen müssen.

Ein Eingriff kann durch einen entsprechenden **Gesetzesvorbehalt** (un- **38** ten Vorb.40) oder durch **kollidierendes Verfassungsrecht** (unten Vorb.45– 48) gerechtfertigt sein. Das entsprechende Gesetz bzw. die entsprechende Verfassungsnorm setzen dem Grundrecht eine „Schranke", beschränken es. Regelungen im Schutzbereich gestattet außerdem bei bestimmten Grundrechten die *Ausgestaltung,* die allerdings bereits zum Fehlen einer Beeinträchtigung führt (dazu oben Vorb.34 f).

Andersartige bzw. zusätzliche **Möglichkeiten der Grundrechtsein- 39 schränkung** gibt es nicht (BVerfGE 30, 173/192; 69, 1/54; BVerwGE 49, 202/208 f), etwa eine Schranke „offensichtlich sozialschädlichen Verhaltens" (dafür Starck MKS 324 zu Art.1), die generelle Anwendung der Schranken des Art.2 Abs.1 (Di Fabio MD 47 zu Art.2 I) oder einen Vorbehalt der streitbaren Demokratie (vgl. BVerfGE abwM 63, 266/310 f). Auch im **Sonderstatusverhältnis** (besonderes Gewaltverhältnis), v.a. im Beamten-, Wehrdienst-, Schul- und Strafvollzugsverhältnis gibt es keine zusätzlichen Beschränkungsmöglichkeiten, müssen also Eingriffe auf Grund eines entsprechenden Gesetzesvorbehalts oder kollidierenden Verfassungsrechts gerechtfertigt sein (BVerfGE 33, 1/11; 47, 46/78; 58, 358/367; Dreier DR 134).

2. Rechtfertigung auf Grund eines Gesetzesvorbehalts

a) Art. aa) Von einem grundrechtlichen Gesetzesvorbehalt kann man **40** sprechen, wenn das betreffende Grundrecht den Gesetzgeber zu einer Beschränkung, Beeinträchtigung, Regelung o.ä. im Schutzbereich des Grundrechts ermächtigt. Zum Verhältnis zum rechtsstaatlichen Vorbehalt des Gesetzes Rn.45 zu Art.20. Der Gesetzesvorbehalt kann **einfacher** oder **qualifizierter Art** sein (v. Münch MüK 54). Qualifizierte Vorbehalte lassen eine Beschränkung des Grundrechts nur in bestimmten Situationen, zu bestimmten Zwecken oder durch bestimmte Mittel zu (etwa Art.6 Abs.3, Art.8 Abs.2,

Art.11 Abs.2 oder Art.13 Abs.2, 7). Der einem Grundrecht beigefügte Vorbehalt kann nicht, etwa im Wege der Analogie oder unter dem Begriff der Schranken-Spezialität, auf ein anderes Grundrecht übertragen werden (Starck MKS 275 zu Art.1). Daneben kann man, insb. im Hinblick auf das Zitiergebot des Art.19 Abs.1 S.2, zwischen den *Einschränkungsvorbehalten* des Art.19 Abs.1 und den sonstigen grundrechtlichen Vorbehalten unterscheiden (Rn.4f zu Art.19).

41   Die vereinzelten **Ermächtigungen zu näherer Regelung** (etwa Art.4 Abs.3 S.2, Art.12a Abs.2 S.3, Art.38 Abs.3, Art.104 Abs.2 S.4) stellen keine Gesetzesvorbehalte dar, sondern sind der Ausgestaltung zuzuordnen (vgl. oben Vorb.34f). Sie erlauben daher keine Grundrechtseinschränkung (Sachs SA 102). Gleiches gilt für Regelungen nach Art.16a Abs.2 S.2, was einen Beurteilungsspielraum des Gesetzgebers nicht ausschließt (BVerfGE 94, 49/93; anders Pieroth Art.16a Rn.24).

42   **bb)** Gesetzesvorbehalte sehen regelmäßig eine Einschränkung **durch oder auf Grund eines Gesetzes** vor. Da mit Gesetz ein förmliches (Bundes- oder Landes-)Gesetz gemeint ist, kann die Einschränkung unmittelbar durch förmliches Gesetz oder auf Grund eines solchen durch untergesetzliche Normen oder durch Verwaltungsakte erfolgen. Zum Teil wird nur die Alternative „auf Grund eines Gesetzes" erwähnt (Art.2 Abs.2 S.3, Art.10 Abs.2, Art.13 Abs.7, Art.16 Abs.1 S.2), ohne dass dies einen sachlichen Unterschied begründet (Bumke/Voßkuhle 16; vgl. BVerfGE 33, 125/156). Der Grund für den verkürzten Wortlaut dürfte darin liegen, dass der Verfassungsgeber lediglich die erwähnte Alternative für bedeutsam hielt.

43   **b) Anforderungen an gesetzliche Grundlage. aa)** Was die **Art der einschränkenden Regelung** angeht, so kann eine Einschränkung auf der Grundlage eines förmlichen Gesetzes insb. durch *Satzung* erfolgen. Allerdings muss das förmliche Gesetz, wie auch sonst, ausreichend speziell sein und alle für die Grundrechtsausübung wesentlichen Fragen regeln (Rn.48 zu Art.20); dem wird eine allgemeine Verleihung der Satzungsautonomie regelmäßig nicht gerecht (BVerfGE 33, 125/158f; Sachs SA 111). Auch *Rechtsverordnungen* können nur insoweit zur Konkretisierung verwandt werden, als nicht der Gesetzesvorbehalt eine Regelung durch förmliches Gesetz verlangt (Rn.53 zu Art.20). Endlich kann eine Einschränkung durch (wirksam erlassenes und innerstaatlich anwendbares) EU-Recht erfolgen (Sachs SA 114). Eine Beschränkung durch *Gewohnheitsrecht* ist nicht möglich (BVerfGE 32, 54/75; Pieroth/Schlink 263); die für vorkonstitutionelles Gewohnheitsrecht angenommene Ausnahme hat sich durch Zeitablauf erledigt (vgl. (2) in Rn.9 zu Art.123). Verwaltungsvorschriften vermögen Grundrechte nicht zu beschränken (Rn.30 zu Art.12). Zum *Richterrecht* Rn.55 zu Art.5, Rn.30 zu Art.12 sowie Rn.43 zu Art.20.

44   **bb)** Weiter muss die gesetzliche Grundlage mit sonstigen Verfassungsnormen vereinbar sein, insb. sind die Verfahrens- und **Kompetenzvorschriften** für Gesetze zu wahren (allg. dazu Rn.1a zu Art.76). Darüber hinaus ist das **Zitiergebot** einzuhalten (dazu Rn.3–7 zu Art.19). Zudem muss das Gesetz ausreichend **bestimmt** sein (dazu Rn.57–62 zu Art.20). Zum Einzelfallverbot Rn.1f zu Art.19.

c) Verfahrensvorgaben für Rechtsanwendungseingriffe. Bei einzel- **45**
nen Grundrechten werden zusätzliche Verfahrensvorgaben für Eingriffe der
Rechtsanwendung festgelegt. Dies kann ein Richtervorbehalt sein (Rn.17 f,
23, 29 zu Art.13; Rn.15 zu Art.104). Zum Teil werden gesetzliche Verfahrensanforderungen zu solchen des Verfassungsrechts (Rn.5 zu Art.104). Darüber hinaus hat die Rechtsprechung weitere Verfahrensanforderungen entwickelt (etwa Rn.62a zu Art.2; Rn.24 zu Art.13), vielfach in Ergänzung zu
den materiellen Anforderungen der Verhältnismäßigkeit. Allg. zu verfahrensrechtlichen Gehalten der Grundrechte oben Vorb.11 f.

d) Verhältnismäßigkeit u. a. Schließlich muss ein Grundrechtseingriff **46**
verhältnismäßig iwS sein (Rn.81 f zu Art.20; Starck MKS 277 ff zu Art.1;
Dreier DR 145 ff). Dies gilt für das einschränkende Gesetz wie für die Anwendung des Gesetzes. Gegebenenfalls ist der Grundsatz der Verhältnismäßigkeit auf beiden Stufen zu prüfen (Rn.81a zu Art.20). Dabei bestehen unterschiedliche Spielräume für den Gesetzgeber einerseits (dazu Rn.87–89 zu
Art.20) und die Verwaltung andererseits (dazu Rn.90 f zu Art.20). Die bei
einigen Grundrechten geforderte Wechselwirkung (Rn.57 zu Art.5; Rn.18
zu Art.10) bedeutet nichts anderes als die Anwendung des Grundsatzes der
Verhältnismäßigkeit (BVerfGE 67, 157/172 f; Bethge SA 146 zu Art.5). Ob
die *Wesensgehaltsgarantie* des Art.19 Abs.2 einen darüber hinaus reichenden
Schutz gewährleistet, ist unsicher (Rn.9 zu Art.19).

Im Einzelnen muss der Eingriff im Hinblick auf einen legitimen Zweck **47**
(Rn.83 f zu Art.20) *geeignet* sein (dazu Rn.84 zu Art.20), weiter *erforderlich*
(dazu Rn.85 zu Art.20) und schließlich *angemessen* (Rn.86 f zu Art.20). Dies
schließt eine *Abwägung* der kollidierenden Rechtsgüter ein. Dabei sind die
Belange der beeinträchtigten Grundrechtsinhaber und der beeinträchtigten
Allgemeinwohlbelange einerseits und der Nutzen des Eingriffs für die Allgemeinheit und Dritte andererseits zu berücksichtigen. Bei der Bestimmung des
Gewichts der Beeinträchtigung des Grundrechtsinhabers können ggf. mehrere Einwirkungen als *additiver Eingriff* zusammenzurechnen sein (BVerfGE
112, 304/319 f; 114, 196/247; 123, 186/265 f). Zudem können die Auswirkungen anderer Grundrechte bedeutsam werden, selbst wenn in diese nicht
eingegriffen wird, sie nur mittelbar berührt sind (vgl. BVerfGE 104, 337/353;
113, 29/48 f). Darüber hinaus dürften *allgemeine Gesetze* eher zulässig sein, also
Gesetze, die einschlägige grundrechtliche Betätigungen den gleichen Pflichten unterwerfen wie andere Verhaltensweisen, die sich somit nicht allein im
Schutzbereich eines bestimmten Grundrechts auswirken.

3. Rechtfertigung durch kollidierendes Verfassungsrecht

a) Beschränkungsgrundlagen. Grundrechte können des Weiteren durch **48**
kollidierende **Grundrechte Dritter** beschränkt werden (BVerfGE 84,
212/228; 93, 1/21; 100, 214/223 f; 108, 282/297; Dreier DR 139 f; Jarass,
AÖR 1995, 371 f), auch dann, wenn das Grundrecht einen Gesetzes- oder
Regelungsvorbehalt aufweist (unten Vorb.47). Kennzeichen einer solchen
Grundrechtskollision ist (anders als bei einer Grundrechtskonkurrenz; oben
Vorb.17) das Gegeneinander von einem oder mehreren Grundrechten bei
mehreren Grundrechtsträgern (Dreier DR 157; Starck MKS 319 zu Art.1;

Stern ST III/2, 607, 629): Die Grundrechtsausübung eines Grundrechtsinhabers ist mit der Grundrechtsausübung eines anderen Grundrechtsinhabers nicht vereinbar. In diesem Falle wird die Grundrechtsausübung des Einen beschränkt, um die Grundrechtsausübung des Anderen zu fördern; der (staatliche) Eingriff in ein Grundrecht wird durch die Schutzfunktion des kollidierenden Grundrechts gerechtfertigt. Es stehen sich also die grundrechtliche Abwehrfunktion und die grundrechtliche Leistungs- bzw. Schutzfunktion gegenüber. Bei der Anwendung solcher *verfassungsimmanenter Schranken* ist allerdings Zurückhaltung und Vorsicht geboten, um nicht die unterschiedliche Gewährleistung von Grundrechten ohne Vorbehalt und Grundrechten mit einfachen bzw. qualifizierten Vorbehalten zu unterlaufen.

49   Eine ähnliche Grundrechtsschranke kann sich weiterhin aus **sonstigen verfassungsrechtlich geschützten Gütern** ergeben (BVerfGE 67, 213/228; 83, 130/139f; 108, 282/297; Sachs ST III/2, 552ff). Solche Verfassungsgüter folgen nicht bereits aus bloßen Kompetenz-, Ermächtigungs- und Organisationsvorschriften (vgl. BVerfGE *abwM* 69, 1/59f; BVerwG, DVBl 82, 200; diff. Sachs SA 132; zu großzügig BVerfGE 41, 205/227f; 53, 30/56), jedenfalls soweit sie nicht zu einem Handeln verpflichten. Bei einer Heranziehung der Kompetenznormen ergäbe sich auch die merkwürdige Konsequenz, dass eine Grundrechtseinschränkung möglich ist, soweit der Bund Regelungen treffen kann, nicht jedoch soweit die Länder kompetent sind. Für ein sonstiges Verfassungsgut ist es notwendig, dass die Verfassung eine Einrichtung etc. nicht nur zulässt, sondern ihr einen verfassungsrechtlichen Rang verleiht und ihre Realisierung vorgibt (ähnlich Sachs SA 122; noch restriktiver Pieroth/Schlink 334). Noch mehr als bei den kollidierenden Grundrechten ist hier Vorsicht und Zurückhaltung geboten (vgl. oben Vorb.45). Akzeptabel sind nur Einschränkungen, die mit der betreffenden Einrichtung etc. zwangsnotwendig verbunden sind. Dementsprechend können nen Gesetzesvorbehalten des GG keine verfassungsrechtlich geschützten Güter entnommen werden, da die Vorbehalte grundsätzlich nur im Rahmen des betreffenden Grundrechts zum Einsatz kommen und zudem den Schutz des betreffenden Guts nur erlauben, nicht erzwingen. Zum Sozialstaatsprinzip Rn.122 zu Art.20, zum Umweltschutz- und zum Tierschutzprinzip Rn.15f zu Art.20a.

50   **b) Anwendungsbereich des Instituts.** Die Möglichkeit einer Beschränkung von Grundrechten durch andere Grundrechte oder Verfassungsgüter muss auch bei den Grundrechten, die einen **Gesetzesvorbehalt** aufweisen, möglich sein (BVerwGE 87, 37/45f; BVerfGE 66, 116/136; 111, 147/157f zu Art.5 Abs.1; 73, 301/315 zu Art.12; Lerche HbStR V § 122 Rn.23; Epping 81; a.A. Pieroth/Schlink 331). Andernfalls könnten die vorbehaltlosen Grundrechte stärker relativiert werden als die nur mit einem speziellen Vorbehalt gewährten Grundrechte, da der Einsatzbereich des kollidierenden Verfassungsrechts weit gespannt ist. Um ein Unterlaufen der gesetzlichen Vorbehalte zu vermeiden, wird man verlangen müssen, dass zunächst die grundrechtlichen Vorbehalte geprüft werden, bevor auf kollidierende Grundrechte oder Verfassungsgüter zurückgegriffen wird. Dies ergibt sich auch daraus, dass genau genommen eine Scheinkollision vorliegt, wenn die Grundrechtsaus-

übung bereits auf Grund von Gesetzen, die in zulässiger Weise den Gesetzesvorbehalt des entsprechenden Grundrechts ausfüllen, verboten bzw. beschränkt ist.

c) Erfordernis einer gesetzlichen Ermächtigung. Kommt das Institut **51**
des kollidierenden Verfassungsrechts bei (echten) Grundrechtseingriffen
(dazu oben Vorb.26–29a) zum Tragen, gilt der Vorbehalt des Gesetzes; es ist
eine ausreichend bestimmte gesetzliche Grundlage notwendig (BVerfGE 59,
231/262; Dreier DR 141; Herdegen MD 45 zu Art.1 III). Dies gilt insb.
dann, wenn ein schrankenloses Grundrecht beschränkt wird (BVerfGE 83,
130/142; 108, 282/297, 302; BVerwGE 109, 29/37), aber auch in anderen
Fällen (BVerfGE 111, 147/157 f). Es ist daher unzutreffend, durch kollidierendes Verfassungsrecht bereits den Schutzbereich des Grundrechts begrenzt
zu sehen. Was die Anforderungen an die gesetzliche Grundlage angeht, gelten die Ausführungen oben in Vorb.43 f; das Zitiergebot gilt jedoch nicht
(Rn.5 zu Art.19).

d) Abwägung und Verhältnismäßigkeit. Bei der Beschränkung eines **52**
Grundrechts durch kollidierendes Verfassungsrecht ergibt sich für den Ausgleich ein Spielraum aus dem Umstand, dass das einzuschränkende Grundrecht bis zur Grenze der Verhältnismäßigkeit beschränkt werden kann, während der Schutz des zu fördernden Grundrechts oder Verfassungsguts nur in
einem Kernbereich verfassungsrechtlich vorgegeben ist (vgl. Jarass, AöR
1985, 382 ff). In der Sache ist die Kollision mit einem anderen Grundrecht
oder einem sonstigen Verfassungsgut durch eine *„Abwägung* aller Umstände
des Einzelfalles" aufzulösen (BVerfGE 30, 173/195; 81, 278/293). Dabei
müssen die betroffenen Grundrechte bzw. Verfassungsgüter „im Konfliktfall
nach Möglichkeit zum Ausgleich gebracht werden; lässt sich dies nicht erreichen, so ist unter Berücksichtigung der falltypischen Gestaltung und der besonderen Umstände des Einzelfalles zu entscheiden, welches Interesse zurückzutreten hat" (BVerfGE 35, 202/225; 67, 213/228; v. Münch MüK 47;
Denninger AK 46). Notwendig ist „ein verhältnismäßiger Ausgleich der ge-
genläufigen ... Interessen mit dem Ziel ihrer Optimierung" (BVerfGE 81,
278/292), ein schonender Ausgleich nach dem Grundsatz praktischer Konkordanz (BVerfGE 93, 1/21). Es kommt der Grundsatz der Verhältnismäßigkeit (dazu Rn.83–90a zu Art.20) zum Tragen (BVerfGE 81, 278/292; 94,
268/284; Epping Rn.83; Hufen § 9 Rn.34; oben Rn.46 f). Andererseits ist
zu beachten, dass in diesem Falle auf beiden Seiten Verfassungswerte stehen,
weshalb dem Gesetzgeber ein erheblicher Spielraum zukommt (BVerfGE 97,
169/176).

V. Rechtfertigung (Zulässigkeit) sonstiger Beeinträchtigungen

1. Rechtfertigung von Ungleichbehandlungen

Bei Grundrechtsbeeinträchtigungen in Form einer Ungleichbehandlung **53**
(oben Vorb.30) wird regelmäßig eine Rechtfertigung zugelassen. Die dogmatische Basis ist aber unklar. Die Gleichheitsgrundrechte enthalten durchweg keinen Gesetzesvorbehalt; gleichwohl ist eine Rechtfertigung von Un-

gleichbehandlungen möglich, wohl wegen der Eigenart der Gleichheitsgrundrechte, die Differenzierungen nur *grundsätzlich* verbieten (vgl. Rn.93f, 134 zu Art.3). Bei auf Abwehrgrundrechte gestützten Gleichbehandlungsansprüchen werden die einschlägigen Gesetzesvorbehalte angewandt. Zudem ist generell eine Rechtfertigung durch kollidierendes Verfassungsrecht (oben Vorb.45–49) möglich (Jarass, AöR 1995, 375f).

54   Was die **Anforderungen an die Rechtfertigung** angeht, dürfte im Bereich der *besonderen* Gleichheitsrechte aufgrund des Rechtsstaatsprinzips generell eine gesetzliche Grundlage erforderlich sein (Rn.50 zu Art.20). Zudem ist der Grundsatz der Verhältnismäßigkeit zu beachten (etwa Rn.95 zu Art.3), im Bereich des allgemeinen Gleichheitssatzes allerdings nur abgestuft und nicht in allen Fällen (Rn.17, 27 zu Art.3). Bei einzelnen Gleichheitsrechten werden zudem Verfahrensanforderungen gestellt (Rn.151 zu Art.3; Rn.18 zu Art.33). Insgesamt bestehen (jedenfalls bei besonderen Gleichheitsgrundrechten) große Ähnlichkeiten mit der Behandlung von Eingriffen, was es verständlich werden lässt, dass (insb. im Bereich der Abwehrgrundrechte) Ungleichbehandlungen vielfach als Eingriffe bezeichnet und behandelt werden.

2. Zulässigkeit des Unterlassens von Leistung, insb. Schutz

55   Bei Grundrechtsbeeinträchtigungen in Form des Unterlassens von Leistung bzw. Schutz (oben Vorb.31–33) hat die Rechtfertigung einen **etwas anderen Charakter.** Grundrechtsbeeinträchtigung und Rechtfertigung hängen enger zusammen (Jarass MP II § 38 Rn.30). Hier geht es um die Frage, ob die Handlungsmöglichkeiten des Staates ausnahmsweise zu einer grundrechtlichen Leistungspflicht erstarken. Man könnte daher auch von Zulässigkeit statt von Rechtfertigung sprechen (Krebs MP II § 31 Rn.123; vgl. Jarass, EU-GR, § 6 Rn.61).

56   In **formeller** Hinsicht kommt nur der allgemeine Vorbehalt des Gesetzes und der auch nur in Sonderfällen zum Tragen (Rn.51 zu Art.20; vgl. Borowski o. Lit. A 327ff). Die Zulässigkeit bzw. Rechtfertigung hängt im Wesentlichen von **materiellen** Voraussetzungen ab, die bislang vor allem für die **Schutzfunktion** näher behandelt wurden. Eine unzulässige Beeinträchtigung liegt danach erst vor, „wenn die öffentliche Gewalt Schutzvorkehrungen entweder überhaupt nicht getroffen hat oder die getroffenen Regelungen und Maßnahmen gänzlich ungeeignet oder völlig unzulänglich sind, das gebotene Schutzziel zu erreichen oder erheblich dahinter zurückbleiben" (BVerfGE 92, 26/46; BVerwGE 117, 93/106; Jarass MP II § 38 Rn.31; ähnlich BVerfGE 56, 54/80f; 79, 174/202; Rn.92 zu Art.2). „Dem Gesetzgeber wie der vollziehenden Gewalt kommt bei der Erfüllung dieser Schutzpflichten ein weiter Einschätzungs-, Wertungs- und Gestaltungsbereich zu" (BVerfGE 77, 170/214f; ähnlich BVerfGE 88, 203/262; 97, 169/176; Herdegen MD 23 zu Art.1 III). Für die Gerichte gilt nichts anderes (BVerfGE 96, 56/64).

57   Die Grenze des verfassungsrechtlich Zulässigen wird vom sog. **Untermaßverbot** gezogen (BVerfGE 88, 203/254; 109, 190/247; Jarass MP II § 38 Rn.32; Störring, Das Untermaßverbot, 2009, 41ff), das vom Grundsatz

der Verhältnismäßigkeit unterschieden wird (Gellermann, o. Lit. A 342 ff; Sachs SA Rn.147 zu Art.20; Grzeszick MD 127 zu Art.20 VII; skeptisch Dreier DR 103), aber viele Ähnlichkeiten aufweist. Es verlangt, dass die staatliche Schutzmaßnahme wirksam, ausreichend und angemessen ist (Mayer o. Lit. A 154 f; ähnlich BVerfGE 88, 203/254; Calliess, AöR 2006, 329). Das Untermaßverbot ist allerdings mit Vorsicht einzusetzen (zu anspruchsvoll Höfling FH 133); erst recht gilt das, wenn man von Verhältnismäßigkeit spricht. Die Verpflichtung beschränkt sich vielfach auf eine Evidenzkontrolle. Bei Grundrechtsgefährdungen sind „Art, Nähe und Ausmaß der möglichen Gefahr" bedeutsam (BVerfGE 49, 89/142). Zudem spielt eine Rolle, ob die mögliche Grundrechtsverletzung reparabel bzw. beherrschbar ist (Pieroth/Schlink 98). Schließlich kann kollidierendes Verfassungsrecht die staatlichen Spielräume erweitern. Enger sind die Spielräume häufig bei (derivativen) Teilhaberechten, nicht zuletzt wegen des Einflusses des Gleichheitssatzes (Jarass MP II § 38 Rn.33).

Art. 1 [Würde des Menschen, Grundrechtsbindung]

(1) Die Würde[6 f] des Menschen ist unantastbar[16]. Sie zu achten[11 f] und zu schützen[14] ist Verpflichtung aller staatlichen Gewalt[4].

(2) Das Deutsche Volk bekennt sich darum zu unverletzlichen und unveräußerlichen Menschenrechten als Grundlage jeder menschlichen Gemeinschaft, des Friedens und der Gerechtigkeit in der Welt[27 ff].

(3) Die nachfolgenden Grundrechte[30] binden Gesetzgebung, vollziehende Gewalt und Rechtsprechung[32 ff] als unmittelbar geltendes Recht[31].

Übersicht

Literatur A (Menschenwürde): *Hufen,* Die Menschenwürde, JuS 2010, 1; *Classen,* Die Menschenwürde ist – und bleibt – unantastbar, DÖV 2009, 689; *Tiedemann,* Vom inflationären Gebrauch der Menschenwürde, DÖV 2009, 606; *Dederer,* Die Garantie der Menschenwürde, JöR 2009, 89 ff; *v. Bernstorff,* Pflichtenkollision und Menschenwürdegarantie, Staat 2008, 21; *Wallerath,* Zur Dogmatik eines Rechts auf Sicherung des Existenzminimums, JZ 2008, 157; *Elsner/Schobert,* Gedanken zur Abwägungsresistenz der Menschenwürde, DVBl 2007, 278; *Hofmann,* Die Menschenwürde in Grenzbereichen der Rechtsordnung, FS Scholz, 2007, 225; *Hömig,* Die Menschenwürdegarantie des GG in der Rechtsprechung, EuGRZ 2007, 633; *Papier,* Die Würde des Menschen ist unantastbar, FS Starck, 2007, 371; *Stern,* Die Unantastbarkeit und der Schutz der Menschenwürde, ST IV/1, 2006, § 97; *Hain,* Konkretisierung der Menschenwürde durch Abwägung?, Staat 2006, 189; *Hartleb,* Grundrechtsvorwirkungen in der bioethischen Debatte, DVBl 2006, 672; *Lindner,* Die Würde des Menschen und sein Leben, DÖV 2006, 577; *Hassemer,* Über den argumentativen Umgang mit der Würde des Menschen, EuGRZ 2005, 300; *Herdegen,* Der Würdeanspruch des Embryo in vitro, GS Heinze, 2005, 357; *Zaar,* Wann beginnt die Menschenwürde nach Art.1 GG?, 2005; *Nettesheim,* Die Garantie der Menschenwürde zwischen metaphysischer Überhöhung und bloßem Abwägungstopos, AöR 2005, 71; *Aubel,* Das Menschenwürde-Argument im Polizei- und Ordnungsrecht, Verw 2004, 229; *Hufen,* Erosion der Menschenwürde?, JZ 2004, 313; *Poscher,* Die Würde des Menschen ist unantastbar, JZ 2004, 765; *Stern,* Die normative Dimension der Menschenwürdegarantie, in: Festschrift für Badura, 2004, 571; *Häberle,* Die Menschenwürde als Grundlage der staatlichen Gemeinschaft, HbStR³, Bd. II, 2004, § 22; *Böckenförde,* Menschenwürde als normatives Prinzip, JZ 2003, 809; *Dreier,* Menschenwürde in der Rechtsprechung des Bundesverwaltungsgerichts, in: Schmidt-Aßmann (Hg.), Festgabe 50 Jahre BVerwG, 2003, 201; *Schmidt-Jortzig,* Systematische Bedingungen der Garantie unbedingten Schutzes der Menschenwürde in Art.1 GG, DÖV 2001, 925; *Kloepfer,* Leben und Würde des Menschen, in: FS 50 Jahre BVerfG, 2001, Bd. II, 77; *Steiger,* Verantwortung vor Gott und den Menschen?, FS K. Lehmann, 2001, 663; *Schlehofer,* Die Menschenwürdegarantie des Grundgesetzes, Goltdammers Archiv für Strafrecht 1999, 357 ff; *Enders,* Die Menschenwürde in der Verfassungsordnung, 1997; *Brugger,* Menschenwürde, Menschenrechte, Grundrechte, 1997; *Benda,* Menschenwürde und Persönlichkeitsrecht, HbVerfR, 1995, § 6; *Höfling,* Die Unantastbarkeit der Menschenwürde, JuS 1995, 857; *H. Hofmann,* Die versprochene Menschenwürde, AöR 1993, 353; *Geddert-Steinacher,* Menschenwürde als Verfassungsbegriff, 1990.

Literatur B (Menschenrechte): *Isensee,* Positivität und Überpositivität der Grundrechte, MP II, 2006, § 26; *v. Hodenberg,* Das Bekenntnis des deutschen Volkes zu den Menschenrechten in Art.1 Abs.2 GG, 1997; *Kirchhof,* Verfassungsrechtlicher Schutz und internationaler Schutz der Menschenrechte, EuGRZ 1994, 16.

Literatur C (Grundrechtsbindung sowie Drittwirkung): *Kempen,* Grundrechtsverpflichtete, MP II, 2006, § 54; *Papier,* Drittwirkung der Grundrechte, MP II, 2006, § 55; *Hanau,* Der Grundsatz der Verhältnismäßigkeit als Schranke privater Gestaltungsmacht, 2004; *Guckelberger,* Die Drittwirkung der Grundrechte, JuS 2003, 1151; *Ruffert,* Vorrang der Verfassung und Eigenständigkeit des Privatrechts, 2001; *Schnapp/Kaltenborn,* Grundrechtsbindung nichtstaatlicher Institutionen, JuS 2000, 937; *Möstl,* Grundrechtsbindung öffentlicher Wirtschaftstätigkeit, 1999; *Limbach,* Die Ausstrahlung des Grundgesetzes auf das Privatrecht, in: Hadding (Hg.), Zivilrechtslehrer 1934/1935, 1999, 383; *Roth,* Die Grundrechte als Maßstab einer Vertragsinhaltskontrolle, in: Wolter/Riedel/Taupitz (Hg.), Einwirkungen der Grundrechte auf das Zivilrecht,

Öffentliche Recht und Strafrecht, 1999, 229 ff; *Canaris,* Grundrechte und Privatrecht, 1999; *Lücke,* Die Drittwirkung der Grundrechte an Hand des Art.19 Abs.3 GG, JZ 1999, 377; *Langner,* Die Problematik der Geltung der Grundrechte zwischen Privaten, 1998; *Diederichsen,* Das Bundesverfassungsgericht als oberstes Zivilgericht, AcP 1998, 171; *Classen,* Die Drittwirkung der Grundrechte in der Rechtsprechung des BVerfG, AöR 1997, 65; *Erichsen,* Die Drittwirkung der Grundrechte, Jura 1996, 527; *Höfling,* Die Grundrechtsbindung der Staatsgewalt, JA 1995, 431; *Hager,* Grundrechte im Privatrecht, JZ 1994, 373; *Oeter,* „Drittwirkung" der Grundrechte und die Autonomie des Privatrechts, AöR 1994, 529; *Nierhaus,* Grundrechte aus der Hand des Gesetzgebers?, AöR 1991, 72; *Stern,* Die Wirkung der Grundrechte in der Privatrechtsordnung, ST III/1, 1988, § 76; *Stern,* Die Grundrechtsverpflichteten, ST III/1, 1988, §§ 72–75.

I. Garantie der Menschenwürde (Abs.1)

1. Bedeutung, Verpflichtete, Abgrenzung

1   **a) Gründe für die Garantie.** Nach den grauenhaften Verbrechen des nationalsozialistischen Staates, die die Würde des Menschen auf das Schwerste verletzten, hat der Verfassungsgeber den Schutz der Menschenwürde an den Anfang des GG gestellt, wie das auch Art.1 GRCh tut, während die Menschenwürde in Art.151 Abs.1 S.1 WRV nur am Rande erwähnt war. Damit wird deutlich gemacht, dass in der Ordnung des GG zuerst der Mensch kommt und erst dann der Staat (Höfling SA 51), in Umkehrung des nationalsozialistischen Leitsatzes, der Einzelne sei nichts, der Staat (oder die Gemeinschaft) alles. Im Entwurf von Herrenchiemsee hieß es zutreffend in Art.1 Abs.1: „Der Staat ist um des Menschen willen da, nicht der Mensch um des Staates willen" (JöR 1951, 48; ebenso Herdegen MD 1; Starck MKS 12). Der Staat und seine Ziele haben keinen Eigenwert, sondern ziehen ihre Berechtigung allein daraus, dass sie den Menschen konkret dienen (ähnlich Häberle HbStR³ II § 22 Rn.66). Darin liegt auch eine Abkehr von der Vergötterung des Staats und der Volksgemeinschaft, etwa in der deutschen Romantik.

2   **b) Rechtliche Eigenart und Verpflichtete. aa)** Den Beweggründen für die Schaffung des Abs.1 (oben Rn.1) entsprechend ist die Würde des Menschen der **„oberste Verfassungswert"** des GG (BVerfGE 109, 279/311; ähnlich E 96, 375/398; 102, 370/389; 117, 71/89; Herdegen MD 4; Kunig MüK 1, 4). Die Garantie des Abs.1 fungiert als „tragendes Konstitutionsprinzip" (BVerfGE 87, 209/228; 109, 133/149; BVerwGE 115, 189/199), als Grund- und Leitnorm (Stern ST IV/1, 9), als **wichtigste Wertentscheidung** des GG. Das wird durch die Regelung des Art.79 Abs.3 unterstrichen, die eine Einschränkung des Grundsatzes des Art.1 Abs.1 auch im Wege der Verfassungsänderung verbietet. Erst recht kann die Gewährleistung des Abs.1 nicht durch andere Verfassungsnormen beschränkt werden (unten Rn.16). Vielmehr steuert sie die Auslegung der Normen des GG (Häberle HbStR³ II § 22 Rn.11). Abs.1 reichert die nachfolgenden Grundrechte an (unten Rn.5), um so eine leistungsfähige Verwirklichung der Garantie der Menschenwürde zu erreichen, wie das insb. durch das allgemeine

Persönlichkeitsrecht innerhalb des Art.2 Abs.1 geschehen ist (dazu Rn.36f zu Art.2). Zudem bildet Art.1 Abs.1 die Wurzel für einzelne Rechtsprinzipien, wie das Schuldprinzip (Rn.106 zu Art.20). Schließlich ist Art.1 Abs.1 bei der Schaffung wie der Anwendung von einfachgesetzlichen Normen zu beachten.

Art.1 Abs.1 enthält ein subjektives **Grundrecht** (Herdegen MD 29; Rob- **3** bers UC 33; Stern ST IV/1, 61; Starck MKS 30f), obgleich es gewichtige Gegengründe gibt (vgl. Geddert/Steinacher, o. Lit. A, 171f; Enders SB 35; Dreier DR 127f). Auch das BVerfG spricht von „Grundrecht" (BVerfGE 61, 126/137; 109, 133/151). Die praktische Bedeutung der Frage ist begrenzt: Die Gewährung der Menschenwürde steuert die Reichweite der nachfolgenden Grundrechte (unten Rn.5), mit der Folge, dass ein Betroffener idR einen Verstoß gegen Art.1 Abs.1 auch mittelbar geltend machen kann, sofern die Vorschrift kein Grundrecht enthielte (Dreier DR 129). Ein Verstoß gegen Art.1 Abs.1 dürfte nicht notwendig zu einer Entschädigung führen (BGHZ 161, 33/36f; a.A. Unterreitmeier, DVBl 05, 1237ff).

bb) Die Garantie der Menschenwürde **verpflichtet** gem. Abs.1 S.2 die **4** gesamte „**staatliche Gewalt**", womit die Gesetzgebung, die vollziehende Gewalt und die Rechtsprechung iSd Abs.3 (unten Rn.32–47) gemeint ist (Starck MKS 37; Stern ST IV/1, 97). Zu den Streitkräften unten Rn.23. Darüber hinaus dürfte das Gebot der Menschenwürde auch unmittelbar die **Privatpersonen** binden (BAGE 38, 69/80f; Zippelius BK 35; Herdegen MD 74; Kunig MüK 27; a.A. Stern ST IV/1, 66; Geddert-Steinacher, o. Lit. A, 94f). Das Bundesverfassungsgericht spricht allerdings von (bloßer) Ausstrahlungswirkung des Art.1 Abs.1 im Privatrecht, ohne eine unmittelbare Drittwirkung ausdrücklich abzulehnen (BVerfGE 96, 375/398f). Jedenfalls dürfte der Schutz unter Privaten weniger intensiv ausfallen. So schließt eine freiwillige Zustimmung unter Privaten z.T. eine Beeinträchtigung der Menschenwürde aus (unten Rn.14), während dies bei vergleichbaren staatlichen Eingriffen nicht der Fall ist (unten Rn.13).

c) Abgrenzung zu anderen Verfassungsnormen. Die Gewährleis- **5** tung des Art.1 Abs.1 wird **durch die nachfolgenden Grundrechte konkretisiert** (Hofmann SBK 8), zumal sie im Lichte des Art.1 Abs.1 auszulegen sind (oben Rn.2). Art.1 Abs.1 bildet die „Wurzel aller Grundrechte" (BVerfGE 93, 266/293). Daher sind, auch wenn man in Art.1 Abs.1 ein eigenständiges Grundrecht sieht (oben Rn.3), die nachfolgenden Grundrechte als konkretere Normen zuerst zu prüfen (Höfling SA 65; Stern ST IV/1, 75; Kunig MüK 69; für Spezialität sogar BVerfGE 51, 97/105). Eine unwürdige Behandlung ist daher zunächst am allgemeinen Persönlichkeitsrecht zu messen, eine Haft am Grundrecht der Freiheit der Person. Andererseits steht der besondere Rang des Art.1 Abs.1 einem echten Spezialitätsverhältnis entgegen (Höfling SA 65). Wird aber bei der Auslegung der nachfolgenden Grundrechte die Gewährleistung der Menschenwürde ausreichend berücksichtigt, erübrigt sich regelmäßig ein Rückgriff auf Art.1 Abs.1 (BVerfGE 53, 257/300; 56, 363/393; Kunig MüK 69). Im Wesentlichen wirkt Art.1 Abs.1 wie eine Schranken-Schranke: Eine Verletzung der Vorschrift stellt durchweg eine Verletzung eines (anderen) Grundrechts dar (Hofmann SHH

77); die Beeinträchtigung eines anderen Grundrechts kann generell nicht gerechtfertigt werden, wenn Art.1 beeinträchtigt ist (BVerfGE 107, 275/284; Hillgruber EH 9), da eine solche Beeinträchtigung ausnahmslos unzulässig ist (unten Rn.16). Andererseits ist Vorsicht geboten, wenn im Gebrauch eines Grundrechts eine Verletzung der Menschenwürde liegen soll (BVerfGE 107, 275/284); auszuschließen ist das andererseits nicht.

2. Schutzbereich

6   **a) Menschenwürde.** Mit der Menschenwürde ist der soziale Wert- und Achtungsanspruch gemeint, der dem Menschen wegen seines Menschseins zukommt (BVerfGE 87, 209/228); auf das Verhalten des Menschen kommt es nicht an (unten Rn.8). Geschützt wird die Würde des Menschen als Gattungswesen (BVerfGE 87, 208/228; BVerwGE 115, 189/199). Es besteht ein prinzipieller Unterschied zwischen dem Menschen und den Gegenständen (einschl. der Tiere). Jeder Mensch muss „als gleichberechtigtes Glied mit Eigenwert anerkannt werden" (BVerfGE 45, 187/228). Der Mensch ist **Subjekt,** nicht Objekt (vgl. BVerfGE 30, 1/26; 50, 166/175; BVerwGE 64, 274/278 f). Geschützt ist die menschliche Identität und Personalstruktur. Weiter erfasst die Menschenwürde einen „absolut geschützten **Kernbereich privater Lebensgestaltung**" (BVerfGE 109, 279/313). Darüber hinaus schließt die Menschenwürde die **prinzipielle Gleichheit** aller Menschen ein, trotz aller tatsächlichen Unterschiede (Kirchhof HbStR V § 124 Rn.100; Stern ST IV/1, 54; Höfling SA 33). Der Gehalt der Menschenwürde soll sich im Laufe der Zeit ändern können (BVerfGE 45, 187/229; 96, 375/399 f; Herdegen MD 40).

7   Die Garantie der Menschenwürde darf nicht zur „kleinen Münze" gemacht werden, auch wenn die Berufung auf sie in so vielen Fällen zu passen scheint und starken emotiven Beiklang aufweist (Dreier DR 47; Tiedemann, DÖV 09, 607; Lerche, FS Mahrenholz, 1994, 520; diff. Kunig MüK 8). Die Menschenwürde ist nicht bereits betroffen, wenn jemand in wenig würdigen Umständen (im Alltagssinne) leben muss (Hillgruber EH 11). Art.1 Abs.1 vermittelt allein einen **Elementarschutz** (Starck MKS 15; ähnlich Höfling SA 17), bedarf insoweit der restriktiven Deutung (Herdegen MD 44; Höfling SA 17 f; vgl. BVerfG-K, NJW 06, 1581).

8   **b) Träger bzw. personaler Schutzbereich.** Das Grundrecht steht allen **natürlichen Personen** zu, selbstverständlich auch Ausländern, Kindern (BVerfGE 74, 102/124 f) und Geisteskranken (BGHZ 35, 1/8; Stern ST IV/1, 71) sowie Straftätern (BVerfGE 64, 261/284; 72, 105/115). „Jeder (Mensch), besitzt sie, ohne Rücksicht auf seine Eigenschaften, seine Leistungen und seinen sozialen Status" (BVerfGE 87, 209/228). Unerheblich ist, „ob der Träger sich dieser Würde bewusst ist und sie selbst zu wahren weiß" (BVerfGE 39, 1/41). Auch durch „unwürdiges" Verhalten geht die Würde nicht verloren (BVerfGE 87, 209/228; 109, 133/150). Nicht geschützt sind **juristische Personen** (Kunig MüK 11; Robbers UC 21) sowie Gruppen (Höfling SA 64). Letztere können keine personale Würde haben; die unwürdige Behandlung einer Gruppe kann allerdings die Menschenwürde ein-

zelner Mitglieder verletzen (Stern ST IV/1, 73 f; Hillgruber EH 6; anders
Kunig MüK 17).

Der Schutz der Menschenwürde kommt auch dem **werdenden Leben** 9
im Mutterleib zugute (BVerfGE 39, 1/41; 88, 203/251; Kunig MüK 14;
Höfling SA 60; Stern ST III/1, 1056 ff; a. A. Podlech AK 57 f; Dreier DR
70 f; Ipsen, DVBl 04, 1384; Enders FH 133). Umstritten ist, ob der Schutz
bereits mit der Befruchtung der Eizelle (Hillgruber EH 4; Stern ST IV/1,
35, 72; Herdegen MD 65) oder erst mit der Nidation des befruchteten Eies
in der Gebärmutter einsetzt (so Kunig MüK 14; Huber MP II § 49 Rn.11;
Hofmann SBK 11; Dreier DR 83; Di Fabio MD 24 f zu Art.2 II). Das
BVerfG hat den objektiv-rechtlichen Schutz „jedenfalls" ab der Nidation
bejaht; dann handelt es sich „um individuelles, in seiner genetischen Identität und damit in seiner Einmaligkeit und Unverwechselbarkeit nicht mehr
teilbares Leben, das sich … nicht erst zum Menschen, sondern als Mensch
entwickelt" (BVerfGE 88, 203/251 f). Diese Voraussetzung dürfte in der Tat
erst mit der Nidation und der sich unmittelbar anschließenden Streifenbil-
dung gegeben sein, da erst dann eine Mehrlingsbildung ausgeschlossen ist
(weitere Bedenken gegen einen früheren Schutz bei Di Fabio MD 25 zu
Art.2 II). Mit der Nidation setzt daher der volle Schutz des Art.1 ein, wobei
die Nidation nicht notwendig in der Mutter erfolgen muss; es genügt die
Schaffung eines Umfeldes, das die autonome Entwicklung zum voll ausge-
bildeten Menschen ermöglicht (Di Fabio MD 24 zu Art.2 II). Weiterhin
dürfte der objektive Gehalt der Menschenwürde in der Zeit zwischen Befruchtung und Nidation gewisse *Vorwirkungen* entfalten (Di Fabio MD 28 zu
Art.2 II; Hufen 148), so wie Art.1 Abs.1 nach dem Tode gewisse Nachwirkungen entfaltet (unten Rn.10). Dieser Schutz ist aber nicht absoluter Natur, sondern dem Prinzipiencharakter entsprechend ein bloßer Abwägungs-
schutz (vgl. Di Fabio MD 29 zu Art.2 II). Auch besteht insoweit kein
subjektiv-rechtlicher Schutz und damit kein Grundrechtsträger. Diese Einschränkungen sind insb. für extrakorporal erzeugte Stammzellen bedeutsam
(unten Rn.21).

Die Menschenwürde (als Grundrecht) **endet mit** dem **Tod** eines Men- 10
schen, der mit dem Erlöschen der Gehirnströme angenommen wird (Dreier
DR 72; für Herztod Herdegen MD 56; vgl. Rn.81 zu Art.2). Doch ergeben
sich *nachwirkende* Schutzpflichten (BVerfGE 30, 173/194; BVerfG-K, NVwZ
08, 550; Höfling SA 61 ff; a. A. Huber MP II § 49 Rn.24; Rüfner HbStR V
§ 116 Rn.18). Das Prinzip der Menschenwürde ist auch im Hinblick auf die
Toten zu beachten. Als Prinzip ist Art.1 Abs.1 insoweit der Abwägung zugänglich. Ein subjektiv-rechtlicher Gehalt dürfte insoweit mangels Grundrechtsträger fehlen (a. A. Kunig MüK 15).

3. Beeinträchtigungen

a) Eingriffe. aa) Gem. Abs.1 S.2 hat der Staat zum einen die Würde des 11
Menschen **„zu achten"**. Damit ist iS eines Abwehrrechts gemeint, dass
dem Staat Handlungen verboten sind, die die Menschenwürde verletzen
(Starck MKS 39; Dreier DR 135). Die aus der Menschenwürde fließende
Subjektqualität wird verletzt, wenn ein Mensch dadurch „zum bloßen Ob-

jekt der Staatsgewalt" gemacht wird, dass „durch die Art der ergriffenen Maßnahme die Subjektqualität des Betroffenen grundsätzlich in Frage gestellt wird" (BVerfGE 109, 279/312f; 96, 375/399; 109, 133/149f; 117, 71/89), etwa durch Erniedrigung, Brandmarkung oder Ächtung (BVerfGE 102, 347/367; ähnlich Herdegen MD 37) oder andere Verhaltensweisen, „die dem Betroffenen seinen Achtungsanspruch als Mensch absprechen" (BVerfGE 107, 275/284). Dementsprechend wird die Menschenwürde durch Folter, Sklaverei, Leibeigenschaft oder Stigmatisierung verletzt (Dreier DR 139), durch Frauen- oder Kinderhandel (Pieroth/Schlink 361). Weiter liegt ein Eingriff vor, wenn jemand „zum bloßen Gegenstand eines ihn betreffenden Verfahrens gemacht wird" (BVerfGE 63, 332/337), wenn in gravierender Weise in die körperliche oder geistige Integrität und Identität eingegriffen wird, etwa durch grausame, unmenschliche oder erniedrigende Strafen (BVerfGE 72, 105/116; 75, 1/16f; 109, 133/150; Robbers UC 41); zur lebenslangen Freiheitsstrafe unten Rn.18. Gleiches gilt für eine sonstige *grausame, unmenschliche oder entwürdigende Behandlung* (Stern ST IV/1, 24f). Auch in der „Kommerzialisierung menschlichen Daseins" kann eine Beeinträchtigung liegen (BVerfGE 96, 375/400). Die Menschenwürde wird verletzt, wenn der Kernbereich privater Lebensgestaltung beobachtet oder abgehört wird (unten Rn.20). Unzulässig ist schließlich das Brechen der **Identität** des Menschen (Höfling SA 39).

12   Weiter wird die Menschenwürde beeinträchtigt, wenn die prinzipielle **Gleichheit** eines Menschen mit anderen Menschen in Zweifel gezogen wird (Kirchhof HbStR V § 124 Rn.100; Hillgruber EH 16; Höfling SA 33), wenn jemand grundsätzlich wie ein Mensch zweiter Klasse behandelt wird, weshalb schwere Beeinträchtigungen der rechtlichen Gleichheit erfasst werden (Podlech AK 29ff; oben Rn.6). Erfasst werden alle Formen rassisch motivierter Diskriminierung (Herdegen MD 39, 49).

13   **bb)** Ob die Beeinträchtigung der Menschenwürde **beabsichtigt** ist, kann an sich nicht entscheidend sein (a.A. Kunig MüK 24), zumal die Voraussetzung der Finalität relativ einfach verschleiert werden kann. Allerdings kann der tendenziell entwürdigende Charakter durch eine entsprechende Absicht verstärkt werden (Zippelius BK 62). Die **Zustimmung des Betroffenen** ändert im Kernbereich des Grundrechts nichts am Eingriff (vgl. BVerwGE 86, 362/366; 113, 272/273, 277f; Podlech AK 71; vorsichtiger Zippelius BK 39f; a.A. Starck MKS 36). Im Begriffshof der Menschenwürde kommt es dagegen möglicherweise auf die Umstände des Einzelfalles an (so Herdegen MD 49).

14   **b) Unterlassen von Leistung, insb. Schutz. aa)** Als zweite Verpflichtung schreibt Abs.1 S.2 neben dem „Achten" den **„Schutz"** der Würde des Menschen durch den Staat vor. Damit ist primär „nicht Schutz vor materieller Not, sondern Schutz gegen Angriffe auf die Menschenwürde durch andere … gemeint" (BVerfGE 1, 97/104; Dreier DR 136). Der Staat muss „alle Menschen gegen Angriffe auf die Menschenwürde wie Erniedrigung, Brandmarkung, Verfolgung, Ächtung … schützen" (BVerfGE 102, 347/367; 107, 275/284), insb. privatrechtliche und öffentlich-rechtliche Vorschriften erlassen, die die Beeinträchtigung der Würde des Menschen verhindern

(Herdegen MD 78). Dabei kommt ihm allerdings ein erheblicher Spielraum zu (Höfling SA 49). Ein Schutz gegen den Willen des Betroffenen ist regelmäßig nicht geboten (BVerfGE 61, 126/137 f; i.E. Herdegen MD 79; Stern ST IV/1, 93; a.A. BVerwGE 113, 340/341 f). Insoweit kommt das ebenfalls in Art.1 Abs.1 wurzelnde Autonomiegebot zum Tragen (Kunig MüK 34); zur abweichenden Situation bei der Abwehr von Eingriffen oben Rn.13. Schutz ist zudem vor Angriffen durch eine ausländische Staatsgewalt zu gewähren (Sachs SA 38; Kunig MüK 33). Die Schutzkomponente ist auch subjektiv-rechtlicher Natur (Stern ST IV/1, 103; Vorb.6 vor Art.1).

bb) Aus Art.1 Abs.1 iVm dem Sozialstaatsprinzip des Art.20 Abs.1 folgt **15** die Pflicht des Staates, „dem mittellosen Bürger" die „Mindestvoraussetzungen für ein menschenwürdiges Dasein" „erforderlichenfalls durch Sozialleistungen zu sichern" (BVerfGE 82, 60/85; Herdegen MD 121; Dreier DR 158; Höfling SA 48; a.A. noch BVerfGE 1, 97/104; offen gelassen BVerfGE 75, 348/360). Dabei ist allerdings Vorsicht angebracht. Die gesetzlichen Leistungen der Sozialhilfe können über dieses **Existenzminimum** hinausgehen (Starck MKS 41).

4. Rechtfertigung von Eingriffen (Schranken)

Die Garantie der Menschenwürde unterliegt keinen Beschränkungsmög- **16** lichkeiten („unantastbar"), auch nicht durch andere Verfassungsgüter, da ihr der höchste Rang im GG zukommt (BVerfGE 75, 369/380; 93, 266/293; 115, 320/358 f; Höfling SA 11; Stern ST IV/1, 95; zurückhaltend Robbers UC 34). Mit dem Höchstrang vereinbar ist allerdings, auf der Grundlage der Schutzpflicht die Beeinträchtigung der Menschenwürde durch Privatpersonen mit Mitteln zu bekämpfen, die die Menschenwürde beeinträchtigen, sofern kein milderes Mittel zur Verfügung steht (Starck MKS 35; Herdegen MD 46; Dreier DR 133; Stern ST IV/1, 95 f). Ob es allerdings solche Fälle tatsächlich gibt, ist sehr zweifelhaft (ablehnend Kunig MüK 4; Pieroth/ Schlink Rn.365). Jedenfalls ist das Folterverbot kein Anwendungsfall (unten Rn.19). Im Bereich der Vorwirkungen und der Nachwirkungen sind hingegen Begrenzungen möglich (str., oben Rn.9 f).

5. Einzelne Bereiche und Fälle

Die Gewährleistung des Art.1 Abs.1 kommt aufgrund ihrer Wirkungen **17** für die nachfolgenden Grundrechte (oben Rn.5) vielfach im **Zusammenwirken mit anderen Grundrechten** zum Tragen, wobei meist das andere Grundrecht den Ausgangspunkt bildet und dann durch Art.1 Abs.1 angereichert wird. Darauf wird bei dem jeweiligen Grundrecht eingegangen. Beim allgemeinen Persönlichkeitsrecht des Art.2 Abs.1 iVm Art.1 Abs.1 hat sich dieser Ansatz sogar zu einem eigenständigen Grundrecht verselbstständigt (Rn.36 zu Art.2). In anderen Fällen steht dagegen Art.1 Abs.1 im Vordergrund oder hat zumindest gleiche Relevanz.

a) Strafe und unmenschliche Behandlung. Für *lebenslänglich Verurteilte* **18** muss die Chance bestehen „der Freiheit wieder teilhaftig werden zu können" (BVerfGE 117, 71/95; 72, 105/113; 109, 133/150; a.A. Starck MKS

49); s. auch Rn.122 zu Art.2. Dies gilt auch für die Sicherungsverwahrung, weshalb ausreichende Behandlungs-, Therapie- und Arbeitsmöglichkeiten anzubieten sind (BVerfGE 109, 133/155 f). Gehen allerdings von dem Betroffenen unvertretbare Gefahren aus, ist auch eine lebenslängliche Freiheitsentziehung möglich, wobei eine regelmäßige Überprüfung geboten ist (BVerfGE 117, 71/98, 103). Eine Auslieferung kann auch zulässig sein, wenn eine lebenslange Freiheitsstrafe droht (BVerfGE 113, 154/162 f). Die *Todesstrafe* dürfte gegen Art.1 Abs.1 verstoßen (BGHSt 41, 317/325; Kunig MüK 18 zu Art.102; Starck MKS 48; Müller-Terpitz HbStR³ VII § 147 Rn.63; einschr. Scholz MD 31 zu Art.102; a.A. Enders SB 79). Zum Strafverfahren Rn.98 ff zu Art.20. Zum *Schuldprinzip* und zur Verhältnismäßigkeit von Strafen Rn.106 f zu Art.20. Zur Art der Strafe oben Rn.11. Auch im Bereich des **Strafvollzugs** ist Art.1 zu beachten. Die Belegung einer Zelle von 12 m² mit zwei Gefangenen soll nur unter Einschränkungen zulässig sein (BGHSt 50, 234/240 f). Zur Behandlung von Straf- und Untersuchungsgefangenen vgl. außerdem Rn.68 f zu Art.2 sowie Rn.7–9 zu Art.104.

19   **Folter** ist generell unzulässig (Höfling SA 20; Hillgruber EH 44; Di Fabio MD 80 zu Art.2 II; Herdegen MD 51, 95; einschr. Brugger, Staat, 1996, 79 ff), wie das auch Art.104 Abs.1 S.2 (Rn.9 zu Art.104) sowie Art.4 GRCh bzw. Art.3 EMRK entnommen werden kann. Gleiches gilt in Anlehnung an Art.4 GRCh bzw. Art.3 EMRK für sonstige **unmenschliche** oder erniedrigende Strafen und **Behandlungen** (vgl. oben Rn.11). Unzulässig ist eine Ausweisung, Abschiebung oder Auslieferung, auch in Anlehnung an Art.19 Abs.2 GRCh, wenn dem Betroffenen mit hinlänglicher Wahrscheinlichkeit eine menschenunwürdige Behandlung, insb. Folter droht (BVerfGE 75, 1/16 f; Dreier DR 146; vgl. Rn.98 zu Art.2). Eine schikanöse oder entwürdigende Behandlung von untergebenen Soldaten ist unzulässig (BVerwGE 83, 300/301; 86, 305/306 f; 93, 56/58); allgemein zu den Streitkräften unten Rn.23. Unzulässig ist in Anlehnung an Art.5 Abs.1 GRCh bzw. Art.4 Abs.1 EMRK jede Form der Sklaverei oder Leibeigenschaft. Gleiches gilt für den Menschenhandel iSd Art.5 Abs.3 GRCh.

20   **b) Weitere Eingriffe in Persönlichkeit und Körper.** Die Ehre wird durch das allg. **Persönlichkeitsrecht** geschützt (Rn.41 zu Art.2). Gleiches gilt für die informationelle Selbstbestimmung (dazu Rn.42–43a zu Art.2); zu Ton- und Bildaufnahmen Rn.44, 72 f zu Art.2. Zu den Methoden staatlicher Informationsgewinnung und -verwendung Rn.64–66 zu Art.2. Zur Selbstbezichtigung Rn.46 zu Art.2. Zum Sexualleben Rn.48 zu Art.2; eine Peep-Show kann schwerlich gegen Art.1 verstoßen (Starck MKS 114; v. Münch MüK 36; a.A. BVerwGE 64, 274/278 ff; vorsichtiger zu Art.1 BVerwGE 84, 314/317). Kinderpornographie verstößt gegen Art.1 Abs.1 (BVerwGE 111, 291/294 f). S. außerdem generell die Einzelfälle zum allgemeinen Persönlichkeitsrecht in Rn.64–74 zu Art.2. Das Beobachten oder Abhören des *Kernbereichs privater Lebensgestaltung* in der **Wohnung** verletzt die Menschenwürde, etwa das Abhören von Äußerungen innerster Gefühle oder Ausdrucksformen der Sexualität in einer Privatwohnung (BVerfGE 109, 219/313 f; näher Rn.26 zu Art.13), nicht dagegen Gespräche, die Angaben über

begangene Straftaten enthalten (BVerfGE 109, 279/319). In diesem Kernbereich ist auch das Abhören von Telefonen unzulässig (Rn.18a zu Art.10). Bei Eingriffen in den **Körper** ist das Recht auf Leben und körperliche Unversehrtheit einschlägig. Der *Schwangerschaftsabbruch* enthält idR keine Würdeverletzung (Herdegen MD 112; Höfling SA 67; anders Starck MKS 94). Gleiches gilt für die Leihmutterschaft (Herdegen MD 104). Der *Organentnahme* bei Toten setzt (allein) Art.1 Abs.1 Grenzen (Kunig MüK 72 zu Art.2). Die **Sterbehilfe** ist primär ein Problem des Rechts auf Leben (Rn.100 zu Art.2). Geht es aber darum, über ein „Sterben in Würde" zu entscheiden, ist auch Art.1 Abs.1 einschlägig (BGHZ 90, 103/111; Dreier DR 157; Podlech AK 54; Herdegen MD 89).

c) Gentechnik, Biomedizin u. ä. Für gentechnische Maßnahmen vor **21** der Nidation kommen nur die objektiven Vorwirkungen des Art.1 Abs.1 zum Tragen (str., oben Rn.9), was etwa bei der Stammzellenforschung eine Abwägung ermöglicht (Di Fabio MD 32 zu Art.2 II; a. A. Starck MKS 103). Die Verwendung von embryonalen Stammzellen (vor der Nidation) zu Forschungs- und Therapiezwecken dürfte daher zulässig sein (Herdegen MD 114 f; a. A. Stern ST IV/1, 38 f), während die Vorwirkung des Art.1 Abs.1 bei der Produktion solcher Zellen stärkere Einschränkungen bewirkt (für generelle Unzulässigkeit insoweit Starck MKS 103; Hofmann SBK 30; dagegen Herdegen MD 103). Dagegen kommt Art.1 Abs.1 beim reproduktiven Klonen eines Menschen voll zum Tragen, mit der Folge, dass dies generell ausgeschlossen ist (Starck MKS 105; Herdegen MD 105); anders dürfte sich die Situation beim therapeutischen Klonen darstellen (Herdegen MD 106; Ipsen, JZ 01, 996; a. A. Höfling SA 25). Die homologe oder heterologe Insemination enthält keine Beeinträchtigung des Art.1 Abs.1 (Herdegen MD 101).

d) Existenzminimum bei Steuern u. ä. Aus Art.1 Abs.1 iVm Art.20 **22** Abs.1, Art.3 Abs.1 und Art.6 Abs.1 ergibt sich das „Gebot der steuerlichen Verschonung des Existenzminimums des Steuerpflichtigen und seiner unterhaltsberechtigten Familie" (BVerfGE 124, 282/294; 107, 27/49; 112, 268/281; 120, 125/154 f). Das (vom Gesetzgeber festzulegende) Existenzminimum darf im Steuerrecht die entsprechenden durchschnittlichen Sozialhilfeanforderungen nicht unterschreiten (BVerfGE 91, 93/111; 99, 246/260; 110, 412/434; 120, 125/155). Die für die Sicherung des Existenzminimums notwendigen Aufwendungen sind bedarfsgerecht zu bestimmen (BVerfGE 124, 282/294). Unzulässig war die fehlende Abzugsfähigkeit einer privaten Kranken- und Pflegegeldversicherung (BVerfGE 120, 125/165 ff). Entsprechende Grenzen bestehen bei der Pfändung (BGHZ 161, 73/78 f; Dreier DR 148). Allgemein zum Existenzminimum oben Rn.15, Rn.93 zu Art.2 und Rn.124 zu Art.20. Im Leistungsbereich, insb. bei der Sozialhilfe, kommt dem Gesetzgeber ein weiter Einschätzungs- und Ausgestaltungsspielraum zu (BSGE 97, 265 Rn.51; 100, 221 Rn.31; oben Rn.15); allerdings sind die existenznotwendigen Aufwendungen in einem transparenten und sachgerechten Verfahren realitätsgerecht zu bemessen (BVerfG, NJW 10, 508).

e) Sonstiges. Innerhalb der *Streitkräfte* fällt der Schutz des Art.1 Abs.1 **23** nicht anders als außerhalb aus (BVerwGE 83, 300/301; 113, 70 f; 115, 174/

176); zur entwürdigenden Behandlung von Soldaten oben Rn.19. Ein Befehl an einen Soldaten, der gegen die Menschenwürde verstößt, muss nicht befolgt werden (BVerwGE 127, 302/311). Die Existenz eines Kindes kann kein Schaden sein (BVerfGE 88, 203/296), wohl aber das Entstehen von Unterhaltsverpflichtungen (BVerfGE 96, 375/400 ff; Höfling SA 34; vgl. Rn.103 zu Art.2 a.E.). Ein Unterhaltungsspiel, das auf die spielerische „Gewaltausübung" gegen Menschen angelegt ist, verstößt nicht gegen die Menschenwürde (a.A. BVerwGE 115, 189/198 f). Im Arbeitsrecht wurde bei übermäßiger Arbeitsbelastung ein Verstoß gegen Art.1 Abs.1 erwogen (BAGE 38, 69/80 f). Tierschutz hat mit Menschenwürde nichts zu tun (BVerwGE 105, 73/81; Herdegen MD 32; Höfling SA 36; a.A. Kunig MüK 16); eine Gleichstellung von Mensch und Tier verletzt vielmehr Art.1 Abs.1 (BVerfG-K, NJW 09, 3091; Dreier DR 121 f). Schockwerbung verstößt nicht notwendig gegen die Menschenwürde (BVerfGE 107, 275/284 f; a.A. BGHZ 149, 247/ 262 f). Zum Abschuss eines Flugzeugs zur Menschenrettung Rn.96 zu Art.2.

24–26   (unbesetzt)

II. Bekenntnis zu Menschenrechten (Abs.2)

27   Abs.2 enthält wichtige Vorgaben zur **Bedeutung** und Qualität **von Menschen- bzw. Grundrechten,** auch in Reaktion auf die Verbrechen des Nazi-Regimes (BVerwGE 113, 48/50). Die Vorschrift verbindet die Gewährleistung des Abs.1 mit der Idee der Menschenrechte in der Tradition der westlichen Demokratien, die dem Menschen nicht vom Staat verliehen werden, sondern kraft seiner Natur zustehen (vgl. Dreier DR II 3). Das betrifft vor allem die Grundrechte, die Teil des zwingenden Völkerrechts sind (Herdegen MD 30), ohne aber darauf beschränkt zu sein. Abs.2 macht weiter deutlich, dass Menschenrechte nicht nur ihrem Träger dienen, sondern als *Grundlage* jeder „guten" menschlichen Gesellschaft und damit auch der durch das GG begründeten Ordnung verstanden werden müssen. Ohne sie sind Frieden und Gerechtigkeit in der Welt gefährdet (vgl. Dreier DR II 22). Wegen dieser zentralen Bedeutung sind die Menschenrechte unverletzlich, d.h. sie müssen in wirksamer Weise gegen jede Verletzung geschützt werden. Außerdem sind sie unveräußerlich, d.h. unverzichtbar, was nicht ausschließt, auf einzelne Grundrechtsausübungen zu verzichten (vgl. Vorb.36 f vor Art.1).

28   Was die **Rechtsfolgen** angeht, so erfolgt die Umsetzung der Gehalte des Abs.2 gegenüber der deutschen Staatsgewalt durch die Grundrechte des GG, die dem Bürger Rechte von Verfassungsrang verleihen (ähnlich Pieroth/ Schlink 352; Starck MKS 132; Isensee MP II § 26 Rn.107; Dreier DR II 12). Bei der Auslegung und Anwendung der Grundrechte sind aber die Gehalte des Abs.2 zu beachten. Der verfassungsändernde Gesetzgeber darf gem. Art.79 Abs.3 diese Gehalte nicht aufgeben (BVerfGE 109, 279/310; Starck MKS 133; Herdegen MD 9). Die Grundrechte des zwingenden Völkerrechts werden zudem durch Art.25 inkorporiert (Rn.5 zu Art.25; für Art.1 Abs.2 Herdegen MD 39). Darüber hinaus enthält Abs.2 den Auftrag, zur Verwirklichung der Idee unverletzlicher und unveräußerlicher Menschenrechte weltweit beizutragen, wobei den zuständigen Stellen ein weiter Spielraum zukommt (Hillgruber EH 58; Hofmann SHH 71; Dreier DR II 22). Dies ist insb. im Hinblick auf die von den nationalen Grundrechten nicht gebundene ausländische öffentliche Gewalt von Bedeutung (vgl. BVerfGE 66, 39/56 f). Schließlich kann Art.1 Abs.1 außerhalb des zeitlichen Anwendungsbereichs des GG bedeutsam werden (Dreier DR II 13).

Abs.2 verpflichtet auf das oben in Rn.27 beschriebene *Konzept* der Men- **29** schenrechte (vgl. Dreier DR II 18), nicht auf einzelne, genau umschreibbare Rechte. Insb. führt Abs.2 nicht zu einer normativen Festschreibung von **völkerrechtlichen Menschenrechtskatalogen** (Isensee MP II § 26 Rn.90). Wieweit sie innerstaatlich gelten, ist wie bei sonstigem Völkerrecht zu beurteilen (Hillgruber EH 55). Abs.2 vermittelt daher weder der Allgemeinen Erklärung der Menschenrechte (der Vereinten Nationen) noch der Europäischen Menschenrechtskonvention Verfassungsrang (Kunig MüK 47; Dreier DR II 19; Rn.10 zu Art.25). Andererseits trägt Abs.2 im Bereich der Menschenrechte zum Gebot der Völkerrechtsfreundlichkeit (BVerfGE 111, 307/329; dazu Rn.4 f zu Art.25) bei; die genannten Menschenrechtserklärungen sind daher bei der Auslegung der Grundrechte des GG zu berücksichtigen, insb. die EMRK (Rn.10 zu Art.25). Zur prozessualen Bedeutung der Erklärungen Rn.72 zu Art.93. Besonderes Gewicht kommt der Charta der Grundrechte der Europäischen Union zu, die bereits vor ihrem Verbindlichwerden einen interpretationsleitenden Maßstab lieferte (Herdegen MD 69 zu Art.1 III; Jarass, EU-GR, § 2 Rn.4 f; vgl. BVerfGE 107, 395/408 f; 110, 339/342).

III. Grundrechtsbindung, insb. Grundrechtsverpflichtete (Abs.3)

1. Anwendungsbereich und Art der Bindung

Art.1 Abs.3 regelt die Frage der Grundrechtsbindung und damit die Fra- **30** ge, wer durch die Grundrechte *verpflichtet* wird (Grundrechtsverpflichteter); zum Teil spricht man insoweit auch von Grundrechtsadressaten. Die Regelung gilt für „die nachfolgenden Grundrechte". Damit sind alle **Grundrechte** und **grundrechtsgleichen Rechte** des GG (Grundrechte iwS) gemeint, also die des ersten Abschnitts und die anderen in Art.93 Abs.1 Nr.4a aufgeführten Rechte (Kunig MüK 48). Sonstige verfassungsmäßige Rechte (vgl. Vorb.1 vor Art.1) dürften hingegen nicht unmittelbar gemeint sein (a. A. Dreier DR 31); doch kommt eine entsprechende Anwendung in Betracht.

Die Grundrechte sind gem. Abs.3 **unmittelbar geltendes Recht.** Darin **31** liegt eine bewusste Abkehr vom Rechtszustand unter der WRV, wo viele Grundrechte als bloße Programmsätze eingestuft wurden, deren Verletzung daher gerichtlich nicht geltend gemacht werden konnte. Gerade Letzteres ist für die praktische Wirksamkeit der Grundrechte entscheidend. Die Bezeichnung der Grundrechte als unmittelbar geltendes Recht schließt daher ein, dass ihre Beachtung gerichtlich durchgesetzt werden kann (Stern ST III/1, 1208). Da zudem eine gerichtliche Kontrolle nur dann effektiv ist, wenn der betroffene Bürger sie in Gang setzen kann, enthalten die Grundrechte generell **subjektive Rechte** (BVerfGE 6, 386/387; Dreier DR 35; Robbers UC 81; Höfling SA 82). Zu jedem Grundrecht gehört die Möglichkeit der gerichtlichen Kontrolle seiner Einhaltung (BVerfGE 107, 299/311). Abs.3 regelt nur die Art der Bindung, nicht den materiellen Gehalt, enthält also keinen eigenständigen Prüfungsmaßstab (BVerfGE 61, 126/137). Schließlich ergibt sich aus Art.1 Abs.3 der Vorrang der Grundrechte vor dem einfachen Recht (Herdegen MD 1); allg. zum Vorrang der Verfassung Rn.32, 38 zu Art.20.

2. Bindung des öffentlich-rechtlichen Staatshandelns

32   **a) Bindung aller Staatsgewalten. aa)** Die Grundrechte binden gem. Abs.3 die (förmliche) **Gesetzgebung,** auch den Privatrechtsgesetzgeber (näher unten Rn.52); ebenfalls erfasst werden Untersuchungsausschüsse (BVerfGE 77, 1/46; BVerfG-K, NVwZ 02, 1500). Abs.3 verlangt insb. die Wirkungen einer gesetzlichen Regelung zu überprüfen, wenn sie bei Erlass des Gesetzes nicht zuverlässig vorausgesehen werden konnten (BVerfGE 82, 353/380; vgl. auch Rn.87 zu Art.20). Nicht erfasst wird der verfassungsändernde Gesetzgeber; insoweit geht Art.79 Abs.3 vor. Der Grundrechtsbindung unterliegt auch das *Gewohnheitsrecht* (Dreier DR 52), desgleichen Untersuchungsausschüsse (BVerfGE 124, 78/125).

33   Weiter wird die **vollziehende Gewalt** gebunden, zu der auch die Regierung gehört (Stern ST III/1, 1326 f; Rüfner HbStR V § 117 Rn.25; Rn.1 zu Art.62); der missverständliche Begriff der „Verwaltung" wurde 1956 durch den der „vollziehenden Gewalt" ersetzt (Einl.3 Nr.7). Hierher rechnen auch untergesetzliche Normen (Starck MKS 227; Dreier DR 60). Der Grundrechtsbindung unterliegen zudem Gnadenakte (vgl. Rn.43 zu Art.19), des Weiteren alle Verwaltungsvorschriften, unabhängig davon, ob sie die Auslegung unbestimmter Rechtsbegriffe oder das Ermessen beeinflussen (Rüfner HbStR V § 117 Rn.23 f; Starck MKS 227; Stern ST III/1, 1331; BVerwGE 75, 109/115 zu Art.12). Zur Verwerfungskompetenz der Exekutive Rn.36, 40 zu Art.20.

34   Schließlich ist die **Rechtsprechung** an die Grundrechte gebunden (BVerfGE 112, 50/61; 117, 202/240), insb. wenn sie Zivilprozessrecht anwendet (BVerfGE 52, 203/207); soweit sie privatrechtliche Normen anwendet, ist ihre Bindung auf die Ausstrahlungswirkung beschränkt (dazu unten Rn.54–58). Rechtsprechung ist iSd Art.92 zu verstehen, weshalb auch Landesverfassungsgerichte erfasst werden (Starck MKS 244), nicht aber private Schiedsgerichte (Dreier DR 77; Herdegen MD 98; a.A. Starck MKS 247). Die Beachtung des Ausschlusses des Rechtswegs durch eine Schiedsgerichtsentscheidung ist aber an den Grundrechten zu messen, wobei insb. die Berücksichtigung von Prozessgrundrechten im Schiedsverfahren eine Rolle spielt.

35   Zusammengenommen wird alle **staatliche Gewalt** im weitesten Sinne erfasst (Herdegen MD 3), gleich welcher Art (Kunig MüK 51; Starck MKS 221). Dazu gehören alle öffentlich-rechtlich verfassten Einrichtungen, soweit sie öffentlich-rechtlich tätig sind (zum privatrechtlichen Handeln unten Rn. 38–40). In besonderen Gewaltverhältnissen sind die Grundrechte voll an-

wendbar (vgl. Vorb.39 vor Art.1). Zudem unterliegt staatliches *Unterlassen* der Grundrechtsbindung, soweit sich aus einem Grundrecht eine Handlungspflicht ergibt, was insb. im Bereich der Leistungsgrundrechte bzw. der Leistungsfunktionen (Vorb.10 vor Art.1) in Betracht kommt. Die Grundrechte binden auch die staatliche Gewalt der Länder (BVerfGE 97, 298/313 f; 103, 332/347 f; Dreier DR 37), selbst im Bereich der Verfassungsgebung (vgl. Art.142), des Weiteren im Bereich der Selbstverwaltung (Stern ST III/1 1339 ff; Dreier DR 60). Gebunden werden auch die Sparkassen (BGHZ 154, 146/150).

b) Sonderfälle. Soweit öffentlich-rechtliche Einrichtungen (in ihren Be- 36 ziehungen zum Staat) ausnahmsweise **selbst Grundrechtsträger** sind (dazu Rn.25–29 zu Art.19), unterliegen sie gleichwohl der unmittelbaren Grundrechtsbindung gegenüber Dritten (Dreier DR 61). Dies gilt für die Rundfunkanstalten (vgl. BVerfGE 97, 298/314) und für Universitäten (Stern ST III/1, 1340; Denninger AK 22). Allerdings darf die grundrechtlich geschützte Aufgabenstellung dieser Einrichtungen nicht unmöglich gemacht oder gelähmt werden; ihre Grundrechtsposition begrenzt das Grundrecht des Dritten (Stern ST III/1, 1342 f).

Anders stellt sich die Situation bei den **öffentlich-rechtlichen Religi-** 37 **ons- und Weltanschauungsgemeinschaften** dar, weil ihr öffentlich-rechtlicher Status sich wesentlich von dem anderer öffentlich-rechtlicher Körperschaften unterscheidet (Rn.16 zu Art.140/137 WRV). Sie fallen daher grundsätzlich nicht unter Art.1 Abs.3 (BVerfGE 102, 370/392 f; Hillgruber EH 68; Dreier DR 73). Anderes gilt nur dann, wenn ihnen Hoheitsbefugnisse übertragen werden (Kirchhof HbStKirchR I 579, 585), die privaten Einrichtungen *in der Sache* nicht zur Verfügung stehen können; dies gilt insb. für die Kirchensteuer (BVerfGE 30, 415/422; BVerfG-K, NVwZ 02, 1497), für die Dienstherrenbefugnisse (Magen UC 101 zu Art.137 WRV), für die Verwaltung von Friedhöfen (BVerwGE 121, 17/19), aber auch für andere Bereiche (vgl. Rn.46 zu Art.19; Dreier DR 75). Insoweit besteht eine unmittelbare Grundrechtsbindung (vgl. Rn.32 zu Art.4), die allerdings, jedenfalls gegenüber den Mitgliedern der Glaubensgemeinschaft, durch die Glaubensfreiheit der Gemeinschaft relativiert wird (Magen UC 101 zu Art.137 WRV). I. Ü. kommen die Grundrechte wie gegenüber Privatpersonen über grundrechtliche Schutzpflichten bzw. die Ausstrahlungswirkung zum Tragen (Dreier DR 76; in der Sache Stern ST III/2, 1221 ff); die praktische Bedeutung dieser Wirkung ist im Verhältnis zu Mitgliedern der Glaubensgemeinschaft sehr begrenzt (vgl. Rn.33 zu Art.4), während sie gegenüber Dritten erhebliches Gewicht hat (BGHZ 154, 54/62 f).

3. Bindung des privatrechtlichen Staatshandelns iwS

Soweit **öffentlich-rechtliche Einrichtungen in privatrechtlichen** 38 **Handlungsformen** agieren, wird z. T. darauf abgestellt, ob sie unmittelbar öffentliche Aufgaben erfüllen *(Verwaltungsprivatrecht)*. Lässt sich dies bejahen, kommen die Grundrechte voll zur Anwendung (BVerfGE 124, 199/218; BGHZ 154, 146/150; 169, 122 Rn.10); im Übrigen sollen die staatlichen Organe wie Privatrechtssubjekte zu behandeln sein (BGHZ 36, 91/95 ff;

BGH, NJW 04, 1031). Abs.3 liefert für eine solche Differenzierung jedoch keine Anhaltspunkte. Zudem konstituieren die Grundrechte den Staat in allen seinen Ausprägungen und Aktivitäten, weshalb die Grundrechtsbindung auch jedes privatrechtliche Handeln des Staates erfasst (Stern ST III/1, 1412 f; Höfling SA 103; Dreier DR 65 ff; Denninger AK 30), selbst rein erwerbswirtschaftlicher Art (Dreier DR 67; Herdegen MD 95; Höfling SA 104). Eine unzumutbare Behinderung staatlicher Aktivitäten ergibt sich daraus nicht, da das schonendere privatrechtliche Auftreten bei der Rechtfertigung zu beachten ist.

39   Der Grundrechtsbindung unterliegen weiter **privatrechtliche Einrichtungen,** wie Aktiengesellschaften oder Gesellschaften mit beschränkter Haftung, wenn sie im **Alleinbesitz des Staates** stehen. Die privatrechtlichen Einrichtungen sind dann *selbst* unmittelbare Verpflichtete der Grundrechte (BGHZ 52, 325/329; 91, 84/97 f für den Bereich des Verwaltungsprivatrechts; Rüfner HbStR V § 117 Rn.48; Höfling SA 104; Herdegen MD 96). Andernfalls könnte der Staat durch die Wahl der Organisationsform die Reichweite der Grundrechte bestimmen. Dies muss auch für eine fiskalisch tätige Einrichtung gelten (Höfling SA 102 ff; a. A. BGH, NJW 04, 1031; diff. Herdegen MD 96), da die fiskalische Verwaltung ebenfalls der Grundrechtsbindung unterliegt (oben Rn.38).

40   Umstritten ist die Grundrechtsbindung privatrechtlicher Einrichtungen, an denen auch Private beteiligt sind, die aber vom **Staat beherrscht** werden, insb. weil der Staat die Mehrheit der Anteile hält (dafür BVerwGE 113, 208/211; Stern ST III/1, 1421 f; Starck MKS 231; dagegen Selmer MP II § 53 Rn.55; Höfling SA 104; Dreier DR 70; Rüfner HbStR V § 117 Rn.49; Pieroth/Schlink Rn.171). Im Ergebnis macht es allerdings keinen großen Unterschied, ob man die Grundrechtsbindung derartiger Einrichtungen bejaht, bei der Rechtfertigung von Eingriffen aber die private Beteiligung berücksichtigt, oder aber die Grundrechtsbindung ablehnt, im Bereich der grundrechtlichen Ausstrahlungswirkung dann aber die Wirkungen wegen der staatlichen Beherrschung intensiviert. Gemischtwirtschaftliche Unternehmen, die nicht vom Staat beherrscht werden, sind hingegen keine Grundrechtsverpflichteten (Starck MKS 231); dies ist idR bei einer Minderheitsbeteiligung der Fall (Hillgruber EH 70). Gebunden werden in jedem Fall die öffentlichen Anteilseigner (Kempen MP II § 54 Rn.56). Wenig überzeugend ist es, gemischtwirtschaftliche Unternehmen an Grundrechte zu binden, wenn sie nach ihrer Satzung öffentliche Aufgaben erfüllen (so Herdegen MD 96); dieses Kriterium ist viel zu vage und macht die Grundrechtsbindung von Regelungen der Unternehmenssatzung abhängig.

4. Bindung Beliehener und privater Normen

41   Unmittelbar durch die Grundrechte verpflichtet sind die sog. **Beliehenen** (Herdegen MD 101; Kunig MüK 60; Rüfner HbStR V § 117 Rn.9), also jene privaten Rechtssubjekte, die im eigenen Namen Dritten gegenüber öffentlich-rechtlich auftreten. Keine Grundrechtsverpflichteten sind die *Verwaltungshelfer,* die im Auftrag und nach Weisung einer Behörde tätig sind; inso-

weit ist die Behörde Grundrechtsverpflichteter (Dreier DR 40; Herdegen MD 101).

Private Normen, also von privaten Personen erlassene Normen, sind   **42** keine Akte öffentlicher Gewalt und unterliegen daher nicht der Grundrechtsbindung, selbst wenn sie als Rechtsnormen bezeichnet werden (BVerfGE 73, 261/268; Stern ST III/1, 1279 ff; Rüfner HbStR V § 117 Rn.18). Das gilt auch für Sozialpläne (BVerfGE 73, 261/268 f) und *Tarifverträge* (BAGE 88, 162/168; 97, 301/312 f; Herdegen MD 100; Starck MKS 255; Jarass, NZA 90, 508 f; offen gelassen BAGE 95, 277/282 ff; für eine unmittelbare Geltung noch BAGE 54, 210/213). Private Normen müssen aber die Ausstrahlungswirkung der Grundrechte beachten (BVerfGE 73, 261/269 für den Sozialplan). Daher ist bei der Auslegung und Anwendung von Tarifverträgen die Schutzfunktion der Grundrechte zu berücksichtigen (BAGE 88, 118/123 f; 111, 8/16). Diese Wirkung kommt im Bereich des Arbeitsrechts wegen der geringen Einflussmöglichkeiten eines einzelnen Arbeitnehmers (vgl. unten Rn.58) der (unmittelbaren) Grundrechtsbindung nahe (vgl. Rn.61 zu Art.3); andererseits vermittelt die Koalitionsfreiheit bei Tarifverträgen gewisse Spielräume, soweit der Zweck der Koalitionsfreiheit zum Tragen kommt (BAGE 111, 8/16 ff). Auch bei Vereinssatzungen ist die Ausstrahlungswirkung der Grundrechte zu beachten. Eine volle Bindung an die Grundrechte tritt ein, wenn privaten Normen durch Gesetz eine Verpflichtung von Personen zuerkannt wird, die an der Normsetzung nicht beteiligt sind. Dementsprechend unterliegt die Allgemeinverbindlichkeitserklärung von Tarifverträgen der (unmittelbaren) Grundrechtsbindung (Stern ST III/1, 1278 f); wegen Art.9 Abs.3 kann es aber zu einer Begrenzung der gerichtlichen Kontrolle kommen (Rn.52 zu Art.9).

5. Bindung ausländischer Gewalt und Anwendungsbereich

aa) Abs.3 meint allein die durch das GG konstituierte **inländische** öf-   **43** fentliche **Gewalt** (Stern ST III/1, 1229; Kunig MüK 52; Isensee HbStR V § 115 Rn.62). Nicht gebunden werden daher ausländische Staaten (BVerfGE 1, 10/11) und zwischenstaatliche sowie internationale Einrichtungen (Enders SB 104; Hillgruber EH 79). Zu EU-Akten unten Rn.46 f. Das Handeln ausländischer Organe kann allerdings deutschen Organen evtl. zugerechnet werden (BVerfGE 66, 39/60). Erfasst wird insb. die Mitwirkung deutscher Stellen an solchem Handeln (Herdegen MD 77; Hillgruber EH 77). Zudem wird der Vollzug ausländischer Hoheitsakte durch deutsche Behörden sowie die Anwendung ausländischen Rechts durch deutsche Gerichte erfasst, unter Beachtung der für ausländische Sachverhalte geltenden Besonderheiten (BVerfGE 31, 58/76 f). Darüber hinaus kann der Schutzauftrag der Grundrechte deutsche Stellen zum Schutz gegenüber unmittelbar wirkenden Beeinträchtigungen der Grundrechte durch ausländische Stellen, jedenfalls in Deutschland (vgl. oben Rn.28), bedeutsam werden. Im Bereich des Art.23 Abs.1 bzw. des Art.24 Abs.1 ist andererseits ein evtl. Vorrang zwischenstaatlicher Hoheitsakte gegenüber den nationalen Grundrechten zu beachten (vgl. Rn.27 zu Art.23).

44   **bb)** Der **räumliche Anwendungsbereich** der Grundrechte ist nicht anders als der des GG insgesamt (dazu Rn.8f zur Präamb) zu beurteilen. Er umfasst grundsätzlich den gesamten Wirkungsbereich der deutschen öffentlichen Gewalt, auch soweit sie im Ausland stattfindet oder sich dort auswirkt (BVerfGE 6, 290/295; 57, 9/23; Herdegen MD 71; Höfling SA 86; Badura MP II § 47 Rn.4; enger Heintzen MP II § 50 Rn.33). Dabei sind eventuelle Grenzen der allgemeinen Regeln des Völkerrechts iSd Art.25 zu beachten (BVerfGE 100, 313/363). Auch Ausländer im Ausland können sich gegenüber der deutschen Hoheitsgewalt grundsätzlich auf Grundrechte berufen (Badura MP II § 47 Rn.17; Quaritsch HbStR V § 120 Rn.80f; a.A. Isensee HbStR V § 115 Rn.87ff). Dies dürfte selbst für Militäreinsätze gelten; die besonderen Umstände sind im Rahmen der Einschränkungsmöglichkeiten zu berücksichtigen (Baldus MKS Art.87a Rn.68f; Pieroth/Schlink Rn.189; a.A. Nettesheim MD Rn.230 zu Art.59). Bei grundrechtlichen Leistungs- und Schutzgehalten muss der Bezug zur deutschen öffentlichen Gewalt genauer geprüft werden (Badura MP II § 47 Rn.20); sie kommen daher regelmäßig nur bei einem Inlandsbezug zum Tragen (Quaritsch HbStR V § 120 Rn.82f). Darüber hinaus können zwischen den einzelnen Grundrechten Unterschiede bestehen (BVerfGE 31, 58/77; 100, 313/363). Schließlich ist bei Sachverhalten mit starkem internationalem Bezug „eine Minderung des Grundrechtsstandards in Kauf zu nehmen", wenn anders die Grundrechte noch weniger verwirklicht würden (BVerfGE 92, 26/42). Zum *zeitlichen* Anwendungsbereich Rn.1 zu Art.145.

45   (unbesetzt)

6. Bindung bei EU-Akten und deren Anwendung

46   **a) Keine Bindung und Ausnahmen.** Da die Grundrechte des GG nur die inländische öffentliche Gewalt binden (oben Rn.43), sind die Organe, Einrichtungen und Stellen der EU nicht Verpflichtete der Grundrechte (Kunig MüK 52; wohl auch BVerfGE 118, 79/95; unklar BVerfGE 89, 155/174f). Auch die Anerkennung, Umsetzung und Anwendung von EU-Akten hängt wegen Art.23 Abs.1 nicht von ihrer Vereinbarkeit mit den Grundrechten ab, „solange die Europäischen Gemeinschaften, insbesondere die Rechtsprechung des Gerichtshofs der Europäischen Gemeinschaften, einen wirksamen Schutz der Grundrechte gegenüber der Hoheitsgewalt der Gemeinschaften generell gewährleisten, der dem vom Grundgesetz jeweils als unabdingbar gebotenen Grundrechtsschutz im Wesentlichen gleich zu achten ist" (BVerfGE 118, 79/95; 73, 339/387; 102, 147/162ff; 123, 267/335); vgl. Rn.20 zu Art.23. Für den Fortfall dieser Voraussetzung genügt es nicht, wenn in Einzelfällen ein solcher Grundrechtsschutz nicht gewahrt wird; vielmehr muss es zu einem flächendeckenden Ausfall kommen (BVerfGE 102, 147/164; BVerfG-K, NVwZ 07, 942). Darin liegt eine hohe, praktisch kaum überwindbare Hürde (Streinz SA 41 zu Art.23). Da und solange das Unionsrecht jedenfalls generell einen ausreichenden Grundrechtsschutz bereitstellt (BVerfGE 73, 339/378, 387; BVerwGE 85, 24/29f; Classen MKS 50 zu Art.23), scheidet eine Anwendung deutscher Grundrechte aus (BVerfGE 102, 147/164). Dies gilt für Verordnungen, Richtlinien und Entscheidungen, unabhängig von einer evtl. unmittelbaren Wirkung (BVerfGE 118, 79/97).

Die Nichtanwendung der deutschen Grundrechte greift allerdings nur in- **47** soweit, „als das Gemeinschaftsrecht keinen Umsetzungsspielraum lässt, sondern zwingende Vorgaben macht" (BVerfGE 118, 79/95; BVerfG-K, NJW 01, 1267); hier kommen allein die EU-Grundrechte (dazu Jarass, EU-GR, § 8 ff) zur Anwendung. Soweit demgegenüber etwa bei der Umsetzung von Richtlinien oder beim Vollzug von Unionsrecht **Spielräume bestehen,** sind die Grundrechte des GG von deutschen Stellen zu beachten. Dies gilt auch für die Spielräume bei EU-Rahmenbeschlüssen (BVerfGE 113, 273/300; 118, 79/96). Generell gilt, dass nationale Stellen die Grundrechte des GG voll zu beachten haben, soweit sie EU-rechtlich nicht gebunden sind (Dreier DR 13; Pieroth/Schlink Rn. 191). Dass im Bereich der Spielräume gleichzeitig EU-Grundrechte zu beachten sind, steht der Anwendung der GG-Grundrechte regelmäßig nicht entgegen, weil die EU-Grundrechte weitergehende nationale Grundrechte nicht ausschließen (Jarass, EU-GR, § 3 Rn. 15). Zu beachten ist natürlich der Vorrang sonstigen Unionsrechts (dazu Rn. 27 zu Art. 23). Zur Bindung deutscher Stellen bei ihrer *Mitwirkung am Erlass von EU-Recht* Rn. 45 zu Art. 23. Darüber hinaus können sich Pflichten aus den grundrechtlichen Schutzgehalten ergeben, die allerdings erhebliche Spielräume einschließen (ähnlich i. E. Herdegen MD 89). Insb. kann eine Verpflichtung bestehen, auf die Änderung grundgesetzwidriger Akte hinzuwirken (Classen MKS 48 zu Art. 24), auch wenn der Verstoß sich aus späteren Entwicklungen ergibt (BVerfGE 122, 1/35 f).

b) Prozessuale Folgen. Haben Gerichte Bedenken an der Vereinbarkeit **48** von sekundärem Unionsrecht mit EU-Grundrechten, müssen sie ein Vorlageverfahren nach Art. 267 AEUV (ex Art. 234 EGV) einleiten (BVerfGE 118, 79/97). Ist das erfolglos und glaubt ein Gericht, dass die in Rn. 46 beschriebene *Grenze des unverzichtbaren Grundrechtsschutzes* nicht mehr gewahrt ist, kann es analog Art. 100 Abs. 1 die Frage dem BVerfG vorlegen, allerdings unter Angabe ausreichender Gründe für diese weitgehende Annahme (BVerfGE 102, 147/161; BVerfG-K, NVwZ 07, 942; Dreier DR 23; Möller, Jura 06, 94; Rn. 7a zu Art. 100). Wird eine Richtlinie durch den EuGH für unwirksam erklärt, kann gegen das deutsche Umsetzungsgesetz nach Art. 100 Abs. 1 vorgegangen werden (BVerfGE 118, 79/97 f). Verfassungsbeschwerden von Bürgern, gerichtet auf die Einhaltung der Grundrechte bei der Mitwirkung am Erlass von Sekundärrecht, wurden u. a. wegen des EU-Grundrechtsschutzes abgewiesen (BVerfG-K, NJW 90, 974 f; NVwZ 04, 209; krit. Herdegen MD 88).

(unbesetzt) **49**

IV. Anhang: Grundrechte und privatrechtliche Beziehungen, insb. Drittwirkung

1. Unmittelbare Drittwirkung

Der Wortlaut des Abs. 3 wie die Funktion der Grundrechte (zu Letzterem **50** vgl. Vorb. 5 ff vor Art. 1) machen deutlich, dass die Grundrechte Privatpersonen nicht (ähnlich wie staatliche Stellen) unmittelbar **binden.** Kommt es daher zwischen Privatpersonen zum Streit, können Grundrechte nicht wie gegenüber einer staatlichen Stelle zur Anwendung kommen; Privatpersonen sind nicht Verpflichtungsadressaten der Grundrechte (Dreier DR 38; Herdegen MD 59, 99; Rüfner HbStR V § 119 Rn.59). Den Grundrechten kommt, von Ausnahmen abgesehen (unten Rn.51), **keine unmittelbare Drittwirkung** zu. Dies gilt auch dann, wenn eine der beteiligten Privatpersonen über weit überlegene Machtressourcen verfügt (Michael/Morlok Rn.479; Hillgruber EH 71; vgl. allerdings unten Rn.58). Gleichwohl sind die Grundrechte auch in privatrechtlichen Beziehungen bedeutsam: über die Bindung des **Privatrechtsgesetzgebers** (dazu unten Rn.52 f) und über die **Ausstrahlungswirkung** bzw. die *mittelbare Drittwirkung* (näher dazu unten Rn. 54–58). Im *Arbeitsrecht* gilt nichts anderes (BAGE 52, 88/97 f; Stern ST III/1, 1591; Friedrich UC Anh. zu Art.9 Rn.4; für eine unmittelbare Grundrechtsbindung des Arbeitgebers die ältere Rspr. des BAG); über die Ausstrahlungswirkung kann auch insoweit für einen ausreichenden Schutz gesorgt werden, der wegen der besonderen Eigenart von Arbeitsverhältnissen weiter reicht als in vielen anderen Feldern (Rüfner HbStR V § 117 Rn.77). Zur speziellen Situation bei Tarifverträgen oben Rn.42.

51   **Ausnahmsweise** besteht eine direkte Grundrechtsbindung von Privatpersonen *(unmittelbare Drittwirkung),* wenn dies das betreffende Grundrecht ausdrücklich vorsieht, wie das für die Koalitionsfreiheit angenommen wird (näher Rn.31, 47a zu Art.9). Ähnlich wird das bei der Menschenwürde gesehen (oben Rn.4). Diese Ausnahmen sind möglicherweise nur ein Sonderfall der Ausstrahlungswirkung, in denen allerdings das Resultat dieser Wirkung durch die grundrechtliche Regelung eindeutig vorgegeben wird (vgl. Rn.31 zu Art.9). Keine echte Ausnahme zu dem oben in Rn.50 beschriebenen Grundprinzip bildet die direkte Bindung des *privatrechtlich handelnden Staates* (oben Rn.38–40) und der *Beliehenen* (oben Rn.41).

2. Erlass von Rechtsvorschriften des Privatrechts

52   Der Privatrechtsgesetzgeber ist **Verpflichtungsadressat der Grundrechte,** wird also durch sie unmittelbar gebunden (Stern ST III/1, 1565 ff; Dreier DR 97), mit der Folge, dass die Grundrechte mittelbar zu Rechten und Pflichten von Privatpersonen auch in privatrechtlichen Beziehungen führen. Dies gilt auch für das internationale Privatrecht (BVerfGE 31, 58/72 f; 63, 181/195), wobei je nach Bedeutung des Auslandsbezugs Abschwächungen möglich sind (Herdegen MD 83; vgl. außerdem Rn.4a zu Art.25). Die Grundrechte kommen hier zT in ihren unterschiedlichen Funktionen zur Anwendung (Jarass o. Lit. A, 2001, 40 f; vgl. Canaris o. Lit. C 40 f). Geht es dem Betroffenen um weniger staatliche Regelungen, kommt die Abwehrfunktion zum Tragen (etwa BVerfGE 31, 58/70, 72 f). Geht es dagegen um einen Ausbau staatlicher Regelungen, kommt die Schutzfunktion zum Einsatz (etwa BVerfGE 97, 169/175 f; 98, 365/395), insb. dort, wo ein Vertragspartner faktisch den Inhalt einseitig bestimmen kann (Rn.16 zu Art.2, Rn.26 zu Art.12). Dementsprechend ist in privatrechtlichen Konflikten häufig für den einen Partner die Abwehrfunktion und für den anderen die Schutzfunktion einschlägig (Jarass o. Lit. A, 2001, 41). Auch die Gleichbehandlungsfunktion kann einschlägig sein (etwa BVerfGE 63, 181/194f). ZT erfolgt allerdings keine Differenzierung nach Funktionen (etwa BVerfGE 101, 361/386 ff). Zu den Normen privater Rechtssubjekte oben Rn.42.

Andererseits gelten im Bereich des Privatrechts verschiedene **Besonder-** 53 **heiten:** Zum einen dürfte Art.19 Abs.1 nicht zum Tragen kommen. Weiter gilt das Erfordernis einer ausreichend bestimmten gesetzlichen Regelung allenfalls abgeschwächt (vgl. Rn.48 zu Art.9). Materiell steht dem Privatrechtsgesetzgeber ein **weiter Spielraum** zu, weshalb privatrechtliche Vorschriften den Grundrechten engere Grenzen als öffentlich-rechtliche Vorschriften ziehen können (BVerfGE 66, 116/135; Jarass MP II § 38 Rn.64). Zum einen spielen bei privatrechtlichen Konflikten regelmäßig auf beiden Seiten Grundrechte eine Rolle (BVerfGE 89, 214/232; Stern ST III/1, 1579 f; Di Fabio MD 109 zu Art.2 I); zudem ist durchgängig (neben der Abwehrfunktion) die Schutzfunktion der Grundrechte bedeutsam (vgl. BVerfGE 81, 242/254 f), was die Spielräume des Gesetzgebers erweitert (Vorb.56 vor Art.1). Des Weiteren werden Privatrechtsnormen durch unabhängige Gerichte durchgesetzt und nicht durch abhängige Exekutivorgane, was tendenziell zu einer geringeren Grundrechtsgefährdung führt. Auch hängt die Durchsetzung von Privatrecht davon ab, ob ein Privater Klage erhebt, während öffentliches Recht von der Exekutive und damit vom Staat unabhängig von privaten Klagen erzwungen werden kann. Dementsprechend wird man privatrechtliche Normen, die *zusätzlich* durch die Verwaltung durchgesetzt werden, eher wie öffentlich-rechtliche Normen behandeln müssen. Besonders weit sind die Spielräume bei dispositiven Normen, die idR keinen (unzulässigen) Grundrechtseingriff darstellen (generell so Pieroth/Schlink 178); zur privatrechtlichen Bindung als Grundrechtsausübung Vorb.36 vor Art.1. In Sonderfällen kann das aber auch anders sein.

3. Auslegung und Anwendung von Privatrecht

a) Ausstrahlungswirkung bzw. mittelbare Drittwirkung. Für Private 54 haben die Grundrechte des Weiteren deshalb erhebliche Bedeutung, weil „das Grundgesetz in seinem Grundrechtsabschnitt zugleich Elemente objektiver Ordnung aufgerichtet hat, die als verfassungsrechtliche Grundentscheidung für alle Bereiche des Rechts Geltung haben, mithin auch das Privatrecht beeinflussen" (BVerfGE 73, 261/269; 89, 214/229 f; 96, 375/398; 112, 332/358; vgl. Stern ST III/1, 1572). „Der Richter hat kraft Verfassungsgebots zu prüfen, ob von der Anwendung zivilrechtlicher Vorschriften im Einzelfall Grundrechte berührt werden. Trifft das zu, dann hat er diese Vorschriften im Lichte der Grundrechte auszulegen und anzuwenden" (BVerfGE 84, 192/195; ähnlich BVerfGE 103, 89/100; 114, 339/348). Die Gerichte müssen „Bedeutung und Tragweite der von ihren Entscheidungen berührten Grundrechte interpretationsleitend berücksichtigen"; notwendig ist eine „Abwägung zwischen den widerstreitenden grundrechtlichen Schutzgütern, die im Rahmen der auslegungsfähigen und -bedürftigen Tatbestandsmerkmale der zivilrechtlichen Vorschriften vorzunehmen ist und die besonderen Umstände des Falles zu berücksichtigen hat" (BVerfGE 112, 332/

358; 114, 339/348). Das BVerfG spricht insoweit meist von **Ausstrahlungs-wirkung** (jüngst BVerfGE 112, 332/358; ebenso Jarass MP II § 38 Rn.65; Stern SB Einl.45; Dreier DR Vorb.96 ff vor Art.1). Vielfach wird von **mittelbarer Drittwirkung** gesprochen (etwa Papier MP II § 55 Rn.23 ff; Enders SB 110; Sachs VR A5 Rn.38 ff).

55   Diese Wirkung entfaltet sich u. a. bei Generalklauseln (BVerfGE 103, 89/100) und **erfasst** letztlich die Anwendung und Auslegung **jeder Privatrechtsnorm** (Stern ST III/1, 1584; Hager, JZ 94, 381 ff). Erfasst wird insb. die „Auslegung und Anwendung der §§ 133, 157 BGB" (BVerfGE 73, 261/269) und damit die Auslegung von Willenserklärungen und Verträgen (Jarass MP II § 38 Rn.66). Erhebliches Gewicht hat die Ausstrahlung der Grundrechte bei der Rechtsfortbildung (BVerfGE 96, 375/398; für unmittelbare Grundrechtsbindung dagegen BVerfGE 73, 261/269). Zudem ist sie bei der Anwendung ausländischen Rechts zu beachten (BVerfGE 31, 58/76 f; zurückhaltend Starck MKS 242 zu Art.1). Die Ausstrahlungswirkung nimmt „dem Verfahren nicht den Charakter eines Privatrechtsstreits" (BVerfGE 82, 272/280). Sie ist auch ein *subjektives Recht* des Betroffenen (BVerfGE 7, 198/206 f; 84, 192/195; 99, 185/195).

56   Bei der Auslegung und Anwendung von Privatrecht vernachlässigt das BVerfG vielfach den Unterschied zwischen **Abwehr** und **Schutz** und geht einheitlich vor (vgl. Jarass, o. Lit A, 2001, 42 f; anders etwa BVerfGE 96, 56/64 f). Hier muss regelmäßig ein Ausgleich zwischen dem Schutz des einen Grundrechtsinhabers und der Beeinträchtigung des anderen Grundrechtsinhabers getroffen werden, so dass gleichzeitig die Abwehr- und die Schutzfunktion der Grundrechte zum Tragen kommen. Entsprechend ist die Ausstrahlungswirkung der Grundrechte im Privatrecht und damit die mittelbare Grundrechtswirkung durch den Umstand bedingt, dass den Grundrechten neben den Abwehrpflichten auch Schutzpflichten entnommen werden (Papier MP II § 55 Rn.9). Zu weit geht es allerdings, die Ausstrahlungswirkung *allein* der Schutzfunktion zuzuordnen (so wohl Herdegen MD Rn.64 zu Art.1 III).

57   **b) Anforderungen der Ausstrahlungswirkung.** Wann eine **Verletzung** der Ausstrahlungswirkung (im Privatrecht) vorliegt, lässt sich nicht einfach eruieren, da das BVerfG diese Frage häufig mit der Begrenzung der Überprüfung fachgerichtlicher Entscheidungen (Rn.73 zu Art.93) verbindet (vgl. BVerfGE 66, 116/131). Eine Grundrechtsverletzung liegt vor, wenn eine Entscheidung „Auslegungsfehler erkennen lässt, die auf einer grundsätzlich unrichtigen Auffassung von der Bedeutung eines Grundrechts, insb. vom Umfang seines Schutzbereichs, beruhen und auch in ihrer materiellen Bedeutung für den Rechtsfall von einigem Gewicht sind" (BVerfGE 103, 89/100; 81, 242/253; 102, 347/362), „wenn übersehen worden ist, dass bei Auslegung und Anwendung des Privatrechts Grundrechte zu beachten waren, wenn der Schutzbereich der zu beachtenden Grundrechte unrichtig oder unvollkommen bestimmt oder ihr Gewicht unrichtig eingeschätzt worden ist, so dass darunter die Abwägung der beiderseitigen Rechtspositionen im Rahmen der privatrechtlichen Regelung leidet, und wenn die Entscheidung auf diesem Fehler beruht" (BVerfGE 112, 332/358 f; ähnlich BVerfGE

95, 28/37; 97, 391/401; 101, 361/388). Auch sind gegenläufige Grundrechte in der Abwägung zu berücksichtigen (BVerfGE 96, 375/399). Darüber hinaus sind die Vorgaben der EMRK und die Entscheidungen des EGMR bedeutsam (BVerfGE 120, 180/209 f).

Das **Gewicht der Ausstrahlungswirkung** wird entscheidend von der **58** Intensität der Belastung bestimmt (BVerfGE 42, 143/148 f; 61, 1/6). Weiter dürfte bedeutsam sein, wieweit auf das Grundrecht verzichtet werden kann (vgl. Vorb.36 f vor Art.1); die privatrechtliche Möglichkeit, sich zu binden, ist häufig Grundrechtsausübung. Die Ausstrahlungswirkung ist daher, im Sinne der Privatautonomie, umso schwächer, je mehr die Belastung dem Betroffenen als eigene Entscheidung real zugerechnet werden kann (Jarass MP II § 38 Rn.69). Dagegen intensiviert sich das, wo es um den Schutz personaler Freiheit gegenüber wirtschaftlicher und sozialer Macht geht (Rüfner BK 195 zu Art.3 I) bzw. wo sehr ungleiche Verhandlungsstärken zum Tragen kommen (BVerfGE 89, 214/234). Das kann sogar zur Unwirksamkeit von Verträgen führen (vgl. Rn.16 zu Art.2; Rn.26 zu Art.12). Eine gesteigerte Bindung besteht auch regelmäßig in *öffentlichen Räumen* (dazu Rn.16 zu Art.8). Insgesamt können die Anforderungen der Ausstrahlungswirkung von sehr unterschiedlicher Intensität sein und materiell in bestimmten Fällen einer unmittelbaren Grundrechtsbindung sehr nahe kommen.

Art.2 [Allg. Handlungsfreiheit, Allg. Persönlichkeitsrecht, Leben und körperl. Unversehrtheit, Freiheit der Person]

(1) **Jeder**[9 ff] **hat das Recht auf die freie Entfaltung seiner Persönlichkeit,**[3 ff, 39 ff] **soweit er nicht die Rechte anderer**[18] **verletzt und nicht gegen die verfassungsmäßige Ordnung**[17] **oder das Sittengesetz**[19] **verstößt.**

(2) **Jeder**[84 f] **hat das Recht auf Leben**[81] **und körperliche Unversehrtheit.**[69] **Die Freiheit der Person ist unverletzlich.**[112 ff] **In diese Rechte darf nur auf Grund eines Gesetzes eingegriffen werden.**[95 ff, 119 ff]

Übersicht

Literatur A (Handlungsfreiheit): *Cornils,* Allgemeine Handlungsfreiheit, Hb-StR[3] VII, 2009, § 168; *Köpfler,* Die Bedeutung von Art.2 Abs.1 GG im Verwaltungsprozess, 2008; *Koepfler,* Die Bedeutung von Art.2 Abs.1 GG im Verwaltungsprozess, 2007; *Stern,* Die allgemeine Handlungsfreiheit, ST IV/1, 2006, § 104; *Hufen,* In dubio pro dignitate – Selbstbestimmung und Grundrechtsschutz am Ende des Lebens, 2001, 849; *Kahl,* Die Schutzergänzungsfunktion des Art.2 Abs.1 GG, 2000; *Duttge,* Freiheit für alle oder allgemeine Handlungsfreiheit? NJW 1997, 3353; *Jarass,* Zum Grundrecht auf Bildung und Ausbildung, DÖV 1995, 674; *Burgi,* Das Grundrecht der freien Persönlichkeitsentfaltung durch einfaches Gesetz, ZG 1994, 341; *Höfling,* Vertragsfreiheit, 1991; *Pieroth,* Der Wert der Auffangfunktion des Art.2 I GG, AöR 1990, 33; *Sachs,* Ausländergrundrechte im Schutzbereich von Deutschengrundrechten, BayVBl 1990, 385; *Degenhart,* Die allgemeine Handlungsfreiheit des Art.2 I GG, JuS 1990, 161.

Literatur B (Persönlichkeitsrecht): *Gurlit,* Verfassungsrechtliche Rahmenbedingungen des Datenschutzes, NJW 2010, 1035; *Cube,* Persönlichkeitsrecht, HbStR[3] VII, 2009, § 148; *Horn,* Schutz der Privatsphäre, HbStR[3] VII, 2009, § 149; *Becker,* Die Vertraulichkeit der Internetkommunikation in: Rensen/Brink (Hg.), Linien der Rechtsprechung des BVerfG, 2009, 99; *Frenz,* Informationelle Selbstbestimmung im Spiegel des BVerfG, DVBl 2009, 333; *Hornung,* Ein neues Grundrecht, CR 2008, 299; *Sachs/Krings,* Das neue Grundrecht auf Gewährleistung der Vertraulichkeit und Integrität informationstechnischer Systeme, JuS 2008, 481; *Roßnagel/Schnabel,* Das Grundrecht auf Gewährleistung der Vertraulichkeit und Integrität informationstechnischer Systeme und sein Einfluss auf das Privatrecht, NJW 2008, 3534; *Hohmann-Debbhardt,* Informationeller Selbstschutz als Bestandteil des Persönlichkeitsrechts, RDV 2008, 1;

Baldus, Der Kernbereich privater Lebensgestaltung, JZ 2008, 218; *Hoffmann-Riem,* Der grundrechtliche Schutz der Vertraulichkeit und Integrität eigengenutzter informationstechnischer Systeme, JZ 2008, 1009; *Lenski,* Personenbezogene Massenkommunikation als verfassungsrechtliches Problem, 2007; *Britz,* Freie Entfaltung durch Selbstdarstellung, 2007; *Stern,* Der Schutz der Persönlichkeit und Privatsphäre, ST IV/1, 2006, § 99; *Lorenz,* Allgemeines Persönlichkeitsrecht und Gentechnologie, JZ 2005, 1121; *Albers,* Informationelle Selbstbestimmung, 2005; *Lücke,* Die spezifischen Schranken des allgemeinen Persönlichkeitsrechts und ihre Geltung für die vorbehaltslosen Grundrechte, DÖV 2002, 93; *Hufen,* Schutz der Persönlichkeit und Recht auf Informationelle Selbstbestimmung, in: FS 50 Jahre BVerfG, 2001, Bd. II, 127; *Holznagel,* Das Grundrecht auf informationelle Selbstbestimmung, in: Pieroth (Hg.), Verfassungsrecht und soziale Wirklichkeit in Wechselwirkung, 2000, 29; *Hoffmann-Riem,* Informationelle Selbstbestimmung als Grundrecht kommunikativer Entfaltung, in: Bäumler (Hg.), Der neue Datenschutz, 1998, 11; *Kübler,* Ehrenschutz, Selbstbestimmung und Demokratie, NJW 1999, 1281; *Heldrich,* Persönlichkeitsschutz und Pressefreiheit, FS Heinrichs, 1998, 319; *Scholz/Konrad,* Meinungsfreiheit und allgemeines Persönlichkeitsrecht, AöR 1998, 60; *Tettinger,* Das Recht der persönlichen Ehre in der Wertordnung des GG, JuS 1997, 769; *v. Arnauld,* Strukturelle Fragen des allgemeinen Persönlichkeitsrechts, ZUM 1996, 286; *Jarass,* Die Entwicklung des allgemeinen Persönlichkeitsrechts, in: Erichsen/Kollhosser/Welp (Hg.), Recht der Persönlichkeit, 1996, 89 ff; *Kunig,* Der Grundsatz informationeller Selbstbestimmung, Jura 1993, 595; *Geis,* Der Kernbereich des Persönlichkeitsrechts, JZ 1991, 112; *Heußner,* Das informationelle Selbstbestimmungsrecht des GG als Schutz des Menschen vor totaler Erfassung, BB 1990, 1281; *Jarass,* Das allgemeine Persönlichkeitsrecht im GG, NJW 1989, 857. Vgl. auch Literatur B zu Art.5.

Literatur C (Leben und körperliche Unversehrtheit): *Panagopoulou-Koutnatzi,* Die Selbstbestimmung des Patienten, 2009; *Müller-Terpitz,* Recht auf Leben und körperliche Unversehrtheit, HbStR[3] VII, 2009, § 147; *Hartleb,* Grundrechtsschutz in der Petrischale, 2006; *Sachs,* Der Schutz der physischen Existenz, ST IV/1, 2006, § 98; *Kloepfer,* Leben und Würde des Menschen, in: FS 50 Jahre BVerfG, 2001, Bd. II, 77; *Rixen,* Lebensschutz am Lebensende, 1999; *Steiner,* Der Schutz des Lebens durch das Grundgesetz, 1992; *Kunig,* Grundrechtlicher Schutz des Lebens, Jura 1991, 415; *Hermes,* Das Grundrecht auf Schutz von Leben und Gesundheit, 1987.

Literatur D (Freiheit der Person): *Wittreck,* Freiheit der Person, HbStR[3] VII, 2009, § 151; *Hantel,* Das Grundrecht der Freiheit der Person nach Art.2 II 2, 104 GG, JuS 1990, 865. – S. außerdem die Literatur zu Art.104.

A. Allgemeine Handlungsfreiheit und Allgemeines Persönlichkeitsrecht (Abs.1)

1   Art.2 Abs.1 enthält zum einen das *Recht der allgemeinen Handlungsfreiheit* und zum anderen (im Zusammenspiel mit Art.1 Abs.1) das zu einem eigenen Grundrecht verselbständigte *allgemeine Persönlichkeitsrecht* (deutlich BVerfGE 95, 267/303; Horn SB 14; Dreier DR 23; a. A. Kube HbStR[3] VII § 148 Rn.108). Beide Rechte sind dogmatisch wie in ihrer praktischen Wirkung sehr verschieden. Während die allgemeine Handlungsfreiheit als subsidiäre Generalklausel der Freiheitsrechte fungiert (unten Rn.2), weist das allgemeine Persönlichkeitsrecht Parallelen zu den speziellen, benannten Freiheitsrechten auf (unten Rn.38). Dementsprechend werden die beiden Rechte im Folgenden getrennt behandelt.

I. Allgemeine Handlungsfreiheit

1. Bedeutung und Abgrenzung zu anderen Verfassungsnormen

Da Art.2 Abs.1 jegliches menschliche Handeln vor staatlichen Eingriffen 2 schützt (näher unten Rn.3), wird das Grundrecht als „allgemeine Handlungsfreiheit" (BVerfGE 113, 88/103; 114, 371/383f; 115, 97/109), als „allgemeines Freiheitsrecht" bezeichnet (BVerfGE 63, 45/60; 98, 218/261). Es füllt als Generalklausel alle Lücken aus, die von den *speziellen* Freiheitsrechten gelassen werden. Art.2 Abs.1 ist daher gegenüber anderen Freiheitsrechten **subsidiär** (BVerfGE 67, 157/171; 83, 182/194; 89, 1/13; 116, 202/221; Cornils HbStR[3] § 168 Rn.60), mit der methodischen Konsequenz, dass zuerst die speziellen Freiheitsrechte zu prüfen sind (Di Fabio MD 21). Entscheidend für die Subsidiarität ist, ob eine *Beeinträchtigung im Schutzbereich* eines speziellen Freiheitsrechts vorliegt, nicht ob das speziellere Recht die staatliche Beeinträchtigung verbietet (Dreier DR 30; Di Fabio MD 21, 27; Kunig MüK 12). So wird etwa eine Beeinträchtigung der Berufswahl auch dann nicht von Art.2 Abs.1 erfasst, wenn die Beeinträchtigung auf Grund des Regelungsvorbehalts des Art.12 zulässig ist. Andererseits greift Art.2 Abs.1 durchaus ein, wenn Grenzen des Schutzbereichs (wie etwa die Friedlichkeit in Art.8) spezielle Freiheitsrechte nicht zum Tragen kommen lassen (Pieroth/Schlink 341, 369; Lorenz BK 75; a. A. Erichsen, Jura 87, 369f). Im Übrigen ist die Abgrenzung zu den speziellen Freiheitsrechten nicht selten problematisch, weil deren Schutzbereich unterschiedlich abgesteckt wird; näher dazu bei dem jeweiligen Freiheitsrecht. Zudem soll der Gehalt eines speziellen Grundrechts selbst dann eine Rolle spielen können, wenn dieses tatbestandlich nicht einschlägig ist (BVerfGE 104, 337/346); das ist dann angebracht, wenn zwar der Schutzbereich berührt ist, es jedoch an einem Eingriff fehlt. Zur Anwendung auf Ausländer im Bereich der Deutschen-Grundrechte unten Rn.10. Mit Art.3 Abs.1 besteht regelmäßig Idealkonkurrenz (Starck MKS 61; Di Fabio MD 24; Stern ST IV/1, 982). Zusätzliches Gewicht hat Art.2 Abs.1 als Instrument der Durchsetzung von nicht mit der Verfassungsbeschwerde rügefähigen Verfassungsnormen erlangt (unten Rn.23–25).

2. Schutzbereich

a) Geschütztes Verhalten (Allgemeines). Wie der Entstehungsge- 3 schichte des Art.2 Abs.1 entnommen werden kann (JöR 1951, 54ff), schützt das Grundrecht die *Handlungsfreiheit im umfassenden Sinne* (BVerfGE 75, 108/154f; 97, 332/340; 113, 88/103; 114, 371/383f; Di Fabio MD 12), „ohne Rücksicht darauf, welches Gewicht der Betätigung für die Persönlichkeitsentfaltung zukommt" (BVerfGE 80, 137/152f; Höfling FH 54; Dreier DR 27; Stern ST IV/1, 889; dagegen BVerfGE *abwM* 80, 137/168f). Steht hingegen dieser Aspekt im Vordergrund, kommt vielfach das allgemeine Persönlichkeitsrecht zum Tragen (dazu unten Rn.36ff). Geschützt wird jedes menschliche Verhalten (BVerfGE 113, 29/45; Stern ST IV/1, 894f), sofern es nicht vom Schutzbereich eines anderen Freiheitsrechts erfasst wird. Zudem schützt das Grundrecht vor der Belastung mit Nachteilen, etwa vor Zahlungspflichten bzw. *Abgaben* (unten Rn.5). Ein strafrechtliches Verbot betrifft die Einschränkung des Grundrechts, nicht den Schutzbereich (Murswiek SA 53; Di Fabio MD 16; Lorenz BK 57; a.A. Starck MKS 13). Gleiches gilt für die Grenzen, die aus dem Eigentum Dritter resultieren (BVerfGE 80, 137/151f).

4   **b) Privatautonomie sowie wirtschaftliche Betätigung.** Art.2 Abs.1 schützt die „**Privatautonomie** als Selbstbestimmung des Einzelnen im Rechtsleben" (BVerfGE 114, 1/34; 89, 214/231; 115, 51/52f; Stern ST IV/1, 903f). Maßgebliches rechtliches Instrument zur Verwirklichung freien und eigenverantwortlichen Handelns in Beziehung zu anderen ist der Vertrag. Daher schützt Art.2 Abs.1 die **Vertragsfreiheit,** d.h. die Freiheit, Verträge zu schließen und sich durch sie zu binden (BVerfGE 88, 384/403; 89, 48/61; 103, 197/215; Isensee HbStR³ § 150 Rn.60), soweit nicht andere Grundrechte einschlägig sind (Di Fabio MD 103). Bedeutung hat dies insb. für wirtschaftliche Verträge (BVerfGE 73, 261/270; 74, 129/151f; 95, 267/303) und für Arbeitsverträge (BVerfGE 86, 122/130) sowie für Vergütungsvereinbarungen (BVerfGE 70, 1/25); Voraussetzung ist jeweils, dass nicht Art.12 einschlägig ist (vgl. Rn.14 zu Art.12). Nicht erfasst werden öffentlich-rechtliche Verträge (BVerfG-K, NVwZ 07, 803). Zur Ausgestaltung der Privatautonomie unten Rn.15f.

4a   Art.2 Abs.1 bietet (auch sonst) Schutz im **wirtschaftlichen Bereich.** Das Grundrecht schützt „berufliche Tätigkeiten" (BVerfGE 113, 29/45), die „wirtschaftliche Betätigung" (BVerfGE 91, 207/221; 98, 218/259; 113, 29/49), die unternehmerische Handlungsfreiheit (BVerfGE 50, 290/366; 65, 196/210; Di Fabio MD 80), auch im Hinblick auf Marktordnungen (BVerfGE 18, 315/327). Geschützt werden Nebentätigkeiten (str., Rn.7 zu Art.12), generell die entgeltliche Verwertung der Arbeitskraft (BVerwGE 35, 201/205). Art.12 kommt aber der Vorrang zu (BVerfGE 105, 265/279). Allerdings ist Art.12 nur bei Maßnahmen mit direktem Berufsbezug bzw. mit berufsregelnder Tendenz (dazu Rn.14–17 zu Art.12) einschlägig; fehlt es daran, wird die wirtschaftliche Betätigung durch Art.2 Abs.1 geschützt (BVerfGE 37, 1/18; 55, 7/25ff; Mann SA 75 zu Art.12; Di Fabio MD 116; a.A. Cornils HbStR³ § 168 Rn.55). Zur Wettbewerbsfreiheit Rn.20–23 zu Art.12.

5   **c) Weitere Bereiche.** Das Grundrecht schützt vor der Auferlegung von **Steuern** (BVerfGE 48, 102/115f; 87, 153/169; 105, 17/32f), eines Konjunkturzuschlags (BVerfGE 29, 402/408), sonstiger Abgaben (BVerfGE 78, 232/244f), einer Kindergartengebühr (BVerfGE 97, 332/340f), einer Geldbuße (BVerfGE 92, 191/196) oder eines anderen finanziellen Nachteils (BVerfGE 97, 332/340f; 108, 186/234; 114, 371/384); zur Frage, wieweit nicht Art.14 einschlägig ist, Rn.32a zu Art.14. Das Grundrecht wird durch die Auferlegung von **Unterhaltsleistungen** beeinträchtigt (BVerfGE 57, 361/389; 80, 286/293f; 113, 88/103). Weiter liegt in der **Zwangsmitgliedschaft** in einem öffentlich-rechtlichen Verband ein Grundrechtseingriff (BVerfGE 32, 54/64f; 38, 281/298; 115, 25/42; BVerwGE 74, 254/255; Starck MKS 134; s. allerdings auch Rn.7 zu Art.9, Rn.16 zu Art.12); zur Überschreitung des Aufgabenbereichs eines solchen Verbandes unten Rn.27.

Eine Beeinträchtigung liegt auch darin, dass gesetzlich zugesagte Leistungen einer Zwangskörperschaft wesentlich vermindert werden (BVerfGE 97, 271/286). Eine **Pflichtversicherung** beeinträchtigt Art.2 Abs.1 (BVerfGE 103, 197/215; 109, 96/109; Starck MKS 137). Dies betrifft auch die Folgen, etwa die Auswahl von Arznei- und Hilfsmitteln (BVerfGE 115, 25/42). Ein **Anschluss- und Benutzungszwang** fällt unter Art.2 Abs.1, soweit nicht ein spezielles Grundrecht eingreift (Starck MKS 141 f).

Geschützt wird weiter die Entfaltung des Kindes in der **Schule** (BVerfGE **6** 53, 185/203; 58, 257/272 ff; 98, 218/275). Darüber hinaus schützt das Grundrecht jede Art der **Bildung** sowie der **Aus- und Weiterbildung** (BVerwGE 47, 201/206; 56, 155/158; zurückhaltender BVerfGE 53, 185/203), wie das auch Art.14 GRCh vorsieht (dazu Jarass Art.14 Rn.6 ff). Soweit es allerdings um die berufliche Ausbildung von Deutschen geht, ist Art.12 Abs.1 einschlägig (Rn.94–96 zu Art.12). Zumindest soweit Schulpflicht oder ein staatliches Monopol besteht, können auch Schulorganisation und Vorgaben zur Lehre Abs.1 beeinträchtigen (Starck MKS 150). Zu überlegen ist, ob der Bereich der Bildung nicht besser dem allgemeinen Persönlichkeitsrecht zuzuordnen ist (vgl. BVerfGE 98, 218/275). Zum Anspruch auf Bildung unten Rn.30. Zum Führen akademischer Titel unten Rn.41.

Geschützt wird zudem die **Fortbewegungsfreiheit** (Di Fabio MD 52; **7** Horn SB 22; Cornils HbStR³ § 168 Rn.58; Lorenz BK 202), soweit nicht Art.2 Abs.2 S.2 oder Art.11 eingreift (Starck MKS 74), weshalb das Führen eines Kfz erfasst wird (BVerfG-K, NJW 05, 350), weiter das Reiten im Walde (BVerfGE 80, 137/154 f), das Mofa-Fahren ohne Helm (BVerfGE 59, 275/278) und das Fahren ohne Gurt (BVerfG-K, NJW 1987, 180). Zur Abgrenzung zu Art.2 Abs.2 S.2 unten Rn.111; zur Abgrenzung zu Art.11 vgl. Rn.2 zu Art.11. Zum Schutz des Gemeingebrauchs unten Rn.33. Unter Art.2 Abs.1 fällt die **Ausreise von Deutschen** aus dem Bundesgebiet (Rn.3 zu Art.11), die auch in Art.2 Abs.2 EMRK-ZP gewährleistet wird. Für **Ausländer** und Staatenlose fällt die gesamte **Freizügigkeit** unter Art.2 Abs.1 (BVerfGE 35, 382/399; BVerwGE 100, 335/342 f; Gusy MKS 45 zu Art.11; vgl. unten Rn.10); zum Recht auf Einreise und Verbleib unten Rn.32.

Erfasst wird die „Befugnis sein Äußeres nach eigenem Gutdünken zu ge- **8** stalten" (BVerfGE 47, 239/248 f; BVerwGE 46, 1/2; 76, 60; s. auch unten Rn.87). Weiter fällt die Freiheit, in nichtehelicher Gemeinschaft zu leben, unter Art.2 Abs.1 (BVerfGE 82, 6/16; 87, 234/267; Stern ST IV/1, 895; Dreier DR 39); vgl. Rn.2 zu Art.6. Gleiches gilt für das Sammeln von Geld- oder Sachspenden (BVerfGE 20, 150/154). Geschützt sind **selbstgefährdende** Tätigkeiten (BVerwGE 82, 45/48 f; Starck MKS 124; s. auch unten Rn.29, 34), der Konsum von Drogen (BVerfGE 90, 145/171; Di Fabio MD 51) und die Selbsttötung (Di Fabio MD 50, 205; Correll AK 41; außerdem unten Rn.100). Auch die Entscheidung, sich mit einer besonders kleinen Wohnung zu begnügen, fällt unter Art.2 Abs.1 (BVerfGE 85, 214/217 f). Erfasst wird weiter die Vorsorge des Lebenden für die Zeit nach seinem Tode, insb. die Form der Beisetzung festzulegen (BVerfGE 50, 256/262). Endlich schützt das Grundrecht vor einer **Bestrafung** (BVerfGE 92, 191/ 196) sowie die Wahl eines Verteidigers (BVerfGE 45, 272/295; Rn.99 zu

Art.20). Geschützt wird das Recht des **Inhaftierten** zum Empfang von Besuchern (BVerfGE 34, 384/395 f) sowie zur Benutzung einer eigenen Schreibmaschine (BVerfGE 35, 5/10). Zudem kommen die Vorgaben des **Rechtsstaatsprinzips** über Art.2 Abs.1 zur Anwendung (unten Rn.24). Schiedsgerichtsklauseln haben ihre Grundlage in Art.2 Abs.1 (BGHZ 144, 146/148).

9   **d) Grundrechtsträger. aa)** Träger des Grundrechts ist zunächst jede **natürliche Person.** Dies gilt auch für Kinder und Minderjährige (BVerfGE 53, 185/203; 59, 360/382; Starck MKS 43); im Verhältnis zu den Eltern können allerdings Beschränkungen bestehen (BVerfGE 59, 360/382; allg. Rn.14 zu Art.19). Der Nasciturus ist kein Grundrechtsträger (BSGE 93, 131 Rn.30; Horn SB 61; Dreier DR 46).

10   Art.2 Abs.1 kommt **Ausländern** (genauer Nichtdeutschen) zugute, auch im Schutzbereich derjenigen Freiheitsrechte, die allein Deutschen gewährt werden (BVerfGE 35, 382/399; 78, 179/196 f; 104, 337/346; Di Fabio MD 32; Kunig MüK 3; Höfling FH 82; Dreier DR 48; a.A. Hillgruber UC 274). Eine Beschränkung der Ausländer in diesem Bereich auf die Menschenwürde o.ä. (so Starck MKS 46) ist abzulehnen. Dies spielt etwa für die Freizügigkeit, für die Vereinigungsfreiheit und die berufliche Betätigung eine Rolle. Hinsichtlich der Beschränkungsmöglichkeiten ist allerdings zu berücksichtigen, dass Ausländern in diesem Bereich von der Verfassung ein geringerer Schutz als Deutschen gewährt wird (BVerfGE 78, 179/196 f; Degenhart, JuS 90, 167 f; Di Fabio MD 33). Zu den Folgen für die Freizügigkeit der Ausländer oben Rn.7 und unten Rn.32. Zu EU-Bürgern Rn.12 zu Art.19.

11   **bb)** Auch auf **juristische Personen** und Personenmehrheiten ist das Grundrecht anwendbar (BVerfGE 23, 12/30; 44, 353/372; 113, 1/45; näher Rn.15–20 zu Art.19). Bei Wirtschaftsgesellschaften bezieht sich das Grundrecht auf die wirtschaftliche Betätigungsfreiheit (BVerfGE 66, 116/130). Ausländische Vereinigungen werden idR nicht geschützt (Rn.21–23 zu Art.19). Gleiches gilt für juristische Personen des öffentlichen Rechts, insb. Gemeinden (BVerfG-K, NVwZ 07, 1176; Rn.24–29 zu Art.19).

3. Beeinträchtigungen

12   **a) Eingriffe.** In das Grundrecht wird durch jede generelle oder individuelle **Regelung** eines Grundrechtsverpflichteten (dazu Rn.32–44 zu Art.1) eingegriffen, die das geschützte Verhalten (oben Rn.3–8) regelt (Di Fabio MD 48; Starck MKS 19; Höfling FH 60), sei es durch positive oder negative Pflichten in der Sache, oder durch Genehmigungsvorbehalte etc. Auch die nachträgliche Veränderung der rechtlichen Wirkung geschützter Aktivitäten wird erfasst. So wird die Vertragsfreiheit nicht nur durch Behinderungen beim Vertragsschluss, sondern auch durch die nachträgliche Änderung geschlossener Verträge durch den Staat beeinträchtigt (BVerfGE 89, 48/61). Die wirtschaftliche Handlungsfreiheit wird „durch Maßnahmen betroffen, die auf Beschränkung wirtschaftlicher Entfaltung sowie Gestaltung, Ordnung oder auch Lenkung des Wirtschaftslebens angelegt sind oder sich in diesem

Sinne auswirken" (BVerfGE 98, 218/259). Auf das Gewicht des Eingriffs kommt es nicht an (Hillgruber UC 143). Die freie Entfaltung des Kindes wird gegen Sorgerechtsentscheidungen geschützt (BVerfGE 72, 122/137); zur Entfaltung in der Schule oben Rn.6.

Auch **faktische** bzw. **mittelbare** Einwirkungen (dazu Vorb.28f vor **13** Art.1) werden erfasst, sofern sie von ausreichendem Gewicht sind (Di Fabio MD 49; Stern ST IV/1, 926; ähnlich Cornils HbStR³ § 168 Rn.74; Starck MKS 20; Kunig MüK 18; dagegen Pieroth/Schlink 380; Hillgruber UC 132ff). Die Erteilung einer Genehmigung dürfte etwa Dritte grundsätzlich nicht in Art.2 Abs.1 beeinträchtigen (BVerwGE 54, 211/220ff; Di Fabio MD 49). Doch bietet das Grundrecht gegen faktische Beeinträchtigungen im Rahmen des wirtschaftlichen Wettbewerbs Schutz, etwa durch die Erteilung von Ausnahmegenehmigungen an Konkurrenten (BVerwGE 65, 167/174), durch die Gestattung höherer Entgelte für Konkurrenten (BVerwGE 60, 154/159) oder durch eine Vergabe von Subventionen an Konkurrenten (BVerwGE 30, 191/198f; 60, 154/160; Horn SB 90). Die Beeinträchtigung muss aber von erheblichem Gewicht sein (BVerwGE 65, 167/174; Horn SB 89; s. auch BVerwGE 30, 191/198f). Das Ladenschlussgesetz stellt eine Beeinträchtigung der Handlungsfreiheit der Kunden dar (BVerfGE 13, 230/235f; Di Fabio MD 49). Sofern ein staatliches Handeln gegen sonstige Verfassungsnormen verstößt, prüft das BVerfG vielfach den Eingriff nicht näher (unten Rn.23).

b) Unterlassen von Leistung, insb. Schutz. Aus der Handlungsfrei- **14** heit können sich auch **Leistungs-** bzw. **Schutzansprüche** ergeben (Lang EH 27; Cornils HbStR³ § 168 Rn.23; Horn SB 71); doch ist insoweit angesichts der Weite des Schutzbereichs Zurückhaltung geboten (Stern ST IV/1, 929; Di Fabio MD 61). Solche Ansprüche können sich insbesondere unter dem Einfluss anderer Verfassungsnormen ergeben (vgl. Di Fabio MD 61, 125; Jarass, DÖV 95, 675f) bzw. dort, wo Teile des Grundrechts eine besondere Verstärkung erfahren haben, wie im Bereich der Privatautonomie. Im Einzelnen kann Art.2 Abs.1 zu einem Schutzanspruch im Hinblick auf die Beeinträchtigung durch Dritte führen (Stern ST IV/1, 929; vgl. BVerfGE 91, 335/339; Hillgruber UC 229). Weiter bedarf die Privatautonomie der gesetzlichen Ausgestaltung (BVerfGE 114, 73/89; vgl. unten Rn.35). Ansprüche auf sonstige Leistungen, insbesondere auf Teilhabe an bestehenden öffentlichen Einrichtungen, ergeben sich nur selten (vgl. unten Rn.30f, 33).

c) Anwendung von Privatrecht und Ausgestaltung der Privatau- 15 tonomie. Die allgemeine Handlungsfreiheit beeinflusst auch die Auslegung und Anwendung privatrechtlicher Vorschriften, etwa im Bereich der Vertragsfreiheit (BVerfGE 73, 261/269f); ihr kommt eine **Ausstrahlungswirkung** zu (Rn.54–58 zu Art.1; vorsichtig Kunig MüK 18a). Die Bindung eines Unternehmers an die Vereinbarungen Dritter bedarf eines legitimierenden Rechtsgrunds (BVerfGE 73, 261/270f). Die im Grundrecht enthaltene Gewährleistung der **Privatautonomie** (oben Rn.4) verlangt sogar nach rechtlicher **Ausgestaltung,** insb. im Vertragsrecht (BVerfGE 114, 1/34; 114, 73/89); der Gesetzgeber muss „der Selbstbestimmung des Einzelnen im

Rechtsleben einen angemessenen Betätigungsraum eröffnen" (BVerfGE 89, 214/231).

16   Die Ausstrahlungswirkung kann vertragliche Absprachen in aller Regel nicht korrigieren, z.B. ein Verbot der Hundehaltung in einer Mietwohnung (BVerfG-K, WMR 81, 77). Der Staat muss den durch den **übereinstimmenden Willen** der Vertragspartner hergestellten Interessenausgleich grundsätzlich **respektieren** (BVerfGE 103, 89/100; 114, 1/34). „Ist jedoch aufgrund einer besonders einseitigen Aufbürdung von vertraglichen Lasten und einer erheblich ungleichen Verhandlungsposition der Vertragspartner ersichtlich, dass in einem Vertragsverhältnis ein Partner ein solches Gewicht hat, dass er den Vertragsinhalt faktisch einseitig bestimmen kann", ist darauf zu achten, dass die Bindung an den Vertrag nicht zu einer Verletzung des Selbstbestimmungsrechts des unterlegenen Partners führt (BVerfGE 103, 89/100 f; 89, 214/232; 114, 1/34). Im Falle eines solchen **fundamentalen Ungleichgewichts** ist, auch unter dem Einfluss des Sozialstaatsprinzips (Rn.127 zu Art.20), eine Korrektur geboten, wenn der Inhalt des Vertrags für eine Seite ungewöhnlich belastend und als Interessenausgleich offensichtlich unangemessen ist (BVerfGE 89, 214/232; BVerfG-K, NJW 96, 2021; BGHZ 140, 395/397 f; BAGE 76, 155/167 f; Di Fabio MD 108, 115; vgl. unten Rn.91 sowie Rn.26 zu Art.12; krit. Isensee HbStR³ § 150 Rn.114 ff). Art.2 Abs.1 bietet insoweit *Schutz vor Fremdbestimmung* (Di Fabio MD 107; krit. Zöllner, AcP 96, 36). Zur Anwendung kam das bei Bürgschaften (BVerfGE 89, 214/230 ff; BVerfG-K, NJW 96, 2021), bei Eheverträgen (BVerfGE 103, 89/101 ff; BVerfG-K, NJW 01, 2248) sowie bei der Rückzahlung von Weiterbildungskosten (BAGE 76, 155/177 ff).

4. Rechtfertigung von Beeinträchtigungen (Schranken)

17   **a) Beschränkungsgrundlagen. aa)** Die allgemeine Handlungsfreiheit reicht nur soweit wie ihre Nutzung nicht gegen die **„verfassungsmäßige Ordnung"** verstößt. Dieser Begriff wird, anders als in anderen Regelungen des GG (etwa Art.9 Abs.2, Art.18 S.2, Art.21 Abs.2), entspr. der Entstehungsgeschichte (Murswiek SA 3), extensiv als verfassungsmäßige Rechtsordnung verstanden, „zu der alle formell und materiell verfassungsmäßigen Gesetze gehören" (BVerfGE 96, 10/21; 90, 145/172; 103, 197/215). Die Klausel stellt daher einen Gesetzesvorbehalt dar (Horn SB 94). Vielfach wird von einem Rechtsvorbehalt gesprochen (Kunig MüK 23; Dreier DR 54), was aber nicht bedeuten kann, dass keinerlei formell-gesetzliche Ermächtigung notwendig ist (Di Fabio MD 38); an die Bestimmtheit der Ermächtigung sind allerdings eher geringe Anforderungen zu stellen. Eine gesetzliche Ermächtigung ist auch für Eingriffe im besonderen Gewaltverhältnis erforderlich, insb. im Schul- und Ausbildungsbereich (Rn.55 zu Art.20). Zur verfassungsmäßigen Ordnung gehört zudem das EU-Recht (Murswiek SA 89; Horn SB 95; Cornils HbStR³ § 168 Rn.84).

18   **bb)** Die Handlungsfreiheit steht weiter unter dem Vorbehalt der **Rechte anderer**, ganz gleich, welcher Natur sie sind; bloße Interessen genügen nicht (Kunig MüK 20; Stern ST IV/1, 267). Für Eingriffe ist auch hier eine normative Ermächtigung zum Schutz der Rechte Dritter notwendig (vgl.

Rn.49 zu Art.20; a.A. Erichsen, Jura 87, 372). Die Beschränkung wird daher voll durch die Beschränkung der verfassungsmäßigen Ordnung in der heute ganz herrschenden extensiven Interpretation (oben Rn.17) abgedeckt (Stern ST IV/1, 266; Dreier DR 53; Di Fabio MD 44). Der Vorbehalt der Rechte anderer hat folglich keine eigenständige Bedeutung (Cornils HbStR³ § 168 Rn.87).

cc) Ohne praktische Bedeutung ist auch die dritte Schranke der Hand- **19** lungsfreiheit, das **Sittengesetz** (Pieroth/Schlink 388; Höfling FH 72; Dreier DR 60). Es dürfte die für ein geordnetes Zusammenleben als unverzichtbar anerkannten grundlegenden sozial ethischen Wertvorstellungen umfassen (Kahl, FS Merten, 2007, 64). Bei dem heutigen Grad der Durchnormiertheit aller Lebensbereiche und im Hinblick auf den Vorbehalt des Gesetzes für grundrechtsrelevante Maßnahmen (Rn.48–50 zu Art.20) wird man außerdem verlangen müssen, dass die Wertvorstellungen in einer Rechtsnorm ihren Niederschlag gefunden haben (Di Fabio MD 46), mit der Folge, dass das Sittengesetz iSd Abs.1 in der verfassungsmäßigen Ordnung aufgeht (Kunig MüK 28; anders Stern ST IV/1, 268 f).

b) Gesetzliche Grundlage. Das Grundrecht kann grundsätzlich durch **20** jede Rechtsvorschrift eingeschränkt werden, auch durch Vorschriften des Ortsrechts (BVerfGE 54, 143/144), wobei aber eine ausreichende formellgesetzliche Ermächtigung bestehen muss (oben Rn.17). Weiter ist eine Beschränkung durch richterliche Rechtsfortbildung möglich (BVerfGE 74, 129/152; 111, 54/81). Verwaltungsvorschriften können das Grundrecht dagegen nicht einschränken (vgl. Rn.30 zu Art.12). Gewohnheitsrecht kann allenfalls grundrechtsbeschränkend sein, wenn es vorkonstitutioneller Natur ist (Vorb.43 vor Art.1; großzügiger Kunig MüK 23). Art.19 Abs.1, insb. das Zitiergebot, finden keine Anwendung (BVerfGE 10, 89/99; 28, 36/46; Höfling FH 78; allg. Rn.5 zu Art.19). Das Gesetz muss die Kompetenzverteilung zwischen Bund und Ländern beachten (unten Rn.24).

c) Verhältnismäßigkeit. Jeder Grundrechtseingriff muss verhältnismäßig **21** sein (BVerfGE 80, 137/153; 97, 271/286; 103, 197/215; 109, 96/111; BVerwGE 125, 68 Rn.25). Dies sichert die materiellen Gehalte der Handlungsfreiheit (Starck MKS 30). Das gilt auch für Abgaben (BVerfGE 75, 108/155 f; BFHE 141, 369/384). Im Einzelnen folgt daraus (näher Rn.83–90a zu Art.20), dass der Eingriff *geeignet* sein muss, insb. in einem sachlichen Zusammenhang mit dem verfolgten Zweck steht (BVerfGE 55, 159/165 ff). Weiter muss der Eingriff *erforderlich* sein (BVerfGE 63, 88/115; Stern ST IV/1, 957); es darf kein anderes gleichwertiges, aber milderes Mittel zur Verfügung stehen (BVerfGE 90, 145/172). Außerdem darf der Eingriff *nicht außer Verhältnis* zu dem mit ihr verfolgten Zweck stehen (BVerfGE 96, 10/21), darf keine unangemessene Belastung darstellen (BVerfGE 103, 197/224). Die Prüfung hat dabei umso genauer zu erfolgen, je mehr „der gesetzliche Eingriff elementare Äußerungsformen der menschlichen Handlungsfreiheit berührt" (BVerfGE 17, 306/314; 20, 150/159; Dreier DR 62; Starck MKS 31), während die Prüfungsdichte mit dem zunehmenden Sozialbezug abnimmt. Im Bereich der Wirtschaftspolitik besteht ein weiter Prognosespielraum (Di Fabio MD 91). Der Verstoß gegen eine *verwaltungsrechtliche Anord-*

nung, etwa die Personalien anzugeben, darf nur bestraft werden, wenn die Anordnung rechtmäßig ist (BVerfGE 92, 191/201).

22   Gesetze, die auf Grund der Sachlage **typisieren,** müssen nicht alle Einzelfälle berücksichtigen; gewisse Härten für Einzelne sind insoweit zulässig (BVerfGE 13, 230/236; vgl. Rn.30 f zu Art.3 und Rn.89 zu Art.20). Das Grundrecht zwingt andererseits dazu, „Befreiung von einer schematisierenden Belastung zu erteilen, wenn die Folgen extrem über das normale Maß hinausschießen, das der Schematisierung zugrunde liegt" (BVerfGE 48, 102/116).

23   **d) Vereinbarkeit mit sonstigem Recht.** Die einschränkende Rechtsvorschrift darf nicht gegen eine andere **Norm des GG** verstoßen (BVerfGE 45, 400/413; 78, 123/126; 80, 137/153; Starck MKS 28 f; Hillgruber UC 188 ff). Eine verfassungswidrige Norm kann den Eingriff in Art.2 Abs.1 nicht rechtfertigen. Das Grundrecht dient auf diese Weise der Durchsetzung sonstigen, mit der Verfassungsbeschwerde an sich nicht rügefähigen Verfassungsrechts (vgl. Lechner/Zuck § 90 Rn.77). Man spricht insoweit auch von Hebelwirkung (Spielmann, Konkurrenz von Grundrechtsnormen, 2008, 176 f; Stern ST IV/1, 921). Noch weitergehend beruft sich das Bundesverfassungsgericht vielfach auf die Verletzung von Art.2 Abs.1 iVm einer sonstigen Verfassungsnorm und prüft dann allein die Einhaltung der sonstigen Verfassungsnorm, ohne auf die Frage des Eingriffs einzugehen (etwa BVerfGE 79, 372/375). So geht es etwa beim Justizgewährungsanspruch in privatrechtlichen Streitigkeiten, der über Art.2 Abs.1 rügefähig ist (Rn.91 zu Art.20), eher um eine Leistung als um einen Eingriff.

24   Besondere Bedeutung hat die Vereinbarkeit mit sonstigem Verfassungsrecht im Bereich des **Rechtsstaatsprinzips** erlangt (Rn.29 zu Art.20). Die Vorgaben dieses Prinzips können über Art.2 Abs.1 geltend gemacht werden, sofern kein spezielles Grundrecht eingreift. Dies gilt etwa für das Rückwirkungsverbot (Rn.67 zu Art.20), für den Justizgewährungsanspruch in privatrechtlichen Streitigkeiten (Rn.91 zu Art.20), für das Recht auf ein faires Strafverfahren (Rn.98 zu Art.20), für das Schuldprinzip (Rn.106 zu Art.20) und für die Unschuldsvermutung (Rn.108 zu Art.20). Gleiches gilt für die Vereinbarkeit mit der **Kompetenzverteilung** zwischen Bund und Ländern (BVerfGE 67, 256/274; 75, 108/146; 78, 205/209), mit Art.80 Abs.1 und mit den allgemeinen Regeln des Völkerrechts (Rn.15 zu Art.25).

25   Art.2 Abs.1 ist weiter verletzt, wenn die der belastenden Maßnahme zugrunde liegende Norm gegen sonstiges **höherrangiges Recht** verstößt, etwa Landesrecht gegen Bundesrecht (BVerfGE 51, 77/89; 80, 137/153); die Verfassungsbeschwerde ist allerdings insoweit nicht möglich (Rn.73 zu Art.93). Gleiches gilt bei der Verletzung von EU-Recht (BVerfGE 82, 159/191), der EMRK (Rn.10 zu Art.25) und allgemeinen Regeln des Völkerrechts (Rn.15 zu Art.25).

5. Einzelne Bereiche und Fälle

26   **a) Wirtschaftsunternehmen.** Bei Beschränkungen der *Unternehmerfreiheit* (oben Rn.4a) ist „ein angemessener Spielraum zur Entfaltung der Un-

ternehmerinitiative" unantastbar (BVerfGE 50, 290/366; 65, 196/210); eine bestehende Gesetzeslage wird aber nicht zu einem grundrechtlich geschützten Bestand verfestigt (BVerfGE 97, 67/83). Die Angemessenheit des unternehmerischen Spielraums wird durch den Grundsatz der Verhältnismäßigkeit bestimmt (BVerfGE 91, 207/221). Preisfestlegungen sind nur zulässig, soweit sie aus Gründen des Gemeinwohls geeignet, erforderlich und verhältnismäßig sind (BVerfGE 70, 1/25 f). Zu behördlichen Besichtigungs- und Betretungsrechten Rn.38 zu Art.13.

b) Zwangsbeteiligung, Pflichtversicherung und Abgaben. Eine 27 **Zwangsmitgliedschaft** in öffentlich-rechtlichen Verbänden ist nur zulässig, wenn der Verband legitime öffentliche Aufgaben erfüllt (BVerfGE 10, 89/ 102; 38, 281/299) und die Zwangsmitgliedschaft zur Erfüllung der übertragenen öffentlichen Aufgaben erforderlich und angemessen ist (BVerfGE 38, 281/302; BVerwGE 107, 169/173; s. auch Rn.7 zu Art.9 und Rn.16 zu Art.12); dabei soll dem Gesetzgeber ein weiter Spielraum zustehen (BVerfGE 38, 281/297 f; BVerwG, Bh 430.1 Nr.15 S.3). Im Einzelnen ist die Zwangsmitgliedschaft in der Studentenschaft zulässig (BVerfG-K, NVwZ 01, 191), weiter in der Handwerkskammer (BVerwGE 108, 169/172 f) und in der Industrie- und Handelskammer (BVerfG-K, NVwZ 02, 336 f). Die Mitglieder haben aus Art.2 Abs.1 einen Anspruch darauf, dass die Zwangskörperschaft nur im Rahmen ihrer Zuständigkeiten tätig wird (BVerwGE 74, 254/255; 109, 97/99, 103; 112, 69/72; BSGE 62, 231/234; Starck MKS 135); das gilt jedoch nicht, wenn die Mitgliedschaft allein zu einer Geldleistungspflicht führt (BVerfGE 78, 320/330 f). Die Zwangsbeiträge müssen erforderlich sein (BVerwGE 80, 334/336 f), sowie verhältnismäßig ieS (BVerwGE 87, 324/ 331). **Pflichtversicherungen** im Bereich der Altersversorgung, der Pflege und der Arbeitslosigkeit sind regelmäßig zulässig (BVerfGE 10, 354/369 f; 29, 221/237; 103, 197/221; BVerfG-K, NJW 91, 746 f; BVerwGE 87, 324/330; einschr. Starck MKS 137 f). Unzulässig ist, wenn sich eine Kammer einer anderen Kammer unterwirft (BVerfG-K, NVwZ 02, 851). Die gesetzliche Krankenversicherung darf aufgrund von Art.2 Abs.1 iVm dem Sozialstaatsprinzip sowie des Grundrechts aus Art.2 Abs.2 S.1 in Fällen der Lebensgefahr die Leistung einer Behandlungsmethode, die eine nicht ganz fern liegende Heilungschance birgt, nicht verweigern, sofern keine allgemein anerkannte, medizinischen Standards entsprechende Behandlung zur Verfügung steht (BVerfGE 115, 25/48).

Abgaben im wirtschaftlichen Bereich sind zulässig, „wenn dem Betroffe- 28 nen ein angemessener Spielraum verbleibt, sich frei zu entfalten" (BVerfGE 78, 232/245). „Dieser Spielraum ist gegeben, soweit die Gebührenbelastung verhältnismäßig ist" (BVerfGE 91, 207/221). Steuergesetze dürfen keine erdrosselnde, den notwendigen Lebensunterhalt gefährdende Wirkung haben (BVerfGE 87, 153/169). Gebühren müssen das *Äquivalenzprinzip* beachten, das Ausdruck des Grundsatzes der Verhältnismäßigkeit ist und ein Missverhältnis zwischen der Gebühr und der von der öffentlichen Gewalt gebotenen Leistung verbietet (BVerfGE 20, 257/270; 83, 363/392; BVerwGE 118, 123/125); das gilt auch für Sondernutzungsgebühren (BVerwGE 80, 36/39). Beiträge haben ebenfalls das Äquivalenzprinzip zu wahren, wobei es genügt, wenn dem Pflichtigen ein entspr. Vorteil geboten wird und er ihn nutzen kann (BVerwGE 109, 97/111; BGHZ 140, 302/304 f). Zur relativen Höhe von Gebühren und Beiträgen Rn.53 zu Art.2.

29 **c)** In **Sonderstatusverhältnissen** ist Art.2 Abs.1 voll anzuwenden (Vorb.39 vor Art.1). Die Nebentätigkeit von **Beamten** (vgl. Rn.7 zu Art.12) kann beschränkt werden (Rn.50 zu Art.33). Gleiches gilt für das Reisen von Beamten und Soldaten in bestimmte Länder (BVerwGE 46, 190/192) sowie für die Beschränkung selbstgefährdender Tätigkeiten von Beamten (BVerwGE 53, 83/85 f). Anforderungen an die Haar- und Barttracht sind möglich, sofern dienstliche Bedürfnisse dies erfordern (BVerwGE 76, 66/70 f); unzulässig ist die Beschränkung der Haarlänge auf Hemdkragengrenze (BVerwGE 125, 85 Rn.23). Ein Verbot von Ohrschmuck für Männer im Dienst ist möglich (BVerwGE 84, 287/291; vgl. Rn.105 zu Art.3). In der **Untersuchungshaft** sind nur die absolut erforderlichen Beschränkungen zulässig (unten Rn.123 f und Rn.108 zu Art.20). Die Praxis verfährt insoweit zu großzügig (vgl. Starck MKS 131).

30 Im **Schulbereich** ergibt sich – wegen des Einflusses des in Art.7 Abs.1 enthaltenen Verfassungsauftrags (Rn.1 zu Art.7) – aus Art.2 Abs.1 nicht nur ein Abwehrrecht, sondern auch ein Recht der Kinder auf Teilhabe an bestehenden Schulen der öffentlichen Hand (Jarass, DÖV 95, 677 f; i. E. Pieroth/ Siegert, RdJB 94, 444; vorsichtig Di Fabio MD 58; für Anwendung von Art.3 Murswiek SA 111), ein „Anspruch auf eine Entfaltung ihrer Anlagen und Befähigungen im Rahmen schulischer Ausbildung und Erziehung" (BVerfGE 98, 218/257). Die Nichtversetzung eines Schülers beeinträchtigt daher Abs.1, auch wenn keine Schulpflicht besteht (BVerfGE 58, 257/273 f; BVerwGE 56, 155/158). Ob darüber hinaus ein allgemeiner *Anspruch auf Bildung* besteht, ist zweifelhaft (s. allerdings BVerwGE 56, 155/158); zum objektiv-rechtlichen Auftrag der Förderung von Bildung Rn.118 zu Art.20.

31 **d) Sozialrecht.** Die freie Arztwahl im Rahmen von Sozialhilfeleistungen dürfte durch Abs.1 nicht geschützt sein (offen gelassen BVerfGE 16, 286/303 f; BVerwGE 60, 367/370); insoweit kann allerdings das Grundrecht der körperlichen Unversehrtheit in Art.2 Abs.2 S.1 zum Tragen kommen. Geschützt sein soll allerdings die Wahl unter Arzneimitteln im Rahmen der gesetzlichen Krankenversicherung (BVerfGE 106, 275/304 f); Beschränkungen sind aber aus ausreichendem Grund möglich. Weiter soll Art.2 Abs.1 einen Anspruch auf Teilhabe an Änderungen bei Pflichtversicherungen geben (BSGE 90, 11/23).

32 **e) Sonstiges öffentliches Recht.** Die Beschränkung der **Ausreise** ist nur aus zwingenden Gründen zum Schutze überragender Gemeinschaftsgüter zulässig (vgl. Gusy MKS 41 zu Art.11; Hailbronner HbStR[3] VII § 152 Rn.114 ff; zu großzügig BVerfGE 6, 32/43); für das Ansehen der Bundesrepublik wird durch die Strafgesetze ausreichend gesorgt. Unklar ist, wieweit sich aus Art.2 Abs.1 ein Anspruch auf fehlerfreien Ermessensgebrauch bei der Einbürgerung ergibt (vgl. BVerfGE 37, 217/239; Di Fabio MD 60). Eine Beschränkung des räumlichen Aufenthalts von Asylbewerbern ist zulässig (BVerfGE 96, 10/21 ff). Ausländern und Staatenlosen vermittelt Art.2 Abs.1 kein Recht auf **Einreise** (BVerfGE 76, 1/71; Tomuschat, NJW 80,

1074; anders Sachs ST IV/1, 755). Selbst ein Recht auf Verbleib im Bundes-
gebiet soll sich nicht aus Art.2 Abs.1 ergeben (BVerfGE 80, 81/95 f); das
Grundrecht vermittelt kein Aufenthaltsrecht (BVerwGE 100, 335/342 f). Je-
denfalls ist die einfachgesetzliche Verweigerung des Rechts zulässig (Durner
MD 62 zu Art.11). Ein weitergehender Schutz kann sich für Ausländer aus
dem Asylrecht (Rn.20 zu Art.16a) und aus dem Schutz der Ehe (Rn.32 zu
Art.6) ergeben. Zur Freizügigkeit von EU-Ausländern Rn.6 zu Art.11. Eine
Ausweisung ist dagegen am Grundsatz der Verhältnismäßigkeit zu messen
(BVerfG-K, NVwZ 07, 1301; BVerwGE 130, 20 Rn.16).

Aus Art.2 Abs.1 wird ein Anspruch auf Nutzung eines bestehenden **Ge-** 33
meingebrauchs an Straßen und Wasserwegen abgeleitet (BVerwGE 32,
222/225; BVerwG, NJW 88, 432 f; Dreier DR 65; Di Fabio MD 59; Paehlke-Gärtner UC 87 zu Art.3 I), wofür auch die Entscheidung des GG zugunsten eines öffentlichen Wegenetzes spricht, wie sie etwa in Art.89 f zum
Ausdruck kommt. Dagegen besteht kein Anspruch auf Schaffung des Gemeingebrauchs (Stern ST IV/1, 936).

Zulässig ist ferner die Beschränkung *selbstgefährdender Tätigkeiten* (z. B. durch 34
Gurt- oder Schutzhelmpflicht), wenn die Folgen auch die Allgemeinheit treffen (BVerfGE 59, 275/278; BGHZ 74, 25/34; restriktiver Hillgruber UC
153 ff; s. auch oben Rn.29). Zulässig ist weiterhin die Verhinderung der
Selbsttötung, sofern Anhaltspunkte dafür vorliegen, dass es an einer selbstverantwortlichen Entscheidung fehlt (vgl. auch unten Rn.100). Möglich sind das
Verbot der *Beisetzung* außerhalb von Friedhöfen (BVerfGE 50, 256/262 f) und
ein *Taubenfütterungsverbot* (BVerfGE 54, 143/144 ff). Das RechtsberatungsG ist
restriktiv auszulegen (BVerfG-K, NJW 06, 1502 f; NJW 07, 2390). Zulässig ist
ein Rauchverbot in U-Bahnhöfen (BGHZ 79, 111/115 f). Gleiches gilt für
kommunalrechtliche *Vertretungsverbote* (BVerfG-K, DVBl 88, 55), die allerdings restriktiv interpretiert werden müssen (vgl. BVerfGE 61, 68/74). Zur
Sozialhilfe oben Rn.31. Vgl. auch die Einzelfälle zum *allgemeinen Persönlichkeitsrecht* unten Rn.64–74.

f) Privatrecht. Die allgemeine Handlungsfreiheit kann durch (zwingen- 35
de) privatrechtliche Vorschriften verletzt werden (Dreier DR 63), etwa durch
jene zum Versorgungsausgleich (BVerfGE 63, 88/108 f). Unzumutbare Unterhaltsverpflichtungen verletzen das Grundrecht (BVerfGE 80, 286/295;
vgl. auch E 113, 88/113). Führen gesetzliche Beschränkungen der Privatautonomie zu einer Fremdbestimmung durch Dritte, ist der Gesetzgeber zu
Schutzregelungen verpflichtet (BVerfGE 114, 1/34 f, 37); dies gilt insb. im
Lebensversicherungsrecht (BVerfGE 114, 1/36 f). Zur Ausstrahlungswirkung
oben Rn.15. Zu den Grenzen der Vertragsfreiheit oben Rn.16.

II. Allgemeines Persönlichkeitsrecht

1. Bedeutung und Abgrenzung

a) Bedeutung und Rechtsgrundlage. Ein Teilbereich des Art.2 Abs.1 36
erfährt als „allgemeines Persönlichkeitsrecht" (jüngst etwa BVerfGE 120,
274/302) einen besonderen Schutz und hat sich zu einem **eigenen Grundrecht** verselbstständigt (vgl. oben Rn.1); in der Sache findet es sich auch in

Art.12 AEMR und in Art.8 EMRK. **Grundlage** des Rechts ist primär Art.2 Abs.1, beeinflusst durch das Grundrecht des Art.1 Abs.1 (Dreier DR 68; Di Fabio MD 128; Kunig MüK 30; Lang EH 33; vgl. allerdings unten Rn.52), das einen uneinschränkbaren Kern des Rechts fixiert (BVerfGE 75, 369/380). In Konkretisierung der Würde des Menschen gewährleistet es die engere persönliche Lebenssphäre und die Erhaltung ihrer Grundbedingungen (unten Rn.39), insb. gegenüber „neue(n) Gefährdungen der Persönlichkeitsentfaltung" (BVerfGE 101, 361/380; 79, 256/268). Das Recht schützt „Elemente der Persönlichkeit, die nicht schon Gegenstand der besonderen Freiheitsgarantien des Grundgesetzes sind, diesen aber in ihrer konstituierenden Bedeutung für die Persönlichkeit nicht nachstehen" (BVerfGE 118, 168/183, 99, 185/193; 106, 28/39). „Als Recht auf Respektierung des geschützten Bereichs" hebt es sich „von dem aktiven Element dieser Entfaltung, der allgemeinen Handlungsfreiheit" ab (BVerfGE 54, 148/153); s. allerdings unten Rn.50. Das Grundrecht des allgemeinen Persönlichkeitsrechts darf, trotz vieler Parallelen, nicht mit seinem privatrechtlichen Gegenstück, das nur einfachgesetzlichen Rang hat, verwechselt werden (Jarass, NJW 89, 858).

37   Eine „Ausprägung" bzw. „Ausformung" des allgemeinen Persönlichkeitsrechts bildet das **Recht auf informationelle Selbstbestimmung** (BVerfGE 96, 171/181; 115, 166/187; 117, 202/228; 118, 168/184; BVerwGE 121, 115/124; Stern ST IV/1, 231; Di Fabio MD 173), dessen Eigenständigkeit (im Rahmen des allgemeinen Persönlichkeitsrechts) zunehmend betont wird (vgl. BVerfGE 103, 21/32f; 115, 320/341; 120, 351/360); zu Einzelheiten unten Rn.42–46, 53, 56, 58, 60a. Gelegentlich wird darin ein eigenständiges Grundrecht gesehen (Lorenz BK 334). Eine verwandte Ausprägung bildet der **Schutz von informationstechnischen Systemen,** insb. von Computern (BVerfGE 120, 274/303; unten Rn.45, 53, 58, 62a), die aber nur zum Tragen kommt, soweit nicht andere Grundrechte einschlägig sind (BVerfGE 124, 43/57). Eine weitere Ausprägung bildet der **Schutz der Privatsphäre** (BVerfGE 120, 274/311; unten Rn.47).

38   **b) Abgrenzung zu anderen Verfassungsnormen.** Das allgemeine Persönlichkeitsrecht unterscheidet sich durch seine inhaltliche Prägung und Konturierung von der allgemeinen Handlungsfreiheit und steht in Parallele zu den sonstigen speziellen Freiheitsrechten (vgl. oben Rn.36). Andererseits konkretisieren einzelne spezielle Freiheitsrechte das allgemeine Persönlichkeitsrecht. Für die Konkurrenz mit anderen Grundrechten ist daher zu differenzieren: Grundsätzlich konkurriert das allgemeine Persönlichkeitsrecht mit anderen Freiheitsgrundrechten (Di Fabio MD 25; Murswiek SA 138). Zum Teil kommt es zu einer Anreicherung anderer Freiheitsgrundrechte (so für die Berufsfreiheit BVerfGE 71, 183/201). Soweit dagegen andere Grundrechte in einem Teilbereich Gehalte des Persönlichkeitsrechts sichern, wie Art.10 und Art.13, gehen diese Grundrechte vor (Rn.2 zu Art.10; Rn.2 zu Art.13). Das allgemeine Persönlichkeitsrecht ergänzt „die speziellen Freiheitsrechte, die ebenfalls konstituierende Elemente der Persönlichkeit schützen, nur insoweit, als Letztere keinen Schutz gewähren" (BVerfGE 109, 279/326; 115, 166/189). Gegenüber der allgemeinen Handlungsfreiheit ist das allgemeine Persönlichkeitsrecht lex specialis (Stern ST IV/1, 301; Dreier DR 94; Horn SB 135).

2. Schutzbereich

a) Geschütztes Verhalten (Allgemeines). Das allgemeine Persönlich- 39
keitsrecht schützt „den engeren persönlichen Lebensbereich und die Erhaltung seiner Grundbedingungen" (BVerfGE 121, 69/90; 54, 148/153; 72, 155/170; 96, 56/61; Jarass, NJW 89, 857). Es sichert „jedem einzelnen einen autonomen Bereich privater Lebensgestaltung, in dem er seine Individualität entwickeln und wahren kann" (BVerfGE 79, 256/268; 117, 202/225). Geschützt wird in diesem Sinne das „Person-Sein" (Jarass, NJW 89, 859; Horn SB 34), die personale und soziale Identität (Horn SB 47). Der Schutz entfaltet sich in unterschiedlichen Bereichen:

b) Darstellung der eigenen Person. Der Einzelne soll grundsätzlich 40
„selbst darüber befinden dürfen, wie er sich gegenüber Dritten oder der Öffentlichkeit darstellen will, was seinen sozialen Geltungsanspruch ausmachen soll" (BVerfGE 63, 131/142; 35, 202/220; 54, 148/155; 114, 339/346); vgl. allerdings auch unten Rn.61. Im Hinblick auf diese Zielsetzung wird der Einzelne vor **verfälschenden** oder entstellenden **Darstellungen** seiner Person **in der Öffentlichkeit** geschützt, die von nicht ganz unerheblicher Bedeutung für die Persönlichkeitsentfaltung sind (BVerfGE 99, 185/194; ähnlich BVerfGE 97, 125/148 f). Weiter hat jeder das Recht, dass ihm nicht Äußerungen in den Mund gelegt werden, die er nicht getan hat (BVerfGE 54, 148/155 f; Di Fabio MD 199). Auch die Behauptung einer Gruppenmitgliedschaft wird erfasst (BVerfGE 99, 185/194). Ein Anspruch auf eine bestimmte Interpretation von Äußerungen besteht nicht (BVerfGE 82, 236/269).

Weiter gehört hierher der **Schutz der Ehre** (BVerfGE 54, 208/217; 93, 41
266/290; 97, 125/147; BVerwGE 82, 76/78; Lorenz BK 262), deren Schutz auch Art.5 Abs.2 erkennen lässt (BVerfGE 93, 266/290). Im Zusammenhang damit steht der Schutz der sozialen Anerkennung (BVerfGE 99, 185/193; 114, 339/346). Geschützt wird der **Name,** sei es der Familienname oder der Vorname, sowie der Geburtsname (BVerfGE 97, 391/399; 104, 373/387, 392; 109, 256/266; 123, 90/102; Di Fabio MD 203), auch ein gutgläubig geführter Name (BVerfG-K, EuGRZ 01, 341 f) und der erworbene Ehename, auch über die Ehezeit hinaus (BVerfGE 109, 256/266). Der Vorname wird insb. im Hinblick auf das Geschlecht geschützt, auch bei Transsexuellen (BVerfGE 115, 1/14 f). Schließlich wird das Führen akademischer Grade erfasst (BVerwG, NVwZ 88, 365; Stern ST IV/1, 195 f).

c) Informationelle Selbstbestimmung und verwandte Felder

aa) Das Recht auf informationelle Selbstbestimmung (oben Rn.37) ge- 42
währleistet dem Einzelnen die Befugnis, „selbst über die Preisgabe und Verwendung persönlicher Daten zu bestimmen" (BVerfGE 117, 202/228; 115, 166/188; 118, 168/184; 120, 274/312), und zwar nicht nur im Bereich der automatischen Datenverarbeitung (BVerfGE 78, 77/84; Di Fabio MD 176). Das Recht soll insb. einem Einschüchterungseffekt vorbeugen (BVerfGE 113,

29/46; 115, 166/188). Geschützt wird die „Befugnis des Einzelnen, grundsätzlich selbst zu entscheiden, wann und innerhalb welcher Grenzen persönliche Lebenssachverhalte offenbart werden" (BVerfGE 103, 21/33; 65, 1/41 f; 80, 367/373), auch wenn die Daten nicht die Privat- oder gar die Intimsphäre betreffen (BVerfGE 65, 1/45; BVerwGE 121, 115/124; Di Fabio MD 174).

43 Geschützt werden (nur) **persönliche** bzw. personenbezogene **Daten** (BVerfGE 65, 1/43; 113, 29/46; 115, 166/190; 118, 168/184), also Daten zu den persönlichen oder sachlichen Verhältnissen einer bestimmten Person. Ob es sich um sensible Daten handelt, ist unerheblich (BVerfGE 118, 168/185; 120, 378/398 f). Auch öffentlich bzw. allgemein zugängliche Daten werden erfasst (BVerfGE 120, 351/361; 120, 378/399). Geschäfts- und Betriebsgeheimnisse werden grundsätzlich nicht erfasst. Sie fallen unter Art.12 (Stern ST IV/1, 200; vgl. Rn.14 zu Art.12) bzw. unter Art.14 (vgl. Rn.18 zu Art.14). Anderes gilt jedoch, wenn sie einen personalen Bezug aufweisen, wie die Arbeitsunterlagen eines Anwalts, die sich auf die Person des Anwalts und des Klienten beziehen (vgl. BVerfGE 113, 29/46 f).

43a **Im Einzelnen** werden etwa geschützt: Ehescheidungsakten (BVerfGE 27, 344/350 f), Tagebücher und private Aufzeichnungen (BVerfGE 80, 367/374 f), Krankenakten (BVerfGE 32, 373/379), DNA-Identifizierungsmuster (BVerfGE 103, 21/32), der Schwerbehindertenstatus (BSGE 60, 284/286), Unterlagen zur Entmündigung/Betreuung (BVerfGE 78, 77/84), Akten und Informationen einer Suchtberatungsstelle (BVerfGE 44, 353/372) oder eines Sozialarbeiters (BVerfGE 33, 367/374 f), Steuerdaten (BVerfGE 67, 100/142 f), Daten über die seelische Verfassung und den Charakter (BVerfGE 89, 69/82), Daten über die Intimsphäre (BVerfGE 117, 202/233), Telekommunikationsverbindungsdaten (BVerfGE 115, 166/189) sowie Daten eines Disziplinarverfahrens (BVerwGE 128, 295 Rn.35). Zum Namen oben Rn.41. Zur Abstammung unten Rn.50, 67. Zu Geschäftsgeheimnissen oben Rn.43. Nicht geschützt ist die Information über den Familienstand (BVerfGE 78, 38/51). Zur *Spezialität* des Art.10 im Bereich brieflicher und telefonischer Kommunikation vgl. Rn.2 zu Art.10.

44 **bb)** Geschützt wird weiter das **Recht am eigenen Bild** (BVerfGE 87, 334/340; 97, 228/268; 120, 180/198; Stern ST IV/1, 193 f). Ein entsprechender Schutz besteht für das Recht am **eigenen Wort** (BVerfGE 34, 238/246; 54, 148/154; 106, 28/39; BVerwGE 121, 115/125; Stern ST IV/1, 194 f); geschützt wird auch die Auswahl der Personen, die von einem Gesprächsinhalt Kenntnis erhalten sollen (BVerfGE 106, 28/39). Jedermann kann selbst bestimmen, ob er fotografiert oder seine Stimme aufgenommen werden darf und was mit den Aufnahmen geschehen soll (BVerfGE 106, 28/39 f); s. auch unten Rn.73. Das gilt auch für Luftbildaufnahmen eines Wohngrundstücks (BVerfG-K, NJW 06, 2837). Das Recht am eigenen Bild und am eigenen Wort sind nicht auf die Privatsphäre beschränkt (BVerfGE 106, 28/41), haben dort allerdings besonderes Gewicht (vgl. unten Rn.61).

45 **cc)** Geschützt wird weiter die Vertraulichkeit der Daten **informationstechnischer Systeme** wie deren Integrität gegenüber einer Nutzung durch Dritte (BVerfGE 120, 274/314). Zu diesen Systemen rechnen Personalcomputer, informationstechnische Komponenten in Telekommunikationsgerä-

ten und anderen elektronischen Geräten sowie die Vernetzung der Systeme (BVerfGE 120, 274/303 ff).

dd) Das Persönlichkeitsrecht schützt weiter gegen den **Zwang zu selbst-** 46 **belastenden Äußerungen,** soweit es um persönliche Daten geht (BVerfGE 56, 37/41 f; 95, 220/241; 96, 171/181; BGHSt 52, 11 Rn.20; Di Fabio MD 187; Starck MKS 105); im Übrigen kommt das Gebot des fairen Verfahrens zum Tragen (Rn.31a zu Art.20). Eine Grundrechtsbeeinträchtigung liegt vor, wenn sich der Einzelne „selbst strafbarer Handlungen oder ähnlicher Verfehlungen bezichtigen muss" oder „wegen seines Schweigens in Gefahr kommt, Zwangsmitteln unterworfen zu werden" (BVerfGE 95, 220/241). Gleiches gilt für die Pflicht zu selbstbelastenden Tätigkeiten. Zu den Folgen unten Rn.64, 66.

d) Privatsphäre. Weiter wird die Privatsphäre geschützt (BVerfGE 90, 47 255/260; 120, 180/198 f; ähnlich BVerfGE 27, 1/6; 44, 197/203). Es geht um das Recht des Menschen auf Selbstfindung im Alleinsein und in enger Beziehung zu ausgewählten Vertrauten (Kube HbStR[3] VII § 148 Rn.129). Der Schutz der Privatsphäre umfasst zum einen „Angelegenheiten, die wegen ihres Informationsinhalts typischerweise als privat eingestuft werden", zum anderen „einen räumlichen Bereich, in dem der Einzelne zu sich kommen, entspannen oder auch gehen lassen kann" (BVerfGE 101, 361/382 f; 120, 274/311). Geschützt wird die Privatwohnung vor Beobachtungen und Abhören, soweit sich die Betroffenen nicht auf Art.13 berufen können (BVerfGE 109, 279/326). Dieser räumliche Bereich geht über den häuslichen Bereich hinaus und erfasst alle Örtlichkeiten, die von der breiten Öffentlichkeit deutlich geschieden sind (BVerfGE 101, 361/384).

Im Einzelnen wird die Privatheit der **Sexualsphäre** geschützt (BVerfGE 48 96, 56/61; 116, 1/14; Stern ST IV/1, 208 f). Weiter fällt die sexuelle Selbstbestimmung in den Bereich des Persönlichkeitsrechts (BVerfGE 49, 286/ 298; 116, 243/264; 121, 175/190; BVerwGE 128, 319 Rn.39). Daher schützt das Grundrecht auch die Geschlechtsumwandlung, einschl. der personenstandsrechtlichen Folgen (BVerfGE 49, 286/297 ff; 60, 123/134; 116, 243/264; BVerfG-K, NJW 97, 1633). Schwangere können sich gegenüber Regelungen und Beeinträchtigungen der Schwangerschaft auf das allgemeine Persönlichkeitsrecht berufen (BVerfGE 39, 1/42).

Weiter sollen vertragliche Beziehungen zwischen **Ehegatten** erfasst wer- 49 den (BVerfGE 81, 1/10), etwa im Hinblick auf die finanziellen Regelungen nach einer Scheidung (BVerfGE 60, 329/339); richtigerweise dürfte dafür Art.6 einschlägig sein (Rn.4 zu Art.6). Geschützt sind die persönlichen Beziehungen zu **Familienmitgliedern** (BVerfGE 121, 69/90), insb. der persönliche Kontakt zwischen Familienangehörigen, auch zugunsten von Strafgefangenen (BVerfGE 57, 170/178 f) sowie der Briefkontakt mit Vertrauten (unten Rn.53); das Lesen der Briefe durch staatliche Stellen fällt allerdings unter die speziellere Regelung des Art.10 (Rn.2 zu Art.10). Schließlich schützt das allgemeine Persönlichkeitsrecht die **Beziehungen zwischen Eltern und Kindern** (BVerfGE 119, 1/24; ähnlich E 101, 361/385 f). Der Bereich, in dem sich Kinder frei von öffentlicher Beobachtung fühlen und entfalten dürfen, wird noch umfassender als bei Erwachsenen geschützt (BVerfGE 101,

361/385; BGHZ 160, 298/304 f; Di Fabio MD 237). Geschützt wird das **Recht des Kindes auf Entwicklung** zur Persönlichkeit (BVerfG-K, NJW 00, 2192; Di Fabio MD 208). Weiter verlangt das allgemeine Persönlichkeitsrecht die Berücksichtigung des Kindeswohls bei Entscheidungen darüber, in welcher Familie ein Kind aufwachsen soll (BVerfGE 75, 201/218; 79, 51/63 f). Darüber hinaus wird der *Jugendschutz* durch das allgemeine Persönlichkeitsrecht gewährleistet (BVerfGE 83, 130/140; BVerwGE 91, 223/224 f); vgl. auch Rn.60 f zu Art.5.

50   **e) Grundbedingungen der Selbstbestimmung.** Das allgemeine Persönlichkeitsrecht bietet Schutz gegen eine umfassende Einschränkung der personalen Entfaltung bzw. der Privatautonomie (BVerfGE 72, 155/170); insoweit geht es um die Grundbedingungen freier Selbstbestimmung und Entfaltung (Dreier DR 69; Kube HbStR³ VII § 148 Rn.47; Pieroth/Schlink 374 f), während für einzelne Beeinträchtigungen der Privatautonomie die allgemeine Handlungsfreiheit einschlägig ist. So beeinträchtigt die Anordnung der Betreuung das allgemeine Persönlichkeitsrecht (Starck MKS 140; vgl. BVerfGE 78, 77/84). Des Weiteren ist das Recht geschützt, lebensverlängernde Maßnahmen unterbinden zu können, wenn ein menschenwürdiges Leben nur noch schwer möglich ist (vgl. Kube HbStR³ VII § 148 Rn.156; oben Rn.34). Dieser Schicht des Persönlichkeitsrechts ist auch das Recht zuzuordnen, in angemessener Zeit nach Begehung von Fehlern wieder „neu anfangen zu können", insb. das Recht auf Resozialisierung (unten Rn.69). Schließlich kann man das Recht auf Kenntnis der Abstammung (unten Rn.67) hier einordnen.

51   **f) Träger des Grundrechts.** Für die Grundrechtsträgerschaft **natürlicher Personen** gelten die Ausführungen zur allgemeinen Handlungsfreiheit (oben Rn.9 f). Insb. steht das Grundrecht auch Kindern und Ausländern zu (BGHZ 120, 29/35; Dreier DR 81), nicht aber Ungeborenen (Dreier DR 81; a.A. Lang EH 49). Tote werden nicht geschützt (BVerfGE 30, 173/194; BVerfG-K, NVwZ 08, 550; Kunig MüK 39; a.A. Lorenz BK 389); vgl. aber Rn.10 zu Art.1. Staatlichen Amtsträgern sowie Beamten steht das Grundrecht auch dort zu, wo sie amtlich handeln (BVerwGE 121, 115/125), soweit dadurch ihre Persönlichkeitssphäre betroffen ist.

52   Unsicher ist die Anwendung auf **juristische Personen** (diff. Stern ST IV/1, 246 f; Murswiek SA 39; dagegen Hufen § 11 Rn.17; Sachs VR B2 Rn.60; restriktiv Kube HbStR³ VII § 148 Rn.75). Das BVerfG hat die Anwendung im Bereich des Verbots der Selbstbezichtigung verneint (BVerfGE 95, 220/242), im Bereich des gesprochenen Worts dagegen bejaht (BVerfGE 106, 28/42), desgleichen beim Recht auf informationelle Selbstbestimmung (BVerfGE 118, 168/203). Beim Recht auf das eigene Bild wurde die Frage offen gelassen (BVerfG-K, NJW 05, 883). Entscheidend dürfte sein, ob der betreffende Teilbereich entspr. Art.19 Abs.3 natürlichen Personen wesenseigen ist (BVerfGE 118, 168/203; Lorenz BK 383). Soweit das Grundrecht auf juristische Personen angewandt wird, stützt es sich aber allein auf Art.2 Abs.1 und nicht auf Art.1 Abs.1 (BVerfGE 106, 28/43 f; 118, 168/203; zu den Folgen unten Rn.60); auch wird ein Vorrang von Art.12, 14 angenommen (Di Fabio MD 225). Zum Schutz von Geschäfts- und Betriebsgeheimnissen oben Rn.43. Auch bei Personenvereinigungen mit ideeller Zielsetzung greift das Grundrecht (BVerwGE 82, 76/78). Personen des öffentlichen Rechts bietet das Grundrecht dagegen keinen Schutz (BGH, DÖV 83, 291).

3. Beeinträchtigungen

a) Eingriffe. In das allgemeine Persönlichkeitsrecht wird durch **rechtli-** 53 **che** Einwirkungen eingegriffen, etwa durch die Verpflichtung, persönliche Daten zu offenbaren oder persönliche Beziehungen zu unterhalten (BVerfGE 121, 69/96). Gleiches gilt für psychiatrische Zwangsuntersuchungen (BGHZ 98, 32/34). Des Weiteren kommen **faktische** Einwirkungen (vgl. Vorb.28 vor Art.1) durch einen Grundrechtsverpflichteten (dazu Rn.32–44 zu Art.1) in Betracht. Hierher rechnet etwa eine herabwürdigende Behandlung. Im Bereich der informationellen Selbstbestimmung sind die Erhebung, die Sammlung, die Speicherung, die Verwendung und die Weitergabe personenbezogener Daten zu nennen (BVerfGE 65, 1/43; 67, 100/143; 84, 239/279; Starck MKS 170), insb. heimliche Zugriffe auf informationstechnische Systeme (BVerfGE 120, 274/315). Auch die Verbreitung wahrer personenbezogener Daten stellt einen Grundrechtseingriff dar (BVerfGE 97, 319/ 404 f; Michael/Morlok Rn.433). Kein Eingriff liegt vor, wenn Daten nach der Erfassung technisch spurenlos und anonym ausgesondert werden (BVerfGE 120; 378/399). Die Verwendung stellt auch dann einen Grundrechtseingriff dar, wenn die Erhebung von einem Dritten vorgenommen wurde (BVerwGE 121, 115/128). Eine faktische Beeinträchtigung liegt weiter in einer Video-Überwachung (Di Fabio MD 176; Murswiek SA 88a), auch von öffentlichen Plätzen (BVerfG-K, NVwZ 07, 690), sowie in heimlichen Tonbandaufnahmen; zum Abhören von Telefonen Rn.2 zu Art.10. Gleiches gilt für das Abhören von Gesprächen in einer Privatwohnung, soweit nicht Art.13 einschlägig ist (oben Rn.47). Ein Eingriff liegt weiter in der Unterbindung der Kommunikation mit Angehörigen, etwa durch das Einziehen von Briefen Strafgefangener (BVerfGE 57, 170/177 f; BVerfG-K, NJW 95, 1477); vgl. oben Rn.49 und Rn.9 zu Art.5. Ein Grundrechtseingriff liegt auch vor, wenn ein Dritter zur Aufzeichnung persönlicher Daten verpflichtet wird (BVerwGE 119, 123/126). Auch eine systematische Beobachtung bzw. Observation beeinträchtigt das Persönlichkeitsrecht (BVerwG, NJW 86, 2332). Dagegen fehlt es an einem Eingriff gegenüber einer Bank, wenn auf Kundendaten zugegriffen wird, um ggf. gegen diese Kunden vorzugehen (BVerfGE 118, 168/204 f).

Die ausreichend konkrete **Einwilligung** des Betroffenen schließt eine 54 Grundrechtsbeeinträchtigung grundsätzlich aus (Di Fabio MD 177, 228 f). Sie kann auch stillschweigend erfolgen (BVerfGE 106, 28/45 f). Die Einwilligung ist aber unerheblich, wenn sie unter Täuschung und Verletzung eines schutzwürdigen Vertrauens erlangt wurde (BVerfGE 120, 274/ 345). Gleiches gilt, wenn sich der Betroffene in einer Zwangslage befindet (BVerfG-K, NJW 82, 375) oder der Vertragspartner ein solches Gewicht hat, dass er den Vertragsinhalt faktisch einseitig bestimmen kann (BVerfG-K, DVBl 07, 112). Wer allerdings Sozialhilfeleistungen beansprucht, muss gewisse Einschränkungen des Persönlichkeitsrechts hinnehmen (BVerwGE 67,

163/169; 91, 375/379 f). Bei Leistungen an Beamte sieht das anders aus (BVerwGE 36, 53/57 f), weil ihnen Leistungen des Beamten gegenüberstehen. Allgemein zum Verzicht auf die Grundrechtsausübung Vorb.36 f vor Art.1.

55   Die **Verweigerung von Auskünften** u. ä. stellt jedenfalls dann einen Eingriff (und kein Unterlassen einer Leistung) dar, wenn die Auskunft mit einem Eingriff in Zusammenhang steht (unten Rn.62a). Soweit kein Eingriff vorliegt, kann sich aus der Leistungskomponente eine Beeinträchtigung ergeben (unten Rn.56). Das BVerfG scheint in der „Vorenthaltung erlangbarer Informationen" generell einen Eingriff zu sehen (BVerfGE 79, 256/268 f; 90, 263/271). Zu Einzelfällen unten Rn.67.

56   **b) Unterlassen von Leistung, insb. Schutz.** Dem Persönlichkeitsrecht gebührt „Schutz von Seiten aller staatlichen Gewalt" (BVerfGE 34, 269/281; 96, 56/64; DI Fabio MD 135, 189). Der Staat muss den Einzelnen vor Persönlichkeitsgefährdungen durch Dritte schützen (BVerfGE 99, 185/194 f). Das gilt auch für die informationelle Selbstbestimmung (BVerfGE 117, 202/ 229). Dem Gesetzgeber kommt dabei ein weiter Spielraum zu (BVerfGE 96, 56/64; 101, 361/386); zu den Gerichten unten Rn.57. Zum Anwendungsfall des Gegendarstellungsrechts unten Rn.71. Ein Anspruch auf **finanzielle Leistungen** auf Grund des Persönlichkeitsrechts besteht regelmäßig nicht. Dagegen kann das Grundrecht zu **Auskunftsansprüchen** führen (vgl. BVerfGE 90, 263/271).

57   **c) Anwendung von Privatrecht.** Bei der Auslegung und Anwendung privatrechtlicher Vorschriften ist die (weitreichende) **Ausstrahlungswirkung** des allgemeinen Persönlichkeitsrechts zu beachten (BVerfGE 84, 192/194 f; Horn HbStR³ VII § 149 Rn.70; vgl. BGHZ 98, 32/33 f; BAGE 53, 226/233 f; 64, 308/312 f; Di Fabio MD 138, 191; Dreier DR 92); allg. Rn.54–58 zu Art.1. Geschieht das nicht, beeinträchtigt der Richter das Grundrecht (BVerfGE 84, 192/196; 99, 185/196; 101, 361/388). Das zivilrechtliche Persönlichkeitsrecht füllt diesen verfassungsrechtlichen Auftrag im Wesentlichen aus. Aus verfassungsrechtlichen Gründen erfasst es auch den Schutz vor dem Sammeln und Verwerten persönlicher Daten durch Privatpersonen, ebenso wie der Aufbewahrung solcher Daten, etwa der Führung von Personalakten (unten Rn.72). Im Hinblick auf die Schutzpflicht besitzen die Gerichte bei der Auslegung und Rechtsfortbildung einen Konkretisierungsspielraum (BVerfGE 96, 56/64). Ergibt sich die Beeinträchtigung durch eine Privatperson aus einer vertraglichen Regelung, schließt die im Vertrag enthaltene Einwilligung eine Beeinträchtigung grundsätzlich aus. Bei Dauervereinbarungen sowie bei besonders gravierenden Belastungen des geschützten Bereichs kann das jedoch nicht uneingeschränkt gelten (vgl. oben Rn.16). Formularmäßige Einwilligungen dürften in aller Regel unzureichend sein.

4. Rechtfertigung von Beeinträchtigungen (Schranken)

58   **a) Grundlagen und Gesetzesvorbehalt. aa)** Für die Rechtfertigung von Eingriffen gelten die **Schranken des Abs.1** (BVerfGE 97, 228/269; 99, 185/195; 114, 339/347; 120, 180/201; Di Fabio MD 133; Michael/Morlok

Rn.638; für Anwendung des Abs.2 S.3 noch BVerfGE 34, 238/246), insb. die der verfassungsmäßigen Ordnung (BVerfGE 106, 28/48; 117, 202/227). Darin liegt ein einfacher **Gesetzesvorbehalt** (oben Rn.17). Weiter führt das zur Unanwendbarkeit des Zitiergebots des Art.19 Abs.1 S.2 (vgl. oben Rn.20). Eingriffe bedürfen generell einer speziellen gesetzlichen Grundlage (BVerwGE 121, 115/128; Starck MKS 23).

Die Anforderungen an die **Bestimmtheit** des einschränkenden Gesetzes **58a** sind relativ hoch (BVerfGE 65, 1/46; BSGE 57, 253/257; Starck MKS 23; Di Fabio MD 182; vgl. auch Rn.54 zu Art.20), wobei Art und Schwere des Eingriffs bedeutsam sind (BVerfGE 120, 378/408). Im Bereich der informationellen Selbstbestimmung müssen „der Anlass, der Zweck und die Grenzen des Eingriffs ... bereichsspezifisch, präzise und normenklar festgelegt werden" (BVerfGE 113, 348/375; 118, 168/186 f); zumindest ist festzuschreiben, „welche staatliche Stelle zur Erfüllung welcher Aufgabe" zu der fraglichen Informationserhebung oder -verarbeitung berechtigt ist (BVerfGE 118, 168/188). Die Regelung muss so bestimmt sein, dass die Vorhersehbarkeit und Justitiabilität nicht gefährdet wird (BVerfGE 110, 33/57; 118, 168/188). Auch im Bereich der informationstechnischen Systeme (oben Rn.37) muss die Ermächtigung den Geboten der Normenklarheit und -bestimmtheit gerecht werden (BVerfGE 120, 274/315 f). Dies gilt auch für die *Weiterverwendung* von Daten (Di Fabio MD 178; vgl. BVerfGE 84, 239/280). Insoweit ist eine darauf bezogene gesetzliche Ermächtigung notwendig (BVerfGE 65, 1/46); daran fehlt es auch, wenn eine sachlich unzuständige Behörde handelt (BVerwG, NJW 05, 2332). Die polizeirechtliche Generalklausel bot nur übergangsweise eine ausreichende Grundlage (BVerwG, NJW 90, 2770). Die Berufung auf einen Notstand erübrigt nicht die gesetzliche Ermächtigung (Di Fabio MD 182; vgl. BGHSt 34, 39/51 f). Unzureichend sind auch die allg. Amtshilfevorschriften (BVerfGE 65, 1/46; Murswiek SA 121). Die Berufung auf das Sittengesetz erweitert nicht die Beschränkungsmöglichkeiten; insb. ist auch hier eine gesetzliche Grundlage notwendig (vgl. BVerwGE 79, 143/148 f; oben Rn.19).

bb) Das allgemeine Persönlichkeitsrecht kann auch durch **andere Verfas- 59 sungsnormen** beschränkt werden (Vorb.48–52 vor Art.1), etwa durch die Rechte des Art.5 Abs.1 (näher Rn.73–79 zu Art.5) oder das Persönlichkeitsrecht eines anderen (BVerwGE 74, 115/119). Dabei ist für Eingriffe eine Konkretisierung durch Gesetz erforderlich (Dreier DR 86; Vorb.51 vor Art.1).

b) Verhältnismäßigkeit. aa) Eingriffe müssen, wie vor allem für den **60** Teilbereich der informationellen Selbstbestimmung festgehalten wurde, nur hingenommen werden, sofern sie verhältnismäßig, d.h. insb. „zum Schutz öffentlicher Interessen unerlässlich" sind (BVerfGE 65, 1/44; 84, 239/280), wenn ein „legitimer Zweck mit geeigneten, erforderlichen und angemessenen Mitteln verfolgt" wird (BVerfGE 115, 320/345). Dabei ist eine **strikte Prüfung** der Verhältnismäßigkeit (allg. dazu Rn.83–90a zu Art.20) geboten (BVerfGE 33, 367/376 f; 80, 367/375 f; BVerwGE 121, 115/128 f; Dreier DR 87; Horn HbStR³ VII § 149 Rn.79), strenger als im Bereich der allgemeinen Handlungsfreiheit (Dreier DR 86; Jarass, NJW 89, 860 f). Zu berücksichtigen sind auch Art.8 EMRK und die Rspr. des EGMR (BVerfGE 111, 307/317 f; Kube HbStR³ VII § 148 Rn.90).

60a **Im Einzelnen** muss der Grundrechtseingriff im Hinblick auf den verfolgten Zweck geeignet sein. Daran fehlt es bei der Erhebung von Daten, wenn keine ausreichende Richtigkeitsgewähr besteht (BVerfG-K, NVwZ 05, 571 f). Weiter muss der Eingriff erforderlich sein. Für die Angemessenheit ist v. a. das Gewicht des Persönlichkeitseingriffs von Bedeutung. **Heimliche Eingriffe** sind belastender (BVerfGE 115, 320/347; 120, 378/402). Bei Informationseingriffen kommt es darauf an, ob die Betroffenen dafür Anlass gegeben haben, weiter auf die Einschreitschwelle und die Zahl der Betroffenen sowie auf den Umstand, welche Nachteile die Betroffenen befürchten müssen (BVerfGE 115, 320/347; 118, 168/197). Ein heimlicher Zugriff auf technische Informationssysteme, insb. Computer, aus präventiven Gründen ist nur möglich, wenn „tatsächliche Anhaltspunkte eine konkrete Gefahr für ein überragend wichtiges Gemeinschaftsgut" vorliegen (BVerfGE 120, 274/ 328). Weiter sind die Voraussetzungen bei Daten (etwa der Volkszählung), die in individualisierter Form verarbeitet werden, strenger als bei *anonymisierten* Daten (BVerfGE 65, 1/45 ff; 115, 320/347; Starck MKS 117). Datenerhebungen dürfen nicht „tendenziell Unvereinbares" miteinander verbinden, etwa Statistik und Verwaltungsvollzug (BVerfGE 65, 1/62; Di Fabio MD 186). Eine Verwertung von Daten, insb. im Strafprozess, ist nur zulässig, wenn die mit dem Eingriff verfolgten Interessen hohes Gewicht haben (BVerfGE 44, 353/378 f; 56, 37/50 f). Soweit das Grundrecht auch *juristischen Personen* zugute kommt (dazu oben Rn.52), fällt der Schutz des Grundrechts geringer aus (BGHZ 81, 75/78; 98, 94/97 f), da insoweit die zusätzliche Abstützung durch Art.1 Abs.1 nicht zum Tragen kommt (BVerfGE 106, 28/43 f; BVerfG-K, NJW 05, 883).

61 **bb)** Im Hinblick auf die **Grundrechte Dritter** kann der Einzelne nicht verlangen, dass er in der Öffentlichkeit nur so dargestellt werden darf, wie er sich selber sieht (BVerfGE 97, 391/403; 99, 185/194; 101, 361/380). Andererseits verstärkt sich der Schutz persönlicher Daten, wenn sie aus der **Privatsphäre** stammen (vgl. BVerfGE 101, 361/382 f).

62 **cc)** Besonders weit geht der Schutz im Bereich der **Intimsphäre,** im **Kernbereich** der Persönlichkeit. Kennzeichen dieses Bereichs ist sein höchstpersönlicher Charakter sowie der Umstand, dass ein Sozialbezug fehlt oder relativ gering ist. Hier sind staatliche Eingriffe generell verboten (BVerfGE 34, 238/245; 54, 143/146; 103, 21/31; Stern ST IV/1, 206; Kunig MüK 43; krit. Starck MKS 16; Podlech AK 37 ff). „Eine Abwägung nach Maßgabe der Verhältnismäßigkeitsprüfung findet nicht statt" (BVerfGE 34, 238/245; 80, 367/ 373). Gleiches gilt für den *Kernbereich der Ehre* (BVerfGE 75, 369/380). Daten, die der Intimsphäre nahe stehen, sind besonders intensiv geschützt (BVerfGE 89, 69/82 f). Zu Äußerungen im Bereich der vertraulichen Kommunikation Rn.78 zu Art.5.

62a **c) Verfahrensanforderungen und Verwertung.** Insb. Eingriffe in die informationelle Selbstbestimmung bedürfen „verfahrensrechtlicher Schutzvorkehrungen" wie „Aufklärungs-, Auskunfts- und Löschungspflichten" (BVerfGE 113, 29/57 f; 65, 1/46; 120, 351/361; Di Fabio MD 178), um insb.

einen Missbrauch auszuschließen (BVerfGE 65, 1/46; BVerwGE 121, 115/128 f; Starck MKS 93). Das Grundrecht vermittelt ein Auskunfts- und Berichtigungsrecht, wie das auch Art.8 Abs.2 GRCh vorsieht (dazu Jarass Art.8 Rn.15). Weiter kann eine ausreichende Sachverhaltsaufklärung und eine auf den Einzelfall bezogene Begründung notwendig sein (BVerfGE 103, 21/35 f). Schließlich kann ein einfachgesetzlicher Richtervorbehalt verfassungsrechtliche Vorgaben konkretisieren (BVerfGE 112, 304/319). Im Bereich des Schutzes von informationstechnischen Systemen (oben Rn.37) besteht ein genereller Richtervorbehalt (BVerfGE 120, 274/331). Parallele bzw. additive Grundrechtseingriffe müssen (auch) verfahrensmäßig aufeinander abgestimmt werden (BVerfGE 112, 304/320). Über allgemeine Anforderungen hinausgehende Verfahrensanforderungen bestehen v. a. dann, wenn „besonders geschützte Zonen der Privatheit" betroffen sind oder aus anderen Gründen ein besonders gewichtiger Eingriff vorliegt (BVerfGE 118, 168/202).

Verfassungswidrig gewonnene Daten aus dem Kernbereich dürfen 63 nicht verwandt werden (BVerfGE 44, 353/383 f; 120, 274/339; Di Fabio MD 159), insb. nicht im gerichtlichen Verfahren (BGH, NJW 03, 1729). In besonderem Maße gilt das für den Intimbereich (BVerfGE 34, 238/245; 80, 367/374 f). Im Übrigen kommt eine Verwertung nur in Betracht, wenn zwingende oder gewichtige Gründe dies erfordern (BVerfGE 80, 367/375). Dies gilt insb. bei heimlich verschafften Daten (BVerfGE 117, 202/240 f). Bei Zufallsfunden ist allerdings eine Beweisverwertung ausgeschlossen, wenn „die Beschränkung auf den Ermittlungszweck ... planmäßig oder systematisch außer acht gelassen wird" (BVerfGE 113, 29/61) oder der Verstoß gegen das Grundrecht offenkundig ist.

5. Einzelne Bereiche und Fälle im öffentlichen Recht

a) Ermittlung und Verwertung in gerichtlichen und behördlichen 64 **Verfahren. aa)** Was Aussage- und Zeugnispflichten angeht, so ist eine **Pflicht zu selbstbelastenden Aussagen** *im Strafverfahren* unzulässig (BVerfGE 56, 37/41 f; 95, 220/241; BGHSt 45, 363/364; 52, 11 Rn.20; vgl. auch oben Rn.46), nicht aber eine passive Pflicht zur Duldung der Blutentnahme. Dagegen dürfte die weitreichende Regelung der Fahrerflucht, insb. bei kleinen Schäden, zu weit gehen, ist doch eine derartige Selbstbelastung selbst bei Straftaten zu Lasten hoher Rechtsgüter nicht vorgeschrieben (offen gelassen BVerfGE 56, 37/42; a. A. zur früheren, weniger problematischen Regelung BVerfGE 16, 191/193 f). Eine Verletzung des Grundrechts liegt auch vor, wenn aus dem Schweigen des Beschuldigten nachteilige Schlüsse gezogen werden, jedenfalls bei einem vollständigen Schweigen (BVerfG-K, NStZ 95, 555; BGHSt 45, 363/365). In *behördlichen Verfahren* können selbstbelastende Aussagen verlangt werden, wenn andere Verfassungsgüter Vorrang haben (BVerwG, NVwZ 84, 377); vgl. aber oben Rn.63. Eine Fahrtenbuchauflage kann zulässig sein (BVerwG, NJW 81, 1852), ebenso die Belastung des Fahrzeughalters mit den Kosten der Verfolgung von Verkehrsverletzungen (BVerfGE 80, 109/121). Im Steuerrecht sind weitreichende Offenbarungspflichten zulässig (BVerfGE 84, 239/280).

65   **bb)** Auch außerhalb der Selbstbezichtigung unterliegen Aussage- und Zeugnispflichten zu persönlichen Daten erheblichen Einschränkungen **(Datenschutz).** Aussagen über die Privatsphäre können nur verlangt werden, falls überwiegende Interessen der Allgemeinheit dies unter strikter Wahrung des Grundsatzes der Verhältnismäßigkeit gebieten (BVerfGE 33, 367/375; BSGE 59, 172/181). Das Persönlichkeitsrecht kann Vertrauenspersonen ein Zeugnisverweigerungsrecht verschaffen (BVerfGE 33, 367/374 f). Zur Inanspruchnahme von Sozialhilfeleistungen oben Rn.54. Psychologische Tests sind bei der Einstellung von Soldaten grundsätzlich zulässig (BVerwGE 73, 146/147), bei Einwilligung auch ein Lügendetektor im Strafverfahren (BGHSt 44, 308/312 ff; a.A. BVerfG-K, NJW 82, 375). Bei der Einstellung in den öffentlichen Dienst sind Fragen nach dem Vorleben nur begrenzt möglich (BVerfGE 96, 171/187 f). Ein medizinisch-psychologisches Gutachten ist bei (bloßem) Haschischkonsum regelmäßig nicht zulässig (BVerfGE 89, 69/85 f). Die **Beschlagnahme** von Patientenakten ist auch zu *Strafverfolgungszwecken* regelmäßig bedenklich (BVerfGE 32, 373/379 ff; 44, 353/372 f), desgleichen die Auswertung von Tagebüchern (vgl. BVerfGE 80, 367/376 ff). Die Beschlagnahme von persönlichen Daten, etwa in einer Anwaltskanzlei, muss auf die für die Ermittlung bedeutsamen Daten beschränkt werden; ggf. sind Daten zurückzugeben bzw. zu löschen (BVerfGE 113, 29/55). Eine Anordnung zur Aufhebung der ärztlichen Schweigepflicht bedarf einer gesetzlichen Grundlage (BVerfG-K, MedR 06, 587). Die Speicherung von DNA-Identifizierungsmustern (genetischer Fingerabdruck) soll nur möglich sein, wenn im Einzelfall ausreichender Grund zu der Annahme besteht, dass der Betroffene erneut Straftaten von erheblicher Bedeutung begehen wird (BVerfGE (K) 103, 21/37; Murswiek SA 121b). Zu individualisierten bzw. anonymisierten Daten oben Rn.60a. Eine präventive polizeiliche Rasterfahndung ist nur zulässig, wenn eine konkrete Gefahr für hochrangige Rechtsgüter besteht (BVerfGE 115, 320/368). Die automatische Kfz-Kennzeichenerfassung war unverhältnismäßig (BVerfGE 120, 378/429 ff). Zum Zugriff von Untersuchungsausschüssen auf private Daten Rn.10 zu Art.44. Zum Datenschutz unter Privaten unten Rn.72 f.

66   **cc)** Im Bereich der **Weiterverwendung** wurde festgehalten, dass der Verfassungsschutz seine Erkenntnisse grundsätzlich nicht einem Arbeitgeber offenbaren darf (BVerwG, NJW 98, 920). Das Stasi-Unterlagen-Gesetz bedarf der restriktiven Anwendung (BVerwGE 121, 115/138 f). Schließlich darf eine Weiterverwendung im *Strafrechtsbereich* nicht ein strafrechtliches Aussageverweigerungsrecht unterlaufen (BVerfGE 56, 37/50 f). Zum Tragen kommt das insb. dann, wenn in Verwaltungsverfahren das Verbot der Selbstbezichtigung nicht gilt und die Aussage im anschließenden Strafverfahren verwertet werden soll (Di Fabio MD 188). Für eine Fahrtenbuchauflage gilt das aber nicht (BVerfG-K, NJW 81, 1852), desgleichen nicht bei Auskunftspflichten, die nicht zwangsweise durchgesetzt werden können (BVerfG-K, NJW 05, 353).

67   **b) Abstammung und andere Informationsansprüche.** Im Hinblick auf die Grundbedingungen der Selbstbestimmung (oben Rn.50) besteht ein Anspruch auf Einsicht in Unterlagen über die eigene **Abstammung** (BVerf-

GE 79, 256/268 ff) und auf gerichtliche Klärung der Abstammung (BVerfGE 90, 263/271; BGHZ 156, 153/163; Murswiek SA 75a). Dies gilt auch für den möglichen Vater (BVerfGE 117, 202/226). Zur Klärung der Abstammung kann die Fortdauer der Amtspflegschaft des Jugendamts geboten sein (BGHZ 82, 173/179). Der Gesetzgeber hat ein geeignetes Verfahren zur Feststellung der Vaterschaft bereitzustellen (BVerfGE 117, 202/226). Weiter ist das Grundrecht verletzt, wenn der Name eines Behördeninformanten nicht genannt und damit ein Ehrenschutz unmöglich wird (BVerwG, NJW 83, 2954). Entsprechendes gilt für andere Beeinträchtigungen des Persönlichkeitsrechts (BVerwGE 74, 115/117 f). Ein Patient hat Anspruch auf Einsicht in Krankheitsakten (BVerwGE 82, 45/50 f; BGHZ 85, 327/332). Andererseits besteht kein Anspruch auf Einsicht in Kriminalakten (BVerwG, NJW 90, 2766) oder Unterlagen des Verfassungsschutzes (BVerwGE 84, 375/378 ff). Wird Dritten Einsicht in Akten mit persönlichen Daten gewährt, ist der Betroffene regelmäßig vorher anzuhören (BVerfG-K, NJW 07, 1052).

c) Untersuchungshaft und Strafvollzug. Die Ausgestaltung der **Un-** **68**
tersuchungshaft muss der Unschuldsvermutung (Rn.108 zu Art.20) gerecht werden. Der Umstand, dass sich jemand in Untersuchungshaft befindet, darf – auch wegen der Unschuldsvermutung – ohne ausreichenden Grund nicht bekannt gegeben werden (BVerfGE 34, 369/382 f; Starck MKS 131); das schließt eine Information der Öffentlichkeit regelmäßig aus. Zudem ist eine gesetzliche Ermächtigung notwendig. Körperliche Untersuchungen sind nur zulässig, soweit sie konkret erforderlich sind (BVerfG-K, EuGRZ 09, 161 f).

Bei der **Verhängung von Strafen** ist das Schuldprinzip zu beachten **69**
(dazu Rn.106 zu Art.20). Im **Strafvollzug** ist die Einziehung von Briefen zwischen Gefangenen und Familienangehörigen nur bei einer konkreten Gefahr für die Anstaltsordnung, nicht aber zum Schutze anderer Rechtsgüter, etwa der Ehre der Mitarbeiter, erlaubt (vgl. BVerfGE 57, 170/179 f; noch strenger BVerfG-K, NJW 95, 1478). Die Verlegung eines Strafgefangenen wegen zu nachsichtiger Behandlung durch Gefängnisbeamte verletzt Art.2 Abs.1 (BVerfG-K, EuGRZ 05, 631 f). Des Weiteren ergibt sich aus dem allg. Persönlichkeitsrecht unter Heranziehung des Sozialstaatsprinzips ein Recht auf **Resozialisierung** (BVerfGE 96, 100/115; 98, 169/200; 103, 21/39 f; Stern ST IV/1, 205; Kunig MüK 36). Es ist auch bei der Ausgestaltung des Strafvollzugs zu beachten, etwa bei Entscheidungen über die Beurlaubung von lebenslänglich Verurteilten (BVerfGE 64, 261/276), bei der angemessenen Anerkennung der Arbeit im Strafvollzug (BVerfGE 98, 169/201 ff) und bei Maßnahmen der Vollzugslockerung (BVerfG-K, NJW 98, 2203). Weiter hat das Recht auf Resozialisierung Bedeutung für Fernsehsendungen (BVerfGE 35, 202/239 ff; einschr. BVerfG-K, NJW 00, 1860 f) sowie Tageszeitungen (BVerfG-K, NVwZ 08, 306 f).

d) Weitere Fälle im öffentlichen Recht. Ein Soldat muss verletzende **70**
Kritik oder Äußerungen ohne rechtfertigenden Grund nicht hinnehmen (BVerwGE 123, 165/173; 128, 319 Rn.39 f); zur entwürdigenden Behandlung Rn.19 zu Art.1. Geschützt wird auch die geschlechtliche Ehre vor verbalen Attacken eines Soldaten (BVerwGE 86, 94/96). An die Anerkennung

eines Berufsnamens dürfen keine zu hohen Anforderungen gestellt werden (BVerfGE 78, 38/52). Die öffentliche Bekanntgabe der Betreuung (Entmündigung) ist unzulässig (BVerfGE 78, 77/86 f). Unzulässig ist eine generelle Videoüberwachung am Arbeitsplatz (BAGE 111, 173/180 ff). Weitgehend unzulässig ist das Überlassen von Stasi-Unterlagen mit personenbezogenen Informationen an die Presse (BVerwGE 121, 115/134 ff). Die Herausnahme eines Kindes aus einer Pflegefamilie in eine Adoptivfamilie ist nur zulässig, „wenn mit hinreichender Sicherheit eine Gefährdung des Kindeswohls ausgeschlossen ist" (BVerfGE 79, 51/64). Eine Indoktrination in der Schule verletzt das Persönlichkeitsrecht des Schülers (BVerfG-K, NVwZ 90, 55). Eine soziale Abstempelung ist (auch) bei der Datenerhebung zu vermeiden (BVerfGE 65, 1/48). Das Persönlichkeitsrecht verlangt nicht, dass vor einer Einsicht eines Pressevertreters in das Grundbuch vorher der Eigentümer des fraglichen Grundstücks angehört werden muss (BVerfG-K, NJW 01, 506). Zu Auskunftsansprüchen oben Rn.55, 67. Die Strafbarkeit des Inzests zwischen Geschwistern ist zulässig (BVerfGE 120, 224/238 ff). Unzulässig ist das Erfordernis der Ehescheidung eines verheirateten Transsexuellen für eine personenstandsrechtliche Änderung (BVerfGE 121, 175/194). S. auch die Einzelfälle zur allgemeinen Handlungsfreiheit oben Rn.26–34.

6. Einzelne Fälle und Bereiche im Privatrecht

71   **a) Meinungs- bzw. Tatsachenäußerungen und Medien.** Bei Beeinträchtigungen der **Ehre** u. ä. durch Meinungsäußerungen bzw. Medien ist eine Abwägung notwendig (näher Rn.73, 79 zu Art.5). Das Grundrecht verlangt einen „wirksamen Schutz des Einzelnen gegen Einwirkungen der Medien auf seine Individualsphäre" (BVerfGE 73, 118/201); ein funktionsfähiges **Gegendarstellungsrecht** ist verfassungsrechtlich geboten (BVerfGE 63, 131/142 f; 73, 118/201). Die Reichweite des Gegendarstellungsrechts wird maßgeblich durch den Schutzzweck des Grundrechts bestimmt; Behauptungen, die sich nicht in nennenswerter Weise auf das Persönlichkeitsbild des Betroffenen auswirken können, bleiben unberücksichtigt (BVerfGE 97, 125/148). Das Gegendarstellungsrecht setzt eine sachgerechte Auslegung der angegriffenen Äußerung voraus (BVerfG-K, NJW 08, 1656 f). Umgekehrt muss die Gegendarstellung in wirksamer Form erfolgen (BVerfG-K, NJW 99, 484). Bei einer schweren Persönlichkeitsverletzung darf eine Geldentschädigung nicht deshalb verweigert werden, weil sie auf einem möglicherweise geringfügigen Versehen beruht (BVerfG-K, NJW 06, 596). Zum Schutz der *Ehre* gegenüber Medien und Meinungsäußerungen Rn.73–77 zu Art.5. Die Publikation personaler Daten von Lehrern im Internet ist grundsätzlich zulässig (BGHZ 181, 328 Rn.29 ff). Zum Schutz der *Privat- und Geheimsphäre* in den Medien Rn.78 f zu Art.5.

72   **b) Arbeitsrecht.** Der Arbeitgeber muss für einen ausreichenden Schutz des Persönlichkeitsrechts sorgen (BAGE 122, 304 Rn.71). Heimliche Ton- oder Bildaufnahmen am Arbeitsplatz beeinträchtigen das Persönlichkeitsrecht, sofern der Betroffene auf die Vertraulichkeit der Äußerungen vertrauen durfte (BAGE 41, 37/40 ff; noch strenger BAGE 87, 31/37 f). Eine geheime Videoüberwachung eines Arbeitnehmers ist zulässig, wenn ein konkreter Verdacht einer strafbaren Handlung oder anderen schweren Verfehlung besteht (BAGE 105, 356/361). Eine Videoüberwachung am Arbeitsplatz aufgrund einer Betriebsvereinbarung muss verhältnismäßig sein (BAGE 111, 173/178 ff). Graphologische Gutachten dürfen von einem Arbeitgeber nur mit ausdrücklicher Einwilligung des Betroffenen angefertigt werden (BAGE 41, 54/61). Personalakten u. ä. müssen sorgfältig vor Dritten geschützt werden (BAGE 64, 308/313; 119, 238/244; Starck MKS 177). Dies gilt besonders für Gesundheitsdaten (BAGE 119, 239 Rn.20). Die Weiterleitung von Daten durch einen Arbeitgeber an den Verfassungsschutz soll bei überwiegenden Interessen der Allgemeinheit möglich sein (BAGE 42, 375/381 ff).

c) Sonstiges Privatrecht. Das Grundrecht schützt generell gegen das **73** *heimliche Mitschneiden von Telefongesprächen*, auch geschäftlicher Natur, und gegen das Mithörenlassen Dritter bei Telefongesprächen (BVerfGE 106, 28/39 f; BGH, NJW 03, 1727 f; BAGE 87, 31/39). Der Telefonpartner muss also darauf hingewiesen werden (BGH, NJW 88, 1017). Eine Ausnahme ist in notwehrähnlichen Situationen zu machen (BGH, NJW 03, 1728; Starck MKS 174). Ärztliche **Daten** dürfen nur mit ausdrücklicher Zustimmung des Patienten an Dritte weitergeleitet werden (BGHZ 116, 268/273). Der Patient hat einen grundsätzlichen Anspruch auf Einsicht in die ihn betreffenden Krankenunterlagen (BVerfG-K, NJW 06, 1117). Ein Patient kann bei Schwerhörigkeit einen schriftlichen Bericht des Arztes verlangen (BVerfG-K, NJW 05, 1104). In Allgemeinen Versicherungsbedingungen darf nicht ein pauschales Einverständnis auf Zugang zu persönlichen Daten verlangt werden (BVerfG-K, DVBl 07, 113). Die Unzulässigkeit heimlicher DNA-Analysen zur Feststellung der Vaterschaft ist verfassungsrechtlich hinnehmbar (BGHZ 162, 1/5 ff). Der Pfändung von Honorarforderungen eines Arztes steht das Persönlichkeitsrecht des Patienten nicht entgegen (BGHZ 162, 187/191 ff). Allgemein zum Datenschutz oben Rn.57; zur Verwertung oben Rn.63, 66. Zum Datenschutz im öffentlichen Recht oben Rn.65 f.

Im Übrigen ist ein Verbot unzulässig, den in einer Ehe erworbenen *Na-* **74** *men* in einer neuen Ehe zum Ehenamen zu machen (BVerfGE 109, 256/ 270 ff). Transsexuellen muss eine Änderung des Vornamens möglich sein, auch bei Ausländern, deren Heimatrecht kein derartiges Recht kennt (BVerfGE 116, 243/255; vgl. Rn.136 zu Art.3). *Akademische Grade* seiner Arbeitnehmer muss der Arbeitgeber im Geschäftsverkehr nach außen korrekt verwenden (BAGE 45, 111/117 ff). *Minderjährige* dürfen durch den gesetzlichen Vertreter nicht unbegrenzt finanziell belastet werden (BVerfGE 72, 155/170 ff). Generell wird das Elternrecht durch das Persönlichkeitsrecht des Kindes begrenzt (BVerfGE 75, 201/217 ff; 79, 51/63 f; Di Fabio MD 209). Die zwangsweise Durchsetzung einer Umgangspflicht ist regelmäßig unverhältnismäßig (BVerfGE 121, 69/98). Bei Abschluss eines Mietvertrags muss nicht auf eine Betreuung (Entmündigung) bzw. auf den Einwilligungsvorbehalt beim *Betreuen* hingewiesen werden (BVerfGE 84, 192/195 f). Bei Verletzungen des Persönlichkeitsrechts kann auch der Ersatz des immateriellen Schadens geboten sein (BVerfG-K, NJW 04, 2372; NJW 10, 434), wobei aber ggf. auch die Kunstfreiheit zu berücksichtigen ist (BGH, NJW 10, 764 f).

Zur Beeinträchtigung durch *geschlechtliche Diskriminierung* Rn.83 zu Art.3.
Zur Kollision mit der Kunstfreiheit Rn.117 zu Art.5. S. auch die Einzelfälle
zur allgemeinen Handlungsfreiheit oben Rn.35.

75–79   (unbesetzt)

B. Grundrechte des Absatz 2

I. Recht auf Leben und körperliche Unversehrtheit

1. Bedeutung und Abgrenzung zu anderen Verfassungsnormen

80   Das Recht auf Leben wie das Recht auf körperliche Unversehrtheit sind
Neuschöpfungen des GG in Reaktion auf die furchtbaren Verbrechen des
nationalsozialistischen Staates (Correll AK 3). Vor allem das Grundrecht auf
Leben sollte aus diesem Grunde besonders betont werden (vgl. BVerfGE 18,
112/117; 39, 1/36). Vergleichbare Rechte finden sich in Art.2, 3 GRCh
bzw. in Art.2 EMRK. Das Leben „stellt innerhalb der grundgesetzlichen
Ordnung einen Höchstwert dar" (BVerfGE 49, 24/53; 115, 118/139; BAGE
95, 78/87 f; Di Fabio MD 9). Abs.2 S.1 enthält neben einem Abwehrrecht
eine objektive Entscheidung, die die staatlichen Organe verpflichtet, sich
schützend vor die im Grundrecht genannten Rechtsgüter zu stellen und sie
zu fördern (unten Rn.91 f). Zum Verhältnis zum allg. Persönlichkeitsrecht
unten Rn.83; zum Verhältnis zum Verbot der Todesstrafe Rn.3 zu Art.102;
zum Verhältnis zum Misshandlungsverbot des Art.104 Abs.1 S.2 vgl. Rn.7
zu Art.104.

2. Schutzbereich

81   **a) Leben.** Das Grundrecht schützt das körperliche Dasein, die biolo-
gisch-physische Existenz vom Zeitpunkt ihres Entstehens bis zum Eintritt
des Todes (BVerfGE 115, 118/139). Wie der Wortlaut andeutet („Recht *auf*
Leben"), geht es nur um die **Aufrechterhaltung** des Lebens (Horn SB 53).
Nicht geschützt wird die Entscheidung gegen das eigene Leben, also der
Selbstmord u. ä. (Kunig MüK 50; Müller-Terpitz HbStR³ VII § 147 Rn.38;
Di Fabio MD 48; Stern ST IV/1, 148 f; a. A. Pieroth/Schlink 392); insoweit
ist Abs.1 einschlägig (oben Rn.8). Zum Schutz gegen sich selbst unten
Rn.100 f. Der Schutz des Art.2 Abs.2 **endet mit dem Tod**, der mit dem
Erlöschen der Gehirnströme angenommen wird (Di Fabio MD 21; Schulze-
Fielitz DR 30; Müller-Terpitz HbStR³ VII § 147 Rn.32; krit. Stern ST
IV/1, 147; Murswiek SA 142); vgl. Rn.10 zu Art.1.

82   Auch das **werdende Leben** im Mutterleib ist Leben iSd Art.2 Abs.2 S.1
(BVerfGE 39, 1/37; 88, 203/251 f; Schulze-Fielitz DR 26; Correll AK 33 ff;
vgl. EGMR, NJW 05, 730 f). Umstritten ist, ob der Schutz des Art.2 Abs.2
S.1 mit der Befruchtung der Eizelle einsetzt (so Schulze-Fielitz DR 29;
Müller-Terpitz HbStR³ VII § 147 Rn.25) oder erst mit der Nidation, also
mit dem Abschluss der Einnistung in die Gebärmutter o. Ä. (Di Fabio MD
24 f; Dederer, AöR 2002, 15 ff; Hufen, MedR 01, 447; Murswiek SA 145a);
das BVerfG hat Letzteres bejaht, Ersteres hingegen offen gelassen (BVerfGE

39, 1/37; 88, 203/251 f). Aus den in Rn.9 zu Art.1 dargelegten Gründen dürfte Letzteres sachgerechter sein. Es besteht lediglich ein gewisser Vorwirkungsschutz (Di Fabio MD 28; Rn.9 zu Art.1). Extrakorporal erzeugtes Leben dürfte daher vor der Einpflanzung in die Gebärmutter oder in eine vergleichbare Umgebung nicht geschützt sein. Die Frage ist allerdings beim Recht auf Leben (und körperliche Unversehrtheit) wegen des Gesetzesvorbehalts von begrenzter Bedeutung, weil jedenfalls vor der Nidation sehr weit reichende Einschränkungen möglich sind.

b) Die **körperliche Unversehrtheit** meint **(1)** die menschliche Ge- **83** sundheit im biologisch-physiologischen Sinne (vgl. BVerfGE 56, 54/74). **(2)** Unterhalb dieser Schwelle wird das psychische Wohlbefinden geschützt, soweit es um körperlichen Schmerzen vergleichbare Wirkungen geht (Di Fabio MD 55; vgl. BVerfGE 56, 54/75; a.A. Müller–Terpitz HbStR[3] VII § 147 Rn.44), etwa um die Verursachung psychisch-seelischer Pathologien (Schulze-Fielitz DR 35). Im Übrigen wird das bloße Wohlbefinden nicht geschützt (Di Fabio MD 56; Horn SB 58; offen gelassen von BVerfGE 56, 54/74 ff). Eine herabwürdigende Behandlung berührt regelmäßig das allgemeine Persönlichkeitsrecht (oben Rn.53) und nicht die körperliche Unversehrtheit (Correll AK 101; Di Fabio MD 60; anders BVerwGE 46, 1/7; 125, 85 Rn.16). **(3)** Schließlich wird die körperliche Integrität als solche geschützt, auch wenn der Eingriff zu keinen Schmerzen führt (Di Fabio MD 55). Erfasst werden somit alle Heileingriffe wie Operationen (BVerfGE *abwM* 52, 131/174 f; Kunig MüK 62; Schulze-Fielitz DR 38); vgl. allerdings auch unten Rn.89. Künstliche Körperteile dürften nicht unmittelbar geschützt sein; Einwirkungen auf sie betreffen aber meist mittelbar den natürlichen Körper (Di Fabio MD 56).

c) Träger des Grundrechts ist (im Bereich des Lebens wie der Unver- **84** sehrtheit) jede natürliche Person. Der Geisteszustand etc. spielt keine Rolle (Horn SB 66). Ein „lebensunwertes" Leben kennt das GG nicht. Der Schutz des Grundrechts endet mit dem Tod (Di Fabio MD 58); zur Abgrenzung oben Rn.81. Juristische Personen bzw. Personenvereinigungen sind nicht geschützt (BVerwGE 54, 211/220; BVerfG-K, NJW 90, 241; Starck MKS 202; Kunig MüK 45; vgl. Rn.15 zu Art.19).

Das **werdende Leben** im Mutterleib wird (ab der Nidation) nicht nur **85** objektiv-rechtlich geschützt (oben Rn.82), sondern dürfte auch Grundrechtsträger sein (Stern ST IV/1, 150; Murswiek SA 146; Correll AK 49; Starck MKS 203; Kunig MüK 47; offen gelassen von BVerfGE 39, 1/37; 88, 203/251 f; a.A. Ipsen II 233). Für die Anwendung des Grundrechts auf *körperliche Unversehrtheit* gilt nichts anderes (Kunig MüK 61).

3. Beeinträchtigungen

a) Eingriffe. aa) In das **Recht auf Leben** wird durch jede rechtliche **86** (imperative) oder faktische Maßnahme eines Grundrechtsverpflichteten (Rn.32–44 zu Art.1) eingegriffen, die den Tod eines Menschen bewirkt (Kloepfer o. Lit. B I 93), wie der zum Tode führende Schuss eines Polizisten. Zur Auslieferung in ein Land mit Todesstrafe Rn.3 zu Art.102. Auch nichtfinale Maßnahmen werden erfasst. Die *Einwilligung* schließt wegen der Bedeutung des Rechtsguts einen Eingriff nicht aus (allg. Vorb.36 vor Art.1), kann aber im Rahmen der Rechtfertigung bedeutsam sein.

87   **bb)** Das **Recht auf körperliche Unversehrtheit** wird zunächst durch unmittelbare Eingriffe eines Grundrechtsverpflichteten (Rn.32–44 zu Art.1) in den Körper oder in die Gesundheit beeinträchtigt, etwa durch Menschenversuche, Zwangssterilisationen und -kastrationen, durch körperliche Strafen und Züchtigungen, durch Impfzwang (BVerwGE 9, 78/79) sowie durch strafprozessuale Eingriffe wie die Blutentnahme, Liquorentnahme (BVerfGE 16, 194/198) und die Hirnkammerluftfüllung (BVerfGE 17, 108/115). Gleiches gilt für die Unterbindung des Zugangs zu an sich verfügbaren Therapiemethoden (BVerfG-K, NJW 99, 3400f). Auch geringfügige oder zumutbare Beeinträchtigungen sind nicht von vornherein ausgenommen (Stern ST IV/1, 170f; Schulze-Fielitz DR 50; **a. A.** BVerfGE 17, 108/115), jedenfalls soweit es um imperative und nicht nur um faktische Beeinträchtigungen geht. Allerdings fehlt es insoweit vielfach an einer schmerzgleichen Wirkung, etwa bei einer Anordnung, die Haare kürzen zu lassen (BVerwGE 46, 1/7; 125, 85 Rn.16; s. auch oben Rn.8), nicht dagegen im Falle der Kürzung der Haare unter Einsatz von Gewalt (BVerfGE 47, 239/248). Erfasst werden auch nichtkörperliche Einwirkungen, die sich mittelbar körperlich auswirken (BVerfGE 56, 54/75). Eine von einem Grundrechtsverpflichteten betriebene Einrichtung verletzt Art.2 Abs.1, wenn der von ihr ausgehende Lärm zu Gesundheitsbeeinträchtigungen führt (BVerwGE 79, 254/257). An einer Beeinträchtigung fehlt es bei der Beschränkung von Erholungsmöglichkeiten (BVerwGE 54, 211/223f).

88   **Mittelbar** hervorgerufene Verletzungen werden erfasst, wenn sie bei einer normativen Betrachtung der staatlichen Tätigkeit zurechenbar sind, wie beim Verbot einer Organspende (BVerfG-K, NJW 99, 3401) oder einer bestimmten Behandlungsmethode, etwa des Einsatzes von Cannabis (BVerwGE 123, 352/355f). Eine Beeinträchtigung stellen auch **indirekte** bzw. influenzierende Eingriffe dar, etwa die Verknüpfung von Leistungen mit körperlichen Beeinträchtigungen (Müller-Terpitz HbStR[3] VII § 147 Rn.48), jedenfalls wenn der Betroffene auf die Leistung angewiesen ist (Schulze-Fielitz DR 51; Horn SB 118; vgl. Vorb.29 vor Art.1; a. A. Starck MKS 223). Doch sind hier die Grundrechtseinschränkungen vielfach verhältnismäßig. Die Erteilung einer Genehmigung für Tätigkeiten mit Gesundheitsrisiken für Dritte stellt regelmäßig keinen Eingriff, sondern Unterlassen von Schutz dar (Di Fabio MD 67f; unten Rn.91).

89   Keine Grundrechtsbeeinträchtigung ist die mit **Einwilligung** des Betroffenen vorgenommene *Heilbehandlung* (Pieroth/Schlink 395; Horn SB 116; Di Fabio MD 69; für bloße Rechtfertigung Schulze-Fielitz DR 51); die Einwilligung ist aber nur wirksam, wenn sie nach einer ausreichenden ärztlichen Aufklärung erfolgt (BVerfGE *abwM* 52, 131/175ff; BGHZ 106, 391/399), wie das auch Art.3 Abs.2 lit. a GRCh vorsieht (dazu Jarass Art.3 Rn.9). Besonders sorgfältig muss die Aufklärung von Kranken bei wissenschaftlichen Experimenten sein. Die Einwilligung des Betroffenen kann auch andere Eingriffe legitimieren, etwa eine Sterilisation (Kunig MüK 72; Starck MKS 219). Bei Minderjährigen ist die Einwilligung der Eltern entscheidend.

Bei Bewusstlosigkeit kommt es im Falle der Gefahr im Verzug auf die mut-
maßliche Einwilligung an (Schulze-Fielitz DR 56; Starck MKS 237; Correll
AK 116 ff).

cc) Eine Beeinträchtigung des Grundrechts liegt nicht nur in der Verlet- 90
zung von Leben und Gesundheit, sondern unter gewissen Voraussetzungen
bereits in einer **Gefährdung** der beiden Rechtsgüter (BVerfGE 51, 324/
346 f; 66, 39/58). Dabei kommt es auf Art, Nähe und Ausmaß möglicher
Gefahren und die Irreversibilität von Verletzungen an (Schulze-Fielitz DR
43; Horn SB 113; vgl. BVerfGE 49, 89/142). Das Grundrecht auf Leben ist
jedenfalls beeinträchtigt, wenn eine Verletzung des Lebens ernsthaft zu befürchten ist (BVerfGE 51, 324/347; Müller-Terpitz HbStR³ VII § 147
Rn.36), auch durch militärische Aktivitäten (BVerfGE 66, 39/58 ff); auf die
Zahl der Betroffenen dürfte es nicht ankommen. Selbstgefährdungspflichten
von Soldaten, Polizisten und Feuerwehrleuten enthalten einen Eingriff (Di-
Fabio MD 50; Horn SB 115). Die Stationierung von Waffen oder die Zustimmung dazu stellt bei hinreichender Gefährdung durch Lagerung und
Transport einen Eingriff dar, nicht jedoch im Hinblick auf die einsatzbe-
dingten Gefahren (BVerfGE 77, 170/220 f). Die Zwangsräumung gegenüber
einem kranken Mieter bildet eine Grundrechtsbeeinträchtigung (BVerfGE
52, 214/220 f).

b) Unterlassen von Leistung, insb. Schutz. aa) Aus Art.2 Abs.2 S.1 **91**
ergibt sich für den Staat die Pflicht, „das Leben und die körperliche Unversehrtheit des Einzelnen zu schützen, d. h. vor allem, es auch vor rechtswidrigen Eingriffen von Seiten anderer zu bewahren" (BVerfGE 115, 320/346;
46, 160/164; 77, 170/214). Der Schutz muss „angemessen und wirksam"
sein (BVerfGE 88, 203/254). Diese **Schutzpflicht** besteht weiter zugunsten
der körperlichen Unversehrtheit (BVerfGE 56, 54/78; 85, 191/212), auch
soweit das Grundrecht das psychische Wohlbefinden schützt (vgl. oben
Rn.83; offen gelassen BVerfG-K, NVwZ 09, 1495). Die Pflicht hat insb. für
den Umweltschutz Bedeutung (vgl. BVerfGE 56, 54/73; 77, 381/402 f;
BVerwGE 101, 1/10). Stellen sich Mängel erst später heraus, sind die Vorschriften nachzubessern (BVerfGE 49, 89/143 f; 56, 54/78 f). Die Verletzung
der Schutzpflicht kann von den Grundrechtsträgern geltend gemacht werden
(BVerfGE 77, 170/214; Schulze-Fielitz DR 78), auch von besonders empfindlichen Personen (Murswiek SA 202a). Zudem rechtfertigt die Schutzpflicht die Einschränkung anderer Grundrechte. Der Staat kann seiner
Schutzpflicht durch Erlass entsprechender materieller Vorschriften nachkommen (BVerwGE 65, 157/160 – Straßenverkehr), weiterhin durch die Bereitstellung geeigneter Verwaltungs- bzw. *Genehmigungsverfahren* (BVerfGE 49,
89/140 ff; 53, 30/65 f; BVerwGE 60, 297/305; Stern ST IV/1, 166 f); näher
unten Rn.99. Bei Arbeitsverträgen lässt sich vielfach „mit den Mitteln des
Vertragsrechts allein kein sachgerechter Ausgleich der Interessen ... gewährleisten", weshalb der Staat Regelungen zur Nachtarbeit zu erlassen hat
(BVerfGE 85, 191/213; 87, 363/386).

Bei der Erfüllung der Schutzpflicht hat der Staat einen **erheblichen** **92**
Spielraum (BVerfGE 56, 54/80 ff; 77, 170/214; 79, 174/202; 85, 191/212;
BVerwG, DVBl 96, 563 f; strenger Murswiek SA 191 ff). Regelungspflichten

des Gesetzgebers dürfen nicht überdehnt werden (Di Fabio MD 89; vgl. unten Rn.99 zu Lagern für Kernbrennelemente). Die Maßnahmen dürfen aber nicht „gänzlich ungeeignet oder völlig unzulänglich" sein (BVerfGE 77, 170/215). Nur selten wird die Schutzpflicht derart konkret sein, dass allein das Ergreifen einer bestimmten Maßnahme verfassungsmäßig ist (BVerfGE 77, 170/215; vgl. Schulze-Fielitz DR 90). Dies kommt allerdings in Betracht, wenn die Gefahr einer schweren Grundrechtsbeeinträchtigung droht und zudem lediglich eine bestimmte Abwehr sachgerecht ist; vgl. zum Schwangerschaftsabbruch unten Rn.103. Dann kommt das Untermaßverbot (dazu Vorb.57 vor Art.1) zum Tragen (Di Fabio MD 41). Mit der Erfüllung der Schutzpflicht verbundene Eingriffe in die Rechte Dritter bedürfen einer gesetzlichen Grundlage, können nicht unmittelbar auf die Schutzpflicht gestützt werden (Horn SB 83; Correll AK 28).

93   **bb)** Ein Anspruch auf **sonstige Leistungen** (außerhalb der oben in Rn.91 f behandelten Schutzpflichten) dürfte aus Abs.2 S.1 nur ausnahmsweise folgen. Aus dem Recht auf Leben ergibt sich ein Anspruch, vor dem Verhungern bewahrt zu werden, auf Sicherung des (unverzichtbaren) Existenzminimums (Schulze-Fielitz DR 96; Di Fabio MD 35, 45; Horn SB 85; Rn.22 zu Art.1; Rn.124 zu Art.20). Aus dem Recht auf Leben und körperliche Unversehrtheit ergibt sich kein eigenständiger Anspruch auf eine medizinische Mindestversorgung (Kunig MüK 60; a. A. Di Fabio MD 94; Wiedemann UC 376). Zu bejahen dürfte aber ein Anspruch auf sachgerechte Teilhabe an vorhandenen Einrichtungen sein (Starck MKS 211; Di Fabio MD 94) sowie auf sachgerechte Ausgestaltung staatlicher Krankeneinrichtungen (BVerfGE 57, 70/99). Zudem ist Art.2 Abs.2 S.1 bei der Entscheidung über eine vorläufige Kostenübernahme für ein lebensrettendes Medikament zu beachten (BVerfG-K, NJW 03, 1237; BSGE 96, 170 Rn.23 ff), desgleichen bei bestimmten Maßnahmen außerhalb der Schulmedizin (oben Rn.27).

94   **c) Anwendung von Privatrecht.** In privatrechtlichen Beziehungen ist die aus der Schutzpflicht resultierende **Ausstrahlungswirkung** (allg. dazu Rn.54–58 zu Art.1) zu beachten. Flugbegleiter haben allerdings keinen Anspruch auf rauchfreien Arbeitsplatz (BAGE 83, 95/99). Dem elterlichen Züchtigungsrecht werden Grenzen gesetzt (Schulze-Fielitz DR 97; etwas großzügiger Starck MKS 239). Der Arbeitgeber hat dem Gesundheitsschutz der Arbeitnehmer Rechnung zu tragen (BAGE 90, 316/325).

4. Rechtfertigung von Beeinträchtigungen (Schranken)

95   **a) Gesetzliche Grundlage.** Das Grundrecht kann gem. Abs.2 S.3 „auf Grund eines Gesetzes" beschränkt und Eingriffe können dadurch gerechtfertigt werden. Eine Beschränkung unmittelbar durch Gesetz ist damit aber nicht ausgeschlossen (Horn SB 121; Vorb.42 vor Art.1); nur steht die in der Vorschrift genannte Alternative in der Praxis ganz im Vordergrund. Mit Gesetz ist ein förmliches Gesetz gemeint (BVerfGE 22, 180/219), weshalb eine Grundrechtsbeschränkung unmittelbar durch förmliches Gesetz oder auf Grund eines solchen durch untergesetzliche Norm bzw. Verwaltungsakt möglich ist (Vorb.43 vor Art.1), sofern die Ermächtigung ausreichend bestimmt ist (Correll AK 13; näher Rn.54, 60–62 zu Art.20). Satzungen scheiden nicht generell aus (a.A. Starck MKS 198); doch ist die Verleihung der Satzungsautonomie keine ausreichend bestimmte Ermächtigung. Bei schweren Eingriffen ist eine entspr. präzise Spezialermächtigung notwendig (vgl. unten Rn.98). Die Berufung auf die Ziele eines besonderen Gewaltverhältnisses genügt nicht (Vorb.38 vor Art.1). Auch mittelbare Beeinträchtigungen bedürfen einer gesetzlichen Grundlage (Schulze-Fielitz DR 53; Horn SB 121). Schließlich muss der Gesetzgeber das Zitiergebot des Art.19 Abs.1 S.2 beachten (Schulze-Fielitz DR 57; Rn.4 zu Art.19), des Weiteren die Kompetenznormen (BVerfGE 115, 118/139).

b) Verhältnismäßigkeit u.a. Der Grundrechtseingriff muss geeignet, 96 erforderlich und verhältnismäßig ieS (BVerfGE 16, 194/202; 17, 108/117; 51, 324/346) sein. Dabei ist eine strenge Prüfung geboten (Kunig MüK 85). An der Eignung einer Zwangsuntersuchung fehlt es, wenn ihr Erkenntniswert zweifelhaft ist (BVerfG-K, NJW 04, 3698). Besonders strenge Verhältnismäßigkeitsanforderungen gelten für eine Tötung, da das Leben einen Höchstwert bildet (oben Rn.80), ohne dass ihm gegenüber anderen Rechtswerten immer der Vorrang zukommt (BVerfGE 88, 203/253f; Stern ST IV/1, 156). Zudem ist der Einfluss der Würde des Menschen zu beachten (BVerfGE 115, 118/152). Das schließt die vorsätzliche Tötung unschuldiger Menschen in einem entführten Verkehrsflugzeug durch dessen Abschuss aus (BVerfGE 115, 118/153f; a.A. Herdegen MD 96 zu Art.1 I; Murswiek SA 182a). Allgemein zu den Anforderungen der Verhältnismäßigkeit Rn.83–90a zu Art.20. Zur Schranken-Schranke des Verbots der **Todesstrafe** Rn.1 zu Art.102.

5. Einzelne Bereiche und Fälle

a) Strafverfolgung, Gefahrenabwehr, Abschiebung. Eingriffe in die 97 körperliche Unversehrtheit zu Zwecken der **Strafverfolgung** sind regelmäßig zulässig, wenn der Eingriff von geringem Gewicht ist (BVerfGE 47, 239/ 248). Schwere Eingriffe sind nur möglich, wenn der Tatverdacht groß und das verfolgte Delikt von erheblichem Gewicht sind (BVerfGE 16, 194/202; 27, 211/218f; Schulze-Fielitz DR 71). Die notwendige Wahrscheinlichkeit hängt vom Gewicht der in Frage stehenden Straftat und von der Schwere des Tatverdachts ab. Führt die Durchführung der Strafverhandlung oder des Strafvollzugs zu einer ernsthaften Lebensgefahr oder zu gewichtigen und konkreten Gesundheitsgefahren, ist davon abzusehen (BVerfGE 51, 324/350; BVerfG-K, NJW 02, 52). Zu Folter und zu unmenschlicher Behandlung Rn.19 zu Art.1. Der Schutz des Lebens eines Zeugen kann es gebieten, den Aufenthaltsort geheim zu halten oder auf sein persönliches Erscheinen in der Hauptverhandlung zu verzichten (BVerfGE 57, 250/285). Wird neben einer Freiheitsstrafe eine Maßregel der Unterbringung zur Entziehung verhängt, ist ein Verzicht auf eine Anrechnung jedenfalls dann zulässig, wenn der Betroffene nicht ausreichend an der Therapie mitwirkt (BVerfGE 91, 1/32f). Zur *Todesstrafe* Rn.2 zu Art.102.

Das Recht auf Leben wird durch einen gezielten **Todesschuss** bei Gei- 98 selnahmen nicht verletzt, wenn dies die einzige Möglichkeit ist, eine gegenwärtige Gefahr für das Leben der Geiseln abzuwenden (Kunig MüK 85; Pieroth/Schlink 405; Schulze-Fielitz DR 62). Notwendig ist aber eine ausreichend bestimmte Grundlage. Die polizeirechtliche Generalklausel genügt nicht (Schulze-Fielitz DR 62). Zum Flugzeugabschuss oben Rn.96. Eine **Abschiebung** oder **Auslieferung** eines Ausländers ist unzulässig, wenn in konkreter und unmittelbarer Weise das Leben oder in erheblichem Umfang die körperliche Unversehrtheit bedroht ist (BVerwGE 102, 249/259; 114, 379/382; vgl. Rn.19 zu Art.1 und Rn.3 zu Art.102). Voraussetzung ist aber, dass entgegenstehende Verfassungsgüter nicht überwiegen; dies hängt wesentlich davon ab, wie groß die Gefahr von Folter etc. ist und wie groß die Gefahren sind, die von dem Betroffenen für Rechtsgüter Dritter ausgehen.

99   **b) Schutz Dritter vor gefährlichen Tätigkeiten.** Drittbetroffene können in ihrem Grundrecht beeinträchtigt sein, wenn der Staat gefährliche Tätigkeiten genehmigt (BVerwGE 54, 211/222 f; 82, 61/75), etwa Verkehrsanlagen (BVerwGE 101, 1/9 f; 107, 350/357). Der Schutz vor *Lärm* ist im Kern grundrechtlich geboten (BVerfGE 56, 54/77; 79, 174/202; BVerfGE 101, 1/10), wobei verschiedene Lärmquellen zusammenzurechnen sind (BVerwGE 125, 116 Rn.390). Gleiches gilt für den Schutz vor Elektrosmog (BVerfG-K, NJW 97, 2509; vorsichtig BVerfG-K, NJW 02, 1638 f) und vor der Kernenergie (BVerfGE 49, 89/142). Die Schutzpflicht wird durch eine Planfeststellung verletzt, die rechtswidrige Gesundheitsbeeinträchtigungen ermöglicht (BVerwGE 107, 350/357). Lager für Kernbrennelemente müssen nicht vom Gesetzgeber zugelassen werden (BVerfGE 77, 381/402 f). Zum Schutz des ungeborenen Lebens unten Rn.102 f.

100   **c) Schutz vor sich selbst.** Ob aus Art.2 Abs.2 S.1 eine **Verpflichtung** des Staates folgt, den Einzelnen vor sich selbst zu schützen, muss bezweifelt werden (vgl. BVerwGE 82, 45/49; allerdings auch BGHZ 79, 131/141 f); vielmehr wird die Selbstbeschädigung durch Art.2 Abs.1 geschützt (oben Rn.8, 50; widersprüchlich Lorenz, HbStR VI § 128 Rn.62, 67). Dagegen ergibt sich aus Abs.2 S.1 eine **Schutzbefugnis** des Staates, die Freiheit des Betroffenen aus sehr gewichtigen Gründen zu beschränken (vgl. oben Rn.34). Allerdings ist der Entscheidungsfreiheit des Betroffenen großes Gewicht zuzuerkennen (BVerfGE 58, 208/226; BVerfG-K, NJW 98, 1775; BVerwGE 82, 45/49; vgl. Di Fabio MD 47; Murswiek SA 211). Daher kann die *passive* Sterbehilfe vom Staat nicht unterbunden werden, wenn der Betroffene zu einer selbstverantwortlichen Entscheidung noch in der Lage ist (Horn SB 84; Schulze-Fielitz DR 63; Müller-Terpitz HbStR[3] VII § 147 Rn.101). Die *aktive* Sterbehilfe kann dagegen auch unter dieser Voraussetzung unterbunden werden (Schulze-Fielitz DR 85; Di Fabio MD 39); ein entsprechendes grundrechtliches *Gebot* ist aber nicht erkennbar (a. A. Correll AK 71). In staatlichen Einrichtungen kann daher eine aktive Sterbehilfe zugelassen werden, wenn ein unheilbar Kranker sie bei vollem Bewusstsein verlangt (Schulze-Fielitz DR 64; Pieroth/Schlink 394; Murswiek SA 212a; a. A. BGHSt 32, 367/371 ff; Correll AK 67). Eine *Zwangsernährung* Gefangener beeinträchtigt die allgemeine Handlungsfreiheit und evtl. das allgemeine Persönlichkeitsrecht, kann aber u. U. durch die Schutzpflicht des Art.2 Abs.2 S.2 gerechtfertigt sein.

Zwangsheilungen und entsprechende vorbeugende Maßnahmen (Impf-   **101** zwang) sind unzulässig, außer bei ansteckenden Krankheiten, die Leben und Gesundheit anderer Menschen schwer gefährden (Schulze-Fielitz DR 73; Horn SB 126; Correll AK 122, 124). Dies gilt auch für zwangsweise untergebrachte Personen. Zwangsbehandlungen Kranker greifen regelmäßig tiefer in die Lebenssphäre ein als die Unterbringung selbst. Der Wille, sich nicht behandeln zu lassen, ist daher regelmäßig zu beachten (wohl auch Di Fabio MD 71; vgl. BVerfGE 91, 1/29 f; zu großzügig BVerfGE 58, 208/224 ff). Anderes gilt, wenn der Betroffene zu einer eigenverantwortlichen Entscheidung nicht in der Lage ist, weshalb eine Zwangsbehandlung möglich ist, wenn der Ehepartner als vorläufiger Betreuer zustimmt (BVerfG-K, NJW 02, 207). Drohen nur weniger gewichtige gesundheitliche Schäden, ist die Freiheit zur Krankheit auch bei psychisch Kranken zu beachten (BVerfGE 58, 208/226; BGHZ 166, 141 Rn.9). Aus der Weigerung, sich nicht behandeln zu lassen, darf aber nicht das Fehlen der Fähigkeit zu eigenverantwortlicher Entscheidung abgeleitet werden (BVerfG-K, NJW 02, 207). Eine Verhandlungsunfähigkeit vor Gericht ist nicht verschuldet, wenn sie auf einer nicht ganz unbegründeten Weigerung zur Krankenbehandlung beruht (BVerfGE 89, 120/131; für Anwendung von Art.2 Abs.1 Di Fabio MD 85). Zur medizinischen Versorgung oben Rn.93.

d) Schutz des ungeborenen Lebens. Die Tötung oder Verletzung des   **102** werdenden Lebens (zu dessen Schutz oben Rn.82, 85) kann nicht mit der Tötung oder Verletzung eines (geborenen) Menschen gleichgesetzt werden (BVerfGE *abwM* 39, 1/80). Dies gilt v. a. für die frühe Zeit der Schwangerschaft; notwendig ist also eine zeitliche Differenzierung (BVerfGE *abwM* 88, 203/342 ff; Schulze-Fielitz DR 61, 70; **a. A.** BVerfGE 88, 203/254; vgl. Stern ST IV/1, 159 f). Die Intensität des Schutzes wächst mit dem Fortschritt der Schwangerschaft (Dreier, ZRP 02, 381; Ruppert, UCD § 90 Rn.22). Weiter ist zu berücksichtigen, dass der Nasciturus physisch Teil der Mutter ist (BVerfGE *abwM* 88, 203/341 f), sein Grundrecht im Verhältnis zur Mutter daher von vornherein Beschränkungen unterliegt, wie das gegenüber Dritten nicht der Fall ist (BVerfGE 88, 203/256; Kunig MüK 58b).

Der **strafrechtliche Schutz** des werdenden Lebens ist im frühen Stadi-   **103** um nicht verfassungsrechtlich geboten (BVerfGE 88, 203/264; BVerfGE *abwM* 39, 1/87 ff; Kunig MüK 58 f; a. A. noch BVerfGE 39, 1/51, 65), da das Ausweichen auf andere Schutzinstrumente (etwa Beratungspflicht) eine vertretbare Entscheidung des Gesetzgebers darstellt, wie sich auch der internationale Vergleich erweist. Bei der Abwägung der Rechtsgüter „Leben" (des Ungeborenen) und „Persönlichkeitsrecht" (der Mutter) ist auch zu beachten, dass es im ersten Fall meist um die grundrechtliche Schutzfunktion, im zweiten um die grundrechtliche Abwehrfunktion geht; Erstere belässt dem Gesetzgeber einen deutlich größeren Spielraum (vgl. Vorb.56 f vor Art.1). Eine **Verpflichtung zum Schutz** des ungeborenen Lebens besteht auf keinen Fall, wenn die Schwangere der Gefahr einer erheblichen Gesundheitsbeeinträchtigung ausgesetzt ist (BVerfGE 39, 1/49 f) oder das Austragen des Kindes von der Frau eine Aufopferung eigener Lebenswerte verlangen würde, die von ihr nicht erwartet werden kann, weshalb sowohl die kriminologische wie die embryopathische Indikation zulässig sind (BVerfGE 88, 203/257; Di Fabio MD 44). Bei Vergewaltigungen stößt der Lebensschutz auf die Menschenwürde der Frau (Schulze-Fielitz DR 83; Kunig MüK 58b). Die vom BVerfG angenommene Pflicht, den Abbruch einer Schwangerschaft grundsätzlich als Unrecht zu bewerten (BVerfGE 39, 1/42 ff), ist im Bereich der straflosen Abbrüche schwerlich durchzuhalten (BVerwGE 89, 260/268 ff; Kunig MüK 58b). Eine finanzielle Unterstützung für eine Abtreibung, etwa im Recht der Sozialhilfe, ist möglich (BVerfGE 88, 203/322). Eine fehlerhafte Beratung, die zum Verzicht auf einen Abbruch führt, kann zu Schadensersatzansprüchen führen (BGHZ 124, 128/136 ff; vgl. Rn.23 zu Art.1). Die Zulässigkeit der Forschung an embryonalen Stammzellen hängt insb. davon ab, wann der volle Schutz des Grundrechts einsetzt (vgl. oben Rn.82).

104   **e) Sonstiges.** Maßnahmen gegen *gefährliche Hunde* sind regelmäßig als Umsetzung des grundrechtlich gebotenen Schutzes zulässig und in gewissem Umfang geboten (Di Fabio MD 87). Der wirksame Gesundheitsschutz kann dabei auch generalisierende Anforderungen rechtfertigen (vgl. Rn.31 zu Art.3). Maßnahmen der *Zwangsvollstreckung* sind zu verschieben, wenn ein schwerwiegender Eingriff in das Grundrecht zu besorgen ist (BVerfGE 52, 214/220; BVerfG-K, NJW 04, 49 f; NJW 07, 2910), etwa bei einer Zwangsräumung. Doch ist dabei aus Gründen des wirksamen Rechtsschutzes sorgfältig zu prüfen, ob die Gefahr nicht auf andere Weise abgewandt werden kann (BGHZ 163, 66/73 f; BGH, NJW 08, 1000). Die körperliche *Züchtigung* von Schülern kann nicht gestattet werden (Di Fabio MD 75; Schulze-Fielitz DR 75; a.A. Starck MKS 226). Die Zulassung eines *Verkehrslärms* von 60 db(A) verletzt nicht Abs.2 S.1 (BVerwG, NVwZ 98, 847). Ein allgemeines Tempolimit ist nicht geboten (BVerfG-K, NJW 96, 652), desgleichen nicht ein allgemeines Rauchverbot (BVerfG-K, NJW 98, 2962). Die *Wehrpflicht* verstößt nicht gegen Abs.2 S.1, solange sie der Verteidigung der Bundesrepublik dient und nicht zu Angriffszwecken eingesetzt wird (vgl. BVerfGE 12, 45/50 f sowie Rn.2 zu Art.26). Militärische Maßnahmen sind grundsätzlich zulässig (BVerfGE 77, 170/221), rechtfertigen aber keine körperverletzende Behandlung (BVerwGE 83, 300/301). *Eugenische Praktiken* iSd Art.3 Abs.2 lit. b GRCh sind generell unzulässig, desgleichen die Nutzung des Körpers oder von Teilen davon zur Erzielung von Gewinnen iSd Art.3 Abs.2 lit. c GRCh und das reproduktive Klonen iSd Art.3 Abs.2 lit. d GRCh (zu den Vorgaben der Charta Jarass Art.3 Rn.15). Zur Gentechnologie Rn.21 zu Art.1. Zum Existenzminimum oben Rn.93. Zum Anspruch auf Schutz durch den Staat oben Rn.91 f.

105–109   (unbesetzt)

II. Recht auf Freiheit der Person

1. Bedeutung und Abgrenzung zu anderen Verfassungsnormen

110   Das Recht auf Freiheit in Art.2 Abs.2 S.2 (textgleich mit Art.114 Abs.1 S.1 WRV und § 138 Abs.1 PKV) steht in der Tradition des zunächst in England entwickelten Instituts des „Habeas corpus", mit dessen Hilfe Festnahmen und verwandte, mit **körperlichem Zwang verbundene Freiheitsbeschränkungen** durch die öffentliche Gewalt begrenzt und verfahrensrechtlichen Anforderungen unterworfen wurden (Sachs ST IV/1, 1071 f; Lang EH 84; a. A. Wittreck HbStR³ § 151 Rn.9). Wie bei Art.2 Abs.1 S.1 geht es um die physischen Bedingungen menschlicher Existenz (Di Fabio MD 25). Ein vergleichbares Recht findet sich in Art.6 GRCh bzw. in Art.5 EMRK. Das Grundrecht hat „unter den grundrechtlich verbürgten Rechten besonderen Rang" (BVerfGE 104, 220/234; ähnlich E 105, 239/247; 109, 190/239), weshalb es als „unverletzlich" bezeichnet wird und Art.104 Abs.1 S.1 eine Beschränkung nur aufgrund eines förmlichen Gesetzes zulässt (BVerfGE 109, 133/157). Seine Grundlage findet das Recht auf Freiheit sowohl in Art.2 Abs.2 S.2 wie in Art.104, wobei die erste Norm regelt, ob und in welchem Umfang eine Freiheitsbeschränkung zulässig ist, während Art.104 v. a. zusätzliche *verfahrensrechtliche* Voraussetzungen einer Freiheitsbeschränkung normiert (Schulze-Fielitz DR 120; vgl. BVerfGE 58, 208/220; 65, 317/321 f; Rn.1 zu Art.104). Art.2 Abs.2 S.2 und Art.104 stehen „in unlösbarem Zusammenhang" (BVerfGE 105, 239/247). Abs.2 S.2 enthält als Grundsatznorm auch eine objektive Wertentscheidung (BVerfGE 10, 302/322).

Für das **Verhältnis zu anderen Freiheitsrechten** ist bedeutsam, dass **111** Art.2 Abs.2 S.2 nur bestimmte Beschränkungen der körperlichen Bewegungsfreiheit erfasst (unten Rn.112, 114). Für andere mit Freiheitsbeschränkungen (und Freiheitsentziehungen) zusammenhängende Beeinträchtigungen, insb. in der Straf- und Untersuchungshaft, gelten die dafür einschlägigen Grundrechte (Schulze-Fielitz DR 120; vgl. Rn.7–9 zu Art.104); Einzelfälle etwa oben Rn.29, 49, 69. Soweit Art.2 Abs.2 S.2 einschlägig ist, wird das Grundrecht der Freizügigkeit in Art.11 verdrängt (Gusy MKS 25, 65 zu Art.11; Ziekow FH 47 zu Art.11; Wiedemann UC 380; Horn SB 137; für Idealkonkurrenz Kunig MüK 74; Schulze-Fielitz DR 120), da in den meisten Fällen des Art.2 Abs.2 S.2 auch Art.11 betroffen ist und zudem die Schranken des Art.11 erkennbar nicht auf Straftaten zugeschnitten sind.

2. Schutzbereich

a) Geschütztes Verhalten. Das Grundrecht schützt, der Entstehungsge- **112** schichte und der Funktion (oben Rn.110) sowie der Parallelgarantie des Art.104 entsprechend, trotz des weiten Wortlauts, allein die *körperliche Bewegungsfreiheit* (BVerfGE 94, 166/198; Schulze-Fielitz DR 98; Wiedemann UC 382), und auch diese nur in einem engen Sinn (Di Fabio MD 22; Sachs ST IV/1, 1080): Das BVerfG sieht das Recht verankert, „einen Ort oder Raum aufzusuchen oder sich dort aufzuhalten, der ... an sich (tatsächlich oder rechtlich) zugänglich ist", „nicht aber sich unbegrenzt überall aufzuhalten und überall hinbewegen zu dürfen" (BVerfGE 94, 166/198; 96, 10/21; 105, 239/248; Wiedemann UC 383). Der Bezug zur (grundsätzlichen) rechtlichen Zugänglichkeit ist allerdings wenig glücklich, da deren Vereinbarkeit mit Art.2 Abs.2 ggf. geprüft werden muss (Wittreck HbStR³ § 151 Rn.8; Lübbe-Wolff, DVBl 96, 837; Schulze-Fielitz DR 99). Auch vermag es nicht zu überzeugen, etwa ein ein staatliches Gebäude betreffendes Hausverbot erfasst zu sehen. Genau genommen dürfte, Entstehungsgeschichte und Funktion entsprechend, nur das Recht geschützt sein, sich von einem bestimmten Ort wegzubewegen (Kunig MüK 74), was das Recht einschließt, nicht zur Anwesenheit an einem bestimmten Ort verpflichtet zu sein. Zudem bietet das Grundrecht nur Schutz gegen mit unmittelbarem Zwang o. ä. verbundene Beschränkungen (unten Rn.114). Insgesamt wird der Gewährleistungsgehalt des Art.2 Abs.2 S.2 v. a. durch die erfassten Eingriffe umschrieben und weniger durch den sachlichen Schutzbereich.

113   **b) Träger des Grundrechts** ist jede natürliche Person, auch der Geschäftsunfähige (BVerfGE 10, 302/309; 58, 208/224; Di Fabio MD 21). Geschützt werden auch Ausländer in Deutschland (Di Fabio MD 21; Starck MKS 202; Schulze-Fielitz DR 100). Der Schutz beginnt mit der Geburt und endet mit dem Tod (Di Fabio MD 21). Auf juristische Personen und andere Personenvereinigungen ist es nicht anwendbar (Kunig MüK 73; Horn SB 68; vgl. Rn.15 zu Art.19).

3. Beeinträchtigungen

114   **a) Eingriffe. aa)** Ein Eingriff liegt zunächst in jeder **Freiheitsentziehung,** also in jeder mehr als kurzfristigen Beschränkung auf einen eng umgrenzten Raum, die mit einem Zwangselement verbunden ist (näher Rn.11f zu Art.104). Schwierigkeiten bereitet die Abgrenzung der **sonstigen Freiheitsbeschränkungen.** Im Hinblick auf die historische Vorgeschichte und die Funktion des Grundrechts (oben Rn.110) wird man als Freiheitsbeschränkung die Verpflichtung anzusehen haben, an einem bestimmten Ort zu bleiben oder sich an einen bestimmten Ort zu begeben (oben Rn.112). Zudem ist zu beachten, dass Art.2 Abs.2 S.2 „vor Verhaftung, Festnahme und ähnlichen Eingriffen, also vor unmittelbarem Zwang" schützt (BVerfGE 105, 239/247; BVerfG-K, NVwZ 08, 305). Die sonstigen Freiheitsbeschränkungen ähneln daher der Freiheitsentziehung. Sie führen zu einer Beschränkung auf einen begrenzten Raum und weisen ein Zwangselement auf, das über ein bloßes rechtliches Ge- oder Verbot hinausgeht, etwa *unmittelbarer Zwang* oder dessen Androhung (BVerfGE 22, 21/26 zur gleichen Frage bei Art.104; Di Fabio MD 31; Michael/Morlok Rn.175; Ipsen II 254), physische Sicherungen, wie bei einem geschlossenen Gebäude (Schulze-Fielitz DR 104; Kunig MüK 74, 76) oder eine Sicherung durch Medikamente (Rn.11 zu Art.104). Von der Freiheitsentziehung unterscheidet sich die bloße Freiheitsbeschränkung durch die geringere Intensität des Eingriffs (BVerfGE 105, 239/248), insb. hinsichtlich der Dauer (vgl. Rn.11 zu Art.104). Dem Erfordernis der direkten Einwirkung oder Sicherung entspricht es auch, eine Freiheitsbeschränkung bei bloßen Vorbereitungsmaßnahmen, wie einem Auslieferungsersuchen, zu verneinen (BVerfGE 57, 9/23f; Gusy MKS Art.104 Rn.18). Dagegen kommt es nicht auf den primären Zweck o. ä. an (so aber Gusy MKS Art.104 Rn.18; Murswiek SA 233; Wiedemann UC 386). Das führt nicht nur zu erheblichen Abgrenzungsproblemen (Di Fabio MD 30). Zudem liegt der primäre Zweck von Freiheitsbeschränkungen regelmäßig nicht in der Freiheitsbeschränkung selbst (Schulze-Fielitz DR 104). Keine Grundrechtseinschränkung liegt vor,

wenn der Zugang zu bestimmten Orten oder Räumen verboten wird (BVerfGE 94, 166/198; Di Fabio MD 27).

Im Einzelnen wird die Verhängung einer Freiheitsstrafe erfasst (BVerfGE **115** 90, 145/172; Di Fabio MD 33) sowie deren Durchführung, weiter jede Verhaftung oder Festnahme. Die Vorladung zum Verkehrsunterricht ist kein Eingriff (BVerfGE 22, 21/26; BVerwGE 6, 354/355; Sachs ST IV/1, 1097), ebenso wenig wie die Einberufung zum Wehrdienst (Schulze-Fielitz DR 105; Starck MKS 196; a. A. Pieroth/Schlink 416), die Verpflichtung zu einer Untersuchung beim Amtsarzt oder Meldepflichten. Einen Eingriff bildet jedoch die zwangsweise Durchsetzung dieser Pflichten, etwa die zwangsweise Vorführung beim Amtsarzt (BGHZ 82, 261/264f; Di Fabio MD 32); zur davon zu trennenden Frage der Freiheitsentziehung Rn.12 zu Art.104. Erfasst wird das Anhalten bei einer Personenkontrolle oder einer körperlichen Durchsuchung (Sachs ST IV/1, 1098; a. A. Di Fabio MD 36), nicht dagegen ein Platzverweis (Di Fabio MD 28). Jede *zwangsweise* Unterbringung, selbst in einer Familie oder einem offenen Heim, bildet einen Eingriff (BVerfGE 22, 180/218f; Schulze-Fielitz DR 102). Die Anordnung des Nachsitzens greift nicht in den Schutzbereich ein (VGH BW, DÖV 84, 767; Di Fabio MD 27, 32), es sei denn, es fände in einem abgeschlossenen Raum statt (Kunig MüK 78). Die Ausweisung wird nicht erfasst, da der Betroffene (aus deutscher Sicht) sich beliebig im Ausland aufhalten kann. Die Unterbringung von Asylsuchenden im Transitbereich eines Flughafens ist kein Grundrechtseingriff, sofern der Betroffene jederzeit ausreisen kann (BVerfGE 94, 166/198f; Starck MKS 196; Schulze-Fielitz DR 24 zu Art.104); zur Hilfe bei der Rückkehr unten Rn.117. Erfasst wird aber die Abschiebehaft (BGHZ 109, 104/106; Di Fabio MD 34, 41). Ein außer Vollzug gesetzter Haftbefehl kann als Grundrechtsgefährdung erfasst sein (BVerfGE 53, 152/159f; BVerfG-K, NJW 06, 669f). Kein Grundrechtseingriff ist die Verpflichtung eines Ausländers, sich nur in einem Teil des Bundesgebiets aufzuhalten (BVerfG-K, NVwZ 83, 603; a. A. Tiemann, NVwZ 87, 11ff).

bb) Die **Einwilligung** des Betroffenen schließt eine Freiheitsbeschrän- **116** kung aus (BVerfGE 105, 239/248; Di Fabio MD 18), sofern sie auf freier Entscheidung beruht (Vorb.36f vor Art.1); die Einwilligung allein des gesetzlichen Vertreters genügt nicht (BVerfGE 10, 302/309f; Epping 644; a. A. Sachs ST IV/1, 1099). Die verbindliche Anordnung eines Polizisten, zur Wache mitzukommen, ist aber regelmäßig ein Grundrechtseingriff, auch wenn der Betroffene „freiwillig" mitkommt; Gleiches gilt für die Durchsuchung einer Person (Schulze-Fielitz DR 103; Kunig MüK 78; a. A. Di Fabio MD 36).

b) Unterlassen von Leistung, insb. Schutz. Das Grundrecht ver- **117** pflichtet den Staat, den Einzelnen vor Beeinträchtigungen der körperlichen Bewegungsfreiheit durch Dritte zu **schützen,** etwa vor Geiselnahme, Straßenblockaden etc. (Kunig MüK 77; Di Fabio MD 15; Schulze-Fielitz DR 113). Bei der Erfüllung des Schutzauftrags haben die staatlichen Organe aber einen weiten Spielraum (vgl. oben Rn.92). Daher ist nicht notwendig ein strafrechtlicher Schutz geboten. Bei einem Festhalten von Asylsuchenden im Flughafenbereich erfordert die Schutzfunktion Hilfe bei der Rückkehr.

118   c) **Anwendung von Privatrecht.** Die Ausstrahlungswirkung des Grundrechts ist bei der Auslegung und Anwendung privatrechtlicher Vorschriften
zu beachten (Rn.54–58 zu Art.1). Die Verweigerung eines Schadensersatz-
anspruchs wegen einer rechtswidrigen Freiheitsentziehung aufgrund des
Fehlers eines Sachverständigen kann das Grundrecht verletzen (BVerfGE 49,
304/319 f).

4. Rechtfertigung von Beeinträchtigungen (Schranken)

119   a) **Gesetzliche Grundlage.** In das Recht auf Freiheit der Person darf
nur auf Grund eines förmlichen Gesetzes eingegriffen werden, sei es ein
Bundes- oder ein Landesgesetz (Di Fabio MD 42). Art.2 Abs.2 S.3 wird insoweit von Art.104 Abs.1 S.1 überlagert (Wittreck HbStR[3] § 151 Rn.27);
zu den Einzelheiten, insb. auch zur Anwendung von Art.19 Abs.1, vgl.
Rn.3–5 zu Art.104. Art und Dauer der Strafvollstreckung sind gesetzlich zu
regeln (BVerfGE 86, 288/326; Di Fabio MD 61); allg. zur ausreichenden
Bestimmtheit Rn.4, 16 zu Art.104. Entsprechendes gilt für die Unterbringung psychisch Kranker in einer geschlossenen Anstalt. Eine Beschränkung
unmittelbar durch Gesetz wird abgelehnt (Di Fabio MD 42; Starck MKS
198; Sachs ST IV/1, 1105 f). Das einschränkende Gesetz muss das Zitiergebot des Art.19 Abs.1 S.2 wahren (Schulze-Fielitz DR 106; Di Fabio MD 48;
Sachs ST IV/1, 1116).

120   b) **Verfahren und Verhältnismäßigkeit.** Das **Verfahren** der Entscheidung über die Freiheitsbeschränkung muss den freiheitssichernden Gehalt
des Abs.2 S.2 beachten (BVerfGE 70, 297/308; Di Fabio MD45). Des Weiteren sind gem. Art.104 Abs.1 S.1 *kraft Verfassung* die einfachgesetzlichen
Verfahrensvorgaben zu beachten; dazu Rn.5 zu Art.104. Insbesondere ist
eine umfassende Prüfung der verfahrensrechtlichen Voraussetzungen der
Haft geboten (BVerfG-K, DVBl 00, 696). Für den Unterfall der **Freiheitsentziehung** (Rn.11 zu Art.104) schreibt Art.104 Abs.2–4 **weitere Voraussetzungen** vor; näher dazu Rn.15–29 zu Art.104. Insoweit sind auch die
Vorgaben des Art.5 Abs.2 EMRK zu beachten. Auch für Entscheidungen im
Strafvollstreckungsverfahren ist ein faires, rechtsstaatliches Verfahren geboten
(BVerfGE 86, 288/326).

121   Der Eingriff muss **verhältnismäßig** sein, also geeignet, erforderlich und
verhältnismäßig ieS (BVerfGE 53, 152/158 f; 66, 191/195; 70, 297/311;
Sachs ST IV/1, 1118 f; Di Fabio MD 47). Dabei ist eine strenge Prüfung geboten (BVerfGE 58, 208/224; 66, 191/195). Der Eingriff ist unzulässig,
wenn sein Ziel auch auf andere Weise erreicht werden kann (BVerfG-K,
NVwZ 92, 767 f). Die Freiheit der Person „ist ein so hohes Rechtsgut, dass
in sie … nur aus besonders gewichtigen Gründen eingegriffen werden darf "
(BVerfGE 90, 145/172; 58, 208/224; 70, 297/307); doch muss es sich nicht
notwendig um ein verfassungsrechtlich vorgegebenes Interesse handeln (a. A.
Hantel, JuS 90, 867). Je länger die Freiheitsentziehung dauert, desto gewichtiger müssen die Zwecke der Freiheitsentziehung sein (BVerfGE 70, 297/
315; 109, 133/159; 117, 71/97). Das Gewicht der Grundrechtsbeeinträchtigung kann auch die *verfahrensrechtlichen Anforderungen* verschärfen, etwa die
Anforderungen an die Sachverhaltsaufklärung (BVerfGE 70, 297/310; 117,

71/105) oder an die Begründung (BVerfGE 70, 297/315). Allgemein zu den Einzelheiten der Verhältnismäßigkeitsprüfung Rn.83–90a zu Art.20. Eine **Misshandlung** ist generell unzulässig (Rn.7–9 zu Art.104).

5. Einzelne Bereiche und Fälle

a) Strafvorschriften und Strafhaft. Strafvorschriften sind an Art.2 Abs.2 **122** S.2 zu messen, soweit sie eine Freiheitsentziehung androhen, im Übrigen an Art.2 Abs.1 (BVerfGE 90, 145/171). Die Verhängung einer Freiheitsstrafe muss geeignet, erforderlich und angemessen sein (BVerfGE 90, 145/172f), insb. das Schuldprinzip beachten (dazu Rn.106 zu Art.20). Bei einem gelegentlichen Eigenverbrauch geringer Mengen von Cannabisprodukten muss daher zumindest von der Strafverfolgung abgesehen werden (BVerfGE 90, 145/187ff). Eine ausländische Haft muss in gewissem Umfang angerechnet werden (BVerfGE 29, 312/316; Di Fabio MD 61; vgl. Rn.105 zu Art.20). Eine lebenslange Freiheitsstrafe darf nur für schwerste Delikte gegen höchste Rechtsgüter verhängt werden (BVerfGE 45, 187/223ff; 117, 71/98); zur vorzeitigen Entlassung Rn.18 zu Art.1. Zur Strafart außerdem Rn.11 zu Art.1. Zur Resozialisierung oben Rn.69. Das Entscheidungsverfahren wie das Vollstreckungsverfahren müssen im Lichte des Art.2 Abs.2 S.2 ausgestaltet sein (BVerfGE 86, 288/326; Di Fabio MD 68). Bei einer Entscheidung über eine Aussetzung des Strafrestes muss sich der Richter ein möglichst umfassendes Bild verschaffen (BVerfGE 70, 297/310f; BVerfG-K, NJW 00, 503). Eine Entscheidung über eine Strafaussetzung nach 11 Monaten ist nicht mehr rechtzeitig (BVerfG-K, NJW 01, 2707f). Zur Beschränkung anderer Grundrechte im Strafvollzug oben Rn.111.

b) Die **Untersuchungshaft** stellt, wegen der verfassungsrechtlichen Ver- **123** mutung der Schuldlosigkeit (Rn.108 zu Art.20), einen schwereren Grundrechtseingriff als die Strafhaft dar (Starck MKS 131f; Di Fabio MD 49). Im Hinblick auf das verfassungsrechtlich fundierte Interesse einer funktionsfähigen Strafrechtspflege (Rn.102 zu Art.20) ist ein solcher Eingriff zum einen bei *Flucht- und Verdunkelungsgefahr* möglich, wenn wegen eines „dringenden auf konkrete Anhaltspunkte gestützten Tatverdachts begründete Zweifel an der Unschuld des Verdächtigen bestehen" (BVerfGE 19, 342/347f). Diese Voraussetzungen dürfen nicht vorschnell angenommen werden, sondern bedürfen einer sorgfältigen Prüfung und einer detaillierten Begründung (Di Fabio MD 52). Zudem muss man ein Delikt von erheblichem Gewicht verlangen. Bei einer von schwerer und unheilbarer Krankheit und von Todesnähe gekennzeichneten Person dürfte eine Untersuchungshaft regelmäßig ausgeschlossen sein (BerlVerfGH, NJW 93, 517; Di Fabio MD 54; anders Starck MKS 213). Der Haftgrund der *Wiederholungsgefahr* ist nur zur Abwehr schwerer Delikte akzeptabel (BVerfGE 35, 185/191f). In allen Fällen ist zu prüfen, ob es nicht als milderes Mittel genügt, den Vollzug des Haftbefehls ggf. mit Auflagen auszusetzen (BVerfGE 19, 342/351ff; Starck MKS 240) oder eine Kaution zu verlangen (Di Fabio MD 53).

Die **Dauer der Untersuchungshaft** muss verhältnismäßig sein. Mit zu- **124** nehmender Dauer muss dem Freiheitsanspruch immer größeres Gewicht eingeräumt werden (BVerfGE 36, 264/270; 53, 152/158f; BVerfG-K, EuG-

RZ 09, 416). Das Strafverfahren ist daher mit größtmöglicher Beschleunigung zu betreiben (BVerfGE 20, 45/49 f; 36, 264/273; 46, 194/195; Pieroth/Hartmann, StV 08, 276 ff; vgl. Rn.103 zu Art.20); dazu sind ggf. auch entsprechende Vorkehrungen der Gerichtsorganisation zu treffen (BVerfGE 36, 264/272 f). Erfolgt keine Aburteilung in angemessener Frist, ist der Betroffene entspr. Art.5 Abs.3 S.1 EMRK freizulassen. Bei der Entscheidung über die Fortdauer ist eine ausreichende Abwägung zwischen dem Freiheitsanspruch und dem staatlichen Strafverfolgungsinteresse vorzunehmen, die sich nicht in einer Wiedergabe der gesetzlichen Voraussetzungen erschöpfen darf (BVerfG-K, DVBl 07, 122). Die 6-Monats-Frist der StPO stellt nur eine Höchstgrenze dar (BVerfG-K, EuGRZ 06, 293). Kommt es zu nicht zu rechtfertigenden und vermeidbaren erheblichen Verfahrensverzögerungen, ist eine Fortdauer der Untersuchungshaft auch wegen der Schwere der Tat bei einer ohnehin schon 18 Monate andauernden Untersuchungshaft nicht möglich (BVerfG-K, NJW 06, 1338). Die Überlastung des Gerichts ist kein ausreichender Grund (BVerfGE 36, 264/273 f; BVerfG-K, NJW 94, 2082; Di Fabio MD 58). Die Untersuchungshaft ist unverhältnismäßig, wenn sie länger als die vermutlich zu verhängende Strafe dauert (Schulze-Fielitz DR 110; grundsätzlich Di Fabio MD 57). Unabhängig davon ist eine Untersuchungshaft von mehr als fünf Jahren bis zum erstinstanzlichen Urteil regelmäßig verfassungswidrig (Schulze-Fielitz DR 110; a. A. BVerfGE 21, 220/222 f). Die Dauer des Revisionsverfahrens ist mit einzubeziehen, wenn es um die Korrektur eines offensichtlich der Justiz anzulastenden Verfahrensfehlers geht (BVerfG-K, NJW 05, 3487; NJW 06, 673; einschr. BGH, NJW 06, 1532 f). Unzulässig ist die Aufrechterhaltung der Untersuchungshaft von mehr als einem Jahr wegen absehbarer Änderungen der Spruchkörperzusammensetzung (BVerfG-K, DVBl 07, 123). Zur **Ausgestaltung** der Untersuchungshaft oben Rn.111 sowie Rn.7–9 zu Art.104.

125   **c) Andere Formen der Haft und des Gewahrsams.** Für die **Abschiebe-** und die **Auslieferungshaft** gelten ähnliche Erwägungen wie bei Untersuchungshaft (Di Fabio MD 60; oben Rn.123 f). Insb. ist eine strikte Prüfung der Verhältnismäßigkeit vorzunehmen (BVerfGE 61, 28/34 f; BVerfG-K, DVBl 00, 696). Die Dauer der Abschiebehaft muss eindeutig festgelegt werden (BGHZ 109, 104/106). Bei unverhältnismäßiger Dauer der Auslieferungshaft ist diese zu beenden (BVerfG-K, NJW 00, 1252 f). Wurde ein Gericht angerufen, darf Verwaltungszwang erst ausgeübt werden, wenn dem Gericht Gelegenheit zu einer Zwischenentscheidung gegeben wurde (BVerfG-K, NJW 09, 2659 f). Die **Erzwingungshaft** zur Erzwingung von Geldzahlungen, Zeugenaussagen u. ä. ist als ultima ratio erlaubt (BVerfGE 76, 363/383), vorausgesetzt, der Betreffende kann die Handlung vornehmen (Di Fabio MD 82); gegen einen zahlungsunfähigen Schuldner darf daher keine Beugehaft eingesetzt werden (BVerfGE 61, 126/134). Die Verhältnismäßigkeit ist aber genau zu prüfen. Je länger die Unterbringung in der **Sicherungsverwahrung** andauert, umso strenger sind die Voraussetzungen für die Verhältnismäßigkeit des Freiheitsentzugs; der Freiheitsanspruch stößt jedoch an Grenzen, falls es nach Art und Maß der von dem Untergebrachten ausgehenden drohenden Gefahren angesichts des staatlichen Schutzauftrags für die Rechtsgüter des Einzelnen und der Allgemeinheit unvertretbar erscheint, den Untergebrachten in die Freiheit zu entlassen (BVerfGE 109, 133/159). Allerdings ist sorgfältig zu prüfen, ob nicht Alternativen bestehen, wie ein Sexualtäterüberwachungssystem (BVerfG-K, NJW 09, 982 f; Di Fabio MD 81). Ein **polizeilicher Gewahrsam** ist nur zum Schutz hochrangiger Rechtsgüter möglich (Starck MKS 247); daneben sind die Anforderungen des Art.104 zu beachten (dazu Rn.23–28 zu Art.104). Ein mehrstufiges gerichtliches Verfahren ist nicht erforderlich (BVerfGE 83, 24/31).

    d) Unterbringung in geschlossenen Heilanstalten. Anordnung und   **126** Fortdauer der Unterbringung nach dem StGB in einem psychiatrischen Krankenhaus unterliegen der strikten Anwendung des Verhältnismäßigkeitsgrundsatzes (BVerfGE 70, 297/311 ff; Schulze-Fielitz DR 112; Di Fabio MD 68). Zudem ist eine ausreichende richterliche Sachverhaltsaufklärung erforderlich (BVerfG-K, NJW 00, 503; Murswiek SA 247a). Geisteskranke dürfen in geschlossenen Anstalten nur untergebracht werden, wenn sie für die Allgemeinheit bzw. Dritte eine erhebliche Gefahr darstellen (BVerfGE 66, 191/195), etwa weil erhebliche rechtswidrige Taten zu erwarten sind (BVerfGE 70, 297/312; BVerfG-K, NJW 95, 3048). Des Weiteren kommt eine zwangsweise Unterbringung von Geisteskranken in Betracht, wenn die Gefahr besteht, dass sie sich selbst an ihrer Gesundheit erheblich schädigen (BVerfGE 58, 208/224 ff; 63, 340/342; vgl. oben Rn.100). Der Gefährdung eigener wirtschaftlicher Interessen muss anders begegnet werden (Schulze-Fielitz DR 112; Correll AK 172). Zweifel an den tatsächlichen Voraussetzungen schließen eine nicht nur vorläufige Unterbringung generell aus (BVerfGE 63, 340/342; Di Fabio MD 72). Schließlich ist die Freiheit, staatliche Fürsorge zurückzuweisen (BVerfGE 58, 208/224 ff), bei allen Entscheidungen zu berücksichtigen. Dies muss besonders für Zwangsbehandlungen gelten (oben Rn.101). Je länger eine Unterbringung andauert, umso strenger werden die Voraussetzungen der Verhältnismäßigkeit (BVerfGE 70, 297/315; BVerfG-K, NJW 93, 778; Di Fabio MD 73).

Art.3 [Gleichheit]

(1) **Alle Menschen[4 f] sind vor dem Gesetz[1a] gleich[7 ff].**

(2) **Männer und Frauen sind gleichberechtigt[78 ff]. Der Staat fördert die tatsächliche Durchsetzung der Gleichberechtigung von Frauen und Männern und wirkt auf die Beseitigung bestehender Nachteile hin[90, 97].**

(3) **Niemand[117] darf wegen[131] seines Geschlechtes[121], seiner Abstammung[122], seiner Rasse[123], seiner Sprache[124], seiner Heimat[125] und Herkunft[126], seines Glaubens[128], seiner religiösen oder politischen Anschauungen[128 f] benachteiligt oder bevorzugt werden[119 f]. Niemand darf wegen seiner Behinderung benachteiligt werden[142 ff].**

Übersicht

Literatur A (Art.3 Abs.1): *Kischel,* Gleichheitssatz und Steuerrecht, in: Melling-hoff/Palm (Hg.), Gleichheit im Verfassungsstaat, 2009, 175; *Albers,* Gleichheit und Ver-hältnismäßigkeit, JuS 2008, 945; *Boden,* Gleichheit und Verwaltung, 2007; *Funke,* Gleichbehandlungsgrundsatz und Verwaltungsverfahren, AöR 2007, 168; *Haller,* Die Verrechnung von Vor- und Nachteilen im Rahmen von Art.3 Abs.1 GG, 2007; *Jarass,* Indienstnahme Privater und Systemgerechtigkeit im Sozialrecht, VSSR 2007, 103; *Kirchhof,* Keine Gleichheit im Unrecht?, FS Merten, 2007, 109; *Sachs,* Gleichheits-grundrechte im Recht der Wirtschaft, Gedächtnisschrift Tettinger, 2007, 137; *Pietzcker,* Rechtsvergleichende Aspekte des allgemeinen Gleichheitssatzes, in: FS Götz, 2005, 301; *Meyer,* Strukturelle Vollzugsdefizite des Gleichheitsverstoßes, DÖV 2005, 551; *Hey,* Saldierung von Vor- und Nachteilen in der Rechtfertigung von Grundrechtseingriffen und Ungleichbehandlungen, AöR 2003, 226; *v. Lindeiner,* Willkür im Rechtsstaat?, 2002; *Möckel,* Der Gleichheitsgrundsatz – Vorschlag für eine dogmatische Weiterent-wicklung, DVBl 2003, 488; *Osterloh,* Der verfassungsrechtliche Gleichheitssatz, EuG-RZ 2002, 309; *v. Lindeiner,* Willkür im Rechtsstaat?, 2002; *Kokott,* Gleichheitssatz und Diskriminierungsverbote in der Rechtsprechung des BVerfG, in: FS 50 Jahre BVerfG, 2001, Bd. II, 127; *Becker,* Transfergerechtigkeit und Verfassung, 2001; *Brüning,* Gleich-heitsrechtliche Verhältnismäßigkeit, JZ 2001, 669; *Kischel,* Systembindung des Gesetz-gebers und Gleichheitssatz, AöR 1999, 174; *Bryde/Kleindiek,* Der allgemeine Gleich-heitssatz, Jura 1999, 36; *Pauly,* Gleichheit im Unrecht als Rechtsproblem, JZ 1997, 647; *Jarass,* Sicherung der Rentenfinanzierung und Verfassungsrecht, NZS 1997, 545; *Marti-ni,* Art.3 Abs.1 GG als Prinzip absoluter Rechtsgleichheit, 1997; *Jarass,* Folgerungen aus der neueren Rechtsprechung des BVerfG für die Prüfung von Verstößen gegen Art.3 I GG, NJW 1997, 2545; *Sachs,* Der Gleichheitssatz als eigenständiges subjektives Grund-recht, FS Friauf, 1996, 309; *Bleckmann,* Die Struktur des allgemeinen Gleichheitssatzes, 1995; *Huster,* Gleichheit und Verhältnismäßigkeit, JZ 1994, 541; *Huster,* Rechte und Ziele – Zur Dogmatik des allgemeinen Gleichheitssatzes, 1993; *Hesse,* Der allgemeine Gleichheitssatz in der neueren Rechtsprechung des BVerfG, FS Lerche, 1993, 121; *Kirchhof,* Der allgemeine Gleichheitssatz, HbStR V, 1992, § 124; *Stern,* Das Gebot zur Ungleichbehandlung, FS Dürig, 1990, 207.

Literatur B (Art.3 Abs.2, 3): *Leder,* Das Diskriminierungsverbot wegen einer Behinderung, 2006; *Welti,* Behinderung und Rehabilitation im sozialen Rechtsstaat, 2005; *Sacksofsky,* Die Gleichberechtigung von Mann und Frau, in: Festschrift für Zu-leeg, 2005, 323; *Neumann,* Der verfassungsrechtliche Begriff der Behinderung, NVwZ 2003, 897; *Schubert,* Affirmative Action und Reverse Discrimination, 2003; *Beaucamp,* Das Behindertengrundrecht im System der Grundrechtsdogmatik, DVBl 2002, 997;

Straßmair, Der besondere Gleichheitssatz aus Art.3 Abs.3 S.2 GG, 2002; *Reichenbach,* Art.3 Abs.3 S.2 GG als Grundrecht auf Chancengleichheit, RdJB 2001, 53; *Kokott,* Gleichheitsschutz und Diskriminierungsverbote in der Rechtsprechung des BVerfG, in: Festschrift 50 Jahre BVerfG, 2001, Bd. II, 127; *Caspar,* Das Diskriminierungsverbot behinderter Personen nach Art.3 Abs.3 S.2 GG, EuGRZ 2000, 135; *Faisst,* Minderheitenschutz im Grundgesetz und in den Landesverfassungen, 2000; *Reichenbach,* Art.3 III 2 GG als Recht auf selbstbestimmte Lebensführung, SGb 2000, 660; *Nelles,* Die Gleichberechtigung von Mann und Frau, in: Pieroth (Hg.), Verfassungsrecht und soziale Wirklichkeit in Wechselwirkung, 2000, 45; *Rädler,* Verfahrensmodelle zum Schutz vor Rassendiskriminierung, 1999; *Schweizer,* Der Gleichberechtigungssatz − neue Form, alter Inhalt?, 1998; *Di Fabio,* Die Gleichberechtigung von Mann und Frau, AöR 1997, 404; *Jürgens,* Der Diskriminierungsschutz im Grundgesetz, DVBl 1997, 410; *Rüfner,* Die mittelbare Diskriminierung und die speziellen Gleichheitssätze in Art.3 Abs.2 und 3 GG, FS Friauf, 1996, 331; *Sacksofsky,* Das Grundrecht auf Gleichberechtigung, 2. Aufl. 1996; *Classen,* Wie viele Wege führen zur Gleichberechtigung von Männern und Frauen?, JZ 1996, 921; *Döring,* Frauenquoten und Verfassungsrecht, 1996; *Fuchsloch,* Das Verbot der mittelbaren Geschlechtsdiskriminierung, 1995; *Hofmann,* Die tatsächliche Durchsetzung der Gleichberechtigung, FamRZ 1995, 257; *Vogel,* Verfassungsreform und Geschlechterverhältnis, FS Benda, 1995, 395; *König,* Die Grundgesetzänderung in Art.3 Abs.2 GG, DÖV 1995, 837; *Kokott,* Zur Gleichstellung von Mann und Frau, NJW 1995, 1049; *Ebsen,* Gleichberechtigung von Männern und Frauen, HbVerfR, 1995, § 8; *Suelmann,* Die Horizontalwirkung des Art.3 II GG, 1994; *Schlachter,* Berufliche Gleichberechtigung und Frauenförderung, JA 1994, 72; *Heckel,* Das Gleichbehandlungsgebot im Hinblick auf die Religion, HbStKirchR, 2. Aufl. 1994, § 21; *Huster,* Frauenförderung zwischen individueller Gerechtigkeit und Gruppenparität, AöR 1993, 109; *Sachs,* Besondere Gleichheitsgarantien, HbStR V, 1992, § 126; *Battis/ Schulte-Trux/Weber,* „Frauenquoten" und Grundgesetz, DVBl 1991, 1165; *Breuer,* Antidiskriminierungsgesetzgebung − Chance oder Irrweg?, 1991; *Slupik,* Gleichberechtigungsgrundsatz und Diskriminierungsverbot im Grundgesetz, JR 1990, 317; *Heckel,* Art.3 Abs.3 GG − Aspekte des Besonderen Gleichheitssatzes, FS Dürig, 1990, 241.

A. Allgemeiner Gleichheitssatz (Abs.1)

I. Bedeutung, Verpflichtete, Abgrenzung

1. Bedeutung und Verpflichtete

Der allgemeine Gleichheitssatz des Art.3 Abs.1, der sich (für Deutsche) **1** bereits in § 137 Abs.3 PKV und in Art.109 Abs.1 WRV fand, enthält ein **Grundrecht** des Einzelnen und damit ein subjektives Recht (BVerwGE 55, 349/351). Die Vorschrift soll die Gleichbehandlung von Personen in vergleichbaren Sachverhalten sicherstellen, sei es bei rechtlichen oder tatsächlichen Maßnahmen. Gleichzeitig bildet er ein in allen Bereichen geltendes Prinzip (BVerfGE 38, 225/228; 41, 1/13; Rüfner BK 159; Starck MKS 230), das über den Anwendungsbereich der subjektiv-rechtlichen Seite hinaus Bedeutung hat (unten Rn.6). Das BVerfG entnimmt dem Abs.1 ein allgemeines *Willkürverbot,* das selbst dort greift, wo es nicht um Ungleichbehandlungen geht (BVerfGE 55, 72/89 f; 78, 232/248; Gubelt MüK 2; unten Rn.38 f). Dagegen ergibt sich aus Abs.1 kein Auftrag zum Abbau *tatsächlicher* Ungleichheiten zwischen verschiedenen Personengruppen (unten Rn.12). Allerdings kann die Anwendung des Art.3 Abs.1 vom Sozialstaatsprinzip beeinflusst werden (unten Rn.22). Zu den Folgen eines Verstoßes gegen Art.3 unten Rn.40–43. Zum Prüfungsaufbau Vorb.15 vor Art.1.

1a   Was die **Verpflichteten** angeht, so gilt Art.3 Abs.1 trotz der missverständlichen Formulierung auch für den Gesetzgeber. Des Weiteren wird die Exekutive gebunden (unten Rn.34–36), auch beim Erlass von Realakten sowie im Bereich der Fiskalverwaltung (Englisch SB 114), wie bei der Vergabe öffentlicher Aufträge (BVerfGE 116, 135/153) oder bei sonstigem privatrechtlichem Handeln (BGHZ 169, 122 Rn.10; vorsichtig BVerfGE 124, 199/218). Schließlich wendet sich der Gleichheitssatz an die Rechtsprechung (vgl. unten Rn.37–39). Insgesamt werden alle Akte der *Träger öffentlicher Gewalt* (Rn.32–44 zu Art.1) erfasst, etwa auch Unfallversicherungsträger (BSGE 79, 250/256).

2. Abgrenzung zu anderen Verfassungsnormen

2   **a) Verhältnis zu den speziellen Gleichheitsgrundrechten.** Gegenüber den speziellen Gleichheitsgrundrechten tritt Art.3 Abs.1, bezogen auf die dort geregelten Differenzierungskriterien, zurück (Sachs HbStR V § 126 Rn.18; Kischel EH 2; Huster FH 92). Im Anwendungsbereich eines speziellen Gleichheitsgrundrechts erfolgt keine bloße Beschränkung der Rechtfertigung von Ungleichbehandlungen des allgemeinen Gleichheitsrechts; vielmehr tritt Art.3 Abs.1 vollständig zurück (vgl. Osterloh SA 78; Sachs HbStR V § 126 Rn.18; Gubelt MüK 9; anders Pieroth/Schlink Rn.428 f). Dementsprechend prüft das BVerfG etwa Art.3 Abs.3 und Art.3 Abs.1 getrennt (BVerfGE 85, 191/206 ff, 210 ff). „Für eine Prüfung am Maßstab des allgemeinen Gleichheitssatzes (bleibt) kein Raum mehr, wenn die zu prüfende einfache Gesetzesnorm einer speziellen Grundrechtsnorm zuwiderläuft" (BVerfGE 59, 128/156; 13, 290/296). Andernfalls müsste immer Art.3 Abs.1 als einschlägig mitgenannt werden. Vor allem aber wird die Einstufung der besonderen Gleichheitsrechte, insb. der Gleichbehandlung von Frauen und Männern, als bloße Rechtfertigungsschranke des allgemeinen Gleichheitssatzes deren eigenständiger Bedeutung nicht gerecht. Endlich ist die Schutzfunktion der besonderen Gleichheitsrechte bei einem solchen Verständnis systematisch nur schwer zu erfassen. Das Verhältnis zwischen allgemeinen und speziellen Gleichheitsgrundrechten stellt sich daher wie das zwischen der allgemeinen Handlungsfreiheit als allgemeinem Freiheitsrecht und den besonderen Freiheitsgrundrechten dar (vgl. Rn.2 zu Art.2) dar (Sachs VR 164).

2a   **Im Einzelnen** finden sich spezielle Gleichheitsgrundrechte für Differenzierungen zwischen Mann und Frau in Abs.2 bzw. Abs.3 S.1, für eine Reihe anderer personenbezogener Kriterien in Abs.3 S.1, für die Benachteiligung Behinderter in Abs.3 S.2, für uneheliche Kinder in Art.6 Abs.5, für Ungleichbehandlungen wegen der Landeszugehörigkeit in Art.33 S.1, für eignungswidrige Ungleichbehandlungen beim Zugang zu öffentlichen Ämtern in Art.33 Abs.2 und für religiöse bzw. weltanschauliche Ungleichbehandlungen in Art.33 Abs.3 bzw. in Art.136 Abs.1, 2 WRV. Schließlich ist die Verankerung der Chancengleichheit der Parteien in Art.21 als lex specialis einzustufen, desgleichen die Wahlgleichheit nach Art.38 Abs.1 S.2 bei Wahlen zum Bundestag (dazu sowie zu anderen Wahlen unten Rn.73).

b) Verhältnis zu den Freiheitsgrundrechten. Überschneidungen mit 3
Freiheitsgrundrechten können sich insb. dort ergeben, wo diesen Gleichbehandlungsgehalte entnommen werden (dazu Vorb.5 vor Art.1). In Überschneidungsfällen wird darauf abgestellt, welches Grundrecht „nach seinem
Sinngehalt die stärkere sachliche Beziehung zu dem zu prüfenden Sachverhalt" besitzt (BVerfGE 64, 229/238 f; 65, 104/112 f; 67, 186/195; 75, 348/
357; Gubelt MüK 105). Im Rahmen dieses Grundrechts werden dann die
spezifischen Gehalte des verdrängten Grundrechts mitberücksichtigt (BVerf-
GE 65, 104/113; 75, 382/393; 82, 60/86). Hat keines der Grundrechte einen
deutlich stärkeren Bezug, liegt Idealkonkurrenz vor. Wo es um die Verteilung
knapper Güter geht (z. B. Studienplätze, verkehrsrechtliche Genehmigungen
etc.), wird der Schwerpunkt regelmäßig auf die Freiheitsrechte gelegt (vgl.
Starck MKS 57). Gleiches gilt für die Diskriminierung von Meinungen, Parteien, religiösen Auffassungen. Generell wird die unterschiedliche Nutzung
eines Freiheitsrechts diesem Recht zugeordnet. Zum Einfluss der Freiheitsgrundrechte auf die Anwendung des Art.3 Abs.1 unten Rn.21 f. Zum Verhältnis zu Art.33 Abs.5 vgl. unten Rn.65.

II. Schutzbereich und Beeinträchtigung

1. Schutzbereich, insb. Grundrechtsträger

a) Sachlicher Schutzbereich. Ein eigenständiger *sachlicher* Schutz- oder 4
Anwendungsbereich, der von der Grundrechtsbeeinträchtigung klar abgrenzbar ist, lässt sich bei Art.3 Abs.1 nicht ausmachen (insoweit zutreffend
Osterloh SA 43; allg. dazu Vorb.15 vor Art.1). Art.3 Abs.1 besitzt, ähnlich
wie Art.2 Abs.1 (vgl. Rn.3 zu Art.2), einen grundsätzlich *umfassenden*
Schutz- bzw. Anwendungsbereich, der lediglich durch die speziellen Gleichheitsgrundrechte eingeschränkt wird (oben Rn.2–3).

b) Personaler Schutzbereich (Grundrechtsträger). Das Grundrecht 5
gilt für alle **natürlichen Personen,** auch für Ausländer (BVerfGE 30, 409/
412) und im Ausland ansässige Personen (BVerfGE 43, 1/6); zur abweichenden Behandlung von Ausländern vgl. unten Rn.19, 74 f, 127. Träger des
Grundrechts sind weiterhin inländische **juristische Personen des Privatrechts** (BVerfGE 35, 348/357; Gubelt MüK 6; näher Rn.17, 20 zu Art.19),
Handelsgesellschaften und Personengemeinschaften (BVerfGE 23, 353/373).
Eine notwendige Gleichbehandlung natürlicher und juristischer Personen
folgt daraus jedoch nicht (BVerfGE 35, 348/357 f). Juristische Personen mit
Sitz im EU-Ausland dürften Grundrechtsträger sein, soweit EU-Recht eine
Gleichbehandlung verlangt (Englisch SB 110).

Den juristischen **Personen des öffentlichen Rechts** steht Art.3 Abs.1 6
als subjektives Grundrecht nicht zu (BVerfGE 35, 263/271; 78, 101/102;
BVerfG-K, NVwZ 07, 1421; Osterloh SA 73); allg. dazu Rn.24–29 zu
Art.19. Ein willkürliches Verhalten zu Lasten öffentlich-rechtlicher Einrich-
tungen wird allerdings zT als eine Verletzung der (rein) objektiv-rechtlichen
Seite des Art.3 Abs.1 eingestuft (BVerfGE 35, 263/271 f; 76, 130/139; Starck
MKS 230); besser ist es insoweit, das Rechtsstaatsprinzip als Grundlage he-

ranzuziehen (Rn.31c zu Art.20). Ein Grundrechtsschutz wird insoweit verneint (BVerfGE 75, 192/201); belastende Maßnahmen können allerdings wegen Verstoßes gegen den objektiv-rechtlichen Gehalt als rechtswidrig gerügt werden. Des Weiteren ist der objektiv-rechtliche Gehalt bei der konkreten Normenkontrolle zu beachten (vgl. BVerfGE 76, 130/139). Zur Sondersituation bei Religionsgesellschaften des öffentlichen Rechts Rn.29 zu Art.19.

2. Ungleichbehandlungen

7   **a) Ungleichbehandlung bzw. Gleichbehandlung bestimmter Sachverhalte.** Die Beeinträchtigung des Art.3 Abs.1 setzt eine Ungleichbehandlung voraus, d. h. eine **unterschiedliche Behandlung** zweier **vergleichbarer Sachverhalte** (Heun DR 23; Gubelt MüK 10). Da die Vergleichbarkeit nur verneint wird, wenn die Sachverhalte unterschiedlichen „rechtlichen Ordnungsbereichen angehören und in anderen systematischen und sozialgeschichtlichen Zusammenhängen stehen" (BVerfGE 40, 121/139f; BAGE 87, 180/184), ist die Voraussetzung der Ungleichbehandlung schnell erfüllt (Huster FH 52). Verneint wurde sie etwa zwischen den Versorgungssystemen der Beamten und Angestellten (BVerwGE 124, 178/185) und zwischen Bestands- und Neuanlagen (BVerfGE 118, 70/104). Notwendig ist allerdings die Benennung der Sachverhalte, die unterschiedlich behandelt werden (zum Sonderfall schwerer Rechtsanwendungsfehler unten Rn.38). Die Frage, ob die Sachverhalte *wesentlich* ungleich sind, gehört zur Stufe der Rechtfertigung (Heun DR 24; Osterloh SA 82). Eine Ungleichbehandlung kann sich auch aus den praktischen Auswirkungen einer formalen Gleichbehandlung ergeben (BVerfGE 24, 300/358; 49, 148/165; 72, 141/150). Dagegen wird eine Differenzierung nach der Leistungsfähigkeit nicht als Ungleichbehandlung angesehen (BVerfGE 108, 52/69). Keine Ungleichbehandlung iSd Art.3 liegt vor, wenn im Vergleichsfall rechtswidrig gehandelt wurde (näher unten Rn.36).

8   Art.3 Abs.1 verbietet nicht nur die Ungleichbehandlung von wesentlich Gleichem, sondern auch die **Gleichbehandlung von wesentlich Ungleichem** (BVerfGE 98, 365/385; 103, 310/318; 112, 268/278; 116, 164/180; BGHZ 112, 163/173; BSGE 84, 235/238; a. A. Sachs 233); zur Rechtfertigung in solchen Fällen unten Rn.28. Dagegen wird eingewandt, dass solche Fälle durch die Wahl einer anderen Bezugsgruppe als Ungleichbehandlung umformuliert werden können (Rüfner BK I 10; Pieroth/Schlink 436f), was zum Teil schwierig ist. Doch könnte man möglicherweise in einer solchen Konstellation deshalb eine Ungleichbehandlung sehen, weil zwar die Teilgruppen formal gleichbehandelt werden, wegen der großen tatsächlichen Unterschiede aber eine Teilgruppe sehr viel stärker bzw. sehr viel weniger berechtigt belastet wird. Unabhängig davon ist die praktische Bedeutung des Verbots der Gleichbehandlung von wesentlich Ungleichem sehr gering geblieben.

9   **b) Gleicher Verantwortungsbereich.** Eine Ungleichbehandlung iSd Art.3 Abs.1 liegt nur vor, wenn die Vergleichsfälle **der gleichen Stelle zuzurechnen** sind. Daran fehlt es, wenn die beiden Sachverhalte von *zwei ver-*

schiedenen Trägern öffentlicher Gewalt gestaltet werden; der Gleichheitssatz bindet jeden Träger öffentlicher Gewalt allein in dessen konkretem Zuständigkeitsbereich (BVerfGE 21, 54/68; 76, 1/73; 79, 127/158; BVerwGE 70, 127/132; BAGE 92, 310/318; Huster FH 47). Ein Land bzw. eine Gemeinde verletzt daher den Gleichheitssatz nicht deshalb, weil ein anderes Land bzw. eine andere Gemeinde den gleichen Sachverhalt anders behandelt (BVerfGE 52, 42/57 f; 93, 319/351; 106, 225/241). Gleiches gilt für eine unterschiedliche Praxis verschiedener Gerichte (BVerfGE 75, 329/347; 87, 273/278) oder verschiedener Behörden (BVerfGE 21, 87/91; 75, 329/347; BVerfG-K, NVwZ 85, 259). Eine solche kompetenzübergreifende (unechte) Ungleichbehandlung kann allerdings gegen andere Grundrechte verstoßen (Rn.105, 112 zu Art.12). Demgegenüber gilt der Gleichheitssatz für das Handeln verschiedener Organwalter *innerhalb* einer Behörde; für die Grenzziehung ist entscheidend, wem das Handeln zugerechnet wird. Schließlich gilt der Gleichheitssatz für den gesamten Kompetenzbereich eines Grundrechtsverpflichteten (BVerwGE 129, 116 Rn.20).

c) Benachteiligung. Eine Beeinträchtigung des Art.3 Abs.1 setzt weiter **10** voraus, dass die Ungleichbehandlung für den Betroffenen zu einem **Nachteil** führt (BVerfGE 67, 239/244; BFHE 154, 383/387; Paehlke-Gärtner UC 155; Osterloh SA 84 ff; Huster FH 46; Englisch SB 116; a.A. Kischel EH 19). IdR bestehen insoweit keine Probleme, weshalb die Voraussetzung vielfach nicht erwähnt wird. In bestimmten Fällen wird sie aber bedeutsam:

Zunächst setzt der Nachteil nicht die Beeinträchtigung eines (aus einer **11** anderen Norm sich ergebenden) subjektiven Rechts des Betroffenen, sondern eine bloße **Interessenbeeinträchtigung** voraus (Sachs, FS Friauf, 1996, 317 f; Osterloh SA 87; Huster FH 46; Paehlke-Gärtner UC 153 ff; teilw. a.A. Rüfner BK 158; Heun DR 45; offen gelassen BVerwGE 65, 167/173). Dementsprechend kommt Art.3 Abs.1 beim **Ausschluss von einer Begünstigung** zum Tragen, die einem anderen gewährt wird (BVerfGE 112, 164/174; 116, 164/180; 121, 108/119; 124, 199/218), auch wenn kein Rechtsanspruch besteht. In einem solchen Fall erfolgt aber eine großzügigere Rechtfertigungsprüfung (vgl. unten Rn.21a). Die Benachteiligung kann auch in der (ungleichen) Verweigerung der **Teilhabe** an einer öffentlichen Einrichtung bestehen (Osterloh SA 53 ff; vgl. auch unten Rn.12, 33). Ob der Nachteil **geringfügig** oder gewichtig ist, spielt für die Qualifikation als Benachteiligung keine Rolle (BVerfGE 71, 39/50; Osterloh SA 84; anders noch E 18, 315/337); eine geringfügige Belastung wird aber häufig aus Typisierungsgründen oder anderen Gründen gerechtfertigt sein. Dagegen fehlt es an einer relevanten Ungleichbehandlung, wenn sie die bloße *Nebenfolge* einer an sich unbedenklichen Regelung ist (BVerfGE 13, 331/341). Entscheidend ist die durch die Gesamtregelung bedingte Belastung, unter Einbeziehung auch der Vorteile (BVerfGE 96, 1/8). **Kompensierende Vorteile** sind zu berücksichtigen, wenn sie dem benachteiligten Personenkreis zugute kommen (BVerfGE 23, 327/343; 63, 119/128; 96, 1/8; BSGE 85, 10/20) und gleichwertig sind (BVerfGE 74, 9/25).

3. Sonstige Beeinträchtigungen

12   **a) Unterlassen von Leistung, insb. Schutz.** Ob Art.3 Abs.1 unter
dem Einfluss des Art.1 Abs.1 eine begrenzte **Schutzpflicht** zur Sicherung
der Gleichheit von Menschen zu entnehmen ist (so Paehlke-Gärtner UC
159; dagegen Englisch SB 127; Kischel EH 83), erscheint zweifelhaft. Jedenfalls besteht keine Pflicht zum *Abbau tatsächlicher Ungleichheiten* (Rüfner BK
53f; Starck MKS 3ff; Kischel EH 91; a. A. Paehlke-Gärtner UC 161; Heun
DR 66); insoweit ist das Sozialstaatsprinzip einschlägig (Rn.118 zu Art.20).
Aus Art.3 Abs.1 ergeben sich regelmäßig keine originären Leistungsansprüche (Osterloh SA 55; vgl. BVerfGE 60, 16/42ff); zur Teilhabe oben Rn.11.

13   **b) Anwendung von Privatrecht.** Bei der Auslegung und Anwendung
privatrechtlicher Normen entfaltet der Gleichheitssatz eine *Ausstrahlungswirkung* (Gubelt MüK 2; weitergehend Heun DR 58); allg. zur Ausstrahlungswirkung Rn.54–58 zu Art.1. Der Richter hat bei der Auslegung des Privatrechts den Gleichheitssatz zu berücksichtigen (BVerfGE 58, 369/373f; 70,
230/239f). Doch hat die Vertragsfreiheit grundsätzlich Vorrang (BAGE 13,
103/105ff); ist daher die Ungleichbehandlung allein die Folge privater Verträge, liegt keine Beeinträchtigung vor (BVerfGE 92, 26/51). Auswirkungen
hat der Grundrechtsschutz beim Angebot wichtiger Güter oder Dienstleistungen in Monopol-Situationen (Starck MKS 294; Kischel EH 85; Englisch
SB 128). Zur Ausstrahlungswirkung im Arbeitsrecht unten Rn.61–63.

III. Rechtfertigung von Ungleichbehandlungen

1. Grundlagen und Differenzierungsgrund

14   Eine Ungleichbehandlung vergleichbarer Sachverhalte muss keineswegs
Abs.1 verletzen; dafür besteht nicht einmal ein Indiz (Jarass, AöR 95, 377).
Die Ungleichbehandlung kann durch einen „hinreichend gewichtigen
Grund" **gerechtfertigt** sein (BVerfGE 100, 138/174). Hier liegen regelmä-
ßig die entscheidenden Probleme (Jarass, NJW 97, 2546). Eine gesetzliche
Grundlage ist dagegen nicht generell erforderlich (Michael/Morlok Rn.782;
Jarass, AöR 95, 376).

15   Als Grund für die Ungleichbehandlung **(Differenzierungsgrund)**
kommt jede vernünftige Erwägung in Betracht. Es ist „grundsätzlich Sache
des Gesetzgebers, diejenigen Sachverhalte auszuwählen, an die er dieselben
Rechtsfolgen knüpft", vorausgesetzt, die Auswahl ist „sachlich vertretbar"
bzw. nicht „sachfremd" (BVerfGE 90, 145/196; 94, 241/260; 103, 242/258;
BVerwGE 124, 178/184). Andererseits kommt es nicht allein auf die vom
Gesetzgeber herangezogenen Gründe an; auch andere, objektiv vorhandene
Gründe können rechtfertigend wirken (BVerfGE 51, 1/26f; 75, 246/268);
vgl. allerdings unten Rn.46a. Auf keinen Fall verlangt Abs.1, die zweckmä-
ßigste, vernünftigste oder gerechteste Lösung zu wählen (BVerfGE 84, 348/
359; 110, 412/436; 122, 151/174; BGHZ 112, 163/173; Gubelt MüK 23).
Andererseits muss „ein innerer Zusammenhang zwischen den vorgefundenen Unterschieden und der differenzierenden Regelung bestehen" (BVerf-

GE 42, 374/388; 71, 39/58; BVerwGE 88, 354/361). Die Anforderungen
fallen sehr unterschiedlich aus; näher unten Rn.17–29a.

Im Einzelnen kann der Differenzierungsgrund etwa in der Praktikabili- 16
tät der Regelung liegen (BVerfGE 17, 337/354; 100, 195/205; 103, 225/
235; BSGE 79, 14/17), in finanziellen Gesichtspunkten (BVerfGE 3, 4/11;
75, 40/72; 87, 1/45), in der Rechtssicherheit (BVerfGE 15, 313/319f; 48,
1/22; 72, 302/327f), nicht hingegen in der Tradition, jedenfalls nicht auf
Dauer (BVerfGE 62, 256/279). Soweit der Grundsatz der Verhältnismäßigkeit zum Tragen kommt (unten Rn.17, 27f), werden allerdings an den Differenzierungsgrund *erhöhte Anforderungen* gestellt. Finanzielle Erwägungen
genügen dann vielfach nicht (BVerfGE 61, 43/63; 87, 1/46; 92, 53/69; 116,
164/182; unten Rn.64); Ähnliches gilt für die Verwaltungspraktikabilität
(BVerfGE 55, 159/169; 60, 68/78).

2. Unterschiedliche Prüfungsanforderungen

a) Grundlagen. Die aus Art.3 Abs.1 resultierenden Anforderungen an 17
die Rechtfertigung fallen unterschiedlich aus: Sie reichen „je nach Regelungsgegenstand und Differenzierungsmerkmalen ... vom bloßen Willkürverbot bis zu einer strengen Bindung an Verhältnismäßigkeitserfordernisse"
(BVerfGE 121, 108/119; 112, 164/174; 117, 1/30; 124, 199/219; BSGE 82,
83/90; BVerwGE 125, 21 Rn.27; noch weitergehend Herzog MD Anh.10;
gegen jede Verhältnismäßigkeitsprüfung dagegen Heun MP II § 34 Rn.44;
vgl. unten Rn.27f). Entspr. den unterschiedlichen materiellen Vorgaben va-
riiert auch die (verfassungs-)gerichtliche Kontrolldichte (BVerfGE 88, 87/
96f; 89, 15/23; 99, 367/389). Insgesamt ergibt sich ein Kontinuum von einer sehr großzügigen Prüfung über eine mittlere Prüfungsintensität bis zu
einer sehr strengen Prüfung (Hofmann SHH 17; Kischel EH 44).

b) Zuordnungskriterien für die Prüfungsintensität. Bei der Zuord- 18
nung von Fällen zu einer eher großzügigen oder eher strengen Prüfung sind
unterschiedliche Gesichtspunkte bedeutsam (dazu Jarass, NJW 97, 2546;
Gubelt MüK 14):

aa) Eine strenge Prüfung ist vorzunehmen, wenn verschiedene **Perso-** 19
nengruppen und nicht nur verschiedene Sachverhalte ungleich behandelt
werden (BVerfGE 91, 346/362f; 99, 341/355f; 103, 310/318f; 116, 135/
160; BSGE 76, 84/89f; Kokott o. Lit. A 133ff). Das ist insb. dann der Fall,
wenn die Benachteiligten den begünstigten Sachverhalt in ihrer Person nicht
oder nur schwer erfüllen können (BVerfGE 55, 72/89; 60, 329/346; 88,
5/12), wenn sie „durch ihr Verhalten die Verwirklichung der Merkmale ...,
nach denen unterschieden wird", zu beeinflussen nicht oder nur schwer in
der Lage sind (BVerfGE 88, 87/96; 97, 169/181; 99, 367/388; 111, 160/
169f). Hierher gehört eine Differenzierung zwischen Arbeitern und Angestellten (BVerfGE 90, 46/56f), zwischen Verheirateten oder Geschiedenen
(BVerfGE 91, 389/401), die Begünstigung von Landesangehörigen (BVerf-
GE 73, 301/321; vgl. aber auch Rn.1 zu Art.33), oder eine Benachteiligung
anhand der Staatsangehörigkeit (Heintzen MP II § 50 Rn.61), insb. von
Ausländern. Eine Beeinträchtigung juristischer Personen ist nicht „von vornherein" sachverhaltsbezogen (BVerfGE 95, 267/317); auch zwischen juristi-

schen Personen ist eine Ungleichbehandlung von Personengruppen möglich (BVerfGE 99, 367/389). Insgesamt ist der Anwendungsbereich der Differenzierung nach Personengruppen weiter, als man das auf den ersten Blick vielleicht vermutet.

19a   Eine besonders genaue Prüfung ist angebracht, wenn **personengebundene Merkmale** zur Differenzierung verwandt werden (BVerfGE 89, 365/376; 91, 346/363). Dies gilt insb. dann, wenn sich das Differenzierungskriterium den in Abs.3 genannten Merkmalen annähert (BVerfGE 99, 367/388; 101, 275/291; 103, 310/319; 124, 199/220; BVerwGE 100, 287/295), was bei den in Art.21 Abs.1 GRCh aufgeführten Merkmalen der Fall ist, soweit sie nicht ohnehin in Art.3 Abs.3 oder Art.6 Abs.5 aufgeführt sind: bei der sexuellen Ausrichtung bzw. Orientierung (BVerfGE 124, 199/220), bei der Hautfarbe, bei genetischen Merkmalen, bei der Zugehörigkeit zu einer nationalen Minderheit, beim Vermögen, bei der Geburt und beim Alter (zu diesen Merkmalen Jarass Art.21 Rn.18ff). Um die sexuelle Orientierung geht es auch bei einer Unterscheidung zwischen Ehe und eingetragener Lebenspartnerschaft (BVerfGE 124, 199/221).

20   Werden dagegen allein **Sachverhalte** ungleich behandelt, ist eine großzügige Prüfung ausreichend (BVerfGE 55, 72/89; 60, 329/346; Gubelt MüK 14), etwa bei Unterschieden zwischen verschiedenen Gerichtsbarkeiten (BVerfGE 83, 1/23; 93, 99/111) oder bei technischen Regelungen ohne „unmittelbaren menschlichen Bezug" (BVerfGE 38, 225/229). Zur Unterscheidung nach dem Zufallsprinzip unten Rn.25. Eine großzügige Prüfung ist auch angebracht, wenn sich die Betroffenen auf die Regelung einstellen und nachteiligen Auswirkungen durch eigenes Verhalten begegnen können (BVerfGE 90, 22/26; 122, 39/52). Betrifft eine sachverhaltsbezogene Differenzierung *mittelbar* Personengruppen, ist eine genauere Prüfung geboten (BVerfGE 95, 267/316; 99, 367/388; 118, 1/26; 121, 317/369 f).

21   **bb)** Weiter kommt es auf die **Beeinträchtigung anderer Grundrechte** an. Die Rechtfertigungsanforderungen hängen davon ab, „in welchem Maß sich die Ungleichbehandlung ... auf die Ausübung grundrechtlich geschützter Freiheiten nachteilig auswirken kann" (BVerfGE 112, 164/174; 111, 176/184; 118, 79/100; 122, 39/52; BVerwGE 132, 210 Rn.18; Englisch SB 17; Osterloh SA 32). Dies gilt etwa für Eingriffe in das allgemeine Persönlichkeitsrecht (BVerfGE 88, 87/97; 116, 243/260), in die Freiheit von Kunst und Wissenschaft (BVerfGE 81, 108/121), in den Schutz von Ehe und Familie (BVerfGE 103, 242/258; 111, 160/169; 112, 50/67; Rn.12–14, 20 zu Art.6), in die Berufsfreiheit (BVerfGE 79, 212/218; 98, 365/385; 107, 133/141) oder in den Schutz der Wohnung (BVerfGE 83, 82/85 f).

21a   Demgegenüber genügt eine großzügige Prüfung im Bereich der **gewährenden Staatstätigkeit** (BVerfGE 78, 104/121; 112, 164/175; 122, 1/23; BVerwGE 101, 86/95; BSGE 70, 62/67; Jarass, NJW 97, 2547 f; Heun DR 37; Kokott o. Lit. A 145 f; vorsichtig Huster FH 99), insb. bei der Subventionsgewährung (BVerfGE 110, 274/293), bei Sozialleistungen, die an die Bedürftigkeit anknüpfen (BVerfGE 100, 197/205) sowie bei bevorzugender Typisierung (BVerfGE 17, 1/23 f; 65, 325/356; 103, 310/319; BAGE 64, 315/323 f). In diesen Fällen sind regelmäßig Freiheitsrechte nicht oder weniger betroffen. Werden dagegen zuerkannte Leistungen entzogen, muss die Prüfung strenger ausfallen (vgl. BVerfGE 60, 16/42).

cc) Auch **andere Verfassungsvorschriften** können den Spielraum be- 22 einflussen. Einschränkungen können sich aus dem **Sozialstaatsprinzip** ergeben (BVerfGE 39, 316/327; 44, 283/289f; 45, 376/387; Rn.123 zu Art.20), was den Gesetzgeber zu einer materiellen Gleichbehandlung verpflichten kann. Dies ist insb. für die Prozesskostenhilfe etc. bedeutsam (unten Rn.67). Das Sozialstaatsprinzip schützt allerdings nicht juristische Personen (Rn.120 zu Art.20). Regelungen zur Teilhabe am politischen Willensbildungsprozess unterliegen strengen Voraussetzungen (BVerfGE 121, 108/122).

Umgekehrt ist eine großzügige Prüfung angebracht, wenn die vom Ge- 23 setzgeber gewählte **Differenzierung im Grundgesetz angelegt** ist (Hofmann SHH 17). Der Einsatz dieser Differenzierungsgesichtspunkte ist vielfach zulässig, etwa die in Art.33 Abs.5 angelegte Unterscheidung von Beamten und anderen Angehörigen des öffentlichen Dienstes (BVerfGE 52, 303/346) und die Angleichung bzw. Besserbehandlung sozial Schwacher auf Grund des Sozialstaatsprinzips (BVerfGE 56, 134/143f; 99, 367/395; s. auch den Bezug zur Leistungsfähigkeit bei der Steuer unten Rn.47f). Eine Begünstigung der Ehe gegenüber eingetragenen Lebenspartnerschaften ist nur bei einem ausreichenden Sachgrund möglich (BVerfGE 124, 199/226; a.A. noch BVerfG-K, NJW 08, 210; BVerwGE 125, 79 Rn.14); vgl. Rn.14 zu Art.6. Auch das Umweltschutzprinzip des Art.20a kann Ungleichbehandlungen rechtfertigen.

dd) Eine eher großzügige Prüfung ist geboten bei **komplexen Zusam-** 24 **menhängen,** insb. solange noch Erfahrungen gesammelt werden müssen (BVerfGE 70, 1/34; 75, 108/162; 78, 249/288; BVerwGE 88, 354/364; einschr. BVerfGE 68, 155/174; 71, 364/393), bei einem unübersichtlichen Sachbereich (BVerfGE 16, 147/186; BGHZ 135, 1/13), bei der Sanierung des Staatshaushalts (BVerfGE 60, 16/43; einschr. E 61, 43/63; 64, 158/169), bei wirtschaftslenkenden und wirtschaftsordnenden Maßnahmen (BVerfGE 18, 315/331; 50, 290/338; 110, 274/293), im Bereich des Besoldungsrechts (unten Rn.64) und des Sozialversicherungsrechts (unten Rn.54) sowie bei der Beseitigung von Kriegs- und Kriegsfolgelasten (unten Rn.59) und bei der Bewältigung der Wiedervereinigung Deutschlands (BVerfGE 95, 143/157f; BSGE 79, 282/290ff), insb. bei der Überleitung von Renten (unten Rn.56). Bedeutsam ist auch, wieweit im Zeitpunkt der Entscheidung ein hinreichend sicheres Urteil möglich ist (BVerfGE 110, 141/168).

ee) Eine **alleinige Willkürprüfung** ist bei sachbezogenen Ungleichbe- 25 handlungen angebracht, die in kein Freiheitsrecht eingreifen, mit der Folge, dass ein Verstoß nur vorliegt, wenn sich „offenkundig" kein sachlicher Grund für die Ungleichbehandlung finden lässt (BVerfGE 116, 135/161). Gleiches gilt für die Anwendung des Zufallsprinzips (BVerfGE 91, 118/123), für den Bereich der willkürlichen Rechtsanwendung (unten Rn.38) und gegenüber Personen, die nicht Träger des Grundrechts sind (oben Rn.6).

c) Inhalte der Prüfung. aa) Soweit alle oder fast alle relevanten Ge- 26 sichtspunkte (oben Rn.19–25) für eine großzügige Prüfung sprechen, findet eine bloße **Willkürprüfung** statt; auf die Verhältnismäßigkeit kommt es nicht an (BVerfGE 118, 79/101). Hier hat der Gesetzgeber eine weite Gestaltungsfreiheit (BVerfGE 80, 109/118). Abs.1 ist nur verletzt, „wenn sich für eine gesetzliche Regelung kein sachlicher Grund finden lässt und sie deshalb als willkürlich zu bezeichnen ist" (BVerfGE 91, 118/123; 83, 1/23). Die Unsachlichkeit der Differenzierung muss evident sein (BVerfGE 88, 87/97; 89, 132/142; 99, 367/389; BSGE 64, 296/301). Dabei ist eine objektive Beurteilung geboten (BVerfGE 80, 48/51; 83, 82/84; 86, 59/63); auf die Erwägungen des Gesetzgebers kommt es also nicht entscheidend an.

27   **bb)** Soweit die einschlägigen Umstände (oben Rn.19–25) überwiegend gegen eine großzügige Prüfung sprechen, findet eine **Verhältnismäßigkeitsprüfung** statt (Osterloh SA 14 ff; Epping 708), deren Intensität davon abhängt, wie gewichtig die Umstände sind, die für eine strengere Prüfung sprechen. Der Rechtfertigungsgrund muss dann „in angemessenem Verhältnis zu dem Grad der Ungleichbehandlung" stehen (BVerfGE 102, 68/87; 99, 165/178, problematisch daher Heun DR 30), nicht, wie bei den Freiheitsgrundrechten, zum Ausmaß der Freiheitsbeeinträchtigung (Jarass, NJW 1997, 2549 f). Die Differenzierungsgründe müssen „von solcher Art und solchem Gewicht" sein, „dass sie die ungleichen Rechtsfolgen rechtfertigen können" (BVerfGE 108, 52/68; 120, 125/144; 121, 317/369; 122, 39/52 f; BVerwGE 124, 227/235; BAGE 64, 315/320; Gubelt MüK 29); die durch die Ungleichbehandlung bewirkte Belastung „darf nicht weiter greifen, als der die Verschiedenbehandlung legitimierende Zweck es rechtfertigt" (BVerfGE 85, 238/245). Bei der Auswahl von Personen im Rahmen einer Ermessensentscheidung kann ein angemessenes *Verfahren* geboten sein, das für hinreichende Information sorgt (BVerfGE 116, 1/16 f).

27a   Von den drei Stufen der **Verhältnismäßigkeit** spielen die beiden ersten meist nur eine geringe Rolle (Albers, JuS 08, 947). Die Ungleichbehandlung muss dann *geeignet* sein, das mit ihr verfolgte Ziel zu erreichen (BVerfGE 113, 167/231 f, 234 ff; Osterloh SA 19). Weiter wird iSd *Erforderlichkeit* vorausgesetzt, dass keine weniger belastende Differenzierung zur Verfügung steht (BVerfGE 91, 389/403 f; 113, 167/252; Rüfner BK 97; Osterloh SA 21; a. A. Gubelt MüK 29; Michael/Morlok Rn.802). Generell ist dagegen die *Angemessenheit* zu beachten (BVerfGE 81, 208/224; 113, 167/260; Osterloh SA 22; Englisch SB 143). Notwendig ein „sachlich vertretbarer Unterscheidungsgesichtspunkt von hinreichendem Gewicht (BVerfGE 124, 199/220; 88, 87/97; 93, 386/401).

28   **cc)** Eine eher großzügige Prüfung genügt zumeist, wenn die **Gleichbehandlung ungleicher Sachverhalte** gerügt wird (oben Rn.8). Art.3 Abs.1 ist nicht schon verletzt, „wenn der Gesetzgeber Differenzierungen, die er vornehmen darf, nicht vornimmt" (BVerfGE 86, 81/87; 90, 226/239). Insoweit ist vielmehr zu fragen, ob ein vernünftiger Grund für die Gleichbehandlung fehlt (BVerfGE 90, 226/239) bzw. ob die tatsächlichen Ungleichheiten so bedeutsam sind, dass ihre Nichtbeachtung gegen eine am Gerechtigkeitsgedanken orientierte Betrachtungsweise verstößt (BVerfGE 86, 81/87; 98, 365/385; 110, 141/167). In welcher Weise eine abweichende Regelung getroffen wird, ist regelmäßig Sache des Gesetzgebers (BVerfG-K, DtZ 91, 377).

3. Systemwidrigkeit, Folgerichtigkeit, Lenkungsentscheidung

aa) Eine **Systemwidrigkeit** stellt allein noch keinen Gleichheitsverstoß 29
dar, liefert aber ein Indiz dafür (BVerfGE 104, 74/87; 81, 156/207; Rüfner
BK 38 ff; Osterloh SA 98 ff). Von einem selbst gesetzten Regelsystem darf der
Gesetzgeber abweichen, wenn es dafür zureichende Gründe gibt (BVerfGE
85, 238/347; BVerfGE 124, 199/223). Werden verschiedene Regelungssys-
teme oder verschiedene Lebensbereiche miteinander verglichen, ist die Aus-
sagekraft des Abs.1 deutlich geringer (Starck MKS 50 f). Ganz ähnliche Gehalte nehmen dem Grundsatz der **Folgerichtigkeit** entnommen, den das
Bundesverfassungsgericht vor allem im Steuerrecht heranzieht (Rn.46),
der aber auch in anderen Bereichen Gültigkeit hat (BVerfGE 121, 317/374;
BSGE 90, 56/60; Michael, JZ 08, 881; Pählke-Gärtner UC 176; Heun DR
36). Wird schließlich die vom Gesetz selbst statuierte **Sachgesetzlichkeit**
ohne zureichenden Grund verlassen, liegt darin ein Indiz für einen Gleichheitsverstoß (BVerfGE 66, 214/224; 67, 70/84 f; Gubelt MüK 30). Eine generelle Verschärfung der Prüfungsintensität dürfte daraus jedoch nicht folgen.
„Die Gründe für eine Durchbrechung des einmal gewählten Ordnungsprin-
zips (müssen) ... in ihrem Gewicht der Intensität der Abweichung von der
zugrundegelegten Ordnung entsprechen" (BVerfGE 67, 70/84 f; 61, 138/
148).

bb) Verfolgt der Gesetzgeber bei der Festlegung von Abgaben einen Len- 29a
kungszweck, ist eine Rechtfertigung nur möglich, wenn dem eine **erkennbare gesetzgeberische Entscheidung** zugrunde liegt (unten Rn.46a).
Dies gilt auch für die Verfolgung von Lenkungszwecken bei der Verteilung
knapper Ressourcen (BVerfGE 118, 79/101) und könnte generell für sekundäre Lenkungswirkungen gelten. Unabhängig davon ist es aber zulässig, besonders problematischen Wettbewerbssituationen durch Vergünstigungen für
die davon betroffenen Unternehmen Rechnung zu tragen (BVerfGE 118,
79/102).

4. Typisierung, Stichtage u. Ä.

a) Typisierung. Ein ausreichender Differenzierungsgrund liegt in der 30
Typisierung und Generalisierung von Sachverhalten, wenn der Gesetzgeber
ihrer anders nur schwer Herr werden kann (BVerfGE 100, 138/174; 103,
310/319; Heun DR 33), wie das für Massenerscheinungen zutrifft (BVerfGE
186/194 f; 100, 59/90; 101, 297/303; 111, 115/137; BVerwG, NJW 87,
1963), etwa in der Sozialversicherung oder im Steuerrecht (unten Rn.45).
Dies gilt auch für eine Typisierung durch die Verwaltung (BVerfGE 78, 214/
227 ff; Osterloh SA 112). Zulässig ist die Bildung von Gruppen, einschl. der
dadurch für Grenzfälle bedingten Härten in Einzelfällen (BVerfGE 77, 308/
338; BAG, DB 84, 1528). Ein Sonderfall der Typisierung sind **Pauschalierungen** (Gubelt MüK 26; Starck MKS 24).

Die Typisierung darf nicht einen atypischen Fall als Leitbild wählen 31
(BVerfGE 112, 268/280 f; 117, 1/31; 120, 1/30), muss die meisten Fälle zutreffend erfassen (BVerwG, NVwZ 83, 290; BSGE 69, 285/296), muss sich
realitätsgerecht am typischen Fall orientieren (BVerfGE 122, 39/59). Eine

Ausblendung atypischer Fälle ist aber nicht unbegrenzt möglich: Unzulässig ist es, dass „bestimmte, wenn auch zahlenmäßig begrenzte Gruppen typischer Fälle ohne ausreichende sachliche Grundlage wesentlich stärker belastet" werden (BVerfGE 68, 155/173; BSGE 61, 169/171; Rn.51 zu Art.12). Eine generalisierende bzw. typisierende Behandlung von Sachverhalten kann lediglich hingenommen werden, wenn die damit verbundenen „Härten nur unter Schwierigkeiten vermeidbar wären, lediglich eine verhältnismäßig kleine Zahl von Personen betroffen und der Verstoß gegen den Gleichheitssatz nicht sehr intensiv ist" (BVerfGE 100, 59/90; 87, 234/255; 103, 310/319; 111, 115/137; BFHE 167, 152/154; Kischel EH 116). Die Vorteile der Typisierung müssen im rechten Verhältnis zu der mit ihr verbundenen Ungleichheit stehen (BVerfGE 123, 1/19). Der Spielraum reduziert sich, wenn die Ausübung eines (anderen) Grundrechts betroffen ist (BVerfGE 98, 365/385; oben Rn.21). Zudem fällt die Beurteilung bei einer benachteiligten Typisierung strenger als bei einer bevorzugenden Typisierung aus (oben Rn.21a). Eine „Ausnahmequote" von 7,5% wurde unter bestimmten Voraussetzungen hingenommen (BVerfGE 17, 1/23ff), nicht jedoch eine Fehlerquote von mehr als 10% (BVerwGE 68, 36/41; NVwZ 87, 232). Für die Beurteilung der Intensität des Eingriffs sind die mit der Typisierung verbundenen Vorteile zu berücksichtigen. Überschreitet die Intensität des Eingriffs das zulässige Maß, ist zumindest eine Härteklausel erforderlich (BVerfGE 60, 16/51f; 68, 155/173f). Auch müssen Typisierungen das vom Gesetzgeber verfolgte Regelungskonzept folgerichtig umsetzen (BVerfGE 122, 39/59). Umgekehrt ist der Spielraum für die Typisierung besonders groß, wenn Billigkeitsklauseln vorhanden sind (Starck MKS 23). Bei komplexen Sachverhalten ist übergangsweise eine gröbere Typisierung möglich (BVerfGE 100, 59/101). Schließlich sind die praktischen Verwaltungserfordernisse zu berücksichtigen (BVerfGE 84, 348/360).

32   **b) Stichtage und Gleichheit in der Zeit.** Die Festlegung eines **Stichtags** für die Schaffung von Ansprüchen wie das Inkrafttreten belastender Regelungen ist trotz der damit verbundenen Härten grundsätzlich zulässig (BVerfGE 71, 364/397; 80, 297/311; 117, 272/301), vorausgesetzt, der Gesetzgeber hat „seinen Spielraum in sachgerechter Weise genutzt, die für die zeitliche Anknüpfung in Betracht kommenden Faktoren hinreichend gewürdigt und eine sachlich begründete Entscheidung getroffen" (BVerfGE 95, 64/88; ähnlich E 79, 212/219f; 101, 239/270; vorsichtig BSGE 56, 90ff). Unter Umständen ist eine Übergangsregelung erforderlich (BVerfGE 21, 173/184; 47, 85/94); dies ergibt sich aus dem Prinzip des Vertrauensschutzes (näher dazu Rn.76 zu Art.20). Zum Inkrafttreten von Gesetzen vgl. Rn.9f zu Art.82.

32a   Die Stichtagsrechtsprechung zeigt, dass die These, Art.3 erfasse nicht Ungleichbehandlungen zu **verschiedenen Zeitpunkten** (Kischel EH 84; Heun DR 40), zu weit geht. Bei sich zeitlich oder inhaltlich überschneidenden Sachverhalten kann die Vergleichbarkeit gegeben sein. Andererseits ist eine Rechtfertigung durch die Befugnis möglich, das Regelungskonzept zu ändern (Englisch SB 71f; vgl. unten Rn.35).

5. Insb. Teilhabe an öffentlichen Einrichtungen

Die (ungleiche) Verweigerung einer im Rahmen der Widmung liegenden 33
Teilhabe an einer von einem Grundrechtsverpflichteten betriebenen Einrichtung stellt eine Beeinträchtigung des Art.3 Abs.1 dar (oben Rn.11). Die
Auswahl muss durch vernünftige, sachlich einleuchtende Gründe bestimmt
sein. Ein solcher Grund soll bei Volksfesten, Märkten etc. grundsätzlich das
Kriterium „bekannt und bewährt" sein (BVerwG, NVwZ 82, 195). Allerdings sind dabei die Freiheitsrechte zu beachten, die den Spielraum der Behörde nicht selten einschränken. Das gilt auch für die Zulassung zu Ausbildungseinrichtungen (Rn.99 zu Art.12). Weitere Begrenzungen können sich
aus der Selbstbindung ergeben; dazu unten Rn.35 f. Können aus Kapazitätsgründen nicht alle Interessenten zugelassen werden, folgt aus Abs.1 kein Anspruch auf Erweiterung der Kapazität (Murswiek HbStR V § 112 Rn.73).

IV. Sonderfragen und Folgen eines Verstoßes

1. Sonderfragen im Bereich von Exekutive und Rechtsprechung

a) Exekutive. aa) Die Verwaltung wird durch den Gleichheitssatz gebun- 34
den, soweit ihr (rechtliche) **Handlungsspielräume** zustehen. Sie hat daher
Abs.1 einmal dort zu beachten, wo sie zum Erlass von Rechtsverordnungen
oder Satzungen ermächtigt ist (BVerfGE 58, 68/79; 69, 150/159 f). Weiter
spielt der Gleichheitssatz bei Ermessensentscheidungen (BVerfGE 49, 168/
184; 69, 161/169; BVerwGE 77, 188/192) sowie bei Beurteilungsspielräumen eine Rolle (Gubelt MüK 37). Ordnungswidrige Zustände, deren Bekämpfung im Ermessen steht, müssen nicht flächendeckend angegangen werden (BVerwG, NVwZ-RR 92, 360). Die falsche Anwendung rechtlicher
Vorgaben in einem bestimmten Falle ist eine bloße Verletzung einfachen
Rechts (BVerwGE 34, 278/281 f; 65, 167/173 f; Gubelt MüK 37). Ein
Gleichheitsverstoß liegt aber vor, wenn die Entscheidung unverständlich bzw.
willkürlich ist (vgl. unten Rn.38), etwa bei einem Rechtspfleger (BVerfG-K,
NJW 93, 1699).

bb) Aus dem Gleichheitssatz kann eine **Selbstbindung** der Verwaltung 35
folgen. Hat die Verwaltung ihr Ermessen bislang nach einem bestimmten
Muster (rechtmäßig) ausgeübt, kann sie davon in einem Einzelfall, ohne be-
sondere sachliche Rechtfertigung nicht abgehen (BVerfGE 116, 135/153;
BVerwGE 104, 220/223; 118, 379/383; Starck MKS 268; Heun DR 57;
Gubelt MüK 39). Möglich sind aber generelle Änderungen für die Zukunft,
die allerdings nicht willkürlich sein dürfen (BVerwGE 46, 89/90; 104, 220/
223; BGHZ 139, 259/267; Starck MKS 269). Gleiches gilt dort, wo der
Verwaltung ein Beurteilungsspielraum zusteht (BVerwGE 72, 195/205). Die
Selbstbindung kann auch durch ein unzuständiges Organ innerhalb einer
Behörde bewirkt werden (BVerwG, NVwZ 94, 582).

Aus der Selbstbindung folgt im Ermessensbereich idR eine Bindung an 35a
Verwaltungsvorschriften, da man davon ausgehen kann, dass sich die Verwaltung an sie hält (BVerfGE 116, 135/153 f; BVerwGE 113, 373/376; 118,
379/384; 126, 33 Rn.52; BGHZ 139, 259/267; Starck MKS 269). Deren

(generelle) Änderung ist aber jederzeit möglich (BVerwGE 104, 220/223; 126, 33 Rn.63). Zudem ist zu berücksichtigen, dass Verwaltungsvorschriften regelmäßig solche Fälle nicht erfassen, die wegen ihrer Besonderheiten eine abweichende Behandlung verlangen (BVerwG, NJW 80, 75). Wird von einer Verwaltungsvorschrift in einem Einzelfall zugunsten einer Person abgewichen, werden die anderen Personen in Art.3 Abs.1 beeinträchtigt (vgl. BVerwG, NVwZ 03, 1384). Im Hinblick auf die Selbstbindung muss man dem Betroffenen einen Anspruch auf Einsicht in die Ermessensrichtlinien einräumen (BVerwGE 61, 15/20f; Gubelt MüK 41; s. auch Rn.66 zu Art.20). Eine Selbstbindung durch Verwaltungsvorschriften scheidet aus, soweit die Verwaltungsvorschrift rechtswidrig ist (BVerwGE 104, 220/225f). Die Selbstbindung kommt insb. bei der Subventionsvergabe zum Tragen (BVerwGE 104, 220/223; vgl. Reidt, in: Jarass, Wirtschaftsverwaltungsrecht, 3. Aufl. 1997, § 10 Rn.53; Gubelt MüK 72). Das Förderprogramm kann aber aus sachlichen Gründen jederzeit geändert werden (BVerwGE 126, 33 Rn.63; oben Rn.35).

36   **cc)** Eine **Gleichheit im Unrecht** besteht wegen des Vorrangs des Gesetzes nicht; daher gibt es keinen Anspruch auf Fehlerwiederholung bei der Rechtsanwendung (BVerfGE 50, 142/166; BVerwGE 92, 153/157; BFHE 199, 77/80; Kirchhof HbStR V § 125 Rn.66; Gubelt MüK 42; Huster FH 115; vgl. Rn.41 zu Art.20; einschr. Osterloh SA 51f); die Berufung auf rechtswidrige Parallelfälle ist daher irrelevant. Davon zu unterscheiden ist die Konstellation, dass die Gleichheit im Vollzug generell und strukturell verfehlt wird **(strukurelles Vollzugsdefizit)**. Auch insoweit besteht kein Anspruch auf Fehlerwiederholung. Doch kann die zugrunde liegende Regelung, die solche Defizite nicht vermeidet, gegen Art.3 Abs.1 verstoßen (BVerfGE 84, 239/284; BVerwGE 122, 331/340f; Englisch SB 54f; a.A. Meyer, DÖV 05, 552ff). Schließlich kann ein rechtswidriges Verhalten gegenüber einem Dritten mittelbar zu einem Eingriff in ein Freiheitsgrundrecht führen. Ein Anspruch auf Gleichheit im Unrecht besteht aber auch hier nicht.

37   **b) Judikative. aa)** Auch der Rechtsprechung ist eine **Ungleichbehandlung** ohne sachlichen Grund verboten: Sie muss bei der Auslegung und Lückenfüllung den Gleichheitssatz beachten (BVerfGE 84, 197/199; 101, 239/269). „Es ist den Gerichten verwehrt, bestehendes Recht zugunsten oder zu Lasten einzelner Personen nicht anzuwenden" (BVerfGE 66, 331/335f; 71, 354/362). Eine differenzierte Anwendung von Prozessrecht in verschiedenen Sachmaterien ist unzulässig (BVerwGE 81, 229/236f). Die Zulassung der Revision darf nicht von der Arbeitslast abhängig gemacht werden (BVerfGE 54, 277/293). Generell darf die Auslegung nicht zu Differenzierungen führen, die dem Gesetzgeber nicht erlaubt wären (BVerfGE 69, 188/205; 70, 230/240; 84, 197/199). Unzulässig war die Auslegung des § 79 Abs.2 S.3 BVerfGG zur Vollstreckung bestandskräftiger Entscheidungen (BVerfGE 115, 51/62ff). Ein Anspruch auf die Wiederholung einer falschen Rechtsanwendung in einem vergleichbaren Falle besteht nicht (BVerfGE 9, 213/223; 50, 142/166; vgl. oben Rn.36). Einer Änderung der Rechtsprechung steht Art.3 nicht entgegen (BVerfGE 19, 38/47; s. allerdings auch BVerfGE 18, 224/240); eine Selbstbindung scheidet im Bereich der Rechtsanwendung mangels Ermessen und Beurteilungsspielraum regelmäßig aus (BVerfGE 19, 38/47; a.A. Gubelt MüK 44). Soweit den Gerichten ausnahmsweise ein Ermessen zusteht, gelten aber die Ausführungen zur Selbstbindung der Verwaltung (oben Rn.35) entsprechend (Podlech AK 70); es besteht ein Anspruch auf fehlerfreie Ermessensausübung (BVerfGE 116, 1/12f). Zum ungleichen Vorgehen verschiedener Gerichte oben Rn.9. Zum Prozessrecht unten Rn.67–69.

bb) Über solche Fälle der Ungleichbehandlung hinaus wird der Gleich- **38** heitssatz nicht schon bei *unzutreffender Rechtsanwendung* verletzt (BVerfGE 75, 329/347; 81, 132/137; 96, 189/203) bzw. dann, wenn „eine andere Auslegung möglicherweise dem Gleichheitssatz besser entspräche" (BVerfGE 27, 175/178; 42, 64/74). Abs.1 ist erst verletzt, wenn die „Rechtsanwendung oder das Verfahren unter keinem denkbaren Aspekt mehr rechtlich vertretbar sind und sich daher der Schluss aufdrängt, dass die Entscheidung auf sachfremden und damit willkürlichen Erwägungen beruht" (BVerfGE 86, 59/63; 80, 48/51; 83, 82/84). Es muss eine „krasse Fehlentscheidung" vorliegen (BVerfGE 89, 1/14). Ein schuldhaftes Verhalten des Richters ist nicht erforderlich (BVerfGE 112, 185/215f). Mit dieser Begründung werden **schwere Rechtsanwendungsfehler** korrigiert, etwa die Nichtberücksichtigung einer offensichtlich einschlägigen Norm oder die krasse Missdeutung einer Norm (BVerfGE 87, 273/279). Auf einen Vergleich unterschiedlich behandelter Sachverhalte wird dabei verzichtet. Das ist dogmatisch problematisch (BVerfGE *abwM* 42, 64/81ff), i.E. aber wohl nachvollziehbar (ähnlich Herzog MD Anh.5; a.A. Huster FH 119). An einer willkürlichen Rechtsanwendung fehlt es, wenn das Gericht sich eingehend mit der Rechtslage auseinandergesetzt hat und seine Auffassung nicht jeglichen sachlichen Grundes entbehrt (BVerfGE 87, 273/279; 96, 189/203; Kischel EH 76). Gelegentlich wurde die unverständliche Rechtsanwendung als Verstoß gegen das Rechtsstaatsprinzip eingestuft (BVerfGE 56, 99/107). Die Grundsätze des fairen Verfahrens haben Vorrang vor dem Willkürverbot (BVerfG-K, NJW 03, 2445).

Im Einzelnen wurde ein Willkürverstoß wegen eines schweren Rechts- **39** anwendungsfehlers angenommen im Strafprozessrecht (unten Rn.69), im Strafvollstreckungsrecht (unten Rn.70), bei der strafrechtlichen Rehabilitierung (BVerfG-K, DVBl 09, 909f), im Berufsrecht (unten Rn.66), im Mietrecht (BVerfGE 80, 48/51), im Vertragsrecht (BVerfG-K, NJW 01, 1200), beim Persönlichkeitsrecht (BVerfG-K, NJW 05, 2139), im Schadensersatzrecht (BVerfG-K, NJW 08, 1727), im Zivilprozessrecht (unten Rn.68), im Familienrecht (BVerfGE 66, 324/330), im Kostenrecht und im Zwangsversteigerungsrecht (unten Rn.68). Die unverständliche Anwendung von Landesrecht kann auf dieser Grundlage im Revisionsverfahren geprüft werden (BVerwGE 96, 350/354f). Willkür liegt etwa vor, wenn die die Entscheidung tragende Begründung einen unauflösbaren Widerspruch enthält (BVerfGE 71, 202/205), weiter wenn ein Gericht vom eindeutigen Wortlaut einer Vorschrift ohne Begründung abgeht (BVerfGE 71, 122/136; BVerfG-K, NJW 98, 3484f) oder ein Gericht von der höchstrichterlichen Rspr. ohne Begründung oder unter bloßer Berufung auf eine nicht einschlägige Kommentarstelle abweicht (BVerfG-K, NJW 95, 2911f; NJW 03, 502). Gleiches wird angenommen, wenn nicht darauf hingewiesen wurde, dass ein Antrag grob interessenwidrig ist (BVerfG-K, NJW 93, 1699 f) oder wenn ein Antrag entgegen Wortlaut und erkennbarem Sinn ausgelegt wurde (BVerfG-K, NJW 93, 1381). Die willkürliche Rechtsanwendung ist auch bei der Zulässigkeit eines Rechtsmittels zu beachten (BGHZ 171, 326 Rn.17).

2. Folgen eines Gleichheitsverstoßes

40   **a) Legislative.** Eine Ungleichbehandlung durch den (förmlichen) Gesetzgeber kann unterschiedlich behoben werden: die eine Gruppe kann ebenso wie die andere, die andere kann ebenso wie die eine oder beide können auf eine neue dritte Weise behandelt werden (Pieroth/Schlink 479; Paehlke-Gärtner UC 152). Das hat Konsequenzen für die Folgen, die sich aus einem Gleichheitsverstoß des Gesetzgebers ergeben:

41   **aa)** Grundsätzlich ist einem solchen Falle die gegen Art.3 verstoßende Regelung **nicht nichtig,** sondern nur mit Art.3 **unvereinbar** (BVerfGE 112, 50/73; 122, 210/245; Gubelt MüK 47; Osterloh SA 130). Dies gilt nicht nur, wenn es um die Ausweitung von Begünstigungen geht (BVerfGE 91, 389/404) oder um privatrechtliche Konflikte (BVerfGE 82, 126/154 f), sondern auch dann, wenn Maßnahmen angegriffen werden, die bereits für sich betrachtet als Belastung einzustufen sind (BVerfGE 85, 191/211 f; 93, 121/148; a. A. Heun DR 54). Der Gesetzgeber ist verpflichtet, eine verfassungskonforme Regelung zu erlassen, wobei die Korrektur bezüglich des vor der gerichtlichen Entscheidung liegenden Zeitraums beschränkt werden kann (Rn.35 f zu Art.20). Kommt der Gesetzgeber dem in der vorgegebenen Frist nicht nach, müssen die Fachgerichte eine verfassungskonforme Entscheidung treffen (BVerfGE 82, 126/155; Kischel EH 71).

41a   In der **Übergangszeit** bis zur Neuregelung kann die bisherige Regelung nicht mehr angewandt werden, auch nicht zugunsten der gesetzlich begünstigten Gruppe (BVerfGE 73, 40/101 f; 98, 280/298; 105, 73/134; BAGE 37, 352/354; BSGE 83, 218/223 f); laufende Verfahren sind auszusetzen (BVerfGE 87, 234/262 f; 100, 104/136; 122, 210/246; BAGE 67, 342/363 ff; Kischel EH 68). Möglich ist aber auch eine zeitlich begrenzte Anwendung des bisherigen Rechts, wenn die Rechtssicherheit dies erfordert (BVerfGE 61, 319/356; 92, 53/74; 102, 127/145 f), möglicherweise unter Ausweitung von Ausnahmen (BVerfGE 121, 317/376). Auch können zwingende Gemeinwohlbedürfnisse wie die Erfordernisse verlässlicher Finanz- und Haushaltsplanung und eines gleichmäßigen Verwaltungsvollzugs gebieten, gegen Art.3 Abs.1 verstoßende Steuervorschriften in einem begrenzten Zeitraum anzuwenden (BVerfGE 93, 121/148; 105, 73/134).

42   **bb)** In bestimmten Situationen erfolgt dagegen eine (Teil-)Nichtigerklärung, mit der Folge, dass **alle Betroffenen in den Genuss** der weniger belastenden (im Gesetz nur für einen Teil vorgesehenen) Lösung kommen. Dies ist zunächst der Fall, wenn ein Verfassungsauftrag die Ausweitung der vorenthaltenen Begünstigung auf die benachteiligten Personen verlangt (BVerfGE 22, 349/361 f; Gubelt MüK 35). Zudem ist eine Nichtigerklärung angebracht, wenn der Gesetzgeber mit Sicherheit die nach Teilnichtigerklärung verbleibenden Regelungen wählen würde (BVerfGE 88, 87/101), wenn er ein Regelungssystem geschaffen hat, an dem er erkennbar festhalten will und das Regelungssystem eine Ausweitung der Begünstigung verlangt. Solche Systeme fanden sich im Bereich des Beamtenrechts (BVerfGE 21, 329/337 f) und im Sozialrecht (BVerfGE 29, 283/303; 55, 100/113 f). Des Weiteren kommt eine derartige Ausnahme in Betracht, wenn der Staat dadurch nur geringfügig belastet wird (BVerfGE 92, 91/121 zu Art.3 Abs.3). Gleiches gilt, wenn die „besondere Lage" der Grundrechtsbeeinträchtigten eine Abweichung erforderlich macht (BVerfGE 87, 234/262 f; 91, 389/404 f).

b) Exekutive. Verstößt die Exekutive beim Erlass von (untergesetzlichen) **43** **Normen** gegen den Gleichheitssatz, kommen die gleichen Überlegungen wie beim förmlichen Gesetzgeber (oben Rn.40–42) zur Anwendung (BVerwGE 102, 113/117 f). Gibt es mehrere Möglichkeiten, den Gleichheitsverstoß zu beseitigen, kann auch ein Fachgericht eine begünstigende Regelung grundsätzlich nicht ausweiten, sondern nur den Verstoß feststellen (BVerfGE 115, 81/93). Doch ist eine Begünstigung auszuweiten, sofern nur so ein verfassungsmäßiger Zustand hergestellt werden kann (BVerwGE 102, 113/118 f; 129, 116 Rn.31). Verletzen **Einzelfallmaßnahmen** den Gleichheitssatz, ist noch häufiger nur eine Rechtsfolge möglich (sehr weitgehend BVerwGE 55, 349/351 ff; Heun DR 59). Insbesondere verlangt der Gleichheitssatz die Ausweitung von Begünstigungen, wenn in einem *Einzelfall* von der Regel abgewichen wurde, da hier nicht anzunehmen ist, dass die Verwaltung lieber in allen Fällen auf die Begünstigung verzichtet (vgl. oben Rn.35). Zudem kann die Bindung an das Gesetz zur Eindeutigkeit der Rechtsfolge führen.

V. Einzelne Rechtsbereiche

1. Steuerrecht und sonstiges Abgabenrecht

a) Allgemeines zu Steuern. Aus dem Gleichheitssatz folgt für das Steu- **44** errecht der „Grundsatz der Steuergerechtigkeit" (BVerfGE 117, 1/30) bzw. der „Belastungsgleichheit" (BVerfGE 105, 73/126), ohne dass deshalb der Gleichheitssatz hier schärfere Anforderungen als in anderen Rechtsgebieten stellt (Herzog MD Anh. 56 ff; Heun DR 74; Gubelt MüK 51; Kischel EH 124; vgl. BFHE 150, 22/25; 151, 512/521). Das betrifft die Rechtsetzung wie die Rechtsanwendung. Führt die Rechtsanwendung zu einer weitreichenden Belastungsungleichheit, wird also die Gleichheit im Vollzug völlig verfehlt, kann das Gesetz verfassungswidrig sein (BVerfGE 84, 239/272; 110, 94/112 f; BFHE 199, 451/461 ff).

Der Gesetzgeber hat einen weiten Spielraum bei der **Auswahl des Steu-** **45** **ergegenstandes** und damit der Erschließung einer Steuerquelle (BVerfGE 99, 88/95; 101, 151/155; 117, 1/30; 123, 111/120; BFHE 151, 285/286). Gleiches gilt für die **Höhe des Steuersatzes** (BVerfGE 101, 132/138; 107, 27/47; 122, 210/230) bzw. den Steuermaßstab (BVerfGE 123, 1/19). Ein weiter Spielraum besteht auch beim Abbau von Steuervergünstigungen (BVerfGE 105, 17/46 f). Bei der **Bemessungsrundlage** kann statt eines Wirklichkeitsmaßstabs aus Praktikabilitätsgründen ein pauschalisierender Maßstab gewählt werden, sofern die allgemeinen Grenzen der Typisierung (oben Rn.30 f) eingehalten sind (BVerfGE 65, 325/354 f).

46 **Grenzen** ergeben sich aus dem Prinzip der **Leistungsfähigkeit** (BVerf-
GE 117, 1/30 f), das vor allem im Bereich der Einkommensteuer bedeutsam
ist (unten Rn.47 f). Zudem ist das Prinzip der **Folgerichtigkeit** zu beachten. Eine getroffene Belastungsentscheidung ist folgerichtig isd Belastungsgleichheit umzusetzen (BVerfGE 107, 27/46; 117, 1/31; 120, 125/155; 121,
108/120; Osterloh SA 142), etwa im Bereich der Einkommenssteuer (unten
Rn.47), im Bereich der Umsatzsteuer (unten Rn.50) oder im Bereich der
Vermögenssteuer (unten Rn.51). Lassen sich die einzelnen Ungleichbehandlungen nur durch unterschiedliche Gründe rechtfertigen, dürfen sich diese
nicht widersprechen (BVerfGE 116, 164/181 f).

46a Der Gesetzgeber kann neben der Einnahmeerzielung auch **andere Zwecke** verfolgen. So sind *lenkende Steuern* zulässig (BVerfGE 85, 238/244; 99,
280/296; 105, 73/112; 117, 1/31; BFHE 162, 307/313; Heun DR 77); doch
muss der Lenkungszweck von einer erkennbaren gesetzgeberischen Entscheidung getragen sein (BVerfGE 105, 73/112 f; 110, 274/293; 116, 164/
182), die sich auch aus den Gesetzgebungsmaterialien ergeben kann (BVerf-
GE 116, 164/191 ff; Kischel EH 143). Zudem sind Lenkungsziele auf der
Bewertungsebene ungeeignet (BVerfGE 117, 1/35). Auch kann die Lenkungswirkung einen Eingriff in ein Freiheitsgrundrecht darstellen (Vorb.28
vor Art.1). Generell können finanz-, wirtschafts- und sozialpolitische sowie
steuertechnische Erwägungen eine Rolle spielen (BVerfGE 74, 182/200; 81,
108/117; 85, 238/244; Rn.4 zu Art.105). Des Weiteren kann im Steuerrecht,
wie sonst (oben Rn.30 f), **typisiert** werden (BVerfGE 116, 164/182; 117,
1/31; 123, 1/19; BFHE 145, 383/386). In besonders atypischen Fällen kann
ein Erlass von Steuern geboten sein (BVerfGE 48, 102/114 ff; BVerfG-K,
NVwZ 95, 990). Steuerrechtliche Eingriffe in die *Wettbewerbsgleichheit* sind
hinzunehmen, wenn dafür ein hinreichender sachlicher Grund besteht
(BVerfGE 43, 58/70). Bei indirekten Steuern ist auch die Belastung der Endverbraucher in den Blick zu nehmen (BVerfGE 110, 274/292).

47 **b) Einkommen- und Körperschaftsteuer. aa)** Bei der Einkommensteuer muss, wie bei anderen direkten Steuern, die „Belastung nach der finanziellen **Leistungsfähigkeit**" erfolgen (BVerfGE 99, 216/232; 105, 73/125 f;
107, 27/46 f; BFHE 163, 162/166; zurückhaltend Starck MKS 84). In verti-
kaler Hinsicht bedeutet das, dass die Besteuerung niedriger Einkommen im
Vergleich zur Steuerbelastung höherer Einkommen dem Gerechtigkeitsgebot
genügen muss (BVerfGE 107, 27/46 f; 112, 268/279 f; 122, 210/231). In ho-
rizontaler Hinsicht müssen Steuerpflichtige mit gleicher Leistungsfähigkeit
gleich hoch belastet werden (BVerfGE 105, 73/126; 112, 268/279; 116, 164/
180). Die höhere Besteuerung von Besserverdienenden darf nicht zu Ungleichheiten innerhalb der Besserverdienenden führen (BVerfGE 82, 60/90).
Das Prinzip der Leistungsfähigkeit kann durch andere Vorgaben begrenzt
werden, muss nicht in reiner Form verwirklicht werden (BFHE 161, 570/571;
Kischel EH 128). Weiter ist, dem Gebot der **Folgerichtigkeit** entsprechend,
eine Grundentscheidung „folgerichtig im Sinne der Belastungsgleichheit umzusetzen" (BVerfGE 107, 27/47; 105, 73/126; 110, 412/433; 123, 111/120 f;
krit. Kischel EH 134); die Abstufung muss „in folgerichtigen Übergängen"
geschehen (BVerfGE 93, 121/138; 87, 153/170). Ausnahmen bedürfen eines

besonderen sachlichen Grundes (BVerfGE 107, 27/47; 122, 210/231), wobei der Zweck der Einnahmeerzielung nicht genügt (BVerfGE 122, 210/233).

Wegen des Prinzips der Leistungsfähigkeit sind **im Einzelnen** Unterhalts- **48** verpflichtungen von den Einkünften abzusetzen (BVerfGE 82, 60/86 f; 89, 346/352 f; 99, 246/260; BFHE 206, 260/264), desgleichen Kinderbetreuungskosten (BVerfGE 112, 268/281). Bei Berufsausbildungsaufwendungen (nach dem 18. Lebensjahr) ist eine Freistellung in Höhe der Hälfte der durchschnittlichen Aufwendungen ausreichend (BVerfGE 89, 346/355). Weiter sind berufsbedingte Aufwendungen für eine doppelte Hauhaltsführung abzusetzen (BVerfGE 107, 27/50 ff). Nicht abzusetzen war dagegen die Vermögenssteuer (BVerfGE 43, 1/7). Das „Existenzminimum des Steuerpflichtigen und seiner unterhaltsberechtigten Familie" ist zu verschonen (BVerfGE 112, 268/281; Rn.22 zu Art.1). Unzulässig war die Anrechnung von Aufwendungen für Fahrten zur Arbeitsstätte erst ab 21 km (BVerfGE 122, 210/235 ff). Die verschiedenen Einkommensarten können nur bei ausreichenden Sachgründen ungleich behandelt werden (BVerfGE 105, 73/126); dagegen verstieß der Ausschluss der Verlustverrechnung im Bereich der Vermietung (BVerfGE 99, 88/95).

bb) Weitere Verstöße betrafen die besondere Belastung von Alleinerzie- **49** henden (BVerfGE 61, 319/342 ff; 68, 143/152) und von berufstätigen Eltern mit einem oder zwei Kindern (BVerfGE 47, 1/31 f), Differenzierungen bei Sonntags-, Feiertags- und Nachtzuschlägen (BVerfGE 25, 101/108; 89, 15/24 f), die Privilegierung von Landwirten bei Veräußerungsgewinnen (BVerfGE 28, 227/237 f), die Steuerfreiheit von Abgeordnetenentschädigungen (BVerfGE 40, 296/328; s. allerdings BVerwG, NVwZ 83, 667), die Ungleichbehandlung von Parteien und Wählervereinigungen (BVerfGE 121, 108/128), Differenzierungen zwischen Einkommen- und Lohnsteuerpflichtigen (BVerfGE 23, 1/6; 33, 90/103; BFHE 167, 152/154 ff), die Besteuerung der Pensionen im Unterschied zu den Renten (BVerfGE 105, 73/127 ff), die Beschränkung des Abzugs der Kosten einer beruflich begründeten doppelten Haushaltsführung auf zwei Jahre (BVerfGE 107, 27/51), die Freistellung von Aufwandsentschädigungen ohne ausreichenden Grund (BVerfGE 99, 280/290 f) sowie die unterschiedliche Behandlung von Aufwandsentschädigungen (BFHE 175, 368/375 ff). Entgegen der gängigen Praxis ist es schwerlich mit Art.3 Abs.1 vereinbar, die Absetzung von Aufwendungen von der Bemessungsgrundlage für die Einkommens- und Körperschaftssteuer für Aktivitäten zuzulassen, die der Staat fördern will; warum diese Aktivitäten in Abhängigkeit von der Ertragslage gefördert werden sollen, ist nicht einzusehen (Tipke, Steuerrechtsordnung, Bd. I, 1993, 365 f; Huster FH 139 a.E.; für den Bereich der Parteien BVerfGE 85, 264/313 f). Eine Vielzahl anderer Vorschriften wurde für verfassungsmäßig erklärt, etwa die reduzierten Höchstgrenzen für Unterhaltsleistungen an im Ausland wohnende Personen (BVerfGE 78, 214/230 f) oder die privilegierende Bewertung von Einfamilienhäusern (BVerfGE 74, 182/200 ff; s. auch unten Rn.51).

c) Gewerbe-, Umsatz- und Verkehrsteuer. Im *Gewerbesteuerrecht* wa- **50** ren die Nichtanerkennung von Ehegattenarbeitsverhältnissen (BVerfGE 13, 290/299 ff; s. auch E 69, 188/205 ff) und die Nichtberücksichtigung der Arbeitsvergütungen von wesentlich beteiligten Kapitalgesellschaften (BVerfGE 13, 331/337) sowie die Zweigstellensteuer (BVerfGE 21, 160/168) unzulässig. Die Gewerbesteuer an sich ist dagegen mit Art.3 Abs.1 vereinbar, auch die Ausklammerung der freien Berufe (BVerfGE 26, 1/8; 46, 224/240; 120, 1/24). Im *Umsatzsteuerrecht* ist, wie sonst, eine getroffene Grundentscheidung folgerichtig iSd Belastungsgleichheit umzusetzen (BVerfGE 101, 132/138). Gegen Art.3 Abs.1 verstieß die unzureichende Wettbewerbsneutralität (BVerfGE 21, 12/31 ff), ebenso die Ungleichbehandlung ärztlicher Laborgemeinschaften und gewerblicher Analyseunternehmen (BVerfGE 43, 58/72 ff) und die Benachteiligung der von einer juristischen Person erbrachten ärztlichen Leistungen (BVerfGE 101, 151/156 f). Im Bereich des *Verkehrssteuerrechts* war die Benachteiligung von Ehegatten bei der Kapitalverkehrsteuer unzulässig (BVerfGE 26, 321/324 ff), weiter die gleichzeitige Erhebung von Schenkungsteuer und Grunderwerbsteuer (BVerfGE 67, 70/88 f). Zulässig ist dagegen unter gewissen Voraussetzungen die Benachteiligung des Werkverkehrs gegenüber dem gewerblichen Güterfernverkehr (BVerfGE 38, 61/100).

51   **d) Sonstige Steuern.** Bei der **Vermögensteuer** ist, wie sonst, eine getroffene Grundentscheidung folgerichtig iSd Belastungsgleichheit umzusetzen (BVerfGE 93, 121/136). Die ungleiche Bewertung von Grundvermögen und sonstigen Vermögen bei der Vermögensteuer ist unzulässig (BVerfGE 93, 121/146 f; vgl. unten Rn.60). Eine als Soll-Ertragssteuer konzipierte Vermögensteuer darf, außer unter besonderen Umständen, den Vermögensstamm nicht angreifen (BVerfGE 93, 121/137, 138 f). Zulässig ist aber auch eine Vermögensteuer mit Umverteilungswirkung (vgl. Rn.119 zu Art.20; Gubelt MüK 52; offen gelassen BVerfGE 93, 121/135). Eine Begrenzung der Vermögensteuer auf die Hälfte der durch die sonstigen Steuern reduzierten möglichen Erträge des Vermögens lässt sich nicht aus dem GG ableiten (Rn.66a zu Art.14). Das der individuellen Lebensführung dienende Vermögen darf nicht der Vermögensteuer unterworfen werden, wozu auch Einfamilienhäuser mit durchschnittlichem Wert gehören (BVerfGE 93, 121/141). Dies gilt auch für die **Erbschaftssteuer** bei Ehegatten und Kindern (BVerfGE 93, 165/174 f). Führt ein Erbe einen Betrieb fort, kann die Erbschaftssteuer so ausgestaltet werden, dass die Fortführung des Betriebs nicht gefährdet wird (für Verpflichtung BVerfGE 93, 165/175 f). Unzulässig ist weiter die Privilegierung des Grundvermögens bei der Erbschaftssteuer (BVerfGE 93, 165/176 ff; 117, 1/45 ff; BFHE 198, 342/368 ff), desgleichen die Privilegierung des Betriebsvermögens und des landwirtschaftlichen Vermögens (BVerfGE 117, 1/38 ff, 64 ff; BFHE 198, 342, 362 ff, 371 ff) und der Anteile an Kapitalgesellschaften (BVerfGE 117, 1/59 ff).

51a   Bei einer **Aufwandssteuer** muss der Bemessungsmaßstab sich am Vermögensaufwand orientieren, wobei auch ein Wahrscheinlichkeitsmaßstab in Betracht kommt (BVerfGE 123, 1/20 f). Dem wurde der Stückzahlmaßstab bei Gewinnspielautomaten nicht gerecht (BVerfGE 123, 1/23 ff). Zulässig ist, eine höhere *Hundesteuer* allein für abstrakt gefährlichere Hunde vorzusehen (BVerwG, NVwZ 05, 599 f). Eine *Zweitwohnungssteuer* mit einer Ungleichbehandlung von einheimischen und ortsfremden Zweitwohnungsbesitzern ist unzulässig (BVerfGE 65, 325/357). Zu Sozialversicherungsabgaben unten Rn.55–58.

e) Nichtsteuerliche Abgaben bedürfen einer besonderen Rechtferti- **52** gung (BVerfGE 75, 108/158); näher Rn.8 ff zu Art.105. Die Abwasserabgabe ist zulässig (BVerwGE 79, 54/60). Höhere Benutzungsgebühren müssen bei der Abwasserabgabe berücksichtigt werden (BVerwGE 78, 275/279 f). **Beiträge** (zum Begriff Rn.15 zu Art.105) können auch dann erhoben werden, wenn nur indirekte bzw. potentielle Vorteile entstehen (BVerwGE 64, 248/259 ff). Die Beiträge sind im Verhältnis der Beitragspflichtigen untereinander grundsätzlich vorteilsgerecht zu bemessen (BVerwGE 92, 24/26; 108, 169/181). Der Verzicht auf Beiträge und die bloße Erhebung von Entwässerungsgebühren ist nicht unbegrenzt möglich (BVerwG, NVwZ 82, 623).

Strengere Anforderungen stellt der Gleichheitssatz beim Maßstab für **Ge- 53 bühren** (zum Begriff Rn.13 zu Art.105). Die Zahlungspflichten müssen grundsätzlich entsprechend den jeweiligen Vorteilen auf die Abgabenschuldner aufgeteilt werden (BVerfGE 50, 217/227; BVerwGE 68, 36/38 ff; NVwZ 83, 289), ohne dass eine strikte Leistungsproportionalität geboten ist (BVerwGE 115, 32/46). Eine Vorauserhebung von Kosten für 30 Jahre ist unzulässig (BVerwGE 115, 125/138). Eine Typisierung insb. aus Gründen des Verwaltungsaufwandes ist dagegen zulässig (BVerwGE 80, 36/41 f; NVwZ-RR 95, 349); s. auch oben Rn.30 f. Doch darf ein Wahrscheinlichkeitsmaßstab nicht in einem offensichtlichen Missverhältnis zum Maß der tatsächlichen Inanspruchnahme stehen (BVerwG, NVwZ 87, 231; NVwZ-RR 95, 595). Soweit öffentliche Interessen verfolgt werden, muss die öffentliche Hand dafür aufkommen (BVerwGE 81, 371/373; 112, 194/205); für die Festlegung des Anteils für das Allgemeininteresse besteht eine weite Einschätzungsfreiheit (BVerwGE 69, 242/247; 81, 371/376). Eine einkommensabhängige Gestaltung der Gebührenhöhe ist jedenfalls zulässig, solange der Höchstbetrag unter den Kosten bleibt (BVerfGE 97, 332/346; BVerwGE 107, 188/193 f), etwa bei Kindergartengebühren (BVerwG, NJW 00, 1130). Ein Abschlag bei den Gebühren zugunsten von Gemeindeangehörigen ist zulässig, sofern die Einrichtung aus Gemeindemitteln bezuschusst wird (BVerwGE 104, 60/66 f). Das Kostendeckungsprinzip ergibt sich dagegen nicht aus Art.3, sondern aus dem einfachen Recht (BVerfGE 50, 217/226; 97, 332/345; BVerwG, NVwZ 86, 483; 87, 503); lediglich eine gewisse Kostenorientierung ist verfassungsrechtlich geboten (vgl. BVerfGE 85, 337/346). Zur absoluten Höhe von Gebühren und Beiträgen bzw. zum Äquivalenzprinzip Rn.28 zu Art.2.

2. Sozialrecht

a) Sozialversicherung (Allgemeines). Der Gesetzgeber hat im Sozial- **54** versicherungsrecht einen weiten Spielraum (BVerfGE 113, 167/215), etwa bei der Finanzierung sozialer Sicherungssysteme (BSGE 58, 10/13; 62, 136/140). Möglich sind unterschiedliche Konzepte für verschieden Gebiete (BVerfGE 97, 271/297). Typisierungen sind aber nicht unbegrenzt möglich (BVerfGE 63, 119/128; oben Rn.30 f). Deutlichere Beschränkungen des Spielraums ergeben sich, wenn Regelungen Auswirkungen auf Freiheitsrechte aufweisen (BVerfGE 89, 365/376; oben Rn.21). Werden staatliche Sozialleistungen aus bestimmten Gründen gewährt, so hängt die Zulässigkeit von Ausnahmen wesentlich von der Zweckbestimmung ab (BVerfGE 110, 412/438).

55   Wegen des die Sozialversicherung beherrschenden **Versicherungsprinzips** muss grundsätzlich eine Äquivalenz zwischen Beiträgen und Leistungen bestehen (BVerfGE 79, 87/101; 90, 226/240). Allerdings erlaubt das Solidaritätsprinzip Abweichungen (BVerfGE 79, 223/236 f). Eine Schlechterbehandlung von freiwillig Versicherten kann wegen der weniger sicheren Gegenleistungen und der möglichen Missbrauchsgefahr zulässig sein (BVerfGE 47, 168/177 ff; 71, 1/15 f). Unzulässig ist die Beitragspflichtigkeit bestimmter Einkünfte ohne deren Berücksichtigung auf der Leistungsseite (BVerfGE 92, 53/71; 102, 127/142 ff). Die Begünstigung von Gewerkschaften bei Selbstverwaltungswahlen ist an Art.3 Abs.1 zu messen (BVerfGE 30, 227/246). Die Heranziehung zu Sozialversicherungsabgaben zugunsten Dritter, wie bei der Künstlersozialabgabe, bedarf einer besonderen Rechtfertigung, etwa einer Solidaritäts- und Verantwortlichkeitsbeziehung (BVerfGE 75, 108/158).

56   **b) Sozialversicherung (Einzelbereiche).** In der **Rentenversicherung** betrafen gegen Abs.1 verstoßende Regelungen folgende Aspekte und Situationen: die Anrechnung von Kindererziehungszeiten (BVerfGE 87, 1/38 f; 94, 241/262 ff), die Rentenversicherung von Ehegatten-Arbeitnehmern (BVerfGE 18, 257/269), die undifferenzierte bzw. sachlich unzureichend fundierte Kappung von Renten, die auf DDR-Arbeitseinkommen zurückgehen (BVerfGE 100, 59/90 ff, 98 ff; 100, 138/175 ff; 111, 115/139 ff), die Anrechnung von Pflichtbeiträgen (BVerfGE 63, 119/126 ff), die Behandlung von Angehörigen in der Knappschaftsversicherung (BVerfGE 39, 316/326), das Überwechseln von der berufsständischen Versorgung in die Angestelltenversicherung (BVerfGE 38, 41/45 ff), die Benachteiligung von Beamtinnen, die das Altersversorgungssystem nach Rückkehr in den Beruf wechseln (BVerfGE 98, 1/13; BVerwGE 111, 93/100). Gravierende Kürzungen von Rentenanwartschaften bei gleichzeitiger Erhöhung der laufenden Renten sind problematisch (Jarass, NZS 97, 549 ff). Unzulässig ist die Verweigerung der Rentenzahlung an Ausländer im Ausland, unter Ausschluss einer Beitragserstattung (BVerfGE 51, 1/26 ff); nicht jedoch die Kürzung von Leistungen an derartige Personen (BSGE 53, 49/51; 54, 97/99 f; Heun DR 43). Teilzeitarbeit darf nur quantitativ, nicht qualitativ anders als Vollzeitarbeit behandelt werden (BVerfGE 97, 35/44). Besonders weit ist der Spielraum bei der Überleitung von DDR-Renten (BVerfGE 112, 368/401; vgl. oben Rn.24). Eine unterschiedliche Behandlung von Ehen und Lebenspartnerschaften bei der Rente ist nur bei einem ausreichenden Sachgrund möglich (BVerfGE 124, 199/226; a. A. BVerwGE 129, 246 Rn.25 ff).

57   In der **Kranken-,** der **Unfall-** und der **Pflegeversicherung** betrafen Verstöße folgende Aspekte: Die Verweigerung eines höheren Krankenversicherungsschutzes für den Ehegatten wegen eigener Versicherung (BVerfGE 40, 65/81 f), die Schlechterbehandlung von teilweise freiwillig Versicherten in der Krankenversicherung (BVerfGE 102, 68/89 ff), die Witwen von Berufsunfähigen bei der Berufsunfähigkeitsrente (BVerfGE 32, 365/371 f), den Schutz der Leibesfrucht bei Berufskrankheiten (BVerfGE 45, 376/385; einschr. E 75, 348/358), die Abgrenzung der Empfänger von Mutterschaftsgeld (BVerfGE 38, 213/219), die Schlechterstellung von Gemeinschaftspraxen gegenüber Einzelärzten (BSGE 61, 92/95), die Ungleichbehandlung von Dienstbeschädigungsteilrenten und Unfallrenten in Ostdeutschland (BVerfGE 104, 126/145 ff), die Verweigerung eines Beitrittsrechts zur Pflegeversicherung (BVerfGE 103, 225/238 ff) und die Nichtberücksichtigung der Kinderbetreuung bei den Beiträgen zur sozialen Pflegeversicherung (BVerfGE 103, 242/263 ff), nicht aber im Bereich der privaten Pflegeversicherung (BVerfGE 103, 271/291 f). Das Ruhen von Leistungen der Unfallversicherung kann angeordnet werden, soweit anderweitige Leistungen mit gleicher Zweckbestimmung gewährt werden (BVerfGE 79, 87/98). Kein Problem besteht, wenn verschiedene Krankenkassen unterschiedliche Beitragssätze festlegen (vgl. oben Rn.9).

Im Bereich der **Arbeitslosenversicherung** wurden Verstöße festgestellt: **58** bei der Abgrenzung der Bezieher von Arbeitslosengeld (BVerfGE 42, 176/182; 74, 9/24 f), hinsichtlich des Ausschlusses der bei ihren Eltern beschäftigten Arbeitnehmer (BVerfGE 18, 366/372 f), von Landwirtskindern (BVerfGE 20, 374/377 f) und bei der Benachteiligung der Doppelverdiener-Ehe in der Arbeitslosenhilfe (BVerfGE 87, 234/258). Unzulässig hoch war die Pauschale für Versicherungsbeiträge im Bereich der Arbeitslosenhilfe (BSGE 94, 109 Rn.21 f).

c) Im Bereich der **Wiedergutmachung** von Schäden der Verfolgung **59** und des Krieges hat der Gesetzgeber einen sehr weiten Spielraum (BVerfGE 53, 164/177; 71, 66/76 f; 106, 201/206; BGHZ 139, 152/163 f; Starck MKS 174). Der Gleichheitssatz ist „nur in seiner Bedeutung als Willkürverbot zu beachten", insb. im Anwendungsbereich des Art.135a Abs.2 (BVerfGE 102, 254/299). Gleiches gilt für die Wiedergutmachung von DDR-Unrecht (BVerfGE 117, 302/311). Wird eine Wiedergutmachung wie bei der Kriegsopferentschädigung wesentlich durch ideelle Aspekte mitgeprägt, ist auf Dauer eine Ungleichbehandlung zwischen West- und Ostdeutschland unzulässig (BVerfGE 102, 41/61; BSGE 91, 114/118 ff). Ein Verstoß ergab sich des Weiteren bei der Hinterbliebenenrente von Kriegerwitwen (BVerfGE 38, 187/198). Dagegen erwiesen sich zahlreiche Regelungen des EntschädigungsG, des AusgleichsleistungsG und des NS-VerfolgtenentschädigungsG als verfassungskonform (BVerfGE 102, 254/299 ff, 319 ff, 342 ff); unzulässig war jedoch der Ausschluss einer Entschädigung bei „kalter Enteignung" (BVerfGE 104, 74/87 ff). Vgl. auch Rn.116 zu Art.20.

d) Im **sonstigen Sozialrecht** zeigten sich Verstöße gegen Abs.1: beim **60** Kindergeld für verheiratete Kinder (BVerfGE 29, 71/78 f), beim Kindergeld für unverheiratete Eltern (BVerfGE 106, 166/177 ff), der Ausschluss des Kindergelds sowie des Erziehungsgelds bei Ausländern, die lediglich über eine Aufenthaltserlaubnis verfügen (unten Rn.75), bei der Grenze der Kindeseinkünfte für die Gewährung von Kindergeld (BVerfGE 112, 164/173), bei der Anrechnung von Schmerzensgeldleistungen auf Leistungen nach dem Asylbewerberleistungsgesetz (BVerfGE 116, 229/239 f), bei der Abgrenzung der Empfänger von Wohngeld (BVerfGE 27, 220/226 f) sowie von Blindenhilfe (BVerfGE 37, 154/164). Bei der Ausbildungsförderung ergaben sich Verstöße hinsichtlich der Anrechnung von Einkünften und Vermögen des dauernd getrennt lebenden Ehegatten (BVerfGE 91, 389/402 ff; vgl. auch E 70, 230/239 ff) sowie der Eltern (BVerfGE 99, 165/181 f) und hinsichtlich der unterschiedlichen Bewertung von Grundbesitz und sonstigem Vermögen (BVerfGE 100, 195/205 ff; vgl. oben Rn.51). Hinsichtlich der *Hinterbliebenenrente* war die Beschränkung bei Opfern von Gewalttaten auf verheiratete Eltern unzulässig (BVerfGE 112, 50/67 ff), weiter der späte Leistungsbeginn bei militärischen Dienstleistungen (BVerfGE 60, 16/43 f) und die Ungleichbehandlung von Ehen und eingetragenen Lebenspartnerschaften (BVerfGE 124, 199/226).

3. Arbeitsrecht und Beamtenrecht

61   **a) Arbeitsrecht. aa) Arbeitsrechtliche Vorschriften** sind unmittelbar an Art.3 Abs.1 zu messen (allg. Rn.52 zu Art.1). Unzulässig sind daher kürzere Kündigungsfristen für Arbeiter als für Angestellte (BVerfGE 82, 126/148 ff; s. auch E 62, 256/274), nicht dagegen für Heimarbeiter (BAGE 52, 238/240). Arbeiterinnen dürfen im Hinblick auf die Nachtarbeit nicht anders als weibliche Angestellte behandelt werden (BVerfGE 85, 191/210 f). Der Ausschluss des Kündigungsschutzes bei Kleinbetrieben ist zulässig (BVerfGE 97, 169/180 ff; Heun DR 92). Unzulässig ist der Ausschluss von einer Zusatzversorgung bei mehreren geringfügigen Beschäftigungen (BAGE 72, 345/348 ff), weiter die Ungleichbehandlung von Angestellten im öffentlichen Dienst und sonstigen Angestellten bei Betriebsrenten (BVerfGE 98, 365/388 f), die Gleichbehandlung bei der Zusatzrente höchst unterschiedlicher Versorgungszusagen (BVerfGE 98, 365/384 f) und das vollständige Anrechnen eigenen Einkommens auf den vom verstorbenen Ehegatten verdienten Versorgungsanspruch (BGHZ 169, 122 Rn.11, 14); vgl. auch unten Rn.76. Mit Art.3 Abs.1 unvereinbar waren zudem Pauschalierungen bei der Umlage nach dem Lohnfortzahlungsgesetz (BVerfGE 48, 227/235 ff). Die Ausweitung der Montan-Mitbestimmung auf Konzernobergesellschaften ist teilweise unzulässig (BVerfGE 99, 367/392 ff). Andererseits kann der Ausschluss der Mitbestimmung in Kleinbetrieben größerer Unternehmen unzulässig sein (BAGE 92, 11/16 f).

62   **bb)** Im Bereich der **Tarifverträge** besteht zwar keine unmittelbare Grundrechtsbindung (Rn.42 zu Art.1), doch ist die Ausstrahlungswirkung des Grundrechts (oben Rn.13) zu beachten (BAGE 111, 8/17; 119, 41/45; 124, 284 Rn.23). Verstöße ergaben sich bei der Ungleichbehandlung von Teilzeitarbeit (BAGE 71, 29/35; 85, 257/262; 86, 291/296 f), bei der Benachteiligung von Personen, die aus den neuen Bundesländern kommen, auf Dauer jedoch im Westen tätig sind (BAGE 71, 68/74 ff), bei der Anrechnung übertariflicher Zulagen (BAG, DB 85, 1239) sowie bei der Ausklammerung von Studenten aus Schutzregelungen für arbeitnehmerähnliche Personen (BAGE 109, 180/191 f). Art.3 Abs.1 kann auch zur Ergänzung von Tarifverträgen führen (BAGE 41, 163/169 ff).

63   Bei der (sonstigen) **Anwendung von Arbeitsrecht** kommt Art.3 Abs.1 im Wege der Ausstrahlungswirkung zum Tragen (oben Rn.13). Darüber hinaus hat die Rspr. insoweit einen einfachgesetzlichen Gleichheitssatz entwickelt (BAGE 42, 217/220; 71, 29/37, 45; Osterloh SA 191), der seinerseits an Art.3 Abs.1 zu messen ist (BVerfG-K, NJW 98, 591).

b) Im **öffentlichen Dienstrecht,** insb. im Besoldungsrecht, hat der Ge- **64** setzgeber einen erheblichen Spielraum (BVerfGE 76, 256/330; 103, 310/ 319 f; 110, 353/364). Fiskalische Überlegungen stellen jedoch in der Regel keinen zulässigen Differenzierungsgrund dar (BVerfGE 19, 76/84 f; 76, 256/ 311; 93, 386/402). Zudem muss ein eingeführtes Regelungssystem auf alle betroffenen Personengruppen erstreckt werden (BVerwGE 123, 308/313 f).

Im Einzelnen wurde ein Verstoß gegen Art.3 angenommen bei einer **65** besoldungsrechtlichen Einstufung von Richtern (BVerfGE 26, 100/110; 56, 146/168), bei der Nichtberücksichtigung von Richterzulagen bei Besoldungserhöhungen (BVerfGE 56, 353/359 ff), bei der Schlechterstellung von Beamten gegenüber Soldaten (BVerfGE 93, 386/397), bei der Anrechnung bestimmter Einkünfte auf die Versorgungsbezüge (BVerfGE 27, 364/371 ff), bei der Berechnung des fiktiven Ruhegehalts begrenzt dienstfähiger Beamter (BVerwGE 123, 308/314 f), bei der Benachteiligung von Beamtinnen, die das Altersversorgungssystem nach Rückkehr in den Beruf wechseln (BVerfGE 98, 1/13; BVerwGE 111, 93/100), bei der Kürzung des Familienzuschlags wegen unterhälftiger Beschäftigung (BVerwGE 124, 227/236 f), bei der Nichtberücksichtigung der Höhe der Versorgungszusagen (BVerfGE 98, 365/386 ff), beim Ausschluss der Altersversorgung von Unterhalbzeitbeschäftigten (BVerfGE 97, 35/44 ff; BAGE 79, 236/242 f), beim Auslandszuschlag von Soldaten (BVerfGE 93, 386/397 ff), bei den Voraussetzungen der Versorgungsbezüge (BVerfGE 61, 43/65 ff), bei der Berechnung des Ortszuschlags für Alleinerziehende (BAGE 45, 36/45 ff), bei der Amtsbezeichnung (BVerfGE 38, 1/18) und bei der Festsetzung von Beihilfen (BVerwGE 77, 345/349 f; BVerwG, NVwZ 09, 848; NVwZ 09, 1041 f), insb. im Hinblick auf die Anrechnung privater Versicherungsleistungen (BVerwGE 77, 331/ 335 f; 77, 345/349 f). Zur Besteuerung der Pensionen im Unterschied zu den Renten oben Rn.49. Öffentlich-rechtliche Renten dürfen auf die Pensionen angerechnet werden (BVerfGE 76, 256/329 f). Beamte und Angestellte im öffentlichen Dienst können unterschiedlich behandelt werden (BVerfGE 52, 303/345; 63, 152/166 ff; BVerwG, NJW 86, 1560 f). Zweifelhaft ist die Ungleichbehandlung von Ehen und Lebenspartnerschaften beim Familienzuschlag (BVerfGE 124, 199/226; a. A. noch BVerfG-K, NJW 08, 210 f; BVerwGE 125, 79 Rn.14). Die Teilzeitbeschäftigung allein ist kein ausreichender Differenzierungsgrund (BVerwGE 91, 159/164 f). Zur Hinterbliebenenversorgung oben Rn.60. Für den Zugang zum öffentlichen Dienst ist Art.33 Abs.2 lex specialis (Rn.8 zu Art.33). Art.33 Abs.5 steht dagegen neben Art.3 Abs.1 (vgl. BVerfGE 61, 43/62).

4. Berufs- und Wirtschaftsrecht

Im Berufs- und Wirtschaftsrecht wurde ein Verstoß gegen Art.3 Abs.1 bei **66** der Benachteiligung von Warenhäusern festgestellt (BVerfGE 21, 292/304), weiter bei der Ungleichbehandlung von Banken und Sparkassen (BVerfGE 64, 229/238 ff), von Apotheken und sonstigen Einzelhandelsbetrieben bei der Selbstbedienung (BVerfGE 75, 166/179), beim Gebührenabschlag für Rechtsanwälte in den neuen Ländern (BVerfGE 107, 133/145), beim Rauchverbot in Gaststätten (BVerfGE 121, 317/370), bei der Ungleichbehandlung von Anwälten und Rechtsbeiständen bei der Akteneinsicht (BVerfG-K, NVwZ 98, 837) sowie von Versicherungs- und Rentenberatern (BVerfGE 75, 284/300). Unzulässig ist auch das Verbot der Sozietät eines Anwaltsnotars mit einem (Nur-)Steuerberater (BVerfGE 80, 269/280 ff) und das Verbot einer Sozietät zwischen Anwaltsnotaren und Wirtschaftsprüfern (BVerfGE 98, 49/62). Die Zulassung etwa von Insolvenzverwaltern auf der Grundlage einer Liste, die nur bei Ausscheiden einer Person erweitert wird, ist unzulässig (BVerfGE 116, 1/17). Eine unverständliche bzw. willkürliche Anwendung berufsrechtlicher Vorschriften verstößt gegen Art.3 Abs.1 (BVerfG-K, NVwZ 96, 1200). Bei wirtschaftslenkenden und wirtschaftsordnenden Maßnahmen hat das BVerfG den Spielraum des Gesetzgebers besonders betont (oben Rn.24). Geschützt wird auch die Wettbewerbsgleichheit (BVerfGE 43, 58/70; BFHE 177, 339/343). Zur direkten Beeinträchtigung des Wettbewerbs Rn.22 zu Art.12. Bei der Vergabe von Aufträgen ist Art.3 Abs.1 zu beachten (BVerfGE 116, 135/153 f). Zur Subventionierung oben Rn.21a. Zur atypischen Belastung von Teilgruppen Rn.51 zu Art.12. Aus Art.12 Abs.1 iVm Art.3 Abs.1 folgt das Gebot der Honorarverteilungsgerechtigkeit (Rn.61 zu Art.12). Zur Zulassung zu öffentlichen Einrichtungen, etwa zu einem Volksfest oben Rn.33.

5. Prozessrecht u. Ä.

67 **a) Kosten.** Aus Art.3 Abs.1 iVm (für öffentlich-rechtliche Streitigkeiten) dem Grundrecht des Art.19 Abs.4 bzw. iVm (für privatrechtliche Streitigkeiten) dem allgemeinen Justizgewährungsanspruch (Rn.91 zu Art.20) ergibt sich das Gebot der „weitgehenden Angleichung der Situation von Bemittelten und Unbemittelten bei der Verwirklichung des Rechtsschutzes" (BVerfGE 81, 347/356; 117, 163/187; BVerwGE 113, 92/92; BGHZ 98, 295/299); teilweise wurde zudem das Sozialstaatsprinzip herangezogen (BVerfGE 35, 348/355; 78, 104/117). Insb. ist eine angemessene **Prozesskostenhilfe** geboten (BVerfGE 22, 83/86; 56, 139/144; 117, 163/188; einschr. E 63, 380/394 f), auch im Betreuungs-(Vormundschafts-)verfahren (BVerfGE 54, 251/273), nicht aber im Disziplinarverfahren (BVerwGE 113, 92/93). Geboten ist allerdings „keine vollständige Gleichstellung", „sondern nur eine weitgehende Angleichung" (BVerfGE 122, 39/51). Der Unbemittelte braucht „nur einem solchen Bemittelten gleichgestellt zu werden, der seine Prozessaussichten vernünftig abwägt und dabei auch das Kostenrisiko berücksichtigt" (BVerfGE 81, 347/357; 122, 39/49; vgl. aber auch E 71, 122/131 ff); das ist auch im Bereich der Verfassungsbeschwerde bedeutsam (BVerfGE 92, 122/124). Die Anforderungen an die Erfolgsaussichten dürfen nicht überspannt werden (BVerfG-K, NJW 03, 1858; 03, 2977). Die Verweigerung der Prozesskostenhilfe ist bereits dann unzulässig, wenn eine Rechtsfrage weder höchstrichterlich geklärt ist noch sich einfach und eindeutig beantworten lässt (BVerfG-K, NVwZ 06, 1157; NJW 07, 1061). Kläger und Beklagter müssen gleichbehandelt werden (BVerfG-K, NJW 99, 3186). Art.3 Abs.1 ist verletzt, wenn ohne Prozesskostenhilfe das Existenzminimum des Betroffenen nicht gewährleistet ist (BVerfGE 78, 104/118). Für juristische Personen ist keine Prozesskostenhilfe erforderlich (BVerfGE 35, 348/355 f). Schließlich

ist auch im **außergerichtlichen Bereich** für eine ausreichende Gleichheit beim Rechtsschutz zu sorgen (BVerfGE 122, 39/50). Insoweit erwies sich die Ungleichheit zwischen Sozialrecht und Steuerrecht als ungerechtfertigt (BVerfGE 122, 39/52). Auch der Ausschluss der Beratungshilfe in arbeitsrechtlichen Streitigkeiten war unzulässig (BVerfGE 88, 5/12).

Die Höhe der **Gerichtskosten** ist am Justizgewährungsanspruch zu mes- **68** sen (Rn.97 zu Art.20). Die fehlende Erstattung von Kosten einer obsiegenden Partei kann gegen Art.3 Abs.1 verstoßen (BVerfGE 16, 231/236; 27, 391/395; 74, 78/94 ff; Starck MKS 226). Die Orientierung der Gerichtskosten in einem Personensorgestreit allein am Vermögen ist unzulässig (BVerfGE 115, 381/390 ff). Werden Kostenvorschriften willkürlich angewandt, verstößt dies gegen Art.3 Abs.1 (BVerfGE 62, 189/192); dies gilt auch für die Streitwertfestsetzung (BVerfG-K, NJW 09, 1198).

b) Strafprozess und Strafvollzug. Die notwendige Verteidigung im **69** **Strafprozess** (dazu Rn.99 zu Art.20) ist auch erforderlich, wenn sich der Beschuldigte in Strafhaft befindet (BVerfGE 40, 1/4). Eine unverständliche bzw. willkürliche Anwendung von Strafprozessrecht verstößt gegen Art.3 Abs.1 (BVerfGE 59, 98/101; 62, 338/343; oben Rn.38 f). Grundsätzlich zulässig ist die unterschiedliche Rechtskraft von *Strafbefehl* und Strafurteil (BVerfGE 65, 325/384 ff). Eine Amnestie muss den Gleichheitssatz beachten (BVerfGE 10, 340/344 f). **Strafvollzugsmaßnahmen** können bei erheblichen Verzögerungen gegen Art.3 Abs.1 verstoßen (BVerfGE 69, 161/168 ff). Dies gilt auch für Unterschiede zwischen inländischer und ausländischer Strafvollstreckung (BGHSt 33, 329/334). Unverständliche bzw. willkürliche Maßnahmen können ähnlich wie im Bereich der Rspr. (dazu oben Rn.38) gegen Art.3 Abs.1 verstoßen (BVerfGE 66, 129/205 ff; BVerfG-K, NJW 90, 3191; NJW 90, 3194).

c) Sonstiges. Zur Anwendung **prozessualer** und anderer **Vorschriften** **70** in gerichtlichen Verfahren oben Rn.37–39. Eine unverständliche bzw. willkürliche Anwendung von Zivilprozessrecht verstößt gegen Art.3 Abs.1 (BVerfGE 69, 248/254 f; 71, 122/131 f). Ähnliches gilt für das Zwangsversteigerungsrecht, etwa bei völlig unzureichender Aufklärung (BVerfGE 42, 64/78). Zum Gebot der **Waffengleichheit** Rn.96, 98 zu Art.20.

6. Weitere Rechtsgebiete und Bereiche

a) Prüfungs- und Bildungsrecht. Im staatlichen Bildungswesen, vor al- **71** lem im Prüfungsrecht, gilt das Prinzip der *Chancengleichheit* (BVerfGE 52, 380/388; BVerwGE 87, 258/261; BFHE 131, 422/424; Starck MKS 37 ff). Es verlangt, „daß die Prüflinge ihre Prüfungsleistungen möglichst unter gleichen äußeren Prüfungsbedingungen erbringen können" (BVerwGE 69, 46/49; 85, 323/325; 87, 258/261 f), ohne dass dabei auf die jeweiligen Gewohnheiten eingegangen werden muss (BVerwGE 55, 355/358; NJW 88, 2813). Bei starker Lärmbelastung ist eine Verlängerung der Prüfungszeit notwendig (BVerwGE 85, 323/325; 94, 64/67 ff). Unterschiedliche Situationen können eine unterschiedliche Behandlung rechtfertigen (BVerwG, NJW 86, 953). Bei der Änderung von Prüfungsvoraussetzungen sind evtl. geeignete Übergangsregelungen erforderlich (BVerwG, NVwZ 87, 592; NJW 87, 724; s.

auch Rn.76 zu Art.20). Eine fehlerhafte Prüfung muss auch nach längerer Zeit noch nachgeholt werden (BVerwG, DVBl 96, 998). Weiter wird aus Art.3 Abs.1 im Zusammenspiel mit dem Rechtsstaatsprinzip das Recht auf ein *faires Prüfungsverfahren* abgeleitet (BVerwGE 70, 143/144 f; vgl. Rn.31a zu Art.20). Verstöße machen eine neue Prüfung notwendig (BVerwG, NJW 80, 2208), bei der der Gesichtspunkt der Chancengleichheit voll zu berücksichtigen ist (BVerwG, DÖV 83, 463 ff). Im Rahmen einer Neubewertung darf das Bewertungssystem nicht geändert werden; i. Ü. ist aber eine Verschlechterung, etwa wegen zusätzlich erkannter Mängel, möglich (BVerwGE 109, 211/216 f). Ein befangener Prüfer darf in einer Wiederholungsprüfung in keiner Weise beteiligt sein (BVerwGE 107, 363/368 ff). Der Prüfling muss eventuelle Verstöße rechtzeitig rügen (BVerwGE 69, 46/48 ff). Für Prüfungen kann auch Art.12 einschlägig sein (Rn.81–83a zu Art.12).

72   Zur **Zulassung** zum Studium Rn.109–112 zu Art.12. Eine bevorzugte **Förderung** bestimmter Bekenntnis- und Weltanschauungsschulen ist ohne ausreichende Sachgründe unzulässig (BVerfGE 75, 40/71 ff); allg. zur Förderung solcher Schulen Rn.28 zu Art.7.

73   **b) Wahlen sowie Parteien u. Ä.** Für die Wahlgleichheit bei Wahlen zum Bundestag ist Art.38 Abs.1 lex specialis (Rn.6 f zu Art.38), für die Wahlen zu Landtagen und kommunalen Vertretungen Art.28 Abs.1. Art.3 Abs.1 tritt insoweit zurück (BVerfGE 99, 1/10 f; Heun DR 94; a.A. noch BVerfGE 85, 148/157), mit der Folge, dass eine Verfassungsbeschwerde bei Landeswahlen ausscheidet (BVerfGE 99, 1/17). Bei anderen Wahlen kommen dagegen die (weniger strengen) Vorgaben des Art.3 Abs.1 zum Tragen, etwa bei Wahlen zum Aufsichtsrat in Kapitalgesellschaften (BVerfGE 111, 289/300; BAGE 89, 15/21). Ein Unterschriftenquorum darf aber nicht zu hoch angesetzt werden (BVerfGE 111, 289/301 ff). Bei Wahlen im Hochschulbereich kann der Grundsatz der formalen Wahlgleichheit gewissen Einschränkungen unterworfen werden (BVerfGE 54, 363/388 f), desgleichen bei Wahlen zu Richtervertretungen (BVerfGE 41, 1/12). Die Chancengleichheit der **Parteien** ergibt sich aus Art.3 Abs.1 iVm. Art.21 (näher Rn.16 f, 39–43 zu Art.21). Für Wählervereinigungen ergibt sich die Chancengleichheit (außerhalb der Wahlen) aus Art.3 Abs.1 iVm Art.9, Art.28 Abs.1 S.2 (BVerfGE 99, 69/79). Unzulässig ist, Zuwendungen an politische Parteien steuerfrei zu stellen, nicht aber an kommunale Wählervereinigungen (BVerfGE 121, 108/118).

74   **c) Inländer-Ungleichbehandlung sowie Ausländer.** Eine nationale Regelung, die EU-Ausländer besser als Inländer behandelt **(Inländer-Ungleichbehandlung),** weil das EU-Recht einer Erstreckung der für Inländer geltenden Regelung auf EU-Ausländer entgegensteht, dürfte Art.3 Abs.1 beeinträchtigen (Gubelt MüK 4a; offen gelassen BVerfGE 116, 135/159 f; a.A. Bösch, Jura 09, 95), obwohl man argumentieren könnte, dass die Ungleichbehandlung durch zwei verschiedene Hoheitsträger verursacht wird (vgl. oben Rn.9). Die Ungleichbehandlung ist jedoch zulässig, wenn ausreichende Sachgründe für die für Inländer geltenden Anforderungen bestehen und sich andererseits die relative Benachteiligung der Inländer in Grenzen hält, etwa wegen des geringen Marktanteils der EU-Ausländer (vgl. Kokott

o. Lit. A 128 f). Dementsprechend wurde eine Inländerbenachteiligung im Anwaltsrecht als zulässig eingestuft (BGHZ 108, 342/346; BVerwGE 122, 130/146 f), des Weiteren im Beamtenrecht (BAGE 89, 300/306). Bedenklich ist hingegen die Inländerdiskriminierung im Handwerksrecht (vgl. BVerfG-K, DVBl 06, 245). Schließlich kann die Inländerdiskriminierung in Freiheitsrechte eingreifen (Gundel, DVBl 07, 274 ff).

Eine Benachteiligung von **Ausländern** bei der Gewährung von Schutz- 75 rechten ist aus Gründen der Gegenseitigkeit möglich (BVerfGE 81, 208/224 f), aber auch aus anderen Sachgründen. Gleiches gilt für staatliche Finanzleistungen (BSGE 54, 97/99; Starck MKS 236; Heun DR 43), es sei denn, der Betreffende hat Beiträge entrichtet (oben Rn.56). Unzulässig ist dagegen, Kindergeld sowie Erziehungsgeld bei einer bloßen Aufenthaltsbefugnis abzulehnen (BVerfGE 111, 160/174; 111, 176/185 ff). Zur Einschränkung der Staatshaftung gegenüber Ausländern Rn.22 zu Art.34. Bei Asylbewerbern ist ein eigenes Konzept zur Sicherung des Lebensunterhalts möglich, außer im Bereich des Schmerzensgeldes (BVerfGE 116, 229/239 ff).

d) Sonstiges. Probleme ergaben sich beim schuldrechtlichen *Versorgungs-* 76 *ausgleich* (BVerfGE 71, 364/394). Die Berechnung des Versorgungsausgleichs war teils zulässig (BGHZ 81, 152/156 ff), teils unzulässig (BVerfG-K, NJW 06, 2177; BGHZ 85, 194/206 ff). Ein *Mieter* darf nicht schlechter gestellt werden, weil er mit einem gewerblichen Zwischenmieter einen Vertrag geschlossen hat (BVerfGE 84, 197/199 ff). Zu Transsexuellen unten Rn.136. Zur unverständlichen bzw. willkürlichen Rechtsanwendung im Vertragsrecht, Mietrecht, Familienrecht und Asylrecht oben Rn.39. Die Ungleichbehandlung von Eigentum und Erbbaurechten durch das VermögensG ist unzulässig (BVerfGE 99, 129/139 ff). Zur Entschädigung für Enteignungen in Ostdeutschland Rn.9 f zu Art.143. Zur Wehrgerechtigkeit Rn.3 zu Art.12a. Zum Geistlichenprivileg im Wehrdienst Rn.43 zu Art.4.

(unbesetzt) 77

B. Die speziellen Gleichheitssätze der Abs.2, 3

I. Gleichberechtigung von Frau und Mann

1. Bedeutung, Verpflichtete, Abgrenzung

a) Rechtliche Grundlagen und Bedeutung. aa) Das Grundrecht der 78 Gleichberechtigung von Frau und Mann hat seine Grundlage in **Abs.2** sowie in **Abs.3 S.1;** soweit es um rechtliche Ungleichbehandlungen durch Grundrechtsverpflichtete geht, zieht das BVerfG vor allem Abs.3 S.1 heran (BVerfGE 92, 91/109; 97, 35/43; 104, 373/393; 121, 241/255; für Verdrängung des Abs.3 S.1 hingegen Ipsen II 789 ff; Starck MKS 305 f); zu weiteren Gehalten des Abs.3 S.1 vgl. unten Rn.121. Dagegen kommt Abs.2 bei mittelbaren Ungleichbehandlungen zum Tragen (BVerfGE 113, 1/15; a.A. wohl E 121, 241/255), des Weiteren im Förderungsbereich (BVerfGE 85, 191/206 f; 92, 91/109; 104, 373/393 f); zur Förderung der Gleichberechtigung unten Rn. 90 f. Um Abgrenzungsprobleme zu vermeiden, werden im Folgenden die Vorgaben des Abs. 2 und der geschlechtsbezogenen Aussagen des Abs. 3 S. 1 zusammen behandelt, zumal auch in der Sache vieles für *einen* Regelungskomplex spricht (Kischel EH 162). Die Gleichheit von Frau und Mann wurzelt auch in der Würde des Menschen (Stern ST IV/1, 82 f).

79 **bb)** Das Grundrecht der Gleichberechtigung enthält ein **subjektives Recht,** auch soweit es um den Auftrag des Staates zur Angleichung der Lebensverhältnisse geht (unten Rn. 91). Des Weiteren enthält das Grundrecht eine objektive **Wertentscheidung** (BVerfGE 17, 1/27; 37, 217/259 f), was für mittelbar Betroffene von Bedeutung sein kann (unten Rn. 89). Das Grundrecht schützt sowohl Männer wie Frauen vor Benachteiligung (BVerfGE 31, 1/4; Heun DR 106); seine historische Wurzel ist allerdings der Abbau der Benachteiligung der *Frau* (Gubelt MüK 83; Heun DR 106; vgl. BVerfGE 113, 1/15 f). Auch aktuell geht es v. a. um die Gleichbehandlung der Frauen (vgl. BVerfGE 85, 191/207; 92, 91/109; sehr weitgehend Eckertz-Höfer AK 42, 48), da sie immer noch in vielen Bereichen in erheblichem Maße benachteiligt werden (vgl. Eckertz-Höfer AK 12 ff; Heun DR 87).

80 Das Grundrecht hat in allen Teilen **unmittelbare Geltung;** Art. 117 Abs. 1 ist seit dem 31. 3. 1953 durch Zeitablauf überholt. Jede gegen das Grundrecht verstoßende Norm ist (seit diesem Zeitpunkt) unwirksam, auch wenn sie erst später aufgehoben wurde (BVerwGE 127, 196 Rn. 15). Ein übergangsweises Weitergelten aus Gründen der Rechtsklarheit wurde selbst bei der komplizierten Materie des Ehegüterrechts abgelehnt (BVerfGE 3, 225/237 ff). Werden gleichwohl gegen die Gleichberechtigung von Mann und Frau verstoßende Rechtsvorschriften nach dem 31. 3. 1953 angewandt, besteht ein Korrekturanspruch für die Zukunft, auch wenn die entsprechende Entscheidung bereits bestandskräftig wurde (BVerfGE 37, 217/262 f; 48, 327/340; BVerwG, NVwZ-RR 99, 687 f). Für Entscheidungen, die vor diesem Zeitpunkt ergingen, gilt das hingegen nicht (BVerfGE 17, 99/108; 48, 327/341; Gubelt MüK 81). Wirkungen, die kraft Gesetzes eintreten, sind ebenso zu behandeln (BVerwGE 71, 301/305, 307 f). Andererseits schließt Art. 117 Abs. 1 ein schutzwürdiges Vertrauen auf die vor dem 31. 3. 1953 geltenden Gesetze aus (BVerfG-K, NJW 03, 1657).

81 **cc)** Für die **Folgen eines Verstoßes** von Rechtsvorschriften gegen das Grundrecht gilt das oben in Rn. 40–43 Ausgeführte entsprechend: Bestehen mehrere Korrekturmöglichkeiten, wird die Norm nur für verfassungswidrig, nicht für nichtig erklärt (BVerfGE 113, 1/25 f).

82 **b)** Was den **Verpflichteten** angeht, so bindet das Grundrecht alle Träger öffentlicher Gewalt (dazu Rn. 32–44 zu Art. 1). Verpflichtet wird insb. der Privatrechtsgesetzgeber (BVerfGE 22, 93/96; Heun DR 113). Dagegen werden Privatpersonen nicht (unmittelbar) gebunden (Gubelt MüK 82). Zur Ausstrahlungswirkung auf Private unten Rn. 92.

83 **c) Abgrenzung zu anderen Verfassungsnormen.** Das Grundrecht des Abs. 2 (bzw. des Abs. 3 S. 1 Alt. 1) hat in seinem Anwendungsbereich Vorrang vor Abs. 1 (oben Rn. 2 f). Die Verletzung des Art. 3 Abs. 2 beeinträchtigt regelmäßig auch das allgemeine Persönlichkeitsrecht des Art.2 Abs.1 iVm Art.1 Abs.1 (BAGE 61, 209/213).

2. Schutzbereich, insb. Grundrechtsträger

Ein eigenständiger *sachlicher* Schutzbereich, der von der Grundrechtsbe-   **84** einträchtigung klar abgrenzbar ist, lässt sich beim Grundrecht der Gleichberechtigung kaum ausmachen (allg. dazu Vorb.15 vor Art.1). In welchem Bereich die geschlechtsbezogene Ungleichbehandlung auftritt, ist unerheblich. Bedeutsam ist aber der *personale* Schutzbereich. Träger des Grundrechts sind natürliche Personen jedes Geschlechts, auch Kinder sowie Ausländer (Eckertz-Höfer AK 49; oben Rn.79). Das Grundrecht steht demjenigen zu, der wegen *seiner* Eigenschaft als Frau oder als Mann benachteiligt wird (dazu unten Rn.89). Andere Personen können den Verstoß einer Rechtsvorschrift gegen Art.3 Abs.2 geltend machen, wenn die fragliche Vorschrift sie in einem anderen Grundrecht beeinträchtigt (unten Rn.89). Juristische Personen und Personenvereinigungen können sich nicht auf Abs.2 berufen (Starck MKS 308; Heun DR 106; Osterloh SA 269; a. A. Eckertz-Höfer AK 49 soweit juristische Personen in ihren gleichstellungsbezogenen Tätigkeiten behindert werden).

3. Beeinträchtigungen, insb. Ungleichbehandlungen

a) Geschlechtsbezogene Ungleichbehandlung. aa) Eine Beeinträch-   **85** tigung des Grundrechts besteht u. a. in einer Ungleichbehandlung, also einer unterschiedlichen Behandlung vergleichbarer Sachverhalte (dazu oben Rn.7) durch einen Grundrechtsverpflichteten (oben Rn.82), und zwar durch die gleiche Stelle (dazu oben Rn.9; vgl. EuGH, Slg. 2002, I-7375 Rn.18). Die Ungleichbehandlung muss von der Eigenschaft des Grundrechtsträgers als **Mann oder Frau** abhängen. Das Grundrecht enthält ein grundsätzliches Anknüpfungsverbot (BVerfGE 85, 191/206; 97, 35/43; 114, 357/364). Auf das Alter kommt es nicht an, weshalb auch eine Ungleichbehandlung von Mädchen und Jungen erfasst wird. Keine Ungleichbehandlung von Frauen und Männern liegt vor, wenn an die Geschlechtskombination einer Personenverbindung angeknüpft wird (BVerfGE 105, 313/351) oder an die sexuelle Orientierung (Englisch SB 84).

Die Ungleichbehandlung von Frauen und Männern kann zum einen da-   **86** durch geschehen, dass die Eigenschaft als Frau oder als Mann als Differenzierungskriterium eingesetzt wird. Darin liegt eine **direkte Ungleichbehandlung.** Sie ist auch dann gegeben, wenn die Maßnahme von der Eigenschaft als Mann oder als Frau lediglich *mit* abhängt (BVerfGE 89, 276/288 f). Die Anwendung des Grundrechts wird nicht dadurch ausgeschlossen, dass es um einen Sachverhalt geht, der nur bei einer Frau oder bei einem Mann verwirklicht werden kann (Osterloh SA 275; Heun DR 110; a. A. Gubelt MüK 87); dieser Umstand spielt aber bei der Rechtfertigung eine wichtige Rolle (unten Rn.95).

Erfasst werden darüber hinaus auch Regelungen, „die zwar geschlechts-   **87** neutral formuliert sind, im Ergebnis aber aufgrund natürlicher Unterschiede oder der gesellschaftlichen Bedingungen überwiegend Frauen betreffen"

(BVerfGE 113, 1/15; 97, 35/43; 104, 373/393; BVerwGE 117, 219/227 f);
für Männer gilt nichts anderes. Das Grundrecht bietet also auch Schutz gegen **indirekte** bzw. mittelbare **Ungleichbehandlungen** (BGHZ 174, 213
Rn.41; BAGE 80, 173/183 f; 83, 327/336 f; Sacksofsky UC 363 f; Heun
DR 108; Gubelt MüK 86; Osterloh SA 260; Eckertz-Höfer AK 59). Voraussetzung ist, dass der Anteil des einen Geschlechts unter den Begünstigten
wesentlich anders als unter den Benachteiligten ausfällt (BAGE 102, 225/
230). Eine indirekte Ungleichbehandlung stellt etwa die Benachteiligung der
Hausarbeit gegenüber der sonstigen beruflichen Tätigkeit dar (so i. E. BVerf-
GE 37, 217/251; 53, 257/296; BGH, NJW 88, 2373), weil darin eine indirekte Ungleichbehandlung von Frauen liegt. Gleiches gilt umgekehrt für eine
Begünstigung der Hausfrauenehe, weil Abs.2 „eine Festschreibung überkommener Rollenverteilungen zum Nachteil von Frauen verbietet" (BVerf-
GE 87, 234/258; 85, 191/207). Wird eine indirekte Ungleichbehandlung
vom Betroffenen glaubhaft gemacht, muss die Gegenseite dies tatsächlich
entkräften; das Nachschieben von Gründen bedarf besonderer Rechtfertigung (BVerfGE 89, 276/289 f).

88   **bb)** Eine Grundrechtsbeeinträchtigung setzt weiter voraus, dass durch die
geschlechtsbezogene Ungleichbehandlung dem Grundrechtsträger ein
Nachteil zugefügt wird. Der Nachteilsbegriff ist sehr weit zu verstehen (näher oben Rn.10 f). Eine Beeinträchtigung bloßer Interessen ist ausreichend
(Sachs HbStR V § 126 Rn.53). An einem Nachteil fehlt es etwa bei ge-
trennten Toiletten, Bädern etc. (Rüfner BK 553). Zudem werden geringfügige Beeinträchtigungen erfasst (Sachs HbStR V § 126 Rn.57; **a. A.** noch
BVerfGE 19, 177/183 ff). Erfasst werden auch formale Diskriminierungen,
selbst wenn sie in der Sache nicht notwendig eine Benachteiligung bedeuten
(BVerfGE 63, 181/195; 68, 384/390; BGHZ 86, 57/60). Des Weiteren fällt
darunter die (ungleiche) *Begünstigung* einer Person des anderen Geschlechts
(vgl. oben Rn.11). Darüber hinaus kann auch eine Begünstigung des eigenen Geschlechts zu einem Nachteil und damit zu einer Grundrechtsbeeinträchtigung führen, etwa wenn das Mutterschaftsgeld den Arbeitgebern auferlegt wird, die Frauen beschäftigen, und daher ein Anreiz besteht, weniger
Frauen einzustellen (BVerfGE 109, 64/90). Keine Rolle spielt, ob Frauen
oder Männer benachteiligt werden (oben Rn.79). Unerheblich ist zudem,
ob der Nachteil bezweckt ist oder eine bloße Nebenfolge darstellt (BVerfGE
89, 276/288 f; Eckertz-Höfer AK 51; unten Rn.131). Erfasst werden auch
faktische Benachteiligungen (BVerfGE 113, 1/15).

89   **cc)** Der Betroffene ist nur dann in Art.3 Abs.2 beeinträchtigt, wenn auf
sein Geschlecht **abgestellt** wird, nicht auf das Geschlecht eines Dritten
(Sachs HbStR V § 126 Rn.41). Anderes gilt allerdings im Verhältnis von El-
tern und Kindern, jedenfalls soweit es um die familiären Bindungen geht
(BVerfGE 114, 357/366; in der Sache BVerfGE 37, 217/244 ff; a. A. BVerf-
GE 17, 99/104 f). Wer wegen des Geschlechts anderer Personen Benachteili-
gungen erleidet, kann sich aber auf den objektiv-rechtlichen Gehalt berufen
(BVerfGE 37, 217/259 f; 109, 64/89 ff).

90   **b) Unterlassen von Leistung, insb. Förderung. aa)** Art.3 Abs.2 enthält ein **Gleichberechtigungsgebot** (BVerfGE 109, 64/89; 113, 1/15), das

den Staat verpflichtet, die **tatsächliche Durchsetzung** der Gleichberechtigung zu **fördern,** insb. auf den Abbau bestehender Nachteile zu Lasten der Frauen hinzuwirken (vgl. oben Rn.79). Dies wurde früher bereits Abs.2 S.1 entnommen und durch die Einfügung von Abs.2 S.2 im Jahre 1994 (Einl.3 Nr.41) „klargestellt" (BVerfGE 92, 91/109; 109, 64/89). Die Vorschrift enthält einen bindenden Auftrag für den Staat, „für die Zukunft die Gleichberechtigung der Geschlechter durchzusetzen" (BVerfGE 109, 64/89; Eckertz-Höfer AK 39), auch soweit Ungleichheiten auf Private zurückgehen. Sie „zielt auf eine Angleichung der Lebensverhältnisse" zwischen Frauen und Männern (BVerfGE 89, 276/285), auf einen Abbau gesellschaftlicher Benachteiligung und nicht nur rechtlicher Diskriminierung (BVerfGE 109, 64/89; Eckertz-Höfer AK 77, 80). Andererseits geht es nur um die (auch tatsächliche) *Chancengleichheit,* nicht um eine Ergebnisgleichheit (Osterloh SA 282; Gubelt MüK 93d; etwas weiter Eckertz-Höfer AK 78). Familientätigkeit und Erwerbstätigkeit müssen aufeinander abgestimmt werden können (BVerfGE 97, 332/348). Frauen müssen die gleichen Erwerbschancen wie Männer haben (BVerfGE 109, 64/89). Gesetze zur Gleichstellung von Mann und Frau haben regelmäßig Vorrang vor der Vertragsfreiheit.

Die Förderungsverpflichtung richtet sich an den Gesetzgeber wie an die **91** anderen staatlichen Gewalten. Sie enthält nicht nur eine objektiv-rechtliche Verpflichtung, sondern auch ein **subjektives Recht** (Rüfner BK 688; implizit BVerfGE 89, 276/285 ff; a.A. Scholz MD 66; Gubelt MüK 93b), wie das auch bei anderen Auftragsgehalten von Grundrechten angenommen wird (Vorb.6 vor Art.1) und sich bereits aus Abs.2 S.1 ergibt. Bei der Durchführung des Auftrags besitzt allerdings der Staat einen erheblichen **Spielraum** (BVerfGE 109, 64/90), zumal in Abs.2 S.2 nur ein Fördern bzw. Hinwirken verlangt wird. Dementsprechend lässt sich aus Abs.2 nur selten ein Anspruch auf eine *bestimmte* Maßnahme der Förderung herleiten. Immerhin wurde die Schaffung von Kindergartenplätzen als Ausfluss der Schutzpflicht eingestuft (BVerfGE 97, 332/348). Aktivitäten Privater zugunsten der tatsächlichen Gleichberechtigung sind in großem Umfang zulässig. Dies dürfte auch für Quoten in Parteien gelten (Rüfner BK 812 ff).

c) Anwendung von Privatrecht. Bei der Auslegung und Anwendung **92** privatrechtlicher Vorschriften ist die Ausstrahlungswirkung des Gleichberechtigungsgebots aus Art.3 Abs.2 zu beachten (BVerfGE 89, 276/285 f; BVerfG-K, NJW 07, 137). Wegen des hohen Rangs des Art.3 Abs.2 fällt die Ausstrahlung intensiver als bei Abs.1 aus (Gubelt MüK 82). Besonderes Gewicht hat sie im Arbeitsrecht (unten Rn.101–103).

4. Rechtfertigung von Beeinträchtigungen

a) Möglichkeiten der Rechtfertigung. Das Grundrecht der Gleichbe- **93** handlung von Mann und Frau weist keinen Gesetzesvorbehalt auf, weder im Bereich des Abs.2 noch des Abs.3 S.1. Der Gesetzgeber wird also nicht zu Einschränkungen ermächtigt. Möglich ist aber eine Rechtfertigung von Ungleichbehandlungen durch kollidierendes Verfassungsrecht (BVerfGE 92, 91/109; Osterloh SA 254; Jarass, AöR 95, 375 f), sei es durch den Auftrag des Art.3 Abs.2 (unten Rn.97) oder durch sonstiges Verfassungsrecht (unten Rn.98 f). Darüber hinaus ist i.E. anerkannt, dass der Gesetzgeber unter gewissen Voraussetzungen das Geschlecht als Differenzierungskriterium einsetzen kann. Systematisch wird dies teilweise als Einschränkung des Tatbestands, des Schutzbereichs qualifiziert, obwohl die Möglichkeiten des Gesetzgebers durch den Grundsatz der Verhältnismäßigkeit begrenzt werden (unten Rn.95 f), was gegen eine Beschränkung des Schutzbereichs und für eine Qualifikation als Rechtfertigungsmöglichkeit spricht (Jarass, AöR 95, 377 f; vgl. Vorb.20 vor Art.1). Die rechtliche Grundlage für diese Rechtfertigungsmöglichkeit ergibt sich aus der Struktur der Gleichheitsrechte, die Handlungen, die zu einer Differenzierung führen, nur grundsätzlich verbieten (vgl. Jarass, AöR 1995, 376 f, 379). Man kann auch von einer strukturellen Rechtfertigung sprechen. In diese Richtung deutet es, wenn das BVerfG davon spricht, dass das Geschlecht „grundsätzlich" nicht als Anknüpfungspunkt für eine rechtliche Ungleichbehandlung herangezogen werden darf (BVerfGE 85, 191/206). Das *grundsätzliche* Verbot beschreibt den Tatbestand, die Ausnahmen bedürfen einer noch näher zu beschreibenden Rechtfertigung (dazu unten Rn.94–99).

94   **b) Gesetzliche Grundlage.** Wenig geklärt ist die Frage, ob die (ausnahmsweise) Verwendung der Eigenschaft als Frau oder Mann als Differenzierungskriterium, unabhängig von den materiellen Anforderungen, generell einer (speziellen) gesetzlichen Grundlage bedarf. Dies ist jedenfalls für direkte Ungleichbehandlungen (dazu oben Rn.86) zu bejahen (vgl. Rn.50 zu Art.20), etwa bei der Privilegierung von Frauen im öffentlichen Dienst (OVG NW, NJW 89, 2561; Osterloh SA 290). Bei finanziellen Leistungen allein an Frauen soll das anders sein (BVerwG, NVwZ 03, 94; a.A. Sachs, FS Tettinger, 2007, 149).

95   **c) Materielle Voraussetzungen ausnahmsweiser Rechtfertigung.** Eine **direkte Ungleichbehandlung,** also eine (direkte) Verwendung der Eigenschaft als Mann oder Frau als Differenzierungskriterium ist ausnahmsweise zulässig, „soweit sie zur Lösung von Problemen, die *ihrer Natur nach* nur entweder bei Männern oder bei Frauen auftreten können, zwingend erforderlich" ist (BVerfGE 85, 191/207; 92, 91/109; 114, 357/364; Eckertz-Höfer AK 54; Sacksofsky UC 344). Die Ungleichbehandlung muss sich also auf biologische Unterschiede beziehen (Kischel EH 171). Dagegen können funktionale (arbeitsteilige) Unterschiede eine Ungleichbehandlung nicht rechtfertigen (Heun DR 111; Sachs HbStR V § 126 Rn.86; Gubelt MüK 90; Eckertz-Höfer AK 55; a.A. noch BVerfGE 68, 384/390; offen gelassen BVerfGE 84, 9/18). Abs.2 verbietet gerade eine Festschreibung überkommener Rollenverteilungen (oben Rn.87). Die Ungleichbehandlung ist einer *strengen Verhältnismäßigkeitsprüfung* zu unterziehen (Osterloh SA 274); sie muss zur Erreichung des damit verfolgten Ziels geeignet und erforderlich und im Hinblick auf die geschlechtsbezogene Ungleichbehandlung angemessen sein (BAGE 66, 264/274; Gubelt MüK 89). Sie ist nur ausnahmsweise möglich (Englisch SB 154).

96   Eine **indirekte Ungleichbehandlung** (oben Rn.87) ist zulässig, wenn sie „auf hinreichenden sachlichen Gründen beruht" (BVerfGE 113, 1/20;

Kischel EH 169; Englisch SB 155), wenn sie durch gewichtige objektive Gründe gerechtfertigt ist (BAGE 83, 327/337), und somit nichts mit einer Diskriminierung wegen der Eigenschaft als Frau oder Mann zu tun hat (Gubelt MüK 91; vgl. EuGH, Slg.1986, 1607/1627 zur ähnlichen Problemlage bei Art.157 AEUV (ex Art.141 EGV); ähnlich BVerfGE 57, 335/343 f; vorsichtiger noch BVerfGE 48, 346/366). Eine indirekte Ungleichbehandlung dürfte auch durch andere als biologische Unterschiede gerechtfertigt werden können, jedenfalls soweit es um den Schutz von Gütern mit Verfassungsrang geht (BVerfGE 121, 241/257). Doch ist generell eine *Verhältnismäßigkeitsprüfung* geboten (BAGE 74, 309/314 f); insoweit gelten die Ausführungen oben in Rn.95 mit gewissen Abstrichen.

d) Rechtfertigung durch Nachteilsausgleich. Art.3 Abs.2 bzw. Abs.3 **97** S.1 ist nicht verletzt, wenn in Ausführung des Auftrags zur Durchsetzung der Gleichbehandlung (oben Rn.90) „faktische Nachteile, die typischerweise Frauen treffen, ... durch begünstigende Regelungen ausgeglichen werden" (BVerfGE 85, 191/207; 74, 163/180; 92, 91/109; BAGE 86, 79/85; BSGE 65, 181/184; Osterloh SA 265 f). In Betracht kommt dies insb. in Bereichen, in denen Frauen (oder Männer) deutlich unterrepräsentiert sind (BVerwG, DVBl 03, 141), wie das auch Art.23 Abs.2 GRCh entspricht. Art.3 Abs.2 gestattet in diesem Rahmen eine bevorzugende Ungleichbehandlung von Frauen, sofern sie mit dem fraglichen Nachteil in unmittelbarem Zusammenhang steht (BT-Drs. 12/6050); Art.3 Abs.2 S.2 kann damit eine Ungleichbehandlung zu Lasten der Männer rechtfertigen (Sacksofsky UC 349). Unter dieser Voraussetzung sind auch Regelungen möglich, die einen höheren Frauenanteil bei beruflichen Tätigkeiten fördern oder gar erzwingen. Das gilt insb. für *Quotenregelungen* (dazu unten Rn.106). Voraussetzung ist aber zunächst eine gesetzliche Grundlage (oben Rn.94). Zudem muss die Besserstellung zur Korrektur der fraglichen Benachteiligung hinreichend geeignet sein. Zu beachten ist im Übrigen, dass Abs.2 S.2 die Förderung der Chancengleichheit verlangt, nicht die paritätische Besetzung beruflicher Positionen (Osterloh SA 283, 288; Scholz MD 61). Weiter darf die Förderung nicht mittelbar diskriminierend zu Lasten des geförderten Geschlechts wirken (Eckertz-Höfer AK 65; vgl. BVerfGE 109, 64/90 ff), wobei aber dem Gesetzgeber ein Beurteilungsspielraum zukommt. Schließlich ist der Grundsatz der Verhältnismäßigkeit zu beachten. Ändern sich die zugrunde liegenden Verhältnisse, können kompensatorische Regelungen verfassungswidrig werden (BVerfGE 74, 163/181 f; BAGE 85, 284/290 f). Soweit es strukturelle Nachteile für Männer gibt, gilt Entsprechendes.

e) Rechtfertigung durch sonstiges kollidierendes Verfassungs- 98 recht. Beschränkungen können außer durch Art.3 Abs.2 S.2 auch durch andere kollidierende Verfassungsnormen gerechtfertigt sein (BVerfGE 92, 91/109; 114, 357/364). So rechtfertigt Art.6 Abs.4 den **Schutz der Mutter,** insb. der Schwangeren (Rn.52 zu Art.6). Dies legitimiert insb. Sonderregelungen zugunsten der Frauen im Zusammenhang mit der Schwangerschaft, der Geburt und dem Stillen, etwa den Mutterschaftsurlaub (BAG, NJW 86, 743) sowie das Mutterschaftsgeld (Rn.52 zu Art.6). Mutterschutzvorschriften sind allerdings unzulässig, wenn sie die Einstellung von Frauen in Arbeitsverhältnisse behindern und Alternativen ohne diese Wirkung zur Verfügung stehen (BVerfGE 109, 64/89).

99 **Des Weiteren** kann das durch Art.2 Abs.1 iVm Art.1 Abs.1 geschützte Kindeswohl (Rn.49 zu Art.2) rechtfertigen, ein nichteheliches Kind sorgerechtlich grundsätzlich der Mutter zuzuordnen (Rn.50 zu Art.6). Eine Differenzierung ist dagegen unzulässig, wenn die betreffende Aufgabe auch von Vätern wahrgenommen werden kann (Osterloh SA 278). Zur Beschränkung des Wehrdienstes auf Männer Rn.3 zu Art.12a. Das *Sozialstaatsprinzip* ist wegen seiner Unbestimmtheit nicht geeignet, Abs.2 unmittelbar einzuschränken (Gubelt MüK 88; Starck MKS 335; vgl. auch oben Rn.94).

5. Einzelne Bereiche und Fälle

100 **a) Zivil- und Zivilprozessrecht.** Im *Eherecht* wurde eine Reihe von Vorschriften aufgehoben, weil sie dem Ehemann größere Beeinflussungsrechte gaben oder ihn stärker belasteten: Im Namensrecht (BVerfGE 48, 327/337; 84, 9/18 ff; s. auch E 104, 373/387), insb. bei Adoptionen (BVerfGE 19, 177/187), beim Stichentscheid (BVerfGE 10, 59/66 ff) und beim Unterhalt der Kinder (BVerfGE 26, 265/271 ff). Bei der Festlegung des Kindesnamens sind die Eltern gleichberechtigt (BVerfGE 104, 373/393). Zur Übertragung des Sorgerechts für das nichteheliche Kind Rn.50 zu Art.6. Das bis 1998 geltende Eheverbot für Frauen für die Dauer von 10 Monaten nach Auflösung einer Ehe war verfassungswidrig (Osterloh SA 276; a. A. Starck MKS 325). Bei einer Ausschreibung ist hinsichtlich der Geschlechtsneutralität auch auf einen von Dritten stammenden Rahmen zu achten (BVerfG-K, NJW 07, 137 f). Im *Erbrecht* verstößt die Bevorzugung männlicher Nachkommen im Höferecht gegen Art.3 (BVerfGE 15, 337/342 ff; BGHZ 125, 41/48). Im *Versicherungsrecht* verstößt eine Regelung, die Versicherer zu unterschiedlichen Tarifen bei Frauen und Männern verpflichtet, gegen Art.3 Abs.2, Abs.3 S.1 (Rüfner BK 681). Im *Internationalen Privatrecht und Prozessrecht* wurden Vorschriften als unzulässig eingestuft, die an das Heimatrecht des Mannes anknüpften, etwa Art.15 Abs.1, 2 EGBGB a. F. zur Bestimmung des Güterrechts (BVerfGE 63, 181/195), Art.17 Abs.1 EGBGB a. F. zum maßgeblichen Scheidungsrecht (BVerfGE 68, 384/390 ff; BGHZ 86, 57/60 ff), § 606b Abs.1 ZPO a. F. zur Zuständigkeit deutscher Gerichte (BVerfGE 71, 224/228 f) und vergleichbare Regelungen in internationalen Abkommen (BGH, NJW 87, 583).

101 **b) Arbeits- und Sozialrecht. aa)** Die Vorschriften des **Arbeitsrechts** sind uneingeschränkt an Abs.2 zu messen, weshalb etwa ein Anspruch allein der Frauen auf einen Hausarbeitstag unzulässig ist (BVerfGE 52, 369/374 f). Zur Frauenförderung oben Rn.97 und unten Rn.106. Nicht zu rechtfertigen sind **Schutzvorschriften** „zugunsten" von Frauen, die mit deren schwächerer körperlicher Konstitution o. ä. begründet werden (Rüfner BK 658; Eckertz-Höfer AK 56). Die Vorschriften führen zu einer Benachteiligung von Frauen im Berufsleben und können unschwer direkt an der körperlichen Konstitution o. ä. anknüpfen (vgl. BVerfGE 92, 91/110), sofern auf sie nicht völlig verzichtet werden kann. Die weitreichenden Typisierungsmöglichkeiten, die im Rahmen von Abs.1 zulässig sind, können bei Abs.2 nicht akzeptiert werden (vgl. BVerfGE 31, 1/4). Arbeitsschutzvorschriften, die die berufliche Tätigkeit von Frauen beschränken, dürften daher generell mit Abs.2 bzw. Abs.3 S.1 nicht vereinbar sein (Gubelt MüK 90; vgl. Sachs, DÖV 84, 417; anders noch BVerfGE 5, 9/11f), es sei denn, es geht um den Schutz der Mutterschaft (dazu oben Rn.98f). Dementsprechend verstößt das Nachtarbeitsverbot für Frauen gegen Abs.2 bzw. Abs.3 S.1 (BVerfGE 85, 191/209f).

Tarifverträge sind zwar nicht unmittelbar an das Grundrecht gebunden **102** (Rn.42 zu Art.1); doch führt die Ausstrahlungswirkung (oben Rn.92) wegen des geringen Einflusses einzelner Arbeitnehmer und der hohen Bedeutung der Gleichberechtigung von Mann und Frau im Wesentlichen zu dem gleichen Ergebnis (vgl. BAGE 118, 196 Rn.23). Unzulässig war etwa eine Ehezulage allein für Männer (BAGE 50, 137/141). Eine Benachteiligung der Teilzeitarbeit ist häufig unzulässig (BAGE 66, 264/274ff; a.A. noch BAGE 59, 306/318).

Auch bei der **Anwendung** des Arbeitsrechts ist die Ausstrahlungswirkung **103** des Abs.2 (oben Rn.92) zu beachten (BVerfG-K, NJW 07, 137). Der arbeitsrechtliche Grundsatz der Gleichbehandlung wird durch Abs.2 geprägt (BAGE 36, 187/192; 39, 336/339). Insb. ergibt sich aus dem Grundrecht der Grundsatz der Lohngleichheit von Mann und Frau (BAGE 29, 122/126; 38, 232/242), der etwa bei Gratifikationsordnungen (BAG, NJW 75, 751) und bei Teilzeitentgelten (BAGE 38, 232/242ff) zum Tragen gekommen ist. Bei einer Ungleichbehandlung kann Schadensersatz wegen Verletzung des Persönlichkeitsrechts verlangt werden (BAGE 61, 209/212ff). Diskriminierungen sind auch für die Vergangenheit zu beseitigen (BAGE 62, 345/349f). Unzulässig ist zudem eine Diskriminierung im Einstellungs*verfahren* (BVerfGE 89, 276/287f). Bei einer Ungleichbehandlung von Frauen und Männern muss der Arbeitgeber das Vorliegen sachlicher Gründe beweisen (BAGE 36, 187/193; 39, 336/340). Dabei ist ein strenger Maßstab anzulegen (BVerfGE 89, 276/289f). Zudem wird Abs.2 bereits verletzt, wenn die Eigenschaft als Frau bzw. als Mann (nur) einer von mehreren Gründen für die Nichteinstellung ist (BVerfGE 89, 276/288f). Zum Mutterschaftsurlaub oben Rn.98.

bb) Im **Sozialrecht** wurden Ungleichbehandlungen bei Renten festge- **104** stellt (BVerfGE 39, 169/185ff; 57, 335/343ff). Verfassungsrechtlich kaum haltbar ist das frühere Pensions- und Rentenalter von Frauen (Starck MKS 345; tendenziell BAGE 86, 79/84f; **a.A.** BVerfGE 74, 163/180f; BSGE 53, 107/109ff), da darin kein sachgerechter Ausgleich für erlittene Nachteile liegt (vgl. oben Rn.97). Erziehungsgeld ist auch bei der Fortbildung von Frauen zu gewähren (BSGE 73, 181/187). Unzulässig ist eine Beitragsverpflichtung in einem berufsständischen Versorgungswerk während einkommensloser Kindererziehungszeiten (BVerfGE 113, 1/20). Zu Mutterschaftsleistungen oben Rn.98.

c) Im **öffentlichen Dienstrecht** wurden unzulässige geschlechtsbezoge- **105** ne Ungleichbehandlungen bei Pensionen festgestellt (BVerfGE 31, 1/4; 39, 196/204; BVerfGE 121, 241/257ff), beim Beihilfeanspruch für Perücken (BVerwG, NJW 02, 2046) und beim Versorgungsabschlag für Teilzeitbeschäftigte (BVerfGE 121, 241/257 ff). Die These, Beamtenstellen müssten grundsätzlich Vollzeitstellen sein (Rüfner BK 729 f), ist schwerlich mit Art.3 Abs.2 vereinbar. Mit Art.3 Abs.2 vereinbar sind die unterschiedliche Zulässigkeit von Ohrschmuck bei Bediensteten (BVerwGE 84, 287/292) und spezifische Haartrachtregelungen für männliche Soldaten (BVerwGE 103, 99/102; a. A. Rüfner BK 583; vgl. Rn.29 zu Art.2).

106   **Quotenregelungen** im öffentlichen Dienst sind zulässig, sofern sie in Bereichen, in denen weniger Frauen als Männer beschäftigt sind, Frauen (nur) bei gleicher Eignung bevorzugen; zudem müssen zugunsten der Männer Härtefallregelungen vorgesehen werden (BAGE 104, 264/269; Heun DR 100; Osterloh SA 287 f; Eckertz-Höfer AK 67; Kischel EH 179; restriktiver OVG NW, NVwZ 96, 496; NdsOVG, NVwZ 96, 498 f; Scholz MD II 77); vgl. auch Rn.23 zu Art.33. Dies entspricht den Vorgaben des EU-Rechts (EuGH, Slg.1997, I-6363 Rn.35). Zulässig ist, wenn bei einer Personalratswahl an männliche und weibliche Bewerber nur so viele Stimmen vergeben werden können, wie an Personalratssitzen auf das jeweilige Geschlecht entfallen (BVerwGE 110, 253/263). Zur erforderlichen gesetzlichen Grundlage oben Rn.94.

107   **d) Sonstiges.** Die Nichtzulassung von Männern als Hebamme verstieß gegen Abs.2 (Gubelt MüK 92; **a. A.** BVerwGE 40, 17/24 f). Unzulässig ist die Feuerwehrdienstpflicht allein für Männer (BVerfGE 92, 91/109). Als zulässig wurde die Strafbarkeit der männlichen Homosexualität im Unterschied zur lesbischen Sexualität eingestuft (BVerfGE 6, 389/421 f). Für die *Staatsangehörigkeit* ist das Geschlecht seit 1953 (vgl. Art.117 Abs.1) ein unzulässiger Anknüpfungspunkt (BVerfGE 37, 217/244; BVerwG, NVwZ-RR 99, 687 f). Gegen Art.3 Abs.3 S.1 verstößt es, wenn bei der Erteilung einer Aufenthaltserlaubnis ein Unterschied gemacht wird, je nachdem, ob die Mutter oder der Vater einen bestimmten aufenthaltsrechtlichen Status besitzt (BVerfGE 114, 357/363). Die Vergabe öffentlicher Aufträge an Mindest-Standards der Frauenförderung zu binden, ist bei einer Unterrepräsentation der Frauen im fraglichen Bereich möglich (Eckertz-Höfer AK 70). Männliche und weibliche Strafgefangene müssen gleichbehandelt werden (BVerfG-K, NJW 10, 662 f).

108–113   (unbesetzt)

II. Die speziellen Gleichheitsrechte des Abs.3 S.1 (ohne Geschlecht)

1. Bedeutung, Verpflichtete, Abgrenzung

114   **a) Bedeutung und Verpflichtete.** Art.3 Abs.3 S.1 wurde v. a. auf Grund der Verfolgung und Benachteiligung von Minderheiten im Nationalsozialismus, insb. der Personen jüdischer Abstammung, in das GG aufgenommen (Eckertz-Höfer AK 83; Starck MKS 367) und steht in engem Zusammenhang mit dem Grundsatz der Menschenwürde (Heun DR 116; Stern ST IV/1, 83). Eine ähnliche, teils weitere und teils engere Vorschrift findet sich in Art.14 EMRK. Die Gewährleistung des Art.3 Abs.3 S.1 enthält ein **Grundrecht**

sowie eine **objektive Wertentscheidung** (BVerfGE 17, 1/27; Starck MKS 370; Osterloh SA 233). Die Rspr. neigte zu einer äußerst restriktiven Deutung des Grundrechts (Sachs, NJW 83, 2924 f), weshalb seine praktische Bedeutung gering war (BVerfGE *abwM* 63, 266/303). Seit einiger Zeit zeichnen sich Änderungen ab (etwa unten Rn.131). Zu den Folgen eines Verstoßes von Vorschriften gegen Abs.3 vgl. oben Rn.40–43.

Was den **Verpflichteten** des Grundrechts angeht, so bindet Art.3 Abs.3 **115** S.1 alle Träger öffentlicher Gewalt (dazu Rn.32–41 zu Art.1). Insbesondere wird der Privatrechtsgesetzgeber gebunden (Rüfner BK 604). Zur Ausstrahlung auf Private unten Rn.133.

b) Abgrenzung zu anderen Verfassungsnormen. Das Grundrecht **116** des Abs.3 S.1 hat als spezielles Gleichheitsrecht Vorrang vor Art.3 Abs.1 (oben Rn.2 f). Das Diskriminierungsverbot wegen des Geschlechts in Abs.3 S.1 konkurriert dagegen mit Abs.2 (oben Rn.78). Zu Art.33 Abs.1 steht Art.3 Abs.3 S.1 in Idealkonkurrenz (Rn.1 zu Art.33), desgleichen zu Art.33 Abs.2 (Rn.8 zu Art.33), während Art.33 Abs.3 als Spezialvorschrift Vorrang haben dürfte (Rn.26 zu Art.33). Soweit eine Ungleichbehandlung wegen religiöser oder politischer Anschauungen vorgenommen wird, verstärkt Art.3 Abs.3 die Glaubensfreiheit des Art.4 und die Meinungsfreiheit des Art.5 (vgl. Rn.24 zu Art.4 und Rn.30 zu Art.5). Vielfach werden hier allein die Freiheitsgrundrechte angewandt, ohne dass die Relevanz des Art.3 Abs.3 behandelt wird. Das Verhältnis muss als ungeklärt bezeichnet werden (Osterloh SA 301); gute Gründe sprechen für eine Parallelanwendung (Sacksofsky UC 330), es sei denn, der Schwerpunkt liegt eindeutig beim Freiheits- oder beim Gleichheitsrecht (vgl. oben Rn.3). Art.7 Abs.3 S.1 geht Art.3 Abs.3 vor (BVerwGE 107, 75/92).

2. Schutzbereich, insb. Grundrechtsträger

Ein eigenständiger *sachlicher* Schutzbereich, der von der Grundrechtsbe- **117** einträchtigung klar abgrenzbar ist, lässt sich bei Art.3 Abs.3 S.1 kaum ausmachen (allg. dazu Vorb.15 vor Art.1). Bedeutsam ist aber der *personale* Schutzbereich. Träger des Grundrechts sind alle natürlichen Personen. Darüber hinaus sollen auch juristische Personen und Personenvereinigungen Grundrechtsträger sein können (Rüfner BK 595; Heun DR 117), was aber nur bei der Diskriminierung wegen des Glaubens oder religiöser sowie politischer Anschauungen zutrifft (Osterloh SA 238; Dreier DR 38 zu Art.19 III). Die anderen Merkmale sind höchstpersönlicher Natur (vgl. Starck MKS 374). Zudem kann nur die Person das Grundrecht geltend machen, die als Merkmalsträger benachteiligt wird (unten Rn.130).

3. Ungleichbehandlungen

a) Ungleichbehandlung nach bestimmten Merkmalen. Die Beein- **118** trächtigung des Grundrechts setzt eine Ungleichbehandlung, also eine unterschiedliche Behandlung vergleichbarer Sachverhalte (dazu oben Rn.7) durch einen Grundrechtsverpflichteten (oben Rn.115) voraus, und zwar durch die gleiche Stelle (dazu oben Rn.9). Die Ungleichbehandlung muss in **Abhän-**

gigkeit von bestimmten Merkmalen des Grundrechtsinhabers (unten Rn.120–129) erfolgen. Art.3 Abs.3 S.1 enthält ein (grundsätzliches) Anknüpfungsverbot (BVerfGE 85, 191/206; 121, 241/254; Kischel EH 191). Die Ungleichbehandlung hängt etwa vom Vorliegen eines der Merkmale ab, wenn bestimmte politische Vereine gegenüber anderen benachteiligt werden, nicht jedoch wenn alle politischen Vereine benachteiligt oder bevorzugt werden oder wenn eine Regelung ihrer Struktur nach zu Lasten aller politischen Auffassungen geht (Sachs ST V § 126 Rn.25).

119   Die Ungleichbehandlung in Abhängigkeit von einem der aufgeführten Merkmale liegt zunächst vor, wenn die Maßnahme auf das Merkmal (rechtlich) abhebt **(direkte Ungleichbehandlung).** Dabei dürfte allein relevant sein, ob der Grundrechtsverpflichtete darauf abhebt, nicht ob das Merkmal tatsächlich gegeben ist. Abs.3 S.1 kommt aber auch in Fällen *indirekter Ungleichbehandlung* (vgl. oben Rn.87) zum Tragen, wenn zwar nicht an eines der problematischen Merkmale angeknüpft wird, das verwandte Differenzierungskriterium aber i. E. immer oder in den meisten Fällen auf eine Verwendung des Merkmals hinausläuft (BVerfGE 121, 241/254f; BVerfG-K, NJW 04, 50; NJW 10, 662; Osterloh SA 256f; Englisch SB 82; a. A. Heun DR 124; Kischel EH 194).

120   **b) Die einzelnen Merkmale.** Die Merkmale des Abs.3 S.1 kennzeichnet, dass „auf deren Vorhandensein oder Fehlen der Einzelne keinen oder nur einen begrenzten Einfluss nehmen kann" (BVerfGE 96, 288/302) oder dass der Betroffene auf deren Vorhandensein wegen des Schutzes bestimmter Freiheitsgrundrechte keinen Einfluss nehmen muss. Der Katalog der Merkmale wird als abschließend angesehen, so dass eine analoge Anwendung ausscheidet (BAGE 61, 151/161); vgl. aber Rn.19a zu Art.3. Im Einzelnen werden folgende Merkmale geschützt:

121   **aa) Das Geschlecht** ist einmal bei der Ungleichbehandlung von Männern und Frauen betroffen. Insoweit ist auch Abs.2 einschlägig (oben Rn.78), weshalb darauf bereits eingegangen wurde (oben Rn.85–89). Art.3 Abs.3 S.1 dürfte zudem eine Ungleichbehandlung von Hermaphroditen erfassen und insoweit über Art.3 Abs.2 hinausgehen. Zudem wird eine Ungleichbehandlung wegen des Wechsels des Geschlechts erfasst, was für Transsexuelle von Bedeutung ist.

122   **Abstammung** meint „die natürliche biologische Beziehung eines Menschen zu seinen Vorfahren" (BVerfGE 9, 124/128; Heun DR 127), also den Umstand, dass jemand Abkömmling einer bestimmten Vorfahrenreihe ist. Einzubeziehen ist die familienrechtliche Abstammung, etwa im Hinblick auf eine Vaterschaftsvermutung, nicht jedoch im Hinblick auf die familienrechtliche Qualifikation (Sachs HbStR V § 126 Rn.43), etwa hinsichtlich der Nichtehelichkeit (insoweit ist Art.6 Abs.5 einschlägig). Erfasst wird ein Anknüpfen an Eigenschaften der Eltern (etwa Religion oder Kriminalität). Das Merkmal der Abstammung richtet sich insb. gegen Sippenhaft (Heun DR 127) und Vetternwirtschaft (Sacksofsky UC 318; Kischel EH 204; Eckertz-Höfer AK 114).

123   Das Merkmal der **Rasse** (wohl ein Unterfall der Abstammung) bezieht sich auf Gruppen mit bestimmten wirklich oder vermeintlich biologisch ver-

erbbaren Merkmalen (Kischel EH 202; Rüfner BK 830; Osterloh SA 293; für Beschränkung auf wirklich vererbte Merkmale Pieroth/Schlink Rn.480). Erfasst werden Farbige, Mischlinge, Juden, Sinti und Roma, wobei es meist um vermeintliche Rassemerkmale geht. Wie generell (oben Rn.119), kommt es nicht darauf an, ob das Merkmal tatsächlich gegeben ist. Weiter werden ethnische Minderheiten erfasst (Eckertz-Höfer AK 115).

Das Merkmal der **Sprache** schützt Gruppen vor Diskriminierung auf 124 Grund ihrer *Mutter*sprache (Sachs HbStR V § 126 Rn.45; Sacksofsky UC 321), unabhängig davon, ob die fraglichen Personen in geschlossenen Gebieten zusammenwohnen, wie die dänische oder die sorbische Minderheit, oder verstreut leben, wie Gastarbeiter oder Flüchtlinge (Heun DR 129; Starck MKS 389). Auch der Dialekt rechnet hierher (Osterloh SA 298; Englisch SB 87; Eckertz-Höfer AK 117). Art.3 Abs.3 ist nur betroffen, wenn die (Mutter-)Sprache des Betroffenen „als Anknüpfungspunkt für Rechtsnachteile" verwendet wird, nicht wenn Deutsch als Amtssprache festgelegt wird (BVerfGE 64, 135/157; Sacksofsky UC 322).

bb) Mit **Heimat** ist die „örtliche Herkunft eines Menschen nach Geburt 125 oder Ansässigkeit im Sinne der emotionalen Beziehung zu einem geographisch begrenzten, einzelnen mitprägenden Raum (Ort, Landschaft) gemeint" (BVerfGE 102, 41/53; ähnlich E 48, 281/287; Rüfner BK 839; Osterloh SA 295). Entscheidend ist die identitätsstiftende Bedeutung der Umgebung während der Kindheit und Jugend (Osterloh SA 295; Rüfner BK 839; Eckertz-Höfer AK 119). Das Merkmal zielte historisch vor allem auf die Gleichstellung der Vertriebenen und Flüchtlinge nach dem Zweiten Weltkrieg (BVerfGE 107, 257/269). Die Heimat fällt keineswegs mit dem Wohnsitz oder dem gewöhnlichen Aufenthaltsort zusammen (BVerfGE 38, 128/135; 92, 26/50; 102, 41/53f; BVerwG, NVwZ 83, 224; Pieroth, WissR 2007, 242; Eckertz-Höfer AK 119). Landeskinderklauseln werden daher regelmäßig nicht erfasst (Osterloh SA 296; a. A. Starck MKS 399). Auch die Besoldungsdifferenzierung zwischen West und Ost nach der Wiedervereinigung wurde nicht erfasst (BVerfGE 107, 257/269). Die abweichende Behandlung nach dem FremdrentenG beruht auf unterschiedlichen Versicherungsbiographien und nicht auf der Heimat (BVerfGE 116, 96/130). Zur Kausalität des Merkmals unten Rn.131. Zur Staatsangehörigkeit unten Rn.127.

Herkunft meint die „ständisch-soziale Abstammung und Verwurzelung" 126 (BVerfGE 48, 281/287f; BVerwGE 106, 191/194; Rüfner BK 845), insb. die soziale Stellung der Eltern, nicht aber „die in den eigenen Lebensumständen begründete Zugehörigkeit zu einer bestimmten sozialen Schicht" (BVerfGE 9, 124/129). Erfasst werden etwa Sonderregeln für den Adel oder für die Kinder bestimmter Berufsangehöriger (Starck MKS 401). Hierher rechnet auch die nichteheliche Geburt; doch geht insoweit Art.6 Abs.5 als lex specialis vor (a. A. Starck MKS 385). Das Merkmal zielt auf die soziale Durchlässigkeit und Chancengleichheit und die Verhinderung einer Klassengesellschaft mit schichtenspezifischen Privilegien (Eckertz-Höfer AK 120; Rüfner BK 845; Starck MKS 401).

Eine Differenzierung nach der Staatsangehörigkeit und damit eine Son- 127 derbehandlung von **Ausländern** wird von keinem der Kriterien des Abs.3 erfasst (BVerfGE 51, 1/30; 90, 27/37; BVerwGE 67, 177/183; 80, 233/243;

Sacksofsky UC 326; Heun DR 130; a. A. BGHSt 43, 233/234; Gubelt MüK 5, 99); insoweit ist Abs.1 einschlägig (oben Rn.19). Werden allerdings Ausländer mit dunkler Hautfarbe o. ä. diskriminiert, kommt das Kriterium der Rasse zum Tragen (oben Rn.123). Außerdem wird bei Ausländern vielfach eine mittelbare bzw. indirekte Beeinträchtigung (oben Rn.119) vorliegen (Osterloh SA 297) oder Abs.1 wegen der Nähe der Kriterien des Abs.3 S.1 besonders genau zu prüfen sein (oben Rn.19f).

128   **cc)** Die **religiösen Anschauungen** beziehen sich auch auf Weltanschauungen (Rüfner BK 848; Starck MKS 402; a. A. Kischel EH 199) und darüber hinaus auf areligiöse und antireligiöse Einstellungen und Auffassungen (Heun DR 132; Gubelt MüK 101; Osterloh SA 302); geschützt werden also durch den Glauben (dazu Rn.7–9 zu Art.4) bedingte Eigenschaften bzw. Tätigkeiten. Das Grundrecht ist insb. einschlägig, wenn bestimmte religiöse Gemeinschaften oder deren Angehörige bevorzugt werden, weshalb Abs.3 S.1 die weltanschaulich-religiöse Neutralität des Staates sichert (dazu Rn.5 zu Art.4; Gubelt MüK 101; Eckertz-Höfer AK 92, 121). Eine Ungleichbehandlung iSd Abs.3 S.1 liegt auch vor, wenn bestimmte Gruppen von Religionsgemeinschaften, etwa solche mit öffentlich-rechtlichem Status, anders als andere Religionsgemeinschaften behandelt werden. Zum Verhältnis des Abs.3 S.1 zum Grundrecht des Art.4 oben Rn.116.

129   Der Begriff der **politischen Anschauungen** ist weit zu verstehen. Die Auffassung, Abs.3 S.1 erfasse allein das „Haben" der Einstellungen und Anschauungen, nicht deren Äußerung und Umsetzung (BVerfGE 39, 334/368; BAGE 51, 246/255), ist abzulehnen (BVerfGE *abwM* 63, 266/304; Gubelt MüK 102; Heun DR 133; Hufen 699; Starck MKS 412). Bloße innere Einstellungen, die niemandem bekannt sind, können ohnehin nicht als Anknüpfungspunkt für Ungleichbehandlungen verwendet werden (Sacksofsky UC 329; ähnlich Heun DR 119; Eckertz-Höfer AK 123). Die Folgen der Äußerung und ihrer Umsetzung können im Rahmen der Rechtfertigung (unten Rn.135) Berücksichtigung finden.

130   **c) Kausale Benachteiligung.** Eine Beeinträchtigung liegt weiter nur vor, wenn dem Grundrechtsträger ein (relativer) **Nachteil** zugefügt wird. Zwar spricht Abs.3 S.1 auch von Bevorzugung; damit wird aber nicht eine Grundrechtsbeeinträchtigung des Begünstigten festgeschrieben, sondern auf die mittelbare Wirkung der Bevorzugung für denjenigen abgehoben, der sich in einer vergleichbaren Situation befindet und die Bevorzugung nicht erhält (vgl. Starck MKS 378). Was den Nachteil angeht, gelten zunächst die gleichen Überlegungen wie bei Abs.1; näher dazu oben Rn.10f. Insb. ist die Beeinträchtigung eines beliebigen Interesses ausreichend (Sachs HbStR V § 126 Rn.53). Es genügen wirtschaftliche, ideelle oder emotionale Nachteile (BVerfG-K, NJW 04, 1095; Gubelt MüK 103; König/Peters MG Kap.22 Rn.30). Erfasst werden auch geringfügige Benachteiligungen (Heun DR 118; Osterloh SA 251; Sachs HbStR V § 126 Rn.57). Zudem muss die Person benachteiligt werden, auf die sich der problematische Anknüpfungspunkt bezieht (Englisch SB 111; vgl. oben Rn.89).

131   Der Nachteil muss eine Folge der Verwendung der angeführten Anknüpfungspunkte sein; insoweit ist also eine (objektive) **Kausalität** iwS (Ursächlichkeit) erforderlich (BVerwGE 106, 191/194f; Gubelt MüK 104). Daher ist etwa das Merkmal der Heimat nicht betroffen, wenn für ein bestimmtes Gebiet wegen der dort bestehenden Besonderheiten Regelungen getroffen werden (BVerfG-K, EuGRZ 98, 40; BVerwGE 91, 140/148; 106, 191/194f). Es muss tatsächlich an das problematische Kriterium angeknüpft werden. Ob die Ungleichbehandlung und die daraus resultierende Belastung **bezweckt** ist oder in erster Linie andere Zwecke verfolgt werden, ist unerheblich (BVerfGE 97, 35/43; 97, 186/197; 114, 357/364; 121, 241/254; Rüfner BK 560; Osterloh SA 252; anders noch BVerfGE 75, 40/70). Eine derartige Einschränkung würde Abs.3 S.1 weithin leer laufen lassen.

4. Sonstige Beeinträchtigungen

a) Unterlassen von Leistung, insb. Schutz. Aus Abs.3 S.1 ergibt sich **132**
ein Auftrag an den Staat, Diskriminierungen anhand der in dieser Vorschrift genannten Kriterien durch Private entgegenzuwirken (Rüfner BK 611; Eckertz-Höfer AK 94; Sachs HbStR V § 126 Rn.122). Dagegen soll Abs.3 S.1 nicht die (sonstige) Förderung der geschützten Personengruppen bzw. einen Abbau der tatsächlichen Unterschiede verlangen (BVerfGE 64, 135/156f; 85, 191/206f; Heun DR 116; a.A. Rüfner BK 609), etwa durch Abbau sprachbedingter Erschwernisse für Ausländer. Warum das anders bei Art.3 Abs.2 und Art.3 Abs.3 S.2 sein soll (vgl. oben Rn.90 und unten Rn.147), ist jedoch nicht recht einzusehen. Jedenfalls werden Maßnahmen zum Abbau von Unterschieden legitimiert (Eckertz-Höfer AK 92). Weiter können *verfahrensrechtliche Pflichten* bestehen (Eckertz-Höfer AK 96).

b) Anwendung von Privatrecht. Bei der Auslegung und Anwendung **133**
des Privatrechts ist die Ausstrahlungswirkung der Grundrechte (Rn.54–58 zu Art.1) zu beachten. Sie fällt im Bereich des Abs.3 stärker als bei Abs.1, aber schwächer als bei Abs.2 aus. Der Bürger kann grundsätzlich nach Merkmalen iSd Abs.3 differenzieren, etwa sich zu Vertriebenenverbänden zusammenschließen oder nur Personen der eigenen Religion ehelichen. Unzulässig ist aber die Verwendung der Kriterien bei öffentlich angebotenen Leistungen (Eckertz-Höfer AK 93).

5. Rechtfertigung von Beeinträchtigungen

a) Möglichkeiten der Rechtfertigung und gesetzliche Grundlage. **134**
Was die Möglichkeiten einer Rechtfertigung von Ungleichbehandlungen wegen der in Abs.3 S.1 genannten Merkmale angeht, gelten die Ausführungen oben in Rn.93. Insbesondere ist eine Rechtfertigung durch kollidierendes Verfassungsrecht möglich (BVerfGE 121, 241/257; BVerfG-K, NVwZ 99, 756). Auch eine Rechtfertigung durch objektive Faktoren kommt in Betracht (Eckertz-Höfer AK 107; vgl. Pieroth/Schlink 455); näher unten Rn.135. Ungeklärt ist die Frage, ob die (ausnahmsweise) Verwendung der Differenzierungskriterien des Abs.3 S.1 einer **gesetzlichen Grundlage** bedarf. Die Frage wird für direkte Ungleichbehandlungen (oben Rn.119) zu bejahen sein (vgl. Rn.50 zu Art.20 sowie oben Rn.94). Die gesetzlichen Grundlagen müssen ausreichend bestimmt, insb. auf die Verwendung des an sich unzulässigen Differenzierungskriteriums bezogen sein.

135   **b) Materielle Voraussetzungen.** Abs.3 S.1 verbietet nicht jede Verwendung der (grundsätzlich) unzulässigen Differenzierungskriterien. Ihr Einsatz
ist zulässig, wenn sie zur Lösung von Problemen notwendig sind, die ihrer
Natur nach nur bei Personen der *einen* Gruppe auftreten können (BVerfGE
85, 191/207), wenn das Kriterium „das konstituierende Element des zu regelnden Lebenssachverhalts bildet" (BVerfGE 7, 155/171; BVerfG-K, NVwZ
94, 477). Zudem muss die Diskriminierung *zwingend* erforderlich sein
(BVerfGE 85, 191/207); es ist eine strenge Verhältnismäßigkeitsprüfung geboten (Osterloh SA 254; Sacksofsky UC 313). Weniger streng ist die Prüfung in Fällen mittelbarer Diskriminierungen. Darüber hinaus kann Abs.3
S.1 durch *andere Verfassungsnormen* beschränkt werden (Rüfner BK 575), wobei zwischen den konkurrierenden Verfassungsgütern ein sachgerechter Ausgleich getroffen werden muss (Vorb.48–52 vor Art.1). Zu Art.137 WRV unten Rn.140.

        6. Einzelne Bereiche und Fälle

136   **a) Geschlecht, Abstammung, Rasse.** Zu Ungleichbehandlungen wegen des Geschlechts vgl. zunächst die Einzelfälle der Differenzierung zwischen Männern und Frauen oben Rn.100–107. Transsexuellen muss eine
Vornamensänderung auch unter 25 Jahren möglich sein (BVerfGE 88, 87/
97 f, gestützt auf Art.3 Abs.1; vgl. Rn.74 zu Art.2).

137   Die **Abstammung** kann wegen Art.6 im Familien-, Erb- und Versorgungsrecht Berücksichtigung finden (Eckertz-Höfer AK 114; Sacksofsky UC
317), etwa bei Waisenrenten (vgl. BVerfGE 9, 201/205). Auch sonst ist es zulässig, die enge Verbindung von Verwandten bei Problemen zu berücksichtigen, wo eine solche Verbindung von besonderem Gewicht ist, etwa im Befan-
genheitsrecht (vgl. Osterloh SA 292). Eine testamentarische Benachteiligung
wegen einer bestimmten Abstammung soll zulässig sein (BGHZ 140, 118/
132 f). Bei der Berufszulassung und -ausübung darf die Abstammung keine
Rolle spielen. Die Ablehnung eines Nachmieters kann nicht mit dessen Eigenschaft als Roma begründet werden; vielmehr sind (wie immer) konkrete
Ablehnungsgründe notwendig. Im Bereich der **Rasse** (oben Rn.123) ist die
Verweigerung des Gaststättenzutritts für Farbige unzulässig. Zu früheren Ausbürgerungen aus Gründen der Rasse BVerfGE 23, 98/106 f sowie Rn.11–18
zu Art.116.

138   **b) Sprache, Heimat und Herkunft.** Die Förderung deutscher **Sprach-
kenntnisse,** um Zuwanderer zu integrieren, ist zulässig (Kischel EH 208; restriktiv Starck MKS 382). Die Einbürgerung kann von Kenntnissen der deutschen Sprache abhängig gemacht werden (Starck MKS 395). Die allgemeine
Schulpflicht ohne fachgerecht differenzierende Lehrangebote für relevante
Gruppen fremdsprachiger Schüler dürfte unzulässig sein (Osterloh SA 300).
Es verletzt Abs.3 S.1, einem fremdsprachigen Angeklagten Dolmetscherkosten für die Telefonüberwachungskontrolle in der Untersuchungshaft unbegrenzt aufzuerlegen (BVerfG-K, NJW 04, 1095 f); im gerichtlichen Verfahren
sind notwendige Dolmetscherkosten zu ersetzen (BVerfG-K, NJW 04, 50 f).

139   Im Hinblick auf die **Heimat** ist es unzulässig, wenn eine Gemeinde bei
Einstellungen Einheimische bevorzugt (BVerwG, DVBl 80, 56); ob es dabei

tatsächlich um die Heimat geht, ist aber zweifelhaft. Im Hinblick auf das Merkmal der **Herkunft** (oben Rn.126) ist es unzulässig, die Zulassung zu einem Beruf zu erleichtern, weil ein Elternteil den Beruf bereits ausgeübt hat (Starck MKS 401). Zu Ausländern oben Rn.127.

c) Religiöse und politische Anschauungen. Mit dem Verbot der Un- **140** gleichbehandlung wegen des **Glaubens** bzw. der **religiösen Anschauungen** ist das Schulfach Ethik als Pflicht-Ersatzfach vereinbar (BVerwGE 107, 75/84ff; a.A. Korioth MD 50 zu Art.140/136 WRV). Weiter ermöglicht Art.137 WRV insb. bestimmte Sonderrechte öffentlich-rechtlicher Glaubensgemeinschaften (Eckertz-Höfer AK 122; Rn.17–19 zu Art.140/137 WRV). Die großen Kirchen dürfen über ihre Sonderstellung nach Art.140 iVm Art.137 WRV hinaus nicht weiter privilegiert werden (Starck MKS 403; Renk, NVwZ 87, 670; näher Rn.18f zu Art.140/137 WRV). Zur Bedeutung der religiösen Auffassungen von Lehrern und zum konfessionsgebundenen Staatsamt Rn.32f zu Art.33. Zu weiteren Einzelfällen Rn.31, 43 zu Art.4 und Rn.3 zu Art.140/136 WRV.

Hinsichtlich der **politischen Anschauungen** von Bewerbern für den öf- **141** fentlichen Dienst kann wegen Art.33 Abs.2, 5 die Frage eine Rolle spielen, ob der Bewerber verfassungsfeindliche Auffassungen vertritt; es ist eine Abwägung zwischen den einschlägigen GG-Normen notwendig (vgl. Eckertz-Höfer AK 124; Rn.21 zu Art.33). I.Ü. dürfen, von politischen Stellen (einschl. der Stellen politischer Beamter) abgesehen, die politischen Anschauungen bei Einstellung und Beförderung keine Rolle spielen (Rüfner BK 866; Lecheler HbStR^3 V § 110 Rn.10, 81; vgl. Rn.22 zu Art.33). Dagegen wird in der Praxis häufig verstoßen. Eine Abberufung aus politischen Ämtern wegen einer bestimmten politischen Auffassung wird durch das Demokratieprinzip legitimiert (Eckertz-Höfer AK 124; vgl. BVerfGE 7, 155/170f; Heun DR 133). Personen, die sich am aktiven Kampf gegen die freiheitliche demokratische Grundordnung beteiligten, können bei der Entschädigung wegen NS-Verfolgung benachteiligt werden (vgl. BVerfGE 13, 46/49); doch sind die Voraussetzungen streng zu prüfen (Heun DR 133; Eckertz-Höfer AK 124). Zudem ist auch hier eine Verhältnismäßigkeitsprüfung notwendig.

III. Verbot der Benachteiligung Behinderter (Abs.3 S.2)

1. Bedeutung, Verpflichtete, Abgrenzung

Art.3 Abs.3 S.2 wurde im Rahmen der Verfassungsreform von 1994 **142** (Einl.3 Nr.42) eingefügt. Die Vorschrift bezweckt die Stärkung der Stellung behinderter Menschen in Recht und Gesellschaft (BT-Drs. 12/8165, 29). Sie enthält ein Gleichheitsrecht zugunsten Behinderter sowie einen Auftrag an den Staat, auf die gleichberechtigte Teilhabe behinderter Menschen hinzuwirken (Rüfner BK 884; Kischel EH 215; a.A. Englisch SB 107). Eine ähnliche Regelung enthält Art.26 GRCh. Art.3 Abs.3 S.2 verpflichtet alle Träger öffentlicher Gewalt (dazu Rn.32–44 zu Art.1). Insb. wird auch der

Privatrechtsgesetzgeber gebunden (BVerfGE 99, 341/356). Zur Ausstrahlungswirkung unten Rn.148. Die entsprechenden Gehalte des Sozialstaatsprinzips zugunsten Behinderter (dazu Rn.114 zu Art.20) werden durch Art.3 Abs.3 S.2 verstärkt und ergänzt (Osterloh SA 305).

2. Schutzbereich, insb. Grundrechtsträger

143   Ein eigenständiger *sachlicher* Schutzbereich, der von der Grundrechtsbeeinträchtigung klar abgrenzbar ist, lässt sich bei Art.3 Abs.3 S.2 kaum ausmachen (allg. dazu Vorb.15 vor Art.1). Bedeutsam ist aber der *personale* Schutzbereich. Träger des Grundrechts sind allein natürliche Personen (Osterloh SA 308; Gubelt MüK 94a; teilw. a. A. Rüfner BK 882), die behindert sind (unten Rn.144), nicht dagegen Verbände von Behinderten etc. (Heun DR 136; Umbach UC 404).

3. Beeinträchtigungen, insb. Ungleichbehandlung

144   **a) Behinderungsbezogene Ungleichbehandlung. aa)** Die Beeinträchtigung des Grundrechts setzt eine Ungleichbehandlung, d.h. eine unterschiedliche Behandlung vergleichbarer Sachverhalte (dazu oben Rn.7) durch einen Grundrechtsverpflichteten (oben Rn.142) voraus, und zwar durch die gleiche Stelle (dazu oben Rn.9). Die Ungleichbehandlung muss in **Abhängigkeit von der Behinderung** des Grundrechtsinhabers erfolgen; notwendig ist eine *behinderungsbezogene Ungleichheit.* **Behinderung** meint „die Auswirkung einer nicht nur vorübergehenden Funktionsbeeinträchtigung, die auf einem regelwidrigen körperlichen, geistigen oder seelischen Zustand beruht" (BVerfGE 96, 288/301; 99, 341/356 f; Eckertz-Höfer AK 135; Schulze-Osterloh SA 309). Regelwidrig ist ein Zustand, der von dem Zustand abweicht, der für das Lebensalter typisch ist. Der Grund für die Behinderung ist unerheblich (Rüfner BK 871). Geringfügige Beeinträchtigungen bleiben ausgeklammert (Rüfner BK 871), doch werden nicht nur Schwerbehinderte geschützt. Erfasst werden zudem erhebliche Verunstaltungen (etwa Narben im Gesicht), die im Kontakt mit Dritten zu Belastungen führen können. Ungünstige Persönlichkeitsmerkmale allein genügen nicht (Gubelt MüK 104c; vgl. BSGE 48, 82/83). Chronisch Kranke werden regelmäßig erfasst, nicht aber vorübergehend Erkrankte mit voller Genesungserwartung (Scholz MD III 176; Eckertz-Höfer AK 135). Unklar ist, ob mit § 3 Abs.1 S.2 SchwerbehindertenG altersbedingte Beeinträchtigungen, die für diese Lebensphase nicht regelwidrig sind, erfasst werden (dafür Osterloh SA 310).

145   Eine Ungleichbehandlung erfolgt in Abhängigkeit von der Behinderung, wenn an die Behinderung direkt angeknüpft wird **(direkte Ungleichbehandlung).** Das Grundrecht kommt weiter bei *indirekten Ungleichbehandlungen* zum Tragen, also dann, wenn eine staatliche Regelung nicht an die Behinderteneigenschaft, sondern an ein anderes Differenzierungskriterium anknüpft, i.E. es aber im Wesentlichen zu einer Benachteiligung Behinderter kommt (Heun DR 137; Englisch SB 107; Eckertz-Höfer AK 138; Umbach UC 408). An die Behinderung wird wohl auch angeknüpft, wenn sie wegen ihrer Schwere zu einer geringeren Eignung führt (wohl a. A. BSGE 85, 298/303 f; Starck MKS 419); zur Rechtfertigung in diesem Falle unten Rn.149 f.

bb) Eine Beeinträchtigung liegt nur vor, wenn die behinderungsbezogene **146** Ungleichbehandlung zu einem **Nachteil** für den Behinderten führt. Der Nachteil liegt in Regelungen und Maßnahmen, „die die Situation des Behinderten wegen seiner Behinderung verschlechtern, indem ihm etwa der tatsächlich mögliche Zutritt zu öffentlichen Einrichtungen verwehrt wird oder Leistungen, die grundsätzlich jedermann zustehen, verweigert werden" (BVerfGE 96, 288/303; 99, 341/357). Auf das Gewicht der Benachteiligung kommt es nicht an (Osterloh SA 312; vgl. oben Rn.11, 130). Des Weiteren kann eine Benachteiligung „auch bei einem Ausschluss von Entfaltungs- und Betätigungsmöglichkeiten durch die öffentliche Gewalt gegeben sein, wenn dieser nicht durch eine auf die Behinderung bezogene Förderungsmaßnahme hinlänglich kompensiert wird" (BVerfGE 96, 288/303). Wirken sich Maßnahmen sowohl begünstigend wie belastend aus, kommt es auf eine Gesamtbetrachtung an, für die die Einschätzung des Behinderten von erheblichem Gewicht ist (Eckertz-Höfer AK 137; vgl. BVerfGE 96, 288/307 f). Das Grundrecht ist nicht betroffen, wenn Behinderte **bevorzugt** werden (BVerfGE 96, 288/302 f; Starck MKS 417); die Begünstigung kann aber mittelbar zu Nachteilen führen und stellt dann eine Grundrechtsbeeinträchtigung dar, etwa Regelungen zugunsten Behinderter im Arbeitsrecht (vgl. BVerfGE 109, 64/90; oben Rn.88).

b) Unterlassen von Leistung, insb. Förderung. Art.3 Abs.3 S.2 ver- **147** langt die Förderung Behinderter bzw. den Abbau von Benachteiligungen in der Gesellschaft (oben Rn.142). Insb. trifft den Staat für behinderte Schüler eine besondere Verantwortung; Art.7 Abs.1 wird insoweit eingeschränkt (BVerfGE 96, 288/304). Bei der Umsetzung des Förderungsauftrags kommt dem Staat allerdings ein erheblicher Spielraum zu (BVerwGE 125, 370 Rn.43). Der Förderauftrag wird nur verletzt, wenn die Entscheidung den grundrechtlichen Vorgaben ersichtlich nicht gerecht wird (BVerfG-K, NVwZ 06, 680). Im öffentlichen Dienst ist zudem der Art.33 Abs.2 zu beachten. Bei der Ausgestaltung öffentlicher Einrichtungen ist die Wertentscheidung des Abs.3 S.2 zu berücksichtigen (Osterloh SA 306). Originäre Leistungsansprüche werden vielfach abgelehnt (Osterloh SA 305; Gubelt MüK 104b; offen gelassen BVerfGE 96, 228/304). Sobald jedenfalls finanzielle Aufwendungen die Folge sind, kommt dem Gesetzgeber ein besonders weiter Spielraum zu. Leistungspflichten bestehen nur „nach Maßgabe des finanziell, personell, sachlich und organisatorisch Möglichen" (BVerfGE 96, 288/308; Eckertz-Höfer AK 130).

c) Anwendung von Privatrecht. Bei der Auslegung und Anwendung **148** privatrechtlicher Normen kommt die Ausstrahlungswirkung des Grundrechts (dazu allg. Rn.54–58 zu Art.1) zum Tragen (Starck MKS 422; Heun DR 138), nicht aber eine unmittelbare Drittwirkung (BVerwGE 125, 370 Rn.43). Bedeutung hat das etwa bei der Auslegung eines Mietvertrags (BVerfG-K, NJW 00, 2659). Die bei einer Einstellung gestellte Frage nach der Schwerbehinderteneigenschaft soll auch dann wahrheitsgemäß zu beantworten sein, wenn die Behinderung tätigkeitsneutral ist (BAGE 81, 120/

128 f). Bei einer Kündigung ist die Schwerbehinderteneigenschaft zu berücksichtigen (BAG, NJW 01, 915).

4. Rechtfertigung von Beeinträchtigungen

149   **aa)** Eine Schlechterstellung Behinderter im Vergleich zu Nichtbehinder-
ten ist nicht ausgeschlossen (Heun DR 137). Sofern dies in Form einer direkten Ungleichbehandlung (dazu oben Rn.145) geschieht, dürfte eine *gesetzliche Grundlage* notwendig sein (vgl. oben Rn.94). Zudem muss die
Benachteiligung „**unerlässlich** sein, um behinderungsbezogenen Besonderheiten Rechnung zu tragen" (BVerfGE 99, 341/357; BVerfG-K, NJW 04,
2151; Osterloh SA 314; Eckertz-Höfer AK 140; Heun DR 137). Fehlen einer Person „gerade auf Grund ihrer Behinderung bestimmte geistige oder
körperliche Fähigkeiten, die unerlässliche Voraussetzung für die Wahrnehmung eines Rechts sind", ist die Verweigerung des Rechts zulässig (BVerfGE
99, 341/357).

150   **Im Einzelnen** darf eine Beförderung im öffentlichen Dienst nur ausgeschlossen werden, wenn dienstliche Bedürfnisse eine dauerhafte Verwendung
in dem angestrebten Amt zwingend ausschließen (BVerfG-K, NVwZ 09,
389). Ein Behinderter kann gegen seinen Willen nicht in eine Sonderschule
verwiesen werden, wenn sich keine gewichtigen Belange zugunsten der Verweisung anführen lassen (BVerfGE 96, 288/304 ff; strenger Rüfner BK 877;
Osterloh SA 312). Unzulässig ist der generelle Ausschluss schreib- und
sprechunfähiger Personen von der Errichtung von Testamenten (BVerfGE
99, 341/356 f). Die Zulässigkeit der Abtreibung bei zu erwartender schwerer
Behinderung dürfte nicht gegen Abs.3 S.2 verstoßen (Osterloh SA 308
Fn. 684; Eckertz-Höfer AK 132; a. A. Umbach UC 425; Starck MKS 421).

151   **bb)** In **verfahrensmäßiger** Hinsicht kann Abs.3 S.2 eine „verfahrensmäßige und organisatorische Absicherung des Benachteiligungsverbots" verlangen (BVerfGE 96, 288/309). Behinderungsbezogene Entscheidungen bedürfen einer substantiellen Begründung (BVerfGE 96, 288/310; BVerfG-K,
DVBl 96, 1369; Eckertz-Höfer AK 133).

Art.4 [Glaubens- und Gewissensfreiheit]

(1) **Die Freiheit des Glaubens[7], des Gewissens[45] und die Freiheit des
religiösen und weltanschaulichen Bekenntnisses[10] sind unverletzlich[27 ff, 50].**

(2) **Die ungestörte Religionsausübung wird gewährleistet[1, 10].**

(3) **Niemand[55] darf gegen sein Gewissen zum Kriegsdienst mit der
Waffe[53] gezwungen werden[56]. Das Nähere regelt ein Bundesgesetz[57, 60].**

Übersicht

Literatur A (Abs.1, 2): *Bethge,* Gewissensfreiheit, HbStR[3] VII, 2009, § 158; *v. Campenhausen,* Religionsfreiheit, HbStR[3] VII, 2009, § 157; *Mückl,* Grundlagen des Staatskirchenrechts, HbStR[3] VII, 2009, § 159; *v. Ungern-Sternberg,* Religionsfreiheit, in: Rensen/Brink (Hg.), Linien der Rechtsprechung des BVerfG, 2009, 247; *Sacksofsky/Möllers,* Religiöse Freiheit als Gefahr?, VVDStRL 68 (2009), 7, 42; *Czermak,* Religions- und Weltanschauungsrecht, 2008; *Walter,* Religiöse Freiheit als Gefahr?, DVBl 2008, 1073; *Vosgerau,* Freiheit des Glaubens und Systematik des Grundgesetzes,

2007; *Schleder,* Die Religionsfreiheit im Sonderstatusverhältnis, 2007; *Borowski,* Die Glaubens- und Gewissensfreiheit des Grundgesetzes, 2006; *Kokott,* Laizismus und Religionsfreiheit im öffentlichen Raum, Staat 2005, 343; *Zacharias,* Schutz vor religiösen Symbolen durch Art. 4 GG?, FS Rüfner, 2003, 987; *Tillmanns,* Die Religionsfreiheit, Jura 2004, 619; *Czermak,* Kopftuch, Neutralität und Ideologie, NVwZ 2004, 943; *Fischer/Groß,* Die Schrankendogmatik der Religionsfreiheit, DÖV 2003, 932; *Kästner,* Aspekte religiöser und weltanschaulicher Freiheit in der Rechtsprechung des Bundesverwaltungsgerichts, in: Schmidt-Aßmann u. a. (Hg.), Festgabe 50 Jahre Bundesverwaltungsgericht, 2003, 347; *Heinig/Morlok,* Von Schafen und Kopftüchern, JZ 2003, 777; *Kraushaar,* Die Glaubens- und Gewissensfreiheit der Arbeitnehmer nach Art. 4 GG, ZTR 2001, 208; *Holzke,* Die „Neutralität" des Staates in Fragen der Religion und Weltanschauung, NVwZ 2002, 903; *Brohm,* Glaubensfreiheit und Gesetzesgehorsam, FS Stein, 2002, 3; *Heckel,* Religionsfreiheit und Staatskirchenrecht in der Rechtsprechung des BVerfG, in: FS 50 Jahre BVerfG, 2001, Bd. II, 379; *Pieroth/Kingreen,* Das Verbot von Religions- und Weltanschauungsgemeinschaft, NVwZ 2001, 841; *Oebbecke,* Religionsfreiheit zwischen Neutralitätsgebot und staatlicher Gewährleistung, in: Kokott/Rudolf (Hg.), Gesellschaftsgestaltung unter dem Einfluß von Grund- und Menschenrechten, 2001, 237; *Weber,* Die Religionsfreiheit im nationalen und internationalen Verständnis, ZevKR 2000, 109; *Brenner,* Staat und Religion, VVDStRL 59 (2000), 264; *Czermak,* Das System der Religionsverfassung des Grundgesetzes, KJ 2000, 229; *Muckel,* Die Grenzen der Gewissensfreiheit, NJW 2000, 689; *Hassemer/Hömig,* Die Rechtsprechung des Bundesverfassungsgerichts im Bereich der Bekenntnisfreiheit, EuGRZ 1999, 525; *Kluth,* Das Grundrecht der Gewissensfreiheit und die allgemeine Geltung der Gesetze, FS Listl, 1999, 215; *Pagels,* Schutz- und förderpflichtrechtliche Aspekte der Religionsfreiheit, 1999; *Neumann,* Individuelle Religionsfreiheit und kirchliches Selbstbestimmungsrecht, in: GS Jean d'Heur, 1999, 247; *Muckel,* Religionsfreiheit für Muslime in Deutschland, FS Listl, 1999, 239; *Masuch,* Ist Scientology eine Religions- oder Weltanschauungsgemeinschaft?, StWiss 1998, 623; *Bock,* Die Religionsfreiheit zwischen Skylla und Charybdis, AöR 1998, 444; *Kästner,* Das Grundrecht auf Religions- und Weltanschauungsfreiheit in der neueren höchstrichterlichen Rechtsprechung, AöR 1998, 408; *Bayer,* Das Grundrecht der Religions- und Gewissensfreiheit, 1997; *Muckel,* Religiöse Freiheit und staatliche Letztentscheidung, 1997; *Merten,* Der „Kruzifix-Beschluß" des BVerfG aus grundrechtsdogmatischer Sicht, FS Stern 1997, 987; *Rux,* Positive und negative Bekenntnisfreiheit in der Schule, Staat 1996, 523; *Badura,* Das Kreuz im Schulzimmer, BayVBl 1996, 33, 71; *Heckel,* Das Kreuz im öffentlichen Raum, DVBl 1996, 453; *Mikat,* Staat, Kirchen und Religionsgemeinschaften, HbVerfR, 1995, § 29; *Lücke,* Zur Dogmatik der kollektiven Glaubensfreiheit, EuGRZ 1995, 651; *Müller-Volbehr,* Das Grundrecht der Religionsfreiheit und seine Schranken, DÖV 1995, 301; *Isak,* Das Selbstverständnis der Kirchen und Religionsgemeinschaften, 1994; *Alberts,* Der Schutzbereich des Art. 4 I GG, NVwZ 1994, 1150; *Listl,* Glaubens-, Bekenntnis- und Kirchenfreiheit, HbStKirchR, 1994, § 14; *Hesse,* Das Selbstbestimmungsrecht der Kirchen und Religionsgemeinschaften, HbStKirchR, 1994, § 17; *Herdegen,* Gewissensfreiheit, HbStKirchR, 1994, § 15; *Fehlau,* Die Schranken der freien Religionsausübung, JuS 1993, 441; *Heintschel v. Heinegg/Schäfer,* Der Grundrechtsschutz (neuer) Religionsgemeinschaften und die Grenzen staatlichen Handelns, DVBl 1991, 1341; *Rupp,* Verfassungsprobleme der Gewissensfreiheit, NVwZ 1991, 1033.

    Literatur B (Abs. 3): *Magen,* Grundfälle zu Art. 4 Abs. 3 GG, JuS 2009, 995; *Herdegen,* Kriegsdienstverweigerung aus Gewissensgründen, HbStKirchR, 1994, § 16. – S. auch Literatur zu Art. 12a.

I. Glaubensfreiheit (Religions- und Weltanschauungsfreiheit)

1. Grundlagen

a) Systematik, Begriffe, Weimarer Verfassung. aa) Die in Abs.1 an- **1** gesprochene Freiheit des Glaubens und des religiösen und weltanschaulichen Bekenntnisses sowie das in Abs.2 angesprochene Recht der ungestörten Religionsausübung bilden ein **einheitliches Grundrecht** (BVerfGE 83, 341/354; 108, 282/297; v. Campenhausen HbStR³ VII § 157 Rn.51; Wenckstern UC 50; Morlok DR 54; a.A. Mückl BK 56; Muckel FH 6). Insb. ist die Freiheit der Religionsausübung des Abs.2, die v.a. die Kultusfreiheit meint, bereits in der Bekenntnisfreiheit des Abs.1 enthalten und nur deutscher Tradition entsprechend zusätzlich aufgeführt (Starck MKS 12). Ausgeklammert bleibt üblicherweise die Gewissensfreiheit (unten Rn.44). Eine vergleichbare Regelung findet sich in Art.10 GRCh und in Art.9 EMRK.

Dieses (um die Gewissensfreiheit verminderte) Grundrecht wird als *Glau-* **2** *bensfreiheit* bezeichnet, die auch die Teilnahme an kultischen Handlungen und das Handeln nach dem Glauben umfasst (etwa BVerfGE 32, 98/106f; 93, 1/15f; Hassemer/Hömig, EuGRZ 99, 525; anders Kokott SA 27) oder von „Religionsfreiheit" (BVerfGE 83, 341/354; ebenso Listl HbStKirchR I 454). Der Begriff der Religionsfreiheit ist weniger treffend, da Art.4 Abs.1, 2 auch die Weltanschauungsfreiheit einschließt (unten Rn.7f) und der Begriff der Religion schwerlich den der Weltanschauung umfasst, wie insb. Art.4 Abs.1 (religiöses und weltanschauliches Bekenntnis) und Art.137 Abs.7 WRV entnommen werden kann. Daher bietet es sich an, als Oberbegriff den der Glaubensfreiheit zu verwenden, der Religions- und Weltanschauungsfreiheit einschließt (so auch BVerfGE 12, 1/3f; Manssen 302; vgl. Lücke, EuGRZ 95, 651ff). Ähnlich wie bei der Freiheit der Wissenschaft in Art.5 Abs.3 (dazu Rn.121 zu Art.5) stellt der erste Begriff in Art.4 Abs.1, 2 den Oberbegriff dar, der die folgenden Freiheiten (mit Ausnahme der Gewissensfreiheit) einschließt. Sachgerecht ist auch der Doppelbegriff der Religions- und Weltanschauungsfreiheit (so etwa BVerwGE 90, 112/125f; Pieroth/Schlink 508ff).

bb) In engstem Zusammenhang mit Art.4 Abs.1, 2 stehen die durch **3** Art.140 inkorporierten **Artikel der Weimarer Reichsverfassung** (Text und Kommentierung hinter Art.140), die vollgültiger Teil des GG sind (Rn.1 zu Art.140). Die Glaubensfreiheit des Art.4 und die durch Art.140 rezipierten Vorschriften bilden ein organisches Ganzes (BVerfGE 53, 366/400; 70, 138/167; 99, 100/119f) und sind aufeinander abgestimmt zu interpretieren (Starck MKS 144; Ehlers SA 2 zu Art.140; vorsichtig Herzog MD 27). Die inkorporierten Vorschriften der WRV betreffen die individuelle und die kollektive Glaubensfreiheit der Religions- und Weltanschauungsgemeinschaften (Rn.1 zu Art.140), wie das auch für Art.4 gilt (vgl. unten Rn.18–20). Daher ist es unangebracht, die individuelle Seite v.a. in Art.4 und die kollektive Seite in Art.140 und den inkorporierten Vorschriften verankert zu sehen (Mager MüK 4; anders Herzog MD 28). Zur Übereinstimmung von Art.137 Abs.2–4 WRV mit Art.4 Abs.1, 2 näher Rn.6 zu Art.140/137 WRV. Die Regelungen in Art.137 WRV zu öffentlich-rechtlich organisierten Religions- und Weltanschauungsgemeinschaften (dazu Rn.13–22 zu Art.140/137 WRV) gehen jedoch über Art.4 hinaus.

4   **b) Bedeutung, Neutralität, Verpflichtete. aa)** Die Glaubensfreiheit stellt eine Ausprägung der Menschenwürde dar (BVerfGE 33, 23/28 f; 108, 282/305; Herzog MD 11). Sie schützt Kernelemente der Persönlichkeit und hat daher besonderen Rang (Kokott SA 3; Wenckstern UC 23). Das Grundrecht ist ein wichtiges Element objektiver Ordnung (Preuß AK 12), eine wertentscheidende Grundsatznorm (BVerwGE 93, 323/340; Muckel FH 46).

5   **bb)** Aus der Glaubensfreiheit ergibt sich im Zusammenspiel mit den speziellen Gleichheitsgrundrechten des Art.3 Abs.3 S.1 und des Art.33 Abs.3 (einschl. der Wiederholung in Art.136 Abs.2 WRV) sowie mit den Vorgaben des Art.136 Abs.1 WRV und dem Verbot der Staatskirche in Art.137 Abs.1 WRV die **religiös-weltanschauliche Neutralität** des Staates (BVerfGE 93, 1/16 f; 105, 279/294; 108, 282/299 f; 123, 148/178; BVerwGE 107, 75/80; Mückl BK 151; Herzog MD 19). Der Staat hat „sich in Fragen des religiösen oder weltanschaulichen Bekenntnisses neutral zu verhalten" (BVerfGE 105, 279/294; 102, 370/383; Morlok DR 45). Die Neutralität schließt die Verwendung religiöser Symbole durch die Grundrechtsverpflichteten aus (Korioth MD 31 zu Art.140), verwehrt „die Einführung staatskirchlicher Rechtsformen" und untersagt „die Privilegierung bestimmter Bekenntnisse ebenso wie die Ausgrenzung Andersgläubiger" (BVerfGE 93, 1/17; 105, 279/294 f; 108, 282/299; Kokott SA 5); zu den Konsequenzen unten Rn.24, 43 und Rn.2, 18 zu Art.140/137 WRV. Andererseits ist die religiös-weltanschauliche Neutralität „nicht als eine distanzierende im Sinne einer strikten Trennung von Staat und Kirche, sondern als eine … die Glaubensfreiheit für alle Bekenntnisse gleichermaßen fördernde Haltung zu verstehen" (BVerfGE 108, 282/300). Eine Förderung religiöser und weltanschaulicher Tätigkeiten und Vereinigungen ist daher nicht ausgeschlossen (v. Campenhausen HbStR³ VII § 157 Rn.53); doch ist dabei auf strikte Gleichbehandlung der Religions- und Weltanschauungsgemeinschaften zu achten (BVerfGE 108, 282/299 f; Korioth MD 9 zu Art.140/137 WRV; unten Rn.24). Zur Trennung von Staat und Kirche Rn.2 zu Art.140/137 WRV.

5a   **cc) Verpflichteter** des Art.4 ist die gesamte öffentliche Gewalt (dazu Rn.32–44 zu Art.1). Die öffentlich-rechtlichen Religionsgemeinschaften rechnen dazu nur unter bestimmten Voraussetzungen (näher unten Rn.32 f).

6   **c) Abgrenzung zu anderen Verfassungsnormen.** Was das Verhältnis zu anderen **glaubensbezogenen Verfassungsnormen** angeht, so werden Art.3 Abs.3 S.1 bzw. Art.33 Abs.3 (und die Wiederholung in Art.136 Abs.2 WRV) parallel zu Art.4 angewandt (BVerfGE 79, 69/75; 93, 1/17; Kästner SB 229; Mager MüK 91; Rn.116 zu Art.3). Die Grundrechte aus Art.7 Abs.2, 3 zum Religionsunterricht sind vorrangige Sondervorschriften (Morlok DR 189; Kokott SA 140; vgl. Rn.8 zu Art.7). Zum Verhältnis zu den inkorporierten Vorschriften der WRV oben Rn.3.

Was **sonstige Rechte** angeht, so ist die Glaubensfreiheit lex specialis ge- **6a**
genüber Art.2 Abs.1 (BVerfGE 17, 302/306; Kokott SA 140). Zum Verhältnis zur Gewissensfreiheit unten Rn.44; zum Recht auf Kriegsdienstverweigerung unten Rn.52a. Die Glaubensfreiheit ist weiterhin lex specialis gegenüber Art.5, sofern es um durch die religiöse Überzeugung gebotene
Handlungen geht (Depenheuer MD 184 zu Art.8; vgl. BVerfGE 32, 98/107;
Kokott SA 140; a. A. v. Campenhausen HbStR³ VII § 157 Rn.119). Dagegen kommt den Rechten aus Art.7 Abs.4, 5 zu den Privatschulen der Vorrang zu (Starck MKS 150). Die Glaubensfreiheit ist außerdem lex specialis
gegenüber Art.8 (Starck MKS 156; v. Campenhausen HbStR³ VII § 157
Rn.121; Kokott SA 141; für Idealkonkurrenz Hoffmann-Riem AK 68 zu
Art.8) sowie gegenüber der Vereinigungsfreiheit des Art.9 (Rn.2 zu Art.9).
Auch wenn der Glaubensfreiheit an sich der Vorrang zukommt, tritt sie ausnahmsweise zurück, wenn primär bzw. „vorrangig" andere Freiheitsrechte
betroffen sind; die Gehalte der Glaubensfreiheit werden dann im Rahmen
des sonstigen Rechts berücksichtigt (so im Verhältnis zur Berufsfreiheit
BVerfGE 104, 337/346; Papier, FS Mußgnug, 2005, 54 f).

2. Schutzbereich

a) Glaube, Religion, Weltanschauung. Der **Glaube** iSv Art.4 Abs.1, **7**
der weit zu verstehen ist (str.; oben Rn.2), kann sich auf der Grundlage einer Religion oder einer Weltanschauung entfalten (Mager MüK 12; Kokott
SA 18). Da Religion und Weltanschauung in gleicher Weise geschützt werden, bedürfen sie keiner Abgrenzung (BVerwGE 90, 1/4; Starck MKS 10;
Muckel FH 17). Insb. kommt die Freiheit der Religionsausübung iSd Abs.2
auch Weltanschauungen zugute (unten Rn.10).

Religion wie **Weltanschauung** bestimmen die Ziele des Menschen, spre- **8**
chen in ihrem Kern seine Persönlichkeit an und erklären auf eine umfassende
Weise den Sinn der Welt und des menschlichen Lebens (BVerfGE 105,
279/293; Germann EH 14; Mückl BK 70). Beiden liegt eine Gewissheit über
bestimmte Aussagen zum Weltganzen sowie zur Herkunft bzw. zum Ziel
menschlichen Lebens zugrunde (BAGE 79, 319/338; BVerwGE 90, 112/115;
vgl. Morlok DR 67; Starck MKS 10). Regelmäßig gehört zu Religion und
Weltanschauung eine Gemeinschaft von Gleichgesinnten, mag sie auch erst
noch aufzubauen sein (Starck MKS 63; Morlok DR 68); doch steht eine individuelle Deutung von Glaubensgehalten der Annahme einer Religion bzw.
Weltanschauungen nicht entgegen (unten Rn.9). Von einer Weltanschauung
iSd Art.4 Abs.1 kann man dabei nur sprechen, wenn sie im Hinblick auf Geschlossenheit und Sinngebungskraft Religionen vergleichbar ist (Starck MKS
33; Mager MüK 14). Nicht erfasst wird etwa eine bloße geistige Technik
(BVerwGE 82, 76/78). Schließlich liegt sowohl der Religion wie der Weltanschauung eine Gewissensentscheidung zugrunde. Aus dem Glauben ergeben
sich für den Gläubigen bindende Verpflichtungen, von denen er ohne ernste
Gewissensnot nicht abweichen kann (vgl. unten Rn.13). Dies gilt auch für die
Weltanschauung iSd Art.4 (vgl. BVerwGE 89, 368/370 f).

Keine Rolle spielt, ob sich der Glaube auf dem Boden gewisser über- **9**
einstimmender sittlicher Grundanschauungen entwickelt hat (BVerfGE 41,

29/50; BVerwG, NVwZ 87, 696; anders noch BVerfGE 24, 236/246; BVerwGE 94, 82/87) oder dem christlichen Glauben entspricht (BVerfGE 24, 236/246). Auf die zahlenmäßige Stärke und die soziale Relevanz kommt es nicht an (BVerfGE 32, 98/106). Geschützt wird auch die vereinzelt auftretende Glaubensüberzeugung, die von den offiziellen Lehren der religiösen oder weltanschaulichen Vereinigungen abweicht (BVerfGE 33, 23/28 f; BVerwGE 94, 82/87).

10   **b) Geschützte Tätigkeiten natürlicher Personen. aa)** Die (individuelle) Glaubensfreiheit schützt neben der inneren Freiheit, religiöse und weltanschauliche Überzeugungen zu bilden und zu haben, die äußere Freiheit, diese Überzeugungen bzw. Entscheidungen zu **bekennen** und zu **verbreiten** (BVerfGE 32, 98/106 f; 69, 1/33 f), also die in Abs. 1 angesprochene Bekenntnisfreiheit (Starck MKS 36). Geschützt ist auch die Religionsausübung, also insb. kultische Handlungen sowie religiöse oder weltanschauliche Feiern und Gebräuche, wie die Vorschrift des Art. 4 Abs. 2 klarstellt. Die Religionsausübung gilt über ihren Wortlaut hinaus in gleicher Weise für Weltanschauungen (BVerfGE 24, 236/245 f; Mager MüK 60) und ist i. Ü. in der Bekenntnisfreiheit des Abs. 1 enthalten (oben Rn. 1). Erfasst wird auch die Anerkennung oder Ablehnung religiöser Symbole (BVerfGE 93, 1/15). Weiter ist die Gründung von religiösen und weltanschaulichen Vereinigungen geschützt, wie zudem Art. 137 Abs. 2 S. 1, Abs. 7 WRV verdeutlicht (BVerfGE 83, 341/354; 105, 279/293). Geschützt wird der jederzeitige Austritt aus einer solchen Vereinigung (BVerfGE 44, 37/49), wobei eine förmliche Erklärung der Folgen wegen (unten Rn. 33) verlangt werden kann. Die Werbung für einen Glauben oder eine Weltanschauung fällt unter Art. 4 (Morlok DR 60), auch das Abwerben von einem anderen Glauben (BVerfGE 12, 1/4). Geschützt werden weiter die religiöse Erziehung der Kinder (BVerfGE 41, 29/48 f; 52, 223/236; 93, 1/17; Starck MKS 71), die Einhaltung der Sonntags- bzw. Sabbatruhe (BSGE 51, 70/74 f), unter Beachtung des Art. 139 WRV (BVerfG, DVBl 10, 109), das Tragen besonderer Kleidung bzw. Haartracht (BVerfGE 108, 282/297; Muckel FH 25, 35) sowie das Begräbnis (BVerwGE 45, 224/234).

11   Erfasst wird des Weiteren, wie auch Art. 136 Abs. 3 S. 1, Abs. 4 WRV und Art. 141 WRV verdeutlichen, die **negative** Glaubensfreiheit (BVerfGE 41, 29/49; 108, 282/301; Starck MKS 23 f; Kokott SA 18), also die Freiheit, eine religiöse oder weltanschauliche Überzeugung zu haben und auszuüben (BVerfGE 122, 89/119; Mückl BK 120). Art. 4 wird beeinträchtigt durch „eine vom Staat geschaffene Lage, in der der Einzelne ohne Ausweichmöglichkeiten dem Einfluss eines bestimmten Glaubens, den Handlungen, in denen sich dieser manifestiert, und den Symbolen, in denen er sich darstellt, ausgesetzt wird" (BVerfGE 93, 1/16). Geschützt wird zudem das Recht, die eigene Überzeugung zu verschweigen (dazu Rn. 4 f zu Art. 140/136 WRV). Zu Abgabenpflichten unten Rn. 21 und Rn. 22 zu Art. 140/137 WRV.

12   **bb)** Über diese glaubensbezogenen Handlungen im engeren Sinne hinaus schützt Art. 4 Abs. 1 das „Recht des einzelnen, sein **gesamtes Verhalten** an den Lehren seines Glaubens auszurichten und dieser Überzeugung gemäß zu handeln" (BVerfGE 108, 282/297; 32, 98/106; 33, 23/28; 41,

29/49; Starck MKS 37; Hassemer/Hömig, EuGRZ 99, 526 f; a. A. Mückl BK 57, 109). Geschützt ist die Beachtung religiöser Ernährungsvorschriften (Kokott SA 68). Beim Schächten von Tieren durch einen islamischen Metzger wird Art. 4 nach Auffassung des BVerfG durch Art. 12 verdrängt; die Gehalte der Glaubensfreiheit sind im Rahmen der Berufsfreiheit zu berücksichtigen (BVerfGE 104, 337/346). Weiter ist geschützt: die Verweigerung religiös verbotener Arbeiten, der Verzicht auf medizinische Hilfe (BVerfGE 32, 98/109 f) oder die Verweigerung des Amtseids (BVerfGE 79, 69/75 f).

Andererseits bedarf der Schutzbereich der Begrenzung, weil für den gläu- **13** bigen Menschen sein gesamtes Verhalten glaubensgeleitet sein kann und damit Art. 4 andere Grundrechte in weitem Umfang verdrängen würde (ebenso im Ansatz Mager MüK 17). Voraussetzung bei nach außen nicht erkennbar glaubensbezogenem Handeln ist, ähnlich wie bei der Gewissensfreiheit (unten Rn. 45), dass der Betroffene wegen seines Glaubens **nicht ohne innere Not** von dem betreffenden Handeln absehen kann (strenger Badura o. Lit. A 49 ff, 89 ff; Kästner SB 63; zu großzügig BVerfGE 32, 98/106 f; 108, 282/297; offen gelassen BVerfG-K, DVBl 07, 120). Es muss sich nicht notwendig um eine „zwingende Verhaltensregel" handeln (so aber BVerwGE 99, 1/7 f; 112, 227/235). Doch muss der Verzicht den Grundrechtsträger in Gewissensnot bringen. Ob das der Fall ist, hängt *auch* vom Selbstverständnis der betroffenen Religionsgemeinschaft ab (BVerfGE 24, 236/247 f; 108, 282/298 f) oder auch nur einer (kleinen) Teilgruppe der Religionsgemeinschaft (BVerfGE 104, 337/353 ff). Entscheidend ist aber die Verpflichtung für den Einzelnen und dessen Selbstverständnis (Germann SB 18). Im Zweifelsfalle trifft ihn eine Darlegungslast (BVerwGE 94, 82/87; Morlok DR 80; vgl. unten Rn. 46); dies ist mit Art. 136 Abs. 3 WRV vereinbar (vgl. Rn. 4 zu Art. 140/136 WRV). Allein eine Behauptung eröffnet nicht den Schutzbereich des Art. 4 Abs. 1, 2 (BVerfGE 83, 341/353).

An dieser **Voraussetzung fehlte** es bei einer Regelung zum Verkauf von **13a** Speisen und Getränken, die auch für religiöse Veranstaltungen gilt (BVerfGE 19, 129/133), desgleichen bei der Verfolgung tagespolitischer Ziele (BVerfGE 25, 44/63 f). Die fehlende Gewissensnot dürfte auch erklären, warum bei der Pflicht von Universitätsangehörigen, die gesellschaftlichen Folgen wissenschaftlicher Erkenntnis mitzubedenken, eine Beeinträchtigung des Schutzbereichs abgelehnt wurde (BVerfGE 47, 327/385), desgleichen beim Friedhofszwang für Urnen (BVerfGE 50, 256/262). Zur Verweigerung des Kriegsdienstes aus religiösen Gründen unten Rn. 52a, zur Verweigerung des Ersatzdienstes aus solchen Gründen Rn. 6 zu Art. 12a.

c) Geschützte Tätigkeiten von Vereinigungen. aa) Geschützt sind **14** des Weiteren die Tätigkeiten einer **religiösen** oder **weltanschaulichen Vereinigung** (unten Rn. 19 f), soweit die Tätigkeiten für eine natürliche Person unter die Glaubensfreiheit fallen; dazu oben Rn. 10–13a. Bei der Abgrenzung spielt das Selbstverständnis der Vereinigung eine gewichtige Rolle (oben Rn. 13); entscheidend ist aber der Tatbestand des Art. 4 (Starck MKS 60). Erfasst werden insb. alle eigenen Angelegenheiten iSd Art. 137 Abs. 3 WRV (dazu Rn. 7 f zu Art. 140/137 WRV).

15   In den Schutzbereich fallen zunächst die **eigene Organisation, Normsetzung** und **Verwaltung.** Geschützt wird zudem die Vereinigungsfreiheit
(BVerfGE 83, 341/354 f; 123, 148/177; Kokott SA 74; a. A. Muckel FH 44),
auch der Zusammenschluss zu größeren Gemeinschaften (Rn.12 zu Art.140/
137 WRV). Zum Eigentum unten Rn.23. Erfasst werden des Weiteren **nach
außen gerichtete Tätigkeiten:** Die Werbung für die eigene Überzeugung
(BVerfGE 105, 279/294), der Bau von Kirchen, Moscheen etc. (Muckel FH
33), das Glockengeläute (BVerwGE 68, 62/68), der muslimische Gebetsruf
(Muckel FH 36), religiös-karitative Sammlungen (BVerfGE 24, 236/247),
die kirchlich getragene Krankenpflege (BVerfGE 53, 366/392 f; 70, 138/
163), die schulische Erziehung (BAGE 47, 144/149), das Betreiben eines
Jugendwohnheims (BVerwGE 70, 138/163) oder das Verwalten eines Fried-
hofs (BVerwGE 121, 17/22). Voraussetzung ist immer, dass auf die Tätigkeit
nach dem religiösen Selbstverständnis nicht ohne erhebliche Not verzichtet
werden kann (oben Rn.13). Geschützt ist auch die Einreise eines Religions-
stifters u. ä. (BVerfG-K, DVBl 07, 120).

16   **bb)** Zur Durchführung dieser Tätigkeiten stehen gem. Art.137 Abs.4
WRV **privatrechtliche** Organisationsformen zur Verfügung (Rn.12 zu
·Art.140/137 WRV). Die Formen des Privatrechts sind dabei großzügig anzuwenden, wenn andernfalls das religiöse Selbstverständnis tangiert wäre
(BVerfGE 83, 341/356 ff). I. Ü. gelten aber die allgemeinen Vorgaben, weshalb die Rechtsform des Idealvereins bei gewichtiger Verfolgung wirtschaftlicher Ziele entzogen werden kann (BVerwGE 105, 313/321 f; Morlok DR
39 zu Art.140/137 WRV). Die Möglichkeit, **öffentlich-rechtliche** Organi-
sations- und Handlungsformen zu nutzen, wird (in gewissem Umfang)
durch Art.137 Abs.5, 6 WRV gewährleistet (vgl. Rn.13–22 zu Art.140/137
WRV).

17   **cc) Nicht geschützt** werden Hilfstätigkeiten, mit denen religiöse oder
weltanschauliche Aufgaben nur *mittelbar* verfolgt werden (BVerfGE 19, 129/
133), etwa gewinnorientierte Tätigkeiten (v. Campenhausen HbStR[3]
VII § 157 Rn.96; Starck MKS 158) oder die Beschaffung von Gütern
(BVerfG-K, NJW 95, 1607). Nicht vom Schutzbereich erfasst werden des
Weiteren Tätigkeiten der Kirchen, die ihnen *vom Staat übertragen* sind und
der Erfüllung staatlicher Aufgaben dienen, wie die Verleihung von Ab-
schlusszeugnissen in kirchlichen Ersatzschulen (Ehlers HbStKirchR II 1125;
vgl. unten Rn.32, weiter Rn.46 zu Art.19). Zum Schutz der Tätigkeiten
von Vereinigungen ohne religiösen oder weltanschaulichen Charakter unten
Rn.21.

18   **d) Träger. aa)** Träger der (individuellen) Glaubensfreiheit ist zunächst
jede **natürliche Person.** Geschützt werden insb. Ausländer und Kinder
(Starck MKS 71). Das Grundrecht der Kinder wird allerdings durch das Erziehungsrecht der Eltern nach Art.6 Abs.2 überlagert, die daher im Ergebnis
die Glaubensfreiheit des Kindes bis zur sog. Religionsmündigkeit ausüben
(BVerfGE 30, 415/424; Herzog MD 43); näher zur sog. Grundrechtsmündigkeit Rn.13 f zu Art.19.

19   **bb)** Träger der Glaubensfreiheit sind weiter **juristische Personen** und
Vereinigungen, soweit sie geschützte Tätigkeiten (oben Rn.14–16) aus-

üben. Man kann insoweit von *kollektiver Glaubensfreiheit* sprechen (BVerfGE 42, 312/332; Herzog MD 93; Lücke JZ 98, 536). Auf Art. 4 können sich daher vor allem Vereinigungen berufen, deren „Zweck die Pflege oder Förderung eines religiösen oder weltanschaulichen Bekenntnisses ist" (BVerfGE 105, 279/293; 70, 138/160 f; 99, 100/118; Mager MüK 45), wobei es umstritten ist, ob es eines Rückgriffs auf Art. 19 Abs. 3 bedarf (dafür BVerfGE 105, 279/293; Germann EH 29.1; v. Campenhausen HbStR[3] VII § 157 Rn. 103; dagegen Listl HbStKirchR I 461). Art. 137 WRV spricht insoweit von Religionsgesellschaften bzw. von weltanschaulichen Vereinigungen. Keine Rolle spielt, ob sie öffentlich-rechtlich oder privatrechtlich organisiert sind (Rn. 29 zu Art. 19; außerdem Rn. 16 zu Art. 140/137 WRV). Eine solche Vereinigung verliert ihren Charakter nicht deshalb, weil sie sich im politischen Raum betätigt (BVerwGE 37, 344/363). *Ausländische* Religions- und Weltanschauungsgemeinschaften können sich gem. Art. 19 Abs. 3 nicht auf Art. 4 berufen (BVerfG-K, NVwZ 08, 670); allg. Rn. 20 f zu Art. 19.

Geschützt sind auch alle „der Kirche in bestimmter Weise **zugeordneten** 20 **Einrichtungen** ohne Rücksicht auf ihre Rechtsform, wenn sie nach kirchlichem Selbstverständnis ihrem Zweck oder ihrer Aufgabe entsprechend berufen sind, ein Stück des Auftrags der Kirche wahrzunehmen und zu erfüllen" (BVerfGE 70, 138/162; 53, 366/391; 57, 220/242; Kästner SB 148). Dies kann etwa zutreffen bei einem nicht rechtsfähigen katholischen Jugendverein (BVerfGE 24, 236/247; vgl. die Gleichstellung in Art. 138 Abs. 2 WRV), bei konfessionellen Krankenhäusern (BVerfGE 46, 73/85 ff; 53, 366/392 f) oder Erziehungseinrichtungen (BVerfGE 70, 138/160 f; BVerwGE 72, 135/138 f). Voraussetzung ist eine Übereinstimmung der Ziele sowie eine institutionelle Verbindung (BAGE 58, 92/100 ff). Theologische Fakultäten sind keine kirchlichen Einrichtungen (BVerfGE 122, 89/111 f).

Vereinigungen mit **anderen als religiösen oder weltanschaulichen** 21 **Zwecken,** etwa Handels- und Kapitalgesellschaften, können sich grundsätzlich nicht auf Art. 4 berufen, weil und soweit sie keine von Art. 4 geschützten Tätigkeiten ausüben (generell ablehnend BVerfG-K, NJW 02, 1485; BVerwGE 64, 196/199). Das gilt auch dann, wenn religiöse Formen benutzt werden. Die Behauptung oder das Selbstverständnis, eine Religionsgemeinschaft zu sein, genügen nicht (BVerfGE 83, 341/353). Nicht geschützt wird eine sich als „Kirche" bezeichnende Organisation, die ihrer Struktur nach praktisch ausschließlich auf die Verfolgung wirtschaftlicher Ziele angelegt ist (BAGE 79, 319/338), selbst wenn für viele Mitglieder die individuelle Glaubensfreiheit zum Tragen kommt. Dies wird bei der Church of Scientology angenommen (BAGE 79, 319/338 ff; Muckel FH 14). Solange aber religiöse Elemente vorhanden sind, kommt Art. 4 zur Anwendung (BVerfGE 105, 279/293; BVerwGE 90, 112/117; Morlok DR 70); allerdings haben in einem Fall begrenzter religiöser Elemente die allgemeinen Gesetze (unten Rn. 28) höheres Gewicht. Soll eine nichtreligiöse Gesellschaft unmittelbar religiösen Zwecken dienende Abgaben wie die Kirchensteuer entrichten, kann sie sich auf die negative Glaubensfreiheit berufen (Starck MKS 76; Morlok DR 101; Germann SB 21.7; Rn. 22 zu Art. 140/137 WRV; unklar BVerfGE 19, 206/215 ff).

3. Beeinträchtigungen

22   **a) Eingriffe und Ungleichbehandlungen. aa)** In die Glaubensfreiheit
wird eingegriffen, wenn ein Grundrechtsverpflichteter (oben Rn.5a) die geschützten Tätigkeiten (oben Rn.7–16) regelt oder faktisch in erheblicher
Weise behindert (Starck MKS 81 f). Im Bereich der **individuellen Glaubensfreiheit** ist das hinsichtlich der Kirchensteuerpflicht der Fall (BVerfGE
30, 415/423 f; 44, 37/49; Rn.21 f zu Art.140/137 WRV) oder bei der Verpflichtung zu einem religiösen Eid im gerichtlichen Verfahren, wie auch
Art.136 Abs.4 WRV zu entnehmen ist (BVerfGE 33, 23/29 f). Weiter liegt
ein Eingriff in einer Gerichtsverhandlung unter einem Kruzifix (BVerfGE
35, 366/375 f; Mager MüK 65; Morlok DR 122; a.A. Kokott SA 52; Starck
MKS 25), im Anbringen eines Kruzifixes in der Schule (BVerfGE 93,
1/17 ff; a.A. Muckel FH 50), in der Schulpflicht in einer bekenntnisge-
bundenen Schule (BVerfGE 41, 29/48) und in strafrechtlichen Sanktionen
gegenüber einem glaubensgeleiteten Verhalten (BVerfGE 32, 98/106 f; 69,
1/34). Die Beeinträchtigung einer konfessionellen Einrichtung stellt nicht
notwendig eine Beeinträchtigung der Konfessionsmitglieder dar (BVerwG,
NVwZ 91, 471). Die Einführung eines bekenntnis- und weltanschau-
ungsneutralen Ethik-Unterrichts ist keine Grundrechtsbeeinträchtigung
(BVerwGE 107, 75/82). Zur Verweigerung des Ersatzdienstes Rn.6 zu
Art.12a. Zur Beeinträchtigung durch öffentlich-rechtliche Kirchen unten
Rn.32 f.

23   Gegenüber **Religions- oder Weltanschauungsgemeinschaften** liegt
ein Eingriff neben Geboten und Verboten auch in *öffentlichen Informationen,*
die eine „parteiergreifende Einmischung" darstellen, aber nicht notwendig
in jeder kritischen Auseinandersetzung (BVerfGE 105, 279/294; Kokott SA
109; etwas strenger BVerwGE 82, 76/79; Morlok DR 108). Gleiches gilt für
die Förderung von Vereinen, deren Aufgabe darin besteht, bestimmte Reli-
gions- oder Weltanschauungsgemeinschaften zu bekämpfen (BVerwGE 90,
112/119). Eine Beeinträchtigung liegt auch in Eingriffen in das Eigentum
von Glaubensgemeinschaften, soweit dadurch die geschützte Betätigung behindert wird (BVerfGE 66, 1/21; vgl. auch Rn.3 f zu Art.140/138 WRV).

24   **bb)** Die Glaubensfreiheit wird durch die relative Benachteiligung einer
Person wegen ihres Glaubens, durch eine nachteilige **Ungleichbehandlung**
verschiedener Glaubensauffassungen oder Glaubensgemeinschaften beeinträchtigt (BVerfGE 93, 1/16 f; 105, 279/294; Morlok DR 104; Starck MKS
83), wobei allerdings unklar ist, ob und wieweit den speziellen Gleichheitsgrundrechten des Art.3 Abs.3, des Art.33 Abs.3 und des Art.136 Abs.1, 2
WRV der Vorrang zukommt (eher für Art.3 Abs.3 Herzog MD 110; vgl.
oben Rn.6). Es gilt der Grundsatz der *weltanschaulich-religiösen Neutralität des
Staates* (dazu oben Rn.5). Die Ungleichbehandlung kann auch in der Verweigerung einer anderen Grundrechtsträgern gewährten Begünstigung liegen, selbst wenn auf die Begünstigung kein Anspruch besteht. Insoweit sichert Art.4 die Teilhabe an staatlichen Leistungen (BVerfGE 123, 148/178).
Dabei darf die Leistungsvergabe nicht durch einen Begünstigten erfolgen
(BVerfGE 123, 148/180). Zur Begünstigung oder Benachteiligung *öffentlich-
rechtlicher* Religionsgemeinschaften Rn.18 f zu Art.140/137 WRV; zur Be-

nachteiligung von Weltanschauungsgemeinschaften Rn.3 zu Art.140/137 WRV. Einzelfälle unten Rn.40, 43.

b) Unterlassen von Leistung, insb. Schutz. Abs.1, 2 gebieten weiter- **25** hin, „Raum für die aktive Betätigung der Glaubensüberzeugung und die Verwirklichung der autonomen Persönlichkeit auf weltanschaulich-religiösem Gebiet zu sichern" (BVerfGE 41, 29/49; 93, 1/16; Morlok DR 149). Insb. ist die Grundrechtsausübung gegen Störungen Dritter zu schützen (BVerfGE 93, 1/16; Kästner SB 166). Eine Grundrechtsverletzung liegt aber nur vor, wenn Schutzvorkehrungen entweder überhaupt nicht getroffen oder die getroffenen Regelungen und Maßnahmen offensichtlich gänzlich ungeeignet oder völlig unzulänglich sind (BVerfG-K, NVwZ 01, 908). Einzelfälle der Schutzfunktion der individuellen Glaubensfreiheit unten Rn.41 und der kollektiven Glaubensfreiheit unten Rn.43a.

c) Anwendung von Privatrecht. Bei der Anwendung privatrechtlicher **26** Vorschriften kommt Abs.1, 2 im Wege der Ausstrahlungswirkung (dazu Rn.54–58 zu Art.1) zum Tragen (Morlok DR 152; Herzog MD 52; Kästner SB 175). Die Kündigung der Mitgliedschaft in einer privatrechtlichen religiösen oder weltanschaulichen Vereinigung muss jederzeit zulässig sein (zu öffentlich-rechtlichen Vereinigungen Rn.22 zu Art.140/137 WRV). Allgemein zur Ausstrahlungswirkung im Bereich öffentlich-rechtlicher Religionsgemeinschaften unten Rn.33. Zu den Arbeitnehmern in kirchlichen Einrichtungen unten Rn.38 f.

4. Rechtfertigung von Beeinträchtigungen (Schranken)

a) Kollidierendes Verfassungsrecht. Eine Beschränkung der Glaubens- **27** freiheit ist unstrittig durch kollidierendes Verfassungsrecht möglich (BVerfGE 44, 59/67; 52, 223/246 f; 93, 1/21; BVerwGE 116, 359/360 f; Starck MKS 16). In Betracht kommen insb. die Glaubensfreiheit anderer, aber auch das Gleichbehandlungsgebot des Art.136 WRV (unten Rn.28). Für echte Eingriffe ist eine **gesetzliche Grundlage** erforderlich (BVerfGE 108, 282/297; Morlok DR 116; Vorb.51 vor Art.1). Das Haushaltsgesetz liefert keine ausreichende Basis für die mittelbare Belastung Dritter durch eine Subvention (BVerwGE 90, 112/126 f). Bei faktisch-mittelbaren Einwirkungen, etwa durch die staatliche Öffentlichkeitsarbeit, soll jedoch eine gesetzliche Grundlage unnötig sein (BVerfGE 105, 279/304; BVerwG, NVwZ 94, 163; a. A. Morlok DR 118; Mager MüK 52). Dies deckt jedoch nicht die Überlassung von vorformulierten Erklärungen an Private, die dessen Geschäftspartner zu Auskunft über Beziehungen zu einer Sekte veranlassen sollen (BVerwG, NJW 06, 1304).

Materiell ist zwischen Art.4 und der kollidierenden Verfassungsnorm eine **27a** Abwägung iS praktischer Konkordanz notwendig (Germann EH 48). Aus der Glaubensfreiheit anderer und der Würde des Menschen folgt das verfassungsrechtliche Gebot der *Toleranz,* das Grenzen setzen kann (BVerfGE 32, 98/108; 41, 29/51; BVerwG, NVwZ 88, 938); hinzu tritt die Schutzfunktion der Glaubensfreiheit (oben Rn.25). Daher kann die positive Glaubensfreiheit die negative Glaubensfreiheit begrenzen und umgekehrt (BVerfGE 93, 1/32), etwa beim Schulgebet (vgl. BVerfGE 52, 223/241, 246 f). Weder

die positive noch die negative Glaubensfreiheit kann einen generellen Vorrang beanspruchen (Mückl BK 124). Die Abwerbung mit unlauteren Methoden wird nicht gedeckt (vgl. BVerfGE 12, 1/4 f). Art.4 wird zudem zugunsten von Kindern und Jugendlichen durch Art.6 Abs.2 S.1 und Art.7
Abs.1 beschränkt (BVerwGE 116, 359/361; unten Rn.34). Ein Eingriff in
das forum internum dürfte generell unzulässig sein.

28   **b) Vorbehalt des allgemeinen Gesetzes? aa)** Art.4 Abs.1, 2 weist keinen Gesetzesvorbehalt auf. Zudem sind die Schranken des Art.2 Abs.1 und
des Art.5 Abs.2 nicht anwendbar (BVerfGE 32, 98/107; 52, 223/246; a.A.
Herzog MD 114). Einschränkungen sind daher nach Auffassung des BVerfG
nur möglich, „soweit sie bereits in der Verfassung angelegt sind" (BVerfGE
93, 1/21; 52, 223/246). Folglich ergebe sich für die *individuelle Glaubensfreiheit* aus Art.136 Abs.1 WRV kein Einschränkungsvorbehalt (BVerfGE 33,
23/30 f; ebenso Korioth MD 54 zu Art.140/137 WRV; Mückl BK 162;
Morlok DR 112), wohl aber aus Art.136 Abs.3 WRV (BVerfGE 65, 1/39;
Rn.5 zu Art.136 WRV); zur kollektiven Glaubensfreiheit unten Rn.29.
Demgegenüber entnimmt die h.M. der Regelung des *Art.136 Abs.1 WRV*
einen Vorbehalt des **allgemeinen Gesetzes** (BVerwGE 112, 227/232; Muckel FH 52 f; Starck MKS 87 f; Preuß AK 30; Schoch, FS Hollerbach, 2001,
163 f; Ehlers SA 4 zu Art.140; Kästner SB 212), also einen Vorbehalt zugunsten von Gesetzen, die glaubensgeleitetes und nicht glaubensgeleitetes
Verhalten gleichbehandeln. Das dürfte i.E. im Wesentlichen zutreffend sein.
Art.136 Abs.1 WRV enthält ein grundsätzliches Verbot, glaubensgeleitetes
Verhalten besser als nicht glaubensgeleitetes oder durch einen anderen Glauben geleitetes Verhalten zu behandeln. Dieses Verbot (wie die insoweit vergleichbaren Regelungen des *Art.3 Abs.3* und *Art.33 Abs.3*) muss auch im
Rahmen des Art.4 GG (als kollidierendes Verfassungsrecht) Berücksichtigung finden und erlaubt Grundrechtseinschränkungen durch allgemeine Gesetze, sofern der Gleichbehandlung (und dem verfolgten Zielen) das größere
Gewicht zukommt. Der Umstand, dass im Bereich des Art.4 Abs.1, 2 auf
einen Gesetzesvorbehalt verzichtet wurde (darauf stützt sich BVerfGE 33,
23/30 f), steht dem nicht entgegen, weil bei Schaffung der Vorschriften von
einem viel engeren Schutzbereich des Grundrechts (vgl. insb. oben Rn.12)
ausgegangen wurde.

29   Während der aus Art.136 Abs.1 WRV resultierende Vorbehalt des allg.
Gesetzes vor allem im Bereich der individuellen Glaubensfreiheit Bedeutung
hat, ergibt sich aus *Art.137 Abs.3 WRV* ein vergleichbarer Vorbehalt im Bereich der *kollektiven Glaubensfreiheit*. Der dort enthaltene Vorbehalt des **„für
alle geltenden Gesetzes"** (dazu Rn.9 f zu Art.140/137 WRV) kommt
auch im Bereich des Art.4 Abs.1, 2 zum Tragen (BVerfGE 53, 366/400 f;
Morlok DR 97 f; Starck MKS 93; Ehlers SA 4 zu Art.140; a.A. Kästner SB
201) und erfasst alle von Art.4 geschützte Tätigkeiten von Religions- und
Weltanschauungsgemeinschaften. Zu einem ähnlichen Ergebnis kommt man,
wenn und soweit man Art.137 Abs.3 WRV als lex specialis einstuft (vgl.
Rn.6 zu Art.140/137 WRV).

30   **bb)** Bei einer Einschränkung unter Berufung auf Art.136 Abs.1 WRV
oder Art.137 Abs.3 WRV gelten für die **gesetzliche Grundlage** die Aus-

führungen oben in Rn.27. Das Zitiergebot des Art.19 Abs.1 gilt nicht (vgl. Rn.55 zu Art.5). Materiell muss das allgemeine Gesetz den Grundsatz der **Verhältnismäßigkeit** beachten (allg. dazu Rn.83–90a zu Art.20). Insb. ist eine Güterabwägung notwendig; näher dazu Rn.9f zu Art.140/137 WRV und oben Rn.27a.

c) Insb. Ungleichbehandlungen. Eine benachteiligende Ungleichbe- 31 handlung von religiösen (und weltanschaulichen) Auffassungen und Gemeinschaften ist zulässig, wenn die Ungleichbehandlung durch tatsächliche Umstände bedingt ist (BVerfGE 19, 1/8, 10; BVerwGE 87, 115/127) und die Ungleichbehandlung zu dem damit verfolgten Zweck geeignet, erforderlich und verhältnismäßig ist; vgl. Rn.135 zu Art.3. Relevant kann etwa die Größe und Verbreitung der Glaubensgemeinschaft sein, evtl. auch der Grad der öffentlichen Wirksamkeit und die kultur- und sozialpolitische Leistung (BVerwGE 87, 115/127f).

5. Einzelne Bereiche und Fälle

a) Bindungen öffentlich-rechtlicher Religionsgemeinschaften. Die 32 öffentlich-rechtlichen Religionsgemeinschaften werden durch Art.4 nur gebunden, wenn sie gegenüber dem Betroffenen **Hoheitsrechte ausüben,** die *in der Sache* privaten Einrichtungen nicht zur Verfügung stehen können (vgl. Rn.37 zu Art.1). Dies ist bei der Erhebung der Kirchensteuer der Fall (Rn.22 zu Art.140/137 WRV), weiter auf dem Gebiet des Friedhofsrechts und bei kirchlichen Privatschulen (Rüfner HbStR V § 117 Rn.50ff; Kästner SB 155). Im Übrigen sind die öffentlich-rechtlichen Religionsgemeinschaften nicht Verpflichtete der Glaubensfreiheit (BVerfGE 102, 370/392f; Herzog MD 50; Morlok DR 105; a.A. Preuß AK 56f zu Art.140). Es kommt aber die Ausstrahlungswirkung der Glaubensfreiheit (oben Rn.26) zum Tragen.

Soweit es um das grundrechtsgebundene Handeln öffentlich-rechtlicher 33 **Religionsgemeinschaften** gegenüber den **Mitgliedern** geht, ist ein Ausgleich zwischen der kollektiven und der individuellen Glaubensfreiheit herzustellen. Dabei kommt der kollektiven Glaubensfreiheit meist der Vorrang zu, wenn und weil das Mitglied an der Mitgliedschaft festhält. Problematisch ist insoweit allerdings eine Vermutung der Mitgliedschaft (dazu Rn.22 zu Art.140/137 WRV). Andererseits verlangt die individuelle Glaubensfreiheit, dass das Mitglied jederzeit mit Wirkung für das staatliche Recht austreten kann (BVerfGE 44, 37/49; BVerwGE 118, 201/209). Die Glaubensgemeinschaft kann aber dem Austritt die innerkirchliche Wirkung absprechen (BVerwG, aaO). Dann muss die Austrittserklärung auf die für den Staat relevante Zugehörigkeit beschränkt werden können (i.E. Renk, DÖV 95, 373ff; a.A. BVerwG, DÖV 80, 453).

b) Schulbereich. aa) Eine religiöse bzw. weltanschauliche **Ausrichtung** 34 **öffentlicher Schulen** beeinträchtigt die religiös-weltanschauliche Neutralität des Staates (oben Rn.5) sowie die negative Glaubensfreiheit, während die positive Glaubensfreiheit zugunsten einer solchen Ausrichtung spricht. Notwendig ist ein Ausgleich im Sinne praktischer Konkordanz unter Berücksichtigung der staatlichen Schulaufsicht des Art.7 Abs.1 (BVerfGE 41, 29/50 f; 93, 1/21), wobei dem Landesgesetzgeber ein erheblicher Gestaltungsspielraum zusteht (BVerfGE 53, 185/202; 108, 282/310 f). Religiöse Bezüge sind danach nicht schlechthin verboten; doch darf damit nur das „unerlässliche Minimum an Zwangselementen verbunden" sein (BVerfGE 93, 1/23). Ausgeschlossen ist ein Unterricht, der missionarisch wirkt oder Verbindlichkeit für bestimmte Glaubensinhalte beansprucht (BVerfGE 41, 65/82 ff; 93, 1/23; BVerwGE 79, 298/301). Eine christliche Gemeinschaftsschule ist nur zulässig, wenn sie sich nach ihrer Ausrichtung auf die Anerkennung des Christentums als prägendem Kultur- und Bildungsfaktor bezieht, nicht auf bestimmte Glaubenswahrheiten (BVerfGE 93, 1/23; vgl. BVerfGE 41, 65/79 ff). Weiter gehende Möglichkeiten der religiösen Einflussnahme bestehen, wenn alle Schüler und Eltern einverstanden sind oder wenn Alternativschulen zur Verfügung stehen. Dann sind auch Bekenntnisschulen oder stärker christlich ausgerichtete Gemeinschaftsschulen möglich, wovon Art.7 Abs.5 letzter Satzteil ausgeht (vgl. Schmitt-Kammler SA 26 zu Art.7).

35   **bb) Im Einzelnen** ist eine Unterrichtsbefreiung aus religiösen Gründen an bestimmten Tagen zulässig (BVerwGE 42, 128/130), desgleichen die Versetzungserheblichkeit des Religionsunterrichts (BVerwGE 42, 346/347 f). Die Veranstaltung eines freiwilligen, überkonfessionellen Schulgebets außerhalb des Religionsunterrichts ist zulässig, sofern die Schüler, die nicht teilnehmen wollen, in zumutbarer Weise ausweichen können (BVerfGE 52, 223/238 ff; BVerwGE 44, 196/198 ff; Korioth MD 125 zu Art.140/136 WRV; a. A. HessStGH GSVGH 16, 1/12). Die Schulbesuchspflicht ist verfassungsmäßig (BVerfG-K, DVBl 03, 999); von einem koedukativ erteilten Sportunterricht muss ggf. befreit werden (BVerwGE 94, 82/83 f; Pieroth, DVBl 94, 960). In staatlichen Schulen ist die Anbringung von *Kreuzen* grundsätzlich unzulässig (BVerfGE 93, 1/23 f; Morlok DR 122; Korioth MD 120 zu Art.140/136 WRV; a. A. Starck MKS 29), sofern dies nicht im Einverständnis mit *allen* Schülern (und Eltern) geschieht (Kokott SA 50; Morlok DR 123). Kommt es zu einem Widerspruch aus einem ausreichend dargelegten Glaubenskonflikt und bestehen keine zumutbaren Ausweichmöglichkeiten, ist das Kreuz zu entfernen (BVerwGE 109, 40/53 ff; Kokott SA 49). In Bekenntnisschulen (zu deren Zulässigkeit oben Rn.34) gelten diese Begrenzungen nicht (BVerfGE 93, 1/24). Muslimischen Schülerinnen dürfte das Tragen eines Kopftuchs nicht verwehrt werden können (Starck MKS 112), solange das Gesicht vollständig zu erkennen ist.

36   **Lehrern** kann das Tragen *religiöser Kleidung* verboten werden (BVerwG, NVwZ 88, 938); dies gilt grundsätzlich auch für ein islamisches Kopftuch (BVerfGE 108, 282/310; BVerwGE 116, 359/364; NJW 09, 1290; Dollinger/Umbach UC 52 zu Art.33; a. A. Lübbe-Wolff DR 42 zu Art.33; Morlok/Krüper, NJW 03, 1021; Korioth MD 62 zu Art.140/136 WRV; vgl. unten Rn.37, 40). Doch ist eine über das allgemeine Beamtenrecht hinausgehende spezielle gesetzliche Grundlage notwendig, sofern keine konkreten Gefahren zu belegen sind (BVerfGE 108, 282/303). Zudem muss ein Verbot auf die strikte Gleichbehandlung der Religionsgemeinschaften achten (BVerfGE 108, 282/313; Kästner BK 241 zu Art.140; Sacksofsky, NJW 03,

3300 f; großzügig BVerwGE 121, 140/150 ff). Weiter ist den Lehrern verboten, ihnen anvertraute Kinder weltanschaulich einseitig zu beeinflussen (Starck MKS 119). Zur Bekenntniszugehörigkeit von Lehrern vgl. Rn.32 f zu Art.33.

c) Arbeitsrecht. aa) Allgemein ist das Direktionsrecht des Arbeitgebers 37 dahingehend eingeschränkt, dass dem Arbeitnehmer keine Arbeit zugewiesen werden darf, die ihn in einen vermeidbaren Gewissenskonflikt bringt (vgl. BAGE 47, 363/376 ff). Dabei spielt auch eine Rolle, ob der Konflikt bei Eingehung des Arbeitsverhältnisses bereits voraussehbar war (BVerwGE 89, 260/264). Zu den subjektiven Leistungshindernissen im Rahmen eines Dienstverhältnisses kann auch die Erfüllung religiöser Pflichten gehören (BAGE 42, 272/275). Das Tragen eines islamischen Kopftuchs kann ohne belegbare Gründe durch den (privaten) Arbeitgeber nicht untersagt werden (BAGE 103, 111/121 f; vgl. oben Rn.36 und unten Rn.40).

bb) Für Arbeitnehmer in kirchlichen Einrichtungen betreffen Vorga- 38 ben des **individuellen Arbeitsrechts** die eigenen Angelegenheiten der Kirche, nicht jedoch rein innerkirchliche Angelegenheiten (Rn.10 zu Art.140/ 137 WRV). Das individuelle Arbeitsrecht ist daher grundsätzlich auch hier anwendbar (BVerfGE 70, 138/165; BAGE 45, 250/254). Dabei muss jedoch dem kirchlichen Selbstbestimmungsrecht Rechnung getragen werden, aber auch den Grundrechten des Arbeitnehmers (vgl. BVerfG-K, NJW 02, 2771); vom BVerfG wurde das nicht immer ausreichend berücksichtigt (Hufen, RdJB 01, 348, 351; Morlok DR 63 zu Art.140/137 WRV). Die Bestimmung des Ausmaßes der Beeinträchtigung des kirchlichen Selbstbestimmungsrechts ist eine gerichtliche Aufgabe und darf nicht völlig den Kirchen überlassen werden (so aber tendenziell BVerfGE 70, 138/168). Der Kündigungsschutz dürfte nur bei Tätigkeiten mit besonderer Nähe zu kirchlichen Aufgaben einzuschränken sein (BAGE 30, 247/252 ff; 47, 144/153 ff; NJW 84, 1918; Starck MKS 134; Morlok DR 63 zu Art.137 WRV; a. A. wohl BVerfGE 70, 138/165 ff). Zur Kündigung wegen eines Kirchenaustritts s. BAGE 45, 250/253; zur Kündigung wegen einer Meinungsäußerung Rn.84 zu Art.5; zur Kündigung wegen Wiederverheiratung BAGE 34, 195/202 ff.

Die Anwendung der Vorgaben des **kollektiven Arbeitsrechts** auf kirch- 39 liche Einrichtungen wird, vor allem im Hinblick auf das kirchliche Selbstbestimmungsrecht nach Art.137 Abs.3 WRV, größtenteils als unzulässig angesehen, etwa die Anwendung des Betriebsverfassungsgesetzes (BAGE 58, 92/99 f; NJW 89, 2285; v. Campenhausen HbStR[3] VII § 157 Rn.86), weiter spezielle Beteiligungsrechte von Arbeitnehmern in Krankenhäusern (BVerfGE 53, 366/405), die Besetzung von Organen der Berufsbildung (BVerfGE 72, 278/292 f) oder Kriterien des passiven Wahlrechts (BAG, NJW 86, 2592 f). Einschränkungen zugunsten der Religionsgemeinschaften sind jedoch nur geboten, soweit „die verfassungsrechtlich geschützte Eigenart des kirchlichen Dienstes, das spezifisch Kirchliche und das kirchliche Proprium" in Frage gestellt wird (BAGE 75, 166/170; vgl. BVerfGE 70, 138/165). Die Erstreckung tarifvertraglicher Altersgrenzen auf kirchliche Einrichtungen ist daher zulässig (BAGE 75, 166/169 f). Zutrittsrechte von Gewerkschaftsver-

tretern zu kirchlichen Einrichtungen bedürfen einer gesetzlichen Grundlage
(BVerfGE 57, 220/248).

40   **d) Sonstige Fälle der individuellen Glaubensfreiheit.** Der Friedhofszwang wurde als zulässig eingestuft (BVerfGE 50, 256/262); doch können
Ausnahmen geboten sein (BVerwGE 45, 224/233 f). Straftaten bleiben Straftaten, auch wenn sie aus Glaubensgründen begangen werden; allerdings ist
an eine Strafmilderung zu denken (vgl. BVerfGE 23, 127/134 zur Gewissensfreiheit; Starck MKS 99). Die Versetzung von Beamten etc. an einen Ort, an
dem die Glaubensgemeinschaft nicht vertreten ist, ist zulässig (BVerwGE 63,
215/218). Zu den Pflichten der Mitglieder öffentlich-rechtlicher Vereinigungen oben Rn.33. Nichtmitgliedern können keine Pflichten, etwa Steu-
erpflichten, zugunsten einer solchen Vereinigung auferlegt werden (BVerfGE
19, 206/216). Zur Frage nach der Religionszugehörigkeit Rn.4 f zu Art.140/
136 WRV. Bedenklich ist eine Ungleichbehandlung bei der Gewährung beamtenrechtlichen Sonderurlaubs (Korioth MD 49 zu Art.140/136 WRV;
Morlok DR 133; Ehlers SA 21 zu Art.140/137 WRV; a.A. BVerwG,
NVwZ 87, 699). Das Beichtgeheimnis ist wegen Art.1 Abs.1 strikt zu wahren (BVerfGE 109, 279/322). Das Tragen eines Kopftuchs durch eine Zuhörerin in einem Gerichtssaal kann nicht unterbunden werden, wenn damit
keine Missachtung gegenüber den Richtern oder anderen Anwesenden aus-
gedrückt werden soll und die Zuhörerin als Person identifizierbar bleibt
(BVerfG-K, NJW 07, 57; vgl. oben Rn.36 f).

41   Im **Leistungsbereich** besteht kein Anspruch auf finanzielle Mittel zur
Ausübung der Glaubensfreiheit (BVerwGE 65, 52/57; BSG, NJW 01, 2198;
Starck MKS 18; Mager MüK 40). So besteht kein Anspruch hinsichtlich der
Mehrkosten der Sozialhilfe in einem bestimmten weltanschaulich geprägten
Altersheim (BVerwGE 65, 52/57). Weiter besteht kein Anspruch auf Erhalt
staatlich anerkannter Feiertage (BVerfG-K, NJW 95, 3379; vgl. auch oben
Rn.10). Bei der Verweigerung von Arbeitslosengeld kann dagegen Art.4
zum Tragen kommen (BSGE 51, 70/71). Bei der Verhängung von Sperrzei-
ten in der Sozialversicherung ist Art.4 zu beachten (BSGE 51, 70/72 f). Die
Freistellung der Geistlichen vom Wehrdienst ist verfassungsrechtlich nicht
geboten (BVerwGE 61, 152/155); zur Gleichbehandlung unten Rn.43. Ausländern erwächst aus Art.4 kein Anspruch auf Erteilung eines Fremdenpasses
(BVerwG, NVwZ 83, 227) oder einer Aufenthaltserlaubnis.

42   **e) Sonstige Fälle der kollektiven Glaubensfreiheit.** Eine religiöse
oder weltanschauliche Vereinigung kann aufgrund einer entsprechenden gesetzlichen Regelung, die entspr. Art.137 Abs.3 WRV möglich ist (oben
Rn.29), verboten werden, wenn nur so die Einhaltung der allgemeinen Gesetze gewährleistet werden kann und das Verbot nach dem Verhältnismäßigkeitsgrundsatz unerlässlich ist und effektive verfahrensmäßige Vorkehrungen
bestehen (BVerfG-K, NJW 04, 48; ähnlich BVerwG, NVwZ 03, 987; Morlok DR 33 zu Art.140/137 WRV). Dabei ist der Wertentscheidung des
Art.4 ausreichend Rechnung zu tragen. Insb. ist ein Verbot in den Fällen des
Art.9 Abs.2 möglich (vgl. Rn.2 zu Art.9). Zum Entzug der Rechtsform
oben Rn.16. Weiterhin ist die Erhebung der Umsatzsteuer zulässig (BVerf-
GE 19, 129/133 f), desgleichen die Anzeigepflicht für gewerbliche Tätigkei-

ten (BVerwG, NVwZ 95, 475; NVwZ 99, 767). Hinsichtlich einer straßenrechtlichen Sondernutzungsgenehmigung kann Art.4 zu einem Anspruch auf Erteilung führen (BVerwG, NJW 97, 407). *Unzulässig* ist die Ausweitung des Unterhalts von Ordensmitgliedern (BVerwG, NJW 87, 207) oder die Beschränkung der Namensführung im Hinblick auf andere Religionsgemeinschaften (BVerfG-K, NJW 94, 2346). Kritische Äußerungen einer (zuständigen) staatlichen Stelle über eine Religionsgemeinschaft sind nur unzulässig, wenn sie diffamierend, diskriminierend oder verfälschend sind (BVerfGE 105, 279/294); zur gesetzlichen Grundlage oben Rn.27. Vgl. außerdem die Fälle in Rn.7f, 11 zu Art.140/137 WRV.

Was **Ungleichbehandlungen** angeht, ist eine Gerichtskostenbefreiung **43** erst ab einer bestimmten Größe der religiösen Vereinigung unzulässig (BVerfGE 19, 1/10); auch die Länge der Tradition kann keine entscheidende Rolle spielen. Das Bestehen eines Konkordats dürfte idR kein ausreichender Differenzierungsgrund sein (BVerfGE 19, 1/12; a.A. BVerwGE 74, 134/138). Überwiegende Auffassungen in der Bevölkerung rechtfertigen keine Ungleichbehandlung (a.A. BVerwGE 61, 152/159), da die Grundrechte gerade Minderheiten schützen sollen. Geistliche verschiedener Religionsgemeinschaften müssen, insb. bei der Freistellung vom Wehrdienst, gleichbehandelt werden (vgl. BVerfG-K, NVwZ 87, 676; Heun DR 89 zu Art.3; a.A. BVerwGE 61, 152/158f), soweit sie eine vergleichbare Stellung haben, etwa hinsichtlich der Hauptamtlichkeit (BVerfG-K, NVwZ 90, 1065; gegen jede Privilegierung von Geistlichen Starck MKS 82).

Auch für Religions- und Weltanschauungsgemeinschaften ergeben sich **43a** aus Art.4 regelmäßig keine **Leistungsansprüche** (BVerfGE 123, 148/178; Starck MKS 18; Kokott SA 70; v. Campenhausen HbStR[3] VII § 157 Rn.55). Solche Rechte ergeben sich allerdings aus Art.141 WRV (Rn.1 zu Art.140/141 WRV) und (für öffentlich-rechtliche Einrichtungen) aus Art.137 WRV (Rn.17–19, 22f zu Art.140/137 WRV); zur gleichen Teilhabe oben Rn.24. Die Verweisung einer Kirchengemeinde auf den innerkirchlichen Finanzausgleich ist zulässig (BVerwG, NVwZ 90, 67). Auch besteht kein Anspruch auf Bereitstellung eines Kirchengebäudes (BVerwG, NVwZ 87, 115/133). Religiöse und weltanschauliche Gruppen haben keinen Anspruch, im Rundfunk zu Wort zu kommen (BVerwG, NVwZ 86, 380). Zur Befugnis der Förderung oben Rn.5. Zu den herkömmlichen Staatsleistungen Rn.1f zu Art.140/138 WRV. Religionsgemeinschaften kann allerdings ein Anspruch auf die Gestattung der Einreise des Oberhaupts der Gemeinschaft zustehen (BVerwGE 114, 356/360ff). Die Vergabe staatlicher Mittel durch eine Religionsgesellschaft ist unzulässig (BVerfGE 123, 148/183f).

II. Gewissensfreiheit

1. Bedeutung und Abgrenzung zu anderen Verfassungsnormen

Die Gewissensfreiheit enthält ein subjektives Recht und eine wertent- **44** scheidende Grundsatznorm (BVerwGE 105, 73/77f; Bethge HbStR[3] VII § 158 Rn.2). Schutzgut ist die moralische Identität und Integrität des Einzelnen (Mager MüK 22). Sie steht in engem Zusammenhang mit der Glaubensfreiheit. Die individuelle Glaubensfreiheit dürfte an sich ein Unterfall der Gewissensfreiheit sein (Hesse 383; vgl. oben Rn.8). Gleichwohl wird die Gewissensfreiheit üblicherweise als eigenständiges Grundrecht angesehen (Starck MKS 63; Germann EH 86; Morlok DR 53; Herzog MD 122f). Die Glaubensfreiheit hat als lex specialis den Vorrang im Überschneidungsfalle (anders Mager MüK 30). Im Übrigen sind die Konkurrenzen ganz ähnlich wie bei der Glaubensfreiheit zu beantworten (dazu oben Rn.6a). Zum Verhältnis zum Recht auf Kriegsdienstverweigerung unten Rn.52a.

2. Schutzbereich

45   **a) Gewissen.** Als Gewissensentscheidung ist „jede ernstliche sittliche, d.h. an den Kategorien von ‚Gut‘ und ‚Böse‘ orientierte Entscheidung anzusehen, die der Einzelne in einer bestimmten Lage als für sich bindend und unbedingt verpflichtend erfährt, so dass er gegen sie nicht ohne ernste Gewissensnot handeln könnte" (BVerfGE 12, 45/55; 48, 127/173; BVerwGE 127, 302/325f; BAGE 62, 59/68; Herdegen HbStKirchR I 486f). Ein Abweichen muss die Identität und Integrität des Grundrechtsträgers gefährden (BVerwGE 127, 302/328; Bethge HbStR^3 VII § 158 Rn.21). Ob die Entscheidung „berechtigt" ist, spielt keine Rolle (BAGE 62, 59/69). Feste Überzeugungen genügen nicht; sie werden von Art.5 Abs.1 geschützt (Pieroth/Schlink 319). Zur Glaubhaftmachung der Gewissensentscheidung unten Rn.46.

46   **b) Geschützte Tätigkeiten.** Ähnlich wie die Glaubensfreiheit (oben Rn.12f) schützt die Gewissensfreiheit nicht nur das forum internum, sondern auch das Handeln entsprechend einer Gewissensentscheidung (BVerfGE 78, 391/395; BVerwGE 105, 73/77; 127, 302/327; BSGE 61, 158/162; Bethge HbStR^3 VII § 158 Rn.25; Kästner SB 121; Muckel FH 63; a.A. Merten MP II § 42 Rn.85). Das Handeln muss für den Betroffenen auf Grund einer Gewissensentscheidung (oben Rn.45) verpflichtend sein, was von ihm **glaubhaft** gemacht werden muss (BAGE 62, 59/69; Morlok DR 90f; Zippelius BK 46, 52). Dies ist im Bereich der Gewissensfreiheit meist schwieriger als im Bereich der Glaubensfreiheit, da sich regelmäßig keine Anhaltspunkte aus einer von vielen Personen geteilten Gewissensauffassung gewinnen lassen (Mager MüK 16). Andererseits dürfen die Beweisanforderungen nicht zu hoch angesetzt werden. Die Beweisprobleme reduzieren sich, wenn dem Betroffenen die Erfüllung gewissensneutraler Ersatzpflichten gestattet wird (unten Rn.48, 50) oder wenn deutlich wird, dass der Betroffene bereit ist, für seine Entscheidung erhebliche Belastungen auf sich zu nehmen (BVerwGE 127, 302/358). Eine Gewissensentscheidung wurde im Einzelnen bei der Schulbesuchspflicht hinsichtlich der Förderstufe abgelehnt (BVerfGE 34, 165/195), weiter beim ärztlichen Bereitschaftsdienst (BVerwGE 41, 261/268) oder bei der Pflicht zur Steuerzahlung wegen einer gewissenswidrigen Verwendung von Steuermitteln (BVerfG-K, NJW 03, 2600). Zur Verweigerung des Kriegsdienstes unten Rn.52a, zur Verweigerung des Ersatzdienstes Rn.6 zu Art.12a.

47   **c) Träger** der Gewissensfreiheit sind alle natürlichen Personen, auch Kinder (Morlok DR 94). Soldaten können sich bei ihrer beruflichen Tätigkeit

ebenfalls auf die Gewissensfreiheit berufen (BVerwGE 127, 302/321 ff; Kokott SA 89; unten Rn.52a). Nicht geschützt werden juristische Personen
und Vereinigungen, gleich welcher Art (BVerfG-K, NJW 90, 241; Muckel
FH 70).

3. Beeinträchtigungen

a) Eingriffe. In die Gewissensfreiheit wird eingegriffen, wenn ein **48**
Grundrechtsverpflichteter (dazu Rn.32–44 zu Art.1) die geschützten Tätig-
keiten (oben Rn.46) regelt oder faktisch in erheblicher Weise behindert. Ein
Eingriff liegt jedoch nicht vor, wenn dem Grundrechtsträger eine zumutbare
Handlungsalternative zur Verfügung steht bzw. stand (Germann EH 92;
Kästner SB 196; Muckel FH 63); die Zumutbarkeit hängt auch vom Ge-
wicht der entgegenstehenden Rechtsgüter ab (Mager MüK 28).

b) Unterlassen von Leistung, insb. Schutz. Das Grundrecht „gebietet **48a**
auch im positiven Sinn den Raum für die aktive Betätigung der Glaubensüberzeugung und die Verwirklichung der autonomen Persönlichkeit auf
weltanschaulich-religiösem Gebiet zu sichern" (BVerfGE 108, 228/300; 41,
29/49; BVerwGE 105, 73/78) und sie vor Angriffen und Behinderungen
Dritter zu schützen (BVerfGE 93, 1/16). Dabei kommt dem Grundrechtsverpflichteten ein weiter Spielraum zu.

c) Anwendung von Privatrecht. Bei der Anwendung privatrechtlicher **49**
Vorschriften kommt die Gewissensfreiheit (nur) im Wege der Ausstrahlungswirkung (dazu Rn.54–58 zu Art.1) zum Tragen (Bethge HbStR³ VII
§ 158 Rn.71; Herdegen HbStKirchR I 492; Herzog MD 146; für unmittelbare Geltung Preuß AK 48). Große Bedeutung hat dabei die Vorhersehbarkeit des Gewissenskonflikts (Mager MüK 51; Muckel FH 79; Herzog MD
147). Das Direktionsrecht des Arbeitgebers ist dahingehend eingeschränkt,
dass dem Arbeitnehmer keine Arbeit zugewiesen werden darf, die ihn in einen vermeidbaren Gewissenskonflikt bringt (BAGE 47, 363/376 ff; 62, 59/
67). Vgl. zum Arbeitsrecht auch oben Rn.37. Die Gewissensfreiheit verleiht
dem Pflegepersonal nicht das Recht, sich durch aktives Handeln über das
Selbstbestimmungsrecht des Patienten hinwegzusetzen (BGHZ 163, 195/
200).

4. Rechtfertigung von Beeinträchtigungen (Schranken)

Die Gewissensfreiheit enthält keinen Gesetzesvorbehalt (BVerwGE 127, **50**
302/359; Bethge HbStR³ VII § 158 Rn.41; a.A. Herzog MD 154: Anwendung der Schranken des Art.2 Abs.1). Zum Teil wird allerdings die Vorschrift und Beschränkung des Art.136 Abs.1 WRV (oben Rn.28) auf die
Gewissensfreiheit erstreckt, zumal dies auch unter der WRV so gesehen
wurde (Herdegen HbStKirchR I 496; a.A. Muckel FH 71; Morlok DR
112). Auf jeden Fall wird die Gewissensfreiheit durch **kollidierendes Verfassungsrecht** beschränkt (BVerwGE 113, 361/362 f; 127, 302/359; BSGE
61, 158/165), wobei für echte Eingriffe eine gesetzliche Grundlage notwendig ist (Vorb.51 vor Art.1). Insbesondere wird die Gewissensfreiheit durch
die Grundrechte Dritter begrenzt. Im Konfliktfalle ist eine Abwägung gebo-

ten. Wird die Erfüllung einer Pflicht wegen des Gewissenskonflikts verweigert, kann regelmäßig eine angemessene Ersatzpflicht vorgesehen werden (Mager MüK 28), etwa eine Zahlungspflicht. Zudem ist eine Einschränkung häufig verhältnismäßig, wenn das vom Gewissen vorgeschriebene Ziel durch andere Aktivitäten ausreichend gefördert werden kann (vgl. oben Rn.48) oder wenn eine gewissensschonende Alternative ermöglicht wird (Morlok DR 85). Die Gewissensfreiheit kann die Bereitstellung von Handlungsalternativen verlangen (BVerwGE 127, 302/329).

51   **Im Einzelnen** besteht wegen der Forschungsfreiheit kein Anspruch auf Studiengänge ohne Tierversuche (Morlok DR 138), es sei denn, die wissenschaftlichen Ziele lassen sich belegbar auch ohne Tierversuche erreichen (BVerwGE 105, 73/83f). Weiter können die Funktionsinteressen der Arbeitslosenversicherung Beschränkungen der Gewissensfreiheit rechtfertigen (BSGE 61, 158/165). Andererseits kann ein schwerer Gewissenskonflikt die Befehlsverweigerung eines Soldaten legitimieren (BVerwGE 83, 358/360f; 127, 302/319; vgl. unten Rn.52a). Dies gilt auch für eine Unterstützung des Irak-Kriegs (BVerwGE 127, 302/343ff). Abgaben können aus Gewissensgründen regelmäßig nicht gekürzt werden, etwa Krankenkassenbeiträge wegen der Finanzierung von Schwangerschaftsabbrüchen (BVerfGE 67, 26/37). Ein Postbeamter kann nicht die Zustellung bestimmter Postsendungen aus Gewissensgründen verweigern, wenn er nicht vorher versucht hat, den Konflikt mit Mitteln des Beamtenrechts (etwa Remonstration) zu lösen (BVerwGE 113, 361/363f). Die Verweigerung der Einschulung aus Gewissensgründen ist nicht zulässig (BVerfG-K, JZ 86, 1019). Zu privatrechtlichen Fällen oben Rn.49.

III. Recht der Kriegsdienstverweigerung (Abs.3)

1. Bedeutung und Abgrenzung zu anderen Verfassungsnormen

52   Das Recht der Kriegsdienstverweigerung ist ein echtes Grundrecht (Herzog MD 177; Brunn UC 104) und bezieht sich auf den mit dem Kriegsdienst verbundenen **Zwang zum Töten** (BVerfGE 28, 243/262; 32, 40/45; 69, 1/54). Das Grundrecht bindet alle Grundrechtsverpflichteten (Rn. 32–44 zu Art.1), auch im Ausland (Morlok DR 174).

52a   Was die **Abgrenzung zu anderen Verfassungsnormen** angeht, so bildet das Grundrecht einen Sonderfall der in Abs.1 gewährleisteten Freiheiten des Glaubens und des Gewissens, die für die Verweigerung des Kriegsdienstes mit der Waffe durch Abs.3 verdrängt werden (BVerfGE 19, 135/138; 23, 127/132; BVerwG, NVwZ-RR 93, 636; Muckel FH 80). Die Freiheiten des Abs.1 können jedoch für andere Aspekte des Wehrdienstes zum Tragen kommen (BVerwGE 127, 302/321, 332ff; Morlok DR 157; oben Rn.47, 51), ebenso für andere Dienstleistungen, wie den Ersatz- bzw. Zivildienst (Kempen AK 26). Dementsprechend kann die Zurückstellung (nicht aber die Befreiung) vom Wehrdienst verlangt werden, wenn die Religionsausübung bei der Bundeswehr beeinträchtigt ist (BVerwG, NVwZ 85, 113). Zur Verweigerung des Ersatzdienstes Rn.6 zu Art.12a. Gegenüber Art.2 Abs.1 ist Art.4 Abs.3 lex specialis (BVerfGE 28, 243/264).

2. Schutzbereich

a) Kriegsdienst mit der Waffe meint nicht nur den Dienst mit der 53
Waffe im Krieg, sondern auch die Ausbildung an der Waffe im Frieden
(BVerfGE 12, 45/56; 48, 127/164; 80, 354/358; Bethge HbStR³ VII § 158
Rn.81), da eine Ausbildung ohne einen Einsatz im Ernstfall sinnlos ist
(Starck MKS 165). Erfasst wird, wie Art.12a Abs.2 S.3 zu entnehmen ist,
auch der Dienst beim Bundesgrenzschutz bzw. bei der Bundespolizei (Starck
MKS 166; Herzog MD 186), nicht aber der Dienst in einem Zivilschutzver-
band (Ipsen/Ipsen BK 80 zu Art.12a; a.A. Brunn UC 113) oder in einem
Ersatzdienst iSv Art.12a Abs.2 (BVerfGE 19, 135/137; 23, 127/132). Als
„mit der Waffe" sind alle Tätigkeiten einzustufen, die „nach dem Stand der
jeweiligen Waffentechnik in *unmittelbarem* Zusammenhang zum Einsatz von
Kriegswaffen stehen" (BVerfGE 69, 1/56; Herzog MD 182). Der Betroffene
muss also entweder selbst Waffen einzusetzen oder die Waffenanwendung
anderer unmittelbar zu unterstützen haben. Keine Rolle spielt, ob der Dienst
in einem zwischenstaatlichen Konflikt oder innerhalb eines Landes erfolgt
(Morlok DR 161; Mager MüK 81). Nicht erfasst werden die Dienste des
Helfers in der Rüstungswirtschaft (BSGE 54, 7/9) und der Zivil- oder Ka-
tastrophenschutz (BVerwGE 61, 246/250), wohl aber der Sanitätsdienst
(BVerwGE 80, 62/64 f; a.A. Muckel FH 80) und die Militärverwaltung;
s. allerdings auch unten Rn.60. Die Auslieferung in ein Land, in dem der
Militärdienst droht, dürfte kein Eingriff sein; allenfalls kann insoweit die
Schutzfunktion zum Tragen kommen (Morlok DR 187; offen gelassen
BVerwG, NVwZ 05, 465).

b) Gewissensentscheidung. Das Recht des Abs.3 besteht nur, wenn der 54
Betroffene auf Grund einer zwingenden Gewissensentscheidung (dazu näher
oben Rn.45 f) im Hinblick auf den mit dem Kriegsdienst verbundenen Zwang
zum Töten (oben Rn.52) nur unter schwerer seelischer Not imstande ist, am
Kriegsdienst mit der Waffe teilzunehmen (BVerwG, NVwZ 87, 695; Brunn
UC 133). Nicht erforderlich ist ein schwerer seelischer Schaden (BVerwGE
81, 239/240). Dagegen genügt die ernsthafte und nachdrückliche Auffassung
von guter politischer Ordnung und Vernunft, sozialer Gerechtigkeit und wirtschaftlicher Nützlichkeit nicht (BVerfGE 48, 127/173 f). Eine Bewertung der
Entscheidung des Betroffenen als „richtig" oder „falsch" ist ausgeschlossen
(BVerwGE 79, 24/27; oben Rn.45). Die Entscheidung muss **schlechthin**
und nicht nur für bestimmte Kriege, Situationen oder Waffen gelten (BVerf-
GE 12, 45/57; 69, 1/23; BVerwGE 74, 72/74 f; 83, 358/371; Kokott SA 96;
Muckel FH 81; a.A. BVerfGE *abwM* 69, 1/81 f; Morlok DR 169), etwa nur
für einen Bundeswehreinsatz außerhalb des Bundesgebietes (BVerwG, NJW
94, 603 f). Eine situationsbedingte Verweigerung kann aber von der Gewissensfreiheit erfasst werden (Bethge HbStR³ VII § 158 Rn.83; Starck MKS
171). Zur Plausibilitätsprüfung der Gewissensentscheidung unten Rn.57–59.

c) Träger des Grundrechts ist jeder, der zum Kriegsdienst mit der Waf- 55
fe herangezogen wird, auch der bereits eingezogene Soldat (Starck MKS
173, 175; Herzog MD 189; vgl. unten Rn.60), ggf. auch Ausländer (Kempen AK 12; Mager MüK 67). Keine Rolle spielt, ob der Betroffene Wehrpflichtiger oder Zeit- bzw. Berufssoldat ist (Morlok DR 172). Ggf. können

sich auch Frauen auf Art.4 Abs.3 berufen (Kokott SA 93). Juristische Personen und Vereinigungen sind nicht Grundrechtsträger (BVerwGE 64, 196/198; Bethge HbStR³ VII § 158 Rn.78; Morlok DR 173).

3. Eingriffe und Ausgestaltung durch Anerkennungsverfahren

56   **a) Eingriffe.** In das Grundrecht wird durch jeden Zwang eines Grundrechtsverpflichteten (oben Rn.52) eingegriffen, Kriegsdienst mit der Waffe (oben Rn.53) auszuüben, soweit es nicht um die Ausgestaltung im Rahmen des Anerkennungsverfahrens geht (unten Rn.57f). Ein Eingriff liegt etwa in der Einberufung oder der Verhängung und Vollziehung von Disziplinarmaßnahmen (BVerfGE 28, 264/275f) bzw. von Jugendarrest (BVerfGE *abwM* 32, 40/53f; **a.A.** BVerfGE 32, 40/48ff). Dies gilt auch bereits vor rechtskräftiger Anerkennung (s. allerdings unten Rn.60). Weiter liegt eine Beeinträchtigung vor, wenn die Wahrnehmung des Rechts unangemessen erschwert wird. Zur Ausgestaltung des Ersatzdienstes in einer Art und Weise, die von der Nutzung des Grundrechts abschreckt, Rn.7 zu Art.12a. Zur Rückzahlung eines von der Bundeswehr gewährten Stipendiums unten Rn.60.

57   **b) Ausgestaltung durch Anerkennungsverfahren. aa)** Art.4 Abs.3 steht dem Verlangen nicht entgegen, dass der Betroffene seine Gewissensentscheidung plausibel macht (vgl. oben Rn.46). Zulässig ist auch, dass ihn eine Darlegungslast trifft (BVerfGE 69, 1/42f). Daher stellt ein sachgerechtes **Anerkennungsverfahren** keinen Grundrechtseingriff dar (BVerfGE 48, 127/166f; 69, 1/51). Grundlage für die Regelung des Verfahrens ist die Vorschrift des Abs.3 S.2, die den Gesetzgeber zu näherer Regelung ermächtigt, d.h. zu einer *Ausgestaltung* (Gellermann, Lit. A vor Art.1, 257ff; Sachs B4 Rn.73; Morlok DR 175); allg. zur Ausgestaltung Vorb.34f vor Art.1. Es handelt sich um ein verfahrensabhängiges Grundrecht (BVerwGE 80, 62/63). Aus Gründen der auf Art.3 Abs.1 gestützten Wehrgerechtigkeit (Rn.3 zu Art.12a) soll sogar eine Pflicht des Gesetzgebers bestehen, die Berufung auf das Grundrecht nur solchen Personen zuzugestehen, bei denen die Voraussetzungen mit hinreichender Sicherheit angenommen werden können (BVerfGE 48, 127/168; 69, 1/21; BVerwGE 83, 358/361; a.A. BVerfGE *abwM* 48, 127/186; Brunn UC 180).

58   Die **Ausgestaltung** des Anerkennungsverfahrens muss sachgerecht, geeignet und zumutbar sein (BVerfGE 69, 1/25). Die Anforderungen können unterschiedlich intensiv ausfallen, sofern dafür Sachgründe sprechen (BVerfGE 69, 1/40ff). Insb. können vom Wehrpflichtigen objektivierbare Anhaltspunkte verlangt werden, aus denen mit hinreichender Sicherheit auf eine Gewissensentscheidung geschlossen werden kann (BVerfGE 69, 1/47; Mückl BK 194). Doch dürfen die Anforderungen nicht zu hoch angesetzt werden; es genügt ein Glaubhaftmachen (BVerwGE 14, 146/149f; Mager MüK 77; Kokott SA 99). Substantiiert angebotene Beweismittel sind auszuschöpfen (BVerwG, NVwZ-RR 93, 39). Ohne Anhörung darf nur bei völlig eindeutiger Rechtslage entschieden werden (BVerfGE 69, 1/45); zur Anhörung im gerichtlichen Verfahren Rn.10 zu Art.103.

59   **bb) Im Einzelnen** kommt es entscheidend auf die Begründung des Wehrpflichtigen und den von ihm gewonnenen Gesamteindruck an (BVerwGE 50,

275/277; NJW 86, 2898). Ein bloßes verbales Bekenntnis genügt nicht (BVerwGE 55, 217/219; 65, 57/60); der Betreffende muss bereit sein, für seine Überzeugung auch Nachteile in Kauf zu nehmen (vgl. BVerwG, NVwZ 84, 449). Die Prüfung, ob eine hinreichende geistige Auseinandersetzung mit der Problematik des Kriegsdienstes stattgefunden hat, ist zulässig (BVerwGE 60, 278/280), außer bei Mitgliedern einer Glaubensgemeinschaft, die sich zu einem absoluten Tötungsverbot bekennt, wie die Zeugen Jehovas (BVerwGE 75, 188/192 ff). Die Bereitschaft, in einer Notwehr- oder Nothilfesituation den Angreifer ohne schwere Gewissensbelastung zu töten, spricht gegen die Anerkennung als Kriegsdienstverweigerer (BVerwG, NVwZ 86, 476), nicht jedoch die Inkaufnahme von Verkehrstoten (BVerwGE 84, 191/192 f) oder die fehlende Bereitschaft, Soldaten in einem Lazarett zu pflegen (BVerwG, NVwZ 88, 155). Die Teilnahme an Hausbesetzungen schließt eine Gewissensentscheidung gegen den Kriegsdienst nicht aus (BVerwGE 81, 18/19 f). Der Wehrpflichtige darf nicht mit völlig irrealen Konfliktsituationen konfrontiert werden (BVerwGE 79, 24/29; NVwZ 87, 801; Brunn UC 153 ff). Die Achtung und Respektierung des Kriegsdienstes anderer steht der eigenen Gewissensentscheidung gegen den Kriegsdienst mit der Waffe nicht notwendig entgegen (BVerwG, NVwZ 85, 493); Gleiches gilt für eine begrenzte Anerkennung der Sterbehilfe (BVerwGE 60, 278/282) oder des Schwangerschaftsabbruchs (BVerwGE 60, 336/338).

4. Rechtfertigung von Eingriffen (Schranken)

Das Grundrecht des Abs.3 unterliegt **keinem Gesetzesvorbehalt;** insb. **60** ermächtigt Abs.3 S.2 nicht zu Eingriffen (BVerfGE 28, 243/259; 48, 127/163; 69, 1/23; Starck MKS 177; Muckel FH 84; Vorb.41 vor Art.1). Abs.3 S.2 enthält allein ein (nur dem Bund zustehendes) Recht zur *Ausgestaltung* (oben Rn.57), gestattet also keine Einschränkung des Grundrechts (Kempen AK 13; Morlok DR 175). Eingriffe können aber durch **kollidierendes Verfassungsrecht** gerechtfertigt sein (Herzog MD 195). Die Grundentscheidung für die militärische Landesverteidigung (Rn.2a zu Art.12a) bietet dafür jedoch keine Grundlage, weil diese Entscheidung durch Art.4 Abs.3 gerade eingeschränkt wird (BVerfGE *abwM* 69, 1/60 ff; Muckel FH 84; Bethge HbStR³ VII § 158 Rn.74; Morlok DR 186; Kokott SA 136 f; **a.A.** BVerfGE 28, 243/261). Zulässig ist allerdings, dass ein Soldat bis zu seiner rechtskräftigen Anerkennung wehrdienstverpflichtet bleibt (BVerfGE 28, 243/261 f; Starck MKS 169); das folgt (im Hinblick auf das vorherige entgegengesetzte Verhalten) aus der Ausgestaltungsmöglichkeit des Abs.3 S.2. Der Soldat darf in diesem Falle nur zum waffenlosen Dienst herangezogen werden, etwa im Sanitätsdienst (BVerfGE 69, 1/56; BVerwGE 72, 241/242; 80, 62/64 f) oder in der Militärverwaltung (BVerfGE 69, 1/56). Zulässig ist, einen Soldaten auf Zeit, der als Wehrdienstverweigerer aus der Bundeswehr entlassen wurde, zu verpflichten, die Kosten eines finanzierten Studiums zu erstatten, da es hier um einen Vorteilsausgleich und nicht um eine Sanktion geht (BVerwG, DVBl 96, 1152). Bei der Aberkennung eines bereits zuerkannten Verweigerer-Status ist Vorsicht geboten (BVerwG, NVwZ-RR 95, 44).

Art. 5 [Kommunikationsfreiheiten; Kunst- und Wissenschaftsfreiheit]

(1) Jeder[8, 18] hat das Recht, seine Meinung[3 ff] in Wort, Schrift und Bild[7] frei zu äußern und zu verbreiten[6 ff] und sich aus allgemein zugänglichen Quellen[15 ff] ungehindert zu unterrichten[17]. Die Pressefreiheit[23 ff] und die Freiheit der Berichterstattung durch Rundfunk[34 ff] und Film[49 ff] werden gewährleistet. Eine Zensur findet nicht statt.[63 f]

(2) Diese Rechte finden ihre Schranken in den Vorschriften der allgemeinen Gesetze,[55 ff] den gesetzlichen Bestimmungen zum Schutze der Jugend[60 f] und in dem Recht der persönlichen Ehre[62].

(3) Kunst[106 f] und Wissenschaft[121], Forschung[122 f] und Lehre[123] sind frei. Die Freiheit der Lehre entbindet nicht von der Treue zur Verfassung.[133]

Übersicht

Literatur A (Art.5 Abs.1 S.1): *Schmidt-Jortzig,* Meinungs- und Informationsfreiheit, HbStR³ VII, 2009, § 162; *Schoch,* Das Grundrecht der Informationsfreiheit, Jura 2008, 25; *Epping/Lenz,* Das Grundrecht der Meinungsfreiheit, Jura 2007, 881; *Hochhuth,* Die Meinungsfreiheit im System des Grundgesetzes, 2007; *Stern,* Die Freiheit der Kommunikation und der Information, ST IV/1, § 108; *Hösch,* Meinungsfreiheit und Wettbewerbsrecht, WRP 2003, 936; *Lerche,* Die Meinungsfreiheit in der Rechtsprechung des Bundesverwaltungsgerichts, in: Schmidt-Aßmann u. a. (Hg.), FS 50 Jahre BVerwG, 2003, 979; *Nolte/Tams,* Der Schutz der Meinungsfreiheit, JA 2002, 259; *Mückl,* Religionsfreiheit und Sonderstatusverhältnisse, Staat 2001, 96; *Bull,* Freiheit und Grenzen des politischen Meinungskampfes, in: FS 50 Jahre BVerfG, 2001, Bd. II, 163; *Fenchel,* Negative Informationsfreiheit, 1997; *Grigoleit/Kersten,* Grundrechtlicher Schutz und grundrechtliche Schranken kommerzieller Kommunikation, DVBl 1996, 596; *Erichsen,* Das Grundrecht der Meinungsfreiheit, Jura 1996, 84; *Lerche,* Aktuelle Grundfragen der Informationsfreiheit, Jura 1995, 561; *Grimm,* Die Meinungsfreiheit in der Rechtsprechung des BVerfG, NJW 1995, 1697; *Heselhaus,* Neue Entwicklungen bei der Bestimmung des Schutzbereichs der Meinungsfreiheit, NVwZ 1992, 740; *Merten,* Zur negativen Meinungsfreiheit, DÖV 1990, 761; *Tettinger,* Schutz der Kommunikationsfreiheiten im deutschen Verfassungsrecht, JZ 1990, 846. – Vgl. auch Literatur A II zu Art.2.

Literatur B (Abs.1 S.2): *Klaes,* Verfassungsrechtlicher Rundfunkbegriff und Internet, ZUM 2009, 135; *Degenhart,* Staatspresse in der Informationsgesellschaft, AfP 2009, 207; *Loew,* Zum Spannungsfeld zwischen Medienfreiheit und Persönlichkeitsschutz, 2009; *Bullinger,* Freiheit von Presse, Rundfunk, Film, HbStR³ VII, 2009, § 163; *Gosche,* Das Spannungsverhältnis zwischen Meinungsfreiheit und Ehrenschutz, 2008; *Möllers,* Pressefreiheit im Internet, AfP 2008, 241; *Kläver,* Pressefreiheit im Wandel der Zeit, UFITA 2007, 87; *Degenhart,* Duale Rundfunkordnung im Wandel, AfP 2007, 24; *Lerche,* Aspekte des Schutzbereichs der Rundfunkfreiheit, AfP 2007, 52; *Pieroth,* Pressefreiheit und Gefahrenabwehr, AfP 2006, 305; *Cornils,* Rundfunkgrundversorgung durch subventionierten Privatrundfunk?, DVBl 2006, 789; *Stern,* Die Freiheit der Medien, ST IV/1, 2006, § 109, § 110; *Hasse,* Die Finanzierung des öffentlich-rechtlichen Rundfunks, 2005; *Geier,* Grundlagen rechtsstaatlicher Demokratie im Bereich der Medien, Jura 2004, 182; *Ladeur/Gostomzyk,* Rundfunkfreiheit und Rechtsdogmatik, JuS 2002, 1145; *Bethge,* Die Freiheit des privaten Rundfunks, DÖV 2002, 519; *Brand,* Rundfunk im Sinne des Art.5 Abs.1 S.2 GG, 2002; *Ladeur/Gostomzyk,* Rundfunkfreiheit und Rechtsdogmatik, JuS 2002, 1145; *Brand,* Rundfunk im Sinne des Art.5 Abs.1 Satz 2 GG, 2002; *Bullinger,* Medien, Pressefreiheit, Rundfunkverfassung, in: FS 50 Jahre BVerfG, 2001, Bd. II, 193; *Dörr,* Der Einfluss der Judikatur des BVerfG auf das Medienrecht, VerwArch 2001, 149; *Jarass,* Rundfunkfreiheit, in Pieroth (Hg.), Verfassungsrecht und soziale Wirklichkeit in Wechselwirkung, 2000, 59; *Erdemir,* Filmzensur und Filmverbot, 2000; *Jarass,* Rundfunkbegriffe im Zeitalter des Internet, AfP 1998, 133; *Ladeur,* Grundrechtskonflikte in der dualen Rundfunkordnung, AfP 1998, 141; *Ricker/Schiwy,* Rundfunkverfassungsrecht, 1997; *Bethge,* Die verfassungsrechtliche Position des öffentlich-rechtlichen Rundfunks in der dualen Rundfunkordnung, 1996; *Fiebig,* Ansätze zu einem institutionellen Verständnis der Pressefreiheit, AfP 1995, 459; *Eberle,* Neue Übertragungstechniken und Verfassungsrecht, ZUM 1995, 249; *Engel,* Rundfunk in Freiheit, AfP 1994, 185; *Reupert,* Die Filmfreiheit, NVwZ 1994, 1155; *Bethge,* Verfassungsrechtliche Aspekte des föderalen Rundfunkfinanzausgleichs, DÖV 1994, 445; *Jarass,* Verfassungsmäßigkeit des Rechts der Kurzberichterstattung, AfP 1993, 455; *Kübler,* Massenkommunikation und Medienverfassung, FS Lerche, 1993, 649; *Ring,* Gefährdung der Rundfunkfreiheit, FS Lerche, 1993, 707; *Groß,* Zur Pressefreiheit, DÖV 1992, 981; *Ruck,* Zur Unterscheidung von Ausgestaltungs- und Schrankengesetzen im Bereich der Rundfunkfreiheit, AöR 1992, 543; *Starck,* „Grundversorgung" und Rundfunkfreiheit, NJW 1992, 3257; *Brugger,* Rundfunkfreiheit und Verfassungsinterpretation, 1991.

Literatur C (Abs.1 S.3, Abs.2): *Nessel,* Das grundgesetzliche Zensurverbot, 2003; *Franke,* Das Zensurverbot des Art.5 I 3 GG, UFITA 2002, 89; *Franke,* Die Schranken der Kommunikationsfreiheiten, UFITA 2001, 459; *Gucht,* Das Zensurverbot im Gefüge der grundrechtlichen Eingriffskautelen, 2000; *Di Fabio,* Persönlichkeitsrechte im Kraftfeld der Medienwirkung, AfP 1999, 126; *Fiedler,* Die formale Seite der Äußerungsfreiheit, 1999; *Lücke,* Die „allgemeinen" Gesetze, 1998; *Schmitt Glaeser,* Meinungsfreiheit, Ehrenschutz und Toleranzgebot, NJW 1996, 876; *Stark,* Ehrenschutz in Deutschland, 1996; *Hager,* Der Schutz der Ehre im Zivilrecht, AcP 1996, 168; *Tettinger,* Die Ehre – ein ungeschütztes Verfassungsgut?, 1995; *Kriele,* Ehrenschutz und Meinungsfreiheit, NJW 1994, 1897; *Hoppe,* Die „allgemeinen Gesetze" als Schranke der Meinungsfreiheit, JuS 1991, 734.

Literatur D (Kunst): *Vosgerau,* Das allgemeine Persönlichkeitsrecht als Universalschranke der Kunstfreiheit, Staat 48 (2009), 107; *v. Arnauld,* Freiheit der Kunst, HbStR³ VII, 2009, § 167; *Lerche,* Kunstfreiheit inmitten aktueller Grundrechtskonzepte, in: FS Raue, 2006, 215 ff; *Weber,* Kunst in der Rechtsprechung des Bundesverwaltungsgerichts, in: Schmidt-Aßmann u.a. (Hg.), Festgabe 50 Jahre Bundesverwaltungsgericht, 2003, 991; *Schneider,* Die Freiheit der Baukunst, 2002; *Dierksmeier,* Die Würde der Kunst, JZ 2000, 883; *Palm,* Öffentliche Kunstförderung zwischen Kunstfreiheitsgarantie und Kulturstaat, 1998; *Enderlein,* Der Begriff der Freiheit als Tatbestandsmerkmal der Grundrechte, 1995; *Mahrenholz,* Freiheit der Kunst, HbVerfR, 1995, § 26; *Kübler,* Meinungsäußerung durch Kunst, FS Mahrenholz, 1994, 303; *Würkner,* Das Bundesverfassungsgericht und die Freiheit der Kunst, 1994; *Henschel,* Die Kunstfreiheit in der Rechtsprechung des BVerfG, NJW 1990, 1937.

Literatur E (Wissenschaft): *Stern,* Die Verfassungstreueklausel des Art. 5 Abs. 3 S. 2 GG, in: Festschrift für Steiner, 2009, 842; *Mager,* Freiheit von Forschung und Lehre, HbStR³ VII, 2009, § 166; *Höfling,* Die Lehrfreiheit, WissRecht 2008, 92; *Dähne,* Forschung zwischen Wissenschaftsfreiheit und Wirtschaftsfreiheit, 2007; *Schulte/Ruffert,* Grund und Grenzen der Wissenschaftsfreiheit, VVDStRL 65 (2006), 110, 146; *Kobor,* Grundfälle zu Art. 5 III GG, JuS 2006, 695; *Kaufhold,* Die Lehrfreiheit – ein verlorenes Grundrecht?, 2006; *Schenke,* Neue Fragen an die Wissenschaftsfreiheit, NVwZ 2005, 1000; *Ladeur,* Die Wissenschaftsfreiheit der entfesselten Hochschule, DÖV 2005, 753; *Nettesheim,* Grund und Grenzen der Wissenschaftsfreiheit, DVBl 2005, 1072; *Kamp,* Forschungsfreiheit und Kommerz, 2004; *Görisch,* Wissenschaftsfreiheit und Hochschulmanagement, DÖV 2003, 583; *Losch/Radau,* Forschungsverantwortung als Verfahrensausgabe, NVwZ 2003, 390; *Ossenbühl,* Wissenschaftsfreiheit und Gesetzgebung, in: FS Schiedermair, 2001, 505; *Becker,* Rechtsfragen zu Gründung und Betrieb privater Universitäten, DVBl 2002, 92; *Geis,* Hochschulrecht zwischen Freiheitsgarantie und Effizienzgebot, Verw 2001, 543; *Loschelder,* Das Grundrecht der Freiheit von Forschung und Lehre, in: FS K. Ipsen, 2000, 467; *Wagner,* Forschungsfreiheit und Regulierungsdichte, NVwZ 1998, 1235; *Schulze-Fielitz,* Freiheit der Wissenschaft, HbVerfR, 1995, § 27; *Classen,* Wissenschaftsfreiheit außerhalb der Hochschule, 1994; *Trute,* Die Forschung zwischen Grundrechten der Freiheit und staatlicher Institutionalisierung, 1994; *Thieme,* Die Wissenschaftsfreiheit der nichtuniversitären Forschungseinrichtungen, DÖV 1994, 150; *Lorenz,* Wissenschaft darf nicht alles!, FS Lerche, 1993, 267; *Losch,* Verantwortung der Wissenschaft als Rechtsproblem, NVwZ 1993, 625; *Dickert,* Naturwissenschaften und Forschungsfreiheit, 1991.

A. Grundrechtstatbestände des Abs. 1

I. Systematik der Tatbestände des Abs. 1

1   Die Meinungsfreiheit des Abs. 1 S. 1 und die Informationsfreiheit des Abs. 1 S. 2 sind aufeinander bezogen: Während Erstere die Meinungsäußerung und -verbreitung und damit die Kommunikationsabgabe erfasst, schützt die Informationsfreiheit die Kommunikationsaufnahme. Weiter bilden die Presse-, Rundfunk- und Filmfreiheit des Abs. 1 S. 2, also die *Medienfreiheiten* (Stern ST IV/1, 1511), keinen bloßen Sonderfall der Meinungsfreiheit (deutlich Hoffmann-Riem AK 24 f, 142; a. A. Starck MKS 6 ff), sondern schützen die

Freiheit der in der Massenkommunikation tätigen Personen v. a. im Hinblick auf deren **massenkommunikative Vermittlungsleistung** (Schemmer EH 56; Jarass, Freiheit der Massenmedien, 1978, 188 ff). Diese Leistung ist zwischen Kommunikationsabgabe und Kommunikationsaufnahme angesiedelt und fördert unter Einsatz massenkommunikativer Verbreitungsinstrumente sowohl die Meinungsfreiheit der Personen, die in den Massenmedien zu Wort kommen wie die Informationsfreiheit der Rezipienten (Jarass, Die Freiheit des Rundfunks vom Staat, 1981, 25 ff; Hoffmann-Riem AK 139; Schulze-Fielitz DR 86). Wegen dieser Besonderheiten kommt den Medienfreiheiten ein besonderes Gewicht zu (vgl. BVerfGE 107, 299/332). Darüber hinaus werden wegen des beschriebenen Zusammenhangs die Medienfreiheiten des Abs.1 S.2 zT als ein einheitliches Grundrecht eingestuft (so Hoffmann-Riem AK 138; tendenziell BVerfGE 107, 299/329 ff; 117, 244/258; ablehnend Degenhart BK 20), wie das Art.11 Abs.2 GRCh tut. Auch wenn man nicht so weit geht, gilt es doch, die Eigenart der Medienfreiheiten und ihrer Unterschiede zur Meinungsfreiheit zu beachten. Dann wird die Rspr. des BVerfG zur Abgrenzung von Presse- bzw. Rundfunkfreiheit zur Meinungs- bzw. Informationsfreiheit (unten Rn.24, 35) verständlich. Gleiches gilt für die Verpflichtung der Medienfreiheiten auf die Sicherung der Pluralität (vgl. Schulze-Fielitz DR 46).

II. Meinungsfreiheit (Abs.1 S.1 Hs.1)

1. Bedeutung und Abgrenzung zu anderen Verfassungsnormen

Das Grundrecht der Meinungsfreiheit rechnet zu den „vornehmsten 2 Menschenrechten überhaupt" (BVerfGE 69, 315/344; Degenhart BK 86). Eine vergleichbare Regelung findet sich in Art.10 EMRK. Für ein freiheitliches demokratisches Gemeinwesen ist das Grundrecht konstituierend (BVerfGE 62, 230/247; 76, 196/208 f; 93, 266/292 f; Schmidt-Jortzig HbStR[3] VII § 162 Rn.9; Bethge SA 22); es dient dem demokratischen Prozess (BVerfGE 82, 272/281), ohne dass es sich darauf beschränkt. Es sichert, dass jeder frei sagen kann, was er denkt, auch wenn er keine nachprüfbaren Gründe für sein Urteil angibt bzw. angeben kann (BVerfGE 42, 163/170 f; 61, 1/7). Zugleich sollen die geistigen Wirkungen ermöglicht werden, wie sie von Meinungsäußerungen ausgehen (BVerfGE 61, 1/7). Ein vergleichbares Recht findet sich in Art.1 Abs.1 GRCh. Das Grundrecht enthält neben dem Abwehrrecht ein „objektives Prinzip" (BVerfGE 57, 295/319 f; Hoffmann-Riem AK 40 ff), eine Wertentscheidung. Gegenüber Art.2 Abs.1 ist Art.5 Abs.1 lex specialis. Zur Abgrenzung zur Glaubensfreiheit Rn.6 zu Art.4. Zum Verhältnis zur Informationsfreiheit unten Rn.8, zur Pressefreiheit unten Rn.24, zur Rundfunkfreiheit unten Rn.35, zur Kunstfreiheit unten Rn.105, zur Wissenschaftsfreiheit unten Rn.120. Zum Verhältnis zur Versammlungsfreiheit Rn.6 zu Art.8, zur Koalitionsfreiheit Rn.32 zu Art.9, zum Telefongeheimnis Rn.2 zu Art.10, zur Redefreiheit des Abgeordneten Rn.32 zu Art.38. Zum Verhältnis zum Gleichheitsrecht des Art.3 Abs.3 vgl. Rn.116 zu Art.3.

2. Schutzbereich

3   **a) Meinung. aa)** Der Begriff der Meinung ist „grundsätzlich weit zu verstehen" (BVerfGE 61, 1/9). Er umfasst Werturteile und, jedenfalls weithin, auch Tatsachenbehauptungen (unten Rn.4). Keine Rolle spielt, welche **Themen** berührt werden; die Meinungsfreiheit schützt die Kommunikation in allen Bereichen (Schulze-Fielitz DR 62; Degenhart BK 100). Ebensowenig ist von Bedeutung, ob mit der Meinung öffentliche, insb. politische, oder private Zwecke verfolgt werden (Wendt MüK 8). „Die Kundgabe einer Meinung bleibt auch dann Meinungsäußerung, wenn sie wirtschaftliche Vorteile bringen soll" (BVerfGE 30, 336/352). Die Wirtschaftswerbung wird erfasst, soweit sie „einen wertenden, meinungsbildenden Inhalt hat oder Angaben enthält, die der Meinungsbildung dienen" (BVerfGE 95, 173/182; 102, 347/359; BGHZ 130, 196/203; Degenhart BK 135; Starck MKS 25; Wendt MüK 11; a. A. noch BVerfGE 40, 371/382). Unerheblich ist des Weiteren, „ob die Äußerung begründet oder grundlos, emotional oder rational ist, als wertvoll oder wertlos, gefährlich oder harmlos eingeschätzt wird" (BVerfGE 124, 300/320; 65, 1/41; 90, 241/247; 93, 266/289; Degenhart BK 101; Schulze-Fielitz DR 62; Stern ST IV/1, 1392; vgl. unten Rn.26). Geschützt sind auch polemische oder übersteigerte Äußerungen (BVerfGE 61, 1/7f; 85, 1/15; 93, 260/289; BGH, NJW 87, 1398) sowie Äußerungen, die auf die Beseitigung der grundgesetzlichen Ordnung abzielen (BVerfGE 124, 300/320). Viele der genannten, für die Anwendbarkeit der Meinungsfreiheit bedeutungslosen Aspekte können bei der Einschränkung des Grundrechts relevant werden (unten Rn.58).

4   **bb)** Meinungen iSd Abs.1 S.1 sind auch „**Tatsachenbehauptungen,** jedenfalls ... wenn sie Voraussetzung für die Bildung von Meinungen sind" (BVerfGE 94, 1/7; 61, 1/8f; Stern ST IV/1, 1393f; Degenhart BK 103). Nicht erfasst werden etwa Angaben statistischer Art (BVerfGE 65, 1/40f), wenn sie Dritten zur Meinungsbildung dienen können (BGHZ 176, 175 Rn.16). Nicht geschützt werden dagegen „**bewusst unwahre** Tatsachenbehauptungen und solche, deren Unwahrheit bereits im Zeitpunkt der Äußerung unzweifelhaft feststeht" (BVerfGE 99, 185/197; ähnlich E 90, 1/15; 90, 241/254; BGHZ 139, 95/101; Degenhart BK 108; Fechner SB 90; a. A. mit gewichtigen Gründen Pieroth/Schlink 555; Wendt MüK 10; Schmidt-Jortzig HbStR³ VII § 162 Rn.22; Schulze-Fielitz DR 65), es sei denn, sie ist als Voraussetzung für Meinungsbildung anzusehen (Hong, Lit. zu Art.8, 188). Dies gilt etwa für die Behauptung, in der Zeit des Nationalsozialismus habe es keine Judenverfolgung gegeben (BVerfGE 90, 241/249ff). Die Behauptung belegbar unwahrer Tatsachen wird aber von Art.2 Abs.1 geschützt (a. A. Bethge SA 48a). „Die Anforderungen an die Wahrheitspflicht" dürfen andererseits „nicht so bemessen werden, dass dadurch die Funktion der Meinungsfreiheit in Gefahr gerät oder leidet" (BVerfGE 54, 208/219f; 61, 1/8; 85, 1/15; 90, 241/248; Degenhart BK 111f; Di Fabio MD 239 zu Art.2 I). Insgesamt sind nicht geschützte Tatsachenmitteilungen selten (Degenhart BK 107).

5   Für die **Abgrenzung der Tatsachenbehauptungen** von Werturteilen ist bedeutsam, dass sie durch „die objektive Beziehung zwischen der Äußerung und der Wirklichkeit" geprägt werden (BVerfGE 94, 1/8; 90, 241/247) und der Überprüfung mit Mitteln des Beweises zugänglich sind (BGHZ 139, 95/102; BGH, NJW 05, 281 f). Für *Werturteile* ist dagegen „die subjektive Beziehung des sich Äußernden zum Inhalt seiner Aussage kennzeichnend" (BVerfGE 94, 1/8; 93, 266/289; Starck MKS 22). Für die Abgrenzung von Tatsachenbehauptung und Werturteil kommt es insb. auf den objektiven Sinn der Äußerung an (BVerfGE 94, 1/9); in Grenz- und Überschneidungsfällen ist von einer Meinung auszugehen (BVerfGE 85, 1/15 f; Schemmer EH 8; etwas anders BVerfGE 90, 241/248 f). Echte Fragen sind wie Werturteile zu behandeln, während rhetorische Fragen bei entsprechendem Gehalt dem Regime von Tatsachenbehauptungen unterliegen (BVerfGE 85, 23/32; Herzog MD 55c f; anders Bethge SA 30).

b) Geschütztes Verhalten. aa) Das Grundrecht schützt **Äußern** und **6** **Verbreiten** der Meinung, also ihre Abgabe und den mehr oder minder langen Prozess der Informationsübertragung. Geschützt sind der Inhalt, aber auch die Form bzw. die Art und Weise der Äußerung (BVerfGE 54, 129/138 f; 60, 234/241; 76, 171/192; a. A. wohl E 57, 29/35 f), mögen auch die Einschränkungsmöglichkeiten unterschiedlich ausfallen (unten Rn.59). Geschützt wird zudem die Beifügung des eigenen Namens (BVerfGE 97, 391/397 f). In den Schutzbereich fällt weiter „die Wahl des Ortes und der Zeit einer Äußerung" (BVerfGE 93, 266/289; Stern ST IV/1, 1398). Erfasst wird zudem die Wirkungsdimension (BVerfGE 97, 391/398). Das Grundrecht kommt allen Tätigkeiten zugute, die zur Informationsübermittlung und -verbreitung beitragen. Zugunsten des Meinungsäußernden ist geschützt, dass die Äußerung beim Adressaten ankommt (vgl. unten Rn.9). Erfasst werden auch begleitende Tätigkeiten, die den Zweck haben, die Wirkung der Äußerung zu verstärken (BVerfGE 97, 391/398; Schulze-Fielitz DR 71). Unerheblich ist, ob die Äußerung privat oder öffentlich, kostenlos oder gegen Entgelt erfolgt (BVerfGE 30, 336/352 f). Geschützt werden zudem die „Voraussetzungen für die Herstellung und Aufrechterhaltung des Kommunikationsprozesses" (BVerfGE 97, 391/399). Dagegen gibt Abs.1 kein Recht, von jedermann oder auch nur von Einzelnen gehört zu werden (BVerfGE abwM 104, 92/117). Unklar ist, wieweit die Meinungsbildung geschützt wird; jedenfalls kann nicht das Sammeln von Informationen generell geschützt sein (so aber Bethge SA 24; Starck MKS 37), da dann die Informationsfreiheit keine eigenständige Bedeutung mehr hätte (Schulze-Fielitz DR 73; vgl. unten Rn.17).

Ausgenommen wird die **Ausübung von Druck,** etwa wirtschaftlicher **6a** Art, sowie die Anwendung von Gewalt, da die Meinungskundgabe allein als Mittel des geistigen Meinungskampfes geschützt wird (BVerfGE 25, 256/265; 62, 230/245; Schulze-Fielitz DR 73). Andererseits entfällt der Schutz der Meinungsfreiheit nicht deshalb, weil die Meinungsäußerung zu wirtschaftlichen Nachteilen führt (BVerfGE 25, 256/268); auch der Boykottaufruf fällt daher unter Art.5 (Wendt MüK 14; unten Rn.26). Die Verbreitung **rechtswidrig beschaffter** oder erlangter **Informationen** wird ebenfalls geschützt, nicht aber die rechtswidrige Beschaffung (BVerfGE 66, 116/137; Wendt MüK 29; a. A. Stern ST IV/1, 1407 f).

6b   Schließlich schützt Art.5 als negative Meinungsfreiheit das Recht, eine Meinung **nicht zu äußern** (BVerfGE 65, 1/40 f; Schulze-Fielitz DR 74). Die Verpflichtung, eine staatliche Information (als staatliche Information) zu verbreiten, berührt jedoch nicht die Meinungsfreiheit (BVerfGE 95, 173/182).

7   **bb)** Als geschützte Medien nennt Abs.1 S.1 **Wort, Schrift und Bild,** was aber nur als beispielhafte Nennung der wichtigsten Medien zu verstehen ist (Degenhart BK 142; Schmidt-Jortzig HbStR³ VII § 162 Rn.25). Geschützt wird daher jede Form der Meinungsäußerung und -verbreitung, auch mit Hilfe von Schallplatten (Wendt MüK 15), Tonträgern, Bildern (BVerfGE 30, 336/352) oder elektromagnetischen Wellen etc. (Degenhart BK 143, 147). Gleichfalls erfasst werden bildhafte und suggestive Meinungsäußerungen durch Gesten, Tragen und Verwenden von Symbolen (BVerwGE 72, 183/185 f), Plaketten (BVerfGE 71, 108/113; Stern ST IV/1, 1400), Uniformen (BVerfG-K, NJW 82, 1803) etc. oder durch Aktionen wie eine Unterschriftensammlung (BVerfGE 44, 197/204 ff); ein Anspruch auf Tragen staatlicher Uniformen ergibt sich aus Art.5 jedoch nicht (BVerwGE 76, 30/35).

8   **c) Träger des Grundrechts** ist jede Person, die die geschützte Tätigkeit (oben Rn.3–7) ausübt (Schulze-Fielitz DR 114). Eine Verhinderung der Briefzustellung beeinträchtigt daher den Absender in seiner Meinungsfreiheit, nicht dagegen den Empfänger, für den die Informationsfreiheit einschlägig ist (BVerfGE 27, 71/81; oben Rn.2). Auch wer eine Broschüre verschickt, kann sich auf Art.5 Abs.1 berufen, sofern er kein „interesseloser Vermittler" ist (BVerfG-K, NJW 05, 1342). Die Meinungsfreiheit steht auch Minderjährigen zu (Rn.13 f zu Art.19; Degenhart BK 166; Hoffmann-Riem AK 37; Schmidt-Jortzig HbStR³ VII § 162 Rn.16). Auf die Staatsangehörigkeit der Mitglieder eines Vereins kommt es nicht an (BVerfG-K, NVwZ 00, 1282). Weiter können inländische juristische Personen und Personenvereinigungen die Meinungsfreiheit geltend machen (Rn.17–20 zu Art.19; Degenhart BK 168; Schemmer EH 2, 137). Dies gilt auch für die Parteien (BVerfGE 121, 30/57). *Staatliche Organe* bzw. juristische Personen des öffentlichen Rechts dürfen zwar (in sachlicher Weise) Meinungen äußern, soweit dies die entsprechenden Kompetenznormen erlauben (OVG NW, NVwZ 85, 124); auf die Meinungsfreiheit können sie sich aber nicht berufen (Starck MKS 24; Schmidt-Jortzig HbStR³ VII § 162 Rn.18; Rn.24 f zu Art.19). Dies gilt insb. für einen Bürgermeister, der in amtlicher Eigenschaft eine Meinung äußert (BVerwGE 104, 323/326).

3. Beeinträchtigungen

9   **a) Eingriffe.** Das Grundrecht wird durch jede **Anordnung** eines Grundrechtsverpflichteten (Rn.32–44 zu Art.1) beeinträchtigt, die die Meinungsäußerung oder -verbreitung verbietet, behindert oder gebietet (Schulze-Fielitz DR 124). Darunter fallen auch nachteilige Rechtsfolgen für bestimmte Äußerungen (BVerfGE 86, 122/128) oder Auflagen zum Umgang mit der Presse (BVerfGE 85, 248/263). Weiter werden belastende Anordnungen zur Art und Weise der Äußerung erfasst (oben Rn.6). Gleiches gilt für das Anhalten von Briefen (Schulze-Fielitz DR 125), etwa von Strafgefangenen (BVerfGE 33, 1/14 ff; vgl. auch Rn.2 zu Art.10). **Faktische Einwirkungen** stellen einen Grundrechtseingriff dar, sofern sie von einem gewissen Gewicht und daher Regelungen gleichzustellen sind (Schulze-Fielitz DR 128; Degenhart BK 163; Vorb.29 vor Art.1), etwa das heimliche Abhören von Gesprächen (Wendt MüK 18; Stern ST IV/1, 1423; Hoffmann-Riem AK 39).

Die Beschränkung der Meinungsäußerung bei der **Nutzung öffentlicher Straßen** ist ein Eingriff (und keine bloße Verweigerung der Teilhabe), soweit die Verkehrsfunktion nicht behindert wird, da es insoweit um eine Grundrechtsbeeinträchtigung „gelegentlich" der Nutzung einer Sache geht (Degenhart BK 64a; Vorb.32 vor Art.1; vgl. Starck MKS 35). Zur Nutzung anderer öffentlicher Einrichtungen unten Rn.11. **10**

b) Unterlassen von Leistung, insb. Teilhabe. Bei der **Nutzung öffentlicher Einrichtungen** dürfte eine Beeinträchtigung in Form der Verweigerung von *Teilhabe* vorliegen, sofern nicht schon ein Eingriff besteht (oben Rn.10), wenn die Nutzung verweigert wird, obgleich die staatlich vorgesehene Nutzung nicht behindert wird und zudem ein sachlicher Zusammenhang besteht (Jarass, DÖV 83, 612; Hoffmann-Riem AK 85; Schulze-Fielitz DR 220; vgl. BVerwGE 56, 56/59 ff). Bei der Vergabe von Räumen in der Universität für studentische Veranstaltungen ist der Fördergehalt des Abs.1 S.1 zu beachten (BVerwG, Bh 421.2 Nr.83 S.2 f). Im Übrigen ist ein Anspruch auf staatliches Tätigwerden bzw. auf staatliche **Leistungen** der Meinungsfreiheit grundsätzlich nicht zu entnehmen. Sie gibt weder einen Anspruch auf Mittel zur Meinungskundgabe (BVerwGE 72, 113/118; Herzog MD 64) noch auf Zugang zu den Massenmedien (Herzog MD 65). **11**

c) Anwendung von Privatrecht. Bei der Auslegung und Anwendung des Privatrechts ist der Meinungsfreiheit Rechnung zu tragen (BVerfGE 82, 272/280; 86, 122/128 f; 107, 275/280). Diese Ausstrahlungswirkung (Stern ST IV/1, 1431; allg. dazu Rn.54–58 zu Art.1) ist von umso größerem Gewicht, je intensiver, je schwerer das Grundrecht betroffen ist (BVerfGE 42, 163/168; Hoffmann-Riem AK 43; Bethge SA 30a ff). Eine Verkennung der verfassungsrechtlich bedeutsamen Tatsachen durch das Gericht verletzt Abs.1 S.1 (BVerfGE 82, 272/280). Eine intensive Prüfung ist insb. geboten, wenn die Entscheidung geeignet ist, in künftigen Fällen die Bereitschaft zu mindern, von dem Grundrecht Gebrauch zu machen (BVerfGE 86, 1/10). Zu Einzelfällen unten Rn.74–84. **12**

4. Rechtfertigung (Schranken) und Einzelfälle

Eingriffe in die Meinungsfreiheit können vor allem durch die Schranken des Abs.2 (dazu unten Rn.55–62) gerechtfertigt sein, insb. durch die allgemeinen Gesetze; dabei ist das Zensurverbot zu beachten (unten Rn.63 f). Weitere Schranken ergeben sich aus kollidierendem Verfassungsrecht, nicht aber aus Sonderstatusverhältnissen (unten Rn.65–67). Zu Einzelfällen der Verfassungsmäßigkeit von Beeinträchtigungen der Meinungsfreiheit unten Rn.74–84, 87–93, 101–104. **13**

III. Informationsfreiheit (Abs.1 S.1 Hs.2)

1. Bedeutung und Abgrenzung zu anderen Verfassungsnormen

14   Die Informationsfreiheit ist das Ergebnis der Erfahrungen mit den nationalsozialistischen Informationssperren, insb. dem Verbot, ausländische Sender zu hören (BVerfGE 27, 71/80). Das Grundrecht steht gleichwertig neben der Meinungsfreiheit und dient der individuellen Entfaltung wie dem demokratischen Prinzip (BVerfGE 27, 71/81 f; Herzog MD 84; Schmidt-Jortzig HbStR³ VII § 162 Rn.34). Ein vergleichbares Recht findet sich in Art.11 Abs.1 GRCh. Zur Abgrenzung zur Meinungsfreiheit oben Rn.8, zur Pressefreiheit unten Rn.24a, zur Rundfunkfreiheit unten Rn.35.

2. Schutzbereich

15   **a) Allgemein zugängliche Quellen. aa)** Als **Quellen** sind alle Träger von Informationen einzustufen, unabhängig davon, ob die Informationen eher Meinungen bzw. Tatsachen enthalten oder ob sie öffentliche oder private Angelegenheiten betreffen (Herzog MD 87; Degenhart BK 276 ff; vgl. BVerfGE 27, 71/81 ff). Welcher Informationsträger genutzt wird, ist unerheblich (Bethge SA 54). Erfasst werden auch Personen, die bereit sind, sich zu bestimmten Fragen zu äußern, weshalb die Informationsfreiheit demoskopischen Befragungen zugute kommt (Starck MKS 48; Herzog MD 93). Informationsquelle ist zudem das Ereignis selbst, etwa ein Verkehrsunfall (BVerfGE 103, 44/60; Stern ST IV/1, 1404; Hoffmann-Riem AK 98; Schulze-Fielitz DR 77). Auch ein Sachverständiger ist eine geschützte Quelle (BGH, NJW 78, 753).

16   **bb) Allgemein zugänglich** ist eine Informationsquelle, „wenn sie geeignet und bestimmt ist, der Allgemeinheit, also einem individuell nicht bestimmbaren Personenkreis, Informationen zu verschaffen" (BVerfGE 103, 44/60; 33, 52/65; 90, 27/32; Wendt MüK 23; Herzog MD 90). Dementsprechend fällt das Internet unter die Informationsfreiheit, soweit die Inhalte allgemein zugänglich sind. „Über die Zugänglichkeit und die Art der Zugangseröffnung entscheidet, wer nach der Rechtsordnung über ein entsprechendes Bestimmungsrecht verfügt" (BVerfGE 103, 44/60; Stern ST IV/1, 1405). Nicht allgemein zugänglich sind daher private oder betriebliche Aufzeichnungen, die vom Verfügungsberechtigten nicht zur Veröffentlichung bestimmt sind (BVerfGE 66, 116/137). Auch gegen Entgelt erhältliche Informationen sind allgemein zugänglich (Bethge SA 57; Schulze-Fielitz DR 80), etwa urheberrechtlich geschützte Informationen (Starck MKS 51). Auch ein Sachverständiger ist eine geschützte Quelle (BGH, NJW 78, 753). Sind nicht für die Öffentlichkeit bestimmte Informationen an die Öffentlichkeit gelangt, sei es auch rechtswidrig, sind sie allgemein zugänglich geworden (Starck MKS 49; Schulze-Fielitz DR 82). *Wo* die Quelle zugänglich ist (etwa im Ausland), spielt keine Rolle (BVerfGE 27, 71/84; Wendt MüK 23; Hoffmann-Riem AK 98). Geschützt wird daher der Bezug ausländischer Zeitungen ebenso wie der Empfang ausländischer Sender (BVerfGE 90,

27/32; Herzog MD 92; Degenhart BK 325). Durch staatliche Vorschriften und Maßnahmen wird das Merkmal der allgemeinen Zugänglichkeit nicht eingeschränkt (BVerfGE 27, 71/83; 90, 27/32; Starck MKS 44), auch nicht in Notfällen (Schmidt-Jortzig HbStR[3] VII § 162 Rn.38; Schulze-Fielitz DR 78; a. A. Herzog MD 89); zur Situation, wenn der Staat der Verfügungsberechtigte ist unten Rn.16a.

Informationen, über die **staatliche Stellen verfügen**, sind zunächst un- **16a** ter den allg. Voraussetzungen (oben Rn.16) allgemein zugänglich. Die Eigenschaft fehlt daher wegen des Entscheidungsrechts der staatlichen Stelle vielfach bei Behördenakten (BVerfG-K, NJW 86, 1243) und – für die direkte Berichterstattung – hinsichtlich der Verhandlung vor Gerichten (BVerfGE 103, 44/61 f); bei öffentlich-zugänglichen Archiven ist sie unproblematisch zu bejahen. Darüber hinaus ist eine Informationsquelle in staatlicher Verantwortung allgemein zugänglich iSd Art.5 Abs.1, wenn sie „auf Grund rechtlicher Vorgaben zur öffentlichen Zugänglichkeit bestimmt ist, der Staat den Zugang aber verweigert" (BVerfGE 103, 44/60; Degenhart BK 294; Bethge SA 59b; a. A. Starck MKS 50). Eine solche Verpflichtung zu Öffentlichkeit kann sich aus dem Demokratieprinzip (Rn.11–14 zu Art.20) oder anderen Verfassungsnormen (etwa Rn.3 zu Art.109a) ergeben, aber auch aus einfachem Recht. Soweit das der Fall ist, besteht ein Akteneinsichts- oder Auskunftsanspruch (auch) aus Art.5 Abs.1 S.1.

b) Geschütztes Verhalten. Die Informationsfreiheit schützt die schlich- **17** te Entgegennahme von Informationen ebenso wie das aktive Beschaffen (BVerfGE 27, 71/82 f; Wendt MüK 26), unabhängig von den verwandten Methoden. Geschützt wird auch die unmittelbare Informationsaufnahme an der Quelle (BVerfGE 103, 44/60). So wird das Fotografieren, etwa von Personen in der Öffentlichkeit, erfasst (Schulze-Fielitz DR 85; Schemmer EH 31), weiter das Anbringen von Parabol-Antennen (BVerfGE 90, 27/36 f). Ein Beschaffen durch Einschleichen etc. wird nicht geschützt, da die Quellen dann nicht allgemein zugänglich sind (BVerfGE 66, 116/137; oben Rn.16 f); zur Verwertung rechtswidrig erlangter Informationen unten Rn.80. Erfasst wird zudem die Informationsaufbereitung und -speicherung (Schulze-Fielitz DR 83; Starck MKS 51; Wendt MüK 26) und die Beschaffung sowie Nutzung erforderlicher technischer Einrichtungen (BVerfGE 90, 27/32). Die Abgabe von Informationen fällt dagegen unter die Meinungsfreiheit (oben Rn.8). Geschützt wird auch die *negative* Informationsfreiheit, also die Freiheit vor aufgedrängter Information (Degenhart BK 310; Wendt MüK 26; Stern ST IV/1, 1417 f).

c) Träger des Grundrechts kann jede natürliche Person sein (näher **18** Rn.10–12 zu Art.19), die **sich** informieren will. Dies gilt auch im Rahmen von besonderen Gewaltverhältnissen (BVerfGE 15, 288/293; 35, 307/309). Geschützt werden auch juristische Personen (dazu Rn.15–23 zu Art.19). Zum Schutz der Rundfunkanstalten Rn.28 zu Art.19.

3. Beeinträchtigungen

a) Eingriffe. In die Informationsfreiheit wird durch jede Maßnahme ei- **19** nes Grundrechtsverpflichteten (Rn.32–44 zu Art.1) eingegriffen, die die Informationsaufnahme verbietet oder einem Erlaubnisvorbehalt unterwirft. Dies gilt auch für die Beschränkung allein eines bestimmten Informationsmediums (BVerfGE 15, 288/295). Darüber hinaus wird die bloße Verzögerung des Informationszugangs erfasst (Schemmer EH 34; Schmidt-Jortzig HbStR³ VII § 162 Rn.42), jedenfalls soweit sie nicht zumutbar ist (BVerfGE 27, 88/98 f). Behinderungen tatsächlicher Art wie die Registrierung der Informationsaufnahme können Art.5 beeinträchtigen („ungehindert"; Herzog MD 99; Degenhart BK 308; Schulze-Fielitz DR 130). Das Betreiben von Störsendern zur Verhinderung des Empfangs von Rundfunksendungen ist ein Eingriff (Schulze-Fielitz DR 130).

20   **b) Unterlassen von Leistung, insb. von Informationen.** Die Informationsfreiheit ist im Wesentlichen ein Abwehrrecht. Daher zwingt sie den Staat nicht, „allgemein zugängliche Informationsquellen einzurichten", etwa ein bestimmtes Rundfunkprogramm (BVerwG, DÖV 79, 102; Herzog MD 101). Generell besteht kein Anspruch auf Verschaffung von Informationen oder Eröffnung einer Informationsquelle (BVerfGE 103, 44/59 f; BVerwGE 29, 214/218; Schmidt-Jortzig HbStR³ VII § 162 Rn.37; Stern ST IV/1, 1415). Da bei vom Staat veranstalteten Informationen die Zugänglichkeit vom Staat bestimmt wird (oben Rn.16a), liegt in der Regelung des Zugangs zu einer staatlichen Informationsquelle keine an Abs.2 zu messende Beeinträchtigung (BVerfGE 103, 44/60). Allerdings soll die objektive Seite der Informationsfreiheit ein Mindestmaß an Zugänglichkeit wichtiger Informationen gewährleisten (Hoffmann-Riem AK 112; Wendt MüK 28); doch dürfte insoweit eher das Demokratieprinzip einschlägig sein (Jarass, AfP 79, 230 f; vgl. BVerfGE 44, 125/147 f). Die Informationsfreiheit vermittelt nur im Zusammenwirken mit anderen Vorgaben einen Anspruch auf Akteneinsicht oder auf Auskunftserteilung (oben Rn.16a; restriktiver BVerwG, NJW 83, 2954; Schulze-Fielitz DR 244). Unklar ist, ob die Bekanntgabe von Verwaltungsvorschriften verlangt werden kann (dagegen BVerwGE 61, 15/22). Zum Anspruch auf Nennung des Namens eines Behördeninformanten Rn.67 zu Art.2.

21   **c) Anwendung von Privatrecht.** Die **Ausstrahlungswirkung** (dazu Rn.54–58 zu Art.1) der Informationsfreiheit beeinflusst die Auslegung und Anwendung privatrechtlicher Normen (BVerfGE 90, 27/33). Der Vermieter kann die Anbringung einer Parabolantenne zum Empfang von Rundfunksendungen in der Regel nicht verweigern, wenn ein Kabelanschluss fehlt (BVerfG-K, NJW 93, 1253). Besteht ein Kabelanschluss, ist das Interesse eines Ausländers zum Empfang von Programmen aus der Heimat gebührend zu berücksichtigen (BVerfGE 90, 27/36 f; BVerfG-K, NJW 95, 1666). Die negative Informationsfreiheit (oben Rn.17) kann etwa bei aufgedrängter E-Mail relevant werden (Degenhart BK 311).

4. Rechtfertigung (Schranken) und Einzelfälle

22   Beeinträchtigungen der Informationsfreiheit können zunächst durch die Schranken des Abs.2 gerechtfertigt sein (unten Rn.55–62), wobei auch das Zensurverbot zu beachten sein dürfte (str., unten Rn.63). Weitere Schranken ergeben sich aus kollidierendem Verfassungsrecht, nicht aber aus Sondersta-

tusverhältnissen (unten Rn.65–67). Einzelfälle der Verfassungsmäßigkeit von Beeinträchtigungen der Informationsfreiheit unten Rn.93, 100–102.

IV. Pressefreiheit (Abs.1 S.2, 1.Alt.)

1. Bedeutung und Abgrenzung

a) Bedeutung. Die Pressefreiheit besitzt einen hohen Rang. Sie ist kon- **23** stituierend für die freiheitliche demokratische Grundordnung (BVerfGE 107, 299/329; 117, 244/258). „Eine freie, nicht von der öffentlichen Gewalt gelenkte, keiner Zensur unterworfene Presse ist Wesenselement des freiheitlichen Staates und für die moderne Demokratie unentbehrlich" (BVerfGE 20, 162/174; 52, 283/296; 66, 116/133). „Ihre Aufgabe ist es, umfassende Information zu ermöglichen, die Vielfalt der bestehenden Meinungen wiederzugeben und selbst Meinungen zu bilden und zu vertreten" (BVerfGE 52, 283/296; 113, 63/76). Die Pressefreiheit ist kein bloßes Abwehrrecht, sondern auch eine objektive Grundsatznorm (BVerfGE 80, 124/133; Stern ST IV/1, 1552f), die früher als Garantie des Instituts „Freie Presse" umschrieben wurde (BVerfGE 20, 162/175f). Die Freiheit schützt, wie die anderen Medienfreiheiten, die Freiheit der in der Massenkommunikation tätigen Personen im Hinblick auf deren *massenkommunikative Vermittlungsleistung* (oben Rn.1 und unten Rn.24).

b) Abgrenzung zu anderen Verfassungsnormen. Die Pressefreiheit **24** des Abs.1 S.2 ist kein Unterfall der **Meinungsfreiheit** des Abs.1 S.1 (BVerfGE 62, 230/243; Pieroth/Schlink 571; Degenhart BK 30). So ist nicht die Pressefreiheit, sondern die Meinungsfreiheit einschlägig, wenn es um die „Zulässigkeit einer bestimmten Äußerung" geht (BVerfGE 97, 391/400; 85, 1/11f; 95, 28/34; Degenhart BK 33; Schemmer EH 20; a.A. Bethge SA 47), wenn allein die Zulässigkeit eines bestimmten Inhalts in Frage steht (Schulze-Fielitz DR 97), da in diesem Falle die spezifische Vermittlungsleistung der Presse (oben Rn.1) nicht betroffen ist. Die Pressefreiheit kommt aber zum Tragen, wenn es „um die einzelne Meinungsäußerungen übersteigende Bedeutung der Presse für die freie individuelle und öffentliche Meinungsbildung" geht (BVerfGE 85, 1/12; 97, 391/400), „um die im Pressewesen tätigen Personen in Ausübung ihrer Funktion, um ein Presseerzeugnis selbst, um seine institutionell-organisatorischen Voraussetzungen und Rahmenbedingungen" (BVerfGE 85, 1/13; 113, 63/75). Ein Presseunternehmen kann zudem im Rahmen der Pressefreiheit die Beeinträchtigung der Meinungsfreiheit eines Dritten geltend machen, wenn es um die Veröffentlichung der Meinung des Dritten geht (BVerfGE 102, 347/359). Die Meinungsfreiheit und nicht die Pressefreiheit ist weiter für Personen einschlägig, die ihre Auffassung in der Presse wiedergegeben sehen wollen, etwa der Autor eines Buchs (Bethge SA 76; Schemmer EH 56) oder der Schreiber eines Leserbriefs (Degenhart BK 145; vgl. unten Rn.26).

Was die Abgrenzung zu **weiteren Verfassungsnormen** angeht, so gilt **24a** für die Leser nicht die Pressefreiheit, sondern die *Informationsfreiheit* des Abs.1 S.1. Gleiches gilt für den Zugang der Presse zu für jedermann geöffnete Informationsquellen (BVerfGE 103, 44/59). Die Abgrenzung zur *Rundfunk-freiheit* erfolgt durch den Verbreitungsvorgang (unten Rn.36). Im Verhältnis zu *Art.12* wird vielfach Idealkonkurrenz angenommen (Hoffmann-Riem AK 153; Wendt MüK 115; Schulze-Fielitz DR 318; für Spezialität gegen-über Art.12 Manssen MKS 278 zu Art.12; Stern ST IV/1, 1614 f; Starck MKS 285). Idealkonkurrenz besteht im Verhältnis zu *Art.14;* vgl. allerdings Rn.5 zu Art.14. Zum Verhältnis zu Art.42 Abs.3 vgl. Rn.6 zu Art.42. Zur Gesetzgebungskompetenz im Bereich der Presse Rn.5 zu Art.125a.

2. Schutzbereich

25   **a) Presse.** Als Presse sind alle zur Verbreitung an einen unbestimmten Personenkreis geeigneten und bestimmten **Druckerzeugnisse** einzustufen (BVerfGE 95, 28/35; Schulze-Fielitz DR 89), wobei der einfachgesetzliche Pressebegriff nicht einfach übernommen werden darf (Degenhart BK 369). Die Verbreitung erfolgt durch ein körperliches Trägermedium (Schulze-Fie-litz DR 91; Schemmer EH 43; anders Fechner SB 123 f), das durch Verviel-fältigung erstellt wird (BVerwGE 39, 159/164; Degenhart BK 361). Welche Technik dabei zum Einsatz kommt, ist unerheblich (vgl. Wendt MüK 30); der Pressebegriff ist entwicklungsoffen (Schulze-Fielitz DR 90). Unerheblich ist auch, ob die Druckwerke periodisch erscheinen (Stern ST IV/1, 1529 f). Weiter muss sich die Verbreitung an einen **unbestimmten Personenkreis** richten, weshalb ein Einzeldruck nicht erfasst wird (Schulze-Fielitz DR 92). Erfasst werden hingegen gruppeninterne Publikationen, etwa Werkszeitun-gen (BVerfGE 95, 28/35), Schülerzeitungen oder Schulbücher. Insgesamt sind der Presse nicht nur Zeitungen und Zeitschriften jeder Art, sondern auch Bücher, Plakate, Flugblätter, Handzettel etc. zuzurechnen, weiter Schall-platten, CD-Rom und Disketten jeder Art (Starck MKS 59; Bethge SA 68), nicht jedoch Video-Kassetten und ähnliche Bildträger (str.; unten Rn.50).

26   Für die Anwendbarkeit der Pressefreiheit spielt der **Inhalt** keine Rolle (Schulze-Fielitz DR 94; Herzog MD 128; Clemens UC 70). Geschützt ist die Berichterstattung wie die Verbreitung eigener Meinungen (BVerfGE 10, 118/121; 62, 230/243) sowie die Unterhaltung (BVerfGE 101, 361/389 f). Auch als wenig wertvoll eingestufte Produkte wie Skandal- und Sensations-blätter werden geschützt (BVerfGE 34, 269/283; 66, 116/134; vgl. oben Rn.3). Ein Boykottaufruf wird geschützt, sofern nicht physischer oder erheb-licher wirtschaftlicher Druck eingesetzt wird (BVerfGE 62, 230/244 f; oben Rn.6a). Geschützt wird auch die Verbreitung von Leserbriefen (Degenhart BK 379; vgl. oben Rn.24). Weiter kommt die Pressefreiheit den Anzeigen und der Werbung in der Presse zugute (BVerfGE 21, 271/278; 64, 108/114; 102, 347/359; Starck MKS 61; vgl. oben Rn.3), auch reinen Anzeigenblät-tern (BGHZ 116, 47/54; Stern ST IV/1, 1531; Schulze-Fielitz DR 94). In beiden Fällen ist der Schutz der Pressefreiheit im Konfliktfall jedoch weniger weitreichend (unten Rn.58). Die Verbreitung falscher Informationen wird ebenso wie bei der Meinungsfreiheit erfasst, soweit es nicht um bewusst oder offenkundig unwahre Tatsachenbehauptungen geht (oben Rn.4; Starck MKS 68; etwas strenger Herzog MD 146; großzügiger Schulze-Fielitz DR 94). Geschützt ist auch die **Form** der Äußerung (BVerfGE 60, 234/241).

b) Geschütztes Verhalten. Die Pressefreiheit schützt die Gründung und 27 Gestaltung von Presseerzeugnissen (BVerfGE 97, 125/144), einschl. der Schaffung der notwendigen Organisation. Geschützt wird das Bestimmen von „Art und Ausrichtung, Inhalt und Form" (BVerfGE 101, 369/389). Darunter fällt auch die Abbildung von Personen (BVerfGE 120, 180/196). Erfasst werden alle wesensmäßig **mit der Pressearbeit zusammenhängenden Tätigkeiten** „von der Beschaffung der Information bis zur Verbreitung der Nachricht und Meinung" (BVerfGE 103, 44/59; 20, 162/176; 91, 125/134; Schulze-Fielitz DR 95; Degenhart BK 380; vgl. zum Rundfunk unten Rn.39). Geschützt werden insb. die medienspezifische Informationsbeschaffung (BVerfGE 103, 44/59; oben Rn.24; allgemeiner noch BVerfGE 91, 125/134) und die Art und Weise der Verbreitung (Degenhart BK 428). Geschützt ist auch die *negative Pressefreiheit,* etwa das Ablehnen von Anzeigen (Degenhart BK 420 f; vgl. aber auch Rn.21 zu Art.21).

Im Einzelnen wird das Beschaffen von Informationen gegen den Willen 27a des Verfügungsberechtigten nicht geschützt (BVerfGE 103, 44/59 f), wohl aber die Verbreitung rechtswidrig erlangter Informationen (unten Rn.80). Geschützt wird die Vertraulichkeit der Redaktionsarbeit (BVerfGE 66, 116/133; 117, 244/258; Stern ST IV/1, 1535), das Vertrauensverhältnis zwischen Informanten und Presse (BVerfGE 20, 162/176; 117, 244/259), das Chiffregeheimnis (BVerfGE 64, 108/115), der Zugang zu den Presseberufen (BVerfGE 20, 162/175 f; Stern ST IV/1, 1548), die Festlegung der Tendenz (BVerfGE 52, 283/296 f) und die Werbung für ein Presseprodukt (BGHZ 151, 27/30 f). Geschützt wird zudem der Abdruck von Leserbriefen etc., auch wenn sie anonym veröffentlicht werden (BVerfGE 95, 28/35 f). Zur Verbreitung eigener Meinungen von Presseangehörigen oben Rn.24. Schließlich werden die pressetechnischen Hilfstätigkeiten erfasst, sofern sie Teil eines Presseunternehmens oder „notwendige Bedingung einer freien Presse" sind (BVerfGE 77, 346/354; 100, 313/365; ohne die Einschränkung Wendt MüK 33), etwa die Tätigkeit der Presse-Grossisten (BVerfGE 77, 346/354 f).

c) Träger des Grundrechts der Pressefreiheit sind alle Personen und 28 Unternehmen, die die geschützten Tätigkeiten (oben Rn.27 f) vornehmen, auch juristische Personen und sonstige Vereinigungen (BVerfGE 66, 116/130; 80, 124/131; 95, 28/34; Rn.15–20 zu Art.19) sowie Ausländer (Herzog MD 143). Auf eine hauptberufliche Pressetätigkeit kommt es nicht an (BVerfGE 95, 28/34 f). Geschützt werden neben den Verlagen auch Herausgeber, Redakteure (Bullinger HbStR³ VII § 163 Rn.17) und sonstige Verlagsmitarbeiter (BVerfGE 25, 296/304; 64, 108/114 f), Buchhändler und Grossisten (BVerfGE 77, 346/355) sowie Presseagenturen (BVerfG-K, NJW 06, 2837; Wendt MüK 33; Schulze-Fielitz DR 96). Geschützt werden zudem andersartige Unternehmen, soweit sie Presseprodukte erstellen (BVerfGE 95, 28/34 f). Zu Hilfsunternehmen oben Rn.27a. Die Pressefreiheit kommt auch minderjährigen Personen zugute und ist daher auf Schülerzeitungen in vollem Umfange anwendbar (Schemmer EH 41; Schulze-Fielitz DR 119; Rn.13 zu Art.19). Von einer staatlichen Schule in eigener Verantwortung herausgegebene „Zeitungen" werden dagegen von der Pressefreiheit nicht erfasst (Bethge SA 80; Jarass, DÖV 83, 616). Eine öffentlich-rechtliche Rundfunkanstalt kann sich nicht auf die Pressefreiheit berufen (BVerfGE 83, 238/312; Stern ST IV/1, 1694). Keine Grundrechtsträger sind die Leser (oben Rn.24a). Zur sog. inneren Pressefreiheit unten Rn.85.

3. Beeinträchtigungen

29   **a) Eingriffe und Ungleichbehandlungen.** In die Pressefreiheit wird durch jede Maßnahme eines Grundrechtsverpflichteten (Rn.32–44 zu Art.1) **eingegriffen,** die zu einer Unterbindung oder Behinderung der geschützten Pressetätigkeiten (oben Rn.27f) führt. Insb. werden negative oder positive Sanktionen erfasst, die an Inhalt und Gestaltung der Presseerzeugnisse anknüpfen (BVerfGE 113, 63/76). Eingriffe sind etwa das Verbot der Berufsausübung als Redakteur (BVerfGE 10, 118/121), eine Beschlagnahme von Zeitungen oder redaktionellen Unterlagen (BVerfGE 56, 247/248f), die Durchsuchung von Redaktionsräumen oder die sonstige Beeinträchtigung des Redaktionsgeheimnisses (BVerfGE 20, 162/187; 64, 108/115; 117, 244/259), die Einführung eines staatlichen Genehmigungsverfahrens (BVerfGE 20, 162/175f) oder die Erzwingung von Aussagen über Pressetätigkeiten (BVerfGE 20, 162/187f; 36, 193/204). *Mittelbare* Einwirkungen werden erfasst, wenn sie in Zielsetzungen und Wirkungen klassischen Eingriffen gleichkommen, was auch bei einer Einflussnahme über Dritte der Fall sein kann, etwa bei der Nennung in einem Verfassungsschutzbericht (BVerfGE 113, 63/76f). Ein Eingriff liegt weiter vor, wenn der Staat Presseunternehmen fremden, nichtstaatlichen Einflüssen unterwirft, etwa der Mitbestimmung des Betriebsrats (BVerfGE 52, 283/296f; Starck MKS 72). Zum Ausschluss von Pressekonferenzen und Gerichtsverfahren unten Rn.30. Zum Gegendarstellungsrecht Rn.71 zu Art.2. Auch eine *Ausgestaltung* (dazu Vorb.34f vor Art.1) ist möglich (Schulze-Fielitz DR 227; Schemmer EH 55).

30   Eine differenzierende Förderung, insb. Subventionierung von Zeitungen stellt eine Grundrechtsbeeinträchtigung in Form der **Ungleichbehandlung** (Vorb.30 vor Art.1) dar, wenn dadurch bestimmte, im Unterschied zu anderen Auffassungen gefördert werden. „Staatliche Förderungen dürfen bestimmte Meinungen oder Tendenzen weder begünstigen noch benachteiligen" (BVerfGE 80, 124/134; 113, 63/76; Herzog MD 144a). Besteht ein solches Risiko, ist eine gesetzliche Regelung erforderlich (OVG Berl, NJW 75, 1940; Degenhart BK 480; tendenziell BVerfGE 80, 124/131; Rn.49 zu Art.20). Die Herausgabe von Gerichtsentscheidungen darf nicht auf Zeitschriften mit wissenschaftlichem Anspruch beschränkt werden (BVerwGE 104, 105/112f). Der Staat muss bei *Pressekonferenzen* etc. den objektiven Gehalt des Grundrechts (oben Rn.23) berücksichtigen: Eine unterschiedliche Behandlung von Journalisten ist, auch wegen Art.3 Abs.3, nur aus zwingenden Gründen möglich (vgl. Rn.135 zu Art.3). Ein Ausschluss wegen unfreundlicher Berichterstattung oder politischer Ausrichtung ist nicht bei Gerichtsverhandlungen noch bei Pressekonferenzen zulässig (BVerfGE 50, 234/242f; BVerwGE 47, 247/253f; Jarass, DÖV 86, 723; Schulze-Fielitz DR 132). Zu differenzierenden Gebühren im Postzeitungsdienst unten Rn.101.

31   **b) Leistung, insb. Schutz.** Die Pressefreiheit erlegt dem Staat eine **Schutzpflicht** für die Presse auf (BVerfGE 80, 124/133; Bethge SA 73).

Insb. wird er verpflichtet, Maßnahmen gegen Meinungsmonopole zu ergreifen (BVerfGE 20, 162/175 f; Schemmer EH 235; Schulze-Fielitz DR 227; Bethge SA 73; unten Rn.81; a. A. Degenhart BK 350); zur Monopolisierung im Pressebereich Schulze-Fielitz DR 52. Ein Anspruch auf staatliche **Förderung** besteht nicht (BVerfGE 80, 124/133; Degenhart BK 480); zur Ungleichbehandlung bei der Förderung oben Rn.30. Bei Schülerzeitungen kann ein Anspruch auf Verteilung in der Schule bestehen (Degenhart BK 472). Aus der Pressefreiheit folgen keine *Auskunftspflichten* der Behörden, sieht man von einem Minimalstandard an Information ab (BVerwGE 70, 310/313 ff; 85, 283/284; noch restriktiver BVerfGE 103, 44/59 f; Bullinger HbStR VI § 142 Rn.71; a. A. Degenhart BK 393).

c) Anwendung von Privatrecht. Bei der Auslegung und Anwendung 32
privatrechtlicher Vorschriften ist die Ausstrahlungswirkung (dazu Rn.54–58
zu Art.1) der Pressefreiheit zu beachten (BVerfGE 62, 230/243 f; 66, 116/
135; 95, 28/36 f). So haben Presseangehörige einen Anspruch auf Zugang zu
öffentlichen Veranstaltungen (auch) von Privatpersonen (Schulze-Fielitz DR
298; vgl. oben Rn.30; vorsichtig Degenhart BK 388). Die Verkennung der
verfassungsrechtlich bedeutsamen Tatsachen durch ein Gericht verletzt die
Pressefreiheit. Weitere Fälle unten Rn.74–85.

4. Rechtfertigung (Schranken) und Einzelfälle

Beeinträchtigungen der Pressefreiheit können v.a. durch die Schranken 33
des Abs.2 (unten Rn.55–62) gerechtfertigt sein, wobei das Zensurverbot zu
beachten ist (unten Rn.63 f). Weitere Schranken ergeben sich aus kollidierendem Verfassungsrecht, nicht aus Sonderstatusverhältnissen (unten Rn.65–
67). Zu Einzelfällen der Verfassungsmäßigkeit von Beeinträchtigungen der
Pressefreiheit unten Rn.74–85, 91–93, 101, 103 f.

V. Rundfunkfreiheit (Abs.1 S.2, 2.Alt.)

1. Bedeutung, Verpflichtete, Abgrenzung

„Die Rundfunkfreiheit dient der Gewährleistung freier individueller und 34
öffentlicher Meinungsbildung" (BVerfGE 59, 231/257; 57, 295/319; 74,
297/323) und ist „schlechthin konstituierend für die freiheitliche demokratische Grundordnung" (BVerfGE 77, 65/74; 107, 299/329). Sie ist eine „dienende Freiheit" (BVerfGE 87, 181/197; 83, 238/296), darf aber nicht darauf
beschränkt werden (Jarass, in: Pieroth, o. Lit. B, 66 f; zu restriktiv Clemens
UC 93). Im Einzelnen hat der Rundfunk „in möglichster Breite und Vollständigkeit zu informieren; er gibt dem einzelnen und den gesellschaftlichen Gruppen Gelegenheit zu meinungsbildendem Wirken und ist selbst an
dem Prozess der Meinungsbildung beteiligt" (BVerfGE 59, 231/257 f; 73,
118/152). Abs.1 S.2 dient der **„Vermittlungsfunktion des Rundfunks"**
(BVerfGE 83, 238/296; 90, 60/87; Jarass, Die Freiheit der Massenmedien,
1978, 181 ff); zur massenkommunikativen Vermittlung oben Rn.1. „Unter
den Medien kommt dem Rundfunk wegen seiner Breitenwirkung, Aktualität und Suggestivkraft besondere Bedeutung zu" (BVerfGE 90, 60/87; 114,

371/387; 119, 181/215). Im Zentrum der Garantie stehen die *Staatsfreiheit* des Rundfunks (BVerfGE 83, 238/322) und die Programmautonomie (BVerfGE 87, 181/201; 97, 298/310; 114, 371/389). Das Grundrecht enthält neben einem Abwehrrecht ein objektives Prinzip (BVerfGE 57, 295/319 f; 74, 297/323; BVerwGE 39, 159/163). Die objektive Seite des Grundrechts hat weitreichende Konsequenzen; näher unten Rn.43–47. Früher sprach das BVerfG insoweit von institutioneller Freiheit (BVerfGE 12, 205/260; 31, 314/326). Was die **Verpflichteten** angeht, so bindet die Rundfunkfreiheit alle Träger öffentlicher Gewalt, auch die Landesmedienanstalten, soweit sie über die Ausstrahlung der Programme entscheiden (BVerfGE 97, 298/314; vgl. unten Rn.41).

35   Was die **Abgrenzung zu anderen Grundrechten** betrifft, so erfasst die Rundfunkfreiheit nicht die Zulässigkeit von Äußerungen der Redakteure im Rundfunk; insoweit ist die Meinungsfreiheit einschlägig (Degenhart BK 35; Schulze-Fielitz DR 110). Für die Abgrenzung gelten die Ausführungen oben in Rn.24. Allein die Meinungsfreiheit ist des Weiteren für Dritte relevant, die ihre Auffassungen im Rundfunk wiedergegeben sehen wollen (BVerwGE 87, 270/274; NVwZ 86, 380). Ähnlich ist für die *Empfänger* der Rundfunksendungen allein die Informationsfreiheit des Abs.1 S.1 einschlägig (BVerfGE 79, 29/42; BVerfG-K, NJW 90, 311; Degenhart BK 723; vgl. oben Rn.24a). Gleiches gilt für den Zugang des Rundfunks zu für jedermann geöffnete Informationsquellen (BVerfGE 103, 44/59). Zur Abgrenzung zur Pressefreiheit unten Rn.36. Zur Gesetzgebungskompetenz Rn.20 f zu Art.70.

2. Schutzbereich

36   **a) Rundfunkbegriff.** Als Rundfunk ist die Veranstaltung und Verbreitung von Darbietungen aller Art für einen unbestimmten Personenkreis mit Hilfe elektrischer Schwingungen zu verstehen (Clemens UC 98a; Schulze-Fielitz DR 99; Degenhart BK 667; Stern ST IV/1, 1663). Darbietungen sind von Rundfunkunternehmen im Interesse der Rezipienten redaktionell verantwortete und aufbereitete Inhalte (Jarass, AfP 98, 134 ff; Stern ST IV/1, 1671 f). Der **elektronische Verbreitungsweg** über eine räumliche Distanz unterscheidet den Rundfunk von der Presse (Degenhart BK 375; Stern ST IV/1, 1670; Schemmer EH 67; vgl. oben Rn.25). Der verfassungsrechtliche Begriff des Rundfunks umfasst neben dem herkömmlichen Hörfunk und Fernsehen (BVerfGE 12, 205/226) auch alle neuartigen Dienste, wie Pay-TV, Videotext oder Bildschirmtext sowie sonstige Abruf- und Zugriffsdienste (BVerfGE 74, 297/350 ff; Hoffmann-Riem AK 151; Jarass, Gutachten 56. DJT, 1986, Rn.13; Schulze-Fielitz DR 100; Wendt MüK 58; enger Degenhart BK 695 ff), was nicht ausschließt, dass die Anforderungen des Abs.1 S.2 für die verschiedenen Rundfunkarten unterschiedlich ausfallen (Bullinger HbStR³ VII § 163 Rn.4). Der Rundfunkbegriff ist gegenüber der technischen Entwicklung offen (Stern ST IV/1, 1668). Voraussetzung ist allerdings, dass sich die Veranstaltungen an einen **unbestimmten Personenkreis** richten (Schulze-Fielitz DR 101), sich also technisch nicht nur an bestimmte, im Vorhinein festgelegte Personen wenden (Jarass, AfP 98, 134). Die früher

gängige Formulierung der Adressierung an die Allgemeinheit ist zu anspruchsvoll, zumindest missverständlich (vgl. Starck MKS 97). Erfasst wird etwa ein Krankenhaus- oder Betriebsrundfunk. Gleiches gilt für nicht nur an bestimmte, im Vorhinein festgelegte Personen gerichtete Internet-Dienste, sofern sie Teil eines Gesamtprogramms sind (Jarass, AfP 98, 139; Schemmer EH 67; Hoffmann-Riem AK 150). Nicht erfasst werden dagegen E-Mail oder Online-Banking.

Trotz des Wortlauts schützt die Rundfunkfreiheit nicht nur die **Bericht-** 37
erstattung im eigentlichen Sinn (BVerfGE 35, 202/222; Herzog MD 201; Starck MKS 104). Geschützt ist „jede Vermittlung von Information und Meinung" (BVerfGE 57, 295/319; 60, 53/63 f; BVerwGE 75, 67/70 f; Degenhart BK 676). Allerdings darf die Betonung der Berichterstattung nicht unter den Tisch fallen; sie genießt einen besonderen Schutz, der bei Einschränkungen wie bei der Ausgestaltung der Rundfunkfreiheit bedeutsam werden kann (näher unten Rn. 59). Für die Anwendbarkeit der Rundfunkfreiheit irrelevant ist die Programmart und der **Inhalt**. Insb. spielt keine Rolle, ob die Sendung primär der Information, der Bildung, der Unterhaltung oder anderen Zwecken dient (BVerfGE 59, 231/258; Schemmer EH 69); geschützt wird auch die Abbildung von Personen zu Unterhaltungszwecken (BGHZ 180, 114 Rn. 11). Für die *Wahrheitspflicht* gilt das Gleiche wie bei der Meinungs- und Pressefreiheit; dazu oben Rn. 4, 26.

Werbesendungen werden von der Rundfunkfreiheit jedenfalls (mittel- 38
bar) geschützt, weil sie der Finanzierung von Programmfunktionen dienen (BVerfGE 74, 297/342; Hoffmann-Riem AK 153; für unmittelbaren Schutz Degenhart BK 677; Wendt MüK 47). Doch ist der Schutz weniger intensiv (unten Rn. 59). Zu Wahlsendungen der Parteien Rn. 41 zu Art. 21.

b) Geschütztes Verhalten. Die Rundfunkfreiheit umfasst alle „Tätig- 39
keiten und Verhaltensweisen, die zur Gewinnung und rundfunkspezifischen Verbreitung von Nachrichten und Meinungen im weitesten Sinn gehören" (BVerfGE 121, 30/58), also alle wesensmäßig mit der **Veranstaltung von Rundfunk** zusammenhängenden Tätigkeiten, von der Beschaffung der Informationen und der Produktion der Sendungen bis hin zu ihrer Verbreitung (BVerfGE 91, 125/135; 103, 44/59; 119, 309/318; BGHZ 110, 371/395; Schulze-Fielitz DR 105; Degenhart BK 734). „Voraussetzungen und Hilfstätigkeiten" werden erfasst, ohne die der Rundfunk seine „Funktion nicht in angemessener Weise erfüllen" kann (BVerfGE 107, 299/329 f). Lediglich die rein fernmeldetechnischen Tätigkeiten werden nicht erfasst (BVerfGE 12, 205/263). Dementsprechend fällt die Tätigkeit des Internet-Access-Providers nicht unter die Rundfunkfreiheit (Jarass, AfP 98, 139). Geschützt wird insb. die medienspezifische Informationsbeschaffung (BVerfGE 103, 44/59; 119, 309/318 f). Das Beschaffen von Informationen gegen den Willen des Verfügungsberechtigten wird nicht geschützt (BVerfGE 103, 44/53 f), wohl aber die *Verbreitung* rechtswidrig erlangter Informationen (BGHZ 138, 311/319; oben Rn. 27a). Weiter fallen die Organisation und die Finanzierung in den Schutzbereich der Rundfunkfreiheit, soweit die damit zusammenhängenden Fragen Rückwirkungen auf die Programmtätigkeit haben können (BVerfGE 59, 231/259 f; 74, 297/342; 90, 60/92 f). Dement-

sprechend wird die Auswahl der Rundfunkmitarbeiter geschützt, soweit die Mitarbeiter an Sendungen inhaltlich gestaltend mitwirken, nicht jedoch im Hinblick auf das betriebstechnische und das Verwaltungspersonal (BVerfGE 59, 231/260 f; BAGE 93, 218/223). Geschützt wird auch das Redaktionsgeheimnis (BVerfGE 107, 299/330). Die Verwertung von Rundfunksendungen wird an sich nicht erfasst (BVerfGE 78, 101/102), wohl aber bei öffentlich-rechtlichen Anstalten im Hinblick auf die Sicherung der Finanzgrundlagen (BVerfGE 83, 238/303 f). Erfasst wird zudem (als Hilfstätigkeit) die Veröffentlichung von Druckwerken mit vorwiegend programmbezogenem Inhalt (BVerfGE 83, 238/312 f; Stern ST IV/1, 1686 f).

40   Die Rundfunkfreiheit schützt auch die **Gründung von (privaten) Rundfunkunternehmen** (BVerfGE 97, 298/312 f; Degenhart BK 709; Fechner SB 101; Wendt MüK 50; Schulze-Fielitz DR 106; a. A. Hoffmann-Riem AK 162; Bethge SA 110); ein Grundrecht, dessen Schutz erst durch Maßnahmen des Gesetzgebers *entstünde,* würde dem (auch) individualrechtlichen Charakter der Rundfunkfreiheit nicht gerecht werden. Daher können sich private Lizenzbewerber auf die Rundfunkfreiheit berufen (BVerfGE 97, 298/313). Allerdings kann dieses Recht durch die Ausgestaltungsbefugnis des Gesetzgebers (unten Rn.43–45) in erheblichem Umfang überlagert werden.

41   **c) Träger des Grundrechts** auf Rundfunkfreiheit sind alle natürlichen und juristischen Personen sowie Personenvereinigungen (Schulze-Fielitz DR 116), die eigenverantwortlich Rundfunk veranstalten und verbreiten (BVerfGE 97, 298/310). Dazu gehören die vom Staat unabhängigen öffentlich-rechtlichen Rundfunkanstalten (BVerfGE 31, 314/322; 59, 231/254 f; Herzog MD 210) ebenso wie die privaten Veranstalter (BVerfGE 95, 220/234; 97, 298/310; Stern ST IV/1, 1695; vgl. oben Rn.40). Träger des Grundrechts sind auch Ausländer (Schulze-Fielitz DR 114), nicht aber ausländische juristische Personen (Schemmer EH 64), mit Ausnahme von juristischen Personen aus EU-Mitgliedstaaten (Degenhart BK 713; Rn.23 zu Art.19). Redakteure können sich auf die Rundfunkfreiheit berufen (Starck MKS 128); vgl. allerdings oben Rn.35. Zur sog. inneren Rundfunkfreiheit unten Rn.86. Auch die Parteien sind Grundrechtsträger (BVerfGE 121, 30/57). Unsicher ist, ob die Landesmedienanstalten (im Verhältnis zum Staat) Grundrechtsträger sind (so BayVGH, NVwZ 06, 83; Huber, BayVBl 04, 616; Schulze-Fielitz DR 120; tendenziell BVerwG, DVBl 00, 122 f; a. A. SächsVerfGH, NJW 97, 3015 f; Bethge SA 113; Stern ST IV/1, 1734 f); gegenüber den Rundfunkunternehmen sind sie jedenfalls Grundrechtsverpflichtete (oben Rn.34). Grundrechtsträger sind zudem private Programmanbieter im bayerischen Rundfunkmodell, da sie die Programme eigenverantwortlich erstellen (BVerfGE 97, 298/311; 114, 371/389). Zum einschlägigen Grundrecht für Empfänger von Rundfunksendungen oben Rn.35. Zur Geltung sonstiger Grundrechte für die Rundfunkanstalten Rn.28 zu Art.19.

3. Beeinträchtigungen und Ausgestaltung

42   **a) Eingriffe.** In die Rundfunkfreiheit greift jede Handlung eines Grundrechtsverpflichteten (Rn.32–44 zu Art.1) ein, die die Rundfunkanstalten und -unternehmen in ihrer geschützten Tätigkeit (oben Rn.36–40) behindert (Schulze-Fielitz DR 133). Andererseits stellt die zulässige Ausgestaltung keinen Grundrechtseingriff dar (unten Rn.45). Die Abgrenzung ist allerdings häufig unsicher. So hat die Rechtsaufsicht einen Doppelcharakter, je nachdem, welche Art von Normen durchgesetzt wird (BVerfGE 95, 220/235; Schemmer EH 85.1). Wegen der *Staatsfreiheit* des Rundfunks (oben Rn.34) wird in die Rundfunkfreiheit eingegriffen, wenn dem Staat Einfluss auf Auswahl, Inhalt und Gestaltung der Programme gegeben wird, soweit nicht der Gesetzgeber das Grundrecht ausgestaltet (BVerfGE 83, 238/322 ff; zur Ausgestaltung unten Rn.43 f). Dies gilt für jeden Einfluss der Exekutive, nicht erst für eine Dominanz der Programmgestaltung (BVerfGE 90, 60/88 f; 121, 30/53). Auch die Möglichkeit einer mittelbaren Programmbeeinflussung kann einen Eingriff darstellen (BVerfGE 73, 118/183; 121, 30/61; BGHZ 110, 371/396), etwa durch die Festlegung von Rundfunkgebühren (BVerfGE 90, 60/90) oder die Zuteilung von Übertragungskapazitäten, wobei die Gefahr einer Programmbeeinflussung genügt (BVerfGE 83, 238/323). Der Staat selbst darf nicht als Rundfunkunternehmer auftreten (BVerfGE 121, 30/52). Des Weiteren liegt ein Grundrechtseingriff in der Beeinträchtigung der Vertraulichkeit der Redaktionsarbeit (Schulze-Fielitz DR 134) sowie in der Behinderung der Informationsbeschaffung (BVerfGE 77, 65/74 f). Für eine Ungleichbehandlung beim Zugang zu Veranstaltungen gelten die gleichen Gesichtspunkte wie bei der Presse (oben Rn.30). Ein Eingriff liegt auch in der Behinderung von Aufnahmen allgemein zugänglicher Quellen, etwa der Parteien vor und nach einer Gerichtsverhandlung (BVerfGE 91, 125/135; 103, 44/61 f; 119, 309/327 f); zu Aufnahmen während der Verhandlung unten Rn.46.

b) Ausgestaltung und Unterlassen sonstiger Leistungen. aa) Der **43** objektive Gehalt der Rundfunkfreiheit (oben Rn.34) berechtigt und verpflichtet den Staat zur Ausgestaltung der Freiheit (Jarass, Gutachten 56. DJT, 1986, Rn.24 ff). Es sind „materielle, organisatorische und Verfahrensregelungen erforderlich, die an der Aufgabe der Rundfunkfreiheit orientiert und deshalb geeignet sind, zu bewirken, was Art.5 Abs.1 GG gewährleisten will" (BVerfGE 57, 295/320; 73, 118/153; 83, 238/296; Schulze-Fielitz DR 232). Der Gesetzgeber hat sicherzustellen, „daß der Rundfunk nicht einer oder einzelnen gesellschaftlichen Gruppen ausgeliefert wird und dass die in Betracht kommenden Kräfte im Gesamtprogrammangebot zu Wort kommen können" (BVerfGE 57, 295/325; 73, 118/153; 90, 60/88; Herzog MD 216), „dass die Vielfalt der bestehenden Meinungen im Rundfunk in möglichster Breite und Vollständigkeit Ausdruck findet", was auch für den lokalen und regionalen Rundfunk gilt (BVerfGE 114, 371/387). Der Staat muss „vorherrschende Meinungsmacht" auf Veranstalterebene verhindern (dazu bereits BVerfGE 73, 118/172) und „ausreichende **Maßnahmen gegen Informationsmonopole**" treffen (BVerfGE 97, 228/258). Zur Relevanz von Monopolen im Zeitungsbereich unten Rn.97. Zudem können Maßnahmen gegen eine „durchgängige *Kommerzialisierung von Informationen*" geboten sein (BVerfGE 97, 228/258; Schulze-Fielitz DR 301). Der Auftrag zur Ausgestaltung gilt weiter, trotz neuerer technischer Entwicklungen und der Verknüpfung der Medien, insb. im Internet (BVerfGE 119, 181/214; 121,

30/51). Die Regelungen müssen von *ausreichender Wirksamkeit* sein (vgl. BVerfGE 57, 295/331 ff; 60, 53/64) und eine Aufsicht vorsehen, auch im Bereich privater Veranstalter (BVerfGE 114, 371/389 f). Besonders bedeutsam ist die Ausgestaltung im Bereich des öffentlich-rechtlichen Rundfunks (unten Rn.94–96), betrifft aber auch den privaten Rundfunk (BVerfGE 121, 30/50).

44   Dem Gesetzgeber kommt bei der Ausgestaltung ein weiter **Spielraum** zu (BVerfGE 90, 60/94; 97, 228/267; 119, 181/214; 121, 30/50). Doch müssen die Regelungen das **Ziel** der Rundfunkfreiheit **fördern** und die von ihr geschützten Interessen angemessen berücksichtigen (BVerfGE 74, 297/334; 121, 30/59). Die Beeinträchtigung dieser Interessen darf **nicht außer Verhältnis** zum Ausgestaltungsziel stehen (BVerfGE 121, 30/64), wobei auch an mildere Mittel zu denken ist (BVerfGE 121, 30/67). Je nach Breitenwirkung und Suggestivkraft können die Regelungen unterschiedlich weit gehen (Jarass, AfP 98, 133 f, 137; Schulze-Fielitz DR 168, 234). Daher ist bedeutsam, dass die Wirkung des Fernsehens sehr intensiv ist (Starck MKS 115). Hier ist die Vielfaltsicherung besonders wichtig (BVerfGE 95, 163/173). Die Pflicht zur Schaffung einer rechtlichen Rahmenordnung richtet sich, soweit es um wesentliche Fragen geht, an das Parlament (BVerfGE 57, 295/320 f); die sonstigen Fragen bedürfen dagegen keines förmlichen Gesetzes. Die Ausgestaltung erfasst auch die Weiterverbreitung von Programmen (Hoffmann-Riem AK 187), wobei allerdings Abstriche möglich sind (BVerfGE 73, 118/203). Zu den weitreichenden Folgen der Ausgestaltung für den Rundfunk unten Rn.94–100. Nicht alle Dienste, die verfassungsrechtlich als Rundfunk einzustufen sind, müssen dem für den „klassischen" Rundfunk vorgesehenen Ordnungsrahmen unterstellt werden (BVerwG, NJW 06, 633). So gelten für Internetdienste, auch wenn sie als Rundfunk einzustufen sind (oben Rn.36), häufig geringere Anforderungen (vgl. Jarass, AfP 98, 133 f; Schoch, VVDStRL 1998, 197).

45   Regelungen zur Ausgestaltung der Rundfunkfreiheit können sich für einzelne Grundrechtsträger auch belastend auswirken. Gleichwohl sind sie **nicht an Art.5 Abs.2 zu messen** (BVerfGE 73, 118/166; Schemmer EH 77 f; Bethge SA 158), solange sie als zulässige Ausgestaltung und damit nicht als Eingriff einzustufen sind (Schulze-Fielitz DR 133, 216; Jarass, Gutachten 56. DJT, 1986, C 34 ff; Vorb.34 vor Art.1). Das ist der Fall, soweit die Ausgestaltung der Sicherung der Rundfunkfreiheit bzw. des mit ihr verfolgten Zwecks dient (BVerfGE 74, 297/334; 97, 228/267; Hoffmann-Riem AK 158; Vorb.35 vor Art.1).

46   **bb)** Was **sonstige Leistungen** angeht, so vermittelt die Rundfunkfreiheit kein Recht auf Eröffnung von Informationsquellen (BVerfGE 103, 44/59 f); insoweit gilt nichts anderes als im Bereich der Informationsfreiheit; soweit allerdings ein verfassungsrechtliches Zugangsrecht besteht, kann sich darauf auch der Träger der Rundfunkfreiheit berufen (BVerfGE 119, 309/319). Daher besteht kein Recht auf Aufnahmen während eines Gerichtsverfahrens, weil es insoweit nicht um allgemein zugängliche Quellen geht (BVerfGE 91, 125/137 ff; 103, 44/62); zur abweichenden Lage bei Aufnahmen vor und nach der Verhandlung oben Rn.42. Zum Finanzierungsanspruch der öffentlich-rechtlichen Rundfunkanstalten unten Rn.95.

c) Anwendung von Privatrecht. Bei der Auslegung und Anwendung 47
privatrechtlicher Normen ist die Ausstrahlungswirkung der Rundfunkfreiheit zu beachten (BVerfGE 59, 231/256; allg. dazu Rn.54–58 zu Art.1).
Gleiches gilt für wettbewerbsrechtliche Normen (BGHZ 110, 371/395).
Einzelfälle zum Ehrenschutz und zum Schutz der Privatsphäre unten Rn.74–
80, zum Arbeitsrecht, auch zur inneren Rundfunkfreiheit unten Rn.84, 86.

4. Rechtfertigung (Schranken) und Einzelfälle

Beeinträchtigungen der Rundfunkfreiheit können v.a. durch die Schran- **48**
ken des Abs.2 (unten Rn.55–62) gerechtfertigt sein, wobei das Zensurverbot
zu beachten ist (unten Rn.63f). Weitere Schranken ergeben sich aus kollidierendem Verfassungsrecht (unten Rn.65–67). Regelungen im Grundrechtsbereich, nicht aber Eingriffe, werden zudem in großem Umfang auch
durch die Ausgestaltung legitimiert; dazu oben Rn.43–45. Zu Einzelfällen
der Verfassungsmäßigkeit von Beeinträchtigungen der Rundfunkfreiheit unten Rn.74–80, 86, 94–100.

VI. Filmfreiheit (Abs.1 S.2, 3.Alt.)

1. Bedeutung und Abgrenzung zu anderen Verfassungsnormen

Die praktische Bedeutung der Filmfreiheit ist bislang gering geblieben **49**
(Degenhart BK 899). Ein Grund dafür ist der Umstand, dass für die meisten
Filme auch die Kunstfreiheit in Anspruch genommen werden kann (Schulze-Fielitz DR 39), die einen weiterreichenden Schutz bietet. Die Filmfreiheit enthält auch eine institutionelle Seite (BVerwGE 39, 159/163), einen
objektiven Gehalt (Bethge SA 121; Stern ST IV/1, 1572). Die Filmfreiheit
ist kein bloßer Sonderfall der Meinungsfreiheit (oben Rn.1), steht vielmehr
in Parallele zu den anderen Medienfreiheiten in Abs.1 S.2. Die Abgrenzung
zur Pressefreiheit ergibt sich daraus, dass es um Filme (unten Rn.50), nicht
um Druckerzeugnisse (oben Rn.25) geht. Zur Abgrenzung zur Rundfunkfreiheit unten Rn.50, zur Informationsfreiheit unten Rn.52. Zur Gesetzgebungskompetenz Rn.19 zu Art.73 und Rn.4 zu Art.125a.

2. Schutzbereich

a) Film iSd Abs.1 S.2 ist herkömmlich ein Massenmedium, bei dem ein **50**
chemisch-optischer Bildträger (dem meist eine Tonspur beigefügt ist) in der
Öffentlichkeit vorgeführt wird (Schulze-Fielitz DR 111; Bethge SA 118;
Clemens UC 113). Ebenso wie der Presse- und der Rundfunkbegriff muss
auch der Filmbegriff entwicklungsoffen verstanden werden (Degenhart BK
903; Schulze-Fielitz DR 112), erfasst auch elektronische Bild-Ton-Träger
(Degenhart BK 903). Unter den Begriff des Films fallen deshalb auch sonstige Bild-Ton-Träger, wie Videobänder und Bildplatten, bei denen das visu-
elle Erscheinungsbild dominiert (Degenhart BK 370, 903, 908; Stern ST
IV/1, 1568; Erdemir o. Lit. B, 11; für Anwendung der Pressefreiheit Wendt
MüK 30). Darüber hinaus kann auf die Vorführung in der Öffentlichkeit
verzichtet werden, sofern es sich um ein Massenmedium handelt, die erstell-

ten Filme also an einen unbestimmten Personenkreis adressiert sind (Degenhart BK 905; vgl. oben Rn.25, 36; a. A. Starck MKS 167). Die Filmfreiheit ist daher auf Videokassetten abg. selbst dann anwendbar, wenn sie privat abgespielt werden (Schemmer EH 90; Schulze-Fielitz DR 112; Stern ST IV/1, 1567; a. A. Wendt MüK 61). Die Abgrenzung zum Rundfunk liegt darin, dass Filme am Ort des Abspielens des Bild-Ton-Trägers vorgeführt werden (Schulze-Fielitz DR 111; Hoffmann-Riem AK 145; anders Fechner SB 133).

51   **b) Geschütztes Verhalten.** Die Filmfreiheit schützt Herstellung und Verbreitung der Filme, u. a. die Erstellung des Drehbuchs, die Aufnahmen, die Herstellung der Kopien, die Filmeinfuhr, den Filmverleih und das Abspielen (Schemmer EH 91; Stern ST IV/1, 1569; Starck MKS 168), soweit es nicht durch den Zuschauer selbst geschieht (vgl. unten Rn.52). Die Werbung für den Film wird ebenso wie bei Presse und Rundfunk geschützt (Schulze-Fielitz DR 113). Trotz des Wortlauts des Abs.1 S.2 erfasst die Filmfreiheit ebenso wie die Rundfunkfreiheit nicht nur die Berichterstattung, sondern jegliche Inhalte (Herzog MD 200 ff; Starck MKS 152; Degenhart BK 902; a. A. BVerwGE 1, 303/305; Kannengießer SBK 20). Immerhin dürften berichterstattende Filme einen besonders weitreichenden Schutz genießen (vgl. oben Rn.37).

52   **c) Träger des Grundrechts** auf Filmfreiheit des Abs.1 S.2 sind diejenigen Personen, die die geschützten Tätigkeiten ausüben (Schulze-Fielitz DR 114), nicht jedoch die Zuschauer. Für die Zuschauer ist die Informationsfreiheit des Abs.1 S.1 einschlägig. Geschützt sind auch juristische Personen und Personenvereinigungen (Schulze-Fielitz DR 116; Schemmer EH 89; Rn.15–20 zu Art.19).

3. Beeinträchtigungen

53   Jede Behinderung der geschützten Tätigkeiten (oben Rn.51) durch Ge- oder Verbote eines Grundrechtsverpflichteten (Rn.32–44 zu Art.1) ist ein **Eingriff** in die Filmfreiheit (Degenhart BK 51). Darüber hinaus dürfte die Förderung von Filmen die Filmfreiheit nicht geförderter Filmhersteller beeinträchtigen, soweit diese erheblich behindert werden (Schulze-Fielitz DR 131; Kannengießer SHH 20; vgl. oben Rn.30). Die Filmfreiheit verleiht keinen Anspruch auf **Förderung** (Schulze-Fielitz DR 243; Degenhart BK 911). Im *privatrechtlichen* Bereich, etwa bei der freiwilligen Filmselbstkontrolle, ist die **Ausstrahlungswirkung** zu beachten (Degenhart BK 915 f; Herzog MD 207 f); allg. dazu Rn.54–58 zu Art.1.

4. Rechtfertigung (Schranken) und Einzelfälle

54   Beeinträchtigungen der Filmfreiheit können v. a. durch die Schranken des Abs.2 (unten Rn.55–62) gerechtfertigt sein, wobei auch das Zensurverbot zu beachten ist, insb. im Bereich der Filmeinfuhr (unten Rn.63 f). Weitere Einschränkungsmöglichkeiten ergeben sich aus kollidierendem Verfassungsrecht (unten Rn.65–67); so können Benachteiligungen bei der Förderung durch die Kunstfreiheit gerechtfertigt sein (Stern ST IV/1, 1574; unten Rn.110a;

vgl. Degenhart BK 912; Starck MKS 169). Einzelfälle der Verfassungsmäßigkeit von Beeinträchtigungen der Filmfreiheit unten Rn.101.

B. Rechtfertigung von Beeinträchtigungen des Abs.1 und Einzelfälle

I. Rechtfertigung von Beeinträchtigungen des Abs.1 (Schranken)

1. Die Schranke der allgemeinen Gesetze

a) Formelle Fragen. Die mit Abstand wichtigste Schranke des Art.5 **55** Abs.2 und damit die bedeutsamste Grundlage zur Rechtfertigung von Eingriffen in die Freiheiten des Abs.1 ist die der „allgemeinen Gesetze" (Stern ST IV/1, 1443). Als solche kommen förmliche Gesetze sowie, gestützt auf eine formell-gesetzliche Ermächtigung, andere Rechtsvorschriften in Betracht (Bethge SA 143a; Degenhart BK 65b). Selbst von der Rspr. in Fortentwicklung von Rechtsnormen entwickelte Regelungen werden erfasst (BVerfGE 34, 269/292; vgl. allerdings Rn.43 zu Art.20). Für die Grundrechtsausübung wesentliche Fragen müssen allerdings vom Parlament geregelt werden (Rn.48 zu Art.20). Zur Bestimmtheit Rn.54 zu Art.20. Das Zitiergebot des Art.19 Abs.1 S.2 findet keine Anwendung (BVerfGE 28, 282/289; 33, 52/77 f; BVerwGE 86, 188/194; Stern ST IV/1, 1477); vgl. Rn.5 zu Art.19.

b) Begriff des allgemeinen Gesetzes. Ein allgemeines Gesetz „ist we- **56** der gegen eine bestimmte Meinung noch gegen den Prozess der freien Meinungsbildung oder gegen freie Informationen als solche gerichtet, sondern zielt auf die Wahrung eines allgemeinen … Rechtsguts, dessen Schutz unabhängig davon ist, ob es durch Meinungsäußerungen oder auf andere Weise gefährdet oder verletzt wird" (BVerfGE 113, 63/79; 117, 244/260; 120, 180/200; 124, 300/322). Im Bereich der Medienfreiheiten des Art.5 Abs.1 S.2 kommt es auch darauf an, ob sich die Gesetze „speziell gegen die Medien oder gegen eine bestimmte Meinung richten" oder aber „dem Schutz eines schlechthin, ohne Rücksicht auf bestimmte Informationen oder Meinungen zu schützenden Rechtsguts dienen, das dem Grundrechtsschutz der Medien nicht nachsteht" (BVerfGE 91, 125/135; ähnlich E 113, 63/78). Wenn daher ein Gesetz, das eine bestimmte Meinung beschränkt, einem Rechtsgut dient, das auch sonst geschützt wird, ist es allgemein, mit der Folge, dass ein nicht allgemeines Gesetz sehr selten ist (vgl. unten Rn.91). Richtet sich ein Gesetz gegen bestimmte Kommunikations*inhalte*, ist jedenfalls eine besonders strenge Verhältnismäßigkeitsprüfung geboten (unten Rn.57). Auch ein Gesetz, dessen personeller Anwendungsbereich auf Rundfunk oder Presse beschränkt ist, kann allgemein sein (BVerfGE 74, 297/343; anders noch E 21, 271/280); die Gleichsetzung der Allgemeinheit mit dem personellen Anwendungsbereich müsste auch für die Grundrechte des Abs.1 S.1 gelten, was schwerlich möglich ist (Starck MKS 197). Zur Rechtfertigung besonderer Gesetze durch kollidierendes Verfassungsrecht unten Rn.65.

56a   **c) Verhältnismäßigkeit.** Ein Eingriff in die Freiheiten des Abs.1 ist materiell nur zulässig, wenn er verhältnismäßig ist, wie erst jüngst deutlicher herausgestellt wurde (BVerfGE 124, 300/331). Dazu muss ein legitimer Zweck verfolgt werden, der bei einem Verbot von Meinungen allein wegen deren Wertlosigkeit oder Gefährlichkeit nicht gegeben ist (BVerfGE 124, 300/332). Weiter muss der Eingriff geeignet sein (BVerfGE 124, 300/335). Zudem darf der Zweck nicht durch ein milderes Mittel in gleicher Weise erreicht werden können (BVerfGE 124, 300/337). Die Hauptprobleme liegen in der Praxis bei der Angemessenheit des Eingriffs (Clemens UC 152), die eine Abwägung isd Wechselwirkung voraussetzt (dazu unten Rn.57–59).

57   **d) Insb. Abwägung. aa)** Allgemeine Gesetze können die Freiheiten des Abs.1 nicht beliebig einschränken. Sie sind ihrerseits aus „der Erkenntnis der Bedeutung" dieser Grundrechte „im freiheitlichen demokratischen Staat auszulegen und so in ihrer diese Grundrechte beschränkenden Wirkung selbst wieder einzuschränken" (BVerfGE 71, 206/214; 59, 231/265; 66, 116/150; Degenhart BK 74). Diese sog. **Wechselwirkung** bildet eine besondere Ausprägung der verfassungskonformen Auslegung und der Verhältnismäßigkeit ieS (Schulze-Fielitz DR 159; Stern ST IV/1, 1476; Bethge SA 146; Vorb.46 vor Art.1). Generell muss die Einschränkung der Kommunikationsfreiheit geeignet, erforderlich und angemessen sein (BVerfGE 59, 231/265; 71, 162/181; 77, 65/75); allgemein dazu Rn.83–90a zu Art.20. Praktische Bedeutung hat v.a. die Angemessenheit, die Verhältnismäßigkeit ieS (Clemens UC 152; Schemmer EH 100; vgl. BVerfGE 71, 206/218f): Notwendig ist eine „Rechtfertigung durch hinreichend gewichtige Gemeinwohlbelange oder schutzwürdige Rechte oder Interessen Dritter", insb. bei „kritischen Meinungsäußerungen zu gesellschaftlichen oder politischen Fragen" (BVerfGE 107, 275/281). Im Rahmen der Rechtsanwendung ist eine fallbezogene **Güterabwägung** zwischen dem beeinträchtigten Kommunikationsgrundrecht und den Interessen erforderlich, die mit den allgemeinen Gesetzen verfolgt werden (BVerfGE 35, 202/224f; 85, 1/16; 86, 122/129f). Bei der Abwägung ist der überragende Rang der Freiheiten des Abs.1 zu berücksichtigen (BVerfGE 7, 198/208; 35, 202/221f; 71, 206/219f). Besonders bedenklich sind Maßnahmen, die bestimmte Inhalte beschränken (Jarass, Freiheit der Massenmedien, 1978, 158ff; vgl. Hoffmann-Riem AK 48); sie sind nur unter „strenger Neutralität und Gleichbehandlung zulässig" (BVerfGE 124, 300/324). Das einschränkende Gesetz darf zudem nicht gegen eine andere Verfassungsnorm verstoßen (BVerfGE 10, 118/122; 71, 108/121). *Privatrechtliche Vorschriften* können der Pressefreiheit engere Grenzen ziehen, als dies öffentlich-rechtliche Vorschriften vermögen (BVerfGE 66, 116/135; Schulze-Fielitz DR 298).

57a   **bb)** Die Abwägung setzt zunächst eine genaue **Erfassung des Inhalts** der Äußerung voraus (BVerfGE 93, 266/295; 107, 275/281; 114, 339/348), wie das vor allem beim Schutz des Ansehens bedeutsam ist und dort näher behandelt wird (unten Rn.75). Sodann sind bei der Abwägung die Besonderheiten von **Tatsachenbehauptungen** zu berücksichtigen (dazu unten Rn.76).

Weiter ist in der Abwägung die Funktion der Freiheiten des Abs.1 be- **58** deutsam. Handelt es sich um einen „Beitrag zum geistigen Meinungskampf in einer die **Öffentlichkeit** wesentlich **berührenden Frage**", spricht dies für den Vorrang der Freiheiten des Abs.1 (BVerfGE 71, 206/220; 85, 1/16; 90, 241/249; 93, 266/294 f; BGHZ 166, 84 Rn.100; Schulze-Fielitz DR 286). In diesem Falle muss auch Kritik „in überspitzter und polemischer Form" hingenommen werden (BVerfGE 82, 272/282). Dabei kommt es darauf an, ob „im konkreten Fall eine Angelegenheit von öffentlichem Interesse ernsthaft und sachbezogen erörtert ... oder ob ... lediglich das Bedürfnis einer mehr oder minder breiten Leserschicht nach oberflächlicher Unterhaltung befriedigt" wird (BVerfGE 34, 269/283; 101, 361/391; 120, 180/205; BGHZ 180, 114 Rn.12). Ein geringerer Stellenwert kommt der Meinungsfreiheit „bei Gegenständen ohne allgemeines Interesse und bei Auseinandersetzungen im privaten Bereich" zu (BVerfGE 54, 129/137) bzw. dann, wenn sie lediglich zur Förderung privater Wettbewerbsinteressen genutzt wird (BGH, NJW 85, 62; NJW 87, 1082 f). Bei Angelegenheiten, die die Öffentlichkeit wesentlich berühren, können auch Behauptungen verbreitet werden, die möglicherweise unwahr sind, sofern auf die Unsicherheit ausreichend hingewiesen wird (BVerfGE 114, 339/353 ff).

Der Schutz für die **Werbung** fällt wegen der Schutzrichtung des Art.5 **59** Abs.1 (oben Rn.58) geringer aus (BVerfGE 64, 108/118 f; BGHZ 130, 5/11; Jarass, JZ 83, 281; vgl. aber BVerfGE 102, 347/362 ff), desgleichen der Schutz für außerpublizistische Erzeugnisse (BVerfGE 80, 124/135; BVerwGE 78, 184/189 f), insb. für Anzeigenblätter (BGHZ 116, 47/54). Größer sind die Einschränkungsmöglichkeiten des Weiteren, wenn allein die **Form** betroffen ist, nicht der Inhalt (BVerfGE 42, 143/149 f). Entsprechend ist der Schutz bei Presse und Rundfunk höher, wenn es um den *Inhalt* bzw. das Programm und nicht um die Organisation geht. Zudem dürften die Massenmedien im Bereich der **Berichterstattung** intensiveren Schutz als bei der Verbreitung der Meinung von Medienmitarbeitern erhalten (Jarass, Gutachten 56. DJT, 1986, Rn.14); die Medienfreiheit ist kein persönliches Privileg (BVerfGE 20, 162/176). Die stärkere Beeinträchtigung anderer Rechtsgüter durch die Rundfunkberichterstattung kann weiter gehende Beschränkungen als bei der Presseberichterstattung rechtfertigen (BVerfGE 91, 125/135). Die Aufforderung zu *rechtswidrigem Verhalten* wird regelmäßig nicht geschützt (BGH, NJW 85, 1621).

2. Jugend- und Ehrenschutz

a) Jugendschutz. Die Schranke „zum Schutze der Jugend" in Abs.2 ges- **60** tattet Regelungen zur Abwehr von der Jugend drohenden Gefahren, wie sie v. a. von Medienprodukten ausgehen können, die „Gewalttätigkeiten oder Verbrechen glorifizieren, Rassenhass provozieren, den Krieg verherrlichen oder sexuelle Vorgänge in grob schamverletzender Weise darstellen" (BVerfGE 30, 336/347; Stern ST IV/1, 1455; Schulze-Fielitz DR 147). „Die Auswahl der Mittel, mit denen diesen Gefahren zu begegnen ist, obliegt zunächst dem Gesetzgeber. Eine gesetzliche Bestimmung zum Schutz der Jugend muss aber die grundlegende Bedeutung der in Art.5 Abs.1 GG garantierten Rechte ... und den Grundsatz der Verhältnismäßigkeit wahren" (BVerfGE 30, 336/347 f; Stern ST IV/1, 1592). Das Erfordernis der Allgemeinheit (oben Rn.56) soll auch hier gelten (BVerfGE 124, 300/327; a. A. Schmidt-Jortzig HbStR³ VII § 162 Rn.60). Notwendig ist eine **Güterabwägung** zwischen der Forderung nach umfassendem Grundrechtsschutz und dem verfassungsrechtlich herausgehobenen Interesse an einem effektiven Jugendschutz (vgl. oben Rn.57–59). Dabei ist auch der gefährdungsgeneigte Jugendliche zu berücksichtigen (BVerwGE 39, 197/205; Schulze-Fielitz DR 148). Indizierte Publikationen können zum Gegenstand kritischer Auseinandersetzung gemacht werden (BGHSt 34, 218/221). Vertriebsbeschränkungen gegenüber dem Großhandel sind möglich (BVerfGE 77, 346/356). Das Werbeverbot für jugendgefährdende Schriften ist zulässig (BVerfGE 11, 234/238). Unzulässig ist jedoch, jugendgefährdende Sendungen generell zu verbieten (BVerwGE 85, 169/174 f), wohl aber pornographische Filme iSd StGB (BVerwGE 116, 5/22 f). Ausgeschlossen ist auch, ein Buch als jugendgefährdend zu indizieren, weil es die Schuldfrage des Zweiten Weltkriegs unzutreffend beantworte (BVerfGE 90, 1/14 ff). Der Begriff der Werbung für jugendgefährdende Schriften ist eng auszulegen (BGHSt 34, 218/221). Zur Zensur unten Rn.63 f. Zum Jugendschutz im Bereich der Kunstfreiheit unten Rn.115.

61   Der Vorbehalt des Jugendschutzes soll nicht nur Beschränkungen der Rechte des Abs.1 rechtfertigen, sondern zudem einen **Schutzauftrag** enthalten (Schulze-Fielitz DR 147). Die Vorschrift enthält eine „Wertung des Grundgesetzes ..., wonach der Schutz der Jugend ein Ziel von bedeutsamem Rang und ein wichtiges Gemeinschaftsanliegen ist" (BVerfGE 30, 336/348; 77, 346/356; Bethge SA 160). Die eigentliche Grundlage des Schutzauftrags dürfte aber das allgemeine Persönlichkeitsrecht des Art.2 Abs.1 iVm Art.1 Abs.1 (Rn.49 zu Art.2) sein (vgl. Vorb.49 vor Art.1).

62   **b) Ehrenschutz.** Die Freiheiten des Abs.1 können durch Gesetze zum Schutze der Ehre, die durch das allgemeine Persönlichkeitsrecht ohnehin verfassungsrechtlich geschützt ist (Rn.43 zu Art.2), beschränkt werden. Eine spezialgesetzliche Grundlage ist trotz des Wortlauts erforderlich (BVerfGE 33, 1/16 f; Schemmer EH 112; Schmidt-Jortzig HbStR³ VII § 162 Rn.61). Das BVerfG sieht den zivilrechtlichen Persönlichkeitsschutz durch die sehr extensiv ausgelegte (oben Rn.56) Schranke der allgemeinen Gesetze gedeckt (BVerfGE 34, 269/282), während es im Strafrecht auf die Ehrenschutzschranke zurückgreift (BVerfGE 90, 241/251). Das Erfordernis der Allgemeinheit (oben Rn.56) soll auch hier gelten (BVerfGE 124, 300/327). Bei der Anwendung des einschränkenden Gesetzes ist eine Interessenabwägung erforderlich (BVerfGE 54, 129/136; krit. Starck MKS 212). Die Ausführungen oben in Rn.57–59 gelten entsprechend; zu den Einzelheiten unten Rn.74–78.

3. Zensurverbot

63   Das Zensurverbot des Abs.1 S.3 enthält kein eigenständiges Grundrecht, sondern bildet eine **Schranke der Beschränkungsmöglichkeiten** des

Abs.2 (Degenhart BK 919; Stern ST IV/1, 1603 f; Starck MKS 173). Das Zensurverbot kann also durch beschränkende Gesetze gem. Abs.2 nicht durchbrochen werden (BVerfGE 33, 52/72; Bethge SA 129; Herzog MD 302), auch dann nicht, wenn es um Jugend- oder Ehrenschutz geht (Stern ST IV/1, 1459). Es gilt im Bereich aller Freiheiten des Abs.1 S.1, 2 (Bethge SA 129; Stern ST IV/1, 1605; Schmidt-Jortzig HbStR³ VII § 162 Rn.56; a. A. BVerfGE 27, 88/102 für die Informationsfreiheit; diff. Degenhart BK 929). Mit Zensur ist die **Vorzensur** gemeint (BVerfGE 33, 52/71; 83, 130/155; Starck MKS 172; a. A. Hoffmann-Riem AK 93), d. h. „ein präventives Verfahren, vor dessen Abschluss ein Werk nicht veröffentlicht werden darf" (BVerfGE 87, 209/230; ähnlich E 47, 198/236 f; 73, 118/166; Stern ST IV/1, 1478; weiter Hoffmann-Riem AK 92 ff). Kennzeichnend für die Zensur ist somit die Verpflichtung, Äußerungen oder Medienprodukte vorab einer Behörde zuzuleiten, die über die Zulässigkeit der Verbreitung und Verwendung entscheidet (Degenhart BK 920). Dies ist auch bei einer Vorlagepflicht der Fall, die mit dem Recht zum Verbot der Verbreitung verbunden ist (BVerfGE 87, 209/232 f). Die Nachzensur stellt dagegen eine Beeinträchtigung des Abs.1 dar, die über die Schranken des Abs.2 gerechtfertigt werden kann. Für Privatpersonen gilt das Zensurverbot nicht (Degenhart BK 925; Stern ST IV/1, 1481; Schulze-Fielitz DR 174; diff. Hoffmann-Riem AK 95), auch nicht für Leitungsorgane in öffentlich-rechtlichen Rundfunkanstalten (Bethge SA 134a; Starck MKS 175).

Im Einzelnen liegt keine Zensur in der Nichtzulassung eines Schulbuchs **64** zum Unterrichtsgebrauch, da der Staat hier nicht die Verteilung von Presseprodukten an Dritte verhindert, sondern als Benutzer der Informationen auftritt bzw. im Rahmen seiner Schulhoheit iSd Art.7 Abs.1 agiert (Starck MKS 174; Schulze-Fielitz DR 175). Die Kontrolle von eingeführten Filmen und Presseprodukten ist dagegen Zensur (BVerfGE 33, 52/58 f; Stern ST IV/1, 1608; **a. A.** BVerfGE 33, 52/73 ff mit wenig überzeugender Begründung). Eine mit einem potentiellen Verbot verbundene Vorkontrolle zu Zwecken der Filmförderung ist regelmäßig keine Zensur, da eine Aufführung des Filmes ohne Förderung faktisch nicht ausgeschlossen ist (BVerfGE 33, 52/74; Stern ST IV/1, 1482; diff. BVerwGE 23, 194/199). Entsprechendes gilt für eine Kontrolle zu Zwecken des Jugendschutzes, weil sie nur zu einer Verbreitungs*beschränkung* führt (BVerfGE 87, 209/230 f). Dagegen ist eine anlässlich des Jugendschutz-Kennzeichnungsverfahrens erfolgte Einziehung eine der Zensur gleichzustellende Maßnahme (BVerfGE 87, 209/232 f; a. A. Bullinger HbStR³ VII § 163 Rn.87). Keine Zensur ist auch die Untersagung einer Meinungsäußerung durch eine gerichtliche einstweilige Verfügung (BVerfG-K, NJW 06, 2838; Starck MKS 175; Stern ST IV/1, 1484, 1606), da hier kein der nachfolgenden Kontrolle dienendes, pauschales Verbot vorausgeht.

4. Sonstige Grenzen

a) Kollidierendes Verfassungsrecht. Schranken für die Rechte des **65** Abs.1 können sich auch aus anderen Verfassungsnormen ergeben (BVerfGE 66, 116/136; 111, 147/157; Schmidt-Jortzig HbStR³ VII § 162 Rn.58;

Stern ST IV/1, 1470 f). Praktische Bedeutung hat dies v.a. für Gesetze, die nicht allgemein sind (Wendt MüK 78). Dabei ist allerdings Vorsicht angebracht, um Abs.2 nicht leerlaufen zu lassen. Methodisch ist es geboten, zunächst die Möglichkeiten des Abs.2 zu prüfen (Vorb.50 vor Art.1). Außerdem ist bei Eingriffen eine gesetzliche Konkretisierung der Begrenzung erforderlich (BVerfGE 111, 147/158; Vorb.51 vor Art.1) sowie eine Abwägung der kollidierenden Verfassungsnormen nötig. Die Schranken-Schranke des Zensurverbots soll auch für kollidierendes Verfassungsrecht gelten (Schulze-Fielitz DR 173). Ausnahmsweise kann ein gegen die Billigung und Verherrlichung der nationalsozialistischen Gewaltherrschaft gerichtetes Gesetz zulässig sein, weil das GG sich von dieser gezielt absetzt (BVerfGE 124, 300/328 ff).

66   **Im Einzelnen** kann die Menschenwürde etwa der Werbung Grenzen setzen; doch ist dabei Vorsicht geboten (Rn.23 zu Art.1). Weiter rechtfertigt der Schutz des allgemeinen Persönlichkeitsrechts Einschränkungen (vgl. Rn.56 zu Art.2 und unten Rn.74). Für Angehörige des öffentlichen Dienstes (auch für Bewerber) können sich Einschränkungen aus Art.33 Abs.5 ergeben (BVerfGE 39, 334/367); vgl. Rn.40 zu Art.33. Weiter können auf Grund von Art.9 Abs.2, 21 Abs.2 Meinungsäußerungen zugunsten verbotener Vereinigungen und Parteien untersagt werden (BVerfGE 25, 44/57). Für die Verbreitung nationalsozialistischen Gedankenguts enthalten Art.9 Abs.2, Art.18, Art.21 Abs.2 und Art.26 Abs.1 eine abschließende Regelung (BVerfGE 111, 147/158), trotz der Grundentscheidung des GG gegen die nationalsozialistische Gewaltherrschaft (vgl. Rn.1 zu Art.139). Das Sozialstaatsprinzip enthält dagegen keine unmittelbar geltende Schranke (Schulze-Fielitz DR 155; Rn.122 zu Art.20). Gleiches gilt für die Berufsfreiheit (BVerfGE 59, 231/262).

67   **b) In Sonderstatusverhältnissen** (besonderen Gewaltverhältnissen) können die Rechte des Art.5 Abs.1 nur unter den gleichen Voraussetzungen wie sonst beschränkt werden (Vorb.39 vor Art.1; Wendt MüK 85; Schemmer EH 136; zu großzügig Bethge SA 179). Insb. ist eine gesetzliche Grundlage erforderlich (BVerfGE 33, 1/11). Für Angehörige der *Streitkräfte* bzw. des Ersatzdienstes bestehen zusätzliche Einschränkungsmöglichkeiten gem. Art.17a Abs.1; zu Reichweite und Grenzen Rn.3, 6 f zu Art.17a.

68–72   (unbesetzt)

II. Einzelne Bereiche und Fälle

1. Ansehens-, Privatsphäre- und Geheimnisschutz

73   **a) Ansehens- und Ehrenschutz.** Die Rechte des Abs.1 werden durch das allg. Persönlichkeitsrecht und insb. durch den dort enthaltenen Schutz der Ehre beschränkt (vgl. oben Rn.62, 66). Hier ist eine Abwägung geboten (BVerfGE 34, 269/282; 99, 185/196; 114, 339/348). Dabei kommt es zum einen auf das Gewicht der Beeinträchtigung des allg. Persönlichkeitsrechts an; insb. ist das Verletzungspotential der Massenkommunikation erheblich größer als das der Individualkommunikation (BVerfGE 35, 202/226 f; Hoff-

mann-Riem AK 151). Besonders hohes Gewicht hat die Meinungsfreiheit, wenn der Ehrenschutz auf staatliche Einrichtungen bezogen wird (BVerfGE 93, 266/293). Auf der anderen Seite ist von Bedeutung, ob es um eine die Öffentlichkeit wesentlich berührende Frage geht (dazu oben Rn.58).

Des Weiteren ist der **Sinn** einer Äußerung **genau zu erfassen** (oben **74** Rn.57a). Bei versteckten Behauptungen kommt es darauf an, ob sie erkennbar im Text angelegt sind (BGHZ 78, 9/14ff); belastende Umstände müssen dem Äußernden zugerechnet werden können (BVerfGE 82, 43/52). Sind mehrere Deutungen möglich, so ist bei einer Bestrafung die die Meinungsfreiheit weniger belastende Deutung zu wählen (BVerfGE 93, 266/295f). Gleiches gilt bei einer Verurteilung zum Schadensersatz, zum Widerruf oder zur Berichtigung (BVerfGE 85, 1/18; 86, 1/11f; 114, 339/349). Anders stellt sich die Situation bei der Untersagung künftiger Äußerungen dar (BVerfGE 114, 339/350), jedenfalls wenn der Äußernde zu einer Klarstellung nicht bereit ist (BVerfG-K, NJW 06, 3773). Bei einer Satire ist zu berücksichtigen, dass sie notwendig mit Übertreibungen, Verzerrungen und Verfremdungen arbeitet (BVerfGE 86, 1/11; BVerfG-K, NJW 98, 1387). Eine satirische Fotomontage unterliegt auch bei einer relativen Person der Zeitgeschichte Beschränkungen (BVerfG-K, NJW 05, 3272; großzügiger BGHZ 156, 206/215). Die Bedeutung einer Einstufung von Soldaten als Mörder ist genau zu prüfen (BVerfGE 93, 266/297ff; vgl. auch unten Rn.90 a.E.). Auch bei einer Bezeichnung als Jude ist sorgfältig die konkrete Bedeutung zu klären (BVerfG-K, NJW 01, 63).

Tatsachenbehauptungen genießen einen geringeren Schutz als Wertur- **75** teile (BVerfGE 85, 1/16f); zur Abgrenzung von Werturteilen oben Rn.5. Je schwerer eine Äußerung in das Ansehen des Betroffenen eingreift, umso größer sind die Sorgfaltspflichten bei der Erstellung (BVerfGE 114, 339/353f; BGHZ 132, 13/24); der Nachweis der Wahrheit kann gleichwohl nicht generell verlangt werden (BGH, NJW 87, 2226; vgl. oben Rn.4). Belegtatsachen können grundsätzlich verlangt werden (BVerfGE 99, 195/198f; Schemmer EH 129). Andererseits muss der Nachweis der Unwahrheit immer zugelassen werden (BVerfG-K, NJW 04, 592). Sorgfaltspflichten des Einzelnen sind generell geringer als die der Massenmedien (BVerfGE 85, 1/22f). Unwahre Tatsachenbehauptungen sind schon tatbestandlich nur begrenzt geschützt (oben Rn.4). Bei einer *falschen Tatsachenbehauptung* kommt dem allgemeinen Persönlichkeitsrecht regelmäßig der Vorrang zu (BVerfGE 99, 185/197; BGH, NJW 08, 2112); Gleiches gilt bei aus der Luft gegriffenen Behauptungen ohne gewisse Belegtatsachen (BVerfGE 99, 185/198f). Ein erfundenes Interview verletzt regelmäßig das Persönlichkeitsrecht (BVerfGE 34, 269/282f). Gleiches gilt, wenn dem Betreffenden zu Unrecht ein bestimmtes Zitat zugeschrieben wird (BVerfGE 54, 208/217f).

Unzulässig sind generell (vorsätzliche) **Beleidigungen** (BGH, NJW 87, **76** 1399); doch darf der Begriff der Beleidigung nicht überdehnt werden (BVerfGE 93, 266/292). Formalbeleidigungen und Äußerungen mit schmähendem Charakter sind meist nicht durch die Meinungsfreiheit gedeckt (BVerfGE 82, 272/281; 93, 266/294, 303). Die Annahme einer *Schmähkritik* unterliegt aber strengen Maßstäben (BVerfGE 93, 266/294; BGH, NJW 09, 1874). Insb. muss es um eine Wertung gehen (BVerfG-K, NJW 03, 1110);

auch muss sie unabhängig vom Kontext diffamierend sein (BVerfG-K, NJW 10, 749 f).

77   Wer sich **in der Öffentlichkeit äußert,** muss scharfe und abwertende Kritik hinnehmen (BVerfGE 54, 129/138; Degenhart BK 568 ff; Schulze-Fielitz DR 289). Wer andere kritisiert, muss mit einem Angriff in gleicher Schärfe rechnen (Schulze-Fielitz DR 290). Im Wahlkampf sind vergröbernde Vereinfachungen zulässig (BVerfGE 61, 1/12 f; 69, 257/270; BGH, NJW 84, 1103; Stern ST IV/1, 1436). Kritische Äußerungen über Personen, die nicht an der öffentlichen Diskussion teilnehmen, stoßen eher auf die Grenzen des Persönlichkeitsrechts, etwa ein Plakattragen vor der Praxis eines Gynäkologen wegen dort vorgenommener Abtreibungen (BGHZ 161, 266/269 f). Die Gerichtsberichterstattung muss die Unschuldsvermutung respektieren (Starck MKS 226; vgl. Rn.108 zu Art.20). Das Persönlichkeitsrecht rechtfertigt und verlangt Einschränkungen durch ein Gegendarstellungsrecht (näher Rn.71 zu Art.2).

78   **b) Schutz der Privatsphäre und Geheimnisschutz.** Die Rechte des Abs.1 werden durch das allgemeine Persönlichkeitsrecht auch insoweit beschränkt, als der Einzelne über die Publikation persönlicher Daten entscheiden kann (Rn.42 f zu Art.2). Absolut geschützt sind Informationen aus dem Intimbereich (Rn.62 zu Art.2). Informationen aus dem Privatbereich dürfen nur verbreitet werden, wenn dies durch ein berechtigtes Informationsinteresse gedeckt ist (BVerfGE 97, 391/403 ff; 99, 185/196 f). Als „privat" sind (jedenfalls) Informationen aus dem persönlichen Bereich einzustufen, deren öffentliche Erörterung grundsätzlich als unschicklich gilt, deren Bekanntwerden als peinlich empfunden wird oder wegen besonderer Kontexte nachteilige Reaktionen in der Öffentlichkeit auszulösen pflegt (BVerfGE 101, 361/382; Hoffmann-Riem AK 58; Degenhart BK 548). Bei Berichten über Straftaten kann das Recht auf Resozialisierung Grenzen setzen (Rn.69 zu Art.2). Opfer von Unglücksfällen kommt ein besonderer Schutz zu (Di Fabio MD 242 zu Art.2 I). Zulässig ist, einer Zeitung die Veröffentlichung der Sektenzugehörigkeit einer Person mit Namensnennung zu verbieten (BVerfG-K, NJW 97, 2670). Das Fotografieren von Amtsträgern in der Öffentlichkeit ist zulässig, soweit die Aufnahmen dem allgemeinen Informationsinteresse dienen (Jarass, JZ 83, 283; Hoffmann-Riem AK 169). Die Veröffentlichung vertraulich weitergegebener Informationen kann das Persönlichkeitsrecht verletzen (BGH, NJW 87, 2669). Äußerungen gegenüber Familienangehörigen und Vertrauenspersonen sind in besonderer Weise geschützt (BVerfGE 90, 255/260 ff). Die Drohung, die Presse zu informieren, ist zulässig, wenn der angedrohte Pressebericht seinerseits rechtmäßig ist (BGH, NJW 05, 2769 f).

79   Die Beschäftigung mit und die Abbildung von bekannten **Persönlichkeiten des öffentlichen Lebens,** sog. „Personen der Zeitgeschichte", ist von Art.5 gedeckt, wobei im Einzelfall eine Abwägung zwischen dem Informationsinteresse der Öffentlichkeit und den Interessen des Abgebildeten notwendig ist (BVerfGE 101, 361/392; BVerfG-K, NJW 01, 1923 ff; BGH, NJW 07, 3442; Di Fabio MD 240 zu Art.2 I); in die Intimsphäre darf aber nicht eingegriffen werden (Schulze-Fielitz DR 288). Unzulässig sind idR

auch Aufnahmen eines Erholungsurlaubs (BGH, NJW 09, 756). Bei Personen des politischen Lebens besteht ein gesteigertes Informationsinteresse (BGHZ 177, 119 Rn.17). Die Abbildung von Kindern ist grundsätzlich unzulässig, sofern sich die Eltern nicht bewusst mit den Kindern der Öffentlichkeit zuwenden (BVerfGE 101, 361/386). Stärkere Einschränkungen muss hinnehmen, wer seine Persönlichkeit über die Medien verwertet (Stern ST IV/1, 1596).

Die Veröffentlichung **rechtswidrig** (etwa unter Verletzung des Redak- 80
tionsgeheimnisses) **erlangter Informationen** wird von Art.5 gedeckt, wenn es um eine „die Öffentlichkeit wesentlich berührende Frage" geht und der Rechtsbruch im Vergleich dazu untergeordnete Bedeutung hat (BVerfGE 66, 116/139; BGHZ 138, 311/318f; Degenhart BK 414). Dies ist ausnahmsweise der Fall, wenn grobe, die Allgemeinheit beeinträchtigende Missstände aufgedeckt werden (BGHZ 80, 25/32ff; Hoffmann-Riem AK 60; Schulze-Fielitz DR 293; krit. Bullinger HbStR³ VII § 163 Rn.13).

2. Wettbewerb und andere private Belange

aa) Das Gesetz gegen **unlauteren Wettbewerb** beschränkt die Meinungs- 81
und Pressefreiheit in grundsätzlich zulässiger Weise (BVerfGE 102, 347/360f; BGHZ 149, 247/258). Doch muss die Verletzung eines hinreichend wichtigen Belangs dargetan werden (BVerfGE 107, 275/281). Die Gefährdung des Leistungswettbewerbs muss ausreichend begründet werden (BVerfG-K, NJW 01, 3405f). Werbung mit Darstellung schweren Leids kann zulässig sein (BVerfGE 102, 347/363ff; a.A. BGHZ 149, 247/260ff). Geschützt wird auch die Veröffentlichung von Anwaltsranglisten (BVerfG-K, DVBl 03, 138f). Zulässig ist Werbung mit Unterstützung von Tier- und Artenschutz (BVerfG-K, NJW 02, 1189f). Ein wettbewerbsrechtliches Gebot zur Trennung von redaktionellen Pressebeiträgen und Werbung ist grundsätzlich zulässig (BVerfG-K, NJW 05, 3201). Ein Presseunternehmen muss Anzeigen nur auf grobe Wettbewerbsverstöße hin überprüfen (BVerfGE 102, 347/361f). Im Konflikt zwischen Zeitungen und Anzeigeblättern ist zu beachten, dass Zeitungen einen intensiveren Schutz durch die Pressefreiheit genießen, weil sie der verfassungsrechtlichen Aufgabe der Presse (oben Rn.23) besser gerecht werden. Die Sicherung des freien Wettbewerbs auf dem Pressemarkt durch die Normen des **GWB** dienen der Pressefreiheit (BGH, NJW 84, 1116; Schemmer EH 55; Hoffmann-Riem AK 192f; oben Rn.31); sie dürften jedoch im Einzelnen nicht unverhältnismäßig sein, bedürfen hinreichend gewichtiger Gründe (BVerfGE 102, 347/363). Zulässig sind die Regelungen der Pressefusionskontrolle (vgl. BGHZ 76, 55/66f). Das **Urheberrechtsgesetz** stellt eine regelmäßig zulässige Beschränkung dar (BGH, NJW 85, 2134); vgl. allerdings unten Rn.117. Bei Karikaturen verlangt Art.5 Abs.1 eine restriktive Auslegung von Urheberrechten (BGHZ 154, 260/269).

Der Aufruf, ein Unternehmen zu **boykottieren,** ist v.a. dann zulässig, 82
wenn er seinen „Grund nicht in eigenen Interessen wirtschaftlicher Art, sondern in der Sorge um politische, wirtschaftliche, soziale oder kulturelle Belange der Allgemeinheit" hat, „auch wenn dadurch private und namentlich wirtschaftliche Interessen beeinträchtigt werden", selbst wenn ein Kon-

kurrenzverhältnis besteht (BVerfGE 62, 230/244; 25, 256/264; etwas vorsichtiger BGH, NJW 85, 62f). *Kritiker* gefährlicher Produkte sind „nicht auf eine ausgewogene oder gar schonende Darstellung" beschränkt (BGHZ 91, 117/121), es sei denn, sie nehmen eine besondere Objektivität in Anspruch (Schulze-Fielitz DR 296). Für vergleichende Warentests besteht ein weiter Spielraum (Hoffmann-Riem AK 87).

83   **bb)** Die Meinungskundgabe durch ein Plakat von einer **Mietwohnung** aus kann vom Eigentümer untersagt werden, wenn der Hausfriede gestört wird, nicht jedoch, weil der Eigentümer sie für falsch hält (BVerfGE 7, 230/234ff). Nicht geschützt ist die Aufforderung an alle Mieter die Miete wegen des Verhaltens des Vermieters nicht zu zahlen (BGH, NJW 85, 1621). Einem Unterlassungsanspruch wegen unzulässiger **Lärmbelästigung** steht die Pressefreiheit nicht entgegen (BGH, JZ 56, 346).

3. Arbeitsrecht, auch bei Presse und Rundfunk

84   **a) Alle Unternehmen.** In Arbeitsverhältnissen hat die Meinungsfreiheit erhebliches Gewicht, auch wenn unter dem GG keine unmittelbare Drittwirkung der Meinungsfreiheit wie in Art.118 Abs.1 S.2 WRV besteht. Eine Nichteinstellung wegen einer Meinungsäußerung in einer Schülerzeitung ist häufig unzulässig (BVerfGE 86, 122/130ff). Eine Kündigung wegen des Verteilens eines Flugblattes mit diffamierenden Äußerungen kann zulässig sein (BAG, NJW 78, 1874). Der Schutz des Betriebsfriedens kann Einschränkungen rechtfertigen (Stern ST IV/1, 1440f). Das Tragen von Plaketten oder eine ständige verbale Agitation, die den Betriebsfrieden oder den Betriebsablauf konkret stören, rechtfertigen eine fristlose Kündigung (BAGE 41, 150/158ff); eine abstrakte Gefährdung des Betriebsfriedens reicht dagegen nicht (BAG, DB 76, 679f). Der Ausschluss aus dem Betriebsrat wegen Verteilens eines Aufrufs zur Kommunalwahl unter Berufung auf § 74 Abs.2 BetrVG ist unzulässig, soweit der Betriebsfrieden nicht gestört wird (BVerfGE 42, 133/141f). Die Verpflichtung eines in einem kirchlichen Krankenhaus beschäftigten Arztes, nicht öffentlich für Schwangerschaftsabbrüche einzutreten, soll zulässig sein (BAG, NJW 84, 828f); das ist problematisch, soweit dies außerhalb der Beschäftigung ohne Bezug zum Krankenhaus geschieht (vgl. auch Rn.38 zu Art.4). Vom Sonntagsbeschäftigungsverbot muss eine Ausnahme gemacht werden, wenn sie für die Erfüllung von Pressetätigkeiten erforderlich ist (BVerwGE 84, 86/92).

85   **b) Sonderfragen der Presse- und Rundfunkunternehmen.** Im Verhältnis zwischen Verleger und Redakteuren eines **Presseunternehmens** findet Art.5 Abs.1 S.2 keine unmittelbare Anwendung (Starck MKS 90ff). Doch ist die Ausstrahlungswirkung des Grundrechts (oben Rn.32) zu beachten (Herzog MD 168ff), weshalb Redakteuren im Rahmen der Grundsatzkompetenz des Verlegers eine gewisse Selbständigkeit eingeräumt werden muss („Innere Pressefreiheit"; Herzog MD 174; Hoffmann-Riem AK 165). Kein Redakteur darf gezwungen werden, einen Beitrag zu schreiben, der seiner Auffassung widerspricht (Wendt MüK 35). Umgekehrt rechtfertigt die Pressefreiheit eine Begrenzung der betrieblichen Mitbestimmung; der Verleger kann sich gegen die tendenzbezogene Fremdbestimmung durch den Be-

triebsrat wehren (BVerfGE 52, 283/297 f; BAGE 56, 71/77 ff). Der Streik in Presseunternehmen ist in der Regel zulässig. Allerdings darf der Zweck des Streiks nicht in inhaltlicher Einflussnahme liegen. Daher ist das Nichtdrucken redaktioneller Beiträge aus inhaltlichen Gründen unzulässig (Starck MKS 73); vgl. auch Rn.55 zu Art.9. Zum Bruch des Redaktionsgeheimnisses oben Rn.80.

Für das Verhältnis der **Rundfunkunternehmen** zu ihren Mitarbeitern **86** gelten diese Erwägungen ganz entsprechend, auch was die Selbständigkeit von Redakteuren angeht (vgl. BVerfGE 59, 231/261 ff; Herzog MD 211; anders Degenhart BK 731). Die Rundfunkfreiheit rechtfertigt nicht die Reduzierung von Vergütungsansprüchen (BGH, NJW 83, 1191), wohl aber die Befristung von Arbeitsverhältnissen, wenn dies zur Erfüllung der Rundfunkaufgabe notwendig ist (BVerfGE 59, 231/264 ff; 64, 256/260 f; BAGE 119, 138/140 f); die allg. Differenzierung zwischen Arbeits- und (sonstigen) Dienstverträgen wird dadurch aber nicht berührt (BAGE 77, 226/241 ff). Zum Rundfunkrecht unten Rn.94–100.

4. Öffentlicher Dienst

aa) Im Dienst dürfen die Beschäftigten des öffentlichen Dienstes, jeden- **87** falls die Vorgesetzten, die grundgesetzliche Ordnung nicht in Frage stellen (BVerfGE 28, 36/49 f) und haben eine gesteigerte Zurückhaltung zu wahren (Starck MKS 261). Das Tragen von Plaketten und Aufklebern kann verboten werden (BAGE 38, 85/95 f; BVerwGE 84, 292/293 f; a. A. Hoffmann-Riem AK 77), auch an Kraftfahrzeugen (BVerwGE 73, 237/238 ff). Soldaten können nen Kollegen in der Mittagspause zur Unterzeichnung eines öffentlichen Aufrufs auffordern (BVerfGE *abwM* 44, 197/207 f; **a. A.** BVerfGE 44, 197/201 ff). Äußerungen in amtlicher Eigenschaft fallen nicht unter Art.5 (oben Rn.8; vgl. BVerwG, NVwZ 92, 65). Rassistische und ausländerfeindliche Äußerungen können als Dienstvergehen bestraft werden (BVerwGE 113, 48/50 ff; 114, 37/43 ff).

bb) Die Information der Öffentlichkeit über verwaltungsinterne Vorgänge **88** **(Aussagen zum Dienst)** durch im öffentlichen Dienst Beschäftigte ist bei schweren Rechtsverstößen unmittelbar, bei sonstigen nach Ausschöpfung der internen Abhilfemöglichkeiten zulässig (BVerfGE 28, 191/202 ff; Jarass, DÖV 86, 726 f; ähnlich BVerwG, NVwZ 89, 975 f für Gemeinderatsmitglied; Degenhart BK 222); im Übrigen können solche Informationen verboten werden (BVerwGE 86, 188/192). Auch nach Beendigung des Beamtenverhältnisses kann die Amtsverschwiegenheit zum Tragen kommen (BVerwG, NJW 83, 2344). Bei der Kritik an unmittelbaren Vorgesetzten kann besondere Mäßigung verlangt werden. Vgl. auch oben Rn.84.

cc) Außerhalb des Dienstes reichen die Kommunikationsfreiheiten der **89** im öffentlichen Dienst beschäftigten Personen weiter (Degenhart BK 227; Jarass, DÖV 86, 727). Politische Äußerungen dürfen allerdings nicht gegen die in Art.33 Abs.5 verankerte Treuepflicht der Beamten (Rn.52 zu Art.33) gegenüber der Verfassung (nicht gegenüber der Regierung) verstoßen (BVerfGE 39, 334/366 f; BVerwGE 83, 60/63; 83, 90/98; Starck MKS 260). Dabei ist aber eine Abwägung geboten (Degenhart BK 227).

90 **Im Einzelnen** kann die Verbreitung ausländerfeindlicher Pamphlete durch einen Verwaltungsangestellten eine außerordentliche Kündigung rechtfertigen (BAG, NJW 96, 2253 f). Richter müssen bei der Unterzeichnung politischer Anzeigen große Zurückhaltung üben, wenn sie unter Berufung auf ihr Amt auftreten (BVerfG-K, NJW 83, 2691; BVerfG-K, NJW 89, 93 f; BVerwGE 78, 216/222). Gleiches gilt für Soldaten (BVerwGE 83, 60/69; 86, 188/196) oder Beamte (BVerwG, NJW 88, 1747 f). Im Übrigen ist Kritik am Staat und seinen Amtsträgern möglich (BVerfGE 28, 55/64 f; BVerwGE 63, 37/39 f). Zu verfassungsfeindlichen Äußerungen und der Zulassung zum öffentlichen Dienst Rn.21 zu Art.33. Maßnahmen wegen eines Leserbriefes beeinträchtigen die Meinungsfreiheit (BVerwGE 46, 175/181 ff), selbst wenn Kritik an einer öffentlichen Äußerung eines Vorgesetzten geübt wird (BVerwGE 76, 267/272). Auf die Meinungsfreiheit berufen kann sich ein Offizier, der sich für eine atomwaffenfreie Zone einsetzt (BVerwG, NJW 85, 160 f) oder der sich an einer friedenspolitischen Demonstration beteiligt (BVerwGE 83, 60/67 ff). Ein Soldat darf für die Kriegsdienstverweigerung werben (BVerwG, DÖV 69, 349) oder verteidigungspolitische Fragen kritisch in der Presse behandeln (BVerwGE 76, 267/272; 83, 90/97). Bei einer Bezeichnung von Soldaten als Mörder ist besondere Zurückhaltung geboten (BVerwGE 93, 323/326 ff; vgl. oben Rn.74).

5. Strafrecht, Strafprozessrecht, Haft

91 Die Rspr. sieht in den **Straftatbeständen,** die an eine bestimmte Meinung anknüpfen, regelmäßig zulässige allgemeine Gesetze, etwa in der Strafbarkeit der verfassungsfeindlichen Einwirkung auf Bundeswehr und öffentliche Sicherheitsorgane in § 89 StGB (BVerfGE 47, 130/143), der Verunglimpfung des Staates und seiner Symbole in § 90a Abs.1 StGB (BVerfGE 47, 198/232), der geheimdienstlichen Agententätigkeit in § 99 Abs.1 StGB (BVerfGE 57, 250/268), der Beleidigung von Organen und Vertretern ausländischer Staaten in § 103 StGB (BVerwGE 64, 55/62 f) und der Beleidigung in § 185 StGB (BVerfGE 93, 266/290 f). Bei Anwendung dieser und anderer Vorschriften ist aber der besondere Stellenwert der Freiheiten des Abs.1 zu berücksichtigen (etwa BVerfGE 57, 250/268; 93, 266/291) und ggf. eine restriktive Deutung vorzunehmen (oben Rn.74). So ist im Rahmen der Rechtfertigung von Beleidigungen nach § 193 StGB der hohe Stellenwert der Pressefreiheit zu beachten (BVerfGE 42, 143/152; Stern ST IV/1, 1563 f). Auch bei einer Volksverhetzung ist die Reichweite der Meinungsfreiheit zu beachten (BVerfG-K, NJW 03, 661), desgleichen bei einer Verunglimpfung der Fahne (BVerfG-K, NJW 09, 909). Zum Schutz der Ehre etc. oben Rn.73–77.

92 Die Anordnung einer **Durchsuchung** von Redaktionsräumen setzt eine inhaltliche Abwägung zwischen der Schwere des Tatvorwurfs und der Beeinträchtigung der Pressefreiheit voraus (BVerfG-K, NJW 05, 965). Die Durchsuchung von Redaktionsräumen allein um einen Informanten herauszufinden, ist unzulässig (BVerfGE 117, 244/265). Für Presse- und Rundfunkredakteure kann sich aus Abs.1 S.2 ein über die Regelung des § 53 StPO a. F. hinausreichendes **Zeugnisverweigerungsrecht** ergeben (BVerf-

GE 64, 108/116; 77, 65/82; a.A. BVerfGE 107, 299/334: nur verfassungskonforme Auslegung), das sich aber nicht auf das Chiffregeheimnis bzw. den
Anzeigenteil erstreckt (BVerfGE 64, 108/117f; vorsichtig BVerfG-K, NJW
90, 702). Die **Beschlagnahme** von selbst recherchiertem Material soll
grundsätzlich zulässig sein (BVerfGE 77, 65/78ff; einschr. Jarass, JZ 83,
280f; Hoffmann-Riem AK 171). Zur Beschlagnahme von aus dem Ausland
kommenden Zeitungen unten Rn.101.

Das Verbot des Einzel-Fernsehempfangs gegenüber **Untersuchungshäft-** 93
lingen soll zulässig sein (BVerfGE 35, 307/309f; a.A. Degenhart BK 381;
vgl. demgegenüber Rn.108 zu Art.20). Das Anhalten von Dritte beleidi-
genden Briefen **Strafgefangener** an Vertrauenspersonen ist idR unzulässig
(BVerfGE 33, 1/15f; 90, 255/259ff; BVerfG-K, NJW 97, 186). Einem Strafgefangenen zu verbieten, einen Journalisten zu empfangen, ist nur zulässig,
wenn die davon ausgehenden Gefahren nicht anders vermieden werden
können (BVerfG-K, NJW 96, 983). Bei Disziplinarmaßnahmen wegen beleidigender Äußerungen eines Gefangenen ist der Grundsatz der Verhältnismäßigkeit zu beachten (BVerfG-K, NJW 95, 1016ff).

6. Rundfunk

a) Öffentlich-rechtlicher Rundfunk. Der **Aufgabenbereich** des öf- 94
fentlich-rechtlichen Rundfunks ist vom Gesetzgeber zu bestimmen; die Erfüllung der Rundfunkaufgaben darf allerdings nicht sachwidrig behindert
werden (Schulze-Fielitz DR 216; weiter gehend BVerfGE 74, 297/334ff).
Die Entscheidung über Anzahl und Umfang der Programme im öffentlich-
rechtlichen Rundfunk muss primär bei den Anstalten liegen, soweit dies zur
Erfüllung ihrer verfassungsrechtlichen Aufgabe erforderlich ist (BVerfGE 87,
181/201f; ähnlich BVerfGE 74, 297/334ff). **Organisatorische** Änderungen
dürfen nicht mit dem Ziel personeller Veränderungen vorgenommen werden (BVerfG-K, AfP 99, 62). In den Aufsichtsgremien der Rundfunkanstalten darf staatlichen Vertretern nur ein sehr begrenzter Einfluss eingeräumt
werden (BVerfGE 73, 118/164f; Starck MKS 130); die Vertreter der Parteien muss man dabei den staatlichen Vertretern zurechnen (Schulze-Fielitz
DR 260; vgl. BVerfGE 60, 53/66f; 121, 30/54f; zu Unrecht einschr. Nds-
StGH, DVBl 05, 1519f). Gesellschaftlichen Gruppen verleiht Art.5 Abs.1
S.2 keinen Anspruch auf Vertretung in den Aufsichtsgremien (BVerfG-K,
NVwZ 96, 782; vgl. BVerfGE 60, 53/63ff; Degenhart BK 770). Die staatliche Aufsicht ist auf eine begrenzte Rechtsaufsicht beschränkt (BVerfGE 12,
205/261; BVerwGE 54, 29/36; Schulze-Fielitz DR 259; vgl. BVerfGE 57,
295/326). Sie kann nicht zur Durchsetzung vager Vorgaben genutzt werden
(Jarass, Die Freiheit des Rundfunks vom Staat, 1981, 52ff; Starck MKS 146).
Die Finanzkontrolle der Rechnungshöfe wird durch die Programmautonomie beschränkt (Jarass, Reichweite der Rechnungsprüfung bei Rundfunkanstalten, 1992, 7ff; Hoffmann-Riem AK 217). Die Existenz einer bestimmten
Rundfunkanstalt wird nicht gewährleistet (BVerfGE 89, 144/153; BVerwGE
75, 318/323). Aus Art.5 folgt die Konkursunfähigkeit einer öffentlich-
rechtlichen Rundfunkanstalt (BVerfGE 89, 144/153f; Schulze-Fielitz DR
134; a.A. BVerwGE 75, 318/322).

95   Da die Vielfaltssicherung (oben Rn.43) bei privatwirtschaftlichen Veranstaltern besondere Probleme bereitet (BVerfGE 87, 181/199; 114, 371/388) und dies nur hinnehmbar ist, wenn der **öffentlich-rechtliche Rundfunk** eine **Grundversorgung** bzw. seinen klassischen Funktionsauftrag **sicherstellt** (BVerfGE 73, 118/157; 83, 238/297; 90, 60/90 f; 119, 181/218; Herzog MD 238a), muss der Staat die finanziellen, technischen und sonstigen Voraussetzungen der Grundversorgung durch den öffentlich-rechtlichen Rundfunk gewährleisten (BVerfGE 74, 297/324 f, 342; 87, 181/199; 89, 144/153; Herzog MD 238a, 238e); dazu gehören ausreichende Entwicklungsmöglichkeiten (BVerfGE 83, 238/298; 90, 60/91; 119, 181/218; Stern ST IV/1, 1714). Die Grundversorgung ist nicht auf den informierenden und bildenden Rundfunk beschränkt (BVerfGE 83, 238/297 f; vgl. E 97, 228/257) und kann auch Regionalprogramme erfassen (BVerfGE 87, 181/204; a. A. Herzog MD 238c). Im Hinblick auf die Sicherung der Grundversorgung steht den öffentlich-rechtlichen Anstalten ein Anspruch auf ausreichende **Finanzierung** zu, ohne dass eine bestimmte Finanzierungsart geschützt ist (BVerfGE 74, 297/342; 87, 181/198; 89, 144/153; 90, 60/90; Herzog MD 239a). Eine vornehmliche Werbefinanzierung der öffentlichrechtlichen Anstalten ist unzulässig (BVerfGE 83, 238/311; Degenhart BK 814; a. A. Herzog MD 239b), während die vorrangige Gebührenfinanzierung zulässig ist (BVerfGE 119, 181/219). Der Umfang der Finanzierung des öffentlichen Rundfunks muss sich an dessen Aufgabe und den Programmentscheidungen der Anstalten orientieren (BVerfGE 90, 60/102 f). Die Verteilung der Mittel auf einzelne Programme ist Sache der Rundfunkanstalten (BVerfGE 87, 181/203). Schließlich muss die Finanzierung entwicklungsoffen gestaltet werden (BVerfGE 119, 181/218).

96   **Rundfunkgebühren** sind zulässig, weil und soweit sie zur Funktionserfüllung geboten erscheinen (BVerfGE 87, 181/201; BVerwGE 108, 108/111 ff). Das Verfahren der Gebührenfestsetzung muss die Bedarfsermittlung der Rundfunkanstalten ausreichend berücksichtigen und zudem die Autonomie der Anstalten gewährleisten (BVerfGE 90, 60/94 ff; 119, 181/220 ff; Schulze-Fielitz DR 276). Programmbezogene Vorgaben sind über die allgemeinen Rundfunkgesetze, nicht über die Gebührenhöhe zu treffen (BVerfGE 119, 181/221). Abweichungen des Gesetzgebers von der Entscheidung der KEF sind nur begrenzt und mit näherer Begründung möglich (BVerfGE 119, 181/226 ff). Ein *Teilnehmerentgelt* der Inhaber von Kabelanschlüssen zugunsten privater Rundfunkveranstalter ist unzulässig, wenn gesetzliche Vorkehrungen zur Sicherung gleichgewichtiger Vielfalt der Meinungen in den fraglichen Programmen fehlen (BVerfGE 114, 371/386 ff, 392).

97   **b) Privater Rundfunk.** Während die Veranstaltung von Rundfunk früher zulässig auf öffentlich-rechtliche Anstalten beschränkt werden konnte (BVerfGE 12, 205/261; 57, 295/322 ff), sichert heute die Rundfunkfreiheit auch den privaten Rundfunk (Schulze-Fielitz DR 263; Herzog MD 226), solange die Grundversorgung durch den öffentlich-rechtlichen Rundfunk gewährleistet ist (oben Rn.95). Für die Zulassung privater Rundfunkunternehmen hat der Gesetzgeber Vorgaben für die Auswahl unter mehreren Bewerbern bei Frequenzknappheit zu treffen (BVerfGE 57, 295/324 f; 73, 118/

153 f). Im Bereich des lokalen Rundfunks sind Monopolstellungen örtlicher Zeitungsverlage zu beachten (BVerfGE 83, 238/324; Schulze-Fielitz DR 254; Herzog MD 238h). Den Parteien kann ein beherrschender Einfluss verwehrt werden; doch ist ein absolutes Beteiligungsverbot unzulässig (BVerfGE 121, 30/64). Die Entscheidung über Zulassung und Widerruf darf nicht staatlichen Stellen ieS übertragen werden (BVerfGE 73, 118/182 ff), da andernfalls die Gefahr „sachfremder Erwägungen" besteht. Generell sind Handlungs- oder Wertungsspielräume bei der Zulassung ausgeschlossen (BVerfGE 90, 60/89; 121, 30/55 f; Herzog MD 214a). Das Kartellrecht fördert häufig die Rundfunkfreiheit (BGHZ 110, 371/396 f); allerdings ist die Kompetenz des Landesrundfunkgesetzgebers zu achten (Jarass, Kartellrecht und Landesrundfunkrecht, 1991, 35 ff; Degenhart BK 874 ff).

c) Gemeinsames. Sowohl für den öffentlich-rechtlichen wie für den pri- **98** vaten Rundfunk gelten folgende **inhaltliche Vorgaben:** Jeder Veranstalter ist, auch im Zustand des Außenpluralismus, „zu sachgemäßer, *umfassender und wahrheitsgemäßer Information* und einem Mindestmaß an gegenseitiger Achtung verpflichtet" (BVerfGE 57, 295/326; 73, 118/153 f; Herzog MD 215a ff). Dies gilt auch für herangeführte Programme (BVerfGE 73, 118/200; Herzog MD 241a). Weiter verpflichtet die Rundfunkfreiheit zur Trennung von Programm und Werbung (BGHZ 110, 278/290; Degenhart BK 739). Zusätzlich wird man im Hinblick auf die Funktion der Rundfunkfreiheit Vorkehrungen verlangen müssen, dass Sendungen der Information und Bildung, in denen die Berichterstattung im Vordergrund steht, nicht zu sehr zugunsten unterhaltender Sendungen verdrängt werden (Jarass, Gutachten 56. DJT, 1986, Rn.29) und die Werbung (auch die Eigenwerbung) deutlich begrenzt wird (anders Starck MKS 162), da andernfalls der Rundfunk seiner verfassungsrechtlichen Aufgabe nicht ausreichend gerecht wird. Unzulässig ist ein gesetzliches Verbot der Werbung zu einem Volksbegehren oder Volksentscheid (BayVerfGH, DVBl 07, 1116). Zur Chancengleichheit der Parteien im Rundfunk Rn.41 zu Art.21.

Darüber hinaus gilt Folgendes: Die Frequenzzuteilung darf nicht der **99** Exekutive überlassen werden (BVerfGE 83, 238/323). Das Recht der Kurzberichterstattung ist mit Art.5 Abs.1 S.2 vereinbar (BVerfGE 97, 228/267 f; Jarass, AfP 93, 455 ff). Die Pflicht zur Aufzeichnung von Rundfunksendungen und zur Vorlage an eine Landesmedienanstalt ist zulässig (BVerfGE 95, 220/235 ff). Beim digitalen Fernsehen müssen alle Veranstalter den gleichen Zugang haben, unter Beachtung der jeweiligen Leistungen für die verfassungsrechtliche Rundfunkaufgabe; zudem müssen elektronische Programmführer diskriminierungsfrei ausgestaltet sein (Bethge SA 115a; vgl. zum Internet unten Rn.102). Zum Arbeitsrecht im Rundfunk oben Rn.86. Zur Rundfunkwerbung oben Rn.38, 59. Zu Fernsehaufnahmen von Gerichtsverhandlungen oben Rn.42, 46.

d) Rundfunkempfang. Der Empfang von Sendungen, die mit Indi- **100** vidualantennen empfangen werden können, darf gem. Abs.1 S.1 nicht verhindert werden (vgl. oben Rn.21). Die inländische Weiterverbreitung kann dagegen den Anforderungen der Ausgestaltung der Rundfunkfreiheit unterworfen werden (Degenhart BK 755; Wendt MüK 60). Baurechtliche Beschränkungen für die Errichtung von Antennen sind im Lichte der Informationsfreiheit einschränkend auszulegen (BVerwG, NVwZ 1992, 475 f; Schulze-Fielitz DR 193). Bei einem privatrechtlichen Streit um eine Satellitenantenne ist der Informationsfreiheit ausreichend Rechnung zu tragen (BGHZ 157, 322/327; Degenhart BK 324).

7. Sonstiges Verwaltungsrecht

101   **a) Post, Einfuhr, Internet.** Das generelle Verbot politischer Aufdrucke auf Postsendungen ist unzulässig (BVerwGE 72, 183/187 ff; NJW 90, 464). Höhere Gebühren für nichtpublizistische Erzeugnisse im Postzeitungsdienst sind zulässig (BVerfGE 80, 124/135 ff); Gleiches gilt für den Ausschluss geschäftlicher Druckschriften vom (subventionierten) Postzeitungsdienst (BVerwGE 78, 184/191). Die Beschlagnahme ausländischer Zeitschriften ist nur ausnahmsweise zulässig (BVerfGE 27, 71/85). Die Auffassung, eine Vorkontrolle von importierten Postsendungen bzw. Filmen sei möglich, wenn die Produkte tendenziell auf die Bekämpfung der freiheitlich demokratischen Grundordnung oder des Gedankens der Völkerverständigung gerichtet sind und diese Schutzgüter gefährdet werden (BVerfGE 33, 52/65 ff), kann nur akzeptiert werden, wenn eine konkret belegbare Gefahr besteht (Schulze-Fielitz DR 194). Im Übrigen bieten die (repressiven) Strafgesetze einen ausreichenden Schutz (BVerfGE *abwM* 33, 52/87 f). Die mit einer rechtmäßigen Kontrolle notwendig verbundene Verzögerung unbedenklicher, aber äußerlich verdächtiger Sendungen ist zulässig (BVerfGE 27, 88/99 f).

102   Im **Internet** sind Verfügungen gegen Provider verfassungsrechtlich nicht ausgeschlossen (OVG NW, NJW 2003, 2184 f), werfen aber im Hinblick auf ihre Verhältnismäßigkeit nicht selten Probleme auf (Schulze-Fielitz DR 201 ff). Der Staat hat für den offenen und manipulationsfreien Zugang zum Internet zu sorgen (Schulze-Fielitz DR 224; Degenhart BK 318; 'Schemmer EH 155; vgl. zum digitalen Fernsehen oben Rn. 99).

103   **b) Schulrecht.** Die Kommunikationsfreiheit von Schülern kann nur durch Gesetz oder auf Grund eines Gesetzes beschränkt werden (vgl. oben Rn. 28). Sachlich kann die Beschränkung nicht so weit wie bei Angehörigen des öffentlichen Dienstes (oben Rn. 87–90) gehen (näher Herzog MD 116; Starck MKS 264; Hoffmann-Riem AK 80). Lehrern kann das Tragen von politischen Plaketten untersagt werden (BVerwGE 84, 292/296). (Echte) Schülerzeitungen (oben Rn. 28) dürfen keiner Vorkontrolle unterworfen werden (Jarass, DÖV 83, 614 f; Starck MKS 266); bei von der Schule herausgegebenen Schulzeitungen können sich mitwirkende Schüler auf die Meinungsfreiheit berufen (Degenhart BK 581).

103a   **c) Straßenrecht.** Eine straßenrechtliche Erlaubnispflicht für das Verteilen von politischen Flugblättern ist für viele Straßenarten unzulässig (BVerwGE 56, 24/26 ff; BVerfG-K, NVwZ 92, 53 f; vorsichtig Degenhart BK 202); bei einer darüber hinausgehenden Nutzung wird die Erlaubnispflicht als zulässig angesehen, das Ermessen aber reduziert (BVerwGE 84, 71/75; BVerwG, NJW 1997, 407; Schemmer EH 153). Die straßenrechtliche Sondernutzungsgenehmigung zur Aufstellung von Informationsständen etc. kann nur begrenzt verweigert werden (unten Rn. 110; zu großzügig BVerwGE 56, 56/

57 ff; NJW 81, 472). Der Straßenverkauf von Sonntagszeitungen kann als Sondernutzung eingestuft werden (BVerfG-K, NVwZ 07, 1307).

d) Sonstiges. Die Generalklausel des Polizei- und Ordnungsrechts dürfte 104 nur zur Durchsetzung konkreter Vorschriften Rechte des Abs. 1 beschränken können (Herzog MD 271). Die Aufnahme eines Presseverlags in einen Verfassungsschutzbericht ist nur zulässig, wenn der Verlag selbst verfassungsfeindliche Tendenzen vertritt und nicht nur darüber berichtet (BVerfGE 113, 63/85 ff; Degenhart BK 214). Sonntagsarbeitsverbote sind bei Tageszeitungen unzulässig (BVerwGE 84, 86/92 f). Das RechtsberatungsG bedarf der zurückhaltenden Anwendung gegenüber den Medien (BVerfG-K, NJW 04, 672 f; NJW 04, 1857 f). Zur Verpflichtung, Wahlanzeigen zu veröffentlichen Rn. 21 zu Art. 21. Zum Jugendschutz oben Rn. 60 f. Bei einem „Großen Zapfenstreich" der Bundeswehr müssen kritische Transparente geduldet werden (BVerwGE 84, 247/256). Das Uniformverbot gem. § 3 VersG ist zulässig (BVerfG-K, NJW 82, 1803). Eine Versammlung soll wegen beleidigender Spruchbänder aufgelöst werden können (BVerwGE 64, 55/61 ff); s. auch Rn. 6 zu Art. 8. Für die Observation und Registrierung von Kommunikationsakten gelten die Ausführungen in Rn. 23 zu Art. 8. Die generelle Beschränkung der Kritik am eigenen Berufsstand und an Kollegen im Recht der freien Berufe ist unzulässig (BVerfG-K, NJW 94, 2413 f; Jarass, NJW 82, 1837 f; Starck MKS 242 f; Hoffmann-Riem AK 84; s. auch EGH BW, NJW 82, 661 ff). Auch Werbeverbote müssen einer Abwägung standhalten (BVerfGE 71, 162/178 ff; Schulze-Fielitz DR 199; Schemmer EH 151; Rn. 75–77 zu Art. 12; vgl. Degenhart BK 246 ff). Die stärkere Umsatzsteuerbelastung von Schallplatten im Vergleich zu Büchern ist zulässig (BVerfGE 36, 321/ 322 f).

C. Freiheit von Kunst und Wissenschaft (Abs. 3)

I. Kunstfreiheit

1. Bedeutung, Verpflichtete, Abgrenzung zu anderen Verfassungsnormen

Sinn und Aufgabe der Kunstfreiheit „ist es vor allem, die auf der Eigenge- 105
setzlichkeit der Kunst beruhenden, von ästhetischen Rücksichten bestimmten Prozesse, Verhaltensweisen und Entscheidungen von jeglicher Ingerenz öffentlicher Gewalt freizuhalten" (BVerfGE 30, 173/190; 31, 229/238 f). Das Grundrecht enthält neben dieser abwehrrechtlichen Ausrichtung eine wertentscheidende Grundsatznorm (BVerfGE 36, 321/330 f; 119, 1/21) und verpflichtet den Staat zur Pflege und Förderung der Kunst (BVerfGE 81, 108/ 116; Pernice DR 45). Ein vergleichbares Recht findet sich in Art. 13 GRCh. Die Kunstfreiheit verpflichtet alle Grundrechtsverpflichteten iSd Art. 1 Abs. 3, auch die öffentlich-rechtlichen Rundfunkanstalten (BVerfG-K, NVwZ 04, 472). Gegenüber den Freiheiten des Abs. 1 ist die Kunstfreiheit lex specialis (BVerfGE 30, 173/191; Zöbeley UC 224; Stern ST IV/1, 1613). Mit Art. 4

Abs.1, 2 dürfte dagegen Idealkonkurrenz bestehen (Starck MKS 312), grundsätzlich auch mit Art.12 Abs.1 (Bethge SA 194; Scholz MD 181 zu Art.12; a. A. Starck MKS 313); s. allerdings unten Rn.107.

2. Schutzbereich

106   **a) Kunst.** Die Bestimmung des Kunstbegriffs hat mit der Schwierigkeit zu kämpfen, dass eine Definition der Kunst ihrem Wesen widerspricht, eine Abgrenzung in der Rechtsanwendung aber unausweichlich ist (BVerfGE 67, 213/224 f; 75, 369/377; BVerwGE 39, 197/207; Zöbeley UC 232). Um staatliches Kunstrichtertum auszuschließen, ist eine **weite Definition** geboten (Starck MKS 298). Kunst iSd Art.5 Abs.3 ist nach dem materiellen Kunstbegriff die „freie schöpferische Gestaltung, in der Eindrücke, Erfahrungen, Erlebnisse des Künstlers durch das Medium einer bestimmten Formensprache zur unmittelbaren Anschauung gebracht werden" (BVerfGE 30, 173/188 f; 67, 213/226; 119, 1/20 f; BVerwGE 77, 75/82; Pernice DR 18). Für ein Kunstwerk spricht (nach dem formalen Kunstbegriff) zudem, wenn es bei formaler, typologischer Betrachtung die Gattungsanforderungen eines bestimmten Werktyps erfüllt, etwa des Malens, Dichtens etc. (BVerfGE 67, 213/226 f). Schließlich spricht mit dem offenen Kunstbegriff zugunsten von Kunst, wenn sich das Werk im Wege einer fortgesetzten Interpretation immer neuen Deutungen erschließt (vgl. BVerfGE 67, 213/227). Das Kunstwerk besteht meist in einem Objekt, das vom Künstler geschaffen wird, kann sich aber auch auf eine Handlung beschränken. Kunst kann in sehr unterschiedlichen Gattungen auftreten, etwa auch als Baukunst.

106a   Dazu kommen **Anhaltspunkte für die Abgrenzung,** die (allein) indiziellen Charakter haben: Für das Vorliegen von Kunst spricht der Umstand, dass sein Urheber ein Werk als Kunstwerk betrachtet (Kempen EH 164; Wendt MüK 91). Weiter dürfte bedeutsam sein, ob ein in Kunstfragen kompetenter Dritter es für vertretbar hält, das in Frage stehende Gebilde als Kunstwerk anzusehen (Wendt MüK 92; Pernice DR 23). Wird mit einem Kunstwerk ein politischer, religiöser oder sonstiger Zweck angestrebt, ändert das nichts an seinem Charakter als Kunstwerk (BVerfGE 67, 213/227 f; BVerfG-K, NJW 90, 2541). Unerheblich ist des Weiteren, welches Niveau das Kunstwerk hat (BVerfGE 75, 369/377; 81, 298/305; Kempen EH 166). Satire kann Kunst sein, muss es aber nicht (BVerfGE 86, 1/9; BVerfG-K, NJW 02, 3767; BGHZ 156, 206/208). Pornographie und Kunst schließen sich nicht aus (BVerfGE 83, 130/139; BGHSt 37, 55/59).

107   **b) Geschütztes Verhalten.** Die Kunstfreiheit schützt neben der eigentlichen künstlerischen Tätigkeit, dem sog. „Werkbereich", auch die Vermittlung des Kunstwerks an Dritte, den sog. „Wirkbereich" (BVerfGE 30, 173/189; 67, 213/224; 119, 1/21 f), wie Ausstellungen, Verkauf oder Veröffentlichung (Kempen EH 171). Gelegentlich fallen beide Bereiche zusammen, etwa bei einem Aktionskünstler (Starck MKS 310). Die Werbung für ein Kunstwerk wird geschützt (BVerfGE 77, 240/251; Pernice DR 25). Die wirtschaftliche Verwertung eines Kunstwerks, also die Einnahmeerzielung, wird dagegen grundsätzlich nicht geschützt (BVerfGE 31, 229/239; 49, 382/392; 71, 162/176; krit. Kahl, Staat 04, 172); insoweit sind andere Grundrechte einschlägig. Davon wird man eine Ausnahme machen müssen, wenn der Staat auf diesem Wege Einfluss auf Kunstinhalte nimmt oder eine freie künstlerische Betätigung praktisch unmöglich macht (Scholz MD 18; vgl. BVerfG-K, NJW 02, 3460; BVerwGE 84, 71/74). Der Kunstgenuss und -konsum wird nicht erfasst (unten Rn.108). Zur Beeinträchtigung der Rechte Dritter unten Rn.109.

c) Träger des Grundrechts ist nicht nur derjenige, der das Kunstwerk **108** herstellt, sondern auch die Person, die das Kunstwerk der Öffentlichkeit zugänglich macht, sei es auch geschäftsmäßig (BVerfG-K, NJW 06, 597; Kempen EH 173; v. Arnauld HbStR^3 VII § 167 Rn.48; vgl. BVerfGE 81, 278/292), etwa ein Verleger (BVerfGE 119, 1/22; BGH, NJW 05, 2846; Starck MKS 310), ein Schallplattenhersteller (BVerfGE 36, 321/331), ein Filmproduzent (BGHZ 130, 205/218) oder ein Geschäftsführer eines Buchverlags (BGHSt 37, 55/62). Nicht geschützt wird jedoch, wer kommerzielle Interessen gegen den Künstler durchsetzen will (BVerfG-K, NJW 06, 597). Die Kunstfreiheit ist auch auf juristische Personen und Personenvereinigungen anwendbar. Träger der Kunstfreiheit sind weiter die (staatlichen) Kunst- und Musikhochschulen (Bethge SA 192) sowie die in staatlichen Kunsteinrichtungen künstlerisch tätigen Personen (BVerwGE 62, 55/59f; Starck MKS 325). Keine Rolle spielt, ob die künstlerische Tätigkeit beruflich oder nur gelegentlich ausgeübt wird (Pieroth/Schlink 614). Wer Kunst lediglich nutzt bzw. konsumiert, ist dagegen nicht Träger des Grundrechts (BVerfG-K, NJW 85, 263f; Pieroth/Schlink 614; Pernice DR 28).

3. Beeinträchtigungen

a) Eingriffe und Ungleichbehandlungen. aa) In die Kunstfreiheit **109** wird eingegriffen, wenn ein Grundrechtsverpflichteter (Rn.32–44 zu Art.1) den Grundrechtsträger im *Werk-* oder im *Wirkbereich* (oben Rn.107) **behindert**, etwa durch Verbote, strafrechtliche oder andere Sanktionen etc. Kein Eingriff liegt vor, wenn die unmittelbare Nutzung von Rechten Dritter oder der Allgemeinheit verboten wird (Starck MKS 327; vgl. BVerfG-K, NJW 84, 1294f; Wendt MüK 93); die Inanspruchnahme solcher Rechte zur Kunstausübung überschreitet die Abwehrfunktion und kann allenfalls (in Ausnahmefällen) als Unterlassen von Leistungspflichten eine Grundrechtsbeeinträchtigung darstellen. Zu weit geht es andererseits, wenn die Kunstfreiheit nur noch auch sonst erlaubtes Verhalten schützen soll. Zur Beeinträchtigung durch die Förderung konkurrierender Kunstrichtungen unten Rn.110a.

Die Beschränkung künstlerischer Aktivitäten auf **öffentlichen Straßen** **110** ist ein Eingriff, wenn die Aktivität die Verkehrsfunktion der Straßen nicht behindert, da es insoweit nicht um die Knappheit von Ressourcen geht, sondern um eine Grundrechtsbehinderung gelegentlich der Nutzung öffentlicher Sachen (vgl. Vorb.29a vor Art.1). Musikalische Darbietungen eines Straßenmusikanten ohne elektrische Verstärkung sind daher entweder als Gemeingebrauch einzustufen (v. Arnauld HbStR^3 VII § 167 Rn.77; vgl. oben Rn.103a; Starck MKS 350; a.A. BVerwG, NJW 87, 1837; vorsichtig BVerwGE 84, 71/76) oder es ist ein Rechtsanspruch auf Erteilung der Sondernutzungserlaubnis einzuräumen (BVerwGE 84, 71/78), und zwar ohne Gebühr.

110a   **bb)** Werden bestimmte Kunstrichtungen gefördert, andere dagegen nicht, kann darin eine Grundrechtsbeeinträchtigung in Form der **Ungleichbehandlung** liegen (Bethge SA 190; vgl. Vorb.30 vor Art.1). Allerdings folgt insoweit aus dem objektiven Auftrag zur Förderung der Kunst ein erheblicher Spielraum des Staates (BVerfG-K, NVwZ 04, 472; i.E. BVerfGE 36, 321/331ff; BFHE 175, 155/158; Ladeur AK 24). Eine Vergabe der Förderung durch unabhängige sachverständige Gremien wird der Kunstfreiheit am ehesten gerecht (ähnlich Starck MKS 319). Die Heranziehung wirtschafts- und finanzpolitischer Gesichtspunkte ist unbedenklich (BVerfGE 36, 321/332).

111   **b) Leistung, insb. Förderung.** Einen Anspruch auf Förderung vermittelt die Kunstfreiheit trotz ihres objektiven Förderauftrags (oben Rn.105) nicht (BVerwG, NJW 80, 718; BFHE 150, 22/27; v. Arnauld HbStR³ VII § 167 Rn.79; Pernice DR 45); auch vermittelt sie keinen Anspruch auf Weiterbeschäftigung (BVerwGE 62, 55/60) oder besondere Steuervorteile (BVerfGE 81, 108/116). Zur Ausübung von Straßenkunst oben Rn.110. Zu Ungleichbehandlungen oben Rn.110a.

112   **c) Anwendung von Privatrecht.** Wo die Anwendung und Durchsetzung privater Rechte die künstlerische Betätigung beeinträchtigt, muss die Wertentscheidung der Kunstfreiheit und damit deren Ausstrahlungswirkung (allg. Rn.54–58 zu Art.1) berücksichtigt werden (BVerfGE 30, 173/195; 81, 278/297; 119, 1/21; v. Arnauld HbStR³ VII § 167 Rn.51; Pernice DR 46). Notwendig ist eine Abwägung (BGHZ 84, 237/238f), eine Konkordanz (Bethge SA 198b). Dabei müssen die Rechte Privater einen wirksamen Schutz erfahren (BVerfGE 119, 1/23). Einzelfälle unten Rn.117.

4. Rechtfertigung von Beeinträchtigungen (Schranken)

113   Die Kunstfreiheit unterliegt weder den Schranken des Abs.2 noch denen des Art.2 Abs.1 (BVerfGE 30, 173/191f; 67, 213/228; 83, 130/139; Starck MKS 328). Sie kann aber durch andere verfassungsrechtlich geschützte Werte **(kollidierendes Verfassungsrecht)** beschränkt werden (BVerfGE 67, 213/228; 119, 1/23; BVerwGE 91, 223/224; BSGE 87, 41/45; Vorb.48–50 vor Art.1; Pernice DR 31), wobei (echte) Eingriffe einer gesetzlichen Grundlage bedürfen (Vorb.51 vor Art.1). Ein besonders Gewaltverhältnis enthält keine Beschränkungsermächtigung (Vorb.39 vor Art.1). Das Zitiergebot des Art.19 Abs.1 S.2 gilt nicht (Rn.5 zu Art.19).

114   Materiell ist eine **Abwägung** der kollidierenden Güter notwendig (BVerfGE 30, 173/193ff; 77, 240/253; 81, 278/292) bzw. der Grundsatz der Verhältnismäßigkeit (dazu Rn.83–90a zu Art.20) zu beachten (BVerfGE 83, 130/143; Pernice DR 34). Dabei sind die Strukturmerkmale der betreffenden Kunstgattung zu berücksichtigen (BVerfGE 81, 298/306; Wendt MüK 98). Weiterhin ist Vorsicht geboten: Die Entscheidung des Verfassungsgebers, die Kunstfreiheit schrankenlos zu gewähren, darf nicht bedeutungslos werden. Am ehesten kommt eine Begrenzung der Kunstfreiheit durch andere Verfassungswerte in Betracht, wenn es allein um die Modalitäten der

Kunstausübung geht oder wenn ein bestimmtes Verhalten generell verboten wird, unabhängig davon, ob es bei der Schaffung von Kunst eingesetzt wird (allgemeine Gesetze). Im Wirkbereich ist eher eine Beschränkung möglich als im Werkbereich (BVerfGE 77, 240/253 ff; Pernice DR 32). Weiter muss immer das gesamte Kunstwerk in die Abwägung einbezogen werden (BVerf-GE 67, 213/228 f). Sind mehrere Interpretationen eines Kunstwerks möglich, ist die für die Beurteilung zugrunde zu legen, die andere Rechtsgüter am wenigsten beeinträchtigt (BVerfGE 67, 213/230; 81, 298/307). Schließlich ist eine genaue Überprüfung geboten, wenn die Maßnahme geeignet ist, in weiteren Fällen die Bereitschaft zur Nutzung des Grundrechts zu mindern (BVerfGE 83, 130/145 f).

5. Einzelne Bereiche und Fälle

a) Der **Jugendschutz** ist ein verfassungsrechtlich geschütztes Gut (BVerw- **115** GE 77, 75/82 f; Rn.49 zu Art.2) und begrenzt die Kunstfreiheit (BVerfGE 83, 130/139 f; BGHSt 37, 55/62 f; BVerwGE 91, 223/225). Ein Eingriff in den Werkbereich (oben Rn.107) aus Gründen des Jugendschutzes ist allerdings nicht möglich (Starck MKS 343). Die Verbreitung eindeutig jugendgefährdender Kunstwerke an Jugendliche kann dagegen verboten werden (BVerfGE 30, 336/350; BVerwGE 39, 197/208); dabei ist eine Abwägung notwendig (BVerfGE 83, 130/143; BVerwGE 91, 223/224; BVerwG, NJW 97, 602 f). Es ist unzulässig, der Prüfstelle für jugendgefährdende Schriften im Hinblick auf die Abwägung einen gerichtlich nicht überprüfbaren Spielraum einzuräumen (BVerwGE 91, 211/213 f; anders noch BVerwGE 77, 75/85). Die Besetzung der Prüfstelle für jugendgefährdende Schriften muss gesetzlich geregelt sein (BVerfGE 83, 130/153). Die betroffenen Künstler müssen soweit möglich vorher angehört werden (BVerwG, NJW 99, 78).

b) Sonstiges öffentliches Recht. Verunstaltende *Bauwerke* können ver- **116** boten werden, da und soweit dies im Interesse des Eigentums oder anderer Grundrechte der Nachbarn geschieht (BVerwG, NVwZ 91, 984; Pernice DR 41; Starck MKS 348). Art.20a gestattet Einschränkungen von Bauten, die das Landschaftsbild verunstalten (Rn.15 zu Art.20a). Zur *Kunstförderung* oben Rn.110a f. Die Kunstfreiheit rechtfertigt keine objektiv groben Verletzungen *religiöser Empfindungen* (Starck MKS 340). An stillen Feiertagen können auch künstlerische Aufführungen verboten werden (BVerwG, NJW 94, 1976; Rn.1 zu Art.140/139 WRV). Die Einfuhr eines Kunstwerks kann aus Gründen des *Staatsschutzes* nur verboten werden, wenn es eine „unmittelbare und gegenwärtige Gefahr für den Bestand der Bundesrepublik und ihrer Grundlagen herbeiführt" (BVerfGE 33, 52/70 f). Die Verwendung von Kennzeichen verfassungswidriger Organisationen kann nicht ausnahmslos verboten werden (BVerfGE 77, 240/256). Die Strafvorschriften zum Schutze der Bundesflagge und der Nationalhymne müssen im Kunstbereich restriktiv gehandhabt werden (BVerfGE 81, 278/293 ff; 81, 298/304 ff); ähnliches gilt für ein Verächtlichmachen der Bundesrepublik (BVerfG-K, NJW 01, 597). Zum *Straßenrecht* oben Rn.110. Strafrechtliche Vorschriften zum Schutz der *Ehre* haben generell Vorrang, wenn der Kern der Ehre betroffen ist (Rn.62 zu Art.2).

117   **c) Privatrecht.** Wird durch die künstlerische Betätigung das allgemeine Persönlichkeitsrecht beeinträchtigt, ist die Ausstrahlungswirkung der Kunstfreiheit zu beachten; notwendig ist eine Abwägung (oben Rn.112). Es kommt auf die nachteiligen Auswirkungen der Persönlichkeit des Dargestellten einerseits und auf die durch ein Veröffentlichungsverbot betroffenen Belange freier Kunst andererseits an (BGH, NJW 05, 2847). Schwere, die Menschenwürde betreffende Beeinträchtigungen des Persönlichkeitsrechts sind jedoch generell unzulässig (BVerfGE 67, 213/228; 75, 369/380). Je stärker ein Roman sich an einer lebenden Person orientiert, umso geringer müssen die Persönlichkeitsbeeinträchtigungen ausfallen (BVerfGE 119, 1/30; BGH, NJW 09, 3577f). An vertragliche Vereinbarungen muss sich ein Künstler regelmäßig halten (BGHZ 55, 77/80f; Starck MKS 327). Eine Beeinträchtigung des Eigentums Dritter ist ausgeschlossen (oben Rn.109). Die Vorgaben des Wettbewerbsrechts sind zu beachten (BGHZ 130, 205/219f); bei der Auslegung des Wettbewerbs sind aber die Vorgaben der Kunstfreiheit zu beachten (BGH, NJW 05, 2857f). Auch ist ein völliges Verbreitungsverbot regelmäßig unzulässig (BGHZ 130, 205/218f). Bei geringen Beeinträchtigungen des Urheberrechts kann der Kunstfreiheit der Vorrang zukommen (BVerfG-K, NJW 01, 599). Der Kündigungsschutz kann durch Art.5 Abs.3 beschränkt werden (BAGE 46, 163/173). Die Mitbestimmung von Personal- bzw. Betriebsräten in Theaterbetrieben ist grundsätzlich zulässig (BVerwGE 62, 55/57 ff; BVerfG-K, ZBR 83, 107).

II. Freiheit der Wissenschaft (Forschung und Lehre)

1. Bedeutung, Verpflichtete, Abgrenzung

118   **aa)** Die Wissenschaftsfreiheit des Abs.3 S.1 enthält neben einem **Abwehrrecht** „eine objektive, das Verhältnis von Wissenschaft, Forschung und Lehre zum Staat regelnde wertentscheidende Grundsatznorm" (BVerfGE 111, 333/353; 88, 129/136; 93, 85/95). Dieser **objektive Gehalt** deckt auch das ab, was als institutionelle Garantie bezeichnet wird (Fehling BK 32). Er bildet die Grundlage für die weitreichenden Leistungs- und Teilhabegehalte (dazu unten Rn.128f). Ein vergleichbares Recht findet sich in Art.13 GRCh.

119   Was den **Verpflichteten** angeht, so bindet die Wissenschaftsfreiheit zunächst die *staatlichen Organe* ieS. Der einzelne Wissenschaftler kann sich aber auch gegenüber der (staatlichen) Universität bzw. gegenüber deren Organen auf Art.5 Abs.3 berufen (Bethge SA 219; Pernice DR 37; Starck MKS 409). Insoweit hat die Wissenschaftsfreiheit des einzelnen Hochschullehrers vielfach größeres Gewicht (BVerwGE 102, 304/309; unten Rn.136). Private Wissenschaftseinrichtungen sind nicht Verpflichtete des Grundrechts (Fehling BK 52); doch kann insoweit die Ausstrahlungswirkung (unten Rn.130) zum Tragen kommen, wie das auch für andere Privatpersonen gilt.

120   **bb)** Was die **Abgrenzung zu anderen Verfassungsnormen** angeht, so ist Abs.3 gegenüber Abs.1 lex specialis (BVerfGE 30, 172/191; Pernice DR 64). Gegenüber der Berufsfreiheit dürfte Art.5 Abs.3 der Vorrang zukommen (Fehling BK 270; für Idealkonkurrenz Scholz MD 182 zu Art.12). Liegt der Schwerpunkt allerdings vollständig im Bereich der Berufsfreiheit, dürfte dieser der Vorrang zukommen und bei ihrer Anwendung die Wertentscheidung des Art.5 Abs.3 zu berücksichtigen sein (vgl. BVerfGE 85, 360/381; Fehling BK 69; unten Rn.122a). Werden wissenschaftsrelevante Aspekte betroffen, ist Art.5 Abs.3 und nicht Art.33 Abs.5 einschlägig (BVerfGE 122, 89/106). Zur Gesetzgebungskompetenz Rn.83 zu Art.74.

2. Schutzbereich

a) Sachlicher Schutzbereich: Allgemeines. Die Wissenschaftsfreiheit **121** schützt „die auf wissenschaftlicher Eigengesetzlichkeit beruhenden Prozesse, Verhaltensweisen und Entscheidungen bei der Suche nach Erkenntnissen, ihrer Deutung und Weitergabe" (BVerfGE 111, 333/354; 47, 327/367; 122, 89/105). Konstitutiv ist die Wahrheitssuche und die prinzipielle Unabgeschlossenheit des Erkenntnisprozesses (BVerfGE 90, 1/12) sowie die Generierung von generellem, nicht nur einzelfallbezogenem Wissen. Methodisch geordnetes und kritisch reflektierendes Denken sowie wechselseitige Kommunikation und Publizität kennzeichnen die Wissenschaft (Pernice DR 17). Auf die Richtigkeit der Methoden und Ergebnisse kommt es nicht an. Jedoch kommt Abs.3 nicht zum Tragen, wenn „vorgefassten Meinungen oder Ergebnissen lediglich der Anschein wissenschaftlicher Gewinnung oder Nachweisbarkeit" verliehen wird (BVerfGE 90, 1/13). Weder der Anspruch auf absolute Wahrheit noch die grundsätzliche Weigerung, die Ergebnisse der öffentlichen Kritik zu stellen, sind mit Wissenschaft vereinbar (Pernice DR 26); Gleiches gilt für das systematische Ausblenden von entgegenstehenden Fakten, Quellen, Ansichten und Ergebnissen (BVerfGE 90, 1/13; Fehling BK 63 f) und erst recht für Fälschungen (Michael/Morlok Rn.244). Der Begriff der **Wissenschaft** stellt den Oberbegriff dar und besteht aus Forschung und Lehre (BVerfGE 35, 79/113; Mager HbStR³ VII § 166 Rn.7; Fehling BK 57; Pernice DR 24).

b) Forschung dient, als Unterfall der Wissenschaft (oben Rn.121), der **122** selbständigen „Gewinnung wissenschaftlicher Erkenntnisse" (BVerfGE 61, 237/244; 64, 323/359; Wendt MüK 101) und dürfte den Gesamtbereich der Wissenschaftsfreiheit erfassen, der nicht unter die Lehre (unten Rn.123) fällt. Erfasst wird auch die angewandte Forschung, nicht jedoch die bloße Anwendung bereits bekannter Erkenntnisse (BAGE 62, 156/165). Die Zweck-, Auftrags- oder Ressortforschung werden erfasst, soweit wissenschaftliche Methoden zum Einsatz kommen (BAGE 126, 211 Rn.34; Starck MKS 355). Keine Wissenschaft sind politische Aktivitäten, auch wenn sie auf wissenschaftlicher Grundlage beruhen; die Grenze liegt dort, wo Ergebnisse wissenschaftlicher Forschung in aktives Handeln umgesetzt werden (BVerfGE 5, 85/146; Starck MKS 357).

Was die **geschützten Tätigkeiten** der Forschung angeht, so wird vor al- **122a** lem die freie Wahl von Fragestellung und Methodik, die gesamte praktische Durchführung eines Forschungsprojekts sowie die Bewertung der Forschungsergebnisse und ihrer Verbreitung geschützt (BVerfGE 35, 79/113; Fehling BK 72). Erfasst werden auch vorbereitende und begleitende Tätigkeiten, die in einem engen Zusammenhang mit dem Forschungsprozess stehen. Auch die Organisation der Forschung wird geschützt (Scholz MD 84). Darüber hinaus fällt die Gründung privater Forschungseinrichtungen in den Schutzbereich der Wissenschaftsfreiheit (Mager HbStR³ VII § 166 Rn.16; Fehling BK 129), desgleichen die Erstellung (wissenschaftlicher) Privatgutachten (Starck MKS 355; Fehling BK 105). Die wirtschaftliche Verwertung wissenschaftlicher Erkenntnisse fällt nicht unter Art.5 Abs.3, sondern unter Art.12 bzw. Art.14 (BGHZ 173, 356 Rn.19), sofern sie nicht in einem engen Zusammenhang mit der eigentlichen Forschung steht; die Wertentscheidung des Art.5 Abs.3 ist aber im Rahmen von Art.12 zu berücksichtigen (Fehling BK 69, 105; oben Rn.120). Darüber hinaus ist die wirtschaftliche Verwertung geschützt, wenn sie zur Finanzierung einer Hochschule geboten ist (Fehling BK 106). Die Publikation von Forschungsergebnissen (auch gegen Entgelt) wird generell von Art.5 Abs.3 erfasst (Classen, o. Lit. E, 84 ff; Pernice DR 28), da die öffentliche Diskussion der Ergebnisse ein zentrales Element der Forschung iSd Abs.3 bildet (vgl. oben Rn.121). Dementsprechend wird die Entscheidung über Ort, Zeit und Modalitäten der Publikation geschützt (Denninger AK 25, 47; Fehling BK 74).

123   **c) Lehre.** Der Schutzbereich der Wissenschaftsfreiheit umfasst des Weiteren die *wissenschaftliche Lehre,* d. h. die „wissenschaftlich fundierte Übermittlung der durch die Forschung gewonnenen Erkenntnisse" (BVerfGE 35, 79/113; Mager HbStR³ VII § 166 Rn.10; Kempen EH 183); zum Verhältnis zum Wissenschaftsbegriff oben Rn.121. Die Lehre bezieht sich auf die Wiedergabe eigener wie die kritisch-reflektierte Verarbeitung angeeigneter, fremder wissenschaftlicher Erkenntnisse (Denninger AK 29; Fehling BK 83; Pernice DR 32). Sie muss selbständig und frei von Weisungen durchgeführt werden (vgl. BayVerfGHE 24, 1/25). Keine Lehre iSd Abs.3 ist der Unterricht an Schulen, da nur die wissenschaftliche Lehre erfasst wird und i. ü. Art.7 Vorrang hat (Pernice DR 32; Fehling BK 86; Bethge SA 212; diff. Denninger AK 31). Der Hochschullehrer muss frei über Inhalt, Methoden und Ablauf der Lehrveranstaltungen entscheiden können (BVerfGE 55, 37/68; Fehling BK 88). Auch Prüfungen werden erfasst, sofern sie die Lehre abschließen (Denninger AK 61; zu restriktiv BVerwG, Bh 421.20 Nr.30). Geschützt wird auch die (wissenschaftliche) Lehre gegen Entgelt. Zur Verfassungstreue der Lehre unten Rn.133.

124   **d) Träger des Grundrechts.** Die Wissenschaftsfreiheit steht jedem zu, der **eigenverantwortlich** in **wissenschaftlicher** Weise tätig ist oder tätig werden will (BVerfGE 35, 79/112; 95, 193/209; Denninger AK 27), also nicht nur den Hochschullehrern. So können sich selbst Studenten auf die Wissenschaftsfreiheit berufen, falls sie wissenschaftlich tätig sind (BVerfGE 55, 37/67 f), etwa bei der Erstellung von Diplomarbeiten und Dissertationen (Fehling BK 121). Tutoren zählen nicht zu den geschützten Personen, da sie nicht eigenverantwortlich tätig sind (BVerwGE 62, 45/51 f; Pernice DR 33; oben Rn.123). Eine „Lernfreiheit" der Studenten enthält Art.5 Abs.3 nicht (Pernice DR 33; Glaser, Staat 2008, 222; Mager HbStR³ VII § 166 Rn.15; a.A. Bethge SA 208; Fehling BK 98); sie fällt unter Art.12 (Rn.95 zu Art.12). Beruft sich jemand im Rahmen einer dienstlichen Tätigkeit auf die

Wissenschaftsfreiheit, kommt sie ihm nur zugute, soweit das ihm übertragene Aufgabenfeld wissenschaftliche Tätigkeiten umfasst (BVerwG, NVwZ 87, 681); die Abgrenzung der wissenschaftlichen Aufgaben muss aber dem Zweck des Art.5 Abs.3 gerecht werden. Ein Laborbetriebsleiter kann sich nicht auf die Wissenschaftsfreiheit berufen (BVerwGE 94, 53/60).

Darüber hinaus kommt die Wissenschaftsfreiheit auch **juristischen Per-** **125** **sonen** zugute, die Wissenschaft betreiben und organisieren. Dies gilt insb. für Privathochschulen (Fehling BK 132), aber auch und gerade für öffentlich-rechtlich organisierte Hochschulen und Fakultäten (BVerfGE 21, 362/ 373 f; 31, 314/322; Mager HbStR³ VII § 166 Rn.18; Starck MKS 408; Fehling BK 124); zum Konflikt zwischen Universität und dem einzelnen Hochschullehrer oben Rn.119 und unten Rn.136–138. Grundrechtsträger sind mit gewissen Einschränkungen auch die Gesamthochschulen (BVerfGE 61, 210/237); bei Fachhochschulen hat die Wissenschaftsfreiheit einen begrenzten Stellenwert (vgl. BVerfGE 61, 210/244 ff; 64, 323/358 f; BVerwG, DVBl 86, 1109; Pernice DR 32). Entscheidend ist jeweils nicht die begriffliche Kennzeichnung, sondern ob die Einrichtung nach Organisation und Ressourcen auf einen wissenschaftlichen Betrieb angelegt ist. Gleiches gilt für außeruniversitäre staatliche Einrichtungen (Fehling BK 133; Fechner SB 230). Staatliche Fördereinrichtungen, die sich nicht selbst wissenschaftlich betätigen, sind gleichwohl Grundrechtsträger, wenn sie autonom sind und als verlängerter Arm der Wissenschaftler fungieren (Fehling BK 141). Zu den Schulen oben Rn.123. Private Einrichtungen können sich, auch im Hinblick auf die Gründung (vorsichtig Wendt MüK 105), auf die Wissenschaftsfreiheit berufen, sofern sie als wissenschaftlich eingestuft werden können, insb. den beschäftigten Wissenschaftlern einen ausreichenden Spielraum einräumen (Starck MKS 403; Fehling BK 137; offen gelassen BVerwG, DÖV 79, 750).

3. Beeinträchtigungen

a) Eingriffe. Die Wissenschaftsfreiheit gewährleistet zunächst „ein Recht **126** auf Abwehr jeder staatlichen Einwirkung auf den Prozess der Gewinnung und Vermittlung wissenschaftlicher Erkenntnisse" (BVerfGE 47, 327/367; ähnlich E 35, 79/112; 90, 1/11). Es schützt gegen Eingriffe von Grundrechtsverpflichteten (Rn.32–44 zu Art.1), insb. des Staates ieS, aber auch der universitären Selbstverwaltungseinrichtungen (Fehling BK 19; oben Rn.119). Der Eingriff kann dabei in einer Einflussnahme auf einen einzelnen Wissenschaftler liegen, aber auch in einer Einflussnahme auf wissenschaftliche Einrichtungen und Institutionen. Das Grundrecht schützt vor allen Eingriffen in die *Autonomie* von Wissenschaft bzw. Hochschulen (BVerfGE 111, 333/354; Fehling BK 26), insb. in die akademische Selbstverwaltung (Kempen EH 192). Auch faktische Beeinträchtigungen können Grundrechtseingriffe sein (Fehling BK 155).

Im Bereich der **staatlichen Hochschulen** stellen solche Maßnahmen **127** Eingriffe dar, solange nicht der Leistungsaspekt den Schwerpunkt bildet und daher ein Unterlassen von Leistung vorliegt (vgl. Vorb.29a vor Art.1). Dies ist regelmäßig bei *inhaltlichen* Vorgaben der Fall, auch bei Vorgaben zur Ausgestaltung des Studienplans (BVerwG, DVBl 88, 399). *Organisatorische* Regelungen enthalten einen Eingriff, wenn sie „die Freiheit, zu forschen und zu lehren, gefährden können", sofern nicht die Beschränkungen „aufgrund des Zusammenwirkens mit anderen Grundrechtsträgern im Wissenschaftsbereich unvermeidbar sind" (BVerfGE 111, 333/353; 66, 155/177; Pernice DR 38). Wieweit die Ausgestaltung (Vorb.34f vor Art.1) eine Rolle spielt, ist unklar (vorsichtig Fehling BK 150).

128   **b) Unterlassen von Leistung, insb. Förderung und Teilhabe.** Beeinträchtigungen des Grundrechts können auch in der Verweigerung von **Schutz** und **Förderung** liegen (Starck MKS 413; Fehling BK 156): Der objektive Gehalt des Art.5 Abs.3 (dazu oben Rn.118) verlangt ein „Einstehen des Staates ... für die Idee der freien Wissenschaft und seine Mitwirkung an ihrer Verwirklichung" (BVerfGE 35, 79/114; 111, 333/353). Art.5 Abs.3 gewährleistet daher „nicht nur die Freiheit vor staatlichen Geboten und Verboten, sondern verpflichtet den Staat auch zu Schutz und Förderung (BVerfGE 111, 333/354). Der Staat hat „die Pflege der freien Wissenschaft und ihrer Vermittlung ... durch die Bereitstellung von personellen, finanziellen und organisatorischen Mitteln zu ermöglichen und zu fördern" (BVerfGE 35, 79/114f; 88, 129/136f; 94, 268/285; Denninger AK 22; Zöbeley UC 248). Er hat „durch geeignete organisatorische Maßnahmen dafür zu sorgen, dass das Grundrecht der freien wissenschaftlichen Betätigung soweit unangetastet bleibt, wie das unter Berücksichtigung der anderen legitimen Aufgaben der Wissenschaftseinrichtungen und der Grundrechte der verschiedenen Beteiligten möglich ist" (BVerfGE 35, 79/115; 85, 360/384; 93, 85/95; 111, 333/353). Zudem muss der Staat die Wissenschaftsfreiheit *vor Dritten* schützen, weshalb er Störungen und Behinderungen der Lehre durch Dritte soweit wie möglich auszuschließen hat (BVerfGE 55, 37/68f; Fehling BK 28). Schließlich gewährleistet Art.5 Abs.3 „den in der Wissenschaft Tätigen **Teilhabe** an öffentlichen Ressourcen und an der Organisation des Wissenschaftsbetriebs" (BVerfGE 111, 333/354; Fehling BK 35). Ihnen müssen die zur Wahrung der Wissenschaftsfreiheit erforderlichen Mitwirkungsrechte und Einflussmöglichkeiten eingeräumt werden (BVerfGE 95, 193/209f). Verletzungen der Förder- und Teilhabepflicht können von den Trägern des Grundrechts (trotz der objektiven Grundlage) eingeklagt werden (BVerfGE 35, 79/116; 111, 333/353).

129   Der Gesetzgeber hat bei der Umsetzung des grundrechtlichen Auftrags einen **erheblichen Gestaltungsspielraum** (BVerfGE 66, 155/177; 93, 85/95; 111, 333/355; Starck MKS 383). Besonders weit kann die staatliche Einflussnahme bei *allgemeinen Verwaltungsangelegenheiten* gehen (BVerfGE 35, 79/122f). Einflussmöglichkeiten mittleren Niveaus sind bei *organisatorischen* Fragen möglich, etwa bei der Zuteilung von Aufgaben (BVerfGE 66, 155/177; 67, 202/207); zur Beteiligung von Gruppen unten Rn.135. Inhaltliche Vorgaben sind meist als Eingriffe einzustufen (oben Rn.127). Zu weiteren Einzelheiten unten Rn.134–138. Formal unterliegen Schutz und Förderung der staatlichen Hochschulen in erheblichem Umfang dem **Vorbehalt des Gesetzes** (Fehling BK 227). Für private Hochschulen besteht kein Finanzierungsanspruch (Mager HbStR³ VII § 166 Rn.43).

c) Anwendung von Privatrecht. Wird eine wissenschaftliche Betäti- 130
gung durch die Ausübung privater Rechte begrenzt, muss die Ausstrahlungswirkung (allg. dazu Rn.54–58 zu Art.1) der Wissenschaftsfreiheit berücksichtigt werden. Dies führt etwa zu einer Einschränkung des Rechts am
eingerichteten und ausgeübten Gewerbebetrieb im Hinblick auf wissenschaftliche Kritik. Weiter muss den an privaten Hochschulen tätigen Wissenschaftlern ein eigenbestimmter Spielraum belassen werden (Starck MKS
403); wird dem strukturell nicht Rechnung getragen, fallen die Einrichtungen nicht in den Schutzbereich des Art.5 Abs.3 (oben Rn.125). Dies gilt
auch für kirchliche Hochschulen. Schließlich verlangt Art.5 Abs.3 einen ausreichenden Urheberrechts- und Patentschutz (Kempen EH 190; Pernice DR
62).

4. Rechtfertigung von Beeinträchtigungen (Schranken)

a) Allgemeines. Die Wissenschaftsfreiheit unterliegt nicht den Schran- 131
ken des Art.5 Abs.2 (BVerfGE 47, 327/369). Regelungsmöglichkeiten ergeben sich jedoch aus dem Förderungsauftrag der Wissenschaftsfreiheit (oben
Rn.128), was aber keine Eingriffe erlaubt. Darüber hinaus kann die Freiheit
durch **kollidierendes Verfassungsrecht** beschränkt werden (BVerfGE 122,
89/107; Pernice DR 39), wobei für Eingriffe jeweils eine gesetzliche Konkretisierung vorliegen muss (Mager HbStR³ VII § 166 Rn.43; Vorb.51 vor
Art.1). Das Zitiergebot des Art.19 Abs.1 S.2 gilt nicht (Rn.5 zu Art.19).

Materiell ist bei der Einschränkung durch kollidierendes Verfassungsrecht 132
eine **Abwägung** geboten (BVerfGE 47, 327/369 f; 57, 70/99); es ist eine
praktische Konkordanz herzustellen (BVerfGE 122, 89/107). Die hergebrachten Grundsätze des Berufsbeamtentums haben daher keineswegs immer
den Vorrang (widersprüchlich BVerwGE 61, 200/206; vgl. Rn.64 zu
Art.33). Weiter wird die Wissenschaftsfreiheit durch das Recht auf freie
Wahl der Ausbildungsstätte des Art.12 beschränkt (Pernice DR 40; Starck
MKS 421). Dies hat v. a. für die Lehre Bedeutung. So kann der Gesetzgeber
Lehrangebote bestimmten Fachbereichen zuordnen (BVerfGE 67, 202/
207 f). Zu Kapazitätsregelungen Rn.111 zu Art.12. Beschränkungen sind
weiter zum Schutz des Persönlichkeitsrechts gem. Art.2 Abs.1 iVm Art.1
Abs.1 im Hinblick auf persönliche Daten (Starck MKS 415) oder zum
Schutz der Personalvertretung durch die Koalitionsfreiheit des Art.9 Abs.3
möglich (BVerwGE 72, 94/111 f). Die Menschenwürde ist auf jeden Fall zu
wahren (BVerfGE 102, 347/366 f). Der Tierschutz stellt ein verfassungsrechtliches Gut dar, seit er von Art.20a erfasst wird (vgl. BVerwGE 105,
73/81). Zum Verhältnis von Art.5 Abs.3 und der Gewissensfreiheit Rn.51
zu Art.4.

b) Treue zur Verfassung. Die Regelung des Abs.3 S.2, die die Lehr- 133
freiheit durch die Treue zur Verfassung begrenzt, scheint vom Wortlaut her
eine Begrenzung des Schutzbereichs. Richtigerweise wird man darin eine
besondere Ausprägung der allgemeinen, auf Art.33 Abs.5 gestützten beamtenrechtlichen Verpflichtung zur Loyalität gegenüber der freiheitlichen demokratischen Grundordnung (Rn.52 zu Art.33) zu sehen haben (BVerfGE
39, 334/346 f; BVerwGE 61, 200/206; 81, 212/218; Fechner SB 320; Zöbe-

ley UC 276), also eine Schranke, deren Anwendung bei Eingriffen einer gesetzlichen Grundlage bedarf. Materiell ist das besondere Gewicht der Lehrfreiheit zu beachten (zu weitgehend aber Fehling BK 183). Sachlich darf die Lehre nicht zum Kampf gegen die verfassungsrechtliche Grundordnung missbraucht werden; Kritik an der Verfassung ist aber zulässig (Pernice DR 41). Besteht begründeter Anlass für die Annahme, dass ein Bewerber um ein Hochschullehreramt die notwendige Treue zur Verfassung vermissen lässt, kann der Berufungsvorschlag abgelehnt werden (BVerwGE 52, 313/318 ff, 332). Für private Hochschulen dürfte die Treueklausel nur gelten, soweit sie staatlich anerkannte Abschlüsse vermitteln (noch restriktiver Starck MKS 429; Fehling BK 185).

5. Einzelne Bereiche und Fälle

134   **a) Öffentliche Einrichtungen als Betroffene.** Auch im Bereich der vom Staat unterhaltenen Einrichtungen ist die Autonomie der Hochschulen (oben Rn.126) so wenig wie möglich zu beeinträchtigen. Besonders geschützt sind die Forschungs- und Lehrplanung, die Initiierung und Koordinierung von Forschungs- und Lehrprojekten sowie die Promotion und die Habilitation (Starck MKS 364 ff). Eine Ablehnung von Berufungsvorschlägen einer wissenschaftlichen Hochschule ist nur aus gewichtigen Gründen möglich (BVerwGE 52, 313/318; großzügiger BVerwG, NVwZ 86, 375 f; strenger Wendt MüK 112), wobei zunächst eine einvernehmliche Lösung angestrebt werden muss (vgl. BVerfGE 35, 79/133 f). Hochschulleiter und Fakultätsdekane müssen im Wege der Selbstverwaltung durch die Hochschule gewählt werden; doch ist ein staatliches Bestätigungsrecht möglich (Starck MKS 393; Fehling BK 213). Generell vermittelt die Wissenschaftsfreiheit der Universität gegenüber staatlichen Maßnahmen verfahrensrechtliche Mitwirkungsrechte (Starck MKS 365; Scholz MD 137). Zulässig sind Vorgaben zur Kapazitätsausnutzung (Rn.110 f zu Art.12), weiter eine Pauschalierung der Lehrverpflichtung (BVerwGE 60, 25/48). Eine Befristung von Arbeitsverhältnissen wissenschaftlicher Mitarbeiter muss möglich sein (BVerfGE 94, 268/286). Ein Anspruch auf Fortbestand einer wissenschaftlichen Einrichtung besteht nicht (BVerfGE 85, 360/384 f; Fehling BK 126 f, 134); vor einer Auflösung ist eine Anhörung notwendig (Starck MKS 381). Das Recht der Selbstverwaltung (oben Rn.126) setzt Akkreditierungspflichten Grenzen (Heitsch, DÖV 07, 770).

135   Was die **Organisationsstruktur** der Universitäten angeht, kann sich der Gesetzgeber für die sog. „Gruppenuniversität" entscheiden, in der neben den Hochschullehrern noch andere Gruppen mitbestimmen können (Denninger AK 63). Allerdings muss den Hochschullehrern im Bereich der die „Forschung und Lehre unmittelbar betreffenden Angelegenheiten" ein ausreichender Einfluss eingeräumt werden (BVerfGE 35, 79/131; s. auch E 61, 260/280), wobei ihnen in Fragen der Lehre ein „maßgebender Einfluss" und in Fragen der Forschung sowie in Berufungsangelegenheiten ein „ausschlaggebender Einfluss" zugestanden werden muss (BVerfGE 35, 79/131 ff; 95, 193/210; Fehling BK 201). Die Gruppe der Hochschullehrer muss auf Grund Art.5 Abs.3 iVm Art.3 Abs.1 homogen zusammengesetzt sein (BVerf-

GE 35, 79/134; 47, 327/388; Starck MKS 391), d. h. aus akademischen Forschern und Lehrern, die „aufgrund der Habilitation oder eines sonstigen gleichwertigen Qualifikationsbeweises mit der selbständigen Vertretung eines wissenschaftlichen Fachs in Forschung und Lehre betraut" sind (BVerfGE 95, 193/210; 35, 79/126 f; 56, 192/208). Wer diese Voraussetzungen erfüllt (etwa ein Privatdozent; vgl. BVerwG, DVBl 89, 1192), muss die Teilhaberechte eines Hochschullehrers erhalten (BVerfGE 56, 192/211; 95, 193/211 ff; BVerwGE 100, 160/165 f). Der Gesetzgeber hat bei der Abgrenzung einen gewissen Spielraum (BVerfGE 51, 369/382), muss aber eindeutige Abgrenzungen liefern (BVerfGE 61, 210/240 f). Das Homogenitätsgebot steht andererseits einer unterschiedlichen Behandlung innerhalb der Gruppe der Hochschullehrer nicht entgegen (BVerfGE 54, 363/387; 57, 70/92 f); zur Behandlung von Hochschullehrern ohne Habilitation oder vergleichbare Qualifikation unten Rn.138. Das Verbot, eine Habilitation bei der Einstellung als Hochschullehrer zu berücksichtigen, ist unzulässig (Fehling BK 211). Prüfungsleistungen dürfen regelmäßig nur von Personen bewertet werden, „die selbst mindestens die Qualifikation besitzen, die durch die Prüfung festgestellt werden soll" (tendenziell BVerfGE 35, 79/133; vorsichtig Denninger AK 61).

b) Einzelne Wissenschaftler, insb. Hochschullehrer als Betroffene. 136
Die Wissenschaftsfreiheit gibt „dem einzelnen Wissenschaftler ein Recht auf solche staatlichen Maßnahmen auch organisatorischer Art, die zum Schutz seines grundrechtlich gesicherten Freiheitsraums unerlässlich sind, weil sie ihm freie wissenschaftliche Betätigung überhaupt erst ermöglichen" (BVerfGE 95, 193/209; 111, 333/353). Insbesondere stehen den Hochschullehrern im materiellen Sinne (dazu oben Rn.135) eine Reihe von Rechten zu, die zunächst die **Unabhängigkeit** betreffen: Weisungskompetenzen eines Professors gegenüber einem anderen Professor sind unzulässig. Zudem dürfen die Befugnisse der Leitung einer wissenschaftlichen Einrichtung nicht zu unmittelbaren Eingriffen in die den Professoren „gewährleistete Freiheit auf wissenschaftliche Eigeninitiative sowie Wahl und Durchführung ihrer Forschungsvorhaben führen" (BVerfGE 57, 70/95; BVerwGE 102, 304/309). Das Grundrecht verleiht „Hochschullehrern über die allgemeine beamtenrechtliche Stellung hinaus ... eine weitgehende Unabhängigkeit bei der Ausübung ihres Berufs" (BVerwGE 61, 200/206). Das ist auch bei der Entlassung eines Wissenschaftlers zu beachten. Ein inhaltliches Weisungsrecht der Hochschule ist normalerweise ausgeschlossen (BVerfGE 57, 70/94 f; Fehling BK 110); Ausnahmen sind möglich, soweit die Notwendigkeit des Zusammenwirkens mit anderen Grundrechtsträgern dies erfordert (BVerfGE 111, 333/357) oder der Universität Aufgaben der Krankenversorgung übertragen sind (BVerfGE 57, 70/95 ff). Es gilt der „Grundsatz des Vorrangs individueller Eigeninitiative der Hochschullehrer" vor kollektiver Koordination und erst recht vor staatlicher Regulierung (BVerfGE 35, 113/129; Fehling BK 21). Der einzelne Hochschullehrer muss selbst über „Inhalt und Ablauf von Lehrveranstaltungen bestimmen" können (BVerfGE 55, 37/68; BVerwG, NVwZ-RR 94, 94). „Für Hochschullehrer ist der Kern der Wissenschaftsfreiheit das Recht, ihr Fach in Forschung und Lehre zu vertreten" (BVerfGE 122, 89/105).

137 Was die **Kontrolle** von Hochschullehrern betrifft, so ist eine Kritik an Inhalten nur mit Mitteln des wissenschaftlichen Diskurses möglich (BVerfG-K, NJW 00, 3635), es sei denn, es handelt sich nicht mehr um eine wissenschaftliche Aktivität (BVerwGE 102, 304/312; Fehling BK 167). Ein Fachbereich darf zur Qualität der wissenschaftlichen Tätigkeit des einzelnen Hochschullehrers keine amtliche Stellungnahme abgeben (BVerwGE 102, 304/312). Eine Evaluation der Forschung ist möglich; doch darf sie nicht auf die Frage der Drittmittel beschränkt sein (BVerfGE 111, 333/359). Zudem muss „die Möglichkeit zu wissenschaftlichem Arbeiten für jeden Grundrechtsträger auch bei einer Ressourcenverteilung aufgrund der Evaluationsergebnisse bestehen" bleiben (BVerfGE 111, 333/362). Entsprechendes gilt für studentische Lehrevaluationen; andere Beurteilungskriterien müssen hinzukommen (Fehling BK 169; strenger Wendt MüK 104a).

138 **Des Weiteren** müssen Wissenschaftlern Mitwirkungsrechte und Einflussmöglichkeiten zustehen (oben Rn.128). Ein Hochschullehrer hat einen Anspruch auf Beachtung des Einvernehmens eines Fachbereichs, das auch seine wissenschaftlichen Belange sichern soll (BVerfG-K, NVwZ-RR 08, 218). Des Weiteren haben Hochschullehrer einen Anspruch auf eine bedarfsgerechte *Grundausstattung* (Starck MKS 386; Sachs B5 Rn.126; Denninger AK 50) sowie auf eine angemessene Berücksichtigung bei der Mittelvergabe (BVerwGE 52, 339/349 f). Dagegen gibt es keinen unbegrenzten Schutz einmal zugestandener Mittel oder Leitungspositionen; von Zusagen kann aber nur unter Berücksichtigung des Art.33 Abs.5 und des Vertrauensschutzes bei Vorliegen sachlicher Gründe durch Gesetz abgewichen werden (BVerfGE 47, 327/410 ff; Pernice DR 54). Ein Anspruch auf Fortbestand bestimmter wissenschaftlicher Einrichtungen besteht nicht (oben Rn.134). Wird zu Forschungszwecken Akteneinsicht begehrt, ist der Stellenwert des Art.5 Abs.3 zu berücksichtigen, ohne dass ein strikter Anspruch besteht (BVerfG-K, NJW 86, 1243; BVerwG, NJW 86, 1278). Die Vorverlegung der Emeritierung ist zulässig (BVerfGE 67, 1/20). Des Weiteren gehören die im Rahmen des Dienstverhältnisses erstellten wissenschaftlichen Arbeiten dem Hochschullehrer und nicht dem Dienstherrn; sie sind aber in geeigneter Form der Allgemeinheit zugänglich zu machen (BGHZ 112, 243/253). Hochschullehrer dürfen nicht der Gruppe der wissenschaftlichen Mitarbeiter zugeordnet werden (oben Rn.135). Lehrer ohne Habilitation oder ähnliche Leistungen können schlechter behandelt werden (BVerfGE 88, 129/139 f; BVerwG, NVwZ 88, 827). Störungen und Behinderungen der Wissenschaftsfreiheit von Hochschullehrern, auch ihrer Lehrfreiheit, sind soweit wie möglich auszuschließen (oben Rn.128). Ein *Privatdozent* kann von Hochschulwahlen ausgeschlossen sein (BVerwG, NVwZ 88, 826); zur Lehrverpflichtung von Privatdozenten Rn.73 zu Art.12. Hinsichtlich der Entscheidung über die Zulassung als Privatdozent besteht ein Anspruch auf ermessensfehlerfreie Entscheidung (BVerwGE 91, 24/36 f; Fehling BK 44). Zu den herkömmlichen Grundsätzen des Berufsbeamtentums für Hochschullehrer Rn.64 zu Art.33.

139 **c) Private Einrichtungen als Betroffene.** Die Beschränkung der Begriffe „Hochschule" oder „Universität" auf Einrichtungen, die entsprechende qualitative Anforderungen wie staatliche Hochschulen erfüllen, ist zulässig (BVerwG, NVwZ-RR 95, 145 f; Fehling BK 130). Die Anerkennung der Abschlüsse einer privaten Hochschule setzt eine ausreichende Wissenschaftsfreiheit der Hochschullehrer voraus (Fehling BK 244); die Hochschullehrer können dies ggf. einklagen (Fehling BK 250). Zudem können Mindestvorgaben zum Niveau, zum Fächerkanon und zur Vielfalt festgelegt werden (Starck MKS 404; Fehling BK 249). Private Hochschulen haben keinen Anspruch auf finanzielle Förderung (Fehling BK 42, 252). Vgl. außerdem oben Rn.130.

Art.6 [Ehe und Familie]

(1) Ehe[2 f] und Familie[4 f] stehen unter dem besonderen Schutze der staatlichen Ordnung[15 ff].

(2) Pflege und Erziehung der Kinder[37] sind das natürliche Recht der Eltern[40 f] und die zuvörderst ihnen obliegende Pflicht[36]. Über ihre Betätigung wacht die staatliche Gemeinschaft[46].

(3) Gegen den Willen der Erziehungsberechtigten dürfen Kinder nur auf Grund eines Gesetzes von der Familie getrennt werden, wenn die Erziehungsberechtigten versagen oder wenn die Kinder aus anderen Gründen zu verwahrlosen drohen[47].

(4) Jede Mutter[53] hat Anspruch auf den Schutz und die Fürsorge der Gemeinschaft[57 ff].

(5) Den unehelichen Kindern[55] sind durch die Gesetzgebung die gleichen Bedingungen für ihre leibliche und seelische Entwicklung und ihre Stellung in der Gesellschaft zu schaffen wie den ehelichen Kindern[53 ff].

Übersicht

Literatur A (Abs.1): *Ipsen,* Ehe und Familie, HbStR^3, VII, 2009, § 154; *Zuck,* Die verfassungsrechtliche Gewährleistung der Ehe im Wandel des Zeitgeistes, NJW 2009, 1449; *Shirvani,* Die sozialstaatliche Komponente des Ehe- und Familiengrundrechts, NZS 2009, 242; *Schüffner,* Eheschutz und Lebenspartnerschaft, 2007; *Nesselrode,* Das Spannungsverhältnis zwischen Ehe und Familie in Art.6 des GG, 2007; *Kingreen,* Verfassungsfragen des Ehegatten- und Familiennachzugs im Aufenthaltsrecht, ZAR 2007, 13; *Schwab,* Familie und Staat, FamRZ 2007, 1; *Stern,* Der Schutz von Ehe, Familie und Eltern/Kind-Beziehung, ST IV/1, 2006, § 100; *Sickert,* Die lebenspartnerschaftliche Familie, 2005; *G. Kirchhof,* Der besondere Schutz der Familie in Art.6 Abs.1 des Grundgesetzes, AöR 2004, 542; *Di Fabio,* Der Schutz von Ehe und Familie: Verfassungsentscheidung für die vitale Gesellschaft, NJW 2003, 993; *Pieroth/Kingreen,* Funktionen des Ehegrundrechts am Beispiel des Lebenspartnerschaftsgesetzes, KritV 2002, 219; *Papier,* Ehe und Familie in der neueren Rspr. des BVerfG, NJW 2002, 2129; *Birk/Wernsmann,* Der Schutz von Ehe und Familie im Einkommensteuerrecht, JZ 2001, 218; *Burgi,* Schützt das GG die Ehe vor der Konkurrenz anderer Lebensgemeinschaften?, Staat 2000, 487; *Kingreen,* Das Grundrecht von Ehe und Familie (Art.6 I GG), Jura 1997, 401; *Geißler,* Der Schutz von Ehe und Familie in der ausländerrechtlichen Ausweisungsverfügung, ZAR 1996, 27; *Pechstein,* Familiengerechtigkeit als Gestaltungsgebot für die staatliche Ordnung, 1995; *Wendt,* Familienbesteuerung und GG, FS Tipke, 1995, 47; *Salgo,* Unerledigte „Aufträge" des BVerfG an den Gesetzgeber auf dem Gebiet des Familienrechts, KritV 1994, 262; *Steiner,* Die Ehe im Verwaltungsrecht, FamRZ 1994, 1189; *Meissner,* Familienschutz im Ausländerrecht, Jura 1993, 1, 113; *Zimmermann,* Der Grundsatz der Familieneinheit im Asylrecht der BRD und der Schweiz, 1991; *Suhr,* Transferrechtliche Ausbeutung und verfassungsrechtlicher Schutz von Familien, Müttern und Kindern, Staat 1990, 69. – **Literatur B (Abs.2, 3):** *Höfling,* Elternrecht, HbStR³, VII, 2009, § 155; *Burgi/Hölbling,* Die Struktur des elterlichen Erziehungsrechts nach Art.6 II und III GG, Jura 2008, 901; *Hohmann-Dennhardt,* Kindeswohl und Elternrecht, FPR 2008, 476; *Zacher,* Kinderrechte, FS Scholz, 2007, 413; *Lohse,* Privatrecht als Grundrechtskoordinationsrecht – das Beispiel der elterlichen Sorge, Jura 2005, 815; *Coester,* Verfassungsrechtliche Vorgaben für die gesetzliche Ausgestaltung des Sorgerechts nicht miteinander verheirateter Eltern, FPR 2005, 60; *Beaucamp,* Elternrecht in der Schule, LKV 2003, 18; *Roth,* Die Grundrechte Minderjähriger im Spannungsfeld selbständiger Grundrechtsausübung, elterlichen Erziehungsrechts und staatlicher Grundrechtsbindung, 2003; *O. Klein,* Fremdnützige Freiheitsgrundrechte, 2002; *Badura,* Verfassungsfragen des Erziehungsrechts der Eltern, FS Lorenz, 2001, 101; *Jestaedt,* Staatliche Rollen in der Eltern-Kind-Beziehung, DVBl 1997, 693; *Coester,* Elternautonomie und Staatsverantwortung bei der Pflege und Erziehung von Kindern, FamRZ 1996, 1181; *Jean d'Heur,* Verfassungsrechtliche Schutzgebote zum Wohl des Kindes und staatliche Interventionspflichten aus der Garantienorm des Art.6 Abs.2 S.2 GG, 1993; *D. Reuter,* Elterliche Sorge und Verfassungsrecht, AcP 1992, 108. – **Literatur C (Abs.4):** *Aubel,* Der verfassungsrechtliche Mutterschutz, 2003. – **Literatur D (Abs.5):** *Kingreen,* Die verfassungsrechtliche Stellung der nichtehelichen Familie, NVwZ 1999, 852; *E. Schumann,* Das Nichtehelichenrecht, JuS 1996, 506; *Schwenzer,* Die Rechtsstellung des nichtehelichen Kindes, FamRZ 1992, 121; *A. Roth,* Die aktuelle Bedeutung des Art.6 V GG für das Recht des nichtehelichen Kindes, FamRZ 1991, 139.

I. Schutz von Ehe und Familie (Abs.1)

1. Bedeutung und Abgrenzung zu anderen Vorschriften

Die Vorschrift ist sowohl ein Grundrecht als auch eine Institutsgarantie **1** und eine wertentscheidende Grundsatznorm (BVerfGE 62, 323/329; 80, 81/92 f; 105, 313/342). Dabei erreicht allerdings die wertentscheidende Grundsatznorm „nicht das Maß an Verbindlichkeit, das der Institutsgarantie oder dem Freiheitsrecht eigen ist" (BVerfGE 80, 81/93). Abs.1 verstärkt die Entfaltungsfreiheit des Art.2 Abs.1 im privaten Lebensbereich (BVerfGE 42, 234/236; 57, 170/178) und erfasst Ehe und Familie „als einen geschlossenen, gegen den Staat abgeschirmten und die Vielfalt rechtsstaatlicher Freiheit stützenden Autonomie- und Lebensbereich" (BVerwGE 91, 130/134). Ehe und Familie haben gleichermaßen Teil am besonderen Schutz der staatlichen Ordnung (Robbers MKS 18). Für das Verhältnis zwischen Eltern und Kindern innerhalb der Familie sind Abs.2, 3 leges speciales gegenüber Abs.1 (BVerfGE 31, 194/204). Zum Verhältnis zum Gleichheitssatz unten Rn.12.

2. Schutzbereich

a) Ehe. Dem **Ehebegriff** der Verfassung liegt das Bild der „verweltlich- **2** ten" bürgerlich-rechtlichen Ehe zugrunde, die in den rechtlich vorgesehe-

nen Formen (BVerfGE 31, 58/82 f; 53, 224/245), insb. vor dem Standesbe-
amten (BVerfGE 29, 166/176; Gröschner DR 40 ff; Stern ST IV/1, 387 f)
geschlossen wird. Damit bleiben die nichteheliche oder eheähnliche Lebensgemeinschaft aus dem Schutzbereich von Abs. 1 ausgespart (vgl. auch BVerf-
GE 9, 20/34 f; 36, 146/165; 112, 50/65; BSG, NJW 93, 1160); sie fällt unter Art. 2 Abs. 1 (Rn. 8 zu Art. 2). Auch gleichgeschlechtliche Verbindun-
gen wie die eingetragene Lebenspartnerschaft sind aus dem Ehebegriff ausgeschlossen (BVerfGE 105, 313/345 f; BVerwGE 100, 287/294; 129, 129
Rn. 19; BFHE 212, 236/238; 217, 183/184 f; Ipsen HbStR³ VII § 154
Rn. 9; Robbers MKS 45; Pauly, NJW 97, 1955). Zeugungs- und Gebärfä-
higkeit sind aber keine Voraussetzungen für die Eheschließung (BVerfGE 49,
286/300; Ipsen HbStR³ VI § 154 Rn. 16 f). Unter den Ehebegriff fallen die
hinkende Ehe, bei der die wirksame ausländische Eheschließung den deutschen Formvorschriften nicht genügt (BVerfGE 62, 323/331; Badura MD
44), und die Namens- oder Scheinehe (Richter AK 15; Pieroth/Schlink
691 f; vgl. auch BVerfGE 67, 245/251; a. A. BVerfG-K, DVBl 03, 1260;
BVerwGE 65, 174/179 ff; Coester-Waltjen MüK 6; Stern ST IV/1, 448),
nicht aber die Ehe „nach Sinti-Art" (BVerfG-K, NJW 93, 3316 f).

3   Die bürgerlich-rechtliche Ehe ist die **Einehe** (BVerfGE 29, 166/176; 62,
323/330; BGHZ 149, 337/361); Mehrehen können aber unter dem Gesichtspunkt des Schutzes der Familie unter Abs. 1 fallen (BVerwGE 71, 228/
231 f; a. A. Hofmann SHH 6; weitergehend Robbers MKS 42: unterfallen
dem Eheschutz). Der zweiten Ehefrau darf eine Hinterbliebenenrente eingeräumt (BSGE 51, 40/43), und es dürfen vermögensrechtliche Wirkungen an
die Zweitehe geknüpft werden (BFHE 146, 39/41 f). Unbeachtlich ist, ob es
sich um die zweite, dritte usw. Ehe eines der Partner handelt (BVerfGE 55,
114/128 f; 68, 256/267 f).

4   Das **geschützte Verhalten** reicht von der Eheschließung (BVerfGE 29,
166/175; 36, 146/162; 105, 313/342 ff) über das eheliche Zusammenleben
(Ipsen HbStR³ VI § 154 Rn. 6, 38 ff: Ehegestaltungsfreiheit), einschließlich
der Entscheidung der Eltern, ob, wann und wie viele Kinder sie haben wollen (Gröschner DR 65; Schmitt-Kammler/von Coelln SA 26; Richter AK
31; abw. Robbers MKS 92: Familienschutz), bis zur Ehescheidung (BVerfGE
31, 58/82 f; 53, 224/250; BGHZ 169, 240/253) und teilw. noch darüber
hinaus: Das eheliche Pflichtenverhältnis wird durch die Trennung und Scheidung der Ehe zwar verändert, aber nicht beendet; auch die Folgewirkungen
einer geschiedenen Ehe, zu denen die Unterhaltsregelung gehört, sollen
durch Abs. 1 geschützt werden (BVerfGE 53, 257/297; 66, 84/93; 108, 351/
363 f; BGHZ 168, 245/251; Gröschner DR 62; a. A. Richter AK 38). Ähnliches gilt für den Fall, dass die eheliche Gemeinschaft durch den Tod aufgelöst wird (BVerfGE 62, 323/329 f).

5   **Im Einzelnen:** Frei ist die Wahl des Ehepartners und des Zeitpunkts der
Eheschließung, frei sind die Ehepartner bei der Entscheidung, ob sie einen
gemeinsamen Ehe-/Familiennamen führen wollen (BVerfGE 84, 9/23; 104,
373/387; krit. Schmitt-Kammler/von Coelln SA 29), bei der Bestimmung
des Ehenamens (BVerfGE 48, 327/332), des Ehegüterrechts (Richter AK
31) und der finanziellen Beziehungen untereinander (BVerfGE 53, 257/296;
vgl. Rn. 49 zu Art. 2), des gemeinsamen Wohnorts (BVerfGE 87, 234/260;

BVerwGE 56, 246/250; 110, 99/105) oder getrennter Lebensmittelpunkte (Gröschner DR 64) und bei der Verteilung der Aufgaben, insb. bezüglich Erwerbs- und Hausarbeit, in der Ehegemeinschaft (BVerfGE 87, 234/259; 105, 1/11; 107, 27/53). Hierbei haben die Eheleute die Ehevertragsfreiheit (BVerfGE 80, 81/92; 103, 89/101). Schließlich wird die negative Eheschließungsfreiheit, d.h. die Entscheidung, keine Ehe einzugehen, geschützt (Burgi FH 24; Robbers MKS 57; Kingreen, Jura 97, 402; a.A. BVerfGE 56, 363/384; Ipsen HbStR[3] VII § 154 Rn.59ff: nur geschützt durch Art.2 Abs.1).

b) Familie. Der **Familienbegriff** knüpft wie der Ehebegriff (oben **6** Rn.2) an das **bürgerlich-rechtliche** Institut der Familie an (BVerfGE 6, 55/82). Familie ist „die umfassende Gemeinschaft zwischen Eltern und Kindern" (BVerfGE 10, 59/66; 80, 81/90), seien diese ehelich oder nichtehelich (BVerfGE 45, 104/123; 79, 256/267; 92, 158/176ff; BFHE 159, 150/155), aus homologer oder heterologer Insemination hervorgegangen (Robbers MKS 79), minder- oder volljährig (BVerfGE 57, 170/178; BVerfG-K, NVwZ-RR 05, 826), aus Ein- oder Mehrehe hervorgegangen (BVerwGE 71, 228/231f), Adoptiv-, Stief- oder Pflegekinder (BVerfGE 68, 176/187; 79, 256/267; 80, 81/90; BVerfG-K, NJW 03, 2601; BGHZ 163, 84/91f; BSGE 71, 128/132). Die Familie auf die Kleinfamilie im Gegensatz zur Großfamilie zu beschränken (so noch BVerfGE 48, 327/339; Ipsen HbStR[3] VII § 154 Rn.69ff; Schmitt-Kammler/von Coelln SA 16; Badura MD 60), besteht kein Grund (Coester-Waltjen MüK 11; Gröschner DR 77; Pieroth/Schlink 696; Robbers MKS 88; Stern ST IV/1, 398f); jedenfalls ist die gegenteilige Auffassung des EGMR zu berücksichtigen (BVerfG-K, NJW 09, 1133f).

Auch die **tatsächliche** Lebens- und Erziehungsgemeinschaft zwischen ei- **7** nem Elternteil und einem, selbst nichtehelichen Kind ist von Abs.1 geschützt (BVerfGE 45, 104/123; 79, 203/211; 106, 166/176; BVerwGE 117, 380/389f). Das gilt auch für den leiblichen, aber nicht rechtlichen sog. biologischen Vater (BVerfGE 108, 82/112; krit. Robbers MKS 90). Ferner fallen gleichgeschlechtliche Lebensgemeinschaften mit Kindern unter den Familienbegriff (Stern ST IV/1, 403) sowie in Beistandsgemeinschaft lebende Verwandte (Kingreen/Pieroth, NVwZ 06, 1221; Coester-Waltjen MüK 11; Robbers MKS 88; Stern ST IV/1, 398f; a.A. für Geschwister BVerwG, NVwZ 94, 385). Bloße Formfehler, z.B. bei der Begründung der Adoptiv- oder Pflegeelternschaft, können die Familieneigenschaft nicht ausschließen (Gröschner DR 80). Der Familienbegriff des einfachen Rechts darf hiervon abweichen (BVerwG, NJW 99, 2688f).

Das **geschützte Verhalten** reicht von der Familiengründung bis in alle **8** Bereiche des familiären Zusammenlebens. Abs.1 „berechtigt die Familienmitglieder, ihre Gemeinschaft nach innen in familiärer Verantwortlichkeit und Rücksicht frei zu gestalten" (BVerfGE 80, 81/92) und schützt auch das Verhältnis zwischen dem Erblasser und seinen Kindern (BVerfGE 112, 332/352f). Dagegen sind „die Auswirkungen familiärer Freiheit nach außen, insb. auf das Berufsleben, das Schulwesen, die Eigentumsordnung und das öffentliche Gemeinschaftsleben" (BVerfGE 80, 81/92), nicht in gleicher Weise geschützt. Das BVerfG misst dem Abs.1 abgestufte Schutzwirkungen zu, je nach dem ob es sich um eine Lebens- und Erziehungsgemeinschaft, Hausgemeinschaft oder bloße Begegnungsgemeinschaft handelt (BVerfGE 80, 81/90 f). Auch nach dem Ende der Verantwortungsgemeinschaft hat der biologische Vater (oben Rn.7) ein Recht auf Umgang mit seinem Kind (BVerfGE 108, 82/113 f).

9   **c) Träger des Grundrechts** können nur natürliche Personen sein (BVerfGE 13, 290/297 f), auch Ausländer und Staatenlose (BVerfGE 31, 58/67; 62, 323/329; 76, 1/41 ff; 80, 81/93). Für die Grundrechtsträgerschaft von Ehepartnern und Familienangehörigen kommt es nicht darauf an, an welchen Ehepartner oder welches Familienmitglied eine Maßnahme der öffentlichen Gewalt im Einzelfall adressiert ist (BVerfGE 76, 1/45).

3. Beeinträchtigung und Ausgestaltung

10   **a) Eingriffe** sind nach der st. Rspr. des BVerfG alle staatlichen Maßnahmen, die Ehe und Familie schädigen, stören oder sonst beeinträchtigen (BVerfGE 6, 55/76; 55, 114/126 f; 81, 1/6). Das gilt sowohl im immateriell-persönlichen als auch im materiell-wirtschaftlichen Bereich (BVerfGE 33, 236/238; 57, 361/387; 66, 84/94). Benachteiligungen, die nur in bestimmten Fällen als unbeabsichtigte Nebenfolge einer im Übrigen verfassungsgemäßen Regelung vorkommen, soll der Eingriffscharakter fehlen können (BVerfGE 6, 55/77; 23, 74/84; BVerfG-K, NJW 92, 1093). Das gilt aber nicht bei wirtschaftlich einschneidenden Maßnahmen (BVerfGE 15, 328/335) wie dem Erbverlust wegen Ebenbürtigkeitsklausel (BVerfG-K, NJW 04, 2010; krit. Ipsen HbStR³ VI § 154 Rn.30 ff). Eine Beeinträchtigung liegt auch in dem von der Voraussetzung der Ehelosigkeit für die rechtliche Anerkennung einer Geschlechtsänderung ausgehenden Druck, eine Ehe zu beenden (BVerfGE 121, 175/197 ff).

11   Umstritten ist der Eingriffscharakter der **Ausweisung von Ausländern,** die in der Bundesrepublik Deutschland verheiratet sind und/oder Kinder haben (Richter AK 29 ff; Wolff UC 5 ff Anh. zu Art.6). Die Rspr. sieht in der den ehelichen bzw. familiären Zusammenhalt zerreißenden Ausweisung regelmäßig einen Eingriff in das Ehe- bzw. Familiengrundrecht sowohl des Ausgewiesenen selbst als auch seines Ehepartners bzw. seiner Familienangehörigen (unten Rn.32–34). Jedoch ist zu berücksichtigen, dass Art.6 Abs.1 keinen Anspruch auf Aufenthalt oder Nachzug begründet (BVerfGE 76, 1/47 f; 80, 81/93; BVerwGE, 102, 12/19; 106, 13/17; vgl. auch Rn.7, 30 zu Art.2). Daher müssen Ausländer sowie Deutsche, die Ehen mit Ausländern schließen, damit rechnen, dass das eheliche und familiäre Zusammenleben sich nicht stets in der Bundesrepublik Deutschland vollziehen kann; für minderjährige Kinder gilt, dass ihre Minderjährigkeit sie grundsätzlich das Schicksal ihrer Eltern teilen lässt. Andererseits gibt Art.6 Abs.1, 2 einen Anspruch darauf, dass die familiären Bindungen an in Deutschland lebende Personen angemessen berücksichtigt werden (BVerfGE 76, 1/49 ff; 80, 81/93; Kingreen, ZAR 07, 13). Ein Eingriff in das Ehe- und Familiengrundrecht liegt vor, wenn es dem Ehepartner oder den Familienangehörigen nicht möglich oder nicht zumutbar ist, dem Ausländer ins Ausland zu folgen

(BVerfG-K, NJW 94, 3155; Pieroth/Schlink 705; a. A. Gröschner DR 93). Entsprechendes gilt für den Nachzug von ausländischen Ehegatten und Familienangehörigen (unten Rn.34). Unionsbürger und Aufenthaltsberechtigte nach dem Beschluss 1/80 des Assoziationsrats EWG-Türkei sind dagegen weitergehend vor Ausweisungen geschützt (BVerwGE 121, 297/301 ff; 121, 315/319 ff). Nähere Regelungen enthält das AufenthG. Zu Einzelfällen unten Rn.32–34.

b) Ungleichbehandlung/Diskriminierung von Ehe und/oder Familie. **12** Art.6 Abs.1 ist ein spezielles Diskriminierungsverbot (krit. Kingreen, Jura 97, 401): Es dürfen keine **rechtlichen Nachteile** gerade an Ehe und Familie geknüpft werden (BVerfGE 76, 1/72; 99, 216/232); eine Begünstigung darf nicht wegen der Ehe versagt werden (BFHE 215, 217/220). Der Maßstab des Art.3 Abs.1 wird durch die besondere Wertentscheidung des Art.6 Abs.1 verschärft (BVerfGE 18, 257/269; 29, 71/79), außer der Schutzgedanke des allgemeinen Gleichheitssatzes hat gegenüber der zu prüfenden Norm die stärkere Affinität (BVerfGE 13, 290/296; 75, 348/357) oder es geht um zwei widerstreitende Rechtspositionen, die beide durch Art.6 Abs.1 geschützt werden (BVerfGE 66, 84/94). Auch dann werden z. T. die spezifischen Gehalte des Art.6 besonders berücksichtigt (BVerfGE 65, 104/112 f; 75, 382/ 393; 103, 242/260).

Vergleichspaare. Voraussetzung ist eine Ungleichbehandlung von Ehe- **13** gatten gegenüber Ledigen (BVerfGE 69, 188/205 f; 87, 234/259; 99, 216/ 232) oder gegenüber eheähnlichen Gemeinschaften (BVerfGE 67, 186/196; 75, 382/392; 107, 205/215; BVerwGE 72, 1/7; vgl. auch BGHZ 84, 36/40; BSGE 63, 120/129) oder „anderen Lebensformen" (BVerfGE 105, 313/346); von Familien(angehörigen) gegenüber Nichtfamilienmitgliedern (BVerfGE 28, 104/112); von Eltern oder Elternteilen gegenüber Kinderlosen (BVerfGE 82, 60/80; 87, 1/37; 112, 268/279); von verheirateten gegenüber nicht verheirateten Familienmitgliedern (BVerfGE 112, 50/67). Keinen Maßstab bietet Art.6 Abs.1 insoweit für das Verhältnis zwischen verschiedenen Ehen (BVerfGE 9, 237/242 f; 45, 104/126; 47, 1/19), zwischen den beiden Ehegatten (BVerfGE 12, 151/165; anders aber BVerfGE 67, 348/ 368 f; 80, 170/179), zwischen Erst- und Zweitehe (BVerfGE 66, 84/94 f), zwischen Ehen einerseits und Familien andererseits (BVerfGE 11, 64/69) und zwischen Familien mit unterschiedlicher Kinderzahl (vgl. BVerfG-K, NJW 97, 2445).

Das Diskriminierungsverbot umfasst andererseits nicht **rechtliche Vor-** **14** **teile** oder die Begünstigung der Ehe gegenüber anderen Lebensformen (BVerfGE 6, 55/76; 105, 313/348; 124, 199/225; BFHE 210, 355/362). Aus der Zulässigkeit der Privilegierung der Ehe folgt weder das verfassungsrechtliche Gebot, andere Lebensformen gegenüber der Ehe zu benachteiligen, noch ein Abstandsgebot (BVerfGE 105, 313/348; 124, 199/226; BSGE 90, 90/96; a. A. Hofmann SHH 19; Stern ST IV/1, 477). Auch aus dem Wortlaut des Abs.1 („unter dem besonderen Schutze") folgt nicht, dass die Ehe im Umfang stets mehr zu schützen sei als andere Lebensgemeinschaften (BVerfGE 105, 313/349; Pieroth/Kingreen, KritV 02, 236 ff; a. A. Badura MD 56; Burgi, Staat 00, 487 ff; Pauly, NJW 97, 1955 f; vgl. auch BVerfG-K,

EuGRZ 07, 609/611: „Differenzierungsgebot"). Vielmehr bedarf es für die Benachteiligung anderer Lebensformen eines „hinreichend gewichtigen Sachgrundes" (BVerfGE 124, 199/226). Der Gesetzgeber hat aber „dafür Sorge zu tragen, dass die Ehe die Funktion erfüllen kann, die ihr von der Verfassung zugewiesen ist" (BVerfGE 105, 313/348).

15   **c) Leistung, insb. Schutz und Ausgestaltung sowie Ausstrahlung auf Private. aa) Schutzpflicht.** Der Staat hat die Pflicht, **Ehe und Familie** vor Beeinträchtigungen durch andere Kräfte zu bewahren und durch geeignete Maßnahmen zu fördern (BVerfGE 6, 55/76; 105, 313/346; 124, 199/225; BVerwGE 91, 130/133 f; BSGE 91, 190/196). Dazu gehört, „neben der Ehe keine andere rechtsverbindliche Partnerschaft des Ehegatten zuzulassen" (BVerfGE 105, 313/343). Das betrifft auch das Verfahren der Eheschließung (Robbers MKS 40). Der Gesetzgeber kann im Rahmen seiner Gestaltungsfreiheit grundsätzlich selbst bestimmen, auf welche Weise er den ihm aufgetragenen besonderen Schutz der Ehe und Familie verwirklichen will (BVerfGE 62, 323/333; 87, 1/36; 112, 50/66). Insb. steuerliche Privilegierungen sind zulässig (BVerfGE 108, 351/365; BFHE 194, 462/465). Auch der Verwaltung ist ein Raum für sachgerechte Erwägungen eröffnet (BVerfGE 61, 18/27). Regelmäßig erwachsen daher aus Abs.1 noch keine konkreten Ansprüche auf staatliche Leistungen (BVerfGE 87, 1/35 f; 107, 205/213; 110, 412/436, 445; BVerwG, DVBl 99, 1444 f; BSGE 69, 95/99). Es besteht auch keine Pflicht zum Schutz von Ehe und Familie durch Strafnormen (Robbers MKS 10). Steuerliche Vorteile, die der Gesetzgeber allein der bestehenden Ehe einräumt, dürfen ihr aber durch die Gerichte nicht dadurch wieder entzogen werden, dass sie unterhaltsrechtlich der geschiedenen Ehe zugeordnet werden (BVerfGE 108, 351/365 ff; krit. Aubel, NJW 03, 3657). Im Übrigen muss der Gesetzgeber auch nichtehelichen Lebensgemeinschaften nicht jedwede rechtliche Anerkennung oder finanzielle Förderung versagen (BVerfGE 82, 6/15; 84, 168/184; 117, 316/329; BGHZ 121, 116/126; v. Münch HbVerfR 299 ff).

16   Die Pflicht zur Förderung der **Familie** umfasst besonders deren wirtschaftlichen Zusammenhalt (BVerfGE 61, 18/25; 62, 323/332; 75, 382/392), insb. die Kinderbetreuung (BVerfGE 99, 216/234) einschließlich der Vereinbarkeit von Familien- und Erwerbstätigkeit (BVerfGE 88, 203/260), und eine Absicherung der Familie im Falle des gewaltsamen Todes eines Elternteils (BVerfGE 112, 50/68 ff). Die staatliche Familienförderung durch finanzielle Leistungen steht aber „unter dem Vorbehalt des Möglichen im Sinne dessen, was der Einzelne vernünftigerweise von der Gesellschaft beanspruchen kann" (BVerfGE 87, 1/35; 103, 242/259; 112, 50/66). Der Staat ist daher nicht verpflichtet, jegliche die Familie treffende finanzielle Belastung auszugleichen (BVerfGE 55, 114/127; 75, 348/360; 110, 412/436, 445; BSGE 92, 46/53) und die Entstehung einer Familie durch Finanzierung der künstlichen Befruchtung zu fördern (BVerfGE 117, 316/329; BVerfG-K, NJW 09, 1734). Unterschiedliche Förderungsbedürftigkeit (BVerfGE 17, 210/219 f; 43, 108/120 ff) und Leistungsfähigkeit der Elternteile (BVerfGE 107, 205/213) dürfen berücksichtigt werden.

bb) Die **Ausgestaltung** der Rechtsinstitute der Ehe und Familie durch 17
den Gesetzgeber ist bei Abs.1 notwendig vorausgesetzt. Insb. bedarf es einer
allgemeinen familienrechtlichen Regelung, welche diejenige Lebensgemeinschaft zwischen Mann und Frau, die als Ehe den Schutz der Verfassung genießt, rechtlich definiert und abgrenzt; hierbei hat der Gesetzgeber einen
erheblichen Gestaltungsraum (BVerfGE 62, 323/330; 81, 1/7; 105, 313/
345). Grenzen der Ausgestaltung ergeben sich daraus, dass auch gegenüber
dem definierenden bürgerlichen Recht die Höherrangigkeit der Verfassung
gewahrt bleiben muss (BVerfGE 31, 58/69f); die Ausgestaltung darf insb.
nicht gegen die Institutsgarantie (unten Rn.19) verstoßen (BVerfGE 105,
313/345). Insoweit ist nach rechtfertigenden Gründen für eine ausgestalten-
de bzw. definierende Regelung zu fragen.

cc) Ausstrahlung auf Private. Im Privatrecht außerhalb des Ehe- und 18
Familienrechts (unten Rn.17) wirkt Abs.1 nach allgemeinen Grundsätzen
(Rn.54–58 zu Art.1; dagegen will Burgi FH 53 „Besonderes" gelten lassen).
Eine letztwillige Verfügung kann bei einem schweren Eingriff in die Eheschließungsfreiheit sittenwidrig und unwirksam sein (BVerfG-K, NJW 00,
2496; BGHZ 140, 118/130f). Die Eheschließung darf ausnahmsweise Anlass
für eine Kündigung des Arbeitsverhältnisses sein, wenn ein entgegenstehen-
des verfassungsrechtlich geschütztes Interesse des Arbeitgebers, z.B. das
Selbstbestimmungsrecht der Religionsgesellschaften, überwiegt (Rn.38 zu
Art.4; vgl. auch Robbers MKS 26). Abs.1 gebietet nicht, die Rückforderung
einer nicht sittenwidrigen Zuwendung an den Partner einer nichtehelichen
Lebensgemeinschaft nach deren Scheitern wegen einer bestehenden Ehe des
Zuwendungsempfängers auszuschließen (BGHZ 112, 259/262) oder wohn-
geldrechtlich nichteheliche Lebensgemeinschaften mit Ehen gleichzustellen
(BVerwG, NJW 95, 1569).

4. Rechtfertigung von Beeinträchtigungen (Schranken)

Gegenüber **Eingriffen** ist Abs.1 vorbehaltlos gewährleistet (vgl. auch 19
BVerfGE 24, 119/135; 31, 58/68f). Ehe- oder familienungünstige Regelungen und Maßnahmen können daher allenfalls durch kollidierendes Verfassungsrecht gerechtfertigt werden, das durch Gesetz konkretisiert werden
muss (Rn.54–58 zu Art.1). Als Schranken-Schranke wirkt die Institutsgarantie des Abs.1 (Ipsen HbStR³ VII § 154 Rn.47ff); sie sichert „den Kern der
das Familienrecht bildenden Vorschriften insb. des bürgerlichen Rechts gegen eine Aufhebung oder wesentliche Umgestaltung und schützt gegen
staatliche Maßnahmen, die bestimmende Merkmale des Bildes von der Familie, das der Verfassung zugrunde liegt, beeinträchtigen" (BVerfGE 80, 81/
92) und gebietet, „die Ehe als Lebensform anzubieten und zu schützen"
(BVerfGE 105, 313/344). Die Institutsgarantie steht der eingetragenen Lebenspartnerschaft nicht entgegen (BVerfGE 105, 313/346).

Diskriminierungen können durch „einleuchtende Sachgründe" (BVerf- 20
GE 78, 128/130; 17, 210/217; 28, 324/347; BSGE 81, 294/301) bzw. besondere Rechtfertigungsgründe (BVerfGE 13, 290/299; vgl. auch BVerfGE
81, 1/7f) gerechtfertigt werden. Eine punktuelle Schlechterstellung von Ehegatten im Steuer- und Sozialrecht ist insb. hinzunehmen, wenn die gesetzli-

che Regelung sich bei einer Gesamtbetrachtung für Ehegatten vorteilhaft oder „ehe-neutral" auswirkt (BVerfGE 32, 260/269; 75, 361/367; 107, 205/215f; BFHE 224, 453/457). Z.B. gleicht das Steuersplitting für Ehegatten geringfügige Benachteiligungen aus (BSGE 72, 125/133ff) und wird der Ausschluss eines ehelichen Kindes von der Familienversicherung durch unterhaltsrechtliche Vorteile gegenüber dem nichtehelichen Kind kompensiert (BVerfGE 107, 205/216f).

5. Einzelne Bereiche und Fälle

21   **a) Ehe- und Familienrecht.** Im **Eheschließungsrecht** sind zulässige Ausgestaltungen die Eheverbote der Verwandten- und Doppelehe (Richter AK 17), die Voraussetzung der Ehemündigkeit (Robbers MKS 53; Coester-Waltjen MüK 21) und das Nichtbestehen einer eingetragenen Lebenspartnerschaft (BVerfGE 105, 313/344; krit. Stern ST IV/1, 414). Verfassungswidrig sind dagegen die Eheverbote der Geschlechtsgemeinschaft (BVerfGE 36, 146/163ff), der Schwägerschaft in gerader Linie (Ipsen HbStR[3] VI § 154 Rn.26; a.A. BVerwGE 10, 340/343) und der Wartezeit (Umbach UC 35). Die Eheschließungsfreiheit darf auch nicht nach nationalen Merkmalen, Unterschieden des Standes, der Religion oder der Besitzverhältnisse beschränkt werden (Robbers MKS 51). Verfassungswidrig wäre das Verbot der Eheschließung während der Strafhaft (Coester-Waltjen MüK 11). Die Befreiung von der Beibringung eines Ehefähigkeitszeugnisses darf auch nicht unter Hinweis auf ein ausländisches Eheschließungsrecht verweigert werden (BVerfGE 31, 58/82f). Der Staat muss keine Fürsorge für die richtige Partnerwahl treffen (BVerfGE 31, 58/84).

22   Auf das eheliche und familiäre **Zusammenleben** darf der Staat nicht mit einer verfassungswidrigen Zwecksetzung, z.B. die Ehefrau ins Haus zurückzuführen (BVerfGE 21, 329/353) oder umgekehrt (Robbers MKS 75), einwirken. Der Ehevertragsfreiheit (oben Rn.5) sind aber dort Grenzen zu setzen, wo der Vertrag nicht Ausdruck und Ergebnis gleichberechtigter Lebenspartnerschaft ist (BVerfGE 103, 89/101; BVerfG-K, NJW 01, 2248; BGHZ 158, 81/94ff). Zölibatsklauseln sind verfassungswidrig (Coester-Waltjen MüK 24; Gröschner DR 56; Pieroth/Schlink 709; Robbers MKS 52; a.A. BVerwGE 14, 21/27). Die eheliche Schlüsselgewalt ist verfassungsgemäß (BVerfGE 81, 1/7). Von Verfassungs wegen muss weder ein einheitlicher Familienname eingeführt (BVerfGE 78, 38/49; 123, 90/109) noch ein Ehename bei Auflösung der Ehe aufgegeben werden (BVerfGE 109, 256/267; krit. Stern ST IV/1, 381); aber die gesetzgeberische Ausgestaltung muss der Funktion des Familiennamens förderlich sein (BVerfGE 104, 373/386). Verfassungswidrig war die Regelung, dass der Name des Mannes automatisch Ehename wurde, wenn keine Einigung über den Ehenamen zustandekam (BVerfGE 84, 9/19). Die Anfechtung der Ehelichkeit eines Kindes durch den Mann darf zeitlich beschränkt werden (BVerfGE 38, 241/254f). Familienangehörige müssen bei der Auswahl von Pflegern und Vormündern bevorzugt bestellt werden (BVerfGE 33, 236/238; BVerfG-K, NJW 09, 1133). Außerdem besteht die Pflicht, für Besuche von Ehegatten und Kindern von Untersuchungsgefangenen Besuchsgelegenheiten in dem

Umfang zu schaffen, der ohne Beeinträchtigung der Ordnung der Anstalt möglich ist (BVerfG-K, NJW 95, 1479 f; BVerfGE 42, 95/101 f). Der Einsatz einer Trennscheibe bei Ehegattenbesuchen von Strafgefangenen ist nur unter engen Voraussetzungen zulässig (BVerfGE 89, 315/323 f; BVerfG-K, NJW 94, 1401). Die Kontrolle von Briefen zwischen Eltern und (auch erwachsenen) Kindern muss den Schutz der Familienbeziehung angemessen wahren (BVerfGE 57, 170/179).

Im **Ehescheidungsrecht** sind das Zerrüttungsprinzip (BVerfGE 53, 224/ **23** 245 ff) und der Versorgungsausgleich zwischen geschiedenen Ehegatten (BVerfGE 53, 257/288 ff; 89, 48/62 ff) verfassungsgemäß. Allerdings ist eine staatliche Mitwirkung an der Scheidung erforderlich (Gröschner DR 39, 52; Stern ST IV/1, 378). Für den Versorgungsausgleich gilt der Halbteilungsgrundsatz (BVerfGE 66, 324/330; 87, 348/356; BVerfG-K, NJW 06, 2176, 2178). Art.6 Abs.1 gebietet, eine Scheidung zur Unzeit zu verhindern und dem nicht scheidungsbereiten Ehegatten eine Umstellung auf die veränderte Lage zu erleichtern (BVerfGE 55, 134/141 f). Verfassungswidrig waren das Fehlen einer Härteklausel zum Schutz eines nicht scheidungsbereiten Partners (BVerfGE 55, 134/141 ff) und die ausnahmslose Verpflichtung zum Ehegattenunterhalt im Fall der Kinderbetreuung (BVerfGE 57, 361/388; 80, 286/294 ff). Dagegen ist die Härteklausel gem. § 1568 BGB verfassungsgemäß (BVerfG-K, NJW 01, 2874) und darf die Unterhaltsverpflichtung nicht die Grenze des Zumutbaren überschreiten (BVerfG-K, NJW 02, 2701 f; BGHZ 178, 322/331). Zulässig sind Umgangsregelungen bezüglich eines Kindes aus einer geschiedenen Ehe, auch wenn sich dies faktisch auf die durch eine neue Heirat begründete Familienbeziehung auswirkt (BVerfGE 31, 194/204). Bei der Bemessung des nachehelichen Unterhalts ist von der Gleichwertigkeit von Familien- und Erwerbsarbeit auszugehen (BVerfGE 105, 1/12 ff; Maier, NJW 02, 3359). Der steuerliche Splittingvorteil aus einer neu geschlossenen Ehe des Unterhaltspflichtigen darf nicht zugunsten des geschiedenen Ehegatten, wohl aber beim Kindesunterhalt (BGHZ 178, 79/ 87), berücksichtigt werden (BVerfGE 108, 351/366 f; BGHZ 163, 84/90 f; 175, 182/192). Vgl. auch unten Rn.50 f.

b) Sozialrecht. In der **Sozialversicherung** sind Heiratsklauseln verfas- **24** sungswidrig, soweit sie den Anspruch auf Waisenrente für in der Ausbildung stehende Waisen auch dann ausschließen, wenn deren Ehegatte zur Unterhaltsleistung außerstande ist (BVerfGE 28, 324/347 ff). Nicht zu beanstanden ist dagegen eine Regelung bei der Angestelltenversicherung, die Waisenrente für behinderte Kinder gerade unabhängig vom Familienstand ab einem bestimmten Alter ausschließt (BVerfGE 40, 121/131). Bei Hinterbliebenenrente und Kinderzuschuss kann an das Verhältnis der früheren Unterhaltsleistungen der Ehegatten angeknüpft werden (BVerfGE 17, 1/10 f). Ebenso verfassungsgemäß ist die Beschränkung des Anspruchs auf eine abgeleitete Rente auf 60% der Versichertenrente für einen hinterbliebenen Ehegatten eines in der Rentenversicherung Versicherten (BVerfGE 48, 346/366 f). Ein Anspruch des Unterhaltsleistenden auf finanzielle Entlastung besteht nicht (BVerfGE 28, 104/113; 43, 108/121). Krankenversicherungsleistungen für die künstliche Befruchtung dürfen auf Verheiratete beschränkt werden (BVerfGE 117,

316/325 ff). Eine verfassungswidrige Diskriminierung der Ehe liegt vor, wenn die bei ihrem Ehegatten beschäftigten Arbeitnehmer von der Rentenversicherung der Angestellten ausgeschlossen werden (BVerfGE 18, 257/269 ff) oder einer ungünstigeren Beitragsberechnung unterliegen (BSGE 75, 45/48). Die Benachteiligung von kindererziehenden Familienmitgliedern gegenüber Kinderlosen in der Alterssicherung ist vom Gesetzgeber abzubauen (BVerfGE 87, 1/39) und bei der Pflegeversicherung verfassungswidrig (BVerfGE 103, 242/263 ff), nicht aber ohne Weiteres in anderen Versorgungssystemen (BVerfG-K, NJW 07, 1446).

25   Im Recht der **Arbeitslosenhilfe** hat der Staat die Pflicht, den Eheleuten bei der Einkommensanrechnung im Bereich der Arbeitslosenhilfe das Existenzminimum zu belassen (BVerfGE 87, 234/259). Nicht zu beanstanden ist aber eine für den Bezug von Arbeitslosenhilfe geltende Bedürftigkeitsregelung, die für den unterhaltspflichtigen Ehegatten des Arbeitslosen nur einen Freibetrag in bestimmter Höhe vorsieht (BVerfGE 75, 382/392). Eheleute, die in einem gemeinsamen Haushalt lebten, wurden gegenüber eheähnlichen Gemeinschaften dadurch unzulässig benachteiligt, dass den Eheleuten, auch wenn beide anspruchsberechtigt waren, nur *ein* Anspruch auf Arbeitslosenhilfe zustand (BVerfGE 67, 186/195 ff). Dadurch, dass bei der Bedürftigkeitsprüfung für die Bemessung der Arbeitslosenhilfe der Selbstbehalt des vom Arbeitslosen nicht dauernd getrennt lebenden und erwerbstätigen Ehegatten ohne Berücksichtigung des Lebensstandardprinzips berechnet wurde, wurden nicht dauernd getrennt lebende und erwerbstätige Ehegatten in drei Hinsichten unzulässig benachteiligt: gegenüber Ehepaaren, von denen nur ein Teil erwerbstätig war, gegenüber Alleinstehenden und gegenüber dauernd getrennt lebenden Ehegatten (BVerfGE 87, 234/255 ff).

26   Im **sonstigen Sozialrecht** mindert eine bestehende Ehe zulässigerweise die *sozialhilferechtliche* Bedürftigkeit (BVerfGE 75, 382/395). Das *Mutterschaftsgeld* darf auf den Erziehungsgeldanspruch des Vaters, der mit der Mutter in Haushaltsgemeinschaft lebt, angerechnet werden (BSGE 69, 95/99 f). Aus Art.6 Abs.1 lässt sich auch kein Anspruch auf *Kindergeld* für Kinder ableiten, die nicht in Deutschland wohnen. Grenzgänger dürfen auf das niedrigere im Ausland gewährte Kindergeld verwiesen werden (BVerfGE 110, 412/437 ff). Im Übrigen bedarf die Verweigerung des Kindergeldes gegenüber Ausländern „besonders gewichtiger Gründe" (BVerfGE 111, 160/174; BFH, NVwZ-RR 07, 494 f). Das Kindergeld darf an nur einen Berechtigten ausgezahlt werden (BFHE 208, 220/225). Verfassungswidrig sind aber auch hier Heiratsklauseln als Anspruchsausschluss für den Bezug von Kindergeld, wenn der Ehegatte zur Unterhaltsleistung außerstande ist (BVerfGE 29, 71/78 ff; vgl. aber auch BVerfG-K, NJW 92, 2012; BSGE 74, 131/134 ff). Bei einer Kürzung des Kindergeldes für Besserverdienende dürfen Familien mit unterhaltsbedürftigen Kindern nicht gegenüber sonstigen Familien, gegenüber kinderlosen Ehepaaren und gegenüber kinderlosen Alleinstehenden diskriminiert werden (BVerfGE 82, 60/78 ff). Bei der *Ausbildungsförderung* dürfen Unterhaltsleistungen für das Kind eines Darlehensnehmers nicht als Einkommen des Darlehensnehmers berücksichtigt werden (BVerwG, NJW 96, 944); das familiäre Zusammenleben stellt einen wichtigen Grund für einen Fachrichtungswechsel dar (BVerwG, NJW 00, 682). Bei der *Opferent-*

schädigung muss die Hinterbliebenenrente nicht auf nichteheliche Lebenspartner ohne Kinder (BVerfG-K, NJW 03, 3691), wohl aber auf diejenigen ausgedehnt werden, die unter Verzicht auf eine Erwerbstätigkeit die Betreuung der gemeinsamen Kinder übernehmen (BVerfGE 112, 50/67 ff).

Kriegsfolgenrecht. Beim *Lastenausgleich* wurden Ehegatten gegenüber **27** Alleinstehenden wie folgt benachteiligt: Die Vermögen der Ehegatten wurden bei der Prüfung des für den Erlass der Vermögensabgabe erforderlichen Vermögensverfalls zusammengerechnet (BVerfGE 12, 180/190 ff); die von Grundstückseigentümern zu zahlende Hypothekengewinnabgabe fiel nur bei Identität zwischen persönlichem Schuldner und Eigentümer des Sicherungsobjekts an, abweichend von diesem Grundsatz aber auch dann, wenn persönlicher Schuldner und Eigentümer verheiratet waren (BVerfGE 15, 328/332 ff). Auch bei der *Kriegsopferversorgung* sind Heiratsklauseln als Anspruchsausschluss für den Bezug von Kindergeld verfassungswidrig, wenn der Ehegatte zur Unterhaltsleistung außerstande ist (BVerfGE 29, 57/65 ff).

c) Abgabenrecht. Allgemein gebietet Art.6 Abs.1 einen angemessenen **28** Familienlastenausgleich und die Steuerfreiheit des Existenzminimums aller Familienmitglieder (BVerfGE 110, 412/433; 120, 125/154 f; 124, 282/294; BFHE 168, 174/179; 180, 551/554; vgl. Rn.48 zu Art.3). Danach muss existenznotwendiger Aufwand in angemessener, realitätsgerecht bestimmter Höhe von der Einkommensteuer freigestellt werden (BVerfGE 99, 246/259 f; 110, 412/433; 112, 268/281 ff). Auch Aufwendungen für die Kranken- und Pflegeversorgung können Teil des zu verschonenden Existenzminimums sein (BVerfGE 120, 125/155 f). Es besteht aber kein allgemeiner Vorrang von steuerlichen Entlastungen vor Sozialleistungen (a.A. Stern ST IV/1, 432 f). Der Kindesunterhalt mindert die steuerliche Leistungsfähigkeit (BVerfGE 107, 27/49; 112, 164/175 f). Beim Kinderlastenausgleich müssen die je nach der sozialen Stellung verschiedenen Aufwendungen für den Unterhalt von Kindern nicht in vollem Umfang steuermindernd berücksichtigt werden (BVerfGE 43, 108/121; 89, 346/354 f; Robbers MKS 106); insb. gehören Unterhaltsleistungen für die auswärtige Unterbringung studierender Kinder nicht zum Existenzminimum (BVerfGE 87, 153/176; BVerfG-K, NJW 06, 1866 f; BFHE 219, 119/125). Es ist auch nicht geboten, die Erstanschaffung der Wohnungseinrichtung durch jungverheiratete Paare als außergewöhnliche Belastung steuermindernd anzuerkennen (BVerfGE 21, 1/6). Zulässig sind steuerliche Vorschriften über die Bekämpfung von Steuerumgehung bei Ehegatten (BVerfGE 6, 55/83 f; 29, 104/117 f).

Bei der **Einkommensteuer** ist das Ehegattensplitting nicht verfassungs- **29** geboten (Coester-Waltjen MüK 54; Ipsen HbStR³ VII § 154 Rn.45; Kruse, FS Friauf, 1996, 800 f; Sacksofsky, NJW 00, 1897 ff; a.A. Badura MD 86; Burgi FH 56; Stern ST IV/1, 434 f). Eheleute sind gegenüber nichtverheirateten Personen durch die gemeinsame Veranlagung (BVerfGE 6, 55/76 ff) und dadurch benachteiligt worden, dass Pensionsrückstellungen des Arbeitgebers zugunsten eines bei ihm beschäftigten Ehegatten im Gegensatz zu Pensionszusagen zugunsten anderer Arbeitnehmer nicht bereits vor Eintritt des Versorgungsfalles einkommensteuermindernd berücksichtigt wurden (BVerfGE 29, 104/115 ff). Ehegatten sind gegenüber Ledigen diskriminiert worden, weil

ernsthaften Arbeitsverträgen zwischen Ehegatten oder zwischen einer Perso-
nengesellschaft und dem Ehegatten eines Gesellschafters über die Mitarbeit
des nichtbeteiligten Ehegatten im Gewerbebetrieb die steuerrechtliche
Anerkennung versagt worden ist (BVerfGE 13, 318/325 ff). Die Familie ist
durch die gemeinsame Veranlagung von Eltern mit den im gemeinsamen
Haushalt lebenden Kindern benachteiligt worden (BVerfGE 18, 97/106 ff).
Umgekehrt sind Alleinstehende mit Kindern gegenüber Ehepaaren mit Kindern im Hinblick auf den zusätzlich erforderlichen Betreuungsaufwand von
berufstätigen Alleinstehenden mit Kindern diskriminiert worden; allerdings
muss das Ehegattensplitting nicht für Alleinstehende mit Kindern eingeführt
werden (BVerfGE 61, 319/342 ff; 68, 143/152 ff) und der Betreuungsbedarf
unabhängig davon, wie er gedeckt wird, einkommensteuerlich unbelastet
bleiben (BVerfGE 99, 216/234; 112, 268/279 ff; BFH, NJW 07, 1999 f). Die
Absetzbarkeit von Aufwendungen für doppelte Haushaltsführung wird durch
die Eheschließung erleichtert (vgl. BFHE 158, 527; 189, 357; NJW 07,
2143); sie darf für „Doppelverdienerehen" nicht zeitlich beschränkt werden
(BVerfGE 107, 27/53 ff; BFHE 223, 242/244).

30   Im Bereich der **Verkehrsteuern** hat bei der *Grunderwerbsteuer* eine Diskriminierung von Ehe und Familie dadurch stattgefunden, dass die Pflicht
zur Zahlung der Grunderwerbsteuer außer beim Wechsel des Eigentums an
einem Grundstück oder bei der Vereinigung aller Gesellschaftsanteile mit
Grundstückseigentum in der Hand eines Erwerbers auch dann angenommen
wurde, wenn sich die Gesellschaftsanteile mit Grundstückseigentum in der
Hand des Erwerbers und seines Ehegatten oder seiner Kinder vereinigen
(BVerfGE 16, 203/208 ff). Bei der *Kapitalverkehrsteuer* lag eine Benachteiligung der Ehe darin, dass die Kapitalverkehrsteuer außer bei Darlehen der
Gesellschafter an die Gesellschaft auch bei Darlehen des Ehegatten des Ge-
sellschafters an die Gesellschaft anfiel, nicht aber bei Darlehen anderer Dritter, auch wenn sie noch so eng mit dem Gesellschafter verbunden waren
(BVerfGE 26, 321/324 ff).

31   **Sonstige Abgaben.** Bei der *Gewerbesteuer* ist die Ehe bezüglich Ehegat-
ten-Arbeitsverhältnissen wie bei der Einkommensteuer (oben Rn. 29) diskriminiert worden (BVerfGE 13, 290/299 ff; BFHE 176, 130/137); ferner
dadurch, dass die Voraussetzungen für die Annahme einer sog. Betriebsauf-
spaltung schon wegen der ehelichen Verbindung der Beteiligten als erfüllt
angesehen und deshalb die Besitzunternehmen als selbständige, der Gewerbesteuer unterworfene Gewerbebetriebe behandelt worden sind (BVerfGE
69, 188/205 ff). Bei der *Kurabgabe* werden dagegen Eheleute gegenüber einer
nichtehelichen Lebensgemeinschaft nicht dadurch diskriminiert, dass die die
Abgabepflicht auslösende Aufenthaltsvermutung auch für den Ehegatten des
Eigentümers einer Wohnung in einem Kurgebiet, nicht aber für den Partner
einer nichtehelichen Lebensgemeinschaft gilt (BVerfG-K, NVwZ 95, 370;
BVerwG, Bh 401.63 Nr. 6). *Erbschaftsteuer* darf auch beim Erwerb einer Hinterbliebenenversorgung erhoben werden (BVerfGE 79, 106/126). Der *Kirchensteuer*bescheid darf an den Ehepartner in einer glaubensverschiedenen
Ehe ergehen (BFHE 138, 531/534). Bei der Bemessung des Kirchgelds in
glaubensverschiedener Ehe sind nicht notwendig kinderbedingte Abzugsbe-
träge vorzusehen (BVerwG, Bh 401.70 Nr. 23). Bei der *Kindergartengebühr*

muss nicht das Existenzminimum freigestellt werden (BVerwG, NJW 00, 1130). Die Erhebung der *Zweitwohnungssteuer* auf die Innehabung von Erwerbszweitwohnungen durch Verheiratete diskriminiert die Ehe (BVerfGE 114, 316/335).

d) Ausländerrecht. Allgemein muss bei der Ausweisung und Abschie- 32
bung von Ausländern, die den ehelichen und/oder familiären Zusammenhang zerreißt (oben Rn.11), der Grundsatz der Verhältnismäßigkeit gewahrt und zwischen den widerstreitenden Rechtsgütern abgewogen werden (BVerwGE 56, 246/249 ff; 65, 174/179 f; 133, 72 Rn.20 ff). Dazu ist regelmäßig eine Ermessensentscheidung erforderlich (BVerwGE 129, 367 Rn.24 ff). Die Ausweisung von Ausländern, die in der Bundesrepublik Deutschland verheiratet sind und/oder Kinder haben, bedarf umso gewichtigerer Gründe, je verwurzelter die Ehe und/oder Familie in der Bundesrepublik Deutschland sind (BVerfGE 35, 382/408; 37, 217/247; 51, 386/397 f; BVerwGE 81, 155/162 f; 102, 12/22); es kommt auf die tatsächliche Verbundenheit zwischen den Familienmitgliedern an (BVerfGE 76, 1/42 f; BVerfG-K, NVwZ 06, 682; 09, 387 f). Die gleichen Maßstäbe gelten für die Erteilung und Verlängerung einer Aufenthaltserlaubnis (BVerfGE 80, 81/93; BVerwGE 71, 228/232 ff; 105, 35/40; 116, 378/387 f), nicht aber im Hinblick auf die zu wahrende Gegenseitigkeit bei der Auslieferung (BVerfG-K, EuGRZ 04, 110). Bei Einbürgerungen ist außerdem das Prinzip der Einheit der Staatsangehörigkeit in der Familie zu beachten (BVerwGE 64, 7/11 f; 67, 177/183; 80, 249/254 ff; 84, 93/96 f) und stehen entwicklungspolitische Interessen des Staats dann regelmäßig nicht entgegen, wenn sich die Lebensverhältnisse verfestigt haben (BVerwGE 77, 164/171 ff). Ein Anspruch auf Einbürgerung besteht jedenfalls dann nicht, wenn die bisherige Staatsangehörigkeit nicht aufgegeben wird, obwohl der Heimatstaat zur Entlassung aus dieser bereit ist (BVerfG-K, NJW 91, 634). Nach einer Scheidung kann nicht mehr der Eheschutz, wohl aber der Familienschutz greifen (BVerwGE 48, 299/303 f; DÖV 83, 424). Entsprechendes gilt bei dauerndem Getrenntleben (BVerwG, NVwZ 89, 759 f; InfAuslR 94, 252) und bei Scheinehen (BVerfGE 76, 1/58 ff; Robbers MKS 118; a. A. Gröschner DR 94).

Im Einzelnen darf ein Ausländer, dessen **Ehepartner** die deutsche Staats- 33
angehörigkeit hat oder rechtmäßig im Bundesgebiet ansässiger Asylberechtigter ist (BVerwG, NVwZ 87, 331; 90, 377), nicht wegen Bagatelldelikten ausgewiesen werden; seine Aufenthaltsberechtigung darf nicht allein deshalb versagt werden, weil er vor Entstehung der zu schützenden Lebensgemeinschaft gegen aufenthaltsrechtliche Bestimmungen verstoßen hat (BVerfG-K, NVwZ 00, 59), weil er einen behördlichen Erstattungsanspruch noch nicht erfüllt hat (BVerwG, NVwZ 87, 895) oder weil der Lebensunterhalt des Ehegatten nicht ohne Inanspruchnahme von Sozialhilfe bestritten werden kann (BVerwGE 42, 133/136; NVwZ 90, 377). Demgegenüber hat bei rein ausländischen Ehen der aufenthaltsrechtliche Schutz durch Art.6 Abs.1 ein geringeres Gewicht (BVerwG, DÖV 91, 78); er hängt auch davon ab, ob zumindest ein Ehegatte ein rechtlich abgesichertes Bleiberecht hat (Wolff UC 27 Anh. zu Art.6), und soll erst bei „unverhältnismäßiger Härte" greifen (BVerwGE 102, 12/19). Wenn beide Ehepartner je für sich ein Aufenthalts-

recht haben, darf die Ehe daran nichts ändern (BVerfG-K, NVwZ 07, 1302).
Der Ehegatte eines eine mehrjährige Freiheitsstrafe im Bundesgebiet verbü-
ßenden ausreisepflichtigen Ausländers hat keinen Anspruch auf Erteilung
einer Aufenthaltserlaubnis für die Dauer der Strafhaft (BVerwG, Bh 402.24
§ 2 Nr.96). Art.6 Abs.1 gebietet nicht generell eine Befristung der Ausweisung (BVerwGE 111, 369/374).

34   Abs.1 gibt **Kindern** von Ausländern regelmäßig keinen Anspruch auf
Nachzug zu ihren in der Bundesrepublik Deutschland lebenden Eltern
(BVerwGE 65, 188/193; DÖV 83, 204; NJW 83, 1278) oder Eltern von Ausländern zu ihren in der Bundesrepublik Deutschland lebenden Kindern
(BVerwGE 66, 268/272; DÖV 83, 420; 90, 571) oder Familienmitgliedern zu
ihren Angehörigen (BVerwG, NVwZ 98, 186). Ebensowenig hat ein erwach-
sener Ausländer normalerweise Anspruch auf dauernden Aufenthalt bei seinen Adoptiveltern (BVerfGE 80, 81/94 f; BVerwGE 69, 359/362) oder bei
seinen Eltern, wenn er wegen einer oder mehrerer Straftaten verurteilt worden ist (BVerfG-K, NVwZ 04, 852; BVerwGE 68, 101/105; DVBl 84, 97 f;
NVwZ 97, 1122), oder bei den sorgeberechtigten Großeltern (BVerwG,
DÖV 97, 835 f). Erfüllt die Familie hingegen die Voraussetzungen einer Beistandsgemeinschaft und kann dieser Beistand nur im Bundesgebiet unter zumutbaren Umständen geleistet werden, überwiegt der Familienschutz regelmäßig einwanderungspolitische Belange (BVerfG-K, NVwZ 96, 1099 f; 97,
479; 02, 850; BVerwGE 109, 305/311). Die Versagung des Aufenthalts soll
aber bei bloßer Begegnungsgemeinschaft zulässig sein (BVerfGE 80, 81/94;
BVerfG-K, NVwZ 90, 455 f; BVerwGE 106, 13/19; NVwZ 98, 747). Zulässig ist es auch, den Nachzug ausländischer Ehegatten zu Ausländern, die als
Kinder oder Jugendliche in das Bundesgebiet eingereist oder hier geboren
sind, von dem rechtsförmig verfestigten Aufenthalt in der Bundesrepublik
(BVerfGE 76, 1/52 ff; BVerwG, NVwZ 98, 186), nicht aber von einer
3-jährigen Ehebestandszeit (BVerfGE 76, 1/57 ff; a. A. BVerwGE 70,
127/135 ff) abhängig zu machen.

35   **e) Sonstige Rechtsgebiete.** Im *Arbeitsrecht* darf bei der Aufstellung eines
Sozialplans der Erziehungsurlaub nicht von der Beschäftigungsdauer abgezogen werden (BAGE 103, 321/326 f); Arbeitnehmer müssen darin aber nicht
wegen familiärer Bindungen bevorzugt werden (BAGE 124, 335/342 f). Im
Aussiedlerrecht kann eine Trennung der Ehegatten im Aufnahmeverfahren
eine unzumutbare Härte bedeuten (BVerwGE 110, 99/105; 110, 106/110).
Im *Beamtenrecht* soll der Familienzuschlag für verheiratete Beamte eingetragenen Lebenspartnerschaften verweigert werden dürfen (BVerfG-K, NJW
08, 2325; BVerwG, NJW 08, 868), während die entsprechende Ungleichbehandlung im Bereich der betrieblichen Hinterbliebenenversorgung für Arbeitnehmer des öffentlichen Dienstes gegen Art.3 Abs.1 GG verstößt
(BVerfGE 124, 199/224 ff). Im *Erbrecht* werden Ehegatten nicht dadurch diskriminiert, dass Drittschenkungen und Ehegattenschenkungen im Rahmen
der Pflichtteilsergänzung unterschiedlich berücksichtigt werden dürfen
(BVerfG-K, NJW 91, 217). Das Pflichtteilsrecht begrenzt die Testierfreiheit
(BVerfGE 112, 332/354 f). Im *Insolvenzrecht* wurden Ehegatten von Gemein-
schuldnern dadurch benachteiligt, dass sie bei der Aussonderung Gegenstän-

de, die sie während der Ehe erworben hatten, nur in Anspruch nehmen konnten, wenn sie bewiesen, dass sie nicht mit Mitteln des Gemeinschuldners erworben worden waren (BVerfGE 24, 104/109 ff). Im *Maklerrecht* wurde die Ehe dadurch diskriminiert, dass die Maklerprovision ausnahmslos für den Fall ausgeschlossen wurde, dass der Makler mit dem Eigentümer, Verwalter oder Vermieter der vermittelten Wohnung verheiratet war (BVerfGE 76, 126/129 f; 78, 128/130 f; BVerwGE 100, 214/217 f). Im *Wehrrecht* soll die Versetzung eines Soldaten auch ohne besondere gesetzliche Grundlage zulässig sein (BVerwG, NVwZ 96, 474; krit. Schmidt-Bremme, NVwZ 96, 455). Die Wehrdienstbefreiung für sog. Dritt-Brüder muss nicht auf Pflegebrüder erstreckt werden (BVerwG, NVwZ-RR 00, 227 f).

II. Elternrecht (Abs.2, 3)

1. Bedeutung und Abgrenzung zu anderen Vorschriften

Das Elternrecht ist gem. Abs.2 S.1 nicht nur ein Grundrecht und eine **36** „Richtlinie" für die gesamte Rechtsordnung (BVerfGE 4, 52/57), sondern auch eine Pflicht der Eltern (vgl. Höfling HbStR³ VII § 155 Rn.30 ff). Diese Pflichtbindung unterscheidet das Elternrecht von allen anderen Grundrechten (BVerfGE 24, 119/143). Diese Pflicht ist nicht eine das Recht begrenzende Schranke, sondern ein wesensbestimmender Bestandteil des Elternrechts, das insoweit treffender als Elternverantwortung bezeichnet werden soll (BVerfGE 68, 176/190; 103, 89/107; 121, 69/92). Darin kommt zum Ausdruck, dass das Elternrecht maßgeblich dem Wohl des Kindes dient und „wesentlich" (d. h. nicht ausschließlich; vgl. Robbers MKS 189) „ein Recht im Interesse des Kindes" ist (BVerfGE 72, 122/137; BVerfG-K, NJW 94, 1646), das auf Schutz und Hilfe angewiesen ist (BVerfGE 79, 51/63; 108, 52/72); insoweit wird vom Elternrecht als einem treuhänderischen Recht gesprochen (BVerfGE 59, 360/377; 64, 180/189; 107, 104/121; krit. Burgi FH 123; Gröschner DR 99), ist es durch die Verpflichtung zur Rechtstreue begrenzt (BVerfGE 99, 145/156 f) und besteht keine negative Freiheit, das Elternrecht nicht auszuüben (Burgi FH 121; Stern ST IV/1, 510). Zum Kindeswohl vgl. auch Rn.49 zu Art.2. Art.6 Abs.2 wird durch Art.7 Abs.2 konkretisiert (Rn.8 zu Art.7), kollidiert aber mit Art.7 Abs.1 (Rn.5 ff zu Art.7).

2. Schutzbereich

a) Umfang. Das Elternrecht umfasst die freie Entscheidung über die **37** Pflege, d. h. die Sorge für das körperliche Wohl, und die Erziehung, d. h. die Sorge für die seelische und geistige Entwicklung einschließlich der religiösen und weltanschaulichen Erziehung (BVerfGE 41, 29/47; 52, 223/235 f; 93, 1/17; BVerwGE 116, 359/361 f), die Bildung und Ausbildung der minderjährigen Kinder zu Hause und in der Schule (BVerfGE 34, 165/183; Pieroth, DVBl 94, 955), einschließlich Privatschule (BVerwGE 112, 263/269 f; BGH, NJW 83, 393), insgesamt die umfassende Verantwortung für die Lebens- und Entwicklungsbedingungen des Kindes (Höfling HbStR³ VII § 155 Rn.18; Jestaedt BK 103). Es umfasst auch das Recht, dem Kind einen

Namen zu geben (BVerfGE 104, 373/385; BVerfG-K, NJW 09, 663; BVerwG, NJW 02, 2410), den über das familiäre Zusammenleben hinaus gehenden Umgang zwischen Eltern und Kind (BVerfGE 121, 69/94), die Befugnis, die Lektüre der Kinder zu bestimmen (BVerfGE 7, 320/323 f; 83, 130/139 f), und die Entscheidungen, wem Einfluss auf die Erziehung des Kindes zugestanden wird (BVerfGE 105, 313/354) und in welchem Ausmaß und mit welcher Intensität die Eltern sich selbst der Pflege und Erziehung widmen (BSGE 68, 171/176 f; BAGE 81, 68/75) oder Dritten die Pflege und Erziehung teilw. überlassen (BVerfGE 99, 216/234; Richter AK 31). Dem rechtlichen, aber nicht leiblichen Vater (oben Rn.7) soll es auch gewährleisten, „sich von der Vaterschaft zu lösen" (BVerfGE 117, 202/234).

38   **Zeitliche Abstufungen.** Die im Elternrecht wurzelnden Rechtsbefugnisse beginnen mit der Geburt (Coester-Waltjen MüK 68; a.A. Robbers MKS 155; Stern ST IV/1, 524; widersprüchlich Burgi FH 79, 111), nehmen mit fortschreitendem Alter des Kindes ab und erlöschen mit der Volljährigkeit des Kindes (BVerfGE 59, 360/382; 72, 122/137; BFHE 207, 256/260 f; a.A. Robbers MKS 161), können aber im rechtsgeschäftlichen Bereich noch – allerdings durch die Grundrechte des Kindes begrenzte – Nachwirkungen haben (Rn.73 zu Art.2). Das Elternrecht erlischt nicht mit der Religionsmündigkeit des Kindes (Rn.12b zu Art.7; BVerwGE 68, 16/18).

39   **Grenzen** ergeben sich aus der Pflichtbindung (oben Rn.36). Die Pflicht der Eltern erstreckt sich auf den gleichen Bereich wie ihr Recht. Sie erlischt weder durch die Ehescheidung noch durch das Eingehen einer neuen Ehe, unabhängig von der Übertragung der elterlichen Sorge, woraus sich der Gleichrang der Unterhaltsansprüche aller minderjährigen unverheirateten Kinder ergibt (BVerfGE 68, 256/267 ff). Das Elternrecht gibt keinen Anspruch auf körperliche Züchtigung (a.A. Burgi FH 112; Robbers MKS 154; vgl. auch BGH, JZ 88, 617), auf einen aus den Namen der Eltern gebildeten Doppelnamen als Geburtsnamen für das Kind (BVerfGE 104, 373/386 ff), auf unterschiedliche Familiennamen für Geschwisterkinder (BVerfG-K, NJW 02, 2861), auf kostenlosen Zugang zu einer privaten Schule (BVerwG, NVwZ 93, 692) oder auf Erstattung von Kosten der notwendigen Schülerbeförderung (BVerwG, DVBl 85, 1084).

40   **b) Träger des Grundrechts** sind die **Eltern** je für sich (BVerfGE 47, 46/76; 99, 145/164), einschließlich der Adoptiveltern (BVerfGE 24, 119/150; BVerfG-K, NJW 08, 2835; 09, 425 f), nicht aber die Pflegeeltern (BVerfGE 79, 51/60; offen gelassen BVerfG-K, NJW 94, 183; a.A. BSGE 68, 171/176; vgl. Groß, FPR 04, 411). Das Grundrecht kann nicht durch Mehrheitsbildung ausgeübt werden (BVerfGE 47, 46/76). Berechtigt aus Abs.2 ist auch der nicht personensorgeberechtigte Elternteil, der ein Umgangsrecht hat (BVerfGE 64, 180/187 f; 108, 52/81; BVerfG-K, EuGRZ 07, 238/240). Bei nichtehelichen Kindern steht das Grundrecht nicht nur der Mutter (BVerfGE 24, 119/135), sondern auch dem Vater zu; allerdings müssen den Eltern nicht die gleichen Rechte im Verhältnis zu ihrem Kind eingeräumt werden (BVerfGE 92, 158/176; 107, 150/169). Der biologische Vater (oben Rn.7) ist zwar nicht Träger des Elternrechts, aber ihm ist verfahrensrechtlich die Möglichkeit zu eröffnen, die rechtliche Vaterschaft zu erlangen (BVerfGE 108, 82/104 ff; BVerfG-K, NJW 09, 423; einschr. BGHZ 170, 161/170 f). Bei heterologer Insemination und Leihmutterschaft gibt es mehr als zwei Elternteile (Burgi FH 87; Robbers MKS 174 f). Die geschiedenen Eltern bleiben Träger des Grundrechts aus Abs.2 (BVerfGE 64, 180/188; 66, 84/96).

Sonstige: Keine Grundrechtsträger sind Großeltern (BVerfGE 19, 323/ **41** 329), Stiefeltern (KG, NJW 68, 1680; Badura MD 101; Coester-Waltjen MüK 74; Stern ST IV/1, 531 f), Pfleger und Vormünder (BVerfGE 10, 302/328; krit. Stern ST IV/1, 531); das soll bei zu Vormündern bestellten Großeltern anders sein (BVerfGE 34, 165/200; krit. Burgi FH 85; Jestaedt BK 89). Den Kindern erwächst aus dem Elternrecht ein Anspruch auf Pflege, Erziehung und Beaufsichtigung durch die Eltern (BVerfGE 68, 256/269; 121, 69/92 ff; Höfling HbStR³ VII § 155 Rn.32; a. A. Stern ST IV/1, 534) und damit „am Erhalt seiner rechtlichen und sozialen familiären Zuordnung" (BVerfGE 117, 202/234, 243; 108, 82/107 f) sowie auf Schutz durch den Staat (BVerfGE 107, 104/117), nicht aber auf bestimmten Jugendschutz (so jedoch BGHSt 37, 55/63).

3. Beeinträchtigung und Ausgestaltung

a) Eingriffe sind sowohl staatliche Maßnahmen, die das Elternrecht im **42** Verhältnis zum Kind beschränken als auch Beschränkungen im Verhältnis der Eltern untereinander. Eingriffe in das Elternrecht **im Verhältnis zum Kind** kommen v. a. im staatlichen Schulwesen vor (vgl. Rn.5 ff zu Art.7). Die schwersten Eingriffe sind die Trennung des Kindes von seinen Eltern gegen deren Willen (BVerfGE 7, 320/323; 24, 119/142; 60, 79/91) und der Verlust der Elternstellung (BVerfGE 92, 158/179 f). Das zur Herbeiführung einer notwendigen Entscheidung bei Uneinigkeit der Eltern berufene Gericht greift in das Elternrecht ein, wenn es nicht nur einem Elternteil die Entscheidungskompetenz überträgt, sondern an Stelle dessen eine eigene Sachentscheidung trifft (BVerfG-K, NJW 03, 1031 f). Die Gewährung von Jugendhilfe an die Pflegeeltern gegen den Willen des Sorgeberechtigten ist ein Eingriff in das Elternrecht (BVerwG, NJW 02, 233; BGHZ 166, 268/273). Das Gleiche gilt für Vorschriften, die Eltern Beteiligungsrechte entziehen oder sie aus der Hauptverhandlung gegen ihr Kind ausschließen (BVerfGE 107, 104/122) oder Besuche im Jugendstrafvollzug verhindern (vgl. BVerfGE 116, 69/87 f). Schon die Einleitung eines strafrechtlichen Ermittlungsverfahrens ist ein Eingriff auch in das Elternrecht (BVerfGE 107, 104/121).

Im Verhältnis der Eltern untereinander stellt die Übertragung des **43** Sorgerechts an einen Elternteil einen Eingriff in das Elternrecht des anderen Elternteils dar (BVerfGE 61, 358/371 ff; 84, 168/179 ff; 107, 150/179; Pieroth/Schlink 702). Gleiches gilt für die Übertragung des Sorgerechts an einen Dritten (BVerfG-K, NJW 94, 1209) und für die Beschränkung des Umgangsrechts des Nichtsorgeberechtigten mit dem Kind (BVerfG-K, EuGRZ 93, 214). Dagegen greift die Verpflichtung zum Umgang in das Persönlichkeitsrecht dieses Elternteils ein (BVerfGE 121, 69/95 f; BGHZ 176, 337/339).

44   **b) Ausgestaltung.** Ebenso wie Abs.1 ist Abs.2 S.1 auf die Ausgestaltung durch den Gesetzgeber angewiesen (BVerfGE 84, 168/180; Höfling, Hb-StR³ VII § 155 Rn.23 ff), v. a. deshalb, weil es den Eltern gemeinsam zusteht (BVerfGE 121, 69/94). Das bedeutet im Verhältnis der **Eltern untereinander,** dass ihre Rechtsstellung „unter Berücksichtigung der unterschiedlichen tatsächlichen Verhältnisse" differenziert ausgestaltet werden darf (BVerfGE 92, 158/178 f). Diesem Auftrag ist v. a. durch die familienrechtlichen Vorschriften zur elterlichen Sorge Rechnung getragen worden (Höfling HbStR³ VII § 155 Rn.20 ff).

45   Im **Verhältnis der Eltern zum Kind** stellt das Verbot entwürdigender Erziehungsmaßnahmen in § 1631 Abs.2 BGB keinen Eingriff in Abs.2 S.1 dar, sondern enthält eine Definition der Begriffe „Pflege und Erziehung" (Pieroth/Schlink 702). Der besonderen, aus Recht und Pflicht zusammengesetzten Struktur des Abs.2 S.1 entspricht es, dass mit abnehmender Pflege- und Erziehungsbedürftigkeit sowie zunehmender Selbstbestimmungsfähigkeit des Kindes (zur Grundrechtsmündigkeit Rn.13 f zu Art.19) die im Elternrecht wurzelnden Rechtsbefugnisse zurückgedrängt werden, bis sie schließlich mit der Volljährigkeit des Kindes erlöschen; abgestufte partielle Mündigkeitsregelungen, die an diesen Bezugspunkten ausgerichtet und sachlich begründet sind, stellen daher keine Eingriffe in das Elternrecht dar (BVerfGE 59, 360/382). Ebenso ist die Einschränkung der elterlichen Sorge im Falle der Heirat des minderjährigen Kindes (§ 1633 BGB) kein Eingriff, sondern nur eine Definition der zeitlichen und inhaltlichen Beschränktheit elterlicher Sorge und Erziehung. Bei Interessenkollisionen zwischen dem Kind und seinen Eltern kommt den Interessen des Kindes grundsätzlich der Vorrang zu (BVerfGE 75, 201/218; 79, 203/211; 99, 145/156). Das Kindeswohl verlangt ggf. im familiengerichtlichen Verfahren ebenso wie im Verfassungsbeschwerdeverfahren (Rn.49 zu Art.93) die Bestellung eines Pflegers (BVerfGE 99, 145/157) und die Anhörung des Kindes (BVerfGE 99, 145/163). Es ist auch durch das allgemeine Persönlichkeitsrecht geschützt (Rn.49 zu Art.2).

4. Rechtfertigung von Beeinträchtigungen (Schranken)

46   **a) Das Wächteramt** der staatlichen Gemeinschaft (Abs.2 S.2) rechtfertigt Beeinträchtigungen (Badura MD 139 f; Erichsen, o. Lit. B, 48; a. A. Ossenbühl, Das elterliche Erziehungsrecht im Sinne des GG, 1981, 59 f, 76, 84). Aus dem Gesetzesvorbehalt (Rn.46–48 zu Art.20) folgt, dass von dieser Ermächtigung nur durch oder auf Grund Gesetzes Gebrauch gemacht werden darf (BVerfGE 107, 104/120). Der Gesetzesvorbehalt ist dadurch qualifiziert, dass das Wächteramt nur zum Wohl des Kindes (oben Rn.31) ausgeübt werden darf (Burgi FH 132; Höfling HbStR³ VII § 155 Rn.53; Pieroth/Schlink 707). Dazu gehört es aber nicht, gegen den Willen der Eltern für eine den Fähigkeiten des Kindes bestmögliche Förderung zu sorgen (BVerfGE 60, 79/94; 107, 104/118; BVerfG-K, NJW 06, 1723). Das Wächteramt rechtfertigt ein Verbot körperlicher Züchtigung (Coester-Waltjen MüK 65; Höfling HbStR³ VII § 155 Rn.87; a. A. Burgi FH 112; Robbers MKS 154) und den Schutz des Kindes vor verantwortungsloser Namenswahl durch die Eltern (BVerfGE 104, 373/385 f; BVerfG-K, NJW 04, 1587). Es rechtfertigt aber nicht, die Stellung als – ehelicher wie nichtehelicher – Vater entfallen zu lassen, wenn die Mutter oder ihr Ehemann das nichteheliche Kind adoptieren (BVerfGE 92, 158/181 f; BVerfG-K, NJW 06, 827; BGHZ 162, 357/359 ff). Nach dem Grundsatz der Verhältnismäßigkeit (BVerfGE 107, 104/118; Burgi FH 159; Gröschner DR 120) muss der Staat nach Möglichkeit zunächst versuchen, durch helfende, unterstützende, auf Herstellung oder Wiederherstellung eines verantwortungsgerechten Verhaltens der natürlichen Eltern gerichtete Maßnahmen sein Ziel zu erreichen (BVerfGE 24, 119/144 f). Erziehungsmaßregeln nach dem JGG dürfen auch noch gegenüber Heranwachsenden ergehen (BVerfGE 74, 102/125).

b) Die **Trennung des Kindes von der Familie** (Abs.3) ist für die El- **47** tern (oben Rn.40) kein eigenständiges Grundrecht (so aber Höfling HbStR³ VII § 155 Rn.61; Jestaedt BK 217; Stern ST IV/1, 537), sondern eine Schranken-Schranke (Pieroth/Schlink 715; vgl. auch BVerfGE 24, 119/136; 76, 1/48). Dagegen ist Abs.3 für die Erziehungsberechtigten, die nicht zugleich Eltern sind, ein eigenständiges Grundrecht (Burgi FH 97). Trennung meint Entfernung aus der häuslichen Gemeinschaft mit den Eltern und ist nicht auf die Begründung einer Zwangserziehung (**a.A.** BVerfGE 31, 194/ 210) oder eines staatlichen Erziehungseinflusses (**a.A.** BVerfGE 76, 1/48) beschränkt (Robbers MKS 259). Sie ist nur unter engen Voraussetzungen zulässig: Andere als die hier genannten Gründe des Versagens der Erziehungsberechtigten „in Form von schwerwiegendem Fehlverhalten und bei einer erheblichen Gefährdung des Kindeswohls" (BVerfGE 107, 104/118) und der drohenden Verwahrlosung der Kinder, „die auch Ausdruck in schwerwiegenden Straftaten finden kann" (BVerfGE 107, 104/118), sind nicht anzuerkennen (Jestaedt BK 247; Pieroth/Schlink 717; a.A. Robbers MKS 272). Der Entzug des Elternrechts kann nur durch Abs.3, nicht durch Abs.2 S.2 gerechtfertigt werden (BVerfGE 72, 122/137; Höfling HbStR³ VII § 155 Rn.59; Pieroth/Schlink 716; Schmitt-Kammler/von Coelln SA 75; **a.A.** BVerfGE 24, 119/150 für die vormundschaftsgerichtliche Ersetzung der Einwilligung in die Adoption).

Im Einzelnen deckt Abs.3 die Regelung, nach der Kinder auch bei un- **48** verschuldetem Elternversagen von der Familie getrennt werden können, wenn einer Gefährdung des Kindeswohls nicht auf andere Weise begegnet werden kann (BVerfGE 60, 79/88; BVerfG-K, NJW 06, 1723 f; vgl. auch BGHZ 133, 384/388). Keine Trennung ist eine Umgangsregelung (BVerfGE 31, 194/210), eine Maßnahme der Aufenthaltsbehörde gegenüber Ausländern (BVerfGE 76, 1/48) oder eine Freiheitsentziehung gegenüber den Erziehungsberechtigten (Robbers MKS 260). Abs.3 ist nicht nur im Augenblick der Trennung der Kinder von der Familie maßgeblich, sondern auch dann, wenn es um Entscheidungen über die Aufrechterhaltung dieses Zustands geht (BVerfGE 68, 176/187). Der Schutzgehalt des Abs.3 kann auch den Pflegeeltern (BVerfGE 79, 51/60) und anderen Erziehungsberechtigten, einschließlich juristischer Personen (Coester-Waltjen MüK 101; Robbers MKS 257), zugute kommen.

c) Kollidierendes Verfassungsrecht. Eingriffe in das Elternrecht wer- **49** den v. a. durch die Schulhoheit des Staates gerechtfertigt (Rn.5 f zu Art.7).

Die Pflicht zum Umgang mit dem Kind kann durch dessen Recht auf Umgang mit den Eltern gerechtfertigt werden (BVerfGE 121, 69/95 ff). Das Elternrecht des einen kann Eingriffe in das Elternrecht des anderen Elternteils rechtfertigen (Burgi FH 135; Höfling HbStR³ VII § 155 Rn.57). Im Jugendstrafrecht rechtfertigt das BVerfG Eingriffe in das Elternrecht aus einem „Verfassungsgebot des strafrechtlichen Rechtsgüterschutzes" (BVerfGE 107, 104/119).

5. Einzelne Bereiche und Fälle

50   Bei der Scheidung der Eltern muss eine am Kindeswohl ausgerichtete **Sorgeregelung** getroffen werden (BVerfGE 55, 171/179 ff; 61, 358/377; 64, 180/188). Das gilt auch für das Sorgerechtsverfahren (BVerfG-K, NJW 94, 1209). Allerdings darf das gemeinsame Sorgerecht geschiedener Ehegatten dann nicht ausgeschlossen werden, wenn sie willens und fähig sind, ihre Elternverantwortung zum Wohl des Kindes weiterhin zusammen zu tragen (BVerfGE 61, 358/374). Das gilt auch bei nichtehelichen Kindern, wenn die Eltern mit dem Kind zusammenleben, beide bereit und in der Lage sind, die elterliche Verantwortung gemeinsam zu übernehmen, und dies dem Kindeswohl entspricht (BVerfGE 84, 168/181; Richter AK 26; Pieroth/Schlink 713; Robbers MKS 194; anders noch BVerfGE 56, 363/385). Allerdings ist es verfassungsgemäß, das nichteheliche Kind bei seiner Geburt sorgerechtlich grundsätzlich der Mutter zuzuordnen und die gemeinsame Sorgetragung vom Konsens der Eltern abhängig zu machen (BVerfGE 107, 150/169). Können sich die Eltern über die Ausübung des Umgangsrechts nicht einigen, haben die Gerichte eine Entscheidung zu treffen, die sowohl die beiderseitigen Grundrechtspositionen der Eltern als auch das Wohl des Kindes und dessen Individualität als Grundrechtsträger berücksichtigt (BVerfG-K, EuGRZ 07, 235/237; BVerfGE 31, 194/206 f; 64, 180/187 f). Auch für das Herausgabeverlangen der Eltern gegenüber den Pflegeeltern muss das Kindeswohl bestimmend sein (BVerfGE 68, 176/187 f). Das Herausgabeverlangen ist idR nur begründet, wenn die Zusammenführung der Familie, nicht aber wenn ein Wechsel der Pflegeeltern bezweckt wird (BVerfGE 75, 201/ 220; BVerfG-K, NJW 05, 1766). Ein Kind darf aber von Pflege- zu Adoptiveltern übergeführt werden (BVerfGE 79, 51/64 f). Das Abweichen von einem fachpsychologischen Gutachten bedarf einer eingehenden Begründung und des Nachweises eigener Sachkunde des Gerichts (BVerfG-K, NJW 99, 3624).

51   Der **Unterhaltsanspruch** des bedürftigen Elternteils dient zur Sicherung der Wahrnehmung seiner Elternverantwortung (BVerfGE 57, 361/383; 80, 286/295; BGHZ 168, 245/253 ff). Unterhaltsregelungen dürfen sich für die Entwicklung von Kindern nicht nachteilig auswirken (BVerfG-K, NJW 99, 3112). Der persönlichen Betreuung muss aber kein Vorrang gegenüber anderen kindgerechten Betreuungsmöglichkeiten eingeräumt werden (BGHZ 180, 170/178). Bei der Ermittlung der Höhe des Unterhaltsanspruchs dürfen diejenigen Einkünfte des Unterhaltsverpflichteten nicht berücksichtigt werden, die gerade wegen der Betreuung des Kindes entfallen sind (BVerfG-K, NJW 96, 915). Die erhöhte Unterhaltspflicht der Eltern gegenüber ihren

minderjährigen Kindern kann auch einen Wohnsitzwechsel verlangen, wenn der unterhaltspflichtige Elternteil nur auf diese Weise eine Arbeitsstelle finden kann (BGH, NJW 80, 2415). Unterhaltsvereinbarungen müssen die Interessen der Kinder wahren (BVerfGE 103, 89/107 ff). Der Unterhaltsanspruch des Kindes kann nicht mit seinem Existenzminimum gleichgesetzt werden (BGHZ 150, 12/21 ff).

III. Schutz- und Fürsorgeanspruch der Mutter (Abs.4)

1. Bedeutung und Abgrenzung zu anderen Vorschriften

Die Vorschrift enthält primär ein „echtes" Grundrecht iS eines subjektiv- **52** öffentlichen Rechts auf Schutz und Fürsorge (BVerwGE 47, 23/27; BAGE 69, 1/11; Richter AK 23; Robbers MKS 281; Coester-Waltjen MüK 105; Stern ST IV/1, 549; a. A. Gröschner DR 140; offen gelassen BVerfG-K, NJW 05, 2383), dem objektiv-rechtlich ein bindender Auftrag an den Gesetzgeber entspricht (BVerfGE 32, 273/277). Sie soll die besonderen Belastungen im Zusammenhang mit der Schwangerschaft und biologischen Mutterschaft ausgleichen (BVerfGE 60, 68/74) und verbürgt insoweit als lex specialis gegenüber dem Sozialstaatsprinzip (BVerfGE 32, 273/279; 115, 259/272) im Rahmen des gesetzgeberischen Gestaltungsspielraums (vgl. unten Rn.57) Schutz- und Leistungsrechte sowie Abwehrrechte gegenüber staatlichen Eingriffen (Robbers MKS 282). Abweichend von Art.3 Abs.2, 3 rechtfertigt sie Ungleichbehandlungen von Mann und Frau sowie wegen des Geschlechts, soweit sie an die Mutterschaft anknüpfen (BSGE 69, 95/101; Badura MD 155; Coester-Waltjen MüK 106; Pieroth/Schlink 490), insb. den Mutterschaftsurlaub (BAG, NJW 86, 743) und das Mutterschaftsgeld (BSGE 56, 8/9 ff). Demgegenüber sind Differenzierungskriterien, die dem Schutzzweck des Art.6 Abs.4 widersprechen, unzulässig (BVerfGE 17, 210/217; 65, 104/113). Abs.4 ist ferner Ausdruck einer verfassungsrechtlichen Wertentscheidung (BVerfGE 32, 273/277) und hat Ausstrahlungswirkung auf das Privatrecht (unten Rn.58). Ähnlich wie Abs.1 (oben Rn.12) wirkt Abs.4 als spezielles Diskriminierungsverbot und verbietet die Benachteiligung von Müttern gegenüber Nichtmüttern (BVerfGE 44, 211/215; Pieroth/Schlink 494), gebietet aber parallel zu Art.6 Abs.1 (oben Rn.14) nicht die Besserstellung der Mütter gegenüber Nichtmüttern (Aubel, o. Lit. C, 48 f; a. A. Robbers MKS 287; Seiler BK 49). Eine ungleiche Behandlung verschiedener Gruppen von Müttern ist demgegenüber vorrangig an Art.3 Abs.1 zu messen, wobei Art.6 Abs.4 die Gestaltungsfreiheit des Gesetzgebers verengen soll (BVerfGE 65, 104/112 f; Aubel, o. Lit. C, 48; a. A. Kirchhof HbStR[3] § 124 Rn.227; Zacher HbStR VI 322).

2. Schutzbereich

a) Geschützte Situationen. Abs.4 verlangt eine Situation, in der die **53** Mutter den belastenden Auswirkungen der biologischen Mutterschaft ausgesetzt ist und deshalb besonderer Fürsorge bedarf. Diese liegt jedenfalls während Schwangerschaft, Geburt, Stillzeit bzw. der für die Erholung notwendigen Zeit nach der Geburt vor (Badura MD 153; Coester-Waltjen MüK 108), kann aber auch in späteren Lebensphasen entstehen (Aubel, o. Lit. C, 134 ff; Burgi FH 175; Gröschner DR 142; a. A. BVerwGE 61, 79/84; offen gelassen BVerfGE 47, 1/20; 94, 241/259), wenn die Mutter wirtschaftliche oder berufliche Nachteile erleidet, die auf die biologische Mutterschaft, insb. die Inanspruchnahme von Mutterschutzzeiten, zurückzuführen sind (vgl. BVerfGE 60, 68/74; BVerfG-K, NVwZ 97, 54 f). Demgegenüber können aus der Vorschrift keine besonderen Rechte für Sachverhalte hergeleitet werden, die nicht allein Mütter betreffen (BVerfGE 87, 1/42; 94, 241/259; BFHE 193, 234/240). Belastungen, die der Mutter durch die Betreuung und Erziehung des Kindes entstehen, eröffnen den Schutzbereich des Abs.4 daher nicht, da sie ggf. auch Väter gleichermaßen treffen (Coester-Waltjen MüK 108; Schmitt-Kammler/von Coelln SA 79; a. A. BGH, NJW 05, 502; Gröschner DR 112).

54   **b) Träger des Grundrechts.** Abs.4 steht jeder Frau zu, die im biologisch-medizinischen Sinn Mutter ist, insb. der werdenden Mutter (BVerfGE 32, 273/277; 88, 203/258; BFHE 210, 355/363), einschließlich der sog. Ersatz- oder Leihmutter (Coester-Waltjen MüK 104; Robbers MKS 289), erfasst aber nach seiner Zielrichtung nicht nur genetische (Burgi FH 173) und sog. soziale Mütter wie die Adoptiv-, Pflege- und Stiefmutter (BAGE 43, 205/209; Gröschner DR 144; Schmitt-Kammler/von Coelln SA 84; Seiler BK 16; a. A. BSG, NJW 81, 2719; Robbers MKS 290; Stern ST IV/1, 556, die auf § 1591 BGB abstellen). Der ständige Aufenthaltsort darf nicht außerhalb des Bundesgebiets liegen (Burgi FH 172; vgl. BVerwG, DVBl 83, 37). Auch nach einer Tot- oder Fehlgeburt (abw. BAGE 25, 70/73) und einer Freigabe des Kindes zur Adoption (Seiler BK 16) bleibt eine Mutter grundrechtsberechtigt, nicht aber nach einem Schwangerschaftsabbruch (diff. Seiler BK 21). Die Vorschrift schützt weder eigenständig das werdende Kind (BVerfGE 61, 18/27; BVerfG-K, NJW 92, 2471; a. A. Schmitt-Kammler/von Coelln SA 84) noch den Vater (Burgi FH 176) noch den Arbeitgeber vor einer übermäßigen Belastung mit den Kosten des Mutterschutzes (BVerfGE 37, 121/126 f; BAG, NZA 96, 377).

3. Beeinträchtigung

55   **a) Eingriffe.** Ein abwehrrechtlich relevanter Eingriff liegt vor, wenn der Staat zurechenbar Belastungen der Mutter verursacht, die über die ohnehin aufgrund der Mutterschaft bestehenden Beeinträchtigungen hinausgehen und diese zu verstärken geeignet sind, wie z.B. bei einem gegen den Willen der Schwangeren angeordneten Schwangerschaftsabbruch (Coester-Waltjen MüK 109) und einer durch staatlichen Akt herbeigeführten Beendigung des Arbeitsverhältnisses einer Schwangeren bzw. Mutter nach der Geburt (vgl. BVerfGE 84, 133/156; 85, 360/372; 113, 1/26).

56   **b) Ungleichbehandlung/Diskriminierung.** Als Diskriminierungsverbot wird Abs.4 durch nachteilige Regelungen beeinträchtigt, die an die Muttereigenschaft oder spezifische Begleitmerkmale der Mutterschaft anknüpfen. Unzulässig ist es daher, z.B. die Schwangerschaft der Beamtenbewerberin oder die fehlende Arbeitsfähigkeit während der Mutterschutzzeit als Mangel

der Eignung iSd Art.33 Abs.2 zu werten (BVerfGE 44, 211/215). Nachteilige Rechtsfolgen, die nicht nur Mütter sondern auch Dritte treffen, berühren
das Diskriminierungsverbot des Abs.4 demgegenüber nicht (Aubel, o. Lit. C,
180 ff; Hofmann SHH 57).

c) Leistung, insb. Schutz, sowie Ausstrahlung auf Private

aa) Schutzpflicht. Die jeder Mutter geschuldete Fürsorge umfasst die 57
Verpflichtung des Staates, Nachteile, die einer Frau aus der Schwangerschaft
erwachsen können, im Rahmen des tatsächlich und rechtlich Möglichen
auszuschließen (BVerfGE 88, 203/258 f). Doch bestimmt Abs.4 einzelne
Schutzmaßnahmen und Leistungen nicht konkret. Nach der grundgesetzlichen Kompetenzordnung steht es grundsätzlich im Ermessen des Gesetzgebers, wie er im Einzelnen den Schutzauftrag nach Abs.4 erfüllt (BVerfGE 37,
121/127; BVerfG-K, NVwZ 97, 55). Dabei kann er sich auch Dritter bedienen; denn aus Abs.4 ergibt sich nicht, dass die Kosten des Mutterschutzes
ausschließlich vom Staat zu tragen sind (BVerfGE 109, 64/87), weil mit dem
Begriff der Gemeinschaft auf die gesamtgesellschaftliche Solidarität verwiesen
wird (Seiler BK 28). Er ist nicht verpflichtet, dem Förderungsgebot ohne
Rücksicht auf sonstige öffentliche Belange nachzukommen, insb. jede mit
der Mutterschaft zusammenhängende wirtschaftliche Belastung auszugleichen (BVerfGE 60, 68/74; 115, 259/271; BVerwGE 91, 130/134 f). Keinesfalls gebietet Abs.4, der Mutter ohne Rücksicht auf eine mutterschaftsbe-
dingte Einbuße wirtschaftliche Vorteile zu verschaffen (BVerfG-K, NJW 94,
786; BVerwGE 79, 336/339). Grenze der gesetzgeberischen Gestaltungsfreiheit ist der verfassungsrechtlich gebotene Mindestschutz, der jeder einzelnen
Mutter zu gewähren ist (vgl. BAGE 69, 1/11; 102, 218/224; BVerwGE 54,
124/130; BFHE 142, 146/148).

bb) Ausstrahlung auf Private. Die Zivil- und Arbeitsgerichte haben 58
den Schutzanspruch und die Einhaltung des Mindestschutzniveaus auch bei
der Auslegung und Anwendung des Privatrechts, insb. (tarif)vertraglicher
Regelungen, zu beachten. So gebietet Abs.4, Eheverträge, die eine erkennbar einseitige Lastenverteilung zu Ungunsten der Frau enthalten und vor der
Ehe im Zusammenhang mit ihrer Schwangerschaft geschlossen worden sind,
einer besonderen richterlichen Inhaltskontrolle zu unterziehen (BVerfGE
103, 89/102; BVerfG-K, FamRZ 01, 985) und die Sportunfähigkeit wegen
einer Risikoschwangerschaft nicht ohne weiteres als zurechenbares Verhalten
anzusehen (BVerfG-K, NJW 05, 2384). Ferner verlangt die Grundrechtsnorm, die Schwangere im Rahmen der richterlichen Befristungskontrolle
wirksam davor zu schützen, dass der Arbeitgeber die Schwangerschaft zum
Anlass für die Befristung und einer darauf beruhenden Beendigung des Arbeitsverhältnisses nimmt (BAG, NZA 97, 1223). Tarifvertragliche Regelungen, die geeignet sind, auf werdende Mütter Druck auszuüben, in den letzten sechs Wochen vor der Geburt zu arbeiten anstatt die Schutzfrist nach § 3
Abs.2 MuSchG in Anspruch zu nehmen, weil sonst der Anspruch auf Urlaubsgeld entfällt, halten einer Inhaltskontrolle nicht stand (BAGE 102,
218/223). Auch dem Druck Privater zur Vornahme eines Schwangerschaftsabbruchs ist von Seiten des Staates entgegenzutreten (Coester-Waltjen MüK
109; Seiler BK 39).

4. Rechtfertigung von Beeinträchtigungen (Schranken)

59   Abs.4 enthält keinen Gesetzesvorbehalt. Die Rechtfertigung von Eingriffen und Diskriminierungen ist daher nur auf der Basis von kollidierendem Verfassungsrecht (Vorb.45–49 vor Art.1) möglich, dürfte aber regelmäßig wegen der Schwere der Beeinträchtigung ausscheiden. Erkennt man die Kompetenz des Gesetzgebers zur Ausgestaltung der schutz- und leistungsrechtlichen Rechtsfolgen der Vorschrift an, ist eine verfassungsrechtliche Rechtfertigung durch kollidierendes Verfassungsrecht zwar denkbar (Robbers MKS 282), jedoch regelmäßig praktisch nicht relevant, da Kollisionen bereits für die Feststellung einer Beeinträchtigung zu berücksichtigen sind (Jarass, AöR 1995, 373; krit. Aubel, o. Lit. C, 159 ff). Mutterschutzrechtliche Regelungen können insb. mit Art.33 Abs.2 (BVerfG-K, NVwZ 97, 55), 33 Abs.5 (BVerwGE 79, 366, 369) oder der Arbeitskampffreiheit der Arbeitgeber (Rn.35 zu Art.9; BAGE 10, 111/115; 53, 205/213 ff) kollidieren.

5. Einzelne Bereiche und Fälle

60   **a) Arbeits- und Sozialrecht.** Zum Mindestschutz gehört ein wirksamer arbeitsrechtlicher Kündigungsschutz (BVerfGE 32, 273/277; 52, 357/365 ff; 55, 154/157 f; 84, 133/156; 85, 360/372), nicht aber ein Anspruch auf Abschluss eines Anschlussarbeitsvertrages nach Beendigung des ursprünglichen Arbeitsverhältnisses durch Fristablauf (BAGE 69, 1/12). Ferner verlangt Abs.4 die Gewährung einer Schonzeit vor und nach der Geburt, z.B. durch Beschäftigungsverbote, und die Ermöglichung finanzieller Absicherung während dieser Zeit, um die Mutter nicht dem Druck auszusetzen, trotz ihrer Schonungsbedürftigkeit weiter arbeiten zu müssen (BAGE 14, 304/309; BVerwGE 47, 23/27 f; 54, 124/127 f), ohne dass allerdings jeder geringfügige Einkommensverlust ausgeglichen werden müsste (BAGE 80, 248/255). Aus dem gleichen Grund muss die Mutter in die Lage versetzt werden zu vermeiden, dass ihr durch die Inanspruchnahme von Mutterschutz später irreparable wirtschaftliche oder berufliche Nachteile entstehen (vgl. BAGE 102, 218/223 f). Insb. müssen Mutterschutzzeiten bei der Berechnung der Anwartschaftszeit für den Bezug von Arbeitslosengeld berücksichtigt werden (BVerfGE 60, 68, 75 f; 115, 259/272 ff; BSGE 91, 226/229; vgl. auch BVerwG, NJW 02, 2194). Zulässig soll es dagegen sein, dass sich der Beginn des Besoldungsdienstalters geringfügig um die Mutterschutzzeit hinauszögert (BVerwGE 61, 79/86; DVBl 84, 1217). Ausfallzeiten durch Mutterschutz dürfen in berufsständischen Versorgungswerken nicht derart unberücksichtigt gelassen werden, dass diesbezügliche Nachteile allein durch Ausscheiden aus dem Berufsstand vermieden werden (BVerfGE 113, 1/26).

60a   **b) Sonstiges.** Vor der Niederkunft ist ausländischen Müttern ohne gesicherten Aufenthaltstitel begrenzter Schutz gegen Abschiebung zu gewähren (Robbers MKS 304; Seiler BK 82). Eine Risikoschwangerschaft kann der Hauptverhandlung im Strafverfahren entgegenstehen (BVerfG-K, NJW 05, 2382 f). Bei drohender Obdachlosigkeit ist für Schwangere statt des Obdachlosenheims eine alternative Unterbringung angezeigt (vgl. BVerfGE 88, 169/172).

IV. Gleichstellung des unehelichen Kindes (Abs.5)

1. Bedeutung, Verpflichtete, Abgrenzung zu anderen Verfassungsnormen

Die Vorschrift enthielt ursprünglich allein einen bindenden Auftrag an den 61
Gesetzgeber, innerhalb einer angemessenen Frist dem Grundrecht entgegenstehendes Recht zu beseitigen, und verpflichtete Verwaltung und Gerichte lediglich im Rahmen des geltenden Rechts, den Auftrag umzusetzen (BVerfGE 8, 210/216; Badura MD 178). Die Frist ist zum Ende der 5. Legislaturperiode (20. 10. 1969) abgelaufen (BVerfGE 25, 167/188; Gröschner DR 147). Damit ist Art.6 Abs.5 in jeder Hinsicht **direkt anwendbar;** insb. muss entgegenstehendes Gesetzesrecht weichen (BVerfGE 25, 167/188; Kotzur SB 73). Art.6 Abs.5 enthält ein Verbot der Ungleichbehandlung (BVerfGE 96, 56/65; BAGE 102, 268/271; Umbach UC 93; Gröschner DR 151), das in der Praxis im Vordergrund steht. Hinzu tritt eine Schutz- und Förderungspflicht, eine „*Schutznorm* zugunsten der nichtehelichen Kinder" (BVerfGE 84, 168/185 f; 85, 80/87; Umbach UC 93), also eine leistungsrechtliche Komponente (Stern ST IV/1, 568 f; Burgi FH 186). Abs.5 enthält ein Grundrecht (Seiler BK 45) und eine verfassungsrechtliche Wertentscheidung (BVerfGE 8, 210/216 f; 25, 167/173; BGH, NJW 01, 2475; Badura MD 175; Coester-Waltjen MüK 113). Dem liegt die Erkenntnis zugrunde, dass die unehelichen Kinder insgesamt ungünstigere Lebensbedingungen vorfinden, und daher der verfassungsrechtliche Auftrag besteht, zu ihrer Gleichstellung beizutragen (Badura MD 179). Abs.5 *verpflichtet* den Gesetzgeber, aber auch die Exekutive und die Judikative (Stern ST IV/1, 569, 576; Burgi FH 185); zur Ausstrahlungswirkung unten Rn.68.

Was die **Abgrenzung zu anderen Verfassungsnormen** angeht, so ist 62
Abs.5 lex specialis zum Sozialstaatsprinzip (BVerfGE 26, 44/60), zu Art.3 Abs.1 (BVerfGE 44, 1/18; 84, 168/184 f; 118, 45/77), zum Merkmal der Abstammung in Art.3 Abs.3 S.1 (BVerfGE 26, 265/272; Umbach UC 94) und zu Art.6 Abs.1 (BVerfGE 26, 44/61). Dagegen werden andere spezielle Gleichheitsgrundrechte für ihren jeweiligen Anwendungsbereich durch Art.6 Abs.5 nicht verdrängt (Uhle EH 73), etwa Art.3 Abs.2 im Verhältnis der unehelichen Mutter zum unehelichen Vater (BVerfGE 26, 265/272 f). Im Rahmen des Art.6 Abs.2 sorgt Art.6 Abs.5 für eine Gleichstellung nichtehelicher Väter (Badura MD 188).

2. Schutzbereich, insb. Grundrechtsträger

Ein eigenständiger *sachlicher* Schutzbereich, der von der Grundrechtsbe- 63
einträchtigung klar abgrenzbar ist, lässt sich bei Art.6 Abs.5 kaum ausmachen (allg. dazu Vorb.15 vor Art.1). Bedeutsam ist aber der *personale* Schutzbereich. Träger des Grundrechts ist jede **uneheliche Person,** d. h. jede Person, deren Eltern im Zeitpunkt der Geburt nicht miteinander verheiratet sind bzw. waren (Coester-Waltjen MüK 116); der Schutz entfällt nicht bei Personen, die für ehelich erklärt wurden (Seiler BK 27; a. A. Burgi FH 188;

Robbers MKS 309). Auf die weiteren Modifikationen im einfachen Recht
kommt es verfassungsrechtlich nicht an, da eine Ungleichbehandlung iSd
Abs.5 auch dann vorliegt, wenn (nur) ein Teil der unehelich geborenen Personen anders als ehelich geborene behandelt wird (BVerfGE 22, 163/172;
84, 168/185). Einfachgesetzlich sprach man seit 1979 von „Nichtehelichkeit"; seit 1998 spricht man von „Kindern nicht miteinander verheirateter
Eltern". Das Alter spielt, trotz des Worts „Kinder", keine Rolle (BVerfGE
44, 1/19f; Stern ST IV/1, 578; Robbers MKS 311). Noch nicht gezeugte
Kinder werden nicht erfasst (BVerfGE 117, 316/330). Auch Nichtdeutsche
sind Grundrechtsträger (Coester-Waltjen MüK 115).

64   **Kein Grundrechtsträger** ist der nichteheliche Vater (BVerfGE 37,
121/127; 79, 203/209; 112, 50/66f) und wohl auch nicht die nichteheliche
Mutter (Stern ST IV/1, 577). Beide können aber eine Verletzung des Art.6
Abs.5 im Rahmen anderer Grundrechte, insb. des Art.6 Abs.1 und des Art.3
Abs.1, geltend machen (Badura MD 183). Zudem können sie sich auf Art.6
Abs.2 berufen (oben Rn.40). Juristischen Personen steht das Grundrecht
nicht zu.

3. Beeinträchtigungen, insb. Ungleichbehandlungen

65   **a) Unehelichkeitsbezogene Ungleichbehandlung.** Die Beeinträchtigung des Grundrechts setzt eine Ungleichbehandlung, d. h. eine unterschiedliche Behandlung zweier vergleichbarer Sachverhalte (dazu Rn.7 zu
Art.3) durch einen Grundrechtsverpflichteten (oben Rn.61) in Abhängigkeit
von der **Unehelichkeit** (oben Rn.63) voraus. Erfasst werden nicht nur Ungleichbehandlungen, die unmittelbar an die Unehelichkeit anknüpfen *(direkte
Ungleichbehandlung);* auch die Verwendung anderer Differenzierungskriterien
dürfte erfasst sein, wenn sie i. E. in den meisten Fällen auf die Verwendung der
Unehelichkeit hinauslaufen (BAGE 102, 268/271; Seiler BK 38; Schmitt-
Kammler/v. Coelln SA 91; vgl. Rn.87 zu Art.3). Erfasst wird somit auch
eine *indirekte* bzw. *mittelbare* Ungleichbehandlung (BVerfGE 22, 163/172; 36,
126/133; 118, 45/62).

66   Das Grundrecht ist beeinträchtigt, wenn die nichtehelichkeitsbezogene
Ungleichbehandlung für den Grundrechtsträger zu einem **Nachteil** führt
(vgl. BVerfGE 17, 148/153f; 22, 163/172; 44, 1/18). Zum *Nachteil* gelten
die Ausführungen in Rn.10f zu Art.3; insb. genügt auch ein geringfügiger
Nachteil. Vielfach wird allein schon die Ungleichbehandlung diskrimi-nie-
rend wirken und daher einen Nachteil darstellen. Bei der Feststellung der
Benachteiligung ist auf die Gesamtsituation abzustellen (BVerfGE 83, 111/
118; 85, 80/87f; Uhle EH 75; Stern ST IV/1, 574). Die Benachteiligung
kann auch mittelbar erfolgen, etwa durch die Benachteiligung der nichtehelichen Mutter (BVerfGE 36, 126/133; einschr. Kingreen, NVwZ 99, 854).
Eine relative Benachteiligung ehelich Geborener wird nicht erfasst (vgl. unten Rn.67).

67   **b) Unterlassen von Leistung, insb. Schutz.** Die Schutz- und Förderpflicht (oben Rn.61) verlangt vom „Gesetzgeber, durch positive Maßnahmen nichtehelichen Kindern die gleichen Bedingungen für ihre leibliche
und seelische Entwicklung und ihre Stellung in der Gesellschaft zu schaffen"

(BVerfGE 85, 80/87; 56, 363/395; Seiler BK 39), wobei eine bloße Annäherung nicht genügt (BVerfGE 85, 80/88; 118, 45/62). Daher muss der Staat das Aufwachsen eines unehelichen Kindes in einer familienähnlichen Situation fördern, wo das möglich ist (BVerfGE 22, 163/173), sofern dies im belegbaren Kindesinteresse liegt. Weiter muss er sozialen Diskriminierungen entgegentreten (Robbers MKS 316). Zur Erreichung des Ziels tatsächlich gleicher Bedingungen für eheliche und uneheliche Kinder kann sogar eine Differenzierung zugunsten unehelicher Kinder erforderlich sein (BVerfGE 85, 80/87; Badura MD 181). Im Übrigen muss bei der Realisierung dieses Ziels die gesamte Rechtsstellung des unehelichen Kindes in die Betrachtung einbezogen werden (BVerfGE 25, 167/196f; 58, 377/390; Schmitt-Kammler SA 88). Zu Verfahrensansprüchen unten Rn.70.

c) Anwendung von Privatrecht. Bei der Auslegung und Anwendung **68** von Privatrecht ist die grundrechtliche Ausstrahlungswirkung (dazu Rn.54–58 zu Art.1) zu beachten (BVerfGE 8, 210/217; BVerfG-K, NJW 09, 1065; Umbach UC 93). Bei der Abwägung widerstreitender Grundrechte der Mutter und des Kindes kommt den Gerichten ein weiter Spielraum zu (BVerfGE 96, 56/63 ff).

4. Rechtfertigung von Beeinträchtigungen

Art.6 Abs.5 weist keinen Gesetzesvorbehalt auf. Gleichwohl können **69** Grundrechtsbeeinträchtigungen ausnahmsweise gerechtfertigt sein. Im Hinblick auf den Auftrag des Art.6 Abs.5 kann eine Ungleichbehandlung zulässig sein, „wenn sie aufgrund der unterschiedlichen tatsächlichen Lebenssituation zwingend erforderlich ist, um das Ziel der Gleichstellung von nicht ehelichen Kindern mit ehelichen Kindern zu erreichen" (BVerfGE 118, 45/62). Daneben ist eine Rechtfertigung durch kollidierendes Verfassungsrecht möglich (BVerfGE 118, 45/62; Stern ST IV/1, 618f; Schmitt-Kammler/v. Coelln SA 89; Vorb.53 vor Art.1). Dabei ist eine strenge Verhältnismäßigkeitsprüfung geboten (relativ großzügig BVerfGE 84, 168/185; 107, 150/183). Zudem ist ein Ausgleich notwendig (BVerfGE 74, 33/39; 85, 80/88). Jedenfalls für direkte Ungleichbehandlungen (oben Rn.65) wird man eine gesetzliche Grundlage verlangen müssen (vgl. Rn.50 zu Art.20).

5. Einzelne Bereiche und Fälle

Im **Familienrecht** war der Ausschluss des gemeinsamen Sorgerechts **70** nichtehelicher Eltern unzulässig (Badura MD 190; näher oben Rn.50), nicht aber die Notwendigkeit übereinstimmender Sorgerechtserklärungen (BGH, NJW 01, 2474f). Unzulässig war die grundsätzliche Befristung des Unterhaltsanspruchs des unehelichen Kindes bis zum 18. Lebensjahr und erst recht die Nichtanerkennung einer Verwandtschaft zwischen dem unehelichen Kind und seinem Vater (BVerfGE 25, 167/189 ff). Bedenklich ist die Befristung des Unterhalts der Mutter im Hinblick auf kindbezogene Umstände (BGHZ 168, 245 Rn.34 ff). Unzulässig war die kürzere Dauer des Betreuungsunterhalts (BVerfGE 118, 45/62 f). Nicht mit Art.6 Abs.5 zu vereinbaren ist weiter der Ausschluss eines unvorhergesehenen Sonderbedarfs beim

Unterhaltsanspruch (BVerfGE 26, 206/213). Das nichteheliche Kind hat einen Anspruch auf ein *Verfahren,* in dem es seine Abstammung väterlicherseits mit Wirkung auch gegenüber Dritten klarstellen kann, selbst wenn ehelichen Kindern kein entsprechendes Verfahren zur Verfügung steht (BVerfGE 8, 210/215; Seiler BK 70; Badura MD 182). Dagegen ergibt sich aus Art.6 Abs.5 kein Anspruch gegen die Mutter auf Benennung des Vaters (BVerfGE 96, 56/63, 65; Seiler BK 69). Ein günstigerer Instanzenzug für Unterhaltsansprüche ehelicher Kinder ist nur vorübergehend hinnehmbar (BVerfGE 85, 80/91 ff).

71 Im **Erbrecht** muss dem unehelichen Kind eine angemessene Beteiligung am väterlichen Nachlass in Form eines Erbrechts oder eines Geldanspruchs zuerkannt werden (BVerfGE 25, 167/174; 74, 33/38 f); die Beteiligung muss grundsätzlich den gleichen Umfang haben. Dies muss auch für vor dem 1. 7. 1949 geborene nichteheliche Kinder gelten (BVerfG-K, NJW 09, 1065 f; anders noch BVerfGE 44, 1/24 ff). Das Pflichtteilsrecht ist für das nichteheliche Kind eine Ausprägung des aus Abs.5 resultierenden Schutzanspruchs (BVerfGE 112, 332/354).

72 **Im Übrigen** schränkt Art.6 Abs.5 etwa den Grundsatz der effektiven Staatsangehörigkeit ein, nachdem es bei mehrfacher Staatsangehörigkeit darauf ankommt, zu welchem Staat die nähere tatsächliche Beziehung besteht (BVerwGE 68, 220/231).

Art.7 [Schulwesen]

(1) **Das gesamte Schulwesen steht unter der Aufsicht des Staates[1 ff].**

(2) **Die Erziehungsberechtigten haben das Recht, über die Teilnahme des Kindes am Religionsunterricht[9] zu bestimmen[12 ff].**

(3) **Der Religionsunterricht[9] ist in den öffentlichen Schulen mit Ausnahme der bekenntnisfreien Schulen[10] ordentliches Lehrfach[11]. Unbeschadet des staatlichen Aufsichtsrechtes[3 ff, 17] wird der Religionsunterricht in Übereinstimmung mit den Grundsätzen der Religionsgemeinschaften erteilt[9, 12 ff]. Kein Lehrer darf gegen seinen Willen verpflichtet werden, Religionsunterricht zu erteilen.[15]**

(4) **Das Recht zur Errichtung von privaten Schulen[19] wird gewährleistet[20 ff]. Private Schulen als Ersatz[22] für öffentliche Schulen bedürfen der Genehmigung des Staates und unterstehen den Landesgesetzen[30]. Die Genehmigung ist zu erteilen, wenn die privaten Schulen in ihren Lehrzielen und Einrichtungen sowie in der wissenschaftlichen Ausbildung ihrer Lehrkräfte nicht hinter den öffentlichen Schulen zurückstehen und eine Sonderung der Schüler nach den Besitzverhältnissen der Eltern nicht gefördert wird[23]. Die Genehmigung ist zu versagen, wenn die wirtschaftliche und rechtliche Stellung der Lehrkräfte nicht genügend gesichert ist[23].**

(5) **Eine private Volksschule ist nur zuzulassen, wenn die Unterrichtsverwaltung ein besonderes pädagogisches Interesse anerkennt oder, auf Antrag von Erziehungsberechtigten, wenn sie als Gemeinschaftsschule,**

als Bekenntnis- oder Weltanschauungsschule errichtet werden soll und eine öffentliche Volksschule dieser Art in der Gemeinde nicht besteht[24 ff].

(6) Vorschulen bleiben aufgehoben[2a].

Übersicht

Literatur A (Abs.1): *Jestaedt,* Schule und außerschulische Erziehung, HbStR[3] VII, 2009, § 156; *Kersten,* Segregation in der Schule, DÖV 2007, 241; *Niehues/Rux,* Schul- und Prüfungsrecht I, 4. A. 2006; *Rathke,* Öffentliches Schulwesen und religiöse Vielfalt, 2005; *Anger,* Islam in der Schule, 2003; *Rennert,* Entwicklungen in der Rspr. zum Schulrecht, DVBl 2001, 504; *Avenarius/Heckel,* Schulrechtskunde, 7. A. 2000; *Thiel,* Der Erziehungsauftrag des Staates in der Schule, 2000; *Hufen,* Verfassungsrechtliche Möglichkeiten und Grenzen schulischer Selbstverwaltung, FS Vogel, 1998, 51; *Oppermann,* Öffentlicher Erziehungsauftrag, Essener Gespräche zum Thema Staat und Kirche 1998, 7; *Bothe/Dittmann,* Erziehungsauftrag und Erziehungsmaßstab der Schule im freiheitlichen Verfassungsstaat, VVDStRL 54 (1995), 7, 47; *Jarass,* Zum Grundrecht auf Bildung und Ausbildung, DÖV 1995, 674; *Glotz/K. Faber,* GG und Bildungswesen, HbVerfR, 2. A. 1994, § 28; *Niehues,* Schul- und Prüfungsrecht, 3. A. 1994; *P.M. Huber,* Erziehungsauftrag und Erziehungsmaßstab der Schule im freiheitlichen Verfassungsstaat, BayVBl 1994, 545; *Pieroth,* Erziehungsauftrag und Erziehungsmaßstab der Schule im freiheitlichen Verfassungsstaat, DVBl 1994, 948; *Maunz,* Gestaltungsfreiheit des Lehrers und Schulaufsicht des Staates, FS Dürig, 1990, 269. – S.

auch Literatur zu Art.6 und B zu Art.12. – **Literatur B (Abs.2, 3):** *Mückl,* Konfessionalität des Religionsunterrichts im Wandel?, FS Steiner, 2009, 542; *Stock,* Einige Schwierigkeiten mit islamischem Religionsunterricht, NVwZ 2004, 1399; *Frisch,* Grundsätzliche und aktuelle Aspekte der grundgesetzlichen Garantie des Religionsunterrichts, DÖV 2004, 462; *Heimann,* Alternative Organisationsformen islamischen Religionsunterrichts, DÖV 2003, 238; *M. Heckel,* Der Rechtsstatus des Religionsunterrichts im pluralistischen Verfassungssystem, 2002; *Muckel,* Islamischer Religionsunterricht und Islamkunde an öffentlichen Schulen in Deutschland, JZ 2001, 58; *Hildebrandt,* Das Grundrecht auf Religionsunterricht, 2000; *Maurer,* Die verfassungsrechtliche Grundlage des Religionsunterrichts, FS Zacher, 1998, 577; *Korioth,* Islamischer Religionsunterricht und Art.7 III GG, NVwZ 1997, 1040; *Mückl,* Staatskirchenrechtliche Regelungen zum Religionsunterricht, AöR 1997, 513; *Oebbecke,* Reichweite und Voraussetzungen der grundgesetzlichen Garantie des Religionsunterrichts, DVBl 1996, 336; *Link,* Religionsunterricht, HbStKirchR II, 1995, 439; *Renck,* Rechtsfragen des Religionsunterrichts im bekenntnisneutralen Staat, DÖV 1994, 27; *Pieroth,* Die verfassungsrechtliche Zulässigkeit einer Öffnung des Religionsunterrichts, ZevKR 1993, 189. S. auch Literatur A zu Art. 4 – **Literatur C (Abs.4, 5):** *Ogorek,* Der Schutz anerkannter Ersatzschulen durch das Grundrecht der Privatschulfreiheit, DÖV 2010, 341; *J. P. Vogel,* Genehmigung von Ersatzschulen, DÖV 2008, 895; *Günther,* Zur Zulässigkeit der Errichtung privater Volksschulen als Bekenntnisschulen religiös-ethnischer Minderheiten nach Art.7 Abs.5 GG, 2006; *Tillmanns,* Die Freiheit der Privatschulen nach dem GG, 2006; *Hufen/Vogel,* Keine Zukunftsperspektiven für Schulen in freier Trägerschaft?, 2006; *Poscher/Neupert,* Die Rechtsstellung ausländischer und internationaler Schulen unter dem Grundgesetz, RdJB 2005, 244; *Jach,* Die Rechtsstellung der Schulen in freier Trägerschaft vor dem Hintergrund der neueren Rspr. zu Art.7 IV, V GG, DÖV 2002, 969; *Jeand'Heur,* Zulassung privater Grundschulen, FS Vogel, 1998, 105; *Loschelder,* Kirchen als Schulträger, HbStKirchR II, 1995, 511; *Geis,* Die Anerkennung des „besonderen pädagogischen Interesses" nach Art.7 Abs.5 GG, DÖV 1993, 22; *Pieroth,* Zulässige Eignungsanforderungen bei der Genehmigung von Lehrern an Ersatzschulen, NWVBl 1993, 201; *F. Müller,* Das Recht der Freien Schule nach dem GG, 2. A., 1982.

I. Staatliche Schulaufsicht (Abs.1)

1. Bedeutung

1   Abs.1 ist kein Grundrecht, sondern eine organisationsrechtliche Norm. Da als Adressat hier nur der „Staat" normiert ist, müssen zur konkreten Bestimmung zusätzlich die Kompetenzvorschriften über die Zuordnung an den Bund bzw. die Länder, in deren Gesetzgebungskompetenz das Schulrecht weitgehend steht (Rn.21 zu Art.70), sowie an die Legislative bzw. Exekutive (vgl. Rn.46–55 zu Art.20) herangezogen werden. Als Organisationsnorm, die ein Rechtsinstitut normiert, mit dem notwendig Grundrechtseinschränkungen verbunden sind (vgl. Pieroth, AöR 1989, 440f), entfaltet Abs.1 grundrechtsbeschränkende Wirkung. Abs.1 wird darüber hinaus der Verfassungsauftrag zur Gewährleistung eines leistungsfähigen Schulwesens, sei es durch Errichtung und Betrieb staatlicher Einrichtungen, sei es durch Überwachung privater Schulen, entnommen (Jarass, DÖV 95, 677). Jedenfalls wird einhellig in Abs.1 ein staatlicher Bildungs- und Erziehungsauftrag verortet.

2. Schulwesen

Schulbegriff. Schulen sind Einrichtungen, die **(1)** auf gewisse Dauer be- 2
rechnet sind und **(2)** ein zusammenhängendes Unterrichtsprogramm in einer
Mehrzahl von Fächern haben (Geis FH 13 f; Jestaedt HbStR³ VII § 156
Rn.36; Schmitt-Kammler SA 8 f; krit. Robbers MKS 52). Keine Schulen
sind danach zum einen Lehrgänge, Vortragsreihen (vgl. BVerfGE 75, 40/77),
Nachhilfe- und Fernunterricht zum anderen Kindergärten sowie Musik-
(LVerfG SAn, LVerfGE 9, 361/367), Tanz-, Sport- und Volkshochschulen
(Gröschner DR 28; Robbers MKS 55). Dagegen sind berufsbildende Aus-
bildungsstätten, bei denen der Anteil der allgemeinbildenden Fächer zurück-
tritt, Schulen (BVerwG, NVwZ 87, 680). Weder dem Bestehen oder Nicht-
bestehen einer Schulpflicht noch dem Lebensalter der Schüler kommt
Bedeutung für den Schulbegriff zu (BVerfGE 75, 40/77).

Systematische Ergänzungen. Zum Schulwesen zählen auch die mit 2a
dem Zweck der Schule unmittelbar zusammenhängenden Unternehmungen
wie Schultheater (BVerfG, NJW 09, 3151), Schulmusik, Schulwerkstätten,
Schulreisen, Schulfeste usw. (Schmitt-Kammler SA 9; Robbers MKS 57).
Art.7 Abs.1 ist auch anwendbar auf Bildungssendungen mit Schulcharakter
im Rundfunk (BVerfGE 83, 238/340). Keine Schulen sind wegen Art.5
Abs.3 die Hochschulen (BVerfGE 37, 314/320). Vorschulen, die gem. Art.7
Abs.6 aufgehoben bleiben, waren Grundschulen, die den verschiedenen
Zweigen der höheren Schulen, insb. Gymnasien, zugeordnet waren und v. a.
sozial differenzierend wirkten; daraus kann aber keine institutionelle Garan-
tie der gemeinsamen Grundschule abgeleitet werden (so aber Richter/Groh,
RdJB 89, 277). Heutige Einrichtungen der Vorschulerziehung unterfallen
nicht dem Abs.6 (Jestaedt HbStR³ VII § 156 Rn.62).

3. Schulaufsicht

a) Der **Begriff** der Schulaufsicht wird traditionell umfassend als die Ge- 3
samtheit der staatlichen Befugnisse zur Organisation, Leitung und Planung
des Schulwesens verstanden (BVerfGE 26, 228/238; 47, 46/80; BVerwGE
47, 201/204; BayVerfGH, DVBl 95, 419); dies umfasst auch inhaltliche
Elemente (BVerfGE 34, 165/182; 93, 1/21; Jestaedt HbStR³ VII § 156
Rn.43 ff; Richter AK 18 ff; Robbers MKS 69). Für die Exekutive bedeutet
die Schulaufsicht die Rechtsformen der Rechts-, Fach- und Dienstaufsicht
(Hemmrich MüK 11 f). Sie umfasst auch die Festlegung der Ausbildungs-
gänge und Unterrichtsziele (BVerfGE 52, 223/236; 53, 185/196; 59,
360/377; BVerwGE 79, 288/300; 94, 82/84; 107, 75/78), einschließlich der
Schaffung neuer Unterrichtsfächer und Bildungsinhalte (BVerwGE 107,
75/78 f) und der weltanschaulich-religiösen Ausprägung (BVerfGE 108,
282/302), die Koordinierung der Aufnahmeentscheidungen der Schulleitun-
gen (VerfGH NW, OVGE 43, 266/270 ff), die Auswahl und Verwendung
von Schulbüchern (BVerfG-K, NVwZ 90, 54; BVerwGE 79, 298/300) und
die Rechtschreibreform (BVerfGE 98, 218/247; krit. Gröschner DR 55). Sie
lässt gewisse Formen von Schulautonomie in Bindung an die staatlichen Erziehungsziele, aber keine der Hochschulautonomie (Rn.126 f zu Art.5) vergleichbare Freisetzung zu (Pieroth, DVBl 94, 951 f; Robbers MKS 67). Die

Beteiligung der Gemeinden an der Schulaufsicht ist zulässig (Geis FH 31; Schmitt-Kammler SA 32 f; Richter AK 33; Robbers MKS 101). Darüber hinaus fällt die Schulträgerschaft unter die kommunale Selbstverwaltungsgarantie (Rn.28 zu Art.28).

4 **b) Beschränkung von Verfassungsnormen. aa) Allgemeines.** Die Beschränkung muss zur Verwirklichung der legitimen Ziele der Schulaufsicht geeignet, erforderlich und angemessen sein sowie durch Gesetz erfolgen (Badura MD 10). So kann der Schulausschluss eines Schülers nicht allein durch Art.7 Abs.1 gerechtfertigt werden (BVerfGE 41, 251/263). Zur Einschränkung der allgemeinen Handlungsfreiheit der Schüler Rn.6, 20 zu Art.2; der Religionsfreiheit der Eltern, Schüler und Lehrer Rn.34 ff zu Art.4, des Elternrechts unten Rn.5 ff. Die Rundfunkfreiheit wird bei Bildungssendungen mit Schulcharakter beschränkt, soweit es um die Sicherung der Gleichwertigkeit der Bildungsveranstaltung und der durch sie vermittelten Prüfungen und Abschlüsse mit denen des staatlichen Schulwesens geht (BVerfGE 83, 238/340 f). Auch Eingriffe in das kommunale Selbstverwaltungsrecht können durch Art.7 Abs.1 gerechtfertigt werden (BVerfGE 26, 228/238 f).

5 **bb)** Das **Elternrecht** (Art.6 Abs.2) ist vom Schulwesen nicht ausgeschlossen; Abs.1 ist nicht lex specialis zu Art.6 Abs.2; vielmehr ist der staatliche Erziehungsauftrag in der Schule dem elterlichen Erziehungsrecht gleichgeordnet (BVerfGE 34, 165/182 f; 47, 46/71 ff; 96, 288/304; 98, 218/244 f; a. A. Robbers MKS 219 zu Art.6; Schmitt-Kammler SA 36; diff. Bader UC 86 ff). Die staatlichen Erziehungsziele binden aber nicht die Eltern (Hofmann SHH 14; Pieroth, DVBl 94, 954). Die allgemeine Schulpflicht ist verfassungsmäßig (BVerfG-K, NJW 87, 180; DVBl 03, 999; BayVBl 06, 633; BVerwG, NVwZ 92, 370; Hebeler/Schmidt, NVwZ 05, 1368). Die Eltern können nicht verlangen, dass ihnen eine ihren Wünschen entsprechende Schule zur Verfügung gestellt wird (BVerwGE 35, 111/112; BVerwG, DVBl 94, 169; Bh 421 Nr.115; Glotz/Faber HbVerfR 1382 ff). Der Staat darf aber nicht die Kinder übermäßig lange in einer Schule mit undifferenziertem Unterricht festhalten (BVerfGE 34, 165/187; BVerwGE 104, 1/9). Die Eltern haben zwar ein Wahlrecht zwischen verschiedenen Schulformen, das aber solange nicht verletzt ist, als es nicht bloß eine einzige Schulform mit einem einzigen Ausbildungsgang gibt (BVerfGE 34, 165/197 ff). Die Eltern haben einen Anspruch auf Unterrichtung über Vorgänge in der Schule, deren Verschweigen die Ausübung des elterlichen Erziehungsrechts beeinträchtigen könnte (BVerfGE 59, 360/381 f).

6 **Im Einzelnen** haben Eltern kein Mitwirkungsrecht bei der Errichtung einer Förderstufe (BVerfGE 34, 165/182), bei der Neuordnung der gymnasialen Oberstufe (BVerfGE 45, 400/415 f; 53, 185/196 f), bei der Schaffung der integrierten Gesamtschule (BVerfG-K, NVwZ 84, 89 f; SaarlVerfGH, AS 21, 278/328 f; NdsStGH, NVwZ 97, 267), bei Veränderungen des humanistischen Gymnasiums (BVerwG, NJW 81, 1056), bei der Festlegung der ersten Pflichtfremdsprache in der Orientierungsstufe (BVerwGE 64, 308/314), bei der Einführung von Ethikunterricht (unten Rn.16), bei der Zeugnis- und Notengebung (BVerwG, NJW 82, 250; NdsStGH, NVwZ 97, 270 f) und bei der Rechtschreibreform (BVerfGE 98, 218/245 ff). Die 6-jährige Grundschulpflicht ist verfassungsmäßig (BVerwGE 104, 1/11). Die Eltern haben auch kein generelles Beteiligungsrecht an der Schulselbstverwaltung; die landesrechtlich, teilw. auch landesverfassungsrechtlich normierten elterlichen Anhörungs- und Mitspracherechte sind nicht vom GG gefordert (BVerfGE 59, 360/381 f); soweit sie unterhalb der Ebene von Mitentscheidungsrechten bleiben, verstoßen sie aber auch nicht gegen Art.7 Abs.1 (vgl. auch Robbers MKS 90). Dagegen haben die Eltern aus Art.6 Abs.2 einen Anspruch auf rechtzeitige und umfassende Information über den Inhalt und den methodisch-didaktischen Weg der Sexualerziehung in der Schule (BVerfGE 47, 46/76), nicht aber auf Mitteilung des Notenspiegels bei Klassenarbeiten ihrer Kinder (BVerwG, DÖV 78, 846).

Organisatorische Maßnahmen, die das elterliche Erziehungsrecht nicht 7 verletzen, sind die sachlich begründete Auflösung einer Schule (BVerfGE 51, 268/289; BVerwG, NJW 78, 2211; 79, 828; vgl. auch Ladeur, DÖV 90, 945 ff), die Zusammenfassung von Schulen (OVG Bremen, SPE I B 21), die Einführung der Grundschule mit festen Öffnungszeiten (BVerfG-K, DVBl 02, 971 f; LVerfG SAn, LVerfGE 13, 364/382 ff), die Nichterrichtung eines Gymnasiums (BVerwG, DÖV 79, 911) oder eine auf freiwilliger Grundlage durchgeführte Schulveranstaltung (BVerwG, NJW 86, 1949). Das muss auch für die Einführung der Ganztagsschule jedenfalls dann gelten, wenn sie nach Zielsetzung und Umfang im Wesentlichen nur die zeitliche Verteilung der Schulstunden betrifft und weder subjektiv noch objektiv auf die Verdrängung der Eltern aus ihrer Erziehungsrolle gerichtet ist (Pieroth, DVBl 94, 956; Bumke, NVwZ 05, 519; Guckelberger, RdJB 06, 11; Schmahl, DÖV 06, 885).

II. Religionsunterricht (Abs.2, 3)

1. Bedeutung und Abgrenzung zu anderen Vorschriften

Abs.3 S.1 enthält zunächst eine organisationsrechtliche Regelung. Der 8 Staat ist verpflichtet, innerhalb des staatlichen Schulwesens Religionsunterricht einzurichten, d.h. zu veranstalten (BVerfGE 74, 244/251) und die Kosten zu tragen (BVerwGE 110, 326/333; Badura MD 75 ff; Pieroth/Schlink 729). Das ist eine Durchbrechung der grundsätzlichen Trennung von Staat und Kirche (Rn.2 ff zu Art.140/137 WRV); Abs.3 S.1 ist lex specialis zu Art.140 iVm Art.137 Abs.1 WRV. Im Bereich des Art.141 gilt Abs.3 S.1 nicht (Rn.1 zu Art.141). Im systematischen Zusammenhang mit S.2 ergibt sich sodann ein Grundrecht der Religionsgemeinschaften, nicht aber auch der Eltern und Schüler (unten Rn.12–12b). Dieses Grundrecht hat eine Abwehr- und eine Leistungsfunktion (unten Rn.13 f). Insofern konkretisiert Abs.3 die Religionsfreiheit, die auch die religiöse Erziehung beinhaltet (Rn.10 zu Art.4), geht aber darüber hinaus, denn er garantiert die Religionsausübung in der Form des Religionsunterrichts innerhalb des staatlichen Schulwesens und als Teil der Ausübung öffentlicher Gewalt (Pieroth/Schlink 670). Der Wahrung der Grundrechtspositionen der Lehrer, Kinder und Eltern aus Art.4 Abs.1, 2 und Art.6 Abs.2 dienen die Abwehrrechte des

Abs.3 S.3 und Abs.2 (Badura MD 86; Hemmrich MüK 52). Abs.3 S.3 ergänzt außerdem das Benachteiligungsverbot des Art.33 Abs.3. Keine Aussage
trifft Abs.3 zu einem Weltanschauungsunterricht (BbgVerfG, LVerfGE 16,
190/199 ff).

2. Schutzbereich

9   **a) Religionsunterricht** ist der Unterricht über Religion, der „in Übereinstimmung mit den Grundsätzen der Religionsgemeinschaften erteilt"
wird. Das bedeutet, dass „grundsätzlich die Vorstellungen der Kirchen über
Inhalt und Ziel der Lehrveranstaltung maßgeblich" sind (BVerfGE 74, 244/
252; BVerwGE 123, 49/53). Die inhaltliche Gestaltungsbefugnis umfasst
auch die Zusammensetzung des Teilnehmerkreises; die Religionsgemeinschaften können entscheiden, ob und in welchem Umfang bekenntnisfremden Schülern die Teilnahme am Religionsunterricht gestattet wird (BVerfGE
74, 244/253 ff; BVerwGE 68, 16/20) und inwieweit eine Öffnung in Richtung eines konfessionell-kooperativen, bikonfessionellen oder ökumenischen
Religionsunterrichts stattfindet (Pieroth, ZevKR 1993, 189) und ob auf
Glaubenserziehung verzichtet wird (Hofmann SHH 27; zu eng BVerfGE 74,
244/252 f und BVerwGE 110, 326/333, wonach der Religionsunterricht in
konfessioneller Positivität und Gebundenheit zu erteilen ist). Daher dürfen
sich zwei oder mehr Religionsgemeinschaften auf gemeinsame Inhalte für
den Religionsunterricht verständigen (BVerwGE 123, 49/53). Die Erteilung
des Religionsunterrichts darf von einer kirchlichen Erlaubnis abhängig gemacht und der Religionsunterricht von Vertretern der Religionsgemeinschaften besucht werden (Geis FH 62, 64; Robbers MKS 156 f).

10   **b) Öffentliche Schulen** stehen im Gegensatz zu Privatschulen (unten
Rn.19). Bekenntnisfreie Schulen sind weltliche und als Unterfall auch Weltanschauungsschulen (BVerwGE 89, 368/377).

11   **c) Ordentliches Lehrfach** bedeutet, dass der Religionsunterricht nicht
Wahl-, sondern Pflichtfach ist (unbeschadet der aus Abs.2 und Abs.3 S.3 folgenden Besonderheiten; BVerfGE 74, 244/251 f). Damit ist vereinbar, dass
der Religionsunterricht bei der Versetzungsentscheidung berücksichtigt wird
(BVerwGE 42, 346/349). Es dürfen auch gewisse Mindestschülerzahlen für
die Erteilung des Religionsunterrichts festgesetzt werden (Pieroth/Schlink
730; Robbers MKS 144 f; a. A. Badura MD 75). Als ordentliches Lehrfach
darf der Religionsunterricht nicht gegenüber anderen Fächern diskriminiert
werden (BVerfGE 74, 244/252). Soweit Lernmittelfreiheit besteht, muss der
Religionsunterricht einbezogen werden (Geis FH 51).

12   **d) Träger.** Die **Religionsgemeinschaften** (vgl. Rn.32 f zu Art.4) haben
einen Anspruch auf Schaffung der organisatorischen und finanziellen Voraussetzungen und auf inhaltliche Gestaltung des Religionsunterrichts (Abs.3
S.2). Träger können auch islamische Gemeinschaften und Dachverbände sein
(BVerwGE 123, 49/57 ff; Pieroth/Görisch, JuS 02, 940 f). Auf die Rechtsform der Religionsgemeinschaften kommt es abgesehen davon, dass sie
durch ihre Verfassung und die Zahl ihrer Mitglieder die Gewähr der Dauer
bieten und über eine eindeutige Mitgliederstruktur verfügen, nicht an; sie

müssen aber verfassungstreu sein (BVerwGE 123, 49/72 ff). Die **Lehrer** an öffentlichen Schulen haben das Recht, die Erteilung von Religionsunterricht abzulehnen (Abs.3 S.3).

Die **Erziehungsberechtigten** haben das Recht, über die Teilnahme des **12a** Kindes am Religionsunterricht zu bestimmen (Abs.2), nicht aber auf Einrichtung des Religionsunterrichts (Korioth, NVwZ 97, 1045 f; Bader UC 144 ff; Geis FH 53; a. A. Badura MD 83; Richter AK 55; Robbers MKS 123–125; de Wall, NVwZ 97, 465). Die Erziehungsberechtigung richtet sich nach dem verfassungsgemäßen Familienrecht (Gröschner DR 87; Robbers MKS 108); in der Regel steht sie den Eltern gemeinsam zu. Zum Familienrecht gehört auch das RelKErzG (Link HbStKirchR II 475).

Das Recht der **Kinder** selbst, über die Teilnahme am Religionsunterricht **12b** zu bestimmen, ergibt sich unmittelbar aus Art.4 Abs.1, 2 (Starck MaK 39 zu Art.4; Badura MD 83; Pieroth/Schlink 733). Die unterverfassungsrechtliche Ausgestaltung der Religionsmündigkeit durch § 5 RelKErzG ist verfassungsgemäß (BGHZ 21, 340/351 ff). Daher endet mit dem 14. Lebensjahr das Recht der Eltern, über die Teilnahme des Kindes am Religionsunterricht zu bestimmen (Badura MD 84; Link HbStKirchR II 476), nicht aber das im Einklang mit dem Kind ausgeübte Recht der Eltern, sich auch um die religiösen Belange des Kindes zu kümmern (BVerwGE 68, 16/18 f).

3. Beeinträchtigungen

a) Religionsgemeinschaften. aa) Eingriffe betreffen die inhaltliche **13** Gestaltung des Religionsunterrichts. Die Organisation einschließlich der Wahrung eines ordnungsgemäßen Schulbetriebs ist dagegen Sache des Staats (unten Rn.17).

bb) Leistung. Eine Beeinträchtigung liegt im Unterlassen der Einrich- **14** tung, d. h. der organisatorischen und finanziellen Voraussetzungen des Religionsunterrichts. Der Staat muss insb. die Kosten der Besoldung der Lehrkräfte tragen (BGHZ 34, 20/21; Hofmann SHH 27; Robbers MKS 133). Allerdings besteht die Verpflichtung des Staats nur „in Übereinstimmung mit den Grundsätzen der Religionsgemeinschaften"; verweigert die Religionsgemeinschaft die Zusammenarbeit mit dem Staat, entfällt auch eine Beeinträchtigung (Robbers MKS 158).

b) Lehrer werden beeinträchtigt, wenn sie gegen ihren Willen verpflich- **15** tet werden, Religionsunterricht zu erteilen. Die Bedeutung des Abs.3 S.3 liegt insb. darin, dass mögliche, auf den Sonderstatus der Lehrer als Beamte gestützte Rechtfertigungen von Beeinträchtigungen ihrer Religions- und Weltanschauungsfreiheit ausgeschlossen sind (BVerwGE 110, 326/342; Pieroth/Schlink 732). Mit Abs.3 S.3 ist vereinbar, dass Lehrer nach allgemeinen beamtenrechtlichen Grundsätzen dorthin versetzt werden, wo ihre Lehrbefähigung benötigt wird (Hemmrich MüK 33). Aus Art.4 Abs.1, 2, nicht erst aus Art.7 Abs.3 S.3 (so aber Hemmrich MüK 34), folgt, dass der Lehrer auch nicht an anderen religiösen Schulveranstaltungen, wie z.B. einem Schulgebet, teilnehmen muss.

c) Erziehungsberechtigte und **Kinder** werden beeinträchtigt, wenn **16** Kinder gegen ihren Willen am Religionsunterricht teilnehmen müssen. Auch

dürfen an die Ausübung der Rechte der Nichtteilnahme und der Abmeldung keine Nachteile geknüpft werden (Robbers MKS 112). Keine Beeinträchtigung stellt die Einrichtung eines obligatorischen Ersatzunterrichts in
Philosophie (BVerwG, NJW 73, 1815) oder Ethik unter der Voraussetzung
dar, dass diese Unterrichtsfächer dem ordentlichen Lehrfach Religion gleichwertig ausgestaltet werden (BVerfG-K, NVwZ 08, 72; BVerwGE 107, 75/
80ff; Robbers MKS 137–139; Schmitt-Kammler SA 54; Erwin, Verfassungsrechtliche Anforderungen an das Schulfach Ethik/Philosophie, 2001, 176ff;
a.A. Heimann, ZevKR 03, 36; Bader UC 129ff; Unruh, DÖV 07, 625).

4. Rechtfertigung von Beeinträchtigungen (Schranken)

17   Die Grundrechte der Abs.2, 3 stehen nicht unter Gesetzesvorbehalt. Abs.1
(oben Rn.1–7) kann keine Eingriffe rechtfertigen, da diese Grundrechte
Spezialregelungen der Religions- und Weltanschauungsfreiheit sowie des elterlichen Erziehungsrechts gerade im staatlichen Schulwesen sind; ihr eigent-
licher Sinn würde zunichte gemacht, wenn man aus der Kompetenzvor-
schrift für das staatliche Schulwesen die Rechtfertigung von Eingriffen ableiten würde (Pieroth/Schlink 734). Soweit der Religionsunterricht dagegen
ordentliches Lehrfach ist (oben Rn.11), ist er „staatlichem Schulrecht und
staatlicher Schulaufsicht unterworfen" (BVerfGE 74, 244/251); daher ist die
staatliche Dienstaufsicht über die Religionslehrer durch die inhaltliche Bestimmungsbefugnis der Religionsgemeinschaften eingeschränkt (Hemmrich
MüK 30; Pieroth/Schlink 731). Soweit Glaubensfragen betroffen sind, ist
Einvernehmen zwischen Staat und Religionsgemeinschaft herzustellen (Robbers MKS 148). Die grundlegenden staatlichen Erziehungsziele gelten aber
auch für den Religionsunterricht (Geis FH 61; Pieroth, ZevKR 93, 193).

III. Privatschulfreiheit (Abs.4, 5)

1. Bedeutung

18   Abs.4, 5 gewährleisten jedermann das Freiheitsrecht, Privatschulen – unter
näher normierten Voraussetzungen – zu errichten. Damit ist zugleich der
Bestand der Privatschule als Institution gewährleistet (BVerfGE 27, 195/
200f; 75, 40/61f; 90, 107/114). Das hat gleichheitsrechtliche Auswirkungen: Ersatzschulen (unten Rn.22) dürfen gegenüber den entsprechenden
staatlichen Schulen nicht allein wegen ihrer andersartigen Erziehungsformen
und -inhalte benachteiligt werden (BVerfGE 27, 195/201; 90, 107/114).
Darüber hinaus wird aus Abs.4, 5 unter bestimmten Voraussetzungen eine
Schutz- und Förderungspflicht mit korrespondierendem grundrechtlichen
Anspruch abgeleitet (unten Rn.28f).

2. Schutzbereich

19   **a) Privatschulen** sind alle Schulen (oben Rn.2), die nicht von einem
Träger öffentlicher Gewalt betrieben werden (Jestaedt HbStR³ VII § 156
Rn.49). Religionsgemeinschaften als Körperschaften des öffentlichen Rechts
(Rn.32 zu Art.4) sind idS kein Träger öffentlicher Gewalt (Richter AK 32;

Robbers MKS 179). Nicht erfasst werden private Hochschulen einschließlich der Fachhochschulen (BVerfGE 37, 314/320 f; vgl. auch BVerwG, DVBl 05, 512; a. A. Hofmann SHH 42).

b) Geschützte Tätigkeiten. Abs.4, 5 schützen die Errichtung und den **20** Betrieb von Privatschulen (Richter AK 25; Hemmrich MüK 38), insb. die eigenverantwortliche Gestaltung des Unterrichts mit Blick auf die Erziehungsziele, die weltanschauliche Basis, die Lehrmethode und die Lehrinhalte (BVerfGE 88, 40/46; 90, 107/114; 112, 74/83; BVerwGE 112, 263/269). Weiter werden die freie Schülerwahl (BVerfGE 112, 74/83; BGHZ 175, 102/107) und die freie Lehrerwahl (Pieroth/Schlink 736) geschützt. Die freie Schülerwahl kann durch die Anerkennung Einschränkungen erfahren (vgl. unten Rn.27).

c) Träger der Privatschulfreiheit ist jede natürliche Person; sie ist nicht **21** auf Deutsche beschränkt. Nach den allgemeinen Regeln (Rn.15–19, 26 zu Art.19) sind Abs.4, 5 auch auf juristische Personen anwendbar (BVerwGE 40, 347/349).

3. Beeinträchtigung

a) Eingriffe. Der Vorbehalt der Genehmigung (Abs.4 S.2) „hat den Sinn, **22** die Allgemeinheit vor unzureichenden Bildungseinrichtungen zu schützen" (BVerfGE 27, 195/203). Er bezieht sich auf Ersatzschulen, d. h. Privatschulen, die nach dem mit ihrer Errichtung verfolgten Gesamtzweck als Ersatz für eine in dem Land vorhandene oder grundsätzlich vorgesehene öffentliche Schule dienen sollen (BVerfGE 27, 195/201 f; 75, 40/76; 90, 128/139; BVerwGE 104, 1/8; 105, 20/24; 112, 263/266). Da Ersatzschulen öffentliche Schulen ersetzen, müssen sie „ein Mindestmaß an Verträglichkeit mit vorhandenen Schulstrukturen einschließlich der damit verfolgten pädagogischen Ziele" aufweisen (BVerwGE 104, 1/7; krit. Rennert, DVBl 01, 514 f). Die Qualifizierung einer Schule als Ersatzschule hängt nicht davon ab, ob sie schulpflichtige Schüler aufnimmt (BVerfGE 75, 40/76). Der Genehmigungsvorbehalt gilt daher nicht für die sog. Ergänzungsschulen (Jestaedt HbStR³ VII § 156 Rn.50) und erst recht nicht für freie Unterrichtseinrichtungen (Robbers MKS 190). An diese Unterscheidung darf auch im übrigen Recht angeknüpft werden (BGHZ 52, 325/331 ff). Private Volksschulen (unten Rn.24 ff) sind Ersatzschulen.

b) Leistung. aa) Einen **Anspruch auf Genehmigung** (Abs.4 S.3, 4) **23** haben alle Ersatzschulen außer den Volksschulen (unten Rn.24), wenn sie folgende Voraussetzungen erfüllen: – **(1)** Sie dürfen in ihren Lehrzielen und Einrichtungen sowie der wissenschaftlichen Ausbildung ihrer Lehrkräfte nicht hinter den öffentlichen Schulen zurückstehen (Gebot der Gleichwertigkeit oder Homogenität, nicht Gleichartigkeit oder Uniformität; Badura MD 117 ff; Jestaedt HbStR³ VII § 156 Rn.56). Daher sind die staatlichen Erziehungsziele (BVerwGE 90, 1/6 ff; krit. Schmitt-Kammler SA 69), nicht aber die von der Schulverwaltung erlassenen Lehrpläne und Stundentafeln (BVerwGE 112, 263/269) für Ersatzschulen verbindlich. Das Nichtzurückstehen bedeutet für die Kenntnisse und Fähigkeiten der Schüler privater

Ersatzschulen, dass sie am Ende der Abschlussklasse, nicht aber am Ende jedes Schuljahrs denen der Schüler entsprechender öffentlicher Schulen gleichwertig sein müssen (BVerwGE 112, 263/267 ff). Zu den Einrichtungen zählt die sächlich-organisatorische Ausstattung, nicht aber das Prinzip der Jahrgangsklassen (BVerwGE 112, 263/271 f). – **(2)** Sie dürfen keine Sonderung der Schüler nach den Besitzverhältnissen der Eltern fördern. Das schließt überhöhte Schulgelder aus (BVerfGE 75, 40/64; BFHE 209, 48/52). – **(3)** Sie müssen die wirtschaftliche und rechtliche Stellung der Lehrkräfte genügend sichern (näher Müller, o. Lit. C, 127 ff). Dabei wird eine um 10–20% (Geis FH 85), nicht aber um mehr als 25% (BAGE 118, 66/74) geringere Besoldung für zulässig gehalten. – Solange diese Voraussetzungen vorliegen, besteht ein grundrechtlicher Anspruch darauf, dass die Genehmigung nicht wieder aufgehoben wird. Das Erfordernis der „wissenschaftlichen Ausbildung" wird von der Rspr. auf die persönliche Eignung (BVerwG, DÖV 70, 566) und die Besetzung von Schulleiterstellen (BVerwG, NVwZ 90, 865) erstreckt.

24 **bb)** Die **Zulassung privater Volksschulen** (Abs.5), d.h. Grund- und Hauptschulen (Hofmann SHH 7; Robbers MKS 227), ist unter zusätzliche Voraussetzungen gestellt. „Dahinter steht eine sozialstaatliche und egalitärdemokratische Gedankengut verpflichtete Absage an Klassen, Stände und sonstige Schichtungen" (BVerfGE 88, 40/50; krit. Robbers MKS 223).

25 Der Zulassungsanspruch setzt nach **Alt.1** ein „besonderes pädagogisches Interesse" voraus: Als „pädagogisches" beurteilt es sich nicht nach dem Schulträger, den Eltern oder der Unterrichtsverwaltung, sondern nach fachlichen Maßstäben (BVerfGE 88, 40/51); als „besonderes" setzt es eine sinnvolle Alternative zum bestehenden öffentlichen und privaten Schulangebot voraus, welche die pädagogische Erfahrung bereichert und der Entwicklung des Schulsystems insgesamt zugute kommt (BVerfGE 88, 40/53). Allerdings soll die Unterrichtsverwaltung hierbei den öffentlichen Grundschulen einen grundsätzlichen Vorrang einräumen dürfen (BVerfGE 88, 40/55; BVerwGE 75, 275/278; NJW 00, 1281; Richter AK 59; krit. Jach, DÖV 90, 508 ff). Auch wird der Unterrichtsverwaltung in engen Grenzen ein Beurteilungsspielraum eingeräumt (BVerfGE 88, 40/56 ff; Jestaedt HbStR³ VII § 156 Rn.59; krit. Pieroth/Kemm, JuS 95, 780 ff).

26 Durch die **Alt.2** werden Bekenntnis- und Weltanschauungsschulen (oben Rn.10) grundsätzlich auch als öffentliche (Volks-)Schulen anerkannt. Die Begriffe „Bekenntnis" und „Weltanschauung" sind wie in Art.4 (Rn.7–9 zu Art.4) zu verstehen (BVerwGE 89, 368/369, 373 ff; 90, 1/3 f). Unter Bekenntnis- und Weltanschauungsschulen sind nur solche Schulen zu verstehen, in denen ein Bekenntnis oder eine Weltanschauung die Schule sowie ihren gesamten Unterricht prägt; dies setzt ein Minimum an Organisationsgrad der Bekenntnis- oder Weltanschauungsgemeinschaft voraus (BVerwGE 89, 368/372 f; Pieroth, RdJB 90, 451).

27 **cc)** Die Verweigerung der **Anerkennung** von Ersatzschulen stellt eine Beeinträchtigung dar, d.h. es besteht ein Anspruch auf Anerkennung bei Vorliegen der Genehmigungsvoraussetzungen (Gröschner DR 102; Ogorek, DÖV 10, 348 f; Robbers MKS 188; **a.A.** BVerfGE 27, 195/203 f; BVerwGE 112, 263/270 f). Erst auf Grund der Anerkennung, die an über Abs.4 S.2

hinausgehende Voraussetzungen geknüpft ist, dürfen in allen Ländern außer NW die Ersatzschulen Berechtigungen mit öffentlich-rechtlicher Wirkung (Zeugnisse, Hochschulzugangsberechtigung usw.) erteilen. Die verfassungsrechtliche Zulässigkeit einer von der Genehmigung gesonderten Anerkennung von Ersatzschulen wird damit bejaht, dass dem Abs.4 S.2 der herkömmliche, diese sog. Öffentlichkeitsrechte nicht umfassende Ersatzschulbegriff zugrunde liege (BVerfGE 27, 195/204 ff; BVerwGE 68, 185/187 f). Dagegen spricht, dass unter den heutigen Bedingungen die Öffentlichkeitsrechte unentbehrlich sind, damit die Privatschulen wirklich als Ersatz für öffentliche Schulen fungieren können (Müller, o. Lit. C, 353 ff). Jedenfalls darf das Institut der Anerkennung nicht dazu benutzt werden, die Ersatzschulen zu einer übermäßigen Anpassung an die öffentlichen Schulen zu veranlassen oder sie untereinander zu diskriminieren (BVerfGE 27, 195/209). Zulässig ist nach der Rspr. die Verpflichtung der anerkannten Ersatzschule, die für die entsprechenden öffentlichen Schulen geltenden Aufnahmebestimmungen zu beachten (BVerwG, NVwZ 84, 104 f; vgl. auch BayVerfGHE 57, 30/35 ff) und die Versetzungsordnungen zu übernehmen (BVerwGE 112, 263/271).

dd) Schutzpflicht. Der Staat hat die Pflicht, das private Ersatzschulwesen zu schützen und zu fördern; bei der Entscheidung, in welcher Weise dieser Schutz- und Förderpflicht nachzukommen ist, hat der Landesgesetzgeber eine weitgehende Gestaltungsfreiheit (BVerfGE 75, 40/66 f; 90, 107/116; 112, 74/84). Angesichts der gegenwärtig bestehenden generellen Hilfsbedürftigkeit besteht eine Handlungspflicht des Gesetzgebers und ein entsprechender grundrechtlicher Schutzanspruch des Ersatzschulträgers (BVerfGE 75, 40/62 ff; 90, 107/115). Der Gesetzgeber kann der Handlungspflicht durch Leistung von Finanzhilfe nachkommen; auf sie besteht aber kein verfassungsunmittelbarer Anspruch (BVerfGE 90, 107/117; 112, 74/84). Aus Gründen der Missbrauchsabwehr darf eine angemessene Eigenleistung und eine Anfangsfinanzierung durch den Ersatzschulträger verlangt werden (BVerfGE 75, 40/68). Hierzu gehören aber weder die Kosten nach Aufnahme des Betriebs (Kloepfer/Messerschmidt, DVBl 83, 200; Gramlich, BayVBl 87, 611; Jach, DÖV 90, 507; a. A. BVerfGE 90, 107/117 ff, wonach Wartefristen nur dann unzulässig sind, wenn sie sich als Sperre für die Errichtung neuer Schulen auswirken) noch alle Schulbaukosten (BVerfGE 90, 128/141 ff; Pieroth, DÖV 92, 593). Finanzhilfen dürfen, ggf. mit einer Übergangsregelung, auch wieder gekürzt werden (LVerfG MV, LVerfGE 12, 227/242 ff).

28

Im Einzelnen folgt aus Abs.4 kein Recht der Eltern auf Schulgeld (BVerwG, NVwZ 93, 692) oder auf Ersatz der Schülerbeförderungskosten (Hemmrich MüK 45). Bei der Förderung privater Ersatzschulen ist der Gleichheitssatz zu beachten (BVerfGE 75, 40/71 ff). Der Staat darf Eltern und Kindern nicht den Besuch von Privatschulen verbieten oder unmöglich machen (BVerfGE 34, 165/197 f). Er darf sogar zugunsten einer privaten Ersatzschule enteignen (BGHZ 105, 94/98 ff). Dem Staat ist aber nicht verwehrt, eine neue öffentliche Schule neben einer bereits bestehenden Privatschule zu errichten, auch wenn dadurch die wirtschaftliche Grundlage der Privatschule beeinträchtigt wird (BVerfGE 37, 314/319; BVerwG, NVwZ 07, 958). Die einzelne Ersatzschule genießt keinen Bestandsschutz (BVerfGE 112, 74/84).

29

4. Rechtfertigung von Beeinträchtigungen (Schranken)

30   Die Privatschulfreiheit unterliegt keinem Gesetzesvorbehalt (Pieroth/ Schlink 684; Robbers MKS 219; Schmitt-Kammler SA 67; a. A. Richter AK 58). Die Klausel, dass die Ersatzschulen den Landesgesetzen „unterstehen" (Abs. 4 S. 2 Hs. 2) ist kein Gesetzesvorbehalt, sondern ein Hinweis darauf, dass Ersatzschulen in die Gesetzgebungskompetenz der Länder fallen (oben Rn. 1). Die Beeinträchtigung durch die Genehmigung von Ersatzschulen ist im dargestellten Umfang gerechtfertigt (oben Rn. 22–26). Wegen dieser Spezialregelung kann auch die allgemeine Schulaufsicht (oben Rn. 1–7) kein inhaltliches Bestimmen, sondern nur ein Überwachen von Grenzen gegenüber den Privatschulen bedeuten (Geis FH 75; Robbers MKS 204 ff). Die Schulaufsicht ist zu allen Maßnahmen befugt, die geeignet, erforderlich und im Einzelfall verhältnismäßig sind, um beim Betrieb der Ersatzschule die Einhaltung der Genehmigungsvoraussetzungen zu gewährleisten. Dazu gehört nicht die Genehmigung von Lehrbüchern (Robbers MKS 208). Bei Ergänzungsschulen bezieht sich das Überwachen durch die Schulaufsicht auf die Grenzen der allgemeinen Rechtsordnung (Gröschner DR 101); danach sind zB Anzeige- und Berichtspflichten zulässig (Robbers MKS 191).

Art. 8 [Versammlungsfreiheit]

(1) **Alle Deutschen**[11] **haben das Recht, sich ohne Anmeldung**[22] **oder Erlaubnis friedlich und ohne Waffen**[7 ff] **zu versammeln**[3].

(2) **Für Versammlungen unter freiem Himmel**[17] **kann dieses Recht durch Gesetz oder auf Grund eines Gesetzes beschränkt werden**[18 ff].

Übersicht

Literatur: *Kloepfer,* Versammlungsfreiheit, HbStR[3] VII, 2009, § 164; *Hong,* Die Versammlungsfreiheit in der Rechtsprechung des BVerfG, in: Rensen/Brink (Hg.), Linien der Rechtsprechung des BVerfG, 2009, 155; *Waechter,* Die Vorgaben des BVerfG für das behördliche Vorgehen gegen politisch extreme Versammlungen, VerwArch 99 (2008), 73; *Bredt,* Gemietete Demonstranten und Fuckparade, NVwZ 2007, 1358; *Kersten/Meinel,* Grundrechte in privatisierten öffentlichen Räumen, JZ 2007, 1127; *Höfling/Augsberg,* Versammlungsfreiheit, Versammlungsrechtsprechung und Versammlungsgesetzgebung, ZG 2006, 151; *Sachs,* Die Freiheit der Versammlung und Vereinigung, ST IV/1, 2006, § 107; *Wege,* Präventive Versammlungsverbote auf dem verfassungsrechtlichen Prüfstand, NVwZ 2005, 900; *Hoffmann-Riem,* Demonstrationsfreiheit auch für Rechtsextremisten?, NJW 2004, 2777; *Battis/Grigoleit,* Rechtsextremistische Demonstrationen und öffentliche Ordnung, NJW 2004, 3459; *Bühring,* Demonstrationsfreiheit für Rechtsextremisten?, 2004; *Enders,* Der Schutz der Versammlungsfreiheit, Jura 2003, 34, 103; *Beljin,* Neonazistische Demonstrationen in der aktuellen Rechtsprechung, DVBl 2002, 15; *Hoffmann-Riem,* Neuere Rechtsprechung des BVerfG zur Versammlungsfreiheit, NVwZ 2002, 257; *Laubinger/Repkewitz,* Die Versammlung in der verfassungs- und verwaltungsgerichtlichen Rechtsprechung, VerwArch 2001, 585; 2002, 149; *Dörr,* Keine Versammlungsfreiheit für Neonazis?, VerwArch 2002, 485; *Hermanns,* Grundfragen des Rechts der Versammlungsfreiheit, JA 2001, 79; *Brenneisen,* Der exekutive Handlungsrahmen im Schutzbereich des Art.8 GG, DÖV 2000, 275; *Kniesel,* Versammlungs- und Demonstrationsfreiheit, NJW 2000, 2857; *Mayer,* Vorfeldkontrollen bei Demonstrationen, JA 1998, 345; *Deutelmoser,* Angst vor den Folgen eines weiten Versammlungsbegriffs?, NVwZ 1999, 240; *Hueck,* Versammlungsfreiheit und Demonstrationsrecht, in: Grabenwarter u. a. (Hg.), Allgemeinheit der Grundrechte und Vielfalt der Gesellschaft, 1994, 179; *Höllein,* Das Verbot rechtsextremistischer Veranstaltungen, NVwZ 1994, 635; *Rinken,* Die Demonstrationsfreiheit, Strafverteidiger 1994, 95; *Burgi,* Art.8 GG und die Gewährleistung des Versammlungsorts, DÖV 1993, 633; *Alberts,* Zum Spannungsverhältnis zwischen Art.8 GG und dem Versammlungsgesetz, NVwZ 1992, 38.

1. Bedeutung, Verpflichtete, Abgrenzung

a) Bedeutung und Verpflichtete. Die Möglichkeit der freien Ver- **1** sammlung dient einerseits der „ungehinderten **Persönlichkeitsentfaltung**" (BVerfGE 69, 315/343). Andererseits unterstützt die Versammlungsfreiheit die Einflussnahme auf die politische Willensbildung und bildet damit ein „wesentliches Element **demokratischer Offenheit**"; sie gewährleistet „ein Stück ursprünglicher ungebändigter unmittelbarer Demokratie" (BVerfGE 69, 315/346 f; 104, 92/104; Schulze-Fielitz DR 16; krit. Kloepfer HbStR[3] VII § 164 Rn.14 f; Depenheuer MD 35), was umso wichtiger ist, als andere Formen direkter Demokratie vom GG kaum vorgesehen sind (vgl. Rn.7 zu Art.20). Eine vergleichbare Regelung findet sich in Art.12 GRCh und in Art.11 EMRK. Art.8 besitzt einen besonderen Rang (BVerfGE 69, 315/343; Kunig MüK 3) und enthält sowohl ein subjektives Abwehrrecht wie eine verfassungsrechtliche Grundentscheidung (BVerfGE 69, 315/343; Hoffmann-Riem AK 37). Art.8 **verpflichtet** alle Grundrechtsverpflichteten iSd Art.1 Abs.3 (Rn.32–44 zu Art.1). Nicht gebunden werden hingegen Privatpersonen. Allerdings kommt ihnen gegenüber die Ausstrahlungswirkung des Grundrechts zum Tragen, die i. Ü. bei *öffentlichen Räumen* besonderes Gewicht hat (unten Rn. 16).

2   **b)** Was die **Abgrenzung zu anderen Verfassungsnormen** angeht, so kommt neben Art. 8 die Meinungsfreiheit des Art. 5 Abs. 1 zum Tragen, wenn versammlungsbezogene Maßnahmen an die vertretenen Meinungen, an die Inhalte der Versammlung anknüpfen (BVerfGE 82, 236/258; 90, 241/246; 111, 147/154 f; Geis FH 137; für Spezialität des Art. 5 Depenheuer MD 182); zu den Folgen unten Rn. 19a. Geht es dagegen um Maßnahmen, die meinungsneutral sind, nicht an die Inhalte anknüpfen, wie etwa eine Blockade, kommt allein Art. 8 zum Tragen (BVerfGE 104, 92/103; 111, 147/154 f; Hoffmann-Riem AK 21; Schulze-Fielitz DR 125); insoweit ist Art. 8 lex specialis. Umgekehrt ist allein Art. 5 einschlägig, wenn (bei Maßnahmen unterhalb der Verbotsschwelle) allein an Inhalte in einer Weise angeknüpft wird, die für die Art und Weise der Versammlung ohne Bedeutung ist (Hong o. Lit. 191). Der Kunstfreiheit des Art. 5 Abs. 3 kommt der Vorrang zu, soweit sich die Schutzbereiche im konkreten Falle überschneiden (Schulze-Fielitz DR 127; Gusy MKS 87). Zum Verhältnis zur Glaubensfreiheit Rn. 6a zu Art. 4, zur Vereinigungsfreiheit Rn. 2 zu Art. 9. Zum Verhältnis zu anderen Grundrechten unten Rn. 6.

2. Schutzbereich

3   **a) Versammlung.** Kennzeichnend für eine Versammlung ist der Umstand, dass sie „Ausdruck gemeinschaftlicher, auf Kommunikation angelegter Entfaltung" ist (BVerfGE 69, 315/342 f). Sie setzt zunächst eine *innere Verbindung* der Personen zu gemeinsamem Handeln voraus (BVerwGE 82, 34/38; Geis FH 17; Depenheuer MD 44; Sachs ST IV/1, 1209 f). Keine Versammlungen sind bloße Ansammlungen oder Volksbelustigungen, wie ein Menschenauflauf oder Personen vor einem Informationsstand (BVerwGE 56, 63/69; Geis FH 23). Zufällige Ansammlungen können allerdings zu Versammlungen werden, wenn sich die innere Verbindung einstellt (Kunig MüK 14; Höfling SA 15). Was die **Funktion** der Versammlung angeht, so ist Art. 8 „nicht auf Versammlungen beschränkt, auf denen argumentiert und gestritten wird, sondern umfasst vielfältige Formen gemeinsamen Verhaltens bis hin zu nicht verbalen Ausdrucksformen" (BVerfGE 69, 315/343; 87, 399/406). Die Zusammenkunft muss aber in irgendeiner Form „auf die Teilhabe an der öffentlichen Meinungsbildung gerichtet" sein (BVerfGE 104, 92/104; BVerwGE 129, 42 Rn. 15; Hoffmann-Riem AK 15; Kunig MüK 14; Blanke SB 33 ff; a. A. Höfling SA 11, 13a; Sachs ST IV/1, 1206 f; Schulze-Fielitz DR 27). Nicht um die öffentliche Meinungsbildung geht es regelmäßig bei Vergnügungsveranstaltungen, wie etwa bei einer Love Parade (BVerfG-K, NJW 01, 2460; a. A. Depenheuer MD 53). Enthält eine Veranstaltung sowohl Meinungselemente als auch andere Elemente, kommt es auf das Gesamtgepräge an (BVerwGE 129, 42 Rn. 16).

4   Unerheblich ist, ob die Versammlung „ortsfest" ist oder nicht; geschützt werden daher auch **Demonstrationszüge** etc. (Schulze-Fielitz DR 28; Hoffmann-Riem AK 15; Höfling SA 17 Fn. 47; a. A. Depenheuer MD 42).

Notwendig ist aber ein räumliches Zusammensein; eine virtuelle Zusammenkunft wird nicht erfasst (Depenheuer MD 45). Was die **Teilnehmerzahl** angeht, so werden vielfach zwei Personen als ausreichend angesehen (Höfling SA 9; Sachs ST IV/1, 1197 f; Kloepfer HbStR³ VII § 164 Rn.24; für drei Teilnehmer Hoffmann-Riem AK 18). Das Bundesverfassungsgericht verlangt „mehrere Personen" (BVerfGE 104, 92/104), was eher auf drei Personen hindeutet (vgl. Depenheuer MD 44). Planung und Organisation sind keine begriffsnotwendigen Elemente einer Versammlung. Unter Art.8 fällt daher auch die **Spontanversammlung,** die ohne Einladung und Vorbereitung, ausgelöst durch einen akuten Anlass, stattfindet (Kunig MüK 15).

b) Geschütztes Verhalten. Abs.1 kommt zum einen der *Veranstaltung* **5** der Versammlung zugute, insb. der Entscheidung über Ort und Zeit, Art und Inhalt (BVerfGE 69, 315/343; 87, 399/406). Weiter werden vorbereitende Maßnahmen geschützt (Depenheuer MD 75; Hoffmann-Riem AK 29), z.B. die Anreise zu einer Versammlung (BVerfGE 69, 315/349; 84, 203/209; Höfling SA 23; a.A. Kunig MüK 18). In den Schutzbereich fallen weiter die *Modalitäten* der Versammlung, etwa das Tragen von Uniformen (Höfling SA 21; Schulze-Fielitz DR 36; Geis FH 31; **a.A.** BVerfGE 57, 29/35 f) oder der Einsatz von Lautsprechern (Gusy MKS 31). Geschützt ist die *Teilnahme* an einer Versammlung ebenso wie die negative Versammlungsfreiheit, also die Entscheidung, einer Versammlung fernzubleiben (BVerfGE 69, 315/343; Höfling SA 25; Geis FH 28; a.A. Gusy MKS 33). In den Schutzbereich fällt auch die kritische Teilnahme, nicht jedoch die Verhinderung der Versammlung (BVerfGE 84, 203/209). Nicht geschützt ist auch die (physische) Verhinderung der kritisierten Tätigkeit durch die Demonstration (BVerfGE 104, 92/105; Hoffmann-Riem AK 55). Das hat etwa für die Verhinderung von Atommülltransporten Bedeutung. Geschützt ist hingegen eine symbolische Verhinderung als untergeordnetes Mittel (BVerfGE 104, 92/104 f; Michael/Morlok Rn.271).

Abs.1 schützt nur **versammlungsspezifische Tätigkeiten** (Sachs ST **6** IV/1, 1231), insb. die Veranstaltung und ihre Organisation (vgl. Rn.9 zu Art.9). Darüber hinausgehende Tätigkeiten der versammelten Personen werden (allein) durch die dafür einschlägigen Grundrechte geschützt (Depenheuer MD 59; Schulze-Fielitz DR 122). Art.8 schützt keine Tätigkeiten in Versammlungsform, die dem Einzelnen verboten sind (vgl. BVerfGE 90, 241/250). Zur Abgrenzung zur Meinungsfreiheit, zur Kunstfreiheit und zu anderen Grundrechten oben Rn.2.

c) Friedlich und ohne Waffen. Das Verhalten ist nur geschützt, wenn es **7** friedlich und ohne Waffen erfolgt; insoweit ist bereits der Schutzbereich zurückgenommen (BVerfGE 69, 315/360; Sachs ST IV/1, 1211). Art.2 Abs.1 ist aber anwendbar (Pieroth/Schlink 342; Kunig MüK 37; Michael/Morlok Rn.440; a.A. Gusy MKS 92; Geis FH 135), da es sich um eine Grenze des Schutzbereichs und nicht um einen Einschränkungsvorbehalt handelt (Vorb.20 vor Art.1).

Friedlich ist eine Versammlung, die keinen gewalttätigen oder aufrührerischen Verlauf nimmt (Kunig MüK 23). Unfriedlich ist eine Versammlung, **8** „wenn Handlungen von einiger Gefährlichkeit wie etwa aggressive Ausschreitungen gegen Personen oder Sachen oder sonstige Gewalttätigkeiten stattfinden, nicht schon, wenn es zu Behinderungen Dritter kommt" (BVerf-GE 104, 92/106; ähnlich BVerfGE 73, 206/248; 87, 399/406; Kohl UC 30; Blanke SB 47; anders Depenheuer MD 80). Der herkömmliche strafrechtliche Gewaltbegriff ist dafür zu weit (BVerfGE 73, 206/248) und im Rahmen der Nötigung im Hinblick auf Art.103 Abs.2 zu unbestimmt (BVerfGE 92, 1/17 ff). Erst recht kann nicht jeder Rechtsverstoß die Versammlung unfriedlich machen (Hoffmann-Riem AK 24; Kannengießer SBK 4; Höfling SA 29), da sonst der Vorbehalt des Abs.2 unnötig wäre (Geis FH 44; Kunig MüK 23). Sofern sich daher die Teilnehmer einer Sitzblockade auf passive Resistenz beschränken und insoweit friedlich bleiben, ist der Schutzbereich des Art.8 eröffnet (BVerfGE 73, 206/249; 87, 399/406; a.A. Depenheuer MD 66). Daher führt das Anketten an ein Zufahrtstor noch nicht zur Unfriedlichkeit (BVerfGE 106, 92/106; Hong o. Lit. 177). Unfriedlich ist eine Versammlung dagegen bereits dann, wenn ein gewalttätiger Verlauf unmittelbar bevorsteht (Höfling SA 32; Schneider EH 12); eine Vermummung kann die Erwartung unfriedlichen Verhaltens stützen (Depenheuer MD 148; Sachs ST IV/1, 1217). Zur Behinderung Dritter unten Rn.24.

9   Weiter muss das geschützte Verhalten **ohne Waffen** erfolgen. Zu den Waffen zählen zum einen (technische) Waffen iSd § 1 WaffG wie Pistolen, Schlagringe, chemische Kampfstoffe, unabhängig vom Zweck, zu dem sie mitgeführt werden (Geis FH 55). Darüber hinaus sollen auch sonstige gefährliche Werkzeuge Waffen sein, sofern sie zur Verletzung von Personen oder zur Beschädigung von Sachen geeignet sind und zu diesem Zwecke mitgeführt werden (Depenheuer MD 89); das ist jedoch unnötig, da insoweit die Einschränkung der Unfriedlichkeit greift (Höfling SA 36; Kloepfer HbStR³ VII § 164 Rn.60). Keine Waffen sind Schutzgegenstände wie Helme, Gasmasken etc. (Kannengießer SHH 6; Gusy MKS 27; Hoffmann-Riem AK 27). Andererseits können solche Gegenstände im Einzelfall ein Indiz für drohende Unfriedlichkeit sein (Schulze-Fielitz DR 46; Geis FH 47; Sachs ST IV/1, 1220).

10   Verhalten sich **einige Teilnehmer** einer Versammlung friedlich, andere **unfriedlich,** dann kommt Art.8 (nur) den friedlichen Versammlungsteilnehmern zugute (BVerfGE 69, 315/361; Höfling SA 26; Hoffmann-Riem AK 28). Es ist also, dem Wortlaut des Abs.1 entsprechend, auf den einzelnen Teilnehmer abzustellen, nicht auf die Versammlung insgesamt (Depenheuer MD 93). Anders stellt sich die Situation dar, wenn die Gewalt Einzelner von der Solidarität der Mehrheit getragen wird oder wenn der Leiter nicht einmal versucht, auf die notwendige Friedlichkeit hinzuwirken (Hoffmann-Riem AK 28; für generelle Pflicht der Teilnehmer zu aktivem Eintreten für die Friedlichkeit Depenheuer MD 97). Gleiches gilt für das Mitführen von Waffen. In solchen Fällen muss gegen die störende Minderheit vorgegangen werden (Schulze-Fielitz DR 47, 110). Nur wenn dies keinen Erfolg verspricht, kann im Rahmen des Abs.2 unter Beachtung des Grundsatzes der Verhältnismäßigkeit (dazu unten Rn.19) gegen die Versammlung eingeschritten werden (BVerfGE 69, 315/360f; Hoffmann-Riem AK 28; Schulze-Fielitz DR 110; anders Depenheuer MD 95). Gleiches gilt, wenn Gegendemonstranten oder Außenstehende sich unfriedlich verhalten (BVerfGE 69,

315/360 f; BVerfG-K, NVwZ 98, 836). Eine Gegendemonstration genießt den Schutz des Art.8, sofern sie friedlich ist (Schulze-Fielitz DR 28). Bezweckt sie, eine Versammlung zu stören, kann jedenfalls auf Grund des Gesetzesvorbehalts eingegriffen werden.

d) Träger des Grundrechts ist jeder Deutsche iSd Art.116 (dazu Rn.1 **11** zu Art.116), der sich an einer Versammlung beteiligt; dies gilt auch für Minderjährige (Rn.10 zu Art.19; Höfling SA 46). Nicht-Deutsche können sich (allein) auf Art.2 Abs.1 berufen (vgl. Rn.10 zu Art.2; Schulze-Fielitz DR 48; Gusy MKS 39; Sachs ST IV/1, 1238; Höfling SA 46; a.A. Depenheuer MD 109: bloßer Menschenwürdeschutz). Zur Anwendung auf EU-Ausländer Hoffmann-Riem AK 31; Rn.12 zu Art.19. Juristische Personen und Personenvereinigungen des Privatrechts sind Grundrechtsträger, soweit sie geschützte Handlungen vornehmen können (Schulze-Fielitz DR 56; Kunig MüK 10 f). Träger des Grundrechts sind auch nichtrechtsfähige Vereinigungen, wenn sie ihrer Struktur nach festgefügt und auf eine gewisse Dauer angelegt sind (BayVGH, NJW 84, 2116; Höfling SA 48). Die Versammlung selbst ist kein Grundrechtsträger (Sachs ST IV/1, 1240; Geis FH 64; Kunig MüK 10).

3. Beeinträchtigungen

a) Eingriffe. Art.8 wird beeinträchtigt durch Maßnahmen eines Grund- **12** rechtsverpflichteten (oben Rn.1), die das geschützte Verhalten (oben Rn.5–10) **regeln** (Schulze-Fielitz DR 60), wie Anmelde- und Erlaubnispflichten, Auflösungen und Verbote von Versammlungen. Auch die „Behinderung von Anfahrten und schleppende vorbeugende Kontrollen" rechnen hierher (BVerfGE 69, 315/349). Weiter wird Art.8 beeinträchtigt, wenn ein geschütztes Verhalten bestraft wird (Höfling SA 50); vgl. unten Rn.25. Auch ein Kostenbescheid für eine versammlungsrechtliche Auflage stellt einen Eingriff dar (BVerfG-K, NVwZ 08, 414). Ein Verbot oder eine Beschränkung von Versammlungen auf **öffentlichen Straßen** ist ein Eingriff und keine bloße Verweigerung der Teilhabe (Höfling SA 39; Burgi, DÖV 93, 638 f; Geis FH 76; wohl auch BVerfGE 73, 206/249; Sachs ST IV/1, 1226 f; die Teilhabe betont dagegen Schulze-Fielitz GK 109), wenn und weil die Frage der Ressourcennutzung nicht im Vordergrund steht (Vorb.29a vor Art.1); zur Nutzung anderer Einrichtungen unten Rn.15.

Faktische Behinderungen stellen einen Grundrechtseingriff dar, sofern **13** sie von einem solchen Gewicht sind, dass sie einer imperativen Maßnahme gleichkommen. Dies ist regelmäßig der Fall, wenn die Maßnahmen Personen von der Teilnahme an Versammlungen abschrecken (BVerfGE 65, 1/43; Kloepfer HbStR³ VII § 164 Rn.74), etwa wenn die Versammlung oder die Versammlungsteilnehmer in dieser Eigenschaft registriert werden (Kunig MüK 19; Höfling SA 51), sei es auch durch das Notieren von Autokennzeichen.

Bei der Handhabung von Eingriffen ist eine dem Grundrechtsschutz ef- **14** fektuierende Organisations- und Verfahrensgestaltung sowie eine **grundrechtsfreundliche Anwendung** vorhandener **Verfahrensvorschriften** geboten; insb. ist ein eventuelles Ermessen in grundrechtsfreundlicher Weise auszuüben (BVerfGE 69, 315/355 f; Geis FH 80). Daraus ergibt sich ein Gebot versammlungsfreundlicher Kooperation (BVerfGE 69, 315/362; krit. Höfling SA 45).

15 **b) Unterlassen von Leistung, insb. Teilhabe.** Die Nutzung von staatlichen (auch gemeindlichen) Einrichtungen kann als grundrechtliche **Teilhabe** geboten sein; zum Sonderfall der öffentlichen Straßen oben Rn.12. Ggf. besteht ein Anspruch auf fehlerfreien Ermessensgebrauch (BVerwGE 91, 135/139 f; Depenheuer MD 116; Geis FH 76). Untragbare Gebühren und Kosten sind unzulässig (Gusy MKS 48). Ein Anspruch auf Sozialhilfeunterstützung für Reisen zu einer Versammlung besteht nicht (BVerwGE 72, 113/118). Ebenso besteht kein Anspruch von Beamten auf Teilnahme an Versammlungen während der Dienstzeit (BVerwGE 42, 79/85 f) oder auf die Benutzung von Diensträumen (Depenheuer MD 114). Andererseits verpflichtet Art.8 den Staat, gegen Störungen der Grundrechtsausübung durch Dritte in angemessenem Maße einzuschreiten und damit die grundrechtliche Betätigung zu schützen (Hoffmann-Riem AK 38; offen gelassen BVerfGE 69, 315/355). Andersartige Leistungsansprüche sind dagegen selten.

16 **c) Anwendung von Privatrecht.** Der hohe Rang der Versammlungsfreiheit (oben Rn.1) ist auch bei der Auslegung und Anwendung des Privatrechts zu beachten (Hoffmann-Riem AK 40 ff; Geis FH 86; Sachs ST IV/1, 1273; Schulze-Fielitz DR 118); allg. zur Ausstrahlungswirkung Rn.54–58 zu Art.1. Handelt es sich um öffentliche Räume, wie einen Flughafen, entfaltet sich diese Wirkung mit besonderer Intensität (vgl. Kersten/Meinel, JZ 07, 1131; zurückhaltend BGH, NJW 06, 1055). Auch dürfen an die Teilnahme an Versammlungen keine unangemessenen haftungsrechtlichen Risiken geknüpft werden (BGHZ 89, 383/395; Hoffmann-Riem AK 41; vgl. BVerfGE 69, 315/361; BGHZ 137, 89/104 f). Andererseits verleiht Art.8 kein Recht zur Versammlung auf fremden Grundstücken (Gusy MKS 43; Schneider EH 29; Depenheuer MD 63).

4. Rechtfertigung von Beeinträchtigungen (Schranken)

17 **a) Abgrenzung der Versammlungen unter freiem Himmel.** Die Rechtfertigung von Eingriffen in Art.8 hängt davon ab, ob die Versammlung unter freiem Himmel stattfindet, da nur dann der Vorbehalt des Abs.2 zum Tragen kommt. Für die Abgrenzung dürfte es, entgegen dem Wortlaut, weniger auf die Überdachung als darauf ankommen, ob der Raum zur Seite hin überall umschlossen und nur durch Eingänge zugänglich ist (Schulze-Fielitz DR 65; Geis FH 104; Sachs ST IV/1, 1261 f). In diesem Falle birgt die Durchführung der Versammlung geringere Risiken (vgl. BVerfGE 69, 315/348). Die Abgrenzung darf nicht mit der zwischen öffentlichen und nichtöffentlichen Versammlungen iSd VersammlungsG verwechselt werden (Gusy MKS 60).

18 **b) Rechtfertigung bei Versammlungen unter freiem Himmel. aa)** Abs.2 gestattet Eingriffe durch oder aufgrund eines Gesetzes (näher dazu Vorb.42 vor Art.1; notwendig ist also eine **gesetzliche Grundlage.** Das förmliche Gesetz, das Art.8 beschränkt bzw. die Grundlage dazu bietet, muss

ausreichend bestimmt sein (Höfling SA 54; allg. Rn.54 zu Art.20) und das
Zitiergebot beachten (Gusy MKS 56; Geis FH 97; näher Rn.4 zu Art.19). Zur
Bestimmtheit bei meinungsbezogenen Maßnahmen unten Rn.19a. Für mittelbare und ungezielte Maßnahmen soll dagegen keine gesetzliche Grundlage
notwendig sein (Schulze-Fielitz DR 66; Hoffmann-Riem AK 35), soweit
die Maßnahmen einer staatlichen Normierung nicht zugänglich sind (Rn.49
zu Art.20).

Eine Grundrechtsbeschränkung nach Abs.2 ist „im Lichte der grundle- **19**
genden Bedeutung des Art.8 Abs.1 GG auszulegen" (BVerfGE 87, 399/407)
und wird dann auch ihrerseits begrenzt (Kloepfer HbStR[3] VII § 164 Rn.79).
Sie ist „nur zum Schutz gleichgewichtiger anderer Rechtsgüter unter strikter
Wahrung des Grundsatzes der **Verhältnismäßigkeit**" möglich (BVerfGE
69, 315/348 f): Die einschränkende Maßnahme muss zunächst zur Erreichung ihres Ziels *geeignet* sein (dazu Rn.84 zu Art.20). Weiter muss sie *erforderlich* sein; es darf kein „milderes und angesichts der konkreten Sachlage angemessenes Mittel zur Abwehr der von der Veranstaltung unmittelbar
ausgehenden Gefahren zur Verfügung" stehen (BVerwG, NVwZ 88, 250;
Rn.85 zu Art.20). Schließlich verlangt die *Verhältnismäßigkeit* ieS eine praktische Konkordanz zwischen den betroffenen Gütern (BVerfGE 69, 315/349);
die Schwere der Grundrechtsbeeinträchtigung muss in einem angemessenen
Verhältnis zum Gewicht der verfolgten Ziele stehen (allg. Rn.86 f zu Art.20).

bb) Soweit die Beeinträchtigung einer Versammlung **an** die vertretenen **19a**
Meinungen anknüpft, kommt gleichzeitig Art.5 Abs.1 zur Anwendung
(oben Rn.2). Der Eingriff in die Versammlungsfreiheit ist daher nur zulässig, wenn die Vorgaben des Art.5 gewahrt sind (BVerfGE 90, 241/250;
111, 147/154 f; 124, 300/319; Schulze-Fielitz DR 125; Kloepfer HbStR VI
§ 143 Rn.72). Daraus folgert das BVerfG, dass solche Maßnahmen nicht mit
der öffentlichen Ordnung, die auf ungeschriebene Rechtsnormen verweist,
begründet werden kann (BVerfGE 111, 147/155 f). Warum insoweit allgemeine Gesetze iSd Art.5 Abs.2 und Gesetze iSd Art.8 Abs.2 unterschiedliche
Wirkungen entfalten, ist nicht recht verständlich. Besser lässt sich das Ergebnis damit begründen, dass meinungsbezogene Beschränkungen besonders
problematisch sind und daher einer bestimmteren Ermächtigung bedürfen
(vgl. BVerfG-K, NVwZ 08, 673).

c) Rechtfertigung bei Versammlungen in geschlossenen Räumen. **20**
Die Freiheit von Versammlungen in geschlossenen Räumen (zur Abgrenzung oben Rn.17) unterliegt weder dem Vorbehalt des Art.9 Abs.2 (Gusy
MKS 81) noch einem Gemeinwohlvorbehalt (Schulze-Fielitz DR 70; Vorb.39
vor Art.1). Sie kann aber beschränkt werden, wenn dies zum Schutze eines
kollidierenden Verfassungsgutes zwingend geboten ist (BVerwG, DVBl
99, 1742; Schneider EH 53; Höfling SA 70). Dazu ist bei Eingriffen eine
gesetzliche Konkretisierung erforderlich (Vorb.51 vor Art.1; Ketteler, DÖV
90, 957; anders Schulze-Fielitz DR 71). Zudem ist Zurückhaltung geboten
(Vorb.48 f vor Art.1). Auf Grund kollidierenden Verfassungsrechts kann etwa
gegen Versammlungen vorgegangen werden, bei denen die Verletzung von
Personen oder die Beeinträchtigung fremden Eigentums droht (Schulze-
Fielitz DR 72). Art.33 Abs.5 entfaltet dagegen (außerhalb der Dienstzeit)

kaum Wirkung. Die Pflicht, selbst bei Versammlungen in geschlossenen Räumen einen Leiter zu bestellen, ist jedenfalls bei kleinen Versammlungen verfassungswidrig (Höfling SA 71; Gusy MKS 64; für generelle Verfassungswidrigkeit Geis FH 127). Für Angehörige der Streitkräfte bzw. des Ersatzdienstes unterliegt die Versammlungsfreiheit gem. *Art.17a Abs.1* auch in geschlossenen Räumen einem vollen Gesetzesvorbehalt; zu Reichweite und Grenzen Rn.3, 6f zu Art.17a. Daher ist das Verbot des Tragens von Soldatenuniformen auch hier zulässig (i. E. BVerfGE 57, 29/35 f). (Spezielle) Versammlungsverbote für Soldaten dürften nur in Krisenzeiten zulässig sein (Ipsen/Ipsen BK 69 zu Art.17a).

5. Einzelne Bereiche und Fälle

21   **a) Versammlungsrecht u. Ä. aa) Verbot und Auflösung** einer Versammlung kommen nur als ultima ratio zum Schutz elementarer Rechtsgüter in Betracht (BVerfGE 69, 315/353). Zudem spielt eine Rolle, ob es sich um „einen Beitrag zum Meinungskampf in einer die Öffentlichkeit wesentlich berührenden Frage handelt" oder um die „Verfolgung eigennütziger Zwecke" (BVerfGE 73, 206/258; Rn.58 zu Art.5). Ein Versammlungsverbot kann nicht auf den Schutz der öffentlichen Ordnung gestützt werden, sofern es um die Meinungsinhalte geht (oben Rn.19a), wohl aber bei einem einschüchternden Verhalten oder zum Schutz von Symbolen der Erinnerung an die Verbrechen des Nationalsozialismus (BVerfGE 111, 147/156f; Gusy MKS 80; Schneider EH 58; Schulze-Fielitz DR 94f). Ein Bekenntnis zum Nationalsozialismus genügt nicht, sofern nicht besondere Umstände hinzukommen, wie provokative oder einschüchternde Begleitumstände (BVerfG-K, NJW 01, 2071; Beljin, DVBl 02, 19f) oder der Holocaust-Gedenktag (BVerfG-K, NJW 01, 1410); vgl. allerdings auch Rn.66 zu Art.5. Nicht ausreichend ist die zeitliche Nähe eines solchen Gedenktags (BVerfG-K, NVwZ 06, 585). Eine nazistische Veranstaltung in der Nähe eines Konzentrationslagers kann wegen Verletzung der Menschenwürde der Opfer verboten werden (vgl. Blanke SB 64). Die (auch mittelbare) Billigung oder Leugnung der rassistisch motivierten Ermordung der jüdischen Bevölkerung im Nationalsozialismus durch das Motto einer Versammlung beeinträchtigt Rechtsgüter von erheblichem Gewicht (BVerfG-K, NVwZ 06, 815). Wird ein Versammlungsverbot auf die fehlende Bereitschaft oder Fähigkeit zur Sicherstellung der Ordnung gestützt, sind dafür konkrete Anhaltspunkte erforderlich (BVerfG-K, NJW 00, 3052f). Auch sonst sind für die Gefahrenprognose ausreichende Anhaltspunkte notwendig (BVerfG-K, NVwZ-RR 02, 500). Die Versammlungsfreiheit endet mit der rechtmäßigen Auflösung der Versammlung, nicht aber mit der bloßen Möglichkeit einer rechtmäßigen Auflösung (BVerfGE 104, 92/106f; Sachs ST IV/1, 1235). Zu strafrechtlichen Sanktionen unten Rn.25.

22   **bb)** Die pauschale **Anmeldepflicht** des § 14 Abs.1 VersG ist mit dem Wortlaut des Abs.1 nur schwer zu vereinbaren (Höfling SA 58; tendenziell Gusy MKS 36; a.A. BVerfGE 69, 315/350; 85, 69/74; Depenheuer MD 167; Blanke SB 74); bei größeren Demonstrationen sieht das anders aus (BVerfGE 69, 315/357 ff). Der bloße Verstoß gegen die Anmeldepflicht

rechtfertigt nicht das Verbot der Versammlung; entscheidend ist vielmehr, ob sachliche Gefahren drohen (vgl. BVerfGE 69, 315/351; Schulze-Fielitz DR 97). Auf keinen Fall darf aus kritischen Äußerungen in einer Versammlung auf eine selbständige Gegendemonstration mit Anmeldepflicht geschlossen werden (BVerfGE 92, 191/202 f). Auch können Spontanversammlungen (oben Rn.4) keiner Anmeldepflicht unterworfen werden, weil sie sonst generell verboten wären (BVerfGE 69, 315/350 f; 85, 69/75; Schulze-Fielitz DR 81); die Regelung des § 14 Abs.1 VersG wird daher restriktiv ausgelegt (BVerfGE 85, 69/74; für Verfassungswidrigkeit Depenheuer MD 169). Kann die Anmeldefrist nur unter Gefährdung des Demonstrationszwecks gewahrt werden (*Eilversammlung*), ist die Versammlung so früh wie möglich anzumelden (BVerfGE 85, 69/75). Die Pflicht einen **Leiter zu bestellen,** ist verfassungsrechtlich allenfalls bei größeren Versammlungen akzeptabel (vgl. Höfling SA 71).

b) Einvernehmliche Lösung, vorbeugende Kontrolle, Straßenver- 23 **kehr.** Bevor die staatlichen Stellen Auflagen und Verbote erlassen, müssen sie zuerst **einvernehmliche Lösungen** mit den Versammlungsveranstaltern suchen (Blanke SB 42; vgl. BVerfGE 69, 315/355 ff). Je mehr die Veranstalter zu einer Kooperation bereit sind, desto höher ist die Eingriffsschwelle (BVerfGE 69, 315/357; Schulze-Fielitz DR 98; Hoffmann-Riem AK 63). **Vorbeugende Kontrollen** dürfen nicht schleppend vorgenommen werden (BVerfGE 69, 315/349; Depenheuer MD 125). Ein vorbeugendes Verbot ist nur möglich, wenn Maßnahmen während der Versammlung keinen Erfolg versprechen (BVerfGE 69, 315/362); zur Abwehr bloßer Belästigungen kann es nicht verwandt werden, ebenso nicht bei einer unzureichenden Gefahrenprognose (BVerfGE 69, 315/354). Eine **exzessive Observation** und Registrierung ist unzulässig (BVerfGE 69, 315/349), da sie das in der Demokratie essentielle Bürgerengagement empfindlich behindert.

Im Hinblick auf den besonderen Rang der Versammlungsfreiheit müssen 24 **Straßenverkehrsteilnehmer** die Behinderung durch eine Demonstration regelmäßig hinnehmen, soweit sie „sich ohne Nachteile für den Veranstaltungszweck nicht vermeiden lassen" (BVerfGE 73, 206/249 f). Andererseits rechtfertigt Art.8 Behinderungen Dritter nicht mehr, wenn die Behinderung „nicht nur als Nebenfolge in Kauf genommen, sondern beabsichtigt wird, um die Aufmerksamkeit für das Demonstrationsanliegen zu erhöhen" (BVerfGE 73, 206/250; 82, 236/264; Schulze-Fielitz DR 103). Sitzblockaden, die wesentlich über eine geringfügige Behinderung hinausgehen, können aufgelöst werden (BVerfGE 73, 206/250; Schulze-Fielitz DR 103).

c) Sonstiges. *Straftatbestände* müssen verfassungskonform interpretiert 25 werden (BVerfGE 69, 315/361). Die Ziele der Demonstration sind bei der Strafzumessung zu berücksichtigen (BVerfGE 73, 206/261; BGHSt 35, 270/273 ff). Eine Bestrafung wegen eines Verstoßes gegen eine Versammlungsauflösung darf nicht unbeachtet lassen, ob die Auflösung rechtmäßig war (BVerfGE 87, 399/408 f); die Verbindlichkeit der Auflösung unabhängig von ihrer Rechtmäßigkeit ist aber zulässig (BVerfG-K, NVwZ 99, 292). Bei der Bestrafung wegen Widerstand gegen die Ingewahrsamnahme eines Versammlungsteilnehmers muss berücksichtigt werden, dass die Versammlung vorher nicht aufgelöst oder der Teilnehmer aus der Versammlung ausgeschlossen wurde (BVerfG-K, NVwZ 07, 1181 f). Die Auferlegung der *Kosten* für die Straßenreinigung ist in gewissem Umfange möglich (BVerwGE 80, 158/161; s. auch Hoffmann-Riem AK 36); der bloße Versammlungsleiter kann damit aber nicht belastet werden (BVerwGE 80, 158/168 f). Ein Eintreten für Frieden und Abrüstung durch einen *Berufssoldaten* kann nicht unter Berufung auf die Aufgabe der Bundeswehr verboten werden (BVerwG, NJW 87, 82; BVerwGE 83, 60/64). Andererseits dürfen Soldaten durch Demonstrationen militärische Einrichtungen nicht in ihrer Funktionsfähigkeit behindern (BVerwGE 83, 60/66).

Art.9 [Vereinigungs- und Koalitionsfreiheit]

(1) **Alle Deutschen**[7, 11] **haben das Recht, Vereine und Gesellschaften**[3 f] **zu bilden.**[6, 8 f]

(2) **Vereinigungen, deren Zwecke oder deren Tätigkeit den Strafgesetzen zuwiderlaufen**[18] **oder die sich gegen die verfassungsmäßige Ordnung**[19] **oder gegen den Gedanken der Völkerverständigung**[20] **richten, sind verboten.**[17]

(3) **Das Recht, zur Wahrung und Förderung der Arbeits- und Wirtschaftsbedingungen**[33 f] **Vereinigungen zu bilden, ist für jedermann**[37, 43 f] **und für alle Berufe gewährleistet.**[49 ff] **Abreden, die dieses Recht einschränken oder zu behindern suchen, sind nichtig, hierauf gerichtete Maßnahmen sind rechtswidrig.**[31, 47a] **Maßnahmen nach den Artikeln 12a, 35 Abs.2 und 3, Artikel 87a Abs.4 und Artikel 91 dürfen sich nicht gegen Arbeitskämpfe richten, die zur Wahrung und Förderung der Arbeits- und Wirtschaftsbedingungen von Vereinigungen im Sinne des Satzes 1 geführt werden.**[51]

Übersicht

Literatur A (Abs.1, 2): *Merten,* Vereinsfreiheit, HbStR[3] VII, 2009, § 165; *Sachs,* Die Freiheit der Versammlung und Vereinigung, ST IV/1, 2006, § 107; *Günther/ Franz,* Grundfälle zu Art.9 GG, JuS 2006, 788; *Horn,* Verbände, HbStR[3], Bd III, 2005, § 41; *Löwisch/Rieble,* Koalitionsfreiheit als Grundrecht der Arbeitsverfassung, in: Richardi/Wlotzke (Hg.), Münchner Handbuch zum Arbeitsrecht, Band 3, 2. Aufl. 2000, 40; *Planker,* Das Vereinsverbot in der verfassungsgerichtlichen Rechtsprechung, NVwZ 1998, 113; *Gornig,* Pflichtmitgliedschaft in der Industrie- und Handelskammer, WuV 1998, 157; *Grimm,* Verbände, in: HbVerfR, 1994, § 15; *Nolte/Planker,* Vereinigungsfreiheit und Vereinsbetätigung, Jura 1993, 635; *Murswiek,* Grundfälle zur Vereinigungsfreiheit, JuS 1992, 116.

Literatur B (Abs.3): *Engels,* Verfassung und Arbeitskampfrecht, 2008; *Fastricht,* Bemerkungen zu den Grundrechtsschranken des Tarifvertrags, FS Richardi, 2007, 127; *Maschmann,* Tarifautonomie im Zugriff des Gesetzgebers, 2007; *Neumann,* Legislative Einschätzungsprärogative und gerichtliche Kontrolldichte bei Eingriffen in die Tarifautonomie, RdA 2007, 71; *Richardi,* Das Grundrecht der Koalitionsfreiheit im Wandel der Zeit, FS Scholz, 2007, 337; *I. Schmidt,* Die Ausgestaltung der kollektiven Koalitionsfreiheit durch die Gerichte, FS Richardi, 2007, 765; *Ladeur,* Methodische Überlegungen zur gesetzlichen Ausgestaltung der Koalitionsfreiheit, AöR 2006, 643; *Dietlein,* Die arbeits- und wirtschaftsrechtliche Vereinigungsfreiheit, ST IV/1, 2006, § 112; *Günther/Franz,* Grundfälle zu Art.9 GG, JuS 2006, 873; *Burkiczak,* Grundgesetz und Deregulierung des Tarifvertragsrechts, 2006; *Dietrich,* Arbeitsgerichtlicher Schutz der kollektiven Koalitionsfreiheit, AuR 2005, 121; *Höfling/Burkiczak,* Die unmittelbare Drittwirkung gemäß Art.9 Abs.3 S.2 GG, RdA 2004, 263; *Waltermann,* Zur Grundrechtsbindung der tarifvertraglichen Rechtsetzung, in: Oetker/Preis/Rieble, 50 Jahre Bundesarbeitsgericht, 2004, 913; *Steiner,* Zum verfassungsrechtlichen Stellenwert der Tarifautonomie, FS Schwerdtner, 2003, 355; *Döttger,* Der Schutz tariflicher Normsetzung, 2003; *Pieroth,* Koalitionsfreiheit, Tarifautonomie und Mitbestimmung, in: FS 50 Jahre BVerfG, 2001, Bd. II, 293; *Dieterich,* Die Grundrechtsbindung von Tarifverträgen, FS Schaub, 1998, 117; *Sodan,* Verfassungsrechtliche Grenzen der Tarifautonomie, JZ 1998, 421; *Pfohl,* Koalitionsfreiheit und öffentlicher Dienst, ZBR 1997,

78; *Höfling,* Grundelemente einer Bereichsdogmatik der Koalitionsfreiheit, FS Friauf, 1996, 377; *Farthmann/Coen,* Tarifautonomie, Unternehmensverfassung und Mitbestimmung, HbVerfR, 1995, § 19; *Reinemann/Schulz-Henze,* Die Rechtsprechung des BVerfG zur Koalitionsfreiheit, JA 1995, 811; *Otto,* Tarifautonomie unter Gesetzesoder Verfassungsvorbehalt, FS Zeuner, 1994, 121; *Schwarze,* Die verfassungsrechtliche Garantie des Arbeitskampfes, JuS 1994, 653; *Säcker/Oetker,* Grundlagen und Grenzen der Tarifautonomie, 1992; *Jarass,* Tarifverträge und Verfassungsrecht, NZA 1990, 505; *Kemper,* Die Bestimmung des Schutzbereichs der Koalitionsfreiheit, 1989; *Scholz,* Koalitionsfreiheit, HbStR VI, 1989, § 151.

I. (Allgemeine) Vereinigungsfreiheit

1. Bedeutung und Abgrenzung zu anderen Verfassungsnormen

1   Das Grundrecht des Art. 9 Abs. 1 geht auf § 162 PKV und Art. 124 WRV zurück; eine vergleichbare Regelung findet sich in Art. 12 Abs. 1 GRCh und in Art. 11 EMRK. Das Grundrecht enthält ein Abwehrrecht und bildet zugleich ein „konstituierendes Prinzip der demokratischen und rechtsstaatlichen Ordnung des Grundgesetzes: das **Prinzip freier sozialer Gruppenbildung**" (BVerfGE 50, 290/353; 80, 244/252f; 100, 214/223; Merten HbStR³ VII § 165 Rn. 7). Durch die Vereinigungsfreiheit sucht das Grundgesetz „ständisch-korporative Ordnungen" nach dem Muster älterer Sozialordnungen wie die planmäßige Formung und Organisation durch den totalitären Staat nach den Maßstäben eines von der herrschenden Gruppe diktierten Wertsystems zu verhindern (BVerfGE 50, 290/353; Scholz MD 37).

2   Was die **Abgrenzung zu anderen Verfassungsnormen** angeht, so wird für die Koalitionsfreiheit des Art. 9 Abs. 3 auf die Ausführungen unten in Rn. 32 verwiesen. Für religiöse und weltanschauliche Vereinigungen ist allein Art. 4 bzw. Art. 140 einschlägig (Starck MKS 157 zu Art. 4; Morlok DR 33 zu Art. 140/137 WRV; Bauer DR 43; vgl. BVerfGE 83, 341/354 ff; diff. Korioth MD 16 zu Art. 140/137 WRV; a. A. Herzog MD 97 zu Art. 4). Daher kann insoweit auch nicht auf Art. 9 Abs. 2 zurückgegriffen werden (a. A. BVerwGE 105, 117/121; NVwZ 06, 694), wofür i. Ü. auch kein Bedarf besteht (vgl. Rn. 42 zu Art. 4). Für die Abgrenzung zu Art. 8 ist bedeutsam, dass Art. 9 auf Dauer oder auf eine gewisse Zeit angelegte Verbände schützt, während Art. 8 einen „Augenblicksverband" erfasst (Rixen SB 101; Bauer DR 103). Zum Verhältnis der kollektiven Vereinigungsfreiheit zu anderen Freiheitsrechten unten Rn. 9. Für die Gründung wie für die Betätigung der Parteien ist Art. 21 weithin lex specialis (Rn. 3 zu Art. 21); eine kommunale Wählervereinigung fällt jedoch unter Art. 9, da sie keine Partei ist (BVerfGE 78, 350/358; vgl. außerdem BVerwGE 74, 176/188). Zu den Parlamentsfraktionen Rn. 35 zu Art. 38. Zur Gesetzgebungskompetenz Rn. 13 zu Art. 74.

2. Schutzbereich

3   **a) Vereine und Gesellschaften (Vereinigungen). aa)** Unter Vereinigung als dem Oberbegriff von Vereinen und Gesellschaften (Kemper MKS 12; Sachs ST IV/1, 1294; vgl. Abs. 2) ist jeder Zusammenschluss zu

verstehen, zu dem sich „eine Mehrheit natürlicher und juristischer Personen oder Personenvereinigungen für längere Zeit zur Verfolgung eines gemeinsamen Zwecks auf freiwilliger Basis zusammenschließt und einer einheitlichen Willensbildung unterwirft" (BVerwGE 106, 177/181; Höfling SA 8; Kemper MKS 12; Löwer MüK 27). Notwendig und ausreichend dürften 2 Mitglieder sein (Höfling SA 10; Rinken AK 47; Kemper MKS 13; a.A. Merten HbStR³ VII § 165 Rn.37: 3 Mitglieder). Die Anforderungen an die *organisierte Willensbildung* sind niedrig anzusetzen, mit der Folge, dass lose Vereinigungen ebenfalls erfasst werden (Merten HbStR VI § 143 Rn.36; Kannengießer SHH 9; Kemper MKS 15). Auch sonst ist der Begriff der Vereinigung weit auszulegen. Der Zusammenschluss kann auf *Dauer* oder auf Zeit erfolgen, weshalb Gründergesellschaften und Bürgerinitiativen gleichfalls erfasst werden (Bauer DR 41; Dietlein ST IV/1, 1974; Löwer MüK 29). Welche rechtliche Form genutzt wird bzw. ob die Vereinigung rechtsfähig ist, spielt keine Rolle (BVerfGE 80, 244/253; Sachs ST IV/1, 1295f). Unerheblich ist des Weiteren die Art des verfolgten Zwecks (Kemper MKS 1; Höfling SA 4, 14); erfasst werden also Vereinigungen mit ideellen wie mit wirtschaftlichen Zwecken (Bauer DR 20; Merten HbStR³ VII § 165 Rn.41). Art.9 Abs.1 kommt daher auch eine gewichtige wirtschaftliche Bedeutung zu (Dietlein ST IV/1, 1962). Sogar rechtswidrige Zwecke schließen den Schutzbereich nicht aus (Bauer DR 42).

Art.9 schützt nur „frei gebildete privatrechtliche Vereinigungen" (BVerf- **4** GE 85, 360/370; Kemper MKS 30). Nicht geschützt werden staatlich angeordnete Zusammenschlüsse. Ein von Privatpersonen freiwillig gebildeter Verein ist aber eine Vereinigung iSd Art.9 auch dann noch, wenn jemand zum Beitritt verpflichtet wird (Kemper MKS 30; vgl. BGHZ 130, 243/256; Cornils EH 8; offen gelassen BVerfG-K, NJW 01, 2617). Keine Vereinigung iSd Art.9 sind alle **öffentlich-rechtlichen Zusammenschlüsse** (Bauer DR 37; Sachs ST IV/1, 1300; Löwer MüK 20; Scholz MD 66), etwa Personalräte. Dies folgt aus der fehlenden Freiwilligkeit, aber auch aus dem Umstand, dass sie generell keine Grundrechtsträger sind (Rn.24f zu Art.19). Zu den Folgen für die negative Vereinigungsfreiheit unten Rn.7.

bb) Im Einzelnen fallen unter Abs.1 eingetragene wie nicht eingetrage- **5** ne Vereine, Personengesellschaften, aber auch Kapitalgesellschaften, sofern sie wenigstens zwei Gesellschafter aufweisen. Auch große (als Gesellschaften organisierte) Wirtschaftsunternehmen werden erfasst, obwohl dort der personale Vereinigungsaspekt nur noch schwach ausgeprägt ist (Kemper MKS 20; Dietlein ST IV/1, 1970; Höfling SA 11f; offen gelassen BVerfGE 50, 290/355f; 124, 25/34; Rinken AK 48); insoweit ist lediglich eine stärkere Ausgestaltung möglich (unten Rn.14). Kartelle werden erfasst, wenn sie eine eigene Organisation besitzen (Dietlein ST IV/1, 1973; Kemper MKS 34). Nicht erfasst werden Stiftungen (BVerwGE 106, 177/180f; Bauer DR 39; Kemper MKS 18) und Ein-Mann-Gesellschaften (Kemper MKS 13; Sachs ST IV/1, 1296).

b) Geschützte Tätigkeiten. aa) Abs.1 schützt zunächst (im Rahmen **6** der individuellen Vereinigungsfreiheit) das Tätigwerden der (künftigen oder gegenwärtigen) **Vereinigungsmitglieder.** Dazu rechnen die Bildung einer

Vereinigung, die Entscheidung über Zeitpunkt, Zweck und Rechtsform, ebenso der Beitritt zu einer Vereinigung (Kemper MKS 2). Geschützt wird die Teilnahme der Mitglieder an der Selbstbestimmung des Vereins (BVerfGE 123, 186/230). Die Vereinigungsfreiheit gilt zudem im besonderen Gewaltverhältnis (Rinken AK 70; Scholz MD 143).

7   Die **negative Vereinigungsfreiheit** wird ebenfalls erfasst, also die Entscheidung, einer Vereinigung fern zu bleiben (BVerfGE 50, 290/354; Bauer DR 46) oder aus ihr auszutreten (BVerfGE 123, 186/237; BGHZ 130, 243/254); sie ist auch in Art. 20 Abs. 2 AEMR verankert. Allerdings gilt das nur für frei gebildete bzw. privatrechtliche Vereinigungen, da nur sie in den Schutzbereich fallen (oben Rn. 4) Daher schützt Art. 9 Abs. 1 nicht gegen den **Zwangszusammenschluss** zu **öffentlich-rechtlichen Vereinigungen** (BVerfGE 10, 89/102; 38, 281/297; BVerwGE 107, 169/172 f; Merten HbStR³ VII § 165 Rn. 62; Dietlein ST IV/1, 1976 f; Di Fabio MD 22 zu Art. 2 I; a. A. Bauer DR 47; Scholz MD 90). Öffentlich-rechtliche Vereinigungen fallen generell nicht unter Art. 9 Abs. 1 (oben Rn. 4). Gegen die Pflichtmitgliedschaft in einer solchen Vereinigung schützt Art. 2 Abs. 1 (Rn. 5 zu Art. 2); zum Einfluss der Berufsfreiheit Rn. 16 zu Art. 12. Dies muss konsequenterweise auch für einen privatrechtlichen Zwangszusammenschluss gelten (a. A. BGHZ 130, 243/256). Art. 9 Abs. 1 kommt aber zum Tragen, wenn der öffentlich-rechtliche (oder privatrechtliche) Zwangszusammenschluss die Gründung entsprechender privater Vereinigungen erheblich behindert (BVerfGE 38, 281/303 f).

8   **bb)** Art. 9 Abs. 1 schützt des Weiteren (im Rahmen der kollektiven Vereinigungsfreiheit) die Tätigkeiten der **Vereinigung** zur Sicherung ihrer Existenz- und Funktionsfähigkeit, sowie ihre „Selbstbestimmung über die eigene Organisation, das Verfahren ihrer Willensbildung und die Führung der Geschäfte" (BVerfGE 80, 244/253; 50, 290/354; 124, 25/34; Kemper MKS 2; vgl. unten Rn. 37 f). Erfasst wird insb. die Aufnahme und der Ausschluss von Mitgliedern (BVerfGE 124, 25/34, 42), die Namensführung (BVerfGE 30, 227/241), die Mitgliederwerbung (Sachs ST IV/1, 1310), die Selbstdarstellung nach außen (BVerfGE 84, 372/378) und die Selbstauflösung (Bauer DR 46). Geschützt sind auch die Vereinsdaten (Merten HbStR³ VII § 165 Rn. 53). Missverständlich ist eine Beschränkung auf interne Tätigkeiten (so Löwer MüK 16), da auch bestimmte externe Aktivitäten, wie die Mitgliederwerbung, geschützt sind.

9   *Nicht* von Abs. 1 *geschützt* werden die Tätigkeiten einer Vereinigung, die **keinen Bezug zur vereinigungsmäßigen Struktur** haben und auch von Einzelpersonen bzw. Zusammenschlüssen ohne organisatorische Willensbildung in gleicher Weise vorgenommen werden können (Höfling SA 20). Wird eine Vereinigung wie jedermann im Rechtsverkehr tätig, kommen allein die jeweils für die fragliche Tätigkeit einschlägigen Grundrechte und nicht Art. 9 Abs. 1 zum Tragen (BVerfGE 70, 1/25; BGHZ 142, 304/312; Rinken AK 56; Bauer DR 45). Art. 9 vermittelt einem gemeinschaftlich verfolgten Zweck keinen größeren Schutz als die Grundrechte einem individuell verfolgten Zweck bieten (BVerfGE 30, 227/243; 54, 237/251; BVerwGE 88, 9/11 f; Kemper MKS 3 f; Merten HbStR VI § 144 Rn. 50). Allgemeine, für Vereinigungen wie für Einzelpersonen gleichermaßen geltende Vorschriften beein-

trächtigen daher nicht den Schutzbereich des Art.9 (Kemper MKS 44). Beschränkungen des Zusammenschlusses mehrerer Notare zu einer Sozietät damit zu rechtfertigen (BGHZ 127, 83/95), überzeugt jedoch nicht (Dietlein ST IV/1, 1999).

c) Träger der (individuellen) Vereinigungsfreiheit ist jeder Deutsche iSd **10** Art.116 (Rn.1 zu Art.116), soweit er eine geschützte Tätigkeit ausübt oder daran teilnimmt. Eine Grundrechtsmündigkeit ist nicht erforderlich (Kemper MKS 67; Sachs ST IV/1, 1325; Rn.13 f zu Art.19; a.A. Scholz MD 51). Nicht-Deutsche können sich (nur) auf Art.2 Abs.1 berufen (Merten HbStR VI § 144 Rn.24; Sachs ST IV/1, 1320; Rn.10 zu Art.2; a.A. Scholz MD 47). EU-Bürger dürften sich, soweit EU-Recht eine Ungleichbehandlung verbietet, auf Art.9 Abs.1 berufen können (vgl. Rn.12 zu Art.19; für Anwendung von Art.2 Abs.1 Höfling SA 32).

Des Weiteren sind alle **Vereinigungen** iSd Art.9 Abs.1 (dazu oben **11** Rn.3 f), unabhängig davon, ob und wieweit sie rechtsfähig sind, Träger der Vereinigungsfreiheit. Dies wird unmittelbar Art.9 Abs.1 entnommen, ohne auf Art.19 Abs.3 zurückzugreifen (BVerfGE 84, 372/378; 123, 186/237; 124, 25/34; Löwer MüK 15; Merten HbStR[3] VII § 165 Rn.29; Dietlein ST IV/1, 1978; für Rückgriff auf Art.19 Abs.3 Kemper MKS 62; Sachs ST IV/1, 1331 f; Höfling SA 26). Erfasst werden auch große Kapitalgesellschaften (oben Rn.5). Allerdings muss die Vereinigung wegen der Begrenzung des Art.9 Abs.1 auf Deutsche in Deutschland ihren Sitz haben und von Deutschen beherrscht sein (Kemper MKS 66; Merten HbStR[3] VII § 165 Rn.31; vgl. BVerfG-K, NVwZ 00, 1281); näher Rn.22 zu Art.19. Ist Letzteres nicht der Fall, kommt Art.2 Abs.1 zum Tragen (Dietlein ST IV/1, 1981). Zu juristischen Personen aus anderen EU-Staaten Rn.23 zu Art.19. Zu öffentlich-rechtlichen Zusammenschlüssen oben Rn.4.

3. Beeinträchtigungen und Ausgestaltung

a) Eingriffe. Art.9 Abs.1 wird durch jede belastende Regelung eines **12** Grundrechtsverpflichteten (Rn.32–44 zu Art.1) beeinträchtigt (Bauer DR 51), die das geschützte Verhalten behindert, sofern nicht eine Ausgestaltung vorliegt (unten Rn.13 f). Dementsprechend stellt etwa ein Verbot einer Vereinigung oder die Untersagung des Beitritts zu einer Vereinigung einen Eingriff dar (Höfling SA 34), desgleichen die Verpflichtung zu einem Beitritt (oben Rn.7). Auch faktische Behinderungen von erheblichem Gewicht, etwa eine nachrichtendienstliche Unterwanderung, stellen eine Grundrechtsbeeinträchtigung dar (Rinken AK 61; vgl. Vorb.28 vor Art.1). Behinderungen durch eine Vereinssatzung sind hingegen kein Eingriff, sondern unterliegen der Ausstrahlungswirkung (Höfling SA 35; unten Rn.16). An einem Eingriff fehlt es, wenn eine zulässige Ausgestaltung vorliegt (unten Rn.14).

b) Ausgestaltung sowie Unterlassen sonstiger Leistung. aa) Die **13** „Vereinigungsfreiheit … bedarf der gesetzlichen Ausgestaltung. Sie ist in mehr oder minder großem Umfang auf Regelungen angewiesen, die die freien Zusammenschlüsse und deren Wirken in die allgemeine Rechtsordnung einfügen, die Sicherheit des Rechtsverkehrs gewährleisten, Rechte der Mitglieder sichern und den schutzbedürftigen Belangen Dritter oder auch öffentlicher Interessen Rechnung tragen" (BVerfGE 84, 372/378f; 50, 290/354f). Der Gesetzgeber muss daher „eine hinreichende Vielfalt von Rechtsnormen zur Verfügung" stellen, „die den verschiedenen Typen von Vereinigungen angemessen und deren Wahl deshalb zumutbar" ist (BVerfGE 50, 290/355). Auch muss der Staat gegenüber übermächtigen Verbänden Schutzvorkehrungen treffen (Höfling SA 29).

14   Solche Ausgestaltung des Grundrechts stellt **keinen Grundrechtseingriff** dar (Höfling SA 36; Löwer MüK 24; Dietlein ST IV/1, 1963; Merten HbStR³ VII § 165 Rn.74; wohl auch BVerfGE 50, 290/354; Vorb.35 vor Art.1; a.A. Cornils EH 21). Unsicher ist, wieweit die Ausgestaltungsermächtigung reicht. Sie deckt jedenfalls die Entfaltung der Vereinigungsfreiheit, also Maßnahmen, die das Schutzgut des Grundrechts fördern (BVerfG-K, NJW 01, 2617). Zweifelhaft ist, ob auch der Schutz anderer öffentlicher Belange ermöglicht wird (so BVerfGE 50, 290/355). Insoweit ist jedenfalls eine volle Verhältnismäßigkeitsprüfung notwendig (Vorb.35 vor Art.1; vgl. Dietlein ST IV/1, 1987; noch strenger Sachs ST IV/1, 1335). Im Einzelnen ist etwa die Begrenzung der Rechtsfähigkeit von Vereinigungen zulässig (BVerwGE 58, 26/33f), desgleichen die Pflichtmitgliedschaft in einem Prüfungsverband (BVerfG-K, NJW 01, 2618f). Zudem ist bedeutsam, dass der Grundtyp der von Abs.1 gemeinten Vereinigung der „freie Zusammenschluss gleichberechtigter Mitglieder" ist. Je weiter eine Vereinigung von diesem Ideal entfernt ist, wie das insb. bei großen Wirtschaftsgesellschaften häufig der Fall ist, desto weiter kann die zulässige Ausgestaltung gehen (BVerfGE 50, 290/358f; Löwer MüK 31). Für die Mitgliedschaft in Aktiengesellschaften ist daher Art.14 und nicht Art.9 Abs.1 dominierend (BVerfGE 14, 263/277ff; Scholz MD 93).

15   **bb)** Ein (originärer) Anspruch auf staatliche **Leistungen** besteht nicht, wohl aber ein Anspruch auf gleiche Berücksichtigung bei staatlicher Förderung (Bauer DR 65; Merten HbStR³ VII § 165 Rn.16). Nicht gewährleistet ist die Beteiligung von Vereinigungen in öffentlichen Einrichtungen wie den Rundfunkräten (BVerfGE 83, 238/339).

16   **c) Anwendung von Privatrecht.** Für die Auslegung und Anwendung von Privatrecht ist die grundrechtliche Ausstrahlungswirkung (allg. dazu Rn.54–58 zu Art.1) bedeutsam (BGHZ 140, 74/77; Rixen SB 76; Sachs ST IV/1, 1369). Ein Antrag auf Mitgliedschaft darf daher nicht in willkürlicher Weise versagt werden, wenn der Verein im wirtschaftlichen oder sozialen Bereich eine überragende Machtstellung hat und ein wesentliches oder grundlegendes Interesse am Erwerb der Mitgliedschaft besteht (BGHZ 93, 151/152; 140, 74/77; Bauer DR 50; vgl. BVerfG-K, NJW-RR 89, 636). Entsprechendes gilt für den Ausschluss und für Pressionen zum Beitritt (Sachs ST IV/1, 1369f). Wegen der Ausstrahlungswirkung ist zudem ein Mindestmaß an demokratischer Binnenstruktur bzw. pluraler Binnenorganisation geboten, wenn die Mitgliedschaft für die Mitglieder zur Ausübung eines Grundrechts zwingend erforderlich ist (Scholz MD 108; Steinmeyer UC 65; a.A. Kemper MKS 55); weiter gehende Anforderungen bedürfen gesetzlicher Regelung (Rinken AK 71). Zur Bindung der Vereinssatzung an Grundrechte Rn. 42 zu Art. 1.

4. Rechtfertigung von Beeinträchtigungen (Schranken)

a) Allgemeines zu Verboten. Der Wortlaut des Abs. 2 deutet darauf **17** hin, dass die unter diese Vorschrift fallenden Vereinigungen nicht in den Schutzbereich des Grundrechts fallen (so wohl BVerfGE 80, 244/253). Der Vergleich mit Art. 21 Abs. 2 sowie der Grundsatz der Rechtssicherheit und das Erfordernis der Optimierung der Wirksamkeit der Vereinigungsfreiheit verlangen jedoch, in Abs. 2 eine (bloße) Gestattung zum Erlass grundrechtseinschränkender Vorschriften zu sehen, einen Einschränkungsvorbehalt (Bauer DR 54; Kannengießer SHH 15; Höfling SA 38; für Verpflichtung Merten HbStR^3 VII § 165 Rn. 76). Das Verbot durch eine staatliche Stelle hat daher konstitutive Wirkung (Scholz MD 132; Löwer MüK 48; Becker HbStR VII § 167 Rn. 55; a. A. Ridder AK II 23 ff; wohl auch BVerfGE 80, 244/254). Abs. 2 enthält somit einen Regelungs- bzw. Gesetzesvorbehalt. Die Voraussetzungen des Vorbehalts müssen jeweils im Hinblick auf die Vereinigung gegeben sein; werden sie nur von einzelnen Mitgliedern erfüllt, genügt das grundsätzlich nicht (vgl. unten Rn. 18). Zulässig ist die Auflösung des Vereins bereits vor Unanfechtbarkeit der Verbotsverfügung (BVerfGE 80, 244/254). Art. 19 Abs. 1, insb. das Zitiergebot, ist nicht anwendbar (BVerfG-K, NStZ 83, 331; krit. Sachs ST IV/1, 1361). Die Verbotsvoraussetzungen des Abs. 2 sind abschließend (BVerfGE 80, 244/254).

b) Voraussetzungen für ein Verbot nach Abs. 2. aa) Verboten wer- **18** den können zunächst Vereinigungen, deren Zwecksetzung oder Tätigkeit den **Strafgesetzen** zuwiderlaufen. Damit sind nur *allgemeine* Strafgesetze gemeint, die ein Verhalten pönalisieren, unabhängig davon, ob es vereinsmäßig begangen wird oder nicht (Scholz MD 125; Cornils EH 25; Höfling SA 43; a. A. Merten HbStR^3 VII § 165 Rn. 77). Das Verhalten einzelner Mitglieder ist nur relevant, soweit es dem Verein zugerechnet werden kann (BVerwGE 80, 299/306 f; Bauer DR 55; Sachs ST IV/1, 1347). Auch ein zeitlich begrenztes strafrechtswidriges Verhalten ist ausreichend (BVerwGE 80, 299/307), muss aber andererseits dem Verein zuzurechnen sein (BVerwGE 80, 299/306; Kemper MKS 73).

bb) Weiter können Vereinigungen verboten werden, die gegen die **ver-** **19** **fassungsmäßige Ordnung** gerichtet sind. Mit verfassungsmäßiger Ordnung soll die freiheitliche demokratische Grundordnung (dazu Rn. 33 zu Art. 21) gemeint sein (BVerwGE 47, 330/351; Sachs ST IV/1, 1350; enger Ridder AK II 34 ff), obwohl das GG an anderen Stellen (etwa Art. 18, Art. 20a, Art. 21 Abs. 2) eben diesen Begriff nutzt und nicht den der verfassungsmäßigen Ordnung. Richtigerweise dürfte ebenso wie in Art. 20 Abs. 3 (Rn. 32 zu Art. 20) die gesamte Verfassung gemeint sein (Kemper MKS 78; diff. Scholz MD 127), nicht dagegen wie in Art. 2 Abs. 1 die gesamte verfassungsmäßige Rechtsordnung. Dementsprechend rechnet hierher auch der Schutz des Art. 3 Abs. 3 (i. E. BVerwG, NJW 95, 2505). Wegen des Bestimmtheitsgebots (Rn. 54 zu Art. 20) ist eine gesetzliche Grundlage notwendig.

Weiter muss sich die Vereinigung aktiv und aggressiv-kämpferisch gegen die verfassungsmäßige Ordnung richten (BVerwGE 37, 344/358f; 61, 218/220; BVerwG, NVwZ-RR 00, 71; Sachs ST IV/1, 1354; Höfling SA 46). Die Beeinträchtigung der Rechtsgüter muss nicht unmittelbar bevorstehen (BVerwGE 61, 218/220; Kemper MKS 75), sofern eine (ausreichende) Gefahr besteht.

20   **cc)** Schließlich können Vereinigungen verboten werden, die sich gegen die **Völkerverständigung** richten. Diese Voraussetzung ist nach hM erfüllt, wenn durch Art.26 Abs.1 verbotene Tätigkeiten (Rn.3–6 zu Art.26) verfolgt werden (Sachs ST IV/1, 1355; Löwer MüK 44). Gleichgestellt werden gegen das Zusammenleben der Völker gerichtete sonstige völkerrechtswidrige Tätigkeiten von vergleichbarem Gewicht (Höfling SA 45; Cornils EH 28). Dies ist bei einem Verein der Fall, der über einen längeren Zeitraum eine Gruppe im Ausland unterstützt, die Anschläge auf Personen und Sachen vornimmt (BVerwG, DVBl 05, 591f). Ein Verbot ist nicht gerechtfertigt, wenn Kritik an fremden Staaten geübt wird oder politische bzw. völkerrechtliche Kontakte mit bestimmten Staaten abgelehnt werden (Pieroth/Schlink 751; Sachs ST IV/1, 1357).

21   **c) Verhältnismäßigkeit von Verboten.** Ein Verbot eines Vereins kommt nur in Betracht, wenn dies zur Förderung des geschützten Rechtsguts geeignet, erforderlich und verhältnismäßig ist (BVerfGE 30, 227/243; BVerwGE 37, 344/361f; Bauer DR 60; a.A. Sachs ST IV/1, 1345; Kemper MKS 70); näher zu den einzelnen Voraussetzungen Rn.83–90a zu Art.20.

22   **d) Rechtfertigung sonstiger Eingriffe.** Abs.2 regelt an sich nur den besonders gewichtigen Fall des Verbots einer Vereinigung. Sonstige Beschränkungen der geschützten Tätigkeit können aber als **mildere Maßnahmen** ebenfalls auf Abs.2 gestützt werden, wenn sie den dort beschriebenen Voraussetzungen entsprechen (Cornils EH 22; Scholz MD 117, 134; a.A. Kemper MKS 70), etwa Vorgaben zur Organisation der Vereinigung. Zudem werden Tätigkeiten, die gegen allgemeine Gesetze verstoßen, bereits vom **Schutzbereich** der Vereinigungsfreiheit **nicht erfasst** (oben Rn.9). Zur Begrenzung durch die Ausgestaltung oben Rn.14. Schließlich kann **kollidierendes Verfassungsrecht** die Vereinigungsfreiheit beschränken (BVerfGE 124, 25/36; Sachs ST IV/1, 1358; Bauer DR 59), etwa die verfassungsrechtliche Anerkennung des Strafvollzugs oder die Wettbewerbsfreiheit (Cornils EH 31).

23   Für die **Rechtfertigung** sonstiger Eingriffe ist eine gesetzliche Konkretisierung notwendig (Höfling SA 40; allg. Vorb.51 vor Art.1). Materiell ist allgemein der Grundsatz der Verhältnismäßigkeit einzuhalten (Rixen SB 83; vgl. oben Rn.21). Im Einzelnen muss die Pflichtmitgliedschaft in einem Prüfungsverband auf die gesetzliche Pflichtprüfung beschränkt werden können (BGHZ 130, 243/254ff); einschlägig dürfte allerdings eher Art.2 Abs.1 sein (oben Rn.7). Unverhältnismäßig ist das Verbot von Sozietäten mit mehr als zwei Notaren (vgl. oben Rn.9; a.A. BGHZ 127, 83/96ff). Gleiches gilt für einen Kontrahierungszwang bei sehr kleinen Versicherungsvereinen auf Gegenseitigkeit (BVerfGE 124, 25/37), nicht aber für ein Kündigungsverbot (BVerfGE 124, 25/42f).

24–29   (unbesetzt)

II. Koalitionsfreiheit

1. Bedeutung, Verpflichtete, Abgrenzung

a) Bedeutung, Systematik, Verpflichtete. Die auf Art.159, 165 WRV   30
zurückgehende Gewährleistung des Art.9 Abs.3 hatte historisch den Zweck,
entgegen der Unterdrückung der Gewerkschaften im 19. Jh. deren Freiheit
zu sichern. Sie kommt aber der Arbeitgeberseite in prinzipiell gleicher Weise
zugute (einschr. Kittner/Schiek AK III 80). Sie soll einen von staatlicher
Rechtsetzung freien Raum garantieren, in dem frei gebildete Arbeitnehmer-
sowie Arbeitgebervereinigungen das Arbeitsleben selbständig ordnen. Über
die Arbeits- und Wirtschaftsbedingungen „sollen die Beteiligten selbst und
eigenverantwortlich, grundsätzlich frei von staatlicher Einflussnahme, bestimmen" (BVerfGE 50, 290/367; 44, 322/340f; 64, 208/215). Das Grundrecht wird als **Koalitionsfreiheit** bezeichnet (etwa BVerfGE 88, 103/113;
100, 214/221; 116, 202/218). Es enthält ein Abwehrrecht und zugleich eine
objektive Entscheidung bzw. eine Institutsgarantie, insb. für den Kernbestand
des Tarifvertragssystems (Scholz MD 164).

Was den **Verpflichteten** des Grundrechts angeht, so bindet Art.9 Abs.3   31
alle Träger öffentlicher Gewalt (dazu Rn.32–44 zu Art.1). Darüber hinaus
verbietet die Koalitionsfreiheit gem. Abs.3 S.2 auch Absprachen und Maßnahmen von **Privatpersonen,** insb. von Koalitionen und Arbeitgebern, die
die geschützten Tätigkeiten einschränken oder behindern, indem sie etwa
erheblichen Druck auf sie ausüben (BVerfGE 55, 7/22; BAGE 104, 155/
171; Kannengießer SBK 29). Daraus entnimmt die ganz hM, dass die Koalitionsfreiheit wegen der Vorgabe des Abs.3 S.2 **unmittelbare Drittwirkung**
besitzt (BVerfGE 57, 220/245; BAGE 94, 169/174; 117, 137 Rn.35; Dietlein ST IV/1, 2092; Löwer MüK 85; Kemper MKS 177; Bauer DR 88f).
Die Drittwirkung wird allerdings meist auf den Anwendungsbereich des
Abs.3 S.2 beschränkt (Kemper MKS 177). Außerdem stellt sich die Frage, ob
darin nicht nur eine besonders gewichtige Ausstrahlungswirkung liegt (vgl.
Ipsen II 667f; Rn.50 zu Art.1); das BVerfG spricht denn auch bei Art.9
Abs.3 häufig von Ausstrahlungswirkung (unten Rn.48). In der Sache wird
klargestellt, dass der Koalitionsfreiheit generell der Vorrang vor der Privatautonomie zukommt und eine Einwilligung in die Grundrechtsbeeinträchtigung unerheblich ist (unten Rn.47a).

b) Abgrenzung zu anderen Verfassungsnormen. Die Koalitionsfrei-   32
heit ist ein Spezialfall der allgemeinen Vereinigungsfreiheit des Abs.1 und
geht ihr vor (Bauer DR 29; diff. Kluth FH 2); der spezifische Zweck (unten
Rn.34) unterscheidet sie (BVerfGE 84, 212/224). Sie geht weiterhin Art.5
Abs.1 (BVerfGE 28, 295/310) und Art.2 Abs.1 vor (BVerfGE 19, 303/314;
58, 233/256). Zum Verhältnis zu anderen Grundrechten unten Rn.42. Die
(kollektive) Glaubensfreiheit hat weithin Vorrang vor der Koalitionsfreiheit
(Rn.39 zu Art.4).

2. Schutzbereich

a) Koalition. Die von Abs.3 erfassten Vereinigungen werden als Koali-   33
tionen bezeichnet (etwa BAGE 58, 138/142; Höfling SA 53; vgl. oben

Rn. 30). Sie müssen zunächst die in Rn. 3 aufgeführten Voraussetzungen einer **Vereinigung** erfüllen (Dietlein ST IV/1, 2026), etwa *freiwillig* und *privatrechtlich* gebildet sein (oben Rn. 4). Wie diese müssen Koalitionen *nicht auf Dauer* angelegt sein (vgl. oben Rn. 3), weshalb auch ein ad-hoc-Bündnis erfasst wird, sofern die sonstigen Voraussetzungen, insb. die organisierte Willensbildung, vorliegen (Cornils EH 44; Rixen SB 30; vgl. BVerfGE 84, 212/225; a. A. Löwer MüK 71). Unerheblich ist die parteipolitische und weltanschauliche Neutralität (Kluth FH 60).

34   Der **Zweck** der Koalition muss in der Wahrung und Förderung der *Arbeits- und Wirtschaftsbedingungen* bestehen. Arbeitsbedingungen sind alle Bedingungen, durch die die Leistung abhängiger Arbeit, also von Arbeitnehmern (vgl. dazu unten Rn. 43), berührt wird (Höfling SA 87; Kluth FH 42), wie Lohnhöhe, Arbeitszeit, Urlaub und Arbeitsschutz (Kemper MKS 100), aber auch Vorgaben für ein Personalbemessungssystem (BAGE 64, 284/292; Dietlein ST IV/1, 2050). Wirtschaftsbedingungen sind die für Arbeitgeber und Arbeitnehmer bedeutsamen allgemeinen wirtschafts- und sozialpolitischen Verhältnisse (Bauer DR 75; Kemper MKS 100), wie die Arbeitslosigkeit, die Einführung neuer Technologien, die Beteiligung am Produktionsvermögen etc. (Höfling SA 54; Kluth FH 49). Im Zentrum stehen dabei die Arbeitsbedingungen: Eine Koalition liegt nur vor, wenn zumindest auch Ziele aus dem Bereich der Arbeitsbedingungen verfolgt werden (Rixen SB 33; Löwer MüK 69), wenn die Ziele einen Bezug zum Verhältnis zwischen Arbeitnehmer und Arbeitgeber aufweisen (Kluth FH 42). Wirtschaftsverbände, Kartelle und Verbrauchervereinigungen fallen daher nicht unter Abs. 3, sondern unter Abs. 1 (Löwer MüK 72; Pieroth/Schlink 733). Den erforderlichen Zweck verfolgen dagegen die Arbeitgeberverbände und die Gewerkschaften iwS, also Vereinigungen von Arbeitnehmern (Scholz HbStR VI § 151 Rn. 56), sowie die jeweiligen Spitzenverbände (Bauer DR 75), ohne dass es auf die Bezeichnung ankommt (vgl. unten Rn. 44).

35   **Darüber hinaus** lässt sich von einer Koalition nur sprechen, wenn sie **gegnerfrei** organisiert ist (BVerfGE 100, 214/223; BAGE 88, 38/44; Bauer DR 77 f), die Mitglieder also entweder Arbeitnehmer oder Arbeitgeber sind (Scholz HbStR VI § 151 Rn. 56; vgl. BVerfGE 50, 290/373 ff). Auch sonst muss die Vereinigung **von der Gegenseite unabhängig** sein (BVerfGE 50, 290/368, 373; 58, 233/247; Kluth FH 51; Dietlein ST IV/1, 2032). Nur dann kann eine Vereinigung den Aufgaben gerecht werden, die eine Koalition iSd Abs. 3 erfüllen soll. Das Erfordernis der *überbetrieblichen Grundlage* (BVerfGE 50, 290/368; 58, 233/247) ist eine Ausprägung dieser Anforderung, auf die in Sonderfällen verzichtet werden kann, sofern die Beschränkung auf ein Unternehmen die Unabhängigkeit nicht gefährdet (Höfling SA 57; Kittner/Schiek AK III 115; Bauer DR 78). Eine ausreichende *Durchsetzungsfähigkeit* bzw. Verbandsmacht ist nicht zwingend notwendig (BVerfG-K, NJW 95, 3377; Bauer DR 79; Kluth FH 58); jedenfalls genügt es, wenn sie eine solche Fähigkeit anstreben (BAGE 88, 38/44; 117, 308 Rn. 42). Eine ausreichende Verbandsmacht kann andererseits als Voraussetzung der Fähigkeit zum Abschluss von Tarifverträgen (Tariffähigkeit) verlangt werden (unten Rn. 52). Die Tariffähigkeit ist keine notwendige Voraussetzung für eine Koalition iSd Art. 9 Abs. 3 (vgl. BVerfGE 58, 233/251 ff), ebenso wenig wie

die Bereitschaft zum Arbeitskampf (BVerfGE 18, 18/32 f; Dietlein ST IV/1, 2037). Generell darf der arbeitsrechtliche Koalitionsbegriff nicht unbesehen in das Verfassungsrecht übernommen werden.

b) Geschützte individuelle Tätigkeiten. Zu den **geschützten Tätig-** 36 **keiten** gehört zunächst (im Bereich der *individuellen* Koalitionsfreiheit) die Gründung wie der Beitritt zu einer Koalition, der Verbleib in der Koalition und die Teilnahme an der geschützten Tätigkeit durch Arbeitnehmer und Arbeitgeber (BVerfGE 51, 77/87 f; 55, 7/21; 64, 208/213; 116, 202/217). Näher zum Beitritt und Austritt unten Rn.58. Die *negative Koalitionsfreiheit* schützt die Entscheidung, einer Koalition nicht beizutreten oder aus ihr aus- zutreten (BVerfGE 64, 208/213; 73, 261/270; 116, 202/218; BAGE 105, 5/16; Dietlein ST IV/1, 2043; a.A. Kittner/Schiek AK 108); zur Beein- trächtigung der negativen Koalitionsfreiheit unten Rn.45a. Gegen die All- gemeinverbindlicherklärung von Tarifverträgen bietet das Grundrecht keinen Schutz (BVerfGE 116, 202/218).

c) Geschützte Tätigkeiten einer Koalition. aa) Geschützt sind weiter 37 (im Bereich der *kollektiven* Koalitionsfreiheit) alle Tätigkeiten der Koalition, die für die **Erhaltung und Sicherung der Koalition** notwendig sind (BVerfGE 57, 220/246; Scholz MD 249; vgl. oben Rn.8). Geschützt werden ihr „Bestand und ihre Organisation, das Verfahren ihrer Willensbildung und die Führung ihrer Geschäfte" (BVerfGE 100, 214/221; 50, 290/373), insb. die Organisationsform (BSGE 69, 25/30), die Satzungsautonomie (BAGE 50, 179/196) und die Mitgliederwerbung (BVerfGE 28, 295/304; 93, 352/358). Erfasst werden weiter „Maßnahmen zur Aufrechterhaltung der Geschlossenheit nach innen und nach außen" (BVerfGE 100, 214/221), insb. der Ausschluss von Mitgliedern, die gegen die Ziele der Koalition ver- stoßen (dazu unten Rn.58). Der *Schutzbereich* ist nicht auf einen Kernbereich beschränkt (BVerfGE 93, 352/359; 94, 268/283; 100, 214/221; 103, 293/ 304; Bauer DR 85; vgl. Höfling SA 82; unten Rn.47; anders noch BVerfGE 77, 1/63).

bb) Weiter ist das Recht geschützt, „durch **spezifisch koalitionsmäßi-** 38 **ge** Betätigung die in Abs.3 genannten Zwecke zu verfolgen" (BVerfGE 50, 290/367; 100, 271/282; 103, 293/304; 116, 202/219; BAGE 93, 190/201 f; Dietlein ST IV/1, 2048), auch soweit Aktivitäten zu diesem Zweck nicht unerlässlich sind (BVerfGE 93, 352/358; 94, 268/283; Höfling SA 81 f). Ge- schützt ist die Tätigkeit der Koalition, „soweit diese gerade in der Wahrung und Förderung der Arbeits- und Wirtschaftsbedingungen besteht" (BVerf- GE 88, 103/114; 103, 293/304). Erfasst wird zudem die Entscheidung, in welchen Feldern die Koalition tätig wird (BAGE 93, 83/92).

Insb. wird der Abschluss von *Tarifverträgen* geschützt (BVerfGE 84, 212/ 39 224; 92, 26/38; 94, 268/283; BAGE 62, 171/183 f). Abs.3 ist deshalb die Grundlage der **Tarifautonomie** (BVerfGE 100, 271/282; 103, 293/304; 116, 202/219; BVerwGE 80, 355/368). Die „Tarifautonomie ist darauf an- gelegt, die strukturelle Unterlegenheit der einzelnen Arbeitnehmer beim Abschluß von Arbeitsverträgen durch kollektives Handeln auszugleichen und damit ein annähernd gleichgewichtiges Aushandeln der Löhne und Arbeitsbedingungen zu ermöglichen" (BVerfGE 84, 212/229). Gegenstand von Tarifverträgen können alle Arbeits- bzw. Wirtschaftsbedingungen (dazu oben Rn.34) sein (BAGE 64, 284/290 f; Höfling SA 87), insb. das Arbeitsentgelt sowie die Dauer von Arbeit und Urlaub (BVerfGE 103, 293/304) oder die betriebliche Altersversorgung (BAGE 121, 321 Rn.34). Auch die Abgrenzung des Geltungsbereichs von Tarifverträgen fällt unter Abs.3; Art.3 Abs.1 wird insoweit verdrängt (BAGE 49, 360/367). Zu Regelungen im Bereich der Tarifverträge unten Rn.52.

40   Zu den geschützten Tätigkeiten zählt weiterhin der **Streik,** der „auf den Abschluß von Tarifverträgen gerichtet" ist (BVerfGE 92, 365/393 f; ähnlich E 88, 103/114; BAGE 105, 5/10), auch der verhältnismäßige Warnstreik (BAGE 46, 322/351 ff), ein allein gegen einen (verbandsangehörigen) Arbeitgeber gerichteter Streik zur Erzwingung eines Firmentarifvertrags (BAGE 104, 155/163) sowie ein Unterstützungsstreik (BAGE 123, 134 Rn.12). Nicht geschützt wird der wilde Streik, der nicht von einer Koalition iSd Abs.3 geführt wird (BAGE 15, 174/191 ff; Kemper MKS 164). Gleiches gilt für den politischen Streik, da er sich nicht gegen den Tarifvertragspartner wendet (Kemper MKS 163; Höfling SA 106; Dietlein ST IV/1, 2062; a. A. Rixen SB 50). Zum Sympathiestreik unten Rn.54. Auf der anderen Seite schützt Art.9 Abs.3 auch die **Abwehraussperrung,** da und soweit sie zur Herstellung der Kampf- bzw. Verhandlungsparität angebracht ist (BVerfGE 84, 212/225; BAGE 104, 175/180; Dietlein ST IV/1, 2065; a. A. wegen fehlender Erforderlichkeit Kittner/Schiek AK 146); dies gilt auch für den Außenseiter-Arbeitgeber, jedenfalls wenn er sich einer Verbandsaussperrung anschließt (BVerfGE 84, 212/225). Zu den Möglichkeiten der Beschränkung von Arbeitskampfmaßnahmen unten Rn.53–56.

41   **Des Weiteren** schützt Abs.3 die gewerkschaftliche Präsenz im Betrieb sowie die gewerkschaftliche Betätigung in Betriebsräten und Personalvertretungen (BVerfGE 19, 303/321) sowie die Wahlen dazu, einschl. deren Vorbereitung (BVerfGE 60, 162/170; 67, 369/379). Geschützt ist auch die Errichtung von Sozialkassen (BAGE 60, 183/189 f) und die außergerichtliche Beratung sowie Vertretung in gerichtlichen Verfahren (BVerfGE 88, 5/15).

42   **cc)** Für andere als koalitionsspezifische Betätigungen (oben Rn.38–41) sind **allein die sonstigen Grundrechte** einschlägig (Bauer DR 71). Von Art.9 Abs.3 nicht geschützt ist daher die allg. politische Betätigung (BVerfGE 57, 29/37 f; Dietlein ST IV/1, 2051 f) und die Beteiligung in öffentlichen Einrichtungen wie den Rundfunkräten (BVerfGE 83, 238/339). Gleiches gilt für ein Einwirken der Gewerkschaften auf Kunden und Besucher der Arbeitgeber (BAGE 113, 230/233 ff). Generell wird Abs.3 nicht durch Regelungen beeinträchtigt, die für Einzelpersonen bzw. Vereinigungen in gleicher Weise wie für Koalitionen gelten (vgl. oben Rn.9).

43   **d) Träger** der (individuellen) Koalitionsfreiheit ist „jedermann", also jeder **Arbeitgeber** und jeder **Arbeitnehmer** (BVerfGE 84, 212/224), soweit sie eine geschützte Tätigkeit (oben Rn.36) ausüben oder an ihr aktiv beteiligt sind; näher zum Arbeitgeber- und Arbeitnehmerbegriff Dietlein ST IV/1, 2074 ff. Darunter fallen auch Ausländer (Bauer DR 67). Welchen Beruf oder welches Gewerbe der Betreffende ausübt, spielt nach der ausdrück-

lichen Aussage des Abs.3 S.1 keine Rolle (BVerfGE 84, 212/224); erfasst werden auch Beamte und Richter (BVerwGE 59, 48/54; Dietlein ST IV/1, 2074) sowie Soldaten (BVerfGE 57, 29/35 ff; Kemper MKS 174); vgl. auch unten Rn.56. Gleiches gilt für Arbeitnehmer einer Gewerkschaft (BAGE 88, 38/47). Die Koalitionsfreiheit steht auch den Auszubildenden im Betrieb zu (Höfling SA 112; Cornils EH 41), des Weiteren Minderjährigen (Rn.10 zu Art.19; vgl. Bauer DR 68). Zudem sind schließlich die Personalratsmitglieder in ihrer Arbeitnehmereigenschaft Grundrechtsträger (BVerfGE 28, 314/323; 51, 77/86 ff). Schließlich dürften unter Art.9 Abs.3 arbeitnehmerähnliche Personen fallen. Arbeitgeber sind gem. Art.19 Abs.3 Grundrechtsträger auch dann, wenn sie als **juristische Personen** oder nicht rechtsfähige Personenvereinigungen organisiert sind. Keine Grundrechtsträger sind juristische Personen des öffentlichen Rechts (Kemper MKS 175; Dietlein ST IV/1, 2078; vgl. oben Rn.4; Rn.24–26 zu Art.19), auch nicht die öffentlich-rechtlichen Rundfunkanstalten (BVerfGE 59, 231/254 f).

Träger der (kollektiven) Koalitionsfreiheit sind alle **Koalitionen** (dazu oben **44** Rn.33–35), unabhängig von ihrer Rechtsform (BVerfGE 4, 96/101 f; 50, 290/367). Dies wird unmittelbar Art.9 Abs.3 entnommen; auf Art.19 Abs.3 wird nicht zurückgegriffen (BVerfGE 94, 268/282 f; 100, 214/221; 103, 293/304; BAGE 122, 134 Rn.54; Dietlein ST IV/1, 2016; Löwer MüK 68; für Heranziehung von Art.19 Abs.3 Höfling SA 113). **Im Einzelnen** sind die Personalvertretungen Grundrechtsträger, jedenfalls die dort tätigen Gewerkschaften (BVerfGE 19, 303/312; vgl. oben Rn.43). Auch Dachverbände von Koalitionen sind Grundrechtsträger (BAGE 100, 76/95). Tochterunternehmen von Koalitionen, die gewerbliche Zwecke verfolgen, werden von Abs.3 allenfalls insoweit erfasst als sie ökonomisch die Tätigkeit der Mutter sichern (vgl. BVerfGE 77, 1/62 f). Koalitionen mit Sitz im Ausland sollen ebenfalls geschützt sein (Löwer MüK 83; Dietlein ST IV/1, 2078; a.A. Kemper MKS 171), da ein Rückgriff auf Art.19 Abs.3 unnötig ist.

3. Beeinträchtigungen und Ausgestaltung

a) Eingriffe. Jede **Regelung** des geschützten Verhaltens (oben Rn.36–41) **45** durch einen Grundrechtsverpflichteten (oben Rn.31) greift in das Grundrecht ein, soweit sie nicht eine Ausgestaltung darstellt (unten Rn.47 f). Bei Arbeitskämpfen liegt ein Eingriff vor, wenn der Staat zugunsten einer Seite interveniert oder eine Zwangsschlichtung durchführt. Bei mittelbaren und faktischen Behinderungen dürfte es auf das Gewicht ankommen (Vorb.29 vor Art.1). So beeinträchtigt die Errichtung einer öffentlich-rechtlichen Zwangskörperschaft mit einem ähnlichen Aufgabengebiet, etwa einer Arbeitnehmerkammer, die Koalitionsfreiheit, sofern dadurch koalitionsspezifische Tätigkeiten unmöglich gemacht oder erheblich erschwert werden (BVerfGE 38, 281/303 f). Weiter liegt ein Eingriff im Ausschluss bestimmter Personen von der Geltung eines Tarifvertrags (BVerfGE 92, 26/45) und im Ausschluss eines tarifvertraglichen Befristungsverbots (BVerfGE 94, 268/284). Eine gesetzliche Tariftreueverpflichtung bei staatlichen Bauaufträgen stellt keine Beeinträchtigung dar (BVerfGE 116, 202/217 ff). Das Ruhen von Arbeitslosengeld im Zusammenhang mit Arbeitskämpfen beeinträchtigt Art.9 Abs.3 (BVerfGE 92,

365/393), desgleichen eine *Ungleichbehandlung* von Koalitionen bei betriebsbezogenen Wahlen (BVerfGE 111, 289/301). Keine Beeinträchtigung bildet die Vergabe von Aufträgen allein bei Einhaltung von Tarifverträgen (BVerfGE 116, 202/218). Auch **faktische Maßnahmen** können bei entsprechendem Gewicht ein Grundrechtseingriff sein (Gneiting UC 133). Zur Einwilligung oben Rn.47a. An einem Grundrechtseingriff fehlt es, wenn es sich um eine zulässige *Ausgestaltung* handelt (dazu unten Rn.46 f).

45a Die **negative Koalitionsfreiheit** ist beeinträchtigt, wenn der Staat Zwang oder Druck ausübt, einer Koalition beizutreten; ein bloßer Anreiz genügt nicht (BVerfGE 116, 202/218). Dies gilt insb. für eine unterschiedliche Behandlung von Koalitionsmitgliedern und Nichtmitgliedern durch den Staat (BVerfGE 31, 297/302; 44, 322/352; 55, 7/22); zum Parallelproblem bei Privaten oben Rn.31. Die Erstreckung eines Tarifvertrags auf Nichtmitglieder beeinträchtigt die negative Koalitionsfreiheit (BAGE 125, 169 Rn.21).

46 **b) Ausgestaltung.** Die Koalitionsfreiheit bedarf „von vornherein der gesetzlichen **Ausgestaltung.** Diese besteht ... in der Schaffung der Rechtsinstitute und Normenkomplexe, die erforderlich sind, um die grundrechtlich garantierten Freiheiten ausüben zu können" (BVerfGE 50, 290/368; 58, 233/247; 88, 103/115; Scholz MD 167; diff. Kittner/Schiek AK 98 ff; allg. zur Ausgestaltung Vorb.34 f vor Art.1). Die Ausgestaltung stellt keinen Grundrechtseingriff dar (Höfling SA 116; Pieroth o. Lit. B 306; allg. Vorb.34 vor Art.1; a.A. Cornils SB 71). Eine Ausgestaltung bzw. ein Ausgleich ist insb. dort geboten, wo die individuelle und die kollektive Koalitionsfreiheit oder die Freiheit verschiedener Koalitionen kollidieren (BVerfGE 84, 212/228; 92, 365/394; 94, 268/284; BAGE 119, 279 Rn.38; krit. Pieroth o. Lit. B 306 f). Treten „strukturelle Ungleichgewichte" auf, „die ein ausgewogenes Aushandeln der Arbeits- und Wirtschaftsbedingungen nicht mehr zulassen", ist der Gesetzgeber verpflichtet, „Maßnahmen zum Schutz der Koalitionsfreiheit zu treffen" (BVerfGE 92, 365/397; Dietlein ST IV/1, 2023 f). Keine Ausgestaltung, sondern ein Eingriff liegt jedoch vor, wenn der Staat als Arbeitgeber unter Einsatz hoheitlicher Mittel agiert, mit der Folge, dass der Gesetzesvorbehalt greift (BVerfGE 88, 103/116 f).

47 Was die **Reichweite** zulässiger Ausgestaltung angeht, so muss sich die Ausgestaltung „am Normziel von Art.9 Abs.3 GG orientieren" (BVerfGE 92, 26/41). Die Verfolgung irgendwelcher öffentlichen Interessen dürfte nicht genügen (Kemper MKS 91; offengelassen BVerfGE 84, 214/228); andernfalls ist insoweit eine volle Verhältnismäßigkeitsprüfung geboten (Vorb.35 vor Art.1). Der Kernbereich der Koalitionsfreiheit darf nicht beeinträchtigt werden (BVerfGE 93, 352/359; vgl. oben Rn.37). Zudem darf die Parität der Tarifpartner nicht verfälscht werden (BVerfGE 92, 26/41), die nicht nur rechtlich formal, sondern auch faktisch zu verstehen ist (BAGE 23, 292/308; einschr. Scholz MD 292). Andererseits besitzt der Gesetzgeber bei der Ausgestaltung einen erheblichen Spielraum (BVerfGE 92, 365/394; BAGE 119, 279 Rn.38). Werden zwangsläufig die Rechtsordnungen anderer Staaten berührt, ist der Spielraum noch weiter (BVerfGE 92, 26/41 f).

47a **c) Beeinträchtigung durch Private und Ausstrahlungswirkung.** Die ganz hM entnimmt Art.9 Abs.3 eine unmittelbare Verpflichtung von Privatpersonen, eine **unmittelbare Drittwirkung** (oben Rn.31), wobei umstritten ist, ob davon auch die kollektive Koalitionsfreiheit erfasst wird (dafür BAGE 117, 137 Rn.35; Bauer DR 88; dagegen Kluth FH 183; Höfling SA 125a; oben Rn.31). Unabhängig davon, ob man von einer unmittelbaren Drittwirkung oder einer sehr gewichtigen Ausstrahlungswirkung ausgeht, sind gegen Abs.3 S.1 verstoßende Abreden Privater nichtig (Löwer MüK 86). Zudem sind alle sonstigen Maßnahmen, die die Koalitionsfreiheit unter Verstoß gegen Abs.3 behindern, rechtswidrig (Bauer DR 88), auch wenn die Betroffenen zugestimmt haben. Grundrechtsträger können dagegen gerichtlich vorgehen (Dietlein ST IV/1, 2092). Bei der Beurteilung der Frage, ob die Koalitionsfreiheit verletzt wird, sind auch andere Grundrechte und Verfassungsgüter zu berücksichtigen (vgl. unten Rn.50f); dies gilt insb. für miteinander kollidierende Ausübungen der Koalitionsfreiheit (vgl. Kemper MKS 281; Dietlein ST IV/1, 2098). Im Einzelnen verbietet Abs.3 tarifliche Differenzierungen zugunsten von Gewerkschaftsmitgliedern (BAGE 20, 175/218ff), Absprachen, die die Mitgliedschaft in einer Koalition vorschreiben oder verbieten (BAGE 104, 155/171; 119, 275 Rn.14) oder die selektive Aussperrung von Gewerkschaftsmitgliedern (BAGE 33, 195/202f).

Unabhängig von der unmittelbaren Drittwirkung des Art.9 Abs.3 und deren Reichweite (oben Rn.47a) ist bei Auslegung und Anwendung von Privatrecht die **Ausstrahlungswirkung** des Art.9 Abs.3 zu beachten (BVerfGE 73, 261/269f; 93, 352/360; 100, 214/222). Die Ausgestaltung der Beziehungen zwischen Privaten durch die Gerichte kann auch ohne gesetzliche Grundlage erfolgen (BVerfGE 84, 212/226f; 88, 103/115f; Dietlein ST IV/1, 2068f). Die Ausstrahlungswirkung hat besonderes Gewicht, wie Art.9 Abs.3 S.2 entnommen werden kann (oben Rn.31); vgl. demgegenüber zum Staat als Arbeitgeber oben Rn.46. **48**

4. Rechtfertigung von Beeinträchtigungen (Schranken)

a) Rechtfertigungsgrundlagen. Die **Schranken** des Abs.2 lassen sich aus systematischen Gründen **nicht** auf die **Koalitionsfreiheit** anwenden (Kittner/Schiek AK 94; Höfling SA 127; Dietlein ST IV/1, 2080f; a.A. Kempen MKS 189; Löwer MüK 89; Bauer DR 93), ebenso wenig wie die des Art.5 Abs.2 auf Art.5 Abs.3 angewandt werden (Rn.113, 131 zu Art.5). Das BVerfG hat dementsprechend in keiner Entscheidung auf Art.9 Abs.2 zurückgegriffen. Eine Beschränkung durch das *Gemeinwohl* besteht so wenig wie bei anderen Grundrechten (Vorb.39 vor Art.1; a.A. Scholz HbStR VI § 151 Rn.31). Der Schutz wichtiger Gemeinschaftsgüter genügt nicht (Kluth FH 215; a.A. Höfling SA 135f; zu Sachverhalten mit Auslandsbezug vgl. oben Rn.47). Eine Beschränkung der Koalitionsfreiheit, insb. der Tarifvertragsfreiheit, durch die guten Sitten ist nicht möglich (a.A. BAGE 73, 20/23). **49**

Die Grundlage für Einschränkungen ergibt sich aus „verfassungsrechtlich begründeten Positionen" und damit aus **kollidierendem Verfassungsrecht** (BVerfGE 100, 214/224; 94, 268/284; 100, 271/283f; 103, 293/306; BAGE 99, 112/118; Pieroth, o. Lit. B, 307ff). Einschränkungen können sich v.a. aus Grundrechten Dritter ergeben (Höfling SA 133; krit. Kemper MKS 92). **50**

Das gilt zunächst für die Koalitionsfreiheit Dritter (BVerfGE 84, 212/228; Höfling SA 130 f); doch kommt insoweit meist schon die Ausgestaltung zum Tragen (oben Rn.46). Zur Einschränkung durch das kirchliche Selbstbestimmungsrecht Rn.39 zu Art.4. Weitere Beschränkungen können sich aus der Berufsfreiheit des Art.12 ergeben (BVerfGE 103, 293/307; BAGE 64, 284/295). Auch die Bekämpfung der Massenarbeitslosigkeit hat Verfassungsrang (BVerfGE 100, 271/284; 103, 293/307; Rn.19 zu Art.20), desgleichen die finanzielle Stabilität der Sozialversicherung (BVerfGE 103, 293/307; Rn.115 zu Art.20). Zur Einschränkung durch Art.33 Abs.5 unten Rn.56. Begrenzungen, nicht aber Eingriffe ermöglicht die *Ausgestaltung* (oben Rn.46 f; Scholz MD 339).

51   **b) Voraussetzungen der Rechtfertigung.** Eingriffe aufgrund kollidierenden Verfassungsrechts bedürfen der gesetzlichen Regelung (Höfling SA 128b; Vorb.51 vor Art.1). Das Zitiergebot des Art.19 Abs.1 S.2 GG greift nicht (Cornils EH 92; Rn.5 zu Art.19; vorsichtig BAGE 92, 41/51). Werden dagegen die Beziehungen zwischen Privaten geregelt, können die Gerichte auch ohne gesetzliche Grundlage ausgestaltend tätig werden (oben Rn.48). Jede Beschränkung muss den Grundsatz der **Verhältnismäßigkeit** bzw. des schonenden Ausgleichs wahren (BVerfGE 84, 212/228 f; 92, 26/43 f, 45; 92, 365/395; 94, 268/284; Bauer DR 97; Dietlein ST IV/1, 2084); allg. zur Verhältnismäßigkeit Rn.83–90a zu Art.20. Der Stellenwert der Koalitionsfreiheit nimmt „in dem Maße zu, in dem eine Materie … am besten von den Tarifvertragsparteien geregelt werden kann" (BVerfGE 94, 268/285). Auf dem Gebiet der Arbeitsmarkt-, Sozial- und Wirtschaftsordnung kommt dem Gesetzgeber ein besonders weiter Einschätzungs- und Prognosevorrang zu (BVerfGE 103, 293/307). Im **Notstandsfall** unterliegt die Koalitionsfreiheit keinen zusätzlichen Beschränkungen, wie Abs.3 S.3 (1968 eingefügt; Einl.2 Nr.17) klarstellt (Höfling SA 141); andererseits sind die im Normalfall möglichen Beschränkungen auch im Notstandsfall nicht verboten (Bauer DR 96; Dietlein ST IV/1, 2091; Löwer MüK 93).

5. Einzelne Bereiche und Fälle

52   **a) Tarifverträge.** Art.9 Abs.3 schließt staatliche Regelungen im Schutzbereich des Grundrechts nicht aus. Die Funktionsfähigkeit der Tarifautonomie darf aber nicht gefährdet werden (BVerfGE 50, 290/373; 92, 365/394 f). Gesetzliche Regelungen sind eher möglich, wenn die betreffende Frage bislang in Tarifverträgen nicht geregelt wurde. Die Tarifautonomie darauf auszurichten, „die strukturelle Unterlegenheit der einzelnen Arbeitnehmer beim Abschluss von Arbeitsverhältnissen durch kollektives Handeln auszugleichen", ohne zu einem „Übergewicht" zu führen, ist zulässig (BVerfGE 84, 212/229; 92, 365/395). Zulässig sind die sachgemäße Fortbildung des Tarifvertragssystems (BVerfGE 50, 290/369), die Flexibilisierung der Arbeitszeit (BAGE 74, 363/372 f), befristete Arbeitsverträge im Hochschulbereich (BVerfGE 94, 268/284 ff) oder bestimmte Grenzen der Tariffähigkeit (BVerfGE 20, 312/318; 58, 233/254 f). Zulässig ist die Notwendigkeit einer ausreichenden Verbandsmacht bzw. Durchsetzungsfähigkeit, um Tarifverträge abschließen zu können (BVerfGE 58, 233/249 f; BAGE 117, 308 Rn.45 f;

Kemper MKS 109; a.A. Kluth FH 100); doch dürfen die Anforderungen wegen Art.9 Abs.3 nicht zu hoch angesetzt werden (BAGE 113, 82/93f). Unzulässig sind hingegen das Erfordernis einer gesonderten Erstreckung von Tarifverträgen auf ausländische Seeleute (BVerfGE 92, 26/44f), weiter tarifvertragliche Regelungen, wonach bestimmte Leistungen nur Gewerkschaftsmitglieder erhalten (BAGE 20, 175/218ff; Scholz MD 231). Das Mitbestimmungsrecht des Betriebsrats muss ggf. zurücktreten (BAGE 104, 175/180f). Zuschüsse bei untertariflichen Entgelten und damit Lohnabstandsklauseln können zulässig sein (BVerfGE 100, 271/284ff). Koalitionen haben wegen Art.9 Abs.3 S.2 einen Unterlassungsanspruch gegen tarifwidrige Betriebsvereinbarungen (BAGE 54, 353/358f; 91, 210/228f). Bei der Überprüfung von allgemein verbindlichen Tarifverträgen anhand verfassungsrechtlicher Vorgaben führt Art.9 Abs.3 zu einer Einschätzungsprärogative der Tarifvertragsparteien und damit zu einer Begrenzung der gerichtlichen Überprüfung (BAGE 111, 302/306). Vgl. zu Tarifverträgen auch oben Rn.39, 49, 51. Zur Grundrechtsbindung von Tarifverträgen Rn.42 zu Art.1.

b) Bei **Arbeitskämpfen** rechtfertigt insb. die Möglichkeit der Ausgestal- **53** tung (oben Rn.46f) die Beschränkung durch das ultima-ratio-Prinzip (BAGE 46, 322/346ff) sowie durch das Gebot der Verhältnismäßigkeit von Arbeitskampfmaßnahmen (BAGE 123, 134 Rn.23; Rixen SB 48; a.A. Kemper MKS 159). Arbeitskampfmaßnahmen müssen geeignet, erforderlich und proportional sein (BAGE 123, 134 Rn.25ff). Zulässig ist, Arbeitskampfmaßnahmen daran zu messen, ob sie „der Herstellung eines Verhandlungsgleichgewichts bei Tarifauseinandersetzungen" dienen (BVerfGE 84, 212/229). Dagegen ist eine gerichtliche Kontrolle der Höhe einer auf ein tariflich regelbares Ziel gerichteten Forderung unzulässig (BAGE 122, 134 Rn.100). Zulässig ist die Beschränkung der *Aussperrung* auf die suspendierende Abwehraussperrung (BAGE 48, 195/200; 58, 138/146ff).

Möglich ist **im Einzelnen** das grundsätzliche Verbot von Sympathie- **54** streiks (BAGE 48, 160/169; NJW 88, 2062) sowie von nichtorganisierten Streiks (BAGE 58, 343/349). Bei Schwerpunktstreiks können die Arbeitgeber angemessen reagieren (BVerfGE 84, 212/230ff; BAGE 33, 140/180f; 48, 195/208ff). Zulässig ist der Entzug des Arbeitslosen- und Kurzarbeitsgeldes in mittelbar betroffenen Betrieben durch § 116 AFG (BVerfGE 92, 365/397; BSGE 75, 97/151ff). Unzulässig ist ein Streik, der auf die Aufrechterhaltung der Mitgliedschaft in einem bestimmten Arbeitgeberverband gerichtet ist (BAGE 104, 155/171). Arbeitgeber und Betriebsrat können nicht Vereinbarungen treffen, die die Kampfparität beeinträchtigen (BAGE 77, 335/340). Umgekehrt bestehen keine Mitwirkungsrechte des Betriebsrats, soweit dadurch der Arbeitgeber bei Kampfmaßnahmen beeinträchtigt wird (BAGE 31, 372/378). Unzulässig ist eine Aussperrung allein von Gewerkschaftsmitgliedern (Kemper MKS 181). Die Aussperrung darf nicht auf Streikende beschränkt werden (BAGE 33, 195/203ff) und muss verhältnismäßig sein (BVerfGE 84, 212/230f). Eine Prämie für Streikbrecher soll zulässig sein (BAGE 73, 320/326ff). Möglich ist, die nichtorganisierten Arbeitnehmer mit den Folgen eines Streiks zu belasten (BAGE 76, 196/203; 79, 152/157ff). Gegen einen unzulässigen Streik kann sich nur das betroffene Unternehmen, nicht ein Arbeitgeberverband wehren (BAGE 46, 322/ 332 f).

55   Wird in **Grundrechte Dritter** eingegriffen, kann dies Einschränkungen rechtfertigen (Bauer DR 99). So kann im Hinblick auf Art.2 Abs.2 S.1 ein Streik in Krankenhäusern etc. verboten werden, wenn gewichtige Gefahren für die Patienten bestehen (Bauer DR 99). Ein Streik in Presseunternehmen kann wegen Art.5 Abs.1 S.2 u.U. ausgeschlossen sein, wenn dadurch die öffentliche Meinungsbildung in großem Umfang empfindlich beeinträchtigt wird (BAGE 48, 195/205; Wendt MüK 38 zu Art.5; vgl. auch Rn.85 zu Art.5).

56   Für **Beamte** ist gem. Art.33 Abs.5 als hergebrachter Grundsatz des Berufsbeamtentums der Streik verboten (BVerfGE 8, 1/17; 44, 249/264; BVerwGE 73, 97/102; BGHZ 70, 277/279; BAG, NJW 86, 211), selbst in abgeschwächten Formen (BVerwGE 63, 158/161). Art.33 Abs.5 legitimiert auch den Einsatz von Beamten auf bestreikten Stellen (BVerwGE 69, 208/214 f; BAGE 49, 303/311 f). Doch ist eine gesetzliche Grundlage erforderlich; Richterrecht genügt insoweit nicht (BVerfGE 88, 103/116 f; oben Rn.51). I. Ü. wird auch die gewerkschaftliche Betätigung von Beamten geschützt, soweit dem das konkrete Dienst- und Treueverhältnis nicht entgegensteht (BVerfGE 19, 303/322; Bauer DR 100). Für **Arbeiter** und **Angestellte** im öffentlichen Dienst ergeben sich aus Art.33 Abs.5 keine Einschränkungen der Koalitionsfreiheit (Kemper MKS 192; vgl. BVerfGE 88, 103/114).

57   **c) Werbung und Ungleichbehandlung.** Zulässig sind Grenzen bei der Information und **Werbung** durch Koalitionen im Betrieb, etwa ein Verbot der Werbung durch betriebsfremde Gewerkschaftsmitglieder (BVerfGE 57, 220/246 ff; a.A. BAGE 117, 137 Rn.36 ff; Kittner/Schiek AK 122), wobei aber das Gewicht der Koalitionsfreiheit ausreichend zu berücksichtigen ist. Unzulässig ist der vollständige Ausschluss der Wahlwerbung für Arbeitnehmervertreter im Unternehmensrat (BGHZ 84, 352/357 f). Unzulässig ist eine Mitgliederwerbung mit unlauteren Mitteln (BAGE 115, 58/65), desgleichen das Auslegen von Unterschriftenlisten in einer Polizeidienststelle (BAGE 113, 230/236 f). Geschützt wird die Nutzung betrieblicher e-mail-Adressen (BAG, NJW 09, 1993). Aus der Drittwirkung (oben Rn.31) der *negativen Koalitionsfreiheit* ergibt sich ein grundsätzliches Verbot, Mitglieder einer Koalition, insb. einer Gewerkschaft, und Nichtmitglieder **unterschiedlich zu behandeln,** sofern dadurch ein mehr als geringfügiger Druck zum Beitritt bzw. zum Ausscheiden ausgeübt wird (vgl. oben Rn.45a; Scholz MD 231). Wegen Gewerkschaftszugehörigkeit darf ein Arbeitsverhältnis weder verweigert noch gekündigt werden (BAGE 54, 353/359 f). Zu Ungleichbehandlungen bei Tarifverträgen oben Rn.52, bei Streiks oben Rn.53. Als zulässig wird die Beschränkung betriebsverfassungsrechtlicher Rechte auf tariffähige Koalitionen angesehen (BAGE 119, 279 Rn.37 ff).

58   **d) Rechtsfragen innerhalb einer Koalition.** Ein Anspruch auf Beitritt zu einer Gewerkschaft gegen deren Willen besteht nicht, wenn zu befürchten ist, dass der Betreffende den Grundsätzen der Gewerkschaft nachhaltig zuwiderhandeln wird (BGH, NJW 85, 1215). Weiter ist ein Mindestmaß an demokratischer Binnenorganisation geboten (oben Rn.16; Scholz MD 207; zurückhaltend Kemper MKS 99); ein Zwang zur Urabstimmung vor dem Streik folgt daraus aber nicht (Scholz MD 205). Der Ausschluss eines Mitglieds ist zulässig, wenn dies erforderlich ist, um die innere Ordnung der Koalition oder deren geschlossenes Auftreten nach außen zu verteidigen (BVerfGE 100, 214/223; BVerfG-K, NZA 93, 655) oder der Betroffene Mitglied einer gewerkschaftsfeindlichen Partei ist (BGH, NJW 91, 485). Der Ausschluss eines Mitglieds, das auf einer von der Gewerkschaft nicht unterstützten Betriebsratsliste kandidierte, ist zulässig (BVerfGE 100, 214/222 ff; Kittner/Schiek AK 123; a.A. BGHZ 71, 126/129 f). Kündigungsfristen für den Austritt aus einer Gewerkschaft dürfen nicht überlang sein, weshalb jedenfalls eine mehr als halbjährige Frist unzulässig ist (BGH, NJW 81, 341). Für Arbeitgeberverbände gilt ganz Entsprechendes.

Art. 10 [Brief-, Post- und Fernmeldegeheimnis]

(1) **Das Briefgeheimnis[3] sowie das Post- und Fernmeldegeheimnis[4 ff] sind unverletzlich[11 ff].**

(2) **Beschränkungen dürfen nur auf Grund eines Gesetzes angeordnet werden[16]. Dient die Beschränkung dem Schutze der freiheitlichen demokratischen Grundordnung oder des Bestandes oder der Sicherung des Bundes oder eines Landes, so kann das Gesetz bestimmen, daß sie dem Betroffenen nicht mitgeteilt wird und daß an die Stelle des Rechtsweges die Nachprüfung durch von der Volksvertretung bestellte Organe und Hilfsorgane tritt[20 ff].**

Übersicht

Literatur: *Becker,* Die Vertraulichkeit der Internetkommunikation, in: Rensen/ Brink (Hg.), Linien der Rechtsprechung des BVerfG, 2009, 99; *v. Ungern-Sternberg,*

Religionsfreiheit in Europa, 2008; *Kaysers,* Die Unterrichtung Betroffener über die Beschränkungen des Brief-, Post- und Fernmeldegeheimnisses, AöR 2004, 121; *Sievers,* Der Schutz der Kommunikation im Internet durch Art.10 GG, 2003; *Hadamek,* Art.10 GG und die Privatisierung der Deutschen Bundespost, 2002; *Schmitt Glaeser,* Schutz der Privatsphäre, HbStR VI, 2001, § 129 B II; *Huber,* Post aus Pullach, NVwZ 2000, 393; *Möstl,* Grundrechtsbindung öffentlicher Wirtschaftstätigkeit, 1999; *Groß,* Die Schutzwirkung des Brief-, Post- und Fernmeldegeheimnisses nach der Privatisierung der Post, JZ 1999, 326; *Arndt,* Grundrechtsschutz bei der Fernmeldeüberwachung, DÖV 1996, 459; *Bizer,* Schutz und Vertraulichkeit in der Telekommunikation, KJ 1995, 450; *Gramlich,* Art.10 GG nach der zweiten Postreform 1994, CR 1996, 102.

1. Bedeutung, Verpflichtete, Abgrenzung

1   **a) Bedeutung und Verpflichtete.** Das Grundrecht des Art.10 fand sich im Wesentlichen bereits in Art.117 WRV und ist auch in Art.8 EMRK verankert. Es scheint nach seinem Wortlaut mehrere Grundrechte zu enthalten. Die inhaltlichen und strukturellen Übereinstimmungen zwischen Brief-, Post- und Fernmeldegeheimnis (Löwer MüK 11) sprechen aber dafür, in Art.10 ein **einheitliches Grundrecht** zu sehen (Manssen 587; Schenke SB 18; a. A. Stern ST IV/1 220; Löwer MüK 11), zumal sich dadurch Abgrenzungsschwierigkeiten (etwa beim Telefax) und Konkurrenzprobleme (vgl. Löwer MüK 12) vermeiden lassen. Das Grundrecht schützt die Vertraulichkeit individueller bzw. nichtöffentlicher „Kommunikationen, die wegen der räumlichen Distanz zwischen den Beteiligten auf eine Übermittlung durch Dritte … angewiesen sind" (BVerfGE 85, 386/396; 106, 28/36; Hermes DR 15). Es geht um die „private Fernkommunikation" (BVerfGE 115, 166/182). Das Grundrecht „gewährleistet die freie Entfaltung der Persönlichkeit durch einen privaten, vor der Öffentlichkeit verborgenen Austausch von Kommunikation" (BVerfGE 110, 33/53) und dient dem Schutz der Privatsphäre (BVerfGE 85, 386/395f) und der Würde des Menschen (BVerfGE 113, 348/391). Art.10 enthält sowohl ein Abwehrrecht wie ein objektives Prinzip (BVerfGE 67, 157/185; Löwer MüK 5) und besitzt einen hohen Rang (BVerfGE 67, 157/171).

1a   Was die **Verpflichteten** des Grundrechts angeht, so kann Abs.1 durch jede staatliche Stelle beeinträchtigt werden (BVerfGE 67, 157/171f; Löwer MüK 8), auch durch Untersuchungsausschüsse (Schenke SB 50; Rn.9 zu Art.44) oder eine öffentlich-rechtlich organisierte Post (BVerwGE 113, 208/210). Verpflichtet werden zudem privatrechtliche Unternehmen, die im Alleinbesitz des Staates stehen oder die vom Staat beherrscht werden (vgl. Rn.39 zu Art.1). Dies betraf die Nachfolgeunternehmen der Post, solange sie noch in überwiegendem Staatsbesitz standen (BVerwGE 113, 208/211; Gusy MKS 53; Groß FH 26; a. A. Bizer AK 46; Löwer MüK 9). Dagegen sind echte Privatpersonen nicht Verpflichtete des Art.10 (Pagenkopf SA 18; Rn.50 zu Art.1), insb. nicht die heutige Post AG. Zur Bedeutung für andere Kommunikationsmittler unten Rn.14; zur Ausstrahlung auf das Privatrecht unten Rn.15.

2   **b) Abgrenzung zu anderen Verfassungsnormen.** Art.10 ist lex specialis gegenüber Art.2 Abs.1 (BVerfGE 67, 157/171; 110, 33/53); dies gilt

auch im Verhältnis zum allgemeinen Persönlichkeitsrecht, insb. zum Recht auf informationelle Selbstbestimmung (BVerfGE 100, 313/358; 107, 299/ 312; 115, 166/188f; 124, 43/56; Badura BK 34; Schmidt UC 19). Art.5 Abs.1 S.1 tritt ebenfalls zurück (BVerfGE 113, 348/364; Pieroth/Schlink 561); das Unterbinden der Kommunikation fällt jedoch nicht unter Art.10 (unten Rn.12). Dagegen kommt die Pressefreiheit parallel zur Anwendung (BVerfGE 100, 313/365; Hermes DR 94), desgleichen die Rundfunkfreiheit (BVerfGE 107, 299/310). Die Abgrenzung zu Art.13 hängt davon ab, ob die Beeinträchtigung des Geheimnisschutzes durch Ausnutzung der brieflichen oder fernmeldetechnischen Übermittlung erfolgt oder durch ein Eindringen in den durch Art.13 geschützten Raum, insb. mit Hilfe technischer Mittel ohne „Anzapfen" der Fernmeldeanlagen (Groß FH 17; Hofmann SHH 34; Horn HbStR³ VII § 149 Rn.99). Zum Verhältnis zu Art.44 vgl. Rn.9 zu Art.44.

2. Schutzbereich

a) Instrumente der Übermittlung. aa) Art.10 schützt zunächst das **3** **Briefgeheimnis** und damit die körperliche Übermittlung von **Briefen** (vgl. BVerfGE 67, 157/171). Als Brief ist jede mit einem verkörperten Medium verbundene Kommunikation an einen oder mehrere bestimmte Empfänger anzusehen (Bizer AK 52; Gusy MKS 27; beschränkt auf Schriftform Hermes DR 30), unabhängig von der Form und der Herstellung. Die Kommunikation muss nicht verschlossen sein, weshalb auch Postkarten und Drucksachen erfasst werden (BVerwGE 113, 208/210; Hermes DR 31; a.A. Groß FH 21; Pagenkopf SA 12). Verschlossene Sendungen werden andererseits bereits erfasst, wenn sie eine (individuelle) Kommunikation enthalten *können,* da Art.10 auch Schutz gegen die Untersuchung bietet, ob eine solche Kommunikation übermittelt wird (Hermes DR 31; Pieroth/Schlink 765; vgl. unten Rn.9). Zeitlich greift das Grundrecht, sobald der Absender den Brief aus der Hand gegeben hat, bis der Empfänger den Brief erhalten hat (vgl. Gusy MKS 28).

bb) Art.10 schützt des Weiteren das **Postgeheimnis** und damit die **4** Erbringung von Postdienstleistungen (vgl. § 4 Nr.1 PostG), also die körperliche Übermittlung von Informationen und Kleingütern durch ein auf massenhaften Verkehr angelegtes Transportnetz (Löwer MüK 17; Schenke SB 30). Erfasst werden insb. Briefe, Päckchen, Pakete und Warenproben, nicht aber Postdienste, die auf unkörperlicher Übermittlung beruhen (Gusy MKS 33; Löwer MüK 17). Brief- und Postgeheimnis überschneiden sich somit in erheblichem Umfang. Erfasst werden auch unverschlossene Sendungen (BVerwGE 113, 208/210; Stern ST IV/1, 222). Der Schutz beginnt mit der Einlieferung der Sendung bei der Post und endet mit der Ablieferung an den Empfänger (Löwer MüK 17; Stern IV/1, 222). Geschützt sind auch Sendungen im Postfach (BVerwGE 79, 110/115). Bankdienstleistungen werden nicht erfasst (Gusy MKS 33). Seit der Privatisierung der Post bezieht sich das Postgeheimnis auf die Leistungen privater Postunternehmen (Löwer MüK 17; Hofmann SHH 8; unten Rn.7; a.A. Schenke SB 36).

cc) Art.10 schützt schließlich das **Fernmeldegeheimnis** und damit „die **5** unkörperliche Übermittlung von Informationen an individuelle Empfänger

mit Hilfe des Telekommunikationsverkehrs" (BVerfGE 124, 43/54; Pagenkopf SA 14), da der Begriff des Fernmeldewesens in neueren Bestimmungen
(etwa Art.73 Nr.7, Art.87f) als *Telekommunikation* bezeichnet wird (BVerfGE
106, 28/36). Das Grundrecht des Art.10 ist (auch insoweit) entwicklungsoffen (BVerfGE 106, 28/36) und umfasst daher beliebige elektromagnetische
und andere unkörperliche Formen der Übermittlung, sei es durch Kabel
oder Funk, durch analoge oder digitale Vermittlung, durch optische oder
akustische Signale (BVerfGE 106, 28/36; 120, 274/307; 124, 43/54; Löwer
MüK 18; Groß FH 18; Gusy MKS 40). Wesentlich ist, dass die Zeichen am
Empfangsort wieder erzeugt werden (Bizer AK 61; vgl. BVerfGE 46,
120/143). Was die Technik im Einzelnen angeht, so werden der Telefon-,
Telefax-, Telegramm- und Fernschreibverkehr erfasst, aber auch Computer-
netze (Gusy MKS 40; vgl. Hermes DR 37), insb. das Internet (BVerfGE
120, 274/307; Löwer MüK 18; a.A. Pagenkopf SA 14a) und damit E-Mail
und SMS (Stern ST IV/1, 226; Schenke SB 40). Der Schutz erstreckt sich
auch auf Endgeräte, soweit es um grundrechtsspezifische Beeinträchtigungen
geht, insb. wenn die Leistungen des Endgeräts untrennbar mit dem Über-
mittlungsvorgang verbunden sind (BVerfGE 106, 28/37f). Der Schutz endet
mit dem Abschluss des Übermittlungsvorgangs, weshalb Verbindungsdaten,
die bei einem Kommunikationsteilnehmer gespeichert werden, nicht in den
Schutzbereich fallen (BVerfGE 115, 166/184); insoweit kommt der Schutz
der informationstechnischen Systeme (Rn.37 zu Art.2) zum Tragen. Gleiches gilt, sobald die Information auf einer Anlage des Empfängers ange-
kommen ist, eine E-Mail also auf dem Computer des Empfängers (BVerfGE
124, 43/54). Erfasst wird dagegen noch die Mailbox beim Provider (Schenke
SB 46; Hermes DR 42), auch wenn der Empfänger die Mails schon gelesen
hat bzw. sie beim Provider endgespeichert werden (BVerfGE 124, 43/54ff).
Zur Telekommunikation im Ausland unten Rn.8.

6   **b) Weitere Aspekte der Übermittlung.** Art.10 kommt generell nur
zum Tragen, wenn es um die Übermittlung **an einen bestimmten Empfänger** geht, nicht bei einer Übermittlung an die Allgemeinheit (Stern ST
IV/1, 227f; Horn HbStR³ VII § 149 Rn.100; Schenke SB 24). Dies gilt
insb. für das Brief- und das Fernmeldegeheimnis (Bizer AK 52, 64; Pagenkopf SA 14a; Gusy MKS 42f). Für die Abgrenzung entscheidend ist nicht
nur der Inhalt der Information, sondern die Adressierung durch den Absender oder die Beschränkung des Zugangs zur Information durch den Absender (vgl. Bäcker o. Lit. 106f). Sendungen an einen unbestimmten Personenkreis, wie Postwurfsendungen, werden daher nicht erfasst (Schmidt UC 59;
vgl. Pieroth/Schlink 765f). Nicht erfasst werden weiter Rundfunksendungen für die Allgemeinheit sowie an jedermann adressierte Inhalte des Internet (Groß FH 19; Bizer AK 64; Gusy MKS 43). Wenn, etwa im Internet,
die technische Adressierung nicht ermittelt werden kann, genügt die Möglichkeit der Adressierung an bestimmte Personen, um Art.10 anwenden zu
können (Löwer MüK 18; Bizer AK 64; Hermes DR 39).

7   **Unerheblich** ist, welche **Einrichtung** die Übermittlung vornimmt, etwa
eine staatliche oder private Stelle, wie das für das Brief- und Fernmeldegeheimnis anerkannt ist (BVerfGE 107, 299/313; Schenke SB 32; Hermes DR

34, 37). Aus Gründen der Einheitlichkeit muss das für das Postgeheimnis ebenfalls gelten (Löwer MüK 13; Bizer AK 58; Pagenkopf SA 14a; Schmidt UC 51; a. A. Hermes DR 46), zumal es andernfalls seit der (materiellen) Privatisierung der Post weithin bedeutungslos wäre.

Keine Rolle spielt weiterhin, ob die Übermittlungseinrichtung **jedermann** oder bestimmten Personen **zugänglich** ist. Selbst eine Übermittlung durch den Absender selbst dürfte erfasst sein (Bizer AK 62), etwa über eine betriebs- oder hausinterne Anlage (Hermes DR 37; Schmidt UC 65). Unerheblich ist schließlich, ob die Übermittlungseinrichtung rechtmäßig genutzt wird (unten Rn.10). **Räumlich** werden auch Kommunikationsvorgänge im Ausland (vor der deutschen Staatsgewalt) geschützt, wobei eine Modifizierung durch die allgemeinen Regeln des Völkerrechts möglich ist (BVerfGE 100, 313/363; Pagenkopf SA 15). Der Fernmeldeverkehr im Ausland wird jedenfalls dann erfasst, wenn die Aufzeichnung oder die Auswertung in Deutschland erfolgt (BVerfGE 100, 313/363 f; Groß FH 23; noch etwas weiter Hermes DR 43). **8**

c) Geschützte Aspekte. Der Schutz des Grundrechts bezieht sich zum einen auf den **Inhalt** der Kommunikation (BVerfGE 113, 348/364; Gusy MKS 58). Keine Rolle spielt, welche Inhalte übermittelt werden (BVerfGE 106, 28/35 f; Gusy MKS 24). Geschützt werden daher auch geschäftliche oder politische Informationen (BVerfGE 67, 157/172; 106, 28/35 f; 124, 43/54; Bizer AK 38). Unerheblich ist, ob es um sprachliche Inhalte, Bilder, Töne oder andere Daten geht (Hermes DR 40; Groß FH 18). Erfasst werden weiter Informationen über Ort, Zeit sowie die **Art und Weise der Kommunikation** (BVerfGE 115, 166/183; Löwer MüK 11; Stern ST IV/1, 223). Das ist von Bedeutung insb. für den Fernmeldebereich (BVerfGE 85, 386/396; 100, 313/358; 107, 299/312 f; BAGE 52, 88/97; Hermes DR 53) sowie für den Postbereich. Erfasst werden v. a. Daten über die an der Kommunikation beteiligten Personen (BVerfGE 107, 299/312 f; 113, 348/365), über die Dauer und Häufigkeit (BVerfGE 115, 166/183), über den Ort, von dem aus kommuniziert wird oder über die Kennung des Endgeräts bzw. die postalische Adresse (Bizer AK 40) sowie Abrechnungsdaten (Bizer AK 66). Erfasst wird auch der „Informations- und Datenverarbeitungsprozess, der sich an die Kenntnisnahme von geschützten Kommunikationsvorgängen anschließt" (BVerfGE 113, 348/365). **9**

d) Träger des Grundrechts ist jedermann, also jede *natürliche Person,* auch Minderjährige (näher Rn.10 zu Art.19; Schmidt UC 47; Löwer MüK 6) und Betreute (Bizer AK 48). Weiter kommt das Grundrecht *juristischen Personen* und Personenvereinigungen *des Privatrechts* zugute (BVerfGE 100, 313/356 f; 106, 28/43; Löwer MüK 6; Rn.15–20 zu Art.19), nicht jedoch ausländische Vereinigungen (Gusy MKS 47; Rn.22 f zu Art.19). Voraussetzung ist, dass die betreffende Person als *Partner* eines Kommunikationsvorgangs auftritt, d. h. als Absender oder als (vom Absender festgelegter) Empfänger agiert (Hermes DR 26; Schenke SB 47; Gusy MKS 47). Ob die Übermittlungseinrichtung rechtmäßig benutzt wird, ist unerheblich (Baldus EH 12; Gusy MKS 47; Hermes DR 27). Die die Kommunikation übermittelnde Einrichtung ist kein Grundrechtsträger (Hermes DR 28; Gusy MKS **10**

49; Groß FH 25; Löwer MüK 20; a. A. Pagenkopf SA 11; Stern ST IV/1, 224). Des Weiteren sind *juristische Personen des öffentlichen Rechts* keine Träger des Grundrechts (Rn.24–26 zu Art.19). Dagegen sollen öffentlich-rechtliche Personen, die Dienstleistungen iSd Art.10 erbringen, Grundrechtsträger sein, weil sie dadurch die eigentlichen Grundrechtsträger wirksam schützen können (BVerfGE 67, 157/172; 85, 386/396; Badura BK 31; a. A. mit guten Gründen Hermes DR 28; Groß FH 25). Grundrechtsträger sind auch die öffentlich-rechtlichen Rundfunkanstalten (BVerfGE 107, 299/310; Rn.28 zu Art.19).

3. Beeinträchtigungen

11 **a) Eingriffe. aa)** In das Grundrecht wird durch „jede **Kenntnisnahme, Aufzeichnung** und **Verwertung** kommunikativer Daten" durch einen Grundrechtsverpflichteten (dazu oben Rn.1a) eingegriffen (BVerfGE 124, 43/58). Gleiches gilt für die Anordnung einer solchen Maßnahme (BVerfGE 107, 299/313; 124, 43/58) oder deren Ermöglichung durch Dritte (Hermes DR 53; Horn HbStR[3] VII § 149 Rn.105; a. A. BGH, NJW 94, 598). Eingriffe enthalten weiter Anordnungen gegenüber Kommunikationsunternehmen, bestimmte Inhalte an staatliche Stellen zu übermitteln (BVerfGE 107, 299/313). Das heimliche Aufklären des Internet ist ein Eingriff, wenn Zugangsschlüssel ohne oder gegen den Willen der Kommunikationsberechtigten benutzt werden (BVerfGE 120, 274/341). Neben der Erfassung der Daten stellt deren **Speicherung** einen Eingriff dar (BVerfGE 100, 313/366). Weiter ist das Grundrecht beeinträchtigt, wenn die Übermittlungsdaten (oben Rn.9) fixiert werden (BVerfGE 110, 33/52 f; Löwer MüK 7). Generell stellt nicht nur die Kenntnisnahme (ohne Einwilligung des Betroffenen), sondern auch der nachfolgende Informations- und Datenverarbeitungsprozess einen Eingriff dar (BVerfGE 100, 313/359). Daher ist die **Weitergabe** der Daten an Dritte, insb. an andere Behörden, ein Eingriff (BVerfGE 30, 1/22 f; 100, 313/360; 110, 33/70). Gleiches gilt für die Weiterverwendung durch die andere Behörde oder sonstige Grundrechtsverpflichtete (BVerfGE 85, 386/399; 110, 33/69; Gusy MKS 60; Hermes DR 51; vgl. unten Rn.17, 23) und für Zweckänderungen (BVerfGE 100, 313/360).

12 Der Eingriff muss andererseits an der Übermittlung ansetzen (oben Rn.2). Ein Eingriff liegt auch vor, wenn sie **betriebsbedingt** ist, wenn etwa unzustellbare Sendungen geöffnet oder ein Telefonmissbrauch untersucht wird (BVerfGE 85, 386/399; Schenke SB 59; einschr. BGH, NJW 93, 1213). Keine Grundrechtsbeeinträchtigung liegt in der bloßen **Verhinderung der Kommunikation** (Baldus EH 22; Gusy MKS 57; Hermes DR 82); insoweit greifen andere Grundrechte (Rn.53 zu Art.2; Rn.9 zu Art.5). Wohl aber ist das Grundrecht einschlägig, wenn eine Verschlüsselung verboten wird (Hermes DR 15; Bizer AK 41).

13 **bb)** Die Kommunikationspartner können auf die Vertraulichkeit im Einzelfall **verzichten;** geschieht dies freiwillig, liegt keine Grundrechtsbeeinträchtigung vor (BVerfGE 85, 386/398; BVerwG, NJW 82, 840; Löwer MüK 7; s. auch Vorb.36 vor Art.1). Der Verzicht **eines** Partners genügt jedoch nicht (BVerfGE 85, 386/398 f; Hermes DR 55; Groß FH 30; a. A. Löwer

MüK 7). Daher liegt ein Grundrechtseingriff vor, wenn der Empfänger eine Fangschaltung des Übermittlers veranlasst (BVerfGE 85, 398/399). Zur Benutzung von Diensttelefonen unten Rn.24. Andererseits schützt Art.10 nur gegen die Risiken der Übermittlung durch Dritte, nicht vor den vom Empfänger ausgehenden Risiken (BVerfGE 106, 28/37). Daher liegt kein Grundrechtseingriff vor, wenn ein Partner Dritte mithören lässt, etwa die Polizei (BGHSt 39, 335/340 f; Schenke SB 60; a.A. Bizer AK 42; Gusy MKS 48); doch kann insoweit das allgemeine Persönlichkeitsrecht beeinträchtigt sein (Rn.73 zu Art.2).

b) Unterlassen von Leistung, insb. Schutz. Aus Art.10 folgt die **14** Pflicht des Staates, die Vertraulichkeit des Brief- und Fernmeldeverkehrs gegenüber Übergriffen Privater zu **schützen** (BVerfGE 106, 28/37; Löwer MüK 14; Hermes DR 83; a.A. Pagenkopf SA 21 f). Zu den Privaten in diesem Sinn zählen insb. die privaten Übermittlungseinrichtungen (Pieroth/Schlink 763; Gusy MKS 63), nicht aber die Partner der Kommunikation (Hermes DR 84; vgl. oben Rn.13). Die Schutzpflicht betrifft auch die Telefonüberwachung etc. durch ausländische Stellen in Deutschland (Baldus EH 60). Möglicherweise sind verfahrensrechtliche Sicherungen geboten (sehr weitgehend Gusy MKS 74). Das Grundrecht vermittelt keinen Anspruch auf postalische und ähnliche **Leistungen** (Löwer MüK 4). Die Verweigerung der Beförderung von Briefen oder der Übermittlung von Telefongesprächen stellt daher keinen Grundrechtseingriff dar (Gusy MKS 57; Hermes DR 47).

c) Bei der **Anwendung von Privatrecht** ist die Ausstrahlungswirkung **15** des Grundrechts (allg. Rn.54–58 zu Art.1) zu beachten (BAGE 52, 88/97 f; Hermes DR 81; a.A. Gusy, JuS 86, 92), etwa bei der Telefondatenerfassung. Dies gilt insb. für das Verhältnis von privaten Kommunikationsübermittlern zu ihren Kunden. Aber auch in anderen privatrechtlichen Streitigkeiten ist die Schutzfunktion zu beachten (BVerfG-K, NJW 07, 3055). Zum Benutzen von Betriebstelefonen unten Rn.24. Zum Anspruch auf Übermittlung oben Rn.14.

4. Rechtfertigung von Beeinträchtigungen (Schranken)

a) Gesetzliche Grundlage. Ein Eingriff in das Brief-, Post- und Fern- **16** meldegeheimnis ist gem. Abs.2 S.1 nur zulässig, wenn er auf Grund eines Gesetzes erfolgt. Er kann auf Grund einer formell-gesetzlichen Ermächtigung durch Rechtsverordnung, Satzung oder Verwaltungsakt erfolgen, aber auch – über den Wortlaut des Art.10 Abs.2 hinaus – unmittelbar durch ein (förmliches) **Gesetz** (Hermes DR 58; Schmidt UC 73; Löwer MüK 28; vgl. Vorb.42 vor Art.1). Das Erfordernis einer gesetzlichen Grundlage gilt auch im besonderen Gewaltverhältnis (BVerfGE 33, 1/11 f). Im Bereich der betriebsbedingten Beeinträchtigungen (oben Rn.12) konnte vorübergehend auf eine gesetzliche Grundlage verzichtet werden (BVerfGE 85, 386/400 f). Zur Grundlage bei einer Nutzung von Diensttelefonen unten Rn.24.

Die Ermächtigung muss **ausreichend bestimmt** sein (allg. Rn.54 zu **17** Art.20). Notwendig ist ein Gesetz, das den Freiheitseingriff „ausdrücklich offen legt" (BVerfGE 85, 386/404). Der Verwendungszweck muss „bereichsspezifisch und präzise bestimmt werden" (BVerfGE 100, 313/359 f; Hermes DR 63), so dass der Betroffene die Rechtslage erkennen und sein Verhalten darauf ausrichten kann (BVerfGE 110, 33/53; 113, 348/375 f; 124, 43/60); dies betrifft Voraussetzungen und Umfang der Beschränkung (Bizer AK 79). Dabei richten sich die konkreten Anforderungen an die Bestimmtheit und Klarheit „nach der Art und Schwere des Eingriffs" (BVerfGE 110, 33/55). Im Bereich der Verhütung von Straftaten sind die fraglichen Straftaten und die „Anforderungen an die Verdachtstatsachen" näher zu umschreiben (BVerfGE 110, 33/56). Die Generalklausel des § 119 Abs.3 StPO für die Untersuchungshaft bildet mangels ausreichender Bestimmtheit keine Grundlage (BVerfGE *abwM* 57, 170/182 ff; Hermes DR 75; Löwer MüK 34; Gusy MKS 89; a.A. BVerfGE 57, 170/177). Unzureichend bestimmt ist auch § 99 StPO für die Postkontrolle im Ermittlungsverfahren (Groß FH 39; Schenke SB 89). Andererseits ist eine 6-monatige Vorratsspeicherung von Verbindungsdaten unter bestimmten Voraussetzungen möglich (BVerfG, NJW 10, 837 ff). Das Erfordernis der ausreichend bestimmten Ermächtigung gilt auch für die *Weiterverarbeitung* und *Weitergabe* (BVerfGE 110, 33/70; BFHE 194, 40/48) sowie für Zweckänderungen (BVerfGE 100, 313/360). Dem wurden die Regelungen zur Kontrolle durch Zollbehörden im AWG nicht gerecht (BVerfGE 110, 33/57 ff), weiter die Vorschriften des niedersächsischen Polizeirechts (BVerfGE 113, 348/375 ff).

17a   Das einschränkende Gesetz muss das **Zitiergebot** wahren (BVerfGE 113, 348/366; Gusy MKS 70; Rn.4 zu Art.19). Die Notstandsregelung des § 34 StGB scheidet schon aus diesem Grund als Eingriffsermächtigung aus (Groß FH 37; Gusy MKS 71). Gleiches gilt für die polizeirechtliche Generalklausel (Löwer MüK 29) und das BundesverfassungsschutzG (Löwer MüK 30).

18   **b) Verhältnismäßigkeit.** Die Grundrechtseinschränkung muss verhältnismäßig sein (BVerfGE 100, 313/359; Hermes DR 65). Bei einer Weiterverwendung über den ursprünglichen Zweck hinaus sind die Anforderungen an den verfolgten Zweck ebenso hoch wie bei der ursprünglichen Erhebung (BVerfGE 110, 33/73 f). Das einschränkende Gesetz muss (im Sinne einer *Wechselwirkung*) im Lichte des Grundrechts ausgelegt werden (BVerfGE 67, 157/175; 107, 299/315). Verhältnismäßig muss nicht nur das einschränkende Gesetz, sondern auch der konkrete Eingriff sein (BVerfGE 124, 43/66).

18a   **Im Einzelnen** muss die Maßnahme geeignet sein, d.h. die Zweckerreichung fördern (BVerfGE 67, 157/175). Weiter darf dem Gesetzgeber nicht ein anderes, gleich wirksames, das Grundrecht aber weniger einschränkendes Mittel zur Verfügung stehen (BVerfGE 67, 157/176 f; 107, 299/317; Bizer AK 83). Die Gewinnung unnötiger Informationen muss vermieden werden (BVerfGE 124, 43/67). Schließlich dürfen „die Einbußen an grundrechtlich geschützter Freiheit nicht in unangemessenem Verhältnis zu den Gemeinwohlzwecken stehen, denen die Grundrechtsbeschränkung dient" (BVerfGE 100, 313/375 f; 113, 348/382; Bizer AK 84). Dabei ist bedeutsam, „wieviele Personen wie intensiven Beeinträchtigungen ausgesetzt sind" (BVerfGE 107, 279/327; 124, 43/62); weiter spielen die Gestaltung der Einschreitschwellen, die Heimlichkeit des Zugriffs, die mögliche Verwendung zu nicht bestimmten Zwecken und die Einwirkungsmöglichkeiten des Betroffenen auf den

Datenbestand eine Rolle (BVerfGE 124, 43/62). Im Rahmen der Strafverfolgung muss es um schwere Straftaten gehen; zudem muss die Tatsachenbasis gesichert sein (BVerfGE 107, 299/321). Erfolgt der Zugriff aber offen und punktuell, ist jeder Verdacht einer Straftat ausreichend (BVerfGE 124, 43/63 f). Die Verlegung der Übermittlungsschwelle in das Vorfeld einer drohenden Rechtsgutverletzung ist nur bei sehr gewichtigen Rechtsgütern möglich (BVerfGE 100, 313/392); die Gefahr der schlichten Geldfälschung genügt nicht (BVerfGE 100, 313/384 f). Im Kernbereich privater Lebensgestaltung, der von Art.1 Abs.1 geschützt wird (Rn.20 zu Art.1), ist eine Telekommunikationsüberwachung ausgeschlossen (BVerfGE 113, 348/391 f). Ähnliches gilt für Gespräche zwischen Strafverteidiger und Mandant (BVerfG-K, NJW 07, 2750).

c) Verfahrensanforderungen. Bei Eingriffen ergeben sich aus dem **19** Grundrecht vielfach ergänzend zu den materiellen Vorgaben Verfahrenspflichten. Die gebotene Zweckerreichung verlangt eine *Kennzeichnung* der Daten, damit auch nach ihrer Erfassung und Verarbeitung erkennbar bleibt, dass sie aus Eingriffen in Art.10 stammen (BVerfGE 100, 313/360 f; Bizer AK 101; einschr. BVerfGE 124, 43/74). Weiter muss dem Betroffenen ein heimlicher Eingriff *mitgeteilt* werden, sobald dadurch der Zweck der Überwachung nicht mehr beeinträchtigt wird und dem Betroffenen kein, seinen Belangen ausreichend Rechnung tragender Auskunftsanspruch zusteht (BVerfGE 100, 313/361, 397; 124, 43/71 ff; Hermes DR 91; Schenke SB 82). Dies ergibt sich insb. im Umkehrschluss zu Abs.2 S.2. Zu Ausnahmen unten Rn.20–23. Nicht mehr benötigte Daten müssen *vernichtet* werden (BVerfGE 100, 313/ 362; 124, 43/73). Unter Verstoß gegen Art.10 gewonnene Informationen dürfen weder gerichtlich noch sonst *verwertet* werden (Hermes DR 51; Groß FH 44; vgl. Rn.63 zu Art.2; a.A. Schenke SB 86). Zur Weiterverwendung zulässig erhobener Daten oben Rn.17 und unten Rn.23.

5. Sonderfall: Ausschluss von Benachrichtigung bzw. Rechtsweg

aa) 1968 wurden im Rahmen der Notstandsgesetze Abs.2 S.2 und Art.19 **20** Abs.4 S.3 in das GG eingefügt (Einl.3 Nr.17). Die Verfassungsmäßigkeit dieser Änderungen ist umstritten (im Wesentlichen dafür BVerfGE 30, 1 ff; Schenke BK 79 zu Art.19 IV; Löwer MüK 44 ff; dagegen BVerfGE *abwM* 30, 1/33 ff; Hermes DR 61; Ramsauer AK 145 zu Art.19 IV). Geboten ist jedenfalls eine **restriktive Interpretation** (Schmidt-Aßmann MD 30 zu Art.19 IV; Pagenkopf SA 47). In der Sache bestimmt Abs.2 S.2, dass Beeinträchtigungen des Abs.1, etwa das Abhören von Telefonen, – nicht jedoch Eingriffe in andere Grundrechte –, den Betroffenen gegenüber geheimgehalten werden können (zu den Grenzen unten Rn.21 f) und statt gerichtlichen Schutzes lediglich eine Überprüfung durch ein spezielles Kontrollorgan erfolgt.

Voraussetzung dafür ist zunächst, dass der Ausschluss der Benachrichti- **21** gung und des Rechtswegs geeignet ist, den „Schutz der freiheitlichen demokratischen Grundordnung" oder den Bestand bzw. die Sicherung des Bundes oder eines Bundeslandes zu gewährleisten (vgl. dazu Rn.14 zu Art.11); insoweit müssen konkret nachprüfbare Anhaltspunkte bestehen (BVerfGE 67,

157/179 f). Weiter muss sowohl der Ausschluss der Benachrichtigung wie des Rechtsweges im Hinblick auf diese Zwecke erforderlich sein; daran fehlt es etwa, wenn die fraglichen Informationen auf andere Weise gewonnen werden können (BVerfGE 67, 157/177). Schließlich müssen Geheimhaltung und Ausschluss des Rechtswegs verhältnismäßig ieS sein (vgl. Rn.86 f zu Art.20). Daher ist eine Benachrichtigung geboten, sobald dies ohne Gefährdung des Zwecks der Beschränkung möglich ist (BVerfGE 30, 1/31; oben Rn.19). Zur Verwendung der Überwachungsergebnisse für andere Zwecke oben Rn.17, 19.

22   Darüber hinaus ist erforderlich, dass eine **Ersatzkontrolle** „durch unabhängige und durch keine Weisungen gebundenen staatlichen Organe ... sichergestellt" ist (BVerfGE 67, 157/185), auch durch eine entspr. Ausstattung des Kontrollorgans (BVerfGE 100, 313/401). Die Kontrolle muss „materiell und verfahrensmäßig der gerichtlichen Kontrolle gleichwertig" sein (BVerfGE 30, 1/23). Die Kontrolle muss den gesamten Prozess der Datenerfassung und -verwertung umfassen und ausreichend personell ausgestattet sein (BVerfGE 100, 313/401 f).

23   **bb)** Von der Ermächtigung des Abs.2 S.2 wurde durch das **Gesetz zur Beschränkung des Brief-, Post- und Fernmeldegeheimnisses** (BGBl 2001 I 1254) Gebrauch gemacht. Ob es den verfassungsrechtlichen Anforderungen in vollem Umfang gerecht wird, erscheint zweifelhaft (Hermes DR 80; Schafranek, DÖV 02, 846 ff). Im Rahmen von Abs.2 S.2 zulässig erhobene Daten können ggf. auf entsprechender Grundlage auch zu anderen als den dort genannten Zwecken verwandt werden (BVerfGE 100, 313/360, 388 f; a. A. BVerfGE *abwM* 57, 170/200 f). Auch wenn sich später herausstellt, dass der Verdacht einer Katalogtat unbegründet war, soll eine Verwertung zu anderen Zwecken nicht generell ausgeschlossen sein (BVerfG-K, NJW 88, 1075; Schmidt UC 96).

6. Einzelne Bereiche und Fälle

24   Verstöße gegen Art.10 ergaben sich bei der *Telefonüberwachung* durch den Bundesnachrichtendienst (BVerfGE 100, 313/373 ff), bei der Telefonkontrolle durch die Zollbehörden (BVerfGE 110, 33/57) und durch die Landespolizeibehörden (BVerfGE 113, 348/378 ff). Die Kontrolle der Briefpost von *Untersuchungs- und Strafgefangenen* ist zulässig (BVerfGE 33, 1/13 f); zum Anhalten von Briefen Rn.53 zu Art.2 und Rn.9 zu Art.5. In der Benutzung eines *Diensttelefons* etc. für private Gespräche liegt kein Grundrechtsverzicht, zumal auch der Kommunikationspartner zustimmen müsste (oben Rn.13; vgl. BVerfG-K, NJW 92, 815 f; a. A. für äußere Daten BVerwG, NVwZ 90, 73; BAGE 52, 88/98). Werden allerdings nur äußere Daten derart begrenzt erhoben, dass die Feststellung des Kommunikationspartners nicht möglich ist, dürfte die allg. Kontrollbefugnis des Dienstherrn eine ausreichende Grundlage bilden (Hermes DR 72; Schenke SB 61; i. E. Löwer MüK 25). Zugunsten von *Untersuchungsausschüssen* ist keine Grundrechtseinschränkung möglich (Rn.9 zu Art.44).

Art.11 [Freizügigkeit]

(1) **Alle Deutschen[6] genießen Freizügigkeit[2 ff] im ganzen Bundesgebiet[3].**

(2) **Dieses Recht darf nur durch Gesetz oder auf Grund eines Gesetzes[11] und nur für die Fälle eingeschränkt[13] werden, in denen eine ausreichende Lebensgrundlage nicht vorhanden ist und der Allgemeinheit daraus besondere Lasten entstehen würden[13] oder in denen es zur Abwehr einer drohenden Gefahr für den Bestand oder die freiheitliche demokratische Grundordnung des Bundes oder eines Landes,[14] zur Bekämpfung von Seuchengefahr, Naturkatastrophen oder besonders schweren Unglücksfällen,[15] zum Schutze der Jugend vor Verwahrlosung oder um strafbaren Handlungen vorzubeugen,[16] erforderlich ist[12].**

Übersicht

Literatur: *Hailbronner,* Freizügigkeit, HbStR[3] VII, 2009, § 152; *Sachs,* Die Freiheit der Bewegung, ST IV/1, 2006, § 106; *Schoch,* Das Grundrecht der Freizügigkeit, Jura 2005, 34; *Hetzer,* Zur Bedeutung des Grundrechts auf Freizügigkeit für polizeiliche Aufenthaltsverbote, JR 2000, 1; *Alberts,* Freizügigkeit als polizeiliches Problem, NVwZ 1997, 45; *Ziekow,* Über Freizügigkeit und Aufenthalt, 1997; *Waechter,* Freizügigkeit und Aufenthaltsverbot, NdsVBl 1996, 197; *Kunig,* Das Grundrecht auf Freizügigkeit, Jura 1990, 306.

1. Bedeutung und Abgrenzung zu anderen Verfassungsnormen

Die auf Art.111 WRV zurückgehende Vorschrift des Art.11 enthält ein **1** Abwehrrecht und ein Element objektiver Ordnung (Pieroth, JuS 85, 82). Sie schützt eine elementare Voraussetzung personaler Lebensgestaltung. Nicht erfasst wird dagegen die wirtschaftliche Niederlassungsfreiheit; insoweit ist Art.12 Abs.1 einschlägig (unten Rn.4). Im Anwendungsbereich des Art.2 Abs.2 S.2 wird Art.11 verdrängt (str., Rn.111 zu Art.2). Dagegen geht Art.11 der allgemeinen Handlungsfreiheit vor (unten Rn.2); zum Verhältnis zu Art.6 Abs.2 unten Rn.19; zum Verhältnis zu Art.16 unten Rn.7. Mit den sonstigen Freiheitsrechten besteht Idealkonkurrenz, sofern sie nicht eine stärkere sachliche Beziehung zu dem betreffenden Sachverhalt haben (vgl. Sachs ST IV/1, 1159). Zur Gesetzgebungskompetenz Rn.8 zu Art.73.

2. Schutzbereich

2 a) **Geschütztes Verhalten.** Freizügigkeit bedeutet die Möglichkeit, „an jedem Ort innerhalb des Bundesgebiets Aufenthalt und Wohnsitz zu nehmen" (BVerfGE 80, 137/150; 43, 203/211; Ziekow FH 31). **Wohnsitznahme** ist, wie in § 7 Abs.1 BGB, die ständige Niederlassung an einem Ort (Sachs ST IV/1, 1135 f; Pagenkopf SA 15; Ziekow o. Lit. 460). Unsicher ist hingegen, wann man von einer **Aufenthaltsnahme** sprechen kann. Vereinzelt sieht man jedes Verweilen erfasst (Pernice DR 13 f), was aber dem Umstand widerspricht, dass die körperliche Bewegungsfreiheit, soweit nicht die Sonderregelung des Art.2 Abs.2 S.2 eingreift, üblicherweise der allgemeinen Handlungsfreiheit zugewiesen wird (dazu Rn.7 zu Art.2). Überwiegend wird denn auch eine mehr oder minder weitreichende Bedeutung des Aufenthalts verlangt (BVerwGE 3, 308/312; Kunig MüK 13; Sachs ST IV/1, 1137 f), insb. eine gewisse Dauer (Hofmann UC 22). Für die nähere Abgrenzung ist es hilfreich, die Aufenthaltsnahme (in Parallele und in Abgrenzung zur Wohnsitznahme) als *zeitweise Niederlassung* an einem Ort zu begreifen. Sie setzt daher voraus, dass man sich an diesem Ort etwas „einrichtet", was etwa bei einer Übernachtung typisch ist (Baldus EH 3). Aus welchen Gründen der Ortswechsel erfolgt, ist unerheblich (Durner MD 73; Hailbronner HbStR³ VII § 152 Rn.47). Nicht geschützt werden die Modalitäten der Ortsveränderung, insb. die Wahl des Beförderungsmittels oder die Schaffung von Verkehrswegen (BVerfGE 80, 137/150; Durner MD 74).

3 Art.11 schützt den **Wechsel** des Wohnsitzes oder Aufenthaltsorts innerhalb des gesamten Bundesgebiets, also **im Geltungsbereich des GG** (BVerfG-K, DVBl 92, 1287; Durner MD 95); näher zum Bundesgebiet Rn.10 f zur Präamb. Der Wechsel des Aufenthalts innerhalb einer Gemeinde wird ebenfalls erfasst (BVerfGE 110, 177/191; Sachs ST IV/1, 1136; Pieroth/Schlink 794; Kunig MüK 12). Art.11 schützt weiter die **Einreise** in das Bundesgebiet „zum Zwecke der Wohnsitznahme" (BVerfGE 110, 177/191; 43, 203/211; BVerwGE 122, 313/316; Pernice DR 15; Hofmann UC 25; a. A. Gusy MKS 38), nicht jedoch die **Ausreise,** die daher unter Art.2 Abs.1 fällt (BVerfGE 6, 32/35 f; 72, 200/245; Durner MD 101; Hofmann UC 27; Sachs ST IV/1, 1167; a. A. mit erwägenswerten Gründen Pagenkopf SA 29; Pernice DR 15). Endlich schützt Art.11 das **Beibehalten** von Wohnsitz und Aufenthaltsort (Gusy MKS 34; Ziekow FH 58; Baldus EH 4); zu den Folgen unten Rn.7.

4 Nicht unter Art.11 fällt die rein **berufliche Niederlassung;** insoweit ist allein Art.12 Abs.1 einschlägig (BVerwGE 2, 151/152; 12, 140/162; Breuer HbStR VI § 147 Rn.68; Scholz MD 200 zu Art.12; Hofmann UC 16; Sachs ST IV/1, 1139 f; wohl auch BVerfGE 41, 378/389 ff; a. A. Pernice DR 16), wie die ausdrücklich in Art.12 angesprochene Freiheit des Arbeitsplatzes verdeutlicht (dazu Rn.11 zu Art.12). Zudem wurde die die Niederlassungsfreiheit insoweit erweiternde Regelung des Art.111 S.2 WRV nicht übernommen. Schließlich schützt Art.11 unmittelbar nur die Veränderung von Wohnsitz und Aufenthalt; die Tätigkeiten am neuen Ort werden dagegen von den einschlägigen Grundrechten erfasst. Eine Sperrbezirksvorschrift für Prostituierte greift daher nicht in den Schutzbereich ein (Kunig MüK

20). Dagegen kommt Art.11 zum Tragen, soweit mit der beruflichen Niederlassung auch ein privater Wohnsitz oder Aufenthalt begründet wird. Dementsprechend dürfte Art.11 Residenzpflichten erfassen (Pernice DR 32; Durner MD 124; Baldus EH 6; für alleinige Anwendung von Art.12 Sachs ST IV/1, 1158; Blanke SB 27).

Kein unmittelbarer Schutzgegenstand des Art.11 ist die **Mitnahme von** 5 **Eigentum** (Durner MD 85; Sachs ST IV/1, 1140; a. A. Ziekow FH 55; Pernice DR 16). Darauf bezogene Beschränkungen können aber mittelbar die Freizügigkeit beeinträchtigen (Sachs ST IV/1, 1146; Hailbronner HbStR³ VII § 152 Rn.56; Durner MD 120). Zudem gilt es zu beachten, dass für die Mitnahme des *berufsbezogenen* Eigentums Art.12 lex specialis ist (Gusy MKS 31; Pieroth/Schlink Rn.799; oben Rn.4; a. A. Blanke SB 15).

b) Träger des Grundrechts ist jeder Deutsche iSd Art.116 (zur Abgren- 6 zung Rn.1 zu Art.116). Dazu zählen nicht die sog. potentiellen Deutschen, denen daher Art.11 kein Einreiserecht vermittelt (Rn.8 zu Art.116): Deutsche Volkstumsangehörige (ohne deutsche Staatsangehörigkeit) sind vor ihrer Aufnahme in Deutschland keine Deutschen iSd Art.116 (Rn.8 zu Art.116 und können sich daher nicht auf Art.11 berufen (BVerwGE 122, 313/316; Hofmann UC 17; Durner MD 56). Geschützt werden auch Minderjährige (Rn.10 zu Art.19; Pernice DR 18; Durner MD 58; außerdem unten Rn.10), wie der in Abs.2 enthaltene Vorbehalt zum Schutze der Jugend (vgl. unten Rn.16) verdeutlicht. Die Freizügigkeit der Nicht-Deutschen wird durch Art.2 Abs.1 geschützt (Hailbronner HbStR³ VII § 152 Rn.75; Gusy MKS 45, Rn.7 zu Art.2). Bei EU-Bürgern wird man aber kraft EU-Rechts das Deutschen-Merkmal nicht anwenden dürfen (Pernice DR 20; Gusy MKS 45; für verschärfte Anwendung von Art.2 Abs.1 Durner MD 65). Angesichts der flächendeckenden Vorgaben der Grundfreiheiten und des Rechts auf Freizügigkeit in Art.21 AEUV bzw. Art.45 GRCh (ex Art.18 EGV) dürfte eine Ungleichbehandlung von EU-Bürgern im Schutzbereich des Art.11 generell unzulässig sein. Art.11 kommt nach hA auch inländischen *juristischen Personen* sowie Personengemeinschaften zugute (Pernice DR 18; Ziekow FH 86; Hailbronner HbStR³ VII § 152 Rn.73; a. A. Baldus EH 10). Geschützt wird die Verlegung des Sitzes und die Gründung von Zweigniederlassungen (Durner MD 60; Sachs ST IV/1, 1143 f). Die praktische Bedeutung dieses Befundes ist aber gering, da für wirtschaftlich tätige Unternehmen regelmäßig Art.12 lex specialis ist (oben Rn.4; vgl. Gusy MKS 44).

3. Beeinträchtigungen

a) Eingriffe. Art.11 wird zunächst durch direkte imperative Einwirkun- 7 gen eines Grundrechtsverpflichteten (Rn.32–44 zu Art.1) beeinträchtigt, etwa durch auf das geschützte Verhalten (oben Rn.2–5) bezogene Bedingungen, Genehmigungen oder Nachweise. Polizeiliche Aufenthaltsverbote sind Eingriffe (Ziekow FH 48), sofern ein Aufenthalt mit der notwendigen Bedeutung (dazu oben Rn.2) betroffen ist (ähnlich Kunig MüK 20). Nicht erfasst wird etwa ein Platzverweis oder ein Stadiumsverbot, wohl aber ein Verweis aus der eigenen Wohnung (vgl. Durner MD 83). Eingriffe sind im

Hinblick auf das Aufenthaltsrecht im Inland auch Abschiebung, Ausweisung u. ä. (Gusy MKS 37; Durner MD 91); für die Auslieferung geht dagegen Art.16 Abs.2 vor (Durner MD 168). Kein Eingriff liegt vor, wenn an einem bestimmten Ort der Allgemeinheit der Aufenthalt oder die Wohnsitznahme untersagt ist (Pernice DR 22; Gusy MKS 49; Sachs ST IV/1, 1141 f; a. A. Ziekow FH 89; Kunig MüK 13).

8   **Mittelbare** und **faktische** Einwirkungen können nach Zielsetzung und Wirkung einem Eingriff gleichkommen und bilden dann eine Grundrechtsbeeinträchtigung (BVerfGE 110, 177/191; Durner MD 114). Dies ist allerdings nur der Fall, wenn sie einen gewichtigen Einfluss auf die Willensbildung ausüben (BVerwGE 110, 92/97 f; Ziekow FH 93; Kunig MüK 19; Gusy MKS 49). Das ist bei der Verknüpfung der Hilfe zum Lebensunterhalt mit einer bestimmten Wohnsitznahme der Fall (BVerfGE 110, 177/191; Sachs ST IV/1, 1145). Dagegen bestimmt sich der Schutz deutscher Familienangehöriger von ausgewiesenen Ausländern allein nach Art.6 Abs.1 (BVerwGE 42, 133/134; Kunig MüK 8); dazu näher Rn.32–34 zu Art.6. Mit dem Wohnsitz oder Aufenthalt verbundene Abgaben stellen regelmäßig keinen Eingriff dar, sofern sie nicht eine ähnliche Wirkung wie ein striktes Verbot haben (BVerwG, Bh 401.63 Nr.5; VGH BW, KStZ 77, 149; Ziekow FH 95; Kunig MüK 20). Als Eingriff sind aber Abgaben einzustufen, die unmittelbar an die Veränderung von Wohnsitz oder Aufenthalt anknüpfen. Gleiches gilt für melderechtliche Bestimmungen (BVerfG-K, DVBl 93, 602). Planerische Maßnahmen stellen regelmäßig keine Beeinträchtigung dar (BVerwG, NVwZ 09, 331; Durner MD 123; anders Kunig MüK 19). Gleiches gilt für straßen- und verkehrsrechtliche Beschränkungen (Gusy MKS 32). Unter Umständen dürften auch Ungleichbehandlungen eine Grundrechtsbeeinträchtigung darstellen können (Gusy MKS 31, 49; Pernice DR 16; dagegen Durner MD 87).

9   **b) Unterlassen von Leistung.** Art.11 enthält keine Leistungsansprüche, etwa auf Zahlung von Umzugskosten (Kunig MüK 19; Blanke SB 21). Zielt allerdings die Ausgestaltung der Sozialhilfe darauf ab, den Aufenthalt an einem bestimmten Ort zu verhindern, liegt darin ein Eingriff (HessVGH, NVwZ 86, 861; Kunig MüK 19; a. A. Ziekow FH 97). Keine Beeinträchtigung liegt in der Verweigerung von Leistungen, auf die grundsätzlich kein Anspruch besteht, auch wenn dies die Wahl des Wohnsitzes beeinflusst (Durner MD 117). Die Bereitstellung geeigneter Wege wird nicht erfasst (BVerfGE 80, 137/150).

10   **c)** Bei der **Anwendung von Privatrecht** ist die Ausstrahlungswirkung des Grundrechts (allg. dazu Rn.54–58 zu Art.1) zu beachten (Hofmann UC 15; Baldus EH 31). Eine generelle vertragliche Verpflichtung, den Wohnsitz nicht in einer bestimmten Stadt zu begründen, ist unzulässig (BGH, NJW 72, 1414; a. A. Ziekow FH 119); zum Grundrechtsverzicht Vorb.36 vor Art.1. Vertragliche Residenzpflichten bedürfen eines ausreichenden Sachgrundes (BAGE 118, 232 Rn.31 f). Andererseits rechtfertigt Art.11 nicht die Inanspruchnahme fremden Eigentums. Bei Kindern wird die Ausstrahlungswirkung gegenüber den Eltern durch Art.6 Abs.2 begrenzt (vgl. unten Rn.16).

4. Rechtfertigung von Beeinträchtigungen (Schranken)

a) Rechtfertigung nach Abs.2 (Allgemeines). Ein Eingriff in das **11** Grundrecht ist nach Maßgabe des 1968 geänderten Abs.2 (Einl.3 Nr.17) zulässig, wenn er durch oder auf Grund eines (formellen) **Gesetzes** erfolgt (BVerwGE 11, 133/134; Blanke SB 30; Pernice DR 24). Die Einschränkung kann unmittelbar durch formelles Gesetz oder aufgrund einer ausreichend bestimmten formell-gesetzlichen Ermächtigung durch andere Rechtsvorschriften erfolgen (Kunig MüK 21; vgl. Vorb.43 vor Art.1). Auch Landesrecht kommt als Grundlage in Betracht; Art.73 Abs.1 Nr.3 steht dem nicht entgegen (Durner MD 129; Pagenkopf SA 23). Ist das einschränkende Gesetz weiter als nach Abs.2 zulässig gefasst, wie das für die ordnungsbehördliche Generalklausel zutrifft, ist eine verfassungskonforme, restriktive Auslegung möglich und geboten (Rittstieg AK 12; Kunig MüK 20). Zur Bestimmtheit der gesetzlichen Grundlage Rn.54 zu Art.20. Das einschränkende Gesetz muss das Zitiergebot wahren (Ziekow FH 104; Rn.4 zu Art.19). Das hat häufig Folgen für die polizeiliche Generalklausel (Durner MD 164; Ziekow FH 104); allerdings kommt in Teilbereichen eine Rechtfertigung durch kollidierendes Verfassungsrecht in Betracht, für die das Zitiergebot nicht gilt (Rn.5 zu Art.19).

Materiell muss zunächst einer der **Rechtfertigungsgründe** des Abs.2 **12** (dazu unten Rn.13–17) einschlägig sein. Ist das nicht der Fall, ist an die Alternative des kollidierenden Verfassungsrechts (unten Rn.19) zu denken. Auf jeden Fall ist der Grundsatz der **Verhältnismäßigkeit** zu beachten (Durner MD 163); allg. dazu Rn.83–90a zu Art.20. Ein vollständiges Einreiseverbot kann zulässig sein (BVerfGE 2, 266/284). Jedoch ist eine generalisierende Betrachtung unzulässig; die Voraussetzungen des Abs.2 müssen in jedem Einzelfall vorliegen (BVerfGE 2, 266/278). Ggf. ist für Härtefälle eine Ausnahme vorzusehen (BVerfGE 110, 177/197). Nur bei Einschränkungen der Freizügigkeit mit geringerem Gewicht ist eine generalisierende Betrachtung möglich (vgl. Hofmann UC 35). Die Freizügigkeit deutscher Staatsangehöriger kann durch die Vorgaben zum Aufnahmeverfahren nach § 26 ff BVFG nicht eingeschränkt werden (BVerwGE 122, 313/316 f).

b) Rechtfertigungsgründe des Abs.2. – **(1)** Eine Grundrechtsbe- **13** schränkung kommt einmal zu Lasten jener Personen in Betracht, bei denen der Ortswechsel die ausreichende **Lebensgrundlage** gefährdet, also bei Personen, die ihren Lebensmindestbedarf nicht aus eigener Kraft sicherstellen können (BVerfGE 110, 177/192; Pernice DR 25; Kunig MüK 22; anders Gusy MKS 56). Dies muss durch eine Einzelfallprüfung festgestellt werden (BVerfGE 2, 266/278). Hinzu treten muss die weitere Voraussetzung, dass dem Staat daraus nicht unerhebliche Lasten besonderer Art erwachsen. Dazu rechnen insb. „die Beschaffung von Wohnraum, infrastrukturelle Folgelasten sowie die Herstellung und Erweiterung von Einrichtungen der Betreuung von Kindern, der schulischen Ausbildung, von Kultur und Sport sowie von Anlagen der öffentlichen Versorgung und Entsorgung" (BVerfGE 110, 177/192 f; Durner MD 135). Andererseits ist es zulässig, die Lasten auf Länder und kommunale Gebietskörperschaften zu verteilen (BVerfGE 110, 177/192 f). Darüber hinaus verlangt das Sozialstaatsprinzip eine einschränkende Anwendung des Vorbehalts (Gusy MKS 56; Kunig MüK 22).

14 (2) Eine Grundrechtsbeeinträchtigung ist weiter nach der 1968 (Einl.3 Nr.17) eingefügten Alternative möglich, wenn sie zur Abwehr einer Gefahr für die **freiheitliche demokratische Grundordnung** erforderlich ist. Damit sind viele, aber nicht alle der in Art.79 Abs.3 gesicherten Grundsätze gemeint (Rn.33 zu Art.21); nicht erfasst werden etwa der Grundsatz der Republik und des Bundesstaats (Durner MD 142). Weiter ist eine Beschränkung zur Abwehr einer Gefahr für den **Bestand des Bundes oder eines Bundeslandes** zulässig, also für die Einheit und Handlungsfähigkeit des Staates (Pernice DR 26; Kunig MüK 23). Zum Tragen soll das nur in Fällen des inneren Notstands kommen (Hofmann UC 38; Kunig MüK 23; a.A. Gusy MKS 58; Rn.34 zu Art.21), also bei der Abwehr verfassungsfeindlicher Aktivitäten innerstaatlicher Kräfte (Durner MD 139).

15 (3) Einschränkungen sind weiterhin möglich zur Abwehr von **Seuchengefahren,** d. h. von durch übertragbare Krankheiten verursachten Gefahren (Hailbronner HbStR³ VII § 152 Rn.99; Sachs ST IV/1, 1150 f; Ziekow FH 112), und zur Bekämpfung von Naturkatastrophen und anderen besonders schweren **Unglücksfällen** (dazu Durner MD 147).

16 (4) Bei **Kindern** und Jugendlichen sind Einschränkungen möglich, wenn sie zum Schutz vor **Verwahrlosung** geboten sind, also der Gefährdung ihrer Entwicklung zu einer eigenverantwortlichen und gemeinschaftsfähigen Persönlichkeit (Durner MD 148). Art.6 Abs.2 kommt parallel zur Anwendung (unten Rn.19).

17 (5) Der **Kriminalvorbehalt** bezieht sich nicht auf den Vollzug von Freiheitsstrafen; insoweit ist Art.2 Abs.2 S.2 einschlägig (Ziekow FH 116; oben Rn.1). Vielmehr geht es um vorbeugende Maßnahmen gegenüber Straftätern (Sachs ST IV/1, 1152; Gusy MKS 62) zur *Verhinderung* von Straftaten; eine Einschränkung der Freizügigkeit ist möglich, wenn andernfalls im konkreten Fall mit hinreichender Wahrscheinlichkeit die Begehung von Straftaten zu erwarten ist (Kunig MüK 27; Ziekow FH 116; noch strenger Pernice DR 29). Je geringer die drohende Straftat ist, desto höher sind die Anforderungen an die Wahrscheinlichkeit (Gusy MKS 62).

18 c) **Weitere Einschränkungsgrundlagen.** Zum Zwecke der Verteidigung sind gem. **Art.17a Abs.2** weitere Grundrechtsbeschränkungen möglich (Rn.4–7 Art.17a). Das erlaubt auch Einschränkungen zu Lasten der Angehörigen der Streitkräfte (Durner MD 158; Rn.5 zu Art.17a). Insoweit auf kollidierendes Verfassungsrecht in Art.87a Abs.1 zurückzugreifen, ist fragwürdig (Vorb.50 vor Art.1), zumal auch dann eine ausreichend bestimmte gesetzliche Grundlage notwendig wäre (Durner MD 125; Vorb.51 vor Art.1; a.A. BVerwG, NVwZ 96, 474). Der Vorbehalt des **Art.117 Abs.2** ist dagegen bedeutungslos geworden, da die gegen Art.11 verstoßenden vorkonstitutionellen Gesetze aufgehoben wurden (Sachs ST IV/1, 1156; Pernice DR 8 zu Art.117; Eckertz-Höfer AK 12 zu Art.117) und sich die Vorschrift zudem nur auf die im Zeitpunkt des Erlasses des GG „gegenwärtige" Raumnot bezog (vgl. Hofmann UC 46).

Beschränkungen des Art. 11 können sich aus **kollidierendem Verfas-** 19
sungsrecht ergeben (Ziekow FH 118; Sachs ST IV/1, 1157; Baldus EH 28;
allg. Vorb. 48–52 vor Art. 1), für Kinder und Minderjährige etwa aus Art. 6
Abs. 2 und dem dort verankerten elterlichen Sorgerecht (Pernice DR 28;
vgl. auch oben Rn. 16). Der Schutz der Gesundheit Dritter kann Wohnungs-
verweisungen und Aufenthaltsverbote rechtfertigen (Durner MD 155, 162).
Auch Art. 33 Abs. 5 kann zur Rechtfertigung von Eingriffen herangezogen
werden (Blanke SB 43). Bei Eingriffen ist eine gesetzliche Grundlage erforderlich (Vorb. 51 vor Art. 1).

Art. 12 [Berufsfreiheit]

(1) **Alle Deutschen**[12 f] **haben das Recht, Beruf**[5 ff]**, Arbeitsplatz**[11] **und
Ausbildungsstätte**[94] **frei zu wählen. Die Berufsausübung**[10] **kann durch
Gesetz oder auf Grund eines Gesetzes geregelt werden.**[27 ff]

(2) **Niemand**[114] **darf zu einer bestimmten Arbeit gezwungen werden**[115 f]**, außer im Rahmen einer herkömmlichen allgemeinen, für alle
gleichen öffentlichen Dienstleistungspflicht**[118]**.

(3) **Zwangsarbeit**[117] **ist nur bei einer gerichtlich angeordneten Freiheitsentziehung**[121] **zulässig.**

Übersicht

Literatur A (Berufsfreiheit ieS): *Lerche,* Fragen des Verhältnisses zwischen Berufs- und Eigentumsfreiheit, FS R. Schmidt, 2006, 377; *Dietlein,* Berufs-, Arbeitsplatz- und Ausbildungsfreiheit, ST IV/1, 2006, § 111; *Nolte/Tams,* Grundfälle zu Art. 12 I GG, JuS 2006, 31, 130, 218; *Sodan,* Verfassungsrechtsprechung im Wandel – am Beispiel der Berufsfreiheit, NJW 2003, 257; *Jarass,* Kommunale Wirtschaftsunternehmen und Verfassungsrecht, DÖV 2002, 489; *Pieroth/Hartmann,* Grundrechtsschutz gegen wirtschaftliche Betätigung der öffentlichen Hand, DVBl 2002, 421; *Borrmann,* Der Schutz der Berufsfreiheit im deutschen Verfassungsrecht und im europäischen Gemeinschaftsrecht, 2002; *Lorz,* Die Erhöhung der verfassungsgerichtlichen Kontrolldichte gegenüber berufsrechtlichen Einschränkungen der Berufsfreiheit, NJW 2002, 169; *Depenheuer,* Freiheit des Berufs und Grundfreiheiten der Arbeit, in: FS 50 Jahre BVerfG, 2001, Bd. II, 241; *Kluth,* Das Grundrecht der Berufsfreiheit, Jura 2001, 371; *Zuck,* Die Berufsfreiheit der freien Berufe, NJW 2001, 2055; *Hohmann,* Berufsfreiheit (Art. 12 GG) und Besteuerung, DÖV 2000, 406; *Jarass,* Grundrechtliche Vorgaben für die Zulassung von Lotterien gemeinnütziger Einrichtungen, DÖV 2000, 753; *Surbaum,* Berufsfreiheit und Erlaubtheit, DVBl 1999, 1690; *Weiss,* Öffentliche Monopole, kommunaler Anschluss- und Benutzungszwang und Art. 12 GG, VerwArch 90 (1990), 415; *Huber,* Zur verfassungsgerichtlichen Kontrolle von Berufsausübungsregelungen, FS Kriele, 1997, 389; *Hoffmann,* Staatliche Wirtschaftsregulierung und grundrechtlicher Schutz der Unternehmensfreiheit, BB 1995, 53; *Geisendörfer,* Berufs- und Gewerbefreiheit, GewArch 1995, 41; *Lücke,* Die Berufsfreiheit, 1994; *Hufen,* Berufsfreiheit, NJW 1994, 2913; *Langer,* Strukturfragen der Berufsfreiheit, JuS 1993, 203; *Söllner,* Die Bedeutung des Art. 12 für das Arbeitsrecht, AuR 1991, 45; *Czybulka,* Berufs- und Gewerbefreiheit: Ende oder Fortbildung der Stufentheorie?, NVwZ 1991, 145; *J. Ipsen,* „Stufentheorie" und Übermaßverbot. Zur Dogmatik des Art. 12 GG, JuS 1990, 634; *Ossenbühl,* Die Freiheiten des Unternehmers nach dem Grundgesetz, AöR 115 (1990), 1; *Breuer,* Freiheit des Berufs, HbStR VI, 1989, § 147; *Breuer,* Die staatliche Berufsregelung der Wirtschaftslenkung, HbStR VI, 1989, § 148.

Literatur B (Berufsbezogene Ausbildung): *Steinberg/Müller,* Art. 12 GG, Numerus Clausus und die neue Hochschule, NVwZ 2006, 113; *Löwer/Linke,* Rechtsprechung zum Prüfungsrecht, WissR 1997, 128; *Hailbronner,* Verfassungsrechtliche Fragen des Hochschulzugangs, WissR 1996, 1. S. auch Literatur zu Art. 7 Abs. 1–3.

Literatur C (Abs. 2, 3): *Sachs,* Der Schutz vor Arbeitszwang, Zwangsarbeit und Dienstpflichten nach Art. 12a GG, ST IV/1, 2006, § 105; *Kirchhof,* Die Erfüllungspflichten des Arbeitgebers im Lohnsteuerverfahren, 2005.

A. Berufsfreiheit ieS (Wahl, Ausübung, Arbeitsplatz)

I. Systematik, Bedeutung und Abgrenzung

1. Die beiden Bereiche des Art. 12 Abs. 1

1   Art. 12 Abs. 1 enthält ein einheitliches Grundrecht (BVerfGE 7, 377/402; 95, 193/214; Dietlein ST IV/1, 1770; Breuer HbStR VI § 147 Rn. 32), wobei sich **zwei Teilbereiche** unterscheiden lassen: Der Hauptbereich der Berufsfreiheit ieS (näher dazu unten Rn. 2–88) betrifft die Wahl des Berufs ebenso wie dessen Ausübung. Auch die freie Wahl des Arbeitsplatzes rechnet dazu, findet sie doch zwischen Berufswahl und Berufsausübung statt (vgl. BVerfGE 84, 133/146; Nolte SB 41); zudem stellen Beeinträchtigungen der freien Wahl des Arbeitsplatzes regelmäßig auch eine Beeinträchtigung der Wahl oder der Ausübung des Berufs dar (Mann SA 87). Neben der Berufsfreiheit ieS wird die berufliche Ausbildung geschützt; dieser Teilbereich der Berufsfreiheit iwS weist manche Besonderheit auf, weshalb darauf gesondert eingegangen wird (unten Rn. 93–112).

2. Bedeutung der Berufsfreiheit ieS und Abgrenzung

2   **a) Bedeutung der Berufsfreiheit ieS.** Das Grundrecht sichert „die Freiheit des Bürgers, jede Tätigkeit, für die er sich geeignet glaubt, als Beruf zu ergreifen, d. h. zur Grundlage seiner Lebensführung zu machen" und ist „in erster Linie *persönlichkeitsbezogen*" (BVerfGE 30, 292/334; Hofmann SBK 4; Umbach UC 32). Vergleichbare Rechte enthalten die Berufsfreiheit des Art. 15 Abs. 1 GRCh und die unternehmerische Freiheit des Art. 16 GRCh. Art. 12 „konkretisiert das Grundrecht auf freie Entfaltung der Persönlichkeit im Bereich der individuellen Leistung und Existenzerhaltung" (BVerfGE 103, 172/183; 75, 284/292; 97, 12/25; Gubelt MüK 2). Wegen dieses Zusammenhangs kommt dem Grundrecht ein **besonderer Rang** zu (BVerfGE 63, 266/286; 66, 337/359 f; 71, 183/201). Es enthält ein Abwehrrecht und zugleich eine „Wertentscheidung" (BVerfGE 16, 214/219; Umbach UC 33), einen „objektiven Gehalt" (BVerfGE 92, 26/46). Das Grundrecht ist für die **Wirtschaftsordnung** von erheblicher Bedeutung (Dietlein ST IV/1, 1766). Es sichert die Freiheit des Gewerbes (BVerfGE 50, 290/362; BVerwGE 65, 167/173) und hat einen wettbewerbsfördernden Effekt (Scholz MD 88; Pieroth/Schlink 814; Ruffert EH 159; Manssen MKS 70; s. auch BVerfGE 32, 311/317). Geschützt wird die Freiheit zum Wettbewerb, womit die Vorstellung einer Freiheit von Konkurrenz unvereinbar ist (unten Rn. 20). Eine bestimmte Wirtschaftspolitik oder eine bestimmte Wirtschaftsordnung schreibt das GG aber nicht vor (BVerfGE 7, 377/400; Umbach UC 33; Scholz MD 85); das GG ist wirtschaftspolitisch neutral bzw. offen (BVerfGE 30, 292/315; 50, 290/336 f, Di Fabio MD 76 zu Art. 2 I).

3   **b) Abgrenzung zu anderen Verfassungsnormen.** Für das Verhältnis zur **Eigentumsgarantie** ist darauf abzustellen, ob die Maßnahme eher in die „Freiheit der individuellen Erwerbs- und Leistungsfähigkeit" eingreift (dann Art.12) oder die „Innehabung und Verwendung vorhandener Vermögensgüter" betrifft (BVerfGE 30, 292/335; 84, 133/157; BGHZ 161, 305/312), ob es eher um den Erwerb, die Betätigung oder um das Erworbene, das Ergebnis einer Betätigung geht (BVerfGE 85, 360/383; 88, 366/377; 102, 26/40; BGHZ 132, 181/187; Wieland DR 181; Umbach UC 26ff; Rn.22 zu Art.14; anders Dietlein ST IV/1, 1928). Art.12 schützt die Betätigung, die zum Erwerb führt, während Art.14 das Erworbene losgelöst von der Erwerbsbetätigung erfasst. Bedeutsam ist insoweit, welches Recht als das „sachnähere Grundrecht" einzustufen ist (BVerfGE 102, 26/40). Relevant ist der „Schwerpunkt" (BVerfGE 121, 317/345). Lässt sich kein wirklicher Schwerpunkt ausmachen, ist von einer Idealkonkurrenz auszugehen (vgl. Lerche, FS Schmidt, 2006, 381ff).

Was die **Abgrenzung zu sonstigen Verfassungsnormen** angeht, so ist **4** die Berufsfreiheit lex specialis gegenüber der *allgemeinen Handlungsfreiheit* (BVerfGE 70, 1/32; 77, 84/118; 105, 252/279), sofern nicht nur der Schutzbereich des Art.12 einschlägig ist und eine Beeinträchtigung des Grundrechts vorliegt (Vorb.17 vor Art.1; Rn.4a zu Art.2), die einen Berufsbezug bzw. eine berufsregelnde Tendenz voraussetzt (unten Rn.14–17). Besonderheiten gelten im Verhältnis zum *allgemeinen Persönlichkeitsrecht* (Rn.38 zu Art.2). Zum Verhältnis zur *Pressefreiheit* Rn.24a zu Art.5, zum Verhältnis zur *Kunst- und Wissenschaftsfreiheit* Rn.105, 120 zu Art.5. Mit der *Vereinigungsfreiheit* besteht Idealkonkurrenz (vgl. Scholz MD 194). Zum Verhältnis zur *Freizügigkeit* vgl. Rn.4 zu Art.11. Zum Verhältnis des Art.12 Abs.1 zu *Art.12 Abs.2* unten Rn.113. *Art.33 Abs.2* ist ergänzend oder parallel anzuwenden (Rn.8 zu Art.33). Durch *Art.33 Abs.5* wird Art.12 nicht verdrängt, wohl aber modifiziert (unten Rn.8). Zum Verhältnis zu *Art.143b Abs.2* unten Rn.87.

II. Schutzbereich

1. Geschützte Tätigkeiten

a) Als **Beruf** ist jede Tätigkeit einzustufen, die in ideeller wie in materiel- **5** ler Hinsicht der Schaffung und Erhaltung einer Lebensgrundlage dient (BVerfGE 102, 197/212; 105, 252/265; 110, 304/321; 111, 10/28; Ruffert EH 40) bzw. dazu beiträgt. „Beruf ist danach nicht nur die auf Grund einer persönlichen ‚Berufung' ausgewählte und aufgenommene Tätigkeit, sondern jede auf Erwerb gerichtete Beschäftigung, die sich nicht in einem einmaligen Erwerbsakt erschöpft" (BVerfGE 97, 228/253). Ob die Tätigkeit selbständig oder unselbständig ausgeübt wird, ist unerheblich (BVerfGE 7, 377/398f; 54, 301/322; Umbach UC 47). Kein Beruf liegt in den Tätigkeiten der Privatsphäre, etwa in der Ausübung von Hobbys (Nolte SB 14; Mann SA 48). Die Tätigkeit muss *auf Dauer angelegt* bzw. nachhaltig sein (BVerfGE 32, 1/28; Scholz MD 30f; Wieland DR 55), wofür auch eine kürzere Dauer genügt (Manssen MKS 41); erfasst wird auch eine Tätigkeit aufgrund einer befristeten Erlaubnis (BVerfGE 32, 1/26f; Ruffert EH 42). Doch darf sich die Tätigkeit nicht auf einen einmaligen Erwerbsakt beschränken (BVerfGE 97, 228/253). Generell ist der Begriff des Berufs weit auszulegen (BVerfGE

68, 272/281; BSGE 22, 92/94) und erfasst auch Tätigkeiten, die von traditionellen Berufsbildern abweichen (BVerfGE 13, 97/106; 78, 179/193; 119, 59/78; Umbach UC 46). Zur Fixierung von Berufsbildern durch den Gesetzgeber unten Rn.38. Was den Schutzbereich angeht, spielt es keine Rolle, ob die fragliche Tätigkeit als eigener Beruf oder nur als Teil eines Berufs einzustufen ist; dies wird erst bei den Einschränkungsmöglichkeiten bedeutsam (unten Rn.39).

6   Bei einem **Verein** ist diese Voraussetzung regelmäßig gegeben, wenn die Führung eines Geschäftsbetriebs zu seinen satzungsmäßigen Zwecken gehört (BVerfGE 97, 228/253; unten Rn.13). Dies gilt auch für auf Gewinnerzielung angelegte Tätigkeiten gemeinnütziger Vereine, selbst wenn die Gewinne gemeinnützig verwandt werden sollen (BVerfG-K, NJW 02, 2091; Jarass, DÖV 02, 755; a.A. Dietlein ST IV/1, 1798 f), nicht dagegen für die eigentlichen Aktivitäten gemeinnütziger Vereine (BGHZ 142, 304/313; Wieland DR 56). Dass lediglich eine Kostendeckung beabsichtigt ist, soll nicht entgegenstehen (BVerwGE 95, 15/20; a.A. zu Recht Manssen MKS 40).

7   Weiter werden **Nebentätigkeiten**, auch von Beamten, erfasst (Ruffert EH 42.1; Dietlein ST IV/1, 1797 f; Umbach UC 45; Wieland DR 56; Manssen MKS 38; offen gelassen BVerwGE 84, 194/197; wohl a.A. BVerfGE 33, 44/48). **Doppel-** und **Nebenberufe** erfüllen auf alle Fälle die Voraussetzungen des Berufsbegriffs (BVerfGE 54, 237/246; 110, 304/321; BVerwGE 21, 195/195 f; BGHZ 97, 204/208; BAGE 100, 70/74; Gubelt MüK 15; a.A. anscheinend BVerwGE 63, 99/101). Erfasst wird auch die Tätigkeit eines Ruhestandsbeamten etc. (BVerwGE 84, 194/197 f).

8   Als Beruf sind auch Tätigkeiten einzustufen, die vorwiegend oder ausschließlich im **öffentlichen Dienst** ausgeübt werden (BVerfGE 39, 334/369 f; 73, 301/315; 84, 133/147; Ruffert EH 43; a.A. Scholz MD 207); vgl. allerdings unten Rn.25. Insoweit folgen lediglich aus Art.33 Abs.2, 5 besondere Beschränkungsmöglichkeiten (unten Rn.85). Erst recht werden sog. „staatlich gebundene Berufe" erfasst, wie Notare (BVerfGE 54, 237/246; 73, 280/292; 112, 255/262; vgl. unten Rn.86).

9   Unerheblich ist, ob die Tätigkeit **nach einfachem Recht** erlaubt ist (BVerfGE 115, 276/300; BVerwGE 96, 193/296 f; Jarass, DÖV 00, 755 f; Wieland DR 57; Umbach UC 42; Nolte SB 24; Mann SA 52; a.A. noch BVerwGE 87, 37/40 f; Pieroth/Schlink 810). Dies trifft auch auf Verbote zu, die für Tätigkeiten unabhängig von einem beruflichen Bezug gelten (Dietlein ST IV/1, 1792 f). Ein solches Verbot ist allerdings häufig keine berufsspezifische Regelung (unten Rn.15) und stellt aus diesem Grunde keinen Eingriff dar (Sachs VR B12 Rn.8). Andernfalls handelt es sich durchgängig um eine Beschränkung der Berufsfreiheit. Die Gegenauffassung führt dazu, dass bereits der Schutzbereich durch allgemeine Gesetze beschränkt wird. Abzulehnen ist auch die Auffassung, dass ein Beruf iSd Abs.1 bei **sozial-** und **gemeinschaftsschädlichem Verhalten** nicht vorliegt (Dietlein ST IV/1, 1791; Mann SA 53; a.A. BVerwGE 22, 286/289; Manssen MKS 42; offen gelassen BVerfGE 115, 276/301; BVerwGE 96, 293/297). Diese Voraussetzung ist viel zu vage. Die Durchführung von Lotterie- und Wettveranstaltungen wird daher durch Art.12 geschützt (BVerfGE 115, 276/301 f; BVerwGE 97, 12/22; 114, 92/97 f).

b) Berufswahl und -ausübung. Die Berufswahl schützt zum einen die 10
Wahl des Berufs. Dazu zählt die Entscheidung, überhaupt einen Beruf zu
ergreifen oder aber darauf zu verzichten (BVerfGE 58, 358/364; 68, 256/
267) sowie die Wahl eines bestimmten Berufs. Geschützt wird auch die Kom-
bination verschiedener Berufe (BVerfGE 87, 287/316). Weiterhin gehört
dazu der Entschluss, den Beruf zu wechseln (BVerfGE 43, 291/363; 62,
117/146; 103, 172/183; Dietlein ST IV/1, 1799) oder die berufliche Betäti-
gung völlig zu beenden (BVerfGE 85, 360/373; BGHZ 173, 297 Rn.19).
Zum anderen wird die **Ausübung** des Berufs, d.h. die gesamte berufliche
Tätigkeit geschützt, insb. Form, Mittel und Umfang sowie gegenständliche
Ausgestaltung der Betätigung (Breuer HbStR VI § 147 Rn.57; Manssen
MKS 66; Gubelt MüK 38). Dazu zählt die Gründung und Führung von
Unternehmen (BVerfGE 50, 290/363), die Beschäftigung von Personen
(BSGE 20, 52ff), der Abschluss von Verträgen (BVerfGE 116, 202/221;
BVerwGE 114, 160/189f), insb. von Arbeitsverträgen (Scholz MD 94), die
berufliche Außendarstellung (BVerfGE 106, 181/192; 112, 255/262) und
die berufliche Werbung (BVerfGE 94, 372/389; 105, 252/266; 111, 366/
373; BGHZ 147, 71/74; BVerwGE 124, 26/28) sowie das Führen beruflicher Bezeichnungen (BVerwGE 59, 213/219). Geschützt werden weiter Be-
triebs- und Geschäftsgeheimnisse (BVerfGE 115, 205/209). Das Grundrecht
umfasst auch das Recht, Art und Qualität der angebotenen Güter und
Dienstleistungen selbst festzulegen (BVerfGE 106, 275/299; 121, 317/345).
Geschützt wird zudem die Freiheit, ein Entgelt für die Leistungen selbst festzusetzen oder mit den Interessenten auszuhandeln (BVerfGE 106, 275/298;
114, 196/244; 117, 163/181). Geschützt wird zudem der Übergang von einer unselbstständigen zu einer selbstständigen Tätigkeit (BVerfGE 103, 172/
183) sowie der Zusammenschluss mit anderen (BVerfGE 108, 150/165;
BGH NJW 06, 1133).

c) Wahl des Arbeitsplatzes. Art.12 Abs.1 schützt weiter die Befugnis, 11
einen (konkreten) Arbeitsplatz nach eigener Wahl anzunehmen, beizubehal-
ten und aufzugeben (BVerfGE 85, 360/372f; 97, 169/175; 108, 150/165;
BAGE 28, 159/163; Umbach UC 51). Arbeitsplatz ist der räumliche Ort
wie die konkrete Betätigungsmöglichkeit bzw. das konkrete Arbeitsverhältnis
(BVerfGE 84, 133/146; 98, 365/395; BAGE 107, 28/33; Wieland DR 60;
Dietlein ST IV/1, 1823). Der Schutz kommt auch Selbstständigen zugute,
weshalb Art.12 die Niederlassungsfreiheit, also die berufliche Freizügigkeit,
garantiert (BVerfGE 41, 378/389ff; Nolte SB 28; Dietlein ST IV/1, 1824f;
Mann SA 86; a.A. Manssen MKS 59). Art.11 wird insoweit verdrängt (Rn.4
zu Art.11). Die Wahl des Arbeitsplatzes ist auch im öffentlichen Dienst geschützt (vgl. oben Rn.8). Zur systematischen Stellung der freien Wahl des
Arbeitsplatzes im Rahmen des Art.12 Abs.1 vgl. oben Rn.1.

2. Träger des Grundrechts

Träger der Berufsfreiheit sind alle **Deutschen** iSd Art.116 (dazu Rn.1 zu 12
Art.116), auch Minderjährige (Rn.10 zu Art.19; Dietlein ST IV/1, 1829f;
Umbach UC 66). Darüber hinaus können sich EU-Ausländer, soweit EU-
rechtlich geboten, auf Art.12 berufen (Breuer HbStR VI § 147 Rn.21; Ruf-

fert EH 36 f; Rn.12 zu Art.19; a. A. Manssen MKS 265; offen gelassen BVerfG-K, NJW 07, 1369). Die berufliche Betätigung von (sonstigen) Ausländern sowie von Staatenlosen wird durch Art.2 Abs.1 geschützt (BVerfGE 78, 179/196 f; 104, 337/346; BVerwGE 59, 284/294; Gubelt MüK 5; Rn.10 zu Art.2; a. A. Scholz MD 104).

13   Gem. Art.19 Abs.3 kommt die Berufsfreiheit auch inländischen **juristischen Personen** sowie Personenvereinigungen des Privatrechts zugute (BVerfGE 97, 228/253; 102, 197/212 f; 115, 205/229; BVerwGE 97, 12/23); der Schutz bezieht sich auf die „Erwerbszwecken dienende Tätigkeit" (BVerfGE 105, 252/265; 106, 275/298; 114, 196/244). Dies gilt auch für Aktiengesellschaften (BGHZ 161, 376/382). Gemeinnützige Einrichtungen können sich (lediglich) im Bereich erwerbswirtschaftlicher Tätigkeiten auf Art.12 berufen, auch wenn der Ertrag für gemeinnützige Zwecke verwandt wird (Nolte SB 60; oben Rn.6). Keine Grundrechtsträger sind die Kommanditisten einer KG (BVerfGE 102, 197/211). Soweit eine inländische Vereinigung von Ausländern beherrscht wird, dürfte Art.12 nicht anwendbar sein (Manssen MKS 270; Umbach UC 68; Rn.22 zu Art.19; vgl. BVerfG-K, NJW 02, 1485; a. A. Scholz MD 107; Nolte SB 61). Nicht auf Art.12 berufen können sich ausländische juristische Personen (Rn.21 zu Art.19). Zu juristischen Personen aus dem EU-Bereich Rn.23 zu Art.19. Schließlich sind juristische Personen des *öffentlichen Rechts* keine Grundrechtsträger, selbst wenn sie fiskalisch tätig sind (Rn.24–26 zu Art.19; vgl. Dietlein ST IV/1, 1839; teilw. a. A. Scholz MD 108). Gemischtwirtschaftliche Unternehmen sind Grundrechtsträger (Scholz MD 115; str., näher Rn.19 zu Art.19).

III. Beeinträchtigungen

1. Eingriffe

14   **a) Regelungen mit Berufsbezug.** Die Berufsfreiheit wird zum einen durch Regelungen eines Grundrechtsverpflichteten (Rn.32–44 zu Art.1) mit Berufsbezug beeinträchtigt, d. h. durch Regelungen, die sich unmittelbar auf einen, mehrere oder alle Berufe beziehen (vgl. Umbach UC 54). Erfasst werden verbindliche Vorgaben für das Ob und das Wie einer bestimmten beruflichen Tätigkeit, insb. Genehmigungsvorbehalte. Dazu zählen auch Altersgrenzen (Scholz MD 290) und Residenzpflichten (Manssen MKS 285), weiter Auskunftspflichten oder andere Eingriffe in Betriebs- bzw. Geschäftsgeheimnisse (Breuer HbStR VI § 148 Rn.26). Gleichgestellt ist die Inanspruchnahme Privater zur Erfüllung einer öffentlichen Aufgabe, soweit sie mit der Ausübung eines Berufs verbunden ist (BVerfGE 68, 155/170 f; 95, 173/187; 114, 196/244; Breuer HbStR VI § 148 Rn.28). Regelungen speziell für Arbeitsverträge weisen generell einen Berufsbezug auf, weshalb die Prüfung einer besonderen berufsregelnden Tendenz nicht erforderlich ist (BVerfGE 109, 64/85; 116, 202/221; a. A. noch BVerfGE 37, 121/131). Schließlich rechnen hierher Regelungen, die die „Vergütung" für die berufliche Tätigkeit festlegen (BVerfGE 83, 1/13; 101, 331/347; BGHZ 157, 282/286; Breuer HbStR VI § 148 Rn.24), auch wenn sie allein die Durchsetzung von Vergütungsansprüchen betreffen (BVerfGE 88, 145/159). Regelungen mit Berufsbezug sind auch Vorschriften über an Arbeitsverhältnisse anknüpfende Geldleistungspflichten, wie das Mutterschaftsgeld (BVerfGE 109, 64/84) sowie Vorschriften über Beiträge zu berufsständischen Versorgungswerken (BVerwG, NJW 01, 1590). Bei abhängig Beschäftigten stellt insb. eine Regelung, die „den einzelnen am Erwerb eines zur Verfügung stehenden Arbeitsplatzes hindert, ihn zur Annahme eines bestimmten Arbeitsplatzes zwingt oder die Aufgabe seines Arbeitsplatzes verlangt", eine Beeinträchtigung dar (BVerfGE 85, 360/373). Bei dispositiven Regelungen, auch des öffentlichen Rechts, kann es an einer Grundrechtsbeeinträchtigung fehlen (BVerfGE 118, 1/16 f).

b) Sonstige Regelungen mit berufsregelnder Tendenz. aa) Regelungen, die sich nicht unmittelbar auf berufliche Tätigkeiten beziehen, stellen dann und nur dann einen Grundrechtseingriff dar, wenn sie „eine objektiv **berufsregelnde Tendenz** haben" (BVerfGE 97, 228/254; 98, 218/258; 110, 274/288; 111, 191/213; BAGE 103, 240/251; Mann SA 98; a. A. Manssen MKS 74; Nolte SB 81). Ohne diese Beschränkung würde Art. 12 Abs. 1 konturenlos werden, da fast jede Norm Rückwirkungen auf die Berufsfreiheit haben kann (BVerfGE 97, 228/253 f). Die Voraussetzung ist gegeben, wenn die Regelungen „nach Entstehungsgeschichte und Inhalt im Schwerpunkt Tätigkeiten betreffen, die typischerweise beruflich ausgeübt werden" (BVerfGE 97, 228/254), wenn eine Regelung die Rahmenbedingungen der Berufsausübung verändert und in Folge ihrer Gestaltung in einem engen Zusammenhang mit der Ausübung des Berufs steht (BVerfGE 111, 191/213). Dabei kommt es nicht nur auf die Zielsetzung, sondern auch auf die tatsächlichen Auswirkungen an (BVerfGE 110, 226/254). Die berufliche Tätigkeit muss zudem durch die Regelung „nennenswert behindert" werden (BVerfGE 81, 108/122; 110, 370/393 f). Fehlt es an einem Berufsbezug in diesem Sinne, liegt nur ein Eingriff in die allgemeine Handlungsfreiheit des Art. 2 Abs. 1 vor (Rn. 4a zu Art. 2), ggf. auch in ein anderes Grundrecht. Die mittelbaren Auswirkungen auf die Berufsfreiheit sind aber im Rahmen des unmittelbar einschlägigen Grundrechts zu berücksichtigen (BVerfGE 113, 29/48 f). **15**

Im **Einzelnen** fehlt eine berufsregelnde Tendenz bei strafprozessualen Normen (BVerfGE 113, 29/48), bei der Rechtschreibreform (BVerfGE 98, 218/258 f), bei urheberrechtlichen Vergütungsansprüchen (BVerfGE 31, 255/265), bei der polizeirechtlichen Generalklausel (BVerwGE 115, 189/ 196) sowie bei einem (kommunalen) Vertretungsverbot (BVerfGE 52, 42/ 53 f; 61, 68/72; offen gelassen BVerfG-K, DVBl 88, 55; a. A. BVerwG, NJW 88, 1994). Besondere Bedeutung hat die Einschränkung für Zahlungspflichten, insb. Steuern und sonstige *Abgaben* (BVerfGE 110, 370/393; 113, 128/ 145; 123, 132/139; 124, 235/242; BFHE 161, 570/575); vgl. aber oben Rn. 14. An der berufsregelnden Tendenz fehlt es bei Ausgleichsabgaben in bescheidener Höhe (BVerfGE 37, 1/17 f), nicht jedoch bei Abgaben, deren „Verwendung in erheblicher Weise auf die Berufsausübung zurückwirkt" (BVerfGE 111, 191/214). Weiter ist das Erfordernis der berufsregelnden Tendenz bei staatlicher Planung sowie bei Subventionen bedeutsam (BVerf- **16**

GE 82, 209/223 f). Bei der Schaffung öffentlich-rechtlicher Zwangsverbände dürfte eine berufsregelnde Tendenz fehlen, soweit es um bloße Zahlungspflichten geht, nicht dagegen, soweit Berufspflichten fixiert werden (vgl. BVerfGE 111, 366/374; BVerwG, NJW 83, 2651; strenger Manssen MKS 77).

17   **bb)** Regelungen (ohne berufsregelnden Charakter) können aufgrund ihrer **mittelbaren** oder **tatsächlichen Auswirkungen** die Berufsfreiheit beeinträchtigen, wenn sie nach Zielsetzung und Wirkung einem Eingriff gleichkommen (BVerfGE 116, 202/222) und eine objektiv berufsregelnde Tendenz besitzen (BVerfGE 61, 291/308; 81, 108/121 f). Dies betrifft etwa Rechtsnormen, deren wirtschaftliche Folgen die Eingehung von Arbeitsverhältnissen wesentlich erschweren (BVerfGE 108, 150/165) oder bestimmte Abgaben (oben Rn.16). Geht es allerdings um die negativen Folgewirkungen eines Eingriffs in die Berufsfreiheit anderer, fehlt es idR an einem Eingriff (vgl. BVerfGE 106, 275/299; BSGE 86, 223/227 f). Dies gilt etwa für die Überwälzung einer einem Dritten auferlegten Verbrauchssteuer (BVerfGE 110, 274/288 f). Zu Einwirkungen auf den Wettbewerb unten Rn.20–23. Weiter können **Verwaltungsvorschriften** Grundrechtseingriffe enthalten (BVerwGE 75, 109/115; Ruffert EH 53; Mann SA 94).

18   **c) Einzelakte, Realakte, Information.** In die Berufsfreiheit wird auch durch **Einzelfallregelungen** eingegriffen, die die geschützten Tätigkeiten regeln. Gleiches gilt für sonstige Maßnahmen, die nach Ziel und Wirkungen Ersatz für einen (klassischen) Eingriff sind (BVerfGE 116, 135/153) sowie für **Realakte**, die zu erheblichen Belastungen führen (Ruffert EH 58). Hinsichtlich der berufsregelnden Tendenz ist jeweils auf die zugrunde liegende Norm abzustellen.

19   Was **Informationen** angeht, so stellt die „Verbreitung zutreffender und sachlich gehaltener Informationen am Markt keinen Grundrechtseingriff dar, auch wenn sich das nachteilig für einen Marktteilnehmer auswirkt" (BVerfGE 105, 252/265, 272; 106, 275/302 ff; BGHZ 166, 84 Rn.98; Papier, FS Mußgnug, 2005, 47; Wieland DR 87; strenger Dietlein ST IV/1, 1859; Manssen MKS 109). Bei Unsicherheit sind Informationen möglich, sofern der Sachverhalt entsprechend der Umstände angemessen aufgeklärt wurde, die Veröffentlichung im Interesse der Verbraucher liegt und auf die Unsicherheit hingewiesen wird (BVerfGE 105, 252/272). Art.12 vermittelt kein Recht eines Unternehmens, „nur so dargestellt zu werden, wie es gesehen werden möchte oder wie es sich und seine Produkte selber sieht" (BVerfGE 105, 252/266). Dagegen stellt die staatliche Informationstätigkeit einen Grundrechtseingriff dar, wenn sie in Zielsetzung und Wirkungen Ersatz für einen klassischen Grundrechtseingriff ist (BVerfGE 105, 252/273). Zudem muss das staatliche Informationshandeln die Kompetenzordnung beachten (BVerfGE 105, 252/270). Werden auf Anfrage eines Interessenten von einer Industrie- und Handelskammer nicht sämtliche einschlägige Unternehmen benannt, soll generell ein Grundrechtseingriff vorliegen (BVerwGE 89, 281/283).

20   **d) Einwirkung auf den Wettbewerb. aa)** Die freie Wahl und Ausübung von Berufen, also von auf Erwerb gerichteten, nachhaltigen Beschäftigungen führt zum Wettbewerb zwischen Unternehmen, Handel und Gewerbetreibenden, Freiberuflern, aber auch Arbeitnehmern (BVerwGE 118, 270/276). Dementsprechend sichert Art.12 die Teilnahme am Wettbewerb nur „nach Maßgabe seiner Funktionsbedingungen" (BVerfGE 105, 252/265; 110, 274/288; 116, 135/152). „Die Reichweite des Freiheitsschutzes" wird insoweit „durch die rechtlichen Regeln mitbestimmt, die den Wettbewerb ermöglichen und begrenzen" (BVerfGE 115, 205/229). Darin liegt eine Ausgestaltung des Grundrechts, kein Eingriff (allg. Vorb.34 vor Art.1). Daher fehlt es an einer Grundrechtsbeeinträchtigung, wenn der Staat die **Funktionsbedingungen des Wettbewerbs** sichert. Art.12 Abs.1 ist weiter nicht betroffen, wenn die Marktdaten und Rahmenbedingungen der unternehmerischen Entscheidungen geändert werden (BVerfG-K, NVwZ 07, 1169). Auch schützt Art.12 nicht vor der Zulassung von Konkurrenten (BVerfGE 34, 252/256; 55, 261/269; Wieland DR 88). Art.12 vermittelt „keinen Anspruch auf Erfolg im Wettbewerb und auf Sicherung künftiger Erwerbsmöglichkeiten" (BVerfGE 105, 252/265; BVerwGE 71, 183/193).

Dagegen liegt eine **Grundrechtsbeeinträchtigung** vor, wenn eine 21 Maßnahme „nach Ziel und Wirkungen Ersatz für eine staatliche wettbewerbliche Maßnahme ist, die als Grundrechtseingriff zu qualifizieren wäre" (BVerfGE 105, 252/273; 105, 279/303; 116, 135/153). Allerdings ist auch hier die Beschränkung auf Maßnahmen mit Berufsbezug bzw. mit einer *berufsregelnden Tendenz* (oben Rn.15) zu beachten; fehlt es daran, ist Art.2 Abs.1 einschlägig (Di Fabio MD 116 zu Art.2 I. Im Schrifttum wird zT generell Art.12 als für die Wettbewerbsfreiheit einschlägig angesehen (Breuer HbStR VI § 148 Rn.59 ff; Manssen MKS 70), während das BVerwG früher v. a. Art.2 Abs.1 zum Tragen kommen ließ (BVerwGE 60, 154/159; 65, 167/174).

bb) Im Einzelnen wird Art.12 beeinträchtigt, wenn der Staat das Ver- 22 halten der Unternehmen im Wettbewerb regelt (BVerfGE 32, 311/317; 46, 120/137), soweit es nicht um den Erhalt oder die Förderung des Wettbewerbs geht, vielmehr der Wettbewerb verfälscht wird (BSGE 93, 296 Rn.11). Dafür „genügt, dass durch staatliche Maßnahmen der Wettbewerb beeinflusst und die Ausübung einer beruflichen Tätigkeit dadurch behindert wird" (BVerfGE 86, 28/37; BSGE 87, 95/97). Dies gilt auch für die **Begünstigung von Konkurrenten** (BVerfGE 82, 209/223 f; BVerwGE 71, 183/191), etwa durch die unzutreffende Einstufung konkurrierender Arzneimittel (BSGE 93, 296 Rn.11 ff). Subventionen an einen Konkurrenten sind Grundrechtseingriffe, wenn sie von gewichtiger Lenkungsintensität sind (Breuer HbStR VI § 148 Rn.75). Auch eine (staatliche) Planung kann ein Grundrechtseingriff sein (BVerfGE 82, 209/223 f; BVerwGE 121, 23/27 f). Zu staatlichen Informationen oben Rn.19. Regelmäßig keine Grundrechtsbeeinträchtigung liegt in der **Vergabe von Aufträgen,** soweit das im Rahmen der Funktionsbedingungen des Wettbewerbs geschieht (BVerfGE 116, 135/151; Dietlein ST IV/1, 1866; Pietzcker NZBau 03, 244).

Eine **staatliche Konkurrenz** stellt grundsätzlich keine Grundrechtsbe- 23 einträchtigung dar (BVerwGE 39, 329/336; Manssen MKS 82; Wieland DR 89; a.A. Ruffert EH 66), soweit das nach den Funktionsbedingungen des Wettbewerbs geschieht (vgl. oben Rn.20). Anders sieht dies bei einem

Verdrängungswettbewerb oder sonstiger empfindlicher Belastung aus (BVerwG, DÖV 78, 851). Strengere Anforderungen gelten auch, wenn der Staat einen Teilmarkt beherrscht (vgl. BGHZ 82, 375/390 f). Ansonsten liegt ein Grundrechtseingriff vor, wenn das staatliche Unternehmen einen unangemessenen Wettbewerbsvorteil genießt, wenn ihm Vorteile eingeräumt werden, die den privaten Unternehmen nicht zukommen und denen keine ausreichenden Sonderlasten gegenüberstehen (vgl. Schneider, DVBl 00, 1256). Zu restriktiv dürfte es sein, auf eine erdrosselnde Wirkung (so Wieland DR 88) oder eine unerträgliche Beeinträchtigung abzuheben (so Manssen MKS 83), zu extensiv dagegen ein Abstellen auf „fühlbare" Wirkungen (so Dietlein ST IV/1, 1865; Di Fabio MD 122 zu Art. 2 I).

2. Weitere Arten von Beeinträchtigungen

24 **a) Unterlassen von Leistung, insb. Schutz.** Abs. 1 verpflichtet den Staat, die berufliche „Freiheitssphäre zu schützen und zu sichern" und dazu entsprechende Schutzvorschriften zu erlassen (BVerfGE 92, 26/46; Dietlein ST IV/1, 1911). Insbesondere muss der Staat für einen gewissen Kündigungsschutz sorgen (BVerfGE 97, 169/175 f). Der Konflikt zwischen der Berufsfreiheit des Arbeitnehmers und der des Arbeitgebers ist im Wege praktischer Konkordanz zu bewältigen (BGHZ 151, 390/394), wobei dem Staat ein weiter Gestaltungsspielraum zukommt (BVerfGE 97, 169/176).

25 Art. 12 Abs. 1 iVm dem Sozialstaatsprinzip (vgl. Rn. 118 zu Art. 20) verpflichtet den Staat, gegen die **Arbeitslosigkeit** vorzugehen (Manssen MKS 11; ebenso Art. 23 Abs. 1 AEMR). Die staatlichen Organe haben dabei einen weiten Gestaltungsspielraum (Wieland DR 156). Eine sachgerechte *Teilhabe* an den Möglichkeiten der staatlichen Arbeitsvermittlung dürfte grundrechtlich fundiert sein (Umbach UC 60). Dagegen ergibt sich aus Art. 12 kein Recht auf Bereitstellung eines Arbeitsplatzes (BVerfGE 85, 360/373; 92, 140/150; 97, 169/175; Dietlein ST IV/1, 1800, 1915; Breuer HbStR VI § 147 Rn. 73); zur Schutzpflicht gegen den Verlust von Arbeitsplätzen unten Rn. 79. Schließlich vermittelt Art. 12 keinen Anspruch auf Arbeitslosenunterstützung (Scholz MD 52). Aus der Berufsfreiheit folgt auch kein Anspruch auf Erhöhung der Zahl der Arbeitsplätze im *öffentlichen Dienst*; sie sichert lediglich den Zugang zu vorhandenen Stellen (BVerfGE 39, 334/369). Des Weiteren ergibt sich aus Art. 12 **kein Recht auf Unterstützung** bei der Berufsausübung, etwa auf Nutzung von Straßengrund (BVerwGE 35, 319/323), auf Exportsubventionen (BVerwGE 35, 268/275) oder auf Weitergewährung von Subventionen (BVerfG-K, NVwZ 02, 198). Vgl. außerdem zum Verfahren etc. unten Rn. 53 und zum Sozialrecht unten Rn. 81.

26 **b) Anwendung von Privatrecht.** Bei der Auslegung und Anwendung privatrechtlicher Vorschriften ist die Ausstrahlungswirkung der Berufsfreiheit zu beachten (BVerfGE 92, 140/152; 96, 152/164; BGH, NJW 86, 2944; Dietlein ST IV/1, 1926 f; Breuer HbStR VI § 147 Rn. 25); allg. zur Ausstrahlungswirkung Rn. 54–58 zu Art. 1. Das ist vor allem für Arbeitnehmer bedeutsam (Breuer HbStR VI § 147 Rn. 72; Rittstieg AK 82 ff); zum Arbeitsrecht unten Rn. 78–80. Eine Vertragskorrektur ist geboten, wenn „die Privatautonomie ihre regulierende Kraft nicht zu entfalten vermag, weil ein

Vertragspartner kraft seines Übergewichts Vertragsbestimmungen einseitig setzen kann" (BVerfGE 98, 365/395; BAGE 76, 155/167) und dies zu einer ungewöhnlich belastenden Regelung führt (Umbach UC 63; vgl. Rn.16 zu Art.2). Dabei spielt auch das Sozialstaatsprinzip eine gewisse Rolle (Rn.127 zu Art.20). Zum Schutz vor Konkurrenz oben Rn.20.

IV. Rechtfertigung von Beeinträchtigungen (Schranken)

1. Gesetzliche Grundlage gem. Abs.1 S.2

a) Reichweite des Gesetzesvorbehalts. Der Regelungsvorbehalt des **27** Abs.1 S.2, der in der Sache ein Gesetzesvorbehalt ist (BVerfGE 33, 125/159; 54, 237/246; Mann SA 106), betrifft entgegen dem Wortlaut nicht nur die Berufsausübung, sondern die **gesamte Berufsfreiheit,** also auch die Wahl des Berufs (BVerfGE 102, 197/213; 110, 304/321) und des Arbeitsplatzes (BVerfGE 84, 133/148; 85, 360/373; BGHZ 38, 13/16 f). Eingriffe in die Berufsfreiheit können daher im gesamten Schutzbereich verfassungsmäßig sein; nur die Anforderungen sind unterschiedlich (BVerfGE 103, 172/183; unten Rn.44).

Jeder Eingriff in die Berufsfreiheit bedarf einer **gesetzlichen Grundlage.** **28** Die Beschränkung kann durch Gesetz oder, wie 1956 ergänzt wurde (Einl.3 Nr.7), auf Grund Gesetzes erfolgen (dazu Vorb.42 vor Art.1). Möglich ist auch eine Einschränkung durch untergesetzliche Normen, soweit eine ausreichende formell-gesetzliche Ermächtigung besteht (unten Rn.30). Der Gesetzesvorbehalt gilt auch für die Berufe des öffentlichen Diensts sowie für staatlich gebundene Berufe (BVerfGE 73, 280/294 f; 80, 257/265; BVerwGE 75, 109/114 f; Mann SA 59). Faktische Eingriffe bedürfen einer gesetzlichen Grundlage, wenn sie voraussehbar sind (Manssen MKS 108). U. a. bedarf die Veröffentlichung von Markttransparenzlisten einer gesetzlichen Grundlage (BVerwGE 71, 183/198 f), desgleichen die Laufbahnprüfung von Beamtenanwärtern (BVerwGE 98, 324/327). Subventionen bedürfen einer (über das Haushaltsgesetz hinausgehenden) gesetzlichen Grundlage, wenn sie zu gewichtigen, voraussehbaren Beeinträchtigungen von Konkurrenten führen (vgl. BVerwGE 90, 112/126; Rn.51 zu Art.20; strenger Manssen MKS 110).

Übergangsweise kann auf eine Rechtsgrundlage verzichtet werden, **29** wenn die Folgen der Nichtigerklärung einer Norm der verfassungsmäßigen Ordnung noch ferner stehen als der ungeregelte Zustand (BVerfGE 73, 280/297; 76, 171/189; 111, 191/224; unten Rn.102 sowie allg. Rn.56 zu Art.20).

b) Anforderungen an die gesetzliche Grundlage. Die Beschränkung **30** kann durch *förmliches Gesetz,* durch *Rechtsverordnung* oder durch *Satzung* erfolgen (Dietlein ST IV/1, 1884 f). Das Parlament muss aber alle für die Grundrechtsausübung *wesentlichen Fragen* selbst regeln, insb. besonders intensive Eingriffe (BVerfGE 38, 373/381; 94, 372/390; Manssen MKS 119; Wieland DR 98; Rn.47 zu Art.20). So können die statusrechtlichen Fragen der freien Berufe nicht durch Satzung der öffentlich-rechtlichen Berufskammern festgelegt werden (BVerfGE 33, 125/158 ff; 76, 171/185; BVerwGE

72, 73/76; Scholz MD 328), insb. nicht Berufswahlregelungen. Möglich ist das dagegen hinsichtlich der Details der Berufsausübung (BVerfGE 38, 373/381; 71, 162/172 f; 101, 312/322 f; BVerwGE 67, 261/266); für die Details können zudem öffentlich-rechtliche Vereinbarungen eingesetzt werden (BSGE 58, 18/25 f). Strafbeschlüsse jeder Art bedürfen einer gesetzlichen Grundlage (BVerwGE 96, 189/193). Allein die Gewährung der gemeindlichen Satzungsautonomie bildet keine zureichende Grundlage (BVerwGE 90, 359/363; noch strenger BSGE 67, 256/264 f). Die rechtliche Grundlage kann auch im Wege der *Rechtsfortbildung* gewonnen werden (BVerfGE 98, 49/59 f; vgl. auch BVerfGE 54, 224/234 f; 80, 269/279); dagegen können die Gerichte nicht selbst eigene Rechtsgrundlagen entwickeln (BGHZ 124, 224/229 f; Scholz MD 333). Schließlich bildet *Gewohnheitsrecht* keine zureichende Grundlage (Ruffert EH 77; Dietlein ST IV/1, 1885); die für vorkonstitutionelles Gewohnheitsrecht angenommene Ausnahme (BVerfGE 34, 293/303; 60, 215/229 f) ist heute überholt (Vorb.43 vor Art.1). *Verwaltungsvorschriften* genügen nicht (BVerwGE 75, 109/116 f; BVerwG, NJW 07, 1481; Wieland DR 101; Umbach UC 75; bedenklich BGH, NJW 87, 1330). Gleiches gilt für *Standesrichtlinien* (BVerfGE 57, 121/132 f; 60, 215/230). Selbst zur Konkretisierung gesetzlicher Vorgaben können sie nicht herangezogen werden (BVerfGE 76, 171/187; 82, 18/26; Manssen MKS 120; Breuer HbStR VI § 148 Rn.5; anders noch BVerfGE 66, 337/356).

31 Das einschränkende Gesetz muss hinreichend **bestimmt** sein, muss „Umfang und Grenzen des Eingriffs deutlich erkennen" lassen (BVerfGE 86, 28/40); vgl. auch Rn.54 zu Art.20. Die Anforderungen an die Bestimmtheit sind umso größer, je intensiver in die Berufsfreiheit eingegriffen wird (BVerfGE 87, 287/317 f; 98, 49/60; 101, 312/323). Bei Rechtsverordnungen sollen die Anforderungen denen des Art.80 Abs.1 S.2 entsprechen (BVerwG, NVwZ 95, 488). Wird die Zulassung zu einem Beruf kontingentiert, müssen die Auswahlkriterien gesetzlich geregelt werden (BVerfGE 73, 280/294 f; BVerwGE 51, 235/238 f). Bei Selbstverwaltungseinrichtungen müssen die Bildung der Organe, ihre Aufgaben und Handlungsbefugnisse in einem Gesetz ausreichend bestimmt festgelegt werden (BVerfGE 111, 191/217). Zur Zulässigkeit von Ermessens- bzw. Beurteilungsermächtigungen unten Rn.47 sowie Rn.62 zu Art.20. Eine Untersagungsverfügung bedarf einer eigenständigen gesetzlichen Grundlage; eine Zulassungspflicht allein genügt nicht (BVerwGE 94, 269/277).

32 Das einschränkende Gesetz muss **kompetenzgemäß** erlassen sein (BVerfGE 98, 265/298; 102, 197/213) und sonstigen verfassungsrechtlichen Anforderungen gerecht werden (BVerfGE 98, 83/97). Bei Abgaben kommt es auf die Vorgaben des Finanzverfassungsrechts an, insb. bei Sonderabgaben (BVerfGE 113, 128/145). Nicht anzuwenden ist *Art.19 Abs.1,* insb. das **Zitiergebot,** da es sich um Regelungen und nicht um Einschränkungen des Grundrechts handelt (BVerfGE 13, 97/122; 64, 72/80 f; BVerwGE 43, 48/54; Rn.5 zu Art.19; a.A. Dietlein ST IV/1, 1889 f).

2. Beeinträchtigungsstufen (Stufenlehre)

33 **a) Grundlagen.** Beeinträchtigungen der Berufsfreiheit müssen verhältnismäßig sein (näher unten Rn.40–52). Die Anforderungen dieses Grundsatzes

werden durch die sog. „Stufenlehre" näher konkretisiert (BVerfGE 25, 1/11 f; Breuer HbStR VI § 148 Rn.6 f), die das BVerfGE in teilweiser Anlehnung an die formale Struktur des Abs.1 entwickelt hat (erstmals BVerfGE 7, 377/397 ff). Die Stufenlehre spielt vor allem im Rahmen der Verhältnismäßigkeit ieS eine Rolle (unten Rn.44), aber auch bei der Erforderlichkeit (unten Rn.43) sowie beim Beurteilungsspielraum (unten Rn.50). Die Stufenlehre unterscheidet folgende drei Arten von Beeinträchtigungen der Berufsfreiheit:

Relativ gering ist die Beeinträchtigung der Berufsfreiheit bei **Berufsaus-** 34 **übungsbeschränkungen,** die die Wahl eines Berufs nicht beeinflussen; zur Abgrenzung zu den Berufswahlbeschränkungen unten Rn.37–39. Innerhalb der Ausübungsbeschränkungen kann man (auch) zwischen subjektiven und objektiven Merkmalen unterscheiden (BVerfGE 86, 28/39). Zu den Anforderungen an Ausübungsbeschränkungen unten Rn.45.

Ein mittleres Beeinträchtigungsniveau liegt bei **subjektiven Berufswahl-** 35 **beschränkungen** vor, bei subjektiven Zulassungsvoraussetzungen. Sie beeinflussen zum einen die Berufswahl (zur Abgrenzung unten Rn.37–39), einschl. der Entscheidung über die Fortsetzung der Tätigkeit (BVerfGE 25, 88/101; 44, 105/117; Manssen MKS 146). Sie stellen auf persönliche Eigenschaften und Fähigkeiten, erworbene Abschlüsse oder erbrachte Leistungen der Betroffenen ab (BVerfGE 9, 338/345; Scholz MD 355). Dazu rechnet etwa ein bestimmtes Alter (BVerfGE 9, 338/344 f; 64, 72/82), die Eignung und Zuverlässigkeit, solange die Beurteilung streng berufsbezogen erfolgt (BVerwGE 94, 352/359 ff), das Bestehen von Prüfungen (BVerfGE 13, 97/106 f; 34, 71/77 f), das Fehlen bestimmter Vorstrafen (vgl. BVerfGE 44, 105/117 f; 48, 292/296) oder das Vorhandensein von Finanzmitteln (BVerwGE 22, 16/17; BFHE 151, 194/198). Ob der Betreffende auf die Eigenschaften Einfluss hat, ist nicht entscheidend (Breuer HbStR VI § 148 Rn.38; Umbach UC 85). Zu den Anforderungen an subjektive Berufswahlbeschränkungen unten Rn.46 f.

Am gewichtigsten sind die Beeinträchtigungen der Berufsfreiheit bei **ob-** 36 **jektiven Berufswahlbeschränkungen,** bei objektiven Zulassungsvoraussetzungen. Sie beeinflussen zum einen die Berufswahl (zur Abgrenzung unten Rn.37–39), einschließlich der Entscheidung über die Fortsetzung der Tätigkeit (oben Rn.35). Zum anderen geschieht das anhand objektiver Kriterien, die weder mit den Eigenschaften des Betroffenen in Zusammenhang stehen noch von ihm beeinflusst werden können (BVerfGE 7, 377/407; Manssen MKS 134), die außerhalb der Person des Betroffenen liegen. Hierher rechnen auch (staatliche oder private) Monopole (dazu unten Rn.87 f). Zu den Anforderungen an objektive Berufswahlbeschränkungen unten Rn.48 f.

b) Abgrenzung von Wahl und Ausübung. Eine Berufswahlbeschrän- 37 kung liegt nicht nur dann vor, wenn die Zulassung zu einem Beruf oder der Entzug der Zulassung geregelt wird (zu Letzterem BVerfGE 65, 116/127 f; 72, 26/32; BVerwGE 105, 214/217). Auch bloße Ausübungsregelungen können derart gravierend sein, dass sie eine sinnvolle Ausübung des Berufs unmöglich machen (BVerfGE 123, 186/239; Dietlein ST IV/1, 1901; Manssen MKS 142). Eine solche Regelung muss die Voraussetzungen einer Berufswahlbeschränkung erfüllen, vorausgesetzt, der Zwang zur Berufsaufgabe tritt nicht nur in Einzelfällen auf (BVerfGE 30, 292/315 f; 31, 8/29; 68, 155/170 f; BVerwGE 120, 311/334; Gubelt MüK 45). Das gilt auch für Regelungen der Arbeitsplatzwahl (BVerfGE 84, 133/148) oder für Abgaben bzw. Steuern (BVerwGE 79, 192/199; NVwZ 89, 1176). Ein Fall der mittelbaren Berufswahlregelung können Vorschriften über das Führen einer Berufsbezeichnung sein (BVerwGE 59, 213/219). In *Zweifelsfällen* ist von einem Grenzfall zwischen einer Berufswahl- und einer Berufsausübungsbeschränkung auszugehen, mit der Folge, dass auch die Anforderungen entsprechend anzusetzen sind. Dem entspricht es, wenn teilweise an die Stelle der Stufen-Theorie die direkte Anwendung des Verhältnismäßigkeitsgrundsatzes tritt.

38   Fasst der Gesetzgeber bestimmte Tätigkeiten und bestimmte Voraussetzungen zu einem **Berufsbild** zusammen, liegt darin regelmäßig ein Eingriff in die Berufswahl (BVerfGE 119, 59/80; 59, 302/315 f; 75, 246/266 f; 78, 179/193; Manssen MKS 45; Dietlein ST IV/1, 1805 f; Mann SA 69; einschr. Wieland DR 53). Bestehende Berufsbilder sind ggf. veränderten Umständen anzupassen (BVerfGE 78, 179/193).

39   Die Einstufung als Berufswahl- oder Berufsausübungsbeschränkung hängt weiter davon ab, ob die Ausübung eines **Berufs oder** einer bloßen **Berufsmodalität** ausgeschlossen wird. Die beschränkte Zulassung als Kassenarzt wäre etwa eine Wahlregelung, wenn die Rechtsprechung im Kassenarzt nicht nur eine Modalität des Berufs Arzt sehen würde (BVerfGE 11, 30/41). Auch die Zulassung zur technischen Überwachung betrifft nur eine Berufsmodalität und damit allein die Berufsausübung (BVerfGE 68, 272/281 f), desgleichen die Zulassung als Sachverständiger nach der GewO (BVerfGE 86, 28/38). Daher ist von Bedeutung, dass die Erweiterung einer Berufstätigkeit regelmäßig nur die Ausübung betrifft (BVerfGE 68, 272/281 f), ebenso der Aufstieg innerhalb des Berufs (BSGE 58, 291/301 f). Dagegen betrifft der Übergang von einer abhängigen zu einer selbstständigen Betätigung regelmäßig die Berufswahl (BVerfGE 7, 377/398 f; Breuer HbStR VI § 147 Rn. 42). Ein eigener Beruf und keine bloße Berufsmodalität liegt regelmäßig vor, wenn eine spezielle Berufsausbildung vorgesehen ist (BVerfGE 119, 59/78 f). Die Abgrenzung eigener Berufe von bloßen Berufsmodalitäten ist i. Ü. nicht selten unsicher. Zur Behandlung von Zweifelsfällen oben Rn. 37.

3. Verhältnismäßigkeit

40   **a) Allgemeines und legitimer Zweck. aa)** Jede Beeinträchtigung der Berufsfreiheit muss verhältnismäßig sein, also geeignet, erforderlich und verhältnismäßig ieS (etwa BVerfGE 94, 372/389 f; 102, 197/213; 103, 1/10; 106, 181/191 f). Dies gilt auch für Eingriffe in die Berufsausübung (BVerfGE 117, 163/182). Die Verhältnismäßigkeit wird durch die **Stufentheorie** konkretisiert (oben Rn. 33 und unten Rn. 43, 45 ff). Doch kommen die Vorgaben der Verhältnismäßigkeit auch unabhängig davon zum Einsatz. Dabei können sich in mehrpoligen Rechtsverhältnissen Besonderheiten ergeben (BVerfGE 115, 205/233).

bb) Vor der Prüfung der einzelnen Elemente der Verhältnismäßigkeit 41
wird vielfach die Frage behandelt, ob ein **legitimer Zweck** vorliegt (etwa
BVerfGE 115, 276/307). Daran fehlt es, wenn der verfolgte Zweck generell
als Grund für die Einschränkung der Berufsfreiheit ausscheidet (allg. Rn.83a
zu Art.20). Praktisch wurde das aber kaum. Insb. fehlt ein legitimer Zweck
nicht schon dann, wenn der Grund allein Berufswahlregelungen nicht zu
rechtfertigen vermag (so aber BVerfGE 115, 276/307); das betrifft die Angemessenheit. Den verfolgten Zweck vorab klarzustellen, ist aber sinnvoll,
weil er für alle Elemente der Verhältnismäßigkeit eine Rolle spielt (Rn.83 zu
Art.20).

b) Geeignetheit und Erforderlichkeit. Die Beeinträchtigung der Be- 42
rufsfreiheit muss zur Erreichung des verfolgten Zweckes **geeignet** sein
(BVerfGE 46, 120/145 f; 68, 193/218). Ein Mittel ist „geeignet, wenn mit
seiner Hilfe der gewünschte Erfolg gefördert werden kann" (BVerfGE 115,
276/308; 80, 1/24 f; 117, 163/188); näher dazu Rn.84 zu Art.20. Dagegen
muss es nicht das optimale oder effektivste Mittel sein (Umbach UC 93).

Weiter muss die Beeinträchtigung **erforderlich** sein, d. h., der Zweck 43
darf nicht durch ein anderes Mittel erreicht werden können, das den Grundrechtsträger weniger belastet (BVerfGE 30, 292/316; 53, 135/145; 69, 209/
218 f). Dies gilt auch für Berufsausübungsregelungen (BVerfGE 101, 331/
347; 104, 357/364; 106, 216/219). Erforderlich ist die Beeinträchtigung
„nur dann, wenn ein anderes, gleich wirksames, aber die Berufsfreiheit weniger fühlbar einschränkendes Mittel fehlt" (BVerfGE 80, 1/30; 30, 292/
316; 75, 246/269; 117, 163/189; allg. Rn.85 zu Art.20). Voraussetzung ist,
dass das Alternativmittel nicht merklich höhere Aufwendungen der öffentlichen Hand notwendig macht (BVerfGE 77, 84/110; Manssen MKS 137).
Der Grundsatz der Erforderlichkeit ist regelmäßig verletzt, wenn der gesetzgeberische Zweck auch auf einer niedrigeren Stufe (dazu oben Rn.33–36)
erreicht werden kann; vereinzelt aber kann sich auch eine Regelung auf der
höheren Stufe milder auswirken.

c) Verhältnismäßigkeit ieS. Schließlich darf der Grundrechtseingriff 44
nicht außer Verhältnis zu dem angestrebten Zweck stehen (Rn.86 f zu
Art.20); er muss „angemessen" sein (BVerfGE 117, 163/192 f). Die „Grenze
der Zumutbarkeit" muss bei einer Gesamtabwägung zwischen der Schwere
des Eingriffs und dem „Gewicht der ihn rechtfertigenden Gründe" gewahrt
sein (BVerfGE 102, 197/220; 51, 193/208). Insb. muss das Gewicht des verfolgten Zwecks umso größer sein, je tiefer in die Berufsfreiheit eingegriffen
wird; dabei kommt es zunächst entscheidend auf die „Stufe" der Beeinträchtigung an (dazu unten Rn.45–49). Des Weiteren spielt eine Rolle, welches
Gewicht die Komponente der persönlichen Entfaltung (dazu oben Rn.2)
hat; bei Großunternehmen sind daher eher Einschränkungen möglich
(BVerfGE 50, 290/364 f). Die Einschätzung des Gefahrenpotentials durch
den Gesetzgeber muss folgerichtig umgesetzt werden (BVerfGE 121, 317/
362 f). Zur Generalisierung und Typisierung unten Rn.51.

aa) Reine **Berufsausübungsbeschränkungen** (zur Abgrenzung oben 45
Rn.34) werden durch jede vernünftige Erwägung des Gemeinwohls legitimiert (BVerfGE 85, 248/259; 103, 1/10; 123, 186/238). Der Gesetzgeber

darf Gesichtspunkte der Zweckmäßigkeit in den Vordergrund stellen (BVerf-
GE 77, 308/332) und besitzt hinsichtlich der Festlegung arbeits-, sozial- und
wirtschaftspolitischer Ziele einen weiten Spielraum (unten Rn.50). Die
Maßnahme darf aber den Betroffenen nicht „übermäßig belasten" (BVerfGE
83, 1/19; 81, 156/188 f; 85, 248/259; allg. Rn.86 f zu Art.20); notwendig
sind „ausreichende Gründe des Gemeinwohls" (BVerfGE 95, 172/183; 110,
141/157). „Eingriffszweck und Eingriffsintensität müssen in einem angemessenen Verhältnis stehen" (BVerfGE 108, 150/160). Die Ausübungsregelung
muss verhältnismäßig sein (BVerfGE 101, 331/347; 111, 10/32; 121, 317/
346). Wird in die Freiheit der Berufsausübung empfindlich eingegriffen, ist
eine Rechtfertigung durch Interessen von entsprechend großem Gewicht
erforderlich (BVerfGE 61, 291/311; 77, 84/106; 103, 1/10; 121, 317/355;
BSGE 60, 76/78). Die leichtere staatliche Überwachung ist generell kein
ausreichender Grund (BVerfGE 65, 116/129; 86, 28/44). An einer sachgerechten Erwägung fehlt es in der Regel, wenn vor Konkurrenz geschützt
werden soll (unten Rn.49); daher sind etwa Werbeverbote zum Teil unzulässig (vgl. unten Rn.75–77). Unzulässig ist auch, den Ertrag einer Berufstätigkeit (teilweise) dem Konkurrenten zuzuweisen (BVerfGE 97, 228/262 f).
Objektive Bedürfnisregelungen für Berufsmodalitäten (oben Rn.39) bedürfen einer besonders weitreichenden Legitimation (BVerfGE 86, 28/
42 f). Gleiches gilt für Regelungen mit wettbewerbsverzerrender Wirkung
(BVerfGE 86, 28/38 f, 42). Höhere Anforderungen an die Rechtfertigung
gelten des Weiteren, wenn der Staat die unentgeltliche Vornahme von Tätigkeiten vorschreibt (unten Rn.83). Zum Bewertungs-, Gestaltungs- und
Prognosespielraum unten Rn.50.

46   **bb) Subjektive Berufswahlbeschränkungen** (zur Abgrenzung oben
Rn.35) sind zum Schutze überragender Gemeinschaftsgüter zulässig (BVerf-
GE 69, 209/218; 103, 172/183). Dabei kann es sich um relative, vom Gesetzgeber nach seinen wirtschafts-, sozial- und gesellschaftspolitischen Vorstellungen (sachgerecht) festgelegte Güter bzw. Interessen handeln (BVerfGE
13, 97/107; Breuer HbStR VI § 148 Rn.12 f; Scholz MD 337). Dementsprechend soll der handwerkliche Befähigungsnachweis im Hinblick auf das
gesetzgeberische Ziel der Mittelstandsförderung zulässig sein, obwohl er zur
Abwehr von Gefahren für die Allgemeinheit nicht wirklich geboten ist
(BVerfGE 13, 97/110 ff; a. A. mit guten Gründen Manssen MKS 247; wohl
auch BVerfG-K, DVBl 06, 245). Neubewerber dürfen gegenüber bereits tätigen Personen nicht unangemessen benachteiligt werden (BVerfGE 54,
301/331). Besonders bedenklich ist der Ausschluss aus einem Beruf (BVerf-
GE 66, 337/353; zurückhaltender BGHSt 32, 305 ff), bei belegbar fehlender
Eignung aber möglich (BVerfGE 69, 233/244); zur sofortigen Vollziehung
vgl. unten Rn.60.

47   Vorgeschriebene **Kenntnisse** und Fähigkeiten für die *Zulassung zu einem
Beruf* dürfen nicht außer Verhältnis zu der geplanten Tätigkeit stehen (BVerf-
GE 54, 301/331; 119, 59/90). Ein gewisser „Überschuss an Ausbildungsan-
forderungen" ist zulässig, nicht jedoch eine unzumutbare Überqualifikation
(BVerfGE 13, 97/117 f; 54, 301/330 f; 73, 301/320; BVerwGE 75, 45/ 53;
Rittstieg AK 93). Prüfungsfragen müssen mit den Berufsanforderungen im
Zusammenhang stehen (BVerwGE 78, 55/57). Gleichwertige Prüfungen

müssen anerkannt werden (**a. A.** BVerwG, NVwZ 83, 470). Ein starres Antwort-Wahl-Verfahren zur Feststellung von Kenntnissen ist unzulässig (BVerfGE 80, 1/26 ff). Habilitationsleistungen müssen von ausreichend sachkundigen Personen bewertet werden (BVerwGE 95, 237/243 ff). Der Verwaltung kann eine Beurteilungsermächtigung eingeräumt werden, falls die Entscheidung einem Sachverständigenausschuss übertragen wird (BVerwGE 59, 213/215 ff; s. auch Rn.69 zu Art.19); doch muss das Gesetz dafür einen Anhaltspunkt liefern (BVerwG, DVBl 91, 49 f). Zu Vorgaben für Prüfungen, die eine berufsbezogene Ausbildung abschließen, unten Rn.105–108.

cc) Objektive Berufswahlbeschränkungen (zur Abgrenzung oben **48** Rn.36) sind „nur zulässig, wenn sie zur Abwehr nachweisbarer oder höchst wahrscheinlicher schwerer Gefahren für ein überragend wichtiges Gemeinschaftsgut zwingend geboten sind" (BVerfGE 102, 197/214; 75, 284/296; Breuer HbStR VI § 148 Rn.50). Unzulässig ist es, die Berufszulassung in das behördliche Ermessen zu stellen (BVerwGE 91, 356/358). Spezifische Eigenheiten der betreffenden Tätigkeit können zu einem größeren Spielraum des Gesetzgebers führen (BVerfGE 102, 197/215), etwa bei einem natürlichen Monopol o. ä. Bei Zweitberufen liegen die Anforderungen etwas niedriger (BVerfGE 21, 173/181; Scholz MD 278).

Im Einzelnen ist die Volksgesundheit ein derartiges Gemeinschaftsgut **49** (BVerfGE 7, 377/414; BVerwGE 65, 323/339), die Erhaltung einer menschenwürdigen Umwelt (BVerwGE 62, 224/230), die Stellung des Rechtsanwalts als unabhängiges Rechtspflegeorgan (BGHZ 57, 237/240), die Minderung der Arbeitslosigkeit (BVerfGE 21, 245/251), die Sicherung der Volksernährung (BVerfGE 25, 1/16) oder die finanzielle Stabilität und Funktionsfähigkeit der gesetzlichen Krankenversicherung (BVerfGE 103, 172/ 184). Bestand, Funktionsfähigkeit und Wirtschaftlichkeit der Bahn sind ein überragend wichtiges Gemeinschaftsgut, nicht zuletzt im Hinblick auf die damit verfolgten Zwecke der Reduzierung von Verkehrstoten etc. (BVerfGE 40, 196/218; BVerwGE 64, 70/72). Kein Gemeinschaftsgut (und erst recht kein überragend wichtiges) ist der Schutz bestehender Unternehmen vor *Konkurrenz* (BVerfGE 19, 330, 342; 97, 12/31; 111, 10/33; BVerwGE 79, 208/211 f; Breuer HbStR VI § 148 Rn.51; Gubelt MüK 66; Scholz MD 367). Dies gilt auch für den Mittelstandsschutz (Manssen MKS 128); möglich sind aber Maßnahmen zur Erhaltung einer ausreichenden Zahl von Wettbewerbern im Interesse eines wirksamen Wettbewerbs. (Objektive) *Bedürfnisprüfungen,* wie sie früher u. a. bei der Genehmigung von Apotheken oder Gaststätten üblich waren, sind unzulässig (BVerfGE 7, 377/431 ff; 11, 168/186 f; BVerwGE 1, 48/52; 82, 189/194); nur in wenigen Fällen wurden sie als verfassungskonform eingestuft, etwa beim Linienverkehr (BVerfGE 11, 168/ 184 f) sowie beim Güterfernverkehr (unten Rn.71), bei Mühlen (BVerfGE 25, 1/13 ff) sowie bei staatlich gebundenen Berufen (unten Rn.86). *Fiskalische* Erwägungen stellen kein besonders wichtiges Gemeinschaftsgut dar (BVerfGE 102, 197/216; 115, 276/307; Manssen MKS 254; Jarass, DÖV 00, 756 f); insb. kann diesem Ziel durch entsprechende Abgaben oder eine Versteigerung Rechnung getragen werden (BVerfGE 102, 197/217 f).

4. Weitere Fragen der Verhältnismäßigkeit

50   a) **Beurteilungsspielraum und generalisierende Betrachtung.** Im
Bereich der *Berufsausübungsregelungen* (oben Rn.34) ist bei allen Elementen
der Verhältnismäßigkeit zu beachten, dass der Gesetzgeber einen erheblichen
Beurteilungs- und Gestaltungsspielraum hat (BVerfGE 102, 197/218;
116, 202/224 ff; 117, 163/182 f, 189; 121, 317/356; Umbach UC 96; Breuer HbStR VI § 148 Rn.20). Dies gilt für die Einschätzung drohender Gefahren ebenso wie für die Beurteilung von Eignung und Erforderlichkeit des
gewählten Mittels (BVerfGE 77, 84/106). Besonders weit ist der Spielraum
bei der Verfolgung wirtschafts-, arbeitsmarkt- und sozialpolitischer Ziele
(BVerfGE 51, 193/208; 77, 308/332; 81, 156/189; 109, 64/85; Breuer
HbStR VI 972; Wieland DR 119) sowie dort, wo der soziale Bezug der
grundrechtlichen Tätigkeit hoch ist (BVerfGE 99, 367/392). Endlich ist der
Spielraum bei Regelungen, die in die Berufsfreiheit nicht gezielt, sondern
nur mittelbar eingreifen, weiter gesteckt (BVerfGE 46, 120/145; 77, 308/
332). Bei *Berufswahlregelungen* ist der Spielraum des Gesetzgebers regelmäßig
sehr viel geringer, ohne dass er vollständig ausgeschlossen ist (BVerfGE 119,
59/83; BVerfG-K, NVwZ 08, 1340; vgl. Rn.87 f zu Art.20). *Generell* sind
Regelungen später zu korrigieren, wenn sich die Prognosen als unzutreffend
herausstellen (BVerfGE 110, 141/158; Breuer HbStR VI § 148 Rn.19; Rn.87
zu Art.20), wobei ein Anpassungszeitraum besteht (BVerfGE 83, 1/21 f). Zu
Beurteilungsermächtigungen bei subjektiven Zulassungsregelungen oben
Rn.47.

51   Geht es um die Verhältnismäßigkeit (ieS) von Rechtsvorschriften, ist eine
generalisierende Betrachtungsweise geboten (BVerfGE 68, 193/219; 70,
1/30; BSGE 94, 50 Rn.127). Eine besondere und atypische Belastung in
Einzelfällen ist hinzunehmen (BVerfGE 77, 84/105; BFHE 160, 61/68;
Breuer HbStR VI § 148 Rn.36). Insoweit kommt der Typisierungsspielraum
des Gesetzgebers zum Tragen; näher zur Typisierung und Generalisierung
Rn.30 f zu Art.3. Andererseits muss die besondere Belastung von **Teilgruppen** berücksichtigt werden. Auch wenn eine Regelung für den Großteil der
Betroffenen verhältnismäßig ist, kann sie insoweit gegen Art.12 Abs.1 iVm
Art.3 Abs.1 verstoßen, als eine Teilgruppe typischerweise sehr viel härter betroffen ist und daher einer gesonderten Behandlung bedarf (BVerfGE 30,
292/327; 59, 336/355 f; 65, 116/126 f; 68, 155/173; BVerwG, DVBl 01,
743). Eine Sonderbelastung kann etwa bei Berufstätigen mit Wohnsitz im
Ausland bestehen (BVerfGE 65, 116/127 f). Schließlich darf identischen Gefährdungen in einem Gesetz nicht unterschiedliches Gewicht beigemessen
werden (BVerfG, NJW 08, 2415).

52   b) **Übergangsregelungen.** Die Berufsfreiheit regelnde Vorschriften müssen aus Gründen der Verhältnismäßigkeit nicht selten Übergangsregelungen
vorsehen (BVerfGE 64, 72/83 f; 68, 272/284; 98, 265/309 f; Breuer HbStR
VI § 148 Rn.37; Manssen MKS 152); näher Rn.89 zu Art.20. Die Länge der
erforderlichen Frist hängt von Gewicht und Dringlichkeit der Regelung einerseits und der Zumutbarkeit andererseits ab (BVerwGE 101, 185/188).

53   c) **Verfahrensanforderungen sowie Auskünfte.** Bei Eingriffen können
sich aus der Berufsfreiheit verfahrensrechtliche Vorgaben ergeben. So kann

bei der Auswahl von Bewerbern eine angemessene Verfahrensgestaltung geboten sein (BVerfGE 73, 280/296). Erfolgt in einem Sektor eine umfassende öffentliche Planung, ist ein Verwaltungsverfahren notwendig, in dem die beteiligten Interessen mit dem erforderlichen Gewicht zur Geltung kommen (BVerfGE 82, 209/226). Im Hinblick auf die Erteilung von Konzessionen kann ein Informationsanspruch bestehen (BVerwGE 118, 270/272 f). Gleiches gilt für Auskünfte hinsichtlich der Besteuerung eines Konkurrenten (BFHE 215, 32/34 f).

5. Schranke des kollidierenden Verfassungsrechts

Art.12 kann ebenso wie andere Grundrechte durch sonstige Verfassungs- **54** normen beschränkt werden (Vorb.48–52 vor Art.1). Bei Grundrechtseingriffen ist eine gesetzliche Grundlage erforderlich (Ruffert EH 84; Vorb.51 vor Art.1). Bedeutsam wurde das etwa bei der Einschränkung durch Art.33 Abs.5 (BVerfGE 73, 301/315; 80, 257/265; BVerwGE 75, 109/116). Zur materiellen Zulässigkeit von Einschränkungen nach Art.33 unten Rn.85 f. Weiter wird der Schutz der Sonntagsruhe durch Art.140 iVm Art.139 WRV abgedeckt (BVerfGE 111, 10/50; BVerwGE 79, 118/122 f). Ob und wieweit auch Kompetenznormen zur Begrenzung der Berufsfreiheit eingesetzt werden können, ist umstritten. Dies dürfte idR zu verneinen sein (unten Rn.87 und Vorb.49 vor Art.1; diff. Scholz MD 242 ff; a. A. Mann SA 204).

(unbesetzt) **55–59**

V. Einzelne Bereiche und Fälle

1. Apotheken, Heilberufe, Pflege u. Ä.

a) Apotheken und Arzneimittel. *Unzulässig* sind eine Bedürfnisprü- **60** fung für Apotheken (BVerfGE 7, 377/433 ff), unzureichende Übergangsregelungen für Apothekenanwärter und Apothekenassistenten (BVerfGE 32, 1/29 ff; 50, 265/275), das Verbot des Verkaufs von Tierarzneimitteln im Reisegewerbe (BVerfGE 17, 269/276 f), ein Verbot des an Ärzte gerichteten Versandhandels für Arzneimittel (BVerfGE 107, 186/196 ff). Zulässig sollen dagegen die Beschränkung des Apothekenbetriebs auf eine Apotheke sein (BVerfGE 17, 232/240; BVerwGE 40, 157/164), desgleichen die Begrenzung der Apothekenverpachtung (BVerfGE 17, 232/246 f); beides kann schwerlich überzeugen (Manssen MKS 186 f). Die sofortige Vollziehung des Widerrufs der Approbation als Apothekerin ist nur zulässig, wenn das zur Abwehr konkreter Gefahren für wichtige Gemeinschaftsgüter erforderlich ist (BVerfG-K, NJW 03, 3619). Zur Werbung unten Rn.76 f. Zur Veröffentlichung von Markttransparenzlisten oben Rn.28.

b) Ärzte. Der übergangslose Facharztvorbehalt für Schwangerschaftsab- **61** brüche wurde als unzulässig eingestuft (BVerfGE 98, 265/309 ff). Dem Vorrang der niedergelassenen Ärzte soll wegen Art.12 drittschützende Wirkung zukommen (BVerfG-K, NJW 05, 274). Unzulässig sind unangemessene Hindernisse für Gebührenvereinbarungen bei Zahnärzten (BVerfG-K, NJW 05, 1037 f). Unzulässig ist auch die Verminderung des Honoraranspruchs bei

Praxen mit hohem Fallwert ohne ausreichende gesetzliche Grundlage (BSGE 75, 37/44). Bei der Verteilung der Honorare auf die Ärzte ist der aus Art.12 Abs.1 ivm Art.3 Abs.1 herzuleitende Grundsatz der Honorarverteilungsgerechtigkeit zu beachten (BSGE 92, 10 Rn.6; 93, 258 Rn.29). Die Sicherung der finanziellen Stabilität der gesetzlichen Krankenversicherung rechtfertigt Einschränkungen der Vergütung (BSGE 94, 50 Rn.136ff). Zulässig ist die Verminderung der Vergütung für zahntechnische Leistungen (BVerfGE 68, 193/216ff). Zur Zulassung von Großgeräten für Kassenärzte BSGE 70, 285/302ff. Zu Fachgebietsbeschränkungen BSGE 68, 190/192f. Unzulässig ist das Verbot eines Zahnarztsuchservices (BVerfG-K, NJW 02, 1865f). Ein vorläufiges Berufsverbot ohne ausreichende Begründung verstößt gegen Art.12 (BVerfG-K, EuGRZ 06, 198), desgleichen der Sofortvollzug des Ruhens einer Approbation ohne konkrete Gefahren (BVerfG-K, NJW 08, 1369f). Zulässig ist dagegen die am Bedarf orientierte Kassenzulassung von Ärzten (Manssen MKS 185; anders BVerfGE 11, 30/48; 12, 144/147ff), des Weiteren die 55-Jahre-Grenze für die Zulassung von Kassenärzten (BVerfGE 103, 172/185ff) und der Entzug der Kassenzulassung bei groben Pflichtverstößen, soweit daraus auf die fehlende Eignung geschlossen werden kann (BVerfGE 69, 233/244; BSGE 60, 76). Zulässig ist weiter das Erfordernis von Prüfungen für die Ausübung der Zahnheilkunde (BVerfGE 25, 236/247). Zur Werbung unten Rn.76f.

62 **c) Sonstige Heil- und Pflegetätigkeiten.** Zulässig war der Ausschluss von Heilpraktikern von der Kassenzulassung (BVerfGE 78, 155/161f), desgleichen eine Altersgrenze für Hebammen (BVerfGE 9, 338/344f). Für die Beurteilung der Leistungsfähigkeit einer *Klinik* kommt es auf den aktuellen Stand des Krankenhauswesens an (BVerfGE 82, 209/234). Einem (abgelehnten) Krankenhausträger muss ein Klagerecht gegen die Aufnahme eines Konkurrenten in einen Krankenhausplan zustehen (BVerfG-K, NVwZ 04, 719). Unzulässig ist es, in jedem Betreuungsbereich nur einen ambulanten *Pflegedienst* zu fördern (BVerwGE 121, 23/28). Unzulässig ist weiter das Verbot der Tornometrie und Perimetrie durch *Optiker* (BVerfG-K, NJW 00, 2736f). Im *Rettungsdienst* sind Begrenzungen möglich (BVerwGE 97, 79/84f).

2. Rechtsberatung, Notare, Steuerberater u. Ä.

63 **a) Rechtsanwälte. aa)** Im Bereich der Rechtsanwälte gilt der Grundsatz der freien Advokatur (BVerfGE 76, 171/188; 113, 29/49). Der Schutz der anwaltlichen Berufsausübung liegt nicht nur im Interesse des Anwalts und des Rechtsuchenden, sondern auch der Allgemeinheit (BVerfGE 110, 226/252; 113, 29/49). Standesrichtlinien können das Grundrecht nicht beschränken (oben Rn.30).

64 **bb)** Was die **Zulassung als Rechtsanwalt** angeht, so ist deren Verweigerung wegen verfassungsfeindlicher Tätigkeit unzulässig (BVerfGE 63, 266/286ff), desgleichen wegen der Tätigkeit als wissenschaftlicher Mitarbeiter an der Universität (BVerfG-K, NJW 95, 952). Die Beschränkung von Zweitberufen bedarf zwingender Sachgründe (BVerfGE 87, 287/325ff; großzügiger BGHZ 97, 204/208). Unzulässig ist das Verbot einer Sozietät von Anwaltsnotar und Wirtschaftsprüfer (BVerfGE 98, 49/62; a.A. noch E 54, 237/ 249). Auch Aktiengesellschaften muss der Zugang zur Rechtsberatung eröffnet werden (BGHZ 161, 376/384 ff). Mit Art.12 unvereinbar ist der **Entzug der Anwaltszulassung** wegen eines geringen Verstoßes gegen die Kanzleipflicht (BVerfGE 72, 26/33). Zulässig sind hingegen Berufsverbote nach der Bundesrechtsanwaltsordnung (BVerfGE 44, 105/117 f; 48, 292/296), vorausgesetzt, eine Wiederzulassung ist möglich (BVerfGE 72, 51/63 f).

cc) Im Bereich der **Ausübung** ist das Verbot der Bezugnahme auf eine **65** Urkunde unzulässig, in der ehrenrührige Behauptungen aufgestellt werden (BVerfG-K, EuGRZ 96, 479), weiter der Ausschluss des Verteidigers ohne zwingenden Grund (BVerfGE 16, 214/216 f; 43, 79/90), das völlige Verbot der Kooperation zweier Verteidiger (BVerfGE 72, 34/38), der Ausschluss eines Rechtsanwalts als Zeugenbeistand (BVerfG-K, NJW 00, 2660 f) und das Abhören von Verteidigergesprächen im Besuchsraum einer Justizvollzugsanstalt ohne ausreichende Verdachtsgründe (BVerfG-K, NJW 06, 2975). Unzulässig ist weiter die Singularzulassung beim OLG (BVerfGE 103, 1/10 ff) und die Zulassung allein an *einem* Landgericht (vgl. BVerfGE 93, 362/371); zulässig ist dagegen derzeit die Singularzulassung beim BGH (BVerfGE 106, 216/219 ff). Das Sachlichkeitsgebot bedarf der restriktiven Anwendung (BVerfGE 76, 171/191 f; BVerfG-K, NJW 08, 2425 f). Unzulässig ist eine Verpflichtung zur Mandatsniederlegung wegen Interessenkollision, weil der Anwalt vorher bei der die Gegenseite vertretenen Kanzlei beschäftigt, nicht aber damit befasst war (BVerfGE 108, 150/167 f). Gleiches gilt für das Verbot, sich direkt an den Mandanten des gegnerischen Anwalts zu wenden, soweit das mit der Kollegialität unter Anwälten begründet wird (BVerfGE 122, 190/208). Geboten ist eine restriktive Auslegung des Geldwäsche-Straftatbestands bei Anwälten (BVerfGE 110, 226/267; BVerfG-K, NJW 05, 1708). Das Vertrauensverhältnis zwischen Anwalt und Mandanten darf nicht unangemessen beeinträchtigt werden (BVerfGE 113, 29/49). Zulässig ist die Notwendigkeit der Prozessfähigkeit des Anwalts für die Tätigkeit vor Gericht (BVerfGE 37, 67/77), die Verpflichtung der Anwälte, vor Gericht die Amtstracht zu tragen (BVerfGE 28, 21/31), das Verbot, mehrere Beschuldigte zu verteidigen (BVerfGE 39, 156/164 f) und die Wohnsitzpflicht für Patentanwälte (BVerfGE 65, 116/125 ff – bedenkl.). Zu Werbeverboten u.ä. unten Rn.76 f. Zum kommunalen Vertretungsverbot oben Rn.16. Der Anwalt hat keinen Anspruch auf Einsicht in Verwaltungsvorschriften (BVerwGE 61, 40/42 f; 69, 278/281; vgl. aber Rn.75 zu Art.19) oder auf Zulassung als Pflichtverteidiger (BVerfGE 39, 238/242). Eine vertragliche Regelung, die für einen Anwalt nahezu für die gesamte Berufstätigkeit die ordentliche Kündigung ausschließt, verstößt gegen Art.12 (BGH, NJW 07, 296).

Im Bereich der **Vergütung** war die Pflicht zum unentgeltlichen Tätig- **66** werden eines Anwalts als Vormund unzulässig (BVerfGE 54, 251/271), des Weiteren die unzureichende Erstattung der Kosten eines Pflichtverteidigers (BVerfG-K, NJW 01, 1269) und die Reduzierung des Streitwerts bei der Prozesskostenhilfe (BVerfG-K, NJW 05, 2981). Die gesetzlich festgelegten Gebühren müssen nach einer Mischkalkulation und nach Abzug der Kosten die Sicherung des Lebensunterhalts ermöglichen (BVerfGE 107, 133/143 f).

Ein Erfolgshonorar darf jedenfalls dann nicht verboten werden, wenn andernfalls der Klient von der Verfolgung seiner Rechte abgehalten wird (BVerfGE 117, 163/193 f). Das Gebührenrecht für Anwälte bildet keinen Grundrechtseingriff, soweit der Anwalt auf Honorarvereinbarungen ausweichen kann (BVerfGE 118, 1/16 f, 20).

67   **b) Rechtsberatung durch andere.** Die weitgehende Beseitigung der Tätigkeit der Rechtsbeistände wurde als zulässig eingestuft (BVerfGE 75, 246/264 ff). Der Sachkundenachweis nach dem RechtsberatungsG ist zulässig (BVerwGE 59, 138/142), nicht jedoch das Ermessen bei der Erteilung der Erlaubnis (Manssen MKS 197; a. A. BVerfG-K, NJW 88, 2535). Die Überwachung von Fristen darf, wenn sie sich zu einer selbstständigen Berufstätigkeit entwickelt, nicht den Beschränkungen des RechtsberatungsG unterworfen werden (BVerfGE 97, 12/30 ff). Unzulässig ist der Ausschluss der Rechtsberatung durch Versicherungsberater (BVerfGE 75, 284/298 f). Auch in anderen Fällen bedarf das RechtsberatungsG restriktiver Auslegung (BVerfG-K, NJW 02, 1191 f; NJW 02, 3532 f; Schönberger, NJW 03, 255 f).

68   **c) Notare.** Die Beschränkung der Notarstellen soll Art.12 überhaupt nicht berühren; die Auswahl der Bewerber muss gleichwohl gesetzlich geregelt werden (BVerfGE 73, 280/292, 294 f; vgl. oben Rn.28). Die Regelungen müssen dabei auf die spezifische Eignung als Notar ausreichend abheben (BVerfGE 110, 304/325, 332). Eine Ermessensentscheidung über die Zulassung ist schwerlich mit Art.12 vereinbar (a. A. BGHZ 127, 83/91 ff). Stellen sind auszuschreiben (BVerfGE 73, 280/296). Das Auswahlverfahren muss grundrechtsfreundlich gestaltet werden (BVerfG-K, NJW 02, 3091). Gebührenbeschränkungen bei Notaren können unzulässig sein (BVerfGE 47, 285/318, aber auch E 69, 373/378 ff). Sozietätsverbote sind möglich (BVerfGE 80, 269/278 ff); vgl. aber Rn.23 zu Art.9. Wohnsitzpflichten sind bedenklich (Manssen MKS 182). Eine Notaramtsenthebung wegen früherer DDR-Richtertätigkeit ist nur unter spezifischen Voraussetzungen möglich (BVerfG-K, NJW 01, 671 f). Eine Nebentätigkeitsgenehmigung für Notare kann nur verweigert werden, wenn die Tätigkeit wirklich deren Unabhängigkeit beeinträchtigt (BVerfG-K, NJW 03, 420 f). Zur Stellung der Notare s. auch unten Rn.86.

69   **d) Steuerberater und Insolvenzverwalter.** *Unzulässig* sind das Buchführungsprivileg der **Steuerberater** (BVerfGE 54, 301/314 ff; 59, 302/314 ff), die Zulassung von Angehörigen der Finanzverwaltung zur Steuerberaterprüfung erst nach Ausscheiden aus dem Dienst (BVerfGE 69, 209/218 f) sowie zu große Restriktionen bei Stellenanzeigen (BVerfG-K, DVBl 96, 148). Werbung kann nur verboten werden, um deutlich zu machen, dass „der Steuerberater seine Dienste nicht rein gewerblich und gewinnorientiert anbietet und seine Leistungen an den Interessen des Mandanten und nicht am eigentlichen wirtschaftlichen Vorteil ausrichtet" (BVerfGE 111, 366/379); zur Werbung außerdem unten Rn.76 f. Eine Steuerberaterkammer muss bei Verstößen gegen die Berufspflichten primär mit Mitteln der Aufsicht und nur sekundär mit einer Wettbewerbsklage vorgehen (BVerfGE 111, 366/377 f). Das Vertrauensverhältnis zwischen Steuerberater und Mandanten darf nicht unangemessen beeinträchtigt werden (BVerfGE 113, 29/50). *Zu-*

lässig sind das Verbot von Doppelberufen für Steuerberater (BVerfGE 21, 173/179), die Anforderungen an die persönliche Eignung von Steuerberatern (BVerfGE 55, 185/196), das Verbot einer Sozietät von Steuerberatern und berufsfremden Personen (BVerfGE 60, 215/230 f) sowie das Berufsverbot bei Konkurs (BFHE 151, 194/198). Unzulässig war die Gebührenregelung für **Insolvenzverwalter** (BGHZ 157, 282/287 ff). Ausgeschlossen ist eine schematische Übertragung der Berufspflichten für Wirtschaftsprüfer auf Insolvenzverwalter (BGHSt 49, 258/265).

3. Weitere berufliche Tätigkeiten

a) Architekten, Ingenieure, Sachverständige. *Unzulässig* sind fehlen   **70**
de Übergangsregelungen für die Vorlageberechtigung von Bauplänen (BVerfGE 68, 272/284 ff), weiter eine objektive Bedürfnisprüfung für die öffentliche Bestellung als Sachverständiger (BVerfGE 86, 28/42 f) sowie eine Honoraruntergrenze im Rahmen eines Architektenwettbewerbs (BVerfG-K, NJW 06, 495 f). Dagegen ist eine Altersgrenze für Prüfingenieure *zulässig* (BVerfGE 64, 72/82), ebenso das Monopol des TÜV (BVerwGE 72, 126/ 130; problematisch). Zulässig ist auch das Erfordernis einer praktischen Tätigkeit bei Vermessungsingenieuren in dem betreffenden Bundesland (BVerfGE 73, 301/316 ff). Zu Prüf- oder Vermessungsingenieuren als staatlich gebundenen Berufen unten Rn.86.

b) In der **Verkehrs- und Versorgungswirtschaft** sind *unzulässig* die   **71**
Bedürfnisprüfung beim Gelegenheitsverkehr mit Mietwagen (BVerfGE 11, 168/186 f) und die Verweigerung von Taxigenehmigungen wegen wirtschaftlicher Interessen der vorhandenen Unternehmen, solange nicht das gesamte Gewerbe in seiner Existenz bedroht ist (BVerwGE 64, 238/242). Zum Informationsanspruch bei Verkehrskonzessionen oben Rn.53. *Zulässig* soll hingegen die Kontingentierung im Güterfernverkehr sein (BVerfGE 40, 196/218 ff; BVerwGE 64, 70/72 f), außer für den Möbelfernverkehr, da insoweit keine Konkurrenz zur Eisenbahn besteht (BVerfGE 40, 196/226); zur gesetzlichen Grundlage der Auswahlkriterien oben Rn.31. Die Übertragung von Taxikonzessionen muss nicht generell verboten werden (BVerfGE 81, 40/50 f). Zulässig ist das Erfordernis von Trennwänden in Taxen (BVerfGE 21, 72 f); zur Werbung in Taxen unten Rn.75.

c) Handel und Vertrieb. *Unzulässig* ist der Sachkundenachweis im Ein   **72**
zelhandel (BVerfGE 19, 330/336 ff; 34, 71/77), ein Mindestmilchumsatz (BVerfGE 9, 39/48 ff), Verbote für das Inverkehrbringen verwechslungsfähiger Lebensmittel (BVerfGE 53, 135/143 ff). *Zulässig* sind dagegen Warnungen vor gesundheitsschädlichen Produkten (BVerwGE 87, 37/42 ff; oben Rn.19). Zulässig sind weiter Betriebsverbote für jugendgefährdende Schriften (BVerfGE 30, 336/350 f); generell rechtfertigt der Jugendschutz erhebliche Beschränkungen (BVerfG-K, NJW 86, 1241 f). Zum Arzneimittelverkauf oben Rn.60, zum Ladenschluss unten Rn.74.

d) Sonstiges. *Unzulässig* ist ein Ausschluss juristischer Personen von der   **73**
Buchmacher-Tätigkeit (BVerwGE 97, 12/22 ff), eine Bedürfnisprüfung bei der Erste-Hilfe-Ausbildung ohne zureichende Gründe (BVerwGE 95, 15/

20 f), der Ausschluss Privater von Spielbanken (BVerfGE 102, 197/217 ff; a. A. BVerwGE 96, 302/308 ff) und die Erstreckung der Anforderungen von Hufbeschlagschmieden auf Hufpfleger und Huftechniker (BVerfGE 119, 59/87 ff). Weiter ist die Versagung der Vergütung bei nebenberuflicher Betreuung unzulässig (BVerfG-K, NJW 99, 1621 f). Vergütungsregelungen für berufliche Betreuer müssen die Belastung durch die Umsatzsteuer berücksichtigen (BVerfGE 101, 331/355 ff), desgleichen die Qualifikation der Betreuer (BVerfG-K, NJW 02, 2092). Vorschriften des Gewerberechts sind grundrechtsfreundlich anzuwenden (BVerfG-K, NVwZ 01, 189 f; GewArch 00, 242). Die Herstellung von Bier dem Reinheitsgebot ausnahmslos zu unterwerfen, ist unzulässig (BVerwGE 123, 82/86). Ein mit Ausnahmen versehenes Rauchverbot in Gaststätten muss identische Gefährdungen gleichbehandeln (BVerfGE 121, 317/360 ff). *Zulässig* ist die Heranziehung der Banken zur Abführung der Kapitalertragssteuer (BVerfGE 22, 380/383 ff), die Bevorratungspflicht für Erdölerzeugnisse, soweit sie nicht für Teilgruppen der Betroffenen übermäßig belastend sind (BVerfGE 30, 292/313 ff) und die Vermahlungsbegrenzung nach dem MühlenstrukturG (BVerfGE 39, 210/225 ff). Als zulässig wird das repressive Verbot von Wettveranstaltungen angesehen (BVerwGE 96, 293/300 f); allerdings kann das nicht für Formen gelten, bei denen die Gefahr der Spielleidenschaft gering ist (Jarass, DÖV 00, 759 f). Zum handwerklichen Befähigungsnachweis oben Rn.46. Zum Sportwettenmonopol unten Rn.88. Zulässig ist die Verpflichtung zur kostenlosen Lehre von Privatdozenten (BVerwGE 96, 136/142 ff). Zum öffentlichen Dienst, zu staatlich gebundenen Berufen etc. unten Rn.85–88.

VI. Querschnittsfragen und öffentlicher Sektor

1. Querschnittsfragen unternehmerischer Betätigung

74   **a) Betriebs- und Öffnungszeiten.** Zulässig sind **Ladenschlussregelungen** (BVerfGE 13, 237/239; 111, 10/32 ff; BVerwGE 41, 271/275 f; BVerwG, NJW 81, 596). Die zahlreichen Ausnahmen im geltenden Recht lassen allerdings dessen Verfassungsmäßigkeit zweifelhaft werden (BVerfG *abw. Meinung* 110, 10/43 ff; Ruffert EH 118; noch kritischer Manssen MKS 211). Friseuren muss die Möglichkeit der Öffnung am Samstagnachmittag eingeräumt werden (BVerfGE 59, 336/355 ff). Unzulässig ist der Ausschluss der Apotheken von der Teilnahme an verkaufsoffenen Sonntagen (BVerfGE 104, 357/368) sowie die Anwendung des LadenschlussG auf Warenautomaten (BVerfGE 14, 19/22 ff). Zulässig sind weiter die Vorschriften zur Sperrstunde für Gastwirtschaften (BVerwGE 20, 321/323) und die Beschränkungen zugunsten der Sonntagsruhe (oben Rn.54). Zur Arbeitszeit und zum Nachtbackverbot unten Rn.79.

75   **b) Werbung. aa)** Unterschiedliche Werberegelungen für konkurrierende Berufe bedürfen einer besonderen Legitimation (vgl. BVerfGE 85, 97/106 f). *Unzulässig* sind die Einschränkung von Werbefahrten im Straßenverkehr (BVerfGE 40, 371/382 f) und das Verbot der Eigenwerbung in Taxen (BVerwGE 124, 26/29). *Zulässig* sind hingegen Werbebeschränkungen für radiumhaltige Erzeugnisse (BVerfGE 9, 213/221f) und für Mietwagen (BVerfGE 65, 237/245ff). Generell zur Problematik von Werbeverboten oben Rn.45 sowie Rn.104 zu Art.5.

bb) Werbebeschränkungen für **freie Berufe** wurden früher in weitem **76** Umfang für zulässig erklärt, etwa für Ärzte (BVerfGE 71, 162/174), für Apotheker (BVerfGE 53, 96/98), für Steuerberater (BVerfGE 60, 215/231ff) und für Rechtsanwälte (BVerfGE 57, 121/136ff). Die Rspr. verfährt nunmehr zu Recht restriktiver. Werbung ist grundsätzlich erlaubt (BVerfGE 111, 366/379 für Steuerberater). Ein Ausschluss der Werbung, unabhängig vom Inhalt, ist auch bei den freien Berufen unzulässig (BVerfGE 94, 372/392f für Apotheker). Bei der Anwendung von die Werbung begrenzenden Vorschriften ist der hohe Stellenwert der Berufsfreiheit zu beachten (BVerfG-K, NJW 96, 3071; Manssen MKS 163ff). Eine sachangemessene Information, die keinen Irrtum erregt, ist zulässig (BVerwG, DVBl 03, 730). Die Werbung muss dem Medium entsprechen, weshalb es unzulässig ist, Straßenbahnwerbung auf Plakatgröße zu beschränken (BVerfGE 111, 366/380f). Auch muss ein Werbeverbot einen ausreichenden Nutzen haben (BVerfGE 112, 255/266f).

Im Einzelnen ist es unzulässig, in einer Selbstanzeige eine Werbung zu **77** sehen (BVerfGE 76, 196/207ff). Gleiches gilt für die Übernahme eines Vereinsvorsitzes (BGHZ 106, 212/213f), für ausgeprägte Restriktionen bei Stellenanzeigen (BVerfG-K, DVBl 96, 148) oder die Mitwirkung an redaktionell verantworteten Presseartikeln (BVerfG-K, NJW 06, 282f; zu restriktiv BVerfGE 85, 248/260ff). Unzulässig ist es, die Verwendung von selbst gewählten Tätigkeitsschwerpunkten zu verbieten, sofern es sich um eine sachgerechte Information handelt (BVerfG-K, NJW 01, 2789; NJW 04, 2657f), auch wenn man sich dadurch vom Wettbewerber abzuheben versucht (Manssen MKS 167; a.A. BGH, NJW 97, 2522ff). Ein Verbot, eine ärztliche Doppelqualifikation kundzutun, ist mit Art.12 unvereinbar (BVerfGE 106, 181/193ff). Eine Beschränkung von Fachanwaltsbezeichnungen muss durch Gesetz geregelt werden (BGHZ 111, 229/230ff). Auf geprüfte Qualitätsstandards muss hingewiesen werden können (BVerwG, NJW 10, 548f). Ein Anwalt muss die Bezeichnung eines zusätzlich ausgeübten Berufs, etwa eines Architekten, führen können (BVerfGE 82, 11/28f). Unzulässig sind auch übermäßige Einschränkungen beim Telefonbucheintrag (BVerwGE 105, 362/368) und bei der Internetwerbung (BVerfG-K, NJW 01, 3324f; NJW 03, 3470), desgleichen bei der Versteigerung von Rechtsanwaltsleistungen im Internet (BVerfG-K, NJW 08, 1298f). Ein Hinweis auf sportliche Erfolge in einer Kanzleibroschüre ist bei einer Anwältin mit dem Interessenschwerpunkt Sportrecht zulässig (BVerfG-K, NJW 03, 2817), desgleichen bei einer Gegnerliste eines Anwalts im Internet (BVerfG-K, NJW 08, 839f). Ein Verbot farbiger Briefbögen von Notaren ist unzulässig (BVerfG-K, NJW 97, 2510ff), desgleichen Einschränkungen bei der Führung der Amtsbezeichnung Notar (BVerfGE 112, 255/262ff). Werbeverbote für verschreibungspflichtige Arzneimittel sind zulässig, um einen übermäßigen Arzneimittelverbrauch zu vermeiden (BVerfGE 94, 372/391; Manssen MKS 169). Eine Arztwerbung kann verboten werden, wenn sie zu einer Verunsicherung der Kranken führt (BVerfGE 71, 162/174; BVerwGE 105, 362/367f). Bei

Kliniken und Sanatorien sind einem Werbeverbot noch engere Grenzen zu ziehen (BVerfGE 71, 183/198 ff; vgl. BVerfG-K, NJW 03, 2818). Werbebeschränkungen für Architekten und Ingenieure sind schwerlich haltbar (Manssen MKS 170); Ähnliches gilt für Tierärzte (vgl. BVerfG-K, NJW 02, 3092 f).

2. Arbeits- und Sozialrecht

78   **a) Arbeitsrecht. aa) Einschränkungen der Vertragsfreiheit** im **Individualarbeitsrecht** ergaben sich insb. in folgenden Fällen: Bei einem besonders schwerwiegenden Ungleichgewicht der Vertragsparteien kann eine gerichtliche Korrektur von Vertragsbedingungen geboten sein (oben Rn.26). Haftungsrisiken dürfen Arbeitnehmern nur begrenzt auferlegt werden (BAGE 70, 337/345; 78, 56/65 f; Umbach UC 62). Abs.1 gebietet weiterhin, dass man sich aus einer direkten oder indirekten langfristigen vertraglichen Bindung hinsichtlich der Berufsausübung wieder lösen kann (BGHZ 94, 248/256); allg. zum Grundrechtsverzicht Vorb.36 f vor Art.1. Die mit der Lösung (der vertraglichen Bindung) verbundenen Nachteile dürfen nicht unangemessen belastend sein. Das hat Bedeutung für Wettbewerbsverbote nach Beendigung eines Arbeitsverhältnisses (BVerfGE 81, 242/261 f; BGH, NJW 86, 2944; BAGE 34, 220/224), insb. für Karenzentschädigungen (BVerfGE 81, 242/260 f), weiter für die Rückzahlung von Ausbildungsbeihilfen bei vorzeitigem Ausscheiden (BAGE 42, 48/51 ff; 63, 232/239 f; 76, 155/171 ff; BGH, NJW 10, 58), von Sonderzahlungen (BAGE 124, 259 Rn.24) und für den Verfall betrieblicher Versorgungsanwartschaften (BVerfGE 98, 365/395 ff). Ähnliches gilt für die Beschränkung von Nebentätigkeiten sowie für die Ablösesummen von Lizenzspielern (Mann SA 102 f). Unzulässig sind bestimmte Transferregelungen im Berufseishockey (BAGE 84, 344/354 ff; BGH, NJW 00, 1028 f) und im Fußballbereich (BGHZ 142, 304/307 ff).

79   Im Bereich der **Schutzvorschriften für Arbeitnehmer** berücksichtigt das Kündigungsrecht bereits in ausreichendem Umfang den Gehalt des Art.12 Abs.1 (BVerfGE 84, 133/147; BAGE 124, 48 Rn.26); bei der Anwendung des Kündigungsrechts ist aber Art.12 zu beachten (BAGE 103, 31/36), wobei Art.12 nicht nur den Arbeitnehmer, sondern auch den Arbeitgeber schützt (Scholz MD 59). Zulässig ist die Kleinbetriebsklausel des Kündigungsschutzes (BVerfGE 97, 169/177). Zur Befristung von Arbeitsverhältnissen im Rundfunk Rn.86 zu Art.5, in der Wissenschaft Rn.134 zu Art.5. Eine zwangsweise Versetzung in den vorzeitigen Ruhestand ist an Art.12 zu messen (BAGE 100, 339/351 f). Mit Art.12 vereinbar sind die Vorschriften zur Arbeitszeit (BVerfGE 22, 1/20 f) und das Nachtbackverbot (BVerfGE 87, 363/382 ff). Zulässig ist das Mutterschaftsgeld (BAGE 81, 222/225 ff); vgl. auch Rn.52 zu Art.6. Unzulässig sind die Lohnfortzahlungspflicht bei Sonderurlaub zugunsten der Jugendarbeit außerhalb des Betriebs (BVerfGE 85, 226/236 f) und übermäßige Sozialleistungen (BVerfGE 81, 156/197 ff). Das Verleihverbot für Arbeitnehmer im Baubereich ist zulässig (BVerfGE 77, 84/102 ff). Zur Arbeitszeit oben Rn.74.

bb) Im **kollektiven Arbeitsrecht** ist die Einschaltung einer Einigungs- 80 stelle im Betriebsverfassungsrecht zulässig (BVerfG-K, NJW 88, 1135). Tarifverträge können Kriterien für die Besetzung von Arbeitsplätzen festlegen (BAGE 44, 141/151 ff; 64, 368/387 ff). Zulässig ist die Vergabe öffentlicher Aufträge an die Einhaltung von Tarifverträgen zu binden (BVerfGE 116, 202/223).

b) Sozialrecht. Die Überbürdung des Arbeitslosengeldes bei älteren Ar- 81 beitnehmern auf den Arbeitgeber ist nur zulässig, soweit ihn eine besondere Verantwortung für die Arbeitslosigkeit trifft (BVerfGE 81, 156/188 ff). Unzulässig ist die Belastung von Arbeitgebern mit den Kosten für die Arbeitslosigkeit bei Abschluss einer Wettbewerbsvereinbarung (BVerfGE 99, 202/213 ff). Aus Art.12 ergibt sich kein Recht auf berufliche Rehabilitation (diff. BSGE 69, 128/130).

3. Weitere Querschnittsfragen

Die Organe von beruflichen **Selbstverwaltungseinrichtungen** mit 82 Zwangsmitgliedschaft „müssen nach demokratischen Grundsätzen gebildet werden"; es sind institutionelle Vorkehrungen geboten, „damit die Beschlüsse so gefasst werden, dass nicht einzelne Interessen bevorzugt werden" (BVerfGE 111, 191/217). Zur gesetzlichen Grundlage solcher Einrichtungen und der Bestimmtheit der entsprechenden Regelungen oben Rn.30 f.

Die **Indienstnahme** mit öffentlichen Aufgaben (oben Rn.14) kann zu 83 gewissen staatlichen Pflichten führen, etwa hinsichtlich der Entschädigung für einen Anwaltsvormund (BVerfGE 54, 251/271) oder für einen Konkursverwalter (BGHZ 116, 233/238 f). Werden einem Unternehmer im öffentlichen Interesse bestimmte Leistungspflichten auferlegt, ist darauf zu achten, ob nicht eine Teilgruppe übermäßig belastet wird (oben Rn.51). Eine Entschädigungsregelung kann typisieren, muss aber für besonders atypisch betroffene Unternehmer eine Härteregelung vorsehen (BVerfGE 68, 155/170 ff). Eine Verpflichtung zur Gutachtenerstellung ist eine an Art.12 zu messende Indienstnahme Privater (BVerfGE 85, 329/334).

Die unzureichende Beachtung von **Geschäftsgeheimnissen** im gericht- 84 lichen Verfahren, insb. eine unsachgemäße Abgrenzungsregel, verstößt gegen Art.12 (BVerfGE 115, 205/242 ff). Gleiches kann der Fall sein, wenn eine geschäftsschädigende **Äußerung** nicht unterbunden wird (BVerfG-K, NJW 08, 359).

4. Öffentlicher Sektor

a) Öffentlicher Dienst. Für die Berufe des öffentlichen Dienstes eröff- 85 net Art.33 Abs.4, 5 GG „die Möglichkeit zu Sonderregelungen, die darauf beruhen, dass in diesen Berufen staatliche Aufgaben wahrgenommen werden; sie können nicht allein die Zahl der verfügbaren Stellen, sondern auch die Bedingungen zur Ausübung dieses Berufs betreffen" (BVerfGE 73, 301/315; 7, 377/398; 39, 334/369; Gubelt MüK 20). Dabei führt Art.33 Abs.5 zu keiner Verdrängung des Art.12 (oben Rn.8), sondern bildet als kollidierendes Verfassungsrecht eine zusätzliche Schranke für das Grundrecht (Ruffert EH 85). Das hat zur Folge, dass Einschränkungen der Berufsfreiheit im öffentlichen Dienst eher verhältnismäßig sind. Bei der Zulassung zum und der Beförderung im öffentlichen Dienst ist zudem Art.33 Abs.2 zu beachten (BVerfGE 96, 152/163; Rn.8 zu Art.33). Zur Verfassungstreue Rn.21, 52 zu Art.33. Bei einer Kündigung im öffentlichen Dienst ist Art.12 Rechnung zu tragen (BVerfGE 96, 189/199; 96, 205/213). Das im EinigungsV vorgesehene Sonderkündigungsrecht für Arbeitnehmer im öffentlichen Dienst darf nicht zu extensiv verstanden werden (BVerfGE 92, 140/153 ff). Bei der Verletzung einer Ausbildungsförderungsvereinbarung kann das Darlehen zurückverlangt werden (BVerwG, NJW 82, 1412; vgl. oben Rn.78); zudem ist eine Vertragsstrafe möglich (BVerwGE 74, 78/83 f). Ablieferungspflichten der Einkünfte aus Nebentätigkeiten sind schwerlich mit Art.12 vereinbar (a. A. BAGE 83, 311/319 ff); vgl. auch zur Nebentätigkeit von Beamten oben Rn.7 sowie Rn.50 zu Art.33. Zu weiteren Pflichten der Beamten Rn.51 zu Art.33. Zur Zulassung zum Vorbereitungsdienst unten Rn.98 f.

86   **b) Staatlich gebundene Berufe.** Nach hA soll in Anlehnung an Art.33 Abs.4, 5 für staatlich gebundene Berufe Ähnliches wie für den öffentlichen Dienst (oben Rn.85) gelten, etwa für Notare (BVerfGE 54, 237/249 f; 73, 280/292; 80, 257/265; BGHZ 128, 240/248), Schornsteinfeger, Technische Überwachungsvereine (BVerwGE 72, 126/130), Prüfingenieure (BVerfGE 64, 72/83) oder Vermessungsingenieure (BVerfGE 73, 301/316). Kennzeichen eines staatlich gebundenen Berufs ist es, dass der Gesetzgeber dem Berufsinhaber öffentliche Aufgaben, die er dem eigenen Verwaltungsapparat vorbehalten könnte, überträgt und zu diesem Zwecke die Ausgestaltung des Berufs dem öffentlichen Dienst angenähert hat (BVerfGE 73, 301/315 f). Bedürfnisprüfungen werden dort als zulässig angesehen (BGHZ 37, 179/183). Das ist jedoch abzulehnen, soweit es nicht um den Zugang zu und die Tätigkeit in staatlich finanzierten Einrichtungen geht (ähnlich BVerfGE 69, 373/378); angebracht ist die Schrankenprüfung gem. Abs.1 S.2. Zumindest ist der Kreis der staatlich gebundenen Berufe sehr eng zu ziehen. Der Anwaltsberuf gehört nicht dazu (BVerfGE 50, 16/29; 63, 266/285). Die formalen Anforderungen des Gesetzesvorbehalts gelten auch für staatlich gebundene Berufe (BVerfGE 80, 257/265; BVerwG, NVwZ 95, 485).

87   **c)** Ein **staatliches Monopol** für eine bestimmte berufliche bzw. wirtschaftliche Tätigkeit ist grundsätzlich als objektive Berufswahlbeschränkung einzustufen (Umbach UC 88) und daher nur möglich, wenn ein überragend wichtiges Gemeingut dies zwingend erfordert (BVerfGE 21, 245/251; BVerwGE 39, 159/168; 62, 224/230; oben Rn.48). Auf diese strengen Anforderungen wird verzichtet, wenn Zuständigkeitsvorschriften des GG erkennbar ein bestimmtes Monopol voraussetzen und dann die Berufsfreiheit verdrängen. Das mag im Bereich des Art.143b Abs.2 S.1 der Fall sein (BVerfGE 108, 370/388; vgl. Rn.2 zu Art.143b), schwerlich aber im Bereich der öffentlichen Versicherungen (vgl. Vorb.49 vor Art.1; **a. A.** BVerfGE 41, 205/227 f; diff. Papier, HbVerfR, 817). Keine Rechtfertigung staatlicher Monopole ergibt sich aus der Kompetenz des Staates, festzulegen, welche Aufgaben staatliche Aufgaben sind und wie bzw. durch wen sie erfüllt werden sollen (so aber wohl BVerfGE 37, 314/322; 41, 205/217 f). Die-

se Kompetenz legitimiert das staatliche Tätigwerden. Der damit nicht notwendig verbundene Ausschluss von Privaten muss an Art. 12 Abs. 1 gemessen werden (Breuer HbStR VI § 148 Rn. 64). Zum Teil betreffen öffentliche Monopole nur **einzelne Tätigkeiten** oder **Aspekte** eines Berufs und nicht einen Beruf im Ganzen (zur Abgrenzung oben Rn. 39). Sie sind dann lediglich Berufsausübungsregelungen und damit eher zulässig (vgl. BVerfGE 46, 120/149 ff).

Soweit es um **Verwaltungsmonopole** geht, entspricht es der staatlichen **88** Kompetenz-Kompetenz für die Bestimmung staatlicher Aufgaben, dem Gesetzgeber einen Beurteilungsspielraum bei der Frage einzuräumen, ob das Monopol tatsächlich erforderlich ist (diff. Manssen MKS 49; großzügiger Wieland DR 80). Zu den (zulässigen) Verwaltungsmonopolen gehört insb. der Anschluss- und Benutzungszwang bei gemeindlichen Einrichtungen (Ruffert EH 133.1). Ein der Suchtprävention dienendes Monopol für Sportwetten ist nur zulässig, wenn es konsequent am Ziel der Bekämpfung von Suchtgefahren ausgerichtet ist (BVerfGE 115, 276/309 f; BVerfG-K, NVwZ 08, 302). Zum Abfallbeseitigungsmonopol BVerwGE 62, 224/230. Zum Arbeitsvermittlungsmonopol BVerfGE 21, 245/248 ff; BSGE 43, 100/102 f; 70, 206/211 f. Bei **Finanzmonopolen** (Rn. 24 zu Art. 105) besteht für einen Beurteilungsspielraum kein Anlass (Scholz MD 259; Manssen MKS 48). Bestehende Finanzmonopole wie das Branntweinmonopol dürften heute, trotz der Erwähnung in Art. 105 Abs. 1, regelmäßig unzulässig sein (Manssen MKS 254; Gubelt MüK 72). Rein fiskalische Erwägungen können ein Monopol nicht rechtfertigen (oben Rn. 49).

(unbesetzt) **89–92**

B. Freiheit der Ausbildungsstätte (berufsbezogene Ausbildung)

1. Bedeutung und Abgrenzung zu anderen Verfassungsnormen

Art. 12 Abs. 1 schützt über den Wortlaut hinaus nicht allein die freie Wahl **93** der Ausbildungsstätte, sondern die gesamte Freiheit der berufsbezogenen Ausbildung. Das Grundrecht enthält ein „Abwehrrecht gegen Freiheitsbeschränkungen im Ausbildungsbereich" (BVerfGE 33, 303/329). Zudem enthält es auf Grund der in ihm enthaltenen Wertentscheidung zugunsten der berufsbezogenen Ausbildung ein Teilhaberecht (Wieland DR 167). Wegen der extensiven Abgrenzung der berufsbezogenen Ausbildung (unten Rn. 94 f) deckt das Grundrecht weite Bereiche des sog. „Rechts auf Bildung" ab. Geht es um eine nicht berufsbezogene Ausbildung, kommt Art. 2 Abs. 1 zum Tragen (Mann SA 89; Rn. 6, 30 zu Art. 2; für Anwendung des Art. 12 hingegen Dietlein ST IV/1, 1827). Bei Prüfungen verbindet sich Art. 12 Abs. 1 mit Art. 3 Abs. 1 zum Grundsatz der Chancengleichheit (dazu Rn. 71 zu Art. 3).

2. Schutzbereich

a) Ausbildungsstätte und geschützte Tätigkeit. Die Berufsfreiheit er- **94** fasst nur die *berufsbezogenen* **Ausbildungsstätten.** Dazu zählen alle Einrich-

tungen, die der Ausbildung für bestimmte Berufe oder Berufsgruppen dienen und dabei über das Angebot allgemeiner Bildung hinausgehen (Wieland
DR 61; Ruffert EH 45; Nolte SB 29; etwas enger BVerwGE 47, 330/332;
weiter Dietlein ST IV/1, 1827), also Hochschulen, Fachhochschulen, staatliche Vorbereitungsdienste (BVerfGE 39, 334/373; BVerwG, NJW 78, 2258;
BAGE 36, 344/349), betriebliche und überbetriebliche Ausbildungslehrgän-
ge, Ausbildungsverhältnisse oder Sprachschulen. Selbst weiterführende Schulen, wie die Sekundarstufe II der Gymnasien werden dazu gerechnet (Breuer
HbStR VI § 147 Rn.75; vgl. auch BVerfGE 58, 257/273), was jedoch nicht
zu überzeugen vermag (Manssen MKS 61; Jarass, DÖV 95, 678). Nicht erfasst werden Grundschulen. Die nicht berufsbezogene Bildung wird durch
Art.2 Abs.1 geschützt (oben Rn.93).

95   **Geschützte Tätigkeiten** sind der Eintritt in eine berufsbezogene Ausbildungsstätte sowie die im Rahmen der Ausbildung notwendigen Tätigkeiten,
insb. die Teilnahme am Unterricht sowie an evtl. Prüfungen (Ruffert EH 46;
Nolte SB 43). Geschützt wird etwa das Studium an einer Hochschule, auch
ein Zweit- oder Drittstudium (vgl. BVerfGE 45, 393/397f; 62, 117/146).

96   **b) Träger des Grundrechts** sind alle Deutschen (näher oben Rn.10),
die sich (selbst) bilden wollen (Ruffert EH 46), nicht dagegen die Träger der
Ausbildungsstätten (BGHZ 142, 304/313; Mann SA 90). Auch Jugendliche
sind Träger des Grundrechts (vgl. Rn.10 zu Art.19); zum Verhältnis zum Elternrecht Rn.14 zu Art.19. Ausländer können sich nur auf Art.2 Abs.1 berufen (Rn.10 zu Art.2). Juristischen Personen steht die Freiheit der Ausbildungsstätte nicht zu (Umbach UC 67; Rittstieg AK 157).

3. Beeinträchtigungen

97   **a) Eingriffe.** Im Bereich der berufsbezogenen Ausbildung wird Art.12
zunächst durch jede belastende Regelung eines Grundrechtsverpflichteten
(Rn.32–44 zu Art.1) beeinträchtigt, die unmittelbar die geschützte Tätigkeit
in einer Ausbildungsstätte (oben Rn.94f) betrifft. Darüber hinaus stellen
sonstige, auf die berufsbezogene Ausbildung bezogene belastende Maßnahmen eine Beeinträchtigung dar, wenn dadurch der weitere Bildungs- und
Lebensweg des Betroffenen negativ beeinflusst wird (BVerfGE 58, 257/273;
Ruffert EH 68).

98   **Beschränkungen des Zugangs** zu berufsbezogenen staatlichen Ausbildungsstätten stellen einen (echten) Grundrechtseingriff dar, soweit sie nicht
durch die Kapazität bedingt sind (Ruffert EH 70); zu Kapazitätsbeschrän-
kungen unten Rn.99. Dies gilt etwa für generelle Voraussetzungen der Zulassung zum Vorbereitungsdienst (BVerwGE 64, 142/144), wie die Verfassungstreue des Bewerbers (dazu BVerfGE 39, 334/371ff; 46, 43/52; BVerw-
GE 62, 267/270f; NJW 82, 785f). Daher besteht ggf. ein Anspruch, zum
Vorbereitungsdienst in privatrechtlicher Form zugelassen zu werden, wenn es
an der für einen Beamten notwendigen Verfassungstreue fehlt (BAGE 53,
137/144; 54, 340/347ff). Abs.1 kann auch durch die Ausgestaltung von
Prüfungen beeinträchtigt werden, die eine Ausbildungsstätte abschließen
(näher unten Rn.105–108), weiter beim **Ausschluss** aus berufsbezogenen
Ausbildungsstätten (BVerfGE 58, 257/273). Wenn die bloße Nichtverset-

zung in Sekundarschulen nicht als Beeinträchtigung des Art. 12 Abs. 1 angesehen wird (BVerfGE 58, 257/273 f; a. A. Starck MKS 78 zu Art. 2), dann ist
das i. E. richtig, da Sekundarschulen generell nicht unter Art. 12 fallen (str.,
oben Rn. 94).

b) Unterlassen von Leistung, insb. Teilhabe. Soweit der Zugang zu **99**
staatlichen Einrichtungen aus **Kapazitätsgründen** beschränkt wird, geht es
weniger um einen klassischen Eingriff, als um Teilhabe und Leistung (vgl.
dagegen oben Rn. 98). Abs. 1 vermittelt aber nicht nur Abwehrrechte, sondern auch ein Recht auf sachgerechte Teilhabe an staatlichen Ausbildungseinrichtungen (Mann SA 168; Pieroth, WissR 2007, 232; Jarass, DÖV 95,
675), jedenfalls dort, wo der Staat für eine bestimmte Ausbildung ein rechtliches oder tatsächliches Monopol besitzt (Scholz MD 442; Umbach UC
61). Dies gilt insb. im Hochschulbereich (ausführlich unten Rn. 109–112)
sowie im Vorbereitungsdienst (BVerfGE 39, 334/372 ff; BAGE 53, 137/
143 f; Scholz MD 446), nicht jedoch in privaten Ausbildungseinrichtungen.
Das darin enthaltene Recht der erschöpfenden Kapazitätsausnutzung (dazu
unten Rn. 110) geht über die Anforderungen des Art. 3 Abs. 1 hinaus (Breuer
HbStR VI § 147 Rn. 82; Umbach UC 61). Selbst eine völlig gleichmäßige
Nichtausnutzung der Kapazität verletzt Art. 12 Abs. 1, weshalb die Zuteilung
eines Studienplatzes bei unzureichender Kapazitätsausnutzung nicht wegen
der sehr ungünstigen Rangziffer verweigert werden darf (BVerfGE 39,
258/270 ff; Wieland DR 170). Lange Wartezeiten bei der Zulassung zum
juristischen Vorbereitungsdienst sind schwerlich mit Art. 12 Abs. 1 vereinbar.
Das Teilhaberecht dürfte jedoch keinen Anspruch auf *Erweiterung* bestehender Ausbildungseinrichtungen enthalten (Ruffert EH 25; Umbach UC 61;
vgl. Vorb. 8 vor Art. 1; offen gelassen von BVerfGE 33, 303/333; 43,
291/325 f). Auch dürfen die staatlichen Ressourcen in Bereiche gelenkt
werden, in denen ein gesamtgesellschaftlicher Bedarf besteht (Breuer HbStR
VI § 147 Rn. 79).

Art. 12 vermittelt weder einen Anspruch auf **finanzielle Unterstützung 100**
der Ausbildung (BVerwGE 81, 242/251) noch auf Unterhaltszuschuss im
Vorbereitungsdienst (BVerfGE 33, 44/50 f). Ein Anspruch auf kostenloses
Studium besteht nicht (BVerwGE 102, 142/146 f; 115, 32/36 ff; NVwZ 09,
1564; Ruffert EH 30); bei Bedürftigkeit besteht aber gem. Abs. 1 iVm dem
Sozialstaatsprinzip ein Anspruch auf Unterstützung (vgl. BVerwGE 115,
32/37). Ein Anspruch auf Schaffung des Titels eines Diplom-Juristen besteht
nicht (BVerwGE 116, 49/52 ff). Zur Rückzahlung von Ausbildungsunter-
stützung oben Rn. 78, 85.

c) Anwendung von Privatrecht. Die Freiheit der Ausbildungsstätte **101**
kann auch durch die Auslegung und Anwendung privatrechtlicher Vorschriften beeinträchtigt werden (BVerfG-K, NJW 03, 125 f). Hier kommt die
Ausstrahlungswirkung des Grundrechts (allg. Rn. 54–58 zu Art. 1) zum Tragen.

4. Rechtfertigung von Beeinträchtigungen (Schranken)

a) Gesetzliche Grundlage. Der Vorbehalt des Abs. 1 S. 2 gilt auch im **102**
Ausbildungsbereich (BVerfGE 33, 303/336; BVerwG, NJW 78, 2258). Hin-

sichtlich der Ausnutzung der Kapazität und damit im Teilhabebereich ist ebenfalls eine gesetzliche Grundlage erforderlich (BVerfGE 41, 251/262 f; 85, 36/54). Im Schulbereich wurde die Notwendigkeit einer gesetzlichen Grundlage aus dem allgemeinen Vorbehalt des Gesetzes abgeleitet (Rn.55 zu Art.20). Im Übrigen kann **übergangsweise** auf eine ausreichende Grundlage verzichtet werden, wenn und soweit anderenfalls die Funktionsunfähigkeit der Ausbildungseinrichtung droht (BVerfGE 41, 251/266 f; BVerwGE 51, 235/242 f; oben Rn.29).

103 Was die **Anforderungen an die gesetzliche Grundlage** der berufsbezogenen Ausbildung angeht, kann auf die Ausführung zur Berufsfreiheit ieS (oben Rn.27–29) verwiesen werden (Ruffert EH 35). Insb. müssen die wesentlichen Fragen der Ausbildung durch das Parlament selbst entschieden werden (BVerfGE 33, 303/345 f; 45, 393/399), etwa der Schulausschluss (BVerfGE 58, 257/275) oder die Voraussetzungen für das Bestehen einer Prüfung (BVerwG, DVBl 81, 1149); weitere Fälle in Rn.55 zu Art.20. Objektivierte und nachprüfbare Kriterien zur Kapazitätsermittlung sind durch Gesetz festzulegen (BVerfGE 85, 36/54), nicht hingegen die den Kapazitätsberechnungen zugrunde liegende Lehrverpflichtung (BVerfGE 54, 173/192 ff; außerdem BVerwGE 56, 31/41) sowie Einzelheiten des Prüfungssystems (BVerwGE 68, 69/73; 98, 324/327). Art.19 Abs.1, insb. das Zitiergebot, ist nicht anzuwenden (oben Rn.32).

104 **b) Verhältnismäßigkeit.** Jede Beschränkung der Berufsfreiheit im Ausbildungsbereich muss verhältnismäßig iwS sein (Ruffert EH 136; allg. Rn.83–90a zu Art.20). Die Stufentheorie (oben Rn.33–39) als Konkretisierung des Verhältnismäßigkeitsgrundsatzes wird hier seltener angewandt. Anerkannt ist jedoch, dass Beschränkungen der Ausbildung, die den Zugang zu einem bestimmten Beruf völlig versperren, den Anforderungen an Berufswahlbeschränkungen unterliegen. Dementsprechend muss die Festlegung eines Numerus clausus als objektive Berufswahlbeschränkung dem Schutz eines überragend wichtigen Gemeinschaftsgutes dienen (BVerfGE 33, 303/338; 54, 173/191; 66, 155/179). Die Ausnutzung vorhandener Kapazitäten wird vorausgesetzt (BVerfGE 43, 291/314; Umbach UC 73). Einer Referendarin kann nicht generell das Tragen eines Kopftuchs verboten werden (BVerwGE 131, 242 Rn.22).

5. Einzelne Bereiche und Fälle

105 **a) Berufsrelevante staatliche Prüfungen. aa)** Art.12 Abs.1 beeinflusst zunächst den **Zugang** und den **Inhalt** von Prüfungen berufsrelevanter Fähigkeiten. Die Zulassung zu einer Prüfung darf nur aus sachlich gebotenen Gründen beschränkt werden; die Landeszugehörigkeit dürfte nicht dazu gehören (BVerfGE 33, 303/352 f; a. A. BVerwG, NVwZ 83, 224; vgl. auch Rn.6a zu Art.33). Die Wartezeit darf nicht unangemessen sein (BVerfG-K, NVwZ 99, 1103). Die Prüfungsanforderungen müssen lösbar, verständlich und in sich widerspruchsfrei sein (BVerwG, DVBl 96, 1382 f), wobei aber auch die Funktion der Prüfung zu beachten ist (BVerwG, NVwZ 97, 502; Mann SA 26). *Übergangsregelungen* müssen übermäßige Benachteiligungen vermeiden (BVerfGE 79, 212/218 f); die Wahl des Stichtags muss „sich am

Sachverhalt orientieren und die Interessenlage des Betroffenen angemessen berücksichtigen" (BVerfGE 79, 212/219 f; Rn.32 zu Art.3). Zur Verschärfung von Prüfungsanforderungen und zur *Chancengleichheit* bei Prüfungen Rn.71 zu Art.3. Zum Gesetzesvorbehalt im Prüfungsrecht oben Rn.103.

bb) Weiter ergeben sich Pflichten hinsichtlich des **Prüfungsverfahrens** 106 (BVerfGE 52, 380/389 f; 84, 34/45 f; BVerwGE 107, 363/373; vgl. auch Rn.31a zu Art.20). Um eine Kontrolle der Prüfungen zu ermöglichen, besteht ein Anspruch auf eine angemessene **Begründung** der Bewertung (BVerwGE 99, 74/80; 99, 185/189 f). Bei schriftlichen Prüfungen ist eine schriftliche Begründung erforderlich (BVerwGE 91, 262/265; 92, 132/137). Bei mündlichen Prüfungen, die für den Zugang zu einem Beruf entscheidend sind, besteht eine (sehr begrenzte) Begründungspflicht; eine genauere Begründung ist geboten, wenn der Prüfling dies beantragt und eine Begründung wegen des zeitlichen Ablaufs noch möglich ist (BVerwGE 99, 185/191 ff; BVerwG, NJW 98, 3657 ff; Mann SA 28). Die Begründung kann in diesem Fall auch mündlich vorgenommen werden (BVerwGE 99, 185/191, 193). Ein Wortprotokoll ist nicht erforderlich (BVerfG-K, DVBl 96, 433; BVerwGE 99, 185/196 f; BVerwG, NVwZ 97, 503). Des Weiteren muss der Prüfling die Möglichkeit erhalten, Einwände gegen die Bewertung vorzutragen (BVerfGE 84, 34/48 f; BVerwGE 99, 185/195), und zwar in einem **verwaltungsinternen Kontrollverfahren** (BVerwGE 92, 132/141 ff; BVerwG, DÖV 95, 114), an dem der Prüfer maßgeblich beteiligt ist (BVerwGE 92, 132/137 f; 98, 324/330; BFHE 172, 273/274). Voraussetzung sind substantiierte Einwände des Prüflings (BVerwG, NVwZ 93, 689).

cc) Was die **gerichtliche Kontrolle** angeht, so kann bei Verfahrensfeh- 107 lern eine Ausschlussfrist mit Präklusionswirkung für den Rechtsschutz vorgesehen werden (BVerwGE 96, 126/135 f). Bei der Beurteilung der unverzüglichen Geltendmachung von Mängeln sind die Auswirkungen des Art.12 zu beachten (BVerwGE 106, 369/371 ff; vgl. Rn.71 zu Art.3). Eine gerichtliche Kontrolle ist nur dann geboten, wenn sich der Fehler auf das Prüfungsergebnis ausgewirkt haben kann (BVerfGE 84, 34/55; BVerwGE 105, 328/332 ff). Zur Beweislast für die Kausalität von Prüfungsfehlern BVerwGE 70, 143/147 ff. Ein Gericht kann die Kausalität eines Fehlers nicht mit einem anderen, vom Prüfer nicht erkannten Fehler verneinen (BVerwGE 105, 328/333 f; BVerwG, NVwZ 00, 919 f). Die Unbeachtlichkeit von Fehlern muss nicht spezialgesetzlich geregelt sein (BVerwGE 105, 328/332). Zum Verschlechterungsverbot Rn.71 zu Art.3. Zum Verlust von Prüfungsunterlagen Rn.70 zu Art.19.

Hinsichtlich der **gerichtlichen Kontrolldichte** bei materiellen Fehlern 108 ist zwischen der fachwissenschaftlichen Beurteilung und prüfungsspezifischen Wertungen zu unterscheiden (BVerfGE 84, 34/50 ff; Mann SA 31 f): Die fachwissenschaftliche Beurteilung (zur Abgrenzung BVerwG, NVwZ 98, 738) ist vom Gericht überprüfbar, notfalls unter Heranziehung von Sachverständigen (BVerfGE 84, 34/55; 84, 59/79; BVerwG, DVBl 97, 1238). Prüfungsspezifische Wertungen unterliegen dagegen nur einer begrenzten gerichtlichen Kontrolle (Manssen MKS 228; Mann SA 32). Insb. besteht im Hinblick auf die Festsetzung der Prüfungsnote ein Beurteilungsspielraum

(BVerwGE 99, 74/77; vgl. BVerfGE 84, 34/50), desgleichen hinsichtlich der
Einschätzung des Schwierigkeitsgrades (Manssen MKS 230). Insoweit beschränkt sich die Kontrolle auf das Verfahren und das Fehlen sachfremder
Erwägungen (vgl. BVerfGE 84, 34/53 f; BVerwGE 99, 74/77). Auch darf
der Prüfer nicht von einem falschen Sachverhalt ausgegangen sein (BVerw-
GE 70, 143/146 f). Vertretbare und mit gewichtigen Argumenten folgerichtig vertretene Lösungen dürfen nicht als falsch bewertet werden (BVerfGE
84, 34/55; BVerwG, NVwZ 93, 687; Wieland DR 66). Muss eine Prüfung
wegen eines Fehlers **erneut durchgeführt** werden, ist das Verfahren für den
Prüfling so schonend wie möglich zu gestalten, insb. auf den Prüfungsteil zu
beschränken, dem der Fehler anhaftet (BVerwG, NVwZ 02, 1376 f); eine
Wiederholungsprüfung ist unter vergleichbaren Bedingungen durchzuführen
(BVerwG, NJW 03, 1063).

109   **b) Hochschulzulassung u. ä.** Besondere Bedeutung hat das in Abs. 1
enthaltene Teilhaberecht (oben Rn. 99) für das **Hochschulstudium** erlangt
(vgl. Manssen MKS 16 ff). Abs. 1 gewährt (iVm Art. 3 Abs. 1 und dem Sozialstaatsprinzip) ein Recht auf Zulassung zum Hochschulstudium, sofern die
subjektiven Zulassungsvoraussetzungen erfüllt sind (BVerfGE 33, 303/331 f;
59, 1/25; 85, 36/53 f); zudem müssen die notwendigen Kapazitäten vorhanden sein. Abs. 1 schützt vor ein Vollstudium mit berufsqualifizierendem Abschluss (BVerfGE 59, 172/205 f), auch in Form eines Zweit- oder Parallel-
studiums (BVerfGE 43, 291/363; 45, 393/397 f; s. aber unten Rn. 112).
Ähnliches wie für die Hochschulzulassung gilt für die Zulassung zu anderen
berufsbezogenen Ausbildungseinrichtungen (oben Rn. 94) des Staates.

110   **Zulassungsbeschränkungen** sind allein zum Schutz eines überragend
wichtigen Gemeinschaftsguts statthaft (oben Rn. 104), insb. zum Schutz der
Funktionsfähigkeit der Hochschule bei der Wahrnehmung ihrer Aufgaben in
Forschung und Lehre. Weiter dürfen Beschränkungen nur „in den Grenzen
des unbedingt Erforderlichen unter erschöpfender Nutzung der vorhandenen, mit öffentlichen Mitteln geschaffenen Ausbildungskapazitäten angeordnet werden" (BVerfGE 66, 155/179; 85, 36/54; 33, 303/338 ff; 54, 173/
191; BVerwG, NVwZ 87, 690; Breuer HbStR VI § 147 Rn. 80). Es besteht
ein Anspruch auf **erschöpfende Kapazitätsnutzung** (Umbach UC 73;
Ruffert EH 26; Dietlein ST IV/1, 1919 f). Vorhandene Kapazitäten können
nicht aus Gründen der Berufslenkung ungenutzt bleiben (Mann SA 165);
einer Änderung der Ausbildungskapazitäten steht das aber nicht entgegen.
Das Recht auf erschöpfende Kapazitätsnutzung ist bei Änderungen der Uni-
versitätsstruktur zu berücksichtigen (BVerfGE 66, 156/179), desgleichen bei
der Verminderung von Lehrverpflichtungen (BVerfGE 54, 173/191 f).

111   Bei der **Kapazitätsbestimmung** ist die Freiheit von Wissenschaft und
Lehre ausreichend in Rechnung zu stellen (BVerwG, NVwZ 87, 688; DVBl
88, 399; Scholz MD 449; Breuer HbStR VI § 147 Rn. 86; Umbach UC
115). Zugrunde zu legen ist die tatsächliche Belastung der Universität
(BVerwG, NVwZ 87, 688). Zum Spielraum des Verordnungsgebers BVerw-
GE 70, 318/319 ff; 70, 346/347 ff. Ein Studienplan muss evtl. geändert werden (BVerwGE 65, 76/79 ff). Betrifft der Engpass nur einen Teil des Studiums, besteht ein Anspruch auf ungenutzte Teilstudienplätze, solange die

Möglichkeit eines Weiterstudiums bis zum Ende des Studiums nicht auszuschließen ist (BVerfGE 59, 172/211 ff; BVerwG, NVwZ 86, 1015). Zur gesetzlichen Grundlage oben Rn.103. Zu weiteren Fragen der Kapazitätsbestimmung BVerwGE 64, 77/94 ff; DVBl 88, 394 ff; 90, 528 ff.

Darüber hinaus verlangt das Teilhaberecht, bei einer Übernachfrage die **112** **Studienplätze so** zu **verteilen,** dass jeder Interessent die gleiche Chance des Studiums erhält (BVerfGE 33, 303/331 ff; 43, 291/314; BVerwGE 56, 31/45; Gubelt MüK 31). Leitende Gesichtspunkte sind die Sachgerechtigkeit und die Chancenoffenheit der Kriterien. Eine **Auswahl** nach Leistung, Wartezeit und Gesichtspunkten sozialer Härte ist grundsätzlich zulässig (BVerfGE 33, 303/348; 43, 291/317 ff). Modifikationen wurden verlangt u. a. für das sog. Parkstudium (BVerfGE 43, 291/388 ff) und für „Altwarter" (BVerfGE 59, 1/21 ff). Eine Berücksichtigung von Ausländern ist – trotz der Beschränkung des Art. 12 auf Deutsche (oben Rn.96) – zulässig (BVerwG, NJW 90, 2900). Unzulässig ist ein Bonus für Landeskinder (BVerfGE 33, 303/353 f), zulässig dagegen ein Malus für Abiturnoten aus Ländern mit überdurchschnittlichen Ergebnissen (BVerfGE 37, 104/113 ff), sowie eine gewisse Benachteiligung von Zweitstudienbewerbern (BVerfGE 45, 393/398; 62, 117/147 f). Zur Anrechnung fachfremder Studienzeiten BVerwGE 61, 169/170 ff; zur Wartezeit BVerwG, NVwZ 84, 588; zum Anspruchsgegner BVerfGE 39, 276/295, 300 f.

C. Arbeitszwang und Zwangsarbeit (Abs. 2, 3)

1. Bedeutung und Abgrenzung zu anderen Verfassungsnormen

Abs. 2 und Abs. 3 enthalten ein einheitliches Grundrecht (Umbach UC **113** 126; Scholz MD 490; Gubelt MüK 77; Michael/Müller Rn.360; unten Rn.117; implizit BVerfGE 74, 102/115 ff; a. A. Wieland DR 68; Manssen MKS 294). Es konkretisiert den Grundsatz der Menschenwürde (BVerfGE 74, 102/120) und soll insb. die im Nationalsozialismus angewandten Formen des Arbeitszwangs und der Zwangsarbeit mit ihrer Herabwürdigung der menschlichen Persönlichkeit ausschließen (BVerfGE 22, 380/383; 74, 102/116). Ein vergleichbares Recht findet sich in Art.5 Abs.2 GRCh. Im Verhältnis zu Art.12 Abs.1 ist zu beachten, dass untergeordnete Nebenpflichten einer Berufstätigkeit nicht von Art.12 Abs.2, 3 erfasst werden (unten Rn.115) und daher Art.12 Abs.1 unterliegen (BVerfGE 74, 102/120; vgl. BVerwGE 35, 146/149; Scholz MD 489). Im Anwendungsbereich des Art.12 Abs.2, 3 dürfte hingegen dieses Grundrecht als lex specialis vorgehen (vgl. BVerfGE 98, 169/205; für Idealkonkurrenz Umbach UC 124). Art.12a geht Art.12 Abs.2, 3 als Spezialregelung vor (Rn.1 zu Art 12a).

2. Schutzbereich, insb. Grundrechtsträger

Ein eigenständiger *sachlicher* Schutzbereich, der von der Grundrechtsbe- **114** einträchtigung klar abgrenzbar ist, lässt sich bei Art.12 Abs.2, 3 kaum ausmachen (allg. dazu Vorb.15 vor Art.1). Bedeutsam ist aber der *personale* Schutzbereich. Träger des Grundrechts ist jedermann, also nicht nur Deutsche (Manssen MKS 313; Umbach UC 133). Im Hinblick auf die Funktion des Grundrechts (oben Rn.113) steht das Grundrecht juristischen Personen sowie Personenvereinigungen nicht zu (Ruffert EH 138; Nolte SB 64f; Sachs ST IV/1, 1031; diff. Manssen MKS 313f).

3. Beeinträchtigungen

115   **a)** Als **Arbeitszwang** ist die Verpflichtung durch einen Grundrechtsverpflichteten (Rn.32–44 zu Art.1) anzusehen, eine *bestimmte* Tätigkeit auszuführen (Ruffert EH 141), sofern die Verpflichtung zu einer Beeinträchtigung der Menschenwürde führt oder führen könnte (BVerfGE 74, 102/121f; Umbach UC 127; vgl. oben Rn.113; a.A. Manssen MKS 304; Sachs ST IV/1, 1020). Im Hinblick darauf muss die Tätigkeit persönlich ausgeführt werden und einen gewissen Umfang besitzen (BVerwGE 22, 26/29; NJW 88, 2122; Scholz MD 494). Nicht erfasst wird der mittelbare Zwang zur Arbeit durch den drohenden Entzug existenzsichernder Leistungen, solange es nicht um eine bestimmte Arbeit geht (Ruffert EH 145; Sachs ST IV/1, 1030f; a.A. Nolte SB 91); vgl. unten Rn.119. Zudem darf die Arbeit nicht eine bloße *Obliegenheit* bilden, die in untergeordneter Weise mit einem Recht verbunden ist, etwa mit dem Eigentum an einem bestimmten Gegenstand oder mit der Ausübung eines bestimmten Berufs (ähnlich Manssen MKS 296, 299; Mann SA 180). Anders stellt sich die Situation dar, wenn die Nebenpflichten zu einer Verletzung der Menschenwürde führen können. Am Zwang fehlt es bei allen *freiwillig* eingegangenen Verpflichtungen (Sachs ST IV/1, 1029; Umbach UC 128).

116   **Im Einzelnen** ist kein Arbeitszwang: die Indienstnahme von Unternehmen zur Abführung von Steuern und Beiträgen (BVerfGE 22, 380/383), die Pflicht, das Eigentum in polizeimäßigem Zustand zu halten (BVerwGE 22, 26/29; Manssen MKS 299) und die meisten anderen berufsbezogenen bzw. eigentumsgebundenen Arbeitspflichten (Mann SA 180). Kein Arbeitszwang sind weiterhin ehrenamtliche Tätigkeiten, wie der Schöffendienst oder Wahlhelferpflichten (Breuer HbStR VI § 147 Rn.89; Manssen MKS 297), die Meldepflicht (Ruffert EH 143.2) sowie Arbeitsleistungen, die durch eine Weisung im Jugendstrafrecht oder als Bewährungsauflage angeordnet werden, sofern sie zeitlich und sachlich sehr begrenzt ausfallen (BVerfGE 74, 102/122; 83, 119/126f; a.A. Wieland DR 106). Kein Arbeitszwang iSv Art.12 Abs.2, 3 sind die in Art.12a geregelten Pflichten, da insoweit Art.12a als Spezialregelung vorgeht (oben Rn.113).

117   **b)** Was mit **Zwangsarbeit** im Unterschied zum Arbeitszwang gemeint ist, ist noch wenig geklärt. Zum Teil wird auf die Inanspruchnahme von Arbeitskraft zur Erfüllung anderer als unmittelbar staatlicher Zwecke abgestellt (Manssen MKS 303). Sachgerecht ist es, die Zwangsarbeit als einen besonders schweren Unterfall des Arbeitszwangs einzustufen (Sachs ST IV/1, 1061; Umbach UC 132), bei dem die gesamte Arbeitskraft des Betroffenen zur Verfügung gestellt werden muss (Wieland DR 93; Ruffert EH 146; Nolte 54), und zwar unter ständiger Bewachung oder ähnlicher wirksamer Kontrollinstrumente (Sachs ST IV/1, 1061f). Dies ist v.a. bei Arbeitszwang in geschlossenen Einrichtungen der Fall (vgl. BVerfGE 98, 169/209; Breuer HbStR VI § 147 Rn.95; Scholz MD 504).

4. Rechtfertigung von Beeinträchtigungen (Schranken)

a) Arbeitszwang. aa) Die Anordnung von Arbeitszwang (oben Rn.115 f) kann gem. Abs.2 als **herkömmliche Dienstleistungspflicht** zulässig sein. Voraussetzung ist eine formell-gesetzliche Ermächtigung (Umbach UC 135; Ruffert EH 149; Nolte SB 93; a.A. Breuer HbStR VI § 147 Rn.93), die durch untergesetzliches Recht konkretisiert werden kann. Das Zitiergebot des Art.19 Abs.1 S.2 ist zu beachten (Sachs ST IV/1, 1037). Materiell ist die Pflicht nur zulässig, sofern sie herkömmlich, allgemein *und* gleich ist. Im Wesentlichen werden davon nur die gemeindlichen Hand- und Spanndienste, die Pflicht zur Deichhilfe und die Feuerwehrdienstpflicht erfasst (BVerfGE 22, 380/383). **Herkömmlich** ist eine Pflicht, die der entstehungsgeschichtlich bedingten Funktion (oben Rn.113) entsprechend ihrer Art nach bereits vor der Zeit des Nationalsozialismus bestand (BVerfGE 92, 91/111; Sachs ST IV/1, 1032 f; anders Manssen MKS 307). **Allgemein** ist die Pflicht, die im Bereich des betreffenden Hoheitsträgers jedem auferlegt wird, der zur Erfüllung der Pflicht in der Lage ist. Besteht nur ein begrenzter Bedarf, muss der Kreis der Pflichtigen sachgerecht abgegrenzt werden. **Gleich** ist die Pflicht, wenn sie alle Pflichtigen in gleicher Weise belastet (Umbach UC 139; Sachs ST IV/1, 1036); eine Ersatzabgabe ist jedoch möglich (vgl. BVerfGE 9, 291/299; Breuer HbStR VI § 147 Rn.93). 118

Weiter kann Arbeitszwang als mildere Maßnahme auf **Abs.3** (dazu unten Rn.121) gestützt werden (vgl. BVerfGE 74, 102/122). Zudem kann er im **kollidierenden Verfassungsrecht** eine Grundlage finden. Dazu rechnet auch die Sicherung der Sozialversicherungssysteme, was die Verpflichtung zu bestimmten Tätigkeiten bei Gewährung staatlicher Leistungen rechtfertigen kann (Manssen MKS 309). Zu den Pflichten des Art.12a oben Rn.113. 119

bb) Die Anordnung des Arbeitszwangs muss **verhältnismäßig** (näher Rn.83–90a zu Art.20) sein (Sachs ST IV/1, 1037 f) und darf nicht die Menschenwürde verletzen. Der Arbeitszwang darf nicht „unnötig beschwerlich" oder „in gewisser Weise schikanös" sein (BVerfGE 74, 102/121). Schließlich dürfen nicht **andere Grundrechte** verletzt werden (Umbach UC 142). Unzulässig ist deshalb im Hinblick auf Art.12 Abs.1 der Arbeitszwang als Mittel der Arbeitsdisziplin, im Hinblick auf Art.9 Abs.3 der Arbeitszwang „als Sanktion für die Teilnahme an Streiks" und im Hinblick auf Art.3 Abs.3 der Arbeitszwang „als Maßnahme rassischer, sozialer, nationaler oder religiöser Diskriminierung" (BVerfGE 74, 102/121). Zulässig ist dagegen, wie insb. die Entstehungsgeschichte zeigt, das Anhalten zur Arbeit im Rahmen der gerichtlich angeordneten Freiheitsentziehung sowie im Rahmen der Fürsorgeerziehung (BVerfGE 74, 102/122). 120

b) Zwangsarbeit (oben Rn.117) ist gem. Abs.3 nur zulässig, wenn sie mit einer vom Richter angeordneten **Freiheitsentziehung** (dazu Rn.11 f zu Art.104) verbunden ist, wobei eine formell-gesetzliche Ermächtigung notwendig ist (Sachs ST IV/1, 1063; Umbach UC 140). Die richterliche An- 121 ordnung muss ausreichend spezifiziert sein (Nolte SB 102; vgl. Rn.17 zu Art.13). Zwangsarbeit nach Abs.3 ist nur möglich, soweit die Vollzugsbehörden die öffentlich-rechtliche Verantwortung behalten (BVerfGE 98, 169/209), was vor allem für einen privaten Strafvollzug bedeutsam ist (Sachs ST IV/1, 1065). Schließlich muss die Zwangsarbeit verhältnismäßig sein; insoweit gelten die Ausführungen oben in Rn.110 mit besonderer Betonung.

Art.12a [Wehrdienst, Ersatzdienst u. a.]

(1) **Männer**[3 f] **können vom vollendeten achtzehnten Lebensjahr an zum Dienst in den Streitkräften, im Bundesgrenzschutz oder in einem Zivilschutzverband verpflichtet werden**[2 ff].

(2) **Wer aus Gewissensgründen den Kriegsdienst mit der Waffe verweigert, kann zu einem Ersatzdienst verpflichtet werden**[5]**. Die Dauer des Ersatzdienstes darf die Dauer des Wehrdienstes nicht übersteigen**[7]**. Das Nähere regelt ein Gesetz, das die Freiheit der Gewissensentscheidung nicht beeinträchtigen darf und auch eine Möglichkeit des Ersatzdienstes vorsehen muß, die in keinem Zusammenhang mit den Verbänden der Streitkräfte und des Bundesgrenzschutzes steht**[7]**.

(3) **Wehrpflichtige**[13]**, die nicht zu einem Dienst nach Absatz 1 oder 2 herangezogen sind, können im Verteidigungsfalle**[9] **durch Gesetz oder auf Grund eines Gesetzes zu zivilen Dienstleistungen**[12] **für Zwecke der Verteidigung**[10] **einschließlich des Schutzes der Zivilbevölkerung**[9] **in Arbeitsverhältnisse verpflichtet werden; Verpflichtungen in öffentlich-rechtliche Dienstverhältnisse sind nur zur Wahrnehmung polizeilicher Aufgaben oder solcher hoheitlichen Aufgaben der öffentlichen Verwaltung, die nur in einem öffentlich-rechtlichen Dienstverhältnis erfüllt werden können, zulässig.**[12] **Arbeitsverhältnisse nach Satz 1 können bei den Streitkräften, im Bereich ihrer Versorgung sowie bei der öffentlichen Verwaltung begründet werden; Verpflichtungen in Arbeitsverhältnisse im Bereiche der Versorgung der Zivilbevölkerung sind nur zulässig, um ihren lebensnotwendigen Bedarf zu decken oder ihren Schutz sicherzustellen**[11]**.

(4) **Kann im Verteidigungsfalle der Bedarf an zivilen Dienstleistungen im zivilen Sanitäts- und Heilwesen sowie in der ortsfesten militärischen Lazarettorganisation nicht auf freiwilliger Grundlage gedeckt werden, so können Frauen vom vollendeten achtzehnten bis zum vollendeten fünfundfünfzigsten Lebensjahr durch Gesetz oder auf Grund eines Gesetzes zu derartigen Dienstleistungen herangezogen werden.**[15] **Sie dürfen auf keinen Fall zum Dienst mit der Waffe verpflichtet werden**[3a, 15]**.

(5) **Für die Zeit vor dem Verteidigungsfalle können Verpflichtungen nach Absatz 3 nur nach Maßgabe des Artikels 80a Abs.1 begründet werden.**[7] **Zur Vorbereitung auf Dienstleistungen nach Absatz 3, für die besondere Kenntnisse oder Fertigkeiten erforderlich sind, kann durch Gesetz oder auf Grund eines Gesetzes die Teilnahme an Ausbildungsveranstaltungen zur Pflicht gemacht werden.**[12] **Satz 1 findet insoweit keine Anwendung.**

(6) **Kann im Verteidigungsfalle der Bedarf an Arbeitskräften für die in Absatz 3 Satz 2 genannten Bereiche auf freiwilliger Grundlage nicht gedeckt werden, so kann zur Sicherung dieses Bedarfs die Freiheit der Deutschen, die Ausübung eines Berufs oder den Arbeitsplatz aufzugeben, durch Gesetz oder auf Grund eines Gesetzes eingeschränkt werden.[14] Vor Eintritt des Verteidigungsfalles gilt Absatz 5 Satz 1 entsprechend[14].**

Übersicht

Literatur: *Graulich,* Wehrdienst – Zivildienst – Pflichtdienst, NZWehrR 2005, 177; *Ekardt,* Wehrpflicht nur für Männer?, DVBl 2001, 1171; *Laskowski,* Der lange Marsch in die Gegenwart – Frauen in der Bundeswehr, KritV 2001, 83; *Müller/ Schultzky,* Die Zulässigkeit des freiwilligen Wehrdienstes von Frauen an der Waffe, NVwZ 2000, 1381; *Sachs,* Frauen an die Front?, NWVBl 2000, 405; *Doehring,* Verbietet das Grundgesetz den freiwilligen Waffendienst von Frauen in der Bundeswehr?, NZWehrR 1997, 45; *Heimann,* Zur Verfassungsmäßigkeit des Einsatzes Wehrpflichtiger außerhalb der Landesverteidigung, ZRP 1996, 20; *Fröhler,* Grenzen legislativer Gestaltungsfreiheit in zentralen Fragen des Wehrverfassungsrechts, 1995; *Steinkamm,* Der „Ernstfall für die Gleichberechtigung" ist in Sicht, NZWehrR 1994, 133. S. außerdem Literatur B zu Art.4 und Literatur zu Art.24.

1. Bedeutung und Abgrenzung zu anderen Vorschriften

Die 1968 (Einl.3 Nr.17) in das GG eingefügte, vorher teilweise in Art.12 **1** Abs.2, 3 enthaltene Vorschrift enthält Regelungen zum Wehrdienst und anderen Diensten sowie für bestimmte Dienstleistungen, insb. für den Fall eines militärischen Angriffs auf die Bundesrepublik. Gleichwohl ist die Vorschrift, jedenfalls primär, nicht organisationsrechtlicher Natur, sondern enthält – ihrer Stellung in Teil I des GG entsprechend – grundrechtsbezogene Aussagen. Sie ermächtigt zu Einschränkungen der Berufsfreiheit und setzt den Einschränkungen Grenzen (Heun DR 11; Gornig MKS 2). Art.12a geht Art.12 Abs.2, 3 als Spezialregelung vor (Krieger FH 25; Breuer HbStR VI § 147 Rn.95; i. E. BVerwGE 35, 146/150); sähe man in Art.12a nur eine Begrenzung des Art.12 Abs.2, 3 (so Sachs ST IV/1, 1038), müßte die Vorgabe des Art.12a mit der des Art.12 Abs.2, 3 abgewogen werden. Im Bereich der Koalitionsfreiheit ist Art.9 Abs.3 S.3 zu beachten (dazu Rn.51 zu Art.9). Zur verfassungsrechtlichen Grundentscheidung zugunsten einer wirksamen Landesverteidigung unten Rn.2a. Von verfassungsrechtlichen *Grundpflichten* zu sprechen (etwa Gornig MKS 1; Krieger FH 14; ähnlich BVerfG-K, NJW 04, 2298), ist nicht unproblematisch, weil Art.12a dem Gesetzgeber freistellt, ob er die Pflichten einführt; eine reine Berufsarmee ist nicht ausgeschlossen (unten Rn.2a).

2. Wehrdienst und andere primäre Dienste (Abs.1)

2   **a) Wehrdienst. aa)** Gem. Abs.1 kann durch Gesetz (Nolte SB 10; Rn.47 zu Art.20) ein Dienst in den Streitkräften iSd Art.87a (Gornig MKS 36; Sachs ST IV/1, 1040; Heun DR 21), also ein Wehrdienst, eingeführt werden. Zum Begriff der Streitkräfte Rn.4 zu Art.87a; zu ihren Aufgaben Rn.6–10 zu Art.87a. Die Bundeswehrverwaltung (Rn.2 zu Art.87b) wird nicht erfasst, desgleichen nicht ein Dienst in den Streitkräften verbündeter Staaten (Scholz MD 49; Sachs ST IV/1, 1041 f). Umstritten ist, ob der Dienst in den Streitkräften iSd Abs.1 und damit die Wehrpflicht, der Entstehungsgeschichte entsprechend, auf die **Verteidigung** Deutschlands, einschl. des Einsatzes im Rahmen eines kollektiven Sicherheitssystems, beschränkt ist (so Gubelt MüK 3a; Heimann, ZRP 96, 245; Kokott SA 11) oder aber auch andere Einsätze, etwa UN-Friedensmissionen, erfasst (so Krieger FH 30; Randelzhofer MD 71 zu Art.24 II). Soweit die Wehr*pflicht* überschritten ist, können Wehrpflichtige, jedenfalls ohne nähere gesetzliche Regelung, nur auf freiwilliger Basis eingesetzt werden (vgl. Schmidt-Radefeldt EH 18).

2a   Eine **Verpflichtung zur Einführung** bzw. zum Fortbestand der Wehrpflicht besteht nicht (Schmidt-Radefeldt EH 4; Krieger FH 16; a.A. Scholz MD 17). Zwar ergibt sich aus Abs.1 sowie aus Art.73 Abs.1 Nr.1, Art.87a Abs.1 S.1 und Art.115b eine verfassungsrechtliche Grundentscheidung für die Legitimität und Notwendigkeit einer *wirksamen Landesverteidigung* (BVerfGE 28, 243/261; 48, 127/160; 69, 1/21; BVerwG, NJW 87, 2950; Krieger FH 17; a.A. BVerfGE *abwM* 69, 57/59 ff). Sie belässt aber den zuständigen Stellen einen weiten Spielraum (Kokott SA 2); insb. ist eine Beschränkung auf eine reine Berufsarmee möglich (BVerfGE 48, 127/160; Heun DR 11). Andererseits besitzt die Wehrpflicht eine verfassungsrechtliche Grundlage (BVerfGE 105, 61/71).

3   Zur Wehrpflicht können nur **Männer** ab dem vollendeten 18. Lebensjahr herangezogen werden. Auch Ausländer können der Wehrpflicht unterworfen werden (Gornig MKS 29; vgl. allerdings Krieger FH 27). Im Verhältnis zu Art.3 Abs.2 ist Abs.1 lex specialis, weshalb die Beschränkung der Wehrpflicht auf Männer zulässig ist (BVerfGE 48, 127/165; BVerwG, NJW 06, 2872; Gornig MKS 24; Krieger FH 22, 54; Heun DR 18); die Möglichkeit eines freiwilligen Dienstes von Frauen (unten Rn.3a) ändert daran nichts (BVerfG-K, NJW 02, 1710; Gubelt MüK 20/16; Kokott SA 8; a.A. Sachs, NWVBl 00, 411 f). Ausnahmen von der Wehrpflicht bedürfen einer ausreichend bestimmten gesetzlichen Grundlage (BVerfGE 48, 127/162; BVerwGE 122, 331/334; Krieger FH 29) und müssen Art.3 Abs.1 beachten. Dabei

ist insb. der Grundsatz der *Wehrgerechtigkeit* zu beachten, der Ausdruck der staatsbürgerlichen Pflichtengleichheit ist (BVerfGE 48, 127/166; 69, 1/24; BVerwGE 122, 331/337; Krieger FH 23); die Zahl der tatsächlich Wehrdienstleistenden soll der Zahl der verfügbar Wehrpflichtigen nahe kommen (BVerwGE 122, 331/339f). Zum Geistlichenprivileg Rn.43 zu Art.4. Nicht eingezogene Wehrpflichtige können mit einer Ausgleichsabgabe belastet werden (Gornig MKS 13; Scholz MD 138; Heun DR 15).

bb) Ob ein **freiwilliger Dienst von Frauen** in den Streitkräften (mit **3a** der Waffe) möglich ist, war früher umstritten (dagegen BVerwGE 103, 301/ 303f; Scholz MD 191; Gubelt MüK 20; dafür zu Recht Kokott SA 6; Sachs, NWVBl 00, 406ff). Um die Zulässigkeit eines solchen Dienstes auf „eine klare verfassungsrechtliche Grundlage" zu stellen (BT-Drs. 14/4380, 3) und einer entspr. Entscheidung des EuGH (E 2000, I-69 Rn.20ff) Rechnung zu tragen, wurde Abs.4 S.2 im Jahre 2000 geändert (Einl.3 Nr.48). Ein freiwilliger Dienst von Frauen ist in allen Bereichen der Streitkräfte möglich (Krieger FH 52).

b) Bundesgrenzschutz (Bundespolizei), Zivilschutz. Des Weiteren **4** können durch Gesetz Männer, auch Ausländer, zum Dienst im Bundesgrenzschutz (Bundespolizei) oder in einem Zivilschutzverband verpflichtet werden. Diese Dienste stehen alternativ (und nicht subsidiär wie der Ersatzdienst nach Abs.2) neben dem Dienst in den Streitkräften (Heun DR 17; Schmidt-Radefeldt EH 21), ohne dass der Einzelne ein (verfassungsrechtliches) Wahlrecht besitzt (Scholz MD 51; Gornig MKS 50). Der **Bundesgrenzschutz** (heute Bundespolizei) ist eine polizeiartige Organisation zum Schutz der Außengrenzen, aber auch zum Einsatz bei anderen bundespolizeilichen Aufgaben (Krieger FH 32; vgl. Rn.4 zu Art.87). Der **Zivilschutz** dient der Bekämpfung von Gefahren und Schäden, die der Zivilbevölkerung auf Grund von Kriegseinwirkungen oder Katastrophen drohen (Gubelt MüK 8; Krieger FH 34; Heun DR 23). Zur Verweigerung der Dienste aus Gewissensgründen Rn.53 zu Art.4. Die Ausführungen zu einem freiwilligen Dienst von Frauen in den Streitkräften (oben Rn.3a) gelten in gleicher Weise für den Bundesgrenzschutz (Bundespolizei) und den Zivilschutz (Scholz MD 196).

3. Ersatzdienst (Abs.2)

a) Bedeutung und Abgrenzung zu anderen Normen. Gem. Abs.2 **5** kann durch Gesetz ein Ersatzdienst für diejenigen eingeführt werden, die von ihrem Grundrecht aus Art.4 Abs.3 Gebrauch machen. Wegen der auf Art.3 Abs.1 beruhenden Pflichtengleichheit, der **Wehrgerechtigkeit** (oben Rn.3), soll sogar eine Pflicht zur Einführung des Ersatzdienstes bestehen (Bethge HbStR³ VII § 158 Rn.87; Scholz MD 83; Kempen AK 29 zu Art.4 III), solange die Wehrpflicht besteht. Der Ersatzdienst stellt keine selbständige Alternativpflicht dar, sondern tritt hilfsweise an die Stelle des rechtmäßig verweigerten Wehrdienstes (BVerfGE 48, 127/159; 80, 354/358; Heun DR 14). Abs.2 rechtfertigt Grundrechtseingriffe, die mit dem Ersatzdienst unvermeidlich verbunden sind; im Übrigen kommen die einschlägigen Grundrechte zum Tragen (vgl. Art.17a).

6   Die **Verweigerung des Ersatzdienstes** fällt nicht unter Art.4 Abs.3 (Schmidt-Radefeldt EH 33; Rn.53 zu Art.4). Die Gewissensfreiheit (und die Glaubensfreiheit) soll nicht eingreifen, weil Art.4 Abs.3 eine abschließende Regelung enthalte (BVerfGE 19, 135/138; 23, 127/132; Heun DR 26; Hofmann SHH 13; unklar BVerfGE 69, 1/33 f). Das kann nicht wirklich überzeugen, da der Ersatzdienst gerade nicht in den Schutzbereich des Art.4 Abs.3 fällt (Mager MüK 80 zu Art.4; Morlok DR 170 zu Art.4; Gornig MKS 95). Doch werden diese Grundrechte durch kollidierendes Verfassungsrecht, insb. durch den Grundsatz der Wehrgerechtigkeit beschränkt, weshalb eine Bestrafung wegen Verweigerung jeder Form des Ersatzdienstes nicht gegen die Glaubensfreiheit verstößt (BVerfGE 69, 1/34; Starck MKS 172 zu Art.4); vgl. auch Rn.73 zu Art.103. Die Aussetzung einer wegen Verweigerung des Ersatzdienstes verhängten Strafe darf nicht wegen einer erneuten Verweigerung widerrufen werden, wenn dies von vornherein absehbar war (BVerfGE 78, 391/396).

7   **b)** Die **Ausgestaltung** des Ersatzdienstes ist gem. Abs.2 S.2, 3 dreifach beschränkt: − **(1)** Sie darf die *Freiheit* der Gewissensentscheidung *nicht beeinträchtigen,* d. h. Personen nicht davon abschrecken, von ihrem Grundrecht aus Art.4 Abs.3 Gebrauch zu machen (BVerfGE 69, 1/32; 80, 354/358). Keine Abschreckung ist eine sachlich begründete Unterscheidung bei Unterhaltssicherungsleistungen (BVerwGE 52, 145/149 ff) und bei Arbeitsentgeltzahlungen (BAGE 45, 7/10). Zulässig ist, den Ersatzdienst mit Schlechterstellungen gegenüber dem Wehrdienst zu versehen (von der Dauer abgesehen), um den Ersatzdienst insgesamt *ebenso lästig* wie den Wehrdienst zu gestalten (Starck MKS 189 zu Art.4). − **(2)** Weiter muss eine Möglichkeit des Ersatzdienstes vorgesehen werden, die in *keinem unmittelbaren Zusammenhang* mit den Aufgaben und der Organisation der Bundeswehr oder des Bundesgrenzschutzes (der Bundespolizei) steht (Nolte SB 23; Scholz MD 116), weshalb etwa ein (unfreiwilliger) Dienst in der Bundeswehrverwaltung oder in einem Rüstungsunternehmen ausgeschlossen ist (Gornig MKS 85 f). − **(3)** Die *Dauer* des Ersatzdienstes darf angesichts des klaren Wortlauts des Abs.2 S.2 die Dauer des Wehrdienstes nicht übersteigen, wobei dem Grundwehrdienst die übliche tatsächliche Dauer von Wehrübungen, nicht jedoch deren rechtlich mögliche Dauer hinzugerechnet werden kann (BVerfGE *abwM* 69, 1/66 ff; Herdegen HbStKirchR I 518; Krieger FH 39; Starck MKS 190 zu Art.4; Gornig MKS 89; **a. A.** BVerfGE 48, 127/171; 78, 364/370; Scholz MD 110; etwas vorsichtiger BVerfGE 69, 1/28 ff). Möglich ist ein Zuschlag für eine tageszeitlich stärkere Inanspruchnahme von Wehrpflichtigen (Kokott SA 26); auch ist eine Typisierung möglich (Heun DR 29). Die Zeit eines schon geleisteten Teil-Wehrdienstes muss angerechnet werden (BVerfGE 78, 364/372).

8   (unbesetzt)

4. Dienstleistungspflichten zu Verteidigungszwecken (Abs.3, 5)

9   **a) Begründung und Wirksamkeit.** Gem. Abs.3 können durch Gesetz Dienstleistungspflichten zum Zwecke der Verteidigung festgelegt und damit das Grundrecht des Art.12 GG eingeschränkt werden (oben Rn.1). Die

Dienstleistungspflichten (mit einer Ausnahme: unten Rn.14) sind nur für die Dauer des *Verteidigungsfalls* (dazu Rn.7 zu Art.115a) und nach Abs.5 S.1 für die Dauer des *Spannungsfalls* nach Art.80a Abs.1 (dazu Rn.1f zu Art.80a) wirksam. Zudem kommt die Vorschrift über Abs.5 S.1 im sog. *Zustimmungsfall* zum Tragen, wenn der Bundestag gem. Art.80a Abs.1 der Maßnahme mit einer relativen Zwei-Drittel-Mehrheit zugestimmt hat (vgl. Rn.3 zu Art.80a). Im bloßen Bündnisfall kommt dagegen Abs.3 nicht zum Tragen (Rn.6 zu Art.80a).

b) Inhaltliche und personelle Reichweite. aa) Die Dienstleistungen **10** müssen (wegen des Bezugs zum Verteidigungs-, Spannungs- oder Zustimmungsfall) der **Verteidigung des Bundesgebiets** vor einem bewaffneten Angriff (vgl. Rn.3 zu Art.115a) dienen. Nicht erfasst werden Tätigkeiten **in** den Streitkräften (vgl. Rn.4 zu Art.87a), da insoweit Abs.1 einschlägig ist. Erfasst werden alle Tätigkeiten, die *unmittelbar* dem Funktionieren der Streitkräfte dienen, etwa der Dienst in der Bundeswehrverwaltung, der Dienst in Bereichen, die der Versorgung der Streitkräfte dienen, etwa in der Rüstungsgüterherstellung, sowie in sonstigen Bereichen der öffentlichen Verwaltung wie des privaten Sektors, soweit sie unmittelbare Leistungen für die Streitkräfte erbringen. Der Verteidigung können auch Dienste zugunsten der Streitkräfte verbündeter Staaten dienen (Heun DR 33; Scholz MD 158; Krieger FH 46; a.A. Sachs ST IV/1, 1049).

Des Weiteren werden alle Tätigkeiten erfasst, die dem **Schutz der Zivil- 11 bevölkerung** dienen. Darunter fällt der Schutz der Zivilbevölkerung vor unmittelbaren Kriegseinwirkungen, etwa der Schutz vor Luftangriffen oder die medizinische Versorgung, einschl. der vorbeugenden Maßnahmen, wie der Räumung von Gebäuden. Darüber hinaus gehört zum Schutz der Zivilbevölkerung, wie Abs.3 S.2 Hs. 2 entnommen werden kann, die Versorgung der Zivilbevölkerung mit lebenswichtigem Bedarf, nicht mit Luxusgütern oder mit Gütern des gehobenen Bedarfs (ähnlich Sachs ST IV/1, 1050; großzügiger Scholz MD 161).

bb) Die Dienstleistungsverhältnisse sind grundsätzlich als **zivile Leistun- 12 gen** auszugestalten, also privatrechtlich (Scholz MD 154; Vitzthum HbStR VII § 170 Rn.20). Die Begründung und Beendigung der Verhältnisse erfolgt jedoch öffentlich-rechtlich. Statt eines privatrechtlichen Dienstverhältnisses ist wegen Art.33 Abs.4 (Heun DR 34) eine öffentlich-rechtliche Organisation zulässig, soweit es um Dienstleistungen polizeilicher Natur oder um (sonstige) Dienstleistungen geht, die nur in einem öffentlich-rechtlichen Dienstverhältnis durchgeführt werden können (Rn.40–42 zu Art.33).

cc) Die Dienstleistungspflicht kann sich nur auf **Wehrpflichtige** erstre- 13 cken, die nicht bereits nach Abs.1 zum Dienst in den Streitkräften oder nach Abs.2 zum Ersatzdienst herangezogen wurden. Erfasst werden können damit nur Männer, ggf. auch Ausländer (oben Rn.3). Die Pflicht hat Ersatzcharakter, weshalb Abs.3 nicht darauf abhebt, ob eine Sicherstellung des Bedarfs durch freiwillige Leistungen möglich ist. Doch gilt der Grundsatz der Verhältnismäßigkeit (Scholz MD 156).

c) Zur **Vorbereitung** von Dienstleistungen iSd Abs.3 (oben Rn.10f) **14** kann gem. Abs.5 S.2 die Pflicht zur Teilnahme an Ausbildungsveranstaltungen vorgeschrieben werden. Dies ist nach Abs.5 S.3 generell möglich, nicht erst nach Erklärung des Spannungs- oder Verteidigungsfalls.

5. Dienstleistung im zivilen Sanitätsbereich (Abs.4)

15   Gem. Abs.4 kann durch Gesetz vorgeschrieben werden, dass Frauen, auch Ausländerinnen (Scholz MD 186), im Alter zwischen 18 und 55 Jahren zu zivilen Dienstleistungen in allen zivilen Einrichtungen der Gesundheitspflege sowie in (militärischen) ortsfesten Lazaretten verpflichtet werden. Dies gilt aber nur für die Dauer des Verteidigungsfalls (dazu Rn.7 zu Art.115a). Zudem ist der Grundsatz der Verhältnismäßigkeit zu beachten; insb. darf gem. Abs.4 S.1 der Bedarf nicht auf freiwilliger Basis gedeckt werden können. Dazu sind bereits in Friedenszeiten geeignete Vorkehrungen zu treffen (Heun DR 37; Gubelt MüK 18). Die Erforderlichkeit muss aber nicht in jedem Einzelfalle nachgewiesen werden (Gubelt MüK 18; Heun DR 37). Ein (zwangsweiser) Dienst mit der Waffe ist gem. Abs.4 S.2 für Frauen ausgeschlossen (zum freiwilligen Dienst oben Rn.3a). Das Dienstleistungsverhältnis muss generell privatrechtlicher Natur sein, da die entsprechende Einschränkung im Rahmen des Abs.3 hier nicht zum Tragen kommt (Gornig MKS 141; a. A. Scholz MD 184).

6. Bindung an Beruf und Arbeitsplatz (Abs.6)

16   Gem. Abs.6 kann durch Gesetz vorgeschrieben werden, dass Männer wie Frauen ihren Beruf oder ihren Arbeitsplatz nicht aufgeben dürfen, sofern sie eine der von Abs.3 erfassten Tätigkeiten (oben Rn.10 f) ausüben und der Bedarf nicht auf freiwilliger Basis gedeckt werden kann. Die Möglichkeit, Wehrpflichtige nach Abs.3 heranzuziehen, ist dagegen wegen des eindeutigen Wortlauts nicht vorrangig (Nolte SB 45). Abs.6 gilt auch für selbständige Tätigkeiten und für Beamte (Scholz MD 177). Eine Verpflichtung zur *Aufnahme* eines bestimmten Berufs oder zur Tätigkeit auf einem *neuen* Arbeitsplatz kann auf Abs.6 nicht gestützt werden. Die Bindung an Beruf und Arbeitsplatz greift nur für die Dauer des Verteidigungsfalls (dazu Rn.7 zu Art.115a) oder des Spannungs- bzw. Zustimmungsfalls (dazu Rn.1–3 zu Art.80a). Ein bloßer Bündnisfall iSd Art.80a Abs.3 genügt nicht (näher Rn.6 zu Art.80a). Die Wirksamkeit der Verpflichtung endet, sobald Verteidigungsfall, Spannungsfall oder Zustimmungsfall aufgehoben wurden. Ausländer werden von der Regelung nicht erfasst; doch kann die bei ihnen einschlägige Handlungsfreiheit in vergleichbarer Weise beschränkt werden (Nolte SB 48; Gubelt MüK 25).

Art. 13 [Unverletzlichkeit der Wohnung]

(1) **Die Wohnung[4] ist unverletzlich.**[7 ff]

(2) **Durchsuchungen**[14 f] **dürfen nur durch den Richter**[17]**, bei Gefahr im Verzuge auch durch die in den Gesetzen vorgesehenen anderen Organe angeordnet und nur in der dort vorgeschriebenen Form durchgeführt werden**[19]**.**

(3) **Begründen bestimmte Tatsachen den Verdacht, daß jemand eine durch Gesetz einzeln bestimmte besonders schwere Straftat begangen hat, so dürfen zur Verfolgung der Tat auf Grund richterlicher Anordnung technische Mittel zur akustischen Überwachung von Wohnungen, in denen der Beschuldigte sich vermutlich aufhält, eingesetzt werden, wenn die Erforschung des Sachverhalts auf andere Weise unverhältnismäßig erschwert oder aussichtslos wäre[25]. Die Maßnahme ist zu befristen[25]. Die Anordnung erfolgt durch einen mit drei Richtern besetzten Spruchkörper[23]. Bei Gefahr im Verzuge kann sie auch durch einen einzelnen Richter getroffen werden.[23]**

(4) **Zur Abwehr dringender Gefahren für die öffentliche Sicherheit, insbesondere einer gemeinen Gefahr oder einer Lebensgefahr, dürfen technische Mittel zur Überwachung von Wohnungen nur auf Grund richterlicher Anordnung eingesetzt werden[29 f]. Bei Gefahr im Verzuge kann die Maßnahme auch durch eine andere gesetzlich bestimmte Stelle angeordnet werden; eine richterliche Entscheidung ist unverzüglich nachzuholen[29].**

(5) **Sind technische Mittel ausschließlich zum Schutze der bei einem Einsatz in Wohnungen tätigen Personen vorgesehen, kann die Maßnahme durch eine gesetzlich bestimmte Stelle angeordnet werden[32]. Eine anderweitige Verwertung der hierbei erlangten Erkenntnisse ist nur zum Zwecke der Strafverfolgung oder der Gefahrenabwehr und nur zulässig, wenn zuvor die Rechtmäßigkeit der Maßnahme richterlich festgestellt ist; bei Gefahr im Verzuge ist die richterliche Entscheidung unverzüglich nachzuholen.[33]**

(6) **Die Bundesregierung unterrichtet den Bundestag jährlich über den nach Absatz 3 sowie über den im Zuständigkeitsbereich des Bundes nach Absatz 4 und, soweit richterlich überprüfungsbedürftig, nach Absatz 5 erfolgten Einsatz technischer Mittel. Ein vom Bundestag gewähltes Gremium übt auf der Grundlage dieses Berichts die parlamentarische Kontrolle aus[3]. Die Länder gewährleisten eine gleichwertige parlamentarische Kontrolle.[3]**

(7) **Eingriffe und Beschränkungen[34] dürfen im übrigen nur zur Abwehr einer gemeinen Gefahr oder einer Lebensgefahr für einzelne Personen[35], auf Grund eines Gesetzes auch zur Verhütung dringender Gefahren für die öffentliche Sicherheit und Ordnung, insbesondere zur Behebung der Raumnot, zur Bekämpfung von Seuchengefahr oder zum Schutze gefährdeter Jugendlicher vorgenommen werden[36 f].**

Übersicht

Literatur: *Schoch,* Die Unverletzlichkeit der Wohnung, Jura 2010, 22; *Krings,* Der Grundrechtsberechtigte des Grundrechts aus Art.13 GG, 2009; *Wild,* Die strafprozessuale Durchsuchung von Wohnungen und Art.13 GG, in: Rensen/Brink (Hg.), Linien der Rechtsprechung des BVerfG, 2009, 273; *Kötter,* Novellierung der präventiven Wohnraumüberwachung?, DÖV 2005, 225; *Gusy,* Lauschangriff und Grundgesetz, JuS 2004, 457; *Gusy,* Überwachung der Telekommunikation unter Richtervorbehalt, ZRP 2003, 275; *Ennuschat,* Behördliche Nachschau in Geschäftsräume und die Unverletzlichkeit der Wohnung gem. Art.13 GG, AöR 2002, 252; *Lepsius,* Die Unverletzlichkeit der Wohnung bei Gefahr im Verzug, Jura 2002, 259; *Schmitt Glaeser,* Schutz der Privatsphäre, HbStR VI, 2001, § 129 B I; *Amelung,* Die Entscheidung des BVerfG zur „Gefahr im Verzug" i. S. des Art.13 II GG, NStZ 2001, 337; *Figgener,* Behördliche Betretungsrechte und Nachschaubefugnisse, 2000; *Braun,* Der so genannte „Lauschangriff" im präventiv polizeilichen Bereich, NVwZ 2000, 375; *Ruthig,* Die Unverletzlichkeit der Wohnung, JuS 1998, 506; *Raum/Palm,* Zur verfassungsrechtlichen Problematik des „Großen Lauschangriffs", JZ 1994, 447; *Kutscha,* Der Lauschangriff im Polizeirecht der Länder, NJW 1994, 85; *Voßkuhle,* Behördliche Betretungs- und Nachschaurechte, DVBl 1994, 611; *Guttenberg,* Die heimliche Überwachung von Wohnungen, NJW 1993, 567; *Lübbe-Wolff,* Satzungsrechtliche Betretungsrechte und Art.13 GG, DVBl 1993, 762; *Kunig,* Grundrechtlicher Schutz der Wohnung, Jura 1992, 476.

I. Bedeutung, Abgrenzung, Berichtspflicht

1. Bedeutung und Abgrenzung zu anderen Vorschriften

Das Grundrecht des Art.13 steht in Zusammenhang mit der freien Entfal- **1** tung der Persönlichkeit und soll die **Privatheit der Wohnung** als einen „elementaren Lebensraum" (BVerfGE 42, 212/219; 51, 97/110; 103, 142/150; Ziekow/Guckelberger FH 32), die „räumliche Sphäre, in der sich das Privatleben entfaltet", sichern (BVerfGE 89, 1/12). Das Grundrecht wurzelt in der Würde des Menschen (BVerfGE 103, 142/150; 109, 279/313). Es geht um eine Konkretisierung des allgemeinen Rechts, in Ruhe gelassen zu werden (BVerfGE 109, 279/309; vgl. BVerfGE 103, 142/150; Rn.47 zu Art.2), um die „Abschirmung der Privatsphäre in räumlicher Hinsicht" (BVerfGE 97, 228/265; 32, 54/72; 65, 1/40). Eine vergleichbare Regelung findet sich in Art.8 EMRK. Neben einem Abwehrrecht enthält das Grundrecht eine „Wertentscheidung" (BVerfGE 18, 121/132). Die Abs.3–6 wurden 1998 eingefügt (Einl.3 Nr.45), um insb. die organisierte Kriminalität besser bekämpfen zu können (vgl. Papier MD 49 ff).

Was die **Abgrenzung** zu anderen Grundrechten angeht, so ist Art.13 lex **2** specialis gegenüber dem allgemeinen Persönlichkeitsrecht des Art.2 Abs.1 iVm Art.1 Abs.1 (BVerfGE 51, 97/105; 109, 279/325 f; Ziekow/Guckelberger FH 35; Papier MD 148), vorausgesetzt (natürlich), der Schutzbereich des Art.13 ist beeinträchtigt. Dies gilt auch für notwendige Vorbereitungsakte und den anschließenden Vorgang der Datenverarbeitung (BVerfGE 109, 279/325 f); zur Beschlagnahme unten Rn.7. In Sonderfällen können Art.13 und das Recht auf informationelle Selbstbestimmung parallel zur Anwendung kommen (BVerfGE 115, 166/187 f). Für Personen, die sich nur zufällig in der Wohnung aufhalten, gilt (allein) das allg. Persönlichkeitsrecht (BVerfGE 109, 279/325). Weiter geht Art.13 dem Schutz des Eigentums durch Art.14 vor, wobei aber zu beachten ist, dass Art.13 nur Beeinträchtigungen der Privatsphäre erfasst (unten Rn.7–9). Zur Abgrenzung zu Art.10 vgl. Rn.2 zu Art.10.

2. Berichtspflicht im Bereich der technischen Überwachung

Um die Normeffizienz der Abs.3–5 überprüfen und die Verantwortung **3** des Parlaments sicherstellen zu können (BVerfGE 109, 279/373), hat die Bundesregierung gemäß Abs.6 S.1 jährlich dem Bundestag über den Einsatz technischer Mittel zu berichten: Im Bereich des Abs.3 und des Abs.5 hat das umfassend zu geschehen. Im Bereich des Abs.4 beschränkt sich die Berichtspflicht gem. Abs.6 S.1 auf die von Bundesbehörden vorgenommenen Maßnahmen; was die von Landesbehörden getroffenen Maßnahmen angeht, müssen die Länder gem. Abs.6 S.3 eine entsprechende Berichtspflicht gegenüber den Landesparlamenten vorsehen. Über Maßnahmen nach Abs.5 muss nur berichtet werden, soweit sie gem. Abs.5 S.2 richterlich zu überprüfen waren (Gornig MKS 142). Der Funktion des Abs.6 entsprechend muss der Bericht gewisse Mindestinhalte aufweisen (Kühne SA 49a; Ziekow/Guckelberger FH 113; zu restriktiv VerfG MV, LKV 00, 356) und dem Plenum

des Parlaments zugänglich sein (BayVerfGH, BayVBl 02, 335; Ziekow/Gu-
ckelberger FH 115). Schließlich hat das Parlament gem. Abs.6 S.2 ein Gremium einzurichten, das die parlamentarische Kontrolle ausübt, ohne das Parlament in seinen Kontrollrechten zu beschränken (BayVerfGH, BayVBl 02,
335; Ziekow/Guckelberger FH 114).

II. Schutzbereich und Beeinträchtigungen

1. Schutzbereich

4   **a)** Als **Wohnung** sind alle Räume einzustufen, die der allgemeinen Zugänglichkeit durch eine räumliche Abschirmung entzogen und zur Stätte
privaten Lebens und Wirkens gemacht sind (BGHSt 44, 138/140; Papier
MD 11; Gornig MKS 13; Fink EH 2). Wohnung ist die räumlich geschützte
Privatsphäre (BVerfGE 65, 1/40; Ziekow/Guckelberger FH 36). Dazu rechnen neben den Wohnungen ieS auch (zur Wohnung gehörende) Neben-
räume, wie Keller, Böden, abgeschlossene Höfe etc. (Cassardt UC 30), auch
in Mehrfamilienhäusern (Ziekow/Guckelberger FH 37), weiterhin Gast-
und Hotelzimmer (BGHZ 31, 285/289), Krankenzimmer (BGHSt 50, 206/
211 f), Zimmer in Studenten-Wohnheimen oder Altersheimen (BSGE 91,
174/177; Berkemann AK 41), Schlafwagenabteile (Gornig MKS 18), Wohn-
boote sowie Vereinshäuser und Clubräume (BGHSt 42, 372/375). Nicht
erfasst sind Autos und Strandkörbe (Herdegen BK 29) oder Räume von
Häftlingen (BVerfG-K, NJW 96, 2643; Ziekow/Guckelberger FH 41) sowie
Besucherräume in Untersuchungsgefängnissen (BGHSt 44, 138/141). Nicht
umbaute Flächen werden nur erfasst, soweit sie gegenüber der Öffentlichkeit
auf andere Weise real abgeschirmt sind oder sich in unmittelbarer Nähe eines
Gebäudes befinden (vgl. Herdegen BK 26 f; Papier MD 11; großzügiger
Kunig MüK 10; restriktiver Hermes DR 19). Nicht erfasst wird eingefriede-
tes Besitztum außerhalb erkennbarer Wohnungszusammenhänge (Ziekow/
Guckelberger FH 38).

5   Weiterhin werden **Arbeits-, Betriebs- und Geschäftsräume** erfasst
(BVerfGE 76, 83/88; 96, 44/51; 120, 274/309; BVerwGE 121, 345/348;
Herdegen BK 34; a.A. Hermes DR 26), obgleich die Funktion des Art.13
(oben Rn.1) hier weniger passt und die weite Auslegung zu Problemen im
Bereich der Schranken führt (unten Rn.38). Dies gilt auch für Dienstzim-
mer von Beamten (BVerfGE 115, 166/197 f). Der Öffentlichkeit zugängliche
Räume, wie Verkaufsräume oder Sportstadien, werden aber nicht erfasst,
soweit und solange sie öffentlich zugänglich sind (BVerfG-K, NJW 03, 2669;
Papier MD 14; Ruthig, JuS 98, 510; Michael/Morlok Rn.369; Pieroth/
Schlink 876; **a.A.** BVerfGE 97, 228/265; BVerwGE 121, 345/348; Zie-
kow/Guckelberger FH 40); jedenfalls fehlt es hier vielfach an einem Eingriff
(unten Rn.10).

6   **b) Träger des Grundrechts** ist jeder unmittelbare Besitzer und damit
Träger der tatsächlichen Sachherrschaft (Fink EH 4), unabhängig von den
Eigentumsverhältnissen, insb. der Mieter (Kunig MüK 12; Gornig MKS 28)
oder Untermieter (BSGE 91, 174/177), nicht der mittelbare Besitzer, insb.

der Eigentümer einer vermieteten Wohnung (Papier MD 12; Ziekow/Guckelberger FH 42). Bei mehreren Bewohnern steht das Grundrecht jedem Einzelnen zu (BVerfGE 109, 279/326; Stern SB 36). Ob der Besitz rechtmäßig ist, dürfte keine Rolle spielen (Hermes DR 22; Ziekow/Guckelberger FH 44; Berkemann AK 52; Gornig MKS 32; a. A. Papier MD 12; Stern ST IV/1, 216), da es um den Schutz der Privatsphäre und nicht des Eigentums geht. Daher bleibt ein Mieter trotz abgelaufener Kündigungsfrist Grundrechtsträger (BVerfGE 89, 1/12). Entscheidend ist das Bewohnen. Der Besitzdiener ist Träger des Grundrechts, soweit der betreffende Raum als seine persönliche Privatsphäre eingestuft werden kann (Ziekow/Guckelberger FH 43). Das Grundrecht steht auch Ausländern und Staatenlosen zu (Gornig MKS 34). Gleiches gilt für *juristische Personen* und Personenvereinigungen des Privatrechts (BVerfGE 42, 212/219; 44, 353/371; 76, 83/88), nicht jedoch für juristische Personen des öffentlichen Rechts (Cassardt UC 55; Rn.24–26 zu Art.19), insb. nicht für staatliche Behörden (Papier MD 18; Ziekow/Guckelberger FH 47). Öffentlich-rechtliche Rundfunkanstalten und Universitäten können sich nur auf ihr Grundrecht aus Art.5 Abs.1 S.2 bzw. aus Art.5 Abs.3 berufen (vgl. Herdegen BK 40).

2. Beeinträchtigungen

a) Eingriffe sowie Einwilligung. aa) Dem Schutzzweck des Art.13 **7** entsprechend wird in das Grundrecht durch jede Verletzung der Privatheit der Wohnung durch einen Grundrechtsverpflichteten (Rn.32–44 zu Art.1) eingegriffen (Ziekow/Guckelberger FH 49). Diese Voraussetzung erfüllt jedes **Betreten** der geschützten Räume (BVerfGE 65, 1/40), auch durch einen gerichtlich bestellten Sachverständigen (BVerfGE 75, 318/326). Erfasst wird zudem das bloße Verweilen in geschützten Räumen (BVerfGE 76, 83/89 f; 89, 1/12; Stern SB 48; vgl. unten Rn.10) und das Installieren von Abhörgeräten in der Wohnung (BVerfGE 109, 279/309). Auch in der Weitergabe von Informationen, die durch eine Art.13 unterfallende Maßnahme erlangt wurden, liegt ein Eingriff (BVerfGE 109, 279/374), nicht dagegen in der bloßen Beschlagnahme (BVerfGE 113, 29/45). Aus welchen Gründen der Eingriff erfolgt, ist unerheblich (Berkemann AK 29, 32).

Eine **Überwachung** von Vorgängen in einer Wohnung **von außen** ohne **8** körperliches Betreten stellt einen Eingriff dar, wenn mit Hilfe *technischer Mittel* ein Einblick auf Vorgänge erreicht wird, die „der natürlichen Wahrnehmung" von außen entzogen sind (BVerfGE 120, 274/310; ähnlich E 109, 279/309; Gornig MKS 43; Kunig MüK 17); zu den technischen Mitteln unten Rn.21. Dementsprechend wird ein *Abhören* mit Hilfe geeigneter technischer Mittel als Grundrechtseingriff eingestuft (BVerfGE 65, 1/40), weiter eine Video-Überwachung des Eingangsbereichs (Berkemann AK 60). Werden Fernmeldeanlagen angezapft, ist allein Art.10 einschlägig (Rn.2 zu Art.10). Eine Beobachtung von außen *ohne technische Mittel,* wie sie jedermann möglich ist, dürfte idR keinen Eingriff darstellen, weil damit die vom Grundrechtsinhaber vorgenommene Abschirmung nicht über das allgemein mögliche Maß hinaus beeinträchtigt wird (Ziekow/Guckelberger FH 50;

Ruthig, JuS 98, 512; ähnlich BVerfGE 109, 279/327; Cassardt UC 41).
Art.13 ist auch nicht berührt, wenn Personen ermittelt werden, die ein Haus
betreten (BGHSt 44, 13/16).

9   **Keinen Eingriff** stellen Auskunftspflichten dar (BVerfGE 65, 1/40).
Gleiches gilt mangels Verletzung der Privatsphäre für die Beseitigung der
Wohnung u. Ä. (Pieroth/Schlink 881; Kunig MüK 72), für die Kündigung
des Mietverhältnisses (BVerfGE 89, 1/12; Hermes DR 108), für die Beein-
trächtigung durch Bauvorschriften etc. und für Umwelteinwirkungen auf die
Wohnung (Ziekow/Guckelberger FH 51; a. A. Berkemann AK 57). Dage-
gen liegt ein Eingriff vor, wenn zur Vollstreckung eines Räumungsurteils der
Gerichtsvollzieher in die Wohnung eindringt (BVerfGE 89, 1/12; Ziekow/
Guckelberger FH 51; Berkemann AK 63).

10   **bb)** Ist der Grundrechtsinhaber mit dem Eindringen etc. **einverstanden,**
liegt keine Grundrechtsbeeinträchtigung vor (Ziekow/Guckelberger FH 52;
vgl. Vorb.36 f vor Art.1). Voraussetzung ist, dass die Einwilligung nicht durch
Drohung oder Täuschung erlangt wurde (Kunig MüK 19; Gornig MKS 44 f)
und sich auf den konkreten Eingriff bezieht (Gornig MKS 33). Zudem kann
die Einwilligung für die Zukunft widerrufen werden, so dass aus dem zulässigen Betreten ein das Grundrecht beeinträchtigendes Verweilen wird. Die
Aktivität eines *verdeckten Ermittlers,* der unter Täuschung über seine Identität
eine Wohnung ausspäht, ist daher ein Grundrechtseingriff (Gornig MKS
46 f; Berkemann AK 65; a. A. Ziekow/Guckelberger FH 52); seine Tätigkeit
bedarf, soweit es um technische Mittel geht, der Rechtfertigung nach Abs.
3–5, im Übrigen nach Abs.7 (anders Berkemann AK 177, 183). Bei mehreren Berechtigten ist die Zustimmung aller erforderlich, um eine Beeinträchtigung des Schutzbereichs auszuschließen (Kunig MüK 21; Ziekow/Guckel-
berger FH 53; Berkemann AK 66; vgl. Rn.13 zu Art.10; a.A. Kühne SA
24). Sieht man ein Betreten *öffentlich zugänglicher Räume* als durch Art.13 geschützt an (oben Rn.5), bilden Maßnahmen keinen Grundrechtseingriff,
weil und soweit den Räumen nach dem Willen des Grundrechtsinhabers
„eine größere Offenheit nach außen“ zukommt (BVerwGE 121, 345/351)
bzw. die vom Grundrechtsinhaber vorgenommene Abschirmung nicht beeinträchtigt wird (Pieroth/Schlink 876; i.E. Ruthig, JuS 98, 510; Kunig
MüK 60). Entsprechend fehlt es an einem Grundrechtseingriff, wenn der
Grundrechtsträger die Wahrnehmbarkeit der Kommunikation von außen
selbst ermöglicht (BVerfGE 109, 279/327).

11   **b) Unterlassen von Leistung, insb. Schutz.** Das Grundrecht des Art.13
verpflichtet den Gesetzgeber, die räumliche Privatsphäre effektiv gegenüber
Übergriffen Privater zu *schützen* (Hermes DR 117; Stern SB 22, 57; Zie-
kow/Guckelberger FH 34). Art.13 enthält aber weder ein *Recht auf eine angemessene Wohnung* noch ein Recht auf eine bestimmte Wohnungsnutzung
(BVerfGE 7, 230/238; Papier MD 5 f; Gornig MKS 11; teilw. a.A. Berkemann AK 28).

11a   **c) Anwendung von Privatrecht.** Art.13 ist wegen seiner Ausstrahlungswirkung (allg. Rn.54–58 zu Art.1) bei der Auslegung und Anwendung privatrechtlicher Vorschriften zu beachten (BVerfGE 89, 1/11; Papier
MD 8; Ziekow/Guckelberger FH 34; Berkemann AK 25). Daraus ergeben

sich Grenzen der Wirksamkeit mietvertraglicher Betretungsrechte (BVerfGE 89, 1/13) oder für die zivilprozessuale Verwertung von Erkenntnissen, die durch heimliche Bespitzelung erlangt wurden (Hermes DR 118; Stern SB 159).

III. Rechtfertigung von Beeinträchtigungen (Schranken)

1. Allgemeines

a) Rechtfertigungsgründe (Überblick). Die Rechtfertigung von Ein- **12** griffen stellt sich, entsprechend der Vorgaben in Abs. 2–5, 7, unterschiedlich dar, je nachdem, um welche Art von Eingriffen es sich handelt: zur Rechtfertigung von Durchsuchungen unten Rn. 14–20, zur Rechtfertigung der technischen Wohnungsüberwachung unten Rn. 21–33 und zur Rechtfertigung sonstiger Beeinträchtigungen unten Rn. 34–38. Zudem kann kollidierendes Verfassungsrecht, konkretisiert in einem Gesetz, Grundrechtseinschränkungen rechtfertigen (Gornig MKS 170; allg. Vorb. 48–52 vor Art. 1). Schließlich sind zu Zwecken der Verteidigung gem. Art. 17a Abs. 2 Einschränkungen möglich; dazu Rn. 4–7 zu Art. 17a.

b) Verstoßfolgen. Unter Verstoß gegen Art. 13 gewonnene oder verar- **13** beitete Informationen unterliegen grundsätzlich einem Verwertungsverbot (Hermes DR 42 f; Stern SB 76). Dies gilt für Durchsuchungen (Herdegen BK 68; Stern ST IV/1, 276; Kunig MüK 35; Ziekow/Guckelberger FH 72) wie für die technische Überwachung. Im Bereich der absoluten Grenzen (unten Rn. 26) besteht ein striktes Verwertungsverbot (BVerfGE 109, 279/331). Im Übrigen ist die Verwertung nur aus zwingenden und gewichtigen Gründen des Allgemeinwohls möglich (Ziekow/Guckelberger FH 97), es sei denn, Vorgaben des Grundrechts werden planmäßig außer Acht gelassen oder der Verstoß war offenkundig (vgl. Rn. 63 zu Art. 2).

2. Durchsuchungen (Abs. 2)

a) Anwendungsbereich. Eine Durchsuchung ist nur unter den Voraus- **14** setzungen des Abs. 2 möglich; Abs. 7 wird insoweit verdrängt (BVerwGE 28, 285/286; Kunig MüK 24). **Durchsuchung** ist das „ziel- und zweckgerichtete Suchen staatlicher Organe nach Personen oder Sachen oder zur Ermittlung eines Sachverhalts, um etwas aufzuspüren, was der Inhaber der Wohnung von sich aus nicht offenlegen oder herausgeben will" (BVerfGE 51, 97/106 f; 75, 318/327; 76, 83/89; BVerwGE 121, 345/349). Es geht um die Suche nach Personen und Sachen, die sich in der Wohnung befinden, um dem Augenschein oder Zugriff entzogen zu sein. Nicht gemeint ist die Prüfung des Zustands der Wohnung oder ihres funktionsgemäßen Gebrauchs (BVerwGE 121, 345/350; Pieroth/Schlink 878). Voraussetzung ist ein *körperliches* Betreten der Wohnung durch das Durchsuchungsorgan (Ziekow/Guckelberger FH 55). Ob strafprozessuale oder andere Zwecke verfolgt werden, ist unerheblich. Dementsprechend werden auch zivilprozessuale oder steuerrechtliche Durchsuchungen erfasst (BVerfGE 51, 97/105 ff; 57, 346/354 f). Kann ein Vorführungsbefehl nur mit einer Durchsuchung durchge-

setzt werden, ist Art.13 Abs.2 zu beachten (BGHZ 82, 271/273 f). Für Fol-
gemaßnahmen einer Durchsuchung, etwa für eine Beschlagnahme, ist Art.13
nicht mehr einschlägig (BVerfGE 113, 1/29).

15   **Keine Durchsuchung** liegt vor, wenn es um die Kontrolle der Einhaltung gesetzlicher Vorschriften bei gefährlichen Anlagen und Einrichtungen
geht, sofern die Lage des Kontrollgegenstandes schon bekannt ist (Stern ST
IV/1, 281; Hermes DR 46). Daher sind gewerberechtliche, umweltrechtli-
che und andere Betretungs- und Besichtigungsrechte *(Nachschau)* in der Regel keine Durchsuchungen (BVerfGE 32, 54/73; BVerwGE 78, 251/254;
BVerwG, NJW 06, 2504 f; Papier MD 24; a.A. Berkemann AK 81). Für
echte Durchsuchungen in Geschäfts- und Betriebsräumen gelten dagegen
die Anforderungen des Abs.2 (implizit BVerfGE 32, 54/72 f). Keine Durchsuchung stellt die Vornahme von Messungen in der Wohnung dar (BVerfGE
75, 318/327), des Weiteren die bloße Besichtigung einer Wohnung (BFHE
154, 435/437 f) und die Kontrolle von Personen in einer Teestube (BVerw-
GE 121, 345/349 f). Schließlich ist für eine Überwachung mittels technischer Mittel allein Abs.3–5 einschlägig (zu Abs.3, 4 Ruthig, JuS 98, 513;
Kunig MüK 24; zu Abs.5 Gornig MKS 65; vgl. unten Rn.21).

16   **b) Gesetzliche Ermächtigung und Form.** Durchsuchungen bedürfen
einer gesetzlichen Ermächtigung (Herdegen BK 63; Papier MD 21; Berkemann AK 84). Dies kann durch förmliches Gesetz oder auf Grund eines
(ausreichend bestimmten) förmlichen Gesetzes durch eine andere Rechtsvorschrift geschehen (Cassardt UC 80; Ziekow/Guckelberger FH 57;
Vorb.42 vor Art.1; a.A. Kunig MüK 33). Zur Regelung des Richtervorbe-
halts unten Rn.17 f. Das Gesetz muss das Zitiergebot beachten (Rn.4 zu
Art.19) und ausreichend bestimmt sein (Rn.54 zu Art.20), weshalb die polizeiliche Generalklausel keine ausreichende Grundlage bildet (Berkemann
AK 95; Ziekow/Guckelberger FH 57 **a. A.** BVerwGE 47, 31/38 f). Die Verletzung der in dem betreffenden Gesetz vorgeschriebenen **Form** stellt eine
Verfassungsverletzung dar (Berkemann AK 95; Hermes DR 49; vgl. Rn.5 zu
Art.104).

17   **c) Richterliche bzw. behördliche Anordnung. aa)** Eine Durchsuchung ist grundsätzlich nur möglich, wenn sie *vorher* **durch einen Richter**
iSd Art.97 **angeordnet** wurde, womit eine verfahrensrechtliche Vorgabe
festgelegt wird. Dieser „Richtervorbehalt zielt auf eine *vorbeugende* Kontrolle
der Maßnahme durch eine unabhängige und neutrale Instanz" (BVerfGE
103, 142/151; 76, 83/91). Soweit das entsprechende Gesetz (oben Rn.16)
keine richterliche Anordnung vorschreibt, folgt der Richtervorbehalt unmittelbar aus Abs.2 (BVerfGE 51, 97/114; 57, 346/355). Das Fehlen einer richterlichen Anordnung wird durch die nachfolgende Rechtskontrolle nicht
geheilt (BVerfGE 51, 97/114; Ziekow/Guckelberger FH 58). Der richterliche Durchsuchungsbefehl muss für eine angemessene Begrenzung der
Zwangsmaßnahmen sorgen, sowie die Messbarkeit und Kontrollierbarkeit
des Grundrechtseingriffs gewährleisten (BVerfGE 42, 212/220; 103,
142/151; Ziekow/Guckelberger FH 62). Der Richter hat eine eigenverantwortliche Prüfung vorzunehmen (BVerfGE 57, 346/356; 96, 44/51; Berkemann AK 87). Die Voraussetzungen sind fallbezogen näher zu begründen

(BVerfG-K, NJW 02, 1942; NJW 08, 1937). Zum Rechtsschutz nach Erledigung Rn.61 zu Art.19.

Im Einzelnen erlischt ein halbes Jahr nach Ausstellung eines Durchsuchungsbefehls dessen rechtfertigende Wirkung (BVerfGE 96, 44/54; Cassardt UC 98). Ein strafrechtlicher Durchsuchungsbefehl muss tatsächliche Angaben über den Inhalt des Tatvorwurfs enthalten (BVerfG-K, NJW 94, 3282; Papier MD 28 ff). Die Verdachtsgründe in Steuerstrafsachen müssen über vage Anhaltspunkte und bloße Vermutungen hinausreichen (BVerfG-K, DVBl 06, 1179; BFHE 211, 26/29). Die richterliche Anordnung eines Fahrverbots enthält eine Durchsuchungsanordnung nur dann, wenn dies der Anordnung klar zu entnehmen ist (vgl. Ziekow/Guckelberger FH 64). Wird die Wohnung gleichzeitig für einen zweiten Gläubiger durchsucht, ist auch insoweit eine richterliche Anordnung notwendig, sofern sich die Durchsuchung dadurch zeitlich verlängert (BVerfGE 76, 83/91 f). Bei mehreren Grundrechtsinhabern soll es genügen, wenn die Anordnung gegenüber einem der Berechtigten ergeht (Kunig MüK 30; Cassardt UC 93). Der Rechtspfleger ist kein Richter iSd Abs.2 (Herdegen BK 55). **18**

bb) Ausnahmsweise kann eine Durchsuchung auch durch eine **Behörde** aufgrund einer gesetzlichen Ermächtigung (oben Rn.16) ohne vorherige richterliche Anordnung verfügt werden, sofern **Gefahr im Verzug** besteht. Dies muss qualitativ und quantitativ die Ausnahme sein (BVerfGE 103, 142/153, 155). Die Voraussetzung „Gefahr im Verzug" ist eng auszulegen (BVerfGE 103, 142/153; Ziekow/Guckelberger FH 70). Die Voraussetzung ist gegeben, „wenn die vorherige Einholung der richterlichen Anordnung den Erfolg der Durchsuchung gefährden würde" (BVerfGE 51, 97/111; 103, 142/154). Das muss mit Tatsachen begründet werden, die auf den Einzelfall bezogen sind; zudem dürfen die Strafverfolgungsbehörden die tatsächlichen Voraussetzungen nicht selbst herbeigeführt haben (BVerfGE 103, 142/155; Cassardt UC 79e). Die Voraussetzungen der Gefahr im Verzug sind in einem vor der Durchsuchung oder unverzüglich danach gefertigten Vermerk vollständig zu dokumentieren (BVerfGE 103, 142/159 f; BVerfG-K, NVwZ 06, 926); zu Aufzeichnungspflichten der Strafverfolgungsbehörden Rn.74 zu Art.19. Ob die Voraussetzungen erfüllt sind, bedarf der vollen gerichtlichen Überprüfung (BVerfGE 103, 142/157 f; BVerfG-K, NJW 03, 2304 f). Die Einschaltung eines Richters kann nicht deshalb unterlassen werden, weil nicht ausreichend für die Erreichbarkeit eines Richters gesorgt wurde (BVerfG-K, NJW 07, 1445) oder weil der Richter „unwillig" ist (Ziekow/Guckelberger FH 70). **19**

d) Verhältnismäßigkeit. Bei allen Durchsuchungen ist der Grundsatz der Verhältnismäßigkeit zu wahren (BVerfGE 20, 162/186 f; 51, 97/113; 57, 346/356; 59, 95/97; BVerwGE 47, 31/39); allg. zu diesem Grundsatz Rn. 83–90a zu Art.20. Insb. darf kein milderes Mittel zur Verfügung stehen (BVerfG-K, DVBl 06, 1179; NVwZ 07, 1050). Weiter muss eine Durchsuchung wegen einer Straftat oder Ordnungswidrigkeit in angemessenem Verhältnis zur Stärke des bestehenden Tatverdachts und zur Schwere der vorgeworfenen Tat stehen (BVerfG-K, NVwZ 07, 1048 f; Papier MD 34 ff; Berkemann AK 143; Gornig MKS 69). Eine Durchsuchung wegen einer **20**

Verkehrsordnungswidrigkeit ist unzulässig (BVerfG-K, NJW 06, 3412). Eine Durchsuchung im Rahmen eines Disziplinarverfahrens ist nur bei einem ausreichenden Gewicht der Beschuldigung möglich (BVerfG-K, NVwZ 06, 1283). Bei der Durchsuchung einer Anwaltskanzlei ist die Verhältnismäßigkeit besonders streng zu prüfen (BVerfG-K, DVBl 08, 841 f). Gleiches gilt für die Durchsuchung einer Wohnung einer Person, die in keiner Weise Anlass zu den Ermittlungen gegeben hat (BVerfG-K, NJW 07, 1805; NJW 09, 2519). Zur Verwertung verfassungswidrig erlangter Informationen oben Rn.13.

3. Technische Wohnungsüberwachung zur Strafverfolgung (Abs.3)

21   **a) Bereich der technischen Wohnungsüberwachung.** Abs.3–6 betreffen die Wohnungsüberwachung mit Hilfe **technischer Mittel,** kurz die technische Überwachung. Hierher rechnen insb. Infrarotkameras, Videokameras, Richtmikrofone, Abhörvorrichtungen und Aufzeichnungsgeräte (Papier MD 79). Ob sich die Mittel innerhalb oder außerhalb der Wohnung befinden, spielt keine Rolle (Papier MD 47). Daher wird auch eine Überwachung aus weiter Ferne, etwa über Satellit, erfasst (Gornig MKS 43; Kunig MüK 17).

22   **b) Zur Strafverfolgung.** Abs.3 erlaubt eine technische Überwachung (oben Rn.21) allein aus Gründen der (repressiven) Strafverfolgung; zu anderen Zwecken unten Rn.28, 32. Für die Abgrenzung repressiver und präventiver Maßnahmen kommt es auf den Schwerpunkt der Zielsetzung an, die die Maßnahme verfolgt (Stern ST IV/1, 286). Gestattet wird allerdings nur eine **akustische** Überwachung, nicht eine optische Überwachung (Kühne SA 41; Kunig MüK 40; Papier MD 79). Abs.3 deckt andererseits andersartige Eingriffe, soweit sie *notwendig* mit dem Abhören verbunden sind, etwa das heimliche Betreten zum Anbringen von technischen Mitteln (Berkemann AK 130; Ziekow/Guckelberger FH 73).

23   **c) Voraussetzungen. aa)** Die Rechtfertigung einer solchen Überwachung setzt zunächst eine ausreichend bestimmte **gesetzliche Grundlage** voraus (Kunig MüK 38; Papier MD 73); zur Festlegung der einschlägigen Straftaten unten Rn.25. Das Zitiergebot des Art.19 Abs.1 S.2 ist zu beachten. Weiter kann die Anordnung der Überwachung gem. Abs.3 S.3 grundsätzlich nur durch **drei Richter** erfolgen; es handelt sich insoweit um Rspr. iSd Art.92. Bei *Gefahr im Verzug* (dazu oben Rn.19) genügt gem. Abs.3 S.4 eine Entscheidung durch *einen* Richter, nicht jedoch eines Exekutivorgans (Ziekow/Guckelberger FH 88). Für die richterliche Anordnung nach S.3 wie S.4 gelten die Ausführungen oben in Rn.17 f entsprechend. Insb. muss das Gericht eine eigenverantwortliche Prüfung vornehmen und, sofern notwendig, Berichtspflichten festlegen (BVerfGE 109, 279/359 f); die Anordnung muss konkrete Maßnahmen benennen (Ziekow/Guckelberger FH 92). An Inhalt und Begründung der gerichtlichen Anordnung sind hinsichtlich der Bestimmtheit strenge Anforderungen zu stellen (BVerfGE 109, 279/358 f).

Schließlich ist zur Gewährleistung des Rechtsschutzes gem. Art. 13 Abs. 1 **24** und Art. 19 Abs. 4 eine **Mitteilung** an den Betroffenen geboten, sobald dadurch der Zweck der Überwachung nicht mehr beeinträchtigt wird und dem Betroffenen kein Auskunftsanspruch zusteht (BVerfGE 109, 279/364; Papier MD 85 ff; Ziekow/Guckelberger FH 95; zu Art. 10 vgl. Rn. 19 zu Art. 10). Die bloße Zurückstellung der Mitteilung stellt ebenfalls einen rechtfertigungsbedürftigen Grundrechtseingriff dar; sie ist „auf das unbedingt Erforderliche zu beschränken" (BVerfGE 109, 279/364). Auch bedarf es eines ausreichend gewichtigen Grundes. Dem genügt weder der Schutz der öffentlichen Sicherheit noch des Einsatzes nicht offen ermittelnder Beamter (BVerfGE 109, 279/366). Zu unterrichten sind alle betroffenen Personen, nicht nur die entsprechende Zielperson (Ziekow/Guckelberger FH 96), es sei denn, die Zielperson würde dadurch unverhältnismäßig betroffen (BVerfGE 109, 279/365).

bb) Materiell setzt die Anordnung gem. Art. 13 Abs. 3 S. 1, 2 Folgendes **25** voraus: − **(1)** Konkrete Umstände begründen den *Verdacht einer besonders schweren Straftat.* Bloße Vermutungen oder ein Anfangsverdacht genügen nicht, ohne dass aber ein hinreichender Tatverdacht erforderlich wäre (BVerfGE 109, 279/350; Papier MD 74; Berkemann AK 139; Kunig MüK 41). Die in Betracht kommenden Straftaten müssen im Gesetz festgelegt sein (Kunig MüK 42; Ziekow/Guckelberger FH 83; Papier MD 75). Die Straftaten müssen als solche und nicht nur im Einzelfall über den Bereich der mittleren Kriminalität hinausgehen (BVerfGE 109, 279/346, 348). − **(2)** Es muss um die Überwachung einer Wohnung gehen, in der sich der *Beschuldigte* iSd StPO (im Zeitpunkt der Überwachung) vermutlich *aufhält* (Ziekow/Guckelberger FH 87; Berkemann AK 132). Dass sich in der Wohnung auch andere Personen aufhalten, ist unschädlich (Gornig MKS 104; Kunig MüK 40); deren Rechtsstatus ist allerdings im Rahmen der Verhältnismäßigkeitsprüfung zu berücksichtigen (unten (3)). Zudem muss die Überwachung ausschließlich auf Gespräche des Beschuldigten ausgerichtet sein (BVerfGE 109, 279/ 355). − **(3)** Die Überwachung muss *geeignet* sein; von ihr müssen verwertbare Erkenntnisse zu erwarten sein, die den Verdacht klären. Weiter ist der Grundsatz der *Erforderlichkeit* gem. Abs. 3 S. 1 zu beachten; alternative Formen der Erforschung des Sachverhalts müssen aussichtslos oder unverhältnismäßig schwieriger sein (Berkemann AK 141; Ziekow/Guckelberger FH 86, 90). Schließlich muss die Maßnahme *verhältnismäßig ieS* sein (allg. dazu Rn. 86 f zu Art. 20). Zu berücksichtigen ist auch, ob in andere Grundrechte eingegriffen wird, zumal in solche nicht beschuldigter Personen (Kunig MüK 44; Papier MD 81). Auch ist die Unschuldsvermutung (Rn. 108 zu Art. 20) zu berücksichtigen (Berkemann AK 126). − **(4)** Die Überwachung ist gem. Abs. 3 S. 2 generell zeitlich auf eine angemessene Dauer zu *befristen.* Gegen eine Monatsfrist bestehen keine Bedenken (BVerfGE 109, 279/361). Eine Verlängerung ist möglich, muss aber allen Voraussetzungen des Abs. 3 gerecht werden (Ziekow/Guckelberger FH 93).

Des Weiteren sind die durch Art. 1 Abs. 1 vorgegebenen **absoluten Gren- 26 zen** zu beachten: Gespräche, die zum Kernbereich privater Lebensführung gehören, dürfen generell nicht abgehört werden (Rn. 20 zu Art. 1). Die Wahrscheinlichkeit, dass es um solche Gespräche geht, ist in Privatwohnungen sehr hoch, desgleichen in Räumen, die sowohl der Arbeit wie dem Wohnen dienen sowie in Räumen von Berufen, die ein besonderes, höchst persönliches Vertrauensverhältnis voraussetzen, nicht hingegen in (sonstigen) Betriebs- und Geschäftsräumen (BVerfGE 109, 279/320 f). Die Wahrscheinlichkeit höchstpersönlicher Gespräche ist des Weiteren hoch, wenn Gespräche mit Personen höchstpersönlichen Vertrauens geführt werden, insb. mit Ehepartnern und Kindern (BVerfGE 109, 279/322 f). Dem absolut geschützten Kernbereich sind insb. Selbstgespräche zuzurechnen (BGHSt 50, 206/210). In solchen Fällen ist ein Abhören von Gesprächen nur zulässig, wenn es klare Anhaltspunkte gibt, dass sie nach ihrem Inhalt einen unmittelbaren Bezug zu Straftaten aufweisen (BVerfGE 109, 279/319 f); zudem ist das Abhören strikt auf solche Gesprächssituationen zu beschränken (BVerfGE 109, 279/323). Stellt sich heraus, dass die Voraussetzungen des Abhörens nicht gegeben sind, ist es sofort abzubrechen; die erfolgte Aufzeichnung ist unverzüglich zu löschen (BVerfGE 109, 279/324, 332 f) bzw. zu sperren (BVerfGE 109, 279/380 f) und das unzulässige Abhören aktenkundig zu machen (BVerfGE 109, 279/332 f). Für die gewonnenen Erkenntnisse besteht ein striktes Beweisverwertungsverbot (BVerfGE 109, 279/324, 331 f).

27   **d) Weiterverwertung.** Die Verwertung von zur Strafverfolgung gewonnenen Informationen zu anderen Zwecken bedarf einer eigenständigen verfassungsrechtlichen Rechtfertigung (Hermes DR 39). Notwendig ist eine ausreichende gesetzliche Grundlage (BVerfGE 109, 279/375 f). Zudem müssen die Anwendung der technischen Mittel sowie der Einsatz der Ermittler rechtmäßig erfolgt sein (Papier MD 88; Stern SB 160; Kunig MüK 37). Außerdem ist der Grundsatz der Verhältnismäßigkeit zu beachten, da die Verwertung ein zusätzlicher Grundrechtseingriff ist (vgl. Papier MD 104, 114). Das dürfte eine Verwertung allein zur Verfolgung schwerer Straftaten oder zur Verhinderung schwerer Gefahren gestatten (vgl. Berkemann AK 148). Weitergegebene Informationen sind zu kennzeichnen, dass sie aus einer Wohnraumüberwachung stammen (BVerfGE 109, 279/379 f). Nicht mehr benötigte Informationen sind zu vernichten (BVerfGE 109, 279/380). Zur Verwertung verfassungswidrig erlangter Informationen oben Rn. 13.

4. Präventive technische Wohnungsüberwachung (Abs. 4)

28   **a) Anwendungsbereich.** Abs. 4 erlaubt eine technische Wohnungsüberwachung (oben Rn. 21) aus Gründen der *präventiven Gefahrenabwehr;* zu sonstigen Zwecken oben Rn. 22 und unten Rn. 32. Erfasst wird eine akustische wie eine optische Überwachung, etwa über Video (Stern SB 121). Zudem ermächtigt Abs. 4 zu den zwangsläufig mit der Überwachung verbundenen sonstigen Beeinträchtigungen des Grundrechts (Ziekow/Guckelberger FH 100; vgl. oben Rn. 22).

29   **b) Voraussetzungen.** Die Rechtfertigung einer solchen Überwachung setzt zunächst eine ausreichend bestimmte **gesetzliche Ermächtigung** voraus. Das Zitiergebot des Art. 19 Abs. 1 S. 2 ist zu beachten (Ziekow/Guckelberger FH 100). Des Weiteren ist gem. Abs. 4 S. 1 eine **richterliche Anordnung** notwendig. Insoweit gelten die Ausführungen oben in Rn. 17 f. Der Richter muss hauptamtlich und planmäßig angestellt sein (vgl. Rn. 15 zu

Art.104). Bei *Gefahr im Verzug* ist gem. Abs.4 S.2 auch eine Anordnung durch eine Behörde (auf gesetzlicher Grundlage) möglich. Diesbezüglich gelten die Ausführungen oben in Rn.19. Die behördliche Anordnung muss in jedem Fall unverzüglich durch den Richter bestätigt werden. Unverzüglich heißt nicht ‚ohne schuldhaftes Zögern' (Kunig MüK 47). Vielmehr muss die Verzögerung sachlich zwingend geboten sein (vgl. Ziekow/Guckelberger FH 106; entscheidend ist ein objektiver Maßstab (vgl. Rn.25 zu Art.104). **Zur Mitteilungspflicht** gelten die Ausführungen oben in Rn.24.

In **materieller** Hinsicht müssen folgende Voraussetzungen gegeben sein: **30** – **(1)** Es besteht eine *dringende Gefahr* für die öffentliche Sicherheit. Insoweit gelten die Ausführungen unten in Rn.37 entsprechend; insb. ist das Adjektiv „dringend" auf Ausmaß und Wahrscheinlichkeit des Schadens bezogen (Berkemann AK 163; Ziekow/Guckelberger FH 103). Notwendig ist die konkrete Gefährdung eines wichtigen Rechtsguts (Papier MD 93, 95; Hermes DR 78; anders Gornig MKS 124). Dementsprechend benutzt Abs.4 nicht den Begriff der öffentlichen Ordnung. – **(2)** Von der Überwachung müssen *Erkenntnisse zu erwarten* sein, die es ermöglichen, Maßnahmen zur Vermeidung der Gefahr zu ergreifen. – **(3)** Schließlich ist der Grundsatz der *Verhältnismäßigkeit* zu beachten (Kunig MüK 48; Papier MD 102). Insb. darf kein milderes Mittel zur Abwehr der Gefahr zur Verfügung stehen (allg. dazu Rn.85 zu Art.20). Zudem muss die Maßnahme verhältnismäßig ieS sein (allg. dazu Rn.86f zu Art.20). Daher ist eine Gefährdung hochrangiger Rechtsgüter erforderlich (Ziekow/Guckelberger FH 102; Horn HbStR[3] VII § 149 Rn.96). Die Gefahr einer einfachen Körperverletzung genügt nicht; im Hinblick auf Gefahren für Sachgüter ist eine „gemeine Gefahr" notwendig (BVerfGE 109, 279/379; Fink EH 19). Darüber hinaus verlangt die Verhältnismäßigkeit auch hier eine Befristung (Hermes DR 83; Kunig MüK 48). Schließlich sind die absoluten Grenzen (oben Rn.26) zu beachten (Ziekow/Guckelberger FH 100).

c) Weiterverwertung. Zulässig zur (präventiven) Gefahrenabwehr ge- **31** wonnene Informationen können auch **zu anderen Zwecken,** insb. zur Strafverfolgung verwendet werden, sofern dies ein Gesetz in ausreichend bestimmter Form vorsieht (Papier MD 105, 107) und der Erhebungszweck sowie der geänderte Verwendungszweck miteinander vereinbar sind (BVerfGE 65, 1/51, 62; 100, 313/360). Insb. muss der neue Verwendungszweck die Datenerhebung rechtfertigen (BVerfGE 100, 313/390). Notwendig ist eine besonders genaue Prüfung der Verhältnismäßigkeit (Papier MD 108; vgl. oben Rn.27).

5. Technische Wohnungsüberwachung zur Eigensicherung ermittelnder Amtsträger (Abs.5)

Die technische Wohnungsüberwachung (oben Rn.21) kann gem. Abs.5, **32** abweichend von Abs.4, in akustischer wie in optischer Form (Kunig MüK 49) *durch jede Behörde* (auf gesetzlicher Grundlage) angeordnet werden, wenn es allein um den **Schutz hoheitlich tätiger Personen** geht, die in rechtmäßiger Weise in Wohnungen (auf gesetzlicher Grundlage) tätig sind, unabhängig vom verfolgten Zweck (Stern ST IV/1, 287). Insb. wird der Schutz von verdeckten Ermittlern (dazu oben Rn.10) erfasst (Hermes DR 85; Kunig MüK 49). Der Grundsatz der Verhältnismäßigkeit ist zu beachten (Kunig MüK 50). Zudem sind die absoluten Grenzen (oben Rn.26) auch hier einzuhalten (Ziekow/Guckelberger FH 108). Verfolgt der Einsatz der technischen Mittel auch andere Zwecke, insb. den der Gewinnung von Informationen zur Gefahrenabwehr oder Strafverfolgung, sei es auch in untergeordneter Form, scheidet Abs.5 aus; in diesem Falle müssen die Voraussetzungen des Abs.3 bzw. des Abs.4 gegeben sein (Gornig MKS 140; Ziekow/Guckelberger FH 109). Für die Ermittlungen des verdeckten Ermittlers ist nicht Abs.5, sondern regelmäßig Abs.2 entsprechend anzuwenden (Hermes DR 87; Berkemann AK 183).

33   Die erlangten Informationen dürfen grundsätzlich nur zum Schutze der Einsatzpersonen verwandt werden. Ausnahmsweise ist eine **anderweitige Verwertung** gem. Abs.5 S.2 (nur) zum Zwecke der Strafverfolgung oder der Gefahrenabwehr möglich. Für eine solche Verwertung gelten zunächst die allg. Regeln (oben Rn.27, 31). Darüber hinaus muss die Rechtmäßigkeit der Anordnung, insb. die alleinige Anordnung zum Schutze hoheitlich tätiger Personen (oben Rn.32), von einem Richter vor der Verwertung bestätigt werden. Bei Gefahr im Verzug (dazu oben Rn.19) genügt die unverzügliche Nachholung der richterlichen Bestätigung (vgl. oben Rn.29). Richter iSd Abs.5 S.2 soll bei einer Verwertung zu Strafverfolgungszwecken nur der Spruchkörper des Abs.3 S.3 sein (Gornig MKS 140; Kunig MüK 50).

6. Sonstige Beeinträchtigungen (Abs.7)

34   **a) Anwendungsbereich.** Eingriffe und Beschränkungen iSd Abs.7 sind alle Beeinträchtigungen des Schutzbereichs, die keine Durchsuchungen (oben Rn.14 f) sind (vgl. BVerfGE 32, 54/73) und auch nicht als Überwachung mit Hilfe technischer Mittel (oben Rn.21) eingestuft werden können (Kühne SA 46; Hermes DR 105; Ziekow/Guckelberger FH 116). Dabei dürften „Eingriffe" Einzelakte und „Beschränkungen" (unmittelbar wirkende) Normativakte sein (Berkemann AK 197).

35   **b) Vorbehalt bei Gemeingefahr und Lebensgefahr.** Zur Abwehr einer gemeinen Gefahr oder Lebensgefahr sind gem. Abs.7 Alt.1 Beeinträchtigungen ohne spezialgesetzliche, ausreichend bestimmte und das Zitiergebot beachtende Ermächtigung möglich; ganz ohne gesetzliche Grundlage kann die Exekutive aber auch hier wegen des allgemeinen Gesetzesvorbehalts (Rn.50 Zu Art.20) nicht tätig sein (Pieroth/Schlink 887; Hermes DR 112; a. A. Papier MD 121; Stern SB 82; Kunig MüK 61). Eine Gefahr liegt in der hinreichenden Wahrscheinlichkeit des Schadenseintritts (Ziekow/Guckeberger FH 118). Die gemeine Gefahr betrifft einen unbestimmten Kreis von Personen oder Sachen und kommt an Bedeutung einer Lebensgefahr nahe (Berkemann AK 199; Kunig MüK 61; a. A. Gornig MKS 156), etwa Überschwemmungen oder Brände. Die beiden Alternativen sind eng zu interpretieren. Schließlich muss die Grundrechtsbeeinträchtigung verhältnismäßig sein (Ziekow/Guckelberger FH 118); zu den einzelnen Voraussetzungen Rn. 83–90a zu Art.20.

c) Qualifizierter Gesetzesvorbehalt. aa) Eingriffe und Beschränkun- 36
gen sind weiter gem. Abs.7 Alt.2 zur Verhütung dringender Gefahren zulässig, wenn ein (förmliches) **Gesetz** dies **gestattet.** Die Voraussetzung ist
auch dann erfüllt, wenn eine sonstige Rechtsnorm auf Grund eines ausreichend bestimmten förmlichen Gesetzes die Beschränkung vornimmt
(BVerwGE 37, 283/286; Hermes DR 110; Papier MD 125; Cassardt UC
165). Gewohnheitsrecht genügt dagegen nicht (BVerfGE 32, 54/75; Stern
SB 92). Das Zitiergebot ist zu beachten (Ziekow/Guckelberger FH 119).
Das Gesetz kann relativ allgemein gefasst sein (Ziekow/Guckelberger FH
119). Daher bietet die polizeirechtliche Generalklausel, sofern das Zitiergebot gewahrt ist, eine ausreichende Grundlage (BVerwGE 47, 31/38 f;
121, 345/353; Hermes DR 113; Kunig MüK 68; a.A. Kühne SA 50), die
allerdings im Hinblick auf die unten in Rn.37 beschriebene Voraussetzung der dringenden Gefahr restriktiv zu verstehen ist (vgl. BVerwGE 47,
31/40).

Weiter muss die Beeinträchtigung der Verhütung einer **dringenden Ge-** 37
fahr für die öffentliche Sicherheit und Ordnung dienen. Damit ist die hinreichende Wahrscheinlichkeit eines Schadens an einem vergleichsweise *wichtigen* Rechtsgut gemeint (Hermes DR 111). Das Adjektiv „dringend" betrifft
v.a. Ausmaß und Wahrscheinlichkeit des Schadens (BVerwGE 47, 31/40;
Fink EH 31; Stern SB 91; vgl. BVerfGE 17, 232/251 f; a.A. Papier MD 132)
und weniger den zeitlichen Ablauf (gegen jede Relevanz des zeitlichen As-
pekts BVerwGE 47, 31/40; a.A. Stern ST IV/1, 278; Gornig MKS 159).
Eine bloße Gefährdung der öffentlichen Ordnung im polizeirechtlichen Sinne genügt damit nicht (Hermes DR 110; Kunig MüK 66; Herdegen BK 77;
Papier MD 127). Generell muss die notwendige Wahrscheinlichkeit umso
höher sein, je größer der drohende Schaden ist. Als Beispiele nennt Abs.7
die Behebung der (Wohn-)Raumnot, die Bekämpfung der Seuchengefahr
und den Schutz gefährdeter Jugendlicher. Wegen des Beispielcharakters ist
die Abgrenzung dieser Begriffe wenig bedeutsam. In jedem Falle ist der
Grundsatz der **Verhältnismäßigkeit** (dazu Rn.83–90a zu Art.20) zu wahren (Ziekow/Guckelberger FH 119). Insb. muss das *Verfahren* so gewählt
werden, dass die Beeinträchtigung so gering wie möglich ausfällt (BVerfGE
75, 318/328). So ist an die Möglichkeit einer vorherigen Anhörung zu denken.

bb) Geringer fallen die Anforderungen des Abs.7 aus, ohne dass dies im 38
Wortlaut der Vorschrift zum Ausdruck kommt, wenn es um reine **Be-
triebs-, Geschäfts- und Arbeitsräume** geht. „Je größer ihre Offenheit
nach außen ist und je mehr sie zur Aufnahme sozialer Kontakte für Dritte
bestimmt sind, desto schwächer wird der grundrechtliche Schutz" (BVerf-
GE 97, 228/266; BVerwGE 121, 345/351; Horn HbStR³ VII § 149 Rn.88;
gegen eine Anwendung des Art.13 und für eine Anwendung des Art.2
Abs.1 noch BVerfGE 32, 54/76). Diese Reduzierung des Schrankenvorbe-
halts in Abs.7 ist wegen der weiten Fassung des Schutzbereichs durch das
BVerfG (oben Rn.5) erforderlich. Bedeutung hat das insb. für *behördliche* Be-
sichtigungs- und *Betretungsrechte* im Rahmen etwa des Wirtschaftsverwal-
tungs-, Umwelt- und Arbeitsschutzrechts (Hermes DR 111; Papier MD 15,
20, 144 f): sie sind zulässig, wenn sie auf einem Gesetz beruhen und geeig-

net, erforderlich sowie verhältnismäßig ieS sind (vgl. Ziekow/Guckelberger FH 128). Letzteres verlangt u. a., dass das Betreten und Besichtigen möglichst nur zu Zeiten vorgenommen wird, in denen die Räume normalerweise für die jeweilige geschäftliche oder betriebliche Nutzung zur Verfügung stehen (BVerfGE 32, 54/75 ff). Dazu können Informationspflichten der kontrollierenden Personen gegenüber dem Hausrechtsinhaber kommen (BVerwGE 78, 251/255 ff). Bei Räumen, die auch privat genutzt werden, wird man die Vorgaben des Abs.7 strikt anzuwenden haben (Sachs VR B13 Rn.6). Für (echte) Durchsuchungen gelten die Vorgaben des Abs.2 (oben Rn.14 ff).

Art. 14 [Eigentumsgarantie und Erbrecht]

(1) **Das Eigentum**[7 ff] **und das Erbrecht**[91] **werden gewährleistet. Inhalt und Schranken werden durch die Gesetze bestimmt.**[36 ff, 95]

(2) **Eigentum verpflichtet. Sein Gebrauch soll zugleich dem Wohle der Allgemeinheit dienen.**[1, 35, 42, 50]

(3) **Eine Enteignung**[70 ff] **ist nur zum Wohle der Allgemeinheit**[80 f] **zulässig. Sie darf nur durch Gesetz oder auf Grund eines Gesetzes**[78 f] **erfolgen, das Art und Ausmaß der Entschädigung regelt.**[83 ff] **Die Entschädigung ist unter gerechter Abwägung der Interessen der Allgemeinheit und der Beteiligten zu bestimmen.**[86 ff] **Wegen der Höhe der Entschädigung steht im Streitfalle der Rechtsweg vor den ordentlichen Gerichten offen.**[89]

Übersicht

Literatur: *Grochtmann,* Die Normgeprägtheit des Art. 14 GG, 2. Aufl. 2010; *Schnöckel,* Die gerechte Entschädigung für Enteignungen, DÖV 2009, 703; *Droege,* Die Wiederkehr des Staates − Eigentumsfreiheit zwischen privatem Nutzen und sozialisiertem Risiko, DVBl 2009, 1415; *Weidemann/Krappel,* Der passive Bestandsschutz im Baurecht, NVwZ 2009, 1207; *Bonhage,* Grund und Grenze, 2008; *Osterloh,* Retrospektive bzw. prospektive Kompensation der Folgen rechtmäßigen Hoheitshandelns, in: Hoffmann-Riem/Schmidt-Aßmann/Voßkuhle (Hg.), Grundlagen des Verwaltungsrechts, Bd. III, 2009, § 55; *Papier,* Erbrecht und Verfassung, ErbR 2007, 134; *Grzeszick,* Geistiges Eigentum und Art. 14 GG, ZUM 2007, 344; *Mülbert/Leuschner,* Die verfassungsrechtlichen Vorgaben der Art. 14 GG und Art. 2 Abs. 1 GG für die Gesellschafterstellung, ZHR 2006, 615; *Dietlein,* Die Eigentumsfreiheit und das Erbrecht, ST IV/1, 2006, 113; *Jarass,* Die enteignungsrechtliche Vorwirkung bei Planfeststellungen, DVBl 2006, 1329; *Bredt,* Eigentumsschutz und Generationenausgleich in der Rentenversicherung, DVBl 2006, 871; *Wernsmann,* Die Steuer als Eigentumsbeeinträchtigung?, NJW 2006, 1169; *Gurlit,* Die Reform der Rentenversicherung im Lichte der Eigentumsgarantie des Art. 14 GG, VSSR 2005, 45; *Papier,* Der Stand des verfassungsrechtlichen Eigentumsschutzes, in: Depenheuer (Hg.), Eigentum, 2005, 93; *Jochum/Durner,* Grundfälle zu Art. 14 GG, JuS 2005, 220, 320, 412; *Appel,* Entstehungsschwäche und Bestandsstärke des verfassungsrechtlichen Eigentums, 2004; *Schmidt-Aßmann,* Der Schutz des Aktieneigentums durch Art. 14 GG, FS Badura, 2004, 1009; *Dolde,* Die Eigentumsdogmatik des Bundesverwaltungsgerichts, in: Schmidt-Aßmann (Hg.), Festgabe 50 Jahre BVerwG, 2003, 305; *Bartelsperger,* Die öffentlichrechtliche Eigentumsbeschränkung im situationsbedingten Gemeinschaftsinteresse, DVBl 2003, 1473; *Kischel,* Wann ist die Inhaltsbestimmung ausgleichspflichtig?, JZ 2003, 604; *Sellmann,* Die eigentumsrechtliche Inhalts- und Schrankenbestimmung, NVwZ 2003, 1417; *Lenze,* Die Rentenanpassung unter dem Eigentumsschutz, NJW 2003, 1428; *v. Arnauld,* Enteignender und enteignungsgleicher

Eingriff heute, VerwArch 2002, 394; *Herdegen,* Garantie von Eigentum und Erbrecht, in: FS 50 Jahre BVerfG, 2001, Bd. II, 273; *Hendler,* Zur Inhalts- und Schrankenbestimmung des Eigentums, FS Maurer, 2001, 127; *Wilhelm,* Zum Enteignungsbegriff des BVerfG, JZ 2000, 905; *Külpmann,* Enteignende Eingriffe?, 2000; *Jarass,* Inhalts- und Schrankenbestimmung oder Enteignung?, NJW 2000, 2841; *Hösch,* Eigentum und Freiheit, 2000; *König,* Kriterien für die Begründung der Ausgleichspflicht bei Inhalts- und Schrankenbestimmungen des Eigentums, DVBl 1999, 954; *Sieckmann,* Zum verfassungsrechtlichen Eigentumsschutz im deutschen und britischen Recht, 1998; *Rozek,* Die Unterscheidung von Eigentumsbindung und Enteignung, 1998; *Ossenbühl,* Staatshaftungsrecht, 5. Aufl. 1998; *Wolter,* Vom Volkseigentum zum Privateigentum, 1998; *Jaschinski,* Der Fortbestand des Anspruchs aus enteignendem Eingriff, 1997; *Jarass,* Sicherung der Rentenfinanzierung und Verfassungsrecht, NZS 1997, 545; *Ibler,* Die Eigentumsdogmatik und die Inhalts- und Schrankenbestimmungen iSv Art.14 Abs.1 S.2 GG im Mietrecht, AcP 1997, 565; *Eschenbach,* Die Enteignung, Jura 1997, 519; *Breuer,* Naturschutz, Eigentum und Entschädigung, NuR 1996, 537; *Thormann,* Abstufungen in der Sozialbindung des Eigentums, 1996; *Eschenbach,* Der verfassungsrechtliche Schutz des Eigentums, 1996; *Badura,* Eigentum, HbVerfR, 1995, § 10; *Bull,* Vom Eigentums- zum Vermögensschutz – Ein Irrweg, NJW 1996, 281; *Lege,* Zwangskontrakt und Güterdefinition, 1995; *Rennert,* Eigentumsbindung und Enteignung nach der höchstrichterlichen Rechtsprechung, VBlBW 1995, 41; *Burgi,* Die Enteignung durch „teilweisen" Rechtsentzug, NVwZ 1994, 527; *Kraft,* System der Klassifizierung eigentumsrelevanter Regelungen, BayVBl 1994, 97; *Engel,* Eigentumsschutz für Unternehmen, AöR 1993, 169; *Heinz/Schmitt,* Vorrang des Primärrechtsschutzes und ausgleichspflichtige Inhaltsbestimmung des Eigentums, NVwZ 1992, 513; *Ehlers,* Eigentumsschutz, Sozialbindung und Enteignung bei der Nutzung von Boden und Umwelt, VVDStRL 51 (1992), 211; *Sass,* Art.14 GG und das Entschädigungserfordernis, 1992; *Kleinlein,* Die ausgleichspflichtige Inhaltsbestimmung, DVBl 1991, 365; *Osterloh,* Eigentumsschutz, Sozialbindung und Enteignung bei der Nutzung von Boden und Umwelt, DVBl 1991, 906; *Maurer,* Der enteignende Eingriff und die ausgleichspflichtige Inhaltsbestimmung des Eigentums, DVBl 1991, 781; *Kutschera,* Bestandsschutz im öffentlichen Recht, 1990; *Leisner,* Eigentum, HbStR VI, 1989, § 149; *Leisner,* Erbrecht, HbStR VI, 1989, § 150. – S. auch Literatur zu Art.34.

A. Eigentumsgarantie

I. Bedeutung, Systematik, Abgrenzung

1. Bedeutung, Systematik, Institutsgarantie

a) Grundsätzliche Bedeutung. Die Eigentumsgarantie des Art.14 ist **1** „ein elementares Grundrecht"; zudem ist sie „eine Wertentscheidung ... von besonderer Bedeutung" (BVerfGE 14, 263/277; 102, 1/15; Berkemann UC 39). Sie „soll dem Grundrechtsträger einen Freiraum im vermögensrechtlichen Bereich" erhalten „und dem Einzelnen eine eigenverantwortliche Gestaltung seines Lebens ermöglichen" (BVerfGE 83, 201/208; 97, 350/371; 102, 1/15, 292/303f). Sie steht in engem Zusammenhang mit der persönlichen Freiheit (BVerfGE 24, 367/389; vgl. E 100, 226/241; 102, 1/15, 17). Dies gilt auch für die wirtschaftliche Betätigungsfreiheit (BVerfGE 78, 58/73f; BVerwGE 81, 329/341). Art.14 beschränkt sich folglich nicht auf das persönliche Eigentum, sondern erfasst jedes Eigentum (Wendt SA 5;

Axer EH 3; s. allerdings unten Rn.43). Ein vergleichbares Recht findet sich in Art.17 GRCh und in Art.1 EMRK-ZP.

2 **b) Zwei Teilbereiche.** Art.14 enthält zwei verschiedene Teilbereiche (BVerfGE 52, 1/27f; 100, 226/239ff; 102, 1/15; Berkemann UC 52f): − **(1)** Die Vorgaben des Abs.1, 2 betreffen die **Inhalts- und Schrankenbestimmung** des Gesetzgebers (näher unten Rn.36) und die **sonstigen Eigentumseingriffe** ohne Enteignungscharakter (näher unten Rn.49). Sie schützen den Bestand des Eigentums in der Hand des Eigentümers; in bestimmten Fällen besteht (lediglich) eine begrenzte Wertgarantie (unten Rn.46). *Abs.2* enthält keine unmittelbar geltenden Pflichten für den Eigentümer (str.; unten Rn.50), sondern lediglich einen Auftrag an den Gesetzgeber, dem Eigentümer die im Interesse Dritter und der Allgemeinheit gebotenen Schranken zu setzen (unten Rn.35). − **(2)** Abs.3 regelt demgegenüber den Fall der **Enteignung** (näher unten Rn.70−77a). Abs.3 S.1 bestimmt, wann eine Enteignung überhaupt zulässig ist und bietet damit, zusammen mit Abs.1, dem Eigentümer einen Bestandsschutz. Für den Fall, dass eine Enteignung zulässig ist, bietet Abs.3 S.2−4 einen Wertschutz (vgl. BVerfGE 24, 367/397; 56, 249/260f).

3 Soweit Art.14 eine **(Wert)-Entschädigung** gebietet (oben Rn.2), bedeutet dies, dass Eigentumsbeeinträchtigungen nur rechtmäßig sind, wenn der Gesetzgeber eine Entschädigung gewährt. Dagegen folgt aus Art.14 in keinem Bereich ein unmittelbarer Entschädigungsanspruch, auch nicht in analoger Anwendung (unten Rn.54, 84).

4 **c) Institutsgarantie.** Art.14 enthält nach hA eine **Institutsgarantie** für das Privateigentum: Sachbereiche, die zum elementaren Bestand grundrechtlich geschützter Betätigung im vermögensrechtlichen Bereich gehören, dürfen nicht der Privatrechtsordnung entzogen werden (BVerfGE 24, 367/389; 58, 300/339; Dietlein ST IV/1, 2139; krit. Bryde MüK 32). Das steht in gewissem Widerspruch zur Erstreckung der Eigentumsgarantie auf öffentlich-rechtliche Positionen (unten Rn.11). Auch ist öffentlich-rechtliches Eigentum nicht generell unzulässig (BVerfGE 24, 367/388f; 58, 300/339). Im Übrigen ist die praktische Relevanz der Institutsgarantie kaum auszumachen (vgl. Papier MD 39; Sieckmann FH 85; Pieroth/Schlink 952); in der Rspr. des BVerfG zu Art.14 wird der Begriff der Institutsgarantie seit längerem eher vermieden. Folgen können ihr zukommen, soweit sie als Schutz- und Ausgestaltungspflicht verstanden wird (dazu unten Rn.34).

2. Abgrenzung zu anderen Verfassungsnormen

5 Durch Art.14 geschützte Vermögensrechte werden häufig bei der Ausübung von Freiheitsrechten eingesetzt, etwa bei der beruflichen Betätigung, bei der Führung von Presseunternehmen, bei der Gründung von Vereinen etc. Steht in dem betreffenden Fall die Ausübung des Freiheitsrechts bzw. dessen Begrenzung im Vordergrund, tritt Art.14 zurück (BVerfGE 121, 317/345; vgl. Pieroth/Schlink 915; Bryde MüK 13), wie das insb. für das Verhältnis zu Art.12 Abs.1 weitgehend anerkannt ist (näher dazu Rn.3 zu Art.12). Ein Rauchverbot beeinträchtigt nicht das Eigentum an Zigaretten oder das durch Art.14 geschützte Hausrecht (BVerfGE 121, 317/344f), eine

Geschwindigkeitsbeschränkung nicht das Eigentum an Kraftfahrzeugen (Berkemann UC 83); einschlägig ist jeweils die allgemeine Handlungsfreiheit (Rn.9 zu Art.2). Die Gehalte der Eigentumsgarantie können evtl. bei der Prüfung des Freiheitsrechts mitberücksichtigt werden. Art.14 kommt dagegen zum Tragen, wenn die vermögenswerten Aspekte dominieren (Axer EH 29; vgl. etwa Rn.107 zu Art.5) und die sonstigen Voraussetzungen des Art.14 gegeben sind. Begründen ließe sich dies auch dadurch, dass man, ähnlich wie im Bereich der Berufsfreiheit (Rn.15 zu Art.12), eine eigentumsregelnde Tendenz verlangt, die gegeben ist, wenn die Regelung allein Eigentümer betrifft. Für vermögenswerte Rechte der Beamten ist allein Art.33 Abs.5 einschlägig (unten Rn.14). Für Gesetze mit unechter Rückwirkung enthält Art.14 eine abschließende Regelung (Rn.75 zu Art.20).

II. Schutzbereich

Art.14 schützt fast alle vermögenswerten Rechtspositionen (unten Rn.7– **6** 17). Der Schutz kommt dabei der Innehabung, Nutzung und Verfügung zugute (unten Rn.18–20), konkretisiert durch die gesetzliche Ausgestaltung und beschränkt auf gesicherte Rechtspositionen (unten Rn.21–26).

1. Schutzfähige Rechtspositionen

a) Allgemeines. Als eigentumsfähige Position ist grundsätzlich jedes vom **7** Gesetzgeber gewährte **(konkrete) vermögenswerte Recht** einzustufen (BVerfGE 24, 367/396; 53, 257/290; 58, 300/336; Papier MD 55; Bryde MüK 59), jedenfalls wenn es durch Entfaltung des Leistungswillens entstanden ist (BVerfGE 31, 229/240 f; 51, 193/218). Keine Rolle spielt, ob es ein dingliches oder sonstiges absolutes Recht ist, das gegenüber jedermann wirkt, oder eine bloße Forderung (BVerfGE 83, 201/208; unten Rn.8). Im Einzelnen bestehen gewisse Unterschiede, je nachdem, um welche Art von Rechtspositionen es sich handelt (unten Rn.8–17). Nicht geschützt wird hingegen „das **Vermögen als solches**" (BVerfGE 78, 232/243; 91, 207/ 220; 95, 267/300; BVerwGE 98, 280/291; BFHE 163, 162/174; BGHZ 83, 190/194 f; BSGE 60, 134/145; Papier MD 42, 160; Bryde MüK 23; Sieckmann FH 53); zu den daraus resultierenden Folgen für Abgaben unten Rn.32a.

b) Privatrechtliche Positionen. aa) Zu den schutzfähigen Rechtspositi- **8** onen iSd Art.14 gehören alle vermögenswerten Rechte, die das bürgerliche Recht einem privaten Rechtsträger als Eigentum zuordnet (BVerfGE 70, 191/199), die durch privatrechtliche Normen dem Einzelnen so „zugeordnet sind, dass er die damit verbundenen Befugnisse nach eigenverantwortlicher Entscheidung zu seinem privaten Nutzen ausüben darf" (BVerfGE 112, 93/107; 97, 350/371; 123, 186/258). Darunter fallen neben dem Eigentum iSd Zivilrechts auch alle anderen dinglichen Rechte. Des Weiteren werden alle Ansprüche und Forderungen des privaten Rechts erfasst (BVerfGE 68, 193/222; 83, 201/208 f; 112, 93/107; BGHZ 160, 197/200. Erfasst werden auch Rechte, deren Ausübung sich „in einem einmaligen Vorgang erschöpft" (BVerfGE 83, 201/210) sowie die vermögenswerten Aspekte des geistigen Eigentums (BVerfGE 31, 229/238 ff; Wieland DR 59). Auf eine Eigenleistung kommt es bei privaten Eigentumsrechten grundsätzlich nicht an (BVerfGE 114, 1/58; a. A. Berkemann UC 124; vgl. unten Rn.44).

9   **Im Einzelnen** gehören dazu Hypotheken, Grundschulden, die Rechte als Mitglied einer Gesamthandsgemeinschaft (BVerfGE 24, 367/384), das in einer Aktie verkörperte Anteilseigentum (BVerfGE 14, 263/276; 100, 289/301), die Mitgliedschaft in einem Versicherungsverein auf Gegenseitigkeit (BVerfGE 114, 1/56 f), der Anspruch auf Versorgungsausgleich (BVerfGE 83, 182/199), das Eigentum an Produktionsmitteln (Jarass, Wirtschaftsverwaltungsrecht, 3. A. 1997, § 3 Rn.34; vgl. Art.15), Bergbaurechte (BVerfGE 77, 130/136), Vorkaufsrechte (BVerfGE 83, 201/210 f), jedenfalls nach Eintritt des Vorkaufsfalles, das Urheberrecht hinsichtlich seiner vermögenswerten Aspekte (BVerfGE 31, 229/238 ff; 77, 263/270; 79, 1/25; vgl. Art.27 Abs.2 AEMR), Patentrechte (BVerfGE 36, 281/290), das Recht am Warenzeichen bzw. an Marken (BVerfGE 51, 193/217; Wieland DR 60), das Ausstattungsrecht (BVerfGE 78, 58/71), Leistungsschutzrechte (BVerfGE 81, 208/219), private Fischereirechte (BVerfGE 70, 191/199), das Jagdausübungsrecht (BGHZ 84, 261/264) und das Besitzrecht des Mieters (BVerfGE 89, 1/5 f; BVerfG-K, NJW 00, 2659; Wendt SA 24; Dietlein ST IV/1, 2198 f; Bryde MüK 14; a. A. Depenheuer MKS 153 ff) oder Pächters (BVerwGE 133, 118 Rn.15). Geschützt werden auch die Ansprüche aus einem Lebensversicherungsvertrag vor der Zuteilung (BVerfGE 114, 1/38). Privatrechtliche Rechtspositionen, die der Staat in Wahrnehmung öffentlicher Aufgaben einräumt, etwa die Gewährung zinsverbilligter Kredite, sind wie öffentlich-rechtliche Positionen (unten Rn.11–13) zu behandeln (BVerfGE 88, 384/401; BGHZ 92, 94/105). Zu durch ausländisches Recht konstituiertem Eigentum unten Rn.17.

10   **bb)** Nicht eindeutig ist die Situation beim Recht am **eingerichteten und ausgeübten Gewerbebetrieb,** das auch Landwirten (BGHZ 92, 34/37; 175, 35 Rn.24) und freien Berufen zugute kommt (BGHZ 81, 21/33; Axer EH 53; Papier MD 98). Das BVerfG hat die Anwendbarkeit von Art.14 offen gelassen (BVerfGE 77, 84/118; 81, 208/227 f; 96, 375/397; 105, 252/278; ebenso BVerwGE 118, 226/241), während sonst die Anwendbarkeit ganz überwiegend bejaht wird (BGHZ 92, 34/37; BGH, DVBl 01, 1671; Papier MD 95 ff; Dietlein ST IV/1, 2191; diff. Bryde MüK 19; gegen einen Schutz Wieland DR 52; Berkemann UC 146), sofern es um die Substanz dieses Rechts geht (BGHZ 161, 305/312). Wird allerdings eher in die Freiheit der individuellen Erwerbs- und Leistungstätigkeit eingegriffen, so ist nicht der Schutzbereich des Art.14, sondern der des Art.12 betroffen (BGHZ 161, 305/312; Rn.3 zu Art.12). Das einfachgesetzliche Recht am eingerichteten und ausgeübten Gewerbebetrieb deckt auch Berechtigungen ab, bei denen es primär um den Schutz des Art.12 geht. Art.14 bietet „nur Bestandsschutz, nicht Erwerbsschutz" (BGHZ 98, 341/351; 92, 34/46; BVerwGE 95, 341/348 f). Mit diesen Maßgaben ist der Schutz des Rechts am eingerichteten und ausgeübten Gewerbebetrieb zu bejahen, doch ist die Reichweite des Schutzes deutlich begrenzt (unten Rn.25 f). Endlich ist allein der rechtmäßig

eingerichtete und ausgeübte Gewerbebetrieb geschützt; insb. müssen eventuelle Genehmigungen eingeholt worden sein (BVerwGE 66, 301/303 ff; Depenheuer MKS 134; Becker SB 70).

c) Öffentlich-rechtliche Positionen. aa) Ein vermögenswertes subjek- 11
tives Recht öffentlich-rechtlicher Natur wird nur dann von Art.14 geschützt, wenn es „dem einzelnen eine Rechtsposition verschafft, die derjenigen des Eigentümers entspricht" (BVerfGE 53, 257/289; 88, 384/401; BGHZ 92, 94/106). Gleiches gilt für verwaltungsprivatrechtliche Positionen (oben Rn.9). Für die Abgrenzung kommt es wesentlich darauf an, ob das Recht dem Inhaber „nach Art eines Ausschließlichkeitsrechts zugeordnet ist" (BVerfGE 72, 175/195; 69, 272/300). Darüber hinaus muss die Position „auf nicht unerheblichen **Eigenleistungen** beruhen" (BVerfGE 72, 9/18 f; 92, 365/405; 97, 271/284; 116, 96/121; Jarass, NZS 97, 545 f); unschädlich ist, wenn die Rechtsposition (nur) überwiegend auf staatlicher Gewährung beruht (BVerfGE 69, 272/301; vgl. aber unten Rn.44). Leistungen Dritter zugunsten des Rechtsinhabers sind einzubeziehen (BSGE 86, 262/266 f; Papier MD 141). Nicht unter Art.14 fallen dagegen Ansprüche, die der Staat in Erfüllung seiner Fürsorgepflicht einräumt, ohne dass der Einzelne eine den Eigentumsschutz rechtfertigende Leistung erbringt (BVerfGE 53, 257/291 f; 72, 175/193; 100, 1/33; Sieckmann FH 47), etwa ein beitragsfreier Krankenversicherungsschutz im Rentenfall (BVerfGE 69, 272/307 f). Gleiches gilt für alle *Ermessensleistungen* (BVerfGE 63, 152/174; 69, 272/301; BSGE 50, 149/150). Wo öffentlich-rechtliche Vorschriften keine subjektiven Rechte vermitteln, kann ihre Nichtbeachtung auf keinen Fall Art.14 beeinträchtigen; dies spielt etwa bei EU-Marktordnungen eine Rolle (BVerfGE 45, 142/171).

bb) Bedeutung hat das zunächst für **sozialrechtliche Ansprüche.** In der 12
Sozialversicherung müssen vermögenswerte Positionen auf nicht unerheblichen Eigenleistungen beruhen und zudem der Existenzsicherung dienen (BVerfGE 69, 272/301, 304; 76, 220/235; 92, 365/405; 112, 368/396; BSGE 69, 76/77 f; a.A. Depenheuer MKS 182 ff); warum es hier auf die Existenzsicherung ankommen soll, ist allerdings nicht recht ersichtlich (Sachs B14 Rn.13; Sieckmann FH 47; Jarass, NZS 97, 546 f). Art.14 schützt dementsprechend Renten der Sozialversicherung (BVerfGE 58, 81/109; 76, 256/293), einschließlich der Anwartschaften (BVerfGE 95, 143/160; 100, 1/32; 117, 272/292; 122, 151/180; BSGE 60, 158/162; Jarass, NZS 97, 545; diff. BGHZ 174, 127 Rn.40 ff; Papier MD 155 f) sowie der Kinderzuschüsse (BSGE 60, 18/27; Wendt SA 34). Erfasst werden auch Kriegsopferrenten (BSGE 73, 41/42). Ob die Anpassung von Renten geschützt ist, blieb offen (BVerfGE 64, 87/97; 100, 1/44; teilw. bejahend BSGE 90, 11/21). Geschützt werden das Unterhalts- und das Übergangsgeld (BVerfGE 76, 220/235). Gleiches gilt für Anwartschaften auf das Arbeitslosengeld (BVerfGE 74, 203/213; 92, 365/405) oder auf Erwerbs- und Berufsunfähigkeitsrenten (BVerfGE 75, 78/96 f), also Renten wegen Erwerbsminderung. *Nicht unter Art.14* fallen Renten nach dem FremdrentenG (BVerfGE 116, 96/121), wohl aber die in der DDR erworbenen Rentenansprüche, die als Rechtspositionen der gesamtdeutschen Rechtsordnung anerkannt wurden

(unten Rn.17). Nicht geschützt werden des Weiteren Hinterbliebenenrenten (BVerfGE 97, 271/284f; BSGE 87, 88/94; a. A. Papier MD 143), Leistungen nach dem LAG (BVerfGE 11, 64/70f; 32, 111/128), das *Kindergeld* (BSG, NJW 87, 463) oder Wiedergutmachungsansprüche, auch wenn sie in Form eines Rückübertragungsanspruchs auftreten (BVerwGE 98, 147/150f). Zur Abwicklung von *Kriegs-* und *Kriegsfolgeschäden* sowie von Verbindlichkeiten der DDR unten Rn.66. -

13   Geschützt wird der Anspruch auf Erstattung zu viel gezahlter **Steuern** (BVerfGE 70, 278/285). Gesetzlich vorgesehene **Ansprüche auf Subventionen** werden mangels Eigenleistung nicht erfasst (BVerfGE 97, 67/83), selbst wenn die Subvention privatrechtlich abgewickelt wird (BVerfGE 88, 384/401f). Dies gilt auch für eine Steuerverschonung (BVerfGE 105, 17/32). Nicht geschützt wird etwa der Anspruch auf Wohnbauprämie (BVerfGE 48, 403/413) oder auf ein zinsverbilligtes Darlehen (BVerfGE 72, 175/193ff; BGHZ 92, 94/106f). Auch staatliche **Genehmigungen** sind mangels eigener Leistung für sich keine durch Art.14 geschützte Position (BGHZ 108, 364/371 für Taxikonzession; anders wohl BGHZ 81, 21/33f; BSGE 58, 18/26; offen gelassen von BVerfGE 17, 232/247f; BGHZ 97, 204/209f); im Vertrauen auf die Genehmigung vorgenommene Investitionen werden gegen eine nachträgliche Entwertung geschützt, soweit der Unternehmer auf Grund der einfachgesetzlichen Rechtslage auf den Fortbestand der Genehmigung vertrauen konnte. Dies gilt etwa für ein Leitungsrecht (BGH, NVwZ-RR 08, 736f). Werden die Investitionen obsolet (etwa eine Anlage wird stillgelegt), dürfte ein Entzug der Genehmigung die Eigentumsgarantie nicht tangieren.

14   **cc)** Für vermögensrechtliche Ansprüche von Angehörigen des **öffentlichen Dienstes,** die sich aus einem öffentlich-rechtlichen Dienstverhältnis ergeben, wird Art.14 durch Art.33 Abs.5 verdrängt (BVerfGE 67, 1/14; 71, 255/270f; 76, 256/294; BSGE 58, 1/6). Die Reichweite des Schutzes stimmt mit der des Art.14 weitestgehend überein (BVerfGE 16, 94/115; 39, 196/200; BSGE 55, 268/274). Wo Art.33 Abs.5 ausnahmsweise nicht eingreift, kommt Art.14 wieder zum Tragen, wie etwa bei Berufssoldaten (BVerfGE 16, 94/116; 65, 141/147; 83, 182/195) oder bei besonderen Hochschullehrerbezügen (BVerfGE 35, 23/31), ohne dass sich an der Schutzintensität etwas ändert (BVerfGE 76, 256/294).

15–16   (unbesetzt)

17   **d) Durch DDR-Recht oder ausländisches Recht gewährte Positionen.** Rechtspositionen, die auf früherem DDR-Recht beruhen, werden geschützt, soweit sie im Einigungsvertrag oder später als gesamtdeutsche Rechtspositionen anerkannt wurden. Dies gilt insb. für Rentenanwartschaften (BVerfGE 100, 1/33ff; 112, 368/396; 116, 96/123). Werden zunächst anerkannte Positionen später eingeschränkt, liegt eine Eigentumsbeeinträchtigung vor (BVerfGE 100, 138/184). Die Rechtsposition iSd Art.14 kann auch durch ausländisches Recht, insb. durch EU-Recht, im Rahmen des ordre public konstituiert werden (BVerfGE 45, 142/169; 101, 239/258). Zum FremdrentenG oben Rn.12.

2. Geschützte Aspekte

a) Innehabung, Nutzung, Verfügung. „Eigentum ist durch Privatnüt- **18** zigkeit und die grundsätzliche Verfügungsbefugnis des Eigentümers über den Eigentumsgegenstand gekennzeichnet" (BVerfGE 104, 1/8). Geschützt ist der Bestand der Eigentumsposition in der Hand des Eigentümers und die Nutzung der Position (BVerfGE 88, 366/377; 98, 17/35; 101, 54/75; BGHZ 157, 144/147) sowie deren Veräußerung bzw. die Verfügung über sie (BVerfGE 50, 290/339; 52, 1/30 f; 91, 294/308; BVerwGE 92, 322/327). Erfasst wird auch die Überlassung zur Nutzung an Dritte, insb. gegen Entgelt (BVerfGE 98, 17/35 f). Zu Einschränkungen unten Rn.21–26. Soweit die Nutzung des Eigentums gleichzeitig die Ausübung eines anderen Freiheitsrechts darstellt, kann dieses vorgehen (oben Rn.5). Nicht erfasst wird der Erwerb der Eigentumsposition; insoweit kommt Art.2 Abs.1 zum Tragen (Papier MD 225; Wendt SA 43; Wernsmann, NJW 06, 1170; Wieland DR 182; teilw. a.A. Berkemann UC 220). Dagegen dürften Erwerbsaussichten erfasst sein, wenn sie rechtlich gesichert sind (vgl. allerdings BVerfG-K, NVwZ 02, 1232 f). Weiter werden betriebsbezogene Daten geschützt, soweit sie bereits zu einem Vermögenswert geworden sind (Breuer HbStR VI § 148 Rn.27; vgl. BVerfGE 77, 1/46; BVerwGE 115, 319/325 f; 125, 40 Rn.7). Geschützt wird auch das Recht, den Eigentumsgegenstand nicht zu nutzen oder nicht darüber zu verfügen.

Geschützt ist des Weiteren das Recht des Eigentümers, seine Eigentümer- **19** interessen im **Verwaltungs- und Gerichtsverfahren** effektiv zu vertreten und gegenüber anderen durchsetzen zu können (vgl. BVerfGE 35, 348/361; 45, 297/322; 51, 150/156; BVerwGE 81, 329/341 ff; Bryde MüK 37). Dies vermittelt dem Grundrecht eine leistungsrechtliche Komponente (Papier MD 45; Dietlein ST IV/1, 2290). Es besteht ein Anspruch auf „faire Verfahrensführung" (BVerfG-K, EuGRZ 05, 433), auf ein faires Verfahren. Richtigerweise dürfte allerdings, jedenfalls soweit es unmittelbar oder mittelbar um Rechtsschutz geht, der Garantie des Art.19 Abs.4 bzw. dem allg. Justizgewährungsanspruch (Rn.91 zu Art.20) der Vorrang zukommen (so für Art.19 Abs.4 Papier MD 46). Andernfalls müsste man auch allen anderen Grundrechten eine Rechtsschutzgewährleistung entnehmen. Eine Klagefrist für einen Entschädigungsanspruch muss durch die Erhebung von Rechtsbehelfen des Primärrechtsschutzes gehemmt oder unterbrochen werden (BVerfG-K, NVwZ 99, 1329 f). Ausschlussfristen sind möglich, wenn sie nicht zu unzumutbaren Belastungen führen (vgl. BVerfGE 70, 278/285 f; unten Rn.61).

b) Kein Schutz des Tauschwerts. Der Tauschwert vermögenswerter **20** Rechte unterfällt (für sich genommen) nicht dem Schutzbereich der Eigentumsgarantie (BVerfGE 105, 17/30). Dementsprechend bietet Art.14 bei Geldforderungen keinen Schutz gegen die Geldentwertung (BVerfGE 97, 350/371; Bryde MüK 24; Berkemann UC 238; Depenheuer MKS 158; a.A. Papier MD 184 ff).

3. Reichweite der Rechtspositionen

a) Prägung durch geltendes Recht. Wieweit die durch Art.14 ge- **21** schützte Rechtsposition reicht, ergibt „sich aus der Gesamtheit der verfassungsmäßigen Gesetze bürgerlichen und öffentlichen Rechts" (BVerfGE 74, 129/148; 58, 300/335 f; ähnlich BGHZ 128, 220/226). Art.14 ist in besonderem Maße durch die Rechtsordnung geprägt (Becker SB 11; vgl. BVerfGE 112, 1/20 f). Eine das Eigentum beschränkende Regelung stellt danach für bestehende Rechtspositionen einen Eigentumseingriff dar, für künftig entstehende Eigentumspositionen wird dagegen der Schutzbereich zurückgenommen (Ausgestaltung bzw. Prägung), mit der Folge, dass es insoweit an einem Eigentumseingriff fehlt (BVerfGE 58, 300/336; Pieroth/Schlink 920; vgl. aber auch unten Rn.36). Vorgaben für künftige Positionen können sich allerdings aus der Institutsgarantie (Papier MD 9) bzw. aus der Schutzfunktion des Eigentums ergeben (unten Rn.33 f). Eigentum, das „nicht nach materiell-rechtsstaatlichen Grundsätzen erworben worden ist", wird nicht durch Art.14 geschützt (BVerwGE 92, 196/205).

22   **b) Gesicherte Rechtsposition.** Art.14 „gewährleistet nur Rechtspositionen, die einem Rechtssubjekt bereits zustehen" (BVerfGE 78, 205/211; 68, 193/222; 95, 173/187 f). Geschützt wird allein der konkret vorhandene Bestand. In der Zukunft liegende **Chancen** und **Verdienstmöglichkeiten** werden nicht geschützt (BVerfGE 68, 193/222; 74, 129/148; 78, 205/211; 105, 252/277; BGHZ 132, 181/187), desgleichen bloße Erwartungen (BVerfGE 97, 67/77); insoweit sind die Freiheitsrechte, insb. Art.12 einschlägig (oben Rn.5, 10 und Rn.3 zu Art.12). Nicht geschützt werden etwa Gewinnerwartungen eines Gesellschafters (BVerfGE 102, 197/211). Gleiches gilt für die (rechtlich nicht gesicherte) Erwartung auf den Fortbestand eines Vertragsverhältnisses (BGHZ 117, 236/237) oder anderer äußerer Umstände, insb. einer günstigen Gesetzeslage. Chancen und Aussichten werden jedoch *geschützt,* wenn auf ihre Verwirklichung ein rechtlich gesicherter Anspruch besteht (BGHZ 123, 166/169; 125, 293/299). Entsprechendes gilt für **Nutzungsmöglichkeiten.**

23   Die bloße **Ermächtigung zu Beschränkungen** durch Ermessensentscheidungen begrenzt idR noch nicht den Bestand (Papier MD 106; Nüßgens/Boujong o. Lit. 97; a.A. BVerwG, NVwZ-RR 94, 494). Potentielle Beschränkungsmöglichkeiten beeinflussen allerdings die Beurteilung der Rechtmäßigkeit einer Eigentumsbeeinträchtigung (unten Rn.51).

24   **c) Insb. Reichweite des Grundeigentums.** Art.14 schützt das Recht, ein „*Grundstück* im Rahmen der Gesetze *zu bebauen*" (BVerfGE 35, 263/276; 104, 1/11; BVerwGE 106, 228/234). Das Recht, zu bauen, muss also nicht verwaltungsrechtlich verliehen werden, sondern ist herkömmlich mit dem Grundeigentum jedenfalls in bestimmten Lagen verbunden (vgl. Papier MD 57; Leisner, HbStR VI § 149 Rn.104; Wendt SA 46; a.A. Wieland DR 40). Das hat Folgen für den Bestandsschutz von Gebäuden (unten Rn.59). Andererseits besteht die Baufreiheit „nur nach Maßgabe des einfachen Rechts" (BVerwGE 106, 228/234; 120, 130/137). Bestehen gegen die gesetzliche Grenzziehung verfassungsrechtliche Bedenken, ist eine Vorlage gem. Art.100 Abs.1 notwendig (BVerwGE 106, 228/235); unmittelbar auf Art.14 kann damit das Bebauungsrecht regelmäßig nicht gestützt werden (vgl. zur sog. eigentumskräftig verfestigten Anspruchsposition unten Rn.59). Das Grundeigentum erfasst nicht das *Grundwasser* (BVerfGE 58, 300/336 f).

d) Insb. Reichweite des Eigentums an Wirtschaftsbetrieben. So- 25
weit das Recht des eingerichteten und ausgeübten Gewerbebetriebs überhaupt von Art.14 erfasst wird (oben Rn.10), wird allein die „Substanz" der
Sach- und Rechtsgesamtheit geschützt (BVerwGE 95, 341/348f; 118, 226/
241). Weiter erfasst Art.14 nicht die „allgemeinen Gegebenheiten und Chancen, innerhalb derer der Unternehmer seine Tätigkeit entfaltet" und „die
keinen Bezug zu einem bestimmten einzelnen Gewerbebetrieb haben", auch
wenn sie für das Unternehmen und seine Rentabilität von erheblicher Bedeutung sind oder die Folge einer bestimmten Rechtslage darstellen (BGHZ
78, 41/44f; Wendt SA 47; ähnlich BVerfGE 45, 142/173; 105, 252/278;
Papier MD 99f). Geschützt ist „nur das Recht auf Fortsetzung des Betriebes
im bisherigen Umfange nach den schon getroffenen betrieblichen Maßnahmen" (BGHZ 98, 341/351; BVerwGE 95, 341/349). Nicht geschützt sind
künftige Verdienstmöglichkeiten und in der Zukunft liegende Chancen
(BVerfGE 30, 292/335; 95, 173/187f; BVerwGE 95, 341/349; Papier MD
100; diff. Bryde MüK 21), insb. die „tatsächliche Absatzmöglichkeit" (BVerf-
GE 105, 252/278). Gleiches gilt für die „Erwartung, dass ein Unternehmen
auch in Zukunft rentabel betrieben werden kann" (BVerfGE 110, 274/290)
oder dass Subventionen weiter gewährt werden (BVerwGE 126, 33 Rn.76).
Auch bestehende Geschäftsbeziehungen und der erworbene Kundenstamm
werden (als solche) nicht erfasst (BVerfGE 77, 84/118; BSGE 67, 251/255;
Wieland DR 50; a.A. Papier MD 95; Wendt SA 48). Anders ist dies nur,
soweit auf die Verwirklichung der Möglichkeiten ein *rechtlich gesicherter Anspruch* besteht (oben Rn.22). Nicht geschützt wird der Unternehmensruf
(BVerfGE 105, 252/278). Schließlich schützt Art.14 nicht vor Konkurrenz,
auch nicht vor der der öffentlichen Hand (BVerwGE 39, 329/337; vgl.
Rn.23 zu Art.12).

Im Einzelnen wird Art.14 nicht tangiert durch den Verlust des Lagevor- 26
teils auf Grund der Änderung einer Straße (BGHZ 48, 58/60; DVBl 77,
524) oder durch den Ausschluss einer Betriebserweiterung (BGHZ 98,
341/351; 132, 181/187; BVerwGE 95, 341/349). Die Einführung eines An-
schluss- und Benutzungszwangs berührt Art.14 nicht, wenn er bei Errichtung des Betriebs bereits vorgesehen war (BVerwGE 62, 224/226; Bryde
MüK 20; Papier MD 103; unten Rn.63; a.A. Wendt SA 50).

4. Träger des Grundrechts

Grundrechtsträger ist jede **natürliche Person;** zur Grundrechtsmündig- 27
keit Rn.13f zu Art.19. Träger des Grundrechts sind weiter gem. Art.19
Abs.3 alle **juristischen Personen** privaten Rechts (BVerfGE 4, 7/17; 53,
336/345; 66, 116/130), aber auch jede andere Personenvereinigung, die Inhaber einer Eigentumsposition ist (Rn.15–20 zu Art.19). Zu vom Staat geschaffenen Personen des Privatrechts sowie zu gemischtwirtschaftlichen Unternehmen Rn.18f zu Art.19. Ausländischen juristischen Personen und
Personenvereinigungen kommt Art.14 dagegen nicht zugute (BVerfGE 21,
207/208f; Kimminich BK 110; Papier MD 217; näher Rn.21 zu Art.19);
einem (einfachgesetzlichen) Anspruch aus enteignungsgleichem Eingriff
steht das nicht entgegen (BGHZ 76, 375/384f). Im Übrigen können sich

die Anteilseigner ausländischer juristischer Personen auf Art.14 berufen, so- fern sie natürliche Personen sind (Bryde MüK 7; Berkemann UC 105). Zu juristischen Personen aus dem EU-Bereich Rn.23 zu Art.19.

28 Juristische **Personen des öffentlichen Rechts** können sich regelmäßig nicht auf Art.14 berufen, selbst wenn sie keine öffentliche Aufgabe wahr- nehmen (BVerfGE 61, 82/105; 75, 192/197; BVerwGE 84, 257/269; 97, 143/151; Wendt SA 17; Papier MD 206; näher Rn.24f zu Art.19; a.A. Wieland DR 70). Dies gilt auch für die Rundfunkanstalten (BVerfGE 78, 101/102). Dagegen kommt Art.14 den öffentlich-rechtlichen Religionsge- meinschaften zugute (Bryde MüK 9; Becker SB 109; Papier MD 215; vgl. Rn.4 zu Art.140/138 WRV), unter gewissen Voraussetzungen auch den öf- fentlich-rechtlichen Berufsverbänden u. ä. (Rn.26 zu Art.19).

III. Beeinträchtigungen

1. Eingriffe

29 **a) Unmittelbare Regelungen.** Der Eigentumseingriff, d.h. der Entzug einer geschützten Position oder die Beschränkung der geschützten Nutzung, Verfügung oder Verwertung (oben Rn.7–26) durch einen Grundrechtsver- pflichteten (Rn.32–44 zu Art.1), kann zunächst direkt durch eine Norm oder eine Einzelfallregelung bewirkt werden. Für die Annahme eines Ein- griffs unerheblich ist es, ob es um eine Inhalts- und Schrankenbestimmung, um eine Einzelfallregelung ohne Enteignungscharakter oder um eine Ent- eignung geht; das wird erst im Rahmen der Rechtfertigung bzw. der Schranken bedeutsam (unten Rn.35). Ein Flächennutzungsplan ist jedenfalls insoweit an Art.14 zu messen, als er – etwa gem. § 35 Abs.3 S.2 BauGB – unmittelbare Außenwirkungen hat (BVerwGE 118, 33/43).

30 **b) Faktische und mittelbare Einwirkungen.** Auch Realakte sowie faktische und mittelbare Auswirkungen von Regelungen können ein Eingriff sein (Papier MD 29; Wendt SA 52f; Becker SB 136). Voraussetzung ist, dass dadurch die Nutzung, die Verfügung oder die Verwertung von geschützten Eigentumspositionen (oben Rn.7–26) – in erheblichem Umfang – faktisch behindert wird. Schließlich ist zu beachten, dass bei einer Beeinträchtigung der *Nutzung* von Eigentum nicht selten Freiheitsrechte vorgehen (oben Rn.5). Ob solche Einwirkungen regelnden Eingriffen gleichgestellt werden können, muss durch Interpretation des betroffenen Rechts festgestellt wer- den (BGHZ 94, 373/375f). Zudem dürfte die Intensität der Einwirkung eine wichtige Rolle spielen (vgl. Vorb.29 vor Art.1). Endlich ist bedeutsam, ob Nebenwirkungen voraussehbar waren (Wendt SA 53).

31 Dies gilt zunächst für **Realakte** eines Grundrechtsverpflichteten (BVerw- GE 77, 295/298; BGHZ 94, 373/375f; Berkemann UC 246; Papier MD 29). Direkte Eingriffe faktischer Natur in die Eigentumssubstanz sind regel- mäßig eine Eigentumsbeeinträchtigung (BVerwGE 50, 282/287; Wendt SA 52; Wieland DR 85). Bei anderen Eingriffen kommt es auf das Gewicht der Beeinträchtigung an, etwa bei Immissionen oder beim Bau von Straßen (vgl. BGHZ 37, 44/46f; 45, 150/158f). Weiter können **influenzierende** Einwirkungen eine Eigentumsbeeinträchtigung darstellen, etwa die Androhung eines Nachteils für bestimmte Eigentumsnutzungen (BVerwGE 71, 99/103).

Schließlich bietet Art. 14 unter Umständen Schutz gegen **indirekte** Be- **32** einträchtigungen, wie die Erteilung einer Genehmigung an einen Dritten, die für den **Drittbetroffenen** nachteilige Nebenwirkungen hat (BVerwGE 66, 307/309; NJW 83, 1626). Dabei sind allerdings verschiedene Fragen zu unterscheiden: Zum einen ist zu klären, wann mittelbare Einwirkungen (objektiv) als Eingriff zu qualifizieren sind. Die Rspr. hat insoweit auf die nachhaltige Änderung der Grundstückssituation und Schwere sowie unerträgliche Beeinträchtigungen abgestellt (BGHZ 86, 356/364 f; 92, 34/42 f; BVerwG, NJW 79, 996; ebenso Sieckmann FH 75). Das dürfte etwas zu restriktiv sein (vgl. Vorb. 29 vor Art. 1; Huber MKS 407 zu Art. 19 IV). Dogmatisch geht es bei den Drittbetroffenen vielfach nicht um den Abwehrgehalt des Art. 14, sondern um die grundrechtliche Schutzpflicht, was erklärt, warum nicht jede Belastung als Grundrechtsbeeinträchtigung eingestuft wird (vgl. Depenheuer MKS 123; Vorb. 56 f vor Art. 1). Daher ergibt sich eine Verpflichtung zum Drittschutz nur unter besonderen Umständen (BGHZ 162, 49/64). Eine andere Frage ist, wieweit der Dritte Rechtsschutz erlangen kann; näher dazu Rn. 39 zu Art. 19.

c) Insb. Abgaben und sonstige Zahlungspflichten. Unsicher ist, **32a** wieweit öffentlich-rechtliche Geldleistungspflichten (Abgaben) eine Beeinträchtigung des Art. 14 GG darstellen; der Erste und der Zweite Senat des BVerfG vertreten insoweit unterschiedliche Auffassungen: Da Art. 14 nur einzelne (konkrete) Rechtspositionen, nicht das Vermögen als solches schützt (oben Rn. 7), wird Art. 14 durch die Auferlegung von Abgaben nach Auffassung des Ersten Senats grundsätzlich nicht beeinträchtigt (BVerfGE 75, 108/154; 78, 249/277; 81, 108/122; 91, 207/220; BVerwG, NVwZ 02, 610; Wieland DR 56; Hofmann SBK 30; Berkemann UC 199; i. E. Depenheuer MKS 169). Anderes wird nur bei erdrosselnden Abgaben angenommen (BVerfGE 63, 312/327; 78, 232/243; 82, 159/190; 95, 267/301). Dagegen hat der Zweite Senat offen gelassen, ob Abgaben generell Eigentumsbeeinträchtigungen bilden (BVerfGE 105, 17/32; 115, 97/112; anders Kirchhof HbStR³ III § 59 Rn. 54). Stattdessen nimmt er eine Beeinträchtigung dann an, wenn eine Abgabe an das Innehaben einer bestimmten Eigentumsposition anknüpft (BVerfGE 115, 97/111; ebenso Dietlein ST IV/1, 2205), was auch bei der Einkommens- und Körperschaftsteuer der Fall sein soll. Richtigerweise ist nur dann eine Beschränkung des Art. 14 GG anzunehmen, wenn eine Geldleistungspflicht an den Bestand, die Nutzung oder Verfügung (nicht an den Erwerb; vgl. oben Rn. 18) über eine bestimmte Eigentumsposition anknüpft und zudem eine derart hohe Belastungswirkung aufweist, dass sie einem klassischen Eigentumseingriff gleichgestellt werden muss (Jarass, Nichtsteuerliche Abgaben und lenkende Steuern unter dem Grundgesetz, 1999, 85; Wernsmann, NJW 06, 1172; ähnlich Bryde MüK 23; Papier MD 170; weitergehend Kirchhof HbStR³ V § 118 Rn. 121), da eine Abgabe nicht klassisch bzw. unmittelbar in eine konkrete Eigentumsposition eingreift; zur Gleichstellung mittelbarer Einwirkungen vgl. Vorb. 29 vor Art. 1. Daher kann eine erdrosselnde Steuer gegen Art. 12 Abs. 1 verstoßen (BVerwGE 123, 218/235 f). Einschränkend ist schließlich zu beachten, dass die Freiheitsgrundrechte Art.14 verdrängen können (Jarass, aaO, 85 f; Wernsmann, NJW 06, 1173; oben Rn.5). *Zahlungspflichten* gegenüber Privaten greifen regelmäßig nicht in Art.14 ein (BVerfGE 123, 186/259).

2. Weitere Arten der Beeinträchtigung

33 **a) Unterlassen von Leistung, insb. Schutz.** Art.14 schließt auch staatliche **Schutz- und Förderpflichten** ein (BVerwGE 107, 350/357; 114, 1/42 f; Depenheuer MKS 96 f; Axer EH 22; Papier MD 16). Die Schutzfunktion zielt auf „den sozial Schwachen"; „denn dieser ist es, der dieses Schutzes um seiner Freiheit willen im besonderen Maße bedarf" (BVerfGE 49, 220/226; 42, 64/77). Die Schutzpflicht wird weiter in den Fällen des Drittbetroffenen bedeutsam (oben Rn.32). Darüber hinaus dürfte Art.14 dazu verpflichten, für eine gleichmäßigere Vermögenslage zu sorgen (Papier MD 16 f). Förderpflichten bestehen zudem beim *Anliegergebrauch* (Sieckmann FH 79): danach besteht ein Recht auf Zugang zum öffentlichen Straßennetz, soweit die angemessene Nutzung des Grundeigentums dies erfordert (BVerwGE 94, 136/138 f; BVerwG, NVwZ-RR 1996, 558; Wendt SA 46; Papier MD 115 ff). Die Nutzung einer angrenzenden Wasserfläche stellt dagegen lediglich „einen eigentumsrechtlich irrelevanten Lagevorteil" dar (BVerwGE 94, 1/14).

34 Die Schutzpflicht (bzw. die Institutsgarantie) verlangt die Bereitstellung einer geeigneten **Privatrechtsordnung** (Papier MD 11; Depenheuer MKS 96; vgl. oben Rn.4). Der Gesetzgeber ist zu rechtlicher *Ausgestaltung* verpflichtet. Die Ausgestaltung neuer Eigentumsrechte muss die Belange der Betroffenen und der Allgemeinheit sachgerecht berücksichtigen (Bryde MüK 63a); auch kann unter bestimmten Voraussetzungen die Schaffung von Eigentumsrechten geboten sein (Bumke/Voßkuhle 255 f). Allerdings steht dem Gesetzgeber in diesem über den Bestandsschutz hinausgehenden Bereich generell ein sehr weiter Spielraum zu. Wird durch Gesetz ein Eigentumsrecht, wie ein Aktienanteil, zwangsweise auf andere Private übertragen, ist jedenfalls eine volle Entschädigung „nicht unter dem Verkehrswert" geboten (BVerfGE 100, 289/305). Auch sonst kann der Gesetzgeber zu Schutzvorkehrungen zugunsten unterlegener Personen verpflichtet sein, etwa zugunsten der Versicherungsnehmer (BVerfGE 114, 1/37 ff). Weiter muss der Gesetzgeber die Durchsetzung von Eigentumsrechten ermöglichen (Berkemann UC 225; oben Rn.19). Auch muss er für einen ausreichenden Schutz des Eigentums gegenüber Dritten sorgen (Sachs B14 Rn.58), etwa bei einer Beeinträchtigung durch Luftverunreinigungen (Berkemann UC 227).

34a **b) Anwendung von Privatrecht.** Bei der Auslegung und Anwendung privatrechtlicher Vorschriften muss die Ausstrahlungswirkung des Art.14 beachtet werden (BVerfGE 79, 292/303; 89, 1/9 f; BVerfG-K, NJW 10, 221; BGHZ 101, 24/27; Dietlein ST IV/1, 2292 f; Axer EH 23; einschr. Bryde MüK 41); allgemein zur Ausstrahlungswirkung Rn.54–58 zu Art.1. Von Bedeutung ist insoweit auch die verfahrensrechtliche Komponente des Art.14 (oben Rn.19; Wendt SA 15). Die Ausstrahlungswirkung soll der inländischen Anerkennung entschädigungsloser Enteignungen anderer Staaten entgegenstehen (BGHZ 104, 240/244).

IV. Rechtfertigung (Schranken) von Inhalts- und Schrankenbestimmungen und sonstigen Eingriffen

1. Grundlagen

Da Art.14 zwei unterschiedliche Garantiebereiche enthält (oben Rn.2), ist **35** die Rechtfertigung von Eigentumsbeeinträchtigungen unterschiedlich zu beurteilen, je nachdem ob es um eine *Inhalts- und Schrankenbestimmung* (unten Rn.36) bzw. einen *sonstigen Eingriff ohne Enteignungscharakter* (unten Rn.49) einerseits oder aber um eine *Enteignung* (unten Rn.70–77a) andererseits geht. Zur Irrelevanz der Rechtmäßigkeit für die Qualifikation unten Rn.36. Während sich die Rechtfertigung einer Enteignung nach Abs.3 bestimmt (dazu unten Rn.78–88a), ist die Rechtfertigung einer Inhalts- und Schrankenbestimmung wie sonstiger Eingriffe ohne Enteignungscharakter an Abs.1 S.2 und an Abs.2 zu messen: Nach Abs.1 S.2 bestimmt der Gesetzgeber Inhalt und Schranken des Eigentums. Art.14 Abs.2 enthält für den Gesetzgeber einen bindenden Regelungsauftrag (BVerfGE 18, 121/131f; 37, 132/140f; Dietlein ST IV/1, 2227; Papier MD 306), der umso größere Bedeutung hat, je stärker der soziale Bezug des Eigentumsobjekts ist (vgl. unten Rn.42). Zudem können andere Verfassungsnormen den Auftrag verstärken (BVerfGE 102, 1/18).

2. Rechtfertigung (Schranken) von Inhalts- und Schrankenbestimmungen

a) Abgrenzung der Inhalts- und Schrankenbestimmung. Die In- **36** halts- und Schrankenbestimmung besteht in der „generellen und abstrakten Festlegung von Rechten und Pflichten durch den Gesetzgeber hinsichtlich solcher Rechtsgüter, die als Eigentum ... zu verstehen sind. Sie ist auf die Normierung objektiv-rechtlicher Vorschriften gerichtet, die den Inhalt des Eigentums vom Inkrafttreten des Gesetzes an für die Zukunft in allgemeiner Form bestimmen" (BVerfGE 72, 66/76; 52, 1/27; 58, 137/144f). Das BVerfG behandelt Inhalts- und Schrankenbestimmungen als einheitliche Größe (krit. Sachs VR B14 Rn.22ff), obwohl es bei der Inhaltsbestimmung eher um eine Ausgestaltung und bei der Schrankenbestimmung um Eingriffe geht (vgl. oben Rn.21); dies dürfte seinen Grund in dem Umstand haben, dass beides meist zusammentrifft und daher durchweg (auch) das Eingriffsregime zum Einsatz kommt (Vorb.35 vor Art.1). Die Inhalts- und Schrankenbestimmung kann durch beliebige Rechtsvorschriften erfolgen (unten Rn.37), kann zulässig oder (etwa wegen Unzumutbarkeit) unzulässig sein, ohne deshalb ihren Charakter als Inhalts- und Schrankenbestimmung zu ändern bzw. in eine Enteignung umzuschlagen (BVerfGE 58, 300/320; 79, 174/192; 102, 1/16; BVerwGE 84, 361/367; BGHZ 100, 136/144; Bryde MüK 52; Papier MD 28; anders Wendt SA 78); vgl. auch unten Rn.75f. Schließlich bildet der Umstand, dass ein Entschädigungs- oder Übernahmeanspruch vorgesehen ist, kein Indiz gegen eine Inhalts- und Schrankenbestimmung (unten Rn.74).

37   **b) Gesetzliche Grundlage.** Die Inhalts- und Schrankenbestimmung (zur Abgrenzung oben Rn.36) kann durch jede Rechtsnorm erfolgen (Axer EH 82), auch durch Rechtsverordnung (BVerfGE 8, 71/79; 9, 338/343) oder Satzung (BGHZ 77, 179/183), etwa durch Bebauungspläne (BVerfG-K, NVwZ-RR 05, 228; Papier MD 94); zum Flächennutzungsplan oben Rn.29. Voraussetzung ist aber generell eine formell-gesetzliche Ermächtigung (Depenheuer MKS 220; a. A. Papier MD 339). Umstritten ist, ob Gewohnheitsrecht genügt (dafür Papier MD 339; Becker SB 155; dagegen Wieland DR 86; Axer EH 82). Art.19 Abs.1, insb. das Zitiergebot, findet keine Anwendung, da es nicht um eine Einschränkung iSd Vorschrift geht (BVerfGE 21, 92/93; 24, 367/389; Sieckmann FH 135; Rn.5 zu Art.19). Das Gesetz muss die Kompetenzordnung des GG wahren (BVerfGE 34, 139/146; 58, 137/145).

38   **c) Verhältnismäßigkeit.** Jede Inhalts- und Schrankenbestimmung (oben Rn.36) muss den Grundsatz der Verhältnismäßigkeit beachten (BVerfGE 75, 78/97 f; 76, 220/238; 92, 262/273; 110, 1/28; Dietlein ST IV/1, 2247; Bryde MüK 63). Hinsichtlich der Voraussetzungen der Verhältnismäßigkeit hat der Gesetzgeber einen erheblichen *Beurteilungs- und Prognosespielraum* (BVerfGE 53, 257/293; Papier MD 321 ff; Rn.87–89 zu Art.20), wobei aber der Spielraum von verschiedenen Faktoren abhängt (unten Rn.40–45). Stellt sich später heraus, dass die Prognose unzutreffend war, besteht eine Korrekturverpflichtung (BVerfGE 50, 290/353; Papier MD 323).

38a   **(1)** Im Einzelnen muss die betreffende Regelung im Hinblick auf das entsprechende Ziel **geeignet** sein (BVerfGE 70, 278/286; 76, 220/238; allg. Rn.84 zu Art.20), muss es fördern. Die Einschränkung der Eigentümerbefugnisse muss vom jeweiligen Sachbereich her geboten sein (BVerfGE 75, 179/198; 110, 1/28).

38b   **(2)** Weiter darf die Inhalts- und Schrankenbestimmung den Eigentümer nicht mehr beeinträchtigen als es der gesetzgeberische Zweck erfordert (BVerfGE 75, 78/97 f; 79, 179/198; 100, 226/241; 110, 1/28); es darf keine **mildere Alternative** zur Verfügung stehen (allg. Rn.85 zu Art.20). Ein milderes Mittel idS liegt nicht in der Zuerkennung einer Entschädigung, zumal die Inhalts- und Schrankenbestimmung regelmäßig ohne Entschädigung erfolgen soll (Papier MD 347 ff). Gelegentlich ist eine Maßnahme jedoch unverhältnismäßig ieS, wenn kein finanzieller Ausgleich gewährt wird (unten Rn.46).

39   **(3)** Die Belastung des Eigentümers muss in einem **angemessenen Verhältnis** zu den mit der Regelung verfolgten Interessen stehen (Verhältnismäßigkeit ieS; allg. Rn.86 f zu Art.20). Sie muss also zumutbar sein (BVerfGE 74, 203/214 f; BGHZ 81, 152/175). Die „schutzwürdigen Interessen des Eigentümers sowie die Belange des Gemeinwohls" müssen in ein ausgewogenes Verhältnis gebracht werden (BVerfGE 110, 1/28; 98, 17/37; 100, 226/240; BVerwGE 88, 191/194 f; Papier MD 310). Bei Konflikten unter Privaten sind „die Interessen der Beteiligten in einen gerechten Ausgleich und ein ausgewogenes Verhältnis zu bringen" (BVerfGE 101, 239/259; 95, 48/58; 104, 1/11); eine einseitige Bevorzugung oder Benachteiligung ist ausgeschlossen (BVerfGE 112, 93/109). Schließlich sind die grundgesetzliche An-

erkennung des Privateigentums durch Art.14 Abs.1 S.1 GG als auch das So-
zialgebot des Art.14 Abs.2 zu beachten (BVerfGE 52, 1/29; 71, 230/246 f;
81, 208/220). Zu den zu berücksichtigenden Individualinteressen zählen
auch die Interessen dritter Personen, deren Situation von dem betreffenden
Eigentum beeinflusst wird (unten Rn.42). Bei der Gewichtung der einzelnen Interessen ist zu beachten, ob sie auf verfassungsrechtliche Wertentscheidungen gestützt werden können, wie das für das Eigentum gilt (BVerfGE 37,
132/140). Näher zu den relevanten Gesichtspunkten unten Rn.40–47.

d) Wichtige Aspekte der Verhältnismäßigkeit ieS. aa) Für die Ver- **40**
hältnismäßigkeit ieS (oben Rn.39) ist zunächst die **Intensität,** die **Schwere**
und **Tragweite** der Eigentumsbeeinträchtigung bedeutsam (BVerfGE 31,
229/243). Ein Veräußerungsverbot ist etwa ein besonders schwerer Eingriff
(BVerfGE 26, 215/222; 52, 1/31). Gleiches gilt für den Entzug der baulichen Nutzungsmöglichkeiten (BVerfG-K, NVwZ 03, 728). Weiter sind die
Grenzen der Verhältnismäßigkeit regelmäßig überschritten, wenn in das *Zu-
ordnungsverhältnis* eingegriffen wird (BVerfGE 42, 263/295; 50, 290/341; 68,
361/368; 84, 382/385); in solchen Fällen kann i. Ü. eine Enteignung vorliegen (vgl. unten Rn.75–77a). *Substanzeingriffe* können ausnahmsweise zulässig
sein, wenn anders die von einer Sache ausgehenden Gefahren für die Allgemeinheit nicht beseitigt werden können (BVerfGE 20, 351/356 ff; BVerf-
GE 12, 87/96; Wendt SA 146) und das Übermaßverbot gewahrt wird. Andererseits muss nicht jede mögliche und wirtschaftliche vernünftige Nutzung
dem Eigentümer zuerkannt werden; Art.14 verleiht keinen Anspruch auf
höchstmöglichen Gewinn (BVerfGE 84, 382/385). Die Intensität der Beeinträchtigung ist zudem geringer, wenn **sachliche** oder **finanzielle Ausgleichsansprüche** gewährt werden (vgl. BVerfGE 58, 137/149 f; 79,
174/192); zur Frage, ob solche Ansprüche gewährt werden müssen, unten
Rn.46. Ähnliches gilt für die Gewährung kompensierender Rechte (vgl.
BVerfGE 71, 1/14 f). Unerheblich ist, dass der Eigentümer im Einzelfall die
Belastung aufgrund seines sonstigen Vermögens tragen kann (BVerfGE 102,
1/23).

Die Intensität der Beeinträchtigung von **Grundeigentum** wird durch **41**
dessen **Situationsgebundenheit** mitbestimmt (BVerfGE 100, 226/242;
Wendt SA 116). Jedes Grundstück wird durch seine Lage und Beschaffenheit
sowie seine Einbettung in die Umwelt geprägt (BVerwGE 84, 361/371; 88,
191/194; 94, 1/4; BGHZ 90, 4/15; 105, 15/18; krit. Papier MD 397). Daraus ergibt sich eine, von Grundstück zu Grundstück variierende immanente
Belastung der Eigentümerposition, die entsprechende Beschränkungen zu
rechtfertigen vermag. Eine solche situationsbedingte Belastung besteht jedenfalls dann, „wenn ein – als Leitbild gedachter – vernünftiger und einsichtiger Eigentümer, der auch das Gemeinwohl nicht aus dem Auge verliert,
von sich aus im Blick auf die Lage und die Umweltverhältnisse seines Gelän-
des von bestimmten Formen der Nutzung" absieht (BGHZ 87, 66/71 f; 90,
4/14 f). Dies gilt auch für die Bebauung.

bb) Für die Verhältnismäßigkeit ieS ist des Weiteren der **soziale Bezug** **42**
der betreffenden Eigentumsposition bedeutsam. Die Befugnis des Gesetzgebers zur Inhalts- und Schrankenbestimmung ist „umso größer, je stärker der

soziale Bezug des Eigentumsobjekts ist; hierfür sind dessen Eigenart und Funktion von entscheidender Bedeutung" (BVerfGE 102, 1/17; 79, 292/302; 101, 54/75 f; 112, 93/109 f; BSGE 60, 158/162; Wendt SA 111); entsprechend der Bedeutung des sozialen Bezugs kommt Abs.2 zum Tragen (BVerfGE 71, 230/246 f; Papier MD 312). Bedarf etwa ein Dritter der Nutzung des Eigentumsobjekts zu seiner Freiheitssicherung und verantwortlichen Lebensgestaltung, dann umfasst das grundgesetzliche Gebot einer am Gemeinwohl orientierten Nutzung die Pflicht zur Rücksichtnahme auf den Dritten (BVerfGE 68, 361/368; 71, 230/247; 84, 382/385; BGHZ 101, 24/27). Daraus ergeben sich insb. zu Lasten des Grundeigentums besondere Beschränkungsmöglichkeiten (BVerfGE 52, 1/32 f; 87, 114/146; 104, 1/12; BGHZ 145, 16/27; vgl. auch E 52, 1/32 f), etwa bei vermietetem Wohnungseigentum (BVerfGE 79, 292/304; 82, 6/16; 91, 294/310). Noch weiter gehen die Beschränkungsmöglichkeiten bei Sozialwohnungen (BVerfGE 95, 64/84 ff). Ein hoher sozialer Bezug besteht auch beim Eigentum an Produktionsmitteln, das Macht über Dritte verleiht. Umgekehrt können dem Eigentum im Interesse der Unternehmerfreiheit Grenzen gezogen werden (BVerfG-K, NVwZ 03, 198).

43 Besonderen Schutz genießt das Eigentum, soweit es für die **Sicherung der persönlichen Freiheit** des Eigentümers wichtig ist (BVerfGE 79, 283/289; 100, 226/241; 102, 1/17; 104, 1/9; Bryde MüK 59; Papier MD 311; oben Rn.1) oder sonst einen besonderen **personalen Bezug** aufweist (BVerfGE 112, 1/109). Der Spielraum des Gesetzgebers ist daher bei persönlichem Eigentum sehr viel geringer als etwa beim Eigentum von Handelsgesellschaften etc. (BVerfGE 50, 290/347 ff). Bei Entschädigungsleistungen für Zwangsarbeiter ist der personale Bezug sehr hoch (BVerfGE 112, 1/110).

44 **cc)** Des Weiteren ist bedeutsam, wieweit die Position auf **eigene Leistungen** zurückgeht. Dies ist für öffentlich-rechtliche Positionen anerkannt: Je höher der einem Anspruch zugrundeliegende Anteil eigener Leistung ist, desto stärker tritt der verfassungsrechtlich wesentliche personale Bezug und mit ihm ein tragender Grund des Eigentumsschutzes hervor (BVerfGE 53, 257/291 f; 58, 81/112; BSGE 54, 293/296; Becker SB 177; vgl. auch oben Rn.11). Leistungen eines Voreigentümers sind aber mit einzubeziehen. Auch bei privatrechtlichen Positionen können weiter reichende Einschränkungen vorgenommen werden, wenn sie auf staatlicher und nicht auf eigener Leistung beruhen (BVerfGE 91, 294/311; a.A. Wendt SA 92 ff). Das hat für die Abschöpfung von durch die öffentliche Planung bedingten Wertsteigerungen Bedeutung (vgl. Papier MD 486 ff).

45 **dd)** „**Veränderte** wirtschaftliche und gesellschaftliche **Verhältnisse** können zu einer Verschiebung der Maßstäbe führen" und die Möglichkeiten gesetzgeberischer Gestaltung erweitern (BVerfGE 70, 191/201; 52, 1/30; 101, 54/76; BSGE 58, 10/15). Dem Gesetzgeber kommt weiterhin bei der **Neuordnung eines Rechtsgebiets** ein besonders weiter Spielraum zu. Hier ist auch ein Entzug von Rechtspositionen möglich, vorausgesetzt, die Neuregelung ist als solche verfassungsmäßig und der Eingriff verhältnismäßig (BVerfGE 83, 201/212; ähnl. E 78, 58/75). Erst recht ist unter diesen Voraussetzungen eine Umformung von Rechten möglich (BVerfGE 58, 300/351; 70, 191/201 f; BVerwGE 56, 186/198 ff; BGHZ 108, 147/154). Allerdings macht der Verhältnismäßigkeitsgrundsatz nicht selten Übergangsregelungen notwendig (unten Rn.47).

e) Sachlicher oder finanzieller Ausgleich sowie Übergangsrege- 46 **lung.** Eine unverhältnismäßige Belastung kann evtl. durch **Ausgleichsregelungen** vermieden werden (vgl. oben Rn.40). Dabei kommt Übergangsregelungen (dazu unten Rn.47), Ausnahme- und Befreiungsvorschriften sowie sonstigen administrativen und technischen Vorgaben der Vorrang zu (BVerfGE 100, 226/245 f; BVerwG, DVBl 03, 1075; DVBl 09, 1454; Becker SB 191). Ist ein solcher sachlicher Ausgleich nicht möglich, kann in Sonderfällen ein finanzieller Ausgleich oder eine Übernahme des Eigentums durch die öffentliche Hand zum Verkehrswert notwendig sein (BVerfGE 100, 226/245 f; BVerwGE 87, 332/383; 94, 1/12; Becker SB 186). Dies ist häufig der Fall, wenn eine Inhaltsbestimmung in ihren Wirkungen einer Enteignung gleichkommt (vgl. BVerfGE 83, 201/212 f; 100, 226/245 f; BVerwGE 88, 191/197). Generell ist die Frage, ob ein finanzieller Ausgleich geboten ist, anhand der materiellen Voraussetzungen für eine Inhalts- und Schrankenbestimmung (oben Rn.40–45) zu beurteilen (BVerfGE 79, 174/192; Bryde MüK 65). Insb. kommt es auf die Verhältnismäßigkeit ieS, auf den Vertrauensschutz und auf den Gleichheitssatz an (Ossenbühl o. Lit. 189 f). Dagegen hilft der Grundsatz der Erforderlichkeit insoweit nicht weiter (oben Rn.38b). Eine Aufhebung bestehender Rechte ohne Ausgleich ist nicht ausgeschlossen. Sie kommt etwa in Betracht, wenn sich die Investitionen amortisiert haben (Sieckmann FH 140) sowie bei einer Neuordnung eines Rechtsgebiets (oben Rn.45). Dagegen ist ein finanzieller Ausgleich regelmäßig angebracht, wenn die Regelung Dritten Rechte einräumt, die zur Gewinnerzielung vermarktet werden (BGHZ 145, 16/32 f). Weiter ist ein finanzieller Ausgleich bei individuellen, gravierenden Härten einer generell unbedenklichen gesetzlichen Regelung geboten (Wieland DR 133). Ein Ausgleichsanspruch scheidet aus, wenn der Betroffene sich gegen die Beeinträchtigung nicht gewehrt hat (BVerfGE 58, 300/324; 100, 226/246). Zu den rechtlichen Grundlagen des Ausgleichsanspruchs unten Rn.54.

Bei der Umgestaltung bzw. Verkürzung bestehender Rechtspositionen 47 folgt aus dem Verhältnismäßigkeitsgrundsatz die Notwendigkeit einer schonenden **Übergangsregelung** (BVerfGE 53, 336/351; 58, 300/351; 71, 137/144; BVerwGE 81, 49/55; Axer EH 101; Depenheuer MKS 229). Ob und in welchem Umfang sie notwendig ist, hängt von einer Abwägung zwischen dem Ausmaß des Vertrauensschadens und der Bedeutung des gesetzlichen Anliegens für die Allgemeinheit ab (BVerfGE 70, 101/114). Der Grundsatz des **Vertrauensschutzes** hat für die vermögenswerten Güter in Art.14 hinsichtlich der unechten Rückwirkung eine spezifische Ausprägung erfahren, ohne dass die sachlichen Anforderungen dadurch verändert würden (näher Rn.75 zu Art.20). Andererseits kann eine geeignete Übergangsregelung dazu führen, dass auch gravierende, ohne finanziellen Ausgleich ergehende Eigentumsbeeinträchtigungen zulässig sind.

f) Sonstiges Verfassungsrecht. Jede Inhalts- und Schrankenbestimmung 48 muss allen übrigen Verfassungsnormen gerecht werden (BVerfGE 62, 169/183; 102, 1/17; 110, 1/28; Wieland DR 129; Papier MD 326). Dazu gehört insb. der Gleichheitssatz des Art.3 Abs.1 (BVerfGE 70, 191/200; 79, 174/198; 87, 114/139; 102, 1/17; s. auch unten Rn.52), aber auch die Kompetenzordnung (oben Rn.37). Umgekehrt kann sonstiges Verfassungsrecht beschränkende Gesetze rechtfertigen (allg. dazu Vorb.48–52 vor Art.1), etwa das Sozialstaatsprinzip (Rn.122 zu Art.20) oder das Umweltschutzprinzip (Rn.15 zu Art.20a).

3. Rechtfertigung (Schranken) sonstiger Eingriffe ohne Enteignungscharakter

49 **a) Abgrenzung der sonstigen Eingriffe.** Neben der Inhalts- und Schrankenbestimmung gibt es weitere Fälle von Eingriffen, die keine Enteignung (zur Abgrenzung unten Rn.70–77a) darstellen und daher an Abs.1 S.2 und an Abs.2 zu messen sind (Jarass, NJW 00, 2841 f; Dietlein ST IV/1, 2257; Herdegen, o. Lit., 283; Pieroth/Schlink 925). Da sie nicht durch Rechtsvorschriften erfolgen, sind sie auch nicht als Inhalts- und Schrankenbestimmung einzustufen (oben Rn.36). Den sonstigen Eingriffen ist gemeinsam, dass der Erwerb, die Nutzung, die Verfügung oder die Verwertung von geschützten Eigentumspositionen durch Verwaltungsakt rechtlichen Beschränkungen unterworfen oder – in erheblichem Umfang – faktisch behindert wird. Im Einzelnen fallen darunter sehr unterschiedliche Fallgruppen: Einzelfallregelungen ohne Enteignungscharakter sowie faktische und mittelbare Eingriffe (vgl. oben Rn.30–32) der Exekutive.

50 **b) Gesetzliche Grundlage.** Einzelfall*regelungen,* die in das Eigentum eingreifen, bedürfen generell einer gesetzlichen Grundlage. Bei faktischen, influenzierenden und indirekten Einwirkungen wird man auf die Wesentlichkeit abzustellen haben (dazu Rn.48 zu Art.20). Bei unbeabsichtigten Nebenwirkungen kann sich der Vorbehalt des Gesetzes allenfalls auf das Grundhandeln beziehen (Wieland DR 124). Schließlich ist zu beachten, dass nicht jede solche Einwirkung einen Eingriff darstellt (dazu oben Rn.30–32; Vorb.29 vor Art.1). Keine ausreichende Grundlage liefert *Abs.2.* Die dort umschriebene Sozialpflichtigkeit des Eigentums gilt nicht unmittelbar, sondern bedarf der Aktualisierung und Konkretisierung durch den Gesetzgeber. Der Verwaltung steht eine solche Befugnis nicht zu (BVerfGE 56, 249/260; Papier MD 305 f; oben Rn.1; a.A. Wieland DR 91), jedenfalls im Bereich imperativer Maßnahmen. Bei der Auslegung einfachrechtlicher Normen und im Rahmen von Ermessensspielräumen ist Abs.2 gleichwohl zu beachten (Bryde MüK 70). Eingriffe in Art.14 bedürfen auch dann einer gesetzlichen Grundlage, wenn sie auf kollidierendes Verfassungsrecht gestützt werden (Vorb.51 vor Art.1). Art.19 Abs.1, insb. das Zitiergebot, gilt nicht (oben Rn.37).

51 **c) Verhältnismäßigkeit.** Soweit Eigentumseingriffe ohne Enteignungscharakter in vollem Umfang durch eine Vorschrift der Inhalts- und Schrankenbestimmung (oben Rn.36) gedeckt sind, kommt es entscheidend auf deren Bewertung an (dazu oben Rn.37–48). Anders ist die Situation, wenn bei der Anwendung eigentumsbestimmender Normen Spielräume bestehen (BVerfG-K, NVwZ 08, 783). Die Einzelfallmaßnahme ist dann selbständig an Abs.1, 2 zu messen. Exekutive und Rspr. haben grundsätzlich die gleichen

Grenzen zu beachten wie der Gesetzgeber (Wendt SA 122; vgl. BVerfGE 53, 352/357 f; 68, 361/372). Vor allem müssen sie den Grundsatz der *Verhältnismäßigkeit* wahren (vgl. dazu oben Rn.38–44), wobei auf den Einzelfall abzustellen ist (BVerwG, NVwZ 08, 1115), während der Gesetzgeber eine gewisse Typisierungsbefugnis hat (Sieckmann FH 144). Weiter ist bedeutsam, ob der Betroffene mit der Beeinträchtigung rechnen musste (*Vertrauensschutz;* vgl. oben Rn.47). Soweit etwa eine Genehmigung nach der im Zeitpunkt der Erteilung geltenden (und verfassungsmäßigen) Rechtslage aufgehoben oder sonst, etwa durch nachträgliche Anordnung, geschmälert werden konnte, ist die Aktualisierung dieser Beschränkung meist verhältnismäßig (Jarass, Anwendung neuen Umweltrechts, 1987, 85; vgl. BGHZ 25, 266/269 f; BVerwGE 62, 224/226 ff).

d) Verstoß gegen sonstiges Recht. Endlich darf der Eigentumseingriff **52** nicht gegen **sonstiges Verfassungsrecht,** insb. gegen Art.3 Abs.1 verstoßen (BVerfGE 34, 139/146; 58, 137/148; vgl. oben Rn.48). Darin liegt die Grundlage der Sonderopfertheorie (BGHZ 6, 270/280; 72, 289/292; BGH, NJW 80, 1680). Umgekehrt kann sonstiges Verfassungsrecht Art.14 beschränken (s. aber zu Abs.2 oben Rn.50). Eigentumsbeeinträchtigende Maßnahmen der Exekutive und Judikative verstoßen gegen Art.14, wenn sie *mit dem einfachen Recht nicht zu vereinbaren* sind (Wendt SA 122); die Verfassungsbeschwerde kommt insoweit jedoch nur unter spezifischen Voraussetzungen zum Tragen (Rn.73 zu Art.93).

4. Folgen von Verstößen und enteignungsgleicher sowie enteignender Eingriff

a) Rechtswidrigkeit und Unwirksamkeit. Wird eine Inhalts- und **53** Schrankenbestimmung oder ein sonstiger Eigentumseingriff den beschriebenen Anforderungen (oben Rn.37–47 bzw. Rn.50–52) nicht gerecht, ist sie verfassungswidrig. Rechtsvorschriften sind regelmäßig unwirksam; zur bloßen Verfassungswidrigkeit in Sonderfällen Rn.35 f, 56 zu Art.20.

b) Finanzieller Ausgleich bei Verstößen. aa) Die Verfassungsmäßig- **54** keit einer **Inhalts- und Schrankenbestimmung** hängt in bestimmten Fällen davon ab, ob ein finanzieller Ausgleich gewährt wird (oben Rn.46), und zwar durch das einfache Recht, weil aus Art.14 selbst in einem solchen Fall kein Entschädigungsanspruch folgt (BVerfGE 52, 1/27 f; 58, 300/320; BGHZ 100, 136/143 ff; BVerwGE 84, 361/368). Der Anspruch kann seine Grundlage auch in salvatorischen, also pauschalen Klauseln haben, da es nicht um eine echte Enteignung geht (BGHZ 126, 379/381; BGH, DVBl 96, 672; Bryde MüK 90, 102; vgl. unten Rn.86; a. A. Wieland DR 135; Papier MD 353; wohl auch BVerfGE 100, 226/246 f; vgl. demgegenüber zur Enteignung unten Rn.83). Des Weiteren kann sich ein Anspruch aus dem Institut des enteignenden Eingriffs (unten Rn.58) ergeben, soweit es um atypische und unvorhergesehene Nebenfolgen des Gesetzes geht, auch bei förmlichen Gesetzen (BGHZ 122, 76/77 f). Bei einer Inhalts- und Schrankenbestimmung durch untergesetzliche Normen kommt zudem das Institut des enteignungsgleichen Eingriffs zum Tragen (unten Rn.57). Die Verwal-

tungsentscheidung, die eine ausgleichspflichtige Inhalts- und Schrankenbestimmung aktualisiert, muss zugleich über den finanziellen Ausgleich entscheiden (BVerfGE 100, 226/246). Zu Klagefristen oben Rn.19.

55   **bb)** Wird ein **sonstiger Eigentumseingriff ohne Enteignungscharakter** (oben Rn.49) den dargestellten Anforderungen (oben Rn.50–52)
nicht gerecht, dann löst er idR einen (einfachgesetzlichen) Anspruch aus
enteignungsgleichem Eingriff aus, sofern der Betroffene die Nachteile nicht
durch zumutbare Rechtsmittel hätte vermeiden können (unten (5) in
Rn.57). Dies gilt insb. bei sofort vollzogenen Maßnahmen, die nicht rückgängig gemacht werden können, oder bei rechtswidriger Verweigerung einer
Genehmigung (BGHZ 136, 182/184 f). Der Anspruch kann auch bei typischen und vorhersehbaren Nachteilen zum Tragen kommen (BGH,
NJW 86, 2424). Dagegen besteht kein Entschädigungsanspruch, wenn die
Eigentumsbeeinträchtigung als bloßer Vollzug einer rechtswidrigen formell-
gesetzlichen Eigentumsbindung anzusehen ist (unten (1) in Rn.57), jedenfalls dann, wenn der Gesetzgeber hat deutlich werden lassen, dass eine Entschädigung nicht gewollt ist. In diesem Fall muss gegen das Gesetz vorgegangen werden. Schließlich machen unvorhergesehene und atypische
Nebenwirkungen einer Maßnahme, die das verfassungsrechtlich Zumutbare
überschreiten, die Maßnahme nicht rechtswidrig. Doch kommt insoweit ein
Anspruch aus enteignendem Eingriff (unten Rn.58) zum Tragen (BGHZ
100, 335/337).

56   **c) Anhang: Enteignungsgleicher und enteignender Eingriff.** Die
Institute des enteignungsgleichen und des enteignenden Eingriffs können
nicht, wie früher, auf eine analoge Anwendung des Art.14 Abs.3 gestützt
werden (vgl. unten Rn.69). Sie finden ihre Grundlage im **einfachen Recht**
(Papier MD 716; oben Rn.54), sind allerdings im Kern durch Art.14 Abs.1,
2 fundiert. Beide Institute knüpfen an eine Beeinträchtigung von Eigentumspositionen iSd Art.14 an. Zur Vereinbarkeit der Institute mit der Junktimklausel unten Rn.84, zum Rechtsweg unten Rn.89 a.E. Für die Höhe
der Entschädigung gelten die Ausführungen unten in Rn.87–88a entsprechend.

57   Ein Anspruch aus **enteignungsgleichem Eingriff** setzt nach hA folgendes voraus: – **(1)** *Hoheitliche Maßnahme* (Regelung oder Realakt), die in einem positiven Handeln oder einem qualifizierten Unterlassen besteht (dazu
Papier MD 695 ff). Förmliche Gesetze sind wegen der Budgethoheit des Parlaments ausgenommen (BGHZ 100, 136/145 f; 102, 350/359), nicht hingegen alle anderen Rechtsvorschriften (BGHZ 92, 34/36; 111, 349/352 f; 125,
19/39; Wieland DR 160). Ausgenommen sind auch Vollzugsakte, deren
Rechtswidrigkeit ausschließlich auf der Verfassungswidrigkeit eines formellen
Gesetzes beruht (BGHZ 100, 136/145; 102, 350/359). Echte Enteignungen
scheiden aus (unten Rn.84). – **(2)** Es wird in eine *Eigentumsposition* iSd
Art.14 (oben Rn.7–26) eingegriffen (BGHZ 94, 373/374 f). Der Eingriff in
ein anderes Grundrecht genügt nicht (BGHZ 132, 181/188; BGH, NVwZ-
RR 00, 744 f; a.A. Bryde MüK 107), was rechtspolitisch zu bedauern ist, da
es für eine Schlechterstellung des Eingriffs in andere Grundrechte keinen
zureichenden Sachgrund gibt. Der Eingriff muss *unmittelbar* erfolgen (BGHZ

111, 349/355; 170, 260 Rn.33), d.h. es muss sich die besondere Gefahr
verwirklichen, „die bereits in der hoheitlichen Maßnahme selbst angelegt
ist" (BGHZ 131, 163/166; 100, 335/339; 125, 19/21) und nicht erst das
Hinzutreten weiterer selbständiger Umstände zu dem Schaden führen (Badura HbVerfR § 10 Rn.73). Die Unmittelbarkeit ist etwa bei der Beeinträchtigung einer Wohnung durch den Verkehrslärm öffentlicher Straßen
gegeben (BGHZ 122, 76/78 f; 140, 285/298) oder bei Schäden, die durch
in eine Wohnung eingewiesene Obdachlose verursacht werden (BGHZ 131,
163/166 f). – **(3)** *Rechtswidrigkeit* der Maßnahme (BGHZ 125, 258/264),
wobei die verletzte Norm dem Schutz des betreffenden Rechtsguts dienen
muss (Wieland DR 163). Eine nur formelle Rechtswidrigkeit genügt nicht,
wenn die Maßnahme inhaltlich mit Art.14 vereinbar ist (BGHZ 58, 124/
127 f). – **(4)** Dem Betroffenen wird „ein *besonderes,* anderen nicht zugemute-
tes *Opfer* für die Allgemeinheit auferlegt" (BGHZ 117, 240/252; 125,
258/264). Diese Voraussetzung ist wegen der Rechtswidrigkeit idR gegeben
(Rüfner FH 99 zu Art.34); anders kann sich das etwa bei normativem Unrecht darstellen. – **(5)** Der Eingriff war *nicht* durch ein *zumutbares Rechtsmittel*
abwendbar (BGHZ 90, 17/32; 110, 12/14 f; Sieckmann FH 208).

Ein Anspruch aus **enteignendem Eingriff** setzt nach hA Folgendes vor-   **58**
aus: – **(1)** *Atypische* und *nicht vorhergesehene Nebenfolge* einer rechtmäßigen
hoheitlichen Maßnahme (BGHZ 100, 136/144; Wieland DR 170; Osterloh
HSV § 55 Rn.32 f; Depenheuer MKS 493; Wendt SA 179); vgl. zudem
oben Rn.55. Die Maßnahme kann auch ein förmliches Gesetz sein (oben
Rn.54). – **(2)** Die Maßnahme greift in eine *Eigentumsposition* iSd Art.14
(oben Rn.7–26) ein und zwar in *unmittelbarer* Weise (BGHZ 131, 163/166);
zur Unmittelbarkeit oben (2) in Rn.57. – **(3)** Die Nachteile für den Betroffenen überschreiten die *„Schwelle des enteignungsrechtlich Zumutbaren"* (BGHZ
117, 240/252; 129, 124/134); ihm wird ein *Sonderopfer* auferlegt. Für die
Abgrenzung sind die Ungleichbehandlung mit anderen (BGHZ 80, 111/
114 f) sowie die oben in Rn.40–45 behandelten Gesichtspunkte bedeutsam.
Bei höherer Gewalt entfällt ein Anspruch (BGHZ 166, 37/41).

V. Einzelne Bereiche und Fälle (ohne Enteignung)

1. Baurecht, Umweltrecht u. Ä.

a) Bau- sowie Flurbereinigungsrecht. Die Erhaltung und weitere   **59**
Nutzung eines rechtmäßig bestehenden Gebäudes etc. wird durch Art.14
geschützt **(Bestandsschutz).** Das einfache Recht kann die Reichweite dieses Schutzes unter Beachtung des Art.14 festlegen, weshalb der Bestandsschutz in verschiedenen Rechtsbereichen unterschiedlich ausfällt (vgl. unten
Rn.61). Wegen der damit erforderlichen Prüfung der Verhältnismäßigkeit
kann eine Änderung der Anforderungen des Baurechts meist nicht zu einer
Unterbindung einer bestehenden Nutzung führen (BVerwGE 84, 322/334;
BGHZ 140, 285/291; Papier MD 84 f). Der Bestandsschutz greift im Baurecht auch dann, wenn ein Gebäude ohne die erforderliche Baugenehmi-
gung errichtet wird, aber materiell rechtmäßig bestand (BVerwGE 61, 112/
120; 72, 362/363; Sieckmann FH 65; a. A. Berkemann UC 383; vgl. oben

Rn.10 a.E.), was aber wohl eher eine einfachgesetzliche Vorgabe ist. Der Schutz bestehender Nutzungen erfasst in gewissem Umfang auch die zur Sicherung der Nutzung notwendigen Maßnahmen (BVerwG, NVwZ 89, 668). Neue Nutzungen werden nicht geschützt (BVerwG, NVwZ 91, 265). Wird die Reichweite des Bestandsschutzes durch förmliches Gesetz (abschließend) festgelegt, kann wegen Art.100 Abs.1 ein über das einfache Recht hinausgehender Schutz nur durch das BVerfG gewährt werden (BVerwGE 106, 228/235). Eine abschließende Regelung durch das einfache Recht ist idR nur insoweit anzunehmen, als es den Bestandsschutz in bestimmten Bereichen regelt. Zur Zulassung von Nutzungen auf Nachbargrundstücken oben Rn.32. Zum Anliegergebrauch oben Rn.33. Ein Anspruch auf Zulassung von Nutzungen, die ursprünglich zulässig waren, aber noch nicht realisiert wurden *(eigentumskräftig verfestigte Anspruchsposition),* hängt allein von den Vorgaben des einfachen Rechts ab (BVerwGE 85, 289/294); die Rechtsänderung ist aber an Art.14 zu messen (vgl. BGHZ 90, 17/25; Wendt SA 45).

60   **Des Weiteren** sind generelle Veränderungssperren bis zu 4 Jahren *zulässig* (BGHZ 73, 161/174; BVerwGE 51, 121/135 ff; s. außerdem BGHZ 82, 361/368 f), vorausgesetzt, sie sind notwendig und verhältnismäßig (BGH, NVwZ 82, 329 f). Beschränkungen der Außenwerbung sind möglich (BVerwG, NJW 80, 2091). Eine Bebauung kann verboten werden, wenn ihr eine verfestigte Straßenplanung entgegensteht (BGHZ 94, 77/85 f). Zulässig ist idR auch eine Umlegung in der *Flurbereinigung* (BVerwGE 85, 129/133; BGHZ 93, 103/110), des Weiteren die Abschöpfung von Bodenwertsteigerungen (BVerwG, NVwZ 99, 409). *Unzulässig* sind dauernde Bauverbote (BGHZ 37, 269/273) sowie unwirtschaftliche Baugebote (vgl. Papier MD 477 f). Zu Kleingärten unten Rn.68.

61   **b) Umweltrecht, Zustandsstörer, Denkmalschutz.** Zulässig sind idR gesetzliche Vorschriften, „die die Umwelt belastende Nutzung von Eigentum verbieten oder beschränken" (BGHZ 99, 262/269; vgl. Rn.15 zu Art.20a). Ein dem Baurecht vergleichbarer passiver Bestandsschutz muss im Immissionsschutzrecht nicht gewährt werden (BVerwGE 65, 313/317; BGHZ 99, 262/268 f; Papier MD 512; Sieckmann FH 68), desgleichen nicht im Wasserrecht (BGHZ 140, 285/291 f; BVerwG, NJW 78, 2311 f). Umgekehrt wird Art.14 nicht durch die Zulassung von Immissionen beeinträchtigt, die mit dem BImSchG vereinbar sind (BVerfGE 79, 174/193 ff; BVerwGE 68, 58/61). Unzulässig ist dagegen die erhebliche Beeinträchtigung von Wohnräumen durch Verkehrslärm (BGHZ 49, 148/152 ff; 64, 220/223 ff; 97, 114/116; BVerwGE 61, 295/303; BVerwG NJW 83, 640), unabhängig davon, ob es sich um Altstraßen oder neue Straßen handelt (BGHZ 97, 361/364; Wendt SA 130). Bei der Zulassung von Verkehrswegen ist die Schutzpflicht des Art.14 zu beachten (BVerwGE 107, 350/357). Der Ausschluss von Rechten in Fällen der materiellen *Präklusion,* etwa nach § 10 Abs.3 S.3 BImSchG, ist verfassungsrechtlich bedenklich (Papier MD 50; Bryde MüK 38; **a.A.** BVerfGE 61, 82/112 f) und bedarf jedenfalls einer restriktiven Anwendung (Jarass, BImSchG, 8. A., 2010, § 10 Rn.92 ff). Zulässig sind Beschränkungen durch den *Natur- und Landschaftsschutz* bei schützenswerten

Grundstücken (BVerwGE 67, 84/89), nicht dagegen der Ausschluss einer ausgeübten Nutzung bzw. einer vernünftigerweise in Betracht zu ziehenden Nutzung durch Regelungen des Natur- und Landschaftsschutzes (BGHZ 77, 351/354; 90, 4/14 ff). Zulässig ist weithin ein Auskiesungsverbot aus Gründen des Landschaftsschutzes (BGHZ 90, 4/11 ff) oder des Wasserrechts (BVerfGE 58, 300/330 ff).

Mit Art.14 grundsätzlich vereinbar ist die **Zustandsstörerhaftung**, insb. **62** bei Bodenverunreinigungen und Altlasten, auch wenn ein Handlungsstörer vorhanden ist (BVerfGE 102, 1/19). Problematisch wird die Haftung jedoch, wenn die notwendigen Kosten den Wert des Grundstücks nach der Sanierung überschreiten (BVerfGE 102, 1/20; BVerwGE 122, 75/84). Das gilt insb. dann, wenn die Ursachen der Verunreinigung von Naturereignissen, von der Allgemeinheit zurechenbaren Ursachen oder von nicht nutzungsberechtigten Dritten herrühren, sowie dann, wenn das Grundstück den wesentlichen Teil des Vermögens des Betroffenen bildet (BVerfGE 102, 1/21). Umgekehrt ist die Haftung eher verhältnismäßig, wenn der Eigentümer beim Erwerb des Grundstücks die Verunreinigung hätte kennen können (BVerfGE 102, 1/21 f; BVerwG, NVwZ 97, 578) oder wenn das Grundstück zusammen mit anderem Vermögen des Betroffenen eine funktionale Einheit bildet, etwa bei einem Betrieb (BVerfGE 102, 1/22 f; BVerwGE 122, 75/84).

Die Eintragung in die **Denkmalliste** ist regelmäßig eine zulässige Eigen- **62a** tumsbindung (BVerwG, NVwZ 84, 724; NJW 88, 505; einschr. BGHZ 99, 24/31 ff), desgleichen ein staatliches Recht an wissenschaftlich bedeutsamen Funden (BVerwGE 102, 260/267 f). Denkmalschutzrechtliche Regelungen sind jedoch unzulässig, wenn sie unverhältnismäßige Belastungen des Eigentümers nicht ausschließen und keine Vorkehrungen zur Vermeidung derartiger Beschränkungen enthalten (BVerfGE 100, 226/244 ff). Der Eigentümer eines denkmalgeschützten Bauwerks muss gegen die Zulassung erheblich beeinträchtigender Anlagen in der Umgebung klagen können (BVerwGE 133, 347 Rn.9).

2. Weitere Gebiete des öffentlichen Rechts

a) Öffentliche Anlagen und Einrichtungen. Ein planfeststellungsbe- **63** dürftiges Vorhaben soll aufgrund Art.14 einer Planrechtfertigung bedürfen; gemessen an den Zielsetzungen des Fachplanungsgesetzes muss ein Bedarf für das Vorhaben bestehen (BVerwGE 127, 95 Rn.33; krit. Jarass, DVBl 98, 1204 f). Zulässig ist die Einrichtung von Fußgängerzonen (BVerwG, NJW 75, 1528 f). Unzulässig können dagegen Beeinträchtigungen eines Gewerbebetriebs durch den Bau einer U- oder S-Bahn sein (BGHZ 57, 359 ff; 83, 61/65 f; BGH, NJW 83, 1663), desgleichen die Erschwerung der Grundstückszufahrt durch Änderungen an der Straße (BGHZ 30, 241/243 ff). Zum Anliegergebrauch oben Rn.33. Ein Anschluss- und Benutzungszwang an eine öffentliche Einrichtung ist, auch wenn er zur Aufgabe eines bestehenden Betriebs zwingt, zulässig, sofern nicht ein Vertrauenstatbestand gesetzt wurde (BGHZ 54, 293/297; 133, 265/270; BVerwGE 62, 224/226; BSGE 85, 98/105 f); im Einzelfall kann aber auch das Eigentum verletzt sein

(BGHZ 77, 179/181 ff). Die Regelung eines Anschluss- und Benutzungszwangs, der bereits bei Kauf eines Grundstücks bestand, stellt keinen Eingriff dar (BVerwGE 125, 68 Rn.20).

64 **b) Öffentliches Wirtschaftsrecht.** Zulässig sind preisrechtliche Vorschriften (BVerfGE 8, 274/330), Regelungen zur Sperrzeit (BVerwG, DVBl 86, 565) und der Kündigungsschutz (BAGE 46, 42/47 f). Unzulässig sind dagegen die Beeinträchtigung einer ärztlichen Zulassung (BGHZ 81, 21/33 f), das ausnahmslose Verbot von Werbefahrten (BGHZ 78, 41/47 ff) und die dauerhafte Behinderung der Grundstücksnutzung durch Telekommunikationsanlagen (BVerfG-K, NJW 00, 799 f). Unzulässig ist das Einfrieren von Konten als Faustpfand gegenüber anderen Staaten (BVerfGE 62, 169/181 ff). Die Ersetzung der DM durch den Euro ist mit Art.14 vereinbar (BVerfGE 97, 350/372 ff). Zur Beeinträchtigung von Gewerbebetrieben s. auch oben Rn.63.

64a Grundstücksveräußerungsverbote im Bereich der **Landwirtschaft** sind nur zulässig, soweit sie einer nachteiligen Landwirtschaftsstruktur vorbeugen (BVerfGE 26, 215/224 ff; BGHZ 124, 217/221). Zulässig sind landwirtschaftliche Anbaubeschränkungen (BVerfGE 8, 71/79 f), weiter Regelungen über die Sanierung von Weinbergen (BVerwGE 68, 143/148) und die Beschränkung des Weinanbaus (BVerfGE 21, 150/154 ff). Unzulässig ist ein Vermarktungsverbot für Milch ohne Übergangsregelung (BVerwGE 81, 49/55).

65 **c)** Im Bereich der **Sozialversicherung** hat der Gesetzgeber weite Gestaltungsmöglichkeiten (BVerfGE 74, 203/214; 100, 1/37), stößt aber auch auf Grenzen (Jarass, NZS 97, 547 f), jedenfalls dort, wo Ansprüche und Anwartschaften durch eigene Leistungen des Versicherten geprägt sind (BVerfGE 100, 1/38; 117, 272/294). *Zulässig* sind die Änderung von Anrechnungszeiten (BVerfGE 58, 81/109 ff; 117, 272/299), der Abbau von Vergünstigungen in der Altersversorgung (BVerfGE 70, 101/110 ff), Verschlechterungen auf Grund von Systemänderungen (BVerfGE 51, 257/265 f) oder zur Sicherung der Funktions- und Leistungsfähigkeit der Sozialversicherung (BVerfGE 117, 272/297; 122, 151/183). Zulässig ist weiter eine „maßvolle Umverteilung innerhalb der … Rentenversicherung zu Lasten kinderloser oder kinderarmer Personen" (BVerfGE 87, 1/41). Die lohnorientierte Rentenanpassung soll teilweise geschützt sein (BSGE 90, 11/19 ff; zurückhaltend zu Recht BGHZ 155, 132/140). *Unzulässig* sind übermäßige Belastungen durch den Versorgungsausgleich (BVerfGE 53, 257/297 f; BVerfG-K, NJW 93, 1059; s. auch BSGE 59, 246/247 f), die Versagung eines Austrittsrechts aus der Rentenversicherung auf Grund einer Verschlechterung der Konditionen (BVerfGE 71, 1/10 ff) und die übergangslose Verdoppelung von Anwartschaftszeiten (BVerfGE 72, 9/23 ff) sowie übermäßige Belastungen bei Meldeversäumnissen in der Arbeitslosenversicherung (BVerfGE 74, 203/215 ff). Unzulässig ist auch, notwendige Rentenkürzungen einseitig einer Gruppe von Berechtigten aufzuerlegen (Wendt SA 120); vgl. Rn.56 zu Art.3. Zum Schutz von Erwartungen auf eine Rentenanpassung BVerfGE 64, 87/97 ff. Nach Eintritt des Versorgungsfalls sind strengere Anforderungen an Kürzungen der Leistungen zu stellen, insb. bei einem berufsständischen Versorgungswerk (BVerwG, NJW 06, 714 f).

d) Kriegsschäden sowie Verbindlichkeiten des Reichs und der 66
DDR. Bei der Abwicklung von **Kriegs-** und **Kriegsfolgeschäden** ist Art.14
besonders intensiv einschränkbar oder überhaupt nicht einschlägig (BVerfGE
53, 164/175 f; 112, 93/110; Rn.6 zu Art.134). Gleiches gilt für die in
Art.135a Abs.1 umschriebenen **Verbindlichkeiten des Reichs** etc. (Rn.2
zu Art.135a), sowie für die durch Art.135a Abs.2 erfassten Verbindlichkeiten
der **DDR** etc. (Rn.4 zu Art.135a). Auch bei den mit der Wiedervereinigung verbundenen Problemen hat der Gesetzgeber einen weiten Spielraum
(BVerfGE 101, 239/260 f). Der Vorrang des redlichen Erwerbs vor Rück-
übertragungsansprüchen ist zulässig (BVerfGE 95, 48/58 f). Für Ausgleichsansprüche wegen Vermögensbeeinträchtigungen durch die DDR enthält
Art.14 keine Vorgaben (BVerfGE 102, 254/297; BVerwGE 124, 321/325;
vgl. unten (1) in Rn.71).

e) Abgaben, Einziehung, Strafen. Ob und wieweit Abgaben einen **66a**
Eingriff in Art.14 darstellen, ist umstritten (oben Rn.32a). Jedenfalls ist die
Auffassung, die Grenze der Gesamtbelastung liege „in der Nähe der hälftigen
Teilung zwischen Privaten und öffentlicher Hand" (so BVerfGE 93, 121/
138; Depenheuer MKS 386), dem GG nicht zu entnehmen (BVerfGE
115, 97/108 f; Wieland DR 54; Wendt SA 39; Bryde MüK 66), mag sie auch
politisch sinnvoll sein. Die strafrechtliche Einziehung (vgl. unten Rn.77) ist
zulässig (BVerfGE 22, 387/422), muss aber verhältnismäßig sein (BVerfG-K,
NJW 96, 246 f). Gleiches gilt für eine Vermögensstrafe (BGHSt 41, 20/
28).

3. Privatrecht

a) Gesellschaftsrecht, Versicherungsrecht, geistiges Eigentum. 67
Beim Ausschluss von **Aktionären** darf die Entschädigung nicht unter dem
Verkehrswert liegen, wobei der Börsenkurs zu berücksichtigen ist (BVerfGE
100, 289/305 ff; BGHZ 153, 47/57). Generell muss eine Gesellschaft auf
den Verkehrswert und die Verkehrsfähigkeit der Aktien Rücksicht nehmen
(BGHZ 153, 47/55). Zulässig ist die erweiterte **Mitbestimmung** (BVerfGE
50, 290/339 ff). Bei der Übertragung des Bestandes von **Lebensversiche-
rungsverträgen** auf ein anderes Unternehmen ist für eine ausreichende Sicherung der Vermögensrechte der Versicherungsnehmer zu sorgen (BVerfGE
114, 1/37 ff; 114, 73/90 f); für den Verlust der Mitgliedschaft in einem Versicherungsverein ist eine angemessene Entschädigung vorzusehen (BVerfGE
114, 1/61). Dabei muss das Versicherungsrecht vollzugsfähige normative
Vorgaben liefern (BVerfGE 114, 1/54 f; 114, 73/102).

Weiter ist die Begrenzung des **Urheberrechts** auf die Veräußerung von **67a**
Werkstücken und die Ausklammerung einer anschließenden Weitervermie-
tung zulässig (BVerfGE 77, 263/270 f); auch sonst ist nicht jede Verwertung
von Urheberrechten geschützt (BVerfGE 81, 12/17; 81, 208/220). Art.14
widerspricht aber die Beschränkung eines urheberrechtlichen Schadenser-
satzanspruchs wegen des geringen wirtschaftlichen Erfolges der Verletzung
(BVerfG-K, NJW 03, 1656). Unzulässig sind die (mittelbare) Entziehung eines **Warenzeichens** (BVerfGE 51, 193/219 f) sowie der Entzug eines Aus-
stattungsrechts (BVerfGE 78, 58/75).

68   **b) Miet-, Wohnungs- und Pachtrecht.** Der **Mieterschutz** ist grundsätzlich zulässig (BVerfGE 37, 132/140 f; 53, 352/357; 68, 361/369 f); Art. 14 sichert nicht den größtmöglichen wirtschaftlichen Vorteil (BGHZ 179, 289 Rn. 14). Mieterhöhungsverlangen dürfen jedoch nicht übermäßig erschwert werden (BVerfGE 49, 244/249 ff; 53, 352/358 ff). Mietpreisbindungen, die „auf Dauer zu Verlusten für den Vermieter oder zur Substanzgefährdung der Mietsache führen", sind unzulässig (BVerfGE 91, 294/310). Die Geltendmachung des Eigenbedarfs darf nicht zu restriktiv gehandhabt werden (BVerfGE 68, 361/374 f; 79, 292/306 ff; BVerfG-K, NJW 91, 158 f); eine zu respektierende Selbstnutzung kann auch durch die gewerbliche Nutzung einer anderen Immobilie bedingt sein (BVerfGE 81, 29/34), des Weiteren durch eine Verbindung von Wohnen und Arbeiten (BVerfG-K, NJW 94, 2606), durch die Nutzung zugunsten einer Puppensammlung oder eines Au-pair-Mädchens (BVerfG-K, NJW 94, 994 f) oder durch den Bedarf einer größeren Wohnung im Hinblick auf die Familienplanung (BVerfG-K, NJW 94, 996; NJW 95, 1481). Der Wunsch, statt zur Miete im eigenen Haus wohnen zu wollen, ist regelmäßig von überwiegendem Gewicht (BVerfG-K, NJW 94, 310; vgl. auch BVerfG-K, NJW 94, 435 f). Der Wegfall des Eigenbedarfsgrundes ist nur bis zum Ablauf der Kündigungsfrist zu berücksichtigen (BGHZ 165, 75/79 ff). Eine Kündigung muss möglich sein, wenn der Erlös für die vermietete Wohnung erheblich unter dem Verkaufspreis für die unvermietete Wohnung und zudem unter den für die Wohnung erbrachten Aufwendungen liegt (BVerfG-K, NJW-RR 04, 371).

68a   Zulässig ist das Verbot der *Zweckentfremdung* von **Wohnraum** (BVerfGE 38, 348/370 f), sofern das Gebot der Verhältnismäßigkeit beachtet wird (BVerfGE 55, 249/258; BVerwGE 65, 139/144 f; 71, 291/298) und der Bestand eines Betriebs nicht konkret und ernsthaft gefährdet wird (BVerwGE 95, 341/349 f). Art. 14 ist auch im Verhältnis von **Wohnungseigentümern** zu beachten (BVerfG-K, NVwZ 05, 802), weshalb ein Hausverbot einer Eigentümerversammlung unverhältnismäßig sein kann (BVerfG-K, NJW 10, 221 f). Unzulässig sind ein weitgehender Ausschluss der Kündigung eines **Kleingartenpachtvertrags** (BVerfGE 52, 1/32 ff), die übermäßige Begrenzung des Pachtzinses (BVerfGE 87, 114/148 f) und übermäßige Belastungen bei einer Kündigung (BVerfG-K, NJW 98, 3559 f).

68b   **c) Sonstiges.** Zulässig war die Regelung (und Begrenzung) der Ansprüche der Contergan-Opfer (BVerfGE 42, 263/295 ff) und der Zwangsarbeiter (BVerfGE 112, 90/109). Bei der Ausgestaltung des Insolvenzverfahrens ist Art. 14 zu beachten (BVerfGE 116, 1/13). Zu den Auswirkungen des Versorgungsausgleichs auf Rentenansprüche oben Rn. 65.

VI. Rechtfertigung von Enteignungen (Schranken)

1. Grundlagen und Abgrenzung zu anderen Normen

69   Die Enteignung stellt einen besonders schweren Eigentumseingriff dar und ist nur unter den strengen Voraussetzungen des Abs. 3 zulässig, während sich die Zulässigkeit der Inhalts- und Schrankenbestimmung und der sonstigen Eigentumseingriffe (ohne Enteignungscharakter) nach Abs.1 S.2 und Abs.2 bestimmt (oben Rn.2). Damit ist für die Zulässigkeit einer Enteignung zunächst von Bedeutung, ob überhaupt eine Enteignung vorliegt (unten Rn.70–77a). Auf andere Maßnahmen ist Abs.3 auch nicht analog anwendbar (BVerfGE 58, 300/322 ff; Papier MD 714; vgl. oben Rn.54). Liegt eine Enteignung vor, müssen formelle und sachliche Voraussetzungen gegeben (unten Rn.78–82) sowie eine Entschädigung vorgesehen sein (unten Rn.83–88a). Der Tatbestand der Enteignung beschreibt somit nicht die Grenze der Verfassungsmäßigkeit noch des Geldersatzes (vgl. oben Rn.46), sondern führt v.a. zum Eingreifen der Junktimklausel (unten Rn.85). Immerhin ist bei der Enteignung immer eine Entschädigung geboten, während das bei Inhalts- und Schrankenbestimmungen nur unter besonderen Umständen der Fall ist.

2. Abgrenzung der Enteignung

a) Allgemeines und Kennzeichen der Enteignung: Die Enteignung **70** „ist auf die vollständige oder teilweise Entziehung konkreter subjektiver Eigentumspositionen im Sinne des Art.14 Abs.1 Satz 1 GG zur Erfüllung bestimmter öffentlicher Aufgaben gerichtet" (BVerfGE 70, 191/199 f; 72, 66/76; 102, 1/15 ähnlich E 104, 1/9; BGHZ 99, 24/28; BVerwGE 77, 295/297; Papier MD 527). Eine verfassungswidrige Inhalts- und Schrankenbestimmung stellt keine Enteignung dar (oben Rn.36). Der Enteignungsbegriff des Abs.3 ist **deutlich enger** als der früher bedeutsame materielle Enteignungsbegriff (vgl. unten Rn.73). Die Enteignung kann in Form der Legal- oder der Administrativenteignung erfolgen (unten Rn.79). Schließlich ist die Doppelqualifikation *eines* Aktes ausgeschlossen; eine Regelung ist für alle Anwendungsfälle entweder eine Enteignung, eine Inhalts- und Schrankenbestimmung oder ein sonstiger Eigentumseingriff (BVerfG-K, NJW 98, 368; in der Sache BVerfGE 83, 201/211 f; anders noch BVerfGE 58, 300/331 f). Im Einzelnen müssen folgende Voraussetzungen gegeben sein, damit man von einer Enteignung sprechen kann:

(1) Eine Enteignung kann nur durch einen Grundrechtsverpflichteten **71** (Rn.32–44 zu Art.1), und zwar durch **hoheitlichen Rechtsakt** vorgenommen werden, also durch Gesetz oder Verwaltungsakt, nie durch einen Realakt (BVerwGE 77, 295/298; 84, 361/366; Papier MD 531 f). Maßnahmen ausländischer öffentlicher Gewalt werden nicht erfasst (BVerfGE 43, 203/209; vgl. aber oben Rn.34a). Gleiches gilt für Enteignungen in der früheren SBZ und der DDR (BVerfGE 112, 1/21; BVerwGE 124, 321/325; vgl. BVerfGE 84, 90/126; Papier MD 254); vgl. auch Rn.5–10 zu Art.143. – **(2)** Es muss eine **geschützte Position** iSv Art.14 (oben Rn.7–17) betroffen sein, und zwar bei einem oder mehreren konkreten Eigentümern; dies gilt auch für die Legalenteignung (Bryde MüK 55). Dazu zählt auch der Pachtbesitz (BVerwGE 133, 118 Rn.18). – **(3)** Diese konkrete Position muss zur **Erfüllung einer** bestimmten **öffentlichen Aufgabe entzogen** werden (näher dazu unten Rn.72–77a). – **(4)** Traditionell wird für den Begriff der Enteignung weiter gefordert, dass sie **rechtmäßig** ist (vgl. Papier MD 546). Dies ist abzulehnen (Depenheuer MKS 413; Dietlein ST IV/1, 2265;

Sieckmann FH 111; Becker SB 145). Das BVerfG spricht auch dann von Enteignung, wenn die Maßnahme rechtswidrig ist (etwa BVerfGE 56, 249/261). Richtig ist allerdings, dass die einfachgesetzlichen Entschädigungsnormen vielfach von einer rechtmäßigen Enteignung ausgehen und rechtswidrige Akte der Anfechtung etc. überlassen.

72   **b) Entziehung für öffentliche Aufgabe (Grundlagen).** Nach der Rspr. des BVerfG kennzeichnet die Enteignung die „Entziehung konkreter Rechtspositionen zur Erfüllung bestimmter öffentlicher Aufgaben" (BVerfGE 115, 97/112; 72, 66/76; 79, 174/191; 112, 93/109). Doch stellt nicht jede Entziehung eine Enteignung dar (BVerfGE 104, 1/10; 112, 93/109). Vielmehr sind nur Fälle gemeint, „in denen Güter hoheitlich beschafft werden" (BVerfGE 104, 1/10; Osterloh HS V § 55 Rn.115; Jochum/Durner, JuS 05, 412 f; Papier MD 361; anders noch BVerfGE 82, 201/211; Wendt SA 151), jedenfalls „weitgehend" (BVerfGE 115, 97/112). Erfasst sein dürften alle Fälle, in denen die entzogene Vermögensposition vom Eigentumsbegünstigten wie von einem Eigentümer genutzt werden kann (Jarass, NJW 00, 2844 f; ähnlich Manssen 748; a. A. Wendt SA 151). Die tatsächliche Erfüllung einer bestimmten öffentlichen Aufgabe stellt allerdings eher eine Rechtmäßigkeits- als eine Tatbestandsvoraussetzung dar (Wendt SA 152; unten Rn.80). In der Praxis geht es fast nur um Grundstückseigentum (Osterloh HSV § 55 Rn.115).

73   Unerheblich für die Abgrenzung der Enteignung von der Inhalts- und Schrankenbestimmung ist das **Ausmaß der Belastung.** Eine Enteignung liegt nicht schon deshalb vor, weil in bestehende Rechte „schwer und unerträglich" eingegriffen wird (BVerwG, NVwZ-RR 91, 133). Eine Inhaltsbestimmung wird selbst dann nicht zur Enteignung, wenn sie in ihren „Auswirkungen für den Betroffenen einer Enteignung nahe- oder gleichkommt" (BVerfGE 100, 226/240; Becker SB 28; Jarass, NJW 00, 2844), wenn sie „das Eigentum völlig entwertet" (BVerfGE 102, 1/16; a. A. Wendt SA 157a). Solche Eingriffe sind allerdings idR ohne sachlichen oder finanziellen Ausgleich oder ausreichende Übergangsregelung unverhältnismäßig (oben Rn.46). Dementsprechend kann die Aufhebung einer Rechtsposition eine Inhalts- und Schrankenbestimmung darstellen (vgl. BVerfGE 78, 58/75; 83, 201/212; 101, 239/259; anders noch BVerfGE 58, 300/331 f). Die früher gängige Abgrenzung von Inhalts- und Schrankenbestimmung und Enteignung anhand des Gewichts der Maßnahme bzw. der Sonderopfersituation ist folglich für die Abgrenzung der Enteignung überholt (Ehlers, VVDStRL 51 (1992), 236 f; Jarass, NJW 00, 2842, 2844; a. A. Wendt SA 150). Damit wird auch vermieden, dass man den Anwendungsbereich der Junktimklausel (etwa bei nicht vorhersehbaren Auswirkungen) systemwidrig einschränken muss (so aber Leisner HbStR VI § 149 Rn.175; Wendt SA 167).

74   Für die Abgrenzung unerheblich sind auch die **Folgen** des Eigentumseingriffs. Eine Enteignung liegt nicht deshalb vor, weil ein Ausgleichsanspruch geboten (BVerfG-K, NJW 98, 367 f) oder ein Entschädigungs- bzw. Übernahmeanspruch gesetzlich vorgesehen ist (BVerfGE 100, 226/245 f; BGHZ 121, 328/331; BVerwGE 94, 1/5 f). Umgekehrt verliert eine Enteignung nicht deshalb ihren Charakter, weil Ersatzland bereitgestellt wird.

c) Bereiche der Entziehung. aa) Als Entziehung ist generell die **ho-** 75
heitliche Beschaffung von Gütern einzustufen (oben Rn.72). Dazu gehört
auch der Teilentzug durch eine zwangsweise Belastung eines Grundstücks
mit einem dinglichen Recht (BVerfGE 45, 297/383; 56, 249/260). Dabei
muss ein Teil des Eigentums rechtlich abgespalten und dem Enteignungs-
begünstigten zur Verfügung gestellt werden (Wieland DR 79). Abs.3 gilt
auch für Vorgänge, die noch nicht selbst den Vermögensübergang bewirken, für den Vermögensübergang aber eine verbindliche Grundlage schaffen
(Jarass, NJW 00, 2845). Abs.3 ist daher auf eine planerische Entscheidung
anzuwenden, die „abschließend und ... verbindlich über die Verwirklichung
des Vorhabens unter Inanspruchnahme fremden Eigentums entscheidet"
(BVerfGE 74, 264/282; 95, 1/22; BVerwGE 72, 282/283 ff; 128, 358
Rn.54; BVerwG, NVwZ 93, 478). Man spricht von einer **enteignungs-**
rechtlichen Vorwirkung der Fachplanung. Andererseits ist es zulässig, eine
Überprüfung der Verfassungsmäßigkeit der Enteignung im nachfolgen-
den Enteignungsverfahren auszuschließen (BVerfG-K, NVwZ 07, 574).
Keine enteignungsrechtliche Vorwirkung hat ein Bebauungsplan (BVerwG,
DVBl 09, 1455) oder ein bergrechtlicher Betriebsplan (BVerwG, NVwZ 09,
333).

bb) Generell fehlt es an einer Enteignung, wenn die Entziehung dem 76
Ausgleich privater Interessen dient (BVerfGE 104, 1/10; 112, 93/109;
114, 1/59), wenn sie also Teil einer größeren Regelung ist, die *auch* den Interessen des Betroffenen dient. Keine Enteignung ist daher die Baulandumlegung (BVerfGE 104, 1/9 f), die städtebauliche Sanierung auch bei sehr langer Dauer (BVerwG, NJW 96, 2807 f) und die Flurbereinigung (BGHZ 113,
139/143; Bryde MüK 79), es sei denn, die Flurbereinigung erfolgt allein im
Interesse Dritter, wie bei der Unternehmensflurbereinigung (BVerfGE 74,
264/279 f; Wendt SA 128). Keine Enteignung bildet des Weiteren die Verkürzung von Rechten im Rahmen privatrechtlicher Ausgleichsregelungen,
wie die Regelung der Zwangsarbeiterentschädigung (BVerfGE 112, 93/
109), die Regelung des nachbarlichen Ausgleichs (BVerfGE 72, 66/76 f) und
der nahezu vollständige Ausschluss des Kündigungsrechts bei Kleingärten
(BVerfGE 52, 1/26 ff).

cc) An einer Enteignung fehlt es weiter, wenn die Entziehung die Folge 77
der **von der Eigentumsnutzung ausgehenden Gefahren** ist (Eschenbach, Jura 97, 521; Jarass, NJW 00, 2845). Bei der Enteignung geht „die öffentliche Gewalt aus eigenem Interesse aktiv, offensiv gegen den Privateigen-
tümer vor, weil sie sein Eigentum für einen öffentlichen Zweck ‚braucht'";
wird sie dagegen „nicht im Blick auf die Eigentumsentziehung tätig", sondern „um Rechtsgüter der Gemeinschaft ... vor Gefahren zu schützen",
liegt immer eine Inhaltsbestimmung vor (BVerfGE 20, 351/359; noch weiter
gehend BVerfG-K, NVwZ 99, 979 f). Das erklärt die Ablehnung einer Enteignung bei der Zerstörung gefährlicher Objekte, etwa wenn ein seuchen-
krankes Tier getötet oder eine Sache zerstört wird, da von ihr ausgehende
Gefahren anders nicht beseitigt werden können (BVerfGE 20, 351/359).
Auch verdeutlicht dies, warum die strafrechtliche Einziehung und allgemein
der Verlust des Eigentums als strafrechtliche Nebenfolge keine Enteignung
ist (BVerfGE 22, 387/422; 110, 1/24; Depenheuer MKS 469); hier erfolgt

die Einziehung nicht mit dem Ziel, die Erfüllung einer öffentlichen Aufgabe zu ermöglichen, sondern einen gemeinwohlschädlichen Gebrauch zu verhindern oder zu sanktionieren.

77a **dd)** An einer Enteignung fehlt es generell bei einer **Beschränkung der Eigentumsnutzung,** ohne dass einem Begünstigten Befugnisse zugewiesen werden. Keine Enteignungen enthalten daher naturschutzrechtliche Nutzungsverbote und -beschränkungen (BVerwGE 112, 373/376f; BGHZ 126, 379/381f), Bauverbote in Wasserschutzgebieten (BVerwG, NVwZ 97, 889f) und die Festlegung der zu duldenden Straßenverkehrsimmissionen (BVerfGE 79, 174/191f).

3. Gesetzliche Grundlage; Legalenteignung

78 Eine Enteignung (zum Begriff oben Rn.70–77a) ist nur zulässig, wenn sie durch **Gesetz** oder auf Grund eines förmlichen Gesetzes erfolgt (BVerfGE 56, 249/261f; Bryde MüK 76; Sieckmann FH 159). In dem förmlichen Gesetz müssen die Gemeinwohlgründe (unten Rn.80f) festgelegt sein (BVerfGE 56, 249/261; Wieland DR 98); der Gesetzgeber muss entscheiden, für welche Vorhaben und Zwecke und unter welchen Voraussetzungen eine Enteignung zulässig sein soll (BVerwGE 125, 116 Rn.509). Art.19 Abs.1 findet keine Anwendung. Dies gilt für das Einzelfallverbot (vgl. unten Rn.79 zur Legalenteignung), vor allem aber für das Zitiergebot (BVerfGE 21, 92/93; 24, 367/398; Papier MD 559f; Rn.5 zu Art.19); die Junktimklausel bietet insoweit ausreichenden Schutz (Wendt SA 158). Dagegen muss das Enteignungsgesetz die Kompetenzverteilung zwischen Bund und Ländern beachten (BVerfGE 56, 249/262).

79 Die Enteignung unmittelbar durch förmliches Gesetz **(Legalenteignung)** ist nach Auffassung des BVerfG, trotz der Formulierung des Abs.3 S.2, nur ausnahmsweise zulässig, weil sie den Rechtsschutz des Betroffenen erheblich verkürzt (BVerfGE 24, 367/402f; 45, 297/324ff; ebenso Bryde MüK 75). Eine Legalenteignung ist danach nur möglich, wenn mit einer Enteignung durch die Exekutive, sei es durch Verwaltungsakt oder durch untergesetzliche Rechtsnorm **(Administrativenteignung),** der betreffende Zweck erheblich weniger gut erreicht werden kann, wenn die Administrativenteignung mit erheblichen Nachteilen für das Gemeinwohl verbunden wäre (BVerfGE 95, 1/22; für eine weitgehende Gleichstellung von Legal- und Administrativenteignungen Papier MD 559; Wieland DR 95). Jedenfalls bei Planungsentscheidungen kommt dem Gesetzgeber insoweit eine erhebliche Gestaltungs- und Bewertungsbefugnis zu (BVerfGE 95, 1/22f).

4. Materielle Anforderungen

80 **a) Zweck, Enteignung zugunsten Privater, Rückenteignung. aa)** Der mit der Enteignung verfolgte Zweck muss dem **Wohl der Allgemeinheit** dienen und im Enteignungsgesetz festgehalten werden (BVerfGE 56, 249/261; BVerwGE 117, 138/139; Wieland DR 102; oben Rn.78). Die gesetzgeberische Festlegung kann nicht durch einen schlichten Beschluss verändert werden (BVerfG-K, NVwZ 08, 1230). Die Enteignung muss „einem bestimmten, im öffentlichen Nutzen liegenden Zweck" dienen (BVerf-GE 38, 175/180; BVerwGE 87, 241/243; Jarass, DVBl 06, 1331 f; Depenheuer MKS 431). Ob ein Zweck dem Allgemeinwohl dient, ist grundsätzlich vom Gesetzgeber zu entscheiden; seine Einstufung ist zu respektieren, solange sie nicht offensichtlich unzutreffend ist (BVerfGE 24, 367/406; BVerwGE 117, 138/139; Wieland DR 101; Bryde MüK 82). Fiskalische Interessen genügen jedoch nicht (BVerfGE 38, 175/180; Depenheuer MKS 424; Sieckmann FH 161). Zudem muss das verfolgte öffentliche Interesse den Vorgaben der Verhältnismäßigkeit gerecht werden (unten Rn.82). Eine Enteignung für ein (nach den einschlägigen Vorschriften) rechtswidriges Vorhaben dient nie dem Wohl der Allgemeinheit (BVerfG-K, NVwZ 08, 776; BVerwGE 77, 86/91; BVerwG, NVwZ 07, 464; Jarass, DVBl 06, 1331); dabei sind alle Vorgaben des objektiven Rechts zu berücksichtigen (BVerwGE 72, 15/25 f; 74, 109/110; 112, 135/136 f; einschr. BVerwGE 67, 74/77). Dies führt zu einem umfassenden Klagerecht des Enteignungsbetroffenen (BVerwGE 128, 358 Rn.29).

Dem Wohl der Allgemeinheit kann auch eine Enteignung zugunsten **pri-** **80a** **vater Personen** dienen, selbst außerhalb der Daseinsvorsorge (BVerfGE 74, 264/286; Bryde MüK 84; Jarass, DVBl 06, 1332 f). Allerdings muss der Gesetzgeber hier sicherstellen, „dass der im Allgemeininteresse liegende Zweck der Maßnahme erreicht und dauerhaft gesichert wird" (BVerfGE 74, 264/ 285 ff; Papier MD 586). Die §§ 85 ff BauGB a. F. entsprachen dem nicht (BVerfGE 74, 264/296). Soll die Enteignung zugunsten eines privaten Unternehmens erfolgen, das eine öffentliche Aufgabe erfüllt, genügt es, wenn generell sichergestellt ist, dass es trotz privatrechtlicher Struktur und Gewinnerzielungsabsicht zum Nutzen der Allgemeinheit geführt wird (BVerf-GE 66, 248/258; BVerwGE 71, 108/124 f; 87, 241/247 f); diese Voraussetzung ist im Bereich der Energiewirtschaft gegeben (BVerwGE 116, 365/ 371 f).

bb) Wird der Zweck der Enteignung in angemessener Zeit nicht reali- **81** siert, entfällt die legitimierende Wirkung des Abs.3, mit der Folge, dass der frühere Eigentümer, gestützt auf Art.14 Abs.1, die **Rückübereignung** verlangen kann (BVerfGE 38, 175/180 f; 97, 89/96 f; BGHZ 76, 365 f; BVerw-GE 96, 172/177 f; Dietlein ST IV/1, 2284 f; Bryde MüK 86; vorsichtig BGHZ 111, 52/60). Der Anspruch kann einfachgesetzlich ausgestaltet werden (BVerwGE 85, 96/99). Kein Rückübertragungsanspruch besteht, wenn die Enteignung von vornherein rechtswidrig war (vgl. BGHZ 84, 1/5 f); in diesem Falle muss die Enteignung angegriffen werden (Wendt SA 165). Weiter kann eine Rückübertragung abgelehnt werden, wenn das enteignete Grundstück erheblich verändert wurde (BVerwG, NVwZ 87, 49). Nach einer Umlegung kann der Rückübertragungsanspruch ausgeschlossen sein (BVerwGE 85, 96/101). Schließlich kommt ein Rückübertragungsanspruch nur in Betracht, wenn Art.14 bereits im Zeitpunkt der Enteignung anwendbar war, nicht also bei Enteignungen in der früheren DDR (BVerfGE 97, 89/98; BGH, NJW 98, 223 f; BVerwGE 96, 172/175 f), auch wenn der Enteignungszweck erst nach Inkrafttreten des GG in den neuen Bundesländern wegfiel (Dietlein ST IV/1, 2285). Fällt der Enteignungszweck erst später weg, besteht kein Rückübertragungsanspruch (BGHZ 176, 99 Rn.19).

82   **b) Verhältnismäßigkeit.** Generell muss die Enteignung den Grundsatz der Verhältnismäßigkeit (dazu Rn.83–90a zu Art.20) wahren (BVerfGE 45, 297/335; 53, 336/349; Sieckmann FH 161; Jarass, DVBl 06, 1333 f; Dietlein ST IV/1, 2279). Sie muss daher zunächst **geeignet** sein, also den verfolgten Zweck tatsächlich fördern (BVerwG, NVwZ 02, 1120; Bryde MüK 85). Weiter muss die Enteignung zum Wohl der Allgemeinheit objektiv **erforderlich,** d. h. unumgänglich sein (BVerfGE 38, 175/180; 53, 336/349; BVerfG-K, NVwZ 03, 727; BGHZ 68, 100/102; abschwächend BVerwGE 72, 282/285). Insb. darf es kein milderes Mittel zur Erreichung des Zwecks geben (BVerfGE 24, 367/405; 45, 297/335; Depenheuer MKS 426). Daher kommt dem freihändigen (einvernehmlichen) Erwerb der Vorrang zu, es sei denn, er kommt nur unter unangemessenen und unzumutbaren Bedingungen für die öffentliche Hand in Betracht (Papier MD 589). Weiter ist eine dingliche Belastung statt eines vollen Entzugs zu wählen, wenn auch damit der entsprechende Zweck erreicht werden kann (Bryde MüK 85). Eine Enteignung für den Straßenbau ist nur zulässig, wenn die Straße zur Bedarfsdeckung erforderlich ist (BVerwGE 98, 339/347). Geeignetheit und Erforderlichkeit müssen für das gesamte Vorhaben gegeben sein (BVerfG-K, NVwZ 03, 72), sind in einer Planfeststellung näher darzulegen (BVerwG, NVwZ 09, 183 f) und gerichtlich in vollem Umfang zu überprüfen (BVerfG-K, NVwZ 03, 727). Schließlich müssen der Entzug des Eigentums und der verfolgte Zweck in einem **angemessenen Verhältnis** stehen (Bryde MüK 81; Papier MD 590). Das Interesse, um dessen Verfolgung es geht, muss so gewichtig sein, dass eine Enteignung und der damit verbundene Eingriff in die Eigentumsgarantie gerechtfertigt wird (BVerfGE 74, 264/289; BVerwGE 125, 116 Rn.510; BVerwG, NVwZ-RR 97, 524; Papier MD 585; a. A. Wieland DR 101). Dabei ist von Bedeutung, wie gewichtig das konkret betroffene Eigentum für den Eigentümer ist. Schließlich ist zu berücksichtigen, dass der Entzug durch die angemessene Entschädigung gemildert wird. Zum Verfahren der Enteignung oben Rn.19.

5. Entschädigung

83   **a) Junktimklausel.** Das förmliche Gesetz, das die Enteignung vornimmt oder die Grundlage dazu bildet (oben Rn.78 f), muss Art und Ausmaß der Entschädigung regeln. Ein Enteignungsgesetz, das ganz oder teilweise dagegen verstößt, ist nichtig (BVerfGE 58, 300/319; Papier MD 564; Bryde MüK 89) und zwar in seinem gesamten Umfang (BVerfGE 24, 367/418; 46, 268/287). Durch die Junktimklausel soll der Gesetzgeber gezwungen werden, sich darüber Rechenschaft zu geben, „ob der zu regelnde Sachverhalt einen Enteignungstatbestand iSd Art.14 Abs.3 darstellt, und dass in diesem Falle Entschädigung geleistet werden muss, welche die öffentlichen Haushalte belastet" (BVerfGE 46, 268/287; Papier MD 562). Durch die Junktimklausel wird somit auch die Haushaltshoheit des Gesetzgebers gewahrt (Wieland DR 108). *Salvatorische,* d. h. pauschale *Entschädigungsklauseln* werden dem nicht gerecht (BVerwGE 84, 361/364 ff; Papier MD 566; Dietlein ST IV/1, 2272 f; Bryde MüK 89 f; a. A. BGHZ 105, 15/16 f; offen gelassen von BVerfGE 58, 300/346; vgl. oben Rn.54). Auf allgemeine Enteignungsgesetze kann im Rahmen der Kompetenzordnung verwiesen werden (BVerfGE 56, 249/263 ff; Bryde MüK 91).

Die Junktimklausel darf nicht indirekt unterlaufen werden, indem für eine **84** dagegen verstoßende Enteignung auf Grund allgemeiner Institute, insb. des **enteignungsgleichen Eingriffs,** eine Entschädigung geleistet wird (BVerf-GE 58, 300/323 f; Wendt SA 168; vgl. Wieland DR 120); Abs.3 S.2 entfaltet insoweit eine **Sperrwirkung.** Der Betroffene muss bei fehlender oder unzureichender Entschädigungsregelung gegen die Enteignung vorgehen; er hat kein Wahlrecht zwischen Abwehr und Entschädigung (BVerfGE 58, 300/324; Pieroth/Schlink 940; Wendt SA 168). Die herkömmlichen Institute des enteignungsgleichen und des enteignenden Eingriffs bedürfen daher insoweit der Einschränkung (Papier MD 721). Zumeist betreffen sie aber nicht (echte) Enteignungen. Zum einfachgesetzlichen Charakter der Institute oben Rn.56.

Die Junktimklausel gilt **nur für die Enteignung** iSd Abs.3, nicht für **85** sonstige ausgleichspflichtige Beeinträchtigungen des Eigentums (BGHZ 99, 24/29; 126, 379/381). Darüber hinaus werden vorkonstitutionelle Gesetze (zur Abgrenzung Rn.8 f zu Art.100) nicht erfasst (BVerfGE 46, 268/287 f; Wendt SA 168); eine lückenhafte, einfachgesetzliche Regelung wird in diesem Fall durch Art.153 Abs.2 S.2 WRV ergänzt (Papier MD 571). Schließen vorkonstitutionelle Gesetze allerdings eine Entschädigung ausdrücklich aus oder sehen sie eine nicht angemessene Entschädigung vor, sind sie unwirksam (BVerfGE 4, 219/237). Im Verteidigungsfall sind vorläufige Entschädigungen möglich (Rn.3 zu Art.115c).

b) Verpflichteter, Art und Höhe. aa) Entschädigungspflichtig ist **86** der durch die Enteignung unmittelbar Begünstigte (BGH, NJW 80, 582; Depenheuer MKS 461), was auch eine Privatperson sein kann (Papier MD 638; vgl. BGHZ 60, 126/143). Als **Art** der Entschädigung kommen neben Geld auch Ersatzland oder Wertpapiere in Betracht (Wendt SA 169; s. allerdings BGH, NJW 79, 923).

bb) Die **Höhe** der Entschädigung ist gemäß Abs.3 S.3 unter gerechter **87** Abwägung der Interessen der Allgemeinheit und der Beteiligten festzulegen. Sie muss nicht notwendig zum Verkehrswert erfolgen (BVerfGE 24, 367/ 420 f; 41, 126/161; 46, 268/284 ff; BGHZ 153, 327/336; Bryde MüK 92; Papier MD 601). Der Gesetzgeber kann auch eine geringere Entschädigung festlegen, wenn das einer sachgerechten Interessenabwägung entspricht (BGH, NJW 80, 889; Becker SB 263). Dies ist v. a. insoweit möglich, als das Eigentum nicht auf eigener Leistung beruht, etwa bei Bodenwertsteigerungen (Papier MD 609 ff; Wieland DR 116; Bryde MüK 94). Weiter spielt der Zusammenhang der Eigentumsgarantie mit der persönlichen Freiheit (oben Rn.1) eine Rolle. Schließlich dürfte der Umstand bedeutsam sein, ob es sich um eine Einzel- oder um eine Gruppenenteignung handelt (Wieland DR 117).

cc) Legt der Gesetzgeber die Höhe der Entschädigung nicht fest, ist die **88** Enteignung unzulässig. Die Gerichte können nicht von sich aus eine ihnen angemessen erscheinende Entschädigung, etwa zum Verkehrswert, zusprechen (BVerfGE 46, 268/285). Legt der Gesetzgeber, wie das vielfach geschieht, eine Entschädigung zum **Verkehrswert** fest, so ist der Verkehrswert der entzogenen Substanz zu entschädigen (BGHZ 57, 359/368). Dazu kommen unmittelbare Folgekosten (Papier MD 632 f), wie Umzugskosten, Kosten der Betriebsverlegung, Einbußen durch den Verlust eines bestimmten Kundenkreises, die Wertminderung des Restgrundstücks und Rechtsverfolgungskosten, nicht aber mittelbare Folgekosten, wie die Kosten für die Beschaffung eines Ersatzobjekts (Rüfner, in: Erichsen (Hg.), Allg. VerwR, § 49 Rn.27). Zukunftschancen u. ä., die sich (noch) nicht im Verkehrswert niedergeschlagen haben, werden nicht ersetzt (vgl. oben Rn.22). Gleiches gilt für nicht wertsteigernde Aufwendungen auf das Grundstück (BGHZ 174, 25 Rn.21 ff).

88a **Negativ** sind die Umstände zu berücksichtigen, die auch ohne den Eingriff eine Verschlechterung oder Zerstörung des Objekts bewirkt hätten (BGHZ 30, 281/287; Sieckmann FH 174). Abzuziehen sind des Weiteren Belastungen, die den Betroffenen im Wege einer entschädigungsfreien Sozialbindung hätten auferlegt werden können (BGHZ 92, 34/50; a. A. Depenheuer MKS 453). Schließlich können Planungs- und Spekulationsgewinne abgezogen werden (Bryde MüK 94; Wieland DR 116; Papier MD 610; einschr. Sieckmann FH 163).

89 **c) Rechtsweg und Rechtsschutz.** Für Rechtsstreitigkeiten über die *Höhe* der Entschädigung sind gem. Abs.3 S.4 die ordentlichen Gerichte zuständig; Gleiches gilt für die Entscheidung über den Anspruchsgrund (BVerwGE 39, 169/172; Papier MD 646; Wieland DR 123). Die Zivilgerichte haben auch verwaltungsrechtliche Vorfragen zu entscheiden; dabei sind sie an ein rechtskräftiges Verwaltungsgerichtsurteil gebunden (BGHZ 86, 226/232; 95, 28/35 f). Das Enteignungsverfahren wie das Gerichtsverfahren müssen so durchgeführt werden, dass der Eigentümer seine Interessen effektiv verfolgen kann (oben Rn.19). Auf Ansprüche aus enteignendem und enteignungsgleichem Eingriff ist Abs.3 S.4 nicht analog anwendbar (BGHZ 90, 17/31; 91, 20/26 ff); insoweit ist gem. § 40 Abs.2 VwGO der Zivilrechtsweg einschlägig (Papier MD 723). Erst recht ist Abs.3 S.4 nicht auf gesetzlich vorgesehene Ausgleichs- bzw. Entschädigungsansprüche anwendbar; hier ist, vorbehaltlich einer abweichenden gesetzlichen Regelung, der Verwaltungsrechtsweg gegeben (BVerwGE 94, 1/6 f).

B. Erbrecht

1. Bedeutung und Abgrenzung zu anderen Verfassungsnormen

90 Das Erbrecht umfasst das Recht des Erblassers, sein Vermögen an den zu vererben, an den er es vererben möchte, sowie das Recht des Erben, mit dem Tod des Erblassers in dessen vermögensrechtliche Position einzutreten (Becker SB 95; Leisner HbStR VI § 150 Rn.6). Das Erbrecht geht damit über die Eigentumsgarantie hinaus, da die eigentumsgrundrechtliche Stellung des Erblassers mit dessen Tod erlischt und die eigentumsgrundrechtliche Stellung des Erben erst einsetzt, wenn er die entsprechenden Rechte erworben hat (Leisner HbStR VI § 150 Rn.2; unten Rn.91); zum fehlenden

Schutz des Erwerbs durch Art. 14 oben Rn. 18. Für die Auseinandersetzung unter Miterben wird die Eigentumsgarantie durch die Erbrechtsgarantie verdrängt (BVerfGE 91, 346/356 f). Das Erbrecht dient „der Selbstbestimmung des Einzelnen im Rechtsleben" (BVerfGE 99, 341/350). Die Gewährleistung des Erbrechts enthält ein Individualgrundrecht sowie eine Institutsgarantie (BVerfGE 44, 1/17; 67, 329/340; 97, 1/6). Letzteres dürfte nichts anderes als der objektive Grundrechtsgehalt (dazu Vorb. 3 vor Art. 1) sein (vgl. Bryde MüK 46). Durch die Institutsgarantie werden in der Literatur vielfach die Grundzüge des einfach-gesetzlichen Erbrechts gewährleistet gesehen (etwa Papier MD 299). Das Grundrecht enthält jedenfalls einen Schutzauftrag (unten Rn. 94).

2. Schutzbereich

a) Sachlicher Schutzbereich. Das Erbrecht umfasst zum einen die **Tes-** **91** **tierfreiheit** (BVerfGE 67, 329/341; 99, 341/350 f; 112, 332/348 f; BGHZ 118, 361/365; Bryde MüK 47), d. h. das Recht von Personen, ihnen zustehende Vermögensgegenstände, die den Schutz des Art. 14 genießen (oben Rn. 7–17), an den zu vererben, an den sie es vererben wollen (vgl. BVerfGE 67, 329/341) und damit von der gesetzlichen Erbfolge abzuweichen (BVerfGE 112, 332/349). Die Testierfreiheit umfasst auch sonstige testamentarische Verfügungen (BGHZ 140, 118/128; Dietlein ST IV/1, 2325). Geschützt „werden nur selbstbestimmte und selbstverantwortete letztwillige Erklärungen" (BVerfGE 99, 341/351). Daneben schützt das Erbrecht das **Recht des** testamentarischen oder gesetzlichen **Erben,** die vererbten Gegenstände zu erlangen (BVerfGE 91, 346/360; 97, 1/6; Dietlein ST IV/1, 2325). Geschützt wird das Eigentumserwerbsrecht des Erben kraft gesetzlicher oder gewillkürter Erbfolge (BVerfGE 112, 332/349). Insoweit geht das Eigentumserwerbsrecht über das Eigentumsrecht hinaus (BVerfGE 112, 332/349; oben Rn. 90).

b) Träger des Grundrechts sind natürliche Personen, auch Ausländer **92** (Dietlein ST IV/1, 2328), und zwar der Erblasser wie der Erbe (BVerfGE 112, 332/346). Juristische Personen sollen sich, trotz des personalen Gehalts des Erbrechts (oben Rn. 90), auf Art. 14 berufen können (Sieckmann FH 215; Becker SB 114; Axer EH 146).

3. Beeinträchtigungen

a) Eingriffe. Das Grundrecht wird durch jede belastende Regelung der **93** geschützten Vorgänge (oben Rn. 91) beeinträchtigt. Ein Eingriff in das Recht des Erben setzt voraus, dass der Erbfall eingetreten ist oder der Erbe einen rechtlich gesicherten Anspruch auf die Erbschaft hat. Unter dieser Voraussetzung wird auch der Erbeserbe geschützt (BVerfGE 99, 341/349). Im Übrigen wird die Erlangung künftiger Erbpositionen vor dem Erbfall gegen Eingriffe nicht geschützt (offen gelassen BVerfGE 97, 1/6). *Abgaben,* die für die geschützten Vorgänge erhoben werden, beeinträchtigen das Erbrecht nicht generell (vgl. allerdings Papier MD 304), sondern nur dann, wenn sie konfiskatorisch wirken oder doch von gravierendem Gewicht sind (vgl.

BVerfGE 63, 312/327); für das Erbrecht gilt insoweit nichts anderes als für das Eigentum (dazu näher oben Rn.32a).

94   **b) Unterlassen von Leistung, insb. Schutz.** Eine Beeinträchtigung in Form des Unterlassens von Schutz liegt vor, wenn der Staat keine ausreichenden Regelungen für die gesetzliche Erbfolge trifft, wobei die Interessen eines verständigen Erblassers im Vordergrund stehen müssen (BVerfGE 91, 346/358f). Darüber hinaus ist wegen Art.6 Abs.1 das gesetzliche Erb- bzw. Pflichtteilsrecht der engeren Familie geschützt (Wendt SA 198; Papier MD 301f; Bryde MüK 48; a.A. Wieland DR 67; vgl. BVerfGE 93, 165/174f; BGHZ 123, 368/371).

94a   **c) Anwendung von Privatrecht.** Bei der Auslegung und Anwendung von Privatrecht ist die Ausstrahlungswirkung des Grundrechts (allg. dazu Rn.54–58 zu Art.1) zu beachten (BVerfGE 112, 332/358; Becker SB 122).

4. Rechtfertigung von Beeinträchtigungen (Schranken)

95   **aa)** Der Gesetzgeber kann in ähnlicher Weise wie beim Eigentum **Inhalt und Schranken** des Erbrechts **bestimmen** (BVerfGE 67, 329/340; 105, 313/355; 112, 332/348). Die Ausführungen zur Eigentumsgarantie (oben Rn.37–47) gelten insoweit grundsätzlich entsprechend. Das Grundrecht bedarf der gesetzlichen *Ausgestaltung* (BVerfGE 99, 341/351). Dabei hat der Gesetzgeber einen erheblichen Spielraum (BVerfGE 67, 329/341; 97, 1/7; 99, 341/352f; BSGE 37, 199/202), der noch weiter als bei der Eigentumsgarantie reicht (BVerfGE 93, 165/174; 112, 332/348; Depenheuer MKS 523; Papier MD 298). Er kann festlegen, welche Rechtspositionen zum Vermögen des Erblassers gehören und bei seinem Tod auf den Erben übergehen (BVerwGE 35, 278/287; BSGE 37, 199/202). Insb. kann er zur Verfolgung ausreichender öffentlicher Ziele bestimmte Vermögensgegenstände generell von der Erbfolge ausschließen (BVerfGE 19, 202/206; BVerwG, NJW 87, 3213). Art.14 gewährleistet daher nicht eine maximale Teilhabe des Erben am Nachlass. Eine Beschränkung des Verwandtenerbrechts auf den engeren Familienkreis wäre möglich (Papier MD 301). Die Verpflichtung des Art.14 Abs.2 gilt auch für das Erbrecht (Bryde MüK 45). Aus diesem Grunde sowie wegen des personalen Gehalts des Erbrechts (oben Rn.90) wird der Spielraum des Gesetzgebers umso weiter, je größer das Vermögen des Erblassers ist (Wendt SA 199).

96   **Grenzen** ergeben sich zum einen aus dem Grundsatz der Verhältnismäßigkeit (BVerfGE 67, 329/340; 112, 332/348). Beeinträchtigungen des Erbrechts müssen im Hinblick auf einen legitimen Zweck verhältnismäßig sein (BVerfGE 91, 346/360; 99, 341/352). Dabei ist das besondere Gewicht der Testierfreiheit zu berücksichtigen (BVerfGE 67, 329/341; zu weitgehend jedoch Bryde MüK 47). Zudem ist das sonstige Verfassungsrecht zu beachten (BVerfGE 112, 332/348). Bedeutsam ist v.a. der Gleichheitssatz (BVerfGE 67, 329/340) sowie der Schutz von Ehe und Familie (Bryde MüK 48; Papier MD 300). Das gesetzliche Erbrecht kann auf die engere Familie beschränkt werden (Bryde MüK 48; Papier MD 301). Den Kindern des Erblassers steht eine grundsätzlich unentziehbare und bedarfsunabhängige Mindestbeteiligung zu (BVerfGE 112, 332/349ff). Dem wird durch das Pflichtteilsrecht

Genüge getan (BVerfGE 67, 329/341 f; 112, 332/354; Wendt SA 200). Der Testierfreiheit kommt der Vorrang vor dem Pflichtteilsrecht nicht nur dann zu, wenn dem Kind ein schuldhaftes Fehlverhalten anzulasten ist, sondern auch dann, wenn es den objektiven Unrechtstatbestand wissentlich und willentlich erfüllt hat (BVerfGE 112, 332/359). Ein landwirtschaftlicher Betrieb kann im Rahmen der gesetzlichen Erbfolge einem Miterben zugewiesen und die anderen Miterben auf eine Abfindung nach dem Ertragswert beschränkt werden (BVerfGE 91, 346/356 ff); ob das auch für große Betriebe, die in mehrere leistungsfähige Einheiten aufgeteilt werden können, noch gelten kann, erscheint zweifelhaft. Unzulässig ist der generelle Ausschluss schreibunfähiger Stummer von jeder Testiermöglichkeit (BVerfGE 99, 341/353). Zulässig ist die Ausweitung der Pflichtteilsberechtigten (BVerfGE 105, 313/356). Unzulässig ist die Überführung des Anteils eines Miterben auf die Allgemeinheit, wenn er in angemessener Zeit nicht auffindbar ist (BVerwG, NVwZ 08, 432 f).

bb) Besonders weit ist der Spielraum des Gesetzgebers bei der **Besteue-** **97** **rung** der Erbschaft. Generell ist ein „Anteil des Staates am Erbgut", wie ihn Art. 154 Abs. 2 WRV ausdrücklich vorsah, nicht ausgeschlossen (Papier MD 296; Wendt SA 199); die Möglichkeit der Erbschaftsbesteuerung ergibt sich auch aus Art. 106 Abs. 2 Nr. 2 GG. Dem Gesetzgeber kommt insoweit eine „weitreichende Gestaltungsbefugnis" zu (BVerfGE 93, 165/174). Dies gilt vor allem bei großen Vermögen, wo auch der Großteil des Erbes durch eine Steuer abgeschöpft werden kann (Bryde MüK 49). Generell muss dem Erben ein Anteil belassen werden, der im Verhältnis zum ursprünglichen Wert des Vermögens angemessen ist (Papier MD 304). Soweit es um Ehegatten und Kinder geht, bestehen unter dem Einfluss des Art. 6 Abs. 1 engere Grenzen (BVerfGE 93, 165/174 f; Dietlein ST IV/1, 2330). Berücksichtigt werden kann des Weiteren, dass die Erbschaftsteuer mittelständische Betriebe gefährden kann (BVerfGE 93, 165/175); doch ist die Erbschaftssteuer dann beim Verkauf von Anteilen aus Gleichheitsgründen nachzuerheben. Zur Erbschaftssteuer vgl. auch Rn. 51 zu Art. 3.

Art. 15 [Überführung in Gemeinwirtschaft]

Grund und Boden[3], Naturschätze und Produktionsmittel[3] können zum Zwecke der Vergesellschaftung[2] durch ein Gesetz, das Art und Ausmaß der Entschädigung regelt[5], in Gemeineigentum oder in andere Formen der Gemeinwirtschaft überführt werden[2]. Für die Entschädigung gilt Artikel 14 Abs. 3 Satz 3 und 4 entsprechend[5].

1. Bedeutung

Art. 15 soll der Entstehungsgeschichte entsprechend (Bryde MüK 1) si- **1** cherstellen, dass trotz des weitreichenden, insb. auch die Produktionsmittel erfassenden Eigentumsschutzes des Art. 14 gemeinwirtschaftliche Vorstellungen verwirklicht werden können. Art. 15 enthält daher kein (eigenes) Grundrecht (Sieckmann FH 3; a. A. Depenheuer MKS 8), sondern bietet eine weitere Rechtfertigung insb. für Eigentumseingriffe, die zu den in Art.14 enthaltenen Beschränkungsmöglichkeiten hinzutritt (Bryde MüK 6). Andererseits enthält Art.15 nur eine Ermächtigung zur Überführung bestimmter Gegenstände in Gemeinwirtschaft (*Sozialisierung*), keinen Auftrag dazu (BVerfGE 12, 354/363 f; Dietlein ST IV/1, 2302) und auch keine objektive Wertentscheidung zugunsten der Sozialisierung (Depenheuer MKS 7; Durner MD 19; Sieckmann FH 4; a.A. Bryde MüK 5). Art.15 steht der Privatisierung von vergesellschafteten bzw. öffentlichen Unternehmen nicht entgegen (BVerfGE 12, 354/363 f; Wendt SA 3). Von der Ermächtigung wurde kein Gebrauch gemacht, ohne dass sie deswegen obsolet geworden ist. Die praktische Bedeutung des Art.15 ist heute gering; deutlich wird nur, dass das GG nicht notwendig eine erwerbswirtschaftliche Ordnung der Wirtschaft vorschreibt (Durner MD 18; Dietlein ST IV/1, 2303; Berkemann UC 29). Zur Gesetzgebungskompetenz Rn.39 zu Art.74.

2. Überführung in Gemeinwirtschaft (Sozialisierung)

2   Art.15 erlaubt, bestimmte Güter (unten Rn.3) in **Gemeinwirtschaft** zu überführen und damit zu vergesellschaften: Die Güter bzw. ihre Nutzung sollen nicht mehr der individuellen Gewinnerzielung dienen, sondern unmittelbar der Deckung eines gesellschaftlichen Bedarfs oder der Verfolgung sonstiger Gemeinwohlzwecke (Depenheuer MKS 16; Bryde MüK 11). Dies soll dadurch ermöglicht werden, dass das Eigentum an den Gütern auf öffentlich-rechtliche Einrichtungen (Staat ieS, Gemeinden, Selbstverwaltungseinrichtungen) oder einen anderen gemeinnützigen Träger überführt wird *(Gemeineigentum),* mit dem Ziel, seine Nutzung am Allgemeinwohl zu orientieren (Wendt SA 5; Durner MD 42; Sieckmann FH 14). Die Schaffung von Gemeineigentum aus fiskalischen Gründen fällt daher nicht unter Art.15 (Bryde MüK 12; Wieland DR 26). Alternativ kommt in Betracht („andere Formen der Gemeinwirtschaft"), das Eigentum zwar formal dem Eigentümer zu belassen, den dominierenden Einfluss auf die Nutzung des Eigentums aber der öffentlichen Hand oder gesellschaftlichen Gruppen zu übertragen (Wendt SA 6) und dadurch die Privatnützigkeit ganz oder nahezu vollständig zu beseitigen (Durner MD 64). Keine Sozialisierung ist die Umverteilung von Eigentum unter Privaten, etwa eine Bodenreform (Dietlein ST IV/1, 2310 f; Wendt SA 6).

3. Voraussetzungen

3   **a) Materielle Voraussetzungen. aa) Sozialisierungsfähige Gegenstände** sind einmal **Grund und Boden,** einschl. der Bestandteile und des Zubehörs, etwa der Gebäude (Bryde MüK 16; Durner MD 32), es sei denn, die Nutzung ist nicht sozialisierungsfähig, wie die persönliche Nutzung eines Eigenheims (Wendt SA 7; ohne Einschränkung Sieckmann FH 20; Berkemann UC 63). Zu den **Naturschätzen** gehören die Bodenschätze und die Naturkräfte, wie die Wasserkraft (Bryde MüK 17; Durner MD 34; Hofmann SHH 15; a.A. Wendt SA 8). Zu den **Produktionsmitteln** zählen alle Wirtschaftsunternehmen; die Beschränkung auf die Erzeugung von Gütern,

die eine Sozialisierung von Handel, Banken, Versicherungen oder Verkehrsbetrieben ausschließen würde, widerspricht der Entstehungsgeschichte und dem wirtschaftswissenschaftlichen Sprachgebrauch (Rittstieg AK 248; Bryde MüK 18; Berkemann UC 66; Wieland DR 23; Sieckmann FH 22; a. A. Durner MD 39; Dietlein ST IV/1, 2316; Becker SB 21 f).

bb) Ob die Sozialisierung, die ja in den Schutzbereich des Art. 14 eingreift (oben Rn. 1), im Hinblick auf den mit der Sozialisierung konkret verfolgten **Zweck** geeignet, erforderlich und verhältnismäßig sein muss, wird vielfach verneint (Bryde MüK 10; Pieroth/Schlink 955; Rittstieg AK 250; a. A. Sieckmann FH 28; Wendt SA 14). Jedenfalls hat der Gesetzgeber einen weiten Beurteilungsspielraum (Berkemann UC 86; Durner MD 84; Axer EH 20). Der Sozialisierungszweck muss für die Dauer der Sozialisierung gesichert werden (Durner MD 79; Sieckmann FH 18; Berkemann UC 81). **4**

b) Gesetzesvorbehalt und Entschädigung. Die Sozialisierung darf **5** wegen ihrer Bedeutung nur durch förmliches Gesetz erfolgen (Bryde MüK 20; Durner MD 74); zur Gesetzgebungskompetenz Rn. 39 zu Art. 74. Das Zitiergebot des Art. 19 Abs. 1 S. 2 gilt nicht (Durner MD 89). Das Gesetz muss dabei Art und Ausmaß der Entschädigung regeln (dazu Rn. 83–88a zu Art. 14), wobei gem. Art. 14 Abs. 3 S. 3 ein gerechter Ausgleich der öffentlichen und privaten Interessen anzustreben ist. Der Verweis auf Art. 14 Abs. 3 S. 3 stellt eine (bloße) Rechtsfolgenverweisung dar (Durner MD 91). Eine Entschädigung zum Verkehrswert ist danach regelmäßig nicht erforderlich (Rn. 87 zu Art. 14); anderenfalls wäre eine Sozialisierung praktisch ausgeschlossen, was dem Zweck des Art. 15 nicht gerecht würde (Wieland DR 28; Bryde MüK 22; Berkemann UC 97; a. A. Sieckmann FH 24; Wendt SA 19). Für Streitigkeiten über die Höhe der Entschädigung sind gem. Art. 15 S. 2 iVm Art. 14 Abs. 3 S. 4 die ordentlichen Gerichte zuständig (Durner MD 99; Rn. 89 zu Art. 14).

Art. 16 [Schutz vor Ausbürgerung und Auslieferung]

(1) **Die deutsche Staatsangehörigkeit[2 ff] darf nicht entzogen werden[6 ff]. Der Verlust[8] der Staatsangehörigkeit darf nur auf Grund eines Gesetzes und gegen den Willen des Betroffenen nur dann eintreten, wenn der Betroffene dadurch nicht staatenlos wird[11].**

(2) **Kein Deutscher[15] darf an das Ausland ausgeliefert[16] werden. Durch Gesetz kann eine abweichende Regelung für Auslieferungen an einen Mitgliedstaat der Europäischen Union oder an einen internationalen Gerichtshof getroffen werden, soweit rechtsstaatliche Grundsätze gewahrt sind[19 ff].**

Übersicht

Literatur: *Davy,* Einbürgerung in Deutschland, Verw 2008, 31; *Schmahl,* Rücknahme erschlichener Einbürgerungen trotz drohender Staatenlosigkeit?, ZAR 2007, 174; *Sachs,* Der Schutz der deutschen Staatsangehörigkeit, ST IV/1, 2006; *ders.,* Das Auslieferungsverbot und das Asylrecht, ST IV/1, 2006, § 103; *Becker,* Rückwirkender Wegfall der deutschen Staatsangehörigkeit, NVwZ 2006, 304; *Kämmerer,* Die Rücknahme erschlichener Einbürgerungen, NVwZ 2006, 1015; *Nettesheim,* Rücknahme und Widerruf von Einbürgerungen, DVBl 2004, 1144; *Schnapp/Neupert,* Grundfragen des Staatsangehörigkeitsrechts, Jura 2004, 167; *Uhle,* Auslieferung und Grundgesetz, NJW 2001, 1889; *Renner,* in: Hailbronner/Renner, Staatsangehörigkeitsrecht, 3. Aufl. 2001, Teil II A, Art.16; *Grawert,* Deutsche und Ausländer, in: FS 50 Jahre BVerfG, 2001, Bd. II, 319; *Zimmermann,* Die Auslieferung Deutscher an Staaten der Europäischen Union und internationale Strafrechtshöfe, JZ 2001, 233; *Göbel-Zimmermann/Masuch,* Die Neuregelung des Staatsangehörigkeitsrechts, DÖV 2000, 95; *Huber/Butzke,* Das neue Staatsangehörigkeitsrecht und sein verfassungsrechtliches Fundament, NJW 1999, 2769; *Hailbronner,* Die Reform des deutschen Staatsangehörigkeitsrechts, NVwZ 1999, 1273; *Smaluhn,* Verfassungsrechtliche Aspekte einer Reform des Staatsangehörigkeitsrechts, StAZ 1998, 98; *Lubenow,* Verfassungsrechtliche Schranken der Auslieferung, in: Festgabe Graßhof, 1998, 325; *Häde,* Die Auslieferung, Staat 1997, 1; *Lübbe-Wolff,* Entziehung und Verlust der deutschen Staatsangehörigkeit, Jura 1996, 57; *Rinio,* Die Auslieferung eigener Staatsangehöriger, ZStW 108 (1996), 354; *Zimske,* Die deutsche Staatsangehörigkeit nach dem GG, 1995; *Bleckmann,* Völker- und verfassungsrechtliche Probleme des Erwerbs und des Verlustes der deutschen Staatsangehörigkeit, 1992. – S. auch Literatur zu Art.116.

I. Schutz vor Verlust der Staatsangehörigkeit (Abs.1)

1. Bedeutung und Abgrenzung zu anderen Verfassungsnormen

1 Abs.1 stellt eine Reaktion auf die willkürliche Entziehung der Staatsangehörigkeit in der Zeit des Nationalsozialismus dar (BVerfGE 116, 24/37f; Masing DR 38; Zimmermann/Tams FH 3) und soll zudem der Staatenlosigkeit vorbeugen (Kokott SA 8). Abs.1 wird damit Art.15 AEMR gerecht. Strukturell enthält Abs.1 ein Freiheitsrecht (BVerfGE 113, 273/293), das ein

Rechtsgut des Grundrechtsinhabers gegen Entzug schützt (vgl. Vorb.19 vor Art.1) und ist in besonderem Maße normgeprägt (Zimmermann/Tams FH 23). Zudem enthält Abs.1 eine objektive Wertentscheidung zugunsten der Staatsangehörigkeit (Renner o. Lit. 2; vgl. BVerfGE 113, 273/294), belässt aber dem Gesetzgeber einen weiten Spielraum bei der Festlegung der mit der Staatsangehörigkeit verbundenen Rechte und Pflichten (Masing DR 77; unten Rn.2). Eine gesonderte Ausprägung der Wertentscheidung ist die institutionelle Garantie der Staatsangehörigkeit (dazu Zimmermann/Tams FH 54; Becker MKS 16 ff). Ein gegen Abs.1 verstoßender Verlust der Staatsangehörigkeit ist nichtig. Inhaltlich steht das Grundrecht in Zusammenhang mit Art.116 Abs.2 (dazu Rn.11 zu Art.116). Zum Verhältnis zu anderen Grundrechten unten Rn.7. Zur Gesetzgebungskompetenz vgl. Rn.7 zu Art.73. Die EU-Bürgerschaft ist mit dem GG vereinbar (vgl. BVerfGE 89, 155/184).

2. Schutzbereich

a) Staatsangehörigkeit. aa) Die Staatsangehörigkeit bezeichnet die Mit- **2** gliedschaft im Staatsverband (Sachs ST IV/1, 665) und ist die rechtliche Voraussetzung für die staatsbürgerlichen Rechte und Pflichten, die zugleich Grundlagen des Gemeinwesens sind (BVerfGE 113, 273/294). Abs.1 knüpft an die deutsche Staatsangehörigkeit an, also an die Staatsangehörigkeit der Bundesrepublik Deutschland, nicht an die Staatsangehörigkeit in den Ländern (Kämmerer BK 42). In welchen Fällen die deutsche Staatsangehörigkeit **erworben** wird, hat der Gesetzgeber zu entscheiden (Renner o. Lit. 11; Sachs ST IV/1, 667; Randelzhofer MD 65 f; oben Rn.1). Art.16 Abs.1 enthält dazu keine Vorgaben (Zimmermann/Tams FH 26). Insb. kann auch, entgegen dem in Deutschland traditionellen Abstammungsprinzip, das Territorialitätsprinzip benutzt werden (Vedder MüK 34 zu Art.116; Renner o. Lit. 16; Zimmermann/Tams FH 54; Schnapp MüK 7; gegen ein reines Territorialitätsprinzip Sachs ST IV/1, 711 f). Die Erwerbstatbestände müssen allerdings die Eigenart der Staatsangehörigkeit berücksichtigen, was eine nähere tatsächliche Beziehung zwischen dem betreffenden Bürger und dem deutschen Staat voraussetzt (vgl. Kokott SA 1); zudem müssen die sonstigen Vorschriften des GG beachtet werden, insb. Art.3. Die Vermeidung einer mehrfachen Staatsangehörigkeit ist verfassungsrechtlich nicht geboten (BVerfGE 37, 217/256 ff; Schnapp MüK 8; Becker MKS 10). Die Neuregelungen zur Staatsangehörigkeit durch G vom 15. 7. 1999 (BGBl I 1618) dürften verfassungsrechtlich in Ordnung gehen (Lübbe-Wolff DR 19 zu Art.116; Renner o. Lit. 44; Kokott SA 3; Kämmerer BK 71 ff; a. A. Scholz/Uhle, NJW 1999, 1514); vgl. unten Rn.8.

bb) Sonderfragen ergeben sich durch die Gewaltherrschaft des **Natio-** **3** **nalsozialismus** und die Folgen des **Zweiten Weltkriegs:** Sammeleinbürgerungen in annektierten Staaten in der Zeit des Nationalsozialismus sind unwirksam, sofern der Eingebürgerte nach dem Krieg von seinem Staat als Staatsangehöriger in Anspruch genommen wurde (BVerwGE 100, 139/146; Masing MKS 50 zu Art.116; vgl. BVerfGE 1, 322/331); dies wurde im Wesentlichen durch das G zur Regelung von Fragen der Staatsangehörigkeit vom 22. 2. 1955 umgesetzt (dazu Masing MKS 49 ff zu Art.116). *Österreicher* haben ihre deutsche Staatsangehörigkeit am 25. 4. 1945 idR verloren (BVerfGE 4, 322/327, 329; BVerwGE 85, 108/117). Die bloße Einstellung in die deutsche Wehrmacht etc. führte entgegen dem entspr. Erlass nicht zur Einbürgerung (BVerfGE 14, 142/149 f). Schließlich sind bestimmte *Zwangsausbürgerungen im Nationalsozialismus* unwirksam (Rn.15 f zu Art.116).

4   Deutsche Staatsangehörige sind auch die **Bürger der früheren DDR,** soweit sie die Voraussetzungen des jeweiligen StAG erfüllten oder durch das Recht der DDR in den Grenzen des ordre public eingebürgert wurden (BVerfGE 77, 137/151 f; Sachs ST IV/1, 678; teilweise a. A. BVerwGE 66, 277/281 ff). Der Verlust der DDR-Staatsbürgerschaft ist dagegen nur bedeutsam, wenn damit gleichzeitig materiell ein Verlusttatbestand nach dem jeweiligen StAG erfüllt wurde (Kämmerer BK 66). Deutsche Staatsangehörige, die in *früheren deutschen Gebieten* leben, haben ihre Staatsangehörigkeit nicht durch die Ostverträge verloren (BVerfGE 40, 141/170), auch nicht durch den Zwei-plus-Vier-Vertrag (Masing MKS 47 zu Art.116). Auch die Sudetendeutschen haben ihre Staatsangehörigkeit nicht verloren (BVerfGE 43, 203/210). Allerdings führt § 4 Abs.4 StAG in vielen dieser Fälle zu einem Auslaufen der Staatsangehörigkeit.

5   **b) Träger** des Grundrechts sind alle **deutschen Staatsangehörigen,** also die Personen, die die deutsche Staatsangehörigkeit wirksam erworben (dazu oben Rn.2–4) und nicht verloren haben (BVerfGE 14, 142/150; Becker MKS 51), wobei es jeweils auf das im Erwerbs- oder Verlustzeitpunkt einschlägige Recht (ggf. unter Beachtung von Art.16 Abs.1 und Art.116 Abs.2) ankommt (Sachs ST IV/1, 677). Auch ein rechtswidriger Erwerb genügt, solange er wirksam ist (Sachs ST IV/1, 675; zur Rücknahme unten Rn.12). Ein Einbürgerungsbewerber wird erst mit Aushändigung der Einbürgerungsurkunde Grundrechtsträger (Allesch UC 5; vgl. BVerfG-K, NJW 94, 2016). Geschützt werden auch deutsche Staatsangehörige, die zusätzlich eine andere Staatsangehörigkeit besitzen (Zimmermann/Tams FH 33; Becker MKS 52; Masing DR 41). *Keine* Träger des Grundrechts sind die sog. Status-Deutschen, die unter Art.116 Abs.1 fallen (dazu Rn.1 zu Art.116), aber die deutsche Staatsangehörigkeit nicht besitzen (BVerwGE 8, 340/343; Zimmermann/Tams FH 32; Sachs ST IV/1, 681; Masing DR 42; Kämmerer BK 43; a. A. Becker MKS 57). Juristische Personen können nicht Träger des Grundrechts sein (Becker MKS 53; Zimmermann/Tams FH 34; Kämmerer BK 39).

3. Beeinträchtigungen

6   **a) Eingriffe.** Abs.1 wird durch jede Maßnahme eines Grundrechtsverpflichteten (Rn.32–44 zu Art.1) beeinträchtigt, die **zum Verlust** der deutschen Staatsangehörigkeit **führt,** selbst wenn das vom Betroffenen gewollt ist. Darunter fällt insb. die Entziehung (dazu unten Rn.8 f). Wie die Maßnahme bezeichnet wird, ist unerheblich, etwa als Ausbürgerung oder Aberkennung der Staatsangehörigkeit etc (Maaßen EH 17). Erfasst wird auch eine Rücknahme oder ein Widerruf der Einbürgerung (vgl. unten Rn.12). Eine

Beeinträchtigung liegt weiterhin in der Anerkennung der Aberkennung der deutschen Staatsangehörigkeit durch einen anderen Staat (BVerfGE 36, 1/30; Sachs ST IV/1, 686). Abs.1 ist zudem beeinträchtigt, wenn einem Grundrechtsträger zwar nicht die deutsche Staatsangehörigkeit entzogen wird, ihm aber alle oder fast *alle Rechte genommen* werden, die nach einfachem Recht mit der Staatsangehörigkeit verbunden sind, nicht aber bei einem Entzug einzelner solcher Rechte (Kämmerer BK 27; Maaßen EH 18). Eine Beeinträchtigung liegt schließlich in der Verweigerung einer *Staatsangehörigkeitsbescheinigung,* ohne die der Berechtigte seine Staatsangehörigkeitsrechte nicht wahrnehmen kann (BVerwG, DÖV 67, 95; Becker MKS 24; Zimmermann/ Tams FH 56).

b) Unterlassen von Leistung, insb. Schutz. Leistungs-, insb. Schutz- **7** pflichten dürften sich aus Art.16 Abs.1 nur in geringem Umfang ergeben (Masing DR 80). Insb. ergibt sich aus Art.16 kein Anspruch auf Verleihung der Staatsangehörigkeit, auf Erwerb (Kämmerer BK 40). Dagegen soll der Kern des **diplomatischen Schutzes** und der konsularischen Betreuung im Ausland durch Art.16 Abs.1 gewährleistet sein (BVerfGE 37, 217/241; Kluth SB 50; Becker MKS 20, 23; vgl. Vorb.7 vor Art.1; a.A. Masing DR 80; Kämmerer BK 36ff; Zimmermann/Tams FH 57). Das BVerfG hat allerdings insoweit meist keine rechtliche Grundlage genannt (BVerfGE 6, 290/299; 40, 141/177; 41, 126/182; 55, 349/364). Für andere mit der Staatsangehörigkeit verbundene Rechte sind dagegen andere Verfassungsnormen einschlägig, etwa für die Einreise das Grundrecht des Art.11 (Zimmermann/ Tams FH 27, 57; a.A. Becker MKS 29) und für das Wahlrecht die Regelung des Art.38.

4. Rechtfertigung von Beeinträchtigungen (Schranken)

a) Entziehung. Stellt die Beeinträchtigung eine Entziehung der Staats- **8** angehörigkeit dar, ist sie gem. Abs.1 S.1 generell unzulässig (Pieroth/Schlink 966; Masing DR 56; a.A. Zuleeg AK 10). Die Entziehung, die einen Unterfall des Verlusts darstellt (Becker MKS 27; Kaemmerer BK 45; Sachs ST IV/1, 690), ist die Verlustzufügung, die die Funktion der Staatsangehörigkeit als verlässliche Grundlage gleichberechtigter Zugehörigkeit beeinträchtigt (BVerfG 116, 24/44; BVerfG-K, DVBl 07, 109). Sie besteht daher vor allem in der „Verlustzufügung, die der Betroffene nicht oder nicht auf zumutbare Weise beeinflussen kann" (BVerfGE 116, 24/44; BVerfG-K, NVwZ 2001, 1393; BVerwGE 100, 139/145; Kämmerer BK 49; ähnlich Randelzhofer MD 49; Zimmermann/Tams FH 38; anders Becker MKS 35). Keine Entziehung ist dagegen der Verlust der Staatsangehörigkeit aufgrund von Umständen, die der Betroffene willentlich oder vermeidbarerweise erfüllt (Masing DR 57) und der Verlust für ihn vorhersehbar war (BVerfGE 116, 24/45). Bei der Vermeidbarkeit ist auf die verfassungsrechtlich zumutbare Vermeidbarkeit abzustellen (Sachs ST IV/1, 701). Auf die Zustimmung zur Ausbürgerung kommt es somit nicht entscheidend an. Der Optionszwang bei Ausländerkindern nach § 29 StAG ist keine Entziehung, weil der Betroffene in vertretbarer Weise Einfluss nehmen kann (Masing DR 71; Kokott SA 18; Allesch UC 11; Zimmermann/Tams FH 52; vgl. unten Rn.12a). Gleiches gilt für den Verlust der Staatsangehörigkeit eines Kindes aufgrund der erfolgreichen Anfechtung der Vaterschaft, über die die Staatsangehörigkeit vermittelt wurde, jedenfalls dann, wenn das Kind noch kein eigenes Vertrauen auf die Staatsangehörigkeit entwickeln konnte (BVerfG-K, DVBl 07, 109). Keine Entziehung ist die Rücknahme einer erschlichenen Einbürgerung (unten Rn. 12).

9   Darüber hinaus dürfte eine Entziehung vorliegen, wie die Formulierung des Art. 116 Abs. 2 verdeutlicht, wenn die Verlustzufügung aus **politischen, rassischen** oder **religiösen Gründen** erfolgt (Kluth SB 45; Sachs ST IV/1, 701; Maaßen EH 19.2). Generell dürften Ausbürgerungen, die an angeborene Merkmale anknüpfen, eine Entziehung darstellen.

10   **b) Sonstiger Verlust.** Ein Verlust der Staatsangehörigkeit ist, außerhalb der Entziehungsfälle (oben Rn. 8 f), gem. Abs. 1 S. 2 unter bestimmten Voraussetzungen möglich. Notwendig ist zunächst eine ausreichend bestimmte **gesetzliche Grundlage.** Über den Wortlaut hinaus ist auch ein Verlust unmittelbar durch Gesetz möglich (Masing DR 63; Kämmerer BK 53; Zimmermann/Tams FH 42; Sachs ST IV/1, 691; Vorb. 42 vor Art. 1). Das Zitiergebot des Art. 19 Abs. 1 S. 2 ist zu beachten (Zimmermann/Tams FH 45; Masing DR 64).

11   **Materiell** ist der Verlust der Staatsangehörigkeit nach Abs. 1 S. 2 nur möglich, wenn der Grundsatz der *Verhältnismäßigkeit* gewahrt wird (Kämmerer BK 55; Zimmermann/Tams FH 45; Sachs ST IV/1, 707), wie das für jede Grundrechtsbeeinträchtigung gilt (Vorb. 44 f vor Art. 1). Die Regelung wie ihre Anwendung muss also im Hinblick auf das verfolgte Ziel geeignet, erforderlich und angemessen sein. Erfolgt der Verlust *entgegen dem Willen des Betroffenen,* ist der Verlust gem. Abs. 1 S. 2 generell ausgeschlossen, wenn er zur Staatenlosigkeit führt. Mit Willen des Betroffenen erfolgt der Verlust nur, wenn er in die Aufgabe der Staatsangehörigkeit einwilligt, nicht wenn er nur den zum Verlust der Staatsangehörigkeit führenden Tatbestand billigt (Zimmermann/Tams FH 43; Sachs ST IV/1, 706). Staatenlosigkeit idS liegt auch dann vor, wenn der andere Staat nicht willens oder in der Lage ist, dem Betroffenen den Schutz eines Staatsbürgers zu gewähren (Kokott SA 25; Becker MKS 45; Masing DR 65). Die Grenze der Staatenlosigkeit kann allerdings durch kollidierendes Verfassungsrecht relativiert werden, etwa durch den Schutz gegen den Missbrauch der Rechtsordnung (BVerfGE 116, 24/49).

5. Einzelne Bereiche und Fälle

12   Die *Rücknahme* einer rechtswidrig erteilten Staatsangehörigkeit gem. § 48 VwVfG ist zulässig, wenn der Fehler der Sphäre des Einbürgerungsbewerbers zuzurechnen ist (BVerwGE 118, 216/218 f; 119, 17/19; Kämmerer BK 59; Kokott SA 31; a. A. Pieroth/Schlink 965), etwa wenn eine rechtswidrige Einbürgerung durch Täuschung oder vergleichbares Fehlverhalten bewirkt wurde (BVerfGE 116, 24/44 f; etwas großzügiger Kokott SA 310). In diesem Falle liegt wegen der Einflussmöglichkeiten des Bewerbers keine Entziehung vor (oben Rn. 8). Die Rücknahme ist in diesem Fall auch möglich, wenn der Betroffene dadurch staatenlos wird (BVerfGE 116, 24/46; oben Rn. 11; a. A. Kokott SA 31). Die Ermächtigung des § 48 VwVfG ist allerdings wegen ih-

rer hohen Unbestimmtheit nur für eine (zur Einbürgerung) zeitnahe Rücknahme ausreichend (BVerfGE 116, 24/52; BVerwGE 130, 209 Rn.13 f). Ist der Fehler der Sphäre der Behörde zuzurechnen, dürfte Art.16 Abs.1 S.1 eine Rücknahme regelmäßig ausschließen (BVerwGE 118, 216/221; Masing DR 74; vorsichtiger Becker MKS 41). Der *Widerruf* wird generell als unzulässig angesehen (Becker MKS 40; Zimmermann/Tams FH 47; Kluth SB 71; a.A. Sachs ST IV/1, 703 f). Zulässig sind Regelungen, die in Fällen offensichtlicher Rechtswidrigkeit die *Nichtigkeit* einer Einbürgerung vorsehen, sofern schuldhaft falsche Angaben des Einbürgerungsbewerbers zur Rechtswidrigkeit geführt haben (Randelzhofer MD 53; Zimmermann/Tams FH 50; Schnapp MüK 13). Rücknahme und Nichtigerklärung dürfen aber nicht an Merkmale anknüpfen, die für eine Entziehung charakteristisch sind (oben Rn.9).

Der **Optionszwang** bei Ausländerkindern nach § 29 StAG ist mit Art.16 **12a** Abs.1 vereinbar (Zimmermann/Tams FH 52; Kluth SB 81; Kaemmerer BK 71 f; vgl. oben Rn.8). Ein Verlust der Staatsangehörigkeit wegen des **Erwerbs einer ausländischen Staatsangehörigkeit** stellt eine unzulässige Entziehung dar, wenn dem Betreffenden der Besitz der deutschen Staatsangehörigkeit nicht bekannt war und auch nicht hätte bekannt sein müssen (BVerwGE 131, 121 Rn.27 f).

II. Schutz vor Auslieferung (Abs.2)

1. Bedeutung und Abgrenzung zu anderen Verfassungsnormen

Art.16 Abs.2 schützt den Bürger davor, „gegen seinen Willen aus der ihm **13** vertrauten Rechtsordnung entfernt (zu) werden" (BVerfGE 113, 273/293). Dem Charakter nach handelt es sich um ein Freiheits- bzw. Abwehrrecht (BVerfGE 113, 273/293; Becker MKS 64). Zum Verhältnis zur Freizügigkeit Rn.7 zu Art.11. Zur Gesetzgebungskompetenz für die Auslieferung Rn.13 zu Art.73.

2. Schutzbereich

aa) Abs.2 schützt das „Recht jedes Staatsbürgers, sich in seinem Heimat- **14** land aufhalten zu dürfen" (BVerfGE 29, 183/192 f). Geschützt wird also das **Verbleiben in Deutschland,** nicht dagegen die Einreise etwa von Personen, denen eine ausländische Strafverfolgung droht; insoweit ist Art.11 einschlägig (Rn.7 zu Art.11). Der Betroffene muss sich also in Deutschland aufhalten, wozu auch deutsche Auslandsvertretungen zählen (Kluth SB 114). Das Verbleiben wird außerdem nur im Hinblick auf die Auslieferung geschützt (unten Rn.16 f).

bb) Träger des Grundrechts sind alle Deutschen iSd Art.116 Abs.1 **15** (Zimmermann/Tams FH 81) also deutsche Staatsangehörige (dazu oben Rn.2–4) und Status-Deutsche (dazu Rn.1 zu Art.116). Der Besitz einer weiteren Staatsangehörigkeit bildet kein Hindernis, auch wenn die deutsche nicht die aktive Staatsangehörigkeit ist (Becker MKS 85; Kämmerer BK 78). Allein das Stellen eines Einbürgerungsantrags führt nicht zur Anwendung von Abs.2 (Masing DR 87); besteht allerdings ein Einbürgerungsanspruch, ist die Auslieferung bis zur Entscheidung über den Anspruch auszusetzen (Zimmermann/Tams FH 82; Masing DR 86). Zur Behandlung von Zweifeln unten Rn.18. Nicht-Deutsche können sich hinsichtlich der Auslieferung nur auf andere Grundrechte berufen, vor allem auf Art.6 (Rn.32–34 zu Art.6) und auf Art.16a (Zimmermann/Tams FH 84; Rn.20 zu Art.16a); vgl. auch Rn.19 zu Art.1; Rn.32 zu Art.2; Rn.53 zu Art.4 und Rn.11 zu Art.25.

3. Beeinträchtigungen

16   **aa)** In das Grundrecht wird durch eine **Auslieferung** eingegriffen. Damit ist die Entfernung einer Person durch einen Grundrechtsverpflichteten (Rn.32–44 zu Art.1) aus dem Hoheitsbereich der Bundesrepublik Deutschland und Überstellung an eine ausländische Hoheitsgewalt auf deren Ersuchen gemeint (BVerfGE 113, 273/293; Masing DR 89; Kämmerer BK 79; Kokott SA 35; Zimmermann/Tams FH 85). Auf den Zweck der Auslieferung, insb. ob es um eine Rechtshilfe auf dem Gebiet des Strafrechts geht, kommt es nicht an (Becker MKS 66 f; Zimmermann/Tams FH 85; Schnapp MüK 18). Unter das Verbot des Abs.2 fallen auch die vorläufige Auslieferung (Maaßen EH 34; Masing DR 89) und die Durchlieferung (BVerfGE 10, 136/139 f; Becker MKS 78). Dagegen fällt die Rücklieferung eines der Bundesrepublik nur vorläufig und unter der Bedingung der Rücküberstellung ausgelieferten Deutschen im Interesse der potentiell nach Deutschland ausgelieferten Grundrechtsinhaber nicht unter Abs.2 (BVerfGE 29, 183/193 f; Kokott SA 41; Becker MKS 76; diff. Randelzhofer MD 12; a. A. Masing DR 91; Kämmerer BK 87; Pieroth/Schlink 970). Erfasst wird zudem die Überstellung an internationale Gerichte (Masing DR 94; Maaßen EH 39; Becker MKS 79).

17   **Keine Auslieferung** ist die *Ausweisung,* also das ohne Ersuchen eines ausländischen Staates ergehende Gebot, die Bundesrepublik Deutschland zu verlassen; Gleiches gilt für die Abschiebung als Vollzug der Ausweisung (Kämmerer BK 88; Becker MKS 84; a. A. Zuleeg AK 29). Insoweit ist das Grundrecht der Freizügigkeit einschlägig (Rn.7 zu Art.11; Zimmermann/Tams FH 90; diff. Kokott SA 36). Keine Auslieferung liegt auch in einem Ersuchen an einen ausländischen Staat, gegen einen dort befindlichen Deutschen eine im Inland verhängte *Sanktion zu vollstrecken,* weil dies keine Entfernung und Überführung darstellt (Schnapp MüK 21; Allesch UC 21). Gleiches gilt für die *Herausgabe eines Kindes* an einen im Ausland lebenden sorgeberechtigten Elternteil (BVerfG-K, NJW 96, 3145; Zimmermann/Tams FH 91).

18   **bb)** Abs.2 wird auch schon durch eine Regelung beeinträchtigt, die zu einer Auslieferung ermächtigt (Zimmermann/Tams FH 79). Weiter schließt die **Einwilligung** eine Beeinträchtigung aus (Sachs ST IV/1, 807; Becker MKS 65). Schließlich kann eine Beeinträchtigung in der Verletzung von **Verfahrensregeln** liegen: Die mit dem Auslieferungsverfahren befassten Behörden haben die Pflicht, „von Amts wegen in jedem Stadium des Verfahrens den Sachverhalt soweit aufzuklären, dass die Eigenschaft als Nichtdeutscher eindeutig feststeht" (BVerfGE 17, 224/227; 8, 81/84f; BVerfG-K, NJW 90, 2193). Bei Zweifeln muss die Auslieferung unterbleiben (BVerwG, DVBl 63, 147).

4. Rechtfertigung von Beeinträchtigungen (Schranken)

a) Gesetzliche Grundlage. Nach der 2000 eingefügten (Einl.3 Nr.47) **19** Regelung des Abs.2 S.2 kann der Auslieferungsschutz eingeschränkt werden; die entsprechende Änderung war verfassungsgemäß (BVerfGE 113, 273/ 295f; Kämmerer BK 92). Weitere Einschränkungsmöglichkeiten ergeben sich aus Art.23 Abs.1 (Zimmermann/Tams FH 96). Voraussetzung des Abs.2 S.2 ist zunächst ein förmliches Gesetz (Masing DR 96), das hinreichend bestimmt ist (BVerfG-K, EuGRZ 09, 688). Zudem muss es das Zitiergebot des Art.19 Abs.1 S.2 beachten (Kämmerer BK 93; Sachs ST IV/1, 814; Masing DR 96).

b) Anwendungsbereich des Gesetzesvorbehalts. Abs.2 S.2 ermög- **20** licht zum einen eine Auslieferung an andere Mitgliedstaaten der **Europäischen Union.** Gemeint sind die jeweiligen Mitgliedstaaten der Union (Masing DR 97; Kaemmerer BK 95), nicht dagegen die Europäische Union selbst (Zimmermann/Tams FH 97; vgl. unten Rn.21). Die Auslieferung wird insoweit als „Normalfall" angesehen (Amtl. Begründung, BT-Drs. 14/ 2668, S.5). Der Gesetzgeber muss aber von der Ermächtigung nicht Gebrauch machen. Auch kann die Auslieferung auf bestimmte Staaten beschränkt werden (Zimmermann/Tams FH 97; Schnapp MüK 21/6). Von der Ermächtigung wurde durch das Gesetz zur Umsetzung des Rahmenbeschlusses über den europäischen Haftbefehl und die Übergabeverfahren zwischen den Mitgliedstaaten der Europäischen Union (BGBl 2006 I 1721) Gebrauch gemacht.

Weiter kann durch Gesetz die Überstellung Deutscher an einen **Interna- 21 tionalen Gerichtshof** vorgesehen werden. Der Gerichtshof muss eine durch völkerrechtlichen Vertrag errichtete Rechtsprechungseinrichtung, ein Gericht, sein (Kämmerer BK 96f; Becker MKS 82). Dies kann auch ein Gericht der EU sein (Zimmermann/Tams FH 99). Deutschland muss dem Vertrag über die Errichtung des fraglichen Gerichtshofs beigetreten sein (Masing DR 100; Kämmerer BK 98; Ule, NJW 01, 1892; dagegen Kokott SA 50). Eine solche Auslieferung wurde durch entsprechendes Gesetz für den Ständigen Internationalen Strafgerichtshof vorgesehen (BGBl 2002 I 2144). Dagegen können die Gesetze zum Internationalen Strafgerichtshof für das ehemalige Jugoslawien (BGBl 1995 I 485) sowie der Internationale Strafgerichtshof für Ruanda (BGBl 1998 I 843) das Grundrecht nicht einschränken, da insoweit das Zitiergebot nicht gewahrt ist (Masing DR 113).

c) Grenzen der Einschränkung. Voraussetzung der Einschränkung des **22** Art.16 Abs.2 ist zunächst, dass **rechtsstaatliche Grundsätze** bei dem Verfahren im Ausland gewahrt werden, insb. ein Kernbestand strafprozessualer Verfahrensgarantien zur Anwendung kommt (Kokott SA 53; Kämmerer BK 101). Dazu gehören die Unabhängigkeit der Richter, das Verbot rückwirkender Strafen, die Unschuldsvermutung, das Verbot der Doppelbestrafung, das Recht, nicht gegen sich selbst aussagen zu müssen, das Recht auf effektive Verteidigungsmöglichkeiten und das Verbot unmenschlicher und unerträglich harter Strafen (Maaßen EH 56; Zimmermann/Tams FH 104 f; Becker MKS 83; Kluth SB 128). Zudem muss ein im Wesentlichen vergleichbarer **Grundrechtsschutz** bestehen (BR–Drs. 715/99, 6). Diese Grenzen gelten für die Auslieferung an einen internationalen Gerichtshof wie an die EU-Mitgliedstaaten (BVerfGE 113, 273/299; Sachs ST IV/1, 811; Kämmerer BK 105; Masing DR 102); im Bereich der EU bietet die Grundrechte-Charta einen ausreichenden Schutz.

23   Daneben ist der Grundsatz der **Verhältnismäßigkeit** zu beachten (Kämmerer BK 99). So besteht für eine Auslieferung zum Zwecke der Strafvollstreckung kein Bedürfnis, soweit geltende Übereinkommen die Vollstreckung ausländischer Verurteilungen gegen Deutsche im Inland ermöglichen (BT-Drs. 14/2668, 5). Bei der Entscheidung über eine Auslieferung sind neben dem Grundsatz der Verhältnismäßigkeit auch andere einschlägige Grundrechte zu beachten (BVerfGE 113, 273/300; Masing DR 110). Das Vertrauen auf den Schutz vor Auslieferung überwiegt regelmäßig, wenn wesentliche Teile des Handlungs- und Erfolgsorts in Deutschland liegen (BVerfGE 113, 273/302 f; Kämmerer BK 111 f). Das Europäische HaftbefehlsG von 2004 wurde diesen Anforderungen nicht gerecht (BVerfGE 113, 273/304 ff). Schließlich müssen Rechtsmittel gegen die Bewilligung der Auslieferung bestehen (Rn.43 zu Art.19). Bei einer gerichtlichen Entscheidung sind Mindestanforderungen an Art und Tiefe der Begründung zu beachten (BVerfG-K, EuGRZ 09, 692 f).

Art.16a [Asylrecht]

(1) **Politisch Verfolgte genießen Asylrecht**[2 ff].

(2) **Auf Absatz 1 kann sich nicht berufen, wer aus einem Mitgliedstaat der Europäischen Gemeinschaften**[25] **oder aus einem anderen Drittstaat**[26] **einreist**[27]**, in dem die Anwendung des Abkommens über die Rechtsstellung der Flüchtlinge und der Konvention zum Schutze der Menschenrechte und Grundfreiheiten sichergestellt ist**[24 ff]**. Die Staaten außerhalb der Europäischen Gemeinschaften, auf die die Voraussetzungen des Satzes 1 zutreffen, werden durch Gesetz, das der Zustimmung des Bundesrates bedarf, bestimmt**[24]**. In den Fällen des Satzes 1 können aufenthaltsbeendende Maßnahmen unabhängig von einem hiergegen eingelegten Rechtsbehelf vollzogen werden**[29]**.**

(3) **Durch Gesetz, das der Zustimmung des Bundesrates bedarf, können Staaten bestimmt werden, bei denen auf Grund der Rechtslage, der Rechtsanwendung und der allgemeinen politischen Verhältnisse gewährleistet erscheint, daß dort weder politische Verfolgung noch unmenschliche oder erniedrigende Bestrafung oder Behandlung stattfindet**[30]**. Es wird vermutet, daß ein Ausländer aus einem solchen Staat nicht verfolgt wird, solange er nicht Tatsachen vorträgt, die die Annahme begründen, daß er entgegen dieser Vermutung politisch verfolgt wird**[31]**.**

(4) **Die Vollziehung aufenthaltsbeendender Maßnahmen wird in den Fällen des Absatzes 3 und in anderen Fällen, die offensichtlich unbe-**

gründet sind oder als offensichtlich unbegründet gelten, durch das Gericht nur ausgesetzt, wenn ernstliche Zweifel an der Rechtmäßigkeit der Maßnahme bestehen[33]; der Prüfungsumfang kann eingeschränkt werden und verspätetes Vorbringen unberücksichtigt bleiben[34]. Das Nähere ist durch Gesetz zu bestimmen[33 f].

(5) Die Absätze 1 bis 4 stehen völkerrechtlichen Verträgen von Mitgliedstaaten der Europäischen Gemeinschaften untereinander und mit dritten Staaten nicht entgegen, die unter Beachtung der Verpflichtungen aus dem Abkommen über die Rechtsstellung der Flüchtlinge und der Konvention zum Schutze der Menschenrechte und Grundfreiheiten, deren Anwendung in den Vertragsstaaten sichergestellt sein muß, Zuständigkeitsregelungen für die Prüfung von Asylbegehren einschließlich der gegenseitigen Anerkennung von Asylentscheidungen treffen[36 f].

Übersicht

Literatur: *Randelzhofer,* Asylrecht, HbStR[3], VII, 2009, § 153; *Huber/Göbel-Zimmermann,* Ausländer- und Asylrecht, 2. A. 2008; *Roeser,* Die Rspr. des BVerfG zum Grundrecht auf Asyl und zum Ausländerrecht (einschließlich Auslieferungsrecht) 2007 und 2008, EuGRZ 2009, 177; *Hong,* Asylgrundrecht und Refoulementverbot, 2008; *Hailbronner,* Asyl- und Ausländerrecht, 2008; *Marx,* Ausländer- und Asylrecht: Verwaltungsverfahren und Prozess, 2008; *Moll,* Das Asylgrundrecht bei staatlicher und frauenspezifischer Verfolgung, 2007; *Jobs,* Verfassungsrechtliche Anforderungen an verwaltungsgerichtliche Asylentscheidungen, ZAR 2002, 219; *Schenk,* Die Entwicklung des Asylrechts in der 50-jährigen Rspr. des BVerfG, NVwZ 2002, 801; *Grawert,* Deutsche und Ausländer: Das Staatsangehörigkeits-, Ausländer- und Asylrecht in der Rspr. des BVerfG, FS 50 Jahre BVerfG II, 2001, 319; *Biermann,* Der „Asylkompromiß" und das BVerfG, Jura 1997, 522; *H. A. Wolff,* Die Asylrechtsentscheidungen des BVerfG vom 14. Mai 1996, DÖV 1996, 819; *Frowein/Zimmermann,* Die Asylrechtsreform des Jahres 1993 und das BVerfG, JZ 1996, 753; *Hailbronner,* Das Asylrecht nach den Entscheidungen des BVerfG, NVwZ 1996, 625; *Lübbe-Wolff,* Das Asylgrundrecht nach den Entscheidungen des BVerfG vom 14. Mai 1996, DVBl 1996, 825; *Tomuschat,* Asylrecht in der Schieflage, EuGRZ 1996, 381; *Pieroth/Schlink,* Menschenwürde- und Rechtsschutz bei der verfassungsrechtlichen Gewährleistung von Asyl, FS Mahrenholz, 1994, 669; *Wollenschläger/Schraml,* Art.16a, das neue „Grundrecht" auf Asyl?, JZ 1994, 61; *Voßkuhle,* Grundrechtspolitik und Asylkompromiß, DÖV 1994, 53; *Zimmermann,* Das neue Grundrecht auf Asyl, 1994; *Classen,* Sichere Drittstaaten – ein Beitrag zur Bewältigung des Asylproblems?, DVBl 1993, 700; *Gusy,* Neuregelung des Asylrechts, Jura 1993, 505; *Henkel,* Das neue Asylrecht, NJW 1993, 2705; *B. Huber,* Das Asylrecht nach der Grundgesetzänderung, NVwZ 1993, 736; *Schoch,* Das neue Asylrecht gem. Art.16a GG, DVBl 1993, 1161; *Zimmermann,* Der Grundsatz der Familieneinheit im Asylrecht der BRD und der Schweiz, 1991; *Wollenschläger/U. Becker,* 40 Jahre Asylgrundrecht, AöR 1990, 369; *J. Dürig,* Beweismaß und Beweislast im Asylrecht, 1990.

I. Bedeutung

1   Das Asylrecht geht auf Erfahrungen im und mit dem Dritten Reich zurück, weil damals rassisch bzw. politisch verfolgte Deutsche, wenn überhaupt, so nur unter erheblichen Schwierigkeiten im Ausland Schutz finden konnten (JöR 1951, 165 ff). Mit der Schaffung des ursprünglich vorbehaltlosen Asylgrundrechts sollte Menschen, die sich in einer ähnlichen politischen Lage in anderen Staaten befinden, in Zukunft geholfen werden. Durch die Verfassungsänderung von 1993 (Einl.3 Nr.39) sind das Grundrecht und das einfach-rechtliche Asylrecht erheblich beschränkt worden. Die hiergegen erhobenen Bedenken (BVerfGE *abwM* 94, 157 ff, 223 ff) sind vom BVerfG zurückgewiesen worden (BVerfGE 94, 49 ff, 115 ff, 166 ff), wodurch Art.16a Abs.1 im Wesentlichen nur noch „symbolischen Gehalt" hat (Masing DR 29). Das Grundrecht wird durch völkerrechtliche Gewährleistungen, insb. die Genfer Flüchtlingskonvention v. 28. 7. 1951 (BGBl 1953 II 559) idF des Protokolls v. 31. 1. 1967 (BGBl 1969 II 1294) ergänzt (Becker MKS 18 ff). Die Anerkennung als politisch Verfolgter in einem anderen Vertragsstaat der GFK hat aber keine Bindungswirkung für Asylanträge in der Bundesrepublik (BVerfGE 52, 391/406; BVerwG, NVwZ 87, 507). Anderes kann sich aus speziellen völkerrechtlichen Verträgen ergeben (unten Rn.36 f). Das Asylrecht ist vom Flüchtlingsrecht nach dem AufenthG und dem EU-Recht zu unterscheiden (vgl. BVerwGE 131, 186 Rn.16; 133, 221 Rn.20).

II. Schutzbereich (Abs.1)

1. Allgemeines

Der Begriff des politisch Verfolgten wird grundsätzlich in Anlehnung an **2** die GFK bestimmt: Asylrechtlichen Schutz genießt danach jeder, der wegen seiner Rasse, Religion, Nationalität, Zugehörigkeit zu einer sozialen Gruppe oder wegen seiner politischen Überzeugung Verfolgungsmaßnahmen mit Gefahr für Leib und Leben oder Beschränkungen seiner persönlichen Freiheit ausgesetzt ist oder solche Verfolgungsmaßnahmen begründet befürchtet (vgl. BVerfGE 76, 143/157 ff; 80, 315/335; BVerwGE 49, 202/204 f; 68, 171/173; 79, 143/145; krit. Becker MKS 64). Allerdings ist diese Aufzählung der asylerheblichen Merkmale nicht abschließend (unten Rn.9) bzw. muss sie im Hinblick auf den Vorrang der Verfassung „sachgerecht verstanden" werden (Randelzhofer MD 29, 32; Becker MKS 44). Bezüglich der Verfolgungsgefahr ist eine objektive Beurteilung geboten (BVerfGE 54, 341/359; BVerwGE 88, 367/377). Entscheidungen, die eine Anerkennung als politischer Flüchtling versagen, sind für die Frage der Asylgewährung nicht präjudiziell (BVerfGE 9, 174/181; vgl. auch BVerfGE 52, 391/406).

2. Politische Verfolgung

a) Verfolgung setzt zunächst eine Rechtsgutbeeinträchtigung (ggf. auch **3** durch Unterlassen; Becker MKS 34) voraus, die von einer gewissen Intensität ist. Bei Beeinträchtigungen von Leib, Leben und persönlicher Freiheit kann dies regelmäßig angenommen werden (BVerfGE 76, 143/157; vgl. auch BVerwGE 87, 141/145 f). Verfolgung kann alle Lebensbereiche beeinträchtigen, auch den religiösen (BVerfGE 76, 143/158; 81, 58/66; BVerfG-K, DVBl 95, 561; BVerwGE 120, 16/20 f), den kulturellen (BVerfG-K, NVwZ 92, 559) und den wirtschaftlichen (BVerfG-K, DVBl 94, 526; BVerwG, NVwZ-RR 95, 607). Soweit die Beeinträchtigungen Leben, Leib oder persönliche Freiheit nicht unmittelbar verletzen oder gefährden und auch soweit sie andere Rechtsgüter betreffen, sind sie nur bei die Menschenwürde verletzender Intensität Verfolgung iSd Abs.1 (BVerfGE 54, 341/357; 76, 143/158; BVerwGE 80, 321/324). Das kann auch bei intensiver politischer Indoktrination (BVerwGE 87, 187/189) und bei Heiratsverboten (BVerwGE 90, 127/133) der Fall sein. Beeinträchtigungen, die unterschiedliche Schutzgüter mit jeweils nicht asylrelevanter Intensität treffen, gelten auch in ihrer Gesamtheit nicht als Verfolgung (BVerwG, NVwZ-RR 95, 607; krit. Zimmermann/Tams FH 102). Keine Verfolgung liegt vor „bei Nachteilen, die jemand auf Grund der allgemeinen Zustände in seinem Heimatstaat zu erleiden hat, wie Hunger, Naturkatastrophen, aber auch bei den allgemeinen Auswirkungen von Unruhen, Revolutionen und Kriegen" (BVerfGE 80, 315/335; diff. Becker MKS 37). Das Asylgrundrecht hat auch nicht zur Aufgabe, in wirtschaftlichen Notlagen, die nicht ihrerseits auf Verfolgungsmaßnahmen zurückzuführen sind, zu helfen (BVerfGE 54, 341/357; 56, 216/235). Als Verfolgungsmaßnahmen kommen grundsätzlich auch Einreiseverweigerung und Abschiebung in Betracht (BVerwG, NVwZ 85, 589).

4 **b) Staat als Verfolger. aa)** Politische Verfolgung ist grundsätzlich **unmittelbare staatliche Verfolgung** (BVerfGE 54, 341/356 ff; 76, 143/157 f; 80, 315/334; krit. Masing DR 45). Dies gilt für alle Hoheitsträger, doch sollen vereinzelte Exzesstaten von Amtswaltern dem Staat nicht zurechenbar sein (BVerfGE 80, 315/352; BVerfG-K, DVBl 03, 1261). Dabei ist bei Staatsangehörigen auf die Maßnahmen des Heimatstaats, nicht aber eines dritten Staats (BVerwGE 68, 106/107) – es sei denn, der Heimatstaat übt auf dem Gebiet eines dritten Staats die effektive Gebietsgewalt aus (BVerwGE 89, 171/175) oder droht, seinen Machtbereich auf den Drittstaat auszudehnen (BVerfG-K, NVwZ 91, 979) –, und bei Staatenlosen auf solche des Staats des gewöhnlichen Aufenthalts (vgl. BVerwG, NVwZ 85, 589; 86, 759) abzustellen. Staatlich sind auch Verfolgungsmaßnahmen in der Armee, die von deren Führung angeordnet und von der Regierung stillschweigend hingenommen werden (BVerwGE 89, 163/166; BVerwG, NVwZ-RR 95, 54).

5 **bb)** Politische Verfolgung kann auch bestehen, wenn Verfolgungshandlungen durch Dritte dem Staat zuzurechnen sind **(mittelbare staatliche Verfolgung).** Das können auch Private sein (BVerwGE 85, 12/19 f). Verfolgungshandlungen Dritter sind dem Staat dann zuzurechnen, wenn er einzelne oder Gruppen zu Verfolgungsmaßnahmen anregt oder derartige Handlungen unterstützt oder tatenlos hinnimmt und damit den Betroffenen den erforderlichen Schutz versagt, weil er hierzu nicht willens ist (BVerfGE 54, 341/358; 80, 315/336; BVerwGE 67, 317/319; DVBl 95, 868), er sich also „zum Komplizen der Verfolger macht" (Masing DR 46).

6 Dem Staat können Verfolgungshandlungen Dritter aber dann **nicht mehr zugerechnet** werden, wenn die Schutzgewährung seine Kräfte übersteigt (BVerfGE 80, 315/336; krit. Davy AK 24; a. A. Zimmermann/Tams FH 78 ff). Grundlagen der Zurechnung von Drittverfolgungen sind nämlich das staatliche Gewaltmonopol iS einer überlegenen Hoheitsmacht und das damit korrespondierende Schutzmonopol, das eine Garantenstellung begründet, die der Staat für und gegen jedermann durch Einsatz seiner Sicherheits- und Ordnungskräfte zum Schutz vor (politisch motivierten) Übergriffen wahrnehmen muss (Rothkegel UC 72 ff). Diese Garantenstellung und der Zurechnungsgrund entfallen, wenn der Staat zur Verhinderung solcher Übergriffe prinzipiell und auf Dauer und nicht nur zeitweise (BVerwGE 70, 232/236 f; 72, 269/271 f) nicht in der Lage ist, weil er das Gesetz des Handelns an andere Kräfte verloren hat und seine staatlichen Sicherheits- und Ordnungsvorstellungen insoweit nicht mehr durchzusetzen vermag. Dann kommt eine unmittelbare politische Verfolgung durch die Macht in Betracht, die den Staat aus seiner überlegenen Position verdrängt und zumindest in einem Kernterritorium ein Herrschaftsgefüge von gewisser Stabilität errichtet hat (BVerfG-K, NVwZ 00, 1165; BVerwGE 101, 328/333; 104, 254/258). Dieser Wechsel des Zurechnungssubjekts setzt lediglich „quasi staatliche Strukturen" (Masing DR 47) voraus, aber nicht dass der Konkurrent um die überlegene Staatsgewalt völkerrechtlich anerkannt worden (Becker MKS 69) oder dass der Bürgerkrieg beendet ist (BVerfG-K, NVwZ 00, 1166; BVerwGE 114, 16/21 ff).

7 **cc)** Auch in einem **Bürgerkrieg** kann es politische Verfolgung geben. Zwar hat das Asylrecht nicht die Aufgabe, vor den allgemeinen Unglücksfol-

gen zu bewahren, die sich aus Krieg, Bürgerkrieg und sonstigen Unruhen ergeben (oben Rn.3). Daraus folgt aber nicht, dass Bürgerkriegsverhältnisse das Entstehen eines Asylanspruchs durchweg ausschließen. Die Möglichkeit einer politischen Verfolgung ist vielmehr dann gegeben, wenn die Maßnahmen gegen den Bürgerkriegsgegner nicht alle Betroffenen gleichmäßig treffen sollen, sondern einzelne und bestimmte Gruppen unter ihnen in Abhängigkeit von asylerheblichen Gesichtspunkten herausgegriffen und in asylrelevanter Weise anders behandelt werden (BVerwGE 72, 269/277). Dies ist dann der Fall, wenn die staatlichen Kräfte den Bürgerkriegskampf in einer Weise führen, die auf die physische Vernichtung von auf der Gegenseite stehenden oder ihr zugerechneten und nach asylerheblichen Merkmalen bestimmten Personen gerichtet ist, obwohl diese keinen Widerstand mehr leisten wollen oder können und an dem militärischen Geschehen nicht oder nicht mehr beteiligt sind; vollends, wenn die Handlungen der staatlichen Kräfte in die gezielte physische Vernichtung oder Zerstörung der ethnischen, kulturellen oder religiösen Identität des gesamten aufständischen Bevölkerungsteils umschlagen (sog. Gegenterror; BVerfGE 80, 315/340; BVerfG-K, DVBl 94, 203).

Politische Verfolgung ist auch als **regionale** durch einen „mehrgesichtigen 8 Staat" möglich, der in verschiedenen Landesteilen unterschiedliche politische Ziele verfolgt und unterschiedliche Kultur- und Rechtsordnungen zulässt (BVerfGE 80, 315/342 f; 81, 58/65). Hiervon soll die von vornherein örtlich begrenzte (Gruppen-)Verfolgung zu unterscheiden sein (BVerwGE 101, 134/141 f; 105, 204/207 ff). Asylberechtigt ist aber nur, wer dadurch landesweit in eine ausweglose Lage versetzt wird; das ist der Fall, wenn er in anderen Teilen seines Heimatstaats eine tatsächlich erreichbare (BVerwGE 104, 265/277 f; 112, 345 ff; 131, 186 Rn.19; Zimmermann/Tams FH 92) und zumutbare Zuflucht nicht finden kann (sog. inländische Fluchtalternative; BVerfGE 80, 315/342; 81, 58/65; BVerwGE 85, 139/140 f; 105, 204/211; 131, 186 Rn.15 ff). Das soll selbst dann gelten, wenn dort keine staatliche Friedensordnung mehr besteht (BVerwGE 108, 84/90). Insoweit ist der Asylsuchende im Hinblick auf eigene Erlebnisse darlegungspflichtig (BVerwGE 110, 74/77; 112, 345/349). Auch für unverfolgt Ausgereiste gilt aber, dass der Wahrscheinlichkeitsmaßstab (unten Rn.15a) herabgestuft ist (BVerwGE 101, 134/137). Unzumutbar ist der Zufluchtsort, wenn der Asylsuchende am Herkunftsort nicht bestehenden existenziellen Bedrohungen ausgesetzt sein wird (BVerwGE 85, 139/145 f; 105, 204/211 f; 131, 186 Rn.16). Dabei bleiben nicht verfolgungsbedingte andere Nachteile und Gefahren am verfolgungssicheren Ort unberücksichtigt; das gilt aber nicht für die Flüchtlingsanerkennung gem. § 60 AufenthG (BVerwGE 131, 186 Rn.16, 31 f). Wegen möglicher Veränderungen im Heimatstaat ist für die Zukunftsprognose das jeweilige Staatsgebiet in seiner Gesamtheit in den Blick zu nehmen (BVerwG, NVwZ 93, 792).

c) Anknüpfung an asylerhebliche Merkmale. aa) Asylerheblich sind 9 in erster Linie die in der **Genfer Flüchtlingskonvention** bestimmten Merkmale (oben Rn.2). Dabei umfasst das Merkmal „wegen ihrer politischen Überzeugung" nicht nur die politische Gesinnung als solche und ihre

Bekundung, sondern grundsätzlich auch ihre Betätigung (BVerfGE 80, 315/336; BVerwGE 77, 258/265; 80, 136/140). Asylerheblich ist auch ein Anderssein auf Grund unabänderlicher persönlicher Merkmale, wie z.B. „schicksalhaft irreversible" Homosexualität (BVerwGE 79, 143/146f); auch geschlechtsspezifische Verfolgung kann asylrelevant sein (Becker MKS 55; v. Thenen, Geschlechtsspezifische Flucht- und Bleibegründe, 2004). Ob eine Anknüpfung an asylerhebliche Merkmale vorliegt, ist objektiv (Masing DR 39; Sachs, JuS 89, 540) „anhand ihres inhaltlichen Charakters nach der erkennbaren Gerichtetheit der Maßnahme selbst zu beurteilen, nicht nach den subjektiven Gründen oder Motiven, die den Verfolgenden dabei leiten" (BVerfGE 80, 315/335; 76, 143/157, 166f; BVerfG-K, DVBl 96, 1251; BVerwGE 85, 139/141f; anders die frühere Rspr. des BVerwG; vgl. Becker MKS 33). Darauf, ob das Opfer die ihm zugeschriebenen Merkmale tatsächlich erfüllt, kommt es nicht an (BVerwGE 62, 123/124; Becker MKS 45).

10   **bb) Im Einzelnen** sind keine politische Verfolgung: Zwangsrekrutierungen, die alle wehrfähigen Männer eines bestimmten Alters treffen (BVerwGE 69, 320/322; 81, 41/42; diff. Davy AK 27), Ausbürgerungen aller Männer, die sich dem Wehrdienst durch einen längeren Aufenthalt außer Landes entziehen (BVerwG, DVBl 96, 206), die nur vorübergehende Weigerung eines Staats, seine Staatsbürger wieder einreisen zu lassen (BVerwG, DVBl 97, 912f), die auch dauerhafte Weigerung eines Staats, illegal ausgereiste Staatenlose wiedereinreisen zu lassen (BVerwG, DVBl 05, 1203), religiöse Differenzierungen beim Wahlrecht und beim Zugang zu den Ausbildungsstätten und zum Öffentlichen Dienst (BVerfGE 76, 143/168f), die Pflicht zur Teilnahme an einem bekenntnisfremden Religionsunterricht (BVerwG, NVwZ 88, 263), das Verbot für zum Christentum konvertierte Muslime, an öffentlichen Gottesdiensten der christlichen Kirchen teilzunehmen (BVerwGE 120, 16/23f) und die Pflicht der Bürger, bei zahlreichen Gelegenheiten die Staatsflagge zu grüßen (BVerwGE 80, 321/324ff).

11   **cc)** Eine drohende **strafrechtliche Sanktion** allein ist noch kein Asylgrund. Doch ist eine staatliche Verfolgung von Handlungen, die aus politischer Überzeugung begangen werden, grundsätzlich politische Verfolgung auch dann, wenn der Staat seinen eigenen Bestand oder seine politische Identität verteidigt (BVerfGE 80, 315/337; 81, 142/149f; anders die frühere Rspr. des BVerwG). Allerdings können solche Handlungen aus besonderen Gründen aus dem Bereich politischer Verfolgung herausfallen. Ein solcher Grund ist v. a. der Rechtsgüterschutz, d.h. „die staatliche Verfolgung kriminellen Unrechts, also von Straftaten, die sich gegen die Rechtsgüter anderer Bürger richten" (sog. Terrorismusvorbehalt; BVerfGE 81, 142/150; 80, 315/337f; BVerfG-K, DVBl 01, 66f; BVerwGE 109, 12/17). Anders ist das nur, „wenn der Betroffene eine Behandlung erleidet, die härter ist als die sonst zur Verfolgung ähnlicher – nicht politischer – Straftaten von vergleichbarer Gefährlichkeit im Verfolgerstaat übliche" (sog. Politmalus; BVerfGE 81, 142/150; 80, 315/336f). Dabei soll es auf die Sicherheitslage und die allgemeinen Verhältnisse in dem Verfolgerstaat ankommen (BVerwGE 111, 334/339). Ähnlich wird bei nicht politischen Straftaten politische Verfolgung angenommen, wenn die Sanktion an asylrelevante Eigenschaften, insb. an die politische Überzeugung des Täters, anknüpft und auf sie abzielt (vgl. BVerw-GE 80, 136/140). Dabei ist das Asylrecht vorrangig gegenüber dem einfach-gesetzlichen Grundsatz der Nichtauslieferung politischer Verbrecher (Schnapp MüK 9).

Einzelne Delikte: Bei der Verfolgung wegen Wehrdienstverweigerung **12** müssen idS besondere Umstände hinzutreten (BVerwGE 62, 123/125; 81, 41/44 f; NVwZ 92, 275; 93, 790; Randelzhofer MD 103). Entsprechendes gilt für die Bestrafung wegen unerlaubten Verlassens des Heimatstaats bzw. Republikflucht (BVerwGE 81, 41/46; Becker MKS 53). Keine politische Verfolgung liegt vor, wenn falsche Anschuldigungen Dritter lediglich pflichtgemäß von den Behörden geprüft werden; anders kann die Beurteilung aber ausfallen, wenn in der Absicht politischer Diskriminierung mit Denunzianten zusammengearbeitet wird (BVerfGE 63, 197/206 f). Keine politische Verfolgung liegt auch dann vor, wenn ein Staat politischen Terrorismus bekämpft und sich dabei auf die eigentlichen Taten, Täter und Förderer und auf eine gewissermaßen normale Intensität der Bekämpfung beschränkt (BVerfGE 80, 315/339 f; BVerwGE 87, 152/153; BVerwG, DVBl 95, 573); dies soll auch dann gelten, wenn ein Terrorist sein gegen den Heimatstaat gerichtetes Tun in der Bundesrepublik Deutschland beginnt oder fortsetzt (BVerfGE 81, 142/152 f; BVerfG-K, NVwZ 92, 261 f). Dagegen spricht ein gegen eine ganze Bevölkerungsgruppe gerichteter Separatismusverdacht für politische Verfolgung (BVerwGE 96, 200/205).

dd) Auch drohende **Folter** und **Todesstrafe** allein sind noch kein Asyl- **13** grund. Die Folter stellt aber dann politische Verfolgung dar, wenn sie wegen eines der asylrelevanten Merkmale (oben Rn.10) eingesetzt oder im Blick auf diese Merkmale in verschärfter Form angewendet wird (BVerfGE 81, 142/151; BVerfG-K, DVBl 96, 1251; vgl. auch BVerwGE 67, 184/193 f; 74, 226/228; DVBl 93, 326). Entsprechendes muss für die Todesstrafe gelten. Für die Ausweisung von Asylbewerbern in einen Staat, in dem ihnen Folter oder Todesstrafe droht, bestehen aber grundrechtliche Grenzen (Rn.2 zu Art.102; Rn.5 f zu Art.104; vgl. auch § 60 Abs.2, 3 AufenthG).

3. Eigene und gegenwärtige Verfolgung

a) Es muss eine **eigene Verfolgung** vorliegen (BVerfGE 83, 216/230). **14** Die bloße familiäre Verbundenheit mit einem Verfolgten begründet als solche noch keine eigene Verfolgung (BVerwGE 65, 244/245; BVerfG-K, NVwZ 85, 260). Allerdings ist bei Ehegatten und minderjährigen Kindern anerkannt, dass sie gewissermaßen stellvertretend politisch verfolgt werden können; daraus resultiert die widerlegliche Vermutung für eigene politische Verfolgung (BVerwGE 75, 304/312 f; 79, 244/246). Daher räumt § 26 Asyl-VfG Ehegatten und Kindern von Asylberechtigten unter bestimmten Voraussetzungen die Rechtsstellung von Asylberechtigten ein (vgl. BVerfG-K, NVwZ 91, 978 f; BVerwGE 88, 326/327 ff; 90, 364/368 ff; 104, 347/349 ff). Auch bei anderen Verwandten liegt stellvertretend politische Verfolgung vor, wenn sie in die gegen ihren Verwandten gerichtete politische Verfolgung über das übliche Maß hinaus, etwa als in Anspruch genommener Informant, einbezogen werden (BVerwG, NVwZ 94, 1122 f). Dass jemand einer Gruppe angehört, die Verfolgungsmaßnahmen ausgesetzt ist, begründet eigene politische Verfolgung, wenn die Gruppenangehörigen wegen eines bei allen vorliegenden asylerheblichen Merkmals (oben Rn.9) nicht nur von vornherein örtlich begrenzt (oben Rn.8) verfolgt werden und sie sich in einer nach Ort, Zeit und Wiederholungsträchtigkeit vergleichbaren Lage befinden (sog. Einzelverfolgung wegen Gruppenzugehörigkeit; BVerfGE 83, 216/231 ff; BVerfG-K, DVBl 96, 612; BVerwGE 96, 200/203 ff). Bei unmittelbarer staatlicher Verfolgung (oben Rn.4) reichen insofern hinreichend sichere Anhaltspunkte für ein entsprechendes staatliches Verfolgungsprogramm (BVerwGE 96, 200/204; 101, 123/125); bei mittelbarer staatlicher Verfolgung (oben Rn.5 f) gilt prinzipiell dasselbe (BVerwG, NVwZ 06, 1421 f).

15 **b) Gegenwärtige Verfolgung. aa)** Im Hinblick auf die **Zeit vor der Ausreise** liegt keine gegenwärtige Verfolgung vor, wenn jemand erst mehrere Jahre nach erlittener, aber beendeter Verfolgung seinen Heimatstaat (BVerwGE 87, 52/53 f) oder einen von diesem beherrschten Drittstaat (BVerwGE 89, 171/175 f) verlässt. Je länger der Ausländer nach erlittener Verfolgung in seinem Heimatstaat verbleibt, umso mehr spricht gegen eine gegenwärtige Verfolgung (BVerwGE 87, 141/146; 111, 334/337).

15a **bb)** Im Hinblick auf eine **Rückkehr** in den Verfolgerstaat darf keine gegenwärtige Verfolgung zu befürchten sein. Begründete Furcht besteht, wenn eine politische Verfolgung in absehbarer Zeit mit beachtlicher, d.h. grundsätzlich überwiegender Wahrscheinlichkeit droht (BVerfGE 76, 143/167). Dabei soll die Zumutbarkeit der Rückkehr in den Heimatstaat eine maßgebende Rolle spielen (BVerwGE 89, 162/169). Dieses Erfordernis entfällt nicht durch eine Gesamtschau mehrerer Gründe, die je für sich eine Verfolgungsgefahr nur möglicherweise auslösen (BVerwGE 82, 171/173). Für Vorverfolgte, bei denen schon vor Verlassen des Heimatstaats eine Verfolgung stattgefunden oder unmittelbar gedroht hat (BVerwGE 87, 52/53), ist der Wahrscheinlichkeitsmaßstab aber herabgestuft (Masing DR 56; krit. Zimmermann/Tams FH 109); bei der Rückkehr muss ein Wiederaufleben der ursprünglichen Verfolgung oder eine gleichwertige Verfolgung mit hinreichender Wahrscheinlichkeit ausgeschlossen sein (BVerfGE 54, 341/356 ff; BVerwGE 70, 169/170; 85, 266/267 f; 104, 97/99 f). Vorverfolgung soll anders als nach EU-Flüchtlingsrecht eine landesweit ausweglose Lage des Asylbewerbers im Zeitpunkt der Ausreise erfordern (BVerwGE 133, 55 Rn.28 ff). Voraussetzung für den herabgestuften Wahrscheinlichkeitsmaßstab ist allerdings ein innerer Zusammenhang zwischen erlittener Vorverfolgung und Asylbegehren, dergestalt, dass bei Rückkehr mit einem Wiederaufleben der ursprünglichen Verfolgung zu rechnen ist oder das erhöhte Risiko einer gleichartigen Verfolgung besteht (BVerwGE 104, 97/102; Becker MKS 61). Die Gegenwärtigkeit besteht nicht mehr, wenn die geltend gemachte Furcht vor Verfolgung keinerlei Verknüpfung mehr zu der früher erlittenen aufweist oder wenn die frühere Verfolgung ohne Einfluss auf den späteren Entschluss zum Verlassen des Heimatstaats gewesen ist (BVerwGE 71, 175/179), insb. längere Zeit verstrichen ist (BVerwGE 87, 52/55). Dem, der sich selbst dem Schutz seines Heimatstaats unterstellt, ist auch der Aufenthalt in diesem zumutbar (vgl. BVerwGE 89, 231/233 ff).

cc) Auch eine sog. **ausländische Fluchtalternative** schließt die gegen- **16**
wärtige Verfolgung aus. Sie liegt vor, wenn der Betroffene in einem Staat
Aufnahme und Schutz vor Verfolgung gefunden hat; zur Einreise aus sog.
sicheren Drittstaaten unten Rn.24–29. Es reicht die objektive Sicherheit vor
politischer Verfolgung aus (BVerwGE 77, 150/152). Sie ist insb. gegeben,
wenn die Flucht des politisch Verfolgten im Drittstaat ihr Ende gefunden,
d. h. der Aufenthalt stationären Charakter angenommen hat (BVerwGE 79,
347/351; 84, 115/121; 88, 226/230), die auch noch im für die Asylentschei-
dung maßgeblichen Zeitpunkt (unten Rn.18a) bestehen muss (BVerfG-K,
NVwZ 92, 659). Das soll regelmäßig bei einem Aufenthalt von mehr als drei
Monaten der Fall sein (§ 27 Abs.3 AsylVfG; BVerwGE 79, 347/353 ff; 88,
226/230 f). Aufnahme und Schutz vor Verfolgung im Drittstaat setzt auch
eine Hilfestellung zur Beseitigung oder Verhinderung von Obdachlosigkeit,
Mittellosigkeit, Hunger oder Krankheit voraus (BVerwGE 78, 332/345 f; 88,
226/232). Die ausländische Fluchtalternative kann auch nach Einreise in die
Bundesrepublik Deutschland und nach Asylantragstellung gegeben sein
(BVerwGE 81, 164/168). Der ausländischen Fluchtalternative gleichstehen
soll der freiwillige Verzicht auf anderweitigen Verfolgungsschutz, wobei aber
Abs.1 insoweit fortwirken soll, als Schutz vor Abschiebung in einen Verfol-
gerstaat besteht (BVerwGE 75, 181/187; 77, 150/153 f).

dd) Bei **Nachfluchttatbeständen**, d. h. nach Verlassen des Heimatstaats **17**
eingetretenen Handlungen, Vorgängen oder Ereignissen, ist wegen des von
der Rspr. für erforderlich gehaltenen Kausalzusammenhangs Verfolgung –
Flucht – Asyl (krit. Masing DR 68) zu unterscheiden: Für objektive Nachfluchttatbestände, die durch Vorgänge oder Ereignisse im Heimatland oder
sonstige vom Betroffenen nicht selbst herbeigeführte Umstände ausgelöst
werden, gelten die allgemeinen Grundsätze (BVerfGE 74, 51/64 ff; 80, 315/
344 f; BVerwGE 77, 258/261; 85, 139/140 f; 88, 92/95 f). Dagegen sind
subjektive oder selbstgeschaffene Nachfluchttatbestände grundsätzlich unbeachtlich (anders die GFK; vgl. Becker MKS 81; krit. Zimmermann/Tams
FH 119). Das sind nur solche, die von demjenigen Ausländer geschaffen
worden sind, der unter Berufung auf sie Asyl begehrt (BVerwGE 88, 92/95;
DVBl 92, 1541). Bei unbeachtlichen subjektiven Nachfluchtgründen kommt
allerdings Abschiebungsschutz nach § 60 Abs.1 AufenthG in Betracht
(BVerfGE 74, 51/66 f).

Im Einzelnen sind typische subjektive Nachfluchttatbestände das bloße **18**
illegale Verlassen des Heimatstaats (BVerwGE 81, 41/46), das illegale Verbleiben im Ausland nach legaler Ausreise (BVerwG, NVwZ 89, 69) und das
bloße Stellen eines Asylantrags (BVerwGE 68, 171/175). Allerdings kann
allein aus der Tatsache der vom Asylbewerber beantragten Erneuerung oder
Verlängerung von Ausweispapieren durch den Heimatstaat noch nicht auf
fehlende Verfolgungsgefahr geschlossen werden (BVerwG, NVwZ 88, 161).
Subjektive Nachfluchttatbestände können aber politische Verfolgung begründen, wenn sie „sich als Ausdruck und Fortführung einer schon während
des Aufenthalts im Heimatstaat vorhandenen und erkennbar bestätigten festen Überzeugung darstellen" (BVerfGE 74, 51/64 ff; BVerwGe 77, 258/
261; krit. Brunn, NVwZ 87, 302 f) oder Folge einer zum Nachfluchtverhal-
ten drängenden, zumindest latenten Gefährdungslage im Heimatstaat sind

(BVerwGE 81, 170/172; 82, 171/175 f; DVBl 92, 1543). Als asylrechtlich erheblicher subjektiver Nachfluchtgrund wurde auch gewertet, wenn jemand wegen einer nach Verlassen des Heimatstaats geschlossenen Ehe mit einem Menschen anderer Religionszugehörigkeit oder wegen der Gestattung einer christlichen Kindererziehung verfolgt wird (BVerwGE 90, 127/132 f).

18a   **ee) Maßgeblicher Zeitpunkt** für die Feststellung, ob einem Asylsuchenden politische Verfolgung droht, ist grundsätzlich der Zeitpunkt der letzten gerichtlichen Tatsachenentscheidung (BVerfGE 54, 341/359 f; BVerwGE 75, 181/183); doch darf das Revisionsgericht auch spätere offenkundige Tatsachen berücksichtigen (BVerwGE 91, 104/106 ff). Gleiches gilt für die Aufstellung der mit dem ablehnenden Asylbescheid zugestellten Ausreiseaufforderung und Abschiebungsandrohung (vgl. § 77 Abs.1 AsylVfG).

4. Wegfall der Asylberechtigung

18b   Politische Verfolgung ist Voraussetzung nicht nur für die Entstehung, sondern auch für den Fortbestand des Asylrechts. Erlöschen, Widerruf und Rücknahme der Anerkennung als politisch Verfolgter (vgl. §§ 72 f AsylVfG) sind grundsätzlich zulässig (Randelzhofer MD 144). Der Widerruf ist aber nur zulässig, wenn sich die für die Beurteilung der Verfolgungslage maßgeblichen Verhältnisse nachträglich entscheidungserheblich geändert haben (Marx, InfAuslR 05, 218); eine Änderung der Erkenntnislage oder deren abweichende Würdigung genügt nicht (BVerwGE 112, 80/82 ff; 124, 276/281 ff; NVwZ 06, 1420 f). Die Rücknahmeregelung des § 73 Abs.2 AsylVfG soll Raum für eine ergänzende Anwendung des § 48 VwVfG lassen (BVerwGE 112, 80/88 ff; a.A. Zimmermann/Tams FH 124).

5. Träger des Grundrechts

19   Nur natürliche Personen sind Träger des Art.16a, nicht aber juristische Personen und Vereinigungen, z.B. Fluggesellschaften (BVerfGE 97, 49/66). Praktisch wurde bis 2000 das Grundrecht nur für Ausländer (Davy AK 14) und Staatenlose (vgl. Randelzhofer MD 82; Schnapp MüK 7) sowie für Volksdeutsche, die noch nicht den Status eines Deutschen erlangt haben (Rn.1 zu Art.116). Nach der Änderung des Art.16 Abs.2 (Einl.3 Nr.47) sind alle Deutschen Träger des Art.16a (Masing DR 70; a.A. Zimmermann/Tams FH 65). Dass der Anspruch auf Asyl erst entstehen soll, wenn der politisch Verfolgte das Staatsgebiet der Bundesrepublik Deutschland erreicht hat (so BVerwGE 69, 323/325 ff; Randelzhofer MD 106 f), widerspricht nicht nur Art.1 Abs.3 (Pieroth/Schlink 1072), sondern auch Abs.2 S.1, 2: Wenn nur diejenigen sich nicht auf das Asylrecht berufen können, die aus dort näher bestimmten Staaten einreisen (unten Rn.25 f), sind die aus anderen Staaten einreisenden Ausländer grundrechtsberechtigt. Nur die Einreise aus einem Mitgliedstaat der Europäischen Gemeinschaften schließt von Verfassungs wegen das Asylrecht aus (Masing DR 71; Pieroth/Schlink 1071); bezüglich der aus anderen Drittstaaten Einreisenden bedarf es eines Gesetzes gem. Abs.2 S.2 (unten Rn.26; Becker MKS 168). Nach erfolglosem Asylverfahren dürfen Asylbewerber wie andere Ausländer behandelt werden (BVerwGE 105, 28/33 f).

III. Beeinträchtigung

1. Eingriffe

a) Allgemeines. Eingriffe sind alle aufenthaltsverweigernden und -been- **20** denden Maßnahmen gegenüber den vom Asylrecht geschützten politisch Verfolgten (Randelzhofer MD 100 ff), insb. die Abweisung von Nicht-EU-Bürgern an der Grenze (vgl. BVerfG-K, NVwZ 92, 973; BVerwGE 105, 28/32), die Abschiebung und grundsätzlich auch die Auslieferung (Becker MKS 121 f; Masing DR 95). Die Ausländerbehörden dürfen außer in den Fällen sicherer Drittstaaten (unten Rn. 24–29), verfolgungsfreier Herkunftsstaaten (unten Rn. 25 f) und „offensichtlicher Unbegründetheit" (BVerfGE 67, 43/56 ff) vor Durchführung des Anerkennungsverfahrens keine aufenthaltsbeendenden Maßnahmen gegen Asylsuchende ergreifen. Die Visumspflicht ist kein Eingriff, soweit ihre Erfüllung möglich und zumutbar ist (BVerfG-K, NVwZ 87, 1068; BVerwGE 62, 206/212; a. A. Masing DR 95). Eingriffe sind dagegen die rechtsgrundlose Verweigerung des Visums durch eine deutsche Auslandsvertretung und das Verbot, Asylsuchende ohne Visum auf dem Luftweg in die Bundesrepublik Deutschland zu befördern (Becker MKS 125; vgl. aber BVerwG, NVwZ 00, 448). Eine räumliche Aufenthaltsbeschränkung stellt dagegen keinen Eingriff in das Asylrecht dar (BVerfG-K, NVwZ 83, 603 f).

b) Modalitäten. Eingriffe können auch in einer das Asylgrundrecht nicht **21** hinreichend wahrenden **Verfahrensgestaltung** liegen (BVerfGE 52, 391/ 401; 56, 216/236; 65, 76/94). Es müssen daher geeignete Vorkehrungen gegen unrichtige Entscheidungen, die den Asylbewerber der Verfolgungsgefahr aussetzen, getroffen werden (BVerfGE 71, 276/292 f; 87, 48/62). Die Gerichte haben besondere Aufklärungs- und Offenlegungspflichten (BVerfG-K, NVwZ-RR 04, 614; BVerwGE 85, 92/94; 87, 141/150; NVwZ 92, 272). Die Abweisung der Asylklage als offensichtlich unzulässig oder unbegründet setzt voraus, dass an den tatsächlichen Feststellungen des Gerichts vernünftigerweise kein Zweifel besteht und sich die Abweisung der Klage geradezu aufdrängt (BVerfG-K, EuGRZ 97, 420; DVBl 00, 1123 unter Berufung auf BVerfGE 65, 76/95 f). Kein Eingriff ist die Auferlegung von zumutbaren (Masing DR 103) Mitwirkungsobliegenheiten des Asylbewerbers im Asylverfahren (vgl. BVerfGE 60, 255/295), wohl aber die Sanktionierung ihrer Nichterfüllung, wenn der Betroffene hierüber nicht ausreichend belehrt worden ist (BVerfG-K, DVBl 94, 632 f).

Im **Auslieferungsverfahren** muss von Amts wegen geklärt werden, ob **22** eine Gefahr politischer Verfolgung vorliegt und ob der betreffende Staat die Zusicherung der Nichtverfolgung einhalten wird (Vergewisserungspflicht; BVerfGE 63, 197/209 ff; 64, 46/62 ff; 64, 125/132 f); allerdings müssen tatsächliche Anhaltspunkte dafür vorliegen, dass der betreffende Staat nicht vertragstreu sein wird (BVerwGE 52, 391/401; 64, 391/401; 64, 46/63). Die

Überprüfung der Asylberechtigung im Auslieferungsverfahren hat unabhängig davon zu erfolgen, ob das Asylanerkennungsverfahren vor den Verwaltungsgerichten abgeschlossen ist oder nicht (BVerfGE 60, 348/358).

2. Leistung

23 In der Verweigerung von Leistungen liegt grundsätzlich keine Beeinträchtigung des Asylgrundrechts (Pieroth/Schlink 1072 ff). Dass die Bundesrepublik Deutschland den Asylsuchenden nicht verhungern lassen darf (BVerwGE 71, 139/141), folgt schon aus dem Recht auf Leben (Rn.93 zu Art.2). Die Einschränkbarkeit laufender Geldleistungen an den Asylsuchenden auf das zum Lebensunterhalt Unerlässliche ist mit dem GG vereinbar (BVerwGE 71, 139/141). Asylbewerber haben während des Asylverfahrens in der Regel keinen Anspruch auf Erwerbstätigkeit (BVerfG-K, NJW 84, 558; BVerwG, DÖV 82, 40), Kindergeld (BSG, NVwZ 83, 246) oder Erziehungsgeld (BSGE 70, 197/199). Dem Asylbewerber darf auch eine Auflage erteilt werden, um sicherzustellen, dass er eine künftige Ausreisepflicht auf eigene Kosten erfüllen kann (BVerwGE 64, 285/288). Nähere Regelungen enthält das AsylbewerberleistungsG.

IV. Rechtfertigung von Beeinträchtigungen (Schranken)

1. Sichere Drittstaaten (Abs.2)

24 **a) Bedeutung und Anwendungsbereich.** Abs.2 S.1 beruht auf dem „Konzept normativer Vergewisserung" (BVerfGE 94, 49/95 f): Die Schutzbedürftigkeit des Asylsuchenden wird nicht in einem administrativen Verfahren unter Würdigung aller Umstände des Einzelfalls geprüft, sondern durch Einstufung von sicheren Drittstaaten normativ entschieden (Lübbe-Wolff, DVBl 96, 827). Zwei Gruppen sicherer Drittstaaten sind zu unterscheiden: die Mitgliedstaaten der Europäischen Union (hier synonym mit dem Begriff der Europäischen Gemeinschaften; vgl. Rn.3 zu Art.23) und andere sichere Drittstaaten. Bei Einreise aus den Mitgliedstaaten der Europäischen Union entfällt grundsätzlich (Ausnahme unten Rn.36) bereits der persönliche Schutzbereich des Asylgrundrechts (oben Rn.19). Für die Parteien völkerrechtlicher Verträge iSd Abs.5 (unten Rn.36 f) ergibt sich dies aus dem gegenüber Abs.2 speziellen Abs.5 (BVerfGE 94, 49/86 f), für die sonstigen Mitgliedstaaten unmittelbar aus Abs.2 S.1. Dagegen enthält Abs.2 S.2 eine ausschließliche Bundesgesetzgebungskompetenz (Rn.5 zu Art.70) und einen qualifizierten Gesetzesvorbehalt (Pieroth/Schlink 1071; a.A. Masing DR 71): Die Bestimmung der sonstigen sicheren Drittstaaten bedarf einer Feststellung durch Gesetz, das der Zustimmung des Bundesrats bedarf (Rn.4 f zu Art.77). Art.19 Abs.1, insb. das Zitiergebot, findet aber aus den gleichen Gründen wie bei Enteignungsgesetzen (Rn.66 zu Art.14) keine Anwendung.

25 **b) Voraussetzungen. aa)** Die Sicherheit der **Mitgliedstaaten der Europäischen Union** wird durch die Verfassung fingiert (Schoch, DVBl 93,

1163) und ist der verfassungsgerichtlichen Überprüfung daher nur im Rahmen des Art.79 Abs.3 zugänglich (Becker MKS 160; wohl auch BVerfGE 94, 49/84; a. A. wohl Pagenkopf SA 60; Masing DR 81; Lübbe-Wolff, DVBl 96, 829). Abs.2 S.1 hat dynamische Wirkung, gilt also auch für nach seinem Inkrafttreten der Europäischen Union beigetretene Mitgliedstaaten (BVerfGE 94, 49/89; Becker MKS 161; Masing DR 73; Randelzhofer MD 4; krit. Wolff, DÖV 96, 819/822).

bb) Die Sicherheit der Drittstaaten **außerhalb der Europäischen Uni-** 26
on besteht, wenn die Anwendung der GFK und der EMRK sichergestellt ist. Voraussetzung ist der förmliche Beitritt des Drittstaats zu beiden Konventionen, einschließlich der aufenthaltsrechtlich relevanten Zusatzprotokolle der EMRK (Zimmermann/Tams FH 153), und deren tatsächliche Einhaltung (BVerfGE 94, 49/90 ff). Dies sollen auch Staaten sein, die ihrerseits Drittstaatenregelungen vorsehen, sofern keine Gefahr von Kettenabschiebungen in den Verfolgerstaat besteht (BVerfGE 94, 49/92 f). Diese Gefahr besteht aber, weil von dem Viertstaat nur ein der GFK und der EMRK entsprechender Schutz, nicht aber eine Rechtsbindung an diese Konventionen gefordert wird (so BVerfGE 94, 49/111 ff; dagegen Becker MKS 166; Masing DR 83). Der auch bei Verfassungsänderungen zu beachtende Menschenwürdeschutz verlangt aber (vgl. Rn.6 f zu Art.1), dass sich die deutschen Behörden vergewissern, dass der Flüchtling durch die Zurückweisung oder Abschiebung keinen Menschenwürdeverletzungen ausgesetzt wird; dem genügt Abs.2 nicht (Pieroth/Schlink, FS Mahrenholz, 1994, 681 ff; **a. A.** BVerfGE 94, 49/102 ff; Randelzhofer MD 55). Bei der Bestimmung der sicheren Drittstaaten soll der Gesetzgeber einen weiten Einschätzungs- und Entscheidungsspielraum haben und das BVerfG nur die Vertretbarkeit des Gesetzes überprüfen (BVerfGE 94, 49/93; krit. Masing DR 86 f; Zimmermann/Tams FH 157). Das BVerfG darf aber durch überlegene Beweismittel die kraft Gesetzes bestehende Vermutung widerlegen (Pagenkopf SA 67). Sichere Drittstaaten außerhalb der Europäischen Union sind gem. § 26a Abs.2 AsylVfG iVm Anl. I Norwegen und die Schweiz. Damit sind alle an die Bundesrepublik Deutschland angrenzenden Staaten sichere Drittstaaten.

Die **Einreise** aus dem sicheren Drittstaat muss nach dem 30. 6. 1993 27
stattgefunden haben (vgl. §§ 87, 87a AsylVfG; BVerfG-K, NVwZ 94, 162). Sie kann auf dem Land-, Luft- und Seeweg erfolgen. Die Feststellung, dass der Ausländer überhaupt aus einem sicheren Drittstaat eingereist ist, reicht aus; der konkrete Staat muss nicht feststehen (BVerfGE 94, 49/94 f; BVerwGE 100, 23/25 ff). Dem Asylbewerber darf zwar nicht die volle Beweislast für eine Einreise per Flugzeug oder Schiff aufgebürdet werden (Becker MKS 177; Zimmermann/Tams FH 141; a. A. BayVGH, BayVBl 98, 119); die Weggabe wichtiger Beweismittel darf aber zu Lasten des Asylbewerbers gewürdigt werden (BVerwGE 109, 174/179). Nicht ausreichend ist aber die Einreise über einen sicheren Drittstaat; bei der Einreise mit dem Flugzeug oder Schiff reicht es auch nicht, wenn in einem Drittstaat ein Zwischenaufenthalt erfolgt ist und der Asylbewerber den Transitbereich nicht verlassen hat (BVerfGE 94, 115/131; Becker MKS 174; a. A. Hofmann SHH 7; Randelzhofer MD 40). Vielmehr muss der Asylbewerber die objektive Möglichkeit gehabt haben, an der Grenze oder im Hoheitsgebiet des Drittstaats ein Asyl-

begehren zu stellen (sog. Gebietskontakt). Der Gebietskontakt entfällt aber nicht dadurch, dass der Asylbewerber aus von ihm selbst zu verantwortenden Gründen kein Asylbegehren stellen kann (BVerwGE 105, 194/199; Masing DR 74).

28   **c) Rechtsfolgen. aa) Grundsatz.** Dadurch, dass sich der Asylbewerber bei Vorliegen der Voraussetzungen (oben Rn.25 f) gem. Abs.2 S.1 nicht auf das Asylgrundrecht berufen kann, entfallen das Recht auf Einreise und auf vorläufigen Aufenthalt in der Bundesrepublik Deutschland. Auch die sonstigen materiellen Rechtspositionen, die einen Ausländer gegen seine Abschiebung schützen (insb. § 60 AufenthG), entfallen dadurch jedenfalls grundsätzlich (BVerfGE 94, 49/95; Becker MKS 157; a.A. Lübbe-Wolff, DVBl 96, 826 f) und mit Wirkung auch auf das einfach-rechtliche Familienasyl (BVerwG, DÖV 97, 322). Das gilt allerdings nur dann, wenn der Betroffene in den Drittstaat, nicht aber in den Herkunftstaat oder einen anderen nicht sicheren Staat zurückgeschoben werden soll (Zimmermann/Tams FH 159; **a.A.** BVerfGE 94, 49/87).

28a   **bb) Ausnahmen,** in denen zwar nicht der Schutz des Asylgrundrechts, wohl aber die sonstigen materiellen Abschiebungshindernisse bestehen bleiben müssen, gelten bei der Abschiebung in einen Drittstaat nur in den Fällen, die außerhalb der Möglichkeiten antizipierter normativer Vergewisserung (oben Rn.24) liegen (BVerfGE 94, 49/99 f): (1) im Drittstaat drohende Todesstrafe, politische Verfolgung oder menschenunwürdige Behandlung; (2) im Drittstaat drohendes Verbrechen, vor dem der Drittstaat den Asylsuchenden nicht schützen kann; (3) Veränderung der für die Einstufung als sicherer Drittstaat maßgeblichen Verhältnisse; (4) ausnahmsweise drohende politische Verfolgung oder unmenschliche Behandlung durch den sicheren Drittstaat selbst sowie (5) offenkundiges konventionswidriges Verhalten des Drittstaats in Form einer totalen Schutzverweigerung. Mit diesem Ausnahmekatalog wird insb. den völkerrechtlichen Verpflichtungen der Bundesrepublik (Art.33 GFK, Art.3 EMRK) Rechnung getragen (Frowein/Zimmermann, JZ 96, 758). Eine erhöhte Darlegungslast bezüglich der Voraussetzungen der Ausnahmen ist nicht zu fordern (a.A. Randelzhofer MD 77 f). Das Entfallen des asylgrundrechtlichen Schutzes hindert auch nicht eine zeitweise Aussetzung der Abschiebung gem. § 60a AufenthG (Schnapp MüK 16).

29   **d) Rechtsschutz.** Abs.2 S.3 wendet sich nicht nur an den Gesetzgeber, sondern unmittelbar an Behörden und Gerichte: Er statuiert ein Verbot, die Vollziehung aufenthaltsbeendender und einreiseverhindernder (BVerfGE 94, 49/101; Randelzhofer MD 84; a.A. Wollenschläger/Schraml, JZ 94, 65) Maßnahmen durch verwaltungsgerichtliche Eilentscheidung auszusetzen (BVerfGE 94, 49/100 f; Pieroth/Schlink, FS Mahrenholz, 1994, 676 ff). Abs.2 S.3 gilt nur, wenn der Ausländer in einen sicheren Drittstaat, nicht aber in den Herkunftstaat zurückgebracht wird, wenn nicht ernstlich zweifelhaft ist, dass der Ausländer über einen sicheren Drittstaat eingereist ist (BVerfGE 94, 49/101 f; weitergehend Masing DR 89; a.A. Randelzhofer MD 88), sowie nur im Rahmen der Möglichkeiten normativer Vergewisserung (BVerfGE 94, 49/102). Der Betroffene muss also vor der Rückführung Einwände wegen fehlender individueller Sicherheit geltend machen können, die auf einer der Ausnahmen von dem Konzept normativer Vergewisserung (oben Rn.28) beruhen. Mit diesem einschränkenden Verständnis von Abs.2 S.3 soll § 34a Abs.2 AsylVfG vereinbar sein (BVerfGE 94, 49/113), obwohl dieser nach seinem Wortlaut vorläufigen Rechtsschutz ohne Einschränkung ausschließt (für Verfassungswidrigkeit Schoch, DVBl 93, 1168; Lübbe-Wolff, DVBl 96, 832; Masing DR 90). Innerhalb der Reichweite des Konzepts normativer Vergewisserung soll Abs.2 S.3 aber selbst dann gelten, wenn sich das Verwaltungsgericht zu einer Vorlage nach Art.100 Abs.1 – etwa wegen Zweifeln an der Bestimmung eines sicheren Drittstaats – entschließt und das Verfahren aussetzt (BVerfGE 94, 49/102). Dies ist nur akzeptabel, wenn man davon ausgeht, dass Abs.2 S.3 nur den verwaltungs-, nicht aber den verfassungsgerichtlichen Eilrechtsschutz nach § 32 BVerfGG erfasst (vgl. Pagenkopf SA 81; Masing DR 88). Dieser muss dann auch Schutz vor Abschiebung gewährleisten (a.A. offensichtlich – jedenfalls für Abs.4 – BVerfGE 94, 166/212 ff; unten Rn.33).

2. Verfolgungsfreie Herkunftstaaten (Abs.3)

a) Voraussetzungen. Durch Gesetz, das der Zustimmung des Bundesrats **30** bedarf (Rn.4 f zu Art.77), können gem. Abs.3 S.1 sichere Herkunftstaaten bestimmt werden; dadurch wird eine ausschließliche Bundesgesetzgebungskompetenz begründet (Rn.5 zu Art.70). Art.19 Abs.1, insb. das Zitiergebot, findet aber aus den gleichen Gründen wie bei Enteignungsgesetzen (Rn.66 zu Art.14) keine Anwendung. Die Sicherheit beurteilt sich nach der Rechtslage, der Rechtsanwendung und den allgemeinen politischen Verhältnissen. Sie ist gegeben, wenn weder politische Verfolgung (oben Rn.4–18) noch Folter oder unmenschliche oder erniedrigende Bestrafung oder Behandlung stattfindet (vgl. Art.3 EMRK). Die Tatsache, dass der Herkunftstaat die Todesstrafe kennt, steht der Einstufung als sicher aber nicht automatisch entgegen (BVerfGE 94, 115/137 f). Anders als nach Abs.1 (oben Rn.8) muss die Verfolgungsfreiheit landesweit bestehen (BVerfGE 94, 115/135). Bei der Tatsachenfeststellung und der darauf beruhenden Bewertung und Prognose besteht ein Einschätzungsspielraum des Gesetzgebers (BVerfGE 94, 115/144; krit. BVerfGE *abwM* 94, 115/157 ff; Becker MKS 202; Masing DR 117; Schnapp MüK 23; Zimmermann/Tams FH 201). Bei Staaten mit erst kurzer demokratischer Tradition bedarf es aber einer besonderen Sorgfalt und umfassenden Würdigung (BVerfGE *abwM* 94, 115/159; zu weitgehend: BVerfGE 94, 115/144). § 29a Abs.2 AsylVfG iVm Anl. II hat Ghana und Senegal zu verfolgungsfreien Herkunftstaaten erklärt. Für Ghana wird das Vorliegen dieser Voraussetzungen bezweifelt (BVerfGE *abwM* 94, 115/161 ff; Lübbe-Wolff, DVBl 96, 835).

b) Rechtsfolgen. Mit Hilfe einer antizipierten Tatsachen- und Beweis- **31** würdigung wird gem. Abs.3 S.2 vermutet, dass ein Asylbewerber aus einem verfolgungsfreien Herkunftstaat keiner politischen Verfolgung ausgesetzt ist (BVerfGE 94, 115/147). Diese Vermutung bezieht sich nicht auf sonstige rechtlich relevante Verfolgung; Abs.3 S.2 entbindet daher nicht von der Verpflichtung, das Vorliegen von sonstigen Abschiebungshindernissen (vgl. § 31 Abs.3 AsylVfG i.V.m. § 60 Abs.2–7 AufenthG) zu prüfen (BVerfGE 94,

115/146; a.A. Randelzhofer MD 130f). Die Regelvermutung kann durch den Vortrag von Tatsachen widerlegt werden, die die Annahme begründen, dass der Asylbewerber politisch verfolgt ist: Der Vortrag muss zur Kenntnis genommen und im Einzelnen gewürdigt werden (BVerfGE 89, 101/104). Dafür reicht ein schlüssiger und substantiierter Tatsachenvortrag (BVerfGE 94, 115/147; Masing DR 120); § 29a Abs.1 AsylVfG muss entsprechend verfassungskonform interpretiert werden (Pagenkopf SA 96; Wollenschläger/Schraml, JZ 94, 69; a.A. Randelzhofer MD 145). Weitere Rechtsfolgen ergeben sich aus Abs.4 (unten Rn.32ff).

3. Beschränkungen des Rechtsschutzes (Abs.4)

32 **a) Bedeutung.** Abs.4 beinhaltet verfahrensrechtliche, insb. den Rechtsschutz betreffende Beschränkungen der Asylgewährleistung im Hinblick auf aufenthaltsbeendende und einreiseverhindernde (BVerfGE 94, 166/192; a.A. Randelzhofer MD 149f; vgl. auch oben Rn.29) Maßnahmen. Der materiell-rechtliche Schutzbereich des Abs.1 wird hingegen nicht beschränkt.

33 **b) Voraussetzungen.** Abs.4 S.1 Hs.1 schränkt die Zulässigkeit der **Aussetzung der Vollziehung aufenthaltsbeendender Maßnahmen** ein. Die Regelung enthält in der 1. Alt. eine Ergänzung zu Abs.3 und knüpft in der 2. Alt. an andere, außerhalb des GG geregelte, unbegründete oder als offensichtlich unbegründet geltende Fälle (vgl. § 30 AsylVfG) an. Diese sonstigen offensichtlich unbegründeten und als offensichtlich unbegründet geltenden Fälle darf der einfache Gesetzgeber nach Abs.4 S.2 bestimmen. Diese Regelungen müssen der Bedeutung des Asylrechts und des aus ihm abgeleiteten vorläufigen Bleiberechts gerecht werden (BVerfGE 94, 166/191). Dabei muss es sich aber um Konstellationen handeln, in denen die Individualinteressen des Asylsuchenden in vergleichbarem Maße gegenüber öffentlichen Interessen zurückstehen wie bei Abs.3 (BVerfGE 94, 166/191). Voraussetzung für die sofortige Vollziehung ist jeweils, dass keine ernstlichen Zweifel an der Unbegründetheit des Antrags bestehen. Ernstliche Zweifel an der Rechtmäßigkeit einer Maßnahme und das daraus folgende Gebot zur Aussetzung des gerichtlichen Verfahrens bestehen, wenn erhebliche Gründe dafür sprechen, dass die Maßnahme einer rechtlichen Prüfung wahrscheinlich nicht standhält (BVerfGE 94, 166/194; Randelzhofer MD 155; krit. Becker MKS 221f; Zimmermann/Tams FH 220). Abs.4 S.1 Hs.1 beschränkt sich auf die Straffung verwaltungsgerichtlichen Eilrechtsschutzes, schließt aber verfassungsgerichtliche Eilentscheidungen nicht aus (BVerfGE 94, 166/212ff; Becker MKS 218ff; Masing DR 126); im Interesse eines effektiven Rechtsschutzes darf der Asylsuchende bis zur Entscheidung des BVerfG auch nicht abgeschoben werden (BVerfGE *abwM* 94, 166/230ff; a.A. BVerfGE 94, 166/212ff; Tomuschat, EuGRZ 96, 385).

34 Abs.4 S.1 Hs.2 iVm S.2 ermächtigt darüberhinaus zur gesetzlichen **Einschränkung des Prüfungsumfangs** und zur materiellen Präklusion durch **Nichtberücksichtigung verspäteten Vorbringens** (Rn.53 zu Art.19; Rn.41 zu Art.103). Eine hinreichende Sachverhaltsermittlung muss aber jeweils möglich bleiben (BVerfG-K, NVwZ-Beil.93, 11, 19; Pagenkopf SA

102). Von der Ermächtigung ist durch § 36 Abs.4 S.2, 3 AsylVfG Gebrauch
gemacht worden. Beide Fälle enthalten eine Einschränkung des gerichtlichen
Rechtsschutzes, verstoßen aber nicht gegen Art.79 Abs.3 (Schoch, DVBl 93,
1168; krit. Masing DR 124).

c) Verfahrensrechtliche Einzelfragen. Das sog. Flughafenverfahren **35**
(§ 18a AsylVfG), das die sonst schwierige Rückführung abgelehnter Asylbewerber, die auf dem Luftweg eingereist sind, erleichtert, ist insgesamt verfassungsgemäß (BVerfGE 94, 166/195 ff); auch die Dreitagesfrist für Anträge
auf vorläufigen Rechtsschutz in § 18a Abs.4 S.1 AsylVfG ist nicht zu beanstanden sein, wenn dem Antragsteller auf Verlangen eine Nachfrist von weiteren vier Tagen für die Begründung des Antrags eingeräumt wird (BVerfGE
94, 166/210 ff; vgl. auch Marx, ZAR 93, 164). Damit hat das BVerfG allerdings die Grenzen verfassungskonformer Auslegung überschritten (Lübbe-
Wolff, DVBl 96, 840). Ebenfalls verfassungsgemäß soll es ein, dem Antragsteller erst nach der ersten Anhörung Gelegenheit zur Beiziehung eines
Rechtsbeistands zu geben (BVerfGE 94, 166/204 f). Gleiches soll für die
§§ 18a Abs.4 S.7, 36 Abs.3 S.9 AsylVfG gelten, die die Vollziehung der Einreiseverweigerung bereits auf der Grundlage des ablehnenden Tenorbeschlus-
ses, also vor Vorliegen der gerichtlichen Begründung, erlauben (BVerfGE 94,
166/210 ff; a.A. BVerfGE *abwM* 94, 166/223 ff; Schnapp MüK 28).

4. Vorbehalt völkerrechtlicher Verträge (Abs.5)

Bedeutung und Verhältnis zu anderen Vorschriften. Abs.5 soll eine **36**
europäische Lastenverteilung erleichtern (Becker MKS 229) und bewirkt einen Vorrang des multi- oder bilateralen Völkervertragsrechts vor Art.16a
Abs.1–4 (BVerfGE 94, 49/86; Pagenkopf SA 111): Die Bundesrepublik
Deutschland wird ermächtigt, völkerrechtliche Verträge abzuschließen, die
Zuständigkeitsregelungen für die Prüfung von Asylbegehren und die gegenseitige Anerkennung von Asylentscheidungen enthalten können. Diese können über Abs.1–4 (oben Rn.24–33) hinausgehende Schutzbereichsbegren-
zungen und Eingriffsrechtfertigungen (vgl. BVerfGE 94, 49/86; Becker MKS
230; Pieroth/Schlink 990), aber auch eine von den Beschränkungen des
Abs.2 absehende Asylgewährung nach Abs.1 vorsehen (vgl. § 26a Abs.1 S.2
Nr.2 AsylVfG). Abs.5 ist eine abschließende Regelung des Vorrangs des Völkervertragsrechts vor Art.16a Abs.1–4; Art.24 Abs.1 kann ebensowenig wie
sonstiges kollidierendes Verfassungsrecht über Art.16a Abs.1–4 hinausgehende Beeinträchtigungen rechtfertigen (vgl. Rennert, ZAR 03, 55 f). Dagegen
lässt die Rspr. eine Ausweisung von Asylberechtigten aus schwerwiegenden
Gründen der öffentlichen Sicherheit und Ordnung zu (BVerwGE 101,
247/253; 106, 351/357 ff; 109, 1/3 ff), legt die Ausnahmen vom Asylrecht
aber eng aus (vgl. BVerwGE 112, 180/182 ff); Europäisches Unionsrecht steht
dem nicht entgegen (BVerwGE 132, 79 Rn.42). Da Abs.5 nur für völkerrechtliche Verträge gilt, findet er auf die unionsrechtliche Asylpolitik (vgl.
Art.78 AEUV) keine Anwendung (Masing DR 133; Randelzhofer MD 196;
Zimmermann/Tams FH 237).

Voraussetzungen. Es muss sich um völkerrechtliche Verträge (Art.32, **37**
59) handeln, die die Verpflichtungen aus der GFK und der EMRK beach-

ten. Die Anwendung letzterer muss in den Staaten, mit denen die völkerrechtlichen Verträge geschlossen werden, sichergestellt sein. Einschränkend ist zu verlangen, dass an dem Vertragsschluss außer Deutschland mindestens ein weiterer EU-Mitgliedstaat beteiligt ist (Masing DR 132; a. A. Schnapp MüK 29). Eine entsprechende Vereinbarung stellten das SDÜ (BVerfGE 94, 49/86) und das Dubliner Übereinkommen über die Bestimmung des zuständigen Staates für die Prüfung eines in einem Mitgliedstaat der Europäischen Gemeinschaften gestellten Asylantrags dar (Becker MKS 240 ff; Huber, NVwZ 98, 150). Da sie inzwischen Teil des Europäischen Unionsrechts geworden sind, ist die Bedeutung des Abs.5 geringer als erwartet (Masing DR 133).

Art. 17 [Petitionsrecht]

Jedermann[4] hat das Recht, sich einzeln oder in Gemeinschaft[3] mit anderen schriftlich mit Bitten oder Beschwerden[2 f] an die zuständigen Stellen[6] und an die Volksvertretung[6] zu wenden.

Literatur: *Guckelberger,* Neuerscheinungen des Petitionsrechts, DÖV 2008, 85; *Langenfeld,* Das Petitionsrecht, HbStR[3], Bd. III, 2005, § 39; *Burkiczak,* Rechtsfragen der Behandlung von Petitionen mit rechtswidrigem Inhalt, NVwZ 2005, 1391; *Hoffmann-Riem,* Zum Gewährleistungsgehalt der Petitionsfreiheit, in: FS Selmer, 2004, 93; *Krings,* Die Petitionsfreiheit nach Art.17 GG, JuS 2004, 474; *Hornig,* Die Petitionsfreiheit als Element der Staatskommunikation, 2001; *Betz,* Petitionsrecht und Petitionsverfahren, FS Hanisch, 1994, 13; *Rühl,* Der Umfang der Begründungspflicht von Petitionsbescheiden, DVBl 1993, 14; *Siegfried,* Begründungspflicht bei Petitionsbescheiden, DÖV 1990, 279. – S. auch die Literatur zu Art.45c.

1. Bedeutung und Verhältnis zu anderen Verfassungsnormen

1   Mit dem in Art.17a Abs.1 als Petitionsrecht bezeichneten Grundrecht des Art.17 soll sichergestellt werden, dass der Staat individuelle sowie allgemeine Anliegen zur Kenntnis nehmen muss, auch außerhalb formaler Verwaltungs- und Rechtsmittelverfahren (Pagenkopf SA 6). Das Grundrecht ist primär ein **Leistungsgrundrecht** (Manssen 865; vgl. Vorb.10 vor Art.1), weshalb der *Rechtsschutz* regelmäßig durch eine allgemeine Leistungsklage zu den Verwaltungsgerichten erfolgt (v. Coelln SB 47; Klein MD 129; Krings FH 92). Daneben hat das Grundrecht auch Abwehrgehalte (Langenfeld HbStR[3] III § 39 Rn.31 ff; unten Rn.10). Art.17 ermöglicht einer staatlichen Stelle nicht, Maßnahmen zu veranlassen, die rechtswidrig sind (vgl. BVerfG-K, NVwZ 02, 1499). Ein vergleichbares Recht findet sich in Art.44 GRCh.

2   Zum **Verhältnis** zu Art.5 Abs.1 S.1 und Art.19 Abs.4 unten Rn.3. Aus Art.17 folgt das **Recht der Volksvertretung** gegenüber der Exekutive auf Bereitstellung von Informationen, soweit sie zur Erledigung der Petition notwendig sind (Brenner MKS 54; Klein MD 110; Langenfeld HbStR[3] III § 39 Rn.62; Stettner BK 82; a. A. Krings FH 75). Zum Petitionsausschuss des Bundestags Rn.1 zu Art.45c.

2. Schutzbereich

a) Geschütztes Verhalten. Bitten bzw. Beschwerden, die voneinander **3** nicht genau abgegrenzt und zusammen als **Petitionen** bezeichnet werden (Brenner MKS 23; Krings FH 30), kennzeichnet, dass sie ein bestimmtes Verhalten staatlicher Stellen wünschen (Klein MD 42), ohne dass ein Rechtsanspruch auf Erfüllung des Begehrens deutlich gemacht wird, etwa Aufsichtsbeschwerden oder Gegenvorstellungen (Krings FH 37; v. Coelln SB 9). Darunter fallen auch (ohne Rechtsanspruch vorgetragene) *Bitten auf Auskunftserteilung* und Akteneinsicht (Stettner BK 54; v. Coelln SB 36; Klein MD 45; Krings FH 38; a. A. Brocker EH 9; Bauer DR 25); die von der Gegenauffassung als speziellere Norm angeführte Vorschrift des Art.5 Abs.1 S.1 ist insoweit gerade nicht einschlägig (vgl. Rn.16a zu Art.5). Auch wäre unverständlich, warum eine Bitte um Übermittlung einer Information unzulässig, eine Bitte um Gewährung des mit der Information erfolgten Sachanliegens aber zulässig sein soll. Nicht erfasst werden dagegen bloße Meinungsäußerungen, insb. Vorwürfe (Klein MD 42; Bauer DR 51; Stettner BK 47; a. A. Krings FH 31), sowie Mitteilungen (BVerwGE 128, 295 Rn.39), die unter Art.5 Abs.1 S.1 fallen. Zudem gilt Art.17 nicht für rechtlich geregelte Anträge sowie für förmliche *Rechtsbehelfe* und Rechtsmittel (Klein MD 45), für die allein Art.19 Abs.4 einschlägig ist (Krings FH 37). Dies schließt jedoch nicht aus, ein Anliegen nach Erschöpfung von Rechtsmitteln oder parallel dazu mit einer Petition zu verfolgen (Bauer DR 49; v. Coelln SB 34; Dollinger UC 17).

Was **Form** und **Fristen** betrifft, so muss eine Petition iSv Art.17 schrift- **4** lich erfolgen und darf im Hinblick auf ihren Zweck nicht anonym sein (Langenfeld HbStR[3] III § 39 Rn.26; Bauer DR 26; Klein MD 61; a. A. Krings FH 41). Notwendig ist eine eigenhändige Unterschrift (Brenner MKS 26; Rauball MüK 11; Langenfeld HbStR[3] III § 39 Rn.26; a. A. Klein MD 62; Bauer DR 26). Die Schriftform wird auch durch Telefax gewahrt (Brenner MKS 25). Eine Petition durch E-Mail dürfte unter den Voraussetzungen des § 3a VwVfG möglich sein (vgl. Klein MD 63; Bauer DR 27). Eine Bezeichnung als Petition ist unnötig, wenn nur deutlich wird, dass in der Sache eine Petition gewollt ist (Brenner MKS 22). Petitionen können als *Sammelpetitionen* eingebracht werden, auch unter einem gemeinsamen Namen (Stettner BK 53; Rauball MüK 9). Aus einer Sammelpetition müssen alle Petenten erkennbar sein; doch genügt *eine* eigenhändige Unterschrift (Brenner MKS 27). Schließlich muss die Petition in deutscher Sprache abgefasst sein (Krings FH 43; a. A. Brenner MKS 28; Dollinger UC 25). Andere Voraussetzungen, insb. Fristen, bestehen nicht (Stein AK 21).

Was das **verfolgte Ziel** angeht, so kann der Petent auch Fremd- oder All- **5** gemeininteressen geltend machen (Dollinger UC 22; Klein MD 60). Weiter kann die Petition – ebenso wie ein förmliches Rechtsmittel – auf etwas rechtlich Verbotenes gerichtet sein (Klein MD 55; Dollinger UC 26; Krings FH 33; Pieroth/Schlink 1001). Dagegen soll keine zulässige Petition vorliegen, wenn *sie selbst* gegen Strafgesetze verstößt oder sonst rechtswidrig ist (Stein AK 23), etwa eine Beleidigung darstellt (BVerfGE 2, 225/229; BVerwGE 103, 81/89; Pagenkopf SA 9; a. A. mit guten Gründen Krings FH 33 f).

Dabei ist jedenfalls die Wertentscheidung des Art.17 zu beachten (Stein AK 24; Klein MD 117; Pieroth/Schlink 999).

6 **b) Petitionsempfänger.** Art.17 betrifft zum einen Petitionen an die **Volksvertretung,** d.h. an den Bundestag und die Länderparlamente, aber auch die Gemeinde- und Kreisparlamente (Pagenkopf SA 10; Rauball MüK 12; Krings FH 54; v. Coelln SB 21). Einzelne Abgeordnete sind nicht gemeint (Brenner MKS 45; Krings FH 57; Klein MD 111; a.A. Rauball MüK 13; Pagenkopf SA 10), müssen aber eine Petition an den zuständigen Ausschuss weiterleiten (Brenner MKS 50; Dollinger UC 32; unten Rn.7; a.A. Krings FH 57). Weiter werden Petitionen an die **zuständigen Stellen** erfasst, d.h. alle anderen Stellen und Behörden öffentlich-rechtlicher Einrichtungen, gleich welcher Art (v. Coelln SB 23). Unklar ist, ob auch privatrechtliche Einrichtungen, die öffentliche Aufgaben erfüllen, erfasst werden (dafür Brenner MKS 48). Die Gerichte dürften nicht gemeint sein, soweit sie nicht Verwaltungsaufgaben erfüllen (Klein MD 102; Krings FH 49). Keine Grundrechtsverpflichteten sind nach allgemeinen Regeln (Rn.43 zu Art.1) ausländische und internationale Stellen (v. Coelln SB 20); allenfalls kann in der Behinderung von an solche Stellen gerichtete Petitionen durch Grundrechtsverpflichtete eine Beeinträchtigung gesehen werden (vgl. Klein MD 101).

7   Zwischen den beiden Empfängergruppen bestehen im Hinblick auf die **möglichen Gegenstände** gewisse Unterschiede: Im Bereich der Volksvertretung können Petitionen in jeder Angelegenheit geprüft werden, für die der Bund, das entsprechende Land oder die entsprechende Gemeinde die Kompetenz besitzen (BVerfG-K, NJW 92, 3033; Brenner MKS 52). Die zuständigen Stellen können dagegen nur Petitionen prüfen, wenn sie für die Entscheidung des mit der Petition Gewollten zuständig sind (Brenner MKS 50; Bauer DR 36). Wird eine unzuständige Stelle angegangen, muss sie die Petition weiterleiten oder dem Petenten die zuständige Stelle benennen (BVerwG, DÖV 76, 315; Klein MD 86; v. Coelln SB 21). Für Organe und Behörden der EU gilt allein EU-Recht (vgl. Art.24, 227 AEUV, Art.44 GRCh).

8   **c) Träger des Grundrechts** sind alle *natürlichen Personen,* auch Ausländer (BVerwG Bh 415.1 Nr.32; Bauer DR 18f). Minderjährigen kommt das Recht ebenfalls zugute (Langenfeld HbStR[3] III § 39 Rn.19; Rn.10 zu Art.19; diff. Rauball MüK 5); Gleiches gilt für Geschäftsunfähige (v. Coelln SB 16; Brenner MKS 33). Bei im Ausland lebenden Ausländern ist ein Bezugselement zu den Grundrechtsverpflichteten notwendig (vgl. Stettner BK 62; Rn.44 zu Art.1; generell bejahend Stein AK 7; generell verneinend Brenner MKS 32; für Abheben auf Zuständigkeit Klein MD 68). Dies ist etwa der Fall, wenn sie von Umweltbelastungen betroffen werden, die von deutschen Stellen zugelassen wurden, oder wenn sie aus Deutschland abgeschoben wurden (Dollinger UC 27; Langenfeld HbStR[3] III § 39 Rn.18). Weiter sind inländische *juristische* Personen bzw. Personenvereinigungen des Privatrechts Grundrechtsträger (Rauball MüK 6; Krings FH 23). Unsicher ist, ob auch ausländische Personenvereinigungen Grundrechtsträger sind (dafür Stettner BK 64; Isensee HbStR V § 118 Rn.47; Dreier DR 41 zu Art.19

III; dagegen Brenner MKS 34; v. Coelln SB 19; Klein MD 70) sowie juristische Personen des öffentlichen Rechts (dafür Dreier DR 41 zu Art.19 III; dagegen Klein MD 71; Pagenkopf SA 7; diff. Brenner MKS 35 f).

3. Beeinträchtigungen

aa) Das Petitionsrecht wird beeinträchtigt, wenn eine Petition nicht an- 9 genommen oder fehlerhaft bzw. überhaupt nicht erledigt wird (Dollinger UC 45; v. Coelln SB 29; Pagenkopf SA 14); zum **Leistungscharakter** oben Rn.1. Ein Anspruch auf persönliche Überreichung besteht nicht (Klein MD 65). Der Petitionsbescheid muss die Art der Erledigung angeben und zudem eine knappe Begründung enthalten (Brenner MKS 43; Krings FH 72 f; Rauball MüK 14; Klein MD 90; **a. A.** hinsichtlich der Begründung BVerf-GE 2, 225/230; BVerfG-K, NJW 92, 3033; BVerwG, NJW 91, 936). Ein Recht auf mündliche Anhörung verleiht Art.17 nicht (Rauball MüK 11). Kosten dürfen dem Petenten nicht auferlegt werden (Rauball MüK 1). Wird die gleiche Petition mehrfach vorgebracht, genügt eine einmalige Erledigung (BVerfGE 2, 2257231 f; Krings FH 69). Art.17 vermittelt keinen Anspruch darauf, dass die Petition iSd Petenten beschieden wird (Klein MD 87). Der Grundsatz der Diskontinuität (Rn.4 zu Art.39) gilt nicht für Petitionen (Klein MD 109). Schließlich dürfte Art.17 die Schutzpflicht enthalten, gegen Behinderungen von Petitionen durch *Private* vorzugehen (Klein MD 97; v. Coelln SB 27). Auch eine mittelbare Drittwirkung ist denkbar (vgl. BVerfGE 104, 65/73).

bb) Darüber hinaus enthält Art.17 einen **Abwehranspruch** gegen die 10 Behinderung vorbereitender Maßnahmen (Dollinger UC 35), etwa bei der Erstellung einer Petition oder bei der Sammlung von Unterschriften (Rauball MüK 9; Brenner MKS 39; Bauer DR 32). Art.17 ist zudem beeinträchtigt, wenn jemand wegen der Erstellung einer Petition benachteiligt wird (Ipsen II 519; vgl. BVerwGE 93, 287/291).

4. Rechtfertigung von Beeinträchtigungen (Schranken)

Art.17 unterliegt keinem Gesetzesvorbehalt. Weder die Schranken des 11 Art.2 Abs.1 noch des Art.5 Abs.2 sind übertragbar (Dollinger UC 18; Krings FH 83; Brenner MKS 56; a. A. für Art.2 Abs.1 Rauball MüK 16). Als Leistungsrecht ist Art.17 jedoch der Ausgestaltung zugänglich (Brenner MKS 57; v. Coelln SB 30; vgl. Vorb.35 vor Art.1; vorsichtig Klein MD 119). Eine Beeinträchtigung des Art.17 ist schließlich zulässig, wenn dies zum Schutze eines anderen Verfassungsgutes verhältnismäßig ist (BVerfG-K, NJW 91, 1476; Klein MD 115; Brenner MKS 57; Stettner BK 101; Vorb.48–52 vor Art.1). Bedeutsam kann das insb. im Rahmen von Sonderstatusverhältnissen werden, soweit sie in anderen Verfassungsnormen verankert sind (Klein MD 120; Brenner MKS 58; Bauer DR 42). Im Bereich des KontaktsperreG wird etwa das Recht auf Sammelpetitionen durch das Recht auf Leben beschränkt (vgl. BVerfGE 49, 24/64 f; Krings FH 83). Für die Beamten können sich im Hinblick auf dienstliche Anliegen Beschränkungen aus Art.33 Abs.5 ergeben (Langenfeld HbStR³ III § 39 Rn.50 ff). Sammelpetitionen von Angehörigen der Streitkräfte bzw. des Ersatzdienstes unterliegen dem Gesetzesvorbehalt des Art.17a Abs.1 (Klein MD 79); dazu Rn.2f, 6f zu Art.17a.

Art.17a [Grundrechtseinschränkung zu Verteidigungszwecken]

(1) **Gesetze über Wehrdienst und Ersatzdienst können bestimmen, daß für die Angehörigen der Streitkräfte und des Ersatzdienstes während der Zeit des Wehr- oder Ersatzdienstes**[3] **das Grundrecht, seine Meinung in Wort, Schrift und Bild frei zu äußern und zu verbreiten (Artikel 5 Abs.1 Satz 1 erster Halbsatz), das Grundrecht der Versammlungsfreiheit (Artikel 8) und das Petitionsrecht (Artikel 17)**[2]**, soweit es das Recht gewährt, Bitten oder Beschwerden in Gemeinschaft mit anderen vorzubringen, eingeschränkt werden**[6 f].

(2) **Gesetze, die der Verteidigung einschließlich des Schutzes der Zivilbevölkerung dienen**[5]**, können bestimmen, daß die Grundrechte der Freizügigkeit (Artikel 11) und der Unverletzlichkeit der Wohnung (Artikel 13)**[4] **eingeschränkt werden**[6 f].

Literatur: *Mutschler,* Die Grundrechte der Staatsbürger in Uniform, NZWehrR 1998, 1; *Schmidt-De Caluwe,* Die verfassungsrechtliche Grenze der Meinungsäußerungsfreiheit der Soldaten, NZWehrR 1992, 235.

1. Bedeutung und Abgrenzung zu anderen Verfassungsnormen

1   Die im Zuge der Einführung der Bundeswehr 1956 in das GG eingefügte Vorschrift (Einl.3 Nr.7) enthält *kein* selbstständiges Grundrecht (BVerfGE 44, 197/205), sondern Einschränkungsvorbehalte für verschiedene Grundrechte (Höfling FH 8), die kumulativ zu den Vorbehalten treten, die bereits bei den betreffenden Grundrechten selbst aufgeführt sind. Diese Vorbehalte werden durch Art.17a nicht verdrängt (BVerwGE 83, 60/62; 103, 81/84; 128, 319 Rn.39, Brenner MKS 14; vgl. BVerfGE 44, 197/201f; a.A. Höfling FH 22; Heun DR 9), da nicht einzusehen ist, warum im militärischen Bereich die allgemeinen Beschränkungsmöglichkeiten nicht bestehen sollen. Da diese Vorbehalte die praktischen Bedürfnisse idR abdecken, ist die Bedeutung des Art.17a gering. Allerdings dürfte Art.17a etwas intensivere Eingriffe zulassen (BVerwGE 73, 237/238f; Mutschler UC 4). Umgekehrt verdeutlicht die Vorschrift, dass auch Soldaten grundsätzlich den vollen Grundrechtsschutz genießen, ist also Ausdruck der Idee des „Staatsbürgers in Uniform" (Frank AK 86 nach Art.87). Eine vergleichbare Norm für Einschränkungen der Berufsfreiheit enthält Art.12a.

2. Anwendungsbereich

2   **a) Abs.1.** Der Vorbehalt des Abs.1 ermöglicht Einschränkungen der **Meinungsfreiheit,** der **Versammlungsfreiheit** und des **Petitionsrechts,** soweit es gemeinschaftlich wahrgenommen werden soll. Die Einschränkung anderer Grundrechte, insb. der Informationsfreiheit des Art.5 Abs.1 S.1 Hs. 2, kann nicht auf Art.17a gestützt werden (Rauball MüK 7, 13; Heun DR 14; Brenner MKS 12).

Abs.1 ist zum einen auf Angehörige der **Streitkräfte** anwendbar, also auf 3
Berufssoldaten sowie auf Soldaten auf Zeit und auf die Wehrpflichtigen
(dazu Rn.3 zu Art.12a), jeweils solange sie aktiv Dienst leisten (Schmidt-
Radefeldt EH 3; Brenner MKS 9). Reservisten werden dementsprechend in
der Zeit erfasst, in der sie an Wehrübungen teilnehmen (Höfling FH 15).
Dagegen gilt Abs.1 nicht für Angehörige der Bundeswehrverwaltung und
für Zivilbedienstete der Bundeswehr (Rauball MüK 6; Brenner MKS 19).
Weiter ist Abs.1 anwendbar auf Angehörige des **Ersatzdienstes** (dazu Rn.5
zu Art.12a), d. h. auf alle tatsächlich als Zivildienstleistende tätigen Personen
sowie auf die Berufskräfte des Zivildienstes (Rauball MüK 6; Kokott SA 15).

b) Abs.2. Der Vorbehalt des Abs.2 ermöglicht Einschränkungen des 4
Rechts auf **Freizügigkeit** gem. Art.11 sowie der **Unverletzlichkeit der
Wohnung** gem. Art.13, unabhängig davon, ob es um Durchsuchungen,
Überwachungsmaßnahmen mit Hilfe technischer Mittel, Eingriffe oder Be-
schränkungen geht.

Die Einschränkungsmöglichkeiten des Abs.2 können jedermann betreffen, 5
auch die in Abs.1 angesprochenen Angehörigen der Streitkräfte und des Ersatzdienstes (Brenner MKS 33). Voraussetzung ist, dass das einschränkende
Gesetz der **Verteidigung,** einschließlich des Schutzes der Zivilbevölkerung,
dient (vgl. Rn.10f zu Art.12a). Diese Klausel wird extensiv verstanden und
erfasst etwa auch das Recht der Bundeswehr zum Betreten von Grundstücken im Falle von Manövern (Rauball MüK 14). Die Genehmigungspflicht
eines Auslandsaufenthalts von Bundeswehrangehörigen wird dagegen nicht
erfasst, da Art.11 die Ausreise nicht schützt (Rn.3 zu Art.11; a. A. Rauball
MüK 14). Diesbezüglich genügt der weite Regelungsvorbehalt des Art.2
Abs.1.

3. Folgen

Eine Einschränkung gem. Art.17a kann allein durch formelles **Gesetz** 6
oder auf Grund eines solchen Gesetzes durch Rechtsverordnung erfolgen
(Rauball MüK 3; Kokott SA 16). Ob das **Zitiergebot** des Art.19 Abs.1 zum
Tragen kommt, ist umstritten (dafür Höfling FH 14; dagegen Kokott SA 12).
Richtigerweise ist zu differenzieren: das Zitiergebot gilt im Rahmen des
Art.17a wegen des ergänzenden Charakters dieser Vorschrift nur dann, wenn
es bei dem betreffenden Grundrecht auch sonst Anwendung findet (Schmidt-
Radefeldt EH 5; wohl auch Kokott SA 21). Für Einschränkungen der Mei-
nungsfreiheit gilt es daher nicht (BVerfGE 28, 282/291f; 44, 197/201f; a. A.
Höfling FH 14, 29), wohl aber für die sonstigen auf Grund Art.17a ein-
schränkbaren Grundrechte.

Einschränkungen gem. Art.17a müssen im Lichte des einzuschränkenden 7
Grundrechts gesehen werden (BVerwGE 83, 60/62f; NJW 85, 1659). Insbesondere ist der Grundsatz der **Verhältnismäßigkeit** (dazu Rn.83–90a zu
Art.20) zu wahren (Höfling FH 14; Rauball MüK 2). Einschränkungen sind
möglich, wenn sie geeignet, erforderlich und angemessen sind, um die Funktionsfähigkeit der Bundeswehr zu wahren (Kokott SA 10; Brenner MKS
15; vgl. BVerwGE 86, 321/325f). Einzelfälle in Rn.87, 90 zu Art.5 und in
Rn.20, 25 zu Art.8.

Art.18 [Verwirkung von Grundrechten]

Wer die Freiheit der Meinungsäußerung, insbesondere die Pressefreiheit (Artikel 5 Abs.1), die Lehrfreiheit (Artikel 5 Abs.3), die Versammlungsfreiheit (Artikel 8), die Vereinigungsfreiheit (Artikel 9), das Brief-, Post- und Fernmeldegeheimnis (Artikel 10), das Eigentum (Artikel 14) oder das Asylrecht (Artikel 16a) zum Kampfe gegen die freiheitliche demokratische Grundordnung mißbraucht[5], verwirkt diese Grundrechte. Die Verwirkung und ihr Ausmaß werden durch das Bundesverfassungsgericht ausgesprochen[6 f].

Literatur: *Isensee,* Verfassungsnorm in Anwendbarkeitsnöten: Art.18 GG, in: FS Graßhof, 1998, 289; *Brenner,* Grundrechtsschranken und Verwirkung von Grundrechten, DÖV 1995, 60; *Stern,* Die Grundrechtsverwirkung, ST III/2, 1994, § 87; *Butzer/ Clever,* Grundrechtsverwirkung nach Art.18 GG, DÖV 1994, 637.

1. Bedeutung, Abgrenzung, Entscheidungsmonopol

1   **a) Bedeutung und Abgrenzung zu anderen Verfassungsnormen.** Art.18 ist Ausdruck des Prinzips der **„streitbaren Demokratie"**, die auf Selbstverteidigung angelegt ist (BVerfGE 28, 36/48 f; 80, 244/253; BVerwG, NVwZ 95, 1134; Höfling/Krings FH 2; Stern ST I 201). Die Vorschrift verfolgt ein ähnliches Ziel wie Art.54 GRCh und in Art.17 EMRK. Sie nimmt dem Angreifer wegen der von ihm ausgehenden Gefährdung der freiheitlich-demokratischen Grundordnung den Schutz bestimmter Grundrechte, um ihn insoweit zu „entpolitisieren" (Dürig/Klein MD 10; ähnlich Krebs MüK 15). Ob sich allerdings mit der Verwirkung von Grundrechten wirklich ein Schutz der freiheitlichen demokratischen Grundordnung erreichen lässt, ist insb. wegen des Publizitätseffekts unsicher. Die praktische Bedeutung der Vorschrift ist denn auch sehr gering: Eine Verwirkung von Grundrechten wurde bislang in keinem Fall ausgesprochen; die Anträge in den eingeleiteten Verfahren wurden abgewiesen (BVerfGE 11, 282 ff; 38, 23/24 ff; Gröschner DR 10). Zur Bedeutung des Grundsatzes der streitbaren Demokratie für die Grundrechte Vorb.39 vor Art.1. Art.18 enthält kein Grundrecht, sondern eine Grundrechtsbeschränkung (vgl. Gröschner DR 19; Brenner MKS 20 ff; s. auch unten Rn.6).

2   Was das **Verhältnis zu anderen Verfassungsnormen** angeht, so sind bei Vereinigungen Art.9 Abs.2 und Art.18 parallel anwendbar (Brenner MKS 70; Krebs MüK 22; a. A. Benda/Klein 1148), da Art.18 auch für juristische Personen gilt. Für Parteien wird Art.18 durch Art.21 Abs.2 verdrängt (BVerfGE 25, 44/59 f; v. Coelln SB 39). Dementsprechend ist für den Mandatsverlust eines Abgeordneten wegen der Verfassungswidrigkeit einer Partei allein Art.21 Abs.2 einschlägig (BVerfGE 2, 1/74 f; 25, 44/59 f). Zur Einleitung eines Verfahrens gegen Abgeordnete Rn.9 zu Art.46.

3   **b) Entscheidungsmonopol.** Art.18 begründet ein Entscheidungsmonopol des BVerfG im Anwendungsbereich dieser Vorschrift. Andererseits tritt sie ihrem Zweck (oben Rn.1) entsprechend neben die sonstigen Möglichkeiten der Grundrechtsbeschränkung. Aus diesem Grunde steht Art.18

Staatsschutzentscheidungen sonstiger staatlicher Stellen nur entgegen, wenn die Entscheidung dem Schutz der freiheitlichen demokratischen Grundordnung dient und eine Verwirkung von Grundrechten im technischen Sinne ausspricht bzw. eine Anordnung trifft, die einer solchen Verwirkung de facto gleichkommt (BVerfGE 10, 118/122 ff). Die Sperrwirkung greift erst recht bei den nicht in Art.18 aufgeführten Grundrechten (BVerfGE *abwM* 63, 266/306); vgl. allerdings unten Rn.6. Ob ein Berufsverbot einer Verwirkung gleichkommt, ist umstritten (dafür BVerfGE *abwM* 63, 266/307 f; dagegen BGHSt 17, 38/41 ff). Ein strafrechtliches Berufsverbot zur Durchsetzung des Parteienverbots wird nicht als ausgeschlossen angesehen (BVerfGE 25, 88/95 ff).

2. Grundrechtsverwirkungsentscheidung

a) Zulässigkeit. – (1) Die *Antragsberechtigung* besitzen gem. § 36 BVerfGG **4** der Bundestag, die Bundesregierung und die Landesregierungen. Die Einschränkung des § 43 Abs.2 BVerfGG ist nicht entspr. anwendbar (Storost UCD 9 zu § 36; Benda/Klein 1147; Pestalozza 68 f; a. A. Klein MSKB 6 zu § 36). Die Stellung des Antrags steht im Ermessen der Antragsberechtigten (Storost UCD 10 zu § 36). – **(2)** *Antragsgegenstand* ist die Feststellung der Verwirkung eines Grundrechts wegen möglichen Missbrauchs zum Kampf gegen die freiheitliche demokratische Grundordnung (vgl. unten (2) in Rn.5). – **(3)** *Antragsgegner* können alle natürlichen und nach Maßgabe des Art.19 Abs.3 juristischen Personen sein, soweit sie Träger des zu verwirkenden Grundrechts sind (Gusy AK 13). Zu Vereinigungen und Parteien oben Rn.2. – **(4)** Es ist ein *Vorverfahren* gem. § 37 BVerfGG durchzuführen. – **(5)** Die *Formerfordernisse* ergeben sich aus § 23 Abs.1 BVerfGG.

b) Begründetheit. – (1) Die Verwirkung setzt den Missbrauch eines der **5** **folgenden Grundrechte** voraus: Freiheit der Meinungsäußerung des Art.5 Abs.1 S.1, Pressefreiheit des Art.5 Abs.1 S.2, Lehrfreiheit des Art.5 Abs.3 als Unterfall der Wissenschaftsfreiheit, Versammlungsfreiheit des Art.8, Vereinigungsfreiheit des Art.9 Abs.1, Brief-, Post- und Fernmeldegeheimnis des Art.10, Eigentum des Art.14 und Asylrecht des Art.16a. – **(2)** Die Grundrechte müssen zum **Kampf gegen die freiheitliche demokratische Grundordnung** missbraucht werden. Der Begriff der freiheitlichen demokratischen Grundordnung ist wie bei Art.21 Abs.2 zu verstehen (Krebs MüK 8; Brenner MKS 28); s. daher im Einzelnen Rn.33 zu Art.21. Sie dürfte, in Anlehnung an Art.79 Abs.3, aus den Grundsätzen des Art.1 und des Art.20 bestehen (Höfling/Krings FH 19; vgl. Seiters UC 25). Der *Missbrauch zum Kampf* setzt aktiv-aggressive Aktionen gegen die Grundordnung voraus (Krebs MüK 4 f; Dürig/Klein MD 54; v. Coelln SB 23). Zudem muss das Verhalten zu einer Gefährdung der Grundordnung führen. Dabei kommt es weniger auf die Vergangenheit als auf die Zukunft an (BVerfGE 38, 23/24 f; Gusy AK 18; Höfling/Krings 28). Notwendig ist also eine Prognose über die künftige Gefährlichkeit (Pagenkopf SA 15). Der Missbrauch muss vorsätzlich, jedenfalls mit natürlichem Handlungswillen, erfolgen. – **(3)** Der Missbrauch kann durch jeden möglichen Grundrechtsinhaber erfolgen, auch durch juristische Personen (Dürig/Klein MD 28). Bei Ausländern ist von besonderer Bedeutung, dass Art.18 nur die Grundordnung des GG schützt (Dürig/Klein MD 26; Butzer EH 6).

6   c) Inhalt und Wirkung der Entscheidung. Allein die in Art.18 **aufgeführten Grundrechte** (oben (1) in Rn.5) können für verwirkt erklärt werden (Brenner MKS 41; Pagenkopf SA 10), wobei mit dem Eigentum auch das Erbrecht gemeint ist (Höfling/Krings FH 37; v. Coelln SB 14). Andere Grundrechte können nicht für verwirkt erklärt werden, etwa das Auslieferungsverbot des Art.16 Abs.2 S.1 (Krebs MüK 7; Hofmann SHH 6), die Informationsfreiheit des Art.5 Abs.1 S.1 (v. Coelln SB 11; Höfling/Krings FH 33), die Rundfunk- und Filmfreiheit des Art.5 Abs.1 S.2 (Stern ST III/2 957; Pagenkopf SA 10; a.A. Dürig/Klein MD 21; Krebs MüK 7) und die Forschungsfreiheit des Art.5 Abs.3. Art.18 dürfte andererseits aus systematischen Gründen nur für die Grundrechte des I. Abschnitts gelten, nicht für grundrechtsgleiche Rechte. Art.18 steht dann einer Aberkennung des Wahlrechts, wie sie § 39 Abs.2 BVerfGG vorsieht, nicht entgegen (Brenner MKS 67; i.E. Benda/Klein 1154; Höfling/Krings FH 63; Dürig/Klein MD 33; a.A. Krebs MüK 17; Pestalozza 71 f). Die Verwirkung eines Grundrechts deckt die Einschränkungen anderer Grundrechte ab, soweit sie zwangsläufig mit der Ausübung des verwirkten Grundrechts verbunden sind und dem mitbetroffenen Grundrecht kein Vorrang zukommt (BVerfGE 25, 88/97; Dürig/Klein MD 32). Welches der verwirkbaren Grundrechte konkret verwirkt wird, hat das BVerfG orientiert an der Funktion des Art.18 zu entscheiden. Des Weiteren wird man, der Funktion der Vorschrift (oben Rn.1) entsprechend, die Verwirkung auf **politische Betätigungen** zu beschränken haben (deutlich Dürig/Klein MD 70, 92). Schließlich ist der Grundsatz der Verhältnismäßigkeit (dazu Rn.83–90a zu Art.20) zu beachten (Pagenkopf SA 15; Dürig/Klein MD 52).

7   Die Entscheidung wirkt ex nunc (Krebs MüK 12; Dürig/Klein MD 88; Brenner MKS 63). Sie hat zur Folge, dass sich der Betroffene nicht mehr auf das Grundrecht berufen kann (Dürig/Klein MD 69, 74). Die Verwirkung kann befristet werden, wie das in § 39 Abs.1 S.2 BVerfGG vorgesehen ist. Die **Folgen** der Verwirkung können, im Rahmen der Gesetze, vom Bundesverfassungsgericht festgelegt ("Ausmaß") und auf dieser Grundlage von den Verwaltungsbehörden (ohne weitere gesetzliche Regelung) umgesetzt werden, wie das § 39 Abs.1 S.3, 4 BVerfGG vorsieht; der Vorbehalt des Gesetzes steht dem nicht entgegen (i.E. Dürig/Klein MD 106; Krebs MüK 19; a.A. Höfling/Krings FH 48 f, 53).

Art.19 [Grundrechtseinschränkung; Grundrechtsträger; Rechtsschutz]

(1) **Soweit nach diesem Grundgesetz ein Grundrecht[1] durch Gesetz oder auf Grund eines Gesetzes eingeschränkt werden kann[4 ff], muß das Gesetz allgemein und nicht nur für den Einzelfall gelten[1]. Außerdem muß das Gesetz das Grundrecht unter Angabe des Artikels nennen[3 ff].**

(2) **In keinem Falle darf ein Grundrecht in seinem Wesensgehalt angetastet werden[8 f].**

(3) **Die Grundrechte gelten auch für inländische juristische Personen, soweit sie ihrem Wesen nach auf diese anwendbar sind[15 ff].**

(4) **Wird jemand[48] durch die öffentliche Gewalt[42 ff] in seinen Rechten verletzt[35 ff], so steht ihm der Rechtsweg offen[55 ff]. Soweit eine andere Zuständigkeit nicht begründet ist, ist der ordentliche Rechtsweg gegeben[55]. Artikel 10 Abs.2 Satz 2 bleibt unberührt[53].**

Übersicht

Literatur A (Grenzen der Grundrechtseinschränkung): *Leisner-Egensperger,* Wesensgehaltsgarantie, in: Merten/Papier, Handbuch der Grundrechte, Band III, 2009, § 70; *Axer,* Zitiergebot, in: Merten/Papier, Handbuch der Grundrechte, Band III, 2009, § 67; *Lege,* Verbot des Einzelfallgesetzes, in: Merten/Papier, Handbuch der Grundrechte, Band III, 2009, § 66; *G. Kirchhof,* Die Allgemeinheit des Gesetzes, 2009; *Singer,* Das Bundesverfassungsgericht und das Zitiergebot, DÖV 2007, 496; *Leisner-Eggensperger,* Die Wesensgehaltsgarantie des Art.19 Abs.2 GG, in: Merten/Papier (Hg.), Grundsatzfragen der Grundrechtsdogmatik, 2007, 57; *Drews,* Die Wesensgehaltsgarantie des Art.19 II GG, 2005; *Middendorf,* Zur Wesensgehaltsgarantie des Grundgesetzes, Jura 2003, 232; *Schwarz,* Die Zitiergebote im Grundgesetz, 2002; *Stern,* Die formellen Schranken, ST III/2, 1994, § 83; *Stern,* Der Schutz des Wesensgehalts der Grundrechte, ST III/2, 1994, § 85; *Kunig,* Einzelfallentscheidungen durch Gesetz, Jura 1993, 308; *Selk,* Zum heutigen Stand der Diskussion um das Zitiergebot, Art.19 I 2 GG, JuS 1992, 816. – S. auch Literatur zu Vorb. vor Art.1 II–IV.

Literatur B (Grundrechtsträger): *Jarass,* Die verfassungsrechtliche Stellung der Post- und TK-Unternehmen, MMR 2009, 223; *Heintzen,* Ausländer als Grundrechtsträger, MP II, 2006, § 50; *Huber,* Natürliche Personen als Grundrechtsträger, MP II, 2006, § 49; *Schnapp,* Zur Grundrechtsberechtigung juristischer Personen des öffentlichen Rechts, MP II, 2006, § 52; *Selmer,* Zur Grundrechtsberechtigung von Mischunternehmen, MP II, 2006, § 53; *Tettinger,* Juristische Personen des Privatrechts als Grundrechtsträger, MP II, 2006, § 51; *Guckelberger,* Zum Grundrechtsschutz ausländischer juristischer Personen, AöR 2004, 618; *Barden,* Die Grundrechtsfähigkeit privatisierter Unternehmen, ZögU 2002, 375; *Roth,* Die Grundrechte Minderjähriger im Spannungsfeld selbstständiger Grundrechtsausübung, elterlichen Erziehungsrechts und staatlicher Grundrechtsbindung, 2003; *Rüfner,* Der personale Grundzug der Grundrechte und der Grundrechtsschutz juristischer Personen, in: FS 50 Jahre BVerfG, 2001, Bd. II, 55; *Kotzur,* Der Begriff der inländischen juristischen Personen nach Art.19

Abs.3 GG im Kontext der EU, DÖV 2001, 192; *Lücke,* Zur Europarechtskonformität der Deutschen-Grundrechte, EuR 2001, 112; *Roellecke,* Zur Geltung von Grundrechten für juristische Personen des öffentlichen Rechts, in: Wolter/Riedel/Taupitz (Hg.), Einwirkungen der Grundrechte auf das Zivilrecht, öffentliche Recht und Strafrecht, 1999, 137; *Störmer,* Gemeinschaftsrechtliche Diskriminierungsverbote versus nationale Grundrechte?, AöR 1998, 541; *Ossenbühl,* Zur Geltung der Grundrechte für juristische Personen, FS Stern, 1997, 887; *Bauer/Kahl,* Europäische Unionsbürger als Träger von Deutschen Grundrechten?, JZ 1995, 1077; *Frenz,* Die Grundrechtsberechtigung juristischer Personen des öffentlichen Rechts bei grundrechtssichernder Tätigkeit, VerwArch 1994, 22; *Bleckmann/Helm,* Die Grundrechtsfähigkeit juristischer Personen, DVBl 1992, 9; *Zimmermann,* Der grundrechtliche Schutzanspruch juristischer Personen des öffentlichen Rechts, 1993; *Pieroth,* Die Grundrechtsberechtigung gemischtwirtschaftlicher Unternehmen, NWVBl 1992, 85; *Rüfner,* Grundrechtsträger, HbStR V, 1992, § 116; *Scholz,* Grundrechtsschutz gemischt-wirtschaftlicher Unternehmen, FS Lorenz, 1991, 213; *Schmidt-Aßmann,* Der Grundrechtsschutz gemischtwirtschaftlicher Unternehmen, BB 1990, Beil.34; *Stern,* Die Grundrechtsberechtigten, ST III/1, 1988, §§ 70, 71.

Literatur C (Rechtsschutz): *Schenke,* Justizgewähr und Grundrechtsschutz, in: Merten/Papier, Handbuch der Grundrechte, Band III, 2009, § 78; *Hettich,* Effektiver Rechtsschutz im Bau-, Eneteignungs- und Fachplanungsrecht, in: Rensen/Brink (Hg.), Linien der Rechtsprechung des BVerfG, 2009, 431; *Knauff,* Vertragschließende Verwaltung und verfassungsrechtliche Rechtsschutzgarantie, NVwZ 2007, 546; *Schenke,* Verfassungsrechtliche Garantie eines Rechtsschutzes gegen Rechtsprechungsakte?, JZ 2005, 116; *Dörr,* Der europäisierte Rechtsschutzauftrag deutscher Gerichte, 2003; *Maurer,* Rechtsstaatliches Prozessrecht, in: FS 50 Jahre BVerfG, 2001, Bd. II, 467; *Ibler,* Rechtspflegender Rechtsschutz im Verwaltungsrecht, 1999; *Schenke,* Die Rechtsschutzgarantie des Art.19 IV GG, in: Wolter/Riedel/Taupitz (Hg.), Einwirkungen der Grundrechte auf das Zivilrecht, öffentliche Recht und Strafrecht, 1999, 153; *Hufen,* Verwaltungsprozessrecht besteht, Verfassungsrecht vergeht?, Verw 1999, 519; *Gusy,* Verfassungsfragen vorbeugenden Rechtsschutzes, JZ 1998, 167; *Pitschas,* Der Kampf um Artikel 19 IV GG, ZRP 1998, 96; *Frenz,* Grundgesetzliche Rechtsschutzgarantie gegen europäische Rechtsakte?, Staat 1995, 586; *Vosskuhle,* Rechtsschutz gegen den Richter, 1993; *Herzog,* Verfassung und Verwaltungsgerichte – zurück zu mehr Kontrolldichte?, NJW 1992, 2601; *Reidt,* Behördlicher Beurteilungsspielraum und Grundrechtsschutz, DÖV 1992, 916; *Redeker,* Verfassungsrechtliche Vorgaben zur Kontrolldichte verwaltungsgerichtlicher Rspr, NVwZ 1992, 305; *Papier,* Rechtsschutzgarantie gegen die öffentliche Gewalt, HbStR VI, 1989, § 154. – S. auch Literatur D VI, VII zu Art.20.

A. Grundrechtseinschränkung (Abs.1, 2)

I. Allgemeinheit und Zitiergebot (Abs.1)

1. Allgemeinheit und Einzelfallverbot (Abs.1 S.1)

Was den **Anwendungsbereich** des Abs.1 S.1 angeht, so gilt die Vorschrift **1** anerkanntermaßen in den Fällen, in denen auch das Zitiergebot des Abs.1 S.2 zum Tragen kommt (unten Rn.4 f). Darüber hinaus wird Abs.1 S.1 vielfach auch auf andere Regelungen, insb. im Bereich der Freiheitsgrundrechte erstreckt (vgl. Dreier DR 11; Remmert MD 31; Stern ST III/2, 732; Lerche HbStR V § 122 Rn.34; Huber MKS 43 ff; **a. A.** BVerfGE 24, 367/396). Angesichts der geringen Wirkungen des Abs.1 S.1 (unten Rn.2) ist das wenig bedeutsam. I.Ü. ist aus systematischen Gründen ein übereinstimmender Anwendungsbereich vorzuziehen und Abs.1 S.1 auf die sonstigen Regelungen im Grundrechtsbereich allenfalls analog anzuwenden. Die mit der Funktion des Abs.1 S.2 begründeten Ausnahmen (unten Rn.6) gelten dagegen im Bereich des Abs.1 S.1 nicht, weshalb die Regelung auch vorkonstitutionelle Gesetze erfasst (Dreier DR 10; Krebs MüK 13).

2   Das Gebot der allgemeinen Geltung und des Einzelfallverbots stellen nicht mehr als eine **Konkretisierung des allgemeinen Gleichheitssatzes** dar (BVerfGE 25, 371/399; Remmert MD 21; a.A. Enders EH 13). Dem Gesetzgeber wird verboten, „aus einer Reihe gleichartiger Sachverhalte willkürlich einen Fall herauszugreifen". Zulässig ist dagegen die Regelung eines Einzelfalles, „wenn der Sachverhalt so beschaffen ist, dass es nur einen Fall dieser Art gibt und die Regelung dieser singulären Sachverhalte von sachlichen Gründen getragen wird" (BVerfGE 85, 360/374; 25, 371/399; BVerwG, NJW 82, 2458; strenger Huber MKS 61 f; Krebs MüK 11). Erst recht ist Abs.1 S.1 nicht verletzt, wenn von einer Vorschrift gegenwärtig nur ein Fall betroffen ist, die Vorschrift aber in Zukunft weitere Anwendungsfälle haben kann (BVerfGE 13, 225/228 f; 24, 33/52; 99, 367/400; BVerwGE 74, 58/63). **Maßnahmegesetze,** die einen konkreten Fall zum Anlass haben, sind dementsprechend durchaus zulässig (BVerfGE 25, 371; 42, 263/305; 99, 367/400; Lerche HbStR V § 122 Rn.39; Remmert MD 35). Die praktische Bedeutung des Abs.1 S.1 ist äußerst gering.

2. Zitiergebot (Abs.1 S.2)

3   **a) Bedeutung.** Das *förmliche* Gesetz, das ein Grundrecht einschränkt oder dazu ermächtigt, muss gem. Abs.1 S.2 **ausdrücklich** darauf hinweisen, dass das betreffende Grundrecht eingeschränkt wird. Geschieht das nicht, verletzt das Gesetz das eingeschränkte Grundrecht iVm Abs.1 S.2 und ist nichtig (BVerfGE 5, 13/15 f; 113, 348/366; Dreier DR 28; Denninger AK 19; Huber MKS 102). Das Zitiergebot hat den Zweck „sicherzustellen, dass nur wirklich gewollte Eingriffe erfolgen" und „sich der Gesetzgeber über die Auswirkungen seiner Regelungen für die betroffenen Grundrechte Rechenschaft" gibt (BVerfGE 64, 72/79; 85, 386/403 f; 113, 348/366; 120, 274/343; Dreier DR 18).

4   **b) Anwendungsbereich. aa)** Art.19 Abs.1 S.2 kommt nur bei Grundrechten zur Anwendung, „die auf Grund ausdrücklicher Ermächtigung vom Gesetzgeber eingeschränkt werden dürfen" (BVerfGE 83, 130/154; 113, 348/366; ähnlich E 64, 72/79; a.A. Huber MKS 95). Darunter fallen die **Einschränkungsvorbehalte** des Art.2 Abs.2 S.3, des Art.6 Abs.3, des Art.8 Abs.2, des Art.10 Abs.2, des Art.11 Abs.2, des Art.12 Abs.2, 3, des Art.13 Abs.2–5, 7 und des Art.16 Abs.1 S.2 (vgl. die Kommentierung zu den formellen Voraussetzungen der Rechtfertigung beim jeweiligen Grundrecht); siehe auch Rn.6 zu Art.17a. Zur Sondersituation bei Freiheitsbeschränkungen Rn.4 zu Art.104. Das Zitiergebot greift allerdings nur im Hinblick auf **unmittelbare** bzw. **gezielte Einwirkungen** (BVerfG-K, NJW 99, 3400; Remmert MD 57; Krebs MüK 16).

An einer Grundrechtseinschränkung iSd Abs.1 S.2 fehlt es bei „andersar- 5
tigen grundrechtsrelevanten Regelungen, ... die der Gesetzgeber in Ausführung der ihm obliegenden, im Grundrecht vorgesehenen **Regelungsauf-
träge, Inhaltsbestimmungen oder Schrankenziehungen** vornimmt"
(BVerfGE 64, 72/80; Krebs MüK 16; a.A. Sachs SA 17; Axer HbStR³ III
§ 67 Rn.25; Remmert MD 56; diff. Stern ST III/2 753 ff), insb. Vorbehalte
des allgemeinen Gesetzes. Hierher gehören die Vorbehalte des Art.2 Abs.1
(Rn.20, 58 zu Art.2), des Art.5 Abs.2 (Rn.55 zu Art.5), des Art.12 Abs.1
(Rn.32 zu Art.12), des Art.14 (Rn.37, 78 zu Art.14), des Art.16a Abs.2, 3
(Rn.24, 30 zu Art.16a) und des Art.137 Abs.3 WRV (Rn.30 zu Art.4).
Nicht erfasst werden zudem die ungeschriebenen **Ausgestaltungsaufträge**
(Sachs SA 18), etwa in Art.6 Abs.1, Art.9 Abs.1, Art.9 Abs.3, Art.19 Abs.4
und Art.103 (vgl. die Kommentierung zu den formellen Voraussetzungen
der Rechtfertigung beim jeweiligen Grundrecht), da eine Ausgestaltung keine Grundrechtseinschränkung darstellt (Vorb.34 vor Art.1). Keine Einschränkungsvorbehalte iSd Art.19 Abs.1 S.2 enthalten auch die Gleichheitsgrundrechte (Roellecke UC 30) sowie die grundrechtsgleichen Rechte in
Art.33 Abs.5, Art.38, Art.101 und Art.103 (Dreier DR 12). Darüber hinaus
kommt Art.19 Abs.1 auch bei der Fixierung verfassungsimmanenter Schranken aus **kollidierendem Verfassungsrecht** (dazu Vorb.48–51 vor Art.1)
nicht zum Tragen (vgl. BVerfGE 83, 130/154; BVerwG, NVwZ 1996, 474).
Endlich dürfte Art.19 Abs.1 bei privatrechtlichen Beeinträchtigungen nicht
zum Tragen kommen (Rn.53 zu Art.1).

bb) Um die Formvorschrift des Abs.1 S.2 nicht zu einer leeren Förmlich- 6
keit erstarren zu lassen und den Gesetzgeber nicht unnötig zu behindern,
muss das Zitiergebot restriktiv verstanden werden (BVerfGE 28, 36/46; 35,
185/188; 64, 72/79 f), sind bestimmte **Ausnahmen** möglich. Von seiner
Funktion her (oben Rn.3) ist seine Anwendung unnötig, wenn ein Gesetz
lediglich bereits geltende Grundrechtseinschränkungen mit geringfügigen
Abweichungen wiederholt oder auf sie verweist (BVerfGE 5, 13/16; 35, 185/
189; 61, 82/113; a.A. Huber MKS 82 ff). Ob dagegen bei offensichtlichen
Grundrechtseinschränkungen das Zitiergebot nicht gilt (so BVerfGE 35,
185/189; 64, 72/80), erscheint sehr zweifelhaft (Krebs MüK 17; Remmert
MD 50; Sachs SA 28). Bei vorkonstitutionellen Gesetzen (Rn.8 f zu Art.100)
findet das Zitiergebot keine Anwendung (BVerfGE 28, 36/46; 124, 43/66;
Remmert MD 48).

c) Vorgaben für die Zitierung. Der Hinweis auf das einschlägige 7
Grundrecht muss ausdrücklich im Gesetzestext erfolgen (BVerfGE 120, 274/
343). Andererseits muss er nicht notwendig der entsprechenden Einzelvor-
schrift angefügt werden (Krebs MüK 14); es genügt, wenn das betreffende
Gesetz einen derartigen Hinweis enthält. Unzureichend ist ein Hinweis in
der Gesetzesbegründung (BVerfGE 113, 348/367). Bei einem Änderungsgesetz muss der Hinweis im *Änderungsgesetz* stehen. Dies gilt auch dann, wenn
das zu ändernde Gesetz bereits einen entsprechenden Hinweis enthält, soweit das Änderungsgesetz deutlich weitergehende Eingriffe erlaubt (BVerfGE
113, 348/366 f). Die Anforderung an Änderungsgesetze gilt für nach dem
27. 7. 05 beschlossene Gesetze (BVerfGE 113, 348/367).

II. Sicherung des Wesensgehalts (Abs.2)

8   Abs.2 ist, der Systematik des Art.19 entsprechend, an sich nur bei Einschränkungen iSd Abs.1 **anwendbar** (BVerfGE 13, 97/122; 31, 58/69; a. A. Krebs MüK 19); näher dazu oben Rn.4 f. Doch ist eine Anwendung auf andere grundrechtsrelevante Regelungen geboten (BVerwGE 47, 330/357; Nierhaus BK 97; Huber MKS 115; **a. A.** für Art.12 BVerfGE 13, 97/122; 64, 72/80 f). Gleiches gilt für die (entsprechende) Anwendung auf grundrechtsgleiche Rechte (Remmert MD 25; Dreier DR 9). Darüber hinaus gilt Abs.2 für alle Grundrechtsfunktionen, also abwehrrechtliche, leistungsrechtliche und andere Gehalte (Huber MKS 134; Remmert MD 23 f, 45; Nierhaus BK 95 ff). Schließlich ist auch vorkonstitutionelles Recht an Abs.2 zu messen (Remmert MD 29). Dagegen gilt Abs.2 nicht für Verfassungsänderungen (BVerfGE 109, 279/310 f; Remmert MD 31).

9   Die **Bestimmung des Wesensgehalts** kann *individuell* auf den einzelnen Grundrechtsinhaber oder *generell* auf das Grundrecht bezogen werden. Darüber hinaus lässt sich der Wesensgehalt *absolut* oder *relativ* deuten; im letzteren Falle kommt es auf eine Abwägung der Umstände im Einzelfall an. Welcher dieser Ansätze zutrifft, ist unklar: In der Rspr. finden sich dazu keine klaren Aussagen (vgl. BVerfGE 80, 367/373; BVerwGE 84, 375/381); die Literatur geht sehr unterschiedlich vor. Die überwiegenden Gesichtspunkte dürften für eine generell-absolute Deutung sprechen: Das Grundrecht als solches, die Grundrechtsnorm, muss im Wesentlichen erhalten bleiben (ähnlich Lerche HbStR V § 122 Rn.28; Stern ST III/2, 865 ff; Manssen Rn.195 f; a. A. Drews o. Lit. A 140 ff; Nierhaus BK 82 f); die im Grundrecht enthaltenen Wertentscheidungen und Prinzipien müssen Bestand haben. Darüber hinaus ist der Wesensgehalt für jedes Grundrecht spezifisch zu bestimmen (BVerfGE 22, 118/119; 109, 133/156; 117, 71/96; Pieroth/Schlink 303; Nierhaus BK 144; Stern ST III/2, 875 f; Remmert MD 40), was die angeführten Ansätze relativiert. Dementsprechend kann auch eine lebenslange Freiheitsstrafe oder Sicherungsverwahrung den Wesensgehalt des Art.2 Abs.2 S.2 wahren (BVerfGE 109, 133/156; 117, 71/96). Dagegen wird der Wesensgehalt nicht mehr gewahrt, wenn die Würde des Menschen verletzt wird (BVerwGE 47, 350/357; Remmert MD 44); möglicherweise besteht der Wesensgehalt ohnehin im Menschenwürdegehalt der einzelnen Grundrechte (so Kokott HbGR I § 22 Rn.89). Werden die sonstigen, für Grundrechtseinschränkungen geltenden Regeln beachtet, insb. der Grundsatz der Verhältnismäßigkeit, ist Abs.2 regelmäßig nicht verletzt (BVerfGE 58, 300/348). Abs.2 spielt dementsprechend praktisch kaum eine Rolle (vgl. Dreier DR 8; Remmert MD 47).

B. Grundrechtsträger bzw. Grundrechtsberechtigte

I. Natürliche Personen

1. Grundrechtsträgerschaft

aa) Träger von Grundrechten *(Grundrechtsberechtigte), also grundrechtsfähig,* **10** sind grundsätzlich alle **natürlichen Personen,** unabhängig von ihrem Alter und ihren Fähigkeiten. Insb. stehen die Grundrechte auch Kindern und Jugendlichen zu (vgl. BVerfGE 57, 361/382); Gleiches gilt für Geschäftsunfähige (vgl. BVerfGE 10, 302/322 ff). Das ungeborene Leben ist (nur) im Rahmen des Art.1 Abs.1 und des Art.2 Abs.2 S.1 Grundrechtsträger (Rn.9 zu Art.1; Rn.82 zu Art.2). Die Grundrechtsträgerschaft endet mit dem Tod; zu gewissen Folgewirkungen nach dem Tod Rn.10 zu Art.1. Grundrechte können nicht durch Rechtsgeschäft auf andere zu treuhänderischer Wahrnehmung übertragen werden (BVerfGE 16, 147/158). Auch Ausländer können sich, außer bei Deutschen-Grundrechten (unten Rn.11), auf die Grundrechte berufen (vgl. auch Rn.44 zu Art.1).

bb) Soweit Grundrechte ausdrücklich nur Deutschen zuerkannt sind **11** **(Deutschen-Grundrechte),** stehen sie Ausländern sowie Staatenlosen, genauer: Nicht-Deutschen, nicht zu. Wer Deutscher ist, wird durch Art.116 bestimmt; näher dazu Rn.1 zu Art.116. Nicht-Deutsche können sich im Bereich der Deutschen-Grundrechte auf Art.2 Abs.1 (näher Rn.10 zu Art.2) oder ggf. ein anderes Jedermann-Grundrecht berufen.

Was **Bürger** anderer **EU-Staaten** angeht, so müssen diese wie Deutsche **12** behandelt werden, sofern das EU-Recht eine Diskriminierung verbietet. Dem sucht man vielfach dadurch Rechnung zu tragen, dass EU-Ausländer im Bereich der Deutschen-Grundrechte auf Art.2 Abs.1 beschränkt werden, dieses Grundrecht aber wie das entsprechende Deutschen-Grundrecht anzuwenden ist (Bauer/Kahl, JZ 95, 1083; Herdegen MD 48 zu Art.1 III; Di Fabio MD 35 zu Art.2 I). Doch ist zweifelhaft, ob damit die EU-rechtlichen Vorgaben erreicht werden (Klein, FS Stern, 1997, 1309 f): Die *tatsächliche* Wirksamkeit der Grundrechte dürfte bei der Umwegkonstruktion über Art.2 Abs.1 geringer sein. Die dadurch bedingte EU-Rechtswidrigkeit und die daraus folgende Notwendigkeit einer Verfassungsänderung lässt sich vermeiden, wenn man, soweit EU-rechtlich eine Gleichstellung von Deutschen und EU-Ausländern geboten ist, die Einschränkung der Grundrechte auf Deutsche nicht anwendet (so i. E. Klein, FS Stern, 1997, 1309; v. Bogdandy, in: Grabitz/Hilf, Das Recht der EU, 2010, Art.6 Rn.51).

2. Grundrechtsmündigkeit

In der Literatur wird teilweise die Auffassung vertreten, dass Minderjäh- **13** rige viele Grundrechte erst dann selbst ausüben können, wenn sie „grundrechtsmündig" sind (Merten HGR III § 56 Rn.94 f; Huber HGR II § 49 Rn.17 ff). Dafür fehlt im GG jeder Anhaltspunkt (Sachs SA Vorb.75 vor Art.1; Ipsen II 69). Jeder Träger eines Grundrechts, gleich welchen Alters, ist (im Verhältnis zum Staat) **berechtigt,** es selbstständig auszuüben (Pieroth/ Schlink 126). Dass Minderjährige dazu faktisch nicht immer in der Lage sind, ist ein anderes Problem, das i. Ü. auch bei Erwachsenen auftreten kann. Soweit mit der Grundrechtsmündigkeit allein die Prozessfähigkeit des Minderjährigen, etwa im Verfassungsbeschwerdeverfahren, gemeint ist (so Dreier DR Vorb.114 vor Art.1), bestehen in der Sache keine Einwände (vgl. Rn.49 zu Art.93); eine andere Frage ist, ob dies eine eigene Figur der Grundrechtsmündigkeit notwendig macht. Das BVerfG hat den Begriff nie benutzt.

14   Das Grundrecht des Minderjährigen kann in **Spannung zum elterlichen Erziehungsrecht** treten. Auch insoweit ist es wenig glücklich, von Grundrechtsmündigkeit zu sprechen (so aber Rüfner HbStR V § 116 Rn.19), geht es doch eher um eine Grundrechtsbeschränkung als um eine Frage des Schutzbereichs. In der Sache besteht die Beschränkung durch das elterliche Erziehungsrecht allein im Interesse und zum Wohle des Minderjährigen, also nicht im eigenen Interesse der Eltern (Rn.36 zu Art.6), und nimmt außerdem mit fortschreitendem Alter ab (Rn.38 zu Art.6). Dem widerspricht es, ab einem bestimmten Zeitpunkt die volle Mündigkeit hinsichtlich eines Grundrechts anzunehmen und sie vorher vollständig abzulehnen. Andererseits können für die Beurteilung der Frage, in welchem Umfang das elterliche Erziehungsrecht die Grundrechte des Minderjährigen begrenzt, entsprechende einfachgesetzliche Regelungen, wie § 5 RelKErzG und §§ 1626 ff BGB Anhaltspunkte liefern (Pieroth/Schlink 127). Soweit die Grundrechtsausübung zu rechtlichen Verpflichtungen führt, ist die Zustimmung der Eltern notwendig, abgesehen von den Fällen der §§ 110, 113 BGB. Im Verhältnis von Vormund und Kindern gilt auf Grund von Art.6 Abs.2 S.2 das Gleiche.

II. Organisationen (Abs.3)

1. Grundlagen

15   **a) Anwendbare Grundrechte.** Bei einzelnen Grundrechten wird eine Grundrechtsträgerschaft juristischer Personen zum Teil unmittelbar aus dem Grundrecht abgeleitet (Enders EH 49; Rn.19 zu Art.4; Rn.11, 44 zu Art.9). Von solchen Sonderfällen abgesehen können (bestimmte) juristische Personen und Personenvereinigungen gem. Art.19 Abs.3 Grundrechtsträger sein, wenn das betreffende Grundrecht seinem Wesen nach auf sie anwendbar ist. Dies hängt davon ab, ob „der Grundrechtsschutz an Eigenschaften, Äußerungsformen oder Beziehungen anknüpft, die nur natürlichen Personen wesenseigen sind" (BVerfGE 95, 220/242; 106, 28/42; 118, 168/203), ob die von dem Grundrecht geschützten Tätigkeiten auch von juristischen Personen (selbst) ausgeübt werden können (BVerfGE 42, 212/219; 106, 28/104 f). Zur Frage, welche Grundrechte die Voraussetzungen des Abs.3 erfüllen, wird auf die Ausführungen zum Grundrechtsträger (im Abschnitt „Schutzbereich") bei dem jeweiligen Grundrecht verwiesen. Zu den Deutschen-Grundrechten s. auch unten Rn.22. Eine analoge Anwendung des Art.19 Abs.3 auf die grundrechtsgleichen Rechte ist möglich (Krebs MüK 30; Sachs SA 67); doch gelten diese Rechte ohnehin nur für natürliche Personen, wie Art.20

Abs.4, 33, 38, 104, oder aber für alle juristischen Personen, wie Art.101, 103 (unten Rn.21, 27).

b) Geschützte Organisationen. Die Frage, ob ein bestimmtes Grund- **16** recht auf juristische Personen u. ä. anwendbar ist (vgl. oben Rn.15), darf nicht, wie das vielfach geschieht (etwa Roellecke UC 97), mit der Frage vermengt werden, welche juristischen Personen ggf. Grundrechtsträger sein können. Insoweit kommt es nicht auf die Eigenart des Grundrechts, sondern auf die Eigenart der juristischen Person an: Sie sind Grundrechtsträger „wenn ihre Bildung und Betätigung Ausdruck freier Entfaltung der privaten natürlichen Personen sind, insbesondere wenn der ‚Durchgriff' auf die hinter den juristischen Personen stehenden Menschen dies als sinnvoll und erforderlich erscheinen lässt" (BVerfGE 75, 192/196; 61, 82/101; 68, 193/205 f; ähnlich Remmert MD 36; krit. Dreier DR 32). Zudem ist bedeutsam, ob sich juristische Personen in einer natürlichen Personen vergleichbaren Gefährdungslage befinden (BVerfGE 45, 63/79; 61, 82/105 f). Dies ist bei juristischen Personen des Privatrechts (und anderen privatrechtlichen Vereinigungen) regelmäßig gegeben (näher unten Rn.17–23). Bei juristischen Personen des öffentlichen Rechts ist das dagegen grundsätzlich nicht der Fall (näher unten Rn.24–29).

2. Privatrechtliche Vereinigungen

a) Normalfall. Gem. Art.19 Abs.3 können sich inländische **juristische** **17** **Personen des Privatrechts** auf die oben in Rn.15 angesprochenen Grundrechte berufen (BVerfGE 75, 192/196). Im Einzelnen können daher u. a. Grundrechtsträger sein: Rechtsfähige Vereine (BVerfGE 3, 383/390; 53, 366/386), Gesellschaften mit beschränkter Haftung (BVerfGE 3, 359/363; 100, 313/356), Aktiengesellschaften (BVerfGE 50, 290/319; 53, 336/345; 66, 116/130), Stiftungen des bürgerlichen Rechts (BVerfGE 57, 220/240; 70, 138/160; BVerwGE 40, 347/348 f; Remmert MD 38; Huber MKS 245). Eine beendete Gesellschaft ist grundrechtsfähig, wenn sie noch an einem gerichtlichen Verfahren beteiligt ist (BVerfGE 98, 106/116).

b) Privatpersonen mit staatlicher Beteiligung. Keine Grundrechts- **18** träger sind juristische Personen des Privatrechts, insb. *öffentliche Unternehmen,* die vom Staat beherrscht werden (BVerfGE 115, 205/227 f). Solche Unternehmen können sich allerdings – wie juristische Personen des öffentlichen Rechts – auf die justiziellen Grundrechte berufen (unten Rn.27). Die frühere Formel, nach der es darauf ankam, ob Aufgaben und Funktionen der öffentlichen Verwaltung erfüllt werden (BVerfGE 68, 193/213), ist zu diffus (Dreier DR 53; Schoch, Jura 01, 206); erst wenn eine echte Beleihung vorliegt, entfällt die Grundrechtsfähigkeit (Sachs SA 111; Brüning SB 74; für Ausweitung auf Verwaltungshelfer Remmert MD 62). Immerhin liegt bei einer Erfüllung von Aufgaben der öffentlichen Verwaltung vielfach eine Beherrschung durch einen Hoheitsträger vor.

Ob eine die Grundrechtsträgerschaft ausschließende Beherrschung vor- **19** liegt, hängt zunächst von den einschlägigen Rechtsvorschriften ab. So kann die Beherrschung etwa bei einer Gesellschaft gegeben sein, deren Anteile vollständig von der öffentlichen Hand gehalten werden, es sei denn, eine

staatliche Beherrschung wird durch entsprechende Vorschriften **ausgeschlossen** (so wohl BVerfGE 115, 205/227 f). Fehlen insoweit Regelungen, liegt regelmäßig eine Beherrschung bei juristischen Personen des Privatrechts vor, deren **Anteile** *vollständig* von juristischen Personen des öffentlichen Rechts gehalten werden (BVerfGE 45, 63/78 ff; 68, 193/212 f; Huber MKS 282; Remmert MD 57; a. A. Pieroth, NWVBl 92, 88). Der Einsatz privatrechtlicher Handlungsformen ändert daran nichts (vgl. unten Rn.25). *Gemischtwirtschaftliche Unternehmen,* an denen auch Privatpersonen beteiligt sind, sind Grundrechtsträger (Brüning SB 78; Stern ST III/1, 1169 f; Herdegen MD 51 zu Art.1 III; Dietlein ST IV/1, 1840 f, 2221 f; Sachs SA 112; Jarass, MMR 09, 226 f; **a. A.** für vom Staat beherrschte Unternehmen BVerfG-K, NVwZ 09, 1283; Huber MKS 293; Dreier DR 77; offen gelassen BVerfGE 110, 370/382 f), da sich andernfalls eine deutliche Schutzlücke ergibt (Jarass, DÖV 02, 495 f; Herdegen MD 51 zu Art.1 III). Dementsprechend wurde die Post als Grundrechtsträger angesehen, obwohl der Bund noch die Mehrheit der Anteile hielt (BVerwGE 114, 160/189 unter Berufung auf Art.87 f Abs.2). Erst recht sind juristische Personen des Privatrechts Grundrechtsträger, an denen der Staat Anteile hält, die aber keinem bestimmenden Einfluss des Staates unterliegen (BVerfGE 115, 205/227 f).

20   **c) Sonstige Vereinigungen.** Juristische Personen iSd Art.19 Abs.3 sind auch (inländische) nichtrechtsfähige Vereinigungen, soweit sie wenigstens teilrechtsfähig sind (Pieroth/Schlink 162; Remmert MD 37; Rüfner HbStR V § 116 Rn.54; Enders EH 35). Noch mehr: Alle Vereinigungen iSd Art.9 Abs.1 (dazu Rn.3–5 zu Art.9) sind, über den Wortlaut des Art.19 Abs.3 hinaus, grundrechtsfähig (BVerfGE 83, 341/351; Ladeur AK 26; a. A. Huber MKS 247). Andernfalls läge die Frage der Grundrechtsträgerschaft in der Hand des Gesetzgebers. I. Ü. sind Vereinigungen iSd Art.9 Abs.1 zumindest Träger dieses Grundrechts (Rn.11 zu Art.9). **Im Einzelnen** kann Grundrechtsträger eine OHG bzw. KG sein (BVerfGE 53, 1/13; 97, 67/76; 102, 197/212 f), eine Partnergesellschaft (Remmert MD 39), weiter ein nicht eingetragener Verein, eine Gesellschaft bürgerlichen Rechts (BVerfG-K, DVBl 03, 130). Parteien sind Träger aller Grundrechte, soweit es sich nicht um ihren verfassungsrechtlichen Status gem. Art.21 geht (BVerfGE 121, 30/56 f). Teile von Vereinigungen sind nicht Grundrechtsträger, es sei denn, sie sind so verselbstständigt, dass sie selbst eigene Vereinigungen bilden (vgl. zum Personalrat BVerfGE 51, 77/87). Zu den Parteien Rn.3 zu Art.21. Nicht als juristische Personen iSd Art.19 Abs.3 einzustufende „Organsationen" sind selten, etwa Skatrunden, private Streichquartette oder Ad-hoc-Versammlungen (Remmert MD 41).

21   **d) Ausländische Vereinigungen. aa)** Ausländische juristische Personen und Personenvereinigungen werden nicht als Grundrechtsträger eingestuft (BVerfGE 21, 207/208 f; 100, 313/364; BFHE 195, 119/120; Remmert MD 89; Krebs MüK 33; offen gelassen von BVerfGE 64, 1/11; BVerwGE 111, 284/294; 117, 332/338); vgl. zur Glaubensfreiheit Rn.19 zu Art.4 und zur Koalitionsfreiheit Rn.44 zu Art.9. Ausländische Vereinigungen können sich auch dann nicht auf Grundrechte berufen, wenn sie im Inland anerkannt wurden (BGHZ 76, 387/395; Huber MKS 296). Ausländischen Ver-

einigungen stehen lediglich die justiziellen Grundrechte des Art.101 Abs.1 zu (BVerfGE 18, 441/447; 21, 362/373; 64, 1/11), weiter des Art.103 Abs.1 (BVerfGE 12, 6/8; 21, 362/373; 64, 1/11; krit. Huber MKS 329), wohl auch des Art.19 Abs.4 (unten Rn.48). Zum Petitionsrecht des Art.17 Rn.8 zu Art.17.

Eine Vereinigung ist **ausländisch**, wenn sie ihren Sitz, d. h. den tatsächli-   **22** chen Mittelpunkt der Tätigkeit, nicht im Bundesgebiet hat (BVerfG-K, NJW 09, 2519; Huber MKS 299; Tettinger MP II § 51 Rn.45); auf die Staatsangehörigkeit oder den Sitz der Anteilseigner kommt es bei Jedermann-Grundrechten nicht an (BVerfG-K, NVwZ 00, 1282; NVwZ 08, 671; Enders EH 36). Grundrechtsträger ist auch eine nach ausländischem Recht gegründete Gesellschaft, die ihren Sitz in Deutschland hat (Remmert MD 39). Bei Grundrechten, die nur *Deutschen* zustehen, wird man ihrem Wesen entsprechend zusätzlich verlangen müssen, dass die Vereinigung nicht von Ausländern beherrscht wird (Merten HGR III § 56 Rn.99; Huber MKS 303; Rn.11 zu Art.9; offen gelassen BVerfG-K, NJW 02, 1485; a. A. Dreier DR 80; Enders EH 38). Andernfalls würden die betreffenden Grundrechte individuell handelnden Ausländern nicht zustehen, wohl aber kollektiv Handelnden (Manssen MKS 270 zu Art.12). Schließlich ist zu beachten, dass sich natürliche Personen, die Anteilseigner ausländischer juristischer Personen sind, auf die Grundrechte berufen können (vgl. Rn.27 zu Art.14).

bb) Juristische Personen und Personenvereinigungen aus dem **EU-Be-   23 reich** sind kraft Unionsrechts wie inländische Vereinigungen zu behandeln, soweit sich der Fall im Regelungsbereich des Unionsrechts bewegt bzw. das EU-Recht eine Gleichstellung verlangt (Dreier DR 83; Brüning SB 46; Tettinger MP II § 51 Rn.49; vgl. oben Rn.12; offen gelassen BVerfG-K, NVwZ 08, 671). Allein Art.2 Abs.1 anzuwenden (so Huber MKS 311), ist auch mit dem Wortlaut des Art.19 Abs.3 nicht zu vereinbaren. Bei **anderen Staaten** kann sich nur aus *bilateralen Vereinbarungen* ein Anspruch ergeben (BGHZ 76, 387/396).

3. Öffentlich-rechtliche Vereinigungen

a) Grundsatz. aa) Juristische Personen des öffentlichen Rechts können   **24** sich grundsätzlich nicht auf die Grundrechte berufen (BVerfGE 61, 82/100 f; 68, 193/206; 75, 192/196; Remmert MD 45; teilw. a. A. Ladeur AK 60). Sie sind auf Grund von Kompetenzen und nicht in Wahrnehmung von Freiheit tätig (BVerfGE 68, 193/206). Daher sind sie verpflichtete und nicht Träger der Grundrechte (Rn.32–35 zu Art.1); zu Ausnahmen unten Rn.27–29. Dies gilt auch für Sondervermögen (BVerwGE 64, 202/205). Anderes gilt, wenn eine öffentliche Einrichtung (etwa ein Berufsverband), allein „in ihrer Funktion als Vertretung der wirtschaftlichen Interessen ihrer Mitglieder betroffen" ist (BVerfGE 75, 192/197; 70, 1/20).

Auch der Einsatz **privatrechtlicher Handlungsformen** führt grundsätz-   **25** lich nicht zur Grundrechtsträgerschaft, unabhängig davon, ob öffentliche Aufgaben erfüllt werden (BVerfGE 61, 82/103 f; 75, 192/196 f) oder ob es um fiskalisches bzw. erwerbswirtschaftliches Handeln geht (BVerfGE 61, 82/104;

Dreier DR 68; Remmert MD 47; vorsichtig BVerfGE 75, 192/197). Zum Einsatz privatrechtlicher *Organisationsformen* durch öffentlich-rechtliche Einrichtungen oben Rn.18f.

26   **bb) Im Einzelnen** ist den Gemeinden eine Berufung auf die Grundrechte selbst dann verwehrt, wenn sie fiskalisch tätig sind und damit nicht unmittelbar öffentliche Aufgaben erfüllen (BVerfGE 61, 82/105ff; BVerwG, DVBl 84, 682; Remmert MD 46; Krebs MüK 41f). Keine Grundrechtsträger sind Rentenversicherungsträger (BVerfGE 21, 362/377) und andere Sozialversicherungsträger (BVerwGE 111, 354/360f), Ärztekammern (BVerfG-K, NJW 97, 1634), öffentlich-rechtliche Krankenkassen (BVerfGE 39, 302/316; BVerfG-K, NVwZ-RR 09, 361) und Sparkassen (BVerfGE 75, 192/200). Ein als *öffentlich-rechtliche* Körperschaft organisierter *Berufsverband* ist Grundrechtsträger, soweit er allein die gewerblichen Interessen seiner Mitglieder wahrnimmt (oben Rn.24). Erfüllt der Berufsverband dagegen öffentliche Aufgaben, ist er nicht grundrechtsfähig (BVerfGE 68, 193/208ff; BVerfG-K, NJW 96, 1588); dies gilt auch für einen privatrechtlichen Dachverband (BVerfGE 68, 193/211ff). An der Grundrechtsträgerschaft fehlt es auch, soweit es um die Schaffung und den territorialen Zuschnitt eines solchen Verbandes geht (BVerfG-K, NVwZ 94, 262f).

27   **b) Ausnahmen.** Die **justiziellen Grundrechte** des Art.101 Abs.1 und des Art.103 Abs.1 stehen den öffentlich-rechtlichen Personen ausnahmslos zu (BVerfGE 18, 441/447; 61, 82/104f; krit. Huber MKS 329). Gleiches gilt für ausländische Vereinigungen (oben Rn.21). Zu Art.19 Abs.4 unten Rn.48. Entsprechendes soll für das (durch das Rechtsstaatsprinzip oder Art.3 Abs.1 gewährleistete) Willkürverbot gelten (Rn.6 zu Art.3).

28   Einzelne Grundrechte sichern die Autonomie bestimmter öffentlich-rechtlicher Einrichtungen gegenüber dem Staat und stehen daher diesen Einrichtungen auch als subjektives Recht zu (etwa BVerfGE 68, 193/207; 70, 138/161). Dies gilt für die öffentlich-rechtlichen **Rundfunkanstalten** im Hinblick auf Art.5 Abs.1 S.2 (Rn.41 zu Art.5), für Einrichtungen der **Kunst** im Hinblick auf Art.5 Abs.3 (Rn.108 zu Art.5) und für die **Universitäten** sowie deren Fakultäten im Hinblick auf Art.5 Abs.3 (Rn.125 zu Art.5). Soweit es um die in diesen Grundrechten geschützten Tätigkeiten geht, können sich die fraglichen Einrichtungen auch auf andere Grundrechte berufen (BVerfGE 107, 299/310), etwa auf Art.5 Abs.1 S.1 bzw. Art.5 Abs.3 (Hoffmann-Riem AK 36 zu Art.5 I, II) oder auf Art.10 (Rn.10 zu Art.10). Im Übrigen kommen ihnen die Grundrechte nicht zugute (BVerfGE 59, 231/254f; 78, 101/102; ähnlich Bryde MüK 8ff zu Art.14). Zur Frage, wieweit diese Einrichtungen Grundrechtsverpflichtete sind, Rn.36 zu Art.1.

29   Schließlich sind die öffentlich-rechtlich organisierten **Religions- und Weltanschauungsgemeinschaften** Grundrechtsträger, da sie nicht im staatlichen Bereich wurzeln (BVerfGE 19, 129/132; 42, 312/321f; 53, 366/387; vgl. Rn.19 zu Art.4 und Rn.16 zu Art.140/137 WRV). Auch zugeordnete Einrichtungen sind grundrechtsfähig (Rn.20 zu Art.4). Öffentlich-rechtliche Religions- und Weltanschauungsgemeinschaften können sich auf *alle* Grundrechte berufen (Krebs MüK 40; Brüning SB 67; Sachs SA 94), in gleichem

Umfang wie privatrechtliche Gemeinschaften (BVerfGE 102, 370/387), etwa auf Art.3 Abs.1 (BVerfGE 19, 1/5; 30, 112/119f) sowie auf Art.14 (Rn.28 zu Art.14).

(unbesetzt) **30–31**

C. Rechtsschutz gegen öffentliche Gewalt (Abs.4)

I. Bedeutung, Verpflichtete, Abgrenzung

1. Bedeutung und Verpflichtete

Abs.4 S.1 enthält ein subjektives Recht sowie eine „Grundsatznorm für **32** die gesamte Rechtsordnung" (BVerfGE 58, 1/40; Huber MKS 376; Schmidt-Aßmann MD 10ff). In der Vorschrift liegt eine Strukturentscheidung zugunsten des Individualrechtsschutzes (Schulze-Fielitz DR 8); sie sichert zudem über den Schutz individueller Rechte hinaus die objektive Rechtskontrolle (Ramsauer AK 27) und damit die tatsächliche Geltung des Rechts. Ein vergleichbares Recht findet sich in Art.47 GRCh. Das Grundrecht ist primär ein **Leistungsgrundrecht** (BVerfGE 101, 106/123; Schulze-Fielitz DR 84; Sachs ST III/2 68; Huber MKS 370; Enders EH 52; vgl. Vorb.10 vor Art.1); es geht v.a. um die Errichtung von Gerichten und deren Betrauung mit bestimmten Aufgaben. Daneben finden sich auch Abwehrgehalte (unten Rn.51). Abs.4 enthält einen wichtigen Teilbereich des allgemeinen Justizgewährungsanspruchs, der Teil des Rechtsstaatsprinzips ist (Huber MKS 353; Rn.91 zu Art.20). Aus diesem Grund ist der Kerngehalt des Art.19 Abs.4 verfassungsänderungsfest, obwohl die Vorschrift nicht zu den gem. Art.79 Abs.3 unveränderbaren Verfassungsnormen zählt (BVerfGE 30, 1/25ff; Ibler FH 358; Schulze-Fielitz DR 146; Schmidt-Aßmann MD 30; Rn.11 zu Art.79).

Was den **Verpflichteten** angeht, so kann Art.19 Abs.4 durch jeden Trä- **33** ger öffentlicher Gewalt (dazu Rn.32–44 zu Art.1) verletzt werden. Abs.4 erfasst etwa den Erlass prozessualer Vorschriften durch den Gesetzgeber. Weiter gilt Abs.4 für die Gerichte, soweit sie Akte der öffentlichen Gewalt iSd Abs.4 (unten Rn.42–47) überprüfen, also v.a. für die Verwaltungs-, Sozial- und Finanzgerichte. Sie haben bei der Rechtsanwendung Art.19 Abs.4 zu beachten (etwa BVerfGE 88, 118/125; BVerfG-K, NVwZ 01, 1392). Für die anderen Gerichte ist der allg. Justizgewährungsanspruch einschlägig (unten Rn.34). Auch für die Exekutive ist Abs.4 bedeutsam (unten Rn.72–75). Dagegen sind EU-Stellen keine Grundrechtsverpflichteten (Rn.46 zu Art.1), was wegen des weiten Gerichtsbegriffs des Art.19 Abs.4 (unten Rn.49) bedeutsam ist.

2. Abgrenzung zu anderen Verfassungsnormen

Art.19 Abs.4 ist lex specialis im Verhältnis zum allgemeinen Justizgewäh- **34** rungsanspruch (Ramsauer AK 28; vgl. BVerfGE 83, 182/194), soweit Art.19 Abs.4 zum Tragen kommt (vgl. Rn.91 zu Art.20). Abs.4 sichert den Rechtsschutz gegenüber der Exekutive, kommt somit in verwaltungsrechtlichen Streitigkeiten iwS zum Tragen. Für privatrechtliche Streitigkeiten, von bestimmten Fällen unter Beteiligung der öffentlichen Hand abgesehen, ist dagegen das allgemeine Rechtsstaatsprinzip einschlägig (dazu Rn.91–97 zu Art.20). Gleiches gilt für Rechtsmittel gegen strafgerichtliche Entscheidungen, da die Rspr. keine öffentliche Gewalt iSd Art.19 Abs.4 ist (unten Rn.45) und es an einer vorgängigen Exekutiventscheidung fehlt; näher zum Rechtsschutz in diesem Bereich Rn.98–104 zu Art.20. Bei strafprozessualen Grundrechtseingriffen der Staatsanwaltschaft und der Polizei ist dagegen Art.19 Abs.4 einschlägig. Besondere Bedeutung gewinnt Abs.4, wenn es um den Schutz der (materiellen) *Grundrechte* geht (BVerfGE 60, 253/266). Für den Rechtsschutz gegen deren Verletzung kommt Art.19 Abs.4 der Vorrang vor dem jeweiligen Grundrecht zu (Papier HbStR VI § 154 Rn.15; Huber MKS 364; tendenziell BVerfGE 60, 253/298; 101, 106/122; vgl. allerdings auch Rn.19 zu Art.14), es sei denn, es geht um „besondere oder zusätzliche Maßgaben" im Interesse eines bestimmten Grundrechts (BVerfGE 101, 106/122; Ramsauer AK 38). Sonderregelungen zum Rechtsweg finden sich in Art.14 Abs.3 S.4 und in Art.34 S.3. Zum Problem einer Einschränkung des Anwendungsbereichs durch EU-Recht u.ä. insb. Rn.16 zu Art.23. Zum Verhältnis zu Art.101 und Art.103 unten Rn.50. Zur Spezialität der Wahlprüfung Rn.5 zu Art.41.

II. Schutzbereich

1. Mögliche Verletzung eines subjektiven Rechts

35   Das Grundrecht des Art.19 Abs.4 kommt nur zur Anwendung, wenn ein Grundrechtsträger (unten Rn.48) durch die öffentliche Gewalt (unten Rn.42–47) in seinen Rechten (unten Rn.36–40) verletzt sein kann (unten Rn.41). Die Möglichkeit der Rechtsverletzung setzt ein Doppeltes voraus:

36   **a) Subjektives Recht. aa)** Abs.4 S.1 kommt nur dort zum Tragen, wo die einschlägigen Normen dem Betroffenen ein subjektives Recht (iwS) des öffentlichen oder des privaten Rechts einräumen (Schulze-Fielitz DR 60; Enders EH 62); die Verletzung bloßer (rechtlich nicht geschützter) Interessen genügt nicht (BVerfGE 31, 33/39 ff; 83, 182/194; 113, 273/310; Schenke BK 452). Abs.4 S.1 setzt subjektive Rechte voraus und **begründet sie nicht** (BVerfGE 61, 82/110 f; 69, 1/49; 84, 34/49; 103, 142/156; Schulze-Fielitz DR 62; Ramsauer AK 59). Art.19 Abs.4 enthält keine sachlichen Kriterien für die Reichweite des subjektiv-rechtlichen Gehalts. Erst im Zusammenwirken mit den materiellen Grundrechten ergeben sich Anhaltspunkte (unten Rn.39 f). Nicht notwendig ist die Möglichkeit einer *Grundrechts*verletzung (BVerfGE 96, 110/114 f; Ramsauer AK 60).

37   Ob daher ein subjektives Recht vorliegt, hängt entscheidend davon ab, ob die beeinträchtigte Rechtsposition von der „Rechtsordnung **im Interesse des Einzelnen** gewährt" wird und ihn nicht „allein aus Gründen des Interesses der Allgemeinheit begünstigt" (BVerfGE 116, 1/11; 31, 33/39 f; 83,

182/194; Schmidt-Aßmann MD 118 ff). Ob dies der Fall ist, muss durch Auslegung der einschlägigen Normen ermittelt werden (Schmidt-Aßmann MD 136 ff). Der *Gesetzgeber bestimmt*, ob und in welchem Umfang subjektive Rechte bestehen (BVerfGE 78, 214/226). Bei Ermessensentscheidungen besteht ein subjektives Recht, wenn bei der Ermessensausübung auch die Interessen des Betroffenen zu berücksichtigen sind, was im Zweifel zu bejahen ist (BVerfGE 96, 100/115; 113, 273/310 f; Schulze-Fielitz DR 62). Eine solche Schutzrichtung besteht bei der Auslieferung (BVerfGE 113, 273/314). Zum Drittschutz unten Rn.39. Unerheblich ist, ob sich das subjektive Recht aus dem Verfassungs- oder einfachen Recht ergibt (oben Rn.36); Grundrechte gewähren immer subjektive Rechte (Rn.31 zu Art.1). Subjektive Rechte können sich auch aus normkonkretisierenden und damit Außenwirkung entfaltenden Verwaltungsvorschriften ergeben (BVerwG, NVwZ-RR 96, 499; Schmidt-Aßmann MD 132; a.A. Ibler FH 134). Bei völkerrechtlichen Verträgen bzw. den entsprechenden Zustimmungsgesetzen ist das dagegen selten der Fall (BVerfGE 57, 9/25 f; Ibler FH 131). Subjektive Rechte iSd Art.19 Abs.4 können sich auch aus dem EU-Recht ergeben (Huber 410 ff; Schulze-Fielitz DR 61), weshalb von Bedeutung ist, dass das EU-Recht z. T. im größeren Umfang als das nationale Recht subjektive Rechte vermittelt oder deren Einräumung verlangt (vgl. Ibler FH 375; Ramsauer AK 69; Jarass, Grundfragen der innerstaatlichen Bedeutung des EU-Rechts, 1994, 57 ff). Subjektive Rechte können schließlich ihre Grundlage in Verwaltungsakten, öffentlich-rechtlichen Verträgen und Urteilen haben (Ibler FH 131; Schmidt-Aßmann MD 131).

Im Einzelnen verletzt die Stellung eines Strafantrags im öffentlichen Interesse keine subjektiven Rechte (BVerfGE 51, 176/185 ff). Die Feststellung der Schwerbehinderteneigenschaft kann durch einen Arbeitgeber nicht angegriffen werden (BSGE 60, 284/285 f), ebenso wenig wie die Anerkennung einer Schulungsveranstaltung (BAGE 35, 337/340 f).   **38**

bb) Bei der Bestimmung des subjektiv-rechtlichen Schutzumfangs einer einfachgesetzlichen Norm ist der **Einfluss der materiellen Grundrechte** zu beachten. Soweit eine staatliche Handlung in den Schutzbereich eines Grundrechts eingreift, ist den einschlägigen Normen des einfachen Rechts im Zweifel ein subjektiv-rechtlicher Gehalt zuzuerkennen (BVerfGE 15, 275/281 f; 51, 176/186; 96, 100/115; BVerfG-K, NJW 90, 2249; Schulze-Fielitz DR 71; Sachs SA 131; Ibler FH 128; vgl. BSGE 60, 284/285); zu einem Anwendungsfall Rn.62 zu Art.12. Im Hinblick auf *Drittbetroffene* kommt allerdings regelmäßig nur die Schutzfunktion der Grundrechte zum Tragen, die dem Gesetzgeber weite Spielräume belässt (Huber MKS 406; Vorb.56 f vor Art.1). Wird im einfachen Recht ein Drittschutz in Fällen einer Grundrechtsbeeinträchtigung ausgeschlossen (etwa indem Drittschutz in bestimmten, nicht aber in anderen Fällen vorgesehen wird), kann darin eine zulässige Grundrechtseinschränkung liegen. Werden die verfassungsrechtlichen Grenzen überschritten, muss bei einem förmlichen Gesetz eine Vorlage gem. Art.100 Abs.1 erfolgen, es sei denn, eine verfassungskonforme Auslegung des einfachen Rechts ist möglich (BVerwGE 106, 228/235). Ein unmittelbarer Rückgriff auf das Grundrecht ist nicht möglich (BVerwGE 89, 69/78; 101, 364/373; 106, 228/234), vorausgesetzt, das einfache Recht ent-   **39**

hält für den betreffenden Bereich eine abschließende Regelung des Dritt-schutzes. Bei untergesetzlichen Normen ist die unzulässige Beschränkung des Drittschutzes nicht anzuwenden; ggf. ist direkt auf das Grundrecht zu-rückzugreifen. Zur Frage, unter welchen Voraussetzungen die mittelba-ren Auswirkungen in Drittschutzfällen einen Grundrechtseingriff darstellen, Rn.32 zu Art.14.

40   **cc)** Für Verstöße gegen Vorschriften zum **Verwaltungsverfahren** gelten diese Überlegungen ganz entsprechend. Art.19 Abs.4 kommt daher nur zum Tragen, wenn die (einfachgesetzliche) Verfahrensnorm auch dem Schutz des Betroffenen dient. Dabei ist die verfahrensrechtliche Seite der Grundrechte zu beachten (dazu Vorb.11 f vor Art.1). Allerdings kommt es auch hier ent-scheidend darauf an, ob die „Gefahr einer Entwertung der materiellen Grundrechtsposition entsteht" (BVerfGE 63, 131/143; ähnlich E 90, 60/96). Das einfache Recht kann daher die subjektiv-rechtliche Position auf Fälle beschränken, in denen sich die Verletzung des Verfahrensrechts auf materielle Positionen ausgewirkt haben kann (Schmidt-Aßmann MD 158). Je größer die rechtlichen und tatsächlichen Spielräume der Exekutive im materiellen Bereich sind, umso eher folgt aber aus den Grundrechten die Notwendigkeit subjektiv-rechtlicher *Verfahrenspositionen* (Schulze-Fielitz DR 73). Im Hin-blick auf diese Vorgaben muss etwa das vollständige Unterlassen eines Plan-feststellungsverfahrens gerügt werden können (Schulze-Fielitz DR 73; Schen-ke BK 434, 448; Ibler FH 158; Papier MD 49 zu Art.14). Der Ausschluss eines direkten Rechtsschutzes gegen Verfahrenshandlungen, etwa nach § 44a VwGO, darf nicht zu unzumutbaren Nachteilen führen (Schenke BK 447), etwa hinsichtlich der Gewährung von Akteneinsicht (BVerfG-K, NJW 91, 416). Generell ist die immer weiter ausgeweitete Folgenlosigkeit von Verfah-rensfehlern problematisch (Sachs SA 165 zu Art.20).

41   **b) Mögliche rechtliche Betroffenheit.** Auch wenn eine Vorschrift ein subjektives Recht verleiht, kommt Art.19 Abs.4 nicht in jedem Falle zum Tragen. Vielmehr muss das Handeln der öffentlichen Gewalt in den Schutz-bereich des Rechts eingreifen. Notwendig ist die Möglichkeit der rechtlichen Betroffenheit des Klägers, ein „Rechtswidrigkeitszusammenhang" (Schmidt-Aßmann MD 156 ff; Ibler FH 151; Schulze-Fielitz DR 76). Einerseits ge-nügt die Möglichkeit; ob der Einzelne wirklich in seinen Rechten verletzt ist, soll vor Gericht erst geprüft werden (Schulze-Fielitz DR 75; Bickenbach, JuS 07, 816; Ramsauer AK 72). Andererseits genügt eine (nur) faktische Be-troffenheit regelmäßig nicht (Schenke BK 214; Schmidt-Aßmann MD 120). An der rechtlichen Betroffenheit fehlt es auch bei fehlender Schutzwürdig-keit, insb. bei missbräuchlicher Inanspruchnahme eines Rechts (Ramsauer AK 66; a.A. Schenke BK 213). *Drittbetroffene* sind in subjektiven Rechten nur verletzt, wenn die Norm auch *ihrem* Schutze dient (vgl. oben Rn.39 f).

2. Öffentliche Gewalt

42   **a) Exekutive.** Die mögliche Rechtsverletzung muss durch die „öffentli-che Gewalt" erfolgen. Darunter ist die gesamte vollziehende Gewalt zu ver-stehen, unabhängig davon, ob sie als Regierung oder als Verwaltung qualifi-ziert wird. Dazu rechnen auch die Staatsanwaltschaft (BVerfGE 103, 142/

156) sowie Beliehene (Ramsauer AK 47; Huber MKS 427; Krebs MüK 55). Weiter wird die privatrechtlich organisierte oder handelnde Vollziehung erfasst (Schmidt-Aßmann MD 58, 64; Ibler FH 68; Schenke BK 283). Anders wird man das bei der fiskalischen Verwaltung zu sehen haben (Schenke BK 284; Schmidt-Aßmann MD 65; a.A. Ramsauer AK 50; a.A. Huber MKS 426; Schulze-Fielitz DR 53), etwa bei Entscheidungen über die Vergabe öffentlicher Aufträge (BVerfGE 116, 135/150; a.A. Ibler FH 70). Bei Vorliegen eines entspr. Interesses erfasst Abs.4 auch *erledigte Akte* (unten Rn.61).

Abs.4 erfasst weiterhin die **Normsetzung durch die Exekutive** (BVerf- 43
GE 115, 81/92; BVerwGE 80, 355/361; 111, 276/278f; Schmidt-Aßmann MD 70; Krebs MüK 55; offen gelassen BVerfGE 31, 364/367f), insb. den Erlass von Rechtsverordnungen und Satzungen (Ibler FH 66), aber auch von normkonkretisierenden Verwaltungsvorschriften u.ä. (Schmidt-Aßmann MD 71); zur Art des insoweit gewährten Rechtsschutzes unten Rn.57. **Gerichtsfreie Hoheitsakte** der Exekutive kennt Abs.4 nicht (Schmidt-Aßmann MD 77), abgesehen von den expliziten Ausnahmen des Art.10 Abs.2 S.2 und des Art.44 Abs.4; lediglich Art und Umfang des Rechtsschutzes können variieren. Gegen die Bewilligung der Auslieferung im Anwendungsbereich des Art.16 Abs.2 muss Rechtsschutz bestehen (BVerfGE 113, 273/309), jedenfalls wenn kein leistungsfähiger vorgängiger Rechtsschutz besteht (Kämmerer BK 84 zu Art.16). Abs.4 erfasst schließlich **Regierungsakte** (Ramsauer AK 51; Maurer, o. Lit. C, 478; Ibler FH 72) sowie **Gnadenakte** (BVerfGE abwM 25, 352/363ff; Stern III/1, 1374f; Schmidt-Aßmann MD 80; Ramsauer AK 52; Ibler FH 74; **a.A.** BVerfGE 25, 352/358; BVerfG-K, NJW 01, 3771). Für den Widerruf eines Gnadenaktes ist das ganz hA (BVerfGE 30, 108/111).

b) Legislative und Judikative. Keine öffentliche Gewalt stellen die Akte 44
der **gesetzgebenden Körperschaften** (des Bundes und der Länder) dar, wie die Sondervorschriften zur Normenkontrolle in Art.93 Abs.1 Nr.2, 4a, Art.100 Abs.1 zeigen (BVerfGE 24, 367/401; 45, 297/334; 112, 185/207; BAGE 64, 315/326; Hesse 337; a.A. Schulze-Fielitz DR 50; Maurer o. Lit. C 479ff; Ibler FH 82). Lediglich die Akte der Parlamentsverwaltung werden erfasst, ebenso die Tätigkeit der Untersuchungsausschüsse (BVerfGE 77, 1/52), mit Ausnahme der Beschlüsse dieser Ausschüsse (Rn.2 zu Art.44). Art.19 Abs.4 ist nicht beeinträchtigt, wenn statt einer exekutiven Norm (etwa Satzung) ein förmliches Gesetz ergeht und damit der Rechtsschutz eingeschränkt wird; allerdings kann evtl. Art.3 Abs.1 verletzt sein (BVerfGE 70, 35/56f). Zu den nichtförmlichen Gesetzen oben Rn.43. Zur Wahlprüfung Rn.5 zu Art.41.

Die **Rechtsprechung** fällt nicht unter Art.19 Abs.4 (BVerfGE 49, 329/ 45
340; 65, 76/90; 107, 395/404; Papier HbStR VI § 154 Rn.37; Pieroth/Schlink 1009; Ramsauer AK 55f; a.A. Schulze-Fielitz DR 49; Ibler FH 91; Maurer o. Lit. C 481f); Art.19 Rn.4 ist auf die „vollziehende öffentliche Gewalt" beschränkt (BVerfGE 112, 185/207). Die Vorschrift garantiert den Schutz durch den Richter, nicht gegen ihn (BVerfGE 11, 263/265; 76, 93/98; Enders EH 57). Dies gilt auch für den EuGH (BVerfGE 73, 339/372f). Gerichte fallen aber unter Art.19 Abs.4, wenn sie „außerhalb ihrer spruchrichterlichen Tätigkeit aufgrund eines ausdrücklich normierten Richtervor-

behalts tätig werden" (BVerfGE 107, 395/406; 96, 27/39 ff; 104, 220/231 ff),
etwa bei Entscheidungen der vorbeugenden Kontrolle gem. Art. 13 Abs. 2
oder Art. 104 Abs. 2 (BVerfGE 96, 27/40; Schmidt-Aßmann MD 100; Papier
HbStR VI § 154 Rn. 51) und in der Zwangsvollstreckung, etwa bei der Bestellung eines Insolvenzverwalters (BVerfGE 116, 1/10, 13; BGHZ 158, 212/
214 f). Von Art. 19 Abs. 4 nicht erfasst werden hingegen gerichtliche Entscheidungen zur Strafvollstreckung (vgl. Rn. 104 zu Art. 20) sowie die Zu-
stimmungserklärung eines Gerichts zur Einstellungsentscheidung der Staatsanwaltschaft (BVerfG-K, NJW 02, 815). Schließlich kann sich aus dem
allgemeinen Justizgewährungsanspruch die Verpflichtung ergeben, bei einem
Verstoß gegen Verfahrensvorschriften einen irgend gearteten Rechtsbehelf
vorzusehen (Rn. 94 zu Art. 20). Erfasst werden die Akte des Rechtspflegers
(BVerfGE 101, 397/407; Schwachheim UC 161) und der Justizverwaltung,
insb. die Justizverwaltungsakte, die nicht in richterlicher Unabhängigkeit,
sondern administrativ getroffen werden (BVerfGE 28, 10/14 f; Schmidt-Aßmann MD 102 f; Schenke BK 384).

46   **c) Öffentlich-rechtliche Religions- und Weltanschauungsgemeinschaften** fallen (nur) insoweit unter Art. 19 Abs. 4, als sie ihre Aufgabe unter
Einsatz staatlicher Zwangsmittel ausüben bzw. staatliche Befugnisse nutzen
(BVerwGE 105, 117/122; Ibler FH 103), nicht aber schon dann, wenn sie
öffentlich-rechtliche Formen in einer Weise einsetzen, die auch bei privatrechtlichen Formen möglich wäre (Rüfner HbStKirchR II 1084; vgl. Rn. 37
zu Art. 1). Ein Einsatz staatlicher Zwangsmittel findet sich etwa bei der Erhebung von Kirchensteuern (BVerfGE 19, 206/218; 30, 415/422), bei der
Verwaltung von Friedhöfen (BVerwG, NJW 90, 2080; Schenke BK 270)
oder bei amts- oder dienstrechtlichen Angelegenheiten (Schulze-Fielitz DR
59; Ramsauer AK 58; Schmidt-Aßmann MD 115; vgl. allerdings auch Rn.
23–25 zu Art. 140/137 WRV). Gleichzustellen sind Fälle, in denen den Kirchen staatliche Aufgaben übertragen werden, wie etwa im Schulbereich bei
staatlicher Anerkennung oder Beleihung (Schmidt-Aßmann MD 57, 114).
Soweit das nicht geschieht, greift der allg. Justizgewährungsanspruch
(Schmidt-Aßmann MD 113; Ibler FH 104) mit gewissen Einschränkungen
(dazu Rn. 24 zu Art. 140/137 WRV).

47   **d) Auslandsbezug.** Abs. 4 meint allein die durch das GG konstituierte
öffentliche Gewalt (BVerfGE 58, 1/26 ff; 59, 63/85 f; Ibler FH 53). Nicht
erfasst werden daher Rechtsakte der EG (BVerfGE 58, 1/26; Ramsauer AK
21; unklar BVerfGE 89, 155/174), weiter Akte anderer Staaten sowie zwischenstaatlicher Einrichtungen (BVerfGE 59, 63/88; 58, 1/30; BVerwGE 91,
126/129; Schenke BK 233; Schulze-Fielitz DR 51, 85). Andererseits ist ein
Ausschluss der deutschen Gerichtsbarkeit durch deutsche Zustimmungsakte
an Art. 19 Abs. 4 zu messen (Schulze-Fielitz DR 51; vgl. EGMR, NJW 99,
1173; Rn. 10 zu Art. 24). Erfasst wird die Tätigkeit bundesrepublikanischer
Organe in internationalen Einrichtungen und im Ausland (Schmidt-Aßmann MD 49 f; Schulze-Fielitz DR 53, 85). Erfasst wird auch der „Vollzug"
oder die Vollstreckung fremder Hoheitsakte durch deutsche Organe (BVerf-
GE 63, 343/375; BSGE 61, 131/133; Schenke BK 232; Ibler FH 57). Gleiches gilt für den Vollzug von EU-Recht (Schenke BK 235; Schmidt-Aß-

mann MD 51). Zum Rechtsschutz gegen Akte der EU vgl. außerdem Rn.48 zu Art.1.

3. Träger des Grundrechts

Art.19 Abs.4 steht nicht jedem Inhaber eines subjektiven Rechts zu, son- **48** dern als Grundrecht jedem, der Träger eines Grundrechts sein kann (Ramsauer AK 40). Grundrechtsträger sind zunächst alle **natürlichen Personen**, auch Ausländer (BVerfGE 35, 382/401; 65, 76/90; 67, 43/58). Weiter sind **juristische Personen des Privatrechts** Grundrechtsträger (Huber MKS 382). Auch ausländische juristische Personen werden als Grundrechtsträger angesehen (Schulze-Fielitz DR 82; Schmidt-Aßmann MD 40; Papier HbStR VI § 154 Rn.19; a.A. Schenke BK 81), wie das auch für andere Prozessgrundrechte gilt (oben Rn.21). **Juristische Personen des öffentlichen Rechts** sollen sich nach überwiegender Auffassung nicht auf Abs.4 berufen können (Ramsauer AK 42; Huber MKS 384; Schwachheim UC 149; offen gelassen von BVerfGE 61, 82/109; a.A. Maurer o. Lit. C 485), obwohl ihnen andere Prozessgrundrechte durchaus zustehen (oben Rn.27). Jedenfalls wenn sie ausnahmsweise Grundrechtsträger sind (oben Rn.28f), wie etwa die öffentlich-rechtlichen Rundfunkanstalten, können sie sich auf Art.19 Abs.4 berufen (BVerfGE 107, 299/310f; Schmidt-Aßmann MD 43; Schenke BK 83; Sachs SA 108) und zwar zur Durchsetzung beliebiger subjektiver Rechte, nicht nur der anwendbaren Grundrechte (Schulze-Fielitz DR 83; restriktiv Ibler FH 11). Im Übrigen fallen aber Rechte von Verwaltungseinheiten nicht unter Art.19 Abs.4 (Schmidt-Aßmann MD 148); das soll auch für die Rechte einer Fraktion gelten (BVerwG, NJW 85, 2346f – bedenklich). Soweit sich juristische Personen des öffentlichen Rechts nicht auf Art.19 Abs.4 berufen können, steht ihnen der allgemeine Justizgewährungsanspruch (Rn.91ff zu Art.20) zu.

III. Beeinträchtigung, Ausgestaltung, Rechtfertigung

1. Beeinträchtigung und Ausgestaltung

a) Unterlassen von Leistung. Art.19 Abs.4 wird beeinträchtigt, wenn **49** der Rechtsweg nicht eröffnet wird. Mit Rechtsweg ist der Weg zu den **staatlichen Gerichten** gemeint, die in ihrer organisatorischen Stellung und in ihrer personellen Besetzung Art.92 und Art.97 entsprechen (BVerfGE 11, 232/233; 49, 329/340; Schulze-Fielitz DR 79, 90). Die Gerichte müssen in staatlicher Trägerschaft stehen und insb. mit unabhängigen Richtern besetzt sein (Ramsauer AK 80; Schmidt-Aßmann MD 174). Es genügt auch ein Einzelrichter (Papier HbStR VI § 154 Rn.50; grundsätzlich auch Ramsauer AK 114f). Keine Gerichte sind Beschwerde- und Schlichtungsstellen (Schmidt-Aßmann MD 176). Auch die Beeinträchtigung des Zugangs zu EU-Gerichten durch die Grundrechtsverpflichteten (oben Rn.33) wird erfasst (Ibler FH 181; Schmidt-Aßmann MD 173a).

Art.19 Abs.4 wird zum einen beeinträchtigt, wenn der **Zugang zu den** **50** **Gerichten** ausgeschlossen oder in unzumutbarer, aus Sachgründen nicht gerechtfertigter Weise erschwert wird (BVerfGE 40, 272/274f; 60, 253/269; 69, 381/385f). Darüber hinaus garantiert Abs.4 einen **effektiven Rechtsschutz,** d.h. eine tatsächlich wirksame Kontrolle durch die Gerichte (BVerfGE 84, 34/49; 93, 1/13; 113, 297/310; 117, 244/268; Huber MKS 453; Schenke BK 637). Auch gewährleistet Art.19 Abs.4 eine verbindliche gerichtliche Entscheidung (BVerfGE 113, 297/310) und deren Durchsetzung (Schenke BK 230). Zur Anhörung vor Gericht unten Rn.65. Art.101 enthält eine Spezialregelung für die gesetzliche Bestimmung des Richters.

51   **b) Eingriffe.** Art.19 Abs.4 weist sekundär auch Abwehrgehalte auf (Ibler FH 47). Sie kommen etwa zum Tragen, wenn die Beratung oder Vertretung durch Anwälte behindert (Schulze-Fielitz DR 84) oder der an sich mögliche Rechtsschutz ausgeschlossen wird (BVerfGE 100, 313/364).

52   **c) Ausgestaltung.** Sowohl der Zugang zu den Gerichten wie die wirksame Kontrolle durch die Gerichte unterliegen der **Ausgestaltung** durch den Gesetzgeber (BVerfGE 100, 313/364; 101, 106/123; 118, 168/207; Ramsauer AK 77; Ibler FH 167; Schulze-Fielitz DR 79; allg. Vorb.34f vor Art.1), weil Art.19 Abs.4 primär ein Leistungsgrundrecht bildet (oben Rn.32) und zudem normgeprägt ist (Pieroth/Schlink 1007; Brüning SB 114). „Die dem Gesetzgeber obliegende normative Ausgestaltung des Rechtswegs muss aber das Ziel dieser Gewährleistung – den wirkungsvollen Rechtsschutz – verfolgen; sie muss im Hinblick darauf geeignet und angemessen sowie für den Rechtsuchenden zumutbar sein" (BVerfGE 77, 275/284; 60, 253/269; 109, 279/364). Wenn „eine Zugangsbeschränkung – jedenfalls faktisch – zu einem Ausschluss des Rechtsweges führt, ist die Grenze der Ausgestaltungsmöglichkeiten durch den Gesetzgeber überschritten" (BVerfGE 101, 397/408). Die Ausgestaltung durch den Gesetzgeber ist auch verfassungsrechtliche Pflicht: so müssen Rechtsmittel gesetzlich in ausreichender Klarheit festgelegt sein (unten Rn.63).

2. Rechtfertigung von Beeinträchtigungen

53   **a) Grundlagen und sonstige Begrenzungsmöglichkeiten.** Einschränkungen des Grundrechts sind zunächst in den im GG ausdrücklich genannten Fällen möglich, also aufgrund der in Abs.4 S.3 in Bezug genommenen Regelung zum Rechtsschutz in Art.10 Abs.2 S.2 (näher dazu Rn.20–23 zu Art.10) sowie aufgrund der Einschränkung des Rechtsschutzes durch Art.16a Abs.2 S.3, Abs.4 (unten Rn.64). Die Regelung des Art.143 Abs.1 bedarf restriktiver Auslegung (Rn.3 zu Art.143). Weiter kann das Grundrecht durch kollidierendes Verfassungsrecht beschränkt werden (Schulze-Fielitz DR 140; Ibler FH 316), insb. zum Schutz der Grundrechte Dritter (BVerfGE 116, 1/18). Darüber hinaus hat der Gesetzgeber generell Regelungsmöglichkeiten: Zum einen kann er festlegen, ob und in welchem Umfang subjektive Rechte des einfachen Rechts bestehen (oben Rn.36–40). Zudem hat der Gesetzgeber bei der *Ausgestaltung* des Rechtsschutzes (oben Rn.52) einen erheblichen Spielraum (vgl. Vorb.34f vor Art.1), was Begrenzungsmöglichkeiten eröffnet (BVerfGE 109, 279/364), nicht aber Eingriffe gestattet.

54   **b) Voraussetzungen.** Einschränkungen des Grundrechts bedürfen, jedenfalls nach dem allgemeinen **Gesetzesvorbehalt** (Rn.48ff zu Art.20), einer ausreichend bestimmten gesetzlichen Grundlage, wenn dies zur Erreichung der Zielsetzung des Art.19 Abs.4 geboten erscheint. Weiter ist der Grundsatz der **Verhältnismäßigkeit** zu beachten (BVerfGE 116, 1/19). Insoweit sind auch die mit dem Rechtsschutz verbundenen Zeitnachteile bedeutsam, etwa bei einer Konkurrentenklage gegen die Bestellung eines Insolvenzverwalters (BVerfGE 116, 1/19 ff).

IV. Einzelne Bereiche und Fälle

1. Zugang zu den Gerichten

a) Rechtsweg, Instanzen. Die Einrichtung verschiedener **Rechtswege** 55 ist zulässig, obwohl sie zu manchen, eigentlich unnötigen Erschwerungen des Rechtsschutzes führt. Zulässig ist auch eine Rechtswegspaltung (BSGE 75, 97/137 ff; Schenke BK 107; Huber MKS 446). Schwierigkeiten bei der Bestimmung des Rechtswegs dürfen allerdings nicht zu Lasten des Bürgers gelöst werden (BVerfGE 57, 9/22). Soweit kein bestimmter Rechtsweg vorgesehen ist, auch nicht im Wege einer extensiven Interpretation zugunsten derjenigen Gerichtsbarkeit, die eine besondere Sachnähe besitzt (BVerwG, DVBl 83, 943; Ramsauer AK 143; Schenke BK 112), sind gem. Abs.4 S.2 die ordentlichen Gerichte zuständig. Die Annahme eines unzutreffenden Rechtswegs verletzt nicht Abs.4 (BVerfGE 57, 9/21). Der Ausschluss des Rechtswegs im steuerrechtlichen Unterwerfungsverfahren ist unzulässig (BVerfGE 22, 49/81 f). Zum Ausschluss des Rechtswegs durch völkerrechtliche Vereinbarungen oben Rn.47.

Weiter besteht kein Anspruch auf mehr als *eine* gerichtliche **Instanz** 56 (BVerfGE 87, 48/61; 92, 365/410; BVerwGE 120, 87/93; Schenke BK 102; Enders EH 57), zumal zweifelhaft ist, wieweit mehrere Instanzen aufs Ganze gesehen überhaupt zu einem wirksameren Rechtsschutz beitragen (Schmidt-Aßmann MD 179), da ein wirksamer Rechtsschutz wesentlich von der Dauer abhängt. Wurden allerdings durch Gesetz mehrere Instanzen geschaffen, darf der Zugang zu ihnen nicht unzumutbar erschwert werden (BVerfGE 78, 88/99; 96, 27/39; 104, 220/231 f), etwa hinsichtlich der Frage, ob der Rechtsstreit grundsätzliche Bedeutung hat (BVerfG-K, NVwZ 93, 465) oder ob die Berufung zugelassen werden kann (BVerfG, DVBl 10, 313 f; BVerfG-K, NVwZ 01, 552 f). Auch im Hinblick auf gesetzlich vorgesehene Rechtsmittel muss der Rechtsschutz effektiv sein (BVerfGE 107, 395/405; 117, 244/268; Huber MKS 471). Die unterschiedliche Behandlung von Sachbereichen und Fallgruppen im Hinblick auf den Instanzenweg ist an Art.3 Abs.1 zu messen (BVerfGE 65, 76/91).

b) Klageart. Rechtsschutz gegenüber untergesetzlichen **Normen** kann 57 durch eine Inzidentkontrolle bei der Überprüfung von Vollzugsentscheidungen erfolgen. Ist das nicht möglich, weil die Norm selbstvollziehend ist oder führt eine Inzidentkontrolle ausnahmsweise zu keinem ausreichenden Rechtsschutz, muss ein direkter Rechtsschutz, etwa über eine gegen den Normgeber gerichtete Feststellungsklage, eröffnet werden (BVerfGE 115, 81/92 ff; BSGE 96, 261 Rn.27). Art.19 Abs.4 schreibt hingegen keine abstrakte Normenkontrolle vor (BVerfGE 31, 364/369f); die Abgrenzung des Anwendungsbereichs einer abstrakten Normenkontrolle muss allerdings Art.3 Abs.1 entsprechen (oben Rn.44). Art.19 Abs.4 iVm Art.3 Abs.1 verlangt § 47 VwGO dahingehend zu interpretieren, dass die Normenkontrolle auch gegen Bebauungspläne in Gesetzesform eröffnet ist (BVerfGE 70, 35/56).

58   **Unklarheiten** bei der Qualifikation einer staatlichen Maßnahme dürfen nicht zu Lasten des Bürgers gehen (BVerwGE 78, 3/5). Gegen **vorbereitende Maßnahmen** muss ein Rechtsmittel gegeben sein, wenn sie weitreichende Auswirkungen haben (BVerwG, DVBl 90, 867). Das gilt nicht für verwaltungsinterne Entscheidungen, die im Rahmen nachfolgender Entscheidungen mit Außenwirkung überprüft werden können, etwa für die Linienbestimmung bei Straßen (BVerwGE 62, 342/347ff), den Wege- und Gewässerplan im Flurbereinigungsverfahren (BVerwGE 74, 1/6ff) oder bei einem bergrechtlichen Rahmenbetriebsplan (BVerwGE 89, 246/255f). Ein **vorbeugender Rechtsschutz** bereits vor Rechtsverletzung kann geboten sein, wenn ein nachträglicher Rechtsschutz die Beeinträchtigung nicht mehr zu korrigieren vermag (Schulze-Fielitz DR 107; Schenke BK 644; Ibler FH 227). Insb. muss man sich nicht auf ein nachfolgendes Ordnungswidrigkeitenverfahren verweisen lassen (BVerfG-K, NVwZ 03, 857). Bei der *Auslegung des Klageantrags* ist das wahre Rechtsschutzziel zugrunde zu legen, auch bei einer Vertretung durch einen Anwalt (BVerfG-K, NVwZ 08, 417f).

59   **c)** Ein **vorläufiger Rechtsschutz** ist geboten, wenn ohne ihn dem Betroffenen eine „erhebliche, über Randbereiche hinausgehende Verletzung in seinen Rechten droht, die durch die Entscheidung in der Hauptsache nicht mehr beseitigt werden kann, es sei denn, dass ausnahmsweise überwiegende, besonders gewichtige Gründe entgegenstehen" (BVerfGE 93, 1/14; 46, 166/179; 65, 1/70f; 79, 69/74; Schenke BK 675). Das gilt auch für Verpflichtungsansprüche (BVerfG-K, NJW 95, 951). Die Entscheidung im einstweiligen Rechtsschutz kann maßgeblich auf der Grundlage einer Folgenabwägung getroffen werden (BVerfG-K, NVwZ-RR 01, 695); eine vollständige Sachprüfung ist aber geboten, „wenn ohne die Gewährung vorläufigen Rechtsschutzes schwere und unzumutbare, anders nicht abwendbare Beeinträchtigungen entstehen können" (BVerfG-K, NVwZ 05, 928; NVwZ 08, 881; DVBl 10, 1451; BVerwGE 122, 231/233f; vgl. BVerfGE 69, 315/363f). Die Anordnung sofortiger Vollziehung ist mit Art.19 Abs.4 nur vereinbar, wenn die Voraussetzungen des Verwaltungsakts „in tatsächlicher und rechtlicher Hinsicht mit hinreichender Wahrscheinlichkeit" vorliegen (BVerfG-K, NVwZ 05, 1304). Überwiegende öffentliche Interessen können nur in Ausnahmefällen zu einem Zurücktreten des sofortigen Rechtsschutzes führen (BVerfGE 51, 268/284f; 67, 43/58f; BVerfG-K, NVwZ-RR 10, 110). Die Möglichkeiten des § 80 VwGO und des § 123 VwGO sind verfassungsrechtlich grundsätzlich gleichwertig (BVerfGE 51, 268/285f; Schmidt-Aßmann MD 274; Ibler FH 221); die (automatisch) aufschiebende Wirkung eines Rechtsmittels ist daher verfassungsrechtlich nicht geboten (BSGE 67, 176/183; Schenke BK 672; Schulze-Fielitz DR 113; Ramsauer AK 98; a.A. BVerfG-K, NVwZ 96, 59). In Sonderfällen kann das anders sein (BVerfG-K, NVwZ 07, 1304). Die Anforderungen gelten auch bei der Durchführung

EU-rechtlicher Vorschriften, soweit das EU-Recht keinen vorläufigen Schutz bietet (BVerfG-K, NJW 95, 951). Für den einstweiligen Rechtsschutz im Verfassungsbeschwerdeverfahren gelten diese Anforderungen nicht uneingeschränkt (BVerfGE 94, 166/214 ff). Zur sofortigen Vollziehung der Ausweisung im Bereich des Asylrechts Rn.29, 33 zu Art.16a.

d) Klagebefugnis, Rechtsschutzinteresse, Präklusion etc. Die **Kla-** **60** **gebefugnis** wird primär durch die materiellen Grundrechte beeinflusst (oben Rn.36–39); zur Geltendmachung von Verfahrensfehlern oben Rn.40. Eine *Verbandsklage* muss nicht zugelassen werden (BVerwGE 101, 73/81 ff). Bei Massenverfahren ist es möglich, zunächst nur einen Musterfall zu entscheiden (BVerfGE 54, 39/40 ff). Bei der Prüfung des Feststellungsinteresses dürfen keine überspannten Anforderungen gestellt werden (BVerwG, NVwZ 94, 283; Ibler FH 329).

Möglich ist, ein dem betroffenen Bürger **unnützes Rechtsmittel** nicht **61** zuzulassen (BVerwG, NVwZ 90, 361). Nicht akzeptabel ist aber der Ausschluss des Hauptsacheverfahrens wegen des durchgeführten einstweiligen Verfahrens (BVerfGE 110, 77/88). Bei Fällen tiefgreifender Grundrechtseingriffe, etwa bei Durchsuchungen, muss eine Klärung der Rechtswidrigkeit auch nach **Erledigung** möglich sein (BVerfGE 96, 27/40; 104, 220/233; 117, 244/268; BVerwG, NVwZ 99, 991 f; Huber MKS 497); Gleiches gilt für Versammlungsverbote (BVerfGE 110, 77/86, 89 ff), eine Blutentnahme (BVerfG-K, NJW 07, 1345 f) und eine Beugehaft (BVerfG-K, NJW 06, 40 f). Trotz Erledigung ist ein Rechtsschutz auch bei einem diskriminierenden Charakter der Maßnahme geboten (BVerfGE 104, 220/234 f). Zur Erledigung durch gerichtliche Verzögerungen unten Rn.66. Ein Ortswechsel führt nicht zwangsläufig zur Erledigung (BVerfG-K, NJW 02, 2022 f), desgleichen nicht die Vergabe aller Standplätze auf einem Markt (BVerfG-K, NJW 02, 3692). Eine **Präklusion** subjektiver Rechte für den Fall, dass im vorgeschalteten Verwaltungsverfahren keine Einwendungen erhoben wurden etc., ist nur akzeptabel, wenn das Verwaltungsverfahren den Rechtsschutz des Betroffenen deutlich verbessert und der Betroffene zudem die von ihm verlangte Handlung im Verwaltungsverfahren unschwer vornehmen kann (vgl. BVerfGE 61, 82/115 ff; Jarass, BImSchG, 8. Aufl. 2010, § 10 Rn.91 ff; für Verstoß der Präklusion gegen Art.14 Papier MD 50 zu Art.14).

e) Fristen, Wiedereinsetzung. „Fristen dürfen nicht unangemessen **62** kurz sein, damit das Recht, den Rechtsweg zu beschreiten, nicht ausgehöhlt wird" (BVerfGE 77, 275/285; 8, 240/247). Dies gilt insb. bei Anträgen auf Wiedereinsetzung in den vorigen Stand (BVerfGE 41, 332/334 f; 50, 1/3 f; 54, 80/84). Eine Rechtsmittelfrist von einer Woche nach öffentlicher Bekanntmachung dürfte verfassungsrechtlich nicht haltbar sein (BVerfGE 77, 275/286). Weiter muss die Fristversäumnis zurechenbar sein, woran es fehlt, wenn die Post die Briefbeförderung verzögert (BVerfGE 41, 23/25; 50, 397/399; 54, 80/84) oder die Fristversäumnis auf fehlenden Deutsch-Kenntnissen beruht (Ibler FH 336; Rn.37 f zu Art.103). An der Zurechenbarkeit fehlt es weiter bei einer unzureichenden oder irreführenden Belehrung (BVerfG-K, NJW 96, 1811; BVerwG, DVBl 02, 1553 f) sowie bei unzutreffenden Hinweisen (BVerfGE 110, 339/342 f). Gleiches gilt, wenn das Verschulden auf eine unzureichende gerichtliche Tatsachenermittlung gestützt wird (BVerfG-K, NJW 95, 1416 f). Eine verfrüht eingelegte Beschwerde ist zu berücksichtigen (BVerfGE 54, 94/99). Eine schlichte Erklärung muss zur Glaubhaftmachung genügen, wenn andere Mittel nicht zur Verfügung stehen (BVerfG-K, NJW 95, 2546). Fristen können voll ausgenutzt werden (vgl. Rn.95 zu Art.20). Die Verwirkung eines Rechtsmittels muss zumutbar sein (BVerfGE 32, 305/309 f). Das Verschulden des Anwalts kann der Partei im Verwaltungsprozess zugerechnet werden (BVerfGE 60, 253/300 ff), nicht jedoch bei der Wiedereinsetzung im Strafbefehlsverfahren (BVerfG-K, NJW 94, 1856 f; Ibler FH 336). Zur Klagefrist bei Entschädigungsansprüchen Rn.19 zu Art.14. Vgl. außerdem zu richterlichen und gesetzlichen Fristen und zur Wiedereinsetzung Rn.39 f zu Art.103.

63   **f) Sonstiges.** Vorschriften über den Zugang zu den Gerichten müssen ausreichend bestimmt sein (BVerfGE 54, 277/292 f; 85, 337/353). Zum Widerspruchsverfahren unten Rn.72. Die mit dem Schriftformerfordernis verbundene eigenhändige Unterzeichnung kann nicht immer verlangt werden (BVerfG-K, NJW 02, 3534 f). Eine Beschwerde kann nicht deshalb als unzulässig abgewiesen werden, weil sie unter Verstoß gegen das RechtsberatungsG zustande gekommen ist (BVerfG-K, NJW 04, 1374). Ein *Rechtsmittelverzicht* des Betroffenen ist nur hinsichtlich eines bestimmten, dem Betroffenen bekannten Aktes öffentlicher Gewalt möglich (BVerfGE 26, 50/51 ff; Schulze-Fielitz DR 86; Schenke BK 116). Unzulässig ist, die Vorbereitung oder Durchführung von Rechtsmitteln mit Strafe zu bedrohen (BVerfGE 80, 244/250).

64   Der Rechtsschutz in **Asylangelegenheiten** wird durch Art.16a Abs.2, 4 modifiziert und beschränkt (BVerfGE 94, 49/104); näher dazu Rn.29, 32–35 zu Art.16a. Soweit diese Regelungen greifen, tritt Art.19 Abs.4 zurück, es sei denn, der verfassungsänderungsfeste Kern dieser Norm (oben Rn.32) ist betroffen. Daher sind Vorkehrungen der zuständigen Behörden geboten, damit „die Erlangung gerichtlichen Rechtsschutzes nicht durch die obwaltenden Umstände (insb. Abgeschlossensein des asylsuchenden Ausländers im Transitbereich, besonders kurze Fristen, Sprachunkundigkeit) unzumutbar erschwert oder gar vereitelt wird" (BVerfGE 94, 166/206; Schenke BK 747). Der Fiktion der Erledigung des Asylgerichtsverfahrens sind Grenzen gesetzt (BVerfG-K, NVwZ 94, 63). Die Darlegungspflicht zur Betroffenheit darf nicht überspannt werden (BVerfG-K, NVwZ-Beil 96, 66). Die Annahme offensichtlicher Unbegründetheit bedarf näherer Begründung (BVerfG-K, NVwZ-RR 08, 508).

2. Verfahren vor Gerichten und Kontrolldichte

65   **a) Verfahren vor Gerichten.** Generell ist ein *faires Verfahren* geboten (BVerwGE 109, 115/119; Sachs SA 138; vgl. Rn.31a zu Art.20). Für das **rechtliche Gehör,** insb. das Recht auf Information, auf Äußerung und auf Berücksichtigung, geht Art.103 Abs.1 als Spezialregelung vor; näher dazu Rn.2 zu Art.103. Anträge müssen sachgerecht verstanden und u. U. umgedeutet werden (BVerfG-K, DVBl 00, 408; NJW 00, 650; NJW 02, 2700; Schulze-Fielitz DR 96). Zu den Sprachkenntnissen Rn.37 f zu Art.103. Verwaltungsunterlagen müssen dem Gericht zur Verfügung gestellt werden, soweit sie für die Beurteilung der Rechtmäßigkeit der behördlichen Entscheidung und der geltend gemachten Rechtsverletzung von Bedeutung sein können (BVerfGE 101, 106/122). Ein In-Camera-Verfahren ist in erheblichem Umfang möglich (BVerfGE 115, 205/239f). Zur **Prozesskostenhilfe** Rn.67 zu Art.3.

Gegen den Grundsatz des effektiven Rechtsschutzes wird verstoßen, wenn **66** nicht innerhalb **angemessener Zeit** eine abschließende, gerichtliche Entscheidung vorliegt (BVerfGE 54, 39/41; 55, 349/369; 60, 253/269; 93, 1/13; BFHE 188, 264/267f; Schmidt-Aßmann MD 262f; Schulze-Fielitz DR 111). Dazu haben der Gesetzgeber wie die Gerichte beizutragen. Die Praxis wird dem in vielen Fällen nicht gerecht (vgl. EGMR, NJW 89, 652; BVerfG-K, NJW 01, 216). Umstände, die innerhalb des staatlichen Verantwortungsbereichs liegen, können eine überlange Dauer nicht rechtfertigen. Inakzeptabel ist, wenn ein Gericht dauerhaft einen Aktenberg vor sich herschiebt. Unzulässig ist eine Dauer von 5 Jahren für ein Prozesskostenhilfeverfahren in zwei Instanzen (BVerfG-K, NJW 04, 335). Erledigt sich ein Rechtsstreit aufgrund von dem Gericht zuzurechnenden Verzögerungen, besteht gleichwohl ein Rechtsschutzinteresse (BVerfG-K, NVwZ 07, 807f). Art.19 Abs.4 verlangt ausreichenden Rechtsschutz gegen unzumutbare Verzögerungen gerichtlicher Verfahren (vgl. EGMR, NJW 01, 2700; Schmidt-Aßmann MD 263a). Wurde von einem übergeordneten Gericht ein Verstoß gegen die Entscheidung in angemessener Zeit festgestellt, kann über die Reihenfolge der zu entscheidenden Verfahren nicht mehr nach den üblichen Maßstäben entschieden werden (BVerfG-K, NJW 05, 3489).

b) Kontrolldichte bei Einzelentscheidungen. aa) Das Gebot effekti- **67** ven Rechtsschutzes (oben Rn.50) hat (zum einen) Konsequenzen für die Kontrolldichte bei Einzelregelungen und -maßnahmen: Es besteht grundsätzlich ein Anspruch auf **vollständige** – auch die Beurteilungsgrundlagen umfassende – **Nachprüfung** der angefochtenen Maßnahme in rechtlicher und tatsächlicher Hinsicht (BVerfGE 78, 214/226; 84, 34/49; 101, 106/123; 103, 142/156; BVerwGE 118, 352/357; Schenke BK 491); eine Bindung an die von der Exekutive getroffenen Feststellungen und Wertungen ist ausgeschlossen (BVerfGE 101, 106/123). Unbestimmte Rechtsbegriffe sind in vollem Umfang zu überprüfen (BVerfGE 7, 129/154; 84, 34/49f; 103, 142/157; Schulze-Fielitz DR 87); lediglich bei besonders vagen Begriffen sind Eingrenzungen möglich (BVerfGE 84, 34/50). Es sind alle einschlägigen Rechtsnormen heranzuziehen, auch das innerstaatlich anwendbare EU-Recht (Brüning SB 106). Im Hinblick auf die vollständige Nachprüfung muss das Gericht über hinreichende Prüfungs- und Entscheidungsbefugnisse verfügen (BVerfGE 61, 82/111; 67, 43/58), vorausgesetzt, subjektive Rechte des Betroffenen können beeinträchtigt sein (dazu oben Rn.36–41). Die Kontrolldichte muss umso intensiver ausfallen, je schwerwiegender die Belastung ist und je mehr die Maßnahme der Verwaltung Unabänderliches bewirkt (BVerfG-K, NVwZ 07, 949).

Im Einzelnen ist eine Beschränkung der Kontrolle des Zuschlags in der **68** Versteigerung unzulässig (BVerfGE *abwM* 49, 228/242). Im Rechtsschutzverfahren für Gefangene gem. § 109 StVollzG ist eine umfassende Überprüfung geboten (BVerfGE 64, 261/279). Die unzutreffende Auslegung des materiellen Rechts bedeutet keine Beeinträchtigung des Art.19 Abs.4 (BVerfGE 97, 298/315f; Ibler FH 312). Schließlich ist die Bindung an Entscheidungen des EuGH zulässig (BVerfGE 73, 339/373). Geht es um die Gültigkeit von EU-Recht, müssen Entscheidungen der Gerichte anderer Mitgliedstaaten Berücksichtigung finden (BVerfG-K, NVwZ 04, 1347).

69   **bb)** Darüber hinaus kann der Gesetzgeber kraft seiner Ausgestaltungsbefugnis (oben Rn.52) ausnahmsweise eine *reduzierte Kontrolldichte* durch die Einräumung von **Gestaltungs-, Ermessens-** und **Beurteilungsspielräumen** vorsehen (BVerfGE 61, 82/111, 114f; 88, 40/56; 103, 142/157; 113, 273/310; BVerwGE 120, 228/231). Die Ermächtigung der Exekutive zur Letztentscheidung muss allerdings den jeweiligen Rechtsvorschriften zumindest konkludent entnommen werden können (BVerwGE 94, 307/309f; 100, 221/225); die Verwendung eines unbestimmten Rechtsbegriffes genügt dazu nicht (oben Rn.67), auch nicht die Einschaltung eines Fachausschusses (BVerwG, DVBl 91, 49f). Ein Beurteilungsspielraum liegt nahe bei Entscheidungen eines fachkundigen *und* ausgewogen zusammengesetzten Gremiums (BVerwGE 59, 213/216f; 72, 195/206; 129, 27 Rn.27; einschr. BVerwGE 91, 211/213f), weiter bei Prüfungen u.ä. (BVerwGE 38, 105/110; 92, 132/137; zu den Grenzen Rn.108 zu Art.12), nicht jedoch generell bei Prognoseentscheidungen (Ibler FH 277; a.A. bei wertenden Prognosen BVerwGE 106, 263/267). Beurteilungsspielräume sind eher akzeptabel, wenn durch spezifische Verfahrensvorgaben für eine Richtigkeitsgewähr gesorgt wird (Schulze-Fielitz DR 97; Schmidt-Aßmann MD 204). Die gesetzliche Einräumung von exekutiven Entscheidungsspielräumen verstößt nicht gegen Art.19 Abs.4, da insoweit keine rechtliche Bindung besteht und damit eine Rechtskontrolle zwangsläufig ausscheidet (BVerwGE 72, 195/206; 75, 275/279). Die gesetzlichen Grenzen der Spielräume sind jedoch gerichtlich zu kontrollieren (BVerfGE 84, 34/53; BVerwGE 75, 214/254). Insb. kann sich der Spielraum nicht auf die Auslegung von Normen und die Folgen der Rechtswidrigkeit beziehen (BVerfG-K, DVBl 10, 251).

70   **cc)** Im Übrigen können **(materielle) Grundrechte** der Einräumung von Spielräumen Grenzen setzen (BVerfGE 84, 34/54f; BVerfG-K, NJW 93, 918; Rn.115 zu Art.5). Soweit es um Grundrechtseingriffe geht, kann zudem das einschlägige Grundrecht Vorgaben für die Bestimmtheit der gesetzlichen Ermächtigung (Rn.54 zu Art.20) oder den Ausschluss von Ermessen (Schenke BK 512) liefern und damit zu einer intensiveren Gerichtskontrolle führen (Schulze-Fielitz DR 131). Das Gericht muss den betroffenen Grundrechten tatsächliche Wirksamkeit verschaffen (BVerfG-K, NVwZ 07, 946). Bei **Prüfungsentscheidungen** wird der Rechtsschutz maßgeblich durch Art.12 mitbestimmt; näher dazu Rn.107f zu Art.12. Geht ein Teil der Unterlagen bei Prüfungen verloren, führt das zu keiner Beweislastumkehr (BVerwGE 48, 367/370).

71   **c) Kontrolldichte bei exekutiver Rechtssetzung.** Bei Erlass von *Rechtsverordnungen*, *Satzungen* und anderen Rechtsvorschriften steht dem ermächtigten Organ regelmäßig ein erheblicher Gestaltungsspielraum zu (BVerfGE

29, 198/211; BVerwGE 70, 318/328 ff; Ibler FH 254; Schulze-Fielitz DR 124). Ermächtigungen zum Erlass von *Verwaltungsvorschriften* können Spielräume eröffnen, jedenfalls wenn durch Verfahrensvorgaben für eine ausreichende Richtigkeitsgewähr gesorgt wird. Andererseits müssen normkonkretisierende Verwaltungsvorschriften bei ihrer Anwendung daraufhin überprüft werden, ob sie nicht durch Erkenntnisfortschritte überholt sind (BVerwG, NVwZ-RR 97, 279) oder ob ein atypischer Sachverhalt vorliegt (Jarass, JuS 99, 111; vgl. BSGE 73, 146/150).

3. Verwaltungsverfahren

a) Grundlagen. Das Grundrecht wirkt „in das behördliche Verfahren **72** hinein, wenn eine solche Vorwirkung für die Inanspruchnahme gerichtlichen Rechtsschutzes faktisch erforderlich ist" (BVerfGE 118, 168/207; 101, 106/123; 109, 279/364). Das dem gerichtlichen Verfahren vorgelagerte Verwaltungsverfahren darf **nicht** so angelegt werden, dass der **gerichtliche Schutz unzumutbar erschwert** wird (BVerfGE 61, 82/110; 69, 1/49; Schulze-Fielitz DR 87; Ramsauer AK 129; Maurer o. Lit. C 474). Die Behörden dürfen die spätere Nachprüfung durch das Gericht nicht ausschalten (BVerfGE 69, 1/49), etwa durch das sofortige Abschieben eines Ausländers. Verfahrensvorschriften sind rechtsschutzfreundlich auszulegen und anzuwenden (BVerfGE 61, 82/110; Ibler FH 288). Zur Geltendmachung von Verfahrensfehlern oben Rn.40; zu Verfahrensgehalten der materiellen Grundrechte Vorb.11 f vor Art.1.

b) Einzelfragen. Art.19 Abs.4 verlangt nicht *die* **Form** hoheitlicher **73** Maßnahmen zu wählen, die den größten Rechtsschutz bietet (BVerfGE 10, 89/105; 70, 35/56; Schulze-Fielitz DR 89). Im Einzelnen können aber Modifikationen des Verfahrens geboten sein (BVerfGE 77, 1/54 f). Stufungen des Verwaltungsverfahrens sind zulässig, wenn klar erkennbar ist, welchen Rechtsakt die Einzelne ggf. angreifen muss (Ibler FH 291; Schmidt-Aßmann MD 167 ff). Ein **Widerspruchsverfahren** ist nicht notwendig (BVerfGE 35, 65/73; 60, 253/290 f). Andererseits ist die Klagevoraussetzung eines Vorverfahrens zulässig, wenn sie nicht zu unzumutbaren Verzögerungen führt (BVerfGE 40, 2 377 257; Ibler FH 332). Eine reformatio in peius im Widerspruchsverfahren ist nicht unzumutbar (BVerwGE 51, 310/312 ff; BVerwG, NVwZ 87, 215).

Über wichtige Vorgänge, die subjektive Rechte berühren, sind **Auf-** **74** **zeichnungen** zu machen (BVerfGE 65, 1/70; Schenke BK 707; Ibler FH 298), etwa bei Durchsuchungen ohne richterliche Anordnung (BverfGE 103, 142/160). Für Werturteile gilt das jedoch nicht (BVerwGE 60, 245/247 ff); zu Protokollen bei Prüfungen vgl. Rn.106 zu Art.12. Erhobene Daten, um deren Rechtmäßigkeit gestritten wird, dürfen nicht gelöscht werden, sind vielmehr zu sperren (BVerfGE 109, 279/380 f). Im Hinblick auf wesentliche Feststellungen oder Erwägungen des Verwaltungsverfahrens, die für den Rechtsschutz bedeutsam sein können, besteht ein Akteneinsichtsrecht oder ein **Auskunftsanspruch** (BVerfGE 120, 351/362 f; Ramsauer AK 130; Schmidt-Aßmann MD 256; Schenke BK 708; zurückhaltend BVerwGE 84, 375/377 f, 386 f). Dies kann auch *Verwaltungsvorschriften* und interne

Richtlinien der Verwaltung betreffen (BVerwGE 61, 615; 69, 278; Ramsauer AK 130).

75   Hoheitsakte, etwa Verwaltungsakte, sind dem Betroffenen **bekannt zu geben.** Eine öffentliche Bekanntgabe anstelle einer Zustellung bedarf einer ausreichenden sachlichen Legitimation (BVerwGE 67, 206/209). Verwaltungsvorschriften mit unmittelbarer Außenwirkung bedürfen der Bekanntmachung (BVerwGE 122, 264/269 f; Schmidt-Aßmann MD 252; vgl. Rn.65 zu Art.12). Bei heimlichen Eingriffen ist regelmäßig eine (spätere) **Benachrichtigung** geboten (BVerfGE 100, 313/364; 109, 279/364; 118, 168/208). Zum Recht auf vorherige **Anhörung** Rn.31b zu Art.20. Belastende Verwaltungsentscheidungen müssen idR **begründet** werden (BVerfGE 103, 142/160 f; Ramsauer AK 135; Schulze-Fielitz DR 88; unter Berufung auf das Rechtsstaatsprinzip BVerfGE 40, 276/286; 49, 24/67); doch soll es genügen, wenn die Behörde die Gründe im gerichtlichen Verfahren mitteilt (BVerfGE 6, 32/44; BVerwGE 61, 200/210; Schmidt-Aßmann MD 254; a. A. Ibler FH 297). Eine erst mehr als ein Jahr nach Beschluss zugestellte Begründung ist mit Art.19 Abs.4 nicht vereinbar (BSGE 72, 214/217). Zur Begründung von Prüfungsentscheidungen Rn.106 zu Art.12. Eine **Rechtsmittelbelehrung** ist wohl nicht verfassungsrechtlich geboten (Ibler FH 301; vorsichtig BVerfGE 40, 237/258 f).

II. Der Bund und die Länder

Art. 20 [Verfassungsrechtliche Grundprinzipien; Widerstand]

(1) **Die Bundesrepublik Deutschland ist ein demokratischer[1 ff] und sozialer[102 ff] Bundesstaat[16 ff].**

(2) **Alle Staatsgewalt geht vom Volke aus[4]. Sie wird vom Volke in Wahlen und Abstimmungen[6] und durch besondere Organe[23 ff] der Gesetzgebung, der vollziehenden Gewalt und der Rechtsprechung ausgeübt.**

(3) **Die Gesetzgebung ist an die verfassungsmäßige Ordnung[32 ff], die vollziehende Gewalt und die Rechtsprechung sind an Gesetz und Recht gebunden[37 ff].**

(4) **Gegen jeden, der es unternimmt, diese Ordnung zu beseitigen, haben alle Deutschen das Recht zum Widerstand, wenn andere Abhilfe nicht möglich ist[128 ff].**

Übersicht

Literatur A (Demokratie und Republik): *Pieroth,* Das Demokratieprinzip des GG, JuS 2010, 473; *E. Klein,* Der republikanische Gedanke in Deutschland, DÖV 2009, 741; *Kühling,* Volksgesetzgebung und Grundgesetz, JuS 2009, 777; *Rux,* Direkte Demokratie in Deutschland, 2008; *Unger,* Das Verfassungsprinzip der Demokratie, 2008; *Wittreck,* „Republik" als verfassungsunmittelbare Grundrechtsschranke?, GS Blumenwitz, 2008, 881; *Anderheiden,* Gemeinwohl in Republik und Union, 2006; *Bredt,* Die demokratische Legitimation unabhängiger Institutionen, 2006; *Pieroth,* Plurale und unitarische Strukturen demokratischer Legitimation, EuGRZ 2006, 330; *Gröschner,* Die Republik, HbStR³ II, 2004, § 23; *Böckenförde,* Demokratie als Verfassungsprinzip, HbStR³ II, 2004, § 24; *Badura,* Die parlamentarische Demokratie, HbStR³ II, 2004, § 25; *Dederer,* Korporative Staatsgewalt, 2004; *Jestaedt,* Demokratische Legitimation – quo vadis?, JuS 2004, 649; *Di Fabio,* Demokratie im System des GG, FS Badura, 2004, 77; *Roellecke,* Das ganze Volk: zur demokratischen Legitimation, FS Badura, 2004, 443; *Ehlers,* Die Staatsgewalt in Ketten – zum Demokratiegebot im Sinne des GG, FS E. Stein, 2002, 125; *Fisahn,* Demokratie und Öffentlichkeitsbeteiligung, 2002; *Morlok,* Demokratie und Wahlen, FS 50 Jahre BVerfG II, 2001, 559; *v. Arnim,* Vom schönen Schein der Demokratie, 2000; Redaktion Kritische Justiz (Hg.), Demokratie und GG, 2000; *Hufschlag,* Einfügung plebiszitärer Komponenten in das GG?, 1999; *Poscher,* Die Opposition als Rechtsbegriff, AöR 1997, 444; *H. Dreier,* Das Demokratieprinzip des GG, Jura 1997, 249; *Bryde,* Die bundesrepublikanische Volksdemokratie als Irrweg der Demokratietheorie, StWiss 94, 305; *Maihofer,* Prinzipien freiheitlicher Demokratie, HbVerfR, 2. A. 1994, § 12; *Jürgens,* Direkte Demokratie in den Bundesländern, 1993; *Bugiel,* Volkswille und repräsentative Entscheidung, 1991; *Emde,* Die demokratische Legitimation der funktionalen Selbstverwaltung, 1991; *Schmidt-Aßmann,* Verwaltungslegitimation als Rechtsbegriff, AöR 1991, 329; *Oebbecke,* Demokratische Legitimation nicht-kommunaler Selbstverwaltung, VerwArch 1990, 349.

Literatur B (Bundesstaat): *Isensee,* Idee und Gestalt des Föderalismus im GG, HbStR³ VI, 2008, § 126; *Rudolf,* Kooperation im Bundesstaat, HbStR³ VI, 2008, § 141; *Michael,* Der experimentelle Bundesstaat, JZ 2006, 884; *Pleyer,* Föderative Gleichheit, 2005; *Hanebeck,* Der demokratische Bundesstaat des GG, 2004; *Jestaedt,* Bundesstaat als Verfassungsprinzip, HbStR³ II, 2004, § 29; *Nettesheim,* Wettbewerbsföderalismus und GG, FS Badura, 2004, 363; *Zacher,* Der soziale Bundesstaat, FS Schmitt Glaeser, 2003, 199; *Isensee,* Der Bundesstaat – Bestand und Entwicklung, FS 50 Jahre BVerfG II, 2001, 719; *H. Bauer,* Entwicklungstendenzen und Perspektiven des Föderalismus in der Bundesrepublik Deutschland, DÖV 2002, 837; *Engels,* Chancengleichheit und Bundesstaatsprinzip, 2001; *Oebbecke,* Das Bundesstaatsprinzip, in: Pieroth (Hg.), Verfassungsrecht und soziale Wirklichkeit in Wechselwirkung, 2000, 113; *Sarcevic,* Das Bundesstaatsprinzip, 2000; *Volkmann,* Bundesstaat in der Krise?, DÖV 1998, 613; *Schmidt-Jortzig,* Herausforderungen für den Föderalismus in Deutschland, DÖV 1998, 746; *Oeter,* Integration und Subsidiarität im deutschen Bundesstaatsrecht, 1998; *Schmalenbach,* Föderalismus und Unitarismus in der Bundesrepublik Deutschland, 1998; *Dittmann,* Föderalismus in Gesamtdeutschland, HbStR IX, 1997, § 205; *H.-J. Vogel,* Die bundesstaatliche Ordnung des GG, HbVerfR, 2. A. 1994, § 22; *H. Bauer,* Die Bundestreue, 1992; *H.-P. Schneider,* Die bundesstaatliche Ordnung im vereinigten Deutschland, NJW 1991, 2448.

Literatur C (Gewaltenteilung): *Möllers,* Dogmatik der grundgesetzlichen Gewaltenteilung, AöR 2007, 493; *Di Fabio,* Gewaltenteilung, HbStR³ II, 2004, § 27; *Horn,* Gewaltenteilige Demokratie, demokratische Gewaltenteilung, AöR 2002, 427; *Lerche,* Gewaltenteilung – deutsche Sicht, in: Isensee (Hg.), Gewaltenteilung heute, 2000, 75; *Wrege,* Das System der Gewaltenteilung im GG, Jura 1996, 436; *Vogel,* Gewaltenvermischung statt Gewaltenteilung?, NJW 1996, 1505.

Literatur D (Rechtsstaat, allgemein): *Schmidt-Aßmann,* Rechtsstaat, HbStR³ II, 2004, § 26; *Kunig,* Der Rechtsstaat, in: FS 50 Jahre BVerfG, 2001, Bd. II, 421; *Sobota,* Das Prinzip Rechtsstaat, 1997.

Literatur E (Vorrang und Vorbehalt des Gesetzes): *Ossenbühl,* Vorrang und Vorbehalt des Gesetzes, HbStR[3] V, 2007, § 101; *Hoffmann-Riem,* Gesetz und Gesetzesvorbehalt im Umbruch, AöR 2005, 5; *Klement,* Der Vorbehalt des Gesetzes für das Unvorhersehbare, DÖV 2005, 507; *Hömig,* Grundlagen und Ausgestaltung der Wesentlichkeitslehre, in: Schmidt-Aßmann (Hg.), Festgabe 50 Jahre BVerwG, 2003, 273; *Gusy,* Gesetzesvorbehalte im Grundgesetz, JA 2002, 610; *Detterbeck,* Vorrang und Vorbehalt des Gesetzes, Jura 2002, 235; *Schmidt-Aßmann,* Gefährdungen der Rechts- und Gesetzesbindung der Exekutive, FS Stern, 1997, 745; *Burmeister,* Herkunft, Inhalt und Stellung des institutionellen Gesetzesvorbehalts, 1991; *Hufen,* Die Grundrechte und der Vorbehalt des Gesetzes, in: Grimm (Hg.), Wachsende Staatsaufgaben – Sinkende Steuerungsfähigkeit des Rechts, 1990, 273; s. auch Literatur zu Art.80.

Literatur F (Bestimmtheit, Vertrauensschutz): *Kunig,* Rechtsstaatliches Rückwirkungsverbot, in: Merten/Papier, Handbuch der Grundrechte, Band III, 2009, § 69; *Bartone,* Gedanken zu den Grundsätzen der Normenklarheit und der Normenbestimmtheit, in: Rensen/Brink (Hg.), Linien der Rechtsprechung des BVerfG, 2009, 305; *Desens,* Vertrauen in das Steuergesetz, in: Rensen/Brink (Hg.), Linien der Rechtsprechung des BVerfG, 2009, 329; *Riechelmann,* Struktur des verfassungsrechtlichen Bestandsschutzes, 3. Aufl. 2008; *Maurer,* Kontinuitätsgewähr und Vertrauensschutz, HbStR[3] IV, 2006, § 79; *Streinz,* Rechtssicherheit als Bewährungsprobe des Verfassungsstaates, in: Festschrift für Häberle, 2004, 745; *Schwarz,* Vertrauensschutz als Verfassungsprinzip, 2002; *Fischer,* Die Verfassungsmäßigkeit rückwirkender Normen, JuS 2001, 861; *Wernsmann,* Grundfälle zur verfassungsrechtlichen Zulässigkeit rückwirkender Gesetze, JuS 1999, 1177, JuS 2000, 39; *Möller/Rührmair,* Die Bedeutung der Grundrechte für die verfassungsrechtlichen Anforderungen an rückwirkende Gesetze, NJW 1999, 908; *Papier/Möller,* Das Bestimmtheitsgebot und seine Durchsetzung, AöR 1997, 177; *Gassner,* Gesetzgebung und Bestimmtheitsgrundsatz, ZG 1996, 37; *Muckel,* Die Rückwirkung von Gesetzen, JA 1994, 13; *Jekewitz,* Der Zeitpunkt wirksamer Zerstörung des Vertrauensschutzes bei rückwirkenden Rechtsnormen, NJW 1990, 3114; *Pieroth,* Die neuere Rechtsprechung des BVerfG zum Grundsatz des Vertrauensschutzes, JZ 1990, 279.

Literatur G (Verhältnismäßigkeit): *Merten,* Verhältnismäßigkeitsgrundsatz, in: Merten/Papier, Handbuch der Grundrechte, Band III, 2009, § 68; *Reuter,* Die Verhältnismäßigkeit im engeren Sinne, Jura 2009, 511; *Kraft,* Der Grundsatz der Verhältnismäßigkeit, BayVBl 2007, 577; *Raue,* Müssen Grundrechtsbeschränkungen wirklich verhältnismäßig sein?, AöR 2006, 79; *Heintzen,* Die einzelgrundrechtlichen Konkretisierungen des Grundsatzes der Verhältnismäßigkeit, DVBl 2004, 721; *Kloepfer,* Die Entfaltung des Verhältnismäßigkeitsprinzips, in: Schmidt-Aßmann (Hg.), Festgabe 50 Jahre BVerwG, 2003, 329; *Heusch,* Der Grundsatz der Verhältnismäßigkeit im Staatsorganisationsrecht, 2003; *Schlink,* Der Grundsatz der Verhältnismäßigkeit, in: FS 50 Jahre BVerfG, 2001, Bd. II, 445; *Krebs,* Zur verfassungsrechtlichen Verortung und Anwendung des Übermaßverbotes, Jura 2001, 228; *Michael,* Die drei Argumentationsstrukturen des Grundsatzes der Verhältnismäßigkeit, JuS 2001, 148; *Lerche,* Übermaß und Verfassungsrecht, 2. Aufl. 1999; *Ossenbühl,* Der Grundsatz der Verhältnismäßigkeit (Übermaßverbot) in der Rechtsprechung der Verwaltungsgerichte, Jura 1997, 617; *Stern,* Übermaßverbot und Abwägungsverbot, ST III/2, 1994, § 84; *Bleckmann,* Begründung und Anwendungsbereich des Verhältnismäßigkeitsprinzips, JuS 1994, 177.

Literatur H (Prozessrecht, Strafverfahren): *Waßmer,* Rechtsstaatswidrige Verfahrensverzögerungen im Strafverfahren als Verfahrenshindernis von Verfassungs wegen, ZStRW 118 (2006), 159; *Klose,* Wie lange darf effektiver Rechtsschutz dauern?, NJ 2004, 241; *Schmidt-Jortzig,* Grenzen der staatlichen Strafgewalt, in: FS 50 Jahre BVerfG, 2001, Bd. II, 505; *Appel,* Verfassung und Strafe, 1998; *Schmidt-Jortzig,* Effektiver Rechtsschutz als Kernstück des Rechtsstaatsprinzip, NJW 1994, 2569; *Hill,* Verfassungsrechtliche Gewährleistungen gegenüber der staatlichen Strafgewalt, HbStR VI, 1989, § 156; s. auch Literatur zu Art.19 C.

Literatur I (Sozialstaat): *Heinig,* Sozialstaat im Dienste der Freiheit, 2008; *Kotzur,* Der nachhaltige Sozialstaat, BayVBl 2007, 257; *Lübbe-Wolff,* Justiziabilität sozialer Grundrechte und Verfassungsaufträge, JöR 2005, 51; *Butzer,* Die Sozialstaatsentwicklung unter dem Grundgesetz, 2006; *Schmidt-Aßmann,* Die Bedeutung des Sozialstaatsprinzips für das Verwaltungsrecht, FS Mußgnug, 2005, 33; *Bull,* Sozialstaat − Krise oder Dissens?, FS Badura, 2004, 57; *Zacher,* Das soziale Staatsziel, HbStR³ II, 2004, § 28; *Kingreen,* Das Sozialstaatsprinzip im europäischen Verfassungsverbund, 2003; *Zacher,* Der soziale Bundesstaat, in: Festschrift für Schmitt Glaeser, 2003, 199; *Neuner,* Privatrecht und Sozialstaat, 1999; *Neumann,* Sozialstaatsprinzip und Grundrechtsdogmatik, DVBl 1997, 92; *Kutzki,* Das Sozialstaatsprinzip und aktuelle Entwicklungen des Sozialrechts, RiA 1996, 241; *Benda,* Der soziale Rechtsstaat, HbVerfR, 1995, § 17; *Andre,* Das Sozialstaatsprinzip und seine Verankerung im Grundgesetz, Sozialer Fortschritt 1990, 1.

Literatur K (Widerstand): *Schmahl,* Rechtsstaat und Widerstandsrecht, JöR 2007, 99; *Dolzer,* Der Widerstandsfall, HbStR VII, 1993, § 171.

A. Demokratieprinzip und Republik

1. Systematik und Abgrenzung zu anderen Vorschriften

1   Die **Strukturentscheidung** des Abs. 1 für einen demokratischen Staat wird durch Abs. 2 S. 1 und 2 Hs. 1 (Volkssouveränität) konkretisiert. Weitere Konkretisierungen finden sich in vielen anderen Bestimmungen des GG. Diese unterfallen aber nicht insgesamt dem Demokratieprinzip des Abs. 1, wie sich aus Art. 28 Abs. 1 und 79 Abs. 3 ergibt. Vom normativen Gehalt des Abs. 1 zu unterscheiden ist auch die Verwendung des Demokratiegedankens als rechts- und verfassungspolitisches Argument. Allerdings können dem Abs. 1 als einem entwicklungsoffenen Prinzip (BVerfGE 107, 59/91) neue normative Gehalte zuwachsen (vgl. auch Herzog MD I 27 ff); mit Blick auf Art. 79 Abs. 3 ist dabei jedoch große Zurückhaltung geboten.

2   Das Demokratieprinzip **überschneidet** sich teilw. mit den anderen Strukturentscheidungen des Art. 20. Manche Folgerung aus dem Rechtsstaatsprinzip wird von der Rspr. zugleich auf das Demokratieprinzip gestützt. Die Gewaltenteilung ist in Abs. 2 S. 2 unmittelbar mit dem Demokratieprinzip verknüpft (unten Rn. 4). Der enge Sachzusammenhang zum Bundesstaatsprinzip kann auch zu gewissen Kollisionen führen, die durch verhältnismäßige Zuordnung gelöst werden müssen (BVerfGE 1, 14/50).

3   Ein enger Sachzusammenhang besteht auch zum Begriff der **Republik**. Nach hM ist die Staatsform der Republik in Abs. 1 verankert (Dreier DR Rp 16; Herzog MD III 2; Schnapp MüK 5). Die Bedeutung dieser Aussage ist aber gering, da Abs. 2 S. 1 ohnehin klarstellt, dass alle Staatsgewalt vom Volk ausgeht (Herzog MD III 3 f). Die Entscheidung für die Republik besagt daher nur, dass das Staatsoberhaupt nicht auf dynastischer Grundlage (Erbmonarchie) und nicht auf Lebenszeit (Wahlmonarchie) berufen wird (Sachs SA 9; Stern ST I 581; Volkmann FH 2. Teil 11; weitergehend für eine Pflicht zur Gemeinwohlorientierung Anderheiden, o. Lit. A., 218 ff; Hartmann, AöR 2009, 1/3; Sommermann MKS 14 ff; Frankenberg AK Abs. 1−3 I 36; dagegen zutr. Dreier DR Rp 21; Roellecke UC 13). Ausgeschlossen ist damit auch die parlamentarische Monarchie (Volkmann FH 2. Teil 11). We-

gen Art.79 Abs.3 darf auch nicht durch Verfassungsänderung die Monarchie eingeführt werden. Konkretisierungen enthält Art.54.

2. Einzelne normative Gehalte

a) Volkssouveränität. In der Demokratie, d. h. „freie Selbstbestimmung 4 aller Bürger" (BVerfGE 44, 125/142; 107, 59/92), darf Staatsgewalt nur vom Volk ausgehen (Abs.2 S.1), also keine anderen Legitimationsquellen haben. Damit ist die verfassunggebende Gewalt des Volkes anerkannt. Staatsgewalt darf auch nur vom Volk ausgeübt werden (Abs.2 S.2), wobei allerdings die Ausübung durch besondere Organe (Hs.2) von der durch Wahlen und Abstimmungen (Hs.1) zu unterscheiden ist. Wahlen sind Personalentscheidungen (Rn.2 zu Art.38), Abstimmungen sind Sachentscheidungen; darunter fallen Volksantrag, Volksbefragung, Volksbegehren, Volksentscheid, Volksinitiative und Volksreferendum. Zu Hs.2 näher unten Rn.23–27. *Staatsgewalt* bedeutet jedes dem Staat zuzurechnende Tun, Dulden oder Unterlassen (Ehlers, o. Lit. A, 138). Dagegen beschränkt das BVerfG den Begriff hier auf alles amtliche Handeln mit Entscheidungscharakter einschließlich des behördeninternen Handelns, das die Voraussetzungen für die Wahrnehmung der Amtsaufgaben schafft (BVerfGE 93, 37/68), die Wahrnehmung von Mitentscheidungsbefugnissen und die Ausübung von Vorschlagsrechten (BVerfGE 107, 59/87), nicht aber bloß vorbereitende und rein konsultative Tätigkeiten (BVerfGE 83, 60/73 f). Eine Ausnahme für unwichtige Aufgaben ist nicht zu machen (Dreier DR D 92; **a. A.** BVerfGE 47, 253/274). *Volk* bedeutet das jeweilige Bundes- oder Landesstaatsvolk (BVerfGE 83, 60/74; 107, 59/87), das nur von den Deutschen (Rn.2–6 zu Art.116) gebildet wird (BVerfGE 83, 37/50 f; krit. Bryde, StWiss 94, 305; zu den Konsequenzen Rn.6 zu Art.28; Rn.4 zu Art.38; Rn.11 zu Art.79). Teilvölker bestehen in den Ländern, Kreisen und Gemeinden (Rn.6 zu Art.28) und in anderen Selbstverwaltungskörperschaften (Ehlers, o. Lit. A, 131 ff; Emde, o. Lit. A, 386 ff; Oebbecke, VerwArch 1990, 356 ff; a. A. Böckenförde HbStR[3] II § 24 Rn.33).

Im Einzelnen hat Volkssouveränität „nicht zum Inhalt, dass sich die Ent- 5 scheidungen der Staatsgewalt von den jeweils Betroffenen her zu legitimieren haben" (BVerfGE 83, 37/51). Bei der Ausübung der Staatsgewalt ist das Volk an die verfassungsrechtlichen Kompetenzgrenzen gebunden (BVerfGE 8, 104/115 f). Die gesetzliche Schaffung von Bezirksvertretungen als kommunaler Untergliederungen (BVerfGE 47, 253/272, 275) und Bezirksversammlungen in Stadtstaaten (BVerfGE 83, 60/75 f) ist zulässig. Das Demokratieprinzip verwehrt nicht die Anerkennung und Vollstreckung ausländischer Hoheitsakte durch deutsche Staatsorgane (BVerfGE 63, 343/369 f).

Die Ausübung der Staatsgewalt durch **Wahlen und Abstimmungen** be- 6 deutet, dass Volksvertretungen vorhanden sein (Repräsentationsprinzip; vgl. Rn.24 zu Art.38), periodisch wiederkehrende Wahlen zu ihnen stattfinden (Gebot der Periodizität; vgl. Rn.1 zu Art.39) und durch Wahlprüfung (vgl. Rn.1 zu Art.41) gesichert sein müssen. Die Wahlrechtsgrundsätze der Allgemeinheit, Freiheit, Gleichheit und Geheimheit (Rn.5–7, 9, 10 zu Art.38) gehören zum Demokratieprinzip (Herzog MD II 9; Schnapp MüK 13; vgl.

auch BVerfGE 71, 81/94; 85, 148/158; 123, 267/341 ff); fraglich ist dies für den Wahlrechtsgrundsatz der Unmittelbarkeit (Rn.8 zu Art.38).

7   **Verfassungsvorbehalt?** Die Fälle, in denen Wahlen und Abstimmungen stattfinden dürfen, sind weder durch Abs.2 S.2 noch durch abschließende Aufzählung im GG festgelegt (Jürgens, o. Lit. A, 286 f). Das ist für Wahlen wohl anerkannt (vgl. Schmidt-Aßmann AöR 1991, 353 f; a. A. Krause Hb-StR³ III § 35 Rn.18), wird aber von der hM für Abstimmungen auf Bundesebene bestritten und insoweit ein Verfassungsvorbehalt angenommen. Danach sollen Abstimmungen in anderen Fällen als dem des Art.29 auf Bundesebene nur durch Verfassungsänderung eingeführt werden können (Herzog MD II 43 ff; Sachs SA 32; Schnapp MüK 31; Sommermann MKS 162; Stern ST I 607; Volkmann FH 3. Teil 59; a.A. Stein AK Abs.1–3 III 51 f; Pestalozza, Der Popularvorbehalt, 1981). Dagegen ist zu sagen, dass Volksbefragungen durch Parlamentsgesetz eingeführt werden können (Dreier DR D 111; Ebsen, AöR 1985, 13 f; Hofmann, Verfassungsrechtliche Perspektiven, 1995, 145, 159 f), da dies nicht mit Art.76 ff kollidiert.

8   **b) Politische Freiheit und Gleichheit** sind Grundbedingungen der Demokratie. Die Kerngehalte der Kommunikationsgrundrechte (Art.5, 8 und 9) sind daher vom Demokratieprinzip umfasst (BVerfGE 7, 198/208; 27, 71/81; 69, 315/345 ff). Das Gleiche gilt für die Parteienfreiheit und -gleichheit (BVerfGE 2, 1/13; 3, 19/26; 5, 85/134 f) und den allgemeinen Gleichheitssatz (Stein AK Abs.1–3 III 33; Herzog MD II 6 ff; Schnapp MüK 14). Das BVerfG hat diesen Zusammenhang auf die einprägsame Formel gebracht, dass in einer Demokratie die Willensbildung sich vom Volk zu den Staatsorganen, nicht umgekehrt von den Staatsorganen zum Volk hin vollziehen muss (BVerfGE 20, 56/98 f); die daraus gezogene Folgerung der grundsätzlichen Unzulässigkeit staatlicher Parteienfinanzierung ist allerdings inzwischen modifiziert worden (vgl. Rn.13 f zu Art.21).

9   **c)** Das Demokratieprinzip verlangt eine **hinreichende Legitimation** der Staatsgewalt durch das Volk, d. h. ein bestimmtes Legitimationsniveau (BVerfGE 93, 37/66 f; 107, 59/87; BerlVerfGH, LVerfGE 10, 96/101). Dieses muss umso höher sein, je wichtiger die zu treffende Entscheidung ist (Robbers BK 579; Sommermann MKS 186). Bei der Bestimmung des Legitimationsniveaus ist kollidierendes Verfassungsrecht verhältnismäßig zuzuordnen (Ehlers, o. Lit. A., 139). Dabei ist zu unterscheiden:

9a   **aa) Unmittelbare Staatsverwaltung und kommunale Selbstverwaltung.** Die **personelle Legitimation** besteht in einer ununterbrochenen Legitimationskette vom Volk zu den mit staatlichen Aufgaben betrauten Organen und Amtswaltern der Verwaltung, die aber außer bei den Vertretungen in den Kreisen und Gemeinden (Rn.6 zu Art.28) nicht nur durch Volkswahl, sondern auch durch andere kompetenzgemäße Handlungen, namentlich Ernennungen und Bestellungen, aufrechterhalten wird (BVerfGE 47, 253/275 f; 77, 1/40; 83, 60/72; BSGE 82, 41/46 f; krit. Volkmann FH 3. Teil 47). Das ist in der Europäischen Union (Rn.3 zu Art.23) der Fall (Rn.8 zu Art.23). Das Demokratieprinzip setzt aber Grenzen für Verweisungen (Dreier DR D 121 f; unten Rn.64 f). Bei der Bestellung eines Amtswalters durch nicht nur aus personell legitimierten Amtsträgern zusammengesetzten Gremien ist erforderlich, „dass die die Entscheidung tragende Mehrheit sich ihrerseits aus einer Mehrheit unbeschränkt demokratisch legitimierter Mitglieder des Kreativorgans ergibt" (BVerfGE 93, 37/68; 107, 59/88; krit. Battis/Kersten, DÖV 96, 589 ff; a. A. VerfGH NW, OVGE 39, 292/294; Sachs SA 40). Die Bestellung von Organen der öffentlichen Gewalt muss regelmäßig durch einen Akt erfolgen, der der Volksvertretung in ihrer Gesamtheit zuzurechnen ist, so dass eine Benennung durch die Fraktionen nicht ausreicht (BVerfGE 38, 258/270 ff); das ist anders bei Hilfsorganen des Parlaments wie z. B. den Ausschüssen (Rn.5 zu Art.40). Das Parlament ist „Legitimationsspender" für die gesamte weitere staatliche Organisation (BremStGH, NVwZ 89, 954 f).

Die **materielle Legitimation** besteht zum einen durch die Bindung an **10** das vom Parlament beschlossene Gesetz und zum anderen in der grundsätzlichen Weisungsgebundenheit der Verwaltung gegenüber der Regierung und deren Verantwortlichkeit gegenüber dem Parlament (Rn.1 zu Art.65); die hierarchische Struktur der Ministerialverwaltung folgt also aus dem Demokratieprinzip (Dreier DR D 124; Robbers BK 701, 742). Das Demokratieprinzip setzt der Übertragung der Normsetzungsbefugnis auf außerstaatliche Stellen (unten Rn.65) und der Verwaltung in Privatrechtsform (Dreier DR D 136 ff), z. B. durch Beleihung (BremStGH, LVerfGE 13, 209/224 ff), Grenzen. Eine Anstalt des öffentlichen Rechts darf einer juristischen Person des Privatrechts nur unterstellt werden, wenn das Parlament eine letztentscheidende Einflussmöglichkeit behält (BerlVerfGH 10, 96/105). Mitbestimmung im Öffentlichen Dienst (Personalvertretung) darf sich nur auf innerdienstliche Maßnahmen erstrecken und muss die Letztentscheidungsbefugnis eines dem Parlament verantwortlichen Verwaltungsträgers wahren (BVerfGE 93, 37/70 ff; BVerfG-K, NJW 98, 2592; krit. Rinken, KritV 96, 282). Eine innerdienstliche Maßnahme ist z. B. die Umwandlung von Schichtdienst in Bereitschaftsdienst (BVerwGE 114, 103/113).

bb) Für die **funktionale Selbstverwaltung** als organisierte Beteiligung **10a** der sachnahen Betroffenen an den sie berührenden Entscheidungen gelten abgeschwächte Anforderungen an das Legitimationsniveau (BVerfGE 107, 59/92 ff; BVerwG, NVwZ 05, 1185; Musil, DÖV 04, 116; Becker, DÖV 04, 910): Der Gesetzgeber darf zum einen ein wirksames Mitspracherecht der Betroffenen schaffen und verwaltungsexternen Sachverstand aktivieren und zum anderen durch sachgerechten Interessenausgleich die Verwaltung effektivieren. Die Bildung der Organe der funktionalen Selbstverwaltung, ihre Aufgaben und Befugnisse müssen parlamentarisch ausreichend vorherbestimmt sein und die Organe müssen der Aufsicht personell demokratisch legitimierter Amtswalter unterliegen (BVerfGE 111, 191/217 f). Arbeitnehmervertreter dürfen in Leitungsorgane berufen und an der allgemeinen Aufgabenerfüllung beteiligt werden. Grenzen sind die Bevorzugung von bestimmten Partikularinteressen und die Unangemessenheit der Berücksichtigung der betroffenen Interessen.

d) Auch die **Öffentlichkeit** der staatlichen Beratungs- und Entscheidungs- **11** prozesse ist Bestandteil des demokratischen Prinzips (BVerfGE 70, 324/358; 103, 44/63; 118, 277/353); als Kontrollinstrument staatlicher Machtausübung ist sie zugleich rechtsstaatliches Anliegen (Pieroth, FS Hoppe, 2000, 195). Besondere Öffentlichkeitsgebote enthalten Art.42 Abs.1, Art.44 Abs.1 S.1 und Art.52 Abs.3 S.3. Öffentlichkeitsfördernd wirken ferner Art.43 Abs.1, Art.110 (Budgetöffentlichkeit, Rn.13 zu Art.110) und Art.114.

11a   Die Öffentlichkeit des (staatlichen) **Wahlverfahrens,** die die Ordnungs-gemäßheit und Nachvollziehbarkeit der Wahlvorgänge herstellt und damit eine wesentliche Voraussetzung für begründetes Vertrauen der Bürger in den korrekten Ablauf der Wahl schafft, ist Bestandteil des demokratischen Prinzips (BVerfGE 121, 266/291; 123, 39/68 ff; VerfGH NW, NVwZ 91, 1175/1179). Sie umfasst das Wahlvorschlagsverfahren, die Wahlhandlung abge-sehen vom Abstimmungsverhalten des Wählers (Rn.10 zu Art.38) und die Ermittlung des Wahlergebnisses (BVerfGE 121, 266/291), einschließlich sei-ner Bekanntgabe (BVerfGE 124, 1/16, 23), und damit „alle wesentlichen Schritte der Wahl" (BVerfGE 123, 39/70). Auch die Beratung der Wahlaus-schüsse und Wahlvorstände ist vom Öffentlichkeitsgebot umfasst (BVerfGE 89, 291/302 f). Ausgenommen sind vorbereitende Tätigkeiten des Kreiswahl-leiters (BVerfGE 121, 266/291 ff). Der Einsatz von elektronischen Wahlgerä-ten (Wahlcomputern) ist nur unter engen Voraussetzungen verfassungsgemäß (BVerfGE 123, 39/71 ff).

12   Die Öffentlichkeit der Verhandlungen des **Bundestags** (Rn.1 zu Art.42) ist ein wesentliches Element des demokratischen Parlamentarismus (BVerfGE 70, 324/355) und gleichzeitig Grundlage der für die politische Willensbil-dung erforderlichen Information des Wahlvolkes (Linck, DVBl 05, 794 f). Aus dem Demokratie- und Rechtsstaatsprinzip hat das BVerfG abgeleitet, dass der Willensbildungsprozess im Parlament, der zur Festsetzung der Höhe der Entschädigung und zur näheren Ausgestaltung der mit dem Abgeordne-tenstatus verbundenen finanziellen Regelungen führt, für den Bürger durch-schaubar sein und das Ergebnis vor den Augen der Öffentlichkeit beschlos-sen werden muss (BVerfGE 40, 296/327; ThürVerfGH, LVerfGE 14, 458/467 f; vgl. auch H. Lang, Gesetzgebung in eigener Sache, 2007; Streit, Ent-scheidung in eigener Sache, 2006). Zur Informationspflicht über Sonderab-gaben Rn.10 zu Art.105.

13   Das Öffentlichkeitsgebot gilt abgeschwächt auch für die **Exekutive.** Insb. die Regierung ist verpflichtet, der Öffentlichkeit ihre Politik, ihre Maßnah-men und Vorhaben sowie die künftig zu lösenden Fragen darzulegen und zu erläutern (BVerfGE 44, 125/147; 63, 230/243; vgl. auch BVerfGE 20, 56/100). Daher ist die Öffentlichkeitsarbeit der Regierung nicht nur zulässig, sondern auch notwendig, um den Grundkonsens im demokratischen Ge-meinwesen lebendig zu erhalten (BVerfGE 44, 125/147; 63, 230/242 f; VerfGH NW, NVwZ 92, 467). Sie darf allerdings nicht als Wahlwerbung missbraucht werden (Rn.14 zu Art.38). Konkrete Publizitätspflichten ver-mag das Demokratieprinzip weder für die Regierung noch für die Verwal-tung zu begründen (Kloepfer HbStR³ III § 42 Rn.56; vgl. Rn.16 f zu Art.5). Weitergehende Informationsrechte im Verwaltungsverfahren können sich aber aus der Rechtsschutzgarantie ergeben (Rn.68–70 zu Art.19).

14   Die **Gerichtsöffentlichkeit** hat als Konkretisierung des Demokratie- und Rechtsstaatsprinzips Verfassungsrang; ihre Abschaffung wäre verfassungswidrig (Pieroth, in: Recht der Persönlichkeit, 1996, 254 f; Degenhart HbStR³ V

§ 115 Rn.41; BGHSt 22, 297/301 spricht von „grundlegender Einrichtung des Rechtsstaats"; **a. A.** BVerfGE 15, 303/307). Zwar ist die Gerichtsöffentlichkeit nicht grenzenlos gewährleistet (BVerfGE 103, 44/63); doch muss ihre Einschränkung durch bestimmte gegenläufige Belange gerechtfertigt sein; das ist bei einer Beschränkung der Gerichtsöffentlichkeit auf die Saalöffentlichkeit und dem ausnahmslosen Verbot von Ton- und Fernseh-Rundfunkaufnahmen nicht der Fall (BVerfGE *abwM* 103, 73/75 ff; Pieroth/ Schlink 609; **a. A.** BVerfGE 103, 44/63 ff; Robbers BK 643). Andererseits gebietet der Grundsatz der Öffentlichkeit der Verhandlungen nicht, dass jedermann weiß, wann und wo ein erkennendes Gericht eine Hauptverhandlung abhält (BVerfG-K, NJW 02, 814).

e) Weitere Konkretisierungen. Im Demokratieprinzip wurzeln weitere **15** Grundsätze und Normen, ohne dass hieraus folgt, dass deren Gehalte zugleich in vollem Umfang den Schranken des Art.79 Abs.3 unterliegen würden (vgl. Pieroth, JuS 10, 473/475): der *Gesetzes- und Parlamentsvorbehalt* (unten Rn.44–56; vgl. auch BVerfGE 86, 90/106), das *Mehrheitsprinzip* (Rn.3 zu Art.42; vgl. auch BVerfGE 29, 154/165; 123, 267/341 ff), das *freie Mandat des Abgeordneten* (Rn.24 zu Art.38), das *parlamentarische Regierungssystem* (Rn.1 zu Art.62) und das Recht auf verfassungsmäßige Bildung und Ausübung der *Opposition* (BVerfGE 2, 1/13; 70, 324/363; 123, 267/342 f); daher verstößt auch der Minderheitenschutz nicht gegen das Demokratieprinzip (Volkmann FH 3. Teil 16). Andererseits besitzt die Opposition keine eigenständige Rechtsstellung (Haberland, Die verfassungsrechtliche Bedeutung der Opposition nach dem GG, 1995, 174; a. A. Robbers BK 656).

B. Bundesstaatsprinzip

1. Bedeutung und Abgrenzung zu anderen Vorschriften

Die **Strukturentscheidung** des Abs.1 für einen Bundesstaat dient allge- **16** mein der Begrenzung politischer Macht (BVerfGE 55, 274/318 f; Grzeszick MD IV 20). Das Bundesstaatsprinzip wird durch viele Bestimmungen des GG konkretisiert, v. a. durch die Homogenitätsklausel (Art.28 Abs.1), die Neugliederungsvorschriften (Art.29, 118, 118a), die Kompetenzklausel (Art.30), die Kollisionsklauseln (Art.31, 142), die Mitwirkung der Länder an der Willensbildung des Bundes durch den Bundesrat (Art.50) und die Finanzverfassung (Rn.1 zu Art.104a). Die große Bedeutung des Bundesstaatsprinzips zeigt sich auch darin, dass es in mehrfacher Hinsicht von der sog. Ewigkeitsklausel (Rn.8 f zu Art.79) erfasst wird. Es besteht ein enger Sachzusammenhang zum Demokratieprinzip (oben Rn.2).

Zur **Konstruktion** des Bundesstaats vertritt das BVerfG einen zweiglied- **17** rigen Aufbau aus dem Bund als Zentralstaat und den Ländern als Gliedstaaten, in dem allerdings drei Rechtskreise zu unterscheiden sind: zwischen den Organen des Zentralstaats, zwischen Zentralstaat und Gliedstaaten sowie zwischen den Gliedstaaten (BVerfGE 13, 54/77 f; für einen dreigliedrigen Aufbau aus Ländern, Bund und einem beide umfassenden Gesamtstaat noch BVerfGE 6, 309/340). Insoweit soll für die Anwendung von Völkerrecht kein Raum sein (BVerfGE 34, 216/231). Als Glieder des Bundes stehen die Länder gleichberechtigt nebeneinander (Grzeszick MD IV 113; krit. Bauer DR B 37), und es gilt der Grundsatz der Einstimmigkeit (BVerfGE 1, 299/315; 41, 291/308). Den Ländern wird eine eigene, nicht vom Bund abgeleitete Staatsqualität mit daraus folgender Verfassungsautonomie zuerkannt, die allerdings durch das GG begrenzt wird (BVerfGE 36, 342/360 f; 72, 330/388; 103, 332/350 f). Zu den Problemen des kooperativen Föderalismus Bothe AK Abs.1–3 II 40 ff; Rudolf HbStR³ VI § 141; Sommermann MKS 44 ff; vgl. auch Rn.8 zu Art.30 und Rn.2 zu Art.32.

18   **Ansprüche der Länder gegen den Bund** können sich aus dem GG ergeben, soweit es Kompetenzabgrenzungen zwischen Bund und Ländern vornimmt („Recht auf Kompetenz", vgl. Isensee HbStR³ VI § 126 Rn.132; krit. Korioth MD 24 zu Art.30) oder materielle Anforderungen an die Länder enthält, nicht aber soweit es das organschaftliche Zusammenwirken der Bundesorgane ordnet oder den Bund zur Neugliederung ermächtigt (BVerfGE 13, 54/79 f). Die Länder haben dem Bund gegenüber auch „kein einforderbares Recht, dass dieser einen Verstoß gegen Grundrechtsbestimmungen unterlässt" (BVerfGE 81, 310/334). Im Übrigen ist der Bund zu materieller Gleichbehandlung der Länder verpflichtet („föderatives Gleichbehandlungsgebot"; vgl. BVerfGE 72, 320/404; 86, 148/275; 116, 271/381 f; 119, 394/418; Grzeszick MD IV 115; Isensee HbStR³ VI § 126 Rn.137–153; Pleyer, o. Lit. B, 238 ff). Dieses Gebot findet keine Anwendung, wenn das Bundesgesetz nicht die Länder zu Adressaten hat, sondern sich lediglich auf die Finanzkraft der Bürger in den Ländern unterschiedlich auswirkt (BVerfGE 122, 1/38 f). Während das rechtsstaatliche Willkürverbot auch im Verhältnis von Hoheitsträgern untereinander gilt (unten Rn.29), ist der Grundsatz der Verhältnismäßigkeit im Bund-Länder-Verhältnis nicht anwendbar (BVerfGE 81, 310/338; a.A. Heusch, Der Grundsatz der Verhältnismäßigkeit im Staatsorganisationsrecht, 2003; Robbers BK 1146; Sommermann MKS 39).

19   Es besteht eine **Pflicht aller Glieder der bundesstaatlichen Gemeinschaft,** wenn ein Glied sich in einer extremen Haushaltsnotlage befindet, die seine Fähigkeit zur Erfüllung der ihm verfassungsrechtlich zugewiesenen Aufgaben in Frage stellt und aus der es sich mit eigener Kraft nicht befreien kann, ihm mit dem Ziel der haushaltswirtschaftlichen Stabilisierung auf der Grundlage konzeptionell aufeinander abgestimmter Maßnahmen Hilfe zu leisten, damit es wieder zur Wahrung seiner politischen Autonomie und zur Beachtung seiner verfassungsrechtlichen Verpflichtungen befähigt wird (BVerfGE 86, 148/264 f; 116, 327/386 f).

2. Grundsatz bundesfreundlichen Verhaltens

20   **a) Grundlagen.** Der Grundsatz bundesfreundlichen Verhaltens wird auch als Bundestreue bezeichnet (BVerfGE 92, 203/234; Bothe AK Abs.1–3 II 39; Sachs SA 68; Schnapp MüK 9; Stern ST I 699 ff). Er hat „die Funktion, die aufeinander angewiesenen ‚Teile' des Bundesstaats, Bund und Länder, stärker unter der gemeinsamen Verfassungsrechtsordnung aneinander zu binden" (BVerfGE 8, 122/140) und kann auch allgemein-organisationstheoretisch begründet werden (Roellecke UC 38 ff). Zur Wahrung der gesamt-

staatlichen Ordnung begründet er Rechte und Pflichten von Bund und Ländern über das geschriebene Recht (oben Rn.16) hinaus. Der Grundsatz gilt aber weder innerhalb des Bundes oder der Länder noch für die Gemeinden (Bauer, o. Lit. B, 296 ff; a.A. BVerwG, DVBl 90, 46). Wegen des Vorrangs von Gesetz und Verfassung (unten Rn.32–43) und zur Wahrung der funktionell-rechtlichen Grenzen der Rspr. des BVerfG (Rn.2–4a zu Art.93) ist bei der Anwendung des Grundsatzes bundesfreundlichen Verhaltens große Zurückhaltung geboten (Hesse 270; Isensee HbStR³ VI § 126 Rn.166).

Sein **normativer Gehalt** besteht darin, konkrete, über die im GG speziell normierten Pflichten hinausgehende, zusätzliche Pflichten der Länder gegenüber dem Bund, des Bundes gegenüber den Ländern und der Länder untereinander zu begründen. Allerdings darf dies „nur innerhalb eines anderweitig begründeten Verfassungsrechtsverhältnisses", d.h. akzessorisch, geschehen (BVerfGE 103, 81/88; 104, 238/248; 110, 33/52; Robbers BK 1155 ff). *Materielle Pflichten* beziehen sich auf gegenseitige Information, Abstimmung, Mitwirkung und Zusammenarbeit (BVerfGE 43, 291/348 f; 73, 118/197; 104, 249/271) sowie finanzielle (Rn.1 zu Art.107) und sonstige (Rn.1 zu Art.35) Unterstützung. *Prozedurale Pflichten* beziehen sich auf Fragen des Verfahrens und des Stils der Verhandlungen (BVerfGE 12, 205/255; 86, 148/211 f; 103, 81/88). Der Pflichtenbegründung entspricht eine *Beschränkung von Rechten und Kompetenzen* (BVerfGE 12, 205/254 f; 41, 291/308 ff; 81, 310/337; BVerwGE 60, 162/194), namentlich das Verbot missbräuchlicher (BVerfGE 104, 249/270; 106, 1/27; 110, 33/52; BVerwGE 114, 232/240) oder die Rechtsordnung widersprüchlich machender (Rn.2 zu Art.30) Kompetenzausübung und das Verbot des venire contra factum proprium (Bauer, o. Lit. B, 358 f). Der Grundsatz gilt auch für verfassungsändernde Gesetze (BVerfGE 34, 9/20) und für Staatsverträge, für die er die Geltung der clausula rebus sic stantibus begründet (BVerfGE 34, 216/232; 42, 345/358 f; BVerwGE 50, 137/145). Gegen den Grundsatz kann durch Tun oder Unterlassen verstoßen werden (BVerfGE 8, 122/131); ein Verschulden ist nicht Voraussetzung (BVerfGE 8, 122/140). **21**

Rechtsfolgen eines Verstoßes können die Unbeachtlichkeit oder Verfassungswidrigkeit eines Aktes, nicht aber eine finanzielle Haftung (BVerwGE 116, 234/240 f; Robbers BK 1154) sein. Wohl aber folgt aus dem Grundsatz eine Schadensminderungspflicht (BVerwGE 128, 99 Rn.41). Ein Verstoß berechtigt auch nicht zu entsprechenden Gegenmaßnahmen (Sommermann MKS 38). Beim Einwirken auf ein verwaltungsrechtliches Rechtsverhältnis ändert der Grundsatz nicht dessen rechtliche Qualität (BVerfGE 42, 103/117 f; Robbers BK 1160, 1203). **21a**

b) Im Einzelnen verletzt der **Bund** den Grundsatz, wenn er in Verhandlungen mit den Ländern diese willkürlich ungleich behandelt (BVerfGE 12, 205/255 ff; 86, 148/211 f), den Regelungsspielraum der Ländergesetzgebung übermäßig beschneidet (BVerfGE 34, 9/20), im Gesetzgebungsverfahren unter Umgehung des betroffenen Landes unmittelbar mit einzelnen Gemeinden verhandelt (BVerfGE 56, 298/320), das Verfahren zur Verständigung bei Mitwirkungsakten des Bundes bei der Rechtsetzung durch die EU gem. Art.23 nicht einhält (BVerfGE 92, 203/234 ff) oder vor Erlass einer **22**

Weisung gem. Art.85 Abs.3 dem Land keine Gelegenheit zur Stellungnahme gibt, dessen Standpunkt nicht erwägt und den Weisungserlass nicht ankündigt (BVerfGE 81, 310/337f).

22a Die **Länder** verletzen den Grundsatz, wenn sie Verhandlungen mit dem Bund willkürlich zum Scheitern bringen (BVerfGE 1, 299/315f), gegen ein die Bundeskompetenz beeinträchtigendes Verhalten von Gemeinden nicht aufsichtlich einschreiten (BVerfGE 8, 122/141), von ihrem Gesetzgebungsrecht offenbar missbräuchlich gegenüber dem Bund oder anderen Ländern, insb. ohne Rücksicht auf Finanzinteressen oder die auswärtigen Beziehungen, Gebrauch machen (BVerfGE 4, 115/140; 6, 309/362; BVerwGE 115, 32/34f), das Europäische Unionsrecht nicht ordnungsgemäß umsetzen und durchführen (Grzeszick MD IV 169; Oebbecke HbStR³ VI § 136 Rn.14), staatsvertragliche Verpflichtungen ohne vorgängige, für alle Vertragsparteien verbindliche Klärung der Rechtsfrage aufkündigen (BVerwGE 50, 137/147ff) oder gesamtstaatliche Belange erheblich beeinträchtigen (VerfGH NW, NVwZ 82, 189).

C. Gewaltenteilungsprinzip

1. Bedeutung und Abgrenzung zu anderen Verfassungsnormen

23 In Abs.2 S.2 ist das Prinzip der Gewaltenteilung verankert (Herzog MD V 1; Sommermann MKS 187; vorsichtig Schmidt-Aßmann HbStR³ II § 26 Rn.47). Es „zielt auf Machtverteilung und die daraus sich ergebende Mäßigung der Staatsherrschaft" (BVerfGE 124, 78/120; 67, 100/130; Schmidt-Aßmann HbStR³ II § 26 Rn.49). Darüber hinaus soll es für eine rationale und sachgerechte Organisation des Staates sorgen (BVerfGE 68, 1/86; 95, 1/15; Jarass, Politik und Bürokratie als Elemente der Gewaltenteilung, 1978, 6; Schulze-Fielitz DR R 68; Benda HbVerfR § 17 Rn.39). Die Gewaltenteilung zielt darauf ab, „dass staatliche Entscheidungen möglichst richtig, das heißt von den Organen getroffen werden, die dafür nach ihrer Organisation, Zusammensetzung, Funktion und Verfahrensweise über die besten Voraussetzungen verfügen" (BVerfGE 95, 1/15; 98, 218/251f; Sachs SA 81). Der Grundsatz der Gewaltenteilung ist ein „tragendes Organisationsprinzip des Grundgesetzes" (BVerfGE 3, 225/247; 67, 100/130). Gleichwohl hat er kaum eigenständige Bedeutung (Schulze-Fielitz DR R 70), weil für die Ausgestaltung der Gewaltenteilung weitgehend die Organisationsnormen des GG zu den Aufgaben und zur Zuordnung staatlicher Organe einschlägig sind (unten Rn.24). Wo aber solche Regelungen fehlen, ist auf den Grundsatz der Gewaltenteilung zurückzugreifen; zudem kann der Grundsatz bei der Interpretation sonstiger Vorschriften des GG bedeutsam sein. Der organisationsrechtliche Charakter verdeutlicht, dass das Gewaltenteilungsprinzip kein bloßer Unterfall des Rechtsstaatsprinzips ist, auch wenn es weite Überschneidungen gibt. Zu der in Abs.2 S.2 verankerten horizontalen Gewaltenteilung tritt die vertikale Gewaltenteilung durch die bundesstaatliche Gewaltenaufteilung (Rn.1 zu Art.30) und durch die Selbstverwaltung der Gemeinden des Art.28 Abs.2.

2. Gewaltentrennung und Gewaltenhemmung

a) Allgemeines. Das Prinzip der Gewaltenteilung unterscheidet zunächst 24
drei Teilbereiche staatlicher Aufgaben, die Gesetzgebung, die vollziehende
Gewalt und die Rechtsprechung (*funktionelle* Gewaltenteilung). Diese Aufgaben werden jeweils gesonderten Organen zugewiesen (*organisatorische* Gewaltenteilung): die Gesetzgebung v. a. dem Bundestag und dem Bundesrat, die
vollziehende Gewalt der Regierung und den Organen der Verwaltung und
die Rechtsprechung den Gerichten. Weitere (selbstständige) Gewalten kennt
das GG nicht (Stern ST II 537). Das GG fordert keine „absolute Trennung",
sondern die gegenseitige Kontrolle, Hemmung und Mäßigung der Gewalten
(BVerfGE 95, 1/15; 124, 78/120; BVerwGE 93, 287/288 f). Wie das im
Einzelnen zu geschehen hat, wird durch die einschlägigen Organisationsnormen des GG festgelegt (vgl. BVerfGE 64, 175/179). Dies gilt auch für
die Frage, wieweit die Organe einer Gewalt in den Tätigkeitsbereich der Organe einer anderen Gewalt hineinwirken dürfen. Jeder Gewalt wird aber
durch Abs.2 S.2 GG ein Kernbereich gewährleistet (BVerfGE 34, 52/59; 95,
1/15 f; vgl. BVerfGE 106, 51/60; Schulze-Fielitz DR R 71).

b) Konkretisierende Regelungen. aa) Der Bereich der **Gesetzge-** 25
bung wird gegenüber der *Exekutive* v. a. durch den Vorrang des Gesetzes
(BGHZ 142, 172/177; näher unten Rn.37–41) und den Vorbehalt des Gesetzes bzw. den Parlamentsvorbehalt (BVerfGE 20, 150/157 f; 121, 135/
163; näher unten Rn.44–55), durch die Bestimmtheit von Verordnungsermächtigungen (BVerfGE 34, 52/60; 54, 143/144; näher unten Rn.60),
durch die Unvereinbarkeit von Verwaltungsamt und Mandat (BVerfGE 18,
172/183; 48, 64/82 f; Herzog MD V 45) und durch die parlamentarische
Kontrolle der Exekutive (BVerfGE 49, 70/85; 67, 100/130; 77, 1/43; vgl.
Rn.1 zu Art.65) gesichert (Schulze-Fielitz DR R 72). Schutz gegenüber
der *Rechtsprechung* bietet der Vorrang des Gesetzes (BVerfGE 9, 89/102;
BVerwGE 59, 242/247; näher unten Rn.37 f, 42 f) und die Begrenzung
der Kontrolle des BVerfG (BVerfGE 56, 54/81; näher Rn.3 f zu Art.93).
Weiter dürfen Gerichte nicht „Befugnisse beanspruchen, die von der Verfassung eindeutig dem Gesetzgeber übertragen worden sind", was aber einer Rechtsfortbildung nicht entgegensteht (BVerfGE 96, 375/394 f). Zulässig ist auch die Entwicklung allgemeiner Rechtsgrundsätze (BVerfGE 95,
48/62).

bb) Die **vollziehende Gewalt** verfügt über keine vergleichbaren Siche- 26
rungen gegenüber der *Gesetzgebung.* Insb. erscheint es fraglich, ob die Akte
der auswärtigen Gewalt idR der Regierung zuzuordnen sind (Herzog MD
V 105; **a. A.** BVerfGE 68, 1/87). In einer parlamentarischen Demokratie ist
grundsätzlich jede Frage einer gesetzlichen Regelung zugänglich (Herzog
MD V 79 ff; vgl. aber auch BVerfGE 9, 268/281; 67, 100/139); anderes gilt
nur dort, wo das GG erkennbar etwas anderes vorsieht. Die Grenze des Einzelfallgesetzes (Rn.1 f zu Art.19) ist zu beachten. Staatliche Planung kann
auch vom Gesetzgeber wahrgenommen werden bzw. stellt ein Zwischen-
phänomen dar (BVerfGE 95, 1/16; BVerfG-K, NVwZ 98, 1061). Die These, ein Selbstvollzug belastender Gesetze ohne Einzelfallentscheidung sei (aus

Gründen der Gewaltenteilung) nur ausnahmsweise zulässig (BSGE 77, 253/258 ff; 84, 195/206), ist sehr zweifelhaft. Richtig ist allerdings, dass auch die Regierung eine eigenständige demokratische Legitimation besitzt (BVerfGE 49, 89/125) und der Gesetzesvorbehalt daher nur so weit reicht, wie das die einschlägigen Normen des GG vorsehen. Auch der Bereich der Organisationsgewalt dürfte nicht generell dem Gesetzgeber entzogen sein (vgl. Rn.2 zu Art.64). Im Bereich der Willensbildung der Regierung ist allerdings ein Kernbereich exekutiver Eigenverantwortung dem Zugriff des Parlaments entzogen, der v.a., aber nicht nur abgeschlossene Vorgänge erfasst (BVerfGE 124, 78/120 f; vgl. BVerfGE 67, 100/130; Sommermann MKS 219); zu den Grenzen eines Untersuchungsausschusses Rn.4 zu Art.44. Im Hinblick auf Handlungsmuster, Verfahren und Organisation sichert das GG die Eigenständigkeit der *Verwaltung ieS* und sorgt andererseits für eine Verklammerung von *Regierung* und Parlamentsmehrheit (Jarass, Politik und Bürokratie als Elemente der Gewaltenteilung, 1978, 145 ff), was das herkömmliche Gewaltenteilungsschema zusätzlich relativiert. Gegenüber der *Rechtsprechung* wird der Bereich der Exekutive v.a. durch die Beschränkung der Gerichte auf eine bloße Rechtskontrolle geschützt (BVerwGE 72, 300/317; 76, 90/93; 85, 323/327 f; Schulze-Fielitz DR R 73). Die Beschlagnahme von Behördenakten ist nicht ausgeschlossen (BGHSt 38, 237/243 ff).

27   **cc)** Die Eigenständigkeit der **Rechtsprechung** wird durch den Richtervorbehalt des Art.92 und das daraus resultierende Rechtsprechungsmonopol (Rn.11 zu Art.92), die organisatorische Selbständigkeit der Gerichte (BVerfGE 54, 159/166) und durch die Sicherung der sachlichen und personellen Unabhängigkeit der Richter in Art.97 gewährleistet (BGHZ 67, 184/187; BVerwGE 78, 216/219; Schulze-Fielitz DR R 74). Die durch Strafbewehrung eines Verwaltungsakts bedingte Bindung des Strafrichters an die Entscheidung einer Verwaltungsbehörde verstößt grundsätzlich nicht gegen die Gewaltenteilung (BVerfGE 105, 61/68; zu den Grenzen BVerfGE 75, 329/346 f).

D. Rechtsstaatsprinzip

I. Grundlagen

1. Bedeutung und Verhältnis zu anderen Verfassungsnormen

28   **a) Bedeutung.** Das Rechtsstaatsprinzip als „eines der elementaren Prinzipien des Grundgesetzes" (BVerfGE 20, 323/331) hat im Grundgesetz in zahlreichen Vorschriften eine nähere Konkretisierung erfahren (unten Rn.30). Aus der Zusammenschau dieser Regelungen ergibt sich das Rechtsstaatsprinzip als **allgemeiner Rechtsgrundsatz** (vgl. BVerfGE 7, 89/92 f; 45, 187/246; 52, 131/144 f; krit. Frankenberg AK 21). In Art.20 Abs.3 sind wichtige Teilelemente des Prinzips verankert (BVerfGE 30, 1/24 f; Schulze-Fielitz DR R 40), weshalb wohl das Rechtsstaatsprinzip vielfach auf Art.20 Abs.3 gestützt wird (etwa BVerfGE 103, 271/287; 109, 133/180; BVerwGE 70, 143/144), gelegentlich auch auf Art.20 in seiner Gesamtheit (Robbers

BK 1719). Das gesamte Prinzip wird in Art.23 Abs.1 S.1 und in Art.28 Abs.1 S.1 angesprochen.

Das Rechtsstaatsprinzip bindet zunächst die Träger der **Bundesstaatsge-** 29 **walt.** Umstritten ist, ob es unmittelbar auch die Träger der **Landesstaats- gewalt** bindet (dafür BVerfGE 2, 380/403; implizit BVerfGE 102, 197/222; Tettinger SA 54 zu Art.28; dagegen Grzeszick MD VII 160; offen gelassen BVerfGE 90, 60/86). Jedenfalls dürfte die mittelbare Bindung über Art.28 Abs.1 S.1 im Wesentlichen zu dem gleichen Ergebnis führen (vgl. BVerfGE 90, 60/86; Dreier DR 65 zu Art.28; Rn.4 zu Art.28). Vom Bürger kann es insb. über Art.2 Abs.1 (oder anderer Grundrechte) **geltend gemacht** werden (BVerfGE 91, 335/338 f; Rn.24 zu Art.2), auch von Ausländern (BVerf- GE 51, 356/362). Als objektives Recht ist es auch sonst zu beachten (BVerw- GE 126, 14 Rn.16). Aus dem Prinzip lassen sich konkretere Folgen ableiten, wobei allerdings wegen „der Weite und Unbestimmtheit des Rechtsstaats- prinzips ... mit Behutsamkeit vorzugehen" ist (BVerfGE 57, 250/276; 90, 60/86; 111, 54/82; noch restriktiver Schnapp MüK 24). Das Prinzip enthält „keine in allen Einzelheiten eindeutig bestimmten Gebote oder Verbote" (BVerfGE 52, 131/144; 74, 129/152; 90, 60/86). Es wird durch die Men- schenwürde beeinflusst (Sommermann MKS 238).

Die Forderungen des Rechtsstaatsprinzips sind zum Teil formaler Natur 30 (etwa Rechtssicherheit), zum Teil materieller Art (etwa Verhältnismäßigkeit). Die materiellen Anforderungen werden nicht selten auf die Idee der Gerech- tigkeit bezogen (BVerfGE 20, 323/331; 52, 131/144 f; 70, 297/308). Das kann aber nicht bedeuten, dass das Rechtsstaatsprinzip mit überpositiven Gehalten aufgefüllt wird. Die Anforderungen des **materiellen Rechtsstaats** müssen aus der Verfassung abgeleitet werden (Benda HbVerfR § 17 Rn.9 ff; Schulze-Fielitz DR R 51; unten Rn.38). Andernfalls könnte die Figur des materiellen Rechtsstaats zum Einfallstor beliebiger Vorstellungen werden.

b) Verhältnis zu anderen Verfassungsnormen. Das Rechtsstaatsprin- 30a zip wurde durch zahlreiche Regelungen des GG konkretisiert. Dazu gehö- ren die Grundrechte (insb. die in ihnen enthaltenen Gesetzesvorbehalte), die Entschädigung bei staatlichen Eingriffen, die Gewaltenteilung, der Vorrang der Verfassung und des Gesetzes, der Vorbehalt des Gesetzes, der Grundsatz der Verhältnismäßigkeit, der Rechtsschutz gegenüber der öffentlichen Ge- walt, das rechtliche Gehör und die Gewährleistung des gesetzlichen Rich- ters. Im Bereich der Teileelemente, die im GG eine nähere Ausprägung er- fahren haben, ist ein Rückgriff auf das allg. Rechtsstaatsprinzip grundsätzlich unnötig und unzulässig (Schmidt-Aßmann HbStR³ II § 26 Rn.7; Schulze- Fielitz DR R 44).

2. Übergreifende Institute

a) Gesetzmäßigkeit der Verwaltung. Wichtige Gehalte des Rechts- 31 staatsprinzips als allgemeinem Rechtsgrundsatz werden, soweit sie die Exe- kutive bzw. die Verwaltung betreffen, traditionell unter dem Prinzip der „Gesetzmäßigkeit der Verwaltung" zusammengefasst, das auch eine demo- kratiestaatliche Wurzel besitzt (Sommermann MKS 161). Das Prinzip zielt auf den Vorrang des Gesetzes im Sinne der Bindung der Verwaltung an gel-

tendes Recht (unten Rn. 39–41), auf den Vorbehalt des Gesetzes (vgl. BVerf-
GE 80, 137/161; näher unten Rn. 44 ff) und auf die Bestimmtheit von Ermächtigungen (vgl. BVerfGE 69, 1/41; näher unten Rn. 60–62a).

31a **b) Faires Verfahren.** Übergreifenden Charakter hat auch das Recht auf
ein rechtstaatliches faires Verfahren (BVerfGE 109, 13/34; 110, 339/342; 113,
29/47; Stern ST IV/1, 937 f). Es kommt überall dort zum Tragen, wo spezielle grundrechtliche Verfahrensgewährleistungen nicht greifen (BVerfGE 109,
13/34). Bedeutsam ist dies vor den Zivilgerichten (unten Rn. 96) und in der
Zwangsvollstreckung (BVerfGE 51, 150/156), weiter vor den Arbeitsgerichten (BAGE 126, 137 Rn. 21), vor den Strafgerichten (unten Rn. 98), in Strafvollstreckungsverfahren (Rn. 120 zu Art. 2) und in Disziplinarverfahren (unten
Rn. 109). Zudem kommt es vor den Verwaltungsgerichten zum Einsatz (Di
Fabio MD 75 zu Art. 2 I), wobei insoweit ggf. der Vorrang des Art. 19 Abs. 4 zu
beachten ist (vgl. Rn. 34 zu Art. 19). Darüber hinaus bindet das Recht auf ein
faires Verfahren auch den Rechtspfleger (BVerfGE 101, 397/404 f). Schließlich gilt es generell in Verwaltungsverfahren (BVerwG, NVwZ 01, 95), insb.
in Prüfungsverfahren (BVerwGE 107, 363/368 f).

31b Das Recht **verlangt** insb., dass dem Einzelnen die Möglichkeit gegeben
wird, „vor einer Entscheidung, die seine Rechte betrifft, zu Wort zu kommen, um Einfluss auf das Verfahren und dessen Ergebnis nehmen zu können" (BVerfGE 101, 397/405); notwendig ist also grundsätzlich eine vorherige Anhörung und die Eröffnung von Einflussmöglichkeiten. Dies gilt auch
nach längerem Ruhen des Verfahrens (BVerwG, NVwZ 01, 95). Weiter bietet das Recht Schutz gegen den Zwang zur Selbstbezichtigung (BVerfGE
109, 279/324). Zudem ergibt sich aus dem Recht ein Anspruch auf ausreichende Begründung strafgerichtlicher Entscheidungen (BVerfGE 118,
212/241). Dem Gesetzgeber kommt andererseits bei der Ausgestaltung des
Rechts ein Spielraum zu (BVerfG-K, NJW 07, 205). Dem Gebot des fairen
Verfahrens kann man auch das rechtstaatliche Gebot der Unparteilichkeit
bzw. der fehlenden Befangenheit des handelnden Amtsträgers, aber auch der
Behörde zuordnen (vgl. BVerfGE 123, 148/179 f). Daher ist es bedenklich,
wenn ein Projektträger selbst für die Entscheidung über die erforderliche
Planfeststellung zuständig ist (a. A. BVerwG, NVwZ 91, 782).

31c **c) Willkürverbot.** Aus dem Rechtsstaatsprinzip ergibt sich auch ein allgemeines Willkürverbot (BVerfGE 21, 362/372; 56, 298/313; 86, 148/251;
89, 132/141; BVerwGE 75, 318/327; 106, 280/287; Huster FH 43 zu Art. 3 I;
Osterloh SA 34 zu Art. 3 I). Die Abgrenzung zum Willkürverbot des Art. 3
Abs. 1 ist unsicher (Rn. 6 zu Art. 3). Die Anforderungen dürften aber ähnlich
wie bei Art. 3 Abs. 1 (Rn. 26 zu Art. 3) ausfallen. Auf das rechtstaatliche Willkürverbot können sich auch und gerade öffentlich-rechtliche Stellen berufen.

II. Vorrang von Verfassung und Gesetz (Abs. 3)

1. Bindung des förmlichen Gesetzgebers

32 **a) Reichweite.** Art. 20 Abs. 3 statuiert zunächst die Bindung des Gesetzgebers an die **verfassungsmäßige Ordnung** und damit den Vorrang der

Verfassung. Adressat dieser Verpflichtung ist (allein) der *förmliche* Gesetzgeber (Schulze-Fielitz DR R 82; a. A. Sachs SA 100); für die sonstige Staatsgewalt ergibt sich die Bindung an die Verfassung aus der weit zu verstehenden Bindung an Recht und Gesetz (unten Rn.38). Mit „verfassungsmäßiger Ordnung" ist der gesamte Normbestand des GG gemeint (Sommermann MKS 240; Grzeszick MD VI 30), nicht hingegen überpositives Recht. Ob der Gesetzgeber an überpositives Recht gebunden ist (so BVerfGE 9, 338/349; deutlich vorsichtiger BVerfGE 34, 269/286 f) oder an die „Gerechtigkeit" (so in Ausnahmefällen BVerfGE 95, 96/134 f), wird von Art.20 Abs.3 nicht beantwortet. Nicht gemeint ist des Weiteren das Landesverfassungsrecht (Schulze-Fielitz DR R 83; a. A. Sachs SA 101). Gebunden wird aber auch der Landesgesetzgeber (vgl. BVerfGE 103, 332/353; oben Rn.29). Zur Bindung des Gesetzgebers an die Grundrechte Rn.32 zu Art.1. Eine ursprünglich verfassungsmäßige Norm kann „wegen Veränderungen der maßgeblichen Umstände" verfassungswidrig werden (BVerfGE 59, 336/357); vgl. BVerfGE 97, 271/293); zu Prognosefehlern unten Rn.87. Normverwerfende *verfassungsgerichtliche Entscheidungen* hindern den (förmlichen) „Gesetzgeber nicht, eine inhaltsgleiche oder inhaltsähnliche Neuregelung zu beschließen" (BVerfGE 77, 84/103 f; 96, 260/263; Schlaich/Korioth Rn.472; a. A. BVerfGE 69, 112/115); Voraussetzung sind lediglich veränderte tatsächliche oder rechtliche Gründe oder veränderte Anschauungen (BVerfGE 96, 260/263; vgl. Klein, FS F. Klein, 1994, 518 f).

b) Folgen. aa) Verstößt ein Gesetz gegen das GG, ist es grundsätzlich 33 von Anfang an **nichtig,** also unwirksam (BVerfGE 84, 9/20 f; Schulze-Fielitz DR 84; Schlaich/Korioth Rn.366 ff; Huster/Rux EH 155; Sommermann MD VI 45; a. A. Grzeszick MD VI 45), nicht nur vernichtbar (so aber Pestalozza § 20 Rn.16). Davon geht insb. Art.100 Abs.1 aus. Dem GG kommt ein Geltungsvorrang (Derogation), kein bloßer Anwendungsvorrang (Suspension) zu; zu *Ausnahmen* unten Rn.35 f. Das Gesetz darf nicht mehr angewandt werden; zum Prüfungs- und Verwerfungsrecht siehe allerdings unten Rn.36. Ggf. ist eine Teilnichtigkeit möglich, wenn der verbleibende Teil einen selbständigen Regelungssinn behält und auch ohne den nichtigen Teil angewandt werden kann (BVerfGE 112, 226/253). Bei Fehlern in Gesetzgebungsverfahren (ohne Kompetenzbegrenzungen) soll es nur dann zur Nichtigkeit kommen, wenn der Fehler evident ist (Rn.1a zu Art.76).

Die Folge der Nichtigkeit greift nicht, wenn eine **verfassungskonforme** 34 **Auslegung** des Gesetzes möglich ist. Sie „ist geboten, wenn unter Berücksichtigung von Wortlaut, Entstehungsgeschichte, Gesamtzusammenhang und Zweck mehrere Deutungen möglich sind, von denen jedenfalls eine zu einem verfassungsgemäßen Ergebnis führt" (BVerfGE 124, 25/39; 95, 64/81, 93; 110, 226/267; 112, 164/182 f; BSGE 94, 192 Rn.34). Dabei spielt es keine Rolle, „ob dem subjektiven Willen des Gesetzgebers eine weitergehende als die nach der Verfassung zulässige Auslegung des Gesetzes eher entsprochen hätte" (BVerfGE 69, 1/55; 9, 194/200; 93, 37/81). Zu nutzen ist auch die Auslegung iwS, also die Rechtsfortbildung, etwa die Analogie (vgl. Einl.7a). Allerdings darf die Auslegung nicht „in Widerspruch zu dem klar geäußerten Willen des Gesetzgebers stehen" (BVerfGE 122, 39/61; 86, 288/320; 95, 64/93; 101, 312/329; BVerwGE 105, 20/23; BGH, NJW 09, 2746; Bleckmann JuS 2002, 946 f). Es „darf einem nach Wortlaut und Sinn eindeutigen Gesetz nicht ein entgegengesetzter Sinn verliehen, der normative Gehalt der auszulegenden Norm nicht grundlegend neu bestimmt oder das gesetzgeberische Ziel nicht in einem wesentlichen Punkt verfehlt werden" (BVerfGE 71, 81/105; 90, 263/276; 109, 279/316 f; BVerwGE 102, 1/5). Andernfalls würde in die Rechte des demokratisch legitimierten Gesetzgebers eingegriffen (BVerfGE 112, 164/183). Grenzen ergeben sich „grundsätzlich aus dem ordnungsgemäßen Gebrauch der anerkannten Auslegungsmethoden" (BVerfGE 119, 247/274). Der Wortlaut allein bildet keine unübersteigbare Grenze (BVerfGE 35, 263/278 f; 88, 145/166 f; 97, 186/196; widersprüchlich BVerfGE 124, 25/39), weil nach den anerkannten Auslegungsmethoden der Wortlaut etwa durch die Systematik oder den Zweck überwunden werden kann (Einl.7); es kommt auf den Wortlaut, die Entstehungsgeschichte und den Zweck an (BVerfGE 112, 164/183; 122, 39/61). Schließlich darf die verfassungskonforme Interpretation nicht zu einer gesetzeskonformen Interpretation der Verfassung führen (Stern ST I 137).

35 **bb)** Unter Umständen kann das BVerfG *statt der Nichtigkeit* der verfassungswidrigen Norm lediglich ihre **Unvereinbarkeit** mit dem Verfassungsrecht feststellen (Schlaich/Korioth Rn.382; Schulze-Fielitz DR R 89 ff), wovon auch § 31 Abs.2 S.2, 3 und § 79 Abs.1 BVerfGG ausgehen. Dies kommt in folgenden Fällen in Betracht: – **(1)** Die sofortige Unwirksamkeit würde zu einer Situation führen, die der verfassungsrechtlichen Ordnung **noch ferner** steht (BVerfGE 84, 9/20; 92, 53/73; 111, 191/224; 117, 163/201; Battis HbStR VII § 165 Rn.38; vgl. unten Rn.56) oder die Betroffenen eine *Anpassungszeit* benötigen (BVerfGE 103, 1/19). – **(2)** Der Verfassungsverstoß kann auch durch eine **Ergänzung** oder **Änderung des Gesetzes** behoben werden. Dies ist v. a. bei Gleichheitsverletzungen möglich (dazu Rn.40–42 zu Art.3), aber auch in anderen Fällen, etwa bei einem Verstoß gegen Art.12 (BVerfGE 81, 242/243), gegen Art.14 (BVerfGE 87, 114/136; 100, 226/247 f), gegen Art.19 Abs.4 (BVerfGE 101, 397/409) oder gegen Art.107 (BVerfGE 72, 330/333). Unterschiedliche Möglichkeiten, einen Verfassungsverstoß zu beheben, bestehen vielfach auch im Bereich der grundrechtlichen Schutzaufträge (vgl. BVerfGE 114, 1/70). – **(3)** Das Prinzip des Gesetzesvorbehalts wurde verletzt (unten Rn.56).

35a Die Unvereinbarkeit führt zu einer bloßen Suspendierung des Gesetzes **(Suspension):** Es kann von Gerichten und Behörden nicht mehr angewandt werden, soweit das BVerfG zur Vermeidung eines Rechtsvakuums nichts anderes vorsieht (BVerfGE 73, 40/101 f; Battis HbStR VII § 165 Rn.34 ff). Gerichte und Behörden müssen die Neuregelung durch den Gesetzgeber abwarten (BVerfGE 87, 114/136). Der Gesetzgeber muss innerhalb einer angemessenen Frist den Verfassungsverstoß beseitigen (BVerfGE 81, 363/384; 82, 126/155; 103, 242/270); für die Zeit vor der Entscheidung des BVerfG kann die Korrektur beschränkt werden (BVerfGE 87, 114/137; 94, 241/266). Nach Fristablauf ist die Lücke durch die sonstigen Gerichte (BVerfGE 98, 17/46) oder die Verwaltung zu schließen (BVerfGE 99, 216/244 f; 100, 195/208). Wird ein Gesetz nur teilweise als mit dem GG unvereinbar erklärt („soweit es ..."), dann ist es im Übrigen weiter anzuwenden (vgl. BVerfGE 71, 1/10 f; unnötig daher die Konstruktion BAGE 49, 21/ 26 f).

cc) Von der Frage der materiellen Wirkung des Verfassungsverstoßes eines **36** Gesetzes ist die Frage zu trennen, wer diesen Verstoß feststellen darf, wer also über die Anwendung oder Nichtanwendung entscheiden kann. Vielfach spricht man insoweit von **Verwerfung,** wobei zwischen der Verwerfung im Einzelfall (Nichtanwendung) und der allgemein verbindlichen Verwerfung unterschieden werden muss. Für den Bereich der *Rechtsprechung* ist insoweit Art.100 einschlägig, mit der Folge, dass für nachkonstitutionelle (förmliche) Gesetze kein Verwerfungs- bzw. Nichtanwendungsrecht besteht (näher Rn.2 zu Art.100). Auch der Verwaltung dürfte es verwehrt sein, ein förmliches Gesetz wegen Verfassungswidrigkeit nicht anzuwenden (Schulze-Fielitz DR R 98; Starck MKS 233 zu Art.1; Kunig MüK 61 zu Art.1; a. A. wohl BVerf-GE 12, 180/186). Bei evidenten, besonders schweren Verfassungsverstößen kann das aber nicht gelten (Stern III/1 1347 ff). Auf jeden Fall müssen die Überprüfungsmöglichkeiten innerhalb des Verwaltungsträgers ausgeschöpft werden (vgl. BGH, NVwZ 87, 169). Zur Nichtanwendung untergesetzlicher Normen unten Rn.40.

2. Bindung der vollziehenden Gewalt und der Rechtsprechung

a) Allgemeines. Mit vollziehender Gewalt und Rspr. iSd Abs.3 sind zu- **37** sammen alle staatlichen Aktivitäten mit Ausnahme jener des förmlichen Gesetzgebers gemeint. Die ohnehin problematischen Versuche (oben Rn.24), weitere Gewalten, wie auswärtige Gewalt, Wehrgewalt, Gnadengewalt etc. zu entwickeln, können jedenfalls nicht zu einer Freistellung von Abs.3 führen (Robbers BK 2109; Grzeszick MD VI 71). Erfasst werden alle **öffentlich-rechtlichen Tätigkeiten** begünstigender wie belastender Art, gleich welchen Personen des öffentlichen Rechts sie zuzurechnen sind (Schulze-Fielitz DR R 95; vgl. Rn.35 zu Art.1). Weiter werden alle privatrechtlichen Tätigkeiten öffentlich-rechtlicher Einrichtungen erfasst (Robbers BK 2110; vgl. Rn.38–40 zu Art.1). Allerdings muss der Geltungsbereich der einschlägigen Normen jeweils geprüft werden. Sie können eventuell allein auf öffentlich-rechtliche Tätigkeiten anwendbar sein.

Die Bindung an **Gesetz und Recht** ist als die Bindung an die Verfassung **38** (Vorrang der Verfassung) und an förmliche Gesetze (Vorrang des Gesetzes) zu verstehen, aber auch an alle anderen Rechtsvorschriften, insb. an Rechtsverordnungen und Satzungen. Erfasst wird auch das Gewohnheitsrecht (BVerfGE 78, 214/227), das durch eine längere tatsächliche Übung gekennzeichnet ist, die dauernd und gleichmäßig ist sowie und von den Beteiligten als Rechtsnorm anerkannt wird (BVerfGE 122, 248/269). Weiter besteht eine Bindung an das unmittelbar anwendbare EU-Recht (Sachs SA 107; vgl. BVerwGE 74, 241/248 f) und das innerstaatlich geltende Völkerrecht (BVerfGE 112, 1/24 f). Dagegen besteht keine Bindung an Richterrecht (BVerfGE 84, 212/227; Sommermann MKS 286; vgl. unten Rn.42) und an Verwaltungsvorschriften (BVerfGE 78, 214/227; Sachs SA 107; Grzeszick MD VI 62; einschr. BVerwG, NVwZ-RR 96, 499). Der Hinweis auf das „Recht" ist tautologischer Natur (Schnapp MüK 43; Frankenberg AK 25; in der Sache Grzeszick 69); andernfalls träte zu Art.97 Abs.1 ein Widerspruch auf. Überpositive Gerechtigkeitsvorstellungen durch das „Recht" erfasst zu sehen (so Benda HbVerfR 731 f; Schulze-Fielitz DR R 94), würde zu einer problematischen Relativierung des positiven Rechts führen (Gusy, JuS 83, 193; vgl. oben Rn.30 sowie BVerfGE 3, 162/182). Das GG bietet ausreichende Sicherungen für eine materiell verstandene Gerechtigkeit. Weniger problematisch ist es, unter „Gesetz" nur förmliche Gesetze und unter „Recht" das gesamte sonstige Recht zu verstehen (so Sommermann MKS 265). Zu den Konsequenzen der Bindung an das Gesetz für die Auslegung von Gesetzen vgl. Einl.5–9.

39   **b) Vollziehende Gewalt. aa)** Die Bindung der vollziehenden Gewalt an Gesetz und Recht besagt zum einen, dass die **von der Exekutive erlassenen Normen** nicht gegen höherrangige Normen verstoßen dürfen (Schulze-Fielitz DR R 96). Gesetzesvertretende Rechtsverordnungen sind ausgeschlossen (BVerwGE 124, 11/16 f; vgl. Rn.15 zu Art.80 und Rn.3 zu Art.129), sofern das GG nichts anderes vorsieht (etwa in Art.119, Art.127). Ein Verstoß gegen höherrangige Normen ist, soweit wie möglich, durch eine verfassungskonforme bzw. gesetzeskonforme Auslegung zu vermeiden; insoweit gelten die Ausführungen oben in Rn.34 direkt oder entsprechend. Der Verstoß einer untergesetzlichen Norm gegen höherrangiges Recht führt grundsätzlich zu ihrer **Nichtigkeit** (BVerwG, DÖV 95, 469 ff; Schulze-Fielitz DR R 96; vgl. oben Rn.33) und zur Unanwendbarkeit; das gilt auch im Bereich eines Beurteilungsspielraums (BVerfG-K, DVBl 10, 253). Die oben in Rn.35 f beschriebenen Ausnahmen zur bloßen Feststellung der Verfassungswidrigkeit gelten aber auch hier (vgl. Kopp/Schenke § 47 Rn.92). Zudem kann das „verletzte" Gesetz vorsehen, dass der Verstoß, evtl. unter bestimmten Voraussetzungen, nicht zur Unanwendbarkeit führt (vgl. etwa §§ 214 ff BauGB). Das traditionelle Nichtigkeitsdogma ist verfassungsrechtlich nicht geboten (BVerfGE 103, 332/390; 113, 1/25 f; Grzeszick MD VI 144). Auch **Verwaltungsvorschriften** müssen den Vorrang des Gesetzes beachten (BVerfGE 78, 214/227; Robbers BK 2112) und sind ggf. unwirksam (Jarass, JuS 99, 110). Der Vorrang des Gesetzes ist nicht verletzt, wenn durch ein förmliches Gesetz Modifikationen dieses Gesetzes durch eine Verwaltungsvorschrift zugelassen werden (BVerfGE 8, 155/171 f).

40   **Befugnis und Pflicht** zur Entscheidung über die Nichtanwendung einer untergesetzlichen Norm liegen zum einen bei allen *Gerichten,* da insoweit Art.100 Abs.1 nicht greift (Rn.2, 6 zu Art.100). Weiter hat die *Verwaltung* untergesetzliche Normen nicht anzuwenden, wenn sie gegen höherrangiges Recht verstoßen (Stern ST III/1, 1347; Kunig MüK 61 zu Art.1; Schulze-Fielitz DR R 99; wohl auch BVerfGE 12, 180/186; offen gelassen BVerwGE 75, 142/146; BGH, NVwZ 87, 169; a.A. Ossenbühl HbStR[3] V § 101 Rn.10). Die Entscheidung über die Nichtanwendung kann aber auf bestimmte Stellen beschränkt werden, wie das durch § 38 Abs.2 BRRG zugunsten des jeweiligen Vorgesetzten eines Beamten geschieht. Dementsprechend ist die Gehorsamspflicht eines Beamten auch gegenüber (aus seiner Sicht) verfassungswidrigen Weisungen zulässig, sofern nicht ein evidenter

bzw. ein besonders schwerer Verfassungsverstoß vorliegt (BVerfG-K, DVBl 95, 193). Andererseits *muss* ein Beamter die vorgesetzte Stelle einschalten, wenn er eine Regelung für rechtswidrig hält (BGH, NVwZ 87, 169). Die Nichtanwendungspflicht entfällt nicht deshalb, weil der Vorrang des Gesetzes auch den untergesetzlichen Normen zugute kommt (so aber Degenhart 317); der Vorrang der höherrangigen Norm, die andernfalls unbeachtet bleibt, geht vor. Eine *allgemein verbindliche Verwerfung* steht allein den Gerichten nach Maßgabe des Prozessrechts zu; das Exekutivorgan, das die rechtswidrige Norm erlassen hat, hat diese aufzuheben (vgl. BVerwGE 75, 142/144 ff; Schulze-Fielitz DR 99, 222). Zur Nichtanwendung bzw. Verwerfung bei förmlichen Gesetzen oben Rn.36.

bb) Weiter muss **sonstiges Handeln** der Exekutive mit allen Rechts- **41** normen in Einklang stehen. Dies gilt insb. für Verwaltungsakte, Verträge und Realakte. Verstößt die Verwaltung dagegen, ist ihr Handeln rechtswidrig; zur Ausnahme beim Vorbehalt des Gesetzes unten Rn.56. Zur Gesetzmäßigkeit der Verwaltung oben Rn.31. Weiter besteht ein Folgenbeseitigungsanspruch hinsichtlich der unmittelbaren Folgen (Rn.3 zu Art.34). Der Vorrang des Gesetzes bindet auch die Bundesbehörden an das jeweils einschlägige Landesrecht (Grzeszick MD VI 155), einschl. des Kommunalrechts. Der Vorrang des Gesetzes bzw. das allgemeine Prinzip der Gesetzmäßigkeit verlangt weiter, dass die Verwaltung bindende Gesetze tatsächlich ausführt (BVerfGE 25, 216/228; 30, 292/332; Robbers BK 2116). Ein „Unterlaufen" von Gesetzen ist unzulässig (BVerfGE 56, 216/241). Eine falsche Auskunft vermag ein Abgehen vom Prinzip der Gesetzmäßigkeit nicht zu rechtfertigen (BSGE 76, 84/91). Zur Gleichheit im Unrecht Rn.36 zu Art.3.

c) Rechtsprechung. aa) Die Gerichte haben den Vorrang der Verfas- **41a** sung dadurch zu beachten, dass sie förmliche Gesetze, die aus ihrer Sicht gegen das GG verstoßen, dem BVerfG vorzulegen haben (Rn.2 zu Art.100). Untergesetzliche Normen, die gegen höherrangiges Recht verstoßen, dürfen sie wegen des Vorrangs der Verfassung und des Gesetzes nicht anwenden; die oben in Rn.35 beschriebenen Ausnahmen zur bloßen Feststellung der Verfassungswidrigkeit greifen aber auch hier (BSGE 94, 38 Rn.19 f).

bb) Die Gerichte dürfen sich nicht in die Rolle einer normsetzenden In- **42** stanz begeben (BVerfGE 96, 375/394; 109, 190/252; Robbers BK 2117). Richterrecht kann daher keine eigene Rechtsquelle sein (Sommermann MKS 286; oben Rn.38). Daraus folgt aber kein Verbot der **Rechtsfortbildung.** Diese ist möglich, soweit das geltende Recht (planwidrige) Lücken aufweist (BVerfGE 69, 315/371; 88, 145/167; 98, 49/59 f; 108, 150/160; BVerwGE 98, 280/294; Schulze-Fielitz DR R 103). Einsetzbar sind insb. die Analogie (zu Grundrechtseinschränkungen unten Rn.43) und die teleologische Reduktion (Einl.7a). Weiter kommt eine Rechtsfortbildung „angesichts des beschleunigten Wandels der gesellschaftlichen Verhältnisse und der begrenzten Reaktionsmöglichkeiten des Gesetzgebers sowie der offenen Formulierung zahlreicher Normen" in Betracht (BVerfGE 96, 375/394). Bei einer Änderung der sozialen Verhältnisse, gesellschaftspolitischen Anschauungen oder rechtlichen Rahmenbedingungen kann der bisherigen Gesetzesinterpretation oder Rechtsfortbildung die Grundlage entzogen sein (BVerf-GE 98, 49/59 f; ähnlich BVerfGE 82, 1/12). Je älter eine Regelung ist, desto eher ist eine Rechtsfortbildung möglich (BVerfGE 34, 269/288 f; 98, 49/59 f). Zur Änderung der Rechtsprechung unten Rn.79.

43 **Grenzen der Rechtsfortbildung** ergeben sich daraus, dass sich der Richter „nicht dem vom Gesetzgeber festgelegten Sinn und Zweck des Gesetzes entziehen" darf, sondern diesen „unter gewandelten Bedingungen möglichst zuverlässig zur Geltung zu bringen" hat (BVerfGE 96, 375/394; Robbers BK 2117). Etwas engere Grenzen sind der Rechtsfortbildung bei der *Verkürzung von Rechtspositionen* gesetzt (BVerfGE 69, 315/371 f; 71, 354/362 f; 122, 248/286; BVerwGE 59, 242/247 f). Bei *Grundrechtsbeeinträchtigungen* im Wege der Rechtsanwendung bildet der (objektive) Wille des Gesetzgebers die Grenze der Einschränkungsmöglichkeiten (BVerfGE 63, 266/289; 86, 59/64). Eine Analogie im Bereich der Grundrechtseinschränkungen ist gleichwohl nicht generell ausgeschlossen (BVerfGE 98, 49/59 f; 108, 150/160; Sachs SA 121; a.A. BVerfG-K, NJW 96, 3146; vgl. aber Rn.3 zu Art.104). Grenzen der Rechtsfortbildung ergeben sich zudem aus dem Grundsatz des Vertrauensschutzes (unten Rn.79). Schließlich ist auf verfassungsrechtliche Grundentscheidungen Bedacht zu nehmen (BVerfGE 19, 1/18; 96, 375/398; 111, 54/82). Generell unzulässig ist, eine eindeutige Entscheidung des Gesetzgebers zu korrigieren, sofern nicht eine Änderung der Verhältnisse eine Anpassung der Norm erfordert (BVerfGE 122, 248/283, 298). Eine Rechtsfortbildung contra legem unter Berufung auf das Verfassungsrecht muss ggf. die Vorlagepflicht des Art.100 beachten (BVerfGE 84, 212/226 f; 88, 103/116; Schulze-Fielitz DR R 103; a.A. BVerfGE 34, 269/284).

III. Vorbehalt des Gesetzes (Gesetzesvorbehalt)

1. Grundlagen

44 **a) Bedeutung, rechtliche Grundlage, Begriffe.** Der Vorbehalt des Gesetzes verlangt, dass staatliches Handeln in bestimmten grundlegenden Bereichen **durch ein förmliches Gesetz legitimiert** wird (BVerfGE 98, 218/251; Grzeszick MD VI 75), mit der Folge, dass Maßnahmen der Exekutive ohne die erforderliche gesetzliche Ermächtigung rechtswidrig sind (unten Rn.56). Der Vorbehalt des Gesetzes statuiert somit einen *Parlamentsvorbehalt*. Durch den Vorbehalt des Gesetzes soll für die fraglichen Entscheidungen ein Verfahren sichergestellt werden, „das sich durch Transparenz auszeichnet, die Beteiligung der parlamentarischen Opposition gewährleistet und ... den Betroffenen und dem Publikum Gelegenheit bietet, ihre Auffassungen auszubilden und zu vertreten" (BVerfGE 95, 267/307 f; 85, 386/403; 120, 378/408).

45 Statt von Vorbehalt des Gesetzes wird synonym auch von **Gesetzesvorbehalt** gesprochen (etwa BVerfGE 49, 89/126 f; 95, 267/307; 115, 118/152; Ossenbühl HbStR³ V § 101 Rn.12; Degenhart 294 ff), obwohl dieser Begriff im Zusammenhang mit den Grundrechten ebenfalls benutzt wird und dort einen zusätzlichen Aspekt aufweist: Grundrechtliche Gesetzesvorbehalte ermächtigen zunächst zu Grundrechtseinschränkungen, legen aber gleichzeitig

fest, dass dies nur in Form eines Gesetzes geschehen darf. Nur Letzteres entspricht der Bedeutung des rechtsstaatlichen Vorbehalts des Gesetzes (vgl. Sachs A9 Rn.8). Wegen der weitreichenden Bedeutungsüberschneidung ist aber eine synonyme Verwendung von Vorbehalt des Gesetzes und Gesetzesvorbehalt vertretbar.

b) Arten des Gesetzesvorbehalts. Eine gesetzliche Grundlage ist zu- **46** nächst überall dort erforderlich, wo das GG für eine bestimmte Frage ein Gesetz vorschreibt, sei es durch einen grundrechtlichen oder einen organisatorischen Gesetzesvorbehalt. Hinzu tritt der allgemeine Gesetzes- oder Parlamentsvorbehalt, der im Rechtsstaatsprinzip und im Demokratieprinzip wurzelt (BVerfGE 101, 1/34; Schulze-Fielitz DR R 106f; Ossenbühl HbStR³ V § 101 Rn.46ff) und früher zT allein auf Art.20 Abs.3 gestützt wurde (BVerfGE 40, 237/248). Dieser Vorbehalt hat v.a. dort Bedeutung, wo spezielle Vorbehalte fehlen. Jedenfalls zT enthalten die speziellen Vorbehalte eine abschließende Regelung (so für Art.59 Abs.2 BVerfGE 68, 1/109; generell so Schulze-Fielitz DR R 106).

2. Reichweite des Gesetzesvorbehalts

a) Allgemeines. Der (allgemeine) Vorbehalt des Gesetzes verlangt, „dass **47** der Gesetzgeber in grundlegenden normativen Bereichen alle wesentlichen Entscheidungen selbst treffen muss" (BVerfGE 84, 212/226; 49, 89/126; 101, 1/34; Robbers BK 2027), was als *Wesentlichkeitstheorie* gekennzeichnet wird (BVerfGE 116, 24/58). Das Parlament darf die Entscheidungen „nicht anderen Normgebern überlassen" (BVerfGE 95, 267/307), „nicht dem Handeln und der Entscheidungsmacht der Exekutive" (BVerfGE 83, 130/142; 116, 24/58). Für die Abgrenzung der wesentlichen Entscheidungen kommt es „auf den jeweiligen Sachbereich und die Eigenart des betroffenen Regelungsgegenstandes" an, wobei die Wertungskriterien den tragenden Prinzipien des GG zu entnehmen sind (BVerfGE 98, 218/251).

b) Grundrechtsrelevante Entscheidungen. aa) Besondere Bedeutung **48** hat der Vorbehalt des Gesetzes bei grundrechtsrelevanten, das Staat-Bürger-Verhältnis betreffenden Entscheidungen. Der Gesetzgeber hat „im Bereich der Grundrechtsausübung – soweit diese staatlicher Regelung überhaupt zugänglich ist, alle wesentlichen Entscheidungen selbst zu treffen" (BVerfGE 77, 170/230f; 98, 218/251; 101, 1/34; 108, 282/312; BVerwGE 68, 69/72; vgl. oben Rn.47). Es kommt regelmäßig darauf an, was „wesentlich für die Verwirklichung der Grundrechte" ist (BVerfGE 98, 218/251; 111, 191/216f; BVerwGE 120, 87/96). Erfasst werden Regelungen, „die für die Verwirklichung des Grundrechts erhebliche Bedeutung haben" (BVerfGE 95, 267/308; BVerwGE 109, 29/37). Relevant ist insb. die Intensität der Wirkungen für die Grundrechtsausübung (BVerfGE 49, 89/127; 83, 130/142; 98, 218/252; Sommermann MKS 281).

bb) Notwendig ist ein Gesetz zunächst für alle *klassischen* **Grund-** **49** **rechtseingriffe** (dazu Vorb.27 vor Art.1). Die Wesentlichkeitstheorie führt zu keiner Einschränkung (BVerwGE 72, 265/266f). Auch ein feststellender Verwaltungsakt, der belastende Auswirkungen hat, bedarf einer gesetzlichen

Grundlage (BFHE 212, 297/301). Eingriffe erfordern eine gesetzliche Grundlage auch dann, wenn kollidierendes Verfassungsrecht die Basis bildet (Vorb.51 vor Art.1). Bei *sonstigen* Grundrechtseingriffen, insb. faktischer und mittelbarer Natur (dazu Vorb.26 vor Art.1), soll hingegen eine grundgesetzliche Grundlage nur erforderlich sein, soweit der Sachbereich „staatlicher Normierung zugänglich" ist (BVerfGE 105, 279/304; Schulze-Fielitz DR R 115), was bei „faktisch-mittelbaren Wirkungen staatlichen Handelns" nicht der Fall sein soll (BVerfGE 105, 279/304; a. A. mit gewichtigen Gründen Klement, DÖV 05, 511 ff); der Gesetzesvorbehalt greift damit nicht bei jeder Grundrechtsbeeinträchtigung (BVerfGE 105, 279/303 f). Sachgerechter dürfte es sein, nur die Bestimmtheitsanforderungen zu reduzieren. Sie können dann durch Verfahrensvorgaben kompensiert werden (Grzeszick MD VI 115). Unerheblich ist, ob es um ein besonderes Gewaltverhältnis geht (BVerfGE 33, 1/10 f; 40, 276/283; Schulze-Fielitz DR R 110).

50   Eine Grundrechtsbeeinträchtigung in Form einer *direkten* **Ungleichbehandlung** dürfte im Bereich der speziellen Gleichheitsgrundrechte regelmäßig eine gesetzliche Grundlage erfordern, da es bei Verwendung der inkriminierten Kriterien generell um eine für die Grundrechtsausübung wesentliche Frage geht (Jarass, AöR 1995, 378; Michael/Morlok Rn.781; Schulze-Fielitz DR R 118; vgl. Rn.94, 134 zu Art.3). Weiter bedarf die **Ausgestaltung** eines Grundrechts, jedenfalls in bestimmten Bereichen, der gesetzlichen Regelung (Schulze-Fielitz DR R 111; vgl. Rn.43 zu Art.5), obwohl sie nicht als Grundrechtseingriff anzusehen ist (Vorb.34 vor Art.1).

51   **cc) Nicht notwendig** ist ein Gesetz für die **Gewährung** staatlicher **Leistungen** (BVerwGE 45, 8/11; 58, 45/48; a. A. Maurer, Allg. VerwaltungsR, 16. A. 2006, § 6 Rn.14). Der Vorbehalt des Gesetzes ist kein Totalvorbehalt, der für jede Handlung der Exekutive eine Ermächtigung verlangt (BVerfGE 68, 1/109; Grzeszick MD VI 108). Daher bedürfen Subventionen keiner gesetzlichen Grundlage, es sei denn, eine Subvention stellt ausnahmsweise für einen Drittbetroffenen einen Grundrechtseingriff dar (BVerwGE 90, 112/126; Rn.30 zu Art.5). Notwendig ist lediglich eine Grundlage im Haushaltsgesetz (Rn.16 zu Art.110). Auch Steuervergünstigungen werden vom Vorbehalt des Gesetzes nicht erfasst; doch verstößt ein Abweichen vom Steuergesetz gegen den Vorrang des Gesetzes, weshalb es ohne gesetzliche Grundlage unzulässig ist (schief BFHE 162, 450/455 f). Die Gewährung von **Schutz** gegen Dritte bedarf regelmäßig einer gesetzlichen Grundlage, weil in Grundrechte der Dritten eingegriffen wird (vgl. Vorb.51 vor Art.1).

52   **c) Tätigkeiten ohne Grundrechtsrelevanz.** Zahlreiche Normen des GG ohne Grundrechtsbezug verlangen für bestimmte Aktivitäten der Exekutive ein (förmliches) Gesetz. Man kann insoweit von **organisatorischen Gesetzesvorbehalten** sprechen (BVerfGE 106, 1/22). Ob der Vorbehalt des Gesetzes noch in anderen organisationsrechtlichen Fällen zum Tragen kommt, ist unsicher (dafür Degenhart Rn.30 ff). Einen allgemeinen Vorbehalt des Parlaments für alle grundlegenden Fragen im organisationsrechtlichen Bereich gibt es nicht, weil die Kompetenzordnung des GG Vorrang hat (BVerfGE 49, 89/125; 68, 1/109; BVerwGE 60, 162/182; Schulze-Fielitz DR R 126). An bestimmten Stellen kann man spezielle Gesetzesvorbehalte durch

Analogie erweitern: So lässt sich insb. aus Art.87 Abs.3, Art.89 Abs.2 S.2 entnehmen, dass die Einrichtung einer Behörde mit externen Kompetenzen regelmäßig einer gesetzlichen Grundlage bedarf (Schulze-Fielitz DR R 125); näher Rn.2 zu Art.86. Zudem kann auch ein grundrechtlicher Gesetzesvorbehalt organisationsbezogene Regelungen verlangen (BVerfGE 111, 191/217f), desgleichen einzelne Verfassungsaufträge (vgl. Rn.20 zu Art.20a). Zum Vorbehalt bzw. Kernbereich der *Exekutive* oben Rn.26.

3. Art der gesetzlichen Grundlage und deren Bestimmtheit

a) Art der gesetzlichen Grundlage. Der Funktion des Vorbehalts des **53** Gesetzes entsprechend (oben Rn.44) muss das ermächtigende Gesetz ein *förmliches* Gesetz – also ein vom Parlament erlassenes Gesetz – sein, das allerdings im Rahmen der Bestimmtheitsanforderungen durch sonstiges Recht konkretisiert werden kann (Schulze-Fielitz DR R 123). Im Bereich der grundrechtsrelevanten Tätigkeiten wird davon nur bei der Transformation von zwischen Bundesländern geschlossenen Staatsverträgen eine Ausnahme gemacht; hier soll ein ausreichend spezifizierter Parlamentsbeschluss genügen (BVerwGE 74, 139/140f; a. A. Schulze-Fielitz DR R 122; Herdegen HbStR § 97 Rn.44; vgl. auch BVerfGE 37, 191/197). Auch im organisationsrechtlichen Teil genügt in bestimmten Fällen ein schlichter Parlamentsbeschluss (Rn.11 zu Art.87a). Zudem sind hier häufig weitreichende Delegationen möglich (BVerfGE 106, 1/22). Zur *Verweisung* auf andere Normen unten Rn.64f.

b) Bestimmtheit der gesetzlichen Grundlage. Der Vorbehalt des Ge- **54** setzes betrifft „nicht nur die Frage, ob ein bestimmter Gegenstand überhaupt gesetzlich geregelt sein muss, sondern auch wie weit diese Regelungen im einzelnen zu gehen haben" (BVerfGE 101, 1/34; 57, 295/327; 83, 130/142; Grzeszick MD VI 106, 111). Das förmliche Gesetz muss in diesem Sinne ausreichend bestimmt und genau sein. ZT wird speziell dieser Aspekt als *Parlamentsvorbehalt* gekennzeichnet (etwa BVerfGE 58, 257/274; Schulze-Fielitz DR R 119f; Pieroth/Schlink 264; anders Ossenbühl HbStR[3] V § 101 Rn.14), obwohl genau genommen der Vorbehalt des Gesetzes insgesamt ein Parlamentsvorbehalt ist (oben Rn.44). Wie genau und bestimmt das förmliche Gesetz sein muss, hängt – wie die Reichweite des Gesetzesvorbehalts – von der Wesentlichkeit (oben Rn.47) ab (BVerfGE 83, 130/152), orientiert an Sachbereich und Regelungsgegenstand (BVerfGE 111, 191/217). Bei *grundrechtsrelevanten Maßnahmen* kommt es auf „Art und Schwere des Eingriffs" an (BVerfGE 120, 378/408; 110, 33/55), generell auf die Wesentlichkeit für die Grundrechtsverwirklichung (oben Rn.48). Bedeutsam sind auch die Besonderheit des jeweiligen Tatbestands und die Umstände, die zur gesetzlichen Regelung führen (BVerfGE 117, 71/111). Das Bestimmtheitsgebot gilt auch für die Ausgestaltung von Grundrechten (BVerfGE 108, 52/75) und für grundrechtliche Schutzaufträge (BVerfGE 114, 1/53), jedenfalls wenn Dritte dadurch beeinträchtigt werden. Notwendig können schließlich Regelungen zu *Verfahren* und Organisation sein (BVerfGE 83, 130/152; 95, 267/307f; 111, 191/217), jedenfalls im Bereich belastender Maßnahmen. Die durch den Vorbehalt des Gesetzes vorgegebene Bestimmtheit des förmlichen Gesetzes überschneidet sich in weitem Umfang mit dem allgemeinen rechtsstaatlichen Bestimmtheitsgebot (unten Rn.57), weshalb die Einzelheiten gemeinsam behandelt werden (unten Rn.58–62a).

4. Einzelne Bereiche und Fälle

55 Kein Gesetzesvorbehalt besteht für das Verfahren und die Zuständigkeit der leistungsgewährenden Verwaltung (BVerfGE 8, 155/167f; Schulze-Fielitz DR R 118; vgl. auch BVerfGE 40, 237/249f; ebenso für die Zuständigkeit in der Eingriffsverwaltung BVerwGE 120, 87/96). Zu Subventionen oben Rn.51. Eine ausreichend bestimmte gesetzliche Grundlage ist *erforderlich* für den Strafvollzug (BVerfGE 33, 1/9f) wie für den Jugendstrafvollzug (BVerfGE 116, 69/81), bei schulrechtlichen Organisationsmaßnahmen (BVerfGE 41, 251/263; 51, 268/287), für die Festlegung von Pflichtfächern (BVerwGE 64, 308/309f), für die Einführung des Sexualkundeunterrichts (BVerfGE 47, 46/80), für die Entlassung aus der Schule (BVerfGE 58, 257/275), bei Beihilfevorschriften (BVerwGE 121, 103/106; 131, 20 Rn.11) und bei einem Kopftuchverbot für Lehrer (BVerfGE 108, 282/321); weitere Fälle des Gesetzesvorbehalts im Ausbildungsbereich in Rn.103 zu Art.12. Die Einführung neuer Rechtschreibregeln bedarf keiner gesetzlichen Grundlage (BVerfGE 98, 218/252ff). Dagegen ist eine gesetzliche Grundlage notwendig bei Bewährungsauflagen (BVerfGE 58, 358/367). Zum Gesetzesvorbehalt im besonderen Gewaltverhältnis Vorb.39 vor Art.1. Die Annahme einer Haftung ohne spezielle Grundlage, gestützt auf allgemeine Rechtsprinzipien, bedarf sorgfältiger Prüfung (BVerwGE 101, 51/54f). Im Bereich der Untersuchungshaft hat sich das BVerfG mit einer sehr mageren Ermächtigung begnügt (BVerfGE 35, 311/316ff; krit. Sachs VR A9 Rn.49).

5. Folgen eines Verstoßes

56 Verwaltungsmaßnahmen, die ohne die erforderliche gesetzliche Ermächtigung ergehen, sind rechtswidrig (BVerfGE 41, 251/266; 51, 268/287; Schulze-Fielitz DR R 105). Ist dies allerdings die Folge „einer gewandelten Rechtsauffassung oder völlig veränderter tatsächlicher Umstände", kann für eine *Übergangszeit* auf eine Ermächtigung verzichtet werden, sofern dafür zwingende Gründe bestehen (BVerfGE 51, 268/288), etwa wenn die sonst eintretende Funktionsunfähigkeit einer staatlichen Einrichtung der verfassungsmäßigen Ordnung noch ferner stünde als der bisherige Zustand (BVerfGE 33, 1/12f; 73, 280/296f; 79, 245/250f; 116, 69/92; BVerwGE 64, 238/245f; vgl. oben Rn.35 sowie Rn.20a, 78 zu Art.12). Dabei sind umso strengere Anforderungen an die Einräumung von Übergangsfristen und die innerhalb dieser Fristen unerlässlichen Maßnahmen zu stellen, je tiefgreifender eine Verwaltungsmaßnahme Grundrechte des Betroffenen berührt (BVerfGE 51, 268/288).

IV. Bestimmtheit, Klarheit, Verkündung

1. Bestimmtheit, insb. von Rechtsvorschriften

57 **a) Allgemeine Bestimmtheit und andere Bestimmtheitsanforderungen.** Ein Element des Rechtsstaatsgebots bildet herkömmlich – als Aus-

prägung des Gebots der Rechtssicherheit – das Gebot der ausreichenden Bestimmtheit von Rechtsvorschriften (BVerfGE 49, 168/181; 59, 104/114; 62, 169/183; 80, 103/107 f; Robbers BK 2128). Dieses Gebot überschneidet sich in erheblichem Umfang mit dem *Vorbehalt des Gesetzes,* soweit dieser ausreichend detaillierte und bestimmte Regelungen verlangt (oben Rn.54). In Rechtsprechung und Literatur gehen die beiden Ansätze vielfach ineinander über, etwa wenn die Bestimmtheit eines förmlichen Gesetzes ohne Bezug zum Gesetzesvorbehalt (auch) an der Intensität der Grundrechtsbeeinträchtigung orientiert wird (etwa BVerfGE 93, 213/238; vgl. Sobota o. Lit. D, 138). Genau genommen bezieht sich das allgemeine Bestimmtheitsgebot auf die Gesamtheit der für eine bestimmte Frage relevanten Rechtsvorschriften, während die aus dem Vorbehalt des Gesetzes resultierenden Bestimmtheitsanforderungen allein förmliche Gesetze betreffen. Jedenfalls im Bereich der förmlichen Gesetze sind die beiden Grundlagen aber nur schwer zu trennen; zudem wird z. T. der Bestimmtheitsmaßstab im Rahmen der Grundrechtseinschränkung dem allgemeinen Bestimmtheitsgebot entnommen (BVerfGE 86, 288/311). Für den Bereich der Strafgesetze werden beide Ansätze durch die noch schärfere Sonderregelung des Art.103 Abs.2 verdrängt (vgl. Rn.51 f zu Art.103). Für die Sonderregelung des Art.104 Abs.1 (dazu Rn.4 zu Art.104) gilt das Gleiche (BVerfGE 76, 363/387). Zur Bestimmtheit der Rechtswegvorschriften unten Rn.93. Zur Bestimmtheit der Vorschriften über den gesetzlichen Richter Rn.9 zu Art.101.

b) Anforderungen des Bestimmtheitsgebots. „Der Bestimmtheits- **58** grundsatz gebietet, dass eine gesetzliche Ermächtigung der Exekutive zur Vornahme von Verwaltungsakten nach Inhalt, Zweck und Ausmaß hinreichend bestimmt und begrenzt ist, so dass das Handeln der Verwaltung messbar und in gewissem Ausmaß für den Staatsbürger voraussehbar und berechenbar wird" (BVerfGE 56, 1/12; 108, 52/75; 110, 33/53 f; BVerwGE 100, 230/236). Zudem sollen der Verwaltung angemessen klare Handlungsmaßstäbe vorgegeben und die Gerichtskontrolle ermöglicht werden (BVerfGE 110, 33/54 f; 114, 1/53 f). Die Konkretisierung dieser Anforderung fällt vielfach sehr **zurückhaltend** aus: Zunächst sind Rechtsvorschriften so genau zu fassen, „wie dies nach der Eigenart der zu ordnenden Lebenssachverhalte mit Rücksicht auf den Normzweck möglich ist" (BVerfGE 93, 213/238; 87, 234/263; 102, 254/337; 103, 332/384; Robbers BK 2175; Grzeszick MD VII 60). Weiter sind unbestimmte, auslegungsbedürftige Rechtsbegriffe regelmäßig zulässig (BVerfGE 87, 234/263 f; 102, 254/337; 103, 21/33; 110, 33/56 f), ebenso Generalklauseln (BVerfGE 102, 347/361; 103, 111/135 f; 116, 24/54; BVerwG, NJW 87, 1435; BAGE 32, 381/396). Lediglich die äußeren Grenzen des Spielraums müssen abgesteckt und damit die Möglichkeit richterlicher Überprüfung der Einhaltung der Grenzen gegeben sein (BVerfGE 6, 32/42; 20, 150/158; 21, 73/78 ff). Das Bestimmtheitsgebot wird allerdings verletzt, wenn eine willkürliche Handhabung durch die Behörden ermöglicht wird (BVerfGE 80, 137/161; BVerwGE 105, 144/147).

Die **Anforderungen** des Bestimmtheitsgebots **wachsen** mit der Intensi- **59** tät der Einwirkungen auf die Regelungsadressaten (BVerfGE 102, 254/337).

Je schwerwiegender die Auswirkungen einer Regelung sind, desto genauer müssen die Vorgaben des Gesetzgebers sein (BVerfGE 86, 288/311; 93, 213/ 238; 109, 133/188; 110, 33/55; BVerwG, NVwZ-RR 90, 47). Weiter muss die Rechtslage für den Betroffenen erkennbar sein, damit er sein Verhalten darauf einrichten kann (BVerfGE 62, 169/182 f; 64, 261/286; 108, 186/235; 110, 33/53 f; BVerwG, NVwZ 90, 868; BFHE 133, 405/407; Robbers BK 2139). Bei unbestimmten Rechtsbegriffen kann die langjährige Konkretisierung durch die Rspr. berücksichtigt werden, etwa bei der polizeirechtlichen Generalklausel (BVerfGE 54, 143/144 f; BVerwGE 115, 189/195 f; 116, 347/ 350). Die analoge Anwendung zivilrechtlicher Haftungsregeln oder der Rückgriff auf allgemeine Rechtsgrundsätze genügen vielfach nicht (BVerwGE 101, 51/54 f). Steuerrechtliche Regelungen müssen so genau sein, dass der Steuerpflichtige die auf ihn entfallende Steuerlast vorausberechnen kann (BVerfGE 49, 343/362; 73, 388/400; 108, 186/235; Robbers BK 2195). Auslegungsfähige Begriffe sind aber auch hier möglich (BVerfGE 79, 106/ 120). Eine Gebührenregelung muss erkennen lassen, für welche öffentliche Leistung die Gebühr erhoben wird und welche Zwecke der Gesetzgeber mit der Gebührenerhebung verfolgt (BVerfGE 108, 1/20; BVerwGE 126, 222 Rn. 30).

60   **c) Ermächtigungen u. Ä. aa)** Die erforderliche Bestimmtheit betrifft auch **Ermächtigungen** zum **Erlass** von **Rechtsvorschriften.** Für Rechtsverordnungen des Bundes hat das in Art. 80 Abs. 1 S. 2 eine nähere Regelung erfahren (Rn. 11–13 zu Art. 80). Doch gilt das auch für andere Rechtsvorschriften, etwa für Rechtsverordnungen der Länder (BVerfGE 102, 197/222) oder für Satzungen (vgl. BVerfGE 101, 312/323; 111, 191/217 f). Entsprechend stellt sich die Situation bei Unfallverhütungsvorschriften dar (BSGE 85, 98/104 f).

61   **bb) Ermächtigungen** zum **Erlass** von **Verwaltungsakten** müssen „nach Gegenstand, Inhalt, Zweck und Ausmaß hinreichend bestimmt" sein (BVerfGE 69, 1/41; 110, 33/53; Schulze-Fielitz DR R 136 ff). Für den Betroffenen muss die Rechtslage erkennbar sein (BVerfGE 108, 1/20; BVerwGE 126, 223 Rn. 29), auch im Hinblick auf das Zusammenspiel von Normen unterschiedlicher Regelungsbereiche (BVerfGE 108, 52/75; 110, 33/53 f). Ausreichend bestimmt muss auch der Verwaltungsakt selbst sein (BVerwG, DVBl 96, 1062). Im Bereich der **Realakte bestehen** besonders weitgehende Bestimmtheitsanforderungen bei heimlichen Überwachungsmaßnahmen (BVerfGE 100, 313/359 f; 110, 33/54; 113, 348/376).

62   Soweit sich ein **Genehmigungsvorbehalt** auf grundrechtlich geschützte Tätigkeiten bezieht, ist grundsätzlich eine *gebundene Genehmigung* geboten (BVerfGE 18, 353/364; 49, 89/145; BVerwGE 77, 214/219). Bei besonders empfindlichen Grundrechtseingriffen hat der Gesetzgeber auch die Voraussetzungen der Genehmigung *detailliert zu* regeln (BVerwGE 51, 235/238 ff; vgl. auch BVerfGE 52, 1/41). Ermessensgenehmigungen sind möglich, wenn andernfalls „der Schutzzweck des Verbots … nachweisbar beeinträchtigt" würde (BVerfGE 18, 353/364) oder wenn von dem Vorhaben schwere Gefahren ausgehen, die sich nicht sicher beherrschen lassen (BVerfGE 49, 89/ 145 ff). Ausnahmegenehmigungen können regelmäßig im Ermessen stehen, da die Grundrechte dem Gesetzgeber gewisse Typisierungen gestatten, eine Ausnahmegenehmigung also nicht selten über das grundrechtlich Gebotene hinausgeht (Schulze-Fielitz DR R 139; vgl. außerdem BVerfGE 48, 210/226 f; 69, 161/169; noch weiter gehend BVerfGE 9, 137/149). Zur Einräumung von Ermessens- und Beurteilungsspielräumen Rn.69 f zu Art.19.

Was die **Folgen** eines Verstoßes angeht, so ist eine unzureichend be- **62a** stimmte Norm unwirksam (Robbers BK 2141). Ist eine Regelung nur in Randbereichen unbestimmt, dann beschränkt sich die Rechtswidrigkeit darauf (BVerwG, NVwZ-RR 97, 608 f). Eine unzureichend bestimmte Norm kann nicht durch eine verfassungskonforme Auslegung aufrechterhalten werden (BVerfGE 107, 104/128).

2. Klarheit und Widerspruchsfreiheit

Aus dem Rechtsstaatsprinzip ergibt sich das Gebot der **Normenklarheit** **63** (BVerfGE 99, 216/243; 103, 21/33; 108, 1/20; 114, 1/53). Es gilt auch für das Zusammenspiel von Normen (oben Rn.61) sowie bei Leistungsgesetzen (BVerfGE 108, 52/75). Das Gebot der *Klarheit des Gesetzes* überschneidet sich mit dem der Bestimmtheit (oben Rn.57; vgl. BVerfGE 93, 213/238). Zusätzlich verlangt das Rechtsstaatsprinzip, dass Regelungen *widerspruchsfrei* sind (BVerfGE 25, 216/227), aber auch die gesamte Rechtsordnung (BVerfGE 98, 83/97; 98, 265/301). Allerdings kann das nur bei einem echten Normwiderspruch zum Tragen kommen, der zudem durch Auslegung und Kollisionsregeln nicht zu beheben ist (vgl. Jarass, AöR 2001, 599 ff; Grzeszick MD VII 57; Sendler, NJW 98, 2876); zu den Kollisionsregeln Einl.7.

3. Verweisung und Verkündung

a) Verweisung. Wird in einer Rechtsnorm auf andere Regelungen oder **64** Normen verwiesen, dann ergibt sich aus dem Rechtsstaatsprinzip das Erfordernis, dass der Bürger ohne Zuhilfenahme spezieller Kenntnisse die in Bezug genommenen Regelungen und deren Inhalte mit hinreichender Sicherheit **feststellen können** muss (BVerfGE 5, 25/31 f; 8, 274/302; 22, 330/346; s. auch BAGE 38, 166/174). Verlängerungsgesetze sind auch dann nicht zu beanstanden, wenn das in Bezug genommene Gesetz bereits außer Kraft getreten ist (BVerfGE 8, 274/302 f; Schulze-Fielitz DR R 145).

Materiell ist eine Verweisung auf *fremdes Recht,* selbst dynamischer Art, **65** grundsätzlich möglich (BVerfGE 47, 285/311 ff; 67, 348/363; 92, 191/197 f; zurückhaltend E 64, 208/215). Bei gewichtigen Grundrechtseingriffen darf die Verweisung aber nicht regelungstechnisch so unklar sein, dass es zu einem erheblichen Fehlerrisiko kommt (BVerfGE 110, 33/64); sie muss ausreichend bestimmt sein (BVerfGE 120, 274/318). Regelmäßig unzulässig ist dagegen im Bereich der Freiheitsbeschränkungen, auch aus Gründen des Demokratieprinzips (oben Rn.9a), eine **dynamische Verweisung** (BVerfGE 47, 285/311 ff; 64, 208/214 f; 73, 261/272; vorsichtig Robbers BK 2081), also ein Verweis auf die Norm eines anderen Rechtsetzers in der jeweils geltenden Verfassung. Möglich ist allerdings eine dynamische Verweisung im Landes-VerwaltungsverfahrensG auf das Bundes-VerwaltungsverfahrensG (BVerwG, NVwZ 05, 700) oder auf die Klassifikation in einem anderen Gesetz (BFHE 207, 88/92 f). Schließlich darf der Gesetzgeber den Bürger nicht ohne dessen Zustimmung der normsetzenden Gewalt nichtstaatlicher Einrichtungen unterwerfen, sondern muss die Beschränkungen im Wesentlichen selbst festlegen (BVerfGE 64, 208/214 f; 78, 32/36).

66   **b) Verkündung und Bekanntgabe.** Das Rechtsstaatsprinzip verlangt, dass Rechtsnormen der Öffentlichkeit in einer Weise **förmlich zugänglich gemacht** werden, dass die Betroffenen sich verlässlich Kenntnis von ihrem Inhalt verschaffen können (BVerwGE 126, 388 Rn.18 f). Diese Möglichkeit darf auch nicht in unzumutbarer Weise erschwert sein" (BVerfGE 65, 283/ 291; Grzeszick MD VII 52; s. auch BVerwGE 26, 129/130). Für Bundesgesetze und Bundesrechtsverordnungen folgt dies aus Art.82 (Rn.5 f zu Art.82). Erwägenswert ist, ob nicht generell ein (kostenloser) Internetzugang zu den Rechtsnormen eröffnet werden muss. Verwaltungsvorschriften mit (mittelbarer) Außenwirkung sind zu publizieren (BVerwGE 104, 220/224; Grzeszick MD VII 52; vgl. Rn.35a zu Art.3). Eine Pflicht zur Begründung von Rechtsnormen besteht regelmäßig nicht (BSGE 94, 50 Rn.44). **Verwaltungsakte** können „erst dann gegenüber dem Bürger Rechtswirkungen entfalten ..., wenn sie ihm persönlich oder in ordnungsgemäßer Form öffentlich bekannt gemacht worden sind" (BVerfGE 84, 133/159; Schulze-Fielitz DR R 171).

V. Vertrauensschutz

1. Schutz des Vertrauens auf Gesetze (Rückwirkungsverbot, Übergangsregelung)

67   **a) Grundlagen und Abgrenzung zu anderen Verfassungsnormen.** Durch die Änderung von Rechtsvorschriften wird nicht selten das Vertrauen des Bürgers in den Fortbestand von Rechtsvorschriften enttäuscht, falls die Änderung belastende Wirkung entfaltet. Das Rechtsstaatsprinzip setzt dem in den Teilgeboten der Rechtssicherheit und des Vertrauensschutzes Schranken (BVerfGE 105, 48/57; 108, 370/396 f); die Gebote ziehen Hoheitsakten, „die belastend in verfassungsmäßig verbürgte Rechtsstellungen eingreifen, enge Grenzen" (BVerfGE 63, 343/356 f; 67, 1/14). Für die nähere Bestimmung der Grenzen unterscheidet der Erste Senat des BVerfG mit der h. A. zwischen echter und unechter Rückwirkung (BVerfGE 98, 17/39; 101, 239/263 f; 103, 392/403). Der Zweite Senat des BVerfG differenziert in der Sache ähnlich zwischen der „Rückbewirkung von Rechtsfolgen", die allein als Rückwirkung bezeichnet und unmittelbar am Rechtsstaatsprinzip gemessen wird, und der tatbestandlichen Rückanknüpfung, die vorrangig an den Grundrechten zu messen ist (BVerfGE 92, 277/325; 97, 67/78 f; 105, 17/37 f; 109, 133/181; zustimmend BFHE 185, 393/396; näher unten Rn.69). Die Vorgaben gelten auch für Normsetzungsverträge (BSGE 81, 86/89). Der Bürger kann die Verletzung des Rückwirkungsverbots über Art.2 Abs.1 (oder ein spezielleres Grundrecht) geltend machen (BVerfGE 72, 175/196). Darauf können sich auch Ausländer berufen (BVerfGE 30, 367/ 386; 51, 356/362). Für die Beamten enthält Art.33 Abs.5 eine abschließende

Spezialregelung (Rn.45 zu Art.33). Zum Verhältnis zu den Grundrechten unten Rn.75, zu Art.103 Abs.2 unten Rn.70.

b) Abgrenzung von echter und unechter Rückwirkung. Eine ech- **68** te Rückwirkung bzw. eine *Rückbewirkung von Rechtsfolgen* (zu den Begriffen oben Rn.67) liegt vor, „wenn der Gesetzgeber nachträglich in einen abgeschlossenen Sachverhalt ändernd eingreift" (BVerfGE 114, 258/300; 95, 64/86; 101, 239/263), wenn die Rechtsfolgen „für einen vor der Verkündung liegenden Zeitpunkt auftreten sollen" und nicht „für einen nach (oder mit) der Verkündung beginnenden Zeitraum" (BVerfGE 72, 200/242; 97, 67/78; 109, 133/181; BFHE 147, 346/349; BSGE 71, 202/206 f), wenn also der von der Rückwirkung betroffene Tatbestand in der Vergangenheit (d.h. vor Verkündung des Gesetzes) nicht nur begonnen hat, sondern bereits abgewickelt war (BVerfGE 89, 48/66; Degenhart 375). Regelungen im Hinblick auf noch andauernde Bodenverunreinigungen stellen dementsprechend eine unechte Rückwirkung dar (BGHZ 158, 354/358 f). Relevanter Bezugspunkt ist jeweils die Verkündung bzw. Bekanntgabe der neuen Regelung (BVerfGE 72, 200/242; BSGE 71, 202/206); zur davon zu unterscheidenden Frage, zu welchem Zeitpunkt des Gesetzgebungsverfahrens das Vertrauen zerstört wird, unten (1) in Rn.72. Bei Abgabengesetzen liegt eine (echte) Rückwirkung vor, wenn im Zeitpunkt der Verkündung die Steuerschuld bereits entstanden ist (vgl. BVerfGE 19, 187/195; 30, 392/401), bei Jahressteuern also mit Ablauf des Veranlagungszeitraums (BVerfGE 72, 200/253; 97, 67/80; BFHE 199, 566/568 f). Bei öffentlich-rechtlichen Anspruchsnormen liegt eine echte Rückwirkung vor, wenn im Zeitpunkt der Verkündung die Anspruchsvoraussetzungen bereits vollständig erfüllt sind; ein Bewilligungsbescheid ist unnötig (BVerfGE 30, 367/386 f). Zur Rückwirkung völkerrechtlicher Verträge BVerfGE 63, 343/355. Unerheblich ist, ob es sich um ein förmliches Gesetz, eine Rechtsverordnung (BVerfGE 45, 142/167 f) oder eine andere Rechtsnorm handelt, etwa einen für verbindlich erklärten Tarifvertrag (BAGE 40, 288/293 f). Das Vertrauen auf ein später für verfassungswidrig erklärtes Gesetz wird geschützt (BVerfGE 53, 115/128).

Eine **unechte Rückwirkung** bzw. eine *tatbestandliche Rückanknüpfung* (zu **69** den Begriffen oben Rn.67) liegt vor, wenn „eine Norm auf gegenwärtige, noch nicht abgeschlossene Sachverhalte und Rechtsbeziehungen für die Zukunft einwirkt und damit zugleich die betroffene Rechtsposition nachträglich entwertet" (BVerfGE 123, 186/257; 72, 141/154; 101, 239/263; BFHE 148, 272/276 f; Schulze-Fielitz DR R 164) bzw. eine Norm künftige Rechtsfolgen „von Gegebenheiten aus der Zeit vor ihrer Verkündung abhängig macht" (BVerfGE 72, 200/242; 79, 29/45 f). Bei unechter Rückwirkung wird also ein Tatbestand geregelt, der zwar vor Gesetzesverkündung begonnen wurde, aber noch nicht vollständig abgeschlossen war (Degenhart 375); es geht um einen Tatbestand, der bereits vor Verkündung „ins Werk gesetzt" wurde (BVerfGE 97, 67/79). Hierher rechnet auch die Korrektur einer Dauerregelung für die Zukunft (BVerwGE 62, 230/237). Gilt eine Regelung allein für Tatbestände, die *nach* Verkündung begonnen werden, fehlt es selbst an einer unechten Rückwirkung. Bei Verkürzung befristeter

Gesetze (für die Zukunft) können aber die Regeln über die unechte Rückwirkung entsprechend anwendbar sein (BVerfGE 30, 392/404; 55, 185/204). Zur Änderung der Rspr. unten Rn.79. Zur Anwendung auf Tarifverträge BAGE 63, 111/118f.

70   **c) Behandlung der echten Rückwirkung** (zu den Voraussetzungen oben Rn.68). **Grundlage** der Beurteilung sind die aus dem Rechtsstaatsprinzip resultierenden Grundsätze des Vertrauensschutzes und der Rechtssicherheit (BVerfGE 72, 200/242). Die (echte) Rückwirkung von Strafgesetzen wird ausschließlich durch Art.103 Abs.2 geregelt (vgl. Rn.53 zu Art.103).

71   Eine echte Rückwirkung wird durch das Rechtsstaatsprinzip **grundsätzlich verboten** (BVerfGE 95, 64/86; 101, 239/263; 109, 133/181; 114, 258/300; BGHZ 146, 49/62; Robbers BK 2393) bzw. bedarf einer „besonderen Rechtfertigung" (BVerfGE 72, 200/257). Unzulässig war etwa die rückwirkende Änderung der Kassenarzthonorierung (BSGE 81, 86/88ff), die rückwirkende Verlängerung der Frist für Veräußerungsgewinne (BFHE 204, 228/243ff) oder die rückwirkende Erhöhung des ärztlichen Nutzungsentgelts für frühere Abrechnungszeiträume (BVerwG, NVwZ-RR 01, 673).

72   Das Verbot **kann durchbrochen** werden, wenn „zwingende Gründe des gemeinen Wohls oder ein nicht – oder nicht mehr – vorhandenes schutzbedürftiges Vertrauen des einzelnen eine Durchbrechung" gestatten (BVerfGE 72, 200/258; 97, 67/79f; 101, 239/263f). Diese Voraussetzung ist in folgenden Fallgruppen erfüllt, ohne dass sie abschließend sind (BVerfGE 72, 200/258): – **(1)** Der Betroffene musste zu dem Zeitpunkt, auf den der Eintritt der Rechtsfolge vom Gesetz bezogen wird, mit der Regelung rechnen (BVerfGE 88, 384/404; 95, 64/87; 103, 392/404), etwa weil die bisher herrschende Rechtsüberzeugung kodifiziert wurde (BFHE 146, 411/413). Das Bekanntwerden von Gesetzesinitiativen allein rechtfertigt jedoch noch keine Rückwirkung (BVerfGE 31, 222/227; 72, 200/260f; BGHZ 77, 384/388); erst der Gesetzesbeschluss des Bundestags beseitigt das schützenswerte Vertrauen (BVerfGE 43, 291/392; 72, 200/261; 95, 64/87; vgl. allerdings unten (5)). Auf das Zustandekommen iSd Art.78 oder gar das Inkrafttreten kommt es nicht an (Grzeszick MD VII 81). Die in einem förmlichen Gesetz niedergelegte und durch die öffentliche Diskussion des Verordnungsentwurfs eindeutig geäußerte Absicht, eine Verordnung zu ändern, lässt den Vertrauensschutz entfallen (BGHZ 100, 1/6f). Auch eine EU-rechtliche Verpflichtung kann den Vertrauensschutz entfallen lassen (BVerfG-K, NJW 01, 2323; BFHE 193, 204/213; Grzeszick MD VII 94). – **(2)** Das geltende Recht ist unklar und verworren (BVerfGE 88, 384/404; 98, 17/39; BSGE 95, 29 Rn.20; BVerwGE 126, 14 Rn.16; BFHE 135, 311/313) oder eine Änderung der Rechtsprechung wird durch den Gesetzgeber korrigiert (BVerfGE 72, 302/325ff); – **(3)** Eine neue Rechtsnorm erweist sich im Nachhinein als ungültig; sie kann durch eine rechtlich einwandfreie Norm ersetzt werden (BVerfGE 13, 261/272; BVerwGE 75, 262/267), wobei eine gewisse Verschärfung möglich ist (BVerwGE 67, 129/131f); – **(4)** Es handelt sich um eine Bagatelle (BVerfGE 30, 367/389; 72, 200/258f; 95, 64/86f). Auch bei verfahrensrechtlichen Vorschriften ist eine Durchbrechung eher möglich

(BVerfGE 63, 343/359). – **(5)** Zwingende Belange des Gemeinwohls können eine echte Rückwirkung rechtfertigen (BVerfGE 88, 384/404; 97, 67/
79f, 81f; 101, 239/263f). Insb. kann die Vermeidung von Ankündigungs-
und Mitnahmeeffekten, die die Wirksamkeit der Neuregelung unterlaufen,
eine Rückwirkung auf den Zeitpunkt der ernsthaften Ankündigung rechtfertigen (BVerfGE 97, 67/81f; Grzeszick MD VII 82).

d) Behandlung der unechten Rückwirkung. Die unechte Rückwir- **73**
kung bzw. die tatbestandliche Rückanknüpfung (zu den Voraussetzungen
oben Rn.69) wird herkömmlich ebenfalls am Rechtsstaatsprinzip gemessen.
Sie ist danach **in der Regel zulässig** (BVerfGE 97, 271/289; 101, 239/
263; 103, 392/403; 109, 96/122; BVerwGE 110, 265/270; BSGE 88, 43/
46f). Es gibt keinen generellen Schutz des Vertrauens auf den Fortbestand
von Gesetzen (BVerfGE 103, 271/287; Schulze-Fielitz DR R 151). *Im Einzelnen* wurde etwa die Erhöhung der Zinsen für staatliche Darlehen als zulässig eingestuft (BVerfGE 72, 175/196ff), desgleichen die Verlängerung der
Verjährung bei einer Ordnungswidrigkeit, sofern die Verjährungsfrist noch
nicht abgelaufen ist (BGHSt 50, 30/39f). Die Verschärfung von Prüfungsanforderungen ist im Rahmen der Verhältnismäßigkeit zulässig (BVerwGE 65,
323/339; s. auch Rn.71 zu Art.3).

Eine unechte Rückwirkung ist **ausnahmsweise unzulässig,** wenn fol- **74**
gende Voraussetzungen kumulativ vorliegen: – **(1)** Das Gesetz nimmt einen
Eingriff vor, „mit dem der Betroffene nicht zu rechnen brauchte, den er also
auch bei seinen Dispositionen nicht berücksichtigen konnte" (BVerfGE 68,
287/307), wobei das Vertrauen auf den Fortbestand gesetzlicher Vorschriften
regelmäßig nicht geschützt wird (BVerfGE 38, 61/83; 68, 193/221ff;
BVerwG, NVwZ 86, 484). Mit dem Beschluss des Bundestages über die angegriffene Regelung wird ein schützenswertes Vertrauen zerstört (BVerfGE
31, 222/227). Aber auch eine Diskussion in der Öffentlichkeit über die Re-
formbedürftigkeit bestimmter Regelungen beseitigt regelmäßig das schützenswerte Vertrauen (BGHZ 158, 354/359f). Besonders weit geht der Vertrauensschutz bei der (vorzeitigen) Aufhebung befristeter Gesetze (BVerfGE
102, 68/97). – **(2)** Das Vertrauen des Betroffenen ist schutzwürdiger als die
mit dem Gesetz verfolgten Anliegen (BVerfGE 89, 48/66; 101, 239/263;
103, 392/403; BVerwGE 115, 32/48; Sachs SA 137). Dies ist dann gegeben,
wenn die unechte Rückwirkung „zur Erreichung des Gesetzeszwecks nicht
geeignet oder erforderlich ist oder wenn die Bestandsinteressen der Betroffenen die Veränderungsgründe des Gesetzgebers überwiegen" (BVerfGE 95,
64/86). Zudem muss das Vertrauen „betätigt" worden sein (BVerfGE 48,
403/416).

Im **Bereich des Art.14** sieht das BVerfG die Regeln über die unechte **75**
Rückwirkung als durch Art.14 verdrängt (BVerfGE 75, 78/104f; 76, 220/
244f; 95, 64/82; 101, 239/257; vgl. Rn.47 zu Art.14), ohne dass dies die
sachlichen Anforderungen verändert (BVerfGE 64, 84/104; Jarass, NZS 97,
548f; in der Sache BVerfGE 95, 64/86; a.A. Appel, DVBl 05, 345). Zum
Teil wird das auch im Bereich der **anderen Grundrechte** angenommen
(BVerfGE 72, 200/242; 76, 256/346f; 92, 277/344f; Maurer HbStR³ IV
§ 79 Rn.67; anders E 72, 175/196; 74, 129/155; 77, 370/379). Dabei kön-

nen allerdings allgemeine rechtsstaatliche Grundsätze einfließen (BVerfGE 76, 256/347; 78, 249/284). Zum Schutz der Beamtenrechte Rn.45 zu Art.33.

76   **e) Notwendigkeit einer Übergangsregelung.** „Der Gesetzgeber ist ... bei der Aufhebung oder Modifizierung geschützter Rechtspositionen, auch wenn der Eingriff an sich verfassungsrechtlich zulässig ist, aufgrund des rechtsstaatlichen Grundsatzes der Verhältnismäßigkeit verpflichtet, eine angemessene Übergangsregelung zu treffen" (BVerfGE 67, 1/15; 21, 173/183; 58, 300/351; s. auch unten Rn.89). Dies wird vor allem in den Fällen unechter Rückwirkung (oben Rn.69) bedeutsam. Die Betroffenen erlangen dadurch einen gewissen, zeitlich begrenzten Schutz. Ob und in welchem Umfang Übergangsregelungen notwendig sind, muss einer Abwägung des gesetzlichen Zweckes mit der Beeinträchtigung der Betroffenen entnommen werden. Dabei steht dem Gesetzgeber ein erheblicher Spielraum zur Verfügung (BVerfGE 43, 242/288f; 67, 1/15f; 76, 256/359f). Insb. spielt eine Rolle, wie gewichtig die Beeinträchtigung ist (BVerfGE 43, 242/288f; 67, 1/15f). Des Weiteren ist der Umstand bedeutsam, ob die Übergangsvorschrift zu Gefahren für die Allgemeinheit führt (BVerfGE 68, 272/286). Eine Übergangsregelung kann etwa bei Änderungen des Rentenrechts zugunsten rentennaher Jahrgänge erforderlich sein (BVerfGE 116, 96/131ff). Weitere Einzelfälle der Notwendigkeit von Übergangsregelungen in Rn.105 zu Art.12 und in Rn.47 zu Art.14.

2. Vertrauensschutz bei Verwaltungsakten und Gerichtsentscheidungen

77   **a) Bestandskraft und Rechtskraft.** Die Lösung des Konflikts zwischen Rechtssicherheit und materieller Gerechtigkeit ist in erster Linie dem Gesetzgeber übertragen (BVerfGE 3, 225/237f; 15, 313/319f; 35, 41/47). Das BVerfG hat fast durchgängig die Entscheidungen des Gesetzgebers zugunsten der Rechtssicherheit akzeptiert (Schulze-Fielitz DR R 150). Zulässig ist daher die Rechtskraft von Urteilen (BVerfGE 22, 322/329; 47, 146/161) und die Bestandskraft von Verwaltungsakten (BVerfGE 27, 297/305f; 60, 253/270; 117, 302/315), unabhängig von der Rechtmäßigkeit der Entscheidung. Gleiches gilt für prozessuale Fristen (BVerfGE 60, 253/269). Die behördliche Nachprüfung eines Verwaltungsakts muss aus Gründen der Rechtssicherheit idR innerhalb von vier Jahren abgewickelt sein (BSGE 72, 271/276ff).

78   **b) Vertrauensschutz.** Die Gebote der Rechtssicherheit und des Vertrauensschutzes kommen auch bei **Verwaltungsakten** zum Tragen (vgl. Maurer HbStR³ IV § 79 Rn.92), desgleichen bei anderen Maßnahmen der Verwaltung (BVerfG-K, NJW 93, 3191). Der Grundsatz des Vertrauensschutzes hat Bedeutung, wenn ein Verwaltungsakt aufgehoben werden soll (BVerfGE 59, 128/164ff; Maurer HbStR³ IV § 79 Rn.87). Die §§ 48f VwVfG besitzen daher (im Kernbereich) eine verfassungsrechtliche Fundierung (BVerfGE 59, 128/169ff; 116, 24/55; BVerwGE 91, 306/312f). Rückwirkende Verwaltungsakte können im Einzelfall unzulässig sein (BSGE 77, 86/92f). Gleiches gilt, wenn ein Verwaltungsakt sachlich unterlaufen wird (BVerfGE 50, 244/249f; 63, 215/223f; ähnlich BGH, NVwZ 86, 246: Pflicht zu konsequentem Verhalten). Die Grenzen dürften im Einzelfalle wie bei der unechten Rückwirkung (bei Gesetzen) zu ziehen sein (dazu oben Rn.73 f). Die Nichtanwendung der Jahresfrist des § 48 Abs.4 VwVfG in EU-rechtlichen Fällen ist zulässig (BVerfG-K, NJW 00, 2015 f; BVerwGE 106, 328/334 f; Grzeszick MD VII 97). Auch bei der Verlängerung eines befristeten Verwaltungsakts soll der Vertrauensschutz eine Rolle spielen können (BVerfGE 49, 168/184 ff; Schulze-Fielitz DR R 171; anders BVerfGE 64, 158/174).

Eine Änderung der (höchstrichterlichen) **Rechtsprechung** stellt keine **79** Änderung eines Gesetzes dar (vgl. BVerfGE 84, 212/226 f), weshalb die Regeln über den Schutz des Vertrauens auf Gesetze, insb. der Beschränkung einer Rücknahme, nicht zur Anwendung kommen (BVerfG-K, NVwZ 05, 82; BSGE 91, 94 Rn.36). Bei der Änderung einer konsistenten höchstrichterlichen Rechsprechung sind jedoch auch Aspekte des Vertrauensschutzes zu berücksichtigen (vgl. BVerfGE 74, 129/155 f; 84, 212/227 f; BGHZ 132, 119/129 ff; BAGE 122, 74 Rn.49; BFHE 220, 129/148; Schulze-Fielitz DR R 177). Sie ist möglich, wenn sie hinreichend begründet ist und sich im Rahmen einer voraussehbaren Entwicklung hält (BVerfGE 122, 248/277).

VI. Grundsatz der Verhältnismäßigkeit

1. Grundlagen und Anwendungsbereich

a) Bedeutung und Herleitung. Der Grundsatz der Verhältnismäßigkeit **80** hat eine kaum zu überschätzende Bedeutung erlangt. Er wird aus dem Rechtsstaatsprinzip abgeleitet (BVerfGE 76, 256/359; 80, 109/120; 108, 129/136; 111, 54/82; BSGE 59, 276/278; Grzeszick MD VII 108). Zudem ergibt er sich „bereits aus dem Wesen der Grundrechte selbst, die als Ausdruck des allgemeinen Freiheitsanspruch des Bürgers gegenüber dem Staat von der öffentlichen Gewalt jeweils nur so weit beschränkt werden dürfen, als es zum Schutze öffentlicher Interessen unerlässlich ist" (BVerfGE 19, 342/348 f; 61, 126/134; 76, 1/50 f; 77, 308/334; Starck MKS 285 zu Art.1). Dem „Grundsatz der Verhältnismäßigkeit ... kommt eine die individuelle Rechts- und Freiheitssphäre verteidigende Funktion zu" (BVerfGE 81, 310/338; Robbers BK 1880). Der Grundsatz der Verhältnismäßigkeit wird z.T. auch als *Übermaßverbot* bezeichnet (Ossenbühl, FS Lerche, 1993, 152); zT wird dieser Begriff für die Verhältnismäßigkeit ieS verwandt (unten Rn.86; wieder anders Lerche, o. Lit. G, 289 f). Zum *Untermaßverbot* Vorb.56 vor Art.1.

b) Anwendungsbereich. aa) Der Grundsatz der Verhältnismäßigkeit **81** **bindet** anerkanntermaßen alle staatliche Gewalt, sofern sie subjektive Rechte des Bürgers in irgendeiner Weise beeinträchtigt (Schulze-Fielitz DR R 187; a.A. Robbers BK 1908). Voraussetzung für die Anwendung ist eine konkret betroffene Rechtsposition (Degenhart 410). V.a. bildet der Grundsatz der Verhältnismäßigkeit eine Grenze für die Beschränkung von **Grundrechten** auf Grund von Gesetzesvorbehalten oder kollidierendem Verfassungsrecht (Vorb.46 f, 52 vor Art.1), soweit es um Eingriffe iwS geht (BVerfG 113, 63/80), also um Abwehrgehalte. Bei Leistungsgehalten der Grundrechte wird vielfach das Untermaßverbot angewandt (Vorb.57 vor

Art.1). Unklar ist, ob der Grundsatz bei der Ausgestaltung der Grundrechte zum Tragen kommt (vgl. Vorb.35 vor Art.1). Zudem spielt der Grundsatz bei Gleichheitsgrundrechten eine wichtige Rolle (etwa Rn.27 f, 95 f, 135 zu Art.3).

81a   Verhältnismäßig muss zunächst die **gesetzliche Regelung** sein, die zur Einschränkung von Rechten des Bürgers führt. Daneben gilt der Grundsatz bei der **Anwendung** solcher Regelungen und entfaltet insoweit eine konkret-individuelle Perspektive (Merten HGR III § 68 Rn.75 f). Dies betrifft die Beschränkung subjektiver Rechte durch die Verwaltung, insb. wenn die Verwaltung einen Beurteilungs- oder Ermessensspielraum besitzt (Degenhart Rn.409). Mit besonderer Sorgfalt ist der Grundsatz der Verhältnismäßigkeit im Strafrecht zu prüfen (unten Rn.107).

82   **bb)** Im **Verhältnis verschiedener Staatsorgane** kommt der Grundsatz nur dann zum Tragen, wenn und soweit ein Staatsorgan ein subjektives Recht (und nicht nur eine Kompetenz) besitzt (Schulze-Fielitz DR R 188; Grzeszick MD VII 109; großzügiger Sommermann MKS 318; Robbers BK 1911; restriktiver Degenhart Rn.412). Der Grundsatz gilt daher für die Rechte der Gemeinden aus Art.28 Abs.2 (BVerfGE 86, 90/109; 103, 332/366 f; Rn.23 zu Art.28; aber auch BVerfGE 91, 228/241 f). Zum Teil beschränkte das BVerfG den Grundsatz auf das Staat-Bürger-Verhältnis (BVerfGE 81, 310/338).

2. Legitimer Zweck

83   Der Grundsatz der Verhältnismäßigkeit ist nur gewahrt, wenn der Eingriff im Hinblick auf den verfolgten Zweck geeignet (dazu unten Rn.84), erforderlich (dazu unten Rn.85) und angemessen (dazu unten Rn.86 f) ist; er enthält somit **drei Teilgebote** (BVerfGE 67, 157/173; 70, 278/286; 104, 337/347 ff; 117, 163/182; BVerwGE 109, 188/191; Dreier DR Vorb.146 vor Art.1; Kokott MP I § 22 Rn.110; Degenhart Rn.399; Jarass WVR § 3 Rn.47 ff): Bei allen Teilgeboten spielt der **verfolgte Zweck** eine wichtige Rolle, weshalb es geboten ist, zunächst diesen Zweck zu ermitteln (Dreier DR Vorb.146 vor Art.1; Grzeszick MD VII 111; Sachs SA 149). Dabei kommt es nicht nur auf die vom historischen Gesetzgeber tatsächlich (subjektiv) verfolgten Zwecke an, andererseits aber auch nicht auf alle denkbaren Zwecke (Wernsmann NVwZ 00, 1364; a. A. Manssen Rn.184). Vielmehr sind die Zwecke relevant, die sich im Wege der Gesetzesauslegung feststellen lassen, wie das auch der objektiven Gesetzesauslegung (Einl.5) entspricht. Ausgeschieden werden fernliegende Zwecke (vgl. BVerfGE 117, 163/183, 185 ff).

83a   Über diesen Befund hinaus wird ein **legitimer** Zweck verlangt (BVerfGE 100, 313/359; 115, 320/345; 117, 163/182; 124, 300/331; Merten HGR III § 68 Rn.53 ff; Manssen Rn.182 ff). Legitim ist ein öffentliches Interesse, das verfassungsrechtlich nicht ausgeschlossen ist, was auch von dem jeweiligen Grundrecht abhängt (BVerfGE 124, 300/331). Der fragliche Zweck muss generell ausgeschlossen sein, da andernfalls mit diesem Merkmal die gesamte Verfassungsmäßigkeit des Eingriffs geprüft werden könnte. Daher rechnet hierher nicht der Fall, dass ein Zweck allein bei besonders gravierenden Eingriffen ausgeschlossen ist, etwa bei der Berufswahl (so aber BVerf-GE 115, 296/307).

3. Teilgebote

a) Geeignetheit. Zunächst muss die Maßnahme im Hinblick auf den **84** verfolgten Zweck geeignet sein; es muss „ der gewünschte Erfolg gefördert werden" (BVerfGE 96, 10/23; 67, 157/173; 100, 313/373; Grzeszick MD VII 112); notwendig ist „die Möglichkeit der Zweckerreichung" (BVerfGE 96, 10/23; 103, 293/307; 116, 202/224). Das benutzte Mittel muss nicht das bestmögliche oder geeignetste sein (Sachs SA 150; Robbers BK 1916) und nicht in jedem Einzelfall Wirkung entfalten (BVerfGE 67, 157/175; Schulze-Fielitz DR R 182); es genügt ein Beitrag zur Zielerreichung. Ausreichend ist, wenn „der gewünschte Erfolg gefördert werden kann" (BVerfGE 103, 293/307; Rn.42 zu Art.12), auch wenn die Umsetzung schwierig ist (BVerfGE 110, 141/164). Allerdings muss es um das verfolgte Ziel gehen, nicht um die Förderung irgendeines öffentlichen Interesses (BVerwG, NVwZ 04, 1131). „Auf Gesetzesebene genügt es, wenn die abstrakte Möglichkeit der Zweckerreichung besteht" (BVerfGE 100, 313/373). An der Eignung fehlt es, wenn die Zweckerreichung überhaupt nicht gefördert oder gar behindert wird (Stern SB Einl.138). Ist der Ertrag des Mittels gering, die Belastung für den Betroffenen hingegen hoch, kann die Angemessenheit (unten Rn.86) verletzt sein. Eine Ermessensgenehmigung ist möglich, wenn nur so das gesetzgeberische Ziel erreicht werden kann (BVerfGE 58, 300/346 f). Zu Prognosen unten Rn.87–90a.

b) Erforderlichkeit (mildestes Mittel). Weiter darf die Maßnahme **85** nicht über das zur Verfolgung ihres Zwecks notwendige Maß hinausgehen, darf nicht weiter gehen, als der mit ihr intendierte Schutzzweck reicht (BVerfGE 79, 179/198; 100, 226/241; 110, 1/28). Das Gebot ist verletzt, wenn das Ziel der staatlichen Maßnahme auch durch ein anderes, gleich wirksames Mittel erreicht werden kann, das das betreffende Grundrecht nicht oder deutlich weniger fühlbar einschränkt (BVerfGE 67, 157/177; 68, 193/219; 90, 145/172; 92, 262/273; ähnlich BVerfGE 102, 197/217). „Die sachliche Gleichwertigkeit zur Zweckerreichung muss ... eindeutig feststehen" (BVerfGE 81, 70/91). Voraussetzung ist zudem, dass das mildere Mittel Dritte und die Allgemeinheit nicht stärker belastet (BVerfGE 113, 167/259; vorsichtig Stern ST III/2, 781). Dementsprechend muss das alternative Mittel in mehrpoligen Rechtsverhältnissen „für jedes der kollidierenden Rechtsgüter zu einem positiven Ergebnis führen (BVerfGE 115, 205/233 f); bei geringen Einbußen kann die Angemessenheit (unten Rn.86) beeinträchtigt sein (BVerfG, a. a. O.). Auch darf das alternative Mittel nicht zu einer unangemessen höheren finanziellen Belastung des Staates führen (Schulze-Fielitz DR R 183; Robbers BK 1918; vgl. BVerfGE 77, 84/110 f; 81, 70/91 f; 116, 96/127; Rn.43 zu Art.12; Rn.38b zu Art.14). „Mildere Mittel sind nicht solche, die eine Kostenlast lediglich verschieben" (BVerfGE 109, 64/86); Gleiches gilt für die Verschiebung von Kosteneinsparungen (BVerfGE 116, 96/127). Zu Prognosen unten Rn.87–90a. Evtl. sind organisatorische oder verfahrensmäßige Vorkehrungen notwendig, um einen Grundrechtseingriff in Grenzen zu halten (Vorb. 45 vor Art. 1).

86   **c) Angemessenheit.** Die dritte Stufe der Verhältnismäßigkeit wird als **Angemessenheit,** aber auch als **Verhältnismäßigkeit ieS** (BVerfGE 104, 337/349; Grzeszick MD VII 117), als Übermaßverbot (BVerfGE 90, 145/173; 105, 17/36; 113, 29/54), als Zumutbarkeit oder als Proportionalität (Sachs SA 154; Merten HGR III § 68 Rn.71) bezeichnet. Es bildet in vielen Entscheidungen das wichtigste Teilgebot der Verhältnismäßigkeit (krit. Pieroth/Schlink 293). Das Gebot verlangt, dass der Eingriff „in angemessenem Verhältnis zu dem Gewicht und der Bedeutung des Grundrechts" steht (BVerfGE 67, 157/173). „Bei einer Gesamtabwägung zwischen der Schwere des Eingriffs und dem Gewicht und der Dringlichkeit der ihn rechtfertigenden Gründe muss die Grenze der Zumutbarkeit gewahrt bleiben" (BVerfGE 113, 167/260; 120, 224/241; ähnlich E 102, 197/220; 104, 337/349; Sachs SA 154 ff; Stern ST III/2, 782 f; Dreier DR Vorb. 149 vor Art. 1; Degenhart Rn. 405 f). „Das Maß der den einzelnen ... treffenden Belastung (muss) noch in einem vernünftigen Verhältnis zu den der Allgemeinheit erwachsenden Vorteilen stehen" (BVerfGE 76, 1/51; 100, 313/375 f). „Die Schwere des Eingriffs (darf) bei einer Gesamtabwägung nicht außer Verhältnis zu dem Gewicht der ihn rechtfertigenden Gründe stehen" (BVerfGE 118, 168/195; 65, 1/54; 80, 297/312). Zum *Äquivalenzprinzip* bei Gebühren Rn. 28 zu Art. 2.

86a   Bei der Prüfung der Verhältnismäßigkeit ieS lassen sich mehrere Stufen unterscheiden: – (1) Zunächst sind die Auswirkungen des Eingriffs auf die Rechtsgüter der **Betroffenen** zu erheben (BVerfGE 92, 277/327). Dabei ist „die Art und Schwere der Beeinträchtigung" festzustellen (BVerfGE 113, 63/80); auch ist relevant, „unter welchen Voraussetzungen und wieviele Grundrechtsträger wie intensiven Beeinträchtigungen ausgesetzt sind" (BVerfGE 100, 313/376). Zum additiven Grundrechtseingriff Vorb. 50 vor Art. 1. Zur Intensität von Informationseingriffen Rn. 60a zu Art. 2. – (2) Sodann muss die Bedeutung des Eingriffs für das mit ihm verfolgte **Ziel** ermittelt werden: Es geht um den „Rang des zu schützenden Rechtsguts" und um die „Intensität seiner Gefährdung" (BVerfGE 113, 63/80; 120, 274/327). Weiter sind die Eingriffsschwelle und die geforderte Tatsachenbasis bedeutsam (BVerfGE 115, 320/360); „intensive Grundrechtseingriffe (sind) erst von bestimmten Verdachts- und Gefahrenstufen an" zulässig (BVerfGE 115, 320/361). – (3) Schließlich sind die genannten Befunde in eine **Abwägung** einzustellen (BVerfGE 92, 277/327; Vorb. 47 vor Art. 1), wobei die verfolgten Zwecke umso gewichtiger sein müssen, je mehr in das fragliche Rechtsgut eingegriffen wird (BVerfGE 118, 168/195).

4. Besonderheiten für Gesetzgebung und Verwaltung, insb. Prognosen

87   **a) Gesetzgebung.** Dem Gesetzgeber kann bei der Einschätzung der Auswirkungen einer neuen Regelung im Hinblick auf die Verhältnismäßigkeit ein beträchtlicher Spielraum zustehen (BVerfGE 110, 177/194; Schulze-Fielitz DR R 190). Dies hängt „von der Eigenart des in Rede stehenden

Sachbereichs, den Möglichkeiten, sich ein hinreichend sicheres Urteil zu bilden und der Bedeutung der auf dem Spiele stehenden Rechtsgüter" ab (BVerfGE 50, 290/332 f; 57, 139/159; 62, 1/50; 90, 145/173). Es ist daher auf die Beurteilung abzustellen, die dem Gesetzgeber bei der Vorbereitung des Gesetzes **möglich** war (BVerfGE 25, 1/17; 113, 167/234). Es kommt darauf an, wieweit es dem Gesetzgeber möglich war, sich ein hinreichend sicheres Urteil zu bilden (BVerfGE 100, 59/101; 103, 242/267). Auch kann der Gesetzgeber Konzepte erproben (BVerfGE 113, 167/234). Je gewichtiger das gefährdete Rechtsgut ist und je weitreichender es beeinträchtigt werden kann, desto höhere Anforderungen sind an den Grad der notwendigen Wahrscheinlichkeit bzw. die Sicherheit der Prognosen zu stellen (BVerfGE 113, 348/386). Stellt sich später die Beurteilung als unzutreffend heraus, wird das Gesetz verfassungswidrig und muss für die Zukunft korrigiert werden (BVerfGE 50, 290/335; 57, 139/162; 95, 267/314 f; 113, 167/234; Robbers BK 1924; vgl. auch Rn.32 zu Art.1); dabei besteht ein Anpassungszeitraum (BVerfGE 83, 1/21 f; 95, 267/314 f). Der Einschätzungsspielraum des Gesetzgebers kommt insb. bei der Geeignetheit und der Erforderlichkeit zum Tragen (BVerfGE 104, 337/347 f): Bei der *Geeignetheit* kann es darauf ankommen, ob die Regelung offensichtlich oder schlechthin ungeeignet ist, wenn die Voraussetzungen eines weiten Spielraums vorliegen (BVerfGE 47, 109/117; 65, 116/126; 103, 293/307); es genügt die abstrakte Möglichkeit der Zweckerreichung (BVerfGE 100, 313/373). Bei der *Erforderlichkeit* kommt es darauf an, ob „bei dem als Alternative vorgeschlagenen geringeren Eingriff in jeder Hinsicht eindeutig feststeht", dass er den fraglichen Zweck „sachlich gleichwertig erreicht" (BVerfGE 105, 17/36); dem Gesetzgeber kommt eine „Einschätzungsprärogative" zu (BVerfGE 102, 179/218).

Ein **weiter Spielraum** besteht v. a. bei Regelungen, die nur vergleichsweise milde in ein Grundrecht eingreifen, wie reinen Berufsausübungsregelungen (Rn.45 zu Art.12), sowie dann, wenn der personale Bezug zurücktritt bzw. der soziale Bezug hoch ist (Rn.50 zu Art.12; Rn.42 f zu Art.14), wie das bei wirtschaftsbezogenen Regelungen häufig der Fall ist (BVerfGE 87, 363/383; 94, 315/326; 103, 293/307; Schulze-Fielitz DR R 190). Jedenfalls in solchen Fällen kann der Gesetzgeber auch *typisieren* (Robbers BK 1926; unten Rn.89). Die Kontrolldichte hängt weiter von „Rang und ... Bedeutung des auf dem Spiele stehenden Grundrechtsguts und der Eigenart des betroffenen Sachbereiches" ab (BVerfGE 76, 1/51). Besonders weit ist der Einschätzungs- und Prognosevorrang des Gesetzgebers auf dem Gebiet der Arbeitsmarkt-, Sozial- und Wirtschaftsordnung (BVerfGE 103, 293/307; 113, 167/252). **88**

Bei der Beurteilung der Verhältnismäßigkeit einer *Rechtsvorschrift* ist grundsätzlich auf den „Normalfall" abzustellen (Schulze-Fielitz DR R 190). Eine Rechtsvorschrift ist nicht allein deshalb unverhältnismäßig, weil sie in einem **Einzelfall** besonders gravierende Auswirkungen hat; eine besondere und atypische Belastung im Einzelfall ist hinzunehmen (Robbers BK 1927; Rn.22 zu Art.2; Rn.51 zu Art.12). Wird allerdings eine **Teilgruppe** typischerweise sehr viel härter betroffen, dann kann der Grundsatz der Verhältnismäßigkeit eine Sonderbehandlung verlangen (zu Art.12 Abs.1 BVerfGE 30, 292/327; 68, 155/173; BVerwG, DVBl 01, 743). Dies ist umso eher er- **89** forderlich, je größer die Teilgruppe ist, je mehr sie einen eigenständigen Charakter aufweist und je größer die Gefahr der Grundrechtsbeeinträchtigung ist (vgl. Rn.31 zu Art.3). Dieser Konstellation verwandt ist das Erfordernis einer **Übergangsregelung** (dazu oben Rn.76), das auch im Gebot der Verhältnismäßigkeit wurzelt (Robbers BK 1928; Rn.52 zu Art.12; Rn.47 zu Art.14).

90   **b) Verwaltung.** Für die Exekutive gilt Ähnliches wie für den Gesetzgeber, soweit es um den **Erlass von Rechtsvorschriften** geht. Dies betrifft Rechtsverordnungen (BVerfGE 53, 135/145) wie sonstige Rechtsvorschriften, aber auch Verwaltungsvorschriften (Grzeszick MD VII 123). Insb. kann der Gesetzgeber Prognoseentscheidungen auf den Verordnungsgeber übertragen, mit der Folge einer reduzierten Kontrolldichte (BVerfGE 106, 1/17).

90a   Im Rahmen von **Einzelfallentscheidungen** ist der Grundsatz der Verhältnismäßigkeit eigenständig zu beachten, sofern der Verwaltung ein Ermessens- oder Beurteilungsspielraum eingeräumt ist (BVerfGE 69, 161/169; Robbers BK 1968). Prognosen sind, anders als beim Gesetzgeber, idR voll gerichtlich überprüfbar (Degenhart 401). Werden der Verwaltung vom Gesetzgeber dagegen **bindende Standards** vorgegeben, darf und braucht sie diese nicht mit Hilfe des Verhältnismäßigkeitsgrundsatzes zu korrigieren. Hier kann nur das Gesetz selbst an diesem Gebot gemessen werden (Degenhart 409; Schulze-Fielitz DR R 189; Sachs SA 148), wobei dem Gesetzgeber eine weiter gehende Typisierung gestattet ist (oben Rn.89). Der Verwaltung kommt eine Typisierungsbefugnis nur dort zu, wo sie übergreifende Regelungen trifft, etwa in Verwaltungsvorschriften. Die Anordnung der sofortigen Vollziehung bedarf einer zusätzlichen Verhältnismäßigkeitsprüfung (BVerfG-K, NJW 03, 3619).

VII. Rechtsschutz im Bereich des Privatrechts

1. Justizgewährungsanspruch (Allgemeines)

91   **a) Bedeutung und Abgrenzung.** Das Rechtsstaatsprinzip verlangt einen **wirkungsvollen Rechtsschutz** in bürgerlich-rechtlichen Streitigkeiten (BVerfGE 80, 103/107; 85, 337/345; 97, 169/185; 107, 395/406f; BGHZ 140, 208/217; Schmidt-Aßmann MD 16ff zu Art.19 IV; Papier HbStR VI 1222), wie er auch in Art.47 GRCh und in Art.6 Abs.1 S.1 EMRK garantiert wird. „Der Justizgewährungsanspruch umfasst das Recht auf Zugang zu den Gerichten und eine grundsätzlich umfassende tatsächliche und rechtliche Prüfung des Streitgegenstandes sowie eine verbindliche Entscheidung durch den Richter" (BVerfGE 85, 337/345; 107, 395/401; Schulze-Fielitz DR R 211). Geschützt ist auch die Effektivität des Rechtsschutzes (BVerfGE 112, 185/207). Der Justizgewährungsanspruch kommt nur zum Tragen, wenn es um die Verletzung eines von der Rechtsordnung verbürgten subjektiven Rechts geht, das sich ggf. auch aus der Verfassung ergeben kann (BVerfGE 116, 135/150). Der Bürger kann jede unzulässige Verkürzung des Rechtsschutzes jedenfalls über Art.2 Abs.1 geltend machen (BVerfGE 69, 381/385; 78, 123/126). Für öffentlich-rechtliche Streitigkeiten enthält Art.19

Abs.4 eine vorrangige Spezialregelung (Rn.34 zu Art.19), weshalb der allgemeine Justizgewährungsanspruch v.a. gegenüber den Zivil- und Arbeitsgerichten zum Tragen kommt; zu den Strafgerichten unten Rn.98 ff. Für die gesetzliche Bestimmung des Richters enthält Art.101 eine Spezialregelung (BVerfG-K, NJW 88, 1459). Zum Verhältnis zu Art.103 Abs.1 unten Rn.96.

b) Ausgestaltung und Rechtfertigung von Beeinträchtigungen. 92 Der Justizgewährungsanspruch bedarf der gesetzlichen **Ausgestaltung** (BVerfGE 85, 337/345 f; 88, 118/123; 93, 99/107; Grzeszick MD VII 134; Schulze-Fielitz DR 212), zumal es sich um einen Leistungsanspruch handelt (Vorb.34 vor Art.1). Zudem ist eine **funktionstüchtige Zivilrechtspflege** ein wichtiger Gemeinwohlbelang (BVerfGE 106, 28/49). Daraus können sich im Einzelfall auch Begrenzungen des Rechtsschutzes ergeben. „Solche Einschränkungen müssen aber mit den Belangen einer rechtsstaatlichen Verfahrensordnung vereinbar sein und dürfen den einzelnen Rechtsuchenden nicht unverhältnismäßig belasten" (BVerfGE 88, 118/124). Dabei sind die Belange der Gegenseite im gerichtlichen Verfahren zu berücksichtigen (BVerfGE 116, 135/157).

2. Einzelne Anforderungen

a) Rechtsweg und Fristen. aa) Geboten ist eine ausreichende Klarheit 93 der Rechtswegvorschriften (BVerfGE 57, 9/22; s. auch Rn.63 zu Art.19) wie der Regelung der Rechtsmittel (BVerfGE 49, 148/164; 107, 395/416 f). Eine Rechtsverweigerung auf Grund eines negativen Kompetenzkonflikts ist unzulässig (BAGE 44, 246/248). Die Zulässigkeit einer Klage darf nicht aus völlig formalen Gesichtspunkten abgelehnt werden (BVerfG-K, NJW 91, 3140). Es besteht kein Anspruch auf eine zweite Gerichtsinstanz (BVerfGE 54, 277/291; 89, 381/390; 107, 395/401 f); werden allerdings weitere Instanzen geschaffen, darf der Zugang nicht unzumutbar erschwert werden (BVerfGE 74, 228/234; vgl. Rn.56 zu Art.19). Bei schiedsrichterlichen Verfahren bleibt der Staat zu einer Grenz- und Missbrauchsprüfung verpflichtet (Schmidt-Aßmann MD 17 zu Art.19 IV). Ein obligatorisches Schlichtungsverfahren ist zulässig (BVerfG-K, NJW-RR 07, 1074); zulässig ist auch die Überprüfung vereinsgerichtlicher Entscheidungen von der Ausschöpfung satzungsgemäßer Rechtsmittel abhängig zu machen (BVerfG-K, NVwZ 07, 326 f). In Vergabestreitigkeiten kann der Primärrechtsschutz ausgeschlossen werden (BVerfGE 116, 135/158 f). Zur Rechtskraft oben Rn.77. Zum vorläufigen Rechtsschutz vgl. Rn.59 zu Art.19.

Bei der Verletzung von **Verfahrensrechten** in einem gerichtlichen Ver- 94 fahren, gegen dessen abschließende Entscheidung kein Rechtsmittel besteht, muss die Möglichkeit einer einmaligen Überprüfung bestehen, sofern nicht besonders hochrangige Rechtsgüter entgegenstehen (BVerfGE 107, 395/407). Dabei genügt ein irgend gearteter Rechtsbehelf, nicht notwendig die Befassung einer weiteren Instanz (BVerfGE 107, 395/408).

bb) Fristen können voll ausgenutzt werden (BVerfGE 53, 25/29; 69, 95 381/385). Bei (zugelassener) Nutzung von Telefax werden Fristen gewahrt, wenn so rechtzeitig mit der Übermittlung begonnen wurde, dass unter normalen Umständen mit einem Abschluss der Übermittlung bis 24.00 Uhr zu rechnen ist (BVerfG-K, NJW 96, 2857 f). Bei der **Wiedereinsetzung in den vorigen Stand** dürfen keine übertriebenen Anforderungen gestellt werden (BVerfGE 79, 372/375 ff; BVerfG-K, NJW 01, 813 f). Ein Wiedereinsetzungsantrag ist gleichzeitig als Einspruch etc. zu werten (BVerfGE 88, 118/127 f). Wiedereinsetzung ist u.a. zu gewähren, wenn die Fristversäumnis auf folgenden Umständen beruht: Ein an ein unzuständiges Gericht gesandter Schriftsatz wurde nicht an das zuständige Gericht weitergeleitet (BVerfGE 93, 99/113 ff), unzutreffende Rechtsmittelbelehrung (BAG, NJW 95, 2509 f), sonstiges Verschulden des Gerichts (BVerfG-K, NJW 95, 711; NJW 98, 2044 f), Verschulden des Büropersonals des Anwalts bei einfachen Tätigkeiten (BVerfG-K, NJW 96, 309). Vgl. außerdem zu Fristen und Wiedereinsetzung Rn.62 zu Art.19 und Rn.39 f zu Art.103.

96   **b) Faires Verfahren, Beweiswürdigung, Rechtzeitigkeit, Kosten.** Das Verfahren vor Gericht muss dem Gebot des effektiven Rechtsschutzes (BVerfGE 88, 118/123) und des fairen Verfahrens (BVerfGE 78, 123/126) gerecht werden. Unzulässig ist es, „durch übermäßig strenge Handhabung verfahrensrechtlicher Schranken den Anspruch auf gerichtliche Durchsetzung des materiellen Rechts unzumutbar zu verkürzen" (BVerfGE 84, 366/369 f). Bei einem offensichtlichen Fehler einer Partei kann die Fürsorgepflicht des Gerichts einen Hinweis gebieten (BGHZ 159, 135/140 f). Für das **rechtliche Gehör,** insb. das Recht auf Information, auf Äußerung und auf Berücksichtigung, geht Art.103 Abs.1 als Spezialregelung vor. Weiter ist unter dem Einfluss des Art.3 Abs.1 das Gebot der Waffengleichheit zu beachten (BVerfGE 52, 131/144, 156 f; 69, 248/254; 117, 163/185), insb. im kartellrechtlichen Beschwerdeverfahren (BVerfGE 74, 78/95). Bei einem Parteiausschluss ist eine eingeschränkte Kontrolle zulässig (BVerfG-K, NJW 02, 2227). Das Gebot des fairen Verfahrens hat auch für die **Beweiswürdigung** Bedeutung (BVerfGE 52, 131/145 ff; 117, 202/240). Die einem Sachverständigengutachten zugrunde liegenden Tatsachen müssen idR von den Prozessparteien überprüft werden können (BVerfGE 91, 176/182). Die Richtigkeit bestrittener Tatsachen darf nicht ohne hinreichende Begründung bejaht werden (BVerfGE 91, 176/181). Schließlich muss das Verfahren vor Gericht grundsätzlich *öffentlich* sein (BVerfGE 103, 44/63).

97   Jeder Rechtsstreit muss in **angemessener Zeit** entschieden werden (BVerfGE 88, 118/124; 93, 99/107 f; BVerfG-K, NJW 01, 215), wie auch Art.47 S.2 GRCh und Art.6 Abs.1 S.1 EMRK festhalten. Ggf. muss der Berichterstatter durch gerichtsinterne Maßnahmen entlastet werden (BVerfG-K, NJW 05, 739). Voraussehbaren Engpässen ist vorzubeugen (BVerfG-K, DVBl 09, 1165). Ein Verstoß liegt sicherlich vor, wenn nach über 6½ Jahren noch keine erstinstanzliche Entscheidung ergangen ist (BVerfG-K, NJW 97, 2812; NJW 04, 836). Besondere Beschleunigung ist in kindschaftsrechtlichen Verfahren geboten (BVerfG-K, NJW 01, 961 f). Auch die Begründung einer gerichtlichen Entscheidung ist zügig vorzunehmen, was nach 5 Monaten nicht mehr der Fall ist (BVerfG-K, NJW 01, 2162; Schulze-Fielitz DR R 221); Rechtsschutz ermöglicht nicht die Revision, sondern die Verfassungsbeschwerde (BAGE 108, 55/58 f). Die **Gerichtskosten** müssen in ei-

nem angemessenen Verhältnis zu dem mit dem Rechtsschutz angestrebten
wirtschaftlichen Erfolg stehen (BVerfGE 85, 337/346); zur Prozesskostenhilfe Rn.67 zu Art.3.

VIII. Strafrecht, Strafprozessrecht u. ä.

1. Rechtsstaatliches Strafverfahren

a) Recht des Beschuldigten auf ein faires Strafverfahren. aa) Das **98**
Rechtsstaatsprinzip gewährleistet zunächst ein „justizförmiges Verfahren" für
die Verhängung von Strafen (BVerfGE 107, 104/118 f). Weiter sichert es zu-
gunsten des Beschuldigten im Zusammenspiel mit Art.2 Abs.1, Art.2 Abs.2
S.2 und Art.1 Abs.1 das Recht auf ein rechtsstaatliches, **faires Strafverfahren** (BVerfGE 70, 297/308; 109, 38/60; 118, 212/231; 122, 248/271;
BGHSt 50, 40/48; Di Fabio MD 74 zu Art.2 I; vgl. auch Art.10 AEMR).
Das Gebot des fairen Verfahrens verlangt **Waffengleichheit** zwischen Staatsanwalt und Beschuldigtem (BVerfGE 63, 45/61; 110, 226/253; Maurer, FS
BVerfG, 2001, Bd. 2, 499). Zudem ist der Persönlichkeitsschutz des Angeklagten und der Zeugen zu beachten (BVerfGE 103, 44/68). Das Gebot des
fairen Verfahrens setzt einen „Mindestbestand an aktiven verfahrensrechtlichen Befugnissen des Angeklagten voraus" (BVerfGE 57, 250/275). Dem
Beschuldigten „muss die Möglichkeit gegeben werden, zur Wahrung seiner
Rechte auf den Gang und das Ergebnis des Strafverfahrens Einfluss zu nehmen" (BVerfGE 65, 171/174 f; 66, 313/318; 110, 226/253). Er muss jederzeit „die Möglichkeit einer geordneten und effektiven Verteidigung" haben
(BGHSt 44, 46/49). Zum Teil wird Art.103 Abs.1 als zusätzliche Stütze herangezogen (BVerfGE 41, 246/249; 54, 100/116; 63, 332/337 f). Im europäischen Bereich ist insoweit von der Wahrung der „Verteidigungsrechte" die
Rede (Art.48 Abs.2 GRCh, Art.6 Abs.3 EMRK).

bb) Im Einzelnen ist die Zuziehung und Auswahl eines **Verteidigers** ga- **99**
rantiert (BVerfGE 65, 171/174 f; 68, 237/255; 110, 226/253), rechtlich wie
faktisch (BVerfGE 66, 313/319 ff). Dies gilt auch bei einer Zeugenvernehmung, es sei denn, der Ausschluss des Rechtsbeistands ist für eine funktions-
fähige Rechtspflege erforderlich (BVerfGE 38, 105/112 ff). Weiter setzt das
Recht auf rechtsstaatliches faires (Straf-)Verfahren den Schutz der vertraulichen Kommunikation zwischen Betroffenem und Verteidiger voraus (BVerf-
GE 113, 29/47). Die Verteidigung darf nicht durch die unangemessene Anwendung von Beleidigungstatbeständen behindert werden (BVerfG-K, NJW
00, 3197). In schwerwiegenden Fällen hat der Beschuldigte, der die Kosten
eines Wahlverteidigers nicht aufzubringen vermag, Anspruch auf einen
Pflichtverteidiger (BVerfGE 39, 238/243; 65, 171/174 ff; 68, 237/255 f). Dies
gilt auch für Entscheidungen über die Anordnung bzw. Fortdauer der Unterbringung in einem psychiatrischen Krankenhaus (BVerfGE 70, 297/322 f).
Bei der Bestellung des Pflichtverteidigers hat der vom Beschuldigten vorgeschlagene Anwalt Vorrang (BVerfG-K, NJW 01, 3696).

Mündliche Verhandlungen müssen grundsätzlich **öffentlich** sein (BVerf- **100**
GE 103, 44/63); im Interesse der Wahrheitsfindung kann aber die Öffent-

lichkeit eingeschränkt werden (BVerfGE 103, 44/68 f). Ist der Angeklagte der deutschen **Sprache** nicht mächtig, muss dafür gesorgt werden, dass er die wesentlichen Verfahrensvorgänge versteht und sich im Verfahren verständlich machen kann (BVerfGE 64, 135/145); eine Übersetzung des Urteils ist unnötig, wenn er von einem Anwalt vertreten wird (BVerfGE 64, 135/151). Unterlagen, die vom Betroffenen zur Verteidigung erstellt wurden, dürfen nicht beschlagnahmt werden (BGHSt 44, 46/47 ff). Eine Verhandlung in *Abwesenheit* ist nur zulässig, wenn der Angeklagte die Verhandlungsunfähigkeit selbst herbeiführte (BVerfGE 89, 120/129 f). Für das **rechtliche Gehör**, insb. das Recht auf Information, auf Äußerung und auf Berücksichtigung, geht Art.103 Abs.1 vor; dazu Rn.9–11 zu Art.103. Zur **Selbstbezichtigung** oben Rn.31b und Rn.46, 64 zu Art.2. Zur Begründung von Entscheidungen oben Rn.31b.

101   **b) Gebot der Wahrheitsfindung und Aufklärung von Straftaten.** Der Anspruch des Beschuldigten auf ein faires Verfahren wird wesentlich durch das **Gebot der Wahrheitsfindung** beeinflusst. Notwendig ist eine Verfahrensausgestaltung, die eine „zuverlässige Wahrheitserforschung" gewährleistet (BVerfGE 86, 288/317; 80, 367/378); dies gilt insb. im Hinblick auf die Grundrechte des Angeklagten (BVerfG-K, NJW 03, 2445). Aussagen eines Zeugen vom Hörensagen (mittelbare Vernehmung) können nur verwandt werden, sofern sie durch andere wichtige Gesichtspunkte bestätigt werden (BVerfG-K, NJW 96, 448 f). Das Gebot der Wahrheitsfindung geht regelmäßig Persönlichkeitsrechten Dritter vor (BVerfGE 63, 45/72 f). Auch andere staatliche Stellen müssen das Gebot der Wahrheitsfindung beachten (BVerfGE 57, 250/283; 63, 45/63; BGHSt 29, 109/112 f), etwa bei der Entscheidung über eine *Aussagegenehmigung* (BVerwGE 66, 39/43). Die Verweigerung der Genehmigung ist unzulässig, es sei denn, das Recht auf Verteidigung wird nur am Rande betroffen (BGHSt 36, 44/48 f). Auch berechtigte staatliche Geheimhaltungsinteressen dürfen sich nicht nachteilig für den Angeklagten auswirken (BGHSt 49, 112/118 f). In einem Rehabilitationsverfahren muss eine ausreichende Sachermittlung stattfinden (BVerfGE 101, 275/294 f).

102   Des Weiteren besteht ein verfassungsrechtliches Interesse an der **Aufklärung von Straftaten** (BVerfGE 77, 65/76; 80, 367/375; 100, 313/389; 113, 29/54). Der Verletzte hat aber keinen Anspruch auf Aufklärung von Straftaten (BVerfGE 51, 176/187); doch dürfen ihm aus einer (nicht leichtfertigen) Strafanzeige keine Nachteile erwachsen (BVerfGE 74, 257/262). Andererseits ist bei strafprozessualen Maßnahmen, etwa bei einer Beschlagnahme, die Verhältnismäßigkeit zu wahren (BVerfGE 113, 29/52 f). Dies gilt besonders für Eingriffe in die Rechte Unverdächtiger (BVerfGE 113, 29/ 54). Schließlich verlangt die Aufrechterhaltung einer **funktionsfähigen Strafrechtspflege** verschiedene Beschränkungen (BVerfGE 33, 367/383; 51, 324/343 f; 122, 248/272).

103   **c) Dauer und Absprachen. aa)** Aus dem Rechtsstaatsprinzip ergibt sich die Verpflichtung, das **Verfahren zügig durchzuführen** (BVerfGE 122, 248/279; BVerfG-K, NJW 92, 2472; vgl. Rn.66 zu Art.19), es in einer angemessenen Zeit abzuschließen (Schulze-Fielitz DR R 220; vgl. Art.6 Abs.1

S. 1 EMRK). Das Beschleunigungsgebot dient auch der funktionsfähigen Strafrechtspflege (BVerfGE 122, 248/273). Besondere Bedeutung hat d as Gebot, wenn der Beschuldigte in Untersuchungshaft ist (Rn. 124 zu Art. 2). Die zulässige Verfahrensdauer hängt von der Schwere des Tatvorwurfs, von Umfang und Schwierigkeit des Verfahrens sowie von der Belastung des Beschuldigten ab; auszuklammern sind die vom Beschuldigten verursachten Verfahrensverzögerungen (BVerfGE 122, 248/279 f). Zeiten der Untätigkeit führen zu einer rechtsstaatswidrigen Verfahrensdauer, wenn sie mehr als ein Drittel oder gar die Hälfte der Verfahrensdauer ausmachen (Waßmer, ZStW 06, 174). Unabhängig davon ist ein über 6 Jahre dauerndes Strafverfahren unzulässig (BVerfG-K, NJW 03, 2225 f). Wurde bereits eine überlange Verfahrensdauer festgestellt, ist die Sache vorrangig zu bearbeiten (BVerfG-K, NJW 05, 3489). Das Beschleunigungsgebot gilt auch für die Absetzung des Urteils (BVerfG-K, NJW 06, 678 f). Bei einem Verstoß ist eine Strafmilderung unter ausdrücklichem Hinweis auf die Verletzung des Beschleunigungsgebots geboten (BVerfG-K, NJW 93, 3255; 03, 2226 f). Eine Verbindung von Strafverfahren kann im Hinblick auf die zeitlichen Verzögerungen unzulässig sein (BVerfG-K, EuGRZ 02, 549 f).

bb) Absprachen sind begrenzt möglich (BGHSt 43, 195/203 ff; 50, 40/ **103a** 53 ff; BVerwGE 128, 189 Rn. 29). Unzulässig sind aber Absprachen über einen Rechtsmittelverzicht (BGHSt 50, 40/56 f); der Verzicht ist in diesem Fall unwirksam (BGHSt 50, 40/60). Mit dem Recht auf faires Verfahren ist es unvereinbar, durch die Absprache ein Verhalten zu erreichen, das mit der Tat und der Hauptverhandlung in keinem inneren Zusammenhang steht (BGHSt 49, 84/88 f). Die Nichteinhaltung einer Zusage, eine bestimmte Straftat nicht zu verfolgen, muss zu einer Strafmilderung führen (BGHSt 37, 10/14; vgl. BVerfG-K, NJW 87, 2663).

d) Weitere Instanz, Wiederaufnahmeverfahren, Sonstiges. Die aus **104** dem Rechtsstaatsprinzip resultierende Rechtsschutzgewährleistung gibt keinen Anspruch auf eine **weitere Instanz** im Strafverfahren (BVerfGE 49, 329/342; 112, 185/207; 118, 212/239 f; anders Art. 2 EMRK-ZP 7); bei einem Verstoß gegen eine verfassungsrechtliche Verfahrensvorschrift kann aber ein Anspruch auf Rechtsbehelf bestehen (oben Rn. 94). Wird eine weitere Instanz eröffnet, wird der Zugang zur Instanz wie die Effektivität des Rechtsschutzes gewährleistet (BVerfGE 112, 185/207 f; 122, 248/271). Dabei richtet sich die Gewährleistung auch an den die Verfahrensordnung anwendenden Richter, der ein von der Verfahrensordnung eröffnetes Rechtsmittel nicht ineffektiv machen darf (BVerfGE 112, 185/208). Unzulässig ist es, ein Rechtsmittel zu verwerfen, ohne über alle erhobenen Rügen in vollem Umfang entschieden zu haben (BVerfG-K, NJW 05, 3770 f). Ein Nebenkläger darf nicht mit den Kosten eines Gutachtens belastet werden, wenn es sich als für die Wahrung seiner Rechte notwendig erwiesen hat (BVerfG-K, NJW 06, 137). Das **Wiederaufnahmeverfahren** darf nicht zu restriktiv gehandhabt werden (BVerfG-K, NJW 95, 2024). Im Wiederaufnahmeverfahren gegen einen Strafbefehl müssen aus den Akten sich aufdrängende Fehler bei der Tatsachenfeststellung beachtet werden (BVerfG-K, NJW 07, 208). Das Gebot des wirkungsvollen Rechtsschutzes gilt auch für gerichtliche Entscheidungen zum **Strafvollzug;** insb. darf die Klärung der Frage, ob die Entscheidung über die Aussetzung einer lebenslangen Freiheitsstrafe grundrechtswidrig verzögert wurde, nicht an der Erledigung scheitern (BVerfGE 117, 71/121 f). Bei einer Aufhebung eines Urteils besteht ein Anspruch auf eine Haftentschädigung (vgl. Art.3 ZP 7 zur EMRK).

2. Strafe, Schuldprinzip, Unschuldsvermutung

105   **a) Gesetzliche Grundlage, Doppelbestrafung, Strafart.** Die Verhängung einer Strafe stellt immer einen Grundrechtseingriff dar (Rn.122 zu Art.2). Die Notwendigkeit der **gesetzlichen Grundlage** ist in Art.103 Abs.2 geregelt (Rn.43 zu Art.103); zu den einzelnen Anforderungen Rn.44 ff zu Art.103. Im Falle einer Freiheitsstrafe tritt Art.104 hinzu (Rn.3 f zu Art.104). Das Verbot der **Doppelbestrafung** ist in Art.103 Abs.3 geregelt; dazu Rn.71 ff zu Art.103. Diese Vorschrift erfasst jedoch nicht die Verhängung einer Disziplinarstrafe neben einer Kriminalstrafe (Rn.74 zu Art.103). Insoweit kann das Rechtsstaatsprinzip eine gewisse Anrechnung notwendig machen (BVerfGE 21, 378/388 ff; 27, 180/187; 28, 264/277 f; Schulze-Fielitz DR R 196; vgl. Rn.122 zu Art.2). Zur **Art der Strafe** Rn.11, 18 zu Art.1. Bei der Wahl zwischen straf- oder ordnungswidrigkeitsrechtlichen Sanktionen hat der Gesetzgeber einen breiten Spielraum (BVerfGE 80, 182/185 f; 90, 145/173, 178 ff).

106   **b) Schuldprinzip und Verhältnismäßigkeit.** Aus dem Zusammenspiel von Art.1 Abs.1, Art.2 Abs.1 und dem Rechtsstaatsprinzip ergibt sich die verfassungsrechtliche Verankerung des **Schuldprinzips** (etwa BVerfGE 86, 288/313; 109, 133/171; 110, 1/13): Jede Strafe setzt Schuld voraus (BVerfGE 57, 250/275; 58, 159/163; 80, 244/255; 95, 96/140; BGHSt 50, 40/49). Dies gilt auch für die Geldstrafe (BVerfGE 20, 323/333), nicht jedoch für Folgen, mit denen kein Strafzweck verfolgt wird (BVerfGE 91, 1/27). Der Schuldgrundsatz gilt weiter bei strafähnlichen Sanktionen bzw. bei „Sanktionen, die wie eine Strafe wirken" (BVerfGE 110, 1/13 f), was beim strafrechtlichen Verfall nicht gegeben ist (BVerfGE 110, 1/14 ff). Erfasst wird auch die Unrechtsahndung durch Ordnungshaft und Ordnungsgeld nach § 890 Abs.1 ZPO (BVerfGE 20, 323/332 ff). Die Strafe muss in einem gerechten Verhältnis zur Schwere der Tat und zum Verschulden des Täters stehen (BVerfGE 96, 245/249; 105, 135/154; 110, 1/13; 120, 224/254). Notwendig ist ein „lückenloser, wahrheitsorientiert ermittelter und aktueller Strafzumessungssachverhalt" (BVerfGE 118, 212/230; BVerfG-K, NJW 94, 1339).

107   Weiter sind Strafen in jeder Hinsicht strikt am Grundsatz der **Verhältnismäßigkeit** zu messen (BVerfGE 92, 277/326 ff; 105, 135/154; 110, 226/262; 120, 224/240 f), wie das auch Art.49 Abs.3 GRCh festhält. Verstößt eine Freiheitsstrafe dagegen, ist Art.2 Abs.2 S.2 verletzt (dazu Rn.121 zu Art.2). Zur Bestrafung wegen eines Verstoßes gegen eine rechtswidrige Anordnung vgl. Rn.21 zu Art.2.

108   **c) Unschuldsvermutung.** Im Rechtsstaatsprinzip ist die **Vermutung der Schuldlosigkeit** verankert (BVerfGE 38, 105/115; 74, 358/369 ff; 82, 106/114; 110, 1/22 f), die auch in Art.11 Abs.1 AEMR und Art.6 Abs.2

EMRK gewährleistet wird. Sie verbietet „zum einen, im konkreten Strafverfahren ohne gesetzlichen, prozessordnungsgemäßen – nicht notwendigerweise rechtskräftigen – Schuldnachweis, Maßnahmen gegen den Beschuldigten zu verhängen, die in ihrer Wirkung einer Strafe gleichkommen und ihn verfahrensbezogen als schuldig zu behandeln; zum anderen verlangt sie den *rechtskräftigen* Nachweis der Schuld, bevor dem Verurteilten diese im Rechtsverkehr allgemein vorgehalten werden darf" (BVerfGE 74, 358/371). Dies gilt auch für die Kostenentscheidung (BVerfGE 74, 358/379) und die Erstattung von Auslagen (BVerfG-K, NJW 92, 1612f) sowie in Disziplinarverfahren (BVerwGE 111, 43/44f). Ohne Abschluss der Hauptverhandlung ist aber eine verfahrensbezogene Beurteilung von Verdachtslagen möglich (BVerfGE 82, 106/115; anders BVerfG-K, NJW 92, 1611). Eine Speicherung von Daten Freigesprochener ist nur sehr begrenzt möglich (BVerfG-K, NJW 02, 3232). Bei der Behandlung von Untersuchungsgefangenen ist die Unschuldsvermutung besonders zu beachten. Die Bekanntgabe des Namens des Beschuldigten in einem Ermittlungsverfahren ist regelmäßig unzulässig (BGH, NJW 94, 1952). Die Vermutung der Schuldlosigkeit endet mit der Rechtskraft der Verurteilung (BAGE 92, 289/295). Verletzungen der Unschuldsvermutung können jedenfalls über Art.2 Abs.1 geltend gemacht werden (BVerfGE 74, 358/369).

3. Ordnungswidrigkeitenverfahren und Disziplinarverfahren

Das Recht auf ein faires rechtsstaatliches Verfahren gilt auch für das Verfahren nach dem Ordnungswidrigkeitengesetz (BVerfG-K, NJW 92, 2472) sowie für Disziplinarverfahren (BVerwG, DVBl 01, 118; NVwZ-RR 06, 486; vgl. BVerfGE 38, 105/111). Es wird bei einer unzureichenden Sachaufklärung in Disziplinarverfahren verletzt (BVerfG-K, NJW 05, 1345), desgleichen bei unzulässigen Urteilsabsprachen (BVerwGE 128, 189 Rn.26). Was die Einzelheiten angeht, gelten die Ausführungen zum Strafprozess (oben Rn.98–104) entsprechend. Das Schuldprinzip (oben Rn.106) gilt auch bei Disziplinarmaßnahmen (BVerfGE 98, 169/198). Zudem kann eine unsachgemäße Verzögerung eine Reduzierung des Bußgeldes erforderlich machen (BVerfG-K, NJW 92, 2473). Dauert ein Disziplinarverfahren unverhältnismäßig lange, kann eine Gehaltskürzung unzulässig werden (BVerfGE 46, 17/29f; BVerfG-K, NVwZ 1994, 574f). Zur Wahl zwischen straf- und ordnungswidrigkeitsrechtlichen Sanktionen oben Rn.105. **109**

(unbesetzt) **110**

E. Sozialstaatsprinzip

1. Bedeutung, Abgrenzung, Verpflichtete

a) Bedeutung und Abgrenzung zu anderen Verfassungsnormen. Das Sozialstaatsprinzip ist ein Grundprinzip des GG (Herzog MD VIII 1), auch wenn es im Text allein im Adjektiv „sozial" in Art.20 Abs.1 bzw. in **111**

Art.28 Abs.1 S.1 auftritt. Das Sozialstaatsprinzip ist **unmittelbar geltendes Recht** (Herzog MD VIII 6; Schnapp MüK 35; vgl. BVerfGE 6, 32/41). Es hat im Vergleich zum Rechtsstaatsprinzip deutlich weniger Wirkungen entfaltet. Konkretisierende Teilprinzipien wurden nur begrenzt entwickelt. Zum Einfluss des Sozialstaatsprinzips auf die Grundrechte unten Rn.122–124. Bei der Auslegung des Sozialstaatsprinzips sind zudem die Art.151 ff AEUV und Art.29 ff GRCh zu berücksichtigen. Gleiches gilt kraft völkerrechtsfreundlicher Auslegung (dazu Rn.4a zu Art.25) für die Europäische Sozialcharta (Sommermann MKS 136; vgl. BVerfGE 88, 103/112). Als lex specialis gegenüber dem Sozialstaatsprinzip wird Art.33 Abs.5 eingestuft (Rn.45 zu Art.33), des Weiteren Art.6 Abs.4 (Rn.52 zu Art.6) und Art.6 Abs.5 (Rn.62 zu Art.6).

112 Wegen seiner hohen Unbestimmtheit bedarf das Sozialstaatsprinzip in besonderem Maße der **Konkretisierung** (BVerfGE 65, 182/193; 71, 66/80), v.a. durch den Gesetzgeber (dazu unten Rn.125). Aus dem Sozialstaatsprinzip lässt sich „regelmäßig kein Gebot entnehmen, soziale Leistungen in einem bestimmten Umfang zu gewähren" (BVerfGE 110, 412/445; BSGE 97, 265 Rn.45). **Subjektive Rechte** ergeben sich aus dem Sozialstaatsprinzip (allein) regelmäßig nicht (BVerfGE 27, 253/283; 82, 60/80; Badura D 36 f; Herzog MD VIII 28, 49 ff). Es besteht kein Anspruch auf bestimmte soziale Regelungen (BSGE 155, 115/120). Anders kann dies allerdings aussehen, sobald der Sozialstaatsgrundsatz zusammen mit den Grundrechten zum Tragen kommt (unten Rn.124).

113 **b) Verpflichtete.** Das Sozialstaatsprinzip bindet den Gesetzgeber (unten Rn.125), aber auch die vollziehende Gewalt und die Rechtsprechung (unten Rn.126). Im Privatrecht kommt (nur) die Ausstrahlungswirkung des Prinzips zum Tragen (unten Rn.127).

2. Gehalte und Begünstigte des sozialstaatlichen Auftrags

114 **a) Soziale Leistungen.** Ein wesentliches Element des Sozialstaatsprinzips ist die **Fürsorge für Hilfsbedürftige,** d.h. für Personen, „die aufgrund ihrer persönlichen Lebensumstände oder gesellschaftlichen Benachteiligungen an ihrer persönlichen oder sozialen Entfaltung gehindert sind" (BVerfGE 100, 271/284; 43, 13/19; 45, 376/387). Der Grund kann in einer finanziellen Notlage, in „körperlichen und geistigen Gebrechen" (BVerfGE 44, 353/375), in einer Krankheit (BVerfGE 115, 25/43), in einer Schwerbehinderung (BSGE 84, 253/256 f), in der Pflegebedürftigkeit (BVerfGE 103, 197/221) oder in „persönlicher Schwäche oder Schuld, Unfähigkeit oder gesellschaftlicher Benachteiligung" (BVerfGE 35, 202/235 f) oder in einem anderen Umstand (etwa BVerfGE 43, 213/226 f) liegen. Erfasst wird auch die Arbeitslosigkeit (BVerfGE 100, 271/284; 116, 202/223). Die Hilfe muss die „Mindestvoraussetzungen für ein menschenwürdiges Dasein" sicherstellen (BVerfGE 40, 121/133; 82, 60/80). Behinderte sollen wieder eingegliedert werden (BVerfGE 40, 121/133; vgl. Rn.142 zu Art.3). Angesichts der Unbestimmtheit des Sozialstaatsprinzips ist ihm aber kein Gebot zu entnehmen, soziale Leistungen in einem bestimmten Umfang zu gewähren (BVerfGE 110, 412/445).

Über den Schutz sozial besonders Schwacher hinaus enthält das Sozial- **115**
staatsprinzip den Auftrag zur Schaffung **sozialer Sicherungssysteme** gegen
die Wechselfälle des Lebens (BVerfGE 28, 324/348 ff; 45, 376/387; 68, 193/
209); ähnlich Art.22 AEMR. Im Sozialstaatsprinzip fundiert sind daher die
Rentenversicherung, einschl. der Hinterbliebenenversorgung (BVerfGE 28,
324/348 ff), weiter die Unfallversicherung (BVerfGE 45, 376/387), die
Krankenversicherung (BVerfGE 68, 193/209; 124, 25/37) und die Pflegeversicherung (BVerfGE 103, 197/221). Wegen des aus dem Sozialstaatsprinzip fließenden Solidarprinzips können sozial Schwache begünstigt werden
(BGHZ 126, 16/33). Die finanzielle Stabilität der Sozialversicherung wurzelt im Sozialstaatsprinzip (vgl. BVerfGE 103, 293/307). Doch ergibt sich
aus dem GG keine Garantie bestehender Versicherungssysteme (BVerfGE
77, 340/344; vgl. unten Rn.125). Auch enthält die Verfassung weder ein
Gebot noch ein Verbot, „die gesetzliche Sozialversicherung teilweise aus
Steuermitteln zu finanzieren" (BVerfGE 113, 167/219). Schließlich darf ein
Bürger nicht durch Zwang davon abgehalten werden, Risiken einzugehen,
solange das Risiko „nicht zu einer schwerwiegenden Selbstgefährdung führt
oder zu Lasten anderer oder der Allgemeinheit geht" (BVerfGE 59, 172/
213).

Weiter verlangt das Sozialstaatsprinzip, dass zur **Wiedergutmachung** **116**
oder zum **Ausgleich** von Schäden „die staatliche Gemeinschaft in der Regel
Lasten mitträgt, die aus einem von der Gesamtheit zu tragenden Schicksal
entstanden sind und mehr oder weniger zufällig nur einzelne Bürger oder
bestimmte Gruppen von ihnen getroffen haben" (BVerfGE 102, 254/298;
41, 193/200; BSGE 54, 206/212). Leistungsansprüche ergeben sich aber erst
aus einer gesetzlichen Regelung (BVerfGE 27, 253/270, 283; 41, 126/153 f;
84, 90/125; 102, 254/298). Dem Gesetzgeber kommt dabei ein besonders
weiter Spielraum zu (BVerfGE 102, 254/289; BVerwGE 114, 291/293). Zur
Gleichbehandlung bei Wiedergutmachung und Ausgleich Rn.59 zu Art.3
sowie Rn.9 zu Art.143.

b) Freiheitlicher Sozialstaat und Chancengleichheit. Das Sozial- **117**
staatsprinzip zielt darauf, für jedermann die tatsächlichen Voraussetzungen
der Freiheit zu schaffen und auszubauen (Schiek AK 64; Gröschner DR
S 21). Die Sozialstaatsklausel statuiert den Übergang vom liberalen zum sozialen Rechtsstaat. Nicht mehr nur formale, rechtliche Freiheit, sondern reale,
in der sozialen Wirklichkeit vorhandene Freiheit wird von der Verfassung
bezweckt (Hesse 214; Jarass, Wirtschaftsverwaltungsrecht, 3. A., 1997, § 3
Rn.66 f). Andererseits macht die prinzipielle Entscheidung des GG für die
Freiheit und Würde der Einzelperson ein sozialstaatliches Konzept unzulässig, das zu einem zentralgesteuerten Versorgungsstaat führt, in dem selbstver-
antwortliche Freiheit erstickt (Herzog MD VIII 46 f; Gröschner DR S 4,
16). Vielmehr wird der **freiheitliche Sozialstaat** verankert (Robbers BK
1462; Herzog MD VIII 34). Dem entsprechend kommt der Selbsthilfe der
Vorrang zu (unten Rn.122).

Im Zusammenwirken mit den Freiheitsgrundrechten ergibt sich aus dem **118**
Sozialstaatsprinzip das Ziel der **Chancengleichheit** (Robbers BK 1412;
Sommermann MKS 105; Herzog MD VIII 40). Damit ist nicht die bereits

in Art. 3 verankerte (rechtliche) Gleichbehandlung gemeint, sondern die Angleichung der tatsächlichen Voraussetzungen zum Erwerb materieller und
immaterieller Güter und damit der faktischen Vorbedingungen, die zur Nutzung der Freiheitsrechte notwendig sind (BVerfGE 33, 303/331). Der Einzelne soll „in den Genuss der für seine Würde und die freie Entwicklung
seiner Persönlichkeit unentbehrlichen wirtschaftlichen, sozialen und kulturellen Rechte … gelangen" (Art. 22 AEMR). Die Angleichung kann durch
materielle Leistung, durch Organisation und durch Verfahren erfolgen
(Starck MKS 35 zu Art. 3). Ein entsprechender objektivrechtlicher Auftrag ist
v. a. im Bereich der Berufsfreiheit bedeutsam, etwa zur Schaffung von *Arbeitsplätzen* (Rn. 25 zu Art. 12) bzw. zur Bekämpfung der Massenarbeitslosigkeit (BVerfGE 103, 293/307). Des Weiteren enthält das Sozialstaatsprinzip
einen objektiven Auftrag, die *Möglichkeit der Bildung* sicherzustellen (Robbers
BK 1377), wie dies auch in Art. 26 AEMR verankert ist; zu subjektiv-rechtlichen Gehalten Rn. 30 zu Art. 2 und Rn. 93 zu Art. 12. Des Weiteren ergibt
sich ein Auftrag an den Staat, für ausreichenden *Wohnraum* zu sorgen (vgl.
auch Rn. 11 zu Art. 13).

119   **c) Gerechte Sozialordnung.** Schließlich enthält das Sozialstaatsprinzip
ganz generell und prinzipiell einen Auftrag an den Gesetzgeber, „für einen
Ausgleich der sozialen Gegensätze zu sorgen" (BVerfGE 100, 271/284; 22,
180/204), für eine „gerechte Sozialordnung" (BVerfGE 69, 272/314; 94,
241/263; 110, 412/445), wie das etwa im Arbeitsrecht oder im Mietrecht
zum Tragen kommt. Dementsprechend rechtfertigt das Sozialstaatsprinzip
den Schutz der Arbeitnehmer durch Betriebsräte und Personalvertretungen,
ohne aber eine Gleichheit des Schutzes durch die beiden Formen der Ar-
beitnehmervertretung zu verlangen (GemSOGB, NJW 87, 2573; Robbers
BK 1539). Weiter legitimiert das Sozialstaatsprinzip die Bekämpfung der Arbeitslosigkeit, insb. durch Mitfinanzierung von Lohnkosten (BVerfGE 100,
271/284). Darüber hinaus ermächtigt dieses Prinzip zu einer begrenzten
Umverteilung (Robbers BK 1503). Dagegen folgt aus dem Sozialstaatsprinzip keine Pflicht zur Korrektur jeglicher hart oder unbillig erscheinender
Einzelfälle (unten Rn. 126).

120   **d) Begünstigte** des Sozialstaatsprinzips sind natürliche, nicht juristische
Personen (BVerfGE 35, 348/355 f; 41, 126/183). Ausländer sind geschützt,
sofern sie in der Bundesrepublik leben (BVerfGE 51, 1/27 f; BSGE 84, 253/
257; Gröschner DR S 35); vgl. Rn. 44 zu Art. 1. Bei im Ausland wohnenden
Deutschen ist die soziale Schutzpflicht geringer als bei Inländern (BSGE 73,
293/300 f).

3. Einfluss auf und Begrenzung durch sonstiges Verfassungsrecht

121   **a) Allgemeines.** Das Sozialstaatsprinzip ist zum einen bei der Konkretisierung und Anwendung anderer Verfassungsnormen zu berücksichtigen (BVerfGE 1, 97/105), insb. im Bereich der Grundrechte (dazu unten
Rn. 122–124). Andererseits wird die Anwendung des Sozialstaatsprinzips seinerseits durch die sonstigen Verfassungsnormen beeinflusst. Dagegen wird
das Sozialstaatsprinzip nicht durch das System der Marktwirtschaft begrenzt,

da dieses kein Verfassungsprinzip darstellt (BVerfGE 4, 7/17f; 50, 290/338; Jarass, WVR, § 3 Rn.2ff; a.A. Herzog MD VIII 60f).

b) Beschränkung und Förderung von Grundrechten. Das Sozial- **122** staatsprinzip kann die **Beschränkung** von Grundrechten **legitimieren;** Grundrechtsbeschränkungen sind in größerem Umfang möglich (Schiek AK 71; Robbers BK 1505). Dies kann zum einen im Rahmen von Gesetzesvorbehalten zum Tragen kommen (Herzog MD VIII 43). Darüber hinaus kann das Sozialstaatsprinzip den Grundrechten als kollidierendes Verfassungsrecht Grenzen setzen (Herzog MD VIII 45; vgl. Vorb.49 vor Art.1). Dafür ist aber eine gesetzgeberische Entscheidung erforderlich (BVerfGE 52, 283/298; 59, 231/262f; 65, 182/193; Gröschner DR S 32; Vorb.51 vor Art.1), soweit es um Eingriffe geht (Robbers BK 1506). In materieller Hinsicht ist ein Ausgleich zwischen dem betreffenden Grundrecht und dem Sozialstaatsprinzip notwendig (BVerwGE 62, 55/61f), für den der Gesetzgeber einen weiten Spielraum besitzt (BVerfGE 39, 302/314f; 52, 264/274). Dabei ist zu beachten, dass die *Selbsthilfe* grundsätzlich Vorrang vor der Zwangshilfe und Zwangsversicherung hat (BVerfGE 17, 38/56; 18, 257/267; Robbers BK 1467; Gröschner DR S 18). Zum Einfluss auf den gleichen Zugang zu öffentlichen Ämtern Rn.17 zu Art.33.

Insb. der **Gleichheitssatz** wird durch das Sozialstaatsprinzip angereichert **123** (Robbers BK 1406), mit der Folge, dass dieses Grundrecht keine bloße formale Gleichheit garantiert (Schiek AK 53). Das Sozialstaatsprinzip kann den Spielraum des Gesetzgebers einschränken, aber auch sozialbedingte Ungleichbehandlungen rechtfertigen (Rn.22f zu Art.3), etwa im Steuer- und Abgabenrecht (BVerfGE 29, 402/412), bei der Vergabe staatlicher Leistungen (BVerfGE 13, 248/259) oder zugunsten von Beziehern niedriger Versorgungsbezüge (BVerfGE 14, 30/33).

Auch unter dem Einfluss des Sozialstaatsprinzips lassen sich den Grund- **124** rechten meist keine **Leistungsrechte** entnehmen (BVerfGE 82, 60/80; Robbers BK 1390; Herzog MD VIII 49ff). Doch sind Ausnahmen möglich: So besteht im Zusammenspiel mit Art.1 Abs.1 ein Anspruch auf die Mindestvoraussetzungen für ein menschenwürdiges Dasein (Rn.15 zu Art.1), also auf das *Existenzminimum* (BVerwGE 82, 364/368; BSG, NJW 87, 463; vgl. Rn.93 zu Art.2). Der Nasciturus muss in die gesetzliche Unfallversicherung einbezogen werden (BVerfGE 45, 376/387ff; einschr. E 75, 348/359f). Zur Prozesskostenhilfe Rn.67 zu Art.3; zur Resozialisierung Rn.69 zu Art.2. Auch in der Leistungs-, Schutz- und Teilhabefunktion der Freiheitsgrundrechte (näher dazu Vorb.6–8 vor Art.1) kann man eine Konkretisierung des Sozialstaatsprinzips sehen (vgl. etwa Rn.25, 109 zu Art.12).

4. Sonderfragen der Gesetzgebung, Vollziehung und Rechtsprechung

a) Gesetzgebung. Die Konkretisierung des Sozialstaatsprinzips ist v.a. **125** dem Gesetzgeber als bindende Aufgabe übertragen (BVerfGE 51, 115/125; 59, 231/262f; 65, 182/193; 71, 66/80; BGHZ 108, 305/310; Robbers BK 1443; Sommermann MKS 116), insb. dort, wo sie zu erheblichen finanziellen Belastungen der öffentlichen Hände führt (BVerwGE 66, 29/32; vgl.

Herzog MD VIII 23) und daher mit der gesetzgeberischen Haushaltsbefugnis verknüpft werden muss. Dem Gesetzgeber steht dabei ein weiter Gestaltungsspielraum zu (BVerfGE 70, 278/288; 97, 169/185; 98, 169/204; 103, 271/288). Konkrete Pflichten für den Gesetzgeber lassen sich aus dem Sozialstaatsprinzip (allein) regelmäßig nicht ableiten (vgl. BVerfGE 52, 283/298; 82, 60/80). Dies hat besondere Bedeutung, soweit das Sozialstaatsprinzip den Gesetzgeber zu neuen Leistungen verpflichtet. Aber auch der Abbau von Sozialleistungen ist möglich (Sommermann MKS 122; vgl. BVerfGE 39, 302/314; BSG, NJW 87, 463; oben Rn.115; teilw. a.A. Schiek AK 73); insoweit kann allerdings der Bestandsschutz des Art.14 oder der rechtsstaatliche Vertrauensschutz Grenzen setzen (vgl. Degenhart 430, 435).

126   **b) Vollziehende Gewalt und Rechtsprechung.** Der Verwaltung und den Gerichten ist die Konkretisierung des Sozialstaatsprinzips weniger zugänglich (BVerfGE 65, 182/193), eine direkte Anwendung durch sie aber keineswegs ausgeschlossen. Dies gilt für die Auslegung sonstiger Verfassungsnormen (oben Rn.121–124) wie im Bereich des einfachen Rechts: Verwaltung und Rspr. haben das Sozialstaatsprinzip im Rahmen der verfassungskonformen Auslegung und Anwendung des einfachen Rechts zu berücksichtigen (BVerfGE 1, 97/105; Schiek AK 74; Sommermann MKS 124 f). Dies führt etwa dazu, dass Sozialhilfevorschriften subjektive Rechte vermitteln (BVerwGE 1, 159/161; s. auch E 27, 360/364). Auch im Rahmen von Ermessenstatbeständen ist das Sozialstaatsprinzip zu berücksichtigen (BVerwGE 56, 254/260). Im Einzelfall kann sich eine Ermessensreduzierung auf Null ergeben, etwa bei der Einreise einer ausländischen Großmutter, die die Kinder betreuen soll (BVerwGE 42, 148/157 ff; Robbers BK 1445; einschr. BVerwG, DVBl 83, 461 f). Andererseits ist es nicht Aufgabe des Sozialstaatsprinzips, Härten und Unbilligkeiten im Einzelfall zu modifizieren (BVerfGE 59, 287/301; 67, 231/239; 69, 272/315; BSGE 60, 189/193); das Prinzip wird erst tangiert, „wenn der soziale Schutz einer ins Gewicht fallenden Zahl von Betroffenen vernachlässigt wird" (BVerwGE 68, 80/84).

127   Schließlich strahlt das Sozialstaatsprinzip auf das **Privatrecht** aus (vgl. BVerfGE 49, 220/226) und kann die Korrektur völlig ungleichgewichtiger Verträge erzwingen (BVerfGE 89, 214/232; BAGE 76, 155/167; vgl. Rn.16 zu Art.2 und Rn.26 zu Art.12). Die Zivilrechtsordnung muss Korrekturen für typisierbare vertragliche Fallgestaltungen ermöglichen, die eine strukturelle Unterlegenheit des einen Vertragsteils erkennen lassen, wenn die Folgen des Vertrags für diesen ungewöhnlich belastend sind (BGHZ 140, 395/397).

F. Widerstandsrecht (Abs.4)

128   Der durch die Notstandsgesetze (Einl.3 Nr.17) eingefügte Abs.4 enthält ein Widerstandsrecht, das durch seine **Symbolfunktion** geprägt ist (Gröschner DR IV 4, 8; Frankenberg AK 8) und ein grundrechtsgleiches Recht darstellt (Sommermann MKS 340; vgl. dazu Vorb.1 vor Art.1). Es steht allen Deutschen iSd Art.116 (dazu Rn.1 zu Art.116) zu (Herzog MD IX 45; Sachs SA 170), nicht dagegen den Inhabern öffentlicher Ämter in dieser Eigenschaft (Gröschner DR IV 14; Sommermann MKS 332).

Voraussetzung ist, dass ein staatliches Organ oder ein Privater (Gröschner 129 ner DR IV 10) es unternimmt, die in Abs.1–3 verankerte Ordnung des GG zu beseitigen, soweit diese Ordnung gem. Art.79 Abs.3 unabänderlich ist (Schnapp MüK 59; ähnlich Dolzer HbStR VII § 171 Rn.22). Eine „Beseitigung" liegt bei kurzfristigen oder vereinzelten Verletzungen der Prinzipien des Art.20 Abs.1–3 nicht vor; Abs.4 gewährt daher kein Widerstandsrecht gegen einzelne, Art.20 verletzende Maßnahmen staatlicher Organe (vgl. Dolzer HbStR VII § 171 Rn.25; Herzog MD IX 24). Von einem „Unternehmen" ist bereits beim Versuch, nicht jedoch bei einer Vorbereitungshandlung zu sprechen (Herzog MD IX 26; Gröschner DR IV 12). Unklar ist, ob die Voraussetzungen offenkundig vorliegen müssen (dafür Herzog MD IX 27; dagegen Gröschner DR IV 12).

Liegen die beschriebenen Voraussetzungen objektiv vor, sind beliebige 130 **Formen des Widerstands** möglich, auch wenn sie dem geltenden Recht nicht entsprechen (Herzog MD IX 56). Insb. kann das Recht individuell oder kollektiv ausgeübt werden (Sommermann MKS 344). Allerdings darf keine andere Abhilfe objektiv möglich sein: Der Widerstandsleistende muss mildere Mittel einsetzen, sofern sie ausreichend wirksam sind (Dolzer HbStR VII § 171 Rn.40). Das Widerstandsrecht kommt daher nur in Betracht, wenn die von der Rechtsordnung zur Verfügung gestellten Rechtsbehelfe keine Aussicht auf wirksame Abhilfe bieten (BVerfGE 123, 267/ 333).

Art.**20a** [Schutz natürlicher Lebensgrundlagen und Tierschutz]

Der Staat schützt auch in Verantwortung für die künftigen Generationen[6] die natürlichen Lebensgrundlagen[3 f] und die Tiere[12] im Rahmen der verfassungsmäßigen Ordnung[14] durch die Gesetzgebung[18] und nach Maßgabe von Gesetz und Recht durch die vollziehende Gewalt und die Rechtsprechung.[19 ff]

Übersicht

Literatur: *Groß,* Welche Klimaschutzpflichten ergeben sich aus Art.20a GG?, ZUR 2009, 364; *Blasberg,* Inhalts- und Schrankenbestimmungen des Grundeigentums zum Schutze der natürlichen Lebensgrundlagen, 2008; *Faller,* Staatsziel „Tierschutz", 2004; *Fielenbach,* Die Notwendigkeit der Aufnahme des Tierschutzes in das Grundgesetz, 2004; *Große-Hündfeld,* Ein Jahrzehnt Umweltschutz als Staatsziel, in: Festschrift für Kutscheidt, 2003, 153; *Knauff,* Das Tierschutzprinzip, SächsVBl 2003, 101; *Braun,* Tierschutz in der Verfassung – und was nun?, DÖV 2003, 488; *Holste,* Das Staatsziel Tierschutz in Art.20a GG, JA 2002, 907; *Obergfell,* Ethischer Tierschutz mit Verfassungsrang, NJW 2002, 2296; *Faber,* Der grundgesetzliche Tierschutzauftrag des Art.20a GG, UPR 2002, 378; *Caspar/Geissen,* Das neue Staatsziel „Tierschutz" in Art.20a GG, NVwZ 2002, 913; *Hofmann,* Umweltstaat, in: FS 50 Jahre BVerfG, 2001, Bd. II, 873; *Calliess,* Rechtsstaat und Umweltstaat, 2001; *Murswiek,* Umweltrecht und Grundgesetz, Verw 2000, 241; *Westphal,* Art.20a GG – Staatsziel „Umweltschutz", JuS 2000, 339; *Söhnlein,* Landnutzung im Umweltstaat des Grundgesetzes, 1999; *Brönneke,* Umweltverfassungsrecht, 1999; *Steiger,* Verfassungsrechtliche Grundlagen, in: Arbeitskreis für Umweltrecht (Hg.), Grundzüge des Umweltrechts, 2. Aufl., Stand 1997, 02; *Ekardt,* Praktische Probleme des Art.20a GG in Verwaltung, Rechtsprechung und Gesetzgebung, SächsVBl 1998, 49; *Schink,* Umweltschutz als Staatsziel, DÖV 1997, 221; *Bernsdorff,* Positivierung des Umweltschutzes im GG, NuR 1997, 328; *Wolf,* Gehalt und Perspektiven des Art.20a GG, KritV 1997, 280; *Tsai,* Die verfassungsrechtliche Umweltschutzpflicht des Staates, 1996; *Kloepfer,* Umweltschutz als Verfassungsrecht: Zum neuen Artikel 20a GG, DVBl 1996, 73; *Waechter,* Umweltschutz als Staatsziel, NuR 1996, 321; *Uhle,* Das Staatsziel „Umweltschutz" und das Sozialstaatsprinzip im verfassungsrechtlichen Vergleich, JuS 1996, 96; *Henneke,* Der Schutz der natürlichen Lebensgrundlagen in Art.20a GG, NuR 1995, 325 ff.

1. Bedeutung, Abgrenzung, Verpflichtete

1 **a) Bedeutung und Abgrenzung.** Art.20a, eingef. 1994 (Einl.3 Nr.42), betraf zunächst allein den Schutz der natürlichen Lebensgrundlagen und besaß insoweit in Art.150 WRV einen gewissen Vorgänger; durch die Änderung im Jahre 2002 (Einl.2 Nr.50) kam der Schutz der Tiere hinzu. Art.20a enthält eine bindende verfassungsrechtliche Zielsetzung (BT-Drs. 12/6000, 67) und damit unmittelbar geltendes Recht. Allerdings ist die Gewährleistung als (bloßes) **Prinzip** ausgestaltet (Schulze-Fielitz DR 26), lässt somit Ausnahmen zu und wird durch gegenläufige Vorgaben begrenzt (unten Rn.14). Man kann daher vom „Umweltschutzprinzip" bzw. vom „Tierschutzprinzip" sprechen (Schulze-Fielitz DR 23). Die Vorschrift enthält eine verfassungsrechtliche Wertentscheidung zugunsten des Umweltschutzes (Scholz MD 18) wie des Tierschutzes, die bei der Auslegung des einfachen Rechts zu beachten ist (Schulze-Fielitz DR 25). Zum Verhältnis zu anderen Verfassungsnormen unten Rn.14–17. Wegen seiner Unbestimmtheit bedarf Art.20a der Konkretisierung, insb. durch den Gesetzgeber (unten Rn.18). Art.20a gilt für alle Sachbereiche, nicht nur für die Umwelt- und Tierschutzpolitik (Epiney MKS 77). Bei der Auslegung von Art.20a sind die

Gehalte des Art.191 AEUV zu beachten, um Widersprüche mit dem EU-Recht zu vermeiden (vgl. Murswiek SA 55a).

Subjektive Rechte ergeben sich aus Art.20a nicht (BVerwG, NVwZ 98, **2** 399; 98, 1081; Epiney MKS 38); insb. enthält die Vorschrift kein Grundrecht (BT-Drs. 12/6000, 67; Scholz MD 33; Schulze-Fielitz DR 82). Dies gilt auch für den Tierschutz (Bernsdorff UC 60). Art.20a kann allerdings Grundrechte anreichern (unten Rn.17). Zur Verbandsklage unten Rn.21. Für das Verhältnis zwischen *Bund und Ländern* enthält Art.20a keine Aussage (BVerfGE 104, 238/246).

b) Verpflichtete und Private. Art.20a verpflichtet den Gesetzgeber **2a** (unten Rn.18), aber auch die vollziehende Gewalt und die Rechtsprechung (unten Rn.19–21). *Private* sind nicht Verpflichtete der Vorschrift (Kloepfer BK 29; Scholz MD 45). Der Gesetzgeber kann aber entsprechend seiner Schutzpflicht (unten Rn.5) Private zu umwelt- und tierfreundlichem Verhalten verpflichten (Kloepfer BK 29; Murswiek SA 56a). Zudem sind privatrechtliche Vorschriften orientiert an Art.20a auszulegen (unten Rn.21).

2. Gehalte des Schutzes natürlicher Lebensgrundlagen

a) Mit **natürlichen Lebensgrundlagen** ist die gesamte natürliche Um- **3** welt des Menschen gemeint, auch wenn sie von ihm erheblich verändert wurde (Sommermann MüK 19f; Wolf AK 19; Murswiek SA 27). Erfasst werden die Umweltmedien Luft, Wasser und Boden, auch das Grundwasser (BVerfGE 102, 1/18) und das Landschaftsbild (BVerwGE 104, 68/76; BVerwG, NJW 95, 2649; Scholz MD 36; Bernsdorff UC 22). Weiter werden (in der Umwelt befindliche) Pflanzen, Tiere und Mikroorganismen in ihren Lebensräumen geschützt (Ekardt, SächsVBl 98, 51; Murswiek SA 30). Dazu kommen die Beziehungen zwischen diesen Elementen (Schulze-Fielitz DR 32). Die Umweltkomponente des Art.20a schützt allerdings nicht einzelne Tiere, Pflanzen oder Biotope, sondern Gattungen und ökologische Funktionen (Wolf AK 18; Schulze-Fielitz DR 34; vgl. unten Rn.12 zur Tierschutzkomponente). Erfasst wird auch der Klimaschutz (BVerwGE 125, 68 Rn.14). Umstritten ist, ob nur die natürlichen Lebensgrundlagen geschützt werden, die (im weitesten Sinne) den *Bedürfnissen des Menschen* dienen (für eine solche Anthropozentrik Scholz MD 39f; Kloepfer BK 68; dagegen Murswiek SA 22); die praktische Bedeutung der Frage ist eher gering (Schulze-Fielitz DR 31).

Der Auftrag des Art.20a bezieht sich nicht auf die **vom Menschen ge-** **4** **schaffene** gegenständliche bzw. künstliche **Umwelt,** wie etwa Wohngebäude (vgl. Scholz MD 36; a.A. Epiney MKS 17), obgleich Umweltschutzmaßnahmen auch solchen Gegenständen zugute kommen können. Nicht erfasst wird auch die *soziale Umwelt* des Menschen (Kloepfer BK 65; Wolf AK 16), etwa gesellschaftliche oder kulturelle Einrichtungen.

b) Schutz. Die Verpflichtung des Art.20a zum Schutz der natürlichen **5** Lebensgrundlagen verpflichtet den Staat zunächst, (eigene) Eingriffe in die Umwelt zu **unterlassen** (Kloepfer, DVBl 96, 77; Bernsdorff UC 31; Epiney MKS 57). Darüber hinaus hat er Maßnahmen zur Erhaltung und Wiederherstellung der natürlichen Umwelt zu ergreifen (Murswiek SA 33), was man als **Schutzpflicht im eigentlichen Sinn** bezeichnen kann. Insb. muss der Staat den Umwelteingriffen von Privatpersonen entgegentreten (Schulze-Fielitz DR 52); erst recht ist Art. 20a betroffen, wenn der Staat solche Eingriffe fördert (Murswiek SA 34; Westphal, JuS 00, 340). Private Aktivitäten zugunsten des Umweltschutzes, insb. von Umweltschutz-Organisationen, muss er freundlich behandeln.

6   Die Verpflichtung des Art. 20a erfasst auch die „Verantwortung für die künftigen Generationen", schützt also die Umwelt **in der Zukunft.** Verlangt wird die Einbeziehung von Langzeitrisiken, geboten ist eine Langzeitverantwortung (Wolf AK 21), insb. durch die Teilprinzipien der Vorsorge und der Nachhaltigkeit (dazu unten Rn. 8, 10).

7   Die Unterlassenspflicht und erst recht die Schutzpflicht gelten **nicht unbegrenzt.** Art. 20a lässt als bloßes Prinzip von vornherein Ausnahmen zu (oben Rn. 1). Weiter wird die Norm durch andere Verfassungsvorschriften beschränkt (unten Rn. 14). Schließlich kommt dem Gesetzgeber ein weiter Gestaltungsspielraum zu (unten Rn. 18).

8   **c) Teilprinzipien. aa)** Die Verpflichtung des Art. 20a erfährt in verschiedenen Teilprinzipien eine Konkretisierung: Art. 20a zielt zunächst nicht nur auf die Abwehr konkreter Gefahren für die Umwelt, sondern auch auf die **Vorsorge** (BVerwG, NVwZ 98, 952 f; Murswiek SA 49; Epiney MKS 73; Kloepfer BK 72; vgl. Art. 191 Abs. 2 UAbs. 1 S. 2 AEUV); zum Begriff der Vorsorge Jarass, BImSchG, 7. A. 2007, § 5 Rn. 46 ff. Dem Entstehen von Umweltbelastungen soll umfassend vorgebeugt werden, unabhängig davon, ob ein konkretes Gefährdungspotential belegbar ist (vgl. BVerwG, NVwZ 98, 952 f). Die Vorsorge dient daher, insb. wegen der Berücksichtigung von Zukunftsproblemen (oben Rn. 4), der Risikominimierung und der Ressourcenschonung.

9   Art. 20a stützt des Weiteren, ebenso wie Art. 191 Abs. 2 UAbs. 1 S. 2 AEUV ausdrücklich sagt, das **Verursacherprinzip** (Ekardt, SächsVBl 98, 53 f; Murswiek SA 35; Epiney MKS 74), insb. die Belastung des Verursachers mit den Folgekosten. Andere Verfassungsprinzipien können aber das gegenläufige Gemeinlastprinzip rechtfertigen. Bedenken löst allerdings der weitreichende Verstoß gegen das Verursacherprinzip bei der Verunreinigung des Grundwassers durch die Landwirtschaft aus. Des Weiteren wird man, entspr. Art. 191 Abs. 2 UAbs. 1 S. 2 AEUV (vgl. oben Rn. 1), in Art. 20a das Gebot verankert zu sehen haben, Umweltbeeinträchtigungen mit Vorrang an ihrem **Ursprung** zu bekämpfen (Epiney MKS 73).

10   Des Weiteren gilt das (ökologische) **Nachhaltigkeitsprinzip** (Schulze-Fielitz DR 69; Huster/Rux EH 16), das in Art. 11 AEUV ebenfalls verankert ist und eine Inanspruchnahme natürlicher Ressourcen nur in dem Maße erlaubt, wie ihre Nutzbarkeit auch durch künftige Generationen gewährleistet ist. Der grundsätzlichen Ausrichtung des Art. 20a entsprechend ist nur die ökologische Nachhaltigkeit, die „nachhaltig umweltgerechte Entwicklung" gemeint (Erbguth, DVBl 99, 1084 f); das schließt ein übergreifendes allgemeines Gebot nachhaltiger Entwicklung im einfachen Recht nicht aus, da Art. 20a durch andere Verfassungsnormen begrenzt wird (unten Rn. 14). Im Einzelnen dürfen nach dem Grundsatz der Regeneration erneuerbare Na-

turgüter nur in dem Maße verbraucht werden, wie sie sich (ggf. durch entsprechende Unterstützung) wieder bilden (Schulze-Fielitz DR 40; Wolf AK 24). Nach dem Grundsatz der Substitution dürfen nicht erneuerbare Naturgüter nur in dem Maße genutzt werden, wie ihre Funktionen durch andere Materialien etc. ersetzt werden können; hinzu tritt das Prinzip der Sparsamkeit (Murswiek SA 51). Schließlich verlangt der Grundsatz der Anpassungsfähigkeit, dass die Freisetzung von Stoffen und Energien auf Dauer nicht größer als die Anpassungsfähigkeit der Ökosysteme ist. Weiter enthält Art.20a ein **Verbot der Verschlechterung** der Gesamtsituation (Wolf AK 29; Murswiek, NVwZ 96, 225 ff; Schulze-Fielitz DR 44; Epiney MKS 65; vorsichtiger Sommermann MüK 27).

bb) Organisation und Verfahren der Verwaltung sind mit Blick auf **11** den Umweltschutz **auszugestalten** (Ekardt, SächsVBl 98, 49, 51; Steinberg, NJW 96, 1993 f). Gesetzliche Verfahrensvorschriften sind unter Berücksichtigung des Art.20a anzuwenden (Murswiek SA 75). Dies fördert Anhörungspflichten, den Zugang zu Umweltinformationen und die Beteiligung von Umweltschutzverbänden (Schulze-Fielitz DR 84). Geboten sind auch Kerngehalte der Umweltverträglichkeitsprüfung (Epiney MKS 81). Zur Verbandsklage unten Rn.21.

3. Gehalte des Tierschutzes

a) Erfasste Tiere. Art.20a schützt grundsätzlich alle Tiere (Caspar/Geis- **12** sen, NVwZ 02, 914), sofern sie Leidens- und Empfindungsfähigkeit besitzen (Kloepfer BK 66; Schulze-Fielitz DR 55; Murswiek SA 31b), da der Tierschutz individuelle Tiere vor Schmerzen und Leiden schützen will (unten Rn.13). Nicht erfasst werden daher etwa Einzeller (Kloepfer BK 66). Im Bereich der wild lebenden Tiere überschneiden sich Umweltschutz und Tierschutz (vgl. BVerwGE 105, 73/81; Murswiek SA 31), wobei allerdings der Tierschutz auf die individuellen Tiere abzielt (Murswiek SA 31b; vgl. oben Rn.3). Erfasst werden auch Haustiere, zu Versuchszwecken oder aus anderen Gründen gehaltene Tiere. Für die Eröffnung des Schutzes unerheblich dürfte sein, ob die Tiere schädlich sind (Schulze-Fielitz DR 55); die notwendigen Beschränkungen ergeben sich aus dem Vorbehalt der verfassungsmäßigen Ordnung (dazu unten Rn.14).

b) Schutz. Die Verpflichtung des Art.20a zum Schutz der Tiere zielt, **13** ähnlich wie § 1 TierSchG, auf die Verhütung von Schmerzen, Leiden oder Schäden (Murswiek SA 36a). Sie verpflichtet den Staat zunächst dazu, **nicht** selbst Tiere zu **beeinträchtigen** (Schulze-Fielitz DR 58). Darüber hinaus hat er Maßnahmen zum Schutz der Tiere zu ergreifen (**Schutzpflicht** im eigentlichen Sinn). Insb. muss der Staat der Beeinträchtigung von Tieren durch Privatpersonen entgegentreten (Schulze-Fielitz DR 59). Das Jagdrecht ist aber zulässig (BVerfG-K, NVwZ 07, 810).

4. Verhältnis zu anderen Verfassungsnormen

a) Allgemeines. Der Vorbehalt der „verfassungsmäßigen Ordnung" bringt **14** (allein) die prinzipielle Gleichordnung des Umweltschutzes wie des Tier-

schutzes mit anderen Verfassungsprinzipien und Verfassungsrechtsgütern zum
Ausdruck (Kloepfer BK 26; zum Umweltschutz BT-Drs. 12/6000, 67). Der
Begriff der verfassungsmäßigen Ordnung ist wie in Art.20 Abs.3 (Rn.32 zu
Art.20), als Gesamtheit der Normen des GG zu verstehen (Kloepfer BK 44;
Murswiek SA 58). Das Grundgesetz verpflichtet daher nicht zu einem unbegrenzten Umwelt- oder Tierschutz. Vielmehr ist jeweils ein Ausgleich mit
anderen Verfassungsgütern herzustellen (Schröder, DVBl 1994, 837; Kloepfer BK 43; Schulze-Fielitz DR 41 f, 46). Weder der Umweltschutz und erst
recht nicht der Tierschutz, aber regelmäßig auch nicht die konkurrierenden
Verfassungsgüter, besitzen einen generellen Vorrang. Im Konfliktsfalle ist unter Berücksichtigung der falltypischen Gestaltung und der besonderen Umstände zu entscheiden, welches Gut zurückzutreten hat, wie das das BVerfG
für die Beschränkung von Grundrechten durch kollidierendes Verfassungsrecht annimmt (Vorb.52 vor Art.1). Einerseits sind bei der Ausführung des in
Art.20a enthaltenen Auftrags die sonstigen Verfassungsnormen zu berücksichtigen, andererseits ist bei der Konkretisierung und Anwendung anderer
Verfassungsnormen die Wertentscheidung des Art.20a zu beachten. Dagegen
kann durch Gesetz nicht die Gleichwertigkeit beliebiger gesetzlicher Güter
festgeschrieben werden (so aber BVerwG, NVwZ-RR 03, 171). Schließlich
dürfte dem Umweltschutz bzw. der Erhaltung der natürlichen Lebensgrundlagen, auch im Hinblick auf künftige Generationen, ein höheres Gewicht als
dem Tierschutz zukommen (Schulze-Fielitz DR 61). Möglich ist zudem ein
abgestufter Schutz je nach der Art der Tiere (Murswiek SA 51a; Schulze-
Fielitz DR 62).

15   **b) Auswirkungen auf Grundrechte.** Im Hinblick auf Grundrechte hat
die Gewährleistung des Art.20a zum einen die Bedeutung, dass sie **Beschränkungen** von Grundrechten legitimieren kann (Schulze-Fielitz DR
87; a.A. Murswiek SA 72a), etwa der Eigentumsgarantie (BVerfGE 102,
1/8), der Glaubensfreiheit (BVerwG, NuR 97, 440) oder der allgemeinen
Handlungsfreiheit, aber auch der Kunstfreiheit (BVerwG, NJW 96, 1163;
Kloepfer BK 82, 91; Schulze-Fielitz DR 88 f). Grundrechtsbeschränkungen
sind in größerem Umfang möglich. Das kann im Rahmen von Gesetzesvorbehalten (dazu Vorb.40 vor Art.1) zum Tragen kommen, aber auch im Wege
der Begrenzung durch kollidierendes Verfassungsrecht (Murswiek SA 72;
allg. Vorb.49 vor Art.1). Allerdings ist für Grundrechts*eingriffe* generell eine
gesetzliche Grundlage notwendig (unten Rn.20).

16   Andererseits wird Art.20a **durch** die **Grundrechte beschränkt.** Im Bereich des **Tierschutzes** hat das besondere Gewicht (oben Rn.14). Dies betrifft etwa die Beschränkung durch die Glaubensfreiheit (Kokott SA 129 zu
Art.4), weshalb das Schächten aus religiösen Gründen zugelassen werden
kann (BVerwGE 127, 183 Rn.12). Gleiches gilt für Einschränkungen des
Tierschutzes zur Förderung der Wissenschaftsfreiheit (Schulze-Fielitz DR
88; Kloepfer BK 86; zu großzügig Caspar/Geissen, NVwZ 02, 915 ff). Der
Schutz vor gefährlichen Hunden hat wegen Art.2 Abs.2 S.1 Vorrang vor
dem Tierschutz (BVerfGE 110, 141/166). Im Übrigen sichert Art.20a zugunsten der Tiere nur ein „ethisches Mindestmaß" (Murswiek SA 51a). Eine
Gleichstellung von Mensch und Tier verletzt Art.1 Abs.1 (Rn.23 zu Art.1).

Schließlich kann Art.20a grundrechtliche Gewährleistungen **verstärken.** 17
Wieweit der Schutz eines Grundrechts geht, ist auch unter dem Einfluss der
Wertentscheidung des Art.20a zu bestimmen (Bernsdorff UC 13; Epiney
MKS 90). Dies gilt für die Abwehrgehalte der Grundrechte gegenüber staat-
lichen Eingriffen wie für den in den Grundrechten enthaltenen Auftrag zum
Schutz grundrechtlicher Güter (Kloepfer BK 12).

5. Sonderfragen der Gesetzgebung, Vollziehung und Rechtspre-
chung

a) Gesetzgebung. Art.20a wendet sich zunächst und primär an den Ge- 18
setzgeber (BFHE 181, 515/519 f; BVerwG, NJW 95, 2649; Murswiek SA
57), auch in den Ländern. Er ist verpflichtet, den in dieser Norm enthaltenen Auftrag umzusetzen, indem er geeignete Umwelt- und Tierschutzvorschriften erlässt (Schulze-Fielitz DR 69), vorausgesetzt, er verfügt über entsprechende Kompetenzen. Dies gilt für den Umweltschutz (BVerfGE 118,
79/110) wie für den Tierschutz (BVerfGE 119, 52/83). Darüber hinaus hat
der Gesetzgeber das Anliegen des Umweltschutzes wie des Tierschutzes in
allen anderen Rechtsbereichen zu beachten (vgl. Art.11 AEUV). Dem Gesetzgeber steht dabei ein weiter Gestaltungsspielraum zu (BVerfGE 118,
79/110; BVerwG, NJW 95, 2649; Kloepfer BK 39), insb. im Hinblick auf
den notwendigen Ausgleich mit anderen Verfassungsgütern (oben Rn.14).
Im Bereich der Schutzpflicht im eigentlichen Sinn (oben Rn.5, 13) ist der
Spielraum besonders weit. Positive Handlungspflichten des Gesetzgebers
werden sich nur selten aus Art.20a ableiten lassen (Schulze-Fielitz DR 71).
Auch ein Abbau von Umwelt- und Tierschutzvorschriften ist nicht generell
ausgeschlossen (Kloepfer BK 47; Bernsdorff UC 46). Bei neuen Erkenntnissen kann eine Nachbesserungspflicht bestehen (Schulze-Fielitz DR 72;
Kloepfer BK 51).

b) Vollziehende Gewalt und Rechtsprechung. Art.20a enthält zudem 19
für die vollziehende Gewalt und die Rspr. und damit für alle anderen, neben
dem Gesetzgeber bestehenden Träger öffentlicher Gewalt (dazu Rn.32–44
zu Art.1) einen bindenden Auftrag (vgl. Kloepfer, DVBl 96, 74 f). Der Auftrag steht unter dem Vorbehalt „nach Maßgabe von Gesetz und Recht",
womit (lediglich) die ohnehin geltende Vorgabe des Art.20 Abs.3 betont
wird (Wolf AK 46; Scholz MD 51; Bernsdorff UC 48). Das heißt insb., dass
die vollziehende Gewalt und die Rechtsprechung an den Vorrang des Gesetzes (Rn.37–43 zu Art.20) wie an den Vorbehalt des Gesetzes (Rn.44 ff zu
Art.20) gebunden sind (Murswiek SA 61). Dagegen wird dadurch eine verfassungsunmittelbare Wirkung des Art.20a für Verwaltung und Rechtsprechung nicht ausgeschlossen (Epiney MKS 53, 89). Insb. bedeutet die Bindung an Recht und Gesetz nicht, dass die vollziehende Gewalt und die
Rspr. Rechtsvorschriften nicht wegen Verstoßes gegen Art.20a verwerfen
können (Schulze-Fielitz DR 86), soweit sie dazu in anderen Fällen verfassungswidriger Vorschriften befugt sind (vgl. Rn.36, 40 zu Art.20). Angesichts des weiten gesetzgeberischen Ausgestaltungsspielraums (oben Rn.14)
wird das aber nur selten zum Tragen kommen (Sannwald SHH 11). Eine
Umsetzung von Art.20a contra legem ist unzulässig (BFHE 184, 226/231).

20   Die **Exekutive** ist verpflichtet, die Gehalte des Art. 20a bei der Auslegung von Gesetzen, bei der Ausübung von Ermessenstatbeständen und generell im Bereich der gesetzesfreien Verwaltung zu beachten (BVerwG, NuR 98, 483; Epiney MKS 90, 92 f; Schulze-Fielitz DR 77 ff; Kloepfer BK 56). In der planerischen Abwägung verstärkt Art. 20a die Belange des Umweltschutzes und des Tierschutzes (BVerwGE 104, 68/76). Art. 20a allein ist keine ausreichende Grundlage für belastende Akte der Exekutive (Scholz MD 57; Schulze-Fielitz DR 75; Sommermann MüK 32; vgl. Vorb. 51 vor Art. 1). Die Vorschrift kann aber zu Maßnahmen der Exekutive ermächtigen und verpflichten, sofern sie nach dem Vorbehalt des Gesetzes keiner gesetzlichen Grundlage bedürfen (Kloepfer BK 56), etwa zu Fördermaßnahmen. Andererseits soll Art. 20a für wesentliche Umwelteingriffe des Staates ein Gesetz vorschreiben, unabhängig davon, ob in Rechte Privater eingegriffen wird (LVerfG Bbg, DVBl 96, 37; Ekardt, SächsVBl 98, 50). Die Befreiung von einem Anschluss- und Benutzungszwang kann nicht verlangt werden (BVerwG, NVwZ 98, 1081). Zur umweltorientierten Ausgestaltung von Organisation und Verfahren oben Rn. 11. Die Verwaltung wird auch verpflichtet, wenn sie privatrechtlich agiert (Schulze-Fielitz DR 65).

21   Für die **Rechtsprechung** ist Art. 20a im Rahmen der Auslegung von Gesetzen bedeutsam, auch im Bereich des Privatrechts. Hinzu tritt die verfassungsrechtliche Kontrolle von Gesetzen (Epiney MKS 95). Eine Verbandsklage für Umwelt- und Tierschutzverbände wird nicht vorgeschrieben (BVerwGE 101, 73/83; BVerwG, NVwZ 01, 1149; vgl. BVerfG-K, DVBl 01, 1140; Wolf AK 37; oben Rn. 2); in Zweifelsfällen kann aber eine extensive Interpretation geboten sein (BVerwG, NVwZ 98, 399).

Art. 21 [Politische Parteien]

(1) **Die Parteien[4 ff] wirken bei der politischen Willensbildung des Volkes[6] mit[11 f]. Ihre Gründung[15] ist frei[18 ff]. Ihre innere Ordnung muß demokratischen Grundsätzen entsprechen[23 ff]. Sie müssen über die Herkunft und Verwendung ihrer Mittel sowie über ihr Vermögen öffentlich Rechenschaft geben[27 f].**

(2) **Parteien[4 ff], die nach ihren Zielen[31] oder nach dem Verhalten ihrer Anhänger[32] darauf ausgehen[35], die freiheitliche demokratische Grundordnung zu beeinträchtigen oder zu beseitigen[33] oder den Bestand der Bundesrepublik Deutschland zu gefährden[34], sind verfassungswidrig[36]. Über die Frage der Verfassungswidrigkeit entscheidet das Bundesverfassungsgericht[30, 37 f].**

(3) **Das Nähere regeln Bundesgesetze[2].**

Übersicht

Literatur: *Rossi/Lenski,* Parteiengesetz und Recht der Kandidatenaufstellung, 2010; *Kersten/Rixen* (Hg.), Parteiengesetz (PartG) und europäisches Parteienrecht, 2009; *J. Ipsen,* GG und politische Parteien, DVBl 2009, 552; *Shirvani,* Parteienfreiheit, Parteienöffentlichkeit und die Instrumente des Verfassungsschutzes, AöR 2009, 572; *Roßner,* Der Parteiausschluss als Entzug verfassungsrechtlich geformter Statusrechte, ZG 2008, 335; *T. Koch,* Fehlerhafte Rechenschaftslegung politischer Parteien und ihre Folgen, DVBl 2008, 601; *Volkmann,* Dilemmata des Parteiverbots, DÖV 2007, 577; *Angelov,* Vermögensbildung und unternehmerische Tätigkeit politischer Parteien, 2006; *Schindler,* Die Partei als Unternehmer, 2006; *Köhler,* Parteien im Wettbewerb, 2006; *Kunig,* Parteien, HbStR³ III, 2005, § 40; *Morlok,* Das BVerfG als Hüter des Parteienwettbewerbs, NVwZ 2005, 157; *Geerlings,* Verfassungs- und verwaltungsrechtliche Probleme bei der staatlichen Finanzierung parteinaher Stiftungen, 2003; *Möstl,* Politische Parteien als Medienunternehmer, DÖV 2003, 106; *Michael,* Die „nachhaltige" Gefahr als Eingriffsschwelle für Vereins- und Parteiverbote, FS Tsatsos, 2003, 383; *Rübenkönig,* Die Rechenschaftspflicht der politischen Parteien nach Art.21 Abs.1 S.4 GG, 2003; *v. Arnim,* Parteienfinanzierung: Zwischen Notwendigkeit und Missbrauch, NVwZ 2003, 1076; *Papier/Durner,* Steitbare Demokratie, AöR 2003, 340; *Thiel,* Das Verbot verfassungswidriger Parteien (Art.21 Abs.2 GG), in: ders. (Hg.), Wehrhafte Demokratie, 2003, 173; *Feser,* Vermögensmacht und Medieneinfluss − Parteieigene Unternehmen und die Chancengleichheit der Parteien, 2003; *T. Koch,* Neutralitätspflicht und Chancengleichheit bei Leistungen an politische Parteien, ZParl 2002, 694; *P. M. Huber,* Parteien in der Demokratie, FS 50 Jahre BVerfG II, 2001, 609; *Kühne,* Parteienrechtliche Bundeskompetenz und Föderalismusadäquanz, FS Schiedermair, 2001, 307; *Volkmann,* Parteispenden als Verfassungsproblem, JZ 2000, 539; *Heinig/Streit,* Die direkte staatliche Parteienfinanzierung, Jura 2000, 393; *Kißlinger,* Das Recht auf politische Chancengleichheit, 1998; *Kressel,* Parteigerichtsbarkeit und Staatsgerichtsbarkeit, 1998; *Reichel,* Das demokratische Offenheitsprinzip und seine Anwendung im Recht der politischen Parteien, 1996; *Wietschel,* Der Parteibegriff, 1996; *Mager,* Die Kontrolle der Kandidatenaufstellung, DÖV 1995, 9; *D. Grimm,* Politische Parteien, HbVerfR, 2. A. 1994, § 14; *Mauersberger,* Die Freiheit der Parteien, 1994; *G. König,* Die Verfassungsbindung der politischen Parteien, 1993; *Meier,* Parteiverbote und demokratische Republik, 1993; *Herzog,* Verfassungsrechtliche Grundlagen des Parteienstaates, 1993; *Maurer,* Die politischen Parteien im Prozeß, JuS 1992, 296; *ders.,* Die Rechtsstellung der politischen Parteien, JuS 1991, 881.

I. Bedeutung und Abgrenzung zu anderen Vorschriften

1   Art.21 regelt die **verfassungsrechtliche Stellung** der Parteien an zentraler Stelle, nämlich unmittelbar im Anschluss an die Staatsfundamentalnormen des Art.20. Das GG hat die Parteien „als verfassungsrechtlich notwendige Instrumente für die politische Willensbildung des Volkes anerkannt und in den Rang einer verfassungsrechtlichen Institution erhoben" (BVerfGE 41, 399/416). Erst die Gründungsfreiheit und der freie Wettbewerb der Parteien „machen Demokratie letztlich möglich" (BVerfGE 111, 382/404). Die Parteien sind rechtlich in einem Übergangsbereich zwischen Staat und Gesellschaft angesiedelt, „Zwischenglieder zwischen dem Bürger und den Staatsorganen" (BVerfGE 44, 125/145): Einerseits sind sie frei gebildete, im gesellschaftlich-politischen Bereich wurzelnde Gruppen, nicht etwa Staatsorgane oder Träger öffentlicher Gewalt; andererseits sind sie in den systematischen Zusammenhang nicht der Grundrechte, sondern der Staatsorganisation gestellt und wirken in den Bereich institutionalisierter Staatlichkeit hinein (BVerfGE 20, 56/100f; 52, 63/82f; 73, 1/33); sie spielen eine Rolle sowohl bei der demokratischen Willensbildung als auch bei der staatlichen Entscheidungsfindung (BVerfGE 85, 264/285; a.A. LVerfG MV, LVerfGE 15, 327/333).

2   Gem. **Abs.3** regeln das Nähere **Bundesgesetze.** Diese ausschließliche Bundesgesetzgebungskompetenz (Rn.5 zu Art.70) und dieser Regelungsauftrag (Rn.22 zu Art.70) erstrecken sich grundsätzlich auch auf die Parteien in den Ländern (BVerfGE 1, 208/277; 66, 107/114). Abs.3 „umfasst insb. die Befugnis zur Konkretisierung des Parteibegriffs und zur Regelung der Rechtsstellung der Parteien im Rechtsverkehr und im gerichtlichen Verfahren; ferner die innere Ordnung und die Rechnungslegungspflicht, das Verfahren und den Vollzug des Parteiverbots (sowie) Bestimmungen, mit denen die Rolle der Parteien in ihrer Vermittlungsfunktion zwischen Volk und Staatsorganen ausgestaltet wird" (BVerfGE 121, 30/47). Soweit sich das Parteienrecht mit anderen Materien überschneidet, die in der Gesetzgebungskompetenz der Länder liegen, z.B. Wahlrecht zu den Länderparlamenten, Parlamentsrecht, Kommunalrecht, kommt es nach den allgemeinen Regeln (Rn.7–9 zu Art.70) auf den stärkeren Sachzusammenhang an; nicht aber besteht in solchen Fällen eine konkurrierende Gesetzgebungskompetenz (Gusy AK 144; Kunig MüK 91; a.A. Henke BK 378). Die Wahlkampfkostenerstattung war Wahl-, nicht Parteienrecht (**a.A.** BVerfGE 20, 56/115; 24, 300/353f; 41, 399/425). Die heutige staatliche Parteienfinanzierung ist dagegen Parteienrecht (Morlok DR 161; Streinz MKS 254). Regelungen über die Beteiligung von Parteien an privaten Rundfunkunternehmen sind Rund-

funk-, nicht Parteienrecht (BVerfGE 121, 30/48 f; NdsStGH, LVerfGE 16, 377/385). Abs.3 ist ein Regelungs-, kein Gesetzesvorbehalt; er rechtfertigt keine Beeinträchtigung der Rechte aus Abs.1 (Morlok DR 158; Kunig MüK 90; Streinz MKS 253); allerdings lässt die Rspr. „gewisse Einschränkungen" zu, wenn sie „mit dem Sinn und Zweck der Vorschrift vereinbar" sind (BVerfGE 111, 54/84).

Art.21 steht in **Zusammenhang** mit dem Demokratieprinzip (Rn.1–15 **3** zu Art.20) und dem parlamentarischen Regierungssystem (Rn.1 zu Art.62). Im Verhältnis zur Vereinigungsfreiheit (Art.9 Abs.1, 2) ist Art.21 im Allgemeinen lex specialis (BVerfGE 25, 69/78; vgl. auch BVerfGE 91, 262/267: „Sonderstellung"; krit. Morlok DR 48 f); es erscheint aber nicht ausgeschlossen, unter bestimmten Aspekten, z. B. der aus Art.21 nicht herleitbaren Verfassungsbeschwerdebefugnis (Rn.52, 72 zu Art.93), auf Art.9 zurückzugreifen (Pieroth/Schlink 779; Streinz MKS 32; weitergehend Ipsen SA 28 ff). Nach Maßgabe des Art.19 Abs.3 sind auch andere Grundrechte auf Parteien anwendbar (Kunig HbStR[3] III § 40 Rn.91). Zum Verhältnis zu Art.3 unten Rn.17.

II. Gewährleistungen

1. Parteibegriff

a) Allgemeines. Die Definition von Parteien in § 2 PartG (zu den ein- **4** zelnen Merkmalen unten Rn.5–10) ist vom BVerfG als verfassungsgemäß erklärt worden (BVerfGE 24, 260/263 f; 79, 379/384; 91, 262/267). Weitere Merkmale hat der Parteibegriff nicht; insb. ist nicht erforderlich, dass die Vereinigung dem Gemeinwohl verpflichtet ist (Morlok DR 37 f; Gusy AK 59; Kunig MüK 26; Grimm HbVerfR 619; Streinz MKS 65; a. A. Henke BK 30). Auch Parteien, die die freiheitliche demokratische Grundordnung bekämpfen, sind gem. Art.21 Abs.2 S.1 (Gusy AK 59) begrifflich Parteien (BVerfGE 47, 198/223), die allerdings verboten werden können (unten Rn.29–36). Untergliederungen, seien sie gebietlicher (Landes-, Bezirks-, Kreis-, Ortsverbände) oder fachlicher Art (Arbeitsgemeinschaften, Arbeitskreise usw.), unterfallen dem Parteibegriff, wenn nach den Kriterien der Mitgliedschaft, der ideellen, finanziellen und organisatorischen Abhängigkeit eine Eingliederung in die Partei vorliegt (Henke BK 59 ff). Bei Nebenorganisationen (BVerfGE 2, 1/13; BVerwGE 75, 86/97; krit. Morlok DR 42), zu denen auch die sog. parteinahen Stiftungen gehören (BVerfGE 73, 1/31 ff; BVerwGE 106, 177/183 f; Streinz MKS 72; vgl. auch H. Merten, Parteinahe Stiftungen im Parteienrecht, 1999), und Tarnorganisationen (BVerfGE 5, 85/392; BGHSt 27, 59/61) ist das regelmäßig nicht der Fall.

b) Vereinigung von natürlichen Personen. Zum Begriff der Vereini- **5** gung Rn.3 f zu Art.9. Aus diesem Merkmal folgt auch für Parteien das Erfordernis eines Mindestmaßes an Eigenständigkeit der Willensbildung und organisatorischer Selbständigkeit (BVerwGE 74, 176/180). Anders als bei Art.9 können juristische Personen aus Gründen demokratischer Gleichheit (Klein MD 224) nicht Mitglieder von Parteien sein (vgl. § 2 Abs.1 S.2

PartG). Daher sind auch Zusammenschlüsse mehrerer Parteien, sog. Block-
bildungen, keine Partei (Streinz MKS 54). Das schließt aber einen Aufbau
der Gesamtpartei aus Gebietsverbänden verschiedener Stufen nicht aus (Kunig MüK 11). Der Ausschluss von Ausländerparteien, deren Mitglieder und
Vorstandsmitglieder nicht mehrheitlich Deutsche sind, aus dem Parteibegriff
gem. § 2 Abs.3 PartG ist auf Bundes- und Landesebene verfassungsmäßig,
weil das Wahlrecht insoweit nur Deutschen zusteht (Rn.4 zu Art.28; Rn.4
zu Art.38). Dagegen ist der Ausschluss von Ausländerparteien auf kommunaler Ebene, wenn man nicht Rathausparteien überhaupt aus dem Parteibegriff ausschließt (unten Rn.7), wegen Art.28 Abs.1 S.3 verfassungswidrig
(Kunig MüK 28; Streinz MKS 55). Auch ist die Mitgliedschaft von Ausländern in Parteien als solche zulässig, wenn auch nicht verfassungsrechtlich
garantiert (Gusy AK 63). § 2 Abs.3 Nr.2 PartG steht der Bildung von Aus-
landsgruppen deutscher Parteien, d.h. von Gliederungen mit deutschen Par-
teimitgliedern, die ihren Wohnsitz im Ausland haben, nicht entgegen
(Streinz MKS 56).

6   **c) Zielsetzung.** Es muss das Ziel der dauerhaften oder längerfristigen
Einflussnahme auf die politische Willensbildung im Bund oder einem Land
(BVerfGE 111, 382/409) durch Mitwirkung in Parlamenten verfolgt werden
(vgl. § 2 Abs.1 S.1 Hs.1 PartG). **Politische Willensbildung** geschieht in
Wahlen und Abstimmungen (Rn.6 zu Art.20), aber auch darüber hinaus im
gesamten Prozess öffentlicher Auseinandersetzung (BVerfGE 8, 51/68; 85,
264/284; 91, 262/268f; zu eng daher BVerfGE 20, 56/113, wonach die
Parteien vornehmlich Wahlvorbereitungsorganisationen sind). Wählervereinigungen, die sich nur zur Aufstellung von Kandidaten für eine Wahl bilden,
sind vom Parteibegriff nicht umfasst (Hesse 168; Kunig HbStR³ III § 40
Rn.78); für sie ist Art.9 Abs.1, 2 einschlägig (oben Rn.3; BVerfGE 78, 350/
358). Andererseits muss eine Partei aber nicht auf allen Feldern öffentlicher
Auseinandersetzung beteiligt sein.

7   Das Erfordernis **„für den Bereich des Bundes oder eines Landes"**
schließt kommunale Wählervereinigungen (sog. Rathausparteien) vom Parteibegriff aus. Dies ist entgegen der Rspr. (BVerfGE 6, 367/372f; 47, 253/
272; 69, 92/104) verfassungswidrig, weil auch in Angelegenheiten der örtlichen Gemeinschaft (Art.28 Abs.2 S.1) politische Willensbildung stattfindet
und auch in Gemeinden gem. Art.28 Abs.1 S.2 Wahlen iSd Art.20
Abs.2 S.2 stattfinden (Morlok DR 36; Gusy AK 56; Hesse 168; Kunig MüK
20; Ipsen SA 19f; Streinz MKS 59; a.A. Henke BK 37f; Maurer, JuS 91,
884). Das BVerfG sieht das Recht der kommunalen Wählervereinigungen
auf Chancengleichheit (unten Rn.16) immerhin durch Art.28 Abs.2
(BVerfGE 69, 92/110) bzw. Art.3 Abs.1 iVm Art.9 Abs.1, Art.28 Abs.1 S.2
(BVerfGE 121, 108/120ff) gewährleistet und billigt die Chancengleichheit
auch kommunalen Wählervereinigungen zu (BVerfGE 85, 264/328; 99, 69/
79f; 121, 108/121; vgl. auch HessStGH, NVwZ-RR 93, 655). Auch die
Mitwirkung an der politischen Willensbildung in Europa ist erfasst (Morlok,
DVBl 89, 393ff; Kunig MüK 21; Streinz MKS 59); daher verstößt § 2 Abs.1
PartG gegen Europäisches Unionsrecht (Ipsen SA 20; a.A. Sannwald SHH
20).

Das Merkmal **„dauernd oder für längere Zeit"** fehlt noch nicht, **8**
wenn eine Partei bis zu 6 Jahre lang (vgl. § 2 Abs.2 PartG) nicht an Wahlen
teilgenommen hat (BVerfGE 24, 260/265; 89, 266/271); eine kürzere Frist
kann allerdings „im Zusammenhang mit anderen Momenten die Ernsthaftigkeit der Zielsetzung als Partei in Frage stellen, etwa mit einer dauerhaft
schwachen Organisation, mit deren Zerfall, der Unfähigkeit zur Verbreiterung der auf niedrigem Niveau verharrenden Mitgliederbasis, existenzge-
fährdendem Mitgliederschwund oder auch einem beständigen Fehlen finanzieller Mittel" (BVerfGE 91, 262/273; krit. Kunig MüK 22).

Die **Mitwirkung an der Volksvertretung des Bundes oder eines** **9**
Landes ist bei Bürgerinitiativen und sonstigen Interessenverbänden nicht gegeben (vgl. auch BVerfGE 74, 96/101; Henke BK 33). Eine Beteiligung lediglich an Abstimmungen iSd Art.20 Abs.2 S.2 genügt nicht (Kunig MüK
15), ebenso wenig die bloße Abgabe von Wahlempfehlungen (Streinz MKS
60). Es reicht aber der Wille zur Beteiligung an nur einer Bundes- oder
Landtagswahl (Streinz MKS 62; a.A. Henke BK 35). Auch müssen nicht in
allen Wahlkreisen Kandidaten aufgestellt werden (Streinz MKS 60).

d) Eine ausreichende **Gewähr für die Ernsthaftigkeit** dieser Zielset- **10**
zung muss gegeben sein (vgl. § 2 Abs.1 S.1 Hs.2 PartG). Dadurch soll ausgeschlossen werden, dass sich „Zufallsbildungen von kurzer Lebensdauer um
Wähler bewerben" (BVerfGE 91, 262/270). Die Ernsthaftigkeit muss sich
durch objektive Kriterien über die Fähigkeit zur Erfüllung der Aufgaben einer Partei belegen lassen (BVerfGE 91, 262/270; BVerwG, NVwZ 97, 66).
Maßgebende Faktoren hierfür sind: Umfang und Festigkeit der Organisation,
Zahl der Mitglieder und Hervortreten in der Öffentlichkeit. Zulässigerweise
wird daher durch § 6 Abs.1 S.1 PartG eine Satzung und ein Programm gefordert. An die Zahl der Mitglieder dürfen keine strengen Anforderungen gestellt werden (vgl. BVerfGE 24, 300/332). Zwar ist die Parteieigenschaft
nicht vom Wahlerfolg abhängig, doch darf anhaltend fehlender Wahlerfolg
bei der Gesamtwürdigung der Ernsthaftigkeit mitberücksichtigt werden
(BVerfGE 89, 266/272; 91, 262/272; krit. Ipsen SA 21). An inhaltliche Kriterien darf nicht angeknüpft werden (Streinz MKS 49, 67f; Gusy AK 52).
Allgemein ist Zurückhaltung bei der Verneinung der Parteieigenschaft geboten (BGH, NJW 74, 567; Kunig MüK 24).

2. Mitwirkung an der politischen Willensbildung (Abs.1 S.1)

a) Allgemeines. Abs.1 S.1 enthält eine **Aufgabenzuweisung** an die **11**
Parteien (BVerfGE 61, 1/11f), keine Freiheitsgewährleistung (a.A. Henke
BK 61). Sie umschließt das „Gebot der fortdauernden Verankerung der Parteien in der Gesellschaft und ihrer darauf beruhenden Staatsferne" (BVerfGE
85, 264/283). Soweit die Parteien diese Aufgabe wahrnehmen, handeln sie
von Verfassungs wegen rechtmäßig; im Übrigen gilt für sie das allgemeine
Recht. Politische Willensbildung des Volkes geschieht nicht nur in Wahlen
und Abstimmungen und im gesamten Prozess öffentlicher Auseinandersetzung (oben Rn.6), sondern auch im Bereich institutionalisierter Staatlichkeit
(oben Rn.1). Insoweit ist allerdings die Grenze zwischen politischer und
staatlicher Willensbildung zu ziehen (BVerfGE 8, 104/113; 20, 56/98f; 44,

125/140 f). In den Grenzen sonstigen Verfassungsrechts ist die Einwirkung der Parteien auf die Staatsorgane legitim, die aus Wahlen und Abstimmungen hervorgehen, nämlich Bundestag, Landesparlamente und Bundesversammlung, und die diesen gegenüber verantwortlich sind, nämlich Bundesregierung und Landesregierungen, sowie durch letztere vermittelt noch Bundesrat und Gemeinsamer Ausschuss (Henke BK 71 ff; Gusy AK 86; Kunig MüK 41 f). Die Parteien haben aber kein Monopol für die politische Willensbildung (Henke BK 72; Streinz MKS 76, 79).

12   **Nicht gedeckt** von dieser Aufgabenzuweisung ist die Einwirkung auf die anderen Staatsorgane: In der Verwaltung und Rechtsprechung findet grundsätzlich (vgl. aber Art. 94 Abs. 1 S. 2, 95 Abs. 2) keine politische Willensbildung des Volkes statt (Gusy AK 86; Kunig MüK 43 f). Allerdings kann diese Grenzziehung nicht ohne weiteres auf die Gemeindeverfassung übertragen werden, da die gewählte Volksvertretung dort zugleich Aufgaben der Verwaltung wahrnimmt (Klein MD 214). Daher sind gesetzliche Regelungen zulässig, die zwar nicht den Parteien, wohl aber den Fraktionen ein Vorschlagsrecht für die Besetzung hauptamtlicher kommunaler Wahlbeamtenstellen einräumen (BVerfGE 38, 258/275 f). Abs. 1 S. 1 rechtfertigt auch nicht die Weiterverbreitung unrichtiger Informationen (BVerfG-K, NJW 00, 3486).

13   **b)** Daraus folgt für die **allgemeine staatliche Parteienfinanzierung,** dass sie als solche **nicht verboten** ist, weil sie einem legitimen Zweck dient (BVerfGE 85, 264/285 f). Die anderslautende frühere Rspr., nach der die Finanzierung der Parteien aus staatlichen Haushaltsmitteln grundsätzlich unvereinbar mit Art. 21 und dem „demokratischen Grundsatz der freien und offenen Meinungs- und Willensbildung vom Volk zu den Staatsorganen" und daher nur die Erstattung der Kosten eines angemessenen Wahlkampfs zulässig war (BVerfGE 20, 56/102 ff; nochmals anders BVerfGE 8, 51/63; 12, 276/280), wurde aufgegeben, weil die Mitwirkung an der politischen Willensbildung über die Wahlvorbereitung hinausgeht (oben Rn. 6) und daher die Grenze der staatlichen Parteienfinanzierung nicht bei der Wahlkampfkostenerstattung gezogen werden kann. Andererseits existiert kein verfassungsunmittelbarer Anspruch auf staatliche Parteienfinanzierung (BVerfGE 111, 54/99). Von der Parteienfinanzierung ist die Fraktionsfinanzierung (Rn. 6 zu Art. 40) zu unterscheiden.

14   **Voraussetzungen der Verfassungsmäßigkeit: – (1)** Es ist nur eine *Teilfinanzierung* der allgemeinen Tätigkeit der politischen Parteien aus staatlichen Mitteln erlaubt, weil die Parteien auch wirtschaftlich und organisatorisch auf die Zustimmung und Unterstützung der Bürger angewiesen bleiben müssen (BVerfGE 85, 264/287 f). Der Umfang muss sich auf das beschränken, was zur Aufrechterhaltung der Funktionsfähigkeit der Parteien unerlässlich ist und von diesen nicht selbst aufgebracht werden kann (BVerfGE 85, 264/290). Daraus sollen relative und absolute Obergrenzen folgen (vgl. BVerfGE 85, 264/289 ff; krit. Volkmann, ZRP 92, 328). Der Verteilungsschlüssel muss den Wahlerfolg sowie das Beitrags- und Spendenaufkommen der Partei berücksichtigen (BVerfGE 85, 264/292; 104, 287/299; demgegenüber erkennt Ipsen, JZ 92, 759 f ausschließlich den Wahlerfolg als Kriterium an). Dabei darf die Zuschussfähigkeit üblicherweise ehrenamtlich erbrachter Leistungen aus-

geschlossen werden (BVerfGE 104, 287/299). – **(2)** Die Schutzpflicht des
Staates (unten Rn.20) kann sich im Extremfall, wenn sich eine ausreichende
Eigenfinanzierung unter den Bedingungen der modernen Demokratie als
nicht erreichbar erwiese, auf eine *finanzielle Unterstützung* erstrecken (Morlok
DR 44; Streinz MKS 182; a. A. Ipsen SA 96 ff; offen gelassen BVerfGE 85,
264/288). Sie wird aber nicht durch das Scheitern einer Partei an einer wahl-
rechtlichen Sperrklausel ausgelöst (BVerfGE 104, 287/300 ff). – **(3)** Staatliche
Geldleistungen bzw. Einnahmeverzichte bedürfen einer *gesetzlichen Grundlage*
(Henke BK 321 f).

3. Freiheit der Gründung und Betätigung (Abs.1 S.2)

Wie bei der Vereinigungsfreiheit (Rn.5 zu Art.9) ist durch Abs.1 S.2 als   **15**
subjektives Recht (vgl. Morlok DR 49 f) über die Gründung hinaus positiv
der Beitritt und der Verbleib in Parteien sowie negativ das Fernbleiben und
der Austritt aus Parteien geschützt (Morlok DR 58; Henke BK 270, 273;
a. A. Gusy AK 62). Anerkannt ist weiter, dass die Betätigung einzelner in
ihnen und für sie sowie der Bestand und die Betätigung der Parteien selbst
geschützt sind (BVerwGE 110, 126/131: Recht auf Selbstbestimmung; Ipsen
SA 30; Streinz MKS 100; einschr. Kunig MüK 50). Das umfasst namentlich
die freie Wahl der Rechtsform, der inneren Organisation und der Zielsetzung (Morlok DR 59: Tendenzfreiheit) einschließlich Name, Satzung und
Programm (BVerfGE 104, 14/19), die Teilnahme an Wahlen (BVerfGE 89,
266/270) sowie die Verfügung über Einnahmen und Vermögen (BVerfGE
84, 290/300), in personeller Hinsicht die Entscheidung über Aufnahme und
Ausschluss von Mitgliedern bis hin zur Selbstauflösung der Partei (Kunig
MüK 58) und Vereinigung mit anderen Parteien (BVerfG-K, NJW 02, 2227;
Morlok DR 58; Streinz MKS 103). Soweit die Betätigung in den Schutzbereich spezieller Grundrechte fällt, sind bei ihrer Auslegung die Wertungen
des Art.21 zu berücksichtigen (Morlok DR 53; Streinz MKS 34; zu undiffe-
renziert BVerfG-K, DVBl. 02, 409; NJW 02, 2938 f).

4. Chancengleichheit

Grundsätzlich müssen alle Parteien **formal gleich behandelt** werden   **16**
(BVerfGE 69, 257/268; 82, 322/337; 104, 14/20). Die Chancengleichheit
der Parteien wird vom BVerfG aus der Gründungsfreiheit (oben Rn.15) und
dem daraus folgenden Mehrparteiensystem (unten Rn.20) abgeleitet (BVerf-
GE 47, 198/225; 52, 63/88; 73, 40/65) und aus Art.21 Abs.1 iVm Art.3
Abs.1 gewonnen (BVerfGE 107, 286/294; 111, 54/104 f; 111, 382/398). Ein
enger Zusammenhang besteht auch zur Wahlgleichheit (Rn.6 f zu Art.38);
gelegentlich wird die Chancengleichheit auch auf Art.21 Abs.1 S.1 iVm
Art.38 gestützt (BVerfGE 82, 322/337; 84, 304/324; 124, 1/20). Das BVerfG
rechnet sie zur „demokratisch-egalitären Grundlage unserer Verfassungsordnung" (BVerfGE 8, 51/64 f; 44, 125/146); sie versteht sich „als Bestandteil
der demokratischen Grundordnung von selbst" (BVerfGE 120, 82/104). Die
„streng formale" Chancengleichheit soll nicht nur für den Bereich des
Wahlrechts, sondern für das gesamte Vorfeld der Wahlen und damit letztlich
für die gesamte Tätigkeit der Parteien gelten (BVerfGE 66, 107/114; 85,

264/297; 104, 14/20). Die Freiheit politischer Willensbildung besteht aber gerade darin, dass die Bürger, Gruppen und Parteien sich verschieden stark Gehör und Geltung verschaffen können; mit der streng formalen Gleichheit des Bürgereinflusses ist eine streng formale Gleichheit der Parteien nicht vereinbar (Pieroth/Schlink 502; Morlok DR 75; Streinz MKS 127; a. A. Kunig HbStR³ III § 40 Rn.93; Volkmann FH 58 ff). Das BVerfG berücksichtigt das dadurch, dass der Gesetzgeber „die vorgefundene Wettbewerbslage nicht verfälschen" (BVerfGE 85, 264/297; 104, 287/300; 111, 382/398; vgl. auch unten Rn.39–43) bzw. „in einer ernsthaft ins Gewicht fallenden Weise verändern" (BVerfGE 121, 108/123) darf; dies kann als Neutralitätspflicht bezeichnet werden (Koch, ZParl 02, 704).

17   Im **Verhältnis zum allgemeinen Gleichheitssatz** (Art.3 Abs.1) ist die Chancengleichheit lex specialis (vgl. Pieroth/Schlink 503 ff). Wie früher bei der Wahlgleichheit (Rn.7 zu Art.38) wird vom BVerfG häufig auch auf Art.3 abgestellt (BVerfGE 7, 99/107; 47, 198/225; 85, 264/312; anders BVerfGE 91, 262/269; 91, 276/286), was aber v. a. prozessuale Gründe haben dürfte, da Art.21 kein Grundrecht iSd Art.93 Abs.1 Nr.4a ist (oben Rn.3). In der Sache wird die Chancengleichheit auch vom BVerfG als spezieller Gleichheitssatz behandelt, indem für Ungleichbehandlungen besondere, zwingende Gründe gefordert werden (BVerfGE 82, 322/338; 111, 54/105; 124, 1/20; vgl. auch Vorb.50–54 vor Art.1, Rn.135 zu Art.3).

III. Beeinträchtigung und Ausgestaltung

1. Beeinträchtigung

18   **a) Eingriffe** in die Freiheit der *Gründung* sind: Anmeldepflicht, Erlaubnisvorbehalt, gebühren- oder steuerrechtliche Barrieren der Gründung (Kunig MüK 47), Genehmigungsvorbehalt, Registrierungszwang (Morlok DR 32), Zulassungsvorbehalt, Beschränkung der Freiheit der Wahl privater Rechtsformen (Klein MD 274). Eingriffe in die Freiheit der *Betätigung* sind die Beeinträchtigungen der parteispezifischen Tätigkeit der Mitglieder und Funktionäre. Soweit diese einem speziellen Grundrecht unterfällt (oben Rn.15), liegt ein Eingriff in Art.21 nur dann vor, wenn die Beeinträchtigung gerade um der parteimäßigen Ausrichtung der Grundrechtsausübung willen erfolgt, es sich insb. um Sonderrecht gegen die Parteien handelt (vgl. BVerfGE 47, 130/139f; 47, 198/230f; 69, 257/268f). Eingriffe sind danach Verbote und Formen der Überwachung der Parteitätigkeit und der Mitglieder in ihrer Eigenschaft als Parteimitglieder (Gusy AK 83). Bewertungen von Parteien als verfassungsfeindlich oder -widrig durch die Bundesregierung in Antworten auf parlamentarische Anfragen und in Verfassungsschutzberichten sollen Wertungen ohne rechtliche Wirkung und damit keine Eingriffe sein (BVerfGE 13, 123/126; 40, 287/290 ff; 57, 1/5 ff; Pestalozza 79; a. A. Gusy AK 141; Streinz MKS 115; diff. Morlok DR 155). Die Wahlkreiseinteilung könnte einen Eingriff darstellen, wenn sie „eine Bündelung des politischen Willens der Einzelnen gar nicht oder nur unter erheblich erschwerten Bedingungen zuließe" (BVerfGE 104, 14/21).

b) Diskriminierung. Die Chancengleichheit wird beeinträchtigt durch **19** Ungleichbehandlung einer gegenüber einer anderen Partei. Dies kann durch Benachteiligung oder Begünstigung geschehen. Hierbei sind die tatsächlichen Auswirkungen der staatlichen Maßnahmen zu berücksichtigen (vgl. BVerfGE 82, 322/339 ff). Bei der staatlichen Öffentlichkeitsarbeit zu einer Sachfrage (vgl. Rn.14 zu Art.38) liegt eine Beeinträchtigung nicht vor (BerlVerfGH, LVerfGE 3, 75/81 f). Im Verhältnis zwischen Parteien und Wahlbewerbern greift die Wahlgleichheit oder der allgemeine Gleichheitssatz ein (Rn.9, 11 zu Art.38). Im Verhältnis zwischen Parteien und kommunalen Wählervereinigungen stellt das BVerfG auf Art.3 Abs.1 iVm Art.9 Abs.1, **28** Abs.1 S.2 ab (BVerfGE 99, 69/79; 121, 108/118).

c) Verweigerung von Schutz. Mit der Aufgabenzuweisung an die Par- **20** teien (oben Rn.11) ist auch der Bestand von Parteien objektiv-rechtlich gewährleistet (Morlok DR 27: institutionelle Garantie). Damit ist insb. das Mehrparteiensystem verfassungsrechtlich geschützt (BVerfGE 2, 1/13; 58, 233/250; 82, 322/337). Bei ernsthaften Gefährdungen dieses Systems ist der Staat verpflichtet, Maßnahmen zu seiner Aufrechterhaltung zu treffen (Kunig MüK 33; einschr. Streinz MKS 74: Rahmenbedingungen zu schaffen), z. B. die Selbstauflösung einer Partei dann zu verhindern, wenn danach nur noch eine Partei bestehen würde, oder auch finanzielle Unterstützung zu gewähren (oben Rn.13 f). Die Parteien haben dem Grunde nach einen Anspruch auf Gestattung der Wahlsichtwerbung während des Wahlkampfs (BVerwGE 47, 280/284; 56, 56/60), nicht aber auf Gebührenfreiheit (BVerwGE 56, 63/70) oder auf Gewährung von Wahlsendezeiten im Rundfunk (BVerwGE 87, 270/273 f). Sie haben keinen Anspruch, ein Mitglied in den Rundfunkrat zu entsenden (BVerfGE 60, 233/244; a. A. Klein MD 193, 288), und keine Beteiligungsrechte im Vorfeld eines Parteiverbotsverfahrens (BVerfGE 103, 41/43). Die Chancengleichheit verlangt zwar nicht generell, dass faktische Unterschiede der Parteien durch staatliche Maßnahmen ausgeglichen werden (BVerfGE 8, 51/57; 52, 63/89; 104, 287/300), führt aber in manchen Bereichen zu Leistungsansprüchen (unten Rn.41, 43).

d) Ausstrahlungswirkung. Die Rechte aus Art.21 richten sich gegen **21** den Staat, einschließlich der öffentlich-rechtlichen Rundfunkanstalten (unten Rn.41); insofern besteht ein „Grundsatz der Staatsfreiheit" (BVerfGE 85, 264/283 ff). Nach allgemeinen Grundsätzen (Vorb.15 f, 33 vor Art.1) können die Parteienfreiheit und -gleichheit aber auch im Privatrecht zur Anwendung kommen. Beispielsweise sind Kündigungen wegen einer Parteimitgliedschaft nichtig; die Ablehnung von Wahlanzeigen durch ein Presseunternehmen kann rechtswidrig sein, wenn eine Monopolstellung zur Diskriminierung einzelner Parteien ausgenutzt wird (Meyer HbStR³ III § 46 Rn.27; Streinz MKS 131; offen gelassen BVerfGE 48, 271/278; a. A. BVerfGE 42, 53/62). Zur Grundrechtsgeltung innerhalb der Parteiorganisation unten Rn.24.

2. Ausgestaltung (Abs.1 S.3, 4)

a) Keine Beeinträchtigung sind die gesetzlichen Vorschriften, die **Merk- 22 male des Parteibegriffs** (oben Rn.4–10) enthalten und konkretisieren. Insofern gilt das bei der Vereinigungsfreiheit Gesagte (Rn.13 f zu Art.9) entsprechend. Zivilrechtliche Ordnungsvorschriften, bes. des Vereinsrechts, sind zulässig, zumal sie durch § 37 PartG modifiziert werden (Streinz MKS 104). Das Erfordernis der Namensunterscheidung (vgl. § 4 Abs.1 PartG) ist verfassungsmäßig (Kunig MüK 49). Die Gefahr der Verwechslung von Parteinamen ist aber kein Grund für die Nichtzulassung zur Wahl (BVerfGE 89, 291/308).

23 **b) Gebot einer demokratischen inneren Ordnung. aa) Allgemeines.** Abs.1 S.3 ist eine Konsequenz daraus, dass die Parteien in den Bereich institutionalisierter Staatlichkeit hineinwirken (oben Rn.1) und Kategorien rein gesellschaftlicher Freiheit für sie nicht aufgabenadäquat wären (vgl. Henke BK 262). Innere Ordnung betrifft die gesamte innerparteiliche Willensbildung (BGHZ 101, 193/202; Kunig MüK 53); nicht erfasst ist der reine Geschäftsbetrieb (Morlok DR 122). Der Begriff „demokratische Grundsätze" verweist grundsätzlich auf das Demokratieprinzip (Rn.1–15 zu Art.20); dessen Anforderungen müssen aber im Hinblick auf Begriff und Aufgaben der Parteien modifiziert werden (Henke BK 262; Morlok DR 123; Kunig MüK 54; Streinz MKS 150). Jedenfalls gilt, dass der Aufbau der Partei von unten nach oben erfolgen muss, die Mitglieder nicht von der Willensbildung ausgeschlossen werden dürfen und den Parteiführern nicht unbedingter Gehorsam versprochen werden darf (BVerfGE 2, 1/40). Immerhin muss bei der Konkretisierung der demokratischen Grundsätze berücksichtigt werden, dass erstens die Freiheit, Gleichheit und Teilhabe der Mitglieder gewährleistet sind, zweitens die Einheit und Geschlossenheit der Partei als ganzes möglich bleiben und drittens der Zugang von Wahlberechtigten zu den Parteien eröffnet ist.

24 **bb) Im Einzelnen:** Es müssen regelmäßig wiederkehrende **innerparteiliche Wahlen** zu den Parteiämtern stattfinden (Morlok DR 125; Streinz MKS 151). Die Wahlrechtsgrundsätze (Rn.5–10 zu Art.38) gelten abgesehen von der Unmittelbarkeit (Streinz MKS 168) auch für die Delegiertenwahlen (BGHZ 106, 67/74) und die Aufstellung von Kandidaten für Volksvertretungen (einschr. SächsVerfGH, LVerfGE 16, 519/527: „nur in ihrem Kerngehalt"). Das Mehrheitswahlrecht ist für Kreisparteitagsdelegierte (BGHZ 106, 67/76 ff) wie für Kandidaten für Volksvertretungen (HambVerfG, DVBl 93, 1071) zulässig. Das Blockwahlsystem, bei dem der Wähler so viele Kandidaten wählen muss, wie Positionen zu besetzen sind, bedarf einer satzungsmäßigen Grundlage und ist dann unzulässig, wenn es relevante Minderheiten benachteiligt; eine relevante Minderheit liegt jedenfalls bei einer Gruppierung vor, die mehr als 10% Anhänger unter den Wahlberechtigten hat (BGH, NJW 74, 184 f); soweit eine Blockwahl zulässig ist, braucht sie nicht mehrere Wahlgänge zu umfassen (BGHZ 106, 57/72 f; HambVerfG, DVBl 93, 1071). Die Gesamtwahl, die den Wahlberechtigten das Recht belässt, unter den vorgeschlagenen in beliebiger Anzahl Namen zu streichen, ist zulässig (BVerfGE 89, 243/264). Quotenregelungen bei der Wahl zu Parteiorganen sind – anders als bei der Wahl von Kandidaten für Volksvertretungen (Rn.22a zu Art.38) – zulässig (Kunig MüK 58; diff. Sannwald SHH 81). Das imperative Mandat ist – anders als für Abgeordnete (Rn.27 zu Art.38) – zulässig (Morlok DR 138; Gusy AK 70; a. A. Henke BK 284). Ur-

abstimmungen sind auf satzungsmäßiger Grundlage zulässig (Morlok DR 137).

Innerparteiliche Freiheit und Gleichheit müssen gewährleistet sein 25 (vgl. Rn.8 zu Art.20). Die Bestimmungen der Satzung müssen entgegen § 10 Abs.1 S.1 PartG einen grundsätzlichen Aufnahmeanspruch gewähren, der in begründeten Fällen, insb. fehlender Grundidentifikation (Grimm Hb-VerfR 615), ausgeschlossen werden kann (Morlok DR 133; Gusy AK 75; Reichel, o. Lit., 131 ff; a.A. BGHZ 101, 193/201 ff; Henke BK 272; Ipsen SA 83; Roellecke UC 69); dazu gehört nicht die Eigenschaft als Frau (Pieroth/Zekl, NWVBl 95, 38 f; a.A. Streinz MKS 110). Die Regelung des Ausschlusses von Mitgliedern in § 10 Abs.4, 5 PartG ist verfassungsmäßig (Morlok DR 134); hiervon kann in Satzungen grundsätzlich nicht abgewichen werden (BGHZ 73, 275/280). Die Mitgliedschaft ist nicht abhängig vom Wahlrecht (a.A. Sannwald SHH 80). Das Recht auf sofortigen Austritt ist gewährleistet (Morlok DR 133). Die für die politische Willensbildung konstitutiven Grundrechte, wie Art.5, 8 und 9, gelten unmittelbar im Verhältnis der Mitglieder zur Partei (Kunig MüK 58; König, o. Lit., 38 f; a.A. Henke BK 268; Ipsen SA 74 ff; Morlok DR 131, anders aber 125 für die Chancengleichheit; Streinz MKS 162), die sonstigen nur im Rahmen der Ausstrahlungswirkung (Vorb.15 f, 33 vor Art.1); die Grenzen sind von den Aufgaben der Partei her zu bestimmen und jedenfalls bei der Unterstützung anderer Parteien und sonstigen erheblichen Verstößen überschritten (vgl. § 10 Abs.4 PartG). Minderheiten müssen geschützt werden (Ipsen SA 59; Streinz MKS 151), und Opposition muss möglich sein (Morlok DR 136). Aber Unvereinbarkeitsbeschlüsse über die Mitgliedschaft in anderen Parteien und ihnen nahestehenden Organisationen (Kunig HdStR³ III § 40 Rn.120) und Weltanschauungsgemeinschaften (Streinz MKS 166) sind zulässig.

Innerparteiliche Organisation und innerparteiliches Verfahren. 25a Parteien müssen eine Satzung und ein Programm haben (BVerfGE 5, 77/84). Auch eine gebietliche Gliederung ist erforderlich; die Größe und der Umfang der Parteigliederungen dürfen durch die Satzungen der Parteien bestimmt werden; die Gebietsverbände müssen nicht mit den Wahlkreisen für die Bundestagswahl übereinstimmen (BVerfGE 104, 14/22; vgl. auch BAGE 95, 269/274). Das demokratische Öffentlichkeitsgebot (Rn.11–14 zu Art.20) verlangt auch innerparteiliche Transparenz (Morlok DR 119; Streinz MKS 151). Allerdings müssen Parteiveranstaltungen nicht öffentlich sein (a.A. Reichel, o. Lit., 129 f). Zwar gilt Art.19 Abs.4 nicht für die innere Ordnung der Parteien (Henke BK 308; Streinz MKS 159; a.A. Kressel o. Lit., 131), doch ist grundsätzlich eine Parteischiedsgerichtsbarkeit erforderlich (Morlok DR 139; Streinz MKS 159). Die Parteischiedsgerichte sind keine Schiedsgerichte iSd §§ 1025 ff ZPO (Henke BK 310; Morlok DR 139; Streinz MKS 160). In Parteischiedsgerichtsverfahren ist es grundsätzlich verfassungsgemäß, nur Parteimitglieder als Rechtsanwälte zuzulassen (Morlok, NJW 91, 1162; a.A. LG Bonn, NVwZ 91, 1118; offen gelassen OLG Köln, NVwZ 91, 1116 f). Die Überprüfung von Entscheidungen der Parteischiedsgerichte durch staatliche Gerichte darf nicht ausgeschlossen werden (Morlok DR 140; Streinz MKS 161). Sie wird aber nur daraufhin vorgenommen, ob die Entscheidungen der Parteischiedsgerichte offenbar unbillig sind bzw. ob nicht allgemein gültige Grundsätze verletzt worden sind (BVerfG-K, NJW 02, 2227; BGHZ 75, 158/159; NJW 94, 2610; näher Kressel, o. Lit., 246 ff; krit. Gusy AK 79). Entscheidungen der Parteischiedsgerichte sind kein zulässiger Beschwerdegegenstand der Verfassungsbeschwerde (Rn.40 zu Art.93).

26 **Rechtsfolgen** eines Verstoßes gegen das Gebot einer demokratischen inneren Ordnung sind: Satzungsbestimmungen und auf ihrer Grundlage gefasste Beschlüsse sind gem. § 134 BGB nichtig (Ipsen SA 88; Kunig MüK 56; dagegen hält Morlok DR 127 diese Norm nicht für einschlägig). In Fällen, wo die Abkehr von demokratischen Organisationsgrundsätzen in der inneren Ordnung einen solchen Grad erreicht, dass sie nur als Ausdruck einer grundsätzlich demokratiefeindlichen Haltung erklärbar ist, liegen die Voraussetzungen für ein Verbot (unten Rn.30–36) vor (BVerfGE 2, 1/14). Die Verletzung der in § 21 BWahlG normierten Voraussetzungen für die Aufstellung von Bundestagskandidaten kann zwar gem. § 26 Abs.1 S.2 Nr.2 BWahlG durch die Zurückweisung des Wahlvorschlags sanktioniert werden; doch haben die Organe im Zulassungsverfahren keine verfassungsrechtlichen Zweifelsfragen zu entscheiden (Gusy AK 72). Zu Wahlfehlern Rn.7 f zu Art.41.

27 **c) Die öffentliche Rechenschaftspflicht** (Abs.1 S.4) bezweckt in erster Linie die Offenlegung der Verflechtung von politischen und wirtschaftlichen Interessen, da durch Geld die politische Willensbildung innerhalb einer Partei beeinflusst werden kann (BVerfGE 52, 63/86 f; 85, 264/319; 111, 54/83; BVerwGE 126, 254 Rn.90 f). Daneben soll die innere Ordnung der Parteien (oben Rn.23) gegen undemokratische Einflüsse gesichert werden und soll die Veröffentlichungspflicht zur Chancengleichheit der Parteien (oben Rn.16 f) beitragen (BVerfGE 111, 54/83). Seit der Ergänzung von 1983 (Einl.3 Nr.35) müssen die Parteien nicht nur wie früher über die Herkunft, sondern auch über die Verwendung ihrer Mittel sowie über ihr Vermögen öffentlich Rechenschaft geben; Mittel sind nur Geld oder geldwerte Leistungen (Morlok DR 113); das Vermögen umfasst neben den Aktiva auch die Passiva (vgl. § 24 Abs.6 PartG). Abs.1 S.4 verpflichtet die Parteien dazu, in regelmäßigen Abständen vollständige und richtige Rechenschaftsberichte zu veröffentlichen (Rübenkönig, o. Lit., 106 ff). Dabei darf allerdings zwischen wesentlichen Fehlern, die zum Verlust staatlicher Mittel führen, und unwesentlichen Fehlern unterschieden werden (BVerfGE 111, 54/94 ff). Es müssen grundsätzlich Namen und Anschrift des Spenders angegeben werden (grundsätzliches Verbot anonymer Spenden; vgl. BVerwGE 126, 254 Rn.86 ff); dadurch werden keine Grundrechte verletzt (Kunig MüK 65). Zulässig soll sein, Spenden, deren Gesamtwert in einem Kalenderjahr unter 10 000 Euro (vgl. § 25 Abs.3 S.1 PartG) liegt, hiervon auszunehmen (BVerfGE 24, 300/356 f; a. A. Ipsen SA 110). Es ist aber unzulässig, diese Freigrenze zu erhöhen (BVerfGE 85, 264/323) und für Spenden von natürlichen und juristischen Personen verschieden zu bemessen (BVerfGE 24, 300/357; krit. Morlok DR 115).

28 Art.21 Abs.1 S.4 enthält grundsätzlich weder eine Gewährleistung noch ein Verbot **privater Spenden** an die Parteien (BVerfGE 20, 56/105; 52, 63/86). Der Gesetzgeber ist daher nicht gehindert, bestimmte Spendenarten zu verbieten (vgl. § 25 Abs.1 S.2 PartG). Offen ist, ob dies auch für die Fest-

legung einer absoluten Höchstgrenze der Spenden und für ein Verbot von Spenden juristischer Personen gilt.

IV. Rechtfertigung von Beeinträchtigungen (Schranken)

1. Parteiverbot (Abs.2)

a) Bedeutung und Abgrenzung zu anderen Vorschriften. Art.21 **29** Abs.2 ist wie Art.18 Ausdruck der „streitbaren" oder „wehrhaften Demokratie" (vgl. Rn.1 zu Art.18; Becker HbStR VII 317; krit. Gusy AK 137 f). Ein Parteiverbot gem. S.2 setzt eine entsprechende Entscheidung des BVerfG voraus. Dies ist eine ausschließliche Kompetenz des BVerfG (sog. Parteienprivileg); andere Träger öffentlicher Gewalt dürfen diesen schwersten Eingriff in die Parteienfreiheit nicht vornehmen (konstitutive oder Sperrwirkung der Entscheidung des BVerfG; BVerfGE 12, 296/304 f; 13, 46/52; BVerfG-K, NJW 01, 2077); zu den Konsequenzen hieraus für die Zulässigkeit sonstiger Beeinträchtigungen der Parteienfreiheit unten Rn.37 f. Abs.2 ist lex specialis gegenüber Art.9 Abs.2 (BVerfGE 2, 1/13; 12, 296/304 f; 17, 155/166).

b) Parteiverbotsverfahren. aa) Zulässigkeit: − **(1)** Die *Antragsberechti-* **30** *gung* besitzen gem. § 43 Abs.1 BVerfGG nur der Bundestag, der Bundesrat und die Bundesregierung, ferner gem. § 43 Abs.2 BVerfGG die Landesregierungen, soweit die Organisation der Partei sich auf das Gebiet des betreffenden Landes beschränkt. Die Stellung des Antrags auf Verbot steht im Ermessen der Antragsberechtigten gem. § 43 BVerfGG (BVerfGE 5, 85/113; 40, 287/291; Morlok DR 157; a. A. Ipsen SA 175). Parteien selbst sind nicht antragsberechtigt (Burkhart UCD 3 zu § 43). − **(2)** *Antragsgegenstand* ist die Feststellung der Verfassungswidrigkeit (unten Rn.31–35), nicht auch der Verfassungsmäßigkeit (Pestalozza 80) einer politischen Partei. − **(3)** *Antragsgegner* kann nur eine politische Partei (oben Rn.4 ff) sein. Sie hat das Recht auf ein faires Verfahren (BVerfGE 104, 42/50). Ihre Vertretung regelt sich nach § 44 BVerfGG. − **(4)** Es ist ein *Vorverfahren* gem. § 45 BVerfGG durchzuführen. − **(5)** Die *Formerfordernisse* ergeben sich aus § 23 Abs.1 BVerfGG. − **(6)** Ein rechtsstaatliches *Verfahrenshindernis* kann bei Zusammenarbeit zwischen den Nachrichtendiensten und Vorstandsmitgliedern der Partei bestehen (BVerfGE 107, 339/360 ff; krit. Volkmann, DVBl 03, 605).

bb) Begründetheit. Es müssen die Voraussetzungen des Abs.2 S.1 vor- **31** liegen. Die Vorschrift ist zur Wahrung des Demokratieprinzips (Rn.8 zu Art.20) eng auszulegen (Hesse 715; Morlok DR 144; Streinz MKS 223). Die **Ziele** einer Partei ergeben sich idR „aus dem Programm und den sonstigen parteiamtlichen Erklärungen, aus den Schriften der von ihr als maßgebend anerkannten Autoren über die politische Ideologie der Partei, aus den Reden der führenden Funktionäre, aus dem in der Partei verwendeten Schulungs- und Propagandamaterial, sowie aus den von ihr herausgegebenen oder beeinflussten Zeitungen und Zeitschriften … (Es) sind auch geheime Zielsetzungen und nachträgliche tatsächliche Änderungen ursprünglich schriftlich vereinbarter Zielsetzungen … rechtserheblich, sofern sie nach-

weisbar sind" (BVerfGE 5, 85/144). Entscheidend ist, ob die Ziele gegenwärtig bestehen, nicht, wann sie voraussichtlich realisiert werden (BVerfGE
5, 85/144). Es muss also keine konkrete Gefahr, wohl aber eine strukturelle
oder nachhaltige Gefahr für die Schutzgüter (unten Rn.33f) vorliegen (Michael, FS Tsatsos, 2003, 383).

32   Das **Verhalten der Anhänger einer Partei** muss dieser zurechenbar
sein; ein Unterlassen reicht nicht aus, da es keine Rechtspflicht zur Verteidigung der Schutzgüter des Abs.2 gibt (Morlok DR 150; a.A. Kunig MüK
77). Zu den Anhängern gehören über die Mitglieder hinaus alle, die sich für
eine Partei einsetzen (BVerfGE 2, 1/22) und sich zu ihr bekennen (Kunig
MüK 77). Zwischen den Zielen einer Partei und dem Verhalten ihrer Anhänger besteht eine Wechselwirkung (BVerfGE 2, 1/22; 5, 85/144).

33   **Beeinträchtigung oder Beseitigung der freiheitlichen demokratischen Grundordnung** bedeutet die Abschaffung von Strukturprinzipien
des GG, zu denen nach BVerfGE 2, 1/12f (vgl. auch BVerfGE 5, 85/197;
69, 315/345f) zu rechnen sind: die Achtung vor den im GG konkretisierten
Menschenrechten, v.a. vor dem Recht der Persönlichkeit auf Leben und
freie Entfaltung (Rn.38–73, 81, 86, 98 zu Art.2), die Volkssouveränität
(Rn.4f zu Art.20), die Gewaltenteilung (Rn.23–27 zu Art.20), die Verantwortlichkeit der Regierung (Rn.1 zu Art.65), die Gesetzmäßigkeit der Verwaltung (Rn.39–41 zu Art.20), die Unabhängigkeit der Gerichte (Rn.2–8
zu Art.97), das Mehrparteienprinzip und die Chancengleichheit für alle politischen Parteien (oben Rn.16f, 19) mit dem Recht auf verfassungsmäßige
Bildung und Ausübung einer Opposition (Rn.1 zu Art.67). Die freiheitliche
demokratische Grundordnung kann nicht mit allen in Art.79 Abs.3 genannten Einrichtungen und Normen in eins gesetzt werden (Denninger Hb-
VerfR 694; Stern ST I 564f; a.A. Roellecke UC 121). Der Tatbestand ergibt sich ohne weiteres aus einer Wesensverwandtschaft mit dem Nationalsozialismus in Programm, Vorstellungswelt und Gesamtstil (BVerwG, NJW 93,
3215).

34   **Gefährdung des Bestands der Bundesrepublik Deutschland** bezieht
sich im Unterschied zur freiheitlichen demokratischen Grundordnung auf
das Verhältnis zu anderen Staaten (Henke BK 354; Kunig MüK 82), d.h.
territoriale Unversehrtheit und politische Unabhängigkeit (vgl. § 92 Abs.1
StGB). Gefährdung ist der gegenüber Beeinträchtigung und Beseitigung
weitere Begriff (Henke BK 355). Nicht hierunter fallen auf Grund anderer
Verfassungsbestimmungen speziell zugelassene Grenzänderungen (Rn.7 zur
Präamb) und Abhängigkeiten (Rn.2–12 zu Art.24).

35   Die Parteien müssen **darauf ausgehen**, die genannten Ziele zu erreichen. Dafür ist nicht nur eine „aktiv kämpferische, aggressive Haltung"
erforderlich (so BVerfGE 5, 85/141), sondern auch eine entsprechende
Tätigkeit (Henke BK 356; vgl. auch Rn.5 zu Art.18), mindestens iS einer
Vorbereitungshandlung (Morlok DR 148; Streinz MKS 232), die aber
nicht notwendig in physischer Gewaltanwendung bestehen muss (Kunig
MüK 79).

36   **cc)** Zu den **Wirkungen der Entscheidung** gehören die Auflösung der
Partei (oder gem. § 46 Abs.2 BVerfGG eines Teils einer Partei; zum Parteibegriff oben Rn.4–10) und das Verbot, eine Ersatzorganisation zu schaffen

(§ 46 Abs.3 S.1 BVerfGG), das in § 33 PartG konkretisiert wird. Diese Wirkungen sind mit dem Rechtsstaatsprinzip vereinbar (BVerfGE 5, 85/391; 25, 44/54). Entscheidend für eine Ersatzorganisation ist, „dass sie in der Art ihrer Betätigung (Teilnahme an der politischen Willensbildung des Volkes, Beteiligung an politischen Wahlen usw.), in der Verfolgung der politischen Ziele, nach dem Kreis der von ihr Angesprochenen, nach der politischen Haltung ihrer Anhänger und nach dem aus der zeitlichen Abfolge des Geschehens (Verbot der Organisation und Schaffung des Ersatzes) erkennbaren Zusammenhang die verbotene Partei zu ersetzen bestimmt ist" (BVerfGE 6, 300/307). Ersatzorganisationen genießen nicht das Parteienprivileg (BVerfGE 16, 4/5 f); vgl. aber § 33 Abs.2 PartG. Die Entscheidung erfasst die Einzelnen nur insoweit, als organisationsfördernde Handlungen und Äußerungen verboten sind (BVerfGE 25, 44/56 ff; vgl. auch Rn.66 zu Art.5). Die von § 46 Abs.3 S.2 BVerfGG in das pflichtgemäße Ermessen des BVerfG gestellte Entscheidung über die Einziehung des Vermögens der aufgelösten Partei ist von BVerfGE 5, 85/392 f für den Fall, dass nennenswertes Vermögen nicht vorhanden ist oder die Vermögensverhältnisse nicht übersichtlich sind, als gebundene Entscheidung interpretiert worden. Zur Wirkung auf die Abgeordnetenstellung Rn.23 zu Art.38.

2. Sonstige Beeinträchtigungen der Parteienfreiheit

Abs.2 ist die **einzige Schranke** der Parteienfreiheit; Eingriffe (oben 37 Rn.18) sind nur auf dieser Grundlage zu rechtfertigen. Überwachungsmaßnahmen sind soweit zulässig, als sie für die Beurteilung der Frage, ob ein Antrag auf Verbot zu stellen ist, erforderlich sind, d.h. nicht etwa ständig (Ipsen SA 199 f) und unter strikter Wahrung des Verhältnismäßigkeitsgrundsatzes (BVerwGE 110, 126/133 ff; vgl. auch Michaelis, NVwZ 00, 399; Sander, DÖV 01, 328). Liegen die Voraussetzungen für ein Parteiverbot nicht vor, sind Eingriffe in die Betätigung der Parteien und der Mitglieder für sie unzulässig. M.a.W. darf niemand bis zu einer Entscheidung des BVerfG (und nach einer solchen Entscheidung mit Wirkung für einen Zeitpunkt vor ihr) die Verfassungswidrigkeit einer Partei rechtlich geltend machen (BVerfGE 12, 296/304 f; 13, 46/52 f; 17, 155/166 f; BVerwGE 31, 368/369; 106, 177/183; vgl. auch Rn.3 zu Art.18). Die staatliche Parteienfinanzierung darf nicht mit der Bekämpfung radikaler Parteien begründet werden (BVerfGE 111, 382/410). Ein Versammlungsverbot darf nicht auf eine angebliche Verfassungswidrigkeit einer Partei gestützt werden (BVerfG-K, NJW 01, 2077). Eine Sparkasse darf ihren Girovertrag mit einer Partei nicht mit der Begründung kündigen, diese verfolge verfassungsfeindliche Ziele (BGHZ 154, 146/151). Straftatbestände gegen eine nicht parteispezifische Tätigkeit (oben Rn.18) dürfen nicht zur Umgehung des Abs.2 eingesetzt werden (BVerfGE 9, 162/166).

Abweichend hiervon hat das BVerfG bezüglich der **Extremisten im Öf- 38 fentlichen Dienst** entschieden. Danach kann auch vor einer Entscheidung gem. Art.21 Abs.2 geltend gemacht werden, dass eine Partei verfassungsfeindliche Ziele verfolgt; die daraus für die Partei und ihre Mitglieder entstehenden Nachteile seien bloß faktischer Natur. Insofern wird die politische

Treuepflicht der Beamten (Rn.52 zu Art.33) als weitere Schranke der Parteienfreiheit anerkannt (BVerfGE 39, 334/357 ff; vgl. auch BVerwGE 47, 330/
344 ff; 76, 157/161 ff; 114, 258/266; BAGE 28, 62/72 ff; a. A. BVerfGE
abwM 39, 378/385; Grimm HbVerfR 621 f; Ipsen SA 206 f; Gusy AK 142;
Pieroth/Schlink 510; Streinz MKS 105, 216 ff). Verfassungsfeindliche Partei-
en idS sind die DKP (BVerwGE 73, 263/271 ff; 83, 90/98 f; 86, 99/105 ff),
die NPD (BVerwGE 61, 194/197; 83, 158/162 ff; 83, 345/349 ff), nicht aber
die Republikaner (BVerfG-K, DVBl 02, 471 f; BVerwGE 114, 258/268 ff;
a. A. BVerfG-K, NVwZ-RR 04, 862).

3. Chancengleichheit

39   Beeinträchtigungen der Chancengleichheit bedürfen besonderer **zwingender Gründe** (oben Rn.17). Entgegen der selbstformulierten Anforderung streng formaler Gleichbehandlung hat das BVerfG in verschiedenen Le-
bensbereichen „abgestufte" Chancengleichheit ausreichen lassen. § 5 PartG,
der dies verwirklicht, ist für verfassungsmäßig erklärt worden (BVerfGE 24,
300/355; BVerwGE 75, 67/77; krit. Kunig MüK 35; Ipsen SA 40, 43; diff.
Morlok DR 87 ff; Streinz MKS 129: ausschließliche Orientierung am Wettbewerb auf Bundesebene ist verfassungswidrig). Zur Rechtfertigung von Beeinträchtigungen der Chancengleichheit im Wahlrecht Rn.18–20 zu Art.38.

40   Die **Finanzierung** der Parteien aus staatlichen Haushaltsmitteln ist nur in
bestimmten Grenzen zulässig (oben Rn.13 f). Zusätzliche Rechtsfolgen ergeben sich aus der Chancengleichheit: Wird die Mittelzuweisung von einem
Mindestanteil an Stimmen abhängig gemacht, muss dieser deutlich unter 5%
liegen (BVerfGE 24, 300/335 ff; 85, 264/293 f; 111, 382/412). Das Erfordernis von 1,5% der abgegebenen gültigen Stimmen ist als zulässig erachtet
worden (BVerwG, NJW 80, 2092). Der frühere Chancenausgleich war verfassungswidrig (BVerfGE 85, 264/296 ff). Das sog. Drei-Länder-Quorum
setzte Parteien, deren Programm auf ein Land ausgerichtet ist, gegenüber
länderübergreifend agierenden Parteien gleichheitswidrig zurück (BVerfGE
111, 382/398 ff). Die Vergabe öffentlicher Mittel zur Förderung politischer
Bildungsarbeit an parteinahe Stiftungen ist nur zulässig, wenn diese rechtlich
und tatsächlich unabhängige Institutionen sind, die auch in der Praxis die
gebotene Distanz zu den Parteien wahren (BVerfGE 73, 1/31 f; BVerwGE
116, 177/184 f). Diese Voraussetzung ist bei den Jugendorganisationen der
Parteien nicht erfüllt (a. A. Sannwald SHH 105). Die Erstreckung der Chancengleichheit auf kommunale Wählervereinigungen (oben Rn.7) zwingt zu
ihrer Berücksichtigung bei der staatlichen Parteienfinanzierung (BVerfGE
85, 264/328). Zur Finanzierung durch Steuerverzicht unten Rn.42. Wegen
der Chancengleichheit muss die Vorteilsnahme durch Amtsträger gem. § 331
StGB für Wahlbeamte restriktiv ausgelegt werden (BGHSt 49, 275/291 ff).

41   Die **Rundfunksendezeiten** für Wahlwerbung der Parteien sind nicht
verfassungsrechtlich garantiert (BVerwGE 87, 270/272 ff; BremStGH, LVerf-
GE 5, 175/188 f). Im Übrigen dürfen sie nach der Bedeutung der Parteien
unterschiedlich bemessen sein (BVerfGE 7, 99/108; 48, 271/277; Morlok
DR 97; Badura BK 17 zu Anh. z. Art.38; a. A. Grimm HbVerfR 629 f; Ipsen
SA 42; Meyer HbStR³ III § 46 Rn.63). Die Bedeutung einer Partei darf

aber nicht nur nach den Ergebnissen der vorausgegangenen Parlamentswahlen beurteilt werden; es sind auch die Zeitdauer ihres Bestehens, ihre Kontinuität, ihre Mitgliederzahl, der Umfang und Ausbau ihres Organisationsnetzes, ihre Vertretung im Parlament und ihre Beteiligung an der Regierung in Bund oder Ländern zu berücksichtigen (BVerfGE 14, 121/137). Die Vergabe gleicher Sendezeit an alle Parteien wäre als Verfälschung der vorgefundenen Wettbewerbslage (oben Rn.16) verfassungswidrig (Koch, ZParl 02, 713; a. A. BVerfGE 34, 121/134). Allen Parteien, deren Landeslisten im Sendebereich zugelassen worden sind, ist aber eine Sockel-Sendezeit zur Verfügung zu stellen (BVerfGE 7, 99/107; 13, 204/205 f). Der freiwillige Verzicht der Mehrzahl der Parteien auf Wahlwerbung führt nicht zu einem Ausschluss aller Parteien (BVerwGE 87, 270/276; a.A. Dörr, JuS 91, 1009). Einer Landespartei darf die Teilnahme an der Wahlwerbung in einem bundesweiten Sendegebiet nicht versagt werden (BVerwGE 75, 67/75; 75, 79/83; krit. Neumann/Wesener, DVBl 84, 914). Die Ausstrahlung einer Wahlsendung darf nicht lediglich deshalb verweigert werden, weil sie verfassungsfeindliche Äußerungen enthält (BVerfGE 47, 198/230 ff), sondern erst dann, wenn sie evident gegen allgemeine Strafgesetze verstößt (BVerfGE 69, 257/269; BVerfG-K, NVwZ-RR 06, 370). Wegen des Parteienprivilegs (oben Rn.37) dürfen Wahlsendezeiten nicht verbotenen Parteien nicht verweigert werden (vgl. OVG Hamburg, NJW 94, 70; Benda, NJW 94, 22 f). Diese Kriterien gelten abgeschwächt auch für private Rundfunkveranstalter (Schulze-Sölde, Politische Parteien und Wahlwerbung in der dualen Rundfunkordnung, 1994, 180 ff; a.A. Mauersberger, o. Lit., 126). Im Programmbereich kommt die Rundfunkfreiheit stärker zum Tragen (vgl. Rn.38 zu Art.5), kann sich aber nicht generell gegenüber der Chancengleichheit durchsetzen (vgl. BVerfGE 82, 54/58 f; BremStGH, LVerfGE 15, 201/210 ff).

Im **Steuerrecht** führt die Abzugsfähigkeit von Beiträgen und Spenden an **42** die Parteien zu einer mittelbaren Parteienfinanzierung. Das BVerfG hält sie nur in engen Grenzen für zulässig, weil dadurch die Parteien begünstigt werden, deren Programm und Tätigkeit kapitalkräftige Kreise ansprechen, da diese durch die Steuerprogression absolut und relativ mehr Steuern durch Spenden ersparen können als Bezieher mittlerer und niedriger Einkommen und damit einen stärkeren Einfluss auf die politische Willensbildung erlangen (BVerfGE 8, 51/63 ff; 73, 40/71 ff; 85, 264/313). Die steuerliche Begünstigung von Spenden von Körperschaften ist verfassungswidrig (BVerfGE 85, 264/315). Die betragsmäßige Begrenzung des Spendenabzugs darf nicht dadurch umgangen werden, dass die Zuwendungen als Betriebsausgaben qualifiziert werden (BFHE 151, 544/547 ff). Die Ausdehnung des Höchstbetrags für die steuerliche Abzugsfähigkeit von Zuwendungen an Parteien bis zu 60 000 DM war hiermit unvereinbar (BVerfGE 85, 264/315 f; für die Grenze von 100 000 DM bereits BVerfGE *abwM* 73, 103/109 ff; a.A. BVerfGE 74, 40/84). Die Befreiung der Parteien von Körperschaft- und Vermögensteuer (BVerfGE 99, 69/80 ff) und von Erbschaft- und Schenkungsteuer (BVerfGE 121, 108/124 ff) diskriminiert die freien Wählervereinigungen.

Die Chancengleichheit gilt auch für die **Zulassung zu gemeindlichen 43 Einrichtungen,** insb. Stadthallen (vgl. Gassner, VerwArch 1994, 533; Zundel, JuS 1991, 472), und für die Vergabe von Stellplätzen im öffentlichen

Straßenraum für die Wahlsichtwerbung (BVerwGE 47, 280/289; Klein MD 293; a. A. Koch ZParl 02, 715). Wegen des Parteienprivilegs (oben Rn.37) dürfen Gemeinden nicht verbotene Parteien nicht abweisen (BVerwGE 31, 368/369; vgl. auch BVerfGE 57, 1/6). Kapazitätsprobleme sind nach Priorität oder durch das Los zu entscheiden (Morlok DR 93; Streinz MKS 141). Wird die gemeindliche Einrichtung privatrechtlich betrieben, besteht ein Anspruch gegen die Gemeinde, durch Einwirkung auf den privaten Rechtsträger die Zulassung zu der gemeindlichen Einrichtung zu verschaffen (BVerwG, NJW 90, 135).

V. Rechtsschutz

44   **Vor dem BVerfG** soll für Parteien, die die Verletzung ihres verfassungsrechtlichen Status geltend machen, die Organstreitigkeit gem. Art.93 Abs.1 Nr.1 die richtige Klageart sein (BVerfGE 82, 322/335; 84, 290/298; 85, 264/284). Das gilt für alle Maßnahmen oberster Bundes- und Landesorgane, z.B. bezüglich Wahlen (BVerfGE 4, 27/30f; 44, 125/137), auch Gemeindewahlen (BVerfGE 6, 367/372f), Parteienfinanzierung (BVerfGE 11, 239/241ff; BbgVerfG, LVerfGE 17, 146/152f), Spendenabzugsfähigkeit (BVerfGE 24, 300/324f) und Regierungsäußerungen (BVerfGE 57, 1/4). Parteifähig sind insoweit aber nur die Bundesverbände oder die Gesamtpartei, nicht auch die Untergliederungen der Parteien (Stein, DÖV 02, 713ff; Stern BK 140 zu Art.93). Dagegen sind in der Landesstreitigkeiten gem. Art.93 Abs.1 Nr.4, 3. Var. (Rn.40 zu Art.93) und gem. Art.99 (Rn.2 zu Art.99) auch die Landesverbände der politischen Parteien parteifähig. Die Verfassungsbeschwerde gem. Art.93 Abs.1 Nr.4a soll für Parteien nur insofern in Betracht kommen, als es um Verletzungen durch Träger öffentlicher Gewalt geht, die nicht parteifähig in der Organstreitigkeit sind, z.B. Rundfunkanstalten (BVerfGE 67, 149/151; 69, 257/266; 121, 30/56f). Die Beschwerdebefugnis kann sich aus Art.3 (oben Rn.17) und Art.9 (oben Rn.3) ergeben (krit. zu dieser Rspr. Kunig HbStR³ III § 40 Rn.127; Ipsen SA 48f; Voßkuhle MKS 106 zu Art.93; Streinz MKS 145ff; Wieland DR 51 zu Art.93).

45   **Vor anderen Gerichten.** Aus der Betätigungsfreiheit (oben Rn.15) folgt auch, dass Parteien unabhängig von ihrer Rechtsform unter ihrem Namen klagen und verklagt werden können (v. Münch MüK 29). § 3 PartG verwirklicht dies als lex specialis namentlich gegenüber § 50 ZPO. Namensschutz erfolgt durch die ordentlichen Gerichte; § 4 PartG modifiziert insoweit § 12 BGB (BGHZ 79, 265/270).

Art. 22 [Hauptstadt und Bundesflagge]

(1) **Die Hauptstadt der Bundesrepublik Deutschland ist Berlin.**[1] **Die Repräsentation des Gesamtstaates in der Hauptstadt ist Aufgabe des Bundes.**[2] **Das Nähere wird durch Bundesgesetz geregelt.**[3]

(2) **Die Bundesflagge ist schwarz-rot-gold.**[4]

Literatur: *Klein,* Bundeshauptstadt, in: HbStR³ VI, 2008, § 131; *Beilke,* Die Hauptstadtklausel im Grundgesetz, NJ 2007, 297; *Busse,* Hauptstadt Berlin und Bundesstadt

Bonn: Modell oder Provisorium, DÖV 2006, 631; *Heintzen,* Der Bund und die Finanzen seiner neuen Hauptstadt, FS Raue, 2006, 83; *Pagenkopf,* Eine Hauptstadtklausel für das Grundgesetz, ZRP 2005, 85; *Klein,* Die Staatssymbole, HbStR[3] II, 2004, § 19; *Hattenhauer,* Deutsche Nationalsymbole, 3. Aufl. 1998.

1. Hauptstadt

Art.22 Abs.1, eingefügt 2006 (Einl.3 Nr.52), legt in S.1 **Berlin als** deut- 1 sche **Hauptstadt** fest, wie das vorher bereits Art.2 Abs.1 EV bestimmte (BT-Drs. 16/813, 10). Eine Festlegung des Sitzes von Parlament, Regierung und anderen Verfassungsorganen ist damit nicht getroffen (Höfling/Burkiczak FH 43; Klein BK 67; anders Sannwald SHH 14), wie die genannte Vorschrift des Einigungsvertrags ausdrücklich klarstellte. Lediglich der Sitz des Staatsoberhaupts, also des Bundespräsidenten, dürfte notwendig in Berlin sein (Höfling/Burkiczak FH 44).

Abs.1 S.2 legt eine ausschließliche **Verwaltungskompetenz** des Bundes 2 **für** die **gesamtstaatliche Repräsentation** in Berlin fest (Höfling/Burkiczak FH 45), also für Aktivitäten, in denen sich die Bundesrepublik Deutschland nach innen und nach außen darstellt (Höfling/Burkiczak FH 47). Die gesamtstaatliche Repräsentation des Bundes in anderen Teilen Deutschlands wird damit nicht ausgeschlossen (Klein HbStR[3] VI § 131 Rn.38; Busse, DÖV 06, 540; Meyer 307; Höfling/Burkiczak FH 48), sofern dafür eine andere Kompetenzgrundlage besteht. Gleichzeitig enthält Abs.1 S.2 eine Verpflichtung, die aber den zuständigen Stellen weite Spielräume belässt (Huber SA 4). Gem. Art.104a Abs.1 trägt der Bund die Kosten für die Wahrnehmung der Kompetenz aus Abs.1 S.2. Dagegen ergibt sich aus Abs.1 kein Anspruch des Landes Berlin auf Unterstützung des Bundes wegen hauptstadtbedingter Mehrkosten (Höfling/Burkiczak FH 46; Klein BK 85; Huber SA 6); der entsprechende Vorschlag (vgl. Höfling/Burkiczak FH 28) hatte keine Mehrheit gefunden.

Gem. Abs.1 S.3 besteht eine ausschließliche **Gesetzgebungskompetenz** 3 **des Bundes,** für die mit S.1 und S.2 verbundenen Fragen (Höfling/Burkiczak FH 49; Klein HbStR[3] VI § 131 Rn.39). Aus den während der Beratung gemachten Vorbehalten zugunsten der Regelungen im Berlin/Bonn-Gesetz ergeben sich keine Einschränkungen des gesetzgeberischen Spielraums (Höfling/Burkiczak FH 50). Die Gesetzgebungskompetenz betrifft insb. den Sitz der Verfassungsorgane; soweit gesetzliche Regelungen fehlen, liegt die Entscheidung bei den betreffenden Verfassungsorganen (Klein BK 102; Höfling/Burkiczak FH 51). Zum Sitz des Bundespräsidenten oben Rn.1.

2. Bundesflagge und andere Bundessymbole

Die **Bundesflagge** und ihre Farben sollen eine Identifikation der Bürger 4 mit ihrem Staat ermöglichen und stehen für die freiheitliche demokratische Grundordnung (BVerfGE 81, 278/293). Art.22 Abs.2 bestimmt als Farben der Bundesflagge die Farben der demokratischen Einigungsbewegung des 19. Jahrhunderts (Klein HbStR[3] II § 19 Rn.8; Höfling/Burkiczak FH 62; Herzog MD 18; Classen MKS 3f) und der Frankfurter Nationalversammlung von 1848/49 (Herzog MD 9). Die Vorschrift wendet sich gegen das „Schwarz–Weiß–Rot" des monarchischen Obrigkeitsstaates und des national-sozialistischen Deutschland (Klein BK 18 ff, 28; Höfling/Burkiczak FH 62; Bothe AK 2). Dieser Hintergrund verdeutlicht, dass die Farben in drei Streifen anzuordnen sind (Klein BK 122; Huber SA 9; Bothe AK 5). Unter dem GG gibt es nur eine Bundesflagge (Herzog MD 15). Die Festlegung der Farben für die Bundesflagge gilt auch für die Bundesfahne und die Bundesfarben (Wieland DR 18; Höfling/Burkiczak FH 54; Herzog MD 16 f). Für die Regelung weiterer Einzelheiten der Bundesflagge sowie der Flaggenführungspflicht besteht eine Bundeskompetenz kraft Natur der Sache (Wieland DR 19; Classen MKS 7; Höfling/Burkiczak FH 59; anders Huber SA 17); näher zu dieser Kompetenzart Rn.13 zu Art.70. Flaggenführungspflichten des Bürgers bedürfen einer gesetzlichen Grundlage (Höfling/Burkiczak FH 59); Gleiches gilt für entsprechende Anweisungen des Bundes gegenüber den Ländern (Klein BK 131 ff; vorsichtig Stern I 279). Art.22 Abs.2 bildet eine (der Abwägung unterliegende) materielle Legitimation für gesetzliche Maßnahmen zum Schutz der Bundesflagge, setzt das Recht zum Ergreifen solcher Maßnahmen voraus (BVerfGE 81, 278/293) und dürfte sogar eine gewisse Schutzpflicht enthalten (Höfling/Burkiczak FH 67).

5   Zur Festlegung **anderer Bundessymbole** durch den Bundespräsidenten Rn.2 zu Art.54. Der Schutz der Nationalhymne ist in der Verfassung begründet (BVerfGE 81, 298/308). Für die Festlegung bundesweiter **Gedenk- und Feiertage** hat der Bund eine Kompetenz kraft Natur der Sache (Höfling/Burkiczak FH 76; Rn.14 zu Art.70).

Art.23 [Europäische Union]

(1) **Zur Verwirklichung eines vereinten Europas wirkt die Bundesrepublik Deutschland bei der Entwicklung der Europäischen Union[3] mit,[10 ff] die demokratischen,[15] rechtsstaatlichen,[16] sozialen[17] und föderativen Grundsätzen[18] und dem Grundsatz der Subsidiarität[19] verpflichtet ist und einen diesem Grundgesetz im wesentlichen vergleichbaren Grundrechtsschutz gewährleistet.[20] Der Bund kann hierzu durch Gesetz mit Zustimmung des Bundesrates Hoheitsrechte übertragen.[25 ff] Für die Begründung der Europäischen Union sowie für Änderungen ihrer vertraglichen Grundlagen und vergleichbare Regelungen, durch die dieses Grundgesetz seinem Inhalt nach geändert oder ergänzt wird oder solche Änderungen oder Ergänzungen ermöglicht werden,[37 f] gilt Artikel 79 Abs.2 und 3.[39]**

(1a) **Der Bundestag und der Bundesrat haben das Recht, wegen Verstoßes eines Gesetzgebungsakts der Europäischen Union gegen das Subsidiaritätsprinzip vor dem Gerichtshof der Europäischen Union Klage zu erheben.[50] Der Bundestag ist hierzu auf Antrag eines Viertels seiner Mitglieder verpflichtet.[50] Durch Gesetz, das der Zustimmung des Bundesrates bedarf, können für die Wahrnehmung der Rechte, die dem Bundestag und dem Bundesrat in den vertraglichen Grundlagen der Europäischen Union eingeräumt sind, Ausnahmen von Artikel 42 Abs.2 Satz 1 und Artikel 52 Abs.3 Satz 1 zugelassen werden.[48]**

(2) In Angelegenheiten der Europäischen Union wirken der Bundestag und durch den Bundesrat die Länder mit.[46] Die Bundesregierung hat den Bundestag und den Bundesrat umfassend und zum frühestmöglichen Zeitpunkt zu unterrichten.[49]

(3) Die Bundesregierung gibt dem Bundestag Gelegenheit zur Stellungnahme vor ihrer Mitwirkung an Rechtsetzungsakten der Europäischen Union.[51f] Die Bundesregierung berücksichtigt die Stellungnahmen des Bundestages bei den Verhandlungen.[53] Das Nähere regelt ein Gesetz.[5]

(4) Der Bundesrat ist an der Willensbildung des Bundes zu beteiligen, soweit er an einer entsprechenden innerstaatlichen Maßnahme mitzuwirken hätte oder soweit die Länder innerstaatlich zuständig wären.[56ff]

(5) Soweit in einem Bereich ausschließlicher Zuständigkeiten des Bundes Interessen der Länder berührt sind oder soweit im übrigen der Bund das Recht zur Gesetzgebung hat, berücksichtigt die Bundesregierung die Stellungsnahme des Bundesrates.[58] Wenn im Schwerpunkt Gesetzgebungsbefugnisse der Länder, die Einrichtung ihrer Behörden oder ihre Verwaltungsverfahren betroffen sind, ist bei der Willensbildung des Bundes insoweit die Auffassung des Bundesrates maßgeblich zu berücksichtigen; dabei ist die gesamtstaatliche Verantwortung des Bundes zu wahren.[59f] In Angelegenheiten, die zu Ausgabenerhöhungen oder Einnahmeminderungen für den Bund führen können, ist die Zustimmung der Bundesregierung erforderlich.[60]

(6) Wenn im Schwerpunkt ausschließliche Gesetzgebungsbefugnisse der Länder auf den Gebieten der schulischen Bildung, der Kultur oder des Rundfunks betroffen sind, wird die Wahrnehmung der Rechte, die der Bundesrepublik Deutschland als Mitgliedstaat der Europäischen Union zustehen, vom Bund auf einen vom Bundesrat benannten Vertreter der Länder übertragen.[61f] Die Wahrnehmung der Rechte erfolgt unter Beteiligung und in Abstimmung mit der Bundesregierung; dabei ist die gesamtstaatliche Verantwortung des Bundes zu wahren.[62]

(7) Das Nähere zu den Absätzen 4 bis 6 regelt ein Gesetz, das der Zustimmung des Bundesrates bedarf.[5]

Übersicht

Literatur A (Abs.1): *Schwarze,* Die verordnete Demokratie, EuR 2010, 108; *Nettesheim,* Die Integrationsverantwortung, NJW 2010, 177; *Hahn,* Die Mitwirkungsrechte von Bundestag und Bundesrat in EU-Angelegenheiten nach dem neuen Integrationsverantwortungsgesetz, EuZW 2009, 758; *Frenz,* Europarechtsabwehr vor dem BVerfG, VerwArch 2009, 475; *Ruffert,* An den Grenzen des Integrationsverfassungsrechts, DVBl 2009, 1197; *Cornils,* Artikel 23 Absatz 1 GG; Abwägungsposten oder Kollisionsregel?, AöR 129 (2004), 336; *Murswiek,* Der Europa-Begriff des Grundgesetzes, FS Ress, 2005, 657; *Geiger,* Zur Beteiligung des Gesetzgebers gemäß Art.23 Abs.1 GG bei Änderung und Erweiterung der Europäischen Union, ZG 2003, 193; *Giegerich,* Europäische Verfassung und deutsche Verfassung im transnationalen Konstitutionalisierungsprozess, 2003; *Frowein,* Die Europäisierung des Verfassungsrechts, in: FS 50 Jahre BVerfG, 2001, Bd. I, 209; *Schwarze,* Das Kooperationsverhältnis des BVerfG mit dem EuGH, in: FS 50 Jahre BVerfG, 2001, Bd. I, 223; *König,* Die Übertragung von Hoheitsrechten im Rahmen des europäischen Integrationsprozesses, 2000; *Caspar,* Nationale Grundrechtsgarantien und sekundäres Gemeinschaftsrecht,

DÖV 2000, 349; *Uhrig,* Die Schranken des Grundgesetzes für die europäische Integration, 2000; *Kischel,* Der unabdingbare grundrechtliche Mindeststandard in der EU, Staat 2000, 523; *Erichsen,* Das Grundgesetz als europäische Verfassung, in: Pieroth (Hg.), Verfassungsrecht und soziale Wirklichkeit in Wechselwirkung, 2000, 139; *Selmayr/Prowald,* Abschied von den Solange-Vorbehalten, DVBl 1999, 269; *Flint,* Die Übertragung von Hoheitsrechten, 1998; *Isensee,* Vorrang des Europarechts und deutsche Verfassungsvorbehalte, FS Stern 1997, 1239; *Huber,* Das Kooperationsverhältnis zwischen BVerfG und EuGH in Grundrechtsfragen, EuZW 1997, 517; *Schilling,* Zur Verfassungsbindung des deutschen Vertreters bei der Mitwirkung an der Rechtsetzung im Rate der EU, DVBl 1997, 458; *Heitsch,* Prüfungspflichten des Bundesverfassungsgerichts unter dem Staatsziel der europäischen Integration, EuGRZ 1997, 461; *Scheuing,* Deutsches Verfassungsrecht und europäische Integration, EuR 1997, Beih.1, 7; *Fluck/Lenz,* Verfassungsrechtlicher Rechtsschutz gegen Europa, NJW 1997, 1193; *Schmitt Glaeser,* Grundgesetz und Europarecht als Elemente europäischen Verfassungsrechts, 1996; *Schmalenbach,* Der neue Europaartikel 23 des GG, 1996; *Geiger,* Die Mitwirkung des deutschen Gesetzgebers an der Entwicklung der Europäischen Union, JZ 1996, 1093; *Jarass,* Die Kompetenzverteilung zwischen der Europäischen Gemeinschaft und den Mitgliedstaaten, AöR 1996, 173; *Oppermann,* Subsidiarität als Bestandteil des GG, JuS 1996, 569; *Everling,* Bundesverfassungsgericht und Gerichtshof der Europäischen Gemeinschaften, GS Grabitz, 1995, 57; *Klein,* Grundrechtsdogmatische und verfassungsprozessuale Überlegungen zur Maastricht-Entscheidung, GS Grabitz, 1995, 271; *Hölscheidt/Schotten,* Die Erweiterung der EU als Anwendungsfall des neuen Europaartikels 23 GG?, DÖV 1995, 187; *Pernice,* Deutschland in der Europäischen Union, HbStR, VIII, 1995, § 191; *Badura,* Das Staatsziel „Europäische Integration" im GG, FS Schambeck, 1994, 887; *Kokott,* Deutschland im Rahmen der Europäischen Union, AöR 1994, 207; *Classen,* Europäische Integration und demokratische Legitimation, AöR 1994, 238; *Sommermann,* Staatsziel „Europäische Union", DÖV 1994, 596; *Breuer,* Die Sackgasse des neuen Europaartikels, NVwZ 1994, 417. – S. auch Literatur zu Art.24.

Literatur B (Abs.1a–7): *Baier,* Bundesstaat und Europäische Integration, 2006; *Hansmeyer,* Die Mitwirkung des Deutschen Bundestages an der europäischen Rechtsetzung, 2001; *Fuchs,* Art.23 GG in der Bewährung, DÖV 2001, 233; *Halfmann,* Entwicklungen des deutschen Staatsorganisationsrechts im Kraftfeld der Europäischen Union, 2000; *Roller,* Die Mitwirkung der deutschen Länder und der belgischen Regionen an EG-Entscheidungen, AöR 1998, 21; *Lang,* Die Mitwirkungsrechte des Bundesrates und des Bundestages in Angelegenheiten der EU, 1997; *Meißner,* Die Bundesländer und die Europäischen Gemeinschaften, 1996; *Winkelmann,* Die Bundesregierung als Sachwalter von Länderrechten, DÖV 1996, 1; *Kunig,* Mitwirkung der Länder bei der europäischen Integration, in: Verfassungsrecht im Wandel, 1995, 591; *Kabel,* Die Mitwirkung des Deutschen Bundestages in Angelegenheiten der EU, GS Grabitz, 1995, 241; *Lerche,* Zur Position der deutschen Länder nach dem neuen Europa-Artikel des GG, in: FS Schambeck, 1994, 753; *Schede,* Bundesrat und EU, 1994. S. auch Literatur zu Art.45.

I. Grundlagen

1. Bedeutung, Anwendungsbereich, Abgrenzung

a) Bedeutung. Art.23 enthielt bis 1990 (Einl.3 Nr.36) Aussagen zum **1** räumlichen Geltungsbereich des GG (dazu Rn.8–11 zur Präamb) und zum Beitritt deutscher Gebiete, einschl. der damit verbundenen Gesetzgebungsaufgaben (BVerfGE 82, 316/320f; 85, 360/374). 1992 wurde aus Anlass des Vertrags über die Europäische Union die heutige Regelung eingefügt (Einl.3

Nr.38). Sie soll die Schaffung der Europäischen Union und ihre Fortentwicklung auf ein **gesichertes Fundament** stellen (BT-Drs. 12/6000, 20). Insb. regelt Abs.1 die Übertragung von Hoheitsrechten auf die Europäische Union. Bereits vor Inkrafttreten der Neuregelung des Art.23 konnte der Bund gem. Art.24 Abs.1 Hoheitsrechte auf die Europäische Union (bzw. Gemeinschaft) übertragen (vgl. Rn.3 zu Art.24). Diese magere Regelung konnte für die Schaffung der Europäischen Union nicht mehr genügen, ging doch die damit erreichte Einigung Europas weit über das hinaus, woran bei Erlass der Vorschrift des Art.24 Abs.1 gedacht worden war (Streinz SA 3).

2 Weiter ist die spezielle Regelung des Art.23 sachgerecht, weil die Europäische Union, jedenfalls seit dem Maastricht-Vertrag, keine bloße zwischenstaatliche Einrichtung mehr ist, sondern ein „**Staatenverbund**" (BVerfGE 89, 155/186, 188; 123, 267/376; für „Verfassungsverbund" Pernice DR 21; Calliess HbStR³ IV § 83 Rn.11). Sie weist zwar keinen (Bundes-)Staatscharakter auf (BVerfGE 89, 155/188; Zuleeg AK 15; Rojahn MüK 8; Stein, VVDStRL 1994, 28 ff), besitzt aber weithin staatsähnliche Züge (Ossenbühl, DVBl 93, 631; Zuleeg AK 5; Scholz, MD 43) und lässt sich daher als Staatenbund nicht mehr sachgerecht begreifen. Sie bildet ein föderales System (Pernice DR 24; Scholz MD 44). Der Staatenverbund wird als „enge, auf Dauer angelegte Verbindung souverän bleibender Staaten" definiert, „die auf vertraglicher Grundlage öffentliche Gewalt ausübt" (BVerfGE 123, 267/348). Allerdings werden die Souveränität der Mitgliedstaaten gravierend beschränkt und umfangreiche Hoheitsrechte (allein) von der Union wahrgenommen, weshalb es um eine Art geteilte Souveränität geht, sofern man auf den Souveränitätsbegriff nicht ganz verzichtet (vgl. Nettesheim, NJW 09, 2867; Ruffert, DVBl 09, 1198 f). Dementsprechend verfügt die Europäische Union zwar über keine Kompetenz-Kompetenz (unten Rn.24). Doch sind ihre Kompetenzen außerordentlich weit gefasst und dehnungsfähig (Jarass, AöR 96, 176 ff). Wenn die Mitgliedstaaten als „Herren der Verträge" bezeichnet werden (BVerfGE 89, 155/190; 123, 267/349), trifft das nur für ihre Gesamtheit zu (noch restriktiver Pernice DR 21). Deutschland allein verfügt über keine Kompetenz-Kompetenz zur Einschränkung der der Europäischen Union überlassenen Hoheitsrechte (Zuleeg AK 15, 53; vgl. Pernice HbStR VIII § 191 Rn.22), sieht man von der Möglichkeit des Austritts gem. Art.50 EUV ab, der aber auf verfassungsrechtliche Schranken stößt (unten Rn.12).

3 **b) Anwendungsbereich.** Art.23 gilt für alle Angelegenheiten der Europäischen Union. Mit **Europäischer Union** war zunächst die 1993 geschaffene Europäische Union, unter Einschluss der Europäischen Gemeinschaft, der Europäischen Gemeinschaft für Kohle und Stahl und der Europäischen Atomgemeinschaft gemeint. Entsprechend dem ausdrücklichen Auftrag des Art.23 (unten Rn.12) werden auch alle Weiterentwicklungen der Europäischen Union erfasst und damit auch die Union nach dem Vertrag von Lissabon. Zudem dürfte Art.23 nicht strikt auf die Europäische Union beschränkt sein, sondern alle Einrichtungen erfassen, die mit ihr in einem normativen Zusammenhang stehen. Für europäische Einrichtungen, die nicht mit der Europäischen Union verbunden sind, etwa der Europarat, gilt Art.23 nicht

(Classen MKS 3). Der Begriff der **Angelegenheiten** ist umfassend zu verstehen.

c) **Abgrenzung zu anderen Verfassungsnormen.** In ihrem Anwen- 4
dungsbereich **verdrängt** die Vorschrift des Art. 23 für seit ihrem Inkrafttreten
(Einl. 3 Nr. 38) ergangene Maßnahmen die Regelung des Art. 24 Abs. 1 (Rojahn MüK 3; Zuleeg AK 63). Dies gilt auch im militärischen Bereich
(Scholz MD 66) Weiter geht Art. 23 der Regelung des Art. 32 vor (Streinz
SA 9; Calliess HbStR³ IV § 83 Rn. 63, 66; v. Heinegg EH 2.3 zu Art. 32;
Kempen MKS 14 zu Art. 32), auch im Bereich des Art. 23 Abs. 2–7 (Heyde
UC 83); zur näheren Abgrenzung Rn. 2 zu Art. 32. Dagegen sind Art. 23 und
Art. 59 parallel anzuwenden (Rn. 1 zu Art. 59). Die Vorschrift des Art. 24
Abs. 1a (auch im Bereich der EU) wird nicht verdrängt (Scholz MD 63). Das
organisationsrechtliche Gegenstück zu den Vorgaben des Art. 23 bildet die
Einrichtung des Europaausschusses im Bundestag (Rn. 1 f zu Art. 45) und der
Europakammer im Bundesrat (Rn. 4 f zu Art. 52).

d) **Konkretisierung.** Die Vorgaben des Art. 23 werden zunächst im „Ge- 5
setz über die Wahrnehmung der Integrationsverantwortung des Bundestages
und des Bundesrates in Angelegenheiten der Europäischen Union" (*Integrationsverantwortungsgesetz* – IntVG) vom 22. 9. 2009 (BGBl I 3022) konkretisiert. Es betrifft v. a. den Bereich des Abs. 1. Speziell die Mitwirkung des
Bundestags kann gem. Abs. 3 S. 3 (allein) durch Bundesgesetz (Rn. 5 zu
Art. 70) geregelt werden, bei dessen Erlass ein gewisser Spielraum besteht.
Darauf gestützt erging das Gesetz über die Zusammenarbeit von Bundesregierung und Deutschem Bundestag in Angelegenheiten der Europäischen
Union (EUZBBG) vom 12. 3. 1993 (BGBl I 311). Eine entsprechende Ermächtigung zum Erlass eines Bundesgesetzes enthält Abs. 7 für die Beteiligung des *Bundesrats* und die Einschaltung der *Länder;* in diesen Fällen bedarf
das Gesetz der Zustimmung des Bundesrates. Davon wurde mit dem Gesetz
über die Zusammenarbeit von Bund und Ländern in Angelegenheiten der
Europäischen Union (EUZBLG) vom 12. 3. 1993 (BGBl I 313) Gebrauch
gemacht. Weitere Anhaltspunkte sind der „Vereinbarung zwischen der Bundesregierung und den Regierungen der Länder über die Zusammenarbeit
in Angelegenheiten der Europäischen Union" vom 29. 10. 1993 (BAnz
Nr. 226) zu entnehmen.

2. Kompetenzverteilung im Überblick

(1) Die deutsche Mitwirkung am Erlass von *Primärrecht* (Vertragsrecht) 6
liegt gem. Art. 23 Abs. 1 allein beim Bund (vgl. unten Rn. 31). Erforderlich
ist die Zustimmung des Bundestags und ggf. des Bundesrats. In bestimmten
Fällen ist sogar eine ²/₃-Mehrheit in Bundestag und Bundesrat erforderlich (unten Rn. 39). In Sonderfällen genügt ein Beschluss (unten Rn. 32). –
(2) Die deutsche Beteiligung am *Erlass von sekundärem EU-Recht* liegt, wie
Art. 23 Abs. 2 mittelbar entnommen werden kann, allein beim Bund, und
zwar bei der Bundesregierung (Classen MKS 64). Eine Sonderregelung für
das Außenverhältnis findet sich in Abs. 6 (dazu unten Rn. 61 f). Im Innenverhältnis ist gem. Abs. 3 der Bundestag und gem. Abs. 4, 5 der Bundesrat zu
beteiligen (dazu unten Rn. 46–60). Gleiches gilt für die deutsche Beteiligung

am Erlass von *Durchführungsrechtsakten,* die auf der Grundlage des sekundären Rechts im Wege der Komitologie ergehen (vgl. unten Rn.51). – **(3)** Die *normative Umsetzung von EU-Recht* durch die Mitgliedstaaten, vor allem von Richtlinien, erfolgt entsprechend der innerstaatlichen Verteilung der Gesetzgebungskompetenzen, insb. nach Art.70 ff (Classen MKS 57; Streinz HbStR VII § 182 Rn.53). Bundes- und Landesorgane müssen im Rahmen ihrer Kompetenzen an der Umsetzung bindenden EU-Rechts mitwirken; insb. darf der Bundesrat in einem solchen Fall die Zustimmung nicht verweigern (Heyde UC 109). – **(4)** Der *Vollzug von EU-Normen* im Einzelfall liegt, soweit die Mitgliedstaaten dafür zuständig sind, entspr. der üblichen Verteilung der Verwaltungskompetenzen in Deutschland (Classen MKS 57), teils beim Bund, teils bei den Ländern (vgl. Rn.5 zu Art.83 sowie Rn.3 zu Art.30). – **(5)** Die Wahrnehmung deutscher Rechte gegenüber der EU *außerhalb von Rechtsetzung und Vollzug* erfolgt durch den Bund, und zwar durch die Bundesregierung. Dies gilt etwa für Klagen gegen die EU (BVerfGE 92, 203/ 230 f; § 7 EUZBLG); zum Sonderfall des Abs.1a S.1 unten Rn.50, zu dem des Abs.6 unten Rn.61 f. Innerstaatlich ist Abs.2 zu beachten. Materiell hat die Bundesregierung auf die Belange der Länder Rücksicht zu nehmen (BVerfGE 92, 203/230).

7–9 (unbesetzt)

II. Auftrag zur Verwirklichung des vereinten Europas (Abs.1 S.1)

1. Bindender Verfassungsauftrag und Verpflichtete

10 **aa)** Abs.1 S.1 enthält eine *Staatszielbestimmung* und einen rechtsverbindlichen „Verfassungsauftrag", zur Verwirklichung eines vereinten Europas durch die Mitwirkung an der Entwicklung der Europäischen Union beizutragen (BVerfGE 123, 267/346 f; Heyde UC 15; Streinz SA 10; Classen MKS 10; abschwächend Scholz MD 50). Man kann das als *Integrationsauftrag* kennzeichnen. Diese Verpflichtung steht nicht im politischen Belieben der Verfassungsorgane (BVerfGE 123, 267/346). Sie präzisiert und verstärkt die seit jeher im GG enthaltene Grundentscheidung für die Einigung Europas, wonach Deutschland ein „Glied in einem vereinigten Europa" bildet (dazu Rn.4 zur Präamb). Abs.1 S.1 konkretisiert das Prinzip der internationalen Zusammenarbeit (Rn.1 zu Art.24), geht aber darüber hinaus.

11 **bb)** Der Auftrag des Abs.1 S.1 richtet sich an die deutschen Staatsorgane und sonstigen staatlichen Stellen (Scholz MD 52), jeweils im Rahmen ihrer Zuständigkeiten. Dies gilt auch, soweit sie als deutsche Organe Funktionen in der EU übernehmen, etwa im Rat (Classen MKS 12). Nicht verpflichtet werden Einzelpersonen, auch wenn sie auf deutschen Vorschlag hin ernannt werden, etwa in der Kommission, im Gerichtshof etc.

2. Gegenstand des Auftrags

12 Der Auftrag richtet sich auf die „Entwicklung der Europäischen Union", einschl. aller mit der Union in Zusammenhang stehender Einrichtungen (oben Rn.3). Mit *Entwicklung* ist die Schaffung der Europäischen Union sowie deren fortschreitender Ausbau gemeint (Rojahn MüK 10, 14). Abs.1 deckt daher (im Rahmen der unten in Rn.14–20, 33 f beschriebenen Grenzen) alle Änderungen der vertraglichen Grundlagen und ermöglicht auch andere Unionsformen (Scholz MD 56; Rojahn MüK 6a). Dem Gesetzgeber kommt ein weiter Gestaltungsspielraum zu, auch im Hinblick auf Erweiterungen der EU (Scholz MD 57). Maßnahmen, die zu einer Rückentwicklung der Einigung Europas führen, sollen unzulässig sein (Zuleeg AK 10; Pernice DR 46; a. A. Classen MKS 11). Ein Austritt ist jedenfalls ohne Verfassungsänderung nur möglich, wenn die Union dauerhaft den Anforderungen des GG nicht gerecht wird.

Der Auftrag des Art.23 Abs.1 S.1 wird zunächst durch die **Übertragung** **13** **von Hoheitsrechten** auf die Europäische Union erfüllt. Dabei sind die Vorgaben des Abs.1 S.2, 3 zu beachten (dazu unten Rn.31–39). Weiter kommt der Auftrag des Abs.1 S.1 bei der Mitwirkung staatlicher Stellen am **Erlass** **von sekundärem Unionsrecht** zum Tragen (dazu unten Rn.45). Der Auftrag bindet die beteiligten Organe, insb. die Bundesregierung (BVerfGE 89, 155/209 ff). Weiter verpflichtet der Auftrag die nach nationalem Recht dafür kompetenten Stellen, EU-Recht, das der **Umsetzung** bedarf, insb. Richtlinien, umzusetzen. Schließlich sind die zuständigen Behörden und Gerichte zur **Ausführung und Beachtung von EU-Recht** verpflichtet (Streinz, Europarecht, Rn.472; Rojahn MüK 10). Dies gilt für die Ausführung von unmittelbar geltendem EU-Recht wie von zur Umsetzung von EU-Recht ergangenem nationalem Recht. Zur Beachtung des Vorrangs des EU-Rechts unten Rn.27. Generell dürfte Abs.1 S.1 auch zur **EU-rechtskonformen** **Auslegung** nationalen Rechts verpflichten, soweit andernfalls gegen den Vorrang des EU-Rechts verstoßen würde (Jarass, EuR 1991, 216 f). In diesem Fällen wird die im EU-Recht verankerte Verpflichtung innerstaatlich abgesichert.

3. Strukturvorgaben

Der Auftrag zur Entwicklung der Europäischen Union setzt voraus, dass **14** diese bestimmten, in Abs.1 S.1 näher festgelegten Anforderungen entspricht. Diese **Anforderungen** betreffen die organisatorische Struktur der **Europäischen Union** und deren Kompetenzausübung (Zuleeg AK 20). Die Vorgaben dürfen einerseits nicht mit den entsprechenden Anforderungen des GG für die innerstaatliche Ordnung gleichgesetzt werden (Rojahn MüK 20). Andererseits besitzen Art.79 Abs.3 und die dort in Bezug genommenen Prinzipien erkenntnisleitende Bedeutung für die Auslegung von Art.23 Abs.1 S.1 (Randelzhofer MD 202 zu Art.24 I; Rojahn MüK 22). Werden die Strukturvorgaben bei der Übertragung von Hoheitsrechten bzw. bei verfassungsändernden Integrationsakten nicht beachtet, sind die Maßnahmen rechtswidrig und ggf. unwirksam (unten Rn.40 f).

a) Demokratie. Die Union muss gem. Abs.1 S.1 demokratischen Grund- **15** sätzen entsprechen. Insb. müssen sich die Tätigkeiten der Union auf die Unionsbürger zurückführen lassen, nicht notwendig in den gleichen Formen wie im innerstaatlichen Bereich (BVerfGE 89, 155/182; Hobe FH 21). Das Maß der notwendigen Legitimation hängt vom Umfang der übertragenen Hoheitsrechte ab (BVerfGE 123, 267/364, 365; Hobe FH 21). Die Erfüllung dieser Vorgabe erfolgt zum einen durch die direkte Legitimation über das Europäische Parlament; der weitere Ausbau der EU macht eine Stärkung des Europäischen Parlaments notwendig (Pernice DR 54; Classen MKS 33; vgl. BVerfGE *abwM* 113, 273/336 f), obwohl das Leistungspotential des Europäischen Parlaments nicht unterschätzt werden darf (Classen MKS 30), zumal nach dem Vertrag von Lissabon. Dazu kommt die indirekte Legitimation, insb. über die Parlamente der Mitgliedstaaten (BVerfGE 89, 155/185 ff; 97, 350/369; Rn.262; Rojahn MüK 23; Pernice DR 53 f), die nach Auffassung des BVerfG an erster Stelle steht (BVerfGE 123, 267/364). Die Ungleichheit der Unionsbürger bei Wahlen zum Europäischen Parlament, ist solange hinnehmbar, als die übertragenen Rechte begrenzt und ein ausreichender Einfluss des Bundestags sichergestellt ist (vgl. BVerfGE 123, 267/375). Zum innerstaatlichen Demokratieprinzip Rn.1–15 zu Art.20.

16   **b) Rechtsstaat.** Die Union muss gem. Abs.1 S.1 so organisiert sein, dass ihre Organe und Einrichtungen rechtsstaatliche Grundsätze beachten (vgl. dazu Art.2 EUV). Dazu gehören die Bindung des Sekundärrechtsgesetzgebers an das primäre Recht (Pernice DR 62; Rojahn MüK 25) und die Gesetzesbindung von Verwaltung und Rechtsprechung (Classen MKS 35; Hobe FH 23). Auch eine Gliederung der Hoheitsgewalten der Union rechnet hierher, die allerdings nicht dem klassischen Gewaltenteilungsschema folgen muss. Des Weiteren gehört zu den rechtsstaatlichen Grundsätzen ein ausreichender Rechtsschutz (vgl. Rn.10 zu Art.24), den zunächst die nationalen Gerichte sicherzustellen haben (Pernice DR 59). Ist ein ausreichender Rechtsschutz ausgeschlossen, ist die Übertragung von Hoheitsrechten mit Durchgriffswirkung unzulässig. Zum Gehalt des innerstaatlichen Rechtsstaatsprinzips Rn.28–109 zu Art.20.

17   **c) Soziale Grundsätze.** Die Union muss gem. Abs.1 S.1 sozialen Grundsätzen verpflichtet sein. Zu nennen sind insb. ein hohes Beschäftigungsniveau, ein hohes Maß an sozialem Schutz, die Hebung der Lebenshaltung und der soziale Zusammenhalt. Sachstrukturell besteht insoweit ein weiter Gestaltungsspielraum (Scholz MD 79). Zur Bedeutung des innerstaatlichen Sozialstaatsprinzips Rn.111–127 zu Art.20.

18   **d) Föderative Grundsätze und Subsidiarität.** Zwischen der Union und den Mitgliedstaaten müssen gem. Abs.1 S.1 **föderative Grundsätze** gelten. Diese Grundsätze ähneln den Grundprinzipien eines Bundesstaats. Ausgeschlossen ist daher eine Entwicklung der EU zum Zentralstaat (Pernice DR 65). Weiter ist die Staatlichkeit und die Verfassungsautonomie der Mitgliedstaaten zu achten (Badura, FS Lerche, 1993, 382; Zuleeg, NJW 00, 2846). Zudem muss die Union auf innerstaatlich festgelegte föderative Strukturen Rücksicht nehmen (Classen MKS 42; Rojahn MüK 28; Scholz MD 95).

19   Kraft ausdrücklicher Regelung ist der Grundsatz der **Subsidiarität** zu beachten. Aktivitäten auf Unionsebene, zumal der Erlass von Rechtsvorschriften, sind daher in Anlehnung an Art.5 Abs.3 EUV nur zulässig, wenn und soweit die damit verfolgten Ziele von den Mitgliedstaaten nicht ausreichend erreicht werden *können* und zudem die Zielverfolgung auf Unionsebene leistungsfähiger ist (vgl. Jarass, EuGRZ 94, 210 ff; vorsichtiger Classen MKS 45). Zur verwandten Regelung des Art.72 Abs.2 vgl. Rn.15 zu Art.72. Der Grundsatz der Subsidiarität ist auch für die kommunale Selbstverwaltung von Bedeutung (Hobe FH 33; Scholz MD 96; Pernice DR 68), da Art.5 Abs.3 EUV ausdrücklich auch Maßnahmen „auf lokaler Ebene" schützt.

e) Grundrechte. Gegenüber Akten der Europäischen Union muss gem. **20** Abs.1 S.1 ein **Grundrechtsschutz** „generell gewährleistet (sein), der dem vom Grundgesetz als unabdingbar gebotenen Grundrechtsschutz im Wesentlichen gleich zu achten ist, zumal den Wesensgehalt der Grundrechte generell verbürgt" (BVerfGE 102, 147/164; 73, 339/387; 89, 155/174 f; 123, 267/335; Classen MKS 49). Dem werden die aus allgemeinen Rechtsgrundsätzen entwickelten EU-Grundrechte gerecht (Rn.46 zu Art.1); noch mehr gilt das mit dem Verbindlichwerden der Charta der Grundrechte der EU (vgl. Pernice DR 76). Ob der Grundrechtsschutz im Einzelfall durch den EuGH immer sichergestellt wird, erscheint nicht unzweifelhaft (Streinz SA 44; Caspar, DÖV 00, 357 ff; a. A. Pernice DR 77). Doch kommt es darauf nicht an: Entscheidend ist die *generelle* Wahrung des notwendigen Standards (Rn.46 zu Art.1).

(unbesetzt) **21–22**

III. Übertragung von Hoheitsrechten (Abs.1 S.2, 3)

1. Grundlagen, insb. Integrationsverantwortung

Zur Verwirklichung des Verfassungsauftrags in Abs.1 S.1 gestattet Abs.1 **23** S.2 die Übertragung von Hoheitsrechten. Dies ist Ausdruck der Europarechtsfreundlichkeit des GG. Angesichts der weitreichenden Befugnisse der Europäischen Union ist eine solche Hoheitsrechtsübertragung sehr bedeutsam. Sie setzt daher ein Gesetz voraus, das generell der Zustimmung des Bundesrats bedarf (unten Rn.31). In bestimmten Fällen ist sogar gem. Abs.1 S.3 eine $2/3$-Mehrheit in Bundestag und Bundesrat erforderlich (unten Rn.39). Darin schlägt sich die Integrationsverantwortung der beteiligten nationalen Organe nieder (BVerfGE 123, 267/351). In Sonderfällen verlangt die Integrationsverantwortung zwar kein Gesetz, wohl aber einen bindenden Beschluss des Bundestags und ggf. des Bundesrats (unten Rn.32). Damit wird v. a. dem Demokratieprinzip Rechnung getragen. Die Pflicht zur Integrationsverantwortung wurde im Integrationsverantwortungsgesetz (oben Rn.5) konkretisiert.

2. Tatbestand der Übertragung von Hoheitsrechten auf EU

a) Hoheitsrechte. Mit „Hoheitsrechten" ist die gesamte Ausübung **24** öffentlicher Gewalt im innerstaatlichen Bereich zu verstehen, gleichgültig, ob es sich um Gesetzgebung, Vollziehung oder Rechtsprechung handelt (Streinz SA 53; Hobe FH 43; vgl. Rn.4 zu Art.24). Auch Kompetenzen zur Rechtsfortbildung durch die Rechtsprechung können übertragen werden (BVerfGE 75, 223/242 zu Art.24 Abs.1; Classen MKS 16; Streinz SA 53).

Die Kompetenz-Kompetenz kann nicht übertragen werden (BVerfGE 89, 155/210; 123, 267/349 f); möglich ist jedoch eine *Beschränkung* der nationalen Kompetenz-Kompetenz (str.; vgl. oben Rn.2). Erfasst wird auch die öffentliche Gewalt im Kompetenzbereich der Länder (Scholz MD 64), insbesondere im Bereich der ausschließlichen Landeskompetenzen, wie das von Abs.6 vorausgesetzt wird. Thematisch können alle Sachgebiete betroffen sein, unabhängig davon, ob sie von geltenden Unionsverträgen angesprochen werden (oben Rn.12). Erfasst wird etwa auch die öffentliche Gewalt im Verteidigungsbereich (BVerfGE 68, 1/93 zu Art.24 Abs.1); Art.24 Abs.2 ist insoweit keine verdrängende Spezialregelung (Scholz MD 50; vgl. Rn.19 zu Art.24).

25   **b) Übertragung. aa)** Der Begriff der „Übertragung" ist missverständlich. Er bedeutet, „daß der ausschließliche Herrschaftsanspruch der Bundesrepublik Deutschland … zurückgenommen und der unmittelbaren Geltung und Anwendbarkeit eines Rechts aus anderer Quelle innerhalb des staatlichen Herrschaftsbereichs Raum gelassen wird" (BVerfGE 37, 271/280; 58, 1/28; 59, 63/90; 73, 339/374 jeweils zu Art.24 Abs.1; Pernice DR 80; Streinz SA 52 ff). Die „Übertragung" besteht daher im Verzicht auf die Ausschließlichkeit staatlicher Hoheitsgewalt und in der logisch dann folgenden Schaffung der Europäischen Union und ihrer Ausstattung mit Hoheitsgewalt (Zuleeg AK 45). Bei einem Ausscheiden Deutschlands aus der Union stehen die Hoheitsrechte wieder Deutschland zu (Scholz MD 67).

26   Eine Übertragung iSd Abs.1 S.2 liegt nur vor, wenn die Hoheitsgewalt der Europäischen Union unmittelbar auf den innerstaatlichen Bereich **durchgreifen** kann (Pernice DR 81; vgl. Rn.5 zu Art.24). Die Voraussetzung ist v. a. gegeben, wenn der *unmittelbaren Geltung und Anwendung* von EU-Recht im deutschen Hoheitsbereich Raum gegeben wird (so zu Art.24 Abs.1 BVerfGE 37, 271/280; 59, 63/90; 73, 339/374). Doch gibt es auch andere Fälle (vgl. Rn.5 f zu Art.24). Keine Übertragung liegt vor, wenn lediglich Verpflichtungen zur Kooperation geschaffen werden.

27   Abs.1 S.2 ermöglicht, dem EU-Recht **unmittelbare Geltung,** Wirkung bzw. Anwendbarkeit in Deutschland zu verschaffen, auch soweit dies durch den EuGH im Wege der Rechtsfortbildung begründet wurde (BVerfGE 75, 223/243 f). EU-Recht ist damit in Deutschland auch ohne Umsetzung wie nationales Recht anzuwenden. Weiter kann ein **Anwendungsvorrang** des EU-Rechts vor dem nationalen Recht ermöglicht werden (BVerfGE 73, 339/375; 85, 191/204; 123, 267/402; BGHZ 177, 12 Rn.32; Ipsen HbStR VII § 181 Rn.58); zu den Grenzen unten Rn.41. Der Anwendungsvorrang setzt die innerstaatliche Anwendbarkeit von EU-Recht voraus (BVerfGE 123, 267/401). Er greift auch gegenüber späteren Gesetzen (BVerfGE 75, 223/244; 85, 191/204) und gegenüber dem Grundgesetz. Bei einem Verstoß dürfen nationale Vorschriften nicht angewandt werden, auch nicht von der Verwaltung (Pernice DR 31). Ob eine Unvereinbarkeit vorliegt, muss jedes Gericht klären; eine Vorlage nach Art.100 scheidet aus (BVerfGE 31, 145/174 f; 110, 141/155). Wird im Zweifelsfragen kein Vorabentscheidungsverfahren gem. Art.267 AEUV eingeleitet, obwohl dies EU-rechtlich geboten ist, kann das allerdings Art.101 verletzen (Rn.12 zu Art.101). Zulässig

und geboten (oben Rn.13) ist auch eine Verpflichtung zu **EU-rechtskon-former Auslegung** (BVerfGE 75, 223/237 iVm 240), die den gleichen Grenzen wie die verfassungskonforme Auslegung (Rn.34 zu Art.20) unterliegt (BAGE 105, 32/49). Auch eine EU-rechtskonforme Rechtsfortbildung ist möglich (BGHZ 179, 27 Rn.30ff).

bb) Generell erfasst werden alle textlichen **Änderungen der EU-Ver-** 28 **träge** (BVerfGE 123, 267/355f) bzw. des primären EU-Rechts, auch wenn sie im *vereinfachten Verfahren* ergehen und unabhängig von ihrer Bedeutung (BVerfGE 123, 267/3387). Darüber hinaus werden auch die *besonderen Vertragsänderungen* erfasst, wie sie durch Art.42 Abs.2 UAbs.1 EUV für die Einführung einer gemeinsamen Verteidigung, weiter durch Art.25 Abs.2 AEUV für die Rechte der Unionsbürger, durch Art.218 Abs.8 UAbs.2 AEUV für den Beitritt zur EMRK, durch Art.223 Abs.1 UAbs.2 AEUV für ein einheitliches Verfahren zu den Wahlen zum Europäischen Parlament, durch Art.262 AEUV für die Schaffung von Rechtstiteln zum geistigen Eigentum und durch Art.311 Abs.3 AEUV für die Eigenmittel der Union ermöglicht werden (BVerfGE 123, 267/387f). Weiter fallen die allgemeine *Brückenklausel* in Art.48 Abs.7 EUV und die besondere Brückenklausel in Art.81 Abs.3 AEUV in den Anwendungsbereich des Abs.1 S.2 (BVerfGE 123, 267/390f). Zum Begriff der Brückenklauseln und zu anderen Brückenklauseln unter Rn.32. Darüber hinaus fällt unter Abs.1 S.2 die Nutzung der *Kompetenzerweiterungsklausel* in Art.83 Abs.1 UAbs.3 AEUV (BVerfGE 123, 267/412f) und die sog. *Flexibilitätsklausel* in Art.352 AEUV (BVerfGE 123, 267/395).

Insgesamt ist der Begriff der Übertragung von Hoheitsrechten **sehr weit** 29 zu verstehen und dürfte jede Änderung der vertraglichen Grundlagen und vergleichbare Regelungen (vgl. unten Rn.31) umfassen. Die Maßnahmen des Abs.1 S.3 enthalten daher generell eine Übertragung von Hoheitsrechten iSd Abs.1 S.2 (Hobe FH 47f; Geiger, JZ 96, 107; a.A. Streinz SA 73f; für entsprechende Anwendung Pernice DR 86, 90).

c) Beschränkung auf Europäische Union. Art.23 Abs.1 S.2 erlaubt 30 allein die Übertragung von Hoheitsrechten auf die Europäische Union und deren Einrichtungen (oben Rn.3). Für andere europäische Einrichtungen gilt Art.24 Abs.1 (vgl. oben Rn.4). Die Beschränkung auf die EU schließt nicht aus, dass diese die Behörden anderer Mitgliedstaaten mit der Wahrnehmung bestimmter Aufgaben auch mit Wirkung für Deutschland betraut.

3. Anforderungen an Hoheitsrechtsübertragung

a) Gesetzesvorbehalt bzw. Beschlussvorbehalt. aa) Die Übertragung 31 von Hoheitsrechten auf die EU bedarf gem. Abs.1 S.2 – iVm einem entsprechenden völkerrechtlichen Vertrag (Streinz SA 60) – eines förmlichen Bundesgesetzes (vgl. BVerfGE 58, 1/35). Das Gesetz muss ausreichend bestimmt sein (BVerfGE 89, 155/191; Scholz MD 68). Rechtsverordnungen genügen nicht (vgl. Rn.8 zu Art.24). Eine Übertragung von Hoheitsrechten durch Landesgesetz ist ausgeschlossen (Streinz SA 62; Hobe FH 44; vgl. aber

Rn.15–18 zu Art.24). Das Gesetz bedarf, anders als ein entsprechendes Gesetz nach Art.24 Abs.1, gem. Abs.1 S.2 ausnahmslos der Zustimmung des Bundesrats, auch im Bereich ausschließlicher Bundeskompetenzen (Scholz, NVwZ 93, 821). Das Gebot der ausdrücklichen Änderung des GG nach Art.79 Abs.1 S.1 gilt dagegen nicht (Pernice DR 87; Hobe FH 47; Scholz MD 115). Zum Gesetzgebungsverfahren finden sich Sonderregeln in Art.76 Abs.2 S.5 und Art.76 Abs.3 S.5.

32   **bb)** Die Nutzung **besonderer Brückenklauseln** bedarf vom Sonderfall des Art.81 Abs.3 AEUV abgesehen (oben Rn.28) keines Gesetzes iSd Art.23 Abs.1 S.2, wenn sie sich auf hinreichend bestimmte Sachbereiche beschränken (BVerfGE 123, 267/391). Brückenklauseln ermöglichen, die Abstimmungsmodalitäten im Rat zu ändern oder über das Gesetzgebungsverfahren zu ändern und damit den Einfluss der Mitgliedstaaten oder des Parlaments zu reduzieren (BVerfGE 123, 267/389 f). Insoweit ist ein (positiver) **Beschluss des Bundestags** und, sofern Gesetzgebungskompetenzen der Länder betroffen sind, des Bundesrats notwendig und ausreichend (BVerfGE 123, 267/392). Die betrifft die Regelungen in Art.31 Abs.3 EUV zu Beschlüssen der GASP sowie in Art.153 Abs.2 UAbs.4 zu Maßnahmen zum Schutz der Arbeitnehmer, in Art.192 Abs.2 UAbs.2 zu Maßnahmen zum Schutz der Umwelt, in Art.312 Abs.2 UAbs.2 zur Festlegung eines mehrjährigen Finanzrahmens und in Art.333 Abs.1 zur Verstärkten Zusammenarbeit (BT-Drs. 16/13923, S.8). Entsprechendes gilt für den Notbremsemechanismus des Art.48 Abs.2 S.1 AEUV zur sozialen Sicherheit der Arbeitnehmer und des Art.82 Abs.3 UAbs.1 AEUV sowie Art.83 Abs.3 UAbs.1 AEUV zum Strafrecht (BVerfGE 123, 267/430 f). Dabei geht es um Vorstufen von integrationsbedeutsamen Beschlüssen. Schließlich müssen dem Bundestag und ggf. dem Bundesrat verbindliche Einflussmöglichkeiten im Hinblick auf das Ablehnungsrecht bei Brückenklauseln in Art.48 Abs.7 UAbs.3 AEUV eingeräumt werden (BVerfGE 123, 267/435 f).

33   **b) Materielle Anforderungen. aa)** Die Übertragung von Hoheitsrechten ist materiell nur zulässig, wenn durch Regelungen des primären EU-Rechts sichergestellt ist, dass die Europäische Union den **Strukturanforderungen des Abs.1 S.1** gerecht wird. Näher zu diesen Anforderungen oben Rn.14–20. In den Fällen des Abs.1 S.3 sind nach dieser Vorschrift die **Grenzen des Art.79 Abs.3** einzuhalten. Aber auch in den sonstigen Fällen der Hoheitsrechtsübertragung ist Art.79 Abs.3 zu beachten. Weithin wird aber Art.79 Abs.3 bereits durch die Verpflichtung der Europäischen Union auf die Anforderungen des Abs.1 S.1 gewährleistet. Soweit das nicht geschieht, besitzt Abs.1 S.3 eine eigenständige Bedeutung. Bedeutsam ist das zunächst für das *Demokratieprinzip* (näher unten Rn.34), nicht zuletzt wegen der Ungleichheit der Wahlen zum Europäischen Parlament (oben Rn.15). Weiter ist das für die *bundesstaatliche Struktur* der Bundesrepublik von Relevanz (vgl. Classen MKS 44; Pernice DR 91). Den Ländern müssen noch eigenständige Kompetenzen von einigem Gewicht verbleiben (Streinz SA 84; Hillgruber SHH 31). Zudem verlangt die in Art.79 Abs.3 angesprochene Beteiligung der Länder eine Einbeziehung des Bundesrats und/oder der Länder in die europäische Willensbildung (vgl. unten Rn.56–60).

Wegen des Demokratieprinzips müssen dem Bundestag „eigene Aufgaben 34
und Befugnisse von substantiellem politischem Gewicht" verbleiben, ohne
dass „von vornherein eine bestimmbare Summe oder bestimmte Arten von
Hoheitsrechten" Deutschland verbleiben müssten (BVerfGE 123, 267/356,
357). In bestimmten Gebieten sieht aber das BVerfG eine Übertragung von
Hoheitsrechten als besonders problematisch an **(sensible Gebiete):** (1) das
materielle und das formelle Strafrecht (BVerfGE 123, 267/359 f), (2) der
Einsatz der Bundeswehr (BVerfGE 123, 267/360 f), (3) fiskalische Grundentscheidungen über Einnahmen und Ausgaben (BVerfGE 123, 267/361 f),
(4) sozialpolitisch wesentliche Entscheidungen (BVerfGE 123, 267/362 f)
und (5) kulturell besonders bedeutsame Entscheidungen im Familienrecht,
Schul- und Bildungsrecht und beim Umgang mit religiösen Gemeinschaften
(BVerfGE 123, 267/363).

bb) Art. 23 Abs. 1 erlaubt nicht den Schritt zum **europäischen Bundes-** 35
staat (BVerfGE 123, 267/347 f; Rojahn MüK 11 f; offen gelassen BVerfGE
89, 155/188; a. A. Pernice, DVBl 93, 922; Scholz NJW 92, 2599), da die in
Bezug genommene EU kein Bundesstaat ist (oben Rn. 2). Zudem soll Art. 79
Abs. 3 entgegenstehen (BVerfGE 123, 267/343; Streinz SA 84; Rojahn MüK
15; Heyde UC 64; a. A. zu Recht Pernice DR 36, 92; Scheuing EuR 97,
Beih. 1, 23 f; Maurer StR § 4 Rn. 21; König o. Lit. A 508 ff, 530 ff; Hobe FH
53; Zuleeg AK 53). Es bleibt der Weg über Art. 146 (Rn. 5 zu Art. 146).

4. Sonderanforderungen für verfassungsändernde Übertragungs-
akte

a) Bedeutung von Abs. 1 S. 3 und Verhältnis zu Abs. 1 S. 2. In wel- 36
chem Verhältnis Abs. 1 S. 2 und Abs. 1 S. 3 stehen, ist umstritten. Nicht zuletzt
wegen der weiten Bestimmung des Begriffs der Übertragung von Hoheits-
rechten (oben Rn. 29), spricht vieles dafür, in Abs. 1 S. 3 einen Unterfall des
Abs. 1 S. 2 zu sehen, für den besondere Anforderungen festgelegt werden.
Nicht jede Übertragung von Hoheitsrechten iSd Abs. 1 S. 2 fällt daher unter
Abs. 1 S. 3 (Pernice DR 90; Hobe FH 49; Scholz MD 118; v. Heinegg EH
23; Zuleeg AK 47; wohl auch BVerfGE 89, 155/190 f; a. A. Streinz SA 65;
Classen MKS 19; Rojahn MüK 49). Andernfalls hätte die Zwei-Drittel-
Mehrheit des Art. 79 Abs. 2 gleich in Abs. 1 S. 2 festgeschrieben werden kön-
nen. Hoheitsrechtsübertragungen fallen nur dann unter Abs. 1 S. 3, wenn sie
ein verfassungsänderndes Gewicht besitzen (Pernice DR 90), was allerdings
vielfach der Fall ist; näher zu dieser Voraussetzung unten Rn. 38.

b) Fälle der verfassungsändernden Übertragungsakte. Abs. 1 S. 3 37
kommt, unter der Voraussetzung des verfassungsändernden Gewichts (unten
Rn. 38), in folgenden Fällen zum Tragen: – **(1)** *Vertragliche Gründung* der Europäischen Union (zum Begriff oben Rn. 3), die 1992 erfolgt ist (BGBl II
1253) sowie spätere Ersetzungen durch neue Verträge. – **(2)** *Änderungen der
vertraglichen Grundlagen* der Europäischen Union; erfasst wird jede Änderung
des primären EU-Rechts (v. Heinegg EH 22). – **(3)** Der Änderung der vertraglichen Grundlagen *vergleichbare Regelungen.* Damit sind Fälle gemeint, in
denen der Vertrag einen Beschluss vorsieht, der durch die Mitgliedstaaten zu
ratifizieren ist (Classen MKS 18; Scholz MD 120; Rojahn MüK 49), wie

Art.25 Abs.2, Art.223 Abs.1, Art.311 AEUV (Streinz SA 77). Ob Art.352 AEUV einen derartigen Fall darstellt, ist umstritten (dagegen Pernice DR 88; Zuleeg AK 49; dafür Scholz MD 85). Die Kompetenzübertragung muss einer Änderung der vertraglichen Grundlagen vergleichbar sein; daran fehlt es bei vertragsausfüllenden oder vertragsimmanenten Hoheitsrechtsübertragungen, die nach dem bestehenden Vertragsrecht vorhersehbar, in ihm bereits angelegt sind (Lerche o. Lit. B 760; v. Heinegg EH 22; Scholz MD 119; Heyde UC 59).

38   Des Weiteren setzt Abs.1 S.3 voraus, dass die in Rn.37 beschriebenen Maßnahmen das GG seinem Inhalt nach ändern oder ergänzen oder solche Änderungen bzw. Ergänzungen ermöglichen. Man kann insoweit von **verfassungsänderndem Gewicht** oder **qualifizierter Verfassungsbedeutung** sprechen. Diese Voraussetzung gilt auch für Vertragsänderungen (Streinz SA 72; Scholz MD 119; Pernice DR 87). Erfasst werden damit alle Änderungen der vertraglichen Grundlagen der EU, die, wenn sie im nationalen Bereich ergehen würden, eine Änderung des Grundgesetzes darstellten oder zu einer solchen Änderung ermächtigten (Hufeld o. Lit. A 119; v. Heinegg EH 23; Hobe FH 49; etwas anders Pernice DR 90). Darunter dürften auch Änderungen des primären Rechts fallen, die die Stellung Deutschlands in der Union erheblich verändern (Streinz SA 80), etwa der Beitritt eines neuen Mitglieds (Rojahn MüK 47a; Streinz SA 81a; a.A. Scholz MD 68; Hobe FH 50). Die Ausweitung der Befugnisse des Europäischen Parlaments zu Lasten anderer EU-Organe kann aber schwerlich dazu rechnen, zumal damit nur Abs.1 S.1 Rechnung getragen wird (oben Rn.15).

39   **c) Zwei-Drittel-Mehrheit.** Verfassungsändernde Integrationsakte bedürfen über die in Rn.24 aufgeführten Voraussetzungen hinaus gem. Abs.1 S.3 der in Art.79 Abs.2 vorgesehenen Zwei-Drittel-Mehrheit im Bundestag und im Bundesrat; insoweit gelten die Ausführungen in Rn.5 zu Art.79 ganz entsprechend.

5. Folgen eines Verstoßes gegen Vorgaben

40   **aa)** Werden die Vorgaben des Art.23 Abs.1 für die Übertragung von Hoheitsrechten und damit auch die des Art.79 Abs.3 (oben Rn.31–39) nicht beachtet, was in der sog. **Identitätskontrolle** (BVerfGE 123, 267/354) geprüft wird, dann sind die Maßnahmen jedenfalls innerstaatlich unwirksam (Streinz SA 86; Hobe FH 55). Dabei ist jedoch zu beachten, dass sowohl Abs.1 S.1 wie die durch Abs.1 S.3 anwendbare Norm des Art.79 Abs.3 nur Prinzipien und Strukturen gewährleistet. Der Umstand, dass die Übertragung von Hoheitsrechten im Einzelfall von den gewährleisteten Strukturen und Prinzipien abweicht, stellt daher noch keinen Verstoß dar (BVerfG-K, NJW 87, 3077; Nettesheim, NJW 95, 2084; Isensee HbStR V § 115 Rn.70; a.A. Scholz, Europarecht und GG, 1990, 84f); speziell im Bereich der Grundrechte hat das BVerfG die Kontrolle sehr zurückgenommen (Rn.46 zu Art.1). Etwas genauer dürfte die Kontrolle bei den sensiblen Gebieten (oben Rn.34) ausfallen; auch insoweit ist aber eine prinzipielle Revisibilität geboten (Scholz MD 75). Der Lissabon-Vertrag wird allen diesen Anforderungen gerecht (BVerfGE 123, 267/370 ff).

bb) Werden aufgrund der Verträge EU-Rechtsakte erlassen, können sie in   41
Deutschland nicht angewandt werden, soweit die Grenzen der übertragbaren
Hoheitsrechte überschritten werden (BVerfGE 123, 267/354; Dörr o.
Lit. Rn.401), auch hinsichtlich des Subsidiaritätsprinzips (BVerfGE 123,
267/353). Der Anwendungsvorrang des EU-Rechts greift in Deutschland
nicht mehr (BVerfGE 123, 267/398, 400). Diese **Ultra-vires-Kontrolle**
(BVerfGE 123, 267/353) wird aber kaum praktisch bedeutsam werden (oben
Rn.40). Darüber hinaus sind EU-Akte in Deutschland nicht anwendbar,
wenn sie die Grenze der tatsächlich *übertragenen* bzw. eingeräumten *Hoheitsrechte* überschreiten (BVerfGE 89, 155/188; 123, 267/353 f; BAGE 118, 76
Rn.19). Die Auslegung des Unionsrechts wurde aber auf den EuGH übertragen. Dessen Auslegung der Reichweite des Unionsrechts ist daher auch
innerstaatlich verbindlich (BVerfGE 75, 223/234; a. A. Ibler FH 60 zu
Art.19 IV). Zudem ist die Anwendung der implied powers-Doktrin und der
effet utile-Regel Teil des „vom Grundgesetz gewollten Integritätsauftrags"
(BVerfGE 123, 267/351 f). Daher ist eine Kontrolle durch das BVerfG nur
bei „ersichtlichen" (BVerfGE 123, 267/400) bzw. offenkundigen Überschreitungen des Übertragenen möglich, da der EuGH dann keine Auslegung (und keine Rechtsfortbildung) mehr vornimmt. Dabei gilt es aber zu
beachten, dass das BVerfG in seiner eigenen Rspr. diese Grenze meist sehr
großzügig zieht. Die Ultra-vires-Kontrolle muss sich daher auf eine Evidenzkontrolle beschränken (Scholz MD 40, 86; Pernice DR 31; eher strenger BVerfGE Rn.339). I. Ü. ist fragwürdig, dass das BVerfG im Grundrech-
tebereich die Kontrolle fast vollständig beseitigt hat (Rn.46 zu Art.1), im
Hinblick auf die nationalen Kompetenzen aber anscheinend eine genauere
Kontrolle ausüben will.

cc) In **prozessualer Hinsicht** liegt die Entscheidung über die Verfas-   42
sungswidrigkeit eines EU-Akts analog Art.100 Abs.1 allein beim BVerfG
(BVerfGE 123, 267/354). Daneben kann das BVerfG in den anderen Verfassungsstreitigkeiten eingeschaltet werden, insb. im Wege der Verfassungsbeschwerde (BVerfGE 123, 267/354 f). Zu prozessualen Fragen vgl. außerdem
Rn.48 zu Art.1.

(unbesetzt)   43

6. Probleme nach Übertragung von Hoheitsrechten

a) Verhältnis von EU-Recht und deutschem Recht. Das EU-Recht   44
und das deutsche Recht bilden (auch) aus der Sicht des nationalen Verfassungsrechts, um die es im Folgenden allein geht, zwei getrennte Rechtskreise (BVerfGE 37, 271/277 f; vgl. Rn.1a zu Art.25), stehen aber nicht unverbunden nebeneinander (BVerfGE 73, 339/368). Das Unionsrecht bildet
„eine eigenständige Rechtsordnung ..., die in die innerstaatliche Rechtsordnung hineinwirkt und von den deutschen Gerichten anzuwenden ist"
(BVerfGE 31, 145/173 f). Die Bestimmung des Verhältnisses zwischen EU-
Recht und nationalem Recht, insb. der unmittelbaren Anwendbarkeit und
des Vorrangs des EU-Rechts, erfolgt durch eine „ungeschriebene(n) Norm
des primären Gemeinschaftsrechts" (BVerfGE 75, 223/244 f; 85, 191/204).
Andererseits folgt die innerstaatliche Anwendbarkeit dieser Entscheidung aus

dem „**Rechtsanwendungsbefehl**" des durch Art.23 Abs.1 (früher Art.24 Abs.1) ermöglichten Zustimmungsgesetzes (BVerfGE 73, 339/375; 85, 191/ 204; 89, 155/190; 123, 267/355; gegen die Notwendigkeit eines innerstaatlichen Akts Classen MKS 14 ff zu Art.24), selbst für das sekundäre Recht (BVerfGE 73, 339/375). Dabei gilt es aber zu beachten, dass der Rechtsanwendungsbefehl hier außerordentlich weit reicht und dass mit der Übertragung von Hoheitsrechten der deutsche Herrschaftsanspruch zurückgenommen wird (oben Rn.25). Der Rechtsanwendungsbefehl muss hier eine andere Bedeutung als bei einem regulären völkerrechtlichen Vertrag (dazu Rn.17 zu Art.59) haben (so tendenziell BVerfGE 73, 339/375; vgl. Kempen MKS 92 zu Art.59), zumal Art.23 (wie Art.24) von vornherein auf die unmittelbare Anwendbarkeit angelegt ist (oben Rn.26 f).

45   **b) Mitwirkung beim Erlass von abgeleitetem EU-Recht.** Bei der Mitwirkung deutscher Organe, insb. der Bundesregierung, am Erlass von sekundärem (und tertiärem) EU-Recht sind die Vorgaben des GG einzuhalten (Heyde UC 66; Herdegen MD 88 zu Art.1 III; Rojahn MüK 54; a. A. Cornils, AöR 2004, 341 ff). Allerdings gilt es dabei zu beachten, dass Art.23 Abs.1 bei der Übertragung von Hoheitsrechten auf die EU Abweichungen vom GG erlaubt und materiell nur einen Kernbereich der grundgesetzlichen Vorgaben sichert (oben Rn.40). Die darin begründeten Möglichkeiten kommen auch bei der Mitwirkung deutscher Organe zum Tragen (Dreier DR 18 zu Art.1 III). Ausgeschlossen ist aber eine Mitwirkung an Maßnahmen, die die in Art.23 Abs.1 vorgesehenen Grenzen überschreiten (oben Rn.14–20, 33). Darüber hinaus kann eine Verpflichtung bestehen, auf die Änderung grundgesetzwidriger Akte hinzuwirken (Classen MKS 48 zu Art.24; Rn.47 zu Art.1), auch wenn der Verstoß sich aus späteren Entwicklungen ergibt (BVerfGE 122, 1/35 f). Schließlich muss die Bundesregierung auf die Einhaltung der Kompetenzgrenzen der Union achten (vgl. BVerfGE 89, 155/211; 92, 203/236). Auch der Bundestag hat im Rahmen seiner Beteiligung nach Abs.3 auf diese Grenzen zu achten (BVerfGE 89, 155/212). Für den Bundesrat gilt nichts anderes.

IV. Sonstige Beteiligung von Bundestag und Bundesrat

1. Gemeinsame Vorgaben (Abs.1a, 2)

46   **a) Generelle Pflicht zur Mitwirkung.** Bundestag und Bundesrat sind in Angelegenheiten der EU zunächst durch ihre Mitwirkung an der Übertragung von Hoheitsrechten und vergleichbaren Maßnahmen (oben Rn.24–29) in Ausfüllung ihrer Integrationsverantwortung beteiligt. Darüber hinaus enthält Abs.2 S.1 eine generelle Entscheidung, wonach die Mitwirkung in der Europäischen Union nicht allein durch die Bundesregierung erfolgt, sondern auch durch den Bundestag und den Bundesrat, um insb. dem Demokratieprinzip und dem Bundesstaatsprinzip Rechnung zu tragen (Pernice DR 93). Darin liegt ein Recht des Bundestags wie des Bundesrats, aber auch eine Pflicht. Andererseits verfügen Bundestag wie Bundesrat über einen weiten Spielraum, wie sie ihr Beteiligungsrecht ausüben (vgl. unten Rn.52).

Die Mitwirkung von Bundestag und Bundesrat betrifft alle **Angelegen-** 47
heiten der Europäischen Union. Damit werden alle (nationalen) Aktivitäten erfasst, die mit der Vorbereitung, Wahrnehmung und Vollziehung von
Zuständigkeiten, Befugnissen und Zielsetzungen der EU (zur Abgrenzung
oben Rn.3) zusammenhängen (Scholz MD 147; v. Heinegg EH 30; enger
Hobe FH 57). Erfasst werden nicht nur Akte der EU-Rechtsetzung (dazu
unten Rn.51), sondern auch andere Maßnahmen, die allgemeinen politischen Programme sowie Maßnahmen im Rahmen der GASP (Pernice DR
96), aber auch die Ernennung von Kommissionsmitgliedern oder von Richtern am EuGH, weiter Vertragsverletzungsverfahren. Erfasst werden zudem
Regierungskonferenzen (Classen MKS 71). Ein Katalog der erfassten Maßnahmen findet sich in § 3 EUZBBG.

Die Beteiligung von Bundestag und Bundesrat erfolgt in den nach allge- 48
meinen Regeln möglichen Formen und in den dazu vorgesehenen Verfahren (unten Rn.53f, 57). Abweichend davon gestattet Abs.1a S.3 bei der
Wahrnehmung von Rechten, die dem Bundestag durch das EU-Primär-
recht, insb. durch Art.12 EUV eingeräumt werden, durch Gesetz, das der
Zustimmung des Bundesrats bedarf, die Mehrheitserfordernisse Art.42 Abs.2
S.1 bzw. Art.52 Abs.3 S.1 zu ändern, insb. abzusenken, um bereits einer
Minderheit im Bundestag bzw. im Bundesrat Einflussmöglichkeiten zu eröffnen. Wegen des Demokratieprinzips muss das allerdings auf Sonderfälle
beschränkt bleiben (Scholz MD 112).

b) Information durch die Bundesregierung. Die Bundesregierung ist 49
durchweg und v.a. frühzeitig in Angelegenheiten der Europäischen Union
eingeschaltet. Daher muss sie gem. Abs.2 S.2 den Bundestag und den Bundesrat über alle Angelegenheiten der Europäischen Union unterrichten.
Zum gegenständlichen Anwendungsbereich oben Rn.47. Die Unterrichtung
muss grundsätzlich *umfassend* sein (Classen MKS 71), andererseits aber der
Bedeutung der jeweiligen Angelegenheit entsprechen. Bundestag und Bundesrat können Vorgaben für die Schwerpunktbildung liefern. Zum anderen
muss die Unterrichtung *so früh wie möglich* erfolgen (Hobe FH 59): Bei
Rechtsetzungsakten darf daher nicht erst berichtet werden, wenn die EU-
Kommission einen Vorschlag vorlegt. Vielmehr muss die Information erfolgen, sobald die Ständige Vertretung Deutschlands oder ein anderes Organ
der Bundesregierung über neue Rechtsetzungsvorhaben informiert ist (Rojahn MüK 60). Die Verpflichtung erfasst alle der Bundesregierung und den
ihr nachgeordneten Einrichtungen zugänglichen Informationen, auch die
Informationen der Ständigen Vertretung in Brüssel (Pernice DR 101). Sofern zumutbar, dürfte die Bundesregierung die gebotenen Informationen zu
beschaffen haben (Streinz SA 93; a.A. Pernice DR 102; Classen MKS 71).
Die Verpflichtung betrifft auch die Ergebnisse der Willensbildung der Bundesregierung im Hinblick auf die erfassten Angelegenheiten, nicht hingegen
den internen Willensbildungsprozess in der Bundesregierung (missverständlich Zuleeg AK 55).

c) Subsidiaritätsklage. In Ausführung von Art.12 EUV und dem Subsi- 50
diaritätsprotokoll gibt Abs.1a S.1 sowohl dem Bundestag wie dem Bundesrat
das Recht, im Namen der Bundesrepublik Deutschland Klage vor dem

EuGH zu erheben, weil EU-Akte des Subsidiaritätsprinzip des Art. 5 Abs. 3
EUV verletzen. Die Klage kann gem. Abs. 1a S. 2 bereits von einem Viertel
der Mitglieder des Bundestags oder des Bundesrats erhoben werden, um
damit auch Minderheiten das Instrument zu eröffnen. Dagegen bestehen
keine durchgreifenden Bedenken (BVerfGE 123, 267/431 f).

2. Spezifische Vorgaben für Bundestag (Abs. 3)

51   **a) Beteiligung an Rechtsetzungsvorhaben.** In Konkretisierung der
allgemeinen Regelung des Abs. 2 S. 1 (oben Rn. 46) verlangt Abs. 3 die Mitwirkung des Bundestags an der Willensbildung der Bundesregierung im Hinblick auf **Rechtsetzungsakte** der EU (vgl. Classen MKS 75). Im Bereich der
EG fallen darunter Verordnungen, Richtlinien, Entscheidungen sowie Beschlüsse, etwa nach Art. 223 Abs. 1, Art. 311 AEUV (BVerfGE 97, 350/375;
Hobe FH 62). Erfasst werden auch Rechtsakte, die dem Komitologie-
Verfahren unterliegen (Kretschmer BK 82 zu Art. 45). Nicht erfasst werden
rechtlich unverbindliche Akte, wie Empfehlungen und Stellungnahmen iSd
Art. 288 Abs. 5 AEUV. Die Bundesregierung hat dazu dem Bundestag Gelegenheit zur Stellungnahme zu geben, und zwar so früh wie möglich (vgl.
oben Rn. 49). Insb. ist die Stellungnahme nicht nur zu Vorschlägen der
Kommission zu eröffnen, sondern auch schon zu Entwürfen, da Abs. 3 sich
auf den gesamten Prozess der Willensbildung bezieht (Kretschmer BK 78 zu
Art. 45; Scholz, NVwZ 93, 822). Betroffen sind des Weiteren wichtige Teil-
entscheidungen des Rechtsetzungsprozesses, etwa ein Gemeinsamer Standpunkt. Die Beteiligung ist zu wiederholen, wenn der Entwurf für den
Rechtsetzungsakt wesentliche Änderungen erfährt (Classen MKS 77).

52   Der Bundestag ist zur Beteiligung **verpflichtet** (Streinz SA 99; Klein, FS
Remmers, 1995, 202; a. A. Scholz MD 119), was nicht bedeutet, dass er in
jedem Einzelfall eine Stellungnahme abgeben muss (Kretschmer BK 106 zu
Art. 45). Der Bundestag kann die Beteiligung dem Europa-Ausschuss übertragen (Rn. 2 zu Art. 45).

53   **b) Wirkung der Stellungnahme.** Der Bundestag kann, wie das regel-
mäßig auch geschieht, eine **nicht verbindliche Stellungnahme** abgeben.
Die Bundesregierung (einschl. der ihr nachgeordneten Organe) hat dann die
Stellungnahme zu *berücksichtigen*. D.h. sie muss die Stellungnahme in ihre
Entscheidungsbildung einbeziehen und sich mit ihr auseinandersetzen
(Kretschmer BK 121 ff zu Art. 45; Hobe FH 64). Das Einbeziehen muss be-
reits bei der Festlegung der Verhandlungsposition der Bundesregierung erfolgen, nicht erst im Zeitpunkt des Beschlusses über den Rechtsakt, worauf
auch § 5 S. 3 EUZBBG hinweist (Scholz MD 158; vgl. Streinz SA 101).
Eine Bindung an den Inhalt erfolgt jedoch nicht (Classen MKS 78; Hobe
FH 64). Allerdings muss der Bundestag über ein Abweichen unter Darlegung der Gründe informiert werden (Pernice DR 101; v. Heinegg EH 35;
Kretschmer BK 140 zu Art. 45). Treten Widersprüche zwischen den Stellungnahmen von Bundestag und Bundesrat auf, ergeben sich keine Probleme, soweit Stellungnahmen schlicht zu berücksichtigen sind. Die Bundesregierung
hat die widersprüchlichen Auffassungen in ihren Entscheidungsprozess mit
einzubeziehen (Heyde UC 93; Streinz SA 105). Soweit allerdings die Stel-

lungnahme des Bundesrats gem. Abs.5 S.2 „maßgeblich" zu berücksichtigen ist, kommt die abweichende Stellungnahme des Bundestags nicht zum Tragen (Scholz MD 106; Pernice DR 112; anders Classen MKS 91); zu prüfen ist allerdings, ob den unterschiedlichen Stellungnahmen nicht durch eine Ablehnung des EU-Akts Rechnung getragen werden kann.

Der Bundestag dürfte zu der fraglichen Angelegenheit auch eine **verbind-** 54 **liche Stellungnahme** in der Form eines Gesetzes abgeben können (Scholz MD 160; Kretschmer BK 132 zu Art.45; a. A. Classen MKS 68; Pernice DR 104). Zu Beschlüssen aufgrund der Integrationsverantwortung oben Rn.32. Zu Abweichungen vom Mehrheitserfordernis oben Rn.48.

(unbesetzt) 55

3. Spezifische Vorgaben für Bundesrat und Landesvertretung (Abs.4–6)

a) Beteiligung des Bundesrats. In Konkretisierung der allg. Beteili- 56 gungsverpflichtung nach Abs.2 S.1 (oben Rn.46) wird die Beteiligung des Bundesrats in Abs.4, 5 näher geregelt, wobei Abs.4 die Grundlagennorm bildet, die im Hinblick auf den Einfluss der Stellungnahme des Bundesrats durch Abs.5 konkretisiert wird (tendenziell ebenso Pernice DR 106; Hobe FH 71; anders Classen MKS 81). Abs.4 kommt zum Tagen, wenn **(1)** der Bundesrat an einer entsprechenden innerstaatlichen Maßnahme mitzuwirken hätte. Darunter fallen alle Bereiche der EU-Gesetzgebung, da der Bundesrat auch bei Einspruchsgesetzen mitzuwirken hat (Streinz SA 103; Hobe FH 67; Hillgruber SHH 44). Abs.4 gilt zudem für alle EU-Beschlüsse über die Koordination von Verwaltungsbehörden. Erfasst werden (wegen Art.84 Abs.4) auch Vertragsverletzungsverfahren, soweit sie Normen betreffen, die die Länder ausführen (Classen MKS 80), mit der Folge, dass Abs.5 S.2 zur Anwendung kommen kann (Classen MKS 92). **(2)** Abs.4 gilt zudem für alle Angelegenheiten, für die nach der innerstaatlichen Kompetenzverteilung die Länder zuständig sind, was im Bereich der Gesetzgebung, der Verwaltung und der Rechtsprechung bedeutsam werden kann (Classen MKS 80).

In welcher **Form** die Beteiligung erfolgt, wird durch Abs.4 nicht geregelt 57 und bleibt damit grundsätzlich der Regelung durch den Gesetzgeber nach Abs.7 überlassen. In Betracht kommen insb. eine Anhörung des Bundesrats, eine Beteiligung von Bundesratsvertretern an der Festlegung der nationalen Position oder eine Beteiligung an der Verhandlungsdelegation (Hobe FH 68). Hinzu kommt die spezielle Beteiligungsform des Abs.6 (unten Rn.61f). Zu Beschlüssen aufgrund der Integrationsverantwortung oben Rn.32. Zu Abweichungen vom Mehrheitserfordernis oben Rn.48.

b) Stellenwert der Auffassung des Bundesrats. aa) Der Beteiligung 58 des Bundesrats kommt inhaltlich unterschiedliches Gewicht zu, wobei sich drei Bereiche unterscheiden lassen (zu verbindlichen Beschlüssen im Rahmen der Integrationsverantwortung oben Rn.32): – **(1)** Am weitreichendsten ist der Einfluss des Bundesrats im spezifischen Kompetenzbereich der Bundesländer; näher unten Rn.59f. – **(2)** Liegen die unten Rn.59

genannten Voraussetzungen nicht vor, fällt die Beteiligung schwächer aus. Die Stellungnahme des Bundesrats ist gem. Abs.5 S.1 lediglich zu **berücksichtigen.** Die Bundesregierung muss in diesen Fällen die Stellungnahme in ihre Entscheidungsbildung einbeziehen und sich mit ihr auseinandersetzen. Eine Bindung besteht jedoch nicht (Lerche o. Lit. B 763 f; Classen MKS 84 iVm 78; vgl. oben Rn.53). – **(3)** Selbst auf die Berücksichtigung kann (außerhalb der unten in Rn.59 behandelten Fälle) verzichtet werden, wenn es um Fragen geht, für die der Bund die ausschließliche Gesetzgebungskompetenz besitzt **und** die Interessen der Länder nicht berührt werden (Abs.5 S.1) **und** (als Folge der Grundlagennorm des Abs.4) der Bundesrat an entsprechenden innerstaatlichen Maßnahmen nicht zu beteiligen wäre, in welcher Form auch immer, etwa in Form eines Einspruchsrechts (v. Heinegg EH 38).

59   **bb)** Ein besonders großer Einfluss des Bundesrats besteht, wenn es um **Materien aus folgenden Bereichen** geht, wobei dies im **Schwerpunkt** der Fall sein muss, d. h. die Materien müssen bei qualitativer Betrachtung im Mittelpunkt des Vorhabens stehen oder ganz überwiegend den Regelungsgegenstand bilden (Scholz MD 170; Nr.II.2 der oben in Rn.47 aufgeführten Vereinbarung): – **(1)** Bereich der ausschließlichen Gesetzgebungskompetenz der Länder, also der Bereich, in dem keinerlei Gesetzgebungskompetenz des Bundes besteht (vgl. Rn.17–22 zu Art.70). – **(2)** Bereich der konkurrierenden Gesetzgebungskompetenz des Bundes iSd Art.72, soweit nicht der Bund eine Regelung getroffen hat. Des Weiteren scheiden Materien in diesem Bereich aus, soweit der Bund gem. Art.72 Abs.2 eine Regelung treffen könnte (Classen MKS 83; Pernice DR 109) und die Länder keine Regelung getroffen haben (Scholz MD 168). – **(3)** Regelungen, die die Einrichtung von Landesbehörden oder das von Landesbehörden zu beachtende Verwaltungsverfahren betreffen, d. h., die sich darauf unmittelbar auswirken (Streinz SA 107).

60   In diesen Fällen ist die Entscheidung des Bundesrats gem. Abs.5 S.2 Hs. 1 **maßgeblich zu berücksichtigen.** Allerdings hat der Bundesrat bei seiner Stellungnahme gem. Abs.5 S.2 Hs. 2 materiell die *gesamtstaatliche Verantwortung* zu wahren (Rojahn MüK 71; Classen MKS 91), die v. a. außen-, verteidigungs- und integrationspolitisch zu bewertende Fragen betrifft (Hobe FH 75; Lerche o. Lit. B 764), und deren Beurteilung primär Sache der Bundesregierung ist (Pernice DR 114). Bei Meinungsunterschieden zwischen Bundesregierung und Bundesrat ist zunächst die Herstellung eines Einvernehmens zu versuchen (Hobe FH 80; vgl. BVerfGE 92, 206/236 ff). Gelingt das nicht, kommt dem Bundesrat das *Letztentscheidungsrecht* zu (Scholz MD 162; Randelzhofer MD 208 zu Art.24 I; Calliess HbStR³ IV § 83 Rn.64; Heyde UC 99; a. A. Pernice DR 112; v. Heinegg EH 42; Streinz SA 110), jedenfalls hinsichtlich der wesentlichen Gehalte; wieweit das Erfordernis einer Zweidrittel-Mehrheit im Bundesrat in § 5 Abs.2 S.5 EUZBLG dem gerecht werden, ist unsicher (eher dafür Rojahn MüK 70; Hobe FH 79 f; dagegen Classen MKS 90; Pernice DR 110, 113), auch im Hinblick auf den Ausgestaltungsspielraum des Gesetzgebers. Schließlich ist gem. Abs.5 S.3 mit einer Art.113 vergleichbaren Zielrichtung (Pernice DR 115) die Zustimmung der Bundesregierung notwendig, wenn die Stellungnahme des Bundesrats zu

Ausgabenerhöhungen oder zu Einnahmenminderungen des Bundes führt. Das dürfte i. E. bedeuten, dass die Bundesregierung die Stellungnahme des Bundesrats lediglich berücksichtigen muss; dazu, auch zu widersprüchlichen Aussagen von Bundestag und Bundesrat, oben Rn.53.

c) Vertretung durch Landesbevollmächtigten. aa) Während in den **61** Fällen der Abs.4, 5 die Beteiligung des Bundesrats auf den innerstaatlichen Bereich beschränkt ist, sieht Abs.6 bei der Wahrnehmung der Rechte Deutschlands eine Beteiligung des Bundesrats bzw. der Länder im *Außenverhältnis* vor. Abs.6 **setzt** zunächst **voraus,** dass es um die Wahrnehmung der Rechte geht, die der Bundesrepublik Deutschland als Mitgliedstaat der EU zustehen (vgl. oben Rn.47). Dies ist dann auf den Erlass sekundären (und tertiären) Rechts beschränkt (Classen ST-F Rn.221). Erfasst wird zudem die Beteiligung an Exekutivakten, grundsätzlich auch die Vertretung vor dem EuGH (Hobe FH 83; Classen MKS 94); vgl. allerdings unten Rn.62. Des Weiteren muss es sich um eine Angelegenheit handeln, die innerstaatlich dem Bereich der **ausschließlichen Gesetzgebungskompetenz** der Länder (dazu oben (1) in Rn.59) zuzurechnen ist (Meyer 371 f), und zwar auf den Gebieten der schulischen Bildung, der Kultur oder des Rundfunks. Das Gebiet der **schulischen Bildung** dürfte weithin dem Begriff des Schulwesens in Art.7 Abs.1 entsprechen; näher dazu Rn.2 f zu Art.7. Mit **Kultur** dürften die Bereiche Wissenschaft, Bildung und Kunst gemeint sein (v. Heinegg EH 45; vgl. Pieroth, RdJB 1994, 444 f); die schulische Bildung wurde wohl wegen ihrer besonderen Bedeutung vorweg (zusätzlich) aufgeführt. Im Hochschulbereich ist besonders zu beachten, dass nur Bereiche ausschließlicher Landeskompetenz erfasst werden. Der **Rundfunkbegriff** dürfte wie in Art.5 Abs.1 S.2 (dazu Rn.36–38 zu Art.5) zu verstehen sein, erfasst also nicht die fernmelderechtliche Seite (Classen ST-F Rn.231). Zur Situation in anderen Feldern der ausschließlichen Landesgesetzgebung unten Rn.63.

Unter dem beschriebenen Voraussetzungen muss die Bundesregierung die **62** deutsche **Mitwirkung** gem. Abs.6 S.1 einem Vertreter der **Länder überlassen,** der vom Bundesrat gem. Art.52 Abs.3 S.1 ernannt wird (Streinz SA 114; v. Heinegg EH 46). Was die **Pflichten des Ländervertreters** angeht, so hat er die Bundesregierung bzw. ihren Vertreter gem. Abs.6 S.2 im Rahmen der Vertretung zu beteiligen und sich mit ihm abzustimmen. Eine Bindung des Ländervertreters an Beschlüsse des Bundesrats (so § 45i Gesch-OBR) ist möglich. Für das Letztentscheidungsrecht gelten die in Rn.60 beschriebenen Regeln (vgl. BT-Drs. 12/3896, S.20: mehr als Benehmen und weniger als Einvernehmen). Zudem hat der Ländervertreter die gesamtstaatliche Verantwortung (zum Begriff oben Rn.60) des Bundes zu wahren. Der Ländervertreter ist nicht seinem Landesparlament gegenüber verantwortlich (a. A. Pernice DR 116), da er Vertreter aller Länder ist. Vielmehr dürfte er dem Bundesrat gegenüber verantwortlich sein.

bb) Außerhalb des Anwendungsbereichs des Abs.6 (oben Rn.61) und **63** damit auch auf den Feldern der ausschließlichen Landesgesetzgebung außerhalb von schulischer Bildung, Kultur und Rundfunk, etwa im Bereich des Kommunal- und Polizeirechts, nimmt die Bundesregierung die Rechte wahr, die der Bundesrepublik zustehen (BT-Drs. 16/813, 10; Classen ST-F

Rn.238). Möglich ist aber eine Hinzuziehung von Landesvertretern in den Beratungsgremien von Kommission und Rat sowie in anderen Zusammenhängen (Randelzhofer MD 209 zu Art.24 I; Streinz SA 118), wie das in §§ 4, 6 Abs.1 EUZBLG vorgesehen ist. Die Verhandlungsführung muss allerdings bei der Bundesregierung liegen (vgl. § 6 Abs.2 S.6 EUZBLG).

Art.24 [Beitritt zu internationalen Einrichtungen]

(1) **Der Bund kann durch Gesetz[8] Hoheitsrechte[4] auf zwischenstaatliche Einrichtungen[7] übertragen[5].**

(1a) **Soweit die Länder für die Ausübung der staatlichen Befugnisse und die Erfüllung der staatlichen Aufgaben zuständig sind, können sie mit Zustimmung der Bundesregierung Hoheitsrechte auf grenznachbarschaftliche Einrichtungen übertragen[15 ff].**

(2) **Der Bund kann sich zur Wahrung des Friedens einem System gegenseitiger kollektiver Sicherheit einordnen;[20] er wird hierbei in die Beschränkungen seiner Hoheitsrechte einwilligen, die eine friedliche und dauerhafte Ordnung in Europa und zwischen den Völkern der Welt herbeiführen und sichern[21 ff]**

(3) **Zur Regelung zwischenstaatlicher Streitigkeiten wird der Bund Vereinbarungen über eine allgemeine, umfassende, obligatorische, internationale Schiedsgerichtsbarkeit beitreten[23].**

Übersicht

Literatur: *Walter,* Grundrechtsschutz gegen Hoheitsakte internationaler Organisationen, AöR 129 (2004), 39; *Kotzur,* Grenznachbarschaftliche Zusammenarbeit in Europa, 2004; *Brenner/Hahn,* Bundeswehr und Auslandseinsätze, JuS 2001, 729; *Wieland,* Ausländische Vorgesetzte deutscher Soldaten in multinationalen Verbänden, NZWehrR 1999, 133; *Baldus,* Übertragung von Hoheitsrechten auf ausländische Staaten im Bereich der Sicherheitsverwaltung, Verw 1999, 481; *Schröder,* Grundsatzfragen des Art.24 Abs.1a GG, ThürVBl 1998, 97; *Halmes,* Rechtsgrundlagen für den regionalen Integrationsprozeß in Europa, DÖV 1996, 933; *Rennert,* Grenznachbarschaftliche Zusammenarbeit, FS Böckenförde, 1995, 199; *Stein/Gröninger,* Bundeswehreinsatz im Rahmen von NATO-, WEU- bzw. VN-Militäraktionen, Jura 1995, 254; *Beck,* Übertragung von Hoheitsrechten auf kommunale grenznachbarschaftliche Einrichtungen, 1995; *Schwarze,* Die Übertragung von Hoheitsrechten auf grenznachbarschaftliche Einrichtungen iSd Art.24 I a GG, FS Benda, 1995, 311; *Grotefels,* Die Novellierung des Art.24 GG, DVBl 1994, 785; *Beyerlin,* Zur Übertragung von Hoheitsrechten im Kontext dezentraler grenzüberschreitender Zusammenarbeit, ZaöVR 1994, 587; *Mosler,* Die Übertragung von Hoheitsgewalt, HbStR VII, 1992, § 175; *Doehring,* Systeme kollektiver Sicherheit, HbStR VII, 1992, 669; *Mosler,* Das Grundgesetz und die internationale Streitschlichtung, HbStR VII, 1992, § 179; *Rauser,* Die Übertragung von Hoheitsrechten auf ausländische Staaten, 1991; *Waitz v. Eschen,* GG und internationale Zusammenarbeit, BayVBl 1991, 321; *Streinz,* Bundesverfassungsgerichtlicher Grundrechtsschutz und Europäisches Gemeinschaftsrecht, 1989; *Bleckmann,* Zur Funktion des Art.24 GG, FS Doehring, 1989, 97. – S. auch Literatur zu Art.12a, Art.23 und Art.25.

I. „Übertragung" von Hoheitsrechten durch den Bund (Abs.1)

1. Bedeutung und Abgrenzung zu anderen Normen

Art.24 Abs.1 ermöglicht die Beteiligung Deutschlands an internationalen 1 Einrichtungen unter Übertragung von Hoheitsrechten. Man kann insoweit von der „Verfassungsentscheidung für eine internationale Zusammenarbeit" sprechen (BVerfGE 58, 1/41), vom Prinzip der offenen Staatlichkeit (vgl. Tomuschat HbStR VII § 172 Rn.2; Mosler HbStR VII § 175 Rn.10). Noch weiter geht insoweit Art.23 Abs.1, wo es um die Schaffung und den Ausbau der EU geht. Das **Prinzip der internationalen Zusammenarbeit** ist mit dem Prinzip der Völkerrechtsfreundlichkeit (Rn.4f zu Art.25) und dem Prinzip des friedlichen Zusammenlebens der Völker (Rn.1 zu Art.26) verwandt.

Der Beitritt zu einer zwischenstaatlichen Einrichtung führt zu einer Ein- 2 schränkung der Einfluss- und Gestaltungsbefugnisse von Bund und Ländern, sofern damit Hoheitsrechte auf diese Einrichtung übergehen (BVerwGE 54, 291/299; vgl. Pernice DR 20). Abs.1 enthält eine ausdrückliche Ermächtigung für einen derartigen Beitritt mit Übertragung von Hoheitsrechten. Dem Prinzip der internationalen Zusammenarbeit (oben Rn.1) entsprechend liegt darin auch ein Auftrag: Der Beitritt zu internationalen Einrichtungen ist aufgeschlossen zu prüfen (vgl. Randelzhofer MD I 19; Stern ST

I 519 f; Streinz SA 9); man kann insoweit von **Integrationsbereitschaft** sprechen. Zugleich enthält die Norm einen Gesetzesvorbehalt für eine Übertragung von Hoheitsrechten (Randelzhofer MD I 15). Zum Verhältnis von Abs.1 zu Abs.2 unten Rn.19. Art.24 Abs.1 geht als lex specialis Art.32 vor (Kempen MKS 14 zu Art.32). Dagegen ist Art.59 parallel anzuwenden (BVerfGE 73, 339/367, 375; Kempen MKS 7 zu Art.59).

3   **Praktische Bedeutung** hatte die Ermächtigung des Abs.1 (bis 1992) v.a. im Hinblick auf die Europäische Union (früher Europäische Gemeinschaft) erlangt (BVerfGE 22, 293/296; 37, 271/277 f); insoweit ist heute Art.23 Abs.1 S.2 lex specialis (dazu Rn.4 zu Art.23). Unter Art.24 Abs.1 fallen insb.: NATO (unten Rn.6), Eurocontrol (Hobe FH 24; Randelzhofer MD I 181; Classen MKS 60; zur früheren Gestaltung von Eurocontrol BVerfGE 59, 63/86 f), europäische Patentorganisationen (BVerfG-K, NVwZ 06, 1403; BGHZ 102, 118/122; Hobe FH 25), Europäische Kernenergieagentur (Randelzhofer MD I 183), die Zentralkommission für die Rheinschifffahrt (Pernice DR 27) und der Internationale Seegerichtshof (Classen MKS 63).

2. Gegenstand der Ermächtigung

4   **a)** Unter „**Hoheitsrechten**" ist die Ausübung öffentlicher Gewalt im innerstaatlichen Bereich zu verstehen, gleichgültig, ob es sich um Gesetzgebung, Vollziehung oder Rechtsprechung handelt (Randelzhofer MD I 33; Hobe FH 10). Nicht erfasst wird schlichthoheitliches Handeln (Tomuschat BK 21; Randelzhofer MD I 40 ff). Im Bereich der Rspr. können auch Kompetenzen zur Rechtsfortbildung übertragen werden (BVerfGE 75, 223/242); zum Rechtsschutz s. auch unten Rn.10. Erfasst wird zudem die öffentliche Gewalt im Zuständigkeitsbereich der Länder (Rojahn MüK 23; Classen MKS 4; Hobe FH 12; einschr. Randelzhofer MD I 37 ff; vgl. Rn.8 zu Art.32). Erfasst wird auch die öffentliche Gewalt im Verteidigungsbereich (BVerfGE 68, 1/93; Abs.2 ist insoweit keine Spezialvorschrift (vgl. unten Rn.19). Schließlich werden Hoheitsrechte erfasst, auf die bisher gem. Abs.2 lediglich verzichtet wurde, ohne sie auf eine zwischenstaatliche Einrichtung zu übertragen (BVerfGE 68, 1/91).

5   **b)** Mit der **Übertragung** von Hoheitsrechten ist die Rücknahme bzw. der Verzicht auf die ausschließliche Ausübung hoheitlicher Gewalt durch deutsche Organe gemeint, mit dem Zweck, die Ausübung fremder Hoheitsgewalt im innerstaatlichen Bereich zu ermöglichen (BVerfGE 59, 63/90; 68, 1/90; 73, 339/374; Pernice DR 19; v. Heinegg EH 11; Randelzhofer MD I 55). An der Ausübung fremder Hoheitsgewalt im innerstaatlichen Bereich fehlt es, wenn lediglich völkerrechtliche Verpflichtungen geschaffen werden; die fremde Hoheitsgewalt muss unmittelbar auf den innerstaatlichen Bereich „durchgreifen" können, damit man von einer Übertragung iSd Abs.1 sprechen kann (Randelzhofer MD I 30; Pernice DR 25; Deiseroth UC 50). Dies ist v.a. dann gegeben, wenn dem Recht der zwischenstaatlichen Einrichtung unmittelbare Geltung bzw. Wirkung im deutschen Hoheitsbereich zukommt (BVerfGE 37, 271/280; 59, 63/90; 73, 339/374). Erfasst werden aber auch andere Fälle, in denen fremde Hoheitsgewalt auf deutschem Boden gegenüber Deutschen zum Tragen kommt (BVerfGE 68, 1/94; Mosler

HbStR VII § 175 Rn.20; Hobe FH 10; vgl. Streinz SA 16; a. A. Rojahn
MüK 22) und damit die Gebietshoheit betroffen ist (BVerfGE 90, 286/350;
Classen MKS 6), etwa im Bereich der NATO (unten Rn.6). Eine Übertragung von Hoheitsrechten liegt schließlich vor, wenn Hoheitsrechte widerruflich übertragen werden (BVerfGE 68, 1/93). Eine gewisse zeitliche Bindung ist aber notwendig; kann die Übertragung rechtlich und faktisch
jederzeit zurückgenommen werden, kommt Art.24 Abs.1 nicht zur Anwendung (Rojahn MüK 34; Streinz SA 18). Den Anforderungen des Abs.1 unterliegt auch der Austritt oder die Auflösung der zwischenstaatlichen Einrichtung (Pernice DR 31; Hobe FH 19; a. A. Classen MKS 33).

Im **militärischen Bereich** ist Abs.1 im Hinblick auf die Gebietshoheit   **6**
bei einer Stationierung fremder Truppen in Deutschland und der Übertragung des Kommandos über den militärisch-operativen Einsatz von in
Deutschland stationierten Waffensystemen einschlägig, falls der Bundesrepublik kein wirksames Vetorecht zusteht, weshalb die NATO unter Abs.1
fällt (BVerfGE 68, 1/93; BVerwGE 83, 1/12; Wolfrum HbStR VII § 176
Rn.15; a. A. Classen MKS 64; Hobe FH 33; Pernice DR 27). Sind der zwischenstaatlichen Einrichtung deutsche Truppen zugeordnet, wird über Abs.1
auch deren Einsatz im Ausland gerechtfertigt; zur Zulässigkeit eines Auslandseinsatzes über Abs.2 unten Rn.21. Nach dem insb. in Art.26 verankerten Friedensgebot (Rn.1 zu Art.26) muss der Einsatz einen strikt defensiven
Charakter haben (vgl. Ipsen BK 29 zu Art.87a). Außerdem bedarf der konkrete Einsatz (auch zur Erfüllung der NATO-Verpflichtungen) der Zustimmung des Bundestags (Rn.11 zu Art.87a).

c) Nur an **zwischenstaatliche Einrichtungen** können Hoheitsrechte   **7**
übertragen werden. Als derartige Einrichtung ist jede durch Verträge zwischen Völkerrechtssubjekten geschaffene Organisation anzusehen (BVerfGE
2, 347/377 f; Deiseroth UC 28; Tomuschat BK 39 ff), an deren Tätigkeit
Deutschland diskriminierungsfrei beteiligt ist (Streinz SA 21; Pernice DR
36; Randelzhofer MD I 50; a. A. Classen MKS 21), und die Aufgaben erfüllt, die traditionell im Rahmen nationaler öffentlicher Gewalt ausgeübt werden (Mosler HbStR VII § 175 Rn.1). Rechtssubjektivität ist nicht erforderlich, wohl aber eigenständige Handlungsfähigkeit (Classen MKS 20). Unklar
ist, wie weit gemischt nationale Truppenverbände eine zwischenstaatliche
Einrichtung bilden und ob dort eine Übertragung von Hoheitsrechten stattfindet (vgl. Classen MKS 69). Von einer zwischenstaatlichen Einrichtung
kann man nicht mehr sprechen, wenn auf sie die Kompetenzkompetenz übertragen wurde (Mosler HbStR VII § 175 Rn.28). Auf einen **anderen Staat**
dürfen Hoheitsrechte nicht übertragen werden (Mosler HbStR VII § 175
Rn.38 a. E.; Pernice DR 24; Randelzhofer MD I 53; a. A. Classen MKS
66 ff für die Übertragung begrenzter Rechte). Im Rahmen der NATO sind
daher Entscheidungsbefugnisse des amerikanischen Präsidenten nur hinnehmbar, wenn sie für die NATO und auf der Grundlage des NATO-Vertrags ausgeübt werden (vgl. BVerfGE 68, 1/94; noch restriktiver Pernice
DR 38). Ausgeschlossen ist auch eine Übertragung auf eine Körperschaft des
öffentlichen Rechts, die einem anderen Staat untersteht (BVerfGE 2, 347/
377 f; Pernice DR 24). Unberührt bleiben Kooperationen unterhalb der

Schwelle der Übertragung von Hoheitsrechten. Schließlich sind nichtstaatliche internationale Organisationen keine zwischenstaatlichen Einrichtungen iSd Art.24 (Hobe FH 20).

3. Voraussetzungen der Übertragung

8   **a) Gesetzliche Grundlage.** Die Übertragung von Hoheitsrechten kann nur durch förmliches *Bundes*gesetz – ivm einem entsprechenden völkerrechtlichem Vertrag (Streinz SA 24) – erfolgen (BVerfGE 58, 1/35), nicht durch Landesgesetz (Randelzhofer MD I 28; Tomuschat BK 14). Rechtsverordnungen genügen auch im technischen Bereich nicht (BVerfGE 58, 1/36; Pernice DR 28; Randelzhofer MD I 65). Durch Rechtsverordnung soll aber der Zeitpunkt der Übertragung fixiert werden können (BVerwGE 54, 291/299). Vage Ermächtigungen ohne bestimmbaren Gehalt können für neue Verpflichtungen, wie die Stationierung von Mittelstreckenraketen, schwerlich genügen (BVerfGE *abwM* 68, 1/112 ff; Streinz SA 23; Deiseroth UC 70; **a.A.** BVerfGE 68, 1/97; 77, 170/232). Jedenfalls ist eine restriktive Anwendung geboten. Die Voraussetzungen des Art.79 Abs.2 müssen nicht erfüllt sein (Tomuschat BK 33). Die Zustimmung des Bundesrats ist nicht erforderlich. Enthält allerdings der völkerrechtliche Vertrag Bestimmungen, die innerstaatlich nur als zustimmungsbedürftiges Gesetz ergehen können, führt Art.59 Abs.2 S.1 zur Zustimmungsbedürftigkeit (Hobe FH 39; Deiseroth UC 72 f; Hillgruber SHH 17; Classen MKS 23 f; a.A. Pernice DR 30); zur Anwendung des Art.59 Abs.2 vgl. Rn.12 zu Art.59. Werden Hoheitsrechte der Länder übertragen, ist jedenfalls eine enge Zusammenarbeit zwischen Bund und Ländern geboten (vgl. BVerfGE 92, 203/230 f).

9   **b) Materielle Grenzen.** Die Übertragung der Hoheitsbefugnisse muss bestimmte inhaltliche Vorgaben beachten. Andernfalls könnte der vergleichsweise weitreichende Schutz des GG zur Sicherung der zentralen Verfassungsstrukturen, wie er insbesondere in Art.79 Abs.3 zum Ausdruck kommt, unterlaufen werden (Tomuschat BK 50 f; Stern ST I 535 f). Die Vorschrift ermächtigt daher nicht dazu, „die Identität der geltenden Verfassungsordnung der Bundesrepublik Deutschland durch Einbruch in ihr Grundgefüge, in die sie konstituierenden Strukturen, aufzugeben" (BVerfGE 73, 339/375 f; 37, 271/279 f; 58, 1/40 ff) oder auszuhöhlen (BGHZ 102, 118/122 f). Die zwischenstaatliche Einrichtung muss in vergleichbarer Weise diese Grundstrukturen sichern (Herzog MD 34 Art.20 I; krit. Randelzhofer MD I 104 ff). Diese Sicherung muss umso sorgfältiger geprüft werden, je stärker die nationalen Verfassungsstrukturen durch die übertragenen Hoheitsrechte beeinträchtigt werden können (Tomuschat BK 54). Dabei ist die *Integrationsbereitschaft* des GG (oben Rn.2) zu berücksichtigen (BVerfGE 73, 339/386).

10   **Im Einzelnen** zählen zu den **Grenzen** des Abs.1 „die Rechtsprinzipien, die dem Grundrechtsteil des Grundgesetzes zugrunde liegen" (BVerfGE 73, 339/376; 37, 271/280; 58, 1/30 f; Tomuschat BK 61; a.A. Rojahn MüK 50). Sofern und soweit einer zwischenstaatlichen Einrichtung Hoheitsgewalt eingeräumt wird, die im Hoheitsbereich der Bundesrepublik wesentliche Gehalte der **Grundrechte** beeinträchtigen kann, muss die zwischenstaatliche Einrichtung an Rechtssätze gebunden sein, „die nach Inhalt und Wirk-

samkeit dem Grundrechtsschutz, wie er nach dem Grundgesetz unabdingbar ist, im Wesentlichen gleichkommt" (BVerfGE 73, 339/376; BVerfG-K,
NJW 01, 2706). Desgleichen ist der Ausschluss des **Rechtsschutzes** wegen
Art.19 Abs.4 nur zulässig, wenn ein anderer, effektiver Rechtsschutz gewährt
wird (BVerfGE 58, 1/41 ff). Im Hinblick auf Grundrechte ist in aller Regel ein
Individualrechtsschutz durch unabhängige Gerichte erforderlich, „die mit
hinlänglicher Gerichtsbarkeit, insbesondere mit einer dem Rechtsschutz-
begehren angemessenen Prüfungs- und Entscheidungsmacht über tatsächliche
und rechtliche Fragen ausgerüstet sind, auf Grund eines gehörigen Verfahrens
entscheiden ... und deren Entscheidungen gegebenenfalls die Verletzung
eines Grundrechts sachgerecht und wirksam sanktionieren" (BVerfGE 73,
339/376). Ein Rechtsschutz durch ausländische Gerichte kann nur genügen,
wenn die daraus resultierenden Belastungen noch hinnehmbar sind, was bei
einer nichtdeutschen Verfahrenssprache vielfach nicht der Fall ist (großzügiger BVerfGE 58, 1/42 f).

Sodann müssen Art.1 und die **Grundsätze des Art.20,** insb. die Prinzi- **11**
pien der *Demokratie,* des *Rechtsstaats* und des *Sozialstaats* in ihren Grundstrukturen im Rahmen der zwischenstaatlichen Einrichtung ausreichend abgesichert sein (Tomuschat BK 58 ff). Insb. ist eine hinreichende demokratische
Legitimation notwendig (BVerfGE 89, 155/184), die je nach dem Ausmaß
der übertragenen Hoheitsrechte und deren Gewicht für den innerstaatlichen
Rechtsraum unterschiedliche Anforderungen stellt (näher Classen MKS 30).
Endlich darf die *föderative Struktur* in der Bundesrepublik nicht völlig ausgehöhlt werden (vgl. BVerfGE 80, 74/80 f; Mosler HbStR VII § 175 Rn.67 ff).

c) Folgen eines Verstoßes. Werden die materiellen Grenzen der Über- **12**
tragbarkeit nicht beachtet, ist das Zustimmungsgesetz und damit (innerstaatlich) die Übertragung unwirksam (vgl. BVerfGE 89, 155/174 f). Dies gilt
jedoch nur, wenn die zwischenstaatliche Ordnung *strukturelle* Defizite aufweist, nicht bereits bei bedenklichen Einzelmaßnahmen (vgl. Rn.40 zu
Art.23 und Rn.46 zu Art.1). Weiter führt eine Verletzung der Übertra-
gungsgrenzen nicht zur Unwirksamkeit, soweit fehlende Sicherungen innerstaatlich kompensiert werden können. Das Fehlen eines ausreichenden
Grundrechtsschutzes wäre daher durch einen Vorrang nationaler Grundrechte (genauer ihres Kerngehalts) gegenüber dem Recht der zwischenstaatlichen
Einrichtung zu kompensieren (BVerfGE 37, 271/279 ff; 73, 339/377; Stern
ST I 544; a. A. Tomuschat BK 53, 65). Überschreitet die zwischenstaatliche
Einrichtung die Grenzen der ihr übertragenen Rechte, sind entsprechende
Akte innerstaatlich nicht anwendbar (vgl. BVerfGE 89, 155/188); auch
kommen die nationalen Grundrechte zum Tragen (BVerfGE 89, 155/174 f).

4. Probleme nach Übertragung von Hoheitsrechten

a) Verhältnis zwischenstaatlicher und deutscher Hoheitsrechte. **13**
Welche Folgen die Übertragung von Hoheitsrechten im Einzelnen hat,
hängt weitgehend von dem zugrunde liegenden völkerrechtlichen Vertrag
bzw. dem Zustimmungsgesetz ab (BVerfGE 73, 339/375; BSGE 60, 230/
235), da die Verpflichtung zur innerstaatlichen Rechtsanwendung aus dem
Zustimmungsgesetz folgt (BVerfGE 73, 339/375; 75, 223/244; Randelzho-

fer MD 12; a. A. Classen MKS 14 ff). Die zwischenstaatliche Einrichtung kann zur ausschließlichen Ausübung der Hoheitsrechte befugt sein. Im Zweifel liegt eine konkurrierende Kompetenz vor. Für das Verhältnis der Hoheitsakte der zwischenstaatlichen Einrichtung zum deutschen Recht ist ebenfalls der zugrunde liegende Vertrag entscheidend (BVerfGE 73, 339/375), begrenzt durch die Vorgaben des Abs.1 und des Art.79 Abs.3 (dazu oben Rn.9–11). Insb. kann ein mehr oder minder weit reichender *Anwendungsvorrang* des Rechts der zwischenstaatlichen Einrichtung vorgesehen sein (BVerfGE 75, 223/244; 85, 191/204); vgl. näher Rn.27 zu Art.23. Entsprechend dem Verständnis der Übertragung als Rücknahme deutscher Hoheitsgewalt zur Ermöglichung der Ausübung fremder Hoheitsgewalt (oben Rn.5) stellen die Akte der fremden Hoheitsgewalt keine Akte deutscher Hoheitsgewalt dar. Das Recht einer zwischenstaatlichen Einrichtung und das deutsche Recht bilden zwei getrennte Rechtskreise (BVerfGE 37, 271/277 f; vgl. Rn.1a zu Art.25), müssen aber nicht unverbunden nebeneinander stehen (BVerfGE 29, 198/210; 73, 339/368). Aufgrund des Übertragungsvertrags erlassenes Recht der zwischenstaatlichen Einrichtung ist ggf. nach Art.100 Abs.1 zu überprüfen (BVerfGE 37, 271/285; a. A. das überwiegende Schrifttum, etwa Tomuschat BK 97); zur Verfassungsbeschwerde unmittelbar gegen Hoheitsakte der zwischenstaatlichen Einrichtungen vgl. Rn.50b zu Art.93.

14   **b) Mitwirkung in der zwischenstaatlichen Einrichtung.** Die Mitwirkung in den Organen der zwischenstaatlichen Einrichtung zählt zur auswärtigen Gewalt und rechnet daher zu den Aufgaben des Bundes (Classen MKS 55) und innerhalb des Bundes zu den Aufgaben der Bundesregierung (Tomuschat BK 103; Rn.6 zu Art.59). Die Bundesregierung ist dabei an das GG gebunden, insb. an den Grundsatz der Bundestreue (vgl. Rn.20–22 zu Art.20), der dort bedeutsam werden kann, wo der zwischenstaatlichen Einrichtung Hoheitsrechte der Länder übertragen werden (Tomuschat BK 106; vgl. BVerfGE 92, 203/230). Entsprechendes gilt für die Grundrechte (Herdegen MD 90 zu Art.1 III). Generell sind aber die durch Art.24 Abs.1 ermöglichten Einschränkungsmöglichkeiten zu berücksichtigen (Herdegen MD 91 zu Art.1 III). Im Übrigen steht der Bundesregierung ein weiter Spielraum zu (Classen MKS 57). Die Bundesregierung ist zu vorheriger Information des Bundesrats verpflichtet (BVerfGE 92, 203/230 f; Tomuschat BK 106); Gleiches dürfte gegenüber dem Bundestag gelten (Classen MKS 58).

II. Übertragung von Hoheitsrechten durch ein Land (Abs.1a)

1. Bedeutung und Gegenstand der Ermächtigung

15   **a) Bedeutung.** Die 1993 (Einl.3 Nr.38) eingefügte Vorschrift gibt den Ländern in begrenzten Fällen das Recht, ihnen zustehende Hoheitsrechte auf grenznachbarschaftliche Einrichtungen zu übertragen. In allen anderen Fällen ist eine Übertragung allein durch *Bundes*gesetz nach Art.24 Abs.1 (oder Art.23 Abs.1) möglich. Unberührt bleibt die Zusammenarbeit unterhalb der Übertragung von Hoheitsrechten (Streinz SA 41). Bedeutung hat Abs.1a insb. auf dem Gebiet des Schul- und Hochschulrechts, des Polizeirechts, der Fach- und Raumplanung sowie der Abfall- und Abwasserentsorgung (BT-Drs. 12/3338, S.10; Grotefels, DVBl 94, 789).

b) Gegenstand der Ermächtigung. Zur Frage, was *Hoheitsrechte* sind **15a** und wann eine *Übertragung* vorliegt, gelten die Ausführungen oben in Rn.4f entsprechend. Eine Übertragung ist nur möglich, soweit das Land innerstaatlich im Verhältnis zum Bund die **Verbandskompetenz** für das fragliche Hoheitsrecht besitzt (vgl. Streinz SA 47). Werden Gesetzgebungsrechte übertragen, muss das Land gesetzgebungsbefugt sein, und sei es auch auf Grund konkurrierender Gesetzgebungskompetenzen. Werden Verwaltungskompetenzen übertragen, muss das Land zur Ausführung von Gesetzen kompetent sein (Classen MKS 72). Ob auch Rechtsprechungskompetenzen übertragen werden können (dafür Pernice DR 44; Rojahn MüK 82), erscheint angesichts der Verknüpfung von Bundes- und Landeskompetenzen in diesem Bereich unsicher.

Die Übertragung der Hoheitsrechte darf nur auf eine **grenznachbar-** **16** **schaftliche Einrichtung** erfolgen. Da insoweit auf den Begriff der zwischenstaatlichen Einrichtung (dazu oben Rn.7) verzichtet wird, dürften darunter auch Einrichtungen des Nachbarstaates fallen, sofern für eine grundsätzlich gleichberechtigte Mitwirkung der deutschen Seite gesorgt wird (Pernice DR 48; Classen MKS 71; Hillgruber SHH 27; restriktiver Hobe FH 49; großzügiger Schwarze, FS Benda, 1995, 329ff). Doch muss die Einrichtung eine grenznachbarschaftliche Funktion haben, muss einen regionalen Bezug besitzen (Streinz SA 43). Daher betrifft Abs.1a nur die Bundesländer, die an den Außengrenzen Deutschlands liegen (Pernice DR 46). Abs.1a ist insb. bei grenznachbarschaftlichen Einrichtungen innerhalb der EU anwendbar (vgl. Hobe FH 48; Rn.4 zu Art.23).

2. Voraussetzungen der Übertragung und Folgen

Ob die Übertragung eines Landesgesetzes bedarf, bestimmt sich nach **17** Landesverfassungsrecht (Pernice DR 41f; vgl. Randelzhofer MD I 198). Auf jeden Fall bedarf die Übertragung gem. Abs.1a der *vorherigen* **Zustimmung durch die Bundesregierung** (Rojahn MüK 86). Eine Verweigerung der Zustimmung ist nur bei erheblicher Beeinträchtigung der Gesamtstaatsinteressen möglich (noch restriktiver Pernice DR 49); das Land ist vorher zu hören (Streinz SA 46). Im Bereich der konkurrierenden Kompetenz kann von der Bundesregierung ein Kündigungsrecht für den Fall einer bundesrechtlichen Regelung verlangt werden (Hobe FH 51). Die Übertragungskompetenz liegt beim **Land**, nicht bei den Gemeinden (Hobe FH 46; Streinz SA 40). Das schließt nicht aus, dass Gemeinden durch Landesrecht zur Übertragung von Hoheitsrechten in bestimmten Bereichen ermächtigt werden (noch großzügiger Classen MKS 73; restriktiver Rojahn MüK 81; Pernice DR 43). Die Vereinbarung mit dem Nachbarstaat bzw. der Einrichtung des Nachbarstaats muss nicht notwendig völkerrechtlicher Natur sein (Randelzhofer MD 197; Streinz SA 39); der Vertragspartner muss aber zur Übertragung von Hoheitsrechten in der Lage sein.

Was die **materiellen Grenzen** und die **Folgen** eines Verstoßes dagegen **18** angeht, so gelten die Ausführungen oben in Rn.9–12 entsprechend. Darüber hinaus wird für das **Verhältnis** der Hoheitsakte der grenznachbarschaftlichen Einrichtung und nationalen Hoheitsakte auf die Ausführungen oben in Rn.13 verwiesen. Für die dauerhafte Beachtung des Bundesrechts ist Sorge zu tragen (Classen MKS 75), was durch materielle Klauseln oder ein Kündigungsrecht gesichert werden kann (vgl. Streinz SA 48; Classen MKS 73). Weiter gehende Möglichkeiten eröffnet insoweit allein Abs.1.

III. Weitere Formen der Teilnahme an internationalen Einrichtungen

1. Systeme kollektiver Sicherheit (Abs.2)

19   **a) Bedeutung, Abgrenzung, Anwendungsbereich.** Abs.2 ermächtigt den Bund zum Beitritt zu Systemen gegenseitiger Sicherheit, unter Einschluss der im Rahmen des Systems notwendigen Aktivitäten, etwa militärischen Einsätzen (BVerfGE 90, 286/345 ff; Sauer, Lit. zu § 59, 615). Die Vorschrift enthält keine Abs.1 ausschließende Sonderregelung, etwa für den militärischen Bereich (Randelzhofer MD II 1, 28; Streinz SA 55; Tomuschat BK 123). Werden Hoheitsrechte auf eine zwischenstaatliche Einrichtung (mit unmittelbarer Wirkung im innerstaatlichen Bereich) übertragen, ist (auch im militärischen Bereich) allein Abs.1 einschlägig (vgl. Deiseroth UC 248). I.Ü. unterscheiden sich Abs.1 und Abs.2 in den Anforderungen nur graduell (größere Bestimmtheit des entspr. Gesetzes). Zu den Rechten des Bundestags im Hinblick auf Art.24 Abs.2 vgl. Rn.22 zu Art.59.

20   Als **System gegenseitiger kollektiver Sicherheit** iSd Abs.2 sind durch völkerrechtlichen Vertrag begründete Organisationen einzustufen, die die Sicherheit vor militärischen Angriffen und Bedrohungen, aber auch vor terroristischen Aktionen und Minderheitenkonflikten gewährleisten sollen (Pernice DR 57). Der Funktion der Vorschrift entsprechend und abweichend vom wohl überwiegenden völkerrechtlichen Sprachgebrauch werden auch Bündnisse zum Schutz gegen von *Dritten* ausgehende Angriffe erfasst (BVerfGE 90, 286/349; Randelzhofer MD II 21; Grewe HbStR III 957; Pernice DR 55 f; a.A. Wolfrum HbStR VII 655 f; Deiseroth UC 213; Classen MKS 80). Das System muss auf jeden Fall der „Friedenswahrung" dienen, also rein defensiven Charakter haben (BVerfGE 104, 151/213; 118, 244/260; Randelzhofer MD II 41). Schließlich dürfte Abs.2 (anders als Abs.1) allein kündbare Bündnisse gestatten (Streinz SA 69; Tomuschat BK 159). Unter Abs.2 fallen u.a. die Vereinten Nationen (BVerfGE 104, 151/195; Streinz SA 63; Pernice DR 54), weiter die NATO, soweit ihr keine Hoheitsrechte übertragen wurden (BVerfGE 90, 286/349 ff; 121, 135/156; Hobe FH 58; a.A. Deiseroth UC 286; vgl. oben Rn.3) und die Westeuropäische Union (Streinz SA 63).

21   **b) Reichweite der Ermächtigung.** Abs.2 gestattet nur die **Beschränkung von Hoheitsrechten,** ohne dass die Hoheitsrechte durch einen anderen Staat oder eine zwischenstaatliche Einrichtung wahrgenommen werden (Tomuschat BK 123; teilw. anders Randelzhofer MD II 31). Anders als Abs.1 erlaubt Abs.2 keine *Übertragung* von Hoheitsrechten, mit der die gesi-

cherte Ausübung fremder Hoheitsrechte im innerstaatlichen Bereich (näher dazu oben Rn.4 f) ermöglicht wird (BVerfGE 90, 286/346 f; Pernice DR 60). Darunter fallen etwa Rüstungsbeschränkungen und deren Kontrolle. Die Ausübung fremder Hoheitsgewalt ist nur möglich, sofern sie in jedem Anwendungsfall von deutscher Zustimmung abhängt (oben Rn.5). Eine integrierte Kommandogewalt ist allein nach Abs.1 möglich (oben Rn.6), es sei denn, die nationale Zustimmung kann aufgrund spezifischer Umstände jederzeit wirksam widerrufen werden (vgl. Classen MKS 90). Das Vertragsgesetz kann die Regierung zur Fortentwicklung des Vertrags ermächtigen, solange sie nicht zu wesentlichen Überschreitungen oder Änderungen des Integrationsprogramms führt (BVerfGE 104, 151/195; Pernice DR 66); vgl. Rn.16 zu Art.59.

Erfasst wird auch die Verpflichtung zur *Übernahme „der* mit der Zuge- **21a** hörigkeit zu einem solchen System typischerweise verbundenen *Aufgaben"* (BVerfGE 90, 286/345; Hobe FH 60, 62). Abs.2 kann daher den **Einsatz der Bundeswehr im Ausland** im Rahmen eines Systems kollektiver Sicherheit, insb. der UNO, rechtfertigen (BVerfGE 90, 286/353 ff; 123, 267/ 360; BVerwGE 103, 361/364; 127, 1 Rn.53; Wiefelspütz, AöR 2007, 83 ff; Pernice DR 64; Streinz SA 72; Rn.10 zu Art.87a) und wird durch Art.87a nicht eingeschränkt (BVerfGE 104, 151/212); das Erfordernis der Zustimmung des Bundestages (Rn.11 zu Art.87a) bleibt allerdings unberührt (BVerfGE 121, 135/153 f, 160 f). Zeit- und Berufssoldaten können auch gegen ihren Willen eingesetzt werden (BVerwGE 103, 361/364 f), Wehrpflichtige dagegen nur aufgrund spezieller Regelungen (Rn.2 zu Art.12a).

c) Beitrittsvertrag. Der Beitritt zu dem Sicherheitssystem bedarf eines **22** **völkerrechtlichen Vertrags** (BVerfGE 104, 151/194 f; Randelzhofer MD II 23) sowie eines **Vertragsgesetzes** gem. Art.59 Abs.2 (Rn.12 zu Art.59). Das Vertragsgesetz muss, unter Berücksichtigung des völkerrechtlichen Vertrags, ausreichend bestimmt sein (vgl. oben Rn.8). Nach dem Wortlaut des Abs.2 Hs. 2 scheint Deutschland **verpflichtet,** in eine Beschränkung seiner Hoheitsrechte einzuwilligen, falls es einem Sicherheitssystem beitritt, das eine friedliche und dauerhafte Ordnung in Europa und zwischen den Völkern der Welt sichert. Das steht im Widerspruch zum Ermessen in Abs.2 Hs. 1 bei der Entscheidung über den Beitritt (Tomuschat BK 167 f; Stern ST I 547 f; a. A. Randelzhofer MD II 39). Die Verpflichtung dürfte daher nur die innerstaatliche Verbindlichkeit eines völkerrechtlich vereinbarten Verzichts auf Hoheitsrechte verdeutlichen (vgl. Classen MKS 91; Tomuschat BK 169). Die innerstaatliche Verbindlichkeit dürfte demzufolge nicht bereits mit Aufhebung des Zustimmungsgesetzes enden, sondern erst mit der ordnungsgemäßen Kündigung des völkerrechtlichen Vertrags (Tomuschat BK 176; wohl auch Randelzhofer MD II 34). Dem völkerrechtlichen Vertrag wird ein Rang *über* den förmlichen Gesetzen zugeschrieben (Streinz SA 66; Rojahn MüK 90).

2. Schiedsgerichtsbarkeit (Abs.3)

Abs.3 enthält eine bindende Verpflichtung (Randelzhofer MD III 5; Stern **23** ST I 508) für den Bund, Vereinbarungen über eine Schiedsgerichtsbarkeit (oder eine institutionalisierte Gerichtsbarkeit) zur Beilegung internationaler Streitigkeiten beizutreten, sofern die Schiedsgerichtsbarkeit folgende Voraussetzungen erfüllt: Sie muss *allgemein* sein, d. h. der Beitritt muss allen Staaten offen stehen (Classen MKS 98; Deiseroth UC 340; Tomuschat BK 200). Sie kann sich allerdings auf eine Region beschränken (Hobe FH 67; Deiseroth UC 342; Randelzhofer MD III 11; a. A. Classen MKS 98). Des Weiteren muss die Schiedsgerichtsbarkeit *umfassend* sein, also alle Sachgebiete einschließen (Hillgruber SHH 41; Randelzhofer MD III 12). Endlich muss sie *obligatorisch* sein, d. h. auch ohne Zustimmung des beklagten Staats angerufen werden können (Randelzhofer MD III 13; Deiseroth UC 350; Rojahn MüK 98). Erfasst werden nicht nur Schiedsgerichte im technischen Sinn, sondern auch internationale Gerichte (Streinz SA 80). Die Jurisdiktion des Internationalen Gerichtshofs nach Art.92 der UN-Charta ist allerdings nicht obligatorisch (Streinz SA 87; Randelzhofer MD III 18; Tomuschat BK 208; a. A. Classen MKS 100; Deiseroth UC 354). Abs.3 schließt nicht aus, dass die Bundesrepublik einer Vereinbarung über eine Schiedsgerichtsbarkeit beitritt, die die genannten Voraussetzungen nicht erfüllen; nur *muss* sie das nicht tun. Zudem wird die Bundesrepublik verpflichtet, den Aufbau einer obligatorischen Schiedsgerichtsbarkeit zu fördern, wobei ihr aber ein weiter Beurteilungsspielraum zukommt (vgl. Streinz SA 85, etwas strenger Pernice DR 68).

Art.25 [Allgemeines Völkerrecht als Teil des Bundesrechts]

Die allgemeinen Regeln des Völkerrechtes[5 ff] sind Bestandteil des Bundesrechtes[12 f]. Sie gehen den Gesetzen vor[13] und erzeugen Rechte und Pflichten unmittelbar für die Bewohner des Bundesgebietes[13].

Übersicht

Literatur: *Proelß,* Der Grundsatz der völkerrechtsfreundlichen Auslegung, in: Rensen/Brink (Hg.), Linien der Rechtsprechung des BVerfG, 2009, 553; *Czerner,* Das völkerrechtliche Anschlusssystem der Art.59 II 1, 25 und 24 I GG und deren Inkorporierungsfunktion zugunsten der innerstaatlichen EMRK-Geltung, EuR 2007, 537; *Heckötter,* Die Bedeutung der EMRK und der Rechtsprechung des EGMR für die deutschen Gerichte, 2007; *Kunig,* Völkerrecht und staatliches Recht, in: Vitzthum (Hg.), Völkerrecht, 4. Aufl. 2007, 87; *Geiger,* Grundgesetz und Völkerrecht, 3. Aufl. 2002; *Bleckmann,* Der Grundsatz der Völkerrechtsfreundlichkeit der deutschen Rechtsordnung, DÖV 1996, 137; *Bungert,* Einwirkung und Rang von Völkerrecht im innerstaatlichen Rechtsraum, DÖV 1994, 797; *Steinberger,* Allgemeine Regeln des Völkerrechts, HbStR VII, 1992, § 173; *Engel,* Völkerrecht als Tatbestandsmerkmal deutscher Normen, 1989; *Kunig,* Die Quellen des Völkerrechts aus der Sicht des GG, Jura 1989, 667; *Hofmann,* Art.25 GG und die Anwendung völkerrechtswidrigen ausländischen Rechts, ZaöRV 1989, 41. – S. auch Literatur zu Art.24, 59.

1. Innerstaatliche Geltung und Bedeutung des Völkerrechts

a) Begriff des Völkerrechts. Art.25 betrifft das Völkerrecht: Darunter **1** ist einerseits die Gesamtheit der Regeln über die Beziehungen zwischen Staaten und anderen Völkerrechtssubjekten, insb. internationalen Organisationen (in eingeschränktem Umfang auch von Individuen) und andererseits das interne Recht internationaler Organisationen zu verstehen (Herdegen MD 14); zu innerstaatlichen Staatsverträgen Rn.6 zu Art.32.

b) Innerstaatliche Geltung und Anwendung. Art.25 verdeutlicht, **1a** ebenso wie Art.59 Abs.2, dass Völkerrecht nur dann innerstaatlich gilt, wenn ein innerstaatlicher Akt dies anordnet (BVerfGE 73, 339/375). Das GG geht wohl von einer grundsätzlich dualistischen Sicht aus, wonach Völkerrecht und nationales Recht zwei unterschiedliche Rechtskreise bilden (BVerfGE 111, 307/318). Ob man in der Anordnung der innerstaatlichen Anwendung einen bloßen **Vollzugs- oder Rechtsanwendungsbefehl** sieht, mit der Folge, dass das Völkerrecht als solches im Inland zum Tragen kommt (so Steinberger HbStR VII § 173 Rn.43; Rauschning BK 145 zu Art.59; Koenig MKS 42; wohl auch BVerfGE 73, 339/375; 90, 286/364; BGHZ 52, 216/219), oder die Anordnung als eine **Transformation** qualifiziert, mit der Folge, dass das umgesetzte Recht als nationales Recht gilt (so BVerwGE 92, 116/118; 95, 42/45; 98, 31/41; Czerner, EuR 07, 548f), wird vom GG nicht entschieden (Hofmann UC 18; Schweitzer 34f) und bleibt in der Rspr. häufig offen (BVerfGE 111, 307/316f; BVerwGE 110, 203/213). Die beiden Ansätze werden überwiegend restriktiv verstanden und führen dann im Wesentlichen zu übereinstimmenden Ergebnissen (Streinz SA 21), weshalb im Folgenden meist neutral von **Übernahme** gesprochen wird. Dem völkerrechtsfreundlichen Charakter des GG entspricht allerdings besser die Vollzugslehre, die zudem dogmatisch leistungsfähiger ist, etwa hinsichtlich der Beachtung völkerrechtlicher Prinzipien bei der Auslegung (vgl. unten Rn.4a). Der Übernahme bedarf jede einzelne Regelung. Anders ist die Situation nur dort, wo Hoheitsrechte übertragen wurden (vgl. Rn.27 zu Art.23 und Rn.13 zu Art.24).

Für die **allgemeinen Regeln des Völkerrechts** enthält Art.25 den Voll- **2** zugsbefehl bzw. die Transformation. Das **sonstige Völkerrecht** muss dagegen durch einen eigenständigen Vollzugsbefehl bzw. Transformationsakt übernommen werden. Im Bereich des Art.59 Abs.2 S.1 ist eine bundesgesetzliche Regelung notwendig; näher dazu, auch zum Rang, Rn.17–19 zu Art.59. Zur Situation im Bereich von Verwaltungsabkommen Rn.20f zu Art.59.

Zur Übernahme durch Landesrecht Rn.17 zu Art.32. Völkerrechtliche Verträge sind im Licht des GG auszulegen (BVerfGE 99, 145/158).

3   Trotz Vollzugsbefehl bzw. Transformation ist eine völkerrechtliche Vorschrift von Behörden und Gerichten **nicht** (unmittelbar) **anwendbar** bzw. nicht unmittelbar vollzugsfähig (nicht *self-executing*), wenn bereits die völkerrechtliche Norm deutlich werden lässt, dass ihre Anwendung den Erlass weiterer Akte (etwa nationaler Gesetze) voraussetzt oder nationales Recht (etwa das Bestimmtheitsgebot für belastende Regelungen) eine Konkretisierung erfordert (BVerwGE 80, 233/235; 87, 11/13; Streinz SA 68 zu Art.59; Koenig MKS 45); zur Frage, ob man in diesen Fällen immerhin von einer innerstaatlichen Geltung sprechen kann, vgl. Streinz SA 67 zu Art.59. Mit der unmittelbaren Anwendbarkeit verwandt, wenn auch nicht identisch ist schließlich die Frage, ob *subjektive Rechte* verliehen werden (vgl. Rn.18 zu Art.59).

4   **c) Völkerrechtsfreundlichkeit.** Das Grundgesetz geht, wie v. a. Art.25 und die zugehörige Regelung des Art.100 Abs.2, aber auch Art.24 Abs.3 und Art.9 Abs.2 verdeutlichen, „von der Eingliederung des von ihm verfassten Staates in die Völkerrechtsordnung" aus (BVerfGE 75, 1/17; 108, 129/137; 111, 307/318); vgl. Rn.4 zur Präamb. Es verpflichtet daher auch außerhalb der von Art.25 erfassten allgemeinen Regeln des Völkerrechts, zumal hinsichtlich des Völkervertragsrechts, zu besonderer **Völkerrechtsfreundlichkeit** (BVerfGE 18, 112/121; 31, 58/75 f; 75, 1/17; Streinz SA 9; Zuleeg AK 33). „Das Grundgesetz stellt die Staatsorgane mittelbar in den Dienst der Durchsetzung des Völkerrechts" (BVerfGE 111, 307/328; 112, 1/25). Das Prinzip der Völkerrechtsfreundlichkeit ist mit dem der internationalen Zusammenarbeit (Rn.1 zu Art.24) und dem des friedlichen Zusammenlebens der Völker (Rn.1 zu Art.26) verwandt.

4a   Geboten ist insb. eine *völkerrechtsfreundliche Interpretation* des nationalen Rechts, auch des Verfassungsrechts (BVerfGE 63, 1/20; Hofmann UC 20; Rojahn MüK 4 zu Art.24; Tomuschat HbStR VII § 172 Rn.27 ff; vgl. BVerfGE 59, 63/89); zur Beachtung bzw. Berücksichtigung der allgemeinen Regeln des Völkerrechts unten Rn.14. Gesetze „sind im Einklang mit den völkerrechtlichen Verpflichtungen der Bundesrepublik Deutschland auszulegen und anzuwenden, selbst wenn sie zeitlich später erlassen worden sind als ein geltender völkerrechtlicher Vertrag" (BVerfGE 74, 358/370); das wirkt de facto vielfach wie ein Vorrang des Völkerrechts vor dem einfachen Recht (Fastenrath/Groh FH 111 zu Art.159). Lediglich „eindeutig entgegenstehendes Gesetzesrecht" ist nicht zu überwinden (BVerfGE 111, 307/329; Proelß o. Lit. 557), wobei es nicht allein auf den Wortlaut ankommt. Weiter verpflichtet der Grundsatz alle Staatsorgane, „die die Bundesrepublik Deutschland bindenden Völkerrechtsnormen zu befolgen und Verletzungen nach Möglichkeit zu unterlassen", ggf. auch dann, wenn andere Staaten das Völkerrecht verletzen (BVerfGE 112, 1/26; einschr. BVerfGE *abwM* 112, 1/48 f für die Verletzung des Völkerrechts durch Drittstaaten). Zudem hat der Gesetzgeber für eine Korrektur begangener Völkerrechtsverstöße zu sorgen (BVerfGE 112, 1/26). Darüber hinaus sind fremde Rechtsordnungen grundsätzlich zu achten, auch wenn sie im Einzelnen nicht mit dem innerstaatlichen Auffassungen übereinstimmen (BVerfGE 108, 129/137; 108, 238/247 f; 113, 154/162 f; vgl. allerdings Rn.52 zu Art.1).

2. Allgemeine Regeln des Völkerrechts (Allgemeines)

a) Begriff. Mit den **allgemeinen Regeln des Völkerrechts** (zum Be- 5 griff des Völkerrechts oben Rn.1) sind Rechtsvorschriften gemeint, die allgemein gelten, d. h. von der weltweit (unten Rn.7) überwiegenden Mehrheit der Staaten (BVerfGE 23, 288/316 f; 117, 141/148; 118, 124/134), der „weitaus größeren Zahl" anerkannt werden (BVerfGE 16, 27/33). Entscheidend ist die Staatenpraxis unter Berücksichtigung der Entscheidungen internationaler Gerichte (BVerfGE 109, 38/54). Auf die ausdrückliche Anerkennung durch Deutschland kommt es nicht an (BVerfGE 117, 141/149; 118, 124/134; Zuleeg AK 15 ff; Hofmann UC 15); bei einer beständigen Verweigerung der Zustimmung von Anfang an ist aber Deutschland bereits völkerrechtlich nicht gebunden (BVerfGE 46, 342/389; v. Heinegg EH 19; Streinz SA 25; Koenig MKS 31; a. A. Tomuschat BK 52). Generell werden nur Regeln erfasst, die Deutschland völkerrechtlich binden (Koenig MKS 31; Steinberger HbStR VII § 173 Rn.35). Erfasst wird regelmäßig zwingendes Völkerrecht (BVerfGE 112, 1/27 f). Art.25 gilt auch für allgemeine Regeln des Völkerrechts, die erst nach Erlass des GG entstanden sind (Tomuschat BK 66).

b) Arten: – **(1)** Das **Völkervertragsrecht** zählt mangels allgemeiner 6 Geltung *nicht* zu den allgemeinen Regeln des Völkerrechts (BVerfGE 100, 266/269; 117, 141/149; 118, 124/134 f), auch wenn ein Vertrag von der Mehrheit der Staaten abgeschlossen wird. Für das Vertragsrecht ist Art.59 Abs.2 lex specialis hinsichtlich der Übernahme (Rojahn MüK 10; Koenig MKS 18; Herdegen MD 20). Das Vertragsrecht kann allerdings gewohnheitsrechtliche Regelungen enthalten, für die Art.25 gilt (Streinz SA 31; Koenig MKS 19). Voraussetzung ist, dass die fragliche Regelung nicht nur als Vertragsrecht, sondern allgemein auch als Gewohnheitsrecht angewandt wird. Zudem geht Völkervertragsrecht dem Gewohnheitsrecht im Konfliktsfalle vor (BVerfGE 18, 441/448; BAGE 48, 81/86; Steinberger HbStR VII § 173 Rn.13), sofern das Gewohnheitsrecht nicht ausnahmsweise als zwingendes Völkerrecht einzustufen ist.

(2) Zu den allgemeinen Regeln des Völkerrechts rechnet durchweg das 7 **Völkergewohnheitsrecht** (BVerfGE 96, 68/86; 109, 38/53; 117, 141/ 149). Es geht um eine „ausreichende Staatenpraxis, d. h. eine dauernde und einheitliche Übung unter weit gestreuter und repräsentativer Beteiligung", hinter der die Auffassung steht, „im Rahmen des völkerrechtlich Gebotenen und Erlaubten oder des Notwendigen zu handeln" (BVerfGE 96, 68/87; 95, 96/129; 109, 13/27 f). Ob eine Regel eine solche des Völkergewohnheitsrechts ist und ob es sich um einen allgemeinen Rechtsgrundsatz handelt, entscheidet das Völkerrecht (BVerfGE 117, 141/149; 118, 124/134). Für die Ermittlung der Staatenpraxis kommt es auf das Handeln der zuständigen Organe an, soweit ihr Verhalten unmittelbar völkerrechtlich erheblich ist; zudem ist den Entscheidungen internationaler Gerichte besondere Aufmerksamkeit zu geben (BVerfGE 109, 13/28). Entscheidend ist der aktuelle Bestand, nicht der von 1949 (BVerfGE 18, 441/448; Hobe FH 22). Erfasst wird allein „das universell geltende Völkergewohnheitsrecht", nicht also regionales Gewohnheitsrecht (BVerfGE 94, 315/328; 96, 68/86; Herdegen MD 32; a. A. Tomuschat BK 19; Koenig MKS 28; Hofmann UC 15). Zum Verhältnis zum Vertragsrecht oben Rn.6.

8 **(3)** Die **allgemein anerkannten Rechtsgrundsätze** des Völkerrechts fallen unter Art.25 (BVerfGE 96, 68/86; 109, 38/53; 117, 141/149; 118, 124/134; Streinz SA 35; Koenig MKS 23; a. A. Schweitzer 265). Damit sind Rechtsprinzipien angesprochen, die übereinstimmend in den innerstaatlichen Rechtsordnungen zu finden und auf den zwischenstaatlichen Verkehr übertragbar sind (Pernice DR 22; Hobe FH 25). Sie haben ergänzenden Charakter, insb. für die Auslegung und Lückenfüllung (Streinz SA 36).

3. Einzelne Bereiche und Fälle

9 **a) Allein staatsgerichtete Regeln. – (1)** *Territorialitätsprinzip:* Staatliche Hoheitsakte dürfen auf dem Gebiet eines anderen Staats nur mit dessen Zustimmung vorgenommen werden (BGH, NJW 69, 1428), es sei denn, es geht um staatliche Leistungen (BVerfGE 14, 221/237; BSGE 33, 280/284). Nationales Recht darf auf ausländische Sachverhalte ohne sachlichen Anknüpfungspunkt nicht angewandt werden (vgl. BSGE 17, 173/177; 20, 69/70; BGHSt 27, 30/32). Allgemeine Regeln des Völkerrechts sind weiter die Regeln über die Basislinie für das Küstenmeer (BVerfG-K, NVwZ-RR 92, 522). Zulässig ist, ausländische Hoheitsakte auf ihre Völkerrechtsmäßigkeit hin zu überprüfen und sie ggf. unangewendet zu lassen (BVerfGE 95, 96/129). – **(2)** *Immunität:* Andere Staaten und die für sie handelnden Organe können hinsichtlich ihrer hoheitlichen Tätigkeit nicht nationalen Hoheitsakten unterworfen werden (BVerwG, DVBl 89, 261; BGH, NJW 79, 1101), wohl aber im Bereich nicht hoheitlicher Betätigung (BVerfGE 16, 27/60 ff; 46, 342/364; 64, 1/44). In hoheitlich genutztes Vermögen anderer Staaten kann nicht zwangsvollstreckt werden (BVerfGE 46, 342/364; BGH, NJW-RR 03, 1219). Ein Immunitätsverzicht erstreckt sich nur bei ausdrücklicher Regelung auch auf das Vermögen einer diplomatischen Vertretung (BVerfGE 117, 141/151 ff). Staatsoberhäupter genießen nach ihrer Amtszeit nur begrenzte Immunität (Streinz SA 55a). – **(3)** *Diplomaten u. ä.:* Von der Staatenimmunität ist die diplomatische Immunität zu trennen (BVerfGE 96, 68/85). Die formale Gleichbehandlung im diplomatischen Verkehr ist geboten (BVerfGE 46, 342/402), nicht dagegen freies Parken für diplomatische Missionen (BVerwGE 37, 116/120 ff). Eine über das Wiener Übereinkommen hinausgehende Immunität gegenüber Drittstaaten besteht nicht (BVerfGE 96, 68/86 ff). – **(4)** *Sonstiges:* Eine allgemein anerkannte Regel des Völkerrechts ist das Gewaltverbot (BVerfGE 104, 151/213), unter Berücksichtigung seiner völkerrechtlichen Schranken (Streinz SA 67a). Nicht anerkannt ist ein Verbot von Kernwaffen (BVerfGE 66, 39/65), ein Grundsatz der Anerkennung ausländischer Hoheitsakte (BGHSt 39, 1/15) oder ein Recht zur Zahlungsverweigerung im Staatsnotstand (BVerfGE 118, 124/138 ff). Zum Grundsatz „pacta sunt servanda" Rn.17 zu Art.59.

b) Individualgerichtete und individualbedeutsame Regeln: – 10
(1) Die **Europäische Menschenrechtskonvention** gilt kraft gesetzlicher
Übernahme im Rang eines Bundesgesetzes, nicht als allgemeine Regel des
Völkerrechts (BVerfGE 74, 358/370; 111, 307/317; 120, 180/200; BVerw-
GE 99, 331/333; Tomuschat BK 38; Kempen MKS 92 zu Art. 59; diff. Pernice DR 21); auch aus Art. 1 Abs. 2 ergibt sich kein Verfassungsrang. Andererseits ist das GG unter Berücksichtigung der EMRK auszulegen (BVerfGE
74, 358/370; 82, 106/115; 111, 307/317 f; Herdegen MD 68 zu Art. 1 III;
Rn. 29 zu Art. 1). Insb. dient die EMRK als Auslegungshilfe bei der Bestimmung von Inhalt und Reichweite der GG-Grundrechte (BVerfGE 120,
180/200; BVerfG-K, NJW 09, 1134). Zudem können bestimmte Gehalte
der EMRK allgemeine Regeln des Völkerrechts iSd Art. 25 sein, wie das
Verbot der Sklaverei (Ehlers § 2 Rn. 6). Gleiches gilt für das Verbot der Folter sowie der unmenschlichen und grausamen Behandlung (BVerfG-K, StV
04, 440). Die EMRK stellt strikt geltendes Recht dar, ebenso wie förmliche
Bundesgesetze und vermittelt subjektive Rechte (unten Rn. 13). Gesetze
sind im Einklang mit der EMRK auszulegen und anzuwenden, auch wenn
sie zeitlich später als das Zustimmungsgesetz zur EMRK ergangen sind
(BVerfGE 74, 358/370). Die deutschen Gerichte haben die EMRK zu beachten, soweit nicht Verfassungsrecht oder sonstiges vorrangiges Recht eindeutig entgegensteht (BVerfGE 111, 307/329); die Entscheidungen des
EGMR sind von den Gerichten im Detail und mit ausreichendem Gewicht
zu berücksichtigen (BVerfGE 111, 307/323; BVerfG-K, NJW 05, 2688).
Die Grenze bildet „eindeutig entgegenstehendes Gesetzesrecht" (BVerfGE
111, 307/329), wobei es nicht allein auf den Wortlaut ankommt. Ein Verstoß gegen die Verpflichtung zur Beachtung bzw. Berücksichtigung der
EMRK bzw. der Entscheidungen des EGMR kann im Rahmen des betroffenen Grundrechts gerügt werden (BVerfGE 111, 307/329 f; 124, 300/319).

(2) Rechtsschutz: Gewährleistet ist ein angemessener Rechtsschutz für 11
Ausländer (BVerfGE 60, 253/303 ff; 67, 43/63), insb. die Zuziehung eines
Dolmetschers im strafprozessualen Verfahren, wenn der Angeklagte der deutschen Sprache nicht mächtig ist (BVerfG-K, NJW 88, 1462 f). Nicht geboten
ist eine volle Gleichstellung von Ausländern im Rechtsschutz (BVerfGE
67, 43/63) sowie ein freies Geleit für ausländische Zeugen auch ohne Zusicherung (BGHSt 35, 216/218 ff). – **(3) Auslieferung:** Anerkannt ist der
Grundsatz der Spezialität, wonach ein Strafverfahren durch die Auslieferungsbewilligung des fremden Staats begrenzt wird (BVerfGE 57, 9/28).
Umgekehrt ist eine Auslieferung nur an andere Staaten möglich, wenn diese
den Spezialitätsgrundsatz beachten (BVerfG-K, NJW 01, 3112) und der wesentliche Kern eines fairen Gerichtsverfahrens gewährleistet ist (BVerfGE 63,
332/338). Eine Auslieferung einer unter Täuschung ins Inland gelockten
Person steht das allgemeine Völkerrecht nicht entgegen (BVerfGE 109, 13/
30 ff). Eine Auslieferung zur Vollstreckung eines Abwesenheitsurteils ist unzulässig, wenn der Betroffene nicht über das Verfahren unterrichtet war bzw.
sich nicht wirksam verteidigen konnte (BVerfG-K, DVBl 04, 695). Wegen
der Einstufung als allgemeine Regel des Völkerrechts (oben Rn. 10) ist die
Auslieferung in ein Land, in dem Folter etc. drohen, unzulässig (BVerfG-K,
StV 04, 440). – **(4) Sonstiges.** Als allgemeines Völkerrecht gelten die sog.

Rot-Kreuz-Konventionen (BVerwGE 72, 241/247). Nicht gewährleistet ist ein Verbot der Doppelbestrafung für eine Tat in zwei verschiedenen Ländern (BVerfGE 75, 1/23 f), die freie gewerbliche Betätigung von Ausländern (BVerwGE 56, 254/261), der Ersatz von Besatzungsschäden durch die Bundesrepublik (BVerfGE 27, 253/273 f; 41, 126/160), eine Beschränkung der Geltendmachung von kriegsfolgebedingten Ansprüchen allein auf Staaten (BVerfGE 94, 315/321 ff), ein Verfolgungshindernis für Spionagetätigkeiten beim Beitritt eines Staates zu einem anderen (BVerfGE 92, 277/320 ff), eine Restitution von Enteignungen in der DDR (BVerfGE 112, 1/33 ff) oder eine strikte Beschränkung des Strafrechts auf Inlandstaten (BGHSt 53, 238 Rn.47).

4. Folgen und Rechtsschutz

12   a) **Bestandteil des Bundesrechts. aa)** Allgemein anerkannte Regeln des Völkerrechts gelten gem. S.2 innerstaatlich wie sonstiges Bundesrecht. Sie sind „mit ihrer jeweiligen völkerrechtlichen Tragweite Bestandteil des ... (in) Deutschland geltenden Rechts" (BVerfGE 46, 342/403 f; vgl. oben Rn.1a). Behörden und Gerichte müssen sie anwenden (BVerfGE 63, 343/373; 75, 1/19; Rojahn MüK 15; Pernice DR 15; a.A. Geiger 168), auch die Träger der auswärtigen Gewalt (Rojahn MüK 23). Deutsche Staatsorgane sind verpflichtet, bindende „Völkerrechtsnormen zu befolgen und Verletzungen nach Möglichkeit zu unterlassen"; zudem hat der Gesetzgeber zu gewährleisten, dass Verstöße korrigiert werden können (BVerfGE 112, 1/26). Darüber hinaus dürfen deutsche Staatsorgane nicht an einem Verstoß von Drittstaaten gegen allgemeine Regeln des Völkerrechts mitwirken (BVerfGE 112, 1/27) oder derartigen Akten Wirksamkeit verschaffen (BVerfGE 75, 1/19; einschr. Herdegen MD 38 ff), was etwa für die Auslieferung bedeutsam ist (BVerfGE 59, 280/282 ff; 63, 332/337 f; 75, 1/20 ff). Ein einem Soldaten erteilter Befehl, der gegen die allgemeinen Regeln des Völkerrechts verstößt, muss nicht befolgt werden (BVerwGE 127, 302/316).

13   Für den **Bürger** erzeugen die allgemeinen Regeln des Völkerrechts gem. S.2 unmittelbar geltende (subjektive) Rechte und Pflichten, sofern dies die völkerrechtliche Norm direkt oder indirekt vorsieht (BVerfGE 46, 342/362; 63, 343/373 f; BVerwGE 86, 99/119; v. Heinegg EH 35; großzügig BVerfGE 112, 1/22; gegen die Einschränkung Rojahn MüK 31 f) und soweit entsprechende Vorschriften des Bundesrechts Pflichten erzeugen würden (BVerfGE 46, 342/362 f; vgl. Streinz SA 49), insb. die völkerrechtliche Vorschrift ausreichend bestimmt ist (dazu Rn.54 zu Art.20). In diesem Umfang sind sie auch unmittelbar anwendbar (vgl. oben Rn.3). Unmittelbar geltende Pflichten sind allerdings wegen des Bestimmtheitsgebots eher selten (Hofmann UC 24; anders Pernice DR 30). Wenn S.2 von den „Bewohnern des Bundesgebiets" als den Berechtigten und Verpflichteten spricht, sind damit alle natürlichen und juristischen Personen gemeint, die sich im Bundesgebiet (dazu Rn.10 f zur Präamb) aufhalten bzw. ihren Sitz haben (Hofmann UC 24; Streinz SA 50; Koenig MKS 56; weiter Herdegen MD 47).

bb) Die allgemein anerkannten Regeln des Völkerrechts gehen im **Rang** 14 den (förmlichen) Gesetzen vor, d. h. dem einfachen Bundesrecht und dem gesamten Landesrecht. Bei der Auslegung und Anwendung nationalen Rechts sind sie zu beachten (BVerfGE 75, 1/18 f). Bei der Auslegung von Verfassungsrecht sind sie zu berücksichtigen. Im Konfliktsfalle treten sie gegenüber dem GG zurück (BVerfGE 37, 271/279; BFHE 157, 39/43; Herdegen MD 42; Tomuschat BK 86; für Verfassungsrang Steinberger HbStR VII § 173 Rn.61; für Überverfassungsrang bei zwingendem Völkerrecht Pernice DR 25), nicht dagegen gegenüber den Landesverfassungen (BVerfGE 1, 208/233; Streinz SA 91). Nachrangiges Recht, das gegen die allgemein anerkannten Regeln des Völkerrechts verstößt, ist unwirksam (BVerfGE 6, 309/363; 23, 288/316), genauer unanwendbar (Herdegen MD 43). Zum Vorrang des Vertragsrechts vor dem Völkergewohnheitsrecht oben Rn.6.

b) Rechtsschutz. Art.25 enthält kein subjektives Recht. Gleichwohl 15 kann der durch eine belastende Norm Betroffene, jedenfalls über Art.2 Abs.1 (vgl. Rn.25 zu Art.2), geltend machen, dass die Norm gegen allgemein anerkannte Regeln des Völkerrechts verstößt (BVerfGE 46, 342/363; 66, 39/64; 112, 1/21 f; Hofmann UC 19). Darüber hinaus kann die Einhaltung von Normen, die subjektive Rechte verleihen, generell eingeklagt werden. Zur Richtervorlage in Zweifelsfällen Rn.19 f zu Art.100. Bei willkürlicher Nichtvorlage ist Art.101 Abs.1 S.2 verletzt (BVerfGE 109, 38/50; Streinz SA 96).

Art.26 [Störung des friedlichen Zusammenlebens der Völker]

(1) **Handlungen, die geeignet sind und in der Absicht vorgenommen werden, das friedliche Zusammenleben der Völker zu stören, insbesondere die Führung eines Angriffskrieges vorzubereiten**[3]**, sind verfassungswidrig**[7]**. Sie sind unter Strafe zu stellen**[7]**.

(2) **Zur Kriegführung bestimmte Waffen**[8 f] **dürfen nur mit Genehmigung der Bundesregierung hergestellt, befördert und in Verkehr gebracht werden**[10 f]**. Das Nähere regelt ein Bundesgesetz**[12]**.

Literatur: *Spranger,* Angriffskrieg durch Private?, NZWehrR 2005, 68; *Holthausen,* Das Kriegswaffenexportrecht als Verfassungsauftrag des Art.26 Abs.2 GG, RiW 1997, 369; *Hailbronner/Wolfrum,* Kontrolle der auswärtigen Gewalt, VVDStRL 56 (1997), 7, 38; *Doehring,* Das Friedensgebot des GG, HbStR VII, 1992, § 178; *Epping,* GG und Kriegswaffenkontrolle, 1993.

1. Prinzip des friedlichen Zusammenlebens der Völker

Art.26 stellt eine Konkretisierung des Friedensgebots des GG dar, das auch 1 durch andere Regelungen (S.1 Präamb., Art.1 Abs.2, Art.9 Abs.2) konkretisiert wird (Herdegen MD 2). Es wird zutreffend als Prinzip des **friedlichen Zusammenlebens der Völker** bezeichnet (BVerfGE 47, 327/382). Dieses Prinzip ist mit dem der internationalen Zusammenarbeit (Rn.1 zu Art.24) und dem der Völkerrechtsfreundlichkeit (Rn.4 zu Art.25) verwandt. Es beinhaltet ein Verdikt gegen die militärische „Lösung" internationaler Streitfragen; lediglich zur Verteidigung dürfen militärische Instrumente eingesetzt werden, wie auch Art.87a Abs.1 S.1 verdeutlicht (BVerwGE 83, 60/65; Epping, in: Pieroth (Hg.), Verfassungsrecht und soziale Wirklichkeit, 2000, 203). Hinzu treten die Möglichkeiten gem. Art.24 Abs.1, 2 im Rahmen des Völkerrechts (dazu Rn.6, 21–22 zu Art.24; Rn.10 zu Art.87a). Das Prinzip verpflichtet die staatlichen Organe dazu, nicht nur die gravierenden Friedensstörungen des Art.26 Abs.1 zu unterlassen, sondern aktiv zu einer internationalen Friedensordnung beizutragen (vgl. Fink MKS 17; Hernekamp MüK 1), wie das insb. in dem Begriff des Dienens in S.1 der Präambel zum Ausdruck kommt (Starck MKS 44 zur Präamb). So wurde eine gesetzliche Mitteilungspflicht über friedensgefährdende Forschungsergebnisse staatlicher Hochschulen durch Art.26 Abs.1 gerechtfertigt (BVerfGE 47, 327/382). Insgesamt gilt es das allgemeine Prinzip des friedlichen Zusammenlebens der Völker und das konkrete Verbot friedensstörender Handlungen in Art.26 Abs.1 (unten Rn.2–7) zu unterscheiden.

2. Verbot friedensstörender Handlungen (Abs.1)

2   **a) Bedeutung.** Das Verbot friedensstörender Handlungen in Art.26 Abs.1 bildet eine Konkretisierung des allgemeineren Prinzips des friedlichen Zusammenlebens der Völker (oben Rn.1). Es orientiert sich am völkerrechtlichen Gewaltverbot (Herdegen MD 14; Streinz SA 11) und dient insoweit der innerstaatlichen Durchsetzung seiner Gehalte. Das besondere Gewicht des Verbots kommt darin zum Ausdruck, dass es mit der Verfassungswidrigkeit und zudem einem Pönalisierungsverbot verbunden ist (Pernice DR 19).

3   **b) Erfasste Handlungen.** Abs.1 erfasst zunächst die Vorbereitung eines **Angriffskriegs.** Damit ist jede gewaltsame Aggression gemeint, die sich völkerrechtlich nicht rechtfertigen lässt (Streinz SA 18 ff; Hobe FH 4; weiter Fink MKS 33 ff). Keine Rolle spielt, mit welcher subjektiven Zielsetzung der Angriffskrieg geführt wird (BVerwGE 127, 302/315). Zur Vorbereitung zählt auch die Lieferung von Waffen für einen Angriffskrieg. Erst recht wird die Durchführung eines Angriffskriegs erfasst (BVerwGE 127, 302/314 f). Darüber hinaus werden andere Handlungen erfasst, die geeignet sind, das **friedliche Zusammenleben der Völker zu stören.** Im Hinblick auf den weiten Kreis der Verpflichteten (unten Rn.6) und die durch Abs.1 S.2 gebotene Strafbarkeit wird man den Kreis der verbotenen Handlungen eher eng zu ziehen haben und nur Handlungen erfasst sehen, die in ihrer Störungsqualität der Vorbereitung eines Angriffskriegs vergleichbar sind (ähnlich BVerwG, NJW 82, 195; Herdegen MD 17; ebenso für den Bereich der Privatpersonen Fink MKS 29; Pernice DR 18; a.A. Frank AK 21).

4   Für beide Alternativen gilt, dass die Handlung **völkerrechtswidrig** sein muss (Herdegen MD 13, 22; Doehring HbStR VII § 178 Rn.32; Hernekamp MüK 18), wobei eine hinreichende Klarheit der Völkerrechtswidrigkeit notwendig sein dürfte (Herdegen MD 22). Zulässig sind etwa Handlungen im Rahmen von Aktionen der Vereinten Nationen (Hartwig UC 14), weiter die Stationierung von Chemiewaffen zur Abschreckung eines Angriffs (BVerfGE 77, 170/233 f; Pernice DR 16). Unklar ist, wieweit sog. humanitäre Interventionen zulässig sind (vgl. Herdegen MD 24). Zudem müssen

der Angriff bzw. die sonstige Störung in der **Absicht** vorgenommen werden, das friedliche Zusammenleben der Völker zu stören. Dabei genügt auch ein dolus eventualis (Herdegen MD 25; Frank AK 19; Hernekamp MüK 19; für dolus directus hingegen Hobe FH 10). Generell nicht erfasst werden **Unterlassungen** (Streinz SA 24; Hobe FH 8); insb. verpflichtet Art.26 Abs.1 nicht zu friedenserhaltenden Maßnahmen (Hartwig UC 22). Weitergehende Anforderungen ergeben sich für die staatlichen Organe aus dem Prinzip des friedlichen Zusammenlebens der Völker (oben Rn.1; i.E. ähnlich Pernice DR 18). Gegen wen sich die friedensstörende Handlung richtet, ist unerheblich; erfasst werden daher auch Angriffskriege eines Drittstaates gegen einen anderen Drittstaat (Streinz SA 21; Herdegen MD 28; Doehring HbStR VII § 178 Rn.34).

Erfasst wird auch die **Anstiftung** oder **Beihilfe** zu einer Handlung iSd Rn.3f (Herdegen MD 39; Hobe FH 7). Dies gilt etwa für die logistische oder finanzielle Unterstützung gewaltsamer und völkerrechtswidriger Maßnahmen eines Drittstaats oder einer Bürgerkriegspartei jedenfalls durch staatliche Stellen (Pernice DR 17; Herdegen MD 36; Hernekamp MüK 23). Nicht erfasst werden räumlich-zeitlich begrenzte Sammlungen für bewaffnete Organisationen durch Privatpersonen (BVerwG, DÖV 83, 120). **5**

c) Verpflichtete. Abs.1 wendet sich zunächst an die staatlichen Organe. Weiter werden Privatpersonen verpflichtet (Herdegen MD 38), also alle natürlichen und juristischen Personen sowie Vereinigungen jeder Art (Frank AK 42f; Stern ST I 511; Hernekamp MüK 9f; a.A. Spranger, NZWehrr 05, 70ff). Verpflichtet werden auch Bundesbürger bei Handlungen im Ausland (Streinz SA 23; Pernice DR 18), Ausländer und Staatenlose bei Handlungen im Geltungsbereich des GG (Hobe FH 3) sowie die in der Bundesrepublik stationierten NATO-Angehörigen im Rahmen des Völkerrechts (Hernekamp MüK 10). Bei Angriffskriegen ist insb. für Privatpersonen relevant, dass auch die Beihilfe erfasst wird (oben Rn.5). **6**

d) Folgen eines Verstoßes. Die Vornahme der oben in Rn.3–5 beschriebenen Handlungen ist **verfassungswidrig** und rechtlich unwirksam. Eine Rechtfertigung durch andere Verfassungsgüter ist nicht möglich. Der Verstoß kann u.a. von Bürgern gegenüber staatlichen Maßnahmen im Rahmen des Rechtsschutzes (nicht jedoch im Wege des Art.20 Abs.4) sowie unter Bürgern (gestützt auf § 134 BGB) geltend gemacht werden (Streinz SA 32; Hernekamp MüK 25). Eine dienstliche Weisung oder ein militärischer Befehl, der gegen Art.26 Abs.1 verstößt, ist unwirksam (BVerwGE 127, 302/314; Herdegen MD 40). Gem. Abs.1 S.2 sind die von Abs.1 S.1 erfassten Handlungen unter **Strafe** zu stellen, wie das in §§ 80, 80a StGB geschehen ist. Die Beschränkung dieser Vorschriften auf Angriffskriege, an denen die Bundesrepublik (aktiv oder passiv) beteiligt werden soll, wird Abs.1 S.2 nicht gerecht (Doehring HbStR VII § 178 Rn.36; Hobe FH 12; Streinz SA 33). Darüber hinaus folgt aus der Vorschrift die Pflicht des Staates, auch mit anderen Mitteln als denen des Strafrechts gegen friedensstörende Handlungen (gestützt auf entsprechende Ermächtigungen) einzuschreiten, soweit die strafrechtlichen Mittel zu keinem befriedigenden Ergebnis führen (Hobe FH 11; Streinz SA 32). Vereinigungen, die die inkriminierten Handlungen **7**

vornehmen, können verboten werden (Hernekamp MüK 33; Rn.20 zu Art.9).

3. Kriegswaffen (Abs.2)

8   **a) Anwendungsbereich.** Zur Kriegsführung bestimmte **Waffen** sind alle Gegenstände, die objektiv geeignet sind, Zerstörungen oder Schäden zu verursachen und als Mittel der Gewaltanwendung bei bewaffneten Auseinandersetzungen zwischen Staaten zu dienen (Hernekamp MüK 27). Unerheblich ist, ob sie zur Verteidigung oder/und zum Angriff eingesetzt werden (Streinz SA 37; Hobe FH 14). Die genaue Abgrenzung erfolgt gem. Abs.2 S.2 im KriegswaffenkontrollG. Gegenstände, die sowohl ziviler als auch militärischer Nutzung zugänglich sind (dual use), dürften nicht unter Abs.2 fallen (Herdegen MD 49; Fink MKS 62; a.A. Hobe FH 14; Streinz SA 39); insoweit kann aber das Prinzip des friedlichen Zusammenlebens der Völker (oben Rn.1) zum Tragen kommen (Pernice DR 23).

9   Erfasst wird die **Herstellung** von Kriegswaffen, auch der Zusammen- und Umbau (Streinz SA 40), nicht die Forschung und Entwicklung, solange keine einsatzfähigen Waffen produziert werden (Hobe FH 15). Des Weiteren fällt unter Abs.2 das **Inverkehrbringen,** d.h. die Abgabe von Kriegswaffen an andere, sowie die **Beförderung,** also der Transport (Herdegen MD 51 f). Die Teilnahme an derartigen Handlungen wird gleichfalls erfasst. Räumlich dürfte Art.26 nur für Tätigkeiten im Inland gelten (Herdegen MD 54), unter Einschluss der Ausfuhr (Fink MKS 68 f) und der inländischen Unterstützung ausländischer Kriegswaffenherstellung und -verbreitung. Art.26 steht andererseits einer einfachgesetzlichen Genehmigungspflicht entsprechender Tätigkeiten von Deutschen im Ausland nicht entgegen (Pernice DR 25 f; für verfassungsrechtliche Pflicht dagegen Streinz SA 44; Hernekamp MüK 30 iVm 10).

10   **b) Genehmigungsvorbehalt.** Die erfassten Handlungen (oben Rn.8 f) werden durch Abs.2 S.1 einer Genehmigungspflicht unterworfen. Sie dürfen also nur vorgenommen werden, wenn die Bundesregierung dazu *vorher* ihre Zustimmung erteilt hat. Mit Bundesregierung ist gem. Art.62 das Kollegium gemeint, nicht ein einzelner Minister (Rn.2 zu Art.62); die Möglichkeit der Delegation nach § 11 Abs.2 KWKG ist verfassungswidrig (Streinz SA 46; Fink MKS 75; Hartwig UC 40; Pernice DR 28; a.A. Hernekamp MüK 29); erteilte Genehmigungen sind aber nur rechtswidrig, nicht nichtig (Herdegen MD 56). Die Genehmigungsfiktion des § 27 S.2 KWKG für zwischenstaatliche Vertragspflichten ist mit Art.26 Abs.2 nicht vereinbar, soweit nicht die Voraussetzungen des Art.24 Abs.1 erfüllt sind (Streinz SA 46; Hartwig UC 41; a.A. Hernekamp MüK 29). Weiter muss die Genehmigung ausreichend spezifiziert werden; die genehmigten Handlungen müssen sachlich und zeitlich begrenzt sein.

11   Der Genehmigungsvorbehalt ist ein **repressives Verbot** mit Befreiungsvorbehalt (BVerwGE 61, 24/31 f; Hernekamp MüK 29; Hartwig UC 39; Streinz SA 45). Die Genehmigung darf auf keinen Fall erteilt werden, wenn die Gefahr droht, dass mit den Waffen friedensstörende Handlungen iSd Abs.1 (oben Rn.3–5) vorgenommen werden. Aber auch wenn keine der-

artige Gefahr droht, ergibt sich aus dem Charakter des Genehmigungsvor-
behalts als repressivem Verbot, dass die von Abs.2 erfassten Handlungen nur
im Ausnahmefall genehmigt werden dürfen; es müssen besondere rechtfertigende Gründe für die Erteilung der Genehmigung vorliegen (BVerwGE 61,
24/32). Kriegswaffen gehören regelmäßig nicht in die Hand von Privatpersonen (BVerwGE 61, 24/31).

Das **Gesetz** gem. Abs.2 S.2, für das der Bund mangels abweichender An-   12
haltspunkte die ausschließliche Kompetenz hat (Rn.5 zu Art.70), kann keine
Abweichungen vom sachlichen Gehalt des Abs.2 S.1 (oben Rn.10 f) vorsehen, sondern ihn nur konkretisieren.

Art.27 [Handelsflotte]

**Alle deutschen Kauffahrteischiffe[1] bilden eine einheitliche Handels-
flotte[2].**

Literatur: *Dörr,* Die deutsche Handelsflotte und das GG, 1988.

Art.27 enthält eine traditionelle Regelung von geringer Tragweite (Hoog   1
MüK 1; Pernice DR 6). Sie gilt für **Kauffahrteischiffe,** d. h. dem Erwerb
dienende Schiffe (Koenig MKS 5; Erbguth SA 5; Hoog MüK 4), die besser als
Seehandelsschiffe bezeichnet werden (Koenig MKS 18); einbezogen sind auch
Fischerei- und Hilfsschiffe (Durner FH 10; Umbach UC 9 f; a. A. Pernice
DR 7). Nicht erfasst werden private Yachten (Durner FH 10) sowie hoheitlichen Aufgaben dienende Schiffe (Koenig MKS 5). Weiter müssen die Schiffe
deutsch, d. h. nach einfachem Recht zur Führung der deutschen Flagge berechtigt sein (Pernice DR 8; Durner FH 11); vgl. § 1 FlaggenrechtsG. Dazu
gehören auch deutsche Schiffe iSd ZweitregisterG (Erbguth SA 7).

Die von Art.27 erfassten Schiffe bilden die deutsche Handelsflotte und   2
besitzen die **deutsche Staatszugehörigkeit;** eine Handelsflotte eines Bundeslandes ist ausgeschlossen (Umbach UC 21; Koenig MKS 7; Pernice DR 6).
Im Übrigen besagt Art.27 nichts zur Kompetenzverteilung zwischen Bund
und Ländern (Pernice DR 6; Erbguth SA 3). Weiterhin soll Art.27 die
Gleichbehandlung aller Schiffe verlangen (Koenig MKS 7; Hoog MüK 10;
a. A. Durner FH 7). Ein eigenständiges Zweitregister wird aber durch die
„Einheitlichkeit" nicht ausgeschlossen (Erbguth SA 7; Hoog MüK 11; a. A.
Pernice DR 11). Für Private entfaltet Art.27 keine Bindungswirkungen
(Pernice DR 6; Bothe AK 3; Erbguth SA 4). Einen Auftrag zum Schutz der
deutschen Handelsflotte wird man Art.27 nicht entnehmen können (Erbguth SA 8; Pernice DR 6; a. A. Stern ST III/1 376; Herdegen MD 20; offen
gelassen BVerfGE 92, 26/43).

Art.28 [Homogenitätsgebot; kommunale Selbstverwaltungsgaran-
tie]

(1) **Die verfassungsmäßige Ordnung in den Ländern muß den Grundsätzen des republikanischen, demokratischen und sozialen Rechtsstaates**

im Sinne dieses Grundgesetzes entsprechen[3 ff]. In den Ländern, Kreisen und Gemeinden muß das Volk eine Vertretung haben, die aus allgemeinen, unmittelbaren, freien, gleichen und geheimen Wahlen hervorgegangen ist[6 f]. Bei Wahlen in Kreisen und Gemeinden sind auch Personen, die die Staatsangehörigkeit eines Mitgliedstaates der Europäischen Gemeinschaft besitzen, nach Maßgabe von Recht der Europäischen Gemeinschaft wahlberechtigt und wählbar[8]. In Gemeinden kann an die Stelle einer gewählten Körperschaft die Gemeindeversammlung treten[9].

(2) **Den Gemeinden[17] muß das Recht gewährleistet sein, alle Angelegenheiten der örtlichen Gemeinschaft[12 ff] im Rahmen der Gesetze[18] in eigener Verantwortung[16] zu regeln[18 ff]. Auch die Gemeindeverbände haben im Rahmen ihres gesetzlichen Aufgabenbereiches nach Maßgabe der Gesetze das Recht der Selbstverwaltung[27]. Die Gewährleistung der Selbstverwaltung umfaßt auch die Grundlagen der finanziellen Eigenverantwortung; zu diesen Grundlagen gehört eine den Gemeinden mit Hebesatzrecht zustehende wirtschaftskraftbezogene Steuerquelle[14].**

(3) **Der Bund gewährleistet, daß die verfassungsmäßige Ordnung der Länder den Grundrechten und den Bestimmungen der Absätze 1 und 2 entspricht[29].**

Übersicht

Literatur A (Abs. 1, 3): *Dittmann,* Verfassungshoheit der Länder und bundesstaatliche Verfassungshomogenität, HbStR[3] VI, 2008, § 201; *Bartlsperger,* Das Verfassungsrecht der Länder in der gesamtstaatlichen Verfassungsordnung, HbStR[3] VI, 2008, § 128;

Menzel, Landesverfassungsrecht: Verfassungshoheit und Homogenität im grundgesetzlichen Bundesstaat, 2002; *Barley,* Das Kommunalwahlrecht für Ausländer nach der Neuordnung des Art.28 Abs.1 S.3 GG, 1999; *Boehl,* Verfassungsgebung im Bundesstaat, 1997; *H. Dreier,* Einheit und Vielfalt der Verfassungsordnungen im Bundesstaat, in: K. Schmidt (Hg.), Vielfalt des Rechts – Einheit der Rechtsordnung?, 1994, 113; *Sacksofsky,* Landesverfassungen und GG, NVwZ 1993, 235; *Kersten,* Homogenitätsgebot und Landesverfassungsrecht, DÖV 1993, 896; *Rozek,* Das GG als Prüfungs- und Entscheidungsmaßstab der Landesverfassungsgerichte, 1993; *Röger,* Der neue Artikel 28 Abs.1 S.3 GG, VR 1993, 137; *Sachs,* Die Landesverfassung im Rahmen der bundesstaatlichen Rechts- und Verfassungsordnung, ThürVBl 1993, 121; *v. Arnim,* Möglichkeiten unmittelbarer Demokratie auf Gemeindeebene, DÖV 1990, 85. – S. auch Literatur zu Art.31.

Literatur B (Abs.2): *Püttner,* Kommunale Selbstverwaltung, HbStR³ VI, 2008, § 144; *Katz/Ritgen,* Bedeutung und Gewicht der kommunalen Selbstverwaltungsgarantie, DVBl 2008, 1525; *Schoch,* Neukonzeption der kommunalen Selbstverwaltungsgarantie durch das BVerfG?, DVBl 2008, 937; *Burgi,* Künftige Aufgaben der Kommunen im sozialen Bundesstaat, DVBl 2007, 70; *Gebhardt,* Das kommunale Selbstverwaltungsrecht, 2007; *Kühne,* Zur Kernbereichsermittlung bei der kommunalen Selbstverwaltungsgarantie, FS Faber, 2007, 35; *Jarass,* Aktivitäten kommunaler Unternehmen außerhalb des Gemeindegebiets, insbesondere im öffentlichen Personennahverkehr, DVBl 2006, 1; *Falk,* Die kommunalen Aufgaben unter dem GG, 2006; *Papier,* Kommunale Daseinsvorsorge im Spannungsfeld zwischen nationalem Recht und Gemeinschaftsrecht, DVBl 2003, 686; *Remmert,* Die Stellung der Gemeinden bei der Zuweisung überörtlicher Aufgaben, VerwArch 2003, 459; *Tomerius/Breitkreuz,* Selbstverwaltungsrecht und „Selbstverwaltungspflicht": verfassungsrechtliche Überlegungen zur Rolle von Art.28 Abs.2 Satz 1 GG bei der Privatisierung kommunaler Aufgaben, DVBl 2003, 426; *Schmidt-Aßmann,* Verfassungsschranken der Kommunalwirtschaft, FS Ulmer, 2003, 1015; *Jarass,* Kommunale Wirtschaftsunternehmen und Verfassungsrecht, DÖV 2002, 489; *Volkmann,* Der Anspruch der Kommunen auf finanzielle Mindestausstattung, DÖV 2001, 497; *Schmidt-Aßmann,* Die Garantie der kommunalen Selbstverwaltung, FS 50 Jahre BVerfG II, 2001, 803; *Schoch,* Der verfassungsrechtliche Schutz der kommunalen Selbstverwaltung, Jura 2001, 121; *Ehlers,* Die verfassungsrechtliche Garantie der kommunalen Selbstverwaltung, DVBl 2000, 1301; *Hellermann,* Örtliche Daseinsvorsorge und gemeindliche Selbstverwaltung, 2000; *Oebbecke,* Die verfassungsrechtlich gewährleistete Planungshoheit der Gemeinden, FS Hoppe, 2000, 239; *Kenntner,* Zehn Jahre nach Rastede, DÖV 1998, 702; *Inhester,* Kommunaler Finanzausgleich im Rahmen der Staatsverfassung, 1997; *Löwer/Menzel,* Die Rspr. der neuen Verfassungsgerichte zum Kommunalrecht, ZG 1997, 90; *Schoch* (Hg.), Selbstverwaltung der Kreise in Deutschland, 1996; *Maurer,* Verfassungsrechtliche Grundlagen der kommunalen Selbstverwaltung, DVBl 1995, 1037; *J. Ipsen,* Schutzbereich der Selbstverwaltungsgarantie und Einwirkungsmöglichkeiten des Gesetzgebers, ZG 1994, 194; *Heberlein,* Die Rspr. des BVerfG und des BVerwG zur „kommunalen Außenpolitik", NVwZ 1992, 543; *Clemens,* Kommunale Selbstverwaltung und institutionelle Garantie, NVwZ 1990, 834.

I. Homogenitätsgebot (Abs.1)

1. Bedeutung und Abgrenzung zu anderen Vorschriften

Abs.1 ist eine **Konkretisierung des Bundesstaatsprinzips** (Rn.16–22 **1** zu Art.20), indem er die Verfassungsautonomie der Länder sowohl voraussetzt als auch begrenzt. Die Länder werden nur an die Vorgaben des Abs.1 gebunden, im Übrigen haben sie für ihre verfassungsmäßige Ordnung Gestaltungsfreiheit (BVerfGE 4, 178/189; 64, 301/317); insoweit hat Abs.1 Rahmencharakter (Tettinger MKS 11). Das GG will nicht Konformität oder Uniformität, sondern nur ein gewisses Maß an Homogenität (BVerfGE 9, 268/279; 41, 88/119; 90, 60/84f). Abs.1 normiert nicht selbst Landesverfassungsrecht; er gilt nicht in den Ländern, sondern nur für die Länder (BVerfGE 1, 208/236; 6, 104/111). Die Rechtsfigur der in die Landesverfassung hineinwirkenden Bundesverfassung ist abzulehnen (Maurer, JuS 92, 297f; Rozek, o. Lit., 100ff; Löwer MüK 12; Dreier DR 54; Tettinger MKS 31f; **a.A.** BVerfGE 1, 208/232; 66, 107/114; 103, 332/353; Benda/Klein 1116; Pestalozza 155, 157; diff. März MKS 91ff zu Art.31). Abs.1 soll eng auszulegen sein (BVerfGE 90, 60/85).

2   **Abgrenzung zu anderen Vorschriften.** Den Staatsfundamentalnormen oder Wahlrechtsgrundsätzen widersprechendes Landesrecht ist nicht nach Art.31 nichtig (Bothe AK 16; Löwer MüK 13), weil bei Normen mit unterschiedlichen Adressaten kein Kollisionsfall vorliegt (Rn.4 zu Art.31). Vielmehr ergibt sich die Nichtigkeit aus Abs.1 als lex specialis zu Art.31 (BVerfGE 3, 45/49; 83, 60/61; März MKS 93f zu Art.31; Dreier, o. Lit. A, 126; Nierhaus SA 30f; vgl. auch BVerfGE 36, 342/362). Dagegen bleibt mit Abs.1 vereinbares Landesrecht in Kraft (Rn.5 zu Art.31). Abs.1 S.2 ist kein Grundrecht oder grundrechtsgleiches Recht; seine Verletzung kann daher auch nicht mit der Verfassungsbeschwerde geltend gemacht werden (BVerfGE 99, 1/8; BVerfG-K, NVwZ-RR 05, 495; NVwZ 09, 776f gegen die frühere st. Rspr.; vgl. BVerfGE 58, 177/190; 85, 148/157).

2. Umfang der Bindung der Länder

3   **a) Staatsfundamentalnormen.** Die „verfassungsmäßige Ordnung" bedeutet wie bei Art.2 Abs.1 die verfassungsmäßige Rechtsordnung (Rn.17 zu Art.2), umfasst also das gesamte (auch einfache) Landesrecht (Dittmann HbStR³ VI § 127 Rn.11); aus Art.28 Abs.1 kann daher keine Verpflichtung der Länder zur Verfassungsgebung (Dreier DR 52; Bartlsperger HbStR³ VI § 128 Rn.52; Tettinger MKS 22; a.A. Löwer MüK 9f) oder zur Normierung von Grundrechten in der Landesverfassung (BVerfGE 103, 332/349) abgeleitet werden. Die Länder sind gem. S.1 an folgende Grundsätze gebunden: Republik, Demokratie, Sozialstaat, Rechtsstaat (Rn.1–15, 23–106, 112–127 zu Art.20). Parallel zu den inhaltlichen Schranken von Verfassungsänderungen (Rn.6f zu Art.79; Dreier DR 62) sind dabei die Gehalte dieser Normen von darüber hinaus gehenden landesverfassungsrechtlichen Ausgestaltungen im Einzelnen zu unterscheiden.

4   Eine **Bindung besteht** hinsichtlich der demokratischen Organisation und Legitimation von Staatsgewalt (BVerfGE 83, 60/71; 93, 37/66; BremStGH, DVBl 91, 1075); daher wäre die Einführung einer Diktatur oder Monarchie, einer Räterepublik, eines Einparteiensystems oder die vollständige Verdrängung der parlamentarischen durch die plebiszitäre Gesetzgebung (BremStGH, LVerfGE 11, 179/190) unzulässig. Verbindlich sind für die Länder auch das Prinzip der Gewaltenteilung (BVerfGE 2, 307/319; a.A. BremStGHE 1, 27/30), die Publikation der Gesetze (BVerfGE 90, 60/85; vgl. auch BVerwGE 126, 388 Rn.17f), die Ermöglichung der Regierungskont-

rolle durch Untersuchungsausschüsse (BVerwGE 79, 339/344f; 109, 258/263; BremStGHE 4, 74/79ff), die Wahlprüfung (BVerfGE 85, 148/159; 99, 1/18; 103, 111/134), das Verbot eines Notverordnungsrechts ohne zeitliche Grenzen (Vogelgesang FH 30), der Grundsatz des Parlamentsvorbehalts (BVerfGE 41, 251/266; 90, 60/85; BVerwGE 57, 130/137f; 131, 20 Rn.10), das Bestimmtheitsgebot (BVerfGE 103, 111/135), die selbständige, politische Entscheidungsgewalt und Sachverantwortung der Regierung (BVerfGE 9, 268/281) und die verfassungsrechtliche Stellung der Parteien (BVerfGE 60, 53/61; 66, 107/114; 103, 332/353). Unzulässig ist zudem eine Abweichung bezüglich des Verbots parteiergreifender Öffentlichkeitsarbeit der Regierung (BremStGH, NVwZ 85, 649f). Bezüglich des Abgeordnetenstatus erfasst die Bindung die „essentiellen, den deutschen Parlamentarismus prägenden Grundsätze" (BVerfGE 102, 224/235), z.B. das Verbot der Behinderung von Abgeordneten (BVerfGE 98, 145/160; BremStGH, NJW 75, 636) und den Kündigungsschutz (BAGE 77, 184/188), nicht aber alle Fragen der Abgeordnetenentschädigung (BVerfGE 102, 224/235ff gegen BVerfGE 40, 296/319; vgl. auch HambVerfG, LVerfGE 6, 157/165; ThürVerfGH, LVerfGE 9, 413/430) und der Parlamentsautonomie (BVerfGE 102, 224/235ff).

Eine **Bindung besteht nicht** bei der Ausgestaltung im Einzelnen (vgl. 5 dazu Dittmann HbStR³ VI § 127 Rn.10ff), z.B. die Einrichtung des Amtes eines Landespräsidenten (Dreier, o. Lit. A, 123), einer präsidialen Regierungsform (Herdegen HbStR³ VI § 129 Rn.44; Vogelgesang FH 31; a.A. Löwer MüK 15) und eines Zwei-Kammer-Systems, sofern die Erste Kammer dominiert (Herdegen HbStR³ VI § 129 Rn.27); die Zulässigkeit von Verfassungsdurchbrechungen (HambVerfG, JVwBl 78, 43/49); die Modalitäten einer Parlamentsauflösung (BerlVerfGH, LVerfGE 12, 75/82f; Tettinger MKS 48); die Möglichkeit eines Misstrauensvotums (BVerfGE 9, 268/281) oder einer Ministeranklage (Löwer MüK 15). Zulässig ist zudem die abweichende Gestaltung des Wahlprüfungsverfahrens (BVerfGE 103, 111/135), der Verfassungsgerichtsbarkeit (BVerfGE 4, 178/189; 103, 332/350; HessStGH, ESVGH 40, 20/21; StGH BW, LVerfGE 11, 19/22; VerfGH RP, NVwZ-RR 04, 235), der Dauer der Legislaturperiode (BVerfGE 1, 14/34) und der Amtsperiode des Regierungschefs (BVerfGE 27, 44/56) sowie dessen Mandatsgebundenheit (Pieroth, ZParl 95, 525f) und Abwahlmöglichkeit (Dreier DR 67), des Mitwirkungsverbots von Abgeordneten in sie betreffenden Angelegenheiten (BremStGHE 3, 17/23f), der Schaffung bestimmter Funktionszulagen für Abgeordnete (BVerfGE 102, 224/235ff), des Zustimmungsverfahrens zu Staatsverträgen (BVerfGE 90, 60/86; BVerwGE 74, 139/141f), des Grundrechtsschutzes von Gemeinden (BayVerfGHE 37, 101/107) und von Volksbegehren und Volksentscheid (BVerfGE 60, 175/208; Löwer MüK 19; zu einzelnen Grenzen aus dem Demokratieprinzip vgl. aber BremStGH, LVerfGE 11, 179/190ff). Die Einführung öffentlichen Eigentums durch Landesrecht ist nicht unzulässig, wenn dadurch nicht eine für die Wirtschafts- und Sozialordnung des Bundes und aller Glieder fundamentale und einheitliche Rechtseinrichtung zerstört wird und die Auswirkungen auf den Raum des Landes beschränkt bleiben (BVerfGE 24, 367/390f). Die Länder dürfen auch über das GG hinausgehende Staatsziele und soziale Grundrechte in ihre Verfassungen aufnehmen (Dreier DR 68).

6   **b) Wahlrechtsgrundsätze. aa) Allgemeines.** Die Länder sind gem. S.2 an die Wahlrechtsgrundsätze der Allgemeinheit, Unmittelbarkeit, Freiheit, Gleichheit und Geheimheit als objektives Recht (oben Rn.2) gebunden (Rn.5–22 zu Art.38). Volk ist wie in Art.20 Abs.2 S.1 (Rn.4 zu Art.20) das deutsche Volk in den Ländern, Kreisen und Gemeinden (BVerfGE 83, 37/53 ff). Vertretung meint nur den Rat, nicht Bezirksvertretungen (BVerf-GE 47, 253/275; HambVerfG, LVerfGE 8, 227/238), Bürgermeister (Sächs-VerfGH, LVerfGE 6, 244/250) oder höherstufige Gemeindeverbände (Stern ST I 709; Tettinger MKS 97). Da das GG nur diese Grundsätze, nicht aber das Wahlrecht im Einzelnen vorschreibt (BVerwGE 94, 288/290), können sich Unterschiede zwischen Bundes- und Landeswahlrecht ergeben. Vom Bundeswahlrecht gehen keine einengenden Wirkungen aus (Löwer MüK 26; **a. A.** BVerfGE 4, 31/45). Lehnt sich allerdings das Landeswahlrecht erkennbar an das Bundeswahlrecht an, ist auch die einschlägige Rspr des BVerfG maßgeblich (BbgVerfG, LVerfGE 11, 148/155); auch sind bundes-(verfassungs)rechtliche Begriffe möglichst einheitlich auszulegen (BVerwG, DVBl 04, 439). Die Länder können das Wahl- und Wählbarkeitsalter anders festlegen (Tettinger MKS 93; Roth UC 43 zu Art.38), das Panaschieren und Kumulieren einführen (Dreier DR 72), die Briefwahl ausschließen (BVerfGE 12, 139/142 f; 15, 165/167), vom Bundesrecht abweichende Unterschriften-quoten vorsehen (BVerfGE 3, 383/394 ff; 12, 132/133 f; 12, 135/137 ff; BayVerfGHE 13, 1/8) und die Maßstäbe der Wahlprüfung variieren (BVerw-GE 118, 101/105). Da Gemeinden und Kreise zum Verfassungsbereich der Länder gehören (Rn.6 zu Art.30), gilt vorbehaltlich des S.3 (unten Rn.8) das Gleiche für das Kommunalwahlrecht. Auch die Beschränkung der Wählbar-keit von Angehörigen des Öffentlichen Dienstes (Rn.3–8 zu Art.137) gilt für das Kommunalwahlrecht (BVerfGE 48, 64/82; 58, 177/191; BVerwGE 117, 11/13; BayVerfGH, VwRspr Bd.26, Nr.1 S.4 f).

7   **bb) Einzelfälle:** Im Zuge kommunaler Neugliederungsmaßnahmen sind geringfügige Beeinträchtigungen der Wahlrechtsgrundsätze zulässig (BVerwG, DVBl 73, 891). Die übliche Rechtfertigung der 5%-Sperrklausel (Rn.19 zu Art.38) ist hier noch schwächer (Dreier DR 75; Vogelgesang FH 52; vgl. auch VerfGH NW, NVwZ 95, 581; NVwZ 00, 666). Abweichungen der Wahlkreisgröße in Höhe von mehr als 25% nach oben oder unten verletzen im Kommunalwahlrecht die Gleichheit (BVerwGE 132, 166 Rn.28 ff). Sesshaf-tigkeit darf auch für Gemeindewahlen verlangt werden (BVerfG-K, NVwZ 93, 56). Bei der Besetzung von Gemeinderatsausschüssen ist das d'Hondt-sche Höchstzahlverfahren zulässig (BVerwG, NVwZ-RR 94, 109). Das Ver-bot amtlicher Wahlaufrufe (Rn.14 zu Art.38) gilt auch im Kommunalwahl-recht (BVerwG, NVwZ 01, 929). Gewählte Kommunalvertreter sind nicht wie die Mitglieder des Bundestags (Rn.25–35 zu Art.38) oder der Landtage (oben Rn.4 f) verfassungsrechtlich abgesichert (BVerfGE 78, 344/348); doch erkennen BVerwGE 90, 104/105; NVwZ-RR 93, 209 den Gemeindever-tretern ein „freies Mandat", BVerfGE 93, 373/377 die Gleichheit des Man-dats und BVerwGE 119, 305/307 ff die gleiche Teilhabe (Rn.31 ff zu Art.38) aller Gemeindevertreter zu.

c) Kommunalwahlrecht für Ausländer. Der 1992 eingefügte (Einl.3 **8**
Nr.38) S.3 ermöglicht die Einführung des Kommunalwahlrechts, und zwar
wegen der Geltung der Wahlrechtsgrundsätze auch für politische Abstimmungen (Rn.2 zu Art.38) einschließlich des Abstimmungsrechts bei kom-
munalen Bürgerentscheiden und -begehren (Dreier DR 81; Engelken,
NVwZ 95, 432ff; DÖV 96, 737; a.A. Burkholz, DÖV 95, 816ff; Scholz
MD 41f; Vogelgesang FH 74f), für Staatsangehörige von Mitgliedstaaten der
Europäischen Union (früher Gemeinschaft), das vorher verfassungswidrig
war (BVerfGE 83, 37/59ff; vgl. Rn.4 zu Art.20). S.3 verstößt nicht gegen
Art.79 Abs.3 (Löwer MüK 30; Scholz MD 41d; Vogelgesang FH 61ff; vgl.
auch BVerfGE 83, 37/59), da nur das Demokratieprinzip, nicht aber dessen
Ausgestaltung im Einzelnen verfassungsänderungsfest ist (Röger, VR 93,
139; vgl. Rn.15 zu Art.20). Durch die auf Art.8b Abs.1 EGV (jetzt Art.22
AEUV) gestützte Richtlinie 94/80/EG vom 19. 12. 1994 (ABlEG L 368,
38), die bis zum 1. 1. 1996 in nationales Recht umzusetzen war, sind die
Länder zu einer Änderung der Kommunalwahlgesetze verpflichtet (Schweitzer 396), die Unionsbürgern mit Wohnsitz in Deutschland das aktive und
passive Wahlrecht bei Kommunalwahlen unter denselben Bedingungen wie
Deutschen einräumt. Dem sind formal alle Länder nachgekommen; inhaltlich weisen die Regelungen in Bayern und Sachsen Defizite auf (Pie-
roth/Schmülling, DVBl 98, 365). Die Besonderheiten in Stadtstaaten sind
verfassungsgemäß (BremStGH, LVerfGE 11, 199/209ff). Die Einführung
eines Kommunalwahlrechts für Angehörige sonstiger Staaten wäre nach der
Rspr. des BVerfG nach wie vor verfassungswidrig (Nierhaus SA 26); europa-
und völkerrechtliche Entwicklungen lassen deren Prämissen aber zunehmend zweifelhaft werden (Hanschmann, ZParl 09, 74ff).

d) Eine **Gemeindeversammlung** kann gem. S.4 an die Stelle der von **9**
S.2 geforderten Volksvertretung treten. Dies ist eines der wenigen plebiszitä-
ren Elemente im GG. Eine Gemeindeversammlung ist nur noch in § 54 der
Gemeindeordnung Schleswig-Holsteins vorgesehen, nicht mehr in Brandenburg (insoweit überholt Vogelgesang FH 80). Die Bürgerversammlung in
Bayern ist keine Gemeindeversammlung, weil sie nur ein Mitberatungsrecht
hat (Tettinger MKS 117).

II. Kommunale Selbstverwaltungsgarantie (Abs.2)

1. Allgemeines

a) Bedeutung. Kommunale Selbstverwaltung „bedeutet ihrem Wesen und **10**
ihrer Intention nach Aktivierung der Beteiligten für ihre eigenen Angelegenheiten" (BVerfGE 11, 266/275; vgl. auch BVerfGE 79, 127/149; 107, 1/12).
Gemeinden und Gemeindeverbände sind zugleich Träger öffentlicher Gewalt
und Teil der vollziehenden Gewalt iSd Art.1 Abs.3, 20 Abs.3, d. h. „ein Stück
‚Staat‘ " (BVerfGE 73, 118/191), „in den staatlichen Aufbau integriert"
(BVerfGE 83, 37/54). Auch ihre Rechtsetzungstätigkeit ist dem Bereich der
Verwaltung zuzuordnen (BVerfGE 65, 283/289; BGHSt 51, 44/52). Unter
dem Aspekt der Kompetenzverteilung nach dem GG gehören sie zu den Län-

dern (Rn.6 zu Art.30). Die Grenzen des Schutzbereichs (unten Rn.12–15) sind zugleich Kompetenzgrenzen (BVerfGE 79, 127/147; Löwer MüK 37 f; Tettinger MKS 173). Doch steht Abs.2 einer landesgesetzlichen Ausdehnung des Tätigkeitsbereichs außerhalb der Angelegenheiten der örtlichen Gemeinschaft (Jarass, DVBl 06, 1/3) und des Kompetenzbereichs auf gemeindefreies Gebiet (BVerwG, NVwZ 98, 952 f) nicht entgegen. Die kommunale Selbstverwaltungsgarantie ist als solche keine Ermächtigung zu Eingriffen in die Rechtsstellung Privater (Löwer MüK 40; Dreier DR 107; Wieland/Hellermann, DVBl 96, 407). Sie enthält als solche auch keine Pflicht zur Mitwirkung bei der Erledigung staatlicher Aufgaben (BVerwG, DVBl 90, 1067), noch weniger eine Pflicht zur Wahrnehmung einer bestimmten Aufgabe der örtlichen Gemeinschaft und damit eine Grenze der materiellen Privatisierung freiwilliger Selbstverwaltungsaufgaben (Ehlers, DVBl 09, 1456 f; Schoch, DVBl 09, 1533 ff; a. A. BVerwG, DVBl 09, 1382).

11   **b) Rechtliche Eigenart.** – **(1)** Es muss zum einen Gemeinden und Gemeindeverbände als Elemente des Verwaltungsaufbaus geben (sog. institutionelle Rechtssubjektsgarantie), die darüber hinaus gem. Art.28 Abs.1 S.2 eine Volksvertretung haben müssen, für die die Wahlrechtsgrundsätze (oben Rn.6 f) gelten. Den Gemeinden und in abgeschwächter Form den Gemeindeverbänden ist zum andern Selbstverwaltung (unten Rn.16) garantiert (sog. objektive Rechtsinstitutionsgarantie). Die Landesverfassungen dürfen den Gemeinden weitergehend Selbstverwaltung garantieren (LVerfG SAn, LVerfGE 9, 343/355; Löwer MüK 34; Dreier DR 93). – **(2)** Diese Garantien sind nicht nur objektiv-rechtlich, sondern auch als subjektive Rechte eingeräumt (sog. subjektive Rechtsstellungsgarantie): Die einzelne Gemeinde kann von den aus Abs.2 Verpflichteten (unten Rn.18) die Einhaltung der Garantien verlangen (Ehlers, DVBl 00, 1305). Ein Selbstauflösungsrecht steht den Gemeinden aber nicht zu (Dreier DR 101). Abs.2 ist selbst kein Grundrecht, strukturell aber einem Grundrecht vergleichbar (vgl. ThürVerfGH, LVerfGE 15, 462/492; Bethge MSKB 17 zu § 91; Maurer, DVBl 95, 1041 f). Das zeigt auch die der Verfassungsbeschwerde parallele Kommunalverfassungsbeschwerde gem. Art.93 Abs.1 Nr.4b (Rn.74 f zu Art.93). Zur Grundrechtsfähigkeit der Gemeinden Rn.22–25 zu Art.19. Die kommunale Selbstverwaltungsgarantie wird durch finanzverfassungsrechtliche Gewährleistungen ergänzt (Rn.12–18 zu Art.106).

2. Schutzbereich

12   **a) Alle Angelegenheiten der örtlichen Gemeinschaft** sind gem. Abs.2 S.1 für die Gemeinden von der Selbstverwaltungsgarantie umfasst (sog. Universalität oder Allzuständigkeit; vgl. BVerfGE 83, 37/54). Das sind „diejenigen Bedürfnisse und Interessen, die in der örtlichen Gemeinschaft wurzeln oder auf sie einen spezifischen Bezug haben" (BVerfGE 79, 127/151; 110, 370/400; BVerwGE 92, 56/62). Hierbei ist der geschichtlichen Entwicklung und den verschiedenen historischen Erscheinungsformen der Selbstverwaltung Rechnung zu tragen (BVerfGE 11, 266/274; 59, 216/226). Angelegenheiten, die diese Voraussetzungen nicht erfüllen, werden als staatliche Aufgaben bezeichnet (Tettinger MKS 168). Die Angelegenheiten der örtlichen Gemeinschaft bilden „keinen ein für allemal feststehenden Aufgabenkreis" (BVerfGE 79, 127/152; 110, 370/401). Garantiert ist nicht nur der Aufgabenbereich, sondern auch die Befugnis zu eigenverantwortlicher Führung der Geschäfte in diesem Bereich (BVerfGE 91, 228/236; 107, 1/11; 119, 331/362). Die Garantie umfasst weiter nicht nur die Befugnis, bislang „unbesetzte" Aufgaben an sich zu ziehen (sog. Spontaneität), sondern auch ein Regel-Ausnahme-Verhältnis zugunsten der Gemeinden (BVerfGE 79, 127/147 ff; 107, 1/13; BVerwGE 98, 273/276 f; 101, 99/102 f; Nierhaus SA 68). Trotz der Schwierigkeit angesichts vielfältiger neuer Entwicklungen eine klare Zuordnung zum Bereich örtlicher Aufgaben vorzunehmen, hält die hM an der genannten Definition fest; darüber hinaus wird aber zu den Angelegenheiten der örtlichen Gemeinschaft auch die Mitwirkung an Planungen und Maßnahmen gezählt, die das Gemeindegebiet oder Teile dieses Gebiets nachhaltig betreffen und die Entwicklung der Gemeinde beeinflussen (unten Rn.19).

Typische Fälle gemeindlicher Angelegenheiten sind die sog. **Gemeinde-** 13
hoheiten. Die *Gebietshoheit* bedeutet, dass sie gegenüber jedermann, der sich auf ihrem Gebiet aufhält, „Herrschaftsgewalt" (BVerfGE 52, 95/118) ausüben, d.h. rechtserhebliche Handlungen vornehmen darf (Löwer MüK 66). Die *Organisationshoheit* ist die Kompetenz, „für die Wahrnehmung ihrer Aufgaben Abläufe und Entscheidungszuständigkeiten im Einzelnen", nicht aber „die äußeren Grundstrukturen der Gemeinde" zu regeln (BVerfGE 91, 228/236 ff; BVerwG, NVwZ 06, 1405; LVerfG SAn, LVerfGE 7, 284/294). Sie umfasst, Behörden, Einrichtungen und Dienststellen zu errichten, zu ändern und aufzuheben, diese auszustatten und zu beaufsichtigen (BVerfGE 119, 331/362), die Gewährträgerschaft für eine öffentlich-rechtliche Sparkasse zu übernehmen (vgl. BVerfGE 75, 179/199; BVerfG-K, WM 94, 1971; BbgVerfG, LVerfGE 2, 93/100; SächsVerfGH, LVerfGE 11, 393/407 f) und (als sog. Kooperationshoheit) zusammen mit anderen Gemeinden gemeinschaftliche Handlungsinstrumente zu schaffen und gemeinsame Institutionen zu gründen (BVerfGE 119, 331/362; BVerfG-K, NVwZ 87, 124; vgl. auch Schaffarzik, DÖV 96, 155 ff) sowie negativ nicht zu Zwangsverbänden zusammengeschlossen zu werden (BVerfGE 26, 228/239; Löwer MüK 73; Dreier DR 138). Die *Haushaltshoheit* bedeutet die eigenverantwortliche Aufstellung des Haushalts (BVerfGE 119, 331/362). Die *Personalhoheit* ist die Befugnis, das Personal, insb. die Gemeindebeamten auszuwählen, anzustellen, zu befördern und zu entlassen (BVerfGE 17, 172/182; 91, 228/245; BVerwG, NVwZ 85, 415 f; BAGE 95, 350/357 f). Sie umfasst die Dienstherrenfähigkeit (BVerfGE 119, 331/362). Die *Planungshoheit* ist die Befugnis, voraussehbare Entwicklungen längerfristig zu steuern, insb. für das eigene Gebiet die Bodennutzung festzulegen (vgl. BVerfGE 56, 298/310, 317 f; BVerwGE 81, 95/106; 84, 209/214 f).

Des Weiteren zählen zu den gemeindlichen Angelegenheiten die Abfall- 13a
entsorgung (BVerfGE 110, 370/401), die Förderung der Wirtschaft und der Umwelt (BVerwGE 84, 236/239 f), die Energie- und Wasserversorgung (BVerwGE 98, 273/275 f; 122, 157/162 f; 122, 350/354 ff; Dreier DR 147 ff), die privatrechtliche Vermögenssorge (BGHZ 144, 68/74) und das Betreiben gemeindlicher Einrichtungen (BVerwG, NVwZ 00, 675 f), einschließlich der

Bestimmung der Rechtsform (BVerwG, NVwZ-RR 01, 589). Teil der Gemeindehoheit ist auch das Recht der Gemeinde zur Führung ihres einmal bestimmten Namens (BVerfGE 59, 216/226; BVerwGE 44, 351; BGH, NJW 63, 2267) und ihres eigenen Wappens (offen gelassen BVerfG-K, NVwZ 01, 317) sowie zur Unterhaltung internationaler Partnerschaften (BVerwGE 87, 237/238 f). Dagegen ist das Eigentum von Gemeinden nur insoweit durch Art. 28 Abs. 2 (nicht durch Art. 14; vgl. Rn. 28 zu Art. 14) geschützt, als es Gegenstand und Grundlage kommunaler Betätigung ist (BVerwGE 97, 143/151). Die Gemeinde kann auch nicht Grundrechte und sonstige Rechte ihrer Bewohner für sich in Anspruch nehmen (BVerwGE 111, 108/115).

14   Die Gewährleistung der **Grundlagen der finanziellen Eigenverantwortung** gem. S. 3 stellt als sog. Finanzhoheit einen Unterfall der Gemeindehoheiten dar. S. 3 Hs. 1 ist 1994 mit dem Ziel eingefügt worden (Einl. 3 Nr. 42), die kommunale Selbstverwaltung insb. im Bereich der Selbstverwaltungsangelegenheiten zu stärken (BT-Drs. 12/6000, 46). S. 3 Hs. 2 ist 1997 hinzugekommen (Einl. 3 Nr. 44), der gewährleistet, „dass die wirtschaftskraftbezogene Gewerbesteuer (Rn. 15 zu Art. 106) nicht abgeschafft wird, ohne dass die Gemeinden an ihrer Stelle eine andere wirtschaftsbezogene Steuerquelle mit Hebesatzrecht erhalten" (BVerfG, IN 27. 1. 10 – 2 BvR 2185/04 Rn. 71; BFHE 203, 263/267 f; a. A. Scholz MD 84d). Die Gewährleistung umfasst daher nicht nur die Befugnis zur eigenverantwortlichen Einnahmen- und Ausgabenwirtschaft (BVerfGE 26, 228/244; 71, 25/36), insb. die „Entscheidungsfreiheit darüber, für welche (zulässigen) Ziele welche Mittel in welcher Höhe verwendet werden sollen" (BVerwGE 104, 60/66), sondern auch das Recht auf eine aufgabenadäquate Finanzausstattung (VerfGH NW, OVGE 47, 249/251; NVwZ-RR 03, 612; NdsStGH, DÖV 98, 382; BbgVerfG, LVerfGE 18, 159/188 f; LVerfG SAn, LVerfGE 10, 440/463 f; LVerfG MV, LVerfGE 17, 297/317 ff; offen gelassen BVerfG-K 71, 25/36 f; 83, 363/386; BVerfG-K, NVwZ-RR 07, 435). Die „absolute geschützte Untergrenze" der kommunalen Finanzausstattung (ThürVerfGH, LVerfGE 16, 593/624) kann als freie Spitze von 5% beziffert werden (Hufen, DÖV 98, 280); das gilt aber nicht in Fällen „kommunaler Solidarität" (BVerwGE 127, 155 Rn. 30). Dieses Recht umfasst aber keine bestimmten Steuerarten oder Anteile in bestimmter Höhe (BVerfG, IN 27. 1. 10 – 2 BvR 2185/04 Rn. 67; Henneke SHH 105; Löwer MüK 91) und auch keine originäre Steuererhebungskompetenz (BayVerfGHE 41, 140/148; Stern ST II 1124; Wendt HbStR³ VI § 139 Rn. 48; vgl. auch Rn. 12 zu Art. 106). An der Spezialität der finanzverfassungsrechtlichen Gewährleistungen (Rn. 12–18 zu Art. 106) ändert S. 3 nichts (BT-Drs. 12/6000, 48; BVerwGE 106, 280/287; Scholz MD 84b; Henneke, ZG 99, 23).

15   **Keine** Angelegenheit der örtlichen Gemeinschaft sind: allgemeinpolitische Fragen (BVerfGE 79, 127/147); Anordnung eines Anschluss- und Benutzungszwangs (BVerwG, NVwZ 86, 754; 05, 963; 06, 596); Bildung fernmelderechtlicher Nahdienstbezirke (BVerwGE 77, 47/58); eisenbahnrechtliche Planfeststellung (BVerwG, NVwZ 01, 89); Nutzungsberechtigung an öffentlichen Verkehrswegen (BVerfG-K, NVwZ 99, 520); Straßenverkehrsregelungen (BVerwGE 95, 333/335); überörtliche Planungsmaßnahmen

(BVerwG, DVBl 84, 88; NVwZ 84, 584; DVBl 96, 914 f); übertragene Aufgaben (BVerfGE 78, 331/341), zu denen aber die Pflichtaufgaben zur Erfüllung nach Weisung nicht gehören (VerfGH NW, DVBl 85, 687; BbgVerfG, LVerfGE 5, 79/86 ff); Unterbringung von Asylbewerbern während ihres Verfahrens (BVerwG, DVBl 90, 1068; vgl. aber unten Rn.27); Verteidigungspolitik, außer eine Frage hat einen spezifischen Bezug zu einer bestimmten Gemeinde (Schoch, JuS 91, 728 ff); der Bezug besteht durch die Planungshoheit der Gemeinden für die Stationierung von Atomwaffen (BVerwGE 87, 228/230), nicht aber allgemein für die Abrüstung (Gern, NVwZ 91, 1148; a. A. BVerwGE 87, 237/239); Wahlkreiseinteilung für Bundestagswahlen (BVerfG-K, NVwZ 02, 73); Warnung vor Sekten (BayVerfGHE 50, 219/225); Werbeverbote für Alkohol und Tabak (VGH BW, NVwZ 93, 905); Zugehörigkeit zu einem bestimmten Kreis (ThürVerfGH, LVerfGE 5, 331/341 f) oder Eigenschaft als Kreisverwaltungssitz (ThürVerfGH, LVerfGE 4, 426/435; vgl. auch BbgVerfG, LVerfGE 2, 183/188; LVerfG SAn, LVerfGE 2, 323/339 ff).

b) Gemeindeautonomie. Selbstverwaltung besteht darin, dass die genannten Angelegenheiten in eigener Verantwortung geregelt werden können. **16** Eigenverantwortlichkeit bedeutet Ermessens-, Gestaltungs- und Weisungsfreiheit (Maunz MD 66) bei gleichzeitiger Gesetzesbindung (unten Rn.20). Sie bezieht sich auf das Ob, Wann und Wie der Aufgabenwahrnehmung, nicht aber auf die Organisation der Gemeinde iSd der äußeren Grundstruktur (BVerfGE 91, 228/240; 107, 1/13; vgl. auch Rn.13). Regelung bedeutet jede allgemein zulässige Art der Aufgabenerledigung einschließlich der Rechtsetzung durch Satzungen (sog. Satzungshoheit; Maurer, DÖV 93, 187 f; vgl. auch BVerfG-K, DVBl 82, 28; LVerfG SAn, LVerfGE 13, 343/354). Bei der Kalkulation von Abgaben steht dem kommunalen Satzungsgeber ein Prognosespielraum zu, der gerichtlich nur eingeschränkt überprüfbar ist (BVerwGE 116, 188/191).

c) Träger der Selbstverwaltungsgarantie gem. S.1 sind die Gemeinden. **17** Das ist ein auf personaler Mitgliedschaft zu einem bestimmten Gebiet beruhender Verband, der die Eigenschaft einer (rechtsfähigen) Körperschaft des öffentlichen Rechts besitzt. Darunter fallen Städte, Einheits- und Großgemeinden, kreisfreie und kreisangehörige Gemeinden sowie Ortsgemeinden (vgl. aber unten Rn.18), nicht aber gemeindliche Binnengliederungen, wie Bezirke (BVerfGE 83, 60/76), oder Gemeindeverbände (unten Rn.29–31; BVerfGE 77, 288/302).

3. Beeinträchtigung

a) Eingriffe. Die gemeindliche Selbstverwaltung gem. S.1 wird durch alle **18** belastenden Regelungen gemeindlicher Angelegenheiten durch andere Träger öffentlicher Gewalt beeinträchtigt. Außer Bund und Ländern (BVerfGE 56, 298/322) können dies auch Gemeindeverbände (unten Rn.27 f) und andere Gemeinden sein (vgl. BVerfGE 21, 54/68; BVerwG, NVwZ 84, 378), außer sie nehmen die Angelegenheiten der örtlichen Gemeinschaft freiwillig gemeinsam wahr (BVerwGE 127, 155 Rn.23), nicht aber Private. Eingriffe können auch durch die Kommunalaufsicht (vgl. BVerfGE 6, 104/118; 78,

331/341), durch die Übertragung von Aufgaben (VerfGH NW, DVBl 93, 198; 97, 483 f; Dreier DR 120; Löwer MüK 54; a. A. SaarlVerfGH, NVwZ-RR 95, 153), durch die Auferlegung kommunaler Umlagen (Oebbecke, Verw 2009, 247/248) sowie durch die Pflicht zu gemeinsamer Aufgabenwahrnehmung mit anderen Gebietskörperschaften (BVerfGE 119, 331/362 f) erfolgen. Kein Eingriff ist die freiwillige Aufgabenübertragung (BVerwGE 130, 52 Rn.31). Die hieraus resultierende Beschränkung der Selbstverwaltung muss aber eine gewisse Intensität aufweisen (Petz, DÖV 91, 326). Durch die Auferlegung einzelner Ausgabepflichten wird der Schutzbereich solange nicht beeinträchtigt, als insgesamt eine zureichende Finanzausstattung der Gemeinde gewährleistet ist (BVerfGE 83, 363/385 f; BVerwG, DVBl 95, 926; Hartmann/Meßmann, JuS 06, 248 f).

19   **b) Sonstige Beeinträchtigungen.** Aus der Selbstverwaltungsgarantie, insb. der Planungshoheit (oben Rn.13), ergibt sich ein *Mitwirkungsrecht* an überörtlichen Planungen und Maßnahmen mit relevanten Auswirkungen auf die Gemeinde (BVerwGE 74, 124/132 f; 77, 128/133 f; 84, 209/214 f; 97, 203/211 f; Löwer MüK 53). Es beinhaltet ein formelles Recht auf Beteiligung, einschließlich des Klagerechts (BVerwG, NVwZ 00, 1049), und ein materielles Recht auf Berücksichtigung, das beeinträchtigt wird, „wenn das Vorhaben eine hinreichend bestimmte (konkrete, verfestigte; vgl. BVerwGE 100, 388/394; 127, 259 Rn.31) Planung nachhaltig stört, wesentliche Teile des Gemeindegebiets einer durchsetzbaren Planung entzieht oder wenn kommunale Einrichtungen durch das Vorhaben erheblich beeinträchtigt werden" (BVerwGE 81, 95/106; vgl. auch VerfGH NW, OVGE 45, 291/294; NVwZ 03, 202), wenn die Entwicklung der Gemeinde, insb. die Gestaltung ihrer Infrastruktur, beeinflusst wird (BVerwGE 97, 203/211 f) oder wenn „unmittelbare Auswirkungen gewichtiger Art" drohen (BVerwGE 117, 25/32). Das Beteiligungsrecht umfasst allerdings nicht notwendig volle Akteneinsicht oder mündliche Erörterung (BVerwG, NVwZ 88, 732). Es kann auch ein *Anspruch auf Ausgleich* finanzieller Belastungen in Betracht kommen (vgl. BVerwG, NVwZ 87, 789), der aber nicht schon aus jeglicher Inanspruchnahme kommunaler Wegegrundstücke für die Stromversorgung (BGHZ 132, 198/217 f) oder aus mittelbaren finanziellen Auswirkungen einer Aufgabenauferlegung (BVerwG, NVwZ 98, 184 f) folgt. Es wird eine *Ausstrahlungswirkung* (Vorb.15 f, 33 vor Art.1) für möglich gehalten (Faber AK 52).

4. Rechtfertigung von Beeinträchtigungen (Schranken)

20   **a)** Die Formel „im Rahmen der Gesetze" in S.1 ist ein **Gesetzesvorbehalt** (BVerfGE 56, 298/309 f; 79, 127/143; Maunz MD 51 f), der Eingriffe in die Selbstverwaltungsgarantie rechtfertigt. Er bezieht sich sowohl auf die Universalität als auch auf die Eigenverantwortlichkeit (BVerfGE 56, 298/312; 107, 1/12); er umfasst „nicht nur die Art und Weise der Erledigung der örtlichen Angelegenheiten, sondern ebenso die gemeindliche Zuständigkeit für diese Angelegenheiten" (BVerfGE 79, 127/143). Außerdem wird dadurch die allgemeine Gesetzesbindung der Gemeinden gem. Art.20 Abs.3 konkretisiert. Gesetze sind hier auch Rechtsverordnungen (BVerfGE 56, 298/309; 71, 25/34; 107, 1/15), Gewohnheitsrecht (BVerwG, VwRspr 29 Nr.85;

VerfGH NW, DVBl 82, 1043) und andere untergesetzliche Rechtsnormen, z. B. Raumordnungsprogramme (BVerfGE 76, 107/114) und Gebietsentwicklungspläne (VerfGH NW, DVBl 95, 466; 97, 1107; NVwZ 03, 204). Gesetze sind auch Satzungen der Kreise (vgl. BVerwGE 101, 99/110 f; a. A. Heintzen, Verw 96, 33 f). Beeinträchtigungen können auch durch sonstiges Verfassungsrecht gerechtfertigt werden, z. B. Art.140 iVm Art.138 Abs.2 WRV (BVerwG, DÖV 80, 458) oder Staatszielnormen (vgl. VerfGH NW, OVGE 40, 310/314).

b) Schranken–Schranken. aa) Aus der institutionellen Rechtssubjekts- 21 garantie (oben Rn.11) folgt, dass zwar einzelne Gemeinden, nicht aber die Gemeinden überhaupt in den Flächenstaaten (arg. Art.106 Abs.6 S.3) **abgeschafft** werden dürfen.

bb) Analog zur Wesensgehaltsgarantie bei Grundrechten (Rn.9 zu Art.19) 22 wird eine **Kernbereichsgarantie** der Selbstverwaltung angenommen (BVerfGE 56, 298/312; 91, 228/238; 107, 1/12 f; BVerwGE 77, 47/58 f; VerfGH NW, DVBl 83, 214; krit. Rennert UC 89). Der Gesetzgeber „darf die identitätsbestimmenden Merkmale gemeindlicher Selbstverwaltung weder faktisch noch rechtlich beseitigen" (BVerfGE 107, 1/12) oder derart aushöhlen, dass die Gemeinde keinen ausreichenden Spielraum zu ihrer Ausübung mehr hat (BVerfGE 56, 298/312; 103, 332/366). Bei der Bestimmung des unantastbaren Kernbereichs wird wiederum (vgl. oben Rn.12) auf das Kriterium der Tradition verwiesen (BVerfGE 76, 107/118; 79, 127/146; 91, 228/238). Der Kernbereich muss institutionell, nicht für einzelne Gemeinden gewahrt werden (BVerfGE 76, 107/119). Aufgaben mit relevantem örtlichen Charakter dürfen den Gemeinden nur bei überwiegenden Gründen des Gemeininteresses entzogen werden (BVerfGE 79, 127/153 ff; BbgVerfG, LVerfGE 13, 128/144 ff; HessStGH, LVerfGE 15, 247/276 ff; BVerwG, NVwZ 96, 1223). Eine eigenständige organisatorische Gestaltungsfähigkeit der Kommunen darf nicht „im Ergebnis erstickt" werden (BVerfGE 91, 228/239; 107, 1/13; BVerwG, NVwZ 06, 1405). Dagegen ist die Entscheidung über plebiszitäre Beteiligungsmöglichkeiten vom Kernbereich nicht erfasst (BVerfGE 91, 228/239; a. A. BayVerfGHE 50, 181/204).

cc) Es gilt der Grundsatz der **Verhältnismäßigkeit** (BVerfGE 56, 298/ 23 313; 76, 107/119 f; 95, 1/27; BVerwGE 123, 159/164 f; NdsStGH, DÖV 96, 657; a. A. Rennert UC 76; Begriff vermieden von BVerfGE 79, 127; 119, 331/363; dazu Ehlers, DVBl 01, 1303 ff und allgemein Rn.80–90 zu Art.20) und das **Willkürverbot** (BVerfGE 26, 228/244; 56, 298/313; 76, 107/119; BVerwGE 77, 47/59; 87, 133/135; allgemein Rn.14–16 zu Art.3); insofern ist auch von einem „interkommunalen Gleichbehandlungsgebot" die Rede (BbgVerfG, LVerfGE 17, 103/118). Dabei ist die gerichtliche Kontrolle umso intensiver, je größer der Substanzverlust für die gemeindliche Selbstverwaltung ist (BVerfGE 79, 127/154; 83, 363/382 f; 110, 370/401). Bestands- und Gebietsänderungen von Gemeinden sind nur aus Gründen des öffentlichen Wohls und nach vorheriger Anhörung zulässig (BVerfGE 50, 50/55 f; 50, 195/202 f; 107, 1/24; B VerfG-K, DVBl 95, 287; LVerfG SAn, LVerfGE 18, 544/556 f); die Verhältnismäßigkeitskontrolle wird insoweit zurückhaltend gehandhabt (vgl. BVerfGE 86, 90/109 ff; Löwer MüK 43;

Starck, FS Thieme, 1993, 845). Den Gemeinden muss „ein hinreichender organisatorischer Spielraum bei der Wahrnehmung der je einzelnen Aufgabenbereiche offengehalten" werden (BVerfGE 91, 228/241); er erstreckt sich auch in den „der Aufgabenerfüllung vorgelagerten gemeindeinternen Bereich" (BVerfGE 107, 1/14). Eingriffe in die Planungshoheit einzelner Gemeinden sind nur zulässig, soweit sie durch überörtliche Interessen von höherem Gewicht erfordert werden (BVerfGE 56, 298/313f; 76, 107/119f; 103, 332/366f; BVerwGE 112, 274/286; 118, 181/185; VerfGH NW, OVGE 40, 310/314).

24   **dd)** Der Vorbehalt des Gesetzes (Rn.46–55 zu Art.20) verlangt bei weittragenden Beeinträchtigungen ein **Parlamentsgesetz** statt einer Rechtsverordnung (vgl. VerfGH NW, NJW 79, 1201). – **Bundesstaatliche** Vorgaben über die eigenverantwortliche Aufgabenwahrnehmung (Rn.8–10 zu Art.30) gelten auch gegenüber den Gemeinden (BVerfGE 119, 331/363f).

5. Einzelfälle zulässiger Beeinträchtigungen

25   Im Bereich der **Daseinsvorsorge:** Übertragung der Abfallbeseitigung von Gemeinden auf Kreise (BVerfGE 79, 127/155ff; BVerwGE 67, 321/325), des Brandschutzes von Gemeinden auf Ämter (BbgVerfG, LVerfGE 5, 79/90ff) und der Wasserversorgung von Orts- auf Verbandsgemeinden (BVerwG, NVwZ 84, 379); Ersetzung eines freiwilligen durch einen staatlichen Klärschlamm-Entschädigungsfonds (BVerfGE 110, 370/401f); Zuweisung von Ergänzungs- und Ausgleichsaufgaben an die Kreise (BVerwGE 101, 99/103ff; NVwZ 98, 63; Löwer MüK 87), einschließlich der rechtsbetreuenden Verwaltungshilfe (BGHZ 144, 68/74f); Vorgaben für abfallrechtliche Bemessungsmaßstäbe (BVerwG, NVwZ 94, 900; 98, 1186); Regelungen über den Bau und die Unterhaltung von Sportanlagen (BGHZ 128, 393ff); Beschränkung der wirtschaftlichen Betätigung der Gemeinden (Sächs-VerfGH, LVerfGE 16, 415/434f; VerfGH RP, NVwZ 00, 801); kartellrechtliche Zusammenschluss(Fusions)kontrolle (BGHZ 168, 295/300f); Bildung von Zweckverbänden (Henneke SHH 86).

26   **Organisationsvorgaben:** Regel-Mindestgröße von Gemeinden (Bbg-VerfG, LVerfGE 13, 159/172ff); Bildung einer Verwaltungsgemeinschaft (BVerfGE 107, 1/16ff); Rechtsaufsicht, nicht aber Fachaufsicht (BVerfGE 78, 331/341; VerfGH NW, DVBl 97, 121); Zuständigkeitswechsel bei der Staatsaufsicht ohne Intensivierung der Aufsicht (BVerfGE 78, 331/340f); Begrenzung des Anschluss- und Benutzungszwangs auf öffentliche Einrichtungen (BVerwGE 123, 159/162f); Bestätigung kommunaler Wahlbeamter durch die Landesregierung (BVerfGE 8, 332/359f); Pflicht zur Bestellung von Gleichstellungsbeauftragten (BVerfGE 91, 228/242; LVerfG SAn, LVerfGE 7, 284/295); Einstellungspflichten (BVerfGE 17, 172/182ff; BAGE 76, 125/132f); besoldungsrechtliche Stellenplan-Obergrenzen (BVerwG, NVwZ 85, 416); arbeitsrechtliche Schutzpflichten (BAGE 30, 272/276); Namensänderung bei Gebietsneuregelung (BVerfGE 59, 216/229).

27   **Finanzielle Belastungen:** Kreisumlage (BVerfGE 23, 353/367ff; 83, 363/381ff; BVerwG, NVwZ 98, 66); Beitragspflicht zu Wasser- und Bodenverbänden (BVerwG, NVwZ 85, 271); Beteiligung an Krankenhausinvesti-

tionsmaßnahmen (VerfGH NW, DÖV 04, 662); Förderung von Pflege-einrichtungen (BSGE 88, 215/223); Tierkörperbeseitigung ohne Kosten-deckung (StGH BW, LVerfGE 9, 3/11 ff); Unterbringungen abgelehnter, aber geduldeter Asylbewerber (BVerwG, NVwZ 93, 787) und ausländischer Flüchtlinge (VerfGH NW, NVwZ 96, 110; StGH BW, LVerfGE 10, 3/22 f).

Örtliche Auswirkungen staatlicher Aufgabenwahrnehmung: Aus- **28** weisung von Vogelschutzgebieten (VerfGH RP, NVwZ 06, 207 f); Erschlie-ßungspflicht (BVerwGE 64, 186/190); Planfeststellungen (BVerwGE 51, 6/ 13; 74, 84/86); Festsetzung von Lärmschutzbereichen durch Rechtsverord-nung des Bundes (BVerfGE 56, 298/312 ff) und von Vorrangstandorten für großindustrielle Anlagen durch Raumordnungsprogramm des Landes (BVerf-GE 76, 107/120); Bezeichnung eines Verteidigungsvorhabens durch den Bundesminister der Verteidigung (BVerwGE 74, 124/133); Durchführung von militärischen Tiefflügen (BVerwGE 97, 203/211); Vorgaben für Schul-trägerschaft (BVerfGE 26, 228/238 f; BbgVerfG, LKV 97, 449; BVerwG, DÖV 77, 755).

6. Gemeindeverbände (S.2)

a) Begriff. Gemeindeverbände sind alle Gebietskörperschaften zwischen **29** Gemeinde und Land, die nicht wie insb. Zweckverbände nur Einzelaufgaben verfolgen, also Ämter, Samtgemeinden (vgl. aber oben Rn.18), Verbands-gemeinden, (Land-)Kreise (BVerfGE 103, 332/359), Landschaftsverbände (Dreier DR 168; Löwer MüK 83; Rennert UC 149 ff; a. A. Bethge MSKB 28 zu § 91; vgl. auch BVerfGE 52, 95/109; VerfGH NW, DVBl 01, 1596 f).

b) Gewährleistungsumfang. Die Selbstverwaltungsgarantie für Gemein- **30** deverbände ist gegenüber der für Gemeinden in zweifacher Hinsicht abge-schwächt: **aa)** Es sind **keine bestimmten Aufgaben** gewährleistet; viel-mehr ist der Aufgabenkreis gesetzlicher Bestimmung überlassen (BVerfGE 83, 363/383). Es gibt daher auch keine feststehenden Gemeindeverbands-hoheiten. Allerdings gilt die Gewährleistung der Grundlagen der finanziellen Eigenverantwortung gem. S.3 Hs.1 (oben Rn.14) auch für Gemeinde-verbände (BT-Drs. 12/6000, 48). Daher ist ihnen die Befugnis zur Erhebung der Kreisumlage gewährleistet (vgl. BbgVerfG, LVerfGE 9, 121/134 f; VerfGH NW, DVBl 97, 121). Der Garantiegehalt besteht im Übrigen nur darin, dass überhaupt eine gewisse Aufgabenzuteilung bestehen muss und es einen „Mindestbestand an zugewiesenen Selbstverwaltungsaufgaben des eigenen Wirkungskreises" gibt, „der für sich genommen und im Vergleich zu zu-gewiesenen staatlichen Aufgaben ein Gewicht aufweist, das der institutionel-len Garantie der Kreise als Selbstverwaltungskörperschaften gerecht wird" (BVerfGE 119, 331/353, 355). Daraus wird für die Aufgabenabgrenzung zwischen Kreis und Gemeinde ein Regel-Ausnahme-Verhältnis zugunsten der Gemeinden abgeleitet (oben Rn.6; sog. Subsidiaritätsprinzip).

bb) Soweit Gemeindeverbände nach Landesrecht existieren, steht ihnen **31** die objektive Rechtsinstitutionsgarantie (oben Rn.11) zu. Für die Selbstver-waltungsaufgaben besteht Autonomie (oben Rn.16) wie bei Gemeinden (BVerfGE 83, 363/383). Dagegen gilt die institutionelle Rechtssubjektsga-rantie in systematischer Auslegung mit Art.28 Abs.1 S.2 nur für die **Kreise**

(NdsStGH, DVBl 81, 214f; Nierhaus SA 79f; Löwer MüK 84); diese dürfen
also als Element des Verwaltungsaufbaus nicht abgeschafft werden (oben
Rn.21). Gebietsänderungen von Kreisen sind nur aus Gründen des öffentlichen Wohls und nach vorheriger Anhörung zulässig (BVerfG-K, DVBl 95,
287).

III. Gewährleistung durch den Bund (Abs.3)

32   Abs.3 normiert eine **Pflicht** des Bundes, die Einhaltung der Grundrechte, der Staatsfundamentalnormen (oben Rn.3–5), der Wahlrechtsgrundsätze (oben Rn.6–9) und der kommunalen Selbstverwaltungsgarantie (oben
Rn.10–31) in den Ländern zu gewährleisten, d.h. die hierfür notwendigen
Maßnahmen zu ergreifen; ein Entschließungsermessen steht dem Bund nicht
zu (Dreier DR 181; Löwer MüK 101; Stern ST I 711). Dieser Pflicht entspricht ein Anspruch derjenigen, in deren Interesse die Gewährleistungspflicht jeweils normiert ist; das sind die Länder (BVerfGE 9, 268/277), Gemeinden und Gemeindeverbände (Maunz MD 89) sowie die Bürger (Stern
ST I 716; i.E. auch Bothe AK 1; dagegen halten Henneke SHH 120, Löwer
MüK 103 und Dreier DR 186 einen derartigen Anspruch für „entbehr-
lich").

33   Als **Maßnahmen** zur Durchsetzung der Gewährleistungspflicht kommen
in Betracht: gerichtliche Verfahren gem. Art.93 Abs.1 Nr.2, 3 und 4 (vgl.
Dittmann HbStR³ VI § 127 Rn.41); Verfahren der Bundesaufsicht gem.
Art.84 Abs.3 und 4 (a.A. Löwer MüK 105), 85 Abs.4 und 108 Abs.3 (a.A.
Tettinger MKS 263); Bundeszwang gem. Art.37; Bundesintervention gem.
Art.35 Abs.3, 87a Abs.3 und 4, 91 Abs.2. Bei der Auswahl der Maßnahmen
hat der Bund Ermessen, das aber durch den Vorrang verfassungsgerichtlicher
Streitschlichtung gebunden ist (Dreier DR 185; Löwer MüK 106).

Art.**29** [Neugliederung des Bundesgebiets]

(1) **Das Bundesgebiet kann neu gegliedert werden, um zu gewährleisten, daß die Länder nach Größe und Leistungsfähigkeit die ihnen obliegenden Aufgaben wirksam erfüllen können. Dabei sind die landsmann-
schaftliche Verbundenheit, die geschichtlichen und kulturellen Zusammenhänge, die wirtschaftliche Zweckmäßigkeit sowie die Erfordernisse
der Raumordnung und der Landesplanung zu berücksichtigen².**

(2) **Maßnahmen zur Neugliederung des Bundesgebietes ergehen
durch Bundesgesetz, das der Bestätigung durch Volksentscheid bedarf.
Die betroffenen Länder sind zu hören³.**

(3) **Der Volksentscheid findet in den Ländern statt, aus deren Gebieten
oder Gebietsteilen ein neues oder neu umgrenztes Land gebildet werden
soll (betroffene Länder). Abzustimmen ist über die Frage, ob die betroffenen Länder wie bisher bestehenbleiben sollen oder ob das neue oder
neu umgrenzte Land gebildet werden soll. Der Volksentscheid für die
Bildung eines neuen oder neu umgrenzten Landes kommt zustande,**

wenn in dessen künftigem Gebiet und insgesamt in den Gebieten oder
Gebietsteilen eines betroffenen Landes, deren Landeszugehörigkeit im
gleichen Sinne geändert werden soll, jeweils eine Mehrheit der Änderung
zustimmt. Er kommt nicht zustande, wenn im Gebiet eines der betroffenen Länder eine Mehrheit die Änderung ablehnt; die Ablehnung ist jedoch unbeachtlich, wenn in einem Gebietsteil, dessen Zugehörigkeit zu
dem betroffenen Land geändert werden soll, eine Mehrheit von zwei
Dritteln der Änderung zustimmt, es sei denn, daß im Gesamtgebiet des
betroffenen Landes eine Mehrheit von zwei Dritteln die Änderung ablehnt[3].

(4) Wird in einem zusammenhängenden, abgegrenzten Siedlungs-
und Wirtschaftsraum, dessen Teile in mehreren Ländern liegen und der
mindestens eine Million Einwohner hat, von einem Zehntel der in ihm
zum Bundestag Wahlberechtigten durch Volksbegehren gefordert, daß
für diesen Raum eine einheitliche Landeszugehörigkeit herbeigeführt
werde, so ist durch Bundesgesetz innerhalb von zwei Jahren entweder
zu bestimmen, ob die Landeszugehörigkeit gemäß Absatz 2 geändert
wird, oder daß in den betroffenen Ländern eine Volksbefragung stattfindet[4 f].

(5) Die Volksbefragung ist darauf gerichtet festzustellen, ob eine in
dem Gesetz vorzuschlagende Änderung der Landeszugehörigkeit Zustimmung findet. Das Gesetz kann verschiedene, jedoch nicht mehr als
zwei Vorschläge der Volksbefragung vorlegen. Stimmt eine Mehrheit einer vorgeschlagenen Änderung der Landeszugehörigkeit zu, so ist durch
Bundesgesetz innerhalb von zwei Jahren zu bestimmen, ob die Landeszugehörigkeit gemäß Absatz 2 geändert wird. Findet ein der Volksbefragung vorgelegter Vorschlag eine den Maßgaben des Absatzes 3 Satz 3
und 4 entsprechende Zustimmung, so ist innerhalb von zwei Jahren nach
der Durchführung der Volksbefragung ein Bundesgesetz zur Bildung des
vorgeschlagenen Landes zu erlassen, das der Bestätigung durch Volksentscheid nicht mehr bedarf[6].

(6) Mehrheit im Volksentscheid und in der Volksbefragung ist die
Mehrheit der abgegebenen Stimmen, wenn sie mindestens ein Viertel
der zum Bundestag Wahlberechtigten umfaßt. Im übrigen wird das Nähere über Volksentscheid, Volksbegehren und Volksbefragung durch ein
Bundesgesetz geregelt; dieses kann auch vorsehen, daß Volksbegehren
innerhalb eines Zeitraumes von fünf Jahren nicht wiederholt werden
können[7].

(7) Sonstige Änderungen des Gebietsbestandes der Länder können
durch Staatsverträge der beteiligten Länder oder durch Bundesgesetz
mit Zustimmung des Bundesrates erfolgen, wenn das Gebiet, dessen Landeszugehörigkeit geändert werden soll, nicht mehr als 50 000 Einwohner
hat. Das Nähere regelt ein Bundesgesetz, das der Zustimmung des Bundesrates und der Mehrheit der Mitglieder des Bundestages bedarf. Es
muß die Anhörung der betroffenen Gemeinden und Kreise vorsehen[9 f].

(8) Die Länder können eine Neugliederung für das jeweils von ihnen
umfaßte Gebiet oder für Teilgebiete abweichend von den Vorschriften

der Absätze 2 bis 7 durch Staatsvertrag regeln. Die betroffenen Gemeinden und Kreise sind zu hören. Der Staatsvertrag bedarf der Bestätigung durch Volksentscheid in jedem beteiligten Land. Betrifft der Staatsvertrag Teilgebiete der Länder, kann die Bestätigung auf Volksentscheide in diesen Teilgebieten beschränkt werden; Satz 5 zweiter Halbsatz findet keine Anwendung. Bei einem Volksentscheid entscheidet die Mehrheit der abgegebenen Stimmen, wenn sie mindestens ein Viertel der zum Bundestag Wahlberechtigten umfaßt; das Nähere regelt ein Bundesgesetz. Der Staatsvertrag bedarf der Zustimmung des Bundestages[8].

Literatur: *Würtenberger,* Neugliederung, HbStR[3] VI, 2008, § 132; *Meyer-Teschendorf,* Neugliederung und Bundesverfassung, FS Isensee, 2002, 341; *Ernst,* Gedanken zur Neugliederung des Bundesgebietes als Planungsaufgabe, FS Hoppe, 2000, 255; *Vondenhoff,* Grundgesetzliche Begründung und Voraussetzung eines gleichgewichtigen Föderalismus, DÖV 2000, 949; *Jutzi,* Demokratische und bundesstaatliche Probleme kleinerer Gebietsänderungen, BayVBl 1997, 97; *Engelken,* Neugliederung aufgrund von Volksbegehren nach Art.29 Abs.4 GG, BayVBl 1995, 556; *Häberle,* Ein Zwischenruf zur föderalen Neugliederungsdiskussion in Deutschland – Gegen die Entleerung von Art.29 Abs.1 GG, FS Gitter, 1995, 315; *Greulich,* Länderneugliederung und GG, 1995; *H.-W. Arndt,* Zur verfassungsrechtlichen Problematik der Herstellung einheitlicher Lebensverhältnisse in der Bundesrepublik Deutschland, JuS 1993, 360; *Meyer-Teschendorf,* Territoriale Neugliederung nicht nur durch Bundesgesetz, sondern auch durch Staatsvertrag, DÖV 1993, 889; *Hoppe/Schulte,* Rechtliche Grundlagen und Grenzen für Staatsgebietsänderungen von neuen Bundesländern, DVBl 1991, 1041.

1. Bedeutung und Abgrenzung zu anderen Vorschriften

1   Der 1969, 1976 und 1994 geänderte (Einl.3 Nr.25, 33, 42) Art.29 enthält abgesehen von dem obsoleten Art.118 und von dem spezielleren (BbgVerfG, LVerfGE 4, 114/130), den Art.29 aber nicht verdrängenden Art.118a (vgl. Würtenberger HbStR[3] VI § 132 Rn.37) eine erschöpfende Regelung der Materie der Änderung des Gebietsbestands der Länder (BVerfGE 4, 250/288; 5, 34/43 ff). Zum Bundesgebiet Rn.10 zur Präamb. Durch Art.29 wird das Bundesstaatsprinzip (Rn.16–22a zu Art.20) konkretisiert: Einerseits sollte durch die Möglichkeit der Neuordnung zufälliger Grenzziehungen in einem geregelten Verfahren die bundesstaatliche Ordnung stabilisiert werden (Kunig MüK 2); andererseits erweist Art.29 den Bundesstaat des GG als „labil" (BVerfGE 5, 34/38; krit. Pernice DR 12), weil gesetzliche Neugliederungsmaßnahmen gem. Abs.2, 4–7 in ausschließlicher Bundesgesetzgebungskompetenz (Rn.5 zu Art.70) stehen und es ein Selbstbestimmungsrecht der Länder nur in den Grenzen der Abs.7, 8 (unten Rn.8 f) gibt. Das Gebot bundesfreundlichen Verhaltens (Rn.20–22a zu Art.20) findet im Rahmen des Art.29 keine Anwendung (BVerfGE 13, 54/76; einschr. Kunig MüK 1). Zum Schutz der Länder gegen Verfassungsänderungen Rn.8 zu Art.79. Die Mitwirkung der betroffenen Bevölkerung durch Volksentscheid, Volksbegehren und Volksbefragung lässt sich auch als Ausdruck des Demokratieprinzips (Rn.6 f zu Art.20) begreifen (BVerfGE 49, 15/21; a.A. Dreier DR 104 zu Art.20 D). Art.29 ist kein Grundrecht oder grundrechtsgleiches Recht (BVerfGE 49, 15/19). Zum Rechtsschutz der Länder Rn.29–34 zu Art.93.

2. Neugliederung (Abs.1–6, 8)

a) Inhaltliche Voraussetzungen (Abs.1). Die Vorschrift enthält eine 2
Ermächtigung, keine Verpflichtung zur Neugliederung (a. A. Pernice DR
22: Ermessensreduktion auf Null bezüglich des Ob denkbar; Vogel/Waldhoff
BK Vorb.74f zu Art.104a: bei Vorliegen einer strukturellen und dauerhaften
Haushaltsnotlage; Würtenberger HbStR[3] VI § 132 Rn.57: in Ausnahmesituationen). Neugliederung bedeutet jede Änderung des Gebietsbestands der
Länder, die über den Umfang gem. Abs.7 (unten Rn.9f) hinausgeht. Dabei
müssen nicht alle Länder in ihrem Gebietsbestand von der Neugliederung
betroffen werden (Kunig MüK 13). Keine Maßnahmen der Neugliederung
sind die Schaffung bundesunmittelbarer Territorien und die Änderung der
Grenzen der Bundesrepublik Deutschland gegenüber dem Ausland (Dietlein
BK 27, 30f; Maunz/Herzog/Scholz MD 17; Kunig MüK 14). Die den Ländern „obliegenden Aufgaben" ergeben sich aus der Kompetenzverteilung
des GG (Rn.3 zu Art.30). „Größe" meint die Gebietsfläche und die Einwohnerzahl. „Leistungsfähigkeit" umfasst wirtschaftliche, finanzielle, politische und administrative Gesichtspunkte (vgl. Kunig MüK 17ff; Umbach UC
48ff). Soweit die in S.2 genannten Voraussetzungen „zu berücksichtigen"
sind, besteht ein größerer Entscheidungsspielraum des Gesetzgebers (Dietlein
BK 32, 37ff; Maunz/Herzog MD 23ff; Kunig MüK 20).

b) Bundesgesetz und Volksentscheid (Abs.2, 3). Maßnahmen der 3
Neugliederung unterliegen dem Gesetzesvorbehalt (Rn.46–55 zu Art.20)
und bedürfen vorbehaltlich des Abs.8 (unten Rn.8) eines Bundesgesetzes.
Das Gesetz ist kein Zustimmungs-, sondern bloßes Einspruchsgesetz (Rn.7f
zu Art.77). Eine Neugliederung bedarf also einerseits keiner Verfassungsänderung, andererseits ist sie durch keine andere Akte als ein formelles
Bundesgesetz möglich. Allerdings kann sie auch durch mehrere aufeinander
folgende Gesetze phasenweise durchgeführt werden (BVerfGE 5, 34/40). In
dem Gesetzgebungsverfahren (Rn.1 zu Art.76) sind die betroffenen Länder
zu hören (Abs.2 S.2). Welches Organ in diesem Zusammenhang zu beteiligen ist, ergibt sich aus Landesverfassungsrecht (Erbguth SA 38; Kunig MüK
30; Umbach UC 70; a. A. Maunz/Herzog MD 53). Inhalt und Umfang der
Anhörungspflicht entsprechen dem bei Rn.7 zu Art.32 Gesagten; der Anhörungspflicht korrespondiert ein Anhörungsrecht der betroffenen Länder
(Kunig MüK 32). Zum Zustandekommen des Neugliederungsgesetzes ist
außerdem seine Bestätigung durch Volksentscheid erforderlich, über dessen
Durchführung Abs.3 Näheres regelt (vgl. Dietlein BK 52ff). Gegenstand des
Volksentscheids ist das Bundesgesetz insgesamt, doch ist die Abstimmungs-
frage gem. Abs.3 S.2 zu formulieren. Zur Geltung der Wahlrechtsgrundsätze
Rn.2 zu Art.38.

c) Volksbegehren, Bundesgesetz und Volksbefragung (Abs.4, 5). 4
Hiernach kann eine Neugliederung auch durch Volksbegehren in Gang gesetzt werden, wofür neben dem oben Rn.2 Gesagten folgende zusätzliche
Voraussetzungen gelten: – **(1)** Es muss sich um den in Abs.4 definierten
Neugliederungsraum handeln. Zusammenhängend ist er bei einer Verflechtung, die ihn „weitgehend als Einheit" erscheinen lässt; abgegrenzt ist er jedenfalls dann nicht, „wenn zwischen ihm und Teilen seines Umlandes er-

hebliche Pendlerbewegungen stattfinden" (BVerfGE 96, 139/149 f). Die Voraussetzung des Abs.4 kann auch bei agrarischer Nutzung des Raums gegeben sein (Evers BK 63; Sannwald SHH 48; a.A. Maunz/Herzog MD 75). – **(2)** Das Volksbegehren muss von $^1/_{10}$ der im Neugliederungsraum zum Bundestag Wahlberechtigten (Rn.4 zu Art.38) unterstützt werden; von dem Volksbegehren selbst ist der Antrag auf Zulassung zur Durchführung eines Volksbegehrens (Zulassungsantrag) zu unterscheiden, der zulässigerweise in dem nach Abs.6 ergangenen Gesetz (unten Rn.7) näher geregelt ist. Antragsteller können nur natürliche Personen sein (BVerfGE 96, 139/148). – **(3)** Gegenstand des Volksbegehrens kann nur die Forderung sein, dass für den Neugliederungsraum eine einheitliche Landeszugehörigkeit herbeigeführt werde; das kann durch die Zuordnung eines Gebiets zu einen bestehenden Land oder durch die Bildung eines neuen Landes geschehen (Meyer-Teschendorf MKS 48).

5   **Rechtsfolge eines zustandegekommenen Volksbegehrens** ist die nicht einklagbare (BVerfGE 49, 15/22) Verpflichtung zum Erlass eines Bundesgesetzes innerhalb von zwei Jahren. Allerdings ist ein verspätet erlassenes Gesetz nicht allein wegen der Fristüberschreitung nichtig (Maunz/Herzog MD 85; Kunig MüK 42). Inhaltlich kann das Bundesgesetz, ohne durch das Volksbegehren rechtlich gebunden zu sein (Dietlein BK 71), Folgendes bestimmen: – **(1)** Die Landeszugehörigkeit wird nicht geändert; damit ist das durch das Volksbegehren in Gang gebrachte Verfahren beendet; ein Volksentscheid (oben Rn.3) ist unzulässig (Kunig MüK 43). – **(2)** Die Landeszugehörigkeit wird geändert; dann richtet sich das weitere Verfahren nach Abs.2, 3 (oben Rn.3). – **(3)** Es wird eine Volksbefragung in den betroffenen Ländern angeordnet, über deren Durchführung Abs.5 Näheres regelt.

6   Die **Rechtsfolgen der Volksbefragung** sind je nach deren Ergebnis unterschiedlich: – **(1)** Ergibt die Volksbefragung eine den Maßgaben des Abs.3 S.3, 4 entsprechende qualifizierte Mehrheit, besteht eine Verpflichtung des Bundesgesetzgebers zum Erlass eines Gesetzes zur Bildung des im Volksbefragungsgesetz vorgeschlagenen Landes innerhalb von zwei Jahren (Abs.5 S.4). – **(2)** Ergibt die Volksbefragung eine einfache Mehrheit, die nicht den Maßgaben des Abs.3 S.3, 4 genügt, besteht ebenfalls eine Verpflichtung zum Erlass eines Bundesgesetzes innerhalb von zwei Jahren, das aber sowohl eine Änderung wie eine Nichtänderung der Landeszugehörigkeit zum Inhalt haben kann (Abs.5 S.3); im Fall der Änderung der Landeszugehörigkeit richtet sich das weitere Verfahren nach Abs.2, 3 (oben Rn.3); dabei darf der Bundesgesetzgeber auch eine von der im Volksbefragungsgesetz abweichende, neue Neugliederungskonzeption zum Volksentscheid stellen (Kunig MüK 46; Meyer-Teschendorf MKS 54; Umbach UC 104; a.A. Maunz/Herzog MD 96). – **(3)** Ergibt die Volksbefragung keine Mehrheit, ist das durch das Volksbegehren in Gang gesetzte Verfahren beendet; insb. besteht keine Verpflichtung des Bundesgesetzgebers (oben Rn.5).

7   **d) Mehrheitsbegriff, Karenzzeit (Abs.6).** Die erforderliche Mehrheit im Volksentscheid und in der Volksbefragung wird in S.1 bestimmt. Aufgrund der Ermächtigung des S.2 Hs.1, die nur Verfahrensfragen, nicht aber die inhaltlichen Voraussetzungen des Abs.1 betrifft (Kunig MüK 48; Maunz/

Dürig/Scholz MD 101), ist das G v. 30. 7. 1979 (BGBl I 1317) ergangen. § 21 Abs.1 hat von der nach S.2 Hs.2 vorgesehenen Möglichkeit der Einführung einer Karenzzeit Gebrauch gemacht.

e) Staatsvertrag (Abs.8). Die „staatsvertragliche Option" soll die Neu- **8** gliederung nach der Vereinigung Deutschlands vereinfachen (BT-Drs. 12/6000, 44; 12/8165, 46). Die Zuständigkeiten für den Abschluss des Staatsvertrags ergeben sich aus Landesverfassungsrecht. Der Staatsvertrag bedarf wie das Bundesgesetz gem. Abs.2 (oben Rn.3) gem. S.3, 4 der Bestätigung durch Volksentscheid in jedem beteiligten Land bzw. in Teilgebieten der Länder. Anders als nach Abs.2–6 ist für die Neugliederung durch Staatsvertrag gem. S.1 kein Bundesgesetz Voraussetzung; allerdings ist das Nähere über den Volksentscheid in den beteiligten Ländern – nicht aber gem. S.4 Hs.2 über Volksentscheide in Teilgebieten der Länder – gem. S.5 Hs.2 durch Bundesgesetz zu regeln, und bedarf der Staatsvertrag gem. S.6 in jedem Fall, also auch wenn er nur Teilgebiete der Länder betrifft (BT-Drs. 12/6000, 45), der Zustimmung durch den Bundestag, d. h. durch einen schlichten Parlamentsbeschluss (Rn.1 zu Art.76) und nicht durch Bundesgesetz (BT-Drs. 12/6000, 45). Zur Anhörung der betroffenen Gemeinden und Kreise gem. S.2 vgl. Abs.7 S.3 (unten Rn.10). Das Quorum gem. S.5 Hs.1 gilt für alle Volksentscheide gem. S.3, 4 (Maunz/Herzog/Scholz MD 116f; Meyer-Teschendorf MKS 69; Pernice DR 51; Kunig MüK 55; a. A. Erbguth SA 69).

3. Sonstige Änderungen des Gebiets der Länder (Abs.7)

Ein gegenüber einer Neugliederung **vereinfachtes Verfahren** ist gem. **9** S.1 zulässig, wenn das Gebiet, dessen Landeszugehörigkeit geändert werden soll, nicht mehr als 50000 Einwohner hat. Eine Untergrenze besteht nicht (Erbguth SA 63; Kunig MüK 51; a. A. für „eine ganz verschwindend geringe Anzahl von Einwohnern" Maunz/Herzog/Scholz MD 107). Die Vorschrift umfasst Änderungen des Gebietsbestands der Länder untereinander, nicht aber die Schaffung bundesunmittelbarer Territorien oder die Änderung der Grenzen der Bundesrepublik Deutschland gegenüber dem Ausland (Rn.10 zur Präamb), ferner nicht bloße Markierungsberichtigungen, die den zutreffenden Grenzverlauf sichtbar machen (Erbguth SA 63; Kunig MüK 51). Entsprechende Maßnahmen können gem. S.1 entweder durch Staatsverträge der beteiligten Länder oder durch Bundesgesetz mit Zustimmung des Bundesrats (Rn.4–6 zu Art.77) erfolgen. Eine Subsidiarität der zweiten gegenüber der ersten Möglichkeit besteht nicht (Erbguth SA 64; Kunig MüK 52; Pernice DR 47; a. A. Maunz/Herzog/Scholz MD 109; vgl. auch BT-Drs. 12/8165, 45). Eine Mitwirkung der betroffenen Bevölkerung wird nicht verlangt (krit. Erbguth SA 66), doch ist eine Befragung der Bevölkerung zulässig (Sannwald SHH 63). Eine Änderung des Gebietsbestands der Länder gem. Abs.7 ist so oft möglich, wie sich ein Bedürfnis danach herausstellt (BVerfGE 5, 34/39). Aufzählung der bisherigen Anwendungsfälle bei Bothe AK 17; Kunig MüK Anh.

Aufgrund der **Ermächtigung** des S.2, die die Zustimmung des Bundes- **10** rats (Rn.4–6 zu Art.77) und der Mehrheit der Mitglieder des Bundestags (Rn.1 f zu Art.121) verlangt, ist das G v. 30. 7. 1979 (BGBl I 1325) ergangen. § 3 Abs.1 dieses Gesetzes sieht die von S.3 geforderte Anhörung der betroffenen Gemeinden und Kreise vor; auch hier korrespondiert der Anhörungspflicht ein Anhörungsrecht (vgl. oben Rn.3).

Art.30 [Kompetenzverteilung zwischen Bund und Ländern]

Die Ausübung der staatlichen Befugnisse[3] und die Erfüllung der staatlichen Aufgaben[3] ist Sache der Länder[6 ff], soweit dieses Grundgesetz keine andere Regelung trifft[4] oder zuläßt[5].

Literatur: *Isensee,* Die bundesstaatliche Kompetenz, HbStR[3] VI, 2008, § 133; *Pietzcker,* Zuständigkeitsordnung und Kollisionsrecht im Bundesstaat, HbStR[3] VI, 2008, § 134; *Schnapp,* Mischverwaltung im Bundesstaat nach der Förderalismusreform, Jura 2008, 241; *Menzel,* Das „allgemeinpolitische Mandat" der Landesparlamente, DVBl 1999, 1385; *Heintzen,* Die Beidseitigkeit der Kompetenzverteilung im Bundesstaat, DVBl 1997, 689.

1. Bedeutung und Abgrenzung zu anderen Vorschriften

1   Art.30 regelt die **grundsätzliche Kompetenzverteilung zwischen Bund und Ländern.** Er legt als rein objektives Verfassungsrecht (Isensee HbStR[3] VI § 133 Rn.87, 126 f) ein Regel-Ausnahme-Verhältnis fest: Der Bund besitzt nur die ihm zugewiesenen Kompetenzen, der unbenannte Rest (Residualkompetenz) liegt bei den Ländern. Art.30 ist für das Bundesstaatsprinzip (Rn.16–22 zu Art.20) „grundlegend" (BVerfGE 12, 205/244; 36, 342/365 f; krit. Korioth MD 1, 21) und zugleich ein Element zusätzlicher funktionaler Gewaltenteilung (BVerfGE 55, 274/318). Außerdem enthält Art.30 nach hM (BVerfGE 11, 6/15; 26, 281/297; 42, 20/28; BVerwGE 85, 332/342; 129, 318 Rn.12; Gubelt MüK 1; Stern ST I 672; diff. Hillgruber BK 51 f) eine Kompetenzvermutung zugunsten der Länder. Das ist missverständlich, da es hier nicht um eine Tatsachen- oder Rechtsvermutung, sondern um die Auslegung von Normen geht (Bothe AK 11; Korioth MD 25; März MKS 23; Uhle MD 33 zu Art.70). Jedenfalls sind die Ausnahmevorschriften über Bundeskompetenzen „strikt" zu interpretieren (BVerfGE 12, 205/229; 61, 149/174, 205; 75, 108/150; krit. Lerche, FS Maurer, 2001, 205); strikt ist als „genau", nicht etwa als „eng" zu verstehen (Pestalozza MaK 78 zu Art.70); daraus folgt ein Analogieverbot (Isensee HbStR[3] VI § 133 Rn.47 f, 81).

2   **Leges speciales** zu Art.30 sind alle Vorschriften des GG, die Kompetenzen an Bund und Länder zuweisen, insb. Art.32, 70 Abs.1, 83, 92, 104a, 105 und 107–109 (Erbguth SA 6 f; Gubelt MüK 26; März MKS 1, 36 f). Außerhalb ihres Anwendungsbereichs gilt Art.30, z.B. für die Ausführung von Landesgesetzen durch die Länder (BVerfGE 21, 312/325, 328; 63, 1/40). Allerdings wird vom BVerfG auch innerhalb der Anwendungsbereiche der Art.70 Abs.1 und Art.83 regelmäßig Art.30 zitiert (vgl. BVerfGE 55, 274/318; 59, 360/377; 61, 147/175, 203, 205; 67, 299/315). Als Schranke der Ausübung von Kompetenzen und damit auch des Art.30 wirken das Verfassungsgebot des bundesfreundlichen Verhaltens (Rn.20–22a zu Art.20) und die rechtsstaatlichen Grundsätze der Normenklarheit und Widerspruchsfreiheit (vgl. BVerfGE 78, 214/226; 98, 106/119; 108, 169/181 f).

2. Anwendungsbereich

a) Staatliche Befugnisse und staatliche Aufgaben. Befugnisse be- 3
zieht sich auf bestimmte, zu Eingriffen in Freiheit und Eigentum berechtigende Mittel; Aufgaben meint sachliche Bereiche staatlichen Tätigwerdens
(Gubelt MüK 6; anders Ruppelt UC 13). Der Oberbegriff zu Befugnis und
Aufgabe ist Kompetenz (Pieroth, AöR 1989, 433 f; a. A. Korioth MD 17;
Sannwald SHH 15). Art.30 gilt nicht nur für die gesetzesakzessorische, sondern auch für die gesetzesfreie Verwaltung (BVerfGE 12, 205/246 f; 22, 180/
217; 39, 96/109; BVerwGE 75, 292/298); er umfasst auch das privatrechtliche Staatshandeln (BVerfGE 12, 205/224 ff), einschließlich der Auslandsaktivitäten öffentlicher Unternehmen (März MKS 45; a. A. Hellermann, FS
Böckenförde, 1995, 285 f). Die Auffassung, dass die fiskalische Tätigkeit von
Art.30 nicht erfasst wird (Gubelt MüK 8; Ruppelt UC 16 f; Sannwald SHH
19; Stern ST II 783; diff. Oebbecke HbStR³ VI § 136 Rn.7; Isensee
HbStR³ VI § 133 Rn.108; Pietzcker HbStR³ VI § 134 Rn.18 ff), ist unbegründet (Bothe AK 17; Erbguth SA 33; Hillgruber BK 157; Korioth MD
19; Pernice DR 28). Auch die Wahrnehmung von Förderungsaufgaben
durch Hingabe von Haushaltsmitteln fällt unter Art.30 (BVerfGE 22, 180/
216; BVerwGE 110, 9/12). Ferner können auch „anregende" (BVerfGE 22,
180/216) und „informelle" (Isensee HbStR³ VI § 133 Rn.112) Tätigkeiten,
d. h. solche, die sich nur im Vorfeld von Festlegungen rechtlicher oder faktischer Art bewegen bzw. „der Überprüfung und Urteilsbildung dienende
Regierungstätigkeiten" (BVerwG, NJW 91, 1772), nicht ausgespart werden
(Erbguth SA 33; Hillgruber BK 161 f; Korioth MD 19; März MKS 46 ff;
Pernice DR 27). Schließlich gilt Art.30 auch für die innerstaatliche Ausführung von Europäischem Unionsrecht (BVerwGE 102, 119/125; 116,
234/239; Streinz HbStR VII 847).

b) Vorbehalt anderer Regelung. Die grundsätzliche Landeskompetenz 4
gilt zum einen nur, soweit das GG keine andere Regelung **trifft.** Bundeskompetenzen werden hauptsächlich in den Kompetenzkatalogen der Art.73,
74 (Gesetzgebung) und Art.87 ff (Verwaltung) festgelegt. Sonderregelungen,
die Verwaltungs- und Gesetzgebungskompetenzen des Bundes umfassen,
finden sich in der Finanzverfassung (Art.104a–109) und für die auswärtige
Gewalt in Art.32 und 59. Darüber hinaus werden an vielen Stellen des GG
durch ausdrücklichen Verweis auf ein „Bundesgesetz" oder auf ein „Gesetz
mit Zustimmung des Bundesrats" Kompetenzen des Bundes begründet
(Aufzählung bei Heintzen BK 106 zu Art.70; Rengeling HbStR³ VI § 135
Rn.149). Dagegen lässt der Verweis auf ein „Gesetz" die Verbandskompetenz offen. Soweit nur der „Bund" für kompetent erklärt wird, ist nach dem
Vorbehalt des Gesetzes (Rn.46–55 zu Art.20) zu entscheiden, ob es sich um
eine Verwaltungs- oder Gesetzgebungskompetenz handelt (vgl. auch BVerf-
GE 24, 155/167). Die Benennung der Zuständigkeit eines Bundesorgans
impliziert die Verbandskompetenz des Bundes (Korioth MD 22). Als eine
andere Regelung hat das BVerfG auch die Informationskompetenz der Bundesregierung angesehen (Rn.8 zu Art.65).

Die grundsätzliche Landeskompetenz gilt zum anderen nur, soweit das GG 5
keine andere Regelung **zulässt** (ebenso Art.83, nicht aber Art.70 Abs.1).

Hieran hat sich die Debatte um ungeschriebene Bundeskompetenzen entzündet (vgl. Bullinger, AöR 1971, 237). Das BVerfG hat ungeschriebene Bundeskompetenzen aus der Natur der Sache und kraft Sachzusammenhangs anerkannt (Rn.9–15 zu Art.70; Rn.6f zu Art.83). Das kann richtigerweise aber nicht dahin verstanden werden, dass der Begriff des Zulassens den Rückgriff auf außerhalb des GG liegende Rechtsquellen ermöglicht (Korioth MD 23). Vielmehr gewährt das GG, soweit es eine Regelung „trifft" (Art.30), etwas „bestimmt" (Art.83) oder Befugnisse „verleiht" (Art.70 Abs.1), die Kompetenz unmittelbar; soweit das GG anderes „zulässt", gibt es dagegen eine Ermächtigung, dem Bund eine Kompetenz durch einen weiteren Akt einzuräumen (Bothe AK 12; Erbguth SA 39; a.A. Hillgruber BK 186; Korioth MD 23; März MKS 57ff; Pietzcker HbStR³ VI § 134 Rn.13f). Jede Bundeskompetenz muss ihre Grundlage daher im geschriebenen Recht finden (Ruppelt UC 19ff). Damit ist bei näherer Betrachtung auch die Rspr. des BVerfG weitgehend vereinbar: Jedenfalls die Kompetenz kraft Sachzusammenhangs ist das Ergebnis sachgerechter Verfassungsauslegung, obwohl das BVerfG den Sachzusammenhang gelegentlich in einen Gegensatz zur Auslegung gebracht hat (BVerfGE 12, 205/225ff; 15, 1/9f, 20f; 26, 281/298ff); auch für viele Fälle der Kompetenz kraft Natur der Sache gilt nichts anderes (März MKS 65; a.A. Korioth MD 23).

3. Rechtsfolgen

6   **a) Landeskompetenz.** Handelt es sich um eine staatliche Tätigkeit bzw. um staatliches Unterlassen und liegt keine Bundeskompetenz vor, sind die Länder kompetent bzw. verantwortlich. Die Kompetenz der Länder beschränkt sich grundsätzlich auf ihr eigenes Gebiet, doch kann sich aus Bundesrecht etwas anderes ergeben (Territorialprinzip; BVerfGE 11, 6/19; BVerwGE 115, 373/384f). Welches Organ des Landes kompetent ist, richtet sich nach dem jeweiligen Landesverfassungsrecht. Der Bund darf nicht die Ausübung einer dem Landesgesetzgeber zukommenden Kompetenz der Landesregierung zuweisen (BVerfGE 78, 249/273). Zum Verfassungsbereich der Länder gehören grundsätzlich auch die Gemeinden und Gemeindeverbände (BVerfGE 39, 96/109; 86, 148/215; 119, 331/364f; BVerwGE 100, 56/58; BSGE 34, 177/179f; Isensee HbStR³ VI § 126 Rn.174) mit der Folge, dass es keine Bundeskommunalaufsicht gibt (BVerfGE 8, 122/137); allerdings sind die speziellen Normen der Art.28 Abs.2, 104a Abs.4 und 106 zu beachten. Art.30 verbietet nicht nur eine rechtliche, sondern auch eine faktische Aufhebung (BVerwGE 62, 376/378f) sowie eine Aushöhlung (BVerfGE 61, 149/205; Gubelt MüK 10) der Landeskompetenz. Der Aspekt der Gleichmäßigkeit der Besteuerung im ganzen Bundesgebiet kann unterschiedliche Verwaltungsvorschriften der Länder nicht verhindern (BFHE 144, 9/14).

7   **b) Ausschließliche Kompetenzverteilung.** Entweder der Bund oder die Länder sind zuständig; es gibt grundsätzlich keine Doppelzuständigkeit (BVerfGE 67, 299/321; 104, 249/267; 106, 62/114). Eine Ausnahme besteht bei der Informationskompetenz der Bundesregierung (Rn.8 zu Art.65). Auch werden in engen Grenzen administrative Doppelzuständigkeiten für

zulässig gehalten (Oebbecke HbStR³ VI § 136 Rn.10). Bund und Länder können grundsätzlich unabhängig voneinander von ihren Kompetenzen Gebrauch machen (BVerfGE 11, 77/88). Soweit bei besonders komplexen Sachverhalten die Kompetenzbereiche des Bundes und der Länder sich ausnahmsweise nicht unterscheiden lassen, greift Art.31 ein (Bothe AK 27; Rengeling HbStR³ VI § 135 Rn.71; Dreier DR 60 zu Art.31; a. A. Hillgruber BK 119 Fn.203). Bundesbehörden sind beim Vollzug von Bundesgesetzen an Landesrecht gebunden (BVerwGE 29, 52/56 ff; 114, 232/238 f, vgl. auch Bothe AK 29 ff; Isensee HbStR³ VI § 126 Rn.33 ff, 111). Das gilt nicht nur für das materielle, sondern grundsätzlich auch für das Verfahrensrecht, insb. die Einholung von Gestattungen und Befreiungen sowie Zustimmungserfordernisse (BVerwG, NJW 77, 163; BVerwGE 114, 232/239). Aus speziellem Landesrecht kann sich eine Zuständigkeit der Bundesbehörde (vgl. BVerwGE 29, 52/56 ff) oder aus höherrangigem Bundesrecht eine Verdrängung des Landesverfahrensrechts (vgl. BVerwGE 27, 253; 82, 17) ergeben.

c) Zwingende Kompetenzverteilung. Art.30 ist zwingendes, nicht **8** abdingbares (dispositives) Recht (BVerfGE 41, 291/311; 63, 1/39; 119, 331/364). Das bedeutet, dass weder der Bund noch die Länder über ihre grundgesetzlichen Kompetenzen verfügen können und Kompetenzüberlassungen bzw. Kompetenzverschiebungen, die keine Grundlage im GG haben, selbst mit Zustimmung der Beteiligten unzulässig sind (BVerfGE 32, 145/156; 63, 1/39; 119, 331/364 f; sog. Delegationsverbot). Das gilt nicht nur im Verhältnis der Länder zum Bund, sondern auch im Verhältnis der Länder untereinander, wodurch allerdings gemeinsame Einrichtungen der Länder (Isensee HbStR³ VI § 126 Rn.184) und Verwaltungshilfen zwischen den Ländern (Selmer, FS Thieme, 1993, 359 ff) nicht ausgeschlossen werden, solange „eine konkrete Zurechenbarkeit der staatlichen Aufgabenwahrnehmung auf den Verfassungskreis des Bundes oder eines einzelnen Landes möglich" ist (BerlVerfGH, LVerfGE 17, 62/73). Unzulässig ist die vertragliche Schaffung eines neuen „zwischenstaatlichen Hoheitsträgers" (Hillgruber BK 63; Pernice DR 23).

aa) Die Länder dürfen ihre **Gesetzgebungskompetenz** nicht auf den **9** Bund übertragen (BVerfGE 1, 14/35; 4, 115/139; 32, 145/156; 55, 274/301). Landesgesetze, die ein Bundesgesetz in seiner jeweiligen Fassung für eine in der Landeskompetenz stehende Frage anwendbar erklären (dynamische Verweisung), sind grundsätzlich unzulässig (Hillgruber BK 62; Pestalozza MaK 87 zu Art.70; diff. Heintzen BK 39 zu Art.70; vgl. auch Rn.64 f zu Art.20); Ausnahmen können sich für einigungsbedingte Übergangsregelungen ergeben (Erbguth SA 12) und werden aus Gründen der Gesetzesökonomie in einem „eng umgrenzten und überschaubaren Regelungsbereich" zugelassen (BayVerfGHE 46, 14/18; 48, 109/113). Die Bestimmung des Anwendungsbereichs eines Landesgesetzes ist Sache der Länder (BVerfGE 21, 312/328).

bb) Die **Mischverwaltung,** die den Grundsatz der eigenverantwort- **10** lichen Aufgabenwahrnehmung dadurch durchbricht, dass dem Bund oder einem Land Mitentscheidungsrechte bezüglich einer in der Kompetenz des anderen liegenden Frage eingeräumt werden, ist grundsätzlich unzulässig, soweit sie nicht vom GG vorgesehen ist (BVerfGE 41, 291/311; 63, 1/38 ff; 108, 169/182). Dadurch werden auch das Rechtsstaats- und das Demokratieprinzip verwirklicht (BVerfGE 119, 331/365 f). Damit wird aber nicht jede Art des Zusammenwirkens von Bund und Ländern im Bereich der Verwaltung verboten: Rechts- und Amtshilfe gem. Art.35 Abs.1 sowie Organleihe (BVerwG, NJW 76, 1469; Bull AK 58 vor Art.83; Hermes DR 51 zu Art.83) sind zulässig. Auch auf der Grundlage von Europäischem Unionsrecht findet eine „zusammenwirkende Verwaltung" statt (BVerfGE 116, 271/310). Ausnahmsweise und aus besonderem sachlichen Grund können persönliche und sächliche Mittel einer Landesbehörde vom Bund oder einer Bundesbehörde vom Land in Anspruch genommen werden („Betrauung"; BVerfGE 63, 1/39 ff; Isensee HbStR³ VI § 126 Rn.194; a.A. Groß FH 31 f zu Art.83). Diese Grenzen sollen die früheren Arbeitsgemeinschaften bei der Grundsicherung für Arbeitsuchende überschritten haben (BVerfGE 119, 331/367 ff; a.A. abwM 386 ff; vgl. aber jetzt Art.91e). Bei der Abgrenzung zwischen zulässiger und unzulässiger Kooperation sind Aspekte der Verantwortungsinnehabung, unterschiedlicher Materien und Intensitätsstufen zu bedenken (Bull AK 40 ff vor Art.83). Ein Wahlrecht der Länder zwischen Landesverwaltung und Bundesverwaltung ist unzulässig (Bull AK 60 vor Art.83). Art.30 verbietet die Ausführung von Landesgesetzen durch den Bund (BVerfGE 12, 205/221; 21, 312/325, 327 f; 108, 169/184 f; BVerwGE 114, 232/238); Ausnahmen können sich aus anderen Verfassungsnormen ergeben (vgl. Bothe AK 25; Pernice DR 22).

Art.**31** [Verhältnis von Bundes- und Landesrecht]

Bundesrecht bricht Landesrecht[1] ff.

Literatur: *Pietzcker,* Zuständigkeitsordnung und Kollisionsrecht im Bundesstaat, HbStR³ VI, 2008, § 134; *Möstl,* Landesverfassungsrecht – zum Schattendasein verurteilt?, AöR 2005, 350; *Haack,* Widersprüchliche Regelungskonzeptionen im Bundesstaat, 2002; *Brüning,* Widerspruchsfreiheit der Rechtsordnung – Ein Topos mit verfassungsrechtlichen Grenzen?, NVwZ 2002, 33; *Tiedemann,* Landesverfassung und Bundesrecht, DÖV 1999, 200; *Wiederin,* Bundesrecht und Landesrecht, 1995; *Dietlein,* Landesverfassungsbeschwerde und Einheit des Bundesrechts, NVwZ 1994, 6. – S. auch Literatur A zu Art.28.

1. Bedeutung und Abgrenzung zu anderen Vorschriften

1   Art.31 regelt die Lösung von Kollisionen zwischen Bundesrecht und Landesrecht. Er ist eine für das Bundesstaatsprinzip (Rn.16–22 zu Art.20) grundlegende Vorschrift (BVerfGE 36, 342/365 f). Art.31 trifft die grundsätzliche Kollisionslösung; Sondervorschriften sind v.a. Art.25 (Rn.14 zu Art.25), Art.28 Abs.1 (Rn.2 zu Art.28), Art.71 und 72 Abs.1 (unten Rn.3) sowie Art.142 (Rn.1 zu Art.142). Danach ist Art.31 nur in wenigen Fällen von Bedeutung (Bernhardt/Sacksofsky BK 29; Dreier DR 20, 50; März MKS 49 ff; Pietzcker HbStR³ VI § 134 Rn.47; weitergehend Wiederin, o. Lit., 358: „in jeder Hinsicht sinnlos").

2. Voraussetzungen

Recht bedeutet geschriebenes und ungeschriebenes Recht jeder Rangstu- 2
fe, einschließlich vorkonstitutionellen Rechts (vgl. Art.123-125), nicht aber
Verwaltungsvorschriften (Bernhardt/Sacksofsky BK 34; Dreier DR 33; Gubelt
MüK 4; Korioth MD 16; a. A. Bothe AK 18 f; März MKS 32, 38; für normkonkretisierende Verwaltungsvorschriften auch Huber SA 9) und Einzelfallentscheidungen (Pietzcker HbStR^3 VI § 134 Rn.44), auch nicht der Gerichte
(BVerfGE 96, 345/364; BerlVerfGH, LVerfGE 1, 169/181 f); das parlamentarisch legitimierte Gesetz bricht Richterrecht gleich welcher Rangstufe (Korioth MD 17). Tarifverträge fallen aus dem Anwendungsbereich des Art.31
heraus (BayVerfGHE 24, 72/78; Korioth MD 18). Ob es sich um Bundes-
oder Landesrecht handelt, richtet sich grundsätzlich danach, ob das Organ, das
den Rechtssatz geschaffen hat, dem Bund oder einem Land zuzurechnen ist;
zum Gewohnheitsrecht Rn.4 zu Art.70. Für vorkonstitutionelles Recht sind
Art.124 f einschlägig. Gemeinderecht ist Teil des Landesrechts (Rn.6 zu
Art.30). Bei Verträgen zwischen den Ländern sowie zwischen Bund und Ländern kommt es auf die Zustimmungsgesetze an (näher Bothe AK 26 ff).

Art.31 setzt die **Gültigkeit** des Bundes- und Landesrechts voraus. Sind 3
die Normen bereits aus anderen Gründen nichtig, braucht keine Kollision
gelöst zu werden. Der Anwendungsbereich des Art.31 ist daher u. a. dann
ausgeschlossen, wenn Bundesgesetze gegen das GG verstoßen, Rechtsverordnungen nicht durch eine gesetzliche Ermächtigung gedeckt sind und
Landesrecht gegen höherrangiges Landesrecht verstößt (Bothe AK 9 f). Insb.
ist (außer bei Landesverfassungsrecht, vgl. Rn.4 zu Art.70) die Kompetenz-
frage der Kollisionsfrage vorgeordnet (Dreier DR 23, 29); soweit in den
Art.70 ff Rechtsfolgen für das Landesrecht geregelt sind, gehen sie als leges
speciales dem Art.31 vor (Gubelt MüK 17 f; Jarass, NVwZ 96, 1043; diff.
nach dem Zeitpunkt Clemens UC 15 ff). Das ist durch die Sperrwirkung der
Art.71 und 72 Abs.1 geschehen. Die Rspr. beruft sich in diesen Fällen gleichwohl häufig auf Art.31 (vgl. BVerwGE 65, 174/178; 68, 143/147; Saarl-
VerfGH, NVwZ 83, 605).

Art.31 setzt eine **Kollision** zwischen Bundes- und Landesrecht voraus, 4
d. h. die Bundes- und die Landesrechtsnorm müssen auf denselben Sachverhalt anwendbar sein (vgl. BVerfGE 26, 116/135 f; 96, 345/364; 98, 145/159;
BVerfG-K, NVwZ 09, 1429) und zu unterschiedlichen Rechtsfolgen führen
(BVerfGE 36, 342/363; 121, 317/348; SächsVerfGH, NJW 96, 1737) bzw.
unvereinbare Normbefehle enthalten (Bernhardt/Sacksofsky BK 53; Dreier
DR 39). Davon zu unterscheiden sind Wertungswidersprüche, Zielkonflikte,
Normverdoppelungen und Normdivergenzen (Jarass, AöR 2001, 594 f; Korioth MD 13 f; Haack, o. Lit., 92 ff). Ein Unterfall fehlender Kollision ist,
dass Normen unterschiedliche Adressaten haben (BVerfGE *abwM* 36, 369;
Bothe AK 17). Auch bei unterschiedlicher Zielsetzung zweier Normen kann
es an der Kollision fehlen (BayObLG, DÖV 61, 832).

3. Rechtsfolgen

Bundesrecht bricht Landesrecht, d. h. im Anwendungsbereich des Art.31 5
ist Landesrecht nichtig (Geltungsvorrang, Derogation, keine Suspension; vgl.

Rn.33f zu Art.20; zur ausnahmsweisen bloßen Unvereinbarkeitserklärung Rn.35 zu Art.20). Bestehendes Landesrecht wird aufgehoben, zukünftiges wird gesperrt, d.h. kann nicht in Kraft treten (Bothe AK 20; Dreier DR 43f; März MKS 43ff; einschr. Korioth MD 23: nur bei primären Kollisionen; dagegen für bloßen Anwendungsvorrang von Bundesrecht gegenüber Landesverfassungsrecht Bernhardt/Sacksofsky BK 60ff; Clemens UC 44; Poscher, NJ 96, 352). Bei späterem Wegfall des Bundesrechts lebt das Landesrecht nicht wieder auf (BVerfGE 29, 11/17; vgl. auch Rn.14, 32 zu Art.72). Die Rechtsfolge greift ohne Rücksicht auf das Rangverhältnis ein (BAGE 74, 218/222; Pietzcker HbStR[3] VI § 134 Rn.46). Inhaltsgleiches Landesrecht wird nicht gebrochen, da bei inhaltsgleichem Recht keine Kollision vorliegt (oben Rn.4) und das Bundesstaatsprinzip für ein Weitergelten entsprechenden Landesrechts spricht (BVerfGE 36, 342/366f; 40, 296/327 für das Verhältnis zwischen Bundes- und Landesverfassungsrecht, ansonsten offen gelassen; BayVerfGHE 23, 155/164; OVG NW, NVwZ 96, 914; Bothe AK 22; Bernhardt/Sacksofsky BK 64ff; Dreier DR 40ff; Jarass, NVwZ 96, 1042f; a.A. Huber SA 21f; Krings FH 22). Insoweit führen Art.71 und 72 Abs.1 als leges speciales zu einer abweichenden Rechtsfolge: Ein gegen die Sperrwirkung verstoßendes Landesgesetz ist nichtig, gleichgültig ob es mit dem Bundesgesetz inhaltlich vereinbar ist oder nicht (Rn.2 zu Art.71; Rn.11 zu Art.72).

Art.32 [Bundes- und Landeskompetenzen bei Beziehungen zu auswärtigen Staaten]

(1) **Die Pflege der Beziehungen zu auswärtigen Staaten[3 ff] Sache des Bundes[7 ff].**

(2) **Vor dem Abschlusse eines Vertrages, der die besonderen Verhältnisse eines Landes berührt, ist das Land rechtzeitig zu hören[9]**

(3) **Soweit die Länder für die Gesetzgebung zuständig sind, können sie mit Zustimmung der Bundesregierung mit auswärtigen Staaten Verträge abschließen[13 ff].**

Übersicht

Literatur: *Calliess,* Auswärtige Gewalt, HbStR[3] IV, 2006, § 83; *Papier,* Abschluss völkerrechtlicher Verträge und Föderalismus, DÖV 2003, 265; *Geiger,* Grundgesetz und Völkerrecht, 3. Aufl. 2002; *Stern,* Auswärtige Gewalt und Lindauer Abkommen, in: Ipsen (Hg.), Verfassungsrecht im Wandel, 1995, 251; *Heberlein,* Die Rechtsprechung des BVerfG und des BVerwG zur „kommunalen Außenpolitik", NVwZ 1992, 543; *Grewe,* Auswärtige Gewalt, HbStR III, 1988, § 77. – S. auch Literatur zu Art.59.

I. Grundlagen

1. Bedeutung und Abgrenzung zu anderen Verfassungsnormen

Die Vorschrift des Art.32 regelt die **Kompetenzverteilung** zwischen **1** Bund und Ländern im Bereich der Beziehungen zu auswärtigen Staaten (BVerfGE 1, 351/369) und soll für eine ausreichende Zentralisierung in den auswärtigen Beziehungen sorgen. Abs.1 enthält eine allgemeine Regelung, während die Abs.2, 3 Sondervorschriften für den Abschluss völkerrechtlicher Verträge enthalten (Pernice DR 19). Gleichzeitig schafft Abs.3 die innerstaatlichen Voraussetzungen für eine partielle Völkerrechtsfähigkeit der Bundesländer (Streinz SA 6; Pernice DR 10; Fastenrath/Groh FH 14).

Was die **Abgrenzung** zu anderen Verfassungsnormen betrifft, so geht **2** Art.32 als Sonderregelung der Vorschrift des Art.30 vor (Kempen MKS 13; Streinz SA 9). Umgekehrt hat die Regelung des Art.23 Vorrang vor der des Art.32 (Rn.4 zu Art.23); insb. gelten für die Mitwirkung der Länder in Angelegenheiten der EU die Vorgaben des Art.23 Abs.4–6 (Heyde UC 83 zu Art.23; Streinz SA 9a). Bei völkerrechtlichen Abkommen der EG in deren ausschließlichem Zuständigkeitsbereich gilt allein Art.23 (unten Rn.3), während bei gemischten Abkommen Art.32 auf die nicht von den Unionskompetenzen erfassten Fragen Anwendung findet (Rojahn MüK 9; Streinz SA 9a; a.A. Heyde UC 85 zu Art.23). Der Vorrang des Art.23 greift auch im Bereich der GASP (Streinz SA 9b; Fastenrath/Groh FH 25; Kempen MKS 14). Vorrang vor Art.32 kommt auch Art.24 zu (Rn.2 zu Art.24).

2. Anwendungsbereich sowie Regime für nicht erfasste Aktivitäten

a) Anwendungsbereich. Art.32 betrifft die Beziehungen zu **auswärti-** **3** **gen Staaten.** Zudem werden (über den Wortlaut hinaus) Beziehungen zu anderen im **Völkerrecht anerkannten Rechtsträgern** erfasst (Zuleeg AK 7; Fastenrath/Groh FH 36; Kempen MKS 24), insb. zu zwischenstaatlichen bzw. internationalen Einrichtungen (BVerfGE 2, 347/374; Pernice DR 22). Erfasst werden auch Beziehungen zu anerkannten Exilregierungen, De-facto-Regimen, Befreiungsbewegungen und die Glieder föderaler Staaten (v. Heinegg EH 2.1; Pernice DR 22; Fastenrath/Groh FH 35). Unklar ist, ob die Beziehungen zur EU unter Art.23 fallen (dagegen Pernice DR 24); jedenfalls geht insoweit die weitreichende Sonderregelung des Art.23 vor (Rn.4 zu Art.23). Der Entstehungsgeschichte entsprechend werden Beziehungen zum Heiligen Stuhl nicht erfasst; der Abschluss von Konkordaten sollte den Ländern überlassen bleiben (BVerfGE 6, 309/362; Bernhard Hb-StR VII § 174 Rn.20; Nettesheim MD 35; Kempen MKS 31; a.A. Streinz SA 21). Von Art.32 nicht erfasst werden Beziehungen zu „Rechtssubjekten, die auf allen Gebieten dem Recht einer übergeordneten staatlichen Gemeinschaft unterworfen sind" (BVerfGE 2, 347/374; Kempen MKS 28; Rojahn MüK 11; a.A. Streinz SA 19; Nettesheim MD 48; vgl. unten Rn.19). Gleiches gilt für Beziehungen zu privaten Organisationen und Unternehmen (Pernice DR 23; Kempen MKS 30). Schließlich betrifft Art.32 nur die Beziehungen zu völkerrechtlichen Subjekten selbst, nicht innerstaatliche Maßnahmen, die sich mittelbar auf diese Beziehungen auswirken (BVerwGE 131, 316 Rn.85; widersprüchlich Pernice DR 27 f); für die Länder und Gemeinden setzt insoweit der Grundsatz des bundesfreundlichen Verhaltens Grenzen (unten Rn.5).

4   Als weitere Voraussetzung des Anwendungsbereichs wird vielfach angenommen, dass auch auf **deutscher Seite** eine **Völkerrechtsperson** handeln muss, also der Bund oder ein Land, nicht aber eine nachgeordnete Einrichtung des Bundes bzw. Landes (Streinz SA 24; Kempen MKS 21; Fastenrath/Groh FH 55; Rojahn MüK 66; a.A. Nettesheim MD 48). Dies hat allerdings über die oben in Rn.4 beschriebene Grenze hinaus nur geringe Bedeutung.

5   **b) Rechtsregime für nicht erfasste Auslandsaktivitäten.** Für Tätigkeiten mit Auslandsbezug, die **nicht unter Art.32** (und Art.23 f) **fallen** (zum Anwendungsbereich oben Rn.3 f), gelten die allgemeinen Regeln für die Kompetenzverteilung zwischen Bund und Ländern, unter Einbeziehung des Grundsatzes des bundesfreundlichen Verhaltens (Zuleeg AK 26 f; allg. Rn.20–21a zu Art.20). Bei einem Erlass von Gesetzen kommen also die Art.70 ff zur Anwendung, was auch für den Vollzugsbefehl bzw. die Transformation von völkerrechtlichen Verträgen (unten Rn.10) gilt. Bei Akten der Verwaltung gelten die Art.83 ff. Zudem kommt die *Bundeskompetenz kraft Natur der Sache* zum Tragen, soweit es um rein ausländische Sachverhalte geht, also um Sachverhalte, bei denen es keinen territorialen oder sonstigen Anknüpfungspunkt zu einem *bestimmten* Bundesland gibt und daher nur eine Bundeskompetenz möglich ist (v. Heinegg EH 8.2; Rn.13–15 zu Art.70; Rn.6 f zu Art.83).

3. Exkurs: Innerstaatliche Staatsverträge

6   Auf Staatsverträge zwischen den Bundesländern, die grundsätzlich möglich sind (vgl. Art.130 Abs.1, 3), sowie auf Verträge der Bundesländer mit dem Bund ist Art.32 nicht anwendbar (Rojahn MüK 33; v. Heinegg EH 4;

Streinz SA 10). Insoweit gelten die allgemeinen Regeln der Kompetenzverteilung (Fastenrath/Groh FH 40). Doch ist auch bei solchen Verträgen zwischen dem Abschluss einerseits und der Transformation bzw. der Erteilung des Vollzugsbefehls andererseits (dazu Rn.1a zu Art.25) zu unterscheiden (Herdegen HbStR³ VI § 129 Rn.66; Rudolf HbStR³ VI § 141 Rn.61; vgl. BVerfGE 90, 60/85 f). Der Grundsatz der Bundestreue (Rn.20–21a zu Art.20) verlangt allerdings in besonderer Weise nach einer vertragskonformen Interpretation des Landesrechts. Zudem beschränkt dieser Grundsatz die Fortgeltung von Staatsverträgen durch die „Clausula rebus sic stantibus" (BVerfGE 34, 216/232).

II. Kompetenzen des Bundes

1. Abschluss von Verträgen

a) Grundlagen. Für die Kompetenzverteilung zwischen Bund und Ländern im Hinblick auf völkerrechtliche Verträge (und Abkommen) muss zwischen dem Abschluss (und der Kündigung) des Vertrags einerseits (dazu unten Rn.8) und dem Vollzugsbefehl bzw. der Transformation des Vertrags andererseits (dazu unten Rn.10) unterschieden werden. Wegen der umstrittenen Rechtslage in diesem Bereich haben Bund und Länder das *Lindauer Abkommen* (Text in BT-Drs. 7/5924, S.236; Streinz SA 35) geschlossen, das Regelungen zum Abschluss von Verträgen durch den Bund im Bereich der ausschließlichen Landeskompetenzen sowie von Verträgen, die die Interessen der Länder wesentlich berühren, enthält. Das Abkommen ist rechtlich unverbindlich, vermag insb. die verfassungsrechtliche Lage nicht zu ändern (Kempen MKS 60; Nettesheim MD 73; Rojahn MüK 53). **7**

b) Abschluss. aa) Der Bund kann im Anwendungsbereich des Art.32 (oben Rn.3 f) gem. Abs.1 **völkerrechtliche Verträge** zu beliebigen Fragen abschließen. Das gilt auch für Bereiche, in denen die Länder die ausschließliche Gesetzgebungskompetenz besitzen (Pernice DR 31; Fastenrath/Groh FH 65; Kempen MKS 48 ff; Nettesheim MD 71; a.A. Geiger 125 f). Abs.3 enthält keine abschließende Regelung zugunsten der Länder. Für **Verwaltungsabkommen** (zum Begriff Rn.20 zu Art.59) gilt dies ebenso (Zuleeg AK 14; Pernice DR 37). Beim Abschluss von Konkordaten kommt dagegen die allgemeine Kompetenzverteilung zum Tragen (oben Rn.3). Abs.1 gilt auch für alle mit dem Abschluss von Verträgen in Zusammenhang stehenden Maßnahmen, wie der Erteilung der Verhandlungsvollmacht, dem Vertragsschluss und der Vertragskündigung. **8**

bb) Über den allgemeinen, auch den Bund selbst verpflichtenden Grundsatz des bundesfreundlichen Verhaltens (Rn.20–21a zu Art.20) hinaus, muss der Bund gem. Abs.2 vor dem Abschluss von völkerrechtlichen Verträgen ein Bundesland **anhören,** sofern dessen *besondere* Verhältnisse berührt werden, etwa weil es um die Regelung örtlicher, regionaler oder auf das betreffende Land bezogene Fragen geht. Diese Voraussetzung liegt nicht vor, wenn alle Bundesländer in vergleichbarer Weise betroffen sind (Pernice DR 32; Streinz SA 43). Die Anhörung des Landes muss so frühzeitig erfolgen, dass **9**

die Stellungnahme noch in die Meinungsbildung des Bundes einfließen kann (Streinz SA 45; Fastenrath/Groh FH 77; Nettesheim MD 92; Rojahn MüK 29). Andererseits ist der Bund an die Stellungnahme nicht gebunden (Zuleeg AK 11; Streinz SA 44). Wird die Anhörung zu Unrecht unterlassen, soll das die Wirksamkeit des Vertragsgesetzes nicht berühren (Kempen MKS 79). Die (bloße) Anhörung nach Abs.2 gilt an sich auch für *Gebietsabtretungen* (zu deren Zulässigkeit Rn.10 zur Präamb). Eine Zustimmung des betreffenden Bundeslandes dürfte gleichwohl im Hinblick auf den Staatscharakter der Länder erforderlich sein (Stern ST I 249; Nettesheim MD 90; a.A. Fastenrath/Groh FH 78; Kempen MKS 80; für die Notwendigkeit einer Volksabstimmung analog Art.29 Abs.2, 3 Pernice DR 33).

10 **c) Vollzugsbefehl bzw. Transformation.** Die Kompetenzverteilung zwischen Bund und Ländern hinsichtlich des Vollzugsbefehls bzw. der Transformation eines völkerrechtlichen Vertrags (zu diesen Begriffen Rn.1a zu Art.25) wird nicht durch Art.32 geregelt (Fastenrath/Groh FH 59). Auch Art.59 Abs.2 ist nicht einschlägig, da Art.59 allein die Zuständigkeiten innerhalb des Bundes regelt (Rn.1 zu Art.59). Der Bund ist daher zu Transformation bzw. Vollzugsbefehl nur zuständig, soweit er die allgemeine Gesetzgebungskompetenz nach Art.70 ff besitzt (Fastenrath/Groh FH 68; Kempen MKS 48 ff; Nettesheim MD 71). Dabei ist zu beachten, dass Art.73 Abs.1 Nr.1 regelmäßig nicht einschlägig ist, da sich diese Regelung im Wesentlichen auf den diplomatischen und konsularischen Verkehr und die gesamtstaatliche Repräsentation im Ausland beschränkt (vgl. Rn.4 zu Art.73); anderenfalls würde Art.32 Abs.3 ausgehöhlt (Fastenrath/Groh FH 66; Rojahn MüK 16). Im Bereich der *ausschließlichen* Gesetzgebungskompetenz der Länder ist dementsprechend der Bund nicht zum Erlass des Vollzugsbefehls bzw. zur Transformation befugt (Zuleeg AK 21; Fastenrath/Groh FH 69; Pernice DR 34 zu Art.59; a.A. Pernice DR 42). Wenn er in diesem Bereich Verträge auf Grund seiner Abschlusskompetenz (oben Rn.8) abschließt, ist er wegen des Grundsatzes des bundesfreundlichen Verhaltens (Rn.20–21a zu Art.20) verpflichtet, den Vertrag mit einem entsprechenden Vorbehalt zugunsten der Länder zu versehen oder das Einverständnis der Länder vor dem Abschluss einzuholen (ähnlich i.E. Streinz SA 42; Rojahn MüK 42). Hat ein Bundesland dem Vertrag vor Abschluss zugestimmt, ist es verpflichtet, ihn zu transformieren bzw. den Vollzugsbefehl zu erteilen (Rojahn MüK 55; Nettesheim MD 71).

2. Sonstige Maßnahmen

11 Die Kompetenzzuweisung des Abs.1 erfasst neben völkerrechtlichen Verträgen und den zugehörigen Aktivitäten (oben Rn.8) anerkanntermaßen auch alle anderen Handlungen in den Formen des Völkerrechts bzw. zwischen völkerrechtlichen Rechtsträgern (oben Rn.3 f), denen **rechtsgestaltende Wirkung** zukommt, wie die Beglaubigung und Akkreditierung von Diplomaten, die Anerkennung anderer Staaten, den Protest, förmliche Abmahnungen, die Klageerhebung vor einem internationalen Gericht, die Ausübung von Mitgliedschaftsrechten in internationalen Organisationen und sonstige vertragsakzessorische Rechte (Fastenrath/Groh FH 70f). Dazu rechnet auch die Auslieferung (BVerfGE 113, 273/311 f). Zudem wird die Würdigung außenpolitischer Aspekte im Rahmen der internationalen Vollstreckungshilfe erfasst (BVerfGE 96, 100/117).

Ob und ggf. welche sonstigen Aktivitäten noch unter Abs.1 fallen, ist umstritten (völlig ablehnend Fastenrath/Groh FH 45 ff; Isensee HbStR IV/1 § 98 Rn.194; Weber UC 17; sehr großzügig Nettesheim MD 52; Kempen MKS 34 f). Die Zuständigkeit des Bundes beeinflusst das jedoch kaum, da notfalls von einer Kompetenz kraft Natur der Sache ausgegangen wird. In der Sache wird man jedenfalls **informale Aktivitäten,** wie Besuche, Grußbotschaften oder Reden im Ausland dem Bereich des Abs.1 zuzurechnen haben, sofern damit die Bundesrepublik Deutschland offiziell repräsentiert wird (Pernice DR 27; restriktiver Fastenrath/Groh FH 45 ff; großzügiger Streinz SA 13). *Privatrechtliche Aktivitäten* werden erfasst, sofern damit öffentliche Aufgaben erfüllt werden (Streinz SA 11) und Vertragspartner eine Person des Völkerrechts ist (oben Rn.3). **12**

III. Kompetenz der Länder (und Gemeinden etc.)

1. Völkerrechtliche Verträge (einschl. Verwaltungsabkommen)

a) Abschluss. aa) Auf Gebieten, in denen den Ländern Gesetzgebungskompetenzen zustehen, können die Länder im Anwendungsbereich des Art.32 (oben Rn.3 f) gem. Abs.3 mit anderen Staaten und internationalen Einrichtungen **völkerrechtliche Verträge** schließen. Im Bereich der konkurrierenden Gesetzgebungskompetenz des Bundes darf noch keine Bundesregelung, auch nicht in Form eines völkerrechtlichen Vertrages, vorliegen (BVerfGE 2, 347/375); zum späteren Erlass eines Bundesgesetzes unten Rn.17. Darüber hinaus sind auch die Regelungsmöglichkeiten gem. Art.72 Abs.3 bedeutsam (Nettesheim MD 116). Weitere Regelungsmöglichkeiten bestehen im Bereich des Verwaltungsverfahrens und der Verwaltungsorganisation (Streinz SA 60; Nettesheim MD 127; vgl. Rn.2 zu Art.83). **13**

In diesem Bereich wird durch Abs.3 zunächst die (partielle) völkerrechtliche Handlungsfähigkeit der Länder begründet (oben Rn.1). **Dazu gehören** auch alle vertragsbezogenen Handlungen, insb. das Kündigungsrecht, aber auch die Unterwerfung unter eine Schiedsgerichtsbarkeit für den betreffenden Vertrag (BVerfGE 2, 347/377). Verträge, die die politischen Beziehungen *des Bundes* regeln (dazu Rn.12 zu Art.59), sind ausgenommen (Rojahn MüK 14; Fastenrath/Groh FH 82). Dagegen dürften unverbindliche Verträge erfasst sein (Pernice DR 37; Rojahn MüK 22; a.A. Fastenrath/Groh FH 85), wie gemeinsame Absichtserklärungen (vgl. BVerfGE 98, 218/249). Für den Beitritt der Länder zu internationalen Organisationen gilt Abs.3, soweit damit nicht die politischen Beziehungen des Bundes erfasst werden (Kempen MKS 86; vgl. Rojahn MüK 37). Im Bereich der Europäischen Union ist die vorrangige Sonderregelung des Art.23 zu beachten (oben Rn.2). Die Übertragung von Hoheitsrechten ist den Ländern nur im Falle des Art.24 Abs.1a möglich (Rn.15 zu Art.24). Andererseits gelten für den **14**

Abschluss von Konkordaten die allgemeinen Regeln der Kompetenzverteilung (oben Rn.3), desgleichen für privatrechtliche Verträge.

15   Abs.3 gilt auch für den Abschluss von **Verwaltungsabkommen** (als einer Sonderform völkerrechtlicher Verträge; vgl. Rn.20 zu Art.59) durch die Länder. Voraussetzung ist auch hier, dass die Länder für die vertragliche Materie über die Gesetzgebungszuständigkeit verfügen. Allerdings betrifft das „nur den Gegensatz zwischen landesrechtlicher Regelung und bundesrechtlicher Regelung", weshalb die „Länder auch auf dem Gebiet der Landesverwaltung zum Abschluss von Verträgen befugt sind" (BVerfGE 2, 347/369 f). Im Bereich der konkurrierenden Gesetzgebung ist das nur der Fall, soweit der Bund die betreffende Frage noch nicht (abschließend) geregelt hat. Zudem dürften Verwaltungsvorschriften der Länder ausgeschlossen sein, soweit der Bund bereits Verwaltungsvorschriften erlassen hat, etwa nach Art.84 Abs.2 oder Art.85 Abs.2 (Kempen MKS 106 zu Art.59). Schließlich ist die Kompetenz für das Verwaltungsverfahren (oben Rn.13) bedeutsam.

16   **bb)** Der Abschluss völkerrechtlicher Verträge der Länder bedarf gem. Abs.3 der *vorherigen* **Zustimmung** der Bundesregierung. Andernfalls ist der Vertrag innerstaatlich unwirksam (BVerfGE 2, 347/369 ff); auch völkerrechtlich dürfte er unwirksam sein (Kempen MKS 91; Pernice DR 46; Nettesheim MD 133; a. A. Fastenrath/Groh FH 89). Die nachträgliche Genehmigung führt zur innerstaatlichen Wirksamkeit des Vertrages (Streinz SA 63; Rojahn MüK 36; a. A. Kempen MKS 91). Die Zustimmung ändert nichts am Charakter des Vertrages als Landesvertrag. Die Zustimmungspflicht gilt auch für Verwaltungsabkommen (BVerfGE 2, 347/369 f; Zuleeg AK 14).

17   **b) Vollzugsbefehl bzw. Transformation.** Für die Erteilung des Vollzugsbefehls bzw. die Transformation (dazu Rn.1a zu Art.25) bei völkerrechtlichen Verträgen und Abkommen der Länder sind die Länder zuständig, da hier von vornherein die allgemeinen Kompetenznormen für die Gesetzgebung zur Anwendung kommen (oben Rn.10). Entfällt die Gesetzgebungskompetenz, weil der Bund im Bereich der konkurrierenden Kompetenz eine entsprechende Regelung erlässt, wird der Vollzugsbefehl bzw. die Transformation unwirksam, so dass der Vertrag innerstaatlich nicht mehr wirksam ist (Zuleeg AK 13; Fastenrath/Groh FH 83; Streinz SA 28).

2. Sonstige Maßnahmen

18   Umstritten ist, ob und auf welcher Grundlage die Länder **Maßnahmen gegenüber** auswärtigen Staaten und sonstigen **Völkerrechtssubjekten** unterhalb der Vertragsschwelle treffen können (zur umfangreichen Praxis Rojahn MüK 56 f). Zum Teil wird insoweit aus Abs.1 eine abschließende Bundeskompetenz entnommen, da die auf Verträge bezogene Ausnahme des Abs.3 nicht greife (Pernice DR 38; Rojahn MüK 58). In der Sache muss es jedoch überraschen, wenn die Länder zwar (in gewissem Umfang) Verträge schließen können, zu Maßnahmen unterhalb der Vertragsschwelle aber nicht befugt sein sollen. Daher nehmen andere eine Kompetenz der Länder kraft Natur der Sache an (Streinz SA 52; Kempen MKS 89), beschränken Art.32 insgesamt auf völkerrechtsförmliches Handeln (Fastenrath/Groh FH 45 ff)

oder wenden Abs.3 entsprechend an (Nettesheim MD 110; v. Heinegg EH 23). Alternativ kann man in Abs.1 eine bloße Ermächtigung für den Bund (immerhin wurde das Wort „ausschließlich" der Vorgängerregelung des Art.78 Abs.1 WRV nicht übernommen) und den Sinn der Beschränkung des Abs.3 auf Verträge darin sehen, dass für Maßnahmen unterhalb der Vertragsebene die Zustimmung der Bundesregierung nicht erforderlich ist. Abs.3 schließt dann nicht aus, dass die Länder, gestützt auf allgemeine Kompetenzen, nichtvertragliche Maßnahmen treffen können, sofern sie Gegenstände ihrer Gesetzgebung oder ihrer Verwaltung (oben Rn.15) betreffen und der Grundsatz der Bundestreue beachtet wird (ähnlich i. E. Fastenrath/ Groh FH 90).

Für Maßnahmen der Länder, von Landesbehörden, Gemeinden etc., die **19** sich nicht an Völkerrechtssubjekte wenden, sondern an **nachgeordnete** ausländische **öffentlich-rechtliche Einrichtungen** oder an ausländische **private Einrichtungen,** kommt Art.32 nicht zur Anwendung (oben Rn.3). Vielmehr gelten die allgemeinen Regeln der Kompetenzverteilung, einschl. des Grundsatzes des bundesfreundlichen Verhaltens (oben Rn.5). Daher können Gemeinden im Rahmen ihres Aufgabenkreises mit ausländischen Gemeinden zusammenarbeiten und Verträge schließen (Rojahn MüK 65 ff; i. E. BVerwGE 87, 237/240). Gleiches gilt für die Kooperation von Hochschulen (Pernice DR 30; Rojahn MüK 61).

Art.**33** [Staatsbürgerliche Rechte- und Pflichtengleichheit, Öffentlicher Dienst]

(1) **Jeder Deutsche[2a] hat in jedem Lande die gleichen staatsbürgerlichen Rechte und Pflichten[2, 3 ff].**

(2) **Jeder Deutsche[11] hat nach seiner Eignung, Befähigung und fachlichen Leistung[14 f] gleichen Zugang zu jedem öffentlichen Amte[9 f, 12 ff].**

(3) **Der Genuß bürgerlicher und staatsbürgerlicher Rechte, die Zulassung zu öffentlichen Ämtern sowie die im öffentlichen Dienste erworbenen Rechte[28 f] sind unabhängig von dem religiösen Bekenntnis. Niemandem darf aus seiner Zugehörigkeit oder Nichtzugehörigkeit zu einem Bekenntnisse oder einer Weltanschauung ein Nachteil erwachsen[30].**

(4) **Die Ausübung hoheitsrechtlicher Befugnisse[41] ist als ständige Aufgabe in der Regel Angehörigen des öffentlichen Dienstes[40] zu übertragen, die in einem öffentlich-rechtlichen Dienst- und Treueverhältnis stehen[40 f].**

(5) **Das Recht des öffentlichen Dienstes[46] ist unter Berücksichtigung der hergebrachten Grundsätze des Berufsbeamtentums[47 ff] zu regeln[43] und fortzuentwickeln[48].**

Übersicht

Literatur A (Abs.1–3): *Schmied,* Die Eignung als Zugangskriterium für ein öffentliches Amt, 2009; *Wagner,* Das Prinzip der Bestenauslese im öffentlichen Dienst, 2009;
Pieroth, Wohnsitzabhängige Studienbeitragspflicht, WissR 2007, 229; *Bracher,* Vertrauen
in politische Anschauungen und persönliche Loyalität bei beamtenrechtlichen Auswahl-
entscheidungen, DVBl 2001, 19; *Hetzer,* Der Bewerbungsverfahrensanspruch, VR

1998, 116; *Pfütze,* Die Verfassungsmäßigkeit von Landeskinderklauseln, 1998; *Schnellenbach,* Konkurrenzen und Beförderungsämter, ZBR 1997, 169; *Cremer/Kelm,* Mitgliedschaft in sog. „Neuen Religions- und Weltanschauungsgemeinschaften" und Zugang zum öffentlichen Dienst, NJW 1997, 832; *Battis,* Berufsbeamtentum und Leistungsprinzip, ZBR 1996, 193; *Sachs,* Zur Bedeutung der grundgesetzlichen Gleichheitssätze für das Recht des öffentlichen Dienstes, ZBR 1994, 133. − S. auch Literatur zu Art.3.
Literatur B (Abs.4, 5): *Thiele,* Art.33 Abs.4 GG als Privatisierungsschranke, Staat 2010, 274; *Bäcker,* Wissenschaft als Amt, AöR 2010, 78; *Kenntner,* Sinn und Zweck der Garantie des hergebrachten Berufsbeamtentums, DVBl 2007, 1321; *Lecheler,* Der öffentliche Dienst, HdbStR³ V, 2007, § 110; *Lindner,* Das Alimentationsprinzip und seine offenen Flanken, ZBR 2007, 221; *Höfling/Burkiczak,* Die Garantie der hergebrachten Grundsätze des Berufsbeamtentums unter Fortentwicklungsvorbehalt, DÖV 2007, 328; *Staupe,* Beamtenrecht, Innere Sicherheit und Katastrophenschutz, in: Holtschneider/Schön (Hg.), Die Reform des Bundesstaates, 2007, 161; *Bull,* Das öffentliche Dienstrecht in der Diskussion, DÖV 2004, 155; *Wolff,* Die Gestaltungsfreiheit des Gesetzgebers im Besoldungsrecht, DÖV 2003, 494; *Bayer,* Beamtenversorgung und Verfassungsrecht, DVBl 2002, 73; *W. Weiß,* Privatisierung und Staatsaufgaben, 2002; *Gramm,* Privatisierung und notwendige Staatsaufgaben, 2001; *Sander,* Art.33 Abs.4 GG im (Zwie-)Licht der Rechtsprechung, ZBR 2001, 391; *Manssen,* Der Funktionsvorbehalt des Art.33 Abs.4 GG, ZBR 1999, 253; *P.M. Huber,* Das Berufsbeamtentum im Umbruch, Verw 1996, 437; *Badura,* Die hoheitlichen Aufgaben des Staates und die Verantwortung des Berufsbeamtentums, ZBR 1996, 321; *Isensee,* Öffentlicher Dienst, HbVerfR, 2. A. 1994, § 32.

I. Gleichbehandlung im Hinblick auf Landeszugehörigkeit (Abs.1)

1. Bedeutung, Verpflichtete, Abgrenzung zu anderen Verfassungsnormen

Abs.1 enthält ein grundrechtsgleiches Recht (Masing DR 29; Hense **1** EH 1), ein Grundrecht iwS (Vorb.1 vor Art.1). Es handelt sich um ein Gleichheitsgrundrecht (Jachmann MKS 3), das auf ein relatives Verhalten des Staates zielt (Vorb.9 vor Art.1). Abs.1 bindet alle Grundrechtsverpflichteten (dazu Rn.32–44 zu Art.1), gilt somit für Gesetze, die staatsbürgerliche Rechte und Pflichten festlegen, aber auch für Einzelfallregelungen und Realakte (vgl. Höfling BK 32). Das Grundrecht verdrängt in seinem Anwendungsbereich den allgemeinen Gleichheitssatz (Trute AK 12; Dollinger/Umbach UC 20; Rn.2 zu Art.3); das BVerfG wendet gleichwohl in Fällen der Landeszugehörigkeit nicht selten Art.3 Abs.1 an, ohne Art.33 Abs.1 zu erwähnen (etwa unten Rn.3, 6a sowie Rn.19 zu Art.3). Dagegen werden die anderen speziellen Gleichheitsgrundrechte von Art.33 Abs.1 nicht verdrängt, sondern kommen ggf. parallel zur Anwendung (Jachmann MKS 3; Höfling BK 44; Pieroth/Schlink 471; vgl. unten Rn.8, 26). Zu Art.36 vgl. unten Rn.6.

2. Schutzbereich

a) Staatsbürgerliche Rechte und Pflichten. Art.33 Abs.1 setzt voraus, **2** dass es um die staatsbürgerlichen Rechte und Pflichten geht. Damit ist das gesamte Rechtsverhältnis des Staatsbürgers zum Staat gemeint, d. h. sämtliche *öffentlich-rechtlichen* (subjektiven) Rechte und Pflichten (Jachmann MKS 5; Battis SA 15; Sachs HbStR V § 126 Rn.112; Rn.2 zu Art.140/136 WRV), nicht dagegen zivilrechtliche Rechte und Pflichten (Kunig MüK 10; a. A.

Badura MD 9; Höfling BK 29). Erfasst werden auch Berechtigungen aus
Ermessensvorschriften (Höfling BK 28). Überlegenswert erscheint eine Beschränkung allein auf die mit der Staatsangehörigkeit zusammenhängenden
Rechte und Pflichten (so Masing DR 30; Dollinger/Umbach UC 26). Doch
wäre hier eine Ungleichbehandlung noch eher vertretbar; Art.33 Abs.1 müsste
daher im Wege eines Erst-Recht-Schlusses auf andere öffentlich-rechtliche
Rechte und Pflichten ausgeweitet werden. Außerdem würde diese Begriffsbestimmung im Rahmen des Art.33 Abs.3 und des Art.136 Abs.1 WRV zu
einer unverständlichen Lücke führen: Erfasst würden alle privatrechtlichen
Pflichten, aber nur ein kleiner Teil der öffentlich-rechtlichen Pflichten.

2a   **b) Grundrechtsträger.** Träger des Grundrechts ist jeder Deutsche iSd
Art.116 Abs.1; näher dazu Rn.1 zu Art.116. Nichtdeutsche können sich allein auf Art.3 Abs.1 berufen (Höfling BK 56). Im Anwendungsbereich des
EU-Rechts dürfte sich der Unionsbürger auf Abs.1 berufen können (Lecheler FH 11). Unklar ist, ob sich auch juristische Personen auf Abs.1 berufen
können. Fasst man den Begriff der Landeszugehörigkeit relativ eng (dazu unten Rn.3), ist das eher zu verneinen.

3. Beeinträchtigung: Ungleichbehandlung nach Landeszugehörig-
keit

3   **aa)** Eine Beeinträchtigung des Grundrechts setzt eine **Ungleichbehandlung,** also eine unterschiedliche Behandlung vergleichbarer Sachverhalte
(dazu Rn.7 zu Art.3) durch einen Grundrechtsverpflichteten (oben Rn.1)
voraus, und zwar, der Entstehungsgeschichte entsprechend, im Hinblick auf
die **Landeszugehörigkeit** (Jachmann MKS 6); die Vorgängerregelung des
Art.110 Abs.2 WRV bezog sich auf die Landesstaatsangehörigkeit. Da es seit
der Weimarer Zeit keine wirksame Landesstaatsangehörigkeit gibt, wird man
eine Anknüpfung an die Landeszugehörigkeit anzunehmen haben, wenn
Kriterien benutzt werden, die üblicherweise für den Erwerb der Staatsangehörigkeit zum Einsatz kommen (Höfling BK 37; Pieroth, WissR 07, 239),
etwa die Geburt in einem Bundesland, die Abstammung von Landesangehörigen oder ein langjähriger Wohnsitz in einem Land (ähnlich Pieper SHH 9;
Jachmann MKS 6f). Unklar ist, ob auch das Abstellen auf einen kürzeren
Wohnsitz, das Ablegen von Prüfungen in einem Land u.Ä. erfasst wird (dafür Höfling BK 41; dagegen Pieroth, WissR 07, 239; Sachs HbStR V § 126
Rn.111, 113). Die Entstehungsgeschichte spricht eher dagegen. Das BVerfG
hat das Abstellen auf die Berufspraxis in dem betreffenden Land nicht an
Art.33 Abs.1, sondern an Art.3 Abs.1 gemessen (BVerfGE 73, 301/321).
Eine Ungleichbehandlung iSd Art.33 Abs.1 liegt allerdings vor, wenn die
Anerkennung einer gleichwertigen, in einem anderen Bundesland erworbenen Hochschulzulassungsberechtigung verweigert wird (Jachmann MKS 10),
weil damit meist ein längerer Wohnsitz verbunden ist.

4   **bb)** Die Vergleichsfälle der Ungleichbehandlung müssen **einer Stelle
zuzurechnen** sein, wie das generell bei Gleichheitsrechten erforderlich ist
(Rn.9 zu Art.3). Abs.1 verlangt dementsprechend nicht, dass die staatsbürgerlichen Rechte und Pflichten länderübergreifend gleich geregelt werden
(BVerfG-K, NVwZ 02, 74; Höfling BK 31); die Vorschrift gibt *keinen An-*

spruch auf Einräumung staatsbürgerlicher Rechte iSd Schaffung solcher ländereinheitlichen Rechte (BVerfGE 13, 54/91; Höfling BK 30; Badura MD 13). Aus den gleichen Erwägungen fehlt es an einer Ungleichbehandlung iSd Abs.1, wenn ein Land die Bürger eines anderen Landes den gleichen Pflichten wie die eigenen Bürger unterwirft, etwa bei der Zeugenpflicht vor einem Untersuchungsausschuss (BVerwGE 79; 339/342); Entsprechendes gilt für die Gewährung von Rechten.

cc) Die Abs.1 kommt nur zum Tragen, wenn die Ungleichbehandlung 5 für den Träger des Rechts zu einem **Nachteil** führt. Insoweit gelten die Ausführungen in Rn.10f zu Art.3 entsprechend. Zum Anspruch auf Einräumung ländereinheitlicher Rechte oben Rn.4.

4. Rechtfertigung von Beeinträchtigungen (Schranken)

Von Abs.1 erfasste Ungleichbehandlungen können zunächst durch **kolli-** 6 **dierendes Verfassungsrecht** (dazu Vorb.53 vor Art.1) gerechtfertigt werden (Pieper SHH 9; Hense EH 5; sehr weitgehend Jachmann MKS 8: „verfassungskräftiger Belang"). Ein Beispiel liefert Art.36. Die Ungleichbehandlung muss aber verhältnismäßig sein. Daneben dürfte Abs.1, in Anlehnung an die Rspr. des BVerfG zum Verbot geschlechtlicher Diskriminierung nicht verletzt sein, wenn die an die Landeszugehörigkeit geknüpfte Ungleichbehandlung zur Lösung von Problemen, die ihrer Natur nach einen besonderen Landesbezug aufweisen, **zwingend erforderlich** ist (vgl. Rn.95, 135 zu Art.3). Auch insoweit ist eine Verhältnismäßigkeitsprüfung geboten.

Im Einzelnen kann der Landeskinderbonus beim Zugang zu Hochschu- 6a len nicht gerechtfertigt werden (Höfling BK 44; Jachmann MKS 10; i.E. BVerfGE 33, 303/353f, wo auf Art.12 iVm Art.3 abgestellt wird), wohl aber das Abheben auf den Wohnsitz bzw. ständigen Aufenthalt bei der Zulassung zur Externen-Prüfung an Fachhochschulen (BVerwG, NVwZ 83, 224). Unzulässig ist das Abstellen auf den Wohnsitz mit Landesbezug bei der Erhebung von Studiengebühren (OVG Hamb, NVwZ 06, 949; Badura MD 16). Zulässig ist auch die Beschränkung von Schulfördermitteln auf Landeskinder (BVerfGE 112, 74/90 unter Bezug auf Art.3 Abs.1). Die Anknüpfung des Wahlrechts an einen zeitlich beschränkten Wohnsitz im Lande ist zulässig (Jachmann MKS 9; Kunig MüK 13); wahrscheinlich fehlt es bereits an einer relevanten Ungleichbehandlung (oben Rn.3f). Ähnliches gilt für eine Schulgeldbefreiung (Dollinger/Umbach UC 28f). Die Förderung von im Land ansässigen Unternehmen bzw. Unternehmern ist wegen der positiven Auswirkungen auf die wirtschaftliche Entwicklung des Landes grundsätzlich zulässig (Badura MD 18; Kunig MüK 13). Zur Begünstigung von Landesangehörigen s. auch Rn.105, 112 zu Art.12.

II. Eignungsbezogene Gleichbehandlung beim Zugang zu öffentlichen Ämtern (Abs.2)

1. Bedeutung und Abgrenzung zu anderen Verfassungsnormen

Abs.2 enthält ein grundrechtsgleiches Recht (Masing DR 29), ein Grund- 7 recht iwS (Vorb.1 vor Art.1). Der Art nach handelt es sich um ein **Gleich-**

heitsgrundrecht (Battis SA 20; Lecheler FH 13; vgl. dazu Vorb.9 vor Art.1), das die Interessen der Bewerber um ein öffentliches Amt schützt (BVerwGE 122, 147/149; BAGE 121, 67 Rn.39). Zudem enthält Abs.2 eine objektive Wertentscheidung (Höfling BK 67 ff), die das Interesse der Allgemeinheit zum Ausdruck bringt, möglichst qualifizierte Bewerber in die öffentlichen Ämter zu berufen (BVerfGE 56, 146/163; BVerwGE 122, 147/149; Hense EH 7). Man spricht vom „Prinzip der Bestenauslese" (BVerwGE 86, 244/249; Jachmann MKS 12; Grigoleit SB 22). Das Grundrecht dient dem **Leistungsprinzip** (Lecheler FH 17). Zum Anspruch auf Einstellung unten Rn.19 f.

8   Was die **Abgrenzung zu anderen Verfassungsnormen** betrifft, so wird der allgemeine Gleichheitssatz des Art.3 Abs.1 durch Art.33 Abs.2 verdrängt (Ipsen II 815; Jachmann MKS 13; Höfling BK 384; Rn.2 zu Art.3). Dagegen sind andere spezielle Gleichheitsgrundrechte grundsätzlich parallel anwendbar. Wird etwa die Eignung mit Gesichtspunkten bejaht oder verneint, die nach Art.3 Abs.2, 3 unzulässig sind, kommen (auch) diese Grundrechte zum Tragen (Kunig MüK 28; Höfling BK 139; vgl. BVerwGE 61, 325/330; für Vorrang des Art.33 Abs.2 Gubelt MüK 102 zu Art.3). Dies muss für Art.3 Abs.3 auch im Bereich der politischen Auffassungen gelten (anders Höfling BK 225). Zum Verhältnis zu Art.33 Abs.3 unten Rn.26. Im Verhältnis zu Art.12 Abs.1 wird die Vorschrift vielfach als „ergänzende Regelung" eingestuft (BVerfGE 92, 140/151, 153; 96, 152/163 f); man spricht von der „Berufsfreiheit aus Art.12 Abs.1 in Verbindung mit Art.33 Abs.2" (BVerfGE 110, 304/321). Zum Teil wird dagegen Art.33 Abs.2 eigenständig und wohl als lex specialis geprüft (BVerfGE 108, 282/295), was dem eigenständigen Gehalt des Art.33 Abs.2 besser gerecht wird.

2. Schutzbereich

9   **a) Zugang zu öffentlichem Amt.** Der sachliche Schutzbereich des Abs.2 betrifft den Zugang zu einem öffentlichen Amt. Der Begriff des **öffentlichen Amtes** ist grundsätzlich weit zu verstehen und umfasst alle Funktionen öffentlich-rechtlicher Art bei Bund, Ländern, Gemeinden und anderen juristischen Personen des öffentlichen Rechts (Battis SA 24; Masing DR 41 f; Dollinger/Umbach UC 36), einschl. der Arbeiter und Angestellten im öffentlichen Dienst (BVerwGE 61, 325/330; BAGE 103, 212/215; 104, 295/299; Jachmann MKS 15). Erfasst werden auch Richter (Höfling BK 82), Soldaten (Pieper SHH 17) sowie Lehrbeauftragte (BVerwGE 81, 212/215). Notare dürften ebenfalls ein öffentliches Amt iSd Art.33 Abs.2 ausüben (BVerfG-K, DVBl 02, 1629 f; Höfling BK 97; Kunig MüK 20; wohl auch BVerfGE 110, 304/324; für nur abgeschwächte Anwendung BVerfGE 73, 280/295; BGH, NJW 93, 2536; Masing DR 42; Trute AK 29). Das Amt kann beruflich oder ehrenamtlich ausgeübt werden (Jachmann MKS 15). Bei Ausbildungsplätzen in der Hand öffentlicher Träger ist Abs.2 anwendbar, wenn ein Dienstverhältnis begründet oder ausschließlich für ein öffentliches Amt ausgebildet wird (Battis SA 25; Jachmann MKS 15). Unklar ist, ob auch die privatrechtlich organisierte Verwaltung erfasst wird, soweit sie öffentliche Aufgaben wahrnimmt (dafür Hense EH 9; Masing DR 42).

Politische Beamte werden ausgenommen (Masing DR 43), jedenfalls hinsichtlich der politischen Auffassungen (unten Rn.22). Nicht erfasst werden politische Wahlämter (Höfling BK 109ff; Kunig MüK 21), wohl aber gewählte Richter (Masing DR 43; Jachmann MKS 15). Nicht unter Abs.2 fallen das Amt eines Beliehenen (Battis SA 25; a.A. Dollinger/Umbach UC 38) und kirchliche Ämter (Battis SA 25; Masing DR 43). Gleiches gilt für das Amt eines Insolvenzverwalters (BVerfGE 116, 1/13; Höfling BK 91).

Als **Zugang** ist nicht nur die Einstellung, sondern auch die Beförderung **10** und der Aufstieg anzusehen (BVerfGE 117, 382/387; BVerwGE 76, 243/ 251; BAGE 121, 67 Rn.38; Hense EH 10; Höfling BK 123), desgleichen die Übernahme von Angehörigen des öffentlichen Dienstes der DDR (BVerfGE 96, 152/165) und die Weiterbeschäftigung eines Jugend- und Auszubildendenvertreters (BVerwGE 109, 295/300ff). Ob auch Versetzungen erfasst werden, ist umstritten (dafür BAGE 103, 212/216; dagegen BVerwGE 122, 237/240). Darüber hinaus wird (als actus contrarius) der *Entzug* eines öffentlichen Amts erfasst (Trute AK 35; vgl. BVerfGE 96, 189/198f; a.A. Höfling BK 124). Dagegen gilt Abs.2 nicht für die mit einem bestimmten Amt verbundenen (sonstigen) Rechte; insoweit kann etwa nach dem Alter (unabhängig von der Eignung) differenziert werden. Auch in *verfahrensmäßiger Hinsicht* ist der Begriff des Zugangs weit zu verstehen: Erfasst werden nicht nur die Entscheidung über die Besetzung des Amtes, sondern alle vorbereitenden Schritte, etwa die Ausschreibung oder die Rekrutierung (Masing DR 39; Hense EH 10; Kunig MüK 18). Nur eine solche Auslegung wird dem Ziel der Bestenauslese effektiv gerecht.

b) Träger des Grundrechts sind Deutsche (dazu Rn.1 zu Art.116). Es **11** steht demjenigen zu, der in ein öffentliches Amt iSd Abs.2 (oben Rn.9f) gelangen möchte (Höfling BK 278) oder sich in einem solchen Amt befindet. Soweit Art.45 AEUV zum Tragen kommt, wird man auch EU-Bürger als Grundrechtsträger ansehen müssen (Hense EH 20; Battis SA 23; Masing DR 40; Rn.12 zu Art.19; a.A. Höfling BK 269). Die andernfalls bestehenden EU-rechtlichen Bedenken entfallen nicht deshalb, weil Art.33 Abs.2 eine Verleihung von öffentlichen Ämtern an Nicht-Deutsche zulässt (so aber Höfling BK 269f); die Verweigerung des Schutzes des Art.33 Abs.2 stellt eine Diskriminierung iSd Art.45 AEUV dar. Juristische Personen und Personenvereinigungen können sich nicht auf Art.33 Abs.2 berufen (Höfling BK 277; vgl. Rn.15 zu Art.19).

3. Beeinträchtigungen, insb. Ungleichbehandlungen

a) Eignungswidrige Ungleichbehandlung. aa) Abs.2 wird durch jede **12** Ungleichbehandlung des Grundrechtsinhabers im Vergleich zu anderen Bewerbern beim Zugang zu dem Amt (dazu oben Rn.9f) beeinträchtigt. Der Funktion des Abs.2 entsprechend (Bestenauslese; oben Rn.7) wird man des Weiteren voraussetzen müssen, dass der **Mitbewerber** im Hinblick auf die Eignung iwS (dazu unten Rn.14f) **schlechter abschneidet,** auch wenn der Wortlaut insoweit offen ist. Erfasst wird somit nur eine eignungswidrige Ungleichbehandlung. Eine solche liegt allerdings auch dann vor, wenn die Eignung gar nicht festgestellt und stattdessen anhand anderer Gesichtspunkte entschieden wurde (vgl. zu den verfahrensrechtlichen Pflichten unten Rn.18). Unerheblich ist, ob sich die eignungswidrige Ungleichbehandlung aus der unzutreffenden Beurteilung der Eignung des Benachteiligten oder der des Begünstigten ergibt (BVerfG-K, NVwZ 08, 194f). Die Ungleichbehandlung muss von einem Grundrechtsverpflichteten (Rn.32–44 zu Art.1) ausgehen.

13   Das Grundrecht ist **nicht betroffen,** wenn bei gleicher Eignung andere Kriterien zur Auswahl herangezogen werden (BVerfG-K, NVwZ 08, 69; BVerwGE 122, 147/150). Abs.2 ist daher nicht beeinträchtigt, wenn ein Schwerbeschädigter bei eindeutig gleicher Eignung vorgezogen wird (vgl. BVerwGE 86, 244/249f). Gleiches gilt für eine Begünstigung von Frauen bei zweifellos gleicher Eignung (vgl. Battis SA 37). Generell ist der Einsatz von sog. Hilfskriterien bei gleicher Eignung kein Problem des Art.33 Abs.2, sondern anderer Gleichheitsgrundrechte (Masing DR 37f; Sachs HbStR V § 126 Rn.145).

14   **bb)** Die Eignung, Befähigung und fachliche Leistung iSd Abs.2 wird zusammen als **Eignung iwS** bezeichnet (BVerwGE 47, 330/336; Höfling BK 135). Die **Befähigung** zielt auf allgemein der Tätigkeit zugute kommende Fähigkeiten, v. a. auf Begabung, Allgemeinwissen, Lebenserfahrung und allg. Ausbildung (BVerfGE 110, 304/322; weiter Höfling BK 228). **Fachliche Leistung** bedeutet Fachwissen, Fachkönnen und Bewährung im Fach (BVerfGE 110, 304/322; BVerwGE 122, 147/150; enger Höfling BK 234), also in den für das betreffende Amt relevanten Bereichen (unten Rn.15). **Eignung** (ieS) erfasst alle sonstigen geistigen, körperlichen, psychischen und charakterlichen Eigenschaften (BVerfGE 92, 140/151; Battis SA 28), die nicht bereits den Bereichen der Befähigung und fachlichen Leistungen zuzuordnen sind (Masing DR 45), etwa die Wahrung des Erscheinungsbildes des öffentlichen Dienstes in der Öffentlichkeit (BVerfG-K, DVBl 02, 403f). Dabei kann auch die innere Einstellung bedeutsam sein, sofern sie sich auf die Ausübung des Amts auswirken kann (BVerfGE 96, 152/164). Zur Verfassungstreue unten Rn.21f.

15   Bei der **näheren Bestimmung der Eignung iwS** ist auf das betreffende Amt abzuheben (BVerfGE 92, 140/155; 110, 304/332f; BAGE 82, 211/220; Masing DR 45; Kunig MüK 27). Über Zuschnitt, Ausgestaltung und Anforderungsprofil entscheidet der Dienstherr, unter Beachtung des Leistungsprinzips (Badura MD 27). Bei der konkreten Entscheidung ist eine „einzelfallbezogene Würdigung der gesamten Persönlichkeit des Bewerbers" notwendig (BVerfGE 108, 282/296). Dies muss auch für die Voraussetzung der Verfassungstreue gelten (Battis SA 35; pauschal dagegen BVerfGE 39, 334/355). Unzulässig ist es, einen Bewerber trotz für die Tätigkeit gleichwertiger oder höherwertiger Qualifikation abzulehnen (BAGE 119, 275 Rn.34). Des Weiteren kann der Verwaltung hinsichtlich der Eignung iwS ein *Beurteilungsspielraum* (verbunden mit einer Begrenzung der gerichtlichen Kontrolle) eingeräumt werden (BVerfGE 39, 334/354; 108, 282/296; BAGE 107, 18/25; 112, 13/18; BVerwGE 115, 58/60; Jachmann MKS 22; Hense EH 13; a. A. Lecheler FH 20). Für das Anforderungsprofil dürfte das jedoch nicht gelten (BVerfGE 96, 205/214). Der Dienstherr kann sich im Übrigen durch Verwaltungsvorschriften binden (BVerwG, DVBl 90, 868), sofern diese insb.

den Vorgaben des Abs.2 entsprechen. Kein geeignetes Kriterium ist die Wartezeit auf einem Dienstposten (BAGE 103, 212/216 f), das Dienstalter (BVerwGE 122, 147/151) oder die Wertigkeit des bisherigen Dienstpostens (BVerwGE 124, 99/103). Zu Alterskriterien unten Rn.24.

b) Unterlassen von Leistung. Aus Abs.2 ergibt sich kein Recht auf **16** Schaffung oder Umwandlung von Stellen (BVerwG, NVwZ-RR 01, 253 f; Höfling BK 129; Hense EH 12; Trute AK 36) oder auf Fortführung eines Auswahlverfahrens (BVerwG, NVwZ-RR 00, 173). Zum Anspruch auf Übernahme in ein öffentliches Amt unten Rn.19. Zu Verfahrensrechten unten Rn.18.

4. Rechtfertigung von Beeinträchtigungen (Schranken)

a) Gesetzesvorbehalt und Verhältnismäßigkeit. Eignungswidrige Un- **17** gleichbehandlungen können nur durch kollidierendes Verfassungsrecht gerechtfertigt werden (BVerwGE 122, 237/239; 132, 110 Rn.49; Trute AK 89; vgl. Jachmann MKS 21). Voraussetzung ist zunächst eine gesetzliche Grundlage (BVerwGE 124, 99/102; 133, 143 Rn.10 f; 134, 59 Rn.36 f), die ausreichend bestimmt auf die Abweichung bezogen ist (Höfling BK 296; Rn.49 zu Art.20). Des Weiteren ist eine Verhältnismäßigkeitsprüfung erforderlich; insb. ist der hohe Stellenwert des Abs.2, auch für die Allgemeinheit (oben Rn.7), zu beachten. Diese Anforderungen dürften nicht immer gewahrt sein, wenn Durchbrechungen des Abs.2 mit dem Sozialstaatsprinzip gerechtfertigt werden (vgl. Höfling BK 296 f; Masing DR 54; Sachs HbStR § 126 Rn.145). Eine ausgleichende Begünstigung der Wehr- und Ersatzpflichtigen dürfte zulässig sein (BGHZ 69, 224/227 ff; 102, 6/9 f), während die generelle Begünstigung ehemaliger Soldaten und Polizeibeamten problematisch ist (Jachmann MKS 21). Abs.2 verpflichtet nicht zur Wiederholung von rechtswidrigen Entscheidungen; es gibt auch hier keine Gleichheit im Unrecht (BAGE 105, 161/167 ff); allgemein dazu Rn.36 zu Art.3. Zum Tragen eines Kopftuchs durch eine Lehrerin Rn.36 zu Art.4. Zum Einfluss des Art.3 Abs.2 und des Art.6 Abs.4 unten Rn.23. Zur Einschränkung durch Art.36 vgl. Rn.1 zu Art.36.

b) Verfahrensanforderungen. Da das Recht des Abs.2 dadurch unter- **18** laufen werden kann, dass die zuständige Stelle bei der Beurteilung der für das fragliche Amt erforderlichen Eignung in rechtlicher und noch mehr in praktischer Hinsicht einen erheblichen Spielraum besitzt (vgl. oben Rn.15), verlangt die Wirksamkeit des Grundrechts eine „angemessene Verfahrensgestaltung" (BVerfGE 116, 1/16; BremStGH, NVwZ-RR 93, 418; Höfling BK 240 f; Masing DR 51; Dollinger/Umbach UC 59; vgl. BVerfGE 73, 280/296). Daher ergibt sich aus Abs.2 eine grundsätzliche Pflicht zur öffentlichen Stellenausschreibung; nur bei untergeordneten Funktionen kann davon abgesehen werden (Masing DR 39; Höfling BK 245 ff; Jachmann MKS 16; Battis SA 40; **a. A.** BVerwGE 49, 232/243; 56, 324/327). Auch sonst muss das Verfahren so ausgestaltet werden, dass das von Abs.2 verfolgte Ziel der Bestenauslese nicht verfehlt wird. Das Anforderungsprofil muss so dokumentiert sein, dass eine Überprüfung der Entscheidung möglich ist (BAGE 104, 295/299). Weiter müssen die tatsächlichen Voraussetzungen der Eignung zureichend erhoben werden (BVerwGE 128, 329 Rn.52). Das gilt in besonderer Weise in Fällen, in denen die Gefahr der Ämterpatronage (dazu unten Rn.22) besteht. Die Gründe für die Auswahlentscheidung sind schriftlich niederzulegen (BVerwGE 133, 13 Rn.35; BAGE 126, 26 Rn.45). Bei Zeitstellen fallen die verfahrensrechtlichen Anforderungen niedriger aus.

5. Rechtsschutz und Einzelfälle

19   **a) Rechtsschutz und Schadensersatz.** Bei einem Verstoß gegen Abs.2 muss dem Betroffenen ein wirkungsvoller Rechtsschutz eröffnet sein (BVerfG-K, NJW 90, 501; BAGE 92, 112/117). Der Grundrechtsinhaber muss daher auf jeden Fall über die bevorstehende Ernennung des konkurrierenden Bewerbers rechtzeitig *informiert* werden (BVerfG-K, NJW 90, 501; BGHZ 129, 226/229; Masing DR 55). Auch steht ihm regelmäßig ein Akteneinsichtsanspruch zu (Höfling BK 260). Eine Frist muss angemessen sein (BVerfG-K, NVwZ 07, 1178f). Zudem sind im einstweiligen Rechtsschutz die Anforderungen niedrig anzusetzen (BVerfG-K, DVBl 02, 1634). Die pauschale Aussage, Art.33 Abs.2 vermittle keinen **Anspruch auf Übernahme** bzw. Einstellung (BVerfGE 39, 334/354; 108, 282/295; BVerwGE 68, 109/110) geht zu weit. Ist die Stelle **noch unbesetzt,** folgt aus Art.33 Abs.2 ein Einstellungsanspruch, soweit die anderen Bewerber erkennbar schlechter geeignet sind (BAGE 78, 244/247; 107, 18/26; 115, 252/300; Masing DR 36); im Übrigen besteht ein Anspruch auf fehlerfreie Neuauswahl (BVerwGE 118, 370/373; BAGE 103, 212/215). Die Anforderungen an die Glaubhaftmachung eines Anordnungsanspruchs dürfen nicht überspannt werden (BVerfG-K, NVwZ 03, 200f).

20   Ist die Stelle **bereits besetzt,** besteht bei einem Verstoß gegen Abs.2 ein *Schadensersatzanspruch* (BGHZ 129, 226/228ff; BVerwGE 102, 33/35; BAGE 107, 18/26). Die Beweislast trifft den Bewerber, es sei denn, es handelt sich um Umstände, deren Ermittlung ihm aus tatsächlichen Gründen nicht möglich ist (BVerwGE 124, 99/108). Eine *Aufhebung* der unter Verstoß gegen Art.33 Abs.2 ergangenen *Ernennung* soll wegen des Grundsatzes der Ämterstabilität nach hA weder von der Verwaltung noch von Gerichten vorgenommen werden können (BVerwGE 118, 370/372f; BAGE 124, 71 Rn.21; Dollinger/Umbach UC 62; implizit BVerfGE 110, 304/320). Das vermag nicht zu überzeugen (Höfling BK 367ff; Kopp/Schenke, VwGO, § 42 Rn.49; Ronellenfitsch, Verw 91, 139f; Trute AK 87f; Masing DR 55; tendenziell BVerwGE 115, 89/91f), trägt insb. der Bedeutung des Art.33 Abs.2 nicht ausreichend Rechnung. Insb. bei einem Verstoß gegen eine einstweilige Anordnung muss eine Rückgängigmachung möglich sein (BVerwGE 118, 370/374f; BAGE 124, 71 Rn.46); Gleiches muss in den Fällen der Ämterpatronage (unten Rn.22) gelten.

21   **b) Treuepflicht.** Umstritten ist, wieweit die politische Treuepflicht des Beamten (dazu unten Rn.52) beim Zugang zu öffentlichen Ämtern eine Rolle spielen kann. Unproblematisch ist, dass der Bewerber Gewähr für die Beachtung der Verfassung und der Gesetze bieten muss (Höfling BK 185); dass er für die Änderung der Verfassung oder der Gesetze in den dafür vorgesehenen Bahnen eintritt, steht dem nicht entgegen. Die h.A. verlangt da-

rüber hinaus, dass der Bewerber eine positive Einstellung zu Staat und Verfassung hat, sich eindeutig von verfassungsfeindlichen Gruppen und Bestrebungen distanziert und bereit ist, jederzeit für die freiheitlich-demokratische Grundordnung einzutreten (BVerfGE 39, 334/346 ff; BVerwGE 61, 176/177 ff). Soweit dies unabhängig von dem betreffenden Amt verlangt wird, dürfte das mit des Art.33 Abs.2 nicht vereinbar sein (Masing DR 47; vgl. EGMR, NJW 96, 377; Battis SA 35; **a. A.** für Beamte BVerfGE 39, 334/355; BVerwGE 73, 263/267), da die praktische Anwendung dieser Verpflichtung sich zu sehr von den eigentlichen Eignungskriterien (vgl. oben Rn.14 f) löst. Zudem wird Art.3 Abs.3 beeinträchtigt (vgl. Rn.129 zu Art.3). Die Zulässigkeit könnte sich allenfalls aus Art.33 Abs.5 ergeben, sofern eine derart weitgehende Treuepflicht zu den hergebrachten Grundsätzen des Berufsbeamtentums zählt (krit. zu Recht Battis SA 34; vgl. unten Rn.52). Aber auch dann ist eine Abwägung zwischen den kollidierenden Verfassungsnormen geboten, wobei zusätzlich die Wertentscheidung der Meinungsfreiheit (Rn.2 zu Art.5) zu berücksichtigen ist (vgl. EGMR, NJW 96, 376 f), ggf. auch der Wertgehalt der Berufsfreiheit (BVerfGE 96, 152/164 ff). Das macht entgegen der dargestellten Rechtsprechung eine Differenzierung nach Aufgaben und Ämtern notwendig (Battis SA 35; ähnlich EGMR, NJW 96, 376 f). Die Verfassungstreue iwS kann daher nur bei Ämtern verlangt werden, bei denen die fragliche Tätigkeit sie notwendig macht.

Die eignungswidrige Ungleichbehandlung wegen **politischer Auffassungen** verletzt auch in anderen Fällen meist nicht nur Art.3 Abs.3 (dazu Rn.129, 141 zu Art.3), sondern auch Art.33 Abs.2. Dies gilt insb. für die gängige *Ämterpatronage*, bei der Ernennung oder Beförderung nach partei- oder verbandspolitischen Gesichtspunkten erfolgen (Battis SA 39; Pieper SHH 60; Kunig MüK 17, 28; Jachmann MKS 19), auch wenn dies paritätisch geschieht (Lecheler HbStR³ V § 110 Rn.10). Die häufige Tolerierung dieses Verfassungsverstoßes ist erstaunlich und bedarf dringend der Korrektur. Auch diesbezügliche Vorbereitungshandlungen, wie eine Absprache über eine politische Ämterverteilung, sind verfassungswidrig (vgl. oben Rn.10). Gleiches gilt für Vorschriften, die der Ämterpatronage Vorschub leisten (BVerwGE 129, 272 Rn.79). Bei den politischen Beamten darf dagegen die politische Auffassung eine Rolle spielen (Jachmann DR 19; Kunig MüK 17; krit. Sachs HbStR V § 126 Rn.143). Doch muss die Entscheidung, ein Amt als das eines politischen Beamten einzustufen, mit Abs.2 vereinbar sein. **22**

c) **Geschlecht.** Regelmäßig unzulässig ist die Einstellung von **Frauen** trotz geringerer Eignung (Höfling BK 329; vgl. Rn.106 zu Art.3); bei einer Frauenförderung in Fällen gleicher Eignung ist dagegen Art.33 Abs.2 nicht einschlägig (Höfling BK 330 ff; Dollinger/Umbach UC 58; oben Rn.12). Wegen besserer Eignung soll die Bevorzugung einer Frau als Leiterin einer Mädchenschule (BVerfGE 39, 334/368; a.A. zu Recht Pieroth/Schlink 475; Höfling BK 328) oder als Frauenbeauftragte zulässig sein (NdsStGH, DÖV 96, 659; offen gelassen BVerfGE 91, 228/245; a.A. v. Mutius, Kommunalrecht, 1996, Rn.232). Im Hinblick auf Art.3 Abs.2 S.2 dürfte eine Begünstigung von Frauen bei der Auswahl der einzuladenden Bewerber unter bestimmten Voraussetzungen (Rn.106 zu Art.3) möglich sein (krit. Höfling BK **23**

254). Zulässig ist im Hinblick auf Art.6 Abs.4 ein Ausgleich schwanger-schafts- und mutterschaftsbedingter Nachteile (BVerfG-K, NVwZ 1997, 55; Höfling BK 239).

24   **d) Sonstiges.** Das Abstellen auf das Lebensalter ist bei Beförderungen in-nerhalb einer Laufbahn unzulässig (BVerwGE 86, 169/175); generell sind Altersgrenzen problematisch (Hense EH 14). Gleiches gilt für das Abstellen auf einen für die betreffende Tätigkeit nicht erforderlichen Leistungsab-schluss (BAGE 119, 262/271 f). Fragwürdig sind auch bestimmte Höchstal-tersgrenzen bei der Einstellung (Höfling BK 169). Zulässig ist dagegen eine Benachteiligung wegen fehlender Deutschkenntnisse (BVerfGE 39, 334/368). Die Homosexualität eines Militärausbilders soll der Eignung entgegenstehen (BVerwGE 86, 355/356; ZBR 98, 181 f; krit. zu Recht Dollinger/Umbach UC 54; Masing DR 46). Zulässig ist ein Abstellen auf die Bereitschaft zur Durchführung von Schwangerschaftsabbrüchen in staatlichen Krankenhäu-sern, die solche Abbrüche vornehmen (BVerwGE 89, 260/265 ff). Möglich ist ein Abstellen auf die Kenntnisse örtlicher Verhältnisse bei Gemeindebe-amten, nicht aber generell ein Bonus für Einheimische (BVerwG, DÖV 79, 793). Unzulässig ist eine Begünstigung von Beamten gegenüber Angestell-ten, soweit der Funktionsvorbehalt für Beamte nicht greift (BAGE 99, 67/ 72). Gleiches gilt für die Benachteiligung wegen des Erwerbs der Laufbahn-befähigung bei einem anderen als dem um Einstellung angegangenen Dienstherrn (BVerwGE 68, 109/111; 75, 133/136). Die Einstellung von Schwerbeschädigten trotz geringerer Eignung dürfte wegen Art.3 Abs.3 S.2 in gewissem Umfang möglich sein (anders Jachmann MKS 21). Eine Be-günstigung von Bewerbern, die Wehrdienst geleistet haben, soll möglich sein (Jachmann MKS 21; vgl. BGHZ 102, 6/9 f; a.A. Schmidt, ZBR 97, 374, 380). Dagegen soll auf die Bereitschaft zur Teilzeitbeschäftigung nicht abge-stellt werden können (BVerwGE 82, 196/204; 110, 363/368). Zur Konfes-sion des Bewerbers vgl. unten Rn.32 f.

III. Religiöse bzw. weltanschauliche Gleichbehandlung (Abs.3)

1. Bedeutung, Verpflichtete, Abgrenzung zu anderen Verfassungs-normen

25   Abs.3 enthält ein grundrechtsgleiches Recht (BVerwGE 116, 359/360; Masing DR 56), ein Grundrecht iwS (dazu Vorb.1 vor Art.1). Der Art nach handelt es sich um ein **Gleichheitsgrundrecht** (Jachmann MKS 24; Grigo-leit SB 42), das relative Anforderungen stellt (Vorb.9 vor Art.1). Gleichzeitig enthält Abs.3 eine objektive Wertentscheidung zugunsten der religiös-weltanschaulichen Neutralität des Staates (Battis SA 43; Rn.5 zu Art.4 und Rn.2 zu Art.140/137 WRV). Abs.3 enthält ein einheitliches Grundrecht, dessen Umfang v.a. durch die umfassendere Regelung des Abs.3 S.2 be-stimmt wird (anders Höfling BK 390). Durch das Grundrecht werden alle **Grundrechtsverpflichteten** (Rn.32–44 zu Art.1) gebunden. Unerheblich ist, ob es um eine Rechtsnorm, eine Einzelfallregelung oder eine Realakt geht. Die Erstreckung auf das Privatrecht (oben Rn.27) führt nicht zu einer

unmittelbaren Bindung von Privatpersonen; insoweit kann allerdings die Schutzfunktion bedeutsam sein (Höfling BK 394).

Was das **Verhältnis zu anderen Verfassungsnormen** angeht, so verdrängt Art.33 Abs.3 in seinem Anwendungsbereich das allgemeine Gleichheitsrecht des Art.3 Abs.1 (Rn.2 zu Art.3). Mit den speziellen Gleichheitsgrundrechten besteht Idealkonkurrenz. Erhält etwa eine Person wegen des religiösen Bekenntnisses ein öffentliches Amt, so wird der Mitbewerber in seinem Recht auf Art.33 Abs.3 beeinträchtigt; ist der Mitbewerber zudem besser geeignet, liegt auch eine Beeinträchtigung des Art.33 Abs.2 vor. Im Verhältnis zu Art.3 Abs.3 besteht hinsichtlich der Bevorzugung oder Benachteiligung wegen religiöser Auffassungen ein Vorrang des Art.33 Abs.3 (BVerwGE 19, 252/261; Starck MKS 298 zu Art.3). Weitreichende Überschneidungen bestehen auch mit Art.136 Abs.1, 2 WRV; insoweit dürfte Art.33 Abs.3 wegen der weiter gehenden Wirkung (Gewährung eines Grundrechts iwS) der Vorrang zukommen (vgl. Rn.1 zu Art.140/136 WRV). Unklar ist das Verhältnis zu Art.4 Abs.1, 2; vgl. Rn.6 zu Art.4. **26**

2. Schutzbereich

a) Genuss von Rechten sowie öffentlicher Dienst. Abs.3 S.1 kommt zunächst zum Tragen, wenn es um den Genuss *bürgerlicher und staatsbürgerlicher Rechte* geht, d.h. aller subjektiven Rechte, seien sie privatrechtlicher oder öffentlich-rechtlicher Natur (Kunig MüK 37; Masing DR 57; Trute AK 101; Rn.2 zu Art.140/136 WRV). Der Schutzbereich ist damit denkbar weit gespannt. Weiter kommt das Grundrecht bei der *Zulassung zu öffentlichen Ämtern* (insoweit gelten die Ausführungen oben in Rn.9f) und im Hinblick auf die *im öffentlichen Dienst erworbenen Rechte* zur Anwendung. Trotz der Beschränkung des Abs.3 S.1 auf Rechte werden wegen Abs.3 S.2 auch *Pflichten* erfasst. **27**

b) Grundrechtsträger. Träger des Grundrechts ist jedermann, auch ein Ausländer (Trute AK 108). Juristische Personen und Personenvereinigungen können im Bereich bürgerlicher und staatsbürgerlicher Rechte wohl Grundrechtsträger sein (vgl. Rn.117 zu Art.3; a.A. Höfling BK 423). **28**

3. Beeinträchtigungen (Ungleichbehandlung)

aa) Die Beeinträchtigung des Abs.3 setzt eine **Ungleichbehandlung,** also eine unterschiedliche Behandlung vergleichbarer Sachverhalte (Rn.7 zu Art.3) voraus, und zwar in Abhängigkeit von der **Zugehörigkeit** oder **Nichtzugehörigkeit** zu einem **Bekenntnis** oder einer **Weltanschauung.** (Religiöses) Bekenntnis sowie Weltanschauung sind wie in Art.4 Abs.1, 2 zu verstehen (Jachmann MKS 26; Battis SA 43); näher dazu Rn.7–9 zu Art.4. Notwendig ist eine *glaubensbezogene Ungleichbehandlung.* Darunter fallen Regelungen, die „unmittelbar an die Zugehörigkeit zu einer bestimmten Religion" oder Weltanschauung anknüpfen, aber auch die Verweigerung der Zulassung aus Gründen, „die mit der ... Glaubensfreiheit unvereinbar sind" (BVerfGE 108, 282/298). Zur Frage, ob neben direkten auch indirekte Ungleichbehandlungen erfasst werden, gelten die Darlegungen in Rn.119 zu **29**

Art.3. Schließlich fällt unter Art.33 Abs.3 auch die **Gleichbehandlung** von aus religiösen Gründen wesentlich Ungleichem (vgl. Rn.8 zu Art.3), wie das generelle Verlangen einer religiösen Eidesformel (BVerfGE 79, 69/74 f).

30   **bb)** Eine Beeinträchtigung setzt weiter voraus, dass die Ungleichbehandlung für den Träger des Grundrechts zu einem **Nachteil** führt. Insoweit gelten die Ausführungen in Rn.10 f zu Art.3 entsprechend. Für die Kausalität gelten die Überlegungen in Rn.131 zu Art.3 (Pieper SHH 76).

4. Rechtfertigung von Beeinträchtigungen (Schranken)

31   Beeinträchtigungen des Abs.3 können durch kollidierendes Verfassungsrecht gerechtfertigt werden. So kann wegen Art.33 Abs.2 beim Zugang zu einem öffentlichen Amt die Religionszugehörigkeit Beachtung finden, wenn nur so die notwendige Eignung sichergestellt werden kann (näher unten Rn.32 f). Wieweit darüber hinaus die spezifische Natur von Gleichheitsrechten eine Rechtfertigung erlaubt (vgl. Rn.93 zu Art.3), ist unklar. Auf jeden Fall ist aber für alle direkten Ungleichbehandlungen (zum Begriff Rn.87, 119 zu Art.3) eine ausreichend bestimmte *gesetzliche Grundlage* erforderlich (vgl. Rn.134 zu Art.3). Zudem muss die Ungleichbehandlung einer strengen Verhältnismäßigkeitsprüfung gerecht werden. „Die Begründung von Dienstpflichten, die in die Glaubensfreiheit von Amtsinhabern und Bewerbern um öffentliche Ämter eingreifen und damit für glaubensgebundene Bewerber den Zugang zum öffentlichen Dienst erschweren oder ausschließen", unterliegen „strengen Rechtfertigungsanforderungen" (BVerfGE 108, 228/298).

5. Einzelne Bereiche und Fälle

32   **aa) Konfessionsgebundene Staatsämter** sind wegen Art.33 Abs.3 sowie wegen Art.136 Abs.1 WRV und Art.137 Abs.1 WRV grundsätzlich unzulässig. In welchen Fällen davon abgewichen werden kann, ist umstritten. Zulässig sind theologische Fakultäten (BVerfGE 122, 89/110 f). Lehrstühle in profanen Fächern sind allenfalls zulässig, wenn sie überwiegend der Theologenausbildung dienen (ähnlich Höfling BK 416 f; Magen UC 40 zu Art.140/136 WRV; Ehlers SA 3 zu Art.140/136 WRV; Morlok DR 18 zu Art.140/136 WRV; v. Campenhausen MKS 25 ff zu Art.140/136 WRV; völlig ablehnend mit guten Gründen Korioth MD 70 zu Art.140/136 WRV; Kästner BK 245 zu Art.140). I. Ü. ist beim Umgang mit konfessionsgebundenen Staatsämtern auch die individuelle Glaubensfreiheit, ggf. auch die Wissenschaftsfreiheit des Inhabers zu beachten und in der Abwägung zu berücksichtigen (vgl. BVerwGE 124, 310/315 f). Endlich ist eine gesetzliche Grundlage erforderlich (oben Rn.31). Zu Militär- und Anstaltsgeistlichen Rn.1 zu Art.140/141 WRV.

33   Zulässig ist das Abstellen auf die Konfession von Lehrern an einer Bekenntnisschule (BVerfGE 39, 334/368 zu Art.3 Abs.3; BVerwGE 17, 267/269; 19, 252/260), während dies bei sonstigen Schulen ausgeschlossen ist, auch bei einer Gemeinschaftsgrundschule (BVerwGE 81, 22/24 f; Korioth MD 67 zu Art.140/136 WRV; Sachs HbStR V § 126 Rn.142; **a. A.** BVerfGE 41, 65/87), desgleichen bei einer Schulratsstelle (BayVerfGH, DÖV 66,

716). Auf die Konfession kann weiter bei theologischen Universitätslehrstühlen abgestellt werden (BVerfGE 122, 89/113; Badura MD 40; Korioth MD 69 zu Art.140/136 WRV). Sagt sich ein Lehrstuhlinhaber öffentlich von der betreffenden Religion los, kann er aus der Theologenausbildung ausgeschlossen werden, sofern er keine statusrechtlichen Nachteile erleidet (BVerfGE 122, 89/115 f; BVerwGE 124, 310/315 f; Höfling BK 415).

bb) Des Weiteren wird Abs.3 durch die Anerkennung eines ausländi- **34** schen Eheverbots wegen Religionszugehörigkeit verletzt (BGHZ 56, 180/ 191). Gleiches gilt für die Verwehrung der Ausübung eines Kommunalmandats wegen Verweigerung der Eidesleistung (BVerfGE 79, 69/75). Zum Geistlichenprivileg im Wehrdienst Rn.43 zu Art.4. Zum Tragen eines Kopftuchs in der Schule Rn.35 f zu Art.4.

(unbesetzt) **35–39**

IV. Funktionsvorbehalt für Beamte (Abs.4)

Die Vorschrift **verpflichtet** als Organisationsnorm (vgl. BVerfGE 6, **40** 376/385; BVerfG-K, NVwZ 88, 523), nicht als subjektives Recht (BVerwG, NVwZ-RR 01, 254; offengelassen BVerfGE 35, 79/147; Dollinger/ Umbach UC 75 f; a. A. Günther, VerwArch 2008, 538) alle Träger öffentlicher Gewalt, die ständige Ausübung hoheitsrechtlicher Befugnisse in der Regel „Angehörigen des öffentlichen Dienstes, die in einem öffentlich-rechtlichen Dienst- und Treueverhältnis stehen", d. h. Beamten und nicht Angestellten und (früher) Arbeitern des Öffentlichen Dienstes oder Beliehenen (vgl. BVerwGE 57, 55/60) zu übertragen. Damit ist sie die institutionelle Garantie eines Mindest-Einsatzbereichs des Berufsbeamtentums (Masing DR 60). Sie „sichert die Kontinuität hoheitlicher Funktionen des Staates" (BVerfGE 88, 103/114). Dadurch können Beeinträchtigungen der Berufsfreiheit gerechtfertigt werden (Rn.61 zu Art.12). Die Vorschrift enthält aber kein Verbot für öffentlich-rechtliche Rechtsverhältnisse besonderer Art (BVerwGE 49, 137/141 f; BAGE 38, 259/266 f).

Tatbestandsmerkmale. Zum Begriff des Beamten unten Rn.46. Ho- **41** heitsrechtliche Befugnisse meint die öffentlich-rechtliche (a. A. Lecheler FH 49 ff; Isensee HbVerfR 1553 f; Jachmann MKS 35; Kunig MüK 48) Entscheidungstätigkeit der Eingriffsverwaltung und der grundrechtsrelevanten Leistungsverwaltung (Masing DR 66; Stern ST I 348 f), ausgenommen die Leistung untergeordneter Hilfsdienste (Lecheler FH 49; Jachmann MKS 36), zu denen aber die Vorbereitung von Maßnahmen der Bankenaufsicht durch Sachbearbeiter nicht gehört (BAG, NVwZ 99, 917 f). Nicht erfasst ist die Tätigkeit als Lehrer an öffentlichen Schulen (Masing DR 67; a. A. Dollinger/ Umbach UC 81; Epping, ZBR 97, 383/386). Ständige Ausübung meint kontinuierlich und auf unabsehbare Dauer (Masing DR 69; Pieper SHH 96); nicht erfasst sind daher Vorbereitungsdienste und die Tätigkeit der Bundesprüfstelle für jugendgefährdende Schriften (BVerfGE 83, 130/150).

Abweichungen von der Regel sind nur in begründeten Ausnahmefällen **42** zulässig (BVerfGE 9, 268/284; BVerwGE 57, 55/59), und zwar sowohl in der Richtung, dass Nichtbeamten ständige oder nichtständige hoheitsrecht-

liche Befugnisse als auch in der Richtung, dass Beamten nichtständige ho-
heitsrechtliche Befugnisse oder nichthoheitsrechtliche Befugnisse übertragen
werden (Kunig MüK 50 f; Dollinger/Umbach UC 83 f; vgl. auch BVerfGE
88, 103/114). Die Übertragung hoheitsrechtlicher Befugnisse auf Private
unterliegt einem Gesetzesvorbehalt (BVerwGE 98, 280/298). Je intensiver
die Abweichung von der Regel ist, desto stärkere Gründe müssen dafür sprechen. Die Übertragung der ständigen Ausübung hoheitlicher Befugnisse in
größerem Umfang ist verfassungswidrig (BVerfGE 9, 268/284). Die Überwachung der Entsorgung von Abfällen durch einen Privaten ist zulässig
(BVerwG, NVwZ 06, 829 f). Die Verwaltungswirklichkeit trägt Abs.4 nicht
in ausreichendem Maß Rechnung (Kunig MüK 46).

V. Berücksichtigung hergebrachter Grundsätze des Berufsbeamtentums (Abs.5)

1. Bedeutung und Abgrenzung zu anderen Vorschriften

43   Abs.5 enthält unmittelbar geltendes **objektives Recht,** einen Regelungsauftrag an den Gesetzgeber und eine institutionelle Garantie des Berufsbeamtentums (BVerfGE 107, 218/236; 117, 330/344; 121, 205/219). Sie soll die
Institution des Berufsbeamtentums in ihrer Funktionsfähigkeit im Interesse
der Allgemeinheit erhalten und gewährleisten, dass der Bedienstete in rechtlicher und wirtschaftlicher Unabhängigkeit zur Erfüllung der dem Berufsbeamtentum vom GG vorgeschriebenen Aufgabe, im politischen Kräftespiel eine
stabile, gesetzestreue Verwaltung zu sichern, beitragen kann (BVerfGE 64,
367/379; 71, 39/60; 99, 300/315). Die Garantie rechtfertigt Beschränkungen
anderer Verfassungsrechtssätze, besonders der auch Beamten zustehenden
Grundrechte des allgemeinen Gleichheitssatzes (Rn.23 zu Art.3), der Meinungsfreiheit (Rn.87–90 zu Art.5), der Wissenschaftsfreiheit (Rn.133 zu
Art.5), der Koalitionsfreiheit (Rn.56 zu Art.9) und der Berufsfreiheit (Rn.61
zu Art.12), nicht aber der Diskriminierungsverbote des Art.3 Abs.3 GG
(BVerfGE 121, 241/262).

44   Abs.5 soll darüber hinaus ein **grundrechtsgleiches Recht** (Vorb.1 vor
Art.1; Rn.52, 72 zu Art.93) der Beamten sein, soweit ein hergebrachter
Grundsatz die persönliche Rechtsstellung betrifft (BVerfGE 99, 300/314;
107, 218/236 f; 117, 330/344), obwohl grammatische, genetische und systematische Gründe dagegen sprechen (Kunig MüK 55; Lecheler, AöR 1978,
360 f; Pieroth/Schlink 1126; diff. Dollinger/Umbach UC 88 f). Jedenfalls
sind die durch Abs.5 begründeten Pflichten der Beamten keine grundrechtsgleichen Rechte (vgl. BVerfG-K, NVwZ 94, 474). Als grundrechtsgleiches
Recht unterliegt Abs.5 der Schranke kollidierenden Verfassungsrechts (vgl.
BVerfGE 87, 348/356). Die Auslegung hat sich vorrangig an der institutionellen Garantie und nicht an den Interessen der Beamten zu orientieren
(Masing DR 71; **a. A.** BVerfGE 43, 154/167 f).

45   Die Vorschrift ist **lex specialis** zu Art.14 (Rn.14 zu Art.14), dem aus
dem Rechtsstaatsprinzip abgeleiteten Grundsatz des Vertrauensschutzes
(Rn. 67–79 zu Art.20; BVerfGE 52, 303/345; 67, 1/14; 71, 255/272) und
dem Sozialstaatsprinzip (Rn.114–127 zu Art.20; BVerfGE 17, 337/355; 58,

68/78 f). Zum Verhältnis zu Art.131 Rn.2 zu Art.131, zur Berufsfreiheit Rn.41 zu Art.12, zum allgemeinen Gleichheitssatz Rn.64 f zu Art.3.

2. Anwendungsbereich

Zum Öffentlichen Dienst iSd Abs.5 zählen nur die Beamten (BVerfGE 3, **46** 162/186; 9, 268/284 f; Lecheler FH 64) einschließlich der Richter (unten Rn.65) und der Notare im Landesdienst (BVerfG-K, NJW 08, 639; BGHZ 173, 297/301), nicht aber Abgeordnete (Rn.25 zu Art.38), Angestellte und (früher) Arbeiter des Öffentlichen Dienstes, Beamte des Dritten Reichs (BVerfGE 3, 58/113 ff; 6, 132/152 ff; 15, 167/196), Ehrenbeamte (BVerfGE 6, 376/385; Masing DR 78), Kassenärzte (BVerfGE 11, 30/39; 12, 144/ 147), kirchliche Bedienstete (BVerfG-K, NJW 80, 1041; 83, 2570; 09, 1196; BVerwGE 66, 241/250), kriegsgefangene Beamte (BVerfGE 15, 80/102 ff), Minister (vgl. BVerfGE 76, 256/344; BVerwGE 109, 258/260), Mitglieder kommunaler Vertretungskörperschaften (BVerfGE 6, 376/385), (Anwalts-)- Notare (Masing DR 78; a. A. BVerwG, NJW 89, 376) und Privatdozenten (BVerwGE 55, 73/81). Für Berufssoldaten hat die Rspr. eine institutionelle Garantie aus Abs.5 verneint (BVerfGE 3, 288/334 f; 16, 94/111; 31, 212/221; BVerwGE 93, 69/73); doch erscheint eine Erstreckung bestimmter hergebrachter Grundsätze des Berufsbeamtentums auch auf sie nicht ausgeschlossen; so wird die politische Treuepflicht (unten Rn.52) auch von Soldaten einschließlich Zeitsoldaten verlangt (BVerwGE 83, 345/348; 103, 361/ 367) und werden Gewährleistungen aus dem Alimentationsprinzip (unten Rn.53 ff) auch auf sie erstreckt (BVerwGE 93, 69/73; vgl. auch Rn.14 zu Art.14). Für Dienstordnungsangestellte gilt nach der RVO das Alimentationsprinzip des Abs.5 entsprechend (BAGE 99, 348/355).

3. Berücksichtigung hergebrachter Grundsätze

a) Hergebrachte Grundsätze des Berufsbeamtentums werden defi- **47** niert als ein Kernbestand von Strukturprinzipien, die allgemein oder doch ganz überwiegend und während eines längeren, Tradition bildenden Zeitraums, mindestens unter der Reichsverfassung von Weimar, als verbindlich anerkannt und gewahrt worden sind (BVerfGE 107, 218/237; 117, 330/ 348 f; 121, 205/219; BVerwGE 131, 234 Rn.14). Fundamentalität und Traditionalität müssen kumulativ vorliegen (Masing DR 73 ff). Dabei kann es gerade Inhalt der Grundsätze sein, dass sie für verschiedene Gruppen von Beamten unterschiedlich ausfallen. Außerdem sind die Grundsätze ausgerichtet auf den Typus des Lebenszeitbeamten; die Einrichtungen des Zeitbeamten, des Teilzeitbeamten (vgl. Schuppert AK 42 ff), des Wahlbeamten, des Beamten im Vorbereitungsdienst sind als solche durch Abs.5 nicht garantiert (BVerfGE 44, 249/262 f; 71, 39/60). Soweit sie allerdings einfach-gesetzlich eingerichtet sind, kann es auch für sie spezifische hergebrachte Grundsätze des Berufsbeamtentums geben; vgl. BVerfGE 7, 155/163 f; BVerfG-K, NVwZ 94, 473; BVerwGE 56, 163/164; 81, 318/320 ff; 90, 104/110 für kommunale Wahlbeamte (Rn.18 zu Art.38); BVerfG-K, DVBl 92, 1598 für Beamte auf Widerruf im Vorbereitungsdienst; BVerfG-K, DVBl 03, 1526 für politische Beamte (oben Rn.9).

48 **b) Berücksichtigung.** Abs.5 fordert lediglich eine Berücksichtigung der hergebrachten Grundsätze des Berufsbeamtentums. Das bedeutet, dass sie nicht unbedingt beachtet werden müssen (BVerfGE 3, 58/137; 8, 1/16) und eine geringere normative Bindungswirkung haben. In die gleiche Richtung zielen der Wortlaut, weil nur von Grundsätzen die Rede ist und weil seit der Änderung von 2006 (Einl.3 Nr.52) das Recht des öffentlichen Dienstes „fortzuentwickeln" ist, die Entstehungsgeschichte (JöR 1951, 322 f) und der systematische Zusammenhang mit Art.123 Abs.1, wonach nur diejenigen hergebrachten Grundsätze verbindlich sind, die mit dem GG im Übrigen vereinbar sind (BVerfGE 3, 58/137; 15, 167/195). Diese Beschränkungen sind von der Rspr. vielfach überspielt worden (Masing DR 80 f; Meyer 285 f). Das zeigt sich besonders deutlich daran, dass das BVerfG einzelne hergebrachte Grundsätze für so bedeutsam erklärt, dass sie nicht nur zu berücksichtigen, sondern zu beachten seien (BVerfGE 99, 300/314; 117, 372/380; 121, 205/220; krit. Kunig MüK 59). Neuerdings wird allerdings unter Hinweis auf die „Berücksichtigung" eine Anpassung an veränderte Umstände für zulässig gehalten (BVerfGE 97, 350/376 f; 117, 330/348 f; BVerwGE 126, 182 Rn.17; in BVerfGE 43, 154/168 hieß es noch „in beschränktem Umfang"). Auch die „Fortentwicklung" soll dies ermöglichen (BT-Drs. 16/813, 10; Butzer KL 10, 13; Koch, DRiZ 09, 85; Staupe, o. Lit., 168; Masing DR 72a; Meyer 286 f; krit. Bergmann HÖ 11; Knopp, NVwZ 06, 1219). Dies wird allerdings mit der irreführenden Begründung, fortzuentwickeln sei „allein das Recht des öffentlichen Dienstes, nicht aber der hierfür geltende Maßstab" (BVerfGE 121, 205/232) geleugnet (vgl. Hebeler, ZBR 08, 309).

4. Einzelfälle

49 **a)** Zum **grundsätzlichen Status** gehört in **formeller** Hinsicht, dass das Beamtenverhältnis durch Gesetz zu regeln ist und privatrechtliche Vereinbarungen die Ausnahme sind (Masing DR 82 f). Altersgrenzen für die Begründung des Beamtenverhältnisses bedürfen einer gesetzlichen Grundlage (BVerwGE 133, 143 Rn.9). Der Gesetzesvorbehalt gilt auch für die tragenden Strukturprinzipien des Beihilfensystems und für wesentliche Einschränkungen des Beihilfestandards (BVerwGE 121, 103/105 ff; 131, 20 Rn.11 f); allerdings sind die administrativen Beihilfevorschriften noch für eine Übergangszeit anwendbar (BVerwGE 125, 21 Rn.23 ff; 131, 234 Rn.7 ff). Ausnahmen gelten z.B. für Einstellungsvereinbarungen bei leitenden Krankenhausärzten, die aber keinen absoluten Bestandsschutz gewährleisten (BVerfGE 52, 303/335; BVerwGE 87, 319/323; 102, 29/32; 130, 252 Rn.10 f); Vereinbarungen über das Beamtenverhältnis können aber nur auf gesetzlicher Grundlage getroffen werden (BVerwGE 91, 200/203). Zulässig sind auch personalvertretungsrechtliche Dienstvereinbarungen zu Einzelheiten der Arbeitsbedingungen (BVerfGE 9, 268/285). Das durch Ernennung begründete Beamtenverhältnis hat eine „gesteigerte Bestandskraft" (BVerwGE 109, 59/62).

50 In **materieller** Hinsicht sind insoweit als hergebrachte Grundsätze anerkannt: die Hauptberuflichkeit (BVerfGE 9, 268/286), die aber einer auch unfreiwilligen Teilzeitbeschäftigung nicht entgegensteht (BVerfGE abwM 119,

247/279 ff; **a. A.** BVerfGE 119, 247/259 ff) und Einschränkungen der Nebentätigkeit, insb. durch eine Ablieferungspflicht, zulässt (BVerfGE 52, 303/ 343 f; 55, 207/238; BVerfG-K, NVwZ 07, 571; BVerwGE 84, 299/301; 124, 347/355; 130, 252 Rn.11); die fachliche Vorbildung (BVerfGE 9, 268/ 286) und das Leistungsprinzip (BVerfGE 64, 367/379 f; 71, 255/268; 117, 330/355); der Laufbahngrundsatz (BVerfGE 62, 374/383; 64, 323/351; 71, 255/268; BVerwGE 109, 292/293; Pechstein, ZBR 08, 73) und die lebenslängliche Anstellung (BVerfGE 70, 251/267), die Altersgrenzen zulässt (BVerwGE 133, 143 Rn.13 ff), aber mit keiner bestimmten Altersgrenze verbunden ist (BVerfGE 71, 255/270; BVerwG, NVwZ 97, 1207 f) und von der auf gesetzlicher Grundlage (BVerfGE 7, 155/163; 8, 323/352 f) Ausnahmen wie die Übertragung von Ämtern mit leitender Funktion auf Zeit zulässig sind (Masing DR 89; **a. A.** BVerfGE 121, 205/224 ff); bei freiwilligem Ausscheiden entfallen Alimentations- und Fürsorgepflicht (BVerfG-K, NVwZ 00, 1036).

Keine hergebrachten Grundsätze sind die Besitzstandswahrung schlecht- **50a** hin (BVerfGE 8, 332/342; 44, 249/263), die deutsche Staatsangehörigkeit (Masing DR 93; diff. Dollinger/Umbach UC 97) und das Ortszulagensystem der Besoldung (BVerfGE 117, 330/344 ff).

b) Folgende **Beamtenpflichten** sind hergebrachte Grundsätze: die all- **51** gemeine Rechts- und Gesetzestreuepflicht (BVerfGE 61, 43/56; 71, 39/60; BVerfG-K, NVwZ 03, 74); die volle Dienstleistungspflicht unter Einsatz der ganzen Persönlichkeit für den Dienstherrn (BVerfGE 16, 94/116; 76, 256/ 316; BVerwG, DVBl 92, 101); die Pflichten zu unparteiischer Amtsführung (BVerfGE 9, 268/286; BVerfG-K, NVwZ 94, 474), Unbestechlichkeit und Uneigennützigkeit (BVerwGE 100, 172/175) und zu parteipolitischer Neutralität (BVerwGE 90, 104/110), die aber die Mitgliedschaft in einer Partei zulässt (Pieper SHH 157); die Gehorsamspflicht (BVerfGE 9, 268/286; BVerwGE 113, 361/363), grundsätzlich auch bei rechtswidrigen Weisungen (BVerfG-K, NVwZ 95, 680); die Amtsverschwiegenheitspflicht (BVerfGE 28, 191/198 ff; BVerwGE 66, 39/42); das Streikverbot (Rn.56 zu Art.9) und allgemein die Anwesenheitspflicht am Dienstplatz während der Dienststunden (BVerwGE 42, 79/83), nicht aber eine Arbeitszeitregelung parallel zu der für Angestellte (BVerwG, NVwZ 95, 168), ein Verbot der Arbeitszeitverlängerung ohne Erhöhung der Bezüge (BVerfG-K, NVwZ 08, 668; VerfGH RP, DÖV 97, 506) oder ein Anspruch auf Dienstbefreiung zum Ausgleich geleisteter Mehrarbeit (BVerwGE 37, 21/29 f). Es besteht auch kein hergebrachter Grundsatz, dass „der Umfang der wöchentlichen Arbeitszeit eines Beamten nicht über 40 Stunden hinausgehen darf, dass die Lebensarbeitszeit eines Beamten nicht phasenweise unterschiedlich bestimmt werden darf oder dass Erhöhungen oder Ermäßigungen der Arbeitszeit vollbeschäftigter Beamter auf teilzeitbeschäftigte Beamte nur proportional übertragen werden dürfen" (BVerwGE 117, 219/225) oder dass der Umfang der wöchentlichen Unterrichtsverpflichtung eines Lehrers aus Altersgründen ermäßigt werden muss (BVerwG, DÖV 04, 882). Ein hergebrachter Grundsatz ist das Disziplinarrecht (BVerfGE 7, 129/144 f; 15, 105/121; 37, 167/ 178 f; BVerfG-K, DVBl. 02, 406; EuGRZ 07, 730/732; BVerwGE 103,

70/79), nicht aber die Regelungen über die Verfolgungsverjährung (BVerf-GE 15, 105/121) oder über eine zweite Instanz (BVerfGE 4, 205/211).

52   Speziell die **politische Treuepflicht** verpflichtet den Beamten, sich durch sein gesamtes Verhalten zu der freiheitlichen demokratischen Grundordnung (Rn. 33 zu Art. 21) zu bekennen und für deren Erhaltung einzutreten; sie bedeutet die Identifizierung mit der Verfassung, nicht mit der Regierung, und gilt für jedes Beamtenverhältnis (BVerfGE 39, 334/347 ff; BVerfG-K, NJW 08, 2569; krit. Masing DR 47, 85). Sie wird konkretisiert durch die beamtenrechtlichen politischen Mäßigungsgebote (BVerwGE 84, 292/294 f; BVerfG-K, NJW 89, 93 f), die auch die Kleidung betreffen können (BVerwGE 121, 140/148; HessStGH, NVwZ 08, 199/204). Die Verpflichtung soll das dienstliche und außerdienstliche Verhalten gleichermaßen erfassen (BVerwGE 73, 263/284; 76, 157/161; 83, 158/161; NJW 87, 2691). Die politische Treuepflicht wird verletzt durch Aktivitäten für verfassungsfeindliche Parteien (Rn. 38 zu Art. 21) und religiöse Organisationen (Pieper SHH 129) sowie sonstige extremistische Gruppierungen (BVerwGE 61, 176/192; 62, 267/270). Zwar lässt die Mitgliedschaft als solche noch nicht zwingend auf die Verletzung der politischen Treuepflicht schließen (a. A. Pieper SHH 127), doch ist sie ein wesentliches Beurteilungselement (BVerwGE 73, 263/281), das mit weiteren Einzelumständen zu berücksichtigen ist (BVerwGE 61, 200/202 f), wie z. B. die Innehabung von Vorstandsämtern und Kandidaturen bei allgemeinen Wahlen (BVerwGE 76, 157/161; 83, 158/174; NJW 87, 2691). Bei der Begründung eines Beamtenverhältnisses muss die künftige Erfüllung der politischen Treuepflicht gewährleistet sein; berechtigte Zweifel sollen für eine Ablehnung ausreichend sein (BVerwGE 61, 176/179 ff; BGHZ 73, 46/51). Bei Beamten führen Verletzungen der politischen Treuepflicht je nach Status zum Widerruf (BVerwGE 62, 267/270), zur Entlassung (BVerwGE 61, 200/201) oder zur Entfernung aus dem Dienst (BVerwGE 73, 263/286; 76, 157/171; 86, 99/124). Zur politischen Treuepflicht vgl. auch Rn. 128 zu Art. 3; Rn. 87 zu Art. 5.

53   **c) Alimentationspflicht des Dienstherrn. aa) Allgemeines.** Die Alimentationspflicht umfasst **sachlich** die Besoldung (unten Rn. 57 f) und die Versorgung des Beamten und seiner Hinterbliebenen (unten Rn. 59 f) und bedeutet, dass ein angemessener Lebensunterhalt entsprechend der Entwicklung der allgemeinen wirtschaftlichen und finanziellen Verhältnisse und des allgemeinen Lebensstandards zu gewähren ist (BVerfGE 71, 39/62 f; 83, 89/98; 114, 258/287 f; BVerwGE 131, 20 Rn. 20, 26). Der Besoldungs- und Versorgungsanspruch der Beamten besteht nur nach Maßgabe des Gesetzes (BVerfGE 8, 28/35; 52, 303/331; 81, 363/386; BVerwG, NVwZ 98, 77; offengelassen BVerfGE 99, 300/313). Dabei darf die Höhe der Besoldung und Versorgung je nach der Bedeutung des Amts (BVerfGE 4, 115/135; 56, 146/164) und nach Dienstzeitalter (Masing DR 87), grundsätzlich aber nicht nach individuellen Einkommens- und Vermögensverhältnissen (BVerfGE 70, 69/81; 83, 89/106) abgestuft sein. Zusicherungen, Vereinbarungen und Vergleiche, die dem Beamten eine höhere als die ihm gesetzlich zustehende Versorgung verschaffen, sind unwirksam (BVerfG-K, NVwZ 07, 802/803). Die Alimentation ist kein Entgelt iS einer Entlohnung für konkrete Dienste

(BVerfGE 55, 207/241; 71, 39/63; 107, 218/237), darf nicht in Leistungen anderer Qualität, wie z.b. Leistungslohn, Fürsorgehilfen oder Sozialversicherungsleistungen, übergeleitet werden (BVerfGE 76, 256/319) und steht dem Beamten grundsätzlich nur einmal zu (BVerfGE 55, 207/238; BVerfG-K, NVwZ 07, 571). Dagegen sind Leistungszulagen zulässig (BVerfGE 110, 353/368ff; Masing DR 87).

Zeitliche und personelle Aspekte. Da die Alimentation die Befriedi- 54 gung eines gegenwärtigen Bedarfs aus gegenwärtig zur Verfügung stehenden Haushaltsmitteln ist, braucht sich eine verfassungsrechtlich gebotene Besoldungskorrektur nur auf denjenigen Zeitraum zu erstrecken, der mit dem Haushaltsjahr beginnt, in dem die Verfassungswidrigkeit der bisherigen Regelung vom BVerfG festgestellt worden ist (BVerfGE 81, 363/385; 99, 300/ 330f). Das Alimentationsprinzip gilt nicht für Beamte im Vorbereitungsdienst (BVerfGE 33, 44/50f; BVerfG-K, DVBl 92, 1598; BVerwG, NVwZ 04, 348), wohl aber für Zeit- und Widerrufbeamte, deren Beamtenverhältnis als Vorstufe für ein Beamtenverhältnis auf Lebenszeit gedacht ist (BVerfGE 44, 249/280) und für Teilzeitbeschäftigte (BVerfGE 121, 241/261f; BVerwGE 132, 243 Rn.12f). Eine Vorwirkung auf ein Angestelltenverhältnis besteht nicht (BVerfG-K, NVwZ 08, 1112).

bb) Bei der Beurteilung der **Angemessenheit** hat der Gesetzgeber einen 55 weiten Gestaltungsspielraum (BVerfGE 103, 310/319f; 110, 353/364; 114, 258/288f; BVerwGE 101, 116/121). Daher kann die Verletzung des Alimentationsprinzips nur mit einer Feststellungsklage geltend gemacht werden (BVerwGE 131, 20 Rn.27ff). Der Beamte hat keinen Anspruch auf eine summenmäßig bestimmte (BVerfGE 8, 1/13f; 53, 257/307) oder regional differenzierte (BVerfGE 117, 330/350ff) Alimentation. Der Gesetzgeber kann grundsätzlich für die Zukunft aus sachgerechten Gründen Besoldung und Versorgung kürzen (BVerfGE 64, 367/379; 76, 256/310; 107, 218/238); ein sachlicher Grund soll dabei die Entwicklung des Alterseinkommens der Rentner, nicht aber der Anstieg der Versorgungsausgaben sein (BVerfGE 114, 258/291ff). Der Gesetzgeber darf auch andere Leistungen aus einer öffentlichen Kasse auf die Alimentation anrechnen (BVerfGE 44, 249/266ff; 70, 69/81; 76, 256/295ff); das gilt besonders, wenn dem Beamten mehrere Einkünfte aus einem Beamtenverhältnis zufließen (BVerfGE 46, 97/107) oder Doppelversorgung im Ruhestand vorliegt (BVerwG, DVBl 97, 1004). Dabei darf aber der Kernbestand der Alimentation nicht entzogen werden (BVerfGE 16, 94/112f; 53, 257/307; 114, 258/289). Der Beamte muss außer den Grundbedürfnissen ein „Minimum an Lebenskomfort" befriedigen können (BVerfGE 99, 300/315; 107, 218/237). Bei der Beurteilung der Angemessenheit ist das Nettoeinkommen zugrunde zu legen (BVerfGE 81, 363/ 376; 99, 300/315; 107, 218/237; BVerwGE 131, 20 Rn.25). Einzelne Teile der Besoldung dürfen aber mit Bruttobeträgen angesetzt werden (BVerfG, NVwZ-RR 08, 44/45).

Im Einzelnen müssen Beamte der gleichen Besoldungsstufe ohne Rück- 56 sicht auf die Größe ihrer Familie sich annähernd das Gleiche leisten können (BVerfGE 44, 249/267f; 81, 363/376f; 99, 300/315f; BVerwG, NVwZ 86, 480; a.A. Masing DR 87), wobei aber nur zum Haushalt des Beamten gehörige Kinder zu berücksichtigen sind (BVerfGE 70, 69/82). Die kinderbezogenen Bestandteile des Beamtengehalts müssen über den Sozialhilfesätzen liegen (BVerfGE 81, 363/378; 99, 300/321 ff: um 15%), aber nicht jegliche Belastung ausgleichen, die durch familiäre Friktionen auftreten (BVerwG, NVwZ 06, 354). Zum angemessenen Unterhalt gehört auch eine Krankenversicherung (BVerfGE 58, 68/77 f; 83, 89/98; 106, 225/233). Beim Anstieg der Lebenshaltungskosten ergibt sich eine Anpassungspflicht (BVerfGE 56, 353/361 f), die aber weder eine gleichzeitige lineare Erhöhung der Bezüge in allen Besoldungsgruppen (BVerfG-K, NVwZ 01, 1394) noch eine spiegelbildliche Übertragung der Ergebnisse der Tarifverhandlungen für die Arbeitnehmer des Öffentlichen Dienstes (BVerwGE 117, 305/309) verlangt. Das Alimentationsprinzip verwehrt dem Bundesgesetzgeber weder, die Höhe der Besoldung aus sachlich vertretbaren Gründen regional, insb. zwischen alten und neuen Ländern, zu differenzieren (BVerfGE 107, 218/238 ff; BVerwGE 101, 116/121 f; Hartmann NJ 01, 449; a. A. Preschel, NJ 01, 627), noch die entsprechende Anwendung der Vorschriften des bürgerlichen Rechts über die ungerechtfertigte Bereicherung bei zu viel gezahlten Beamten- oder Versorgungsbezügen (BVerfGE 46, 97/113) noch die Einbehaltung von Dienstbezügen bei vorläufiger Dienstenthebung (BVerwGE 103, 111/114) noch die Anrechnung von Nebeneinkünften auf die einbehaltenen Dienstbezüge (BVerfGE 37, 167/179) oder auf die Besoldung (BVerwGE 104, 230/234) oder Versorgung (BVerwGE 105, 226/230 f) bei Dienstunfähigkeit. Zur Geltung des Gleichheitssatzes im Besoldungs- und Versorgungsrecht Rn.48 zu Art.3.

57 **cc)** Zur **Besoldung** rechnen die Dienstbezüge an den Beamten und an die zum Hausstand zählenden Familienangehörigen, d. h. Ehegatte und Kinder (BVerfGE 29, 1/9; 70, 69/82). Bezüglich der Familienangehörigen gibt es aber keinen rechtlich selbständigen Besoldungsanspruch (BVerfGE 70, 69/80). Die Besoldung umfasst auch den Kinderzuschlag, allerdings für dasselbe Kind nur ein Mal (BVerfGE 31, 101/108; vgl. auch BVerwG, NJW 93, 1410). Dagegen schützt Abs.5 **nicht** das sog. 13. Monatsgehalt, Aufwandsentschädigung für alle berufsbedingten Kosten (BVerwG, DVBl 84, 431), Leistungszulagen, Stellenzulagen wie die Ministerialzulage (BVerfG-K, DVBl 01, 719) oder Polizeizulage (BVerfG-K, NVwZ 09, 448), Urlaubsgeld, Vergütung für Überstunden oder Mehrarbeit (BVerwGE 88, 60/62; NVwZ 04, 1255), Zuschüsse zu Essenskosten (BVerfGE 44, 249/263), das gegenwärtige System der Gewährung von Heilfürsorge oder Beihilfe (BVerfGE 58, 68/77 f; 79, 223/235; 106, 225/232; BVerwGE 118, 277/280; 121, 103/106; 131, 20 Rn.22; vgl. aber unten Rn.62), den Unfallausgleich (BVerwGE 112, 92/95) oder Dienstzeitprämien (BVerfGE 64, 158/168 ff). Es ist auch nicht garantiert, dass sich die Besoldung aus Grundgehalt, Kinderzuschlag und Ortszuschlag zusammensetzen müsste (BVerfGE 44, 249/263). Allerdings muss bei beamteten Ehegatten der ehegattenbezogene Bestandteil des Ortszuschlags mindestens einmal in voller Höhe gewährt werden (BVerfGE 71, 39/61).

58 **Im Einzelnen** ist es ein hergebrachter Grundsatz des Berufsbeamtentums, dass mit einem höheren Amt in aller Regel auch höhere Dienstbezüge verbunden sind (BVerfGE 56, 146/164). Dagegen ist es keiner, dass bei einer Neuregelung der Besoldung stets diejenige Besoldungsgruppe zugewiesen

werden müsste, die im Vergleich zum früheren Recht der alten Besoldungsgruppe am ehesten entspricht (BVerfGE 46, 146/162 f), dass die Eingangsbe-
soldung nicht abgesenkt werden dürfte (BVerwG, NVwZ 87, 501), dass die
ständigen Vertreter von Dienststellenleitern stets gegenüber den entsprechenden Amtsinhabern ohne Stellvertreterfunktion besoldungsrechtlich her-
ausgehoben werden müssten (BVerfGE 56, 146/163) oder dass geschiedene,
nicht unterhaltspflichtige Beamte den für Verheiratete vorgesehenen Ortszuschlag erhalten müssten (BVerfGE 49, 260/270 ff; BAGE 37, 73/81).

dd) Für die **Versorgung** des Beamten (Ruhegehalt) und seiner Hinter- 59
bliebenen gilt, dass für ihre Berechnung das letzte vom Beamten bekleidete
Amt zugrunde zu legen ist (BVerfGE 61, 43/58; 76, 256/323 ff; 114, 258/
286). Dabei darf zur Voraussetzung gemacht werden, dass er die Bezüge aus
diesem Amt mindestens drei Jahre lang erhalten hat (BVerfGE *abwM* 117,
392 ff; **a. A.** BVerfGE 117, 372/384 ff). Die gesetzliche Versagung der Versorgung für antragsgemäß vorzeitig aus dem Dienst geschiedene Beamte
auf Lebenszeit ist mit Abs.5 vereinbar (BVerfG-K, NVwZ 07, 802). Die
Ruhensvorschriften des § 53 BeamtVG sind verfassungsgemäß (BVerwG,
DVBl 97, 1004; 05, 488; BVerwGE 133, 25 Rn.9 ff). Auch hier sind grundsätzlich zumutbare Kürzungen nicht ausgeschlossen (BVerfGE 3, 58/160; 53,
257/307 f; 80, 297/309 ff). Eine Mindestpension von 35% der ruhegehaltsfähigen Dienstbezüge ist als ausreichende Erfüllung der Alimentationspflicht
angesehen worden (BVerfGE 7, 155/169); der Höchstversorgungssatz muss
auch nicht mindestens 75% der ruhegehaltfähigen Dienstbezüge betragen
(BVerfGE 114, 258/285 ff). Das Ruhegehalt darf dienstzeitabhängig sein
(BVerfGE 76, 256/322; 114, 258/286); der Versorgungsabschlag bei vorzeitigem Eintritt in den Ruhestand ist verfassungsgemäß (BVerfG-K, NVwZ
06, 1281; BVerwGE 120, 154/158 ff; NVwZ 05, 1082 f). Nicht gefordert
sind eine Anpassung der Versorgung parallel zur Besoldung (BVerfGE 114,
258/281 ff), ein Ausgleich für früher in den Ruhestand tretende Beamte
(BVerfGE 14, 30/32 f), die Erstreckung der Neubewertung von Ämtern auf
die im Ruhestand befindlichen Beamten (BVerwG, Bh 239.1 § 5 BeamtVG
Nr.4) und die Ruhegehaltsfähigkeit aller Teile der Amtsbezüge (BVerfGE
44, 227/244 f; BVerfG-K, NVwZ 01, 669; NVwZ-RR 07, 266). Die Versorgungsbezüge dürfen bei der Bemessung des Beitrags für die Krankenversicherung der Rentner berücksichtigt werden (BVerfGE 79, 223/231 ff). Renten dürfen auf die Versorgungsbezüge angerechnet werden (BVerfGE 76,
256/297 f); das gilt auch, soweit die Rente auf einer Nebentätigkeit beruht
(BVerwGE 92, 41/45). Die Versorgung muss auch nicht beitragsfrei bleiben
(Masing DR 87). Die Bildung einer Versorgungsrücklage ist verfassungsmäßig (BVerfG-K, DVBl 07, 1435).

Den **Hinterbliebenen** erwächst im Fall des Versterbens des Beamten ein 60
eigener, selbständiger Anspruch auf Versorgung (BVerfGE 70, 69/80). Abs.5
verbietet nicht die Kürzung des Witwengeldes wegen besonders großen Al-
tersunterschieds (BVerfGE 3, 58/159; BVerwG, NVwZ 89, 376), das Ruhen
von Hinterbliebenenbezügen bei eigenem Verwendungseinkommen im Öffentlichen Dienst (BVerwGE 124, 178/182 f; BVerwG, NVwZ-RR 07, 145)
oder das teilweise Ruhen beim Zusammentreffen von Witwengeld und eigener Beamtenversorgung (BVerwG, NVwZ 83, 548) oder eigenem Ar-

beitsverdienst (BVerwGE 120, 154/163 f) und legt keine bestimmte Höchstdauer für die Gewährung von Waisenversorgung fest (BVerfGE 70, 69/82).

61 **d)** Die **Fürsorgepflicht** verpflichtet den Dienstherrn, den Beamten entsprechend seiner Eignung und Leistung zu fördern, bei seinen Entscheidungen die wohlverstandenen Interessen des Beamten, insb. seine Gesundheit
(BVerfG-K, NVwZ 05, 926 f), in gebührender Weise zu berücksichtigen
und einen Mindeststandard an ordentlicher und fairer Gestaltung des verwaltungsmäßigen Vorgehens zu gewährleisten (BVerfGE 43, 154/165 f), insb.
den Beamten anzuhören (BVerfGE 8, 332/356 f). Sie gebietet, den Beamten
gegenüber unberechtigten Anwürfen in Schutz zu nehmen, und verbietet,
ihn durch Kritik an seiner Amtsführung gegenüber Dritten ohne rechtfertigenden Grund bloßzustellen (BVerwGE 99, 56/59). Sie gebietet keine umfassende Belehrung, aber verbietet, grundlos eine allgemein praktizierte Belehrung im Einzelfall zu unterlassen (BVerwGE 104, 55/57 f). Nach Ablauf
der Probezeit ist unverzüglich eine Entscheidung über die Frage der Bewährung des Beamten herbeizuführen (BVerfG-K, LKV 01, 510; BVerwGE 92,
147/150). Das ausschließliche Abstellen auf fiskalische Erwägungen im
Verfahren um die Wiederherstellung der aufschiebenden Wirkung bei Sofortvollzug der Entlassung eines Probebeamten verletzt Abs.5 (BVerfG-K,
NVwZ 90, 853). Die Fürsorgepflicht wirkt über die Beendigung des Beamtenverhältnisses hinaus (BVerfGE 19, 76/85). Sie hindert den Dienstherrn
aber nicht, die Lebensarbeitszeit aus sachlichem Grund in verhältnismäßiger
Weise zu verlängern (BVerfG-K, NVwZ 08, 1233; BVerwG, NVwZ 07,
1192/1194), überzahlte Dienst- und Versorgungsbezüge in Höhe des Brut-
tobetrags zurückzuverlangen (BVerfGE 46, 97/117 f), die Ansprüche eines
bei einem Dienstunfall verletzten Beamten auf die gegen den eigenen
Dienstherrn gegebenen Ansprüche auf Unfallfürsorge (BVerfGE 85, 176/
184 f) und den Sachschadensersatz auf ein zumutbares Maß zu begrenzen
(BVerwG, VwRspr 32 Nr.9).

62 Die Fürsorgepflicht verlangt vom Dienstherrn **ergänzende Hilfeleistung,** wenn konkrete Krankheits-, Pflege-, Geburts- oder Todesfälle die amtsangemessene Alimentation verhindern (BVerfGE 83, 89/100 ff; 106, 225/
232; BVerwGE 121, 103/106 f; 125, 21 Rn.17; 131, 20 Rn.20). Für den
Umfang und die Art und Weise der Beihilfe im Einzelnen hat der Gesetzgeber einen Gestaltungsspielraum (BVerwGE 89, 207/209 f; 112, 308/310 f;
NJW 02, 2046). Dass der Beamte in der Wahl seiner Krankenvorsorge frei ist
(sog. Vorsorgefreiheit; vgl. BVerwGE 20, 44/51; 28, 174/176), ist kein hergebrachter Grundsatz des Berufsbeamtentums (offen gelassen BVerfGE 79,
223/232; 83, 89/105; BVerfG-K, NVwZ 08, 1005). Die die Eigenvorsorge
des Beamten ergänzende Beihilfe darf nicht ohne Rücksicht auf die vorhandenen Versicherungsmöglichkeiten ausgestaltet werden (BVerfGE 83, 89/
101 f; 106, 225/232 f). Damit stehen im Einklang die 100%-Grenze im Bei-
hilferecht (BVerfGE 83, 89/102 ff; BVerwGE 81, 27/29 f; NJW 91, 2361)
und der Ausschluss der Beihilfe für Krankenhauswahlleistungen (BVerfGE
106, 225/233 ff; BVerwGE 133, 67 Rn.9), für nicht verschreibungspflichtige
Arzneimittel (a. A. BVerwGE 131, 234 Rn.15 ff), für Aufwendungen für die
persönliche Tätigkeit naher Angehöriger (BVerfG-K, DVBl 92, 1590), für

Fahr-, Unterkunfts- und Verpflegungskosten bei der Beschaffung von beihilfefähigen Leistungen (BVerwG, NVwZ-RR 00, 99) und von Aufwendungen, die wegen der Kostenerstattung in der gesetzlichen Krankenversicherung ungedeckt bleiben (BVerfG-K, NVwZ 08, 1004; BVerwGE 125, 21 Rn.31) sowie die Pflicht zum Abschluss eines privaten Pflegeversicherungsvertrags (BVerfG-K, NVwZ 02, 463 f). Zulässig sind auch Kostendämpfungspauschalen (BVerfG-K, NJW 08, 137; BVerwGE 118, 277/279 ff; 131, 20 Rn.19 ff; Dollinger/Umbach UC 106). Zu weit geht die Annahme einer Maßgeblichkeit eines vom Bundesbesoldungsgesetzgeber gesetzten „Beihilfestandards" in Bund und Ländern (SaarlVerfGH, LVerfGE 5, 243/269; a. A. BVerwGE 77, 345/346; 89, 207/208 ff).

e) Sonstige **einzelne Rechte** des Beamten als hergebrachte Grundsätze **63** sind: die Beschäftigung entsprechend dem Amt im statusrechtlichen und abstrakt-funktionellen Sinn (BVerfGE 70, 251/266; BVerwGE 87, 310/315; 89, 199/200 f; 98, 334/337 f), d. h. auf amtsangemessene Tätigkeit (BVerwGE 126, 182 Rn.12; 132, 31 Rn.14 ff), nicht aber ein Recht auf einen bestimmten Dienstposten (BVerfGE 8, 332/345; 43, 242/282; 52, 303/354; BVerfG-K, NVwZ 08, 548; BVerwGE 60, 144/150; 89, 199/201; BGHZ 173, 297/302); eine angemessene, in Bezug auf Tätigkeit und Stellung in der Hierarchie hinreichend aussagefähige Amtsbezeichnung (BVerfGE 9, 268/287; 62, 374/383; a. A. Masing DR 75) sowie eine Regelung, dass über Personalangelegenheiten des Beamten nur die ihm vorgesetzten Dienstbehörden entscheiden (BVerfGE 9, 268/287); eine Personalvertretung (OVG Münster, OVGE 40, 97/100; v. Münch MüK 63; Schenke, JZ 91, 593; offengelassen BVerfGE 51, 43/56; 91, 367/382; a. A. Schnapp, ZBR 99, 401 f); ein zügiges Verwaltungsverfahren im Disziplinarrecht (vgl. BVerfGE 46, 17/29) und bei Weiterbeschäftigung oder Entlassung (BVerfG-K, DVBl. 02, 404). Kein hergebrachter Grundsatz des Berufsbeamtentums ist dagegen das strafrechtliche Haftungsprivileg (BVerfG-K, NJW 95, 186).

f) Sonderfälle. Für **Hochschullehrer** ist als hergebrachter Grundsatz **64** anerkannt worden, dass die Unterrichtsgeldpauschale zur Besoldung gehört (BVerwGE 57, 174/178) und dass bei der Bemessung der Emeritibezüge die nicht fakultativen Teile der Bezüge des aktiven Hochschullehrers unter Ausschluss der in ihnen enthaltenen tätigkeitsbezogenen Teile dem entpflichteten Hochschullehrer ungekürzt belassen werden müssen (BVerfGE 35, 23/30 f). Auch darf die rechtliche Bindung von Berufungsvereinbarungen nicht grundsätzlich abgelehnt werden (BVerfGE 43, 242/277 ff); doch genießen zugesicherte Liquidationsrechte keinen absoluten Bestandsschutz (BVerfGE 52, 303/334 ff; BVerfG-K, NVwZ-RR 08, 75). Die einheitliche Amtsbezeichnung „Professor" für alle Hochschullehrer soll gegen Abs.5 verstoßen (BVerfGE 64, 323/353). Dagegen besteht kein besonderer hergebrachter Grundsatz über die Altersgrenze (BVerfGE 67, 1/14), über die Behandlung der Dienstbezüge entpflichteter Professoren im Versorgungsausgleich (BGH, NJW 83, 1786), über die Mitwirkung der akademischen Selbstverwaltungsorgane in Personalangelegenheiten (BVerfGE 35, 79/146 ff) und über die ungeschmälerte Belassung der Einkünfte aus Nebentätigkeiten bei Benutzung der Sachausstattung oder des Personals des Dienstherrn (BVerfG-K,

NVwZ-RR 07, 185) oder im öffentlichen Dienst (BVerfG, NVwZ 07, 571; krit. Gärditz, JZ 07, 521). Soweit staatliche Maßnahmen gegenüber Hochschullehrern „spezifisch wissenschaftsrelevante Aspekte ihrer Tätigkeit betreffen", ist Art.5 Abs.3 vorrangiger Prüfungsmaßstab (BVerfGE 122, 89/106; vgl. auch Rn.136–138 zu Art.5).

65   Durch die Einbeziehung der **Richter** in Abs.5 hat das BVerfG die Garantien der richterlichen Unabhängigkeit verfassungsbeschwerdefähig gemacht (Rn.1 zu Art.97), aber nicht sachlich erweitert (BVerfGE 38, 139/151). Zwar ist Abs.5 auf ehrenamtliche Richter nicht anwendbar (oben Rn.46), doch soll sich die politische Treuepflicht (oben Rn.52) aus ihrer Funktion „als den hauptamtlichen Richtern gleichberechtigte Organe genuin staatlicher Aufgabenerfüllung" ergeben (BVerfG-K, NJW 08, 2569; krit. Anger, NJW 08, 3041). Gewisse Besonderheiten für das Richteramtsrecht ergeben sich für die Amtsbezeichnungen (BVerfGE 38, 1/12 f) und die Besoldung (BVerfGE 26, 72; 26, 79; 26, 100; 26, 141; 26, 163; 32, 199; 56, 87). Das Laufbahnrecht der Richter unterliegt erheblichen Modifikationen (BVerfGE 56, 146/165 f). Zu den Richtern vgl. auch Rn.7–9 zu Art.92.

Art.34 [Haftung bei Amtspflichtverletzung]

Verletzt jemand in Ausübung eines ihm anvertrauten öffentlichen Amtes[6 f] die ihm einem Dritten gegenüber obliegende Amtspflicht[11 f], so trifft die Verantwortlichkeit grundsätzlich den Staat oder die Körperschaft, in deren Dienst er steht.[23] Bei Vorsatz oder grober Fahrlässigkeit bleibt der Rückgriff vorbehalten[25]. Für den Anspruch auf Schadensersatz und für den Rückgriff darf der ordentliche Rechtsweg nicht ausgeschlossen werden[24].

Übersicht

Literatur: *Tremml/Karger/Luber,* Der Amtshaftungsprozess, 3. Aufl. 2009; *Dutta,* Amtshaftung bei bewaffneten Auslandseinsätzen, AöR 2008, 191; *Pietzcker,* Rechtsprechungsbericht zur Staatshaftung, AöR 2007, 393; *Rinne/Schlick,* Die Rechtsprechung des BGH zu den öffentlich-rechtlichen Ersatzleistungen, NJW 2005, 3541; *Stelkens,* Amtshaftung und Regress bei Schädigungen durch Verwaltungshelfer, JZ 2004, 656; *Ossenbühl,* Staatshaftungsrecht, 5. Aufl. 1998; *Pfab,* Staatshaftung in Deutschland,

1997; *Ehlers,* Die Weiterentwicklung des Staatshaftungsrechts durch das europäische Gemeinschaftsrecht, JZ 1996, 776; *Galke,* Die Beschränkung der Staatshaftung nach Art.34 GG, DÖV 1992, 53; *Krohn/Schwager,* Die neuere Rspr. des BGH zum Amtshaftungsrecht, DVBl 1992, 321; *Papier,* Staatshaftung, HbStR VI, 1990, § 157; *Schwager/Krohn,* Die neuere Rspr. des BGH zum Amtshaftungsrecht, DVBl 1990, 1077. – S. auch Literatur zu Art.14.

1. Bedeutung und Abgrenzung

a) Bedeutung und Verhältnis zum einfachen Recht. Art.34 S.1 statuiert die Haftung des *Staates* bei rechtswidrigem, öffentlich-rechtlichem Verhalten seiner Amtswalter, im Interesse des von einer Amtshandlung Betroffenen (BVerfGE 61, 149/199) wie im Interesse des handelnden Amtsträgers (Papier MD 12). Die Vorschrift bildet zusammen mit der einschlägigen Regelung des einfachen Rechts in § 839 BGB die **Anspruchsgrundlage** für Staatshaftungsansprüche. Nach hA stellt § 839 BGB die anspruchsbegründende Norm dar, während Art.34 S.1 GG den Anspruch modifiziert und auf den Staat überleitet (Papier MD 11; Bryde MüK 11). Wortlaut und Rang des Art.34 S.1 wie die Ausweitung der Haftung durch diese Norm (unten Rn.5–7) legen es jedoch nahe, in Art.34 S.1 die Anspruchsnorm zu sehen (Bonk SA 53; Pieper SHH 2; vgl. v. Danwitz MKS 55), die allerdings in erheblichem Umfang eine Konkretisierung durch einfaches Recht gestattet und erfordert (unten Rn.14–22). Art.34 S.1 enthält ein **subjektives Recht** des von der Amtshandlung Betroffenen (Stern ST III/1 378), nicht jedoch ein Grundrecht oder grundrechtsgleiches Recht (v. Danwitz MKS 39; vgl. Vorb.1 vor Art.1), das mit Hilfe der Verfassungsbeschwerde verfolgt werden könnte (BVerfGE 2, 336/338 f; Papier MD 87). Art.34 verleiht weder dem Bund noch den Ländern eine Gesetzgebungskompetenz für die Staats- oder Amtshaftung (BVerfGE 61, 149/174; Papier MD 244); einschlägig sind insoweit andere Grundlagen (Rn.71 zu Art.74). 1

Art.34 S.1 enthält des Weiteren eine **Institutsgarantie** der *Staats*haftung, genauer eine Mindestgarantie der Haftung des Staates für die schuldhafte Verletzung von Rechtsvorschriften, die dem Schutz des Betroffenen dienen (Papier MD 101; Bonk SA 3; vgl. BVerfGE 61, 149/199). Nicht gewährleistet wird die Amtshaftung des Beamten. Ob daher die Staatshaftung mittelbar durch die Überleitung der Amtshaftung des Beamten auf den Staat oder durch eine direkte Staatshaftung erfolgt, ist unerheblich (BVerfGE 61, 149/198 f; BVerfG-K, NVwZ 98, 272; Papier MD 14). Auch eine Erweiterung der Haftung ist möglich, etwa eine verschuldensunabhängige Haftung (Papier HbStR VI 1360). Als unzulässig wird eine Beschränkung der Haftung auf Fälle qualifizierten Verschuldens oder eine erhebliche Einschränkung des Haftungsumfangs angesehen (Papier MD 240; Bryde MüK 30); zur Reichweite der Institutsgarantie vgl. auch unten Rn.18–22. 2

b) Abgrenzung zu anderen Instituten. Die Amtshaftung ist an sich das zentrale Institut der Haftung für rechtswidriges Staatshandeln (Bryde MüK 7). Trotz der Ausweitung durch Art.34 (unten Rn.5–7) weist sie erhebliche Defizite auf, die durch das Institut des **enteignungsgleichen Eingriffs** in gewissem Umfang ausgeglichen werden, das eine Entschädigung 3 bei rechtswidrigem Staatshandeln unter bestimmten Voraussetzungen vorsieht (dazu Rn.57 zu Art.14). Gewisse Überschneidungen mit der Amtshaftung weist auch der **Folgenbeseitigungsanspruch** auf, der auf die Beseitigung der unmittelbaren Folgen rechtswidrigen Handelns zielt (BVerwGE 69, 366/373; Bonk SA 45). Seine Grundlage wird in Art.20 Abs.3 gesehen (BVerwGE 69, 366/370; Bonk SA 45), unmittelbar in den Grundrechten (BVerwG, NJW 85, 1481; v. Danwitz MKS 11; Papier MD 66) oder im Gewohnheitsrecht (BVerwGE 94, 100/103). Zum Anspruch aus enteignendem Eingriff Rn.58 zu Art.14. In Mecklenburg-Vorpommern, mit Einschränkungen auch in Brandenburg, Sachsen-Anhalt und in Thüringen, gilt das StaatshaftungsG der DDR fort und ermöglicht eine unmittelbare Staatshaftung, die neben die Haftung aus Art.34 iVm § 839 BGB tritt (Bonk SA 27a ff; v. Danwitz MKS 135 ff).

4   Aus dem primären EU-Recht ergibt sich die Verpflichtung, bei einem **Verstoß nationaler Stellen gegen EU-Recht** (zum Verstoß von EU-Organen unten Rn.5) unter bestimmten Voraussetzungen betroffenen Bürgern Schadensersatz zu leisten (EuGH, Slg.1991, I-5403; 1993, I-6926; 1994, I-3347; 1996, I-1131; dazu Wieland DR 22 ff; Jarass, NJW 94, 881 ff; Papier MD 75 ff; v. Danwitz MKS 138 ff). Daraus ergibt sich nach h. A. (in Deutschland) ein eigenständiger, *im Unionsrecht verankerter Haftungsanspruch,* der neben den Anspruch aus Art.34 iVm § 839 BGB tritt (BGHZ 134, 30/36; 146, 153/158, 163; Bonk SA 52e; Masing UC 61; v. Danwitz MKS 115; anders mit guten Gründen Papier MD 81). Die wesentlichen materiellen Voraussetzungen dieses Anspruchs lassen sich der Rspr. des EuGH entnehmen; im Übrigen gelten in materieller und prozessualer Hinsicht die Vorgaben des Anspruchs aus Art.34 iVm § 839 BGB. Art.34 ist auch auf den unionsrechtlichen Anspruch anwendbar und bestimmt insb. den Verpflichteten (BGHZ 161, 224/236). Der unionsrechtliche Anspruch kommt nur bei Verstößen gegen das Unionsrecht zum Tragen, während der Anspruch aus Art.34 iVm § 839 BGB bei Verstößen gegen nationales Recht und bei Verstößen gegen Unionsrecht in Betracht kommt (unten Rn.11). Was die Voraussetzungen angeht, so bestehen insb. folgende Unterschiede: Der unionsrechtliche Haftungsanspruch greift auch bei einem Rechtsverstoß des Gesetzgebers (EuGH, Slg.1996, 1029 Rn.35 f). Weiter setzt der unionsrechtliche Anspruch einen *qualifizierten* Rechtsverstoß voraus, nicht hingegen ein Verschulden (EuGH, Slg.1996, 1029 Rn.55 f, 75 f; 1996, 1631 Rn.39, 42; BGHZ 134, 30/37 f; Masing UC 111 f).

2. Anspruchsvoraussetzungen

5   **a) Handeln in Ausübung eines öffentlichen Amtes.** § 839 BGB greift an sich nur bei Handeln eines Beamten im dienstrechtlichen Sinne ein. Art.34 GG weitet jedoch die Haftung auf jede Ausübung öffentlicher Gewalt (unten Rn.6 f) aus, und zwar im Bereich aller drei Gewalten (Papier MD 84; Bonk SA 56; zur Gesetzgebung siehe allerdings unten Rn.12 f). Die Haftung erfasst dagegen nicht die Tätigkeit von EU-Organen; insoweit findet sich in Art.340 Abs.2 AEUV eine vergleichbare Regelung. Zur EU-rechtlichen Haftung nationaler Stellen oben Rn.4.

aa) Voraussetzung der Haftung ist zunächst, dass ein **Inhaber eines öf-** 6
fentlichen Amtes handelt (Wieland DR 38). Dazu gehören die Beamten
(im beamtenrechtlichen Sinn) sowie die Personen, die zu einer juristischen
Person des öffentlichen Rechts in einem sonstigen öffentlich-rechtlichen
Dienstverhältnis (etwa Soldaten, Richter) stehen und die (bei einer juristischen Person des öffentlichen Rechts) privatrechtlich beschäftigten Personen
(Angestellte, Arbeiter). Weiter sind Inhaber eines öffentlichen Amtes alle
Personen, die zu einer öffentlich-rechtlichen Einrichtung in einem *Amts*verhältnis stehen, wie etwa Minister, Bürgermeister (BGHZ 121, 65/70), Ge-
meinderäte (BGHZ 106, 323/330) oder Parlamentsabgeordnete (Papier MD
108). Zudem werden Beliehene (Rn.41 zu Art.1) erfasst (BGHZ 118, 304/
308 f; Papier MD 109), wie ein Impfarzt (BGHZ 126, 386/387) oder ein
TÜV-Sachverständiger (BGHZ 122, 85/87 f, 90), nicht aber ein Sachkundi-
ger im Rahmen der berufsgenossenschaftlichen Unfallverhütung (BGHZ
181, 65 Rn.16). Gleiches gilt für mit der Wahrnehmung einer öffentlich-
rechtlichen Aufgabe betraute Personen, wie einen Zivildienstleistenden
(BGHZ 118, 304/308). Erfasst werden des Weiteren Normgeber (vgl. allerdings unten Rn.12 f) und andere Kollegialorgane. Wegen der Erweiterung
des Amtsträgerbegriffs ist eine Individualisierung des handelnden Amtsträgers
unnötig; es genügt ein entsprechendes Gesamtverhalten der betreffenden
Einrichtung (v. Danwitz MKS 58). Handeln öffentlich-rechtliche Religionsgemeinschaften öffentlich-rechtlich (dazu Rn.15a zu Art.140/137 WRV),
kommt Art.34 zum Tragen (BGHZ 154, 54/57 f; Bonk SA 56; vorsichtiger
Papier HbStR VI § 157 Rn.23; a. A. Ehlers, JZ 04, 196).

Von staatlichen Stellen **beauftragte Werk- und Dienstunternehmer** 7
sind umso eher Inhaber eines öffentlichen Amtes, „je stärker der hoheitliche
Charakter der Aufgabe in den Vordergrund tritt, je enger die Verbindung zwischen der übertragenen Tätigkeit und der von der Behörde zu erfüllenden
hoheitlichen Aufgabe und je begrenzter der Entscheidungsspielraum des Unternehmers ist" (BGHZ 121, 161/165 f; ähnlich BGHZ 161, 6/10 f; noch
großzügiger Papier MD 113; Wieland DR 40). Im Bereich der Eingriffsverwaltung ist das immer der Fall (BGHZ 121, 161/166), etwa beim Abschlep-
pen eines Kfz im Auftrag der Polizei. Ganz Entsprechendes gilt für sonstige
Verwaltungshelfer (BGH, NJW 96, 2431; v. Danwitz MKS 60). Erfasst werden auch von einer Behörde bestellte private Gutachter in einem Genehmigungsverfahren (BGHZ 122, 85/87) oder ein Rettungszweckverband (BGHZ
160, 216/221), nicht dagegen eine Pflegemutter (BGHZ 166, 268 Rn.15).

bb) Das **Handeln** des Inhabers eines öffentlichen Amtes wird von Art.34 8
nur erfasst, wenn es seiner **Rechtsform** nach als **öffentlich-rechtlich** zu
qualifizieren ist (BGHZ 110, 253/255; Papier MD 122, 124; Bryde MüK
17; v. Danwitz MKS 63; a. A. Wieland DR 42), wenn ein Institut des öffentlichen Rechts genutzt wird (BGHZ 158, 253/258 f). Einbezogen ist
schlicht-hoheitliches Handeln, bei dem zwischen der hoheitlichen Zielsetzung und dem realen Verhalten ein enger innerer und äußerer Zusammenhang besteht (BGH, NJW 92, 1228; 92, 1310; v. Danwitz MKS 63). Für zi-
vilrechtliches Handeln, selbst im Bereich des Verwaltungsprivatrechts, gilt
Art.34 hingegen nicht (BGH, NJW 73, 1652; Papier MD 125; Bryde MüK
17; a. A. Ossenbühl o. Lit. 27 f).

9   Führt das Kriterium der Rechtsform, wie häufig, zu keinem klaren Ergebnis, liegt eine Ausübung eines öffentlichen Amts vor, wenn die Zielsetzung, in deren Sinn der Betreffende tätig wird, hoheitlicher Tätigkeit zuzurechnen ist und ein enger äußerer und innerer Zusammenhang mit der Erfüllung derartiger Aufgaben besteht (BGHZ 118, 304/305; 147, 169/171; 153, 268/272 ff; 181, 65 Rn.10); dabei ist auf die Funktion, nicht auf die Person des Handelnden abzustellen (BGHZ 147, 169/171). Bei der Teilnahme am Straßenverkehr ist entsprechend zu differenzieren (BGH, NJW 85, 1950; krit. v. Danwitz MKS 66). Dies muss entgegen der Rspr. auch für die Erfüllung von Verkehrssicherungspflichten bei öffentlichen Sachen gelten (Papier MD 149 f); nach der Rspr. soll die Erfüllung von Verkehrssicherungspflichten nur dann als öffentlich-rechtlich zu qualifizieren sein, wenn eine Rechtsvorschrift dies ausdrücklich vorsieht (BGHZ 66, 398/399 f; 86, 152/153). Abgrenzungsprobleme ergeben sich weiter bei der Benutzung öffentlich-rechtlicher Anstalten und Einrichtungen. Auch hier kann die Verwaltung öffentlich-rechtlich oder privatrechtlich handeln, es sei denn, das einschlägige Gesetz schreibt eine bestimmte Handlungsform vor (Papier MD 132). Möglich ist zudem ein zweistufiges Handeln: öffentlich-rechtliche Begründung und privatrechtliche Abwicklung (noch stärker differenzierend BGH, NJW 85, 678). Eine ärztliche Heilbehandlung stellt nur ausnahmsweise eine öffentliche Aufgabe dar (BGHZ 179, 115 Rn.14). Fiskalische Aufgaben werden im Zweifel privatrechtlich erfüllt (BGHZ 110, 253/254).

10   Das Handeln muss **in Ausübung** eines öffentlichen Amtes erfolgen. Notwendig ist ein enger äußerer und innerer Zusammenhang zwischen der Amtsausübung und der Schadenszufügung (BGHZ 108, 230/232; 147, 169/171; 158, 253/258; Bonk SA 59; Bryde MüK 19). Daran fehlt es, wenn ein Beamter mit einem Dienstfahrzeug eine Schwarzfahrt unternimmt, es sei denn, es gehört zu seinen Aufgaben, derartige Schwarzfahrten zu verhindern (BGHZ 124, 15/18).

11   **b) Verletzung einer Amtspflicht gegenüber Dritten. aa)** Der Amtshaftungsanspruch setzt des Weiteren die **Verletzung einer Amtspflicht** voraus. Unsicher ist, ob sich die **Amtspflichten** auf das Verhältnis zwischen Amtsträger und Staat (so etwa Masing UC 79; Maurer VwR § 25 Rn.16 f) oder auf das Außenverhältnis zwischen Staat und Dritten beziehen (so zu Recht Papier MD 160; v. Danwitz MKS 75 f; Wieland DR 45; Bonk SA 60). Da aber eine Amtspflicht zu rechtmäßigem Verhalten besteht, stellt jede Verletzung von Rechtsvorschriften eine Amtspflichtverletzung dar (Papier MD 161; Rüfner FH 47; Bonk SA 63); nicht erfasst wird dagegen die Verletzung von (öffentlich-rechtlichen) Verträgen (BGHZ 87, 9/18; 120, 184/188; a. A. Papier MD 162). Amtspflichten können sich auch aus allgemeinen Grundsätzen ergeben: So besteht eine Pflicht zu konsequentem Verhalten (BGHZ 137, 344/346). Auskünfte müssen richtig sein, sofern der Betroffene erkennbar darauf vertraut (BGHZ 137, 344/349 f; BGH, NVwZ 02, 374; Bonk SA 68). Auch der Verstoß gegen EU-Recht kann eine Amtspflichtverletzung (nach deutschem Recht) darstellen (v. Danwitz MKS 76; Bonk SA 52d, 61); insoweit kann es zu einer Konkurrenz mit dem unionsrechtlichen Haftungsanspruch (oben Rn.4) kommen. Entscheidungen dürfen nicht ohne zureichenden Grund hinausgezögert werden (vgl. BGH, NVwZ 93, 299; NVwZ 02, 124; Masing UC 84). Die Zivilgerichte sind hinsichtlich des Vorliegens einer Amtspflichtverletzung an rechtskräftige Entscheidungen der Verwaltungsgerichte gebunden (BGHZ 118, 253/255), nicht aber an bestandskräftige Verwaltungsakte (BGHZ 90, 17/22 f; 127, 223/225; krit. Bonk SA 117).

bb) Des Weiteren muss die Amtspflicht dem betroffenen **Dritten gegen-** **12** **über obliegen** (v. Danwitz MKS 79, 82). Das hängt davon ab, ob der Betroffene *und* das betroffene Interesse unter Berücksichtigung der Eigenart der Amtstätigkeit von der verletzten Norm (auch) geschützt werden sollen (BGHZ 110, 1/9; 146, 366/368; Schlick/Rinne, NVwZ 97, 1072). Im Zweifelsfall kommt es auf eine „besondere Beziehung zwischen der verletzten Amtspflicht und dem Geschädigten" an (BGHZ 110, 1/8 f; 122, 317/321). Die Abgrenzung ist ähnlich wie bei der der subjektiven Rechte iwS (dazu Rn.36–40 zu Art.19) vorzunehmen (v. Danwitz MKS 85 f; Rüfner FH 50). Die Pflicht, keine rechtswidrigen Genehmigungen für investive Vorhaben zu erteilen, ist regelmäßig drittschützend (BGHZ 134, 268/277 ff; 142, 259/272 f). Dem *förmlichen Gesetzgeber* obliegen nach ganz h.A. generell keine Amtspflichten zum Schutze Dritter (BGHZ 56, 40/46, 87, 321/335; 102, 350/365 f; 134, 30/32; Bryde MüK 27 f; a.A. Wieland DR 50 f); zur abweichenden Situation im Bereich des unionsrechtlichen Haftungsanspruchs oben Rn.4. Gemeinden müssen dagegen beim Satzungserlass eventuelle Amtspflichten beachten, etwa beim Erlass eines Bebauungsplans im Hinblick auf gesunde Wohn- und Arbeitsverhältnisse (BGHZ 117, 363/365 f; 140, 380/382 f; 142, 259/263 ff). Dritte können auch juristische Personen des öffentlichen Rechts sein (BGHZ 116, 312/315; 153, 198/201; v. Danwitz MKS 89). So wird die Kommunalaufsicht als drittschützend zugunsten der Gemeinde eingestuft (BGHZ 153, 198/202; krit. v. Mutius/Groth, NJW 03, 1278 ff).

cc) Insgesamt hat der Gesetzgeber **erheblichen Einfluss** auf die Verlet- **13** zung von Amtspflichten gegenüber Dritten. Er kann festlegen, ob überhaupt eine bestimmte Amtspflicht besteht (vorsichtig BGHZ 162, 49/60), weiter wem gegenüber sie besteht (vgl. BGH, DVBl 96, 1129) und welche Interessen sie erfasst (vgl. BGHZ 39, 358/363 ff; 100, 313/317; 106, 323/331 f; v. Danwitz MKS 90; Bryde MüK 26). Das Bestehen drittgerichteter Amtspflichten wird von Art.34 nicht geregelt, sondern vorausgesetzt. Der Landesgesetzgeber kann allerdings bundesgesetzlich fundierte Amtspflichten nicht einschränken. Erst recht können Gemeinden etc. gesetzliche Amtspflichten durch Satzung u.a. nicht einschränken (vgl. oben Rn.12 und unten Rn.22).

c) Verantwortlichkeit (Verschulden, Schaden, Kausalität, Verjäh- **14** **rung).** Mit dem Begriff der Verantwortlichkeit verweist Art.34 S.1 auf die im **einfachen Recht** geregelte Verpflichtung zum Schadensersatz für Schäden bei rechtswidrigem Amtshandeln. Das lässt folgende Voraussetzungen zum Tragen kommen:

aa) Gem. § 839 Abs.1 S.1 BGB ist zunächst ein **Verschulden** des Amts- **15** walters erforderlich, also Vorsatz oder Fahrlässigkeit hinsichtlich der Amtspflichtverletzung (Papier MD 217 ff), nicht des Schadens (BGHZ 135, 354/362; v. Danwitz MKS 96); zur abweichenden Situation beim unionsrechtlichen Haftungsanspruch oben Rn.4. Das Verschuldenserfordernis ist mit Art.34 vereinbar (BVerfG-K, NVwZ 98, 271; krit. Bonk SA 83). Dabei wird der Fahrlässigkeitsbegriff in objektiver Weise verstanden (vgl. BGHZ 129, 226/232; v. Danwitz MKS 95; Papier MD 221); es kommt darauf an, was von einem pflichtgetreuen Durchschnittsbeamten in dem betreffenden Amt erwartet werden kann (BGHZ 134, 268/274; 139, 200/203; Papier MD 225), was einer objektiven Haftung nahe kommt (Rüfner FH 64). Zudem ist die Möglichkeit eines Organisationsverschuldens zu beachten (BGHZ 113, 367/371 f; 170, 260 Rn.19 ff; v. Danwitz MKS 96). An einem Verschulden fehlt es, „wenn die nach sorgfältiger Prüfung gewonnene Rechtsansicht des Amtsträgers als rechtlich vertretbar angesehen werden kann" (BGHZ 139, 200/203; 161, 305/309). Dies ist regelmäßig der Fall, wenn ein Kollegialgericht von der Rechtmäßigkeit der konkreten Handlung ausgegangen ist (BGH, NJW 00, 2674; NVwZ-RR 03, 166); doch gibt es davon zahlreiche Ausnahmen (BGH, NJW 98, 752; BSGE 79, 33/34 f; BVerwGE 124, 99/106). An einem Verschulden fehlt es, wenn sich von mehreren die Entscheidung selbständig tragenden Begründungen eine als unverschuldet erweist (BGHZ 161, 305/311).

16   **bb)** Weiter wird eine **adäquate Verursachung** eines **Schadens** vorausgesetzt (Papier MD 212 f; v. Danwitz MKS 93). Der Schaden hätte bei pflichtgemäßem Verhalten nicht entstehen dürfen (BGHZ 146, 122/128); es ist zu fragen, welchen Verlauf das Geschehen bei pflichtgemäßem Handeln genommen hätte und die daraus resultierende hypothetische Situation mit der tatsächlichen Situation zu vergleichen (Rüfner FH 62; vgl. BGH, NVwZ 94, 825). Dementsprechend ist bei einer fehlerhaften Auskunft nur das negative Interesse zu ersetzen (BGHZ 155, 354/357). Spricht für die Kausalität „nach der Lebenserfahrung eine tatsächliche Vermutung oder Wahrscheinlichkeit", so verschiebt sich die Beweislast auf den Ersatzpflichtigen (BGHZ 129, 226/233). Besteht die Amtspflichtverletzung in einem Unterlassen, muss der Schaden „mit an Sicherheit grenzender Wahrscheinlichkeit vermieden worden" sein (BGH, NVwZ 94, 825). Auf eine rechtmäßige Alternativentscheidung kann nur verwiesen werden, wenn sie nach Ermächtigung und Inhalt der tatsächlichen Entscheidung entspricht (BGH, NVwZ 00, 1206; Grzeszick EH 17 ff).

17   **cc)** Die **Verjährung** beträgt gem. §§ 195, 199 Abs.1 BGB 3 Jahre seit Ablauf des Kalenderjahrs, in dem der Anspruch entstanden ist und zudem der Anspruchsinhaber von den den Anspruch begründenden Umständen sowie der Person des Schuldners Kenntnis erlangte. Dafür genügt, dass eine Amtshaftungsklage so aussichtsreich erscheint, dass die Klageerhebung zumutbar ist (BGHZ 170, 260 Rn.28; Bonk SA 119; etwas anders Papier, in: Münchner Kommentar zum BGB, 2004, § 839 Rn.358). Unabhängig von Entstehen und Kenntnis kommen die 30- bzw. 10-Jahres-Fristen des § 199 Abs.2, 3 BGB zum Tragen. Widerspruch und verwaltungsgerichtliche Klage gegen den amtspflichtwidrig erlassenen Verwaltungsakt hemmen den Verjährungsablauf (BGHZ 95, 238; Grzeszick EH; Bonk SA 119).

18   **d) Einschränkung der Staatshaftung. aa)** Eine Einschränkung der Staatshaftung ergibt sich zunächst aus den Vorschriften des **einfachen Haf-**

tungsrechts, die die Verantwortlichkeit iSd S.1 konkretisieren, sofern sie mit der Institutsgarantie (oben Rn.2) vereinbar sind. Praktisch bedeutsam sind v. a. folgende Einschränkungen:

(1) Nach der **Subsidiaritätsklausel** des § 839 Abs.1 S.2 BGB entfällt der **19** Anspruch, wenn der Betroffene alsbald und in zumutbarer Weise (Bonk SA 92) von einem Dritten Ersatz verlangen kann. Die Klausel wird von der Rspr. in bestimmten Zusammenhängen nicht angewandt: bei der Teilnahme am allg. Straßenverkehr (BGHZ 85, 225/228 f; 91, 48/52; BGH, NZV 08, 292) und bei der Verletzung öffentlich-rechtlicher Verkehrssicherungspflichten (BGHZ 118, 368/371 ff; 123, 102/104 f), bei Lohnfortzahlungsansprüchen (BGHZ 62, 380/387) und bei erkauften Versicherungs- und Versorgungsleistungen, deren Zweck in der Versorgung im Schadensfalle besteht (BGHZ 79, 26/32 ff; 85, 230/232 ff). Auch ist eine Verweisung auf Ersatzansprüche gegen andere Hoheitsträger ausgeschlossen (BGHZ 49, 267/275), desgleichen eine Verweisung auf andere Anspruchsgrundlagen (BGHZ 55, 180/182 f).

(2) Weiter entfällt der Anspruch gem. § 839 Abs.3 BGB, soweit der Be- **20** troffene es vorsätzlich oder fahrlässig unterlassen hat, den Schaden durch **Einlegung von Rechtsmitteln** oder Rechtsbehelfen **abzuwehren.** Dies wird als eine Ausprägung der allgemeinen Verpflichtung zur Schadensminderung angesehen (BGHZ 113, 17/22 f) und trägt dem Vorrang des primären Rechtsschutzes im Verwaltungsrecht Rechnung (Bonk SA 96; v. Danwitz MKS 103). Die Regelung ist mit Art.34 vereinbar (Wieland DR 57; Papier MD 268 f). Der Begriff der Rechtsmittel wird sehr weit verstanden (vgl. BGHZ 156, 294/299). Die Ausweitung auf nichtförmliche Rechtsbehelfe (BGHZ 123, 1/7 f) ist allerdings bedenklich (v. Danwitz MKS 104). Auch die Einlegung eines verfristeten Widerspruchs ist ausreichend (BGH, DVBl 03, 461 f).

(3) Einschränkungen ergeben sich schließlich aus § 839 Abs.2 BGB für **21** **richterliche Entscheidungen,** soweit sie der materiellen Rechtskraft fähig sind (v. Danwitz MKS 109). Von der Regelung nicht erfasst werden Entscheidungen der Justizverwaltung, einschl. der freiwilligen Gerichtsbarkeit (BGH, VersR 84, 77 f), wohl aber Entscheidungen des einstweiligen Rechtsschutzes (BGHZ 161, 298/303 f).

(4) Die Höhe des Schadensersatzanspruches kann wegen **Mitverschul-** **21a** **dens** gem. § 254 BGB gekürzt sein. Doch sind dabei die Grundrechte zu beachten (BVerfG-K, NJW 03, 125 ff).

bb) Eine Einschränkung der Staatshaftung kann sich des Weiteren daraus **22** ergeben, dass die „Überleitung" der Haftung auf den Staat gem. S.1 **nur** **„grundsätzlich"** erfolgt (BVerfGE 61, 149/199; Papier MD 239). In Sonderfällen kann es also aufgrund einer entsprechenden Regelung bei der Haftung des Amtswalters verbleiben; daran ändert auch Art.33 Abs.5 nichts (BGHZ 122, 268/272). Eine Einschränkung der Haftungsüberleitung kann durch Bundesgesetz oder wegen Art.77 EGBGB durch Landesgesetz geschehen (BVerfGE 61, 149/199 f; BGHZ 76, 375/379), nicht jedoch durch Satzung aufgrund einer allgemeinen Ermächtigung (BGHZ 61, 7/14; DVBl 07, 1239; Papier MD 242; a. A. BayVGH, DVBl 85, 904). Die einschränkende Regelung ist als Ausnahme von der Verfassung eng auszulegen (BGH, NJW

88, 129). Sachlich ist eine Beschränkung nur möglich, wenn dafür ausreichende Sachgründe bestehen und die Ausnahme verhältnismäßig ist (BGHZ 62, 372/377 f; 99, 62/64; 162, 49/62; Papier MD 240; Wieland DR 56). Dies wurde bei dem früher geltenden Haftungsausschluss gegenüber Ausländern als gegeben angesehen (BVerfG-K, NVwZ 91, 662; BGHZ 99, 62/64; a. A. Papier MD 286 f). Zweifel bestehen beim Ausschluss der Haftung im auswärtigen Dienst gem. § 5 Nr.2 RBHG (v. Danwitz MKS 107). Zulässig ist der Ausschluss der Überleitung bei Gebührenbeamten und Notaren (BGHZ 135, 354/356; Papier MD 278 f) sowie bei einem Anspruch von Bediensteten und ihrer Hinterbliebenen aus Dienst- oder Arbeitsunfällen unter Verweis auf versorgungsrechtliche Ansprüche gem. § 46 Abs.1 BeamtVG (vgl. BGH, NVwZ 85, 446). Unsicher ist die Situation bei militärischen Auslandseinsätzen der Bundeswehr (dafür Dutta, AöR 2008, 208 ff; offen gelassen BGHZ 169, 349 Rn.20).

23 **e) Haftungsadressat.** Der Anspruch richtet sich gegen die staatliche Einrichtung, in deren Dienst der Amtswalter steht (BGHZ 108, 230/232; BGH, NVwZ 00, 964). Damit ist die juristische Person des öffentlichen Rechts gemeint, die *dienstherrenfähig* ist (BGHZ 49, 108/115 f; Papier MD 292 f) und die den Beamten mit dem betreffenden öffentlichen Amt betraut hat (BGHZ 53, 217/218 ff; 99, 326/330; 143, 18/26; v. Danwitz MKS 121; Papier MD 295 ff). Dies ist zumeist die Körperschaft, die den Beamten, Angestellten etc. angestellt hat (BGHZ 91, 243/251). Fehlt ein Beamten- oder Angestelltenverhältnis, wie etwa bei Schülerlotsen, bei amtlich anerkannten Sachverständigen, bei beauftragten Unternehmen etc. haftet die Körperschaft, die das konkrete Amt bzw. die konkrete Aufgabe übertragen hat (BGHZ 99, 326/330; 121, 161/165 ff; BGH, NVwZ 06, 966). So haftet bei Zivildienstleistenden die Bundesrepublik Deutschland (BGH, NVwZ 00, 964). Bei Beamten mit echter, gesetzlich vorgesehener Doppelstellung, etwa beim Landrat bzw. Oberkreisdirektor sowie bei abgeordneten Beamten, haftet die Körperschaft, deren Aufgaben wahrgenommen werden (BGHZ 87, 202/204 f; 99, 326/330 f). Wird der Amtsträger unter Herauslösung aus der Organisation seiner Anstellungskörperschaft von einer anderen Körperschaft zur Ausübung hoheitlicher Tätigkeit eingesetzt, haftet diese Körperschaft (BGHZ 160, 216/228). Der Amtswalter selbst wird von der Haftung befreit (BGH, NJW 88, 129). Zur Begrenzung der „Überleitung" der Haftung oben Rn.22.

3. Rechtsweg (S.3)

24 Gem. Art.34 S.3 muss der Gesetzgeber für die Geltendmachung von Amtshaftungsansprüchen, einschl. vorbereitender Auskunftsansprüche (BGHZ 78, 274/276 ff), den ordentlichen Rechtsweg vorsehen, d. h. den Zivilrechtsweg (Papier MD 317). Dies ist durch § 40 Abs.2 VwGO geschehen. Sachlich führt dies zu unnötigen Belastungen für den Betroffenen, da für die Primäransprüche sowie für bestimmte, parallel auftretende Sekundäransprüche der Verwaltungsrechtsweg gegeben ist (Wieland DR 60; Bonk SA 114; Masing UC 153; Bryde MüK 40). § 17 Abs.2 GVG ändert daran nichts (BVerwG, NJW 93, 2255; Papier MD 312). Sachlich zuständig ist in erster

Instanz, unabhängig vom Streitwert, das Landgericht (§ 71 Abs.2 Nr.2 GVG). Ein Vorverfahren wird durch Art.34 S.3 nicht ausgeschlossen (Papier MD 324).

4. Rückgriff (S.2)

Ob die haftende Körperschaft von dem Inhaber eines öffentlichen Amtes, 25 der durch sein rechtswidriges Verhalten die Haftung ausgelöst hat, Ersatz verlangen kann, bestimmt sich nach allgemeinen gesetzlichen, tarifvertraglichen oder einzelvertraglichen Regelungen (v. Danwitz MKS 123; Papier MD 301). Der Rückgriff wird jedoch durch Art.34 S.2 *beschränkt:* Die Vorschrift schließt eine Haftung des Inhabers eines öffentlichen Amtes aus, soweit er ohne Verschulden oder nur leicht fahrlässig gehandelt hat (v. Danwitz MKS 124). Auch steht einem Rückgriff die Fürsorgepflicht entgegen, wenn „durch das Vorliegen eines besonders gestalteten Einzelschicksals ... eine Belastung ... in ungewöhnlich schwerer Weise getroffen würde" (BGHZ 124, 15/25). Der Rückgriff bei privatrechtlichem Handeln wird von S.2 nicht erfasst (Bonk SA 108; Grzeszick EH 37; oben Rn.8). Die Rückgriffsbeschränkung gilt zudem nicht im Zusammenhang mit Verwaltungshelfern und herangezogenen Privatunternehmern (BGHZ 161, 6/11 f). Für die Geltendmachung des Rückgriffsanspruchs schreibt S.3 im Anwendungsbereich des S.2 den ordentlichen Rechtsweg vor (Papier MD 325); die Ausführungen oben in Rn.24 gelten entsprechend.

Art.35 [Rechts- und Amtshilfe, kompetenzüberschreitendes Zusammenwirken bei Notfällen]

(1) **Alle Behörden[3] des Bundes und der Länder leisten sich gegenseitig Rechts- und Amtshilfe[1 ff].**

(2) **Zur Aufrechterhaltung oder Wiederherstellung der öffentlichen Sicherheit oder Ordnung kann ein Land in Fällen von besonderer Bedeutung Kräfte und Einrichtungen des Bundesgrenzschutzes zur Unterstützung seiner Polizei anfordern, wenn die Polizei ohne diese Unterstützung eine Aufgabe nicht oder nur unter erheblichen Schwierigkeiten erfüllen könnte[6]. Zur Hilfe bei einer Naturkatastrophe oder bei einem besonders schweren Unglücksfall kann ein Land Polizeikräfte anderer Länder, Kräfte und Einrichtungen anderer Verwaltungen sowie des Bundesgrenzschutzes und der Streitkräfte anfordern[7].**

(3) **Gefährdet die Naturkatastrophe oder der Unglücksfall das Gebiet mehr als eines Landes, so kann die Bundesregierung, soweit es zur wirksamen Bekämpfung erforderlich ist, den Landesregierungen die Weisung erteilen, Polizeikräfte anderen Ländern zur Verfügung zu stellen, sowie Einheiten des Bundesgrenzschutzes und der Streitkräfte zur Unterstützung der Polizeikräfte einsetzen. Maßnahmen der Bundesregierung nach Satz 1 sind jederzeit auf Verlangen des Bundesrates, im übrigen unverzüglich nach Beseitigung der Gefahr aufzuheben.[8]**

Literatur: *H. Jochum,* Der Einsatz der Streitkräfte im Innern, JuS 2006, 511; *Linke,* Innere Sicherheit durch die Bundeswehr? Zu Möglichkeiten und Grenzen der Inlandsverwendung der Streitkräfte, AöR 2004, 489; *Lehner,* Der Vorbehalt des Gesetzes für die Übermittlung von Informationen im Wege der Amtshilfe, 1996; *E. Klein,* Der innere Notstand, HbStR VII, 1992, § 169; *Schlink,* Die Amtshilfe, 1982. – S. auch Literatur zu Art.87a.

1. Rechts- und Amtshilfe (Abs.1)

1   Die Vorschrift **ermächtigt und verpflichtet** als Konkretisierung des Bundesstaatsprinzips (vgl. BVerfGE 31, 43/46; 42, 91/95) grundsätzlich alle Behörden zu gegenseitiger Rechts- und Amtshilfe; der konkrete Umfang bestimmt sich ggf. nach näherer gesetzlicher Regelung (BVerwGE 38, 336/ 340; 50, 301/310). Sie ist eine Spezialregelung zur grundsätzlich ausschließlichen Kompetenzverteilung zwischen Bund und Ländern (Rn.7, 10 zu Art.30) und gilt daher nur im Verhältnis von Bundes- und Landesbehörden und von Behörden verschiedener Länder (Bauer DR 12; Bull AK 9 f; Stern ST II 788 f; Schlink, o. Lit., 34 ff); nach a. A. soll sie auch zwischen Bundesbehörden und zwischen Behörden desselben Landes gelten (Erbguth SA 5; Grzeszick FH 3; Gubelt MüK 1; Magen UC 10). Abs.1 begründet keine allgemeine Pflicht der Behörden, Straftaten anzuzeigen (BGHSt 43, 82/86), und ermächtigt eine Gebietskörperschaft nicht, außerhalb des Landes, in dem sie liegt, tätig zu werden (BGHZ 54, 157/163).

2   Die Rechts- und Amtshilfe ist auch im **Verhältnis zum Bürger** grundsätzlich zulässig; doch müssen insoweit andere einschlägige Verfassungsrechtssätze, v. a. der Gesetzesvorbehalt (Rn.46–55 zu Art.20), gewahrt bleiben; insoweit kann die Verpflichtung zur Rechts- und Amtshilfe als „formell" bezeichnet werden (BVerfGE 27, 344/352); sie ermächtigt nicht zu Grundrechtseingriffen (BVerwGE 119, 123/134). Daraus folgt (Schlink, o. Lit., 155 f): Im Bereich von Grundrechtseingriffen (zur Frage, inwieweit Informationserhebung, -verarbeitung und -weitergabe Eingriffe sind, Rn.53 zu Art.2) bedarf die Rechts- und Amtshilfe, soweit sie die sachliche Zuständigkeit überwindet, eines Spezialgesetzes, und, soweit sie die örtliche Zuständigkeit überwindet, eines Querschnittsgesetzes, wie es das VwVfG ist. Im Bereich staatlicher Leistungen und im staatsorganisatorischen Innenbereich bedarf sie eines Querschnittsgesetzes nur dann, wenn die Bereiche gesetzlich geregelt sind (a. A. Magen UC 24), wobei dies im Bereich staatlicher Leistungen häufiger als im staatsorganisatorischen Innenbereich der Fall ist. Einen Anspruch auf Amtshilfeleistung kann nur eine Behörde, nicht aber ein Bürger haben (BVerwGE 127, 1 Rn.94; Bauer DR 17; v. Danwitz MKS 23; Erbguth SA 14, 26).

3   **Behörden** sind nicht nur Verwaltungsbehörden, sondern auch Behörden der rechtsprechenden (BVerfGE 31, 43/46) und gesetzgebenden (vgl. Rn.1, 9 zu Art.44) Gewalt; Rechtshilfe wird herkömmlich von Amtshilfe gerade dadurch unterschieden, dass Rechtshilfe von einem Gericht geleistet wird (Bull AK 13 ff; v. Danwitz MKS 9; Gubelt MüK 9). Zu den Behörden der Länder rechnen auch die der Gemeinden und Gemeindeverbände sowie der sonstigen juristischen Personen des öffentlichen Rechts, z. B. Bundesversicherungsanstalt für Angestellte (BVerwGE 38, 336/340), nicht aber Kirchen

(BVerwG, DÖV 72, 721), soweit sie nicht staatliche Gewalt ausüben (Magen UC 9) oder Parteien (BVerwGE 32, 333/336). Privatrechtlich organisierte Verwaltungseinheiten, die Aufgaben der öffentlichen Verwaltung wahrnehmen, sind wegen der diesbezüglichen Formenwahlmöglichkeit des Staates und dem gleich bleibenden sachlichen Bedürfnis für die Rechts- und Amtshilfe einzubeziehen (Grzeszick FH 7; v. Danwitz MKS 13; diff. Erbguth SA 8; a. A. Bull AK 27; Gubelt MüK 3). Für Rundfunkanstalten und Universitäten gelten im Hinblick auf ihren Grundrechtsschutz (Rn.41, 125 zu Art.5) Besonderheiten (Gubelt MüK 3).

Rechts- und Amtshilfe ist die Hilfeleistung zwischen Behörden unter 4 Überwindung bestehender Kompetenz- und Zuständigkeitsgrenzen unter folgenden Voraussetzungen: Es darf keine Weisungsabhängigkeit, keine Delegation, kein Mandat und keine Organleihe vorliegen; es darf sich nur um ausnahmsweises und punktuelles, nicht um regelmäßiges Zusammenwirken handeln (Gubelt MüK 6). Die Hilfeleistung muss zur rechtmäßigen Aufgabenerfüllung erforderlich sein und darf nicht verselbständigter Gegenstand einer sondergesetzlichen Aufgabenzuweisung sein (v. Danwitz MKS 20, 22). Str. ist, ob die Rechts- und Amtshilfe ein Ersuchen einer Behörde voraussetzt (bejahend BGHZ 34, 184/187; Bauer DR 13, 19; Bull AK 13 f; Erbguth SA 15; Magen UC 14; verneinend Isensee HbStR[3] VI § 126 Rn.230; Schlink, o. Lit., 220 f).

2. Kompetenzüberschreitendes Zusammenwirken bei Notfällen (Abs.2, 3)

Allgemeines. Die hier geregelten Formen der Zusammenarbeit wurden 5 1968 und 1972 eingefügt (Einl.3 Nr.17, 31) und unterscheiden sich von Abs.1 dadurch, dass Kräfte und Einrichtungen des Bundes und der Länder an einem anderen Ort, nach anderem Recht und unter anderer Weisung tätig werden (Klein HbStR VII 400 f; Schlink, o. Lit., 161 ff). Diese Zusammenarbeit erfolgt entweder auf Anforderung eines Landes (Abs.2) oder durch Eingreifen des Bundes (Abs.3; sog. Bundesintervention). Die Anforderung eines Landes löst eine grundsätzliche Verpflichtung aus, ihr nachzukommen (BVerwG, DÖV 73, 491; Erbguth SA 40; Robbers, DÖV 89, 928), nicht aber eine Kostenübernahmeverpflichtung (a. A. Magen UC 33, 35, 39). Der Bund hat die ausschließliche Gesetzgebungskompetenz (Rn.5 zu Art.70), das Nähere über entsprechende Einsätze seiner Streitkräfte oder der Bundespolizei zu regeln (BVerfGE 115, 118/141; vgl. aber Rn.22 zu Art.73).

Gesteigerte Amtshilfe (Abs.2 S.1). *Voraussetzungen* der Anforderung ei- 6 nes Landes sind: – **(1)** Störung der öffentlichen Sicherheit oder Ordnung iSd allgemeinen Polizeirechts (Bauer DR 27; Erbguth SA 36; Stern ST II 1468 f). – **(2)** Fall von besonderer Bedeutung, wobei den zuständigen Landesorganen ein Beurteilungsspielraum einzuräumen ist (Bauer DR 27; Erbguth SA 36). – **(3)** Erforderlichkeit idS, dass ohne die angeforderte Unterstützung die Polizei des Landes „eine Aufgabe nicht oder nur unter erheblichen Schwierigkeiten erfüllen könnte". *Rechtsfolge* der ansonsten im Ermessen des Landes liegenden (v. Danwitz MKS 62) Anforderung ist, dass Kräfte und Einrichtungen des Bundesgrenzschutzes (Bundespolizei) der Polizei des Landes Unterstützung leisten dürfen und müssen. „Kräfte" sind die Bediensteten, „Einrichtungen" die sächlichen Mittel. Die Unterstützungsleistung kann in sämtlichen Handlungsformen des öffentlichen Rechts erfolgen (v. Danwitz MKS 64).

7 **Katastrophennotstand innerhalb eines Landes** (Abs.2 S.2). *Voraussetzung* der Anforderung eines Landes ist entweder eine Naturkatastrophe oder ein besonders schwerer Unglücksfall. Den Begriffen ist gemeinsam, dass es sich um Schadensereignisse größeren Ausmaßes handelt; sie unterscheiden sich durch die Verursachung durch Naturgewalten bzw. durch menschliches Fehlverhalten oder technische Unzulänglichkeiten (Gubelt MüK 25; Klein HbStR VII 399; Stern ST II 1462 f). Die unmittelbare Einwirkung der Streitkräfte auf ein von Terroristen entführtes Luftfahrzeug mit Waffengewalt betrifft zwar einen besonders schweren Unglücksfall, geht aber über „Hilfe" und „Unterstützung" bei der Wahrnehmung von polizeilichen Aufgaben durch die Länder hinaus (BVerfGE 115, 118/143 ff). Darüber hinaus ist eine Erforderlichkeit iSd Abs.2 S.1 (oben Rn.6) zu verlangen (v. Danwitz MKS 70; Gubelt MüK 25; Hase AK 4). *Rechtsfolge* der ansonsten im Ermessen des Landes liegenden (v. Danwitz MKS 75) Anforderung ist, dass **(1)** Polizeikräfte anderer Länder, **(2)** Kräfte und Einrichtungen (vgl. oben Rn.6) anderer Verwaltungen, **(3)** des Bundesgrenzschutzes (Bundespolizei) sowie **(4)** der Streitkräfte (Rn.4 zu Art.87a) Unterstützung leisten (oben Rn.6) dürfen und müssen. Dies ist ein Fall des Einsatzes (Rn.7 f zu Art.87a) der Bundeswehr (Robbers, DÖV 89, 927). Hinsichtlich dieser Adressaten haben die zuständigen Landesorgane ein Auswahlermessen (Bauer DR 29; Hase AK 5; Stern ST II 1464).

8 **Katastrophennotstand über ein Land hinaus** (Abs.3). *Voraussetzungen* des Eingreifens des Bundes sind **(1)** entweder eine Naturkatastrophe oder ein besonders schwerer Unglücksfall (oben Rn.7), die das Gebiet mehr als eines Landes gefährden, und **(2)** Erforderlichkeit zur wirksamen Bekämpfung, d. h. wenn die betroffenen Länder zur wirksamen Bekämpfung nicht fähig oder nicht willens sind (Stern II 1465). Die Bundesregierung (vgl. Art.62) hat dann in den Grenzen des S.2 folgende, in ihrem Ermessen liegende (v. Danwitz MKS 80) *Kompetenzen:* – **(1)** Sie kann den Landesregierungen, anders als nach Art.91 Abs.2 aber nicht direkt den Polizeikräften, die Weisung erteilen, ihre Polizeikräfte einem betroffenen Land zur Verfügung zu stellen. – **(2)** Sie kann Einheiten des Bundesgrenzschutzes (Bundespolizei) und der Streitkräfte (Rn.4 zu Art.87a) zur Unterstützung (oben Rn.6) der Polizeikräfte einsetzen (Rn.7 f zu Art.87a). Die Kompetenzgrenzen sind dieselben wie bei Abs.2 S.2 (oben Rn.7).

Art.36 [Personal der Bundesverwaltung]

(1) **Bei den obersten Bundesbehörden sind Beamte aus allen Ländern in angemessenem Verhältnis zu verwenden. Die bei den übrigen Bundesbehörden beschäftigten Personen sollen in der Regel aus dem Lande genommen werden, in dem sie tätig sind.**

(2) **Die Wehrgesetze haben auch die Gliederung des Bundes in Länder und ihre besonderen landsmannschaftlichen Verhältnisse zu berücksichtigen.**

Literatur: *Pleyer,* Föderative Gleichheit, 2005; *Walz,* Die föderale Struktur der Bundeswehrverwaltung, NZWehrR 2000, 189; *Spranger,* Bestenauslese und landschaftliche Verhältnisse nach Art.36 II GG, RiA 1998, 163; *Schwidden,* Der Anteil der Beamten aus den Ländern bei den obersten Bundesbehörden gem. Art.36 GG, RiA 1994, 57; *Didczuhn,* Der Grundsatz der proportionalen föderalen Parität, 1990.

Allgemeines. Die Vorschrift, deren Abs.2 1956 eingefügt wurde (Einl.3 **1** Nr.7), ist in allen Teilen unmittelbar geltendes Recht (Battis SA 6; Bauer DR 7 ff; a.A. Bothe AK 9); allerdings lässt sie dem Gesetzgeber einen weiten Gestaltungsspielraum. Art.36 gibt den Ländern, nicht aber den Bediensteten, einen Anspruch gegen den Bund (Bothe AK 8; Gubelt MüK 2). Durch Art.36 wird Art.33 Abs.2 nicht eingeschränkt (Bothe AK 7; Gubelt MüK 10; Höfling BK 77; diff. v. Danwitz MKS 14, 18; Sachs HbStR V 1080). Eine Ausdehnung des Abs.1 S.2 auf die Landesverwaltungen ist ausgeschlossen (BVerwGE 68, 109/113). Der Zusammenhang von S.1 und S.2 des Abs.1 spricht dafür, dass die Sitze der außerhalb der Hauptstadt gelegenen obersten Bundesbehörden in einem angemessenen Verhältnis auf die Länder zu verteilen sind, auch wenn eine diesbezügliche GG-Änderung abgelehnt wurde (vgl. Jannasch UC 31 ff).

Bundesverwaltung. Zu den obersten Bundesbehörden Rn.1 zu Art.87; **2** hinzu kommen BVerfG und oberste Gerichtshöfe des Bundes außerhalb ihrer Rechtsprechungsfunktion (v. Danwitz MKS 7, 9; Gubelt MüK 4; Battis SA 7; weitergehend Jannasch UC 9). Eine analoge Anwendung wird allgemein für Bundesoberbehörden (Rn.8 zu Art.87) befürwortet. Auch Behörden der mittelbaren Bundesverwaltung (Rn.1 zu Art.83) sollen darunter fallen (Höfling BK 26). Übrige Bundesbehörden iSd Abs.1 S.2 sind danach mittlere, untere und sonstige Bundesbehörden (Battis SA 11; Bauer DR 17; Höfling BK 54 ff).

Personal. Abs.1 S.1 gilt nur für Beamte (a.A. Jannasch UC 11 ff), Abs.1 **3** S.2 für alle Bediensteten. Beamte aus allen Ländern meint nicht Landesbeamte, sondern Angehörige der Länder (Bothe AK 3; Gubelt MüK 6), wobei es entscheidend auf die Vertrautheit des Bewerbers mit den Verhältnissen in einem bestimmten Land ankommt (Bauer DR 13; Höfling BK 38). Angemessenes Verhältnis meint nicht Quotierung, sondern Annäherung an das Einwohnerverhältnis (Bergmann HÖ 3; v. Danwitz MKS 13; Höfling BK 40).

Art.37 [Bundeszwang]

(1) **Wenn ein Land die ihm nach dem Grundgesetze oder einem anderen Bundesgesetze obliegenden Bundespflichten nicht erfüllt[2], kann die Bundesregierung mit Zustimmung des Bundesrates die notwendigen Maßnahmen[3 ff] treffen, um das Land im Wege des Bundeszwanges zur Erfüllung seiner Pflichten anzuhalten.**

(2) **Zur Durchführung des Bundeszwanges hat die Bundesregierung oder ihr Beauftragter das Weisungsrecht gegenüber allen Ländern und ihren Behörden[3 ff].**

Literatur: *Schöning,* Föderale Intervention als Instrument zur Bewahrung eines Bundesstaates, 2008; *Pauly/Pagel,* Bundeszwang in der föderalen Finanzordnung – Zur Einsetzung eines Sparkommissars im Wege von Art.37 GG, DÖV 2004, 1028. – S. auch Literatur B zu Art.20.

1   **Allgemeines.** Die Vorschrift betrifft die Sicherung des Bundesstaatsprinzips (Rn.16–22 zu Art.20) und ermächtigt zu Zwangsmaßnahmen gegenüber einzelnen Ländern, zu denen es aber bisher noch nicht gekommen ist. Sie hat keinen individualschützenden Charakter (BVerwG, NJW 77, 118). Der Bundeszwang ist von der Bundesaufsicht (Rn.18–21 zu Art.84; Rn.8 zu Art.85) zu unterscheiden; allerdings setzt der Bundeszwang in den Fällen des Art.84 Abs.4 die Feststellung der Nichterfüllung von Pflichten aus der Bundesaufsicht (Stettner BK 70; v. Danwitz MKS 10, 28).

2   **Tatbestandsvoraussetzung** ist die Nichterfüllung mindestens einer Bundespflicht aus dem GG oder einem Bundesgesetz durch ein Land, d. h. dessen Verfassungsorgane mit Ausnahme der Rechtsprechung (v. Danwitz MKS 12 ff; Erbguth SA 7; Oebbecke HbStR³ VI § 136 Rn.50). Bundespflichten sind nur solche, die das Verhältnis zwischen Bund und Ländern sowie zwischen Ländern untereinander betreffen; nicht darunter fallen Pflichten der Länder gegenüber ihren Bürgern (Bauer DR 9; Erbguth SA 8; a. A. Bothe AK 11) oder gegenüber ausländischen Staaten und deren Bürgern (Bauer DR 9; Erbguth SA 8). Die Bundespflichten müssen den Ländern nach dem GG oder einem Bundesgesetz obliegen; das umschließt ihre Feststellung durch Entscheidungen des BVerfG (Stern ST I 715). Bundespflichten aus Gewohnheitsrecht, Rechtsverordnungen oder Staats- und Verwaltungsverträgen reichen nicht aus (Erbguth SA 8; Gubelt MüK 6; Stettner BK 62; a. A. zu Rechtsverordnungen Bothe AK 13; v. Danwitz MKS 17 f; Stern ST I 715; auch zu Gewohnheitsrecht Rühmann UC 21 ff). Die vielfach vertretene Annahme, auch aus dem Gebot bundesfreundlichen Verhaltens (Rn.20–22 zu Art.20) seien Bundespflichten herleitbar (Bothe AK 12; v. Danwitz MKS 16; Erbguth SA 8; Stern ST I 715), ist problematisch (Bauer DR 10). Durch eine Haushaltsnotlage eines Landes werden keine Bundespflichten verletzt (Pauly/Pagel, DÖV 06, 1028 ff). Die Nichterfüllung der Bundespflichten setzt kein Verschulden voraus.

3   **Maßnahmen** des Bundeszwangs stehen im Ermessen der Bundesregierung (vgl. Art.62). Sie ist nicht verpflichtet, vorher das BVerfG anzurufen (BVerfGE 7, 367/372; Oebbecke HbStR³ VI § 136 Rn.53; a. A. für den Regelfall Stettner BK 36, 50). Es ist aber die vorherige und jederzeit widerrufliche Zustimmung des Bundesrats und regelmäßig auch die Anhörung des Landes und die Androhung der Maßnahme (Stettner BK 86) erforderlich. Die Ermächtigung zu den „notwendigen" Maßnahmen beschränkt das Ermessen nach dem Maßstab des Übermaßverbots (Rn.80–90 zu Art.20; krit. Bauer DR 12; v. Danwitz MKS 30).

4   **Zulässige** Maßnahmen sind außer den in Abs.2 genannten Weisungen (Bothe AK 23 f; Stern ST I 716; nach a. A. sollen sie keine Maßnahme iSd Abs.1 sein, vgl. Bauer DR 14; v. Danwitz MKS 37; Erbguth SA 21; Rühmann UC 37, 45) und der ebenda vorausgesetzten Einsetzung eines Bundesbeauftragten: finanzielle und wirtschaftliche Sanktionen; Untersagungsverfü-

gung (BVerfGE 3, 52/57); Weigerung der Erfüllung von Pflichten des Bundes gegenüber dem Land; Ersatzvornahme (v. Danwitz MKS 35); Einsatz von Polizeikräften des betroffenen Landes, dagegen ist der Einsatz von Polizeikräften anderer Länder und des Bundesgrenzschutzes (Bundespolizei) nur unter den Voraussetzungen des Art.91 Abs.2 zulässig (Bothe AK 23; Gubelt MüK 14; Stern ST I 717; a. A. Oebbecke HbStR³ VI § 136 Rn.54; Stettner BK 84; v. Danwitz MKS 9); treuhänderische Übernahme der Landesgewalt durch Suspension von Verfassungsorganen (auch Sequestration genannt) mit Ausnahme der Rechtsprechung.

Unzulässig sind die Auflösung des Landes, der Einsatz der Bundeswehr, **5** die Ausübung des Stimmrechts des Landes im Bundesrat, Maßnahmen mit Strafwirkung (Stettner BK 85) oder irreversiblem Charakter wie Auflösung des Parlaments und Amtsenthebung der Regierung (Erbguth SA 13). Die *Kosten* des Bundeszwangs hat jeder Beteiligte grundsätzlich selbst zu tragen (Rühmann UC 48).

III. Der Bundestag

Art.38 **[Wahlrechtsgrundsätze und Rechtsstellung der Abgeordneten]**

(1) **Die Abgeordneten des Deutschen Bundestages[23] werden in allgemeiner[5, 11, 18 ff], unmittelbarer[8, 12, 21], freier[9, 13 ff, 21], gleicher[6 f, 11, 18 ff] und geheimer[10, 16 f, 21] Wahl[2 f] gewählt. Sie sind Vertreter des ganzen Volkes[24], an Aufträge und Weisungen nicht gebunden und nur ihrem Gewissen[26] unterworfen[25 ff].**

(2) **Wahlberechtigt ist, wer das achtzehnte Lebensjahr vollendet hat; wählbar ist, wer das Alter erreicht hat, mit dem die Volljährigkeit eintritt[4, 18].**

(3) **Das Nähere bestimmt ein Bundesgesetz[21, 25].**

Übersicht

Literatur A (Wahlrechtsgrundsätze): *v. Arnim,* Wahlgesetze: Entscheidungen des Parlaments in eigener Sache, JZ 2009, 813; *Burkiczak,* Die verfassungsrechtlichen Grundlagen der Wahl des Deutschen Bundestages, JuS 2009, 805; *Hartmann,* Eigeninteresse und Gemeinwohl bei Wahlen und Abstimmungen, AöR 2009, 1; *W. Schreiber,* Bundeswahlgesetz, 8. A. 2009; *Lenski,* Paradoxien der personalisierten Verhältniswahl, AöR 2009, 473; *Behnke,* Das Wahlsystem der Bundesrepublik Deutschland, 2007; *H. Meyer,* Demokratische Wahl und Wahlsystem, HbStR³ III, 2005, § 45; *ders.,* Wahlgrundsätze und Wahlverfahren, HbStR³ III, 2005, § 46; *Roschek,* Enthaltung und Nichtbeteiligung bei staatlichen Wahlen und Abstimmungen, 2003; *Soppe,* Parlamentarische Selbstentmachtung als faktische Wahlrechtsbeeinträchtigung: ein Beitrag zum subjektiven Recht auf Demokratie aus Art.38 Abs.1 GG, 2002; *Wild,* Die Gleichheit der Wahl, 2003; *Möstl,* Die Wahlrechtsgleichheit im Zuge der Parlamentsreform im Bund und im Freistaat Bayern, AöR 2002, 401; *Studenroth,* Wahlbeeinflussung durch staatliche Funktionsträger, AöR 2000, 257; *Ehlers,* Sperrklauseln im Wahlrecht, Jura 1999, 660; *Pauly,* Das Wahlrecht in der neueren Rspr. des BVerfG, AöR 1998, 232; *Niebler,* Die Entwicklung der Rspr. des BVerfG für den Deutschen Bundestag, FS Graßhof, 1998, 87; *C. Lenz,* Die Wahlrechtsgleichheit und das BVerfG, AöR 1996, 337; *Papier,* Überhangmandate und Verfassungsrecht, JZ 1996, 265; *Hoppe,* Die Verfassungswidrigkeit der Grundmandatsklausel (§ 6 Abs.6 Bundeswahlgesetz), DVBl 1995, 265; *Mager/Uerpmann,* Überhangmandate und Gleichheit der Wahl, DVBl 1995, 273; *Nicolaus,* Demokratie, Verhältniswahl und Überhangmandate, 1995; *Gassner,* Kreation und Repräsentation, Staat 1995, 429; *Becht,* Die 5%-Klausel im Wahlrecht, 1990. – **Literatur B (Stellung der Bundestagsabgeordneten):** *Badura,* Die „Gemeinpflichtigkeit" des freien Mandats des Abgeordneten und der „Status der Öffentlichkeit des Abgeordneten", FS H.-P. Schneider, 2008, S.153; *H. H. Klein,* Status des Abgeordneten, HbStR³ III, 2005, § 51; *Brenner,* Abgeordnetenstatus und Verfassungsschutz, FS Badura, 2004, 25; *T. I. Schmidt,* Der Fraktionsausschluss als Eingriff in das freie Mandat, DÖV 2003, 846; *Braun/Jantsch/Klante,* Abgeordnetengesetz, 2002; *H.-J. Cremer,* Anwendungsorientierte Verfassungsauslegung. Der Status der Bundestagsabgeordneten im Spiegel der Rspr. des BVerfG, 2000; *Rühl,* Das „freie Mandat", Staat 2000, 23; *Steinberg,* Aberkennung des Abgeordnetenmandats im Verfassungsstaat, Staat 2000, 588; *Remmert,* Abgeordnetenvereinigungen im Bundestag, ZPol 1998, 961; *Kürschner,* Das Binnenrecht der Bundestagsfraktionen, 1995; *Demmler,* Der Abgeordnete im Parlament der Fraktionen, 1994; *Wefelmeier,* Repräsentation und Abgeordnetenmandat, 1991; *Ziekow,* Der Status der fraktionslosen Abgeordneten, JuS 1991, 28; *Trute,* Der fraktionslose Abgeordnete, Jura 1990, 184.

I. Wahlrechtsgrundsätze (Abs.1 S.1, Abs.2, 3)

1. Bedeutung

Die Vorschrift normiert die Volkswahl zum Deutschen Bundestag (Schnei- **1**
der AK 54). Die Wahlrechtsgrundsätze sind objektives Recht und zugleich
grundrechtsgleiche Rechte (Vorb.1 vor Art.1; Rn.52, 72 zu Art.93). Sie sind
eine wichtige Ausprägung des Demokratieprinzips (Rn.6 zu Art.20; BVerf-
GE 11, 351/360; 18, 151/154; 69, 92/105 f). Sie sollen sogar einen „Anspruch auf demokratische Selbstbestimmung ... sowie auf die Einhaltung des
Demokratiegebots einschließlich der Achtung der verfassungsgebenden Gewalt des Volkes" geben (BVerfGE 123, 267/340; vgl. aber unten Rn.3). Zu
ihrer Maßstäblichkeit im Wahlprüfungsverfahren Rn.5 zu Art.41.

2. Schutzbereich I: Allgemeines

2   **a) Erfasste Wahlen.** Wahl ist eine Abstimmung, durch die eine oder mehrere Personen aus einem größeren Personenkreis ausgelesen werden (BVerfGE 47, 253/276); eine bloße Parteienwahl ist ausgeschlossen (BVerf-GE 95, 335/349; 97, 317/323). Sie umfasst grundsätzlich den gesamten Wahlvorgang, von der Aufstellung der Bewerber über die Stimmabgabe und Auswertung der abgegebenen Stimmen bis zur Zuteilung der Abgeordnetensitze (Stern ST I 304f). Für die Kandidatenaufstellung durch politische Parteien verlangt Art.38 allerdings die Einhaltung eines Kernbestandes an Verfahrensgrundsätzen, ohne den ein Kandidatenvorschlag schlechterdings nicht Grundlage eines demokratischen Wahlvorgangs sein kann (BVerfGE 89, 243/252f; vgl. auch HambVerfG, DVBl 93, 1072; Mager, DÖV 95, 9/11ff). Die Wahlrechtsgrundsätze sind in Abs.1 S.1 nur für die Wahlen zum Deutschen Bundestag normiert. Die Grundsätze gelten gem. Art.28 Abs.1 S.2 als objektives Recht (Rn.2 zu Art.28; Rn.72 zu Art.93) auch für die Wahlen in den Ländern, Kreisen und Gemeinden. Darüber hinaus gelten sie „als allgemeine Rechtsprinzipien" für Wahlen zu allen Volksvertretungen und für politische Abstimmungen (BVerfGE 47, 253/276f; 51, 222/234f; 60, 162/167; BVerwGE 118, 345/347f; näher Hartmann, Volksgesetzgebung und Grundrechte, 2005, 136ff). Die Wahlrechtsgrundsätze der Allgemeinheit und Gleichheit hat die Rspr. auch auf die Wahlen im Bereich der Sozialversicherung (BVerfGE 30, 227/246; BSGE 81, 268/272), der Personalvertretung (BVerfGE 60, 162/169ff; BVerwGE 110, 253/264f) und der Arbeitnehmerkammern (BVerfGE 71, 81/94f) angewandt. Der Wahlrechtsgrundsatz der Unmittelbarkeit wird bei Sozialwahlen jedenfalls gleich ausgelegt (BSGE 79, 105/109).

2a   Die Wahlrechtsgrundsätze **gelten** dagegen **nicht** umfassend für Wahlen zum Europäischen Parlament (BVerfG-K, NJW 95, 2216; vgl. aber BVerfGE 51, 222/234; a.A. Lenz, NJW 96, 1328f) und für Wahlen innerhalb von Selbstverwaltungseinrichtungen, wo die spezifische Sachaufgabe anstelle der allgemeinen demokratischen Legitimation im Vordergrund steht, so in Hochschulgremien (BVerfGE 39, 247/254ff), Richter- und Präsidialräten (BVerfGE 41, 1/12f; BVerwGE 48, 251/256) und Schülerräten (Hamb-OVG, DVBl 79, 361). Keine Wahl idS, sondern ein Akt der Geschäftsführung des Personalrats ist die Bestimmung der Personalratsvorstandsmitglieder (st. Rspr. seit BVerwGE 5, 118/119), so dass es nicht zu beanstanden ist, dass die Besetzung nach dem Gruppenprinzip und nicht nach dem Verhältniswahlsystem erfolgt (BVerwG, DVBl 91, 114).

3   **b) Aktives und passives Wahlrecht** werden geschützt. Sie umfassen die Möglichkeit, Wahlvorschläge zu machen (unten Rn.7–9) und die Stimme abzugeben (BVerfGE 13, 1/18). Darin ist der Anspruch enthalten, dass nach Maßgabe der Verfassung (vgl. vor allem Art.39) überhaupt gewählt und gegebenenfalls neugewählt (OVG RP, AS 2, 186/198) wird (BVerfGE 1, 14/33; 13, 54/91); nicht aber, dass der Bundestag nicht gem. Art.68 aufgelöst wird (BVerfGE 63, 73/75). Abs.1 S.1 gewährleistet auch keine Einflussnahme auf die Ausübung der Staatsgewalt (vgl. Bethge MSKB Vorb.151f vor § 1; Trute MüK 17; Tomuschat, EuGRZ 93, 491; **a.A.** BVerfGE 89, 155/

171 f; 97, 350/368 ff; 123, 267/340 ff; Badura BK 4, 34 zu Anh. z. Art.38; Klein MD 145 f). Die einzelnen Anforderungen der Wahlrechtsgrundsätze (unten Rn.5–10) haben teilw. unterschiedliche normative Wirkungen für das aktive und passive Wahlrecht.

c) Träger der grundrechtsgleichen Rechte aus Abs.1 S.1 sind nur Deut- **4** sche (Rn.1–10 zu Art.116). Die Wahlen sind als Ausdruck des Demokratieprinzips und der Volkssouveränität (Rn.4 f zu Art.20) ein Recht des Staatsvolks der Bundesrepublik Deutschland, das von den Deutschen gebildet wird (BVerfGE 83, 37/50 f; a. A. Meyer HbStR[3] III § 46 Rn.7 ff). Soweit Beeinträchtigungen der Allgemeinheit der Wahl gerechtfertigt sind (unten Rn.18–20), führen sie zu einem entsprechenden Ausschluss der Trägerschaft. Die grundrechtsgleichen Rechte aus Abs.1 S.1 sind auf Vereinigungen von Wählern anwendbar (BVerfGE 60, 162/167; 82, 322/336; 95, 408/417; vgl. auch Rn.13, 16 zu Art.19).

3. Schutzbereich II: Wahlrechtsgrundsätze

a) Allgemeinheit der Wahl bedeutet Gleichheit bezüglich der Fähigkeit **5** zu wählen und gewählt zu werden, d. h. dass alle Bürger stimmberechtigt sind und gewählt werden können (Kretschmer SHH 12; Klein MD 88). Allgemeinheit der Wahl ist ein Spezialfall der Gleichheit der Wahl (unten Rn.6 f). Der Grundsatz der Allgemeinheit „untersagt den unberechtigten Ausschluss von Staatsbürgern von der Teilnahme an der Wahl. Er verbietet dem Gesetzgeber, bestimmte Bevölkerungsgruppen aus politischen, wirtschaftlichen oder sozialen Gründen von der Ausübung des Wahlrechts auszuschließen und fordert, dass grundsätzlich jeder sein Wahlrecht in möglichst gleicher Weise soll ausüben können" (BVerfGE 58, 202/205). Das Verbot gilt auch für „sonstige diskriminierende Gründe" (Badura BK 9 zu Anh. z. Art.38). Die Allgemeinheit bezieht sich auch auf das Wahlvorschlagsrecht (BVerfGE 11, 266/272; 60, 162/167; 89, 243/251).

b) Gleichheit der Wahl besagt, „dass jedermann sein Wahlrecht in formal **6** möglichst gleicher Weise soll ausüben können" (BVerfGE 79, 161/166; 121, 266/295, 297; 124, 1/18). Sie bedeutet für das aktive Wahlrecht, dass jeder Wähler die gleiche Stimmenzahl hat (gleicher Zählwert) und jede Stimme bei der Umsetzung der Stimmen in die Zuteilung von Parlamentssitzen berücksichtigt wird (gleicher Erfolgswert); allerdings soll letzteres bei der vom BVerfG für zulässig gehaltenen Mehrheitswahl, bei der die Person gewählt ist, die die meisten Stimmen erhält (BVerwG, DVBl 04, 438), nicht in gleicher Weise gelten; hier reicht aus, dass alle Wähler auf der Grundlage möglichst gleichgroßer Wahlkreise und daher mit annähernd gleichem Stimmgewicht an der Wahl teilnehmen können (BVerfGE 95, 335/353; 121, 266/295 f; 124, 1/18; vgl. auch Badura BK 12 zu Anh. z. Art.38; Pauly, AöR 1998, 241 f; Lenz, AöR 1996, 354 f). Richtigerweise darf die Erfolgswertgleichheit aber nicht durch die Erfolgschancengleichheit ersetzt werden (Wild, o. Lit. I, 215 f; Klein MD 120; Roth UC 59). Für das passive Wahlrecht bedeutet Gleichheit der Wahl die Chancengleichheit aller Wahlbewerber. Jeder Wahlbewerber hat „Anspruch darauf, dass die für ihn gültig abgegebenen Stimmen bei der Ermittlung des Wahlergebnisses für ihn berücksichtigt und mit gleichem Gewicht gewertet werden wie die für andere Bewerber abgegebenen Stimmen" (BVerfGE 85, 148/157). Inhaltlich gilt für sie das zur Chancengleichheit der Parteien (Rn.16 zu Art.21) Gesagte entsprechend. Die Gleichheit bezieht sich auch auf das Wahlvorschlagsrecht (oben Rn.5; unten Rn.9) und die Wahlwerbung (BVerfGE 42, 133/138; HessStGH, NVwZ 92, 465), auch im Rundfunk (Rn.41 zu Art.21). Die Wahlgleichheit soll nach der Rspr. darüber hinaus das Vorfeld der politischen Willensbildung umfassen, insb. „mittelbare staatliche Finanzierungshilfen zugunsten der politischen Parteien und der mit ihnen auf der kommunalen Ebene konkurrierenden Gruppen durch die steuerliche Berücksichtigung von Beiträgen und Spenden" (BVerfGE 78, 350/358; 85, 264/297; 99, 69/78; zust. Magiera SA 91). Das ist abzulehnen, weil die Wahlgleichheit damit konturenlos würde (Morlok DR 95).

7 Im **Verhältnis zum allgemeinen Gleichheitssatz** (Art.3 Abs.1) ist die Wahlgleichheit lex specialis (BVerfGE 99, 1/7; Sachs HbStR V 1075; Trute MüK 53). Im Anwendungsbereich der speziellen wahlrechtlichen Gleichheitssätze des Art.38 Abs.1 S.1 und des Art.28 Abs.1 S.2 kann nicht auf den allgemeinen Gleichheitssatz zurückgegriffen werden (BVerfGE 99, 1/8 gegen die frühere st. Rspr.; vgl. BVerfGE 89, 266/270; 95, 408/417 f; a.A. Bethge MSKB 56, 90 zu § 90). Dadurch wird die Landesverfassungsgerichtsbarkeit gestärkt (Badura BK 19 zu Anh. z. Art.38). Die Wahlgleichheit unterscheidet sich vom allgemeinen Gleichheitssatz durch ihre „weit stärkere Formalisierung" (BVerfGE 4, 375/382), durch ihren „formalen Charakter": Es verbleibt dem Gesetzgeber nur ein eng bemessener Spielraum; Differenzierungen in diesem Bereich bedürfen stets eines besonderen rechtfertigenden bzw. zwingenden Grundes (BVerfGE 95, 408/418 f; 121, 266/297; 124, 1/19; BVerwGE 51, 69/77). Allerdings muss sich die Differenzierung nicht von Verfassungs wegen als zwangsläufig oder notwendig darstellen (BVerfGE 71, 81/96; 120, 82/107; 121, 266/297 f).

8 c) **Unmittelbarkeit** der Wahl „verlangt, dass die Mitglieder einer Volksvertretung direkt ohne die Einschaltung von Wahlmännern gewählt werden. (Sie) schließt jedes Wahlverfahren aus, bei dem zwischen Wähler und Wahlbewerber nach der Wahlhandlung eine Instanz eingeschaltet ist, die nach ihrem Ermessen den Vertreter auswählt und damit dem einzelnen Wähler die Möglichkeit nimmt, die zukünftigen Mitglieder der Volksvertretung durch die Stimmabgabe selbständig zu bestimmen" (BVerfGE 47, 253/279 f). Die Unmittelbarkeit ist daher bei einer freien Willensentscheidung des Gewählten selbst über Nichtannahme, späteren Rücktritt (BVerfGE 3, 45/50; 47, 253/281) oder Ausscheiden aus der Partei (BVerfGE 7, 63/72) gewahrt. Die Unmittelbarkeit hindert auch nicht, dass die Wahl eines Bewerbers von der Mitwahl weiterer Bewerber abhängig gemacht wird (BVerfGE 7, 63/69; 21, 355/356; 47, 253/283); daher ist die Listenwahl als solche unproblematisch (Kretschmer SHH 20; Morlok DR 73; a.A. für das Listenprivileg der Parteien Achterberg/Schulte MKS 124; Trute MüK 25). Die Unmittelbarkeit setzt allerdings voraus, dass der Wähler erkennen kann, welche Personen sich um ein Mandat bewerben (BVerfGE 47, 253/280 f; 95, 335/350; 97, 317/326) und wie sich die eigene Stimmabgabe auf Erfolg oder Misserfolg der Wahlbewerber auswirken kann (BVerfGE 121, 266/307). Teilw. wird darüber hinaus

die Höchstpersönlichkeit der Stimmabgabe hierher gerechnet (OVG RP, DÖV 86, 155 f; Morlok DR 75).

d) Freiheit der Wahl bedeutet zunächst, dass der Wähler nach selbst be- **9** stimmtem Maßstab entscheiden darf, insb. nach Eigeninteresse (Hartmann, AöR 2009, 1). Weiter muss „der Akt der Stimmabgabe frei von Zwang und unzulässigem Druck bleiben" (BVerfGE 44, 125/139; 66, 369/380; 124, 1/24). Sie erstreckt sich auch auf die Wahlvorbereitung (Klein MD 107). Sie schützt vor allen Maßnahmen, die geeignet sind, die Entscheidungsfreiheit ernstlich zu beeinträchtigen (BVerfGE 40, 11/41; 66, 369/380; 124, 1/24). Sie betrifft nicht nur das Wie, sondern auch das Ob der Wahl (Klein MD 108; Morlok DR 83; Trute MüK 35; Magiera SA 85; Stern ST I 248 f; a. A. Kretschmer SHH 20; Schneider AK 48; Volkmann FH 29 zu Art.20). Zur Wahlfreiheit gehören auch ein grundsätzlich freies Wahlvorschlagsrecht für alle Wahlberechtigten (BVerfGE 41, 399/417; zust. Achterberg/Schulte MKS 126; Badura BK 30 zu Anh. z. Art.38) und eine freie Kandidatenaufstellung unter Beteiligung der Mitglieder der Parteien und Wählergruppen (BVerfGE 47, 253/282). Die Parteien müssen rechtlich mögliche und ihnen zumutbare organisatorische Maßnahmen zur Einladung der teilnahmeberechtigten Parteiangehörigen ergreifen (BVerfGE 89, 243/256). Wahlbewerber müssen sich ausreichend vorstellen können (BVerfGE 89, 243/260). Die Entscheidungsfreiheit garantiert die Auswahlmöglichkeit zwischen Kandidaten und Listen (BVerfGE 47, 253/283 f; 95, 335/350). Die zugelassenen Wahlvorschläge und die Ergebnisse der ersten Wahl bei einer Neuwahl müssen rechtzeitig bekanntgemacht werden (BVerfGE 79, 161/166; SächsVerfGH, LVerfGE 6, 244/252). Freiheit der Wahl steht in engem Zusammenhang mit Geheimheit der Wahl (unten Rn.10).

e) Geheimheit der Wahl „stellt den wichtigsten institutionellen Schutz **10** der Wahlfreiheit dar" (BVerfGE 99, 1/13; 124, 1/25) und schützt vor der Offenbarung, wie jemand wählen will, wählt oder gewählt hat. Der Grundsatz betrifft das Abstimmungsverhalten des Wählers, nicht das (staatliche) Wahlverfahren, für das der Grundsatz der Öffentlichkeit (Rn.11a zu Art.20) gilt (Klein MD 113). Er beschränkt sich nicht auf den Vorgang der Stimmabgabe am Wahltag, sondern erstreckt sich auf die Wahlvorbereitungen, die notwendig zur Verwirklichung des Wahlrechts gehören (BVerfGE 4, 375/386 f; 12, 33/35 f; 12, 135/139).

4. Beeinträchtigung

a) Allgemeinheit und Gleichheit werden beeinträchtigt durch staatli- **11** che Ungleichbehandlung im Zusammenhang mit der Wahl. Das kann durch die Benachteiligung eines Wählers oder Wahlbewerbers und durch die Begünstigung eines „vergleichbaren Falles" geschehen (BVerfGE 64, 301/321). Vergleichbar idS sind auch einzelne Wahlbewerber und Parteien (BVerfGE 11, 351/362; 41, 399/413; 69, 92/107). Die Gleichheit gibt aber kein subjektives Recht auf Ausschluss anderer von der Wahl (BVerfGE 89, 155/179 f; BVerfG-K, BayVBl 97, 499). Die Gleichheit gebietet die „Einrichtung einer Wahlprüfung, die sich auch auf die Ermittlung des Wahlergebnisses erstreckt" (BVerfGE 85, 148/158). Allgemeinheit und Gleichheit verpflichten den Gesetzgeber nicht zur Einführung der Brief- oder Vorauswahl (BVerfGE 12, 139/142; 15, 165/167; Badura BK 73 zu Anh. z. Art.38; Klein MD 97) und auch nicht zum Ausgleich vorgegebener Unterschiede zwischen den konkurrierenden Bewerbern und Bewerbergruppen (BVerfGE 78, 350/358; vgl. auch Rn.11 zu Art.21). Unter besonderen Umständen kann er aber verpflichtet sein, die ordnungsgemäße und fristgerechte Wahlvorbereitung zu überwachen (BVerfGE 82, 353/367). Politische Parteien können Allgemeinheit und Gleichheit bei der Kandidatenaufstellung (oben Rn.2) beeinträchtigen (unten Rn.15).

12   **b) Unmittelbarkeit** wird beeinträchtigt, wenn eine fremde Willensentscheidung außer der des Bewerbers selbst zwischen Wahlakt und Wahlergebnis geschaltet ist. Dies kann durch staatliches rechtliches und faktisches Verhalten sowie auf der Grundlage staatlicher Regelungen durch Private geschehen. Dagegen können entsprechende Handlungen Privater ohne rechtliche Grundlage die Unmittelbarkeit nicht beeinträchtigen. Bei der Listenwahl beeinträchtigen nachträgliche Änderungen (Auffüllung, Streichung, andere Reihenfolge) die Unmittelbarkeit (BVerfGE 3, 45/51; 7, 77/84f). Ersatzleute sind dann nicht durch die Landesliste mitgewählt, wenn die Partei des weggefallenen Wahlkreisabgeordneten in dem betreffenden Land über Überhangmandate verfügt (BVerfGE 97, 317/328). Die Nichtberücksichtigung von Listenkandidaten, die aus der Partei ausgeschieden sind (vgl. § 48 Abs.1 S.2 BWahlG) ist nicht insgesamt gültig (so BVerfGE 7, 63/72), sondern nur insoweit, als das Ausscheiden freiwillig und nicht durch Parteiausschluss erfolgt ist (HambVerfG, LVerfGE 12, 169/181f; Erichsen, Jura 83, 640; Pieroth/Schlink 1146; Trute MüK 30; a.A. Badura BK 28 zu Anh. z. Art.38; Morlok DR 78; Schreiber FH 65).

13   **c) Freiheit** wird durch Zwang und Druck von **staatlicher** Seite beeinträchtigt (BVerfGE 44, 125/139), d.h. es darf keine inhaltliche Beeinflussung des Wählers erfolgen. Hinsichtlich des Ob der Wahl wäre dies bei einer Wahlpflicht der Fall (oben Rn.9); hinsichtlich des Wie der Wahl bei der parteiergreifenden Bevorzugung einer Partei oder eines Bewerbers gegenüber anderen oder aller am Wahlkampf beteiligten Parteien oder Bewerber gegenüber der Regierung (BVerfGE 44, 125/144; BVerwGE 104, 323/327), insb. „unter Einsatz staatlicher Mittel" (BVerfGE 63, 230/243), sowie bei der Beseitigung einer Auswahlmöglichkeit. Beeinträchtigungen der Freiheit des aktiven Wahlrechts sind hier häufig zugleich Beeinträchtigungen der Chancengleichheit des Wahlbewerbers (oben Rn.6) und der Chancengleichheit der Parteien (Rn.16 zu Art.21).

14   **Werbende Äußerungen** dürfen nicht in amtlicher Eigenschaft abgegeben werden (BVerwGE 104, 323/327ff; 118, 101/103; Studenroth, AöR 2000, 257); für sie darf auch nicht das Diensttelefon benutzt werden (BVerwG, NVwZ 99, 424). Die Erläuterung der Briefwahlunterlagen im Fernsehen ist keine Werbung (BVerfGE 40, 11/41). Zulässig ist auch die innerhalb der jeweiligen Kompetenzen bleibende Öffentlichkeitsarbeit zur Erläuterung und Verteidigung der Politik (Badura BK 3 zu Anh. z. Art.38), z.B. Presseerklärungen, Wiedergabe von Gesetzen und Gefahraufklärungen (BVerfGE 44, 125/149) und ein „Tag der offenen Tür" (VerfGH RP, LKRZ 07, 60; Hu-

fen, LKRZ 07, 41). Für unzulässige Wahlwerbung spricht, wenn der informative Gehalt einer Druckschrift oder Anzeige eindeutig hinter die reklamehafte Aufmachung zurücktritt und die Aktivitäten in Wahlkampfnähe anwachsen (BVerfGE 44, 125/151 ff; 63, 230/243 f; StGH BW, ESVGH 31, 81; BremStGH, NVwZ 85, 649; HessStGH, NVwZ 92, 465; LVerfG MV, LVerfGE 4, 268/279; VerfGH NW, NVwZ 92, 467; LVerfG SAn, LVerfGE 3, 261/271). Bei Volksentscheiden darf die Regierung nicht wie eine der beteiligten Gruppen in den Abstimmungskampf eingreifen (BVerfGE 37, 84/91; BerlVerfGH, LVerfGH 3, 75/81; 4, 30/33 f; Schürmann, o. Lit, 312 ff), d. h. es besteht für ihr grundsätzlich zulässiges Werben ein Sachlichkeitsgebot (Oebbecke, BayVBl 98, 645). Auch Fraktionen dürfen die ihnen aus öffentlichen Mitteln zur Verfügung gestellten Zuschüsse nicht zur Wahlwerbung verwenden (BVerfG-K, DÖV 83, 153; BremStGHE 4, 111/146 f; Cancik, ZG 2007, 349). Die Wahlfreiheit verpflichtet darüber hinaus die Regierung zu Vorkehrungen dagegen, „dass die von ihr für Zwecke der Öffentlichkeitsarbeit hergestellten Druckwerke nicht von den Parteien selbst oder von anderen sie bei der Wahl unterstützenden Organisationen oder Gruppen zur Wahlwerbung eingesetzt werden" (BVerfGE 44, 125/154).

Die Wahlfreiheit richtet sich auch gegen **Private** (BVerfGE 66, 369/380; **15** Achterberg/Schulte MKS 125; Badura BK 3, 29 zu Anh. z. Art.38; Trute MüK 42). Deren Einflussnahme auf die Wahl ist im Rahmen des Art.5 Abs.1, 2 erlaubt (BVerfGE 37, 84/91; 42, 53/62; 47, 198/229; 48, 271/278). Das gilt auch für kirchliche Aufrufe zur Wahl einer bestimmten Partei (BVerwGE 18, 14/17; OVG NW, OVGE 18, 1). Dagegen ist die von einem privaten Arbeitgeber ausgesprochene Kündigung eines Arbeitnehmers wegen einer bestimmten Stimmabgabe nichtig (Trute MüK 43). Welcher Druck von Privaten unzulässig ist, wird im Tatbestand des § 108 StGB (Wählernötigung) in verfassungsmäßiger Weise konkretisiert (BVerfGE 66, 369/380). Es muss „in schwer wiegender Art und Weise auf die Wählerwillensbildung eingewirkt" worden sein, „ohne dass eine hinreichende Möglichkeit der Abwehr, z.B. mit Hilfe der Gerichte oder der Polizei, oder des Ausgleichs, etwa mit Mitteln des Wahlwettbewerbs, bestanden hätte" (BVerfGE 103, 111/133). Eine Beeinträchtigung der Wahlfreiheit durch Übergabe von Geschenken hat BVerfGE 21, 196/198 offen gelassen; sie ist bei Gegenständen von einigem Wert zu bejahen (Frowein, AöR 1974, 104; Trute MüK 47). Zu den Privaten zählen auch die politischen Parteien, insb. bei der Kandidatenaufstellung (vgl. BVerfGE 89, 243/251). Die Veröffentlichung von Meinungsumfragen und Wahlprognosen beeinträchtigt die Wahlfreiheit nicht (Morlok DR 93). Zur Ablehnung von Wahlanzeigen durch Presseunternehmen Rn.21 zu Art.21.

d) Geheimheit wird durch unzulässige Offenbarung durch **staatliche 16** Maßnahmen beeinträchtigt. Dazu gehört auch eine gerichtliche Beweiserhebung über die Wahlentscheidung einer Person (BVerwGE 49, 75/76; BGH, JZ 81, 103; Klein MD 111; a.A. für den Strafprozess und das Wahlprüfungsverfahren vorbehaltlich eines Aussageverweigerungsrechts Silberkuhl HÖ 10). Das Wahlgeheimnis verpflichtet darüber hinaus den Staat zu Vorkehrungen, die die geheime Stimmabgabe gewährleisten, wie sichtgeschützte Wahlzelle und verdeckter (mindestens gefalteter) Stimmzettel (Trute MüK 70), nicht aber zur Verwendung von Stimmzettelumschlägen (BVerwG, Bh 160 Nr.25). Bei der Wahlvorbereitung gelten geringere Anforderungen (BVerf-GE 3, 19/32; 5, 77/82; Badura BK 31 zu Anh. z. Art.38). Soweit die Briefwahl zulässig ist (unten Rn.21), ist der Gesetzgeber verpflichtet, Missbräuche zu beseitigen, die das Wahlgeheimnis gefährden, und sind die Behörden „gehalten, darüber zu wachen und im Rahmen ihrer Möglichkeiten dafür zu sorgen, dass bei der Briefwahl das Wahlgeheimnis und die Freiheit der Wahl gewährleistet bleiben" (BVerfGE 59, 119/127).

17   Die Geheimheit richtet sich wie die Wahlfreiheit (oben Rn.15) auch gegen **Private** (Achterberg/Schulte MKS 151; Trute MüK 68). Die Offenbarung durch den Wähler selbst ist vor und nach der Wahl zulässig, nicht aber bei der Stimmabgabe (OVG Lüneburg, OVGE 12, 418; VGH BW, ESVGH 14, 11/15; Klein MD 111; Trute MüK 69).

5. Rechtfertigung von Beeinträchtigungen (Schranken)

18   **a)** Beeinträchtigungen der **Allgemeinheit und Gleichheit** bedürfen eines besonderen rechtfertigenden Grundes (oben Rn.5, 7). Dieser muss zudem geeignet und erforderlich sein (BVerfGE 95, 408/418, 420; 121, 266/298; 124, 1/19 f). Er kann in einer speziellen **Verfassungsvorschrift** enthalten sein. So durchbricht Abs.2 die Allgemeinheit: Das aktive Wahlrecht beginnt seit der Verfassungsänderung von 1970 (Einl.3 Nr.27) mit Vollendung des 18. Lebensjahrs, ebenso seit einer Gesetzesänderung von 1975 das passive Wahlrecht; vollendet ist das 18. Lebensjahr mit Beginn des Geburtstags (vgl. § 187 Abs.2 S.2 BGB). Ein weitergehendes Kinderwahlrecht ist verfassungsrechtlich nicht geboten (BVerfG-K, NVwZ 02, 69 f; Breuer, NVwZ 02, 43). Ein Familienwahlrecht, bei dem entweder den Eltern eine zusätzliche Stimme pro Kind zuerkannt wird oder die Eltern stellvertretend für ihr wahlberechtigtes Kind wählen, verstößt gegen die Gleichheit (Badura BK 12, 37 zu Anh. z. Art.38; Holste, DÖV 05, 110; Klein MD 138; Roth UC 43; Schreiber, DVBl 04, 1341; Wernsmann, Staat 2005, 43; a.A. für das Stellvertretermodell Oebbecke, JZ 04, 987; Reimer, ZParl 2004, 322). Art.137 Abs.1 ermächtigt zu Beschränkungen der Allgemeinheit des passiven Wahlrechts (Rn.3–7 zu Art.137). Die Inkompatibilitätsvorschriften der Art.55 Abs.1 und 94 Abs.1 S.3 betreffen unmittelbar zwar nur die Unvereinbarkeit eines Amts mit dem Abgeordnetenstatus, haben aber mittelbare Auswirkungen auf das passive Wahlrecht. Mit Art.33 Abs.5 werden die Altersgrenzen für die Wählbarkeit kommunaler Wahlbeamter gerechtfertigt (BayVerfGHE 21, 83/90; vgl. auch BVerfG-K, DVBl 94, 44; NVwZ 97, 1207; VerfGH RP, NVwZ 07, 1052; krit. Gramlich, JA 86, 132 f).

19   Der besondere rechtfertigende Grund kann auch in **systematischer Auslegung** dem GG entnommen werden. Er muss durch die Verfassung legitimiert, nicht aber geboten sein (BVerfGE 95, 408/418). So werden Sperrklauseln bei dem Verhältniswahlsystem, die den gleichen Erfolgswert der Stimmen beeinträchtigen, mit der Funktionsfähigkeit des Parlaments gerechtfertigt (BVerfGE 1, 208/248 ff; 51, 222/237 f; 95, 408/419 f; für Kommunalwahlen diff. BVerfGE 120, 82/109 ff; VerfGH NW, NVwZ 00, 666;

LVerfG MV, LVerfGE 11, 306/323 ff). Zur Höhe hat BVerfGE 1, 208/256 5% als „gemeindeutschen Satz" bezeichnet, eine Erhöhung „bei ganz besonderen, zwingenden Gründen" zwar nicht ausgeschlossen (vgl. auch BVerfGE 34, 81/100 ff), aber für „in aller Regel" verfassungswidrig erachtet (BVerfGE 47, 253/277; 95, 408/419); unter den besonderen Umständen der ersten gesamtdeutschen Wahl 1990 war ein Festhalten an 5% in einem einheitlichen Wahlgebiet unzulässig (BVerfGE 82, 322/340); BayVerfGHE 2, 45 ff; 11, 140 ff haben 10% auf der Ebene des Regierungsbezirks nicht beanstandet (krit. zur 5%-Klausel Dreier DR 71 zu Art.28; Meyer HbStR³ III § 46 Rn.40; Morlok DR 107; Löwer MüK 23 zu Art.28; Roth UC 68 f).

Andere Beeinträchtigungen hat das BVerfG mit der **Tradition** gerechtfer   **20** tigt, etwa „dass vom Wahlrecht ausgeschlossen blieb, wer entmündigt war, wer unter vorläufiger Vormundschaft oder wegen geistigen Gebrechens unter Pflegschaft stand oder wer infolge Richterspruchs das Wahlrecht nicht besaß" (BVerfGE 36, 139/141 f; vgl. auch BVerfGE 42, 312/341; 67, 146/148; krit. Meyer HbStR³ III § 46 Rn.4, 14; Morlok DR 61, 72; Roth UC 21; K. Stein, GA 2004, 22). Das gilt auch für das Erfordernis der Sesshaftigkeit im Bundesgebiet (BVerfGE 36, 139/142 ff; 58, 202/205; ThürVerfGH, LVerfGE 6, 387/398; krit. Meyer HbStR³ III § 46 Rn.2 Fn.7) bzw. der früheren Sesshaftigkeit im Bundesgebiet bei im Ausland lebenden Deutschen (BVerfG-K, NJW 91, 690). So ist es auch zu verstehen, dass das BVerfG das Mehrheitswahlrecht für zulässig erklärt hat (BVerfGE 6, 84/90; 34, 81/100; 95, 335/349 ff; krit. Meyer HbStR³ III § 45 Rn.31; Morlok DR 97, 101; Nicolaus, ZRP 97, 185). Auch ohne Art.38 Abs.2 wäre ein Mindestwahlalter gerechtfertigt (BVerfGE 42, 312/340 f; BVerfG-K, NVwZ 02, 69 f). Die Anforderungen für Auslandsdeutsche gem. § 12 Abs.2 BWahlG sind zu streng (Breuer, Verfassungsrechtliche Anforderungen an das Wahlrecht der Auslandsdeutschen, 2001, 223 ff; a. A. Badura BK 39 zu Anh. z. Art.38).

b) Beeinträchtigungen der **Unmittelbarkeit, Freiheit und Geheimheit**   **21** können nicht durch Abs.3 gerechtfertigt werden, der ein Regelungs- und kein Gesetzesvorbehalt ist (Morlok DR 61, 125; Trute MüK 105; Pieroth/Schlink 1037; a. A. Erichsen, Jura 83, 636). Im Übrigen wird dem Bund durch Abs.3 eine ausschließliche Gesetzgebungskompetenz (Rn.5 zu Art.70) und ein Regelungsauftrag (BVerfGE 121, 266/296; 123, 39/71; 124, 1/19; Rn.22 zu Art.70) für das Bundeswahlrecht verliehen, während für das Landeswahlrecht die Länder gesetzgebungskompetent sind (Rn.21 zu Art.70). Eine Rechtfertigung von Beeinträchtigungen kann sich nur aus kollidierendem Verfassungsrecht ergeben (Vorb. 45–49 vor Art.1). Hierunter fallen namentlich die einzelnen Wahlrechtsgrundsätze selbst, die möglicherweise jeweils nicht „in voller Reinheit verwirklicht" werden können (BVerfGE 3, 19/24 f; 59, 119/124; krit. Meyer HbStR³ III § 46 Rn.31). So sind Beeinträchtigungen der Geheimheit bei der Briefwahl (BVerfGE 59, 119/124; BVerwG, NVwZ 86, 756) und bei der Wahl mit Hilfe einer Vertrauensperson (BVerfGE 21, 200/206; BVerwG, DÖV 74, 388) durch die Allgemeinheit der Wahl gerechtfertigt worden (vgl. auch BayVerfGHE 27, 139/146 ff). Art.118a ermächtigt die beteiligten Landesregierungen, für die Fusion zu werben (Rn.1 zu Art.118a).

6. Einzelfälle

22   Zum **Wahlsystem:** *Verhältniswahl* ist verfassungsmäßig (BVerfGE 66, 291/
304; 95, 335/349; 121, 266/296), auch wenn keine überregionale Stimmen-
verrechnung erfolgt (BVerfGE 34, 81/99; VerfGH RP, NVwZ 88, 820); zur
Mehrheitswahl oben Rn.20; *Wahlkreisgrößenunterschiede* können bei Mehrheitswahl und bei Verhältniswahl bezüglich der Gewinnung von Überhangmandaten gegen die Gleichheit verstoßen (BVerfGE 13, 127/128 f; 79, 169/
171; 95, 335/358, 363 f; BVerfG-K, NVwZ 02, 72; BVerwGE 132, 166
Rn.28 ff; Klein MD 124; vgl. auch Lenz, AöR 1996, 357); eine Abweichung von der Durchschnittsgröße der Wahlkreise von plus/minus 25 v. H.
wird hingenommen (StGH BW, LVerfGE 18, 3/19 f; vgl. aber Rn.7 zu
Art.28); *Stimmensplitting* führt nicht zu Gleichheitsverstoß (BVerfGE 79, 161/
167 f); *Listenverbindungen* verschiedener Parteien zu einer Zählgemeinschaft
verletzen, anders als *Listenvereinigungen* als verfestigte Form des Zusammenwirkens mit fester Rangfolge der Bewerber verschiedener Parteien die Gleichheit (BVerfGE 82, 322/345 ff); zulässig ist die Vereinbarung zweier Parteien,
jeweils nur eine Landesliste aufzustellen, auf dieser aber auch Mitglieder der
anderen Partei zu platzieren (BT-Drs.16/3900; a. A. Kretschmer SHH 16).

22a   Zur **Vorbereitung und Durchführung der Wahl:** *Nominationsmonopol*
der politischen Parteien verstößt gegen die Allgemeinheit und Gleichheit des
passiven und gegen die Freiheit des aktiven Wahlrechts (BVerfGE 11, 351/
361 f; 41, 399/417; 47, 253/282); *Quotenregelungen* bei der Wahl von Kandidaten für Volksvertretungen verstoßen gegen die Gleichheit (v. Nieding,
NVwZ 94, 1173 ff; Sachs, NJW 89, 555; diff. Roth UC 78 f; a. A. Lange,
NJW 88, 1183); *Doppelkandidatur* darf verboten werden (BVerwG, NVwZ
92, 489; BayVerfGHE 46, 94/101; Kretschmer SHH 19); *Scheinkandidatur* eines Listenbewerbers verstößt nicht gegen die Unmittelbarkeit (HessVGH,
DÖV 70, 643; OVG RP, NVwZ-RR 92, 256; a. A. K. Stein, ZG 01, 140 ff);
Zweitlisten dürfen bei zahlenmäßiger Begrenzung der Listen verboten, aber
nur in äußerlich erkennbaren Fällen angenommen werden (BVerfG-K
NVwZ 95, 577; BayVerfGHE 46, 21 ff); *Wahlrechtsbescheinigung* und Be-
nutzung von Formblättern als Voraussetzung für die Unterzeichnung eines
Wahlvorschlags sind verfassungsmäßig (BVerfGE 3, 19/32 f; 46, 196/199);
Unterschriftenprüfung bei Wahlvorschlägen ist verfassungsmäßig (BVerfGE 12,
132/134); *Unterschriftenquoren* sind unter der Voraussetzung angemessener
Begrenzung (zwischen einem und drei Tausendstel der Wahlberechtigten;
vgl. BerlVerfGH, NVwZ-RR 03, 466) zulässig, um die Ernsthaftigkeit von
Wahlvorschlägen (BVerfGE 12, 10/27; 60, 162/168; 82, 353/364) und die
Repräsentationseignung von Kandidaten (LVerfG SA, LVerfGE 12, 371/383)
nachzuweisen und den Wähler vor Vergeudung seiner Stimme zu schützen
(Badura BK 21 zu Anh. z. Art.38); dabei soll auch zwischen neuen und bereits im Parlament vertretenen Parteien (BVerfGE 3, 19/29 f; 12, 135/137;
89, 266/270; 89, 291/301; SächsVerfGH, LVerfGE 18, 490/495 f) und zwischen Parteien und parteifreien Wählervereinigungen (BVerfGE 5, 77/81 f)
unterschieden werden dürfen (krit. Meyer HbStR³ III § 46 Rn.61; vgl. auch
Oebbecke, Verw 98, 223 ff) und keine Pflicht zur Herabsetzung bei vorzeitiger Beendigung der Wahlperiode bestehen (BerlVerfGH, NVwZ-RR 03,

467); *öffentliche Bekanntmachung der Kreiswahlvorschläge* ist zulässig (BVerfGE 79, 161/165 f); *Reihenfolge von Wahlvorschlägen* für die Veröffentlichung darf nach Eingangszeitpunkt, Los oder Stimmergebnissen bei vorausgegangenen Wahlen festgelegt werden (HessStGH, NVwZ-RR 93, 657; NVwZ 96, 161; krit. Kleindiek, NVwZ 96, 131 ff), Einzelbewerber dürfen nach Parteien platziert werden (LVerfG SAn, LVerfGE 18, 535/543 f); *Internet- oder Online-Wahlen* vom privaten Rechner aus sind unzulässig (Kretschmer SHH 32; Morlok DR 127; Will, Internetwahlen, 2002, 153); *Nachwahlen* sind zulässig (BVerfGE 124, 1/18 ff); *Wahlkampfkostenerstattung* steht im Ermessen des Gesetzgebers (vgl. Rn.40 zu Art.21); soweit sie gewährt wird, müssen unabhängige Bewerber und Parteien (BVerfGE 41, 399/418), nicht aber Abstimmungen und Wahlen gleichbehandelt werden (BVerfGE 42, 53/58 f; BVerwG, NVwZ 83, 737).

Zur **Mandatsverteilung:** *Überhangmandate* sind unzulässig, soweit sie **22b** über einen mit jeder Sitzzuteilung im Proportionalverfahren unausweichlichen Umfang hinausgehen (BVerfGE *abwM* 95, 335/367 ff; Roth UC 98 ff; **a. A.** BVerfGE 95, 335/357 ff; Kretschmer SHH 55); ein im Zusammenhang mit Überhangmandaten auftretendes *negatives Stimmgewicht* verletzt die Gleichheit und Unmittelbarkeit (BVerfGE 121, 266/298 ff, 307 f); zu *Sperrklauseln* oben Rn.19; *Grundmandatsklausel* (vgl. § 6 Abs.6 S.1 BWahlG) ist verfassungswidrig (Hoppe, DVBl 95, 268 ff; Erichsen, Jura 84, 31 f; Kretschmer SHH 53; Morlok DR 111; Roth UC 72; **a. A.** BVerfGE 95, 408/420 ff unter Hinweis auf eine „effektive Integration des Staatsvolkes"); *nationale Minderheiten-Klausel* (vgl. § 6 Abs.6 S.2 BWahlG) ist mit Gleichheit vereinbar (BVerfGE 5, 77/83; 6, 84/97 f; BVerfG-K, NVwZ 05, 569; a. A. Morlok DR 108; Roth UC 72); *Verteilungsverfahren* nach d'Hondt (BVerfGE 16, 130/140; 79, 169/170 f; BVerwG, Bh 160 Nr.23, 28; einschr. BayVerfGHE 45, 54/64 f; krit. Meyer HbStR^3 III § 46 Rn.55) und Hare/Niemeyer (BVerfGE 79, 169/170 f; BVerwG, Bh 160 Nr.35; NVwZ 97, 291; NdsStGH, OVGE 32, 485/489 ff) sollen mit Gleichheit vereinbar sein, obwohl nur Sainte-Laguë/Schepers (vgl. § 6 Abs.2, 3 BWahlG) eine erfolgswertoptimale Mandatszuteilung garantiert (Meyer HbStR^3 III § 46 Rn.57; Pukelsheim, DÖV 04, 410; vgl. auch StGH BW, LVerfGE 14, 3/15); *ruhendes Mandat* verletzt insoweit die Unmittelbarkeit, als das Mandat des Nachrückers von einer Willenserklärung des durch die Ruhenserklärung aus dem Parlament Ausgeschiedenen abhängt (HessStGH, ESVGH 27, 193/197 ff).

II. Stellung der Bundestagsabgeordneten (Abs.1 S.2, Abs.3)

1. Anwendungsbereich und Bedeutung

Die Vorschrift gilt nur für die **Abgeordneten des Deutschen Bundes-** **23** **tags** (BVerfGE 3, 383/390 f; 6, 445/447), nicht aber für Gemeindevertreter (BVerwGE 90, 104/105). Zum Abgeordnetenstatus in den Volksvertretungen der Länder und Gemeinden Rn.4, 7 zu Art.28. Abs.1 S.2 gilt nicht für ehemalige oder zukünftige Abgeordnete, auch nicht für als Ersatzleute gewählte Listenbewerber (BVerfGE 7, 63/73). Das Mandat *beginnt* mit dem Zusammentritt eines neuen Bundestags (Rn.2 zu Art.39). Außerdem muss die schriftliche Erklärung des Bewerbers über die Annahme seiner Wahl beim zuständigen Wahlleiter eingegangen sein (vgl. § 45 BWahlG; BVerfGE 2, 300/304). Zwischen der Annahmeerklärung und dem Zusammentritt des neuen Bundestags steht den gewählten Bewerbern eine Mandatsanwartschaft zu (Schneider AK 12 zu Art.39; Morlok DR 131). Das Mandat *endet* mit dem Zusammentritt eines neuen Bundestags (Rn.3 zu Art.39) und mit dem Tod des Abgeordneten, ferner gem. § 46 Abs.1 S.1 Nr.1–4 BWahlG mit Ungültigkeit des Erwerbs der Mitgliedschaft, Neufeststellung des Wahlergebnisses, Wegfall einer Wählbarkeitsvoraussetzung (vgl. BVerfGE 5, 2/6 ff) und Verzicht (zu weiteren Verlustgründen vgl. Klein MD 132 ff zu Art.41). Das Parteiverbot gem. Art.21 Abs.2 ist von BVerfGE 2, 1/74 als Verlustgrund anerkannt worden (vgl. § 46 Abs.1 S.1 Nr.5, Abs.4 BWahlG, § 22 Abs.2 Nr.5 EuWG; ebenso Badura BK 73, 103; Magiera SA 55; Achterberg/Schulte MKS 56; Schreiber FH 107; dagegen Morlok DR 153 zu Art.21; Hesse 601).

24   In der Normierung der Abgeordneten als „Vertreter des ganzen Volkes" kommt das **Repräsentationsprinzip** zum Ausdruck (vgl. BVerfGE 102, 224/237; 112, 118/134; Rn.6 zu Art.20). Vertretung ist hier nicht im rechtsgeschäftlichen oder prozessualen Sinn zu verstehen (vgl. Achterberg/Schulte MKS 32). Die Abgeordneten sind nicht einem Land, einem Wahlkreis, einer Partei, einer Bevölkerungsgruppe, sondern dem ganzen Volk gegenüber verantwortlich; sie sind „gemeinpflichtig" (Badura BK 62). Da sie in der Realität fast stets als Vertreter einer Partei gewählt werden, besteht ein gewisses „Spannungsverhältnis" zu Art.21 (BVerfGE 2, 1/72; 5, 85/392; Schreiber FH 98; a. A. Schneider AK 19). Die vom Volk ausgehende Staatsgewalt (Rn.4 zu Art.20) wird vom Parlament als ganzen iSd Gesamtheit seiner Mitglieder ausgeübt (BVerfGE 44, 308/315 f; 56, 396/405; 80, 188/217 f). Dies setzt die gleiche Mitwirkungsbefugnis aller Abgeordneten voraus (BVerfGE 84, 304/321; 102, 224/237; 104, 310/329 f). Die Rechtsstellung des Abgeordneten wurzelt daher im Demokratieprinzip (BVerfGE 118, 277/353; Rn.15 zu Art.20). Die verminderte Präsenz der Abgeordneten im Plenum verstößt solange nicht gegen das Repräsentationsprinzip, als die endgültige Beschlussfassung über ein parlamentarisches Vorhaben dem Plenum vorbehalten bleibt, die Mitwirkung der Abgeordneten bei der Vorbereitung der Parlamentsbeschlüsse außerhalb des Plenums der Mitwirkung im Plenum im Wesentlichen gleich zu erachten ist und der parlamentarische Entscheidungsprozess institutionell in den Bereich des Parlaments eingefügt bleibt (BVerfGE 44, 308/317; 123, 39/67). Ein Verstoß liegt dagegen in der freiwilligen dauerhaften Nichtausübung des Mandats (BVerfGE 56, 396/405; vgl. auch unten Rn.31). Das Repräsentationsprinzip verbietet, dass zwei gewählte Landtage gleichzeitig nebeneinander amtieren (BayVerfGH, VwRspr. Bd.26, Nr.30 S.143).

2. Verfassungsrechtlicher Status

25   **a) Allgemeines.** Abs.1 S.2 ist anders als Abs.1 S.1 (oben Rn.1) kein grundrechtsgleiches Recht (BVerfGE 6, 445/448). Der Abgeordnete hat ein „Amt" (Art.48 Abs.2 S.1) inne und übt öffentliche Gewalt aus. Gleichzeitig

stehen ihm subjektive öffentliche Rechte zu, die er mit der Verfassungsbeschwerde geltend machen kann (unten Rn.36). Er ist Teil des Verfassungsorgans Bundestag und gehört nicht zum Öffentlichen Dienst iSd Art.33
Abs.4, 5 (BVerfGE 76, 256/341 ff; BVerwG, NVwZ 98, 502). Abs.1 S.2
garantiert Freiheit, Gleichheit und Teilhabe des Abgeordneten (unten
Rn.26–35; BVerfGE 112, 118/134; 123, 267/342; Häberle, NJW 76, 537);
zum Rechtsschutz unten Rn.36. Abs.3 ist kein Gesetzesvorbehalt (vgl. oben
Rn.21). Die konkrete Reichweite einzelner Rechte und Befugnisse ergibt
sich häufig erst aus einer systematischen Auslegung mit den verfassungsrechtlichen und in einem Rechtssatz fixierten (Klein MD 219; Morlok DR 151)
Befugnissen des Bundestags und seiner Organe gem. Art.40 Abs.1 S.2, mit
dem Verfassungsgebot der Sicherung der Funktionsfähigkeit des Parlaments
und mit dem Mehrheitsprinzip gem. Art.42 Abs.2 S.1 (BVerfGE 112, 118/
136 f; 118, 277/324). Dabei dürfen die Rechte des einzelnen Abgeordneten
„eingeschränkt, ihm jedoch grundsätzlich nicht entzogen werden" (BVerfGE
80, 188/219). Die Veröffentlichung von Angaben über Tätigkeiten neben
dem Mandat ist eine zulässige Ausgestaltung des demokratisch-repräsentati-
ven Status des Abgeordneten (BVerfGE 118, 277/352 ff). Einzelne Aspekte
des verfassungsrechtlichen Status sind in Art.46–48 speziell geregelt. Aus
Art.38 Abs.1 S.2 und Art.48 Abs.3 S.1 hat das BVerfG eine Schutzpflicht
abgeleitet: Es sind gesetzliche Vorkehrungen gegen finanzielle Abhängigkeiten zu schaffen (BVerfGE 40, 296/319; vgl. auch Rn.5 zu Art.48).

b) Die **Inkompatibilitäts**vorschriften der Art.55 Abs.1, 94 Abs.1 S.3 **25a**
und 137 Abs.1 verbieten die Innehabung bestimmter Ämter neben dem
Mandat; s. auch Rn.1 zu Art.45b, Rn.3 zu Art.51. Demgegenüber ist die
Vereinbarkeit der Ämter des Bundeskanzlers und der Bundesminister mit
dem Abgeordnetenmandat traditionelles Kennzeichen des parlamentarischen
Regierungssystems; dafür spricht auch Art.53a Abs.1 S.2 Hs. 2 (Schenke BK
32 zu Art.64; Maunz MD 33 ff zu Art.66; a. A. Epping MKS 17 ff zu Art.66;
Meyer ParlRPr 129 ff; Schreiber FH 126). Diese Rechtfertigung der Beein-
trächtigung der Gewaltenteilung (Rn.23–27 zu Art.20) trägt aber nicht die
Einrichtung der Parlamentarischen Staatssekretäre (Meyer ParlRPr 132 ff;
a. A. Badura BK 76). Keine Inkompatibilität besteht zwischen Mandaten im
Bundestag und einem Landesparlament (Achterberg/Schulte MKS 79, 83;
Versteyl ParlRPr 479 f; a. A. Morlok DR 140; Tsatsos ParlRPr 724 f; vgl.
auch Rn.5 zu Art.48). Gem. § 23 Abs.2 Nr.11a EuWG besteht Inkompati-
bilität mit einem Mandat im Europäischen Parlament. Aus Gründen der
Gewaltenteilung kann ein Bundestagsabgeordneter auch nicht Mitglied einer
Landesregierung sein (Badura BK 76; Klein MD 227). Abgeordnete dürfen
Schöffe und Laienrichter sein (BGHSt 22, 85/87).

c) Die **Freiheit** des Abgeordneten kommt in den Formulierungen „an **26**
Aufträge und Weisungen nicht gebunden und nur ihrem Gewissen unterworfen" zum Ausdruck. Aufträge und Weisungen brauchen nicht begrifflich
unterschieden zu werden (Klein MD 194; Schneider AK 39; Trute MüK 86).
Zum Begriff des Gewissens Rn.45 zu Art.4; allerdings braucht der Abgeordnete eine Berufung auf sein Gewissen nicht zu begründen und dürfen ihm aus
einer fehlenden Begründung keine Nachteile erwachsen (Schneider AK 40);

Pieroth 697

die Betonung liegt also auf „nur" (Badura BK 52). „Die Freiheit des Abgeordneten gewährleistet nicht eine Freiheit von Pflichten, sondern lediglich die Freiheit in der inhaltlichen Wahrnehmung dieser Pflichten" (BVerfGE 118, 277/326); daher ist die Regelung des § 44a AbgG, wonach die Ausübung des Mandats im Mittelpunkt der Tätigkeit des Abgeordneten steht, verfassungsrechtlich nicht zu beanstanden; zur Zulässigkeit von Nebentätigkeiten s. auch Rn.5 zu Art.48. Die Freiheit bezieht sich darüber hinaus auf alle Entscheidungen, die der Abgeordnete im Parlament zu treffen hat, auch solche, die ihn nicht in Gewissensnot bringen (Morlok DR 146). Die Bindung des Abgeordneten an die nicht gerade wegen Verstoßes gegen seine Freiheit nichtigen Gesetze bleibt hiervon unberührt (Schneider AK 40; Trute MüK 87). Die Freiheit umfasst die sachliche und die persönliche Unabhängigkeit, d. h. die grundsätzliche Unentziehbarkeit des Mandats (oben Rn.23). Sie soll auch die „politische Vertrauenswürdigkeit des Abgeordneten" umfassen, aber durch die Kollegialenquête gem. § 44c Abs.2 AbgG nicht verletzt sein (BVerfGE 94, 351/367 ff; vgl. auch die 4 : 4-Entscheidung BVerfGE 99, 19/32). Sie enthält aber kein Recht auf eine bestimmte Höhe der Fraktionszuschüsse (Rn.6 zu Art.40) und auf die Regelung ihrer Verteilungskriterien durch den Haushaltsgesetzgeber (BVerfGE 62, 194/201).

27 Die Freiheit **richtet** sich gegen alle staatlichen Maßnahmen, die den Bestand und die Dauer des Mandats (BVerfGE 62, 1/32; 114, 121/148 f) beeinträchtigen und die inhaltliche Bindungen der Mandatsausübung herbeiführen oder sanktionieren. Darüber hinaus richtet sich die Freiheit auch gegen Private, insb. Parteien und Wähler (Schneider AK 20, 39; Badura ParlRPr 495 ff). Rechtliche Bindungen können danach ihnen gegenüber nicht zustandekommen; faktische Bindungen bleiben aber unberührt (Wefelmeier, o. Lit. B, 164). Das führt bei Rechtshandlungen, deren Rechtsfolge gerade die Bindung ist, wie Verträgen und verpflichtenden Erklärungen, zu deren Nichtigkeit. Bei Rechtshandlungen, die auch ohne Bindung rechtlich sinnvoll bleiben, wie Beschlüsse von Parteitagen, führt die Freiheit des Abgeordneten dazu, dass sie ihnen gegenüber keine Bindungswirkung entfalten. Betrifft ein Parteitagsbeschluss aber ausdrücklich die Bindung des Abgeordneten oder enthält er eine Sanktion für eine den Parteibeschlüssen zuwiderlaufende Mandatsausübung (sog. imperatives Mandat) oder hat er Nötigungscharakter (NdsStGH, NJW 85, 2319), ist auch insofern Nichtigkeit anzunehmen. Auch eine Bindung an die Grundsatzprogramme als „rahmengebundenes Mandat" (Achterberg, 1975) oder als „generelles Mandat" (Oppermann, VVDStRL 1975, 51 ff) ist nicht anzuerkennen (Schneider AK 40; Klein HbStR³ III § 51 Rn.5 f; Morlok DR 144). Dagegen sind Wahlversprechungen des Abgeordneten zulässig, wenn auch nicht rechtsverbindlich (Badura BK 55; Schneider AK 25, 39). Im Privatrecht bewirkt die Freiheit, dass die Befristung der Arbeitsverhältnisse von wissenschaftlichen Mitarbeitern einer Parlamentsfraktion gerechtfertigt werden kann (BAGE 89, 316/320 ff).

28 Diese Maßstäbe gelten grundsätzlich auch im Verhältnis des Abgeordneten zu den **Fraktionen** (unten Rn.35). Fraktionsbeschlüsse haben nur den Charakter unverbindlicher Empfehlungen (BVerfGE 47, 308/318; BVerwGE 90, 104/106). Um der Erfüllung ihrer verfassungsgemäßen Aufgaben willen wird ihnen aber die Befugnis zugestanden, ein möglichst geschlossenes Auftreten

im Parlament durch Verfahrens- und Verhaltensregeln für die ihnen angehörenden Abgeordneten herbeizuführen (BVerfGE 10, 4/14; vgl. auch BVerfGE 102, 224/237 f; sog. Fraktionsdisziplin; krit. Achterberg/Schulte MKS 41; Schreiber FH 111), und nötigenfalls Zuwiderhandlungen auch zu sanktionieren, z. B. in schweren Fällen durch Fraktionsausschluss (BremStGHE 2, 19/24; BerlVerfGH, LVerfGE 16, 104/119 ff; OVG Lüneburg, OVGE 4, 139/143; Badura BK 92; Magiera SA 51; Schneider AK 51 f; a. A. Achterberg 218 ff; Klein MD 216), durch Rückruf aus einem Ausschuss (BVerfGE 80, 188/233; a. A. Demmler, o. Lit. B, 371 ff; Achterberg/Schulte MKS 44 ff; Klein HbStR³ III § 51 Rn.18; diff. Badura BK 96) oder durch Abberufung aus Fraktionsämtern (Kürschner, o. Lit. B, 140).

Einzelfälle eines Verstoßes gegen die Freiheit des Mandats: Abmachungen über Erwerb oder Verlust des Mandats, wie bedingte Annahme der Wahl, Blankoverzichtserklärungen (BVerfGE 2, 1/74; vgl. auch Rühl, Staat 2000, 34 ff) und Rücktrittsreverse, sowie über die Ausübung des Mandats, wie Stimmenkaufverträge (Schneider AK 39; Trute MüK 87) und Verpflichtungen finanzieller Art (Rückzahlungsversprechen, Schuldscheine) für den Fall des Parteiwechsels ohne Mandatsniederlegung (Trute MüK 105); Mandatsverlust bei Fraktionsausschluss, Fraktionsaustritt, Parteiausschluss und Parteiaustritt (Achterberg/Schulte MKS 52 ff; Badura ParlRPr 500 f; Klein MD 208; Ipsen I 295), bei Parlamentsunwürdigkeit wegen Tätigkeit für das DDR-Ministerium für Staatssicherheit (ThürVerfG, LVerfGE 11, 481/491 ff; Roth UC 112; **a. A.** BVerfGE 94, 351/368 ff; 99, 19/31 ff) sowie bei Wiederaufleben eines ruhenden Mandats (HessStGH, ESVGH 27, 193/208 f); Rätesystem.   **29**

d) Die **Gleichheit** des Abgeordneten verbietet Differenzierungen des verfassungsrechtlichen Status: „Alle Mitglieder des Parlaments sind einander formal gleichgestellt" (BVerfGE 40, 296/318; 93, 195/204; 102, 224/237 ff; krit. Schmahl, AöR 2005, 114). Jedem Abgeordneten steht eine gleich hoch bemessene Entschädigung zu (vgl. Rn.7 zu Art.48); eine Ausnahme ist nach Maßgabe ihrer verfassungsrechtlichen Hervorhebung (vgl. Rn.1 zu Art.40) nur für den Parlamentspräsidenten und seine Stellvertreter anzuerkennen (BVerfGE 40, 296/318). Nicht überzeugend wird eine weitere Ausnahme für „wenige politisch besonders herausgehobene parlamentarische Funktionen" wie die des Fraktionsvorsitzenden gemacht (BVerfGE 102, 224/237 ff, 242 ff; ThürVerfGH, LVerfGE 14, 458/469 f; vgl. auch HambVerfG, LVerfGE 6, 157/168; Badura BK 59; Hellermann, ZG 01, 177 ff; Kersten, NWVBl 06, 46). Noch eine weitere Ausnahme soll für Abgeordnete in einem Teilzeitparlament gelten (BremStGH, LVerfGE 15, 155/174 ff). Diejenigen Vorteile, die die fraktionsangehörigen Abgeordneten aus der Arbeit der Fraktionen haben, sind den fraktionslosen Abgeordneten vom Bundestag auszugleichen; ein Anspruch auf gleiche Redezeit wie die kleinste Fraktion oder Finanzausstattung erwächst daraus aber nicht (BVerfGE 80, 188/221 ff, 231 f; BremStGH, LVerfGE 15, 155/179). Gegen die Gleichheit des Mandats verstößt es auch, wenn ein Regierungsmitglied sein Mandat ruhen und bei Ausscheiden aus der Regierung wiederaufleben lassen kann (HessStGH, ESVGH 27, 193/200 ff).   **30**

31   **e)** Die **Teilhabe** des Abgeordneten umfasst verschiedene parlamentarische Rechte, die für eine effektive Mandatswahrnehmung erforderlich sind (unten Rn.32–35; zu den Folgerungen für die Zusammensetzung der Ausschüsse Rn.5 zu Art.40). Andererseits umfasst der verfassungsrechtliche Status auch Pflichten, wie die Mitwirkungs- und Anwesenheitspflicht (vgl. BVerfGE 44, 308/317; 56, 396/405), Verschwiegenheitspflicht (BVerfGE 67, 100/135; 70, 324/359) und Offenlegungspflichten (BVerfGE 118, 277/352 ff; Morlok DR 158, 169). Es besteht auch eine Pflicht, nicht gegen den Abgeordneten bindendes Verfassungsrecht zu verstoßen; daher ist ein auf das Rotationsprinzip gestützter Mandatsverzicht verfassungswidrig (Rn.1 zu Art.39), während ein Mandatsverzicht aus persönlichen Gründen unproblematisch ist. Nur der Kern dieser Rechte und Pflichten ist verfassungsrechtlich garantiert; die nähere Ausgestaltung kann durch die GeschOBT (Rn. 7–9 zu Art.40) vorgenommen werden.

32   **aa)** Das **Rederecht** im Parlament unterfällt nicht dem Schutzbereich des Art.5 Abs.1, sondern ist eine „Kompetenz zur Wahrnehmung der parlamentarischen Aufgaben" (BVerfGE 60, 374/380). Beschränkungen durch den Bundestag auf der Grundlage seiner Geschäftsordnungsautonomie (Rn.7–9 zu Art.40) müssen für die von ihm zu erfüllenden Aufgaben geeignet, erforderlich und angemessen sein (BVerfGE 10, 4/11 ff; 70, 324/359). Zulässig sind die Begrenzung der Gesamtredezeit und ihre Aufteilung auf die Fraktionen und Gruppen nach ihrer Stärke (BVerfGE 10, 4/14 ff; 96, 264/284 ff; Besch ParlRPr 942 f; Zeh HbStR³ III § 53 Rn.31) unter Wahrung von Mindestredezeiten (BVerfGE 96, 264/285), parlamentarische Ordnungsmaßnahmen (Bücker ParlRPr 964 ff) und Rügen (BremStGH, DÖV 71, 164) und der Ausschluss von der Sitzung (Rn.12 zu Art.40).

33   **bb)** Aus dem **Abstimmungs- und Beratungsrecht** folgt ein gewisses Maß an Antragsrechten (BayVerfGHE 29, 63/89; Schneider AK 27 ff) mit der Pflicht des Parlamentspräsidenten, die Anträge dem Parlament zuzuleiten (BbgVerfG, LVerfGE 10, 143/146 f), und der Pflicht des Parlaments, über den Antrag zu beraten und Beschluss zu fassen (Rn.4 zu Art.76). Der Abgeordnete hat einen Anspruch auf diejenigen Informationen, die für eine sachverständige Beurteilung der Gesetze erforderlich sind (BVerfGE 70, 324/355); dieser Anspruch soll allerdings durch einen Beschluss des Bundestags bei zwingenden Gründen der Geheimhaltung beschränkt werden können (BVerfGE 70, 324/358; a.A. BVerfGE *abwM* 70, 366/372). Der Abgeordnete hat keinen Anspruch auf seine Wahl in ein zahlenmäßig begrenztes Gremium des Bundestags (BVerfGE 70, 324/354; a.A. BVerfGE *abwM* 70, 366/375). Abstimmungen in eigener Sache sind zulässig (Kretschmer SHH 68; Morlok DR 149; Schreiber FH 116; a.A. Henke BK 321 f zu Art.21; vgl. auch Rn.12 zu Art.20).

34   **cc)** Zur effektiven Mandatswahrnehmung gehört auch das **Fragerecht** (Interpellationsrecht) des Abgeordneten gegenüber der Regierung, das vom Zitierungsrecht (Rn.3 zu Art.43) zu unterscheiden ist. Danach hat der Abgeordnete einen Informationsanspruch zur Erfüllung der ihm durch sein Mandat zukommenden Rechte und Befugnisse (BVerfGE 124, 161/188; Achterberg/Schulte MKS 90; Badura ParlRPr 502; Klein MD 232; Magiera ParlRPr 1437 f). Die Frage muss bestimmt und beantwortbar sein und darf

auch auf Meinungserkundung zielen (ThürVerfGH, LVerfGE 14, 437/446 ff).
Dem Fragerecht entspricht die grundsätzliche Verpflichtung der Mitglieder
der Bundesregierung, „auf Fragen Rede und Antwort zu stehen" (BVerfGE
13, 123/125), „den Abgeordneten die zur Ausübung ihres Mandats erforderliche Information zu verschaffen" (BVerfGE 57, 1/5; 67, 100/129; 70, 324/
355) und eine „vollständige und zutreffende Antwort" zu geben (VerfGH
NW, OVGE 43, 274/279; LVerfG MV, LVerfGE 13, 284/293 ff; Hamb-
VerfG, LVerfGE 14, 221/227 f). Grenzen bilden nur die Eigenständigkeit und
Unabhängigkeit der internen Willensbildung der Regierung sowie der
Missbrauch (Klein MD 99 ff zu Art.43). Allerdings reicht der bloße Hinweis
auf die Gefährdung einer staatlichen Tätigkeit als Antwort nicht aus (BVerf-
GE 124, 161/190 ff). Hierdurch können keine Eingriffe in Grundrechte ge-
rechtfertigt werden (Burkholz, VerwArch 93, 229).

dd) Der Abgeordnete hat das Recht, sich mit anderen Abgeordneten zu **35**
einer **Fraktion** (BVerfGE 43, 142/149; 70, 324/354) oder in anderer Weise
zu gemeinsamer Arbeit, insb. zu Gruppen (BVerfGE 84, 304/322; Morlok
DR 163), zusammenzuschließen. Das gilt auch für fraktionslose Abgeordnete
(Hölscheidt, PRuF 2006, 27/31). Parlamentsfraktionen sind notwendige Ein-
richtungen des Verfassungslebens und maßgebliche Faktoren der politischen
Willensbildung (BVerfGE 70, 324/350; 80, 188/219; 112, 118/135; BVerw-
GE 90, 104/105) und als Gliederungen des Bundestags in die organisierte
Staatlichkeit eingefügt (Rn.6 zu Art.40). Ihre Rechtsstellung ist in Art.38
Abs.1 begründet (BVerfGE 70, 324/363; 80, 188/220; 84, 304/317 f; dagegen
stützten sich BVerfGE 7, 99/107; 10, 4/14; 47, 198/225 auf Art.21). Daher
gelten die dargestellten Rechte der Abgeordneten (oben Rn.26–34) für die
Fraktionen entsprechend; insb. binden Parteitagsbeschlüsse nicht die Fraktionen (Hesse 602; Zeh HbStR³ III § 52 Rn.14) und gilt der Grundsatz der Frak-
tionsgleichheit (BVerfGE 93, 195/205). Der Grundsatz der Spiegelbildlichkeit,
dass Parlamentsausschüsse die Zusammensetzung des Plenums verkleinernd
abbilden, kann allerdings mit dem Mehrheitsprinzip kollidieren (BVerfGE
112, 118/140 ff; SächsVerfGH, LVerfGE 16, 409/412 f; 17, 396/400).

Das Fraktionsbildungsrecht der Abgeordneten ist durch die Geschäftsord- **35a**
nungsautonomie des Bundestags (Rn.7–9 zu Art.40) **beschränkt.** Die Festlegung einer Mindeststärke, bestimmte inhaltliche Anforderungen und die
Zustimmungsbefugnis des Bundestags zur Fraktionsbildung sind durch das
mit der GeschOBT verfolgte Ziel der Funktionsfähigkeit des Parlaments gerechtfertigt. So ist das Quorum von 5% der Abgeordneten zur Erreichung des
Fraktionsstatus verfassungsmäßig (BVerfGE 84, 304/326; 96, 264/279; Bay-
VerfGHE 29, 63/88 ff; krit. Böckenförde HbStR³ II 460; Roth UC 123). Zulässig sind auch Regelungen der GeschOBT, die eine politische Homogenität der Abgeordneten für die Fraktionsbildung verlangen (vgl. Hölscheidt,
Lit. zu Art.40, 700) und diese ausschließen, wenn die Abgeordneten unterschiedlichen Parteien angehören, die miteinander konkurrieren (Morlok DR
172; vgl. § 10 Abs.1 S.1 GeschOBT). Das grundsätzlich gleiche Recht aller
Fraktionen auf Zugang zur Beratung des Budgets soll aus zwingenden Gründen des Geheimschutzes durchbrochen werden können (BVerfGE 70, 324/
363 ff; a.A. BVerfGE *abwM* 70, 366/371; Meyer ParlRPr 159; Schneider
ParlRPr 1068).

3. Rechtsschutz

36   Soweit der **Abgeordnete** um seinen verfassungsrechtlichen Status als Abgeordneter streitet, ist die Organstreitigkeit (Art.93 Abs.1 Nr.1) gegenüber der Verfassungsbeschwerde (Art.93 Abs.1 Nr.4a) der spezielle Rechtsbehelf (BVerfGE 70, 324/350; 80, 188/208 f; 94, 351/365). Das gilt auch dann, wenn der Abgeordnete zugleich eine Grundrechtsverletzung rügt (BVerfGE 64, 301/312; 99, 19/29; 118, 277/320). Ausgeschiedenen Abgeordneten (BVerfGE 32, 157/162) und potentiellen Abgeordneten (BVerfGE 40, 296/309; 63, 230/241 f; 64, 301/313; BVerfG-K, NVwZ 88, 818) steht nur die Verfassungsbeschwerde zu (Kretschmer SHH 66; krit. Umbach UCD 62 ff zu §§ 63, 64). In Parallele zu den politischen Parteien (Rn.44 zu Art.21) ist dem Abgeordneten die Verfassungsbeschwerde auch dann eröffnet, wenn er nicht seine organschaftliche Stellung gegenüber einem in der Organstreitigkeit parteifähigen Verfassungsorgan geltend macht (BVerfGE 108, 251/267 f; Badura BK 67; krit. Bethge MSKB 38 zu § 90). Weder Organstreitigkeit noch Verfassungsbeschwerde sind zulässig, wenn um die einfach-gesetzliche Rechtsstellung des Abgeordneten gestritten wird (BVerwG, DÖV 86, 244).

37   **Fraktionen** sind parteifähig in der Organstreitigkeit (BVerfGE 118, 244/254 f; 121, 135/150; 124, 161/187). Dasselbe gilt für Gruppen gem. § 10 Abs.4 GeschOBT (BVerfGE 84, 304/318).

Art.39 [**Wahlperiode und Einberufung der Sitzungen**]

(1) **Der Bundestag wird vorbehaltlich der nachfolgenden Bestimmungen auf vier Jahre gewählt[1]. Seine Wahlperiode endet mit dem Zusammentritt eines neuen Bundestages[3]. Die Neuwahl findet frühestens sechsundvierzig, spätestens achtundvierzig Monate nach Beginn der Wahlperiode statt[6]. Im Falle einer Auflösung des Bundestages findet die Neuwahl innerhalb von sechzig Tagen statt[6].**

(2) **Der Bundestag tritt spätestens am dreißigsten Tage nach der Wahl zusammen[2].**

(3) **Der Bundestag bestimmt den Schluß und den Wiederbeginn seiner Sitzungen. Der Präsident des Bundestages kann ihn früher einberufen. Er ist hierzu verpflichtet, wenn ein Drittel der Mitglieder, der Bundespräsident oder der Bundeskanzler es verlangen[7].**

Literatur: *Fuchs/Fuchs,* Verfassungs- und parlamentsrechtliche Probleme beim Wechsel der Wahlperiode, DÖV 2009, 232; *Kochsiek,* Der Alt-Bundestag. Die Rechte des Bundestages in dem Zeitraum zwischen Wahl und Zusammentritt des neugewählten Bundestages, 2002; *Krech,* Möglichkeiten und Grenzen der Verlängerung von laufenden Wahlperioden, VR 1993, 401; *Fuchs-Wissemann,* Funktion und Berechnung der Zeiträume und Fristen des Art.39 GG, DÖV 1990, 694.

1. Dauer der Wahlperiode (Abs.1 S.1)

1   Die Dauer der Wahlperiode (Legislaturperiode) beträgt seit der Änderung von 1998 (Einl.3 Nr.46) grundsätzlich 4 Jahre; sie kann sich aber wegen der zeitlichen Spielräume bei der Neuwahl (unten Rn.6) und beim erstmaligen

Zusammentritt (unten Rn.2) um maximal 2 Monate verkürzen und um maximal 30 Tage verlängern. Diese zeitliche Begrenzung (BVerfG-K, NVwZ 94, 893: „Gebot der Periodizität der Wahl") ist eine Ausprägung des Demokratieprinzips (Rn.6 zu Art.20), aus dem zugleich folgt, dass die laufende Wahlperiode nicht außerhalb des in der Verfassung vorgesehenen Verfahrens verändert, d. h. verlängert oder verkürzt werden darf (BVerfGE 1, 14/33; 18, 151/154; 62, 1/32; einschr. Dicke UC 21 f, 27; Kretschmer SHH 12; Maunz/Klein MD 25: Verkürzung bei unabweisbaren Gründen zulässig). Eine entsprechende Änderung der Verfassung darf demgemäß frühestens für die folgende Wahlperiode erfolgen (Achterberg/Schulte MKS 4; Lang FH 34; a. A. Dicke UC 24). Eine Verlängerung der Wahlperiode über den Rahmen des Art.39 hinaus sieht das GG nur im Verteidigungsfall vor (Rn.1 zu Art.115h). Zur Verkürzung der Wahlperiode durch eine vorzeitige Auflösung des Bundestags Rn.5 zu Art.63; Rn.4 zu Art.68; danach darf sich der Bundestag nicht selbst auflösen. Unzulässig sind auch Maßnahmen, die eine Verkürzung der Wahlperiode bewirken, z. B. das Rotationsprinzip (NdsStGH, NJW 85, 2319; Kretschmer SHH 25; Maunz/Klein MD 26 f; a. A. Dicke UC 9). Die Dauer der Wahlperiode ist Bestandteil des verfassungsrechtlichen Status des Abgeordneten (Rn.27 zu Art.38).

2. Beginn und Ende der Wahlperiode (Abs.1 S.2, Abs.2)

a) Die Wahlperiode **beginnt** seit der Änderung von 1976 (Einl.3 Nr.33)   2
mit dem erstmaligen (konstituierenden) Zusammentritt eines neugewählten Bundestags, der gem. Abs.2 spätestens am 30. Tag nach der Wahl erfolgen muss (krit. Fuchs-Wissemann, DÖV 90, 694). Die Einberufung erfolgt kraft Verfassungsgewohnheitsrechts (Achterberg/Schulte MKS 23; Maunz/Klein MD 42; Schulze-Fielitz ParlRPr 360) durch den bisherigen Bundestagspräsidenten (vgl. § 1 Abs.1 GeschOBT). Eine frühere Einberufung kann nicht in analoger Anwendung des Abs.3 S.3 vom Bundespräsidenten oder Bundeskanzler verlangt werden (Maunz/Klein MD 43; Versteyl MüK 34; Stern ST II 79).

b) Die Wahlperiode **endet** gem. Abs.1 S.2 mit dem erstmaligen Zusam-   3
mentritt eines neugewählten Bundestags. Es gibt also keine sog. parlamentslose Zeit; die Rechtsstellung aller Parlamentsorgane bleibt in vollem Umfang gewahrt (vgl. Klein HbStR VII 371; Lang FH 37). Das gilt auch für die Fälle vorzeitiger Auflösung des Bundestags (oben Rn.1).

c) Der Grundsatz der **Diskontinuität** des Parlamentsbetriebs knüpft an   4
die Regelungen über Beginn und Ende der Wahlperiode an und wird überwiegend als Verfassungsgewohnheitsrecht angesehen (Ossenbühl HbStR III 371; Maunz/Klein MD 61; Schulze-Fielitz ParlRPr 360; Stern ST II 76; a. A. Achterberg/Schulte MKS 12 f; Lang FH 34; Versteyl MüK 25). *Personelle* Diskontinuität bedeutet, dass mit dem Ende der Wahlperiode alle Mitglieder des Parlaments ihr Mandat als Abgeordneter verlieren (Rn.23 zu Art.38). *Sachliche* Diskontinuität bedeutet, dass mit dem Ende der Wahlperiode grundsätzlich alle Beschlussvorlagen als erledigt gelten (vgl. § 125 GeschOBT). Sie gilt nicht für andere Verfassungsorgane wie Bundesrat und Bundesregierung, weshalb das Vorverfahren gem. Art.76 Abs.2, 3 bei Wiedereinbringung im neuen

Bundestag nicht wiederholt werden muss (Schneider AK 7; Maunz/Klein MD 58; a. A. Jekewitz AK 14, 19 zu Art.76). Nur solche Handlungen der anderen Verfassungsorgane gelten ebenfalls als erledigt, die eine erneute Beschlussfassung im Bundestag oder im Vermittlungsausschuss (Rn.9–11 zu Art.77) erfordern. *Institutionelle* Diskontinuität bedeutet, dass alle Unterorgane des Bundestags, die nicht verfassungsrechtlich vorgeschrieben sind (ständige Einrichtungen; vgl. Rn.1–3 zu Art.40), mit dem Ende der Wahlperiode als aufgelöst gelten. Die verfassungsrechtlich vorgeschriebenen Unterorgane bleiben wie der Bundestag institutionell erhalten, unterliegen aber der personellen und sachlichen Diskontinuität.

5   Von der Diskontinuität zu unterscheiden ist die sog. **Organidentität** (BVerfGE 4, 144/152) bzw. Organkontinuität (BVerfGE 4, 144/152): Rechtshandlungen des Bundestags oder rechtsfähiger Teile des Bundestags mit Außenwirkung, z. B. Verträge mit Angestellten und Prozesshandlungen in gerichtlichen Verfahren (BVerfGE 79, 311/327; Löwer HbStR³ III § 70 Rn.12; Morlok DR 24; a. A. für Organstreitverfahren Achterberg/Schulte MKS 15; vgl. auch Rn.14 zu Art.93), behalten ihre Verbindlichkeit über die Wahlperiode hinaus (Schneider AK 9).

3. Fristen für die Neuwahl (Abs.1 S.3, 4)

6   Seit der Änderung von 1998 (Einl.3 Nr.46) findet die Neuwahl frühestens 46 und spätestens 48 Monate nach Beginn der Wahlperiode statt; es sollte eine Verschiebung in die Ferienzeit verhindert werden (BT-Drs. 13/10590). Diese Fristen binden den Bundespräsidenten bei der von ihm gem. § 16 BWahlG vorzunehmenden Bestimmung des Wahltags; weitere Schranken können sich aus Gleichheitssatz und Vertrauensschutz ergeben (vgl. VerfGH RP, DVBl 84, 676; Maunz/Klein MD 36 ff). Eine Zusammenlegung mit Landtags- und anderen Wahlen ist zulässig (Dicke UC 39). Die Anordnung der Neuwahl wird in Abs.1, 2 vorausgesetzt; als Annex-Entscheidung zur Bundestagsauflösung (Rn.5 zu Art.63; Rn.4 zu Art.68) begründet sie ein verfassungsrechtliches Verhältnis iSd Organstreitigkeit (BVerfGE 62, 1/31; 114, 121/146). Findet eine Wahl zu früh statt, ist sie ungültig; findet eine Wahl zu spät statt, ist sie zwar verfassungswidrig, aber gleichwohl gültig, weil sonst gegen das Verbot der Verlängerung einer laufenden Wahlperiode (oben Rn.1) verstoßen werden müsste (Schneider AK 17; Maunz/Klein MD 39; Dicke UC 40).

4. Einberufung der Sitzungen (Abs.3)

7   Der Bundestag entscheidet mit der Mehrheit der abgegebenen Stimmen (Rn.4 zu Art.42) gem. S.1 über den Schluss und den Wiederbeginn sowie den Ort (Morlok DR 30) der Sitzungen (sog. Selbstversammlungsrecht). Sitzung ist die durch die Tagesordnung festgelegte Beratungseinheit; Schluss der Sitzung bedeutet zugleich Vertagung (Schneider AK 10; Maunz/Klein MD 4). Der Bundestagspräsident hat die Befugnis, über einen früheren Wiederbeginn einer Sitzung zu entscheiden (S.2). Er ist hierzu gem. S.3 verpflichtet, wenn ¹/₃ der Mitglieder, der Bundespräsident oder der Bundeskanzler es verlangen. Der Bundestagspräsident muss unverzüglich handeln

und eine Sitzung in angemessener Frist bestimmen (Magiera SA 25; Maunz/ Klein MD 74). Soweit das Verlangen eine bestimmte Tagesordnung umschließt, ist der Bundestagspräsident, nicht aber der Bundestag hieran gebunden (Schneider AK 22; Versteyl MüK 38; Stern ST II 80).

Art.40 [Bundestagspräsident und Geschäftsordnung]

(1) **Der Bundestag wählt seinen Präsidenten, dessen Stellvertreter und die Schriftführer[1]. Er gibt sich eine Geschäftsordnung[7 ff].**

(2) **Der Präsident übt das Hausrecht und die Polizeigewalt im Gebäude des Bundestages aus[11]. Ohne seine Genehmigung darf in den Räumen des Bundestages keine Durchsuchung oder Beschlagnahme stattfinden[13].**

Literatur: *D. Schroeder,* Der Genehmigungsvorbehalt des Bundestagspräsidenten nach Art.40 II 2 GG, Jura 2008, 95; *Zeh,* Parlamentarisches Verfahren, HbStR[3] III, 2005, § 53; *T. I. Schmidt,* Die Geschäftsordnungen der Verfassungsorgane als individuell-abstrakte Regelungen des Innenrechts, AöR 2003, 608; *v. Boetticher,* Parlamentsverwaltung und parlamentarische Kontrolle, 2002; *Wilrich,* Der Bundestagspräsident, DÖV 2002, 152; *Roll,* Geschäftsordnung des Deutschen Bundestages, 2001; *Hölscheidt,* Das Recht der Parlamentsfraktionen, 2001; *Besch,* Die Rechtsstellung parlamentarischer Gruppen, FS K. Ipsen, 2000, 577; *Schwerin,* Der Deutsche Bundestag als Geschäftsordnungsgeber, 1998; *Kühnreich,* Das Selbstorganisationsrecht des Deutschen Bundestages unter besonderer Berücksichtigung des Hauptstadtbeschlusses, 1997; *Haug,* Bindungsprobleme und Rechtsnatur parlamentarischer Geschäftsordnungen, 1994; *Bollmann,* Verfassungsrechtliche Grundlagen und allgemeine verfassungsrechtliche Grenzen des Selbstorganisationsrechts des Bundestages, 1992; *Edinger,* Wahl und Besetzung parlamentarischer Gremien – Präsidium, Ältestenrat, Ausschüsse, 1992; *Köhler,* Die Polizeigewalt des Parlamentspräsidenten im deutschen Staatsrecht, DVBl 1992, 1577; *H. Dreier,* Regelungsform und Regelungsinhalt des autonomen Parlamentsrechts, JZ 1990, 310.

1. Selbstbestimmung über Organisation und Verfahren (Abs.1)

a) Präsident, Stellvertreter, Schriftführer. Sie werden gem. S.1 vom 1 Bundestag als Verfassungs- und oberstes Bundesorgan (Schneider AK 2; Stern ST II 41 f) gewählt. Soweit der Bundestagspräsident den Bundestag gem. § 7 Abs.1 S.1 GeschOBT nach außen vertritt, z.B. in Verfassungsstreitverfahren (Gusy ParlRPr 1641 f), repräsentiert er den Bundestag in seiner „Gesamtheit" (BVerfGE 1, 115/116; 56, 396/405; 80, 188/227). Dass der Bundestagspräsident aus der stärksten, ein Stellvertreter aus der zweitstärksten Fraktion stammen muss (vgl. auch § 7 Abs.6 GeschOBT), ist kein Verfassungsgewohnheitsrecht (Versteyl MüK 3; Schulze-Fielitz ParlRPr 387 f), wohl aber parlamentarisches Gewohnheitsrecht (unten Rn.8; Bollmann, o. Lit., 138; a.A. Lang FH 12); zur Zahl der Stellvertreter vgl. § 2 Abs.1 S.2 GeschOBT. Die Wahl muss zu Beginn der Wahlperiode (vgl. auch § 1 Abs.4 GeschOBT) für deren Dauer erfolgen. Eine Abwahl ist auch ohne eine dem Art.67 entsprechende Regelung verfassungsrechtlich zulässig (Klein MD 91; Magiera SA 5; Morlok DR 24; Stern ST II 91; Dicke UC 36; a.A. Dach BK 48; Steiger ParlRPr 767). Zu Präsidium, Ältestenrat, Sitzungsvorstand sowie Schriftführern §§ 5–12 GeschOBT, Dach BK 116 ff, Edinger, o. Lit., 163 ff und Zeh HbStR³ III § 52 Rn.26 ff; zum Alterspräsidenten Klopp, Das Amt des Alterspräsidenten im Deutschen Bundestag, 2000; zur Bundestagsverwaltung Schindler ParlRPr 829 ff.

2 **b) Sonstige Untergliederungen** des Bundestags, die ebenfalls gewählt werden (können oder müssen), sind die Ausschüsse (unten Rn.3–5), die Fraktionen (unten Rn.6), der Wehrbeauftragte (Art.45b) und die Enquête-Kommissionen (§ 56 GeschOBT; dazu Metzger, Enquête-Kommissionen des Deutschen Bundestages, 1995). Die Untergliederungen werden überwiegend als Unterorgane des Organs Bundestag betrachtet, da ihr Handeln in der Regel dem Bundestag als eigenes Handeln zugerechnet wird (Schneider AK 9). Soweit ihnen aber durch das GG oder die GeschOBT eigene Rechte zukommen, können sie diese selbständig und ggf. auch gegen den Bundestag geltend machen (Rn.5 f zu Art.93).

3 **aa)** Die **Ausschüsse** des Bundestags finden ihre **Rechtsgrundlage** z.T. im GG (Art.45, 45a, 45c, 45d), zT im Gesetz: Wahlprüfungsausschuss (§ 3 WahlprüfungsG), Wahlausschuss (§ 6 BVerfGG), Vertrauensgremium gem. § 10a BHO. Die gesetzliche Regelung der Einsetzung und des Verfahrens von Ausschüssen im Regelungsbereich der Geschäftsordnungsautonomie (unten Rn.8) ist aber nur auf Grund verfassungsrechtlicher Ermächtigung (vgl. z.B. Art.41 Abs.3) zulässig. Die Mehrzahl der Ausschüsse, insb. die Fachausschüsse beruhen auf der Geschäftsordnungsautonomie (unten Rn.7–9). Einen Sonderfall stellen die Untersuchungsausschüsse (Art.44) dar. Die Ausschüsse können ihrerseits Unterausschüsse einsetzen (Achterberg/Schulte MKS 20; Schneider AK 9).

4 **Aufgaben.** Die Ausschüsse bereiten zwar nur Entscheidungen des Plenums vor (BVerfGE 1, 144/152), sind aber von großer Bedeutung (Rn.24 zu Art.38). Auch haben sie ein Selbstbefassungsrecht (Klein MD 136), das sich entsprechend auf Meinungsbildung durch Aussprache und Information beschränkt (Roll, o. Lit., 4 zu § 62). Der Bundestag darf seine Kompetenzen außer auf Grund verfassungsrechtlicher Ermächtigung (z.B. Art.45 S.2) nicht auf Ausschüsse übertragen (BVerfGE 44, 308/316 f; Schneider AK 12; vgl. aber auch Kretschmer ParlRPr 321 f). Daher ist § 6 BVerfGG verfassungswidrig (Rn.1 zu Art.94).

5 **Zusammensetzung.** Grundsätzlich muss jeder Ausschuss ein verkleinertes Abbild des Plenums sein (BVerfGE 80, 188/222; 84, 304/323; 106, 253/262). Die Mitgliederzahl in den Ausschüssen kann innerhalb der Grenzen des Willkürverbots frei bestimmt werden; es besteht kein Verfassungsgebot, in jedem Ausschuss jede Fraktion mit mindestens einem Sitz zu berücksichtigen (BVerfGE 70, 324/364; 96, 264/281 f; BayVerfGHE 41, 124/133; a. A. BVerfGE *abwM* 70, 366/370; Morlok DR 30; diff. Meyer ParlRPr 158). Gemeinsame Vorschläge mehrerer Fraktionen, die zur Erlangung eines zusätzlichen Sitzes gebildet werden, sind aber unzulässig (BVerwGE 119, 305/308 f). Das Zählsystem darf mit dem Ziel gewechselt werden, die Mehrheitsverhältnisse des Plenums auf der Bundestagsbank des Vermittlungsausschusses wiederzugeben (BVerfGE 96, 264/283). Die Ausschussmitglieder und ihre Stellvertreter dürfen durch die Fraktionen bestimmt werden (BVerfGE 77,

1/39 ff). Gruppierungen fraktionsloser Abgeordneter sind mit Fraktionen gleichzubehandeln (BVerfGE 84, 304/323 f). Ein einzelner fraktionsloser Abgeordneter hat Anspruch darauf, jedenfalls in einem Ausschuss mitzuwirken (BVerfGE 80, 188/224; a. A. BVerfGE *abwM* 80, 241 ff); diese Mitwirkung soll aber nur das Rede- und Antragsrecht, nicht das Stimmrecht umfassen (BVerfGE 80, 188/224 f; a. A. BVerfGE *abwM* 80, 235 ff; Demmler, o. Lit. B zu Art.38, 362 ff).

bb) Fraktionen als Zusammenschlüsse von Abgeordneten (Rn.35 zu **6** Art.38) sind ebenfalls Untergliederungen des Parlaments und verfassungsrechtlich lediglich in Art.53a Abs.1 S.2 Hs. 1 normiert. Eine gesetzliche Regelung besteht seit 1995 gem. §§ 45 ff AbgG (vgl. Morlok, NJW 95, 29 ff; Schmidt-Jortzig/Hansen, NVwZ 94, 1145 ff). Das ist im Hinblick auf den Geschäftsordnungsvorbehalt (unten Rn.8; vgl. auch BVerfGE 92, 74/77 f) unproblematisch bezüglich der Regelungen über das Außenverhältnis der Fraktionen, insb. Rechtsfähigkeit, Parteifähigkeit, Personalhoheit. Für das Innenverhältnis, wozu auch die Festlegung einer Mindeststärke der Fraktion gehört (BVerfGE 84, 304/335; 96, 264/279 f), verweist § 45 Abs.2 AbgG richtigerweise auf nähere Regelungen in der GeschOBT (unten Rn.7–9). Im Übrigen ist der genaue Rechtscharakter der Fraktionen str. (näher Jekewitz ParlRPr 1045 ff; Meyer, FS Mahrenholz, 1994, 326 ff). Wenn sie auch nicht in vollem Umfang Organ des Bundestags sind, kommt diese Qualifizierung ihrer Rechtsstellung noch am nächsten, so dass von Quasi-Organ, Organ sui generis oder Organteil gesprochen werden kann (vgl. auch Kretschmer SHH 54; Schneider AK 50 zu Art.38). Ihre Finanzierung aus öffentlichen Mitteln ist zulässig (BVerfGE 20, 56/104; 62, 194/202; 80, 188/231; vgl. auch Hölscheidt, DÖV 00, 712) und in §§ 50 ff AbgG näher geregelt (krit. Meyer, KritV 95, 227 ff; Morlok DR 182 zu Art.38).

c) Der Bundestag hat gem. S.2 die Pflicht, sich eine **Geschäftsordnung 7** zu geben (Klein MD 37). Die GeschOBT ist eine Satzung (BVerfGE 1, 144/148; BayVerfGHE 8, 91/95 ff; HambVerfG, DVBl 76, 444) oder jedenfalls ein Rechtssatz sui generis, der einer Satzung am nächsten steht (Klein MD 61; Schneider AK 11; Versteyl MüK 17; Stern ST II 82 f; Dicke UC 9). Sie geht der Verfassung und den Gesetzen im Rang nach (BVerfGE 1, 144/148; Klein MD 73 f; Morlok DR 17; Pietzcker ParlRPr 355; a. A. Achterberg/Schulte MKS 40 ff; Schmidt AöR 2003, 608/637). Das Parlament hat einen weiten Gestaltungsspielraum (BVerfGE 80, 188/220); seine Regelungen „bedürfen der Flexibilität, um eine Anpassung an die veränderte Verfassungswirklichkeit zu ermöglichen" (BVerfGE 102, 224/240). Doch können z.B. Rechtsstaats- und Demokratieprinzip der Geschäftsordnungsautonomie Schranken setzen (vgl. BVerfGE 44, 308/315 ff; Bollmann, o. Lit., 37 ff); allerdings reicht die bloße Möglichkeit einer missbräuchlichen Handhabung nicht zur Verfassungswidrigkeit aus (BVerfGE 1, 144/149). Die Geschäftsordnung bindet nur die Mitglieder des Bundestags (BVerfGE 1, 144/148; Dach BK 35; a. A. Klein MD 65 ff; Morlok DR 13 f: funktionale Bestimmung des Geltungsbereichs); außenwirkende Vorschriften können aber insoweit in ihr enthalten sein, als sie auf anderen Verfassungsvorschriften, z. B. Art.40 Abs.2, beruhen (Edinger, o. Lit., 342 ff; Pietzcker ParlRPr 345 ff; a. A.

Lang FH 26 ff). Die Geschäftsordnung gilt nur für die Dauer der Wahlperiode (Rn.1 zu Art.39); sie kann von einem neugewählten Bundestag durch bloße Übernahme in Kraft gesetzt werden (BVerfGE 1, 144/148), was regelmäßig geschieht (Achterberg/Schulte MKS 55; Klein MD 62 f; Morlok DR 9; Roll, o. Lit., 3 ff zu § 1). – Bei den Verhaltensregelungen für Abgeordnete gem. § 44b AbgG handelt es sich um „Binnenrecht des Parlaments", das dem Geschäftsordnungsrecht „zumindest nahe steht" (BVerfGE 118, 277/ 359).

8   Der **Regelungsbereich** der Geschäftsordnungsautonomie wird in starkem Maß durch die Tradition bestimmt (BVerfGE 1, 144/148 f; 44, 308/314; 70, 324/360), ist aber für eine Anpassung an veränderte Arbeitsbedingungen offen (BVerfGE 102, 224/236), so dass allgemeiner von Parlamentsautonomie gesprochen werden kann (BVerfGE 104, 310/332). Überlieferte Gegenstände geschäftsordnungsmäßiger Regelung sind neben Organisation (oben Rn.1–6) und Disziplin (unten Rn.12) die Selbstorganisation (BVerfGE 80, 188/219; 102, 224/236) und der parlamentarische Geschäftsgang. Dazu gehören auch die Frage der Beschlussfähigkeit (vgl. BVerfGE 44, 308/314 ff), die Schaffung besonders zu entschädigender Funktionsstellen (BVerfGE 102, 224/237) und die Genehmigung der Durchführung von Strafverfahren gegen Abgeordnete (BVerfGE 104, 310/332). In diesem Rahmen soll sich auch parlamentarisches Gewohnheitsrecht (vgl. Schulze-Fielitz ParlRPr 360 ff) bilden können, dem allerdings die Gleichstellung mit geschriebenem Geschäftsordnungsrecht bezüglich der Rechtsfolgen (unten Rn.9) und des Rechtsschutzes (Rn.5 zu Art.93) verweigert wird (Klein MD 36; Schneider AK 14; Versteyl MüK 19). Geschäftsordnungsfragen dürfen, abgesehen von spezieller verfassungsrechtlicher Ermächtigung (vgl. Art.10 Abs.2 S.2, Art.41 Abs.3, Art.45b S.2, Art.45c Abs.2), nicht durch Gesetz geregelt werden, da am Gesetzgebungsverfahren (Rn.1 zu Art.76) auch andere Organe beteiligt sind (BVerfGE *abwM* 70, 366/376 ff, 386 ff; Bollmann, o. Lit., 184 f; Achterberg/ Schulte MKS 43, 48; Pietzcker ParlRPr 341; **a. A.** BVerfGE 70, 324/361; Dicke UC 12; Klein MD 79 f; Kretschmer SHH 17; Morlok DR 16).

9   Für die **Rechtsfolgen von Verstößen** gegen die Geschäftsordnung sind gewisse Besonderheiten dieser rechtlichen Kategorie zu beachten (vgl. §§ 126, 127 Abs.1 GeschOBT; BVerfGE 10, 4/19; Klein MD 41 ff; Kretschmer ParlRPr 327 ff). Ein Verstoß gegen die Geschäftsordnung macht Gesetze nicht unwirksam (BVerfGE 29, 221/234; VerfGH RP, VwRspr Bd.1 S.245; HessStGH, ESVGH 17, 18/21; Achterberg/Schulte MKS 61; Klein MD 57; Pietzcker ParlRPr 355 f; Stern ST II 84; a. A. für schwerwiegende Verstöße Morlok DR 22; Schmidt, AöR 2003, 643; Schneider AK 11). Zu Verstößen gegen die verfassungsrechtlichen Vorschriften über das Gesetzgebungsverfahren Rn.2 zu Art.76.

2. Schutz des räumlichen Bereichs (Abs.2)

10   **a) Allgemeines.** Abs.2 begründet eigenständige Kompetenzen des Bundestagspräsidenten mit weitem Ermessensspielraum (BVerfG-K, NJW 05, 2843 f) zum Schutz des räumlichen Bereichs des Bundestags gegen Übergriffe von Exekutive und Judikative. Die gleichbedeutenden Begriffe „im Ge-

bäude" (S.1) und „in den Räumen" (S.2) umfassen alle Orte, an denen der Bundestag oder eine seiner Untergliederungen (oben Rn.1–6) zusammentritt oder arbeitet (vgl. BerlVerfGH, LVerfGE 4, 12/18; Schneider AK 16, 18; Versteyl MüK 25, 28; einschr. Dach BK 101; Klein MD 165; Lang FH 40; Morlok DR 37).

b) Hausrecht und Polizeigewalt (S.1). Hausrecht meint die privat- **11** rechtliche Befugnis jedes Eigentümers (Lang FH 41; a.A. Dicke UC 51); Näheres ist in einer Hausordnung geregelt (vgl. § 7 Abs.2 S.2 GeschOBT). Polizeigewalt meint alle polizeilichen Aufgaben und Befugnisse für den genannten räumlichen Bereich. Dem Bundestagspräsidenten unterstehen Polizeivollzugsbeamte gem. § 1 Abs.2 BPolBG. Die allgemeinen Polizeibehörden sind insoweit unzuständig und dürfen nur auf Ersuchen des Bundestagspräsidenten im Wege der Amtshilfe (Art.35 Abs.1) tätig werden, wobei sie jedoch seinen Weisungen unterstellt bleiben (Schneider AK 16); nach a.A. soll für den Fall dringender Gefahr im Verzug eine Ausnahme gemacht werden (Achterberg/Schulte MKS 64; Lang FH 50; Versteyl MüK 24; Stern ST II 85). Hausrecht und Polizeigewalt richten sich auch gegen Mitglieder des Bundestags (Köhler, DVBl 92, 1582; einschr. Dicke UC 56).

Die **Ordnungsgewalt** ist vom Hausrecht und der Polizeigewalt zu unter- **12** scheiden. Darunter versteht man allgemein die jedem für einen räumlichen Bereich verantwortlichen Träger öffentlicher Gewalt mindestens gewohnheitsrechtlich zustehende Befugnis, diejenigen Maßnahmen mit räumlichem Bezug zu treffen, die zur ordnungsgemäßen Aufgabenerfüllung erforderlich sind. Die Ordnungsgewalt richtet sich gegen Außenstehende (vgl. § 41 Abs.1 GeschOBT; a.A. Lang FH 47). Bei Maßnahmen gegen Mitglieder des Bundestags geht es um die **Sitzungsgewalt,** die in der Geschäftsordnungsautonomie (oben Rn.7–9) begründet ist. Ordnungs- und Sitzungsgewalt stehen dem Bundestag als ganzem zu und werden vom Präsidenten kraft Delegation durch das Parlament gem. §§ 36–41 GeschOBT ausgeübt (BVerfGE 60, 374/379; Dach BK 73 ff). Entsprechendes gilt für die Ordnungs- und Sitzungsgewalt der Ausschussvorsitzenden (vgl. § 59 Abs.3 GeschOBT; Bücker ParlRPr 973 f). Problematisch ist § 38 Abs.1 GeschOBT insoweit, als ein Ausschluss von der Sitzung über einen Sitzungstag hinaus möglich ist (vgl. Brandt/Gosewinkel, ZRP 86, 33; Dicke UC 39).

c) Durchsuchungen und Beschlagnahmen (S.2) jeder Art bedürfen **13** der Genehmigung, d.h. – entgegen § 184 BGB – der vorherigen Zustimmung (Versteyl MüK 27; a.A. Lang FH 56), die außerdem ausdrücklich erteilt werden muss (Schneider AK 18; a.A. Köhler, DVBl 92, 1581). Der Bundestagsabgeordnete hat einen Anspruch gegen den Bundestagspräsidenten darauf, dass dieser den Abgeordnetenstatus nicht grob verkennt und sich nicht von sachfremden, willkürlichen Motiven leiten lässt (BVerfGE 108, 251/276). Auf die Genehmigung kann von dem betroffenen Abgeordneten nicht wirksam verzichtet werden (Schneider AK 18; Versteyl MüK 27). Festnahmen und Verhaftungen fallen nicht hierunter (Lang FH 53; Morlok DR 38; a.A. Magiera SA 33; Versteyl MüK 29; Stern ST II 86; diff. Dicke UC 58), sondern unter Art.46.

Art.41 [**Wahlprüfung und Mandatsprüfung**]

(1) Die Wahlprüfung ist Sache des Bundestages[1 ff.] Er entscheidet auch, ob ein Abgeordneter des Bundestages die Mitgliedschaft verloren hat[9].

(2) Gegen die Entscheidung des Bundestages ist die Beschwerde an das Bundesverfassungsgericht zulässig[4].

(3) Das Nähere regelt ein Bundesgesetz[1].

Literatur: *Lackner,* Grundlagen des Wahlprüfungsrechts nach Art.41 GG, JuS 2010, 307; *W. Schreiber,* Das BVerfG als Wahlprüfungsgericht, DVBl 2010, 601; *Ortmann,* Probleme der Wahlprüfungsbeschwerde nach § 48 BVerfGG, ThürVBl 2006, 169; *T. Koch,* „Bestandsschutz" für Parlamente? – Überlegungen zur Wahlfehlerfolgenlehre, DVBl 2000, 1093; *Roth,* Subjektiver Wahlrechtsschutz und seine Beschränkungen durch das Wahlprüfungsverfahren, FS Graßhof, 1998, 53; *H. Lang,* Subjektiver Rechtsschutz im Wahlprüfungsverfahren, 1997; *Mager,* Die Kontrolle der innerparteilichen Kandidatenaufstellung im Wahlprüfungsverfahren, DÖV 1995, 9; *C. Koenig,* Mandatsrelevanz und Sanktionen im verfassungsrechtlichen Wahlbeschwerdeverfahren, ZParl 1994, 241.

1. Wahlprüfung (Abs.1 S.1, Abs.2)

1   **a) Bedeutung.** Wahlprüfung ist die Prüfung der Gültigkeit von Wahlen zum Bundestag (Rn.2 zu Art.38). Während die Rspr. die Funktion des Wahlprüfungsverfahrens früher ausschließlich objektiv-rechtlich bestimmte (BVerfGE 1, 208/238; 40, 11/29; 66, 369/378), geht sie heute von einer Doppelfunktion aus: Das Wahlprüfungsverfahren „dient auch der Verwirklichung des subjektiven aktiven und passiven Wahlrechts" (BVerfGE 85, 148/159; 99, 1/18). Die Wahlprüfung als Ausprägung des Demokratieprinzips (Rn.6 zu Art.20; Klein MD 7) ist durch die Wahlgleichheit geboten (Rn.11 zu Art.38) und zügig durchzuführen (Hoppe, DVBl 96, 344 ff). Abs.3 begründet für die näheren Regelungen eine ausschließliche Bundesgesetzgebungskompetenz (Rn.5 zu Art.70) und einen Regelungsauftrag (Rn.22 zu Art.70).

2   **b) Anwendungsbereich.** Die Wahlprüfung erstreckt sich gem. § 49 BWahlG auf alle Entscheidungen und Maßnahmen, die sich unmittelbar auf das Wahlverfahren beziehen (BVerfGE 74, 96/101; Achterberg/Schulte MKS 5). Wahlfehler, d. h. Verstöße gegen formelles und materielles Wahlrecht (Lang FH 22), können nicht nur von amtlichen Wahlorganen begangen werden, sondern auch von Dritten, soweit sie unter Bindung an wahlgesetzliche Anforderungen kraft Gesetzes Aufgaben bei der Organisation einer Wahl erfüllen, bes. Parteien bei der Kandidatenaufstellung (BVerfGE 89, 243/251; HambVerfG, DVBl 93, 1071; krit. Klein MD 65). Die Prüfung der Gültigkeit der Wahlen der deutschen Abgeordneten zum Europäischen Parlament ist durch § 26 EuropawahlG ebenfalls dem Bundestag und dem BVerfG (Rn.1 zu Art.93) übertragen worden. Die Wahlprüfung setzt voraus, dass eine Wahl stattgefunden hat (BVerfGE 63, 73/76). Sie endet wegen des Grundsatzes der Diskontinuität (Rn.4 zu Art.39) mit dem Ende der Legislaturperiode (Klein MD 68). Das in Rn.7 zu Art.29 genannte Gesetz hat die Zuständigkeit des Bundestags für die „Gesamtheit der Abstimmungsvor-

gänge" beim Volksentscheid begründet (BVerfGE 37, 84/89; 42, 53/63 f). Der Wahlprüfung unterliegen nicht interne Wahlen des Bundestags (Lang FH 14; Versteyl MüK 1; Kretschmer SHH 7) und die Wahl des Bundespräsidenten (Klein MD 6). Die Entscheidung des Bundestags wird durch den Wahlprüfungsausschuss (Rn.3 zu Art.40) vorbereitet (Glauben BK 44 ff; Klein MD 76).

c) Zulässigkeit. aa) Einspruch beim Bundestag, der gem. Abs.1 S.1 **3** in erster Instanz entscheidet: – **(1)** *Einspruchsberechtigung* besitzen gem. § 2 Abs.2 WahlprüfungsG: jeder Wahlberechtigte, jede Gruppe von Wahlberechtigten, jeder Landeswahlleiter, der Bundeswahlleiter und der Bundestagspräsident. – **(2)** *Einspruchsgegenstand* ist die Gültigkeit der Wahl (oben Rn.1). – **(3)** Die *Frist* beträgt gem. § 2 Abs.4 S.1 WahlprüfungsG zwei Monate nach dem Wahltag; ein vorher erhobener Einspruch ist zulässig (Glauben BK 40). – **(4)** Die *Formerfordernisse* ergeben sich aus § 2 Abs.3 WahlprüfungsG. – **(5)** Zum *Verfahren* §§ 3 ff WahlprüfungsG. Es verstößt nicht gegen das GG, dass eine substantiierte Begründung des Einspruchs innerhalb einer Einspruchsfrist verlangt wird (BVerfGE 85, 148/159) und dass im Wahlprüfungsverfahren ein Ausschluss von Abgeordneten wegen Befangenheit nicht vorgesehen ist (BVerfGE 37, 84/90; 46, 196/198; krit. Achterberg/Schulte MKS 24; Versteyl MüK 28). Im Interesse der Rechtssicherheit sollen auch grundrechtsbeschränkende formelle Voraussetzungen eingeführt werden dürfen (BVerfG-K, DVBl 93, 1069 f).

bb) Beschwerde beim Bundesverfassungsgericht (Abs.2): – **(1)** *Be-* **4** *schwerdeberechtigung* besitzen gem. § 48 Abs.1 BVerfGG: ein Wahlberechtigter, dessen Einspruch vom Bundestag verworfen worden ist, wenn ihm mindestens 100 Wahlberechtigte beitreten, eine Fraktion (Rn.6 zu Art.40) oder eine Minderheit des Bundestags, die wenigstens $^1/_{10}$ der gesetzlichen Mitgliederzahl umfasst. Verfassungsmäßig sind der Ausschluss der Beschwerdeberechtigung von Gruppen von Wahlberechtigten (BVerfGE 2, 300/303 f; 59, 176/177; 79, 47/48; a. A. Roth UC 42 für politische Parteien) und die Notwendigkeit des Beitritts von 100 Wahlberechtigten (BVerfGE 58, 170/171; 66, 311/312; 79, 47/48; StGH BW, LVerfGE 13, 3/5; Klein MD 85; a. A. Lang FH 130 ff; Roth UC 41). § 48 Abs.2 BVerfGG enthält Formvorschriften für den Beitritt. – **(2)** *Beschwerdegegenstand* ist die Gültigkeit der Wahl (oben Rn.1), allerdings nur in dem Umfang der abschließenden Entscheidung des Bundestags; mit der Beschwerde können keine neuen Anfechtungsgründe geltend gemacht werden (BVerfGE 16, 130/144; 66, 369/380; 79, 161/165). Eine Untätigkeitsbeschwerde ist nicht statthaft (Glauben BK 101). – **(3)** Die *Beschwerdebefugnis* ergibt sich für einen Wahlberechtigten aus der ablehnenden Entscheidung des Bundestags über den Einspruch; im Übrigen ist sie wegen des objektiven Charakters des Verfahrens grundsätzlich nicht erforderlich. Die Beschwerde wird normaler Weise mit Ablauf der Wahlperiode gegenstandslos (BVerfGE 22, 277/280; 34, 201/203); doch entscheidet das BVerfG auch nach Ablauf einer Wahlperiode über „die Verfassungsgemäßheit von Wahlrechtsnormen und die Anwendung des geltenden Wahlrechts, soweit ein möglicher Wahlfehler über den Einzelfall hinaus grundsätzliche Bedeutung hat" (BVerfGE 122, 304/306). – **(4)** Die *Frist* (einschließlich der Begründungsfrist) beträgt gem. § 48 Abs.1 BVerfGG zwei Monate nach Beschlussfassung des Bundestags. Es handelt sich um eine Ausschlussfrist (BVerfGE 21, 359/361 f), d. h. eine Verlängerung ist nicht möglich (BVerfGE 58, 172) und eine Wiedereinsetzung in den vorigen Stand findet nicht statt (Lang FH 122). Die Frist gilt auch für den Beitritt der mindestens 100 Wahlberechtigten (BVerfGE 58, 170/171; 58, 174 f; 66, 311/312). – **(5)** Die *Formerfordernisse* ergeben sich aus § 23 Abs.1 BVerfGG. – **(6)** Eine *Antragsrücknahme* steht einer Sachentscheidung nicht entgegen, wenn hieran ein öffentliches Interesse besteht (BVerfGE 89, 291/299).

5   **cc)** Dem Wahlprüfungsverfahren kommt **Ausschließlichkeitscharakter** zu: Die Korrektur von Wahlfehlern kann nach der Rspr. nur in diesem Verfahren vor dem BVerfG vorgenommen werden, ohne dass dies gegen Art.19 Abs.4 verstoßen soll (vgl. BVerfGE 66, 232/234; 74, 96/101; 83, 156/158; BVerfG, NVwZ 09, 1367 f; krit. Achterberg/Schulte MKS 13 f; Kretschmer SHH 24; Lang FH 58 ff; Morlok DR 12 f; Roth UC 14 ff; Schneider AK 15; Versteyl MüK 18 f). Dagegen ist zu sagen, dass die Ausschließlichkeit des Wahlprüfungsverfahrens iS verdrängender Spezialität strikt auf ihren Gegenstand (oben Rn.1) zu begrenzen ist, d. h. dass vor der Wahl anderweitiger Rechtsschutz möglich ist und dass nur die Erklärung der Ungültigkeit der Wahl mit anderweitigem Rechtsschutz nicht erreichbar ist (vgl. auch Glauben BK 52 ff; Meyer HbStR[3] III § 46 Rn.103; Morlok DR 11). Allerdings darf der Rechtsschutz vor der Wahl den Urnengang nicht verhindern oder verzögern (Klein MD 58; Roth UC 17).

6   **Im Einzelnen** ist eine Verfassungsbeschwerde zulässig gegen Normen des Wahlrechts (BVerfGE 57, 43/55; 58, 177/189; 82, 322/336), nicht aber gegen Entscheidungen von Wahlprüfungs- und Verfassungsgerichten der Länder (BVerfGE 99, 1/17 ff; anders noch BVerfGE 34, 81/94; 85, 148/157). Auch eine Organklage gegen Bundestag und Bundesrat mit der Rüge der Verfassungswidrigkeit des BWahlG ist möglich (BVerfGE 82, 322/335 f; 82, 353/363 ff). Der Verwaltungsrechtsweg ist eröffnet gegen alle sonstigen behördlichen Entscheidungen im Wahlverfahren, die subjektive Rechte, insb. das aktive und passive Wahlrecht, verletzen können (Ibler FH 75 zu Art.19 IV), z. B. die Ablehnung der Eintragung in die Wählerverzeichnisse künftiger Bundestagswahlen (BVerwGE 51, 69/71 ff) oder die Berufung zum Beisitzer im Wahlvorstand (BVerwG, NJW 02, 2263).

7   **d) Begründetheit.** Maßstab sind jedenfalls alle Gesetze und untergesetzlichen Vorschriften, die sich auf die Wahl und das Wahlprüfungsverfahren (BVerfGE 89, 243/249; 89, 291/299) beziehen. Bei Strafgesetzen reicht für die Annahme eines Wahlfehlers die Erfüllung des objektiven Tatbestandes aus (Klein MD 103; Roth UC 22; Schneider AK 11). Für das BVerfG ist auch das GG in vollem Umfang Maßstab (vgl. BVerfGE 16, 130/135 f; 121, 266/295; 123, 39/68). Für den Bundestag wird dies verneint, weil er jederzeit das betreffende Gesetz ändern könnte und kein Gericht iSd Art.100 Abs.1 ist (BVerfGE 121, 266/290 f; a. A. Glauben BK 109). Da das Wahlprüfungsverfahren nur dazu dient, die richtige Zusammensetzung des Bundestags zu gewährleisten, kann es nur dann zum Erfolg führen, wenn Wahlfehler sich auf die Mandatsverteilung auswirken (Mandatsrelevanz, Effektivitätstheorie; vgl. BVerfGE 59, 119/123; 85, 148/159; 89, 291/304; Morlok DR 7;

krit. Kühl/Unruh, DVBl 94, 1396 ff; Schneider AK 3 f). Dabei kann eine Nachzählung geboten sein (BVerfGE 85, 148/160). Die Auswirkung darf aber nach der allgemeinen Lebenserfahrung nicht ganz fern liegend sein (BVerfGE 89, 243/254; 89, 291/304; 121, 266/310; VerfGH NW, NVwZ-RR 96, 679; krit. Lang FH 82 ff). Mängel im Verfahren des Deutschen Bundestages sind nur beachtlich, wenn sie wesentlich sind und dessen Entscheidung die Grundlage entziehen (BVerfGE 89, 243/249; 89, 291/299; 123, 39/65).

e) Wirkungen der Entscheidung. Gültigkeit bedeutet Rechtswirksam- **8** keit, Ungültigkeit bedeutet Nichtigkeit. Es ist aber anerkannt, dass die Folgen von Rechtswidrigkeiten bei der Wahl differenziert zu beurteilen sind. Die Wahlrichtigkeit ist mit der kontinuierlichen Arbeitsfähigkeit des Parlaments abzuwägen (BVerfGE 103, 111/134 f; HambVerfG, DVBl 93, 1073; NdsStGH, DVBl 00, 628). Es kommt sinnvollerweise nur eine ex nunc-Wirkung der Ungültigkeitserklärung in Betracht (Klein MD 113; Lang FH 92). Die in der Zwischenzeit gefassten Beschlüsse bleiben gültig (vgl. BVerf-GE 3, 41/44). Generell ist die Frage der Fehlerfolge vom Grundsatz der Verhältnismäßigkeit (Achterberg/Schulte MKS 44 ff; Schneider AK 5; krit. Lang FH 33; Roth UC 27 f) bzw. „Gebot des geringstmöglichen Eingriffs" (BVerf-GE 121, 266/311) beherrscht; es gibt keine absoluten Nichtigkeitsgründe (Glauben BK 29). Ein Wahlfehler ist vorrangig ohne Neuwahl zu korrigieren, z. B. durch Nachzählung (BVerfGE 85, 148/160 f) und rechnerische Berichtigung (sog. Verbesserungsprinzip; BVerfGE 34, 81/102). Neuwahlen sind nur in dem Umfang der Fehlerbeseitigung erforderlich, z. B. beschränkt auf einzelne Stimmbezirke, Wahlkreise oder Länder (BVerfGE 121, 266/311; Glauben BK 51; Klein MD 112) sowie möglichst auf der Grundlage bisheriger Wahlvorbereitungen. Auch die Verfassungswidrigkeit einzelner Wahlrechtsnormen hat nicht notwendig eine Neuwahl zur Folge (Achterberg/ Schulte MKS 38; Versteyl MüK 14). „Die Ungültigerklärung einer gesamten Wahl setzt einen erheblichen Wahlfehler von solchem Gewicht voraus, dass ein Fortbestand der in dieser Weise gewählten Volksvertretung unerträglich erschiene" (BVerfGE 103, 111/134; 121, 266/311 f; HessStGH, LVerfGE 13, 237/245). Wird die Wahl für ungültig erklärt, verlieren die Vertreter des neu gewählten Bundestags ihre Mandate; an die Stelle des neuen tritt wieder der alte Bundestag (vgl. BVerfGE 3, 41/44; Lang FH 93; Schneider AK 8; Aderhold UCD 49 f zu § 48; krit. Glauben BK 115; Versteyl MüK 13; Roth UC 30).

2. Mandatsprüfung (Abs.1 S.2, Abs.2)

Gegenstand ist nur der nachträgliche Verlust des Mandats eines Bundes- **9** tagsabgeordneten. Die Prüfung der Gültigkeit des Erwerbs des Mandats unterfällt der Wahlprüfung (oben Rn.1–8). Maßstab für die Rechtmäßigkeit eines Mandatsverlusts ist der verfassungsrechtliche Status des Abgeordneten (Rn.25 zu Art.38). Für das Verfahren und die Rechtsfolgen gilt das zur Wahlprüfung Gesagte entsprechend. Die Regelung des § 47 Abs.1, 3 BWahlG, wonach in bestimmten Fällen der Ältestenrat bzw. der Präsident des Bundestags entscheidet, ist wegen der Entscheidungsbefugnis des Plenums problematisch

(a. A. Klein MD 140); obwohl gegen die Entscheidungen des Ältestenrats bzw. des Präsidenten die Anrufung des Plenums möglich ist, sind sie zunächst konstitutiv.

Art.42 [Öffentlichkeit, Mehrheit, Berichterstattung]

(1) **Der Bundestag verhandelt öffentlich**[1]**. Auf Antrag eines Zehntels seiner Mitglieder oder auf Antrag der Bundesregierung kann mit Zweidrittelmehrheit die Öffentlichkeit ausgeschlossen werden**[2]**. Über den Antrag wird in nichtöffentlicher Sitzung entschieden**[2]**.

(2) Zu einem Beschlusse des Bundestages ist die Mehrheit der abgegebenen Stimmen**[4]** **erforderlich, soweit dieses Grundgesetz nichts anderes bestimmt**[5]**. Für die vom Bundestage vorzunehmenden Wahlen kann die Geschäftsordnung Ausnahmen zulassen**[5]**.

(3) Wahrheitsgetreue Berichte über die öffentlichen Sitzungen des Bundestages und seiner Ausschüsse bleiben von jeder Verantwortlichkeit frei**[6]**.

Literatur: *Höfling/Burkiczak,* Das Mehrheitsprinzip im deutschen Staatsrecht – ein systematisierender Überblick, Jura 2007, 561; *Zeh,* Parlamentarische Verfahren, HbStR[3] III, 2005, § 53; *Hillgruber,* Die Herrschaft der Mehrheit: Grundlagen und Grenzen des demokratischen Majoritätsprinzips, AöR 2002, 460; *J. M. Pernice,* Öffentlichkeit und Medienöffentlichkeit, 2000; *Linck,* Die Parlamentsöffentlichkeit, ZParl 1992, 674.

1. Öffentlichkeit der Verhandlungen (Abs.1)

1   **Grundsatz (S.1).** Die Öffentlichkeit der Verhandlungen ist eine Ausprägung des Demokratieprinzips (Rn.12 zu Art.20; BVerfGE 70, 324/355; 84, 304/329; BremStGH, LVerfGE 7, 167/187). Sie gilt nur für das Plenum, nicht für die Ausschüsse (BVerfGE 1, 144/152; Klein MD 44; Kretschmer SHH 5; krit. Dicke UC 11; a. A. Morlok DR 24), außer diese treffen dem Parlament als Ganzem zuzurechnende Entscheidungen (vgl. Rn.2 zu Art.45a). Vorbehaltlich verfassungsrechtlicher (z. B. Art.44 Abs.1 S.1, 45a Abs.3) und gesetzlicher Regelung (z. B. § 8 Abs.1 WahlPrüfG) unterliegt die Öffentlichkeit der Verhandlungen der Ausschüsse der Geschäftsordnungsautonomie (Rn.7–9 zu Art.40). *Verhandeln* umfasst die gesamte Tätigkeit von Beginn bis zum Schluss einer Sitzung (Rn.7 zu Art.39), d. h. sowohl die Beratung wie die Beschlussfassung (BVerfGE 89, 291/303). *Öffentlichkeit* bedeutet den freien und gleichen Zugang für jedermann und umfasst die Berichterstattung der Medien (Magiera SA 3; Morlok DR 27; Pernice, o. Lit., 111 ff; einschr. Klein MD 36: kein Anspruch auf Direktübertragungen). Nach hM umfasst sie auch den Vorgang, nicht aber den Inhalt von Wahlen und Abstimmungen, weshalb geheime Wahlen und Abstimmungen zulässig sein sollen (Klein MD 37; Dicke UC 14; Schneider AK 3); richtiger erscheint es, Formen und Verfahrensmodalitäten von Wahlen und Abstimmungen der Parlamentsautonomie (Rn.7–9 zu Art.40) zuzuordnen, wonach geheime Wahlen zulässig, geheime Abstimmungen aber verfassungsgewohnheitsrechtlich ausgeschlossen sind (Pieroth, JuS 91, 93 f; weitergehend Linck,

DVBl 05, 793: auch geheime Wahlen unzulässig). Die Widmung eines Teils des Zuhörerraums für die Presse und Diplomaten ist zulässig (Klein MD 34; Schneider AK 6). Das Zutrittsrecht findet außerdem Grenzen in der räumlichen Kapazität und im Hausrecht und in der Ordnungsgewalt des Bundestagspräsidenten (Rn.11 f zu Art.40).

Ausnahmen (S.2, 3). Zur Zahl der Mitglieder des Bundestags Rn.1 f zu 2 Art.121; zum Begriff der Bundesregierung Art.62. Der jeweils erforderliche Antrag braucht nicht begründet zu werden, weil sonst der Zweck der Geheimhaltung gefährdet wäre (Achterberg/Schulte MKS 19; Dicke UC 19; Klein MD 49 ff; Schneider AK 9; a. A. Morlok DR 29: kursorische Begründung erforderlich). ²/₃-Mehrheit bezieht sich analog zu Abs.2 (unten Rn.4) auf die abgegebenen Stimmen (Magiera SA 6; Achterberg/Schulte MKS 19; Schneider AK 9; a. A. Morlok DR 29). Der Ausschluss der Öffentlichkeit umfasst nicht die Mitglieder des Bundestags und die nach Art.43 Abs.2 zutrittsberechtigten Amtsträger. Die Öffentlichkeit kann in den Grenzen des Willkürverbots (Rn.14–16 zu Art.3) auch teil- und zeitweise ausgeschlossen werden (Achterberg/Schulte MKS 21; Schneider AK 9; a. A. Magiera SA 7; Versteyl MüK 14; Klein MD 53: nur zeitweise). Über den Antrag selbst muss gem. S.3 bereits in nichtöffentlicher Sitzung entschieden werden. Rechtsfolge eines fehlerhaften Ausschlusses der Öffentlichkeit ist die Nichtigkeit des in nichtöffentlicher Sitzung gefassten Beschlusses (Klein MD 55; a. A. Achterberg/Schulte MKS 6; Dicke UC 26 ff).

2. Mehrheitsprinzip (Abs.2)

Allgemeines. Das Mehrheitsprinzip ist eine parlamentarische Entschei- 3 dungsregel und Ausprägung des Demokratieprinzips (Rn.15 zu Art.20); es gehört zu den „tragenden Grundsätzen der freiheitlichen Demokratie" (BVerfGE 112, 118/140). Das Mehrheitsprinzip gibt der Mehrheit das Recht, die Minderheit zu binden, verpflichtet diese aber nicht, die Auffassung der Mehrheit zu übernehmen (BVerfGE 2, 143/172; *abwM* 70, 366/368). Beschlüsse des Bundestags sind alle Entscheidungen, die er als ganzer im Rahmen seiner verfassungsrechtlichen Befugnisse trifft. Hierunter fallen auch schlichte Parlamentsbeschlüsse (Rn.1 zu Art.76), Entschließungsanträge gem. § 88 GeschOBT (Magiera SA 9; Morlok DR 32; Dicke UC 45; a. A. Achterberg/Schulte MKS 31; Schneider AK 13; Versteyl MüK 16) und Wahlen (Klein MD 81). Die Beschlussfähigkeit ist auf Grund der Geschäftsordnungsautonomie (Rn.7–9 zu Art.40) in § 45 Abs.1 GeschOBT geregelt. Eine Mehrheitsentscheidung kann jeweils nur über ein und dieselbe Frage erfolgen (BVerfGE 1, 14/46).

Grundsatz. Die Mehrheit der abgegebenen Stimmen ist gem. S.1 Hs.1 4 erforderlich und ausreichend (sog. einfache Abstimmungsmehrheit oder relative Mehrheit). Mehrheit bedeutet, dass die Zahl der Ja-Stimmen die der Nein-Stimmen überwiegen muss. Stimmenthaltungen werden traditionell nicht zu den abgegebenen Stimmen gezählt (Magiera SA 10; Achterberg/Schulte MKS 38; krit. Versteyl MüK 21). Gleiches gilt für ungültige Stimmen (Klein MD 84; Morlok DR 34). Hiervon zu unterscheiden sind die Mitglieder- oder Abgeordnetenmehrheit (d. h. die Mehrheit der Mitglieder des Bundestags, sog. absolute Mehrheit; vgl. Rn.1 f zu Art.121) und die Anwesenheitsmehrheit. Diese ist nur in §§ 80 Abs.2, 81 Abs.1, 84 lit. b, 126 GeschOBT vorgesehen und als eine Ausnahme von der grundgesetzlichen Regel, die nicht Wahlen betrifft (unten Rn.5), verfassungswidrig (vgl. Schneider AK 12; a.A. Klein MD 91; Dicke UC 46). Außerdem können diese Mehrheiten noch quantitativ abgestuft ($1/10$, $1/4$, $1/3$) und kombiniert werden (z. B. Art.77 Abs.4 S.2).

5   **Ausnahmen** können gem. S.1 Hs.2 durch das GG (Aufzählung bei Morlok DR 37; Schneider AK 12) bestimmt sein. Für die vom Bundestag vorzunehmenden Wahlen kann gem. S.2 die GeschOBT Ausnahmen zulassen. Wahlen sind im Gegensatz zu Abstimmungen Personalentscheidungen (Rn.4 zu Art.20), umfassen also nicht die Entscheidung über Orte (Morlok DR 36; Pieroth, JuS 91, 90; a.A. Schneider AK 15). Die GeschOBT darf aber die im GG normierten Erfordernisse weder verschärfen noch abschwächen, sondern nur solche Personalentscheidungen regeln, für die das GG keine die erforderliche Mehrheit betreffende Vorschrift enthält (Klein MD 92).

3. Freiheit der Berichterstattung (Abs.3)

6   Abs.3 ist lex specialis zu Art.5 Abs.1 (Schneider AK 16; Dicke UC 75; a.A. Klein MD 65). Der *Schutzbereich* umfasst nur wahrheitsgetreue Berichte. Wahrheitsgetreu bedeutet die richtige und vollständige Wiedergabe (Magiera SA 18; krit. Morlok DR 43). Der Schutzbereich ist davon abgesehen wie der Schutzbereich der Presse-, Rundfunk- und Filmfreiheit zu verstehen (Rn.25–28, 36–41, 50–52 zu Art.5), allerdings beschränkt auf die öffentlichen Sitzungen des Bundestags und seiner Ausschüsse (oben Rn.1). Eine schriftliche Anfrage gehört nicht dazu (BGHZ 75, 384/390), ebenso wenig die Wiederholung der gleichen Äußerung bei anderer Gelegenheit (BGH, NJW 81, 2118). Die *Beeinträchtigung* besteht in „jeder Verantwortlichkeit", d. h. strafrechtlicher, dienst- oder arbeitsrechtlicher, zivilrechtlicher oder sonstiger staatlicher Sanktion. Grundsätzlich gehört dazu auch der presserechtliche Gegendarstellungsanspruch (Schneider AK 19); allerdings ist die Entgegnung zulässig, der Abgeordnete habe etwas anderes oder mehr erklärt als in dem Bericht behauptet (Dicke UC 79). Im Strafrecht wirkt Abs.3 als Rechtfertigungsgrund (Achterberg/Schulte MKS 54; Dicke UC 80; a.A. Schneider AK 19: sachlicher Strafausschließungsgrund). Abs.3 unterliegt anders als Art.5 Abs.1 keinem Gesetzesvorbehalt.

Art. 43 [Zitierungs-, Zutritts- und Rederecht]

(1) **Der Bundestag und seine Ausschüsse**[1] **können die Anwesenheit jedes Mitgliedes der Bundesregierung**[2] **verlangen**[3].

(2) **Die Mitglieder des Bundesrates und der Bundesregierung sowie ihre Beauftragten**[4] **haben zu allen Sitzungen des Bundestages und seiner Ausschüsse Zutritt**[5]. **Sie müssen jederzeit gehört werden**[6 ff].

Literatur: *Brüning,* Der informierte Abgeordnete, Staat 2004, 511; *Queng,* Das Zutritts- und Rederecht nach Art.43 II GG, JuS 1998, 610; *Hölscheidt,* Information der

Parlamente durch die Regierungen, DÖV 1993, 593; *Kunig,* Politische Kontrolle der Bundesregierung durch das Parlament, Jura 1993, 220; *Maiwald,* Berichtspflichten gegenüber dem Deutschen Bundestag, 1993.

1. Zitierungsrecht (Abs.1)

a) Berechtigte sind der Bundestag und seine Ausschüsse (Rn.3–5 zu **1** Art.40), mit Ausnahme der Unterausschüsse (Achterberg/Schulte MKS 21; Schneider AK 4; diff. Klein MD 53; Magiera ParlRPr 1422; a.A. Dicke UC 21). Da das Zitierungsrecht nicht als Minderheitenrecht ausgestaltet ist, hat es eine geringe praktische Bedeutung (Schröder BK 13, 15, 38, 41). Soweit ein parlamentarisches Gremium nicht nur aus Mitgliedern des Bundestags besteht (sog. gemischte Ausschüsse), ist es grundsätzlich nicht berechtigt. Berechtigt sind aber Enquête-Kommissionen gem. § 56 GeschOBT als Fortentwicklung des parlamentarischen Untersuchungsrechts (Magiera SA 3; Schneider AK 4; Schröder BK 19; a.A. Achterberg/Schulte MKS 22; Dicke UC 21; Klein MD 54; Versteyl MüK 9) sowie der Vermittlungsausschuss (Rn.9 zu Art.77) und der Gemeinsame Ausschuss (Rn.1 zu Art.53a), da sie neben den Mitgliedern des Bundestags lediglich aus solchen des Bundesrats bestehen, die als eigener Ausschuss betrachtet ebenfalls zitierungsberechtigt (Rn.1 zu Art.53) wären (Kretschmer SHH 16; Morlok DR 9; Magiera ParlRPr 1422; Stern ST II 53, 177). Das gilt für den Gemeinsamen Ausschuss aber nicht in Friedenszeiten (Achterberg/Schulte MKS 24; Klein MD 57; Schneider AK 4; Schröder BK 21).

Verpflichtet ist jedes Mitglied der Bundesregierung (Art.62). Die Ein- **2** schränkung, dass der betreffende Beratungsgegenstand in seine Zuständigkeit fallen muss (Schneider AK 5; Schröder BK 23; Versteyl MüK 23), ist – vorbehaltlich der Missbrauchsgrenze – nicht anzuerkennen (Dicke UC 22; Klein MD 61f; Magiera ParlRPr 1423; Morlok DR 10). Eine Vertretung durch Beauftragte, sei es Beamte oder Parlamentarische Staatssekretäre (insoweit a.A. Schröder BK 29; Magiera SA 5 bei Einverständnis des Parlaments), sei es im Krankheitsfall (insoweit a.A. Achterberg/Schulte MKS 10), ist unzulässig (Kretschmer SHH 17; Schneider AK 5; Versteyl MüK 24; Stern ST II 54).

b) Inhalt ist die Pflicht zum persönlichen Erscheinen und Verbleiben **3** während der Dauer der Verhandlungen zu dem betreffenden Beratungsgegenstand sowie zur wahrheitsgemäßen und vollständigen Beantwortung der damit im Zusammenhang stehenden und im Übrigen verfassungsrechtlich zulässigen Fragen (vgl. auch BVerwGE 73, 9/10). Im Falle der unverschuldeten Verhinderung muss der Bundestag oder der Ausschuss entscheiden, ob er auf die Zitierung verzichten, sie verschieben oder sich mit einem Vertreter begnügen will. Eine Verweigerung der Antwort kann nur durch kollidierendes Verfassungsrecht gerechtfertigt werden; z.B. kann die Funktionsfähigkeit der Regierung die Antwortverweigerung bezüglich noch nicht entscheidungsreifer Vorhaben rechtfertigen (Achterberg/Schulte MKS 14; Schneider AK 3; Magiera ParlRPr 1443f). Vom Zitierungsrecht ist das allgemeine Fragerecht (Interpellationsrecht) der Abgeordneten gegenüber der Regierung (Rn.34 zu Art.38) zu unterscheiden (Schneider AK 6; Schröder

BK 1 ff; Klein MD 85; a. A. Stern ST II 55: systemimmanente Fortbildung des Zitierrechts). Ein Recht auf Aktenvorlage und Akteneinsicht entspringt dem Zitierungsrecht nicht; insoweit haben aber Untersuchungsausschüsse weitergehende Befugnisse (Rn.8–11 zu Art.44).

2. Zutritts- und Rederecht (Abs.2)

4   a) **Berechtigt** sind die Mitglieder des Bundesrats (Art.51 Abs.1) und die Mitglieder der Bundesregierung (Art.62) sowie ihre Beauftragten. Es genügt die Beauftragung durch jeweils ein Mitglied; doch ist auch die Beauftragung durch den Bundesrat und die Bundesregierung zulässig (Anderheiden HbStR³ VI § 140 Rn.51 f; Morlok DR 18; Schneider AK 10 f). Die Bestellung eines Unterbeauftragten ist unzulässig (Magiera SA 8; Achterberg/Schulte MKS 39). Es bedarf keiner besonderen Handlungsvollmacht (Klein MD 127 f). **Verpflichtet** sind der Bundestag und seine Ausschüsse (oben Rn.1; näher Klein MD 130 ff).

5   b) **Zutrittsrecht (S.1)** bedeutet die Befugnis zur Anwesenheit bei allen Sitzungen (Rn.7 zu Art.39) des Bundestags und seiner Ausschüsse (oben Rn.1). Darin ein Anspruch auf Mitteilung der Sitzungstermine und der Tagesordnung enthalten (Klein MD 129; Schneider AK 9; Schröder BK 60). Das Zutrittsrecht erstreckt sich auch auf Unterausschüsse (Klein MD 129) und besteht auch bei nichtöffentlichen Sitzungen. Eine Grenze ist für diejenigen Ausschüsse, die gerade der Kontrolle der Regierung oder des Bundesrats dienen, insb. Untersuchungsausschüsse, insoweit anzunehmen, als sich ein bestimmter Beratungsgegenstand gegen einen Zutrittsberechtigten richtet (Schneider AK 12; Schröder BK 62 ff; Versteyl MüK 32; a. A. Dicke UC 32; Klein MD 138). Bei „geheim" zu haltenden Beratungsgegenständen soll das Zutrittsrecht auf je ein Mitglied oder Beauftragten beschränkt sein (BVerfGE 74, 7/8 f). Die Zutrittsberechtigten unterstehen dem Hausrecht und der Polizeigewalt des Bundestagspräsidenten (Rn.11 f zu Art.40).

6   c) Das **Rederecht (S.2)** besteht jederzeit, d. h. „auch außerhalb der Tagesordnung und nach Schluss der Beratung" (BVerfGE 10, 4/17), solange der Präsident bzw. Vorsitzende die Sitzung nicht unterbrochen (Klein MD 147) oder geschlossen hat (Morlok DR 23; Schneider AK 13). Grenzen ergeben sich in zeitlicher Hinsicht aus dem Missbrauchsverbot, etwa bei übermäßiger Häufung von Regierungsreden, Verstößen gegen Redezeitvereinbarungen (unten Rn.8; vgl. Lang, ZParl 04, 303) oder Einsatz der Redebefugnis zur Erreichung sachfremder Ziele (BVerfGE 10, 4/17 f), in sachlicher Hinsicht aus der verfassungsrechtlichen Stellung des Redners, der grundsätzlich nur für seine Institution sprechen darf (Magiera SA 15; Schneider AK 14; a. A. Klein MD 160); doch werden „parteipolitisch gefärbte Äußerungen" weithin akzeptiert (vgl. Schröder BK 86; Besch ParlRPr 945; Achterberg/Schulte MKS 67 f; Dicke UC 35).

7   Das Rederecht ist mit der aus der **Geschäftsordnungsautonomie** (Rn.7–9 zu Art.40) folgenden Befugnis des Bundestags zum Erlass einer Redeordnung (vgl. §§ 27 ff GeschOBT) zu harmonisieren. Das Rederecht setzt eine ordnungsgemäße Wortmeldung und Worterteilung durch den Präsidenten bzw. Vorsitzenden voraus. Es gibt das Recht, abweichend von der

Rednerliste als nächster zu sprechen (Schneider AK 15; Schröder BK 81; Versteyl MüK 34; einschr. Klein MD 151). Besondere, durch die Geschäftsordnung verliehene Befugnisse der Abgeordneten, wie Zwischenfragen und Erklärungen zur Abstimmung (§§ 27 Abs.2, 31 GeschOBT), sind vom Rederecht gem. S.2 nicht umfasst (Klein MD 146; Schneider AK 13; Schröder BK 78; a.A. Achterberg 80). Es erstreckt sich auch nicht auf Antrags- und Abstimmungsbefugnisse (Magiera SA 12; Achterberg/Schulte MKS 60; Klein MD 145; Schröder BK 77). Die aus der Geschäftsordnungsautonomie entspringende Sitzungsgewalt des Bundestagspräsidenten (Rn.12 zu Art.40) berechtigt diesen, auch gegenüber Redeberechtigten gem. S.2 diejenigen Maßnahmen zu treffen, die zur ordnungsgemäßen Aufgabenerfüllung des Bundestags erforderlich sind; das umfasst in extremen Fällen die Wortentziehung (Klein MD 163 ff; Lang, ZParl 04, 295).

Bei einer **vereinbarten Redezeitverteilung** soll die Inanspruchnahme 8 des Rederechts durch Mitglieder der Bundesregierung der Parlamentsmehrheit nicht angerechnet werden (BVerfGE 10, 4/18 ff; krit. Morlok DR 25; Schröder BK 89; Versteyl MüK 34). In der Praxis werden aber auf Grund interfraktioneller Vereinbarungen und Absprachen mit Bundesregierung und Bundesrat Beiträge von Regierungsvertretern in den Zeitanteil der Mehrheitsfraktionen und Beiträge aus dem Bundesrat in den Zeitanteil der Regierungs- oder Oppositionsfraktionen einbezogen, je nach dem wem die Regierung des betreffenden Landes politisch zuzuordnen ist (Besch ParlPr 948; Klein MD 149; Zeh HbStR[3] III § 56 Rn.31 hält dies inzwischen für Gewohnheitsrecht).

Art.44 [Untersuchungsausschüsse]

(1) **Der Bundestag hat das Recht und auf Antrag eines Viertels seiner Mitglieder die Pflicht, einen Untersuchungsausschuß[3 f] einzusetzen[5 f], der in öffentlicher Verhandlung[7] die erforderlichen Beweise erhebt[8 ff]. Die Öffentlichkeit kann ausgeschlossen werden[7].**

(2) **Auf Beweiserhebungen finden die Vorschriften über den Strafprozeß sinngemäß Anwendung[8]. Das Brief-, Post- und Fernmeldegeheimnis bleibt unberührt[9].**

(3) **Gerichte und Verwaltungsbehörden sind zur Rechts- und Amtshilfe verpflichtet[9].**

(4) **Die Beschlüsse der Untersuchungsausschüsse sind der richterlichen Erörterung entzogen. In der Würdigung und Beurteilung des der Untersuchung zugrunde liegenden Sachverhaltes sind die Gerichte frei[2].**

Literatur: *Glauben,* Rechtsschutz Privater im parlamentarischen Untersuchungsverfahren, DVBl 2006, 1263; *Bräcklein,* Investigativer Parlamentarismus, 2006; *Gärditz,* Das Rechtsschutzsystem des Untersuchungsausschussgesetzes des Bundes, ZParl 2005, 854; *Glauben/Brocker,* Das Recht der parlamentarischen Untersuchungsausschüsse in Bund und Ländern, 2005; *Platter,* Das parlamentarische Untersuchungsverfahren vor dem Verfassungsgericht, 2004; *Seiler,* Der Untersuchungsausschuss an der Schnittstelle von Staatsinternum und -externum, AöR 2004, 378; *Caspar,* Zur Einsetzung parlamentarischer Untersuchungsausschüsse: Voraussetzungen, Minderheitsbefugnisse und

Folgen rechtswidriger Einsetzungsbeschlüsse, DVBl 2004, 845; *März,* Das Parlamentarische Untersuchungsausschussgesetz, FS Vitzthum, 2003, 43; *Schulte,* Das Recht der Untersuchungsausschüsse, Jura 2003, 505; *Wiefelspütz,* Das Untersuchungsausschussgesetz, 2003; *Plöd,* Die Stellung des Zeugen in einem parlamentarischen Untersuchungsausschuss des Deutschen Bundestages, 2003; *Mager,* Das neue Untersuchungsausschussgesetz des Bundes, Staat 2002, 597; *Schliesky,* Art.44 GG – Zulässigkeit der Änderung des Untersuchungsgegenstandes gegen den Willen der Einsetzungsmehrheit, AöR 2001, 244; *Masing,* Parlamentarische Untersuchungen privater Sachverhalte, 1998; *Köhler,* Umfang und Grenzen des parlamentarischen Untersuchungsrechts gegenüber Privaten im nichtöffentlichen Bereich, 1996; *Schmidt-Hartmann,* Schutz der Minderheit im parlamentarischen Untersuchungsverfahren, 1994; *Studenroth,* Die parlamentarische Untersuchung privater Bereiche, 1992; *Richter,* Privatpersonen im parlamentarischen Untersuchungsausschuß, 1991; *Simons,* Das parlamentarische Untersuchungsrecht im Bundesstaat, 1991; *Kästner,* Parlamentarisches Untersuchungsrecht und richterliche Kontrolle, NJW 1990, 2649; *Buchholz,* Der Betroffene im parlamentarischen Untersuchungsausschuß, 1990.

1. Bedeutung und Abgrenzung zu anderen Vorschriften

1   **Allgemeines.** Das Untersuchungsrecht (Enquêterecht) ist eines der wichtigsten und ältesten Mittel der Information und Kontrolle, die dem Parlament zur Verfügung stehen (BVerfGE 49, 70/85; 70, 1/42 f; 124, 78/114; BVerwGE 109, 258/262). Der Untersuchungsausschuss übt öffentliche Gewalt aus (BVerfGE 76, 363/387; 77, 1/46) und ist eine Behörde iSd Art.35 Abs.1 (BVerfG-K, NVwZ 94, 55; BVerwGE 109, 258/268; VerfGH Saarl, LVerfGE 14, 311/318 ff; a. A. Morlok DR 15). Art.44 muss so ausgelegt werden, dass parlamentarische Kontrolle wirksam sein kann (BVerfGE 67, 100/130; 77, 1/48; 124, 78/114). Praktisch steht die Aufklärung von Sachverhalten, die auf Missstände im Bereich der Exekutive hinweisen, im Vordergrund (sog. Missstandsenquête). Das PUAG kann sich auf eine Bundesgesetzgebungskompetenz kraft Natur der Sache (Rn.13 zu Art.70) stützen (Mager, Staat 2003, 602 f; Wiefelspütz, o. Lit., 205 f); soweit es Geschäftsordnungsfragen regelt, allerdings nur (vgl. Rn.8 zu Art.40) kraft Sachzusammenhangs (Rn.9 zu Art.70) mit den anderen Regelungen (weitergehend Klein MD 26 f). Die Zusammensetzung des Untersuchungsausschusses bestimmt sich nach §§ 4 ff PUAG.

2   **Verhältnis zur Rechtsprechung (Abs.4).** Untersuchungsausschüsse und Gerichte (Rn.10 zu Art.92) sind grundsätzlich voneinander unabhängig. Insb. können die Gerichte gem. S.2 die gleichen Sachverhalte selbständig untersuchen und rechtlich beurteilen. Die Beschlüsse der Untersuchungsausschüsse, d. h. der Schlussbericht einschließlich eventueller Minderheitsvoten sowie vorläufige und Zwischenberichte (Klein MD 231; Umbach UC 97), nicht aber sonstige Maßnahmen des Untersuchungsausschusses und seines Vorsitzenden während eines laufenden Verfahrens (VerfGH NW, NWVBl 95, 250; Magiera SA 28; Achterberg/Schulte MKS 185; Schneider AK 10; krit. Morlok DR 58 ff), sind gem. S.1 der richterlichen Erörterung entzogen (vgl. auch BVerfGE 99, 19/34 f); dies ist eine Spezialregelung zu Art.19 Abs.4. § 36 Abs.1 PUAG begründet für Streitigkeiten nach diesem Gesetz die Zuständigkeit des BGH, soweit sich nicht spezielle Zuweisungen an den Ermittlungsrichter des BGH aus dem PUAG ergeben (Klein MD

238 ff) oder eine Zuständigkeit des BVerfG besteht. Letzteres ist der Fall bei Bundesorganstreitigkeiten (Rn. 5–18 zu Art. 93; BVerfGE 113, 113/120 ff; 124, 78/104 ff) und bei der der konkreten Normenkontrolle (Rn. 1–18 zu Art. 100) nachgebildeten Vorlage des Einsetzungsbeschlusses gem. § 36 Abs. 2 PUAG iVm § 82a BVerfGG (Klein MD 250; Müller-Terpitz MSKB 5 f zu § 82a).

2. Einsetzung

a) Rechtsstellung. Der Untersuchungsausschuss ist ein spezieller Ausschuss (Rn. 3 zu Art. 40). Untersuchungsausschüsse können nur unterstützend und vorbereitend für den Bundestag tätig werden, der „Herr des Untersuchungsverfahrens" ist (BVerfGE 124, 78/114). Sie sind an den im Einsetzungsbeschluss (unten Rn. 5 f) enthaltenen Untersuchungsauftrag gebunden (vgl. § 3 S. 1 PUAG); jede Änderung muss vom Plenum beschlossen werden (vgl. § 3 S. 2 PUAG). Sie müssen ihn auch nach Möglichkeit abschließen (BVerfGE 113, 113/126). Der Bundestag kann den Untersuchungsausschuss auflösen; allerdings ist bei Minderheitsenquêten dafür eine Mehrheit von mehr als ³/₄ der Mitglieder des Bundestags (Rn. 1 f zu Art. 121) erforderlich (Magiera SA 27; Achterberg/Schulte MKS 101; Schneider AK 8; Versteyl MüK 4). Die Minderheit kann nicht wie die Einsetzung auch die Auflösung durchsetzen (Klein MD 69; Achterberg/Schulte MKS 84). Der Grundsatz der Diskontinuität (Rn. 4 zu Art. 39) gilt auch für Untersuchungsausschüsse (BVerfGE 49, 70/86; BVerwGE 109, 258/263). Soweit dagegen den Untersuchungsausschüssen für ihre Verfahren besondere Befugnisse zugewiesen sind (unten Rn. 8–11), üben sie diese auch gegenüber dem Bundestag selbständig, d. h. unabhängig und weisungsfrei, aus. Das Plenum darf sich nicht selbst als Untersuchungsausschuss einsetzen (Magiera SA 12) oder die besonderen Befugnisse ausüben (BVerfGE 67, 100/124 f). Auf dem Gebiet der Verteidigung darf kein Untersuchungsausschuss eingesetzt werden (Rn. 2 zu Art. 45a).

b) Aufgabe der Untersuchungsausschüsse ist es, Sachverhalte, deren Aufklärung im öffentlichen Interesse liegt, zu untersuchen und dem Bundestag darüber einen schriftlichen Bericht zu erstatten (vgl. § 33 Abs. 1 PUAG). Das Untersuchungsrecht darf nur im Rahmen der Kompetenzen des Bundestags ausgeübt werden (sog. Korollartheorie; vgl. § 1 Abs. 3 PUAG; krit. Masing, o. Lit., 228 ff): Es erstreckt sich nicht auf Angelegenheiten, an deren parlamentarischer Behandlung kein öffentliches Interesse von hinreichendem Gewicht besteht (krit. Klein MD 112 ff), die nicht zu den Bundesaufgaben gehören oder in die ausschließliche Kompetenz anderer Verfassungsorgane fallen (BVerfGE 77, 1/44; BVerwGE 109, 258/266; Schröder ParlRPr 1249 ff). Das Untersuchungsrecht erstreckt sich grundsätzlich auch auf die Vorgänge im öffentlichen Leben und Vorkommnisse im gesellschaftlichen Bereich (BVerfGE 77, 1/44), nicht aber auf rein privates Handeln (Morlok DR 21; Masing, o. Lit., 220 ff; Studenroth, o. Lit., 142 ff). Bei Parteien ist zwischen ihrer privatrechtlichen Stellung und ihrem Hineinwirken in die institutionalisierte Staatlichkeit (Rn. 1 zu Art. 21) zu unterscheiden (vgl. Klein MD 132 f; Masing, ZRP 01, 38). Der vor einer parlamentarischen Untersuchung geschützte Kernbereich exekutiver Eigenverantwortung muss eng interpretiert werden (BayVerfGHE *abwM* 38, 165/175 ff; Umbach UC 37), liegt bei abgeschlossenen Vorgängen regelmäßig nicht vor (BremStGH, NVwZ 89, 955 ff) und verbietet ständige Untersuchungsausschüsse (Klein MD 152). Ein laufendes Strafverfahren steht der parlamentarischen Untersuchung nicht entgegen (Achterberg/Schulte MKS 15 ff; Klein MD 155).

5   c) Bei den **Voraussetzungen** für die Einsetzung von Untersuchungsausschüssen sind **zwei Fälle zu unterscheiden:** Die Mehrheitsenquête beruht auf einem Beschluss gem. Art.42 Abs.2 S.1. Die Minderheitsenquête beruht auf dem Antrag von $^1/_4$ der Mitglieder des Bundestags (Rn.1 f zu Art.121). In diesem Fall hat die Mehrheit gem. Abs.1 S.1 Hs.1 die Pflicht, einen Untersuchungsausschuss unverzüglich einzusetzen, außer es handelt sich um einen verfassungswidrigen Antrag (oben Rn.4); im letzteren Fall muss aber die Ablehnung ausreichend begründet werden (Schröder ParlRPr 1251; Klein MD 79; a. A. BayVerfGHE 38, 165/172). Wegen dieser Verpflichtung hat der Mehrheitsbeschluss formalen Charakter; sein Fehlen führt regelmäßig nicht zur Verfassungswidrigkeit, es sei denn, die Verfassungsmäßigkeit der Einsetzung des Untersuchungsausschusses ist bestritten worden (HessStGH, ESVGH 17, 1/8 ff).

6   **Inhaltliche Voraussetzung** ist in beiden Fällen eine hinreichend genaue Bestimmung des Untersuchungsgegenstands (BVerfGE 124, 78/118 f; Achterberg/Schulte MKS 30 ff; Klein MD 81 ff; vgl. auch BayVerfGHE 47, 87/123; HessStGH, ESVGH 17, 1/18; StGH BW, LVerfGE 18, 26/53). Die Mehrheit darf den Untersuchungsgegenstand nicht gegen den Willen der Minderheit verändern (BVerfGE 49, 70/86; BayVerfGHE 30, 48/61; StGH BW, ESVGH 27, 1/8; vgl. § 2 Abs.2 PUAG). Sie darf aber gem. § 2 Abs.3 S.1 PUAG dem Einsetzungsantrag der Minderheit nur teilweise stattgeben und ihn ablehnen, soweit sie den Antrag für verfassungswidrig hält (krit. Klein MD 78; Kretschmer SHH 16). Andererseits muss sie ihn auf Antrag der Minderheit verändern, wenn anders der Erfolg der Untersuchung insgesamt gefährdet wäre (vgl. BVerfGE 83, 175/179 f). Zusatzfragen sind nur in engen Grenzen zulässig, um eine verzerrte Darstellung zu vermeiden und ein umfassendes, wirklichkeitsnäheres Bild des Untersuchungsgegenstands zu gewinnen (BVerfGE 49, 70/80 ff; krit. Achterberg/Schulte MKS 90; a. A. Klein MD 80).

3. Verfahren

7   a) Die **Öffentlichkeit** der Verhandlungen ist anders als für die anderen Ausschüsse (Rn.1 zu Art.42) gem. Abs.1 S.1 Hs. 2 vorgeschrieben, kann aber gem. Abs.1 S.2 durch Mehrheitsbeschluss (Rn.4 zu Art.42) ausgeschlossen werden; dabei ist das Willkürverbot (Rn.14–16 zu Art.3; Schneider AK 14) und die Bedeutung des Öffentlichkeitsprinzips in der Demokratie (Rn.11 f zu Art.20; BVerfGE 77, 1/48) zu beachten (vgl. auch § 14 PUAG). Der Ausschluss der Öffentlichkeit kann von der Bundesregierung nicht erzwungen werden; doch schränkt der Nicht-Ausschluss der Öffentlichkeit die Pflicht der Bundesregierung zur Aktenvorlage (unten Rn.10) ein (BVerfGE 67, 100/137). Zum Zutrittsrecht der Mitglieder der Bundesregierung und des

Bundesrats Rn.4f zu Art.43. Im Übrigen gilt das PUAG und ergänzend die GeschOBT (vgl. Klein MD 169).

b) Beweiserhebung. aa) Rechtsgrundlagen. Auf die gem. Abs.1 **8** S.1 Hs.2 bestehende Kompetenz der Untersuchungsausschüsse zur Beweiserhebung finden gem. Abs.2 S.1 die jeweils geltenden (BVerfGE 76, 363/387) Vorschriften über den Strafprozess sinngemäß Anwendung. Auch insoweit bleiben die Untersuchungsausschüsse Hilfsorgane des Bundestags und handelt es sich um Befugnisse des Bundestags (BVerfGE 77, 1/40f). Die sinngemäße Anwendung ergibt sich daraus, dass es hier keinen Beschuldigten gibt, und bedeutet, dass Art und Umfang der Anwendung dieser Vorschrift dem Sinn parlamentarischer Kontrolle durch einen Untersuchungsausschuss entsprechen sollen (BVerfGE 67, 100/133f; 124, 78/116; Morlok DR 46). Die Verweisung erfasst sowohl befugnisbegründende als auch befugnisbegrenzende Regelungen (BVerfGE 77, 1/48f; 124, 78/115). Zur Beweiserhebung zählt der gesamte Vorgang der Beweisverschaffung, Beweissicherung und Beweisauswertung (BVerfGE 67, 100/133; 77, 1/49; 124, 78/115). §§ 17ff PUAG konkretisieren die allgemeine Verweisung des Abs.2 S.1 auf die StPO durch spezielle Verweise auf Einzelvorschriften der StPO.

bb) Allgemeine Anforderungen. Das Beweisantragsrecht steht sowohl **9** bei der Minderheits- als auch bei der Mehrheitsenquête $^1/_4$ der Mitglieder des Untersuchungsausschusses zu (BVerfGE 105, 197/221ff; vgl. § 17 Abs.2 PUAG). Der Untersuchungsausschuss darf dabei nur überprüfen, ob das Antragsrecht sachwidrig oder missbräuchlich ausgeübt wird (BVerfGE 105, 197/225; 124, 78/128; StGH BW, LVerfGE 13, 8/28f; SächsVerfGH, LVerfGE 18, 469/476). Die Ablehnung eines Beweisantrags ist zu begründen (BVerfGE 105, 197/225). Der Richtervorbehalt gilt uneingeschränkt; daher müssen Beschlagnahmen, Durchsuchungen und Verhaftungen beim zuständigen Gericht beantragt werden (BVerfGE 76, 363/383; 77, 1/51; vgl. auch BremStGHE 2, 11/17). Gem. §§ 27 Abs.2, 29 Abs.2 S.2, Abs.3 PUAG ist der Ermittlungsrichter beim BGH zuständig. Für den Umfang der Rechts- und Amtshilfeverpflichtung von Gerichten und Verwaltungsbehörden gilt gem. Abs.3 das bei Rn.4 zu Art.35 Gesagte entsprechend (vgl. auch BVerfGE 67, 100/128f). Das VwVfG ist entsprechend anwendbar (Morlok DR 53). Die Ordnungsgewalt des Ausschussvorsitzenden (Rn.12 zu Art.40) ist um die Befugnisse des Gerichtsvorsitzenden gem. §§ 176ff GVG erweitert (Schneider AK 13; krit. Versteyl MüK 30). Die Verfahrensgrundsätze der Mündlichkeit und Unmittelbarkeit sollen nicht strikt gelten (Schneider AK 15; Versteyl MüK 29), wohl aber der der Amtsermittlung (Schneider AK 14; a.A. Versteyl MüK 29). Durch die Einsetzung eines Ermittlungsbeauftragten gem. § 10 PUAG kann die Beweisaufnahme delegiert werden (Klein MD 193ff).

cc) Verfassungsrechtliche Grenzen. Aus dem Gewaltenteilungsprinzip **9a** (Rn.23–27 zu Art.20) ergibt sich folgender Kernbereich exekutiver Eigenverantwortung: „Willensbildung der Regierung selbst, sowohl hinsichtlich der Erörterungen im Kabinett als auch bei der Vorbereitung von Kabinetts- und Ressortentscheidungen, die sich vornehmlich in ressortübergreifenden und -internen Abstimmungsprozessen vollzieht" (BVerfGE 124, 78/120). Dieser Kernbereich muss eng interpretiert werden (BayVerfGHE *abwM* 38, 165/175 ff; Umbach UC 37). Die Beweiserhebung bezieht sich daher grundsätzlich nur auf abgeschlossene Vorgänge, nicht auf laufende Verhandlungen und Entscheidungsvorbereitungen (BVerfGE 67, 100/139; 124, 78/121; BremStGH, NVwZ 89, 955 ff). Über abgeschlossene Vorgänge darf v. a. dann Beweis erhoben werden, wenn es um die Aufdeckung möglicher Rechtsverstöße geht (BVerfGE 110, 199/222; 124, 78/123). Dabei ist zwischen Informations- und Geheimhaltungsinteresse abzuwägen (BVerfGE 110, 199/219; 124, 78/122). Die Geltendmachung der Geheimhaltung durch die Bundesregierung ist zu begründen (BVerfGE 124, 78/128 f). Das sog. Staatswohl bildet keine eigenständige Grenze für die Beweiserhebung (BVerfGE 124, 78/123 ff). Als Grundrechtseingriff steht eine Beweiserhebung unter den allgemeinen Rechtfertigungsanforderungen (Vorb. 37–49 vor Art.1; BVerfGE 124, 78/125 f). Darüber hinaus sind gem. Abs.2 S.2 die strafprozessualen Möglichkeiten zur Einschränkung des Brief-, Post- und Fernmeldegeheimnisses auf der Grundlage des Art.10 Abs.2 nicht anwendbar (BVerfGE 124, 78/126 f; Morlok DR 52; Versteyl MüK 34; a. A. Schneider AK 16). Daraus folgt aber noch kein Verwertungsverbot (BVerfGE 124, 78/127 f).

10   **dd) Einzelne Beweismittel.** Der Anspruch auf **Aktenvorlage** im Verantwortungsbereich der Regierung folgt unmittelbar aus Abs.1 S.1, nicht erst aus Abs.3 (BVerfGE 124, 78/116). Er bezieht sich grundsätzlich auf alle Akten, die mit dem Untersuchungsgegenstand im Zusammenhang stehen (BVerfGE 124, 78/117). Die Regelungen zur Herausgabepflicht Privater und zum Verfahren bei der Vorlage von Beweismitteln gem. § 29 f PUAG tragen dem Erfordernis, bei der Beschlagnahme Vorkehrungen zum Schutz persönlicher (Rn.45 f zu Art.2) und geschäftlicher (Rn.18 zu Art.14) Daten vorzusehen (vgl. BVerfGE 77, 1/54 f), ausreichend Rechnung (Mager, Staat 2002, 610 f; krit. Klein MD 185 f). Beschlagnahme- und Durchsuchungsfreiheit setzt eine dem Beschuldigten vergleichbare Situation voraus (BVerfG-K, NVwZ 94, 56).

11   Für **Zeugenaussagen** gelten die Maßstäbe der Aktenvorlage entsprechend (Schneider AK 15; Schröder ParlRPr 1255 f; vgl. auch BGHSt 17, 128/130). Auf den Zeugenbeweis findet mit § 24 Abs.1 PUAG eine dem § 58 Abs.1 StPO entsprechende Norm Anwendung (vgl. auch BVerfG, NVwZ 96, 1198 f). Ein geladener Zeuge ist nicht nur zum Erscheinen, sondern grundsätzlich auch zur Aussage verpflichtet (BVerfGE 124, 78/118). Gem. § 22 Abs.2, 3 PUAG besteht ein an § 55 StPO angelehntes Aussageverweigerungsrecht. Amts- und Mandatsträger bedürfen gem. § 23 PUAG einer Aussagegenehmigung, die aber vorbehaltlich verfassungsrechtlicher Grenzen (oben Rn.9a) erteilt werden muss (BVerfGE 124, 78/118). Die Festsetzung von Ordnungsgeld als Sanktion für eine grundlose Aussageverweigerung gem. § 27 Abs.1 PUAG ist zulässig (BVerfGE 76, 363/385 f). Zeugenpflichten bestehen auch bei Untersuchungsausschüssen der Landesparlamente bundesweit (BVerfG-K, NVwZ 94, 55; BVerwGE 79, 339/344; 109, 258/264). Zeugniszwang und Zeugenvereidigung sind von der Kompetenz zur Beweiserhebung umfasst (BVerfGE 67, 100/131; NdsStGH, NVwZ 86, 827; HessStGH, LVerfGE 9, 211/220); das PUAG sieht aber eine

Zeugenvereidigung nicht vor (krit. Klein MD 210; vgl. auch Rixen, JZ 02, 435).

Art.45 [EU-Ausschuss]

Der Bundestag bestellt einen Ausschuß für die Angelegenheiten der Europäischen Union[1]. Er kann ihn ermächtigen, die Rechte des Bundestages gemäß Artikel 23 gegenüber der Bundesregierung wahrzunehmen[2]. Er kann ihn auch ermächtigen, die Rechte wahrzunehmen, die dem Bundestag in den vertraglichen Grundlagen der Europäischen Union eingeräumt sind.[2]

Literatur: *Fuchs,* Der Ausschuss für die Angelegenheiten der Europäischen Union des Deutschen Bundestages, ZParl 2004, 3; *Hansmeyer,* Die Mitwirkung des Deutschen Bundestages an der europäischen Rechtsetzung, 2001; *Hölscheidt,* Parlamentarische Mitwirkung bei der europäischen Rechtsetzung, KritV 1994, 405; *Brenner,* Das Gesetz über die Zusammenarbeit von Bundesregierung und Deutschem Bundestag in Angelegenheiten der Europäischen Union, ThürVBl 1993, 196; *Möller/Limpert,* Informations- und Mitwirkungsrechte des Bundestages in Angelegenheiten der Europäischen Union, ZParl 1993, 21. – S. auch Literatur zu Art.23.

S.1 der 1992 gemeinsam mit dem neuen Europa-Artikel 23 eingefügten   **1**
(Einl.3 Nr.38) und 2008 um S.3 erweiterten (Einl.3 Nr.53) Vorschrift begründet eine **Verpflichtung des Bundestags,** zu Beginn einer jeden Legislaturperiode einen Ausschuss für die Angelegenheiten der Europäischen Union (Rn.6 zu Art.23) einzurichten (Schneider AK 2; Kretschmer BK 24, 154, 163). Wie bei den Ausschüssen für auswärtige Angelegenheiten und Verteidigung (Art.45a) und dem Petitionsausschuss (Art.45c) handelt es sich um eine ständige Einrichtung (Rn.4 zu Art.39; Kretschmer BK 157; Scholz MD 6). Der Ausschuss hat grundsätzlich die gleiche Rechtsstellung wie die anderen Ausschüsse (Rn.3 zu Art.40). Er wird aber ressortübergreifend (als „Querschnittsausschuss") tätig (Achterberg/Schulte MKS 14; Kretschmer SHH 4; Scholz MD 9). In ihm konzentriert sich die europapolitische Arbeit des Bundestages (Fuchs, ZParl 04, 15). Die Abgrenzung der Kompetenzen zwischen dem EU-Ausschuss und den Fachausschüssen (Rn.3 zu Art.40) liegt in der Geschäftsordnungsautonomie des Bundestags (Rn.7–9 zu Art.40); zu den Einzelheiten vgl. §§ 93, 93a GeschOBT, EUZBBG, EUZBLG, IntVG und die „Grundsätze" des Ausschusses (dazu Schneider AK 5; Kretschmer BK 198 ff).

Durch die **Ermächtigungen** gem. **S.2, 3** (vgl. auch § 2 AusführungsG   **2**
zu Art.23 Abs.3 S.3) soll der EU-Ausschuss zu einem verbesserten Informationsfluss zwischen Bundesregierung und Bundestag beitragen, eine rechtzeitige Beteiligung des Bundestags an Entscheidungen der Bundesregierung, die nicht den Kernbereich der exekutiven Eigenverantwortung (vgl. Kretschmer BK 87 ff) betreffen, und eine effektive Wahrnehmung der Rechte des Bundestags selbst gegenüber der Europäischen Union ermöglichen. Dies verstößt nicht gegen demokratische Grundsätze (BVerfGE 123, 267/ 432). Die verfassungsrechtliche Ermächtigung umfasst die Kompetenz zur Wahrnehmung der Rechte des Bundestags gegenüber der Bundesregierung

gem. Art.23 und gem. EU-Recht (Rn.50–54 zu Art.23). Die näheren Regelungen über Umfang und Dauer der Ermächtigung gem. § 93a Abs.3, 4 GeschOBT werden als zu restriktiv kritisiert (Pernice DR 8 ff; Umbach/Dollinger UC 14). In Fällen der Ermächtigung müssen die Sitzungen entsprechend Art.42 Abs.1 öffentlich sein (Pernice DR 11; zweifelnd Kretschmer BK 227 ff). Der Bundestag darf sich ein Rückholrecht vorbehalten, so dass er selbst in Angelegenheiten der Europäischen Union beraten und beschließen kann (Umbach/Dollinger UC 10, 13; Kretschmer BK 212, 224; Scholz MD 6).

Art.45a [Ausschüsse für auswärtige Angelegenheiten und für Verteidigung]

(1) **Der Bundestag bestellt einen Ausschuß für auswärtige Angelegenheiten und einen Ausschuß für Verteidigung.**

(2) **Der Ausschuß für Verteidigung hat auch die Rechte eines Untersuchungsausschusses. Auf Antrag eines Viertels seiner Mitglieder hat er die Pflicht, eine Angelegenheit zum Gegenstand seiner Untersuchung zu machen.**

(3) **Artikel 44 Abs.1 findet auf dem Gebiet der Verteidigung keine Anwendung.**

Literatur: *Pilz,* Der Auswärtige Ausschuss des Deutschen Bundestages und die Mitwirkung des Parlaments an der auswärtigen und internationalen Politik, 2008; *Münzing/Pilz,* Der auswärtige Ausschuss des Deutschen Bundestages, ZParl 1998, 575.

1   **Abs.1** der 1956 eingefügten und 1976 geänderten Vorschrift (Einl.2 Nr.7, 33) begründet eine **Verpflichtung des Bundestags,** zu Beginn einer jeden Legislaturperiode einen Ausschuss für auswärtige Angelegenheiten und einen Ausschuss für Verteidigung einzurichten. Zum Begriff „auswärtige Angelegenheiten" Rn.3 zu Art.73. Zum Begriff „Verteidigung" Rn.5 zu Art.73; allerdings sind hier der Schutz der Zivilbevölkerung und das Zivildienstwesen nicht erfasst (Magiera SA 3; Achterberg/Schulte MKS 20; Dürig/Klein MD 21 f; Hernekamp MüK 6). Diese Ausschüsse sind ständige Einrichtungen (Rn.4 zu Art.39); sie dürfen nicht aufgelöst oder vereinigt oder mit anderen Ausschüssen zusammengelegt werden, und ihre Kompetenzen dürfen nicht ausgehöhlt werden (Frank AK 40 nach Art.87; Berg BK 117); dagegen dürfen gemeinsame Unterausschüsse eingerichtet werden (Dürig/Klein MD 13). Sie haben grundsätzlich die gleiche Rechtsstellung wie die anderen Ausschüsse (Rn.3 zu Art.40).

2   Allerdings enthalten **Abs.2, 3 Sonderregelungen für den Ausschuss für Verteidigung.** Gem. Abs.2 S.1 darf er sich jederzeit als Untersuchungsausschuss gem. Art.44 einsetzen (Dürig/Klein MD 35; Heun DR 8). Durch Abs.2 S.2 ist die Minderheitsenquête garantiert (Rn.5 zu Art.44). Aus Abs.3 folgt, dass der Bundestag auf dem Gebiet der Verteidigung keinen Untersuchungsausschuss einsetzen darf, dass keine Öffentlichkeit vorgeschrieben ist und dass der Bundestag dem Ausschuss für Verteidigung keinen Untersu-

chungsauftrag geben darf (Bergmann HÖ 2; Achterberg/Schulte MKS 35 ff;
Berg BK 210; Umbach UC 11; widersprüchlich Dürig/Klein MD 39 f).
Daher gelten §§ 1–3 PUAG für den Verteidigungsausschuss als Untersuchungsausschuss gem. § 34 Abs.1 S.3 PUAG auch nur entsprechend (statt
unmittelbar).

Art.**45b** [Wehrbeauftragter]

**Zum Schutz der Grundrechte und als Hilfsorgan des Bundestages bei
der Ausübung der parlamentarischen Kontrolle wird ein Wehrbeauftrag-
ter des Bundestages berufen. Das Nähere regelt ein Bundesgesetz.**

Literatur: *Glenner,* Die Wehrbeauftragte – Parlamentarische Kontrolle über die
Streitkräfte; Petitionsinstanz für die Soldaten der Bundeswehr, 1997.

S.1 der 1956 eingefügten Vorschrift (Einl.3 Nr.7) begründet eine **Ver- 1
pflichtung des Bundestags,** einen Wehrbeauftragten zu berufen. Er ist
eine Untergliederung des Bundestags (Rn.2 zu Art.40; §§ 113 ff Gesch-
OBT). Seine Aufgaben bestehen im Schutz der Grundrechte der Soldaten
und in der Ausübung parlamentarischer Kontrolle (Krings FH 16 ff). Da er
letztere Aufgabe aber nur als „Hilfsorgan des Bundestages" hat, ist er insoweit vom Bundestag und vom Verteidigungsausschuss (Art.45a) abhängig,
während er zum Schutz der Grundrechte eigenständig tätig wird (Frank AK
54 nach Art.87; Hernekamp MüK 6, 9, 23 ff; a.A. Achterberg/Schulte MKS
10 ff; Heun DR 4; Klein MD 13 f; Krings FH 12; Dollinger UC 3). Das
rechtfertigt auch die Inkompatibilitätsvorschrift des § 14 Abs.3 WehrbeauftragtenG sowie die Befreiung von der Diskontinuität (vgl. § 14 Abs.2
WehrbeauftragtenG; Krings FH 13), und dementsprechend reichen Richtlinienkompetenz und Weisungsrecht von Bundestag und Verteidigungsausschuss (vgl. Klein MD 45 ff) unterschiedlich weit. Seine Kompetenzen können aber nicht über die eines parlamentarischen Organs hinausgehen und
etwa vollziehender Art sein (Achterberg/Schulte MKS 75; Klein MD 28).
Gegenständlich ist er auf den Bereich der Verteidigung entsprechend dem
bei Rn.2 zu Art.45a Gesagten beschränkt (Hernekamp MüK 10; Klein MD
32).

S.2 **ermächtigt** zur näheren Regelung. Er begründet eine ausschließ- 2
liche Bundesgesetzgebungskompetenz (Rn.5 zu Art.70) und einen Regelungsauftrag (Rn.22 zu Art.70). Im WehrbeauftragtenG sind die Kompetenzen des Wehrbeauftragten abschließend aufgezählt (BVerwGE 46, 69/70).

Art.**45c** [Petitionsausschuss]

(1) **Der Bundestag bestellt einen Petitionsausschuß, dem die Behandlung der nach Artikel 17 an den Bundestag gerichteten Bitten und Beschwerden obliegt.**

(2) **Die Befugnisse des Ausschusses zur Überprüfung von Beschwerden regelt ein Bundesgesetz.**

Literatur: *Brink,* Zur Unterrichtung des Plenums über Entscheidungen des Petitionsausschusses, NVwZ 2003, 953; *Schick,* Petitionen, 3. A. 1996. – S. auch Literatur zu Art.17.

1   Für die **Rechtsstellung** des Petitionsausschusses gem. **Abs.1** der 1975 eingefügten Vorschrift (Einl.3 Nr.32) gilt das bei Rn.1 zu Art.45a Gesagte entsprechend (ständiger Pflichtausschuss; Klein MD 13). Seine Kompetenz umfasst – vorbehaltlich der Befugnisse gem. Abs.2 – zum einen die Behandlung der nach Art.17 an den Bundestag gerichteten Bitten und Beschwerden (Rn.3 zu Art.17) und zum andern die Entscheidung, ohne dass dadurch das Entscheidungsbefugnis des Plenums ausgeschlossen würde (Krings FH 17 ff). Der Ausschuss ist für Petitionen ausschließlich zuständig; eine Selbstbefassungskompetenz steht ihm nicht zu (Klein MD 17). An den Bundestag gerichtet sind auch solche, die an Untergliederungen des Bundestags (Rn.1–6 zu Art.40) und an einzelne Abgeordnete adressiert und die von anderen Stellen an den Bundestag weitergeleitet sind (Stein AK 6; Hernekamp MüK 5). Die Behandlung richtet sich inhaltlich nach dem grundrechtlichen Anspruch (Rn.11 zu Art.17). Das Verfahren ist in §§ 108 ff GeschOBT und den Verfahrensgrundsätzen des Ausschusses näher geregelt (vgl. Bauer DR 24 ff). Die Einschaltung der Bundestagsverwaltung ist zulässig, solange diese im Auftrag und nach hinreichend bestimmten Weisungen des Petitionsausschusses tätig wird (BVerfG-K, ZParl 82, 21 f; krit. Achterberg/Schulte MKS 20 f; diff. Klein MD 37 f). Die Behandlung der Petitionen unterfällt nicht der sachlichen Diskontinuität (Rn.4 zu Art.39).

2   **Abs.2** begründet eine ausschließliche Bundesgesetzgebungskompetenz (Rn.5 zu Art.70) und einen **Regelungsauftrag** (Rn.22 zu Art.70). Die Überprüfung ist auf Beschwerden, d. h. vergangenes Verhalten (Pieroth/ Schlink 996; a. A. Klein MD 57), gerichtet; doch besteht eine Pflicht der Exekutive zur Zusammenarbeit auch bei der Behandlung von Bitten (BVerfGE 67, 100/129). Das G nach Art.45c GG v. 19. 7. 1975 (BGBl I 1921) enthält zwar keine Zwangsbefugnisse, wie sie der Untersuchungsausschuss (Rn.8–11 zu Art.44) besitzt, wohl aber erweiterte Sachaufklärungsmöglichkeiten (Klein MD 58 ff; Würtenberger BK 138 ff; Umbach UC 19). Die Praxis des Petitionsausschusses, Petenten einer Sammelpetition mit mehr als 50 000 Unterschriften anzuhören, ist verfassungsmäßig (a. A. Klein MD 69).

Art.**45d** Parlamentarisches Kontrollgremium

(1) **Der Bundestag bestellt ein Gremium zur Kontrolle der nachrichtendienstlichen Tätigkeit des Bundes[1 f].**

(2) **Das Nähere regelt ein Bundesgesetz[3].**

Literatur: *Shirvani,* Reform der parlamentarischen Kontrolle der Nachrichtendienste, VBlBW 2010, 99; *Christopeit/Wolff,* Die Reformgesetze zur parlamentarischen Kontrolle der Nachrichtendienste, ZG 2010, 77.

1   **Abs.1** der 2009 eingefügten Vorschrift (Einl.3 Nr.55) begründet eine **Verpflichtung des Bundestags,** zu Beginn einer jeden Legislaturperiode

ein Gremium zur Kontrolle der nachrichtendienstlichen Tätigkeit des Bundes einzurichten. Wegen des Begriffs „Gremium" im Unterschied zu „Ausschuss" (vgl. Rn.3–5 zu Art.40, Rn.1 zu Art.42, Rn.1 zu Art.45, Rn.1 zu Art.45a, Rn.1 zu Art.45c) kann durch die Geschäftsordnung des Gremiums von den für Ausschüsse geltenden Regelungen der GeschOBT abgewichen werden (Christopeit/Wolff, ZG 2010, 83 f; Klein MD 25; Mehde EH 12.2). Als verfassungsrechtlich vorgeschriebenes Unterorgan des Bundestags ist das Gremium aber eine ständige Einrichtung (Rn.4 zu Art.39). Regelungen über Zahl und Wahl der Mitglieder, Zusammensetzung und Arbeitsweise des Gremiums werden in dem PKGrG gem. Abs.2 (unten Rn.3) getroffen (BT-Drs. 16/12412, 5). Aus demokratischen Gründen (Rn.15 zu Art.20) muss die Opposition angemessen beteiligt werden (Klein MD 32; Mehde EH 14.3).

Kompetenzen. Der Begriff „nachrichtendienstliche Tätigkeit des Bundes" bezieht sich auf die gem. Art.73 Abs.1 Nr.1, 10 Buchst. b, c, Art.87 Abs.1 S.2 und Art.87a Abs.1 S.1 errichteten Behörden: Bundesamt für Verfassungsschutz (Rn.7 zu Art.87), Bundesnachrichtendienst (Rn.7 zu Art.87) und Militärischer Abschirmdienst (Rn.4 zu Art.87a). Der Begriff „Kontrolle" im Unterschied zur „parlamentarischen Kontrolle" des Wehrbeauftragten (Rn.1 zu Art.45b) ermöglicht, dass die Befugnisse des Gremiums nach dem PKGrG gem. Abs.2 (unten Rn.3) über die Befugnisse des Plenums und der Ausschüsse des Bundestags hinausgehen (BT-Drs. 16/12412, 5; a.A. Christopeit/Wolff, ZG 2010, 85). Die Vorschrift ist daher lex specialis zum Gewaltenteilungsgrundsatz (Rn.23–27 zu Art.20) und keine bloße Klarstellung (a.A. BT-Drs. 16/12412, 5). 2

Abs.2 begründet eine ausschließliche Bundesgesetzgebungskompetenz (Rn.5 zu Art.70) und einen **Regelungsauftrag** (Rn.32 zu Art.70), der durch das G zur Fortentwicklung der parlamentarischen Kontrolle der Nachrichtendienste des Bundes v. 29. 7. 2009 (BGBl I 2346) erfüllt worden ist. Anders als beim Petitionsausschuss (Rn.2 zu Art.45c) sind keine Befugnisse des Gremiums gegenüber der Exekutive genannt. Sie ergeben sich aus den mit dem Begriff „Kontrolle" umrissenen Befugnissen (oben Rn.2) und erfassen insb. Selbstinformationsbefugnisse wie Befragung, Behördenzutritt und Akteneinsicht (BT-Drs. 16/12412, 5; Klein MD 43 ff; Mehde EH 18). Es besteht kein Verbot der Einmischung in laufende geheimdienstliche Operationen (Klein MD 34 ff). Die gerichtliche Geltendmachung dieser Befugnisse ist durch § 14 PKGrG speziell gegenüber sonstigen Zuständigkeiten des BVerfG geregelt (BT-Drs. 16/12411, 12 f). 3

Art.46 [Indemnität und Immunität]

(1) **Ein Abgeordneter[1] darf zu keiner Zeit[3] wegen seiner Abstimmung oder wegen einer Äußerung, die er im Bundestage oder in einem seiner Ausschüsse getan hat[2], gerichtlich oder dienstlich verfolgt oder sonst außerhalb des Bundestages zur Verantwortung gezogen werden[4]. Dies gilt nicht für verleumderische Beleidigungen[2].**

(2) **Wegen einer mit Strafe bedrohten Handlung[6] darf ein Abgeordneter[5] nur mit Genehmigung des Bundestages[8] zur Verantwortung ge-**

zogen oder verhaftet werden[6], es sei denn, daß er bei Begehung der Tat oder im Laufe des folgenden Tages festgenommen wird[7].

(3) **Die Genehmigung des Bundestages[8] ist ferner bei jeder anderen Beschränkung der persönlichen Freiheit eines Abgeordneten oder zur Einleitung eines Verfahrens gegen einen Abgeordneten gemäß Artikel 18 erforderlich[9].**

(4) **Jedes Strafverfahren und jedes Verfahren gemäß Artikel 18 gegen einen Abgeordneten, jede Haft und jede sonstige Beschränkung seiner persönlichen Freiheit sind auf Verlangen des Bundestages auszusetzen[10].**

Literatur: *Lange,* Das parlamentarische Immunitätsprivileg als Wettbewerbsvorschrift, 2009; *Brocker,* Die Immunität des Abgeordneten, FS C. Richter II, 2006, 87; *Wiefelspütz,* Die Immunität und Zwangsmaßnahmen gegen Abgeordnete, NVwZ 2003, 38; *ders.,* Die Immunität des Abgeordneten, DVBl 2002, 1229; *Butzer,* Immunität im demokratischen Rechtsstaat, 1991; *Schulz,* Abgeordnetenimmunität und Zwangsmaßnahmen im strafrechtlichen Ermittlungsverfahren, DÖV 1991, 448.

1. Indemnität (Abs.1)

1   **a) Anwendungsbereich. Persönlich** sind nur Abgeordnete des Bundestags erfasst. Die Indemnität ist eine Ausprägung ihres verfassungsrechtlichen Status (Rn.25 zu Art.38). *Keinen* Indemnitätsschutz genießen der Bundespräsident (Rn.6 zu Art.60), Regierungsmitglieder, die nicht Abgeordnete sind oder die nicht in ihrer Eigenschaft als Abgeordnete auftreten (Klein MD 36), z.B. bei der Beantwortung einer parlamentarischen Anfrage (OVG NW, DVBl 67, 53; Graul, NJW 91, 1718), Mitglieder des Bundesrats (Klein MD 35), Landtagsabgeordnete (Schulze-Fielitz DR 11), außerparlamentarische Mitglieder von gemischten Ausschüssen (Rn.1 zu Art.43) und Sachverständige bei einer öffentlichen Anhörung im Parlament (BGH, NJW 81, 2117).

2   **Sachlich** sind Abstimmungen und Äußerungen im Bundestag und in einem seiner Ausschüsse erfasst; anders als sonst (Rn.4 zu Art.20) umfasst der Begriff der Abstimmung hier sowohl Personal- als auch Sachentscheidungen (Achterberg/Schulte MKS 12; Magiera BK 34; Klein MD 38). Die Indemnität dient der Funktionsfähigkeit des Parlaments. Äußerung umfasst weiter als bei Art.5 (Rn.2f zu Art.5) auch die Mitteilung von Tatsachen (Schneider AK 6; Magiera BK 34ff). Abstimmungen sind ein Unterfall von Äußerungen. Vom Indemnitätsschutz nicht umfasst sind Tätlichkeiten (BVerwGE 83, 1/16), reine Privatgespräche (Achterberg/Schulte MKS 10) und gem. S.2 verleumderische Beleidigungen (vgl. §§ 103, 187, 187a StGB; Klein MD 40). „Im Bundestag oder in einem seiner Ausschüsse" bedeutet die Sitzungen des Plenums und aller Untergliederungen (Rn.1–6 zu Art.40) einschließlich der gemischten Ausschüsse (Rn.1 zu Art.43; Schneider AK 7; Magiera BK 40; Klein MD 42) und der Fraktionen (Kretschmer SHH 5; Schulze-Fielitz DR 15; Umbach UC 36). Vom Indemnitätsschutz nicht umfasst sind Äußerungen außerhalb des Parlaments, insb. auf Partei- und Wahlveranstaltungen (BGH, NJW 82, 2246), es sei denn, es werden im Parlament gemachte Äußerungen lediglich wörtlich wiederholt (BGHZ 75, 384/387; Schneider AK 7; Magiera BK 41 f). Bei schriftlichen Anfragen beginnt der

Indemnitätsschutz nicht schon mit der Einreichung beim Bundestagspräsidenten (a. A. Achterberg/Schulte MKS 20; Schulze-Fielitz DR 17), sondern mit der Weiterleitung durch den Bundestagspräsidenten an die Regierung (Meyer-Hesemann, DÖV 81, 288) bzw. mit ihrer Veröffentlichung (Schröder, Staat 1982, 40 f), nicht erst mit ihrer Beantwortung (a. A. BGHZ 75, 384/388 f).

Zeitlich beginnt der Indemnitätsschutz mit dem Erwerb des Mandats und 3 frühestens mit Beginn der Wahlperiode (Rn.23 zu Art.38), endet aber nicht mit dem Verlust des Mandats („zu keiner Zeit"; BVerwGE 83, 1/15 f). Weder kann der Abgeordnete auf seine Indemnität verzichten, noch der Bundestag sie aufheben (Achterberg/Schulte MKS 7; Schneider AK 3; Magiera BK 54).

b) Rechtsfolgen. Unzulässig ist jede außerparlamentarische beeinträchti- 4 gende staatliche Maßnahme, sei es durch die Rechtsprechung (Rn.2–10 zu Art.92), einschließlich der Zivilgerichte, z. B. in Bezug auf Schadenersatz, Unterlassung (OLG Karlsruhe, NJW 56, 1840), Widerruf und Vollstreckung; sei es durch die Exekutive, z. B. durch Polizei, Staatsanwalt, Gerichtsvollzieher, Verfassungsschutzamt, nicht aber durch Maßnahmen des Bundestagspräsidenten (Rn.11 f zu Art.40). Keine Rechtsfolgen ergeben sich für private Sanktionen wie Parteiausschluss, Kündigung, gesellschaftlichen Boykott (Trute MüK 17; Magiera BK 46; Schulze-Fielitz DR 20; a. A. Achterberg/Schulte MKS 24). Der Indemnitätsschutz wirkt als spezielles Verfahrenshindernis (HambOVG, HambJVwBl 78, 6; Trute MüK 18); dagegen wird für das Strafrecht (vgl. § 36 StGB) überwiegend ein persönlicher Strafausschließungsgrund mit der Folge angenommen, dass Tatbestandsmäßigkeit, Rechtswidrigkeit und Schuld nicht beseitigt werden (Schneider AK 3; Magiera BK 53; Schulze-Fielitz DR 10). Für die Annahme einer verleumderischen Beleidigung gem. S.2 reicht eine Glaubhaftmachung im Prozess nicht aus (Heintzen, ZParl 98, 731).

2. Immunität (Abs.2–4)

a) Anwendungsbereich. Der *persönliche* Anwendungsbereich ist mit 5 dem der Indemnität identisch (oben Rn.1); allerdings kommt es bei Regierungsmitgliedern nicht darauf an, ob sie in ihrer Eigenschaft als Abgeordnete auftreten. Der *zeitliche* Anwendungsbereich umfasst die Dauer des Mandats (Rn.23 zu Art.38); dabei ist unerheblich, dass die mit Strafe bedrohte Handlung schon vor Erwerb des Mandats erfolgt ist (sog. mitgebrachte Verfahren; Achterberg/Schulte MKS 41; Schneider AK 11; Magiera BK 86). Andererseits ruht in dieser Zeit auch die Verfolgungs- und Vollstreckungsverjährung (BGHSt 20, 248/250; Schulze-Fielitz DR 25); der Immunitätsschutz wirkt als spezielles Verfahrenshindernis (BVerfGE 104, 310/326). Nach dem Ende des Mandats ist die Strafverfolgung wieder möglich (BGH, NJW 92, 701). Anders als der Bundestag (unten Rn.8) kann der Abgeordnete nicht auf die Immunität verzichten (BVerfGE 104, 310/327).

b) Unzulässigkeit der Strafverfolgung (Abs.2) greift grundsätzlich bei 6 einer „mit Strafe bedrohten Handlung" ein. Daher hat der Begriff „Verantwortung" eine engere Bedeutung als bei der Indemnität (oben Rn.4). Die

Handlung kann nur außerhalb des Bundestags begangen werden, außer es handelt sich um eine Tätlichkeit oder verleumderische Beleidigung (oben Rn. 2). Strafe ist hier im weitesten Sinn zu verstehen: Kriminalstrafen einschließlich der Maßnahmen der Besserung und Sicherung (Butzer, o. Lit., 173; Klein MD 61), Sanktionen des Ordnungswidrigkeiten- (Butzer, o. Lit., 175 f; Trute MüK 24; a. A. OLG Düsseldorf, NJW 89, 2207; OLG Köln, NJW 88, 1606), Disziplinar- (BVerfGE 42, 312/328; BDHE 1, 184/186; a. A. BVerwGE 83, 1/8 f) und Standesrechts (Butzer, o. Lit., 185 f; Achterberg/ Schulte MKS 35), ausgenommen nur Beugemaßnahmen (Klein MD 63; Schulze-Fielitz DR 27) und Verwarnungsgelder im Hinblick auf ihren Bagatellcharakter und die Freiwilligkeit ihrer Zahlung (Schneider AK 13; Magiera BK 63 f). „Verhaftung" betrifft im Hinblick auf Abs. 3 (unten Rn. 9) nur die Untersuchungshaft (vgl. §§ 112 ff StPO), die Festnahme nach § 127 Abs. 2 StPO (Trute MüK 34) und sonstige strafprozessuale Sistierungen (Schulze-Fielitz DR 30). Unzulässig ist schon die Einleitung eines auf eine entsprechende Sanktion gerichteten Verfahrens durch jeden Hoheitsträger, z. B. Polizei und Staatsanwaltschaft, nicht aber die Entgegennahme einer Anzeige und die Einstellung des Verfahrens (Schulze-Fielitz DR 29); zulässig sind auch diejenigen Untersuchungshandlungen, deren es bedarf, um festzustellen, ob die Genehmigung des Bundestags (unten Rn. 8) eingeholt werden soll (Magiera BK 67). Der Immunitätsschutz erstreckt sich nicht auf zivilrechtliche Streitigkeiten, selbst wenn sie, z. B. bei einer Schadenersatzklage, an eine mit Strafe bedrohte Handlung anknüpfen (Schneider AK 13; Magiera BK 70; vgl. aber unten Rn. 9), nicht auf die Strafverfolgung gegen Dritte, von der der Abgeordnete betroffen wird (Hömig HÖ 7), und nicht auf parlamentarische Maßnahmen (Trute MüK 23).

7   Eine Ausnahme besteht für **Festnahmen** „bei Begehung der Tat oder im Laufe des folgenden Tages". Hiervon sind Zufallsfestnahmen und solche Festnahmen erfasst, die keine Ermittlungen voraussetzen, weil die Voraussetzungen der Festnahme oder eines Haftbefehls offenkundig vorliegen (Schneider AK 14; Magiera BK 72), ferner strafprozessuale Maßnahmen freiheitsbeschränkenden Charakters wie gem. § 81a StPO (OLG Bremen, NJW 66, 744), nicht dagegen entsprechende präventiv-polizeiliche Maßnahmen (Klein MD 79).

8   **Die Genehmigung des Bundestags** macht die Strafverfolgung zulässig. Genehmigung bedeutet ausdrückliche vorherige Zustimmung des Plenums (vgl. Rn. 13 zu Art. 40) und ist eine Maßnahme im Rahmen der Parlamentsautonomie (Rn. 8 zu Art. 40). Sie kann für bestimmte Fälle generell durch sog. Vorabgenehmigung erteilt werden (Magiera BK 91 f; Klein MD 97 ff; Umbach UC 53). Der Bundestag hat dabei einen weiten Entscheidungsspielraum, der erst bei eindeutig sachfremden Eingriffen endet (BVerfGE 104, 310/332 f; VerfGH NW, NVwZ-RR 06, 1 f). Der betroffene Abgeordnete hat keinen Anspruch auf Aufhebung oder Nichtaufhebung der Immunität, wohl aber auf willkürfreie Entscheidung (BVerfGE 104, 310/ 325 ff; vgl. auch BayVerfGHE 1, 38/42; 19, 1/3; a. A. Achterberg/Schulte MKS 51). Er darf in eigener Sache mitstimmen (Achterberg/Schulte MKS 49; Schulze-Fielitz DR 36; a. A. Magiera BK 93). Soweit eine Genehmigung erteilt wird, gilt sie vorbehaltlich näherer Bestimmung über ihren Umfang nur für jeweils eine der genannten Fallgruppen (Strafverfolgung, Verhaftung, Be-

schränkung der persönlichen Freiheit; vgl. Magiera BK 100). Die Genehmigung setzt aber nicht die Rechte des Abgeordneten aus Art.47 S.2 außer Kraft (Schneider AK 8 zu Art.47).

c) Unzulässigkeit von Beschränkungen der persönlichen Freiheit 9 **(Abs.3)** besteht vorbehaltlich einer Genehmigung des Bundestags (oben Rn.8). Zu den Beeinträchtigungen der Freiheit der Person Rn.113f zu Art.2; wie dort ist auch hier str., ob schon die Anordnung eine Freiheitsbeeinträchtigung darstellt (Klein MD 75; Magiera BK 81). Eine Ausdehnung des Abs.3 auf Beschränkungen sonstiger Freiheitsrechte (Butzer, o. Lit., 252f), namentlich der Kommunikationsrechte (Borchert, DÖV 92, 59), findet in der Verfassung keinen Anhalt (Schulze-Fielitz DR 34; Umbach UC 49; krit. Klein MD 79; Kretschmer SHH 22, 24). Als strafrechtliche Maßnahmen werden von Abs.3 die freiheitsbeschränkende Inanspruchnahme als Nichtbeschuldigter und die Vollstreckung rechtskräftiger Freiheitsstrafen verboten (Kreicker, GA 2004, 648). Soweit Vollstreckungsmaßnahmen die persönliche Freiheit beeinträchtigen, z.B. die Beugehaft, kann auch eine zivilrechtliche Streitigkeit zum Immunitätsschutz führen (Butzer, o. Lit., 200f; offen gelassen BGHZ 75, 384/385). Die Einleitung eines Verfahrens zur Verwirkung von Grundrechten gem. Art.18 findet nicht erst mit dem Beginn des Verfahrens beim BVerfG statt, sondern bereits mit der Entscheidung des Bundestags, der Bundesregierung oder einer Landesregierung über den entsprechenden Einleitungsantrag gem. § 36 BVerfGG (Klein MD 80; Schneider AK 16; Magiera BK 83).

d) Das **Aussetzungsverlangen des Bundestags (Abs.4;** sog. Reklama- 10 tionsrecht) betrifft den gesamten Anwendungsbereich von Abs.2, 3, unabhängig davon, ob eine Genehmigung bereits erteilt oder nicht erforderlich war (BayVerfGHE 11, 146/155; Magiera SA 26; Achterberg/Schulte MKS 59). Der betroffene Abgeordnete hat ein Recht gegenüber dem Bundestag auf willkürfreie Entscheidung über das Verlangen, das Strafverfahren auszusetzen (BVerfGE 104, 310/331). Das Aussetzungsverlangen des Bundestags hat zur Rechtsfolge, dass der Immunitätsschutz ganz oder teilw. (wieder) hergestellt wird. Es ist bei mitgebrachten Verfahren nicht erforderlich, da diese mit Mandatserwerb von Amts wegen auszusetzen sind (oben Rn.5).

Art.**47** [Zeugnisverweigerungsrecht und Beschlagnahmeverbot]

Die Abgeordneten sind berechtigt, über Personen, die ihnen in ihrer Eigenschaft als Abgeordnete oder denen sie in dieser Eigenschaft Tatsachen anvertraut haben, sowie über diese Tatsachen selbst das Zeugnis zu verweigern². Soweit dieses Zeugnisverweigerungsrecht reicht, ist die Beschlagnahme von Schriftstücken unzulässig³.

Literatur: *Ohler,* Verfassungsrechtliche Grenzen staatsanwaltlicher Durchsuchungen im Bundestag, NVwZ 2004, 696; *Wiefelspütz,* Das Zeugnisverweigerungsrecht des Abgeordneten − funktionsnotwendig für das Abgeordnetenmandat?, Staat 2004, 543; *Neumann,* Das berufliche Zeugnisverweigerungsrecht des Abgeordneten: ein Essentiale der Opposition, ZParl 2000, 797; *Borchert,* Der Abgeordnete des Deutschen Bundestages im G 10-Verfahren, DÖV 1992, 58; *Dach,* Zur Kontrolle von Abgeordnetenpost durch den Verfassungsschutz, ZRP 1992, 1.

1   Bedeutung. Art. 47 soll das Vertrauensverhältnis, „das im Einzelfall zwischen dem Abgeordneten und einem Dritten in Rücksicht auf die Mandatsausübung zustande gekommen ist," schützen (BVerfGE 108, 251/269) und einen unbehinderten Informationsaustausch ermöglichen. Zeugnisverweigerungsrecht und Beschlagnahmeverbot sind Ausprägungen des verfassungsrechtlichen Status des Abgeordneten (Rn. 25 zu Art. 38) und dienen zugleich der Funktionsfähigkeit des Parlaments (BVerfGE 108, 251/269). Sie sind subjektiv-öffentliche Rechte des Abgeordneten (Klein MD 15; Magiera SA 1; Schulze-Fielitz DR 7), schützen aber nur gegen hoheitliche Maßnahmen (BVerwGE 121, 115/123).

2   Das Zeugnisverweigerungsrecht (S. 1) umfasst nur Abgeordnete des Bundestags, einschließlich der Mitarbeiter, z. B. Sekretärin, Assistent und Referent (Klein MD 17; Schneider AK 3; Magiera SA 2) sowie Praktikant (Schulze-Fielitz DR 6; Umbach UC 11). Es ist zeitlich nicht auf die Mandatszeit begrenzt und steht nicht zur Disposition des Bundestags (Kretschmer SHH 6; Magiera SA 3, 5; Achterberg/Schulte MKS 3, 9). Sachlich umfasst S. 1 Personen und Tatsachen. Informanten des Abgeordneten und Adressaten seiner Informationen sind gleichgestellt. Die Informationen müssen einen unmittelbaren Zusammenhang mit der parlamentarischen Tätigkeit haben (Schneider AK 5; Trute MüK 7), und die Kommunikation muss legal sein (Klein MD 24; Schulze-Fielitz DR 8). Rechtsfolge der Berufung auf das Zeugnisverweigerungsrecht ist, dass hieran keine Sanktionen geknüpft werden dürfen (Klein MD 26; Schulze-Fielitz DR 9). S. 1 gilt unabhängig von einer einfach-gesetzlichen Wiederholung in allen gerichtlichen Verfahren mit Zeugnispflicht, in Verwaltungsverfahren mit Auskunftspflicht sowie gegenüber Untersuchungsausschüssen (Klein MD 26; Umbach BK 21). Der Abgeordnete ist nicht verpflichtet, von diesem Recht im Einzelfall Gebrauch zu machen (Klein MD 14, 20; Umbach BK 4); doch ist ein genereller (vorheriger) Globalverzicht unzulässig (Klein MD 20; Magiera SA 3; Achterberg/Schulte MKS 3; Schneider AK 4). Weder Informanten noch Adressaten haben auf seine Entscheidung eine rechtliche Einflussnahmemöglichkeit (Schulze-Fielitz DR 14).

3   Das Beschlagnahmeverbot (S. 2) steht in engem Sachzusammenhang mit dem Zeugnisverweigerungsrecht („Akzessorietät"): Dieses soll nicht dadurch umgangen oder beeinträchtigt werden, dass statt des Zeugenbeweises ein Urkundenbeweis geführt wird. Es gilt also zunächst das oben Rn. 2 Gesagte entsprechend. Allerdings beschränkt sich das Beschlagnahmeverbot auf Schriftstücke. Hierzu zählen auch Ton-, Bild- und Datenträger (Klein MD 30; Schulze-Fielitz DR 11; Umbach UC 17). Diese müssen sich im Gewahrsam (funktionellen Herrschaftsbereich) des Abgeordneten befinden; dazu gehören auch Gegenstände, die die Mitarbeiter des Abgeordneten unter seinem Direktionsrecht für diesen besitzen (BVerfGE 108, 251/269 f; eine räumliche Beschränkung ist nicht anzuerkennen; vgl. Klein MD 34; Kretschmer SHH 14; Wiefelspütz, Staat 2004, 554 ff) und als Beweismittel dienen können. Daher dürfen Schriftstücke, die selbst unmittelbarer Gegenstand eines Strafverfahrens sind, beschlagnahmt werden, sofern die zusätzlichen Voraussetzungen gem. Art.40 Abs.2 S.2 und 46 Abs.2 erfüllt sind (Schneider AK 8; Trute MüK 14). Das Beschlagnahmeverbot umfasst nicht nur strafprozessuale, sondern auch präventiv-polizeiliche Beschlagnahmen und Sicherstellungen sowie solche Maßnahmen, die auf eine zwangsweise Wegnahme gerichtet sind, namentlich Durchsuchungen (Schneider AK 6; Umbach BK 26) und Briefkontrollen (Klein MD 31; Schulze-Fielitz DR 14). Der Verstoß gegen Art.47 S.2 führt zu einem Verwertungsverbot (Klein MD 36; Schulze-Fielitz DR 15; Trute MüK 16).

Art.48 [Urlaubsanspruch, Behinderungsverbot, Entschädigungs- und Beförderungsanspruch]

(1) **Wer sich um einen Sitz im Bundestage bewirbt, hat Anspruch auf den zur Vorbereitung seiner Wahl erforderlichen Urlaub[2].**

(2) **Niemand[3] darf gehindert werden, das Amt eines Abgeordneten zu übernehmen und auszuüben[4 f]. Eine Kündigung oder Entlassung aus diesem Grunde ist unzulässig[4 f].**

(3) **Die Abgeordneten haben Anspruch auf eine angemessene, ihre Unabhängigkeit sichernde Entschädigung[7]. Sie haben das Recht der freien Benutzung aller staatlichen Verkehrsmittel[8]. Das Nähere regelt ein Bundesgesetz[6].**

Literatur: *v. Arnim,* Nebeneinkünfte von Bundestagsabgeordneten, DÖV 2007, 897; *W. Roth,* Die Abgeordnetenentschädigung als Verdienstausfallentschädigung, AöR 2004, 219; *Wefelmeier,* Zulässigkeit von Mandatsträgerabgaben, NdsVBl 2003, 286; *Hölscheidt,* Funktionszulagen für Abgeordnete, DVBl 2001, 1734; *v. Waldthausen,* Gesetzgeberische Gestaltungsfreiheit und öffentliche Kontrolle im Verfahren zur Festsetzung der Abgeordnetenentschädigung, 2000; *Giesen,* Gesetzliche Rentenversicherung für Abgeordnete?, DVBl 1999, 291; *Welti,* Die soziale Sicherung der Abgeordneten des Deutschen Bundestages, der Landtage und der deutschen Abgeordneten im Europäischen Parlament, 1998; *Determann,* Verfassungsrechtliche Vorgaben für die Entschädigung von Abgeordneten, BayVBl 1997, 385; *Medding,* Das Verbot der Abgeordnetenbehinderung nach Art.48 Abs.2 GG, DÖV 1991, 494; *ders.,* Der Wahlvorbereitungsurlaub eines Bewerbers um einen Sitz im Deutschen Bundestag, VR 1990, 161.

1. Bedeutung

Art.48 sichert zum einen in Abs.1 und 2 das passive Wahlrecht (Rn.3 zu **1** Art.38) und zum andern in Abs.2 und 3 den verfassungsrechtlichen Status des Abgeordneten (Rn.25 zu Art.38) zusätzlich ab, enthält aber keine normative Aussagen zum Status selbst (BVerfGE 118, 277/334). Anders als Abs.2, der ein Abwehrrecht ist, enthalten Abs.1 und 3 Leistungsrechte. Während Abs.3 nur gegen den Staat gerichtet ist, wirken Abs.1 und 2 auch gegenüber Privaten.

2. Urlaubsanspruch (Abs.1)

Der Urlaubsanspruch steht allen wahlberechtigten (Rn.4 zu Art.38) und **2** ernsthaften Bewerbern um ein Bundestagsmandat zu, soweit er für die Bewerbung erforderlich ist (vgl. § 3 S.1 AbgG; Schneider AK 4); auf die Wahlchancen kommt es nicht an (Klein MD 59). Urlaub bedeutet Entbindung von bestimmten öffentlich- oder privatrechtlichen Dienstverpflichtungen gegenüber Dritten; daher sind Strafgefangene und Untersuchungshäftlinge (Klein MD 53 f; Schulze-Fielitz DR 12) nicht anspruchsberechtigt (BVerfG-K, NVwZ 82, 96; Trute MüK 6; a. A. Schneider AK 2); ebenso wenig Selbstständige (BGHZ 94, 248/255) und Werkvertragsverpflichtete (Achterberg/Schulte MKS 9). Der Urlaubsanspruch umfasst keinen Anspruch auf Fortzahlung der Bezüge (vgl. § 3 S.2 AbgG; Umbach UC 16; krit. Schneider AK 5). Der Anspruch wird nicht dadurch beeinträchtigt, dass die Stellung eines Urlaubsantrags verlangt wird; Abs.1 rechtfertigt kein eigenmächtiges Fernbleiben (Schulze-Fielitz DR 13).

3. Behinderungsverbot (Abs.2)

3   Der **persönliche Anwendungsbereich** umfasst zum einen („Übernahme" des Mandats) alle wahlberechtigten (Rn.4 zu Art.38) Bewerber um ein Bundestagsmandat im zeitlichen Umfang des Urlaubsanspruchs (oben Rn.2), zum andern („Ausübung" des Mandats) die Abgeordneten des Bundestags (Rn.23 zu Art.38). Die Herausnahme von freiberuflich Tätigen aus dem Anwendungsbereich (so BGHZ 94, 249/252 ff) ist unbegründet (Klein MD 78 ff; Kretschmer SHH 8; Umbach UC 17). Aus Sinn und Zweck folgt eine nicht notwendig auf die Jahresfrist des § 2 Abs.3 S.4 AbgG begrenzte zeitliche Fortwirkung nach dem Ende des Mandats (Braun/Jantsch/Klante, Lit. B zu Art.38, 10 zu § 2; Trute MüK 11).

4   Der **sachliche Anwendungsbereich** umfasst Behinderungen (S.1). Nach der Rspr. fallen darunter nur solche Verhaltensweisen, die die Übernahme oder Ausübung des Mandats erschweren oder unmöglich machen sollen, nicht aber in andere Richtung zielende Handlungen, die unvermeidlicherweise eine Beeinträchtigung der Mandatsfreiheit als tatsächliche Folge oder Wirkung nach sich ziehen (BVerfGE 42, 312/329; BVerwGE 73, 263/282; 76, 157/170; 86, 99/118; BGHZ 94, 248/251; zust. Achterberg/Schulte MKS 28; Badura ParlRPr 511; krit. Klein MD 85 ff; Magiera SA 11; Schneider AK 6; Umbach UC 18). Richtigerweise sind Behinderungen in Parallele zu den Diskriminierungsverboten (vgl. Pieroth/Schlink 481) solche Benachteiligungen, die gerade wegen der Ausübung des Mandats erfolgen. Kündigungen und Entlassungen gem. S.2 sind ein Unterfall der Behinderung und bedeuten das unfreiwillige Ausscheiden aus einem Dienst- oder Arbeitsverhältnis. Der Arbeitgeber oder Dienstherr darf derartige Maßnahmen auch nicht androhen oder in Aussicht stellen (Schneider AK 7; vgl. auch BAGE 77, 184/187 f). Keine Behinderung liegt darin, dass keine Bezüge gezahlt werden, soweit die entsprechende Leistung ausbleibt (BVerwGE 86, 211/216 f), oder dass dienstliche Gegenstände nicht zur Wahlwerbung verwendet werden dürfen (BVerwG, NVwZ 99, 424). Behinderungen aus anderen, z. B. straf- oder disziplinarrechtlichen Gründen (BVerwG, NJW 89, 2557), einschließlich der Strafvollstreckung (BVerfG-K, NVwZ 82, 96), sind von Abs.2 nicht erfasst (vgl. aber Rn.5–10 zu Art.46).

5   Die **Schutzwirkung** erstreckt sich wie die der Freiheit des Mandats (Rn.26–29 zu Art.38) auf den Staat und auf Private. Willenserklärungen, die

gegen Abs.2 verstoßen, sind gem. § 134 BGB nichtig (BGHZ 43, 384/387); Abs.2 ist ein Schutzgesetz iSd § 823 Abs.2 BGB (Schulze-Fielitz DR 18). Die Rechtfertigung von Beeinträchtigungen kann sich nur aus kollidierendem Verfassungsrecht ergeben (BVerfGE 42, 312/326; HambVerfG, LVerfGE 8, 227/245). Hierzu zählen vor allem die Inkompatibilitätsvorschriften (Rn.25a zu Art.38; Rn.3 zu Art.137). Eine gesetzliche (vgl. Rn.25a zu Art.38) Unvereinbarkeit von Bundestags- und Landtagsmandat bzw. Mandat im Europäischen Parlament verstößt nicht gegen Abs.2, weil bereits ein Mandat den Abgeordneten voll in Anspruch nimmt (BVerfGE 42, 312/327); erst recht ist eine Kürzung oder Anrechnung von Diäten zulässig (BVerfGE 4, 144/155; 18, 172/181). Zulässig ist auch der fehlende Versicherungsschutz in der Arbeitslosenversicherung (BSG, MDR 90, 472). Dagegen sind Unvereinbarkeitsregelungen aus wirtschaftlichen Gründen, insb. Beschränkungen der Berufsausübung neben dem Mandat, nur insoweit zulässig, als sie zum Schutz des Abgeordnetenstatus (Rn.25 zu Art.38) erforderlich sind (vgl. Klein MD 95; BGHZ 72, 70/75).

4. Entschädigungs- und Beförderungsanspruch (Abs.3)

Allgemeines. Die Vorschrift enthält die verfassungsrechtliche Grundlage für das Diätenrecht. S.3 begründet eine ausschließliche Bundesgesetzgebungskompetenz (Rn.5 zu Art.70) und einen Regelungsauftrag (Rn.22 zu Art.70). Demokratische Öffentlichkeit ist hier besonders geboten (Rn.12 zu Art.20). Im Abgeordnetengesetz werden die Diäten in Übereinstimmung mit BVerfGE 40, 296/310 ff als „Alimentation des Abgeordneten und seiner Familie" und „Einkommen aus der Staatskasse" geregelt (unten Rn.7). Das ist allerdings nicht die einzige verfassungsmäßige Ausgestaltung; Wortlaut sowie Sinn und Zweck des Abs.3 lassen auch eine Aufwandsentschädigung zu, die geeignet ist, die Mandatsfreiheit gegenüber den Parteien besser zu sichern, z.B. eine Teilalimentation (BVerfGE *abwM* 40, 330/338 f; Schneider AK 10 ff; v. Arnim ParlRPr 528 f; Umbach UC 24; **a. A.** BVerfGE 40, 296/310 ff; vgl. aber BVerfGE 76, 256/341 f, wonach das GG keine Garantie einer dauernden Vollalimentation enthält) oder eine Verdienstausfallentschädigung (Roth, AöR 2004, 221 ff). Unzulässig ist die Koppelung der Abgeordnetenentschädigung an beamtenrechtliche Gehaltsregelungen (BVerfGE 40, 296/316 f; krit. Braun/Jantsch/Klante, Lit. B zu Art.38, 36 ff zu § 11; Klein MD 156 ff). Abs.3 umfasst alle Abgeordneten des Bundestags. Zwar folgt aus Sinn und Zweck eine begrenzte zeitliche Fortwirkung nach dem Ende des Mandats, doch sind nicht alle Ansprüche des ausgeschiedenen Abgeordneten und seiner Hinterbliebenen gem. §§ 18 ff AbgG und der entsprechenden Landesregelungen verfassungsrechtlich vorgeschrieben (BVerwG, NVwZ 98, 502; weitergehend hält v. Arnim BK 127, 141, 165 ff sie teilw. für verfassungswidrig).

Der **Entschädigungsanspruch (S.1)** umfasst nach der Rspr des BVerfG grundsätzlich die Vollalimentation (oben Rn.6): Jedem Abgeordneten steht eine gleich hohe (zu Ausnahmen s. Rn.30 zu Art.38) Entschädigung zu, die so zu bemessen ist, dass sie auch denjenigen, die infolge des Mandats ihr Berufseinkommen ganz oder teilw. verlieren, eine Lebensführung gestattet, die der Bedeutung des Amts angemessen ist. Zulässig sind auch eine begrenzte Altersversorgung (BVerfGE 32, 157/165; 40, 296/311), die Kosten für die Fälle der Erwerbsunfähigkeit, Krankheit und Pflegebedürftigkeit (BayVerf-GH, NVwZ-RR 05, 756) und ein Übergangsgeld (Schulze-Fielitz DR 28). Das Abgeordneteneinkommen ist zu versteuern, ausgenommen eine Entschädigung für wirklich entstandenen, sachlich angemessenen, mit dem Mandat verbundenen besonderen Aufwand (krit. Stalbold, Die steuerfreie Kostenpauschale der Abgeordneten, 2003, 48 ff; vgl. auch BFH, NJW 06, 3661). Eine Anrechnung von sonstigem Einkommen soll nicht geboten sein (BVerfGE 76, 256/341 ff; BVerwG, NJW 90, 463). Zu verfahrensmäßigen Anforderungen Rn.12 zu Art.20.

8   Der **Beförderungsanspruch (S.2)** umfasst nur die Verkehrsmittel des Bundes, nicht der Länder, der Gemeinden oder Privater (Klein MD 193; Schulze-Fielitz DR 33); maßgeblich ist nicht die Organisationsform, sondern der rechtliche Einfluss des Bundes. Der Beförderungsanspruch ist auf die Mandatsausübung und das Bundesgebiet beschränkt (Achterberg/Schulte MKS 56 f; Schulze-Fielitz DR 33). Das Abgeordnetengesetz erstreckt den Beförderungsanspruch darüber hinaus praktisch auf alle Verkehrsmittel.

Art.49 [aufgehoben]

1   Die frühere Regelung des Art.49 zu den Parlamentsorganen für die sog. **parlamentlose Zeit** zwischen den Wahlperioden wurde 1976 aufgehoben (Einl.3 Nr.33), weil mit der gleichzeitig erfolgten Änderung des Art.39 die parlamentlose Zeit beseitigt wurde (Rn.2 zu Art.39).

IV. Der Bundesrat

Art.50 [Aufgaben]

Durch den Bundesrat[1] wirken die Länder bei der Gesetzgebung[3] und Verwaltung[4] des Bundes und in Angelegenheiten der Europäischen Union[5] mit[1 ff].

Literatur: *Mulert,* Der Bundesrat im Lichte der Föderalismusreform, DÖV 2007, 25; *Reuter,* Praxishandbuch Bundesrat, 2. Aufl. 2007; *Herzog,* Aufgaben des Bundesrates, HbStR[3] III, 2005, § 58; *ders.,* Zusammensetzung und Verfahren des Bundesrates, HbStR[3] III, 2005, § 59; *Hebeler,* Verfassungsrechtliche Stellung und Funktion des Bundesrates, JA 2003, 522; *H. Meyer* (Hg.), Abstimmungskonflikt im Bundesrat im Spiegel der Staatsrechtslehre, 2003; *H. H. Klein,* Der Bundesrat im Regierungssystem der Bundesrepublik Deutschland, ZG 2002, 297; *Rührmair,* Der Bundesrat zwischen Verfassungsauftrag, Politik und Länderinteressen, 2001; *Dolzer/Sachs,* Das parlamentarische Regierungssystem und der Bundesrat – Entwicklungsstand und Reformbedarf, VVDStRL 58 (1999), 7, 39; *Ziller/Oschatz,* Der Bundesrat, 10. A. 1998; *Maurer,* Der Bundesrat im Verfassungsgefüge der Bundesrepublik Deutschland, FS Winkler, 1997, 615; *Blanke,* Der Bundesrat im Verfassungsgefüge des GG, Jura 1995, 57; *Posser,* Der Bundesrat und seine Bedeutung, HbVerfR, 2. A. 1994, 1145; *Wilke/Schulte* (Hg.), Der Bundesrat, 1990.

1. Bedeutung und Abgrenzung zu anderen Vorschriften

Der **Bundesrat** ist Verfassungs- (BVerfGE 1, 299/311; 8, 104/120; 106, **1** 310/330) und oberstes Bundesorgan. Im Hinblick auf seine Zusammensetzung (Art.51) konkretisiert er das Bundesstaatsprinzip (Rn.16–22 zu Art.20); im Hinblick auf seine Aufgaben (unten Rn.3–5) konkretisiert er das Demokratieprinzip (Rn.1–15 zu Art.20). Insgesamt kann er also als föderativ-demokratisches Bundesorgan gekennzeichnet werden (Maunz MD 1).

Art.50 enthält nur die **grundsätzliche Aufgabenzuweisung** an den **2** Bundesrat (BVerfGE 1, 299/311). Seine einzelnen Befugnisse ergeben sich aus anderweitigen Regelungen im GG (unten Rn.3–5). Darüber hinaus ist es nicht zulässig, durch einfaches Bundesgesetz dem Bundesrat weitere Befugnisse innerhalb und außerhalb der Aufgabenzuweisung des Art.50 zu übertragen (Korioth MKS 25; a.A. Jekewitz AK 1; Krebs MüK 2; de Wall FH 29). Dagegen ist es zulässig, den Ländern Mitwirkungsbefugnisse bei der Gesetzgebung und Verwaltung des Bundes ohne Einschaltung des Bundesrats einzuräumen; allerdings darf dabei nicht gegen Kompetenzvorschriften des GG verstoßen werden (BVerfGE 1, 299/311). Soweit die Länder im Rahmen ihrer Kompetenzen sich vertraglich und durch eigene Einrichtungen, z.B. Ministerpräsidentenkonferenzen und Konferenzen der Ressortminister, koordinieren, dürfen die Befugnisse des Bundesrats nicht beeinträchtigt werden (Maunz MD 11).

2. Kompetenzen des Bundesrats

3   Der Bundesrat wirkt v. a. an der **Gesetzgebung des Bundes** mit. Er ist insoweit aber neben dem Bundestag „nicht eine zweite Kammer eines einheitlichen Gesetzgebungsorgans, die gleichwertig mit der ‚Ersten Kammer' entscheidend am Gesetzgebungsverfahren beteiligt wäre" (BVerfGE 37, 363/ 380; krit. Stern ST I 743); insb. ist das Zustimmungserfordernis die Ausnahme (BVerfGE 105, 313/339). Zum Schutz dieser Mitwirkung gegen Verfassungsänderungen Rn.9 zu Art.79. Die einzelnen Befugnisse (Aufzählung bei Korioth MKS 22; Krebs MüK 14) ergeben sich für die normale Gesetzgebung aus Art.76–78, für die Verfassungsänderungsgesetzgebung aus Art.79 Abs.2, für den Gesetzgebungsnotstand aus Art.81 und für Haushaltsgesetze aus Art.110 Abs.3; vgl. ferner Art.43 Abs.2. Es handelt sich um Organzuständigkeiten des Bundes, nicht um Verbandszuständigkeiten der Länder (Isensee HbStR[3] VI § 133 Rn.23).

4   Der Bundesrat wirkt auch an der **Verwaltung des Bundes** mit. Verwaltung wird hier einhellig als vollziehende Gewalt verstanden. Die Mitwirkungsformen sind vielgestaltig; im Wesentlichen sind Informationsrechte, Zustimmungs- bzw. Mitentscheidungsrechte und Aufhebungsansprüche zu unterscheiden (Bauer DR 25 ff; Herzog HbStR[3] III § 58 Rn.5; Aufzählung bei Korioth MKS 23; Krebs MüK 15). Zu gesetzlich eingeräumten Befugnissen, die häufig Personalentscheidungen betreffen, Jekewitz AK 8; Stern ST II 150 f. Zur Mitwirkung bei der Ausübung der auswärtigen Gewalt Rn.15 zu Art.59.

5   Der Bundesrat wirkt ferner in **Angelegenheiten der Europäischen Union** mit. Diese Passage wurde 1992 gemeinsam mit dem neuen Europa-Artikel 23 eingefügt (Einl.3 Nr.38). Sie wiederholt lediglich Art.23 Abs.2 S.1. Die einzelnen Befugnisse des Bundesrats ergeben sich aus Art.23 Abs.2 S.2, Abs.4–6. Insb. hat er ein umfassendes Informationsrecht (Rn.55 zu Art.23) und ist er an der Willensbildung des Bundes zu beteiligen (Rn.56– 60 zu Art.23); unter bestimmten Voraussetzungen vertritt ein vom Bundesrat benannter Vertreter der Länder die Bundesrepublik (Rn.61–63 zu Art.23).

Art.51 [Zusammensetzung]

(1) **Der Bundesrat besteht aus Mitgliedern der Regierungen der Länder[1], die sie bestellen und abberufen[2]. Sie können durch andere Mitglieder ihrer Regierungen vertreten werden[1].**

(2) **Jedes Land hat mindestens drei Stimmen, Länder mit mehr als zwei Millionen Einwohnern haben vier, Länder mit mehr als sechs Millionen Einwohnern fünf, Länder mit mehr als sieben Millionen Einwohnern sechs Stimmen[4].**

(3) **Jedes Land kann so viele Mitglieder entsenden, wie es Stimmen hat[5]. Die Stimmen eines Landes können nur einheitlich und nur durch anwesende Mitglieder oder deren Vertreter abgegeben werden[6].**

Literatur: *Maurer*, Mitgliedschaft und Stimmrecht im Bundesrat, FS Schmitt Glaeser, 2003, 157; *Küpper*, Die Mitgliedschaft im Bundesrat – Schwachstellen eines widersprüchlichen Konzepts, Staat 2003, 387; *Deecke,* Verfassungsrechtliche Anforderungen an die Stimmenverteilung im Bundesrat, 1998; *Hanikel,* Die Organisation des Bundesrats, 1991; *Jekewitz,* Die Stimmenverteilung im Bundesrat nach dem EVertr, RuP 1991, 97; *Busch,* Die Stimmenverteilung im Bundesrat, ZG 1990, 307. – S. auch Literatur zu Art.50.

1. Mitgliedschaft (Abs.1)

Die Mitgliedschaft ist auf **Mitglieder der Regierungen der Länder** 1 beschränkt (S.1); nach a.A. sind die Länder die Mitglieder des Bundesrats, die von den Regierungen der Länder und deren Mitgliedern nur vertreten werden (Maurer, FS Schmitt Glaeser, 2003, 159 ff). Auch Stellvertreter müssen die Eigenschaft als Regierungsmitglieder haben (S.2). Nur den Bundesratsausschüssen können sonstige Beauftragte, z.B. Ministerialbeamte, angehören (Art.52 Abs.4). Regierung bedeutet die kollegiale Exekutivspitze, d.h. das Kabinett; wer dazu gehört, bestimmt sich nach Landesverfassungsrecht (Jekewitz AK 2f; Korioth MKS 3; Krebs MüK 3). Mit dem Ausscheiden aus der Landesregierung endet auch die Mitgliedschaft im Bundesrat, nicht aber mit dem Wechsel eines Ressorts (Bauer DR 15).

Die **Bestellung und Abberufung** ist Befugnis und Pflicht der Landesregierung und richtet sich im Übrigen wieder nach Landesverfassungsrecht. Es 2 ist mindestens ein Mitglied zu bestellen (Bauer DR 14; Krebs MüK 4; Robbers SA 5; a.A. Korioth MKS 7); die Höchstzahl ergibt sich aus Abs.2. Auch die Stellvertreter müssen bestellt werden (Korioth MKS 14; Krebs MüK 6; Robbers SA 5; a.A. Maunz MD 12). Der Grundsatz der Diskontinuität (Rn.4 zu Art.39) gilt nicht für den Bundesrat (de Wall FH 8).

Die **Rechtsstellung** der Mitglieder des Bundesrats unterscheidet sich 3 grundsätzlich von der der der Abgeordneten des Bundestags (Rn.25 zu Art.38); insb. sind die Rechte aus Art.46–48 nicht anwendbar. Zum Zutritts- und Rederecht im Bundestag Rn.4–8 zu Art.43. Wegen der Konkurrenz- und Kontrollsituation zwischen Bundestag und Bundesrat besteht insoweit eine Inkompatibilität der Mitgliedschaften (vgl. § 2 GeschOBR; Jekewitz AK 6; Korioth MKS 12; Stern ST II 161 f; a.A. Krebs MüK 10). Weitere Inkompatibilitäten folgen aus Art.55 Abs.1, 66 und 94 Abs.1 S.3.

2. Stimmenverhältnisse (Abs.2, 3)

Die **Stimmenverteilung** (Abs.2) wurde 1990 durch das Einigungsvertragsgesetz geändert (Einl.3 Nr.36). Sie führt gegenwärtig dazu, dass Baden- 4 Württemberg, Bayern, Niedersachsen und Nordrhein-Westfalen 6, Hessen 5, Berlin, Brandenburg, Rheinland-Pfalz, Sachsen, Sachsen-Anhalt, Schleswig-Holstein und Thüringen 4 sowie Bremen, Hamburg, Mecklenburg-Vorpommern und Saarland 3 Stimmen besitzen. Insgesamt hat der Bundesrat also 69 Mitglieder. Dass zu den „Einwohnern" auch Ausländer zählen, ist verfassungsmäßig (Bauer DR 21; Korioth MKS 16; Krebs MüK 12; a.A. Maunz/Scholz MD 3). Für die Bestimmung der Einwohnerzahl durch die amtliche Bevölkerungsfortschreibung ist keine gesetzliche Grundlage erforderlich (de Wall FH 24).

Das **Entsendungsrecht** (Abs.3 S.1) bezieht sich im Gegensatz zur Pflicht 5 zur Bestellung (oben Rn.2) auf die einzelnen Sitzungen des Bundesrats

(Bauer DR 22; Jekewitz AK 9; Korioth MKS 20; a. A. Maunz MD 14). Für die Stimmabgabe (unten Rn.6) aller Stimmen gem. Abs.2 reicht es aus, wenn ein einziges Bundesratsmitglied eines Landes anwesend ist, das alle Stimmen des Landes als sog. Stimmführer abgibt (unten Rn.6). Die Höchstzahl ergibt sich aus Abs.2. Die Teilnahmeberechtigung anderer Personen fällt unter die Geschäftsordnungsautonomie (Rn.3 zu Art.52; § 18 Abs.2 GeschOBR).

6   Die **Stimmabgabe** (Abs.3 S.2) muss durch anwesende Mitglieder oder Stellvertreter (oben Rn.1) und einheitlich erfolgen. Stimmensplitting und Stimmenthaltungen einzelner Mitglieder eines Landes sind unzulässig (Krebs MüK 13; Bauer DR 24). Die Praxis der landesautonomen Bestimmung eines Stimmführers ist zulässig (BVerfGE 106, 310/330; Hofmann SHH 16; Robbers SA 16). Ein Verstoß gegen die Pflicht zur Einheitlichkeit macht alle Stimmen ungültig (BVerfGE 106, 310/330 ff; Jekewitz AK 10; Maunz MD 27; Krebs MüK 13). Der Bundesratspräsident ist berechtigt, auf eine wirksame Abstimmung hinzuwirken (BVerfGE 106, 310/332) und dem Land auch die Korrektur einer zunächst uneinheitlichen Stimmabgabe zu ermöglichen (BVerfGE *abwM* 106, 337 ff; **a. A.** BVerfGE 106, 310/331 ff). Aus Abs.3 S.2 sowie aus einem Umkehrschluss aus Art.77 Abs.2 S.3 und 53a Abs.1 S.3 folgt ferner die Zulässigkeit von Weisungen der Landesregierungen, nicht aber der Landesparlamente oder Landesvölker (BVerfGE 8, 104/120 f; StGH BW, ESVGH 36, 161/163). Die Stimmabgabe darf durch Koalitionsvereinbarungen in den Ländern festgelegt werden (Robbers SA 11). Eine weisungswidrige Stimmabgabe ist gültig (Hofmann SHH 14; Krebs MüK 14).

Art.52 [**Bundesratspräsident, Einberufung, Mehrheit, Geschäftsordnung, Öffentlichkeit**]

(1) **Der Bundesrat wählt seinen Präsidenten auf ein Jahr**[1].

(2) **Der Präsident beruft den Bundesrat ein. Er hat ihn einzuberufen, wenn die Vertreter von mindestens zwei Ländern oder die Bundesregierung es verlangen**[2].

(3) **Der Bundesrat faßt seine Beschlüsse mit mindestens der Mehrheit seiner Stimmen**[6]. **Er gibt sich eine Geschäftsordnung**[3]. **Er verhandelt öffentlich**[7]. **Die Öffentlichkeit kann ausgeschlossen werden**[7].

(3a) **Für Angelegenheiten der Europäischen Union kann der Bundesrat eine Europakammer bilden, deren Beschlüsse als Beschlüsse des Bundesrates gelten**[4]; **die Anzahl der einheitlich abzugebenden Stimmen der Länder bestimmt sich nach Artikel 51 Abs.2**[4a].

(4) **Den Ausschüssen des Bundesrates können andere Mitglieder oder Beauftragte der Regierungen der Länder angehören**[5].

Literatur: *Gräve,* Die Einwirkungen von Rechtshandlungen der EU auf die Länderkompetenzen, 2008; *Fischer/Koggel,* Die Europakammer des Bundesrates, DVBl 2000, 1742; *Oschatz/Risse,* Die Bundesregierung an der Kette der Länder?, DÖV 1995, 437; *Dästner,* Zur Aufgabenverteilung zwischen Bundesrat, Landesregierungen und Landesparlamenten in Angelegenheiten der EU, NWVBl 1994, 1; *Schede,* Bundesrat und EU, 1994; *R. Scholz,* EU und deutscher Bundesstaat, NVwZ 1993, 817. – S. auch Literatur zu Art.50.

1. Autonomie

a) Der Bundesrat wählt seinen **Präsidenten** auf ein Jahr **(Abs.1).** Die **1** Einschränkung, dass er Mitglied des Bundesrats sein muss (§ 5 Abs.1 Gesch-OBR), wird allgemein für verfassungsmäßig gehalten (Bauer DR 13). Nach einer Vereinbarung der Ministerpräsidenten der Länder vom 30. 8. 1950 (sog. Königsteiner Abkommen), die teilw. für Verfassungsgewohnheitsrecht gehalten wird (Ipsen I 348), werden die Ministerpräsidenten in der Reihenfolge der Einwohnerzahlen der Länder im jährlichen Wechsel gewählt. Das Präsidentenamt endet außer durch Tod und Zeitablauf durch Verlust der Mitgliedschaft im Bundesrat (Rn.1 zu Art.51), nicht aber durch bloßen Verlust des Amts des Ministerpräsidenten (Krebs MüK 3; a.A. Jekewitz AK 2).

b) Die **Einberufung (Abs.2)** zu den Sitzungen ist eine Kompetenz des **2** Präsidenten, die er nach pflichtgemäßem Ermessen wahrzunehmen hat (Korioth MKS 10). Er ist gem. S.2 zur Einberufung verpflichtet, wenn die Vertreter von mindestens zwei Ländern oder die Bundesregierung (Art.62) es verlangen. Insoweit gilt das bei Rn.7 zu Art.39 Gesagte entsprechend. § 15 Abs.1 GeschOBR, wonach schon das Verlangen eines Landes die Verpflichtung des Bundesratspräsidenten auslöst, ist verfassungswidrig (Maunz MD 18; vgl. auch Bauer DR 18; a.A. Korioth MKS 10; Robbers SA 10; Stern ST II 160; de Wall FH 18).

c) Der Bundesrat gibt sich eine **Geschäftsordnung (Abs.3 S.2).** Für die **3** GeschOBR gilt das bei Rn.7 zu Art.40 Gesagte entsprechend. Anders als dort ist aber die Geltungsdauer der GeschOBR nicht beschränkt und bedürfen Abweichungen von ihren Vorschriften im einzelnen Fall gem. § 48 GeschOBR eines einstimmigen Beschlusses.

d) Europakammer (Abs.3a). Ihre **Bildung** ist gem. Hs.1 fakultativ. **4** Dieser Absatz wurde 1992 gemeinsam mit dem neuen Europa-Artikel 23 eingefügt (Einl.3 Nr.38), aus dem sich der Aufgabenbereich des Bundesrats und damit der Europakammer ergibt (Rn.55–60 zu Art.23). Mit dieser verfassungsrechtlichen Normierung wurde den Bedenken gegen die Einrichtung der früheren EG-Kammer durch Geschäftsordnungsrecht (Schütz, NJW 89, 2165) Rechnung getragen und sollte die Arbeitsweise des Bundesrats beschleunigt werden (Maunz/Scholz MD 26). Von der Ermächtigung ist durch §§ 45b ff GeschOBR Gebrauch gemacht worden.

Verfahren. Da die Beschlüsse der Europakammer gem. Hs.2 als Beschlüs- **4a** se des Bundesrats gelten, ist sie, anders als sonstige Ausschüsse (unten Rn.5; Rn.4 zu Art.40), nicht nur vorbereitend tätig und müssen die Verfahrensgrundsätze für das Plenum auch für die Kammer Anwendung finden (Korioth MKS 21). Zu der gem. Hs.3 angeordneten entsprechenden Geltung Rn.4 zu Art.51; zur Einheitlichkeit der Stimmabgabe Rn.6 zu Art.51. Da durch die Änderung von 2006 (Einl.3 Nr.52) nicht mehr auf Art.51 Abs.3 S.2 verwiesen wird, ist eine Stimmabgabe im Umlaufverfahren zulässig (BT-Drs.16/813, 10f; Bauer DR 24a–c; Kluth KL 109; Maunz/Scholz MD 29; Robbers SA 17). Jedes Land muss mit mindestens einem Bundesratsmitglied

und höchstens der Gesamtzahl seiner Bundesratsmitglieder in der Europakammer vertreten sein (Korioth MKS 21); i. Ü. gilt § 45b Abs.2 GeschOBR.
Da die Europakammer kein Ausschuss des Bundesrats (unten Rn.5) ist, können Beauftragte nicht Mitglieder sein (Korioth MKS 21; Maunz/Scholz MD
29; Robbers SA 17). Der Bundesrat hat ein Rückholrecht, so dass er selbst
in Angelegenheiten der Europäischen Union beraten und beschließen kann
(Maunz/Scholz MD 30). Zum EU-Ausschuss des Bundestags Rn.1 f zu
Art.45.

5   **e) Ausschüsse (Abs.4)** kann der Bundesrat nach seinem Ermessen einsetzen, wobei die Mitglieder der Ausschüsse nicht Bundesratsmitglieder zu
sein brauchen. Für die Beauftragten gelten die Inkompatibilitäten (Rn.3 zu
Art.51) nicht (Maunz MD 10; a. A. Korioth MKS 28). Anders als beim
Bundestag (Rn.3 zu Art.40) beruhen Zahl und Arten der Ausschüsse ausschließlich auf der Geschäftsordnungsautonomie (oben Rn.3). Der Bundesrat darf aber keine Untersuchungsausschüsse einsetzen (Korioth MKS 25;
Stern ST II 159f; a.A. Herzog HbStR[3] III § 59 Rn.16; Hofmann SHH 18;
Robbers SA 18; Weckerling-Wilhelm UC 19). Für die Einsetzung von
Unterausschüssen und die Kompetenzen der Ausschüsse gilt das bei Rn.3 f
zu Art.40 Gesagte entsprechend. Die gegenüber dem Bundestag abweichende Struktur des Bundesrats kommt v.a. dadurch zum Ausdruck, dass er keine
Fraktionen (Rn.6 zu Art.40) kennt und bestimmte Aufgaben, wie Petitions-
bearbeitung und Wahlprüfung, bei ihm nicht anfallen (de Wall FH 32).

2. Mehrheitsprinzip und Öffentlichkeit der Verhandlungen

6   Das **Mehrheitsprinzip (Abs.3 S.1)** gilt nur für das Plenum und die
Europakammer (oben Rn.4), nicht für die Ausschüsse (Jekewitz AK 6ff; Herzog HbStR[3] III § 59 Rn.26). Beschlüsse sind alle Entscheidungen, die der
Bundesrat im Rahmen seiner verfassungsrechtlichen Befugnisse trifft. Mehr-
heit der Stimmen bedeutet, dass die Zahl der Ja-Stimmen die der Nein-
Stimmen überwiegen muss. Da die Zahl der Stimmen durch Art.51 Abs.2
festgelegt ist, ergeben sich folgende Abweichungen gegenüber dem Bundestag
(Rn.3–5 zu Art.42): Alle Beschlüsse müssen – rechtspolitisch problematisch –
mit absoluter Mehrheit gefasst werden (vgl. Rn.1 f zu Art.121), d.h. mit 35
Stimmen (von 69; vgl. Rn.4 zu Art.51); Enthaltungen werden dadurch wie
Gegenstimmen gewertet. Der Bundesrat ist dann nicht mehr beschlussfähig, wenn
die genannte Stimmenzahl über die Mehrheit nicht vertreten ist (Jekewitz
AK 5; Krebs MüK 7; vgl. auch § 28 Abs.1 GeschOBR). Ausnahmen können
sich nur aus anderen Vorschriften des GG, nämlich Art.61 Abs.1 S.3 und 79
Abs.2, nicht aber aus der GeschOBR ergeben (Krebs MüK 7; a. A. Maunz
MD 24 für die Wahl des Bundesratspräsidenten).

7   Für die **Öffentlichkeit (Abs.3 S.3, 4)** gilt grundsätzlich das bei Rn.1 f
zu Art.42 Gesagte entsprechend. Abweichend davon kann der Ausschluss der
Öffentlichkeit ohne besondere Antrags- und Mehrheitsvoraussetzungen erfolgen (vgl. § 17 GeschOBR). Für die Europakammer (oben Rn.4) gilt Entsprechendes (vgl. § 45 f Abs.1 GeschOBR).

Art. 53 [Teilnahmerecht und -pflicht, Rederecht und Informations-
pflicht]

Die Mitglieder der Bundesregierung haben das Recht und auf Verlangen die Pflicht, an den Verhandlungen des Bundesrates und seiner
Ausschüsse teilzunehmen[1]. Sie müssen jederzeit gehört werden[1]. Der
Bundesrat ist von der Bundesregierung über die Führung der Geschäfte
auf dem laufenden zu halten[2].

Literatur: *Lang,* Zum Fragerecht von Landesregierungen im Bundesrat, ZParl
2001, 281. – S. auch Literatur zu Art. 50.

Art. 53 regelt in weitgehender **Parallele zu Art. 43** bestimmte Rechte   1
(richtiger: Befugnisse) und Pflichten im Verhältnis zwischen Bundesrat und
Bundesregierung. Dass dort von „Anwesenheit" und „Zutritt" und hier von
„Teilnahme" die Rede ist, begründet keinen Unterschied. Das zu Art. 43
Gesagte gilt entsprechend mit folgenden Abweichungen: Das Zutritts- bzw.
Teilnahmerecht der Bundesregierung ist gem. S. 1, 2 nur Bundeskanzler und
Bundesministern, nicht auch Beauftragten oder Mitgliedern des Bundestags
verliehen. Da hier von „Verhandlungen" statt von „Sitzungen" die Rede ist,
umfasst das Zutritts- bzw. Teilnahmerecht der Bundesregierung auch Vorbe-
sprechungen und Sitzungen des Ständigen Beirats (Krebs MüK 3; a. A. Hofmann SHH 9; Jekewitz AK 1; Korioth MKS 4; Weckerling-Wilhelm UC 6).

Die **Informationspflicht der Bundesregierung** gem. S. 3 geht über die   2
aus dem Zitierungsrecht folgende Pflicht zur Beantwortung von Fragen des
Bundesrats (Rn. 3 zu Art. 43) hinaus. Sie umfasst die regelmäßige generelle
Unterrichtung, ohne dass es einer Aufforderung hierzu bedarf, über alle
Aufgaben, die der Bundesregierung nach dem GG obliegen, mit Ausnahme
ihrer internen Angelegenheiten (Korioth MKS 13; Krebs MüK 7). Die Informationspflicht besteht gegenüber dem Bundesrat, die aus dem Zitierungsrecht folgende Pflicht zur Beantwortung darüber hinaus gegenüber den Aus-
schüssen des Bundesrats, in beiden Fällen also nicht gegenüber einzelnen
Mitgliedern des Bundesrats oder gegenüber Landesregierungen (Krebs
MüK 7; Jekewitz AK 5). Die weitergehenden Regelungen der §§ 19, 40
Abs. 2 GeschOBR verpflichten die Bundesregierung nicht. Für die Verweigerung einer Information gilt das bei Rn. 3 zu Art. 43 Gesagte entsprechend.

IV a. Gemeinsamer Ausschuss

Art. 53a [Organisation und Information]

(1) Der Gemeinsame Ausschuß besteht zu zwei Dritteln aus Abgeordneten des Bundestages, zu einem Drittel aus Mitgliedern des Bundesrates. Die Abgeordneten werden vom Bundestage entsprechend dem Stärkeverhältnis der Fraktionen bestimmt; sie dürfen nicht der Bundesregierung angehören. Jedes Land wird durch ein von ihm bestelltes Mitglied des Bundesrates vertreten; diese Mitglieder sind nicht an Weisungen gebunden. Die Bildung des Gemeinsamen Ausschusses und sein Verfahren werden durch eine Geschäftsordnung geregelt, die vom Bundestage zu beschließen ist und der Zustimmung des Bundesrates bedarf.[1]

(2) Die Bundesregierung hat den Gemeinsamen Ausschuß über ihre Planungen für den Verteidigungsfall zu unterrichten. Die Rechte des Bundestages und seiner Ausschüsse nach Artikel 43 Abs. 1 bleiben unberührt.[2]

Literatur: *Schick,* Der Gemeinsame Ausschuß, ParlRPr, 1989, 1579.

1 Der **Gemeinsame Ausschuss** ist entgegen seiner Bezeichnung kein Ausschuss von Bundestag und Bundesrat, sondern ein *oberstes Bundesorgan* (BVerfGE 84, 304/334 f; Herzog/Klein MD 10; Fink MKS 5; Vitzthum HbStR VII 447) und unterliegt nicht der Diskontinuität (Herzog/Klein MD 13). Er übernimmt im Verteidigungsfall die Befugnisse von Bundestag und Bundesrat, soweit diese auf Grund der Umstände zu einer Entscheidung nicht in der Lage sind (Rn. 2 zu Art. 115e). Bundestag und Bundesrat können Entscheidungen des Gemeinsamen Ausschusses jederzeit aufheben (Rn. 1 zu Art. 115l). Der Gemeinsame Ausschuss ist also ein reines Ersatzorgan (Heun DR 4). Die Befugnisse des Gemeinsamen Ausschusses werden v. a. in Art. 115e festgelegt (Rn. 1 zu Art. 115e), daneben in Art. 115a Abs. 2 (Rn. 4 zu Art. 115a).

2 Die **Organisation** des Gemeinsamen Ausschusses wird durch die 1968 eingefügte (Einl. 3 Nr. 17) Vorschrift des Art. 53a Abs. 1 geregelt. Er hat gem. Abs. 1 S. 2, 3 48 Mitglieder (Herzog/Klein MD 15): 32 Abgeordnete des Bundestags und 16 Mitglieder des Bundesrats. Der Bundestag bestimmt „seine" Mitglieder nach Maßgabe des Art. 42 Abs. 2, wobei gem. Abs. 1 S. 2 jede Fraktion (dazu Rn. 35 zu Art. 38) entsprechend ihrer Stärke im Bundestag vertreten sein muss, ohne dass der Bundestag an die Vorschläge der Fraktionen gebunden ist (Herzog/Klein MD 21). Dabei unterliegt die „Bestimmung des Begriffs der Fraktion ... der Geschäftsordnungsautonomie des Bundestages" (BVerfGE 96, 264/280 f). Fraktionslose Abgeordnete müssen nicht vertreten sein, sofern es ausreichende Sachgründe für die Festlegung der Fraktionsstärke gibt (BVerfGE 80, 188/234; 84, 304/335 f; Herzog/Klein MD 18; krit. Krebs MüK 10). Mitglieder des Gemeinsamen Ausschusses dürfen gem. Abs.1 S.2 nicht der Bundesregierung angehören. Des Weiteren benennt jedes Bundesland, d. h. entspr. Art.51 Abs.1 die Landesregierung (Fink MKS 18; Herzog/Klein MD 26), einen Vertreter, der Mitglied des Bundesrats sein muss. Sämtliche Mitglieder des Gemeinsamen Ausschusses sind an Weisungen nicht gebunden (Herzog/Klein MD 32; Robbers SA 11); für die Bundesratsmitglieder wurde das ausdrücklich klargestellt. Im Übrigen berührt die Mitgliedschaft im Gemeinsamen Ausschuss nicht die Rechtsstellung als Abgeordneter bzw. als Bundesratsmitglied. Gem. Abs.1 S.4 wird Bildung und Verfahren des Gemeinsamen Ausschusses durch eine vom Bundestag mit Zustimmung des Bundesrats beschlossene *Geschäftsordnung* (im Rahmen der Vorgaben des Art.53a und des Art.115e) geregelt, insb. die Frage der Stellvertretung. Insoweit gelten die Ausführungen in Rn.7–9 zu Art.40 entsprechend. Unter den Voraussetzungen des Art.115e Abs.1 kann der Gemeinsame Ausschuss die Geschäftsordnung ändern (Heun DR 13; Robbers SA 12). Der generelle Ausschluss der Öffentlichkeit ist zulässig (Herzog/Klein MD 52).

Die **Informationspflicht der Bundesregierung nach Abs.2** besteht 3
auch vor der Erklärung des Verteidigungsfalls (Herzog/Klein MD 77; Umbach/Clemens UC 21). Für den Umfang der Informationspflicht nach Abs.2 S.1, der ein Recht des Gemeinsamen Ausschusses korrespondiert, gilt das bei Rn.2 zu Art.40 Gesagte mit der Maßgabe entsprechend, dass sie gegenständlich auf die Planungen für den Verteidigungsfall beschränkt ist. Durch Abs.2 S.2 wird klargestellt, dass die Informationspflicht zusätzlich zu den Pflichten aus Art.43 Abs.1 gegenüber dem Bundestag und seinen Ausschüssen (Rn.3 zu Art.40) besteht (Krebs MüK 21). Für die Pflichten gegenüber dem Bundesrat (Rn.1 f zu Art.53) gilt nichts anderes (Robbers SA 18).

V. Der Bundespräsident

Art.54 [Wahl durch die Bundesversammlung]

(1) Der Bundespräsident[1] wird ohne Aussprache von der Bundesversammlung gewählt[4]. Wählbar ist jeder Deutsche, der das Wahlrecht zum Bundestage besitzt und das vierzigste Lebensjahr vollendet hat[3].

(2) Das Amt des Bundespräsidenten dauert fünf Jahre. Anschließende Wiederwahl ist nur einmal zulässig[3].

(3) Die Bundesversammlung besteht aus den Mitgliedern des Bundestages und einer gleichen Anzahl von Mitgliedern, die von den Volksvertretungen der Länder nach den Grundsätzen der Verhältniswahl gewählt werden[5].

(4) Die Bundesversammlung tritt spätestens dreißig Tage vor Ablauf der Amtszeit des Bundespräsidenten, bei vorzeitiger Beendigung spätestens dreißig Tage nach diesem Zeitpunkt zusammen. Sie wird von dem Präsidenten des Bundestages einberufen[5].

(5) Nach Ablauf der Wahlperiode beginnt die Frist des Absatzes 4 Satz 1 mit dem ersten Zusammentritt des Bundestages[5].

(6) Gewählt ist, wer die Stimmen der Mehrheit der Mitglieder der Bundesversammlung erhält. Wird diese Mehrheit in zwei Wahlgängen von keinem Bewerber erreicht, so ist gewählt, wer in einem weiteren Wahlgang die meisten Stimmen auf sich vereinigt[4].

(7) Das Nähere regelt ein Bundesgesetz[4].

Literatur: *Winkelmann,* Die Immunität der Mitglieder der Bundesversammlung, ZParl 2008, 61; *Nettesheim,* Amt und Stellung des Bundespräsidenten in der grundgesetzlichen Demokatie, HbStR[3] III, 2005, § 61; *ders.,* Die Aufgaben des Bundespräsidenten, HbStR[3] III, 2005, § 62; *ders.,* Der Bundesversammlung und die Wahl des Bundespräsidenten, HbStR[3] III, 2005, § 63; *Burkiczak,* Die Bundesversammlung und die Wahl des Bundespräsidenten, JuS 2004, 278; *Wellkamp,* Die Volkswahl des Bundespräsidenten, BayVBl 2002, 267; *Kunig,* Der Bundespräsident, Jura 1994, 217; *Braun,* Die Bundesversammlung, 1993.

1. Rechtsstellung des Bundespräsidenten

1   **Allgemeines.** Der Bundespräsident ist das Staatsoberhaupt der Bundesrepublik Deutschland (Butzer SHH 1; Herzog MD 3; krit. Pernice DR 15). Er ist Verfassungs- und oberstes Bundesorgan, gehört nicht zum Öffentlichen Dienst iSd Art.33 Abs.4, 5 und ist iSd Art.1 Abs.3, 20 Abs.2 S.2 und 20 Abs.3 der vollziehenden Gewalt (Exekutive) zuzurechnen (Butzer SHH 3; Herzog MD 17; a.A. Fritz BK 32; Umbach UC 7 vor Art.54). Zur Wahl unten Rn.4f; zum Amtsverlust Art.61. Zur Durchführung seiner Aufgaben steht ihm das Bundespräsidialamt zur Verfügung; es ist eine oberste Bundesbehörde (Butzer SHH 41 ff). Es wird vorbereitend und beratend tätig, besitzt aber keine eigenen Kompetenzen (Butzer, VerwArch 1991, 509).

Die **Kompetenzen** des Bundespräsidenten ergeben sich aus verschiedenen **2**
Vorschriften des GG (Aufzählung bei Butzer SHH 9 ff; Herzog MD 68; Pernice DR 19; Nettesheim HbStR³ III § 62 Rn.4 ff). Weitere Kompetenzen können sich aus Gesetzen und nach hM aus der Natur der Sache, z. B. für Staatssymbole, Staatsfeiern und Staatsehrungen (Herzog MD 69 ff; Hemmrich
MüK 3; Stern ST II 200; Umbach UC 14 vor Art.54; a. A. Jekewitz AK 16
vor Art.54; Pernice DR 20), ergeben, soweit dadurch nicht verfassungsrechtliche Kompetenzen anderer Organe beeinträchtigt werden, insb. der Bundesgesetzgeber keine Regelung getroffen hat (Klein HbStR³ II 204 f); zu seiner
Kompetenz im Bereich der Außenpolitik Rn.1–6 zu Art.59; zur Gegenzeichnung Rn.2 f zu Art.58. Insgesamt sind seine Kompetenzen gegenüber dem
Reichspräsidenten unter der WRV erheblich reduziert (Butzer SHH 7; Herzog MD 8 f).

Wählbarkeit und Amtsdauer. Wählbar ist gem. Abs.1 S.2 jeder Deut- **3**
sche (Rn.1–10 zu Art.116), der das aktive und passive Wahlrecht zum Bundestag besitzt (Art.38 iVm §§ 12 f BWahlG; Herzog MD 22 f) und das
40. Lebensjahr vollendet hat. Sonstige Wählbarkeitsvoraussetzungen sind unzulässig (Butzer SHH 55). Die 5-jährige Amtsdauer (Abs.2 S.1) soll ein Zu-
sammenfallen mit der Wahl des Bundestags (Art.39 Abs.1 S.1) verhindern
und eine größere Kontinuität gewährleisten (Butzer SHH 91; krit. Jekewitz
AK 19 vor Art.54). Die Amtszeit beginnt mit dem Ablauf der Amtszeit des
Vorgängers, jedoch nicht vor Eingang der Annahmeerklärung beim Präsidenten des Bundestags (vgl. § 10 BPWahlG), und endet außer durch Zeitablauf durch Tod, Rücktritt, Amtsverlust gem. Art.61 oder Verlust der Wählbarkeit; eine Abwahl ist nicht vorgesehen (Pernice DR 6 zu Art.57). Eine
anschließende Wiederwahl ist gem. Abs.2 S.2 nur einmal zulässig. Daraus
folgt, dass eine spätere Wiederwahl dann nicht ausgeschlossen ist, wenn zwi-
schendurch mindestens ein anderer Bundespräsident amtiert hat (Fritz BK
153; Pernice DR 33; Umbach UC 50; a. A. Jekewitz AK 8). Das gilt nur
nicht bei Missbrauch (Butzer SHH 98; Herzog MD 21; Fink MKS 33).

2. Wahl durch die Bundesversammlung

Wahlverfahren. Der Bundespräsident wird von der Bundesversammlung **4**
ohne Aussprache gewählt (Abs.1 S.1). Damit soll eine die Autorität des künftigen Bundespräsidenten möglicherweise gefährdende Personaldiskussion
verhindert werden (Butzer SHH 81; Herzog MD 41; krit. Umbach UC
23 ff). Wahlvorschläge können von jedem Mitglied der Bundesversammlung
beim Bundestagspräsidenten eingereicht werden (Fritz BK 169). Als Folge
des demokratischen Prinzips (Rn.11 f zu Art.20) verhandelt die Bundesversammlung öffentlich (Nierhaus SA 17; Hemmrich MüK 6); doch darf die
Abstimmung geheim sein (Rn.1 zu Art.42). Die Voraussetzungen für das
Zustandekommen der Wahl regelt Abs.6. Weitere Verfahrensvorschriften
finden sich in dem gem. der ausschließlichen Bundesgesetzgebungskompetenz (Rn.5 zu Art.70) und dem Regelungsauftrag (Rn.22 zu Art.70) des
Abs.7 ergangenen WahlGBPräs. Mangels gesetzlicher Grundlage findet eine
Wahlprüfung nicht statt; es kommt aber eine Bundesorganstreitigkeit (Rn.5–
18 zu Art.93) in Betracht (Butzer SHH 87; Pestalozza 104).

5   Die **Bundesversammlung (Abs.3–5)** ist ein Verfassungs- und oberstes Bundesorgan (Butzer SHH 51; Herzog MD 29). Ihre *Zusammensetzung* bestimmt sich nach Abs.3. Zur Ermittlung der Zahl der Mitglieder des Bundestags (geborene Mitglieder) Rn.1 f zu Art.121. Hinzu kommt eine gleiche Anzahl von Mitgliedern, die von den Volksvertretungen der Länder nach den Grundsätzen der Verhältniswahl, d. h. im Verhältnis der Stärke der Fraktionen, gewählt werden (gekorene Mitglieder); diese Mitglieder brauchen nicht Mitglieder in den Volksvertretungen der Länder zu sein (Jekewitz AK 10; Herzog MD 34; Hemmrich MüK 13), müssen aber zum Bundestag wählbar sein (§ 3 WahlGBPräs). Gem. § 7 S.1 WahlGBPräs finden Art.46, 47, 48 Abs.2 auf die Mitglieder der Bundesversammlung entsprechende Anwendung (Winkelmann, ZParl 08, 61). Über den *Zusammentritt* und die *Einberufung* der Bundesversammlung enthalten Abs.4 S.1 und Abs.5 Fristbestimmungen; Abs.5 ist durch die Neufassung des Art.39 Abs.1 S.2 gegenstandslos geworden (Butzer SHH 77). Verletzungen dieser Fristbestimmungen haben nicht die Ungültigkeit der Wahl zur Folge (Butzer SHH 71; Herzog MD 36). Die Befugnis des Präsidenten des Bundestags zur Einberufung (Abs.4 S.2) umfasst auch Ort und Zeit des Zusammentritts (§ 1 WahlGBPräs). Es ist zulässig, dass § 8 S.1 WahlGBPräs dem Präsidenten des Bundestags die Ordnungsgewalt (Rn.12 zu Art.40) übertragen hat. Entsprechend dürften auch sein Hausrecht und seine Polizeigewalt (Rn.11 zu Art.40) für den Zusammentritt der Bundesversammlung anzuerkennen sein (Nierhaus SA 17; Pernice DR 32; Umbach UC 77).

Art.55 [Inkompatibilitäten]

(1) **Der Bundespräsident darf weder der Regierung noch einer gesetzgebenden Körperschaft des Bundes oder eines Landes angehören**[1 f].

(2) **Der Bundespräsident darf kein anderes besoldetes Amt, kein Gewerbe und keinen Beruf ausüben und weder der Leitung noch dem Aufsichtsrate eines auf Erwerb gerichteten Unternehmens angehören**[2].

Literatur: S. Literatur zu Art.54.

1   **Bedeutung.** Die Regelung der Inkompatibilität, d. h. der Unvereinbarkeit eines Amts mit anderen, ist teilw. eine Ausprägung des Grundsatzes der Gewaltenteilung (Rn.23–27 zu Art.20) und soll die verfassungsrechtliche Stellung des Bundespräsidenten in Richtung gesteigerter Unabhängigkeit und Integrität absichern (Butzer SHH 3 ff; krit. Umbach UC 10 ff). Art.55 statuiert Pflichten des Bundespräsidenten, nicht aber seines Stellvertreters (Butzer SHH 12), bei deren Verletzung eine Sanktion gem. Art.61 erfolgen kann, nicht aber führt der Erwerb des Amts des Bundespräsidenten automatisch zum Verlust der unvereinbaren Ämter (Herzog MD 6; Hemmrich MüK 7; Fritz BK 16; a. A. Versteyl ParlRPr 478) oder ist die Aufnahme eines unvereinbaren Regierungsamts oder Mandats durch den Bundespräsidenten als konkludenter Amtsverzicht anzusehen (Fink MKS 15; Hemmrich MüK 7; Pernice DR 10; a. A. Nierhaus SA 10). Die Pflichten aus Art.55 beginnen mit dem Amtsantritt

(BVerfGE 89, 359/362; Nettesheim HbStR³ III § 61 Rn.62; Pernice DR 9; krit. Nierhaus SA 5; Umbach UC 24 f) und enden mit dem Ausscheiden aus dem Amt (Fritz BK 17; krit. Butzer SHH 25 f, der eine „Nachwirkung" annimmt).

Umfang. Abs.1 trennt das Amt des Bundespräsidenten nur von der Re- **2** gierung und den gesetzgebenden Körperschaften des Bundes und der Länder (Jekewitz AK 4; Herzog MD 8 f, 16; für entsprechende Anwendung auf Gemeindevertretungen und Kreistage: Nierhaus SA 9; Pernice DR 6; Stern ST II 204; Umbach UC 18), nicht aber von der Mitgliedschaft in der Bundesversammlung (Butzer SHH 9; Herzog MD 15). Die Stellung eines Kandidaten für das Amt (BVerfGE 89, 359/362) und die Mitgliedschaft in einer Partei (Fritz BK 24; Herzog MD 19) sind nicht erfasst. Bezüglich der besoldeten öffentlichen (Herzog MD 19) Ämter, Gewerbe und Berufe (Rn.6 f zu Art.12) ist gem. Abs.2 nur die Ausübung von der Inkompatibilität erfasst; das bloße Innehaben bei Ruhen aller Rechte und Pflichten ist zulässig (Nierhaus SA 11; Umbach UC 19). Bezüglich der Leitung (im Gegensatz zur Eigentümer-, Gesellschafter- oder Aktionärstellung; Butzer SHH 15) eines auf Erwerb gerichteten Unternehmens ist dagegen schon die bloße Zugehörigkeit verboten.

Art.**56** [Amtseid]

Der Bundespräsident leistet bei seinem Amtsantritt vor den versammelten Mitgliedern des Bundestages und des Bundesrates folgenden Eid:

„Ich schwöre, daß ich meine Kraft dem Wohle des deutschen Volkes widmen, seinen Nutzen mehren, Schaden von ihm wenden, das Grundgesetz und die Gesetze des Bundes wahren und verteidigen, meine Pflichten gewissenhaft erfüllen und Gerechtigkeit gegen jedermann üben werde. So wahr mir Gott helfe."

Der Eid kann auch ohne religiöse Beteuerung geleistet werden.

Literatur: S. Literatur zu Art.54.

Die Leistung des in Art.56 formulierten Eids bei Amtsantritt ist eine **1** Pflicht des Bundespräsidenten, bei deren Verletzung eine Sanktion gem. Art.61 erfolgen kann (Butzer SHH 23; Herzog MD 13). Die Eidesformel ist bis auf die religiöse Beteuerung unabänderlich (Jekewitz AK 2; Herzog MD 24; Nierhaus SA 5; weitergehend für eine Abänderbarkeit von „ich schwöre" Hemmrich MüK 9; Pernice DR 10; Umbach UC 27) und darf nicht unter Vorbehalt gestellt werden (Butzer SHH 13). Der ohne religiöse Beteuerung geleistete Eid hat nur die Bedeutung eines rein weltlichen Gelöbnisses (BVerfGE 33, 23/27). Die Eidesleistung ist keine Voraussetzung für den Erwerb des Amts; Amtshandlungen vor Eidesleistung sind daher gültig (Herzog MD 14; Hemmrich MüK 2; Fritz BK 3; Umbach UC 11). Die Eidesleistung begründet keine zusätzlichen Rechte, Pflichten oder Befugnisse des Bundespräsidenten (Nierhaus SA 3; Jekewitz AK 2; Herzog MD 2; Nettesheim HbStR³ III § 61 Rn.62). Bei anschließender Wiederwahl ist keine Eidesleistung erforderlich (Butzer SHH 20; Jekewitz AK 3; a. A. Herzog MD 18), wohl aber bei späterer Wiederwahl (Jekewitz AK 3; Hemmrich MüK 6; Fritz BK 12).

Art.57 [Stellvertretung]

Die Befugnisse des Bundespräsidenten werden im Falle seiner Verhinderung oder bei vorzeitiger Erledigung des Amtes durch den Präsidenten des Bundesrates wahrgenommen[1 f].

Literatur: S. Literatur zu Art.54.

1   **Voraussetzungen** der Stellvertretung des Bundespräsidenten durch den Präsidenten des Bundesrats (Rn.1 zu Art.52) sind entweder Verhinderung, z.B. Krankheit, Freiheitsverlust, Auslandsaufenthalt (Fink MKS 13 f; Herzog MD 17; krit. Pernice DR 5), Befangenheit, einstweilige Anordnung des BVerfG im Verfahren gem. Art.61, nicht aber die Weigerung des Bundespräsidenten, eine Amtshandlung vorzunehmen (Butzer SHH 9; Umbach UC 30), oder vorzeitige Erledigung des Amts, z.B. Tod, Rücktritt, Entscheidung des BVerfG im Verfahren gem. Art.61, Verlust der Wählbarkeit (Rn.3 zu Art.54). Gleichzustellen ist der Fall, dass die Amtszeit eines Bundespräsidenten abgelaufen ist, ohne dass ein Nachfolger gewählt ist (Butzer SHH 12; Herzog MD 13). Keine Voraussetzung ist, dass der Präsident des Bundesrats die Voraussetzungen der Wählbarkeit gem. Art.54 Abs.1 S.2 erfüllt (Hemmrich MüK 5). Ob die Voraussetzungen vorliegen, entscheidet in den Grenzen des Missbrauchsverbots der Bundespräsident (Nierhaus SA 9; Herzog MD 22; einschr. Fink MKS 15; Nettesheim HbStR[3] III § 61 Rn.57 ff), gegen den notfalls eine Bundesorganstreitigkeit (Rn.5–18 zu Art.93) angestrengt werden kann (Butzer SHH 13).

2   **Rechtsfolge** ist die Wahrnehmung aller Befugnisse des Bundespräsidenten (Rn.2 zu Art.54; Rn.1 zu Art.136) einschließlich der Regelung des Art.58 durch den jeweiligen Präsidenten des Bundesrats, bei dessen Verhinderung durch den ersten Vizepräsidenten des Bundesrats (vgl. §§ 5 Abs.1, 7 GeschOBR), ausgenommen höchstpersönliche Rechte (Butzer SHH 32) und die Erklärung des Amtsverzichts (Herzog MD 26). Der Präsident des Bundesrats ist an Weisungen des Bundespräsidenten nicht gebunden (Fritz BK 6; Hemmrich MüK 6; Herzog MD 28; diff. Butzer SHH 21; Nettesheim HbStR[3] III § 61 Rn.60). Art.55 und 61 gelten für ihn nicht (Fritz BK 10 ff; Nettesheim HbStR[3] III § 61 Rn.60; Pernice DR 9; a.A. bezüglich Art.61: Fink MKS 24; Jekewitz AK 5; Wolfrum BK 5 zu Art.61). Eine Eidesleistung gem. Art.56 durch den Stellvertreter ist nicht erforderlich (Fink MKS 16 zu Art.56; Jekewitz AK 3 zu Art.56; Herzog MD 27; a.A. Hemmrich MüK 7). Während der Stellvertretung ist der Bundesratspräsident an der Wahrnehmung seines ursprünglichen Amts verhindert (Butzer SHH 14; Herzog MD 23).

Art.58 [Gegenzeichnung]

Anordnungen und Verfügungen² des Bundespräsidenten bedürfen zu ihrer Gültigkeit⁵ der Gegenzeichnung durch den Bundeskanzler oder durch den zuständigen Bundesminister⁴. Dies gilt nicht für die Ernennung und Entlassung des Bundeskanzlers, die Auflösung des Bundestages gemäß Artikel 63 und das Ersuchen gemäß Artikel 69 Abs.3³.

Literatur: S. Literatur zu Art.54.

Bedeutung. Die Vorschrift soll iSd staatsrechtlichen Tradition des Insti- **1** tuts der Gegenzeichnung oder Kontrasignatur (näher Herzog MD 2 ff) die Einheitlichkeit der Staatsleitung sichern und die parlamentarische Verantwortung der Regierung für Handlungen des Bundespräsidenten begründen (Butzer SHH 10 ff; krit. Umbach UC 11). Da Ermessensentscheidungen des Bundespräsidenten die Ausnahme, gebundene Entscheidungen dagegen die Regel sind (Rn.6 zu Art.59; Rn.3 zu Art.60; Rn.2 zu Art.82), ist die Bedeutung des Instituts der Gegenzeichnung heute eher gering.

Anordnungen und Verfügungen brauchen, auch wenn dies theoretisch **2** möglich sein sollte (vgl. Herzog MD 21 ff), praktisch nicht unterschieden zu werden. Es sind dies alle auf rechtliche Verbindlichkeit angelegten Akte des Bundespräsidenten (Herzog MD 21), auch im Bereich der völkerrechtlichen Vertretungsbefugnis (Rn.6 zu Art.59), mit Ausnahme der Weisungen innerhalb des Bundespräsidialamts (Rn.1 zu Art.54; Fink MKS 46; Herzog MD 28). Zur Bundestagsauflösung Rn.3 zu Art.68. Keine Anordnungen und Verfügungen sind ihre Unterlassung (Herzog MD 44 f; Pernice DR 11; Fink MKS 76; a.A. Hemmrich MüK 4), das sonstige amtliche und politisch bedeutsame Verhalten und Auftreten (Jekewitz AK 5 f; Herzog MD 48 ff; Nettesheim HbStR³ III § 62 Rn.32; Pernice DR 10; Umbach UC 17; a.A. Hemmrich MüK 4; Maurer, FS Carstens II, 1984, 716 f), rein private Äußerungen sowie der Rücktritt des Bundespräsidenten (Butzer SHH 18).

Ausgenommen von der Gegenzeichnung sind die in S.2 genannten Fäl- **3** le, bei denen die Gegenzeichnungsberechtigten selbst betroffen sind. Aus dem GG selbst ergeben sich folgende weitere Ausnahmefälle (Butzer SHH 40 ff; Nierhaus SA 13 ff; Jekewitz AK 9; Herzog MD 36 ff; Nettesheim HbStR³ III § 62 Rn.31): Art.39 Abs.3 S.3, da der Bundeskanzler das gleiche Recht zur Einberufung des Bundestags hat; Art.63 Abs.1 und Art.115h Abs.2 S.1, da für den Wahlvorschlag dasselbe wie für die Ernennung des Bundeskanzlers gelten muss; Art.93 Abs.1 Nr.1, da die Rechtsschutzmöglichkeit der Organstreitigkeit sinnvollerweise allein dem betreffenden Organ zustehen muss.

Gegenzeichnungsberechtigt sind der Bundeskanzler *oder* der zuständige **4** Bundesminister. Sie sind gebunden, wenn auch der Bundespräsident gebunden ist (Herzog MD 67). Andernfalls ist ihr Ermessen nur durch die Verfassung beschränkt (Butzer SHH 66 f; Fink MKS 90). Die Zuständigkeit des Bundesministers bestimmt sich nach seinem Geschäftsbereich (Rn.5 zu Art.65) und der GeschOBReg (Rn.9 zu Art.65). Die Zuständigeit des Bundeskanzlers ist nicht auf die Richtlinien der Politik (Rn.3 zu Art.65) beschränkt (Butzer SHH 57 f; Jekewitz AK 7; Herzog MD 71; Pernice DR 14; a. A. Nierhaus SA 23). Soweit mehrere Minister zuständig sind, müssen alle gegenzeichnen (Herzog MD 69; Hemmrich MüK 9; Pernice DR 15; a. A. Butzer SHH 59 f; Fink MKS 81; Jekewitz AK 7). § 29 Abs.1 S.1 GeschOB-Reg, wonach der Bundeskanzler *und* der zuständige Bundesminister gegenzeichnen müssen, kann die dargelegten verfassungsrechtlichen Wirksamkeitsvoraussetzungen nicht verschärfen (Bryde MüK 10 zu Art.82; Butzer SHH 56). Die Gegenzeichnung durch einen unzuständigen Bundesminister macht sie unwirksam (Butzer SHH 71).

5 Die **Form** der Gegenzeichnung (Butzer SHH 63 ff) orientiert sich an der des gegengezeichneten Aktes. Sie kann schriftlich, mündlich oder durch konkludentes Verfahren erfolgen und ist bedingungsfeindlich. Die Gegenzeichnung kann nachträglich oder als sog. Vorzeichnung vor der Entscheidung des Bundespräsidenten über die Vornahme der Anordnung oder Verfügung erfolgen.

6 Die wirksame Gegenzeichnung führt zur **Gültigkeit** von Anordnungen und Verfügungen des Bundespräsidenten (Herzog MD 46; Fink MKS 11; a. A. Hemmrich MüK 6: Rechtmäßigkeit); nach Ablehnung der Gegenzeichnung sind sie nichtig; bis dahin sind sie schwebend unwirksam. Außerhalb des Anwendungsbereichs des Art.58 ist der Bundespräsident innerhalb seiner Kompetenzen frei; er hat allerdings die Kompetenzen der anderen Verfassungsorgane, z. B. die der Bundesregierung zur Außenpolitik (Rn.6 zu Art.59), zu beachten. Aus der Pflicht zur Verfassungsorgantreue wird darüber hinaus ein allgemeines Mäßigungsgebot abgeleitet (Butzer SHH 28; Herzog MD 57 ff; a. A. Maurer, FS Carstens II, 1984, 718).

Art.**59** [Zuständigkeit für die auswärtige Gewalt]

(1) **Der Bundespräsident vertritt den Bund völkerrechtlich**[2 ff]**. Er schließt im Namen des Bundes die Verträge mit auswärtigen Staaten**[4]**. Er beglaubigt und empfängt die Gesandten**[5]**.**

(2) **Verträge**[9 f]**, welche die politischen Beziehungen des Bundes regeln**[12] **oder sich auf Gegenstände der Bundesgesetzgebung beziehen**[13 ff]**, bedürfen der Zustimmung oder der Mitwirkung der jeweils für die Bundesgesetzgebung zuständigen Körperschaften in der Form eines Bundesgesetzes**[14 f]**. Für Verwaltungsabkommen gelten die Vorschriften über die Bundesverwaltung entsprechend**[20 f]**.**

Übersicht

Literatur: *Sauer,* Das Verfassungsrecht der kollektiven Sicherheit, in: Rensen/Brink (Hg.), Linien der Rechtsprechung des BVerfG, 2009, 585; *Murswiek,* Die Fortentwicklung völkerrechtlicher Verträge, NVwZ 2007, 1131; *Steinbach,* Die antizipierte Zustimmung des Gesetzgebers bei Änderungen völkerrechtlicher Verträge, DÖV 2007, 555; *Calliess,* Auswärtige Gewalt, HbStR[3] IV, 2006, § 83; *Becker,* Völkerrechtliche Verträge und parlamentarische Gesetzgebungskompetenz, NVwZ 05, 289; *Cremer,* Das Verhältnis von Gesetzgeber und Regierung im Bereich der auswärtigen Gewalt, in: Geiger (Hg.), Neuere Probleme der parlamentarischen Legitimation im Bereich der auswärtigen Gewalt, 2003, 11; *Geiger,* Grundgesetz und Völkerrecht, 3. Aufl. 2003; *Warg,* Außenkompetenzen des Bundes und Mitwirkungsrechte des Parlaments, Jura 2002, 806; *Kadelbach/Guntermann,* Vertragsgewalt und Parlamentsvorbehalt, AöR 2001, 563; *Meyring,* Die Entwicklung zustimmungsbedürftiger völkerrechtlicher Verträge nach ihrem Abschluss und ihre Auswirkungen auf die deutschen Rechtsordnung, 2001; *Hailbronner/Wolfrum,* Kontrolle der auswärtigen Gewalt, VVDStRL 56 (1997), 7, 38; *Kokott,* Kontrolle der auswärtigen Gewalt, DVBl 1996, 937; *Bernhardt,* Verfassungsrecht und völkerrechtliche Verträge, HbStR VII, 1993, § 174; *Vogel,* Gesetzesvorbehalt, Parlamentsvorbehalt und völkerrechtliche Verträge, in: Badura (Hg.), FS für Lerche, 1993, 95; *Steinberger,* Auswärtige Gewalt unter dem Grundgesetz, in: Mußgnug (Hg.), Rechtsentwicklung unter dem Bonner Grundgesetz, 1990, 101. – S. auch Literatur zu Art.32.

I. Grundlagen und völkerrechtliche Vertretung

1. Bedeutung und Abgrenzung des Art.59

Art.59 regelt die Verteilung des dem **Bund** zustehenden Anteils an der **1** auswärtigen Gewalt auf die Organe des Bundes (Rojahn MüK 1; Rauschning BK 6). Die Vorschrift ist allerdings insoweit unvollständig, als ein Hauptakteur, die Bundesregierung (unten Rn.6), nicht genannt wird. Die Verteilung der Kompetenzen zwischen Bund und Ländern wird in Art.32 geregelt. Die völkerrechtliche Vertretung der Länder wird von Art.59 nicht erfasst (Pernice DR 14; Streinz SA 4). Art.59 gilt daher nicht für den Abschluss von völkerrechtlichen Verträgen durch die Länder (BVerfGE 2, 347/ 371); zur Kompetenz der Länder Rn.13f zu Art.32. Gleiches gilt für Verwaltungsabkommen der Länder (unten Rn.20). Was das **Verhältnis zu an-**

deren Verfassungsnormen angeht, so dürften Art.59 Abs.1 wie Art.59 Abs.2 im Anwendungsbereich des Art.23 Abs.1 kumulativ zum Tragen kommen (Classen MKS 17 zu Art.23; Kempen MKS 7, 44; Streinz SA 61 zu Art.23; vgl. Calliess, HbStR³ IV § 83 Rn.20, 32; für Vorrang von Art.23 Pernice DR 55 zu Art.23), und zwar unabhängig davon, ob die Union noch auf Völkerrecht fußt; es gelten jeweils die strengeren Anforderungen. Desgleichen kommen Art.24 Abs.1 parallel zur Anwendung (BVerfGE 73, 339/367, 375), aber auch Art.24 Abs.2, 3 (Kempen MKS 45). Dagegen gehen Art.115a Abs.5 und Art.115l Abs.3 als lex specialis vor (Fastenrath/Groh FH 26 ff).

2. Vertretung nach außen (Abs.1)

2   **a) Zuständigkeit des Bundespräsidenten für rechtserhebliches Handeln.** Gem. Abs.1 hat der Bundespräsident das Recht, die Bundesrepublik Deutschland (nicht die Bundesländer; oben Rn.1) völkerrechtlich und damit gegenüber anderen Völkerrechtssubjekten (BVerfGE 2, 347/374 f) zu vertreten (Fastenrath/Groh FH 33, 35 f). Es handelt sich um eine *ausschließliche* Zuständigkeit (Kempen MKS 14; Streinz SA 9; a.A. Nettesheim MD 40 ff). Abs.1 setzt sich auf **völkerrechtsförmliches Verhalten** beschränken (Rojahn MüK 9; Rauschning BK 17 f), auf völkerrechtliche Handlungsformen. Nicht erfasst werden informelle Handlungen (Kempen MKS 8; Rojahn MüK 9; a.A. Pernice DR 18; Streinz SA 13). Der Bundespräsident kann aber nichtförmliche Erklärungen (auch ohne Zustimmung der Bundesregierung) abgeben, ebenso wie er Aufgaben der Repräsentation wahrnehmen kann (Rojahn MüK 10), ohne dass Art.58 zum Tragen kommt (Streinz SA 17). Andererseits sind die Bundesregierung und der Bundestag nicht an solchen Erklärungen gehindert.

3   Trotz der Zuweisung an den Bundespräsidenten in Abs.1 werden in der Praxis (auch) völkerrechtsförmliche Erklärungen in großem Umfang von der Bundesregierung und nicht vom Bundespräsidenten vorgenommen (Kempen MKS 13; Hartwig UC 22 f). ZT hält man das für verfassungswidrig (Hartwig UC 25; Kempen MKS 18). ZT klammert man „Routineangelegenheiten" aus Abs.1 aus (Stern ST II 225 f; zu Vertragsverhandlungen vgl. BVerfGE 90, 286/358) oder nimmt eine stillschweigende oder gewohnheitsrechtliche Ermächtigung der Bundesregierung bzw. des zuständigen Bundesministers an (Pieper EH 11; vgl. BVerfGE 68, 1/82 f). Die Probleme reduzieren sich, wenn man, der Repräsentativfunktion des Bundespräsidenten entsprechend, Abs.1 auf rechtserhebliche Akte von **gesamtstaatlicher Bedeutung** beschränkt, auf Akte, in denen der Staat als Ganzes und nicht nur hinsichtlich einer Teilgewalt repräsentiert werden muss (Calliess HbStR³ IV § 83 Rn.19; Streinz SA 12; a.A. Pernice DR 20 f). Das sind Akte, die ein Tätigwerden des Gesetzgebers erfordern oder die aufgrund ihrer umfassenden politischen Auswirkungen den Staat insgesamt berühren (Streinz SA 12), weshalb Verwaltungsabkommen ausgenommen sind (i.E. Pieper EH 44; a.A. Kempen MKS 21).

4   **b) Insb. völkerrechtliche Verträge und Erklärungen.** Die Vertretungsmacht des Bundespräsidenten umfasst gem. Abs.1 S.2 den Abschluss von **Verträgen mit auswärtigen Staaten** und (über den Wortlaut hinaus) **mit anderen Völkerrechtssubjekten** (Pernice DR 23; Rauschning BK 35; Kempen MKS 20). Damit werden grundsätzlich alle Vereinbarungen zwischen Völkerrechtssubjekten erfasst, die völkerrechtliche Bindungen erzeugen (vgl. oben Rn.2), unabhängig von Form und Regelungsgegenstand (BVerfGE 90, 286/359). Verwaltungsabkommen (unten Rn.20) müssen jedoch nicht vom Bundespräsidenten abgeschlossen werden (str.; oben Rn.3); insoweit genügt ein Abschluss durch die Bundesregierung oder einen Bundesminister. Privatrechtliche Verträge werden nicht erfasst (Hartwig UC 11). Die Vertretung erfolgt v. a. durch die *Unterzeichnung* des von den Unterhändlern paraphierten Vertragspunkts. Sie führt zur Wirksamkeit, sofern der Vertrag keinen Ratifikationsvorbehalt aufweist. Ein solcher Vorbehalt wird regelmäßig in den Fällen des Abs.2 S.1 vereinbart. Die Wirksamkeit tritt dann durch die *Ratifikation* ein, meist durch Austausch von Ratifikationsurkunden (Kempen MKS 22). Generell kann das Wirksamwerden des Vertrags durch eine vertragliche Regelung noch weiter hinausgeschoben sein.

Des Weiteren erfasst die Vertretungsmacht nach Abs.1 S.1 **einseitige völ-** **5** **kerrechtliche Erklärungen** (Zuleeg AK 44; Fastenrath/Groh FH 37), jedenfalls von gesamtstaatlicher Bedeutung (vgl. oben Rn.3), wie die Anerkennung von Staaten und Regierungen, die Aufnahme und den Abbruch diplomatischer Beziehungen (Pernice DR 20). Zu Erklärungen im Zusammenhang mit dem Verteidigungsfall Rn.8 zu Art.115a. Der Bundespräsident ist schließlich gem. Abs.1 S.3 für die außenwirksame Benennung deutscher Vertreter bei ausländischen Staatsoberhäuptern („Beglaubigung") und die Entgegennahme der Beglaubigung ausländischer Vertreter („Empfang"), also die Akkreditierung, zuständig (Rojahn MüK 16f; Fastenrath/Groh FH 48f). Dies erfasst nicht diplomatische Vertreter im Rang unter den Gesandten (Kempen MKS 24; Nettesheim MD 85).

3. Innerstaatliche Kompetenzverteilung

Abs.1 regelt allein die Vertretungsmacht, nicht die Entscheidungskompe- **6** tenz. Dementsprechend erfasst die Vertretungsmacht des Bundespräsidenten allein die Kundgabe staatlicher Erklärungen nach außen (Kempen MKS 10; Calliess HbStR³ IV § 83 Rn.16f). Die **interne Willensbildung,** also die Entscheidung über die Inhalte der (rechtsverbindlichen) Erklärungen liegt bei der Bundesregierung sowie (in bestimmten Fällen) beim Parlament (Stern ST II 222, 224; Nettesheim MD 53; für Verträge BVerfGE 90, 286/ 358). Der Bundespräsident bedarf für (rechtsverbindliche) Erklärungen der Zustimmung der Bundesregierung, da das Erfordernis der Gegenzeichnung nach Art.58 auch im Bereich der auswärtigen Gewalt gilt (Rojahn MüK 14; Streinz SA 19; Rn.2 zu Art.58). In den Fällen des Abs.2 S.1 kommt es auf die gesetzliche Entscheidung des Bundestags, ggf. auch des Bundesrats, an (unten Rn.8). Umgekehrt kann der Bundespräsident die Abgabe einer Erklärung, die von der Bundesregierung bzw. vom Parlament beschlossen wurde, aus politischen Gründen nicht verweigern (Fastenrath/Groh FH 30; Kempen MKS 11, 19). Er besitzt kein außenpolitisches Mitspracherecht (Bernhardt HbStR VII § 174 Rn.8; Streinz SA 18; Stern II 224). Entsprechend der Tradition parlamentarischer Demokratie hat der Bundespräsident lediglich das Recht, konsultiert zu werden und Vorschläge machen zu können (Jarass, DÖV 75, 118 f; Hartwig UC 21). Für den Bürger ergeben sich aus Art. 59 keine Begrenzungen (BVerwG, NJW 82, 194).

7 Die **Überprüfung der Verfassungsmäßigkeit** der Entscheidungen der Bundesregierung bzw. des Parlaments durch den Bundespräsidenten, insb. des Zustimmungsgesetzes nach Abs. 2, unterliegt den gleichen Regeln wie die Überprüfung von (sonstigen) Akten bzw. Gesetzen durch ihn (Calliess HbStR³ IV § 83 Rn. 18; Stern ST II 239): Der Bundespräsident kann und muss eine Erklärung (nur) wegen Verstoßes gegen das GG verweigern, sofern es sich um einen formellen Fehler oder um einen schweren und offensichtlichen materiellen Fehler handelt (vgl. Pernice DR 22; Streinz SA 18; Kempen MKS 12); näher dazu Rn. 3 zu Art. 82. Ist ein Verfahren um die Verfassungsmäßigkeit des Zustimmungsgesetzes beim BVerfG anhängig, wird der Bundespräsident die Ratifikation regelmäßig auszusetzen haben (Pernice DR 54; Streinz SA 18).

II. Völkerrechtliche Verträge sowie Verwaltungsabkommen (Abs. 2)

1. Bedeutung des Gesetzesvorbehalts in Abs. 2 S. 1

8 Völkerrechtliche Verträge werden formal durch den Bundespräsidenten abgeschlossen (oben Rn. 4); inhaltlich werden sie von der Bundesregierung gestaltet (oben Rn. 6). Abs. 2 S. 1 schreibt darüber hinaus für bestimmte völkerrechtliche Verträge vor ihrer Ratifikation (dazu oben Rn. 4) die Beteiligung von Bundestag und Bundesrat in Form eines „Vertragsgesetzes" vor (Nettesheim MD 90); zT (etwa BVerfGE 73, 339/375) wird von Zustimmungsgesetz gesprochen, was im Hinblick auf Art. 77 missverständlich ist (Streinz SA 51; Zuleeg AK 20). „Langfristige oder gar grundsätzlich unauflösbare Bindungen völkerrechtlicher Art" bedürfen einer parlamentarischen Abstützung (BVerfGE 68, 1/88; 90, 286/357). Die auswärtige Gewalt steht in diesem wichtigen Bereich der Exekutive und Legislative gemeinsam zu (BVerfGE 104, 151/210; Sauer o. Lit. 617; Rojahn MüK 20 f; Rn. 26 zu Art. 20; Wolfrum VVDStRL 1997, 40; **a. A.** noch BVerfGE 68, 1/87 f; 90, 286/357; Kempen MKS 36); es gibt also keine grundsätzliche Prärogative der Bundesregierung in auswärtigen Angelegenheiten. Jedenfalls kann das Parlament auch außerhalb des Abs. 2 schlichte Parlamentsbeschlüsse fassen (Kempen MKS 39). Zu den Wirkungen des Vertragsgesetzes unten Rn. 16–19.

2. Verträge und ähnliche Akte

9 **a) Völkerrechtliche Verträge des Bundes.** Abs. 2 S. 1 gilt für **völkerrechtliche Verträge,** also für „Übereinkünfte zwischen zwei oder mehr Völkerrechtssubjekten" (BVerfGE 90, 286/359; Kempen MKS 46). Darunter fallen auch Übereinkünfte zur Änderung bestehender (zustimmungsbedürftiger) Verträge (BVerfGE 104, 151/200), auch wenn sie für sich betrach-

tet nicht zustimmungsbedürftig sind (Nettesheim MD 125; Rojahn MüK 44). Eine Inhaltsänderung durch eine *einvernehmliche Erklärung* zur Vertragsauslegung soll nicht unter Abs.2 fallen (BVerfGE 90, 286/361; a.A. Weber UC 69); doch sind insoweit die allgemeinen Regeln über den Gesetzesvorbehalt zu beachten (BVerfGE 90, 286/364; Rojahn MüK 49). Die Fortentwicklung eines vertraglichen Systems unterhalb einer Vertragsänderung ist nicht Art.59 Abs.2 unterworfen, solange sie das Integrationsprogramm nicht verlässt (BVerfGE 104, 151/206; 121, 135/158), auch nicht die nachträgliche einverständliche Begründung einer Vertragspraxis über den Vertragsinhalt hinaus (BVerfGE 90, 286/362f; a.A. mit guten Gründen BVerfGE *abwM* 90, 286/372ff; Pernice DR 43). „Wesentliche Abweichungen von der Vertragsgrundlage oder die Identität des Vertrags betreffende Änderungen" bedürfen dagegen eines Zustimmungsgesetzes (BVerfGE 118, 244/260; 89, 155/188; 104, 151/195; Nettesheim MD 131). Das (rechtlich unverbindliche) *soft law* wird nicht erfasst (Nettesheim MD 116; Kempen MKS 54); allerdings ist genau zu prüfen, ob nicht doch rechtliche Bindungen auftreten (Pernice DR 45). Das Fehlen einer Ratifikationsklausel ist ein Indiz gegen den Vertragscharakter (BVerfGE 104, 151/200).

Da Art.59 nur die auswärtige Gewalt des **Bundes** betrifft (oben Rn.1), **9a** muss auf deutscher Seite der Bund (bzw. die Bundesregierung oder ein Bundesminister) Vertragspartner sein. Verträge der Länder und erst recht der Gemeinden etc. werden nicht erfasst. Auf der anderen Seite muss ein Völkerrechtssubjekt stehen, also ein ausländischer Staat oder eine zwischenstaatliche Einrichtung. Für die genaue Abgrenzung der Vertragspartner gelten die Ausführungen in Rn.3f zu Art.32. Zur Übertragung von Hoheitsrechten auf die Europäische Union oben Rn.1.

b) Einseitige Rechtsgeschäfte werden von Abs.2 S.1 nicht erfasst **10** (BVerfGE 90, 286/358), sofern sie die Geltung von Verträgen nicht beeinflussen oder ihre Gültigkeit allein *insgesamt* bestimmen (Rojahn MüK 47). Direkt oder analog ist die Vorschrift dagegen anzuwenden, wenn durch einseitige Akte des Bundes völkerrechtliche Bindungen erzeugt werden (Streinz SA 43; Wolfrum, VVDStRL 56 (1997), 60f; **a. A.** BVerfGE 68, 1/87ff; diff. Kempen MKS 57f; Nettesheim MD 165); zumindest ist eine Anwendung dann geboten, wenn andernfalls die Gefahr droht, dass das Zustimmungserfordernis unterlaufen wird (Calliess HbStR³ IV § 83 Rn.48). Zudem sind Aktivitäten zum Vollzug entstandener völkerrechtlicher Bindungen (ohne vorgängiges Gesetz nach Abs.2) ausgeschlossen, wenn sie einer gesetzlichen Grundlage bedürfen (BVerfGE 90, 286/364).

Im Einzelnen wird die *Kündigung* nicht erfasst (BVerfGE 68, 1/83f; Per- **11** nice DR 40; krit. Nettesheim MD 140; Weber UC 66), zumal der Bundestag den Abschluss von Verträgen nicht verlangen kann (unten Rn.16). Eine Ausnahme ist wohl zu machen, wenn die politischen Beziehungen (unten Rn.12) betroffen sind (Pernice DR 40; Kokott o. Lit. 512; a.A. Rojahn MüK 47). Erfasst wird der *Beitritt zu einem Pakt* (Kempen MKS 57). Ein nachträglicher *Vorbehalt* zu einem völkerrechtlichen Vertrag fällt im Hinblick auf die Funktion des Abs.2 S.1 (oben Rn.8) darunter, sofern er zu zusätzlichen Bindungen führt (BVerfGE *abwM* 68, 1/128ff; Weber UC 62; Fastenrath o. Lit. 232 ff; Streinz SA 43; a. A. Kempen MKS 58; Nettesheim MD 122; Pernice DR 39) und nicht bereits vorher angekündigt worden ist. Nicht erfasst wird das Wiederaufleben eines *suspendierten Vertrags* (BVerwGE 80, 233/241). Gleiches gilt für die *Konkretisierung einer vertraglichen Verpflichtung,* wie die Unterwerfungserklärung unter die Gerichtsbarkeit des Internationalen Gerichtshofs (Streinz SA 45; Kempen MKS 60), die Zustimmung zur Aufstellung von Waffen im Rahmen der Nato (BVerfGE 68, 1/109) und die Fortentwicklung eines Systems ohne Vertragsänderung (oben Rn.9).

3. Politischer oder Gesetzesbezug

12   **a) Regelung der politischen Beziehungen.** Die oben in Rn.9–11 beschriebenen Akte sind zum einen zustimmungsbedürftig, wenn sie die **politischen Beziehungen** des Bundes ieS regeln, also Verträge u. ä. betreffen, durch die „die Existenz des Staates, seine territoriale Integrität, seine Unabhängigkeit, seine Stellung und sein maßgebliches Gewicht berührt werden" (BVerfGE 90, 286/359; 1, 372/381; Calliess HbStR³ IV § 83 Rn.27; Kempen MKS 63). Darunter fallen etwa Friedensverträge, Bündnisse, Neutralitäts- und Abrüstungsverträge, Abkommen über politische Zusammenarbeit, Schiedsverträge sowie Garantiepakte (BVerfGE 1, 372/381; 90, 286/359; Rojahn MüK 22) oder die sog. Ostverträge (BVerfGE 40, 141/164 f; 43, 203/208 f). Generell erfasst werden Verträge gem. Art.24 Abs.1 (im Hinblick auf die Beteiligung des Bundesrats), Verträge gem. Art.24 Abs.2 (BVerfGE 104, 151/194; 118, 244/258; 121, 135/157) sowie Verträge gem. Art.24 Abs.3 (Kempen MKS 63; Classen MKS 93 zu Art.24). Die Einordnung als politischer Vertrag iSd Abs.2 S.1 wurde abgelehnt beim Petersberger Abkommen (BVerfGE 1, 351 f), beim deutsch-französischen Wirtschaftsabkommen (BVerfGE 1, 372/380 ff) und beim Kehler Hafen-Abkommen (BVerfGE 2, 347/380).

13   **b) Gegenstände der Bundesgesetzgebung.** Weiter fallen unter Abs.2 S.1 Verträge, die sich auf Gegenstände der Bundesgesetzgebung beziehen. Wenn dabei von **Bundes**gesetzgebung die Rede ist, wird nur der Hauptanwendungsbereich angesprochen: Da der Bund auch im Bereich der Landesgesetzgebung völkerrechtliche Verträge schließen kann (Rn.8 zu Art.32), erstreckt sich Abs.2 S.1 zur Sicherung des Gesetzesvorbehalts auch auf die **Landes**gesetzgebung (Zuleeg AK 32; Calliess HbStR³ IV § 83 Rn.27; Streinz SA 33; Kempen MKS 70; a. A. Pernice DR 34).

13a   Auf einen **Gegenstand der Gesetzgebung** bezieht sich ein Vertrag, wenn der Vollzug der Vertragsmaterie allein durch ein förmliches Gesetz möglich ist (BVerfGE 1, 372/388; Kempen MKS 67; Rauschning BK 71; Nettesheim MD 107; vgl. auch BVerfGE 77, 170/231), wenn also eine entsprechende innerstaatliche Maßnahme nur als förmliches Gesetz oder auf Grund eines förmlichen Gesetzes ergehen könnte (Fastenrath/Groh FH 60). Dies gilt einmal für alle Materien, die in den Anwendungsbereich des Vorbehalts des Gesetzes fallen (dazu näher Rn.46–55 zu Art.20), selbst dann, wenn bereits ein entsprechendes innerstaatliches Gesetz vorliegt („Parallelverträge"); der völkerrechtliche Vertrag führt hier zu einer Bindung des Bundestags (Bernhardt HbStR VII § 174 Rn.15; Nettesheim MD 109). Wegen des Vorrangs des Gesetzes ist für die Transformation des Vertrages bzw. für den diesbezüglichen Vollzugsbefehl ein Gesetz weiterhin erforderlich, wenn geltende Rechtsvorschriften geändert werden müssen. Darunter fällt auch jede (selbst konkludente) *Änderung* eines mit Zustimmung ergangenen Vertrags (BVerfGE 90, 286/361; Streinz SA 39; einschr. Kempen MKS 50). Ob eine Änderung vorliegt, ist durch Auslegung zu ermitteln und nicht vom Willen der nationalen Organe abhängig (BVerfGE *abwM* 90, 286/372 ff; Rojahn MüK 44; Kempen MKS 51; **a. A.** BVerfGE 90, 286/361 ff); zur „Fortentwicklung" von Verträgen oben Rn.9. Schließlich ist ein Gesetz erforderlich, wenn der Vertrag zu finanziellen Belastungen führt, es sei denn, deren Berücksichtigung im Haushaltsplan ist unproblematisch (Fastenrath/Groh FH 62; Rauschning BK 78; Kempen MKS 72; Pernice DR 36). Unerheblich ist, ob der Vertrag unmittelbar anwendbar ist oder nicht (Weber UC 44 f).

Kein Vertragsgesetz ist erforderlich, wenn die vertraglichen Pflichten durch **14** **Rechtsverordnung** auf Grund einer wirksamen formell-gesetzlichen Ermächtigung in innerstaatliches Recht überführt werden können (BVerfGE 1, 372/390; Bernhardt HbStR VII 579; Pernice DR 33), obwohl die Zustimmung gem. Abs.2 S.1 nicht (in genereller Form) delegiert werden kann (BVerfGE 1, 372/395). Es handelt sich dann um ein sog. *normatives* Verwaltungsabkommen, das eines Vertragsgesetzes nicht bedarf, es sei denn, es regelt die politischen Beziehungen (Rojahn MüK 54). Die Ermächtigung muss nicht explizit auslandsbezogen sein (Nettesheim MD 141; strenger Rojahn MüK 42), wohl aber ausreichend deutlich ausfallen (BSGE 85, 256/265 f). Auf ein Gesetz kann auch dann verzichtet werden, wenn die Rechtsverordnung der Zustimmung des Bundesrats bedarf, etwa gem. Art.80 Abs.2 (Zuleeg AK 28; Rojahn MüK 54; Streinz SA 37; a. A. wohl BVerfGE 1, 372/390).

4. Verfahren und Wirkungen des Vertragsgesetzes

a) Gesetzesverfahren u. a. Verträge iSv Abs.2 S.1 dürfen vom Bundes- **15** präsidenten nur ratifiziert werden, wenn der *Bundestag* ihnen vorher durch förmliches Gesetz zugestimmt hat; für das Initiativrecht gilt Art.76 (Streinz SA 55; Masing MKS 47 zu Art.76; Nettesheim MD 75, 147; für Beschränkung auf Bundesregierung Wolfrum, VVDStRL 1997, 48 f; wohl auch BVerfGE 90, 286/358). Der Bundestag kann auch Vorbehalte anfügen (Weber UC 61; Rojahn MüK 40). Zur Delegation oben Rn.14. Außerdem muss der *Bundesrat* beteiligt werden, wobei ihm idR eine Einspruchsbefugnis zusteht. Anderes gilt dort, wo das zum Vollzug notwendige Gesetz ein Zustimmungsgesetz iSd Art.77 (dazu Rn.4–5 zu Art.77) ist, wobei es genügt, wenn *eine* Vorschrift des Vertrags diese Voraussetzung erfüllt (Streinz SA 50; Nettesheim MD 148; vgl. allerdings Rn.4a zu Art.77). Bei Verträgen, die allein die politischen Beziehungen regeln (oben Rn.12), dürfte die Zustimmung des Bundesrats generell nicht erforderlich sein (Streinz SA 48; Rauschning BK 99). Wieweit ein Vertragsgesetz auch unmittelbar die *Verfassung ändern* kann, sofern keine spezifische verfassungsrechtliche Legitimation, wie etwa das früher geltende Wiedervereinigungsgebot, besteht, ist unklar. Auf jeden Fall sind die Vorgaben des Art.79 zu beachten (BVerfGE 36, 1/14;

Pieper SHH 100); zur Ausnahme bei bestimmten Verträgen Rn.4 zu Art.79.
Das *Bestimmtheitsgebot* des Vorbehalts des Gesetzes soll im Bereich des Abs.2
nicht gelten (BVerfGE 77, 170/231).

16 **b) Wirkungen des Vertragsgesetzes. aa)** Das Vertragsgesetz liefert
zum einen die gem. Abs.2 S.1 erforderliche **Ermächtigung** für die Exekutive zum Vertragsschluss, verpflichtet sie aber nicht dazu (Streinz SA 59;
Fastenrath/Groh FH 54; Pieper SHH 109). Das Vertragsgesetz kann unter
der Bedingung ergehen, dass ein bestimmter Vorbehalt erklärt wird (Rojahn
MüK 31). Zudem ermächtigt das Gesetz die Bundesregierung, den „Vertrag
in den Formen des Völkerrechts fortzuentwickeln" (BVerfGE 104, 151/209;
118, 244/259); zu den Grenzen oben Rn.9.

17 **bb)** Zum anderen verleiht das Vertragsgesetz dem Vertragsinhalt **innerstaatliche Geltung** (BVerfGE 1, 396/410f; 29, 348/358; 99, 145/158;
BVerwGE 110, 363/366), enthält also den *Rechtsanwendungsbefehl* (BVerfGE
90, 286/364; 104, 151/209; Rauschning BK 115, 145) bzw. den Vollzugsbefehl oder die *Transformation* (Stern ST I 505). Dies ist erforderlich, damit
Völkervertragsrecht innerstaatlich gilt; näher dazu Rn.1a zu Art.25. Der Vertrag gilt innerstaatlich ab dem völkerrechtlichen Inkrafttreten (Rauschning
BK 125). Die innerstaatliche Geltung hängt sowohl von der Wirksamkeit des
völkerrechtlichen Vertrags wie von der Wirksamkeit des Vertragsgesetzes ab
(BVerfGE 1, 396/411; 42, 263/284; Fastenrath/Groh FH 96). Daran ändert
auch der völkerrechtliche Grundsatz „Pacta sunt servanda" nichts (BVerfGE
31, 145/178; BFHE 157, 39/43). Wird Abs.2 S.1 nicht beachtet, ist der Vertrag (jedenfalls) innerstaatlich unwirksam (Rojahn MüK 34); eine Heilung
des Mangels durch Erlass eines Vertragsgesetzes *nach* der Ratifikation ist nicht
möglich (Calliess HbStR[3] IV § 83 Rn.26; Kempen MKS 78). In allen Fällen
der innerstaatlichen Unwirksamkeit sind die zuständigen Organe verpflichtet, die eingegangene völkerrechtliche Verpflichtung möglichst zu lösen
(BVerfGE 45, 83/96). Was die Wirksamkeit des Übernahmegesetzes angeht,
so muss der Bund zunächst die Übernahmekompetenz besitzen (dazu Rn.10
zu Art.32). Der Vertrag ist des Weiteren innerstaatlich unwirksam, wenn das
Vertragsgesetz sonstiges Verfassungsrecht verletzt.

18 Trotz Übernahme eines völkerrechtlichen Vertrags sind dessen Regelungen unter bestimmten Voraussetzungen **nicht** unmittelbar **anwendbar**
(Kempen MKS 95; insoweit missverständlich BVerfGE 29, 348/360); insoweit gelten die Ausführungen in Rn.3 zu Art.25. Des Weiteren entstehen **subjektive Rechte** nur dann, wenn der völkerrechtliche Vertrag derartige Rechte vermitteln will (BGHZ 52, 371/383f; BSGE 60, 230/234f;
Schweitzer 440; Streinz SA 69).

19 Die übernommene Regelung des Völkerrechts hat den **Rang** des Gesetzes, das den Vollzugsbefehl bzw. die Transformation ausspricht (BVerwGE
47, 365/378f; 110, 363/366; Fastenrath/Groh FH 108); spätere Gesetze haben daher Vorrang (Nettesheim MD 186; a.A. Rauschning BK 141). Das
gilt auch für die EMRK (Rn.10 zu Art.25). Andererseits ist nicht anzunehmen, dass der Gesetzgeber, auch wegen seiner Verpflichtung zu völker-
rechtsfreundlichem Verhalten (Rn.4 zu Art.25), von völkerrechtlichen Verpflichtungen abweichen will, sofern er dies nicht klar bekundet (BVerfGE

74, 358/370; Nettesheim MD 187; Ehlers § 2 Rn.6). Einzelne Gehalte völkerrechtlicher Verträge können sogar noch einen höheren Rang haben (dazu Rn.10 zu Art.25). Bei der *Auslegung* übernommener Regelungen des Völkerrechts sind völkerrechtliche Prinzipien zu beachten (BVerfGE 4, 157/168; BGHZ 52, 216/219; Kempen MKS 94; Tomuschat HbStR VII § 172 Rn.23), aber auch das nationale Verfassungsrecht (BVerfGE 99, 145/158).

5. Verwaltungsabkommen (Abs.2 S.2)

a) Anwendungsbereich. *Verwaltungsabkommen* iSd Abs.2 S.2 sind alle **20** völkerrechtlichen Verträge des Bundes, die nicht unter Abs.2 S.1 fallen (zur Abgrenzung oben Rn.9–13a), die also nicht die notwendige politische Bedeutung haben und zu deren Durchführung kein Gesetz, sondern nur eine Rechtsverordnung (oben Rn.14), eine Verwaltungsvorschrift oder ein anderer Akt der Exekutive notwendig ist (Fastenrath/Groh FH 86; Kempen MKS 102; Pernice DR 49). Im Übrigen kann ein Verwaltungsabkommen beliebige Gegenstände betreffen, nicht nur solche der Verwaltung (Nettesheim MD 156). Für Verwaltungsabkommen der *Länder*, die in erheblichem Umfang möglich sind (Rn.15 zu Art.32), gelten allein die entsprechenden Vorschriften des Landesrechts (Streinz SA 77).

b) Kompetenz u. a. Verwaltungsabkommen werden von der Bundesre- **21** gierung (Regierungsabkommen) bzw. dem zuständigen Bundesminister (Ressortabkommen) abgeschlossen; zur Zuständigkeit bzw. zur Ermächtigung durch den Bundespräsidenten oben Rn.2 f. In Sonderfällen wird der Abschluss vom Bundespräsidenten selbst vorgenommen (Nettesheim MD 158). Verwaltungsabkommen bedürfen als nicht unter Abs.2 S.1 fallende Verträge (oben Rn.20) nicht der Zustimmung des Parlaments. Was die Erteilung des Vollzugsbefehls bzw. die Transformation (zu diesen Begriffen Rn.1a zu Art.25) angeht, so ergibt sich aus dem (nicht sehr glücklichen) Verweis des Abs.2 S.2 auf die Bundesverwaltung, dass dies durch Verwaltungsvorschrift bzw. Ausführungsanweisungen erfolgt (Rojahn MüK 54). Im Sonderfall der normativen Verwaltungsabkommen (oben Rn.14) ist jedoch eine Rechtsverordnung erforderlich. Die Bundesexekutive ist für den Abschluss von Verwaltungsabkommen nur zuständig, soweit der Bund innerstaatlich eine entsprechende Regelung treffen könnte (Schweitzer 462; Nettesheim MD 181). Ist die Zustimmung des Bundesrats für eine solche Regelung erforderlich (etwa gem. Art.80 Abs.2, 84 Abs.2), gilt dies auch hier (Kempen MKS 104; Pernice DR 50; Streinz SA 79). Zur Situation bei Verwaltungsabkommen der Länder Rn.17 zu Art.32. Der innerstaatliche Rang des Verwaltungsabkommens richtet sich nach dem Rang des Übernahmeaktes (Nettesheim MD 183; Streinz SA 81).

6. Rechtsschutz

Art.59 Abs.2 vermittelt dem Bundestag ein subjektives Recht, nicht je- **22** doch den einzelnen Abgeordneten (BVerfGE 117, 359/368). In das Recht des Bundestags wird auch durch ein „rechtserhebliches Handeln ohne gesetzliche Ermächtigung (eingegriffen), wenn diese von Verfassungs wegen erforderlich ist" (BVerfGE 118, 244/258); dabei kann der Bundestag auch die Verletzung von Art.24 Abs.2 rügen (BVerfGE 118, 260/261). Das Zustimmungsgesetz zu völkerrechtlichen Verträgen kann v. a. Gegenstand einer abstrakten Normenkontrolle (Rn.21 zu Art.93), einer konkreten Normenkontrolle (Rn.7 zu Art.100) oder einer Verfassungsbeschwerde sein. Dabei ist das weite politische Ermessen zu beachten, das beim Abschluss völkerrechtlicher Verträge besteht (BVerfGE 94, 12/35; Calliess, HbStR³ IV, § 83 Rn.33; Kempen MKS 100). Bei außenpolitischen Wertungen soll nur die „Grenze offensichtlicher Willkür" (BVerfGE 68, 1/97) bestehen. Soweit es um Grundrechtsbeeinträchtigungen geht, ist das nicht unproblematisch (Pernice DR 53; im Wesentlichen auch Kempen MKS 100).

Art.**59a** (aufgehoben)

1   Die 1956 eingefügte (Einl.3 Nr.7) Regelung des Art.59a a. F. zur Feststellung des **Verteidigungsfalls** wurde 1968 aufgehoben (Einl.3 Nr.17). Eine Nachfolgeregelung enthält Art.115a.

Art.**60** [Ernennungs-, Entlassungs- und Begnadigungsrecht; Immunität]

(1) **Der Bundespräsident ernennt und entläßt die Bundesrichter, die Bundesbeamten, die Offiziere und Unteroffiziere, soweit gesetzlich nichts anderes bestimmt ist[1 ff].**

(2) **Er übt im Einzelfalle für den Bund das Begnadigungsrecht aus[4 f].**

(3) **Er kann diese Befugnisse auf andere Behörden übertragen[3 f].**

(4) **Die Absätze 2 bis 4 des Artikels 46 finden auf den Bundespräsidenten entsprechende Anwendung[6].**

Literatur: *Hömig,* Gnade und Verfassung, DVBl 2007, 1328; *Campagna,* Das Begnadigungsrecht: Vom Recht zu begnadigen zum Recht auf Begnadigung, ARSP 2003, 171; *Dimoulis,* Die Begnadigung in vergleichender Perspektive, 1996; *Mikisch,* Die Gnade im Rechtsstaat, 1996; *Schätzler,* Handbuch des Gnadenrechts, 2. A. 1992; *Huba,* Gnade im Rechtsstaat?, Staat 1990, 117. – S. auch Literatur zu Art.54.

1. Ernennungs- und Entlassungsrecht (Abs.1, 3)

1   Es handelt sich um eine **Kompetenz** des Bundespräsidenten. Der Vorbehalt abweichender gesetzlicher Bestimmung dient der Entlastung des Bundespräsidenten (Herzog MD 19) und darf nicht dazu führen, dass diese Kompetenz ausgehöhlt wird (Hemmrich MüK 11), etwa dadurch dass die Kompetenzausübung durch den Bundespräsidenten zur Ausnahme wird (Butzer SHH 37; Stern ST II 250); jedenfalls muss das Gesetz eine sachliche Rechtfertigung haben (Pernice DR 21). Die Ernennung oder Entlassung bedarf der Gegenzeichnung gem. Art.58. Der Bundespräsident ist nach Wortlaut und Systematik grundsätzlich verpflichtet, die Ernennung oder Entlassung vorzunehmen (Herzog MD 18); denn die Personalhoheit liegt allgemein oder auf Grund spezieller Regelungen bei anderen Trägern der Exekutive, Legislative (vgl. Art.94 Abs.1 S.2) und teilw. auch Judikative (vgl. Art.95 Abs.2). Allerdings darf der Bundespräsident eine Ernennung oder Entlassung aus Rechtsgründen verweigern; anders als bei der Ausfertigung von Gesetzen (Rn.2f zu Art.82) ist er hierzu nicht erst bei schweren und offensichtlichen Verfassungsverstößen befugt (Herzog MD 18; Schlaich HbStR II 554, 560; Pernice DR 20; weitergehend Nettesheim HbStR³ III § 61 Rn.43; § 62 Rn.49f: Verweigerung auch zur „Abwehr schwerer Gefahren für das Gemeinwohl"; enger Butzer SHH 27: Verweigerung nur „bei Unvertretbarkeit des Vorschlags").

Diese Kompetenz **erstreckt** sich *personell* auf Bundesrichter, d.h. Richter **2** (Rn.7 zu Art.92) an einem der in Art.94 (Herzog MD 11; Nierhaus SA 4; Pernice DR 17; a.A. Fink MKS 8), 95 und 96 aufgezählten Gerichte des Bundes, auf Bundesbeamte, d.h. Personen in einem öffentlich-rechtlichen Dienst- und Treueverhältnis (Rn.46 zu Art.33) zum Bund oder zu einer vom Bund getragenen juristischen Person (Fink MKS 9; Pernice DR 18; diff. Herzog MD 12), und seit 1956 (Einl.3 Nr.7) auch auf Offiziere und Unteroffiziere der Bundeswehr (Butzer SHH 18). Die Kompetenz erstreckt sich *funktionell* auf Ernennung, d.h. jede Begründung eines bestimmten Beamten-, Richter- und Soldatenverhältnisses einschließlich der Beförderung (Herzog MD 15; a.A. Jekewitz AK 4; Hemmrich MüK 5; Pernice DR 19), und Entlassung, d.h. die Beendigung dieses Verhältnisses einschließlich des Widerrufs, der Ruhestandsversetzung und der Versetzung in den einstweiligen Ruhestand (Jekewitz AK 4; Herzog MD 16; Pernice DR 19; a.A. Hemmrich MüK 5); nicht hierunter fallen Versetzungen.

Diese Kompetenz kann gem. Abs.3 **delegiert** (übertragen) werden. Bei **3** den „anderen Behörden" muss es sich um Bundesbehörden handeln (Butzer SHH 38; Umbach UC 40). Die Delegation bedarf der Gegenzeichnung gem. Art.58 (Herzog MD 23; Pernice DR 30; a.A. Hemmrich MüK 26; Stern ST II 265). Von ihr ist in weitem Umfang Gebrauch gemacht worden.

2. Begnadigungsrecht (Abs.2, 3)

Es handelt sich um eine **Kompetenz** des Bundespräsidenten, die von **4** ihm delegiert werden kann (oben Rn.3). Begnadigungsakte bedürfen der Gegenzeichnung gem. Art.58 (Nierhaus SA 11; Pernice DR 27; Herzog MD 8; Nettesheim HbStR³ III § 62 Rn.51, 53; a.A. Hemmrich MüK 16 zu Art.58; Stern ST II 265). Begnadigungen stehen im Ermessen des Bundespräsidenten. Zum Rechtsschutz Rn.42–44 zu Art.19.

Die Kompetenz **umfasst** die „Befugnis, im Einzelfall eine rechtskräftig **5** erkannte Strafe ganz oder teilweise zu erlassen, sie umzuwandeln oder ihre Vollstreckung auszusetzen" (BVerfGE 25, 352/358). Unter Strafen fallen auch Nebenstrafen, Disziplinarmaßnahmen und die Verwirkung von Grundrechten, nicht aber Maßnahmen der Besserung und Sicherung (Butzer SHH 47); str. ist, ob auch Sanktionen des Ordnungswidrigkeitenrechts hierunter fallen (bejahend: Fink MKS 23; Hemmrich MüK 21; Jekewitz AK 7; Umbach UC 32; verneinend: Nierhaus SA 12; Herzog MD 28). „Im Einzelfall" schließt Amnestien aus, d.h. Begnadigungen oder Verfahrensniederschlagungen in generell-abstrakter Form, die nur durch Gesetz zulässig sind (BVerfGE 2, 213/219; vgl. auch Rn.5 zu Art.74). „Für den Bund" bedeutet, dass der Bundespräsident das Begnadigungsrecht nur in solchen Fällen hat, in denen ein Strafverfahren insgesamt vor Bundesgerichten durchgeführt worden ist (Herzog MD 33; Hemmrich MüK 19; Umbach UC 34; vgl. auch Rn.4 zu Art.96). Außerhalb des Anwendungsbereichs des Art.60 Abs.2 stehen Begnadigungen in der Kompetenz der Länder.

3. Immunität (Abs.4)

6   Der Bundespräsident genießt Immunität, nicht Indemnität (Butzer SHH 75; Schulze-Fielitz DR 11 zu Art.46). Die Ausführungen unter Rn.5–10 zu Art.46 gelten für den Bundespräsidenten entsprechend.

Art.**61** [Anklage vor dem Bundesverfassungsgericht]

(1) **Der Bundestag oder der Bundesrat können den Bundespräsidenten wegen vorsätzlicher Verletzung des Grundgesetzes oder eines anderen Bundesgesetzes vor dem Bundesverfassungsgericht anklagen. Der Antrag auf Erhebung der Anklage muß von mindestens einem Viertel der Mitglieder des Bundestages oder einem Viertel der Stimmen des Bundesrates gestellt werden. Der Beschluß auf Erhebung der Anklage bedarf der Mehrheit von zwei Dritteln der Mitglieder des Bundestages oder von zwei Dritteln der Stimmen des Bundesrates. Die Anklage wird von einem Beauftragten der anklagenden Körperschaft vertreten[2].**

(2) **Stellt das Bundesverfassungsgericht fest, daß der Bundespräsident einer vorsätzlichen Verletzung des Grundgesetzes oder eines anderen Bundesgesetzes schuldig ist, so kann es ihn des Amtes für verlustig erklären. Durch einstweilige Anordnung kann es nach der Erhebung der Anklage bestimmen, daß er an der Ausübung seines Amtes verhindert ist[3].**

Literatur: S. Literatur zu Art.54.

1   Die **Bedeutung** der Vorschrift wird allgemein als äußerst gering angesehen (krit. Kühne, FS Tsatsos, 2003, 296 f); sie ist bisher auch nicht praktisch geworden. Das Verfahren der Präsidentenanklage hat keinen strafrechtlichen, sondern einen verfassungsrechtlichen Charakter: Es dient dem Schutz der Verfassung (Herzog MD 10; Nierhaus SA 5; Pernice DR 11; Jekewitz AK 3; Wolfrum BK 3; Stern ST II 1006). Eine anderweitige zivil- oder strafrechtliche Verfolgung des Bundespräsidenten bleibt unberührt (Butzer SHH 11; vgl. aber Rn.6 zu Art.60).

2   **Voraussetzungen** der Präsidentenanklage sind: − **(1)** Vorsätzliche Verletzung des GG, einschließlich ungeschriebenen Verfassungsrechts (Butzer SHH 14; Herzog MD 15), oder eines anderen Bundesgesetzes (Abs.1 S.1); erforderlich ist ein Bundesgesetz im formellen Sinne (Butzer SHH 14; Krehl UCD 2 zu § 49; a.A. Pernice DR 12); es ist ein Zusammenhang mit besonderen Rechten oder Pflichten als Verfassungsorgan zu fordern (Jekewitz

AK 5; Umbach UC 26), nicht aber ein unkonturierter Verstoß von politischer Relevanz oder gewissen politischen Gewicht (so aber Nierhaus SA 8; Wolfrum BK 7; Hemmrich MüK 5; krit. Stern ST II 1007); die Gegenzeichnung durch den Bundeskanzler oder den zuständigen Bundesminister (Rn.1 f zu Art.58) schließt die Anklageerhebung nicht aus (Nierhaus SA 7; Jekewitz AK 5; Wolfrum BK 4; Hemmrich MüK 6). – **(2)** Antrag auf Erhebung der Anklage gem. Abs.1 S.2 durch mindestens $^1/_4$ der Mitglieder des Bundestags (Rn.1 f zu Art.121) oder $^1/_4$ der Stimmen des Bundesrats (Rn.4 zu Art.51). – **(3)** Beschluss über die Erhebung der Anklage gem. Abs.1 S.3 mit der Mehrheit von $^2/_3$ der Mitglieder des Bundestags oder von $^2/_3$ der Stimmen des Bundesrats. – **(4)** Vertretung der Anklage vor dem BVerfG durch einen Beauftragten von Bundestag oder Bundesrat (Abs.1 S.4), der aber nicht Mitglied sein muss. – **(5)** Frist zur Anklageerhebung gem. § 50 BVerfGG von 3 Monaten nach Bekanntwerden des der Anklage zugrunde liegenden Sachverhalts. – **(6)** Form entsprechend § 97 Abs.1 S.2 GeschOBT, § 26 Abs.1 GeschOBR (Butzer SHH 22; Pernice DR 16).

Die **Entscheidung des Bundesverfassungsgerichts** ist auf eine 3 Schuldfeststellung gerichtet; zusätzlich kann der Amtsverlust erklärt werden (Abs.2 S.1). Abs.2 S.2 ermöglicht dem BVerfG, schon vor der Entscheidung in der Hauptsache dem Bundespräsidenten durch einstweilige Anordnung (vgl. § 53 als lex specialis zu § 32 BVerfGG; Butzer SHH 33; Krehl UCD 2 zu § 53) die weitere Ausübung seines Amtes zu untersagen. Sowohl die Erklärung des Amtsverlusts wie die vorläufige Untersagung der Amtsausübung führen zur Stellvertretung (Rn.1 zu Art.57); daher kann der Bundesratspräsident kein Beauftragter iSd Abs.1 S.4 sein. Gem. § 51 BVerfGG stehen weder der Rücktritt des Bundespräsidenten oder sein Ausscheiden aus dem Amt noch die Auflösung des Bundestags oder der Ablauf seiner Wahlperiode der Durchführung des Verfahrens entgegen. Das gilt aber nicht für den Tod des Bundespräsidenten (Benda/Klein 1162; Butzer SHH 24; a. A. Maunz MSKB 2 zu § 51). Die Anklage kann gem. § 52 BVerfGG zurückgenommen werden.

VI. Die Bundesregierung

Art.62 [Zusammensetzung]

Die Bundesregierung besteht aus dem Bundeskanzler und aus den Bundesministern[1] ff.

Literatur: *Roth,* Bundeskanzlerermessen im Verfassungsstaat, 2009; *Busse,* Organisation der Bundesregierung und Organisationsentscheidungen der Bundeskanzler in ihrer historischen Entwicklung und im Spannungsfeld zwischen Exekutive und Legislative, Staat 2006, 245; *M. Schröder,* Aufgaben der Bundesregierung, HbStR[3] III, 2005, § 64; *ders.,* Bildung, Bestand und parlamentarische Verantwortung der Bundesregierung, HbStR[3] III, 2005, § 65; *Detterbeck,* Innere Ordnung der Bundesregierung, HbStR[3] III, 2005, § 66; *U. Koch,* Das Ressortprinzip, 2005; *Mehde,* Die Ministerverantwortlichkeit nach dem GG, DVBl 2001, 13; *Maurer,* Zur Organisationsgewalt im Bereich der Regierung, FS K. Vogel, 2000, 331; *Badura,* Das politische Amt des Ministers, FS Quaritsch, 2000, 295; *v. Oppen,* Bundeskanzler und Premierminister, 1999; *E.-W. Böckenförde,* Die Organisationsgewalt im Bereich der Regierung, 2. A. 1998; *Epping,* Die Willensbildung von Kollegialorganen am Beispiel der Beschlußfassung der Bundesregierung, DÖV 1995, 719; *Brauneck,* Die rechtliche Stellung des Bundeskanzleramtes, 1994; *Maurer,* Die Richtlinienkompetenz des Bundeskanzlers, FS Thieme, 1993, 123; *Schürmann,* Öffentlichkeitsarbeit der Bundesregierung, 1992. – S. auch Literatur zu Art.67.

1   Die **Stellung** der Bundesregierung ist die eines Verfassungs- und obersten Bundesorgans; sie ist iSd Art.1 Abs.3, 20 Abs.2 S.2 und 20 Abs.3 der vollziehenden Gewalt (Exekutive) zuzurechnen (Schneider AK 2f; Herzog MD 1; Meyn MüK 10; Schröder HbStR[3] III § 64 Rn.2). Die Regierungsgewalt wird auch als Gubernative bezeichnet. Die Bundesregierung kann auch oberste Bundesbehörde sein (Oldiges SA 22). Die Abhängigkeit des Bestands der Bundesregierung vom Vertrauen des Parlaments (vgl. Art.63, 67, 68 Abs.1 S.2, 69 Abs.2) macht das sog. parlamentarische Regierungssystem aus, durch das das Demokratieprinzip konkretisiert wird (Rn.15 zu Art.20). Es ist unter dem GG mehr auf die Stabilität der Regierung ausgelegt als unter der WRV (BVerfGE 67, 100/129f). Das Verhältnis der Bundesregierung zum Bundestag ergibt sich ferner v.a. aus Art.43 Abs.1, 44, 65 S.1 und 2, 68, 76ff und 110 Abs.2.

2   Art.62 regelt die **Zusammensetzung** des Kollegialorgans Bundesregierung aus den Teilorganen Bundeskanzler und Bundesminister. Diese Legaldefinition ist für die Verwendung des Begriffs der Bundesregierung an anderen Stellen des GG und regelmäßig auch in Gesetzen maßgeblich (BVerfGE 26, 338/395f; 100, 249/259; 115, 118/149f; Herzog MD 6f; Schneider AK 10; a.A. Hermes DR 11; Meyn MüK 14; vgl. auch Rn.15 zu Art.84; Rn.7 zu Art.86). Außer Bundeskanzler und Bundesministern darf niemand Mitglied der Bundesregierung werden, insb. auch nicht beamtete und Parlamentarische Staatssekretäre (Herzog MD 40ff; Meyn MüK 13a; Oldiges SA 29). Andererseits sind Minister ohne Kabinettsrang unzulässig (Hermes DR 12).

Für das **Entscheidungsverfahren** gelten aus Gründen der Zurechenbar-   3
keit an das Kollegialorgan folgende verfassungsrechtliche Anforderungen
(BVerfGE 91, 148/166): Sämtliche Mitglieder der Bundesregierung müssen
von der anstehenden Entscheidung in Kenntnis gesetzt werden und an ihr
mitwirken können (Information), an der Entscheidung muss mindestens die
Hälfte der Mitglieder beteiligt sein (Quorum), und die Entscheidung muss
mit Mehrheit getroffen werden (Majorität). Im zulässigen Umlaufverfahren
darf das Unterlassen einer Willensbekundung nicht als Beteiligung gewertet
werden und bedeutet die Einholung der Zustimmung „auf schriftlichem
Wege" gem. § 20 Abs.2 S.1 GeschOBReg die Schriftlichkeit der Zustim-
mungserklärung (BVerfGE 91, 148/170; Herzog MD 80a zu Art.65; Schenke BK 128 ff zu Art.65).

Art.63 [Wahl und Ernennung des Bundeskanzlers]

(1) **Der Bundeskanzler wird auf Vorschlag des Bundespräsidenten
vom Bundestage ohne Aussprache gewählt[1 f].**

(2) **Gewählt ist, wer die Stimmen der Mehrheit der Mitglieder des
Bundestages auf sich vereinigt. Der Gewählte ist vom Bundespräsidenten zu ernennen[2].**

(3) **Wird der Vorgeschlagene nicht gewählt, so kann der Bundestag
binnen vierzehn Tagen nach dem Wahlgange mit mehr als der Hälfte
seiner Mitglieder einen Bundeskanzler wählen[3].**

(4) **Kommt eine Wahl innerhalb dieser Frist nicht zustande, so findet
unverzüglich ein neuer Wahlgang statt, in dem gewählt ist, wer die meisten Stimmen erhält. Vereinigt der Gewählte die Stimmen der Mehrheit
der Mitglieder des Bundestages auf sich, so muß der Bundespräsident
ihn binnen sieben Tagen nach der Wahl ernennen. Erreicht der Gewählte
diese Mehrheit nicht, so hat der Bundespräsident binnen sieben Tagen
entweder ihn zu ernennen oder den Bundestag aufzulösen[4 f].**

Literatur: S. Literatur zu Art.62.

1. Erste Wahlphase (Abs.1, 2)

Die Wahl durch den Bundestag setzt einen **Vorschlag des Bundesprä-**   1
sidenten voraus (Abs.1). Rechtlich gebunden ist der Bundespräsident nur
insofern, als der Bundeskanzler wählbar sein muss. Wählbar zum Bundeskanzler ist in Analogie zum Bundestagsabgeordneten (Rn.4 zu Art.38) und
Bundespräsidenten (Rn.3 zu Art.54) jeder Deutsche (Rn.1–10 zu Art.116),
der das aktive und passive Wahlrecht zum Bundestag besitzt (vgl. §§ 12 ff
BWahlG). Sonstige Wählbarkeitsvoraussetzungen sind unzulässig; das Erfordernis der Verfassungstreue (Schneider AK 5; Herzog MD 24; Schröder
MKS 21) ist abzulehnen (Hermes DR 13; Busse FH 4). Auch eine rechtliche Bindung des Vorschlagsrechts durch eine politische Konstellation
(Wahlsieger, Führer einer Parlamentsmehrheit) ist dem GG nicht zu entnehmen (Herzog MD 18; Meyn MüK 3 ff; einschr. Schneider AK 4; Uhle SHH
11; a. A. Steiger ParlRPr 777). Der Bundespräsident darf von dem Vorzu-

schlagenden keine Zusagen über sein Regierungsprogramm verlangen (Schneider AK 3; Meyn MüK 8; Schröder MKS 28). Der Vorschlag des Bundespräsidenten, zu dem er verpflichtet ist (Hermes DR 18; Herzog MD 16; Oldiges SA 20; Uhle SHH 10), bedarf keiner Gegenzeichnung (Rn.3 zu Art.58). Macht der Bundespräsident keinen Vorschlag, verwirkt er sein Vorschlagsrecht (Herzog MD 17; Meyn MüK 2; Stern ST I 769; Weckerling-Wilhelm UC 12f).

2   **Verfahren.** Die Wahl erfolgt gem. Abs.1 ohne Aussprache (vgl. auch Rn.4 zu Art.54). Die Feststellung der Beschlussunfähigkeit gem. § 45 GeschOBT ist ausgeschlossen, um die weiteren Wahlphasen (unten Rn.3–5) nicht hinauszuzögern (Hermes DR 24; Schröder MKS 31). Zur erfolgreichen Wahl sind gem. Abs.2 S.1 die Stimmen der Mehrheit der Mitglieder des Bundestags (Rn.1f zu Art.121) erforderlich. Der Gewählte ist, nachdem er die Wahl angenommen hat (Hermes DR 12), vom Bundespräsidenten zu ernennen (Abs.2 S.2). Nimmt der Gewählte die Wahl nicht an, ist die erste Wahlphase abgeschlossen (Hermes DR 26; Herzog MD 30; a.A. Schneider AK 6). Der Bundespräsident darf die Ernennung aus Rechtsgründen verweigern (Herzog MD 50), insb. wenn das Wahlverfahren verfassungswidrig oder der Gewählte nicht wählbar war. Die Ernennung muss unverzüglich, spätestens vor Ablauf von sieben Tagen (vgl. Abs.4 S.2), erfolgen (Meyn MüK 17; Schneider AK 10). Die Ernennung bedarf gem. Art.58 S.2 keiner Gegenzeichnung. Wird der Vorgeschlagene nicht gewählt, ist das Vorschlagsrecht des Bundespräsidenten verbraucht (Schneider AK 5; Meyn MüK 14).

2. Zweite Wahlphase (Abs.3)

3   Voraussetzung für das Verfahren nach Abs.3 ist der negative Ausgang der ersten Phase. Nunmehr hat der Bundestag selbst das Vorschlagsrecht. Durch § 4 S.2 GeschOBT wird zulässigerweise (a.A. Hermes DR 30; Demmler, o. Lit. zu Art.38 II, 403ff) verlangt, dass ein Wahlvorschlag von ¼ der Mitglieder des Bundestags zu unterzeichnen ist (Herzog MD 35; Meyn MüK 19; Oldiges SA 28). Innerhalb der Frist von 14 Tagen können beliebig viele Wahlgänge durchgeführt werden; abgestimmt werden muss aber nur, wenn ein zulässiger Vorschlag vorliegt (Meyn MüK 21). Zur erfolgreichen Wahl sind wiederum die Stimmen der Mehrheit der Mitglieder des Bundestags (Rn.1f zu Art.121) erforderlich. Ein Verbot der Aussprache besteht nicht mehr (Schneider AK 9; Meyn MüK 22; Hermes DR 25, 31; a.A. Herzog MD 33; Schröder MKS 36). Für die Ernennung gilt das oben Rn.2 Gesagte.

3. Dritte Wahlphase (Abs.4)

4   **Voraussetzung** für das Verfahren nach Abs.4 ist der negative Ausgang der zweiten Phase. Nunmehr reicht zur erfolgreichen Wahl gem. S.1 die sog. einfache Abstimmungsmehrheit (Rn.4 zu Art.42). Der Bundespräsident ist verpflichtet, den Bundestag einzuberufen (Herzog MD 38). Wegen des Erfordernisses der Unverzüglichkeit darf keine Beschlussunfähigkeit gem. § 45 GeschOBT festgestellt (Schneider AK 9; Meyn MüK 24) und die Wahl nicht von der Tagesordnung abgesetzt werden (Hermes DR 35; Herzog MD 38; Schröder MKS 38). Str. ist, ob § 4 S.2 GeschOBT (oben Rn.3) auch

hier in jedem Fall gilt (Schenke BK 88) oder jeder Abgeordnete einen Wahlvorschlag machen kann (Herzog MD 43; Oldiges SA 28; Schröder MKS 38) oder ein Quorum von 5% gem. § 76 Abs.1 GeschOBT gilt (Meyn MüK 19). Es darf nur ein Wahlgang durchgeführt werden, außer es besteht Stimmengleichheit oder der Gewählte nimmt die Wahl nicht an (Herzog MD 45; Uhle SHH 25).

Für die **Ernennung** ist zu unterscheiden: Wird ein Kandidat mit den 5 Stimmen der Mehrheit der Mitglieder des Bundestags (Rn.1 f zu Art.121) gewählt, ist der Bundespräsident verpflichtet, ihn binnen 7 Tagen nach der Wahl zu ernennen (S.2); für den Umfang der Pflicht gilt das zur Ernennung der Bundesminister durch den Bundespräsidenten Gesagte (Rn.1 zu Art.64) entsprechend (Schneider/Zeh ParlRPr 1314). Erreicht ein Kandidat nur die relative Stimmenmehrheit (Rn.4 zu Art.42), hat der Bundespräsident ein auf 7 Tage befristetes Wahlrecht zwischen der Ernennung des Gewählten und der Auflösung des Bundestags (S.3). Mit Billigung des Bundespräsidenten kann also ein Minderheitskanzler amtieren (BVerfGE 114, 121/151; näher Herzog MD 53 ff). Ein Recht zur Auflösung des Bundestags hat der Bundespräsident auch, wenn die wegen Stimmengleichheit oder Nichtannahme der Wahl durch den Gewählten angesetzten Wiederholungswahlen (oben Rn.4) nicht zum Erfolg führen (Hermes DR 41; Meyn MüK 28) oder wenn jeglicher Wahlgang unterbleibt (Herzog MD 44; Meyn MüK 25). Dagegen ist der Bundespräsident nach dem Ablauf der 7-Tage-Frist verpflichtet, den Gewählten zu ernennen (Schneider AK 11; Herzog MD 40 ff; Meyn MüK 30; Oldiges SA 32; a.A. Hermes DR 42). Für die Ernennung gilt das oben Rn.2 Gesagte. Die Auflösung bedarf gem. Art.58 S.2 keiner Gegenzeichnung. Sie ist eine empfangsbedürftige Willenserklärung und verpflichtet zur Neuwahl (Rn.6 zu Art.39).

Art.**64** [Ernennung und Entlassung der Bundesminister]

(1) **Die Bundesminister werden auf Vorschlag des Bundeskanzlers vom Bundespräsidenten ernannt[1] und entlassen[3].**

(2) **Der Bundeskanzler und die Bundesminister leisten bei der Amtsübernahme vor dem Bundestage den in Artikel 56 vorgesehenen Eid[1].**

Literatur: S. Literatur zu Art.62.

Die **Ernennung** eines Bundesministers setzt gem. Abs.1 einen Vorschlag 1 des Bundeskanzlers, einen entsprechenden Akt des Bundespräsidenten sowie das Einverständnis des zu Ernennenden voraus. Der Bundespräsident ist nach Wortlaut und Systematik grundsätzlich verpflichtet, den Vorgeschlagenen zu ernennen (vgl. auch Rn.1 zu Art.60). Allerdings darf der Bundespräsident politische Bedenken äußern (Meyn MüK 7; Oldiges SA 16; Schröder MKS 28) und eine Ernennung aus Rechtsgründen verweigern (Schneider AK 4; Hesse 667; Herzog MD 13; Meyn MüK 3 ff; a.A. Nettesheim HbStR[3] III § 61 Rn.43; § 62 Rn.49: auch zur „Abwehr schwerwiegender Gefahren für das Gemeinwohl"). Hierzu zählen die Wählbarkeit des Bundesministers, an die die gleichen Anforderungen wie beim Bundeskanzler (Rn.1 zu Art.63) zu stellen sind, sowie Inkompatibilitäten (Art.66). Die Ernennung ist gem. Art.58 S.1 gegenzeichnungspflichtig. § 2 Abs.2 BMinG ist verfassungswidrig, soweit er das Amtsverhältnis vor Aushändigung der Urkunde beginnen lässt (Hermes DR 26; Meyn MüK 15; Oldiges SA 17). Einer Ernennung bedarf es nach jeder Beendigung des Amts (Rn.2 zu Art.69) und bei jeder Übernahme eines anderen (Schenke BK 35; a.A. Herzog MD 17; Weckerling-Wilhelm UC 17) oder eines zusätzlichen Ministeriums. Für den Amtseid gilt gem. Abs.2 das bei Rn.1 zu Art.56 Gesagte entsprechend.

2   Abs.1 setzt die **organisatorische Regierungsbildungskompetenz** des Bundeskanzlers voraus, d.h. Errichtung, Kompetenzzuweisung und -abgrenzung der Ministerien (vgl. auch Art.65 S.1, § 9 S.1 GeschOBReg), für die kein organisatorischer Gesetzesvorbehalt (Rn.51 f zu Art.20) gilt (Hermes DR 20; Schröder MKS 18); insoweit ist Art.86 S.2 nicht einschlägig (Schneider AK 3; Meyer ParlRPr 140 Fn.97; a.A. Böckenförde, Lit. zu Art.62, 136; Herzog MD 3 Fn.3). Aus Art.65a, 69 Abs.1, 96 Abs.2 S.4, 108 Abs.3 S.2, 112 und 114 Abs.1 ergibt sich, dass es einen Stellvertreter des Bundeskanzlers, einen Bundesverteidigungsminister, einen Bundesjustizminister und einen Bundesfinanzminister geben muss. Daraus folgen aber keine Inkompatibilitäten innerhalb der Bundesregierung (Hermes DR 13; Busse FH 7; a.A. für den Bundesminister der Verteidigung Deiseroth UC 35 zu Art.65a; Heun DR 6 zu Art.65a). Im Übrigen ist der Bundeskanzler bezüglich der Zahl und der Geschäftsbereiche nicht gebunden (Meyn MüK 19 zu Art.62; Schröder MKS 13 f), vorbehaltlich einer äußersten Grenze der Funktionsfähigkeit der Bundesregierung (Schenke BK 47; Uhle SHH 8). Der Bundeskanzler darf selbst Bundesministerien übernehmen (Hermes DR 16 zu Art.62; Herzog MD 8; Meyn MüK 18 zu Art.62) sowie Bundesminister ohne Geschäftsbereich, für mehrere Geschäftsbereiche und für besondere Aufgaben ernennen (Herzog MD 6 f; Oldiges SA 39 f zu Art.62), die aber keine Weisungsbefugnis gegenüber anderen Bundesministern haben (Hermes DR 20 zu Art.62). Diese Kompetenz des Bundeskanzlers ist allerdings nur insoweit verfassungsrechtlich auch gegenüber dem Gesetzgeber abgesichert, als sie für das Personalbestimmungsrecht (oben Rn.1) erforderlich ist; der Gesetzgeber darf iS eines Zugriffsrechts die Grobstruktur der Bundesregierung regeln (Meyer ParlRPr 139 f; a.A. Schröder MKS 23) und punktuelle Organisationsregelungen treffen (Böckenförde, Lit. zu Art.62, 292 f; Oldiges SA 29; Herzog MD 3 Fn.3; weitergehend Hermes DR 23; Schneider AK 3), z.B. Justiz- und Innenministerium zusammenlegen (Pieroth, FS Ipsen, 2000, 755; a.A. VerfGH NW, DVBl 99, 714).

3   Für die **Entlassung** gilt das oben Rn.1 Gesagte mit der Maßgabe entsprechend, dass hierfür kein Einverständnis des Bundesministers erforderlich ist. § 9 Abs.2 S.2 Hs.2 BMinG, wonach die Bundesminister ihre Entlassung jederzeit verlangen können, ist verfassungsgemäß (Meyn MüK 10; Stern ST II 295 f; diff. Busse FH 22; Uhle SHH 23; a.A. Hermes DR 30; Herzog MD 51). Hiervon ist das Entlassungs- oder Rücktrittsangebot zu unterscheiden, das dem Bundeskanzler die Entscheidung überlässt. Ein Entlassungsgesuch durch den Bundestag ist nur als schlichter Parlamentsbeschluss (Rn.1 zu Art.76) zulässig (vgl. auch Rn.3 zu Art.67; diff. Herzog MD 47 ff zu Art.67).

Art.**65** [Kompetenzverteilung]

Der Bundeskanzler bestimmt die Richtlinien der Politik[3] und trägt dafür die Verantwortung[3 f]. Innerhalb dieser Richtlinien leitet jeder Bundesminister seinen Geschäftsbereich selbständig und unter eigener Verantwortung[5]. Über Meinungsverschiedenheiten zwischen den Bundesministern entscheidet die Bundesregierung[6 f]. Der Bundeskanzler leitet ihre Geschäfte[4] nach einer von der Bundesregierung beschlossenen und vom Bundespräsidenten genehmigten Geschäftsordnung[9].

Literatur: S. Literatur zu Art.62.

1. Bedeutung und Abgrenzung zu anderen Vorschriften

Art.65 regelt die Kompetenzverteilung **innerhalb der Bundesregie- 1 rung,** wobei die Kompetenzen des Bundeskanzlers (S.1, 4; sog. Kanzlerprinzip), der Bundesminister (S.2; sog. Ressortprinzip) und der Bundesregierung (S.3, 4; sog. Kabinetts- oder Kollegialprinzip) voneinander abzugrenzen sind. Die Vorschrift regelt in S.1, 2 das Verhältnis des Bundeskanzlers und der Bundesminister zum Bundestag nur insoweit, als jene diesem verantwortlich sind (Herzog MD 48, 66); teilw. wird darüber hinaus auch eine Kabinettsverantwortlichkeit bejaht (Hermes DR 38 f; Schröder MKS 49; Stern ST II 312 f; a. A. Oldiges SA 46 zu Art.62). Die Verantwortlichkeit ist eine Ausprägung der Gewaltenteilung (Rn.23–27 zu Art.20); sie setzt keine persönliche Zurechenbarkeit voraus (Hermes DR 39; Schröder MKS 51; a. A. Stern ST II 319 f). Aus der Verantwortlichkeit ergeben sich Grenzen für die Zulässigkeit ministerialfreier Räume (Rn.3 zu Art.86). Durch welche rechtlichen Befugnisse diese Verantwortlichkeit konkretisiert wird, ergibt sich aus anderen Vorschriften (vgl. besonders Art.43, 44 und 67).

Darüber hinaus regelt Art.65 nicht die Kompetenzen im **Verhältnis zu 2 anderen Verfassungsorganen.** Insb. schließt er den Bundestag nicht von der Bestimmung der Richtlinien der Politik (unten Rn.3) und von der politischen Leitung (unten Rn.7) aus; er enthält also keinen Vorbehalt der Exekutive (Herzog MD 29 ff; näher Rn.26 zu Art.20). Alle Kompetenzen des Art.65 bestehen nur im Rahmen des geltenden Rechts (Art.20 Abs.3). Allerdings darf der Gesetzgeber Akte der Bundesregierung und des Bundeskanzlers nicht selbst aufheben (vgl. auch BVerfGE 68, 1/72). Art.65 enthält auch keine Aussage zum Bund-Länder-Verhältnis (BVerfGE 1, 299/310 f).

2. Kompetenzen des Bundeskanzlers (S.1, 4)

Der Bundeskanzler bestimmt die **Richtlinien der Politik** (S.1). Er kann 3 hierbei durch die politischen Parteien nicht gebunden werden; unabhängig von der rechtlichen Qualifizierung von Koalitionsvereinbarungen als (bürgerlich-, verwaltungs- oder verfassungsrechtliche) Verträge oder bloße politische Absprachen ohne rechtliche Verbindlichkeit (vgl. BGHZ 29, 187/192; Schenke BK 21 zu Art.63; Büge/Pauly, JuS 87, 646 f; Herzog MD 9 ff zu Art.63) beschränken sie jedenfalls nicht die Kompetenz des Bundeskanzlers (Hermes DR 14 f; Schenke BK 78). Richtlinien der Politik sind die grundlegenden und richtungweisenden Entscheidungen, die auch Einzelfälle von besonderer Bedeutung betreffen können (Schenke BK 20 ff; Schneider AK 3; Herzog MD 6 ff; Meyn MüK 9; Oldiges SA 15; einschr. Weckerling-Wilhelm UC 8). Dabei steht ihm ein Beurteilungsspielraum zu (Schenke BK 29; Maurer, FS Thieme, 1993, 129). Die Richtlinien unterliegen keiner Form (Herzog MD 16) und binden alle (Schenke BK 34 ff) Bundesminister als Leiter ihres Ministeriums (unten Rn.5; vgl. aber Rn.2 zu Art.112), nicht aber die Bundesregierung (Hermes DR 26; Maurer, FS Thieme, 1993, 135 ff; Oldiges SA 36 f; a. A. Hesse 642; Schenke BK 40 ff; Stern ST II 304 ff), den Bundespräsidenten (Schenke BK 60 ff) und auch nicht andere Verfassungsorgane, Bundesbehörden (Herzog MD 18) oder gar die Bürger (Brockmeyer SHH 10).

4   **Weitere Kompetenzen** des Bundeskanzlers sind v. a. die personelle und organisatorische Regierungsbildung (Rn.1 f zu Art.64) und die Leitung der Geschäfte der Bundesregierung (S.4; näher Busse FH 13 ff; Schenke BK 151 ff). Die Geschäftsleitungsbefugnis steht dem Bundeskanzler als Teil des Kollegialorgans Bundesregierung zu (Hermes DR 51); dabei ist er an die Geschäftsordnung der Bundesregierung gebunden (Schenke BK 152). Aus der Gesamtheit dieser Kompetenzen wird eine Organisationsgewalt des Bundeskanzlers für die Errichtung ihm unterstellter Ämter und Arbeitsstäbe abgeleitet (Schneider AK 5; Meyn MüK 5; Schenke BK 70 f; Schröder HbStR[3] III § 64 Rn.19). Die Doppelstellung als Staatssekretär des Bundeskanzleramts (vgl. § 7 GeschOBReg) und Bundesminister für besondere Aufgaben ist problematisch (Hermes DR 18 zu Art.62; Schenke BK 71).

3. Kompetenzen der Bundesminister (S.2)

5   Die Bundesminister haben eine Doppelstellung als Mitglieder der Bundesregierung (Art.62) und als Leiter eines Ministeriums (vgl. auch BVerwGE 63, 37/40). Das wirkt sich besonders bei der Stellvertretung aus (vgl. § 14 GeschOBReg; Herzog MD 23 ff zu Art.69). Die Bundesminister stehen in einem besonderen öffentlich-rechtlichen Amtsverhältnis (vgl. § 1 BMinG). Geschäftsbereiche sind die sachlich abgegrenzten Tätigkeitsgebiete der Bundesministerien, die vom Bundeskanzler bestimmt werden (Rn.2 zu Art.64). Die Kompetenz zur Leitung umfasst die inhaltliche Gestaltung der Politik einschließlich der Informationskompetenz (unten Rn.8) sowie die Personal- und Organisationsgewalt im entsprechenden Geschäftsbereich (Rn.2 zu Art.86; Herzog MD 60; Schenke BK 86 ff). Zur Beschränkung durch die Richtlinienkompetenz des Bundeskanzlers oben Rn.3, durch die Streitentscheidungskompetenz der Bundesregierung unten Rn.6. Im Übrigen besteht Weisungsfreiheit der Bundesminister gegenüber Bundeskanzler und Bundesregierung (Hermes DR 31; Schenke BK 94 ff; Weckerling-Wilhelm UC 21 ff).

4. Kompetenzen der Bundesregierung (S.3, 4)

6   Die Bundesregierung entscheidet über **Meinungsverschiedenheiten zwischen den Bundesministern** (S.3). Die Entscheidungen binden die Minister und müssen von ihnen nach außen vertreten werden (Schenke BK

139). Diese Kompetenz ist einerseits beschränkt durch die Kompetenzen des Bundeskanzlers (oben Rn.3) und andererseits durch die Kompetenzen der Bundesminister (oben Rn.5). Die Streitentscheidungskompetenz der Bundesregierung betrifft daher nur ressortübergreifende Fragen, für die der Bundeskanzler keine Richtlinien erlassen hat. In diesem Rahmen steht auch der Bundesregierung eine Organisationsgewalt zu, z.B. zur Errichtung eines Kabinettsamts, das für die Vorbereitung von Regierungsentscheidungen zuständig ist, und zur Einsetzung von Kabinettsausschüssen (Schenke BK 119ff; Schröder MKS 37; krit. Meyn MüK 5; Oldiges SA 34). Sie haben nur beratende Funktionen; ihnen dürfen keine Entscheidungskompetenzen übertragen werden (Brockmeyer SHH 28; Herzog MD 42f).

Aus der Gesamtheit der Kompetenzen der Bundesregierung (Aufzählung 7 bei Herzog MD 70ff; Schenke BK 109) folgt ihre verfassungsunmittelbare Aufgabe der **Staatsleitung.** Diese „zielt auf die in einer Demokratie wichtige Gewinnung politischer Legitimation", kann als „die politische Führung, die verantwortliche Leitung des Ganzen der inneren und äußeren Politik" (vgl. auch Rn.5 zu Art.59) umschrieben werden und „umfasst die Mitwirkung an der Erfüllung konkreter öffentlicher Aufgaben außerhalb der Tätigkeit der Administration" (BVerfGE 105, 252/268; 105, 279/301). Dazu zählt auch die politische Planung (Herzog MD 81ff; Schenke BK 15).

Die Staatsleitung beinhaltet auch die **Informationskompetenz,** die 8 nicht nur die herkömmliche Öffentlichkeitsarbeit durch Darstellung und Erläuterung von vergangenen und zukünftigen Maßnahmen und Vorhaben der Regierung sowie die Werbung um Unterstützung (vgl. Rn.14 zu Art.38), sondern auch die Orientierung der Bürger durch Aufklärung, Beratung und Verhaltensempfehlung umfasst (BVerfGE 105, 252/269; 105, 279/302f). Die Informationskompetenz entspringt der gesamtstaatlichen Verantwortung der Bundesregierung und besteht besonders, „wenn Vorgänge wegen ihres Auslandsbezugs oder ihrer länderübergreifenden Bedeutung überregionalen Charakter haben und eine bundesweite Informationsarbeit der Regierung die Effektivität der Problembewältigung fördert" (BVerfGE 105, 252/271; 105, 279/306f). Die Informationskompetenz soll sogar die Kompetenzen anderer Staatsorgane „übergreifen" (BVerfGE 105, 252/272; 105, 279/307) und mittelbar-faktische Grundrechtsbeeinträchtigungen rechtfertigen (BVerfGE 105, 279/303ff; krit. Bethge, Jura 03, 327ff; Huber, JZ 03, 290ff; Murswiek, NVwZ 03, 1ff).

Die Bundesregierung gibt sich eine **Geschäftsordnung,** die der auf 9 Rechtskontrolle beschränkten Genehmigung durch den Bundespräsidenten (Herzog MD 113ff; Schenke BK 144) bedarf (S.4). Sie hat damit wie der Bundestag (Rn.7–9 zu Art.40) die sog. Geschäftsordnungsautonomie (BVerwGE 89, 121/124; Herzog MD 107f; krit. Schröder MKS 39). Dieser Regelungsauftrag ist durch die GeschOBReg erfüllt worden. Dagegen beruhte die GGO auf der Ressortleitungskompetenz der Bundesminister und der Richtlinien- und Geschäftsleitungskompetenz des Bundeskanzlers (Schenke BK 141). Für die Rechtsnatur der GeschOBReg, ihren Rang und die Ausschließlichkeit dieser Kompetenz gilt das bei Rn.7f zu Art.40 Gesagte entsprechend. Sie gilt für eine neue Bundesregierung weiter, da sie nicht dem Grundsatz der Diskontinuität (Rn.4 zu Art.39) unterliegt (BVerfGE 91, 148/

167). Die Geschäftsordnung bindet nur die Mitglieder der Bundesregierung (Busse FH 19 f). Beschlüsse über Personalangelegenheiten der Bundesministerien gem. § 15 Abs.2 GeschOBReg fallen nicht in die Kompetenz der Bundesregierung und binden daher den betreffenden Bundesminister nicht (vgl. Hermes DR 36; Meyn MüK 16, 19; a.A. Schneider AK 9 zu Art.62; Herzog MD 74). Entsprechendes gilt für Regelungen der Geschäftsordnung zur personellen und organisatorischen Regierungsbildung (Hermes DR 16). Zum Verfahren beim Erlass von Rechtsverordnungen vgl. Rn.7, 14, 20 zu Art.80.

Art.**65a** [Befehls- und Kommandogewalt über die Streitkräfte]

Der Bundesminister für Verteidigung hat die Befehls- und Kommandogewalt über die Streitkräfte.

Literatur: S. Literatur zu Art.62.

1 Die 1956 eingefügte und 1968 geänderte (Einl.3 Nr.7, 17) Vorschrift **stellt klar** (wegen der deutschen Verfassungstradition), dass die Streitkräfte nicht mehr dem Staatsoberhaupt unterstehen und es keinen Oberbefehl mit auch legislativen und judikativen Kompetenzen mehr gibt („Parlamentsheer"). Befehls- und Kommandogewalt brauchen begrifflich nicht unterschieden zu werden (Epping MD 25 ff; Heun DR 9). Der Bundesminister für (heute üblicherweise: der; Deiseroth UC 32; Epping MD 18) Verteidigung ist grundsätzlich ein Bundesminister wie alle anderen Bundesminister (Rn.5 zu Art.65); seine Kompetenzen unterliegen den allgemeinen Maßstäben (BVerwGE 46, 55/58; Oldiges SA 18; Hernekamp MüK 15, 23; Deiseroth UC 47 ff; a.A. Frank AK 64, 66 nach Art.87); insb. unterliegt er der Richtlinienkompetenz des Bundeskanzlers (Brockmeyer SHH 4; Epping MD 48) sowie der Streitentscheidungskompetenz der Bundesregierung (Rn.6 zu Art.65; Busse FH 9; Epping MD 45 ff) und entscheidet er beim Streitkräfteeinsatz nicht über das Ob, sondern über das Wie (BVerfGE 90, 286/338; Epping MD 31 ff).

2 Die **konstitutive Bedeutung** des Art.65a liegt in zweierlei: Die organisatorische Regierungsbildungskompetenz des Bundeskanzlers ist beschränkt, ohne dass aus Art.65a eine Inkompatibilität folgt (Rn.2 zu Art.64). Die Organisationsgewalt des Bundesministers der Verteidigung ist dahingehend beschränkt, dass er die Befehls- und Kommandogewalt nicht delegieren darf, insb. nicht an den Generalinspekteur oder andere militärische Stellen (BVerwGE 127, 1 Rn.83; Heun DR 13; Oldiges SA 14; Deiseroth UC 40); er kann nur im Verhinderungsfall durch den zuständigen Staatssekretär vertreten werden (BVerwGE 46, 55; 127, 1 Rn.83; Epping MD 70 ff). Keine Delegation liegt in der Verwendung von Soldaten bei anderen Behörden (BVerwGE 132, 110 Rn.74). Befehls- und Kommandogewalt bedeuten den militärischen, d.h. die Streitkräfte (Rn.4 zu Art.87a) betreffenden, Zweig der Ressortleitung (Busse FH 12; Deiseroth UC 45 f; Epping MD 16). Zur Befehls- und Kommandogewalt im Verteidigungsfall s. Art.115b.

Art.**66** [Inkompatibilitäten]

Der Bundeskanzler und die Bundesminister dürfen kein anderes besoldetes Amt, kein Gewerbe und keinen Beruf ausüben und weder der Leitung noch ohne Zustimmung des Bundestages dem Aufsichtsrate eines auf Erwerb gerichteten Unternehmens angehören.

Literatur: *Morlok/Krüger,* Ministertätigkeit im Spannungsfeld von Privatinteresse und Gemeinwohl, NVwZ 2003, 573; *Veen,* Die Vereinbarkeit von Regierungsamt und Aufsichtsratsmandat in Wirtschaftsunternehmen, 1996; *Traupel,* Ämtertrennungen und Ämterverbindungen zwischen staatlichen Leitungsämtern und Leitungsämtern in Verbänden, 1991.

Bedeutung und Abgrenzung zu anderen Vorschriften. Die Rege- 1 lung der Inkompatibilität, d. h. der Unvereinbarkeit eines Amts mit anderen, soll Pflichten- und Interessenkollisionen des Bundeskanzlers und der Bundesminister verhindern, und konkretisiert den Grundsatz der Gewaltenteilung (Rn.23–27 zu Art.20). Art.66 entspricht dem Art.55 Abs.2 mit der Ausnahme, dass die Zugehörigkeit zum Aufsichtsrat eines auf Erwerb gerichteten Unternehmens mit Zustimmung des Bundestags (Rn.3 zu Art.42) zulässig ist. Damit sollen Regierungsmitglieder in Aufsichtsräte von Unternehmen entsandt werden können, an denen der Bund maßgebend beteiligt ist (JöR 1951, 441). Außer dass der Bund ein Interesse an der Sicherung seines Einflusses im Aufsichtsrat haben muss, unterliegt der Bundestag keinen Bindungen (Veen, o. Lit., 157). Zur Unvereinbarkeit mit den Ämtern des Bundespräsidenten und der Richter am BVerfG Rn.2 zu Art.55, Rn.1 zu Art.94. § 5 BMinG erweitert zulässigerweise die Inkompatibilitäten von Bundeskanzler und Bundesministern (Epping MKS 3; Hermes DR 9; Herzog MD 21).

Voraussetzungen und Folgen. Unter den Begriff des besoldeten Amts 2 fallen nur öffentliche Ämter (Herzog MD 16) und damit auch das Amt des Landesministers (vgl. auch § 4 BMinG); nach a. A. sollen sog. politische Inkompatibilitäten von Art.66 nicht erfasst sein, aber „allgemeine Strukturprinzipien des GG" dieselben Ergebnisse zeitigen (Hermes DR 8, 17 f). Keine Inkompatibilität besteht mit dem Amt des Bundestagsabgeordneten (Rn.25a zu Art.38). Das dürfte aber wegen seiner Verwaltungsaufgaben nicht für den Bundestagspräsidenten gelten. Ein Unternehmen ist dann nicht auf Erwerb gerichtet, wenn es allein staatlichen Interessen dient (VerfGH NW, OVGE 44, 278/287). Die Pflichten aus Art.66 beginnen mit dem Amtsantritt; ihre Nichtbeachtung führt nicht automatisch zum Verlust der unvereinbaren Ämter (Epping MKS 42; Herzog MD 13; Meyn MüK 3; Weckerling-Wilhelm UC 21 f; teilw. a. A. Oldiges SA 16, 28; Schneider AK 3). Vgl. auch Rn.2 zu Art.55.

Art.**67** [Misstrauensvotum]

(1) Der Bundestag kann dem Bundeskanzler das Mißtrauen nur dadurch aussprechen, daß er mit der Mehrheit seiner Mitglieder einen

Nachfolger wählt und den Bundespräsidenten ersucht, den Bundeskanzler zu entlassen[1]. Der Bundespräsident muß dem Ersuchen entsprechen und den Gewählten ernennen[3].

(2) Zwischen dem Antrage und der Wahl müssen achtundvierzig Stunden liegen[2].

Literatur: *Podworny,* Die auflösungsgerichtete Vertrauensfrage, 2008; *J. Ipsen,* Die Auflösung des 15. Deutschen Bundestages, NVwZ 2005, 1147; *Haass,* Vertrauensnotstand – konkretisierte Vertrauensfrage und politische Instabilität, BayVBl 2004, 204; *Schönberger,* Parlamentarische Autonomie unter Kanzlervorbehalt?, JZ 2002, 211; *Burkiczak,* Kanzlerwahl, Misstrauensvotum und Vertrauensfrage, Jura 2002, 465; *Finkelnburg,* Zum Misstrauensvotum im Deutschen Staatsrecht, NVwZ 2001, 15; *Berthold,* Das konstruktive Mißtrauensvotum und seine Ursprünge in der Weimarer Staatsrechtslehre, Staat 1997, 81. – S. auch Literatur zu Art.62.

1 **Bedeutung.** Art.67 konkretisiert das parlamentarische Regierungssystem (Rn.1 zu Art.62) und die parlamentarische Verantwortlichkeit des Bundeskanzlers (Rn.1 zu Art.65) und steht in Konkurrenz zu den anderen Kanzlerwahlbestimmungen der Art.63, 68 und 115h Abs.2 S.2 (näher Epping MKS 22 ff; Schenke BK 25 ff). Das Misstrauensvotum darf sich nur gegen den Bundeskanzler, nicht gegen einzelne Bundesminister richten, und es darf nur durch die Wahl eines Nachfolgers erfolgen (sog. konstruktives Misstrauensvotum). Dadurch soll die Regierungsstabilität erhöht werden (Schneider AK 2; Oldiges SA 14 ff; Schröder HbStR[3] III § 65 Rn.35; Weckerling-Wilhelm UC 5 f, 9; krit. Hermes DR 11; Herzog MD 14 ff; Mager MüK 1). Durch Art.67 ist zugleich das Recht der parlamentarischen Opposition anerkannt (Schneider AK 2; Mager MüK 2; Oldiges SA 20; Schenke BK 24; Schröder HbStR[3] III § 65 Rn.38). Der gem. Art.67 gewählte Bundeskanzler genießt die gleiche demokratische Legitimität wie der gem. Art.63 gewählte (BVerfGE 62, 1/43).

2 **Voraussetzungen.** Die Wahl eines Nachfolgers des Bundeskanzlers muss mit der Mehrheit der Mitglieder des Bundestags (Rn.1 f zu Art.121) erfolgen und durch das Ersuchen an den Bundespräsidenten ergänzt werden, dass dieser den Bundeskanzler entlässt (Abs.1 S.1). Der Wahl muss ein entsprechender Antrag vorausgehen; durch § 97 Abs.1 S.2 GeschOBT wird zulässigerweise verlangt, dass der Antrag von ¼ der Mitglieder des Bundestags zu unterzeichnen ist (Hermes DR 13; Herzog MD 24; Schenke BK 45; vgl. auch Rn.3 zu Art.63). Zwischen dem Antrag und der Wahl müssen gem. Abs.2 mindestens 48 Stunden liegen. Gem. § 123 Abs.1 GeschOBT beginnt die Frist erst von dem Tag nach Verteilung der Drucksache an zu laufen (Brockmeyer SHH 14; Herzog MD 27; Schenke BK 56). Anders als bei der regulären Kanzlerwahl (Rn.2 zu Art.63) darf eine Aussprache stattfinden (Herzog MD 30; Mager MüK 5; Schneider AK 3).

3 **Rechtsfolgen.** Der Bundespräsident ist verpflichtet, den bisherigen Bundeskanzler zu entlassen und den Gewählten zum Bundeskanzler zu ernennen (Abs.1 S.2). Er darf beide Akte zusammen nur aus Rechtsgründen verweigern (Rn.2 zu Art.63); wie bei der regulären Kanzlerwahl (Rn.2, 5 zu Art.63) muss er unverzüglich handeln (Mager MüK 11; Schenke BK 64). Diese Akte bedürfen gem. Art.58 S.2 keiner Gegenzeichnung. Sonstige

Misstrauens-, Missbilligungs-, Tadelsbeschlüsse, Rücktrittsaufforderungen und Vertrauensfrageersuchen gegen den Bundeskanzler haben nicht diese Rechtsfolgen; sie sind aber nicht unzulässig, sondern als schlichte Parlamentsbeschlüsse (Rn.1 zu Art.76) zulässig (Hermes DR 19f; Schneider AK 8ff; Weckerling-Wilhelm UC 17; Epping MKS 27ff; diff. Herzog MD 39ff; Mager MüK 12ff; Oldiges SA 28ff; Schenke BK 78ff).

Art.68 [Vertrauensfrage]

(1) **Findet ein Antrag des Bundeskanzlers, ihm das Vertrauen auszusprechen¹, nicht die Zustimmung der Mehrheit der Mitglieder des Bundestages², so kann der Bundespräsident auf Vorschlag des Bundeskanzlers binnen einundzwanzig Tagen den Bundestag auflösen³. Das Recht zur Auflösung erlischt, sobald der Bundestag mit der Mehrheit seiner Mitglieder einen anderen Bundeskanzler wählt⁴.**

(2) **Zwischen dem Antrage und der Abstimmung müssen achtundvierzig Stunden liegen¹.**

Literatur: S. Literatur zu Art.67.

1. Voraussetzungen der Vertrauensfrage

Es ist ein Antrag des Bundeskanzlers im Bundestag erforderlich, ihm das **1** Vertrauen auszusprechen (Abs.1 S.1). Bei der Entscheidung, ob, wann und in welcher Form er den Antrag stellt, ist der Bundeskanzler nicht gebunden; das gilt auch für ein Vertrauensfrageersuchen des Bundestags (vgl. Rn.3 zu Art.67). Art.68 umfasst nicht nur die nicht auflösungsgerichtete (sog. echte), sondern auch die auflösungsgerichtete (sog. unechte) Vertrauensfrage; dabei ist der Bundeskanzler aber an bestimmte Voraussetzungen gebunden (unten Rn.3). Der Bundeskanzler kann den Antrag mit einem konkreten Sachantrag (Brockmeyer SHH 20; Herzog MD 25ff; Klein BK 106 zu Art.81) oder einer Gesetzesvorlage verbinden (vgl. Rn.3 zu Art.81). Zwischen dem Antrag und der Abstimmung müssen gem. Abs.2 mindestens 48 Stunden liegen (vgl. auch Rn.2 zu Art.67).

2. Rechtsfolgen

Rechtsfolgen knüpfen sich nur an die **Verneinung** der Vertrauensfrage, **2** nicht aber an ihre Bejahung, d.h. Zustimmung der Mehrheit der Mitglieder des Bundestags (Rn.1f zu Art.121). Als Verneinung gilt auch, wenn über den Antrag des Bundeskanzlers nicht binnen angemessener Frist im Bundestag abgestimmt wird (arg. Art.81 Abs.2 S.2; krit. Epping MKS 26). Die Verneinung eröffnet dem Bundeskanzler zwei zusätzliche Handlungsmöglichkeiten: die erleichterte Verabschiedung von Gesetzen gem. Art.81 und die Bundestagsauflösung gem. Abs.1 S.1 (Herzog MD 41ff).

Eine **Bundestagsauflösung** setzt einen entsprechenden Vorschlag des **3** Bundeskanzlers voraus. Aus systematischen und historischen Gründen ergibt sich, dass dem Bundestag − anders als den Landesparlamenten (BerlVerfGH,

LVerfGE 12, 75/81 f) – kein Selbstauflösungsrecht zusteht; daraus ist für die Rechtmäßigkeit des Vorschlags des Bundeskanzlers und der Auflösung durch den Bundespräsidenten als zusätzliche ungeschriebene Voraussetzung abgeleitet worden, dass die Einschätzung des Bundeskanzlers, die Handlungsfähigkeit der Bundesregierung sei im Hinblick auf die Mehrheitsverhältnisse im Bundestag beeinträchtigt, berechtigt ist (BVerfGE 114, 121/152 ff; strenger noch BVerfGE 62, 1/36 ff; zu dieser „Krisenlage" Epping MKS 12 ff; Hermes DR 10 ff; Oldiges SA 15 ff; Schenke BK 62 ff). Eine verfassungsgerichtliche Überprüfung dieser Voraussetzung ist aber nur sehr eingeschränkt möglich (vgl. BVerfGE 62, 1/50 ff; 114, 121/155 ff): Die Einschätzung der Handlungsfähigkeit hat Prognosecharakter und ist an höchstpersönliche Wahrnehmungen und abwägende Lagebeurteilungen gebunden; die unechte Vertrauensfrage ist daher nur verfassungswidrig, wenn keine Anhaltspunkte für den Verlust der Handlungsfähigkeit bestehen. Die Auflösung ist nur binnen 21 Tagen nach der Abstimmung über die Vertrauensfrage zulässig. Bei Vorliegen dieser Voraussetzungen und vorbehaltlich eines Beschlusses des Bundestags gem. Abs.1 S.2 (unten Rn.4) ist der Bundespräsident frei, ob er den Bundestag auflöst oder nicht (BVerfGE 62, 1/62 f). Die Auflösungsverfügung bedarf gem. Art.58 S.1 der Gegenzeichnung durch den Bundeskanzler (BVerfGE 62, 1/34 f; Herzog MD 55; a.A. Randelzhofer, FS Driehaus, 2005, 564).

4   Die **Wahl eines anderen Bundeskanzlers** ist auch innerhalb der 21-Tage-Frist zulässig; mit Abschluss einer solchen Wahl erlischt das Recht des Bundespräsidenten zur Bundestagsauflösung (Abs.1 S.2). Diese Vorschrift ist lex specialis zu Art.63 und 67 (Hermes DR 26; a.A. Schneider AK 14). Voraussetzung für die Wahl des Bundeskanzlers sind danach nur die Stimmen der Mehrheit der Mitglieder des Bundestags (Rn.1 f zu Art.121). Die Wiederwahl des amtierenden Bundeskanzlers ist unzulässig (Schneider AK 14; Herzog MD 66; Oldiges SA 36; a.A. Mager MüK 28; Busse FH 26; Schenke BK 222 ff). Nach Ablauf der 21-Tage-Frist ist die Neuwahl des Bundeskanzlers nur unter den Voraussetzungen der Art.63 oder 67 zulässig (Herzog MD 64). Nach einer Bundestagsauflösung durch den Bundespräsidenten sind Art.63 und 67 weiter anwendbar (Schenke BK 242 ff; Mager MüK 33; Oldiges SA 39; a.A. Morlok DR 15 zu Art.39; Schneider AK 13). Für die Rechtsfolgen der Wahl gem. Art.68 Abs.1 S.2 gilt das bei Rn.3 zu Art.67 Gesagte entsprechend.

Art.**69** [Stellvertreter des Bundeskanzlers, Amtszeiten]

(1) **Der Bundeskanzler ernennt einen Bundesminister zu seinem Stellvertreter[1].**

(2) **Das Amt des Bundeskanzlers oder eines Bundesministers endigt in jedem Falle mit dem Zusammentritt eines neuen Bundestages, das Amt eines Bundesministers auch mit jeder anderen Erledigung des Amtes des Bundeskanzlers[2].**

(3) **Auf Ersuchen des Bundespräsidenten ist der Bundeskanzler, auf Ersuchen des Bundeskanzlers oder des Bundespräsidenten ein Bundes-**

minister verpflichtet, die Geschäfte bis zur Ernennung seines Nachfolgers weiterzuführen[3 ff].

Literatur: S. Literatur zu Art.62.

1. Stellvertretung des Bundeskanzlers (Abs.1)

Der Bundeskanzler ist berechtigt und binnen angemessener Frist verpflichtet, einen Bundesminister seiner Wahl für den Fall der Verhinderung zu seinem Stellvertreter (sog. Vizekanzler) zu ernennen (Herzog MD 3 ff, 10); dies kann formlos geschehen (Weckerling-Wilhelm UC 12). Kein Verhinderungsgrund ist wegen Abs.2 die Beendigung der Amtszeit des Bundeskanzlers. Ob die Voraussetzungen der Verhinderung gegeben sind, entscheidet in den Grenzen des Missbrauchsverbots der Bundeskanzler, wenn er dazu nicht in der Lage ist, die Bundesregierung (Hermes DR 9). Eine Pflicht zur Übernahme der Aufgabe besteht grundsätzlich nicht; allerdings dürfte Abs.3 analog anzuwenden sein (Epping MKS 6). Rechtsfolge der Ernennung ist die – je nach Art der Verhinderung auch nur teilweise (vgl. § 8 S.2 Gesch-OBReg) – Wahrnehmung der Befugnisse des Bundeskanzlers (Rn.3 f zu Art.65; einschr. Weckerling-Wilhelm UC 15 f). Eine Stellvertretung durch andere Bundesminister ist unzulässig (Hermes DR 9; Schneider AK 3; a. A. Epping MKS 8; Herzog MD 15 ff; Mager MüK 6; Oldiges SA 16). Der Stellvertreter ist an Weisungen des Bundeskanzlers gebunden, weil es sich hier anders als gem. Art.57 um eine personenbezogene Stellvertretung handelt (Schneider AK 4; Herzog MD 21). Ein Misstrauensvotum gem. Art.67 kann sich nur gegen den Bundeskanzler richten, eine Vertrauensfrage gem. Art.68 nur von diesem gestellt werden (Brockmeyer SHH 10; Herzog MD 20; Schneider AK 4; Stern ST II 282; a. A. Epping MKS 12; Hermes DR 10; Mager MüK 11; Oldiges SA 20). **1**

2. Beendigung der Regierungsämter (Abs.2)

Die Ämter des Bundeskanzlers und der Bundesminister, und damit der Bundesregierung (vgl. Art.62), enden mit dem Zusammentritt eines neuen Bundestags (Rn.2 zu Art.39). Diese Regelung konkretisiert das parlamentarische Regierungssystem (Rn.1 zu Art.62; BVerfGE 27, 44/56). Das Amt des Bundeskanzlers endet außerdem durch Tod und Verlust der Amtsfähigkeit durch Richterspruch (Herzog MD 7 zu Art.67; Mager MüK 17) sowie durch Entlassung in den Fällen der Art.67, 68 Abs.1 S.2 und des Rücktritts. Der Bundespräsident ist verpflichtet, einem Rücktrittsverlangen des Bundeskanzlers durch Entlassung zu dem gewünschten Zeitpunkt nachzukommen. Die Ämter der Bundesminister enden außerdem durch Tod, Verlust der Amtsfähigkeit durch Richterspruch und Entlassung gem. Art.64 Abs.1 sowie durch jede Beendigung des Amts des Bundeskanzlers. **2**

3. Weiterführung der Geschäfte (Abs.3)

Allgemeines. Bei Beendigung der Ämter des Bundeskanzlers (außer nach seiner Entlassung in den Fällen des Art.67, 68 Abs.1 S.2) und der Bundesminister (oben Rn.2) ist eine Weiterführung der Geschäfte erforderlich. **3**

Zu dem in Abs.3 angesprochenen Ersuchen ist der Bundespräsident bezüglich des Bundeskanzlers daher nicht nur berechtigt, sondern auch verpflichtet (Klein HbStR VII 372; Schneider AK 8; Mager MüK 21; Oldiges SA 29; Epping MKS 42; diff. Herzog MD 52f; Weckerling-Wilhelm UC 30). Die Kompetenzen des geschäftsführenden Bundeskanzlers und Bundesministers sind die gleichen wie sonst (vgl. Rn.3–5 zu Art.65); allerdings sind hier Art.67 und 68 nicht anwendbar (Schneider AK 11; Schenke BK 40ff zu Art.68; Herzog MD 61; Oldiges SA 40). Die Geschäftsführung dauert bis zur Ernennung des Nachfolgers (Brockmeyer SHH 17; Herzog MD 64; Oldiges SA 26; a.A. Schneider AK 11: Amtsantritt des Nachfolgers).

4 **Bestellung eines geschäftsführenden Bundeskanzlers.** Das Ersu-chen des Bundespräsidenten ist gem. Art.58 S.2 nicht gegenzeichnungspflichtig. Der bisherige Bundeskanzler ist auf Grund des Ersuchens verpflichtet, die Geschäfte weiterzuführen, außer dies ist ihm wegen zwingender Gründe unzumutbar (Schneider AK 10; Hermes DR 19; Herzog MD 54; a.A. Epping MKS 35; Mager MüK 22). Im Fall des Todes oder des Verlusts der Amtsfähigkeit des Bundeskanzlers kann und muss der Bundespräsident eine andere Person bestellen, wodurch auch für diese eine entsprechende Verpflichtung begründet wird (Klein HbStR VII 373; Mager MüK 23). Str. ist, ob der Bundespräsident den bisherigen Stellvertreter des Bundeskanzlers bestellen muss (Herzog MD 59; Oldiges SA 32) oder auch einen anderen Bundesminister bestellen darf (Klein HbStR VII 373).

5 **Bestellung eines geschäftsführenden Bundesministers.** Die Kompetenzen des Bundeskanzlers und des Bundespräsidenten stehen zwar gleichberechtigt nebeneinander, bei Tod oder Verlust der Amtsfähigkeit eines Bundesministers ergibt sich aber die Befugnis des Bundeskanzlers, einen anderen Bundesminister zum geschäftsführenden zu bestellen, unmittelbar aus dem Kabinettsbildungsrecht (Rn.1 zu Art.64; diff. Mager MüK 26f); eine entsprechende außerordentliche Befugnis des Bundespräsidenten besteht nur, wenn kein, sei es auch nur ein geschäftsführender, Bundeskanzler im Amt ist (Hermes DR 21; Schröder HbStR³ III § 65 Rn.49; Stern ST II 255f; Epping MKS 39ff; a.A. Herzog MD 51; Schneider AK 9). Zu geschäftsführenden Bundesministern dürfen nur bisherige Mitglieder der Bundesregierung berufen werden (Mager MüK 20; Busse FH 18; Herzog MD 57). Zu dem Ersuchen an den bisherigen Bundesminister, seine Geschäfte weiterzuführen, besteht anders als beim Ersuchen des Bundespräsidenten an den Bundeskanzler (oben Rn.3) und anders als bei Vakanz aller Regierungsämter (Oldiges SA 34, 36) keine Verpflichtung (Herzog MD 52; Mager MüK 25; a.A. Hermes DR 22). Der bisherige Bundesminister ist auf Grund des Ersuchens verpflichtet, die Geschäfte weiterzuführen, außer dies ist ihm wegen zwingender Gründe unzumutbar (Schneider AK 10; Herzog MD 54; Oldiges SA 35; vgl. oben Rn.4).

VII. Die Gesetzgebung des Bundes

Art. 70 [Gesetzgebungskompetenzverteilung zwischen Bund und Ländern]

(1) **Die Länder haben das Recht der Gesetzgebung[4], soweit dieses Grundgesetz nicht dem Bunde Gesetzgebungsbefugnisse verleiht[5 ff].**

(2) **Die Abgrenzung der Zuständigkeit zwischen Bund und Ländern bemißt sich nach den Vorschriften dieses Grundgesetzes über die ausschließliche und die konkurrierende Gesetzgebung[16].**

Übersicht

Literatur: *Rengeling,* Gesetzgebungszuständigkeit, HbStR[3] VI, 2008, § 135; *U. J. Schröder,* Kriterien und Grenzen der Gesetzgebungskompetenz kraft Sachzusammenhangs nach dem GG, 2007; *W. Cremer,* Ungeschriebene Gesetzgebungszuständigkeiten kraft Sachzusammenhangs?, ZG 2005, 29; *Behmenburg,* Kompetenzverteilung bei der Berufsausbildung, 2003; *Pabel,* Grundfragen der Kompetenzordnung im Bereich der Kunst, 2003; *Pechstein/A. Weber,* Gesetzgebungskompetenzen nach dem GG, Jura 2003, 82; *J. Becker,* Materielle Wirkung von Kompetenz-, Organisations- und Zuständigkeitsregelungen des GG, DÖV 2002, 397; *Rehbinder/Wahl,* Kompetenzprobleme bei der Umsetzung von europäischen Richtlinien, NVwZ 2002, 21; *Scholz,* Ausschließliche und konkurrierende Gesetzgebungskompetenz von Bund und Ländern in der Rspr. des BVerfG, FS 50 Jahre BVerfG II, 2001, 252; *Stehr,* Gesetzgebungskompetenzen im Bundesstaat, 2001; *Jarass,* Allgemeine Probleme der Gesetzgebungskompetenz des Bundes, NVwZ 2000, 1089; *Ehlers,* „Ungeschriebene Kompetenzen", Jura 2000, 323; *Rengeling,* Gesetzgebungskompetenzen für den integrierten Umweltschutz, 1999; *Bumke,* Gesetzgebungskompetenz unter bundesstaatlichem Kohärenzzwang, ZG 1999, 376; *Frenz,* Das Prinzip widerspruchsfreier Normgebung und seine Folgen, DÖV 1999, 41; *Kunig,* Gesetzgebungsbefugnis von Bund und Ländern − Allgemeine Fragen, Jura 1996, 254; *Jarass,* Regelungsspielräume des Landesgesetzgebers im Bereich der konkurrierenden Gesetzgebung und in anderen Bereichen, NVwZ 1996, 1041; *M. D. Müller,* Auswirkungen der Grundgesetzrevision von 1994 auf die Verteilung der Gesetzgebungskompetenzen zwischen Bund und Ländern, 1996; *Sannwald,* Die Neuordnung der Gesetzgebungskompetenzen und des Gesetzgebungsverfahrens im Bundesstaat, 1995; *Harms,* Kompetenzen des Bundes aus der „Natur der Sache"?, Staat 1994, 409; *Wettach,* Ländergesetzgebung in der Bundesrepublik Deutschland, 1994. − S. auch Literatur B zu Art.20, Art.31 und Art.72.

1. Bedeutung und Abgrenzung zu anderen Vorschriften

1   Art.70 regelt die grundsätzliche Kompetenzverteilung zwischen Bund
und Ländern für die Gesetzgebung und ist eine „Grundregel" des Bundesstaats (BVerfGE 16, 64/79). Abs.1 legt ein **Regel-Ausnahme-Verhältnis**
(BVerfGE 111, 226/247) fest: Der Bund besitzt nur die ihm zugewiesenen
Kompetenzen, der unbenannte Rest (die Residualkompetenz) liegt bei den
Ländern. Wegen des Umfangs der dem Bund durch das GG verliehenen Gesetzgebungskompetenzen liegt das faktische Schwergewicht dagegen umgekehrt beim Bund (Uhle MD 2, 24); hieran haben die bisherigen Föderа-
lismusreformen nichts geändert (Isensee HbStR³ VI § 126 Rn.199f). Abs.2
regelt unterschiedliche Arten der Zuweisung von Kompetenzen an den
Bund. Die Vorschrift ist eine spezielle Regelung zu Art.30. Die in Rn.1 zu
Art.30 getroffenen Feststellungen gelten auch hier. Abs.1 wird seinerseits
durch Art.104a–109 verdrängt, die auf dem Gebiet der Finanzen eine für
Bund *und* Länder „abschließende Regelung" enthalten (BVerfGE 67, 256/
286). Soweit der Bund nicht nach Art.105 Abs.1, 2 kompetent ist, folgt daher aus Art.70 Abs.1 oder Art.30 nicht eine Länderkompetenz (Rozek MKS
9; Umbach/Clemens UC 4; Uhle MD 3; anders zu Art.105 a. F.: BVerfGE
16, 64/78f). Zum Verhältnis der Gesetzgebungskompetenzen zu den Verwaltungskompetenzen Rn.2 zu Art.83. Zur Begrenzung von Grundrechten
durch Kompetenznormen Vorb.46 vor Art.1.

2   **Europäisches Unionsrecht,** dem gegenüber dem nationalen Recht Anwendungsvorrang zukommt (Rn.32–35 zu Art.23), wirkt sich wie folgt auf
die Kompetenzordnung des GG aus (vgl. auch Reich, EuGRZ 01, 1): Soweit
der Union ausnahmsweise eine gegenständlich umschriebene ausschließliche
Gesetzgebungskompetenz zusteht (etwa die Festlegung der Zolltarife gem.
Art.31 AEUV und die Währungspolitik gem. Art.127ff AEUV) oder wo auf
der Grundlage konkurrierender Gesetzgebungskompetenzen erschöpfende
und unmittelbar geltende Unionsnormen erlassen worden sind (Uhle MD 30),
dürfen weder Bund noch Länder von ihren entsprechenden Gesetzgebungskompetenzen (etwa Art.73 Abs.1 Nr.4: Währungs-, Geld- und Münzwesen;
Art.73 Abs.1 Nr.5: Zölle) Gebrauch machen (vgl. Jarass, AöR 96, 186; Stettner DR 15; abw. Heintzen BK 152). Im Übrigen erfolgt die Kompetenz-
abgrenzung zwischen Union und Mitgliedstaaten nicht nach Sachmaterien,
sondern finalen, auf die Gewährleistung des Binnenmarkts gerichteten Kompetenzzuweisungen (insb. Art.114 AEUV), deren Ausübung durch das Subsi-
diaritäts- und Erforderlichkeitsprinzip (Art.5 EUV) gesteuert wird. Hier liegt
eine konkurrierende Gesetzgebungskompetenz zwischen Union und Mitgliedstaaten vor (von Borries, EuR 94, 275; Jarass, AöR 96, 191): Die Zuständigkeit der Mitgliedstaaten und damit Art.70ff bleiben unberührt, soweit die
Union von ihrer Kompetenz nicht durch unmittelbar geltende Vorschriften,
insb. Verordnungen, Gebrauch gemacht hat; Grenzen ergeben sich insoweit
nur aus dem Prinzip der Unionstreue (Jarass, AöR 96, 195). Für die bei Richtlinien erforderlichen nationalen Umsetzungsakte gelten wiederum allein
Art.70ff (vgl. Rn.44 zu Art.23).

3   Art.70ff sind **kein Landesverfassungsrecht;** daher kommt ein Hineinwirken der bundesverfassungsrechtlichen Gesetzgebungskompetenzen in das

Landesverfassungsrecht (Rn.1 zu Art.28) nur in Betracht, wenn dafür eine rechtliche Grundlage in der Landesverfassung besteht (BVerfGE 103, 332/357f; Degenhart SA 69).

2. Anwendungsbereich

a) Gesetzgebung bedeutet im gesamten Abschnitt VII und damit auch in 4 Art.70–74 Gesetze im formellen Sinn (BVerfGE 55, 7/21; Degenhart SA 16), d. h. Parlamentsgesetze einschließlich der verfassungsändernden Bundesgesetze (Kunig MüK 14), der Maßnahme- und Einzelfallgesetze (Rozek MKS 24; Uhle MD 35), der Vertrags- oder Transformationsgesetze (Sannwald SHH 9; Umbach/Clemens UC 12) und der Volksgesetze (Heintzen BK 43; Stettner DR 49). Dagegen sind Landesverfassungen hier nicht gemeint (Dreier DR 29 zu Art.31; Heintzen BK 47; März MKS 87 zu Art.31; Pietzcker HbStR IV 708f; Umbach/Clemens UC 10; a. A. Uhle MD 40f; Kunig MüK 14; Rozek MKS 25). Die gesetzliche Übertragung von Hoheitsrechten auf die Europäische Union ist gegenüber Art.70 speziell (Rozek MKS 29; Uhle MD 38), so dass sie sich auch auf Gesetzgebungskompetenzen der Länder erstrecken kann (Rn.17 zu Art.23). Untergesetzliche Rechtsnormen wie Rechtsverordnungen (a. A. Bothe AK 2f vor Art.70) oder Satzungen werden ebenso wenig erfasst wie Allgemeinverbindlicherklärung von Tarifverträgen (BVerfGE 55, 7/21). Allerdings schließt die Gesetzgebungskompetenz grundsätzlich – soweit nicht besondere Parlamentsvorbehalte entgegenstehen – in den Grenzen des Art.80 Abs.1 die partielle Übertragung der Normsetzungsbefugnis auf den Verordnungsgeber ein (BVerfGE 101, 1/31; 106, 1/19). Gewohnheitsrecht ist dem Kompetenzbereich zuzuordnen, den es durch seine Übung aktualisiert (BVerfGE 61, 149/203); im Übrigen entscheidet der stärkere Sachzusammenhang (unten Rn.8; weiter diff. März MKS 34ff zu Art.31; Uhle MD 47). Entsprechendes gilt für Richterrecht (BGHZ 117, 165/169; BAGE 33, 140/160; Heintzen BK 48; Uhle MD 49). Recht der Gesetzgebung ist als Kompetenz (Rn.3 zu Art.30) oder Zuständigkeit (Art.70 Abs.2) zu verstehen.

b) Vorbehalt der Verleihung an den Bund. Die Verleihung von Ge- 5 setzgebungskompetenzen an den Bund geschieht hauptsächlich in Art.73, 74, aber auch in zahlreichen anderen Normen des GG (Rn.4 zu Art.30). Soweit sich aus diesen Normen nichts Gegenteiliges ergibt, handelt es sich der Art nach um eine ausschließliche Gesetzgebungskompetenz des Bundes (Degenhart SA 12; Kunig MüK 29), die eine Sperrwirkung für die Landesgesetzgebung entfaltet (Rn.2 zu Art.71). Jede Gesetzgebungskompetenz des Bundes muss ihre Grundlage im geschriebenen Recht finden. Es gibt also keine ungeschriebenen Gesetzgebungskompetenzen oder Kompetenzen kraft Gewohnheitsrechts (Sannwald SHH 28), wohl aber solche, die sich nicht unmittelbar aus dem Wortlaut, sondern erst nach umfassender Auslegung der Verfassung ergeben (Isensee HbStR[3] VI § 133 Rn.79; Umbach/Clemens UC 15). Obwohl das BVerfG teilw. von „ungeschriebenen" Bundeskompetenzen „kraft Sachzusammenhangs" und „aus der Natur der Sache" gesprochen hat, können seine Ergebnisse durchweg auf geschriebenes Recht gestützt werden (vgl. Bothe AK 13ff zu Art.30; Bullinger, AöR 1971, 246ff; 278ff; Kunig MüK 22; Stern ST II 610).

6   **aa)** Bei der **Auslegung der Kompetenzbestimmungen** ist die entstehungsgeschichtliche und **historische** Auslegung häufig besonders ergiebig (vgl. BVerfGE 68, 319/328 ff; 97, 198/219; 106, 62/105). Dabei ist zu unterscheiden zwischen faktisch-deskriptiven (Benennung der Lebenssachverhalte) und normativ-rezeptiven (Benennung eines vorgefundenen Rechtsgebiets) Zuweisungen von Kompetenzen: Bei diesen bestimmt die einfach-gesetzliche Ausgestaltung in der Regel den Inhalt auch der Kompetenznorm (BVerfGE 109, 190/218; Degenhart SA 54). Darüber hinaus wird der Staatspraxis ein „besonderes Gewicht" zuerkannt (BVerfGE 68, 319/328 f; 106, 62/105; 109, 190/213); das kann aber nur für eine verfassungsmäßige Praxis gelten (Stettner DR 31).

7   Andererseits hängt die Einschlägigkeit einer Kompetenznorm von der **Einordnung** (Qualifikation) des unter sie zu subsumierenden Gesetzes ab: Der Gegenstand einer (oder mehrerer) Kompetenznorm(en; sog. Kompetenzkombination) muss auch Gegenstand der gesetzlichen Regelung sein. Dafür ist der unmittelbare Zweck (BVerfGE 8, 143/148 ff; 24, 300/353; 26, 281/298), der Hauptzweck (BVerfGE 13, 181/196), die unmittelbare Wirkung (BVerfGE 36, 314/319; 78, 249/266), der Kern (BVerfGE 28, 119/147), das Spezifische (BVerfGE 3, 407/433; 15, 1/22), Spezielle (BVerfGE 14, 197/220) der Regelung entscheidend; der Gegenstand der Kompetenznorm darf in dem Gesetz nicht nur als „Reflex" (BVerfGE 28, 119/149; vgl. auch BVerfG-K, NJW 96, 2498) mitberührt sein. Nicht entscheidend ist dagegen der Anknüpfungspunkt des Gesetzes (BVerfGE 4, 60/67 ff; 68, 319/327 f) oder die Frage seiner inhaltlichen Rechtmäßigkeit (BVerfGE 88, 203/313). Die Zuordnung von Gesetz und Kompetenznorm kann als Ermittlung des Sachzusammenhangs verstanden werden („kompetenzbegründender Sachzusammenhang" iSv Pestalozza MaK 114 f).

8   Im **Überschneidungsbereich** von Bundes- und Landeskompetenzen kommt es auf den stärkeren Sachzusammenhang an (BVerfGE 97, 228/252; 98, 265/299; 121, 30/47: „Schwerpunkt"; krit. Cremer, ZG 2005, 29/35 ff) bzw. darauf, mit welchem Kompetenzbereich eine Regelung enger „verzahnt" ist (BVerfGE 98, 145/158; 121, 30/48), nicht aber auf vom Gesetzgeber verfolgte (Neben-)Zwecke (BVerfGE 121, 317/348). Das Gleiche gilt für die Überschneidung verschiedener Gesetzgebungskompetenzarten (BVerfGE 80, 124/132: „Schwergewicht"; HessStGH, ESVGH 32, 20/26; VerfGH RP, DVBl 01, 471) und Unterarten der konkurrierenden Gesetzgebungskompetenz des Bundes (Rn.1 f zu Art.72).

9   **bb)** Eine **Kompetenz kraft Sachzusammenhangs** („kompetenzergänzender Sachzusammenhang" iSv Pestalozza MaK 110 ff) liegt vor, „wenn eine dem Bund zugewiesene Materie verständigerweise nicht geregelt werden kann, ohne dass zugleich eine andere Materie mit geregelt wird, wenn also das Übergreifen in einen an sich den Ländern übertragenen Kompetenzbereich für die Regelung der zugewiesenen Materie unerlässlich ist (BVerfGE 110, 33/48; 98, 265/299; 106, 62/115). Dies setzt voraus, dass der Bund von einer ihm ausdrücklich zugewiesenen Kompetenz Gebrauch gemacht hat (BVerfGE 26, 246/256 f). Die Kompetenz kraft Sachzusammenhangs erlaubt nur punktuelle Inanspruchnahmen der Landeskompetenz (BVerfGE 98, 265/300).

Im Einzelnen: Angenommen wurde ein Sachzusammenhang mit dem 10
Parteienrecht (Rn.2 zu Art.21) für die Wahlwerbung im Rundfunk (BVerf-
GE 12, 205/240 f), mit dem Waren- und Zahlungsverkehr mit dem Ausland
(Rn.19 zu Art.73) für den Dienstleistungsverkehr (BVerfGE 110, 33/48),
mit der Telekommunikation (Rn.26 f zu Art.73) für die Gewährleistung der
Datensicherheit und die normenklare Begrenzung der Zwecke der Daten-
verwendung (BVerfG, IN 2. 3. 10 – 1 BvR 256/08 u. a. Rn.201 f), mit dem
bürgerlichen Recht (Rn.3 f zu Art.74) für die Gebührenfestsetzung für gerichtliche Beurkundungen in der freiwilligen Gerichtsbarkeit (BVerfGE 11,
192/199), mit dem Strafrecht (Rn.5–7 zu Art.74) bei der Beratungslösung
für Schwangerschaftsabbrüche (BVerfGE 98, 265/302 ff), mit dem Handwerksrecht (Rn.26 zu Art.74) für die Altersversorgung für Schornsteinfeger
(BVerfGE 1, 264/272), mit der öffentlichen Fürsorge (Rn.17 f zu Art.74) für
die Jugendpflege (BVerfGE 22, 180/213) und mit den Heilberufen (Rn.51
zu Art.74) für den Altenpfleger (BVerfGE 106, 62/115 f). Diese Fälle sind
richtigerweise als kompetenzbegründender und nicht kompetenzergänzender
Sachzusammenhang zu qualifizieren (Pestalozza MaK 111).

Abgelehnt wurde ein Sachzusammenhang mit dem Bodenrecht (Rn.45– 11
47 zu Art.74) für das Baurecht (BVerfGE 3, 407/421 f), mit den Bundesei-
senbahnen (Rn.23 f zu Art.73) für das Verwaltungsgebührenrecht der Länder
(BVerfGE 26, 281/300), mit dem Post- und Fernmeldewesen (Rn.25–27 zu
Art.73) für Rundfunkveranstaltungen (BVerfGE 12, 205/237) und für das
Verwaltungsgebührenrecht der Länder (BVerfGE 26, 281/300), mit dem
Recht der Wirtschaft (Rn.21, 30 zu Art.74) für die Berufsbezeichnung In-
genieur (BVerfGE 26, 246/256 f), mit dem Wasserwegerecht (Rn.59 zu
Art.74) für die Wasserwirtschaft (BVerfGE 15, 1/20 ff) bzw. Wasserpolizei
(BVerwGE 87, 181/186) und mit der Zulassung zu Heilberufen (Rn.50 zu
Art.74) für die Berufsgerichtsbarkeit (BVerfGE 4, 74/83 f).

cc) Die **Annexkompetenz** ist der Sache nach nur ein Unterfall der 12
Kompetenz kraft Sachzusammenhangs (Bullinger, AöR 1971, 243 f; Rengeling HbStR IV 746; a. A. Degenhart SA 37, 43: Stadien der Vorbereitung
und Durchführung; Heintzen BK 120 f; Uhle MD 65: Ausdehnung „in die
Tiefe", statt, wie bei der Kompetenz kraft Sachzusammenhangs, „in die
Breite"), im Übrigen mit dem gleichen Changieren zwischen Kompetenz-
begründung und Kompetenzergänzung (Pestalozza MaK 116 f). Als Annex
zu einer dem Bund zugewiesenen Materie sind die spezielle Ordnungs- und
Polizeigewalt in dem entsprechenden Sachgebiet (BVerfGE 3, 407/433; 8,
143/149; 78, 374/386 f; BVerwGE 84, 247/250; 95, 188/191; NVwZ-RR
97, 351; BGH, DVBl 79, 116), die Beitragserhebung (BVerwGE 112, 194/
199) und die Kompetenz für Gesetze über Volksbefragungen und Statistik zu
dem entsprechenden Gegenstand (BVerfGE 8, 104/118 f) bezeichnet worden. In der neueren Rspr. wird zwischen Annexkompetenz und Kompetenz
kraft Sachzusammenhangs nicht mehr unterschieden (BVerfGE 98, 265/299;
109, 190/215; BVerfG-K, NJW 96, 2498). Zu Verfahrensvorschriften als
Annex materiell-rechtlicher Regelungen Rn.2 zu Art.83.

dd) Eine **Kompetenz aus der Natur der Sache** ist vom BVerfG ange- 13
nommen worden, wenn „gewisse Sachgebiete, weil sie ihrer Natur nach
eigenste, der partikularen Gesetzgebungszuständigkeit a priori entrückte An-

gelegenheiten (des Bundes) darstellen, (vom Bund) und *nur* von ihm geregelt werden können"; „Schlussfolgerungen ‚aus der Natur der Sache' müssen begriffsnotwendig sein und eine bestimmte Lösung unter Ausschluss anderer Möglichkeiten sachgerechter Lösung zwingend fordern" (BVerfGE 11, 89/ 99; 22, 180/217). Hierbei handelt es sich um eine die gesamte Verfassung umfassende systematische Auslegung (Bothe AK 15 zu Art.30; Stern ST II 612f). Eine Gesetzgebungskompetenz des Bundes aus der Natur der Sache ist der Art nach stets eine ausschließliche (Kunig MüK 27; Rozek MKS 36; Stettner DR 62; Umbach/Clemens UC 23).

14 **Im Einzelnen: Angenommen** wurde eine Bundesgesetzgebungskompetenz aus der Natur der Sache für den Sitz der Verfassungsorgane des Bundes (BVerfGE 3, 407/422) und Bundessymbole einschließlich Bundesflaggen (Rn.4 zu Art.22) und die mit der Vereinigung Deutschlands verbundenen unaufschiebbaren Aufgaben, z.B. die Regelung der Beschäftigungsverhältnisse der Arbeitnehmer im öffentlichen Dienst (BVerfGE 84, 133/148; 85, 360/374), die Verteilung des öffentlichen Vermögens (BVerfGE 95, 243/ 248f) und das Stasi-Unterlagen-Gesetz (Maiwald, ZRP 06, 18/21), ferner für Nationalfeiertag (BayVerfGE 35, 10/18f; Kunig MüK 27; Preuß AK 69 zu Art.140), UntersuchungsausschussG (Rn.1 zu Art.44), Bannmeilen für Bundesorgane (Stettner DR 67; Pestalozza MaK 216 zu Art.74; vgl. auch BT-Drs.16/813, 12), Raumplanung für den Gesamtstaat (vgl. Rn.81 zu Art.74), überregionale Jugendhilfe (BVerfGE 22, 180/217) und Sportförderung, soweit die Pflege der Beziehungen zu auswärtigen Staaten betroffen ist (Tettinger, in: Subventionierung des Sports, 1987, 40ff).

15 **Abgelehnt** wurde eine Bundesgesetzgebungskompetenz aus der Natur der Sache für Baurecht (BVerfGE 3, 407/422), Berufsbezeichnung „Ingenieur" (BVerfGE 26, 246/257), Kunstförderung (Geißler, Staatliche Kunstförderung nach GG und Recht der EG, 1995, 138ff), Rechtschreibreform (vgl. BVerfGE 98, 128/249), Rundfunkveranstaltungen (BVerfGE 12, 205/ 242), Schutz der deutschen Sprache (Theme, Sprache und Gesetzgeber, 2002, 171ff), Strukturförderung (BVerfGE 41, 291/312), Urlaub für Postarbeiter (BVerfGE 11, 89/98f) und Wasserwirtschaft (BVerfGE 15, 1/24).

16 **c) Arten der Verleihung an den Bund (Abs.2).** Soweit nach dem GG eine Bundeskompetenz begründet ist, unterfällt sie gem. Abs.2 in die beiden Arten der ausschließlichen und der konkurrierenden Gesetzgebungskompetenz (näher Art.71, 72). Diese Aufzählung ist nicht abschließend (Degenhart SA 14; Heintzen BK 102; Maunz MD 40; Stern ST II 592; **a.A.** BVerfGE 1, 14/35; BVerwGE 3, 335/339f; Bothe AK 4ff; Kunig MüK 29; Uhle MD 25f, 156f). Die Grundsatzgesetzgebungskompetenz (näher Rn.4 zu Art.109) ist folgerichtig eine dritte Art der Bundesgesetzgebung (so BVerfGE 111, 226/247 für die seit 2006 abgeschaffte Rahmengesetzgebungskompetenz; vgl. auch Umbach/Clemens UC 43ff).

3. Rechtsfolgen

17 **a)** Soweit das GG keine Gesetzgebungskompetenz des Bundes begründet, haben die **Länder** die **Gesetzgebungskompetenz**, und zwar je für sich, wodurch allerdings freiwillige konzertierte Aktionen der Landesgesetzgeber

und das Befolgen von Musterentwürfen nicht ausgeschlossen sind (Rozek MKS 21). In einigen Vorschriften des GG ist die Gesetzgebungskompetenz der Länder ausdrücklich erwähnt (Rn.59, 61 zu Art.23; Rn.29 zu Art.72; Rn.3 zu Art.98; Rn.27 zu Art.105; Rn.4 zu Art.140/137 WRV). Die in Rn.7–9 zu Art.30 genannten Rechtsfolgen gelten auch hier. Wenn die Länderkompetenz ihrer Art nach als ausschließliche bezeichnet wird (BVerfGE 16, 64/79), ist zu beachten, dass, anders als bei der ausschließlichen Bundesgesetzgebungskompetenz (Rn.3–5 zu Art.71), keine Kompetenzüberlassung zulässig ist (Rn.8 zu Art.30). Auch die Länderkompetenz kann „kraft Sachzusammenhangs" (oben Rn.6–11) bestehen (BVerfGE 7, 29/43; BVerfG-K, NJW 96, 2497 f; Degenhart SA 44, 47; Uhle MD 142 f; Umbach/Clemens UC 29).

Einzelfälle (A–F): Ausstellungsrecht (Rn.31 zu Art.74); Bauordnungs- **18** recht (Rn.46 zu Art.74); Beamtenrecht in Teilen (Rn.73–77 zu Art.74); Bergbahnen (Rn.67 zu Art.74); Denkmalschutzrecht (BVerfGE 78, 205/211; BVerwGE 102, 260/265); Enteignungsrecht vorbehaltlich Art.74 Abs.1 Nr.14 (BVerfGE 56, 249/263); Erschließungsbeitragsrecht (Rn.47 zu Art.74); Facharztrecht (BayVerfGHE 35, 56/63); Feiertagsrecht (BayVerfG-HE 35, 10/18 f; DÖV 96, 558; vgl. aber oben Rn.14); Flurbereinigungsrecht (Rn.43 zu Art.74); Friedhof- und Bestattungswesen (Heintzen BK 82).

(G–L): Gaststättenrecht (Rn.31 zu Art.74); Gemeinderecht (BVerfGE 1, **19** 167/176; 56, 298/310; 57, 43/59; 58, 177/191 f), einschließlich Kommunalwahlrecht (BVerwG, NVwZ 93, 378; LKV 97, 171), Gemeindewirtschaftrecht (SächsVerfGH, NVwZ 05, 1058), Zweckverbandsrecht (LVerfG MV, LVerfGE 10, 317/325) und Beschränkungen bei Verpflichtungserklärungen (Ludwig/Lange, NVwZ 99, 138 ff; für Zuordnung zum bürgerlichen Recht dagegen BGHZ 32, 375/380 f; 147, 381/383); Heimrecht (Rn.19 zu Art.74); Hochschulrecht zum großen Teil (Rn.83–85 zu Art.74); Kindergartenwesen (Heintzen BK 85); Krankenhausorganisation (Rn.54 zu Art.74); Kulturrecht (Heintzen BK 90; Uhle MD 106); Ladenschlussrecht (Rn.31 zu Art.74); Lärmbekämpfung in Teilen (Rn.68–70 zu Art.74); Landesangehörigkeit (Rn.7 zu Art.73); Landesverfassungsrecht (BVerfGE 96, 345/368; 98, 145/157; BVerfG-K, NJW 96, 2497).

(M–P): Marktrecht (Rn.31 zu Art.74); Messerecht (Rn.31 zu Art.74); **20** Öffentlich-rechtliches Versicherungswesen ausschließlich der Sozialversicherung (BVerfGE 41, 205/218 f); Personenschaustellungsrecht (Rn.31 zu Art.74); Pflegeeinrichtungen vorbehaltlich Art.74 Abs.1 Nr.12 (BSGE 88, 215/223 f); Polizei- und Ordnungsrecht, auch im Vorfeld von Versammlungen (BVerwG, NVwZ 88, 250; SächsVerfGH, LVerfGE 14, 333/380; Pieroth/Schlink/Kniesel, Polizei- und Ordnungsrecht, 6. A. 2010, § 20 Rn.13 f), vorbehaltlich Art.73 Abs.1 Nr.1, 3, 5, 9a und 10, dem Ordnungsrecht als Bestandteil bestimmter Materien (BVerfGE 8, 143/150; 40, 261/266; 110, 141/173) sowie Auswirkungen anderer Materien (BVerwGE 108, 269/271 f); Presserecht vorbehaltlich Art.74 Abs.1 Nr.1 und 11).

(R–Z): Rauchverbote zum Schutz der Bevölkerung insgesamt (BVerfGE **21** 121, 317/347 ff); Rettungswesen (BVerwGE 99, 10/13; BSG, NZS 02, 31); Rundfunkrecht (BVerfGE 12, 205/229; 92, 203/238; 121, 30/46 ff); Sammlungsrecht (BVerwG, DVBl 82, 200); Schulrecht einschließlich Privatschulrecht (BVerfGE 75, 40/66 f; 98, 218/248; 106, 62/132; BVerwGE 104, 1/6; BAGE 95, 217/225); Siedlungs- und Heimstättenwesen seit 2006 (Einl.3 Nr.52); Spielhallenrecht (Rn.31 zu Art.74); Strafvollzug und Untersuchungshaftvollzug (Rn.11 zu Art.74); Straßen- und Wegerecht ausschließlich Boden-, Fernstraßen- und Straßenverkehrsrecht (BVerfGE 26, 338/370; 34, 139/152; 42, 20/28; 67, 299/314 f); Verfassungsgerichtsbarkeit der Länder (Rn.8 zu Art.74); Versammlungsrecht seit 2006 (Einl.3 Nr.52); Wahlen in den Ländern (BVerfGE 24, 300/354; 98, 145/157); Wohnraumförderung seit 2006 (Einl.3 Nr.52).

22   **b)** Die Zuweisung einer Kompetenz begründet grundsätzlich **keine Gesetzgebungspflicht,** erst recht kein subjektives Recht hierauf (BFHE 134, 445/449; Bothe AK 25; Heintzen BK 50; Stern II 609; Uhle MD 147; Umbach/Clemens UC 49 f; a.A. Bleckmann, DÖV 83, 131). Gesetzgebungspflichten können sich jedoch aus anderen Verfassungsbestimmungen, namentlich aus Gesetzgebungsaufträgen (z.B. Art.6 Abs.5) und Grundrechten (vgl. Vorb.4–8, 13 vor Art.1), sowie aus Europäischem Gemeinschaftsrecht ergeben (Rozek MKS 19 f; Stettner DR 43). Soweit das GG eine nähere Regelung oder Bestimmung eines Gegenstandes vorsieht, ist das als Regelungsauftrag anzusehen, außer es liegt eine bloße Ermächtigung („kann") vor oder der Erlass des Gesetzes ist an bestimmte Voraussetzungen geknüpft. Verpflichtet ist der jeweils kompetente Gesetzgeber. Bei Gegenständen der konkurrierenden Gesetzgebungskompetenz (Rn.1 f zu Art.72) darf der Bundesgesetzgeber die Länder nicht zur Gesetzgebung verpflichten, wohl aber kann die Gesetzgebungspflicht gerade eine einheitliche Bundesregelung verlangen (vgl. BVerfGE 88, 203/304 f).

Art.71 [Ausschließliche Bundesgesetzgebung]

   Im Bereiche der ausschließlichen Gesetzgebung des Bundes haben die Länder die Befugnis zur Gesetzgebung nur, wenn und soweit sie hierzu in einem Bundesgesetze ausdrücklich ermächtigt werden[1 ff].

   Literatur: S. Literatur zu Art.70.

1. Bedeutung

1   Art.71 definiert den Begriff der ausschließlichen Gesetzgebung des Bundes. Diese ist eine von mehreren Arten der Gesetzgebungskompetenz des Bundes (Rn.16 zu Art.70) und durch zwei Merkmale gekennzeichnet: Sie hat einerseits eine Sperrwirkung für die Landesgesetzgebung zur Folge, von der andererseits Ausnahmen zulässig sind.

2. Sperrwirkung

2   Soweit das GG dem Bund eine ausschließliche Gesetzgebungskompetenz verleiht (Rn.5 zu Art.70), sind Landesgesetze nach allgemeiner Meinung unzulässig und nichtig; insoweit ist Art.71 lex specialis zu Art.31 (Rn.3 zu Art.31; a.A. Heintzen MKS 30; Uhle MD 43). Das gilt auch für Gesetzentwürfe, die durch Volksbegehren eingebracht werden (StGH BW, ESVGH

36, 161/164; Sannwald SHH 10). Die Sperrwirkung enthält auch ein Verbot von Aktivitäten der Länder, die die Wahrnehmung der ausschließlichen Gesetzgebungskompetenz des Bundes erheblich beeinträchtigen (Bothe AK 3; Fischer BK 64 f). Die Länder dürfen keine gesetzliche Grundlage für Volksbefragungen im Bereich der ausschließlichen Gesetzgebungskompetenz des Bundes schaffen (BVerfGE 8, 104/117 f; vgl. auch BbgVerfG, LVerfGE 10, 143/149 f). Die Sperrwirkung gilt nicht für Landesverfassungsrecht (Rn.4 zu Art.70; diff. Uhle MD 39).

3. Ausnahmen

a) Allgemeines. Die Sperrwirkung tritt nicht ein, wenn und soweit die 3 Länder in einem Bundesgesetz ausdrücklich zur Gesetzgebung im Bereich der ausschließlichen Gesetzgebungskompetenz ermächtigt werden. Sinn dieser Delegationsbefugnis ist „die Notwendigkeit oder Zweckmäßigkeit einer regional differenzierten Sachregelung" (BVerfGE 18, 407/418). Von ihr ist bisher erst in wenigen Fällen Gebrauch gemacht worden (Sannwald SHH 32; Uhle MD 17, 59). Die Sperrwirkung tritt ferner nicht ein unter den Voraussetzungen des Art.80 Abs.4 (Rn.7 zu Art.80; Fischer BK 95; Heintzen MKS 26; Uhle MD 38).

b) Voraussetzungen. aa) Form. Die Ermächtigung muss ausdrücklich 4 durch förmliches Bundesgesetz erfolgen (Bothe AK 5; Fischer BK 91 f; Kunig MüK 8). Es bedarf der Zustimmung des Bundesrats, wenn für den Gegenstand der Ermächtigung ein Zustimmungserfordernis (Rn.4 f zu Art.77) besteht und das Bundesgesetz für diesen Gegenstand selbst Regelungen trifft (Uhle MD 47; weitergehend Stettner DR 14; Fischer BK 93; Clemens/Umbach UC 19). Die Ermächtigung muss spätestens vor Ausfertigung bzw. Schluss der letzten Parlamentslesung des Landesgesetzes in Kraft sein (Pestalozza MaK 54). Bei einer dynamischen Verweisung (Rn.9 zu Art.30) auf Landesrecht kommt eine Umdeutung in eine Ermächtigung gem. Art.71 in Betracht (Pestalozza MaK 55 f).

bb) Umfang. Es dürfen nur Teilgebiete (Einzelfragen) eines unter die 5 ausschließliche Gesetzgebungskompetenz des Bundes fallenden Gegenstandes delegiert werden (Rn.8 zu Art.30; Fischer BK 96; Kunig MüK 10); der Kern des Sachgebiets muss beim Bund verbleiben (Clemens/Umbach UC 20; Uhle MD 49). Die Ermächtigung ist aber mindestens in dem Umfang zulässig wie eine Verordnungsermächtigung nach Art.80 Abs.1 (Pestalozza MaK 40). Die Bestimmtheitserfordernisse des Art.80 Abs.1 S.2 müssen nicht beachtet werden (Degenhart SA 8; Fischer BK 96; Stettner DR 10; Uhle MD 46). Daher ist auch die Vorgabe eines Rahmens für die Landesgesetzgebung möglich (VerfGH NW, OVGE 43, 205/209 ff; a.A. Sannwald SHH 25). Die Delegation der dem Bund kraft Natur der Sache zugewiesenen Materien (Rn.13–15 zu Art.70) wird als unzulässig angesehen (Fischer BK 85; Kunig MüK 9; a.A. Heintzen MKS 18; offen gelassen BVerwGE 92, 263/266). Rechtlich tragfähig ist insoweit aber nur eine Missbrauchsgrenze (Bothe AK 6). Der Bund muss für die Delegation keinen sachlichen Anlass haben (Kunig MüK 11; Uhle MD 48; teilw. a.A. Clemens/Umbach UC 18).

Der Bund darf auch „aus Bequemlichkeit" delegieren (Heintzen MKS 37; Stettner DR 16; a. A. Sannwald SHH 22; Stern ST II 593). Die Delegation darf allen oder auch einzelnen Ländern mit der Folge regionaler Differenzierung erteilt werden (Bothe AK 7; Fischer BK 100; Heintzen MKS 38; Rengeling HbStR[3] VI § 135 Rn.86 f).

6   c) **Rechtsfolge** der Ermächtigung ist die Gesetzgebungskompetenz, jedoch keine Gesetzgebungspflicht der Länder (Fischer BK 104; Heintzen MKS 42; Kunig MüK 13; Uhle MD 51; a. A. Bothe AK 7). Wegen Art.80 Abs.1 bezieht sich Art.71 nur auf förmliche Landesgesetze (Kunig MüK 6; Uhle MD 51). Das von den Ländern auf Grund der Ermächtigung erlassene Gesetz ist Landesrecht (BVerfGE 18, 407/415). Die Ermächtigung kann auch umfassen, widerstreitendes Bundesrecht außer Kraft zu setzen (BVerwG, GewArch 67, 96). Ein Landesgesetz, das die Ermächtigung überschreitet, ist nichtig (vgl. VerfGH NW, OVGE 43, 205/206 f, 209). Die Ermächtigung kann durch Aufhebung oder Änderung des ermächtigenden Gesetzes und durch Neuregelung der Materie durch Bundesgesetz rückgängig gemacht bzw. eingeschränkt werden (Fischer BK 106; Kunig MüK 14; Uhle MD 56). Der Wegfall der Ermächtigung lässt regelmäßig vorhandene Landesgesetze nichtig werden, außer dem Bundesrecht ist Gegenteiliges zu entnehmen (Heintzen MKS 46; Kunig MüK 15; Clemens/Umbach UC 25; Fischer BK 108).

Art.72 [Konkurrierende Bundesgesetzgebung]

(1) **Im Bereich der konkurrierenden Gesetzgebung haben die Länder die Befugnis zur Gesetzgebung, solange und soweit der Bund von seiner Gesetzgebungszuständigkeit nicht durch Gesetz Gebrauch gemacht hat**[3 ff].

(2) **Auf den Gebieten des Artikels 74 Abs.1 Nr.4, 7, 11, 13, 15, 19a, 20, 22, 25 und 26 hat der Bund das Gesetzgebungsrecht, wenn und soweit die Herstellung gleichwertiger Lebensverhältnisse im Bundesgebiet**[20] **oder die Wahrung der Rechts-**[21] **oder Wirtschaftseinheit**[22] **im gesamtstaatlichen Interesse eine bundesgesetzliche Regelung**[19] **erforderlich**[17 f] **macht.**

(3) **Hat der Bund von seiner Gesetzgebungszuständigkeit Gebrauch gemacht, können die Länder durch Gesetz hiervon abweichende Regelungen**[30] **treffen über:**

1. **das Jagdwesen (ohne das Recht der Jagdscheine);**
2. **den Naturschutz und die Landschaftspflege (ohne die allgemeinen Grundsätze des Naturschutzes, das Recht des Artenschutzes oder des Meeresnaturschutzes);**
3. **die Bodenverteilung;**
4. **die Raumordnung;**
5. **den Wasserhaushalt (ohne stoff- oder anlagenbezogene Regelungen);**
6. **die Hochschulzulassung und die Hochschulabschlüsse.**

Bundesgesetze auf diesen Gebieten treten frühestens sechs Monate nach ihrer Verkündung in Kraft, soweit nicht mit Zustimmung des Bundes-

rates anderes bestimmt ist[31]. **Auf den Gebieten des Satzes 1 geht im Verhältnis von Bundes- und Landesrecht das jeweils spätere Gesetz vor[32].**

(4) **Durch Bundesgesetz kann bestimmt werden, daß eine bundesgesetzliche Regelung, für die eine Erforderlichkeit im Sinne des Absatzes 2 nicht mehr besteht, durch Landesrecht ersetzt werden kann[24 ff].**

Übersicht

Literatur: *Gerstenberg,* Zu den Gesetzgebungs- und Verwaltungskompetenzen nach der Föderalismusreform, 2009; *Beck,* Die Abweichungsgesetzgebung der Länder, 2009; *Haug,* Die Abweichungsgesetzgebung – ein Kuckucksei der Föderalismusreform?, DÖV 2008, 851; *Franzius,* Die Abweichungsgesetzgebung, NVwZ 2008, 492; *Erbguth,* Zur Föderalismusreform im Bereich Umwelt, insbesondere Raumordnung, FS Rengeling, 2008, 35; *Kotulla,* Umweltschutzgesetzgebungskompetenzen und „Föderalismusreform", NVwZ 2007, 489; *Frenz,* Gesetzgebungskompetenzen nach der Föderalismusreform, Jura 2007, 165; *Försterling,* Kompetenzrechtliche Probleme nach der Föderalismusreform, ZG 2007, 36; *Rüfner,* Art.72 Abs.2 in der Rechtsprechung des BVerfG, FS Isensee, 2007, 389; *Kloepfer,* Die neue Abweichungsgesetzgebung der Länder und ihre Auswirkungen auf den Umweltbereich, FS Scholz, 2007, 651; *Rengeling,* Föderalismusreform und Gesetzgebungskompetenzen, DVBl 2006, 1537; *O. Klein/ K. Schneider,* Art.72 GG n.F. im Kompetenzgefüge der Föderalismusreform, DVBl 2006, 1549; *Selmer,* Die Föderalismusreform – Eine Modernisierung der bundesstaatlichen Ordnung?, JuS 2006, 1052; *Degenhart,* Die Neuordnung der Gesetzgebungskompetenzen durch die Föderalismusreform, NVwZ 2006, 1209; *Knopp,* Föderalismusreform – zurück zur Kleinstaaterei?, NVwZ 2006, 1216; *Häde,* Zur Föderalismusreform in Deutschland, JZ 2006, 930; *J. Ipsen,* Die Kompetenzverteilung zwischen Bund und Ländern nach der Föderalismusnovelle, NJW 2006, 2801; *Nierhaus/Rademacher,* Die große Staatsreform als Ausweg aus der Föderalismusfalle?, LKV 2006, 385; *T. D. Würtenberger,* Art. 72 II GG: Eine berechenbare Kompetenzausübungsregel?, 2005; *Lechleitner,* Die Erforderlichkeitsklausel des Art. 72 Abs. 2 GG, Jura 2004, 746; *Depenheuer,* Vom Bedürfnis zur Erforderlichkeit, ZG 2003, 177; *Möstl,* Neuordnung der Gesetzgebungskompetenzen von Bund und Ländern, ZG 2003, 297; *Kenntner,* Justitiabler Föderalismus, 2000; *Neumeyer,* Der Weg zur neuen Erforderlichkeitsklausel für die konkurrierende Gesetzgebung des Bundes (Art. 72 Abs. 2 GG), 1999; *Böhm,* Sperrwirkung von Verordnungsermächtigungen, DÖV 1998, 234; *Knorr,* Die Justitiabilität der Erforderlichkeitsklausel iSd Art. 72 II GG, 1998; *Kröger/Moos,* Die Erforderlichkeitsklausel gem. Art. 72 Abs. 2 GG n. F. im Spannungsfeld des Bundesstaates, BayVBl 1997, 705; *Calliess,* Die Justitiabilität des Art. 72 Abs. 2 GG vor dem Hintergrund von kooperativem und kompetitivem Föderalismus, DÖV 1997, 889; *Schmehl,* Die erneuerte Erforderlichkeitsklausel in Art. 72 Abs. 2 GG, DÖV 1996, 724; *G. Schmidt,* Die neue Subsidiaritätsprinzipregelung des Art. 72 GG in der deutschen und europäischen Wirtschaftsverfassung, DÖV 1995, 657. – S. auch Literatur zu Art. 70.

I. Bedeutung und Abgrenzung zu anderen Vorschriften

1   Art. 72 ist zunächst 1994 mit dem Ziel geändert worden (Einl. 3 Nr. 42), den Verlust der Gesetzgebungskompetenzen der Länder(parlamente) in den vergangenen Jahrzehnten auszugleichen (BT-Drs. 12/6000, 32). Die Verfassungsänderung von 2006 (Einl. 3 Nr. 52) diente einer umfassenden Modernisierung der bundesstaatlichen Ordnung, indem Zuständigkeiten entflochten, die Handlungs- und Entscheidungsfähigkeit von Bund und Ländern verbessert und die politischen Verantwortlichkeiten deutlicher zugeordnet wurden, wodurch auch die Effizienz der Aufgabenerfüllung gesteigert werden sollte (BT-Drs. 16/813, 1). Die konkurrierende Gesetzgebungskompetenz des Bundes als eine von mehreren Arten der Gesetzgebungskompetenz des Bundes (Rn. 16 zu Art. 70) ist dabei in **mehrere Unterarten** aufgeteilt worden, für die unterschiedliche Voraussetzungen und Rechtsfolgen gelten: Kernkompetenz (auch Vorrang- oder unkonditionierte Kompetenz genannt), Erforderlichkeitskompetenz (auch Bedarfs- oder konditionierte Kompetenz genannt) und Abweichungskompetenz (auch Auffanggesetzgebungskompetenz mit Zugriffsrecht der Länder genannt). Zur Fortgeltung alten Rechts Rn. 1–13 zu Art. 125a).

2   Nach wie vor handelt es sich bei der konkurrierenden Gesetzgebungskompetenz des Bundes – im Unterschied zur früheren Rahmengesetzgebungskompetenz des Bundes (Art. 75 a. F.) – um eine **Vollkompetenz,** die die Regelung sämtlicher Fragen ermöglicht, die zu einem Gegenstand (einer Materie, einem Titel) der konkurrierenden Gesetzgebungskompetenz (Rn. 1 f zu Art. 74) gehören. Kommen für ein Gesetz mehrere Kompetenztitel der konkurrierenden Gesetzgebungskompetenz in Betracht, die unterschiedlichen Unterarten zugehören, muss nach den gleichen Grundsätzen wie bei verschiedenen Gesetzgebungskompetenzen (Rn. 4 zu Art. 70) die Zuordnung zu einer Unterart vorgenommen werden (Degenhart SA 8 f).

II. Kernkompetenz (Abs.1)

1. Anwendungsbereich und Eigenart

Unter die Kernkompetenz **fallen** alle Gegenstände, die weder der Erfor- **3** derlichkeitskompetenz noch der Abweichungskompetenz unterfallen. Das sind in Gänze die Gegenstände gem. Art.74 Abs.1 Nr.1–3, 6, 9, 10, 12, 14, 16–19, 21, 23, 24 und 27. Bei den Gegenständen gem. Art.74 Abs.1 Nr.28– 33 gehören nur diejenigen Teile zur Kernkompetenz, die gem. Art.72 Abs.3 S.1 aus den Gegenständen der Abweichungskompetenz ausgeklammert werden.

Im Einzelnen sind dies: Recht der Jagdscheine; die allgemeinen Grund- **4** sätze des Naturschutzes umfassen insb. die Erhaltung der biologischen Vielfalt und die Sicherung der Funktionsfähigkeit des Naturhaushalts (BT-Drs. 16/813, 11), nicht aber Landschaftsplanung, Schutzgebietsausweisung und Mitwirkung der Naturschutzverbände (vgl. Koch/Krohn, NuR 06, 678); Recht des Artenschutzes; das Recht des Meeresnaturschutzes umfasst den maritimen Arten- und Gebietsschutz sowie die naturschutzfachliche Bewertung bei der Realisierung von Vorhaben im maritimen Bereich (BT-Drs.16/ 813, 11), wie z.B. Off-Shore-Windparks (Degenhart SA 123 zu Art.74); stoff- oder anlagenbezogene Regelungen des Wasserhaushalts umfassen den Kernbereich des Gewässerschutzes, nämlich stoffliche Belastungen und von Anlagen ausgehende Gefährdungen der Gewässer (BT-Drs. 16/813, 11) einschließlich der integrierten Anlagengenehmigung (Benneter/Poschmann, in: Holtschneider/Schön, o.Lit., 189 ff; Kluth KL 25 zu Art.74). Allerdings bestehen hier viele europarechtliche Bindungen (Kloepfer, ZG 2006, 261 ff).

Die Kernkompetenz ist dadurch **gekennzeichnet,** dass mit dem voraus- **5** setzungslosen, d.h. insb. nicht von einer Erforderlichkeit (unten Rn.17 f) abhängigen, Gebrauchmachen von der Kompetenz durch den Bund eine Sperrwirkung (unten Rn.11) für die Landesgesetzgebung eintritt. Solange und soweit der Bund keinen Gebrauch macht, besteht die Gesetzgebungskompetenz der Länder.

2. Gebrauchmachen durch den Bund

a) Ein **Gebrauchmachen** liegt vor, wenn ein Bundesgesetz eine be- **6** stimmte Frage ausdrücklich – auch negativ (vgl. BVerfGE 2, 232/236; 34, 9/28), insb. durch absichtsvollen Regelungsverzicht (BVerfGE 98, 265/300) oder durch „beredtes Schweigen" (BVerwGE 109, 272/283) – geregelt hat oder wenn dem Gesetz durch „Gesamtwürdigung des betreffenden Normenbereiches" zu entnehmen ist, dass es eine erschöpfende oder abschließende Regelung einer bestimmten Materie darstellt (BVerfGE 67, 299/324; 102, 99/114 f; 109, 190/229; BVerwGE 116, 1/2); neben konkreten Einzelregelungen ist auf die Gesamtkonzeption abzustellen (BVerfGE 98, 83/98; 98, 265/301; 102, 99/121). Entscheidend ist der Inhalt des erlassenen Gesetzes (BT-Drs. 12/6000, 33; Degenhart, ZfA 93, 417); dagegen hat BVerfGE 34, 9/28 schon mit einem ersten Gesetz einer mehrere Gesetze umfassenden Gesamtplanung die Sperrwirkung für die gesamte Materie eintreten lassen (dagegen Degenhart SA 35; Sannwald SHH 28). Auch ein bloßes Verbot von Landesgesetzen stellt ein Gebrauchmachen dar (Stettner DR 41; diff. zwischen unzulässigen Sperrgesetzen und zulässigen „Teilsperren", bei denen der Gesetzgeber in Anknüpfung an eine Teilregelung einen bestimmten Bereich von weiteren Regelungen freizuhalten versucht, BVerfGE 32, 319/ 327; 34, 9/28; vgl. auch Oeter MKS 66). Die Kodifizierung eines bestimmten Sachgebiets erlaubt noch keinen Schluss auf eine erschöpfende Regelung (BVerfGE 56, 110/119; BVerwGE 85, 332/342). Auch bei sehr allgemein oder abstrakt gefassten Vorschriften kann es an einer erschöpfenden Regelung fehlen (Jarass, NVwZ 96, 1043). Gesetz bedeutet grundsätzlich Parlamentsgesetz (vgl. unten Rn.11f) und keinesfalls Verwaltungsvorschriften (a. A. Dolde/Vetter, NVwZ 95, 944f).

7   **b) Kein Gebrauchmachen** liegt vor, wenn der Bund in einer bestimmten Materie überhaupt nicht gesetzgeberisch tätig geworden ist, wenn das Bundesgesetz bloße Wert- und Zielvorstellungen enthält (BVerfGE 49, 343/ 359), wenn es die Frage des „Ob" einer Leistungspflicht offenlässt (BVerfGE 78, 249/273) oder wenn es Lücken enthält (BVerwGE 109, 272/279). Der Bundesgesetzgeber muss sich für eine bestimmte inhaltliche Konzeption entscheiden und diese verbindlich verankern (Jarass, NVwZ 96, 1044).

8   **Einzelfälle** einer erschöpfenden oder abschließenden Regelung durch Bundesgesetze **(A–R):** aus dem Abfallrecht das Kooperationsprinzip (BVerfGE 98, 106/125ff) und die Überwachung der Altölverwertung (BVerwGE 96, 318/322f); Aufenthaltsrecht der Ausländer (BVerwGE 65, 174/178); aus dem Baurecht die Bauleitplanung (BVerfGE 77, 288/301f), die Zulässigkeit von Abgrabungen größeren Umfangs (BVerwG, DVBl 83, 893) und von Vorhaben im Außenbereich (BayVGHE 30, 65/73f); aus dem BGB das Recht der beschränkt dinglichen Sachenrechte und des Schadenersatzes (BVerfGE 45, 297/341, 345); aus dem Bodenschutzrecht die Altlastenfeststellung (BVerwGE 126, 1 Rn.9ff), nicht aber Verwaltungsgebühren (BVerwGE 126, 222 Rn.22ff); Kriegsopferrecht (BVerwGE 117, 172/175f); notarielles Gebührenrecht (BVerfGE 47, 285/314); Lotterievermittlung (Pieroth/Görisch, NVwZ 05, 1225ff; **a.A.** BVerfG-K, NVwZ 08, 1340); Parken von Fahrzeugen (BVerfGE 67, 299/324ff; vgl. aber BGHSt 47, 181/185f).

9   **(S–Z):** Aus dem SGB die Entgeltregelung für vertragsärztliche Leistungen (BVerwGE 99, 10/12); aus dem StGB § 367 Abs.1 Nr.15 a.F. (BVerfGE 29, 11/16f; 31, 141/144) sowie allgemein der von ihm erfasste Rechtsgüterschutz (Degenhart SA 17 zu Art.74; Kunig MüK 14 zu Art.74; vgl. auch BVerfGE 98, 265/312) sowie das Recht der Sicherungsverwahrung (BVerfGE 109, 190/231); aus der StPO § 53 Abs.1 Nr.5 (BVerfGE 36, 193/210; 36, 314/320), §§ 100a, b, g, h, i (BVerfGE 113, 348/372ff) und § 310 (BVerfGE 48, 367/376); Strafregisterrecht (BVerwGE 65, 174/178); Straßenverkehrsrecht (BGHSt 47, 181/186); Versicherungsbedingungen im VVG (BVerfGE 41, 205/224); VwGO – daher sind abweichende landesrechtliche Vorschriften über Klagefristen (BVerfGE 21, 106/117), Klagegegner (BVerfGE 20, 238/256), örtliche Zuständigkeiten (BVerfGE 37, 191/198), Rechtsmittel (SaarlVerfGH, NVwZ 83, 605) und Vorverfahren (BVerfGE 35, 65/ 72; Kingreen, DVBl 95, 1342f) unzulässig, soweit kein ausdrücklicher Vorbehalt für die Landesgesetzgebung, wie z.B. gem. § 187 Abs.1 VwGO (BVerf-GE 29, 125/137) und gem. § 40 Abs.1 S.2 VwGO (BVerfGE 83, 24/30; BVerfG-K, NVwZ 06, 582), besteht.

Ein **teilweises Gebrauchmachen** belässt die Gesetzgebungskompetenz 10
den Ländern im nicht geregelten Bereich, so wenn der Bund ausdrücklich nur Teile eines Sachgebiets regelt (vgl. BVerfGE 62, 354/369; 83, 363/379 f; 85, 226/234) bzw. von seiner Gesetzgebungskompetenz nicht umfassend Gebrauch macht (BVerwGE 111, 143/147 f) oder dem Gesetz durch Auslegung zu entnehmen ist, dass es keine erschöpfende Regelung einer bestimmten Materie darstellt. Die gleiche Rechtsfolge tritt ein, wenn eine erschöpfende Regelung durch den Bund Vorbehalte (Ermächtigungen, Blankettnormen) zugunsten der Landesgesetzgebung enthält (BVerfGE 35, 65/73 f; 78, 132/144 f; 83, 24/30 f; BVerwGE 92, 263/265; 126, 1 Rn.14; a.A. für inhaltlich bestimmte Ermächtigungen Pestalozza MaK 273 ff), landesrechtliche Vorschriften für fortgeltend oder „unberührt" erklärt werden (BVerfGE 7, 120/124; 47, 285/314; 78, 205/210) und eine dynamische Verweisung auf Landesrecht besteht (Schenke, NJW 80, 748; vgl. auch BVerwG, Bh 401.71 Nr.3). Die Rücknahme eines entsprechenden Vorbehalts muss idR ausdrücklich erfolgen (BVerfGE 11, 192/200). Zum Gebrauchmachen durch Rechtsverordnungsermächtigungen unten Rn.12.

3. Sperrwirkung für die Länder

Solange und soweit der Bund von einer ihm verliehenen konkurrierenden 11
Gesetzgebungskompetenz wirksam Gebrauch gemacht hat, kann neues Landesrecht nicht mehr entstehen und sind erlassene **Landesgesetze unzulässig** und nichtig (zur ausnahmsweisen bloßen Unvereinbarkeitserklärung Rn.35 zu Art.20); insoweit ist Abs.1 lex specialis zu Art.31 (Rn.3 zu Art.31). Diese Rechtsfolge ist unabhängig von einem inhaltlichen Widerspruch zwischen Bundes- und Landesrecht (BVerfGE 102, 99/115; 109, 190/230). Die Sperrwirkung enthält auch ein Verbot von Aktivitäten der Länder, die die Wahrnehmung der konkurrierenden Gesetzgebungskompetenz des Bundes erheblich beeinträchtigen (vgl. Rn.2 zu Art.71; Pestalozza MaK 296; zurückhaltend Degenhart SA 39; abl. Uhle KL 26). Das bedeutet aber keine Pflicht der Länder zur Anpassung an verwandte bundesrechtliche Regelungen (BGHZ 60, 337/339 f). Das Gebrauchmachen ist wirksam, wenn die Voraussetzungen des Abs.2 (unten Rn.20–22) gegeben sind und kein Verstoß gegen sonstiges Verfassungsrecht vorliegt (Kunig MüK 8; Uhle KL 14; vgl. auch BVerfGE 7, 377/387); allerdings kann im Verfahren der Verfassungsbeschwerde gegen ein Landesgesetz nicht die Verfassungsmäßigkeit des Sperrwirkung entfaltenden Bundesgesetzes überprüft werden (BVerfGE 98, 265/318 ff; krit. Gärditz, DÖV 01, 544 f). Die Sperrwirkung kann auch durch vorkonstitutionelles Recht eintreten, das gem. Art.125 Bundesrecht geworden ist (BVerfGE 29, 11/17; 47, 285/314; 58, 45/60 f); die Fortgeltung des alten Rechts als Bundesrecht ist nicht vom Bedürfnis gem. Abs.2 abhängig (Rn.2 zu Art.125). Die Sperrwirkung gilt nicht für Landesverfassungsrecht (Rn.4 zu Art.70).

Für die Sperrwirkung von **Rechtsverordnungen** verlangt der Wortlaut 12
„durch Gesetz", dass bereits das ermächtigende Gesetz ausdrücklich oder

implizit die Möglichkeit einer Sperrwirkung durch den Erlass der Rechtsverordnung vorsehen muss (Jarass, NVwZ 96, 1046 f). Regelmäßig tritt die
Sperrwirkung aber erst durch die erschöpfende Regelung in der Rechtsverordnung ein (vgl. BVerfGE 18, 407/417 f; BVerwG, LKV 91, 411; a. A. Degenhart SA 26; Sannwald SHH 19). Ausnahmsweise geht die Sperrwirkung
schon von der Verordnungsermächtigung aus, wenn sie eine inhaltliche, etwaige landesrechtliche Regelungen ausschließende Regelung enthält (Oeter
MKS 76). Bei der Sperrwirkung von Rechtsverordnungen und Rechtsverordnungsermächtigungen ist nicht zwischen erlassenem und zukünftigem
Landesrecht zu unterscheiden (Jarass, NVwZ 96, 1046; a. A. Pestalozza MaK
72).

13   Die Sperrwirkung **beginnt** grundsätzlich mit der Verkündung (BT-Drs.
12/6000, 33; Degenhart SA 35; Kunig MüK 9; Oeter MKS 59; Umbach/
Clemens UC 12; a. A. Stern ST II 595 f: mit dem Inkrafttreten). Im Einzelfall kann aus dem Verfassungsgebot des bundesfreundlichen Verhaltens
(Rn. 20–22 zu Art.20) eine Vorverlegung des Beginns der Sperrwirkung folgen, etwa wenn das Gesetzgebungsverfahren im Bund unmittelbar vor dem
Abschluss steht (Vogel, DVBl 94, 502) oder das Landesgesetz dem Zweck eines
im Gesetzgebungsverfahren befindlichen Entwurfes eines Bundesgesetzes zuwiderlaufen würde (BVerfGE 34, 9/29; krit. Degenhart SA 37; Uhle KL 22).
Andererseits kann der Gesetzgeber die Sperrwirkung bis zum Inkrafttreten
hinausschieben (Jarass, NVwZ 96, 1044; a. A. Sannwald SHH 22).

14   Die Sperrwirkung **endet** mit der Aufhebung des Bundesgesetzes, das sie
bewirkt hat, außer es enthält das Verbot einer Ländergesetzgebung (BVerfGE
2, 232/236; 32, 319/327; Uhle KL 23), und mit Inkrafttreten eines Freiga-
begesetzes gem. Abs.3 (unten Rn.24–27). Wegen der Sperrwirkung nichti-
ges Landesrecht lebt nicht wieder auf (BVerfGE 29, 11/17; 33, 224/232;
BVerwG, NVwZ 93, 1198; diff. Pestalozza MaK 319 ff).

III. Erforderlichkeitskompetenz (Abs.2, 4)

1. Anwendungsbereich und Eigenart

15   Unter die Erforderlichkeitskompetenz fallen die in Abs.2 aufgezählten
10 Gegenstände. Sie ist dadurch gekennzeichnet, dass das Gebrauchmachen
von der Kompetenz durch den Bund nur zulässig ist, wenn die Voraussetzungen des Abs.2 vorliegen und deshalb eine bundesgesetzliche Regelung
erforderlich ist. Wenn und soweit diese Voraussetzungen nicht vorliegen und
deshalb keine Erforderlichkeit gegeben ist, besteht die Gesetzgebungskompetenz der Länder. Abs.2 stellt sich neben den Grenzen der Kompetenztitel
„als zusätzliche Schranke für die Ausübung der Bundeskompetenz" dar
(BVerfGE 106, 62/135). Ob die Voraussetzungen der Erforderlichkeit vorliegen, kann vom BVerfG überprüft werden (Rn.20, 28 zu Art.93). Ebenso
kann vom BVerfG festgestellt werden, dass die Erforderlichkeit nicht mehr
besteht (Rn.83 zu Art.93). Die Feststellung des BVerfG begründet ebenso
wie die Freigabe gem. Abs.4 (unten Rn.24–27) die Gesetzgebungskompetenz der Länder.

2. Gebrauchmachen und Sperrwirkung

Bei der Erforderlichkeitskompetenz gelten gegenüber der Kernkompetenz 16
(oben Rn.3–14) zusätzliche Anforderungen für die Zulässigkeit bundesgesetzlicher Regelungen. Im Übrigen muss von ihr wie von der Kernkompetenz Gebrauch gemacht werden (oben Rn.6–10). Auch die Rechtsfolge der
Sperrwirkung ist dieselbe wie bei der Kernkompetenz (oben Rn.11–14).

3. Erforderlichkeit

a) Allgemeines. Anders als bei der ausschließlichen Gesetzgebungskom- 17
petenz des Bundes (Rn.2 zu Art.71) setzt die Begründung einer konkurrierenden Gesetzgebungskompetenz des Bundes die **Erforderlichkeit** einer
bundesgesetzlichen Regelung voraus, wodurch die frühere Fassung des Abs.2
(„Bedürfnisklausel"), die als „eines der Haupteinfallstore für die Auszehrung
der Länderkompetenzen" (BT-Drs. 12/6000, 33) galt, mit rechtlicher Relevanz korrigiert worden ist (BVerfGE 106, 62/136 ff). Die Erforderlichkeit ist
wie im Rahmen des Verhältnismäßigkeitsgrundsatzes (Rn.85 zu Art.20) zu
verstehen. Eine bundesgesetzliche Regelung ist erforderlich, wenn das Gesetz in unmittelbarem Zusammenhang mit einer diesbezüglichen Grundgesetzänderung steht (Pestalozza MaK 374 ff). Sie ist auch erforderlich, wenn
eine Gesetzgebungspflicht (Rn.22 zu Art.70) gerade für den Bund besteht.
Das ist insb. der Fall, wenn Europäisches Unionsrecht (Jarass, NVwZ 00,
1093) oder Völkerrecht (Sannwald SHH 48) eine deckungsgleiche Übernahme in nationales Recht erfordert. Ein Vorbehalt für die Landesgesetzgebung (oben Rn.10) lässt nicht notwendig die Erforderlichkeit entfallen (vgl.
BVerfGE 20, 238/249 f; 21, 106/115; 26, 338/383; BVerwG, NJW 72, 700).
Die Erforderlichkeit muss zwar für jede einzelne Regelung bzw. Normierung (BVerfG, IN 27. 1. 10 – 2 BvR 2185/04 Rn.52), aber nur bei Erlass
des Bundesgesetzes vorliegen; bei späterem Wegfall endet weder die Sperrwirkung (Degenhart SA 38) noch besteht eine Pflicht des Bundesgesetzgebers zur Aufhebung (Umbach/Clemens UC 26; vgl. aber unten Rn.24).

Eine bundesgesetzliche Regelung ist **nicht erforderlich,** wenn sie nicht 18
geeignet ist, die zur Voraussetzung gemachten Ziele (unten Rn.20–22) zu
erreichen (Oeter MKS 107 f; Uhle KL 37 f), oder wenn diese nach der gegenwärtigen Rechtslage in den Ländern bereits verwirklicht sind oder durch
Selbstkoordination der Länder, d.h. durch gleichgerichtete Landesgesetze in
angemessener Zeit verwirklicht werden können (Kunig MüK 28; Stettner
DR 29; Sannwald, ZG 94, 139; krit. Uhle KL 39); dabei genügt allerdings
„nicht jede theoretische Handlungsmöglichkeit der Länder" (BVerfGE 106,
62/150). Sie ist des weiteren nicht erforderlich, wenn eine bestehende Uneinheitlichkeit der Länderregelungen über eine strafrechtliche Sanktionierung durch Bundesgesetz (vgl. Rn.7 zu Art.74) verstärkt wird (BVerfGE
110, 141/176 f). Sie kann auch nicht erforderlich sein, wenn ein teilweises
Gebrauchmachen (oben Rn.10) ausreichend ist (Jarass, NVwZ 00, 1093).

Entgegen BVerfGE 18, 407/415; 26, 338/383 ist **„bundesgesetzliche** 19
Regelung" nicht als „bundeseinheitliche Regelung" zu verstehen, weil
dem der Wortlaut entgegensteht und die Erforderlichkeit gem. Abs.2 sinnvollerweise auch einmal durch eine nicht bundeseinheitliche – nämlich re-

gionale Verschiedenheiten berücksichtigende – Regelung befriedigt werden kann (Bothe AK 11; Degenhart SA 15; Umbach/Clemens UC 34f; vgl. auch BVerfGE 78, 249/271; BVerwG, MDR 62, 504). Dafür spricht auch, dass nicht mehr wie früher einheitliche, sondern gleichwertige Lebensverhältnisse (unten Rn.20) genannt werden.

20   **b)** Als **Voraussetzung** zulässiger Bundesgesetzgebung kommen alternativ drei mögliche Ziele in Betracht: **aa) Herstellung gleichwertiger Lebensverhältnisse im Bundesgebiet** verlangt mehr als das Inkraftsetzen bundeseinheitlicher Regelungen oder eine Verbesserung der Lebensverhältnisse (vgl. Art.91a Abs.1); die Voraussetzung liegt vielmehr erst dann vor, „wenn sich die Lebensverhältnisse in den Ländern in erheblicher, das bundesstaatiche Sozialgefüge beeinträchtigender Weise auseinander entwickelt haben oder sich eine derartige Entwicklung konkret abzeichnet" (BVerfGE 112, 226/244; 106, 62/144). Das ist namentlich bei der Sozialversicherung der Fall (BVerfGE 113, 167/198; 114, 196/222f). Andererseits schließt diese Voraussetzung nicht jede Ungleichbehandlung durch das Bundesgesetz aus (vgl. Rn.8 zu Art.3); z.B. dürfen die Länder im Umweltrecht unterschiedliche Mindest- oder Höchstwerte festlegen (Rohn/Sannwald, ZRP 94, 68; Sannwald, ZG 94, 139).

21   **bb) Wahrung der Rechtseinheit im gesamtstaatlichen Interesse** liegt vor, wenn eine Gesetzesvielfalt auf Länderebene „eine Rechtszersplitterung mit problematischen Folgen darstellt, die im Interesse sowohl des Bundes als auch der Länder nicht hingenommen werden kann" (BVerfGE 106, 62/145) und „erhebliche Rechtsunsicherheiten und damit unzumutbare Behinderungen für den länderübergreifenden Rechtsverkehr" erzeugt (BVerfGE 111, 226/254). Gesamtstaatliches Interesse bedeutet, dass das Gesetz nicht nur im Interesse einzelner Länder stehen darf. Auch verfassungsrechtliche Autonomiegewährleistungen, z.B. für Gemeinden (Rn.16 zu Art.28), können dieser Voraussetzung entgegenstehen.

22   **cc) Wahrung der Wirtschaftseinheit im gesamtstaatlichen Interesse** zielt auf die Erhaltung der Funktionsfähigkeit des Wirtschaftsraumes durch bundeseinheitliche Rechtsetzung; die Voraussetzung ist gegeben, „wenn Landesregelungen oder das Untätigbleiben der Länder erhebliche Nachteile für die Gesamtwirtschaft mit sich bringen" (BVerfGE 106, 62/147; 112, 226/249). Zum gesamtstaatlichen Interesse oben Rn.21. Auf diese Voraussetzung konnten sich der Erlass des AltenpflegeG (BVerfGE 106, 62/156 ff) und die Festsetzung eines Mindesthebesatzes für die Gewerbesteuer zur Vermeidung von Steueroasen (BVerfG, IN 27. 1. 10 – 2 BvR 2185/04 Rn.57) durch den Bund stützen.

23   **c)** Bei der **gerichtlichen Überprüfung** besteht weder ein Ermessensspielraum noch ein Beurteilungsspielraum des Gesetzgebers hinsichtlich der Voraussetzungen des Abs.2 (BVerfGE 106, 62/135 ff; 110, 141/175). Die gerichtliche Kontrolle der unbestimmten Gesetzesbegriffe des Abs.2 ist umfassend und geht über eine bloße Vertretbarkeitskontrolle hinaus (BVerfGE 106, 62/148). Die Überprüfung erfolgt gemäß dem Wortlaut („wenn und soweit") in zwei Schritten: ob eine Regelung des Bundesgesetzgebers unter den Voraussetzungen des Abs.2 zulässig ist und welches Ausmaß die Ein-

griffsbefugnis hat; während der erste Schritt auf das Gesamtkonzept zielt, sind im zweiten Schritt einzelne Teile nur dann nicht erforderlich, wenn das Gesamtkonzept ohne sie nicht gefährdet ist (BVerfGE 106, 62/149; 113, 167/197 f). Allerdings wird dem Gesetzgeber ein Prognosespielraum bzw. eine Einschätzungsprärogative eingeräumt, soweit er sorgfältig ermittelte Sachverhaltsannahmen zu Grunde gelegt hat, die Prognose methodisch auf ein angemessenes Prognoseverfahren gestützt und dieses konsequent verfolgt hat und in die Prognose keine sachfremden Erwägungen eingeflossen sind (BVerfGE 106, 62/152 f; 111, 226/255; IN 27. 1. 10 – 2 BvR 2185/04 Rn.54). Abzulehnen ist eine spezielle Begründungspflicht des Bundesgesetzgebers (vgl. Umbach/Clemens UC 27; a.A. Degenhart SA 21; Stettner DR 22; Jarass, NVwZ 00, 1092).

4. Freigabe (Abs.4)

a) Bedeutung. Diese ausschließliche Bundesgesetzgebungskompetenz **24** (Rn.5 zu Art.70) soll bei Wegfall der Erforderlichkeit gem. Abs.2 (oben Rn.17–19) ermöglichen, dass Bundesgesetze durch Landesrecht ersetzt werden, und so verhindern, dass eine einmal gegebene Bundeskompetenz auf Dauer erhalten bleibt (Oeter MKS 117 f). Der Bundesgesetzgeber ist nach dem Wortlaut zu einem solchen Freigabegesetz ermächtigt, aber nicht verpflichtet (Degenhart SA 49; Uhle KL 60; vgl. aber auch BVerfGE 111, 10/30 f). Allerdings ergibt sich in systematischer Auslegung mit dem 2006 eingeführten (Einl.3 Nr.52) Kompetenzfreigabeverfahren (Rn.79–82 zu Art.93) bei Wegfall der Erforderlichkeit eine „Ermessensreduktion" (Uhle KL 60) und ein Anspruch der Länder auf Freigabe (Klein/Schneider, DVBl 06, 1555; krit. v. Coelln MSKB 96 ff zu § 97). Abs.4 erfasst alle Fälle nachträglichen Wegfalls der Erforderlichkeit, d. h. auch bei in der Vergangenheit erlassenen Bundesgesetzen; allerdings hat es zwischen 1994 und 2006 keinen Fall einer Freigabe gegeben (Degenhart SA 45). Zur Fortgeltung alten Rechts Rn.1–11 zu Art.125a.

b) Anforderungen an den Bundesgesetzgeber. Die Ermächtigung **25** des Abs.4 muss durch den Bundesgesetzgeber ausgeübt werden, d. h. sie ist nicht delegierbar (Degenhart SA 48; Oeter MKS 117; Uhle KL 57) und die Freigabe kann nicht in dem ursprünglichen Bundesgesetz für einen späteren Zeitpunkt vorgesehen werden (Degenhart SA 48; Kunig MüK 32). Voraussetzung für die Ermächtigung des Abs.4 ist, dass keiner der Bedürfnis- oder Erforderlichkeitsgründe, auf die sich das Bundesgesetz ursprünglich stützte, mehr vorliegt (Oeter MKS 116). Die Freigabe darf auch nur für Teile des Bundesgesetzes erfolgen (Pestalozza MaK 389, 400). Das Freigabegesetz darf die Länder weder zum Erlass von Gesetzen verpflichten (Degenhart SA 51; Kunig MüK 34; Stettner DR 59) noch ihnen inhaltlich etwas vorschreiben (Oeter MKS 119).

c) Anforderungen an das Landesrecht. Abs.4 ermächtigt zur Freigabe **26** für Landesrecht, d. h. unstreitig Landesgesetze, aber auch Rechtsverordnungen und Satzungen der Länder (Sannwald SHH 91; Uhle KL 62; a.A. ohne Begründung Kunig MüK 34; Oeter MKS 119; Stettner DR 59; Degenhart SA 52 beruft sich auf das Verbot gesetzesvertretender Rechtsverordnungen gem. Art.80 Abs.1, das aber Durchbrechungen durch gleichrangiges Verfassungsrecht wie hier zulässt). Abs.4 verlangt vom Landesrecht ein Ersetzen, d. h. „dass der Landesgesetzgeber die Materie, gegebenenfalls auch einen abgrenzbaren Teilbereich, in eigener Verantwortung regelt. Dabei ist er nicht gehindert, ein weitgehend mit dem bisherigen Bundesrecht gleich lautendes Landesrecht zu erlassen" (BVerfGE 111, 10/30). Er darf auch Bundesrecht schlicht aufheben (Uhle KL 61).

27   **d) Rechtsfolgen.** Das Freigabegesetz bewirkt den Wegfall der Sperrwirkung gem. Abs.1 (Oeter MKS 114). Es kann zu partikularem Bundesrecht und einem Nebeneinander von bundes- und landesrechtlichen Regelungen kommen (Degenhart SA 53; Oeter MKS 120). Freigegebenes Landesrecht darf nicht mittels einer dynamischen Verweisung wieder zu Bundesrecht erhoben werden (BVerwGE 101, 211/218). Freigegebenes Landesrecht bricht das entsprechende Bundesrecht (Dreier DR 25 zu Art.31).

IV. Abweichungskompetenz (Abs.3)

1. Anwendungsbereich und Eigenart

28   Unter die Abweichungskompetenz **fallen** die in S.1 aufgezählten Gegenstände. Es sind im Wesentlichen die Gegenstände des Art.74 Abs.1 Nr.28–33: Jagdwesen (Rn.78 zu Art.74); Naturschutz und Landschaftspflege (Rn.79 zu Art.74); Bodenverteilung (Rn.80 zu Art.74); Raumordnung (Rn.81 zu Art.74); Wasserhaushalt (Rn.82 zu Art.74) sowie Hochschulzulassung und Hochschulabschlüsse (Rn.84 f zu Art.74). Nicht unter die Abweichungskompetenz fallen die in den Klammerzusätzen des S.1 Nr.1, 2 und 5 genannten Teilgegenstände („abweichungsfeste Kerne"; BT-Drs.16/813, 11); diese fallen unter die Kernkompetenz (oben Rn.3–14). Zur Fortgeltung alten Rechts Rn.1–3 zu Art.125b.

29   Die Abweichungskompetenz ist dadurch **gekennzeichnet,** dass die Länder dann, wenn der Bund von seiner Gesetzgebungskompetenz Gebrauch gemacht hat (oben Rn.6–10), die Länder eigene (förmliche) Gesetze erlassen und damit von den bundesrechtlichen Regelungen abweichen dürfen (unten Rn.30). Die Bundesgesetze haben also anders als bei der Kernkompetenz (oben Rn.3–14) und der Erforderlichkeitskompetenz (oben Rn.15–23) keine Sperrwirkung und dürfen auch nicht sofort in Kraft treten (unten Rn.31). Da die Abweichungskompetenz nicht auf ein einmaliges Gebrauchmachen beschränkt ist, darf der Bund auch nach dem Erlass von Landesgesetzen wiederum unter den gleichen Voraussetzungen Bundesgesetze erlassen. Insofern besteht eine doppelte Vollkompetenz (Ipsen I 581), bei der die jeweils letzte Regelung Anwendungsvorrang genießt (unten Rn.32).

2. Abweichung

30   Unter Abweichung fällt zum einen jede inhaltliche (materielle) andere Regelung. Diese kann dadurch geschehen, dass „eigene Konzeptionen" verwirklicht werden (BT-Drs.16/813, 11) oder dass die vorangegangene Regelung der anderen Ebene lediglich außer Kraft gesetzt wird; denn auch da-

durch wird eine andere Rechtslage herbeigeführt (Sannwald SHH 80i; Uhle KL 51; a.A. Degenhart SA 43: „Negativgesetzgebung grundsätzlich ausgeschlossen"). Die Abweichung kann zum anderen rein formell dadurch geschehen, dass überhaupt ein Gesetz durch die andere Ebene erlassen wird, auch wenn es den gleichen Inhalt hat (a.A. Meyer 171; Uhle KL 51), weil mit Bundes- und Landesgesetzen jeweils andere Rechtsfolgen, z.B. für den Rechtsschutz, verbunden sind. Dies ist v.a. für die Modellgesetzgebung des Bundes relevant (Ipsen I 582). Die Abweichung ist nicht in quantitativer Hinsicht beschränkt (a.A. Meyer 170f). Aus Gründen der Rechtssicherheit sind die bundesgesetzlichen Regelungen, von denen abgewichen wird, im Abweichungsgesetz zu nennen (Degenhart, NVwZ 06, 1213; Meyer 172).

3. Karenzzeit

Dass die Bundesgesetze gem. S.2 frühestens sechs Monate nach ihrer Verkündung in Kraft treten, soll „den Ländern Gelegenheit geben, durch gesetzgeberische Entscheidungen festzulegen, ob und in welchem Umfang sie von Bundesrecht abweichendes Landesrecht beibehalten oder erlassen wollen" (BT-Drs.16/813, 11). Zu bezweifeln ist, ob damit wirklich „kurzfristig wechselnde Rechtsbefehle an den Bürger vermieden werden" (so BT-Drs. 16/813, 11). Mit Zustimmung des Bundesrats (Rn.4–6 zu Art.77) kann „anderes bestimmt" werden. Darunter fällt aber nur eine Verkürzung oder ein Ausschluss der Frist, da es sich um eine Schutzfrist für Länderinteressen handelt, die durch eine Verlängerung der Frist nicht berührt werden (Meyer 168). Die Zustimmungsbedürftigkeit bezieht sich nur auf die fristverkürzende Regelung und nicht auf das ganze Gesetz (Dittmann SA 14 zu Art.84; Meyer 168). Gedacht ist insb. an „Eilfälle (z.B. wegen europarechtlicher Umsetzungsfristen)" (BT-Drs. 16/813, 11).   **31**

4. Anwendungsvorrang

Dass gem. S.3 im Verhältnis von Bundes- und Landesrecht das jeweils spätere Gesetze vorgeht (lex posterior-Regel), ist eine Spezialregelung zu Art.31 (Meyer 166; Hömig HÖ 5 zu Art.84; Trute ST-F 156, 160; a.A. Germann KL 36–41 zu Art.84, 85: Sperre für einen abschließenden Gebrauch der konkurrierenden Bundesgesetzgebungskompetenz): Zum einen kann anders als dort (Rn.5 zu Art.31) überhaupt Landesrecht dem Bundesrecht vorgehen. Zum anderen handelt es sich im Gegensatz zu dort (Rn.5 zu Art.31) wegen des abweichenden Wortlauts („vorgehen" statt „brechen") nicht um einen Geltungs-, sondern um einen Anwendungsvorrang im Gegensatz zum Geltungsvorrang (Ipsen I 581; Meyer 166) bzw. zur Derogation (Degenhart SA 40): Das jeweils frühere Recht ist nicht nichtig, sondern darf nicht angewendet werden. Bei Wegfall des späteren Rechts lebt das frühere wieder auf (vgl. BT-Drs.16/813, 11). Maßgeblicher Zeitpunkt ist die Verkündung des Gesetzes (Germann KL 50 zu Art.84, 85). Eine tatbestandliche Beschränkung, dass nur solche bundesgesetzlichen Regelungen Anwendungsvorrang vor abweichendem Landesrecht haben, die die Behördeneinrichtung oder das Verwaltungsverfahren erstmals regeln oder anders regeln als dieje-   **32** nige bundesgesetzliche Regelung, von der das Land abgewichen ist (so Germann KL 94 zu Art.84, 85), ist dem GG nicht zu entnehmen.

Art.73 [Gegenstände ausschließlicher Bundesgesetzgebung]

(1) Der Bund hat die ausschließliche Gesetzgebung über:

1. die auswärtigen Angelegenheiten[3 f] sowie die Verteidigung einschließlich des Schutzes der Zivilbevölkerung[5 f];
2. die Staatsangehörigkeit im Bunde[7];
3. die Freizügigkeit[8], das Paßwesen[9], das Melde-[10] und Ausweiswesen[11], die Ein- und Auswanderung[12] und die Auslieferung[13];
4. das Währungs-, Geld- und Münzwesen[14], Maße und Gewichte sowie die Zeitbestimmung[15];
5. die Einheit des Zoll- und Handelsgebietes[16], die Handels- und Schiffahrtsverträge[17], die Freizügigkeit des Warenverkehrs[18] und den Waren- und Zahlungsverkehr mit dem Auslande[19] einschließlich des Zoll- und Grenzschutzes[20];
5a. den Schutz deutschen Kulturgutes gegen Abwanderung ins Ausland[21];
6. den Luftverkehr[22];
6a. den Verkehr von Eisenbahnen, die ganz oder mehrheitlich im Eigentum des Bundes stehen (Eisenbahnen des Bundes), den Bau, die Unterhaltung und das Betreiben von Schienenwegen der Eisenbahnen des Bundes sowie die Erhebung von Entgelten für die Benutzung dieser Schienenwege[23 f];
7. das Postwesen[25] und die Telekommunikation[26 f];
8. die Rechtsverhältnisse der im Dienste des Bundes und der bundesunmittelbaren Körperschaften des öffentlichen Rechtes stehenden Personen[28];
9. den gewerblichen Rechtsschutz, das Urheberrecht und das Verlagsrecht[29];
9a. die Abwehr von Gefahren des internationalen Terrorismus durch das Bundeskriminalpolizeiamt in Fällen, in denen eine länderübergreifende Gefahr vorliegt, die Zuständigkeit einer Landespolizeibehörde nicht erkennbar ist oder die oberste Landesbehörde um eine Übernahme ersucht[30];
10. die Zusammenarbeit des Bundes und der Länder[31]
    a) in der Kriminalpolizei[32],
    b) zum Schutze der freiheitlichen demokratischen Grundordnung, des Bestandes und der Sicherheit des Bundes oder eines Landes (Verfassungsschutz)[33] und
    c) zum Schutze gegen Bestrebungen im Bundesgebiet, die durch Anwendung von Gewalt oder darauf gerichtete Vorbereitungshandlungen auswärtige Belange der Bundesrepublik Deutschland gefährden[34],
    sowie die Einrichtung eines Bundeskriminalpolizeiamtes und die internationale Verbrechensbekämpfung[35];

11. die Statistik für Bundeszwecke[36];

12. das Waffen- und das Sprengstoffrecht[37];

13. die Versorgung der Kriegsbeschädigten und Kriegshinterbliebenen und die Fürsorge für die ehemaligen Kriegsgefangenen[38];

14. die Erzeugung und Nutzung der Kernenergie zu friedlichen Zwecken, die Errichtung und den Betrieb von Anlagen, die diesen Zwecken dienen, den Schutz gegen Gefahren, die bei Freiwerden von Kernenergie oder durch ionisierende Strahlen entstehen, und die Beseitigung radioaktiver Stoffe[39].

(2) Gesetze nach Absatz 1 Nr.9a bedürfen der Zustimmung des Bundesrates[2, 30].

Übersicht

Literatur: S. Literatur zu Art.70.

I. Bedeutung

Abs.1 **enthält** einen Katalog der Gegenstände (Materien) der ausschließ- **1** lichen Gesetzgebungskompetenz des Bundes. Weitere Gegenstände finden sich in anderen Vorschriften des GG (Rn.60 zu Art.4; Rn.24, 30 zu Art.16a; Rn.2 zu Art.21; Rn.3 zu Art.22; Rn.24, 47 zu Art.23; Rn.8 zu Art.24; Rn.12 zu Art.26; Rn.1 zu Art.29; Rn.21 zu Art.38; Rn.1 zu Art.41; Rn.1

zu Art.45b; Rn.2 zu Art.45c; Rn.3 zu Art.45d; Rn.6 zu Art.48; Rn.4 zu
Art.54; Rn.15 zu Art.59; Rn.5, 13 zu Art.70; Rn.24 zu Art.72; Rn.1 zu
Art.79; Rn.2 zu Art.83; Rn.16 zu Art.84; Rn.4, 5, 13 zu Art.87; Rn.3 zu
Art.87b; Rn.1 zu Art.87c; Rn.1, 2 zu Art.87d; Rn.2, 6 zu Art.87e; Rn.2, 4
zu Art.87 f; Rn.5 zu Art.91a; Rn.1 zu Art.93; Rn.2 zu Art.94; Rn.3 zu
Art.95; Rn.4 zu Art.96; Rn.3 zu Art.98; Rn.9, 13 zu Art.104a; Rn.4 zu
Art.104b; Rn.24 zu Art.105; Rn.8, 13, 17 zu Art.106; Rn.1 zu Art.106a;
Rn.1 zu Art.106b; Rn.3, 5 zu Art.107; Rn.8–10, 12 zu Art.108; Rn.6 zu
Art.109; Rn.10 zu Art.110; Rn.1 zu Art.112; Rn.6 zu Art.114; Rn.5 zu
Art.115; Rn.3 f zu Art.115 c; Rn.3 zu Art.115 l; Rn.2 zu Art.116; Art.117
Abs.2; Art.118 S.2; Rn.4 zu Art.120; Rn.1 zu Art.120a; Rn.11 zu Art.125a;
Rn.1 zu Art.131; Rn.6 zu Art.134; Rn.3 zu Art.135; Rn.2 zu Art.135a;
Rn.1 f zu Art.143a; Rn.1, 3 f zu Art.143b). Die Untergliederung in zwei
Absätze besteht seit 2006 (Einl.3 Nr.52).

2   **Rechtsfolge** der Einschlägigkeit einer der hier aufgezählten Gegenstände
ist die Sperrwirkung für die Landesgesetzgebung (Rn.2 zu Art.71). Rechtsfolge der Nichteinschlägigkeit ist die Gesetzgebungskompetenz der Länder,
vorbehaltlich einer anderweitigen Verleihung von Gesetzgebungskompetenz
an den Bund (Rn.16 zu Art.70). Entscheidend für die Einschlägigkeit ist, ob
eine Regelung gegenständlich in den Kompetenzbereich fällt, nicht ob die
Kompetenz für eine inhaltlich rechtmäßige oder rechtswidrige Regelung in
Anspruch genommen wird (BVerfGE 88, 203/313). Die Einschlägigkeit darf
nicht durch eine erweiternde Auslegung anderer Kompetenztitel unterlaufen
werden (BVerfGE 71, 126/171 f; 98, 265/303; 106, 62/132). Abs.2 macht
Gesetze nach Abs.1 Nr.9a (unten Rn.30) zustimmungsbedürftig (Rn.4–6 zu
Art.77).

II. Die einzelnen Gegenstände

1. Auswärtige Angelegenheiten, Verteidigung (Nr.1)

3   **a)** Die Kompetenzzuweisung für die **auswärtigen Angelegenheiten**
ergänzt Art.32 im Hinblick auf die Gesetzgebung (Rn.8 zu Art.32). Auswärtige Angelegenheiten sind die Fragen, „die für das Verhältnis der Bundesrepublik Deutschland zu anderen Staaten oder zwischenstaatlichen Einrichtungen, insb. für die Gestaltung der Außenpolitik, Bedeutung haben" (BVerfGE
100, 313/368 f). Einerseits macht nicht jeder Auslandsbezug eine Frage zu
einer auswärtigen Angelegenheit (BVerwG, NJW 82, 194); andererseits beschränkt sich der Begriff nicht auf den völkerrechtlichen Verkehr (BVerfGE
100, 313/368 f; a.A. Bothe AK 1; Kunig MüK 6).

4   **Einzelfälle:** Auslandsaufklärung des Bundesnachrichtendienstes (BVerfGE
100, 313/370); auswärtige Kulturpolitik (Heintzen MKS 9); Auswärtiger
Dienst (Heintzen MKS 8; Sannwald SHH 8); diplomatische und konsulari-
sche Beziehungen, einschließlich der Diplomatenausbildung (Maunz MD
34); Beitritt zu internationalen Organisationen (Maunz MD 32); Entwick-
lungshilfe (Schnapauff HÖ 3; Wiedemann, DÖV 90, 690 f; offen gelassen
Maunz MD 44); dienstliche Rechtsstellung ausländischer Vertretungen in
der Bundesrepublik (Heintzen MKS 9); gesamtstaatliche Repräsentation im

Ausland, einschließlich der Ausstrahlung von Rundfunksendungen in das Ausland (BVerwGE 75, 79/81; Badura BK 30 zu Art.73 Nr.7; Stettner DR 12; v. Münch MüK 22b zu Art.32; offen gelassen BVerfGE 12, 205/241; a.A. Pestalozza MaK 28); internationaler Rechts- und Amtshilfeverkehr (Heintzen MKS 9); Schutz und Betreuung von Deutschen im Ausland, einschließlich der deutschen Auslandsschulen (Jutzi, Die Deutschen Schulen im Ausland, 1977, 85; Stettner DR 12; a.A. Pestalozza MaK 28).

b) Die 1954 eingefügte und 1968 geänderte (Einl.3 Nr.4, 17) Kompe-   5
tenzzuweisung für die **Verteidigung** umfasst alle militärischen Aufgaben, außer es ginge nur um Angriff (Degenhart SA 6). Militärische Aufgaben sind auch die Maßnahmen, die zur Abwehr eines gewaltsamen Angriffs auf die Bundesrepublik (vgl. BVerfGE 100, 313/370), insb. zum Schutz der Zivilbevölkerung (vgl. Rn.11 zu Art.12a), getroffen werden; hierzu zählen die Einrichtung von Schutzanlagen und die Durchführung von Schutzübungen (Maunz MD 49; Rengeling HbStR³ VI § 135 Rn.95), die Vorbereitung und Vorratshaltung (Degenhart SA 8; Stettner DR 14). Kein Gegenstand der Verteidigung ist der Einsatz der Bundeswehr in den gem. Art.87a Abs.2 zugelassenen Fällen (BVerfGE 115, 118/141; a.A. BVerwG, DÖV 73, 492) und der Katastrophenschutz (Sannwald SHH 13).

Einzelfälle: Rechtsverhältnisse der Berufssoldaten (Heintzen MKS 17);   6
Wehrpflicht und zivile Dienstleistungen im Verteidigungsfall (BVerfGE 62, 354/373), dagegen ist für den Ersatzdienst Art.12a Abs.2 S.3 lex specialis (Pestalozza MaK 57; a.A. Heintzen MKS 17; Umbach UC 25); Überlassung von Kasernen an verbündete Streitkräfte (BVerwGE 111, 188/195); Bundeswehrhochschulen (vgl. Rn.30 zu Art.72) mit Ausnahme der hoheitlichen Befugnisse zur Abnahme von Hochschulprüfungen (BVerwG, DVBl 93, 52 f); militärspezifische Gefahrenabwehr (BVerwGE 84, 247/250; NVwZ-RR 97, 351).

2. Staatsangehörigkeit im Bund (Nr.2)

Die Kompetenzzuweisung betrifft die Regelung der Voraussetzungen für   7
Erwerb und Verlust der Staatsangehörigkeit (BVerfGE 83, 37/52). Staatsangehörigkeit im Bund umfasst zum einen die deutsche Staatsangehörigkeit iSd Art.16 Abs.1 S.1, 116 Abs.1 (BVerwGE 66, 277/284; Höfling/Engels FH 5; Kunig MüK 11). Die Formulierung „Staatsangehörigkeit im Bunde" erklärt sich insofern aus der Gegenüberstellung zur „Staatsangehörigkeit in den Ländern" im früheren Art.74 Nr.8. Die Landesangehörigkeit steht in ausschließlicher Landesgesetzgebungskompetenz (Heintzen MKS 23; Höfling/ Engels FH 10). Nr.2 umfasst darüber hinaus auch die Regelung der Status-Deutschen iSd Art.116 Abs.1 (Degenhart SA 9; Heintzen MKS 24; Höfling/Engels FH 6); zum Gesetzesvorbehalt des Art.116 Abs.1 Rn.2 f zu Art.116. Keine Fragen der Staatsangehörigkeit sind dagegen die einzelnen an diese anknüpfenden Rechte und Pflichten (Maunz MD 63; Höfling/Engels FH 7; Umbach UC 29) und die Unionsbürgerschaft gem. Art.20 ff AEUV (Heintzen MKS 25).

3. Freizügigkeit, Passwesen, Melde- und Ausweiswesen, Ein- und Auswanderung, Auslieferung (Nr.3)

8   **Freizügigkeit** entspricht dem Schutzbereich des Art.11 Abs.1 (Stettner DR 17; dagegen rechnet Heintzen MKS 27 auch die wirtschaftliche Freizügigkeit hierher). Da der dort enthaltene Zusatz „im ganzen Bundesgebiet" hier fehlt, umfasst Nr.3 auch die Ein- und Ausreise (Bothe AK 6; Kunig MüK 14; Degenhart SA 13). Freizügigkeitseinschränkendes Gefahrenabwehrrecht ist von Nr.3 nicht erfasst, weil der Kriminalvorbehalt des Art.11 Abs.2 einen Aspekt des allgemeinen, in die ausschließliche Gesetzgebungskompetenz der Länder fallenden Gefahrenabwehrrechts (Rn.20 zu Art.70) bezeichnet (SächsVerfGH, LVerfGE 14, 333/389f; BVerwGE 129, 142 Rn.26; Kunig MüK 21 zu Art.11).

9   Das **Passwesen** bezieht sich auf die Gesamtheit der mit der Erteilung und dem Entzug von Pässen verbundenen gesetzgeberischen und exekutivischen Maßnahmen (Maunz MD 73). Der Pass ist kein Personalausweis (unten Rn.11), sondern der Ausweis über die Identität von Personen zum Gebrauch im grenzüberschreitenden Verkehr (Kunig MüK 15; vgl. auch BVerwG, Bh 402.00 PassG Nr.10).

10   **Meldewesen,** das bis 2006 (Einl.3 Nr.52) in der Rahmengesetzgebungskompetenz des Bundes stand, umfasst die An- und Abmeldung bei Gründung oder Aufgabe eines Wohnsitzes oder gewöhnlichen Aufenthalts von natürlichen Personen (Degenhart SA 14; Kunig MüK 36 zu Art.75; Rozek MKS 57 zu Art.75), einschließlich Melderegisterabgleich (BVerfGE 65, 1/63; a.A. Pestalozza MaK 604 zu Art.75) und Datenschutz (Heintzen ST-F 83). Für das Meldewesen der Ausländer ist Art.74 Abs.1 Nr.4 spezieller (Bothe AK 18 zu Art.75; Degenhart SA 14; a.A. Meyer 185).

11   **Ausweiswesen,** das bis 2006 (Einl.3 Nr.52) in der Rahmengesetzgebungskompetenz des Bundes stand, umfasst die Ausstellung und den Gebrauch von Ausweisen über die Identität von natürlichen Personen zur Benutzung im Inland (Personalausweise) im Gegensatz zum Gebrauch im grenzüberschreitenden oder ausländischen Verkehr (oben Rn.9). Für Urkunden über den Personenstand ist Art.74 Abs.1 Nr.2 „Personenstandswesen" einschlägig. Der Gegenstand umfasst auch entsprechende Datenschutzregelungen (Bothe AK 19 zu Art.75; Rozek MKS 57 zu Art.75).

12   **Einwanderung** ist die Einreise in das Bundesgebiet mit dem Ziel, dort einen Wohnsitz oder dauernden Aufenthalt zu begründen; *Auswanderung* ist die Ausreise aus dem Bundesgebiet mit dem Ziel, einen Wohnsitz oder dauernden Aufenthalt außerhalb des Bundesgebiets zu begründen (Maunz MD 74; Rengeling HbStR³ VI § 135 Rn.103). Für die Stellung von Ausländern nach ihrer Einwanderung ist Art.74 Abs.1 Nr.4 einschlägig (Sannwald SHH 29; Umbach UC 34).

13   Zum Begriff der **Auslieferung** Rn.16f zu Art.16. Im Hinblick auf Art.16 Abs.2 kann sich Nr.3 nur auf die Regelung in der einen Richtung der Auslieferung von Ausländern sowie von Deutschen an einen Mitgliedstaat der EU oder an einen internationalen Gerichtshof (Rn.21 zu Art.16) und in der anderen Richtung der Auslieferung von Deutschen durch ausländische Staaten an die Bundesrepublik Deutschland beziehen (Kunig MüK 17).

4. Währungswesen, Maße (Nr.4)

Währungswesen ist der Oberbegriff zu **Geld- und Münzwesen** und 14
umfasst die Bestimmung und institutionelle Ordnung der gesetzlichen Zahlungsmittel, die Devisenbewirtschaftung (BVerfGE 1, 372/391 f; vgl. auch
unten Rn.19), die Grundsätze der Währungspolitik (BVerfGE 4, 60/73;
Höfling/Engels FH 8; Schmidt HbStR³ IV § 92 Rn.41) – wozu freiwillige
Leistungen über die Umstellungsquote der Währungsgesetzgebung hinaus
nicht gehören (BVerfGE 10, 141/160) und woraus sich auch keine generelle
Kompetenz für die Konjunkturpolitik ergibt (Bothe AK 10; Höfling/Engels
FH 10; Niedobitek BK 51) – sowie die Organisation der Lenkung des Währungswesens durch die Bundesbank (Rn.3 zu Art.88; Stettner DR 26); davon zu unterscheiden ist das (private) Bankwesen (Rn.27 zu Art.74). Geldwesen betrifft die Geldnoten und das Buch- oder Giralgeld (Niederbitek BK
56). Münzwesen umfasst die Regelung der Bundesmünzen, die gesetzliche
Zahlungsmittel sind, sowie diesbezügliche Schutzvorschriften (Höfling/Engels FH 12; Kunig MüK 20; Rengeling HbStR³ VI § 135 Rn.105; a.A.
Bothe AK 10: alle Münzen).

Maße ist der Oberbegriff zu **Gewichte** und **Zeitbestimmung** (weiter 15
diff. Niedobitek BK 64 ff). Nr.4 umfasst die Festlegung der von den Naturwissenschaften eingeführten Maße sowie diesbezügliche Schutzvorschriften,
d.h. das Eichwesen (Degenhart SA 19; Niedobitek BK 66; Sannwald SHH
44 f). Dazu gehört die Festlegung des Kalenders (Maunz MD 84; Rengeling
HbStR³ VI § 135 Rn.106; a.A. Pestalozza MaK 219) und die Einführung
der Sommerzeit (Bothe AK 12; Kunig MüK 21; Niedobitek BK 68), nicht
aber die Festlegung von Handelsklassen und technischen Regel- und Grenzwerten, die auf Maßen beruhen, diese aber nicht festlegen (Heintzen MKS
38; Höfling/Engels FH 13; Kunig MüK 21) oder die Prüfung der Läufe und
Verschlüsse der Handfeuerwaffen (**a.A.** BVerfGE 8, 143/153 f). Zum Einfluss des EU-Rechts auf die Gegenstände der Nr.4 vgl. Rn.2 zu Art.70;
Niedobitek BK 31 ff.

5. Waren- und Zahlungsverkehr (Nr.5)

Die Forderung nach **Einheit des Zoll- und Handelsgebiets** soll über 16
die Kompetenzverteilung hinaus materiell-rechtlich ein grundsätzliches Verbot von Handelsschranken innerhalb des Bundesgebiets enthalten (Bothe AK
13; Maunz MD 92; Heintzen MKS 42; a.A. Kunig MüK 22). Kleinere Abweichungen in örtlicher – Zollanschlüsse, Zollausschlüsse, Zollfreigebiete –
und zeitlicher Hinsicht – Übergangsregelungen für das Saarland und dessen
Beitritt zur Bundesrepublik – sind hiermit vereinbar (Maunz MD 92). Für
den Teilbereich des Zollwesens ist Art.105 Abs.1 lex specialis (Degenhart SA
20; Maunz MD 93; Spranger BK 16; **a.A.** BVerfGE 8, 260/268: nur deklaratorische Wiederholung; Pestalozza MaK 261: unterschiedliche Gegenstände).

Handels- und Schifffahrtsverträge meint nicht den Vertragsabschluss 17
und das Vertragsabschlussverfahren, sondern die Materien, die typischerweise
in solchen Verträgen geregelt werden (vgl. Umbach UC 44): Bedingungen
der Ein- und Ausfuhr von Waren, Meistbegünstigungsklausel, Niederlassun-

gen zum Zweck des Handels, Zugang von Schiffen zu Häfen (Bothe AK 14; Maunz MD 97; Heintzen MKS 45), nicht aber das Recht der Hafengebühren (BVerfGE 91, 207/220). Die Binnenschifffahrt ist nicht umfasst, soweit sie nur Deutsche betrifft (Kunig MüK 23). Der Gegenstand überschneidet sich mit dem des Waren- und Zahlungsverkehrs mit dem Ausland (unten Rn.19).

18   Die **Freizügigkeit des Warenverkehrs** bezieht sich in Abgrenzung zum folgenden Gegenstand nur auf den inländischen Warenverkehr. Insofern ist dieser Gegenstand schon in dem der Einheit des Zoll- und Handelsgebiets enthalten (Degenhart SA 20; Kunig MüK 24; Umbach UC 45; a.A. Sannwald SHH 54).

19   Der **Waren- und Zahlungsverkehr mit dem Ausland** geht v.a. im Hinblick auf den Zahlungsverkehr, der identisch ist mit dem Kapitalverkehr (BVerfGE 110, 33/47; a.A. Pestalozza MaK 300, 303) über den Gegenstand der Handels- und Schifffahrtsverträge hinaus. Darunter fallen das nicht in Devisenbewirtschaftung (oben Rn.14) bestehende Devisenrecht (BVerwGE 81, 1/2) und das Außenwirtschaftsrecht einschließlich des Dienstleistungsverkehrs (BVerfGE 110, 33/47 f; a.A. Spranger BK 46 ff). Unerheblich ist, ob der Verkehrsvorgang unentgeltlich erfolgt (BVerfGE 33, 52/60 f); daher fällt z.B. der Leihverkehr mit ausländischem Kulturgut hierunter (Pieroth/Hartmann, NJW 00, 2131; a.A. Spranger BK 43 f). Erfasst werden alle Wareneinfuhr- und -ausfuhrverbote, einschließlich von Beschränkungen zum Artenschutz (Sannwald SHH 55) und Filmeinfuhrverboten aus polizeilichen Gründen (BVerfGE 33, 52/64; Degenhart SA 20; Kunig MüK 25; Umbach UC 46; a.A. BVerfGE *abwM* 33, 78/79) sowie sonstige auf den Außenwirtschaftsverkehr bezogenen präventiv-polizeilichen Maßnahmen (BVerfGE 110, 33/48; a.A. Spranger BK 38 ff).

20   Der **Zoll- und Grenzschutz** umfasst über den Waren- und Zahlungsverkehr mit dem Ausland hinaus auch die grenzschutzspezifische polizeiliche Tätigkeit an der Grenze, im grenznahen Raum und auf Flughäfen und Grenzbahnhöfen, nicht aber die allgemeine Gefahrenabwehr in diesem Bereich (LVerfG MV, LVerfGE 10, 337/346) oder die Auslandsentsendung des Bundesgrenzschutzes (Bundespolizei) (Spranger BK 58 ff; Fischer-Lescano, AöR 2003, 52). Das Wort „einschließlich" ist daher entweder ein Redaktionsversehen (Bothe AK 15; Maunz MD 102 f; Rengeling HbStR³ VI § 135 Rn.111) oder ein verschleiernder Kompromiss (Pestalozza MaK 307). Die Länder haben daneben keine Gesetzgebungskompetenz für den Schutz ihrer Grenzen (Degenhart SA 23; a.A. Sannwald SHH 60).

6. Ausfuhr deutschen Kulturguts (Nr.5a)

21   Diese Materie stand von 1994 (Einl.3 Nr.42) bis 2006 (Einl.3 Nr.52) in der Rahmengesetzgebungskompetenz des Bundes. Kulturgut bedeutet Kunstwerke und andere Kulturgegenstände, besonders wissenschaftliches, bibliothekarisches und archivarisches Gut, die national wertvoll sind; es umfasst privaten und öffentlichen Besitz (Maunz MD 100 zu Art.74; Kunig MüK 38 zu Art.75). Deutsch ist Kulturgut bei deutscher Urheberschaft und Belegenheit in Deutschland und bei ausländischer Herkunft dann, wenn es sich nicht

nur vorübergehend im Geltungsbereich des GG befindet (Maunz MD 100 zu Art.74; Rengeling HbStR³ VI § 135 Rn.112; Rozek MKS 60 zu Art.75; vgl. auch BayVGH, BayVBl 89, 52). Abwanderung bedeutet jede nicht nur kurzfristige Ausfuhr in das Ausland (Rozek MKS 60 zu Art.75).

7. Luftverkehr, Eisenbahnen des Bundes (Nr.6, 6a)

Luftverkehr meint nicht nur den reinen Flugverkehr, sondern das gesam- **22** te Luftfahrtwesen (BVerwGE 95, 188/190f). Umfasst sind Regelungen über die Luftaufsicht (Rengeling HbStR³ VI § 135 Rn.114), Luftpolizei (Kunig MüK 27), Flugsicherung (Tams, NVwZ 06, 1227), Luftrettung (Kunig MüK 27) sowie Anlage und Betrieb von Flughäfen (HessStGH, ESVGH 32, 20/ 25f; Bothe AK 16; Keller, DÖV 82, 811; a.A. Frohn, DÖV 82, 322), ein- schließlich des anlagebezogenen Lärmschutzes (BVerwGE 87, 332/339), des Schutzes vor Angriffen auf die Sicherheit des Luftverkehrs (vgl. BVerfGE 97, 198/225f) und der Erhebung einer Luftsicherheitsgebühr (BVerwGE 95, 188/192), soweit nicht die allgemeine Gefahrenabwehr im Vordergrund steht (BVerfGE 115, 118/141); allerdings lag beim LuftsicherheitsG gerade eine luftverkehrsspezifische Gefahr vor (Pieroth/Hartmann, Jura 05, 730). Erfasst wird ferner die Raumfahrt (Bothe AK 17; Kunig MüK 28; Stettner DR 35; Umbach UC 50; a.A. Sannwald SHH 66).

Eisenbahn ist ein Unterfall von Schienenbahnen (Rn.67 zu Art.74). Sie **23** ist gekennzeichnet durch das System von Rad und Schiene (BT-Drs. 12/ 5015, 5; Heintzen MKS 55). Eisenbahnen des Bundes sind diejenigen Ei- senbahnunternehmen, die ganz oder mehrheitlich im Eigentum des Bundes stehen. Die Mehrheit der Anteile und Stimmrechte reicht aus (Umbach UC 52; Schmidt-Aßmann/Röhl, DÖV 94, 579; a.A. Sannwald SHH 71). Die 1993 geänderte (Einl.3 Nr.40) Fassung unterscheidet mit Blick auf EU- Recht und in Parallele zu Art.74 Abs.1 Nr.22 (Rn.61–66 zu Art.74) inner- halb des Begriffs der Eisenbahn zwischen dem Verkehr (Transportmittel, sein Einsatz und Beziehungen zu seinen Nutzern), der Infrastruktur (Bau, Un- terhaltung und Betreiben der Schienenwege) sowie der Erhebung von Ent- gelten für die Benutzung dieser Schienenwege. Zu den Schienenwegen zäh- len auch die Bahnhöfe (Heintzen MKS 59). Der Gegenstand umfasst mit dem Betrieb ferner Regelungen über die Gefahrenabwehr im Bereich der Bundeseisenbahnen, die frühere Bahnpolizei (BVerfGE 97, 198/218ff; Bo- the AK 19; Maunz MD 109; Kunig MüK 29; Rengeling HbStR³ VI § 135 Rn.115f) und Kreuzungen mit anderen Verkehrswegen, einschließlich der materiellen Rechtswirkungen diesbezüglicher Planfeststellungen (BVerfGE 26, 338/375; BVerwGE 64, 202/207; 92, 258/259f; NVwZ 01, 89; vgl. auch Fromm, DVBl 94, 192).

Dagegen fallen **nicht** hierunter: Gebührenpflicht der Bundesbahn gegen- **24** über Länderbehörden (BVerfGE 26, 281/300f; BVerwG, VwRspr Bd.26, Nr.99); Rückenteignung zu Lasten der Bundesbahn (BVerwG, NVwZ 87, 50); Werbeanlagen an der Außenseite einer Eisenbahnbrücke (BVerwG, NJW 62, 554); Geschäftstätigkeiten in dem Eisenbahnverkehr verwandten Bereichen (Pestalozza MaK 395).

8. Postwesen und Telekommunikation (Nr.7)

25   **a)** Zum **Postwesen** zählen die herkömmlichen Postdienste, auch soweit
sie nicht dem Postmonopol gem. §§ 2, 3 PostG unterliegen, z. B. Postzeitungsdienst (BVerfGE 80, 124/132) und Postbank (Degenhart SA 31; Lerche
MD 47 zu Art.87 f; zweifelnd Heintzen MKS 64; a. A. Rengeling/Szczekalla
BK 133 zu Art.74 Abs.1 Nr.11); fraglich ist dies heute für die Personenbeförderung (vgl. Degenhart SA 32; Heintzen MKS 65). Privatisierungen im
Postwesen lassen die Reichweite des Kompetenztitels unberührt (Heintzen
MKS 67; a. A. Badura BK 9). Die postalische Beförderung von Nachrichten
und Kleingütern ist durch die Übermittlung in einem standardisierten und
auf massenhaften Verkehr angelegten Transportnetz und durch festgelegte
Gewichtsgrenzen gekennzeichnet (BT-Drs. 12/7269, 4). Neue Dienstzweige
müssen in einem notwendigen Zusammenhang hiermit stehen (Lerche
MD 48 zu Art.87 f; Kunig MüK 30; Umbach UC 59). Die Gebührenpflicht
der Bundespost gegenüber Landesbehörden fällt nicht hierunter (BVerfGE
26, 281/300 f), wohl aber die in den Postgebühren enthaltene Ablieferung an
den Bund (BVerfG-K, NJW 84, 1871).

26   **b)** Der Begriff der **Telekommunikation** ist 1994 (Einl.3 Nr.41) an die
Stelle des Begriffs „Fernmeldewesen" getreten, ohne dass damit eine inhaltliche Änderung eingetreten ist (BT-Drs. 12/7269, 4). Er umfasst „die Regelung der technischen Seite der Errichtung einer Telekommunikationsinfra-
struktur und der Informationsübermittlung mit Hilfe von Telekommunikationsanlagen", nicht aber „Regelungen, die auf die übermittelten Inhalte
oder die Art der Nutzung der Telekommunikation gerichtet sind" (BVerfG,
IN 2. 3. 10 – 1 BvR 256/08 u. a. Rn.200; BVerfGE 114, 371/385; 113,
348/368; BVerwGE 112, 194/198). Hierzu zählen auch die technischen
Einrichtungen am Anfang und Ende des Übermittlungsvorgangs (BVerfGE
46, 120/144). Für den Bereich der Massenkommunikation fallen alle Regelungen über die übermittelten Inhalte und die Organisation einschließlich
der Finanzierung und Überwachung nicht unter Nr.7 (Degenhart SA 34;
Kunig MüK 31). Für den Bereich der Individualkommunikation gilt das
Gleiche für neue Medien (teilw. anders Degenhart SA 37); das traditionelle
Postrecht fällt dagegen unter Nr.7 (Bullinger, AfP 82, 73). Für neue Medien
können sich Bundeskompetenzen aus anderen Normen ergeben, z. B. für
den Jugendschutz aus Art.74 Abs.1 Nr.7, für die zivil- und strafrechtliche
Verantwortlichkeit für Inhalte aus Art.74 Abs.1 Nr.1. Zum Auslandsrund-
funk oben Rn.4.

27   **Einzelfälle:** Abgabepflichten des TKG (Heintzen MKS 76); Breitband-
verkabelung (BVerwGE 77, 128/131); Datenschutzbestimmungen des TKG
(BVerfG, IN 2. 3. 10 – 1 BvR 256/08 u. a. Rn.201 f); digitale Nachrich-
tenübertragung (BVerfGE 46, 120/139 ff); elektromagnetische Verträglichkeit von Geräten einschließlich der Beitragsregelung für Senderbetreiber
(BVerwGE 112, 194/198 f); FernmeldeanlagenG (GemSOBG, BGHZ 56,
395/396); Fernschreib-, Fernsprech- und Funkwesen (Kunig MüK 31); Li-
zenzvergabe nach dem TKG (Degenhart SA 37); Planfeststellung nach dem
TelegraphenwegeG (BVerwGE 27, 253/256; VkBl 67, 588); Satellitenfunk
(Bullinger, AfP 85, 1); Sendetechnik des Rundfunks (BVerfGE 12, 205/

225). **Nicht** dazu gehören und in die Gesetzgebungskompetenz der Länder fallen: Fernsprechauftrags- und -ansagedienste (Pestalozza MaK 475); Frequenznutzung im Unterschied zur fernmelderechtlichen Frequenzzuteilung (BayVerfGHE 43, 95/99; NVwZ 94, 1205; Badura BK 31; Maunz MD 126); Mediendienste (Badura BK 32); Organisation, Programmgestaltung, Studiotechnik und Veranstaltung des Rundfunks (BVerfGE 12, 205/225 ff); präventive und repressive Überwachung (BVerfGE 113, 348/368; IN 2. 3. 10 − 1 BvR 256/08 u. a. Rn.200); Rundfunkgebühren (BVerfGE 90, 60/ 105; BVerwGE 29, 214/215; 66, 315/322; 72, 8/10); Teilnehmerentgelt für private Rundfunkanbieter (BVerfGE 114, 357/385 f); Werbefunk- und Werbefernsehen (Badura BK 28; Kunig MüK 32).

9. Rechtsverhältnisse der Bundesbediensteten (Nr.8)

Die Vorschrift umfasst das gesamte Dienstrecht, einschließlich der Be- **28**
gründung bzw. Entstehung und Beendigung des Dienstverhältnisses (Höfling BK 18 ff; Kunig MüK 33; Umbach UC 63), der Besoldung und Versorgung, des Disziplinar- und Disziplinarverfahrensrechts (Höfling BK 13; Sannwald SHH 112), des Laufbahnrechts (BVerwGE 64, 142/147; a. A. Pestalozza MaK 499), der Inkompatibilitäten (Höfling BK 15), des Rechtsschutzes (Heintzen MKS 81; Höfling/Engels FH 9) sowie des Personalvertretungsrechts (BVerfGE 7, 120/127; 67, 382/387), soweit der Bund oder eine bundesunmittelbare Körperschaft, einschließlich Anstalten und Stiftungen (hM; a. A. Sannwald SHH 111), Dienstherr ist. Letzteres trifft auf die Kirchen nicht zu (Höfling BK 43; Kunig MüK 34; Rengeling HbStR³ VI § 135 Rn.121). Kein Dienstrecht war § 1 StHG (BVerfGE 61, 149/202). Erfasst werden Beamte, Angestellte, Arbeiter, Minister und Parlamentarische Staatssekretäre (Bothe AK 22; Höfling BK 24, 31 f; Kunig MüK 34), Soldaten (BVerfGE 39, 128/141; Höfling BK 27; Rengeling HbStR³ VI § 135 Rn.121; a. A. BVerfGE 62, 354/367 f; Kunig MüK 34; Umbach UC 65) und Zivildienstleistende (Heintzen MKS 80; Höfling/Engels FH 13; a. A. Sannwald SHH 109; Umbach UC 65), nicht dagegen Bundestagsabgeordnete (Rn.25 zu Art.38), der Wehrbeauftragte des Bundestags (Rn.2 zu Art.45b) und Richter (Rn.2 zu Art.98). Zu den Bediensteten von Bahn und Post Rn.3 zu Art.143a und Rn.4 zu Art.143b.

10. Gewerbl. Rechtsschutz, Urheberrecht, Verlagsrecht (Nr.9)

Der *gewerbliche Rechtsschutz* umfasst den Schutz des geistigen Schaffens auf **29**
gewerblichem Gebiet. Dazu gehören das Gebrauchsmuster-, Geschmacksmuster-, Patent-, Sortenschutz-, Warenzeichen- und Wettbewerbsrecht (Kunig MüK 35; Spranger BK 15; Umbach UC 68) und auch das Arbeitnehmererfinderrecht (BGHZ 173, 356/357 ff). Das *Urheberrecht* umfasst Normen zum Schutz von Werken der Literatur, Wissenschaft und Kunst. Dazu gehört auch die Tätigkeit von entsprechenden Verwertungsgesellschaften (Kunig MüK 35; Spranger BK 34), nicht aber die Ablieferungspflicht von Pflichtexemplaren (BVerfGE 58, 137/145 f) und die nachrichtenmäßige Kurzberichterstattung im Fernsehen (BVerfGE 97, 228/251; a. A. Spranger BK 42 f). Das *Verlagsrecht* betrifft die Rechtsbeziehungen zwischen dem Verfasser eines

Literatur- oder Tonkunstwerks und dem Verleger, nicht aber das gesamte Verlagswesen (Bothe AK 25; Spranger BK 58; Umbach UC 70; a. A. Maunz MD 153), die Betätigung von Verlagen im Bereich des Rundfunks (Kunig MüK 36) oder die Ablieferungspflicht von Pflichtexemplaren (BVerfGE 58, 137/145 f).

11. Terrorismusbekämpfung (Nr.9a)

30   Dieser 2006 eingefügte (Einl.3 Nr.52) Gegenstand umfasst im Gegensatz zur bloßen Zusammenarbeit (unten Rn.31) und Behördeneinrichtung (unten Rn.35) sowie in Ergänzung zur repressiven Tätigkeit des BKA (unten Rn.32) auch dessen präventive Tätigkeit; damit schließt er die Regelung von Befugnissen ein (BT-Drs.16/813, 12; Heintzen ST-F 98). Dagegen ermächtigt Nr.9a nicht zu Weisungen des BKA gegenüber Landespolizeibehörden (Heintzen ST-F 102). Für den Begriff des Terrorismus verweist die Begründung der Verfassungsänderung auf eine Definition im EU-Recht (Art.29 Abs.2, 31 Abs.1 Buchstabe e EUV a. F., Art.2 Abs.2 EU-Rahmenbeschluss vom 13. Juni 2002), die nur in Art.1 Abs.1 des Rahmenbeschlusses existiert, sowie auf die Merkmale des § 129a StGB (BT-Drs. 16/813, 12). Danach ist maßgeblich im Wesentlichen, dass schwerwiegende Straftaten die Bevölkerung in erheblicher Weise einschüchtern oder die Grundstrukturen eines Staats oder einer internationalen Organisation erheblich beeinträchtigen sollen. Terrorismus kann auch auf die Befestigung bestehender staatlicher Strukturen gerichtet sein (Degenhart SA 46). Lediglich auf Deutschland begrenzter Terrorismus ist hiervon nicht erfasst. Zur Wahrung der Gesetzgebungskompetenz der Länder für das Polizeirecht (Rn.20 zu Art.70) ist der Gegenstand zusätzlich auf näher bezeichnete „Fälle" beschränkt. Eine nicht erkennbare Zuständigkeit einer Landesbehörde ist gegeben, wenn keine Anhaltspunkte dafür bestehen, welche Landespolizeibehörde örtlich zuständig ist (Bäcker, Terrorismusabwehr durch das BKA, 2009, 37). Das Bundesgesetz bedarf gem. Abs.2 systemwidrig (Meyer 303 f) als einziges in den Materien des Abs.1 der Zustimmung des Bundesrats (oben Rn.2).

12. Verbrechensbekämpfung und Verfassungsschutz (Nr.10)

31   **a)** Die **Zusammenarbeit des Bundes und der Länder** in den unter Buchstabe a–c genannten Bereichen bedeutet ein auf Dauer angelegtes Zusammenwirken, das von gegenseitiger Information, Unterstützung und Hilfeleistung bis hin zur organisatorischen und funktionalen Verknüpfung in Einsatzgemeinschaften und gemeinschaftlichen und zentralen Einrichtungen reicht (Werthebach/Droste BK 69 ff). Sie geht damit über die Pflicht zur Amtshilfe gem. Art.35 Abs.1 hinaus und umfasst auch die Zusammenarbeit zwischen den Ländern (BbgVerfG, LVerfGE 15, 124/132; Bothe AK 26; Heintzen MKS 89; a. A. Sannwald SHH 126), nicht aber die verbandsinterne Zusammenarbeit und erst recht nicht die Aufgaben der in den Buchstaben a–c genannten Bereiche allgemein (BVerfGE 113, 63/79). Nr.10 deckt die Übertragung von Aufgaben auf die Länder sowie die Einräumung von Weisungsbefugnissen an den Bund und die Zentralstellen iSd Art.87 Abs.1 S.2, soweit dies zum Zweck der Koordinierung erforderlich ist (Lerche

MD 129 zu Art.87; Werthebach/Droste BK 76; a.A. Gusy, DVBl 93, 1121; Heintzen MKS 90). Nr.10 deckt dagegen nicht darüber hinaus gehende Kompetenzzuweisungen an die Landesbehörden (Gusy, BayVBl 82, 202; Werthebach/Droste BK 74; a.A. Stern ST I 223; offen gelassen BVerw-GE 69, 53/58f).

Die Tätigkeit der **Kriminalpolizei** (Buchstabe a) umfasst die Verhütung, **32** Aufklärung und Verfolgung gewichtiger strafbarer Handlungen, nicht aber die allgemeine Gefahrenabwehr und die Bekämpfung von Ordnungswidrigkeiten (Stettner DR 59; Heintzen MKS 93; Umbach UC 74). Nr.10 Buchstabe a ermächtigt nicht zur Errichtung von Bundespolizeibehörden; s. aber oben Rn.22 (Luftpolizei), Rn.23 (Bahnpolizei) und unten Rn.35 (Bundeskriminalpolizeiamt).

In Buchstabe b wird der **Verfassungsschutz** definiert. Zu den Begriffen **33** der freiheitlichen demokratischen Grundordnung und des Bestandes des Bundes oder eines Landes Rn.33f zu Art.21. „Sicherheit des Bundes oder eines Landes" muss in Abgrenzung von den in die Kompetenz der Länder fallenden allgemeinen Sicherungsaufgaben auf solche Sicherheitsbelange beschränkt werden, die von besonderem Gewicht sind und mit den Mitteln der Polizei und der Strafverfolgungsbehörden nicht abgewehrt werden können (Kunig MüK 40). Die Beobachtung von Bestrebungen und Tätigkeiten organisierter Kriminalität gehört nur eingeschränkt dazu (SächsVerfGH, LVerfGE 16, 441/458ff). Zum Bundesamt für Verfassungsschutz Rn.7 zu Art.87.

Zu den 1972 eingefügten (Einl.3 Nr.31), die **auswärtigen Belange ge-** **34** **fährdenden Bestrebungen** (Buchstabe c), gehören besonders die von Ausländern (Emigrantenorganisationen), aber auch die von Deutschen ausgehenden (Maunz MD 164; Kunig MüK 41).

b) Zum **Bundeskriminalpolizeiamt** Rn.6 zu Art.87. Seine Einrichtung **35** begründet keine eigenständigen Strafverfolgungsbefugnisse (Heintzen MKS 98, der aber teilweise auf ungeschriebene Kompetenzen ausweichen will; a.A. Degenhart SA 52; Stern StR II 826; vgl. auch Rn.4 zu Art.96). Die **internationale Verbrechensbekämpfung** betrifft nicht nur grenzüberschreitende Straftaten, sondern alle Straftaten, deren Bekämpfung eine internationale Zusammenarbeit erfordert. Auch dadurch werden keine Strafverfolgungsbefugnisse begründet (Maunz MD 166).

13. Statistik für Bundeszwecke (Nr.11)

Statistik ist die methodische Erhebung, Sammlung, Darstellung und Aus- **36** wertung von Daten und Fakten (Höfling/Engels FH 6; Kunig MüK 43; Schwartmann BK 5), auch Repräsentativbefragungen (vgl. BVerfGE 27, 1) und Meinungsbefragungen, es sei denn, ihnen wohnt die Absicht inne, politische Aktionen zu bewirken (BVerfGE 8, 104/111). Die Statistik *für Bundeszwecke* muss der Erfüllung einer Bundesaufgabe dienen (BVerfGE 8, 104/ 119; 65, 1/39; diff. Pestalozza MaK 715ff); doch darf auch Aufgaben der Länder Rechnung getragen werden, z.B. mit Angaben über die Zugehörigkeit oder Nichtzugehörigkeit zu einer Religionsgemeinschaft (BVerfGE 65,

1/39 f). Nicht hierunter fällt die Tätigkeit privater Meinungsforscher (Kunig MüK 44; Rengeling HbStR³ VI § 135 Rn.135; Schwartmann BK 10).

14. Waffen- und Sprengstoffrecht (Nr.12)

37 Dieser Gegenstand erfasste seit 1972 (Einl.3 Nr.31) das gesamte Waffen- und seit 1976 (Einl.3 Nr.34) auch das Sprengstoffrecht, d.h. jeglichen Umgang mit Waffen und Sprengstoffen. Bis 2006 (Einl.3 Nr.52) stand er in der konkurrierenden Gesetzgebungskompetenz des Bundes. Nur Art.73 Abs.1 Nr.5 tritt nicht hinter diesen Kompetenztitel zurück (Pestalozza MaK 276 zu Art.74). Für das Kriegswaffenrecht (Rn.8 zu Art.26) ist Art.26 Abs.2 S.2 lex specialis (Oeter MKS 51 zu Art.74).

15. Versorgung und Fürsorge bei Kriegbetroffenen (Nr.13)

38 Diese Materie stand bis 2006 (Einl.3 Nr.52) in der konkurrierenden Gesetzgebungskompetenz des Bundes. Versorgung der Kriegsbeschädigten und Kriegshinterbliebenen bezieht sich nur auf Personenschäden; Fürsorge für die ehemaligen Kriegsgefangenen umfasst Personen- und Sachschäden (Löwer BK 10). Alle in diesen Gegenständen aufgeführten Personengruppen können – teilw. über die völkerrechtlichen Normen hinaus – sowohl Militär- als auch Zivilpersonen sein (Bothe AK 19 zu Art.74; Maunz MD 126, 128 zu Art.74; Kunig MüK 38 zu Art.74). Der Gegenstand ist auch nicht auf vergangene Kriege beschränkt (Oeter MKS 56 zu Art.74; Stettner DR 70).

16. Kernenergie (Nr.14)

39 Dieser Gegenstand wurde 1959 eingefügt (Einl.3 Nr.10) und stand bis 2006 (Einl.3 Nr.52) in der konkurrierenden Gesetzgebungskompetenz des Bundes. Durch diese Kompetenzzuweisung ist die Erzeugung und Nutzung der Kernenergie zu friedlichen Zwecken als grundsätzlich verfassungsrechtlich zulässig anzusehen (BVerfGE 53, 30/56; BVerfG-K, NVwZ 10, 116; BVerwGE 104, 36/54). Nr.14 enthält aber keinen Verfassungsauftrag zur Gestattung der Erzeugung und Nutzung der Kernenergie zu friedlichen Zwecken (Stettner DR 73; Umbach/Clemens UC 58 zu Art.74), so dass auch die Beendigung der Nutzung (Ausstieg) erfasst ist (Sannwald SHH 158). Für die Nutzung zu militärischen Zwecken ist Art.73 Abs.1 Nr.1 einschlägig. Schutz gegen Gefahren, auch soweit sie von ausländischen Anlagen ausgehen (Sannwald SHH 160), umfasst das Strahlenschutzrecht (Degenhart SA 59), einschließlich der Regelung des Umgangs mit radioaktiven Stoffen zu medizinischen Zwecken (BVerwGE 97, 266/271), sowie die Beseitigung bereits eingetretener Gefahren (Kunig MüK 60 zu Art.74; Oeter MKS 109 zu Art.74; vgl. auch BVerwGE 72, 300/315) und damit die Errichtung und den Betrieb von Zwischen- und Endlagern, einschließlich diesbezüglicher Schutzvorschriften (BayVerfGHE 37, 59/67), z.B. über die Umweltverträglichkeitsprüfung (BVerfGE 84, 25/32) und Haftungsrecht (Heintzen ST-F 87; Stettner DR 74). Errichtung und Betrieb umfassen auch die Genehmigung von Kernkraftwerken (BayVerfGHE 40, 94/103 f; VerfGH NW, OVGE 39, 299/302 f).

Art.74 [Gegenstände konkurrierender Bundesgesetzgebung]

(1) Die konkurrierende Gesetzgebung erstreckt sich auf folgende Gebiete:

1. das bürgerliche Recht[3 f], das Strafrecht[5 f], die Gerichtsverfassung[8], das gerichtliche Verfahren[9 f] (ohne das Recht des Untersuchungshaftvollzugs)[11], die Rechtsanwaltschaft, das Notariat und die Rechtsberatung[12];
2. das Personenstandswesen[13];
3. das Vereinsrecht[14];
4. das Aufenthalts- und Niederlassungsrecht der Ausländer[15];
4a. (aufgehoben, s. Einl.3 Nr.52)
5. (aufgehoben, s. Einl.3 Nr.42)
6. die Angelegenheiten der Flüchtlinge und Vertriebenen[16];
7. die öffentliche Fürsorge[17 f] (ohne das Heimrecht)[19];
8. (aufgehoben, s. Einl.3 Nr.42)
9. die Kriegsschäden und die Wiedergutmachung[20];
10. die Kriegsgräber und Gräber anderer Opfer des Krieges und Opfer von Gewaltherrschaft[20];
11. das Recht der Wirtschaft[21 ff] (Bergbau, Industrie, Energiewirtschaft, Handwerk, Gewerbe, Handel, Bank- und Börsenwesen, privatrechtliches Versicherungswesen)[25 ff] ohne das Recht des Ladenschlusses, der Gaststätten, der Spielhallen, der Schaustellung von Personen, der Messen, der Ausstellungen und der Märkte[31];
11a. (aufgehoben, s. Einl.3 Nr.52)
12. das Arbeitsrecht[32 ff] einschließlich der Betriebsverfassung, des Arbeitsschutzes und der Arbeitsvermittlung[34] sowie die Sozialversicherung einschließlich der Arbeitslosenversicherung[35 ff];
13. die Regelung der Ausbildungsbeihilfen und die Förderung der wissenschaftlichen Forschung[38];
14. das Recht der Enteignung, soweit sie auf den Sachgebieten der Artikel 73 und 74 in Betracht kommt[39];
15. die Überführung von Grund und Boden, von Naturschätzen und Produktionsmitteln in Gemeineigentum oder in andere Formen der Gemeinwirtschaft[39];
16. die Verhütung des Mißbrauchs wirtschaftlicher Machtstellung[40];
17. die Förderung der land- und forstwirtschaftlichen Erzeugung (ohne das Recht der Flurbereinigung)[43], die Sicherung der Ernährung, die Ein- und Ausfuhr land- und forstwirtschaftlicher Erzeugnisse, die Hochsee- und Küstenfischerei[41] und den Küstenschutz[42];
18. den städtebaulichen Grundstücksverkehr[44], das Bodenrecht[45 f] (ohne das Recht der Erschließungsbeiträge)[47] und das Wohngeldrecht, das Altschuldenhilferecht, das Wohnungsbauprämienrecht, das Bergarbeiterwohnungsbaurecht und das Bergmannssiedlungsrecht[48];

19. **Maßnahmen gegen gemeingefährliche oder übertragbare Krankheiten bei Menschen und Tieren**[49]**, Zulassung zu ärztlichen und anderen Heilberufen und zum Heilgewerbe**[50 f]**, sowie das Recht des Apothekenwesens**[52]**, der Arzneien, der Medizinprodukte, der Heilmittel, der Betäubungsmittel und der Gifte**[53];

19a. **die wirtschaftliche Sicherung der Krankenhäuser und die Regelung der Krankenhauspflegesätze**[54];

20. **das Recht der Lebensmittel einschließlich der ihrer Gewinnung dienenden Tiere, das Recht der Genussmittel, Bedarfsgegenstände und Futtermittel sowie den Schutz beim Verkehr mit land- und forstwirtschaftlichem Saat- und Pflanzgut**[55]**, den Schutz der Pflanzen gegen Krankheiten und Schädlinge sowie den Tierschutz**[56];

21. **die Hochsee- und Küstenschiffahrt sowie die Seezeichen, die Binnenschiffahrt**[58]**, den Wetterdienst**[60]**, die Seewasserstraßen und die dem allgemeinen Verkehr dienenden Binnenwasserstraßen**[59];

22. **den Straßenverkehr**[61 f]**, das Kraftfahrwesen**[64]**, den Bau und die Unterhaltung von Landstraßen für den Fernverkehr**[65]** sowie die Erhebung und Verteilung von Gebühren oder Entgelten für die Benutzung öffentlicher Straßen mit Fahrzeugen**[66];

23. **die Schienenbahnen, die nicht Eisenbahnen des Bundes sind, mit Ausnahme der Bergbahnen**[67];

24. **die Abfallwirtschaft**[68]**, die Luftreinhaltung und die Lärmbekämpfung**[69]** (ohne Schutz vor verhaltensbezogenem Lärm)**[70];

25. **die Staatshaftung**[71];

26. **die medizinisch unterstützte Erzeugung menschlichen Lebens, die Untersuchung und die künstliche Veränderung von Erbinformationen sowie Regelungen zur Transplantation von Organen, Geweben und Zellen**[72];

27. **die Statusrechte und -pflichten**[74 ff]** der Beamten der Länder, Gemeinden und anderen Körperschaften des öffentlichen Rechts sowie der Richter in den Ländern**[77]** mit Ausnahme der Laufbahnen, Besoldung und Versorgung**[76];

28. **das Jagdwesen**[78];

29. **den Naturschutz und die Landschaftspflege**[79];

30. **die Bodenverteilung**[80];

31. **die Raumordnung**[81];

32. **den Wasserhaushalt**[82];

33. **die Hochschulzulassung**[84]** und die Hochschulabschlüsse**[85].

(2) Gesetze nach Absatz 1 Nr. 25 und 27 bedürfen der Zustimmung des Bundesrates[1].

Übersicht

Literatur: S. Literatur zu Art.70 und Art.72.

I. Bedeutung

1   Abs.1 **enthält** einen Katalog der Gegenstände (Materien) der konkurrierenden Gesetzgebungskompetenz des Bundes. Weitere Gegenstände sind abschließend in Art.105 Abs.2 und 115c Abs.1 S.1 normiert. Die Untergliederung in zwei Absätze besteht seit 1994 (Einl.3 Nr.42). Abs.2 macht Gesetze
nach Abs.1 Nr.25 und 27 (unten Rn.71, 73–77) zustimmungsbedürftig
(Rn.4–6 zu Art.77). Zu Abs.1 Nr.4a, 11a a. F. vgl. Rn.12 zu Art.125a und
zu Abs.1 Nr.5, 8 a. F. vgl. Rn.4 zu Art.125a. Zur Fortgeltung alten Rechts
nach Änderungen des Art.74 vgl. Rn.3–8 zu Art.125a.

2   Die **Rechtsfolgen** der Einschlägigkeit eines der hier aufgezählten Gegenstände sind unterschiedlich für die Unterarten der konkurrierenden Gesetzgebungskompetenz (Rn.1 zu Art.72): Bei einer *Kernkompetenz* (Rn.3–14 zu
Art.72) entfaltet das Gebrauchmachen von einem einschlägigen Kompetenztitel durch den Bundesgesetzgeber (Rn.6–10 zu Art.72) Sperrwirkung für
die Landesgesetzgebung (Rn.11–14 zu Art.72). Bei einer *Erforderlichkeitskompetenz* (Rn.15–23 zu Art.72) entfaltet das Gebrauchmachen unter der Voraussetzung der Erforderlichkeit (Rn.17–19 zu Art.72) Sperrwirkung für die
Landesgesetzgebung. Bei einer *Abweichungskompetenz* (Rn.28–32 zu Art.72)
ist Rechtsfolge der Einschlägigkeit eines der hier aufgezählten Gegenstände
die Vollkompetenz sowohl des Bundes- als auch des Landesgesetzgebers
(Rn.2 zu Art.72). Rechtsfolge der Nichteinschlägigkeit, des unzulässigen,
nur teilweisen oder Nicht-Gebrauchmachens ist die Gesetzgebungskompetenz der Länder, vorbehaltlich einer anderweitigen Verleihung von Gesetzgebungskompetenz an den Bund (Rn.16 zu Art.70). Zur Frage der Einschlägigkeit s. auch Rn.2 zu Art.73.

II. Die einzelnen Gegenstände (Abs.1)

1. Bürgerliches Recht, Strafrecht, Prozessrecht (Nr.1)

3   a) Das **bürgerliche Recht** umfasst die Ordnung der Individualrechtsver-
hältnisse, wie sie im BGB und den herkömmlich zum bürgerlichen Recht
gerechneten Nebengesetzen erfolgt ist (BVerfGE 42, 20/31). Bürgerliches
Recht ist grundsätzlich ebenso wie unter der Reichsverfassung von 1871
und der WRV zu verstehen (BVerfGE 61, 149/175). Ob ein Gegenstand in
heutiger Sicht dem Öffentlichen Recht zuzuordnen ist, ist daher nicht entscheidend (BVerfGE 11, 192/199; 61, 149/176). Nr.1 tritt hinter speziellere
Kompetenzverleihungen, wie Art.73 Abs.1 Nr.9, Art.74 Abs.1 Nr.2, 11, 12,

18 zurück (Oeter MKS 31; Umbach/Clemens UC 11) und umfasst auch nicht diejenigen bürgerlich-rechtlichen Materien, die durch die Verfassungsänderung von 2006 (Einl.3 Nr.52) in Länderkompetenz übergegangen sind (Niedobitek BK 29, 50).

Einzelfälle einer hierauf gestützten Bundeskompetenz: Amtshaftung **4** (BVerfGE 61, 149/176); Beurkundungswesen (BVerfGE 11, 192/199); dingliche Forstrechte (BVerwG, NVwZ 86, 1012); Ertragswertbestimmung (BVerfGE 78, 132/144); Haftpflichtrecht (BGHZ 66, 388/391); Insolvenzrecht (BVerwGE 108, 269/271); Pachtvertragsrecht (BVerfGE 71, 137/143); religiöse Kindererziehung (Rengeling HbStR³ VI § 135 Rn.196; Umbach/Clemens UC 12); Sachenrecht (BVerfGE 45, 297/340); Schadenersatzrecht (BVerfGE 45, 297/345); Schatzregal im herkömmlichen Umfang (BVerwGE 102, 260/263 f). **Nicht** hierauf gestützt werden können: Gegendarstellungsanspruch der Presse (BVerfGE 76, 94/96; Groß, DVBl 81, 248; Kunig MüK 9); Staatshaftung im umfassenden Sinn (BVerfGE 61, 149/174 ff; vgl. auch unten Rn.71); Straßenrecht (BVerfGE 42, 20/28 ff).

b) Strafrecht ist „die Regelung aller, auch nachträglicher, repressiver **5** oder präventiver staatlicher Reaktionen auf Straftaten, die an die Straftat anknüpfen, ausschließlich für Straftäter gelten und ihre sachliche Rechtfertigung auch aus der Anlasstat beziehen" (BVerfGE 109, 190/212). Zu den Reaktionen zählen neben Strafen und Bußen auch Maßregeln der Besserung und Sicherung (BVerfGE 109, 190/213; BGHSt 50, 276/279; 51, 191/197; krit. Gärditz, BayVBl 06, 231). Unter das Strafrecht fällt auch das Ordnungswidrigkeitenrecht (BVerfGE 27, 18/32 f; 29, 11/16; 31, 141/144; BGHSt 38, 138/142). Da es inhaltlich um die Verwirklichung von Strafe geht, gehören auch Straffreiheitsgesetze (Amnestiegesetze) zum Strafrecht (Degenhart SA 21; Niedobitek BK 60; **a.A.** BVerfGE 2, 213/220 ff; 10, 234/238: gerichtliches Verfahren für die Niederschlagung anhängiger Verfahren, Strafvollzug für den Erlass verhängter Strafen). Verjährungsvorschriften gehören, wenn schon nicht zum Strafrecht (so Degenhart SA 19; Kunig MüK 13; Niedobitek BK 60), so doch jedenfalls zum gerichtlichen Verfahren (unten Rn.9 f).

Kein Strafrecht sind Privatstrafen gem. §§ 339–345 BGB (Pestalozza **6** MaK 70). Nicht dazu gezählt werden traditionell auch Beugemittel, Disziplinarrecht, standesrechtliche Sanktionen und Verwaltungszwang (krit. Pestalozza MaK 71). Zum aus systematischen Gründen anders zu interpretierenden (BVerfGE 109, 190/217 f) Begriff der Strafe iSd Art.103 Abs.2 vgl. Rn.41 f zu Art.103.

Durch diese Kompetenz kann der Bundesgesetzgeber auch **Landesrecht 7 mit Strafe oder Bußgeld bewehren,** insb. durch Blankettstrafgesetze (BVerfGE 23, 113/124 f; 26, 246/257 f; 31, 141/144; 33, 206/219). Das gilt unabhängig davon, ob die landesrechtliche Sachregelung den Ländern ausschließlich oder nur konkurrierend zusteht (Oeter MKS 19; Umbach/Clemens UC 14). Der Bundesgesetzgeber darf aber die Kompetenz der Länder zur inhaltlichen Ausgestaltung des Landesrechts nicht beeinträchtigen (BVerfGE 23, 113/125; 26, 246/258; 110, 141/174; Pestalozza, NJW 04, 1840). Das ist bei der Strafbarkeit der Fälschung von Volkswahlen in den Gemeinden nicht der Fall (BVerfG-K, NVwZ 93, 56). In den Sachzusammenhang mit Strafrecht fällt das Schutzkonzept für das ungeborene Leben und die Schwangere, einschließlich der Organisation der Beratung und berufsrechtlicher Anforderungen (BVerfGE 88, 203/294 f, 304 f, 331; 98, 265/313 ff; BVerwGE 75, 330/332), ferner das strafrechtliche RehabilitierungsG (Pestalozza MaK 350).

8 **c) Gerichtsverfassung** umfasst die Ordnung des Gerichtswesens, die äußere Organisation der Rechtsprechung, grundsätzlich einschließlich der Landesgerichte (BVerfGE 11, 192/198 f; 24, 155/166 f; 30, 103/106), insb. der Verwaltungsgerichte (BVerfGE 20, 238/248; 29, 125/137; 37, 191/198; a. A. Pestalozza MaK 109 ff), wozu auch die Anordnung ihrer Errichtung gehört (BerlVerfGH, LVerfGE 17, 62/71). Dagegen sind die konkrete Errichtung der Landesgerichte und die Festsetzung ihrer Bezirke (BVerfGE 24, 155/166 f) sowie die Geschäftsverhältnisse der Gerichtsvollzieher (BVerwGE 65, 253/256) Sache der Länder (Rn.13 zu Art.92). Die Gerichtsverfassung ist nicht auf richterliche Tätigkeiten beschränkt, sondern umfasst auch die Pflicht der Rechtsanwälte zum Tragen einer Amtstracht (BVerfGE 28, 21/32), die Stellung der Staatsanwaltschaft (BVerfGE 56, 110/118) und der Gerichtsvollzieher (BVerwGE 65, 260/263 f; Grawert, DGVZ 89, 103 f). Nicht hierunter fallen die Disziplinargerichtsbarkeit (Umbach/Clemens UC 18), die Standesgerichtsbarkeit (BVerfGE 4, 74/85), die Verfassungsgerichtsbarkeit der Länder (BVerfGE 96, 345/368 f; HessStGH, ESVGH 40, 20/21; Kunig MüK 17), einschließlich der Landesverfassungsbeschwerde und der Befugnis, unter bestimmten Voraussetzungen Entscheidungen der Landesgerichte aufzuheben, die nach Bundesverfahrensrecht formell und materiell rechtskräftig sind (BVerfGE 96, 345/370 ff), und die Regelung der Amtsbezeichnungen der Richter (BVerfGE 38, 1/10 unter Aufgabe von BVerfGE 32, 199/200 f). Ausschließliche Bundesgesetzgebungskompetenzen bestehen für das Bundesverfassungsgericht (Rn.2 zu Art.94), die Finanzgerichtsbarkeit (Rn.12 zu Art.108) und die Rechtsstellung der Bundesrichter (Rn.3 zu Art.98).

9 **d) Das gerichtliche Verfahren** betrifft die verfahrensmäßige Behandlung von Angelegenheiten durch die Gerichte, von der Einleitung des Verfahrens bis zur Anordnung der Vollstreckung. Einerseits gehört dazu die Vollstreckung, andererseits auch das unmittelbare Vorfeld des gerichtlichen Verfahrens, d. h. Aufklärung, Ermittlung und Verfolgung von Straftaten (Umbach/Clemens UC 19) bzw. „repressive Polizeitätigkeit" (LVerfG MV, LVerfGE 10, 337/345) einschließlich der Vorsorge für die Verfolgung künftiger Straftaten (BVerfGE 103, 21/30 f; 113, 348/369 ff). Dagegen ist die Verhütung von Straftaten in die Gesetzgebungskompetenz der Länder (Rn.20 zu Art.70) fallendes Polizei- und Ordnungsrecht (BVerfGE 113, 348/368 f). Daher gehört auch die Fahndung nach Straftätern nicht zum gerichtlichen Verfahren (SächsVerfGH, LVerfGE 14, 333/381). Es ergeben sich Überschneidungen mit dem Gegenstand der Gerichtsverfassung (oben Rn.8); bei manchen Rechtsinstituten ist auch die Zuordnung zum materiellen oder Verfahrensrecht problematisch (vgl. auch Rn.4 f zu Art.84).

10 **Im Einzelnen** ist gerichtliches Verfahren **anzunehmen** für Brief-, Post- und Fernmeldegeheimnisbeschränkungen nach G 10 (BVerfGE 30, 1/29);

DNA-Identitätsfeststellung (BVerfGE 103, 21/30 f); Dolmetscher (Oeter MKS 25); Entschädigung für Strafverfolgungsmaßnahmen (Pestalozza MaK 350); Ermittlungsverfahren, einschließlich der Regelung diesbezüglicher Aufgaben und Befugnisse der Polizei (Kunig MüK 19); freiwillige Gerichtsbarkeit (Pestalozza MaK 53, 129); Gerichtskosten (BVerfGE 47, 285/313 f); Normenkontrolle gem. § 47 VwGO (BVerwGE 64, 77/79; a. A. Renck, DÖV 96, 412 f); aus dem Presserecht die Regelung der Beschlagnahme von Presseerzeugnissen (a. A. Groß, AfP 76, 14) und des Zeugnisverweigerungsrechts von Presseangehörigen (BVerfGE 36, 193/202; 36, 314/319), nicht aber der Verjährung von Pressedelikten (BVerfGE 7, 29/40); Rechtsmittel (BVerfGE 48, 367/374), einschließlich der Anwendung von Landesrecht durch oberste Bundesgerichte (BVerfGE 10, 285/292 ff); Strafregisterrecht (BVerwGE 54, 81/90); Telekommunikationsüberwachung zur Vorsorge für die Verfolgung von Straftaten (BVerfGE 113, 348/369 ff). Zum Verwaltungsgerichtsverfahren Rn.9 zu Art.72.

Ausgenommen von Nr.1 sind seit 2006 (Einl.3 Nr.52) der Strafvollzug **11** und parallel dazu der Untersuchungshaftvollzug. *Strafvollzug* umfasst die Ausführung der Anordnungen der Strafvollstreckungsbehörden − deren Tätigkeit zum gerichtlichen Verfahren gerechnet wird (Rn.9 zu Art.74) − durch die Strafvollzugsbehörden, einschließlich der Regelung der Kosten (BVerfGE 85, 134/144 ff) sowie der Festnahme entwichener Strafgefangener (Kunig MüK 15). Zum Strafvollzug gehören auch der Vollzug der freiheitsentziehenden Maßregeln der Besserung und Sicherung (BVerfGE 85, 134/142) und die Eintreibung von Geldbußen des Ordnungswidrigkeitenrechts (Umbach/Clemens UC 15). *Untersuchungshaftvollzug* als Teil des gerichtlichen (Straf-)Verfahrens (Rn.9 zu Art.74) ist den Ländern insoweit zugewiesen, als es um die Durchführung der Untersuchungshaft parallel zum Strafvollzug geht (Degenhart SA 20). Zu den Kompetenzen für Amnestieregelungen Rn.5 zu Art.74 und für Begnadigungen Rn.3−5 zu Art.60.

e) Rechtsanwaltschaft, Notariat und **Rechtsberatung** betreffen das **12** entsprechende Berufsrecht, d. h. die Zulassung zum Beruf und die Berufsausübung einschließlich des Gebührenwesens (BVerfGE 17, 287/292; 47, 285/313) und der Strafgerichtsbarkeit (BVerfGE 4, 74/85). Zur Rechtsberatung gehört die diesbezügliche Tätigkeit der Rechtsbeistände, Prozessagenten, Patentanwälte, Steuerberater und Wirtschaftsprüfer (Rengeling HbStR³ VI § 135 Rn.204; diff. Pestalozza MaK 156). Nicht hierunter fallen die Fragen, ob eine Person ein Recht auf Vertretung durch einen Rechtsanwalt hat oder ob der Rechtsanwalt ein Vertretungsrecht hat. Dies sind Fragen des gerichtlichen Verfahrens (oben Rn.9 f), die aber im Einzelfall einen stärkeren Sachzusammenhang (Rn.9 zu Art.70) zu einem Gegenstand haben können, der in die Gesetzgebungskompetenz der Länder fällt, z. B. das Gemeindeverfassungsrecht bei kommunalen Vertretungsverboten (BVerfGE 42, 231/241 f; 52, 42/54 ff), bzw. die − bei kirchlichen Angelegenheiten − der staatlichen Regelungsgewalt ganz entzogen sind (BVerwG, NJW 74, 716 f; 81, 1973).

2. Personenstandswesen (Nr.2)

13   Erfasst werden die öffentlich-rechtlichen Aspekte des Personenstandswesens, d. h. die Beurkundung des Personenstands, einschließlich der Einführung der eingetragenen Lebenspartnerschaft (BVerfGE 105, 313/338), sowie die Tätigkeit, die Organisation und das Verfahren der Standesämter (Bothe AK 8; Kunig MüK 24; Umbach/Clemens UC 22). Hierunter fallen auch Meldepflichten über den Personenstand (Degenhart SA 29), nicht aber über den Wohnsitz (Rn.10 zu Art.73). Auch der Name und die Namensänderung sind keine Frage des Personenstands (Oeter MKS 35; a. A. Kunig MüK 24; Stettner DR 35).

3. Vereinsrecht (Nr.3)

14   Vereinsrecht sind die öffentlich-rechtlichen Regelungen des Vereinswesens (Zulassung, Überwachung, Auflösung); privatrechtliche Aspekte fallen unter Art.74 Abs.1 Nr.1 „bürgerliches Recht". Zum Begriff des Vereins Rn.3–5 zu Art.9. Koalitionen sind Vereine, ihre tarifvertragsbezogene Tätigkeit fällt aber unter Art.74 Abs.1 Nr.12 (Bothe AK 9). Keine Vereine sind öffentlich-rechtliche Körperschaften (Rn.4 zu Art.9). Spezielle Kompetenznormen bestehen für Parteien (dazu Rn.2 zu Art.21), Fraktionen (dazu Rn.6 zu Art.40) und Religionsgesellschaften (dazu Rn.1 zu Art.137 WRV iVm Art.140).

4. Aufenthalts- und Niederlassungsrecht der Ausländer (Nr.4)

15   Die Vorschrift betrifft das Verweilen einschließlich der Wohnsitznahme (Aufenthalt) und die Begründung einer Erwerbstätigkeit (Niederlassung) von Ausländern in der Bundesrepublik Deutschland, nicht aber das Ausländerrecht insgesamt, d. h. das Sonderrecht für Ausländer während ihres Aufenthalts und für ihre Erwerbstätigkeit (Pestalozza MaK 236 f, 240 f; dagegen will Oeter MKS 45 die Einreise erfassen). Ausländer sind alle natürliche Personen, die nicht Deutsche sind (Rn.1–10 zu Art.116), sowie ausländische juristische Personen (vgl. JöR 1991, 505). Für EU-Ausländer wird Nr.4 weitgehend durch EU-Recht überlagert (vgl. Rn.2 zu Art.70; Stettner DR 6; Umbach UC 27). Erfasst wird grundsätzlich auch das Asylverfahrensrecht (vgl. Oeter MKS 44); für die Gesetze gem. Art.16a Abs.2 S.2, Abs.3 S.1 (nicht aber Abs.4 S.2) besteht aber eine ausschließliche Gesetzgebungskompetenz des Bundes (vgl. Rn.5 zu Art.70). Einwanderung und Auslieferung von Ausländern fallen unter Art.73 Abs.1 Nr.3 als lex specialis (Degenhart SA 33).

5. Flüchtlinge und Vertriebene (Nr.6)

16   Die Vorschrift betrifft die Eingliederung und Förderung von Flüchtlingen (vgl. Rn.2 zu Art.16a) und Vertriebenen in beruflicher, sozialer, wirtschaftlicher und kultureller Beziehung (Kunig MüK 31), nicht auch die Einreise, für die Art.73 Abs.1 Nr.3 einschlägig ist. Sie ist nicht auf Deutsche und nicht auf Flucht und Vertreibung als Folge des Zweiten Weltkriegs beschränkt (Bothe AK 14; Kunig MüK 31; Oeter MKS 56) und umfasst auch Aussiedler und Evakuierte (Oeter MKS 57; Rengeling HbStR[3] VI § 135

Rn.211; Stettner DR 44; Umbach/Clemens UC 32; a.A. Pestalozza MaK 297).

6. Öffentliche Fürsorge (Nr.7)

Die Vorschrift umfasst im Kern die öffentliche Hilfe bei wirtschaftlicher **17** **Notlage,** d.h. die Sozialhilfe (Degenhart SA 35; Korioth, DVBl 93, 357). Sie wird im Hinblick auf das Sozialstaatsprinzip (Rn.112–127 zu Art.20) weit (BSGE 6, 213/219; krit. Pestalozza MaK 353: keine „Generalklausel zugunsten eines Beschützers und Betreuers Bund") oder jedenfalls „nicht eng" (BVerfGE 88, 203/329) ausgelegt. Danach umfasst Nr.7 auch vorbeugende Maßnahmen (BVerfGE 22, 180/212f), Hilfe bei anderen als wirtschaftlichen Notlagen (BVerfGE 42, 263/281f), organisatorische Regelungen und Abgrenzungen (BVerfGE 22, 180/203; 106, 62/133f) bis hin zu Zwangsmaßnahmen gegen Hilfsbedürftige (BVerfGE 58, 208/227) oder Dritte (BVerfGE 30, 47/53; 106, 62/134). Das Merkmal „öffentlich" schließt nicht aus, dass auch Private gebunden werden (BVerfGE 57, 139/159, 166f; Degenhart SA 41). In diesen Fällen besteht aber ein Sachzusammenhang (Rn.9–11 zu Art.70) mit der öffentlichen Fürsorge nur dann, wenn das Ziel der öffentlichen Hilfe bei allgemeiner Notlage im Vordergrund steht (Umbach/Clemens UC 35). Maßnahmen für notleidende Berufsgruppen fallen unter das Berufsrecht, das teilw. in der Kompetenz des Landesgesetzgebers liegt (Bothe AK 15; Kunig MüK 35). Nr.7 kann nicht auf die Hilfeleistung durch öffentlich-rechtliche oder öffentlich-rechtlich beliehene Träger beschränkt werden (BVerfGE 106, 62/134). Wegen der eingeschränkten Gesetzgebungskompetenz des Bundes für das Gesundheitswesen (unten Rn.49–54) darf keine strukturelle Veränderung des Gesundheitswesens in den Ländern auf Nr.7 gestützt werden (BVerfGE 88, 203/330).

Einzelfälle: Altenpflegeumlage (BVerfGE 108, 186/214); Beratungs- **18** dienste (Degenhart SA 35; Oeter MKS 64); Blindenhilfe (Kunig MüK 33); Contergan-Hilfswerk (BVerfGE 42, 263/281); Erstattung von Arbeitslosenhilfe (BVerfGE 81, 156/186); Erziehungsgeld (Oeter MKS 61); Familienlastenausgleich (BVerfGE 87, 1/34f); HäftlingshilfeG (Pestalozza MaK 350); Jugendpflege (BVerfGE 22, 180/212f); Jugendschutz (BVerfGE 31, 113/117; BVerwGE 19, 94/96; 23, 112/113; 85, 169/176); Kinderbeauftragte (Pestalozza MaK 340 Fn.644); KindererziehungsleistungsG (BVerfGE 87, 1/34f); Kindergärten bzw. -tageseinrichtungen (BVerfGE 97, 332/341f; LVerfG SAn, LVerfGE 9, 390/399f; 16, 535/552f; BbgVerfG, LVerfGE 14, 146/157; a.A. BayVerfGHE 29, 191/202f; Isensee, DVBl 95, 5f; Kunig MüK 34); Kindergeld (BSGE 6, 213/224; Rengeling HbStR³ VI § 135 Rn.213), soweit nicht Art.74 Abs.1 Nr.12 „Sozialversicherung" oder „Arbeitsrecht" einschlägig ist (BVerfGE 11, 105/111, 115f); Opferentschädigung (Bothe AK 15; Kunig MüK 33); Schwangerschaftsabbrucheinrichtungen (BVerfGE 88, 203/330f); Schwerbehindertenhilfe (BVerfGE 57, 139/166f; BVerwGE 72, 8/10; BSGE 52, 168/175); Unterbringung aus fürsorgerischen Gründen (BVerfGE 58, 208/227); Wohngeld (Oeter MKS 61).

Ausgenommen von Nr.7 ist seit 2006 (Einl.3 Nr.52) das Heimrecht als **19** Materie, die im HeimG idF v. 15. 11. 2001 (BGBl I 2970) geregelt ist und den Schutz älterer Menschen sowie pflegebedürftiger und behinderter Volljähriger bezweckt. Der Gegenstand ist auf Regelungen beschränkt, die die entgeltliche Aufnahme, intensive Betreuung und Verpflegung in näher definierten Einrichtungen betreffen, insb. Altenpflegeeinrichtungen (vgl. BVerfGE 106, 62/134 f), d. h. die heimbezogene öffentliche Fürsorge (Höfling/ Rixen, Beiträge zum Recht der sozialen Dienste und Einrichtungen, 2007, 12).

7. Kriegsschäden, Wiedergutmachung, Kriegsgräber (Nr.9, 10)

20   **Kriegsschäden** bedeutet Sachschäden, die durch Kriege mit deutscher Beteiligung (Oeter MKS 71), insb. den Zweiten Weltkrieg, entstanden sind, einschließlich der Nachkriegs- und Folgeschäden; die zeitliche Grenze ist wie bei Art.120 zu bestimmen (Kunig MüK 36); Personenschäden fallen unter Art.74 Abs.1 Nr.6 und Art.73 Abs.1 Nr.13. **Wiedergutmachung** bedeutete zunächst den Ausgleich von Schäden, die durch nationalsozialistische Verfolgungsmaßnahmen sowie durch Maßnahmen deutscher Truppen in besetzten Gebieten verursacht worden sind (Kunig MüK 37). Heute wird man auch den Ausgleich von Schäden, die durch SED-Unrecht entstanden sind, einbeziehen können (Degenhart SA 42; Heintzen, DÖV 94, 414; Umbach/ Clemens UC 39; a.A. Kunig MüK 37; Oeter MKS 72; Stettner DR 53). Nr.9 beschränkt sich auf finanzielle Abgeltung (BVerfGE 3, 407/419). Zu dem hierunter fallenden Lastenausgleichsrecht gehört auch die Regelung der Verjährung entsprechender Ansprüche (BVerwGE 31, 65/66 f). Der 1965 eingefügte (Einl.3 Nr.13) und 2006 (Einl.3 Nr.52) umnummerierte Gegenstand über **Kriegsgräber** betrifft auch zivile Opfer und Opfer unter Nichtdeutschen (Oeter MKS 78). Opfer der Gewaltherrschaft sind z.B. durch nationalsozialistische und durch kommunistische Verfolgungsmaßnahmen Getötete (Stettner DR 55).

8. Recht der Wirtschaft (Nr.11)

21   **a) Begriff.** Recht der Wirtschaft wird von der Rspr. weit **definiert** als alle Normen, die das wirtschaftliche Leben und die wirtschaftliche Betätigung regeln (BVerfGE 55, 274/308; 68, 319/330; 116, 202/215 f; BVerwGE 97, 12/14 ff; 120, 311/314; krit. Kunig, JR 86, 491). Es umfasst danach nicht nur die Organisation der Wirtschaft, Wirtschaftszweige und wirtschaftenden Personen, sondern auch die Steuerung und Lenkung des Wirtschaftslebens insgesamt (BVerfGE 11, 105/110 ff; 67, 256/275). Auch auf die Rechtsform der wirtschaftlichen Betätigung kommt es nicht an (BVerfG-K, JZ 82, 289; Rengeling/Szczekalla BK 111; Kunig MüK 45).

22   Die **Aufzählung einzelner Wirtschaftszweige** in der Klammer ist erschöpfend, nicht nur beispielhaft (Pestalozza MaK 520 ff; a.A. Bothe AK 21; Rengeling/Szczekalla BK 29 ff, 112; Stettner DR 58; Umbach/Clemens UC 46; offen gelassen BVerfGE 68, 319/331). Sie schließt aber branchenübergreifende Regelungen des wirtschaftlichen Lebens und der wirtschaftlichen Betätigung nicht aus (Behmenburg, Lit. zu Art.70, 133 f). Von der Rspr. sind darüber hinaus Materien als Recht der Wirtschaft anerkannt worden, die weder einem der in der Klammer genannten Wirtschaftszweige zuzuordnen noch branchenübergreifend sind, z.B. ärztliche Gebühren (BVerf-GE 68, 319/331 f) und Filmförderung (BVerwGE 45, 1/3; 133, 165 Rn.16 ff; nicht überzeugend Rengeling/Szczekalla BK 103: Kompetenz kraft Natur der Sache).

Abgaben können unter Nr.11 fallen, solange es sich nicht um Steuern   **23** handelt (Rn.3–7 zu Art.105) und die Voraussetzungen für nicht-steuerliche Abgaben (Rn.8–23 zu Art.105) vorliegen.

Nr.11 **tritt zurück** gegenüber speziellen Regelungen und soweit ein   **24** stärkerer Sachzusammenhang (Rn.9 zu Art.70) zur Gesetzgebungskompetenz der Länder besteht. Polizei- und Ordnungsrecht kann im Sachzusammenhang mit dem Recht der Wirtschaft stehen; ein solcher besteht aber nicht, wenn die Aufrechterhaltung der öffentlichen Sicherheit und Ordnung alleiniger Gesetzeszweck ist (BVerfGE 8, 143/149 f) oder nur Auswirkungen auf die wirtschaftliche Tätigkeit hat (BVerfGE 41, 344/355). Das kommunale Organisationsrecht erstreckt sich auch auf die wirtschaftliche Betätigung der Gemeinden (SächsVerfGH, LVerfGE 16, 415/432 f; Rengeling/Szczekalla BK 67). Das Bildungswesen hat nur insoweit einen Sachzusammenhang mit Nr.11, als berufliche Bildung durch die Wirtschaft erfolgt (BVerfGE 55, 274/309; BVerwGE 69, 162/165) oder Bildungseinrichtungen als Gewerbe betrieben werden können (Stettner DR 57). Berufsrecht ist Recht der Wirtschaft, soweit es Gewerbe- und Handwerksrecht ist; im Übrigen gehen spezielle Regelungen, wie Art.74 Abs.1 Nr.1 für Rechtsanwälte und Art.74 Abs.1 Nr.19 für einzelne Heilberufe, vor (Bothe AK 24).

b) Die in der Klammer genannten **einzelnen Wirtschaftszweige** be-   **25** deuten folgendes: **aa) Bergbau, Industrie, Energiewirtschaft.** *Bergbau* ist das Aufsuchen, Gewinnen und Aufbereiten von Bodenschätzen (Oeter MKS 92), auch in der Tiefsee (Rengeling/Szczekalla BK 117) und von Bohrinseln aus (Bothe AK 54). *Industrie* ist die fabrikmäßige, arbeitsteilige Herstellung und Verarbeitung von Produktions- und Verbrauchsgütern oder kurz das Großgewerbe (Oeter MKS 93). *Energiewirtschaft* umfasst die Energiegewinnung und -verteilung aller Energien und Energieträger (Oeter MKS 94), einschließlich der Energiepreise und -leitungen, der Sicherung der Energieversorgung und der Energieeinsparung (Rengeling/Szczekalla BK 121 f; Umbach/Clemens UC 52).

bb) Handwerk, Gewerbe, Handel. *Handwerk* ist die Be- und Verarbei-   **26** tung von Stoffen ohne Massenproduktion mit einem erheblichen Anteil qualifizierter Handarbeit (BVerfGE 13, 97/123; BVerwGE 17, 230/233; 25, 66/71); auch die Prüfung der Haushalts- und Wirtschaftsführung der Handwerkskammern durch Rechnungshöfe rechnet hierzu (BVerwGE 98, 163/ 167). *Gewerbe* ist die selbständige, nicht verbotene, auf Erwerb gerichtete Tätigkeit mit Ausnahme der Urproduktion und der höheren Berufsarten (Oeter MKS 96); dieser Gegenstand ist nicht auf den Gewerbebegriff der GewO beschränkt (BVerfGE 41, 344/352 f). *Handel* ist der erwerbsmäßige, nicht veredelnde Güteraustausch (Oeter MKS 97).

cc) Bank-, Börsen-, privatrechtliches Versicherungswesen. *Bank-*   **27** *wesen* umfasst die typische Geschäftstätigkeit und das Verfassungs- und Organisationsrecht privater Kreditinstitute außerhalb der Gegenstände des Art.73

Abs.1 Nr.4 und Nr.7 (Kunig MüK 52), einschließlich der Bausparkassen (Oeter MKS 98; dagegen rechnen sie Bothe AK 23; Kunig MüK 54; Rengeling/Szczekalla BK 140, 161 zum privatrechtlichen Versicherungswesen), nicht aber das Verfassungs- und Organisationsrecht der öffentlich-rechtlichen Sparkassen (BVerwGE 69, 11/20; BGHZ 90, 161/164) und Landesbanken (BVerwGE 75, 292/299) oder einen allgemeinen Gläubigerschutz (BVerwGE 69, 120/130). *Börsenwesen* betrifft die organisierte Veranstaltung von regelmäßiger Versammlung zur Abwicklung von Rechtsgeschäften über Wertpapiere oder Waren (Oeter MKS 99) einschließlich des virtuellen Handelsforums (Rengeling/Szczekalla BK 136). Zum *privatrechtlichen Versicherungswesen* gehören Regelungen über Versicherungsunternehmen, die in Wettbewerb mit anderen durch privatrechtliche Verträge Risiken versichern, die Prämien grundsätzlich am individuellen Risiko und nicht am Erwerbseinkommen des Versicherungsnehmers orientieren und die vertraglich zugesagten Leistungen im Versicherungsfall aufgrund eines kapitalgedeckten Finanzierungssystems erbringen (BVerfGE 103, 197/216f; 123 186/235); Regelungen sozialen Ausgleichs sind insofern unschädlich (BVerfGE 123, 186/235f). Nicht dazu gehören die öffentlich-rechtlichen Versicherungsanstalten mit öffentlich-rechtlich geregelten Versicherungsbeziehungen (BVerfGE 41, 205/220).

28   c) **Einzelfälle,** die unter Nr.11 fallen **(A–P):** Ärztliche GebührenO (BVerfGE 68, 319/328ff); Aufzugsanlagen in wirtschaftlichen Unternehmungen (BVerfGE 41, 344/351ff); Ausbildungsplatzförderung (BVerfGE 55, 274/308f); BerufsbildungsG (BVerwG, DÖV 74, 753; BVerwGE 69, 162/165; BAGE 28, 269/272f; 103, 131/138f); BeschussG (BVerfGE 8, 143/148); Buchmacherwesen im Rennwett- und LotterieG (BVerwGE 97, 12/14); ChemikalienG (Rengeling/Szczekalla BK 161); Einlagensicherungs- und Anlagenentschädigungsrecht (BVerfGE 120, 311/314f); Filmförderung (BVerwGE 45, 1/3; 133 165 Rn.16ff); FinanzmarktstabilisierungsfondsG (Wieland, ZG 2009, 144); Gesellschaftsrecht (BVerfGE 98, 145/157); HandwerksO (BVerfGE 1, 264/272; 26, 246/255f), einschließlich der Berufsausbildung im Handwerk (BVerwGE 108, 169/175); InvestitionshilfeG (BVerfGE 4, 7/13); Konjunkturzuschlag (BVerfGE 29, 402/409); Konzessionsabgaben (BVerfGE 86, 148/227); Lotterierecht (notwendige Konsequenz aus BVerfGE 115, 276/304, 318f; Pieroth/Görisch, NVwZ 05, 1225ff); öffentlich bestellte Sachverständige gem. § 36 GewO (BayVerfGHE 36, 123/133f); Preisbildung und -überwachung (BVerfGE 8, 275/294); private Pflege-Pflichtversicherung (BVerfGE 103, 197/217ff; BSGE 85, 250/253).

29   **(R–Z):** RabattG (BVerfGE 21, 292/296); regionale Wirtschaftsstrukturförderung (BVerwGE 59, 327/332); Reisegewerbekarte für Zeitschriftenwerber (BGHSt 28, 5/8f; VGH BW, DVBl 75, 261); Rentenaltlastenverteilung auf Berufsgenossenschaften (BVerfGE 23, 12/22ff); Rohstoffsicherung (Brohm, NJW 80, 863); Schornsteinfeger (BVerfGE 1, 264/272); Spielbankenrecht (notwendige Konsequenz aus BVerwGE 96, 302 und BVerfGE 115, 276/304, 318f; Degenhart SA 47; **a. A.** BVerfGE 28, 119/146ff; 102, 197/199; BFHE 224, 103/107), wovon der Bund allerdings keinen Gebrauch gemacht hat; Sportwettenrecht (BVerfGE 115, 276/304, 318f); Strom-

einspeisungsG (vgl. Studenroth, DVBl 95, 1219); Teledienste (Badura BK 33 zu Art.73 Nr.7); Unterrichtsveranstaltungen, die gewerbsmäßig betrieben werden und landesrechtlich nicht geregelt sind (BVerwGE 78, 6/11); Verbraucherschutz (BVerfGE 26, 246/254); Vergaberecht (BVerfGE 116, 202/ 216f; BGHZ 179, 84/94); Vertrieb eines Anzeigenblattes (BVerwG, NJW 86, 2003f); Wasch- und ReinigungsmittelG (Rengeling/Szczekalla BK 161); Wasserversorgung ausschließlich des Benutzungszwangs (BVerwG, NVwZ 88, 1127; BVerfG-K, JZ 82, 289; a.A. Knemeyer/Emmert, JZ 82, 284); WeinwirtschaftsG (BVerfGE 37, 1/17); Wettbewerbsrecht (BVerfGE 26, 246/254); WirtschaftsprüferO (BVerfGE 26, 246/255f).

Nicht erfasst werden: Berufsbezeichnung Ingenieur (BVerfGE 26, 246/ **30** 254); Gewährträgerschaft der Länder für öffentlich-rechtliche Kreditanstalten (BVerwGE 75, 292/299f); Investitionsabgabe (BVerfGE 67, 256/274ff); öffentlich bestellte Vermessungsingenieure (BVerwGE 2, 349/351); öffentlich-rechtliches Versicherungswesen (BVerfGE 10, 141/162f; 41, 205/218f); Schankerlaubnissteuer (BVerfGE 13, 181/196); SprengstoffG (BVerfGE 13, 367/371f); Waldbrandverhütung (KG, NJW 76, 1466).

Ausgenommen von Nr.11 sind seit 2006 (Einl.3 Nr.52) folgende Ge- **31** genstände: Das *Ladenschlussrecht* ist außer auf Art.74 Abs.1 Nr.11 a. F. (Handel) auch auf Art.74 Abs.1 Nr.12 (Arbeitsschutz) gestützt worden (BVerfGE 111, 10/28). Es umfasst daher sowohl die Öffnungszeiten als auch die Arbeitszeiten im Einzelhandel insoweit, als sie bestimmte Befreiungs- und Ausgleichszeiten vorsehen, weil diese die Öffnungszeiten unmittelbar beeinflussen; bezüglich der allgemeinen Regelungen des Arbeitszeitrechts bleibt es bei der konkurrierenden Bundesgesetzgebungskompetenz (Kingreen/Pieroth, NVwZ 06, 1224; Löwisch, FS Otto, 2008, 319f; dagegen für weitergehende Bundesgesetzgebungskompetenz Kämmerer/Thüsing, GewArch 06, 266f; Höfling/ Rixen, GewArch 08, 5f). Das *Gaststättenrecht* als Teil des Gewerberechts ist entsprechend der Definition in § 1 GastG idF v. 20. 11. 1998 (BGBl I 3418) umfasst (krit. Rengeling/Szczekalla BK 14). Das *Spielhallenrecht* betrifft die Spielhallenerlaubnis gem. § 33i GewO idF v. 22. 2. 1999 (BGBl. I 202), nicht das materielle Spielrecht der §§ 33c–g GewO (Schmitz, in: Holtschneider/ Schön, Lit. zu Art.72, 250; a.A. Dietlein, ZfWG 08, 12, 77). Das *Recht der Schaustellung von Personen* entspricht § 33a GewO; das *Recht der Messen, Ausstellungen und Märkte* entspricht §§ 64–71b GewO (Höfling/Rixen, GewArch 08, 8).

9. Arbeitsrecht, Sozialversicherung (Nr.12)

a) Arbeitsrecht ist das Sonderrecht der unselbständigen Arbeitnehmer, **32** und zwar das individuelle und kollektive, private und öffentliche Arbeitsrecht (BVerfGE 7, 342/351; 38, 281/299; 106, 62/132f). Für das Arbeitsrecht des Öffentlichen Dienstes sind aber Art.73 Abs.1 Nr.8 und 74 Abs.1 Nr.27 leges speciales, soweit keine allgemeinen, die Besonderheiten des öffentlichen Dienstes nicht berührenden, arbeitsrechtlichen Regelungen in Frage stehen (Axer BK 19); daher kann der Bund das Arbeitsverhältnis von (früher) Arbeitern und Angestellten der Landeshochschulen nur beschränkt regeln (Axer BK 19; a.A. BVerwGE 18, 135/138; BAGE 76, 204/209; 82, 173/175). Für das arbeitsgerichtliche Verfahren ist Nr.1 (Axer BK 17; Degenhart SA 53; Stettner DR 67; a. A. Pestalozza MaK 810), für spezifisches Berufsausbildungsrecht ist Nr.11 (Behmenburg, Lit. zu Art.70, 150 f) einschlägig.

33   **Einzelfälle:** Arbeitnehmerkammern (BVerfGE 38, 281/299); Arbeitnehmerweiterbildung (BVerfGE 77, 308/329; BbgVerfG, LVerfGE 2, 117/121); Arbeitskampfrecht (Oeter MKS 113); arbeitsvertragliche Regelungen im Berufsausbildungsrecht (BVerfGE 106, 62/133); Beschäftigungsverbot an Sonn- und Feiertagen im Handelsgewerbe (BVerwG, NJW 86, 2003); betriebliche Altersversorgung einschließlich der Insolvenzsicherungsabgabe (BVerwGE 72, 212/222); Kinderzuschläge zum Arbeitslohn (BVerfGE 11, 105/115 f); Kündigungsschutz (BVerfGE 51, 43/55 f); Lohnfortzahlung im Krankheitsfall (Oeter MKS 113) und an Feiertagen (BayVerfGHE 35, 10/21), nicht aber die Festsetzung sozialpolitisch motivierter Feiertage (Gröschner, KritV 1993, 360/361; a. A. Preuß AK 69 zu Art.140); MindestarbeitsbedingungenG (BAGE 3, 149/151; Hoppe/Menzenbach, NZA 08, 1110); Mutterschaftsgeld (Pestalozza MaK 336); Tarifvertragsrecht (Oeter MKS 113); Urlaubsgesetzgebung (BVerfGE 7, 342/347; 77, 308/329 ff; 85, 226/233 f), einschließlich des Erziehungsurlaubs (Oeter MKS 113); Vermögensbildung für Arbeitnehmer (Sannwald SHH 137).

34   Ausdrücklich **einbezogen** sind in diesen Gegenstand: *Betriebsverfassung* als die durch Organe institutionalisierte Zusammenarbeit zwischen Arbeitgeber und Arbeitnehmer im Betrieb (Axer BK 22; Kunig MüK 64); *Arbeitsschutz* als die öffentlich-rechtliche Regelung des Schutzes der Arbeitnehmer vor Gefahren der Arbeit, einschließlich der Arbeitszeit (BVerfGE 1, 283/292) und des Rauchverbots zum Schutz der nicht rauchenden Beschäftigten (BVerfGE 121, 317/347); *Arbeitsvermittlung* als die Tätigkeit, die darauf gerichtet ist, Arbeitsuchende mit Arbeitgebern zur Begründung von Arbeitsverhältnissen zusammenzuführen, einschließlich der Arbeitnehmerüberlassung (BVerfGE 21, 261/268).

35   **b) Sozialversicherung** ist ein „weit gefasster" Begriff (BVerfGE 75, 108/146 f; 87, 1/34; 88, 203/313; vgl. Axer BK 25ff; Bieback, VSSR 2003, 1 ff; Schenkel, Sozialversicherung und GG, 2008). Er ist gekennzeichnet durch das soziale Bedürfnis nach Ausgleich besonderer Lasten, die Aufbringung der erforderlichen Mittel durch Beiträge der Beteiligten oder Betroffenen (BVerfGE 87, 1/34; vgl. auch Rn.23 zu Art.105) und die organisatorische Durchführung durch selbständige Anstalten oder Körperschaften des öffentlichen Rechts (BVerfGE 11, 105/111 ff; 63, 1/34 f); es kommen sowohl Personen- als auch Sachversicherungen in Betracht (Umbach/Clemens UC 66). Erfasst werden auch „Regelungen über die Erstattung und den Ausgleich erbrachter Sozialversicherungsleistungen" (BVerfGE 81, 156/185; 113, 167/195). Die Heranziehung nicht selbst Versicherter als Beteiligte bedarf eines sachorientierten Anknüpfungspunkts in den Beziehungen zwischen Versicherten und Beitragspflichtigen (BVerfGE 75, 108/147; BSGE 85, 250/253). Der Gegenstand ist zwar nicht auf die traditionellen Bereiche der Versicherung gegen Krankheit, Alter, Invalidität, Unfall und Arbeitslosigkeit beschränkt, bedeutet aber nicht soziale Sicherheit insgesamt (BVerfGE 11, 105/111 f). Neue Gegenstände dürfen einbezogen werden, wenn die

wesentlichen Strukturmerkmale der klassischen Sozialversicherung gewahrt bleiben (BVerfGE 75, 108/146; 87, 1/34). Sozialversicherung ist auch nicht notwendig mit abhängiger Arbeit verbunden; es können auch Handwerker, Landwirte (BVerfGE 109, 96/109; BAGE 50, 92/100 f) und freie Berufe einbezogen werden (Degenhart SA 57 f; Umbach/Clemens UC 66; a. A. BayVerfGHE 12, 14/17 f; offen gelassen BVerfGE 12, 319/323; BVerwG, NJW 83, 2650; 94, 1888). Doch darf der Beitragszweck, Einnahmen zu erzielen, nicht völlig hinter einem anderen mit der Leistungspflicht verbundenen Zweck zurücktreten (BVerfGE 14, 312/318).

Einzelfälle: Ausgleichsverfahren nach dem LohnfortzahlungsG (BSGE **36** 36, 16/19 f); BeitragssatzsicherungsG (BVerfGE 114, 196/221); Bundeszuschüsse aus Steuermitteln (BVerfGE 109, 96/110); Datenschutz in der Sozialversicherung (Axer BK 42; Bothe AK 29; Umbach/Clemens UC 68); Ehegatten von Landwirten (BVerfGE 109, 96/109); Erstattungspflicht gem. § 128 AFG (BVerfGE 81, 156/185 f); Insolvenzgeld (BVerfGE 89, 132/144); Kassenarztrecht s. Vertragsarztrecht; Kindererziehungszeiten in der Rentenversicherung (BVerfGE 87, 1/34; dagegen für „öffentliche Fürsorge" BSGE 68, 31/36); Krankenhaus-Notopfer (BSG, NJW 00, 3446); Künstlersozialabgabe (BVerfGE 75, 108/148 f; Degenhart SA 58; Stettner DR 69; a. A. Rengeling HbStR³ VI § 135 Rn.243); Pflegeversicherung gem. SGB XI (BVerfGE 103, 197/215; BSGE 85, 10/14 f; 85, 250/251 f; Stettner DR 71) mit Ausnahme der Feiertagsregelung in § 58 Abs.2 SGB XI (Pieroth/Störmer, Die Feiertagsregelung des Pflegeversicherungsgesetzes, 1996, 12 ff; **a. A.** BVerfG-K, LKV 03, 421; BSGE 85, 10/17 ff; 85, 250/254); Rechtsanwaltsversorgung (Axer BK 45; offen gelassen BVerwGE 87, 324/325 f; BVerwG, NJW 94, 1888; a. A. Lerche MD 151 zu Art.87); Risikostrukturausgleich (BVerfGE 113, 167/195 ff); „versicherungsfremde Leistungen" in der Rentenversicherung (BSGE 81, 276/281 f; krit. Schnapp, JZ 99, 621; Wernsmann, DRV 01, 67); Vertragsarztrecht (BVerfG-K, NJW 99, 2731; BVerwGE 65, 362/365; 99, 10/12; BSGE 82, 55/59).

Nicht hierunter fallen: beamtenrechtliche Krankenfürsorge (BVerfGE 62, **37** 354/366); Investitionsförderung von Pflegeeinrichtungen (BVerwGE 121, 23/31); Unfallversicherung (Umbach/Clemens UC 69); Verpflichtung von Arbeitnehmern zur privaten Altersversicherung (Sannwald SHH 149).

10. Ausbildungsbeihilfen, Forschungsförderung (Nr.13)

Die 1969 eingefügte (Einl.3 Nr.22) Kompetenzzuweisung für die *Regelung* **38** *der Ausbildungsbeihilfen* umfasst die individuelle Ausbildungsförderung für alle Bildungsbereiche (von BVerwGE 27, 58/59 ff noch auf „öffentliche Fürsorge" gestützt). Sie bezieht sich nicht auf die institutionelle Förderung, insb. die Förderung von Bildungseinrichtungen oder Ausbildungspersonal (Kunig MüK 69; Oeter MKS 120; Umbach/Clemens UC 72). Die *Förderung der wissenschaftlichen Forschung* (dazu Rn.121 f zu Art.5) umfasst die Regelung finanzieller, organisatorischer und planerischer Maßnahmen (Bothe AK 31; a. A. Pestalozza MaK 903 ff); teilw. werden noch kontrollierende Maßnahmen hinzugefügt (Rengeling HbStR³ VI § 135 Rn.246; Umbach/Clemens UC 73). Die Forschungsförderung erstreckt sich auch auf die Hochschulen, wegen der grundsätzlichen Länderkompetenz für das Hochschulrecht (Rn.19 zu Art.70; unten Rn.83–85) aber nicht auf strukturelle Fragen (Umbach/Clemens UC 74).

11. Enteignung, Gemeinwirtschaft (Nr.14, 15)

39   Zum Begriff der Enteignung Rn.69–77 zu Art.14. Die ausdrückliche Einschränkung, „soweit sie auf den Sachgebieten der Art.73 und 74 in Betracht kommt", hat zur Folge, dass der Bund keine Kompetenz für das Recht der Enteignung bei Gegenständen des Art.105 hat. Zu den in Nr.15 verwendeten Begriffen Rn.2 zu Art.15.

12. Missbrauch wirtschaftlicher Machtstellung (Nr.16)

40   Missbrauch ist ein Gebrauch, der vom normalen, von der Rechtsordnung gebilligten Gebrauch abweicht und eine entartete Machtausübung darstellt (Kunig MüK 74); er ist durch die Illegitimität des Zwecks, der Mittel-Zweck-Verbindung oder der Wirkung gekennzeichnet (Pestalozza MaK 1048). Verhütung umfasst auch die Beseitigung wirtschaftlicher Machtstellung (Kunig MüK 74; Oeter MKS 128; Stettner DR 82; Umbach/Clemens UC 87; a. A. Sannwald SHH 185). Dazu gehört das Kartellrecht einschließlich materieller und prozessualer Sanktionsbestimmungen (BGH, NJW 87, 267; BGHZ 110, 371/375). Entsprechende Regelungen im Pressewesen können nur insoweit auf Nr.16 gestützt werden, als kein pressespezifisches Ziel verfolgt wird (BVerfG-K, NJW 86, 1743; BGHZ 76, 55/64 ff; Stettner DR 82; krit. Bothe AK 15 zu Art.70). Danach ist auch Kartellrecht auf die wirtschaftliche Tätigkeit der öffentlich-rechtlichen Rundfunkanstalten bei der Programmbeschaffung anwendbar (BGHZ 110, 371/375; vgl. auch BVerfGE 73, 118/174).

13. Agrarwirtschaft, Küstenschutz (Nr.17)

41   Die ersten vier der hier aufgezählten Gegenstände können als Gesetzgebungskompetenz für die **Agrarwirtschaft** zusammengefasst werden, worunter herkömmlich auch die Fischerei zählt. Landesrecht über die Binnenfischerei stützt sich auf den Vorbehalt gem. Art.69 EGBGB (BayVerfGHE 30, 167/170). Wie bei Art.74 Abs.1 Nr.11 werden auch Regelungen zur Organisation, Steuerung, Lenkung und Förderung (BVerfGE 88, 366/378) der Agrarwirtschaft umfasst (Oeter MKS 69), einschließlich der Erhebung von Abgaben (BVerfGE 18, 315/329; 37, 1/17; 82, 159/182) und unabhängig von privat- oder öffentlich-rechtlichen Gestaltungsformen (BVerfGE 58, 45/56 ff); vgl. aber zu den Grenzen von Sonderabgaben Rn.8–23 zu Art.105. Das BetriebsprämiendurchführungsG dient der Förderung der land- und forstwirtschaftlichen Erzeugung und der Sicherung der Ernährung (BVerfGE 122, 1/21). Nr.17 ist nicht lex specialis zu Art.73 Abs.1 Nr.5 (Bothe AK 35; Umbach/Clemens UC 93).

42   Der **Küstenschutz** umfasst die Erhaltung des Festlands gegenüber dem Meer durch technische, organisatorische und personelle Schutzmaßnahmen, insb. den Bau von Sperrwerken und Deichen, auch zum Schutz der öffentlichen Sicherheit (Oeter MKS 70; a.A. Degenhart SA 70; Kunig MüK 80). Landesrecht über das Deichwesen stützt sich auf den Vorbehalt gem. Art.66 EGBGB (BVerfGE 24, 367/386 f). Nicht zum Küstenschutz gehört der Schutz vor Verschmutzung, z.B. durch havarierte Öltanker (Umbach/Clemens UC 100; vgl. auch unten Rn.57).

Ausgenommen von Nr.17 ist seit 2006 (Einl.3 Nr.52) das Recht der **43** Flurbereinigung, das entsprechend § 1 FlurbereinigungsG idF v. 16. 3. 1976 (BGBl I 546) zu verstehen ist als die Neuordnung ländlichen Grundbesitzes zur Verbesserung der Produktions- und Arbeitsbedingungen in der Land- und Forstwirtschaft sowie zur Förderung der allgemeinen Landeskultur und der Landesentwicklung (vgl. BVerwGE 68, 143/144). Für einzelne Vorschriften des bisherigen Bundesrechts kann eine Bundesgesetzgebungskompetenz gem. Art.74 Abs.1 Nr.1 gegeben sein (Schmitz, in: Holtschneider/Schön, Lit. zu Art.72, 290).

14. Bodenrecht, Wohnungswesen (Nr.18)

a) Grundstücksverkehr bedeutet Erwerb, Veräußerung, Belastung (s. **44** aber unten Rn.39) und Verpachtung von Grundstücken (Kunig MüK 81; Rengeling HbStR³ VI § 135 R.257; krit. Pestalozza MaK 1209 ff). Seit 2006 (Einl.3 Nr.52) ist der Gegenstand auf den städtebaulichen im Gegensatz zum landwirtschaftlichen Grundstücksverkehr beschränkt. Er umschließt auch das Bodenverkehrsrecht, d.h. Vorschriften darüber, inwieweit Eigentums- und sonstige Rechtsänderungen an Grundstücken im Zusammenhang mit der baulichen Ordnung einer Genehmigungspflicht unterliegen (BVerfGE 3, 407/429). Art.74 Abs.1 Nr.14, 15 ist gegenüber Enteignungsregelungen in anderen Kompetenzgegenständen lex specialis (Oeter MKS 123).

b) Bodenrecht sind die öffentlich-rechtlichen Normen, die die Bezie- **45** hungen des Menschen zum Grund und Boden regeln (BVerfGE 3, 407/424; 34, 139/144), d.h. das Recht der Bodenbeschaffenheit und der Bodenbenutzbarkeit (Stettner DR 90 f). Dazu gehören: Baulanderschließung einschließlich Abgrabungen größeren Umfangs (BVerwG, DVBl 83, 893), Erweiterungs- und Verbesserungsmaßnahmen (BVerwGE 68, 130/132) und Planwertausgleich (Kunig MüK 82; Schmidt-Aßmann, DVBl 72, 630); Baulandumlegung und Zusammenlegung von Grundstücken (BVerfGE 3, 407/428); Bauleitplanung (BVerfGE 3, 407/424; 65, 283/288; 77, 288/299) einschließlich des bauplanungsrechtlichen Grundstücksbegriffs (BVerwGE 88, 24/29) und der Bekanntmachung der Bauleitpläne (BVerwGE 88, 204/206 f); Bodenschutz (Brandt, DÖV 96, 680; diff. Pestalozza MaK 1236, 1240; a.A. Oeter MKS 141) einschließlich Altlastenregelungen (BVerwGE 126, 1 Rn.9 ff; Schink, DÖV 95, 214 f); Festsetzung von Lärmschutzbereichen (BVerfGE 56, 298/311); Bodenverbandsrecht (Umbach/Clemens UC 105); städtebaulicher Denkmalschutz (BVerfG-K, NVwZ 87, 879); städtebauliche Planung, die Art und Weise der baulichen Nutzbarkeit des Bodens bestimmt, s. Bauleitplanung; Wasserverbandsrecht (BVerwGE 3, 1/4; offen gelassen BVerfGE 58, 45/61).

Kein Bodenrecht sind: Baurecht als ganzes (BVerfGE 3, 407/416); Bau- **46** ordnungsrecht (BVerfGE 3, 407/433; 40, 261/266), einschließlich öffentlicher Baulasten (BVerwG, NJW 91, 714; 93, 480), der Stellplatzverpflichtung beim Häuserbau (BVerwGE 122, 1/3 f) und dem Verbot verunstaltender Außenwerbung (BVerwGE 129, 318 Rn.13 ff); integrierte Stadtentwicklungsplanung (Degenhart SA 74; a. A. Rothe, DVBl 74, 739); Kleingartenrecht (Umbach/Clemens UC 108; a. A. BVerwG, DVBl 54, 365; Oeter MKS 140); Landesplanung und Raumordnung (BVerfGE 3, 407/425 ff); spezieller (BayVGHE 30, 65/73 f) bzw. optischer (BVerwGE 55, 272/275) Landschafts- und Naturschutz, einschließlich des Baumschutzes.

47   **Ausgenommen von Nr.18** ist seit 1994 (Einl.3 Nr.42) das Recht der Erschließungsbeiträge wegen des Sachzusammenhangs mit dem kommunalen Abgabenrecht (vgl. BT-Drucks. 12/8165, 40; BVerwGE 121, 365/368; Kallerhoff, Die Gesetzgebungskompetenz für das Erschließungsbeitragsrecht, 1994).

48   **c)** Aus dem **Wohnungswesen,** das alle Regelungen umfasst, die sich aus sozialen Gründen (Pestalozza MaK 1261) auf privaten Wohnzwecken dienende Gebäude beziehen (BVerfGE 3, 407/416), stehen seit 2006 (Einl.3 Nr.52) nur noch die folgenden in der Bundesgesetzgebungskompetenz: das Wohngeldrecht, das Altschuldenhilferecht, das Wohnungsbauprämienrecht, das Bergarbeiterwohnungsbaurecht und das Bergmannssiedlungsrecht, wozu es jeweils entsprechende Bundesgesetze gibt (Degenhart SA 82).

15. Gesundheitswesen, Krankenhäuser (Nr.19, 19a)

49   **a) Maßnahmen gegen Krankheiten,** d. h. regelwidrige Körper- oder Geisteszustände, die ärztlicher Behandlung bedürfen (Oeter MKS 148) und/ oder zur Arbeitsunfähigkeit führen (BSGE 35, 10/12; 39, 167/168), sind beschränkt auf solche, die gemeingefährlich, d. h. schwer und verbreitet (Degenhart SA 84), oder übertragbar sind, d. h. alle Infektionskrankheiten, z. B. Wundstarrkrampf (BVerwGE 33, 339/341 f). Es kommen Krankheiten bei Menschen oder Tieren in Betracht; woher der Erreger stammt, ist unerheblich. Auch Maßnahmen der Vorbeugung wie Impfungen, Vorsorgeuntersuchungen, Meldepflichten fallen hierunter (Rengeling HbStR³ VI § 135 Rn.264; Oeter MKS 148; Umbach/Clemens UC 113). Ein umfassendes Rauchverbot wäre hiervon gedeckt (Siekmann, NJW 06, 3382; Stettner, ZG 2007, 168 ff; a. A. Rossi/Lenski, NJW 06, 2657).

50   **b)** Die **Zulassung zu ärztlichen und anderen Heilberufen und zum Heilgewerbe** umfasst die Vorschriften, die sich auf Erteilung, Zurücknahme und Verlust der Approbation und auf die Befugnis zur Ausübung des ärztlichen Berufs beziehen (BVerfGE 4, 74/83; 7, 18/25; 17, 287/292; 33, 125/154 f). Zur Zulassung gehört auch das Prüfungswesen, die Ausbildung sowie die Festlegung der schulischen Voraussetzungen für den Zugang zur Ausbildung (BVerfGE 106, 62/129 ff; BVerwGE 61, 169/174 f; BAGE 35, 173/176; a. A. Pestalozza MaK 1324). *Keine* Zulassungsfrage ist die Berufsausübung, d. h. Ärztekammerrecht (BVerwGE 39, 110/112; 41, 261/ 262), ärztliche Berufsgerichtsbarkeit (BVerfGE 4, 74/83; 7, 59/60; 17, 287/ 292 f), Apothekerkammerrecht (BVerwG, NJW 97, 815), Berufsbezeichnungsschutz (BVerfGE 106, 62/125 ff), Datenschutz für Heilberufe (Bothe AK 44), Facharztwesen (BVerfGE 33, 125/155; 98, 265/307; BayVerfGHE

35, 56/63), Gebührenfragen (BVerfGE 17, 287/292; 68, 319/327), Kassen-
arztzulassung (oben Rn.36), Weiterbildung (Sannwald SHH 239), Werbeverbote (BVerfGE 71, 162/172) und Zulassung von Einrichtungen zum ambulanten Schwangerschaftsabbruch (BVerfGE 98, 265/306; BVerwGE 75,
330/333). Nicht unter Nr.19 fallen auch Regelungen über die Träger der
Ausbildung und deren Kosten (BVerfGE 106, 62/133), Studienordnungen
für die Ausbildung zu ärztlichen und anderen Heilberufen (BVerwG, NVwZ
87, 979) und die Organisationsform von Schulen für das Heilgewerbe
(BVerwGE 105, 20/25).

Ärztliche Berufe sind nur der Arzt, der Zahnarzt und der Tierarzt **51**
(BVerfGE 33, 125/154). Der Begriff des **Heilberufs** ist weit auszulegen und
erfasst auch die helfende Betreuung von Menschen mit gesundheitlichen
Problemen (BVerfGE 106, 62/107f). Dazu zählen Heilpraktiker einschließ-
lich der Psychotherapeuten (BVerfGE 78, 179/192; BVerwGE 66, 367/369;
Kingreen VSSR 2000, 1) und sog. Heilhilfsberufe wie Altenpfleger (BVerf-
GE 106, 62/110ff), Beschäftigungstherapeuten (vgl. BVerfGE 106, 62/118),
Diätassistenten (vgl. BVerfGE 106, 62/119), Hebammen (BVerfGE 17, 287/
293; BVerwGE 66, 126/127), Krankengymnasten (Pestalozza MaK 1318),
Krankenpfleger (Degenhart SA 86), Logopäden (vgl. BVerfGE 106, 62/118),
Masseure (vgl. BVerfGE 106, 62/119), medizinische Bademeister (Sannwald
SHH 234), Orthoptisten (vgl. BVerfGE 106, 62/118), pharmazeutisch-tech-
nische Assistenten (vgl. BVerfGE 106, 62/118), Physiotherapeuten (vgl.
BVerfGE 106, 62/119), Rettungsassistenten (vgl. BVerfGE 106, 62/118)
und technische Assistenten in der Medizin (vgl. BVerfGE 106, 62/119),
nicht aber Altenpflegehelfer (BVerfGE 106, 62/122ff). Zum **Heilgewerbe,**
dem der unmittelbar betreuende Aspekt des Heilberufs fehlt, zählt der Optiker (Sannwald SHH 234).

c) Das **Recht des Apothekenwesens** wurde 2006 (Einl.3 Nr.52) einge- **52**
fügt, um „eine umfassende, nicht auf die Zulassung oder heilende Aspekte
beschränkte Regelung" zu ermöglichen (BT-Drs.16/813, 13) Damit braucht
das Recht der Apotheker nicht mehr auf Art.74 Abs.1 Nr.11 (so noch
BVerfGE 5, 25/28f; 7, 377/387) gestützt zu werden.

**d) Arzneien, Medizinprodukte, Heil- und Betäubungsmittel und 53
Gifte** umfassen anders als bis 2006 (Einl.3 Nr.52) nicht nur den Verkehr mit
diesen Stoffen, sondern „das Recht dieser Gegenstände insgesamt" (BT-
Drs.16/813, 13). Zwar wurde auch früher der Begriff des Verkehrs weit als
„der gesamte Umsatz und Vertrieb von der Herstellung über den Handel bis
zum Verbraucher und damit auch die Preisbildung" (BVerfGE 114, 196/
222) verstanden; aber die Nichterfassung der Herstellung dieser Stoffe zur
Anwendung bei eigenen Patienten (so BVerfGE 102, 26/36ff) wird nunmehr überspielt. Für die Arzneien, Medizinprodukte und Betäubungsmittel
gibt es jeweils entsprechende Bundesgesetze; für Heilmittel ist auf § 30
SGB VII zurückzugreifen (Degenhart SA 87). Gifte sind nicht nur anorgani-
sche (so aber Pestalozza MaK 1339), sondern auch organische Stoffe, die
nach ihrer Beschaffenheit, und nicht erst durch ihre Dosierung, für Mensch
und Tier schwer gesundheitsschädlich oder tödlich wirken können (Degenhart SA 87; Kunig MüK 95).

54   **e)** Die 1969 eingefügte (Einl.3 Nr.22) Kompetenzzuweisung für die Regelung der **Krankenhäuser und Krankenhauspflegesätze** umfasst öffentliche und private Krankenhäuser, die durch die stationäre ärztliche Heilbehandlung gekennzeichnet sind (Oeter MKS 153). Wirtschaftliche Sicherung umfasst „die Finanzhilfen und die Entgelte für teilstationäre und stationäre Krankenbehandlung" (BVerfGE 114, 196/222) und die Kostenerstattungspflichten für Ärzte, die berechtigt sind, die Infrastruktur des Krankenhauses zur Erzielung eigener Einkünfte in Anspruch zu nehmen, nicht aber den beamtenrechtlichen Vorteilsausgleich (BVerwGE 112, 170/176; 130, 252 Rn.12 ff). Auch nicht erfasst sind die Krankenhausorganisation und Krankenhausplanung (BVerfGE 83, 363/380), das Nutzungsentgelt bei der Nebentätigkeit von Beamten in der Krankenversorgung (BVerwG, NVwZ-RR 01, 390, 393, 672) sowie die Durchsetzung gesundheitspolitischer Fernziele, die den allgemeinen Standard der Krankenhausversorgung weit übersteigen (BVerfGE 82, 209/232). Für Bundeswehrkrankenhäuser ist Art.73 Abs.1 Nr.1 „Verteidigung" lex specialis (Stettner DR 100).

16. Verbrauchsgüter-, Pflanzen- und Tierschutz (Nr.20)

55   Der Erste der hier aufgezählten und 2006 erweiterten (Einl.3 Nr.52) Gegenstände betrifft den **Verbrauchsgüterschutz** vor gesundheitlichen Gefahren, aber auch vor Übervorteilung durch irreführende Bezeichnung oder mangelnde Kennzeichnung (vgl. JöR 1951, 543 ff; Oeter MKS 157; Stettner DR 103; Umbach/Clemens UC 129). Verkehr mit land- und forstwirtschaftlichem Saat- und Pflanzgut bedeutet den gesamten Umgang mit den betreffenden Stoffen, außer der Verwendung zum Eigenbedarf (Sannwald SHH 269). Dagegen ist bezüglich der Lebens- und Genussmittel, der Bedarfsgegenstände und Futtermittel das gesamte Recht erfasst, insb. auch Hausschlachtungen (BT-Drs.16/813, 13) und der Schutz vor Passivrauchen (Stettner, ZG 2007, 173 ff). Auch Regelungen vor der Schlachtung wie die amtliche Untersuchung von Tieren sind einbezogen (BT-Drs. 16/813, 13). Bedarfsgegenstände sind solche, deren Beschaffenheit oder Gebrauch sie gesundheitsrelevant macht (Oeter MKS 157), z.B. Körperpflege- und Kosmetikartikel (Kluth KL 12).

56   Der **Pflanzenschutz** betrifft alle Maßnahmen gegen Krankheiten und Schädlinge lebender Pflanzen (a.A. Oeter MKS 158; Rengeling HbStR[3] VI § 135 Rn.274), nicht aber die Erhaltung eines Biotops als solchen (vgl. Kunig MüK 99). Der 1971 eingefügte (Einl.3 Nr.29) **Tierschutz** umfasst Regelungen, die bei der Haltung, Pflege, Unterbringung und Beförderung von Tieren, bei Versuchen an lebenden Tieren und beim Schlachten den Tieren Schmerzen, Leiden oder Schäden so weit wie möglich ersparen sollen, einschließlich organisatorischer Regelungen zur Überwachung und Förderung des Tierschutzes (BVerfGE 110, 141/171) und Gebühren für Hygienekontrollen von frischem Fleisch (BVerwGE 102, 39/40; 111, 143/146; BGHZ 146, 153/156). Dagegen fällt die Regelung von Tierpflegeberufen unter Art.74 Abs.1 Nr.11 und die Tierhege wilder Tiere unter Art.74 Abs.1 Nr.28 (vgl. Kunig MüK 100).

17. Wasserverkehrs-, Wasserwegerecht, Wetterdienst (Nr.21)

a) Die ersten vier der hier aufgezählten Gegenstände betreffen das **Was-** 57
serverkehrsrecht: aa) Allgemein handelt es sich um Regelungen über die
technische Beschaffenheit, die Ausrüstung und die Bemannung der Schiffe,
die Festsetzung des Entgelts, die Sorge für die Leichtigkeit und Sicherheit
des Verkehrs (vgl. auch unten Rn.61), das Signalwesen (BVerfGE 15, 1/12);
davon ist die Schifffahrtspolizei umfasst (BVerwGE 110, 9/15 f). Häfen sind
von allen Gegenständen der Nr.21 nicht erfasst (Kunig MüK 103; Umbach/
Clemens UC 137; BVerfGE 2, 347/376 für Binnenhäfen). Die Bekämpfung
von Gewässerverunreinigungen ist nur insoweit hiervon erfasst, als es um
Anforderungen an den Bau, die Beschaffenheit, die Einrichtung und Ausrüstung der Schiffe sowie deren Betrieb, ferner den Umgang mit gefährlichem
Transportgut sowie allgemein das Verhalten im Verkehr geht (BVerwGE 110,
9/15 f). Für die „Beseitigung von schifffahrtsverursachten Wasserverunrei-
gungen" (BVerwGE 87, 181/185), insb. die Bilgenölentsorgung (BVerwGE
110, 9/13 ff), besteht Landeskompetenz.

bb) Im Einzelnen. *Hochseeschifffahrt* ist der Verkehr mit Schiffen auf ho- 58
her See, d. h. jenseits der Küstengewässer (Territorial- oder Hoheitsgewässer);
Küstenschifffahrt ist der Verkehr mit Schiffen in Küstengewässern. *Seezeichen*
sind optisch wahrnehmbare feste oder schwimmende Zeichen in oder an der
See (Oeter MKS 162). *Binnenschifffahrt* ist der Verkehr mit Schiffen auf Bin-
nengewässern (Bothe AK 52; Oeter MKS 163; teilw. abw. Kunig MüK 105;
Rengeling HbStR³ VI § 135 Rn.280). Für Rhein, Donau und Bodensee
existieren völkerrechtliche Sonderregelungen.

b) Die beiden letzten der hier aufgezählten Gegenstände betreffen das 59
Wasserwegerecht. Seewasserstraßen betreffen die der deutschen Hoheitsgewalt unterstehenden Küstengewässer. Umfaßt ist jeweils das gesamte Gewässer, nicht nur die Fahrrinne (Oeter MKS 164). Die dem allgemeinen
Verkehr dienenden Binnenwasserstraßen sind nicht mit den Bundeswasserstraßen identisch (BVerfGE 15, 1/8 f). Ein Verkehr ist allgemein, wenn er
überörtlich oder überdurchschnittlich stark ist (Pestalozza MaK 1539). Nr.21
gibt die Kompetenz zu Regelungen über die Erhaltung der Wasserstraßen
als Verkehrsträger in einem für den Schiffsverkehr erforderlichen Zustand
(BVerfGE 15, 1/10), einschließlich der Planfeststellung (Oeter MKS 164;
vgl. auch BVerwG, NVwZ 85, 108) und der Strompolizei (Umbach/Cle-
mens UC 141). Nicht unter Nr.21 fallen aber wasserwirtschaftliche Maßnahmen (BVerfGE 15, 1/15; vgl. auch unten Rn.82, Rn.5 zu Art.89).

c) Der **Wetterdienst** reicht in seiner Bedeutung über die Schifffahrt hin- 60
aus. Er dient auch dem Straßen- und Luftverkehr, der Land-, Forst- und
gewerblichen Wirtschaft und dem Gesundheitswesen (BVerfGE 15, 1/12 f).
Der Gegenstand umfasst Regelungen über die Organisation des Wetter-
dienstes und die Tätigkeit der damit Befassten (Oeter MKS 163).

18. Straßenverkehr (Nr.22)

a) Straßenverkehrsrecht. aa) Allgemeines. Der Gegenstand ist in Ab- 61
grenzung zu dem in der Gesetzgebungskompetenz der Länder stehenden

Straßen-(Wege-)Recht zu bestimmen (ausführlich Steiner, JuS 84, 1). Es regelt die Anforderungen, die an den Straßenverkehr, d. h. die Benutzung der Straßen durch Fahrzeuge, Fußgänger und Tiere (vgl. BVerwGE 85, 322/341), und die Verkehrsteilnehmer gestellt werden, um Gefahren des Verkehrs, die anderen Verkehrsteilnehmern oder Dritten drohen, oder Gefahren für den Verkehr von außen abzuwehren und die Sicherheit und Leichtigkeit des Verkehrs zu gewährleisten; das Straßenverkehrsrecht ist also sachlich begrenztes Ordnungsrecht (BVerfGE 40, 371/380; 67, 299/314; BVerwGE 109, 29/35; BGHSt 47, 181/185). Nicht unter Nr.22 fallen Regelungen zur Gefahrenabwehr, die den Straßenverkehr nicht als Gefahrenquelle betreffen, sondern sich nur (auch) auf ihn auswirken (Pestalozza MaK 1594, 1596).

62   **bb) Im Einzelnen** werden erfasst: Anbieten von Unfallhilfe (BVerwGE 45, 147/149); Außenwerbung (BVerwGE 32, 319/326 f); Beförderungsentgelte und -bedingungen (Pestalozza MaK 1592); bewachter Parkplatz (BVerwGE 34, 241/244 f); Dauerparken (BVerfGE 67, 299/315); Kennzeichnungspflichten (BVerwGE 85, 332/341 f; NVwZ 92, 1095); Lautsprecher (BVerwGE 82, 34/37); Leinenzwang für Hunde zu verkehrsbezogenen Zwecken (BGHSt 37, 366/369); rollende Reklame (BVerfGE 40, 371/380); Schwerverkehrsabgabe (Umbach/Clemens UC 146); stationäre Veranstaltung (BVerwGE 82, 34/37); Verkehrshindernisse (BVerwGE 82, 34/37).

63   **cc)** Nicht erfasst wird insb. das **Straßen-(Wege-)Recht,** das sich mit der Entstehung, Ein- und Umstufung sowie Einziehung öffentlicher Straßen befasst, Träger und Umfang der Straßenbaulast bestimmt und anordnet, unter welchen Voraussetzungen und in welchem Umfang die Straße dem einzelnen zur Verfügung steht (BVerfGE 40, 371/378). Von dieser Frage der grundsätzlichen Bestimmung des Gemeingebrauchs ist die Ausübung des Gemeingebrauchs zu unterscheiden, die zum Straßenverkehrsrecht zählt (BVerfGE 67, 299/321 f). Zum Straßen-(Wege-)Recht gehören: Enteignung für den Bau von Gemeindestraßen (BGHZ 71, 375/379); Bau und Unterhaltung von Gemeindestraßen (BVerfGE 34, 139/152); Fußgängerzone (BVerwG, MDR 75, 431; BVerwGE 62, 376/378; 94, 136/138); Leinenzwang für Hunde zu allgemeinen Ordnungszwecken (BGHSt 37, 366/369 ff); öffentliches Eigentum (BVerfGE 42, 20/33); Plakatständer (BVerwGE 56, 56/58); Sondernutzung (BGHSt 47, 181/186 f); Verkaufswagen (BayObLG, DÖV 83, 297); Verkehrssicherungspflicht (BGHZ 60, 54/60; BGH, DVBl 73, 490; NJW 80, 2195).

64   **b)** Das **Kraftfahrwesen** umfasst die von der Herstellung bis zur Benutzung von Kraftfahrzeugen entstehenden Rechts- und Wirtschaftsfragen (Kunig MüK 111). Dazu zählt z.B. die Personenbeförderung (BSG, NZS 02, 31). Für Schienenfahrzeuge ist Nr.23 einschlägig (unten Rn.67).

65   **c) Bau und Unterhaltung von Fernverkehrsstraßen,** d. h. Bundesstraßen und Bundesautobahnen, zu denen auch Kreuzungen, nicht aber Zubringerstraßen rechnen (Umbach/Clemens UC 151), umfasst alle baulichen und pflegerischen Maßnahmen von der Planung bis zu den Kosten, z.B. die Planfeststellung (BVerfGE 26, 338/377), die Regelung von Sondernutzungen an Bundesfernstraßen (BVerwGE 35, 326/328; a.A. Oeter MKS 166, anders aber 168), nicht aber die Verkehrssicherungspflicht (BGHZ 60, 54/

60; BGH, DVBl 73, 490; NJW 80, 2195; a. A. Degenhart SA 97; Umbach/
Clemens UC 151), die Abstufung einer Bundesstraße in eine Straßenklasse
nach Landesrecht (BVerfGE 102, 167/174; Hermes, JZ 01, 93 f) oder die
eigenständige Entscheidung spezifischer Aspekte, die in der Länderkompetenz stehen (z. B. Denkmalschutz, vgl. Schweitzer/Meng, DVBl 75, 940).

d) Die Erhebung und Verteilung von **Gebühren oder Entgelten für** 66
die Benutzung öffentlicher Straßen mit Fahrzeugen ist 1969 eingefügt
(Einl.3 Nr.22) und 2006 (Einl.3 Nr.52) erweitert worden. Zum Gebühren-
begriff Rn.13 f zu Art.105; Entgelte erfolgen demgegenüber privatrechtlich
(BT-Drs.16/813, 13). Öffentliche Straßen umschließen auch Privatstraßen
des öffentlichen Verkehrs (Pestalozza MaK 1615). Hierunter fallen Mautge-
bühren (Oeter MKS 169; Stettner DR 113), Parkgebühren (BVerwGE 58,
326/330) sowie die Normierung einer Zweckbindung für ihre Verwendung
(Henseler, NVwZ 95, 745 ff).

19. Schienenbahnen (Nr.23)

Die 1993 geänderte (Einl.3 Nr.40) Kompetenzzuweisung umfasst Schie- 67
nenbahnen, d. h. alle Bahnen mit einem festen Spurweg, d. h. Eisenbahnen,
Hochbahnen, S-Bahnen (BVerwGE 110, 180/187), Straßenbahnen (BVerf-
GE 26, 338/382; 56, 249/282), U-Bahnen (BVerfGE 45, 297/323), Schwe-
bebahnen, Magnetkissenbahnen (Bothe AK 58; Oeter MKS 171; a. A. Degenhart SA 98), Zahnradbahnen (BT-Drs. 12/5015, 5, 6), nicht dagegen Seil-
bahnen und O-Busse. Zu den Eisenbahnen des Bundes Rn.23 f zu Art.73;
Bergbahnen gehören zur Gesetzgebungskompetenz der Länder (vgl. BVerf-
GE 56, 249/263). Für den Ausschluss von Privatbahnen besteht kein Grund
(Bothe AK 58; Degenhart SA 98; Stettner DR 116; Umbach/Clemens UC
155). Der Gegenstand umfasst wie bei Art.73 Abs.1 Nr.6a und Art.74 Abs.1
Nr.22 den Verkehr (BVerfGE 15, 1/13 f) und den Bau (BVerfGE 26, 338/
382) einschließlich der Planfeststellung (BVerfGE 26, 338/383) und der Kosten (BVerfGE 26, 338/388 f).

20. Abfallwirtschaft, Luftreinhaltung, Lärmbekämpfung (Nr.24)

Diese Kompetenzzuweisung ist 1972 eingefügt (Einl.3 Nr.30) und 2006 68
im Anschluss an die Rspr. des BVerfG (BVerfGE 98, 106/120; 102, 99/115)
umbenannt (Einl.3 Nr.52) worden. Abfälle sind bewegliche Sachen, deren
sich der Besitzer entledigen will oder entledigt hat oder deren geordnete
Entsorgung geboten ist (Oeter MKS 174; vgl. auch Kunig MüK 117). **Ab-**
fallwirtschaft bezieht sich auf alle Phasen der Abfallentsorgung und damit
im Zusammenhang stehende Tätigkeiten und Maßnahmen, insb. die Ein-
sammlung, Lagerung, Behandlung und Beförderung von Abfällen (BT-Drs.
16/813, 13). Sie umfasst sowohl die Abfallvermeidung (Oeter MKS 175;
Pieroth, WuV 96, 75; Rengeling HbStR[3] VI § 135 Rn.292; a. A. BayVerfG-
HE 43, 35/57), z. B. durch Abfallabgaben (Peine, NuR 92, 358 f), als auch
die Abfallverwertung (BVerfGE 110, 370/384 f), insb. die Lagerung und Behandlung von Autowracks (BVerwG, DVBl 91, 400), die Einrichtung eines
abgabenfinanzierten Klärschlamm-Entschädigungsfonds (BVerfGE 110, 370/

385), die Abfallbehälternutzungspflicht (BVerwGE 123, 1/6; NVwZ 06, 591) und das Recycling (Bothe AK 60; Umbach/Clemens UC 144).

69   **Luftreinhaltung** ist der Schutz vor und die Beseitigung von Verunreinigungen der Luft, d. h. Veränderungen der natürlichen Zusammensetzung der Luft (Oeter MKS 176), und damit auch der Klimaschutz (BT-Drs.16/2709, 15). Nicht erfasst ist die Luftqualität in geschlossenen Räumen (Stettner, ZG 2007, 175). **Lärmbekämpfung** ist die Vermeidung, Beseitigung oder Linderung störender Geräusche an ihrer Quelle oder in ihrem Wirkungsbereich (vgl. Oeter MKS 176).

70   **Ausgenommen von Nr.24** ist seit 2006 (Einl.3 Nr.52) der Schutz vor verhaltensbezogenem Lärm. Er umfasst Regelungen zur Bekämpfung des Lärms von sozialen Einrichtungen, Sport- und Freizeitanlagen wie Kindergärten, Jugendheimen, Spielplätzen, Sportstätten und -stadien, Theatern und Aufführungsorten sowie Veranstaltungs- und Festplätzen, Hotels und Gaststätten (BT-Drs.16/813, 13; a.A. Bohne, EurUP 06, 281). Der Begriff des verhaltensbezogenen Lärms steht im Gegensatz zum anlagenbezogenen Lärm, der von der Anlage selbst ausgeht oder in innerem Zusammenhang mit dem Betrieb der Anlage steht und Pflichten für den Anlagenbetreiber, nicht aber für den Anlagenbenutzer begründet (vgl. Jarass, BImSchG, 8. A. 2010, § 22 Rn.6 ff; Hansmann, NVwZ 07, 17; weitergehend Huber/Wollenschläger, NVwZ 2009, 1513: verhaltensbezogen, wenn Lärm schwerpunktmäßig durch Verhalten verursacht wird).

21. Staatshaftung (Nr.25)

71   Durch diese 1994 eingefügte (Einl.3 Nr.42) Kompetenzzuweisung wird ein bundeseinheitliches Staatshaftungsrecht ermöglicht, das auf der Basis der konkurrierenden Bundesgesetzgebungskompetenz für das bürgerliche Recht unzulässig war (oben Rn.4). Staatshaftung ist die spezifisch öffentlich-rechtliche Haftung juristischer Personen des öffentlichen Rechts und umfasst Haftung für legislatives Unrecht, öffentlich-rechtliche Gefährdungshaftung, enteignungsgleichen und enteignenden Eingriff, Aufopferung und Folgenbeseitigung (Degenhart SA 107; Höfling/Engels FH 9), aus öffentlich-rechtlichem Vertrag (Kunig MüK 122; Umbach/Clemens UC 177), öffentlich-rechtliche Erstattungs- und Herstellungsansprüche (Durner BK 26, 31 f) sowie Rückgriffsansprüche im Innenverhältnis (Höfling/Engels FH 10). Das Bundesgesetz bedarf gem. Abs.2 der Zustimmung des Bundesrats (oben Rn.1).

22. Fortpflanzungsmedizin, Gentechnologie, Organtransplantation (Nr.26)

72   Diese Kompetenzzuweisung ist 1994 eingefügt (Einl.3 Nr.42) und 2006 umformuliert (Einl.3 Nr.52) worden. Die medizinisch unterstützte Erzeugung menschlichen Lebens umfasst „alle Bereiche" (BT-Drs.16/813, 14), nicht nur medizinisch unterstützte natürliche Befruchtungen, sondern jede Befruchtung ohne Geschlechtsverkehr einschließlich des Embryonentransfers (Degenhart SA 109) und damit die Fortpflanzungsmedizin (Degenhart SA 109; Kluth KL 16; Kunig MüK 123). Die Untersuchung und die künstliche

Veränderung von Erbinformationen und damit die Gentechnologie fallen auch bei Tieren und Pflanzen unter die Kompetenzzuweisung (BT-Drs. 12/6000, 35). Das Gleiche gilt für die Transplantation von Organen, Geweben und Zellen (Degenhart SA 110; Oeter MKS 182; a. A. Kunig MüK 125). Keine Transplantation ist die bloße Organentnahme für wissenschaftliche Zwecke oder für die Verarbeitung in der Arzneimittelindustrie (Sannwald SHH 324; Umbach/Clemens UC 181). Zu den grundrechtlichen Grenzen der Gentechnologie Rn. 21 zu Art. 1.

23. Statusrechte und -pflichten der Beamten (Nr. 27)

a) Allgemeines. Dieser Gegenstand war bis 2006 (Einl. 3 Nr. 52) Teil der **73** abgeschafften Rahmengesetzgebungskompetenz des Bundes, die die gesamten Rechtsverhältnisse der Nicht-Bundesbeamten umfasste, ausgenommen Besoldung und Versorgung, für die eine konkurrierende Gesetzgebungskompetenz des Bundes bestand. Besoldung, Versorgung, Laufbahnen und sonstige Gegenstände, die nicht die Statusrechte und -pflichten der Nicht-Bundesbeamten betreffen (unten Rn. 75 f), stehen seither in der Gesetzgebungskompetenz der Länder (vgl. Günther, ZBR 10, 1). Das gesamte Dienstrecht der Bundesbeamten und der Bundesrichter steht in der ausschließlichen Gesetzgebungskompetenz des Bundes (Rn. 28 zu Art. 73; Rn. 3 zu Art. 98). Das Bundesgesetz bedarf gem. Abs. 2 der Zustimmung des Bundesrates (oben Rn. 1).

b) Statusrechte und -pflichten sind „Wesen, Voraussetzung, Rechts- **74** form der Begründung, Arten, Dauer sowie Nichtigkeits- und Rücknahmegründe des Dienstverhältnisses; Abordnungen und Versetzungen der Beamten zwischen den Ländern und zwischen Bund und Ländern oder entsprechende Veränderungen des Richterdienstverhältnisses; Voraussetzungen und Formen der Beendigung des Dienstverhältnisses (vor allem Tod, Entlassung, Verlust der Beamten- und Richterehre, Entfernung aus dem Dienst nach dem Disziplinarrecht); statusprägende Pflichten und Folgen der Nichterfüllung; wesentliche Rechte; Bestimmung der Dienstherrenfähigkeit; Spannungs- und Verteidigungsfall und Verwendungen im Ausland" (BT-Drs. 16/813, 14; vgl. auch Lecheler, ZBR 07, 18; Meyer 288 f; Battis/Grigoleit, ZBR 08, 1). Im Hinblick auf die Erwähnung der „wesentlichen Rechte" ist diese Aufzählung als nicht abschließend anzusehen (Degenhart SA 114; Höfling/Engels FH 12 f; a. A. Meyer 288).

Nicht zu den Statusrechten und -pflichten gehören aus dem Beamten- **75** oder Richterdienstverhältnis abgeleitete Rechte (BT-Drs. 16/813, 14), wie z. B. Arbeitszeitregelung (BVerwGE 125, 365 Rn. 14), Dienstaufwandsentschädigungen (Degenhart BK 49), Jubiläumszuwendungen (Degenhart SA 117), Nebentätigkeiten (Oeter MKS 10 zu Art. 74a), Reise- und Umzugskosten (Kunig MüK 8 zu Art. 74a; Oeter MKS 10 zu Art. 74a; Stettner DR 136) sowie ein von einem Dienstunfall unabhängiger Schadensersatzanspruch des Beamten gegen seinen Dienstherrn (BVerwG, VwRspr. Bd. 32, Nr. 9).

Ausgenommen von Nr. 27 sind folgende Gegenstände: *Besoldung,* d. h. **76** sämtliche in Erfüllung der Alimentationspflicht (Rn. 52–59 zu Art. 33) gewährten Leistungen einschließlich der anzulegenden Maßstäbe (Degenhart BK 52), also nicht nur Geld-, sondern auch Sachbezüge (BVerfGE 62, 354/ 368; Kunig MüK 7 zu Art.74a); Anwärterbezüge (Degenhart SA 117); Beihilfe (BVerfGE 62, 354/368 f; 106, 225/243; BVerfG-K, DVBl 07, 1493; BVerwGE 118 277/278; Kunig MüK 8 zu Art.74a; Oeter MKS 10 zu Art.74a; a.A. Bothe AK 5 zu Art.74a), wobei der Bund früher von seiner Kompetenz erschöpfend Gebrauch gemacht hat (Rn.6–10 zu Art.72), soweit es um die Krankheitsvorsorge, nicht aber soweit es um Aufwendungen anlässlich konkreter Krankheitsfälle geht (BVerfG-K, NVwZ 00, 1037; SaarlVerfGH, LVerfGE 5, 243/251; BVerwGE 77, 345/351 f; NVwZ 91, 480); Bewertung der Ämter (Degenhart SA 118; vgl. auch BVerfGE 56, 87/94; 56, 146/161); Dienstpostenbewertung (Degenhart SA 118; Stettner DR 136); Heilfürsorge (BVerfGE 62, 354/369; 106, 225/243); jährliche Sonderzuwendung (vgl. BSGE 31, 247/250 f) und jährliches Urlaubsgeld (Degenhart SA 117); Ortszuschlag (BVerfGE 107, 218/241 f); StellenplanObergrenzen für Gemeinden (BVerwG, NVwZ 85, 415); vermögenswirksame Leistungen (Degenhart SA 117; Kunig MüK 8 zu Art.74a). Zum Recht der *Laufbahnen,* ein hergebrachter Grundsatz des Berufsbeamtentums (Rn.50 zu Art.33), zählt auch die Regelung der Amtsbezeichnungen (BVerfGE 38, 1/10). Für die *Versorgung* kann auf § 2 Abs.1 BeamtVG zurückgegriffen werden (Degenhart SA 119; Kunig MüK 10 zu Art.74a; Oeter MKS 12 zu Art.74a).

77   **c) Personenkreis.** Von Nr.27 erfasst sind die Beamten (vgl. Rn.46 zu Art.33) der Länder, Gemeinden und anderen Körperschaften des öffentlichen Rechts – einschließlich Anstalten und Stiftungen (Höfling/Engels FH 9; Kunig MüK 15 zu Art.75; a.A. Pestalozza MaK 183 zu Art.75; vgl. auch Rn.1 zu Art.86) und der Hochschulen (Degenhart BK 16) – sowie die Richter in den Ländern (vgl. Rn.3 zu Art.98). Nicht dazu gehören Abgeordnete (Rn.25 zu Art.38; Rn.6 f zu Art.48), Beliehene (Kunig MüK 12 zu Art.74a; Oeter MKS 13 zu Art.74a), Dienstordnungsangestellte von landesunmittelbaren Körperschaften (BSGE 55, 67/69), ehrenamtliche und freiberufliche Inhaber öffentlicher Ämter (Degenhart SA 113; beschränkt auf Ehrenbeamte Rengeling HbStR³ VI § 135 Rn.301; a.A. Kunig MüK 12 zu Art.74a), Kirchenbeamte (Degenhart SA 113; Kunig MüK 12 zu Art.74a; vgl. auch BVerfGE 55, 207/230 f), Landesverfassungsrichter (Starck HbStR³ VI § 130 Rn.11), Minister, andere Mitglieder der Landesregierungen (Degenhart BK 20) und Parlamentarische Staatssekretäre, jeweils mit Rücksicht auf den eigenen Verfassungsbereich der Länder (Bothe AK 6 zu Art.74a; Kunig MüK 12 zu Art.74a; Stettner DR 134).

24. Jagdwesen (Nr.28)

78   Das Jagdwesen stand bis 2006 (Einl.3 Nr.52) in der Rahmengesetzgebungskompetenz des Bundes. Der Gegenstand gehört überwiegend zur Abweichungsgesetzgebung (Rn.28–32 zu Art.72), während das Recht der Jagdscheine eine Kernkompetenz (Rn.4 zu Art.72) ist. Das Jagdwesen ist nicht beschränkt auf das Individualrecht der Jagd, sondern umfasst alle Fragen, die traditionell im Zusammenhang mit der Jagd stehen (Degenhart SA 121; Ku-

nig MüK 29 zu Art.75), z.B. Jagdbarkeit und Schonzeiten (VerfGH RP, DVBl 01, 471), das Aussetzen von Tieren (BVerwGE 70, 64/67) und die Regelung des Jagdscheins (BayVGH, VwRspr Bd.30, Nr.216). Der Jagdschutz, d.h. Maßnahmen gegen gemeingefährliche und übertragbare Krankheiten bei Wildtieren, rechnet zu Art.74 Abs.1 Nr.19, der Schutz des Wildes vor vermeidbaren Schmerzen und Leiden zu Art.74 Abs.1 Nr.20; privatrechtliche und strafrechtliche Normen über die Jagd und die an ihr Beteiligten unterfallen Art.74 Abs.1 Nr.1 (vgl Rozek MKS 51 zu Art.75). Das Jagdrecht ist nicht grundsätzlich speziell gegenüber dem Natur- und Artenschutzrecht (a.A. Glaser, NuR 07, 442).

25. Naturschutz und Landschaftspflege (Nr.29)

Naturschutz und Landschaftspflege standen bis 2006 (Einl.3 Nr.52) in der **79** Rahmengesetzgebungskompetenz des Bundes. Die Gegenstände gehören überwiegend zur Abweichungsgesetzgebung (Rn.28–32 Art.72), während die allgemeinen Grundsätze des Naturschutzes, das Recht des Artenschutzes und das Recht des Meeresnaturschutzes Kernkompetenzen (Rn.4 zu Art.72) sind. Naturschutz und Landschaftspflege können nicht voneinander getrennt werden und sind unter dem Oberbegriff der Landespflege zusammenzufassen (Degenhart SA 122; a.A. Pestalozza MaK 440f zu Art.75). Dabei geht es nicht nur um die Abwehr von Gefahren für Natur und Landschaft, sondern um die gestalterische Tätigkeit des Staats zum Schutz und zur Verbesserung des Landes (vgl. BVerwGE 85, 348/357; Bothe AK 13 zu Art.75; Degenhart SA 122; Kunig MüK 30 zu Art.75) einschließlich des Bodens (Peine, NuR 92, 359). Unter Nr.29 fällt das Reiten im Wald (BVerwGE 71, 324/ 325; 85, 332/342f), nicht aber der Denkmalschutz (Bothe AK 14 zu Art.75; Degenhart SA 122), ausgenommen derjenige von Naturdenkmälern (Kunig MüK 31 zu Art.75; Rozek MKS 52 zu Art.75), zu denen auch Fossilien zählen (offen gelassen BVerwGE 102, 260/265; a.A. Umbach/Clemens UC 31 zu Art.75). Verfehlt ist BVerwGE 92, 258/260, wonach Nr.29 dem Bund die Kompetenz gebe, Verfahrensvorschriften für das Naturschutzrecht zu erlassen (vgl. Rn.2 zu Art.83).

26. Bodenverteilung, Raumordnung (Nr.30, 31)

Die Gegenstände standen bis 2006 in der Rahmengesetzgebungskompe- **80** tenz des Bundes. Sie gehören zur Abweichungsgesetzgebung (Rn.28–32 zu Art.72). **Bodenverteilung** bedeutet die Veränderung der Eigentums- und Besitzverhältnisse an Grund und Boden im Weg einer Bodenreform (JöR 1951, 537; Bothe AK 14 zu Art.75; Degenhart SA 80). Für die Schaffung von Gemeineigentum ist Art.74 Abs.1 Nr.15 einschlägig; andere Regelungen der Beziehungen des Menschen zum Grund und Boden fallen unter Art.74 Abs.1 Nr.18 „Bodenrecht".

Raumordnung ist nach hM die überörtliche Planung im Bereich eines **81** Landes, einschließlich der Braunkohlenplanung (BbgVerfG, LVerfGE 8, 97/ 118f). Die Raumplanung für den Gesamtstaat ist eine Bundeskompetenz aus der Natur der Sache (Rn.8 zu Art.70; vgl. BVerfGE 3, 407/425ff; 15, 1/16; Degenhart SA 78; Kunig MüK 33 zu Art.75; Umbach/Clemens UC 37 zu

Art.75). Sie ist im Kern der Abweichung durch die Länder entzogen (Battis/ Kersting, DVBl 07, 152 ff; Kment, NuR 06, 217 ff; a. A. Hoppe, DVBl 07, 144 ff). Bundeskompetenzen für raumwirksame Fachplanungen ergeben sich darüber hinaus z. B. aus Art.73 Abs.1 Nr.6, 6a, 74 Abs.1 Nr.21, 22 (vgl. Bothe AK 15 zu Art.30; anders aber 15 zu Art.75). Für die städtebauliche Planung ist Art.74 Abs.1 Nr.18 „Bodenrecht" lex specialis (BVerfGE 3, 407/ 428). Keine Raumordnung ist der konkrete Vollzug von Gesetzen im Einzelfall (BayVerfGHE 40, 94/105).

27. Wasserhaushalt (Nr.32)

82   Der Wasserhaushalt stand bis 2006 (Einl.3 Nr.52) in der Rahmengesetzgebungskompetenz des Bundes. Der Gegenstand gehört überwiegend zur Abweichungsgesetzgebung (Rn.28–32 zu Art.72), während die stoff- oder anlagenbezogenen Regelungen Kernkompetenzen (Rn.4 zu Art.72) sind. Wasserhaushalt entspricht dem Begriff der Wasserwirtschaft (Rn.5 zu Art.89) und umfasst die Wassermengen- und die Wassergütewirtschaft (BVerfGE 15, 1/15; 58, 45/62; 58, 300/339 ff; BVerwGE 116, 175/178) einschließlich der Planfeststellung (BVerwGE 55, 220/225), der Festsetzung von Wasserschutzgebieten (BayVerfGHE 30, 99/103) und der Abwasserabgaben (BVerwG, NVwZ 92, 1210; NVwZ 93, 998; a. A. Umbach/Clemens UC 41 zu Art.75), nicht aber das Wasserverkehrs- und -wegerecht (oben Rn.57–59).

28. Hochschulzulassung und Hochschulabschlüsse (Nr.33)

83   Dieser Gegenstand war bis 2006 (Einl.3 Nr.52) Teil der abgeschafften Rahmengesetzgebungskompetenz des Bundes, die die allgemeinen Grundsätze des Hochschulwesens umfasste. **Hochschulen** umfasst einerseits nicht nur wissenschaftliche Hochschulen, meint aber andererseits nicht das gesamte tertiäre Bildungswesen (Kunig MüK 18 zu Art.75; Rozek MKS 39 zu Art.75). Im Einzelnen fallen hierunter: Universitäten, Kirchliche, Medizinische, Pädagogische und Technische Hochschulen, Kunst-, Musik- und Sporthochschulen, Gesamthochschulen, Fachhochschulen (BGHSt 48, 350/352) und private Hochschulen (Bothe AK 6 zu Art.75; Maunz MD 72 zu Art.75); nicht dagegen Volkshochschulen (Kunig MüK 18 zu Art.75; Rozek MKS 39 zu Art.75), Abendkollegs und reine Forschungseinrichtungen (Umbach/ Clemens UC 21 zu Art.75). Die für das Hochschulwesen konstitutive Lehre muss nicht notwendig mündlich und unter Anwesenden stattfinden (Rozek MKS 39 Fn.157 zu Art.75). Für Bundeswehrhochschulen soll die ausschließliche Bundesgesetzgebungskompetenz für Verteidigung (Rn.4 zu Art.73) lex specialis sein (Bothe AK 7 zu Art.75; Degenhart SA 128; zweifelnd auch Heintzen MKS 15 zu Art.73).

84   **Hochschulzulassung** umfasst bei allen, auch weiterführenden (Rux BK 76), Studiengängen (Hansalek, NVwZ 06, 669) Regelungen über die Ermittlung und vollständige Ausschöpfung der vorhandenen Ausbildungskapazitäten der Hochschulen sowie über die Vergabe der Studienplätze und über Auswahlverfahren, nicht aber über Studiengebühren oder -beiträge (BT-Drs.16/813, 14; BVerfGE 112, 226/243; Kluth KL 30). Davon soll der Hochschulzugang zu unterscheiden sein, d. h. die Regelung der fachlichen

Voraussetzungen für ein Studium, der vorbehaltlich besonderer Regelungen (oben Rn. 50) als Teil des Schulrechts in der Gesetzgebungskompetenz der Länder (Rn. 21 zu Art. 70) liegt (BT-Drs. 16/813, 14; BayVerfGHE 28, 143/159; Degenhart SA 129; Kluth KL 30; diff. Hailbronner WissR 1994, 1 ff; a. A. Rux BK 68 ff).

Der Gegenstand der **Hochschulabschlüsse** umfasst im Interesse der **85** Gleichwertigkeit im ganzen Bundesgebiet die Festlegung von Regelstudienzeiten und Studienabschlussniveaus (BT-Drs. 16/813, 14) sowie von Anforderungen an die Qualität der Ausbildung (Hansalek, NVwZ 06, 670; krit. Kluth KL 31). Davon sind die Staatsexamina (Rux BK 82), die akademischen Grade (Rux BK 83) und die grundsätzliche Ordnung des Studiums zu unterscheiden (Degenhart SA 129).

Art. 74a [aufgehoben]

Die frühere Regelung des Art. 74a erstreckte die konkurrierende Gesetz- **1** gebungskompetenz des Bundes auf die **Besoldung** und Versorgung **der Beamten** der Länder, Kommunen und anderer nicht dem Bund zuzurechnender Einrichtungen sowie auf die Besoldung und Versorgung der **Landesrichter** (näher Jarass/Pieroth, GG, 8. A. 2006, Art. 74a Rn. 1 ff). Die Regelung wurde 2006 (Einl. 3 Nr. 52) aufgehoben. Soweit nicht Art. 74 Abs. 1 Nr. 27 zum Tragen kommt (dazu Rn. 73–77 zu Art. 74), besitzen nunmehr die Länder die ausschließliche Gesetzgebungskompetenz. Im Hinblick auf das vor dem 1. 9. 2006 erlassene Bundesrecht ist die Übergangsregelung des Art. 125a Abs. 1 zu beachten (Rn. 5 zu Art. 125a).

Art. 75 [aufgehoben]

Die frühere Regelung des Art. 75 sah eine spezielle Art der Bundesgesetz- **1** gebung, die **Rahmengesetzgebung** des Bundes vor, die 2006 abgeschafft wurde (Einl. 3 Nr. 52). Art. 75 regelte Gegenstände und Eigenart der Rahmengesetzgebungskompetenz (näher Jarass/Pieroth, GG, 8. A. 2006, Art. 75 Rn. 1 ff). Einige dieser Gegenstände finden sich nunmehr im Katalog der ausschließlichen Gesetzgebungskompetenz des Bundes, viele im Katalog der konkurrierenden Gesetzgebungskompetenz (näher Rn. 1 zu Art. 125b). Im Hinblick auf das vor dem 1. 9. 2006 erlassene Bundesrecht ist die Übergangsregelung des Art. 125b Abs. 1 zu beachten (dazu Rn. 2–6 zu Art. 125b). Für die restlichen Materien besitzen die Länder die ausschließliche Gesetzgebungskompetenz. Insoweit ist die Übergangsregelung des Art. 125a Abs. 1 einschlägig (Rn. 4 f zu Art. 125a).

Art. 76 [Einbringung von Gesetzesvorlagen]

(1) **Gesetzesvorlagen werden beim Bundestage durch die Bundesregierung, aus der Mitte des Bundestages oder durch den Bundesrat eingebracht**[2 ff].

(2) **Vorlagen der Bundesregierung sind zunächst dem Bundesrat zuzuleiten. Der Bundesrat ist berechtigt, innerhalb von sechs Wochen zu diesen Vorlagen Stellung zu nehmen. Verlangt er aus wichtigem Grunde, insbesondere mit Rücksicht auf den Umfang einer Vorlage, eine Fristverlängerung, so beträgt die Frist neun Wochen. Die Bundesregierung kann eine Vorlage, die sie bei der Zuleitung an den Bundesrat ausnahmsweise als besonders eilbedürftig bezeichnet hat, nach drei Wochen oder, wenn der Bundesrat ein Verlangen nach Satz 3 geäußert hat, nach sechs Wochen dem Bundestag zuleiten, auch wenn die Stellungnahme des Bundesrates noch nicht bei ihr eingegangen ist; sie hat die Stellungnahme des Bundesrates unverzüglich nach Eingang dem Bundestag nachzureichen. Bei Vorlagen zur Änderung dieses Grundgesetzes und zur Übertragung von Hoheitsrechten nach Artikel 23 oder Artikel 24 beträgt die Frist zur Stellungnahme neun Wochen; Satz 4 findet keine Anwendung.**[6]

(3) **Vorlagen des Bundesrates sind dem Bundestag durch die Bundesregierung innerhalb von sechs Wochen zuzuleiten. Sie soll hierbei ihre Auffassung darlegen. Verlangt sie aus wichtigem Grunde, insbesondere mit Rücksicht auf den Umfang einer Vorlage, eine Fristverlängerung, so beträgt die Frist neun Wochen. Wenn der Bundesrat eine Vorlage ausnahmsweise als besonders eilbedürftig bezeichnet hat, beträgt die Frist drei Wochen oder, wenn die Bundesregierung ein Verlangen nach Satz 3 geäußert hat, sechs Wochen. Bei Vorlagen zur Änderung dieses Grundgesetzes und zur Übertragung von Hoheitsrechten nach Artikel 23 oder Artikel 24 beträgt die Frist neun Wochen; Satz 4 findet keine Anwendung. Der Bundestag hat über die Vorlagen in angemessener Frist zu beraten und Beschluß zu fassen.**[7]

Literatur: *Frenzel,* Das Gesetzgebungsverfahren, JuS 2010, 27, 119; *Anderheiden,* Mitwirkung der Länder bei der Gesetzgebung, HbStR[3] VI, 2008, § 140; *Lehmann-Brauns,* Die Zustimmungsbedürftigkeit von Bundesgesetzen nach der Föderalismusreform, 2008; *Bergkämper,* Das Vermittlungsverfahren gem. Art.77 II GG, 2008; *Ossenbühl,* Verfahren der Gesetzgebung, HbStR[3] V, 2007, § 102; *Burghart,* Die Zusammensetzung des Vermittlungsausschusses als Gegenstand einer Regelung der Geschäftsordnung (Art.77 Abs.2 S.2 GG), DÖV 2005, 815; *P. M. Huber/Fröhlich,* Die Kompetenz des Vermittlungsausschusses und ihre Grenzen, DÖV 2005, 322; *Isensee,* Einheit des Gesetzesbeschlusses. Zur Reichweite der Zustimmung des Bundesrates, FS v. Arnim, 2004, 603; *K. Stein,* Die Besetzung der Sitze des Bundestages im Vermittlungsausschuss, NVwZ 2003, 557; *Kämmerer,* Muss Mehrheit immer Mehrheit bleiben? Über die Kontroverse um die Besetzung des Vermittlungsausschusses, NJW 2003, 1166; *Cornils,* Politikgestaltung durch den Vermittlungsausschuss, DVBl 2002, 497; *Mengel,* Gesetzgebung und Verfahren, 1997; *H. Hofmann,* Die Ausgestaltung des Gesetzgebungsverfahrens nach der Reform des GG, NVwZ 1995, 134; *Sannwald,* Die Neuordnung der Gesetzgebungskompetenzen und des Gesetzgebungsverfahrens im Bundesstaat, 1995; *Kloepfer,* Das Gesetzgebungsverfahren nach dem GG, Jura 1991, 169. – S. auch Literatur zu Art.84.

1. Bedeutung und Abgrenzung zu anderen Vorschriften

Art. 76 regelt zusammen mit Art. 77, 78 und 82 das Verfahren für die Bun- **1**
desgesetze. Diese Vorschriften sind konstitutiv für den **Gesetzesbegriff** des
GG: Hoheitsakt, der vom Parlament im vorgesehenen Verfahren als Gesetz
erlassen wird (Jekewitz AK 1; Hesse 506; Bryde MüK 2), auch Gesetz im
formellen Sinn genannt. Hiervon zu unterscheiden sind Rechtsverordnungen gem. Art. 80, auch Gesetze im materiellen Sinn genannt, und sog.
schlichte Parlamentsbeschlüsse, die nicht das Verfahren gem. Art. 76–78 und
82 einhalten und keine rechtlich verbindliche Wirkung haben (BVerwGE
12, 16/20; Klein HbStR[3] III § 50 Rn. 14). Zum Gesetzesvorbehalt Rn. 44–
55 zu Art. 20. Spezielle Regelungen bestehen für den Gesetzgebungsnotstand
(Rn. 2–6 zu Art. 81) und den Verteidigungsfall (Art. 115a ff), für Haushaltsgesetze (Rn. 11 zu Art. 110) und für Vertragsgesetze (Rn. 14 zu Art. 59). Nähere
Regelungen zum Gesetzgebungsverfahren finden sich in den Geschäftsordnungen der beteiligten Bundesorgane.

Verstöße gegen grundgesetzliche Verfahrensvorschriften führen anders als **1a**
Verstöße gegen die GeschOBT (Rn. 9 zu Art. 40) dann zur Nichtigkeit,
wenn es sich um zwingendes Recht handelt und der Gesetzesbeschluss auf
diesem Verstoß beruht (BVerfGE 44, 308/313; dagegen soll die Nichtigkeit
nach BVerfGE 31, 47/53 nur bei „grobem" und nach BVerfGE 91, 148/
175; 120, 56/79; IN 8. 12. 09 – 2 BvR 758/07 Rn. 77 nur bei „evidentem"
Verfahrensfehler eintreten; richtigerweise geht es hier nicht um Evidenz,
sondern um die Unterscheidung zwischen einer für die Vergangenheit als
wirksam hingenommenen Rechtslage und zukünftiger Nichtigkeit). Gleiches gilt, wenn das Prinzip der Beteiligung aller Abgeordneten beeinträchtigt
wird (BVerfGE 80, 188/219). Es gibt aber keine verfassungsrechtliche Pflicht
zu einem „guten" Gesetz (Schulze-Fielitz, JZ 04, 836; Hölscheidt/Menzen-
bach, DÖV 08, 139).

2. Initiativrecht (Abs. 1)

Berechtigte sind allein Bundesregierung, Bundestagsabgeordnete und **2**
Bundesrat. Volksbegehren, Volksbefragung und Volksentscheid kennt das GG
nur unter den Voraussetzungen des Art. 29. Entsprechende Einrichtungen auf
Landesebene haben keine Rechtswirkung für die Bundesgesetzgebung (vgl.
BVerfGE 8, 104/120 ff). Vorlagen der Bundesregierung müssen von dem
gem. Art. 62 gebildeten Kollegium beschlossen werden (OLG Köln, NJW 77,
1464). Bei Vorlagen aus der Mitte des Bundestags sind die Bundestagsabgeordneten berechtigt (BVerfGE 1, 144/153). § 76 Abs. 1 GeschOBT, wonach
derartige Vorlagen von einer Fraktion oder von 5% der Mitglieder des Bundestags unterzeichnet sein müssen, ist jedoch von der Geschäftsordnungsautonomie des Bundestags (Rn. 7–9 zu Art. 40) gedeckt (BVerfGE 1, 144/153).
Vorlagen des Bundesrats setzen einen Beschluss gem. Art. 52 Abs. 3 S. 1 voraus;
die Landesregierungen haben kein Initiativrecht (Anderheiden HbStR[3] VI
§ 140 Rn. 45).

Das Initiativrecht wird **ausgeübt** durch Einbringen eines ausformulierten **3**
Gesetzentwurfs; Erschwerungen wie das Erfordernis eines Deckungsvor-
schlags für kostenwirksame Gesetze sind unzulässig (BVerfGE 1, 144/158 ff).

Eine verfassungsrechtliche Begründungspflicht besteht nicht (Schmidt-Jort-zig/Schürmann BK 181; Stettner DR 16; Masing MKS 62; vgl. auch BVerf-GE 75, 246/268; a. A. Mann SA 7); die Begründungspflichten gem. §§ 76 Abs.2, 96 Abs.3 S.1 GeschOBT dürfen daher nicht als zwingende Vorschriften ausgelegt werden (Troßmann, Parlamentsrecht des Deutschen Bundestages, 1977, 4 zu § 97; a. A. Sannwald SHH 19). Das Initiativrecht kann von den Berechtigten unabhängig voneinander und auch konkurrierend ausgeübt werden. Ein Initiativmonopol besteht nur für die Bundesregierung beim Haushaltsplan (Masing MKS 43 ff) und für Vertragsgesetze (Bryde MüK 5). Ein in der Bundesregierung entstandener Entwurf darf auch aus der Mitte des Bundestags eingebracht werden (Ossenbühl HbStR³ V § 102 Rn.24; Bryde MüK 21; Rubel UC 39; vgl. auch BVerfGE 30, 250/253, 261; a. A. Stern ST II 621; diff. Mann SA 24 ff). Absprachen über die Ausübung des Initiativrechts sind zulässig, nicht aber gemeinsame Gesetzesinitiativen (Schmidt-Jortzig/Schürmann BK 135 f; Masing MKS 49; a. A. Stern ST II 619). Rechtsetzungspflichten können zu Initiativpflichten führen (Masing MKS 66 ff; a. A. Rubel UC 19).

4   Der jeweilige Berechtigte hat einen **Anspruch** darauf, „dass das Gesetz-gebungsorgan sich mit seinem Vorschlag beschäftigt. Es muss darüber beraten und Beschluss fassen" (BVerfGE 1, 144/153; 84, 304/329; 112, 363/366; VerfGH NW, NVwZ-RR 00, 266; diff. Hartmann, ZG 2008, 42/48), und zwar in angemessener Frist (vgl. auch unten Rn.9). Geschäftsordnungs-anträge, die eine Behandlung des Entwurfs in der Sache verhindern sollen und können, sind unzulässig (Schmidt-Jortzig/Schürmann BK 77). Das Ini-tiativrecht wird auch verletzt, wenn die Vorlage in einem Ausschuss „vergra-ben" oder ihre Behandlung ohne sachlich vertretbaren Grund auf unbe-stimmte Zeit vertagt wird (Masing MKS 78). Um dies zu verhindern, sind die Ausschüsse verpflichtet, dem Plenum über die ihnen überwiesenen Vor-lagen binnen angemessener Frist zu berichten (BVerfGE 1, 144/154). Aus dem Initiativrecht ergeben sich Grenzen für die Beschlussempfehungen der Ausschüsse; eine vollständige Umgestaltung der Vorlage ist unzulässig (Jeke-witz AK 6 zu Art.77; Kabel ParlRPr 901). Die Beratung und Beschlussfas-sung darf nicht mit der Begründung verweigert werden, die Vorlage versto-ße gegen das GG (Jekewitz AK 6 zu Art.77; Schmidt-Jortzig/Schürmann BK 109 ff; Bryde MüK 5; Stern ST II 618). Gesetzesvorlagen dürfen bis zur Beschlussfassung im Bundestag (Rn.2 zu Art.77) zurückgezogen werden (Schmidt-Jortzig/Schürmann BK 186 ff; Bryde MüK 7; Stern ST II 617 f; krit. Rubel UC 21).

3. Vorverfahren (Abs.2, 3)

5   **a) Allgemeines.** Abs.2, 3 enthalten mehrfach geänderte (Einl.3 Nr.18, 23, 42) Verfahrensvorschriften für Vorlagen der Bundesregierung (Abs.2) und für Vorlagen des Bundesrats (Abs.3) vor Einbringung beim Bundestag, nicht aber für Vorlagen aus der Mitte des Bundestags. Die Fristen werden nicht als Ausschlussfristen angesehen (Jekewitz AK 13; Sannwald SHH 49), so dass ein Fristversäumnis das Gesetzgebungsverfahren nicht rechtswidrig macht und eine verspätete Stellungnahme zulässig ist (Bryde MüK 18). Da-

gegen führt die gänzliche Nichtbeteiligung eines Organs zur Rechtswidrigkeit des Gesetzgebungsverfahrens. Zur Diskontinuität Rn.4 zu Art.39.

b) Vorlagen der Bundesregierung (Abs.2) sind dem Bundesrat zuzuleiten (S.1; sog. 1. Durchgang). Der Bundesrat ist zur Stellungnahme berechtigt, aber nicht verpflichtet (S.2). Für die Stellungnahme bestehen folgende **Fristen:** – **(1)** Im Regelfall 6 Wochen (S.2). – **(2)** Auf begründetes Verlangen des Bundesrats 9 Wochen (S.3). – **(3)** Wenn die Bundesregierung ihre Vorlage bei der Zuleitung an den Bundesrat ausnahmsweise als besonders eilbedürftig bezeichnet hat, 3 Wochen (S.4 Hs.1 Alt.1). – **(4)** Im Falle von (2) i. V. m. (3), 6 Wochen (S.4 Hs.1 Alt.2). – **(5)** Bei Vorlagen zur Änderung des GG und zur Übertragung von Hoheitsrechten nach Art.23 oder 24, 9 Wochen (S.5 Hs.1); eine Fristverkürzung wie bei (3) ist ausgeschlossen (S.5 Hs.2). Versäumt der Bundesrat in den Fällen (3) und (4) die 3- bzw. 6-Wochen-Frist, besteht anders als im Normalfall eine Pflicht der Bundesregierung zur Weiterleitung einer verspäteten Stellungnahme des Bundesrats, allerdings auch nur bis zum Ablauf der regulären 6- bzw. 9-Wochen-Frist (S.4 Hs.2). Die Frist beginnt mit dem Eingang der Vorlage beim Bundesrat; fristwahrend ist nicht die Beschlussfassung des Bundesrats (so aber Bryde MüK 18; Rubel UC 28), sondern der Zugang bei der Bundesregierung (Sannwald SHH 50; Schmidt-Jortzig/Schürmann BK 291 ff). **6**

Für die **Stellungnahme des Bundesrats** sind weder Form noch Inhalt festgelegt (Bryde MüK 19); sie bedarf aber gem. Art.52 Abs.3 S.1 der Mehrheit der Stimmen (Masing MKS 104; Bryde MüK 19; Stern ST II 620; **a. A.** BVerfGE 3, 12/17). Die Stellungnahme des Bundesrats ist wegen Art.77 Abs.2, 3 vorläufig und bindet weder ihn noch andere Organe; die Stellungnahme, es handele sich um ein zustimmungsbedürftiges Gesetz (vgl. Rn.4 f zu Art.77), ist dem Bundestag gegenüber nicht rechtserheblich iSd Art.93 Abs.1 Nr.1 (BVerfGE 3, 12/17). **7**

Die **Bundesregierung** ist nach Einholung der Stellungnahme des Bundesrats nicht verpflichtet, die Vorlage beim Bundestag einzubringen. Nimmt sie eine Änderung der Vorlage vor, muss ein erneutes Vorverfahren durchgeführt werden (Bryde ParlRPr 869; Ossenbühl HbStR³ V § 102 Rn.21; a. A. Mann SA 21). **8**

c) Vorlagen des Bundesrats (Abs.3) sind der Bundesregierung zuzuleiten; diese ist verpflichtet, sie dem Bundestag weiterzuleiten (S.1). Die Bundesregierung soll hierbei ihre Auffassung darlegen (S.2); d. h. sie ist im Regelfall, nicht aber im begründeten Ausnahmefall, hierzu verpflichtet (BT-Drs. 12/6000, 37); auch Zeitnot kann die Ausnahme begründen (Masing MKS 109; Schmidt-Jortzig/Schürmann BK 393a; a. A. Mann SA 29). Für die Weiterleitung bestehen gem. S.1, 3–5 Fristen, die den oben Rn.6 dargestellten Fällen (1)–(5) spiegelbildlich entsprechen. Ein Unterschied besteht allerdings insofern, als sich im Fall der Eilbedürftigkeit nach Abs.3 die Frist für die Stellungnahme verkürzt, nach Abs.2 dagegen die Vorlage nur vor Fristende weitergeleitet werden darf. Die Fristen beginnen nicht schon mit der Beschlussfassung des Bundesrats, sondern erst mit dem Eingang der Vorlage des Bundesrats bei der Bundesregierung (Schmidt-Jortzig/Schürmann BK 411). Die Weiterleitung darf nicht mit der Begründung verweigert wer- **9**

den, die Vorlage verstoße gegen das GG (Bryde MüK 22). Bei Verletzung
der Pflicht zur Weiterleitung hat der Bundesrat ein Selbsteinbringungsrecht
(Masing MKS 152; a. A. Schmidt-Jortzig/Schürmann BK 406, 413; Rubel
UC 37). Der Bundestag ist gem. dem deklaratorischen (oben Rn.4) S.6 zur
Beratung und Beschlussfassung in angemessener Zeit verpflichtet.

Art. 77 [Gesetzgebungsverfahren]

(1) **Die Bundesgesetze werden vom Bundestage beschlossen[2]. Sie sind
nach ihrer Annahme durch den Präsidenten des Bundestages unverzüglich dem Bundesrate zuzuleiten[3].**

(2) **Der Bundesrat kann binnen drei Wochen nach Eingang des Gesetzesbeschlusses verlangen, daß ein aus Mitgliedern des Bundestages und
des Bundesrates für die gemeinsame Beratung von Vorlagen[13] gebildeter Ausschuß[9] einberufen wird[10]. Die Zusammensetzung und das Verfahren dieses Ausschusses regelt eine Geschäftsordnung, die vom Bundestag beschlossen wird und der Zustimmung des Bundesrates bedarf[12].
Die in diesen Ausschuß entsandten Mitglieder des Bundesrates sind
nicht an Weisungen gebunden[9]. Ist zu einem Gesetze die Zustimmung
des Bundesrates erforderlich, so können auch der Bundestag und die
Bundesregierung die Einberufung verlangen[11]. Schlägt der Ausschuß
eine Änderung des Gesetzesbeschlusses vor, so hat der Bundestag erneut Beschluß zu fassen[14].**

(2a) **Soweit zu einem Gesetz die Zustimmung des Bundesrates erforderlich ist, hat der Bundesrat, wenn ein Verlangen nach Absatz 2 Satz 1
nicht gestellt oder das Vermittlungsverfahren ohne einen Vorschlag zur
Änderung des Gesetzesbeschlusses beendet ist, in angemessener Frist
über die Zustimmung Beschluß zu fassen[6].**

(3) **Soweit zu einem Gesetze die Zustimmung des Bundesrates nicht
erforderlich ist, kann der Bundesrat, wenn das Verfahren nach Absatz 2
beendigt ist, gegen ein vom Bundestage beschlossenes Gesetz binnen
zwei Wochen Einspruch einlegen. Die Einspruchsfrist beginnt im Falle
des Absatzes 2 letzter Satz mit dem Eingange des vom Bundestage erneut gefaßten Beschlusses, in allen anderen Fällen mit dem Eingange
der Mitteilung des Vorsitzenden des in Absatz 2 vorgesehenen Ausschusses, daß das Verfahren vor dem Ausschusse abgeschlossen ist[7].**

(4) **Wird der Einspruch mit der Mehrheit der Stimmen des Bundesrates beschlossen, so kann er durch Beschluß der Mehrheit der Mitglieder
des Bundestages zurückgewiesen werden. Hat der Bundesrat den Einspruch mit einer Mehrheit von mindestens zwei Dritteln seiner Stimmen beschlossen, so bedarf die Zurückweisung durch den Bundestag
einer Mehrheit von zwei Dritteln, mindestens der Mehrheit der Mitglieder des Bundestages[8].**

Literatur: S. Literatur zu Art. 76.

I. Bedeutung und Abgrenzung zu anderen Vorschriften

Art.77 regelt die wichtigsten Stadien des Verfahrens der Bundesgesetzge- **1**
bung (Rn.1 zu Art.76), das einen unterschiedlichen Verlauf nehmen kann, je
nach dem ob es sich um Zustimmungsgesetze, für die die Zustimmung des
Bundesrats erforderlich ist (vgl. Abs.2 S.4, Abs.3 S.1), oder um Einspruchsgesetze, bei denen der Bundesrat nur ein aufschiebendes Veto hat (vgl.
Abs.3, 4), handelt und ob der Vermittlungsausschuss (Abs.2) angerufen wird
oder nicht. Die Behandlung eines Gesetzentwurfs unter großem Zeitdruck
begründet für sich allein keinen Verfassungsverstoß (BVerfGE 29, 221/233;
einschr. Stern ST II 624). Eine spezielle Regelung gegenüber Art.77 enthält
Art.81.

II. Gesetzesbeschluss des Bundestags (Abs.1)

Gem. S.1 ist der Bundestag das **zentrale Gesetzgebungsorgan.** Der **2**
Bundesrat wirkt bei der Gesetzgebung lediglich mit (Rn.3 zu Art.50). Die
Beratung der Gesetzentwürfe in drei Lesungen ist verfassungsrechtlich nicht
vorgeschrieben (BVerfGE 1, 144/151; 29, 221/234; SaarlVerfGH, LVerfGE
16, 399/405; Bryde MüK 4; Rubel UC 15; einschr. Kokott BK 19), ebenso
wenig die Behandlung in erster Lesung im Plenum vor Überweisung an einen
Ausschuss (BVerfGE 1, 144/151). Auch die Entscheidung, welche Verbände
und Sachverständigen bei einem nicht in der Verfassung vorgeschriebenen
Anhörungsverfahren zu Wort kommen sollen, ist dem Ermessen der Gesetz-
gebungsorgane und ihrer Ausschüsse überlassen (BVerfGE 36, 321/330; Saarl-
VerfGH, LVerfGE 5, 243/255f; BVerwGE 56, 308/315). Eine Grenze des
Ermessens folgt aus dem Initiativrecht (Rn.4 zu Art.76). Voraussetzung für
den Gesetzesbeschluss ist im Regelfall die Mehrheit der abgegebenen Stimmen (Rn.4 zu Art.42).

Nach dem Gesetzesbeschluss ist der Bundestagspräsident **verpflichtet,** ihn **3**
unverzüglich **dem Bundesrat zuzuleiten** (S.2). Der Bundestag kann ihn
grundsätzlich nicht mehr ändern oder zurücknehmen (sog. Grundsatz der
Unverrückbarkeit des parlamentarischen Votums). Ausnahmen gelten bei
Einspruch des Bundesrats (unten Rn.8), nach Durchführung des Vermittlungsverfahrens (unten Rn.13) und gem. Art.113 Abs.2 sowie gem. § 122
Abs.3 GeschOBT für die Berichtigung von Druckfehlern und anderen offenbaren Unrichtigkeiten (BVerfGE 48, 1/18f). Der fortbestehende Gesetzesbeschluss verpflichtet die anderen beteiligten Verfassungsorgane, diejenigen Entscheidungen zu treffen, die zum Inkrafttreten des Gesetzes notwendig sind
(Ossenbühl HbStR[3] V § 102 Rn.40).

III. Verfahren bei Zustimmungs- und Einspruchsgesetzen

1. Verfahren bei Zustimmungsgesetzen

a) Die **Fälle der Zustimmungsbedürftigkeit** sind im GG abschließend **4**
geregelt (Aufzählung bei Kokott BK 34; Jekewitz AK 13; Bryde MüK 20;

Maunz/Scholz MD 15 zu Art.50). Es gibt keine ungeschriebene Zustimmungsbedürftigkeit, etwa nach dem Maßstab der Beeinträchtigung von Länderinteressen, einer „Systemverschiebung zu Lasten der Länder" (Jekewitz AK 12; Bryde MüK 20) oder aus der Natur der Sache (Ipsen I 358; Kokott BK 32); demgegenüber will das BVerfG ein Zustimmungsrecht auch dort anerkennen, „wo der Bundesgesetzgeber in den Zuständigkeitsbereich der Länder nach Art.83 ff eingreift" (BVerfGE 105, 313/340). Allerdings müssen auch hier Zweifelsfragen durch Auslegung geklärt werden (vgl. BVerfGE 26, 338/399; 28, 66/79).

4a Die bisher hM, nach der ein Gesetz zustimmungsbedürftig ist, wenn es nur eine einzige zustimmungsbedürftige Norm enthält (BVerfGE 8, 274/294; 55, 274/319; offen gelassen BVerfGE 105, 313/339; diese sog. **Einheitsthese** umgehend BVerfGE 112, 226/253 f), ist abzulehnen (BVerfGE *abwM* 55, 331/341 ff; Kokott BK 35 ff; Trute MKS 23 ff zu Art.84; Haghgu, Lit. zu Art.84, 223 ff; vgl. auch Antoni, AöR 1988, 347 f). Die praktischen Schwierigkeiten, die sich aus der Aufgabe der Einheitsthese für das Gesetzgebungsverfahren ergeben, sind überwindbar (Haghgu, Lit. zu Art.84, 256 ff). Bis 2006 (vgl. Rn.1 zu Art.84) wurde in mehr als 50% aller Fälle die Zustimmungsbedürftigkeit durch Art.84 Abs.1 ausgelöst (Ossenbühl HbStR³ V § 102 Rn.44; Kokott BK 32 ff). Es ist zulässig, Vorschriften, die zustimmungsbedürftig sind, aus Gesetzesvorschlägen herauszunehmen, insb. einen Gesetzentwurf in materielle und Verfahrensvorschriften aufzuteilen (BVerfGE 37, 363/382; 105, 313/338 ff; 114, 196/230; Bryde MüK 23; Kokott BK 42; krit. Stern ST II 145). Grenzen bestehen nur bei Missbrauch oder Willkür (offen gelassen BVerfGE 39, 1/35; 77, 84/103; 105, 313/340 ff). Daraus, dass sich die Zustimmung auf alle Normen des Gesetzes bezieht, wird gefolgert, dass alle zur Durchführung oder Ergänzung des Gesetzes ergehenden Rechtsverordnungen zustimmungsbedürftig sind (BVerfGE 24, 184/197 f; vgl. aber Rn.17 f zu Art.80).

5 Nicht jedes Gesetz, das ein **Zustimmungsgesetz ändert,** ist allein aus diesem Grund zustimmungsbedürftig; dies ist nur der Fall, wenn es selbst zustimmungsbedürftige Vorschriften enthält, wenn es Vorschriften ändert, die die Zustimmungsbedürftigkeit des geänderten Gesetzes ausgelöst haben, oder wenn es dazu führt, dass die zustimmungsbedürftigen Vorschriften eine wesentlich andere Bedeutung und Tragweite erhalten (BVerfGE 37, 363/382 f; 48, 127/180; str., vgl. Bryde MüK 22), d.h. einen „neuen Einbruch in die Verwaltungszuständigkeit der Länder darstellen" (BVerfGE 114, 196/224). Nicht zustimmungsbedürftig ist die Aufhebung eines zustimmungsbedürftigen Gesetzes (BVerfGE 14, 208/219 f; 114, 196/231; diff. Rubel UC 26; a. A. Maunz MD 9).

6 **b) Verfahren.** Bei Erteilung der Zustimmung kommt das Gesetz zustande (Rn.1 zu Art.78). Bei Nichterteilung der Zustimmung kann es auf Antrag des Bundestags, der Bundesregierung oder des Bundesrats zu einem Vermittlungsverfahren kommen (unten Rn.10 f). Nach Abschluss des Vermittlungsverfahrens kommt das Gesetz bei Erteilung der Zustimmung zustande und bei Nichterteilung der Zustimmung endgültig nicht zustande. Bei dieser Entscheidung ist gem. Abs.1 der Bundesrat an seine früheren Stel-

lungnahmen und Entscheidungen nicht gebunden. Der Bundesrat ist gem.
dem 1994 eingefügten (Einl.3 Nr.42), allerdings deklaratorischen (vgl. Bryde
MüK 19; Stern ST II 629) Abs.2a verpflichtet, sowohl dann, wenn er keinen
Antrag auf Einberufung des Vermittlungsausschusses stellt (unten Rn.10), als
auch dann, wenn das Vermittlungsverfahren ohne Einigungsvorschlag beendet ist (unten Rn.13), in angemessener Frist über die Zustimmung Beschluss
zu fassen.

2. Verfahren bei Einspruchsgesetzen (Abs.3, 4)

Das **Recht** zum Einspruch hat der Bundesrat bei allen nicht zustim-   **7**
mungsbedürftigen (oben Rn.4) Gesetzen. Der Einspruch setzt ein vorangegangenes Vermittlungsverfahren (unten Rn.9–12) sowie ggf. einen erneuten
Beschluss des Bundestags (unten Rn.13) voraus. Beim Einspruchsbeschluss
ist der Bundesrat an seine früheren Stellungnahmen und Entscheidungen
nicht gebunden. Der Einspruch bezieht sich auf das Gesetz als ganzes, nicht
auf einzelne Bestimmungen (Maunz MD 17). Er muss als solcher eindeutig
erkennbar sein (BVerfGE 37, 363/396), braucht nicht begründet zu werden
(Kokott BK 81) und kann bis zur Beschlussfassung des Bundestags zurückgenommen werden (vgl. Art.78). Der Einspruch darf auch vorsorglich bzw.
hilfsweise (Kokott BK 77; Rubel UC 37) eingelegt werden, wenn der Bundesrat ein Gesetz für zustimmungsbedürftig hält und die Zustimmung verweigert hat (BVerfGE 37, 363/396). Für den Einspruch besteht seit 1968
(Einl.3 Nr.18) gem. Abs.3 S.1 eine Frist von zwei Wochen. Durch Abs.3 S.2
wird der Fristbeginn näher festgelegt.

Der Einspruch hat die **Wirkung** eines aufschiebenden Vetos. Es kann   **8**
durch den Bundestag gem. Abs.4 zurückgewiesen werden, wodurch das Gesetz zustandekommt (Rn.1 zu Art.78). Je nach der Mehrheit, mit der der
Einspruch vom Bundesrat beschlossen wurde, ist für die Zurückweisung des
Einspruchs eine unterschiedliche Mehrheit des Bundestags erforderlich: im
Normalfall (vgl. Art.52 Abs.3 S.1) die Mehrheit der Mitglieder des Bundestags (Rn.1 f zu Art.121), bei $2/3$-Mehrheit im Bundesrat $2/3$ der Abstimmen-
den, mindestens die Mehrheit der Mitglieder des Bundestags. Die Abstimmung im Bundestag ist kein neuer Gesetzesbeschluss, sondern eine Entscheidung über den Einspruch des Bundesrats (Maunz MD 19). Hierfür
besteht keine Frist. Wenn keine Zurückweisung des Einspruchs erfolgt,
kommt das Gesetz nicht zustande. In diesem Fall hat das Veto des Bundesrats
also endgültige (absolute) Wirkung.

IV. Vermittlungsverfahren (Abs.2)

1. Rechtsstellung des Vermittlungsausschusses

Der Vermittlungsausschuss ist gem. S.1 eine gemeinsame Einrichtung von   **9**
Bundestag und Bundesrat und ein Verfassungsorgan. Für ihn gilt der Grundsatz der Diskontinuität (Rn.4 zu Art.39): Das Vermittlungsverfahren endet zusammen mit der Legislaturperiode (Jekewitz AK 22; Maunz MD 23; Bryde
MüK 7). Die Zusammensetzung des Vermittlungsausschusses ist gem. S.2 der

GeschOVermA überlassen, die vom Bundestag beschlossen wird und der Zustimmung des Bundesrats bedarf (vgl. Dästner/Hoffmann, Die Geschäftsordnung des Vermittlungsausschusses, 1995). Der Vermittlungsausschuss besitzt also keine Geschäftsordnungsautonomie; im Übrigen gilt das bei Rn.7–9 zu Art.40 Gesagte entsprechend. Sinn und Zweck des Vermittlungsverfahrens legen eine gleiche Zahl von Mitgliedern des Bundestags und des Bundesrats nahe, obwohl dies verfassungsrechtlich nicht vorgeschrieben ist (Sannwald SHH 19). Der Bundestag darf das Verfahren zur Berechnung der Sitze – in den Grenzen des Missbrauchs – frei bestimmen (BVerfGE 96, 264/282 f; weitergehend BVerfGE 112, 118/141 ff: Mehrheitsprinzip soll hinter dem Grundsatz der Spiegelbildlichkeit zwischen Plenum und Ausschüssen zurücktreten). Die Vertretung jedes Landes durch ein Mitglied gem. § 11 Abs.2 GOBR ist verfassungsgemäß (BVerfGE 112, 118/142 f). Eine Vertretung durch Beauftragte gem. Art.52 Abs.4 ist unzulässig (Bryde MüK 12). Um die Kompromissfähigkeit des Vermittlungsausschusses zu erhöhen, sind die Bundesratsmitglieder gem. S.3 und anders als im Bundesrat selbst (Rn.6 zu Art.51) nicht an Weisungen gebunden; zur Weisungsfreiheit der Bundestagsmitglieder Rn.26–29 zu Art.38. Die Beratungen sind vertraulich (BVerfGE 96, 264/284).

2. Einberufung und Verfahren des Vermittlungsausschusses

10   **a) Einberufung.** Der **Bundesrat** hat das Recht auf Einberufung bei allen Gesetzen (S.1), auch bei Vertragsgesetzen gem. Art.59 Abs.2 S.1 (Jekewitz AK 18; Bryde MüK 8). Der Einberufungsbeschluss bedarf der Mehrheit der Stimmen (Rn.6 zu Art.52); das gilt auch für verfassungsändernde Gesetze (Maunz MD 13; Bryde MüK 9). Es darf die Aufhebung des ganzen Gesetzes oder die Änderung einzelner Vorschriften des Gesetzes verlangt werden; Ergänzungsanträge müssen aber in einem Sachzusammenhang stehen (unten Rn.13). Das Einberufungsverlangen braucht nicht begründet zu werden (Hömig HÖ 9; vgl. auch BVerfGE 101, 297/307 f). Die Nichterteilung der Zustimmung durch den Bundesrat kann nicht in einen Einberufungsbeschluss umgedeutet werden (Jekewitz AK 18; Bryde MüK 8; Rubel UC 30, 37). Der Einberufungsbeschluss ist bis zur Verabschiedung eines Einigungsvorschlags im Vermittlungsausschuss rücknehmbar (Maunz MD 10; Bryde MüK 9; Stern ST II 627 Fn.325). Für den Einberufungsbeschluss gilt seit 1968 (Einl.3 Nr.18) eine Frist von drei Wochen, die bei Einspruchs- und Zustimmungsgesetzen Ausschlussfrist ist (Masing MKS 77 f; Mann SA 10; Jekewitz AK 19; a.A. Bryde MüK 10; Rubel UC 32).

11   **Bundestag** und **Bundesregierung** haben das Recht auf Einberufung des Vermittlungsausschusses nur bei Zustimmungsgesetzen (S.4). Das Einberufungsverlangen darf sich nicht auf die Aufhebung des ganzen Gesetzes, sondern nur auf Änderung einzelner Vorschriften des Gesetzes richten (Masing MKS 81; Kokott BK 72 f; Bryde MüK 16; a.A. für die Bundesregierung Sannwald SHH 34). Für Begründung und Rücknahme gilt das oben Rn.10 Gesagte entsprechend. Grundsätzlich gilt für Bundestag und Bundesregierung keine Frist; aus Gründen der Rechtsklarheit muss das Einberufungsverlangen nach Nichterteilung der Zustimmung durch den Bundesrat

aber in angemessener Frist erfolgen (Masing MKS 79; Jekewitz AK 19; Bryde MüK 17; a. A. Rubel UC 43: keine Frist; Stern ST II 629: 3-Wochen-Frist). Einberufungsbeschlüsse können von allen Berechtigten unabhängig voneinander gefasst werden (Jekewitz AK 18; Bryde MüK 16).

b) Das **Verfahren** des Vermittlungsausschusses ist wie seine Zusammen- **12** setzung gem. S.2 der GeschOVermA überlassen. Der Vermittlungsausschuss tagt zulässigerweise nichtöffentlich (vgl. BVerfGE 101, 297/305). Das Verfahren kann mit oder ohne Einigungsvorschlag enden. Der Einigungsvorschlag kann die Bestätigung, Änderung oder Aufhebung des Gesetzesbeschlusses beinhalten. Er bindet weder Bundestag noch Bundesrat.

c) Die **Kompetenz** des Vermittlungsausschusses ist „keine Entschei- **13** dungskompetenz, wohl aber eine den Kompromiss vorbereitende, ihn aushandelnde und faktisch gestaltende Kompetenz" (BVerfGE 120, 56/74) und durch die Aufgabe begrenzt, das Gesetzgebungsziel auf der Grundlage des bisherigen Gesetzgebungsverfahrens zu verwirklichen und mit dieser Zielsetzung Meinungsverschiedenheiten zwischen Bundestag und Bundesrat in einer gemeinsamen Lösung auszugleichen (BVerfGE 101, 297/306; 120, 56/74; IN 8. 12. 09 – 2 BvR 758/07 Rn.55). Der Vermittlungsausschuss darf eine Änderung, Ergänzung oder Streichung der vom Bundestag beschlossenen Vorschriften nur vorschlagen, wenn und soweit dieser Einigungsvorschlag im Rahmen des Anrufungsbegehrens und des ihm zugrunde liegenden Gesetzgebungsverfahrens verbleibt (BVerfGE 101, 297/307; 120, 56/74; IN 8. 12. 09 – 2 BvR 758/07 Rn.56; BFHE 222, 537/540 ff; großzügiger noch BGHZ 92, 94/103; Jekewitz AK 23 f; Stettner DR 22: Sachzusammenhang des Einigungsvorschlags mit dem Anrufungsbegehren reicht aus). Mit dieser Maßgabe ist es zulässig, Gesetzentwürfe einzubeziehen, die nicht Gegenstand des Anrufungsbegehrens sind und vom Bundestag noch nicht in zweiter und dritter Lesung behandelt worden sind (BVerfGE 72, 175/187 ff; 78, 249/271; krit. Bryde ParlRPr 878; Masing MKS 88) und ein Gesetz in ein zustimmungsfreies und in ein zustimmungsbedürftiges Gesetz aufzuspalten (Haghgu, Lit. zu Art.84, 330 ff; Jekewitz AK 23; Sannwald SHH 42; a. A. Fritz, Teilung von Bundesgesetzen, 1982, 185 ff). Der Vermittlungsausschuss darf aber keinen Vorschlag unterbreiten, der außerhalb der bisherigen Auffassungsunterschiede im Parlament oder der bisherigen Gegenläufigkeit zwischen Bundestag und Bundesrat bleibt (BVerfGE 101, 297/308) und dessen Regelungsgegenstand nicht bis zur letzten Lesung im Bundestag in das Gesetzgebungsverfahren eingeführt worden ist (BVerfGE 120, 56/75).

d) Fortsetzung des Gesetzgebungsverfahrens. Zwei Verfahrensfort- **14** setzungen für Einspruchs- und Zustimmungsgesetze gleichermaßen sind zu unterscheiden: Schlägt der Vermittlungsausschuss die Bestätigung des Gesetzesbeschlusses vor oder hat er das Vermittlungsverfahren ohne Einigungsvorschlag beendet, dann hat der Bundesrat im Rahmen seiner Kompetenzen (oben Rn.6 f) zu entscheiden. Schlägt der Vermittlungsausschuss dagegen die Änderung oder Aufhebung des Gesetzesbeschlusses vor, dann hat der Bundestag gem. Abs.2 S.5 erneut Beschluss zu fassen. Daran schließt sich das Verfahren wie nach dem ursprünglichen Gesetzesbeschluss an (oben Rn.3), wobei folgende Besonderheiten zu beachten sind: Wenn der Bundestag dem

Vorschlag des Vermittlungsausschusses auf Aufhebung seines ursprünglichen Gesetzesbeschlusses zustimmt, ist das Gesetz endgültig nicht zustande gekommen. Ein nochmaliger Beschluss des Bundesrats auf Einberufung des Vermittlungsausschusses ist unzulässig (Stern ST II 628).

Art.**78** [Zustandekommen der Gesetze]

Ein vom Bundestage beschlossenes Gesetz kommt zustande, wenn der Bundesrat zustimmt, den Antrag gemäß Artikel 77 Abs.2 nicht stellt, innerhalb der Frist des Artikels 77 Abs.3 keinen Einspruch einlegt oder ihn zurücknimmt oder wenn der Einspruch vom Bundestage überstimmt wird[1 f].

Literatur: S. Literatur zu Art.76.

1   Endgültig **zustande gekommen** ist ein Zustimmungs- wie ein Einspruchsgesetz (Bryde MüK 3; Kokott BK 9; Stettner DR 5) bei Zustimmung des Bundesrats mit der Mehrheit der Stimmen (Rn.6 zu Art.52). Die Zustimmung muss ausdrücklich erklärt werden (BVerfGE 8, 274/296 f; 28, 66/79; 37, 363/396); insb. kann der Beschluss, den Vermittlungsausschuss nicht einzuberufen, nicht in eine Zustimmung umgedeutet werden (Bryde MüK 3; Kokott BK 12). Das BVerfG ist hiervon in Einzelfällen abgewichen (BVerfGE 8, 274/297 ff; 28, 66/80). Es ist aber unschädlich, wenn der Bundesrat bei einem Zustimmungsgesetz die für Einspruchsgesetze vorgesehene Formel verwendet hat (BVerfGE 9, 305/315 f). Ein Einspruchsgesetz ist außerdem in folgenden Fällen zustande gekommen: **(1)** Nichtstellung oder Rücknahme des Einberufungsverlangens (Rn.10 zu Art.77) oder Verzicht auf Einberufung (Kokott BK 15), **(2)** Nichteinlegung des Einspruchs innerhalb der Frist des Art.77 Abs.3, **(3)** Rücknahme des Einspruchs vor dem Bundestagsbeschluss gem. Art.77 Abs.4 (Bryde MüK 6) und **(4)** Überstimmung (Zurückweisung) des Einspruchs durch den Bundestag (Rn.8 zu Art.77).

2   Endgültig **nicht zustande gekommen** ist ein Gesetz in folgenden Fällen: **(1)** Annahme des Einigungsvorschlags des Vermittlungsausschusses auf Aufhebung des Gesetzesbeschlusses durch den Bundestag (Rn.13 zu Art.77), **(2)** Nichterteilung der Zustimmung durch den Bundesrat nach Abschluss des Vermittlungsverfahrens (Rn.6 zu Art.77) und **(3)** Scheitern der Zurückweisung des Einspruchs des Bundesrats durch den Bundestag (Rn.8 zu Art.77).

Art.**79** [Änderung des Grundgesetzes]

(1) **Das Grundgesetz kann nur durch ein Gesetz[2] geändert werden, das den Wortlaut des Grundgesetzes ausdrücklich ändert oder ergänzt[3]. Bei völkerrechtlichen Verträgen, die eine Friedensregelung, die Vorbereitung einer Friedensregelung oder den Abbau einer besatzungsrechtlichen Ordnung zum Gegenstand haben oder der Verteidigung der**

Bundesrepublik zu dienen bestimmt sind, genügt zur Klarstellung, daß
die Bestimmungen des Grundgesetzes dem Abschluß und dem Inkraftsetzen der Verträge nicht entgegenstehen, eine Ergänzung des Wort-
lautes des Grundgesetzes, die sich auf diese Klarstellung beschränkt[4].

(2) Ein solches Gesetz bedarf der Zustimmung von zwei Dritteln der
Mitglieder des Bundestages und zwei Dritteln der Stimmen des Bundesrates[5].

(3) Eine Änderung dieses Grundgesetzes, durch welche die Gliederung des Bundes in Länder[8], die grundsätzliche Mitwirkung der Länder
bei der Gesetzgebung[9] oder die in den Artikeln 1 und 20 niedergelegten
Grundsätze[10] berührt[7] werden, ist unzulässig[6 ff].

Literatur: *Würtenberger,* Verfassungsänderung und Verfassungswandel: von der nationalen zu einer globalen Perspektive, FS Merten, 2007, 77; *P. Kirchhof,* Die Identität
der Verfassung, HbStR[3] II, 2004, § 21; *Zacharias,* Die sog. Ewigkeitsgarantie des
Art.79 Abs.3 GG, in: Thiel (Hg.), Wehrhafte Demokratie, 2003, 57; *Kramer,* Grenzen
der Verfassungsänderung im Bereich der bundesstaatlichen Finanzverfassung, 2000;
Hain, Die Grundsätze des GG, 1999; *A. Bauer/Jestaedt,* Das GG im Spiegel seiner Änderungen, in: dies., Das GG im Wortlaut, 1997, 1; *Hufeld,* Die Verfassungsdurchbre-
chung, 1997; *Wegge,* Zur normativen Bedeutung des Demokratiegebots nach Art.79
Abs.3 GG, 1996; *H. Dreier,* Grenzen demokratischer Freiheit im Verfassungsstaat, JZ
1994, 741; *Brenner,* Möglichkeiten und Grenzen grundrechtsbezogener Verfassungsänderungen, Staat 1993, 493.

1. Bedeutung und Verhältnis zu anderen Regelungen

Die hier geregelte ausschließliche Bundesgesetzgebungskompetenz (Rn.5   **1**
zu Art.70) zu Änderungen des GG ist von der verfassunggebenden Gewalt
zu unterscheiden (Hain MKS 31), die beim Volk liegt (Rn.4 zu Art.20). Zur
Frage, ob das GG eine Verfassungsneuregelung zulässt (vgl. Rn.2 zur Präamb; Rn.2–5 zu Art.146), besagt Art.79 nichts (BVerfGE 89, 155/180). Zu
Ausnahmeregelungen im Bereich der EU Rn.24 zu Art.23, im Bereich der
internationalen Einrichtungen Rn.13 zu Art.24.

2. Gebot der Textänderung durch Gesetz (Abs.1)

a) Grundsatz (S.1). Mit der Verfassungsänderung „durch ein Gesetz" ist   **2**
ein förmliches bzw. **Parlamentsgesetz** gemeint, für das die allgemeinen
Regeln des Gesetzgebungsverfahrens (Art.76–78, 82) mit Ausnahme des Erfordernisses einer Zweidrittelmehrheit (unten Rn.5) gelten (Bryde MüK 7;
Dreier DR 13; Herdegen MD 16). Unzulässig ist daher eine Verfassungsänderung durch Rechtsverordnung (Art.80), im Gesetzgebungsnotstand (Rn.6
zu Art.81) oder durch den Gemeinsamen Ausschuss (Rn.1 zu Art.115e).
Zu Verfassungsänderungen in Form von Zustimmungsgesetzen Rn.13 zu
Art.59.

Weitere Voraussetzung einer wirksamen Änderung des GG ist eine **aus-**   **3**
drückliche Änderung des Wortlauts. Anders als unter der WRV sind
damit Verfassungsdurchbrechungen unzulässig, d. h. von der Verfassung abweichende, mit der erforderlichen Mehrheit verabschiedete Gesetze, die den
Verfassungstext nicht ändern. Das Gebot der Textänderung bzw. das Inkor-

porationsgebot (Dreier DR 21) soll der Rechtsklarheit und Rechtssicherheit dienen. Es wird der Grundsatz der „Urkundlichkeit und Einsichtbarkeit jeder Verfassungsänderung" festgelegt (BVerfGE 9, 334/336). Die Textänderung kann durch Ergänzungen, Streichungen, Ersetzungen oder Modifikationen des Textes oder durch Umbezifferungen oder durch Kombinationen dieser Vorgehensweisen geschehen (Vismann AK 24; Hain MKS 7). Es ist nicht vorgeschrieben, dass die Änderung einer Vorschrift nur an derselben Stelle erfolgen darf (BVerfGE 94, 49/104; Bryde MüK 13; Hain MKS 8; a. A. Hoffmann BK 44). Eine Verweisung auf Texte außerhalb des GG ist zulässig, wenn die in Bezug genommenen Normen klar bestimmt sind (Dreier DR 25; Herdegen MD 24; diff. Hain MKS 9). Diese Grenze ist im Fall des Art.143 Abs.3 nicht überschritten (BVerfGE 84, 90/119). Verfassungswandel, d. h. das sich mit der Zeit ändernde Verständnis der Verfassung, und Verfassungsgewohnheitsrecht sind nur innerhalb der Grenze des möglichen Wortsinns der Verfassung zulässig (BVerfGE 11, 78/87; 34, 216/230; 45, 1/33; Badura HbStR VII 61 ff; Rubel UC 18; Stern ST I 160 ff; krit. Bryde, o. Lit., 267 ff).

4 **b) Ausnahme (S.2).** Die 1954 eingefügte (Einl.3 Nr.4) Ausnahme für bestimmte völkerrechtliche Verträge führt zum Vorrang des völkerrechtlichen Vertrags vor dem GG (Bryde MüK 20; Hain MKS 19; Herdegen MD 37; diff. Hoffmann BK 84 ff; einschr. Dreier DR 37), nicht aber zur Aufhebung der Kompetenz des BVerfG zur Kontrolle des verfassungsändernden Gesetzes. S.2 gilt nur für bestimmte völkerrechtliche Verträge und soll „als Ausnahmevorschrift eng auszulegen" sein (BVerfGE 41, 126/174). Die ersten drei Varianten (Friedensregelung, Vorbereitung einer Friedensregelung, Abbau einer besatzungsrechtlichen Ordnung) sind ausschließlich auf die Beseitigung der Folgen des 2. Weltkriegs bezogen (Hoffmann BK 156; Bryde MüK 16). Die 4. Variante (Verteidigung der Bundesrepublik) betrifft nicht alle in einem Zusammenhang mit der Verteidigung stehenden Verträge, sondern nur solche, die auf die Integration in ein Verteidigungs- und Bündnissystem gerichtet sind (Bryde MüK 19; Rubel UC 22; a. A. Hoffmann BK 186 ff). Von der Möglichkeit einer Verfassungsänderung nach S.2 hat der Gesetzgeber bislang erst einmal durch Einfügung des Art.142a (Einl.3 Nr.4) Gebrauch gemacht, der aber später wieder aufgehoben wurde (Einl.3 Nr.17; vgl. auch BVerfGE 41, 126/174).

3. Qualifizierte Zustimmung des Bundesrats (Abs.2)

5 Den normalen Vorschriften über das Gesetzgebungsverfahren (Rn.1 zu Art.76) wird durch Abs.2 das besondere Erfordernis einer Mehrheit von $^2/_3$ der Mitglieder des Bundestags (Rn.1 f zu Art.121) und von $^2/_3$ der Stimmen des Bundesrats (Rn.4–6 zu Art.51) hinzugefügt. Dieses Erfordernis gilt nur für die Schlussabstimmung, nicht für sonstige Beschlüsse im Gesetzgebungsverfahren (Hoffmann BK 56; Bryde MüK 23; Dreier DR 20).

4. Inhaltliche Schranken (Abs.3)

6 **a) Allgemeines.** Die in Abs.3 abschließend aufgezählten (BVerfGE 94, 12/34) Einrichtungen und Normen des GG dürfen auch durch eine nach

Abs.1, 2 erfolgende Verfassungsänderung nicht geändert werden (sog. Ewigkeitsgarantie; der Begriff ist wegen Art.146 unzutreffend). Hierin wird eine Garantie der „souveränen Staatlichkeit Deutschlands" gesehen (BVerfGE 123, 267/343). Gegen Abs.3 verstoßende (verfassungsändernde) Gesetze sind nichtig (BVerfGE 30, 1/24). Die Vorschrift hat insoweit einen gegenüber sonstigem Verfassungsrecht höheren Rang (Dreier DR 14; Vismann AK 69; Stern ST I 113 f; diff. Hain, o. Lit., 73 f). Im Hinblick auf den Ausnahmecharakter dieser Vorschrift und die durch sie hervorgerufene Beschränkung der Volkssouveränität (Rn.4 zu Art.20) wird allgemein eine enge Auslegung gefordert (BVerfGE 30, 1/25; BVerfGE *abwM* 30, 33/38; 109, 279/310; Evers BK 69; Bryde MüK 28; Vismann AK 31; krit. Hain MKS 32). In der Praxis wird dagegen dem BVerfG eine „tendenziell ausufernde Prüfungsbereitschaft" attestiert (Herdegen MD 61).

b) Darüber hinaus wird eine **„Berührung"** lediglich bei prinzipieller 7 Preisgabe angenommen: „Grundsätze werden ‚als Grundsätze' von vornherein nicht ‚berührt', wenn ihnen im allgemeinen Rechnung getragen wird und sie nur für eine Sonderlage entsprechend deren Eigenart aus evident sachgerechten Gründen modifiziert werden" (BVerfGE 30, 1/24; 94, 12/34; 109, 279/310; a. A. BVerfGE *abwM* 30, 33/38; ThürVerfGH, LVerfGE 12, 405/425 f; Evers BK 114; Bryde MüK 28; vgl. auch Hain MKS 43 ff: Berührung bei Unterschreitung eines Mindeststandards an effektiver Umsetzung der prinzipiellen Leitgedanken). Richtigerweise stellen die in Bezug genommenen Normen in vollem Umfang Schranken für Verfassungsänderungen dar (a. A. Bryde MüK 33; Evers BK 151 ff; Herdegen MD 108 ff): Der Begriff „Grundsätze" beschreibt den stark auf Konkretisierung angewiesenen Normtyp, nicht aber einen geringeren Schutz im Rahmen des Art.79 Abs.3 (Wegge, o. Lit., 68; a. A. Stern ST I 173); bei der für unantastbar erklärten Menschenwürde (Art.1 Abs.1 S.1) kann nicht zwischen dem Schutzbereich und einem irgendwie reduzierten „Grundsatz" iSd Art.79 Abs.3 unterschieden werden; da Art.1 und 20 in jedem Fall konkretisierungsbedürftig sind, lässt sich eine Grenze zwischen solchen Konkretisierungen, die dem einfachen Gesetzgeber und solchen, die dem verfassungsändernden Gesetzgeber Schranken setzen, nicht ziehen. Die Wahrung der Volkssouveränität ist schon eine Aufgabe der Interpretation der Art.1 und 20, nicht erst des Art.79 Abs.3.

c) Geschützte Einrichtungen und Normen. aa) Gliederung des 8 **Bundes in Länder** bedeutet wegen Art.29 keine Garantie des Bestandes und der Grenzen der gegenwärtig existierenden Bundesländer (BVerfGE 1, 14/48; 5, 34/38). Es müssen aber mindestens drei (vgl. Evers BK 212; Bryde MüK 30; Dreier DR 21; a. A. Hain MKS 131 f; Rubel UC 34: nicht bezifferbar) Bundesländer fortbestehen. Ihnen muss zudem ein Mindestmaß an Eigenständigkeit verbleiben (Evers BK 214; Bryde MüK 31; Hain MKS 128 ff); sie müssen dauerhaft als „Zentren demokratischer Entscheidung" fungieren (Herdegen MD 92). Zu dem insoweit unentziehbaren „Hausgut" jedes Bundeslandes gehört ein „Kernbestand eigener Aufgaben und eigenständiger Aufgabenerfüllung" (BVerfGE 87, 181/196 f) und „die freie Bestimmung über seine Organisation einschließlich der in der Landesverfassung enthaltenen organisatorischen Grundentscheidungen sowie die Garantie der verfassungskräftigen Zuweisung eines angemessenen Anteils am Gesamtsteueraufkommen im Bundesstaat" (BVerfGE 34, 9/20). Dazu gehört auch die Festlegung von Landtagswahlterminen (Haratsch, DVBl 93, 1339). Umgekehrt wäre es unzulässig, den Bund – außer zur Überwindung einer akuten Notsituation – zum „Kostgänger" der Länder zu machen (Vogel/Walter BK 100 f zu Art.106); die Regelung des Finanzausgleichs ist aber nicht unabänderbar (Heintzen MüK 5 zu Art.107). Auch die Verteilung der Kompetenzen zwischen Bund und Ländern ist prinzipiell variabel (Dreier DR 22; Hain MKS 130). Auf verfassungstheoretische Fragen der Staatlichkeit kommt es dabei nicht an (Vismann AK 51; **a.A.** BVerfGE 34, 9/19).

9   **bb) Grundsätzliche Mitwirkung der Länder bei der Gesetzgebung** bedeutet einerseits keine Garantie des gegenwärtigen Umfangs der Mitwirkung, z.B. durch Zustimmungsgesetze (Vismann AK 52; Bryde MüK 32; Sannwald SHH 44; Anderheiden HbStR³ VI § 140 Rn.22 ff; a.A. Evers BK 218) oder durch einen aus Regierungsmitgliedern bestehenden Bundesrat (Bryde MüK 32; Hain MKS 133; Herdegen MD 99; Stern ST I 170; a.A. Evers BK 220, wonach ein Senat mit vom Volk gewählten Abgeordneten unzulässig ist), und andererseits keinen Ausschluss der Stärkung der direkten Demokratie (Etzel, Bundesstaatsprinzip und direkte Demokratie im GG, 2006; einschr. Blasche, Die grundsätzliche Mitwirkung der Länder bei der Gesetzgebung, 2006, 203 ff: nur bei Einführung einer „doppelten Mehrheit"). In Ausnahmefällen darf eine Länderbeteiligung ausgeschlossen werden (Dreier DR 23; Herdegen MD 97).

10   **cc) Die in den Art.1 und 20 niedergelegten Grundsätze** verweisen auf die normativen Gehalte der genannten Vorschriften (oben Rn.6). Andere Grundrechte als Art.1 Abs.1 sind nur insofern erfasst, als sich normative Wirkungen zugleich aus Art.1 Abs.1 ergeben (sog. Menschenwürdegehalt). Hierzu gehören der Grundsatz der Rechtsgleichheit und das Willkürverbot (BVerfGE 84, 90/121; 94, 12/34; 95, 48/62) sowie ein Mindestbestand an Grundrechten in den Bereichen personaler Autonomie, demokratischer Willensbildung und justizstaatlicher Garantien (Dreier DR 32; Herdegen MD 114), nicht aber das Grundrecht auf Asyl (BVerfGE 94, 49/103) oder alle richterrechtlichen Fortentwicklungen des allgemeinen Persönlichkeitsrechts (Herdegen MD 79). Das BVerfG hat auch den „Kernbereich" der Eigentumsgarantie dazu gerechnet, der allerdings nicht gebiete, Wiedergutmachung in der Form einer Restitution in Natur zu leisten (BVerfGE 84, 90/126 f). Zur Anerkennung besatzungsrechtlicher Enteignungen Rn.3 zu Art.143. Zum Europäischen Bundesstaat Rn.29 zu Art.23.

11   Ebenso sind **Konkretisierungen des Demokratie-, Rechtsstaats-und Sozialstaatsprinzips** in anderen GG-Bestimmungen nur mit ihrem dem jeweiligen Prinzip als solchen zuzurechnenden Gehalt erfasst. Beim Demokratieprinzip sind das die Legitimationsanforderungen an eine effektive demokratische Herrschaft (Rn.9–10a zu Art.20), die bei Änderungen anderer GG-Bestimmungen nicht unterschritten werden dürfen (Wegge, o. Lit., 69, 169 f). Da Kommunal- und Landeswahlrecht in Art.28 geregelt sind, steht Art.79 Abs.3 jedenfalls einer Wahlberechtigung für Ausländer nicht entgegen (BVerfGE 83, 37/59; weitergehend Hain MKS 77, 79; diff. zwi-

schen Kommunal- und Landeswahlrecht Herdegen MD 132). Art.19 Abs.4 fällt nicht unter Art.79 Abs.3 (BVerfGE 30, 1/25), wohl aber das rechtsstaatliche Gebot eines effektiven individuellen Rechtsschutzes gegen die öffentliche Gewalt (Rn.32–34 zu Art.19; Rn.91–99 zu Art.20) insoweit, als eine Kontrolle mit Sachverhaltskenntnis, eigenständigen Kontrollmaßstäben und rechtlichen Korrekturmöglichkeiten durch unabhängige Dritte stattfinden muss (Pieroth/Schlink, FS Mahrenholz, 1994, 693 f; Rubel UC 40). Zur Ersetzung des Rechtswegs bei bestimmten Abhörmaßnahmen Rn.16–19 zu Art.10.

Art.1 und 20 werden mit ihrem **ursprünglichen Inhalt** in Bezug genommen; nachträgliche Ergänzungen wie Art.20 Abs.4 werden nicht erfasst (Evers BK 148; Bryde MüK 48; Herdegen MD 77; Stern ST I 172). Manche der vom BVerfG dem Art.20 zugeschriebenen Gehalte müssen ebenfalls als nachträgliche, richter- bzw. verfassungsgewohnheitsrechtliche Ergänzungen betrachtet werden (Herdegen MD 79; Pieroth ZRP 08, 91; vgl. auch Dreier DR 53). **12**

dd) Logischerweise darf auch **Art.79 Abs.3 selbst** nicht geändert werden (Vismann AK 69 f; Hesse 707; Stern ST I 115; Ipsen I 1041; Badura HbStR VII 70; Hain MKS 42; Bryde MüK 27; Herdegen MD 75; krit. Evers BK 133 ff). Der verfassungsändernde Gesetzgeber ist nicht zu einer „Selbstbefreiung von den im GG festgelegten Schranken einer Verfassungsänderung" befugt (BVerfGE 84, 90/120). **13**

d) Weitere Normen und Einrichtungen, z.B. die Präambel (a.A. Wilhelm, ZRP 86, 267), unterfallen nicht der Ewigkeitsgarantie. Das gilt uneingeschränkt auch für Art.79 Abs.1 (Dreier DR 27; Vismann AK 36). Bezüglich Art.79 Abs.2 gilt es für eine Erschwerung der Voraussetzungen; eine Erleichterung würde dagegen den vom Rechtsstaatsprinzip geschützten (oben Rn.11) Vorrang der Verfassung (Rn.32–36 zu Art.20) aushebeln (Dreier DR 23; Vismann AK 40; diff. Rubel UC 24). **14**

Art.80 [Erlass von Rechtsverordnungen]

(1) Durch Gesetz[14] können die Bundesregierung, ein Bundesminister oder die Landesregierungen[6 ff] ermächtigt[22] werden, Rechtsverordnungen[2 f] zu erlassen. Dabei müssen Inhalt, Zweck und Ausmaß der erteilten Ermächtigung im Gesetze bestimmt werden[11 ff]. Die Rechtsgrundlage ist in der Verordnung anzugeben[16]. Ist durch Gesetz vorgesehen, daß eine Ermächtigung weiter übertragen werden kann, so bedarf es zur Übertragung der Ermächtigung einer Rechtsverordnung[19].

(2) Der Zustimmung des Bundesrates bedürfen, vorbehaltlich anderweitiger bundesgesetzlicher Regelung, Rechtsverordnungen der Bundesregierung oder eines Bundesministers über Grundsätze und Gebühren für die Benutzung der Einrichtungen des Postwesens und der Telekommunikation, über die Grundsätze der Erhebung des Entgelts für die Benutzung der Einrichtungen der Eisenbahnen des Bundes, über den Bau und Betrieb der Eisenbahnen, sowie Rechtsverordnungen auf Grund von Bundesgesetzen, die der Zustimmung des Bundesrates bedürfen oder

die von den Ländern im Auftrage des Bundes oder als eigene Angelegenheit ausgeführt werden[18 f].

(3) **Der Bundesrat kann der Bundesregierung Vorlagen für den Erlaß von Rechtsverordnungen zuleiten, die seiner Zustimmung bedürfen[18].**

(4) **Soweit durch Bundesgesetz oder auf Grund von Bundesgesetzen Landesregierungen ermächtigt werden, Rechtsverordnungen zu erlassen, sind die Länder zu einer Regelung auch durch Gesetz befugt[7a].**

Übersicht

Literatur: *Füßer/Stöckel,* Das Zitiergebot des Art. 80 I 3 GG und Probleme des Erlasses von „komplexen Artikelverordnungen", NVwZ 2010, 414; *Martini,* Normsetzungsdelegation zwischen parlamentarischer Steuerung und legislativer Effizienz, AöR 2008, 155; *Schnelle,* Eine Fehlerfolgenlehre für Rechtsverordnungen, 2007; *Ossenbühl,* Rechtsverordnung, HbStR[3] V, 2007, § 103; *Brosius-Gersdorf,* Der Gesetzgeber als Verordnungsgeber, ZG 2007, 305; *Bauer,* Parlamentsverordnungen, FS R. Schmidt, 2006, 237; *Klink,* Pauschale Ermächtigungen zur Umsetzung von Europäischem Umweltrecht mittels Rechtsverordnung, 2005; *Saurer,* Die Funktionen der Rechtsverordnung, 2005; *Mößle,* Das Zitiergebot, BayVBl 2003, 577; *Kube,* Vom Gesetzesvorbehalt des Parlaments zum formellen Gesetz der Verwaltung?, NVwZ 2003, 57; *Schwarz,* Das Zitiergebot bei Rechtsverordnungen (Art.80 I 3 GG), DÖV 2002, 852; *v. Danwitz,* Rechtsverordnungen, Jura 2002, 93; *J. Schmidt,* Die Beteiligung des Bundestags beim Erlass von Rechtsverordnungen, 2002; *H. Bauer,* Das Bestimmtheitsgebot für Verordnungsermächtigungen im Europäisierungssog, FS Steinberger, 2002, 1061; *Külpmann,* Änderungen von Rechtsverordnungen durch den Gesetzgeber, NJW 2002, 3436; *Uhle,* Verordnungsänderung durch Gesetz und Gesetzesänderung durch Verordnung?, DÖV 2001, 241; *Schmidt-Aßmann,* Die Rechtsverordnung in ihrem Verhältnis zu Gesetz und Verwaltungsvorschrift, FS K. Vogel, 2000, 477; *Müller-Terpitz,* Rechtsverordnungen auf dem Prüfstand des BVerfG, DVBl 2000, 232; *v. Bogdandy,* Gubernative Rechtsetzung, 2000; *Ziekow,* Verordnungsermächtigungen mit supra- und internatio-

nalen Bezügen, JZ 1999, 963; *Jutzi,* Gesetzgebungskompetenz der Länder nach Art.80
Abs.4 GG, ZG 1999, 239; *Uhle,* Parlament und Rechtsverordnung, 1999; *Pegatzky,* Parlament und Verordnungsgeber, 1999; *Ossenbühl,* Gesetz und Verordnung im gegenwärtigen Staatsrecht, ZG 1997, 305; *Sommermann,* Verordnungsermächtigung und Demokratieprinzip, JZ 1997, 434; *W. Cremer,* Art.80 Abs.1 S.2 GG und Parlamentsvorbehalt,
AöR 1997, 248; *Nierhaus,* Bestimmtheitsgebot und Delegationsverbot des Art.80 Abs.1
S.2 GG und der Gesetzesvorbehalt der Wesentlichkeitstheorie, FS Stern, 1997, 717.

I. Bedeutung, Abgrenzung, Anwendungsbereich

1. Bedeutung und Abgrenzung zu anderen Vorschriften

Art.80 regelt einen wichtigen Teilbereich der Rechtsetzung durch die 1
Exekutive. Die Vorschrift ist einerseits Ausdruck der Tatsache, dass im modernen Industrie- und Sozialstaat der Normierungsbedarf nicht allein vom
Parlament bewältigt werden kann. Andererseits zieht sie der Übertragung
von Rechtsetzungsbefugnissen auf die Exekutive enge Grenzen: „Sinn der
Regelung des Art.80 Abs.1 ist es, das Parlament darin zu hindern, sich seiner
Verantwortung als gesetzgebende Körperschaft zu entäußern" (BVerfGE 78,
249/272). Er schließt also eine originäre außenwirksame Normsetzung der
Exekutive aus und lässt eine Durchbrechung des Rechtsetzungsmonopols des
Bundestags zugunsten der Exekutive nur unter absoluter Wahrung des Vorrangs des Gesetzes (Rn.37–41 zu Art.20) zu (Nierhaus BK 153, 176).
Art.80 ist damit eine Konkretisierung des Grundsatzes der Gewaltenteilung
(Rn. 23–27 zu Art.20), des Demokratieprinzips (Rn.1–15 zu Art.20) und
des Rechtsstaatsprinzips, und zwar unter dem Aspekt der Rechtssicherheit
wie unter dem des Gesetzesvorbehalts (Rn.60, 54–56 zu Art.20). Spezielle
Regelungen gegenüber Art.80 finden sich in Art.109 Abs.4 S.2–4, 119 S.1,
127, 129 und 132 Abs.4. Das Inkrafttreten von Rechtsverordnungen ist in
Art.82 Abs.2 geregelt.

2. Anwendungsbereich

a) Begriff der Rechtsverordnung. Die Rechtsverordnung lässt sich nur 2
durch **formelle Kriterien,** nicht ihrem Inhalt nach (materiell) von anderen
Rechtssätzen unterscheiden (Ramsauer AK 31; Bryde MüK 6 ff; Bauer DR
15; a. A. Sannwald SHH 24). Solche formellen Kriterien sind: Bezeichnung
als Rechtsverordnung, Veröffentlichung gem. Art.82 Abs.1 S.2 und Zitat des
ermächtigenden Gesetzes (unten Rn.16). Soweit sich aus ihnen der Bezug
zur Ermächtigungsgrundlage ergibt, handelt es sich um eine Rechtsverordnung (HessVGH, NJW 81, 780; Ramsauer AK 32; Nierhaus BK 147; ähnlich Bryde MüK 8; dagegen stellt Rubel UC 11 auf den „Willen des Verordnungsgebers" ab). Einer durch Gesetz geänderten Rechtsverordnung kann
durch eine sog. Entsteinerungsklausel wieder Verordnungsrang eingeräumt
werden (BVerwGE 117, 313/318; krit. Möllers, Jura 07, 936); dagegen hat
diese nach der Rspr. des BVerfG (unten Rn.14) „nur klarstellende Bedeutung" (BVerfGE 114, 196/240).

Art.80 **gilt nicht** für Allgemeinverbindlicherklärungen von Tarifverträgen 3
(BVerfGE 44, 322/349; 55, 7/20), Anordnungen der Vertreterversammlung

der Bundesanstalt für Arbeit (BSGE 88, 172/178 f), bindende Festsetzungen der Heimarbeitsausschüsse (BVerfGE 34, 307/315 f; BAGE 24, 158/167 f), Kirchensteuerregelungen (BVerfGE 73, 388/400), Mindestreservefestsetzungen der Bundesbank (BVerwGE 41, 334/349), Satzungen (BVerfGE 33, 125/156 ff; 49, 343/362; 97, 332/343; BVerwGE 45, 277/278; BGHZ 126, 16/24; BSGE 91, 128/138; zu sonstigen verfassungsrechtlichen Anforderungen an sie Rn.60 zu Art.20) und Verwaltungsvorschriften, die nicht die Bürger, sondern staatliche Organe und Organwalter als Adressaten haben (BVerfGE 78, 214/227), gleichgültig ob sie als Rechtssätze bezeichnet werden (BVerfGE 40, 237/254) oder nicht (BVerwGE 55, 250/255; 58, 45/49). Auf Richtlinien des Bundesausschusses der Ärzte und Krankenkassen wird allerdings das Bestimmtheitsgebot des Abs.1 S.2 angewandt (BSGE 78, 70/80).

4   **b) Rechtsverordnungen des Bundes** sind auf der Grundlage eines Bundesgesetzes ergangen (vgl. aber auch unten Rn.20). Für landesgesetzliche Verordnungsermächtigungen ist Art.80 nicht unmittelbar anwendbar (BVerfGE 55, 207/226; 58, 257/277; 107, 1/15). Wegen Art.28 Abs.1 müssen aber diejenigen Bestandteile des Art.80 Abs.1, die zum Demokratie- und Rechtsstaatsprinzip gehören, auch für landesgesetzliche Verordnungsermächtigungen gelten (vgl. auch BVerfGE 73, 388/400). Dazu zählen die Ermächtigung durch Gesetz und das Bestimmtheitsgebot (BVerfGE 55, 207/226; 58, 257/277; 107, 1/15; BVerwGE 110, 253/256), nicht aber die Festlegung der Ermächtigungsadressaten, das Zitiergebot und die Anforderung an die Übertragung der Ermächtigung (ähnlich Ramsauer AK 23, 28 f; Bauer DR 18; Brenner MKS 21).

5   **c) Nachkonstitutionell.** Bezüglich des Zeitpunkts der Verordnungsermächtigung gilt Abs.1 für alle nach dem Zusammentritt des Bundestags (7. 9. 1949) erlassenen Ermächtigungen. Für vorkonstitutionelle Ermächtigungen (Rn.3 zu Art.123) gilt Abs.1 nicht (BVerfGE 2, 307/326; 28, 119/144; 78, 179/197; BVerwGE 38, 322/323; BGH, NJW 76, 1262), außer der nachkonstitutionelle Gesetzgeber hat sie „in seinen Willen aufgenommen" (BVerfGE 9, 39/47) oder das materielle Recht, zu dessen Durchführung die Rechtsverordnungen dienen sollen, ist nach Inkrafttreten des GG wesentlich geändert worden (BVerfGE 22, 180/214 f; 78, 179/198; BVerwGE 31, 345/355; 38, 322/323; vgl. auch Rn.8 zu Art.100). Auf jeden Fall sind die Grenzen des Art.129 Abs.3 zu beachten (näher Rn.2 zu Art.129).

II. Anforderungen an das Gesetz

1. Ermächtigungsadressaten (Abs.1 S.1, Abs.4)

6   **a) Allgemeines.** Die Ermächtigungsadressaten werden vorbehaltlich des Abs.4 erschöpfend aufgezählt. Unzulässig ist die Erteilung der Ermächtigung an den Leiter einer Bundesoberbehörde (BVerfGE 8, 155/163) oder an eine oberste Landesbehörde (BVerfGE 15, 268/271; 88, 203/332). Zur Weiterübertragung der Ermächtigung unten Rn.19. Diese Übertragung darf nicht durch das Gesetz vorweggenommen werden (BAGE 24, 158/167; Bryde

MüK 11; Stern ST II 670). Innerhalb dieses Adressatenkreises hat der Gesetzgeber freie Wahl (BVerfGE 56, 298/311). Unzulässige Ermächtigungsadressatenregelungen dürfen durch eine Pauschalregelung korrigiert werden (BVerwG, DÖV 70, 135).

b) Folgende **drei Ermächtigungsadressaten** kommen in Betracht: **7** – **(1)** Die *Bundesregierung* muss als Kollegium entschieden haben (Rn.3 zu Art.62) – **(2)** Die Ermächtigung eines *Bundesministers* ist im Außenverhältnis konstitutiv, d.h. von abweichenden Beschlüssen der Bundesregierung (vgl. § 15 Abs.1c GOBReg) unabhängig (Ramsauer AK 44; Bryde MüK 13). Das gilt auch für den Fall, dass ein nach der Zuständigkeitsverteilung in der Bundesregierung unzuständiger Minister ermächtigt wird (Ossenbühl HbStR[3] V § 103 Rn.31; Bauer DR 23). Eine zulässige Sonderregelung enthält Art.56 ZuständigkeitsanpassungsG, wonach bei Neuabgrenzungen der Geschäftsbereiche von Bundesministern die Zuständigkeiten auf den danach zuständigen Bundesminister übergehen (Ramsauer AK 44; krit. Brandner/Uwer, DÖV 93, 107 ff). – **(3)** Es dürfen nur *Landesregierungen*, nicht einzelne Landesminister ermächtigt werden (BVerfGE 11, 77/85 ff). Ein Landesminister darf aber dann von einer solchen Ermächtigung Gebrauch machen, wenn nach dem Landesverfassungsrecht unter Landesregierung auch der einzelne Landesminister verstanden werden kann (BVerfGE 11, 77/86; Bryde MüK 14; Stern ST II 668). Die Ermächtigung muss sich nicht notwendig auf alle Landesregierungen beziehen (Brenner MKS 57).

Rechtsverordnungsvertretende Gesetze (Abs.4). Gem. dem 1994 **7a** eingefügten (Einl.3 Nr.42) Abs.4 sind im Fall der Ermächtigung der Landesregierungen die Länder zu einer Regelung durch Gesetz befugt. Dies dient der Stärkung der Landesparlamente (BT-Drs. 12/6000, 38; Schütz, NVwZ 96, 37) und der Wahrung der Verfassungsautonomie der Länder (Nierhaus BK 823). Allerdings wird dadurch der Kreis der Ermächtigungsadressaten nicht erweitert; die Landesparlamente dürfen vom Bundesgesetzgeber nicht direkt ermächtigt werden (Nierhaus BK 831; Ramsauer AK 89). Bei den Gesetzen nach Abs.4 handelt es sich um formelle Landesgesetze, auch soweit sie eine Rechtsverordnung der Landesregierung aufheben, ersetzen oder verändern (LVerfG SAn, LVerfGE 15, 359/369; Brenner MKS 114). Aus dem „soweit"-Satz folgt, dass sie sich im Rahmen der (bundes)gesetzlichen Ermächtigung (unten Rn.14 ff) halten müssen (Mann SA 64; Nierhaus BK 842 ff). Im Übrigen gelten die Anforderungen der jeweiligen Landesverfassung. Weitergehende Beschränkungen wie die, dass eine nach der Landesverfassung mögliche Volksgesetzgebung verboten sei (so Nierhaus BK 868 f), dass in den Ländern, die ein Normenkontrollverfahren gegen Rechtsverordnungen, aber keine Verfassungsbeschwerde gegen Gesetze kennen, bedeutsame Gründe für ein Gesetz nach Abs.4 sprechen müssten (vgl. Brenner MKS 121 ff; a.A. Nierhaus BK 875) oder dass das Gesetz nach Abs.4 dem Zitiergebot (unten Rn.16) genügen müsse (so Mann SA 64; Schwarz, o. Lit., 167 f; a.A. Ramsauer AK 97), sind nicht anzuerkennen.

c) Bei sog. **gemeinsamen Rechtsverordnungen** darf die Rechtsver- **8** ordnung nur von mehreren Ermächtigungsadressaten gemeinsam erlassen, geändert und aufgehoben werden (vgl. BVerwGE 100, 323/325). Wegen der

Ausschließlichkeit der Kompetenzverteilung zwischen Bund und Ländern (Rn.7 zu Art.30) sind gemeinsame Rechtsverordnungen aber nur von mehreren Bundesministern, nicht aber von mehreren Landesregierungen oder von Bundes- und Landesorganen zulässig (Ossenbühl HbStR³ V § 103 Rn.35; Ramsauer AK 43; Nierhaus BK 238). Dagegen bestehen zulässige Mischverordnungen aus selbständigen Rechtsverordnungen, die von unterschiedlichen Ermächtigungsadressaten zur gleichen Zeit erlassen werden. Hiervon sind Sammelverordnungen zu unterscheiden, in denen Vorschriften auf Grund mehrerer Ermächtigungen zusammengefasst werden (Dietlein, DÖV 84, 788).

9 **d) Beteiligung. aa)** Zulässig ist, den Erlass von Rechtsverordnungen von einer **Zustimmung** der in Abs.1 S.1 genannten Ermächtigungsadressaten (oben Rn.6) abhängig zu machen (sog. Zustimmungsvorbehalt; einschr. Ramsauer AK 48). Sodann ist der Bundesrat zustimmungsberechtigt (unten Rn.17f). Schließlich ist es – über spezielle Regelungen wie in Art.109 Abs.4 S.4 hinaus – als eingeschränkte Ermächtigung zulässig, dass ein Zustimmungserfordernis, auch als Ablehnungs- oder Aufhebungsvorbehalt (Brenner MKS 102), des Bundestags selbst begründet wird, sofern hierfür ein legitimes Interesse des Parlaments besteht (BVerfGE 8, 274/321; näher Ossenbühl HbStR³ V § 103 Rn.57; vgl. auch BVerwGE 57, 130/139f; a.A. Möllers, Jura 07, 936). Das Gleiche gilt für ein Zustimmungserfordernis zugunsten von Parlamentsausschüssen (Bryde MüK 5; Stern ST II 664f; **a.A.** BVerfGE 4, 193/203; Brenner MKS 104; Nierhaus BK 226f; Rubel UC 56; vgl. auch Rn.8 zu Art.110). Grundsätzlich unzulässig sind Änderungsvorbehalte, die dem Bundestag erlauben, einen Verordnungsentwurf durch schlichten Parlamentsbeschluss (Rn.1 zu Art.76) zu ändern, weil damit Art.76ff unterlaufen werden (Bauer DR 30; Nierhaus BK 190ff; Mann SA 43 und wohl auch BVerfGE 8, 274/323; diff. Sommermann, JZ 97, 440f).

10 **bb)** Zulässig – sofern nicht nach anderen Verfassungsnormen sogar geboten (BVerfGE 56, 298/321) – ist, sonstige Organe und auch Private in nichtentscheidender Funktion, insb. durch **Anhörung,** beim Erlass von Rechtsverordnungen zu beteiligen (BVerfGE 28, 82/84; Bryde MüK 19; Stern ST II 664f).

2. Bestimmtheitsgebot (Abs.1 S.2)

11 Zur Auslegung dieser Vorschrift hat das BVerfG als Elemente einer einheitlichen Prüfung (Rubel UC 20) **verschiedene Formeln** geprägt: Nach der „Selbstentscheidungsformel" muss der Gesetzgeber selbst die Entscheidung treffen, welche Fragen durch die Rechtsverordnung geregelt werden sollen (Inhalt), er muss die Grenzen einer solchen Regelung festsetzen (Ausmaß) und angeben, welchem Ziel die Regelung dienen soll (Zweck) (BVerfGE 2, 307/334; 23, 62/72). Nach der „Programmformel" muss sich aus dem Gesetz ermitteln lassen, welches vom Gesetzgeber gesetzte Programm durch die Rechtsverordnung erreicht werden soll (BVerfGE 5, 71/77; 8, 274/307ff; 58, 257/277). Nach der „Vorhersehbarkeitsformel" muss der Bürger aus dem Gesetz ersehen können, in welchen Fällen und mit welcher Tendenz von der Ermächtigung Gebrauch gemacht werden wird und welchen Inhalt die auf

Grund der Ermächtigung erlassenen Rechtsverordnungen haben können (BVerfGE 1, 14/60; 41, 251/266; 56, 1/12) bzw. mit welchen Regelungen der Bürger zu rechnen hat (BVerwGE 111, 143/150). Für die Ermittlung der Vorgaben des Gesetzes sind die allgemeinen Auslegungsgrundsätze anzuwenden (BVerfGE 58, 257/277; 85, 97/105; 106, 1/19; BVerwGE 89, 121/131; 115, 125/131; BFHE 174, 264/267; 176, 175/177; BSGE 91, 94/98). Danach sind auch Generalklauseln und unbestimmte Rechtsbegriffe wie „öffentliche Sicherheit" (BVerfGE 54, 143/144 f) und „öffentlicher Anstand" (BVerfG-K, NVwZ 09, 906) zulässig. Insgesamt ist in der Rspr. des BVerfG eine Entwicklung zur Abschwächung des Bestimmtheitsgebots erkennbar (Ramsauer AK 16 f, 65 ff; Nierhaus BK 96 ff; Bryde MüK 22), so dass es als „Sperre für Pauschalermächtigungen" fungiert (Ossenbühl HbStR³ V § 103 Rn.22).

Es lassen sich drei **maßgebliche Auslegungsgesichtspunkte** festhalten 12 (Brenner MKS 36): Wichtigste Kategorie ist der *Zweck der Ermächtigung,* da Inhalt und Ausmaß sich gut erschließen lassen, wenn der Zweck bestimmt ist (Bryde MüK 22; weitergehend verlangt Ramsauer AK 55a, dass die Art und Weise des Interessenausgleichs dem Verordnungsgeber in den Grundzügen vorgegeben werden muss). Der Zweck muss nicht nur hinsichtlich der Modalitäten einer möglichen Regelung, sondern auch hinsichtlich des „Ob überhaupt" hinreichend bestimmt sein; Kann-Ermächtigungen sind daher unzulässig, wenn die Anwendbarkeit des Gesetzes erst durch den Erlass der Rechtsverordnung ermöglicht wird (BVerfGE 78, 249/272; BFHE 171, 91/92 f). Es kommt außerdem auf die *Eingriffsintensität* an: Je schwerwiegender die Auswirkungen sind, desto höhere Anforderungen sind an die Bestimmtheit der Ermächtigung zu stellen (BVerfGE 58, 257/277 f; 62, 203/210; 113, 167/269; BVerwGE 68, 69/72; 100, 323/326; 110, 253/262). Schließlich ist nach der *Eigenart der Regelungsmaterien* zu unterscheiden (BVerfGE 48, 210/221 f; 76, 130/143). Dabei sind die „Komplexität der Materie" und die „Dynamik von Entwicklungsprozessen" zu berücksichtigen (BVerfGE 123, 39/80).

Relevante Unterscheidungen. Bei Ermächtigungen zu belastenden 12a Regelungen sind strengere Anforderungen zu stellen als bei Ermächtigungen zu begünstigenden Regelungen (BVerfGE 23, 62/73; BFHE 171, 84/88). Das gilt namentlich für Gebührenregelungen (vgl. BVerwGE 115, 125/131 ff). Für disziplinarische oder schulrechtliche Ordnungsmaßnahmen (BVerfGE 41, 251/265) sind geringere Anforderungen an die Bestimmtheit zu stellen als im Strafrecht (BVerfGE 14, 174/185 f; 51, 60/70 f; vgl. auch Rubel UC 22, 24). Geringere Anforderungen sind auch bei vielgestaltigen Sachverhalten zu stellen und wenn zu erwarten ist, dass sich die tatsächlichen Verhältnisse bald ändern werden (BVerfGE 58, 257/277 f; BVerwGE 89, 121/131; BFHE 173, 519/524). Dagegen sind strenge Anforderungen im Rahmen eines staatlichen Souveränitätsverzichts nach Art.24 Abs.1 zu fordern (BVerwGE 54, 291/299). Für zustimmungsbedürftige Rechtsverordnungen (unten Rn.17 f) gelten keine geringeren Bestimmtheitsanforderungen (BVerfGE 8, 274/319, 323). Ein rückwirkendes Inkrafttreten der Rechtsverordnung ist zulässig, wenn sich dies der Ermächtigungsnorm entnehmen lässt und die verfassungsrechtlichen Grenzen für rückwirkende

Normierung (Rn.67–76 zu Art.20) beachtet werden (BVerfGE 45, 142/163 f; BVerwGE 132, 224 Rn.34; BGHZ 65, 155/162; BFHE 171, 91/93; Bauer DR 41). Zu den rechtsstaatlichen Bestimmtheitsanforderungen Rn.57–62 zu Art.20; zum Bestimmtheitsgrundsatz im Strafrecht Rn.51–65 zu Art.103.

12b   Bei der **Umsetzung von europäischem Unionsrecht** greift der Zweck des Art.80 (oben Rn.1) wegen des Vorrangs des Unionsrechts (Rn.32–35 zu Art.23) nicht in gleicher Weise (Nierhaus BK 13 f; Calliess, NVwZ 98, 12 f; diff. Kunig MüK 23a; a. A. Weihrauch, NVwZ 01, 265 ff; Brenner MKS 39; vgl. auch Kingreen/Störmer, EuR 98, 281). Bestimmt müssen nur die Regelungen in den überlassenen oder eröffneten Spielräumen des Unionsrechts sein (BVerwGE 121, 382/387). Unzulässig wäre aber eine allgemeine Ermächtigung, Rechtsverordnungen zur Ausführung von europäischem Unionsrecht zu erlassen (Streinz HbStR VII 845).

13   **Beispiele** für mangelnde Bestimmtheit (vgl. auch Rubel UC 25 ff): BVerwGE 90, 57/58 ff (Bauplanungsrecht); BVerfGE 5, 71/76 f (Entschädigungsrecht); BVerfGE 20, 257/270 (Kartellrecht); Luftverkehrsrecht (BVerwGE 122, 182/185); BVerfGE 1, 14/60 (Neugliederung des Bundesgebiets); BVerfGE 20, 180/215 (Sozialrecht); BVerfGE 7, 282/293 ff; 10, 251/257 f; 15, 153/160 ff; 18, 52/60 ff; 23, 62/72 f (Steuerrecht); BVerfGE 2, 307/335; 19, 370/375 f (Verfahrensrecht); BVerfGE 11, 77/78; 23, 208/224; 102, 197/222 f; BVerwGE 115, 125/131 ff (Wirtschaftsrecht).

III. Anforderungen an die Rechtsverordnung

1. Gesetzliche Ermächtigung (Abs.1 S.1)

14   Eine Rechtsverordnung bedarf der Ermächtigung durch ein **Bundesgesetz** (Rn.1 zu Art.76). Sie steht damit im Rang unter dem Gesetz. Unabgeleitete, selbständige Rechtsverordnungen der Exekutive und Rechtsverordnungen mit Gesetzesrang (sog. gesetzesvertretende Verordnungen; vgl. BVerfGE 52, 1/16 f; BVerwGE 87, 133/139) sind – von speziellen Vorschriften abgesehen (Art.119, 127) – unzulässig (vgl. BVerfGE 8, 155/169 f; Bryde MüK 3; diff. Ossenbühl HbStR³ V § 103 Rn.19, 26). Dagegen darf ein Gesetz dazu ermächtigen, dass durch eine Rechtsverordnung von einzelnen Vorschriften des Gesetzes abgewichen wird (sog. Verordnungsvorbehalt; BVerfGE 8, 155/171; Bryde MüK 3; Stern ST II 663 f) oder dass eine Rechtsverordnung die Entscheidung über das Inkrafttreten eines anderen Gesetzes trifft (sog. Inkraftsetzungsermächtigung; a. A. Brenner MKS 30; vgl. auch Rn.9 zu Art.82). Die Ermächtigung ist „zuschiebend", nicht „abschiebend", d. h. ein späteres Gesetz kann den Gegenstand der Verordnungsermächtigung ohne weiteres selbst regeln (BVerfGE 22, 330/346; 114, 196/232, 235). Dabei kann es auch zu Aufspaltungen der Normierung in solche mit Gesetzesrang und solche mit Verordnungsrang kommen (BVerfGE *abwM* 114, 196/250; Brosius-Gersdorf, ZG 2007, 310 ff; **a. A.** BVerfGE 114, 196/233 ff, wonach durch das Parlament geänderte Rechtsverordnungen insgesamt einheitlich als Rechtsverordnung zu qualifizieren sind; vgl. auch Ossenbühl, FS Merten, 2007, 169). Die Rechtsverordnung muss so erlassen werden, dass sie dem Verordnungsgeber zugerechnet werden kann (BVerfGE 91, 148/165).

Die Rechtsverordnung muss im **Zeitpunkt** ihrer Ausfertigung und Ver- 15 kündung eine gültige Ermächtigungsgrundlage haben. Dafür muss das Gesetz spätestens am Tag der Ausfertigung der Rechtsverordnung in Kraft treten (Rn.8 zu Art.82). Der spätere Wegfall der Verordnungsermächtigung soll die Wirksamkeit der Rechtsverordnung grundsätzlich unberührt lassen (BVerfGE 9, 3/12; 44, 216/226; 78, 179/198; BGHZ 54, 115/118; vgl. auch Rn.2 zu Art.129). Dies kann aber nur für vorkonstitutionelle Ermächtigungen gelten; unter dem GG muss die Rechtsverordnung das rechtliche Schicksal des ermächtigenden Gesetzes teilen (Ramsauer AK 40; Ossenbühl HbStR³ V § 103 Rn.77). Auch kann die Rechtsverordnung mit der neuen Gesetzeslage unvereinbar sein (vgl. BVerwG, NJW 90, 849). Eine Ausnahme besteht für den Fall, dass die Rechtsverordnung allein keine sinnvolle Regelung darstellt (Ramsauer AK 77; Rubel UC 33; vgl. auch BVerwGE 59, 195/197).

2. Formelle Voraussetzungen

a) Das **Zitiergebot (Abs.1 S.3)** dient der Rechtsklarheit, d.h. die Recht- 16 setzungsdelegation „verständlich und kontrollierbar zu machen" (BVerfGE 101, 1/41 f). Rechtsgrundlage bedeutet die die Ermächtigung zur Rechtsverordnung enthaltende einzelne Vorschrift (BVerfGE 101, 1/42), im Zweifelsfall bis hin zu Paragraph, Absatz, Satz und Nummer (Schwarz, o. Lit., 155 f); die bloße Angabe des Gesetzes reicht jedenfalls nicht aus (BGH, MDR 77, 474). Rechtsgrundlage ist aber nicht auch das Europäische Unionsrecht, das durch die Rechtsverordnung umgesetzt wird (BVerwGE 118, 70/73 f; BFHE 215, 418/422 f). Dem Zitiergebot ist durch eine Angabe in der Präambel der Rechtsverordnung genügt, die aber nicht auch die Fundstelle im amtlichen Gesetzblatt enthalten muss (BVerwG, NJW 83, 1922; Mann SA 29; Sannwald SHH 83; a.A. Nierhaus BK 342). Bei einer auf mehrere Einzelermächtigungen gestützten Rechtsverordnung müssen diese vollständig zitiert werden; allerdings muss nicht bei jeder einzelnen Bestimmung der Rechtsverordnung angegeben werden, auf welcher Ermächtigung sie beruht (BVerfGE 20, 283/292; 101, 1/42; krit. Schwarz, o. Lit., 162 ff). Das Zitiergebot erstreckt sich nicht auf weitere Normen, die die Ermächtigung inhaltlich ausfüllen (BSGE 91, 94/101).

b) Die **Zustimmungsbedürftigkeit (Abs.2, 3)** besteht für **drei Grup-** 17 **pen** von Rechtsverordnungen: – **(1)** Verkehrsverordnungen (Ramsauer AK 80; Nierhaus BK 526 ff; Bryde MüK 26), d.h. Rechtsverordnung über – nach den Verfassungsänderungen von 1993 und 1994 (Einl.3 Nr.40, 41) – Grundsätze und Gebühren für die Benutzung der Einrichtungen des Postwesens und der Telekommunikation (Rn.25–27 zu Art.73), über die Grundsätze der Erhebung des Entgelts für die Benutzung der Einrichtungen der Eisenbahnen des Bundes und über den Bau und Betrieb der Eisenbahnen (Rn.23 f zu Art.73). Bezüglich der Eisenbahnen des Bundes geht es um Wettbewerbsaufsicht, nicht um staatliche Preisgestaltung (Schmidt-Aßmann/Röhl, DÖV 94, 583). – **(2)** Rechtsverordnungen auf Grund von Bundesgesetzen,

die der Zustimmung des Bundesrats bedürfen (Rn.4f zu Art.77). Das Zustimmungserfordernis ist abhängig davon, ob die Ermächtigungsnorm selbst
eine zustimmungsbedürftige Materie betrifft; es reicht nicht aus, dass irgendeine Vorschrift des ermächtigenden Gesetzes die Zustimmungsbedürftigkeit
ausgelöst hat (Meyer 149; Ossenbühl, AöR 1974, 400ff; **a.A.** BVerfGE 24,
194/196ff; BVerwGE 70, 77/80; Ramsauer AK 81; Nierhaus BK 614ff;
Bryde MüK 31). – **(3)** Rechtsverordnungen auf Grund von Bundesgesetzen,
die von den Ländern im Auftrag des Bundes oder als eigene Angelegenheit
ausgeführt werden (vgl. Art.83–85); hier besteht eine Parallele zur Zustimmungsbedürftigkeit der Verwaltungsvorschriften in diesem Bereich (krit.
Ramsauer AK 82; Bryde MüK 26). Diese Gruppe wird nach der Einschränkung der Zustimmungsbedürftigkeit durch die Verfassungsänderung von
2006 (Einl.3 Nr.52) zu Art.84 Abs.1 (Rn.1 zu Art.84) größere praktische
Bedeutung erlangen.

18   **Umfang.** Die Zustimmungsbedürftigkeit gilt nur unter zwei Einschränkungen: Es muss sich um Rechtsverordnungen der Bundesregierung oder
eines Bundesministers handeln, auch wenn diese Einschränkung sprachlich
nur auf die erste Gruppe bezogen ist (Bryde MüK 29). Außerdem steht die
Zustimmungsbedürftigkeit unter dem Vorbehalt anderweitiger gesetzlicher
Regelung, die die Zustimmungsbedürftigkeit einschränken (vgl. BVerfGE
106, 1/25) oder ausdehnen kann; die Ausdehnung auf von Landesregierungen erlassene Rechtsverordnungen ist allerdings unzulässig (Ramsauer AK
83). Ein Gesetz, das die Zustimmungsbedürftigkeit gem. Abs.2 beseitigt, bedarf nach dem eindeutigen Wortlaut nicht der Zustimmung des Bundesrats
(BVerwGE 28, 36/39ff; Mann SA 38; Antoni, AöR 1989, 235; **a.A.** BVerf
GE 28, 66/76f; Bauer DR 56; Brenner MKS 96; Bryde MüK 28), die allerdings unter den Voraussetzungen des Art.84 Abs.1 S.5 (Rn.11 zu Art.84)
ausgeschlossen werden kann (vgl. Rundschreiben BMI/BMJ, BR–Drs.651/
06, 15). Keiner Zustimmung bedarf ein Gesetz allein deshalb, weil es eine
zustimmungsbedürftige Rechtsverordnung ändert (BVerfGE 114, 196/230ff,
240; krit. Möllers, Jura 07, 932/937) oder aufhebt (Brenner MKS 95; vgl.
auch Rn.5 zu Art.77). Die Zustimmungsbedürftigkeit erfasst auch den Erlass
von Rechtsverordnungen auf Grund einer Weiterübertragung der Ermächtigung (unten Rn.19; Bryde MüK 29).

18a   **Verfahrensrecht.** Gem. dem 1994 eingefügten (Einl.3 Nr.42) Abs.3 besitzt der Bundesrat ein Initiativrecht für zustimmungsbedürftige Rechtsverordnungen (vgl. Jekewitz, ZG 2000, 344). Auch wenn die Vorlage unverändert verabschiedet wird, muss ihr der Bundesrat zustimmen. Aus Abs.3 wird
auch die Zulässigkeit der Zustimmung unter (Änderungs-)Bedingungen gefolgert (sog. Maßgabebeschlüsse; Brenner MKS 97ff; Rubel UC 51). Weitere Verfahrensanforderungen betreffen den Erlass und die Verkündung von
Rechtsverordnungen (Rn.8 zu Art.82).

3. Weiterübertragung der Ermächtigung (Abs.1 S.4)

19   Eine Weiterübertragung der Ermächtigung (sog. Subdelegation) ist zulässig, sofern sie durch Gesetz zugelassen ist und durch Rechtsverordnung
erfolgt. Das zulassende Gesetz muss nicht das Ermächtigungsgesetz sein

(BVerwG, DÖV 70, 135). Der Kreis der Adressaten der Weiterübertragung muss nicht bereits im Gesetz bestimmt werden (Brenner MKS 59; Ramsauer AK 45). Durch die Weiterübertragung können andere als die in Abs.1 S.1 genannten Organe Rechtsverordnungen erlassen (vgl. auch BVerfGE 38, 139/147 f). Die Weiterübertragung ist wie die Ermächtigung (oben Rn.14) zuschiebend, nicht abschiebend (Ossenbühl HbStR^3 V § 103 Rn.37). Eine Weiterübertragung an Private (Beliehene) ist unzulässig (Nierhaus BK 261; Ossenbühl HbStR^3 V § 103 Rn.36; Stern ST II 669). Das Zitiergebot (oben Rn.16) gilt mit der Maßgabe, dass die auf der Subdelegation beruhende Rechtsverordnung nur die Rechtsverordnung zitieren muss, mit der die Ermächtigung weiterübertragen wurde (BGH, MDR 77, 475; a.A. Schwarz, o. Lit., 158 ff).

IV. Rechtsfolgen

Wirksamkeit. Ein die Rechtmäßigkeitsvoraussetzungen nicht erfüllendes **20** *Gesetz* (oben Rn.6–13) ist nichtig. Eine die Voraussetzungen erfüllende *Rechtsverordnung* (oben Rn.14–19) ist wirksam. Eine wirksame Rechtsverordnung hat Außenwirkung und bindet jedermann (BVerfGE 18, 52/59; 19, 17/29). Eine die Voraussetzungen nicht erfüllende Rechtsverordnung ist nichtig; insb. darf die Rechtsverordnung nicht über die Grenzen der Ermächtigung hinausgehen (BVerfGE 42, 374/387 f; 58, 68/79; 101, 1/37 ff; BVerwGE 115, 125/137 f). Das gilt auch für die Verletzung des Zitiergebots (BVerfGE 101, 1/43; BVerwG, NJW 71, 1626; BFHE 173, 519/526; BGH, MDR 77, 474) und einer gesetzlichen Pflicht zur Anhörung (BVerfGE 10, 221/227; a.A. BVerwG, DÖV 70, 135), sofern sie Bestandteil der Ermächtigung ist und nicht nur der Vorbereitung der Rechtsetzung dient (BVerwGE 59, 48/51 ff). Dagegen soll ein nicht evidenter Verfahrensfehler beim Erlass der Rechtsverordnung (oben Rn.14) lediglich zur ex nunc-Nichtigkeit führen (BVerfGE 91, 148/175 f). Die Grundsätze über einen ausnahmsweisen Verzicht auf eine Ermächtigung für eine Übergangszeit (Rn.56 zu Art.20) werden auch hier angewandt (BVerfGE 79, 245/250 f; BFHE 173, 519/528). Eine mangels ausreichender gesetzlicher Ermächtigung nichtige Rechtsverordnung wird nicht dadurch geheilt, dass die gesetzliche Ermächtigung geschaffen wird (BGH, MDR 79, 825; vgl. auch BVerwGE 84, 140/149). Auch die Zustimmung durch das Parlament (oben Rn.9) kann eine nichtige Rechtsverordnung nicht heilen (BVerfGE 2, 237/255 ff; 22, 330/346; 24, 184/199).

Die auf Grund Art.80 ergehenden Rechtsverordnungen sind entweder **21** **Bundesrecht oder Landesrecht.** Das richtet sich danach, ob sie von einem Bundesorgan oder einem Landesorgan (oben Rn.7 f) erlassen worden sind (BVerfGE 18, 407/414 ff; Ramsauer AK 75; Bryde MüK 15; Stern ST II 668).

Die Ermächtigung begründet im Rahmen des Verordnungsermessens **22** (Brenner MKS 70 f; Rubel UC 34) grundsätzlich **keine Pflicht** der Ermächtigungsadressaten zum Tätigwerden, es sei denn, das ermächtigende Gesetz statuiert eine entsprechende Pflicht, die gesetzliche Regelung kann ohne die Rechtsverordnung nicht praktiziert werden oder das Untätigbleiben des Verordnungsgebers würde einen Verstoß gegen Verfassungsrecht, insb. Art.3 Abs.1 GG oder eine grundrechtliche Schutzpflicht, darstellen (BVerfGE 13, 248/254; 16, 332/338; vgl. auch BayVerfGHE 42, 188/193). Entsprechendes gilt für die Aufhebung der Rechtsverordnung (vgl. Ossenbühl HbStR[3] V § 103 Rn.51).

Art.80a [Spannungs- und Zustimmungsfall; Bündnisklausel]

(1) **Ist in diesem Grundgesetz oder in einem Bundesgesetz über die Verteidigung einschließlich des Schutzes der Zivilbevölkerung bestimmt, daß Rechtsvorschriften nur nach Maßgabe dieses Artikels angewandt werden dürfen, so ist die Anwendung außer im Verteidigungsfalle nur zulässig, wenn der Bundestag den Eintritt des Spannungsfalles festgestellt oder wenn er der Anwendung besonders zugestimmt hat.[1ff] Die Feststellung des Spannungsfalles und die besondere Zustimmung in den Fällen des Artikels 12a Abs.5 Satz 1 und Abs.6 Satz 2 bedürfen einer Mehrheit von zwei Dritteln der abgegebenen Stimmen.[1,3]**

(2) **Maßnahmen auf Grund von Rechtsvorschriften nach Absatz 1 sind aufzuheben, wenn der Bundestag es verlangt.[2]**

(3) **Abweichend von Absatz 1 ist die Anwendung solcher Rechtsvorschriften auch auf der Grundlage und nach Maßgabe eines Beschlusses zulässig, der von einem internationalen Organ im Rahmen eines Bündnisvertrages mit Zustimmung der Bundesregierung gefaßt wird.[5f] Maßnahmen nach diesem Absatz sind aufzuheben, wenn der Bundestag es mit der Mehrheit seiner Mitglieder verlangt.[5]**

Literatur: *Vitzthum,* Der Spannungs- und der Verteidigungsfall, HbStR VII, 1993, § 170; *Riedel,* Entscheidungskompetenz des Bundestages bei der Feststellung des Bündnisfalls, DÖV 1991, 305. – S. auch Literatur zu Art.87a und zu Art.115a.

1. Spannungs- und Zustimmungsfall (Abs.1, 2)

1   **a) Erklärung und Aufhebung des Spannungsfalls.** Abs.1 der 1968 (Einl.3 Nr.17) eingefügten Vorschrift sieht als Vorstufe des Verteidigungsfalls (dazu Rn.1f zu Art.115a) die Erklärung des „**Spannungsfalls**" vor, womit bestimmte Vorschriften anwendbar werden (unten Rn.4). Sie enthält keine direkte Aussage dazu, wann der Spannungsfall festgestellt werden kann. Aus dem Zusammenhang mit dem Verteidigungsfall ergibt sich jedoch, dass eine erhöhte zwischenstaatliche Konfliktsituation notwendig ist, die mit großer Wahrscheinlichkeit zu einem bewaffneten Angriff (von außen) auf das Bundesgebiet führt (Vitzthum HbStR VII § 170 Rn.7; Brenner MKS 6; großzügiger Heun DR 5); vgl. dazu Rn.3 zu Art.115a. Es geht um die Vorstufe des Verteidigungsfalls, nicht um die Zeit danach (Herzog MD 16; a.A. Hernekamp MüK 2). Nicht erfasst werden Situationen des inneren Notstands (Schmidt-Radefeldt EH 2; Lücke/Mann SA 1). Zudem müssen nach dem Grundsatz der Verhältnismäßigkeit die Ausrufung des Spannungsfalls und die dadurch ermöglichten Maßnahmen notwendig sein, um einen eventuellen

Verteidigungsfall vorzubereiten. Dem Bundestag kommt dabei eine Einschätzungsprärogative zu (Brenner MKS 17). Der Spannungsfall ist gem.
Abs.1 S.2 vom Bundestag mit einer relativen $^2/_3$-Mehrheit festzustellen (vgl.
dazu Rn.4 zu Art.42). Für die Verkündung gilt Art.115a Abs.3 iVm Art.82
Abs.1 entsprechend (Lücke/Mann SA 2; Brenner MKS 21); für eine Anwendung von Art.115a Abs.3 S.2 dürfte regelmäßig kein Bedürfnis bestehen
(Rubel UC 17).

   Der Bundestag hat während der Laufzeit des Spannungsfalls nach Abs.2 das   **2**
Recht, (mit einfacher Mehrheit) die **Aufhebung** oder (als Minus) die Aussetzung von Rechtsverordnungen oder Einzelakten zu verlangen, die auf die
entsperrten Vorschriften (unten Rn.4) gestützt wurden (Vitzthum HbStR VII
§ 170 Rn.23; Rubel UC 13; Lücke/Mann SA 4). Darüber hinaus kann er den
Spannungsfall jederzeit (mit einfacher Mehrheit) aufheben (Vitzthum HbStR
VII § 170 Rn.23). Die bereits auf Grund von Abs.1 ergriffenen Maßnahmen
sind dann unverzüglich aufzuheben (Brenner MKS 34).

   b) Zustimmungsfall. Ohne den Spannungsfall auszurufen, können   **3**
durch einen (vorherigen) Zustimmungsbeschluss des Bundestags *einzelne,* auf
den Spannungsfall bezogene Vorschriften (Lücke/Mann SA 3) entsperrt
werden (Schmidt-Radefeldt EH 6). Die Ausführungen für die Erklärung
und Aufhebung des Spannungsfalles (oben Rn.1 f) gelten insoweit ganz entsprechend. Die sachlichen Anforderungen an die Angriffsgefahr sind jedoch
geringer (Vitzthum HbStR VII § 170 Rn.25 a.E.; Brenner MKS 23). Zudem ist eine (relative) $^2/_3$-Mehrheit nach Abs.1 S.2 nur erforderlich, wenn es
um Verpflichtungen iSd Art.12a Abs.3 oder des Art.12a Abs.6 S.1 geht.

   c) Wirkungen des Spannungs- und des Zustimmungsfalls. Die   **4**
(wirksame) Erklärung des **Spannungsfalls** führt zunächst dazu, dass bestimmte *Normen des GG* anwendbar, also *entsperrt* werden. Es geht gem.
Art.12a Abs.5 S.1 um die Verpflichtung zu verteidigungsbezogenen Dienstleistungen (dazu Rn.9–13 zu Art.12a) und gem. Art.12a Abs.6 S.2 um die
Bindung an Berufe und Arbeitsplätze (dazu Rn.16 zu Art.12a). Des Weiteren wird der *Aufgabenbereich der Streitkräfte* gem. Art.87a Abs.3 ausgeweitet
(dazu Rn.12 zu Art.87a). Auf *einfachgesetzlicher Ebene* lässt die Ausrufung des
Spannungsfalles alle Gesetze über die Verteidigung (einschl. Zivilschutz)
wirksam werden, die kraft ausdrücklicher Regelung im jeweiligen Gesetz
nach Maßgabe des Art.80a anzuwenden sind, etwa § 3 Arbeits-, § 2 Ernäh-
rungs-, § 2 Verkehrs- und § 2 WirtschaftssicherstellungsG. Die Regelungen
zur Verteidigung können auch in allgemeinen Gesetzen enthalten sein (Hernekamp MüK 4; Brenner MKS 12), wie etwa in § 95 VwVfG. Zudem werden untergesetzliche Rechtsvorschriften erfasst, die auf Gesetze zur Verteidigung iSd Art.80a gestützt wurden (Heun DR 7), sofern es um Bundesrecht
geht (Brenner MKS 13). Für den **Zustimmungsfall** (oben Rn.3) gilt das
Gleiche, allerdings beschränkt auf jene Maßnahmen, auf die sich die Zustimmung des Bundestages bezieht (Lücke/Mann SA 3). Zudem muss die entsprechende Vorschrift auch auf den Zustimmungsfall verweisen, was etwa bei
Art.87a Abs.3 nicht der Fall ist. Art.80a schließt Notstandsgesetze nicht aus,
deren Anwendung ausschließlich von einer entsprechenden Entscheidung
der Bundesregierung abhängt (Heun DR 9; Hernekamp MüK 10).

2. Bündnisfall (Abs.3)

5 Ein Teil der mit der Ausrufung des Spannungsfalls erzielten Entsperrungswirkung kann auch unter den (innerstaatlich) geringeren Voraussetzungen des Abs.3 eintreten. Man spricht dann vom **„Bündnisfall"** (Vitzthum HbStR VII § 170 Rn.26; Brenner MKS 35; Hernekamp MüK 21), ein Begriff, der allerdings auch auf den Streitkräfteeinsatz bezogen wird, den Abs.3 nicht erfasst (unten Rn.6). Abs.3 kommt zum Tragen, soweit Deutschland Mitglied in einer militärischen Bündnisorganisation ist, die eine Pflicht zur wechselseitigen Verteidigung vorsieht. Letzteres ergibt sich aus dem Zusammenhang mit dem Verteidigungsfall. Ein solches Bündnis ist die Nato (Brenner MKS 40; Rubel UC 26). Der Bündnisfall setzt zunächst einen auf Maßnahmen iSd Abs.3 gerichteten Beschluss oder eine Empfehlung des mit der Leitungsfunktion ausgestatteten Gesamtorgans des Bündnisses (Brenner MKS 39) voraus, im Falle der Nato also des Minister-Rats oder des Ausschusses für Verteidigungsplanung (Heun DR 12). Weiter ist die Zustimmung der Bundesregierung (als Kollegium) notwendig, nicht nur die des deutschen Vertreters in den Nato-Gremien (Heun DR 12; Schmidt-Radefeldt EH 11; Brenner MKS 41). Aus Gründen der Rechtsklarheit ist eine öffentliche Bekanntmachung des Beschlusses notwendig (Vitzthum HbStR VII § 170 Rn.28), damit die Wirkungen des Bündnisfalles ausgelöst werden. Die Bundesregierung kann ihre Zustimmung widerrufen (Rubel UC 28). Der Bundestag kann nach Abs.3 S.2 die Aufhebung der möglichen Maßnahmen mit der Mehrheit seiner Mitglieder (dazu Rn.1 zu Art.121) verlangen.

6 Die Bündnisklausel des Abs.3 betrifft nur die „zivile Teilmobilmachung, nicht den Streitkräfteeinsatz im Bündnisfall" (BVerfGE 90, 286/386; Brenner MKS 45). Darüber hinaus lässt Abs.3 allein die **einfachgesetzlichen Normen** wirksam werden, die nach Maßgabe des Art.80a anzuwenden sind (oben Rn.4). Die entsprechenden Vorschriften des GG werden dagegen nicht aktiviert (Rubel UC 27): Art.12a Abs.3 und Art.12a Abs.6 S.1 kommen nicht zum Tragen, weil die Anwendungsnormen des Art.12a Abs.5 S.1 bzw. des Art.12a Abs.6 S.2 auf Art.80a Abs.1 und nicht auf Art.80a Abs.3 verweisen (Brenner MKS 45). Art.87a Abs.3 ist nicht anwendbar, weil die Norm ausdrücklich den Spannungsfall nennt (Heun DR 13). Ein Streitkräfteeinsatz allein auf der Grundlage des Art.80a Abs.3 ist unzulässig (BVerfGE 90, 286/386; Lücke/Mann SA 6; Rubel UC 27). Schließlich kann Abs.3 auch einfachgesetzliche Normen, die nach Maßgabe des Art.80a anzuwenden sind, nicht aktivieren, soweit sie die genannten verfassungsrechtlichen Ermächtigungen nutzen. Sollen diese Normen aktiviert werden, muss zusätzlich der Spannungsfall in dem dafür vorgesehenen Verfahren erklärt werden.

Art.81 [Gesetzgebungsnotstand]

(1) **Wird im Falle des Artikels 68 der Bundestag nicht aufgelöst, so kann der Bundespräsident auf Antrag der Bundesregierung mit Zustimmung des Bundesrates für eine Gesetzesvorlage den Gesetzgebungs-**

notstand erklären, wenn der Bundestag sie ablehnt, obwohl die Bundesregierung sie als dringlich bezeichnet hat[2]. Das gleiche gilt, wenn eine
Gesetzesvorlage abgelehnt worden ist, obwohl der Bundeskanzler mit ihr
den Antrag des Artikels 68 verbunden hatte[3].

(2) Lehnt der Bundestag die Gesetzesvorlage nach Erklärung des Ge-
setzgebungsnotstandes erneut ab oder nimmt er sie in einer für die
Bundesregierung als unannehmbar bezeichneten Fassung an, so gilt das
Gesetz als zustande gekommen, soweit der Bundesrat ihm zustimmt.
Das gleiche gilt, wenn die Vorlage vom Bundestage nicht innerhalb von
vier Wochen nach der erneuten Einbringung verabschiedet wird[4].

(3) Während der Amtszeit eines Bundeskanzlers kann auch jede andere vom Bundestage abgelehnte Gesetzesvorlage innerhalb einer Frist
von sechs Monaten nach der ersten Erklärung des Gesetzgebungsnotstandes gemäß Absatz 1 und 2 verabschiedet werden[5]. Nach Ablauf
der Frist ist während der Amtszeit des gleichen Bundeskanzlers eine
weitere Erklärung des Gesetzgebungsnotstandes unzulässig[6].

(4) Das Grundgesetz darf durch ein Gesetz, das nach Absatz 2 zustande kommt, weder geändert, noch ganz oder teilweise außer Kraft
oder außer Anwendung gesetzt werden[6].

Literatur: *E. Klein,* Funktionsstörungen in der Staatsorganisation, HbStR VII,
1992, § 168.

1. Bedeutung

Die Vorschrift soll einer Funktionsstörung des Bundestags durch ein au- **1**
ßerordentliches Gesetzgebungsverfahren (Guckelberger FH 18) begegnen.
Sie ermöglicht der Bundesregierung, unter bestimmten Voraussetzungen im
Zusammenwirken mit dem Bundespräsidenten und dem Bundesrat Gesetze
auch ohne Beschluss des Bundestags in Kraft zu setzen, und stellt damit eine
Durchbrechung des Gewaltenteilungsprinzips (Rn.23–27 zu Art.20) dar
(Brenner MKS 6). Derartige Gesetze sind voll gültig (vgl. Rn.1 zu Art.76);
sie unterscheiden sich weder in Geltungskraft noch in Geltungsdauer von
den im Verfahren nach Art.76ff zustande gekommenen Gesetzen (Ramsauer
AK 12; Klein BK 68; Herzog MD 13; Stern ST II 1382) und unterliegen
insb. der konkreten Normenkontrolle (Rn.7 zu Art.100; Guckelberger FH
44; Sannwald SHH 4). Die Gesetzgebungskompetenz des Bundestags wird
nach Maßgabe des Art.81 durchbrochen (Brenner MKS 15; Ramsauer AK
12; Klein BK 70), er verliert aber nicht seine sonstigen Kompetenzen, z. B.
für Wahlakte, Maßnahmen der parlamentarischen Selbstorganisation und ge-
setzesunabhängige Beschlüsse (Klein HbStR VII 376f). Das danach zustandegekommene Gesetz darf der Bundestag grundsätzlich solange nicht wieder
aufheben, als die Voraussetzungen der Erklärung des Gesetzgebungsnotstands
vorliegen, außer die Bundesregierung stimmt zu (Stettner DR 17; Bryde
MüK 8; Klein BK 70; a.A. Stern ST II 1382f: nur mit Zustimmung des
Bundesrats).

2. Voraussetzungen für die Erklärung des Gesetzgebungsnotstands (Abs.1)

2   **Verneinung der Vertrauensfrage** (S.1). Es müssen folgende *Vorausset-zungen* vorliegen: – **(1)** Die Vertrauensfrage ist verneint worden (Rn.2 zu Art.68). – **(2)** Der Bundeskanzler ist weiter im Amt, d.h. weder ist er zurückgetreten noch ist gem. Art.67 oder 68 Abs.1 S.2 ein neuer Bundeskanzler gewählt worden (Ramsauer AK 11; Klein BK 20; Bryde MüK 3). – **(3)** Der Bundestag ist vom Bundespräsidenten nicht aufgelöst worden (Rn.3 zu Art.68). – **(4)** Der Bundestag hat eine Gesetzesvorlage beliebiger Herkunft (Guckelberger FH 22; Sannwald SHH 14), die die Bundesregierung als dringlich bezeichnet hat, abgelehnt; der Ablehnung steht gleich, wenn die Vorlage in einer Fassung angenommen wird, die die Bundesregierung als unannehmbar bezeichnet hat (arg. Abs.2 S.1), wenn sich der Bundestag nicht alsbald mit der Vorlage befasst (vgl. § 99 Abs.1 GeschOBT) oder wenn mehrfach wegen Beschlussunfähigkeit ergebnislos abgestimmt worden ist (vgl. § 99 Abs.2 GeschOBT). – **(5)** Die Bundesregierung (vgl. Art.62) hat alsbald (Brenner MKS 34) mit Zustimmung des Bundesrats beim Bundespräsidenten einen Antrag auf Erklärung des Gesetzgebungsnotstands für eine oder mehrere (Guckelberger FH 32) Gesetzesvorlagen gestellt. Der Bundespräsident hat dann die in seinem Ermessen liegende *Kompetenz,* für diese Gesetzesvorlage den Gesetzgebungsnotstand zu erklären. Die Erklärung bedarf der Gegenzeichnung durch den Bundeskanzler oder durch den zuständigen Bundesminister (Rn.4 zu Art.58; Ramsauer AK 24; Stern ST II 1379; a.A. – Gegenzeichnung durch Bundeskanzler erforderlich – Klein BK 44; Herzog MD 48; Brenner MKS 39), nicht hingegen der Verkündung im BGBl (Guckelberger FH 37; Rubel UC 18; a.A. Brenner MKS 39).

3   **Verbindung von Vertrauensfrage und Gesetzesvorlage** (S.2). Es müssen folgende *Voraussetzungen* vorliegen: – **(1)** Der Bundeskanzler hat eine Vertrauensfrage (Rn.1 zu Art.68) mit einer Gesetzesvorlage verbunden. Verbinden bedeutet gemeinsame Beratung, nicht zwingend gemeinsame Abstimmung, über die der Bundestag autonom (Rn.8 zu Art.40) entscheidet (Schönberger, JZ 02, 211; a.A. Brenner MKS 28; Guckelberger FH 30; Klein BK 107). – **(2)** Der Bundeskanzler ist weiter im Amt (oben Rn.2). – **(3)** Der Bundestag ist vom Bundespräsidenten nicht aufgelöst worden (Rn.3 zu Art.68). – **(4)** Der Bundestag hat die verbundene Gesetzesvorlage abgelehnt; die hM verlangt zugleich die Ablehnung der Vertrauensfrage (Brenner MKS 29f; Sannwald SHH 19). – **(5)** Die Bundesregierung (vgl. Art.62) hat mit Zustimmung des Bundesrats beim Bundespräsidenten einen Antrag auf Erklärung des Gesetzgebungsnotstands gestellt. Der Bundespräsident hat dann die *Kompetenz* nach S.1 (oben Rn.2).

3. Gesetzgebungsverfahren im Gesetzgebungsnotstand (Abs.2, 3)

4   **Erste Gesetzesvorlage.** Nach der wirksamen Erklärung des Gesetzgebungsnotstands gilt ein Gesetz unter folgenden Voraussetzungen als zustande gekommen (vgl. Art.78): – **(1)** Die Bundesregierung hat die Gesetzesvorlage erneut in den Bundestag eingebracht (Ramsauer AK 25; Klein BK 53; a.A. Guckelberger FH 39; Herzog MD 55, wonach auch die anderen Initiativberechtigten, vgl. Rn.2 zu Art.76, einbringen dürfen); die Vorlage muss inhaltlich unverändert sein (Ramsauer AK 26; Klein BK 54; Herzog MD 56). – **(2)** Der Bundestag hat die Vorlage erneut abgelehnt oder nur in einer Fassung angenommen, die die Bundesregierung als unannehmbar bezeichnet hat, oder innerhalb von 4 Wochen nach der erneuten Einbringung nicht verabschiedet. – **(3)** Der Bundesrat hat der Gesetzesvorlage zugestimmt; eine eingeschränkte oder modifizierende Zustimmung ist unzulässig (Ramsauer AK 28; Klein BK 64; Stern ST II 1381; a.A. Herzog MD 69). Verhandlungen zwischen Bundestag und Bundesregierung und zwischen Bundesregierung und Bundesrat sind nicht ausgeschlossen (Bryde MüK 6; Klein BK 55; Stern ST II 1381f). Zur Ausfertigung Rn.2 zu Art.82; zur Gegenzeichnung Rn.4 zu Art.82; zur Verkündung Rn.5f zu Art.82.

Weitere Gesetzesvorlagen. Das Zustandekommen von Gesetzen ohne **5** Beschluss des Bundestags ist nach der ersten Erklärung des Gesetzgebungsnotstands unter geringeren Anforderungen möglich (Abs.3 S.1). Von den Voraussetzungen nach Abs.1, 2 (oben Rn.2–4) soll es nach hM jedenfalls der Stellung der Vertrauensfrage, ggf. in Verbindung mit einer Gesetzesvorlage (Ramsauer AK 31; Klein BK 82), teilw. darüber hinaus auch der Erklärung der Dringlichkeit der Gesetzesvorlage (Bryde MüK 9; Brenner MKS 47; Stern ST II 1384) nicht bedürfen. Stets bedarf es dagegen der Mitwirkung des Bundespräsidenten (Guckelberger FH 47).

4. Grenzen des Gesetzgebungsnotstands (Abs.3, 4)

Zeitliche Grenzen sind: – **(1)** Die 6-Monatsfrist des Abs.3 S.1 beginnt mit **6** der ersten Erklärung des Gesetzgebungsnotstands; sie endet mit der „Verabschiedung", d.h. der letzte Akt, die Zustimmung des Bundesrats, muss innerhalb der 6-Monatsfrist erfolgen (Guckelberger FH 48). – **(2)** Der Gesetzgebungsnotstand darf gem. Abs.3 S.2 nach Ablauf der 6-Monatsfrist in der Amtszeit desselben Bundeskanzlers kein weiteres Mal erklärt werden; eine neue Amtszeit ist gegeben, wenn derselbe Bundeskanzler von einem neuen Bundestag gewählt wird oder zwischenzeitlich ein anderer Bundeskanzler amtiert hat (Klein BK 92; Stern ST II 1387f). *Inhaltliche* Grenze ist ausschließlich (Ramsauer AK 30; Klein BK 76; Stern ST II 1385f) das Verbot jeder Verfassungsänderung (Rn.2 zu Art.79) gem. Abs.4.

Art.**82** [Ausfertigung, Gegenzeichnung, Verkündung und Inkrafttreten von Bundesrecht]

(1) Die nach den Vorschriften dieses Grundgesetzes zustande gekommenen[3] Gesetze werden vom Bundespräsidenten nach Gegenzeichnung[4] ausgefertigt[2] und im Bundesgesetzblatte verkündet[5 ff]. Rechtsverordnungen werden von der Stelle, die sie erläßt, ausgefertigt und vorbehaltlich anderweitiger gesetzlicher Regelung im Bundesgesetzblatte verkündet[8].

(2) Jedes Gesetz und jede Rechtsverordnung soll den Tag des Inkrafttretens bestimmen[10]. Fehlt eine solche Bestimmung, so treten sie mit dem vierzehnten Tage nach Ablauf des Tages in Kraft, an dem das Bundesgesetzblatt ausgegeben worden ist[9ff].

Literatur: *Schoch,* Die Prüfungskompetenz des Bundespräsidenten im Gesetzgebungsverfahren, Jura 2007, 354; *Rau,* Vom Gesetzesprüfungsrecht des Bundespräsidenten, DVBl 2004, 1; *Hederich,* Zur Kompetenz des Bundespräsidenten, die Gesetzesausfertigung zu verweigern, ZG 1999, 123; *Nierhaus,* Nochmals: Das Prüfungsrecht des Bundespräsidenten bei der Ausfertigung von Bundesgesetzen, FS Friauf, 1996, 233; *Gröpl,* Ausfertigung, Verkündung und Inkrafttreten von Bundesgesetzen nach Art.82 GG, Jura 1995, 641; *Schnapp,* Ist der Bundespräsident verpflichtet, verfassungsmäßige Gesetze auszufertigen?, JuS 1995, 286; *Wittling,* Die Publikation von Rechtsnormen einschließlich der Verwaltungsvorschriften, 1991. – S. auch Literatur zu Art.54 und Art.76.

1. Bedeutung und Verhältnis zu anderen Regelungen

1   Die Vorschrift regelt in Abs.1 v.a. die letzten Verfahrensakte der Bundesgesetzgebung (Rn.1 zu Art.76), die „integrierender Bestandteil des Rechtsetzungsaktes selbst" sind (BVerfGE 7, 330/337; 42, 263/283; BGHZ 76, 387/390), bei denen aber nicht mehr auf den Inhalt des Gesetzes eingewirkt werden kann (Guckelberger FH 17). Ohne sie wird ein Gesetz nicht wirksam (rechtsverbindlich). Abs.1 gilt nicht für landesrechtliche Normsetzungsverfahren (BVerwGE 88, 204/208; BGHZ 126, 16/19). Abs.2 betrifft demgegenüber nicht mehr das Gesetzgebungsverfahren (unten Rn.9). Art.82 gilt nicht für die Allgemeinverbindlicherklärung von Tarifverträgen (BVerfGE 44, 322/350; BAGE 27, 78/91 f) oder für die Veröffentlichung von Verwaltungsvorschriften (BVerwGE 38, 139/146). Das Inkrafttreten von Abweichungsgesetzen ist speziell geregelt (Rn.31 zu Art.72). Zum Erfordernis der Veröffentlichung von Rechtsnormen allgemein Rn.66 zu Art.20.

2. Kompetenzen des Bundespräsidenten (Abs.1 S.1)

2   **Ausfertigung von Gesetzen** bedeutet, dass der Bundespräsident die Urschrift des Gesetzes herstellt, indem er die Gesetzesurkunde mit seinem vollen Namen unterzeichnet (Ramsauer AK 11; Maurer BK 19; Stern ST II 631) und datiert (Brenner MKS 19; Bryde MüK 9; Ramsauer AK 13). Voraussetzung für die Ausfertigung ist, dass die dem Bundespräsidenten vorliegende Gesetzesurkunde mit dem von Bundestag und gegebenenfalls Bundesrat beschlossenen Gesetzestext übereinstimmt. Der Grundsatz der Unverrückbarkeit des parlamentarischen Votums (Rn.3 zu Art.77) gilt erst recht für zustandegekommene Gesetze (BVerfGE 55, 274/327); lediglich Druckfehler und andere offenbare Unrichtigkeiten dürfen berichtigt werden (BVerfGE 48, 1/18 f; näher Maurer BK 115 f), nicht aber Fehler bei der Willensbildung (Guckelberger FH 26). Die offenbare Unrichtigkeit kann sich nicht allein aus dem Normtext, sondern insb. auch unter Berücksichtigung des Sinnzusammenhangs und der Materialien des Gesetzes ergeben (BVerfGE 105, 313/335). Soweit die Voraussetzungen vorliegen, ist der Bundespräsident vorbehaltlich seiner Verwerfungskompetenz (unten Rn.3) zur Ausfertigung in angemessener Zeit verpflichtet (Maurer BK 71; Bryde MüK 9; Stern ST II 632; weitergehend Guckelberger FH 25: „unverzüglich"). Mit der Ausfertigung werden die zuständigen Organe (unten Rn.5) zur Verkündung ermächtigt.

3   Die **Überprüfung der Verfassungsmäßigkeit von Gesetzen** betrifft die Frage der Verwerfungskompetenz (dazu Epping, JZ 91, 1102; Lehngut,

DÖV 92, 439). Sie ist unstreitig gegeben, soweit der Bundespräsident meint, Gesetze seien nicht „nach den Vorschriften dieses GG zustande gekommen" (Abs.1 S.1). Zu diesem sog. *formellen* Prüfungsrecht wird üblicherweise auch die Frage der Einhaltung der Kompetenzvorschriften gezählt (Bryde MüK 3; einschr. Guckelberger FH 46 f; Rubel UC 19). Das sog. *materielle* Prüfungsrecht, d. h. die Kompetenz zur Verwerfung eines Gesetzes auch wegen Verstößen gegen materielles Verfassungsrecht, nicht auch EU-Recht (Guckelberger FH 33; a. A. Sannwald SHH 17), ist nur für Fälle schwerer und offensichtlicher materieller Verfassungsverstöße anzuerkennen (vgl. Maurer BK 50; Bauer DR 13; Bryde MüK 6 ff; Ramsauer AK 17a; dagegen für ein umfassendes materielles Prüfungsrecht Nettesheim HbStR³ III § 62 Rn.39; Nierhaus SA 5 ff; Ipsen I 496 ff; Stern ST II 230 ff); denn einerseits ist zur Überprüfung der Verfassungsmäßigkeit von Gesetzen in erster Linie das BVerfG zuständig, und andererseits darf das Staatsoberhaupt nicht zu klaren Verfassungsverstößen gezwungen sein (Brenner MKS 25). Die Rspr. neigt der Annahme einer Verwerfungskompetenz zu (vgl. BVerfGE 1, 396/413 f; 2, 143/169; 34, 9/22 f).

3. Kompetenzen anderer Exekutivorgane

a) Die **Gegenzeichnung von Gesetzen (Abs.1 S.1)** richtet sich nach   4 Art.58. Die Kompetenz der Gegenzeichnung ist im Übrigen in ihren Voraussetzungen und in ihrem Umfang der Kompetenz der Ausfertigung (oben Rn.2) parallel (Ramsauer AK 23 f; Maurer BK 60 ff; Bryde MüK 10). Soweit die Voraussetzungen vorliegen, besteht eine Pflicht zur Gegenzeichnung in angemessener Zeit (vgl. oben Rn.2). Die Ausfertigung darf erst nach der Gegenzeichnung erfolgen (Maurer BK 58). Gegenzeichnung und Ausfertigung sind unabhängig voneinander auszuführen (Sannwald SHH 9).

b) **Verkündung von Gesetzen (Abs.1 S.1)** bedeutet die amtliche Be-   5 kanntgabe des Gesetzeswortlauts in dem dafür vorgeschriebenen amtlichen Blatt (BVerwG, VwRspr. Bd.17 Nr.30; vgl. auch BVerfGE 65, 283/291). Eine Verkündung vor Gegenzeichnung oder Ausfertigung ist unwirksam; eine Heilung durch nachträgliche Gegenzeichnung oder Ausfertigung ist nicht möglich (MaK IV 3e). Mit der Verkündung ist das Gesetz rechtlich existent (BVerfGE 62, 343/353), aber noch nicht wirksam (unten Rn.9). Der technische Vollzug der Verkündung liegt in der Kompetenz der Bundesregierung (Maurer BK 95; Bauer DR 17; Bryde MüK 11; a. A. Guckelberger FH 69; Nierhaus SA 24; Ramsauer AK 25). Dieser ist zur Verkündung innerhalb angemessener Frist verpflichtet (Bryde MüK 12; Stern ST II 634). Die Verkündung verlangt den Abdruck des vollständigen Gesetzestextes im BGBl; eine Ausnahme wird für die Einzelpläne des Haushaltsplans (Rn.13 zu Art.110) und für sonstige umfangreiche Anlagen (BFHE 171, 84/90) zugelassen. Bei mehrseitigen völkerrechtlichen Verträgen müssen nicht sämtliche Sprachfassungen abgedruckt werden (Guckelberger FH 71). Bei Verlängerungsgesetzen braucht das befristete Gesetz nicht neu verkündet zu werden, wenn für die Betroffenen klar erkennbar ist, welche Vorschriften weitergelten (BVerfGE 8, 274/302 ff; krit. Stern ST II 636 f). Zur Zulässigkeit von Verweisungen Rn.54, 64 f zu Art.20; Rn.9 zu Art.30. Zur elektronischen Gesetzesverkündung darf auch ohne Änderung des GG gewechselt werden, wenn der ungehinderte Zugang für jedermann und die Echtheit der so verkündeten Gesetze gewährleistet ist (Guckelberger FH 76 ff).

6   Die Verkündung setzt weiter die **Ausgabe** des BGBl voraus, die den Zeitpunkt der Verkündung beeinflusst (vgl. Abs.2 S.2). Die Ausgabe „ist mit dem Inverkehrbringen des ersten Stückes der jeweiligen Nummer des Gesetzblattes bewirkt" (BVerfGE 87, 48/60; vgl. auch BVerfGE 16, 6/17). Das ist regelmäßig der Tag nach der Einlieferung bei der Post (BSGE 67, 90/92; Maurer BK 98 ff; Bryde MüK 12; Stern ST II 636; **a. A.** BVerfGE 16, 6/19; OVG NW, VwRspr Bd.4 Nr.79; Sannwald SHH 28: Einlieferung bei der Post). Die entsprechende (Brenner MKS 30) Angabe im Kopf einer Nummer des BGBl begründet eine Vermutung für den Zeitpunkt der Ausgabe, die aber – z.B. bei einem Poststreik – widerlegbar ist (BVerfGE 16, 6/17; 81, 70/83 f; 87, 48/60; OVG NW, OVGE 22, 44/47).

7   Von der Verkündung ist die **Neubekanntmachung** eines Gesetzes zu unterscheiden. Dabei handelt es sich um eine deklaratorische Feststellung des Gesetzestextes, die den Inhalt des Gesetzes einschließlich des Inkrafttretens (unten Rn.9–11) nicht verändert (BVerfGE 14, 245/250; 18, 389/391; 64, 217/221). Gleichwohl bedarf sie einer ausdrücklichen gesetzlichen Ermächtigung (Ramsauer AK 29).

8   **c) Ausfertigung und Verkündung von Rechtsverordnungen (Abs.1 S.2).** Die Vorschrift gilt nur für Rechtsverordnungen, die von Bundesorganen erlassen werden (näher Maurer BK 134). Erlass und Ausfertigung von Rechtsverordnungen fallen zusammen; Rechtsverordnungen der Bundesregierung können allerdings auch vom Bundeskanzler oder vom zuständigen Bundesminister ausgefertigt werden (§ 30 GeschOBReg; vgl. Brenner MKS 36). Sie dürfen erst erfolgen, wenn das ermächtigende Gesetz in Kraft getreten ist (BayVerfGHE 26, 48/62; Brenner MKS 37; Maurer BK 140; Stern ST II 671; a.A. BGHZ 43, 269/273; Sannwald SHH 43). Die Verkündung muss nur vorbehaltlich anderweitiger gesetzlicher Regelung im BGBl erfolgen; vgl. insoweit das G über die Verkündung von Rechtsverordnungen v. 30. 1. 1950 (BGBl 23) sowie spezielle Regelungen in einzelnen Gesetzen. Für den Zeitpunkt der Verkündung gilt das oben Rn.6 Gesagte entsprechend (BVerwGE 25, 104/108). Zur Unterscheidung von Neubekanntmachungen gilt das oben Rn.7 Gesagte entsprechend (BVerfGE 17, 364/368 f; 22, 1/14; 23, 276/285 f). Für Verweisungen gilt das Gleiche wie für Gesetze (vgl. oben Rn.5; BSGE 34, 115/118).

4. Inkrafttreten von Gesetzen und Rechtsverordnungen (Abs.2)

9   Das Inkrafttreten des verkündeten Gesetzes und der verkündeten Rechtsverordnung ist **Teil der normativen Regelung,** nicht des Gesetzgebungsverfahrens (BVerfGE 34, 9/23; 44, 227/240; 87, 48/60). Mit dem Inkrafttreten beginnt die Wirksamkeit (Rechtsverbindlichkeit) des Gesetzes und der Rechtsverordnung (oben Rn.8). Die Verletzung der Sollvorschrift des S.1 hat nur die Rechtsfolge des S.2, der allerdings nur die im BGBl verkündeten Rechtsverordnungen erfasst (Brenner MKS 47). Die Bestimmung des Tags des Inkrafttretens von Gesetzen darf Exekutivorganen nur nach Maßgabe des

Art.80 (Rn.14 zu Art.80; insoweit a. A. Maurer BK 118; Rubel UC 32; diff. Brenner MKS 41, 43), nicht aber dem Bundesrat oder Bundespräsidenten überlassen werden (BVerfGE 42, 263/284; 45, 297/326). Zur Zulässigkeit der Rückwirkung Rn.67–76 zu Art.20. Verfassungsrechtliche Schranken für das Inkrafttreten können sich auch aus Verfassungsaufträgen, der Pflicht zur Bereinigung einer verfassungswidrigen Rechtslage und aus Art.3 Abs.1 (BVerfGE 47, 85/93 f) sowie aus EU-Recht (Guckelberger FH 100) ergeben; zu Stichtagsbestimmungen Rn.32 zu Art.3.

Bei kalendermäßiger **Bestimmung** des Inkrafttretens erfolgt es um 10 0.00 Uhr des betreffenden Tags (Ramsauer AK 41; Maurer BK 124; Bryde MüK 17). Wenn das Gesetz eine an den Tag der Verkündung anknüpfende Frist benennt, ist der Tag der Verkündung nicht mitzuzählen (Maurer BK 126; a. A. BFHE 64, 464/465; Bryde MüK 17). Das Inkrafttreten darf grundsätzlich nicht von einer aufschiebenden Bedingung, d. h. dem ungewissen Eintritt eines zukünftigen Ereignisses, insb. nicht von einer Willensbedingung abhängig gemacht werden (Ramsauer AK 37; Bryde MüK 18; Stern ST II 638). Zulässig sind dagegen der Bezug auf ein „mit großer Wahrscheinlichkeit erwartetes bestimmtes Ereignis" (BVerfGE 42, 263/285; Bryde MüK 18; Nierhaus SA 38; a. A. Bauer DR 27) und die deklaratorische Feststellung des Bedingungseintritts durch ein Exekutivorgan (BVerfGE 42, 263/289). Die Bestimmung kann sich auch aus einer „Vorschriftenkette" ergeben (LVerfG MV, LVerfGE 4, 249/257). Eine Ausnahme ist auch für Vertragsgesetze gem. Art.59 Abs.2 anzuerkennen (BVerfGE 42, 263/284; Bauer DR 27; Maurer BK 131).

Art.82 gilt auch für **verfassungsändernde Gesetze** (vgl. Art.79). Frag- 11 lich ist, ab welchem Zeitpunkt ein das verfassungsändernde Gesetz voraussetzendes (einfaches) Gesetz eingebracht, beraten, beschlossen, ausgefertigt, verkündet und in Kraft gesetzt werden darf. Die rechtslogisch klare Abgrenzung, schon die Einbringung des Gesetzes vom Inkrafttreten des ermächtigenden verfassungsändernden Gesetzes abhängig zu machen, widerspricht dringenden praktischen Bedürfnissen. Die Rspr. verlangt daher, dass mindestens die Ausfertigung eines auf der Verfassungsänderung beruhenden Gesetzes erst nach Inkrafttreten des verfassungsändernden Gesetzes erfolgen darf (BVerfGE 34, 9/22 f). Ausnahmsweise soll es aber ausreichen, wenn das Gesetz nach Inkrafttreten des verfassungsändernden Gesetzes verkündet wird (BVerfGE 32, 199/212; 34, 9/24 f; Sannwald SHH 23; krit. Maurer BK 77; Bryde MüK 22 zu Art.79; Herdegen MD 33 zu Art.79).

VIII. Die Ausführung der Bundesgesetze und die Bundesverwaltung

Art. 83 [Verwaltungskompetenzverteilung zwischen Bund und Ländern]

Die Länder führen die Bundesgesetze[5] als eigene Angelegenheit aus[3 f, 10], soweit dieses Grundgesetz nichts anderes bestimmt oder zuläßt[6 f].

Literatur: *Oebbecke,* Verwaltungszuständigkeit, HbStR[3] VI, 2008, § 136; *Krebs,* Verwaltungsorganisation, HbStR[3] V, 2007, § 108; *Hebeler,* Die Ausführung des Bundesgesetzes (Art.83 ff. GG), Jura 2002, 164; *Heitsch,* Die Ausführung der Bundesgesetze durch die Länder, 2001; *Suerbaum,* Die Kompetenzverteilung beim Verwaltungsvollzug des Europäischen Gemeinschaftsrechts in Deutschland, 1998. – S. auch Literatur zu Art.84.

1. Allgemeines zum VIII. Abschnitt

1   a) **Systematik.** Der VIII. Abschnitt regelt die Kompetenzverteilung zwischen Bund und Ländern für den Bereich der Ausführung der Bundesgesetze und normiert so ein Element „funktionaler Gewaltenteilung" (BVerfGE 108, 169/181). Dabei ist die Landesverwaltung in den Formen der Landeseigenverwaltung (Art.84) und der Auftragsverwaltung (Art.85) von der Bundesverwaltung in den Formen der unmittelbaren und mittelbaren Bundesverwaltung (Art.86) zu unterscheiden. Die Landesverwaltung ist nicht etwa der Bundesverwaltung nachgeordnet (BVerfGE 26, 338/397). In den Art.87 ff folgen Zuordnungen einzelner Sachgebiete (Materien) zu den verschiedenen Verwaltungsformen. Der VIII. Abschnitt erfasst zunächst nur die gesetzesausführende Verwaltung; die Zuordnung von Materien in den Art.87 ff gilt aber auch für die gesetzesfreie Verwaltung (Kirchhof MD 20; vgl. auch Rn.5 zu Art.86). Zur Begrenzung der Grundrechte durch Kompetenznormen Vorb.46 vor Art.1.

2   Für das **Verhältnis zu den Gesetzgebungskompetenzen** gilt grundsätzlich, dass die Gesetzgebungskompetenz des Bundes die äußerste Grenze für seine Verwaltungskompetenz darstellt (BVerfGE 15, 1/16; 78, 374/386; 102, 167/174; BVerwGE 87, 181/184; 110, 9/14). Hiervon ist eine Ausnahme für gesetzgeberische Organisationsregelungen zu den Gegenständen der Bundesverwaltung zu machen; daher besteht eine Bundesgesetzgebungskompetenz für das Verwaltungsverfahren der Bundesverwaltung (v. Arnim HbStR[3] VI § 138 Rn.73). Im Übrigen sind die in Art.83 ff geregelten Bundesgesetzgebungskompetenzen für das Organisations- und Verfahrensrecht, insb. Art.84 Abs.1 und 85 Abs.1, entgegen verbreiteter Ansicht (vgl. Groß FH 12; Stern ST II 798; Vogel HbVerfR 1078; wohl auch BVerwG, DÖV 82, 826; offen gelassen BVerfGE 26, 338/369; 77, 288/298; BVerwGE 69, 1/2) leges speciales zu Art.70 ff (Degenhart SA 40 zu Art.70; Dittmann SA 1; Trute MKS 13). Die Kompetenz zur gesetzgeberischen Sachregelung

umfasst also nicht kraft Annexes (Rn. 12 zu Art. 70) auch die Kompetenz zur Regelung des Vollzugs (a. A. Jarass, NVwZ 00, 1091 f; Kuckuk, DÖV 78, 355).

b) Die **Ausführung der Bundesgesetze** setzt einen vollzugsfähigen 3 Rechtssatz voraus. Ausführung liegt nicht nur bei bloßer Subsumtion sondern auch dann vor, wenn der Verwaltung Gestaltungsspielräume eingeräumt sind, die durch Bundesgesetze, z. B. Planungsgesetze, konkret gesteuert werden. Keine Ausführung ist die bloße Beachtung von Gesetzen (BVerfGE 8, 122/ 131; 21, 312/327; Oebbecke HbStR³ VI § 136 Rn. 4; Kirchhof MD 136). Nicht unter den VIII. Abschnitt fallen die Ausführung von Landesgesetzen, die gesetzesfreie Landesverwaltung (dazu Rn. 3 zu Art. 30) und die administrative Zusammenarbeit der Länder (Hermes DR 53; Stern ST II 785 ff).

Der VIII. Abschnitt regelt nur die Ausführung **in verwaltungsmäßiger** 4 **Weise** (BVerfGE 11, 6/15). Damit scheiden aus: Rechtsprechung einschließlich der Gerichtsorganisation (Kirchhof MD 130; Broß MüK 22; vgl. auch BVerfGE 14, 197/219; 105, 313/334), förmliche Gesetze (Bull AK 31; Kirchhof MD 133) und Rechtsverordnungen (Bull AK 31; Groß FH 20; a. A. Dittmann SA 22; Kirchhof MD 132) sowie Maßnahmen der Staatsleitung (BVerfGE 105, 252/271; 105, 279/307). Dagegen fallen hierunter der Erlass von Verwaltungsvorschriften, auch soweit sie die Einrichtung der Behörden und das Verwaltungsverfahren (vgl. Rn. 3–5a zu Art. 84) regeln, bis hin zu Verwaltungsmaßnahmen für den Einzelfall. Unmittelbare wie mittelbare Landesverwaltung sind umfasst (BVerfGE 114, 196/223), ausgenommen die Aufgabenübertragung auf Gemeinden und Gemeindeverbände (Rn. 7 f zu Art. 84).

c) Bundesgesetze sind alle bundesrechtlichen Rechtssätze geschriebener 5 oder ungeschriebener Art, d. h. das GG selbst (Dittmann SA 19; Oebbecke HbStR³ VI § 136 Rn. 3; a. A. Bull AK 26; Groß FH 17), förmliche Gesetze und Rechtsverordnungen (Kirchhof MD 122). Auf unmittelbar geltende Normen des Europäischen Unionsrechts werden Art. 83 ff analog angewendet (BVerwGE 102, 119/125 f), d. h. es ist darauf abzustellen, wem innerstaatlich für die jeweilige Materie die Gesetzgebungs- und Verwaltungskompetenz zustehen würde (Groß FH 18 f; Hermes DR 10; Oebbecke HbStR³ VI § 136 Rn. 5; Kirchhof MD 61–80; Trute MKS 66).

d) Für **ungeschriebene Verwaltungskompetenzen** des Bundes gilt 6 grundsätzlich das bei Rn. 5 zu Art. 30 Gesagte (Broß MüK 11 f). Es kommen die gleichen Kategorien wie bei der Gesetzgebung (Rn. 9–15 zu Art. 70) in Betracht (Kirchhof MD 49 ff): Eine Kompetenz kraft Sachzusammenhangs (Rn. 9–11 zu Art. 70) bzw. Annexes (Rn. 12 zu Art. 70) ist für Hilfstätigkeiten und untergeordnete Nebenzwecke der Erfüllung der der Bundesverwaltung gem. Art. 86 ff zugewiesenen Aufgaben gegeben (Bull AK 9 f; Trute MKS 81 f; Heintzen MüK 29 f zu Art. 104a). Eine Kompetenz kraft Natur der Sache (Rn. 13–15 zu Art. 70) soll bestehen, soweit der Zweck eines Gesetzes durch das Verwaltungshandeln eines Landes überhaupt nicht erreicht werden kann (BVerfGE 22, 180/217; Groß FH 28; Henneke SHH 11 vor Art. 83); unzureichend ist jedenfalls, dass eine Ausführung durch den Bund zweckmäßiger ist (BVerfGE 11, 6/17 f; 22, 180/216 f; 41, 291/312; BVerwGE 98, 18/23). Bejaht man eine derartige Kompetenz für Fälle sonst drohender unerträglicher Uneinheitlichkeit (Dittmann SA 17; Heintzen MüK 31 zu Art. 104a), ist zur Zulässigkeit darüber hinaus zu fordern, dass die gleiche Wirkung auch nicht durch paralleles Verhalten der Länder untereinander, durch Benützung der dem Bund ohnehin verfügbaren speziellen Einwirkungsmöglichkeiten, z. B. Art. 84 Abs. 3 (BVerfGE 11, 6/17 f), 85 Abs. 3, oder durch Anwendung des Gebots des bundesfreundlichen Verhaltens (Rn. 20–22 zu Art. 20) erreicht werden kann (Dittmann SA 17). Zur Kompetenz kraft Natur der Sache bei Sachverhalten mit Auslandsbezug vgl. Kirchhof MD 52 ff, Rn. 10 zu Art. 32.

7 **Im Einzelnen** ist eine Verwaltungskompetenz des Bundes **anzunehmen** für die gesamtstaatliche und nationale Repräsentation, soweit sie im Sachzusammenhang mit dem Auswärtigen Dienst (Rn. 3 zu Art. 87; Bull AK 15) oder Bundessymbolen (Rn. 14 zu Art. 70; Stettner, FS Häberle, 2004, 681/ 697 ff) steht, nicht aber insgesamt für die Förderung der staatlichen Selbstdarstellung durch die Pflege historisch oder künstlerisch bedeutender Veranstaltungen, Einrichtungen und Denkmäler von nationalem Rang; für die Einbürgerung eines Ausländers, der keine relevante Beziehung zu irgendeinem der Länder aufweist (a. A. Hermes DR 45), nicht aber für Einbürgerungen überhaupt (so aber HambOVG, DVBl 60, 644); ferner für den Personen-, nicht aber Objektschutz durch das Bundeskriminalamt (Hermes DR 45), für die Planungs- und Linienführungsbestimmungen gem. § 16 Abs. 1 FStrG (BVerwGE 62, 342/344 f; Gröpl MD 55 zu Art. 90; krit. Ibler MKS 56 zu Art. 90) und für das Verbot einer überregionalen Vereinigung (BVerwGE 80, 299/302 f). Zu pauschal ist wegen Art. 87b die Annahme, dass „die Wahrnehmung der Landesverteidigung insgesamt in die ausschließliche Verwaltungskompetenz des Bundes fällt" (BVerwGE 111, 188/195). Die finanzielle Förderung steht in der Verwaltungskompetenz des Bundes bezüglich der Jugendpflege bei zentralen Einrichtungen, deren Wirkungsbereich sich auf das Bundesgebiet als Ganzes erstreckt, sowie bei gesamtdeutschen und internationalen Aufgaben (BVerfGE 22, 180/217), bezüglich der Olympischen Spiele und bezüglich der übergreifenden Bewältigung der Folgen der deutschen Vereinigung (Selmer, FS Thieme, 1993, 372), nicht aber allgemein zur Abwehr einer Störung des gesamtwirtschaftlichen Gleichgewichts (BVerfGE 41, 291/312). Schließlich hat der Bund die Kompetenz zur Verwaltung seines Vermögens (Bull AK 20).

8 **Abgelehnt** wurde eine Verwaltungskompetenz des Bundes für die Typenzulassung von Dampfkesseln (BVerfGE 11, 6/17 f), die Veranstaltung von Rundfunksendungen (BVerfGE 12, 205/250 ff), die Herstellung der Personalausweise in der Bundesdruckerei (BVerwGE 98, 18/22 f), die Unterbringung von Asylbewerbern auf dem Flughafengelände (BGHZ 141, 48/56 ff) und den abwehrenden Brandschutz für Einrichtungen der Bundeswehr, soweit er nicht zur Erfüllung des Verteidigungsauftrags konkret geboten ist (BVerwG, NVwZ-RR 97, 351).

2. Verwaltungskompetenzverteilung zwischen Bund und Ländern

9 Art. 83 legt ein doppeltes **Regel-Ausnahme-Verhältnis** fest, und zwar zum einen hinsichtlich der Verwaltungsbereiche (Verwaltungsgegenstände)

und zum andern hinsichtlich der Verwaltungsformen (Verwaltungstypen):
– (1) Der Bund besitzt nur die ihm zugewiesenen Verwaltungskompetenzen; der unbenannte Rest (Residual-Kompetenz) liegt bei den Ländern.
Dies entspricht auch der faktischen Kompetenzverteilung, weil die Landesverwaltungen dominieren (Bull AK 5 vor Art.83; Oebbecke HbStR[3] VI
§ 136 Rn.2). Die in Rn.7–10 zu Art.30 genannten Rechtsfolgen gelten
auch hier. – (2) Die Ausführung der Bundesgesetze durch die Länder geschieht regelmäßig in der Verwaltungsform der Landeseigenverwaltung (näher Art.84), andere Verwaltungsformen sind nur auf Grund einer entsprechenden Regelung im GG zulässig (zum Problem der Mischverwaltung vgl.
Rn.10 zu Art.30). In beiden Hinsichten besteht ein Vorbehalt anderer Regelung; die Ausnahmen können entweder bestimmt oder zugelassen sein
(Rn.5 zu Art.30). Art.83 ist eine spezielle Regelung zu Art.30. Die in Rn.1 f
zu Art.30 getroffenen Feststellungen gelten aber auch hier. Zur Auslegung
der Verwaltungskompetenzen gilt das bei Rn.6–8 zu Art.70 Gesagte entsprechend.

Verpflichtender Charakter. Anders als bei der Gesetzgebung (Rn.22 zu   **10**
Art.70) sind die Länder nicht nur berechtigt, sondern auch verpflichtet, die
Bundesgesetze auszuführen (BVerfGE 37, 363/385; 55, 274/318; 75, 108/
150; Kirchhof MD 12, 128). Die Länder müssen ihre Verwaltung nach Art,
Umfang und Leistungsvermögen entsprechend den Anforderungen sachge-
rechter Erledigung des sich aus der Bundesgesetzgebung ergebenden Aufga-
benbestandes einrichten (BVerfGE 55, 274/318; BVerwG, NJW 00, 3151)
und sich dabei eigener personeller und sachlicher Mittel bedienen (vgl.
BVerfGE 63, 1/41). Subjektive Rechte erwachsen daraus aber nicht (a.A.
BVerwGE 87, 332/339).

Für Bund und Länder ergeben sich Grenzen der **Privatisierung** aus   **11**
Staatszielbestimmungen und Grundrechten (Burgi HbStR[3] IV § 75 Rn.17 f),
aus Art.28 Abs.2 (Hellermann, Lit. zu Art.28, 170 ff; Wieland, Verh. DJT
2008, II/1, M21) sowie aus Art.33 Abs.4 (Rn.42 zu Art.33; Burgi HbStR[3]
IV § 75 Rn.19 ff). Außerdem bedarf es einer sachlichen Rechtfertigung der
Wahl des Zivilrechts (Kirchhof MD 102). Für den Bund ergeben sich darüber hinaus Grenzen der Privatisierung aus dem Aufgaben- und Organisationsgehalt der Normen, die dem Bund Verwaltungsbereiche zuweisen (vgl.
Rn.16 zu Art.87).

Art.**84** [Landeseigenverwaltung]

(1) **Führen die Länder die Bundesgesetze als eigene Angelegenheit aus,
so regeln[6] sie die Einrichtung der Behörden[3] und das Verwaltungsverfahren[4 f]. Wenn Bundesgesetze etwas anderes bestimmen[2], können die Länder davon abweichende Regelungen treffen[8–10]. Hat ein Land eine abweichende Regelung nach Satz 2 getroffen, treten in diesem Land hierauf
bezogene spätere bundesgesetzliche Regelungen der Einrichtung der
Behörden und des Verwaltungsverfahrens frühestens sechs Monate nach
ihrer Verkündung in Kraft, soweit nicht mit Zustimmung des Bundesrates anderes bestimmt ist[9]. Artikel 72 Abs.3 Satz 3 gilt entsprechend[10]. In**

Ausnahmefällen kann der Bund wegen eines besonderen Bedürfnisses nach bundeseinheitlicher Regelung das Verwaltungsverfahren ohne Abweichungsmöglichkeit für die Länder regeln[11]. Diese Gesetze bedürfen der Zustimmung des Bundesrates[12]. Durch Bundesgesetz dürfen Gemeinden und Gemeindeverbänden Aufgaben nicht übertragen werden[7].

(2) Die Bundesregierung kann mit Zustimmung des Bundesrates allgemeine Verwaltungsvorschriften erlassen[14 f].

(3) Die Bundesregierung übt die Aufsicht darüber aus, daß die Länder die Bundesgesetze dem geltenden Rechte gemäß ausführen[18]. Die Bundesregierung kann zu diesem Zwecke Beauftragte zu den obersten Landesbehörden entsenden, mit deren Zustimmung und, falls diese Zustimmung versagt wird, mit Zustimmung des Bundesrates auch zu den nachgeordneten Behörden[19].

(4) Werden Mängel, die die Bundesregierung bei der Ausführung der Bundesgesetze in den Ländern festgestellt hat, nicht beseitigt, so beschließt auf Antrag der Bundesregierung oder des Landes der Bundesrat, ob das Land das Recht verletzt hat. Gegen den Beschluß des Bundesrates kann das Bundesverfassungsgericht angerufen werden[19].

(5) Der Bundesregierung kann durch Bundesgesetz, das der Zustimmung des Bundesrates bedarf, zur Ausführung von Bundesgesetzen die Befugnis verliehen werden, für besondere Fälle Einzelweisungen zu erteilen. Sie sind, außer wenn die Bundesregierung den Fall für dringlich erachtet, an die obersten Landesbehörden zu richten[16 f].

Übersicht

Literatur: *Knitter,* Das Verbot der Aufgabenübertragung auf die Kommunen und die Behandlung von Altfällen, ZG 2009, 18; *Engelken,* Kommunen und bundesrechtliche Aufgaben nach der Föderalismusreform I, VBlBW 2008, 457; *Kahl,* Die Zustimmungsbedürftigkeit von Bundesgesetzen nach Art.84 I GG unter besonderer Berücksichtigung des Umweltverfahrensrechts, NVwZ 2008, 710; *Pieroth,* Das Verbot bundesgesetzlicher Aufgabenübertragung an Gemeinden, FS Schnapp, 2008, 213; *F. Kirchhof,* Die Beeinflussung der Organisationsautonomie der Länder durch Gesetze des Bundes, FS Scholz, 2007, 637; *Haghgu,* Die Zustimmung des Bundesrates nach Art.84 Abs.1 GG, 2007; *Rauber,* Art.84 GG und das Ringen um die Verwaltungshoheit der Länder, in: Holtschneider/Schön (Hg.), Die Reform des Bundesstaates, 2007, 36; *Henneke,* Die Kommunen in der Föderalismusreform, DVBl 2006, 867; *T. Koch,*

Der Erlass von Verwaltungsvorschriften nach Art.84 Abs.2, 85 Abs.2 S.1 GG, Jura 2000, 179; *Erichsen/Biermann,* Die Zustimmungsbedürftigkeit von Bundesgesetzen nach Art.84 Abs.1, 85 Abs.1 GG, Jura 1998, 494; *Britz,* Zustimmungsbedürftigkeit von Bundesgesetzen und die Verwaltungsorganisationshoheit der Länder, DÖV 1998, 636; *Sauter,* Die Zustimmungsbedürftigkeit von Bundesgesetzen unter besonderer Berücksichtigung des Art.84 Abs.1 GG, FS Franz Klein, 1994, 561. – S. auch Literatur zu Art.83.

1. Bedeutung und Abgrenzung zu anderen Vorschriften

Art.84 betrifft die Ausgestaltung der Verwaltungsform (des Verwaltungs- **1** typs) der Landeseigenverwaltung (Rn.1 zu Art.83) und damit die sog. Organisationsgewalt, d. h. die Bestimmungsbefugnis über alle Fragen der verwaltungsmäßigen Ausführung von Bundesgesetzen (Lerche MD 12 f; Broß MüK 7). Dazu gehört auch die Bestimmung unmittelbarer oder mittelbarer Verwaltung (BVerfGE 83, 363/375; BVerwG, NJW 00, 3151). Die Organisationsgewalt steht gem. Abs.1 S.1 den Ländern zu, vorbehaltlich der durch Art.84 zugelassenen Einflussnahmen durch den Bund (Oebbecke HbStR³ VI § 136 Rn.21 ff). Durch Abs.1 S.1 wird kein Gesetzesvorbehalt begründet (Germann KL 61). Der Zweck der Vorschrift wurde früher in der Gewährleistung eines wirksamen Vollzugs der Bundesgesetze gesehen (BVerfGE 22, 180/210; krit. Lerche MD 9). Seit der Änderung von 2006 (Einl.3 Nr.52), die einerseits die Zustimmungsbedürftigkeit von Bundesgesetzen über die Einrichtung der Behörden und das Verwaltungsverfahren (unten Rn.3–5) beseitigte, andererseits die Abweichungskompetenz der Länder (unten Rn. 8–12) begründete, ist das nur noch eingeschränkt der Fall. Zum Anwendungsbereich Rn.3–8 zu Art.83. Art.84 enthält eine abschließende Regelung der Einflussmöglichkeiten des Bundes im Rahmen der Landeseigenverwaltung; eine Umgehung ist unzulässig (Hermes DR 17; Trute MKS 2 ff). Die Vorschrift ist aber nur anwendbar, wenn die Ausführung nicht in den speziellen Verwaltungsformen der Auftragsverwaltung (vgl. Art.85) oder der Bundesverwaltung (Art.86 ff) vom GG angeordnet ist.

2. Einfluss des Bundes durch Gesetze (Abs.1 S.2–7)

a) Bedeutung des Abs.1. Die Vorschrift begründet zum einen eine Ge- **2** setzgebungskompetenz des Bundes für die Organisationsgewalt (oben Rn.1); näher zum Verhältnis zu den Gesetzgebungskompetenzvorschriften Rn.2 zu Art.83. Der Art nach handelt es sich um eine konkurrierende Gesetzgebungskompetenz des Bundes (Germann KL 34; Hermes DR 24; Kahl, NVwZ 08, 712; a. A. Trute ST-F 156) in der Unterart der Abweichungskompetenz (Rn.28–32 zu Art.72). Zum anderen begründet Abs.1 S.2 Hs.1 einen organisatorischen Gesetzesvorbehalt, der aber kein Delegationsverbot enthält (BVerfGE 106, 1/22). Er ist grundsätzlich einfach, d. h. anders als der qualifizierte Gesetzesvorbehalt (unten Rn.11 f) an keine Voraussetzung geknüpft, außer dass der Bund von seiner Kompetenz zur Sachregelung, um deren Vollzug es geht, Gebrauch gemacht haben oder zugleich Gebrauch machen muss (Akzessorietät der verfahrensrechtlichen zur materiell-rechtlichen Kompetenz; Lerche MD 19 ff; Oebbecke HbStR³ VI § 136 Rn.26; abw. will Dittmann SA 5 auch „bevorratende" oder „vor die Klammer" gezogene Regelungen, auf die spätere Bundesgesetze Bezug nehmen können, erlauben). Die bundesgesetzlichen Regelungen müssen bundeseinheitlich sein (Germann KL 64; Trute ST-F 161). Zur Fortgeltung alten Rechts Rn.4f zu Art.125b.

3 **b) Anwendungsbereich. aa) Einrichtung der Behörden** umfasst die Errichtung (Gründung, Bildung) und Einrichtung (Ausgestaltung, innere Organisation, Ausstattung mit Personal und Sachmitteln) sowie die Festlegung des Aufgabenkreises der Behörden (BVerfGE 105, 313/331), d.h. die Übertragung von Aufgaben und Befugnissen (Bull AK 7ff; Dittmann SA 7; Lerche MD 25; Broß MüK 8) sowie deren Veränderung (BVerfGE 77, 288/299), z.B. durch Privatisierung (Germann KL 30), wobei aber rein quantitative Vermehrungen bereits bestehender Aufgaben nicht ausreichen (BVerfGE 75, 108/151f; 105, 313/333). Im Unterschied zum Verwaltungsverfahren (unten Rn.4) geht es darum, „wer" handelt (Hermes DR 34; Kahl, NVwZ 08, 712). Behörden sind alle amtlichen Stellen (vgl. BVerfGE 10, 20/48), auch der Gemeinden (Rn.6 zu Art.30) und sonstiger selbstständiger Rechtsträger (vgl. BVerfGE 39, 96/109) einschließlich Beliehener (Groß FH 19; Trute MKS 9).

4 **bb) Das Verwaltungsverfahren** betrifft das Wie, d.h. die Art und Weise sowie die Form des Verwaltungshandelns (BVerfGE 55, 274/319; 105, 313/331; 114, 196/224), „einschließlich der dabei zur Verfügung stehenden Handlungsformen, die Form der behördlichen Willensbildung, die Art der Prüfung und Vorbereitung der Entscheidung, deren Zustandekommen und Durchsetzung sowie verwaltungsinterne Mitwirkungs- und Kontrollvorgänge" (BVerfGE 114, 196/224; 55, 274/320f; 75, 108/152; krit. Hermes DR 37ff). Der Begriff ist also nicht auf die nach außen wirkende Tätigkeit beschränkt (Hermes DR 36; Lerche MD 36).

4a Bei Normen, die zugleich materielles und Verfahrensrecht sind (sog. **doppelgesichtige Normen**), wurde früher, als davon die Zustimmungsbedürftigkeit abhing, eine Regelung des Verwaltungsverfahrens schon dann angenommen, wenn eine hinreichend konkrete Festlegung des Verwaltungshandelns bewirkt wird (BVerfGE 55, 274/321; 75, 108/152; 105, 313/331; Lerche MD 41f; Trute MKS 17; Umbach/Clemens UC 26f). Der mit der heutigen Abweichungskompetenz (unten Rn.8–10) zulässige Kompetenztransfer vom Bund auf die Länder betrifft nach Wortlaut und Systematik aber nicht die materiellen Bundesgesetzgebungskompetenzen. Daher sind doppelgesichtige Normen dann keine Regelung des Verwaltungsverfahrens, wenn die materiell-rechtliche Vorschrift zugleich eine zwangsläufige Festlegung eines korrespondierenden verfahrensmäßigen Verhaltens der Verwaltung bewirkt (**a.A.** BVerfGE 55, 274/319). Sonst würde den Ländern mittels Verfahrensrechts ermöglicht, die materiell-rechtlichen Bundesgesetzgebungskompetenzen zu beschneiden; eine solche Kompetenz haben sie nur, wenn sie auch von der materiell-rechtlichen Regelung des Bundesgesetzes gem. Art.72 Abs.3 abweichen dürfen (Dittmann SA 15; a.A. Hermes DR 53f: Vermutung zugunsten der Abweichungsbefugnis der Länder). Die Aufnahme in ein Verfahrensgesetz macht eine materiell-rechtliche Regelung noch nicht zu einer verfahrensrechtlichen (BVerwGE 126, 1 Rn.13).

Einzelfälle: Antragserfordernis, außer es bildet nur eine materiell-recht- 5
liche Anspruchsvoraussetzung (BVerfGE 24, 184/195; 37, 363/385 ff; a. A.
Bull AK 16a; Groß FH 24); Befangenheitsregelungen (Trute MKS 15); Beweiserhebung (BVerfGE 55, 274/322 ff); Datenschutzregelungen im öffentlichen Bereich, ausgenommen die Rechte der Betroffenen (Bull AK 17;
weitergehend Arndt, JuS 88, 682); Form- und Fristvorschriften (BVerfGE
24, 184/195; diff. Bull AK 16); Informationsfreiheitsregelungen (Bull, ZG
2002, 217); Offenbarungs- und Verwertungsverbote (BVerfGE 55, 274/323;
krit. Schulze-Fielitz, DVBl 82, 337 ff); Schweigepflichten für Amtswalter
(Bull AK 17; **a. A.** BVerfGE 14, 197/221); Staatshaftungsrecht, soweit es in
einem Sachzusammenhang zum Verwaltungsverfahrensrecht steht (Lerche
MD 45); Vereinbarungen zwischen Krankenkassen und pharmazeutischen
Unternehmen als Handlungsform (BVerfGE 114, 196/224 ff); Verwaltungsgebühren (BVerfGE 26, 281/298, 301; BVerwGE 109, 272/278; 126, 222
Rn.23; a. A. Trute MKS 15); Verkündung von Gemeindesatzungen (BVerf-
GE 65, 283/289); Widerspruchsverfahren (Bull AK 18; diff. Groß FH 26;
offen gelassen BVerwGE 22, 281/282; a. A. Dittmann SA 11); Zustellungs-
vorschriften (BVerfGE 8, 274/294); Zustimmungserfordernis eines Bundesministers (BVerfGE 1, 76/79).

Nicht hierunter fallen: befristeter Ausschluss des Verfahrens zur Beitrags- 5a
erhöhung (BVerfGE 114, 196/228 f); Berechnung von Leistungsansprüchen
(BVerfGE 37, 363/395); Erlöschen und Verjährung von Ansprüchen (BSGE
40, 11/13); Ermächtigung zum Erlass allgemeiner Verwaltungsvorschriften
(BVerfGE 26, 338/398 f; vgl. auch unten Rn.14 f); Formvorschriften über
die Abgabe von Willenserklärungen Privater (BVerfGE 105, 313/332).

cc) Jeweils muss es um eine **Regelung** gehen. Das bedeutet eine hinrei- 6
chend konkrete Durchformung (Lerche MD 57), einen „eigenständigen
Regelungsgehalt" (BVerfGE 114, 196/225). Das ist bei bloßer Berührung
der Interessen der Länder (BVerfGE 75, 108/150; 105, 313/331) oder Wiederholung anderer Rechtssätze nicht der Fall (BVerfGE 55, 274/323 ff). Daher sollen Auskunftsrechte und -pflichten der Behörden untereinander als
Wiederholung der Rechts- und Amtshilfe gem. Art.35 Abs.1 keine Regelung des Verwaltungsverfahrens sein (BVerfGE 10, 20/49; a. A. Bull AK 17).
Bei Ermächtigungen zum Erlass verwaltungsverfahrensregelnder Rechtsverordnungen kommt es darauf an, ob sie die Organisationsgewalt der Länder
nicht nur marginal beeinträchtigen (BVerfGE 55, 274/325 f). Das bloße Auslösen oder Beenden des Verwaltungshandelns (BVerfGE 75, 108/153; 105,
313/331; 114, 196/228 f) oder der Ausschluss von Mitteln des Verwaltungshandelns (BVerfGE 114, 196/227 ff) stellen keine Regelung dar.

dd) Während **kommunale Behörden** früher von Abs.1 umfasst waren, 7
wenn auch Kompetenzausübungsschranken für den Durchgriff auf sie bestanden (vgl. BVerfGE 22, 180/209 f; 77, 288/299), darf der Bundesgesetzgeber seit 2006 (Einl.3 Nr.52) gem. Abs.1 S.7 den Gemeinden und Gemeindeverbänden (Rn.29 zu Art.28) keine Aufgaben mehr übertragen. Dies kann
nach Maßgabe des Landesverfassungsrechts nur durch Landesgesetze erfolgen
(BT-Drs. 16/813, 15). Aufgaben sind alle Bereiche staatlichen Tätigwerdens
(Rn.3 zu Art.30). Eine Übertragung an Gemeinden und Gemeindeverbände
geschieht durch Normen, die deren Zuständigkeit begründen. Von derarti-

gen Aufgabenübertragungs- oder -zuweisungsnormen sind die materiell-
rechtlichen Aufgabenbestimmungsnormen zu unterscheiden, die von dem
Verbot des Abs.1 S.7 nicht erfasst sind (Pieroth, FS Schnapp, 2008, 213 ff;
a. A. Germann KL 113 ff, 123, wonach Abs.1 S.7 „quer zur Grenze" zwischen formellem und materiellem Recht liegen soll). Das Verbot des Durch-
griffs auf die Gemeinden und Gemeindeverbände gilt strikt und umfassend
(Schoch, DVBl 07, 261 ff) und erfasst auch Verpflichtungen, die an alle Behörden einschließlich der Kommunen gerichtet sind (Germann KL 122;
a. A. Meyer 125 ff; diff. Groß FH 22). Eine Ausnahme für die Zuweisung
der Bauleitplanung im Gemeindegebiet durch das Baugesetzbuch ist nicht
anzuerkennen (Hermes DR 72; a. A. Rundschreiben BMI/BMJ, BR-Drs.
651/06, 17). Das Verbot gilt auch für Bundesrechtsverordnungen (Germann
KL 109); doch ist die Ermächtigung der Landesregierung zur Aufgabenübertragung an die Gemeinden und Gemeindeverbände durch Bundesgesetz zulässig (Germann KL 112).

7a   Das Verbot gilt aber nicht für altes Recht (Rn.1–13 zu Art.125a). Aufgrund dessen dürfen **bestehende Aufgaben** nicht nur quantitativ erweitert
werden (so Henneke, DVBl 06, 869; a. A. Burgi, DVBl 07, 76 ff, der lediglich eine Änderung des Wie des Tätigwerdens zulassen will), sondern im
Rahmen der Bundesgesetzgebungskompetenzen auch begründet werden
(Meyer 129; Oebbecke HbStR³ VI § 136 Rn.34). Im Gegenzug haben die
Länder gem. Art.125a Abs.1 S.2 die Befugnis zur Ersetzung der Aufgaben-
übertragungs- oder -zuweisungsnormen; eine Beschränkung der Änderungskompetenz des Bundes ergibt sich aus Art.125a Abs.1 nicht (a. A. Schoch,
DVBl 07, 261 ff). Durch die Ersetzung darf das materielle Bundesrecht nicht
verkürzt werden (Germann KL 124).

8   **c) Abweichungskompetenz der Länder (Abs.1 S.2 Hs.2; auch
Zugriffsrecht der Länder genannt). aa)** Unter **Abweichung** fällt wie
bei der Abweichungskompetenz als Unterart der konkurrierenden Gesetzgebungskompetenz jede inhaltlich und formell andere Regelung (Rn.30 zu
Art.72), d.h. auch eine Übernahme der bundesgesetzlichen Regelung in
Landesrecht (Oebbecke HbStR³ VI § 136 Rn.27; a. A. Dittmann SA 16;
Germann KL 87; Kahl, NVwZ 08, 713). Abgewichen werden kann auch
von Bundesrechtsverordnungen, einschließlich der durch Bundesgesetz geänderten (Rn.14 zu Art.80), soweit sie eine Regelung darstellen (oben
Rn.6). Ist eine Regelung der Einrichtung der Behörden oder des Verwaltungsverfahrens zwangsläufige Folge einer materiell-rechtlichen Regelung
(oben Rn.4a), besteht die Abweichungskompetenz nur dann, wenn auch
bezüglich der materiell-rechtlichen Regelung eine Abweichungskompetenz
(Rn.28–32 zu Art.72) besteht (Dittmann SA 15; Kahl, NVwZ 08, 714).
Landesrechtliche Regelungen der Einrichtung der Behörden und des Verwaltungsverfahrens dürfen das materielle Bundesrecht nicht „unterlaufen und
wirkungslos" machen (Germann KL 47; Meyer 112; Oebbecke HbStR³ VI
§ 136 Rn.27). Nach dem allgemeinen Grundsatz vom actus contrarius bedarf es für die Inanspruchnahme der Abweichungskompetenz eines Gesetzes
(BT-Drs. 16/813, 15; Germann KL 70; Meyer 110 f; a. A. Dittmann SA 16;
Kahl, NVwZ 08, 713, nach denen sich die Organkompetenz ausschließlich

nach Landesrecht richten soll). Die Inanspruchnahme der Abweichungskompetenz der Länder ist an keine Voraussetzung geknüpft (Germann KL
69; Trute ST-F 158).

bb) Karenzzeit. Abs.1 S.3 ist Art.72 Abs.3 S.2 wegen des parallelen Ziels 9
der Vermeidung kurzfristig wechselnder Rechtsbefehle an den Bürger (BT-
Drs. 16/813, 15) nachgebildet, erfasst allerdings Bundesgesetze erst, wenn
das Land von seiner Abweichungskompetenz Gebrauch gemacht hat (Germann KL 66). Das Bundesgesetz kann einen für alle Länder einheitlichen
Inkrafttretenstermin auf das Ende der Karenzfrist oder später festsetzen (Germann KL 100). Für Eilfälle ist auch hier eine Verkürzung oder ein Ausschluss
der Frist mit Zustimmung des Bundesrats möglich (vgl. Rn.31 zu Art.72).

cc) Anwendungsvorrang. Gem. Abs.1 S.4 gilt das zu Rn.32 Art.72 10
Gesagte entsprechend, so dass nach Voraussetzungen und Folgen keine Unterschiede bestehen (vgl. Dittmann SA 17; Germann KL 48–52 zu Art.84,
85; Hermes DR 57).

d) Qualifizierter Vorbehalt für Bundesgesetze (Abs.1 S.5, 6). Der 11
Bund kann unter folgenden **materiell-rechtlichen** Voraussetzungen bundeseinheitliche Regelungen des Verwaltungsverfahrens, nicht aber der Einrichtung der Behörden, ohne Abweichungsmöglichkeit für die Länder treffen: – **(1)** Es muss sich um *Ausnahmefälle* handeln, so dass hiervon nicht
ausgiebig Gebrauch gemacht werden darf (Dittmann SA 20). Regelungen des
wirtschaftsrelevanten Umweltverfahrensrechts sollen regelmäßig, also nicht
durchgängig (Kahl, NVwZ 08, 715), einen Ausnahmefall darstellen (BT-
Drs. 16/813, 15; krit. Germann KL 76; Trute ST-F 171). Die Vorschrift soll
„grundsätzlich eng auszulegen sein" (Rundschreiben BMI/BMJ, BR-
Drs. 651/06, 11; Germann KL 76; Hermes DR 65; Kahl, NVwZ 08, 715).
– **(2)** Es muss ein *besonderes Bedürfnis* nach bundeseinheitlicher Regelung bestehen. Wie bei Art.72 in der Fassung vor 1994 (Einl.3 Nr.42) ist diese Voraussetzung nur begrenzt gerichtlich überprüfbar (Groß FH 28; Henneke
SHH 10; Meyer 119; vgl. BVerfGE 106, 62/136; a. A. Kahl, NVwZ 08,
717; Oebbecke HbStR³ VI § 136 Rn.28). Aus dem Erfordernis eines „besonderen" Bedürfnisses folgt eine erhöhte Begründungslast für den Bundesgesetzgeber (Dittmann SA 21). Sie dürfte wegen des Zusammenhangs von
materiellem und Verfahrensrecht je nach den Anforderungen für die zugrunde liegende Bundesgesetzgebungskompetenz unterschiedlich sein (Trute
ST-F 169): Bei der Kernkompetenz (Rn.3–5 zu Art.72), einschließlich des
abweichungsfesten Kerne (vgl. Kahl, NVwZ 08, 716), ist das Bedürfnis nach
bundeseinheitlicher Regelung ausdrücklich anerkannt; dagegen muss ansonsten die Erforderlichkeit einer bundeseinheitlichen Regelung vorliegen
(Rn.15–27 zu Art.72). Europarechtliche Pflichten können ein besonderes
Bedürfnis begründen (Trute ST-F 169). Ein besonderes Bedürfnis ist z. B. für
die zweistufige Trägerstruktur gem. § 69 Abs.1 S.1 SGB VIII zu bejahen
(Schmid/Wiesner, ZKJ 06, 453). Der Ausschluss des Abweichungsrechts
muss ausdrücklich geregelt werden; die Zustimmung des Bundesrats allein
reicht nicht (Meyer 121).

Hinzu tritt folgende **verfahrensrechtliche** Voraussetzung: Die Bundesge- 12
setze bedürfen gem. S.6 der *Zustimmung des Bundesrats* (Rn.4–6 zu Art.77).

Das Zustimmungserfordernis „soll die Grundentscheidung der Verfassung über die Verwaltungszuständigkeit der Länder zugunsten des föderativen Staatsaufbaues absichern" (BVerfGE 105, 313/331). Wenn eine Verfahrensregelung durch EU- oder Völkerrecht verbindlich ist und kein nationaler Umsetzungsspielraum besteht, bedarf es für die bundesgesetzliche Umsetzung nicht der Zustimmung des Bundesrats; nur das Vertragsgesetz (Rn.8–14 zu Art.59) bedarf der Zustimmung des Bundesrats; in beiden Fällen braucht der Ausschluss der Abweichungsmöglichkeit nicht besonders geregelt zu werden (Rundschreiben BMI/BMJ, BR-Drs. 651/06, 11). Die grundsätzliche Zulässigkeit der Teilung in ein zustimmungsfreies und ein zustimmungsbedürftiges Gesetz (Rn.4 zu Art.77) besteht auch hier (Haghgu, o. Lit., 405; Meyer 122; Trute ST-F 164, 168). Die Verfassungsänderung gibt Anlass, die zu recht kritisierte (zusammenfassend Haghgu, o. Lit., 178ff) Rechtsprechung des BVerfG, dass ein Gesetz zustimmungsbedürftig ist, wenn es nur eine einzige zustimmungsbedürftige Vorschrift enthält (sog. Einheitsthese; vgl. Rn.4a zu Art.77), zu ändern (Haghgu, o. Lit., 403ff; Henneke SHH 6; Meyer 122f; Trute ST-F 173; a.A. Dittmann SA 24; Germann KL 78; Groß FH 29; Hermes DR 69; Kahl, NVwZ 08, 717; Rauber, o.Lit., 49). Für die Änderung des Zustimmungsgesetzes gilt nichts Besonderes (vgl. Rn.5 zu Art.77; Hermes DR 70).

3. Sonstiger Einfluss des Bundes (Abs.2–5)

13   **a) Allgemeines.** Abs.2, 5 wirken schwerpunktmäßig präventiv, während die Aufsicht gem. Abs.3, 4 wesentlich repressiver Art ist. Abs.2, 5 sind grundsätzlich nur Ermächtigungen des Bundes (BVerfGE 11, 6/18). Sie können aber ausnahmsweise zu Verpflichtungen werden, wenn anders eine hinreichend effektive Ausführung des Bundesgesetzes unmöglich ist (Lerche MD 91).

14   **b) Allgemeine Verwaltungsvorschriften (Abs.2;** vgl. Rn.3 zu Art.80) stehen im Gegensatz zu Einzelweisungen (unten Rn.16). Sie sind Regelungen, „die für eine abstrakte Vielheit von Sachverhalten des Verwaltungsgeschehens verbindliche Aussagen treffen, ohne auf eine unmittelbare Rechtswirkung nach außen gerichtet zu sein" (BVerfGE 100, 249/258). Allgemeine Verwaltungsvorschriften dürfen sich daher auch an eine einzelne Landesregierung richten, wenn sie nur von konkreten Einzelfällen gelöst bleiben (Umbach/Clemens UC 49). Bloße Empfehlungen reichen nicht aus (BVerfGE 76, 1/76f; a.A. Lerche MD 107). Sie dürfen materielle wie Organisations- und Verfahrensfragen (oben Rn.3–5) regeln, sofern nicht bestimmte Gegenstände dem Gesetzesvorbehalt (Rn.44f zu Art.20) unterliegen (Bull AK 36; Lerche MD 88). Allgemeine Verwaltungsvorschriften nach Abs.2 gehen entsprechenden Landesvorschriften vor (BVerwGE 70, 127/131); sie sollen sogar formellen Landesgesetzen vorgehen (Lerche MD 40 zu Art.85). Die Bindungswirkung von allgemeinen Verwaltungsvorschriften, die Vorschriften über das Verwaltungsverfahren (oben Rn.4f) konkretisieren, entfällt, soweit ein Land zulässigerweise von seiner Abweichungskompetenz Gebrauch gemacht hat (Groß FH 34).

Die **Bundesregierung** besteht aus dem Bundeskanzler und den Bundesministern (Rn.2 zu Art.62). Wie bei der Auftragsverwaltung (Rn.4 zu Art.85) können daher allgemeine Verwaltungsvorschriften ausschließlich von der Bundesregierung als Kollegium mit Zustimmung des Bundesrats erlassen werden. Auch für die Zustimmung des Bundesrats gilt das in Rn.4 zu Art.85 Gesagte (Bull AK 38; Lerche MD 111). **15**

c) Einzelweisungen (Abs.5) durch die Bundesregierung (oben Rn.15) **16** treffen für konkrete Sachverhalte rechtsverbindliche Aussagen ohne Außenwirkung (BVerfGE 49, 24/49; 100, 249/258; BVerwGE 42, 279/284). Von Abs.5 sind auch die milderen Formen, wie Zustimmungs-, Einvernehmens- und Anhörungserfordernisse (BVerwGE 42, 279/284; 67, 173/175f; a.A. Oebbecke HbStR³ VI § 136 Rn.42) sowie Anordnungen auf Vorlage von Berichten und Akten erfasst (Lerche MD 117f; Dittmann SA 33; abw. Oebbecke HbStR³ VI § 136 Rn.43). Die Einzelweisungen müssen **besondere Fälle** betreffen; sie müssen sich deutlich von der normalen Lage des Gesetzesvollzugs unterscheiden; das ist bei dem Erfordernis der Zustimmung des Bundesinnenministers für jede Verleihung der deutschen Staatsbürgerschaft nicht gegeben (Kisker, Fälle zum Staatsorganisationsrecht, 1985, 144; a.A. BVerwGE 67, 173/176). Abs.5 begründet hierfür eine ausschließliche Bundesgesetzgebungskompetenz (Rn.5 zu Art.70). Das entsprechende Gesetz, das der Zustimmung des Bundesrats bedarf (Rn.4–7 zu Art.77), muss dies in einer den Anforderungen des Art.80 Abs.1 S.2 entsprechenden Weise selbst regeln (Bull AK 45; Groß FH 39; Lerche MD 120; krit. Hermes DR 89).

Die Einzelweisungen sind grundsätzlich an die **obersten Landesbehörden,** d.h. Ministerien, zu richten. Ausnahmsweise kommen auch andere Behörden in Betracht, wenn die Bundesregierung den Fall für dringlich erachtet; hierbei ist sie nur den allgemeinen Missbrauchsgrenzen unterworfen (Lerche MD 121; Broß MüK 30; a.A. Tschentscher, oben Lit., 97: „dringend" sei Rechtsbegriff). Der Vollzug ist durch das Land sicherzustellen; es wird kein normaler Instanzenzug zwischen Bundesregierung und Landesbehörden etabliert (Bull AK 46; Lerche MD 121). Bei einer Kollision haben Weisungen der Bundesregierung nicht generell Vorrang vor Weisungen der Landesregierung (Lerche MD 121 Fn.121; a.A. Stern ST II 802f; Tschentscher, oben Lit., 199). **17**

d) Die **Bundesaufsicht (Abs.3, 4)** betrifft nur die Ausführung der Bundesgesetze (Rn.3f zu Art.83). Die Pflicht zu bundesfreundlichem Verhalten ist nicht Gegenstand der Bundesaufsicht (BVerfGE 8, 122/131; Oebbecke HbStR³ VI § 136 Rn.45; a.A. Lerche MD 151). Im Regelfall muss es sich um bereits in Kraft getretene Bundesgesetze handeln; ausnahmsweise kann die Bundesaufsicht auch die Ankündigung einer bestimmten Art der Ausführung bzw. Nicht-Ausführung betreffen (Lerche MD 145). Die Bundesaufsicht ist Rechtsaufsicht; Maßstab sind Bundes-, Europa- und Völkerrecht (Dittmann SA 36), nicht aber Landesrecht (Groß FH 43; Hermes DR 93), sowie Verwaltungsvorschriften gem. Abs.2 und Einzelweisungen gem. Abs.5 (Lerche MD 157; Oebbecke HbStR³ VI § 136 Rn.46; a.A. Broß MüK 33: nur bei Außenwirkung). Die Bundesaufsicht hat keinen individualschützenden Charakter (BVerwG, NJW 77, 118; Oebbecke HbStR³ VI § 136 Rn.46). **18**

19   **Verfahren.** Die Beauftragten (Abs.3 S.2) sind Hilfsorgane der Bundesregierung (oben Rn.15). Adressat ist immer das Land (Bull AK 52 f; Lerche MD 161). Der Bund hat dadurch keine Kommunalaufsicht (BVerfGE 8, 122/137). Mittel der Bundesaufsicht sind Auskunftseinholung, Akteneinsicht, Zeugenvernehmung und sonstige Informationsbeschaffung (Bull AK 59 f; Hermes DR 97; Stern ST II 805 Fn.362). Um den Unterschied zum Recht auf Aktenvorlage bei der Auftragsverwaltung (Rn.8 zu Art.85) zu wahren (vgl. Lerche MD 164), müssen die Untersuchungen „ihrem Anlass und ihrem Gegenstand nach auf konkrete Anhaltspunkte für einen Rechtsverstoß beschränkt bleiben" (Hermes DR 98). Die Beauftragten dürfen keine Anweisungen erteilen und sich nicht auf Dauer einrichten (Bull AK 61 f; Lerche MD 165; Broß MüK 34). Wichtigstes Mittel der Bundesaufsicht ist die Feststellung der Bundesregierung, dass eine Rechtsverletzung vorliegt (sog. Mängelrüge). Wenn das Land daraufhin den Mangel beseitigt, ist das Verfahren der Bundesaufsicht beendet. Andernfalls können beide Seiten gem. Abs.4 den Bundesrat, ggf. auch noch das BVerfG anrufen.

20   **Beschluss des Bundesrats** (Abs.4 S.1). Beseitigt das Land den Mangel nicht, können die Bundesregierung und das Land den Bundesrat anrufen; eine Pflicht zur Antragstellung besteht weder für das Land noch für die Bundesregierung (Hermes DR 99; a.A. Broß MüK 36). Bestätigt der Bundesrat die Mängel nicht, kann die Bundesregierung das BVerfG anrufen (unten Rn.21) oder sich der Ansicht des Bundesrats anschließen; dann ist das Verfahren beendet. Bestätigt dagegen der Bundesrat die Mängel, gibt es drei Möglichkeiten: – **(1)** Wenn das Land den Mangel beseitigt, ist das Verfahren beendet. – **(2)** Das Land kann das BVerfG anrufen (unten Rn.21). – **(3)** Wenn das Land den Mangel nicht beseitigt, aber auch nicht das BVerfG anruft, kann die Bundesregierung den Bundeszwang durchführen (Rn.3–5 zu Art.37) oder das BVerfG in der verfassungsrechtlichen Bund-Länder-Streitigkeit (Rn.29–35 zu Art.93) anrufen, da insoweit nicht „gegen" den Beschluss des Bundesrats iSd Abs.4 S.2 vorgegangen wird (Benda/Klein 1075; Pestalozza 133).

21   **Zulässigkeit des Mängelrügeverfahrens vor dem Bundesverfassungsgericht:** – **(1)** Zur *Parteifähigkeit* gilt das bei Rn.29 zu Art.93 Gesagte entsprechend. – **(2)** *Streitgegenstand* sind Meinungsverschiedenheiten über Mängel bei der Ausführung von Bundesgesetzen. Damit kann auch um die Gesetzwidrigkeit des Verhaltens eines Landes gestritten werden (Pestalozza 139). Im Übrigen gilt das bei Rn.30 f zu Art.93 Gesagte entsprechend. – **(3)** Die *Antragsbefugnis* besteht bei Beschwer durch den Bundesratsbeschluss (oben Rn.20). Es gibt hier keine Prozessstandschaft (Pestalozza 140). – **(4)** Es muss das *Vorverfahren* vor dem Bundesrat (oben Rn.20) durchgeführt worden sein. – **(5)** Die *Formerfordernisse* ergeben sich aus § 23 Abs.1 BVerfGG. – **(6)** Die *Frist* beträgt gem. § 70 BVerfGG einen Monat nach der Beschlussfassung des Bundesrats.

Art.**85** [Auftragsverwaltung]

(1) **Führen die Länder die Bundesgesetze im Auftrage des Bundes aus, so bleibt die Einrichtung der Behörden Angelegenheit der Länder, so-**

weit nicht Bundesgesetze mit Zustimmung des Bundesrates etwas anderes bestimmen[2f]. Durch Bundesgesetz dürfen Gemeinden und Gemeindeverbänden Aufgaben nicht übertragen werden[3].

(2) Die Bundesregierung kann mit Zustimmung des Bundesrates allgemeine Verwaltungsvorschriften erlassen[4]. Sie kann die einheitliche Ausbildung der Beamten und Angestellten regeln[4]. Die Leiter der Mittelbehörden sind mit ihrem Einvernehmen zu bestellen[5].

(3) Die Landesbehörden unterstehen den Weisungen der zuständigen obersten Bundesbehörden. Die Weisungen sind, außer wenn die Bundesregierung es für dringlich erachtet, an die obersten Landesbehörden zu richten. Der Vollzug der Weisung ist durch die obersten Landesbehörden sicherzustellen[6f].

(4) Die Bundesaufsicht erstreckt sich auf Gesetzmäßigkeit und Zweckmäßigkeit der Ausführung. Die Bundesregierung kann zu diesem Zwecke Bericht und Vorlage der Akten verlangen und Beauftragte zu allen Behörden entsenden[8].

Literatur: *Ossenbühl,* Die Bundesauftragsverwaltung – gelöste und ungelöste Probleme, FS Badura, 2004, 763; *Janz,* Inhalt, Grenzen und haftungsrechtliche Dimensionen des Weisungsrechts nach Art. 85 III GG, Jura 2004, 227; *H. Jochum,* Die Bundesauftragsverwaltung im Umbruch: Wie weit reicht die Sachkompetenz des Bundes?, DÖV 2003, 16; *Janz,* Das Weisungsrecht nach Art. 85 Abs. 3 GG, 2003; *U. Müller/ Mayer/Wagner,* Wider die Subjektivierung objektiver Rechtspositionen im BundLänder-Verhältnis, VerwArch 2003, 127; *Hermes,* Zur Abgrenzung der Kompetenzen im Rahmen der Bundesauftragsverwaltung, JZ 2002, 1161; *Sommermann,* Grundfragen der Bundesauftragsverwaltung, DVBl 2001, 1549; *Sachs,* Verfassungsrechtliche Streitigkeiten bei Weisungen nach Art. 85 Abs. 3 GG, JuS 1999, 293; *F. Loschelder,* Die Durchsetzbarkeit von Weisungen in der Bundesauftragsverwaltung, 1998; *Tschentscher,* Bundesaufsicht in der Bundesauftragsverwaltung, 1992; *M. Schulte,* Zur Rechtsnatur der Bundesauftragsverwaltung, VerwArch 1990, 415. – S. auch Literatur zu Art. 83 und Art. 87c.

1. Bedeutung und Abgrenzung zu anderen Vorschriften

Art. 85 betrifft die Ausgestaltung der Verwaltungsform (des Verwaltungstyps) der Auftragsverwaltung der Länder und damit die sog. Organisationsgewalt (Rn. 1 zu Art. 84). Es wird eine doppelte Ausnahme von der Regel des Art. 83 normiert: – **(1)** Die Auftragsverwaltung ist eine andere Verwaltungsform als die Landeseigenverwaltung. – **(2)** Es werden Kompetenzen des Bundes in diesem Bereich begründet, die weitergehen als bei der Landeseigenverwaltung. Die Gegenstände, für die die Auftragsverwaltung zur Anwendung kommt, sind in anderen Normen festgelegt. Dabei ist zwischen der obligatorischen Auftragsverwaltung (Art. 90 Abs. 2, 104a Abs. 3 S. 2, 108 Abs. 3) und der fakultativen Auftragsverwaltung (Art. 87b Abs. 2, 87c, 87d Abs. 2, 89 Abs. 2 S. 3 und 4, 120a) zu unterscheiden. Im ersten Fall wird „anderes bestimmt", im zweiten „zugelassen" (vgl. Rn. 9 zu Art. 83). Für die gesetzesfreie Verwaltung gilt Art. 85 nur dann, wenn wie in Art. 87d Abs. 2 und 90 Abs. 2 die Auftragsverwaltung über den Vollzug von Bundesgesetzen hinaus auf einen bestimmten Sachbereich insgesamt erstreckt wird (Hermes

1

DR 16). Art.85 wird auf dem Gebiet der Steuerverwaltung stark modifiziert (Rn.6 zu Art.108).

2. Anwendungsbereich

2   Die Verwaltungsform der Auftragsverwaltung ist eine spezielle Form der Landesverwaltung, nicht der Bundesverwaltung, weshalb der Ausdruck „Bundesauftragsverwaltung" missverständlich ist (vgl. BVerfGE 81, 310/331; Bbg-VerfG, LVerfGE 7, 144/157; BVerwGE 100, 56/58). Es werden Behörden der Länder, einschließlich der Gemeinden (Rn.6 zu Art.30), verwaltungsmäßig tätig (Rn.3f zu Art.83). Diese Ausübung von Landesstaatsgewalt umfasst unentziehbar die Wahrnehmungskompetenz, d.h. das Handeln und die Verantwortlichkeit nach außen im Verhältnis zu Dritten (BVerfGE 81, 310/331f; 104, 249/264f). Der Bund kann aber die Sachkompetenz durch Weisungen (unten Rn.5ff) oder durch informale ausdrückliche oder konkludente Akte, die er für eine effektive und sachgerechte Vorbereitung und Ausübung seines Weisungsrechts für erforderlich hält (krit. Janz, Jura 04, 229), auf sich überleiten (BVerfGE 104, 249/265ff). Allerdings ist dem Bund ein Selbsteintrittsrecht (BVerfGE 81, 310/332) oder ein Handeln, das einer rechtsverbindlichen Entscheidung gleichkommt (BVerfGE 104, 249/267), verwehrt; solche Maßnahmen können aber gem. Art.37 zulässig sein (Rn.3 zu Art.37; Clemens/Umbach UC 40). Zur Wahrnehmungskompetenz gehört auch die Geltendmachung von Ersatzansprüchen für die Beschädigung von Gegenständen, die im Eigentum des Bundes stehen (BGHZ 73, 1/2f). Auftrag ist nicht iSd BGB zu verstehen (BGHZ 16, 95/99; vgl. auch BGH, NJW 74, 319; 79, 101).

3. Rechtsfolgen

3   **a)** Für den **Einfluss des Bundes durch Gesetze (Abs.1)** gilt das bei Rn.2–7a zu Art.84 Gesagte entsprechend (einschr. Trute MKS 13). Auch der 2006 hinzugefügte (Einl.3 Nr.52) S.2 ist eine Folgeänderung zu dem entsprechenden Verbot bei der Landeseigenverwaltung, Gemeinden oder Gemeindeverbänden Aufgaben zu übertragen (Rn.7f zu Art.84); zur Fortgeltung alten Rechts Rn.1–8 zu Art.125a. Die Nichterwähnung der Regelung des Verwaltungsverfahrens ist als Redaktionsversehen zu werten: „Es ist nicht ersichtlich, warum die Kompetenz des Bundes für die Regelung des Verwaltungsverfahrens bei der ihm näherstehenden Auftragsverwaltung weniger weit gehen sollte als bei der Ausführung von Bundesgesetzen in landeseigener Verwaltung" (BVerfGE 26, 338/385; i.E. auch Hermes DR 29; Oebbecke HbStR³ VI § 136 Rn.59). Nach a.A. (Bull AK 11) soll dagegen die Kompetenz zur Regelung des Verwaltungsverfahrens ein Annex der (legislativen) Sachkompetenz sein (Rn.2 zu Art.83) und sich aus Abs.1 ergeben, dass insoweit keine Zustimmung des Bundesrats erforderlich sei (Broß MüK 4; Clemens/Umbach UC 22f; Groß FH 13; Lerche MD 28). Das verträgt sich jedoch schwerlich mit Art.85 Abs.2 S.1 (vgl. auch Ipsen I 640).

4   **b)** Der **Erlass allgemeiner Verwaltungsvorschriften (Abs.2 S.1, 2)** ist auf die Bundesregierung als Kollegium mit Zustimmung des Bundesrats

beschränkt (BVerfGE 100, 249/261 gegen BVerfGE 26, 338/399; BVerwGE 42, 279/283; 67, 173/176; NJW 72, 1773). Auch eine Ermächtigung von Bundesministern mit Zustimmung des Bundesrats ist danach unzulässig (a. A. Tschentscher, JZ 99, 995 f). Die Zustimmung des Bundesrats bezieht sich auf den Erlass der jeweiligen allgemeinen Verwaltungsvorschriften als Einheit; eine (auch gesetzliche) Blankettermächtigung ist unzulässig (BVerfGE 100, 249/260 ff). Hierbei hat der Bundesrat „freies Ermessen" (BVerfGE 11, 6/18). Zusätzlich ist der Bundesregierung die Befugnis eingeräumt, die einheitliche Ausbildung der Beamten und Angestellten – nicht der Arbeiter – zu regeln (S.2), und zwar je nach bloß interner oder Außenwirkung als Verwaltungsvorschrift oder Rechtsverordnung (Bull AK 13; Dittmann SA 15; Lerche MD 47; einschr. Groß FH 14; Hermes DR 33). Anders als bei S.1 ist bei S.2 keine Zustimmung des Bundesrats erforderlich (Lerche MD 47; Broß MüK 13).

c) Bundeskompetenz zum Erlass von Weisungen (Abs.2 S.3, Abs.3). Die Leiter der Mittelbehörden, d.h. Landesbehörden, die weder oberste oder obere noch untere Verwaltungsbehörden sind, sind gem. Abs.2 S.3 mit **Einvernehmen** der Bundesregierung zu bestellen. Außerdem gilt dies nur für Leiter von Mittelbehörden, die ausschließlich mit Aufgaben der Auftragsverwaltung betraut sind (Dittmann SA 17; Lerche MD 40). Es besteht aber ein Dienstverhältnis nur zu dem betreffenden Land (BAGE 13, 45/51).

Für die **Weisungen** gem. Abs.3 gilt grundsätzlich das bei Rn.16 f zu Art.84 Gesagte entsprechend. Zwar besteht hier keine Beschränkung auf „besondere Fälle", doch bedeutet das wegen der erforderlichen Abgrenzung zu den allgemeinen Verwaltungsvorschriften (oben Rn.4) nicht die Kompetenz zu allgemeinen Weisungen (Bull AK 16; Groß FH 19; Hermes DR 43; Lerche MD 50; Trute MKS 23; a. A. Stern ST II 813). Andererseits sind die Weisungen „nicht auf Ausnahmefälle begrenzt und auch nicht weiter rechtfertigungsbedürftig", sondern ein „reguläres Mittel" (BVerfGE 81, 310/332; 104, 249/265); deshalb ist die Absicherung des Weisungsrechts durch eine Entscheidungsvorbehalt zulässig (Groß FH 18). Anders als bei der Landeseigenverwaltung (Rn.18 zu Art.84) können sich Weisungen sowohl auf die Recht- als auch auf die Zweckmäßigkeit der Ausführung beziehen (Hermes DR 42). Die Befugnis zu Weisungen bedarf keiner besonderen gesetzlichen Ermächtigung. Weisungen können außer im Fall einer Delegation auf verfassungsrechtlicher Grundlage (Groß FH 20) von den zuständigen obersten Bundesbehörden erlassen werden (Rn.1 zu Art.87) und die gesamte Vollzugstätigkeit des Landes umfassen (BVerfGE 81, 310/335 f; 84, 25/31). Weisungen sind gegenüber allgemeinen Verwaltungsvorschriften (oben Rn.4) nachrangig (Groß FH 17; Lerche MD 43). Die Weisungsbefugnis hat keinen drittschützenden Charakter, etwa gegenüber Gemeinden (BVerwG, DVBl 70, 579; JZ 76, 683) und begründet keine notwendige Beiladung (BVerwG, NVwZ 99, 296).

Eine **Rechtsverletzung des Landes** durch eine Weisung gem. Abs.3 kommt nur unter folgenden Voraussetzungen in Betracht (BVerfGE 81, 310/332 ff; 84, 25/31 ff; 102, 167/172): – **(1)** Die Inanspruchnahme der Wei-

sungsbefugnis als solche verstößt gegen die Verfassung, etwa weil sie die
Verwaltungskompetenz des Bundes überschreitet; auf die inhaltliche Recht-
und Verfassungsmäßigkeit kommt es nicht an; eine Grenze soll sich in dem
Fall ergeben, „dass eine zuständige oberste Bundesbehörde unter grober
Missachtung der ihr obliegenden Obhutspflicht zu einem Tun oder Unterlassen anweist, welches im Hinblick auf die damit einhergehende allgemeine
Gefährdung oder Verletzung bedeutender Rechtsgüter schlechterdings nicht
verantwortet werden kann" (BVerfGE 81, 310/334). – **(2)** Es wird gegen
das Gebot der Weisungsklarheit (BVerfGE 81, 310/336 f) verstoßen. – **(3)** Es
wird gegen die Pflicht zu bundesfreundlichem Verhalten (Rn.20–22 zu
Art.20) verstoßen. Eine derartige Rechtsverletzung führt zur Unwirksamkeit
der Weisung; eine gerichtliche Klärung kann nur in der verfassungsrechtlichen Bund-Länder-Streitigkeit (Rn.29–35 zu Art.93) erfolgen (BVerfGE 84,
25/30; Hermes DR 58 f, 63; Clemens/Umbach UC 42 f).

8   **d) Bundesaufsicht (Abs.4).** Gegenstand sind alle Bereiche der Auftragsverwaltung. Maßstab sind Rechtmäßigkeit und Zweckmäßigkeit (S.1). Dieser Unterschied zur Landeseigenverwaltung (vgl. Rn.18 zu Art.84) macht
aus der Bundesaufsicht, die über fremde Angelegenheiten ausgeübt wird,
noch keine Geschäftsleitung des Bundes in eigener Sache (a. A. v. Danwitz,
DVBl 92, 1007 ff). Eine Dienstaufsicht kommt nicht in Betracht (Clemens/
Umbach UC 46). Das Verfahren unterscheidet sich von dem bei Rn.19 zu
Art.84 Gesagten dadurch, dass Aktenvorlage verlangt werden kann und Beauftragte zu allen Behörden entsandt werden können (S.2). Während den in
S.2 genannten Aufsichtsmittel nur von der Bundesregierung (Rn.15 zu
Art.84) eingesetzt werden können, stehen weniger weit gehende Maßnahmen gem. S.1 auch den zuständigen obersten Bundesbehörden (oben Rn.6)
zu (Broß MüK 21; Dittmann SA 32; Stern ST II 813; anders Hermes DR
20 ff, 49 f). Das Rügeverfahren vor dem Bundesrat (Rn.19 f zu Art.84)
kommt nicht in Betracht, weil bei der Auftragsverwaltung die Sachkompetenz beim Bund liegt (Dittmann SA 34; Groß FH 29; Oebbecke HbStR[3] VI
§ 136 Rn.71; Stern ST II 814; a.A. Bull AK 28; Trute MKS 43). Zur
Durchsetzung von Weisungen s. Rn.20 zu Art.84.

Art.86 **[Bundesverwaltung]**

**Führt der Bund die Gesetze durch bundeseigene Verwaltung oder
durch bundesunmittelbare Körperschaften oder Anstalten des öffentlichen Rechtes aus[5], so erläßt die Bundesregierung, soweit nicht das
Gesetz Besonderes vorschreibt[8], die allgemeinen Verwaltungsvorschriften[2, 7]. Sie regelt, soweit das Gesetz nichts anderes bestimmt[8], die Einrichtung der Behörden[2, 7].**

Literatur: *Oebbecke,* Verwaltungszuständigkeit, HbStR[3] VI, 2008, § 136; *Axer,* Soziale Versicherungsträger als Thema der grundgesetzlichen Kompetenzordnung, FS
Krause, 2006, 79; *Boecken,* Verfassungsrechtliche Fragen einer Organisationsreform der
gesetzlichen Rentenversicherung, 2000; *Maurer,* Zur Organisationsgewalt im Bereich
der Regierung, FS K. Vogel, 2000, 331; *Britz,* Bundeseigenverwaltung durch selbständige Bundesoberbehörden nach Art.87 III 1 GG, DVBl 1998, 1167; *Traumann,*

Die Organisationsgewalt im Bereich der bundeseigenen Verwaltung, 1998; *Merten,* Juristische Personen iSv Art.87 Abs.2 und Abs.3 GG, FS Knöpfle, 1996, 219; *Schoenenbroicher,* Bundesverwaltung unter Landesgewalt, 1995; *Butzer,* Zum Begriff der Organisationsgewalt, Verw 1994, 157; *Lerche,* Neue Entwicklungen zum Begriff der Bundeseigenverwaltung, FS Franz Klein, 1994, 527; *Gusy,* Die Zentralstellenkompetenz des Bundes, DVBl 1993, 1117; *Rupp,* Bemerkungen zur Bundeseigenverwaltung nach Art.87 III 1 GG, FS Dürig, 1990, 387; *Leyendecker,* Art.87 Abs.2 GG und die Aufsicht über die Träger der Sozialversicherung, ZfSH 1990, 568; *Dittmann,* Die Bundesverwaltung, 1983.

1. Bedeutung

Die Vorschrift regelt die **Verwaltungsform** (den Verwaltungstyp) der   1
Bundesverwaltung. Sie ist eine andere Regelung iSd Art.83 (krit. Burgi
MKS 10; Groß FH 10; Hermes DR 10). Nach dem Maß der Selbstständig-
keit der Verwaltung ist dabei zu unterscheiden zwischen der unmittelbaren
Bundesverwaltung („bundeseigene Verwaltung") und der mittelbaren Bundesverwaltung („bundesunmittelbare Körperschaften oder Anstalten des öffentlichen Rechtes"), wozu regelmäßig auch Stiftungen des öffentlichen
Rechts gerechnet werden (Groß FH 24; Ibler MD 74; Oebbecke HbStR[3]
VI § 136 Rn.97; Sachs SA 44). Aus anderen Vorschriften dieses Abschnitts
ergeben sich noch folgende weitere Aufteilungen: Nach dem Grad der Hier-
archisierung ist die gegliederte (mit eigenem Verwaltungsunterbau) von der
ungegliederten (ohne eigenen Verwaltungsunterbau) Bundesverwaltung zu
unterscheiden; nach der Grundlage im GG selbst oder in einer weiteren Or-
ganisationsentscheidung gibt es einerseits obligatorische und andererseits fakultative Bundesverwaltung (Ibler MD 61 ff).

Zugleich regelt Art.86 teilw. die **Organisationsgewalt** des Bundes, d.h.   2
die Kompetenzverteilung zwischen Bundesorganen für Organisationsentscheidungen. Für den Erlass allgemeiner Verwaltungsvorschriften und die
Einrichtung der Behörden wird die Regelkompetenz der Bundesregierung
festgelegt, die der Zugriffsmöglichkeit des Gesetzgebers unterliegt (Ibler MD
125, 143 ff; Sachs SA 37). Einer zusätzlichen gesetzlichen Ermächtigung bedarf es hierfür nicht (Ibler MD 155; Hermes DR 15, 56; offengelassen BSGE
89, 235/240). Daneben gilt der allgemeine organisatorische Vorbehalt des
Gesetzes (Rn.51 f zu Art.20), der für die Organisationsgewalt folgendes besagt
(vgl. Ohler, AöR 2006, 336 ff): Die Errichtung von Verwaltungsträgern muss
ausnahmslos durch oder auf Grund Gesetzes erfolgen (einschr. Groß FH 37);
die Errichtung von Behörden einschließlich der Zuständigkeitsabgrenzungen
jedenfalls grundsätzlich (vgl. auch BVerfGE 40, 237/250 f; BVerwG, Bh
401.71 Nr.3; a.A. BGH, NJW 83, 521). Dagegen gilt der Vorbehalt des Gesetzes nicht für Organisationsmaßnahmen ohne Außenwirkung und für die
Bildung der Regierung (Rn.2 zu Art.64) und der anderen obersten Bundesbehörden (Rn.1 zu Art.87; Hermes DR 24). Aus der Organisationsgewalt
folgt die Zulässigkeit von Einzelweisungen innerhalb der Verwaltungshierar-
chie; die oberste Zuständigkeit hierzu liegt gem. Art.65 S.2 bei den Ministern
(BVerwGE 46, 55/57; Bh 401.71 Nr.3; Bull AK 26; Stern ST II 820). Weitere Maßgaben für die organisatorische Gestaltung der Bundesverwaltung enthält Art.86 nicht (Broß MüK 5; vgl. aber auch unten Rn.8); es gilt das „Or-

ganisationsermessen des Bundes" (BVerfGE 97, 198/224; krit. Ibler MD 126 ff). Grenzen ergeben sich aber aus der parlamentarischen Verantwortlichkeit der Bundesregierung (Rn.1 zu Art.65).

3   **Ministerialfreie Räume** sind dadurch gekennzeichnet, dass Verwaltungsstellen den sachlichen Weisungen des zuständigen Ressortministers nicht oder nur eingeschränkt unterliegen. Sie sind in Art.86 nicht geregelt (Burgi MKS 61) und nur zulässig, wenn die wahrzunehmende Aufgabe nicht von solcher politischer Tragweite ist, dass sie eine parlamentarische Kontrolle erfordert und deshalb der Regierungsverantwortung nicht generell entzogen werden darf (BVerfGE 9, 268/282; 22, 106/113 f; a.A. Ibler MD 57 f). Voraussetzung für die Begründung ministerial- bzw. regierungsfreier Verwaltung sind eine gesetzliche oder gewohnheitsrechtliche Grundlage und zwingende Sachgründe (Hermes DR 43).

4   **Beispiele:** Staatliche Prüfungsämter und -ausschüsse (BVerwGE 12, 359/ 362; a.A. BremStGH, NJW 74, 2223), Bundespersonalausschuss (Bull AK 29), Bundesprüfstelle für jugendgefährdende Schriften (BVerfGE 83, 130/ 149 f), Bundesbank (Rn.3 zu Art.88), Bundesrechnungshof (Rn.4 zu Art.114), Bundeskartellamt, Bundesdatenschutzbeauftragter, Musterungsausschüsse und -kammern.

2. Anwendungsbereich

5   Bundesverwaltung umfasst nicht nur die gesetzesakzessorische, sondern auch die gesetzesfreie Tätigkeit (BVerfGE 12, 205/246 f; Ibler MD 35 ff; Hermes DR 20 ff; Oebbecke HbStR³ VI § 136 Rn.82; Sachs SA 47; krit. Burgi MKS 19, 25 ff, 39 f; Groß FH 14), nicht aber Landes- oder kommunale Körperschaften oder Anstalten (Broß MüK 4) oder die Erfüllung von Staatsaufgaben in Privatrechtsform (Rn.15 f zu Art.87; Burgi MKS 56; diff. Groß FH 27 ff; a.A. Ibler MD 49, 81 f). Mittelbare Bundesverwaltung (Rn.10 zu Art.87) ist solange dem Bund zurechenbar, als eine effektive Rechtskontrolle durch Bundesministerien erfolgt (Ibler MD 60). Gesetze iSd Art.86 sind nur Bundesgesetze; es gibt grundsätzlich keine Bundesausführung von Landesgesetzen (Rn.10 zu Art.30; Ibler MD 28 ff).

3. Rechtsfolgen

6   **Ausschluss der Länderkompetenz.** Soweit ein Gegenstand der Bundesverwaltung einschlägig ist (Rn.1 zu Art.87), ist die Länderkompetenz grundsätzlich ausgeschlossen (BVerfGE 63, 1/40; BSGE 59, 122/155). Die in Rn.7–10 zu Art.30 genannten Rechtsfolgen gelten auch hier.

7   **Regelkompetenz der Bundesregierung.** Sie besteht gem. S.1 für den Erlass allgemeiner Verwaltungsvorschriften (Rn.14 zu Art.84) und gem. S.2 für die Regelung der Einrichtung der Behörden (Rn.3 zu Art.84). Bundesregierung ist das gem. Art.62 gebildete Kollegium (Bull AK 18; Broß MüK 7; Schröder HbStR³ III § 64 Rn.24; Stern ST II 819 f; offen gelassen BVerfGE 26, 338/396; a.A. BVerwGE 36, 327/333 f; NJW 79, 280; NVwZ 85, 498; Burgi MKS 67; Groß FH 40, 42; Hermes DR 52, 58; Ibler MD 135). Adressaten der allgemeinen Verwaltungsvorschriften sind nur Bundesbehörden einschließlich der mittelbaren Bundesverwaltung (Rn.10 zu Art.87).

Soweit Organisations- und Verfahrensregelungen Außenwirkung haben sollen, ist grundsätzlich ein Gesetz erforderlich (oben Rn.2). Zur Frage der Gesetzgebungskompetenz hierfür Rn.2 zu Art.83.

Durch Gesetz (oder Rechtsverordnung; Burgi MKS 82) kann eine **ab-** **8** **weichende Regelung** getroffen werden. Es dürfen aber nicht die Länder mit Kompetenzen versehen (Hermes DR 42; Ibler MD 148) oder andere Formen der Bundesverwaltung eingeführt werden (Broß MüK 9; abw. Groß FH 20). Die andere Regelung kann darin bestehen, dass die Kompetenz der Bundesregierung durch ein Zustimmungserfordernis des Bundesrats eingeschränkt (Ibler MD 148, 151 ff; a. A. Groß FH 46) oder durch die Begründung der Kompetenz eines anderen Bundesorgans, z. B. eines Ministers, oder eines Selbstverwaltungsorgans (BSGE 89, 235/240 f) ganz ersetzt wird oder dass der Bundestag die betreffenden Fragen zum Inhalt eines Gesetzes macht (BVerfGE 26, 338/369).

Art.87 [Gegenstände der Bundesverwaltung]

(1) **In bundeseigener Verwaltung mit eigenem Verwaltungsunterbau[2] werden geführt der Auswärtige Dienst, die Bundesfinanzverwaltung und nach Maßgabe des Artikels 89 die Verwaltung der Bundeswasserstraßen und der Schiffahrt[3]. Durch Bundesgesetz können Bundesgrenzschutzbehörden[4], Zentralstellen[5] für das polizeiliche Auskunfts- und Nachrichtenwesen[6], für die Kriminalpolizei[6] und zur Sammlung von Unterlagen für Zwecke des Verfassungsschutzes[7] und des Schutzes gegen Bestrebungen im Bundesgebiet, die durch Anwendung von Gewalt oder darauf gerichtete Vorbereitungshandlungen auswärtige Belange der Bundesrepublik Deutschland gefährden[7], eingerichtet werden.**

(2) **Als bundesunmittelbare Körperschaften des öffentlichen Rechtes werden diejenigen sozialen Versicherungsträger geführt, deren Zuständigkeitsbereich sich über das Gebiet eines Landes hinaus erstreckt[10 f]. Soziale Versicherungsträger, deren Zuständigkeitsbereich sich über das Gebiet eines Landes, aber nicht über mehr als drei Länder hinaus erstreckt, werden abweichend von Satz 1 als landesunmittelbare Körperschaften des öffentlichen Rechtes geführt, wenn das aufsichtsführende Land durch die beteiligten Länder bestimmt ist[12].**

(3) **Außerdem können für Angelegenheiten, für die dem Bunde die Gesetzgebung zusteht[13], selbständige Bundesoberbehörden[8] und neue bundesunmittelbare Körperschaften und Anstalten des öffentlichen Rechtes durch Bundesgesetz errichtet werden[13 f]. Erwachsen dem Bunde auf Gebieten, für die ihm die Gesetzgebung zusteht, neue Aufgaben, so können bei dringendem Bedarf bundeseigene Mittel- und Unterbehörden mit Zustimmung des Bundesrates und der Mehrheit der Mitglieder des Bundestages errichtet werden[9].**

Literatur: S. Literatur zu Art.86.

1. Bedeutung und Abgrenzung zu anderen Vorschriften

1   Art.87 enthält Gegenstände (Materien) der Bundesverwaltung. Für sie ergeben sich die Rechtsfolgen aus Art.86. Weitere Gegenstände ergeben sich aus Art.87a–90, 108, 120, 120a, 130 und 135 Abs.4. Zugleich werden in Art.87 über Art.86 hinaus die Verwaltungsformen der Bundesverwaltung weiter ausdifferenziert (Lerche MD 8f). Für die obersten Bundesbehörden (Ministerien, Bundesbank, Bundesrechnungshof, Eigenverwaltungen der Verfassungsorgane) gibt es insoweit spezielle Vorschriften (Bull AK 14, 16). Zu Bundesoberbehörden unten Rn.8; zu Mittel- und Unterbehörden unten Rn.9. Schließlich enthalten Abs.1 S.2 (Gusy, DVBl 93, 1119) und Abs.3 (BVerfGE 14, 197/213) ausschließliche Gesetzgebungskompetenzen des Bundes; allerdings dürfte eine Ermächtigung an die Länder (Rn.3–6 zu Art.71) hier ausscheiden (Lerche MD 121, 172).

2. Obligatorische unmittelbare Bundesverwaltung (Abs.1 S.1)

2   **Allgemeines.** Der Bund darf sich den mit den hier genannten Gegenständen beschriebenen Aufgaben nicht entziehen (Rn.10f zu Art.83) und muss einen regional gegliederten eigenen Verwaltungsunterbau errichten (Burgi MKS 26; Sachs SA 20; a.A. Jestaedt UC 62). Zulässig ist aber daneben in den hier genannten Gegenständen die Errichtung von Zentralstellen (Bull AK 36; Becker, DÖV 78, 555), Bundesoberbehörden (Bull AK 20), verselbständigten Organisationseinheiten unterhalb eigener Rechtsfähigkeit (noch weitergehend Bull AK 20; vgl. auch BVerfGE 10, 89/102, 104; 15, 235/240ff) sowie die Beleihung von Privaten (BVerwG, VwRspr Bd.28 Nr.50; Lerche MD 37; a.A. Krebs HbStR³ V § 108 Rn.69; Sachs SA 19); zu den Grenzen der Privatisierung unten Rn.16.

3   **Die einzelnen Gegenstände** nach den Verfassungsänderungen von 1993 und 1994 (Einl.3 Nr.40, 41): – **(1)** Zum *Auswärtigen Dienst* rechnen neben dem Auswärtigen Amt und den Auslandsvertretungen auch die privatrechtlich organisierten Goethe-Institute und Auslandsschulen (einschr. Jestaedt UC 69; vgl. auch Rn.3f zu Art.73). Zu Einzelheiten Hermes DR 26ff; Lerche MD 55ff. – **(2)** Zur *Bundesfinanzverwaltung* Art.108. – **(3)** Zur *Verwaltung der Bundeswasserstraßen und der Schifffahrt* Art.89.

3. Fakultative unmittelbare Bundesverwaltung (Abs.1 S.2, Abs.3)

a) Bundesgrenzschutzbehörden (Abs.1 S.2) können durch Bundesge- **4**
setz errichtet werden; dies ist eine ausschließliche Bundesgesetzgebungskompetenz (Rn.5 zu Art.70); das entsprechende Gesetz heißt seit 2005 zulässigerweise Bundespolizeigesetz. Ein gegliederter Aufbau (mit Ober-, Mittel-
und Unterbehörden) ist zulässig (Broß MüK 15; Lerche MD 127; Wagner,
DÖV 09, 66). Der Aufgabenbereich der Bundespolizei besteht zunächst im
Umfang der entsprechenden Bundesgesetzgebungskompetenz (Rn.20 zu
Art.73; BVerfGE 97, 198/214) sowie der Aufgabenzuweisungen gem. Art.35
Abs.2, 3, Art.91 und 115f Abs.1 S.1. Darüber hinaus können ihr auch andere Polizeiaufgaben übertragen werden, soweit der Bund dafür nach anderen
Normen die Verwaltungskompetenz (Rn.6–8 zu Art.83) besitzt, die Aufgabe
nicht von Verfassungs wegen einem bestimmten Verwaltungsträger vorbe-
halten ist und die Übertragung das Gepräge der Bundespolizei als einer
Sonderpolizei zur Sicherung der Grenzen des Bundes und zur Abwehr bestimmter, das Gebiet oder die Kräfte eines Landes überschreitender Gefah-
renlagen wahrt (BVerfGE 97, 198/217f; krit. Hermes DR 42ff).

b) Zentralstellen (Abs.1 S.2) stimmen grundsätzlich mit den Bundes- **5**
oberbehörden (unten Rn.8) überein, sind aber auf Koordinationsaufgaben
begrenzt (Gusy, DVBl 93, 1121ff). Sie können auf den hier genannten Gebieten durch Bundesgesetz errichtet werden; dies ist eine ausschließliche
Bundesgesetzgebungskompetenz (Rn.5 zu Art.70; Burgi MKS 37). Hiermit
wird zu einer Durchbrechung des Verbots der Mischverwaltung (Rn.10 zu
Art.30) ermächtigt (Gusy, DVBl 93, 1120f; Lerche MD 130). Abs.1 S.2 verdrängt nicht Abs.3 (unten Rn.8), so dass auf den hier genannten Gebieten
entweder Zentralstellen oder Bundesoberbehörden eingerichtet werden können (BVerfGE 110, 33/50ff; Sachs SA 78; a.A. Hermes DR 72; Lerche MD
170, 175). Im Hinblick auf die unterschiedlichen Aufgaben von Polizei und
nichtpolizeilichen Nachrichtendiensten (unten Rn.7) darf insoweit keine
gemeinsame Zentralstelle errichtet werden (Götz HbStR³ IV § 85 Rn.40;
Bull AK 88; Hermes DR 36; a.A. Roewer, DVBl 86, 205; offen gelassen
BVerfGE 97, 198/217). Den Zentralstellen darf ein auf die Zusammenarbeit
(Rn.31 zu Art.73) gerichtetes Weisungsrecht gegenüber den Landesbehörden eingeräumt werden (Bull AK 35; Lerche MD 129; a.A. Hermes DR
49).

Die Zentralstellen für das **polizeiliche Auskunfts- und Nachrichten-** **6**
wesen und für die **Kriminalpolizei** sind im Bundeskriminalamt vereinigt,
das eine nachgeordnete Behörde des Bundesinnenministeriums ist. Es ist
zugleich das in Art.73 Abs.1 Nr.10 vorgesehene Bundeskriminalpolizeiamt.
Seine Befugnis zu polizeilichen Ermittlungen leitet sich aus der Ermittlungs-
befugnis des Generalbundesanwalts (Rn.4 zu Art.96) ab (Bäcker, Terrorismusabwehr durch das BKA, 2009, 26f; Bull AK 78; abl. Oebbecke HbStR³
VI § 136 Rn.123; Hermes DR 50; Burgi MKS 45, die aber die Ermittlungsbefugnisse auf Art.73 Abs.1 Nr.10 stützen).

Zum **Verfassungsschutz** und den weiteren hier genannten, teilw. 1972 **7**
eingefügten (Einl.3 Nr.31) Begriffen Rn.33f zu Art.73. Die entsprechende
Zentralstelle ist das Bundesamt für Verfassungsschutz, das eine nachgeordnete

Behörde des Bundesinnenministeriums ist; die Bezeichnung als „Bundesoberbehörde" in § 2 Abs. 1 BVerfSchG kann an der verfassungsrechtlichen
Beschränkung (oben Rn. 5) nichts ändern (Hermes DR 54; Sachs SA 48).
Die Betonung der „Sammlung von Unterlagen" als Aufgabe verwirklicht die
von den Besatzungsmächten vorgeschriebene Trennung von Informationsbeschaffung und exekutiven Befugnissen (vgl. Bull AK 65; Lerche MD 142f).
Daraus ergibt sich aber kein verfassungsrechtliches Gebot, polizeiliche von
nachrichtendienstlichen Stellen zu trennen (König, Trennung und Zusam-
menarbeit von Polizei und Nachrichtendiensten, 2005, 151ff; Baumann,
DVBl 05, 798; Oebbecke HbStR³ VI § 136 Rn. 124; offen gelassen BVerf-
GE 97, 198/217) und keine verfassungsrechtliche Rechtfertigung der Geheimhaltung der Unterlagen (Hermes DR 54; a. A. BVerwGE 84, 375/380).
Keine Zentralstellen iSd Abs. 1 S. 2 sind der als Bundesoberbehörde (unten
Rn. 8) dem Bundeskanzleramt unterstehende (§ 1 Abs. 1 BNDG) Bundesnachrichtendienst und der Militärische Abschirmdienst (Rn. 4 zu Art. 87a).

8   **c)** Selbstständige **Bundesoberbehörden** (Abs. 3 S. 1 Alt. 1) sind den Bundesministerien nachgeordnete Bundesbehörden ohne eigenen Verwaltungsunterbau mit Zuständigkeit für das gesamte Bundesgebiet (BVerfGE 14,
197/211), die organisatorisch aus den Ministerien ausgegliedert und in bestimmtem, allerdings unterschiedlichem Maß weisungsfrei gestellt sind (Bull
AK 28; Aufzählung bei Dittmann, Lit. zu Art. 86, 256ff). Der Umfang der
Weisungsbefugnisse darf aber wegen Abs. 3 S. 2 (unten Rn. 9) keinem hierar-
chischen Behördenaufbau gleich kommen (BVerfGE 110, 33/49f). Sie besitzen keine Rechtsfähigkeit (Hermes DR 27 zu Art. 86). Nicht rechtsfähige
Bundesanstalten können im Einzelfall Bundesoberbehörden oder Teile von
Bundesministerien sein (vgl. Bull AK 32, 50ff). Zu den Voraussetzungen für
die Errichtung von Bundesoberbehörden unten Rn. 13f. Bei verschiedenen
Forschungseinrichtungen als Teilen von Bundesministerien ist die Bundesverwaltungskompetenz fraglich (vgl. Hermes DR 90f).

9   **d)** Die Errichtung neuer bundeseigener **Mittel- und Unterbehörden**
(Abs. 3 S. 2) ist an strenge Zulässigkeitsvoraussetzungen geknüpft: Formell
muss ein Bundesgesetz (unten Rn. 13; Broß MüK 9; Lerche MD 212; a. A.
Ipsen I 655; Oebbecke HbStR³ VI § 136 Rn. 119) mit Zustimmung des
Bundesrats (Rn. 4–6 zu Art. 77) und der Mehrheit der Mitglieder des Bundestags (Rn. 1f zu Art. 121) ergehen, und materiell müssen neue Aufgaben
und ein dringender Bedarf vorliegen. „Neu" ist die Aufgabe, wenn sie bisher
weder vom Bund noch von den Ländern wahrgenommen wurde (Broß
MüK 27; diff. Jestaedt UC 111; a. A. Hermes DR 99). „Dringender Bedarf"
ist ein gerichtlich überprüfbarer unbestimmter Rechtsbegriff (Broß MüK 28;
Stern ST II 827), der bedeutet, dass bundeseigene Verwaltung gerade durch
regional beschränkt zuständige (BVerfGE 10, 20/48) Mittel- und/oder Unterbehörden für eine sachgerechte Aufgabenwahrnehmung erforderlich ist
(Hermes DR 100; Sachs SA 76; Jestaedt UC 112). Hiervon ist auch die
Übertragung neuer Aufgaben auf bestehende Mittel- und Unterbehörden
gedeckt (Hermes DR 96; Lerche MD 217).

4. Obligatorische mittelbare Bundesverwaltung (Abs.2)

Der Begriff der **Körperschaft des öffentlichen Rechts** umfasst auch 10
rechtsfähige (Hermes DR 31 zu Art.86; vgl. auch oben Rn.8) Anstalten und
Stiftungen des öffentlichen Rechts (a. A. Oebbecke HbStR³ VI § 136 Rn.97)
sowie Mischformen, nicht aber beliehene Unternehmer (Lerche MD 160,
162; Broß MüK 7). Bundesunmittelbar bedeutet, dass sie nicht den Ländern
unterstehen (BVerfGE 11, 105/108; 63, 1/42). Für die Errichtung ist gem.
dem organisationsrechtlichen Gesetzesvorbehalt (Rn.2 zu Art.86) ein Gesetz
erforderlich, für das wie bei Abs.3 (unten Rn.13) eine ausschließliche Bundesgesetzgebungskompetenz besteht. Der Körperschaftsstatus verlangt einen
Grundbestand an Selbstverwaltung (Lerche MD 159; Burgi MKS 77 f; a. A.
Jestaedt UC 91) und damit regelmäßig eine Beschränkung der Aufsicht auf
Kontrolle der Rechtmäßigkeit und schließt jedenfalls eine umfassende
Zweckmäßigkeitskontrolle aus (Bull AK 43 f). Die Körperschaften werden
grundsätzlich auch durch allgemeine Verwaltungsvorschriften (Rn.2, 7 zu
Art.86) gebunden (BAGE 42, 375/381); das gilt nicht für die interne Ver-
waltung der Sozialversicherungsträger (BSGE 89, 235/238 ff). Obwohl Körperschaften typischerweise nicht hierarchisch untergliedert sind, wird hier
allgemein ein mehrstufiger Aufbau für zulässig gehalten (Lerche MD 164;
Stern ST II 823). Abs.2 erlaubt keine unmittelbare Bundesverwaltung (Lerche MD 157; Sachs SA 53) und keine Mischverwaltung (Bull AK 99; Broß
MüK 20; a. A. Sendler, DÖV 81, 415; vgl. auch Schnapp, GS Tettinger,
2007, 512 ff), wohl aber eine Organleihe (BVerfGE 63, 1/29 ff).

Hierunter fallen die **überregionalen Sozialversicherungsträger** (Auf- 11
zählung bei Dittmann, Lit. zu Art.86, 243; vgl. auch BAGE 74, 218/222;
BSGE 69, 259/261 f) und die **Bundesanstalt** (Bundesagentur) **für Arbeit**
(BayVerfGH, VwRspr Bd.20 Nr.207; vgl. auch Rn.1 zu Art.120). Überre-
gionalität kommt nicht allein deshalb zustande, weil sich eine örtliche Zuständigkeit geringfügig auf das Gebiet eines anderen Landes erstreckt (BSGE
1, 17/33). Sozialversicherung bedeutet dasselbe wie in Art.74 Abs.1 Nr.12
(BVerfGE 63, 1/35). Es können auch neue bundesunmittelbare Sozialversicherungsträger gebildet werden (BVerfGE 11, 105/123). Die Vorschrift soll
keine verfassungsrechtliche (Bestands-)Garantie der Sozialversicherung enthalten (BVerfGE 39, 302/315; krit. Lerche MD 152). Privatrechtlich organisierte Spitzenverbände und Arbeitsgemeinschaften der Sozialversicherungsträger wären verfassungsrechtlich problematisch (Bull AK 97 ff). Die Bundeskompetenz umfasste nicht die Bezeichnung gem. § 657 Abs.1 Nr.2 RVO
(BSGE 63, 62/64).

Eine **Ausnahme** von der obligatorischen mittelbaren Bundesverwaltung 12
besteht gem. dem 1994 eingefügten (Einl.3 Nr.42) S.2, der allerdings nichts
an der Einrichtungskompetenz des Bundes ändert (Burgi MKS 86), unter
zwei Voraussetzungen (vgl. auch Papier, NZS 1995, 241 ff): – **(1)** Der Zuständigkeitsbereich des Sozialversicherungsträgers erstreckt sich nicht über
mehr als drei Länder hinaus. Der Begriff der Sozialversicherung ist derselbe
wie bei der Kompetenzzuweisung (Rn.35 zu Art.74; BVerfGE 114, 196/
223). – **(2)** Die beteiligten Länder bestimmen das aufsichtsführende Land;
wegen des Grundsatzes der Einstimmigkeit (Rn.17 zu Art.20) kann die Be-

stimmung nur einvernehmlich erfolgen (BT-Drs. 12/6000, 42). Der Staatsvertrag über die Bestimmung aufsichtsführender Länder nach Art.87 Abs.2 S.2 GG (GVBl. NW 1996, 566) ist verfassungsmäßig (Sachs SA 59a).

5. Fakultative mittelbare Bundesverwaltung (Abs.3 S.1 Alt.2)

13   **Voraussetzung der Bundesgesetzgebungskompetenz.** Die Errichtung der bundesunmittelbaren Körperschaften und Anstalten des öffentlichen Rechts (Rn.1 zu Art.86; Aufzählung bei Dittmann, Lit. zu Art.86, 259 ff) setzt ein Bundesgesetz sowie eine entsprechende Bundesgesetzgebungskompetenz voraus. Während Abs.3 S.1 selbst eine ausschließliche Bundesgesetzgebungskompetenz begründet (Rn.5 zu Art.70), kommt für die „Angelegenheiten" jede Art der Bundesgesetzgebungskompetenz in Betracht. Jedenfalls bei gesetzesakzessorischer Verwaltung muss die betreffende Materie mindestens gleichzeitig mit der Errichtung geregelt werden (Broß MüK 23; Lerche MD 180; a.A. Jestaedt UC 99). Einzelheiten können auf Grund gesetzlicher Ermächtigung in einer Rechtsverordnung geregelt werden (Bull AK 29; Lerche MD 177). Es ist nicht Voraussetzung, dass die Verwaltungskompetenz des Bundes schon anderweitig im GG begründet oder zugelassen ist (BVerfGE 14, 197/210; 104, 238/247) oder dass ein Bedürfnis gem. Art.72 Abs.2 a.F. besteht (BVerfGE 14, 197/213 f). Auch soweit eine Verwaltungskompetenz des Bundes anderweitig begründet ist, gelten für die Errichtung der hier genannten Behörden die Voraussetzungen des Abs.3 S.1 (BVerfG-K, NVwZ 09, 173 f). Dagegen kann im Bereich von Abs.1 S.1 (oben Rn.2 f) nicht speziell wegen Abs.3 S.1 ein Bundesgesetz als Errichtungsakt gefordert werden (Lerche MD 170 f; vgl. auch OVG RP, AS 10, 353/355).

14   **Sonstiges.** Die Behörden müssen zur Erledigung der Aufgaben geeignet sein (BVerfGE 14, 197/211; 110, 33/49). Die gesetzlich vorgesehene Zusammenarbeit der Bundesoberbehörde mit Landesbehörden steht der Eignung nicht entgegen (BVerfG-K, NVwZ 07, 942/944; BVerwGE 124, 47/68 f), darf aber nicht zu einer unzulässigen Mischverwaltung (Rn.10 zu Art.30) führen (BVerfG-K, NVwZ 09, 174 f). Die Zuweisung der Bundesverwaltungskompetenz bezieht die Ministerien ein (Hermes DR 76; Wieland, ZG 2009, 145 f; a.A. Sachs SA 69). Die Vorschrift bezieht sich auch auf die Übertragung neuer Aufgaben auf bestehende Bundesoberbehörden und bundesunmittelbare Rechtsträger (Lerche MD 175; Oebbecke HbStR³ VI § 136 Rn.132; a.A. BayVGHE 23, 136/138), einschließlich Ministerien (Hermes DR 79; a.A. Jestaedt UC 95), und umfasst die Regelung des Verwaltungsverfahrens vor den hier genannten Behörden (BVerfGE 31, 113/117; Oebbecke HbStR³ VI § 136 Rn.129; a.A. Hermes DR 68). Aus der Gegenüberstellung zu S.2 wird gefolgert, dass Mittel- und Unterbehörden (oben Rn.9) unzulässig sind (BVerfGE 14, 197/211; 110, 33/49; BVerwGE 35, 141/145).

6. Privatrechtlich organisierte Bundesverwaltung

15   Dem Bund steht ein weiter organisatorischer **Gestaltungsspielraum** zu (BVerfGE 63, 1/34, 41; 97, 198/217; Burgi HbStR³ IV § 75 Rn.17). Hier-

von ist nach hM auch der Rückgriff auf privatrechtliche Organisationsformen gedeckt; insb. kann aus der Nichterwähnung privatrechtlich organisierter Verwaltungsträger in Art.83 ff kein generelles Verbot einer Delegation von Verwaltungskompetenzen an Rechtssubjekte des Privatrechts hergeleitet werden (Ehlers, Lit. zu Art.86, 115 f; Hermes DR 34 ff, 46 ff zu Art.86; Lerche MD 201 ff; Oebbecke HbStR³ VI § 136 Rn.102 ff; a.A. Reuß, DVBl 76, 930; zu den Erscheinungsformen Becker, Verw 1979, 161).

Neben den für Bund und Länder geltenden **Grenzen** der Privatisierung **16** (Rn.11 zu Art.83) gibt es spezielle Regelungen für die Bundesverwaltung (Rn.1 zu Art.87d; Rn.4–6 zu Art.87e; Rn.3–5 zu Art.87f). Für den Bund ergeben sich darüber hinaus Grenzen der Privatisierung aus dem Aufgaben- und Organisationsgehalt der Normen, die dem Bund Verwaltungsbereiche zuweisen (vgl. Rn.15 zu Art.87): Da die Übertragung der gesamten Aufgabe auf Private unzulässig ist, dürfen **(1)** nur abgrenzbare Teilaufgaben privatisiert werden, muss **(2)** der Kernbereich der Verwaltungsmaterie bei Behörden bleiben und **(3)** die Anbindung an den Staat („verantwortliche Steuerung" iSv Ibler MD 109 zu Art.86) gewährleistet sein, die allerdings in untergeordneten Bereichen schwächer sein darf (Schmidt-Aßmann/Fromm, Aufgaben und Organisation der deutschen Bundesbahn in verfassungsrechtlicher Sicht, 1986, 104 ff). Regelmäßig unzulässig ist danach eine Zurücknahme der Einflussmöglichkeiten auf eine bloße Rechtsaufsicht (Kirchhof MD 107 zu Art.86). Der Organisationsgehalt besteht darin, dass die Aufgabe grundsätzlich durch eine hierarchisch gegliederte Behördenorganisation zu erbringen ist (Ehlers, Verwaltung in Privatrechtsform, 1984, 119). Schließlich besteht eine rechtsstaatliche Missbrauchsgrenze (Krebs HbStR³ V § 108 Rn.92).

Art.**87a** [Streitkräfte]

(1) **Der Bund stellt Streitkräfte⁴ zur Verteidigung⁹ auf³. Ihre zahlenmäßige Stärke und die Grundzüge ihrer Organisation müssen sich aus dem Haushaltsplan ergeben⁵.**

(2) **Außer zur Verteidigung⁹ dürfen die Streitkräfte⁴ nur eingesetzt werden⁷ᶠ, soweit dieses Grundgesetz es ausdrücklich zuläßt¹⁰.**

(3) **Die Streitkräfte haben im Verteidigungsfalle und im Spannungsfalle die Befugnis, zivile Objekte zu schützen und Aufgaben der Verkehrsregelung wahrzunehmen, soweit dies zur Erfüllung ihres Verteidigungsauftrages erforderlich ist. Außerdem kann den Streitkräften im Verteidigungsfalle und im Spannungsfalle der Schutz ziviler Objekte auch zur Unterstützung polizeilicher Maßnahmen übertragen werden; die Streitkräfte wirken dabei mit den zuständigen Behörden zusammen¹².**

(4) **Zur Abwehr einer drohenden Gefahr für den Bestand oder die freiheitliche demokratische Grundordnung des Bundes oder eines Landes kann die Bundesregierung, wenn die Voraussetzungen des Artikels 91 Abs.2 vorliegen und die Polizeikräfte sowie der Bundesgrenzschutz nicht ausreichen, Streitkräfte zur Unterstützung der Polizei und des Bundesgrenzschutzes beim Schutze von zivilen Objekten und bei**

der Bekämpfung organisierter und militärisch bewaffneter Aufständischer einsetzen. Der Einsatz von Streitkräften ist einzustellen, wenn der Bundestag oder der Bundesrat es verlangen[13].

Literatur: *T. M. Wagner,* Parlamentsvorbehalt und Parlamentsbeteiligungsgesetz, 2010; *Wiefelspütz,* Der Einsatz bewaffneter deutscher Streitkräfte im Ausland, AöR 2007, 44; *F. Kirchhof,* Verteidigung und Bundeswehr, HbStR[3] IV, 2006, § 84; *Soria,* Polizeiliche Verwendungen der Streitkräfte, DVBl 2004, 597; *Linke,* Innere Sicherheit durch die Bundeswehr?, AöR 2004, 489; *Fiebig,* Der Einsatz der Bundeswehr im Inneren, 2004; *Röben,* Der Einsatz der Streitkräfte nach dem GG, ZaöRV 2003, 585; *H. H. Klein,* Rechtsfragen des Parlamentsvorbehalts für Einsätze der Bundeswehr, FS Schmitt Glaeser, 2003, 245; *Spranger,* Wehrverfassung im Wandel, 2003; *Günther,* Zum Einsatz der Bundeswehr im Ausland, in: Thiel (Hg.), Wehrhafte Demokratie, 2003, 329; *Krings/Burkiczak,* Bedingt abwehrbereit?, DÖV 2002, 501; *Schmidt-Jortzig,* Verfassungsänderung für Bundeswehreinsätze im Innern Deutschlands?, DÖV 2002, 773; *Limpert,* Auslandseinsatz der Bundeswehr, 2002; *Brenner/Hahn,* Bundeswehr und Auslandseinsätze, JuS 2001, 729; *Wild,* Verfassungsrechtliche Möglichkeiten und Grenzen für Auslandseinsätze der Bundeswehr nach dem Kosovo-Krieg, DÖV 2000, 622; *Epping,* Die Evakuierung deutscher Staatsbürger im Ausland, AöR 1999, 423; *Schemann,* Verfassungsrechtliche Legitimation nicht-militärischer Auslandseinsätze der Bundeswehr, 1998; *Depenheuer,* Der verfassungsrechtliche Verteidigungsauftrag der Bundeswehr, DVBl 1997, 685; *Raap,* Die Kontrolle der Streitkräfte durch das Parlament, JuS 1996, 980; *Roellecke,* Bewaffnete Auslandseinsätze – Krieg, Außenpolitik oder Innenpolitik?, Staat 1995, 415; *Fröhler,* Grenzen legislativer Gestaltungsfreiheit in zentralen Fragen des Wehrverfassungsrechts, 1995; *Zimmer,* Einsätze der Bundeswehr im Rahmen kollektiver Sicherheit, 1995; *Bähr,* Verfassungsmäßigkeit des Einsatzes der Bundeswehr im Rahmen der Vereinten Nationen, 1994; *G. Nolte,* Bundeswehreinsätze in kollektiven Sicherheitssystemen, ZaöRV 1994, 652; *März,* Bundeswehr in Somalia, 1993. – S. auch Literatur zu Art.35 und Art.115a.

1. Bundeskompetenz und Wehretat (Abs.1)

1   **a) Bundeskompetenz für die Aufstellung der Streitkräfte (S.1). aa) Allgemeines.** Die 1956 eingefügte und 1968 geänderte (Einl.3 Nr.7, 17) Vorschrift weist in Abs.1 S.1 die Kompetenz für die Verteidigung durch Streitkräfte ausschließlich dem Bund zu. Ob es sich um eine Verwaltungskompetenz (BVerwGE 84, 247/250; BVerwG, DVBl 97, 955) oder Exekutivkompetenz (Heun DR 8; Stern ST II 851 ff) handelt, ist verfassungsrechtlich irrelevant (Baldus MKS 6). Zur entsprechenden Gesetzgebungskompetenz Rn.5 f zu Art.73. Der Aufgabe der Aufstellung der Streitkräfte darf sich der Bund nicht entziehen (BVerfGE 28, 36/47; 69, 1/21 f; BVerwGE 73, 182/184; 73, 296/304; Hernekamp MüK 7; Stern ST II 863; a. A. Frank AK 15 nach Art.87); d. h. es besteht ein Bestandsschutz der Streitkräfte gegenüber einfach-gesetzlicher Abschaffung (institutionelle Garantie; vgl. Baldus MKS 5; Ruge SHH 3). Im Übrigen ist über den Umfang der Streitkräfte nach weitgehend politischen Erwägungen zu entscheiden (BVerfGE 48, 127/160; BVerwGE 97, 203/209). Daher kann der Gesetzgeber entscheiden, ob der Verfassungsauftrag durch eine Wehrpflichtigenarmee oder durch eine Freiwilligenarmee (Berufsarmee) erfüllt wird (BVerfGE 48, 127/160 f). Die durch Art.12a Abs.1 gerechtfertigte Entscheidung des Gesetzgebers für die Wehrpflichtigenarmee ist nicht am Maßstab der Verhält-

nismäßigkeit vom BVerfG zu überprüfen (vgl. BVerfGE 105, 61/71; BVerw-
GE 110, 40/56). S.1 steht auch nicht Rüstungsbeschränkungen oder Abrüs-
tungsmaßnahmen entgegen (Baldus MKS 5).

S.1 ist aber **keine Eingriffs- oder Leistungsnorm.** Er ermächtigt nicht 2
zur Beschränkung vorbehaltlos gewährleisteter Grundrechte, insb. des Art.4
Abs.3 (Baldus MKS 11; Pieroth, AöR 1989, 431 ff; **a. A.** BVerfGE 69,
1/21), oder von Grundrechten über deren qualifizierten Gesetzesvorbehalt
hinaus, etwa wenn durch die Versetzung von Soldaten in Art.11 eingegriffen
wird (Baldus MKS 8; Schmidt-Bremme, NVwZ 96, 455; a. A. BVerwG,
NVwZ 96, 474). S.1 begründet auch kein Leistungsrecht, etwa auf unentgeltliche Hilfeleistung durch Kriegsschiffe (vgl. BGHZ 69, 197/203).

bb) Die **Aufstellung** umfasst auch die Organisation der Streitkräfte 3
(BVerfGE 8, 104/116), einschließlich der Truppenverwaltung, d. h. der aus
zwingendem Sacherfordernis in die Truppe integrierten Verwaltung (vgl.
Lerche, FS Dürig, 1990, 401; Grzeszick FH 12), und der militärspezifischen
Gefahrenabwehr (BVerwG, NVwZ-RR 97, 351). Hierzu sollen auch „die
Pflege der militärischen Tradition und der Beziehungen der Truppe zur Öf-
fentlichkeit" (BVerwGE 84, 247/252) und die Überlassung von Kasernen an
verbündete Streitkräfte (BVerwGE 111, 188/195) gehören.

cc) Streitkräfte sind alle militärischen Verbände, d. h. die besonders 4
wirksame Waffen haben, aufgrund des Prinzips von Befehl und Gehorsam
organisiert sind und der Befehls- und Kommandogewalt gem. Art.65a unterstehen (Baldus MKS 15). Nicht dazu gehören: Polizeien des Bundes und der
Länder, Bundeswehrverwaltung gem. Art.87b einschließlich der Hochschulen der Bundeswehr (Rn.2 zu Art.87b), Rechtspflege der Bundeswehr
(Wehrdienstgerichtsbarkeit gem. Art.96 Abs.4 und Wehrstrafgerichtsbarkeit
gem. Art.96 Abs.2), Krankenhäuser der Bundeswehr (Depenheuer MD 72)
und Militärseelsorge gem. Art.140 iVm Art.141 WRV (Stern ST II 862).
Dagegen ist der Militärische Abschirmdienst eine unselbstständige Einrichtung der Streitkräfte (Dau, DÖV 91, 661). Zum Merkmal „zur Verteidigung" unten Rn.9.

b) Anforderungen an den Wehretat (S.2). Die Vorschrift bezweckt 5
die parlamentarische Kontrolle der Streitkräfte (BVerwGE 15, 63/65). Sie ist
eine spezielle Regelung gegenüber Art.110, die insb. das Bepackungsverbot
(Rn.9 zu Art.110) aufhebt (vgl. Baldus MKS 20; Stern ST II 866). Die *zahlenmäßige Stärke* betrifft Berufssoldaten, Soldaten auf Zeit und wehrpflichtige
Soldaten, nicht aber Angehörige der Reserve. Wegen der strikten Formulierung („müssen sich ... ergeben") darf die im Haushaltsplan festgelegte zahlenmäßige Stärke weder überschritten (allgemeine Meinung) noch unterschritten werden (Baldus MKS 22; Hernekamp MüK 10; a. A. Frank AK 35
nach Art.87; Hillgruber UC 41; Kokott SA 5; Ruge SHH 4; Stern ST II
865). S.1 enthält keine Beschränkung auf die Friedenspräsenzstärke; im Verteidigungsfall kann aber im beschleunigten Verfahren ein Nachtragshaushalt
verabschiedet werden (Rn.2 zu Art.115d; vgl. Baldus MKS 23; Frank AK 35
hinter Art.87; a. A. Hernekamp MüK 10). Die Festlegung der *Grundzüge der
Organisation* im Haushaltsplan begrenzt die Organisationsgewalt der Regierung (Kirchhof HbStR³ IV § 84 Rn.32; Stern ST II 865 f). Durch eine ent-

sprechende Auffächerung und Gliederung müssen Aufstellungszweck und Einsatzarten erkennbar werden (Baldus MKS 24; Kokott SA 5).

2. Verfassungsvorbehalt für den Streitkräfteeinsatz (Abs.2)

6 **a) Bedeutung.** Abs.2 legt die Verfassungsmäßigkeit der Verwendung der Streitkräfte (oben Rn.4) fest. Zulässig ist danach die Verwendung, wenn es sich nicht um einen Einsatz handelt (unten Rn.7 f). Soweit ein Einsatz vorliegt, ist er zum einen zulässig, wenn er zur Verteidigung erfolgt (unten Rn.9), und zum andern, wenn er durch das GG ausdrücklich zugelassen ist (sog. Verfassungsvorbehalt; unten Rn.10).

7 **b) Einsatz** bedeutet Verwendung der Streitkräfte zu Kriegshandlungen oder anderen Eingriffsmaßnahmen unter Nutzung der militärischen Organisationsstruktur (vgl. Baldus MKS 36; Schmidt-Jortzig, DÖV 02, 776; Stern ST II 1476 f), d. h. die „Einbeziehung in bewaffnete Unternehmungen" (BVerfGE 121, 135/163) bzw. die „Androhung oder Inanspruchnahme hoheitlichen Zwangs" (BVerwGE 127, 1 Rn.55; 132, 110 Rn.64). Einsatz bedeutet eine derartige Verwendung nicht nur im Inland, sondern auch im Ausland (BVerfGE 121, 135/160 ff; offen gelassen noch BVerfGE 90, 286/355). Erfasst werden daher neben Maßnahmen nach dem VII. Kapitel der UN-Charta und Blauhelmmissionen (Fehn/Fehn, Jura 97, 621) auch Militäraktionen zum Schutz von deutschen Staatsbürgern im Ausland (Franzke, NZWehrR 96, 189) und die Unterstützung polizeilicher Fahndungen im Inland (Klückmann, DVBl 77, 954).

8 **Kein Einsatz** ist dagegen die Öffentlichkeitsarbeit (BVerwGE 127, 1 Rn.57 ff) und die Verwendung der Streitkräfte zu repräsentativen (z.B. Musik- und Traditionspflege, Flottenbesuche und Stellung von Ehrenformationen bei Staatsbesuchen, Ehrengeleit bei Begräbnissen) und karitativen (z.B. Kriegsgräberfürsorge, Krankentransporte, Hungerhilfe, Minenräumung, Umweltschutzaktionen) Zwecken sowie zu wirtschaftlicher Hilfe bei Ernten und Katastrophen (Baldus MKS 38; Frank AK 25 nach Art.87; Hernekamp MüK 13; Hillgruber UC 49), desgleichen die Verwendung für militärische Auslandsaufklärung im Bundesnachrichtendienst (BVerwGE 132, 110 Rn.69).

9 **c) Verteidigung.** Die Aufgabe der Streitkräfte ist in Übereinstimmung mit dem allgemeinen Friedensgebot (Rn.2 zu Art.26) grundsätzlich auf die Verteidigung begrenzt. Der Angriff muss wegen des systematischen Zusammenhangs mit Abs.4 von außerhalb der Landesgrenzen kommen (Schmidt-Jortzig, DÖV 02, 775; a.A. Depenheuer MD 89 ff); die Bundeswehr darf keine luftpolizeilichen Aufgaben wahrnehmen (Linke, DÖV 03, 890). Die Definition des Verteidigungsfalls gem. Art.115a Abs.1 S.1, „dass das Bundesgebiet mit Waffengewalt angegriffen wird oder ein solcher Angriff unmittelbar droht" (vgl. auch BVerfGE 48, 127/160; Heun DR 17; Depenheuer MD 100), wird heute nur als ein Unterfall eines weiteren Verteidigungsbegriffs angesehen. Dafür lässt sich der zwischen Abs.2 und 3 differierende Wortlaut und vor allem das Gebot der Völkerrechtsfreundlichkeit des GG und der völkerrechtsfreundlichen Interpretation des nationalen Rechts (Rn.4 zu Art.25) anführen (Baldus MKS 40 ff). Verteidigung umfasst danach über die Landesverteidigung hinaus die Bündnisverteidigung gem. Art.5 NATO-Vertrag, Art.5

WEU-Vertrag und die individuelle und kollektive Selbstverteidigung gem. Art. 51 UN-Charta (BVerwGE 127, 1 Rn. 51; 127, 302/312 f; Baldus MKS 43 f; Kokott SA 21 f; teilw. abw. Depenheuer MD 120), ferner Maßnahmen der Kriegsverhütung wie die Abwehr fremder und die Durchführung eigener Spionage (Hillgruber UC 32; Depenheuer MD 104).

Nicht mehr mit dem Begriff der Verteidigung vereinbaren lässt sich dagegen die Gewaltanwendung gem. Art. 42 f UN-Charta, selbst wenn sie völkerrechtlich legal sein sollte (Baldus MKS 45; a. A. Brenner/Hahn, JuS 01, 732; Hernekamp MüK 4). Das Gleiche gilt für humanitäre Interventionen (Baldus MKS 50; Hillgruber UC 30 a ff; Kokott SA 23; krit. Depenheuer MD 134 ff). Erst recht nicht dienen Friedenstruppen (Blauhelme, vgl. Fehn/Fehn, Jura 1997, 621) oder die Erfüllung anderweitiger Aufgaben im Rahmen der UNO (vgl. Brenner/Hahn, JuS 01, 732) der Verteidigung. In diesen Fällen kommt aber eine Zulassung durch das GG in Betracht (unten Rn. 10). 9a

d) Eine **ausdrückliche Zulassung** findet sich unstreitig in Art. 35 Abs. 2, 3, Art. 87 a Abs. 3, 4 (BVerfGE 90, 286/357; 115, 118/142; BVerwGE 127, 1 Rn. 52; 127, 302/312 f), die allerdings nur Inlandseinsätze umfassen (Hillgruber UC 50 ff). Darüber hinaus sieht die Rechtsprechung in Art. 24 Abs. 2 eine eigenständige, dem Verfassungsvorbehalt des Abs. 2 nicht unterliegende Einsatzermächtigung für eine Verwendung der Streitkräfte zu Einsätzen, die im Rahmen und nach den Regeln der UNO und der NATO als Systeme gegenseitiger kollektiver Sicherheit (Rn. 20 zu Art. 24) stattfinden (BVerfGE 90, 286/345 ff; 118, 244/261 f; 121, 135/156 f; BVerwGE 103, 361/363 f; 127, 1 Rn. 53). Unter diesen Voraussetzungen sind auch nicht der Verteidigung dienende Einsätze (oben Rn. 9) verfassungsgemäß (krit. Wieland, DVBl 91, 1174; Franzke, NJW 92, 3075; Deiseroth UC 252 ff zu Art. 24). 10

e) Parlamentsvorbehalt. Aus den Vorschriften der Art. 45 a, b, Art. 87 a Abs. 3, Art. 115 a Abs. 5, Art. 115 b, Art. 115 l Abs. 3 sowie aus deutscher Verfassungstradition folgt, dass das Parlament jedem militärischen Einsatz der Streitkräfte im Einzelfall vorher zustimmen muss, und zwar durch einen in den Ausschüssen vorbereiteten und im Plenum erörterten Beschluss gem. Art. 42 Abs. 2 (BVerfGE 90, 286/388) oder ein Gesetz (BVerfGE 121, 135/153 f: „wehrverfassungsrechtlicher Parlamentsvorbehalt"). Dies gilt nicht nur im Fall der Erklärung des Verteidigungsfalls (Rn. 7 zu Art. 115 a), sondern immer wenn deutsche Soldaten in bewaffnete Unternehmungen einbezogen sind (BVerfGE 121, 135/163 ff), vorbehaltlich spezieller Organkompetenz der Bundesregierung (unten Rn. 12). Ein erneuter Zustimmungsbeschluss ist bei Wegfall der ursprünglichen Einsatzvoraussetzungen erforderlich (BVerfGE 124, 267/276 ff). Bei Gefahr im Verzug kann die Regierung vorläufig selbst entscheiden, muss aber umgehend den Bundestag für eine endgültige Entscheidung einschalten (BVerfGE 90, 286/388). Der Parlamentsvorbehalt darf nicht restriktiv interpretiert werden (BVerfGE 121, 135/162 f). Das Verfahren ist im ParlamentsbeteiligungsG geregelt (vgl. Schröder, NJW 05, 1401; Wiefelspütz, NVwZ 05, 496). 11

3. Äußerer und innerer Notstand (Abs.3, 4)

12   **a) Äußerer Notstand (Abs.3).** Nach Erklärung des Verteidigungsfalls (Rn.3–6 zu Art.115a) oder des Spannungsfalls (Rn.1 f zu Art.80a), nicht aber im bloßen Bündnisfall (Rn.5 f zu Art.80a), werden die Aufgaben und Befugnisse der Streitkräfte (oben Rn.4) durch Abs.3 erweitert. Gem. S.1 haben sie auch die Kompetenz, zivile Objekte, d. h. die nicht unmittelbar den Streitkräften zugeordnet werden können (Baldus MKS 77), vor Angriffen durch nicht kombattante Störer (andernfalls haben sie die Kompetenz bereits gem. Abs.1) zu schützen und Aufgaben der Verkehrsregelung wahrzunehmen, soweit das zur Erfüllung ihrer eigentlichen Aufgabe erforderlich ist; damit erfolgt eine Beschränkung auf verteidigungsrelevante zivile Objekte und eine Bindung an den Verhältnismäßigkeitsgrundsatz (Baldus MKS 78). Unabhängig von dieser Zweckbeschränkung kann den Streitkräften gem. S.2 die Aufgabe gesetzlich übertragen werden (Baldus MKS 80 ff), die Polizei beim Schutz ziviler Objekte zu unterstützen (Rn.6 zu Art.35). Einzelne Eingriffsmaßnahmen bedürfen in allen Fällen einer Befugnisnorm (Baldus MKS 87 ff; Depenheuer MD 174; Heun DR 25).

13   **b) Innerer Notstand (Abs.4).** Voraussetzungen des Einsatzes (oben Rn.7 f) der Streitkräfte (oben Rn.4) gem. Abs.4 S.1 sind **(1)** eine drohende Gefahr für den Bestand oder die freiheitliche demokratische Grundordnung des Bundes oder eines Landes (Rn.1 zu Art.91), **(2)** fehlende Bereitschaft oder Fähigkeit des Landes zur Bekämpfung der Gefahr (Rn.3 zu Art.91) und **(3)** Nichtausreichen der Polizeikräfte und des Bundesgrenzschutzes (Bundespolizei) zur Bekämpfung der Gefahr. Die Bundesregierung (vgl. Art.62) hat dann folgende, in ihrem Ermessen liegende Kompetenz: Sie kann die Streitkräfte zur Unterstützung (Rn.6 zu Art.35) der Polizei und des Bundesgrenzschutzes (Bundespolizei) beim Schutz von zivilen Objekten (oben Rn.12) und bei der Bekämpfung organisierter und militärisch bewaffneter Aufständischer einsetzen, wobei Polizeirecht (Heun DR 30, 32; Kokott SA 61; Stern ST II 1484 f; a. A. Baldus MKS 120 ff: Befugnisnormen fehlen), nicht Kriegsvölkerrecht (so aber Hase AK 6) anwendbar ist. Durch S.2 wird die parlamentarische Verantwortlichkeit gewahrt.

Art.**87b** [Bundeswehrverwaltung]

(1) **Die Bundeswehrverwaltung wird in bundeseigener Verwaltung mit eigenem Verwaltungsunterbau geführt. Sie dient den Aufgaben des Personalwesens und der unmittelbaren Deckung des Sachbedarfs der Streitkräfte. Aufgaben der Beschädigtenversorgung und des Bauwesens können der Bundeswehrverwaltung nur durch Bundesgesetz, das der Zustimmung des Bundesrates bedarf, übertragen werden. Der Zustimmung des Bundesrates bedürfen ferner Gesetze, soweit sie die Bundeswehrverwaltung zu Eingriffen in Rechte Dritter ermächtigen; das gilt nicht für Gesetze auf dem Gebiete des Personalwesens[2].**

(2) **Im übrigen können Bundesgesetze, die der Verteidigung einschließlich des Wehrersatzwesens und des Schutzes der Zivilbevölkerung**

dienen, mit Zustimmung des Bundesrates bestimmen, daß sie ganz oder teilweise in bundeseigener Verwaltung mit eigenem Verwaltungsunterbau oder von den Ländern im Auftrage des Bundes ausgeführt werden. Werden solche Gesetze von den Ländern im Auftrage des Bundes ausgeführt, so können sie mit Zustimmung des Bundesrates bestimmen, daß die der Bundesregierung und den zuständigen obersten Bundesbehörden auf Grund des Artikels 85 zustehenden Befugnisse ganz oder teilweise Bundesoberbehörden übertragen werden; dabei kann bestimmt werden, daß diese Behörden beim Erlaß allgemeiner Verwaltungsvorschriften gemäß Artikel 85 Abs.2 Satz 1 nicht der Zustimmung des Bundesrates bedürfen[3].

Literatur: *Durner,* Rechtsfragen der Privatisierung in der Bundeswehrverwaltung unter besonderer Berücksichtigung der Vorgaben des Art.87b GG, VerwArch 2005, 18; *Lorse,* Das Verhältnis zwischen Streitkräften und Bundeswehrverwaltung im System des GG, NZWehrR 2004, 177; *Gramm,* Privatisierung bei der Bundeswehr, DVBl 2003, 1366; *Voigt/Seybold,* Streitkräfte und Wehrverwaltung, 2003; *Wieland,* Verfassungsrechtliche Rahmenbedingungen für Privatisierungen im Bereich der Bundeswehrverwaltung, NZWehrR 2003, 1; *Walz,* Die verfassungsrechtlichen Grundlagen der Bundeswehrverwaltung, FS Dau, 1999, 301; *ders.,* Auslandseinsätze deutscher Streitkräfte und Art.87b GG, NZWehrR 1997, 89; *Roellecke,* Streitkräfte und Bundeswehrverwaltung, DÖV 1992, 200; *Lerche,* Verfassungsfragen der Bundeswehrverwaltung, FS Dürig, 1990, 401. – S. auch Literatur zu Art.87a.

Bedeutung. Der 1956 eingefügte (Einl.3 Nr.7) Art.87b bestimmt, dass 1
getrennt von den Streitkräften (Rn.3 zu Art.87a) eine zivile Verwaltung des militärischen Bereichs existieren muss (BVerwGE 86, 140/141; 86, 166/169; BGHZ 64, 201/206f). Er bezweckt aber nicht die Übertragung der anderen Trägern öffentlicher Gewalt zugewiesenen Aufgaben der Daseinsvorsorge auf die Bundeswehrverwaltung (BVerwG, NVwZ-RR 97, 351). Unberührt bleibt die Kompetenz gem. Art.87 Abs.3 S.1; nur gegenüber Art.87 Abs.3 S.2 ist Art.87b Abs.2 S.1 lex specialis (Hernekamp MüK 24; a. A. Dittmann, Lit. zu Art.86, 220f).

Die **Bundeswehrverwaltung (Abs.1)** ist ein Gegenstand obligatorischer 2
unmittelbarer Bundesverwaltung mit eigenem Verwaltungsunterbau (Rn.2 zu Art.87). Sie dient den Aufgaben des Personalwesens und der unmittelbaren Deckung des Sachbedarfs der Streitkräfte. Entscheidend ist der unmittelbare Bezug zu den Aufgaben der Streitkräfte (Frank AK 97 nach Art.87). Beispielsweise fallen hierunter die bundeswehrinterne Personalverwaltung, einschließlich der Organisation von dienstlichen Veranstaltungen (BSGE 71, 60/66) und des Wehrdisziplinar- und -beschwerdewesens (Hernekamp MüK 7), das Beschaffungs-, Instandsetzungs-, Lager-, Unterkunfts-, Liegenschafts- und Haushaltswesen (BVerwG, NVwZ-RR 97, 351; vgl. auch Stern ST II 868). Unter dem Aspekt der Aus- und Fortbildung des Personals wird die Errichtung von wissenschaftlichen Hochschulen der Bundeswehr kompetentiell gerechtfertigt (Roellecke, DÖV 92, 201; einschr. Baldus MKS 12; vgl. auch Rn.6 zu Art.73). „Unmittelbare" Deckung des Sachbedarfs bedeutet, dass ein direkter Zusammenhang zwischen den Verwaltungsaufgaben und den militärischen Bedürfnissen bestehen muss. Darunter soll wohl noch

die Rüstungsforschung, nicht aber mehr die Rüstungsgesamtplanung fallen (Hernekamp MüK 8; a. A. Dittmann, Lit. zu Art.86, 218). Die Errichtung einer Schule für die Kinder von Soldaten gehört jedenfalls nicht mehr hierzu (Baldus MKS 12; a. A. BGH, U. v. 4. 2. 72 – V ZR 29/70 –, zit. nach OVG NW, DVBl 75, 48). Zur Truppenverwaltung Rn.3 zu Art.87a.

3 Eine **Zustimmungsbedürftigkeit** (Rn.4–6 zu Art.77) besteht für die Übertragung der Aufgaben der Beschädigtenversorgung und des Bauwesens auf die Bundeswehrverwaltung (S.3) und für Ermächtigungen zu Eingriffen in Rechte Dritter (S.4); insoweit wird jeweils eine ausschließliche Bundesgesetzgebungskompetenz begründet (Rn.5 zu Art.70). Das Zustimmungserfordernis gem. S.4 Hs.1 bezieht sich nur auf die einzelne Eingriffsnorm; es entfällt gem. S.4 Hs.2 für Gesetze auf dem Gebiet des Personalwesens.

4 Die **sonstige Verteidigungsverwaltung (Abs.2)** betrifft den Vollzug von Gesetzen gem. Art.73 Abs.1 Nr.1, der weder unter Abs.1 noch unter Art.87a Abs.1 fällt, insb. Wehrersatzwesen und Zivilschutz. Die Ermächtigungen gem. S.1 zur Einführung von unmittelbarer Bundesverwaltung mit eigenem Verwaltungsunterbau (Rn.1 zu Art.86) stehen im Ermessen des Gesetzgebers; ohne entsprechendes Gesetz bleibt es bei der Landeseigenverwaltung (Rn.1 zu Art.83; BVerfGE 48, 127/178 f). Die Ermächtigung zu bloß „teilweiser" Übertragung lässt nur Aufteilungen nach Sachgebieten, nicht aber Mischverwaltung (Rn.10 zu Art.30) zu (Hernekamp MüK 17; Stern ST II 869). Die Ermächtigung umfasst auch die Verwaltung durch bundesunmittelbare Körperschaften und Anstalten des öffentlichen Rechts (Baldus MKS 20; Kokott SA 19; HambOVG, DVBl 81, 49). Zur Zustimmungsbedürftigkeit Rn.4–6 zu Art.77. Für den Fall der Verteidigungsverwaltung als Auftragsverwaltung enthält S.2 die Ermächtigung zu Abweichungen gegenüber Art.85.

Art.**87c** [Kernenergieverwaltung]

Gesetze, die auf Grund des Artikels 73 Abs.1 Nr.14 ergehen, können mit Zustimmung des Bundesrates bestimmen, daß sie von den Ländern im Auftrage des Bundes ausgeführt werden.

Literatur: *Burgi*, Die Überführung der Atomaufsicht in die Bundeseigenverwaltung aus verfassungsrechtlicher Sicht, NVwZ 2005, 247; *Leidinger/Zimmer*, Die Überführung der Bundesauftragsverwaltung im Atomrecht in Bundeseigenverwaltung, DVBl 2004, 1005; *Frenz*, Atomkonsens und Landesvollzugskompetenz, NVwZ 2002, 561; *Grapperhaus*, Die verfassungsrechtlichen Grundlagen der Verwaltungskompetenzen im Atomgesetz, 2002; *Schmidt-Preuß*, Das neue Atomrecht, NVwZ 1998, 553; *Hartung*, Die Atomaufsicht, 1992; *K. Lange*, Das Weisungsrecht des Bundes in der atomrechtlichen Auftragsverwaltung, 1990; *Steinberg*, Bundesaufsicht, Länderhoheit und Atomgesetz, 1990. – S. auch Literatur zu Art.86.

1 Der 1959 eingefügte und 2006 geänderte (Einl.3 Nr.10, 52) Art.87c enthält eine ausschließliche Bundesgesetzgebungskompetenz (Rn.5 zu Art.70) mit Zustimmungspflichtigkeit des Bundesrats (Rn.4–6 zu Art.77) für die fakultative – umfassende oder partielle (Horn MKS 30 f) – Anordnung von Auftragsverwaltung (Rn.1 zu Art.85) für Gesetze, die sich zumindest auch

(Horn MKS 21) auf die ausschließliche Gesetzgebungskompetenz des Bundes gem. Art.73 Abs.1 Nr.14 stützen. Ohne entsprechendes Gesetz bleibt es bei der Regel der Landeseigenverwaltung (Rn.1 zu Art.83). Die Aufhebung der Anordnung ist nicht zustimmungsbedürftig (vgl. Rn.2 zu Art.87d; Durner FH 9; Trute ST-F 185; a.A. Horn MKS 49f). Unberührt bleibt die Kompetenz gem. Art.87 Abs.3 S.1 (BVerwG, NVwZ 07, 88; a.A. Hermes DR 20); nur gegenüber Art.87 Abs.3 S.2 ist Art.87c lex specialis (Bull AK 16; Ruge SHH 2a; Uerpmann MüK 9; Windthorst SA 32f; a.A. Zieger/ Bischof BK 25f; Horn MKS 56ff; Durner FH 31).

Art.**87d** [Luftverkehrsverwaltung]

(1) **Die Luftverkehrsverwaltung wird in Bundesverwaltung geführt. Aufgaben der Flugsicherung können auch durch ausländische Flugsicherungsorganisationen wahrgenommen werden, die nach Recht der Europäischen Gemeinschaft zugelassen sind. Das Nähere regelt ein Bundesgesetz[1].**

(2) **Durch Bundesgesetz, das der Zustimmung des Bundesrates bedarf, können Aufgaben der Luftverkehrsverwaltung den Ländern als Auftragsverwaltung übertragen werden[2].**

Literatur: *Uerpmann-Wittzack,* Beteiligung Privater im Bereich der Bundesverkehrsinfrastruktur: Deutsche Flugsicherung und Deutsche Bahn, FS Steiner, 2009, 872; *Schoch,* Vereinbarkeit des Gesetzes zur Neuregelung der Flugsicherung mit Art.87d GG, 2006; *Schwenk/Giemulla,* Handbuch des Luftverkehrsrechts, 3. A. 2005; *Baumann,* Private Luftfahrtverwaltung, 2002; *Pabst/Schwartmann,* Privatisierte Staatsverwaltung und staatliche Aufsicht, DÖV 1998, 315; *Trampler,* Verfassungs- und unternehmensrechtliche Probleme der bundesdeutschen Flugsicherung, 1993. – S. auch Literatur zu Art.86.

Gem. **Abs.1 S.1** der 1961 eingefügten und 1992 und 2009 geänderten 1 (Einl.3 Nr.11, 37, 56) Vorschrift ist die Verwaltung des Luftverkehrs (Rn.22 zu Art.73) ein Gegenstand der **Bundesverwaltung** (Rn.1 zu Art.86). Luftverkehrsverwaltung umfasst nicht den Betrieb von Luftverkehrsunternehmen (vgl. Rn.1 zu Art.87e; Rn.3 zu Art.89); daher ist die Beteiligung des Bundes an der Deutschen Lufthansa AG problematisch (vgl. Rn.3 zu Art.30; a.A. Horn MKS 22). Bundesverwaltung umfasst unmittelbare und mittelbare Bundesverwaltung einschließlich privatrechtsförmiger Eigengesellschaften des Bundes und der Beleihung (Remmert EH 6). Bei Wahrung bestimmter Grenzen (Rn.16 zu Art.87) ist auch eine Kapitalprivatisierung zulässig (Remmert EH 17). Unberührt bleibt die Kompetenz gem. Art.87 Abs.3 S.1; nur gegenüber Art.87 Abs.3 S.2 ist Art.87d Abs.1 lex specialis (teilw. a.A. Horn MKS 26f, 36; Durner FH 5; Uerpmann MüK 10; Windthorst SA 24); d.h. es darf ein eigener Verwaltungsunterbau eingerichtet werden. Von der grundsätzlich hoheitlich wahrzunehmenden Aufgabe lässt EU- (früher EG-)Recht Ausnahmen v.a. für die Flugsicherung zu, die „unter Aufrechterhaltung eines hohen Sicherheitsniveaus von den Mitgliedstaaten zu Marktbedingungen organisiert werden" (BT-Drs. 16/13105, 7). Auch unabhängig von anwendungsvorrangigem EU-Recht ermöglicht **S.2** die Wahrnehmung deutscher Hoheitsgewalt durch ausländische Flugsicherungsorganisationen, die gem. EU- (früher EG-)Recht zugelassen bzw. „zertifiziert" (BT-Drs. 16/13105, 7) sind; damit wird die bisherige Praxis verfassungsrechtlich abgesichert (Remmert EH 10). **S.3** begründet eine ausschließliche Bundesgesetzgebungskompetenz (Rn.5 zu Art.70) und einen Regelungsauftrag (Rn.22 zu Art.70). In dem Gesetz sind insb. die „öffentlich-rechtlichen Aufsichts-, Kontroll- und Steuerungsrechte für die zivile und die zivil-militärische Flugsicherung" auszugestalten (BT-Drs. 16/13105, 7). Das Gesetz kann auch die organisationsrechtliche Zurechnung der Tätigkeit ausländischer Flugsicherungsorganisationen zum Verwaltungshandeln des Bundes vorsehen (Remmert EH 11 f).

2   Gem. **Abs.2** besteht eine ausschließliche Bundesgesetzgebungskompetenz (Rn.5 zu Art.70) für eine Ermächtigung zur Anordnung von **Auftragsverwaltung** (Rn.1 zu Art.85), die auf einzelne Aufgaben beschränkt sein muss (Windthorst SA 36; Hermes DR 35; Horn MKS 41; Durner FH 25; a.A. Uerpmann MüK 18) und auch nicht alle Länder umfassen muss (BVerfGE 97, 198/227). Ohne entsprechendes Gesetz bleibt es bei der Regel des Art.87d Abs.1. Zur Zustimmungsbedürftigkeit Rn.4–6 zu Art.77; die Aufhebung eines entsprechenden Gesetzes ist nicht zustimmungsbedürftig, weil lediglich die in Abs.1 angeordnete Bundeseigenverwaltung wiederhergestellt wird (Durner FH 27; Hermes DR 33; a.A. Uerpmann MüK 17; Horn MKS 48); ebenso liegt es, wenn die Rückübertragung durch die gesetzlich ausreichend ermächtigte Exekutive erfolgt (BVerfGE 97, 198/227). Soweit eine Aufgabe nach Abs.2 übertragen ist, wie z.B. die luftverkehrsrechtliche Planfeststellung (BVerwGE 75, 214/217 f) und die Genehmigung von Flugplätzen (BVerwG, DVBl 73, 451), kann ein diesbezügliches Landesgesetz die ausschließliche Gesetzgebungskompetenz des Bundes und das darauf beruhende Bundesgesetz, nicht aber Art.87d Abs.2 verletzen (vgl. Hermes DR 37; a.A. HessStGH, ESVGH 32, 20/28).

Art.**87e** [Eisenbahnverkehrsverwaltung]

(1) **Die Eisenbahnverkehrsverwaltung für Eisenbahnen des Bundes wird in bundeseigener Verwaltung geführt[1]. Durch Bundesgesetz können Aufgaben der Eisenbahnverkehrsverwaltung den Ländern als eigene Angelegenheit übertragen werden[2].**

(2) **Der Bund nimmt die über den Bereich der Eisenbahnen des Bundes hinausgehenden Aufgaben der Eisenbahnverkehrsverwaltung wahr, die ihm durch Bundesgesetz übertragen werden[3].**

(3) **Eisenbahnen des Bundes werden als Wirtschaftsunternehmen in privat-rechtlicher Form geführt[4]. Diese stehen im Eigentum des Bundes, soweit die Tätigkeit des Wirtschaftsunternehmens den Bau, die Unterhaltung und das Betreiben von Schienenwegen umfaßt[5]. Die Veräußerung von Anteilen des Bundes an den Unternehmen nach Satz 2 erfolgt auf Grund eines Gesetzes; die Mehrheit der Anteile an diesen Unternehmen verbleibt beim Bund[5]. Das Nähere wird durch Bundesgesetz geregelt[6].**

(4) **Der Bund gewährleistet, daß dem Wohl der Allgemeinheit, insbesondere den Verkehrsbedürfnissen, beim Ausbau und Erhalt des Schienennetzes der Eisenbahnen des Bundes sowie bei deren Verkehrsangeboten auf diesem Schienennetz, soweit diese nicht den Schienenpersonennahverkehr betreffen, Rechnung getragen wird. Das Nähere wird durch Bundesgesetz geregelt[7].**

(5) **Gesetze auf Grund der Absätze 1 bis 4 bedürfen der Zustimmung des Bundesrates. Der Zustimmung des Bundesrates bedürfen ferner Gesetze, die die Auflösung, die Verschmelzung und die Aufspaltung von Eisenbahnunternehmen des Bundes, die Übertragung von Schienenwegen der Eisenbahnen des Bundes an Dritte sowie die Stillegung von Schienenwegen der Eisenbahnen des Bundes regeln oder Auswirkungen auf den Schienenpersonennahverkehr haben[8].**

Literatur: *Ehlers,* Rechtsfragen einer Privatisierung der Deutschen Bahn AG, FS Steiner, 2009, 136; *Wilkens,* Wettbewerbsprinzip und Gemeinwohlorientierung bei der Erbringung von Eisenbahndienstleistungen, 2006; *Ruge,* Diskriminierungsfreier Netzzugang im liberalisierten Eisenbahnmarkt in Deutschland, AöR 2006, 1; *Arnold,* Das Sicherstellungsgebot des Art.87e IV GG im Bereich des Schienenpersonenfernverkehrs, FS Hablitzel, 2005, 33; *Kramer,* Das Recht der Eisenbahninfrastruktur, 2002; *Fehling,* Zur Bahnreform, DÖV 2002, 793; *Brosius-Gersdorf,* Wettbewerb auf der Schiene, DÖV 2002, 275; *Sommer,* Staatliche Gewährleistung im Verkehrs-, Post- und Telekommunikationsbereich, 2000; *Menges,* Die Rechtsgrundlagen für die Strukturreform der Deutschen Bahnen, 1997; *Grupp,* Eisenbahnaufsicht nach der Bahnreform, DVBl 1996, 591; *Lerche,* Infrastrukturelle Verfassungsaufträge (zu Nachrichtenverkehr, Eisenbahnen), FS Friauf, 1996, 251; *Hommelhoff/Schmidt-Aßmann,* Die Deutsche Bahn AG als Wirtschaftsunternehmen, ZHR 1996, 521; *Wegener,* Bahnprivatisierung und Eisenbahnverwaltung, DÖV 1996, 305; *Benz,* Postreform II und Bahnreform – Ein Elastizitätstest für die Verfassung, DÖV 1995, 679; *Schmidt-Aßmann/H.C. Röhl,* Grundpositionen des neuen Eisenbahnverfassungsrechts (Art.87e GG), DÖV 1994, 577; *Fromm,* Die Reorganisation der Deutschen Bahnen, DVBl 1994, 187.

1. Verwaltungskompetenzen (Abs.1, 2)

Gem. **Abs.1 S.1** der 1993 eingefügten (Einl.3 Nr.40; vgl. auch Art.106a **1** und Art.143a) Vorschrift ist die Verwaltung der Eisenbahnen des Bundes (Rn.23f zu Art.73) ein Gegenstand obligatorischer unmittelbarer Bundesverwaltung (Rn.2 zu Art.87). Verwaltung ist die Ausführung der Gesetze in verwaltungsmäßiger Weise (Rn.4 zu Art.83), insb. die Wahrnehmung von Aufsichts- und Genehmigungsbefugnissen (BT-Drs. 12/5015, 7) bzw. „alle hoheitlichen Ordnungs- und Steuerungsaufgaben, die das Eisenbahnwesen einschließlich des Baus und des Betriebs der Eisenbahnen betreffen" (BVerfGE 97, 198/222). Wie bei der Luftverkehrsverwaltung (Rn.1 zu Art.87d) und der Bundeswasserstraßenverwaltung (Rn.3 zu Art.89) ist davon nicht der Betrieb von wirtschaftlichen Unternehmen, sei es bezüglich des Transports, sei es bezüglich der Infrastruktur (Rn.23 zu Art.73), erfasst (Möstl MD 148). Dieser Dienstleistungsbereich ist strikt von der Verwaltungskompetenz zu trennen (Hommelhoff/Schmidt-Aßmann, ZHR 96, 525). Aus der gewollten (BT-Drs. 12/5015, 6) Parallele zur Luftverkehrs- und Bundeswasserstraßenverwaltung ergeben sich noch folgende Rechtsfolgen (vgl. Rn.1 zu

Art.87d; Rn.2 zu Art.89): Statt unmittelbarer Bundesverwaltung ist auch mittelbare Bundesverwaltung zulässig (Uerpmann MüK 5; a. A. Gersdorf MKS 27; Möstl MD 153, 157; Ruge SHH 3; Windthorst SA 12, 22). Unberührt bleibt die Kompetenz gem. Art.87 Abs.3 S.1; nur gegenüber Art.87 Abs.3 S.2 ist Art.87e Abs.1 S.1 lex specialis (teilw. a. A. Windthorst SA 23; Uerpmann MüK 5; Wieland DR 22); d. h. es darf ein eigener Verwaltungsunterbau eingerichtet werden (Möstl MD 155).

2   Gem. **Abs.1 S.2** besteht eine ausschließliche Bundesgesetzgebungskompetenz (Rn.5 zu Art.70; Möstl MD 25; krit. Gersdorf MKS 29) für eine Ermächtigung zur Übertragung von Aufgaben der Eisenbahnverkehrsverwaltung auf die Länder, die wie bei der Luftverkehrsverwaltung (Rn.2 zu Art.87d) auf einzelne Aufgaben beschränkt sein muss (Möstl MD 162), z.B. der Schienenpersonennahverkehr (BT-Drs. 12/5015, 7) und das Anhörungsverfahren im Rahmen der eisenbahnrechtlichen Planfeststellung (BVerwG, NVwZ 00, 674). Dass die Länder dann die Bundesgesetze als eigene Angelegenheit ausführen, ist angesichts des grundsätzlichen Regel-Ausnahme-Verhältnisses zugunsten der Landeseigenverwaltung (Rn.1 zu Art.83) eine bloße Klarstellung (BT-Drs. 12/6280, 8). Es handelt sich um den einzigen Fall fakultativer Landeseigenverwaltung im GG (Vesting AK 65). Ohne entsprechendes Gesetz bleibt es bei der Regel des Abs.1 S.1.

3   Gem. **Abs.2** besteht für den Bundesgesetzgeber in gewollter (BT-Drs. 12/5015, 7) Parallele zur Bundeswasserstraßenverwaltung (Rn.4 zu Art.89) eine Ermächtigung zur Anordnung unmittelbarer Bundesverwaltung (Rn.1 zu Art.86) für die über den Bereich der Eisenbahnen des Bundes hinausgehende Aufgaben der Eisenbahnverkehrsverwaltung. Voraussetzung ist also zum einen, dass es sich um die Verwaltung (oben Rn.1) von Eisenbahnen (Rn.23f zu Art.73) handelt, und zum anderen, dass die Eisenbahnen nicht mehr mindestens mehrheitlich im Eigentum des Bundes stehen. Auch dann ist z.B. die Bundesaufsicht über den Eisenbahnverkehr anderer Eisenbahnverkehrsunternehmen mit Sitz im Ausland auf dem Schienennetz deutscher Eisenbahnen und die Wahrnehmung der Aufgaben der Bahnpolizei durch den Bundesgrenzschutz (Bundespolizei) zulässig (BT-Drs. 12/5015, 7; vgl. auch BVerfGE 97, 198/222ff). Zulässig ist auch eine vollständige Konzentration der Eisenbahnverkehrsverwaltung beim Bund (Möstl MD 165). Anders als sonst soll den Ländern hier ein bestimmender Einfluss auf die Verwaltungsführung des Bundes eingeräumt werden dürfen (Gersdorf MKS 35; Möstl MD 167).

2. Privatrechtsform und Eigentum (Abs.3)

4   a) Gem. Abs.3 S.1 wird die **privatrechtliche Form** und die Eigenschaft als Wirtschaftsunternehmen im Unterschied zur Eisenbahnverkehrsverwaltung (oben Rn.1) sowohl im Bereich des Transports wie in dem der Infrastruktur (Rn.23 zu Art.73) verfassungsrechtlich vorgeschrieben; das ist gerade keine Verwaltung in Privatrechtsform (Möstl MD 23). Privatrechtliche Formen sind solche, die in einer für alle geltenden Rechtsordnung entwickelt sind und im allgemeinen Rechtsverkehr regelmäßig auch sonst Verwendung finden (Möstl MD 174; einschr. Uerpmann MüK 9: nur Kapitalgesellschaften); ei-

senbahnspezifische Neuregelungen sind aber nicht ausgeschlossen (Vesting AK 43). Wirtschaftsunternehmen bedeutet kaufmännische Führung (Windthorst SA 42, 45; Gersdorf MKS 42 ff; Hommelhoff/Schmidt-Aßmann, ZHR 96, 532 ff). Wie bei Post und Telekommunikation (Rn.3 zu Art.87 f) gilt das Wettbewerbsprinzip wegen der Gewährleistungspflicht (unten Rn.7) nicht uneingeschränkt (Möstl MD 97).

b) Eigentum. Während der Regierungsentwurf keine Garantie des dau- 5 erhaften Eigentums des Bundes an seinen Eisenbahnen enthielt (BT-Drs. 12/5015, 7), normiert Abs.3 S.2, ein Veräußerungsverbot bezüglich der Mehrheit der Anteile an den Unternehmen, die auch Schienenwege (Infrastruktur, Netz; vgl. Möstl MD 111 ff) bauen, unterhalten und betreiben; die Veräußerung der übrigen Anteile steht unter Gesetzesvorbehalt (Uerpmann MüK 13; Schmidt-Aßmann/Röhl, DÖV 94, 581 f). Dies stellt einen Ausgleich zu den noch weiter gehenden Forderungen des Bundesrats dar, das Eigentum an Schienenwegen der Eisenbahnen des Bundes ganz beim Bund zu belassen (BT-Drs. 12/6280, 8). Im Umkehrschluss folgt aus Abs.3 S.3, dass andere Eisenbahnunternehmen als die nach S.2, d.h. reine Verkehrsbetriebe, uneingeschränkt einer Privatisierung offen stehen (Hommelhoff/ Schmidt-Aßmann, ZHR 96, 537); es besteht aber keine Pflicht zur vollständigen Kapitalprivatisierung (Gersdorf MKS 60; Möstl MD 110; a.A. Windthorst SA 40, 45).

c) Nähere Regelung. Von der ausschließlichen Bundesgesetzgebungs- 6 kompetenz (Rn.5 zu Art.70) und dem Regelungsauftrag (Rn.22 zu Art.70; Möstl MD 179) des Abs.3 S.4 ist durch das G über die Gründung einer Deutschen Bahn AG v. 27. 12. 1993 (BGBl I 2386) Gebrauch gemacht worden; zur weiteren Begleit- und Folgegesetzgebung Möstl MD 61 ff.

3. Gewährleistungspflicht des Bundes (Abs.4)

Gewährleistung gem. S.1 bedeutet nicht nur eine „politische Verantwor- 7 tung des Bundes" (so aber BT-Drs. 12/6280, 8), sondern eine – wenn auch vage – rechtliche Verpflichtung (Möstl MD 181; Wieland DR 31 ff; Windthorst SA 62). Inhaltlich bleibt sie hinter dem aufgabenrechtlichen Gehalt des früheren Art.87 Abs.1 S.1 zurück, so dass die Angestellten der Deutschen Bahn AG nicht generell zur Wahrung öffentlicher Aufgaben bestellte Personen sind; doch können einzelne ihrer Töchter bei einer Gesamtbetrachtung „als verlängerter Arm des Staates erscheinen" (BGHSt 49, 214/219 ff; 52, 290/293 ff). Sie betrifft nicht nur die Umstellungsphase nach der Privatisierung (Uerpmann MüK 17; Windthorst SA 58; Vesting AK 57; teilw. a.A. Schmidt-Aßmann/Röhl, DÖV 94, 584 f). Abs.4 ermöglicht Regelungen der Betriebs- und Unterhaltungspflicht (BVerwGE 129, 381 Rn.24), aber keine unmittelbare Einwirkung des Bundes im Bereich des Abs.3 S.1 (Gersdorf MKS 48, 68, 73 ff). Die Entwidmung von Bahnanlagen muss durch eindeutige und bekanntgemachte Erklärungen geschehen (BVerwGE 102, 269/272). S.2 enthält eine ausschließliche Bundesgesetzgebungskompetenz (Rn.5 zu Art.70) und einen Regelungsauftrag (Rn.22 zu Art.70; Möstl MD 190).

4. Zustimmungsbedürftigkeit (Abs.5)

8 Gem. S.1 bedürfen alle Gesetze auf Grund der Abs.1–4 der Zustimmung des Bundesrats (Rn.4–6 zu Art.77). Darüber hinaus werden durch S.2 weitere Fälle einer Zustimmungsbedürftigkeit aufgezählt; dadurch besteht für sie ein Gesetzesvorbehalt (Möstl MD 195). Damit soll der Befürchtung der Länder Rechnung getragen werden, dass die einfach-gesetzlichen Regelungen zur Sicherung der Infrastrukturverantwortung des Bundes später ohne ihre Zustimmung wieder geändert werden könnten (BT-Drs. 12/6280, 8). Für die Zustimmungsbedürftigkeit gem. Abs.1 S.2 (oben Rn.2) gelten die Ausführungen zu Rn.2 zu Art.87d entsprechend.

Art.87f [Post- und Telekommunikationsverwaltung]

(1) **Nach Maßgabe eines Bundesgesetzes, das der Zustimmung des Bundesrates bedarf, gewährleistet der Bund im Bereich des Postwesens und der Telekommunikation flächendeckend angemessene und ausreichende Dienstleistungen[4 f].**

(2) **Dienstleistungen im Sinne des Absatzes 1 werden als privatwirtschaftliche Tätigkeiten durch die aus dem Sondervermögen Deutsche Bundespost hervorgegangenen Unternehmen und durch andere private Anbieter erbracht[3]. Hoheitsaufgaben im Bereich des Postwesens und der Telekommunikation werden in bundeseigener Verwaltung ausgeführt[1].**

(3) **Unbeschadet des Absatzes 2 Satz 2 führt der Bund in der Rechtsform einer bundesunmittelbaren Anstalt des öffentlichen Rechts einzelne Aufgaben in bezug auf die aus dem Sondervermögen Deutsche Bundespost hervorgegangenen Unternehmen nach Maßgabe eines Bundesgesetzes aus[2].**

Literatur: *Jarass,* Die verfassungsrechtliche Stellung der Post- und TK-Unternehmen, MMR 2009, 223; *Löhr,* Bundesbehörden zwischen Privatisierungsgebot und Infrastrukturauftrag, 2006; *Werthmann,* Staatliche Regulierung des Postwesens, 2004; *H.A. Wolff,* Die Wahrung der Rechtsstellung von Beamten, die bei den privatisierten Unternehmen von Bahn und Post beschäftigt sind, AöR 2002, 72; *Gersdorf,* Verlängerung des Briefmonopols, DÖV 2001, 661; *Busch,* Deregulierung der Postmärkte in Deutschland und Europa, 2001; *Scholz,* Postmonopol und GG, 2001; *Windthorst,* Der Universaldienst im Bereich der Telekommunikation, 2000; *Aschenbrenner,* Deregulierungszwang im Fernsehkabelnetz?, 2000; *Gersdorf,* Der Staat als Telekommunikationsunternehmer, AfP 1998, 470; *Eifert,* Grundversorgung mit Telekommunikationsleistungen im Gewährleistungsstaat, 1998; *Stern,* Postreform zwischen Privatisierung und Infrastrukturgewährleistung, DVBl 1997, 309; *Koenig/Benz,* Privatisierung und staatliche Deregulierung, 1997; *Wieland,* Der Wandel von Verwaltungsaufgaben als Folge der Postprivatisierung, Verw 1995, 315; *Gramlich,* Von der Postreform zur Postneuordnung, NJW 1994, 2785. – S. auch Literatur zu Art.87e.

1. Verwaltungskompetenzen (Abs.2 S.2, Abs.3)

1 Gem. **Abs.2 S.2** der 1994 eingefügten (Einl.3 Nr.41; vgl. auch Art.143b) Vorschrift sind die Hoheitsaufgaben im Bereich des Postwesens und der Telekommunikation (Rn.25–27 zu Art.73) ein Gegenstand obligatorischer un-

mittelbarer Bundesverwaltung (Rn.2 zu Art.87); mittelbare Bundesverwaltung ist abgesehen von Abs.3 (unten Rn.2) unzulässig (Lerche MD 97). Problematisch ist die Beteiligung von Vertretern der Länder im Regulierungsrat gem. § 11 Abs.1 PTRegG (Uerpmann MüK 13). Hoheitsaufgaben stehen im Gegensatz zu privatwirtschaftlichen Tätigkeiten (unten Rn.3) und betreffen die normative und administrative Überwachung und Aufsicht, z.B. „Fragen der Standardisierung und Normierung, die Funkfrequenzverwaltung, die Erteilung von Genehmigungen für Funkanlagen und die Vorsorge für den Krisen- und Katastrophenfall" (BT-Drs. 12/7269, 5; für verkehrswegebezogene Regelungen über Telekommunikationslinien offengelassen BVerfGE 108, 169/182), ferner Aktivitäten zur Herstellung und Förderung des Wettbewerbs (Lerche MD 99). Auch die Verpflichtung aus Abs.1 (unten Rn.3) ist als Hoheitsaufgabe anzusehen (BT-Drs. 12/7269, 5). Weiterhin dürfte hierdurch gedeckt sein, dass von der Post auch solche öffentlichen Straßen ohne Sondernutzungserlaubnis befahren werden dürfen, die nicht dem Kraftfahrzeugverkehr gewidmet sind (BVerwGE 82, 266/269; krit. Schoenenbroicher, DVBl 90, 811).

Abs.3 normiert darüber hinaus mittelbare Bundesverwaltung in der   **2** Rechtsform einer bundesunmittelbaren (Rn.10 zu Art.87; krit. Gersdorf MKS 93) Anstalt des öffentlichen Rechts für einzelne Aufgaben in Bezug auf die aus dem Sondervermögen Deutsche Bundespost hervorgegangenen Unternehmen. Er begründet eine ausschließliche Bundesgesetzgebungskompetenz (Rn.5 zu Art.70) und eine Pflicht des Bundesgesetzgebers (Rn.22 zu Art.70) zur Errichtung der Anstalt, nicht aber zu ihrer Aufrechterhaltung, wenn alle relevanten Aufgaben für sie entfallen sind (Lerche MD 128 ff; Ruge SHH 5; Uerpmann MüK 16; a. A. Windthorst SA 40). Als einzelne Aufgaben kommen arbeits-, dienst- und sozialrechtliche Fragen, die Verwaltung der Gesellschaftsanteile an den Nachfolgeunternehmen und Beratungsfunktionen in Betracht (Wieland DR 27), nicht aber „die Ausführung postalischer Tätigkeiten" (BT-Drs. 12/7269, 5), d.h. Dienstleistungen gem. Abs.2 S.1 (Gersdorf MKS 87), und auch nicht die Wahrnehmung von Hoheitsaufgaben (oben Rn.1; Lerche MD 117).

2. Privatisierung (Abs.2 S.1)

Abs.2 S.1 enthält einen Verfassungsauftrag zur Privatisierung (BVerwGE   **3** 114, 160/168 f; 120, 54/80; Badura BK 20; Lerche MD 54), der sämtliche, d.h. nicht nur die zum Zeitpunkt der Privatisierung am Markt bereits angebotenen, sondern auch neue Post- und Telekommunikationsdienstleistungen umfasst (BVerwGE 119, 282/302 f). Zugleich verbietet er dem Staat „das verwaltungsmäßige Erbringen postalischer Dienstleistungen" (BT-Drs. 12/7269, 5). Wegen des Gewährleistungsauftrags (unten Rn.4) gilt das Wettbewerbsprinzip aber nicht uneingeschränkt (BVerfGE 108, 370/393). Privatwirtschaftliches Handeln bezeichnet nicht nur die privatrechtliche Handlungsform, sondern setzt auch die privatrechtliche Organisationsform voraus und zielt zugleich auf Wirtschaftlichkeit als Zweck (Lerche MD 54; Gersdorf MKS 51 ff), d.h. die „privatwirtschaftliche Leistungserbringung" (BVerfGE 108, 370/393). Die aus dem Sondervermögen Deutsche Bundespost hervorgegangenen Unternehmen meint die in Art.143b Abs.2 genannten (Rn.1–3 zu Art.143b; Gersdorf MKS 62); sie haben abgesehen von den Bindungen, die sich aus Abs.1, 3 ergeben, die gleiche Rechtsstellung wie andere gemischtwirtschaftliche Unternehmen (Lerche MD 70 Fn.46; Uerpmann MüK 11a ff; a.A. Badura BK 24). Andere private Anbieter sind notwendigerweise privatrechtlich organisierte Unternehmen (Lerche MD 58; Gersdorf MKS 59), an denen die öffentliche Hand beteiligt sein darf (Uerpmann MüK 10). Ein Postmonopol ist abgesehen von Exklusivlizenzen für Postdienst und Telekom für eine Übergangszeit (Rn.2 zu Art.143b) nicht mehr zulässig (Uerpmann MüK 10). Im Gegenteil verlangt die Vorschrift, faire Wettbewerbsbedingungen herzustellen (Vesting AK 39).

3. Gewährleistung (Abs.1)

4   **a) Allgemeines.** Abs.1 begründet in gewollter (BT-Drs.12/8108, 6) Parallelität zur Eisenbahnverkehrsverwaltung (Rn.6 zu Art.87e) eine ausschließliche Bundesgesetzgebungskompetenz (Rn.5 zu Art.70; krit. Gersdorf MKS 37) und eine Pflicht des Bundesgesetzgebers (Rn.22 zu Art.70) zur Gewährleistung flächendeckend angemessener und ausreichender Dienstleistungen. „Angemessen" bezieht sich auf die Qualität und ihr Verhältnis zur Gegenleistung (Vesting AK 55), „ausreichend" auf die Quantität der Dienstleistungen (Lerche MD 75). „Flächendeckend" bezieht sich auf das gesamte Territorium der Bundesrepublik und soll eine „Rosinenpickerei" verhindern; spezielle Dienste für spezielle Nachfragen sind nicht umfasst (Lerche MD 77). Es wird eine Grundversorgung und nicht der Ausbau einer optimalen Infrastruktur verlangt (BT-Drs.12/7269, 5). Aus der Vagheit der Pflicht zur Gewährleistung folgt ein beträchtlicher Entscheidungsspielraum des Gesetzgebers (Lerche MD 80), so dass keine Einheitstarife geboten sind (Uerpmann MüK 8). Die Pflicht muss der Bund durch Gesetz, das der Zustimmung des Bundesrates bedarf (Rn.4–7 zu Art.77), und durch bundeseigene Verwaltung (oben Rn.1) erfüllen (großzügiger Wieland DR 20).

5   **b) Einzelne Rechtsfolgen.** Abs.1 rechtfertigt Duldungspflichten von Grundstückseigentümern (BVerfG-K, NJW 00, 799), die Einbeziehung von Postfilialen bei der Festsetzung von Gemeinbedarfsflächen (BVerwGE 121, 192/198 f) und begründet auch Bindungen der privaten Anbieter (a.A. Gersdorf MKS 29), z.B. zu einem Mindestangebot an Dienstleistungen für die Öffentlichkeit, selbst wenn diese nicht kostendeckend sind (Badura BK 28 f). Abs.1 ermöglicht keine unmittelbare Einwirkung des Bundes im Bereich des Abs.2 S.1 (Gersdorf MKS 28, 47 f; Umbach UC 19). Das in Ausführung des Art.87 f ergangene TKG begründet kein subjektives Recht der Nutzer von Telekommunikationsdienstleistungen (BVerwGE 117, 93/100 ff). Regelungen über die Folgenkostenlast bei der Veränderung von Telekommunikationslinien in öffentlichen Wegen haben öffentlich-rechtlichen Charakter (BGHZ 162, 78/83 f).

Art.**88** [Bundesbank]

Der Bund errichtet eine Währungs- und Notenbank als Bundesbank[1 ff]. Ihre Aufgaben und Befugnisse können im Rahmen der Europäischen Union der Europäischen Zentralbank übertragen werden, die
unabhängig ist und dem vorrangigen Ziel der Sicherung der Preisstabilität verpflichtet[4].

Literatur: *Geerlings,* Die neue Rolle der Bundesbank im Europäischen System der
Zentralbanken, DÖV 2003, 322; *Stern,* Die Verfassungsmäßigkeit der Übertragung der
Bankenaufsicht auf die Deutsche Bundesbank, 2001; *L. B. Weber,* Die Umsetzung der
Bestimmungen über die Europäische Währungsunion in das deutsche Verfassungsrecht, 2000; *Sodan,* Die funktionelle Unabhängigkeit der Zentralbanken, NJW 1999,
1521; *Brosius-Gersdorf,* Deutsche Bundesbank und Demokratieprinzip, 1997; *Mor-
genthaler,* Der Euro – zwischen Integrationsdynamik und Geldwertstabilität, JuS 1997,
673; *Tettinger,* Das Schicksal der Deutschen Mark, FS Stern, 1997, 1365; *Janzen,* Der
neue Art.88 S.2 GG, 1996; *Pernice,* Das Ende der währungspolitischen Souveränität
Deutschlands und das Maastricht-Urteil des BVerfG, FS Everling, 1995, 1057; *Weikart,*
Die Änderung des Bundesbank-Artikels im GG im Hinblick auf den Vertrag von
Maastricht, NVwZ 1993, 834.

1. Rechtsstellung der Bundesbank (S.1)

S.1 normiert die **Bundesbank** als Gegenstand der *obligatorischen Bundes-* 1
verwaltung (Rn.2 zu Art.87; dagegen spricht Stern ST II 468 f von Exekutivkompetenz); zur fehlenden Verfassungsorganeigenschaft vgl. Rn.7 zu Art.93.
Grundsätzlich ergeben sich die Rechtsfolgen aus Art.86; doch ist angesichts
der Einräumung von Eingriffsbefugnissen nach dem organisatorischen Gesetzesvorbehalt (Rn.51 f zu Art.20) ein Gesetz zur Errichtung der Bundesbank erforderlich (Faber AK 36; Gaitanides FH 17; Stern ST II 472 f;
einschr. Kämmerer MüK 5). Mittelbar ist ebenso wie unmittelbare Bundesverwaltung zulässig (Kämmerer MüK 4; Stern ST II 472 ff). Unberührt
bleibt die Kompetenz gem. Art.87 Abs.3 S.1; nur gegenüber Art.87 Abs.3
S.2 ist Art.88 S.1 lex specialis (vgl. BVerfGE 14, 197/215), d. h. es darf ein
eigener Verwaltungsunterbau eingerichtet werden (Faber AK 1; Stern ST II
473).

S.1 enthält eine **Pflicht des Bundes** zur Errichtung (BVerwGE 41, 334/ 2
349; Herdegen MD 2, 27; Hahn/Häde BK 115; Siekmann SA 6; a. A. Faber
AK 1, 41) und Erhaltung einer Bundesbank; insoweit ist S.1 eine institutionelle Garantie (Herdegen MD 27; Stern ST II 474 f), die allerdings unter
den Voraussetzungen des S.2 (unten Rn.5) eingeschränkt werden kann, u. U.
bis hin zur Auflösung der Bundesbank (Hahn/Häde BK 116, 303; a. A. Gaitanides FH 55; Pernice DR 23). Jenseits der institutionellen Garantie ist die
Deutsche Bundesbank der Gesetzgebung unterworfen. Auch eine Rechtset-
zungskompetenz steht ihr nur auf Grund gesetzlicher Ermächtigung zu
(BVerwGE 41, 334/351).

Die institutionelle Garantie ist mit den Begriffen „Währungs- und No- 3
tenbank" nach Inhalt und Umfang nur grob umrissen (vgl. Hahn/Häde BK
129 ff). Ihre **Unabhängigkeit** von Weisungen der Bundesregierung ist ver-

fassungsrechtlich nicht geboten (BVerwGE 41, 334/354 ff; Faber AK 28; Kämmerer MüK 13; Stern ST II 493 ff; a. A. Herdegen MD 54 f; vgl. auch BVerfGE 62, 169/183). Sie ist allerdings einfach-gesetzlich (§ 12 BBankG) sowie unionsrechtlich (Art.130 AEUV; vgl. Hahn/Häde BK 254, 550; Pernice DR 20: „mittelbare" verfassungsrechtliche Unabhängigkeitsgarantie) normiert und verfassungsrechtlich zulässig (Rn.3 zu Art.86), weil genügend Abhängigkeiten sachlicher und personeller Art bestehen (BVerwGE 41, 334/356 ff; Stern ST II 506 ff; Hahn/Häde BK 245 ff; vgl. auch BVerfGE 89, 155/208 f; a. A. Klein, Die verfassungsrechtliche Problematik des ministerialfreien Raumes, 1974, 215).

4   Die institutionelle Garantie umfasste bislang neben der Währungssicherung (Hahn/Häde BK 132) noch das grundsätzliche **Notenausgabemonopol** (vgl. Faber AK 38; Herdegen MD 35; Stern ST II 476 f; a. A. Hahn/Häde BK 143, 187 f). Dieses ist auf der Grundlage von S.2 durch Art.128 Abs.1 S.1, 2 AEUV dahingehend modifiziert worden, dass das ausschließliche Recht, die Ausgabe von Banknoten innerhalb der EU zu genehmigen, auf die Europäische Zentralbank übergegangen ist (unten Rn.6), die Bundesbank aber neben der Europäischen Zentralbank auch weiter zur Ausgabe von Banknoten berechtigt ist.

2. Übertragung an Europäische Zentralbank (S.2)

5   Der 1992 im Hinblick auf das **System der Europäischen Zentralbanken** (EZBS) eingefügte (Einl.3 Nr.38) S.2 soll die Rechtsstellung der Bundesbank trotz deren Zugehörigkeit zum EZBS (Blanke MKS 48, 52 ff, 58) nicht unmittelbar berühren (vgl. BT-Drs.12/6000, 29), lässt aber Durchbrechungen ihrer institutionellen Garantie (oben Rn.2–4) zu. Für die Kompetenzübertragung gelten folgende Voraussetzungen: − **(1)** Bindung „im Rahmen der EU". Die Aufgaben und Befugnisse der Bundesbank sind Hoheitsrechte iSd Art.23 Abs.1 S.2 (Rn.17 zu Art.23). Eine Übertragung ist daher nur unter den formellen Voraussetzungen des Art.23 Abs.1 S.2, 3 (Rn.16, 24–26 zu Art.23) auf die den materiellen Voraussetzungen des Art.23 Abs.1 S.1, 3 (Rn.27–31 zu Art.23) entsprechende Europäische Union zulässig. − **(2)** Die Europäische Zentralbank muss „unabhängig" sein, d. h. eigene Rechtspersönlichkeit und Finanzausstattung besitzen, von repressiver parlamentarischer Kontrolle und Weisungen der Exekutive frei sein und ihren Organwaltern persönliche Unabhängigkeit gewähren. − **(3)** Die Europäische Zentralbank muss dem Primat der Preisstabilität verpflichtet sein (Gaitanides FH 77 ff; Kämmerer MüK 33 ff). Der Vertrag von Maastricht und die Teilnahme Deutschlands an der Währungsunion erfüllen diese Vorgaben (BVerfGE 89, 155/201 ff; 97, 350/372 ff; vgl. auch Pernice DR 25 ff).

6   Mit der Zustimmung zur **Europäischen Währungsunion** hat der Gesetzgeber nach Art.14 Abs.1 S.2 Inhalt und Schranken des Geldeigentums in der Weise bestimmt, dass Deutschland unter den in Art.121 EGV a. F. genannten Voraussetzungen in die Währungsunion einbezogen werden kann (BVerfGE 97, 350/373). Durch den Eintritt in die dritte Stufe der Europäischen Währungsunion ist der Euro an die Stelle der Deutschen Mark getreten. Institutionell ist die Bundesbank zum integralen Bestandteil des Systems

der Europäischen Zentralbanken, nicht aber zu einer Einrichtung der EU (Hahn/Häde BK 557 ff), geworden und an die Leitlinien und Weisungen der Europäischen Zentralbank gebunden (Siekmann SA 43 f).

Art.89 [Bundeswasserstraßenverwaltung]

(1) **Der Bund ist Eigentümer der bisherigen Reichswasserstraßen[1].**

(2) **Der Bund verwaltet die Bundeswasserstraßen durch eigene Behörden[2] f. Er nimmt die über den Bereich eines Landes hinausgehenden staatlichen Aufgaben der Binnenschiffahrt und die Aufgaben der Seeschiffahrt wahr, die ihm durch Gesetz übertragen werden[4]. Er kann die Verwaltung von Bundeswasserstraßen, soweit sie im Gebiete eines Landes liegen, diesem Lande auf Antrag als Auftragsverwaltung übertragen[2]. Berührt eine Wasserstraße das Gebiet mehrerer Länder, so kann der Bund das Land beauftragen, für das die beteiligten Länder es beantragen[2].**

(3) **Bei der Verwaltung, dem Ausbau und dem Neubau von Wasserstraßen sind die Bedürfnisse der Landeskultur und der Wasserwirtschaft im Einvernehmen mit den Ländern zu wahren[5].**

Literatur: *Friesecke,* Kommentar zum Bundeswasserstraßengesetz, 5. A. 2005; *Wilke,* Was sind „Kernaufgaben" der Wasser- und Schifffahrtsverwaltung?, NordÖR 2002, 146. – S. auch Literatur zu Art.86.

1. Eigentum des Bundes an Reichswasserstraßen (Abs.1)

Das Eigentum des Bundes ist bürgerlich-rechtliches Eigentum, das von den **1** öffentlich-rechtlichen Regeln der Landeswassergesetze und des Bundeswasserstraßengesetzes überlagert wird (BGHZ 9, 373/385; 69, 284/286; 110, 148/149; OVG NW, OVGE 36, 1/5). Der Bund hat als Eigentümer auch das Jagdausübungsrecht (BGHZ 84, 59/60 f), soweit es nicht früheren privaten Eigentümern zusteht (BGHZ 26, 384/386 ff), und unterliegt den in den Landeswassergesetzen geregelten Entgeltverboten (BGHZ 180, 372/381). Zur Möglichkeit der Eigentumsaufgabe Hoog MüK 11; zur Einräumung von Nutzungsrechten an die Länder BVerwGE 85, 223/225. Bisherige Reichswasserstraßen sind diejenigen Wasserstraßen, die im Zeitpunkt des Zusammenbruchs des Deutschen Reichs am 8. 5. 1945 Reichswasserstraßen waren (BVerwGE 9, 50/53; BGHZ 47, 117/119; 102, 1/2 f). Dazu gehörte auch das gesamte Küstenmeer (Gröpl MD 15). Der Eigentumsübergang erfolgte mit Inkrafttreten des GG am 24. 5. 1949 (vgl. Rn.2 zu Art.145). Der Bund darf sein Eigentum aufgeben (Gröpl MD 36 ff; a.A. Ibler MKS 28). Auch neue Bundeswasserstraßen können im Eigentum Dritter stehen (Sachs SA 14; Ruge SHH 3). Abs.1 ist auf Wasserstraßen im Gebiet der früheren DDR nicht anwendbar; insoweit ist der Wasserstraßenbestand in der DDR am 3. 10. 1990 maßgebend (Gröpl MD 19; Sachs SA 17; Ibler MKS 12; a.A. Durner FH 18; Hoog MüK 13a; Ruge SHH 1; vgl. auch BVerwGE 102, 74/77).

2. Verwaltungskompetenzen für Wasserwege und Wasserverkehr (Abs. 2, 3)

2   a) Das **Wasserwegerecht (Abs.2 S.1, 3, 4;** Rn.59 zu Art.74) ist gem. S.1 ein Gegenstand unmittelbarer Bundesverwaltung mit eigenem Verwaltungsunterbau (Rn.2 zu Art.87). Es ist auch mittelbare Bundesverwaltung zulässig (BayVGH, NVwZ 82, 509; Fastenrath/Simma, DVBl 83, 14; a.A. Gröpl MD 59, 61; Hermes DR 20; Hoog MüK 22; Sachs SA 22). Außerdem lassen S.3, 4 unter näher bestimmten Voraussetzungen Auftragsverwaltung zu (Rn.1 zu Art.85). Die im Ermessen des Bundes stehende Übertragung bedarf eines Bundesgesetzes (Durner FH 37; Gröpl MD 80; Hermes DR 22; a.A. Ibler MKS 68; Sachs SA 26). Der Verwaltungskompetenz unterliegen entsprechend der darauf beschränkten Gesetzgebungskompetenz des Bundes (vgl. Rn.59 zu Art.74) nur die Seewasserstraßen und die dem allgemeinen Verkehr dienenden Binnenwasserstraßen (Gröpl MD 46; Hoog MüK 19; einschr. Sachs SA 19: nur die dem allgemeinen Verkehr dienenden Teile der Seewasserstraßen).

3   Die Verwaltungskompetenz **umfasst** die Unterhaltung, den Aus- und Neubau der genannten Wasserstraßen (vgl. BGHZ 86, 152/158f), einschließlich der Enteignung (Gröpl MD 63, 67; a.A. Ibler MKS 55) und der Planung (Gröpl MD 63), und die Verkehrssicherungspflicht (vgl. Rn.4 zu Art.90), nicht aber den Betrieb von Verkehrsunternehmen (vgl. Rn.1 zu Art.87d; Rn.1 zu Art.87e) oder die Überwachung von Fähren, soweit sie sich auf das Ufergelände bezieht (VGH BW, ESVGH 7, 60/64) oder die Wasserwirtschaft (BVerfGE 15, 1/10) oder die Verwaltung nicht mehr dem allgemeinen Verkehr dienender Gewässer (Gröpl MD 65). Der Bund darf sich bei der Ausübung seiner Verwaltungskompetenz nicht auf Landesrecht stützen (BVerfGE 21, 312/325). Eine Privatisierung ist grundsätzlich ausgeschlossen (Gröpl MD 89ff; Hermes DR 21).

4   b) Für das **Wasserverkehrsrecht (Abs.2 S.2;** Rn.57f zu Art.74) besteht für den Bundesgesetzgeber eine Ermächtigung zur Anordnung unmittelbarer Bundesverwaltung (Rn.1 zu Art.86). Ohne entsprechendes Gesetz bleibt es bei der Landeseigenverwaltung (Rn.1 zu Art.83). Binnenschifffahrt umfasst die über den Bereich eines Landes hinausgehende Verkehrsverwaltung auch auf den Wasserwegen der Länder; allerdings ist die Schifffahrtspolizei weitgehend ein Fall der Organleihe, d. h. der Bund bedient sich der Wasserschutzpolizeien der Länder (Gröpl MD 115ff; Hoog MüK 31). Der Betrieb von Wasserverkehrsunternehmen fällt nicht unter diese Verwaltungskompetenz (Hermes DR 27). Eine Privatisierung der Schifffahrtsverwaltungsaufgaben ist grundsätzlich ausgeschlossen (Gröpl MD 118).

5   c) **Ländereinfluss auf die Verwaltung der Bundeswasserstraßen (Abs.3).** Der Bund ist verpflichtet, bei der außenwirksamen (Gröpl MD 131; Ibler MKS 75) Verwaltung der Bundeswasserstraßen auf die Länderinteressen hinsichtlich der Bedürfnisse der Landeskultur und der Wasserwirtschaft Rücksicht zu nehmen. Bedürfnisse liegen bei nicht offensichtlich unerheblichen Auswirkungen vor (BVerwGE 116, 175/184; krit. Gröpl MD 139). Landeskultur meint „nur die geordnete Bewirtschaftung der vorhandenen Flächen zum Zwecke der Land- und Forstwirtschaft" (BVerwGE 116,

175/181). Wasserwirtschaft ist die rechtliche Ordnung des Wasserhaushalts (Rn.82 zu Art.74) nach den Regeln einer „haushälterischen" Bewirtschaftung und dient dazu, den Wasserhaushalt vor schädlichen Einwirkungen zu schützen (BVerwGE 116, 175/178). Die Wahrung der Bedürfnisse verlangt kein aktives Fördern (Gröpl MD 146; a. A. Sachs SA 34). Weiter ist in diesen Fällen das Einvernehmen der Länder einzuholen, das eine volle Willensübereinstimmung verlangt; die Versagung des Einvernehmens bindet auch dann, wenn sie rechtswidrig ist (BVerwGE 116, 175/185). Abs.3 ist ein Fall von Mischverwaltung (BVerwGE 116, 175/185; vgl. Rn.10 zu Art.30).

Art.90 [Bundesstraßenverwaltung]

(1) **Der Bund ist Eigentümer der bisherigen Reichsautobahnen und Reichsstraßen[1].**

(2) **Die Länder oder die nach Landesrecht zuständigen Selbstverwaltungskörperschaften verwalten die Bundesautobahnen und sonstigen Bundesstraßen des Fernverkehrs im Auftrage des Bundes[2 f].**

(3) **Auf Antrag eines Landes kann der Bund Bundesautobahnen und sonstige Bundesstraßen des Fernverkehrs, soweit sie im Gebiet dieses Landes liegen, in bundeseigene Verwaltung übernehmen[4].**

Literatur: *Manssen,* Verfassungsfragen des Straßenverkehrs, FS Steiner, 2009, 510; *Bartlsperger,* Das Fernstraßenwesen in seiner verfassungsrechtlichen Konstituierung, 2006; *Hermes,* Die Kompetenzverteilung bei der Verwaltung von Bundesfernstraßen, JZ 2001, 92; *J.-H. Arndt,* Die Privatfinanzierung von Bundesfernstraßen, 1998; *Pabst,* Verfassungsrechtliche Grenzen der Privatisierung im Fernstraßenbau, 1997; *Bucher,* Die Privatisierung von Bundesfernstraßen, 1996. – S. auch Literatur zu Art.86.

1. Eigentum des Bundes an Reichsstraßen (Abs.1)

Das Eigentum des Bundes ist **bürgerlich-rechtliches Eigentum,** das   **1** von den öffentlich-rechtlichen Regeln der LandesstraßenG und des FStrG überlagert wird (vgl. Rn.1 zu Art.89). Die Einführung von öffentlichem Eigentum an Straßen ist verfassungsrechtlich zulässig (BVerfGE 24, 367/388 ff; 42, 20/33 f). Bisherige Reichsautobahnen und Reichsstraßen sind diejenigen, die im Zeitpunkt des Zusammenbruchs des Deutschen Reichs so qualifiziert waren (vgl. Rn.1 zu Art.89). Abs.1 ist auf die Reichsautobahnen und Reichsstraßen im Gebiet der früheren DDR nicht anwendbar; insoweit ist der Straßenbestand in der DDR am 3. 10. 1990 und seine Kategorisierung maßgebend (Sachs SA 14 f; Ibler MKS 9; Gröpl MD 7; a. A. Hoog MüK 5). Der **Eigentumsübergang** erfolgte mit Inkrafttreten des GG am 24. 5.   **2** 1949 (vgl. Rn.2 zu Art.145). Die gesetzliche Regelung, wonach der Eigentumserwerb des Bundes nicht für diejenigen Ortsdurchfahrten gilt, für die die Straßenbaulast nicht vom Deutschen Reich zu tragen war, lässt sich als prinzipiell zulässige (einschr. Ibler MKS 25 f) nachträgliche Übertragung des Eigentums auf die Gemeinden verfassungsrechtlich rechtfertigen (Hermes DR 13; Sachs SA 13). Unproblematisch ist die Ausklammerung von Ortsdurchfahrten aus dem Eigentum des Bundes bei neu errichteten Bundesstraßen (Gröpl MD 25; Ibler MKS 10). Die Eigentumsverhältnisse an den im Straßenkörper verlegten Versorgungsleitungen haben sich durch den Eigentumsübergang nicht verändert (BGHZ 51, 319/323; 138, 266/271 f; 165, 184/189 f). Der Bund darf sein Eigentum aufgeben (Gröpl MD 26 f; Hermes DR 15; Sachs SA 12; einschr. Ibler MKS 26). Auch neue Bundesfernstraßen können im Eigentum Dritter stehen (Hoog MüK 4; Sachs SA 13).

2. Verwaltungskompetenzen für Bundesfernstraßen (Abs.2, 3)

3   a) Regelmäßig besteht **Auftragsverwaltung** (Rn.1 zu Art.85) für Bundesstraßen des Fernverkehrs, d. h. Bundesautobahnen und Bundesstraßen (Abs.2). Die Weiterübertragung an Selbstverwaltungskörperschaften – d. h. nicht nur Gebietskörperschaften, sondern alle Formen mittelbarer Verwaltung (Hermes DR 22; Hoog MüK 7; Ruge SHH 4) – steht in der Kompetenz der Länder (Gröpl MD 42; Umbach UC 18). Die Selbstverwaltungskörperschaften unterliegen dann aber der Fachaufsicht (Hermes DR 22; Ibler MKS 66). Machte der Bund von seiner konkurrierenden Gesetzgebungskompetenz für die Landstraßen des Fernverkehrs (Rn.65 zu Art.74) keinen Gebrauch, gäbe es in der Verwaltungskompetenz der Länder stehende Landesfernstraßen und Landesautobahnen (Gröpl MD 36; Hermes DR 17; Sachs SA 17).

4   Die Verwaltungskompetenz reicht über die korrespondierende Gesetzgebungskompetenz des Bundes für „den Bau und die Unterhaltung von Landstraßen für den Fernverkehr" (Rn.65 zu Art.74) nicht hinaus (BVerfGE 102, 167/174) und **umfasst** sowohl die Hoheits- als auch die Vermögensverwaltung der Bundesfernstraßen, insb. die (faktische oder externe im Unterschied zur finanziellen oder internen) Straßenbaulast (BVerwGE 52, 226/ 228 f; 52, 237/241; 62, 342/344; NJW 81, 239), einschließlich der Geltendmachung von Erstattungsansprüchen (BVerwG, NVwZ 83, 471) und der Passivlegitimation (BVerwG, NVwZ-RR 04, 84), die Maßnahmen in Bezug auf den Rechtsstatus, die Benutzung und den Schutz der Straßen, die Behördenorganisation und die Straßenaufsicht (BVerfGE 102, 167/173) sowie die Verkehrssicherungspflicht (BGHZ 14, 83/85; 16, 95/98; 48, 98/107 f), nicht aber die Abstufung einer Bundesstraße zu einer Landesstraße (BVerfGE 102, 167/174 f; krit. Heitsch, DÖV 02, 369 ff) oder die Verwaltung entwidmeter Straßengrundstücke (Gröpl MD 46). Die finanzielle Straßenbaulast tragen für die Zweckausgaben der Bund und für die Verwaltungsausgaben die Länder (Rn.4, 12 zu Art.104a). Die Rechtsfolgen ergeben sich aus Art.85 (BayVGH, DÖV 83, 603; näher Zech, DVBl 87, 1090 ff). Eine Privatisierung ist grundsätzlich ausgeschlossen (Gröpl MD 40, 77 ff; Hermes DR 21; Sachs SA 22). Zu § 16 Abs.1 FStrG Rn.7 zu Art.83.

5   b) **Unmittelbare Bundesverwaltung** (Rn.1 zu Art.86) kann unter folgenden Voraussetzungen eingeführt werden (Abs.3): – **(1)** Das Land muss einen schriftlichen und hinreichend bestimmten (Gröpl MD 105; Hermes DR 99; Ibler MKS 77) *Antrag* stellen; die Organkompetenz richtet sich nach Landesverfassungsrecht. – **(2)** Es muss sich um *im Gebiet des Landes* liegende Bundesautobahnen oder sonstige Bundesstraßen des Fernverkehrs handeln; der Antrag kann alle oder nur einzelne Straßen, alle oder nur einzelne As-

pekte der Verwaltung betreffen (Gröpl MD 107; Hermes DR 27; Sachs SA 24). Die im Ermessen des Bundes stehende Übernahme bedarf eines Bundesgesetzes (Gröpl MD 109; Hermes DR 28; a. A. Ibler MKS 79). Wegen des fakultativen Charakters muss der Bund anders als sonst (Rn.2 zu Art.87) seine Verwaltungskompetenz zu einem eigenen Verwaltungsunterbau nicht ausschöpfen (Gröpl MD 114; a. A. Hermes DR 29). Statt unmittelbarer Bundesverwaltung ist auch mittelbare Bundesverwaltung zulässig (Hoog MüK 10; Ibler MKS 75; a. A. Gröpl MD 112; Sachs SA 24). Die Rücküberführung vom Bund auf das Land hat dieselben Voraussetzungen wie die Überführung (Bartlsperger BK 107; Gröpl MD 120; Ibler MKS 76).

Art.91 [Innerer Notstand]

(1) Zur Abwehr einer drohenden Gefahr für den Bestand oder die freiheitliche demokratische Grundordnung des Bundes oder eines Landes kann ein Land Polizeikräfte anderer Länder sowie Kräfte und Einrichtungen anderer Verwaltungen und des Bundesgrenzschutzes anfordern[1].

(2) Ist das Land, in dem die Gefahr droht, nicht selbst zur Bekämpfung der Gefahr bereit oder in der Lage, so kann die Bundesregierung die Polizei in diesem Lande und die Polizeikräfte anderer Länder ihren Weisungen unterstellen sowie Einheiten des Bundesgrenzschutzes einsetzen[2]. Die Anordnung ist nach Beseitigung der Gefahr, im übrigen jederzeit auf Verlangen des Bundesrates aufzuheben[4]. Erstreckt sich die Gefahr auf das Gebiet mehr als eines Landes, so kann die Bundesregierung, soweit es zur wirksamen Bekämpfung erforderlich ist, den Landesregierungen Weisungen erteilen; Satz 1 und Satz 2 bleiben unberührt[3].

Literatur: *E. Klein,* Der innere Notstand, HbStR VII, 1992, § 169. – S. auch Literatur zu Art.35.

1. Anforderung eines Landes (Abs.1)

Voraussetzung hierfür ist eine drohende Gefahr iSd allgemeinen Polizeirechts (Hernekamp MüK 10; Stern ST II 1470f; einschr. Volkmann MKS 12, 19) für den Bestand (Rn.34 zu Art.21) oder die freiheitliche demokratische Grundordnung (Rn.33 zu Art.21) des Bundes oder eines Landes, die insgesamt nur bei schwerwiegenden Umständen angenommen werden darf (Hase AK 19; Stern ST II 1471); Störungen im Wirtschafts- und Sozialgefüge gehören nicht dazu (Klein HbStR VII 394; Windthorst SA 11; Volkmann MKS 16; vgl. auch Art.9 Abs.3 S.3). Darüber hinaus ist eine Erforderlichkeit (Rn.6, 7 zu Art.35) zu verlangen (Hase AK 22; Hernekamp MüK 14; Ruge SHH 3; einschr. Volkmann MKS 22). Die Zuständigkeit richtet sich nach Landes(verfassungs)recht (einschr. Klein HbStR VII 395, der eine Mitwirkung des Parlaments ausschließt). **1**

Rechtsfolgen der ansonsten im Ermessen des Landes liegenden (einschr. Grzeszick FH 14; a. A. Hernekamp MüK 13) Anforderung sind, dass **(1)** Po- **2**

lizeikräfte anderer Länder und darüber hinaus seit 1968 (Einl.3 Nr.17) **(2)** Kräfte und Einrichtungen (Rn.6 zu Art.35) anderer Verwaltungen, worunter nicht die Streitkräfte fallen (vgl. Rn.4 zu Art.87a; Heun DR 16), sowie **(3)** des Bundesgrenzschutzes (Bundespolizei) zur Gefahrenabwehr mitwirken dürfen und grundsätzlich (vgl. Rn.5 zu Art.35) auch müssen (Hase AK 25; Heun DR 15; Volkmann MKS 25 f). Hinsichtlich dieser Adressaten haben die zuständigen Landesorgane ein Auswahlermessen (vgl. Rn.7 zu Art.35). Die angeforderten Kräfte bleiben Teil ihrer Herkunftsorganisation, sind aber an das Recht des Einsatzlandes gebunden (Klein HbStR VII 395; Windthorst SA 25).

2. Eingreifen des Bundes (Abs.2)

3 **Notstand innerhalb eines Landes** (S.1). *Voraussetzungen* für das Eingreifen des Bundes sind **(1)** eine drohende Gefahr für den Bestand oder die freiheitliche demokratische Grundordnung des Bundes oder eines Landes (oben Rn.1) und **(2)** fehlende Bereitschaft oder Fähigkeit des Landes zur Bekämpfung der Gefahr. Diese Voraussetzungen unterliegen ggf. der verfassungsgerichtlichen Überprüfung, bei der ein Einschätzungs- (Heun DR 18) bzw. Beurteilungsspielraum (Volkmann MKS 34; Windthorst SA 38) der Bundesregierung besteht. Die Bundesregierung (vgl. Art.62) hat dann folgende, in ihrem Ermessen liegende *Kompetenzen:* − **(1)** Sie kann die Polizei in diesem Lande und die Polizeikräfte anderer Länder ihren Weisungen (Rn.16 zu Art.84) unterstellen. − **(2)** Sie kann seit 1968 (Einl.3 Nr.17) auch Einheiten des Bundesgrenzschutzes (Bundespolizei) einsetzen. Eine Verpflichtung, in dieser Reihenfolge vorzugehen, besteht nicht (Hase AK 30; Klein HbStR VII 397; Stern ST II 1473; Windthorst SA 43; a. A. Hernekamp MüK 29; Heun DR 18). Wegen der Weisungsunterstellung und dem nicht nur unterstützenden (vgl. dagegen Art.35 Abs.3 S.1) Einsatz ist hier teilw. Bundesrecht anwendbar (vgl. Hernekamp MüK 33; Heun DR 20; Klein HbStR VII 397). Die Eingriffsbefugnisse von Polizeikräften anderer Länder sind problematisch (Volkmann MKS 38). Aus rechtsstaatlichen Gründen wird eine öffentliche Bekanntmachung gefordert (Hase AK 30; Ruge SHH 4a; Stern ST II 1473).

4 **Notstand über ein Land hinaus** (S.3). Liegen die Voraussetzungen des S.1 (oben Rn.3) in mehr als einem Lande vor und ist es zur wirksamen Bekämpfung der drohenden Gefahr (oben Rn.1) erforderlich, dann erweitern sich seit 1968 (Einl.3 Nr.17) die Kompetenzen der Bundesregierung nach S.1 (oben Rn.3) um die Befugnis zu Weisungen (Rn.16 zu Art.84) gegenüber den Landesregierungen, die gegenständlich nicht beschränkt sind (Hase AK 36; Heun DR 21; Stern ST II 1473).

5 **Beendigung des Eingreifens des Bundes** (S.2). Alle von der Bundesregierung getroffenen Maßnahmen (oben Rn.3, 4) sind unverzüglich (vgl. Rn.8 zu Art.35) nach Beseitigung der Gefahr, im Übrigen jederzeit auf Verlangen des Bundesrats aufzuheben. Auch insoweit wird eine öffentliche Bekanntmachung (oben Rn.3) gefordert (Stern ST II 1474).

VIII a. Gemeinschaftsaufgaben, Verwaltungszusammenarbeit

Art. 91a [Gemeinschaftsaufgaben]

(1) Der Bund wirkt auf folgenden Gebieten bei der Erfüllung von Aufgaben der Länder mit, wenn diese Aufgaben für die Gesamtheit bedeutsam sind und die Mitwirkung des Bundes zur Verbesserung der Lebensverhältnisse erforderlich ist (Gemeinschaftsaufgaben)[2]:

1. Verbesserung der regionalen Wirtschaftsstruktur[3],
2. Verbesserung der Agrarstruktur und des Küstenschutzes[4].

(2) Durch Bundesgesetz mit Zustimmung des Bundesrates werden die Gemeinschaftsaufgaben sowie Einzelheiten der Koordinierung näher bestimmt[5].

(3) Der Bund trägt in den Fällen des Absatzes 1 Nr. 1 die Hälfte der Ausgaben in jedem Land. In den Fällen des Absatzes 1 Nr. 2 trägt der Bund mindestens die Hälfte; die Beteiligung ist für alle Länder einheitlich festzusetzen. Das Nähere regelt das Gesetz. Die Bereitstellung der Mittel bleibt der Feststellung in den Haushaltsplänen des Bundes und der Länder vorbehalten[6].

Literatur: *Seckelmann,* „Renaissance" der Gemeinschaftsaufgaben in der Föderalismusreform II?, DÖV 2009, 747; *Oebbecke,* Verwaltungszuständigkeit, HbStR³ VI, 2008, § 136; *Schmidt-Aßmann,* Die Bundeskompetenzen für die Wissenschaftsförderung nach der Föderalismusreform, FS Isensee, 2007, 405; *Runde/Riebel,* Gemeinschaftsaufgaben und Mischfinanzierungen, in: Holtschneider/Schön (Hg.), Die Reform des Bundesstaates, 2007, 295; *Breuer,* Gemeinschaftsaufgaben und Mischfinanzierung – eine Crux des Bundesstaates, FS Krause, 2006, 325; *Kösters,* Die Gemeinschaftsaufgabe Hochschulbau des Art. 91a I Nr. 1 GG im Wandel, 2004; *Maier,* Bildung und Forschung im kooperativen Föderalismus, DÖV 2003, 796; *Helfrich,* Forschungsförderung durch Bund und Länder im Rahmen der sog. „Blauen Liste", WissR 1990, 244.

1. Bedeutung und Abgrenzung zu anderen Vorschriften

Der 1969 eingefügte und 1970 und 2006 geänderte (Einl. 3 Nr. 21, 27, 52) **1** Art. 91a ermächtigt zur Mitwirkung des Bundes bei der Aufgabenerfüllung durch die Länder und regelt damit die Kompetenzverteilung zwischen Bund und Ländern. Darüber hinaus enthält er eine Pflicht des Bundes zur Mitwirkung an der Erfüllung der hier genannten Landesaufgaben (Majer AK 22), nicht aber einen Verfassungsauftrag für die Länder, diese Aufgaben wahrzunehmen (Siekmann SA 28; Schlegel UC 12 f; a. A. Volkmann MKS 13; Stern ST II 835). Art. 91a ist lex specialis zu Art. 30, 83 ff und 104a Abs. 1, weil die Trennung der Verwaltungskompetenzen und der Lastentragung zwischen Bund und Ländern teilw. aufgehoben wird (Oebbecke HbStR³ VI § 136 Rn. 138; Siekmann SA 19). Dagegen bleiben, abgesehen von der zusätzlichen Bundesgesetzgebungskompetenz (unten Rn. 5), die Gesetzgebungskompetenzen (Art. 70 ff) unberührt, deren Inanspruchnahme aber die gemeinschaftliche Aufgabenwahrnehmung nicht ausschließen darf (Mager MüK 62; Volkmann MKS 6). Maßnahmen nach Art. 91a können dazu geeignet sein, die Wirtschafts- und Einnahmestruktur eines Landes mittel- und längerfristig nachhaltig zu verbessern (BVerfGE 86, 148/267). Zur Fortgeltung alten Rechts Rn. 1 zu Art. 125c und Rn. 1–3 zu Art. 143c.

2. Zulässigkeit (Abs. 1)

2 **Allgemeines.** Es muss sich um Aufgaben in der Verwaltungskompetenz der Länder handeln. Der Bund ist aber durch Art. 91a nicht gehindert, über Art. 87 Abs. 3 Gebiete des Art. 91a Abs. 1 Nr. 1, 2 zu Bundesaufgaben zu machen. Voraussetzung für die Mitwirkung des Bundes ist, dass die Aufgaben der Länder für die Gesamtheit bedeutsam sind und die Mitwirkung des Bundes zur Verbesserung der Lebensverhältnisse erforderlich ist; insoweit steht dem Gesetzgeber ein Beurteilungsspielraum zu (vgl. BVerfGE 39, 96/ 115 zu Art. 104a Abs. 4 S. 1; a. A. Siekmann SA 31). Die Aufzählung der Gebiete (unten Rn. 3, 4) ist abschließend (Heun DR 19).

3 **Verbesserung der regionalen Wirtschaftsstruktur (Nr. 1).** Regional steht im Gegensatz zu sektoral und gesamtstaatlich (Heun DR 14 f). Es darf daher nicht eine Förderung nach Branchen (Siekmann SA 24; Volkmann MKS 17; a. A. Majer AK 35) oder im ganzen Bundesgebiet (Siekmann SA 24; Volkmann MKS 17) oder im Gießkannenprinzip (Majer AK 38) erfolgen. Auch Maßnahmen der allgemeinen Verbesserung der Lebensverhältnisse in den Fördergebieten fallen nicht hierunter (Mager MüK 21). Die Vorschrift enthält keine Eingriffsermächtigung (Majer AK 35).

4 **Verbesserung der Agrarstruktur und des Küstenschutzes (Nr. 2).** Zu den Begriffen Agrarstruktur und Küstenschutz vgl. Rn. 41 f zu Art. 74. Nicht hierunter fallen Naturschutz und Landschaftspflege, allgemeiner Umweltschutz sowie Maßnahmen zur allgemeinen Verbesserung der Lebensverhältnisse auf dem Lande wie Dorferneuerung (Majer AK 45; Mager MüK 26), ferner nicht der gezielte Schutz einzelner Objekte (Siekmann SA 27). Im Übrigen gilt das oben Rn. 3 Gesagte entsprechend.

3. Gesetzgebungskompetenz des Bundes (Abs. 2)

5 Abs. 2 enthält eine ausschließliche Bundesgesetzgebungskompetenz (Rn. 5 zu Art. 70) und einen Regelungsauftrag (Rn. 22 zu Art. 70), der durch ein oder mehrere zustimmungsbedürftige (Rn. 4–6 zu Art. 77) Gesetze erfüllt werden kann. Die 2006 erfolgte (Einl. 3 Nr. 52) Abschaffung der Beschränkung der Bundesgesetzgebungskompetenz auf allgemeine Grundsätze für die Erfüllung der Gemeinschaftsaufgaben erweitert den Regelungsspielraum für die Ausführungsgesetzgebung (BT-Drs. 16/813, 15). Die Umschreibung des Kompetenzgegenstands mit „Einzelheiten der Koordinierung" und die Abschaffung sowohl der vorgeschriebenen Rahmenplanung als auch der Unterrichtungsansprüche von Bundesregierung und Bundesrat sollen „eine Entbürokratisierung und Erleichterung der Bund-Länder-Zusammenarbeit" bewirken (BT-Drs. 16/813, 16). Eine Rahmenplanung ist aber weiterhin zulässig (Hel-

lermann ST-F 290). Eine Durchführung einer Aufgabe in einem Land ohne dessen Zustimmung ist unzulässig (Schmidt-De Caluwe KL 12).

4. Finanzierung (Abs.3)

Für die gemeinsame Finanzierung der Gemeinschaftsaufgaben regeln S.1 **6** und 2 unterschiedliche Quoten. Gem. S.3 ist auch hier das Nähere durch Gesetz zu regeln (oben Rn.5). Die Tragung der Verwaltungskosten richtet sich nach Art.104a Abs.5 (Heun DR 23; Mager MüK 52; Siekmann SA 34). Die Haushaltshoheit des Bundestags (Rn.14 zu Art.110) und der Länderparlamente bleibt gem. S.4 unberührt. Diese können also abgesehen von staatsvertraglichen Bindungen frei über die Bewilligung der Mittel entscheiden (Oebbecke HbStR³ VI § 136 Rn.142; Siekmann SA 36). Vertrauensschutz und Bundestreue können nur „äußerste Grenzen" ziehen (Heun DR 25).

Art.**91b** [Zusammenwirken durch Vereinbarungen]

(1) **Bund und Länder können auf Grund von Vereinbarungen² in Fällen überregionaler Bedeutung⁴ zusammenwirken²ᶠ bei der Förderung von:**

1. Einrichtungen und Vorhaben der wissenschaftlichen Forschung außerhalb von Hochschulen;

2. Vorhaben der Wissenschaft und Forschung an Hochschulen;

3. Forschungsbauten an Hochschulen einschließlich Großgeräten⁴.

Vereinbarungen nach Satz 1 Nr.2 bedürfen der Zustimmung aller Länder⁴.

(2) **Bund und Länder können auf Grund von Vereinbarungen zur Feststellung der Leistungsfähigkeit des Bildungswesens im internationalen Vergleich und bei diesbezüglichen Berichten und Empfehlungen zusammenwirken⁵.**

(3) **Die Kostentragung wird in der Vereinbarung geregelt⁶.**

Literatur: *Guckelberger,* Bildungsevaluation als neue Gemeinschaftsaufgabe gemäß Art.91b Abs.2 GG, RdJB 08, 267; *Kluth,* Die Auswirkungen der Neufassung von Art.91b Absatz 1 GG auf die Wissenschaftsförderung in Deutschland, RdJB 08, 257. – S. auch Literatur zu Art.91a.

1. Bedeutung und Abgrenzung zu anderen Vorschriften

Der 1969 eingefügte und 2006 geänderte (Einl.3 Nr.21, 52) Art.91b er- **1** mächtigt wie der z.T. speziellere (Schlegel UC 19; Volkmann MKS 2) Art.91a zur Mitwirkung des Bundes bei der Aufgabenerfüllung durch die Länder und ist wie dieser lex specialis zu Art.30, 83ff und 104a Abs.1 (Mager MüK 8; Siekmann SA 8). Anders als dort **(1)** besteht keine Pflicht des Bundes zur Mitwirkung, **(2)** ist ein Zusammenwirken auch in der Weise möglich, dass die Länder bei der Aufgabenerfüllung durch den Bund mitwirken, **(3)** geschieht die Ausgestaltung des Zusammenswirkens nicht durch Gesetz, sondern durch Vereinbarung, und **(4)** sind die Formen des Zusammenwirkens einschließlich der Finanzierung nicht festgelegt. Maßnahmen nach Art.91b können dazu geeignet sein, die Wirtschafts- und Einnahmestruktur eines Landes mittel- und längerfristig nachhaltig zu verbessern (BVerfGE 86, 148/267). Zur Fortgeltung alten Rechts Rn.1–3 zu Art.143c; zu den existierenden Vereinbarungen zu Art.91b BT-Drs.16/813, 16f.

2. Zulässigkeit (Abs.1, 2)

2   **a)** Das **Zusammenwirken** geschieht durch schriftliche (Henneke SHH 3; Heun DR 8) Vereinbarungen, d.h. Staatsverträge oder Verwaltungsabkommen (Majer AK 27; Mager MüK 12) bis hin zu einfachen Absprachen (vgl. Siekmann SA 23), die Rechte und Pflichten nur zwischen den Vertragsparteien begründen (BbgVerfG, LVerfGE 5, 94/111). Die Aufzählung der Gebiete ist abschließend (Siekmann SA 10; Stern ST II 840), schließt aber ein Zusammenwirken auf Grund anderer Verfassungsbestimmungen nicht aus (Volkmann MKS 5).

3   Das Zusammenwirken darf zu **institutioneller Verfestigung** führen. Entsprechende Gremien dürfen nicht nur beratende, sondern in begrenztem Umfang auch Entscheidungsfunktionen haben (Heun DR 10; Mager MüK 9; Volkmann MKS 11). Ihre Besetzung ausschließlich mit Vertretern von Regierungen und Bindungswirkungen ihrer Entscheidungen ausschließlich zwischen Bundes- und Landesregierungen werden allgemein für verfassungskonform gehalten (vgl. Majer AK 18, 27; Siekmann SA 31f; Volkmann MKS 12). Dies kann allerdings angesichts des zugrundeliegenden Einstimmigkeitsprinzips nur insoweit gelten, als eine Regierung zugestimmt hat. Der Bund darf nur aus sachlichem Grund Vereinbarungen nicht mit allen Ländern schließen (vgl. Hellermann ST-F 302; Heun DR 9; Mager MüK 11). Die Durchführung der Vereinbarungen erfolgt durch Bund und Länder getrennt, soweit jeweils die Verwaltungskompetenzen reichen (Majer AK 20; diff. Mager MüK 15, 17).

4   **b) Gegenstände gem. Abs.1.** Alle in S.1 aufgezählten Gegenstände sind auf „Fälle überregionaler Bedeutung" beschränkt, d.h. mit „Ausstrahlungskraft über das einzelne Land hinaus" (BT-Drs. 16/813, 17; krit. Meyer 253; Oebbecke HbStR³ VI § 136 Rn.153). Förderung umfasst die finanzielle Förderung einschließlich der dafür erforderlichen Planung und der Durchführung (Hellermann ST-F 293; Mager MüK 17; Volkmann MKS 11; a.A. Majer AK 32; Siekmann SA 12). Wissenschaftliche Forschung (Rn.121–122a zu Art.5) umfasst grundsätzlich die Förderung innerhalb (Nr.2) wie außerhalb von Hochschulen (Nr.1). Die institutionelle Förderung („Einrichtungen" gem. Nr.1) ist aber auf die Forschung außerhalb von Hochschulen beschränkt; nur die Projektförderung („Vorhaben" gem. Nr.1, 2) ist umfassend zulässig (Schmidt-De Caluwe KL 10). Einrichtungen sind sowohl solche, die selbst forschen, als auch solche, deren Aufgabe die Forschungsförderung ist (BT-Drs.16/813, 17; Hellermann ST-F 295; Meyer 254; Schmidt-De Caluwe KL 9). Die Einfügung des Begriffs „Wissenschaft" neben Forschung in Nr.2 erstreckt in begrifflich und systematisch fragwürdiger Weise nach der Entstehungsgeschichte den Gegenstand auf Fragen der Lehre, des Studiums und der Weiterbildung; da dies der Bewältigung steigender Studierendenzahlen dienen

soll (Plenarprotokoll 16/44, S.4239f, 4252, 4254, 4263; vgl. auch Nierhaus Rademacher, LKV 06, 394; Häde, JZ 06, 936; Meyer 252, 259), ist eine „strikte Beschränkung auf Einzelvorhaben in der Lehre" (Siekmann SA 19) nicht vorgeschrieben. Verfassungsgemäß ist daher der Hochschulpakt 2020 (Butzer KL 23 zu Art.104b; Hellermann ST-F 300). Die Förderung von Bauvorhaben und Großgeräten an Hochschulen darf nur Forschungszwecken dienen (Nr.3; krit. Knopp, NVwZ 06, 1218f). Angesichts der Verknüpfung von Forschung und Lehre an den Hochschulen kommt es insoweit auf den Schwerpunkt an (Meyer 261; Schmidt-De Caluwe KL 12; Kluth, RdJB 08, 265). Die Ressortforschung des Bundes bleibt, soweit sie zulässig ist (Rn.7 zu Art.83), unberührt (BT-Drs.16/813, 17; Hellermann ST-F 296). Das Bedürfnis der Zustimmung aller Länder, d. h. auch der nicht betroffenen (Kluth, RdJB 08, 261), gem. S.2 zu Vereinbarungen nach S.1 Nr.2 ist aus genetischen und systematischen Gründen auf Vorhaben der Wissenschaft zu beschränken (Meyer 254ff).

c) Gegenstände gem. Abs.2 sind die gemeinsame Feststellung, Bericht- 5 erstattung einschließlich Veröffentlichungen und Empfehlungen zur Leistungsfähigkeit des deutschen Bildungswesens im internationalen Vergleich. Die Zuständigkeit für hieraus erwachsende Maßnahmen richtet sich nach der allgemeinen Kompetenzordnung für das Bildungswesen (Heun DR 14; Oebbecke HbStR[3] VI § 136 Rn.152), d. h. es besteht eine grundsätzliche Zuständigkeit der Länder außer für die außerschulische berufliche Bildung und Weiterbildung (Rn.28, 50 zu Art.74), Hochschulzulassung und Hochschulabschlüsse (Rn.84f zu Art.74). Die Förderung z. B. der Ganztagsschulen durch den Bund ist danach ausgeschlossen (Häde, JZ 06, 936). Auch die Festlegung nationaler Bildungsstandards fällt nicht hierunter (Guckelberger, RdJB 08, 275).

3. Kostentragung (Abs.3)

Die Kostentragung muss in der Vereinbarung geregelt werden. Die Auf- 6 teilung der Kosten ist beliebig. Im Gegensatz zur Rechtslage vor 2006 ist auch eine volle Kostentragung durch entweder den Bund oder die Länder zulässig (Hellermann ST-F 311; Meyer 266; Schmidt-De Caluwe KL 15; Siekmann SA 33). Die Tragung der Verwaltungskosten richtet sich nach Art.104a Abs.5 (v. Arnim HbStR[3] VI § 138 Rn.81; Mager MüK 26; Siekmann SA 35; anders Volkmann MKS 13). Das schließt die Finanzierung von Personalkosten als Zweckausgaben bei Forschungseinrichtungen nicht aus (Heun DR 16). Die Haushaltshoheit der Parlamente bleibt unberührt (Oebbecke HbStR[3] VI § 136 Rn.142; Siekmann SA 36), mit der in Rn.6 zu Art.91a genannten Folge.

Art.**91c** [Zusammenwirken bei informationstechnischen Systemen]

(1) **Bund und Länder können bei der Planung, der Errichtung und dem Betrieb der für ihre Aufgabenerfüllung benötigten informationstechnischen Systeme[4] zusammenwirken[2].**

(2) Bund und Länder können auf Grund von Vereinbarungen[3] **die für die Kommunikation zwischen ihren informationstechnischen Systemen notwendigen Standards und Sicherheitsanforderungen**[4] **festlegen. Vereinbarungen über die Grundlagen der Zusammenarbeit nach Satz 1 können für einzelne nach Inhalt und Ausmaß bestimmte Aufgaben vorsehen, dass nähere Regelungen bei Zustimmung einer in der Vereinbarung zu bestimmenden qualifizierten Mehrheit für Bund und Länder in Kraft treten**[3]**. Sie bedürfen der Zustimmung des Bundestages und der Volksvertretungen der beteiligten Länder; das Recht zur Kündigung dieser Vereinbarungen kann nicht ausgeschlossen werden**[3]**. Die Vereinbarungen regeln auch die Kostentragung**[3]**.**

(3) Die Länder können darüber hinaus den gemeinschaftlichen Betrieb informationstechnischer Systeme[4] **sowie die Errichtung von dazu bestimmten Einrichtungen vereinbaren**[2]**.**

(4) Der Bund errichtet zur Verbindung der informationstechnischen Netze des Bundes und der Länder ein Verbindungsnetz. Das Nähere zur Errichtung und zum Betrieb des Verbindungsnetzes regelt ein Bundesgesetz mit Zustimmung des Bundesrates[5]**.**

Literatur: *Sichel,* Informationstechnik und Benchmarking – Neue Gemeinschaftsaufgaben im GG, DVBl 2009, 1014; *Siegel,* IT im Grundgesetz, NVwZ 2009, 1128; *Schliesky,* Die Aufnahme der IT in das GG, ZSE 2008, 304. – S. auch Literatur zu Art.91a.

1. Bedeutung und Abgrenzung zu anderen Vorschriften

1   Der 2009 eingefügte (Einl.3 Nr.57) Art.91c ermächtigt wie Art.91a zur Mitwirkung des Bundes bei der Aufgabenerfüllung durch die Länder und ist wie dieser lex specialis zu Art.30, 83 ff und 104a Abs.1. Es bestehen aber dieselben Unterschiede zur Gemeinschaftsaufgabe wie bei Art.91b (Rn.1 zu Art.91b). Weil das Zusammenwirken das grundsätzliche Verbot der Mischverwaltung (Rn.10 zu Art.30) durchbricht, handelt es sich nicht um eine bloße Klarstellung (Siegel, NVwZ 09, 1129; Suerbaum EH 6f; a.A. Sichel, DVBl 09, 1015). Weil das Zusammenwirken in Abs.1 umfassend geregelt ist und insb. den Betrieb der informationstechnischen Systeme umfasst, können die hinsichtlich einzelner Rechtsfolgen weiter gehenden Abs.2 (unten Rn.3) und Abs.4 (unten Rn.5) den Abs.1 nicht verdrängen (a.A. Sichel, DVBl 09, 1016), d.h. ein gemeinsamer Betrieb von informationstechnischen Systemen durch Bund und Länder ist auf der Grundlage von Vereinbarungen, nicht aber durch Gesetz (vgl. Abs.4) oder mit Mehrheitsentscheidungen (vgl. Abs.2), zulässig.

2. Zulässigkeit (Abs.1–3)

2   Das **Zusammenwirken** geschieht wie bei Art.91b durch schriftliche Vereinbarung, d.h. Staatsvertrag oder Verwaltungsabkommen bis hin zu einfachen Absprachen (Rn.2 zu Art.91b). Es kann zwischen Bund und allen oder mehreren oder einzelnen Ländern oder zwischen allen oder mehreren oder einzelnen Ländern untereinander gem. Abs.3 erfolgen. Eine solche Zusam-

menarbeit zwischen den Ländern wäre nach den allgemeinen Maßstäben des kooperativen Föderalismus (Rn.17 zu Art.20) auch ohne Abs.3 zulässig gewesen (Siegel, NVwZ 09, 1130; Suerbaum EH 18). Aus der ausdrücklichen Normierung kann aber kein Umkehrschluss gezogen werden, dass ein Zusammenwirken der Länder in anderen Bereichen unzulässig wäre (BT-Drs. 16/12410, 9; Sichel, DVBl 09, 1018). Ob die mit Abs.3 intendierte Vermeidung von Rechtsfolgen des europäischen Vergaberechts, insb. durch „die Errichtung von dazu bestimmten Einrichtungen" in den „Organisationsformen des öffentlichen Rechts ohne Gebietshoheit" (BT-Drs. 16/12410, 9), gelingt, ist zweifelhaft (Sichel, DVBl 09, 1018; Siegel NVwZ 09, 1130; Suerbaum EH 18, 1). Das Zusammenwirken darf wie bei Art.91b zu institutioneller Verfestigung führen (Rn.3 zu Art.91b). Dafür ist ein IT-Planungsrat vorgesehen, der die bisherigen Gremien ablösen soll (BT-Drs. 16/12410, 9; Sichel, DVBl 09, 1018). Abs.1 begründet keine Kooperationspflicht (Suerbaum EH 10).

Vereinbarungen gem. Abs.2 sind „der vorgesehene Regelfall der Art und 3 Weise der Zusammenarbeit" (BT-Drs. 16/12410, 8), aber nicht abschließend (oben Rn.1). Sie beziehen sich auf „die Grundlagen der Zusammenarbeit" (S.2), d.h. „die für die Kommunikation zwischen (den) kommunikationstechnischen Systemen notwendigen Standards und Sicherheitsanforderungen" (S.1; vgl. unten Rn.4). S.2 ermächtigt „für einzelne nach Inhalt und Ausmaß bestimmte Aufgaben" zur Abweichung vom Einstimmigkeitsprinzip: In der Vereinbarung kann vorgesehen werden, dass eine bestimmte qualifizierte Mehrheit Regelungen treffen darf, die für alle Vertragsparteien in Kraft treten, d.h. „rechtsverbindlich" (BT-Drs. 16/12410, 9) sind. Diese Vereinbarungen bedürfen gem. S.3 Hs.1 der Zustimmung des Bundestags und der Volksvertretungen der beteiligten Länder. Dass das Kündigungsrecht der Vertragsparteien gem. S.3 Hs.2 nicht ausgeschlossen werden darf, soll der Verfassungsautonomie (Rn.1 zu Art.28) und der Eigenstaatlichkeit der Länder Rechnung tragen (BT-Drs. 16/12410, 9; Suerbaum EH 16). Welche technischen Mittel zur Durchführung der Vereinbarung eingesetzt werden, entscheidet der jeweilige Verwaltungsträger (BT-Drs. 16/12410, 9). Die Kostentragung muss gem. S.4 in der Vereinbarung geregelt werden. Das in Rn.6 zu Art.91b Gesagte gilt entsprechend.

Gegenstände des Zusammenwirkens sind „die technischen Mittel zur 4 Verarbeitung und Übertragung von Informationen", die zur Ermöglichung der „einheitlichen Umsetzung der im IT-Bereich zunehmenden EU-Vorgaben" und „angesichts des ständigen Fortschritts der Informationstechnik und ihrer wachsenden Bedeutung für die öffentliche Verwaltung weit gefasst" werden sollen (BT-Drs. 16/12410, 8 f; Suerbaum EH 9). Ebenso weit versteht das BVerfG die informationstechnischen Systeme als Schutzgegenstand des allgemeinen Persönlichkeitsrechts (Rn.45c zu Art.2). Allerdings sind im vorliegenden Zusammenhang speziellere Kompetenzzuweisungen, beispielsweise zur Telekommunikation (Rn.26 f zu Art.73, Rn.1 zu Art.87 f) oder zur Statistik (Rn.12 zu Art.70, Rn.36 zu Art.73) zu beachten, die von Art.91c unberührt bleiben (BT-Drs. 16/12410, 9; Sichel, DVBl 09, 1015). Durch einheitliche Standards und Sicherheitsanforderungen gem. Abs.2 sollen die Interoperabilität des Datenaustauschs des Bundes und der Länder, insb. bezüglich der Datenformate und der Verfahren der Datenübertragung, sichergestellt und „Medienbrüche" vermieden werden (BT-Drs. 16/12410, 9).

3. Kompetenzen des Bundes (Abs.4)

5   Abs.4 enthält in S.1 eine obligatorische unmittelbare Bundesverwaltungskompetenz (Rn.1 zu Art.86) für die Errichtung eines Verbindungsnetzes und in S.2 eine ausschließliche Bundesgesetzgebungskompetenz (Rn.5 zu Art.70) und einen Regelungsauftrag (Rn.22 zu Art.70) für ein Bundesgesetz, das der Zustimmung des Bundesrats bedarf (Rn.4–6 zu Art.77), über die Errichtung und den Betrieb des Verbindungsnetzes. Hiervon ist durch das IT-NetzG v. 10. 8. 2009 (BGBl I 2706) Gebrauch gemacht worden. Nimmt man den Normtext ernst (a. A. Suerbaum EH 19 f), folgt daraus, dass der Betrieb des Verbindungsnetzes auch in Landeseigenverwaltung (Rn.1 zu Art.84) erfolgen kann. Das Verbindungsnetz soll „die gegenseitige Erreichbarkeit aller Einrichtungen der öffentlichen Verwaltung unmittelbar oder mittelbar über das Verbindungsnetz und die daran angeschlossenen Netze von Bund und Ländern ermöglichen" und „die Verbindung der deutschen Verwaltungsnetze mit den Netzen der EU sicherstellen" (BT-Drs. 16/12410, 9 f). Die Kosten für die Errichtung des Verbindungsnetzes trägt der Bund gem. Art.104a Abs.1, für den Betrieb allerdings nur, soweit er von Bundesbehörden wahrgenommen wird (ungenau BT-Drs. 16/12410, 10; Suerbaum EH 8, 20).

Art.91d [Zusammenwirken bei Leistungsvergleichen]

Bund und Länder können zur Feststellung und Förderung der Leistungsfähigkeit ihrer Verwaltungen Vergleichsstudien durchführen und die Ergebnisse veröffentlichen[1f].

1   Der 2009 eingefügte (Einl.3 Nr.57) Art.91d ermächtigt wie Art.91b, c zu einem **Zusammenwirken** von Bund und Ländern. Das in Rn.1–3 zu Art.91b, Rn.1 f zu Art.91c Gesagte gilt entsprechend; insb. können Bund und Länder Vereinbarungen über das Zusammenwirken schließen (BT-Drs. 16/12410, 10). Leistungsvergleiche (unten Rn.2) kommen zwischen Landesverwaltungen, innerhalb der Bundesverwaltung sowie zwischen Bundes- und Landesbehörden in Betracht (BT-Drs. 16/12410, 8). Die Vorschrift begründet keine Kooperationspflicht (Suerbaum EH 6). Die Zuständigkeit für hieraus erwachsende Maßnahmen richtet sich nach der allgemeinen Kompetenzordnung für die Verwaltungsorganisation (vgl. Rn.5 zu Art.91b).

2   **Gegenstände** des Zusammenwirkens sind Leistungsvergleiche (Benchmarking), die als „wirksames Instrument zur Verbesserung der Effektivität und Effizienz staatlichen Handelns" gelten (BT-Drs. 16/12410, 8). Im Übrigen ermöglicht die Norm eine „flexible Herangehensweise" (Sichel, DVBl 09, 1019). Gedacht ist an „die generelle oder einzelfallbezogene Beauftragung einer durch Kompetenz und Unabhängigkeit ausgewiesenen Einrichtung mit der Durchführung von Leistungsvergleichen, die Bestimmung des

Gegenstands und der Methoden der Vergleichsstudien, die teilnehmenden Verwaltungen, die Art und Weise der Veröffentlichung der Ergebnisse und die Kostentragung" (BT-Drs. 16/12410, 10).

Art. 91e [Zusammenwirken bei der Grundsicherung für Arbeitsuchende]

(1) **Bei der Ausführung von Bundesgesetzen auf dem Gebiet der Grundsicherung für Arbeitsuchende wirken Bund und Länder oder die nach Landesrecht zuständigen Gemeinden und Gemeindeverbände in der Regel in gemeinsamen Einrichtungen zusammen².**

(2) **Der Bund kann zulassen, dass eine begrenzte Anzahl von Gemeinden und Gemeindeverbänden auf ihren Antrag und mit Zustimmung der obersten Landesbehörde die Aufgaben nach Absatz 1 allein wahrnimmt³. Die notwendigen Ausgaben einschließlich der Verwaltungsausgaben trägt der Bund, soweit die Aufgaben bei einer Ausführung von Gesetzen nach Absatz 1 vom Bund wahrzunehmen sind⁴.**

(3) **Das Nähere regelt ein Bundesgesetz, das der Zustimmung des Bundesrates bedarf¹.**

1. Bedeutung und Abgrenzung zu anderen Vorschriften

Der 2010 eingefügte (Einl.3 Nr.58) Art.91e verpflichtet wie Art.91a **1** (Rn.1 zu Art.91a) zu einem regelmäßigen Zusammenwirken von Bund und Ländern in gemeinsamen Einrichtungen auf dem Gebiet der Grundsicherung für Arbeitsuchende. Er stellt eine Reaktion auf BVerfGE 119, 331 dar, wonach ein entsprechendes nur durch einfaches Gesetz geregeltes Zusammenwirken verfassungswidrig war. Abs.1 durchbricht das grundsätzliche Verbot von Mischverwaltung (Rn.10 zu Art.30). Durch die ausdrückliche Erwähnung der Gemeinden und Gemeindeverbände durchbricht er außerdem das Verbot der bundesgesetzlichen Aufgabenübertragung auf kommunale Behörden (Rn.7 zu Art.84; Rn.3 zu Art.85). Letzteres trifft auch für Abs.2 zu (BR-Drs. 186/10, 4). Damit ist Art.91e lex specialis zu Art.30, 83ff. und 104a Abs.1 (vgl. Rn.1 zu Art.91a; Rn.1 zu Art.91b; Rn.1 zu Art.91c). Abs.3 enthält eine ausschließliche Bundesgesetzgebungskompetenz (Rn.5 zu Art.70) und einen Regelungsauftrag (Rn.22 zu Art.70) für ein Bundesgesetz, das der Zustimmung des Bundesrats bedarf (Rn.4–6 zu Art.77). Hiervon ist durch das G v. 3. 8. 2010 (BGBl I S.1112) Gebrauch gemacht worden.

2. Zusammenwirken (Abs.1)

„Grundsicherung für Arbeitsuchende" bedeutet die Inanspruchnahme **2** von 1. Leistungen zur Eingliederung in Arbeit, 2. Leistungen zur Sicherung des Lebensunterhalts (§ 19a SGB I). Die Verwaltungskompetenz für 1. liegt beim Bund (Rn.11 zu Art.87), für 2. bei den Ländern (Rn.9 zu Art.83) bzw. Gemeinden und Gemeindeverbänden (Rn.10 zu Art.28; Rn.6 zu Art.30). Abs.1 ermöglicht die gemeinsame Aufgabenwahrnehmung der aus den

Agenturen für Arbeit und den kommunalen Trägern bestehenden Arbeitsgemeinschaften in gemeinsamen Einrichtungen (BT-Drs. 17/1554, 4). „In der Regel" soll als mindestens drei Viertel der Aufgabenträger bezogen auf das gesamte Bundesgebiet verstanden werden (BT-Drs. 17/1554, 4). „Einrichtungen" bedeutet wie an anderen Stellen im GG (vgl. Rn.23 zu Art.7; Rn.6 zu Art.35; Rn.3 zu Art.84; Rn.4 zu Art.91b; Rn.20 zu Art.106) jede mit Personal und Sachmitteln ausgestattete Organisationseinheit oder Institution.

3. Aufgabenübertragung auf Gemeinden (Abs.2)

3   An Stelle der gemeinsamen Einrichtungen (oben Rn.2) kann die Aufgabe der Grundsicherung für Arbeitsuchende (oben Rn.2) gem. **S.1** auch von Gemeinden und Gemeindeverbänden **allein wahrgenommen** werden (sog. Optionskommunen; vgl. §§ 6a, 6b SGB II). *Formelle* Voraussetzungen sind: – **(1)** Zulassung durch Bundesgesetz gem. Abs.3 (oben Rn.1). – **(2)** Antrag der Gemeinde oder des Gemeindeverbandes. – **(3)** Zustimmung der obersten Landesbehörde. – *Materielle* Voraussetzung ist, dass das Gesetz die Zahl dieser Kommunen bezogen auf das gesamte Bundesgebiet auf höchstens ein Viertel der Aufgabenträger festlegt (vgl. oben Rn.2).

4   Die **Finanzierung** der alleinigen Aufgabenwahrnehmung durch die Gemeinden und Gemeindeverbände orientiert sich gem. **S.2** an der Lastenverteilung beim Zusammenwirken gem. Abs.1. Das gilt sowohl für die Zweckausgaben als auch für die Verwaltungsaufgaben (Rn.9 zu Art.104a). Die Vorschrift erlaubt damit eine ansonsten unzulässige (vgl. Rn.7 zu Art.84; Rn.3 zu Art.104a) unmittelbare Finanzbeziehung zwischen Bund und Kommunen (BT-Drs. 17/1554, 5).

IX. Die Rechtsprechung

Art. 92 [Gerichtsorganisation]

Die rechtsprechende Gewalt[2 ff] ist den Richtern[7 ff] anvertraut[11 f]; sie wird durch das Bundesverfassungsgericht, durch die in diesem Grundgesetze vorgesehenen Bundesgerichte und durch die Gerichte der Länder ausgeübt[13].

Literatur: *Wilke,* Die rechtsprechende Gewalt, HbStR[3] V, 2007, § 112; *Degenhart,* Gerichtsorganisation, HbStR[3] V, 2007, § 114; *Wittreck,* Die Verwaltung der Dritten Gewalt, 2006; *Tschentscher,* Demokratische Legitimation der dritten Gewalt, 2006; *Voßkuhle/Sydow,* Die demokratische Legitimation des Richters, JZ 2002, 673; *Hoffmann-Riem,* Justizdienstleistungen im kooperativen Staat, JZ 1999, 421; *Reinhardt,* Konsistente Jurisdiktion, 1997; *Voit,* Privatisierung der Gerichtsbarkeit, JZ 1997, 120; *Heyde,* Rechtsprechung, HbVerfR, 2. A. 1994, § 33; *Schmidt-Jortzig,* Aufgabe, Stellung und Funktion des Richters im demokratischen Rechtsstaat, NJW 1991, 2377; *Smid,* Rechtsprechung. Zur Unterscheidung von Rechtsfürsorge und Prozess, 1990. – S. auch Literatur zu Art. 97.

1. Bedeutung und Abgrenzung zu anderen Vorschriften

Der 1968 geänderte (Einl. 3 Nr. 16) Art. 92 konkretisiert in Hs. 1 das Ge- **1** waltenteilungsprinzip (Rn. 23–27 zu Art. 20), indem er die Aufgabe der Rechtsprechung ausschließlich den Richtern zuweist. Damit gewährleistet er Voraussetzungen für effektiven Rechtsschutz (Rn. 49–70 zu Art. 19) im Rechtsstaat (BVerfGE 60, 253/296 f). Art. 92 ist ein objektives Gebot, kein subjektives öffentliches Recht des einzelnen Richters gegen den Entzug seiner richterlichen Tätigkeit (Classen MKS 4; Schulze-Fielitz DR 18; Detterbeck SA 3; Hillgruber MD 16; a. A. Wassermann AK 40; Meyer MüK 11); allerdings kann sein Gehalt mittels Grundrechten und grundrechtsgleichen Rechten geltend gemacht werden (vgl. auch Rn. 1 zu Art. 97). Art. 92 Hs. 2 regelt als lex specialis zu Art. 30 die Kompetenzverteilung für die Organisation der rechtsprechenden Gewalt: Grundsätzlich sind die Länder für die Einrichtung der Gerichte kompetent; der Bund besitzt nur die ihm ausdrücklich vom GG zugewiesenen Kompetenzen. Die generelle Regelung der Gerichtsverfassung liegt in der Kompetenz des Bundes (Rn. 8 zu Art. 74).

2. Zuweisung der rechtsprechenden Gewalt an die Richter (Hs. 1)

a) Rechtsprechende Gewalt. aa) Begriff. Der rechtsprechenden Ge- **2** walt unterfallen **von Verfassung wegen** alle Aufgaben, die das GG an anderer Stelle den Richtern bzw. Gerichten überträgt (vgl. Hillgruber MD 33 f; Hopfauf SHH 7; Schulze-Fielitz DR 30 f; Wolff UC 12 ff; enger Classen MKS 13): Rechtsweggarantien verlangen, dass der Richter irgendwann, meist nachträglich, in die Entscheidung bestimmter Konflikte eingeschaltet wird. Richtervorbehalte verlangen dagegen, dass der Richter ausschließlich über bestimmte Gegenstände entscheidet.

3   Darüber hinaus werden auch die **traditionellen Kernbereiche** der Rechtsprechung – bürgerliche und Strafgerichtsbarkeit – der rechtsprechenden Gewalt zugerechnet (BVerfGE 22, 49/76 ff; 76, 100/106; 103, 111/137; BGHZ 82, 34/40; Achterberg BK 92 ff; Stern ST II 894 ff), soweit es um die eigentliche Entscheidung geht (BVerfGE 4, 358/363; 7, 183/188 f). Dabei wird zum Kernbereich der Strafgerichtsbarkeit die Verhängung von Kriminalstrafen, einschließlich Geldstrafen (BVerfGE 22, 125/130; krit. Hopfauf SHH 7), gerechnet, die einen besonders schweren Eingriff in die Rechtsstellung des Staatsbürgers darstellen und mit einem ethischen Schuldvorwurf verbunden sind (BVerfGE 22, 49/79; 27, 18/28 f; 27, 36/40; 45, 272/288 f). Nur ein Teil der Angelegenheiten der freiwilligen Gerichtsbarkeit unterfällt allerdings der rechtsprechenden Gewalt (Wilke HbStR³ V § 112 Rn.65; offen gelassen BVerfGE 21, 139/144).

4   Schließlich handelt es sich **funktionell** um Rechtsprechung, wenn durch den Gesetzgeber „die letztverbindliche Klärung der Rechtslage in einem Streitfall im Rahmen besonders geregelter Verfahren" vorgesehen wird (BVerfGE 103, 111/138; krit. Bethge MSKB 237 zu § 90; Classen MKS 10 ff; Wilke HbStR³ V § 112 Rn.75 ff). Zur rechtsprechenden Gewalt im funktionellen Sinn gehört, rechtskraftfähige Entscheidungen zu fällen (Hillgruber MD 44), nur auf Antrag tätig zu werden (Schulze-Fielitz DR 27), den entscheidungserheblichen Sachverhalt zu ermitteln (Pietzcker, NVwZ 96, 316) und frei von Einwirkungen anderer Staatsorgane darüber zu befinden, welche Beweismittel zur Aufklärung der Sache notwendig sind (BGHZ 76, 288/ 291); dies soll allerdings bei entgegenstehenden zwingenden Sachgründen nicht gelten (BVerfGE 57, 250/287). Im Übrigen besteht eine Ausgestaltungsbefugnis des Gesetzgebers, die Aufgaben der rechtsprechenden Gewalt näher zu bestimmen (BVerfGE 22, 49/78; 64, 175/179; Schulze-Fielitz DR 38 f).

5   **bb) Einzelfälle,** die **nicht** Aufgaben der rechtsprechenden Gewalt sind: Aberkennung staatlicher Leistungen wegen pflichtwidrigen schuldhaften Handelns (BVerfGE 12, 264/274); Aktenanforderung und Aktenversendung (BVerfGE 29, 148/153); eidliche Zeugenvernehmung auf Ersuchen einer Verwaltungsbehörde (BVerfGE 7, 183/188 f); Einstellungsverfügung der Staatsanwaltschaft (BVerfG-K, NJW 02, 815; Hillgruber MD 52 f); Gewährung von Urlaub aus der Haft (BVerfGE 64, 261/278 f); Gutachtenerstattung (BVerfGE 4, 358/363); Nichterteilung einer Fahrerlaubnis (BVerfGE 20, 365/369 f); Patentamtstätigkeit (BVerwGE 8, 350/353); Registereintragung (Detterbeck SA 13; Schulze-Fielitz DR 44); Schuldsprüche des früheren Bundesoberseeamts (BVerwGE 32, 21); Verhängung von Disziplinarstrafen (BVerfGE 22, 311/317; a. A. für schwere Strafen der EGMR, vgl. Hillgruber MD 54), Fahrverboten (BVerfGE 27, 36/40 ff), gebührenpflichtigen Verwarnungen (BVerfGE 22, 125/131 ff) und sonstigen Ordnungswidrigkeitensanktionen (BVerfGE 8, 197/207; 22, 49/81; 27, 18/30; 45, 272/288 f); Zwangsvollstreckungsangelegenheiten (Hillgruber MD 56; Schulze-Fielitz DR 46).

6   **b)** Art.92 betrifft nur die **staatliche rechtsprechende Gewalt.** Private Gerichtsbarkeit, z. B. Betriebsjustiz, Schiedsgerichtsbarkeit, Vereins- und Ver-

bandsgerichtsbarkeit, einschließlich der Parteischiedsgerichte (Rn.25a zu Art.21) und der kirchlichen Gerichte (Rn.24 zu Art.140/137 WRV; Hillgruber MD 87), wird hierdurch weder erlaubt noch verboten (BGHZ 65, 59/61; Detterbeck SA 28; Classen MKS 42). Grenzen ergeben sich jedoch aus Rechtsweggarantien, Richtervorbehalten und Kernbereichen (oben Rn.2 f; Schulze-Fielitz DR 51 f); zu ihren sonstigen verfassungsrechtlichen Grenzen Classen MKS 21 ff; Hillgruber MD 88; Wassermann AK 51 ff. Erfasst werden auch die Gerichte, die von anderen juristischen Personen des öffentlichen Rechts als dem Bund oder den Ländern eingerichtet werden (sog. mittelbare Staatsgerichtsbarkeit), z.B. Berufsgerichte und Gemeindegerichte, vorausgesetzt sie beruhen auf staatlichem Gesetz und unterliegen personell dem entscheidenden Einfluss des Staats (BVerfGE 18, 241/253 f; 26, 186/195; 27, 312/320; 27, 355/361 f; 48, 300/323; Hillgruber MD 84 ff; strenger Meyer MüK 12).

c) **Richter** sind durch organisatorische Selbstständigkeit, persönliche und **7** sachliche Unabhängigkeit (Art.97) sowie Neutralität und Distanz („als unbeteiligte Dritte") gegenüber den Verfahrensbeteiligten (BVerfGE 60, 175/214; 87, 68/85; 103, 111/140; BVerwGE 78, 216/219) gekennzeichnet. Niemand darf Richter in eigener Sache sein (BVerfGE 103, 111/139). Richter müssen wirksam bestellt sein (BVerfG, DtZ 92, 281; BGH, NJW 05, 2317). Sie können grundsätzlich Berufs- oder Laienrichter sein. Die Zuziehung von ehrenamtlichen Richtern steht im Ermessen des Gesetzgebers, der ihnen auch ein zahlenmäßiges Übergewicht zuerkennen kann (BVerfGE 42, 206/208 f; 48, 300/317; 54, 159/167; diff. Achterberg BK 289; krit. auch Classen MKS 29). Andere nicht den vollen Schutz der persönlichen Unabhängigkeit genießende Richter (Rn.10 zu Art.97) sind nur als Ausnahme und aus zwingendem Grund als Richter zuzulassen (BVerfGE 14, 156/163 ff; BVerfG-K, NJW 98, 1053; BVerwGE 102, 7/8; BGHZ 95, 22/26; 130, 304/310); ein Verstoß verletzt Art.101 Abs.1 S.2. Zu Ausbildungsfragen enthält Art.92 keine Aussage (Schulze-Fielitz DR 56; Wassermann AK 41 ff; a.A. Achterberg BK 279; Classen MKS 30; Hillgruber MD 69; Stern ST II 904). Besoldungsfragen können allenfalls in extremen Fällen für die Richtereigenschaft bedeutsam werden (BVerfGE 23, 321/325; 32, 199/230 f).

Einzelfälle. Die Richtereigenschaft wurde **bejaht** für ärztliche Beisitzer **8** bei Berufsgerichten soweit sie nicht Angehörige der Beschluss- und Verwaltungsorgane der Ärztekammern sind (BVerfGE 4, 74/92 f; 18, 241/254 ff); ehrenamtliche Arbeitsrichter (BAGE 40, 75/83); Familienrichter (BVerfGE 64, 175/179); Gemeinderichter (BVerfGE 14, 56/69 f; BSGE 82, 150/152 ff); Handelsrichter (Schulze-Fielitz DR 54); kassenärztliche Sozialrichter (BVerfGE 27, 312/320 f; 33, 171/182); Landesverfassungsrichter (BVerfGE 96, 231/244; VerfGH RP, NVwZ-RR 04, 236); landwirtschaftliche Beisitzer, soweit sie nicht gleichzeitig dem Vorstand der Landwirtschaftskammer angehören (BVerfGE 21, 73/77; 42, 206/209 f; 54, 159/168 ff); Rechtsanwälte an Anwaltsgerichten (BVerfGE 26, 186/200 f; 48, 300/316 ff; Hopfauf SHH 15); Schöffen (Schulze-Fielitz DR 54); technischer Beisitzer am Flurbereinigungsgericht (BVerwGE 44, 96/100).

Die Richtereigenschaft wurde **verneint** für ausgeschlossene (BVerfGE 4, **9** 412/417; 63, 77/80) und befangene (BVerfGE 21, 139/146; BVerfG-K, NJW

98, 370) Richter; Beschwerdeausschussmitglieder nach dem SoforthilfeG (BVerfGE 4, 331/344 ff); Einigungsstellenmitglieder nach dem BetriebsverfassungsG (BVerfG-K, NJW 88, 1135); fehlerhaft gewählte Schöffen (BVerfGE 31, 181/184); Gemeindebeamte als Friedensrichter (BVerfGE 10, 200/216 ff); Landtagsabgeordnete als Mitglieder eines Wahlprüfungsgerichts (BVerfGE 103, 111/140 f); Rechtspfleger (BVerfGE 56, 110/127; 101, 397/405; BVerwGE 125, 365 Rn.18 f; BGHZ 113, 36; vgl. auch Rn.5 zu Art.100); Spruchkörpermitglieder der Sozialversicherungs- und Versorgungsverwaltung (Hopfauf SHH 16; Meyer MüK 15; offen gelassen BVerfGE 4, 193/198 f); technische Mitglieder des Patent- und Markenamts (BVerfG-K, NVwZ-RR 03, 469 f); Untersuchungsausschussmitglieder (BVerfGE 77, 1/42); Vergabeüberwachungsausschussmitglieder (Schulze-Fielitz DR 55).

10   **d) Gerichte** (Spruchkörper) sind die organisatorischen Einheiten, durch die die Richter (oben Rn.7–9) tätig werden (vgl. Achterberg BK 236 ff; Meyer MüK 4, 9; Schulze-Fielitz DR 57). Zur rechtsprechenden Gewalt zählen sie nur dann, wenn sämtliche Mitglieder Richter sind (Hopfauf SHH 10; Wassermann AK 35). Von den Gerichten als Spruchkörpern sind die Gerichte als Behörden zu unterscheiden: Justizverwaltungsangelegenheiten sind nicht Rechtsprechung (näher Schulze-Fielitz DR 47; Stern ST II 901 f; Wilke HbStR³ V § 112 Rn.40 ff); zum Rechtsschutz insoweit Rn.45 zu Art.19.

11   **e) Ausschließlichkeit der Zuweisung** der rechtsprechenden Gewalt an die Richter: **aa) Grundsätzliches Trennungsgebot.** Die oben Rn.2–6 beschriebene Aufgabe darf nur von den oben Rn.7–10 beschriebenen Funktionsträgern wahrgenommen werden; es besteht ein Rechtsprechungsmonopol der Richter und Gerichte (Wilke HbStR³ V § 112 Rn.24 ff; Meyer MüK 2 f). Insofern kann auch von einem grundsätzlichen Gebot der Trennung von Rechtsprechung und Gesetzgebung (BVerfGE 4, 219/234), v. a. aber von Rechtsprechung und Verwaltung gesprochen werden (BVerfGE 10, 200/216; 18, 241/254; 54, 159/166; BSGE 12, 237/238), das durch § 4 Abs.1 und 2 DRiG verfassungsgemäß konkretisiert wird (BVerwGE 25, 210/218 ff; 41, 195/198; Wilke HbStR³ V § 112 Rn.34). Allerdings gilt das strikt nur in der Richtung, dass nicht Funktionsträger der Verwaltung rechtsprechende Gewalt ausüben dürfen (BVerfGE 103, 111/136). So ist für die Verhängung von Kriminalstrafen ein administratives Vorverfahren auch dann unzulässig, wenn es auf Antrag in ein gerichtliches Verfahren übergeleitet werden kann (BVerfGE 22, 49/80 f); Vorverfahren im Verwaltungsrecht und im Privatrecht sind dagegen mangels letztverbindlicher Entscheidung zulässig (Classen MKS 32; Hillgruber MD 57).

12   **bb) Ausnahme.** Dagegen dürfen den Funktionsträgern der rechtsprechenden Gewalt Aufgaben der Verwaltung übertragen werden, sofern das GG deren Wahrnehmung nicht einer anderen Gewalt vorbehält (BVerfGE 21, 139/144; 64, 175/179; 76, 100/106). So ergibt sich aus der parlamentarischen Verantwortlichkeit (Rn.1 zu Art.65), dass eine beliebige Ausweitung der Übertragung von Aufgaben auf die rechtsprechende Gewalt unzulässig ist (Schulze-Fielitz DR 42 f; Stern ST II 900). Die Grenze wird überschritten, wenn die Richter erheblich in ihrer rechtsprechenden Tätigkeit behindert werden (Hopfauf SHH 11; Wilke HbStR³ V § 112 Rn.36). Rechtsfolge einer entsprechenden gesetzlichen Übertragung ist, dass auch insoweit die für Richter geltenden Normen des GG, besonders Art.97 f, anwendbar sind (BVerfGE 22, 49/78; 25, 336/345 f). Dies gilt nur nicht für Justizverwaltungsangelegenheiten (Meyer MüK 8; Schulze-Fielitz DR 48). Kein Verwaltungsamt ist die Wahrnehmung von Ehrenämtern bei Wahlen und Abstimmungen (BVerwG, NJW 02, 2264).

3. Kompetenzverteilung (Hs.2)

Entscheidend für die Abgrenzung von Bundes- und Landesgerichten ist, **13** ob der konkrete Organisationsakt von Bund oder vom Land vorgenommen wird (BVerfGE 24, 155/167; 96, 345/366; Achterberg BK 248; Schulze-Fielitz DR 64). Der Bund darf nur die im GG vorgesehenen Bundesgerichte errichten (BVerfGE 8, 174/176; 10, 200/213; BVerwGE 32, 21/23). Es können obligatorische (Art.93–95) und fakultative (Art.96 Abs.1–4) Bundesgerichte unterschieden werden. Innerhalb von Bund und Ländern sind nach dem organisatorischen Gesetzesvorbehalt (Rn.51 f zu Art.20) die Parlamente zuständig (BVerfGE 2, 307/316 ff; 24, 125/167). Abweichend von den Rechtsfolgen gem. Rn.7 f zu Art.30 sind hier ein Instanzenweg von Landgerichten zu Bundesgerichten (vgl. Art.95), auch soweit es um die Anwendung von Landesrecht geht (vgl. Art.99), und ein Zusammenwirken von Landes- und Bundesorganen (vgl. Art.96 Abs.5) zulässig. Die mittelbare Staatsgerichtsbarkeit (oben Rn.6) unterliegt ganz der Kompetenz der Länder (BVerfGE 10, 200/213; Wolff UC 64 f).

Art.**93** [Kompetenzen des Bundesverfassungsgerichts]

(1) **Das Bundesverfassungsgericht²ᶠᶠ entscheidet:**

1. **über die Auslegung dieses Grundgesetzes aus Anlaß von Streitigkeiten über den Umfang der Rechte und Pflichten eines obersten Bundesorgans oder anderer Beteiligter, die durch dieses Grundgesetz oder in der Geschäftsordnung eines obersten Bundesorgans mit eigenen Rechten ausgestattet sind⁵ᶠᶠ;**
2. **bei Meinungsverschiedenheiten oder Zweifeln über die förmliche und sachliche Vereinbarkeit von Bundesrecht oder Landesrecht mit diesem Grundgesetze oder die Vereinbarkeit von Landesrecht mit sonstigem Bundesrechte auf Antrag der Bundesregierung, einer Landesregierung oder eines Viertels der Mitglieder des Bundestages¹⁹ᶠᶠ;**
2a. **bei Meinungsverschiedenheiten, ob ein Gesetz den Voraussetzungen des Artikels 72 Abs.2 entspricht, auf Antrag des Bundesrates, einer Landesregierung oder der Volksvertretung eines Landes²⁰, ²⁸;**
3. **bei Meinungsverschiedenheiten über Rechte und Pflichten des Bundes und der Länder, insbesondere bei der Ausführung von Bundesrecht durch die Länder und bei der Ausübung der Bundesaufsicht²⁹ᶠᶠ;**
4. **in anderen öffentlich-rechtlichen Streitigkeiten zwischen dem Bunde und den Ländern³⁶ᶠ, zwischen verschiedenen Ländern³⁸ᶠ oder innerhalb eines Landes⁴⁰ᶠᶠ, soweit nicht ein anderer Rechtsweg gegeben ist;**

4a. über Verfassungsbeschwerden, die von jedermann mit der Behauptung erhoben werden können, durch die öffentliche Gewalt in einem seiner Grundrechte oder in einem seiner in Artikel 20 Abs. 4, 33, 38, 101, 103 und 104 enthaltenen Rechte verletzt zu sein[45 ff];

4b. über Verfassungsbeschwerden von Gemeinden und Gemeindeverbänden wegen Verletzung des Rechts auf Selbstverwaltung nach Artikel 28 durch ein Gesetz, bei Landesgesetzen jedoch nur, soweit nicht Beschwerde beim Landesverfassungsgericht erhoben werden kann[74 ff];

5. in den übrigen in diesem Grundgesetze vorgesehenen Fällen[1].

(2) **Das Bundesverfassungsgericht entscheidet außerdem auf Antrag des Bundesrates, einer Landesregierung oder der Volksvertretung eines Landes, ob im Falle des Artikels 72 Abs. 4 die Erforderlichkeit für eine bundesgesetzliche Regelung nach Artikel 72 Abs. 2 nicht mehr besteht oder Bundesrecht in den Fällen des Artikels 125a Abs. 2 Satz 1 nicht mehr erlassen werden könnte**[79 ff]. Die Feststellung, dass die Erforderlichkeit entfallen ist oder Bundesrecht nicht mehr erlassen werden könnte, ersetzt ein Bundesgesetz nach Artikel 72 Abs. 4 oder nach Artikel 125a Abs. 2 Satz 2[83]. Der Antrag nach Satz 1 ist nur zulässig, wenn eine Gesetzesvorlage nach Artikel 72 Abs. 4 oder nach Artikel 125a Abs. 2 Satz 2 im Bundestag abgelehnt oder über sie nicht innerhalb eines Jahres beraten und Beschluss gefasst oder wenn eine entsprechende Gesetzesvorlage im Bundesrat abgelehnt worden ist[81].

(3) **Das Bundesverfassungsgericht wird ferner in den ihm sonst durch Bundesgesetz zugewiesenen Fällen tätig**[1].

Übersicht

Literatur A (Allgemeines): *Papier,* Das Verhältnis des BVerfG zu den Fachgerichtsbarkeiten, DVBl 2009, 473; *Fleury,* Verfassungsprozessrecht, 8.A. 2009; *Sachs,* Verfassungsprozessrecht, 2.A. 2007; *Zuck,* BVerfG und Fachgerichtsbarkeit, JZ 2007, 1036; *E. Klein,* Eine neue Zuständigkeit des BVerfG: Bemerkungen zu Art. 93 Abs.2 GG, FS Merten, 2007, 223; *Hillgruber/Goos,* Verfassungsprozessrecht, 2.A. 2006; *Alleweldt,* BVerfG und Fachgerichtsbarkeit, 2006; *Schorkopf,* Die prozessuale Steuerung des Verfassungsrechtsschutzes, AöR 2005, 465; *Kenntner,* Vom „Hüter der Verfassung" zum „Pannenhelfer der Nation"?, DÖV 2005, 270 *Bethge,* Die Rechtskraft im Verfassungsprozessrecht, FS Musielak, 2004, 77; *Hoffmann-Riem,* Nachvollziehende Grundrechtskontrolle, AöR 2003, 173; *Yang,* Die Appellentscheidungen des BVerfG, 2003; *Steiner,* Sozialer Konflikt und sozialer Ausgleich. Zur Rolle der Verfassungsgerichtsbarkeit, FS Schmitt Glaeser, 2003, 477; *Sander,* Die Kompetenz des BVerfG zur Auslegung von Landesverfassungsrecht, NVwZ 2002, 45; *Alexy/Kunig/Heun/Hermes,* Verfassungsrecht und einfaches Recht – Verfassungsgerichtsbarkeit und Fachgerichtsbarkeit, VVDStRL 61 (2002), 7, 34, 80, 119; *Lerche,* Verfassungsgerichtsbarkeit in besonderen Situationen, 2001; *Ossenbühl,* BVerfG und Gesetzgebung, FS 50 Jahre BVerfG I, 2001, 33; *Korioth,* BVerfG und Rechtsprechung („Fachgerichte"), FS 50 Jahre BVerfG I, 2001, 55; *Brohm,* Die Funktion des BVerfG – Oligarchie in der Demokratie?, NJW 2001, 1; *Schuppert/ Bumke,* Die Konstitutionalisierung der Rechtsordnung, 2000; *Broß,* Das BVerfG und die Fachgerichte, BayVBl 2000, 513; *E.-W. Böckenförde,* Verfassungsgerichtsbarkeit: Strukturfragen, Organisation, Legitimation, NJW 1999, 9; *Tietje,* Die Stärkung der Verfassungsgerichtsbarkeit im föderalen System Deutschlands in der jüngeren Rspr. des BVerfG, AöR 1999, 282; *Badura* (Hg.), Verfassungsgerichtsbarkeit und Gesetzgebung, 1998; *Pestalozza,* Das BVerfG: Bonner Reform-Allerlei '98, JZ 1998, 1039; *Diederichsen,* Das BVerfG als oberstes Zivilgericht, AcP 1998, 171; *Robbers,* Für ein neues Verhältnis zwischen BVerfG und Fachgerichtsbarkeit, NJW 1998, 935; *Schulze-Fielitz,* Das BVerfG in der Krise des Zeitgeists, AöR 1997, 1; *Berkemann,* Das BVerfG und „seine" Fachgerichtsbarkeiten, DVBl 1996, 1028; *Simon,* Verfassungsgerichtsbarkeit, HbVerfR, 2. A. 1994, § 34; *Klenker,* Gesetzgebungsaufträge des BVerfG, 1993. – **Literatur B (Verfassungsbeschwerde):** *Wernsmann,* Die Garantie der kommunalen Selbstverwaltung als Prüfungsmaßstab der kommunalen Verfassungsbeschwerde, FS Bethge, 2009, 601; *Scherzberg,* Individualverfassungsbeschwerde, ES, 2009, § 13; *Mückl,* Kommunale Verfassungsbeschwerde, ES, 2009, § 14; *Schenke,* Zulässigkeitsprobleme der Rechtssatzverfassungsbeschwerde, FS Steiner, 2009, 682; *Guckelberger,* Verfassungsbeschwerden kommunaler Gebietskörperschaften, Jura 2008, 819; *T. I. Schmidt,* Die Kommunalverfassungsbeschwerde, JA 2008, 763; *Pieroth/Silberkuhl* (Hg.), Die Verfassungsbeschwerde, 2008; *Görisch/Hartmann,* Grundrechtsrüge und Prüfungsumfang bei der Verfassungsbeschwerde, NVwZ 2007, 1007; *O. Klein/Sennekamp,* Aktuelle Zulässigkeitsprobleme bei der Verfassungsbeschwerde, NJW 2007, 945; *Zuck,* Das Recht der Verfassungsbeschwerde, 3.A. 2006; *O'Sullivan,* Neue Entwicklungen bei der materiellen Subsidiarität der Verfassungsbeschwerde, DVBl 2005, 880; *Lübbe-Wolff,* Substantiierung und Subsidiarität der Verfassungsbeschwerde, EuGRZ 2004, 669: *Papier,* Das BVerfG als „Hüter der Grundrechte", FS Badura, 2004, 411; *Hartmann,* Die Möglichkeitsprüfung im Prozessrecht der Verfassungsbeschwerde, JuS 2003, 897; *Pieroth/Aubel,* Die Rspr. des BVerfG zu den Grenzen richterlicher Entscheidungsfindung, JZ 2003, 504; *Hain,* Die Individualverfassungsbeschwerde nach Bundesrecht, 2002; *Sodan,* Der Grundsatz der Subsidiarität der Verfassungsbeschwerde, DÖV 2002, 925; *Spranger,* Die Verfassungsbeschwerde im Korsett des Prozessrechts, AöR 2002, 27; *v. Lindeiner,* Willkür im Rechtsstaat? Die Willkürkontrolle bei der Verfassungsbeschwerde gegen Gerichtsentscheidungen, 2002; *Gusy,* Die Verfassungsbeschwerde, FS 50 Jahre BVerfG I, 2001, 641; *Uerpmann,* Annahme der Verfassungsbeschwerde zur Entscheidung, FS 50 Jahre BVerfG I, 2001, 673; *Düwel,* Kontrollbefugnisse des BVerfG bei Verfassungsbeschwerden gegen gerichtliche Entscheidungen, 2000; *Cornils,* Prozessstandschaft im Verfassungsbeschwerdeverfahren, AöR 2000, 1; *Bogs* (Hg.), Urteilsverfassungsbeschwerde zum BVerfG, 1999; *Rühl,* Die Funktion der Verfassungsbeschwerde für die Verwirklichung der Grundrechte, KritV 1998, 156; *D. Dörr,* Die Verfassungsbeschwerde in der Prozesspraxis, 2. A. 1997; *Häberle,*

Die Verfassungsbeschwerde im System der deutschen Verfassungsgerichtsbarkeit, JöR 1997, 89; *Rozek,* Abschied von der Verfassungsbeschwerde auf Raten?, DVBl 1997, 517; *Roth,* Die Überprüfung fachgerichtlicher Urteile durch das BVerfG und die Entscheidung über die Annahme einer Verfassungsbeschwerde, AöR 1996, 544; *Schumann,* Verfassungs- und Menschenrechtsbeschwerde gegen richterliche Entscheidungen, 1996; *Posser,* Die Subsidiarität der Verfassungsbeschwerde, 1993; *Warmke,* Die Subsidiarität der Verfassungsbeschwerde, 1993; *v. d. Hövel,* Zulässigkeits- und Zulassungsprobleme der Verfassungsbeschwerde gegen Gesetze, 1990. – **Literatur C (Weitere Verfahrensarten):** *Grote,* Der Verfassungsorganstreit, 2010; *Mückl,* Abstrakte Normenkontrolle, ES, 2009, § 15; *Ehlers,* Organstreitverfahren, ES, 2009, § 17; *Pünder,* Föderative Streitigkeiten vor dem BVerfG, ES, 2009, § 18; *Schultzky,* Zulässigkeitsfragen im Bund-Länder-Streit, VerwArch 2009, 552; *Cancik,* Entwicklungen des Parlamentsrechts: die Bedeutung des verfassungsgerichtlichen Organstreitverfahrens, DÖV 2005, 577; *Löwer,* Zuständigkeiten und Verfahren des BVerfG, HbStR³ III, 2005, § 70; *Selmer,* Bund-Länder-Streit, FS 50 Jahre BVerfG I, 2001, 563; *Pietzcker,* Organstreit, FS 50 Jahre BVerfG I, 2001, 587; *Heun,* Normenkontrolle, FS 50 Jahre BVerfG I, 2001, 615; *Robbers,* Die Kompetenzkontrolle vor dem BVerfG, FS Steinberger, 2001, 543; *Steiner,* Zum Entscheidungsausspruch und seinen Folgen bei der verfassungsgerichtlichen Normenkontrolle, FS Leisner, 1999, 569; *Bethge,* Verfahrenskonkurrenzen beim BVerfG, Jura 1997, 591.

I. Allgemeines

1. Bedeutung der Regelung

Art.93 zählt in Abs.1, 2 die Fälle der Rechtswegeröffnung zum BVerfG **1** auf und begründet in Abs.3 eine ausschließliche Bundesgesetzgebungskompetenz (Rn.5 zu Art.70) für die Rechtswegeröffnung zum BVerfG. Abs.1 Nr.4a (Verfassungsbeschwerde) und 4b (Kommunalverfassungsbeschwerde) sind 1969 (Einl.3 Nr.19), Abs.1 Nr.2a ist 1994 (Einl.3 Nr.42) und Abs.2 ist 2006 (Einl.3 Nr.52) eingefügt worden; Abs.1 Nr.2 ist 2008 (Einl.3 Nr.53) geändert worden. Grenzen der Ermächtigung des Bundesgesetzgebers bestehen nur insoweit, als keine Funktionsunfähigkeit des BVerfG bewirkt werden darf (vgl. Stern BK 851 f; Maunz MD 3; Meyer MüK 67; offen gelassen BVerfGE 31, 371/377). Unter Abs.3 fallen (vgl. Stern BK 843 ff; Sturm SA 113): § 105 BVerfGG, § 26 Abs.3 EuropawahlG (BVerfGE 70, 271/276), §§ 14 Abs.3, 24 Abs.5; 36 Abs.4, 39 S.1 G zu Art.29 (Rn.7 zu Art.29), § 33 Abs.2 PartG, § 39 Abs.2 SGG, § 50 Abs.3 VwGO, § 36 Abs.2 PUAG (Klein MD 250 zu Art.44) und § 14 PKGrG (Rn.3 zu Art.45d). Durch Art.93 werden die Kompetenzen (Zuständigkeiten) des BVerfG abschließend aufgezählt (BVerfGE 1, 396/408 f; 13, 174/176 f; 63, 73/76). Eine analoge Anwendung dieser Kompetenzen ist unzulässig (BVerfGE 2, 341/346; 21, 52/53), auch bei dringendem rechtspolitischen Bedürfnis (BVerfGE 22, 293/298; Bethge MSKB Vorb.47 vor § 1). Die in Abs.1 Nr.5 angesprochenen übrigen im GG vorgesehenen Fälle finden sich in Art.18 S.2, 21 Abs.2 S.2, 41 Abs.2, 61, 84 Abs.4 S.2, 98 Abs.2, 5, Art.99, 100, 126 (vgl. auch § 13 BVerfGG).

2. Stellung und Aufgabe des Bundesverfassungsgerichts

Das BVerfG ist gem. Art.92 ein **Gericht;** seinen Mitgliedern ist als Richtern rechtsprechende Gewalt anvertraut (BVerfGE 40, 356/360; 65, 152/ **2**

154). Das BVerfG hat sich selbst als Verfassungsorgan bezeichnet (BVerfGE 7, 1/14; 7, 377/413; 65, 152/154; vgl. auch § 1 Abs.1 BVerfGG; zust. Bethge MSKB Vorb.5 vor § 1; Clemens UC 30; krit. Ipsen I 831 ff). Es hat zwar einen besonderen organisatorischen Status, durch den der Erlass einer Geschäftsordnung noch gedeckt ist (näher Stern BK 21 ff); auf der Grundlage des § 1 Abs.3 BVerfGG hat sich das BVerfG eine Geschäftsordnung gegeben (vgl. unten Anh. Fn.1). Hieraus können aber keine zusätzlichen Kompetenzen abgeleitet werden (Rinken AK 82 vor Art.93; Meyer MüK 6; Schlaich/Korioth 31 ff). Es ist daher verfehlt, wenn sich das BVerfG als „Herr seines Verfahrens" bezeichnet (BVerfGE 13, 54/94; 36, 342/357; 60, 175/213; krit. auch Rinken, FS E. Stein, 2002, 411). Das BVerfG ist als Gericht an das gesetzlich vorgeschriebene Verfahren (Rn.2 zu Art.94) gebunden (Hopfauf SHH 13; Voßkuhle MKS 29). Soweit die gesetzliche Regelung lückenhaft ist, darf das BVerfG sie in Analogie zum sonstigen deutschen Verfahrensrecht schließen (BVerfGE 1, 109/110f; 50, 381/384; 51, 405/407; Bethge MSKB Vorb.42 vor § 1; Lechner/Zuck 3 vor § 17). In der Sache hat das BVerfG bisher auch keine Verfahrensautonomie in Anspruch genommen (Rinken AK 25f zu Art.94; Schlaich/Korioth 55).

3   **Aufgabe** des BVerfG ist Rechtsprechung nach dem Maßstab des GG. Missverständlich ist es, wenn das BVerfG als „Hüter der Verfassung" bezeichnet (BVerfGE 1, 184/195ff; 1, 396/408f; 2, 124/131; 6, 300/304; 40, 88/93); denn das BVerfG steht nicht außerhalb, sondern unter der Verfassung, und es teilt die Aufgabe der Wahrung der Verfassung mit den anderen Organen der öffentlichen Gewalt (Rinken AK 72, 81 vor Art.93; Meyer MüK 3; Voßkuhle MKS 18). Da die Normen des GG häufig einen großen interpretatorischen Spielraum lassen und das BVerfG letztverbindlich entscheidet, stellt sich das Problem der Wahrung der Kompetenzen der anderen Gewalten durch das BVerfG. Die vom BVerfG verschiedentlich proklamierte Selbstbeschränkung (sog. judicial self-restraint; BVerfGE 36, 1/14; 59, 360/377) ist teils nichts sagend, teils verfehlt: Ein Gericht entscheidet auf Antrag nach der Rechtslage und hat dabei seine Kompetenzen sowohl wahrzunehmen als auch einzuhalten (Schlaich/Korioth 505). Auch in besonderen Situationen darf das BVerfG nicht zum „politischen Nothelfer" werden (Hopfauf SHH 78; Lerche, o. Lit. A, 13 ff).

4   Das **Verhältnis zur Gesetzgebung** ist wegen der weitgehenden Kompetenzen des BVerfG zur Normenkontrolle besonders prekär. Das BVerfG weist insofern häufig auf ein Ermessen bzw. einen Gestaltungsspielraum des Gesetzgebers hin, der aber nach Sachgebieten unterschiedlich groß sein soll (Voßkuhle MKS 43ff): weiter auf dem Gebiet der Wirtschaftspolitik (BVerfGE 4, 7/14; 50, 290/336ff), Außenpolitik (BVerfGE 4, 157/168ff; 40, 141/178; 55, 349/365) und Bildungspolitik (BVerfGE 34, 165/185), enger im Bereich des Strafrechts (BVerfGE 45, 187/238). Speziell bei Prognoseentscheidungen des Gesetzgebers billigt es sich eine unterschiedliche Kontrollkompetenz zu, die von einer Evidenzkontrolle über eine Vertretbarkeitskontrolle bis hin zu einer intensivierten inhaltlichen Kontrolle reicht; welcher Maßstab anzuwenden sei, hänge von Faktoren verschiedener Art ab, „im Besonderen von der Eigenart des in Rede stehenden Sachbereichs, den Möglichkeiten, sich ein hinreichend sicheres Urteil zu bilden, und der Bedeutung der auf dem Spiele stehenden

Rechtsgüter" (BVerfGE 50, 290/333). Entscheidend für die Kontrolldichte ist aber letztlich die Existenz und Art der materiell-rechtlichen Normierung des betreffenden Sachgebietes (BVerfGE 62, 1/51; Bethge MSKB Vorb. 158 vor § 1; vgl. auch Rn. 87–90 zu Art. 20). Der Wahrung der Kompetenzen des Gesetzgebers dienen auch die Entscheidungsvarianten neben der Nichtigerklärung von Gesetzen, die das BVerfG entwickelt hat (Voßkuhle MKS 46 ff): bloße Erklärung der Verfassungswidrigkeit (z. b. BVerfGE 57, 361/388; 61, 43/68; 65, 325/357 f), Appellentscheidungen (z. b. BVerfGE 54, 11/37; 62, 256/286), verfassungskonforme Auslegung von Gesetzen (dazu Rn. 33 f zu Art. 20). Zum Verhältnis zur Fachgerichtsbarkeit unten Rn. 73.

Verhältnis zur Landesverfassungsgerichtsbarkeit. BVerfG und Landesverfassungsgerichte stehen grundsätzlich selbstständig nebeneinander (BVerfGE 6, 376/382; 96, 345/368 f). Gegenständlich beschränkt sich die Rechtsprechungsgewalt der Landesverfassungsgerichte auf Akte der Landesstaatsgewalt (vgl. BVerfGE 96, 345/371). Die Landesverfassungsgerichte entscheiden letztverbindlich über die Auslegung der Landesverfassungen, können aber eine Prüfung am Maßstab des GG insoweit vornehmen, als es um die Gültigkeit der Landesverfassung geht (vgl. Rn. 21 zu Art. 100). Dem BVerfG ist eine Prüfung am Maßstab der Landesverfassung grundsätzlich versperrt (BVerfGE 41, 88/119 f; 45, 400/413; 60, 175/209). Es besitzt aber die Letztentscheidungskompetenz für das Bundesverfassungsrecht. Parallele Zuständigkeiten sind allerdings bei der konkreten (Rn. 4, 17 zu Art. 100) und abstrakten Normenkontrolle (BVerfGE 9, 268/278) sowie bei der Verfassungsbeschwerde (unten Rn. 50, 60) denkbar (Bethge MSKB 47 ff zu § 90; Hopfauf SHH 37; Voßkuhle MKS 69 ff). Abs. 1 Nr. 4, 3. Var. und Nr. 4b sehen im Übrigen eine subsidiäre Entscheidungskompetenz des BVerfG im Bereich des Landesverfassungsrechts vor (unten Rn. 41, 74–78). Zum Verhältnis zum EuGH unten Rn. 50b.

II. Bundesorganstreitigkeit (Abs. 1 Nr. 1)

1. Zulässigkeit

a) Parteifähigkeit besitzen die obersten Bundesorgane – Bundestag 5
(Rn. 1 zu Art. 40), Bundesrat (Rn. 1 zu Art. 50), Bundespräsident (Rn. 1 zu Art. 54), Bundesregierung (Rn. 1 zu Art. 62), Bundesversammlung (Rn. 5 zu Art. 54), Gemeinsamer Ausschuss (Rn. 1 zu Art. 53a) – und andere Beteiligte, die durch das GG oder in den Geschäftsordnungen eines obersten Bundesorgans mit eigenen Rechten ausgestattet sind. § 63 BVerfGG kann Abs. 1 Nr. 1 nicht wirksam einschränken, so dass sich die Parteifähigkeit der insoweit nicht erfassten Organe und Organteile direkt aus Abs. 1 Nr. 1 ergibt (Benda/Klein 988, 1010; Rinken AK 8; Pestalozza 108; Schlaich/Korioth 86; Voßkuhle MKS 101; vgl. auch BVerfGE 13, 54/81). Anträge mehrerer Antragsteller können gem. § 66 BVerfGG verbunden werden. Die Bundesorganstreitigkeit ist ein zulässiger Insichprozess (Schlaich/Korioth 79).

Im Einzelnen ist die Parteifähigkeit **anzunehmen** für den **Bundestag** 6
einschließlich der Abgeordneten (Rn. 36 zu Art. 38), der Ausschüsse (BVerfGE 2, 143/160), insb. der Untersuchungsausschüsse (BVerfGE 67, 100/124;

105, 197/220; 113, 113/120 f), außer sie finden ihre Grundlage nur in Gesetzen wie die G 10-Kommission gem. § 15 G 10 (Schneider AK 3 zu Art. 40), der Fraktionen und Gruppen (Rn. 37 zu Art. 38), auch der Fraktionen in Untersuchungsausschüssen (BVerfGE 67, 100/124 f; 105, 197/220; 113, 113/ 120), der konstituierten Minderheiten iSd Art. 39 Abs. 3 S. 3, 42 Abs. 1 S. 2, 44 Abs. 1 S. 1 (BVerfGE 105, 197/220; 113, 113/120; 124, 78/106 f) und 61 Abs. 1 S. 2 sowie einzelner Regelungen der GeschOBT (Benda/Klein 1004) im Gegensatz zu bloßen Abstimmungsmehrheiten und -minderheiten (BVerfGE 2, 143/159 ff; 90, 286/341 f), des Bundestagspräsidenten (BVerfGE 62, 1/33), des Ältestenrats (Hopfauf SHH 86; vgl. NdsStGH, OVGE 17, 508/511; VerfGH NW, OVGE 45, 285/286) und der Ausschussvorsitzenden (StGH BW, LVerfGE 13, 8/23 ff).

6a   Die Parteifähigkeit ist für folgende **weitere oberste Bundesorgane** anzunehmen: den *Bundesrat* einschließlich der Ausschüsse (Benda/Klein 1006; Stern BK 123), der Europakammer gem. Art. 52 Abs. 3a (Hopfauf SHH 86), der Minderheiten iSd Art. 52 Abs. 2 S. 2, 61 Abs. 1 S. 2 und 79 Abs. 2 (Benda/ Klein 1006; Stern BK 124), der Mitglieder (Blumenwitz BK 26 zu Art. 51; Maunz MD 25 zu Art. 51) und des Bundesratspräsidenten (Benda/Klein 1006; Stern BK 122); den *Bundespräsidenten;* die *Bundesregierung* einschließlich des Bundeskanzlers und der Bundesminister (BVerfGE 45, 1/28; 67, 100/127; 90, 286/338); die *Bundesversammlung* (Rn. 4 zu Art. 54); den *Gemeinsamen Ausschuss* (Umbach UCD 127 zu §§ 63, 64). Darüber hinaus werden die *politischen Parteien* vom BVerfG als parteifähig in der Bundesorganstreitigkeit angesehen (Rn. 44 zu Art. 21). Rechte aus dem GG haben auch der Bundesrechnungshof (Löwer HbStR³ III § 70 Rn. 18; Rinken AK 10; Stern BK 98; Vogel/Kirchhof BK 179 zu Art. 114; Häußer, DÖV 1998, 544; vgl. auch BbgVerfG, LVerfGE 7, 123/129; a. A. Benda/Klein 996; Maunz MD 12 zu Art. 114), der Vermittlungsausschuss (Benda/Klein 1007; Stern BK 128) und der Wehrbeauftragte (Benda/Klein 996; Rinken AK 10; a. A. Löwer HbStR³ III § 70 Rn. 18; Stern BK 99).

7   Die Parteifähigkeit ist **abzulehnen** für das BVerfG selbst (Voßkuhle, NJW 97, 2218), die obersten Bundesgerichte gem. Art. 95 (Hopfauf SHH 86), Landesorgane (BVerfGE 86, 65/70; 109, 275/278), Staatsbürger (BVerfGE 13, 54/95 f; 60, 175/200 f; a. A. Pestalozza 106), private Verbände (BVerfGE 1, 208/227; 13, 54/81 ff; 27, 240/244 f), Wählervereinigungen (BVerfGE 51, 222/233; 74, 96/101; 79, 379/383 ff), Gemeinden (BVerfGE 27, 240/246) einschließlich der Mitglieder der Gemeinde- und Kreisvertretung (Umbach UCD 36 zu §§ 63, 64), Körperschaften des öffentlichen Rechts (BVerfGE 27, 240/244), einschließlich der Kirchen (BVerfGE 1, 208/227) und die Bundesbank (Rinken AK 10; Stern BK 100; Hahn/Häde BK 211 ff zu Art. 88; Umbach UC 22 zu Art. 88; a. A. Gaitanides FH 34 zu Art. 88; Kämmerer MüK 14 zu Art. 88; Pernice DR 22 zu Art. 88).

8   **b) Streitgegenstand** ist zunächst die Auslegung des GG. §§ 64, 67 BVerfGG haben das Verfahren zulässigerweise zu einem kontradiktorischen Verfahren fortgebildet (BVerfGE 20, 18/23 f; 64, 301/315; 103, 81/86), in dem ein Verstoß einer beanstandeten Maßnahme gegen das GG und die Verletzung oder unmittelbare Gefährdung von Rechten der Beteiligten festgestellt werden kann (BVerfGE 1, 208/231 f; 45, 1/3; 68, 1/66; vgl. auch StGH BW, ESVGH 35, 241/243; einschr. Rinken AK 4). Insofern muss ein zulässiger Angriffsgegenstand vorliegen (BVerfGE 97, 408/414; 103, 81/86; 118, 244/255), d. h. eine Maßnahme oder Unterlassung (bezüglich des Gesetzgebers offen gelassen BVerfGE 107, 286/294; 110, 403/405; IN 13. 2. 08 – 2 BvK 1/07 Rn.80), die rechtserheblich ist (unten Rn.12). Die Rechte und Pflichten müssen gegenseitig sein (BVerfGE 68, 1/69 ff; 100, 266/268 f) und sich aus einem verfassungsrechtlichen, auch ungeschriebenen (BVerfGE 90, 286/337: Verfassungsorgantreue), nicht bloß einfach-gesetzlichen (BVerfGE 2, 143/152; 60, 374/379; 84, 290/297; vgl. auch § 64 Abs.1 BVerfGG) oder geschäftsordnungsrechtlichen (SächsVerfGH, LVerfGE 18, 479/486 ff) Rechtsverhältnis ergeben. „Ein Verfassungsrechtsverhältnis liegt vor, wenn auf beiden Seiten des Streits Verfassungsorgane oder Teile von Verfassungsorganen stehen und um verfassungsrechtliche Positionen streiten" (BVerfGE 118, 277/318).

Einzelfälle: Ein verfassungsrechtliches Rechtsverhältnis *liegt nicht vor* bei **9** einem Streit zwischen einer politischen Partei und dem Bundestagspräsidenten um eine Abschlagzahlung auf die Wahlkampfkosten (BVerfGE 27, 152/157; 73, 1/30 f) und zwischen einer politischen Partei und der Bundesregierung um Aufsichts- und Verwaltungsbefugnisse aus dem EVertr (BVerfGE 84, 290/297 f) und bei einem Kommunalverfassungsstreit (BVerfG-K, NVwZ-RR 05, 494 f). – Ein verfassungsrechtliches Rechtsverhältnis *liegt vor* bei einem Streit zwischen einer Fraktion und dem Präsidenten des Abgeordnetenhauses um die Rückforderung von Fraktionszuschüssen wegen zweckwidriger Verwendung (BVerfGE 62, 194/199; BVerfG-K, NVwZ 98, 387 f; BVerwG, NJW 85, 2346), bei dem von einem Untersuchungsausschuss des Bundestags gegenüber einem Bundesminister geltend gemachten Anspruch auf Akteneinsicht (BVerfGE 67, 100/123 f), bei dem Streit zwischen Abgeordneten und dem Bundestag über die Offenlegung von Nebentätigkeiten (BVerfGE 118, 277/319), zwischen einem Abgeordneten und dem Bundestagspräsidenten über eine Durchsuchungsgenehmigung gem. Art.40 Abs.2 S.2 (BVerfGE 108, 251/271) und zwischen einem Abgeordneten und einer Fraktion um die Fraktionszugehörigkeit (LVerfG MV, LKV 03, 516; VerfG Bbg, LVerfGE 14, 189/193 f; Lenz, NVwZ 05, 364/370; a. A. Ipsen, NVwZ 05, 361/364).

c) Antragsbefugnis. aa) Die verfassungsrechtlichen (oben Rn.8 f) Rechte **10** müssen dem Antragsteller gem. § 64 Abs.1 BVerfGG **selbst zustehen.** Er muss geltend machen, dass ihm ein Recht „zur ausschließlich eigenen Wahrnehmung oder zur Mitwirkung übertragen" oder seine „Beachtung erforderlich ist, um die Wahrnehmung seiner Kompetenzen und die Gültigkeit seiner Akte zu gewährleisten" (BVerfGE 68, 1/73). IdS haben *Bundestagsabgeordnete* ein eigenes Recht an der Einhaltung der Legislaturperiode (BVerfGE 62, 1/32), an der Nichtübertragung von Gesetzgebungsbefugnissen des Bundestags auf einen Ausschuss (BVerfGE 90, 286/343) und an einer willkürfreien Entscheidung über die Aufhebung der Immunität (BVerfGE 104, 310/325 ff), nicht aber an der Beachtung der Grundrechte (BVerfGE 64, 301/312; 99, 19/29; 118, 277/320), des institutionellen Gesetzesvorbehalts (BVerfGE 80, 188/215; 117, 359/370) oder der Kompetenzen des Bundestags gegenüber der Bundesregierung (BVerfGE 90, 286/342f; 117, 359/368f). *Bundestagsfraktionen* haben ein eigenes Recht an der Einhaltung ihrer Rechte gegenüber dem Bundestag (BVerfGE 100, 266/270), insb. ihnen übertragener Minderheitsrechte (BVerfGE 70, 324/351; 105, 197/220), und politische Parteien an ihrem verfassungsrechtlichen Status (BVerfGE 84, 290/299ff; Umbach UCD 93ff zu §§ 63, 64; vgl. Rn.11f zu Art.21), nicht aber an Grundrechten (BVerfGE 84, 290/299; vgl. auch BVerfGE 73, 40/66f) oder an sonstigem objektivem Verfassungsrecht (BVerfGE 73, 1/29f). Der *Bundestag* kann sich gegen die Anmaßung der Regelungskompetenz und ein rechtserhebliches (unten Rn.12) Handeln ohne gesetzliche Ermächtigung, wenn diese insb. wegen Art.59 Abs.2 von Verfassungs wegen erforderlich ist, wehren (BVerfGE 104, 151/194; 118, 244/257ff), nicht aber Grundrechtsverletzungen oder Verstöße gegen allgemeine Regeln des Völkerrechts iSd Art.25 rügen (Benda/Klein 1015). *Politische Parteien,* die nicht im Bundestag vertreten sind, haben kein Recht auf Einhaltung der Voraussetzungen des Art.68 Abs.1 (BVerfGE 114, 107/114f).

11   **bb)** Organteile können zulässigerweise gem. § 64 Abs.1 BVerfGG die verfassungsrechtlichen (oben Rn.8f) Rechte des Organs selbst in sog. **Prozessstandschaft** geltend machen, auch wenn das Organ mehrheitlich seine Rechte nicht als verletzt betrachtet (BVerfGE 45, 1/29f; 68, 1/69ff; 90, 286/343; krit. Stern BK 158ff). Die Vorschrift sei „eng auszulegen" (BVerfGE 117, 359/367). Aus entstehungsgeschichtlichen Gründen werden nur Bundestagsfraktionen (BVerfGE 90, 286/336; 104, 151/193; 121, 135/151) und Fraktionen in Untersuchungsausschüssen des Bundestags, soweit sie die Verletzung der Minderheitsrechte aus Art.44 Abs.1 S.1 geltend machen (BVerfGE 105, 197/220f; 113, 113/120; 124, 78/107ff; anders noch BVerfGE 67, 100/126), als Organteile angesehen, nicht aber einzelne Bundestagsabgeordnete (BVerfGE 70, 324/354; 90, 286/343f; 117, 359/367f; a.A. BVerfGE *abwM* 70, 366/375f; Demmler, Lit. B zu Art.38, 314ff; Geis, ZG 93, 148ff). Durch eine im Wege der Prozessstandschaft errungene Entscheidung wird der Bundestag nicht rechtskräftig gebunden (BVerfGE 104, 151/197). Antragsgegner kann dann aber nicht der Bundestag selbst sein (vgl. StGH BW, DÖV 97, 204; VerfGH NW, OVGE 46, 282/287; SaarlVerfGH, LVerfGE 16, 399/403). Es gibt keine gewillkürte Prozessstandschaft (Benda/Klein 1020).

12   **cc)** Der Antragsteller muss „schlüssig" behaupten, dass seine verfassungsrechtlichen (oben Rn.8) Rechte **„möglicherweise verletzt oder** unmittelbar **gefährdet"** sind (BVerfGE 70, 324/350; 80, 188/209; 81, 310/329); eine Verletzung oder Gefährdung dürfen „nicht von vornherein ausgeschlossen" sein (BVerfGE 104, 151/196; 104, 310/325). Hierfür muss die beanstandete Maßnahme oder Unterlassung rechtserheblich sein (BVerfGE 60, 374/380ff; 108, 251/271f; 118, 277/317f). Das kann auch beim Erlass eines Gesetzes (BVerfGE 73, 40/65; 82, 322/335; 107, 286/293) und der Ablehnung eines Gesetzentwurfs (BVerfGE 120, 82/98f) der Fall sein. Beim Erlass einer Geschäftsordnungsvorschrift (BVerfGE 80, 188/209; 84, 304/318; 118, 277/318) und Ausführungsbestimmungen des Bundestagspräsidenten zur Geschäftsordnung (BVerfGE 118, 277/318) hat das BVerfG die Rechtserheb-

lichkeit angenommen, sobald eine aktuelle rechtliche Betroffenheit besteht. Sie fehlt bei einem Gesetz, das eines „selbstständigen Umsetzungsaktes" bedarf (BVerfGE 94, 351/363), bei einem bloßen Gesetzentwurf (BVerfGE 80, 188/212), bei der Terminierung von Lesungen im Bundestag durch den Ältestenrat (BVerfGE 112, 363/365 f) und bei einem noch nicht in Kraft getretenen Gesetz (BVerfGE 92, 74/79 f). Stellungnahmen der Bundesregierung auf Anfragen im Bundestag bzw. im Verfassungsschutzbericht sollen überhaupt nicht (BVerfGE 13, 123/125) oder nur bei Willkür rechtserheblich sein (BVerfGE 40, 287/293; 57, 1/5 ff; krit. Benda/Klein 1028; Stern BK 173). Abgelehnt wurde die Rechtserheblichkeit auch bei dem Beschlussentwurf und Verfahrenshandlungen eines Bundestagsausschusses (BVerfGE 97, 408/414; 99, 19/29 ff), einer bloßen Meinungsäußerung (BVerfGE 2, 143/168) und vom Bundestagspräsidenten erteilten Rüge eines Abgeordneten (BVerfGE 60, 374/381). Das Unterlassen einer Maßnahme ist nur dann rechtserheblich, wenn nicht ausgeschlossen werden kann, dass eine verfassungsrechtliche Verpflichtung zur Vornahme der Maßnahme besteht (BVerfGE 103, 81/86; 104, 310/324; 107, 286/294). Die Maßnahme muss nicht zielgerichtet gerade gegen den Antragsteller gerichtet sein (BVerfGE 120, 82/99).

d) Passive Prozessführungsbefugnis. Die beanstandete Maßnahme **13** oder Unterlassung muss tatsächlich von dem bezeichneten Antragsgegner ausgegangen sein (BVerfGE 80, 188/216); dieser muss die rechtliche Verantwortlichkeit für die beanstandete Maßnahme oder Unterlassung tragen (BVerfGE 62, 1/33). Eine Prozessstandschaft ist insoweit ausgeschlossen (BVerfGE 2, 143/166 f). Passiv prozessführungsbefugt sind der Bundestag allein (BVerfGE 73, 1/30; 118, 277/322) oder gemeinsam mit dem Bundesrat, nicht aber die Bundesregierung, wenn sich der Antrag gegen ein Gesetz richtet (BVerfGE 73, 1/30; 73, 40/67; 82, 322/336; a. A. noch BVerfGE 1, 208/230 f; 4, 31/36); die Bundesregierung, wenn es um ihre Zustimmung zur Raketenstationierung geht (BVerfGE 68, 1/74); die Bundesminister bez. der im Rahmen ihrer Ressortkompetenz (Rn.5 zu Art.65) getroffenen Entscheidung (BVerfGE 67, 100/127; 90, 286/338); der Bundespräsident, wenn seine Entscheidung über die Auflösung des Bundestags (Rn.3 zu Art.68) beanstandet wird (BVerfGE 62, 1/33); der Bundestagspräsident, wenn eine von ihm ausgesprochene Ordnungsmaßnahme (BVerfGE 60, 374/379) oder Ausführungsvorschrift (BVerfGE 118, 277/323) angegriffen wird. Dagegen ist für die Abberufung eines Bundestagsabgeordneten aus einem Ausschuss durch seine Fraktion nur diese, nicht aber der Bundestag oder dessen Präsident passiv prozessführungsbefugt (BVerfGE 80, 188/216). Ein Antrag kann gegen mehrere Antragsgegner gerichtet sein (Benda/Klein 1035).

e) Rechtsschutzbedürfnis. Dieses wird idR durch das Vorliegen der **14** Antragsbefugnis indiziert (BVerfGE 68, 1/77). Es entfällt nicht schon deshalb, weil die geltend gemachte Rechtsverletzung einen inzwischen abgeschlossenen Sachverhalt betrifft (BVerfGE 49, 70/77; 104, 310/331; 121, 135/152), weil das angegriffene Gesetz bereits im Wege der abstrakten Normenkontrolle für nichtig erklärt worden ist (BVerfGE 20, 134/141) oder weil der Antragsteller parlamentarisch-politische Handlungsmöglichkeiten hat (BVerfGE 90, 286/338 f; 104, 151/198; a. A. LVerfG MV, LVerfGE 18, 325/334; Hopfauf SHH 94). Dagegen besteht kein Rechtsschutzbedürfnis, wenn der Antragsteller das gerügte Verhalten selbst hätte verhindern können (BVerfGE 68, 1/77) oder sich rechtsmissbräuchlich verhalten hat (Voßkuhle MKS 114), wenn einfachere oder weiterreichende Abhilfen bestehen (BVerfGE 45, 1/30; Pestalozza 118), wenn durch die Gerichtsentscheidung keine rechtlichen Wirkungen mehr für den Antragsteller erzeugt werden können (BVerfGE 119, 302/308) oder wenn die Belastung entfallen ist und kein öffentliches Interesse, insb. an der Klärung einer verfassungsrechtlichen Frage von grundsätzlicher Bedeutung, besteht (vgl. BVerfGE 104, 287/303 ff; Clemens UC 172 zu §§ 63, 64). Veränderungen im Bereich der Antragsteller, insb. bedingt durch den Grundsatz der Diskontinuität (Rn.4 zu Art.39), führen nicht notwendig zur Unzulässigkeit; insb. verlieren Abgeordnete durch einen Mandatsverlust nicht ihre Parteifähigkeit und können Nachfolgefraktionen das anhängige Verfahren fortsetzen (BVerfGE 102, 224/231; 108, 251/271; BerlVerfGH, LVerfGE 14, 35/50; LVerfG MV, LKV 03, 516/517; VerfGH NW, OVGE 46, 282/286; Pestalozza 118; Löwer HbStR³ III § 70 Rn.12), außer es besteht keine Wiederholungsgefahr (BVerfGE 87, 207/209).

15 **f) Form.** Der Antrag ist gem. § 23 Abs.1 BVerfGG schriftlich zu stellen und zu begründen. Über „die bloße Bezeichnung der Zulässigkeitsvoraussetzungen des § 64 Abs.1 und 2 BVerfGG hinaus" ist eine „nähere Substantiierung der Begründung" erforderlich (BVerfGE 24, 252/258). Das BVerfG hält sich „nicht an die Wortfassung eines Antrags gebunden; entscheidend ist vielmehr der eigentliche Sinn des mit einem Antrag verfolgten prozessualen Begehrens" (BVerfGE 68, 1/68).

15a **g) Frist.** Der Antrag ist gem. § 64 Abs.3 BVerfGG binnen 6 Monaten, nachdem die beanstandete Maßnahme oder Unterlassung dem Antragsteller bekannt geworden ist, zu stellen. Bei Unterlassungen ist für den Beginn der Frist die eindeutige Erfüllungsverweigerung durch den Antragsteller maßgeblich (BVerfGE 110, 403/405; 114, 107/118; 118, 244/256 f). Bei Gesetzen wird insoweit teils auf ihre Verkündung (BVerfGE 92, 80/87; 103, 164/169; 107, 286/297; krit. Benda/Klein 1037), teils auf den Tag ihres Beschlusses (BVerfGE 99, 332/336 f; 102, 224/234), u. U. auch auf das Inkrafttreten (BVerfGE 118, 277/321 f), bei Geschäftsordnungsbestimmungen auf ihren Erlass sowie u. U. auf eine später eintretende „aktuelle rechtliche Betroffenheit" beim Antragsteller (BVerfGE 80, 188/209; krit. zu Recht Benda/Klein 469; Pestalozza 110) abgestellt, die allerdings in Immunitätsangelegenheiten schon durch den generellen Immunitätsaufhebungsbeschluss und nicht erst durch die Einleitung des Ermittlungsverfahrens gegeben ist (BVerfGE 104, 310/323 f). Bei Gesetzesänderungen beginnt die Frist auch für eine im Wortlaut unveränderte Norm neu zu laufen, wenn sie den Träger einer subjektiven Rechtsposition erstmals oder in gesteigertem Maß beschwert (BVerfGE 111, 382/411). Es handelt sich um eine Ausschlussfrist (BVerfGE 92, 80/87; 110, 403/405; 118, 277/320); eine Wiedereinsetzung in den vorigen Stand wird nicht zugelassen (BVerfGE 24, 252/257 f).

16 **h) Sonstiges. aa) Verfahrensbeitritt.** Dem Verfahren können in jeder Lage auch ohne Einhaltung der 6-Monats-Frist (BVerfGE 120, 82/101) andere Parteifähige (oben Rn.5–7) gem. § 65 Abs.1 BVerfGG beitreten, wenn die Entscheidung auch für die Abgrenzung ihrer Zuständigkeiten von Bedeutung ist. Hieran fehlt es, wenn der Beitrittswillige gar keine in diesem Zusammenhang relevante grundgesetzliche Kompetenz geltend machen kann (Umbach UCD 9f zu § 65). Der Beitritt eines kollegialen Verfassungsorgans ist nur wirksam, wenn er vom Kollegium beschlossen wird (BVerfGE 7, 282/288f). Ein Beitrittswilliger darf nur auf Seiten der Partei beitreten, deren rechtliche, nicht notwendig politische Interessen den seinen entsprechen (BVerfGE 12, 308/310f; 20, 18/22ff; vgl. auch BVerfGE 68, 346/348). Daher dürfen in einer Bundesorganstreitigkeit einer politischen Partei gegen den Bundestag andere politische Parteien nicht aufseiten des Bundestags beitreten (BVerfGE 20, 18/22ff). In einem Streit zwischen einer Bundestagsfraktion und der Bundesregierung darf der Bundestag nicht aufseiten der Bundesregierung beitreten (Benda/Klein 1043; **a. A.** BVerfGE 1, 351/359ff). Anträge der Beitretenden müssen „mit dem Antrag des Antragstellers in einem inneren Zusammenhang stehen" (BVerfGE 6, 309/326).

bb) Eine **Antragsrücknahme** soll nach der mündlichen Verhandlung **17** der Zustimmung des Gerichts bedürfen und verweigert werden können, wenn öffentliche Interessen entgegenstehen (BVerfGE 24, 299/300; offen gelassen BVerfGE 83, 175/181; krit. Rinken AK 38 zu Art.94; a. A. Voßkuhle MKS 21, 99). Ein **Vergleich** ist zulässig (Bethge MSKB 49ff Vorb. § 17; Schlaich/Korioth 67; Voßkuhle MKS 21).

2. Begründetheit

Prüfungsmaßstab ist das Verfassungsrecht, einschließlich des ungeschriebe- **18** nen Verfassungsrechts (BVerfGE 6, 309/328), nicht dagegen Geschäftsordnungsrecht oder sonstiges Recht im Rang unterhalb der Verfassung. Allerdings beschränkt sich das BVerfG in der Konsequenz des kontradiktorischen Charakters des Verfahrens (oben Rn.8) auf die zulässigerweise gerügten (oben Rn.10ff) Normen des GG als Prüfungsmaßstab (BVerfGE 68, 1/63; 73, 1/28; 104, 310/331, 336; Benda/Klein 1047; Rinken AK 16; Voßkuhle MKS 115).

III. Abstrakte Normenkontrolle (Abs.1 Nr.2, 2a)

1. Zulässigkeit

a) Antragsberechtigung besitzen gem. **Nr.2** nur: **(1)** die *Bundesregie-* **19** *rung,* d.h. das Kollegium von Bundeskanzler und Bundesministern gem. Art.62; der Bundeskanzler ist auch nicht gestützt auf die Richtlinienkompetenz (Rn.3 zu Art.65) allein antragsbefugt (Benda/Klein 710; a. A. Stern BK 211), **(2)** die *Landesregierungen,* die nach dem jeweiligen Landesverfassungsrecht zu bestimmen sind, und **(3)** *ein Viertel der Mitglieder des Bundestags,* die „als Einheit auftreten und identische Ziele verfolgen" müssen (BVerfGE 68, 346/350). Selbstständig Antragsberechtigte können einen gemeinsamen Antrag stellen (vgl. BVerfGE 61, 149/162). Eine Erweiterung der Antragsberechtigten durch Analogie ist unzulässig (BVerfGE 21, 52/53f; 68, 346/349;

vgl. auch BVerfGE 67, 26/37). Die abstrakte Normenkontrolle kennt als objektives Verfahren keinen Antragsgegner (BVerfGE 1, 208/219 f; 20, 56/95; 52, 63/80), keine Antragsfrist (BVerfGE 7, 305/310; 38, 258/269; 79, 311/326 f) und keine Verwirkung (BVerfGE 99, 57/66 f); die Zustimmung im Bundesrat lässt die Antragsberechtigung nicht entfallen (BVerfGE 101, 158/213; 122, 1/17).

20 **Antragsberechtigung** besitzen gem. **Nr.** 2a nur: **(1)** der *Bundesrat*, **(2)** die *Landesregierungen*, die nach dem jeweiligen Landesverfassungsrecht zu bestimmen sind, und **(3)** die *Volksvertretungen der Länder*. Der Kreis der Antragsberechtigten nach Nr. 2a ist teils weiter (Bundesrat, Volksvertretungen der Länder), teils enger (Bundesregierung, ein Viertel der Mitglieder des Bundestags) als nach Nr. 2.

21 **b) Antragsgegenstand** ist alles Bundes- und Landesrecht, gleichgültig welchen Ranges, ob geschrieben oder ungeschrieben (Stern BK 230), ob bloß formeller oder bloß materieller Natur, ob nach- oder vorkonstitutioneller Art (BVerfGE 2, 124/131; 24, 174/179 f; 103, 111/124), bei Nr. 2a allerdings nur Bundesgesetze (Rn. 4 zu Art. 70). Voraussetzung ist die Verkündung der Norm (Rozek MSKB 16 zu § 76); eine vorbeugende (präventive) Normenkontrolle ist grundsätzlich unzulässig (BVerfGE 1, 396/400 ff; a. A. Holzer, DÖV 78, 821). Eine Ausnahme gilt für Zustimmungsgesetze zu völkerrechtlichen Verträgen, wenn nur noch die Ausfertigung durch den Bundespräsidenten und die Verkündung fehlen, damit vor dem völkerrechtlichen Inkrafttreten entschieden und ein Auseinanderfallen von völkerrechtlichen und verfassungsrechtlichen Pflichten vermieden werden kann (BVerfGE 1, 396/413; 36, 1/15; Benda/Klein 726; krit. Stern BK 252). Außer Kraft getretene Normen können Antragsgegenstand sein, soweit sie noch Rechtswirkungen haben (BVerfGE 79, 311/326 f; 97, 198/213; 100, 249/257; vgl. auch BVerfGE 6, 104/109 f). Statt der Erklärung der Unvereinbarkeit soll auch die Ergänzung von geltendem Recht zulässiger Antragsgegenstand sein (BVerfGE 116, 327/376 f).

22 **Im Einzelnen** sind **zulässige** Antragsgegenstände: allgemeinverbindliche Tarifverträge (vgl. BVerfGE 44, 322/338 ff; 55, 7/20 f); Geschäftsordnungen der Verfassungsorgane (Benda/Klein 719; Hopfauf SHH 101); Haushaltsgesetze (BVerfGE 20, 56/89 ff; 79, 311/326; 119, 96/117); Landesverfassungsrecht (BVerfGE 103, 111/124); primäres Europäisches Unionsrecht als Inhalt des Zustimmungsgesetzes (vgl. BVerfGE 37, 271/280 ff; 52, 187/199; 73, 339/375 ff); Rechtsverordnungen (BVerfGE 101, 1/30; 106, 1/12); Satzungen (BVerfGE 10, 20/54); schlichte Parlamentsbeschlüsse, soweit sie wie bei landesrechtlichen Zustimmungsbeschlüssen zu Staatsverträgen funktionell an die Stelle von Gesetzen treten (Clemens UC 39a; Voßkuhle MKS 121; vgl. BVerfGE 90, 60/85 f); verfassungsändernde Gesetze (Hopfauf SHH 101; vgl. BVerfGE 30, 1 ff); Zustimmungsgesetze zu Staatsverträgen (BVerfGE 12, 205/220) und zu völkerrechtlichen Verträgen (BVerfGE 1, 396/410; 6, 290/294 f).

23 **Unzulässige** Antragsgegenstände sind: Besatzungsrecht (Benda/Klein 710); DDR-Recht, soweit es nicht nach Maßgabe des EVertr fortgilt (BVerfGE 101, 239/257 f; Benda/Klein 721); Kirchenrecht (Stern BK 248); sekun-

däres Europäisches Unionsrecht als solches (Benda/Klein 722; dagegen sind zulässige Prüfungsgegenstände Normsetzungsakte von Bund oder Ländern zur Umsetzung sekundären Unionsrechts, soweit die deutschen Normsetzer einen Gestaltungsspielraum haben, vgl. BVerfG-K, EuGRZ 89, 340); Verwaltungsvorschriften (Benda/Klein 720; Stern BK 251; vgl. auch BVerfGE 12, 180/199; 78, 214/227); Völkerrecht, soweit es nicht gem. Art.25 Bundesrecht ist (Hopfauf SHH 102).

c) Antragsbefugnis. aa) Sie ist gegeben, wenn in der Rechtspraxis **24** **Meinungsverschiedenheiten oder Zweifel** über die Gültigkeit bzw. Ungültigkeit der betreffenden Norm bestehen, im Verfahren nach Nr.2a allerdings nur bezüglich der Voraussetzungen der Art.72 Abs.2. Die Antragsbefugnis von Bundesregierung und ein Viertel der Mitglieder des Bundestags bezüglich der Voraussetzungen des Art.72 Abs.2 ist auch im Verfahren nach Nr.2 gegeben, da Nr.2a nach Systematik und Entstehungsgeschichte Nr.2 ergänzt, nicht verdrängt (Klein MD 48m; Renck, JuS 2004, 774; a.A. Winkler, NVwZ 99, 1293). Soweit § 76 Abs.1 BVerfGG die Antragsbefugnis über Art.93 Abs.1 Nr.2 hinaus einengt, ist er nichtig (Rinken AK 22; Meyer MüK 36; **a.A.** BVerfGE 96, 133/137: Konkretisierung; für verfassungskonforme Auslegung Benda/Klein 730f; Lechner/Zuck 30 zu § 76).

bb) Es ist ein besonderes **objektives Interesse** an der Klarstellung der **25** Gültigkeit der Norm erforderlich (BVerfGE 100, 249/257; 106, 244/250; 113, 167/193); ein subjektives Rechtsschutzbedürfnis ist nicht Voraussetzung (BVerfGE 52, 63/80; 83, 37/49; 103, 111/124), ebenso wenig ein „besonderes Kontrollinteresse" (BVerfGE 73, 118/150). Das besondere objektive Interesse an der Feststellung der Gültigkeit einer Norm gem. § 76 Abs.1 Nr.2 BVerfGG ist nur dann gegeben, wenn diese Norm von den zuständigen Stellen gerade wegen ihrer Unvereinbarkeit mit dem GG oder sonstigem Bundesrecht nicht angewandt, nicht vollzogen oder in sonst relevanter Weise missachtet und in ihrer praktischen Wirksamkeit beeinträchtigt wird (BVerfGE 96, 133/138; 106, 244/251); das ist auch bei einer fehlerhaften Handhabung der verfassungskonformen Auslegung der Fall (BVerfGE 119, 247/259). Bei Außerkrafttreten der Norm besteht das Feststellungsinteresse fort, wenn die Norm weiterhin Rechtswirkungen entfaltet (BVerfGE 88, 203/334ff; 97, 198/213; 100, 249/257). Ist von einer Verordnungsermächtigung endgültig kein Gebrauch gemacht worden, fehlt das objektive Klarstellungsinteresse (BVerfGE 113, 167/193). Für die Überprüfung einer Neufassung besteht nur dann ein objektives Interesse, wenn ihr Inhalt im Wesentlichen gleich geblieben ist (BVerfGE 65, 237/243f; 110, 33/44). Die Antragsbefugnis entfällt nicht deshalb, weil sich Bund und Länder geeinigt haben (BVerfGE 39, 96/106) oder weil der Bund von einer konkurrierenden Gesetzgebungskompetenz Gebrauch machen könnte (BVerfGE 32, 199/211) oder weil das Land keine Gesetzesinitiative angestrengt hat (BVerfGE 116, 327/375) oder weil noch kein Anwendungsfall ersichtlich ist (BVerfGE 100, 249/257f). Eine Landesregierung kann grundsätzlich auch das Recht eines anderen Landes zur Prüfung stellen (BVerfGE 83, 37/49; Voßkuhle MKS 120; Graßhof UCD 32 zu § 76). Die Diskontinuität (Rn.4 zu Art.39) führt nicht zur Unzulässigkeit des Antrags (BVerfGE 79, 311/327; 82, 286/297). Die abstrakte Normenkontrolle ist gegenüber keinem anderen Verfahren subsidiär (BVerfGE 7, 367/372; 8, 104/110; 20, 56/95).

26   **d) Sonstiges:** – **(1)** *Form.* Der Antrag bedarf gem. § 23 Abs.1 BVerfGG der Schriftform und ist zu begründen. Das Gericht legt ihn im Hinblick auf die im Einzelnen vorgebrachten Beanstandungen aus (BVerfGE 86, 148/210 f; 93, 37/65). Anträge verschiedener Antragsberechtigter können verbunden werden (Benda/Klein 716). – **(2)** Eine *Frist* ist gesetzlich nicht normiert. Daher ist der Antrag so lange zulässig, wie die betreffende Norm gilt oder noch weiter Rechtswirkungen äußert (BVerfGE 119, 96/116). – **(3)** Ein *Verfahrensbeitritt* von Nichtantragsberechtigten ist nicht statthaft (BVerfGE 68, 346/349). Bestimmte Verfassungsorgane haben gem. § 77 BVerfGG ein Äußerungsrecht; sie können aber keine Ablehnungsanträge stellen (BVerfGE 1, 66/68) und nicht auf mündliche Verhandlung verzichten (BVerfGE 2, 307/312). – **(4)** *Antragsrücknahme, Ruhen des Verfahrens, Vergleich.* Auch wenn der Antragsteller seinen Antrag zurückgenommen oder für erledigt erklärt (vgl. BVerfGE 106, 210/213) hat, entscheidet das BVerfG in der Sache, wenn hierfür ein öffentliches Interesse besteht (BVerfGE 68, 346/350 f; 87, 152/153; 110, 33/46 f; a. A. Rinken AK 38 zu Art.94; Voßkuhle MKS 21, 119). Das Gleiche gilt für den Antrag, das Verfahren ruhen zu lassen (BVerfGE 89, 327/328). Ein Vergleich ist nicht zulässig (Bethge MKSB 49 ff Vorb. § 17; Schlaich/Korioth 67; Voßkuhle MKS 21; problematisch daher BVerfGE 104, 305; vgl. dazu Kotzur, JZ 03, 73; Wolff, EuGRZ 03, 463).

2. Begründetheit

27   Prüfungsmaßstab im **Verfahren nach Nr.2** ist für Bundesrecht das GG. Bei der Kontrolle verfassungsändernder Gesetze ist nur Art.79 Prüfungsmaßstab. Bei der Kontrolle primären Europäischen Unionsrechts darf vom GG innerhalb der Integrationsschranke des Art.23 Abs.1 abgewichen werden (Rn.28–31 zu Art.23). Gesetze, die sekundäres Europäisches Unionsrecht umsetzen, unterliegen wegen dessen Anwendungsvorrang einer teilweise eingeschränkten Kontrolle (BVerfGE 122, 1/20 f; Rozek MSKB 70 zu § 76): Sie werden nicht am Maßstab der Grundrechte gemessen; das gilt sowohl für Verordnungen (BVerfGE 73, 339/387; 102, 147/162 ff) als auch für Richtlinien (BVerfGE 118, 79/95 ff). Prüfungsmaßstab für Landesrecht ist das GG und sonstiges Bundesrecht, nicht dagegen Landesverfassungsrecht (BVerfGE 2, 307/336; 41, 88/119) oder völkerrechtliche Verträge (BVerfGE 92, 365/392). Zum sonstigen Bundesrecht gehören jedoch die allgemeinen Regeln des Völkerrechts (Rn.5–11 zu Art.25). Zwar darf § 76 Abs.1 BVerfGG nicht dahin verstanden werden, dass untergesetzliches Bundesrecht außer am GG auch an Bundesgesetzen zu messen ist (Benda/Klein 732; Meyer MüK 38; Pestalozza 125 f; Schlaich/Korioth 131; Voßkuhle MKS 126; a. A. Hesse 681; Rinken AK 27; Stern BK 264), und sind bei Art.80 seine spezifischen Anforderungen als Prüfungsmaßstab von den allgemeinen Anforderungen der Gesetzmäßigkeit der Verwaltung (Rn.39–41 zu Art.20) zu unterscheiden (Pestalozza 126). Aber mittelbar („als Vorfrage") müssen die Vereinbarkeit einer Rechtsverordnung mit der gesetzlichen Ermächtigung und die Gültig-

keit der gesetzlichen Ermächtigung geprüft werden (BVerfGE 101, 1/30f; 106, 1/12; vgl. auch Tillmanns, DÖV 01, 728 ff). Das BVerfG hat die zur Kontrolle gestellte Norm unter allen rechtlichen Gesichtspunkten zu prüfen (BVerfGE 52, 63/80; 86, 148/211; 101, 239/257; vgl. aber auch BVerfGE 73, 118/151); es ist nicht an den Antragsinhalt gebunden (BVerfGE 39, 96/106; 40, 296/309f; 93, 37/65; krit. Benda/Klein 752). Die Auslegung des einfachen Rechts ist grundsätzlich Sache der dafür allgemein zuständigen Gerichte und einer verfassungsgerichtlichen Kontrolle weitgehend entzogen (BVerfGE 101, 239/257).

Prüfungsmaßstab im **Verfahren nach Nr. 2a** sind nur Art. 72 Abs. 2 und 28 75 Abs. 2 (vgl. oben Rn. 24). Wegen der Einführung dieser Kompetenz des BVerfG (oben Rn. 1) ist die frühere Rspr., wonach der Gesetzgeber bei der Inanspruchnahme der konkurrierenden Bundesgesetzgebungskompetenz eine politische und nur beschränkt gerichtlich kontrollierte Entscheidung treffe (Rn. 23 zu Art. 72), aufzugeben (BVerfGE 106, 62/142).

IV. Verfassungsrechtliche Bund-Länder-Streitigkeit (Abs. 1 Nr. 3)

1. Zulässigkeit

a) Parteifähigkeit besitzen ausschließlich der Bund und die Länder. Str. 29 ist, ob die Regelung der Parteifähigkeit gem. § 68 BVerfGG zulässigerweise nur die Bundesregierung für den Bund und die jeweiligen Landesregierungen für ein Land als Antragsteller und Antragsgegner bestimmt (so Benda/Klein 1059f; Bethge MSKB 7 ff zu § 68; Stern BK 333f; Voßkuhle MKS 137) oder ob je nach Lage des Falles auch die Parlamente Antragsteller und Antragsgegner sein können (so Pestalozza 136f). Zur Antragstellung bedarf es eines Beschlusses der jeweiligen Regierung (BVerfGE 6, 309/323f).

b) Streitgegenstand sind Meinungsverschiedenheiten über Rechte und 30 Pflichten des Bundes und der Länder. Die besonders genannten Fälle der Ausführung von Bundesrecht durch die Länder und der Bundesaufsicht sind nicht abschließend (BVerfGE 6, 309/330). Andere Fälle betreffen z. B. den Bundeszwang gem. Art. 37, die Zustimmung zu EU-Richtlinien (BVerfGE 92, 203/226 ff) oder die Entscheidung über eine verfassungsrechtliche Streitigkeit auf Vorlage des BVerwG gem. § 50 Abs. 3 VwGO oder des BSG gem. § 39 SGG (BVerfGE 109, 1/8 f). Die Anrufung des BVerfG im Mängelrügeverfahren (Rn. 21 zu Art. 84) ist eine gegenüber Abs. 1 Nr. 3 spezielle Zuständigkeit (Pestalozza 133 f). §§ 64, 69 BVerfGG haben den Begriff der Meinungsverschiedenheit zulässigerweise als konkrete Streitigkeit interpretiert: Es handelt sich wie bei der Bundesorganstreitigkeit um ein kontradiktorisches Verfahren (BVerfGE 13, 54/72 f; 20, 18/23 f; 103, 81/86 f). Der Maßnahme steht eine Unterlassung gleich (BVerfGE 104, 238/245). Die gegenseitigen Rechte (richtiger: Befugnisse, Kompetenzen oder Zuständigkeiten) und Pflichten müssen sich aus einem verfassungsrechtlichen Grundverhältnis ergeben; nicht ausreichend sind Auseinandersetzungen über staatsvertragliche oder einfachgesetzliche, insb. verwaltungsrechtliche, Rechte und Pflichten (BVerfGE 95, 250/262; 99, 361/365 f; 109, 1/6; BVerwGE 109, 258/260). „Dem Bund kommt keine allgemeine Verfassungs- und Rechtsaufsicht zu" (BVerfGE 103, 81/89). Das Verfassungsrechtsverhältnis muss auch gerade zwischen den streitenden Parteien bestehen (BVerfGE 13, 54/72 f; 41, 291/303; vgl. aber auch BVerfGE 92, 203/227), d. h. Bund und Länder „umspannen" (BVerfGE 95, 250/262; 104, 238/245; 109, 1/5).

31 **Einzelfälle:** Die Zuordnung von Finanzlasten gegenüber der EU zu Bund oder Ländern gründet im verfassungsrechtlichen Grundverhältnis aus Art.104a (BVerfGE 109, 1/7; 116, 271/298). Ein Land kann sich dagegen nicht gegen Weisungen gem. Art.85 Abs.3 mit der Begründung wehren, sie seien gesetzwidrig (BVerfGE 81, 310/332 f; 84, 25/31). Der Bund kann nicht ein Land mit der Begründung verklagen, eine Gemeinde habe die landesgesetzlichen Grenzen ihrer Zuständigkeit überschritten (BVerfGE 8, 122/132 ff). Das Zusammenwirken von Bund und Ländern bei der Atomverwaltung beruht auf einfachem Recht (BVerfGE 104, 238/247). Der Grundsatz des bundesfreundlichen Verhaltens (Rn.20–22 zu Art.20) kann nicht selbstständig ein verfassungsrechtliches Rechtsverhältnis begründen und unterverfassungsrechtliche Rechte und Pflichten zu verfassungsrechtlichen machen (BVerfGE 42, 103/117; 103, 81/88; 104, 238/247 f; Benda/Klein 1065 f; Pestalozza 135 f).

32 **c) Antragsbefugnis. aa)** Die verfassungsrechtlichen (oben Rn.30 f) Rechte müssen dem Antragsteller gem. §§ 69, 64 Abs.1 BVerfGG **selbst zustehen** (vgl. auch oben Rn.10). Das ist nicht der Fall bei Grundrechten (BVerfGE 104, 238/246; Benda/Klein 1064; Löwer HbStR³ III § 70 Rn.35; Pestalozza 135; **a. A.** BVerfGE 12, 205/259), Staatszielbestimmungen wie Art.20a (BVerfGE 104, 238/246) oder der rechtsstaatlichen Bindung der Exekutive an die Legislative (BVerfGE 104, 238/246), wohl aber bezüglich Art.29 (Evers BK 29 zu Art.29; Maunz/Herzog MD 18 zu Art.29; Kunig MüK 13 zu Art.29; **a. A.** BVerfGE 49, 10/13 f). Es gibt hier keine Prozessstandschaft (Benda/Klein 1062; Bethge MSKB 80 ff zu § 69; Pestalozza 137).

32a **bb)** Der Antragsteller muss geltend machen, dass sich eine **Verletzung oder unmittelbare Gefährdung** (vgl. auch oben Rn.12) seiner verfassungsrechtlichen (oben Rn.30 f) Rechte „als mögliche Rechtsfolge ergibt" (BVerfGE 81, 310/329; 21, 312/319; 41, 291/303). Die beanstandete Maßnahme oder Unterlassung muss rechtserheblich sein oder „sich zu einem rechtserheblichen Verhalten verdichten können" (BVerfGE 116, 271/298 f). Als Maßnahme iSd §§ 69, 64 Abs.1 BVerfGG kommen auch ein Gesetz (BVerfGE 1, 14/30; 4, 115/122; 6, 309/324), die Mitwirkungsakte des Bundes bei der Setzung von Rechtsakten der EU (BVerfGE 92, 203/227), die Klageerhebung in einer Bund-Länderstreitigkeit vor dem BVerwG (BVerfGE 99, 361/365 f) und sogar mittelbar oder faktisch beeinträchtigendes Verhalten (BVerfGE 116, 271/299), nicht aber ein einzelner Verwaltungsakt einer unteren Bundesbehörde (BVerfGE 21, 312/328) und eine bloße Meinungsäußerung (Bethge MSKB 44 zu § 69) in Betracht. Bei Unterlassungen muss ein verfassungsrechtlicher (oben Rn.30 f) Anspruch geltend gemacht werden (BVerfGE 104, 238/245 ff). Ein Land hat aber keinen Anspruch darauf, vom Vollzug von Gesetzen, soweit dieser Bundesaufgabe ist, verschont zu bleiben

(BVerfGE 104, 238/248). Zur abstrakten Normenkontrolle (oben Rn.19–28) besteht kein Vorrang- oder Subsidiaritätsverhältnis (BVerfGE 1, 14/30; 7, 305/310 f; 20, 56/95).

d) Rechtsschutzbedürfnis. Insoweit gilt das zur Bundesorganstreitigkeit **33** Gesagte (oben Rn.14) entsprechend (Benda/Klein 1080; Bethge MSKB 96 ff zu § 69; Pestalozza 137). Das Rechtsschutzbedürfnis entfällt, wenn keine Wiederholungsgefahr mehr besteht; dafür reicht eine entsprechende Versicherung des Antragsgegners solange nicht aus, wie sein Verhalten die Deutung zulässt, er fühle sich im Recht (BVerfGE 41, 291/303 f).

e) Sonstiges: – **(1)** *Form.* Der Antrag ist gem. § 23 Abs.1 BVerfGG schrift- **34** lich zu stellen und substantiiert (oben Rn.15) zu begründen. – **(2)** *Frist.* Der Antrag ist gem. §§ 69, 64 Abs.3 BVerfGG binnen 6 Monaten, nachdem die beanstandete Maßnahme oder Unterlassung dem Antragsteller bekannt geworden ist, zu stellen. Das gilt auch, wenn die Sache zunächst bei BVerwG oder BSG anhängig gemacht wird (BVerfGE 109, 1/9 f). Ist die Frist bei einer Zahlungsaufforderung verstrichen, läuft sie bei einer auf denselben Anspruch gestützten Aufrechnungserklärung neu (BVerfGE 116, 271/300 ff). Eine Sonderregelung besteht gem. § 70 BVerfGG für das Mängelrügeverfahren (Rn.21 zu Art.84). Das zur Bundesorganstreitigkeit Gesagte (oben Rn.15a) gilt entsprechend. – **(3)** Der *Verfahrensbeitritt* ist gem. §§ 69, 65 Abs.1 BVerfGG zulässig (vgl. schon oben Rn.16). Nur weitere Länder können beitreten, allerdings nicht auf Seiten des Bundes (BVerfGE 12, 308 ff). Sie brauchen die Frist von 6 Monaten nicht einzuhalten, wenn sie sich dem fristgemäßen Antrag anschließen und lediglich zusätzlich die Verletzung auch ihrer eigenen Rechte festgestellt haben wollen (BVerfGE 92, 203/229). – **(4)** Eine *Antragsrücknahme* vor mündlicher Verhandlung bedarf weder der Einwilligung des Antragsgegners noch der Zustimmung des Gerichts (BVerfGE 85, 164/165). Ein *Vergleich* ist zulässig (Bethge MSKB 49 ff Vorb. § 17; Schlaich/Korioth 67; Voßkuhle MKS 21).

2. Begründetheit

Prüfungsmaßstab ist entsprechend dem Streitgegenstand (oben Rn.30 f) **35** nur Verfassungsrecht; in der Praxis sind es vor allem Kompetenznormen (vgl. BVerfGE 81, 310/330; 104, 238/246 ff; näher Bethge MSKB 145 ff zu § 69). Wie bei der Bundesorganstreitigkeit (oben Rn.18), auf die auch § 69 BVerfGG verweist, beschränkt sich das BVerfG auf die zulässigerweise gerügten (oben Rn.32 f) Normen des GG als Prüfungsmaßstab (Benda/Klein 1085; Voßkuhle MKS 148). Unterverfassungsrecht ist nur Maßstab, soweit es notwendiger Bestandteil der verfassungsrechtlichen Überprüfung ist (Benda/Klein 1085). Das ist etwa der Fall bei der Ausführung der Bundesgesetze durch die Länder (Rn.3 f zu Art.83), wobei allerdings die Spezialität des Mängelrügeverfahrens (Rn.21 zu Art.84) zu beachten ist (oben Rn.30), und beim Bundeszwang (vgl. Rn.2 zu Art.37).

V. Streitigkeiten nach Abs.1 Nr.4

1. Nichtverfassungsrechtliche Bund-Länder-Streitigkeit (Abs.1 Nr.4, 1. Var.)

36   **a) Zulässigkeit.** – **(1)** *Parteifähigkeit* besitzen ausschließlich der Bund und die Länder, für die nach der Regelung der Prozessfähigkeit gem. § 71 Abs.1 Nr.1 BVerfGG nur die Bundesregierung und die Landesregierungen Antragsteller und Antragsgegner sein können. Nicht parteifähig ist ein nicht rechtsfähiges Sondervermögen des Bundes, das im Rechtsverkehr unter seinem Namen handeln, klagen und verklagt werden kann (BVerwGE 117, 244/246 f). Für ein untergegangenes Land können wie in der Länderstreitigkeit (unten Rn.38) die noch bestehenden Selbstverwaltungskörperschaften handeln (offen gelassen BVerfGE 49, 10/15), nicht aber Einzelpersonen, auch wenn sie als Abgeordnete demokratisch legitimiert sind (BVerfGE 49, 10/15). – **(2)** *Streitgegenstand* sind öffentlich-rechtliche Streitigkeiten, die einerseits „andere", d. h. nicht verfassungsrechtlicher Art (oben Rn.30f) und in Gesetzen oder Staatsverträgen begründet sind (Pestalozza 141; Stern BK 376; **a. A.** BVerfGE 31, 371/377; 49, 10/13f; Bethge MSKB 17ff zu § 71; Clemens UC 55; Voßkuhle MKS 151) und für die andererseits „nicht ein anderer Rechtsweg gegeben ist". Als solcher kommt regelmäßig der zum BVerwG gem. §§ 40 Abs.1 S.1, 50 Abs.1 Nr.1 VwGO und zum BSG gem. §§ 51, 39 Abs.2 SGG in Betracht (Benda/Klein 1094; Pestalozza 141; Schlaich/Korioth 106; weiter diff. Umbach/Dollinger UCD 7ff zu § 71).Ein Anwendungsfall sind aber Rechte aus dem EVertr (BVerfGE 94, 297/309ff; 95, 250/266). Ein anderer Rechtsweg idS ist auch die Zuständigkeit des BVerfG gem. Art.99 (BVerfGE 1, 208/218). – **(3)** Die *Antragsbefugnis* liegt vor, wenn eigene Rechte geltend gemacht werden, die durch den Antragsgegner möglicherweise verletzt oder unmittelbar gefährdet sind (Benda/Klein 1093). – **(4)** Die *Formerfordernisse* ergeben sich aus § 23 Abs.1 BVerfGG. – **(5)** Die *Frist* beträgt gem. §§ 71 Abs.2, 64 Abs.3 BVerfGG 6 Monate, nachdem die beanstandete Maßnahme oder Unterlassung dem Antragsteller bekannt geworden ist.

37   **b) Begründetheit.** Prüfungsmaßstab ist entsprechend dem Streitgegenstand (oben Rn.36) Gesetzesrecht neben dem dadurch nicht ausgeschlossenen Verfassungsrecht. BVerfGE 4, 250/268 hat offen gelassen, ob § 72 Abs.1 BVerfGG den Streitgegenstand „erschöpfend und bindend" für die Zuständigkeit gem. Abs.1 Nr.4, 1. Var. bestimmt hat.

2. Länderstreitigkeit (Abs.1 Nr.4, 2. Var.)

38   **a) Zulässigkeit.** – **(1)** *Parteifähigkeit* besitzen ausschließlich die Länder, für die nach der Regelung der Prozessfähigkeit gem. § 71 Abs.1 Nr.2 BVerfGG nur die Landesregierungen Antragsteller und Antragsgegner sein können. Im Fall untergegangener Länder können deren in unmittelbarem Zusammenhang mit dem Untergang stehende Rechte auch durch die in deren Staatsgebiet noch bestehenden Selbstverwaltungskörperschaften geltend gemacht werden (BVerfGE 3, 267/278ff; 42, 345/355; 62, 295/312). – **(2)** *Streitgegenstand* sind

alle öffentlich-rechtlichen Streitigkeiten, verfassungs- und verwaltungsrechtliche, da anders als bei der 1. Var. (oben Rn.36) keine anderweitige Zuständigkeit des BVerfG für verfassungsrechtliche Streitigkeiten zwischen den Ländern besteht (Benda/Klein 1100; Stern BK 379 ff; a. A. Bethge MSKB 74 ff zu § 71; Pestalozza 144). Da als „anderer Rechtsweg" der zum BVerwG gem. §§ 40 Abs.1, 50 Abs.1 VwGO und zum BSG gem. §§ 51, 39 Abs.2 SGG in Betracht kommt, bleiben für das BVerfG hier nur verfassungsrechtliche Streitigkeiten zwischen den Ländern übrig. Landesverfassungsgerichte sind ein „anderer Rechtsweg" allenfalls bei einer entsprechenden Schiedsvereinbarung (Benda/Klein 1101; Pestalozza 143 f; Voßkuhle MKS 156). Staatsverträge können verfassungsrechtlicher (BVerfGE 22, 221/229 ff; 34, 216/226; 38, 231/237) oder verwaltungsrechtlicher Natur (BVerfGE 42, 103/112) sein, je nachdem ob sie im Grundverhältnis oder in einem engeren Rechtsverhältnis wurzeln (Bethge MSKB Vorb.106 ff vor § 1). Kein zulässiger Streitgegenstand sind privatrechtliche Verträge (BVerfGE 62, 295/312 ff). − **(3)** Die *Antragsbefugnis* liegt vor, wenn eigene Rechte geltend gemacht werden, die durch den Antragsgegner möglicherweise verletzt oder unmittelbar gefährdet sind (Benda/Klein 1106). − **(4)** Die *Formerfordernisse* ergeben sich aus § 23 Abs.1 BVerfGG. − **(5)** Die *Frist* beträgt gem. §§ 71 Abs.2, 64 Abs.3 BVerfGG 6 Monate, nachdem die beanstandete Maßnahme oder Unterlassung dem Antragsteller bekannt geworden ist.

b) Begründetheit. Prüfungsmaßstab ist entsprechend dem Streitgegenstand (oben Rn.38) Gesetzesrecht neben dem dadurch nicht ausgeschlossenen Verfassungsrecht. Die Entscheidungsbefugnis gem. § 72 Abs.1 Nr.2 BVerfGG geht zulässigerweise (Benda/Klein 1111) über diejenige gem. §§ 67, 69 BVerfGG hinaus. **39**

3. Landesstreitigkeit (Abs.1 Nr.4, 3. Var.)

a) Zulässigkeit. aa) Parteifähigkeit besitzen gem. § 71 Abs.1 Nr.3 **40** BVerfGG die obersten Organe des Landes und die in der Landesverfassung oder in der Geschäftsordnung eines obersten Organs des Landes mit eigenen Rechten ausgestatteten Teile dieser Organe. Darüber hinaus ist der Kreis der Parteifähigen wie bei der Bundesorganstreitigkeit (oben Rn.5–7) zu bestimmen. Umfasst sind: Landesparlamente (BVerfGE 62, 194/200; 93, 195/203), einschließlich des früheren Bayerischen Senats; Landesregierungen (BVerfGE 60, 175/203; 67, 65/69), Ministerpräsidenten und Minister (Benda/Klein 1119; Pestalozza 158); Landesrechnungshöfe (Bethge MSKB 178 zu § 71; offen gelassen BVerfGE 92, 130/133); Abgeordnete (BVerfGE 62, 194/200; 64, 301/312; 102, 224/231), Parlamentsausschüsse, Fraktionen und konstituierte Minderheiten der Landesparlamente (vgl. BVerfGE 60, 319/323 f; 62, 194/199 f; 93, 195/203); Landesverbände der politischen Parteien (BVerfGE 66, 107/115; 67, 65/69; 75, 34/39; Stein, DÖV 02, 717 f) sowie das in einigen Landesverfassungen mit Organrechten, z. B. zur Gesetzgebung, ausgestattete Staatsvolk (Hartmann, Volksgesetzgebung und Grundrechte, 2005, 211 f; Pieroth/Kampmann, NWVBl 87, 60; a. A. Benda/Klein 1120; Voßkuhle MKS 160; offen gelassen BVerfGE 60, 175/202). Nicht umfasst sind: Landesverfassungsgerichte (BVerfGE 60, 175/202 f; 67,

65/68), Bürger (BVerfGE 60, 175/200 ff) und Kommunen (BVerfGE 27, 240/246).

41   **bb) Streitgegenstand** sind in systematischer Auslegung mit Art.99 isd „Aufrechterhaltung eines verfassungsgerichtlichen Minimums" (Pestalozza 148) nur die sich aus einem verfassungsrechtlichen Rechtsverhältnis ergebenden gegenseitigen Rechte und Pflichten (oben Rn.8 f) von Landesverfassungsorganen (BVerfGE 6, 445/449; 60, 175/199 f; 64, 301/312). Ein „anderer Rechtsweg" ist neben Art.99 der zu den Landesverfassungsgerichten (BVerfGE 60, 175/206; 75, 34/39), auch wenn dieser erst während des Verfahrens vor dem BVerfG eröffnet wird (BVerfGE 102, 245/251 f). Der Rechtsweg zum BVerfG ist nicht nur eröffnet, wenn das Landesrecht dem Landesverfassungsgericht gar keine Organstreitigkeiten zuweist, sondern auch, soweit das Landesrecht den Kreis der Antragsberechtigten enger zieht (BVerfGE 60, 319/323 ff; 93, 195/202; 102, 245/250; a.A. Hopfauf SHH 144; Voßkuhle MKS 159). Politische Parteien sind aber in jedem Fall auf das landesverfassungsgerichtliche Organstreitverfahren verwiesen (BVerfGE 6, 367/374; 27, 10/17 f; 66, 107/115; a.A. noch BVerfGE 4, 375/378; diff. Bethge MSKB 152 f zu § 71; Hopfauf SHH 146).

42   **cc)** Die **Antragsbefugnis** verlangt gem. § 71 Abs.1 Nr.3 BVerfGG zum einen die Geltendmachung eigener Rechte oder Zuständigkeiten, z.B. des Grundsatzes der Gleichbehandlung der Fraktionen (BVerfGE 93, 195/203); eine Prozessstandschaft von Organteilen für Organe ist unzulässig (BVerfGE 60, 319/325 ff; 91, 246/249 f; 92, 130/134; krit. Bethge MSKB 204 ff zu § 71). Sie verlangt zum andern die schlüssige Behauptung, dass diese Rechte durch eine Maßnahme oder Unterlassung des Antragsgegners verletzt oder unmittelbar gefährdet sind (BVerfGE 62, 194/201; 85, 353/358; 102, 224/232).

43   **dd) Sonstiges.** – **(1)** Für das *Rechtsschutzbedürfnis* gilt das zur Bundesorganstreitigkeit Gesagte (oben Rn.14) entsprechend (vgl. BVerfGE 99, 332/336 f). Aus Respekt vor der Landesverfassungsgerichtsbarkeit soll aber besondere Zurückhaltung geboten sein (BVerfGE 102, 224/232 f; 102, 245/253). – **(2)** Die *Formerfordernisse* ergeben sich aus § 23 Abs.1 BVerfGG. – **(3)** Die *Frist* beträgt gem. §§ 71 Abs.2, 64 Abs.3 BVerfGG 6 Monate, nachdem die beanstandete Maßnahme oder Unterlassung dem Antragsteller bekannt geworden ist.

44   **b) Begründetheit.** Prüfungsmaßstab ist gem. § 72 Abs.2 S.1 BVerfGG Landesverfassungsrecht. Dazu rechnen auch Grundgesetznormen, die unmittelbar Geltung in der Landesrechtsordnung beanspruchen, wie z.B. Art.21 (BVerfGE 66, 107/114; vgl. aber Rn.1 zu Art.28). Ferner ist die Gültigkeit von Landesverfassungsrecht am Maßstab des GG als Vorfrage zu überprüfen (vgl. BVerfGE 60, 175/206 f; Meyer MüK 53; Voßkuhle MKS 163).

VI. Verfassungsbeschwerde (Abs.1 Nr.4a)

1. Allgemeines

45   Die Vorschrift begründet die Kompetenz des BVerfG und legt die wesentlichen Voraussetzungen der Zulässigkeit fest. Sie gewährt dem Bürger kein

Grundrecht (vgl. HessStGH, LVerfGE 13, 248/251), aber ein subjektives Recht (Bethge MSKB 7 zu § 90). Einzelheiten des Verfahrens sowie weitere Zulässigkeitsvoraussetzungen sind auf Grund der Ermächtigung des Art.94 Abs.2 in §§ 90 ff BVerfGG geregelt. Die Verfassungsbeschwerde gehört nicht zum Rechtsweg (BVerfGE 79, 365/367) und ist kein Rechtsmittel iSd Prozessgesetze, sondern ein außerordentlicher Rechtsbehelf (BVerfGE 49, 252/258; 107, 395/413; 115, 81/92), der keinen Suspensiveffekt hat, insb. die Rechtskraft des angegriffenen Urteils nicht hemmt (BVerfGE 93, 381/385). Die Verfassungsbeschwerde dient primär der Sicherung und Durchsetzung subjektiver Rechtspositionen und sekundär der Einhaltung objektiven Verfassungsrechts (BVerfGE 81, 278/290; 85, 109/113; 98, 163/167; Bethge MSKB 8 ff zu § 90; Schlaich/Korioth 272 f; krit. Schlink, NJW 84, 92 f); insoweit soll sie der „Aus- und Fortbildung" des Verfassungsrechts dienen (BVerfGE 124, 235/242). Das hat Auswirkungen für die Bemessung des Gegenstandswerts der anwaltlichen Tätigkeit (BVerfGE 79, 365/367 ff) und für die Rücknahme der Verfassungsbeschwerde (unten Rn.71). Der Verfassungsbeschwerde gegenüber ist das Wahlprüfungsverfahren nach Art.41 Abs.2 lex specialis (unten Rn.66).

2. Annahmeverfahren

Gem. § 93a Abs.1 BVerfGG bedürfen Verfassungsbeschwerden der Annahme zur Entscheidung. Diese Vorschrift ist verfassungsgemäß (BVerfG-K, NJW 97, 2229). Eine Pflicht zur Annahme besteht gem. § 93a Abs.2 BVerfGG für die gem. § 15a BVerfGG gebildete Kammer und den Senat gleichermaßen zum einen, wenn der Verfassungsbeschwerde **grundsätzliche verfassungsrechtliche Bedeutung** zukommt (Buchst. a). Das ist der Fall, wenn die aufgeworfene verfassungsrechtliche Frage sich nicht ohne weiteres aus dem GG beantworten lässt und noch nicht durch die verfassungsgerichtliche Rechtsprechung geklärt worden oder durch veränderte Verhältnisse erneut klärungsbedürftig geworden ist (BVerfGE 90, 22/24 f; 96, 245/248). **46**

Eine Pflicht zur Annahme der Verfassungsbeschwerde besteht zum anderen, wenn dies **zur Durchsetzung der Grundrechte angezeigt** ist (Buchst. b). Das ist namentlich dann der Fall, wenn „dem Beschwerdeführer durch die Versagung der Entscheidung zur Sache ein besonders schwerer Nachteil entsteht". Damit sollen Bagatellfälle ausgesondert werden (vgl. Klein, NJW 93, 2073). Bedenklich ist die Rspr. des BVerfG, bis zur Grenze „existentieller Betroffenheit" einen Bagatellfall anzunehmen (BVerfGE 90, 22/25 f; BVerfG-K, EuGRZ 00, 246), auch wenn die Entstehungsgeschichte dafür spricht (vgl. BT-Drs.12/3628, 14, 16; 12/4842, 12). Der besonders schwere Nachteil kann sich v. a. aus dem Gegenstand der angegriffenen Entscheidung oder der aus ihr folgenden Belastung ergeben (BVerfGE 90, 22/25 f). Bei strafrechtlichen Verurteilungen liegt sie regelmäßig vor, wenn der Schuldspruch angegriffen wird (BVerfGE 96, 245/249 f). Häufig ist sie auch in Asylfällen angenommen worden (Graßhof MKSB 72 zu § 93a). Obwohl diese Annahmevoraussetzungen „weit gesteckt und höchst flexibel" sind (Klein, NJW 93, 2074) und „erhebliche Spielräume bei der Interpretation und Anwendung der Kriterien" eröffnen (Schlaich/Korioth 264), dürfen sie nicht iS eines freien Annahmeermes- **47**

sens verstanden werden (Gehle UCD 7 zu § 93a). „Angezeigt" ist die Annahme der Verfassungsbeschwerde darüber hinaus aber nur, wenn sie hinreichende Aussicht auf Erfolg hat (BVerfGE 96, 245/250). Nicht angezeigt ist
die Annahme daher bei offensichtlicher Unzulässigkeit oder Unbegründetheit
der Verfassungsbeschwerde (Klein, NJW 93, 2074).

3. Zulässigkeit

48   **a) Beschwerdefähigkeit.** Jedermann kann Verfassungsbeschwerde erheben, d. h. alle Träger eines der hier genannten Grundrechte (unten Rn. 72).
Die zusätzliche Voraussetzung, dass sie sich auf ein Grundrecht berufen können, das auch ihnen zusteht (BVerfGE 35, 382/399; 63, 197/205), ist eine
Frage der Beschwerdebefugnis (Pieroth/Schlink 1228). Näher zur Grundrechtsberechtigung Rn. 10–26 zu Art. 19. Abgeordnete und politische Partei-
en sind ein Jedermann nur soweit, als sie nicht parteifähig für die Organstreitigkeit sind (Rn. 44 zu Art. 21; Rn. 36 zu Art. 38). Für Gemeinden und
Gemeindeverbände ist Nr. 4b (unten Rn. 74–78) einschlägig, außer sie machen die Verletzung von Prozessgrundrechten geltend (Rn. 25 zu Art. 19).
Mitglieder kommunaler Vertretungskörperschaften sollen bez. ihres Status als
Mandatsträger nicht beschwerdefähig sein (BVerfG-K, NVwZ 94, 57). Die
Gesamtheit der Unterzeichner eines Volksbegehrens in Bayern soll eine staatliche Kompetenz ausüben und nicht grundrechtsberechtigt sein (BVerfGE
96, 231/239 ff.; a. A. Hartmann, DVBl 06, 1276 f.).

49   **b)** Die **Prozessfähigkeit** ist im BVerfGG nicht geregelt. Es kommt insofern auf behutsame Analogien zum sonstigen Verfahrensrecht (BVerfGE 72,
122/132 f.) und v. a. auf die einzelnen in Anspruch genommenen Grundrechte an. Bei Minderjährigen ist die Einsichtsfähigkeit entscheidend. Prozessfähig ist ein 14-jähriger bezüglich Art. 4 Abs. 1, 2 (BVerfGE 1, 87/89)
und ein 17-jähriger bezüglich Art. 4 Abs. 3 (BVerfGE 28, 243/254 f.). Geistes-
kranke und Betreute (Entmündigte) sind in den Verfahren prozessfähig, in
denen über ihre Geisteskrankheit und Betreuung (Entmündigung) entschieden wird (BVerfGE 10, 302/306; 19, 93/100 f; 65, 317/321). Dem Gemein-
schuldner fehlt die Prozessfähigkeit bezüglich der Insolvenzmasse (BVerfGE
51, 405/407 ff). Zur Vertretung Minderjähriger ist ein Ergänzungspfleger zu
bestellen, wenn die sorgeberechtigten Eltern wegen eines Interessenwider-
streits an der Erhebung der Verfassungsbeschwerde für ihre minderjährigen
Kinder verhindert sind (BVerfGE 72, 122/135; 75, 201/215) und der Ergänzungspfleger rechtzeitig tätig werden kann (BVerfG-K, FamRZ 05, 1658).

50   **c) Beschwerdegegenstand** kann jeder **einzelne Akt der deutschen
öffentlichen Gewalt** sein. Der Umfang möglicher Beschwerdegegenstände
ist entsprechend dem Umfang der Grundrechtsbindung (Rn. 32–45a zu
Art. 1) zu bestimmen. Gewohnheitsrecht kann nur insoweit Beschwerdegegenstand sein, als sich Akte der öffentlichen Gewalt auf es stützen (Bethge
MSKB 215 zu § 90; a. A. Hartmann PS 73 zu § 90). Entscheidungen des
BVerfG selbst, einschließlich der Vorprüfungsausschüsse und Kammern gem.
§ 15a BVerfGG (BVerfGE 18, 440 f; 19, 88/90), scheiden aus (BVerfGE 1,
89/90; 7, 17/18). Allerdings besteht in Fällen groben prozessualen Unrechts
die Möglichkeit einer Gegenvorstellung beim BVerfG gegen dessen eigene

Entscheidung (BVerfGE 72, 84/88; Hartmann PS 63 zu § 90; für Kammerentscheidungen offen gelassen BVerfG-K, NJW 08, 1582). Entscheidungen von Landesverfassungsgerichten sind grundsätzlich mit der Verfassungsbeschwerde angreifbar (BVerfGE 85, 148/157; Starck HbStR³ VI § 130 Rn.83), außer wenn landesverfassungsrechtliche Streitigkeiten in der Sache abschließend entschieden worden sind, z. B. Organstreitigkeiten im Land (BVerfGE 96, 231/243 f; krit. Bethge MSKB 52 f zu § 90) und Kommunalverfassungsbeschwerden vom Landesverfassungsgericht (BVerfG-K, NVwZ 04, 980). Keine Akte öffentlicher Gewalt sind Entscheidungen der Schiedsgerichte der Versorgungsanstalt des Bundes und der Länder (BVerfG-K, NVwZ-RR 95, 232) und der Parteigerichte (BVerfG-K, NJW 88, 3260).

Eine Verfassungsbeschwerde gegen ein **Unterlassen** der öffentlichen Ge- **50a** walt setzt eine völlige Untätigkeit des Gesetzgebers voraus; existiert eine für verfassungswidrig erachtete Regelung, muss diese angegriffen werden (BVerfGE 29, 268/273; 56, 54/71; BVerfG-K, NJW 09, 1805). Sie ist zulässig, solange die Unterlassung andauert (BVerfGE 69, 161/167) und wenn sich der Beschwerdeführer auf einen ausdrücklichen Auftrag des GG berufen kann, der Inhalt und Umfang der Gesetzgebungspflicht im Wesentlichen bestimmt (BVerfGE 56, 54/70; näher Möstl, DÖV 98, 1029; Benda/Klein 495 ff); u. U. kann auch das Unterlassen der Erfüllung einer grundrechtlichen Schutzpflicht (vgl. Vorb.7 vor Art.1) mit der Verfassungsbeschwerde gerügt werden (BVerfGE 77, 170/215; vorsichtiger noch BVerfGE 56, 54/70 ff).

Bei **Europäischem Unionsrecht** kommen als Akte der deutschen öf- **50b** fentlichen Gewalt zunächst in Betracht die Zustimmungsgesetze bezüglich des primären Unionsrechts (vgl. BVerfGE 89, 155/171) und die Normsetzungsakte von Bund oder Ländern zur Umsetzung sekundären Unionsrechts, soweit die deutschen Normsetzer einen Gestaltungsspielraum haben (vgl. BVerfGE 122, 1/21); andernfalls sind diese Normsetzungsakte den Europäischen Gemeinschaften zuzurechnen. Sodann können auch Maßnahmen der Europäischen Gemeinschaften selbst Akte der öffentlichen Gewalt sein, wenn sie die Wesensgehalte der Grundrechte schwerwiegend und nachhaltig beeinträchtigen und/oder aus den Grenzen der ihnen eingeräumten Hoheitsrechte „ausbrechen", d. h. sie offenkundig missachten (vgl. BVerfGE 89, 155/175, 188; Voßkuhle MKS 86). Unter diesen engen, praktisch kaum nachzuweisenden (Rn.47 zu Art.1) Voraussetzungen (vgl. auch BVerfGE 102, 147/164 ff) wird eine Verfassungsbeschwerde für zulässig gehalten (Voßkuhle MKS 86 f). Gegen Entscheidungen von Behörden der Europäischen Gemeinschaften und anderen supranationalen Organisationen kann Verfassungsbeschwerde erhoben werden, wenn sie in der innerstaatlichen Rechtsordnung Rechtswirkungen entfalten, nicht aber, wenn ihre Rechtswirkungen den Binnenbereich der Organisation nicht verlassen (BVerfG-K, NVwZ 06, 1403). Akte von internationalen Organisationen ohne Hoheitsbefugnisse scheiden von vornherein aus (BVerfG-K, NJW 06, 2909). Zur Nichtdurchführung des Vorabentscheidungsverfahrens vgl. Rn.12 zu Art.101.

Bei **mehreren** Akten der öffentlichen Gewalt in der gleichen Sache hat **51** der Beschwerdeführer die Wahl, ob er nur die letztinstanzliche Gerichtsentscheidung oder zusätzlich die Entscheidungen der Vorinstanzen bzw. den zugrundeliegenden Akt der vollziehenden Gewalt angreifen will (vgl. BVerf-

GE 19, 377/389; 54, 53/64 ff; zu den Folgen Hartmann PS 25 zu § 95). In jedem Fall liegt nur eine Verfassungsbeschwerde vor (BVerfGE 108, 282/294; Bethge MSKB 183 zu § 90; a.A. Stelkens, DVBl 04, 403). Greift der Beschwerdeführer alle Entscheidungen und den Verwaltungsakt an, so sind grundsätzlich auch alle Entscheidungen und der Verwaltungsakt aufzuheben (BVerfGE 84, 1/3 ff).

52 **d)** Die **Beschwerdebefugnis** ist gem. § 90 Abs. 1 BVerfGG gegeben, wenn der Beschwerdeführer behauptet, in einem seiner Grundrechte oder der hier genannten grundrechtsgleichen Rechte (vgl. Vorb. 1 vor Art. 1; Pieroth/Schlink 65 f) verletzt zu sein. Aus seinem Tatsachenvortrag muss sich die Möglichkeit einer Grundrechtsverletzung ergeben (BVerfGE 64, 367/375; 83, 162/169; 114, 258/274); die Verletzung darf nicht von vornherein ausgeschlossen sein (BVerfGE 28, 17/19; 52, 303/327). Mit anderen Worten muss die Behauptung „hinreichend substantiiert" (BVerfGE 92, 26/38; 92, 158/175) oder „hinreichend klar" (BVerfGE 94, 268/282) oder „hinreichend wahrscheinlich" (BVerfGE 115, 118/137) sein. Wie wahrscheinlich die Grundrechtsverletzung sein muss, hängt auch davon ab, welche Möglichkeit der Beschwerdeführer hat, seine Betroffenheit darzulegen (BVerfGE 100, 313/355 f; 109, 279/308; 120, 378/396 f). Darüber hinaus muss der Beschwerdeführer selbst, gegenwärtig und unmittelbar betroffen sein (unten Rn. 54–56); das dient dem Ausschluss von „Popularklagen" (BVerfGE 43, 291/386; 79, 1/14). Die Beschwerdebefugnis fehlt, wenn ein Verhalten der öffentlichen Gewalt keinerlei Regelungsgehalt oder keinerlei Außenwirkung hat (sog. Rechtsrelevanz).

53 **Einzelfälle** fehlender Betroffenheit **(A–G):** abstrakte Normauslegung durch Behörde (BVerfGE 18, 1/14) oder Landesverfassungsgericht (BVerfGE 30, 112/123); Ankündigung von zukünftigen Akten (BVerfGE 15, 256/263); Auslieferungsbewilligung der Bundesregierung (BVerfGE 63, 215/226); Aussetzungsbeschluss in entsprechender Anwendung des § 148 ZPO (BVerfG-K, NJW 04, 501); behördliche Sachaufklärung (BVerfGE 3, 1/4); Belehrung vor einer Rüge durch die Rechtsanwaltskammer (BVerfGE 50, 16/27); Beschlussfassung über ein Gesetz im Bundestag (BVerfGE 112, 363/367); Bewilligung von Haushaltsmitteln (BVerfGE 35, 366/372); Bundestagsauflösung bezüglich einzelner Bürger (BVerfGE 62, 397/399; 63, 73/75) und nicht im Parlament vertretener Parteien (vgl. BVerfGE 114, 107/115); Entscheidungsentwurf und noch nicht von allen Richtern unterzeichnete Entscheidung (BVerfG-K, NJW 85, 788); Feststellung nach § 31 EGGVG (BVerfGE 49, 24/49 f); gerichtliche Teilentscheidung, außer sie hat einen bleibenden Nachteil zur Folge (BVerfGE 58, 1/23; 101, 106/120), wie eine selbstständige Zwischenentscheidung (BVerfGE 24, 56/60 f; 53, 109/113; 101, 106/120; vgl. auch Zuck, AnwBl 09, 332), einschließlich der Entscheidung über ein Ablehnungsgesuch (BVerfGE 119, 292/294 ff) außer sie wird nicht bekanntgegeben (BVerfGE 89, 28/34); Gesetz, das noch nicht verkündet ist (BVerfGE 11, 339/342; offen gelassen BVerfGE 18, 1/11 f), ausgenommen Zustimmungsgesetz zu völkerrechtlichem Vertrag (oben Rn. 18; BVerfGE 24, 33/53 f; 84, 90/113) und zukünftiges Wahlgesetz (BVerfGE 38, 326/335 f); Gesetz, das keine nachteiligen Auswirkungen auf Grundrechte hat, angenommen z. B. für Haushaltsgesetz (BVerfGE 55, 349/362), Neugliederungsgesetz (BVerfGE 49, 15/23), Sozialversicherungsgesetz (BVerfGE 60, 360/371), Zustimmungsgesetz zu völkerrechtlichem Vertrag (BVerfGE 43, 203/208 ff; 84, 90/113; 123, 148/170 f); gesetzliche Ermächtigung zum Erlass einer Rechtsverordnung (BVerfGE 57, 70/90).

Einzelfälle fehlender Betroffenheit (**H–Z**): Hinweis auf anderweitige **53a** Zuständigkeit (BVerfGE 16, 89/93); Meinungsäußerung (BVerfGE 2, 237/ 244; 37, 57/61); Mitteilung über die Rechtslage (BVerfGE 3, 162/172; 29, 304/309) und den Stand der Dinge (BVerfGE 33, 18/22); Neubekanntmachung eines Gesetzes (BVerfGE 17, 364/368 f; 43, 108/115 f); Teilverwaltungsakt (BVerfGE 53, 30/48 f); Terminierung von Lesungen im Bundestag durch den Ältestenrat (BVerfGE 112, 363/366 f); verteidigungspolitische Leitentscheidungen (BVerfG-K, NJW 83, 2136); verwaltungsinterne Anträge (BVerfGE 20, 162/172), Schreiben (BVerfGE 7, 61/62 f) und Weisungen (BVerfGE 35, 366/372); Verwaltungsvorschrift (BVerfGE 18, 1/15; 33, 18/21 f; 41, 88/105; vgl. aber auch BVerfGE 40, 237/255); völkerrechtlicher Vertrag (BVerfG-K, DVBl 90, 1163); Zustimmung der Bundesregierung im Rahmen der Entstehung sekundären Unionsrechts (BVerfG-K, EuGRZ 89, 339; DÖV 92, 1010).

aa) Die Beschwerdebefugnis setzt **Selbstbetroffenheit** voraus. Der Be- **54** schwerdeführer muss in eigenen Grundrechten betroffen sein. Das ist jedenfalls gegeben, wenn der **Beschwerdeführer Adressat** der angegriffenen Maßnahme ist (BVerfGE 97, 157/164; 102, 197/206 f; 108, 370/384). Eine (gewillkürte; vgl. Ax, Prozessstandschaft im Verfassungsbeschwerdeverfahren, 1994) Prozessstandschaft ist unzulässig (BVerfGE 25, 256/263; 72, 122/131). Parteien kraft Amtes, z. B. Insolvenzverwalter (BVerfGE 51, 405/409; 65, 182/190), Nachlassverwalter (BVerfGE 27, 326/333), Testamentsvollstrecker (BVerfGE 21, 139/141) und Gesamtvollstreckungsverwalter (BVerfGE 95, 267/299 f) handeln aus eigenem Recht. Weder darf ein Mitglied ohne weiteres Grundrechte seiner Vereinigung geltend machen (BVerfGE 35, 348/ 352), noch darf eine Vereinigung Rechte ihrer Mitglieder wahrnehmen, selbst wenn die Satzung das vorschreibt (BVerfGE 27, 326/333; 31, 275/ 280; 35, 348/352); eine Ausnahme ist für den Fall zu machen, dass die Urheberrechte der Mitglieder ausschließlich durch die Verwertungsgesellschaft geltend gemacht werden können (BVerfGE 77, 263/269; vgl. aber auch BVerfGE 79, 1/19). Der Erwerber eines Grundstücks kann nicht in die Verfassungsbeschwerde des Voreigentümers eintreten (BVerfGE 56, 296/297).

Erben und Sonderrechtsnachfolger können das Verfahren fortführen **54a** oder einleiten, soweit es nicht um höchstpersönliche Rechte geht (BVerfGE 12, 311/315). Das ist regelmäßig der Fall bei finanziellen Ansprüchen, die auch in der Person des Erben grundrechtlich geschützt sind (BVerfGE 93, 165/170; 94, 12/30; 111, 191/211), kommt aber auch bei anderen nicht höchstpersönlichen Ansprüchen in Betracht (BVerfGE 88, 366/374). Bei höchstpersönlichen Rechten darf ausnahmsweise das Verfahren fortgeführt werden, wenn der Rechtsnachfolger Rügen im eigenen Interesse geltend machen kann (BVerfGE 109, 279/304). Wer zur Wiederaufnahme gem. § 361 Abs. 2 StPO berechtigt ist, kann eine Verfassungsbeschwerde nach dem Tod des Beschwerdeführers fortführen (BVerfGE 6, 389/442; 37, 201/206).

54b   Soweit ein Akt der öffentlichen Gewalt sich **an Dritte** richtet, muss der Beschwerdeführer selbst in rechtlich erheblicher Weise (BVerfG-K, NJW 99, 3399) und nicht nur mittelbar faktisch betroffen sein (näher Hartmann PS 147 f zu § 90; Stern BK 506 ff; Pestalozza 183 f); es muss „eine hinreichend enge Beziehung zwischen der Grundrechtsposition des Beschwerdeführers und der Maßnahme" bestehen (BVerfGE 108, 370/384). Das ist beim Elternrecht (Rn. 36–49 zu Art. 6) bezüglich Maßnahmen gegen die Kinder der Fall (BVerfGE 107, 104/115 f). Rechtsanwälte sind von Gegenstandswertfestsetzungen (BVerfGE 83, 1/12), Konkurrenten von Exklusivlizenzen (BVerfGE 108, 370/385) selbst betroffen. Durch eine Ungleichbehandlung wird nur derjenige selbst betroffen, der durch die Beseitigung der Ungleichbehandlung eine Besserstellung erfahren kann (BVerfGE 49, 1/8 f).

55   **bb)** Die Beschwerdebefugnis setzt **gegenwärtige Betroffenheit** bis zur Entscheidung des BVerfG über den Rechtsbehelf (BVerfGE 106, 210/214) voraus. Es genügt nicht, dass der Beschwerdeführer irgendwann einmal in der Zukunft (virtuell) betroffen sein könnte (BVerfGE 60, 360/371; 74, 297/319; 114, 258/277) oder dass es ihm gelingt, die Verwaltung schon jetzt zu einer Feststellung über die erst in der Zukunft aktuelle Rechtslage zu provozieren (BVerfGE 72, 1/5 f). Ausnahmsweise ist die gegenwärtige Betroffenheit zu bejahen, wenn ein Gesetz die Normadressaten bereits gegenwärtig so später nicht mehr korrigierbaren Entscheidungen zwingt oder von Dispositionen abhält, die sie nach dem späteren Gesetzesvollzug nicht mehr nachholen können (BVerfGE 102, 197/207), wenn der mit diesem Erfordernis verfolgte Zweck, eine fachgerichtliche Klärung der Sach- und Rechtsfragen herbeizuführen, nicht mehr erreichbar ist (BVerfGE 65, 1/37 f; 74, 297/319 f; 75, 246/263) oder wenn die Rechtswirkungen gewiss sind, die von einem verkündeten, aber erst später in Kraft tretenden Gesetz ausgehen (BVerfGE 108, 370/385; 114, 258/278; 119, 181/212 f). Das gilt auch für ernsthaft zu besorgende Grundrechtsgefährdungen (BVerfGE 51, 324/347; 53, 30/51; 66, 39/58 f). Eine gegenwärtige Betroffenheit fehlt grundsätzlich auch bei vergangenen Beeinträchtigungen; dieser Aspekt wird allerdings vom BVerfG meistens beim allgemeinen Rechtsschutzbedürfnis erörtert (unten Rn. 66 f).

56   **cc)** Die Beschwerdebefugnis setzt **unmittelbare Betroffenheit** voraus. Bei einem Gesetz liegt sie nur vor, wenn dieses „bereits jetzt spürbare Rechtsfolgen mit sich bringt" (BVerfGE 122, 63/78). Sie fehlt, wenn der angegriffene Akt der öffentlichen Gewalt rechtsnotwendig oder nach der tatsächlichen staatlichen Praxis einen besonderen, vom Willen der vollziehenden Stelle beeinflussten und selbstständig gerichtlich angreifbaren Vollzugsakt voraussetzt (BVerfGE 109, 279/306; 110, 370/381 f; 122, 63/81 f); ein solcher liegt auch vor, wenn das Gesetz keinen Auslegungs-, Ermessens- oder Beurteilungsspielraum lässt (BVerfGE 58, 81/104 f; 74, 69/75; 86, 15/23; BVerfG-K, NJW 10, 359). Dafür kommt auch eine Rechtsverordnung in Betracht (BVerfGE 53, 366/389; 74, 297/321). Die Ermächtigung zum Erlass von Rechtsverordnungen betrifft aber insoweit unmittelbar die Hochschulen, als deren Befugnis zum Erlass von Studien- und Prüfungsordnungen eingeschränkt wird (BVerfGE 93, 85/93). Eine unmittelbare Betroffenheit besteht auch, wenn der Betroffene keine oder erst nach langer Zeit Kenntnis vom Vollzugsakt erlangen kann und er mit einiger Wahrscheinlichkeit von ihm berührt ist (BVerfGE 113, 348/362 f; 120, 378/394 f; IN 2. 3. 10 – 1 BvR 256/08 u. a. Rn.178). Sanktionen des Straf- und Ordnungswidrigkeitenrechts rechnen nicht als Vollzugsakte, da ihr Abwarten dem Betroffenen nicht zugemutet werden kann (BVerfGE 46, 246/256; 81, 70/82 f; BVerfG-K, NVwZ 02, 463). Unter den gleichen Voraussetzungen wie bei der gegenwärtigen Betroffenheit (oben Rn.55) werden auch hier Ausnahmen zugelassen (näher Stern BK 574 ff; Pestalozza 180 f). Insb. kann das Inkrafttreten eines Bebauungsplans eine unmittelbare Betroffenheit auslösen (BVerfGE 70, 35/51 ff).

e) Erschöpfung des Rechtswegs, Subsidiarität. aa) Herleitung. 57
Gem. § 90 Abs.2 S.1 BVerfGG ist die Erschöpfung des Rechtswegs in den Fällen erforderlich, in denen ein Rechtsweg prinzipiell eingeräumt ist. Dieses Erfordernis ist durch die Ermächtigung des Art.94 Abs.2 S.2 gedeckt. Das BVerfG hat die Zulässigkeitsvoraussetzung der Rechtswegerschöpfung zum Grundsatz der Subsidiarität der Verfassungsbeschwerde ausgedehnt: Der Beschwerdeführer muss „alle nach Lage der Sache zur Verfügung stehenden prozessualen Möglichkeiten ergreifen, um die geltend gemachte Grundrechtsverletzung in dem unmittelbar mit ihr zusammenhängenden sachnächsten Verfahren zu verhindern oder zu beseitigen" (BVerfGE 112, 50/60; BVerfGE 114, 258/279 verzichtet richtigerweise auf das Erfordernis „prozessual"). „Allerdings müssen die in einem weiteren fachgerichtlichen Verfahren gegebenen Möglichkeiten mit einer gewissen Verlässlichkeit zu einer solchen Korrektur beitragen können" (BVerfGE 114, 1/32). Das BVerfG stützt sich auf die verfassungssystematische Aufgabenverteilung mit den Fachgerichten (BVerfGE 55, 244/247; 74, 69/75; 115, 81/92): Diesen obliegt ausschließlich die Ermittlung und Würdigung des Sachverhalts sowie die Auslegung des einfachen Rechts; ihnen obliegt auch zunächst die Wahrung der Grundrechte (krit. Hartmann PS 236 ff zu § 90; Lübbe-Wolff, EuGRZ 04, 682). Auf diese Weise soll neben einer Entlastung des BVerfG (BVerfGE 4, 193/198; 72, 39/46) auch gewährleistet werden, dass dieses auf einen in tatsächlicher und rechtlicher Hinsicht aufbereiteten Fall trifft (BVerfGE 71, 305/336; 86, 382/386 f; 102, 197/207).

bb) Folgerungen. Die Tatsachen müssen schon im fachgerichtlichen 58 Verfahren vollständig und deutlich vorgetragen werden (BVerfGE 79, 174/ 189 f; BVerfG-K, NJW 96, 1588; 97, 999; 04, 1650). Der Beschwerdeführer muss aber nicht von Beginn des fachgerichtlichen Verfahrens an verfassungsrechtliche Erwägungen und Bedenken vortragen (BVerfGE 112, 50/60 ff). Daher steht die Subsidiarität der Zulässigkeit nicht entgegen, wenn die geltend gemachten Grundrechtsverletzungen in fachgerichtlichen Verfahren „nur unvollständig geprüft werden" (BVerfGE 92, 26/38) oder wenn von den Fachgerichten keine „Vertiefung oder Verbreiterung des tatsächlichen und rechtlichen Materials zu erwarten ist" (BVerfGE 114, 258/280). Etwas anderes kann gelten, wenn der Ausgang des Verfahrens von der Verfassungswidrigkeit einer Vorschrift abhängt, eine bestimmte Normauslegung angestrebt wird, die ohne verfassungsrechtliche Erwägungen nicht begründbar ist, oder der Antrag auf Zulassung eines Rechtsmittels oder das Rechtsmittel selbst auf die Verletzung von Verfassungsrecht zu stützen ist (BVerfGE 112, 50/62; krit. Bethge MSKB 419 ff zu § 90; Hartmann PS 256 zu § 90). Der Grundsatz der Subsidiarität gilt auch dann, wenn zwar ein Rechtsweg prinzipiell nicht eingeräumt ist, wie bei formellen Gesetzen sowie bei Rechtsverordnungen und Satzungen außerhalb des Anwendungsbereichs von § 47 VwGO, wenn aber Rechtsschutz auf andere Weise erreicht werden kann, insb. durch zulässige inzidente Normenkontrolle in einem fachgerichtlichen Verfahren (BVerfGE 72, 39/44; 75, 246/263 f; 102, 26/32; BVerfG-K, NVwZ 04, 978 f) und durch Feststellungsklage (BVerfGE 115, 81/92 ff); einschränkend ist zu fordern, dass vom Beschwerdeführer nicht verlangt werden darf, einen Rechtsweg erst zu provozieren, und dass der zu beschreitende Rechtsweg eine reale Abhilfemöglichkeit bieten muss (vgl. BVerfGE 31, 314/323; 97, 157/166 f; 110, 370/382; Posser, o. Lit. B, 456 ff). Subsidiarität kann auch bei erschöpftem Rechtsweg gegeben sein, z. B. wenn Eilrechtsschutz bei einem anderen Gericht möglich ist (BVerfGE 95, 163/171 f).

59   **cc) Rechtsweg** ist „jede gesetzlich normierte Möglichkeit der Anrufung eines Gerichts" (BVerfGE 67, 157/170). Danach zählen zum Rechtsweg Normenkontrollen gem. § 47 VwGO (BVerfGE 70, 35/53 f; BVerfG-K, NVwZ 94, 59), einschließlich der Nichtvorlagebeschwerde gem. § 47 Abs. 8 VwGO (BVerfG-K, NVwZ 95, 157), Verfahren des vorläufigen Rechtsschutzes, z. B. nach § 80 Abs. 5, 7 und § 123 VwGO (vgl. BVerfGE 86, 382/386 ff; 93, 1/12; BVerfG-K, NVwZ 03, 981), sowie solche Rechtsbehelfe, die keinen Devolutiveffekt haben, z. B. Nachverfahren gem. § 93a Abs. 2 VwGO (BVerfG-K, NVwZ 09, 909), Einspruch gegen einen Strafbefehl gem. §§ 409 ff StPO, Einspruch gegen ein Versäumnisurteil gem. § 338 ZPO und Anhörungsrügen, z. B. gem. § 321a ZPO (BVerfG-K, NJW 05, 3059 f; 07, 3054; 09, 833; BbgVerfGH, DÖV 05, 647; vgl. auch Desens, NJW 06, 1243; Tegebauer, DÖV 08, 954; Heinrichsmeier, NVwZ 10, 228) und gem. § 78a ArbGG (BVerfGE 119, 292/297 ff). Zum Rechtsweg gehören auch der Antrag gem. § 33a StPO (BVerfGE 42, 243/250; BVerfG-K, NJW 03, 1513; BGHSt 45, 37/40), der Widerspruch iSd § 899 BGB (BVerfG-K, NJW 03, 1176 f), der Antrag auf Wiedereinsetzung in den vorigen Stand (BVerfGE 42, 252/257; 93, 99/106), der Antrag auf Wiederaufnahme des Verfahrens (BVerfGE 11, 61/63; BVerfG-K, NJW 92, 1030 f), der Abänderungsantrag gem. (§ 123 iVm) § 80 Abs. 7 VwGO (BVerfGE 92, 245/260), die Nichtigkeitsklage gem. § 579 Abs. 1 Nr. 1 ZPO (BVerfGE 34, 204 f; 42, 252/255), die Restitutionsklage gem. § 580 ZPO (BVerfG-K, NVwZ 98, 1174 f) und die Nichtzulassungsbeschwerden (BVerfG-K, NJW 96, 45). Als anderweitige Beschwerdemöglichkeiten muss auch die Kontrolle durch die G-10-Kommission (BVerfG-K, NVwZ 94, 367) ausgeschöpft werden. Mit Blick auf die anschließende Hauptverhandlung sollen auch erstinstanzliche Eröffnungsbeschlüsse in Strafverfahren nicht mit der Verfassungsbeschwerde angegriffen werden können (BVerfG-K, NJW 95, 316).

60   **Kein Rechtsweg** sind dagegen Dienstaufsichtsbeschwerden (BVerfG, NJW 04, 2891), gem. § 90 Abs. 3 BVerfGG Grundrechtsklagen vor den Landesverfassungsgerichten (BVerfGE 32, 157/162) und Prozesse vor ausländischen und internationalen Gerichten (Bethge MSKB 383 zu § 90; Hartmann PS 172 zu § 90). Außerordentliche Rechtsbehelfe, die von der Rspr.

außerhalb des geschriebenen Rechts entwickelt worden sind, gehören nicht zum Rechtsweg (BVerfGE 107, 395/416 ff; 108, 341/349 f; krit. Gehb, DÖV 05, 683), ebensowenig Gegenvorstellungen (BVerfGE 122, 190/202 f). Überholt ist daher BVerfG-K, NJW 97, 1301, wo die Berufung analog § 513 Abs.2 (jetzt § 514 Abs.2) ZPO zum Rechtsweg gezählt wurde (Hartmann PS 184 zu § 90).

dd) Erschöpfung des Rechtswegs bedeutet, dass der Beschwerdeführer **61** die prozessualen Möglichkeiten nicht versäumt haben darf, z. B. dadurch, dass er ein zulässiges Rechtsmittel nicht eingelegt oder zurückgenommen (BVerfGE 1, 12/13), eine zulässige Rüge nicht erhoben (BVerfGE 83, 216/228 ff; 107, 257/268; 110, 1/12), sich an einem Zivilrechtsstreit nicht im Weg der Nebenintervention beteiligt (BVerfG-K, NJW 98, 2663), Anträge zu unklar formuliert (BVerfGE 87, 1/33) oder bei der Begründung der Nichtzulassungsbeschwerde prozessuale Erfordernisse außer Acht gelassen hat (BVerfGE 91, 93/107; 103, 172/182). Keine Erschöpfung des Rechtswegs liegt grundsätzlich bei Zurückverweisungen vor (BVerfGE 78, 58/68; BVerfG-K, NJW 00, 3198 f); anders liegt es bei strafgerichtlichen Verfahren, soweit über den Schuldspruch endgültig entschieden wurde (vgl. BVerfGE 75, 369/375; 82, 236/258). Der Beschwerdeführer muss zwar nicht Verfahren in Anspruch nehmen, in denen es nicht um die Beseitigung der behaupteten Grundrechtsverletzung geht, sondern um andere, wenngleich damit zusammenhängende Fragen, z. B. einen Amtshaftungsprozess (BVerfGE 20, 162/173). Andererseits muss er Verfahren durchführen, in denen er die Beseitigung des Eingriffsakts aus anderen als grundrechtlichen Gründen erreichen kann, z. B. durch den Versuch, die Beseitigung des Eingriffsakts unter Berufung auf die Ausnahmeregelung zu erwirken, wenn dies zumutbar und nicht offensichtlich aussichtslos ist (BVerfGE 78, 58/69; BVerfG-K, NJW 01, 2009; EuGRZ 08, 766). Grundsätzlich ist die behauptete Grundrechtswidrigkeit im jeweils mit dieser Beeinträchtigung zusammenhängenden sachnächsten Verfahren geltend zu machen (BVerfGE 84, 203/208). Daher muss der Beschwerdeführer bereits vor dem Fachgericht entsprechende Beweisanträge – auch hilfsweise und im Amtsermittlungsverfahren –, Befangenheitsgesuche (vgl. BVerfG-K, NJW 10, 669) und Protokollierungsanträge stellen (Lübbe-Wolff, EuGRZ 04, 674).

Durch eine letztinstanzliche Entscheidung in **Verfahren des vorläufigen** **62** **Rechtsschutzes** ist der Rechtsweg des Eilverfahrens erschöpft, wenn der Beschwerdeführer die Versagung gerade des vorläufigen Rechtsschutzes rügt und das Hauptsacheverfahren keine ausreichenden Möglichkeiten bietet, der Grundrechtsverletzung abzuhelfen (BVerfGE 79, 275/278 f; 86, 15/22 f; 104, 65/71). Das ist anzunehmen bei der Verweigerung des rechtlichen Gehörs im Eilverfahren (vgl. BVerfGE 65, 227/232 f) und einer Verletzung des Art.19 Abs.4 durch Ablehnung des einstweiligen Rechtsschutzes (BVerfGE 59, 63/84). Bei Verfassungsbeschwerden, mit denen ausschließlich Grundrechtsverletzungen gerügt werden, die sich auf die Hauptsache beziehen, ist dies ausnahmsweise dann der Fall, „wenn die Entscheidung von keiner weiteren tatsächlichen und rechtlichen Aufklärung abhängt und diejenigen Voraussetzungen gegeben sind, unter denen das BVerfG gem. § 90 Abs.2 S.2 BVerfGG" (unten Rn.63 f) „sofort entscheiden kann" (BVerfGE 104, 65/71;

86, 15/22 f; 95, 220/233). Darüber hinaus kann die Beschreitung und Erschöpfung des Hauptsacherechtswegs (vgl. BVerfGE 86, 46/49) oder des vorläufigen Rechtsschutzes in einem anderen Rechtsweg (vgl. BVerfGE 86, 133/140 f) im Einzelfall unzumutbar sein (unten Rn.64); allein eine seit längerem andauernde Anhängigkeit der Hauptsache reicht dafür nicht aus (BVerfG-K, NJW 03, 418). Erledigt sich der Gegenstand einer verwaltungsgerichtlichen Eilentscheidung durch Zeitablauf, kann die während des Andauerns der Beschwer entbehrliche Beschreitung und Erschöpfung des Hauptsacherechtswegs nachträglich notwendig werden (BVerfGE 79, 275/278 ff), sofern überhaupt noch ein Rechtsschutzbedürfnis besteht (dazu unten Rn.66 f).

63   **ee) Durchbrechung der Subsidiarität.** Eine sog. Vorabentscheidung gem. § 90 Abs.2 S.2 BVerfGG kann ergehen, d. h. dem Gericht steht Ermessen zu (BVerfGE 8, 222/227; 76, 248/251 f; vgl. auch Sperlich UCD 161 f zu § 90), wenn eine der beiden folgenden tatbestandlichen Voraussetzungen gegeben ist: – (1) Die Verfassungsbeschwerde ist von *allgemeiner Bedeutung,* wenn sie die Klärung grundsätzlicher verfassungsrechtlicher Fragen erwarten lässt und über den Einzelfall hinaus Klarheit über die Rechtslage in einer Vielzahl gleichgelagerter Fälle geschaffen wird (z. B. BVerfGE 97, 298/309 f; 101, 54/74; 108, 370/386; Aufzählung bei Sperlich UCD 157 zu § 90). – (2) Dem Beschwerdeführer entstünde ein *schwerer und unabwendbarer Nachteil,* falls er zunächst auf den Rechtsweg verwiesen würde. Schwere Nachteile sind z. B. besonders intensive Grundrechtseingriffe (BVerfGE 34, 205/208; 69, 233/241), insb. Haftfortdauer (BVerfG-K, EuGRZ 01, 521). Unabwendbar ist ein Nachteil bes. bei Irreparabilität (vgl. BVerfGE 78, 290/305; 86, 382/388; 88, 366/376).

64   Darüber hinaus lässt das BVerfG Durchbrechung der Subsidiarität zu, wenn dem Beschwerdeführer die Erschöpfung des Rechtswegs **unzumutbar** ist. Dies ist der Fall, wenn dem Begehren des Beschwerdeführers eine einhellige Meinung (BVerfGE 87, 334/339) oder gefestigte höchstrichterliche Rechtsprechung entgegensteht (BVerfGE 84, 59/72; 99, 202/211; 107, 299/309; vgl. aber BVerfG-K, NVwZ 99, 758), wenn bei allein vom BVerfG zu entscheidenden Fragen wegen des Fehlens eines Ermessens- oder Beurteilungsspielraums (BVerfGE 102, 197/208; 123, 148/172 f) oder wegen Eindeutigkeit der angegriffenen gesetzlichen Regelung (BVerfG-K, NJW 95, 1080) der Misserfolg eines fachgerichtlichen Verfahrens von vornherein feststeht, wenn das Gericht den Beschwerdeführer falsch darüber belehrt hat, dass kein Rechtsmittel gegeben sei (BVerfGE 19, 253/256 f), oder wenn ein Rechtsbehelf nur vereinzelt als zulässig angesehen wird (BVerfGE 73, 322/329; 85, 80/86). Zumutbar ist dagegen der Gebrauch eines Rechtsmittels, dessen Zulässigkeit umstritten ist (BVerfGE 70, 180/185). Insgesamt stellt das BVerfG „strenge Anforderungen" an die Unzumutbarkeit (BVerfGE 79, 1/24), nimmt aber auch auf die „konkrete Lebenssituation" Rücksicht (BVerfGE 110, 177/189).

65   **f) Rechtskraft, Bindungswirkung, Gesetzeskraft und Rechtshängigkeit.** Entscheidungen des BVerfG erwachsen wie die anderer Gerichte in *materielle Rechtskraft.* Dieser allgemeine prozessrechtliche Grundsatz liegt auch

§ 31 BVerfGG zugrunde (Bethge, FS Musielak, 2004, 81; Hartmann PS 278 zu § 90). Materielle Rechtskraft bedeutet, dass über dasselbe Begehren desselben Beschwerdeführers bei gleicher Rechts- und Sachlage nicht erneut entschieden werden darf. Die materielle Rechtskraft bezieht sich nur auf den Tenor, nicht auf die Entscheidungsgründe, die aber zur Auslegung des Tenors herangezogen werden dürfen, und bindet das BVerfG in einem späteren Verfahren nur dann, wenn es sich um denselben Verfahrensgegenstand zwischen denselben Parteien handelt (BVerfGE 4, 31/38 f; 78, 320/328; 104, 151/196). Entscheidungen des BVerfG haben gem. § 31 Abs.1 BVerfGG *Bindungswirkung* für die Verfassungsorgane des Bundes und der Länder und deren parteifähige Organteile sowie für alle Gerichte und Behörden mit Ausnahme des BVerfG selbst (vgl. BVerfGE 86, 369/378; 104, 151/197). Die Bindungswirkung umfasst die konkrete Entscheidung über die verfahrensgegenständliche Frage (BVerfGE 104, 151/197). Entscheidungen des BVerfG haben gem. § 31 Abs.2 BVerfGG *Gesetzeskraft,* wenn das BVerfG ein Gesetz als mit dem GG vereinbar oder unvereinbar oder für nichtig erklärt (vgl. BVerfGE 86, 81/86). Zur *Rechtshängigkeit* näher Pestalozza 188.

g) Allgemeines Rechtsschutzbedürfnis. aa) Allgemeines. Der im **66** Prozessrecht entwickelte ungeschriebene Auffangtatbestand des allgemeinen Rechtsschutzbedürfnisses ist auch im Verfassungsbeschwerdeverfahren anwendbar. Danach sind nicht oder nicht mehr erforderliche Verfassungsbeschwerden unzulässig. Eine Verfassungsbeschwerde ist *nicht erforderlich,* wenn eine einfachere Möglichkeit des Grundrechtsschutzes besteht, insb. soweit ein spezielles Verfahren vor dem BVerfG selbst zur Verfügung steht, z.B. das Wahlprüfungsverfahren gem. Art.41 Abs.2 (BVerfGE 14, 154/155; 74, 96/101; 83, 156/157 f; vgl. auch Rn.6 zu Art.41). Eine Verfassungsbeschwerde ist *nicht mehr erforderlich,* wenn sich die Beschwer erledigt hat (näher Fröhlinger, Die Erledigung der Verfassungsbeschwerde, 1982).

bb) Im Einzelnen. Trotz Aufhebung der grundrechtsverletzenden Maß- **66a** nahme besteht ein Rechtsschutzbedürfnis u.U. schon, wenn die Beeinträchtigung sich auf eine Zeitspanne beschränkt, in der nach regelmäßigem Geschäftsgang eine Entscheidung des BVerfG kaum erlangt werden konnte (BVerfGE 34, 165/180; 74, 163/172 f; 81, 138/140 f), wenn die beeinträchtigenden Wirkungen andauern (BVerfGE 85, 36/53; 91, 125/133; 99, 129/138), wenn eine Wiederholung der angegriffenen Maßnahme zu besorgen ist (BVerfGE 103, 44/58 f; 116, 69/79 f; 119, 309/317 f), wenn anders verfassungsgerichtlicher Rechtsschutz nicht erreichbar ist, z.B. bei zurückliegenden Freiheitsentziehungen (BVerfGE 86, 288/309; 104, 220/231; 105, 239/246), und auch wenn andernfalls die Klärung einer verfassungsrechtlichen Frage von grundsätzlicher Bedeutung unterbliebe und der gerügte Grundrechtseingriff besonders schwer wiegt (BVerfGE 99, 129/138; 100, 104/125; 119, 309/317 f). Kein Rechtsschutzbedürfnis besteht allein gegenüber einer Nebenentscheidung über die Kosten, es sei denn, diese enthält eine selbständige Beschwer (BVerfGE 33, 247/256 ff; 74, 78/90; 85, 109/113 f). Gegenüber aufgehobenen Normen besteht kein Rechtsschutzbedürfnis, wenn die Verfassungsbeschwerde gegen die inhaltsgleiche Neuregelung zulässig ist (BVerfGE 87, 181/194 f).

67   **h) Form.** Die Verfassungsbeschwerde ist gem. § 23 Abs. 1 S. 1 BVerfGG **schriftlich** einzulegen. Die Form wahren auch Telegramm (BVerfGE 32, 365/368) und Telefax (BVerfG-K, NJW 00, 574; 02, 955) einschließlich Computerfax (vgl. BVerfG-K, NJW 02, 3534; GemSOBG, BGHZ 144, 160/164) und E-Mail (Hartmann, NJW 06, 1391; Pieroth/Schlink 1268; anders aber der Hinweis im Impressum der Homepage www.bverfg.de; Hopfauf SHH 157; Klein/Sennekamp, NJW 07, 954).

67a   Die Verfassungsbeschwerde ist gem. § 23 Abs. 1 S. 2 BVerfGG zu **begründen,** und gem. § 92 BVerfGG sind darüber hinaus in der Begründung das Recht, das verletzt sein soll, und die Handlung oder Unterlassung des Organs oder der Behörde, durch die der Beschwerdeführer sich verletzt fühlt, zu bezeichnen. Die Anforderungen der Rechtsprechung gehen darüber noch „weit hinaus" (Hömig MSKB 16 ff zu § 92). So sind die erforderlichen „Belege oder sonstige Nachweise" (BVerfGE 83, 162/170) anzugeben. Das Gericht verlangt eine substantiierte und schlüssige Begründung (BVerfGE 99, 84/87; näher Lübbe-Wolff, EuGRZ 04, 676). Der Inhalt der grundrechtlichen Beschwer muss erkennbar sein (BVerfGE 79, 203/209; 99, 84/87; 108, 370/386). Dafür ist aber nicht erforderlich, dass alle in Betracht kommenden Grundrechte ausdrücklich benannt werden (BVerfGE 47, 182/187; 59, 98/101; 115, 166/180; vgl. aber BVerfGE 86, 122/127). Ein Antrag, der die Verletzung des Art. 103 Abs. 1 rügt, ist nur ordnungsgemäß, wenn der Begründung entnommen werden kann, was der Beschwerdeführer bei ausreichender Gewährung rechtlichen Gehörs vorgetragen hätte (BVerfGE 28, 17/20; 82, 236/257 f; BVerfG-K, DVBl 95, 285). Ein Antrag, der die Verletzung des Gleichheitssatzes rügt, muss die Vergleichsgruppen angeben (BVerfGE 23, 242/250 f).

68   Nach dem vom BVerfG herausgegebenen „**Merkblatt**" (www.bverfg.de unter II. Form und Inhalt der Verfassungsbeschwerde) muss die Begründung mindestens die folgenden Angaben enthalten: „1. Der Hoheitsakt (gerichtliche Entscheidung, Verwaltungsakt, Gesetz), gegen den sich die Verfassungsbeschwerde richtet, muss genau bezeichnet werden (bei gerichtlichen Entscheidungen und Verwaltungsakten sollen Datum, Aktenzeichen und Tag der Verkündung bzw. des Zugangs angegeben werden). 2. Das Grundrecht oder grundrechtsgleiche Recht, das durch den beanstandeten Hoheitsakt verletzt sein soll, muss benannt oder jedenfalls seinem Rechtsinhalt nach bezeichnet werden. 3. Es ist darzulegen, worin im Einzelnen die Grundrechtsverletzung erblickt wird. Hierzu sind auch die mit der Verfassungsbeschwerde angegriffenen Gerichtsentscheidungen (einschließlich in Bezug genommener Schreiben), Bescheide usw. in Ausfertigung, Abschrift oder Fotokopie vorzulegen. Zumindest muss ihr Inhalt einschließlich der Begründung aus der Beschwerdeschrift ersichtlich sein. 4. Neben den angegriffenen Entscheidungen müssen auch sonstige Unterlagen aus dem Ausgangsverfahren (z. B. einschlägige Schriftsätze, Anhörungsprotokolle, Gutachten) vorgelegt (wie unter 3.) oder inhaltlich wiedergegeben werden, ohne deren Kenntnis nicht beurteilt werden kann, ob die in der Verfassungsbeschwerde erhobenen Rügen berechtigt sind. 5. Richtet sich die Verfassungsbeschwerde gegen behördliche und/oder gerichtliche Entscheidungen, so muss aus der Begründung auch ersichtlich sein, mit welchen Rechtsbehelfen, Anträgen und Rügen der Beschwerdeführer sich im Verfahren vor den Fachgerichten um die Abwehr des behaupteten Grundrechtsverstoßes bemüht hat. Dazu müssen die im fachgerichtlichen Verfahren gestellten Anträge und sonstigen Schriftsätze beigefügt (wie unter 3.) oder inhaltlich wiedergegeben werden."

i) Frist. aa) Dauer. Gem. § 93 Abs.1 S.1 BVerfGG ist die Verfassungsbe- **69** schwerde binnen eines Monats zu erheben und zu begründen (Hömig MSKB 6 ff zu § 93). Der Normalfall dieser Fristbestimmung betrifft letztinstanzliche Gerichtsentscheidungen, da der Rechtsweg zunächst zu erschöpfen ist (oben Rn.61 f). Allerdings beeinflusst ein offensichtlich unzulässiges Rechtsmittel den Lauf (und Ablauf) der Frist für die Erhebung der Verfassungsbeschwerde gegen die mit dem Rechtsmittel angefochtene Entscheidung nicht (BVerfGE 63, 80/85; 91, 93/106 f; 107, 299/308; BVerfG-K, NJW 07, 3418). Dasselbe gilt für Gegenvorstellungen (BVerfGE 122, 190/198 ff). Im Zweifel kann eine Verfassungsbeschwerde „vorsorglich" eingelegt werden (Hartmann, JuS 07, 657; Lübbe-Wolff, EuGRZ 04, 673; AnwBl. 05, 509; vgl. auch BVerfGE 48, 341/346); dabei empfiehlt sich eine Bitte um Eintragung ins Allgemeine Register, um eine Abweisung mangels Rechtswegerschöpfung oder Subsidiarität zu vermeiden. Bei Gesetzen und sonstigen Hoheitsakten, gegen die ein Rechtsweg nicht offensteht, also untergesetzlichen Normen, gegen die nicht der Rechtsweg des § 47 VwGO eröffnet ist (vgl. Dörr, o. Lit. B, 286 f), ist die Verfassungsbeschwerde gem. dem verfassungsmäßigen (BVerfG-K, NJW 97, 650) § 93 Abs.3 BVerfGG binnen eines Jahres seit dem Inkrafttreten des Gesetzes oder dem Erlass des Hoheitsaktes zu erheben. Das Gleiche soll nach Abschluss des eröffneten Rechtswegs gem. § 47 VwGO gelten (BVerfGE 76, 107/116; 107, 1/8; BVerfG-K, NVwZ 07, 1172/1175; a. A. Gröpl, NVwZ 99, 668; Pestalozza 189).

bb) Beginn. Die Frist beginnt bei Entscheidungen gem. § 93 Abs.1 S.2, **70** 3 BVerfGG mit ihrer Bekanntgabe, bei Gesetzen gem. § 93 Abs.3 BVerfGG mit deren Inkrafttreten zu laufen; inhaltsgleiche Neufassungen setzen keine neue Frist in Gang, es sei denn, sie begründen oder verstärken die Verfassungswidrigkeit der angegriffenen Norm (BVerfGE 79, 1/13 f; 111, 382/ 411; 122, 63/74 ff; BVerfG-K, NVwZ 10, 182). Ist zur Konkretisierung eines Gesetzes eine Rechtsverordnung erforderlich, beginnt die Frist erst mit dem Inkrafttreten der Rechtsverordnung (BVerfGE 110, 370/382). Bei rückwirkenden Gesetzen beginnt in sinngemäßer Fortentwicklung des Wortlauts die Frist allerdings erst mit der Verkündung zu laufen (BVerfGE 1, 415/ 416 f; 12, 81/87 f; 64, 367/376). Ihre Berechnung richtet sich nach §§ 187 ff BGB (BVerfGE 102, 254/295). Verfassungsbeschwerden gegen *Unterlassungen* der öffentlichen Gewalt sind zulässig, solange die Unterlassung andauert (BVerfGE 6, 257/266; 10, 302/308; 69, 161/167); die Fristvorschriften des § 93 BVerfGG greifen grundsätzlich nicht ein (BVerfGE 77, 170/214). Sobald der Beschwerdeführer weiß, dass das Unterlassen beendet ist, gilt die Monatsfrist des § 93 Abs.1 S.1 BVerfGG (BVerfGE 58, 208/218).

cc) Versäumung. Bei Fristversäumung ist die Verfassungsbeschwerde **70a** unzulässig. Eine Wiedereinsetzung in den vorigen Stand ist nur in den Fällen des § 93 Abs.1 BVerfGG und nur unter den Voraussetzungen des § 93 Abs.2 BVerfGG zulässig (BVerfGE 98, 169/196 f; BVerfG-K, NJW 09, 214; Klein, NJW 93, 2076). Die Vollmacht gem. § 22 BVerfGG kann ohnehin auch noch nach Fristablauf vorgelegt werden (BVerfGE 50, 381/383 f; 62, 194/200). Auch darf der Vortrag des Beschwerdeführers nach Fristablauf in tatsächlicher und rechtlicher Hinsicht ergänzt werden (BVerfGE 18, 85/89). Dadurch darf aber nicht der Verfahrensgegenstand verändert werden (Magen UCD 61 zu § 92). Das Nachschieben eines neuen Sachverhalts, z. B. durch Angabe eines neuen Vergleichspaars (BVerfGE 23, 242/250 f) oder eines neuen einfach-rechtlichen Gesichtspunkts (BVerfGE 81, 208/215), ist unzulässig. Das Nachschieben eines weiteren verfassungsrechtlichen Prüfungsmaßstabs ist dann unzulässig, wenn hierzu ein neuer Sachverhalt vorgetragen werden muss.

71   **j) Sonstiges:** − **(1)** *Verfahrensbeitritt.* Bestimmte Verfassungsorgane haben gem. § 94 Abs.1, 2 und 4 BVerfGG ein Äußerungsrecht und können gem. § 94 Abs.5 S.1 BVerfGG dem Verfahren beitreten. Der Beitritt eines kollegialen Verfassungsorgans setzt einen Beschluss des Kollegialorgans voraus (BVerfGE 102, 370/383 f). − **(2)** *Antragsrücknahme.* Ein Beschwerdeführer kann die Verfassungsbeschwerde auch nach der mündlichen Verhandlung (BVerfGE 106, 210/213) sowohl zurücknehmen als auch in der Hauptsache für erledigt erklären (BVerfGE 85, 109/113; vgl. auch Basty, Die sachliche Erledigung der Verfassungsbeschwerde, 2010); im fortgeschrittenen Verfahrensstadium kann die Rücknahmebefugnis wegen der objektiven Funktion der Verfassungsbeschwerde allerdings eingeschränkt sein (BVerfGE 98, 218/243). − **(3)** *Erledigung* tritt regelmäßig beim Tod des Beschwerdeführers ein (BVerfGE 6, 389/442 f; 12, 311/315; 109, 279/304; zu einem Ausnahmefall vgl. BVerfGE 124, 300/318 f).

4. Begründetheit

72   **Prüfungsmaßstab** sind die Grundrechte der Art.1–19 und die grundrechtsgleichen Rechte der Art.20 Abs.4, 33, 38, 101, 103 und 104 (vgl. Vorb.1 vor Art.1), unabhängig davon, ob sie gerügt worden sind, entsprechend der Maxime iura novit curia (Zweiter Senat BVerfGE 42, 312/325 f; 53, 366/390; 70, 138/162; Görisch/Hartmann, NVwZ 07, 1010; Schlaich/Korioth 224; **a. A.** Erster Senat BVerfGE 23, 242/250 f; 54, 173/194; Magen UCD 6 zu § 62; diff. Stark UCD 6 zu § 95). Nicht alle Absätze und Sätze dieser Artikel enthalten allerdings Grundrechte (vgl. Rn.1, 8 zu Art.7; Rn.40, 44 zu Art.33; Rn.25 zu Art.38). Kein Prüfungsmaßstab sind die UN-Menschenrechtserklärung (BVerfGE 41, 88/106), die Europäische Menschenrechtskonvention (BVerfGE 10, 271/274; 41, 88/105 f; 64, 135/157; s. aber Rn.27–29 zu Art.1), die aber als Auslegungshilfe heranzuziehen ist (BVerfGE 74, 358/370; 111, 307/316 f; vgl. auch Rn.10 zu Art.25), Europäisches Unionsrecht (BVerfGE 82, 159/191; 110, 141/154; 115, 276/299 f; a. A. Frenz, DÖV 95, 416 ff; vgl. auch oben Rn.27, 50 b) und Landesverfassungsrecht (BVerfGE 41, 88/118). Soweit ein Grundrechtseingriff vorliegt, ist auch sonstiges Verfassungsrecht Prüfungsmaßstab (vgl. Rn.23 f zu Art.2; Schlaich/Korioth 221); auf diese Weise können Kompetenznormen, Staatsfundamental-

normen und andere nichtgrundrechtliche Normen wie z.B. Art.140 und Art.25 (Rn.15 zu Art.25) Prüfungsmaßstab in der Verfassungsbeschwerde werden. Die Prüfung von Grundrechten Dritter ist gelegentlich abgelehnt worden (BVerfGE 70, 1/35; 77, 84/101).

Bei **untergesetzlichen Akten,** insb. gerichtlichen Entscheidungen, ist **73** Prüfungsmaßstab nicht auch das Gesetz, sondern nur Verfassungsrecht. Falsche Rechtsanwendung durch den Richter stellt nur dann eine Grundrechtsverletzung dar, wenn **(1)** der Einfluss der Grundrechte ganz oder doch grundsätzlich verkannt wird, **(2)** die Rechtsanwendung grob und offensichtlich willkürlich ist oder **(3)** die Grenzen der richterlichen Rechtsfortbildung (Pieroth/Aubel, JZ 03, 504 ff) überschritten werden (Verletzung „spezifischen Verfassungsrechts"; krit. Voßkuhle MKS 55, 66). Dabei kommt es maßgeblich auf die Intensität des Eingriffs an: „Je mehr eine zivilgerichtliche Entscheidung grundrechtsgeschützte Voraussetzungen freiheitlicher Existenz und Betätigung verkürzt, desto eingehender muss die verfassungsgerichtliche Prüfung sein" (BVerfGE 61, 1/6; vgl. auch BVerfGE 81, 278/289 f; 83, 130/ 145 f; 89, 214/234; näher Rinken AK 115 ff vor Art.93; Pieroth/Schlink 1277 ff; Schlaich/Korioth 280 ff; Berkemann, DVBl 96, 1028 ff). Eine große Eingriffsintensität haben idR strafrechtliche Sanktionen (BVerfGE 67, 213/ 223; 75, 369/376; 82, 236/259). Eine weitergehende Prüfung nimmt das BVerfG unter Willküraspekten (Rn.35 f zu Art.3) und dort vor, wo ein Grundrecht selbst entscheidender Maßstab für die Fachgerichte ist (Voßkuhle MKS 63), z.B. Art.16a Abs.1 (BVerfGE 76, 143/161 f; BVerfG-K, DVBl 98, 1180; für einen „Wertungsrahmen der Fachgerichte" BVerfG-K, EuGRZ 97, 420), Art.6 Abs.1 für die Ermessensentscheidung der Ausländerbehörde über die Aufenthaltsberechtigung (BVerfGE 80, 81/93 f) und Art.21 Abs.1 (BVerfGE 111, 54/85 f). Zur materiell-rechtlichen Parallele bei der Ausstrahlungswirkung der Grundrechte Rn.54–58 zu Art.1. Wenn allerdings inzident die Vereinbarkeit einer landesgesetzlichen Norm mit einer bundesrechtlichen Vorschrift zu prüfen ist, muss diese vom BVerfG zur Ermittlung des Prüfungsmaßstabs selbst ausgelegt werden (BVerfGE 80, 137/155 f).

VII. Kommunalverfassungsbeschwerde (Abs.1 Nr.4b)

1. Zulässigkeit

a) Beschwerdefähigkeit, Prozessfähigkeit, Beschwerdegegenstand. 74 – **(1)** Die Beschwerde- oder Parteifähigkeit beschränkt sich auf Gemeinden und Gemeindeverbände (Rn.17, 27 f zu Art.28). – **(2)** Die Prozessfähigkeit ist gegeben, wenn die nach dem jeweiligen Kommunalrecht bestimmten Organe die Gemeinden und Gemeindeverbände vertreten. – **(3)** Beschwerdegegenstand sind alle Arten von Rechtsnormen des Bundes- und Landesrechts, die Außenwirkung gegenüber Gemeinden haben, also Gesetze im formellen wie im materiellen Sinn (BVerfGE 76, 107/114; 107, 1/8; 110, 370/383; a.A. Hillgruber/Goos, o. Lit. A, 281), nicht aber konkrete Maßnahmen der vollziehenden Gewalt oder gerichtliche Entscheidungen. Von Satzungen werden hier nur solche der Kreise praktisch (Bethge MSKB 35 zu § 91). Beschwerdegegenstände können auch Gewohnheitsrecht (VerfGH NW, DVBl 82,

1043; DÖV 03, 414; offen gelassen BVerfG-K, DÖV 87, 342 f) und gesetzgeberisches Unterlassen (Ehlers, DVBl 00, 1520; Pestalozza 192; Voßkuhle
MKS 198; a. A. Bethge MSKB 40 zu § 91; Löwer HbStR³ III § 70 Rn.77;
diff. Hopfauf SHH 207) sein, nicht aber Richterrecht (Bethge MSKB 38 zu
§ 91; offen gelassen BVerfG-K, DÖV 87, 342 f).

75   **b) Beschwerdebefugnis. – (4)** Sie ist gem. § 91 S.1 BVerfGG gegeben,
wenn der Beschwerdeführer behauptet, in seinem Selbstverwaltungsrecht
(Rn.10–31 zu Art.28) verletzt zu sein. Wie bei der Verfassungsbeschwerde
(oben Rn.52–56) muss der Beschwerdeführer selbst, gegenwärtig und unmittelbar betroffen sein. Prozessstandschaft ist unzulässig (Bethge MSKB 44
zu § 91; Pestalozza 193). Eine aufgelöste oder eingemeindete Gemeinde
kann den entsprechenden Akt selbst überprüfen lassen (Benda/Klein 693;
Stern BK 790). Das Erfordernis der unmittelbaren Betroffenheit hat hier allerdings nur die Bedeutung, dass die Beschwerdebefugnis fehlt, wenn ein
Gesetz noch der Konkretisierung durch andere untergesetzliche Rechtsnormen bedarf (BVerfGE 71, 25/36; 76, 107/112 f; 86, 90/106). Mit der Kommunalverfassungsbeschwerde kann keine Verletzung der Rechte der Einwohner geltend gemacht werden (BVerfGE 61, 82/103 f; IN, 27. 1. 10 – 2
BvR 2185/04 Rn.108).

76   **c) Rechtswegerschöpfung und Subsidiarität. – (5)** Die *Erschöpfung
des Rechtswegs* gem. § 90 Abs.2 S.1 BVerfGG ist bei nur materiellen Gesetzen
dann nicht gegeben, wenn das Verfahren gem. § 47 VwGO offensteht (vgl.
BVerfGE 76, 107/114 f; Magen UCD 46 zu § 91). – **(6)** Die *Subsidiarität*
gem. § 91 S.2 BVerfGG schließt die Kommunalverfassungsbeschwerde generell (BVerfG-K, NVwZ-RR 99, 353) aus, soweit gegen Landesgesetze eine
Beschwerde wegen Verletzung des landesrechtlich gewährten Rechts auf
Selbstverwaltung beim Landesverfassungsgericht erhoben werden kann. Es
muss ein zum Schutz des kommunalen Selbstverwaltungsrechts geeigneter
Rechtsbehelf zur Verfügung stehen, der gleichwertigen Rechtsschutz gewährleistet (Bethge MSKB 71, 74 zu § 91). Daher besteht keine Subsidiarität, soweit Landesrecht den Beschwerdegegenstand gegenüber Art.93 Abs.1
Nr.4b enger fasst; daher entscheidet das BVerfG bei Kommunalverfassungsbeschwerden gegen Landesrechtsverordnungen, wenn das Landesverfassungsgericht seine Prüfung auf formelle Landesgesetze beschränkt (BVerfGE 107,
1/9 f).

77   **d) Sonstiges. – (7)** Zu *Form, Frist, Beschwerdehindernissen der Rechtskraft,
Bindungswirkung, Gesetzeskraft, Rechtshängigkeit* und zum *allgemeinen Rechtsschutzbedürfnis* gilt das oben Rn.65–70 Gesagte entsprechend. Die Jahresfrist
(oben Rn.69 a. E.) soll auch gelten, wenn eine Kommune auf Veranlassung
des BVerfG eine Beschwerde beim Landesverfassungsgericht erhoben hat
(BVerfGE 107, 1/8). Rechtskraft, Bindungswirkung und Gesetzeskraft reichen allerdings nur soweit wie der angelegte Prüfungsmaßstab (unten Rn.78).

2. Begründetheit

78   Prüfungsmaßstab ist das Recht auf Selbstverwaltung (Rn.12–16 zu Art.28)
sowie solche Normen des GG, die geeignet sind, das verfassungsrechtliche

Bild der Selbstverwaltung mitzubestimmen (BVerfGE 71, 25/37; 91, 228/ 242; 119, 331/357; weitergehend Stern BK 813; Wernsmann, FS Bethge, 2009, 611), *bejaht* für Art.120 (BVerfGE 1, 167/183), Art.3 Abs.1 (vgl. Rn.5 zu Art.3), Art.70 ff (BVerfGE 56, 298/310; 112, 216/221), Art.20 Abs.1 (BVerfGE 56, 298/311; vgl. aber auch BVerfGE 86, 90/106), die rechtsstaatlichen Grundsätze der Rechtssicherheit und des Vertrauensschutzes (LVerfG MV, LVerfGE 10, 317/330) und Art.106 Abs.5, soweit er Art.28 Abs.2 konkretisiert (BVerfGE 71, 25/38; IN 27. 1. 10 – 2 BvR 2185/04 Rn.64), *verneint* für Art.33 Abs.2 (BVerfGE 1, 167/184; 91, 228/245), Art.84 Abs.1 a. F. (BVerfGE 119, 331/357 ff) und Art.106 Abs.5, soweit er Modalitäten der Steuerbeteiligung der Gemeinden regelt (BVerfGE 71, 25/38). Zur Grundrechtsträgerschaft von Gemeinden Rn.22–24 zu Art.19. Die Intensität der Prüfung handhabt das BVerfG zurückhaltend (vgl. BVerfGE 50, 50/51 f; 76, 107/121 f); doch wird die gerichtliche Kontrolle „umso intensiver, je mehr als Folge der gesetzlichen Regelung die Selbstverwaltung der Gemeinden an Substanz verliert" (BVerfGE 79, 127/154).

VIII. Kompetenzfreigabeverfahren (Abs.2)

1. Zulässigkeit

a) Die **Antragsberechtigung** besitzen gem. S.1 in Parallele zur abstrakten Normenkontrolle gem. Abs.1 Nr.2a (oben Rn.20) nur: **(1)** der *Bundesrat,* **(2)** die *Landesregierungen,* die nach dem jeweiligen Landesverfassungsrecht zu bestimmen sind, und **(3)** die *Volksvertretungen der Länder.* Die Antragsberechtigung des Bundesrats hängt nicht davon ab, dass er selbst die gescheiterte Gesetzesvorlage eingebracht hat (E. Klein, FS Merten, 2007, 232). Der Ausschluss der Antragsberechtigung des Bundesrats im Fall der 3. Var. des Art.93 Abs.2 S.3 (so v. Coelln MSKB 25 zu § 97) ist von der Norm nicht gedeckt. **79**

b) Die **Antragsbefugnis** ist gem. S.1 in zwei Fällen gegeben: – **(1)** Im Anwendungsbereich der Freigabebefugnis des Bundesgesetzgebers (Rn.24– 27 zu Art.72) besteht die Erforderlichkeit für eine bundesgesetzliche Regelung (Rn.15–23 zu Art.72) nicht mehr. – **(2)** Bundesrecht könnte nach der einschlägigen Übergangsvorschrift (Rn.3–11 zu Art.125a) nicht mehr erlassen werden. Das betrifft vor dem 15. 11. 1994 erlassene Bundesgesetze, bei denen schon zu diesem Zeitpunkt keine Erforderlichkeit mehr gegeben war. Eine mögliche Rechtsverletzung des Antragstellers wird nicht verlangt (v. Coelln MSKB 28 zu § 97). **80**

c) Es besteht ein besonderes **Rechtsschutzbedürfnis** gem. S.3. Die dort genannten Gründe sind abschließend (v. Coelln MSKB 34 zu § 97). Damit ist bezweckt, die Befassung des BVerfG auszuschließen, wenn Einigkeit zwischen Bund und Ländern im Gesetzgebungsverfahren hergestellt werden kann (Sturm SA 110). Dabei ist nicht erforderlich, dass der Antragsteller selbst Urheber der gescheiterten Gesetzesvorlage ist (BT-Drs.16/813, 18; Kluth KL 5). Das Rechtsschutzbedürfnis entfällt nicht deshalb, weil für Bundesgesetze, die nach dem 15. 11. 1994 erlassen worden sind, und für Bun- **81**

desgesetze, die vor diesem Zeitpunkt erlassen worden sind und deren Erforderlichkeit nachträglich weggefallen ist, auch die abstrakte Normenkontrolle gem. Abs.1 Nr.2a (oben Rn.20, 28) eröffnet ist (Sturm SA 108 f).

82 **d) Sonstiges:** – **(1)** *Form.* Gem. § 97 Abs.1 BVerfGG muss sich aus der Begründung des Antrags ergeben, dass das besondere Rechtsschutzbedürfnis (oben Rn.81) vorliegt. – **(2)** *Verfahrensbeitritt.* Dem Verfahren können in jeder Lage andere Antragsberechtigte (oben Rn.79) und Bundestag und Bundesregierung (vgl. § 97 Abs.2 BVerfGG) gem. § 97 Abs.3 BVerfGG beitreten.

2. Begründetheit

83 Prüfungsmaßstab ist nur Art.72 Abs.2. Wird das Freigabegesetz (Rn.15–23 zu Art.72) oder das Ermächtigungsgesetz (Rn.11 zu Art.125a) nicht erlassen, obwohl die Erforderlichkeit eines Bundesgesetzes (Rn.15–23 zu Art.72) nicht mehr besteht, sei es weil sie von Anfang nicht bestanden hat, sei es weil sie zu einem beliebigen Zeitpunkt in der Vergangenheit weggefallen ist, stellt das BVerfG dies fest mit der Rechtsfolge, dass das Freigabegesetz bzw. das Ermächtigungsgesetz ersetzt werden und damit die Gesetzgebungskompetenz der Länder für den entsprechenden Gegenstand eröffnet ist. Dies ist eine systemwidrige (E. Klein, FS Merten, 2007, 234) Ersatzgesetzgebung oder Normsurrogation (v. Coelln MSKB 12 zu § 97) durch Richterspruch (Klein/Schneider, DVBl 06, 1555 f).

Art.**94** [Personelle Besetzung, Organisation und Verfahren des Bundesverfassungsgerichts]

(1) **Das Bundesverfassungsgericht besteht aus Bundesrichtern und anderen Mitgliedern. Die Mitglieder des Bundesverfassungsgerichtes werden je zur Hälfte vom Bundestage und vom Bundesrate gewählt. Sie dürfen weder dem Bundestage, dem Bundesrate, der Bundesregierung noch entsprechenden Organen eines Landes angehören**[1].

(2) **Ein Bundesgesetz regelt seine Verfassung und das Verfahren und bestimmt, in welchen Fällen seine Entscheidungen Gesetzeskraft haben**[2]. **Es kann für Verfassungsbeschwerden die vorherige Erschöpfung des Rechtsweges zur Voraussetzung machen und ein besonderes Annahmeverfahren vorsehen**[3].

Literatur: *Kischel,* Amt, Unbefangenheit und Wahl der Bundesverfassungsrichter, HbStR[3] III, 2005, § 69; *Pieper,* Verfassungsrichterwahlen, 1998; *Trautwein,* Bestellung und Ablehnung von Bundesverfassungsrichtern, 1994. – S. auch Literatur zu Art.93.

1. Personelle Besetzung (Abs.1)

1 S.1 soll durch die obligatorische Berücksichtigung von Bundesrichtern die Fachkompetenz des BVerfG sichern (BVerfGE 65, 152/157). Die nähere Ausgestaltung durch §§ 2, 3 BVerfGG wird allgemein für zulässig gehalten (Rinken AK 6; Meyer MüK 6, 10); der Anforderung von Bundesrichtern

wird durch § 2 Abs.3 BVerfGG nachgekommen. Alle Mitglieder des BVerfG sind Richter in einem Amtsverhältnis zum Bund (vgl. auch § 69 DRiG). S.2 dient einer verstärkten demokratischen und bundesstaatlichen Legitimation. Die paritätische Zusammensetzung bezieht sich auf das BVerfG als ganzes, nicht auf einen einzelnen, jeweils tätig werdenden Spruchkörper (BVerfGE 19, 88/91). Die Delegation auf den Wahlausschuss des Bundestags gem. § 6 BVerfGG ist verfassungswidrig (Meyer ParlRPr 152 f; Steiger ParlRPr 782; Wieland DR 14; Voßkuhle MKS 10; a. A. Klein MSKB 2 zu § 6; Kröger, FS BVerfG, 1976, I 92 mwN), aber vom BVerfG selbst nicht beanstandet worden (BVerfGE 40, 356 ff; 65, 152/154 ff), so dass von einer normativen Kraft des Faktischen die Rede ist (Lechner/Zuck 2 zu § 6). S.3 normiert zur Stärkung der richterlichen Unabhängigkeit weitgehende Inkompatibilitäten. Zulässigerweise erweitert § 3 Abs.4 S.1 BVerfGG die Inkompatibilitäten noch auf alle anderen beruflichen Tätigkeiten als die eines Lehrers des Rechts an einer deutschen Hochschule (Rinken AK 11; Meyer MüK 15; Wieland DR 17).

2. Organisation und Verfahren (Abs.2)

S.1 begründet eine ausschließliche Bundesgesetzgebungskompetenz **2** (Rn.5 zu Art.70) und einen Regelungsauftrag (Rn.22 zu Art.70), der durch das BVerfGG und namentlich dessen § 31 Abs.2 erfüllt worden ist. Die Gesetzeskraft geht über die auch Entscheidungen des BVerfG zukommende formelle und materielle Rechtskraft sowie Bindungswirkung gem. § 31 Abs.1 (näher Rinken AK 59 ff; Löwer HbStR[3] III § 70 Rn.103 ff; Meyer MüK 17 f, 26 ff; Voßkuhle MKS 31 ff) insoweit hinaus, als sich aus ihr eine Wirkung für und gegen alle (inter omnes) ergibt (Battis HbStR VII 262; Bethge MSKB 122 ff zu § 31; Wieland DR 24 f). Der objektive und zeitliche Umfang der Gesetzeskraft bestimmt sich grundsätzlich wie der der Rechtskraft und der Bindungswirkung. Weder § 31 BVerfGG noch die Rechtskraft normverwerfender verfassungsgerichtlicher Entscheidungen hindern den Gesetzgeber, eine inhaltsgleiche oder inhaltsähnliche Neuregelung zu beschließen (BVerfGE 77, 84/103 f; diff. Sturm SA 13); ohne neue Gründe ist das BVerfG aber nicht gehalten, die bereits entschiedenen verfassungsrechtlichen Fragen erneut zu erörtern (BVerfGE 96, 260/263). Gesetzeskräftig wird allein der Tenor der Entscheidung, die Gründe nur soweit, als auf sie – u. a. bei der verfassungskonformen Auslegung – im Tenor verwiesen wird (Battis HbStR VII 262; Hopfauf SHH 65; krit. Wilke/Koch, JZ 75, 238 f). Die Gesetzeskraft erfordert Publizität; dem ist durch § 31 Abs.2 S.3, 4 BVerfGG Rechnung getragen.

Von der Ermächtigung gem. **S.2,** der 1969 eingefügt wurde (Einl.3 **3** Nr.19), ist durch §§ 90 Abs.2 (vgl. Rn.57–64 zu Art.93) und 93a ff (vgl. Rn.46 f zu Art.93) BVerfGG Gebrauch gemacht worden. Ein freies Annahmeermessen des BVerfG wäre von der Ermächtigung nicht gedeckt (Klein, NJW 93, 2074; Gehle UCD 7 zu § 93a; Voßkuhle MKS 44; a. A. Hopfauf SHH 82).

Art. 95 [Oberste Gerichtshöfe des Bundes]

(1) Für die Gebiete der ordentlichen, der Verwaltungs-, der Finanz-, der Arbeits- und der Sozialgerichtsbarkeit errichtet der Bund als oberste Gerichtshöfe den Bundesgerichtshof, das Bundesverwaltungsgericht, den Bundesfinanzhof, das Bundesarbeitsgericht und das Bundessozialgericht[1 f].

(2) Über die Berufung der Richter dieser Gerichte entscheidet der für das jeweilige Sachgebiet zuständige Bundesminister gemeinsam mit einem Richterwahlausschuß, der aus den für das jeweilige Sachgebiet zuständigen Ministern der Länder und einer gleichen Anzahl von Mitgliedern besteht, die vom Bundestage gewählt werden[4].

(3) Zur Wahrung der Einheitlichkeit der Rechtsprechung ist ein Gemeinsamer Senat der in Absatz 1 genannten Gerichte zu bilden. Das Nähere regelt ein Bundesgesetz[3].

Literatur: *Hense,* Rechtsprechungszuständigkeit, HbStR[3] VI, 2008, § 137; *Dietrich,* Richterwahlausschüsse und demokratische Legitimation, 2007; *Classen,* Wahl contra Leistung? – Zu Wahlbeamten und Richterwahlen, JZ 2002, 1009; *Papier,* Zur Selbstverwaltung der Dritten Gewalt, NJW 2002, 2585; *R. Scholz,* Die Wahl der Bundesrichter, FS 50 Jahre BVerwG, 2003, 151; *Welp,* Die Strafgerichtsbarkeit des Bundes, NStZ 2002, 1; *Grigoleit/Siehr,* Die Berufung der Bundesrichter: Quadratur des Kreises?, DÖV 2002, 455; *Stuer/Hermanns,* Der verfassungsrechtliche Rahmen einer Vereinheitlichung der öffentlich-rechtlichen Fachgerichtsbarkeiten, DÖV 2001, 505; *Groß,* Verfassungsrechtliche Möglichkeiten und Begrenzungen für eine Selbstverwaltung der Justiz, ZRP 1999, 361. – S. auch Literatur zu Art. 98.

1. Errichtung der obersten Bundesgerichte (Abs. 1, 3)

1   **a)** Abs. 1 der 1968 geänderten (Einl. 3 Nr. 16) Vorschrift enthält eine **Kompetenzzuweisung** und einen Regelungsauftrag an den Bundesgesetzgeber (Rn. 1, 13 zu Art. 92). Die Aufzählung ist abschließend: Der Bund darf nicht weitere als die hier genannten obersten Gerichtshöfe errichten (BVerfGE 8, 174/176). Die Aufzählung ist insoweit zwingend, als die genannten obersten Gerichtshöfe grundsätzlich auf den genannten Gebieten tätig werden müssen: Es muss der Kernbereich der jeweiligen sachlichen Zuständigkeit gewahrt bleiben (Achterberg BK 129 ff; Meyer MüK 4, 8; Schulze-Fielitz DR 21; a. A. BVerwG, DÖV 55, 443). Damit ist eine bloß organisatorische Zusammenlegung der obersten Gerichtshöfe vereinbar (Degenhart HbStR[3] V § 114 Rn. 26; Detterbeck SA 7; Meyer MüK 4), ebenso die Zuweisung öffentlich-rechtlicher Streitigkeiten an die ordentlichen Gerichte, soweit ein sachlicher Zusammenhang mit einer diesen zustehenden Zuständigkeit besteht (BVerfGE 4, 387/399; BGHZ 38, 208/211); insoweit sind Art. 14 Abs. 3 S. 4 und Art. 34 S. 2 speziell (Heusch SHH 7). Die Festlegung des Prüfungsmaßstabs der obersten Bundesgerichte (nur Bundesrecht oder auch Landesrecht) ist grundsätzlich Sache des Bundes (Rn. 8–10 zu Art. 74), ausnahmsweise des Landes (Rn. 2 zu Art. 99).

2   **Oberste Gerichtshöfe** sind grundsätzlich höchstinstanzliche Rechtsmittelgerichte; eine beschränkte Übertragung anderer Zuständigkeiten ist zulässig

(BVerfGE 8, 174/177; 92, 365/410; Achterberg BK 151 ff; Schulze-Fielitz DR 19). Die Existenz herkömmlicher oberster Landesgerichte wird hierdurch nicht ausgeschlossen (BVerfGE 6, 45/51 f). Grundsätzlich setzen „oberste" Gerichtshöfe untere voraus (Schulze-Fielitz DR 20); ausnahmsweise darf ihnen eine erstinstanzliche Zuständigkeit übertragen werden, wenn dafür sachliche Gründe bestehen (BVerwGE 120, 87/93) und die Funktionsfähigkeit als Revisionsgericht nicht beeinträchtigt wird (BVerwGE 131, 274 Rn.32). Daher folgt aus Abs.1 keine Gewährleistung eines Instanzenzugs (BVerfGE 42, 243/248; 54, 277/291; abw. Degenhart HbStR³ V § 114 Rn.29). Soweit ein Instanzenzug eingerichtet ist, können die Zuständigkeiten der Instanzgerichte von Abs.1 abweichen (Wassermann AK 13; Schulze-Fielitz DR 20). Die fünf Gerichtszweige sind grundsätzlich gleichrangig (BVerfGE 12, 326/337). Das hat Auswirkungen für die Besoldung (Rn.65 zu Art.33).

b) Ein **Gemeinsamer Senat** der obersten Gerichtshöfe des Bundes ist **3** gem. Abs.3 S.1 zu errichten. Die Mitglieder des Gemeinsamen Senats dürfen diesem nicht hauptamtlich angehören; alle obersten Bundesgerichte sind bei seiner Besetzung gleichberechtigt; das Wahlverfahren gem. Abs.2 ist insoweit nicht anwendbar (Heusch SHH 23; Schulze-Fielitz DR 34). Der ausschließlichen Bundesgesetzgebungskompetenz (Rn.5 zu Art.70) und dem Regelungsauftrag (Rn.22 zu Art.70) des Abs.3 S.2 ist durch G v. 19. 6. 1968 (BGBl I 661) Rechnung getragen worden.

2. Personelle Besetzung (Abs.2)

Die Vorschrift beschränkt die Personalgewalt der Bundesminister (Rn.5 zu **4** Art.65), indem sie Richterwahlausschüsse als gleichberechtigte Wahlorgane für die Berufung der Richter der obersten Bundesgerichte vorschreibt und ihre Zusammensetzung regelt. Dies dient einer verstärkten demokratischen und bundesstaatlichen Legitimation (Heusch SHH 17). Die Vorschrift soll nur für Berufsrichter, nicht für ehrenamtliche Richter gelten (BVerfGE 26, 186/201; BGHZ 33, 381/382; krit. Wassermann AK 31; a.A. Voßkuhle MKS 32). Die Berufung ist zu unterscheiden von der Ernennung (Rn.1 zu Art.60).

Art.**96** [Bundesgerichte]

(1) **Der Bund kann für Angelegenheiten des gewerblichen Rechtsschutzes ein Bundesgericht errichten¹.**

(2) **Der Bund kann Wehrstrafgerichte für die Streitkräfte als Bundesgerichte errichten. Sie können die Strafgerichtsbarkeit nur im Verteidigungsfalle sowie über Angehörige der Streitkräfte ausüben, die in das Ausland entsandt oder an Bord von Kriegsschiffen eingeschifft sind. Das Nähere regelt ein Bundesgesetz. Diese Gerichte gehören zum Geschäftsbereich des Bundesjustizministers. Ihre hauptamtlichen Richter müssen die Befähigung zum Richteramt haben².**

(3) **Oberster Gerichtshof für die in Absatz 1 und 2 genannten Gerichte ist der Bundesgerichtshof¹ᶠ.**

(4) **Der Bund kann für Personen, die zu ihm in einem öffentlich-rechtlichen Dienstverhältnis stehen, Bundesgerichte zur Entscheidung in Disziplinarverfahren und Beschwerdeverfahren errichten**[3].

(5) **Für Strafverfahren auf den folgenden Gebieten kann ein Bundesgesetz mit Zustimmung des Bundesrates vorsehen, dass Gerichte der Länder Gerichtsbarkeit des Bundes ausüben:**

1. **Völkermord;**
2. **völkerstrafrechtliche Verbrechen gegen die Menschlichkeit;**
3. **Kriegsverbrechen;**
4. **andere Handlungen, die geeignet sind und in der Absicht vorgenommen werden, das friedliche Zusammenleben der Völker zu stören (Artikel 26 Abs.1);**
5. **Staatsschutz**[4].

Literatur: S. Literatur zu Art.95.

1. Fakultative Bundesgerichte (Abs.1–4)

1   Die Gegenstände der Abs.1–4 waren 1956 als Art.96a eingefügt (Einl.3 Nr.7) und später mehrfach geändert, insb. umbeziffert worden (Einl.3 Nr.12, 16, 22). Von der Ermächtigung für ein **Bundesgericht für Angelegenheiten des gewerblichen Rechtsschutzes (Abs.1, 3;** zum Begriff des gewerblichen Rechtsschutzes Rn.29 zu Art.73) ist durch Errichtung des Bundespatentgerichts gem. §§ 65 ff PatentG teilw. Gebrauch gemacht worden (Schulze-Fielitz DR 15 f; a.A. BGHZ 128, 280/293 f: besonderes Gericht der ordentlichen Gerichtsbarkeit). Letzte Instanz ist gem. Abs.3 der BGH; das bedeutet aber nicht, dass in jeder Streitigkeit der Rechtsweg zum BGH eröffnet sein muss (Schulze-Fielitz DR 17).

2   Die Kompetenz der **Wehrstrafgerichte (Abs.2, 3)** ist personell und sachlich beschränkt: – **(1)** Sie erfasst gem. Abs.2 S.1 nur Angehörige der Streitkräfte (Rn.4 zu Art.87a) und zwar gem. Abs.2 S.2 im Verteidigungsfall (Art.115a ff) alle, im Übrigen nur solche, die in das Ausland entsandt oder an Bord von Kriegsschiffen eingeschifft sind. Die Unterstellung von Kriegsgefangenen unter die Wehrstrafgerichte, zu der sich die Bundesrepublik völkerrechtlich verpflichtet hat, ist unzulässig (Wassermann AK 20; Meyer MüK 8; Roth UC 19; Voßkuhle MKS 12; a.A. Detterbeck SA 10). – **(2)** Sie ist beschränkt auf die Strafgerichtsbarkeit; ihr Umfang bestimmt sich entsprechend dem Begriff des Strafrechts (Rn.5–7 zu Art.74; Detterbeck SA 9; Roth UC 16; Schulze-Fielitz DR 22; a.A. Wassermann AK 19; Meyer MüK 7; Voßkuhle MKS 11, wonach die Entscheidung über Ordnungswidrigkeiten nicht erfasst sein soll). Die Straftatbestände können an dienstliches wie außerdienstliches Verhalten anknüpfen (Schulze-Fielitz DR 22). Die Wehrstrafgerichte gehören gem. Abs.2 S.4 zum Geschäftsbereich des Bundesjustizministers, und ihre hauptamtlichen Richter (Rn.10 zu Art.97) müssen gem. Abs.2 S.5 die Befähigung zum Richteramt haben. Von der ausschließlichen Bundesgesetzgebungskompetenz (Rn.5 zu Art.70) des Abs.2 S.3 ist bisher kein Gebrauch gemacht worden (krit. Roth UC 24). Letzte Instanz ist gem. Abs.3 der BGH; das bedeutet aber nicht, dass in jeder Strei-

tigkeit der Rechtsweg zum BGH eröffnet sein muss (Schulze-Fielitz DR 17, 26).

Die Kompetenzen der **Bundesdisziplinar- und Bundesbeschwerde-** **3** **gerichte (Abs.4)** sind personell und sachlich beschränkt: – **(1)** Sie erfassen nur Personen, die in einem öffentlich-rechtlichen Dienstverhältnis zum Bund stehen, insb. Bundesminister, Bundesbeamte, Bundesrichter, Soldaten, Dienstpflichtige gem. Art.12a Abs.1, 2 (Heusch SHH 7; Schulze-Fielitz DR 29). – **(2)** Sie beschränken sich auf Disziplinarverfahren, d.h. Sanktionen des Dienstherrn gegen den Dienstnehmer aus dem Dienstverhältnis, und Beschwerdeverfahren, d.h. Klagen des Dienstnehmers gegen den Dienstherrn aus dem Dienstverhältnis (Heusch SHH 7; Meyer MüK 12). Der Begriff „errichten" schließt nicht aus, dass die Kompetenzen bereits bestehenden Gerichten übertragen werden. Bundesgerichte iSd Abs.4 sind v.a. die Wehrdienstgerichte (BVerwGE 93, 287; Roth UC 29 ff) und der besondere Senat des BGH gem. § 61 f DRiG (Schulze-Fielitz DR 30; Voßkuhle MKS 21).

2. Ländergerichte und Bundesgerichtsbarkeit (Abs.5)

Die 1969 eingefügte und 2002 geänderte (Einl.2 Nr.26, 51) Vorschrift be- **4** gründet eine Organleihe der Gerichte der Länder für den Bund und zwar für die in Nr.1–5 aufgezählten Straftatbestände, die zur Rechtsprechungskompetenz („Gerichtsbarkeit") des Bundes gezählt werden; nach a.A. umfasst die Gerichtsbarkeit des Bundes alle Taten, die die Interessen des Bundes als Zentralstaat oder dem Gesamtstaat wesentlich berühren (Welp, NStZ 02, 6; vgl. auch BGHSt 53, 128/140 ff). Durch Abs.5 sollte nach der Verlagerung der 1. Instanz vom BGH auf die Oberlandesgerichte im Jahr 1969 eine ausschließliche Bundesgesetzgebungskompetenz (Rn.5 zu Art.70) für folgende Rechtsfolgen erzielt werden: – **(1)** Die Mitwirkung des Generalbundesanwalts bei der Verfolgung der entsprechenden Straftaten bleibt zulässig. Auf dieser Grundlage sind die in den Kompetenznormen nicht enthaltenen (Rn.22, 25 zu Art.73) Ermittlungsbefugnisse des Bundeskriminalamts gerechtfertigt (Rn.6 zu Art.87). – **(2)** Das Begnadigungsrecht (Rn.3–5 zu Art.60) steht weiterhin dem Bundespräsidenten zu (Detterbeck SA 18 f; Meyer MüK 14 ff; Voßkuhle MKS 24 f). Das entsprechende Gesetz bedarf der Zustimmung des Bundesrats (Rn.4–6 zu Art.77).

Art.**97** [Unabhängigkeit der Richter]

(1) **Die Richter sind unabhängig² ff und nur dem Gesetze unterworfen¹.**

(2) **Die hauptamtlich und planmäßig endgültig angestellten Richter¹⁰ können wider ihren Willen nur kraft richterlicher Entscheidung und nur aus Gründen und unter den Formen, welche die Gesetze bestimmen, vor Ablauf ihrer Amtszeit entlassen oder dauernd oder zeitweise ihres Amtes enthoben oder an eine andere Stelle oder in den Ruhestand versetzt werden¹¹ f. Die Gesetzgebung kann Altersgrenzen festsetzen, bei deren Erreichung auf Lebenszeit angestellte Richter in den Ruhestand treten¹².**

Bei Veränderung der Einrichtung der Gerichte oder ihrer Bezirke können Richter an ein anderes Gericht versetzt oder aus dem Amte entfernt werden, jedoch nur unter Belassung des vollen Gehaltes[12].

Literatur: *Sodan,* Der Status des Richters, HbStR³ V, 2007, § 113; *Schilken,* Die Sicherung der Unabhängigkeit der Dritten Gewalt, JZ 2006, 860; *P. M. Huber/Storr,* Gerichtsorganisation und richterliche Unabhängigkeit in Zeiten des Umbruchs, ZG 2006, 105; *Gröschner,* Reichweite richterlicher Inamovibilität im Verfassungsstaat des GG, 2005; *Schütz,* Der ökonomisierte Richter, 2005; *Schulze-Fielitz/Schütz* (Hg.), Justiz und Justizverwaltung zwischen Ökonomisierungsdruck und Unabhängigkeit, 2002; *Haberland,* Problemfelder für die richterliche Unabhängigkeit, DRiZ 2002, 301; *Papier,* Die richterliche Unabhängigkeit und ihre Schranken, NJW 2001, 1089; *K. F. Röhl,* Justiz als Wirtschaftsunternehmen, DRiZ 2000, 220; *Baer,* Die Unabhängigkeit der Richter in der Bundesrepublik Deutschland und in der DDR, 1999; *Berlit,* Modernisierung der Justiz, richterliche Unabhängigkeit und RichterInnenbild, KritJ 1999, 58; *Mishra,* Zulässigkeit und Grenzen der Urteilsschelte, 1997; *Sendler,* Unabhängigkeit als Mythos?, NJW 1995, 2464. – S. auch Literatur zu Art. 92.

1. Bedeutung und Abgrenzung zu anderen Vorschriften

1   Art. 97 konkretisiert zusammen mit Art. 98 den Art. 92 Hs. 1. Die rechtsprechende Gewalt ist gekennzeichnet durch Unabhängigkeit der Richter (Abs. 1 Hs. 1, Abs. 2) bei ihrer gleichzeitigen Bindung an das Gesetz (Abs. 1 Hs. 2). Zu dieser Bindung näher Rn. 42 f zu Art. 20. Die Unabhängigkeit ist ein wichtiges Merkmal des Begriffs des Richters (Rn. 7 f zu Art. 92). Verstöße gegen Art. 97 können auf diese Weise auch die Rechtsfolgen gem. Rn. 11 f zu Art. 92 herbeiführen. Die richterliche Unabhängigkeit ist kein Grundrecht (BVerfGE 21, 211/217; 48, 246/263; BVerwGE 78, 216/220 f). Sie gehört aber zu den hergebrachten Grundsätzen des Berufsbeamtentums gem. Art. 33 Abs. 5 (BVerfGE 12, 81/88; 55, 372/392; BVerfG-K, NJW 96, 2150; Saarl-VerfGH, NJW 86, 916; für die persönliche Unabhängigkeit offen gelassen BVerfGE 38, 139/151), der seinerseits nach der Rspr. des BVerfG ein grundrechtsgleiches Recht verleiht (Rn. 44 zu Art. 33). Die richterliche Unabhängigkeit ist eine notwendige Voraussetzung für die Verwirklichung des Justizgewährungsanspruchs (Rn. 91 zu Art. 20; Detterbeck SA 1; Papier, NJW 90, 9 f).

2. Sachliche Unabhängigkeit der Richter (Abs. 1 Hs. 1)

2   **a) Richter** sind sämtliche Personen, die Rechtsprechung ausüben, Berufsrichter wie ehrenamtliche (BVerwGE 93, 90/92; BAGE 40, 75/85), Bundes- wie Landesrichter (BVerfGE 26, 186/201), Fach- wie Verfassungsrichter (BVerfGE 40, 356/367). Abs. 1 ist im Gegensatz zu Abs. 2 auch auf nicht hauptamtliche und nicht planmäßig endgültig angestellte sowie auf durch den EVertr zur Rechtsprechung ermächtigte (BVerfGE 87, 68/86 ff) Richter anwendbar.

3   **b) Unabhängigkeit gegenüber der Exekutive** bedeutet Unzulässigkeit von Einzelweisungen (BVerfGE 36, 174/185; 60, 175/214; 87, 68/85), von Verwaltungsvorschriften und sonstiger vermeidbarer Einflussnahme (BVerfGE 26, 79/92 ff; 38, 1/2; 55, 372/389) bezogen auf die rechtsprechende Tätigkeit. Diese umfasst nicht nur den Entscheidungsausspruch, sondern auch

diesem dienende, vorbereitende und nachfolgende Sach- und Verfahrensentscheidungen (BGHZ 90, 41/45; 93, 238/243f; 102, 369/372), wie Terminbestimmung (BVerwGE 46, 69/71; BGH, NJW-RR 02, 575), Ladung, Fristsetzung, Sitzungspolizei (BGHZ 67, 184/189; NJW 78, 2509f), Beweiserhebung (BGHZ 71, 9/11), Aktenübersendung (BGHZ 176, 162/167f), Protokollführung (BGH, DRiZ 78, 281), Geschäftsverteilung (BVerfG-K, NJW 08, 910; BVerwGE 50, 11/16; BGHZ 46, 147/149; 112, 197/201), Weiterleitung einer Beschwerde (BGHSt 47, 105/110), Unterschrift unter das Urteil (BVerwGE 93, 90/91f) und die Abgabe einer dienstlichen Erklärung zu einem Befangenheitsantrag (BGHZ 70, 1/5f; 77, 70/72). Problematisch ist die Auffassung, dass die Kompetenz zur Pflege der auswärtigen Beziehungen die Entschließungen von Gerichten in Bezug auf Dienstreisen ins Ausland zur Teilnahme an Beweiserhebungen überlagert (BVerfG-K, DRiZ 79, 219; vgl. auch BGHZ 87, 385/389). Die sachliche Unabhängigkeit bezieht sich dagegen nicht auf die Justizverwaltungsangelegenheiten (BVerfGE 38, 139/152f; Classen MKS 4; Hillgruber MD 20; vgl. auch Rn.10 zu Art.92) wie z.B. die Referendarausbildung (BGH, NJW 91, 426) und auch nicht auf die Amtshilfe (BVerfGE 31, 43/46).

Im Einzelnen ist eine Beeinträchtigung der sachlichen Unabhängigkeit **4** **anzunehmen** für Anleitungen (Wassermann AK 22f), Bitten und Beschwerden von Behörden, die sich auf konkrete Fälle beziehen (BVerwGE 46, 69/71), Vorhaltungen, die ein Unwerturteil enthalten (BGHZ 51, 363/370f) oder sich auf die umgehende Bearbeitung bestimmter Sachen beziehen (BGH, NJW 87, 1198), und das Verlangen, gegenüber dem Ministerium den Dienstweg einzuhalten (BGHZ 176, 162/169). Auch amtliche Urteilsschelte ist u.U. unzulässig (Mishra, o. Lit., 258ff).

Die **Dienstaufsicht** dient der Wahrung der Bindung an das Gesetz und **5** damit der demokratischen Legitimation der rechtsprechenden Gewalt (Wittreck, Lit. zu Art.92, 145ff, 203ff); sie darf sich aber nicht als Maßregelung konkreter richterlicher Entscheidungen darstellen (BVerfGE 38, 139/151f). Davon soll allerdings bei offensichtlich fehlerhafter Amtsausübung abgewichen werden können (BGHZ 67, 184/187f; 70, 1/4; 76, 288/291; Hillgruber MD 81ff; krit. Wassermann AK 30; Meyer MüK 33). Dazu gehören z.B. verbale Exzesse, wenn sie nicht den sachlichen Inhalt einer Entscheidung mitbestimmen (BGH, NJW 06, 1674f). Dementsprechend sind auch dienstliche Beurteilungen zulässig (BVerwGE 62, 135/138; BGH, NJW 88, 420; 02, 360), außer sie sind nicht losgelöst von einem Einzelfall (BGHZ 57, 344/348f) oder üben Druck auf die Art der Prozesserledigung (BGHZ 69, 309/313; NJW 88, 423) oder Verhandlungsführung (BGHZ 90, 41/46f) aus. Zulässig sind auch dienstaufsichtsrechtliche Maßnahmen zur Sicherung eines ordnungsgemäßen Geschäftsablaufs, wie Tragen der Amtstracht (BVerwGE 67, 222), Pünktlichkeit des Sitzungsbeginns (BGH, DRiZ 97, 468), Geschäftsprüfung (BGH, NJW 88, 418), Meldung über Nichterledigung (BGH, DRiZ 78, 185; 91, 21), Erledigungszahlenvergleich (BGHZ 69, 309/313f) und Urlaubsversagung zwecks fristgemäßer Absetzung der Urteilsgründe (BGHZ 102, 369/372f).

Eine Beeinträchtigung der sachlichen Unabhängigkeit ist **abzulehnen** für **6** die Arbeitszeitfestsetzung (Redeker, NJW 00, 2797; Classen MKS 5; Schrö-

der, NJW 05, 1160; Hillgruber MD 84; a. A. BGHZ 113, 36/40 f; BVerw-
GE 78, 211/213 f), Zugangsbeschränkungen zum Dienstzimmer außerhalb
der Bürozeiten (a. A. BGH, NJW 03, 282 f) und eine Bitte, einen Richter wegen seiner Justizverwaltungstätigkeit „wirksam und nachhaltig" zu entlasten
(a. A. BGHZ 112, 197/203). Zulässig sind auch Vergleiche der Arbeitsbelastung (Voßkuhle, in: Schulze-Fielitz/Schütz, o. Lit., 35 ff) und Leistungsmes-
sungen, solange sie keine inhaltsbezogenen Vorgaben für die Rechtsfindung
enthalten (Hoffmann-Riem, 66. DJT 2006, II/1, R 14). Anerkanntermaßen
keine Beeinträchtigungen der sachlichen Unabhängigkeit sind einerseits die
Berufung in herausgehobene Richterämter (BVerfGE 56, 146/165 f; krit.
Meyer MüK 3, 5), die auch von der Erprobung bei einem OLG abhängig
gemacht werden kann (BGHZ 162, 333/339 ff), und die Zulagengewährung
(BVerfGE 36, 372/379; 107, 257/275) sowie andererseits Beweis- und Verwertungsverbote (BVerfGE 36, 174/185).

7 **c) Unabhängigkeit gegenüber anderen Mächten. aa)** Die Unabhängigkeit gilt gegenüber der **rechtsprechenden Gewalt** selbst (BVerfG-K,
NJW 96, 2150; Hillgruber MD 94). Die Richter dürfen von den Rechtsauffassungen übergeordneter Gerichte abweichen (BVerfGE 87, 273/278; 98,
17/48; Detterbeck SA 14 f) und ihre bisherige Rspr. ändern oder aufgeben
(BVerwG, NJW 96, 867). Einzelrichter sind gegen eigenmächtige Änderungen ihrer Entscheidungen durch den Kammervorsitzenden geschützt
(BVerfG-K, NJW 96, 2150). Daher ist die Rechtspflege „konstitutionell un-
einheitlich" (BVerfGE 78, 123/126; 87, 273/278; vgl. aber BVerfGE 12,
67/71; 31, 137/140). Allerdings sind insoweit Durchbrechungen zulässig, die
zu den typischen und herkömmlichen Funktionsbedingungen der rechtsprechenden Gewalt gehören, wie die Tatbestands-, Rechtskraft- und sonstigen
Bindungswirkungen von gerichtlichen Entscheidungen (BGHZ 95, 212/
218; Hillgruber MD 77; Meyer MüK 8).

8 **bb)** Der Schutz der sachlichen Unabhängigkeit vor Eingriffen der **Legislative** (BVerfGE 12, 67/71; 38, 1/21) ist bisher kaum praktisch geworden
(vgl. aber BGHSt 25, 24/29). Besoldungsverbesserungen ohne Versetzung
oder Beförderung dürfen aber nicht in das Ermessen der Exekutive gestellt
werden (BVerfGE 12, 81/96 ff; 26, 79/93 f; vgl. auch BVerwG, NVwZ-RR
08, 46). Wahl und Wiederwahl von Verfassungsrichtern durch einfache Parlamentsmehrheit sind verfassungsgemäß (BVerfG-K, NVwZ 99, 639 f).

9 **cc)** Schließlich ist die sachliche Unabhängigkeit gegenüber **privater und
gesellschaftlicher Einflussnahme** geschützt (Detterbeck SA 17 f; widersprüchlich Wassermann AK 85, 88; einschr. Classen MKS 35; Hillgruber
MD 24, 93: nur als gesetzgeberische Schutzpflicht). Unzulässig ist danach die
nicht grundrechtlich geschützte (Sodan HbStR[3] V § 113 Rn. 27) Druckaus-
übung bezogen auf die rechtsprechende Tätigkeit.

3. Persönliche Unabhängigkeit der Richter (Abs. 2)

10 **a)** Nur **hauptamtlich und planmäßig endgültig angestellte Richter**
genießen den vollen Schutz der persönlichen Unabhängigkeit. Es ist aber
keine Anstellung der Richter auf Lebenszeit geboten (BVerfGE 3, 213/224;

4, 331/345; 14, 56/70 f). Selbst die Bestellung auf 3 Jahre (BVerfGE 42, 206/210) oder 4 Jahre (BVerfGE 18, 241/255) ist zulässig. Die Dauer der Amtszeit muss durch Gesetz geregelt werden (BVerfGE 27, 355/363); ihr Ende darf nicht von einer Entscheidung der Exekutive abhängen (BVerfGE 14, 56/71). Auch Richtern, die nicht die Qualifikationen des Abs. 2 aufweisen – Richter auf Zeit, auf Probe, kraft Auftrags, im Nebenamt sowie ehrenamtliche und abgeordnete Richter –, muss ein Minimum persönlicher Unabhängigkeit garantiert sein; dieses Minimum garantiert Art. 33 Abs. 5 (Detterbeck SA 34; Schulze-Fielitz DR 60; a. A. Hillgruber MD 101, der dies aus der sachlichen Unabhängigkeit ableiten will). Das bedeutet für ehrenamtliche Richter, dass sie vor Ablauf ihrer Amtszeit nur unter den gesetzlich bestimmten Voraussetzungen und gegen ihren Willen nur kraft richterlicher Entscheidung abberufen werden können (BVerfGE 26, 186/198 f; 27, 312/322; 87, 68/85). Zur Herstellung der vollen persönlichen Unabhängigkeit dürfen in Besetzungsverfahren Proberichter vor Versetzungsrichtern bevorzugt werden (BVerfG-K, NVwZ 07, 693).

b) Es besteht ein grundsätzliches **Verbot der Amtsenthebung und** **11** **Versetzung** (sog. Inamovibilität) für die oben Rn. 10 genannten Richter (S. 1). Verboten sind auch Maßnahmen, die den gleichen Effekt haben, so eine Geschäftsverteilung, die einen Richter praktisch von rechtsprechender Tätigkeit fernhält (BVerfGE 17, 252/259 ff; BVerfG-K, NJW 08, 910), und die einer Versetzung gleichkommende Übertragung eines weiteren Richteramts mit mehr als der Hälfte der Arbeitskraft des Richters (BGHZ 67, 159/164); anders aber, wenn Verwaltungsbefugnisse entzogen werden (BVerfGE 38, 139/153). Zeitlich begrenzte Abordnungen sind aber zulässig (Hillgruber MD 107). Dienstaufsichtliche Befugnisse der obersten Landesbehörden gegenüber den Richtern sind keine Beeinträchtigung der persönlichen Unabhängigkeit, solange sie sich im Rahmen des § 26 DRiG halten (BVerfGE 38, 139/151; vgl. auch BGHZ 85, 145). Dienstaufsicht ist grundsätzlich nur im Bereich äußerer Ordnung richterlicher Tätigkeit zulässig (BGHZ 67, 184/187; 70, 1/4; 93, 238/244; näher oben Rn. 5).

Ausnahmen hiervon bestehen in folgenden Fällen: **(1)** bei Einverständ- **12** nis des Richters (S. 1), das bei vom Richter gewünschten Änderungen der Beschäftigungsbedingungen zur Sicherung einer geordneten Rechtspflege auch verlangt werden kann (BGHZ 174, 213/219 f), **(2)** bei richterlicher Entscheidung auf Grund von Gesetzen, die die Gründe und die Formen für Amtsenthebung und Versetzung bestimmen (S. 1), z. B. die vorläufige Dienstenthebung im förmlichen Disziplinarverfahren (BVerfG-K, NJW 96, 2150), **(3)** bei gesetzlich festgelegten Altersgrenzen für auf Lebenszeit angestellte Richter (S. 2), **(4)** bei Veränderung der Einrichtung der Gerichte, z. B. Auflösung des Bundesdisziplinargerichts (BGH, NVwZ-RR 04, 467), oder ihrer Bezirke unter der Voraussetzung der Belassung des vollen Gehalts (S. 3), wobei ungeschriebene weitere Voraussetzung hierfür eine gesetzliche Grundlage (vgl. Rn. 13 zu Art. 92) ist, sowie **(5)** unter den Voraussetzungen des Art. 98 Abs. 2, 5.

Art.98 [Rechtsstellung der Richter]

(1) Die Rechtsstellung der Bundesrichter ist durch besonderes Bundesgesetz zu regeln[1 ff].

(2) Wenn ein Bundesrichter im Amte oder außerhalb des Amtes gegen die Grundsätze des Grundgesetzes oder gegen die verfassungsmäßige Ordnung eines Landes verstößt, so kann das Bundesverfassungsgericht mit Zweidrittelmehrheit auf Antrag des Bundestages anordnen, daß der Richter in ein anderes Amt oder in den Ruhestand zu versetzen ist. Im Falle eines vorsätzlichen Verstoßes kann auf Entlassung erkannt werden[1].

(3) Die Rechtsstellung der Richter in den Ländern ist durch besondere Landesgesetze zu regeln, soweit Artikel 74 Abs.1 Nr.27 nichts anderes bestimmt[1 ff].

(4) Die Länder können bestimmen, daß über die Anstellung der Richter in den Ländern der Landesjustizminister gemeinsam mit einem Richterwahlausschuß entscheidet[4].

(5) Die Länder können für Landesrichter eine Absatz 2 entsprechende Regelung treffen. Geltendes Landesverfassungsrecht bleibt unberührt. Die Entscheidung über eine Richteranklage steht dem Bundesverfassungsgericht zu[1].

Literatur: *Ziekow/Guckelberger,* Die Wahl von Richtern in den Ländern, NordÖR 2000, 13; *E.-W. Böckenförde,* Verfassungsfragen der Richterwahl, 2. A. 1998; *Ehlers,* Verfassungsrechtliche Fragen der Richterwahl, 1998. – S. auch Literatur zu Art.95.

1. Rechtsstellung der Richter (Abs.1–3, 5)

1   **Rechtsstellung** bedeutet dasselbe wie Rechtsverhältnisse (Rn.28 zu Art.73). Hierzu gehören die Regelung der Amtsbezeichnungen (BVerfGE 38, 1/8 ff unter ausdrücklicher Aufgabe von BVerfGE 32, 199/220 f), die Verpflichtung zum Anlegen einer Amtstracht bei Amtshandlungen (offen gelassen BVerwGE 67, 222/230) und die Voraussetzungen der Befähigung zum Richteramt (Fastenrath, BayVBl 85, 423; Wahl, DVBl 85, 829 f). Zum Begriff des **Richters** Rn.7 f zu Art.92; allerdings sind hier wie bei Art.95 die ehrenamtlichen Richter nicht erfasst (Heusch SHH 2; Wassermann AK 23); Abs.2 gilt offensichtlich nicht für die BVerfG (Schulze-Fielitz DR 35; Lechner/Zuck 1 zu § 3). Die Vorschrift umfasst auch nicht die Staatsanwälte (BVerfGE 32, 199/216 f). Sie ist lex specialis zu Art.73 Abs.1 Nr.8 (Detterbeck SA 4). Die Richteranklage gem. Abs.2, 5 hat kaum praktische Bedeutung. Gem. § 58 Abs.1 BVerfGG sind auf sie weitgehend die Vorschriften über die Präsidentenanklage (Rn.2 f zu Art.61) anwendbar.

2   Abs.1 und der 1971 und 2006 geänderte (Einl.3 Nr.28, 52) Abs.3 enthalten organisatorische **Gesetzesvorbehalte** (Rn.53 zu Art.20); die Einräumung von Verordnungsermächtigungen wird dadurch nicht ausgeschlossen (Wassermann AK 21; Detterbeck SA 8; Classen MKS 2; a.A. Meyer MüK 2). Außerdem muss das Bundes- bzw. Landesgesetz ein „besonderes" sein:

Die inhaltlichen Unterschiede des Richter- gegenüber dem allgemeinen Beamtenstatus müssen in einem eigenständigen Gesetz Ausdruck finden (Detterbeck SA 6; Schulze-Fielitz DR 28; abschwächend Meyer MüK 7; Classen MKS 3: gesetzestechnische Einheit zulässig). Das gilt folgerichtig auch für die Richterbesoldung (Wassermann AK 20; Meyer MüK 6; Classen MKS 2; unentschieden BVerfGE 26, 141/154 f; offen gelassen BVerfGE 32, 199/213; 55, 372/385), nicht aber für die Versorgung der Richter im Ruhestand (BVerfG-K, DRiZ 76, 381; a. A. Detterbeck SA 5; Schulze-Fielitz DR 28). Eine Verweisung der Richtergesetze auf einzelne Bestimmungen der Beamtengesetze ist zulässig (BVerwGE 67, 222/230).

Abs.1, 3 weisen zugleich **Gesetzgebungskompetenzen** zu: Für den Gegenstand der gesamten Rechtsstellung der Bundesrichter besteht eine ausschließliche Bundesgesetzgebungskompetenz (Rn.5 zu Art.70) und ein Regelungsauftrag (Rn.22 zu Art.70; Classen MKS 1). Bei den Richtern in den Ländern ist zu unterscheiden: Für ihre Statusrechte und -pflichten besteht eine konkurrierende Gesetzgebungskompetenz des Bundes (Rn.73–77 zu Art.74); für die nicht darunter fallenden Fragen und für Laufbahnen, Besoldung und Versorgung liegt die Gesetzgebungskompetenz bei den Ländern (Rn.17 zu Art.70). **3**

2. Richterwahlausschüsse auf Landesebene (Abs.4)

Die Vorschrift ist nicht nur eine (deklatorische; Schulze-Fielitz DR 42) Ermächtigung der Länder, Richterwahlausschüsse als Mitentscheidungsgremien bei der Anstellung von Landesrichtern einzurichten, sondern auch eine Garantie, dass Richterwahlausschüsse der Länder nicht durch Gesetze des Bundes verboten oder vorgeschrieben werden können (Wassermann AK 30; Böckenförde, o. Lit., 40 ff; Meyer MüK 12). Machen die Länder von der Ermächtigung Gebrauch, verlangen Wortlaut („gemeinsam") und Systematik („Personalhoheit der Exekutive") eine mindestens gleichberechtigte Stellung des Landesjustizministers bei der Richteranstellung (BVerfG-K, NJW 98, 2592; vgl. auch BVerfGE 41, 1/10; Ehlers, o. Lit., 17 ff; a. A. OVG Schleswig, DVBl 99, 937; Classen MKS 11 ff; Wassermann AK 30 ff; Böckenförde, o. Lit., 45 ff). Landesjustizminister ist der für den jeweiligen Gerichtszweig zuständige Landesminister, auch wenn er anders heißt (Schulze-Fielitz DR 44; Classen MKS 10). Bei der Zusammensetzung der Richterwahlausschüsse sind das Demokratieprinzip (Rn.9 zu Art.20; Wassermann AK 34; Classen MKS 15 ff) und Art.3 Abs.1 (BVerfGE 41, 1/9 ff) zu beachten. Anstellung meint nicht nur erstmalige Anstellung, sondern auch Übernahme in das Richterverhältnis auf Lebenszeit (BGHZ 85, 319/323) und Beförderung (BVerwGE 70, 270/274). Entscheidungen der Richterwahlausschüsse sind nur eingeschränkt gerichtlich überprüfbar (BVerwGE 105, 89/92 f). **4**

Art.**99** [Entscheidung von Landesstreitigkeiten durch das Bundesverfassungsgericht und die obersten Gerichtshöfe des Bundes]

Dem Bundesverfassungsgerichte kann durch Landesgesetz die Entscheidung von Verfassungsstreitigkeiten innerhalb eines Landes[1], den in

Artikel 95 Abs.1 genannten obersten Gerichtshöfen für den letzten Rechtszug die Entscheidung in solchen Sachen zugewiesen werden, bei denen es sich um die Anwendung von Landesrecht handelt[2].

Literatur: *Gundel,* Neue Wege zur Auslegung von Landesrecht durch das BVerwG – Die Neubelebung von Art.99 Alt.2 GG durch Länder-Staatsverträge, NVwZ 2000, 408. – S. auch Literatur zu Art.93.

1. Landesstreitigkeit vor dem Bundesverfassungsgericht (Alt.1)

1   **Allgemeines.** Gem. Alt.1 kann durch Landesgesetz, d. h. Landesverfassung oder förmliches Gesetz (Meyer MüK 9), eine Entscheidungskompetenz des BVerfG begründet werden. Alt.1 ist lex specialis zu Art.93 Abs.1 Nr.4 Var.3 (BVerfGE 1, 208/218; zum bis 2008 einzigen Anwendungsfall Schl-H s. Caspar, NordÖR 08, 193; Schorkopf UCD 9 f vor § 73 ff). Die Vorschrift begründet eine Organleihe (Bethge MSKB 1 zu § 73; Löwer HbStR³ III § 70 Rn.53; Meyer MüK 1) und eine Ausnahme von der ausschließlichen Bundesgesetzgebungskompetenz für das Verfahren des BVerfG (Rn.2 zu Art.94). Daraus folgt, dass auch über die ausdrücklichen Ermächtigungen zur Landesgesetzgebung (vgl. Rn.3–5 zu Art.71) hinaus jedenfalls der Zugang zum BVerfG und die Tragweite seiner Entscheidungen landesgesetzlich geregelt werden kann (Schorkopf UCD 18 ff vor §§ 73 ff; Meyer MüK 7; vgl. auch BVerfGE 102, 176/184). Verfassungsstreitigkeiten sind Organstreitigkeiten (BVerfGE 1, 208/218 f), abstrakte (BVerfGE 38, 258/267; 99, 57/65; 103, 332/344 f) und konkrete (BVerfGE 7, 77/82 f) Normenkontrollen sowie alle sonstigen Entscheidungskompetenzen des BVerfG gem. Art.93 Abs.1 (Meyer MüK 5; Pestalozza 148; Sieckmann MKS 2; weitergehend Hopfauf SHH 5).

2   Die **Zulässigkeit** ergibt sich für Organstreitigkeiten aus §§ 73 ff BVerfGG und dem Landesrecht, im Übrigen aus dem Landesrecht und den entsprechenden Verfahrensvorschriften des BVerfGG (Bethge MSKB 8 ff zu § 73; Pestalozza 150 ff; abw. Hopfauf SHH 7; Sieckmann MKS 3). Für Organstreitigkeiten gelten folgende bundesrechtliche Zulässigkeitsvoraussetzungen: – **(1)** *Parteifähig* sind gem. § 73 Abs.1 BVerfGG die obersten Landesorgane, also Landtag (BVerfGE 1, 208/231; 27, 44/51) und Landesregierung (BVerfGE 1, 208/231), und Organteile, also Abgeordnete (BVerfGE 4, 144/148 f; 49, 70/77), Landtagsfraktionen (BVerfGE 1, 208/223; 27, 44/50 f), qualifizierte Landtagsminderheiten (BVerfGE 27, 240/244 f; 103, 332/345), qualifizierte Landtagsausschussminderheiten (BVerfGE 106, 51/57) und Landesminister (Pestalozza 152). Zu den obersten Landesorganen werden vom BVerfG auch die politischen Parteien gerechnet, indem Art.21 zum Bestandteil der Landesverfassung erklärt wird (BVerfGE 60, 53/61 f; 103, 164/168; 120, 82/96, 101). – **(2)** Für die *Antragsbefugnis* wendet das BVerfG § 64 Abs.1 BVerfGG (Rn.10–12 zu Art.93) „sinngemäß" an (BVerfGE 60, 53/63; 106, 51/59 f; 120, 82/96; Schorkopf UCD 7 ff zu § 73). – **(3)** Die *Frist* beträgt gem. §§ 73 Abs.2, 64 Abs.3 BVerfGG, „sofern das Landesrecht nichts anderes bestimmt", 6 Monate, nachdem die beanstandete Maßnahme oder Unterlassung dem Antragsteller bekannt geworden ist. Es gilt das in Rn.15a zu Art.93 Gesagte (BVerfGE 119, 302/307).

Begründetheit. Maßstab ist Landesverfassungsrecht. Bundesverfassungs- **3** recht ist nur insoweit Maßstab, als es in das Landesverfassungsrecht hinein- wirkt (BVerfGE 1, 208/232; 23, 33/39; 103, 332/351 ff). Das ist bezüglich der Eigentumsgarantie nicht der Fall (BVerfGE 103, 332/347 ff). Kein Maß- stab sind Vorschriften des einfachen Bundes- und Landesrechts (BVerfGE 103, 332/345).

2. Landesstreitigkeit vor den obersten Gerichtshöfen des Bundes (Alt.2)

Gem. Alt.2, die 1968 geändert wurde (Einl.3 Nr.16), kann durch Landes- **4** gesetz (oben Rn.1) eine Entscheidungskompetenz der obersten Gerichtshöfe des Bundes (Rn.2 zu Art.95) für die hier genannten Sachen begründet wer- den (vgl. die negativen Fälle BFHE 137, 385/388; OVG NW, OVGE 20, 193/198 ff). Das ist durch Staatsverträge der Länder geschehen (Gundel, NVwZ 00, 408; Hopfauf SHH 14). Die Vorschrift ist spezieller gegenüber Art.108 Abs.6 (Rn.12 zu Art.108), soll aber die Gesetzgebungskompetenz des Bundes gem. Art.74 Abs.1 Nr.1, die Anwendung von Landesrecht von den obersten Gerichtshöfen des Bundes überprüfen zu lassen, unberührt las- sen (BVerfGE 10, 285/292 ff). Das Verfahren richtet sich nach Bundesrecht (BGHZ 16. 159/160 f).

Art.100 [Einholung verfassungsgerichtlicher Entscheidungen durch Gerichte]

(1) **Hält ein Gericht[5] ein Gesetz[6 ff], auf dessen Gültigkeit es bei der Entscheidung ankommt[11 ff], für verfassungswidrig[14, 18], so ist das Verfah- ren auszusetzen und, wenn es sich um die Verletzung der Verfassung eines Landes handelt, die Entscheidung des für Verfassungsstreitigkeiten zuständigen Gerichtes des Landes, wenn es sich um die Verletzung die- ses Grundgesetzes handelt, die Entscheidung des Bundesverfassungsge- richtes einzuholen[4]. Dies gilt auch, wenn es sich um die Verletzung dieses Grundgesetzes durch Landesrecht oder um die Unvereinbarkeit eines Landesgesetzes mit einem Bundesgesetze handelt[4].**

(2) **Ist in einem Rechtsstreite zweifelhaft, ob eine Regel des Völker- rechtes Bestandteil des Bundesrechtes ist und ob sie unmittelbar Rechte und Pflichten für den Einzelnen erzeugt (Artikel 25), so hat das Gericht die Entscheidung des Bundesverfassungsgerichtes einzuholen[19 f].**

(3) **Will das Verfassungsgericht eines Landes bei der Auslegung des Grundgesetzes von einer Entscheidung des Bundesverfassungsgerichtes oder des Verfassungsgerichtes eines anderen Landes abweichen, so hat das Verfassungsgericht die Entscheidung des Bundesverfassungsgerich- tes einzuholen[21 f].**

Übersicht

Literatur: *Wernsmann,* Konkrete Normenkontrolle, ES, 2009, § 16; *E. Klein,* Die Völkerrechtsverantwortung des BVerfG – Bemerkungen zu Art.100 Abs.2 GG, FS Rudolf, 2001, 293; *Ruffert,* Der Entscheidungsmaßstab im Normverifikationsverfahren nach Art.100 III GG, JZ 2001, 633; *Wollweber,* Aktuelle Aspekte der konkreten Normenkontrolle durch das BVerfG, DÖV 1999, 413; *Heun,* Richtervorlagen in der Rspr. des BVerfG, AöR 1997, 610; *T. Schmitt,* Richtervorlagen in Eilverfahren?, 1997; *Baumgarten,* Anforderungen an die Begründung von Richtervorlagen, 1996; *Zierlein,* Zur Prozeßverantwortung der Fachgerichte im Lichte der Verwerfungskompetenz des BVerfG nach Art.100 Abs.1 GG, FS Benda, 1995, 457. – S. auch Literatur zu Art.93.

I. Konkrete Normenkontrolle (Abs.1)

1. Allgemeines

1   **a) Zweck** der 1968 geänderten (Einl.3 Nr.16) Vorschrift ist, „die Autorität des unter der Herrschaft des GG tätig gewordenen Gesetzgebers zu wahren und zu verhüten, dass sich jedes einzelne Gericht über den Willen des Gesetzgebers hinwegsetzt, indem es die von ihm erlassenen Gesetze nicht anwendet" (BVerfGE 68, 337/344f; 86, 71/77; 97, 117/122; krit. Hesse 686; Schlaich/Korioth 136). Daneben sollen „durch allgemein verbindliche Klärung verfassungsrechtlicher Fragen divergierende Entscheidungen der Gerichte, Rechtsunsicherheit und Rechtszersplitterung" vermieden werden (BVerfGE 63, 131/141; 54, 47/51; vgl. auch BVerfGE 58, 300/322). Daraus darf aber nicht geschlossen werden, dass die Vorlage unzulässig ist, wenn es sich um einen singulären Fall handelt (BVerfGE 57, 295/317f). Schließlich dient die konkrete Normenkontrolle dem Ziel, „eine verfassungsmäßige Entscheidung in einem konkreten Rechtsstreit zu gewährleisten" (BVerfGE 67, 26/33; 42, 42/49).

2   Abs.1 setzt das **Prüfungsrecht** jedes Richters voraus, d.h. die Frage, ob das für einen konkreten Rechtsstreit einschlägige Gesetz gültig ist. Für die hier genannten Gesetze wird aber die Entscheidung über ihre Gültigkeit oder Ungültigkeit (BVerfGE 47, 146/164) dem BVerfG bzw. den Verfassungsgerichten der Länder vorbehalten (Verwerfungsmonopol). Das Verwerfungsmonopol darf auch nicht in anderen Vorlageverfahren umgangen werden (vgl. BVerwGE 85, 332/337ff). Abs.1 hindert aber ein Gericht, das ein für seine Entscheidung maßgebliches Gesetz für verfassungswidrig hält, nicht daran, vorläufigen Rechtsschutz zu gewährleisten (BVerfGE 86, 382/389).

Im Übrigen hat jeder Richter die Verwerfungskompetenz. Er hat sie auch, soweit sich die Ungültigkeit eines Gesetzes nicht aus höherrangigem Recht, sondern durch neuere Gesetzgebung ergibt (BVerfGE 2, 124/128 ff; 71, 224/227 f; krit. Sieckmann MKS 27). Das gilt auch im Verhältnis von Landesrecht zu neuerem Bundesrecht (BVerfGE 25, 142/147; 60, 135/153; 65, 359/373; BVerwGE 126, 1 Rn.8). Zur Prüfungs- und Nichtanwendungskompetenz der Exekutive Rn.39–41 zu Art.20.

Abs.1 begründet eine **Pflicht** jedes Richters, bei Vorliegen der Vorausset- **3** zungen (unten Rn.5–17) das Verfahren auszusetzen und die Entscheidung des BVerfG bzw. des Landesverfassungsgerichts einzuholen. Das gilt auch, wenn andere Gerichte dieselbe Norm schon vorgelegt haben (Benda/Klein 783; Schlaich/Korioth 159; a. A. Ulsamer MSKB 287 zu § 80). Ein Verstoß gegen diese Pflicht verletzt Art.101 Abs.1 S.2 (Rn.12 zu Art.101; Müller-Terpitz SHH 23; Pestalozza 206; vgl. auch BVerfGE 13, 132/143). Eine andere Möglichkeit als das Gesetz anzuwenden oder die Entscheidung eines Verfassungsgerichts einzuholen besteht nicht (BVerfGE 6, 222/234; 22, 311/316; 121, 233/238).

b) Systematik. Abs.1 normiert folgende unterschiedliche Konstella- **4** tionen: – **(1)** Vorlage an das Landesverfassungsgericht, wenn das Gericht ein Landesgesetz wegen Verletzung der Landesverfassung für verfassungswidrig hält (S.1 Alt.1). – **(2)** Vorlage an das BVerfG, wenn das Gericht ein Bundesgesetz wegen Verletzung des GG für verfassungswidrig hält (S.1 Alt.2). – **(3)** Vorlage an das BVerfG, wenn das Gericht ein Landesgesetz wegen Verletzung des GG für verfassungswidrig hält (S.2 Alt.1). – **(4)** Vorlage an das BVerfG, wenn das Gericht ein Landesgesetz für unvereinbar mit einem Bundesgesetz oder sonstigem Bundesrecht hält (S.2 Alt.2). Die nähere Ausgestaltung des ersten Falls obliegt den Landesverfassungen und Landesverfassungsgerichtsgesetzen, die die Vorlagepflicht erweitern, nicht aber einschränken können (Pestalozza 203; vgl. auch BVerfGE 4, 178/188 f), so dass § 13 Nr.11 BVerfGG zu Recht nur die Fälle 2–4 genannt hat.

2. Zulässigkeit

a) Die **Vorlageberechtigung** liegt bei den (staatlichen) Gerichten (Rn. **5** 6–10 zu Art.92). Zweifel an der Gerichts- oder Richterqualität dürfen aber nicht den Rechtsschutz verkürzen; daher werden unter Gerichten iSd Abs.1 alle Spruchstellen verstanden, die sachlich unabhängig, in einem formell gültigen Gesetz mit den Aufgaben eines Gerichts betraut und als Gerichte bezeichnet sind (BVerfGE 6, 55/63; 30, 170/171 f). Bei Kollegialgerichten ist grundsätzlich nur das Gericht in der vollen Besetzung vorlageberechtigt (BVerfGE 1, 80/81 f; 34, 52/57). Ausnahmsweise sind es einzelne Richter, wenn sie die Entscheidung, für die die Vorlagefrage erheblich ist, allein zu treffen haben (BVerfGE 24, 155/165; 54, 159/163 f; 98, 145/152). Nicht vorlageberechtigt ist der Rechtspfleger (BVerfGE 30, 170/172; 55, 370/371 f; 61, 75/77; vgl. auch Rn.9 zu Art.92). In Justizverwaltungsangelegenheiten (Rn.10 zu Art.92) ist die Vorlageberechtigung des Richters als Vollstreckungsbehörde (BVerfGE 20, 309/311 f; BVerfG-K, NJW 94, 2751) verneint, dagegen im Verfahren der freiwilligen Gerichtsbarkeit (BVerfGE 4,

45/48), im Amtshilfeverfahren (BVerfGE 7, 183/186; 31, 43/44 f) und bei einer öffentlichen Bekanntmachung (BVerfGE 78, 77/82 f) bejaht worden. Abs.1 gilt auch für die Landesverfassungsgerichte (BVerfGE 69, 112/117; BerlVerfGH, LVerfGE 9, 45/49 f; ThürVerfGH, LVerfGE 9, 413/429). Die Vorlageberechtigung besteht gem. § 80 Abs.3 BVerfGG unabhängig von der Rüge der Nichtigkeit der Rechtsvorschrift durch einen Prozessbeteiligten. Der Vorlagebeschluss kann nicht angefochten werden (OLG Düsseldorf, NJW 93, 411; Benda/Klein 872).

6 **b) Vorlagegegenstand** sind Gesetze is einzelner Rechtsnormen (BVerf-GE 55, 274/327). Im Hinblick auf den Zweck der konkreten Normenkontrolle (oben Rn.1) fallen darunter nur förmliche und nachkonstitutionelle (unten Rn.8 f) Gesetze des Bundes und der Länder (vgl. S.2 Alt.1), ausgenommen sog. satzungsvertretende Gesetze, die in den übrigen Bundesländern als Satzungen ergehen (BVerfGE 70, 35/58; Sieckmann MKS 25; a. A. BVerfGE *abwM* 70, 59/63 ff; Rinken AK 10; Clemens UC 56), sowie Landesgesetze gem. Art.80 Abs.4 (Schütz, NVwZ 96, 38 ff; Sieckmann MKS 25; a. A. Clemens UC 54; Müller-Terpitz SHH 9). Im Fall des S.2 Alt.2 fallen darunter nur förmliche und nachlegale, d. h. nach dem den Prüfungsmaßstab bildenden Bundesrecht ergangene Landesgesetze (oben Rn.2). Außer Kraft getretene Gesetze prüft das BVerfG, solange sich durch das Außerkrafttreten das Ausgangsverfahren nicht erledigt hat (BVerfGE 47, 46/64).

7 **Einzelfälle zulässiger** Vorlagegegenstände sind danach: Gesetze des Gemeinsamen Ausschusses (Meyer MüK 12); gesetzesvertretende Verordnungen vorkonstitutionellen Rechts (BVerfGE 52, 1/16 f); Gesetzgebungsnotstandsgesetze (BVerfGE 1, 184); Landesverfassungsrecht (BVerfGE 36, 342/356); Unterlassen des Gesetzgebers (BVerfGE 115, 259/275; offen gelassen noch BVerfGE 65, 237/245; BVerfG-K, NJW 98, 2751); verfassungsändernde Gesetze (Badura HbStR VII 71; Benda/Klein 791); Wirtschaftsratsgesetze (BVerfGE 4, 331/339 ff); Zustimmungsgesetze zu primärem Europäischen Unionsrecht (BVerfGE 52, 187/199), Staatsverträgen (BVerfGE 63, 131/140) und völkerrechtlichen Verträgen (BVerfGE 1, 396/410; 29, 348/358; 95, 39/44).

7a **Unzulässige** Vorlagegegenstände sind: Allgemeinverbindliche Tarifverträge (vgl. BVerfGE 44, 322/338 ff; 55, 7/20 f; BGHZ 174, 127/175); Besatzungsrecht (Benda/Klein 814); DDR-Recht (BVerfGE 97, 117/123; BGHSt 39, 168/176; krit. Clemens UC 67, 85); Geschäftsordnungsrecht (Benda/Klein 791); Kirchengesetze (BVerwG, DÖV 01, 473); Neubekanntmachung von Gesetzen (BVerfGE 18, 389/391; BFHE 176, 130/137 f); Rechtsprechungsakte (BVerfGE 24, 170/173); Rechtsverordnungen (BVerfGE 1, 184/201; 48, 40/45; BVerwGE 87, 133/139), auch wenn sie mit Zustimmung des Parlaments ergangen (BVerfGE 8, 274/322) oder durch Gesetz geändert worden sind (Rn.14 zu Art.80; BVerfGE 14, 303/311 ff); Satzungen juristischer Personen des öffentlichen Rechts (BVerfG-K, NVwZ 02, 1497; Benda/Klein 791); sekundäres Europäisches Gemeinschaftsrecht, es sei denn es wird im Einzelnen dargelegt, dass der jeweils als unabdingbar gebotene Grundrechtsschutz generell nicht gewährleistet ist (BVerfGE 102, 147/161 ff;

Benda/Klein 807 ff; Wieland DR 17; vgl. auch Rn.48 zu Art.1; Rn.12 zu Art.24); Verfassungsrecht abgesehen von verfassungsändernden Gesetzen (Müller-Terpitz SHH 7; Wernsmann Jura 05, 331; a. A. BVerfGE 3, 225/ 230 ff; Wieland DR 13; Sieckmann MKS 20); Verwaltungsvorschriften (BVerfGE 48, 40/46; BFHE 176, 130/137); Völkerrecht (Benda/Klein 803 f; Clemens UC 82; a. A. Schorkopf UCD 4 zu §§ 83, 84; vgl. auch BVerfGE 29, 348/360).

Grundsätzlich sind **vorkonstitutionelle Gesetze** kein Gesetz iSd Abs.1 **8** (oben Rn.6). Als nachkonstitutionell gelten alle nach dem 23. 5. 1949 (vgl. Art.145 Abs.2) verkündeten Gesetze (BVerfGE 4, 331/339 ff; vgl. aber Rn.7 zu Art.123). Dass sich ein Gesetz Rückwirkung auf die Zeit vor Inkrafttreten des GG beimisst, ist unerheblich (BGHZ 125, 41/50). Wo das GG erst später in Kraft getreten ist, ist dieser Zeitpunkt maßgeblich (Benda/Klein 792). Ausnahmsweise sind auch vorkonstitutionelle Gesetze Prüfungsgegenstand, wenn der Bundesgesetzgeber sie in seinen Willen aufgenommen und damit bestätigt hat (BVerfGE 6, 55/65; 70, 126/129). Sofern der Bestätigungswille nicht im Gesetz zum Ausdruck kommt, kann er sich auch aus dem engen sachlichen Zusammenhang zwischen unveränderten und geänderten Normen ergeben (BVerfGE 66, 248/254). Das ist insb. der Fall, wenn die alte Norm als Gesetz neu verkündet wird (BVerfGE 11, 126/131 f; 64, 217/220 ff), nicht aber wenn sie nur neu bekanntgemacht wird (BVerfGE 14, 245/249 f; 67, 217/221; vgl. Rn.4, 6 zu Art.82), und wenn eine neue (nachkonstitutionelle) Norm auf die alte Norm verweist (BVerfGE 13, 290/294; 70, 126/130 f). Ein Bestätigungswille ist demgegenüber nicht anzunehmen bei kleineren Korrekturen an einem vorkonstitutionellen Gesetz sowie dann, wenn der Gesetzgeber eine vorkonstitutionelle Norm nur als solche hinnimmt und von ihrer Aufhebung oder sachlichen Änderung vorerst absieht, ohne sie in ihrer Geltung bestätigen zu wollen (BVerfGE 66, 248/255; 97, 117/124). Je länger der Gesetzgeber solche Regelungen in Geltung lässt, desto geringer werden die Voraussetzungen für die Annahme, er habe die Vorschriften in seinen Willen aufgenommen (BVerfGE 63, 181/ 188; 70, 126/130).

Einzelfälle heute noch geltender Gesetze, für die das BVerfG eine Auf- **9** nahme in den Willen des nachkonstitutionellen Gesetzgebers *angenommen* hat: § 11 Abs.1 EnergiewirtschaftsG (BVerfGE 66, 248/254 ff); § 211 StGB (BVerfGE 45, 187/211); § 53 Abs.1 Nr.3 StPO (BVerfGE 33, 367/374); § 162 Abs.1 S.2 und Abs.3 StPO (BVerfGE 31, 43/45); § 157 Abs.3 S.2 ZPO (BVerfGE 10, 185/191 f); §§ 899 ff ZPO (BVerfGE 48, 396/399). – *Abgelehnt* wurde dies für § 828 Abs.2 BGB (BVerfG-K, EuGRZ 99, 92 f), § 1300 BGB (BVerfGE 32, 296/303 ff), § 124b GewO (BVerfGE 64, 217/221), § 9a UWG (BVerfGE 29, 39/43) und § 40 Abs.2 S.1 VVG (BVerfGE 70, 126/130).

c) Das vorlegende Gericht muss die **Überzeugung von der Verfas-** **10** **sungswidrigkeit** haben; Zweifel an der Verfassungsmäßigkeit reichen anders als nach Abs.2 (unten Rn.20) nicht aus (BVerfGE 78, 104/117; 80, 54/ 59; 86, 52/57; BGHZ 178, 258/263). Verfassungswidrigkeit umfasst sowohl die Nichtigkeit als auch die bloße Unvereinbarerklärung mit zeitlich beschränkter Weiteranwendung (BVerfGE 61, 43/56; 66, 1/17; 93, 121/131;

BSGE 101, 106/112 f; Löwer HbStR³ III § 70 Rn.92). Das Gericht darf nicht vorlegen, wenn es die Möglichkeit zu einer verfassungskonformen Auslegung (Rn.34 zu Art.20) der entscheidungserheblichen (unten Rn.11–15) Norm hat (BVerfGE 70, 134/137; 78, 20/24; 87, 114/133; Dollinger UCD 55 f zu § 80; krit. Benda/Klein 847). Das Gericht muss selbst von der Verfassungswidrigkeit überzeugt sein, wobei es keine allgemeine Bindung an die obergerichtliche Rspr. gibt; es darf nicht unter Berufung auf eine solche Bindung eine verfassungsgerichtliche Überprüfung der obergerichtlichen Rspr. veranlassen (BVerfGE 64, 180/187; 68, 337/344 f; 80, 54/58 f); anders wenn das Gericht nach einer zurückverweisenden Rechtsmittelentscheidung konkret gebunden ist (BVerfGE 65, 132/139 f; 68, 352/358 ff).

11 **d) Entscheidungserheblichkeit. aa) Allgemeines.** Insoweit legt das BVerfG einen „strengen Maßstab" an und bemüht zweifelhafterweise den verfassungsrechtlichen Justizgewährungsanspruch (Rn.91 f zu Art.20). Er fordere vom Richter, „den Rechtsstreit so zu behandeln, dass eine Verzögerung durch die Anrufung des BVerfG nach Möglichkeit vermieden wird" (BVerfGE 86, 71/76 f; 78, 165/178). Das Gericht muss im Ausgangsverfahren bei Ungültigkeit der Norm anders zu entscheiden haben als bei deren Gültigkeit (BVerfGE 98, 169/199; 105, 61/67; 121, 233/238); es muss also auf den Bestand der Regelung ankommen (BVerfGE 104, 74/82). Das Gericht muss eine hypothetische, die Gültigkeit des einschlägigen Gesetzes unterstellende Prüfung vornehmen (BVerfGE 60, 329/338). Das umfasst auch die Auslegung einer Ermessensvorschrift (BVerfGE 57, 295/315). Solange die Möglichkeit besteht, dass das vorlegende Gericht den Rechtsstreit in dem von ihm gewünschten Sinn entscheiden kann, ohne die für verfassungswidrig gehaltene Norm anzuwenden, fehlt es an der Entscheidungserheblichkeit (BVerfGE 64, 251/254). Eine für verfassungswidrig erachtete Rechtslage, die sich aus dem Zusammenwirken mehrerer Einzelregelungen ergibt, kann grundsätzlich anhand jeder der betroffenen Normen zur verfassungsgerichtlichen Prüfung gestellt werden (BVerfGE 82, 60/84 f; 85, 337/344; 102, 127/140 f). Die Entscheidungserheblichkeit besteht beim gleichheitswidrigen Begünstigungsausschluss dadurch, dass die Verfassungswidrigerklärung der Norm dem Kläger des Ausgangsverfahrens die Chance offen hält, eine für ihn günstige Regelung durch den Gesetzgeber zu erreichen (BVerfGE 74, 182/195; 93, 386/394 ff; 121, 108/115; BFHE 223, 39/43; vgl. Dollinger UCD 66 f zu § 80; Rinken AK 19; Sieckmann MKS 52 ff.

11a **Im Einzelnen fehlt** die Entscheidungserheblichkeit bei nicht in Kraft getretenen Gesetzen (BVerfGE 42, 263/281), bei Haushaltsgesetzen wegen ihrer bloß organinternen Rechtswirkung (BVerfGE 38, 121/125) und wenn die Unanwendbarkeit der Norm aus anderen Gründen, z.B. auf Grund entgegenstehenden Europäischen Unionsrechts, feststeht (BVerfGE 85, 191/203 ff). Hat ein Gericht sowohl europarechtliche als auch verfassungsrechtliche Zweifel, kann es „nach eigenen Zweckmäßigkeitserwägungen entscheiden", ob es dem BVerfG oder dem EuGH vorlegt (BVerfGE 116, 202/214 f). In aller Regel müssen Beweisaufnahme und mündliche Verhandlung abgewartet werden (BVerfGE 63, 1/22; 79, 256/264). Wird das Ausgangsverfahren durch eine Rechtsänderung oder Klagerücknahme beendet, entfällt die Entscheidungserheblichkeit (BVerfGE 14, 140/142; 29, 325/326). Das Gleiche gilt, wenn das vorlegende Gericht seine Auffassung zur Gültigkeit des Gesetzes ändert (BVerfG-K, NVwZ 95, 158).

bb) Grundsätzlich ist der **Tenor** der Entscheidung dafür maßgeblich, ob 12 eine andere Entscheidung vorliegt (BVerfGE 44, 297/300). Andere Entscheidungen sind: Stattgabe und Abweisung der Klage (BVerfGE 73, 301/312; 75, 40/55); Unzulässigkeit und Unbegründetheit (BVerfGE 19, 330/336; 35, 65/72); Zurückweisung einer Berufung als unzulässig und aus sachlichen Gründen (BVerfGE 22, 106/109; 91, 118/122); sachliche Entscheidung und Aussetzung des Verfahrens (BVerfGE 74, 182/195; 84, 233/237; 93, 121/131; BFHE 190, 408/411; a. A. BVerfGE 8, 28/32 ff). Voraussetzung ist aber, dass der Verfassungsverstoß gerade Beteiligte des Ausgangsverfahrens trifft (BVerfGE 66, 100/105 ff; 67, 239/244). Ausnahmsweise kann auch die Begründung entscheidend sein, wenn ihr für Inhalt und Wirkung der Entscheidung rechtliche Bedeutung zukommt (BVerfGE 44, 297/301), z. B. wenn bei alternativer Begründung die Rechtskraftwirkungen einer Entscheidung im Unklaren blieben und weiterer Rechtsstreit über künftiges Verhalten zwischen den Beteiligten zu gewärtigen ist (BVerfGE 47, 146/165; 63, 1/24).

cc) Grundsätzlich kommt es auf die **Endentscheidung** an (BVerfGE 13 76, 100/104; 85, 337/343; 104, 74/82; krit. Müller-Terpitz SHH 20). Prozessleitende Verfügungen (BVerfGE 21, 148/149) und Beweisbeschlüsse (BVerfGE 11, 330/335; 64, 251/254) gehören nicht dazu, wohl aber strafprozessuale richterliche Untersuchungshandlungen (BVerfGE 31, 43/45; 33, 367/373) und Geschäftswertfestsetzungen nach dem WEG (BVerfGE 85, 337/343 f). Bei Zwischenentscheidungen besteht eine Entscheidungserheblichkeit, sofern nicht der weitere Verfahrensablauf dazu führen kann, dass es auf die Verfassungswidrigkeit des Gesetzes nicht mehr ankommt (BVerfGE 63, 1/21 f). In einstweiligen Rechtsschutzverfahren ist das der Fall, wenn die vorläufige Regelung die endgültige Entscheidung weitgehend vorwegnimmt oder gar kein Hauptsacheverfahren mehr stattfindet (BVerfGE 46, 43/51; 63, 131/141). In Strafverfahren ist die Vorlage vor Eröffnung des Hauptverfahrens (BVerfGE 22, 39/41; 47, 109/114; 54, 47/50) und im Rechtsmittelverfahren auch dann zulässig, wenn nur noch über das Strafmaß zu entscheiden ist (BVerfGE 90, 145/166 f). Eine vorlagefähige Zwischenentscheidung ist auch der Ankündigungsbeschluss gem. § 291 Abs. 1 InsO (BVerfG-K, NJW 04, 1233).

dd) Grundsätzlich legt das BVerfG die **Rechtsauffassung des vorlegen-** 14 **den Gerichts** für die Beurteilung der Entscheidungserheblichkeit zugrunde. Erst bei der inhaltlichen Entscheidung über die Gültigkeit des Gesetzes prüft es das BVerfG selbst (vgl. BVerfGE 44, 322/339; 50, 142/152 f; 80, 244/250). Ausnahmsweise weicht das BVerfG hiervon ab, wenn die Rechtsauffassung des vorlegenden Gerichts offensichtlich unhaltbar ist (BVerfGE 99, 300/313; 105, 61/67; 117, 1/27; krit. Löwer HbStR³ III § 70 Rn. 95; Meyer MüK 23), wenn die Entscheidungserheblichkeit von verfassungsrechtlichen Vorfragen abhängt (BVerfGE 63, 1/27 ff; 69, 150/159; 78, 165/172; krit. Benda/Klein 847 ff) oder wenn das vorlegende Gericht Rechtssätze anwendet, die das

BVerfG aus dem GG entwickelt hat (BVerfGE 48, 29/37f; 67, 26/35; 89, 144/152). Die Vorlagefrage kann vom BVerfG eingeschränkt (BVerfGE 76, 130/138; 85, 176/182f) oder ausgeweitet (BVerfGE 72, 200/239f; 78, 232/243; 102, 99/114) werden. Sie wird gelegentlich auch umgedeutet (vgl. BVerfGE 58, 300/318ff; krit. Benda/Klein 865). Neufassungen der Gesetze werden einbezogen (BVerfGE 61, 291/306).

15   **ee) Ausnahmen.** Das BVerfG sieht vom Erfordernis der Entscheidungserheblichkeit ab, wenn „die Vorlagefrage von allgemeiner und grundsätzlicher Bedeutung für das Gemeinwohl und deshalb ihre Entscheidung dringlich ist" (BVerfGE 47, 146/151ff). Es lässt auch eine mittelbare Entscheidungserheblichkeit eines Gesetzes bei unmittelbarer Entscheidungserheblichkeit einer Rechtsverordnung ausreichen (BVerfGE 75, 166/173ff; vgl. auch Sieckmann MKS 45).

16   **e) Form. aa) Begründungspflichten.** Der Vorlagebeschluss muss gem. § 80 Abs.2 S.1 als lex specialis zu § 23 Abs.1 S.2 BVerfGG (schriftlich) begründet werden, und es sind gem. § 80 Abs.2 S.2 BVerfGG die Akten beizufügen. Das BVerfG stellt insoweit strenge Anforderungen (krit. Lechner/Zuck 31 zu § 80): Der Vorlagebeschluss muss aus sich heraus, ohne Beiziehung der Akten verständlich sein und den Sachverhalt und die rechtlichen Erwägungen erschöpfend darlegen (BVerfGE 69, 185/187; 77, 259/261; 83, 111/116); er muss sich eingehend mit der Rechtslage auseinandersetzen und dabei die in Literatur und Rechtsprechung entwickelten Rechtsauffassungen berücksichtigen und auf unterschiedliche Auslegungsmöglichkeiten eingehen (BVerfGE 97, 49/60; 99, 300/312f; 105, 48/56); die Bezugnahme auf die eigene Rechtsprechung reicht nicht (BVerfGE 124, 251/261f). Dazu gehört auch die Erörterung einer möglichen verfassungskonformen Auslegung (BVerfGE 80, 68/72; 85, 329/333f; 124, 251/262ff; anders noch BVerfGE 25, 198/204) und die Einbeziehung von weiteren Normen, wenn sich aus deren Zusammenhang die Entscheidungserheblichkeit ergibt (BVerfGE 80, 96/100f; 89, 329/337; 105, 48/56), sowie die Berücksichtigung der Entstehungsgeschichte (BVerfGE 78, 201/204; 88, 70/74; 92, 277/312; BVerfG-K, NJW 09, 1805). Der Vorlagebeschluss darf keinen konstruierten Sachverhalt zugrundelegen (BVerfGE 66, 226/231), keine „sich mehr oder weniger im Ungefähren bewegende Ausführungen" enthalten (BVerfGE 80, 68/71) und auch nicht „in sich widersprüchlich" sein (BVerfGE 84, 160/166).

16a   **bb) Besonderheiten.** *Abgeschwächte* Begründungspflichten gelten, wenn das vorlegende Gericht rechtlich gehindert ist, die gebotenen Ermittlungen selbst durchzuführen (BVerfGE 24, 119/133f; 58, 300/327), wenn ein nicht erörterter Gesichtspunkt sich ohne weiteres aus einem erörterten ergibt (BVerfGE 51, 401/403f) oder wenn eine Problematik „rechtliches Gemeingut" ist (BVerfGE 93, 121/132f). Bei Abweichung von einer Entscheidung des BVerfG gelten dagegen *verschärfte* Begründungspflichten (BVerfGE 65, 179/181; 87, 341/346; 105, 61/70); eventuelle neue Tatsachen und Umstände müssen dargelegt werden (BVerfGE 70, 242/249f; BVerfG-K, NJW 04, 1621); die ungeprüfte Übernahme von Parteivorbringen reicht nicht aus (BVerfGE 87, 341/346).

f) Sonstiges. Soweit eine Vorlage sowohl an ein Landesverfassungsgericht **17** als auch an das BVerfG in Betracht kommt, ist die Vorlage zunächst an das BVerfG zulässig (BVerfGE 2, 380/388 f; 55, 207/224 f; 69, 174/182 f). Entgegenstehende frühere Entscheidungen machen die Vorlage gem. § 31 S.1 BVerfGG unzulässig (Pestalozza 213; vgl. auch BVerfGE 62, 63/67); eine Ausnahme gilt „beim Auftreten neuer und erheblicher tatsächlicher und rechtlicher Gesichtspunkte" (BVerfGE 84, 348/358; 82, 198/205; 78, 38/48). Die Parteien des Ausgangsverfahrens sind nicht Verfahrensbeteiligte vor dem BVerfG (BVerfGE 20, 350/351), wohl aber gem. § 82 Abs.3 BVerfGG äußerungsberechtigt. Bedienen sie sich hierbei eines Rechtsanwalts, stehen diesem Gebühren zu; insoweit ist für eine Gegenstandswertfestsetzung durch das BVerfG Raum (BVerfGE 53, 332 ff). Eine Gegenvorstellung des vorlegenden Gerichts ist unzulässig (BVerfG-K, NJW 00, 1554). Die in § 77 BVerfGG genannten Verfassungsorgane sind gem. § 82 Abs.2 BVerfGG beitrittsberechtigt. Die Unzulässigkeit einer Vorlage kann, soweit sie nicht von einem Landesverfassungsgericht oder einem obersten Gerichtshof des Bundes kommt, gem. § 81a BVerfGG auch durch einstimmigen Beschluss der gem. § 15a BVerfGG gebildeten Kammer festgestellt werden; dies dient wie das Annahmeverfahren bei der Verfassungsbeschwerde (Rn.46 f zu Art.93) der Entlastung des Gerichts (Jaeger, EuGRZ 03, 149; Ulsamer/Müller-Terpitz MSKB 1 zu § 81a).

3. Begründetheit

Prüfungsmaßstab sind das GG (S.1 Alt.2, S.2 Alt.1) sowie allgemeine Re- **18** geln des Völkerrechts iSd Art.25 (Meyer MüK 21, 29; vgl. auch BVerfGE 14, 221/237). Bezüglich des Europäischen Unionsrechts geben Restriktionen des Prüfungsmaßstabs wie bei der abstrakten Normenkontrolle (Rn.27 zu Art.93). Soweit dem zuständigen Landesverfassungsgericht vorzulegen ist, ist Prüfungsmaßstab Landesverfassungsrecht (S.1 Alt.1). Gegenüber Landesgesetzen ist auch Bundesrecht Prüfungsmaßstab (S.2 Alt.2), d. h. Bundesgesetze und andere Bundesrechtsnormen (BVerfGE 1, 283/291 f; 17, 208/210; 67, 1/11; BVerwGE 110, 363/366; BAGE 74, 218/225), die vom BVerfG selbst ausgelegt werden (BVerfGE 66, 270/282 ff; 66, 291/307 ff; 80, 137/155 f). Das zulässigerweise vorgelegte Gesetz wird vom BVerfG unter allen verfassungsrechtlichen Gesichtspunkten nachgeprüft (BVerfGE 3, 187/197; 67, 1/11; 93, 121/133).

II. Feststellung von Völkerrecht als Bundesrecht (Abs.2)

Zweck der Vorschrift ist die verfahrensrechtliche Absicherung der Gel- **19** tung allgemeiner Regeln des Völkerrechts (Rn.5–11 zu Art.25), indem gem. § 83 Abs.1 BVerfGG allein vom BVerfG geprüft wird, ob eine solche Regel als Bundesrecht existiert und ob sie für den Einzelnen Rechte und Pflichten erzeugt; das BVerfG spricht von einer „Gewährleistungsfunktion des Art.100 Abs.2 GG zugunsten der allgemeinen Regeln des Völkerrechts" (BVerfGE 75, 1/11). Abs.2 wird als Fall einer Normenverifikation (BVerfGE 23, 288/318; Löwer HbStR³ III § 70 Rn.128 ff) oder Normenqualifikation betrachtet (Meyer MüK 29). Die Frage, ob ein Gesetz mit einer allgemeinen Regel des Völkerrechts übereinstimmt, ist nach Abs.1 zu klären (vgl. auch Hartwig UC 194). Abs.2 begründet eine Pflicht jedes Richters, bei Vorliegen der Voraussetzungen (unten Rn.20) die Entscheidung des BVerfG einzuholen. Das BVerfG hat darüber hinaus den Beteiligten am Ausgangsverfahren einen Rechtsanspruch auf Vorlage zugestanden (Rn.12 zu Art.101).

20 **Zulässigkeit. – (1)** Vorliegen eines *Rechtsstreits, d. h.* jedes gerichtliche Verfahren (BVerfGE 75, 1/11); für die Vorlageberechtigung gilt das oben Rn.5 Gesagte entsprechend. – **(2)** *Zweifel* des vorlegenden Gerichts oder ernst zu nehmende Zweifel außerhalb des vorlegenden Gerichts (BVerfGE 64, 1/14 ff; 92, 277/316; 96, 68/78 f; BVerfG-K, NVwZ 08, 879; BVerwGE 131, 316 Rn.91; BGHSt 35, 216/218). Bisher nicht geäußerte Zweifel müssen nachvollziehbar und haltbar sein (Pestalozza 221). Das höchstrichterliche Rechtsprechung fehlt, kann Zweifel begründen (BVerfGE 118, 124/133). Ursprünglich bestehende Zweifel können durch höchstrichterliche Entscheidungen beseitigt worden sein (BGHZ 155, 279/284 f). – **(3)** *Vorlagegegenstand* sind Existenz, Rechtscharakter, Tragweite und Bindungskraft einer allgemeinen Regel des Völkerrechts (BVerfGE 64, 1/13; 94, 315/328; 118, 124/132 f; diff. Schorkopf UCD 14 f zu §§ 83, 84), nicht des Völkervertragsrechts (BVerfG-K, EuGRZ 01, 77). Die Anwendung auf den konkreten Fall ist Aufgabe der Fachgerichte (BVerfG-K, NVwZ 08, 878). Ob die allgemeine Regel des Völkerrechts auch Rechte und Pflichten für den Einzelnen erzeugt, ist unerheblich (BVerfGE 15, 25/33; Benda/Klein 948 f; Wieland DR 32). – **(4)** *Entscheidungserheblichkeit* (oben Rn.11–15) der Zweifel gem. §§ 84, 80 Abs.2 BVerfGG (BVerfGE 75, 1/12 ff; 96, 68/79 ff; 100, 209/211 f); dies ist auch bei Beweisbeschlüssen möglich (BVerfGE 46, 342/360). Das BVerfG legt die Rechtsauffassung des vorlegenden Gerichts für die Beurteilung der Entscheidungserheblichkeit zugrunde, außer sie ist offensichtlich unhaltbar (BVerfGE 75, 1/12 f; 78, 1/5; 100, 209/212). Die Entscheidungserheblichkeit fehlt, wenn der angegriffene Akt bereits aus anderen Gründen, z. B. wegen Gesetz- oder Verfassungswidrigkeit, keinen Bestand hat (vgl. BVerfGE 75, 1/14 ff; abw. Hartwig UC 191 f). – **(5)** *Form, Begründung.* Gem. §§ 84, 80 Abs.2 BVerfGG ist die Vorlage wie bei der konkreten Normenkontrolle (oben Rn.16) zu begründen; die dortigen strikten Anforderungen gelten entsprechend (BVerfGE 100, 209/213; Benda/Klein 960; vgl. aber auch BVerfGE 117, 141/146 f). – **(6)** *Sonstiges.* Gem. § 83 Abs.2 S.2 BVerfGG können die obersten Verfassungsorgane in jeder Lage dem Verfahren beitreten. Die Parteien des Ausgangsverfahrens sind nicht Verfahrensbeteiligte vor dem BVerfG (BVerfGE 15, 25/30), wohl aber gem. §§ 84, 82 Abs.3 BVerfGG äußerungsberechtigt. Die Aufhebung des Vorlagebeschlusses führt zur Erledigung des Verfahrens vor dem BVerfG (BVerfGE 117, 357/358 f).

III. Divergenzvorlage (Abs.3)

21 **Zweck** der Vorschrift ist die Wahrung der Einheitlichkeit der Rechtsanwendung im Verhältnis zwischen dem BVerfG und den Verfassungsgerichten der Länder sowie zwischen den Verfassungsgerichten der Länder untereinander (BVerfGE 3, 261/265). Abs.3 begründet eine Pflicht der Landesverfas-

sungsgerichte, bei Vorliegen der Voraussetzungen (unten Rn.22) die Entscheidung des BVerfG einzuholen; es hat aber Wahlfreiheit zwischen Abs.1 und 3 (BVerfGE 36, 342/356). Ein Verstoß gegen diese Pflicht verletzt Art.101 Abs.1 S.2 (Rn.12 zu Art.101; BVerfGE 13, 132/142ff). Da die Landesverfassungsgerichte als Prüfungsmaßstab grundsätzlich nur die Landesverfassung haben (BVerfGE 36, 342/368; 6, 376/382; 10, 285/293), ist für sie das GG Prüfungsmaßstab nur dafür, ob die Landesverfassung gültig ist (Rozek, Lit. A zu Art.28, 53ff, 200ff; Starck HbStR³ VI § 130 Rn.75; zu weitgehend BVerfGE 60, 175/207; 69, 112/117; 103, 332/352ff).

Zulässigkeit. – **(1)** Vorlage des *Verfassungsgerichts eines Landes;* dies kann **22** auch ein Oberverwaltungsgericht sein, dem eine Zuständigkeit in Verfassungsstreitigkeiten durch Landes- oder Bundesgesetz zugewiesen wurde (Schlaich/Korioth 185; krit. Pestalozza 229). – **(2)** *Entscheidung* umfasst Urteile und Beschlüsse der Senate und des Plenums (Rühmann UCD 41ff zu § 85), den Tenor und die tragenden Gründe (BVerfGE 3, 261/264f; 18, 407/413; weiter gehend Clemens UC 222: auch erläuternde Ausführungen), nicht aber obiter dicta (Wieland DR 37) und Kammerbeschlüsse, außer sie geben gem. § 93 Abs.1 BVerfGG der Verfassungsbeschwerde statt (Bethge MSKB 49 zu § 85; Clemens UC 221; Löwer HbStR³ III § 70 Rn.167; a.A. Rühmann UCD 42 zu § 85). – **(3)** *Abweichen* bedeutet eine andere Auslegung des GG; hierfür kommt es auf die Qualität als Bundesverfassungsrecht, nicht auf die inhaltliche Vergleichbarkeit oder Übereinstimmung von Landesverfassungsrecht mit Bundesverfassungsrecht an (Pestalozza 223; Wieland DR 38ff; a.A. Rühmann UCD 32ff zu § 85; Clemens UC 215f). Ein Abweichen kommt nicht in Betracht, wenn das GG keine Wirkung für das Landesverfassungsrecht hat (ThürVerfGH, LVerfGE 9, 413/431). – **(4)** *Entscheidungserheblichkeit* besteht nur dann, wenn die vom vorlegenden Gericht zu treffende Entscheidung auf der Grundlage seiner Rechtsansicht anders ausfallen wird als auf der Grundlage der Rechtsansicht des Gerichts, von der abgewichen werden soll (BVerfGE 18, 407/413; 96, 345/359). Das ist bei Erledigung des Ausgangsverfahrens nicht gegeben (BVerfGE 13, 165/166). Im Übrigen folgt das BVerfG der Ansicht des vorlegenden Landesverfassungsgerichts ohne eigene Prüfung der Entscheidungserheblichkeit (BVerfGE 36, 342/356f; 96, 345/359; Wieland DR 41). – **(5)** *Form, Begründung.* Gem. § 85 Abs.1 BVerfGG hat das Verfassungsgericht des Landes bei Aktenvorlage seine Rechtsauffassung darzulegen. Die Begründungsanforderungen dürften im Hinblick auf die Stellung der Landesverfassungsgerichte niedriger als bei der konkreten Normenkontrolle (oben Rn.16) liegen (Benda/Klein 1183; Starck HbStR³ VI § 130 Rn.75). Auch die Vorlagefrage darf weiter gefasst werden (BVerfGE 96, 345/359ff). – **(6)** *Sonstiges.* Gem. § 85 Abs.2 BVerfGG sind Bundesrat, Bundesregierung und das betroffene Landesverfassungsgericht äußerungsberechtigt.

Art. 101 [Recht auf den gesetzlichen Richter]

(1) **Ausnahmegerichte sind unzulässig[8]. Niemand darf seinem gesetzlichen Richter[2 ff] entzogen werden[5a ff].**

(2) **Gerichte für besondere Sachgebiete können nur durch Gesetz errichtet werden**[7].

Übersicht

Literatur: *Roth,* Verfassungsgerichtliche Kontrolle der Vorlagepflicht an den EuGH, NVwZ 2009, 345; *Remus,* Präsidialverfassung und gesetzlicher Richter, 2008; *Degenhart,* Gerichtsorganisation, HbStR[3] V, 2007, § 114; *Fastenrath,* Der EuGH als gesetzlicher Richter, FS Ress, 2005, 461; *Sowada,* Der gesetzliche Richter im Strafverfahren, 2002; *Roth,* Das Grundrecht auf den gesetzlichen Richter, 2000; *Pechstein,* Der gesetzliche Richter, Jura 1998, 197; *Eser,* Der „gesetzliche Richter" und seine Bestimmung für den Einzelfall, FS Salger, 1995, 247; *Reichl,* Probleme des gesetzlichen Richters in der Verwaltungsgerichtsbarkeit, 1994; *F. Herzog,* Über bewegliche Zuständigkeiten, instrumentelle Zuständigkeitswahl und das Problem des gesetzlichen Richters, StV 1993, 609; *Höfling,* Das Verbot prozessualer Willkür, JZ 1991, 955.

1. Bedeutung, Systematik und Abgrenzung zu anderen Vorschriften

1   Die Garantie des gesetzlichen Richters soll „der Gefahr vorbeugen, dass die Justiz durch eine Manipulation der rechtsprechenden Organe sachfremden Einflüssen ausgesetzt wird" (BVerfGE 95, 322/327; 118, 212/239). Art.101 enthält ein einheitliches Grundrecht; Abs.1 S.1 und Abs.2 sind Spezialfälle von Abs.1 S.2 (unten Rn.7 f). Das Recht auf den gesetzlichen Richter ist eine wichtige Ausprägung der rechtsstaatlichen Rechtssicherheit (BVerfGE 20, 336/344) und des rechtsstaatlichen Objektivitätsgebots (BVerfGE 82, 159/194). Es steht in engem sachlichen Zusammenhang mit Art.19 Abs.4 und ist wie dieser stark normgeprägt und auf die Ausgestaltung durch den Gesetzgeber (Rn.49–51 zu Art.19) angewiesen. Es besteht eine Verpflichtung, „Regelungen zu treffen, aus denen sich der gesetzliche Richter ergibt" (BVerfGE 95, 322/328). Wie beim Anspruch auf rechtliches Gehör (Rn.41 zu Art.103) sind Präklusionsregelungen zulässig (BVerfG-K, NStZ 84, 370 f; BGHSt 44, 361/365). Abs.1 S.2 ist ein grundrechtsgleiches Recht (Vorb.1 vor Art.1; Rn.52, 72 zu Art.93) und enthält zugleich objektives Verfassungsrecht (BVerfGE 20, 336/344; 40, 356/361; 61, 82/104), allerdings keine institutionelle Garantie (vgl. Schulze-Fielitz DR 16; Roth, o. Lit., 73 ff; a. A. Kunig MüK 1; Stern ST II 916, III/1, 1466).

2. Schutzbereich

a) Richter ist neben dem zur Entscheidung im Einzelfall berufenen 2
Richter auch das Gericht als organisatorische Einheit und das Gericht als
Spruchkörper (BVerfGE 17, 294/298 f; 40, 356/361). Für die Begriffe des
Richters und des Gerichts gilt grundsätzlich das bei Rn.7–10 zu Art.92 Ge-
sagte. Darüber hinaus ist speziell zu Art.101 entschieden worden, dass er gilt
für: Berichterstatter im Kollegialgericht (BSG, NJW 96, 2181; Roth, o. Lit.,
32 ff; a. A. BGH, NJW 95, 403; BGHSt 21, 250/255; BFH, NVwZ 96,
102), BVerfG (Rn.3, 19, 21 zu Art.100), DDR-Richter, die nach dem
EVertr. zur Rspr. ermächtigt sind (BVerfG-K, DtZ 91, 408), ehrenamtliche
Richter (BVerfGE 48, 300/317; 91, 93/117; BVerfG-K, DtZ 92, 281;
BVerwGE 93, 161; BGHZ 127, 327/329), Ergänzungsrichter und am Eröffnungsbeschluss beteiligte Richter (BVerfG *abwM* 30, 157/162 ff; Roth 31 f;
a. A. BVerfGE 30, 149/152 ff), EuGH (BVerfGE 73, 339/366 ff; 75, 223/
231 f; 82, 159/192; BVerfG-K, NJW 94, 2017; NVwZ 97, 481; BGHZ 125,
27/36), Große und Gemeinsame Senate (BVerfGE 19, 38/42 f; 38, 386/
397 f), Landesverfassungsrichter (BVerfGE 82, 286/296 f; 96, 231/244), Re-
visionsrichter (BVerfGE 30, 165/168; 63, 77/80), Richter in der freiwilligen
Gerichtsbarkeit (BVerfGE 21, 139/144 f), Richter, der Termin zur Hauptverhandlung anberaumt (BVerfGE 4, 412/417 f), Schöffen (BVerfGE 31,
181/183; BGHSt 37, 324/326 ff), Untersuchungsführer im förmlichen Disziplinarverfahren (BVerwGE 93, 151/155), Untersuchungsrichter (BVerfGE
25, 336/347 ff), Vorprüfungsausschuss des BVerfG (BVerfGE 19, 88/92) und
Vorsitzender Richter am Truppendienstgericht (BVerfGE 40, 268/271);
nicht aber für parlamentarische Untersuchungsausschüsse (BVerfGE 77, 1/
42) und staatliche Prüfer (BVerwGE 30, 172/178).

Auf **persönliche Eignungsmerkmale** eines Richters kommt es grund- 3
sätzlich nicht an, weil sie den Schutzzweck der Norm, Eingriffe Unbefugter
in die Rechtspflege zu verhindern und das Vertrauen der Rechtsuchenden
und der Öffentlichkeit in die Unparteilichkeit und Sachlichkeit der Gerichte
zu schützen, nicht berühren (BVerfG-K, NJW 92, 2075). Mängel in der physischen oder psychischen Konstitution des Richters, die seine Verhandlungs-
fähigkeit vorübergehend oder auf Dauer beeinträchtigen können, wie etwa
Blindheit, Taubheit, Schwerhörigkeit, Krankheit oder Übermüdung, können
aber im Einzelfall zu Verletzungen des Anspruchs auf rechtliches Gehör
(Rn.28 zu Art.103) oder auf ein rechtsstaatlich faires Verfahren (Rn.96 f zu
Art.20) führen. Soll-Vorschriften über die angemessene Berücksichtigung aller Gruppen der Bevölkerung bei der Schöffenwahl dienen nicht der Bestimmung des gesetzlichen Richters (Schulze-Fielitz DR 30; offen gelassen
BVerfG-K, DtZ 92, 282).

b) Unabhängigkeit des Richters. Gesetzlicher Richter ist nur derjenige, 4
der in jeder Hinsicht den Anforderungen des GG entspricht (BVerfGE 3,
377/381; 60, 175/214; 82, 286/298). Damit werden praktisch die Anforderungen aus Art.92 und 97 verfassungsbeschwerdefähig gemacht; entsprechende Verstöße (Rn.2–12 zu Art.92; Rn.1 zu Art.97) sind zugleich Verstöße gegen Art.101 (Schulze-Fielitz DR 41 f; Classen MKS 25; krit. Roth, o. Lit.,
49 ff).

5 **c) Träger** des grundrechtsgleichen Rechts sind die Prozessbeteiligten, gleichgültig ob natürliche oder juristische Personen (BVerfGE 18, 441/447; 64, 1/11), auch juristische Personen des öffentlichen Rechts (Rn.25 zu Art.19), nichtrechtsfähige Personenmehrheiten als Antragsteller eines Volksbegehrens (BVerfGE 82, 286/295; 96, 231/244) und ausländische juristische Personen (Rn.20 zu Art.19), nicht aber die Richter (BVerfGE 15, 298/301), Zeugen und Sachverständige (Classen MKS 9; Müller-Terpitz SHH 6). Es reicht auch eine unmittelbare Betroffenheit (BVerfGE 61, 82/104; vgl. auch Rn.8 zu Art.103). Abs.1 S.2 gilt auch in sog. objektiven Verfahren, in denen es keine Prozessbeteiligten gibt (BVerfGE 40, 356/361f; 82, 286/296f). Im abstrakten Normenkontrollverfahren (Rn.19–28 zu Art.93) haben die Antragsteller das Recht auf den gesetzlichen Richter (BVerfGE 82, 286/296f; a.A. noch BVerfGE 2, 74/91). Im konkreten Normenkontrollverfahren (Rn.1–22 zu Art.100) ist den Beteiligten des Ausgangsverfahrens aber das Stellen von Prozessanträgen verwehrt (BVerfGE 42, 90/91; vgl. auch BVerfGE 46, 34/36).

3. Beeinträchtigung und Ausgestaltung

5a Der Schutz vor Entzug des gesetzlichen Richters **bedeutet** als Leistungsrecht das Bereitstellen des gesetzlichen Richters. Zugleich ist Abs.1 S.2 als Abwehrrecht gegen Eingriffe des nicht gesetzlich bestimmten Richters gerichtet. Das grundrechtsgleiche Recht verpflichtet alle drei Staatsgewalten.

6 **a) Legislative. aa) Gesetzliche** Bestimmung des Richters. Dieser Gesetzesvorbehalt bedeutet, dass die fundamentalen Zuständigkeitsregeln in einem Parlamentsgesetz enthalten sein müssen (BVerfGE 19, 52/60; 95, 322/328) und insb. Verwaltungsvorschriften nicht ausreichend sind (BVerfGE 2, 307/320ff). Im Übrigen kann unter den Voraussetzungen des Art.80 Abs.1 die Bestimmung des zuständigen Richters durch Rechtsverordnung erfolgen (BVerfGE 2, 307/326; 24, 155/166; 27, 18/34f; BVerfG-K, NVwZ 93, 1080). Ergänzend sind für die Gesetzlichkeit hier erforderlich: – **(1)** Geschäftsverteilungspläne der Gerichtspräsidien (BVerfGE 17, 294/298f; 19, 52/59f; 95, 322/328; BVerwGE 50, 11/16; BAGE 68, 248/253f), die aber nicht gegen das Gesetz verstoßen dürfen (BVerfGE 34, 180/182). Die falsche Zusammensetzung des kollegialen Organs, das den Geschäftsverteilungsplan erlässt, macht ihn nicht unwirksam oder nichtig (BVerfGE 31, 47/54). – **(2)** Geschäftsverteilungspläne (früher Mitwirkungspläne genannt) der Spruchkörper (vgl. § 21g GVG), in denen abstrakt-generell festgelegt ist, welche Richter in welchen Verfahren mitwirken (BVerfGE 95, 322/328 gegen BVerfGE 18, 344/351; 69, 112/120; krit. Classen MKS 15); vgl. unten Rn.14f.

7 Der Gesetzesvorbehalt gilt gem. Abs.2 auch für **Gerichte für besondere Sachgebiete;** allerdings reicht für die Errichtung dieser Gerichte ein Geschäftsverteilungsplan nicht aus (Schulze-Fielitz DR 24). Es kommen insoweit nur Landesgerichte in Betracht (Rn.13 zu Art.92), z.B. ärztliche Berufsgerichte (BVerfGE 27, 355/361f; 71, 162/178), Disziplinargerichte für Beamte (Kunig MüK 42; Schulze-Fielitz DR 25), Ehrengerichte für Rechtsanwälte (BVerfGE 26, 186/192ff), Flurbereinigungsgerichte (Kunig MüK 42; Schul-

ze-Fielitz DR 25), Jugendgerichte (BayObLG, JR 75, 204), Richterdienstge-
richte (BVerfGE 48, 300/324) und Schifffahrtsgerichte (Kunig MüK 42;
Schulze-Fielitz DR 25), nicht aber die abschließend aufgezählten fakultativen
Bundesgerichte gem. Art.96 Abs.1–4 (BVerfGE 10, 200/213; BVerwGE 32,
21/23; Degenhart SA 24; a. A. BVerwGE 93, 287 für Wehrdienstgerichte).

bb) Abstrakt-generelle Regelung **im Voraus** (BVerfGE 63, 77/79; 82, **8**
286/298; 95, 322/328 f). Änderungen der Zuständigkeit müssen außer anhängigen Verfahren auch eine unbestimmte Vielzahl künftiger Fälle erfassen
(BVerfGE 24, 33/54 f; BVerfG-K, NJW 03, 345). Davon darf abgewichen
werden, wenn nur so das Verfassungsgebot eines beschleunigten Verfahrens
erfüllt werden kann (BVerfG-K, NJW 09, 1735; BGHSt 44, 161/165 ff).
Ausnahmegerichte (Abs.1 S.1) sind demgegenüber dadurch gekennzeichnet,
dass sie zur Entscheidung einzelner konkreter oder individuell bestimmter
Fälle berufen sind (BVerfGE 3, 213/223; 8, 174/182; 10, 200/212; 14, 56/
72); sie dürfen auch durch Gesetz nicht errichtet werden (Degenhart SA 23;
Schulze-Fielitz DR 32).

cc) Bestimmtheit des Richters (BVerfGE 95, 322/330). Dass Gesetze **9**
ausgelegt werden müssen, ist insoweit unschädlich (BVerfGE 48, 246/262 f;
118, 212/239; BGHZ 153, 173/180 f). Auch die Einräumung von Ermessen
an den Richter ist nicht per se unzulässig; z. B. darf er entscheiden, ob er
zunächst das Eilverfahren oder das Hauptsacheverfahren erledigt (BVerfGE
78, 7/19). Das BVerfG verlangt allerdings eine „möglichst eindeutige"
Bestimmung und lässt „unvermeidliche" Ungenauigkeiten vorheriger gesetzlicher Festlegung zu (BVerfGE 31, 145/163 f; 69, 112/122; 95, 322/329 f;
krit. Roth, o. Lit., 86 f). Das geht an, soweit es wiederum Richter sind, die
einen gesetzlichen Spielraum bei der Bestimmung des zuständigen Richters
auszufüllen haben (BVerfGE 20, 336/343 ff; 25, 336/346; BVerwGE 72, 59/
62), z. B. bei Verweisung (BVerfGE 6, 45/52 f), Zurückverweisung (BVerfGE
20, 336/345; 118, 212/240 f; teilw. a. A. Classen MKS 46; Kunig MüK 28),
Übertragung auf den Einzelrichter (BVerfG-K, NJW 84, 559; Classen MKS
43) und Rechtsmittelzulassung (BVerfGE 54, 277/292; 65, 77/91; 91, 93/
117); nicht aber, soweit anderen Organen, z. B. der Staatsanwaltschaft, ein
Spielraum bei der Bestimmung des zuständigen Richters (sog. bewegliche
Zuständigkeit) eingeräumt ist (Degenhart HbStR³ V § 114 Rn.37; Kunig
MüK 28; Schulze-Fielitz DR 46; diff. Classen MKS 35 ff; Roth, o. Lit.,
108 ff; a. A. BVerfGE 9, 223/226 f; 22, 254/259 ff). Die Möglichkeit, gem.
§ 24 Abs.1 Nr.3 GVG wegen der besonderen Bedeutung der Sache beim
Landgericht anzuklagen, ist daher verfassungswidrig. Mehrere Zuständigkeiten für eine Sache sind in jedem Fall eine Entziehung (Kunig MüK 26). Unzulässig ist es, dem Kläger eine Vielzahl von Gerichtsständen (sog. fliegender
Gerichtsstand) zu eröffnen, nicht aber begrenzte, sachlich begründete Wahl-
möglichkeiten einzuräumen (Classen MKS 23, 34; Schulze-Fielitz DR 44);
auch Gerichtsstandsvereinbarungen verstoßen nicht gegen Abs.1 S.2 (Classen
MKS 26). Unzulässig ist es, die Zulassung einer Revision von der Arbeitsbelastung des Revisionsgerichts abhängig zu machen (BVerfGE 54, 277/292 f).

b) Exekutive. Hier liegen die geschichtlichen Wurzeln des Rechts auf den **10**
gesetzlichen Richter („Kabinettsjustiz"; BVerfGE 4, 412/416), aber nicht die

aktuellen Probleme. Eine Entziehung wäre die Richterbestellung (oder Nichtbestellung) „ad hoc und ad personam" (BVerfGE 82, 159/194). Keine Entziehung ist die Ernennung und Besoldung der Richter durch die Exekutive (Schulze-Fielitz DR 47; vgl. auch BVerfGE 18, 423/426; 19, 52/62). Die Koppelung einer gerichtlichen Zuständigkeit an den Sitz einer Verwaltungsbehörde ist regelmäßig zulässig (BVerfGE 27, 18/35 f). Die übergangsweise Abhängigkeit einer örtlichen Zuständigkeit vom Behördengang ist unschädlich (BVerwG, DÖV 81, 26, 842).

11 **c) Anwendung der Zuständigkeitsregelung.** Die Rechtsprechung verstößt gegen Art.101, wenn sie diesbezügliche einfach-rechtliche Verfahrensvorschriften **willkürlich unrichtig** anwendet, nicht aber wenn sie einen bloßen error in procedendo begeht (BVerfGE 3, 359/365; 67, 90/95; 86, 133/143; BVerwGE 69, 30/36; 104, 170/172 f; BGHZ 154, 200/203; BGHSt 52, 24/30; BAGE 88, 344/355 f), d.h. dass die gerichtliche Entscheidung „nicht mehr verständlich" erscheinen darf oder „offensichtlich unhaltbar" sein muss (BVerfGE 29, 45/49; 82, 159/194; BVerfG-K, NJW 02, 2859 f; 03, 281) oder – treffender (Classen MKS 31) – dass die „Bedeutung und Tragweite von Art.101 Abs.1 S.2 grundlegend verkannt" worden ist (BVerfGE 82, 286/299; 87, 282/285; BVerfG-K, NJW 05, 3411; NVwZ 09, 582; BerlVerfGH, LVerfGE 6, 63/65). Das ist des Öfteren von der Rechtsprechung bejaht worden (vgl. BVerfGE 29, 45/49 f; 42, 237/241 f; 75, 223/234 ff; 76, 93/96 ff; BVerfG-K, NJW 89, 3007; 91, 2893; 95, 443 f, 582; 96, 117; 04, 1790; 05, 2687 f; NVwZ 07, 691/693; NJW 10, 1268; BerlVerfGH, NVwZ 99, 1332).

12 **Vorlagepflichten.** Die Vorlagepflicht an den EuGH wird offensichtlich unhaltbar gehandhabt, wenn sie grundsätzlich verkannt wird, wenn bewusst von der Rspr. des EuGH abgewichen wird und wenn Europäisches Unionsrecht in unvertretbarer, offensichtlich unhaltbarer Weise ausgelegt wird (BVerfG-K, NVwZ 07, 945; 08, 551; 09, 519 f; BVerfGE 82, 159/195 f; Streinz HbStR VII 851; dagegen für gesteigerte Prüfungspflicht Heitsch, EuGRZ 97, 461). Ähnliches gilt für die Vorlagepflicht an den Großen Senat eines obersten Bundesgerichts (BVerfGE 19, 38/42 f; 38, 386/397 f; BVerfG-K, NJW 95, 2914; 96, 513), von Landesverfassungsgerichten an das BVerfG gem. Art.100 Abs.3 (BVerfGE 13, 132/143; BVerfG-K, NJW 1999, 1021) und für sonstige Vorlagepflichten (vgl. BVerfGE 101, 331/359 f; BerlVerfGH, LVerfGE 10, 123/127; Schulze-Fielitz DR 63). Die Nichtvorlage eines Fachgerichts nach Art.100 Abs.2 verstößt schon dann gegen Abs.1 S.2, wenn hinsichtlich des Bestehens oder der Tragweite einer allgemeinen Regel des Völkerrechts objektiv ernst zu nehmende Zweifel vorliegen (BVerfGE 96, 68/77 f; 64, 1/21); das Fachgericht hat insoweit keinen Vertretbarkeitsspielraum (BVerfGE 109, 13/23 f); doch muss die fachgerichtliche Entscheidung dann auch auf dem Verstoß beruhen, was nicht der Fall ist, wenn das BVerfG als gesetzlicher Richter in der Sache genauso entscheidet (BVerfGE 96, 68/86; 64, 1/21 f).

13 **Spruchkörperbesetzung.** Ein Verstoß liegt in jedem Fall in der Mitwirkung eines ausgeschlossenen oder Nicht-Richters (oben Rn.2; BVerfGE 30, 165/167; 31, 181/183 f; 63, 77/79 f), der Nichtmitwirkung eines zuständigen Richters (BVerfGE 48, 246/263; 91, 93/117) und der Entscheidung durch den Einzelrichter statt durch die ständige Kammer (BGHZ 154, 200/ 203; 156, 320/322). Bei einer Rechtssache von grundsätzlicher Bedeutung dürfen der Vorsitzende oder der bestellte Berichterstatter regelmäßig nicht allein entscheiden (BSGE 99, 189/193 f). Bei Zweifeln über die richtige Besetzung muss umgehend die richtige Besetzung beschlussmäßig festgestellt werden ohne Mitwirkung des Richters, dessen Berechtigung zur Mitwirkung zweifelhaft erscheint (BVerfGE 46, 34/35 f; 65, 152/154; 89, 359/362; BGHSt 50, 216/219). Das Verfahrensrecht muss Vorsorge dafür treffen, dass im Einzelfall ein Richter ggf. ausgeschlossen ist oder abgelehnt werden kann (BVerfGE 21, 139/146; BVerfG-K, NJW 98, 370). Die entsprechenden strafprozessualen Vorschriften sind verfassungsgemäß (BVerfG-K, NJW 05, 3411 f; NVwZ 05, 1308; NJW 06, 3131) und erstrecken sich auch auf das Adhäsionsverfahren (BVerfG-K, NJW 07, 1670). Dasselbe gilt für §§ 44 ff ZPO (BVerfG-K, NJW 07, 3771).

d) Gerichtsorganisatorische Maßnahmen von Gerichtspräsidien und **14** Spruchkörpern, insb. die von diesen zu erstellenden Geschäftsverteilungspläne (oben Rn.6), müssen die Zuständigkeit der Richter im Voraus – d. h. vor Beginn des Geschäftsjahrs für dessen Dauer –, vollständig (BVerwG, NJW 91, 1370 f), schriftlich (BVerfGE 95, 322/328; BGHZ 126, 63/85 f; BGHSt 49, 130/134) und nach objektiven Kriterien – d. h. ohne Ansehen der Person und des Einzelfalls – regeln (BVerfGE 82, 286/298; BVerwG, NJW 87, 2031; 88, 1339; Kunig MüK 38), z. B. nach der zeitlichen Reihenfolge des Eingangs (BVerfG-K, NJW 05, 2541). Die Sache muss „blindlings" an den entscheidenden Richter gelangen (BVerfGE 95, 322/329; krit. Classen MKS 51). Ermessensentscheidungen des Vorsitzenden sind grundsätzlich unzulässig (BGHZ 126, 63/81; BAGE 81, 265/283; 84, 189/193 f; 88, 344/354 f; noch strenger Roth, o. Lit., 193). Unvermeidliche Ungenauigkeiten (oben Rn.9) ergeben sich hier besonders aus den Fällen des Ausscheidens, der Krankheit, der Verhinderung, der zulässigen Überbesetzung (unten Rn.15), des Urlaubs und des Wechsels (BVerfGE 17, 294/299 f) bzw. der Überlastung (BGHSt 44, 161/169 f; NJW 00, 1581 f) von Richtern. Auch dann muss aber im Voraus abstrakt-generell festgelegt sein, welcher Richter bei welcher Sache mitwirkt (BVerfGE 95, 322/332 gegen BVerfGE 18, 344/ 351; 69, 112/120). Eine nachträgliche Änderung der Geschäftsverteilung ist zulässig, wenn nur so das Verfassungsgebot eines beschleunigten Verfahrens erfüllt werden kann (BVerfG-K, NJW 09, 1734). Sie muss geeignet sein, die Effizienz des Geschäftsablaufs zu erhalten oder wiederherzustellen (BVerfG-K, NJW 05, 2690). Dazu darf eine Hilfsstrafkammer eingerichtet werden (BGHSt 53, 268/271 ff). Für ehrenamtliche Richter sollen nicht die gleichen Anforderungen gelten (BVerwG, NVwZ-RR 00, 646; zu Recht krit. Roth, o. Lit., 204 ff).

Die **Überbesetzung** mit ein oder zwei Mitgliedern einer Kammer oder **15** eines Senats ist nach bisheriger Rspr. unter der Voraussetzung der Unvermeidbarkeit grundsätzlich zulässig, aber unzulässig, wenn die Zahl der ordentlichen Mitglieder es gestattet, dass in zwei personell voneinander verschiedenen Sitzgruppen verhandelt und entschieden wird (BVerfGE 19, 145/

147; 22, 282/285; BGHSt 33, 234/235; BFHE 165, 492/493 f; 165, 569/
572 f), oder wenn der Vorsitzende drei Spruchkörper mit je verschiedenen
Beisitzern bilden kann (BVerfGE 17, 294/301; 18, 344/350); es sollte sogar
die Zahl der erkennenden Richter nicht festliegen, sondern sich nur im herkömmlichen Bild eines Kollegialgerichts halten müssen, was für die Besetzung
eines Senats des BFH mit 10 Richtern gerade noch bejaht wurde (BVerfGE
19, 52/63). Nach neuerer Rspr. kommt es entscheidend darauf an, ob für den
überbesetzten Spruchkörper ein Geschäftsverteilungsplan (oben Rn.6) besteht, der bestimmten Anforderungen genügt (oben Rn.14). Das ist nicht der
Fall, wenn im Geschäftsverteilungsplan zunächst nur geregelt wird, welche
Richter an welchen Sitzungstagen mitzuwirken haben, und erst die Terminierung der einzelnen Sache zu deren Zuordnung zur konkreten Sitzgruppe
führt (BVerfGE 97, 1/10 f; BVerfG-K, NJW 04, 3482 f; BGH, NJW 00, 371;
Roth, NJW 00, 3692).

16   **Sonstige Einzelfälle:** Fehler bei der Wahl der Richter sind nur dann ein
Verstoß gegen Abs.1 S.2, wenn sie die Zusammensetzung der Richterbank
im Einzelfall als manipuliert erscheinen lassen können (BVerfG-K, NVwZ
89, 141; 96, 160; BVerwG, NVwZ 88, 725; BGH, NJW 05, 2317; BFHE
168, 508/510 f; BAGE 84, 189/193 f; a. A. noch BVerfGE 31, 181/183 f).
Der von einem ehrenamtlichen Richter angegebene Hinderungsgrund muss
vom Gericht nicht nachgeprüft werden (BVerwGE 13, 147/148; NVwZ 86,
1011). Verschiebungen der Richterbank als Folge ungerechtfertigten Fern-
bleibens ehrenamtlicher Richter verstoßen nicht gegen Abs.1 S.2 (BFHE
194, 346/352 f). Bei der Neubildung einer Kammer müssen die abzugebenden Sachen nach allgemeinen und jederzeit ohne weiteres nachprüfbaren
Merkmalen bestimmt sein (BVerwG, DVBl 85, 166). Der Vorsitz im Senat
für Anwaltssachen darf zwischen dem Präsidenten des BGH und einem vom
Präsidium des BGH bestimmten Vorsitzenden Richters wechseln (BGHZ
125, 288/292). Haftfragen müssen in der Hauptsacheverhandlung und während ihrer Unterbrechung von denselben Richtern entschieden werden
(BGHSt 43, 91/94; vgl. auch BVerfG-K, NJW 98, 2963).

4. Rechtfertigung von Beeinträchtigungen (Schranken)

17   Im Hinblick auf die Ausgestaltungsbefugnis des Gesetzgebers (oben Rn.1)
stellt sich die Frage nach kollidierendem Verfassungsrecht (Vorb.45–49 vor
Art.1) praktisch nicht (vgl. Pieroth/Schlink 1172; anders Roth, o. Lit., 92 ff).

Art.102 [Unzulässigkeit der Todesstrafe]

Die Todesstrafe[2] ist abgeschafft[2 f].

Literatur: *Calliess,* Die Todesstrafe in der Bundesrepublik Deutschland, NJW
1988, 849; *Weides/Zimmermann,* Berücksichtigung der im Ausland drohenden Nachteile für Freiheit, Leib und Leben bei der Ausübung des Ausweisungsermessens durch
Ausländerbehörden, DVBl 1988, 461.

1   Die Vorschrift bildet zum einen eine Reaktion auf den Missbrauch der
Todesstrafe durch das nationalsozialistische Regime (BVerfGE 39, 1/36 f; 45,

187/225) und betont das Bekenntnis zum besonderen Wert des Lebens eines Menschen (BVerfGE 18, 112/117), entspr. den europäischen Menschenrechtsvorstellungen (vgl. Art.2 Abs.2 GRCh). Die Vorschrift enthält kein Grundrecht (Wiedemann UC 6; vgl. Art.93 Abs.1 Nr.4a); sie bildet eine **Schranke** für die gem. Art.2 Abs.2 S.3 möglichen Beschränkungen des Rechts auf Leben (Gusy MKS 21; Dreier DR 41; Kunig MüK 3). Art.102 dürfte wegen Art.1 Abs.1 nicht aufgehoben werden können (dazu Rn.18 zu Art.1).

Todesstrafe ist die Tötung eines Menschen als staatliche Reaktion auf die **2** Verwirklichung einer Straftat (Kunig MüK 7; Wiedemann UC 5). Keine Todesstrafe ist der gezielte Todesschuss der Polizei zur Rettung von Menschenleben; insoweit ist allein Art.2 Abs.2 S.1 einschlägig (Dreier DR 47; Gusy MKS 19; Degenhart SA 2). Die Formulierung, „die Todesstrafe ist abgeschafft", meint nichts anderes als „die Todesstrafe ist verboten" (Dreier DR 39), und zwar ohne jede Ausnahme (vgl. Gusy MKS 32). Unzulässig ist ein Gesetz, das die Todesstrafe androht, wie jede Verhängung der Todesstrafe (vgl. BVerfGE 18, 112/116).

Eine **Auslieferung** oder **Ausweisung** in einen anderen Staat wird nicht **3** unmittelbar erfasst, auch wenn die Gefahr besteht, dass dort die Todesstrafe verhängt wird (BVerfGE 18, 112/116 ff; Scholz MD 26; offen gelassen E 60, 348/354; anders BVerwGE 78, 285/294); der deutsche Staat verhängt nicht die Todesstrafe. Einschlägig ist in diesem Fall das Recht auf Leben gem. Art.2 Abs.2 S.1 (Rn.98 zu Art.2; vgl. Rn.13 zu Art.16a). Darüber hinaus ist die Wertentscheidung des Art.102 zu beachten (BVerwGE 78, 285/294; Degenhart SA 3). Beide Elemente zusammen schließen eine Auslieferung oder Ausweisung bei drohender Todesstrafe regelmäßig aus (HessVGH, NVwZ-RR 90, 511; OLG Düsseldorf, NJW 94, 1485 f; Gusy MKS 28; Degenhart SA 4; Herdegen MD 79 zu Art.1 III; a.A. für Auslieferung Dreier DR 54); vgl. Rn.97 zu Art.2. Gehen allerdings von dem Betroffenen erhebliche Gefahren für Leib oder Leben anderer Bürger aus, kann deren Schutz der Vorrang zukommen (vgl. Degenhart SA 5).

Art.103 [**Rechtliches Gehör; Gesetzlichkeit der Strafe; Doppelbestrafungsverbot**]

(1) **Vor Gericht[5] hat jedermann[6 ff] Anspruch auf rechtliches Gehör[9 ff].**

(2) **Eine Tat kann nur bestraft werden, wenn die Strafbarkeit[44 ff] gesetzlich[49 f] bestimmt[51 f] war, bevor die Tat begangen wurde[53].**

(3) **Niemand darf wegen derselben Tat[72 f] auf Grund der allgemeinen Strafgesetze[74] mehrmals bestraft[76 ff] werden.**

Übersicht

Literatur A (Abs.1): *Degenhart,* Gerichtsverfahren, HbStR³ V, 2007, § 115; *Lerche,* Dunklere und hellere Seiten des Anspruchs auf rechtliches Gehör, FS Heldrich, 2005, 1283; *Redeker,* Verfahrensgrundrechte und Justizgewährungsanspruch, NJW 2003, 2956; *Voßkuhle,* Bruch mit einem Dogma: Die Verfassung garantiert Rechtsschutz gegen den Richter, NJW 2003, 2193; *Waldner,* Der Anspruch auf rechtliches Gehör, 2. A. 2000; *Gusy,* Rechtliches Gehör durch abwesende Richter?, JuS 1990, 712. – **Literatur B (Abs.2):** *Kuhlen,* Zum Verhältnis von Bestimmtheitsgrundsatz und Analogieverbot, FS Otto, 2007, 89; *Herzberg,* Wann ist die Strafbarkeit „gesetzlich bestimmt" (Art.103 Abs.2 GG)?, Symposium Schünemann, 2005, 31; *Birkenstock,* Die Bestimmtheit von Straftatbeständen mit unbestimmten Gesetzesbegriffen, 2004; *Best,* Das Rückwirkungsverbot nach Art.103 II GG und die Maßregeln der Besserung und Sicherung (§ 2 VI StGB), ZStRW 2002, 88; *Werle,* Rückwirkungsverbot und Staatskriminalität, NJW 2001, 3001; *Appel,* Grundrechtsgleiche Rechte, Prozessgrundrechte oder Schranken-Schranken?, Jura 2000, 571; *Schroeder,* Der BGH und der Grundsatz: nulla poena sine lege, NJW 1999, 89; *Rosenau,* Tödliche Schüsse im staatlichen Auftrag, 2. A. 1998; *Classen,* Art.103 Abs.2 GG – ein Grundrecht unter Vorbehalt?, GA 1998, 215; *Kennt-ner,* Der deutsche Sonderweg zum Rückwirkungsverbot, NJW 1997, 2298; *H. Dreier,* Gustav Radbruch und die Mauerschützen, JZ 1997, 421; *Volkmann,* Qualifizierte Blankettnormen, ZRP 1995, 220; *Dannecker,* Das intertemporale Strafrecht, 1993; *Grünwald,* Die Entwicklung der Rspr. zum Gesetzlichkeitsprinzip, FS Arthur Kaufmann, 1993, 433; *U. Neumann,* Rückwirkungsverbot bei belastenden Rechtsprechungsänderungen der Strafgerichte?, ZStrW 1991, 331. – **Literatur C (Abs.3):** *Thomas,* Das Recht auf Einmaligkeit der Strafverfolgung, 2002; *Specht,* Die zwischenstaatliche Geltung des Grundsatzes ne bis in idem, 1999; *F.-C. Schroeder,* Die Rechtsnatur des Grundsatzes „ne bis in idem", JuS 1997, 227.

A. Anspruch auf rechtliches Gehör (Abs.1)

I. Bedeutung und Abgrenzung zu anderen Vorschriften

a) Bedeutung. Der Anspruch auf rechtliches Gehör ist zum einen ein **1** grundrechtsgleiches Recht (Vorb.1 vor Art.1; Rn.52, 72 zu Art.93), zum anderen ein objektiv-rechtliches Prinzip (BVerfGE 70, 180/188). Er ist Ausprägung des Rechtsstaatsprinzips (BVerfGE 9, 89/95; 39, 156/168; 74, 220/

224) und des Menschenwürdeschutzes (BVerfGE 55, 1/6; 63, 332/337; BGHZ 118, 312/321). Er sichert die Einhaltung rechtsstaatlicher Mindeststandards (BVerfGE 107, 395/407) und stellt das prozessuale „Urrecht" des Menschen dar (BVerfGE 55, 1/6). „Der Einzelne soll nicht nur Objekt richterlicher Entscheidung sein, sondern vor einer Entscheidung, die seine Rechte betrifft, zu Wort kommen, um als Subjekt Einfluss auf das Verfahren und sein Ergebnis nehmen zu können" (BVerfGE 107, 395/409). Daher ist Abs.1 nicht nur ein Abwehrrecht, sondern auch ein Leistungsrecht (unten Rn.34, 36, 38; krit. Höfling/Burkiczak FH 31). Besondere Bedeutung entfaltet er im Strafprozess (unten Rn.21, 23, 34, 35).

2 **b) Abgrenzung zu anderen Vorschriften.** Im **Verhältnis zu den Justizgewährungsansprüchen,** die sich im Hinblick auf Akte der öffentlichen Gewalt aus Art.19 Abs.4, im Übrigen aus dem Rechtsstaatsprinzip (Rn.91 zu Art.20) und den materiellen Grundrechten ergeben (Vorb.11 f vor Art.1), kommt es zu inhaltlichen Überschneidungen (Papier HbStR VI 1223; Nolte MKS 87 ff; Zuck, FS Krämer, 2009, 85). Grundsätzlich sichert Art.19 Abs.4 den Zugang zum Verfahren, während Art.103 Abs.1 auf einen angemessenen Ablauf des Verfahrens zielt (BVerfGE 107, 395/409; 119, 292/296). Allerdings beinhalten die Justizgewährungsansprüche neben dem Zugang zum Gericht auch eine umfassende tatsächliche und rechtliche Prüfung des Streitgegenstandes (BVerfGE 81, 123/129; 85, 337/345). Insb. Art.19 Abs.4 ist zu einem Gebot wirksamen Rechtsschutzes fortentwickelt worden (Rn.49 f zu Art.19), und aus Art.20 Abs.3 werden Anforderungen an ein faires Verfahren hergeleitet (Rn.96–101 zu Art.20; Hartmann/Apfel, Jura 08, 495). Insoweit ist Art.103 Abs.1 lex specialis (Degenhart SA 4; Kunig MüK 3b; Nolte MKS 86, 93; Schulze-Fielitz DR 84; vgl. auch BVerfGE 79, 372/376 f). Zum Sonderfall des rechtlichen Gehörs bei Freiheitsentziehungen Rn.19 zu Art.104.

3 Im **Verhältnis zu Gleichheitsgeboten** gilt: Der Anspruch auf rechtliches Gehör und das aus Art.3 Abs.1 abgeleitete Prinzip prozessualer Waffengleichheit (Rn.67 f zu Art.3) überschneiden sich nicht, weil das erste ein Teilhabe- und Leistungs-, das zweite ein Gleichheitsrecht ist (Nolte MKS 94; Schulze-Fielitz DR 86). Teilw. wird angenommen, dass Art.103 Abs.1 gleichwohl lex specialis sei (so Schmidt-Aßmann MD 10; Kunig MüK 3b). Im Verhältnis zum ebenfalls aus Art.3 Abs.1 abgeleiteten allgemeinen Willkürverbot (Rn.35 f zu Art.3) als Institut zur Sicherung materieller Gerechtigkeit, mit dem die grob fehlerhafte Anwendung einfachen Rechts sanktioniert werden soll, ist aber Art.103 Abs.1 lex specialis (BVerfGE 55, 95/98 f; 60, 305/308 f; 73, 322/324 f; a.A. BVerfGE 42, 64/72 ff; 52, 131/161 f; 71, 202/204).

4 Im **Verhältnis zu anderen Verfassungsrechtsnormen,** wie materielle Grundrechte Dritter, die z.B. auf den Schutz persönlicher oder betrieblicher Geheimnisse gerichtet sind (Rüping BK 82 ff), oder wie die dem Rechtsstaatsprinzip zugeordneten Gesichtspunkte der „Funktionsfähigkeit der Rechtspflege" (BVerfGE 54, 277/292), der Rechtssicherheit (BVerfGE 60, 253/267 f) und des Beschleunigungsgebots (BVerfGE 35, 382/405; 63, 45/68 f) ist zum einen eine entsprechende inhaltliche Bestimmung der Reichweite des

Gehörgrundrechts vorzunehmen und zum anderen eine Kollisionslösung bei der verfassungsrechtlichen Rechtfertigung von Beeinträchtigungen zu treffen (unten Rn.16).

II. Schutzbereich

1. Gehör vor Gericht

Der Anspruch auf rechtliches Gehör besteht in jedem Verfahren vor staat-   5
lichen Gerichten, auch in Verfahren der freiwilligen Gerichtsbarkeit (BVerf-
GE 19, 49/51; 73, 322/329f; 89, 381/390) und des einstweiligen Rechtsschutzes (BVerfGE 65, 227/233ff), in Kostenfeststellungsverfahren (BVerfGE
19, 148/149; 81, 123/127) und in Prozesskostenhilfeverfahren (BVerfGE 20,
347/349). Soweit die Zuweisung der rechtsprechenden Gewalt an die Richter reicht (Rn.2–10 zu Art.92), handelt es sich auch um Gerichte iSd Abs.1.
Dementsprechend fällt der Rechtspfleger nicht hierunter (BVerfGE 101,
397/404f; Degenhart SA 8; Nolte MKS 7; a.A. BVerfG-K, NJW 93, 1699;
Schmidt-Aßmann MD 55; Mielke, BayVBl 04, 520ff). Dagegen gilt Abs.1
weder direkt noch analog gegenüber Verwaltungsbehörden (BVerfGE 101,
397/404; 107, 395/407; BFHE 202, 231/237; Kunig MüK 5; Nolte
MKS 7; Schmidt-Aßmann MD 62ff), einschließlich der Disziplinarbehörde
(BVerfGE 46, 17/26), und der Staatsanwaltschaft (BVerfGE 27, 88/103; vgl.
aber BVerfG-K, NJW 02, 2772). Die Aussagemöglichkeit vor der Polizei
entspricht nur dann den Anforderungen des Abs.1, wenn der Betroffene
weiß, dass seine Äußerung für das Gericht bestimmt ist (BVerfGE 83, 24/
36). Die Übertragung einer Anhörung auf einen Offizier in richterlichem
Auftrag ist unzulässig (BVerwGE 73, 206/208). Abs.1 gilt in jeder Instanz
(BVerfGE 53, 25/28; 60, 313/317f; 107, 395/410). Während Art.19 Abs.4
kein Recht auf eine weitere Instanz und keinen Rechtsmittelzug gewährleistet (Rn.54 zu Art.19), verlangt Art.103 Abs.1 wenigstens eine fachgerichtliche Abhilfemöglichkeit für den Fall, dass ein Gericht in entscheidungserheb-
licher Weise den Anspruch auf rechtliches Gehör verletzt (BVerfGE 107,
395/410f). Das kann auch eine Nichtzulassungsbeschwerde sein (BVerfG-K,
NJW 07, 3418). Es wird aber keine sekundäre Gehörrüge verlangt (BVerfG-
K, NJW 08, 2635).

2. Träger des Grundrechts

a) Allgemeines. Grundrechtsberechtigt aus Abs.1 ist jeder, der an einem   6
gerichtlichen Verfahren als Partei oder in ähnlicher Stellung beteiligt ist oder
von dem Verfahren „unmittelbar rechtlich betroffen wird" (BVerfGE 89,
381/390; 92, 158/183; 101, 397/404). Berechtigt sind neben natürlichen
Personen, bei denen es nicht auf die Prozessfähigkeit ankommt (BVerfGE 75,
201/215), inländische und ausländische juristische Personen (BVerfGE 64,
1/11), juristische Personen des öffentlichen Rechts (BVerfGE 61, 82/104)
und teilrechtsfähige Vereinigungen (Schmidt-Aßmann MD 31; Zierlein UC
56). Abs.1 sichert nur die Anhörung des Betroffenen selbst und gibt keinen
Anspruch auf die Anhörung Dritter (BVerfG-K, NVwZ 95, 157).

7   **b) (Förmlich) Beteiligte.** Anhörungsberechtigt sind grundsätzlich diejenigen, denen die (einfach-gesetzlichen) Verfahrensordnungen die Stellung einer Partei oder eines Beteiligten einräumen. Die Beteiligten haben das Recht auf Gehör nicht nur vor der Endentscheidung, sondern auch vor Zwischenentscheidungen, durch die sie nicht materiell betroffen sind; insb. ist Gehör zu gewähren vor Entscheidungen über Befangenheitsanträge (BVerfGE 24, 56/62; BVerfG-K, NJW 05, 3412 f) oder über die Selbstablehnung eines Richters (BVerfGE 89, 28/37; Degenhart SA 18; Schmidt-Aßmann MD 34; a. A. BGH, NJW 70, 1644). Aus Abs.1 ergibt sich kein Anhörungsrecht des Gegners des Antragstellers im Prozesskostenhilfeverfahren bezüglich der Angaben eines Antragstellers über seine persönlichen und wirtschaftlichen Verhältnisse (BVerfG-K, NJW 91, 2078).

8   **c) (Materiell) Betroffene.** Anhörungsberechtigt sind außerdem diejenigen, die durch eine gerichtliche Entscheidung „unmittelbar rechtlich betroffen sind" (oben Rn.6). Die „unmittelbare Betroffenheit" (vgl. BVerwG, NVwZ 82, 243; NVwZ-RR 89, 109; BSGE 54, 104/107) ist abzugrenzen von bloßen „Auswirkungen" (BGH, JZ 82, 567). „Unmittelbar betroffen" sind: Kinder im Adoptionsverfahren (BVerfG-K, NJW 88, 1963; 09, 138); der Vater des nichtehelichen Kindes im Adoptionsverfahren (BVerfGE 92, 158/183 f); der Rechtsnachfolger eines Beteiligten wegen der sich auf ihn erstreckenden Rechtskraft der gerichtlichen Entscheidung (vgl. etwa § 265 ZPO; BSG, NJW 91, 1909 f); der Beschuldigte im Klageerzwingungsverfahren nach §§ 171 ff StPO, da seine strafprozessuale Stellung nach Erhebung der öffentlichen Klage durch den dem Klageerzwingungsantrag stattgebenden Beschluss des OLG ungünstiger ist als nach Erhebung der öffentlichen Klage durch die Staatsanwaltschaft (vgl. §§ 170, 175, 210, 401 StPO; BVerfGE 17, 356/362 f). „Unmittelbare Betroffenheit" entsteht auch durch Gestaltungsurteile. Deshalb ist etwa den Mitgesellschaftern einer GmbH Gehör zu gewähren, wenn ein Gesellschafter Auflösungsklage erhebt (BVerfGE 60, 7/14), und den Aktionären bei einer Anfechtungsklage gegen einen Hauptversammlungsbeschluss (BGHZ 172, 136/141). Gleiches gilt wegen § 113 Abs.1 S.1 VwGO auch für den Adressaten eines begünstigenden Verwaltungsakts im Falle einer Drittanfechtung (Schmidt-Aßmann MD 42; Schulze-Fielitz DR 24) und in Wahlprüfungsverfahren (BVerfG-K, DVBl 93, 1069).

III. Beeinträchtigung, Ausgestaltung, Rechtfertigung

1. Beeinträchtigung

9   **a) Arten: Unterlassung der Information.** Die effektive Wahrnehmung des Anhörungsrechts setzt zunächst eine Kenntnis des dem Rechtsstreit zugrunde liegenden Sach- und Streitstandes voraus. Daher garantiert Abs.1 ein Recht auf Information über den Verfahrensstoff (unten Rn.17). Um die mit diesem Anspruch korrespondierende Informationspflicht des Gerichts auszulösen, bedarf es keines Antrags und keiner Erkundigung des Grundrechtsträgers (BVerfGE 67, 154/155; BVerfG-K, NJW 90, 2374 f). Das Gericht hat die Pflicht, vor dem Erlass einer Entscheidung zu prüfen, ob

den Verfahrensbeteiligten rechtliches Gehör gewährt wurde (BVerfGE 36, 85/88; 65, 227/235; 72, 84/88). Zu Einzelfällen unten Rn.17–24.

Verweigerung der Äußerung. Abs.1 gewährleistet weiter die hinrei- **10** chende Möglichkeit, sich grundsätzlich vor Erlass einer Entscheidung mindestens schriftlich in tatsächlicher und rechtlicher Hinsicht zur Sache zu äußern (BVerfGE 86, 133/144f; 101, 106/129; BSGE 68, 205/210) und Anträge stellen zu können (BVerfGE 69, 145/148). Er bezieht sich auf den gesamten Verfahrensstoff (oben Rn.17). Ein Anspruch auf eine bestimmte Verfahrensart (vgl. BVerfGE 6, 19/20; 31, 364/370; BVerfG-K, NJW 93, 2864; BGHZ 118, 312/321), insb. auf mündliche Verhandlung (unten Rn.25), besteht hingegen nicht (vgl. BVerfGE 36, 85/87; 60, 175/210f; 89, 381/391; BVerfG-K, NJW 05, 1486; BVerwGE 57, 271/272; BFHE 166, 415/416). Ausnahmen sollen für das Asylrecht (wegen Art.19 Abs.4 und Art.16 Abs.2 S.2 a. F.; BVerfGE 67, 43/61f) und für Kriegsdienstverweigerungsverfahren (wegen Art.4 Abs.3; BVerwGE 72, 28/29; 77, 157/159; 81, 229/234ff) gelten; u. U. kann die Überzeugung vom Vorliegen oder Nichtvorliegen einer Gewissensentscheidung aber auch auf andere Weise gewonnen werden (BVerwG, NVwZ-RR 01, 168). Weiter darf ein Gericht die Prozessfähigkeit eines Beteiligten nur feststellen, wenn es den Betroffenen vorher persönlich angehört hat (BSG, NJW 94, 215; krit. Höfling/Burkiczak FH 76f). Dasselbe gilt für die Anordnung der psychiatrischen Untersuchung (BGHZ 171, 326/333). Sieht das einfache Recht eine mündliche Verhandlung vor, von der nur ausnahmsweise abgesehen werden darf, liegt im gesetzwidrigen Absehen von der mündlichen Verhandlung ein Verstoß gegen Abs.1 (BFHE 166, 415/416f), insb. wenn der Kläger nicht wirksam auf die Durchführung der mündlichen Verhandlung verzichtet hat (BFH, NJW 96, 1496) oder sich sonst der Möglichkeit seiner persönlichen Teilnahme an der Verhandlung begibt (BVerfGE 41, 246/249). Zu weiteren Einzelfällen unten Rn.25–27, 34–41.

Unzureichende Berücksichtigung. Nach Abs.1 ist das Gericht schließ- **11** lich verpflichtet, den Vortrag der Beteiligten zu berücksichtigen, d. h. zur Kenntnis zu nehmen und bei seiner Entscheidung in Erwägung zu ziehen (BVerfGE 83, 24/35; BVerfG-K, NVwZ 95, 1097; NJW 95, 2096). Die Kontrolle des BVerfG orientiert sich dabei an Evidenzen: Da das Fachgericht nicht ausdrücklich jedes Vorbringen der Beteiligten zu bescheiden hat, ist ein Verstoß gegen die Berücksichtigungspflicht nur dann anzunehmen, wenn im Einzelfall besondere Umstände deutlich machen, dass tatsächliches Vorbringen eines Beteiligten entweder überhaupt nicht zur Kenntnis genommen (vgl. z.B. BVerfG-K, NJW 97, 726f; 00, 131; 08, 1728) oder bei der Entscheidung ersichtlich nicht erwogen worden ist (BVerfGE 65, 293/295f; 87, 363/392f; 94, 205/216f; BVerfG-K, NJW 99, 1388). Besondere Umstände liegen etwa vor, wenn das Gericht auf den wesentlichen Kern des Vortrags einer Partei zu einer zentralen Frage des Verfahrens nicht in den Entscheidungsgründen eingeht (BVerfGE 86, 133/145f; BVerfG-K, NJW 95, 1885; 99, 1388; NVwZ-RR 02, 803; DVBl 07, 253; NJW 09, 1584; BGHZ 173, 40/43) oder den Hinweis auf Gutachten übergeht (BVerfG, NJW 97, 122f; BSG, NJW 97, 1661). Die inhaltlichen Anforderungen an die Evidenz sollten aber nicht überspannt werden (Lerche, FS Heldrich, 2005, 1288ff). Zu Einzelfällen unten Rn.28–33, 42.

12   **b) Beruhen und Heilung.** Eine Beeinträchtigung setzt ein **Beruhen** der
Entscheidung auf dem Fehlen des rechtlichen Gehörs voraus (BVerfGE 60,
313/318; 86, 133/147). Das ist der Fall, wenn nicht ausgeschlossen werden
kann, dass die Anhörung des Beteiligten zu einer anderen, ihm günstigeren
Entscheidung geführt hätte (BVerfGE 7, 95/99; 62, 392/396; 89, 381/392 f;
BVerwGE 113, 212/216 f). Eine Entscheidung beruht nicht auf dem Fehlen
des rechtlichen Gehörs, wenn es sich auf nur hilfsweise herangezogene Beweismittel bezogen hat (BVerfGE 17, 86/96). Dieses Erfordernis führt auch
zu einer entsprechenden Begründungspflicht bei der Verfassungsbeschwerde
(BVerfGE 28, 17/20; 72, 122/132).

13   Die Beeinträchtigung kann dadurch **geheilt** werden, dass das zunächst un-
terbliebene rechtliche Gehör in derselben Instanz oder in der Rechtsmit-
telinstanz (BVerfGE 62, 392/397; 73, 322/326; 107, 395/411 f), insb.
Rechtsbeschwerdeinstanz (BGHZ 156, 279/283), nicht aber in einem neuen
gerichtlichen Verfahren (BVerfGE 42, 172/175) nachgeholt wird. Bei Beeinträchtigung des Anspruchs auf rechtliches Gehör ist ein Rechtsmittel zuzulassen, wenn die Auslegung der Verfahrensvorschriften das ermöglicht (BVerfGE
49, 252/256; 61, 119/121; 69, 233/242; BVerfG-K, NJW 98, 745; Degenhart SA 41; Zierlein UC 98). Die Zulassung der Revision (BGHZ 154, 288/
296 f) und die Anhörungsrügen gem. § 321a ZPO oder § 152a VwGO bei
Verletzung des rechtlichen Gehörs dienen der Vermeidung von Verfassungsbeschwerden. Auch im Anhörungsrügeverfahren ist eine Heilung möglich
(BVerfG-K, NVwZ 09, 580 f). Versäumt es der Betroffene, von den insofern
gebotenen prozessualen Möglichkeiten Gebrauch zu machen, verliert er die
Möglichkeit, diese Beeinträchtigung durch Verfassungsbeschwerde zu rügen
(Rn.57–61 zu Art.93). Der Betroffene muss über die gebotene Erschöpfung
des Rechtswegs hinaus alle ihm zur Verfügung stehenden, nicht offensichtlich
unzulässigen prozessualen Möglichkeiten ergreifen, um bereits im Ausgangs-
verfahren eine Korrektur der geltend gemachten Verletzung des rechtlichen
Gehörs zu erwirken und einen Grundrechtsverstoß zu verhindern (vgl.
BVerfGE 81, 22/27; 81, 97/102 f; BVerfG-K, NJW 93, 255; 97, 1301; 99,
1177). Die prozessualen Möglichkeiten müssen aber rechtlich normiert sein
(Rn.60 zu Art.93).

2. Ausgestaltung

14   Abs.1 ist wie Art.19 Abs.4 (Rn.49 f zu Art.19; BVerfGE 67, 208/211; 74,
1/5) und Art.101 (Rn.1 zu Art.101) stark **normgeprägt.** Gleichwohl liegen
die wesentlichen inhaltlichen Strukturen des Anspruchs auf Gehör schon auf
Verfassungsebene fest (Schmidt-Aßmann MD 20; vgl. auch Nolte MKS 10:
„Mindestmaß"). Daher verlangt Abs.1, dass eine einfach-gesetzliche Ausgestaltung zur Verfügung stehen muss, die insgesamt die wirksame Ausübung
des Gehörrechts ermöglicht (vgl. BVerfGE 89, 28/35 f), die wenigstens einmal durch ein Fachgericht, nicht erst durch das BVerfG kontrolliert wird
(BVerfGE 107, 395/413 ff). Eine bestimmte Art und Weise der Gehörge-
währung ist dagegen grundsätzlich nicht verbürgt (BVerfGE 6, 19/20; 31,
364/370). Z.B. gebietet Abs.1 nicht, in der verfassungsrechtlichen Organstreitigkeit Dritte über die in § 65 BVerfGG vorgesehene Beitrittsmöglich-

keit hinaus zu beteiligen (BVerfGE 20, 18/26). Sofern die einfachen Gesetze keinen Anspruch auf rechtliches Gehör geben, folgt er unmittelbar aus Abs.1 (BVerfGE 9, 89/96 f; 61, 37/41; 60, 7/14; BGH, NJW 94, 392).

Da die Ausgestaltung durch den einfachen Gesetzgeber über den verfas- **15** sungsrechtlichen Gehalt des Anspruchs auf rechtliches Gehör hinausgehen kann, liegt nicht in jeder fehlerhaften Anwendung und Auslegung des einfa- chen Gesetzes durch die Gerichte zugleich ein Verstoß gegen Abs.1. Es gilt auch hier der Grundsatz (Rn.73 zu Art.93), dass die Anwendung des einfa- chen Rechts Sache der Fachgerichte ist und das BVerfG lediglich die **Verlet- zung spezifischen Verfassungsrechts** überprüft (BVerfGE 70, 288/294; 72, 119/121; 75, 302/312 ff). Eine solche Verletzung liegt insb. dann vor, wenn die Auslegung durch die Gerichte zu einem Ergebnis führt, das – wäre es in einem einfach-rechtlichen Gesetz enthalten – nach Abs.1 zur Nichtiger- klärung durch das BVerfG führen müsste (BVerfGE 74, 228/233 f; 89, 28/36), oder wenn die Rechtsanwendung offensichtlich unrichtig (BVerfGE 69, 145/ 149; 86, 133/145 f), rechtsmissbräuchlich (BVerfGE 69, 126/139; 75, 302/ 316 f), willkürlich (BVerfGE 69, 126/139 f; 74, 228/234) oder nicht sachan- gemessen (BVerfGE 119, 292/296) ist. Wenn sich der Begründung einer Ent- scheidung nicht entnehmen lässt, ob nur einfaches Recht oder auch Verfas- sungsrecht verletzt worden ist, muss letzteres angenommen werden (BVerfGE 81, 97/106).

3. Rechtfertigung von Beeinträchtigungen (Schranken)

Der Anspruch auf rechtliches Gehör steht unter keinem Gesetzesvorbe- **16** halt. Für den Vortrag gelten allerdings die Schranken des Art.5 Abs.2 (Kunig MüK 3c; Nolte MKS 44; Schmidt-Aßmann MD 88). Im Hinblick auf die Ausgestaltungsbefugnis des Gesetzgebers (oben Rn.14) stellt sich die Frage nach kollidierendem Verfassungsrecht (Vorb.45–49 vor Art.1) nur ausnahms- weise (weitergehend Höfling/Burkiczak FH 25: nie), z.B. bei der Beschrän- kung des Akteneinsichtsrechts zugunsten des Schutzes persönlicher oder be- trieblicher Geheimnisse (vgl. Kopp/Schenke, VwGO, 3a zu § 100) oder bei der Einführung eines in camera-Verfahrens im Verwaltungsgerichtsprozess (BVerfGE 101, 106/129 f).

IV. Einzelne Bereiche und Fälle

1. Unterlassung der Information

a) Zum **Verfahrensstoff,** über den informiert werden muss, gehören: alle **17** Äußerungen der Gegenseite (BVerfGE 49, 325/328; 55, 95/99) auch im in- camera-Verfahren (BVerwG, DÖV 03, 536 f), einschließlich der Anlagen von Schriftsätzen (BVerfGE 50, 280/284); allgemeinkundige Tatsachen, soweit sie einer Partei möglicherweise nicht bekannt sind (BVerfGE 48, 206/209; BVerwGE 67, 83 f); von Amts wegen eingeführte Tatsachen und Beweismittel (BVerfGE 15, 214/218; 70, 180/189; 101, 106/129); beigezogene Gerichts- akten (BVerfG-K, NJW 94, 1210) und Verwaltungakten (BVerfGE 17, 86/ 95); ausländische Rechtsnormen (BVerwG, NVwZ 85, 411); Behördenauskünfte (BerlVerfGH, JR 97, 189); Berichtigungen von Entscheidungen, es sei denn, die Änderungen betreffen reine Formalien und greifen nicht in Rechte ein (BVerfGE 34, 1/7); dienstliche Äußerungen (BVerfGE 10, 274/281; 24, 56/62), insb. (wegen Art.101 Abs.1 S.2) wenn sie sich auf die Frage der Befangenheit eines Richters beziehen (oben Rn.7); gerichtskundige Tatsachen (BVerfGE 10, 177/183); gutachtliche Stellungnahmen (BVerfG-K, NJW 91, 2757); polizeiliche Vernehmungsprotokolle (BVerfGE 25, 40/43), Unterlagen über Wohnraumüberwachungsmaßnahmen (BVerfGE 109, 279/370f) und Beweismittel (BVerfG-K, NJW 06, 1048f); prozessleitende Verfügungen (BVerfGE 64, 203/207); Selbstablehnung eines Richters (BVerfGE 89, 28/ 36f; BVerfG-K, NJW 98, 370); tatsächliche Feststellungen aus anderen Verfahren (BVerwG, Bh 310 Nr.251 zu § 108; BGH, NJW 91, 2824ff); unterstellte Tatsachen, die dem Parteivortrag widersprechen (BVerfG-K, NJW 88, 817); Wiedereinsetzungsbeschlüsse (BVerfGE 62, 320/322); u.U. auch ein Vermerk des Berichterstatters über das Ergebnis einer Beweisaufnahme (BGH, NJW 91, 1548f) und Absprachen zwischen dem Gericht und einem anderen Verfahrensbeteiligten (BGH, NJW 96, 1764).

18   **Keinen Verfahrensstoff** stellen andere Personen betreffende polizeiliche „Spurenakten" (BGHSt 30, 131/141) oder Informationen aus strafrechtlichen Ermittlungsverfahren (BVerfG-K, NJW 88, 405) dar; zudem kann in Familiensachen das Kindeswohl Einschränkungen der Mitteilungspflicht rechtfertigen (vgl. BVerfGE 79, 51/68). Innerbetriebliche Informationen dürfen nur geheimgehalten werden, wenn ein erhebliches rechtliches Interesse daran besteht und dem Prozessgegner aus deren Verwertung keine unzumutbare Nachteile erwachsen (BGHZ 131, 90/93).

19   **b) Ladung.** Der einfach-rechtlichen Umsetzung des Rechts auf Information dienen die prozessrechtlichen Vorschriften über die Ladungen (vgl. z.B. §§ 214ff ZPO) und die Bekanntgabe, insb. die **Zustellung.** Mit dem Institut der Zustellung als formalisierter Bekanntgabe soll zum einen gesichert werden, dass der Betroffene von für ihn erheblichen Informationen zuverlässig Kenntnis erhält (BVerfGE 67, 208/211; BGHZ 116, 45/47). Problematisch sind insofern die Zustellungsarten, bei denen die Möglichkeit der Kenntnisnahme gesteigerten Risiken ausgesetzt ist (Ersatzzustellung; vgl. etwa § 56 Abs.2 VwGO iVm § 11 Abs.1 VwZG) oder zur bloßen Fiktion minimiert wird (vgl. etwa § 56 Abs.2 VwGO iVm § 15 VwZG). Da die Vorschriften über die Zustellung aber neben der Gewährung von rechtlichem Gehör auch der Verfahrensbeschleunigung (insb. in Massenverfahren; vgl. BVerfGE 77, 275/285; BVerfG-K, NJW 88, 2361) dienen, sind diese Formen der Zustellung zulässig (vgl. BVerfGE 25, 158/165; 26, 315/318; Schmidt-Aßmann MD 72). Das Gleiche gilt für die öffentliche Zustellung gem. §§ 203ff ZPO (BGHZ 153, 189/194ff). Sie verletzt aber Abs.1, wenn deren Voraussetzungen erkennbar nicht vorgelegen haben (BVerfG-K, NJW 88, 2361; BGHZ 149, 311/315ff). Auch zu Terminen im Ausland muss geladen werden (a.A. BGH, NJW 06, 702).

20   Setzt die Gewährung rechtlichen Gehörs die Übersendung eines Schriftstücks voraus, so muss sich das Gericht auch über dessen Zugang **vergewissern** (BVerfGE 42, 243/246; 50, 280/285f; BVerfG-K, NJW 06, 2249); dabei darf es sich im Allgemeinen auf den Nachweis der förmlichen Zustellung (BVerfG-K, NJW 92, 225) nicht aber auf den Zugang formlos übersandter Schriftstücke (BVerfGE 36, 85/88 f; BVerfG-K, NJW 95, 2095; BSG, NVwZ 01, 237) verlassen. Die Konsularbescheinigung über eine Zustellung im Ausland muss Auskunft über den Zeitpunkt der Zustellung sowie darüber geben, an wen und in welcher Form zugestellt wurde (BVerwGE 109, 115/119). U.U. kann auch bei förmlicher Zustellung und unverschuldeter Unkenntnis Abs.1 beeinträchtigt sein (BVerwG, NVwZ-RR 95, 534 f).

c) Gegenstand des **Akteneinsichtsrechts** sind die Prozessakten und die **21** beigezogenen Akten. Abs.1 gibt aber keinen Anspruch auf Erweiterung des gerichtlichen Aktenbestands (BVerfGE 63, 45/60 f; BVerfG-K, NVwZ 94, 54) oder auf Übersendung der Akten (Höfling/Burkiczak FH 44). Ein inhaftierter Beschuldigter hat Anspruch auf Akteneinsicht jedenfalls seines Verteidigers, wenn und insoweit nur so eine effektive Einwirkung auf die gerichtliche Haftentscheidung möglich ist (BVerfG-K, NJW 94, 3220), richtiger Ansicht nach aber auch dann, wenn er keinen Anwalt hat (Schulze-Fielitz DR 42; diff. Schmehl SHH 10; a.A. BVerfGE 53, 207/214). Das Gleiche gilt bei der Anwendung des dinglichen Arrests (BVerfG-K, NJW 06, 1048 f).

d) **Hinweispflichten** sind im Kern von Abs.1 garantiert (Schmidt-Aß- **22** mann MD 76; Schulze-Fielitz DR 43). Danach müssen die Beteiligten zu erkennen vermögen, auf welchen Tatsachenvortrag es für die Entscheidung ankommt (BVerfGE 84, 188/190; 89, 28/35; BVerfG-K, NJW 96, 3202; 2000, 275; BVerwGE 78, 30/33). Gleichwohl normiert Abs.1 keine umfassende Frage-, Aufklärungs- und Informationspflicht des Gerichts, insb. nicht im Hinblick auf dessen Rechtsansichten (BVerfGE 67, 90/96; 74, 1/5; 86, 133/145). Das Gericht ist nur verpflichtet, sich über die seiner Entscheidung zugrunde liegenden Rechtsansichten mitzuteilen, wenn sonst der Anspruch auf rechtliches Gehör leerliefe (BVerfGE 86, 133/144; 96, 189/204). Das wäre etwa dann der Fall, wenn das Gericht auf einen rechtlichen Gesichtspunkt abstellen will, mit dessen Entscheidungserheblichkeit auch ein gewissenhafter und kundiger Prozessbeteiligter nicht zu rechnen braucht (unten Rn.42). Dass die Rechtslage unübersichtlich und umstritten ist, löst demgegenüber allein eine Hinweispflicht des Gerichts nicht aus, denn ein Verfahrensbeteiligter muss grundsätzlich alle vertretbaren rechtlichen Gesichtspunkte von sich aus in Betracht ziehen und seinen Vortrag darauf einstellen (BVerfGE 86, 133/145; BVerfG-K, DVBl 95, 35). Daher verlangt Abs.1 auch nicht, dass das Gericht mit den Beteiligten ein Rechtsgespräch führt (BVerfGE 86, 133/145). Hinweispflichten sind im Strafverfahren eher anzunehmen als im Zivilverfahren (Nolte MKS 50 f).

Einzelfälle: Das Gericht muss bei Ordnungswidrigkeiten (BVerfGE 42, **23** 243/245), Berufungsentscheidungen (Schulze-Fielitz DR 44) und einstimmigen Zurückweisungen der Berufung (BVerwG, NVwZ 99, 1107) die Parteien auf die Möglichkeit eines Beschlussverfahrens ohne mündliche Verhandlung hinweisen. Eine Anhörungsmitteilung gem. § 125 Abs.2 S.3 VwGO darf nicht irreführend sein (BVerwG, NVwZ 99, 1107 f). Ein Verstoß gegen § 265 StPO stellt wegen dessen eminenter Bedeutung für das Äußerungsrecht zwar nicht zwangsläufig, aber idR zugleich eine Verletzung des Abs.1 dar (Schmidt-Aßmann MD 77; vgl. auch BGH, NJW 98, 3788). Dagegen gehen § 139 ZPO und § 86 VwGO über das verfassungsrechtlich Geforderte hinaus (vgl. BVerfG-K, NJW 93, 1699; 94, 849, 1274; 03, 2524). Nicht nur § 139 ZPO, sondern auch Art.103 Abs.1 wäre aber etwa dann verletzt, wenn ein Rechtspfleger im Zwangsversteigerungsverfahren einen Hinweis an den Gläubiger unterlassen würde und dieser allein als Folge eines in Verkennung der Rechtslage gestellten, sachlich grob interessewidrigen Verfahrensantrags leer ausgehen würde (BVerfG-K, NJW 93, 1699). Das Revisionsgericht muss den Angeklagten auf die beabsichtigte eigene Rechtsfolgenentscheidung gem. § 354 Abs.1a S.1 StPO hinweisen (BVerfGE 118, 212/235 ff).

24   e) Abs.1 enthält keine (allgemeine) Pflicht des Gerichts, eine Rechtsmittelbelehrung (Schmidt-Aßmann MD 79; vgl. auch BVerfGE 93, 99/107 ff) oder bei einer anwaltlich vertretenen Partei eine **Belehrung** über die Folgen einer Fristversäumnis zu erteilen (BVerfGE 75, 302/318).

2. Verweigerung der Äußerung

25   a) Unabhängig davon, ob die Beteiligten die Möglichkeit zu schriftlicher Vorbereitung genutzt haben, ist ihnen in der **mündlichen Verhandlung** Gelegenheit zu geben, ihren Standpunkt darzutun (BSG, NJW 92, 1190). Mit dem Anspruch auf rechtliches Gehör ist nicht vereinbar, wenn ein Gericht einen Antrag auf Verlegung eines Termins trotz Vorliegen „erheblicher Gründe" ablehnt und nach mündlicher Verhandlung in Abwesenheit des betroffenen Beteiligten ein Urteil fällt, sofern dieser Beteiligte durch die Verhinderung, an der mündlichen Verhandlung teilzunehmen, in der sachgemäßen Wahrnehmung seiner Rechte beeinträchtigt worden ist (BVerwG, NJW 92, 2042; 95, 374; vgl. auch BSG, NJW 96, 677 f). Zwar verlangt Abs.1 vom Gericht nicht die Verschiebung eines Termins wegen des Urlaubs des Prozessbevollmächtigten (BVerfGE 14, 195/196), wohl aber wegen kurzfristiger Erkrankung (BVerwG, NJW 84, 882), unverschuldeter Anreiseschwierigkeiten (BVerwG, NJW 86, 1057), Entzugs des Mandats (BVerwG, NJW 86, 339) und erforderlicher weiterer Sachaufklärung (BFHE 154, 17/20). Beim Absehen von mündlicher Verhandlung ist Gelegenheit zur Stellungnahme zu geben (Höfling/Burkiczak FH 55; Schulze-Fielitz DR 44). Desweiteren verlangt der Gehöranspruch den ordnungsgemäßen Aufruf der Sache (BVerfGE 42, 364/370; BVerwGE 72, 28/30 ff; BVerwG, NJW 86, 204). Bei geringfügiger Verspätung kann ein Anspruch auf Wiedereröffnung der mündlichen Verhandlung bestehen (BVerwG, NVwZ 89, 858).

26   b) **Nichtwahrnehmung.** Da Abs.1 nur die Äußerungsmöglichkeit garantiert, ist die Wahrnehmung des Gehörrechts eine Obliegenheit, deren Nichterfüllung (prozessuale) Nachteile für den Beteiligten haben kann, denn Abs.1 schützt nicht den nachlässigen Beteiligten, der die nach Lage der Sache gegebenen prozessualen Möglichkeiten nicht ausschöpft (BVerfGE 74, 220/225). Das bedeutet, dass derjenige keinen Anspruch auf Gehör (mehr) hat, der eine mögliche Äußerung in zurechenbarer Weise, d. h. vorsätzlich oder fahrlässig (Nolte MKS 39), versäumt hat, etwa weil er einen Antrag auf Beiladung (BVerfGE 15, 256/267 f), einen Beitritt als Nebenintervenient

(BVerfGE 21, 132/137 f), einen Antrag nach § 33a StPO (BVerfGE 33, 192/195), nach § 80 Abs.6 VwGO a. F. (BVerfGE 70, 180/187 ff) oder eine Gegenvorstellung vor der Sachentscheidung (BGH, NJW 95, 403) unterlässt. Keine Nachlässigkeit stellt es allerdings dar, wenn ein Beteiligter nach Verwerfung seines Rechtsmittels als unzulässig das Rechtsmittel nicht innerhalb der vorgeschriebenen Frist begründet (BVerfGE 74, 220/224 f). Versäumnisverfahren im Zivilprozess und Abwesenheitsverfahren im Strafprozess sind zulässige Institute (BVerfGE 41, 246/249); allerdings kann deren Anwendung im Einzelfall, insb. im Strafverfahren, verfassungswidrig sein (vgl. BVerfGE 89, 120/129 f).

c) Unverzügliche Nachholung. Das Äußerungsrecht macht nur Sinn,   **27** wenn der Berechtigte damit die gerichtliche Entscheidung beeinflussen kann (BVerfGE 9, 89/96; BVerfG-K, NJW 91, 2757). Daher gewährleistet Abs.1 die Möglichkeit, sich grundsätzlich vor der Entscheidung äußern zu können (BVerfGE 83, 24/35 f). Dies gilt auch für Verfahren des vorläufigen Rechtsschutzes (BVerfGE 65, 227/233). Ausnahmen sind nur unter „strengen Voraussetzungen" gerechtfertigt (BVerfGE 65, 227/233), die etwa dann erfüllt sind, wenn eine vorherige Anhörung faktisch unmöglich ist oder den Zweck einer gerichtlichen Maßnahme gefährden würde, z. B. bei Anordnung von Beschlagnahme (BVerfGE 18, 399/404), dinglichem Arrest (BVerfG-K, NJW 04, 2444), Durchsuchung (BVerfGE 57, 346/358 f), Fernmeldeüberwachung (Kunig MüK 15; Schulze-Fielitz DR 49), Untersuchungshaft (BVerfGE 9, 89/96 ff), Vorführung (Kunig MüK 15; Schulze-Fielitz DR 47) und Zwangsversteigerung (BGH, NJW 84, 2167) sowie in manchen Verfahren des vorläufigen Rechtsschutzes (BVerfGE 49, 329/342; 65, 227/233; 70, 180/188 f), nicht aber im Strafbefehlsverfahren (Schulze-Fielitz DR 49; a. A. BVerfGE 25, 158/165 f; Schmehl SHH 9). In diesen Fällen gebietet Abs.1 allerdings, die Gewährung rechtlichen Gehörs unverzüglich nachzuholen. Das Gleiche gilt im Rahmen einer Nichtigkeitsklage (BVerfG-K, NJW 98, 745).

3. Unzureichende Berücksichtigung

a) Kenntnisnahme setzt zum einen **Aufnahmefähigkeit** des Gerichts   **28** voraus (Rüping BK 72). Die Mitwirkung eines blinden Richters erfüllt diese Voraussetzungen, soweit die Kenntnisnahme nicht vom Sehvermögen abhängt (BVerfGE 20, 52/55; BVerfG-K, NJW 92, 2075), was aber bei einem Vorsitzenden Richter in der Hauptverhandlung eines erstinstanzlichen Strafgerichts nicht der Fall ist (BGHSt 35, 164 ff; a. A. Schulze-Fielitz DR 61). Ein schlafender Richter beeinträchtigt Abs.1 (BVerwG, NJW 86, 2721); deutliche Ermüdungserscheinungen sind aber nicht ausreichend (Nolte MKS 55; vgl. auch BVerwG, NJW 06, 2648 f). Ein tauber Richter erfüllt den Anspruch auf rechtliches Gehör, soweit es für die Streitsache nicht auf das Hörvermögen ankommt. Es genügt nicht den Anforderungen des Abs.1, wenn Schriftsätze lediglich in den Verfügungsbereich des Gerichts gelangen, dem Richter aber nicht zur Kenntnis weitergeleitet worden sind, wobei ein Verschulden der Geschäftsstelle ohne Belang ist (BVerfGE 34, 344/347; 53, 219/222 f). Gleiches gilt im Verhältnis von Ausgangs- und Rechtsmittelgericht (BVerfGE 62, 347/352 f).

29   **b)** Kenntnisnahme setzt zum anderen **Aufnahmebereitschaft** des Gerichts voraus. Wenn Präklusionsvorschriften (unten Rn.41) fehlen, hat es jedes Vorbringen zu berücksichtigen, das bis zum Erlass der Entscheidung eingeht, d.h. bis der Urkundsbeamte die Ausfertigung zur Zustellung hinausgibt (BVerfGE 62, 347/353; BVerfG-K, NJW 93, 51; BGH, NJW 97, 2525; BVerwG, Bh 406.17 Nr.29). Die Gerichte sind aus Abs.1 verpflichtet, die in einem Schriftsatz enthaltenen erheblichen Beweisanträge zu berücksichtigen (BVerfGE 69, 141/143 f; BVerfG-K, NJW 01, 1565; BFHE 174, 301/304; BSGE 79, 125). Die Nichtberücksichtigung eines als sachdienlich und erheblich angesehenen Beweisangebots verstößt gegen Abs.1, wenn sie „im Prozessrecht keine Stütze mehr findet" (BVerfGE 105, 279/311; BVerfG-K, NJW 03, 127; 03, 1655; 05, 1487; 09, 1586; BVerwG, NVwZ 05, 1200). Verletzt ist das Gehörrecht auch, wenn das Gericht bei Anwendung von Präklusionsvorschriften den Ausschluss durch eine fehlerhafte Verfahrensgestaltung verursacht hat (BVerfGE 60, 1/6; 69, 126/139 f; 81, 264/273), den Parteivortrag nicht berücksichtigt, der im Rahmen des § 296 ZPO für die Frage nicht fristgerecht vorgebrachter Angriffs- und Verteidigungsmittel erheblich ist (BVerfGE 36, 92/99 f; 70, 215/218) oder der von den Beteiligten nach einem als reinem Durchlauftermin konzipierten frühen ersten Termin vorgebracht worden ist (BVerfGE 69, 126/137 ff). Erst recht ist Abs.1 verletzt, wenn das Gericht einen in zulässiger Weise eingereichten Schriftsatz übersieht (BVerfGE 11, 218/220; 70, 288/295; 72, 84/88 f) oder eine fernschriftliche Berufungsbegründung wegen Verstoßes gegen das Schriftformerfordernis als unwirksam ansieht (BVerfGE 74, 228/234).

30   Abs.1 gewährt **kein Recht** auf ein bestimmtes Beweismittel oder bestimmte Arten von Beweismitteln (BVerfGE 57, 250/274; 63, 45/60; BVerfG-K, NJW 98, 1939; BAGE 70, 85/98). Auch bestimmte Beweisregeln, wie z.B. die Unmittelbarkeit der Beweisaufnahme, sind nur einfachrechtlich garantiert (BVerfGE 62, 392/396 f; BVerfG-K, NJW 08, 2243 f). Immerhin hat der BGH die Recht der Parteien, Sachverständige persönlich zu hören, als „Ausfluss des Art.103 Abs.1" bezeichnet (BGHZ 164, 94/97). Die Pflicht zur Berücksichtigung erheblicher Beweisanträge gilt nicht im Verfahren der freiwilligen Gerichtsbarkeit (BVerfGE 79, 51/62). Abs.1 ist nicht verletzt, wenn das Gericht einen Beweisantrag des Prozessgegners nicht berücksichtigt (BVerfGE 84, 82/89). Der pauschale Bezug auf Vorbringen in früherer Instanz löst idR keine Berücksichtigungspflicht aus (BVerfGE 70, 288/295; BVerfG-K, NJW 92, 495).

31   **c) Erwägen** bedeutet die Pflicht des Gerichts, Vorbringen der Beteiligten in tatsächlicher und rechtlicher Hinsicht auf seine Erheblichkeit und Richtigkeit zu überprüfen. Der Umfang dieser Pflicht wird durch die Bedeutung des Vorbringens für das Verfahren und die Schwere eines zur Überprüfung gestellten Grundrechtseingriffs bestimmt (BVerfGE 86, 133/146; BVerfG-K, NJW 04, 1519). Abs.1 schützt aber nicht davor, dass das Vorbringen aus Gründen des formellen oder materiellen Rechts unberücksichtigt bleibt (BVerfGE 69, 145/148 f; 70, 288/294; 96, 205/216), weil es unerheblich, insb. abwegig (vgl. BVerfG-K, NJW 96, 2785; 97, 1433 f) ist. Dabei ist die Frage der Erheblichkeit allein nach Maßgabe des formellen und materiellen Rechts zu entscheiden (Schulze-Fielitz DR 63). Auch schützt Abs.1 idR nicht davor, dass das Gericht einem tatsächlichen Umstand nicht die richtige Bedeutung beimisst (BVerfGE 76, 93/98) oder die Rechtsansicht eines Beteiligten nicht teilt (BVerfGE 64, 1/12; BVerfG-K, NJW 95, 2839). Die Vorschrift garantiert auch keinen Anspruch auf einen bestimmten Beratungsablauf (BVerfG-K, NJW 87, 2219f; BFHE 169, 122f) oder eine bestimmte Beratungsdauer (BGHSt 37, 141/143); das Votum des Berichterstatters darf auch in Urteilsform vor der Verhandlung vorliegen (BVerfGE 9, 213/215).

d) Begründung. Aus der Pflicht zu erwägen folgt die **grundsätzliche** **32** **Verpflichtung,** gerichtliche Entscheidungen zu begründen (BVerfGE 54, 86/91f; für Ableitung aus dem Rechtsstaatsprinzip dagegen Höfling/Burkiczak FH 100); denn nur anhand der Gründe kann der Betroffene beurteilen, ob sein Vorbringen berücksichtigt worden ist (Kunig MüK 15; Rüping BK 73; Schulze-Fielitz DR 76). Daraus folgt aber keine Pflicht des Gerichts, sich mit jedem Vorbringen ausdrücklich auseinanderzusetzen (BVerfGE 54, 86/91f; 69, 141/143f; 115, 166/180). Ausnahmen von der Begründungspflicht gelten für letztinstanzliche Entscheidungen (BVerfGE 71, 122/135f; 81, 97/106; 104, 1/8; HessStGH, LVerfGE 13, 248/256) und für Erledigungsentscheidungen (BVerfGE 13, 132/149; BayVerfGH, NVwZ 93, 1083). Allerdings besteht auch für ein Revisionsgericht eine Begründungspflicht im Fall des § 354 Abs.1a S.1 StPO (BVerfGE 118, 212/238). Problematisch ist die weitgehende Einschränkung der Begründungspflicht für zivilgerichtliche (Bagatell-)Sachen in § 495a Abs.2 ZPO (vgl. Kornblum, ZRP 99, 382; Zierlein UC 90).

Die Begründungspflicht **erstreckt** sich auf die für die Rechtsverfolgung **33** und -verteidigung wesentlichen Tatsachen (BVerfGE 47, 182/189; 58, 353/357; BVerfG-K, NJW 96, 2786; 97, 122; BAGE 93, 267/272f). Dazu gehört, warum von einer höchstrichterlichen Rspr. abgewichen wird (BVerfG-K, NJW 95, 2911f; 97, 187), warum trotz neuer Beweisanträge die Offensichtlichkeit gem. § 313 Abs.2 StPO gegeben sein soll (Schulze-Fielitz DR 76) und warum kein Sachverständigengutachten eingeholt wurde (BVerwG, DVBl 02, 53). Eine Bezugnahme auf die vorinstanzlichen Entscheidungsgründe genügt bei noch nicht behandeltem Vorbringen nicht (BSG, NJW 97, 2003). Es besteht keine Pflicht, andere Gerichtsentscheidungen zu zitieren (BVerfGE 80, 170/181). Der Begründungspflicht wird auch durch den Verweis auf eine selbst aussagekräftige Begründung des Einspruchs- oder Widerspruchsbescheids genügt (BFHE 169, 1/2). Die Verspätung der Begründung allein begründet keinen Gehörsverstoß (BVerfG-K, NJW 96, 3203).

4. Einzelne prozessrechtliche Institute

a) Die **Vertretung durch einen Anwalt** soll nach der überwiegenden **34** Rspr. nicht von Abs.1 geschützt sein (BVerfGE 9, 124/132; 39, 156/168; BVerwGE 51, 111f). Dagegen ist zu sagen, dass angesichts der enormen Kompliziertheit des Rechts die Gefahr besteht, dass einzelne Bürger ohne rechtskundigen Beistand ihr Recht gar nicht zu Gehör bringen können (Nolte MKS 67; Kunig MüK 15; Schmidt-Aßmann MD 103; Pieroth/Schlink 1179). Dementsprechend erkennt das BVerwG neuerdings das Recht auf Vertretung durch einen rechtskundigen Prozessbevollmächtigten in der mündlichen Verhandlung an (BVerwG, NVwZ 89, 858; NJW 95, 1231, 1441); zur Strafverteidigung vgl. Rn.99 zu Art.20. Umgekehrt ist die gesetzliche Einführung des Anwaltszwangs mit Abs.1 vereinbar (BVerfGE 35, 41/63; Schmidt-Aßmann MD 107). Die Bestellung eines Pflichtverteidigers beschwert den Angeschuldigten nicht (BVerfG-K, NJW 98, 2205).

35   Soweit das Recht auf Gehör **durch den Anwalt ausgeübt** wird, hat das Gericht ihm gegenüber die aus Abs.1 folgenden Pflichten zu erfüllen (BGHZ 144, 390/392; Schmidt-Aßmann MD 108). Abs.1 verlangt nicht durchgängig, dem Beteiligten neben seinem Anwalt die Möglichkeit zur persönlichen Erklärung zu geben. In bestimmten Fällen kann sich aber ein anderes ergeben: Das letzte Wort des Angeklagten ist verfassungsrechtlich gewährleistet (BVerfGE 54, 140/141 f). Die Information des Verfahrensbevollmächtigten ist dann nicht ausreichend, wenn dem Betroffenen daraus ein erhöhtes Risiko entsteht, von den mitzuteilenden Umständen keine Kenntnis zu erhalten (BVerfGE 81, 123/126 ff; krit. Höfling/Burkiczak FH 65). Zur Frage, inwieweit die von seinem Anwalt verschuldete Versäumung einer Antrags- oder Äußerungsfrist dem Beteiligten zugerechnet werden darf, vgl. Rn.59 zu Art.19.

36   **b)** Aus dem Anspruch auf rechtliches Gehör ergibt sich ein grundsätzlicher Anspruch auf Gewährung von **Prozesskostenhilfe** in den Fällen, in denen der Betroffene zur Verfolgung seiner Rechte ohne finanzielle Hilfe des Staats nicht in der Lage ist (Nolte MKS 71; Schmidt-Aßmann MD 113; für Ableitung aus dem Rechtsstaatsprinzip dagegen Degenhart SA 24; Zierlein UC 82). Das BVerfG leitet diesen Anspruch aus Art.3 Abs.1 ab (Rn.67 zu Art.3).

37   **c)** Nach der neueren Rspr. des BVerfG ist die Frage, ob und in welchem Umfang ein der **deutschen Sprache** nicht hinreichend mächtiger Beteiligter Anspruch auf Ausräumung der daraus folgenden Verständnisschwierigkeiten hat, nach Art.2 Abs.1 iVm dem aus dem Rechtsstaatsprinzip abgeleiteten „Gebot fairen Verfahrens" zu beurteilen (Rn.100 zu Art.20). Richtigerweise ist die Gewährleistung sprachlicher Verständigung von Art.103 Abs.1 geschützt (vgl. Kunig MüK 15; Nolte MKS 73; Schmidt-Aßmann MD 118; Schulze-Fielitz DR 55; BVerwG, NVwZ 83, 668 f). Allerdings ist lediglich eine Verständigung über die wesentlichen Verfahrensvorgänge sicherzustellen (vgl. Schmidt-Aßmann MD 118; Schulze-Fielitz DR 55; BVerfGE 64, 135/ 146).

38   **Im Einzelnen** ist in der mündlichen Verhandlung ein Dolmetscher hinzuzuziehen: §§ 185 f GVG sind verfassungsrechtlich gefordert (BVerfGE 64, 135/146; Nolte MKS 74; Schmidt-Aßmann MD 119). Die Gerichte sind auch grundsätzlich verpflichtet, dafür zu sorgen, dass mangelnde Deutschkenntnisse nicht zu einer Verkürzung des Anspruchs Beteiligter auf rechtliches Gehör führen (BVerfG-K, NJW 91, 2208). Sie müssen deshalb z. B. ggf. von Amts wegen Übersetzungen von verfahrensrelevanten Schriftstücken einholen, wenn der Ausländer darlegt, dass er diese auf Grund finanzieller Notlage nicht beibringen kann (BVerfG-K, NVwZ 87, 785; weitergehend für den Strafprozess wegen Art.6 Abs.3 EMRK: BGHSt 46, 178/184 f). Die beantragte Verwertung einer fremdsprachigen Urkunde darf nicht allein mit

der Begründung abgelehnt werden, es fehle an einer deutschen Übersetzung (BVerwG, NJW 96, 1553). Bei sprachbedingter Versäumung einer Rechtsmittelfrist ist Wiedereinsetzung zu gewähren (BVerfGE 40, 95/99 f; 42, 120/123; weitergehend Schmidt-Aßmann MD 120). Abs.1 fordert dagegen nicht, entgegen § 184 GVG fremdsprachlichen Schriftsätzen stets Beachtlichkeit zukommen zu lassen (vgl. BGH, NJW 82, 532 f; Kopp/Schenke, VwGO, 9 zu § 55). Es ist auch nicht geboten, dem anwaltlich vertretenen Angeklagten das schriftliche Urteil in einer ihm verständlichen Sprache bekanntzugeben (BVerfGE 64,4 135/154).

d) Bestimmungen über **Fristen** sind auf Verfahrensbeschleunigung und **39** Rechtssicherheit angelegt und daher (vgl. oben Rn.4) grundsätzlich zulässig (Schmidt-Aßmann MD 122); Grenzen ergeben sich v.a. aus dem Gebot effektiven Rechtsschutzes (Rn.59 zu Art.19). Fristen müssen objektiv ausreichend sein, um innerhalb der Frist eine sachlich fundierte Äußerung zum entscheidungserheblichen Sachverhalt und zur Rechtslage zu erbringen (BVerfGE 49, 212/216), und abgewartet werden (BVerwG, NVwZ 05, 466; BFHE 188, 273/275). Richterliche Fristen müssen im Gegensatz zu typisierenden gesetzlichen Fristen dem Einzelfall im stärkeren Maße gerecht werden (BVerfG-K, NVwZ 03, 860). Räumt das Gericht den Beteiligten eine Frist zur Äußerung ein, ist es verpflichtet, jeden Schriftsatz zu berücksichtigen, der innerhalb der Frist eingeht (BVerfGE 42, 243/247; 64, 224/227; BVerfG-K, NJW 09, 3780). Sofern vom Gericht keine Frist gesetzt wurde, muss auf eine erwartete oder angekündigte Stellungnahme eine angemessene Zeit gewartet werden (BVerfGE 60, 313/317). Drei Arbeitstage oder sechs Tage mit eingeschlossenem Wochenende sind nicht ausreichend (BVerfGE 24, 23/25 f), im vorläufigen Rechtsschutzverfahren auch nicht ein Tag (BVerfGE 65, 227/235). Zwei Monate sind für eine Beschwerdebegründung ausreichend (BVerfG-K, NJW 09, 1583). Bei gesetzlichen Fristen sind drei Tage der gesetzliche Mindestspielraum (BVerfGE 36, 298/302 ff; krit. Schmidt-Aßmann MD 124; vgl. auch BVerfGE 94, 166/207). Fristablauf ist regelmäßig 24 Uhr, nicht schon der Zeitpunkt des Dienstschlusses (BVerfGE 41, 323/327 f; 42, 128/131 f; BGHZ 80, 62/63). Fristwahrend ist die Verfügungsgewalt des Gerichts, nicht erst des Urkundsbeamten der Geschäftsstelle (BVerfGE 57, 117/120; 72, 84/88). Fristen dürfen grundsätzlich bis zum letzten Tag ausgenutzt werden (BVerfGE 62, 334/337; BVerfG-K, NJW 91, 2096). Vgl. auch Rn.95 zu Art.20.

e) Obwohl die Versäumung von Fristen sanktioniert werden darf (BVerf- **40** GE 36, 298/302), ist unter bestimmten Voraussetzungen die **Wiedereinsetzung in den vorigen Stand** verfassungsrechtlich geboten. Das BVerfG leitet dieses Erfordernis nicht nur aus Art.103 Abs.1 (vgl. BVerfGE 25, 158/165 f; 38, 35/38; BVerfG-K, NJW 92, 38), sondern auch aus dem Gebot effektiven Rechtsschutzes ab (Rn.59 zu Art.19). So bildet die nicht zurechenbare Fristversäumnis einen bereits von Verfassungs wegen gewährleisteten Wiedereinsetzungsgrund (vgl. BVerfGE 38, 35/38). Nicht zurechenbar sind Fehler des Gerichts (BVerfG-K, NJW 05, 3346, 3629) und der für die amtliche Veröffentlichung von Gesetzestexten zuständigen Stellen (BVerfG-K, NJW 08, 2168). Im Übrigen sind bei Entscheidungen über eine Wiedereinsetzung an eine Glaubhaftmachung der Wiedereinsetzungsgründe keine überspannten Anforderungen zu stellen (BVerfGE 54, 80/84; 67, 208/212 f; 110, 339/342; BVerfG-K, NJW 03, 1516; BGHZ 151, 221/227 f). So brauchen von Seiten des Bürgers für die Urlaubsabwesenheit keine besonderen Vorkehrungen getroffen zu werden (BVerfGE 34, 154/156 f; 41, 332/335; krit. Schmidt-Aßmann MD 126). Verzögerungen der Briefbeförderung und -zustellung durch die Post dürfen dem Betroffenen nicht als Verschulden zugerechnet werden (BVerfGE 53, 25/28 f; 62, 216/221; BVerfG-K, NJW 01, 1566 f; BGHZ 105, 116/118 ff). Dasselbe gilt für Versehen des Kanzleipersonals, die der Rechtsanwalt nicht verschuldet hat (BVerfG-K, NJW 04, 2584; BGH, NJW 07, 1457). Moderne Formen der Übermittlung durch Telefax (BVerfG-K, NJW 94, 1854 f) und E-mail (Schulze-Fielitz DR 72) dürfen genutzt werden. Versäumt ein der deutschen Sprache nicht hinreichend mächtiger Ausländer eine Rechtsmittelfrist, ist das Versäumnis dieser Frist, soweit sie auf den unzureichenden Sprachkenntnissen des Ausländers beruht, grundsätzlich als unverschuldet anzusehen (BVerfGE 40, 95/99 f); anderes gilt bei einer Verletzung der auch den Ausländer treffenden Sorgfaltspflicht in der Wahrnehmung seiner Rechte (BVerfGE 86, 280/284 f; BVerfG-K, NVwZ 92, 262 f).

41 **f) Präklusion.** Vorschriften über den Ausschluss von Vorbringen sind zulässig, sofern der betroffene Beteiligte ausreichend Gelegenheit hatte, sich zu allen für ihn wichtigen Punkten zur Sache zu äußern, die Äußerungsmöglichkeit aber aus von ihm zu vertretenden Gründen versäumt hat (BVerfGE 67, 39/41 f; 81, 264/273; BVerfG-K, NJW 03, 3545; 05, 1769; 07, 3486). Allerdings dürfen solche Vorschriften nur „strengen Ausnahmecharakter" haben (BVerfGE 59, 330/334; 60, 1/6; 62, 249/254; SächsVerfGH, LVerfGE 8, 301/307); deswegen kommt eine analoge Anwendung nicht in Betracht (BGHZ 161, 138/142 f). Wegen der Intensität des Eingriffs geht die verfassungsgerichtliche Überprüfung ihrer Auslegung und Anwendung über eine bloße Willkürkontrolle (oben Rn.15) hinaus (BVerfGE 75, 302/312; BVerfG-K, NJW 01, 1565). Die Präklusion darf nur Verstöße der Beteiligten gegen ihre Prozessförderungspflicht sanktionieren und ist deshalb ausgeschlossen, wenn das Gericht seiner Fürsorgepflicht nicht nachgekommen ist (BVerfGE 67, 39/41 f; 75, 183/190 f; BVerfG-K, NJW 00, 946; BVerwG, NVwZ 84, 234; BGH NJW 05, 2624 f), insb. die Beweismittel, um deren Ausschluss es geht, nicht hinreichend genau bestimmt hat (BFHE 177, 233/236), oder wenn die pflichtwidrige Verspätung nicht kausal für die Verzögerung ist (BVerfGE 75, 302/316 f; BVerfG-K, NJW 95, 1417); vgl. auch Rn.58 zu Art.19.

42 **g) Verwertungs- und Überraschungsverbote** sind die (negative) Konsequenz der (positiven) Pflicht der Gerichte, den Beteiligten die Möglichkeit zur Äußerung zu allen erheblichen tatsächlichen und rechtlichen Fragen einzuräumen. Denn daraus folgt zum einen, dass die Gerichte solche Tatsachen oder Beweisergebnisse nicht verwerten dürfen, die nicht zum Gegenstand des Verfahrens gemacht worden sind und zu denen sich die Beteiligten nicht äußern konnten (BVerfGE 6, 12/14; 70, 180/189; BVerwGE 78, 30/33; BGHZ 116, 47/58; BFHE 195, 314/316 f). Zum anderen ergibt sich daraus das Verbot von „Überraschungsentscheidungen", die ohne vorherigen Hinweis des Gerichts auf einen rechtlichen Gesichtspunkt abstellen, mit dem auch ein gewissenhafter und kundiger Prozessbeteiligter nach dem bisherigen Prozessverlauf selbst unter Berücksichtigung der Vielzahl vertretener Rechtsauffassungen nicht zu rechnen brauchte (BVerfGE 84, 188/190; 86, 133/144; 98, 218/263; BVerfG-K, NJW 03, 2524; NVwZ 06, 684; 07, 688; BVerwGE 95, 237/241; BFHE 220, 332/336; BGH, NJW 05, 3284f; BAGE 51, 59/104; BSGE 68, 205/211), oder in denen das Gericht ohne entsprechenden Hinweis von seiner ständigen Rspr. (BVerwG, NJW 61, 1549) oder von einem eigenen Hinweis (BVerfGE 108, 341/345f; BFHE 223, 308/310f) abweicht oder höhere Anforderungen an das Vorbringen eines Beteiligten stellt als die ständige höchstrichterliche Rspr. (BVerfG-K, NJW 95, 2544). Es muss also in gravierender Weise prozessuales Vertrauen enttäuscht worden sein (vgl. Schmidt-Aßmann MD 141).

B. Gesetzlichkeit bei Bestrafungen (Abs.2)

1. Bedeutung und Abgrenzung zu anderen Vorschriften

Abs.2 enthält ein grundrechtsgleiches Recht (Vorb.1 vor Art.1; Rn.52, 72 **43** zu Art.93; BVerfGE 85, 69/72) und wird daher traditionell dreistufig mit eigenem Schutzbereich geprüft (vgl. BVerfGE 109, 133/168), obwohl er systematisch eine Schranken-Schranke darstellt (Appel, Jura 00, 576). Abs.2 ist eine Ausprägung des Rechtsstaatsprinzips (BVerfGE 7, 89/92; 47, 109/120; 95, 96/130), insb. unter dem Gesichtspunkt der Rechtssicherheit (Schulze-Fielitz DR 12), und der Menschenwürde (BVerfGE 109, 133/171). Er ist lex specialis zum allgemeinen Gesetzesvorbehalt (unten Rn.49), Bestimmtheitsgrundsatz (unten Rn.51f) und Rückwirkungsverbot (unten Rn.53). Er konkurriert teilw. mit dem Schutz der Freiheit der Person (Rn.3f zu Art.104) und soll spezielle Ausformung des allgemeinen Willkürverbots (Rn.35f zu Art.3) sein (BVerfGE 64, 389/394; BVerfG-K, NJW 98, 2589; 01, 1849). Er richtet sich sowohl an den Strafgesetzgeber als auch an den Strafrichter (BVerfGE 105, 135/153).

2. Schutzbereich

a) Strafbarkeit. aa) Erfasste Rechtsgebiete. Strafbarkeit bezieht sich **44** auf staatliche Maßnahmen, „die eine missbilligende hoheitliche Reaktion auf ein rechtswidriges, schuldhaftes Verhalten darstellen und wegen dieses Verhaltens ein Übel verhängen, das dem Schuldausgleich dient" (BVerfGE 109, 133/167; 105, 135/153; 117, 71/110). Abs.2 erfasst zunächst das Kriminalstrafrecht und das Ordnungswidrigkeitenrecht (BVerfGE 81, 132/135; 87, 399/411; BayVerfGHE 36, 149/152); anders als Abs.3 (unten Rn.74) aber auch das Berufs-, Disziplinar- und Standesrecht (BVerfGE 60, 215/233; 66, 337/355f; 116, 69/82f; BVerwGE 93, 269/274; BGH, NJW 91, 1242; a.A. Rüping BK 78; Schmidt-Aßmann MD 196), wobei Abs.2 „wegen der Natur dieser Rechtsgebiete" allerdings nur eingeschränkt gelten soll (BVerfGE 26, 186/203; 45, 346/351; BayVerfGHE 23, 23/28; BGHSt 19, 90/91f).

45   **Nicht erfasst** sind vollstreckungsrechtliche Beuge- und Ordnungsmittel wie z. B. Ordnungsgelder gem. § 890 ZPO (BVerfGE 84, 82/89), Ordnungsmittel nach § 178 GVG (Schmidt-Aßmann MD 195), Anordnungen im Strafvollzug (BGHSt 49, 61/66), präventive Maßnahmen der Gefahrenabwehr (vgl. BVerfGE 20, 323/331), die Kostentragungspflicht des Kraftfahrzeughalters gem. § 25a StVG (BVerfG-K, NJW 92, 1953) und die Pflicht zur Steuerzahlung (BVerfGE 7, 89/95). Ebensowenig gilt Abs.2 für zivilrechtliche Verpflichtungen zu Schadenersatz (BVerfGE 34, 269/293; BGHZ 160, 298/302 f), zu Erfüllung (BGH, NJW 03, 3620 f), für die Vereinsstrafgewalt (Rüping BK 85), für die Verwirkung von Ansprüchen (BVerfGE 27, 231/235 f) oder für den Wegfall des Anspruchs bei fehlerhafter Mitwirkung einer politischen Partei im Rahmen des Festsetzungsverfahrens für die staatliche Parteienfinanzierung (BVerfGE 111, 54/98).

46   **bb) Innerhalb** der erfassten Rechtsgebiete **umfasst** die Strafbarkeit den Straftatbestand (BVerfGE 25, 269/286), zu dem sämtliche materiell-rechtlichen Voraussetzungen der Strafbarkeit zählen (Rüping BK 50, 67; vgl. auch BGHSt 39, 1/27; 48, 354/357; diff. BGHSt 39, 54/71), wie Rechtfertigungs- und Schuldausschließungsgründe (Degenhart, SA 61; Schulze-Fielitz DR 23), einschließlich des räumlichen Anwendungsbereichs des Strafrechts (BVerfGE 92, 277/313), und die Strafandrohung (BVerfGE 45, 363/371; 86, 288/311; 105, 135/153; BVerfG-K, NJW 08, 3628), zu der alle dem Schuldausgleich dienenden strafrechtlichen Sanktionen gehören, insb. Nebenstrafen und Nebenfolgen (Rüping BK 60, 74; Schmidt-Aßmann MD 197), Verfall, Einziehung (Rüping BK 60) und Vermögensstrafe (BVerfGE 105, 135/157 f), sowie Strafaussetzung zur Bewährung (Schmidt-Aßmann MD 197; für den Widerruf der Strafaussetzung offen gelassen BVerfG-K, NJW 92, 2877).

47   **Nicht umfasst** sind dagegen die strafrechtlichen Maßregeln der Besserung und Sicherung (BVerfGE 109, 133/167 ff; BVerfG-K, NJW 06, 3484; 09, 981; BGHSt 50, 121/130; noch offen gelassen BVerfGE 74, 102/126; 83, 119/128), die Untersuchungshaft (BVerfGE 109, 133/175), die Strafverfolgungsvoraussetzungen, wie die Verjährung (BVerfGE 25, 269/284 ff; 81, 132/135; BVerfG-K, NJW 00, 1555; BGHSt 40, 113/118) und das Strafantragserfordernis (BGHSt 46, 310/317 f; a. A. Kunig MüK 31; Rüping BK 62), ferner nicht das Strafverfahrensrecht (BVerfGE 63, 343/359; 112, 304/315; Rüping BK 76) einschließlich der Frage, auf welches Gebiet sich die Strafgerichtsbarkeit der Bundesrepublik Deutschland erstreckt (BVerfGE 92, 277/324 f), und Behandlungsmaßnahmen im Vollzug der Freiheitsstrafe (BVerfGE 64, 261/280). Allerdings können sich aus den rechtsstaatlichen Grundsätzen der Rechtssicherheit und des Vertrauensschutzes (Rn.67–76 zu Art.20) Grenzen der Rückwirkung auch für Strafverfahrensrecht ergeben (BVerfGE 87, 48/63 f; 105, 135/152 f; 117, 71/111). Daher ist die rückwirkende Einschränkung des Zeugnisverweigerungsrechts unzulässig (BGHSt 50, 64/77 ff). Ferner soll Abs.2 nicht gelten für die Strafaussetzung bei lebenslanger Freiheitsstrafe (BVerfGE 86, 288/311; 117, 71/111 f; a. A. BVerfGE *abwM* 86, 340/342; Kunig MüK 31; Nolte MKS 112; Schmidt-Aßmann MD 197). Abs.2 ist nicht anwendbar auf die Auslieferungsvoraussetzung der beiderseitigen Strafbarkeit (vgl. BVerfGE 109, 13/37).

b) Träger des grundrechtsgleichen Rechts ist jede natürliche Person. Ju- **48** ristische Personen sind aus Abs.2 berechtigt (Rn.15 zu Art.19), soweit sie bestraft werden können, was nur sehr begrenzt der Fall ist (Degenhart SA 53; Schulze-Fielitz DR 27).

3. Beeinträchtigung

a) Die **Gesetzlichkeit** der Strafbarkeit bedeutet einen Gesetzesvorbehalt **49** (vgl. Rn.44–55 zu Art.20), der vom BVerfG als streng bezeichnet wird (BVerfGE 71, 108/114; 75, 329/341; 78, 374/382): Die Voraussetzungen der Strafbarkeit und die Art der Strafe müssen in Parlamentsgesetzen enthalten sein (BVerfGE 85, 69/72f; 87, 363/391f; 87, 399/411); Abs.2 regelt aber nicht, welches Verhalten für strafbar erklärt werden darf (BVerfG-K, NJW 94, 2412). Dieser **Parlamentsvorbehalt** dient einem doppelten Zweck. Es geht einerseits (subjektiv-rechtlich) um den Schutz des Normadressaten: Jedermann soll vorhersehen können, welches Verhalten verboten und mit Strafe bedroht ist. Andererseits soll (objektiv-rechtlich) sichergestellt werden, dass nur der Gesetzgeber (und nicht die vollziehende und rechtsprechende Gewalt) über die Strafbarkeit entscheidet (BVerfGE 67, 207/224; 87, 399/411; 105, 135/153). Damit soll vereinbar sein, dass das BVerfG nach der Nichtigerklärung von Strafvorschriften (vgl. BVerfGE 88, 203/208) durch Vollstreckungsanordnung gem. § 35 BVerfGG Übergangsregelungen trifft (vgl. BVerfGE 88, 203/209f), die die vom Gesetzgeber gezogenen Grenzen der Strafbarkeit nicht überschreiten (BVerfGE 88, 203/336f). Das bedeutet jedoch nicht, dass die gesetzliche Strafnorm Tatbestand und Rechtsfolge selbst vollständig regeln müsste, vielmehr kann sie zu deren Konkretisierung auf andere Rechtsakte (auch auf Europäisches Unionsrecht; BVerfG-K, NJW 83, 1258f; und Völkerrecht; Schmehl SHH 31) verweisen (Blankettstrafgesetz; BVerfGE 75, 329/342; 78, 374/382; 87, 399/407; BGHSt 37, 266/272).

b) Analogieverbot. Abs.2 verbietet der rechtsprechenden Gewalt, Straf- **50** tatbestände oder Strafen durch Gewohnheitsrecht oder Analogie zu begründen oder zu verschärfen (BVerfGE 71, 108/115; 73, 206/235; 92, 1/12; BGHSt 37, 226/230; 38, 144/151; näher Rüping BK 44ff), nicht aber zu mildern (vgl. BVerfGE 95, 96/132). Der die Grenze bildende Wortsinn ist aus der Sicht des Bürgers zu bestimmen (BVerfGE 71, 108/115; 82, 236/269; 87, 209/224; BVerfG-K, NJW 95, 3051). Dabei ist „Analogie" nicht im engeren technischen Sinne zu verstehen; ausgeschlossen ist vielmehr jede Rechts„anwendung", die über den Inhalt einer gesetzlichen Sanktionsnorm hinausgeht (BVerfGE 82, 236/269; 87, 209/225; 87, 399/411; BVerfG-K, NJW 05, 2141); das ist namentlich der Fall, wenn das materielle Strafrecht objektiv unhaltbar und deshalb willkürlich ausgelegt wird (BVerfG-K, NJW 95, 187). Eine gerichtliche Entscheidung verstößt insb. auch dann gegen das Analogieverbot, wenn (erst) eine verfassungskonforme Auslegung einer Strafvorschrift deren Anwendungsbereich beschränkt (vgl. BVerfGE 87, 399/408ff).

c) Der **Bestimmtheitsgrundsatz** ist eine Ausprägung des allgemeinen **51** Bestimmtheitsgrundsatzes (Rn.57f zu Art.20) und stellt noch höhere Anforderungen (BVerfGE 49, 168/181; 78, 374/381 ff; krit. Schulze-Fielitz DR 39). Der Einzelne soll von vornherein wissen können, was strafrechtlich verboten ist und welche Strafe ihm für den Fall eines Verstoßes gegen das Verbot droht, damit er in der Lage ist, sein Verhalten danach einzurichten (BVerfGE 78, 374/381 f; 87, 363/391 f; 105, 135/153). Verhaltenspflichten müssen konkret, nicht bloß abstrakt bestimmt werden (BVerfG-K, NVwZ 07, 1172/1175). Dabei sind allerdings die Verwendung unbestimmter, wertausfüllungsbedürftiger Begriffe und Generalklauseln zulässig (BVerfGE 66, 337/355; 92, 1/12; 96, 68/97 f); sie bedürfen aber „in besonderer Weise einer strukturierenden und konkretisierenden Auslegung durch die Rechtsprechung" (BGHSt 52, 98/102). Strafrahmen, denen sich grundsätzlich das Mindestmaß einer Strafe und die Sanktionsobergrenze entnehmen lassen, sind im Hinblick auf das Schuldprinzip (Rn.103 f zu Art.20) sogar geboten (BVerfGE 105, 135/154 ff), müssen aber von Strafzumessungsregeln begleitet sein (BVerfGE 105, 135/156 f). Ferner ist ein Anknüpfen an verwaltungsrechtliche Entscheidungen zulässig (oben Rn.56 f).

52   **Abstufungen.** Die Strafnorm muss umso präziser sein, je schwerer die angedrohte Strafe ist (BVerfGE 41, 314/320; 75, 329/342 f; 105, 135/155 f; krit. Kunig MüK 29). Auch sind an strafbarkeitsbegründende Merkmale höhere Bestimmtheitsanforderungen zu stellen als an „tatbestandsregulierende Korrektive" (BVerfGE 73, 206/238), die sich zugunsten des Täters auswirken (Nolte MKS 147). Dagegen sind die Bestimmtheitsanforderungen im Disziplinarstrafrecht geringer als im Kriminalstrafrecht (BVerfGE 66, 337/355; BVerwGE 93, 269/274) und darf das besondere Fachwissen des Adressatenkreises einer Norm berücksichtigt werden (BVerfGE 48, 48/57). Das Vorhandensein strafgerichtlicher Judikatur kann die Unbestimmtheit jedenfalls eines neuen Gesetzes nicht kompensieren (Kunig MüK 29; Nolte MKS 150; großzügiger BVerfGE 37, 201/208; 45, 363/372; 96, 68/98).

53   **d)** Das **Rückwirkungsverbot** ist ein Sonderfall des allgemeinen Rückwirkungsverbots (Rn.67 zu Art.20). Im Unterschied zu diesem enthält Abs.2 ein absolutes Rückwirkungsverbot (BVerfGE 30, 367/385; 95, 96/131). Es verbietet dem Strafgesetzgeber die rückwirkende Strafbegründung und Strafschärfung (BVerfGE 25, 269/285; 46, 88/192 f; 81, 132/135; BVerfG-K, NJW 93, 2167 f; 93, 2524) und dem Strafrichter die rückwirkende Anwendung einer Strafnorm (Schmehl SHH 36). Es gilt auch bei der Ahndung von Ordnungswidrigkeiten (BVerfG-K, NStZ 96, 193). Zulässig ist dagegen die Anwendung milderen Rechts als des zur Tatzeit geltenden (BVerfGE 95, 96/137) und eines Gesetzes, das das zum Tatzeitpunkt geltende Strafgesetz ersetzt, wenn altes und neues Gesetz den Unrechtsgehalt der Tat gleich bewerten (BVerfGE 46, 188/193; 81, 132/136; BVerfG-K, NJW 08, 3769). Desweiteren ist das Rückwirkungsverbot nicht schon deshalb verletzt, weil die Tat in der Zeit zwischen ihrer Begehung und der Entscheidung vorübergehend nicht mit Strafe bedroht gewesen ist (BVerfGE 81, 132/135). Bei Dauerdelikten darf eine Strafschärfung aber nur die Teilakte erfassen, die nach der Rechtsänderung begangen wurden (BayObLG, NJW 96, 1422).

4. Rechtfertigung von Beeinträchtigungen (Schranken)

Da Abs.2 keine Eingriffsermächtigung enthält, könnten Beeinträchtigun- **54** gen allenfalls durch kollidierendes Verfassungsrecht (Vorb.45–49 vor Art.1) gerechtfertigt werden. Dass in der „ganz besonderen Situation" der „Mauerschützen" (BVerfGE 95, 96/133; vgl. unten Rn.68 f) Abs.2 hinter dem rechtsstaatlichen Gebot materieller Gerechtigkeit zurücktreten müsse, überzeugt nicht: Die Verfassung kennt keine ungeschriebenen Ausnahmen für besondere Situationen (Pieroth/Schlink 1098). Beeinträchtigungen des Schutzbereichs von Abs.2 führen stets zu seiner Verletzung (Appel, Jura 00, 577; Höfling/Burkiczak FH 132; Schulze-Fielitz DR 51).

5. Einzelne Bereiche und Fälle

a) Verweis auf andere Rechtsakte. Wird der Straftatbestand durch ein **55** anderes **förmliches Gesetz** ergänzt, ist den Anforderungen des Abs.2 genügt, wenn die ausfüllende Norm die Voraussetzungen der Strafbarkeit hinreichend deutlich umschreibt (BVerfGE 75, 329/342; BGHSt 37, 266/272; 42, 219/221 f) und im Übrigen die allgemeinen Zulässigkeitsvoraussetzungen für Verweisungen (Rn.65 zu Art.20) vorliegen. Damit die Strafbarkeit vorhersehbar bleibt, muss allerdings klar sein, auf welche Norm verwiesen wird (Schmehl SHH 27; Schmidt-Aßmann MD 201). Keine Blankettstrafgesetze idS sind die Tatbestände der Eigentumsdelikte (BVerfGE 78, 205/213).

Wird der Straftatbestand durch **Administrativakte** ergänzt (Verwaltungs- **56** akzessorietät; näher Schmidt-Aßmann MD 202 ff), sind beide Zwecke des Abs.2 (oben Rn.49) gefährdet. Ein Verweis auf eine **Rechtsverordnung** (BVerfGE 51, 60/70 ff; 75, 329/342; 78, 374/382; BVerfG-K, NJW 92, 2624) oder **Satzung** (BVerfGE 32, 346/362 f; BVerfG-K, NVwZ 90, 751) ist zulässig, wenn diesen nur eine „Spezifizierung" des Tatbestands verbleibt (BVerfGE 75, 329/342; 78, 374/383; BVerfG-K, NVwZ 09, 241). Auch wenn die Satzung selbst wieder eine dynamische Verweisung auf Ortsrecht enthält, soll dies noch zulässig sein (BGHSt 42, 79/84 f). Soweit für Rechtsverordnungen auf Art.80 Abs.1 S.2 Bezug genommen wird (vgl. BVerfGE 75, 329/342; 78, 374/382; BVerfG-K, NJW 98, 669 f), kann das nur bedeuten, die Anforderungen dieser Vorschrift (Rn.12a zu Art.80) spezifisch für das Strafrecht zu verschärfen (Schulze-Fielitz DR 33; Kunig MüK 23; Schmidt-Aßmann MD 210; a.A. Nolte MKS 153). Vorkonstitutionelles Recht erfüllt diese Anforderungen auch, soweit gesetzesvertretende Verordnungen den Rang eines förmlichen Gesetzes hatten (BVerfGE 22, 1/12 f) und soweit es zu Landesstrafrecht geworden ist (BVerfGE 33, 206/219 f). Eine generelle Delegation der Normierung von Berufspflichten an die Kammern ist unzulässig (Pieroth/Schlink 1202; **a.A.** BVerfGE 45, 346/351).

Inwieweit eine Bezugnahme auf **Verwaltungsvorschriften** und **Verwal-** **57** **tungsakte** zulässig ist, ist streitig (näher Schmidt-Aßmann MD 216 ff). Bezüglich Verwaltungsvorschriften ist der Verweis auf sog. normkonkretisierende Verwaltungsvorschriften zulässig, wenn das Gesetz auf sie Bezug nimmt (Kunig MüK 24a; Nolte MKS 154; Schmidt-Aßmann MD 215) und sie veröffentlicht sind (Schmehl SHH 29). Bezüglich Verwaltungsakten besteht Konsens insoweit, als ein Verweis auf Verwaltungsakte nicht als schlechthin unzulässig angesehen wird. Die Anknüpfung an die Tatbestandswirkung eines Verwaltungsakts wird nur grundsätzlich für zulässig gehalten; darüber hinaus wird fehlende Nichtigkeit (Nolte MKS 154) oder weiter gehend Bestandskraft oder Rechtmäßigkeit (Degenhart SA 66) gefordert. Eine pauschale Anknüpfung einer Strafdrohung an Verstöße gegen inhaltlich nicht näher bestimmte Verwaltungsakte reicht jedenfalls nicht aus (BVerfGE 78, 374/382, 389; vgl. auch Schmidt-Aßmann MD 219). Bei der Bestrafung „unerlaubten" Aufenthalts kommt es auf die wirksame Aufenthaltsgenehmigung an (BGHSt 50, 105/109 ff).

58 **b) Grenzen der Auslegung: Unzulässig** sind die „erweiternde Auslegung" des Gewaltbegriffs in § 240 Abs.1 StGB (BVerfGE 92, 1/14 ff; *abwM* 104, 92/124 f; BVerfG-K, NJW 07, 1669; zust. Jeand'Heur, NJ 95, 465; krit. Amelung, NJW 95, 2587 f), die „wertende Auslegung" des Tatbestandsmerkmals „nicht geringe Menge" „mit Rücksicht auf den Einzelfall" (BGHSt 42, 1/3), die actio libera in causa als Ausnahme von § 20 StGB (BGHSt 42, 235/241), die Erstreckung der Korruptionstatbestände auf die Zeit vor der Ernennung des Amtsträgers (BGHSt 49, 275/291 f), die Ausdehnung des § 370 AO auf steuerliche Nebenleistungen (BGHSt 43, 381/406), die Anwendung des § 20 Abs.1 S.1 Nr.4 VereinsG auf Nichtmitglieder und damit auf Nichtadressaten des Betätigungsverbots (a.A. BGHSt 42, 30/36), die Anordnung von Jugendarrest neben der Aussetzung der Verhängung einer Jugendstrafe (BVerfG-K, NJW 05, 2141), die Erstreckung der Pflicht zum Abschluss einer Berufshaftpflichtversicherung auf arbeitslose Steuerbevollmächtigte (BVerfG-K, NJW 02, 3163), die Erweiterung von Pflichten öffentlicher Apotheken durch Anwendung von Normen für Krankenhausapotheken (BVerfG-K, DVBl 02, 1628), die Bestrafung wegen Verunglimpfung der ersten beiden Strophen des Deutschlandlieds (BVerfGE 81, 298/309), einer Kettenbriefaktion wegen Glücksspiels (BGHSt 34, 171/178) und des unvorsätzlichen Entfernens vom Unfallort (BVerfG-K, NJW 07, 1666). Ein Verstoß gegen das Analogieverbot liegt ferner dann vor, wenn angenommen wird, der Begriff „Waffe" in § 113 Abs.2 S.2 Nr.1 StGB umfasse Personenkraftwagen (BVerfG-K, NJW 08, 3627), der Begriff „Mensch" in § 131 Abs.1 StGB erfasse „menschenähnliche Wesen" (BVerfGE 87, 209/225) und der Begriff „nahe stehende Person" in § 241 Abs.1 StGB schließe auch nicht existierende Personen ein (BVerfG-K, NJW 95, 2777; a.A. Küper, JuS 96, 783).

59 **Zulässig** bleibt dagegen die Auslegung und Interpretation der Strafgesetze, etwa des Landfriedensbruchstatbestands gem. § 125 StGB (BVerfGE 82, 236/269 ff), der sexuellen Nötigung gem. § 177 Abs.1 Nr.3 StGB (BVerfG-K, NJW 04, 3769 f), des Erschleichens einer Beförderung iSd § 265a Abs.1 StGB (BVerfG-K, NJW 98, 1136), des Vermögensschadens beim sog. Anstellungsbetrug (BVerfG-K, NJW 98, 2590), der Straßenverkehrsgefährdung gem. § 315c StGB durch falsches Überholen (BVerfG-K, NJW 95, 315) und der Betriebsstörung gem. § 316b StGB bei Blockaden auf Bahngleisen (BVerfG-K, NVwZ 06, 584).

60 **c) Bestimmte und unbestimmte Gesetze. aa)** Im **Kernstrafrecht** sind folgende Vorschriften ausreichend **bestimmt (§§ 1–173 StGB):** § 13

Abs.1 StGB, Garantenstellung beim unechten Unterlassungsdelikt (BVerfGE 96, 68/98 f; BVerfG-K, NJW 03, 1030); § 56b Abs.2 Nr.3 iVm §§ 56, 56a StGB, Auflage gemeinnützige Leistungen zu erbringen (BVerfGE 83, 119/ 128); § 86 a StGB, Verwenden von Kennzeichen nationalsozialistischer Organisationen (BVerfG-K, NJW 09, 2805 f); § 94 Abs.2 S.1 und 2 Nr.2 StGB, Landesverrat, insb. die Begriffsbestimmung eines besonders schweren Falls eines Delikts (BVerfGE 45, 363/372); § 99 Abs.1 Nr.1 StGB, geheimdienstliche Agententätigkeit (BVerfGE 57, 250/262 ff); § 100e StGB a. F., verräterische Beziehungen (BVerfGE 28, 175/183 ff); § 107a Abs.1 StGB, Wahlfälschung (BVerfG-K, NJW 93, 55 f); § 113 StGB, Widerstand gegen die Staatsgewalt (BVerfG-K, NJW 06, 136); § 130 Abs.4 StGB, Verherrlichung der nationalsozialistischen Gewalt- und Willkürherrschaft (BVerfGE 124, 300/338 ff); § 131 StGB, der die Gewaltdarstellung und Aufstachelung zum Rassenhass unter Strafe stellt, soll nicht schon wegen der Vielzahl auslegungsbedürftiger Tatbestandsmerkmale zu unbestimmt sein (BVerfGE 87, 209/225), das Tatbestandsmerkmal „in einer die Menschenwürde verletzenden Weise" soll dem Bestimmtheitsgebot genügen, soweit darunter Darstellungen von grausamen und unmenschlichen Gewalttätigkeiten verstanden werden, die darauf angelegt sind, beim Betrachter eine Einstellung zu erzeugen oder zu verstärken, die den jedem Menschen zukommenden fundamentalen Wert- und Achtungsanspruch leugnen (BVerfGE 87, 209/228 f); § 170b StGB, Verletzung der Unterhaltspflicht (BVerfGE 50, 142/164 f).

(§§ 174–358 StGB): § 180a Abs.1 Nr.2 StGB, Förderung der Prostitu- **61** tionsausübung durch Maßnahmen, die über das bloße Gewähren von Wohnung, Unterkunft oder Aufenthalt und die damit üblicherweise verbundenen Nebenleistungen hinausgehen (BVerfG-K, NJW 93, 1911); § 184 Abs.1 StGB, Verbreitung pornographischer Schriften (BVerfG-K, NJW 82, 1512); § 184e StGB, Ausübung der verbotenen Prostitution (BVerfG-K, NVwZ 09, 239); § 185 StGB, Beleidigung (BVerfGE 93, 266/291 f); § 220a StGB, Völkermord (BVerfG-K, NJW 01, 1850 f); § 228 StGB, Einwilligung in die Körperverletzung (BGHSt 49, 34/41 f); § 240 StGB, Nötigung durch Gewalt (BVerfGE 73, 206/237 ff; 92, 1/13 f; 104, 92/101, 103; BVerfG-K, NJW 02, 2309; BGHSt 41, 231/240 f); § 241 Abs.1 StGB, Bedrohung (BVerfG-K, NJW 95, 2776); § 261 Abs.1, 5 StGB, leichtfertige Geldwäsche (BGHSt 43, 158/167 f); § 263 Abs.3 S.2 Nr.2 Alt.1 StGB, Vermögensverlust großen Ausmaßes (BGHSt 48, 360/361 ff); § 263a StGB, unbefugte Verwendung von Daten (BGHSt 38, 120/121); § 266 Abs.1 StGB, Untreue bezüglich des Begriffs „Nachteil" (BVerfG-K, NJW 09, 2370); § 327 Abs.2 Nr.1 StGB, Betreiben einer genehmigungspflichtigen Anlage ohne Genehmigung (BVerfGE 75, 329/343 ff); § 360 Abs.1 Nr.11 StGB a. F., grober Unfug (BVerfGE 26, 41/43; a. A. Nolte MKS 139; Rüping BK 29); § 366 Nr.10 StGB a. F., Übertretung von Polizeiverordnungen, die zur Erhaltung der Sicherheit, Bequemlichkeit, Reinlichkeit und Ruhe auf den öffentlichen Wegen, Straßen, Plätzen oder Wasserstraßen erlassen wurden (BVerfGE 23, 265/269).

Nicht ausreichend **bestimmt** sind demgegenüber die Klausel der „guten **62** Sitten" in § 226a StGB (Rüping BK 69), die Strafandrohung jeder zulässigen Strafe (Rüping BK 70; a. A. BGHSt 13, 190/191) oder von Geldstrafen in unbestimmter Höhe (Rüping BK 73; a.A. BGHSt 3, 259/262) sowie die Vermögensstrafe (BVerfGE 105, 135/158 ff).

63   **bb)** Im **Nebenstrafrecht** sind ausreichend **bestimmt:** Arzneimittelbegriff nach dem ArzneimittelG (BVerfG-K, NJW 00, 3417; 06, 2685 f; BGHSt 43, 336/342 f); § 19 Abs.2 TransplantationsG (BVerfG-K, NJW 99, 3400); Gebot, die Jahresbilanz innerhalb der einem ordnungsgemäßen Geschäftsgang entsprechenden Zeit zu ziehen (BVerfGE 48, 48/57 ff); Gebot der Listenführung nach dem HeimarbeitsG (BVerfGE 41, 314/320 ff); Täuschungshandlung gem. § 20a Abs.1 S.1 Nr.3 WertpapierhandelsG (BGHSt 48, 373/383 f); Weisung, Arbeitsleistungen zu erbringen gem. § 10 Abs.1 S.3 Nr.4 JGG (BVerfGE 74, 102/126); Gefahr für die Sicherheit und Ordnung des öffentlichen Straßenverkehrs gem. § 21 StVG a.F. (BVerfGE 14, 245/253 f); § 370 Abs.1 Nr.1 AO, nach dem sich derjenige strafbar macht, der den Finanzbehörden über steuerlich erhebliche Tatsachen unrichtige oder unvollständige Angaben macht und dadurch Steuern verkürzt (BVerfGE 37, 201/208 ff; BVerfG-K, NJW 92, 35; 08, 3346; vgl. aber BGH, NJW 04, 2991 f); außenwirtschaftliche Betätigung ohne die erforderliche Genehmigung gem. § 34 Abs.1 Nr.3 AWG (BVerfG-K, NJW 93, 1910; vgl. auch BGHSt 53, 128/131 ff; 53, 238/248 ff); Embargo-Verstöße gem. MilitärregierungsG Nr.53 (BVerfG-K, NJW 99, 3325); Handeltreiben iSd § 29 Abs.1 S.1 Nr.1 BtMG (BVerfG-K, NJW 07, 1193); § 29 Abs.1 S.1 Nr.3 BtMG (BVerfG-K, EuGRZ 97, 521; BGHSt 50, 252/256 ff); vereinsrechtliches Betätigungsverbot gem. § 20 Abs.1 S.1 Nr.4 VereinsG (BVerfG-K, NJW 00, 3637; DVBl 02, 471). Die Vorschrift des § 26 Nr.2 VersammlG, die die Durchführung einer unangemeldeten Versammlung unter Strafe stellt, soll auch für sog. Eilversammlungen hinreichend bestimmt sein, obwohl sie auf die Vorschrift des § 14 VersammlG verweist, nach deren verfassungskonformer Auslegung Eilversammlungen anzumelden sind, „sobald die Möglichkeit dazu besteht" (BVerfGE 85, 69/72 ff, 75; a.A. BVerfGE *abwM* 85, 77 ff).

64   **Nicht** ausreichend **bestimmt** waren dagegen Vorschriften des PersonenbeförderungsG a.F. (BVerfGE 17, 306/314 f) und § 15 Abs.2 Buchstabe a FernmeldeanlagenG, wonach die Strafbarkeit sich erst aus Ermessensentscheidungen der Exekutive ergab (BVerfGE 78, 372/383 ff).

65   **cc) Sonstiges.** Ausreichend **bestimmt** sind die Begriffe der Würdigkeit und Gewissenhaftigkeit als Berufspflichten (BVerfGE 45, 346/352 f; 94, 372/394) und § 33 Abs.1 AWG, der für Zuwiderhandlungen gegen die gem. §§ 2 Abs.1; 3 Abs.2, 3; 7 AWG durch Rechtsverordnung geregelten Beschränkungen des Außenwirtschaftsverkehrs ein Bußgeld androht (BVerfG-K, NJW 92, 2624), nicht dagegen das Verbot, sich „nach Art eines Land- oder Stadtstreichers herumzutreiben" (VGH BW, NJW 84, 508). Fassbare Konturen soll auch der Begriff der organisierten Kriminalität erhalten haben (BayVerfGHE 50, 226/260). Eine Bestimmtheit des Begriffs der erheblichen Ruhestörung kommt allenfalls dann in Betracht, wenn in der Anwendung nähere Vorgaben zur Vorhersehbarkeit einer Ordnungswidrigkeit entwickelt werden (BVerfG-K, EuGRZ 09, 702).

66   **d)** Die **Änderung der Rechtsprechung** soll nicht unter das Rückwirkungsverbot fallen (BGHSt 48, 197/205; BayObLG, NJW 90, 2833 f; Rüping BK 63). Dies ist problematisch, wenn sich die Strafverfolgungsorgane für die Auslegung eines generalklauselartigen Tatbestandsmerkmals (oben Rn.51f) an einer gefestigten höchstrichterlichen Rechtsprechung orientieren. Denn in diesen Fällen ist die strafrechtliche Reaktion erst auf Grund dieser „gesetzesergänzenden" (vgl. Schmidt-Aßmann MD 240) Rechtsprechung vorhersehbar und berechenbar. Wenn dem Bestimmtheitsgrundsatz gerade durch die Herausbildung einer gefestigten höchstrichterlichen Rechtsprechung Genüge getan wird (BVerfGE 37, 201/208; 48, 48/56; 73, 206/243; BVerfG-K, NJW 90, 3140), ist es nicht einzusehen, Änderungen dieser Rechtsprechung dem Anwendungsbereich der Vorschrift zu entziehen (Hettinger/Engländer, FS Meyer-Gossner, 2001, 145ff; Schmehl SHH 39).

Demgegenüber will das **BVerfG** wie folgt **differenzieren:** Rechtspre- **67**
chungsänderungen seien an Abs.2 zu messen, wenn sie (ohne Veränderung der Tatsachenbasis) das strafrechtliche Unwerturteil modifizieren; hingegen sei Abs.2 nicht betroffen, wenn die höchstrichterliche Rechtsprechung wegen einer Veränderung der Tatsachenbasis zu einer anderen rechtlichen Bewertung bestimmter Sachverhalte gelangt (vgl. BVerfG-K, NJW 90, 3140; Schmidt-Aßmann MD 241; Schulze-Fielitz DR 54; krit. Degenhart SA 73). Die vom BGH vorgenommene Herabsetzung des Promille-Grenzwertes (BGHSt 37, 89/91ff), bei dessen Erreichen stets Fahrunsicherheit iSd §§ 315c Abs.1 Nr.1a, 316 StGB angenommen wird, sei Letzterem zuzuordnen und daher nicht an Abs.2 zu messen (BVerfG-K, NJW 90, 3140; 95, 126; a.A. Krahl, NJW 91, 808f). Das Gleiche gelte für die aufgrund neuer Erkenntnisse geänderte Einstufung einer Schreckschusspistole als Waffe (BGHSt 48, 197/205).

e) **Einigungsbedingte Fragen.** Abs.2 erfasst nicht nur Straftatbestände **68**
ieS, sondern auch Rechtfertigungsgründe (oben Rn.46f) und gebietet demgemäß, einen bei Begehung der Tat normierten Rechtfertigungsgrund auch dann noch anzuwenden, wenn dieser im Zeitpunkt des Strafverfahrens entfallen ist (BVerfGE 95, 96/132). Nach der 1982 erlassenen Vorschrift des § 27 DDR-GrenzG war der Schusswaffeneinsatz gegen Flüchtlinge gerechtfertigt. Ebenso stellte sich die allgemeine Befehlslage vor 1982 nach Rechtsverständnis und Staatspraxis der DDR als Rechtfertigungsgrund für Tötungshandlungen an der Grenze dar (BGHSt 41, 101/103f). Dennoch bejaht der BGH die heutige Bestrafung der „**Mauerschützen"**, weil die genannten Rechtfertigungsgründe wegen offensichtlichen, unerträglichen Verstoßes gegen elementare Gebote der Gerechtigkeit und gegen völkerrechtlich geschützte Menschenrechte unwirksam seien. Die Erwartung, ein menschenrechtswidriger Rechtfertigungsgrund werde auch in Zukunft angewandt werden, sei durch Art.103 Abs.2 nicht geschützt (BGHSt 39, 1/14ff; 39, 168/181, 183f; 40, 241/250; 41, 101/111f). Diese Rspr. hat das BVerfG bestätigt: Der nach der DDR-Staatspraxis bestehende Rechtfertigungsgrund soll als extremes staatliches Unrecht unbeachtlich sein, der strikte Vertrauensschutz des Art.103 Abs.2 hinter das Gebot materieller Gerechtigkeit zurücktreten und damit das absolute Rückwirkungsverbot eine Einschränkung erfahren (BVerfGE 95, 96/133).

Kritik: Dadurch setzt sich das Gericht jedoch in Widerspruch zu seiner **69**
eigenen Prämisse, wonach es gegen Abs.2 verstößt, wenn „die Bewertung

des Unrechtsgehalts der Tat nachträglich zum Nachteil des Täters geändert wird" (BVerfGE 95, 96/131). BVerfG und BGH verkennen den Sinn des Art.103 Abs.2 (oben Rn.49), dessen Rückwirkungsverbot eine Bestrafung nur zulässt, wenn sie im Tatzeitpunkt für den Bürger vorhersehbar und berechenbar war (vgl. Dannecker/Stoffers, JZ 96, 492). Deshalb schützt die Vorschrift den Betroffenen auch davor, dass die zum Tatzeitpunkt nach geltender Staats- und Auslegungspraxis (vgl. oben Rn.66f) verbürgte Straffreiheit nachträglich zu strafbarem Unrecht umgewertet wird. Von dem Betroffenen kann nicht verlangt werden, dass er die Ungültigkeit von Strafgesetzen wegen Unvereinbarkeit mit höherrangigen Normen, wie etwa den allen Völkern gemeinsamen Grundgedanken der Gerechtigkeit und Menschlichkeit (vgl. BGHSt 39, 1/15), dem Internationalen Pakt über bürgerliche und politische Rechte (vgl. BGHSt 39, 1/18) oder der DDR-Verfassung (vgl. BGHSt 39, 1/23f), erkennt. Daher kann der Rechtfertigungsgrund der Vorschrift des § 27 DDR-GrenzG nur in den Fällen außer Betracht bleiben, in denen das Verhalten des Täters bereits durch diese Norm nicht gedeckt war (sog. Exzesstaten; Schulze-Fielitz DR 57; vgl. auch Schmidt-Aßmann MD 255). Die Mauerschützen begingen auch kein völkerrechtliches Verbrechen (Nolte MKS 124ff; Schmehl SHH 40).

70   Eine aus Sicht des Art.103 Abs.2 bedenkliche (weil nachträgliche) sog. menschenrechtsfreundliche Auslegung des DDR-Rechts hat der BGH auch in den Fällen zugrundegelegt, in denen es um Mitglieder des Politbüros (BGHSt 45, 270/304f) sowie um Vorwürfe der **Rechtsbeugung** gegen DDR-Richter und Staatsanwälte ging (zusammenfassend BGHSt 41, 157/164); er ist damit im Ergebnis weit seltener zur Strafbarkeit gelangt als bei den Mauerschützen. Entscheidend ist, ob eine – aus heutiger Sicht – durch Willkür gekennzeichnete schwere Menschenrechtsverletzung vorliegt (BVerfG-K, NJW 98, 2587, 2589; BGHSt 41, 247/253ff; 41, 317/321). Die Verfolgung der **Spionagetätigkeit** von DDR-Agenten ist demgegenüber durchweg mit Art.103 Abs.2 vereinbar (BVerfGE 92, 277/323f; Degenhart SA 74; a.A. Rittstieg, NJW 94, 912f).

C. Verbot mehrfacher Bestrafungen (Abs.3)

1. Bedeutung und Abgrenzung zu anderen Vorschriften

71   Abs.3 enthält ein grundrechtsgleiches Recht (Vorb.1 vor Art.1; Rn.52, 72 zu Art.93; Schmidt-Aßmann MD 271; BVerfGE 56, 22/32: Prozessgrundrecht), das traditionell dreistufig geprüft wird, obwohl es systematisch eine Schranken-Schranke darstellt (vgl. oben Rn.43). Das Spannungsverhältnis zwischen Rechtssicherheit und materieller Gerechtigkeit (BVerfGE 65, 377/380) wird hier zugunsten der Rechtssicherheit aufgelöst (vgl. Schulze-Fielitz DR 13; Hill HbStR VI 1339; krit. Nolte MKS 230f; diff. Schmidt-Aßmann MD 259ff): Der Einzelne wird davor bewahrt, sich nach einer rechtskräftigen strafgerichtlichen Entscheidung erneut verantworten zu müssen. Zum rechtsstaatlichen Verbot mehrfacher Bestrafung unten Rn.74.

2. Schutzbereich

a) Dieselbe Tat meint einen nach natürlicher Lebensauffassung einheitlich **72** zu bewertenden Lebensvorgang, auf den Anklage und Eröffnungsbeschluss hinweisen und innerhalb dessen der Angeklagte als Täter oder Teilnehmer einen Straftatbestand verwirklicht haben soll (BVerfGE 23, 191/202; 56, 22/28; BGHSt 43, 96/98 f; 43, 252/255 ff). Der Tatbegriff des Abs. 3 knüpft damit zwar an den prozessualen Tatbegriff an (BVerfGE 45, 434/435; 56, 22/27 f; BGHSt 32, 146/150; 38, 172/173); das bedeutet jedoch nicht, dass hiermit alle Verästelungen der Strafprozessrechtsdogmatik verfassungsrechtlich verbürgt sind (BVerfGE 56, 22/34; Kunig MüK 39; Schmidt-Aßmann MD 283; Rüping BK 57); Abs. 3 garantiert vielmehr nur den Kerninhalt des „ne bis in idem"-Satzes (BVerfGE 56, 22/34 f). Der Tatbegriff des Abs. 3 ist nicht identisch mit dem materiell-rechtlichen Tatbegriff der §§ 52, 53 StGB (BVerfGE 45, 434/435; 56, 22/29 f, 32 f, 34; BGHSt 35, 60/61): Tatmehrheit iSd § 53 StGB schließt Tateinheit iSd Abs. 3 nicht aus (BVerfGE 45, 434/435); umgekehrt bilden Gesetzesverletzungen, die gem. § 52 StGB tateinheitlich begangen worden sind, nicht stets eine einheitliche Tat iSd Abs. 3 (BVerfGE 56, 22/34).

Im Einzelnen ist dieselbe Tat angenommen worden, wenn die wieder- **73** holte Nichtbefolgung einer Einberufung zum Ersatzdienst auf eine einmal getroffene und seither fortwirkende Gewissensentscheidung zurückgeht (BVerfGE 23, 191/203 ff; BVerfG-K, NVwZ-RR 02, 759). Sie ist dagegen abgelehnt worden bei einer wiederholten Befehlsverweigerung eines Wehrdienstpflichtigen, wenn nicht angenommen werden kann, dass diese auf einer einmal getroffenen und seitdem fortwirkenden Gewissensentscheidung beruht, weil der Betroffene noch nicht als Kriegsdienstverweigerer anerkannt worden ist (BVerfGE 28, 264/279 f); bei der Mitgliedschaft in einer kriminellen Vereinigung und Mord (BVerfGE 56, 22/29, 33 ff) bzw. Beihilfe zum Mord (BVerfGE 45, 434/435 ff) und bei der Einholung der Entscheidung eines Dritten zwischen zwei Handlungsabschnitten (BVerfG-K, NJW 04, 279).

b) Mit den **allgemeinen Strafgesetzen** ist das Kern- und Nebenstraf- **74** recht (BVerfGE 27, 180/185), nicht aber das Berufsstraf- und Standesrecht (BVerfGE 66, 337/357), Dienststrafrecht (BVerfGE 21, 391/401; 43, 101/ 105), Disziplinarrecht (BVerfGE 27, 180/184 ff; 28, 264/276 f; 66, 337/357; diff. Nolte MKS 213), Ordnungsstrafrecht (BVerfGE 21, 391/401; 43, 101/ 105) oder Polizeistrafrecht (BVerfGE 21, 391/401; 43, 101/105) gemeint. Sie umfassen konsequenterweise (vgl. oben Rn.47) nicht die Maßregeln der Besserung und Sicherung (BVerfGE 55, 28/30; BGHSt 52, 205/209 f; Degenhart SA 85; Schmahl SHH 42). Ebenfalls nicht auf Grund allgemeiner Strafgesetze erlassen werden Maßnahmen der Verwaltung, wie etwa die Nichterteilung einer Fahrerlaubnis (BVerfGE 20, 365/372) oder der Entzug von Versorgungsbezügen (BVerfGE 22, 387/420). Es sprechen allerdings gute systematische Gründe (Rn.5 zu Art.74) dafür, auch das Ordnungswidrigkeitenrecht zu den allgemeinen Strafgesetzen zu rechnen (Kunig MüK 41; Nolte MKS 214; a.A. BVerfGE 43, 101/105). Grenzen mehrfacher Sanktionierung durch nicht unter Abs.3 fallende Mittel können sich aber aus dem

Rechtsstaatsprinzip (Rn.105–107 zu Art.20) ergeben (Schmehl SHH 42; für Disziplinarmaßnahmen BVerfGE 21, 378/388; 27, 180/188; 28, 264/276f).

75 **c) Träger** des grundrechtsgleichen Rechts ist jede natürliche Person. Juristische Personen sind aus Abs.3 berechtigt (Rn.15 zu Art.19), soweit sie bestraft werden können, was nur sehr begrenzt der Fall ist (Rüfner HbStR³ V § 116 Rn.37; Schulze-Fielitz DR 24).

3. Beeinträchtigung

76 **a) Sperrwirkung rechtskräftiger Entscheidung.** Sperrwirkung entfaltet nicht nur das rechtskräftig verurteilende, sondern über den Wortlaut hinaus auch das freisprechende Urteil (BVerfGE 12, 62/66; 65, 377/381; Nolte MKS 216; Schmidt-Aßmann MD 295; Rüping BK 61; krit. Höfling/Burkiczak FH 171). Bei anderen gerichtlichen Entscheidungen kommt es darauf an, inwieweit sie mit Rechtskraftwirkung einen Vorgang vollständig erfassen und abschließend entscheiden (BVerfGE 94, 351/364; BGHSt 48, 331/336f; Rüping BK 61; Zierlein UC 173). Nur eingeschränkte Sperrwirkung kommt daher den die Eröffnung des Hauptverfahrens ablehnenden Beschlüssen gem. § 211 StPO zu (Nolte MKS 216; Schulze-Fielitz DR 27). Dagegen besteht bei gerichtlichen Einstellungsentscheidungen gem. § 153 Abs.2 StPO ein Strafklageverbrauch vorbehaltlich einer späteren Verfolgung der Tat als Verbrechen, die sich sowohl auf neue Tatsachen als auch auf eine andere rechtliche Bewertung stützen kann (BGHSt 48, 331/335ff; Schmehl SHH 43).

77 Die **Rechtskraft des Strafbefehls** war früher umstritten. Die ständige Rechtsprechung der Strafgerichte hat wegen des summarischen Charakters des Strafbefehlsverfahrens nur eine eingeschränkte Rechtskraft des Strafbefehls angenommen und eine erneute Verfolgung zugelassen, wenn sich nachträglich ein im Strafbefehl nicht gewürdigter rechtlicher Gesichtspunkt ergeben hat, der eine erhöhte Strafbarkeit begründete (BGHSt 3, 13ff; 28, 69ff). Das BVerfG (BVerfGE 3, 248/252ff) hat das zunächst mit Art.103 Abs.3 für vereinbar gehalten. Später hat es nach Maßgabe des Art.3 Abs.1 diese Rechtsprechung erheblich eingeschränkt und festgestellt, dass die Rechtskraft des Strafbefehls einer erneuten Verfolgung entgegenstehe, wenn ein Umstand, der die Bestrafung des Täters wegen eines schwereren Vergehens begründen würde, erst nach rechtskräftiger Erledigung des Strafbefehlsverfahrens eingetreten sei (BVerfGE 65, 377/382ff). Nunmehr ist die Wiederaufnahme des Verfahrens für Strafbefehle in § 373a StPO entsprechend § 153a Abs.2 StPO geregelt und nur noch zulässig, wenn neue Umstände die Verurteilung wegen eines Verbrechens begründen würden.

78 Nur die **Entscheidung eines deutschen Gerichts** führt nach Abs.3 zu einem Verbrauch der Strafklage (BVerfGE 12, 62/66; 75, 1/15). Eine Entscheidung durch ein ausländisches Gericht entfaltet demgegenüber keine Sperrwirkung (BGHSt 24, 54/57; 53, 205/207; Nolte MKS 189ff; anders für Gerichte der Mitgliedstaaten der EU Schmahl SHH 44; Schulze-Fielitz DR 28; Zierlein UC 177), „soweit nicht das ausländische Urteil als vollstreckbar anerkannt und vollzogen und hierdurch auf den deutschen Strafanspruch verzichtet wird" (BVerfGE 75, 1/16). Keine ausländischen Gerichte sind DDR-Gerichte (vgl. Art.18 Abs.1 EVertr; Degenhart SA 81; Schulze-Fielitz DR 28) und der EuGH (BGHSt 24, 54/57). Auch Entscheidungen der Staatsanwaltschaft, insb. die „Zusage", eine bestimmte Tat nicht zu verfolgen, führen nicht zu einem Strafklageverbrauch (BGHSt 28, 119/121; 29, 288/292; 37, 10/11 f).

b) Verbot erneuter Strafverfolgung. Ein rechtskräftiger Verfahrensab- **79** schluss führt zu einem umfassenden, jeden rechtlichen Gesichtspunkt einschließenden Verbrauch der Strafklage. Er verbietet nicht nur eine mehrfache Verurteilung oder eine Verurteilung nach einem Freispruch, sondern steht bereits der Einleitung eines erneuten Verfahrens entgegen (BGHSt 35, 60/61; 38, 54/57; 44, 1/3; Nolte MKS 215; Schmidt-Aßmann MD 301; Rüping BK 25). Abs.3 bildet daher ein Verfahrenshindernis (BVerfGE 56, 22/32; BGHSt 20, 292/293; 38, 37/43; BayVerfGHE 11, 11/13 f; Kunig MüK 36; Rüping BK 72), das im Rechtsmittelverfahren von Amts wegen zu beachten ist (BGHSt 20, 292/293; 38, 37/43). Eine rechtskräftige Entscheidung schließt die Strafklage auch dann aus, wenn erschwerende Folgen der Tat erst nach Rechtskraft eintreten, so dass eine „Ergänzungsklage" ausgeschlossen ist (BVerfGE 65, 377/381). Erst recht verbietet Abs.3, in einem weiteren Strafverfahren strafprozessuale Zwangsmaßnahmen, wie etwa den Erlass eines Haftbefehls (BGHSt 38, 54/57 f), zu verhängen oder gar aus einer wiederholten Sachentscheidung zu vollstrecken (Rüping BK 25).

c) Keine mehrmalige Bestrafung stellt es dar, wenn in einem Strafver- **80** fahren mehrere Sanktionen verhängt werden, insb. ist zulässig, neben einer Strafe Maßregeln zur Besserung und Sicherung anzuordnen (vgl. BVerfGE 55, 28/30 für die Führungsaufsicht gem. § 68 f StGB; BVerfG-K, NJW 89, 2529 für die Verhängung von Jugendarrest wegen Verstoßes gegen eine Bewährungsauflage gem. §§ 23 Abs.1 S.4, 11 Abs.3 S.1 JGG). Auch ist es zulässig, gleichzeitig eine Vertragsstrafe und die Verhängung von Ordnungsmitteln zu verlangen (BGHZ 138, 67/70). Von Abs.3 nicht erfasst werden außerdem die Wiederaufnahme und Kassation von Entscheidungen zugunsten des Verurteilten (Schmidt-Aßmann MD 302) sowie die Verweigerung der Aussetzung einer Strafe (BVerfGE 117, 71/115).

d) Keine Beeinträchtigung, sondern „immanente Schranke" des Abs.3 **81** soll der bei Inkrafttreten des GG geltende Stand des Prozessrechts und seine Auslegung durch die herrschende Rechtsprechung sein (BVerfGE 3, 248/252 f; 9, 89/96; vgl. auch Schmidt-Aßmann MD 268). Dies gilt aber nur für den Kerngehalt des Abs.3; Grenzkorrekturen sind dadurch nicht ausgeschlossen (BVerfGE 56, 22/34 f). Die Wiederaufnahme zuungunsten des Angeklagten kann als Beeinträchtigung des Schutzbereichs verstanden werden (Schmidt-Aßmann MD 270; Pieroth/Schlink 1219).

4. Rechtfertigung von Beeinträchtigungen (Schranken)

Abs.3 enthält keinen Gesetzesvorbehalt; Schranken können sich daher nur **82** aus kollidierendem Verfassungsrecht (Vorb.45–49 vor Art.1) ergeben. Abs.3 verlangt dabei eine genaue Normierung der Voraussetzungen, unter denen die Strafklage ausnahmsweise nicht verbraucht sein soll (vgl. Schmidt-Aßmann MD 270; Rüping BK 22). Inhaltlich kann die Rechtfertigung nur darauf gestützt werden, dass durch die Aufrechterhaltung der Rechtskraft die materielle Gerechtigkeit unerträglich beeinträchtigt würde (Schmidt-Aßmann MD 270; Pieroth/Schlink 1174; a. A. Höfling/Burkiczak FH 173; Nolte MKS 180). Der die Wiederaufnahme regelnde § 362 StPO entspricht diesen Anforderungen (Schmidt-Aßmann MD 270; Kunig MüK 47; krit. Nolte MKS 221 ff).

Art. 104 [Formelle Voraussetzungen bei Freiheitsbeschränkungen]

(1) **Die Freiheit der Person[2] kann nur auf Grund eines förmlichen Gesetzes[3 f] und nur unter Beachtung der darin vorgeschriebenen Formen[5] beschränkt werden. Festgehaltene Personen dürfen weder seelisch noch körperlich mißhandelt werden[7 ff].**

(2) **Über die Zulässigkeit und Fortdauer einer Freiheitsentziehung[11 ff] hat nur der Richter zu entscheiden[15 ff]. Bei jeder nicht auf richterlicher Anordnung beruhenden Freiheitsentziehung ist unverzüglich eine richterliche Entscheidung herbeizuführen[22, 24]. Die Polizei darf aus eigener Machtvollkommenheit niemanden länger als bis zum Ende des Tages nach dem Ergreifen in eigenem Gewahrsam halten[27 f]. Das Nähere ist gesetzlich zu regeln[22].**

(3) **Jeder wegen des Verdachtes einer strafbaren Handlung vorläufig Festgenommene ist spätestens am Tage nach der Festnahme dem Richter vorzuführen, der ihm die Gründe der Festnahme mitzuteilen, ihn zu vernehmen und ihm Gelegenheit zu Einwendungen zu geben hat[24, 26]. Der Richter hat unverzüglich entweder einen mit Gründen versehenen schriftlichen Haftbefehl zu erlassen oder die Freilassung anzuordnen[25].**

(4) **Von jeder richterlichen Entscheidung über die Anordnung oder Fortdauer einer Freiheitsentziehung ist unverzüglich ein Angehöriger des Festgehaltenen oder eine Person seines Vertrauens zu benachrichtigen[20, 24].**

Übersicht

Literatur: *Denninger,* Normbestimmtheit und Verhältnismäßigkeitsgrundsatz im Sächsischen Polizeigesetz, 1995; *Gusy,* Freiheitsentziehung und GG, NJW 1992, 457; *Knösel,* Die Abschiebung im Lichte des Verfassungsrechts, ZAR 1990, 75; *Pentz,* Verfahrensfehler bei der Freiheitsentziehung, NJW 1990, 2777. – S. außerdem die Literatur B II zu Art.2.

I. Anforderungen an Freiheitsbeschränkungen

1. Grundlagen und Anwendungsbereich des Art.104

a) Bedeutung, Systematik, Abgrenzung. Art.104 enthält als grund- **1** rechtsgleiches Recht (Degenhart SA 3; vgl. Vorb.1 vor Art.1) in Abs.1 Anforderungen an Freiheitsbeschränkungen und in Abs.2–4 zusätzliche Anforderungen an den Unterfall der Freiheitsentziehung; die Anforderungen des Abs.1 gelten daher auch im Bereich der Freiheitsentziehungen (Degenhart SA 4). Art.104 verstärkt den Schutz vor Freiheitsbeschränkungen durch das Grundrecht des Art.2 Abs.2 S.2 in verfahrensrechtlicher Hinsicht (Schulze-Fielitz DR 13; Müller-Franken SB 112; vgl. Rn.110 zu Art.2). Art.104 dient der Grundrechtssicherung durch Verfahren (Gusy MKS 13). Dabei geht es durchweg um die Entscheidung über das Ob der Freiheitsbeschränkung (Schulze-Fielitz DR 15); lediglich das Misshandlungsverbot des Abs.1 S.2 geht darüber hinaus (unten Rn.7). Grundrechtsdogmatisch kann man Art.104 als Schranken-Schranke einstufen (Müller-Franken SB 4; Schulze-Fielitz DR 17). Zum Verhältnis zu Art.103 Abs.1 vgl. unten Rn.17, zu Art.103 Abs.2 unten Rn.4.

b) Schutzbereich und Freiheitsbeschränkungen. Art.104 schützt **2** „die körperliche Bewegungsfreiheit vor Verhaftung, Festnahme und ähnlichen Eingriffen, also vor unmittelbarem Zwang" (BVerfGE 22, 21/26), und zwar allein von natürlichen Personen (Gusy MKS 16). Der **Schutzbereich** des Abs.1 ist der gleiche wie der des Art.2 Abs.2 S.2 (Schulze-Fielitz DR 23; Degenhart SA 4). Auf die dort zum Schutzbereich gemachten Ausführungen (Rn.112 f zu Art.2) wird daher verwiesen. Mit **Freiheitsbeschränkungen** sind bestimmte Eingriffe eines Grundrechtsverpflichteten (Rn.32–44 zu Art.1) in die körperliche Bewegungsfreiheit gemeint (Degenhart SA 4); zur näheren Bestimmung der erfassten Eingriffe wird auf die Ausführungen in Rn.114–116 zu Art.2 verwiesen. Vorbereitungshandlungen, wie ein Auslieferungsersuchen, fallen nicht unter Art.104 (BVerfGE 57, 9/23 f; Gusy MKS 18). Zur Bedeutung für Privatpersonen unten Rn.29.

2. Voraussetzungen für Freiheitsbeschränkungen (Abs.1)

3   **a) Formelle Voraussetzungen.** Freiheitsbeschränkungen, also Eingriffe in die körperliche Bewegungsfreiheit (oben Rn.2) dürfen nur **auf der Grundlage eines förmlichen Gesetzes** erfolgen (BVerfGE 78, 374/383; BGHZ 145, 297/304; Rüping BK 27 f), wobei ein Bundes- oder Landesgesetz in Betracht kommt (BVerfGE 105, 239/247; Radtke EH 6). Ein analog angewandtes Gesetz ist ebenso wenig wie Gewohnheitsrecht eine ausreichende Grundlage (BVerfGE 29, 183/195 f; 83, 24/32; Schulze-Fielitz DR 34; Müller-Franken SB 56). Eine Spezifizierung der Eingriffsvoraussetzungen durch Rechtsverordnung wird als zulässig angesehen, sofern der Gesetzgeber die Grundzüge regelt (BVerfGE 14, 174/187; 51, 60/70 f; 75, 329/342 f; 78, 374/383); die (im GG seltene) ausdrückliche Nennung des förmlichen Gesetzes verlangt jedoch eine so präzise Festlegung durch förmliches Gesetz, dass darauf ein Verwaltungsakt gestützt werden kann (Schulze-Fielitz DR 26; Müller-Franken SB 56; vgl. BVerfGE 109, 133/188).

4   Das Gesetz muss die materiellen Voraussetzungen der Freiheitsbeschränkung mit hinreichender Deutlichkeit **(Bestimmtheit)** regeln. Insb. Freiheitsentziehungen (zum Begriff unten Rn.11–14) sind davon betroffen (BVerfGE 75, 329/342; unten Rn.16). Damit dürften die häufig parallel zum Tragen kommenden Anforderungen des Art.103 Abs.2 (Rn.51 f zu Art.103) ebenfalls gewahrt sein (Degenhart SA 9). Das Erfordernis ausreichender Bestimmtheit gilt auch für die Umsetzung von EU-Recht (Degenhart SA 12). Unbestimmte Rechtsbegriffe stehen der notwendigen Bestimmtheit nicht zwangsläufig entgegen (BVerfGE 117, 71/111 f). Unzureichend bestimmt ist eine Freiheitsentziehung, die an einen Verwaltungsakt anknüpft, dessen Voraussetzungen nicht genügend bestimmt sind (BVerfGE 78, 374/387 f). Je gewichtiger der Eingriff ist, umso genauer muss die Ermächtigung ausfallen (BVerfGE 109, 133/188; 117, 71/111; Schulze-Fielitz DR 31; Radtke EH 6; vgl. unten Rn.16; a. A. Kunig MüK 9). Ob die Regelungen für den sog. polizeilichen Unterbindungsgewahrsam dem gerecht werden, ist zweifelhaft (Degenhart SA 11; Schulze-Fielitz DR 33). Da Art.104 nur gemeinsam mit Art.2 Abs.2 S.2 zum Tragen kommen kann (oben Rn.1), gilt für Einschränkungen das **Zitiergebot** (Gusy MKS 26; Wittreck HbStR³ VII § 151 Rn.27; Müller-Franken SB 58), unabhängig davon, ob man Art.19 Abs.1 auch auf grundrechtsgleiche Rechte erstreckt oder nicht (dazu Rn.5 zu Art.19).

5   Die Freiheitsbeschränkung muss gem. Abs.1 S.1 die **im** ermächtigenden **Gesetz vorgeschriebenen Formen** beachten, also formelle Anforderungen wie Antragserfordernisse, Zuständigkeiten, Fristen und insb. die vorherige Anhörung des Betroffenen (Schulze-Fielitz DR 35). Anderenfalls ist (auch) Art.104 Abs.1 verletzt (BVerfGE 58, 208/220; 65, 317/321 f; 105, 239/247). Inhalt und Reichweite der entsprechenden Vorschriften sind „so auszulegen, dass sie eine der Bedeutung des Grundrechts angemessene Wirkung entfalten" (BVerfGE 96, 68/97). Ein Verstoß führt zur Verfassungswid-

rigkeit (BVerfG-K, EuGRZ 06, 100 ff; Schulze-Fielitz DR 36). Eine rück-wirkende Heilung eines Verfahrensmangels ist ausgeschlossen (BVerfG-K, NJW 90, 2310). Bei Zweifeln über das Vorliegen der gesetzlichen Vorausset-zungen ist ein Eingriff unzulässig (BVerfGE 63, 340/342; Gusy MKS 26). Zu den „vorgeschriebenen Formen" isd Abs.1 S.1 wird auch die Regelung des § 116 Abs.4 StPO gerechnet, wonach ein Widerruf der Aussetzung des Vollzugs eines Haftbefehls nur nach Änderung der tatsächlichen Umstände möglich ist (BVerfG-K, NStZ-RR 07, 379; Radtke EH 7.1). Soweit die Freiheitsbeschränkung in einer **Freiheitsentziehung** (unten Rn.11–14) be-steht, sind weitere formelle Voraussetzungen zu beachten (unten Rn.15–28).

b) Materielle Vorgaben; Misshandlungsverbot. aa) Die **materiellen** 6 **Voraussetzungen** der Beschränkung der körperlichen Bewegungsfreiheit ergeben sich aus Art.2 Abs.2 (Müller-Franken SB 63; Schulze-Fielitz DR 29; anders Degenhart SA 16), weshalb auf die dort gemachten Ausführun-gen (Rn.121 zu Art.2) verwiesen wird. Art.104 enthält dazu, von Abs.1 S.2 abgesehen (unten Rn.7–9), keine Aussage (Rüping BK 35).

bb) Zusätzliche Anforderungen zur Art und Weise der Freiheitsbeschrän- 7 kung (nicht zu deren Ob) enthält Abs.1 S.2 **(Misshandlungsverbot).** Diese Vorschrift betrifft Beeinträchtigungen, die mit Beschränkungen der körperli-chen Bewegungsfreiheit, v.a. mit Freiheitsentziehungen, verbunden sein können und die zunächst dem Regime der dafür einschlägigen Grundrechte (etwa allgemeines Persönlichkeitsrecht, körperliche Unversehrtheit, Mei-nungs- und Informationsfreiheit etc.) unterliegen (BVerfGE 33, 1/10; 49, 24/54 f; Rn.111 zu Art.2). Der Schutz vor Misshandlung ist also in Ge-fängnissen etc. nicht geringer als außerhalb (Kunig MüK 14; Gusy MKS 33). Die Vorschrift des Abs.1 S.2 enthält zusätzlich ein striktes, vorbehaltloses Verbot elementarer, durch nichts zu rechtfertigender Eingriffe (Schulze-Fielitz DR 16, 61; Degenhart SA 41; wohl a.A. Gusy MKS 35). Sie bilden eine Konkretisierung des Art.1 Abs.1 (Radtke EH 28; Müller-Franken SB 68).

Eine **seelische Misshandlung** isd Abs.1 S.2 besteht in einer entwürdi- 8 genden und entehrenden Behandlung (Müller-Franken SB 67), etwa in Maß-nahmen, die die freie Willensbildung oder das Erinnerungsvermögen beein-trächtigen, sowie in schweren Beleidigungen (Kunig MüK 15; Schulze-Fielitz DR 61). Als **körperliche Misshandlung** wird ein übles, unangemessenes Behandeln angesehen, das entweder das körperliche Wohlbefinden oder die körperliche Unversehrtheit nicht unerheblich beeinträchtigt (Schulze-Fielitz DR 61; Kunig MüK 14). Zudem wird sowohl bei einer seelischen wie einer körperlichen Misshandlung isd Abs.1 S.1 eine unmenschliche oder erniedri-gende Behandlung vorausgesetzt (Gusy MKS 33; Müller-Franken SB 68; Rüping BK 37; vgl. dazu Rn.11, 19 zu Art.1), da das Misshandlungsverbot eine Konkretisierung des Art.1 Abs.1 darstellt.

Im Einzelnen ist die *Folter* eine Misshandlung, also die bewusste Zufü- 9 gung von Übeln zum Zwecke der Brechung des Willens der betreffenden Person (Schulze-Fielitz DR 62); Abs.1 S.2 enthält daher ein Verbot der Fol-ter (Gusy MKS 29; Di Fabio MD 79 zu Art.2 II; vgl. Rn.19 zu Art.1). Eine Misshandlung ist weiter das absichtliche Zufügen von Schmerzen, um den

Betroffenen zu demütigen (vgl. EGMR, EuGRZ 79, 153f). Verboten ist ein „unmenschlicher Vollzug" (BVerfGE 2, 118/119). In einer Kontaktsperre liegt keine Misshandlung, solange sie drei Monate nicht überschreitet (BVerfGE 49, 24/64; vgl. auch Starck MKS 66 zu Art.1). Die Zwangsernährung dürfte keine Misshandlung darstellen (vgl. Schulze-Fielitz DR 56), ist aber an Art.2 Abs.1 iVm Art.1 Abs.1 und Art.2 Abs.2 zu messen (Degenhart SA 41; vgl. Rn.100 zu Art.2). Für Verletzungen, die während eines Polizeigewahrsams entstanden sind, hat der Staat nachzuweisen, dass sie nicht durch eine polizeiliche Misshandlung verursacht wurden (Schulze-Fielitz DR 60; vgl. EGMR, EuGRZ 96, 504).

II. Anforderungen an Freiheitsentziehungen (Abs.2–4)

1. Grundlagen und Anwendungsbereich

10 **a) Systematik und Abgrenzung.** Abs.2–4 enthalten spezifische Anforderungen für Freiheitsentziehungen, die einen Unterfall der Freiheitsbeschränkung darstellen (Schulze-Fielitz DR 22; Müller-Franken SB 32; Wehowsky UC 11). Die Freiheitsentziehung muss durch den Richter angeordnet werden (näher zu den Voraussetzungen unten Rn.15–21). Dazu kommt die in der Praxis höchst bedeutsame *vorläufige* Freiheitsentziehung durch die Exekutive (zu den Voraussetzungen unten Rn.22–28). Zur Systematik des Art.104 und zur Abgrenzung zu anderen Verfassungsnormen vgl. außerdem oben Rn.1.

11 **b) Freiheitsentziehung. aa)** Eine Freiheitsentziehung liegt vor, wenn die körperliche Bewegungsfreiheit „nach jeder Richtung hin aufgehoben wird" (BVerfGE 105, 239/248; 94, 166/198; BGHZ 145, 297/303), wenn der Betroffene auf einen *eng umgrenzten Raum* beschränkt wird (BVerwGE 62, 325/327f; BGHZ 82, 261/266f; Gusy MKS 19); die Voraussetzung ist auch bei einem Lager- oder Gebäudekomplex erfüllt (Degenhart SA 5; Schulze-Fielitz DR 25). Weiter kennzeichnet die Freiheitsentziehung (wie die Freiheitsbeschränkung) ein Zwangselement, sei es der Einsatz unmittelbaren Zwangs oder dessen unmittelbare Androhung (BVerfGE 22, 21/26), die Verwendung physischer Sicherungen, wie verschlossener Türen, oder eine Sicherung durch Medikamente (Schulze-Fielitz DR 23, Degenhart SA 7). Das bloße Gebot, sich in einem Raum aufzuhalten ohne eine solche Sicherung, wird nicht erfasst (Degenhart SA 7; anders Gusy MKS 22). Des Weiteren muss man, anders als bei einer bloßen Freiheitsbeschränkung, eine gewisse *Mindestdauer* verlangen (BGHZ 145, 297/303; Müller-Franken SB 33; Radtke EH 3); notwendig ist eine mehr als kurzfristige Zeitdauer (BVerfG-K, NJW 04, 3697; vgl. BVerfGE 105, 239/250; Hantel, JuS 90, 870; a. A. Wehowsky UC 11). Wird die körperliche Bewegungsfreiheit nur kurzfristig aufgehoben, etwa einige Stunden, liegt eine bloße Freiheitsbeschränkung und keine Freiheitsentziehung vor (Degenhart SA 5a; a. A. Gusy MKS 20). Generell zur Abgrenzung der Freiheitsentziehung von der bloßen Freiheitsbeschränkung Rn.114 zu Art.2.

12 **Im Einzelnen** fehlt es an einer Freiheitsentziehung bei kurzfristigem Festhalten zur Identitätsfeststellung (Schulze-Fielitz DR 27), bei der Sistie-

rung, also der Mitnahme zur Dienststelle (Gusy MKS 23), bei einer Vorführung (Rüping BK 58; Degenhart SA 5a) oder bei der (bloßen) Anwendung sonstigen unmittelbaren Zwangs (BGHZ 82, 261/264; BVerwGE 62, 325/328; 82, 243/245). Eine Freiheitsentziehung ist dagegen bei einem Festhalten über eine mehr als kurzfristige Zeit gegeben, insb. in allen Fällen der Haft und der Unterbringung in einer geschlossenen Anstalt (BVerfGE 58, 208/220 f; 70, 297/311 f; Wittreck HbStR³ VII § 151 Rn.19), des polizeilichen Gewahrsams (vgl. Abs.2 S.3) und der Festnahme iSd Abs.3. Aus welchen Gründen die Freiheitsentziehung erfolgt, ist unerheblich (Müller-Franken SB 34; Schulze-Fielitz DR 25). Erfasst wird daher auch die fürsorgerische Unterbringung (BVerfGE 10, 302/322), die erzieherische Unterbringung sowie alle Arrestformen, sofern sie nicht innerhalb einer Freiheitsentziehung erfolgen (Radtke EH 4; unten Rn.14), insb. der Wehr- und der Disziplinararrest (BVerfGE 22, 311/317; BGHSt 34, 365/368).

bb) Generell fehlt es an einer Freiheitsentziehung, wenn **nicht einmal** 13 ein **Eingriff in Art.2 Abs.2 S.2** vorliegt; insb. müssen ausreichende Sicherungen zur Durchsetzung der räumlichen Beschränkung bestehen (näher Rn.114 f zu Art.2). Zur Unterbringung von Asylsuchenden im Flughafen Rn.115, 117 zu Art.2. Weiter schließt die autonome *Zustimmung* des Betroffenen einen solchen Eingriff aus (Schulze-Fielitz DR 28); die Einwilligung allein des gesetzlichen Vertreters genügt allerdings nicht (Müller-Franken SB 26; vgl. Rn.116 zu Art.2).

c) Anordnung und Entziehung. Abs.2–4 kommen nicht nur bei der 14 **erstmaligen Anordnung** der Freiheitsentziehung, sondern gem. Abs.2 S.1 („Fortdauer") auch dann zum Tragen, wenn eine bereits angeordnete Freiheitsentziehung über den ursprünglich festgelegten Termin hinaus **verlängert** wird (Schulze-Fielitz DR 38). Dies gilt selbst für die Entscheidung, ob eine zusammen mit einer Freiheitsstrafe angeordnete Sicherungsverwahrung nach Verbüßen der Freiheitsstrafe noch weiter erforderlich ist (BVerfGE *abwM* 42, 1/12; Wehowsky UC 21; a.A. BVerfGE 42, 1/6 ff). Abs.2–4 sind dagegen bei einem *Arrest* im Rahmen der Freiheitsentziehung nicht anwendbar (BVerfGE 98, 169/198; BVerfG-K, NJW 94, 1339; Müller-Franken SB 75). Abs.2–4 gelten zudem nicht für Entscheidungen (allein) zur *Art und Weise* der Freiheitsentziehung (BVerfGE 2, 118/119; 64, 261/280); dazu oben Rn.6–9.

2. Freiheitsentziehung durch den Richter

a) Richtervorbehalt. Gem. Abs.2 S.1 kann eine Freiheitsentziehung 15 vorgenommen werden, wenn ein Richter dies **vorher** angeordnet hat (*vorgängige* richterliche Entscheidung). Durch die Exekutive kann nur eine vorläufige Freiheitsentziehung unter qualifizierten Voraussetzungen angeordnet werden (dazu unten Rn.22–28). Aber auch in diesem Fall ist gem. Abs.2 S.2 unverzüglich ein Richter einzuschalten (unten Rn.24 f), so dass es gleichwohl notwendig zu einer richterlichen Entscheidung kommt (*nachträgliche* richterliche Entscheidung). Der Richtervorbehalt betrifft nur das Ob der Freiheitsentziehung, nicht die Art und Weise des Vollzugs (Schulze-Fielitz DR 38; Müller-Franken SB 78; oben Rn.1; vgl. BVerfGE 64, 261/280).

Richter iSd Art.104 ist der gesetzliche Richter iSd Art.101; er muss also hauptberuflich und planmäßig angestellt und nach dem Geschäftsverteilungsplan zuständig sein (BVerfGE 14, 156/162; Radtke EH 10; Schulze-Fielitz DR 35).

16   **b) Ermächtigung.** Für die richterliche Anordnung der Freiheitsentziehung sind zunächst die allg. Vorgaben des Abs.1 (oben Rn.3–5) zu beachten (vgl. oben Rn.1), insb. das Erfordernis einer hinreichend bestimmten gesetzlichen Ermächtigung. Die Voraussetzungen der Freiheitsentziehung müssen in „berechenbarer, messbarer und kontrollierbarer Weise" geregelt werden (BVerfGE 29, 183/196; BGHZ 145, 297/304). Die Voraussetzungen müssen dabei umso präziser festgelegt werden, je schwerer die angedrohte Strafe ist (BVerfGE 14, 245/251; 75, 329/342; oben Rn.4). Eine analog angewandte Norm kann nicht für das Ob der Freiheitsentziehung genutzt werden, wohl aber als Grundlage des Verfahrens der richterlichen Entscheidung (BVerfGE 83, 24/32; Schulze-Fielitz DR 40).

17   **c) Mündliche Anhörung.** Die richterliche Entscheidung setzt schon nach Art.103 Abs.1 die (grundsätzlich) **vorherige Anhörung** des Betroffenen voraus (Müller-Franken SB 81; Rn.10 zu Art.103). Eine *vorherige* Anhörung würde allerdings den Zweck der Freiheitsentziehung nicht selten vereiteln. In solchen Fällen genügt eine unverzüglich nach der richterlichen Entscheidung durchgeführte *nachträgliche* Anhörung (Schulze-Fielitz DR 42; Radtke EH 20; vgl. BVerfGE 9, 89/98; 66, 191/196); zur Unverzüglichkeit unten Rn.25. Erging ein Haftbefehl ohne vorherige Anhörung, dürfte für die nachträgliche Anhörung die Frist des Abs.3 S.1 gelten (Gusy MKS 66). Der Betroffene kann auf die Anhörung *nicht verzichten* (Schulze-Fielitz DR 53; Müller-Franken SB 83).

18   Die Anhörung muss **mündlich** bzw. **persönlich** durchgeführt werden. Für die Entscheidung nach einer Festnahme zur Strafverfolgung kann man das dem Wortlaut des Abs.3 S.1 entnehmen (BVerfGE 58, 208/212). Im Hinblick auf den Normzweck des Art.104 Abs.2 gilt das aber auch in allen anderen Fällen (Degenhart SA 23; Schulze-Fielitz DR 42, 49; Müller-Franken SB 82). Zweck der Anhörung durch den Richter ist nicht nur die Ermöglichung von Einwänden des Betroffenen; vielmehr soll sich der Richter einen persönlichen Eindruck verschaffen (BVerfG-K, NJW 07, 3561; vgl. BVerfGE 58, 208/222 f; 65, 317/323). Die persönliche „Anhörung" ist daher auch erforderlich, wenn der Betroffene zu einer Aussprache nicht in der Lage ist (Gusy MKS 49). Eine mündliche Anhörung ist zudem vielfach durch einfaches Recht vorgegeben; darin liegt eine verfassungsrechtliche Pflicht (BVerfGE 83, 24/35 f; oben Rn.5), die im Hinblick auf den besonderen Rang der Grundrechte des Art.2 Abs.2 S.2 und des Art.104 strikt anzuwenden ist (BVerfGE 58, 208/223; 65, 317/322 f). Im Rahmen der Anhörung sind den Betroffenen die Gründe für die Freiheitsentziehung mitzuteilen (Schulze-Fielitz DR 44; vgl. die ausdrückliche Regelung in Abs.3 S.1 in einem Teilbereich); weiter ist ihm Gelegenheit zu Einwendungen zu geben.

19   **d) Weitere Anforderungen an Anordnungsentscheidung.** Der Richter darf sich nicht auf eine Plausibilitätsprüfung der von der Exekutive vorgelegten Unterlagen beschränken und muss selbst die **Tatsachen feststellen**

(BVerfGE 83, 24/33f; BVerfG-K, NVwZ 08, 305; Schulze-Fielitz DR 45; Radtke EH 12); dies gilt auch in den Fällen vorgängiger richterlicher Entscheidung (BVerfGE 70, 297/308, 319f; BVerfG-K, NJW 95, 3049; Müller-Franken SB 86; einschr. Gusy MKS 43). Die Entscheidung ist einzelfallbezogen schriftlich zu begründen (Schulze-Fielitz DR 41); das bloße Ankreuzen vorgegebener Textbausteine genügt nicht (Gusy MKS 44; Degenhart SA 39; Schmehl SHH 16). Weiter muss die Hinzuziehung eines **Rechtsbeistands** ermöglicht werden (Schulze-Fielitz DR 43; Rn.99 zu Art.20); dazu sind ggf. Hilfsmittel wie ein Telefon zur Verfügung zu stellen (Gusy MKS 51). Bei einer Sicherungsverwahrung hat der Richter eine **eigenständige Prognoseentscheidung** zu treffen (BVerfGE 109, 133/164). Das Rechtsschutzbedürfnis für eine **Beschwerde** entfällt nicht durch die Freilassung (BVerfG-K, NJW 98, 2432f; 99, 3773; Schulze-Fielitz DR 43; vgl. BVerfGE 96, 27/41f).

e) Benachrichtigung. Gem. Abs.4 hat der entscheidende Richter **20** (BVerfGE 16, 119/123) über jede Entscheidung auf **Anordnung** oder **Fortdauer** der Freiheitsentziehung einen Angehörigen oder eine Vertrauensperson zu benachrichtigen. Die gerichtliche Zurückweisung einer Haftbeschwerde ist eine Entscheidung über die Fortdauer und führt daher zur Benachrichtigungspflicht (BVerfGE 16, 119/123; 38, 32/34; Gusy MKS 72; Kunig MüK 36). Eine Gefährdung des mit der Festnahme verfolgten Zwecks rechtfertigt keine Ausnahme von der Benachrichtigung (Kunig MüK 38; Schulze-Fielitz DR 56; Wittreck HbStR[3] VII § 151 Rn.39).

Welche Person zu benachrichtigen ist, kann – vorbehaltlich gewichtiger **21** Ausnahmegründe – der Festgehaltene entscheiden (Schulze-Fielitz DR 57; Müller-Franken SB 109; Gusy MKS 73; einschr. Grabitz HbStR VI § 130 Rn.30; Kunig MüK 38). Als Vertrauensperson kommt insb. der Wahlverteidiger in Betracht (BVerfGE 16, 119/124). Bei Kindern und Jugendlichen sind wegen Art.6 Abs.2 die Eltern zu benachrichtigen (Schulze-Fielitz DR 59; Degenhart SA 29; Wehowsky UC 28). Art.104 Abs.4 enthält ein subjektives Recht des Festgenommenen (BVerfGE 16, 119/122; Müller-Franken SB 108; Sachs ST IV/1, 1115), nicht des zu Benachrichtigenden (BVerwG, DVBl 84, 1080; Kunig MüK 36); Eltern können sich allerdings auf Art.6 Abs.2 berufen (Gusy MKS 71). **Verzichtet** der Festgenommene auf die Benachrichtigung, hat der Richter die Verzichtsgründe zu prüfen und mit dem öffentlichen Interesse an der Benachrichtigung abzuwägen (Gusy MKS 74; Wehowsky UC 29; Rüping BK 88; s. auch Vorb.36f vor Art.1; str.). Im Übrigen ist ein Verzicht restriktiv zu deuten (vgl. BVerfGE 16, 119/123f). Die **Benachrichtigung** muss unverzüglich erfolgen. Für die Unverzüglichkeit gelten die diesbezüglichen Ausführungen unten in Rn.25; insbesondere kommt es nicht auf ein Verschulden an (Kunig MüK 37). Die Benachrichtigungspflicht steht neben dem Recht des Betroffenen, einen Anwalt einzuschalten (Gusy MKS 75).

3. Vorläufige Freiheitsentziehung durch die Exekutive

a) Grundlage. Abs.2 S.1 macht deutlich, dass Freiheitsentziehungen **22** **ohne vorherige richterliche Entscheidung** nur ausnahmsweise möglich sind (Degenhart SA 31; Schulze-Fielitz DR 37; Rüping BK 66; unten Rn.23); in der Praxis kommen sie jedoch häufig vor, was fragwürdig ist. Allgemeine Vorgaben für solche Freiheitsentziehungen finden sich in Abs.2 S.2–4. Für die Strafverfolgung finden sich Sonderregelungen in Abs.3; die Abweichungen sind aber eher marginal (Schulze-Fielitz DR 44). Wie Abs.2 S.2 und Abs.3 zu entnehmen ist, hat die Festnahme durch die Exekutive *vorläufigen Charakter* (Müller-Franken SB 89; Schulze-Fielitz DR 46). Durch die Ermächtigung zu *näherer Regelung* in Abs.2 S.4 können die Vorgaben des Abs.2 nicht eingeschränkt werden (Wehowsky UC 27; Müller-Franken SB 99; vgl. Vorb.41 vor Art.1); auch wird damit keine ausschließliche Bundeskompetenz begründet.

23   **b) Anforderungen an Freiheitsentziehung.** Eine Festnahme ohne vorherige richterliche Anordnung setzt zunächst in **formeller** Hinsicht gem. Abs.1 eine hinreichend bestimmte gesetzliche Ermächtigung für die Exekutiventscheidung voraus (Schulze-Fielitz DR 45; Müller-Franken SB 89; oben Rn.3 f). Weiter sind ggf. die einfachgesetzlichen Verfahrensanforderungen für diese Entscheidung einzuhalten (oben Rn.5). **Materiell** ist eine Festnahme ohne vorherige richterliche Entscheidung nach der Grundregel des Abs.2 S.1 nur zulässig, wenn der mit der Freiheitsentziehung verfolgte verfassungsrechtlich zulässige Zweck anders nicht erreicht werden kann (BVerfGE 22, 311/317 f; Schulze-Fielitz DR 46; Hill HbStR VI § 156 Rn.78; zurückhaltend Degenhart SA 31), wenn sie idS *erforderlich* ist. Im Übrigen sind die materiellen Vorgaben des Art.2 Abs.2 S.2 zu beachten (dazu Rn.121 zu Art.2) sowie das Misshandlungsverbot des Abs.1 S.2 (oben Rn.7–9).

24   **c) Unverzügliche und befristete Einschaltung des Richters. aa)** Nach der Festnahme hat die den Betroffenen festhaltende Behörde (Gusy MKS 48; Kunig MüK 22) unverzüglich den zuständigen Richter *einzuschalten,* der seinerseits unverzüglich über die weitere Freiheitsentziehung zu *entscheiden* hat (BVerfG-K, NVwZ 06, 580). Dies ergibt sich für die Strafverfolgung aus Abs.3, in allen anderen Fällen aus Abs.2 S.2. Der Richter muss der gesetzliche Richter iSd Art.101 Abs.1 sein (Müller-Franken SB 89; vgl. oben Rn.15). Für die Anforderungen an die richterliche Entscheidung, insb. die mündliche Anhörung und die Benachrichtigung, gelten die Ausführungen oben in Rn.16–21. Die Einschaltung des Richters ist auch erforderlich, wenn die Freiheitsentziehung vor Ablauf der Frist des Art.104 Abs.2 S.3 endet (BVerfGE 105, 239/249; a.A. Gusy MKS 55).

25   **Unverzüglich** heißt nicht „ohne schuldhaftes Zögern"; vielmehr muss die Verzögerung sachlich zwingend geboten sein (BVerfGE 105, 239/249; BVerwGE 45, 51/63; Gusy MKS 47); entscheidend ist ein objektiver Maßstab (Rüping BK 68; Müller-Franken SB 90; Degenhart SA 33). Zudem ist zu beachten, dass es sich um einen gravierenden Grundrechtseingriff handelt und die Freiheitsentziehung ohne vorherige richterliche Entscheidung verfassungsrechtlich die Ausnahme bildet (oben Rn.22 f). Der Staat hat daher die Erreichbarkeit eines zuständigen Richters, jedenfalls zur Tageszeit, zu gewährleisten (BVerfGE 105, 239/248). Für das Einschalten des Richters dürfte tagsüber eine Zeit von 2–3 Stunden ausreichend sein (OVG NW, NJW 80, 139; Wittreck HbStR³ VII § 151 Rn.37; Degenhart SA 33). Die Entschei-

dung des Richters hat regelmäßig am Tag der Anhörung zu ergehen (Schulze-Fielitz DR 51; Radtke EH 22). Jedenfalls an Sonn- und Feiertagen muss ein Bereitschaftsdienst bestehen (Schulze-Fielitz DR 64; Rüping BK 72). Nicht vermeidbar sind etwa Verzögerungen, die durch die Länge des Wegs, Schwierigkeiten beim Transport, die notwendige Registrierung und Protokollierung, ein renitentes Verhalten des Festgenommenen oder vergleichbare Umstände bedingt sind (BVerfGE 105, 239/249; Schmehl SHH 18). Ggf. ist ein Dolmetscher baldmöglichst zur Verfügung zu stellen (BVerfG-K, NVwZ 07, 1045).

bb) Kumulativ zur Vorgabe der Unverzüglichkeit kommen **zeitlich ge-** 26 **nau fixierte Höchstgrenzen:** Erfolgt die Freiheitsentziehung zu Zwecken der **Strafverfolgung,** muss die Anhörung vor dem Richter gem. Abs.3 S.1 spätestens am Tage nach der Festnahme erfolgen; die bloße Einlieferung ins Gerichtsgebäude genügt nicht (Müller-Franken SB 104). Ob der folgende Tag ein Sonn- oder Feiertag ist, spielt keine Rolle (Schulze-Fielitz DR 55). Durch den Wechsel der Rechtsgrundlage verlängert sich der Zeitrahmen nicht (BGHSt 34, 365/368f; Gusy MKS 67). Die Vorgabe hat Vorrang vor der des Abs.2 S.3 (Kunig MüK 29; Degenhart SA 34). Die Verpflichtung zur Unverzüglichkeit (oben Rn.25) gilt zusätzlich (Rüping BK 76).

Erfolgt die Festnahme durch die **Polizei** zu anderen Zwecken als der 27 Strafverfolgung, muss die richterliche Entscheidung gem. Abs.2 S.3 spätestens bis zum Ende (Mitternacht) des auf die Festnahme folgenden Tages erfolgt sein (Schulze-Fielitz DR 55), sei es auch ein Sonn- oder Feiertag (Schulze-Fielitz DR 47). Umstritten ist, ob unter Polizei nur die Vollzugspolizei (so Degenhart SA 34) oder alle Ordnungsbehörden (so Kunig MüK 24; Rüping BK 70) zu verstehen sind; für die nicht erfassten Behörden würde keine strikte zeitliche Obergrenze gelten. Der Zweck der Regelung des Abs.2 S.3 spricht für eine (zumindest) entsprechende Anwendung auf alle exekutiven Fälle der Freiheitsentziehung außerhalb des Abs.3 (Gusy MKS 56), nicht aber auf von Privaten vorgenommene Freiheitsentziehungen (unten Rn.29). Noch kürzere Fristen können sich aus dem einfachen Recht ergeben (vgl. Gusy MKS 57). Die Pflicht zur Unverzüglichkeit nach Abs.2 S.2 (oben Rn.25) gilt zusätzlich (Gusy MKS 58).

cc) Werden die **Fristen** des Abs.3 S.1 oder des Abs.2 S.3 **nicht gewahrt,** 28 ist der Betroffene sofort freizulassen (Degenhart SA 37; Müller-Franken SB 95; Schulze-Fielitz DR 55); andernfalls liegt eine Freiheitsberaubung im Amt vor (Radtke EH 26; Schmehl SHH 20). Gleiches gilt, wenn bereits feststeht, dass die richterliche Entscheidung nicht mehr rechtzeitig ergehen kann, auch weil z.B. die Entscheidung nicht unverzüglich beantragt wurde (Kunig MüK 27; Schulze-Fielitz DR 55). Wenn Abs.2 S.3 ein Festhalten durch die Polizei über die Frist hinaus „aus eigener Machtvollkommenheit" verbietet, so ist damit ein Handeln ohne richterliche Ermächtigung gemeint; unerheblich ist, ob die Polizei im eigenen Namen oder im Auftrag einer anderen Behörde handelt (Gusy MKS 56; a.A. Kunig MüK 25).

4. Freiheitsentziehung durch Privatpersonen

Art.104 gilt nicht unmittelbar für Freiheitsentziehungen durch Private. 29 Ermächtigt oder gestattet der Staat Freiheitsentziehungen durch Privatpersonen, kommen Abs.2–4 ebenfalls zur Anwendung, unabhängig davon, ob die fragliche Norm öffentlich-rechtlicher oder privatrechtlicher Natur ist (Radtke EH 5; Schulze-Fielitz DR 65), jedenfalls im Wege der Ausstrahlungswirkung (Schmehl SHH 8); allg. zur grundrechtlichen Ausstrahlungswirkung auf Private Rn.54–58 zu Art.1. Dies gilt etwa für eine Festnahme durch Private nach § 127 StPO (Gusy MKS 65). Die zwangsweise Unterbringung einer Person in einer geschlossenen Anstalt durch Vormund, Pfleger oder Betreuer bedarf daher einer unverzüglichen richterlichen Anordnung (BVerfGE 10, 302/327 ff; 74, 236/242; Müller-Franken SB 45; Schulze-Fielitz DR 66). Dies dürfte auch für eine Unterbringung durch die Eltern gelten (Degenhart SA 8; Sachs ST IV/1, 1123; Grabitz HbStR § 130 Rn.33). Die Höchstfristen des Abs.2 S.3 bzw. des Abs.3 S.1 gelten hier nicht (Schulze-Fielitz DR 69; Müller-Franken SB 48).

X. Das Finanzwesen

Art. 104a [Ausgaben- und Finanzhilfekompetenzverteilung zwischen Bund und Ländern]

(1) Der Bund und die Länder tragen gesondert die Ausgaben, die sich aus der Wahrnehmung ihrer Aufgaben ergeben, soweit dieses Grundgesetz nichts anderes bestimmt[2 f].

(2) Handeln die Länder im Auftrage des Bundes, trägt der Bund die sich daraus ergebenden Ausgaben[4].

(3) Bundesgesetze, die Geldleistungen[5] gewähren[6] und von den Ländern ausgeführt werden, können bestimmen, daß die Geldleistungen ganz oder zum Teil vom Bund getragen werden[7]. Bestimmt das Gesetz, daß der Bund die Hälfte der Ausgaben oder mehr trägt, wird es im Auftrage des Bundes durchgeführt[7].

(4) Bundesgesetze, die Pflichten der Länder zur Erbringung von Geldleistungen, geldwerten Sachleistungen oder vergleichbaren Dienstleistungen gegenüber Dritten begründen und von den Ländern als eigene Angelegenheit oder nach Absatz 3 Satz 2 im Auftrag des Bundes ausgeführt werden, bedürfen der Zustimmung des Bundesrates, wenn daraus entstehende Ausgaben von den Ländern zu tragen sind[8].

(5) Der Bund und die Länder tragen die bei ihren Behörden entstehenden Verwaltungsausgaben[9] und haften im Verhältnis zueinander für eine ordnungsmäßige Verwaltung[10 f]. Das Nähere bestimmt ein Bundesgesetz, das der Zustimmung des Bundesrates bedarf[9 f].

(6) Bund und Länder tragen nach der innerstaatlichen Zuständigkeits- und Aufgabenverteilung die Lasten einer Verletzung von supranationalen oder völkerrechtlichen Verpflichtungen Deutschlands[12]. In Fällen länderübergreifender Finanzkorrekturen der Europäischen Union tragen Bund und Länder diese Lasten im Verhältnis 15 zu 85. Die Ländergesamtheit trägt in diesen Fällen solidarisch 35 vom Hundert der Gesamtlasten entsprechend einem allgemeinen Schlüssel; 50 vom Hundert der Gesamtlasten tragen die Länder, die die Lasten verursacht haben, anteilig entsprechend der Höhe der erhaltenen Mittel[13]. Das Nähere regelt ein Bundesgesetz, das der Zustimmung des Bundesrates bedarf[13].

Übersicht

Literatur: *v. Arnim,* Finanzzuständigkeit, HbStR[3] VI, 2008, § 138; *Selmer,* Zur Reform der bundesstaatlichen Finanzverfassung, NVwZ 2007, 872; *Holtschneider/Schön* (Hg.), Die Reform des Bundesstaates, 2007; *Koenig/Braun,* Rückgriffsansprüche des Bundes bei einer Haftung für Verstöße der Bundesländer gegen Gemeinschaftsrecht, NJ 2004, 97; *Schwenke,* Haftung der Länder gegenüber dem Bund aus Art.104a V 1 GG, NVwZ 2003, 1430; *Siekmann,* Finanzzuweisungen des Bundes an die Länder auf unklarer Kompetenzgrundlage, DÖV 2002, 629; *Dederer,* Regress des Bundes gegen ein Land bei Verletzung von EG-Recht, NVwZ 2001, 258; *Schliesky,* Gemeindefreundliches Konnexitätsprinzip, DÖV 2001, 714; *Waiblinger,* Die „Aufgabe" im Finanzverfassungsrecht des GG, 2000; *Nopper,* Bund-Länder-Haftung beim fehlerhaften Verwaltungsvollzug von Gemeinschaftsrecht durch die deutschen Länder, 1998; *Stelkens,* Verwaltungshaftungsrecht, 1998; *Trapp,* Das Veranlassungsprinzip in der Finanzverfassung der Bundesrepublik Deutschland, 1997; *F. Kirchhof,* Die Verwaltungshaftung zwischen Bund und Ländern, NVwZ 1994, 105; *Selmer,* Zur verfassungsrechtlichen Zulässigkeit von Zwischenländerfinanzhilfen, FS Thieme, 1993, 353; *Eckertz,* Der gesamtdeutsche Finanzausgleich im System des geltenden Verfassungsrechts, DÖV 1993, 281; *Selmer/F. Kirchhof,* Grundsätze der Finanzverfassung im vereinten Deutschland, VVDStRL 52 (1993), 10, 71; *Wieland,* Einen und Teilen – Grundsätze der Finanzverfassung des vereinten Deutschlands, DVBl 1992, 1181. – S. auch Literatur zu 2006.

1. Bedeutung der Art.104a–108

1   Art.104a–108 in der Fassung von 1969 und mit der Änderung von 2006 (Einl.3 Nr.21, 52) enthalten die sog. bundesstaatliche Finanzverfassung des GG (näher Waldhoff HbStR[3] V § 116 Rn.14 ff; Schneider AK 1 vor Art.104a). Als „Eckpfeiler" oder „tragender Pfeiler der bundesstaatlichen Ordnung" sollen sie den Gesamtstaat und die Gliedstaaten am Gesamtertrag der Volkswirtschaft sachgerecht beteiligen (BVerfGE 86, 148/264; 105, 185/ 194; 108, 1/15). Sie sind auf Formenklarheit und Formenbindung angelegt und angewiesen (BVerfGE 105, 185/193 f). Diese Normen begründen keinen Anspruch der Länder gegen den Bund auf Ausstattung mit bestimmten Vermögensgegenständen (BVerfGE 95, 250/262 f). Sie verwenden zwar viele unbestimmte Begriffe und schaffen somit Beurteilungs- und Entscheidungsspielräume, sind aber kein Recht von minderer Geltungskraft (BVerfGE 72, 330/388 ff; Höfling, DVBl 06, 934; Hellermann MKS 5 f). Gegenstand der bundesstaatlichen Finanzverfassung ist die entkoppelte (Vogel/Waldhoff BK Vorb.37 zu Art.104a) Regelung von Ausgaben (Art.104a, b) und Einnahmen im Bundesstaat. Entsprechend der sonstigen Systematik wird zwischen Gesetzgebungskompetenz (Art.105) und Verwaltungskompetenz (Art.108) unterschieden. Hinzu treten Regeln für die Verteilung der Einnahmen (sog. Ertragshoheit oder -kompetenz, Art.106 f).

2. Grundsätzliche Ausgabenkompetenz (Abs.1)

a) Anwendungsbereich. Abs.1 gilt nicht nur im Verhältnis zwischen 2
Bund und Ländern, sondern auch zwischen Bund und Gemeinden (BVerf-
GE 86, 148/215; BVerwGE 44, 351/364; 98, 18/21; 100, 56/59; a.A.
Schneider AK 6; Hellermann MKS 56), nicht aber zwischen Ländern und
Gemeinden (StGH BW, LVerfGE 10, 3/23f; Heintzen MüK 6, 24; Hellermann MKS 56; Prokisch BK 60). Ausgaben sind alle kassenwirksa-
men Geldzahlungen an Dritte (Heun DR 15), d.h. sowohl Verwaltungsausgaben als auch Zweckausgaben (unten Rn.9). Zum Begriff der Aufgaben
Rn.3 zu Art.30. Der Schwerpunkt der kostenverursachenden Tätigkeit liegt
bei der Exekutive, doch sind auch die Ausgaben für die Justiz- und Parlamentsverwaltung eingeschlossen. Nicht anzuerkennen sind Ausnahmen für
die Baulast (Heintzen MüK 13 ff; Prokisch BK 155; **a.A.** BVerfGE 26, 338/
391) und die Zustandshaftung an Bundeswasserstraßen (a.A. BVerwGE
87, 181/186; Hellermann MKS 43). Wahrnehmung bedeutet den unmittelbaren Vollzug; es kommt also nicht darauf an, wer die kostenverursa-
chende Regelung getroffen oder veranlasst hat (BVerfGE 26, 338/390;
BVerwGE 44, 351/364; NVwZ 92, 265; BGHZ 98, 244/254f); insofern ist
die Verwaltungskompetenz gem. Art.30, 83 ff entscheidend (Heintzen MüK
13 ff). Zu von Abs.1 abweichenden Regelungen unten Rn.4–8; Rn.6 zu
Art.91a; Rn.6 zu Art.91b; Rn.4 zu Art.104b; Rn.19f zu Art.106; Rn.1 f zu
Art.120.

b) Rechtsfolgen. Diejenige Körperschaft, die die Verwaltungskompetenz 3
besitzt, trägt auch die Ausgaben. Auch die Ausgaben für die Justiz- und Parlamentsverwaltung treffen den jeweiligen Kompetenzträger (sog. Konnexität
von Aufgaben- und Ausgabenverantwortung). Die **Ausgabenverantwortung** bedeutet sowohl Finanzierungsbefugnis als auch Finanzierungspflicht
(v. Arnim HbStR IV 1004f; Hellermann MKS 18 ff; Prokisch BK 116 ff).
Abs.1 verbietet also eine Fremd- oder Mischfinanzierung derart, dass der
Bund Landesaufgaben finanziert oder dass er Länder zur Finanzierung von
Bundesaufgaben heranzieht (BVerfGE 26, 338/390f; BVerwGE 44, 351/
364; 102, 119/124; BGH, NJW 87, 1627) bzw. umgekehrt (BVerwG,
NVwZ 00, 675). Das gilt uneingeschränkt bei Aufgaben der Gefahrenabwehr, wo „eine klare und überschneidungsfreie Abgrenzung der Zuständigkeitsordnung erforderlich" ist (BVerwG, NVwZ 92, 265; krit. Lorenz, JZ
92, 462). Davon ist der Fall zu unterscheiden, dass sich Bundes- und Landesaufgaben nur faktisch verschränken oder überschneiden, wie z.B. bei der
Beteiligung verschiedener Baulastträger am Bau von Verkehrswegekreuzun-
gen (Heintzen MüK 25), bei der Errichtung und Finanzierung öffentlicher
Einrichtungen (Hellermann MKS 51) und bei der Kostenaufteilung im öffentlichen Personenverkehr (BVerwGE 81, 312/314f; krit. Fromm, NVwZ
92, 536). Allerdings gebietet Abs.1 insofern, „dass jeder diejenigen Kosten
trägt, die dem Anteil seiner Verpflichtung zur Aufgabenwahrnehmung entspricht" (BVerwGE 81, 312/314). Auch verbietet diese Vorschrift nicht die
Mitfinanzierung der Aufgaben eines Landes durch andere Länder (Hellermann MKS 22, 53; Schmehl FH 22; Siekmann SA 12; Stern ST II 1146;
a.A. Prokisch BK 67; Heun DR 21; Selmer, FS Thieme, 1993, 367 ff). Da-

her dürfen Staatsverträge über zweckgebundene Finanztransfers zwischen den Ländern geschlossen werden (Pieroth/Haghgu, DVBl 07, 1).

3a   **Weitere Rechtsfolgen.** Die Vorschrift gewährt keinen Anspruch (BVerf-GE 116, 271/310 ff). Soweit angenommen wird, dass aus Abs.1 (und Abs.5) auch ein Erstattungsanspruch desjenigen Verbandes, der dem eigentlich verantwortlichen Verband und Hilfe geleistet hat (Heintzen MüK 26; abw. Hellermann MKS 61), folgen soll, kann das angesichts des von Abs.1 abweichenden Wortlauts des Abs.5 und des dort vorbehaltenen Gesetzes (unten Rn.9) jedenfalls nicht für Verwaltungsausgaben gelten (Siekmann SA 19). Ausgaben für kompetenzwidrige Tätigkeit gehen stets zu Lasten der handelnden Körperschaft (Heun DR 21; Schneider AK 8; a.A. Hellermann MKS 62 f; Heintzen MüK 35). Aus Abs.1 wird schließlich abgeleitet, dass eine gegenseitige Besteuerung hoheitlicher Tätigkeit zwischen Bund und Ländern unzulässig ist (Heintzen MüK 10; Kirchhof HbStR[3] V § 118 Rn.227 ff; Schuppert UC 11 ff zu Art.105; vgl. auch BVerfGE 31, 314/323 ff; BVerwG NVwZ 00, 674 f).

3. Ausnahme: Auftragsverwaltung (Abs.2)

4   Abs.2 statuiert eine konstitutive (Prokisch BK 176; Schmehl FH 28; a.A. Hennecke SHH 20) Ausnahme vom Lastenverteilungsgrundsatz des Abs.1, da die Auftragsverwaltung eine besondere Form der Landesverwaltungskompetenz ist (Rn.2 zu Art.85). Das GG trägt insoweit der durch die weitgehenden Weisungsbefugnisse (Rn.4–7 zu Art.85) bedingten Kostenverursachung durch den Bund Rechnung. Die Ausgabenkompetenz ist im Hinblick auf den gegenüber Abs.2 speziellen Abs.5 auf die Zweckausgaben beschränkt (unten Rn.9). Abs.2 enthält kein Verbot bundesgesetzlicher Regelungen, die Kosten direkt auf Dritte abwälzen, so dass es erst gar nicht zu einer ausgleichsbedürftigen Belastung der Länder kommt (BVerwGE 95, 188/195).

4. Ausnahme: Geldleistungsgesetze (Abs.3)

5   **a) Anwendungsbereich.** Es muss sich um Bundesgesetze handeln, die Geldleistungen gewähren und von den Ländern ausgeführt werden. Da es sich hier nicht um eine Kompetenzverleihung (vgl. Rn.5 zu Art.70) handelt, kommen Bundesgesetze jeglicher Kompetenzart in Betracht (Rn.16 zu Art.70). **Geldleistungen** sind geldliche, einmalige oder laufende Zuwendungen aus öffentlichen Mitteln an Dritte, denen keine Gegenleistung korrespondiert (Hellermann ST-F 324; Prokisch BK 196); Sach- und Dienstleistungen, wie z.B. Krankenbehandlung oder Rechtshilfe, fallen nicht hierunter (Heintzen MüK 42; Henneke SHH 25). Subventionen durch Steuerermäßigung oder -befreiung sind nicht nach Abs.3, sondern nach Art.105, 108 zu beurteilen (Hellermann MKS 80; Heun DR 27; Schmehl FH 39). Soweit aber ein Steueranspruch, der ermäßigt werden könnte, gar nicht besteht, scheitert der Geldleistungscharakter eines Gesetzes nicht daran, dass die Zuwendungen aus dem Aufkommen der Einkommen- oder Körperschaftsteuer bestritten werden (Heintzen MüK 39; Siekmann SA 29 f; a.A. Hellermann MKS 80). Art.120 enthält von Abs.3 S.2, Abs.4 abweichende Regelungen (Rn.1 f zu Art.120).

Gewähren bedeutet, dass die Geldleistung freiwillig und nicht auf Grund **6** bestehender vertraglicher, deliktischer oder sonstiger (z. B. Erstattungsansprüche) Verpflichtungen erbracht wird (Heintzen MüK 44; Hellermann MKS 82; Schmehl FH 40). Es kommt auch nicht darauf an, ob dem Empfangsberechtigten ein Anspruch eingeräumt ist, doch darf die Geldleistung nicht dem freien Ermessen der Verwaltungsbehörden überlassen bleiben (Schneider AK 12; Heun DR 28).

b) Rechtsfolgen. Der Bund kann gem. Abs.3 S.1 durch Gesetz eine von **7** Abs.1 abweichende Kostenlast des Bundes oder der Länder in einer bestimmten Quote bestimmen. Die Festlegung in Form eines festen Geldbetrags ist unzulässig (Heintzen MüK 47; Hellermann MKS 88; a. A. Siekmann SA 33; diff. Henneke SHH 33). Ohne eine entsprechende Bestimmung bleibt es bei der Kostenlast der Länder gem. Abs.1. Beträgt die nach Abs.3 S.1 bestimmte Quote für den Bund die Hälfte oder mehr, erfolgt gem. Abs.3 S.2 die Ausführung in Auftragsverwaltung (Rn.1 zu Art.85). Diese Regelung ist gegenüber Abs.2 spezieller (Siekmann SA 32; Schmehl FH 43).

5. Zustimmungsbedürftigkeit bei Kostenbegründung (Abs.4)

Die Vorschrift soll die Länder vor „kostenbelastenden Bundesgesetzen" **8** schützen (BT-Drs.16/813, 18). Bundesgesetze bedürfen unter folgenden Voraussetzungen der Zustimmung des Bundesrats (Rn.4–6 zu Art.77): – **(1)** Es werden Pflichten der Länder zur Erbringung von Geldleistungen (oben Rn.5), geldwerten Sachleistungen oder vergleichbaren Dienstleistungen gegenüber Dritten begründet. Hierunter fallen z. B. die Schaffung und Unterhaltung von Aufnahmeeinrichtungen für die Unterbringung von Asylbegehrenden, die Erbringung von Schuldnerberatungen, die Bereitstellung von Tagesbetreuungsplätzen für Kinder (BT-Drs.16/813, 18) und die Veranstaltung von Sprachkursen (Rundschreiben BMI/BMJ, BR-Drs.651/06, 16; krit. Heun DR 33), nicht aber Genehmigungen, Erlaubnisse und feststellende Verwaltungsakte, die keine Leistungen gewähren (Hellermann ST-F 325; Siekmann SA 41). Eine Bagatellklausel wurde nicht aufgenommen, dürfte aber auch nicht praktisch werden (Kluth KL 10; vgl. auch Meyer 352 ff). – **(2)** Die Gesetze werden von den Ländern in Landeseigenverwaltung (Rn.1 zu Art.84) oder in Auftragsverwaltung nach Abs.3 S.2 (oben Rn.7) ausgeführt. Nicht erfasst ist die sonstige Auftragsverwaltung, da der Bund nach Abs.2 allein die Ausgaben trägt (oben Rn.7). – **(3)** Die aus den Gesetzen entstehenden Ausgaben sind von den Ländern zu tragen. Das ist nicht der Fall, wenn der Bund die Aufgaben gem. Abs.3 S.1 (oben Rn.7) vollständig übernimmt oder Leistungen aus Beitragsmitteln, wie bei den Sozialversicherungen (Rundschreiben BMI/BMJ, BR-Drs.651/06, 16) oder dem EU-Haushalt finanziert werden (BT-Drs.16/813, 18). Daher stellt die Vorschrift keine Ausnahme vom Konnexitätsprinzip (oben Rn.3) dar (Schön, in: Holtschneider/Schön, o. Lit., 82).

6. Ausgabenkompetenz für Verwaltungsausgaben, Haftung (Abs.5, 6)

a) Verwaltungsausgaben (Abs.5 S.1 Hs.1) sind die Kosten für die Un- **9** terhaltung und den Betrieb des Verwaltungsapparats (Heintzen MüK 19;

Schmehl FH 31). Sie stehen im Gegensatz zu den Zweckausgaben, die durch die Erfüllung der Verwaltungsaufgaben entstehen (näher v. Arnim HbStR³ VI § 138 Rn.20; Hellermann MKS 175 ff; Prokisch BK 294 ff). Abs.5, 6 sind leges speciales zu Abs.1, 2 (BVerwGE 95, 188/195; 116, 234/241). Für Verwaltungsausgaben gelten die Durchbrechungen des Grundsatzes der Konnexität von Aufgaben und Ausgaben (oben Rn.3) nicht (OVG NW, DÖV 92, 1066; Hoppe, DVBl 92, 121 f; Heintzen MüK 67; Hellermann MKS 172; a. A. Stern ST II 1139). In Fällen zulässigen Zusammenwirkens, wie z. B. bei Amtshilfe (Rn.4 zu Art.35) und Organleihe (Rn.10 zu Art.30), oder zur Klärung schwieriger Abgrenzungsfragen kann jedoch eine gesetzliche Kostentragungs- bzw. Erstattungsregelung gem. Abs.5 S.2 erfolgen (Schmehl FH 26); insoweit wird eine ausschließliche Bundesgesetzgebungskompetenz (Rn.5 zu Art.70) und ein Regelungsauftrag (Rn.22 zu Art.70) begründet. Es soll auch eine entsprechende Verwaltungsvereinbarung geschlossen werden dürfen (BVerwG, NJW 76, 1468; BVerwGE 81, 312/314; Hellermann MKS 181 ff; Heun DR 21, 35; a. A. Siekmann SA 21).

10   **b)** Kosten für **Haftung im Bund-Länder-Verhältnis** (Abs.5 S.1 Hs.2) gehören zu den Verwaltungsausgaben (oben Rn.9). Abs.5 schafft insoweit eine unmittelbare Anspruchsgrundlage für Bund und Länder für jeweils vom anderen Verwaltungsträger verursachte Schäden (BVerfGE 116, 271/317 f; BVerwGE 96, 45/50; 104, 29/32; Schneider AK 28; Prokisch BK 317 ff; Schuppert UC 32; a. A. wegen Fehlens der Ausgestaltung der Haftung F. Kirchhof, NVwZ 94, 105 ff; Erichsen, o. Lit., 34 ff; krit. auch Hellermann MKS 217), die aber nicht notwendig zu einer verfassungsrechtlichen Streitigkeit führt (BVerwGE 128, 99 Rn.14 ff). Auf das in Abs.5 S.2 vorgesehene, aber bisher nicht ergangene Gesetz kommt es nicht an (BVerwGE 96, 45/54; 104, 29/32; Heintzen MüK 69; Schmehl FH 55). Der Anwendungsbereich des Abs.5 erstreckt sich auch auf zulässige (oben Rn.9) Verwaltungsvereinbarungen (a. A. BVerwG, BayVBl 80, 475; Hellermann MKS 204), in denen allerdings der Umfang der Haftung näher ausgestaltet werden darf (a. A. Heun DR 38; Siekmann SA 50).

11   **Haftungsvoraussetzungen.** Haftungsauslösend ist jeder Verstoß gegen die Grundsätze ordnungsgemäßer Verwaltung (BVerwGE 96, 50/57 f). Das Ausführungsgesetz gem. Abs.5 S.2 könnte sowohl eine verschuldensabhängige als auch -unabhängige Haftung vorsehen (BVerwGE 104, 29/33; Hellermann MKS 206 ff). Der unmittelbar anwendbare Kernbereich der Haftungsregelung erfasst aber nur vorsätzliche (BVerwGE 96, 45/55 ff; 104, 29/33 ff; BGHZ 148, 139/151) und grob fahrlässige Pflichtverletzungen (Siekmann SA 52; Schmehl FH 57 ff; offen gelassen BVerfGE 116, 271/318, 322; BVerwGE 116, 234/242; 128, 99 Rn.22; dagegen für verschuldensunabhängige Haftung Prokisch BK 337 ff) und nicht auch die Kosten für die Rechtsverfolgung (Koenig/Braun, NJ 04, 100). Art.34 iVm § 839 BGB ist nicht einschlägig, weil es im Bund-Länder-Verhältnis an einem „Dritten" fehlt (BGHZ 27, 210/214; BVerwGE 96, 45/50; Siekmann SA 48). Auch sind die Normen über das bürgerlich-rechtliche Auftragsverhältnis nicht analog anzuwenden (BVerwGE 12, 253/254). Allerdings ist der Rechtsgedanke des § 254 BGB zu berücksichtigen (BVerfGE 116, 271/323 ff; a. A. Prokisch BK

346); dabei fällt jedoch leicht fahrlässiges Handeln der einen Seite gegenüber vorsätzlichem Handeln der anderen Seite nicht ins Gewicht (BVerwGE 128, 99 Rn.35). Hat eine Gemeinde den Schaden, kann er vom Land im Weg der Drittschadensliquidation geltend gemacht werden. Begeht eine Gemeinde die Pflichtverletzung, haftet das Land für die Gemeinde (BVerwGE 96, 45/56; 100, 56/60 f; Hellermann MKS 200; Oebbecke HbStR³ VI § 136 Rn.14; Schneider AK 29). Bei fehlerhafter Abrechnung von Wohngeld steht dem Land der allgemeine öffentlich-rechtliche Erstattungsanspruch gegen die Gemeinde zu (BVerwGE 131, 153 Rn.17 ff). Der Anspruch kann verjähren (BVerwGE 128, 99 Rn.42 ff); die Verjährungsfrist beträgt drei Jahre (BVerwGE 131, 153 Rn.27 f).

c) Haftung für die Verletzung überstaatlicher Verpflichtungen 12 (Abs.6). Die Vorschrift ist 2006 eingefügt worden (Einl.3 Nr.52), um insb. die früher umstrittene (vgl. BVerfGE 109, 1/7; BVerwGE 116, 234/241 f; Heintzen MüK 72; Hellermann MKS 204) Frage zu klären, welche Gebietskörperschaft für Pflichtverletzungen beim Vollzug von unmittelbar anwendbarem Europäischen Unionsrecht haftet und damit ersatz- oder erstattungspflichtig ist (Hellermann ST-F 334). S.1 stellt den **Grundsatz** auf, dass diejenige Gebietskörperschaft haftet, in deren Zuständigkeits- und Aufgabenbereich (d. h. Kompetenzbereich; vgl. Rn.3 zu Art.30; Rn.1 zu Art.70; Rn.9 zu Art.83; Rn.1 zu Art.92) die Pflichtverletzung begangen worden ist (Verursacherprinzip; vgl. Kirchhof, DVBl 04, 984; Kluth KL 26). Die Haftung ist verschuldensunabhängig (BVerfGE 116, 271/318 ff). Dieser Grundsatz gilt „vertikal und horizontal für alle Fälle legislativen, judikativen und exekutiven Fehlverhaltens" (BT-Drs.16/813, 19) in Bezug auf alle sich aus Europäischem Unionsrecht und Völkerrecht ergebenden Verpflichtungen, z. B. die Verhängung von Zwangsgeldern oder Pauschalbeträgen durch die EU, Anlastungen durch die EU auf Grund fehlerhafter Verausgabung von Geldmitteln und Verurteilungen durch den EGMR (BT-Drs.16/813, 19). Zur spezielleren Regelung der Haftung für Sanktionsmaßnahmen der EU Rn.7–10 zu Art.109.

Sätze 2, 3 normieren eine **Ausnahme** für länderübergreifende Finanzkor- 13 rekturen durch die EU. Eine Finanzkorrektur kann von der Europäischen Kommission bei einem Fehler identischer Verwaltungs- und Kontrollsysteme in allen vom entsprechenden EU-Recht betroffenen Ländern verhängt werden und führt nach konkreter Feststellung des Fehlers auch nur in einem Land zur Haftung aller anderen betroffenen Länder (BT-Drs.16/813, 19). Dagegen bleibt es bei länderspezifischen Anlastungen bei einer Haftung des Landes ohne finanzielle Beteiligung des Bundes (Hellermann ST-F 339). Die Lastentragung wird nach den in S.2, 3 genannten Prozentsätzen zwischen Bund und Ländern aufgeteilt („Solidarhaftung"; BT-Drs.16/813, 19). S.4 normiert eine ausschließliche Bundesgesetzgebungskompetenz (Rn.5 zu Art.70), einen Regelungsauftrag (Rn.22 zu Art.70) und die Zustimmungsbedürftigkeit durch den Bundesrat (Rn.4–6 zu Art.77). Auf dieser Grundlage ist das LastentragungsG als Art.15 des Föderalismus-BegleitG v. 5. 9. 2006 (BGBl I 2098) erlassen worden. Es gilt auch rückwirkend für Altfälle (BVerwGE 128, 342 Rn.24 ff).

Art. 104b [Finanzhilfekompetenz des Bundes]

(1) Der Bund kann, soweit dieses Grundgesetz ihm Gesetzgebungsbefugnisse verleiht, den Ländern Finanzhilfen für besonders bedeutsame Investitionen der Länder und der Gemeinden (Gemeindeverbände) gewähren[2, 5], die

1. zur Abwehr einer Störung des gesamtwirtschaftlichen Gleichgewichts oder
2. zum Ausgleich unterschiedlicher Wirtschaftskraft im Bundesgebiet oder
3. zur Förderung des wirtschaftlichen Wachstums

erforderlich sind[3]. Abweichend von Satz 1 kann der Bund im Falle von Naturkatastrophen oder außergewöhnlichen Notsituationen, die sich der Kontrolle des Staates entziehen und die staatliche Finanzlage erheblich beeinträchtigen, auch ohne Gesetzgebungsbefugnisse Finanzhilfen gewähren[1, 3].

(2) Das Nähere, insbesondere die Arten der zu fördernden Investitionen, wird durch Bundesgesetz, das der Zustimmung des Bundesrates bedarf, oder auf Grund des Bundeshaushaltsgesetzes durch Verwaltungsvereinbarung geregelt[4]. Die Mittel sind befristet zu gewähren und hinsichtlich ihrer Verwendung in regelmäßigen Zeitabständen zu überprüfen. Die Finanzhilfen sind im Zeitablauf mit fallenden Jahresbeträgen zu gestalten[4].

(3) Bundestag, Bundesregierung und Bundesrat sind auf Verlangen über die Durchführung der Maßnahmen und die erzielten Verbesserungen zu unterrichten[6].

Literatur: *Wulfhorst,* Die Auswirkungen des neuen Art.104b GG auf die Städtebauförderung – eine Entgegnung, DVBl 2010, 28; *Meyer/Freese,* Konjunkturpaket II: Art.104b GG als Ärgernis und Garant des Föderalismus, NVwZ 2009, 609; *Battis/Klein/Rusteberg,* Die Auswirkungen des neuen Art.104b GG auf die Städtebauförderung, DVBl 2009, 682. – S. auch Literatur zu Art.104a und 107.

1. Bedeutung und Abgrenzung zu anderen Vorschriften

1   Die 2006 eingefügte und 2009 geänderte (Einl.3 Nr.52, 57) Vorschrift konkretisiert den Art.104a Abs.4 a.F. Sie soll einerseits weiterhin die Beteiligung des Bundes an der Finanzierung von Investitionen im Aufgabenbereich der Länder und Gemeinden ermöglichen und andererseits das Instrument der Finanzhilfen des Bundes auf seine „eigentliche Zielrichtung, Bundesmittel gezielt und flexibel zur Behebung konkreter Problemlagen einzusetzen", zurückführen (BT-Drs.16/813, 19). Es handelt sich neben der Auftragsverwaltung (Rn.4 zu Art.104a) und den Geldleistungsgesetzen (Rn.5–7 zu Art.104a) um eine weitere Ausnahme vom Konnexitätsgrundsatz (Rn.3 zu Art.104a). Zur Fortgeltung alten Rechts Rn.2 zu Art.125c.

2. Voraussetzungen

Finanzhilfen sind Zahlungen an die Länder (Siekmann SA 12; Schneider **2** AK 17 zu Art.104a). Sie dienen nicht dazu, einen unzureichenden Finanzausgleich zu ersetzen (BVerfGE 39, 96/108, 111 f; vgl. aber unten Rn.5 f). Soweit sie für Gemeinden (Gemeindeverbände) bestimmt sind, muss die Vergabe der Mittel an sie in den Händen der Länder liegen (BVerfGE 39, 96/122; 41, 291/313). An Dritte darf die Finanzhilfe nur gewährt werden, wenn sie im Auftrag und für Rechnung der Länder tätig werden (Heintzen MüK 56 zu Art.104a; Hellermann MKS 111 zu Art.104a; vgl. auch BVerfGE 83, 363/ 381). Voraussetzung für die Finanzhilfe ist regelmäßig (Ausnahme Abs.1 S.2; unten Rn.3) eine entsprechende Gesetzgebungskompetenz des Bundes (Rn.1 zu Art.70), wofür idR Gegenstände der konkurrierenden Gesetzgebungskompetenz des Bundes in Betracht kommen (Butzer KL 20 ff), ohne dass die Voraussetzungen des Art.72 Abs.2 vorliegen müssen (Hellermann ST-F 352; Henneke SHH 11; Heun DR 17; a. A. Meyer 275 f). Soweit eine ausschließliche Gesetzgebungskompetenz der Länder besteht (Rn.10 zu Art.70), sind Finanzhilfen regelmäßig (Ausnahme Abs.1 S.2; unten Rn.3) unzulässig; das betrifft z.B. ein Ganztagsschul-Investitionsprogramm (BT-Drs.16/813, 19; Schmehl FH 21). Davon unberührt bleibt die Befugnis des Bundes, im Rahmen seiner eigenen Zuständigkeit unmittelbar an Dritte Subventionen zu vergeben (Hellermann MKS 106, 111 zu Art.104a). Dagegen bleibt die gemeinsame Kulturförderung von Bund und Ländern davon nicht insgesamt unberührt (so aber BT-Drs.16/813, 19), sondern nur soweit der Bund für einzelne Kulturbereiche eine Gesetzgebungskompetenz hat (vgl. Rn.7 zu Art.83; Butzer KL 24 f; Siekmann 34 f). Die Finanzhilfen müssen für besonders bedeutsame Investitionen der Länder und Gemeinden (Gemeindeverbände) bestimmt sein, d. h. „in Ausmaß und Wirkung besonderes Gewicht haben" (BVerfGE 39, 96/115). Investitionen sind nur Sachinvestitionen (Heun DR 9; Hellermann MKS 109 zu Art.104a; Schmehl FH 10; Siekmann SA 14; a. A. Meyer 271).

Die Finanzhilfen müssen zur Erreichung eines der in Abs.1 genannten **För- 3 derungsziele** erforderlich sein (näher v. Arnim HbStR³ VI § 138 Rn.60 ff; Heintzen MüK 57 f zu Art.104a; Hellermann MKS 112 ff zu Art.104a; Heun DR 10 ff). Eine pauschale Zuschussgewährung ist ausgeschlossen. Die Finanzhilfen sind „kein Instrument direkter oder indirekter Investitionssteuerung zur Durchsetzung allgemeiner wirtschafts-, währungs-, raumordnungs- oder strukturpolitischer Ziele des Bundes in den Ländern" und dürfen den Finanzausgleich nicht ersetzen (BVerfGE 39, 96/111 f). Allerdings sind diese Förderungsziele als Rechtsbegriffe so unbestimmt, dass eine verfassungsgerichtliche Überprüfung nur zurückhaltend vorgenommen wird (vgl. BVerfGE 39, 96/115; dagegen Prokisch BK 253 ff zu Art.104a). Das Ziel der Krisenbewältigung gem. Abs.1 S.2 (zu den Begriffen Rn.17 zu Art.109, Rn.11 zu Art.115) ist als Reaktion auf die Finanz- und Wirtschaftskrise 2009 eingefügt worden (Einl.3 Nr.57). Die Norm soll Finanzhilfen des Bundes „in allen Investitionsbereichen" (BT-Drs. 16/12410, 10), d. h. auch der Länder und Gemeinden, ermöglichen (Kube EH 9.1) und die „Umgehung" (Meyer/Freese, NVwZ 09, 614) der Verfassung durch das ZukunftsinvestitionsG beheben. Als Ausnahmevorschrift ist sie eng auszulegen (Schmehl FH 39).

4 **Verfahrensrechtlich** ist für die Finanzhilfen ein zustimmungsbedürftiges (Rn.4–6 zu Art.77) Bundesgesetz oder eine schriftliche (Heun DR 21) Verwaltungsvereinbarung Voraussetzung (Abs.2 S.1); dadurch wird eine ausschließliche Bundesgesetzgebungskompetenz (Rn.5 zu Art.70) und ein Regelungsauftrag (Rn.22 zu Art.70) begründet. Die Verwaltungsvereinbarung muss mit allen gleichermaßen betroffenen Ländern schriftlich und nach gehöriger Aushandelung abgeschlossen werden (BVerfGE 41, 291/308). Es ist aber auch ein Einzelprojekt mit einem Land möglich (BVerfGE 39, 96/121; vgl. auch BVerfGE 86, 148/267 f; BVerwG, Bh 454.4 § 19 Nr.1). Im Gesetz oder in der Verwaltungsvereinbarung muss alles Wesentliche für die Finanzhilfen enthalten sein; dazu gehören die Arten der zu fördernden Investitionen, die Bestimmung der Höhe des Bundesanteils und die Fixierung eines einheitlichen Verteilungsmaßstabs für den Fall, dass die Summe der von den Ländern angeforderten Bundesmittel den Ansatz im Bundeshaushalt übersteigt (BVerfGE 39, 96/116; 41, 291/306 f). Außerdem dürfen Finanzhilfen gem. Abs.2 S.2, 3 „zur Vermeidung von schematisch verfestigten Förderungen" (BT-Drs.16/813, 19; Hellermann ST-F 355) nur zeitlich begrenzt, d. h. nicht über zwei Legislaturperioden hinaus (Meyer 277), gewährt werden, und sie müssen hinsichtlich ihrer Verwendung in regelmäßigen Abständen überprüft und degressiv ausgestaltet werden. Beide Vorgaben werden als „stumpfe Schwerter" bezeichnet (Butzer KL 27).

3. Rechtsfolgen

5 Der Bund hat abweichend von Art.104a Abs.1 eine Finanzhilfekompetenz, d. h. es steht in seinem Ermessen, „nach Maßgabe seiner Finanzkraft" sogar in seiner „Pflicht" (BVerfGE 39, 96/113; a. A. Meyer 269), **Landesaufgaben mitzufinanzieren** (sekundärer Finanzausgleich; Vogel/Waldhoff BK Vorb.58 f zu Art.104a). Sofern auch andere Unterstützungsleistungen zulässig und geeignet sind, besteht ein Auswahlermessen (vgl. BVerfGE 86, 148/269). Der Bund darf, wie sich aus dem Begriff der (Finanz-)Hilfe ergibt, immer nur einen Teil der Investitionskosten übernehmen (BVerfGE 39, 96/116; Siekmann SA 9; Schneider AK 19 zu Art.104a); 50–90% sollen noch verfassungsgemäß sein (Prokisch BK 245 zu Art.104a). Der Bund darf keine Investitionspläne in eigener Regie aufstellen und nicht bei der Auswahl der Einzelprojekte mitwirken; er darf aber bei programmwidriger Inanspruchnahme von Finanzhilfen durch die Länder einzelne Projekte von der Förderung ausschließen (BVerfGE 39, 96/118; 41, 291/313). Der Bund darf die Finanzhilfen grundsätzlich nicht von Bedingungen (Einvernehmens-, Zustimmungs- und Genehmigungsvorbehalte, Einspruchsrechte) und Dotationsauflagen finanzieller oder sachlicher Art abhängig machen (BVerfGE 39, 96/120; 41, 291/313). Allerdings sollen sachdienliche Informationen und Anregungen des Bundes von den Ländern nach dem Gebot des bundesfreundlichen Verhaltens (Rn.20–22 zu Art.20) berücksichtigt werden (BVerfGE 39, 96/121; 41, 291/312).

6 **Sonstige Bindungen.** Der Bund muss alle Länder gleich behandeln; eine regionale Differenzierung ist aber aus sachlichen Gründen (Heintzen

MüK 55 zu Art.104a; Hellermann MKS 129 zu Art.104a; Siekmann SA 10), insb. bei einer Haushaltsnotlage eines Landes (BVerfGE 86, 148/267f; krit. Heun DR 35 zu Art.107), zulässig; insoweit soll die Kooperationspflicht des betroffenen Landes auch die Verpflichtung zu einem Sanierungsprogramm umfassen (BVerfGE 86, 148/268). Gem. Abs.3 besteht zur „Erfolgskontrolle" (BT-Drs.16/813, 20) eine Pflicht der Länder (Butzer KL 29; Hellermann ST-F 362; Heun DR 25) zur Unterrichtung von Bundestag, Bundesregierung und Bundesrat auf deren Verlangen.

Art.105 [Steuergesetzgebungskompetenzverteilung zwischen Bund und Ländern]

(1) **Der Bund hat die ausschließliche Gesetzgebung über die Zölle und Finanzmonopole**[24].

(2) **Der Bund hat die konkurrierende Gesetzgebung über die übrigen Steuern**[3 ff]**, wenn ihm das Aufkommen dieser Steuern ganz oder zum Teil zusteht oder die Voraussetzungen des Artikels 72 Abs.2 vorliegen**[25 f].

(2a) **Die Länder haben die Befugnis zur Gesetzgebung über die örtlichen Verbrauch- und Aufwandsteuern, solange und soweit sie nicht bundesgesetzlich geregelten Steuern gleichartig sind. Sie haben die Befugnis zur Bestimmung des Steuersatzes bei der Grunderwerbsteuer**[27 f].

(3) **Bundesgesetze über Steuern, deren Aufkommen den Ländern oder den Gemeinden (Gemeindeverbänden) ganz oder zum Teil zufließt, bedürfen der Zustimmung des Bundesrates**[25].

Übersicht

Literatur: *Korte,* Die konkurrierende Steuergesetzgebung des Bundes im Bereich der Finanzverfassung, 2008; *Waldhoff,* Grundzüge des Finanzrechts des GG, HbStR[3] V, 2007, § 116; *P. Kirchhof,* Die Steuern, HbStR[3] V, 2007, § 117; *ders.,* Nichtsteuerliche

Abgaben, HbStR³ V, 2007, § 117; *Barthelmann,* Der gestaltende Steuergesetzgeber im Konflikt mit dem Sachgesetzgeber, 2006; *Frenz,* Die Verhältnismäßigkeit von Steuern, GewArch 2006, 282; *Ossenbühl,* Zur Rechtfertigung von Sonderabgaben mit Finanzierungszweck, DVBl 2005, 667; *K. Vogel,* Neue Diskussion über die Gesetzgebungszuständigkeit für Lenkungssteuern, FS Brohm, 2004, 589; *Jachmann,* Die Rechtfertigung der ökonomisch motivierten Steuer, FS Selmer, 2004, 707; *H.-J. Koch,* Umweltabgaben in der Rspr. des BVerfG, FS Selmer, 2004, 769; *Kube,* Finanzgewalt in der Kompetenzordnung, 2004; *Weber-Grellet,* Lenkungssteuern im Rechtssystem, NJW 2001, 3657; *Wieland,* Finanzverfassung, Steuerstaat und föderaler Ausgleich, FS 50 Jahre BVerfG II, 2001, 771; *Kloepfer/Bröcker,* Das Gebot der widerspruchsfreien Normgebung als Schranke der Ausübung einer Steuergesetzgebungskompetenz nach Art.105 GG, DÖV 2001, 1; *Sacksofsky/Wieland* (Hg.), Vom Steuerstaat zum Gebührenstaat, 2000; *Drömann,* Nichtsteuerliche Abgaben im Steuerstaat, 2000; *Sacksofsky,* Umweltschutz durch nicht-steuerliche Abgaben, 2000; *Selmer/Brodersen,* Die Verfolgung ökonomischer, ökologischer und anderer öffentlicher Zwecke durch Instrumente des Abgabenrechts, DVBl 2000, 1153; *Jarass,* Nichtsteuerliche Abgaben und lenkende Steuern unter dem GG, 1999; *Henneke,* Verfassungsänderungen zwischen Placebo-Effekten und tagespolitisch motivierten Einzelfallregelungen, ZG 1999, 1; *Hidien,* Die Quadratur der Umsatzsteuer – Zur Kritik der „kleinen" Gemeindefinanzreform, DVBl 1998, 617; *Kesper,* Bundesstaatliche Finanzordnung, 1998; *H. Schaefer,* Der verfassungsrechtliche Steuerbegriff, 1997; *Manssen,* Die Einführung von Steuern und Sonderabgaben durch Landesgesetz, in: Rechtswissenschaft im Aufbruch, 1996, 145; *K.-A. Schwarz,* Finanzverfassung und kommunale Selbstverwaltung, 1996; *Schoch/Wieland,* Finanzierungsverantwortung für gesetzgeberisch veranlaßte kommunale Aufgaben, 1995; *Häde,* Die Finanzverfassung des GG, JA 1994, 1, 33; *Mußgnug,* Konkurrierende Gesetzgebungskompetenz der Länder für Bundessteuern?, FS Franz Klein, 1994, 651; *Rodi,* Die Rechtfertigung von Steuern als Verfassungsproblem, 1994; *Selmer/F. Kirchhof,* Grundsätze der Finanzverfassung des vereinten Deutschlands, VVDStRL 52 (1993), 10, 71; *Prokisch,* Die Justiziabilität der Finanzverfassung, 1993; *D. Birk/Eckhoff,* Kommentierung des § 3 AO, in: Hübschmann/Hepp/Spitaler, Kommentar zur AO und FGO, 9. A., 1993; *Küssner,* Die Abgrenzung der Kompetenzen des Bundes und der Länder im Bereich der Steuergesetzgebung sowie der Begriff der Gleichartigkeit von Steuern, 1992; *H. W. Kruse,* Lehrbuch des Steuerrechts I, 1991; *Wieland,* Die Konzessionsabgaben, 1991; *Holst,* Das Gleichartigkeitsverbot in Art.105 Abs.2 und 2a GG, 1990.

I. Allgemeines zu Art.105–108

1. Systematik

1 **Kompetenzverteilung.** Der 1969 und 2006 geänderte (Einl.2 Nr.21, 52) Art.105 trifft spezielle Regelungen über die Gesetzgebungskompetenz. Die der Besteuerung zugrundeliegenden Vorgänge werden nur erfasst, wenn dies der Sachzusammenhang erfordert (BVerwGE 97, 12/14). Noch speziellere Vorschriften bestehen gem. Art.140 iVm Art.137 Abs.6 WRV für Kirchensteuern (BFHE 95, 310/312; 177, 303/306; Wendt HbStR³ VI § 139 Rn.46). Praktisch ist das gesamte Steuerrecht bundesrechtlich geregelt.

2 Die **Besteuerungsmöglichkeit im Verhältnis zum Bürger** (nicht zwischen Bund und Ländern; Rn.3a zu Art.104a) wird vom GG stillschweigend vorausgesetzt (BVerfGE 55, 274/301). Da Regelungen für andere Einnahmequellen abgesehen von Art.115 fehlen, werden die öffentlichen Aufgaben grundsätzlich nur aus Steuern finanziert (Prinzip des Steuerstaats; vgl.

BVerfGE 82, 159/178; 93, 319/342; 101, 141/147; Müller-Franken FH 54; Vogel/Waldhoff BK Vorb.337 ff zu Art.104a; krit. Heun DR 11; Sacksofsky, o. Lit.; Hendler, DÖV 99, 757; Schneider AK 6 f). Andere staatliche Einnahmen dürfen dieses Prinzip nicht aushöhlen oder unterlaufen (unten Rn.8). Das gilt für Bund und Länder gleichermaßen (BVerfGE 67, 256/286; 92, 91/115 f). Ein Wahlrecht des Gesetzgebers zwischen Steuern (unten Rn.3–7) und nicht-steuerlichen Abgaben (unten Rn.8–23) besteht nicht (BVerfGE 67, 256/275 f; 55, 274/300). Für die finanzverfassungsrechtliche Einordnung einer Abgabe kommt es nur auf den materiellen Gehalt, also weder auf ihre Bezeichnung noch auf ihre haushaltsmäßige Behandlung an (BVerfGE 55, 274/304 f; 67, 256/276; 92, 91/114; BVerwGE 72, 212/221; Birk/Eckhoff, o. Lit., 61 ff; Müller-Franken FH 57).

2. Steuern

a) Der **Steuerbegriff** wird vom GG vorausgesetzt; er knüpft an den in der **3** AO gebrauchten, traditionellen Steuerbegriff an (BVerfGE 49, 343/353; 67, 256/282; 93, 319/346; BFHE 141, 369/372). Er reicht aber darüber hinaus (BVerfGE 55, 274/299; 67, 256/282) und ist daran nicht gebunden (vgl. Heun DR 12; Müller-Franken FH 59; Stern ST II 1097 ff; Waldhoff HbStR³ V § 116 Rn.85). Auch die Unterschiedsmerkmale der einzelnen Steuern und Steuerarten sind grundsätzlich dem traditionellen deutschen Steuerrecht zu entnehmen (BVerfGE 7, 244/252; 31, 314/331). Danach sind Steuern Geldleistungen, die nicht eine Gegenleistung für eine besondere Leistung darstellen und von einem öffentlich-rechtlichen Gemeinwesen zur Erzielung von Einnahmen auferlegt werden; die Erzielung von Einnahmen kann Nebenzweck sein. Steuern finanzieren allgemeine Staatsaufgaben (vgl. BVerfGE 98, 106/118) und fließen in den allgemeinen Haushalt (vgl. BVerfGE 91, 186/201).

Steuern wirken stets **sozialgestaltend** (Kruse, o. Lit., 34; Stern ST II **4** 1103; Schuppert UC 21 ff), und der Gesetzgeber darf diese Wirkungen einsetzen (sog. Lenkungsteuern; BVerfGE 98, 106/117; 110, 274/292 f); vgl. Rn.44 f zu Art.3. Dafür kommen vor allem wirtschafts-, sozial- und umweltpolitische (BVerfGE 110, 274/293; Müller-Franken FH 44; krit. Breuer DVBl 92, 488 ff; diff. Kirchhof, DÖV 92, 235 ff) Aspekte in Betracht. Wegen der Spezialität der Art.105–108 (oben Rn.1) ist für die Verfolgung von Nebenzwecken nicht erforderlich, dass zusätzlich die für das jeweilige Sachgebiet einschlägige Gesetzgebungskompetenz vorliegt (BVerfGE 98, 106/118; BVerwGE 96, 272/290; 110, 248/249; Heun DR 16; Jarass, o. Lit., 14 ff; Müller-Franken FH 48; Pieroth, WiVerw 96, 72 ff; a. A. Stern ST II 1105; Vogel/Walter BK 68 o ff). Die Grenze des Steuerbegriffs ist erst erreicht, wenn die Abgabenregelung nach Gewicht und Auswirkung einem verbindlichen Verhaltensgebot nahekommt (BVerfGE 98, 106/118), die abgabepflichtigen Tatbestände also beseitigt werden sollen (Kloepfer/Schulte, UPR 92, 204). Dann liegen regelmäßig sonstige Abgaben (unten Rn.19–23) vor.

Unter **öffentlich-rechtlichen Gemeinwesen** werden überwiegend nur **5** Bund, Länder und Gebietskörperschaften verstanden (BVerfGE 10, 141/176; Birk/Eckhoff, o. Lit., 37 ff; Jachmann MKS 5; Stern ST II 1100). Da es für den Steuerbegriff aber nicht auf die Steuerertragsberechtigung ankommt, sind alle juristischen Personen des öffentlichen Rechts einzubeziehen (Kruse, o. Lit., 33; Müller-Franken FH 68). Die Kirchen sind gem. Art.140 ivm 137 Abs.6 WRV erhebungs- und ertragsberechtigt.

6   Weil Steuern zur Deckung des **allgemeinen Finanzbedarfs** erhoben werden, sind rückzahlbare Abgaben (sog. Zwangsanleihen) keine Steuern (BVerfGE 67, 256/282f; vgl. aber unten Rn.22). Darunter fällt nicht das Körperschaftsteuer-Moratorium (BFHE 215, 491/494f). Zweckbindungen des Aufkommens sind grundsätzlich zulässig (sog. Zwecksteuern; vgl. BVerf-GE 49, 343/353; 93, 319/348; 110, 274/294; Waldhoff, StuW 02, 285). Dabei ist der Kreis der Abgabepflichtigen nicht auf Personen begrenzt, die einen wirtschaftlichen Vorteil aus dem Vorhaben ziehen (BVerfGE 49, 343/353f; 65, 325/344); die Zwecksteuer darf aber nicht zweckuntauglich sein (BVerwG-GE 66, 140/144). Eine Zweckbindung unvertretbaren Ausmaßes, etwa des weit überwiegenden Teils der Steuern, wäre jedoch unzulässig, da nach Art.110 Abs.2 der Haushaltsgesetzgeber über die Verwendung der eingenommenen Mittel entscheidet (vgl. BVerfGE 82, 156/180f; 93, 319/348; 110, 274/294f; BVerfG-K, DVBl 92, 1589; Jachmann MKS 4; Müller-Franken FH 66; a. A. Siekmann SA 85 vor Art.104a).

7   **b) Einzelfälle** über die unten Rn.30 sowie Rn.4–6 zu Art.106 genannten hinaus: Investitionsteuer (BVerfG-K, NJW 92, 2878); Schankerlaubnissteuer (BVerfGE 13, 181/190ff); Troncabgabe (BFHE 177, 288/297ff).

3. Nicht-steuerliche Abgaben

8   **a) Allgemeines.** Für Abgaben, die keine Steuern sind, richtet sich die Gesetzgebungskompetenz nach den allgemeinen Regeln der Art.70ff (BVerfGE 4, 7/13; 81, 156/187; 108, 1/13f). Sie sind nicht allgemein zulässig: Das Prinzip des Steuerstaats (oben Rn.2) verbietet, unter Berufung auf Art.70ff Abgaben zu erheben, die Art.105ff aushöhlen oder unterlaufen könnten. Daher werden der Zulässigkeit der Auferlegung nicht-steuerlichen Abgaben folgende Grenzen gezogen (BVerfGE 93, 319/342f; 108, 1/16f; 108, 186/215f; 110, 370/387f): – **(1)** Nicht-steuerliche Abgaben bedürfen – über die Einnahmeerzielung hinaus oder an deren Stelle – einer besonderen sachlichen Rechtfertigung, und sie müssen sich ihrer Art nach von der Steuer deutlich unterscheiden. – **(2)** Sie müssen der Belastungsgleichheit der Abgabepflichtigen Rechnung tragen. – **(3)** Der Grundsatz der Vollständigkeit des Haushaltsplans (Rn.3 zu Art.110) zielt darauf ab, das gesamte staatliche Finanzvolumen der Budgetplanung und -entscheidung von Parlament und Regierung zu unterstellen. Daher bedarf auch die Einrichtung spezieller Fonds zur Verwaltung von nichtsteuerlichen Einnahmen einer verfassungsrechtlichen Rechtfertigung (vgl. BVerfGE 55, 274/302f; 82, 159/178f; 93, 319/343).

9   **b) Sonderabgaben** sind hoheitlich auferlegte Geldleistungspflichten, denen keine unmittelbare Gegenleistung gegenübersteht (BVerfGE 81, 156/186f; 78, 249/267; 75, 108/147). Die Sonderabgabe unterscheidet sich von der Steuer dadurch, dass sie „die Abgabenschuldner über die allgemeine Steuerpflicht hinaus mit Abgaben belastet, ihre Kompetenzgrundlage in einer

Sachgesetzgebungszuständigkeit sucht und das Abgabeaufkommen einem Sonderfonds vorbehalten ist" (BVerfGE 101, 141/148; Jarass, o. Lit., 23). Sie sind doppelt rechtfertigungsbedürftig, weil sie in Konkurrenz zur Steuer stehen (BVerfGE 93, 319/344; 81, 156/186 f) und ihr Aufkommen nicht in den allgemeinen Haushalt fließt (Kruse, o. Lit., 87; Heun DR 24; Vogel/Waldhoff, BK Vorb.452 vor Art.104a; vgl. auch BVerfGE 55, 274/310). Die Rechtfertigung erfolgt durch die Verantwortlichkeit der Belasteten für die besondere Aufgabe, die sich in den Zulässigkeitsanforderungen (unten Rn.10) ausdrückt. Sie dienen der Sicherung der Finanzverfassung in bundesstaatlicher wie auch in grundrechtlicher Hinsicht (BVerfGE 113, 128/146 f; 122, 316/333 ff; 123, 132/140 ff). Teilw. werden Ausgleichsabgaben (unten Rn.21) als *Sonderabgaben ohne Finanzierungsfunktion* bezeichnet (vgl. Jachmann MKS 15; Schuppert UC 29), für die die restriktiven Anforderungen nur eingeschränkt gelten. Die Gesetzgebungskompetenz für Sonderausgaben richtet sich nach der Sachkompetenz aus Art.70 ff (oben Rn.8). Ertragskompetent ist die Körperschaft, die die Abgabenregelung erlässt.

Zulässig sind Sonderabgaben nur in engen Grenzen (BVerfGE 110, 370/ **10** 389; 122, 316/334; 123, 132/141), die sowohl für bundesrechtliche wie für landesrechtliche Abgaben gelten (BVerfGE 101, 141/148). Der Gesetzgeber darf sich der Abgabe nur im Rahmen der Verfolgung eines Sachzwecks bedienen, der über die bloße Mittelbeschaffung hinausgeht; es muss eine vorgefundene, von der Allgemeinheit abgrenzbare homogene Gruppe belastet werden; zwischen dem mit der Abgabeerhebung verfolgten Zweck und dieser Gruppe muss eine spezifische Sachnähe bestehen (sog. Finanzierungsverantwortung); es muss eine sachgerechte Verknüpfung zwischen der von der Sonderabgabe bewirkten Belastung und der mit ihr finanzierten Begünstigung bestehen, die durch die Verwendung zugunsten der belasteten Gruppe hergestellt wird (sog. gruppennützige Verwendung; BVerfGE 75, 108/147 f; 82, 159/180 f; 122, 316/334 f; 123, 132/142). Keine gruppennützige Verwendung bedeutet die Finanzierungsverantwortung für die Folgen des Fehlverhaltens Dritter, die dafür herangezogen werden können (BVerfGE 113, 128/151 f), und für staatliche Förderungsmaßnahmen, bei denen der Nutzen für die belastete Gruppe nicht evident ist (BVerfGE 122, 316/335 ff; 123, 132/143). Sonderabgaben sind temporär; sie müssen vom Gesetzgeber selbst daraufhin überprüft werden, ob die Voraussetzungen noch gegeben sind (BVerfGE 82, 159/181; 55, 274/308). Dabei kommt es nicht darauf an, ob die Finanzierung Haupt- oder Nebenzweck ist (BVerfGE 67, 256/278; 82, 159/181). Es ist ein Gebot wirksamer parlamentarisch–demokratischer Kontrolle, dass über Sonderabgaben in einer dem Haushaltsplan beigefügten Anlage berichtet wird (BVerfGE 108, 186/218 f; 110, 370/389). Der Sachzweck muss im Gesetz zum Ausdruck kommen (BVerfGE 67, 256/275; 82, 159/179 f).

Einzelfälle *zulässiger* Sonderabgaben: Abwasserabgabe (OVG NW, NVwZ **11** 84, 391); Altenpflegeumlage (BVerfGE 108, 186/214); Altölabgabe (Birk/ Eckhoff, o. Lit., 111); Berufsausbildungsabgabe (BVerfGE 55, 274/308 ff; a. A. BVerfGE *abwM* 55, 274/329 ff); Jahresbeitrag nach dem Einlagensicherungs- und AnlegerentschädigungsG (BVerfGE 124, 348/365 ff; BVerwGE 120, 311/314 ff); Filmförderungsabgabe (BVerwGE 45, 1/2); Umlage zur Finanzierung der Bundesanstalt für Finanzdienstleistungsaufsicht (BVerfGE 124, 235/245 ff); Hebammenabgabe (BVerfGE 17, 287/292); Insolvenzsicherungsabgabe (BVerwGE 72, 212/221); Beitrag zum Klärschlamm-Entschädigungsfonds (BVerfGE 110, 370/389); Ausgleichsabgabe nach dem Milch- und FettG (BVerfGE 18, 315/328 f); Notarabgabe (BGHZ 126, 16/28 ff); Weinwirtschaftsabgabe (BVerfGE 37, 1/16 f); Wertzuwachsausgleichsabgabe (BVerfGE 18, 274/287). – *Unzulässig* waren der Kohlepfennig (BVerfGE 91, 186/203), Sonderabfallabgaben (BVerfGE 98, 83/100 ff), die Ausgleichsabgabe nach dem Hess. SonderurlaubsG (BVerfGE 101, 141/149 ff); der Solidarfonds Abfallrückführung (BVerfGE 113, 128/145 ff) und der Beitrag nach dem AbsatzfondsG (BVerfGE 122, 316/335 ff) sowie HolzabsatzfondsG (BVerfGE 123, 132/143 ff).

12   **c) Vorzugslasten** sind Abgaben, die ausschließlich als Gegenleistung für eine staatliche Leistung zu entrichten sind. Dadurch unterscheiden sie sich von Steuern und Sonderabgaben. Soweit sie zum tradierten Bestand staatlicher Tätigkeit gehören und soweit der Entgeltcharakter reicht, geraten sie nicht in Konkurrenz zu den Steuern und sind ohne weiteres verfassungsrechtlich zulässig (BVerfGE 34, 52/61; 92, 91/113; 108, 1/17). Ihre konkrete gesetzliche Ausgestaltung, insb. ihre Bemessung, kann jedoch mit der Begrenzungs- und Schutzfunktion der Finanzverfassung kollidieren (BVerfGE 93, 319/343 ff; 97, 332/343; 108, 1/17). Eine staatliche Mittelbeschaffung überwiegend aus Vorzugslasten (sog. Gebührenstaat) wäre jedoch als Umgehung des Prinzips des Steuerstaats (oben Rn.2) verfassungswidrig.

13   **aa) Gebühren** sind **begrifflich** öffentlich-rechtliche Geldleistungen, die aus Anlass individuell zurechenbarer, öffentlicher Leistungen auferlegt werden und dazu bestimmt sind, in Anknüpfung an diese Leistung deren Kosten ganz oder teilw. zu decken (BVerfGE 50, 217/226; 97, 322/345; 108, 1/13; BVerwGE 115, 125/129); Gebühren werden für die tatsächliche Inanspruchnahme einer staatlichen Einrichtung erhoben (BVerfGE 92, 91/115). Dafür muss dem Einzelnen kein Vorteil erwachsen sein; die Entstehung von individuell zu verantwortenden Kosten genügt (Brohm, FS Knöpfle, 1996, 61 f; Kirchhof HbStR³ V § 119 Rn.26; Müller-Franken FH 92; a. A. Birk/Eckhoff, o. Lit., 144).

13a   Ihre **Rechtfertigung** neben den Steuern (oben Rn.2) muss sowohl dem Grunde als auch der Höhe nach gegeben sein (BVerfGE 108, 1/17). Legitime Gebührenzwecke sind jedenfalls die Einnahmenerzielung durch Kostendeckung (BVerfGE 50, 217/226; BVerwG, NJW 92, 2244), die Abschöpfung eines Vorteils zum Ausgleich (BVerfGE 93, 319/344), die begrenzte Verhaltenssteuerung (BVerfGE 50, 217/226 f; 79, 1/28; BVerwGE 115, 32/44) und die Berücksichtigung sozialer Zwecke, z. B. durch eine an sozialen Gesichtspunkten orientierte Staffelung (BVerfGE 97, 332/345; diff. Müller-Franken FH 103; a. A. Vogel/Waldhoff BK Vorb.420 zu Art.104a). Die Gebührenhöhe muss nicht nur inhaltlich (BVerfGE 85, 337/346; 97, 332/345; BVerwGE 115, 125/129 ff), sondern auch nach ihrer tatbestandlichen Ausgestaltung (BVerfGE 108, 1/20) mit den legitimen Zwecken sachgerecht verknüpft sein. Zum Äquivalenzprinzip Rn.26 zu Art.2; zum Kostendeckungsprinzip Rn.53 zu Art.3. Die Gesetzgebungskompetenz für Gebühren folgt der Sachkompetenz aus Art.70ff (oben Rn.8), insb. zur Regelung des Verwaltungsverfahrens (Jarass, o. Lit., 39). Die Zuordnung der Gesetzgebungskompetenz ist unabhängig von der Verfassungsmäßigkeit der Gebühr (BVerfGE 108, 1/13f). Die Ertragskompetenz richtet sich danach, wem die Kosten entstanden sind.

Einzelfälle: Flugsicherungsgebühr (BVerfG-K, NVwZ 99, 177); Ge- **14** richtsgebühren (BVerfGE 85, 337/346); Kindergartengebühr (BVerfGE 97, 332/343); Rückmeldegebühr (BVerfGE 108, 1/13); Sonderabfallbeseitigungs-Lizenzentgelt (vgl. BVerfGE 102, 99/100); Straßenbenutzungsgebühr (Jachmann, NVwZ 92, 936); Studiengebühr (BVerwGE 115, 32/36); Telekommunikations-Lizenzgebühr (BVerwGE 115, 125/129); Verwaltungsgebühren (BVerfGE 50, 217/225f; vgl. Wienbracke, Bemessungsgrenzen der Verwaltungsgebühr, 2004). Die sog. Verleihungsgebühren sind zwar insofern gegenleistungsabhängig, als der Einzelne einen rechtlichen Vorteil erlangt (Kirchhof, DVBl 87, 554ff); da dem Staat hierfür aber keine Kosten entstehen, kommt eine Qualifizierung als Gebühr nicht in Betracht (Jarass, DÖV 89, 1016; Heun, DVBl 90, 673f; Manssen, o. Lit., 156f; krit. Jachmann MKS 10; a.A. Heimlich, Die Verleihungsgebühr als Umweltabgabe, 1996; Kirchhof, DVBl 87, 554ff; offen gelassen BVerfGE 93, 319/346); allenfalls können sie zulässige Abschöpfungsabgaben (unten Rn.17) sein.

bb) Beiträge sind Abgaben zur vollen oder teilweisen Deckung der Kos- **15** ten einer öffentlichen Einrichtung, die von denjenigen erhoben werden, denen die Einrichtung einen besonderen Vorteil gewährt (BVerwGE 72, 212/218f; 112, 194/199f; vgl. auch BVerfGE 42, 223/228; 82, 159/178; 113, 128/148). Ihr Gegenleistungscharakter rechtfertigt sie gegenüber dem Prinzip des Steuerstaats (oben Rn.2). Beiträge werden für die potentielle Inanspruchnahme einer Einrichtung erhoben (BVerfGE 92, 91/115). Die Einrichtung muss also nicht in Anspruch genommen werden (BVerwGE 72, 212/219). In Abgrenzung zur Sonderabgabe finanziert der Beitrag eine Staatsaufgabe, die Sonderabgabe eine Gruppenaufgabe (Kirchhof HbStR³ V § 119 Rn.65; Vogel/Waldhoff BK Vorb.429 zu Art.104a; vgl. BVerfGE 82, 159/178). Zur Gesetzgebung für Beiträge befugt ist die Körperschaft, die auch die Sachregelung trifft (oben Rn.8; vgl. auch Rn.12 zu Art.70), ertragskompetent ist die Körperschaft, der die Kosten entstanden sind.

Einzelfälle: Ausgleichsabgabe gem. § 154 BauGB (BVerwG, NVwZ 93, **16** 1113f); Erschließungsbeiträge (Birk/Eckhoff, o. Lit., 158; Kirchhof HbStR³ V § 119 Rn.63, 67); Fremdenverkehrsabgabe (BVerfGE 42, 223/228f; BVerfG-K, NVwZ 89, 1052); Kurtaxe (Kirchhof HbStR³ V § 119 Rn.63, 67; Vogel/Waldhoff BK Vorb.429 zu Art.104a); Rundfunkgebühren (offen gelassen BVerwGE 79, 90/91; a.A. Siekmann SA 115 vor Art.104a: Steuer).

cc) Abschöpfungsabgaben sind hoheitliche auferlegte Geldleistungs- **17** pflichten, die dazu dienen, einen individuellen Sondervorteil des Abgabepflichtigen auszugleichen. Sondervorteil sind solche Begünstigungen, die dem Einzelnen den Zugriff auf Güter der Allgemeinheit verschaffen, der für andere nicht in gleicher Weise besteht (vgl. BVerfGE 93, 319/345f). Dafür kommt der zweckwidrige Erhalt einer Subvention (BVerfGE 78, 249/268) oder eine privilegierte Teilhabe an einem Gut der Allgemeinheit (BVerfGE 93, 319/344) in Betracht. Die bloße Verleihung eines Rechts reicht allein

nicht aus (Jarass, o. Lit., 37 f; Müller-Franken FH 176). Keine Abschöpfungs-
abgabe, sondern eine Steuer bzw. Sonderabgabe liegt vor, wenn die Abgabe
über die Abschöpfung des Vorteils hinausreicht (BVerfGE 93, 319/347, Jarass, o. Lit., 38). Abschöpfungsabgaben können in einen speziellen Fonds
oder in den Haushalt fließen. Die Gesetzgebungskompetenz folgt der Sachgesetzgebungskompetenz für die Vorteilsgewährung (oben Rn.8; BVerfGE
78, 249/266). Sofern bundesrechtliche Sachregelungen nicht beeinträchtigt
werden, können die Länder einen durch Bundesrecht gewährten Vorteil ab-
schöpfen (Jarass, o. Lit., 40). Die Ertragskompetenz folgt der Gesetzgebungskompetenz.

18   **Einzelfälle:** Ausgleichspflicht nach § 128 AFG (BVerfGE 81, 156/187 f);
Gülleabgabe (Jarass, o. Lit., 72 ff); Wasserentnahmeabgaben (BVerfGE 93,
319/345 ff; BVerfG-K, NVwZ 03, 469 f; a. A. Pietzcker, DVBl 87, 781);
Wohnraumfehlbelegungsabgabe (BVerfGE 78, 249/269; BVerwGE 88, 13/
19; 101, 211/214 f; NJW 99, 737; a. A. Birk/Eckhoff, o. Lit., 79).

19   **d) Sonstige Abgaben.** Das System der Abgaben aus Steuern, Sonderabgaben und Vorzugslasten ist nicht abschließend (BVerfGE 93, 319/342; 122,
316/333; 123, 132/141; Jachmann MKS 8; krit. Birk/Eckhoff, o. Lit., 164).
Andere Abgaben sind zulässig, wenn sie die Finanzverfassung nicht gefährden (oben Rn.18).

20   **Abgaben ohne Finanzierungszweck** sind grundsätzlich zulässig, weil
sie nicht mit dem Prinzip des Steuerstaats (oben Rn.2) kollidieren. So sind
Bußgelder und Geldstrafen als Annex zur jeweiligen Sachkompetenz zulässig
(vgl. BVerfGE 3, 407/435 f). Gleiches gilt für Abgaben, denen eine „reine
Verwaltungsfunktion mit Verbotscharakter" zukommt (BVerfGE 38, 61/80 f;
BVerwGE 96, 272/279), und für sog. Erdrosselungsteuern; das sind Abgaben, bei denen sich aus der Höhe des Steuersatzes ergibt, dass der Steuertat-
bestand nicht erfüllt werden soll; sie dienen nicht der Erzielung von Einnahmen (BVerfGE 16, 147/161; Kruse, o. Lit., 37); zu grundrechtlichen
Grenzen Rn.66a zu Art.14.

21   Nur eingeschränkt zulässig sind **Ausgleichsabgaben eigener Art,** weil
sie notwendig Einnahmen erbringen und dadurch die Finanzverfassung gefährden können. Sie liegen vor, wenn die Geldleistungspflicht an die Nichterfüllung einer rechtlichen Pflicht anknüpft (BVerfGE 92, 91/117; 57,
139/167). Wie die Abschöpfungsabgaben (oben Rn.17) haben sie eine Aus-
gleichsfunktion. Darüber hinaus wirken sie durch influenzierende Verhaltenssteuerung (BVerfGE 67, 256/277; 57, 139/167). Dazu muss die Rechtspflicht tatsächlich Wirkungen haben (BVerfGE 92, 91/117 ff). Aus diesem
Grund verfassungswidrig war die Feuerwehrabgabe (BVerfGE 92, 91/115 ff).
Zulässig sind: Ablösung von Stellplätzen (BVerfG-K, NVwZ 09, 837 ff;
BVerwGE 122, 1/5 f); Nahverkehrsabgabe (Jachmann, NVwZ 92, 937;
Manssen, DÖV 96, 16 ff); Schwerbehindertenabgabe (BVerfGE 57, 139/
169); Ausgleichsabgabe nach dem NaturschutzG BW (BVerwGE 74, 308/
310 ff; a. A. Jarass, o. Lit., 51).

22   **Zwangsanleihen** (oben Rn.6) sind zulässig, soweit sie ihren Lenkungszweck nicht durch die Verwendung der Mittel, sondern ausschließlich durch
die Belastungswirkung verfolgen (Jarass, o. Lit., 46 ff; vgl. BVerfGE 29, 402/

409). Die Gesetzgebungskompetenz richtet sich nach allgemeinen Regeln. Sie fehlt, wenn die Abgabe allgemein gilt wie die Investitionshilfeabgabe (BVerfGE 67, 256/279).

Die Finanzierung von Gruppeninteressen durch Abgaben, die von einer **23** anderen als der begünstigten Gruppe erhoben werden (sog. **fremdnützige Finanzierungsabgaben**), ist zulässig, wenn die Gesetzgebungskompetenz ausnahmsweise die Abgabeerhebung umfasst (vgl. BVerfGE 75, 108/148). Anerkannt ist dies für Art.74 Abs.1 Nr.12 „Sozialversicherung" (BVerfGE 81, 156/185; BSGE 81, 276/284 f; 113, 167/199 ff; vgl. aber Jachmann MKS 22), z.B. Künstlersozialabgabe (BVerfGE 75, 108/148; Jarass, DÖV 89, 1016; a.A. Müller-Franken FH 126) und Insolvenzgeld (BVerfGE 89, 132/144; a.A. Müller-Franken FH 126). Gleiches gilt für Verbandslasten als Annex zur Kompetenz der Errichtung des Verbandes (vgl. Birk/Eckhoff, o. Lit., 164; Jachmann MKS 21; Kirchhof HbStR³ § 119 Rn.113 ff; Müller-Franken FH 113; a.A. Jarass, DÖV 89, 1016).

II. Kompetenzverteilung für die Steuergesetzgebung

1. Bundeskompetenzen

a) Bei der **ausschließlichen Gesetzgebungskompetenz des Bundes 24 (Abs.1)** darf der Bund die Länder zur Gesetzgebung ausdrücklich ermächtigen (Rn.3 zu Art.71); um die Gesetzgebungskompetenz und die Ertragshoheit nicht auseinanderfallen zu lassen, muss Art.106 Abs.1 dahin verstanden werden, dass er die Ertragshoheit des Bundes nur für bundesrechtlich geregelte Quellen begründet (Brockmeyer SHH 13; Schneider AK 27; a.A. Siekmann SA 14; Heintzen MüK 40, 48; Müller-Franken FH 199; Vogel/ Walter BK 72 ff). *Zölle* sind „Abgaben, die nach Maßgabe des Zolltarifs von der Warenbewegung über die Zollgrenze erhoben werden" (BVerfGE 8, 260/269; BFH, BStBl II 70, 250). Sie sind gem. Art.106 Abs.1 ein Unterfall der Steuern (oben Rn.2–6; diff. Birk/Eckhoff, o. Lit., 194). Nach Abs.1 sind Landes- oder Gemeindesteuern unzulässig, die auf den grenzüberschreitenden Warenverkehr erhoben werden (BVerfGE 8, 260/269, wo aber fälschlich auf Art.73 Abs.1 Nr.5 abgestellt wird). Wegen der umfassenden Kompetenzen der EU für Zölle läuft die Vorschrift praktisch leer (Rn.2 zu Art.70). *Finanzmonopole* sind Einrichtungen, nach denen eine bestimmte wirtschaftliche Tätigkeit zum vorrangigen Zweck der Erzielung von Einnahmen ausschließlich einem Träger öffentlicher Gewalt zugewiesen ist (vgl. BVerwGE 114, 92/99); zu den Folgen für die grundrechtliche Zulässigkeit Rn.64–67 zu Art.12. Gegenwärtig existiert nur das Branntweinmonopol.

b) Konkurrierende Gesetzgebungskompetenz des Bundes (Abs.2, 3). 25 aa) Voraussetzungen. Abs.2, 3 erfassen nur Steuern (oben Rn.3–7), aber auch das allgemeine, in der AO 1977 geregelte (materielle) Steuerrecht (Heintzen MüK 43; Vogel/Walter BK 12 ff, 129) sowie die Subventionen durch Steuerermäßigungen (Rn.5 zu Art.104a), nicht aber das diesbezügliche Organisations- und Verfahrensrecht (Rn.1 zu Art.108). Abs.2 setzt voraus, dass eine bundesgesetzliche Regelung erforderlich ist (Rn.17–23 zu Art.72) oder dass dem Bund das Aufkommen der Steuern ganz oder zum Teil zusteht (Rn.4, 6–11 zu Art.106). Letzterer Fall wird teilw. als ausschließliche Gesetzgebungskompetenz des Bundes angesehen, da der Bund bei eigener Ertragshoheit nicht von den Ländern abhängig sein könne (Schuppert UC 42 f; Vogel/Walter BK 76 ff). Beschränkt man dagegen die Ertragshoheit des Bundes auf bundesrechtlich geregelte Quellen (oben Rn.24), können alle Fälle des Abs.2 getreu dem Wortlaut als konkurrierende Gesetzgebungskompetenzen verstanden werden (Jachmann MKS 27; Schneider AK 31 f; vgl. auch Heun DR 34; Stern ST II 1116). Soweit das Aufkommen der Steuern ganz oder zum Teil den Ländern oder den Gemeinden (Gemeindeverbänden) zufließt (Rn.12–18 zu Art.106), sind die Bundesgesetze gem. Abs.3 zustimmungsbedürftig (Rn.4–6 zu Art.77). Die sog. Einheitsthese (Rn.4a zu Art.77) ist auch hier abzulehnen; daher sind nur die Normen eines Gesetzes zustimmungsbedürftig, die den Anteil der Länder oder Gemeinden am Steueraufkommen beeinträchtigen (Meyer 148). Da dem Staat keine Steuererfindungsbefugnis zusteht (Rn.2, 12 zu Art.106), können sich keine weiteren Fälle der Zustimmungsbedürftigkeit ergeben (vgl. BVerfGE 14, 197/220). Beim Auseinanderfallen von Steuer- und Sachgesetzgebungskompetenz dürfen Lenkungsteuern (oben Rn.4) nicht eingesetzt werden, wenn dadurch das bestehende sachgesetzliche Regelungskonzept unterlaufen würde (BVerfGE 98, 83/98; 98, 106/118 ff; Jachmann MKS 27).

26 **bb) Die Sperrwirkung** (Rn.11–14 zu Art.72) tritt nur ein, wenn der Bund von der Kompetenz Gebrauch gemacht hat (Rn.6–10 zu Art.72). Das ist hier nur der Fall, wenn zwischen einer bundesrechtlich und einer landesrechtlich geregelten Steuer Gleichartigkeit besteht (Müller-Franken FH 213; Wendt HbStR³ VI § 139 Rn.39 ff; Schuppert UC 44 ff: „steuerrechtsspezifische Auslegung" des Art.72 Abs.1). Dafür müssen Steuern in ihren wesentlichen Merkmalen übereinstimmen (vgl. Küssner, o. Lit., 77 ff; Vogel/Walter BK 86 ff). Dazu gehören Steuergegenstand, Steuermaßstab, Art der Steuererhebung und die wirtschaftlichen Auswirkungen. In erster Linie ist darauf abzustellen, ob die zu vergleichenden Steuern dieselbe Quelle wirtschaftlicher Leistungsfähigkeit beanspruchen (BVerfGE 40, 56/62 f; 65, 325/351; 98, 106/125; BVerwGE 58, 230/240; NVwZ 89, 566; Jachmann MKS 49 ff; Müller-Franken FH 215; krit. Heun DR 37). Keine Gleichartigkeit besteht bei der Abgabe zur Deckung kommunaler Wohnungsbaufolgekosten mit der Grundsteuer (BVerfGE 49, 343/355 ff; BVerwGE 44, 202/206 ff; a. A. BVerfGE *abwM* 49, 363/370 f) und bei der Schankerlaubnissteuer mit der Gewerbe- und der Umsatzsteuer (BVerfGE 13, 181/192 ff; BVerwG, Bh 401.67 Nr.18).

2. Landeskompetenz

27 **a) Voraussetzungen.** Die ausschließliche Gesetzgebungskompetenz der Länder besteht gem. Abs.2a S.1 für **Verbrauch- und Aufwandsteuern.** Verbrauchsteuern knüpfen die Belastung an den Verbrauch von konsumierbaren Gütern (BVerfGE 98, 106/123 f; BFHE 57, 473/489; Schneider AK 34; Heintzen MüK 56 f; Jachmann MKS 55; a. A. BFHE 141, 369/373); sie werden regelmäßig nicht vom Steuerschuldner, sondern im Wege der Ab-

oder Überwälzung vom Verbraucher getragen (BVerfGE 98, 106/124; 110, 274/295; 123, 1/16; BVerwGE 96, 272/281); Verbrauchsteuern dürfen auch an ein Produktionsmittel anknüpfen (BVerfGE 110, 274/296). Aufwandsteuern belasten die Aufwendungen für das Halten bzw. den Gebrauch von Gütern (Jachmann MKS 61); sie können als direkte oder indirekte Steuern ausgestaltet sein (BVerfGE 123, 1/18; BVerwG, NVwZ 01, 440). In beiden Fällen ist Anknüpfungspunkt die im Ge- und Verbrauch und Aufwand zum Ausdruck kommende Einkommensverwendung für den persönlichen Lebensbedarf und damit die besondere wirtschaftliche Leistungsfähigkeit (BVerfGE 65, 325/346 ff; 110, 274/297; 123, 1/15; BVerwGE 99, 303/304 f; 111, 122/125; 115, 165/168 f). Gesetzgebungskompetenz und materielle Verfassungsmäßigkeit müssen wegen der Formenklarheit getrennt werden (BVerfGE 123, 1/16 ff). Gem. dem 2006 eingefügten (Einl.3 Nr.52) Abs.2a S.2 besteht die ausschließliche Gesetzgebungskompetenz der Länder auch für die Bestimmung des Steuersatzes bei der **Grunderwerbsteuer,** die den Verkehrsteuern zugerechnet wird (Rn.5 zu Art.106; Seer/Drüen KL 11; Siekmann SA 47).

Örtlich sind solche Steuern, „die an örtliche Gegebenheiten, v. a. an die **28** Belegenheit einer Sache oder an einen Vorgang im Gebiet der steuererhebenden Gemeinde anknüpfen und wegen der Begrenzung ihrer unmittelbaren Wirkungen auf das Gemeindegebiet nicht zu einem die Wirtschaftseinheit berührenden Steuergefälle führen können" (BVerfGE 65, 325/349; vgl. auch BVerfGE 16, 306/327; 40, 56/61; 98, 106/124; BVerwGE 45, 264/274; 58, 230/237; krit. Stern ST II 1122). Dies ist bei einer Steuer, die einheitlich für ein ganzes Land erhoben wird, nicht der Fall (BVerfGE 7, 244/258; Müller-Franken FH 233; a. A. Heun DR 40; Küssner, o. Lit., 261 ff); der Ertrag steht immer den Gemeinden zu (Rn.15 zu Art.106). Andererseits nimmt es einer Steuer nicht den örtlichen Charakter, wenn sie auch von anderen Gemeinden erhoben wird (BFHE 160, 61/63; Jachmann MKS 65). Auch die Höhe der Steuer ist insoweit irrelevant (BVerwG, DVBl 94, 817).

Die **Gleichartigkeit** ist enger als sonst (oben Rn.26) zu verstehen, um **29** den Ländern einen substantiellen, über Abs.2 hinausgehenden Kompetenzbereich zu erhalten (BVerfGE 40, 56/63; 65, 325/350 f; Müller-Franken FH 234; a. A. Jachmann MKS 66; Vogel/Walter BK 124). Daher erstreckt sich die ausschließliche Ländergesetzgebungskompetenz auf die herkömmlichen, am 1. 1. 1970 üblicherweise bestehenden örtlichen Verbrauch- und Aufwandsteuern (BVerfGE 40, 52/55; 69, 174/183; 98, 116/125; Jachmann MKS 66; Schneider AK 36). Die Länder dürfen die Erhebung einzelner örtlicher Verbrauch- und Aufwandsteuern verbieten oder zur Pflicht machen (vgl. auch Rn.14 zu Art.28).

b) Einzelfälle: Einwohnersteuer (Maunz MD 55; a. A. BVerfGE 16, **30** 64/74; BVerwG, NVwZ 92, 1098 f; BayVerfGHE 45, 33/43; Siekmann SA 46); Fischereisteuer (Heintzen MüK 57); Getränkesteuer (BVerfGE 44, 216/226 f; 69, 174/183; BVerwG, VwRspr Bd.29 Nr.136); Hundesteuer (BVerwGE 110, 265/268; NVwZ 08, 91; BFHE 151, 285/286); Jagdsteuer (BVerfGK, NVwZ 89, 1152; HessStGH, LVerfGE 11, 242/250 f; BVerwG, NVwZ-

RR 91, 423); Reitpferdesteuer (Vogel/Walter BK 124); Speiseeissteuer (BVerf-
GE 16, 306/316 f); Spielgerätesteuer (BVerfGE 123, 1/15; BVerwGE 110,
237/240; 110, 248/250; 123, 218/219 ff; BFHE 217, 280/282 ff); Vergnü-
gungsteuer (BVerfGE 40, 56/64; 42, 38/41; 123, 1/14 f; BVerwGE 120, 175/
178; 123, 218/227); Verpackungsteuer, soweit sie nur Waren zum Verzehr an
Ort und Stelle erfasst (BVerfGE 98, 106/123; BVerwGE 96, 272/284; Pieroth, WiVerw 96, 70 f); Wohnraumsteuer (Küssner, o. Lit., 354 ff); Zweitwoh-
nungsteuer (BVerfGE 65, 325/346 ff; 114, 316/334 f; BVerwGE 111, 122/
126; 117, 345/347; NVwZ 05, 828; BFHE 182, 243/245 ff; BayVerfGHE 45,
33/43), außer die Wohnung ist – wie z. B. bei Dauervermietung – ausschließlich zur Einkommenserzielung bestimmt (BVerfG-K, NVwZ 96, 58; BVerw-
GE 99, 303/305; 115, 165/169) oder gehört einer juristischen Person, die tatsächliche Verfügungsmacht über die Wohnung ausübt (Birk/Tappe, JZ 01,
607; a. A. BVerwG, NVwZ 01, 439 f).

**Art.106 [Steuerertragsaufteilung zwischen Bund, Ländern und
Gemeinden]**

(1) **Der Ertrag[1] der Finanzmonopole und das Aufkommen der folgenden Steuern stehen dem Bund zu:**

1. **die Zölle[4],**
2. **die Verbrauchsteuern, soweit sie nicht nach Absatz 2 den Ländern,
   nach Absatz 3 Bund und Ländern gemeinsam oder nach Absatz 6
   den Gemeinden zustehen[4],**
3. **die Straßengüterverkehrsteuer, die Kraftfahrzeugsteuer und sonstige
   auf motorisierte Verkehrsmittel bezogene Verkehrsteuern[4a],**
4. **die Kapitalverkehrsteuern, die Versicherungsteuer und die Wechselsteuer[4a],**
5. **die einmaligen Vermögensabgaben und die zur Durchführung des
   Lastenausgleichs erhobenen Ausgleichsabgaben[4b],**
6. **die Ergänzungsabgabe zur Einkommensteuer und zur Körperschaftsteuer[4b],**
7. **Abgaben im Rahmen der Europäischen Gemeinschaften[4b].**

(2) **Das Aufkommen der folgenden Steuern steht den Ländern zu[5]:**

1. **die Vermögensteuer,**
2. **die Erbschaftsteuer,**
3. **die Verkehrsteuern, soweit sie nicht nach Absatz 1 dem Bund oder
   nach Absatz 3 Bund und Ländern gemeinsam zustehen,**
4. **die Biersteuer,**
5. **die Abgabe von Spielbanken.**

(3) **Das Aufkommen der Einkommensteuer, der Körperschaftsteuer
und der Umsatzsteuer steht dem Bund und den Ländern gemeinsam zu
(Gemeinschaftsteuern)[6], soweit das Aufkommen der Einkommensteuer
nicht nach Absatz 5 und das Aufkommen der Umsatzsteuer nicht nach
Absatz 5a den Gemeinden zugewiesen wird. Am Aufkommen der Einkommensteuer und der Körperschaftsteuer sind der Bund und die Län-**

der je zur Hälfte beteiligt[7]. Die Anteile von Bund und Ländern an der Umsatzsteuer werden durch Bundesgesetz, das der Zustimmung des Bundesrates bedarf, festgesetzt[8]. Bei der Festsetzung ist von folgenden Grundsätzen auszugehen:

1. Im Rahmen der laufenden Einnahmen haben der Bund und die Länder gleichmäßig Anspruch auf Deckung ihrer notwendigen Ausgaben. Dabei ist der Umfang der Ausgaben unter Berücksichtigung einer mehrjährigen Finanzplanung zu ermitteln.

2. Die Deckungsbedürfnisse des Bundes und der Länder sind so aufeinander abzustimmen, daß ein billiger Ausgleich erzielt, eine Überbelastung der Steuerpflichtigen vermieden und die Einheitlichkeit der Lebensverhältnisse im Bundesgebiet gewahrt wird[8].

Zusätzlich werden in die Festsetzung der Anteile von Bund und Ländern an der Umsatzsteuer Steuermindereinnahmen einbezogen, die den Ländern ab 1. Januar 1996 aus der Berücksichtigung von Kindern im Einkommensteuerrecht entstehen[9]. Das Nähere bestimmt das Bundesgesetz nach Satz 3[8].

(4) Die Anteile von Bund und Ländern an der Umsatzsteuer sind neu festzusetzen, wenn sich das Verhältnis zwischen den Einnahmen und Ausgaben des Bundes und der Länder wesentlich anders entwickelt[10]; Steuermindereinnahmen, die nach Absatz 3 Satz 5 in die Festsetzung der Umsatzsteueranteile zusätzlich einbezogen werden, bleiben hierbei unberücksichtigt[9]. Werden den Ländern durch Bundesgesetz zusätzliche Ausgaben auferlegt oder Einnahmen entzogen, so kann die Mehrbelastung durch Bundesgesetz, das der Zustimmung des Bundesrates bedarf, auch mit Finanzzuweisungen des Bundes ausgeglichen werden, wenn sie auf einen kurzen Zeitraum begrenzt ist[11]. In dem Gesetz sind die Grundsätze für die Bemessung dieser Finanzzuweisungen und für ihre Verteilung auf die Länder zu bestimmen[11].

(5) Die Gemeinden erhalten einen Anteil an dem Aufkommen der Einkommensteuer, der von den Ländern an ihre Gemeinden auf der Grundlage der Einkommensteuerleistungen ihrer Einwohner weiterzuleiten ist. Das Nähere bestimmt ein Bundesgesetz, das der Zustimmung des Bundesrates bedarf. Es kann bestimmen, daß die Gemeinden Hebesätze für den Gemeindeanteil festsetzen[13].

(5a) Die Gemeinden erhalten ab dem 1. Januar 1998 einen Anteil an dem Aufkommen der Umsatzsteuer. Er wird von den Ländern auf der Grundlage eines orts- und wirtschaftsbezogenen Schlüssels an ihre Gemeinden weitergeleitet. Das Nähere wird durch Bundesgesetz, das der Zustimmung des Bundesrates bedarf, bestimmt[14].

(6) Das Aufkommen der Grundsteuer und Gewerbesteuer steht den Gemeinden, das Aufkommen der örtlichen Verbrauch- und Aufwandsteuern steht den Gemeinden oder nach Maßgabe der Landesgesetzgebung den Gemeindeverbänden zu[15]. Den Gemeinden ist das Recht einzuräumen, die Hebesätze der Grundsteuer und Gewerbesteuer im Rahmen der Gesetze festzusetzen[16]. Bestehen in einem Land keine Ge-

meinden, so steht das **Aufkommen der Grundsteuer und Gewerbesteuer sowie der örtlichen Verbrauch- und Aufwandsteuern dem Land zu. Bund und Länder können durch eine Umlage an dem Aufkommen der Gewerbesteuer beteiligt werden. Das Nähere über die Umlage bestimmt ein Bundesgesetz, das der Zustimmung des Bundesrates bedarf. Nach Maßgabe der Landesgesetzgebung können die Grundsteuer und Gewerbesteuer sowie der Gemeindeanteil vom Aufkommen der Einkommensteuer und der Umsatzsteuer als Bemessungsgrundlagen für Umlagen zugrunde gelegt werden**[17].

(7) **Von dem Länderanteil am Gesamtaufkommen der Gemeinschaftsteuern fließt den Gemeinden und Gemeindeverbänden insgesamt ein von der Landesgesetzgebung zu bestimmender Hundertsatz zu. Im übrigen bestimmt die Landesgesetzgebung, ob und inwieweit das Aufkommen der Landessteuern den Gemeinden (Gemeindeverbänden) zufließt**[18].

(8) **Veranlaßt der Bund in einzelnen Ländern oder Gemeinden (Gemeindeverbänden) besondere Einrichtungen, die diesen Ländern oder Gemeinden (Gemeindeverbänden) unmittelbar Mehrausgaben oder Mindereinnahmen (Sonderbelastungen) verursachen, gewährt der Bund den erforderlichen Ausgleich, wenn und soweit den Ländern oder Gemeinden (Gemeindeverbänden) nicht zugemutet werden kann, die Sonderbelastungen zu tragen. Entschädigungsleistungen Dritter und finanzielle Vorteile, die diesen Ländern oder Gemeinden (Gemeindeverbänden) als Folge der Einrichtungen erwachsen, werden bei dem Ausgleich berücksichtigt**[19 f].

(9) **Als Einnahmen und Ausgaben der Länder im Sinne dieses Artikels gelten auch die Einnahmen und Ausgaben der Gemeinden (Gemeindeverbände)**[12].

Übersicht

Literatur: S. Literatur zu Art. 105.

1. Bedeutung und Abgrenzung zu anderen Vorschriften

Der mehrfach geänderte (Einl.3 Nr.6, 8, 21, 43, 44, 54) Art.106 regelt die **1**
Ertragshoheit, d. h. die Verteilung der steuerlichen Erträge (Aufkommen)
auf Bund, Länder und Gemeinden. Die verfassungsrechtliche Eigenständigkeit von Bund und Ländern bedarf eines realen wirtschaftlichen Fundaments
(BVerfGE 32, 333/338; 39, 96/108). Zu den Grenzen einer Verfassungsänderung Rn.8 zu Art.79. Im Übrigen sind die einzelnen Steuern und Steuerarten
sowie ihr Ertrag nicht verfassungsrechtlich garantiert: Einzelne Steuern brauchen nicht erhoben zu werden bzw. dürfen abgeschafft werden (Heintzen
MüK 10; Schwarz MKS 20, 62; Vogel/Waldhoff BK Vorb.581 zu Art.104a).
Das gilt auch für Realsteuern (unten Rn.15; offen gelassen BVerfGE 26,
172/184); die kommunale Beteiligung an der Einkommensteuer und an der
Umsatzsteuer (unten Rn.13) darf aber nicht so ausgestaltet werden, dass der
durch Art.28 Abs.2 garantierte Umfang der gemeindlichen Finanzausstattung
unterschritten wird (BVerfGE 71, 25/38; Siekmann SA 54f zu Art.105). Für
unverzichtbar wird allerdings die Umsatzsteuer gehalten (Heintzen MüK 10;
Hidien BK 1331). Soweit durch die Abschaffung von Steuern oder Steuerarten das finanzielle Gleichgewicht im Bund-Länder-Verhältnis wesentlich ver-
schoben wird, entsteht ein Anspruch gem. Abs.4 (unten Rn.10).

Die Regelung der Ertragshoheit steht in einem **engen Zusammenhang** **2**
mit Art.105 und 107. Während Art.106 die vertikale (auf Bund, Länder
und Gemeinden verteilende) Steuerertragsaufteilung betrifft, regelt Art.107
Abs.1 die horizontale (im Verhältnis der Länder untereinander verteilende)
Steuerertragsaufteilung und Art.107 Abs.2 vor allem den horizontalen Finanzausgleich. Bundesstaatlicher Bezugspunkt dieser Regelungen ist die auf-
gabengerechte Verteilung des Finanzaufkommens (BVerfGE 86, 148/215f).
Dementsprechend ist die Ertragshoheit von den Gesetzgebungskompetenzen
unabhängig, während diese inhaltlich verschiedentlich an die Ertragshoheit
geknüpft sind (Rn.25 zu Art.105). Die differenzierte und erkennbar erschöpfende Aufzählung von Steuern und Steuerarten in Art.106 lässt eine
Steuererfindungsbefugnis von Bund und Ländern nicht zu (BFHE 141, 369/
372; Heintzen MüK 45f zu Art.105; Hidien BK 1358ff; Schwarz MKS 17ff;
Siekmann SA 49f zu Art.105; Stern ST II 1118ff; Vogel/Walter BK 66f zu
Art.105; a. A. Heun DR 14; Jarass, o. Lit., 17ff; Manssen, o. Lit., 154f unter
Hinweis auf BVerfGE 49, 343/354; Wendt HbStR³ VI § 139 Rn.38;
Schneider AK 22 zu Art.105; offen gelassen BVerfGE 98, 83/101). Art.106
bezieht sich nur auf Steuern (Rn.3–7 zu Art.105); die Ertragshoheit von
Gebühren (Rn.13f zu Art.105) und Beiträgen (Rn.15f zu Art.105) folgt als
Ausgleich für die entstandenen Kosten der Verwaltungskompetenz (vgl.
BVerfGE 105, 185/193), diejenige von Sonder- und sonstigen Abgaben folgt
der Gesetzgebungskompetenz (Heintzen MüK 1; Schwarz MKS 6; Stern ST
II 1160f). Sonderabgaben werden regelmäßig einem Fonds zugewiesen
(Rn.9 zu Art.105).

Als Teil der **Kompetenzverteilung** zwischen Bund und Ländern sind die **3**
von Art.106 vorgenommenen Zuweisungen grundsätzlich zwingend (Rn.8
zu Art.30). Bund und Länder können insb. nicht vertraglich abweichende
Regelungen treffen (vgl. BVerfGE 55, 274/300; 105, 185/194); daher war die

Verwaltungsvereinbarung über die Abführung der Spielbankabgabe (Rn.7 zu Art.105) verfassungswidrig (Heintzen MüK 9; Heun DR 10, 16; Schwarz MKS 25, 58). Dagegen ist die (Mit-)Finanzierung anderer Gebietskörperschaften auch aus dem Aufkommen bestimmter Steuern (zur Zwecksteuer Rn.6 zu Art.105) unter den Voraussetzungen des Art.104a Abs.4 zulässig. Dem Bundesgesetzgeber sind bei Regelungen zu Lasten der Ertragshoheit der Länder Grenzen aus dem Grundsatz bundesfreundlichen Verhaltens (Rn.20–22 zu Art.20) gezogen (vgl. BVerfGE 72, 330/397). Das BVerfG darf nicht die Erlöse zwischen Bund und Ländern durch analoge Anwendung von Verfassungsvorschriften verteilen (BVerfGE 105, 185/193 f).

2. Vollständige Ertragshoheit des Bundes (Abs.1)

4   **Nr.1, 2.** Der Ertrag der in Abs.1 abschließend aufgezählten Steuern steht vollständig dem Bund zu (sog. Bundessteuern). Faktisch beruhen sie nur auf bundesrechtlicher Regelung (Rn.24 zu Art.105). Zu den *Finanzmonopolen und Zöllen (Nr.1)* Rn.24 zu Art.105. Zu den *Verbrauchsteuern (Nr.2)* Rn.27 zu Art.105. Zu ihnen gehören die Branntwein- (BFHE 141, 369/372 ff), Kaffee- (Seer BK 59 zu Art.108), Mineralöl- (BVerfGE 110, 274/295), Schaumwein- (BVerfGE 27, 375/383), Strom- (BVerfGE 110, 274/295) und Tabaksteuer (Heintzen MüK 18; Hidien BK 1409 f) sowie die Aufwandsteuern (BVerfGE 16, 64/74). Ausgenommen sind die Biersteuer (unten Rn.5), die Einfuhrumsatzsteuer (unten Rn.5) und die örtlichen Verbrauch- und Aufwandsteuern (unten Rn.15).

4a   **Nr.3, 4.** Die auf die Mobilität bezogenen Verkehrsteuern (*Nr.3;* zur *Straßengüterverkehrsteuer* BVerfGE 16, 147/162; zur *Kraftfahrzeugsteuer* BFH 110, 213/217; BT-Drs. 16, 11741, 1: Dem Bund soll die Umstellung auf den CO_2-Ausstoß als Bemessungsgrundlage ermöglicht werden; zu den *sonstigen auf motorisierte Verkehrsmittel bezogenen Verkehrsteuern* BT-Drs. 16/11741, 4: Sie sollen dem Gesetzgeber „eine größere Flexibilität bei der Ausgestaltung einer verkehrsmittelbezogenen Besteuerung" ermöglichen) und die *anderen Verkehrsteuern (Nr.4)* knüpfen an Akte oder Vorgänge des Rechtsverkehrs, an einen rechtlichen oder wirtschaftlichen Akt, an die Vornahme eines Rechtsgeschäfts, einen wirtschaftlichen oder Verkehrsvorgang an (BVerfGE 16, 64/73; vgl. auch BVerwGE 96, 272/281 f; Jarass, o. Lit., 20). Zur Übertragung der Ertragskompetenz für die Kraftfahrzeugsteuer auf den Bund am 1. Juli 2009 (Einl.3 Nr.54) Rn.1 zu Art.106b, Rn.5 zu Art.107, Rn.2 zu Art.108. Die Kapitalverkehrsteuer, die Wechselsteuer, die Börsenumsatzsteuer und die Gesellschaftsteuer wurden 1990 abgeschafft (Hidien BK 1424 f). Heute fällt unter Nr.4 die Versicherungsteuer (Siekmann SA 5).

4b   **Nr.5–7.** Die *einmaligen Vermögensabgaben* und die zur Durchführung des Lastenausgleichs (vgl. Art.120) erhobenen *Ausgleichsabgaben (Nr.5)* sind nicht identisch (Schwarz MKS 48). Die *Ergänzungsabgabe zur Einkommensteuer und zur Körperschaftsteuer (Nr.6),* wie der Solidaritätszuschlag zur Finanzierung der deutschen Einheit seit dem 1. 1. 1995 (BVerfG-K, NJW 00, 798; Stuhrmann, NJW 93, 2425; vgl. auch BFHE 167, 551/553), darf die Einkommen- und Körperschaftsteuer (unten Rn.6) nicht aushöhlen; sie ist in der Höhe begrenzt, wobei die Grenze mit 3% nicht überschritten ist; sie muss aber nicht von vornherein befristet werden (BVerfGE 32, 333/338 ff; BFHE 213, 573/575 f). Die *Abgaben im Rahmen der Europäischen Gemeinschaften* (heute: Union) *(Nr. 7)* reichen über den Begriff der Steuer (Rn. 3–7 zu Art. 105) hinaus (Schneider AK 5; Hidien BK 1435).

3. Vollständige Ertragshoheit der Länder (Abs. 2)

Der Ertrag der in Abs. 2 abschließend aufgezählten Steuern steht vollstän- 5 dig den Ländern zu (sog. Landessteuern); sie können auf bundes- oder landesrechtlicher Regelung beruhen (Rn. 25 zu Art. 105). Die *Vermögensteuer (Nr. 1)* ist eine Personalsteuer, die das Vermögen zum Gegenstand hat (BVerfGE 4, 407/437; 43, 1/7). Sie kann als Sollertrag- oder Substanzsteuer ausgestaltet sein (BVerfGE *abwM* 93, 121/156; **a. A.** BVerfGE 93, 121/137: nur als Sollertragsteuer verfassungsgemäß). Die *Erbschaftsteuer (Nr. 2)* erfasst den Erwerb auf Erbschaft, Vermächtnis und Schenkung. Die Ertragshoheit der Länder an den *sonstigen Verkehrsteuern (Nr. 3)* ist beschränkt durch die speziellen Zuweisungen an den Bund (oben Rn. 4) sowie bezüglich der Umsatzsteuer, die mit Ausnahme der Einfuhrumsatzsteuer (oben Rn. 4) verfassungsrechtlich (vgl. Seer BK 61 zu Art. 108) als Verkehrsteuer gilt, an den Bund und die Länder gemeinsam (unten Rn. 6). Danach stehen den Ländern die Erträge der Feuerschutz-, Grunderwerb-, Lotterie- und Rennwettsteuer (BVerfG-K, NVwZ-RR 04, 891; BVerwGE 97, 12/14) zu. Die *Biersteuer (Nr. 4)* ist die einzige den Ländern aus Tradition zustehende Verbrauchsteuer (Rn. 27 zu Art. 105). Die *Abgabe von Spielbanken (Nr. 5)* ist eine Steuer (BFHE 58, 559; 177, 276/285 ff; offen gelassen BVerfGE 28, 119/150 f; vgl. auch oben Rn. 3).

4. Gemeinsame Ertragshoheit von Bund und Ländern (Abs. 3, 4)

a) Die **Gemeinschaftsteuern** umfassen die Einkommen-, Körperschaft- 6 und Umsatzsteuer. Zur Einkommensteuer rechnen auch die Besteuerung von Veräußerungsgewinnen (BVerfGE 26, 302/309; 27, 111/126) und der Stabilitätszuschlag (BVerfGE 36, 66/70 f), nicht aber die Ergänzungsabgabe (oben Rn. 4a). Die Körperschaftsteuer ist die Einkommensteuer juristischer Personen. Die Umsatzsteuer ist nach ihrer Belastungswirkung eine Verbrauch-, nach ihrer technischen Ausgestaltung eine Verkehrsteuer (Kirchhof HdbStR[3] V § 118 Rn. 243); sie ist heute als Mehrwertsteuer ausgestaltet (vgl. BVerfGE 31, 314/331; 37, 38/45 f). Die Gemeinschaftsteuern machen ca. 71% des gesamten Steueraufkommens aus (Heintzen MüK 25). Nichtsteuerliche Einnahmen, wie die aus der Versteigerung von UMTS-Lizenzen, fallen nicht hierunter (BVerfGE 105, 185/194; krit. Selmer, NVwZ 03, 1304).

b) **Verteilung der Einkommen- und Körperschaftsteuer** (Abs. 3 S. 1, 7 2). Das Aufkommen der Körperschaftsteuer steht Bund und Ländern je zur Hälfte zu. Insoweit sind jeweils Bund und Land Gläubiger (BFH 212, 388/393). Vom Aufkommen der Einkommensteuer wird der gem. Abs. 5 den Gemeinden zugewiesene Anteil (unten Rn. 13) abgezogen; der Rest steht Bund und Ländern je zur Hälfte zu.

c) **Verteilung der Umsatzsteuer** (Abs. 3 S. 3, 4, Abs. 4 S. 1). Vom Auf- 8 kommen der Umsatzsteuer wird seit der Verfassungsänderung von 1997

(Einl.3 Nr.44) der gem. Abs.5a den Gemeinden zugewiesene Anteil (unten Rn.14) abgezogen. Im Übrigen ist die Verteilung der Umsatzsteuer nicht quotenmäßig in der Verfassung festgeschrieben, um die Ertragsverteilung einer unterschiedlichen Bedarfsentwicklung in Bund und Ländern anpassen zu können (BVerfGE 72, 330/384). Die Festsetzung erfolgt gem. Abs.3 S.3 durch zustimmungsbedürftiges (Rn.4–6 zu Art.77) Bundesgesetz; dies ist eine ausschließliche Bundesgesetzgebungskompetenz (Rn.5 zu Art.70) und ein Regelungsauftrag (Rn.22 zu Art.70; Heintzen MüK 29). Das Gesetz darf befristet werden (Heintzen MüK 29; Heun DR 28; Schwarz MKS 68 f; Siekmann SA 15; krit. Brockmeyer SHH 13; Schneider AK 18). Die konkreten Quoten gem. § 1 FAG haben häufig gewechselt (vgl. Siekmann SA 23 ff, der die aktuelle Fassung „wegen Unlesbarkeit" für verfassungswidrig hält). Für die Festsetzung sind in Abs.3 S.4 bestimmte Grundsätze normiert, die aber wegen ihrer Unbestimmtheit (zu den „laufenden Einnahmen" vgl. Maciejewski, Von der Auslegung unbestimmter Rechtsbegriffe im bundesstaatlichen Finanzausgleich, 2007) dem Gesetzgeber einen weiten Entscheidungsspielraum lassen (Schuppert UC 18; Schwarz MKS 71 ff; Wendt HbStR³ V § 139 Rn.69; krit. Hidien BK 722 ff). Zu dem hier außerdem normierten Verfassungsauftrag, eine mehrjährige Finanzplanung aufzustellen, Heintzen HdbStR³ V § 120 Rn.76 ff; krit. Schwarz MKS 86.

9   Die 1995 eingefügten (Einl.3 Nr.43) Abs.3 S.5, 6 und Abs.4 S.1 Hs.2 verpflichten den Gesetzgeber (oben Rn.8), bei der Festsetzung den Verschiebungen im **Familienlastenausgleich** Rechnung zu tragen, die durch die Systemumstellung auf das steuerrechtliche Optionsmodell ab 1. 1. 1996 entstanden sind; insb. soll die verfassungsrechtliche Voraussetzung für eine Fortführung des bisherigen Lastenverteilungsverhältnisses zwischen Bund und Ländern von 74 : 26 auch für den neuen Familienlastenausgleich geschaffen werden (BT-Drs. 13/2245, 3; krit. Heun DR 26; Schuppert UC 23; Schwarz MKS 92). Die nähere Regelung gem. Abs.3 S.6 findet sich in § 1 FAG.

10   Zu einer **Neufestsetzung der Umsatzsteueranteile** ist der Bundesgesetzgeber gem. Abs.4 S.1 Hs.1 verpflichtet, wenn sich das Verhältnis zwischen den Einnahmen und Ausgaben des Bundes und der Länder wesentlich anders entwickelt. Wesentlich bedeutet: nachhaltig, offensichtlich und erheblich (Schneider AK 11). Liegen diese Voraussetzungen nicht vor, kann der Bundesgesetzgeber gleichwohl im Rahmen des Abs.3 S.4 (oben Rn.8) eine Neufestsetzung der Umsatzsteueranteile vornehmen (Schneider AK 11; Schwarz MKS 93; Heun DR 27).

11   **d) Finanzzuweisungen des Bundes an die Länder** (Abs.4 S.2, 3) können durch zustimmungsbedürftiges (Rn.4–6 zu Art.77) Bundesgesetz vorgesehen werden, wenn den Ländern dadurch eine kurzzeitige (nach Heintzen MüK 41 und Hidien BK 1157 bis zu zwei Haushaltsjahren) Mehrbelastung entsteht, dass ihnen durch Bundesgesetz zusätzliche Aufgaben auferlegt oder Einnahmen entzogen werden (sog. Mehrbelastungsausgleich; vgl. Hidien, AöR 1997, 583). Das Ermessen des Gesetzgebers kann sich in Fällen unzumutbarer Belastung der Länder unter Berücksichtigung von Abs.4 S.4 Nr.2 und dem Grundsatz des bundesfreundlichen Verhaltens (Rn.20–22 zu Art.20) zu einer Pflicht verdichten (Heintzen MüK 41; Schneider AK

29). Die Regelung ergänzt Abs.4 S.1 (oben Rn.10), der längerfristige Verschiebungen voraussetzt. Das Gesetz muss die Anforderungen des S.3 erfüllen.

5. Ertragshoheit der Gemeinden (Abs.5–7)

a) Allgemeines. Obwohl die Gemeinden und Gemeindeverbände gem. **12** Abs.9 als Teil der Länder anzusehen sind (vgl. auch Rn.6 zu Art.30), wird ihre Ertragshoheit hier speziell geregelt. Zur Garantie der gemeindlichen Selbstverwaltung gehört auch eine angemessene Finanzausstattung und die Garantie der Gewerbeertragsteuer (Rn.14 zu Art.28). Allerdings garantieren Abs.5–7 weder, dass der gemeindliche Finanzbedarf durch kommunale Steuern und Finanzausgleichsleistungen vollständig abgedeckt wird (NdsStGH, DÖV 95, 995 f), noch dass alle derzeitigen Steuern erhalten bleiben (Heintzen MüK 45; Schwarz MKS 115; vgl. auch BVerfGE 26, 178/184). Soweit in einem Land keine Gemeinden bestehen (Berlin und Hamburg), steht die Ertragshoheit den Ländern zu (Abs.6 S.3 analog; Heintzen MüK 42; Siekmann SA 30; Schneider AK 23; Schwarz MKS 12, 118). Ebensowenig wie Bund und Ländern (oben Rn.2) steht den Gemeinden eine Steuererfindungsbefugnis außerhalb der Einführung neuer örtlicher Verbrauch- und Aufwandsteuern auf der Grundlage eines Landesgesetzes (Rn.27–30 zu Art.105) zu (Winands, JuS 86, 942; vgl. auch Vogel/Walter BK 126c zu Art.105). Die Verwaltung der Steuern in der Ertragshoheit der Gemeinden erfolgt regelmäßig durch die Länder (Rn.4–7, 9–11 zu Art.108); für diese handelt es sich um „durchlaufende Posten" (BGHZ 106, 134/140).

b) Der Ertrag der **Einkommensteuer** (oben Rn.6, 7) steht teilw. den **13** Gemeinden zu (Abs.5). Die Länder sind gem. S.1 verpflichtet, den Anteil an die Gemeinden auf der Grundlage der Einkommensteuerleistungen ihrer Einwohner weiterzuleiten, woraus sich ein Anspruch der Gemeinden ergibt (Hidien BK 1026; Schneider AK 21; Siekmann SA 32). Für die Höhe des Gemeindeanteils und die Einzelheiten der Verteilung besteht gem. S.2 eine ausschließliche Bundesgesetzgebungskompetenz (Rn.5 zu Art.70) und einen Regelungsauftrag (Rn.22 zu Art.70) mit Zustimmungspflichtigkeit des Bundesrats (Rn.4–6 zu Art.77), wovon mit dem GemeindefinanzreformG Gebrauch gemacht worden ist. Von der Möglichkeit, den Gemeinden ein Hebesatzrecht für ihren Anteil an der Einkommensteuer einzuräumen (S.3), ist bisher nicht Gebrauch gemacht worden (Siekmann SA 46).

c) Der Ertrag der **Umsatzsteuer** (oben Rn.6, 8) steht gem. dem 1997 **14** eingefügten (Einl.3 Nr.44) Abs.5a S.1 ab dem 1. 1. 1998 teilw. den Gemeinden zu. Die Länder sind gem. S.2 verpflichtet (BT-Drs.13/8348, 15: „obligatorisch"), den Anteil an die Gemeinden auf der Grundlage eines orts- und wirtschaftsbezogenen Schlüssels weiterzuleiten, woraus sich ein Anspruch der Gemeinden ergibt (Heun DR 35; Hidien BK 1058; Siekmann SA 40). Die Höhe des Gemeindeanteils und die Einzelheiten der Verteilung sind gem. S.3 zustimmungsbedürftigen (Rn.4–6 zu Art.77) Bundesgesetzen, d. h. FAG und GemeindefinanzreformG, überlassen.

d) Über die **Grundsteuer**, die **Gewerbesteuer** und die **örtlichen Ver- 15 brauch- und Aufwandsteuern** haben die Gemeinden die vollständige Ertragshoheit (Abs.6). Die beiden ersten Begriffe ersetzen seit 1997 (Einl.3 Nr.44) den Begriff „Realsteuern". Realsteuern stellen im Gegensatz zu Personalsteuern nicht auf die persönlichen Verhältnisse des Steuersubjekts ab, sondern erfassen das Objekt (vgl. BVerfGE 13, 331/345; 25, 28/38; 46, 224/237; BFHE 213, 222/227). Da als Realsteuern in Übereinstimmung mit § 3 Abs.2 AO die Grundsteuer, die den Grundbesitz in seinen verschiedenen Formen erfasst, und die Gewerbesteuer (BVerfGE 3, 407/438), einschließlich der früheren Lohnsummensteuer (BVerfGE 21, 54/59), angesehen wurden, handelte es sich bei der Verfassungsänderung um eine „Klarstellung" (BT-Drs.13/8348, 15; BFHE 203, 263/268; Schneider AK 24; abw. Schwarz MKS 126: Verbot, an andere Realien eine Steuerpflicht zu knüpfen). Durch Abs.6 ist die Gewerbesteuer in ihrer wesentlichen Struktur gerechtfertigt, doch kann die konkrete Ausgestaltung insb. gegen Art.3 Abs.1 verstoßen (BVerfGE 120, 1/25 ff). Auch die Grundsteuer ist als solche verfassungsgemäß (BVerfG-K, NJW 09, 1868). Der „Rahmen der Gesetze" gem. S.2 ist wie bei der allgemeinen Gewährleistung der kommunalen Selbstverwaltung (Rn.20–24 zu Art.28) zu verstehen (BVerfG, IN 27. 1. 10 – 2 BvR 2185/04 Rn.90 ff). Durch Gesetz kann ein Mindesthebesatz festgelegt werden (BVerfG, IN 27. 1. 10 – 2 BvR 2185/04 Rn.73 ff). Zu den örtlichen Verbrauch- und Aufwandsteuern Rn.27 zu Art.105. Sie können, anders als die Grundsteuer und Gewerbesteuer, durch Landesgesetze auch den Gemeindeverbänden zugewiesen werden (S.1).

16 Für die Grundsteuer und Gewerbesteuer ist den Gemeinden die **Hebesatzrechtsetzung** gewährleistet (S.2). Wie allgemein (Rn.20–24 zu Art.28) besteht diese Garantie nur im Rahmen der Gesetze, so dass die entsprechenden Steuergesetze (Rn.25 f zu Art.105) die Gemeinden zur Erhebung dieser Steuern verpflichten können (Selmer/Hummel, NVwZ 06, 14; offen gelassen BVerfGE 112, 216/222 f) und die Hebesätze nach unten und oben begrenzbar sind (Hidien BK 1085; vgl. auch BVerwG, NVwZ 91, 894). Wegen der Bundesgesetzgebungskompetenz für die Grundsteuer und Gewerbesteuer kommen hier Landesgesetze nur in Betracht, wenn der Bundesgesetzgeber von seiner Gesetzgebungskompetenz keinen vollständigen Gebrauch (Rn.6–10 zu Art.72) gemacht hat (vgl. BVerwG, NVwZ 94, 177). Eine bestimmte Höhe des Steuerertrags ist den Gemeinden nicht gewährleistet (BVerwG, NVwZ 94, 177; BFHE 168, 350/360).

17 **Umlagen** sind öffentlich-rechtlichen Körperschaften zur Finanzierung anderer öffentlich-rechtlicher Körperschaften auferlegte Geldleistungen (Oebbecke, Verw 2009, 247; vgl. BVerfGE 83, 363/390; 108, 186/213; BVerwGE 106, 280/283 f). Sie ändert nichts an der Ertragshoheit der Gemeinden, sondern gibt Bund und Ländern nur einen Anspruch gegen die Gemeinden (BVerfGE 112, 216/222; BVerwG, DVBl 83, 137). Eine *Gewerbesteuerumlage* kann durch zustimmungsbedürftiges (Rn.4–6 zu Art.77) Bundesgesetz eingeführt und näher geregelt werden (S.4, 5); dadurch wird eine ausschließliche Bundesgesetzgebungskompetenz (Rn.5 zu Art.70) und ein Regelungsauftrag (Rn.22 zu Art.70) begründet, wovon mit dem GemeindefinanzreformG Gebrauch gemacht worden ist (vgl. Siemann SA 36 ff, der die Bevorzugung einzelner Länder für verfassungswidrig hält). *Weitere Umlagen* können landesgesetzlich zum Ausgleich der allgemeinen Finanzkraft (Kluth,

DÖV 94, 456) oder für besondere Aufwendungen (sog. Zweckumlagen; BVerfGE 83, 363/390), z.B. die gleichmäßige Verteilung wiedervereinigungsbedingter Einnahmeverluste (BVerwGE 106, 280/284 f), eingeführt werden (S.6). Dabei sind die Grund- und die Gewerbesteuer (oben Rn.15) sowie der Gemeindeanteil am Aufkommen der Einkommensteuer und der Umsatzsteuer (oben Rn.13, 14) als Bemessungsgrundlagen zugrundezulegen. *Zweckumlagen* sind zulässig, wenn ihr Aufkommen im kommunalen Raum bleibt (BVerfGE 83, 363/392). Sie sind keine Abgaben, sondern ein Instrument des Finanzausgleichs, so dass das Äquivalenzprinzip (Rn.13a zu Art.105) nicht gilt (BVerfGE 83, 363/392 f). Auf S.6 stützt sich z.B. die *Kreisumlage* (Rn.27 zu Art.28).

e) Ertrag **sonstiger Steuern** (Abs.7). Der Ertrag der *Gemeinschaftsteuern* **18** (oben Rn.6) steht teilw. den Gemeinden zu (S.1). Die Höhe des Anteils ist von der Landesgesetzgebung als bestimmter Prozentsatz vom Länderanteil am Gesamtaufkommen der Gemeinschaftsteuern festzusetzen (obligatorischer Gemeindefinanzausgleich). Ob und inwieweit das Aufkommen der *Landessteuern* (oben Rn.5) den Gemeinden und Gemeindeverbänden zufließt, steht im Ermessen der Landesgesetzgebung (S.2; fakultativer Gemeindefinanzausgleich). Ansprüche der Gemeinden ergeben sich daraus nicht (NdsStGH, LVerfGE 18, 407/416 ff). Zum Gemeindefinanzausgleich vgl. Literatur B zu Art.28.

6. Sonderlastenausgleich (Abs.8)

Die Vorschrift gewährt einzelnen Ländern, Gemeinden oder Gemeinde- **19** verbänden einen **Anspruch gegen den Bund** auf Ausgleich von Sonderbelastungen, die typischerweise von der Steuerertragsaufteilung gem. Abs. 1–7 nicht erfasst und wegen ihrer Höhe unzumutbar sind (S.1; vgl. BVerfGE 86, 148/268; BVerwG, DVBl 94, 864). Dabei verringert sich der Anspruch um Entschädigungsleistungen Dritter und sonstige finanzielle Vorteile (S.2). Umgekehrt darf der Sonderlastenausgleich von Gemeinden im Rahmen von Landeszuschüssen nicht in der Weise berücksichtigt werden, dass sein Zweck verfehlt wird (BVerwG, NVwZ 86, 482). Der Ausgleich hat in Geld oder geldgleichen Leistungen zu erfolgen (Heintzen MüK 56). Um einen Sonderlastenausgleich handelt es sich bei der Erstattungspflicht gem. § 14 Abs.3 FStrG (BVerwG, NVwZ 92, 266).

Anspruchsvoraussetzungen sind: Einrichtungen in einzelnen Ländern **20** oder Gemeinden (Gemeindeverbänden) müssen vom Bund veranlasst sein. Es muss sich um besondere Einrichtungen handeln (Hidien BK 1223 f); die der allgemeinen Versorgung der Bevölkerung dienenden Einrichtungen, wie früher Bundespost und Bundesbahn, fallen nicht hierunter. Es kommen Einrichtungen des Bundes, aber auch Einrichtungen der Länder und Gemeinden in Betracht, z.B. Kasernen, Behörden und Forschungseinrichtungen. Soweit in den Fällen der Art.91a Abs.3, Art.91b Abs.3 und Art.104b überhaupt eine Veranlassung gegeben ist, sind die dortigen Ausgleichsregelungen leges speciales (Heun DR 44; Schwarz MKS 151; Siekmann SA 48). Mehrausgaben oder Mindereinnahmen (Sonderbelastungen) sind im Wesentlichen einmalig auftretende Investitionslasten sowie Einbußen künftiger Erträge, mit denen ohne die Einrichtung hinreichend gewiss gerechnet werden konnte (BVerwG, DVBl 94, 865). Nicht dazu gehören: Wirkungen rein negativer Maßnahmen, wie die Aufhebung eines Standorts (Hidien BK 1226; Schwarz MKS 153; a. A. Heintzen MüK 59), Betriebs- und Unterhaltungskosten (Heun DR 43; Schwarz MKS 153). Sonderbelastungen müssen unmittelbar verursacht und wegen ihrer Höhe unzumutbar sein (näher Brockmeyer SHH 24 f; Hidien BK 1247 ff).

Art. 106a [Personennahverkehrsausgleich]

Den Ländern steht ab 1. Januar 1996 für den öffentlichen Personennahverkehr ein Betrag aus dem Steueraufkommen des Bundes zu. Das Nähere regelt ein Bundesgesetz, das der Zustimmung des Bundesrates bedarf. Der Betrag nach Satz 1 bleibt bei der Bemessung der Finanzkraft nach Artikel 107 Abs. 2 unberücksichtigt[1].

Literatur: *Hidien,* Der spezielle Finanzierungsausgleich gem. Art. 106a GG, DVBl 1997, 595. – S. auch Literatur zu Art. 87e.

1 Die 1993 eingefügte (Einl. 3 Nr. 40) Vorschrift stellt eine Durchbrechung des Art. 104a Abs. 1 dar (Henneke, ZG 99, 5) und steht im Zusammenhang mit der Privatisierung der Eisenbahnen des Bundes (Rn. 4–8 zu Art. 87e) und der Regionalisierung des Schienenpersonennahverkehrs ab dem 1. 1. 1996 (Rn. 2 zu Art. 143a). In diesem Bereich bestehen Betriebskostendefizite (BT-Drs. 12/6280, 9). Der durch *S. 1* angeordnete finanzielle Ausgleich für die Länder aus dem Steueraufkommen des Bundes bezieht sich auf den gesamten öffentlichen Personennahverkehr, einschließlich des Straßenpersonennahverkehrs (Heintzen MüK 2). Die Begründung einer ausschließlichen Bundesgesetzgebungskompetenz (Rn. 5 zu Art. 70) und eines Regelungsauftrags (Rn. 22 zu Art. 70) mit Zustimmungsbedürftigkeit des Bundesrats (Rn. 4–6 zu Art. 77) gem. *S. 2* umfasst v. a. die Höhe und die Verteilung auf die Länder (Schneider AK 5). Die Zahlungen an die Länder bleiben gem. *S. 3* bei der Bemessung der Finanzkraft der Länder im horizontalen Finanzausgleich (Rn. 7 zu Art. 107) unberücksichtigt.

Art. 106b [Kraftfahrzeugsteuerausgleich]

Den Ländern steht ab dem 1. Juli 2009 infolge der Übertragung der Kraftfahrzeugsteuer auf den Bund ein Betrag aus dem Steueraufkommen des Bundes zu. Das Nähere regelt ein Bundesgesetz, das der Zustimmung des Bundesrates bedarf[1].

1 Die 2009 eingefügte (Einl. 3 Nr. 54) Vorschrift steht im Zusammenhang mit der Übertragung der Ertragskompetenz für die Kraftfahrzeugsteuer von den Ländern auf den Bund ab dem 1. Juli 2009 (Rn. 4a zu Art. 106). *S. 1* ordnet einen finanziellen Ausgleich für die Länder aus dem Steueraufkommen des Bundes an. Anders als beim Personennahverkehrsausgleich (Rn. 1 zu

Art.106a) handelt es sich nicht um eine Durchbrechung des Art.104a Abs.1, weil hier keine Verwaltungsaufgabe der Länder finanziert wird (Kube EH 2). Die Begründung einer ausschließlichen Bundesgesetzgebungskompetenz (Rn.5 zu Art.70) und eines Regelungsauftrags (Rn.32 zu Art.70) mit Zustimmungsbedürftigkeit des Bundesrats (Rn.4–6 zu Art.77) gem. *S.2* umfasst u.a. die Höhe und die Verteilung auf die Länder. Der verfassungsändernde Gesetzgeber dachte an einen jährlichen Festbetrag und an eine „länderscharfe" Verteilung (BT-Drs. 16/11741, 4). Dem entspricht das G vom 29. 5. 2009 (BGBl I 1170). Zu den Auswirkungen auf den Finanzausgleich Rn.5 zu Art.107, auf die Verwaltungskompetenz Rn.2 zu Art.108.

Art.107 **[Horizontale Steuerertragsaufteilung und Finanzausgleich unter den Ländern]**

(1) **Das Aufkommen der Landessteuern und der Länderanteil am Aufkommen der Einkommensteuer und der Körperschaftsteuer stehen den einzelnen Ländern insoweit zu, als die Steuern von den Finanzbehörden in ihrem Gebiet vereinnahmt werden (örtliches Aufkommen)[2]. Durch Bundesgesetz, das der Zustimmung des Bundesrates bedarf, sind für die Körperschaftsteuer und die Lohnsteuer nähere Bestimmungen über die Abgrenzung sowie über Art und Umfang der Zerlegung des örtlichen Aufkommens zu treffen[3]. Das Gesetz kann auch Bestimmungen über die Abgrenzung und Zerlegung des örtlichen Aufkommens anderer Steuern treffen.[3] Der Länderanteil am Aufkommen der Umsatzsteuer steht den einzelnen Ländern nach Maßgabe ihrer Einwohnerzahl zu[4]; für einen Teil, höchstens jedoch für ein Viertel dieses Länderanteils, können durch Bundesgesetz, das der Zustimmung des Bundesrates bedarf, Ergänzungsanteile für die Länder vorgesehen werden, deren Einnahmen aus den Landessteuern, aus der Einkommensteuer und der Körperschaftsteuer und nach Art.106b je Einwohner unter dem Durchschnitt der Länder liegen; bei der Grunderwerbsteuer ist die Steuerkraft einzubeziehen[5].**

(2) **Durch das Gesetz ist sicherzustellen, daß die unterschiedliche Finanzkraft[7] der Länder angemessen ausgeglichen wird[6]; hierbei sind die Finanzkraft und der Finanzbedarf der Gemeinden (Gemeindeverbände) zu berücksichtigen[8]. Die Voraussetzungen für die Ausgleichsansprüche der ausgleichsberechtigten Länder und für die Ausgleichsverbindlichkeiten der ausgleichspflichtigen Länder sowie die Maßstäbe für die Höhe der Ausgleichsleistungen sind in dem Gesetz zu bestimmen[6]. Es kann auch bestimmen, daß der Bund aus seinen Mitteln leistungsschwachen Ländern Zuweisungen zur ergänzenden Deckung ihres allgemeinen Finanzbedarfs (Ergänzungszuweisungen) gewährt[10 ff].**

Literatur: *Jung,* Maßstäbegerechtigkeit im Länderfinanzausgleich, 2008; *Wendt,* Finanzhoheit und Finanzausgleich, HbStR[3] VI, 2008, § 139; *Geske,* Der bundesstaatliche Finanzausgleich in der Rechtsprechung des Bundesverfassungsgerichts, Staat 2007, 203; *D. Birk/Wernsmann,* Der Anspruch eines Landes auf Sanierungshilfen des Bundes, DÖV 2004, 868; *Waldhoff,* Verfassungsrechtlicher Sparzwang im Landeshaushalt unter den Bedingungen einer „extremen Haushaltsnotlage", NVwZ 2004, 1062; *Kesper,* Der Finanzausgleich in der Bundesrepublik Deutschland, NdsVBl 2002, 1; *Henneke,* Länderfinanzausgleich und Maßstäbegesetz, Jura 2001, 767; *Wendt/Elikert,* Für die volle Einbeziehung der kommunalen Finanzkraft in den Länderfinanzausgleich, DÖV 2001, 762; *Hidien,* Die Berücksichtigung der Finanzkraft und des Finanzbedarfs der Gemeinden (Gemeindeverbände) im Finanzausgleich nach Art.107 Abs.2 Satz 1 GG, 2001; *,H.-P. Schneider/Berlit,* Die bundesstaatliche Finanzverteilung zwischen Rationalität, Transparenz und Politik, NVwZ 2000, 841; *Bull/Mehde,* Der rationale Finanzausgleich – ein Gesetzgebungsauftrag ohnegleichen, DÖV 2000, 305; *Korioth,* Der Finanzausgleich zwischen Bund und Ländern, 1997; *Carl,* Bund-Länder-Finanzausgleich im Verfassungsstaat, 1995; *Häde,* Solidarität im Bundesstaat, DÖV 1993, 461; *Henneke,* Beistands- und Kooperationspflichten im Bundesstaat, Jura 1993, 129; *Schuppert,* Maßstäbe für einen künftigen Finanzausgleich, StWiss 1993, 26.

1. Bedeutung und Abgrenzung zu anderen Vorschriften

1   Der mehrfach geänderte (Einl.3 Nr.3, 5, 6, 21, 52, 54) Art.107 steht als „Bestandteil des mehrstufigen Systems zur Verteilung des Finanzaufkommens im Bundesstaat" (BVerfGE 116, 327/377; 72, 330/383) in einem engen Zusammenhang mit Art.106 (Rn.2 zu Art.106). Er ist Ausdruck der dem Bundesstaatsprinzip (Rn.16–22 zu Art.20) „innewohnenden Spannungslage, die richtige Mitte zu finden zwischen der Selbständigkeit, Eigenverantwortlichkeit und Bewahrung der Individualität der Länder auf der einen und der solidargemeinschaftlichen Mitverantwortung für die Existenz und Eigenständigkeit der Bundesgenossen auf der anderen Seite" (BVerfGE 72, 330/398; 101, 158/221 f). Er bezieht sich grundsätzlich auf alle Länder und war nur bis Ende 1994 gem. Art.7 Abs.3 EVertr auf die alten Länder beschränkt (BVerfGE 86, 148/213). Art.107 Abs.2 verbietet zwar nicht generell zweckungebundene Finanztransfers zwischen den Ländern (so aber Heun DR 13; Korioth, o. Lit., 129 f; Stern ST II 1173); diese dürfen aber die bundesgesetzliche Regelung des sekundären horizontalen Finanzausgleichs nicht unterlaufen und keine Abhängigkeitsverhältnisse zwischen den Ländern schaffen (F. Kirchhof, FS Dürig, 1990, 447/453; Pieroth/Haghgu, DVBl 07, 1/4 f). Zu den Folgen eines Verstoßes Rn.35 zu Art.20.

2. Horizontale Steuerertragsaufteilung (Abs.1)

2   **Örtliches Aufkommen** (S.1) als maßgebliches Kriterium für die horizontale Steuerertragsaufteilung ist definiert als die Vereinnahmung des Aufkommens der Landessteuern (Rn.5 zu Art.106) und des Länderanteils am Aufkommen der Einkommensteuer und der Körperschaftsteuer (Rn.7 zu Art.106) durch die Finanzbehörden (Rn.3, 5–7 zu Art.108) in dem Gebiet eines jeden Landes. Die Gemeindesteuern (Rn.12–18 zu Art.106) werden hiervon nicht erfasst (Heun DR 14). Vereinnahmt wird der Geldbetrag dort, wo er in die Verfügungsmacht staatlicher Behörden übergegangen ist (Heun DR 15; Huber MKS 66). Der Gesetzgeber kann den örtlichen Anknüpfungspunkt konkretisieren (Huber MKS 68). S.1 gibt den Ländern einen verfassungsrechtlichen Anspruch sowohl gegenüber den anderen Ländern als auch gegenüber dem Bund (Maunz MD 28), berührt aber nicht die Rechte der Steuerpflichtigen und hat keinen Einfluss auf die Rechtmäßigkeit des Steuerbescheids (BFH, NJW 71, 1336).

Für die Regelung der **Abgrenzung und Zerlegung** des örtlichen Auf- 3
kommens besteht eine ausschließliche Bundesgesetzgebungskompetenz (Rn.5
zu Art.70) mit Zustimmungspflichtigkeit des Bundesrats (Rn.4–6 zu Art.77).
Bezüglich der Körperschaftsteuer und der Lohnsteuer muss (vgl. Rn.22 zu
Art.70), bezüglich anderer Steuern kann ein entsprechendes Gesetz erlassen
werden (S.2, 3). Abgrenzung bedeutet, dass Steuern einem Land ganz zuge-
sprochen werden; Zerlegung bedeutet, dass Steuern unter verschiedenen
Ländern verteilt werden (Schneider AK 8; Huber MKS 74 f; Schuppert UC
19 f). Dadurch sollen erhebungstechnisch bedingte Verzerrungen zwischen
der örtlichen Vereinnahmung der Lohnsteuer und der Körperschaftsteuer und
der tatsächlich vorhandenen Steuerkraft abgebaut und der Grundsatz der Verteilung nach dem örtlichen Aufkommen (oben Rn.2) verwirklicht werden.
Die Bestimmung von Art und Umfang der Zerlegung eröffnet dem Gesetzgeber einen Gestaltungsspielraum, der aber dadurch begrenzt ist, dass die vom
Gesetzgeber gewählte Regelung das Ziel und die Wirkung haben muss, die
Verzerrung in relevanter Weise zu vermindern (BVerfGE 72, 330/395; 101,
158/221). Die Zerlegung führt zu Ausgleichsansprüchen zwischen den Ländern (Heun DR 16). Über sie sind Vereinbarungen der Länder untereinander
unzulässig (Schneider AK 8).

Der Länderanteil an der **Umsatzsteuer** (Rn.8 zu Art.106) wird nach 4
einem pauschalen Bedarfsmaßstab, nämlich nach der Einwohnerzahl, verteilt
(S.4 Hs.1). Das ist durch die besondere Erhebungstechnik dieser Steuer gerechtfertigt; denn sie wird vielfach nicht dort vereinnahmt, wo sie wirtschaftlich, nämlich durch die Endverbraucher, erbracht wird. Der Gesetzgeber kann dies konkretisieren (Heintzen MüK 17).

Die Zuweisung von **Ergänzungsanteilen** an bestimmte Länder (S.4 5
Hs.2, 3) durch Bundesgesetz ist eine Ausnahme vom Grundsatz der Verteilung nach dem örtlichen Aufkommen (oben Rn.2). Sie stellt ein „horizontal
ausgleichendes Element im Sinne eines Gegenstromprinzips" dar (BVerfGE
72, 330/385). Die Ergänzungsanteile sind auf höchstens $^1/_4$ des Länderanteils
am Aufkommen der Umsatzsteuer sowie auf solche Länder beschränkt, deren Einnahmen aus den Landessteuern, aus der Einkommensteuer und der
Körperschaftsteuer und nach Art.106b unterdurchschnittlich sind; statt der
tatsächlichen Einnahmen wird bei der Grunderwerbsteuer, also einer Lan-
dessteuer, bei der die Länder auch eine begrenzte Gesetzgebungskompetenz
haben (Rn.27 zu Art.105), „zur Vermeidung von Fehlanreizen" (BT-Drs.
16/813, 20) der normierte Maßstab der Steuerkraft angelegt (Seer/Drüen
KL 5). Die Ergänzungsanteile dürfen nicht zweckgebunden gewährt werden
(Maunz MD 4). Das Bundesgesetz bedarf der Zustimmung des Bundesrats
(Rn.4–6 zu Art.77). Der Bund hat von dieser ausschließlichen Gesetzgebungskompetenz (Rn.5 zu Art.70) durch § 5 MaßstäbeG und § 2 FAG Gebrauch gemacht (vgl. Siekmann SA 16 ff). Seit 1. 1. 1995 fließen die eingenommenen Mittel den ostdeutschen Bundesländern zu.

3. Horizontaler Finanzausgleich (Abs.2 S.1, 2)

a) Eine **Verpflichtung zum Ausgleich** besteht für den Bundesgesetz- 6
geber, wenn die Finanzkraft der Länder unangemessen unterschiedlich ist.

Der (sekundäre) horizontale Finanzausgleich dient daher der Korrektur der Ergebnisse der (primären) Steuerverteilung gem. Art.106 und 107 Abs.1, um die unterschiedliche Finanzkraft der Länder einander „anzunähern" (BVerfGE 86, 148/214f; 101, 158/221f). Eine finanzielle (Ergebnis-)Gleichheit aller Länder nach Durchführung des Finanzausgleichs ist ausgeschlossen (BVerfGE 101, 158/222). Der Ausgleich hat zugleich eine sozialstaatliche Funktion, indem er die finanziellen Voraussetzungen für eine gleichmäßige Versorgung der Bevölkerung schafft (Schuppert UC 10; Heun DR 24; Siekmann SA 21; diff. Huber MKS 89). Der Gesetzgeber hat bei der Ausgestaltung des Finanzausgleichs, der zugleich mit den Ergänzungsanteilen (oben Rn.5) zu regeln ist (BVerfGE 72, 330/396), einen Gestaltungsspielraum (Heun DR 11). Allerdings hat das BVerfG auch hier einen gestuften Gesetzgebungsauftrag postuliert (vgl. Rn.8 zu Art.106). Zunächst sollen in einem Maßstäbegesetz abstrakte Verteilungskriterien normiert werden, bevor in einem zweiten Finanzausgleichsgesetz die konkrete Verteilung vorzunehmen sein soll (BVerfGE 101, 158/214ff; zust. Degenhart, ZG 2000, 84; Huber MKS 46ff; krit. Heun DR 11; Pieroth, NJW 00, 1086; Schneider AK 20; Schuppert UC 46f). Dabei sind die Voraussetzungen für die Ausgleichsansprüche der Ausgleichsberechtigten und für die Ausgleichsverbindlichkeiten der ausgleichspflichtigen Länder sowie die Maßstäbe für die Höhe der Ausgleichsleistungen zu regeln. Das Konzept des danach erlassenen MaßstäbeG kann als gescheitert gelten (Waldhoff, Verw 06, 163f). Der horizontale Finanzausgleich muss dem freien Aushandeln der Beteiligten entzogen sein (BVerfGE 72, 330/396f; 101, 158/218).

7 **b) Voraussetzungen.** Der Begriff der **Finanzkraft** ist umfassend zu verstehen, meint eine finanzielle Leistungsfähigkeit und darf nicht allein auf die Steuerkraft reduziert werden (BVerfGE 72, 330/398f; 86, 148/214, 216; 101, 158/222). Wenn der Gesetzgeber die Finanzkraft anhand von Indikatoren bestimmt, müssen diese verlässlich sein und das Volumen zuverlässig erfassen; Ländereinnahmen dürfen nur dann unberücksichtigt bleiben, wenn sie nicht ausgleichsrelevant sind, weil ihr Volumen zu gering, ihre Höhe in allen Ländern verhältnismäßig gleich oder der Aufwand für ihre Ermittlung außer Verhältnis zu dem möglichen Ausgleichseffekt steht (BVerfGE 72, 330/399f; 86, 148/216; 101, 158/223). Außerdem darf von den Einnahmen ein besonderer Aufwand, der zu ihrer Erzielung getrieben worden ist, abgesetzt werden; z.B. müssen die Erträge aus der bergrechtlichen Förderabgabe voll in die Berechnung der Einnahmen einbezogen werden (BVerfGE 72, 330/410ff). Es ist zulässig, die absoluten Erträge auf die jeweilige Einwohnerzahl der Länder umzurechnen (BVerfGE 72, 330/400; 101, 158/223). Dagegen müssen Sonderbedarfe einzelner Länder bei der Ermittlung der Finanzkraft unberücksichtigt bleiben (BVerfGE 101, 158/229). Soweit für Sonderbelastungen aus der Unterhaltung und Erneuerung der Seehäfen (BVerfGE 72, 330/413f; 86, 148/236ff; krit. Heun DR 30) und der Andersartigkeit der Stadtstaaten gegenüber den Flächenstaaten (BVerfGE 72, 330/415ff; krit. Wendt HbStR³ VI § 139 Rn.100ff) Ausnahmen gelten sollen, bedürfen diese einer Rechtfertigung: Sie müssen nach Maßgabe „verläßlicher, objektivierbarer Indikatoren" angemessen sein (BVerfGE 86, 148/239; 101, 158/230).

Die Berücksichtigung der Finanzkraft und des Finanzbedarfs der **Ge-** 8
meinden gem. S.1 Hs.2 verpflichtet den Gesetzgeber, die Finanzkraft der
Gemeinden einzubeziehen, soweit dem nicht spezifische Gründe aus den
Verhältnissen der Gemeinden entgegenstehen; das ist insb. der Fall bei Realsteuern, die in einem sachlichen Zusammenhang mit örtlich radizierbaren
Lasten stehen (BVerfGE 86, 148/218 ff, 231 f; krit. Huber MKS 101). Der
Finanzbedarf betrifft auch hier nicht Sonderbedarfe, sondern einen abstrakten Finanzbedarf, der ohne Rücksicht auf die besonderen Verhältnisse bestimmter Gemeinden allgemein bei der Erfüllung der den Gemeinden zukommenden Aufgaben anfällt (BVerfGE 86, 148/223).

Die **Angemessenheit** des Finanzausgleichs bedeutet einerseits, dass die 9
Länder soweit füreinander einzustehen haben, dass annähernd gleichwertige
Lebensverhältnisse geschaffen werden (oben Rn.1), und andererseits, dass
dies nicht zu einer Nivellierung der Länderfinanzen oder zu einer entscheidenden Schwächung der Leistungsfähigkeit der gebenden Länder führen darf
(BVerfGE 72, 330/398; 86, 148/214 f, 250 ff; 101, 158/222). Damit ist es
unvereinbar, einzelnen Ländern eine – sei es relative, sei es absolute – Garantie ihrer Finanzkraft zu gewähren (BVerfGE 72, 330/419) oder die Finanz-
kraftreihenfolge unter den Ländern zu ändern (BVerfGE 72, 330/418 f; 86,
148/250; 101, 158/222). Ferner müssen Ansprüche und Verbindlichkeiten
berechenbar sein (Schneider AK 21).

4. Bundesergänzungszuweisungen (Abs.2 S.3)

Eine **Ermächtigung zu Ergänzungszuweisungen** als einer Form des 10
(sekundären) vertikalen Finanzausgleichs besteht für den Bundesgesetzgeber
gegenüber leistungsschwachen Ländern. Es muss sich um dasselbe zustimmungsbedürftige Bundesgesetz handeln, in dem die Ergänzungsanteile (oben
Rn.5) und der horizontale Finanzausgleich (oben Rn.6–9) geregelt sind. Die
Ermächtigung kann im Fall einer extremen Haushaltsnotlage zur Pflicht
werden (unten Rn.12). Bundesergänzungszuweisungen dienen in erster Linie der Auffüllung von Lücken, die nach dem horizontalen Finanzausgleich
noch bleiben; sie sind subsidiär (BVerfGE 72, 330/403; 86, 148/261; Stern
ST II 1168) und dürfen nicht einfach den horizontalen Finanzausgleich mit
Bundesmitteln fortsetzen (BVerfGE 101, 158/224, 234). Sie sind „kein Instrument zur Korrektur etwaiger Verteilungsmängel auf vorangegangenen
Stufen des Finanzausgleichs" (BVerfGE 116, 327/378). Das bedeutet aber
keine summenmäßige Begrenzung (vgl. BVerfGE 101, 158/233; krit. Heintzen MüK 32). Grundsätzlich müssen sie zur Deckung des allgemeinen Finanzbedarfs, d. h. nicht zweckgebunden, gewährt werden. Der Bund hat von
der Ermächtigung im noch übergangsweise fortgeltenden (oben Rn.6) FAG
Gebrauch gemacht.

Die **Leistungsschwäche** eines Landes ergibt sich aus der Relation seines 11
Finanzaufkommens zu seinen Ausgabenlasten; daher dürfen die Sonderlasten
einzelner Länder berücksichtigt werden (BVerfGE 116, 327/380 ff). Sie liegt
regelmäßig vor, wenn auch nach Durchführung des Finanzkraftausgleichs
(oben Rn.7) noch eine unterdurchschnittliche Finanzausstattung vorliegt. Darüber hinaus ist zu unterscheiden: **(1)** Bei den *allgemeinen Bundesergänzungs-*

zuweisungen zur allgemeinen Anhebung der Finanzkraft leistungsschwacher Länder (vgl. § 11 MaßstäbeG), z. B. der neuen Länder, ist der Bundesgesetzgeber an die Grenzen des (sekundären) horizontalen Länderfinanzausgleichs (oben Rn.9) gebunden (BVerfGE 101, 158/224, 234). – **(2)** Bei den *Sonderbedarfs-Bundesergänzungszuweisungen* (vgl. § 12 MaßstäbeG), die ausnahmsweise bei außergewöhnlichen Gegebenheiten gewährt werden können, entfällt die Bindung an die Grenzen des (sekundären) horizontalen Länderfinanzausgleichs (BVerfGE 101, 158/224 f). Außerdem sind die Sonderlasten einzelner Länder zu benennen und zu begründen, bei allen Ländern, bei denen sie vorliegen, zu berücksichtigen (sog. föderales Gleichbehandlungsgebot) und in angemessenen Abständen auf ihren Fortbestand zu überprüfen (BVerfGE 72, 330/404 ff; 101, 158/224 f).

12 **Haushaltsnotlage.** Grundsätzlich dienen Bundesergänzungszuweisungen nicht der Beseitigung von Haushaltsnotlagen, weil Eigenständigkeit und politische Autonomie der Länder bedeuten, dass sie auch für die haushaltspolitischen Folgen ihrer Entscheidungen einzustehen haben (BVerfGE 116, 327/ 382 ff). Nur in Situationen, in denen die verfassungsrechtlich gebotene Handlungsfähigkeit eines Landes anders nicht aufrecht zu erhalten ist, ist bundesstaatliche Hilfeleistung als ultima ratio erlaubt und geboten; die Haushaltsnotlage muss relativ und absolut ein extremes Maß erreicht haben und nach Erschöpfung aller dem Land verfügbaren Handlungs- und Abhilfemöglichkeiten den einzig verbliebenen Ausweg darstellen (BVerfGE 116, 327/386 ff).

Art.108 [Finanzverwaltung]

(1) **Zölle, Finanzmonopole, die bundesgesetzlich geregelten Verbrauchsteuern einschließlich der Einfuhrumsatzsteuer, die Kraftfahrzeugsteuer und sonstige auf motorisierte Verkehrsmittel bezogene Verkehrsteuern ab dem 1. Juli 2009 sowie die Abgaben im Rahmen der Europäischen Gemeinschaften werden durch Bundesfinanzbehörden verwaltet. Der Aufbau dieser Behörden wird durch Bundesgesetz geregelt. Soweit Mittelbehörden eingerichtet sind, werden deren Leiter im Benehmen mit den Landesregierungen bestellt**[2 f, 8].

(2) **Die übrigen Steuern werden durch Landesfinanzbehörden verwaltet. Der Aufbau dieser Behörden und die einheitliche Ausbildung der Beamten können durch Bundesgesetz mit Zustimmung des Bundesrates geregelt werden. Soweit Mittelbehörden eingerichtet sind, werden deren Leiter im Einvernehmen mit der Bundesregierung bestellt**[4 ff, 9].

(3) **Verwalten die Landesfinanzbehörden Steuern, die ganz oder zum Teil dem Bund zufließen, so werden sie im Auftrage des Bundes tätig. Artikel 85 Abs.3 und 4 gilt mit der Maßgabe, daß an die Stelle der Bundesregierung der Bundesminister der Finanzen tritt**[6].

(4) **Durch Bundesgesetz, das der Zustimmung des Bundesrates bedarf, kann bei der Verwaltung von Steuern ein Zusammenwirken von Bundes- und Landesfinanzbehörden sowie für Steuern, die unter Absatz 1 fallen, die Verwaltung durch Landesfinanzbehörden und für an-**

dere Steuern die Verwaltung durch Bundesfinanzbehörden vorgesehen werden, wenn und soweit dadurch der Vollzug der Steuergesetze erheblich verbessert oder erleichtert wird[10]. Für die den Gemeinden (Gemeindeverbänden) allein zufließenden Steuern kann die den Landesfinanzbehörden zustehende Verwaltung durch die Länder ganz oder zum Teil den Gemeinden (Gemeindeverbänden) übertragen werden[11].

(5) Das von den Bundesfinanzbehörden anzuwendende Verfahren wird durch Bundesgesetz geregelt[8]. Das von den Landesfinanzbehörden und in den Fällen des Absatzes 4 Satz 2 von den Gemeinden (Gemeindeverbänden) anzuwendende Verfahren kann durch Bundesgesetz mit Zustimmung des Bundesrates geregelt werden[9].

(6) Die Finanzgerichtsbarkeit wird durch Bundesgesetz einheitlich geregelt[12].

(7) Die Bundesregierung kann allgemeine Verwaltungsvorschriften erlassen, und zwar mit Zustimmung des Bundesrates, soweit die Verwaltung den Landesfinanzbehörden oder Gemeinden (Gemeindeverbänden) obliegt[3, 5].

Literatur: *Brodersen,* Weisungen des Bundes in der Steuerauftragsverwaltung, FS Selmer, 2004, 601; *Oeter,* Die Finanzverwaltung im System der bundesstaatlichen Kompetenzteilung, ThürVBl 1997, 1, 28; *Bonsels,* Einwirkungs- und Mitwirkungsrechte des Bundes bei der Verwaltung der Steuern durch die Länder, 1995; *P. Kirchhof,* Finanzverwaltung und GG, in: Vogelgesang (Hrsg.), Perspektiven der Finanzverwaltung, 1992, 1. – S. auch Literatur zu Art.86 und Art.105.

1. Bedeutung und Abgrenzung zu anderen Vorschriften

Der mehrfach geänderte (Einl.3 Nr.21, 49, 54) Art.108 enthält Regelun- **1** gen der Verwaltungs- und teilweise auch der Gesetzgebungskompetenz. Abs.1–5 und 7 sind leges speciales zu Art.83 ff (BVerfGE 106, 1/20); Abs.6 ist lex specialis zu Art.74 Abs.1 Nr.1. Allerdings regelt Art.108 die Steuerverwaltung nicht umfassend, so dass vielfach auf Art.83 ff zurückgegriffen werden muss. Die durch Art.108 begründeten Gesetzgebungskompetenzen betreffen im Gegensatz zu Art.105 nicht das materielle Steuerrecht, sondern das auf die Steuerverwaltung bezogene Organisations- und Verfahrensrecht (Maunz MD 2), einschließlich der Steuerfahndung, und sind gegenüber den Gesetzgebungskompetenzen aus Art.84 Abs.1, Art.85 Abs.1 speziell (vgl. auch Rn.2 zu Art.83). Die durch Art.108 begründeten organisatorischen Gesetzesvorbehalte (unten Rn.8–10) enthalten keine Delegationsverbote (BVerfGE 106, 1/22 ff). Die Verwaltungskompetenzen gem. Art.108 umfassen alle Steuern und Abgaben, auf die sich Art.105 und 106 erstrecken; die Kompetenz für die Bau- und Vermögensverwaltung einschließlich der Erhebung nicht-steuerlicher Abgaben kann sich nur aus Art.83 ff ergeben (BVerfGE 106, 1/18; BVerwG, NVwZ-RR 90, 45; Maunz MD 5; Heun DR 6; Schlette MKS 9 f). Als Teil der Kompetenzverteilung sind die von Art.108 vorgenommenen Zuweisungen grundsätzlich zwingend (Rn.8 zu Art.30; Rn.3 zu Art.106); die Verwaltungshoheit ist „der privatrechtlichen Disposition nicht zugänglich" (BFHE 158, 120/125). Gegenüber Art.108 ist die

Regelung über Kirchensteuern gem. Art. 140 iVm Art. 137 Abs. 6 WRV
nochmals spezieller. Art. 104a bleibt durch Art. 108 unberührt.

2. Verwaltungskompetenzverteilung

2   **a) Bundeskompetenz.** Ihre **Gegenstände** sind gem. Abs. 1 S. 1 Zölle
(Rn. 24 zu Art. 105), Finanzmonopole (Rn. 24 zu Art. 105), bundesgesetzlich
geregelte Verbrauchsteuern einschließlich der Einfuhrumsatzsteuer (Rn. 4 zu
Art. 106), die Kraftfahrzeugsteuer und sonstige auf motorisierte Verkehrsmittel
bezogene Verkehrsteuern ab dem 1. Juli 2009 (Rn. 4a zu Art. 106; zur über-
gangsweisen Organleihe der Landesfinanzbehörden Kube EH 3) sowie Ab-
gaben im Rahmen der Europäischen Gemeinschaften (Rn. 4a zu Art. 106).
Keine Verwaltung von Abgaben ist die Ausstellung einer Bescheinigung über
Sachverhalte aus dem Landwirtschaftsbereich (BVerwGE 79, 171/173).
Durch ein Gesetz gem. Abs. 4 S. 1 (unten Rn. 10) kann aber dem Bund die
Verwaltungskompetenz für einzelne Steuern entzogen und für andere übertragen werden.

3   **Verwaltungsformen.** Für die genannten Gegenstände besteht eine obligatorische unmittelbare Bundesverwaltung (Rn. 2 zu Art. 87). Der Bund muss
Bundesfinanzbehörden einrichten; diese können, müssen aber nach dem
2001 geänderten (Einl. 3 Nr. 49) Abs. 1 S. 3 nicht dreistufig aufgebaut sein; an
ihrer Spitze muss wegen Abs. 3 S. 2 der Bundesminister der Finanzen stehen;
die Einrichtung von Bundesoberbehörden ist zulässig. Entsprechende Regelungen sind durch Gesetz zu treffen (unten Rn. 8). Dass die Leiter der Mittelbehörden ggf. im Benehmen mit den Landesregierungen bestellt werden
(Abs. 1 S. 3), ist mangels Mitentscheidungsbefugnis kein Fall von Mischverwaltung (Rn. 10 zu Art. 30). Sofern die Leiter der Mittelbehörden nach
Abs. 1 und 2 zulässigerweise (Maunz MD 11; vgl. auch BVerfGE 32, 145/
154 f; a. A. Dittmann, Lit. zu Art. 86, 155 ff) identisch sind, ist gem. Abs. 2 S. 3
Mischverwaltung zulässig (BVerfGE 106, 1/20; Schneider AK 9; Stern ST II
1182; krit. Seer BK 72 f). Durch ein Gesetz gem. Abs. 4 S. 1 (unten Rn. 10)
kann eine weitergehende Mischverwaltung vorgesehen werden. Die Kompetenz zum Erlass allgemeiner Verwaltungsvorschriften (Rn. 14 zu Art. 84) hat
gem. Abs. 7 nur die Bundesregierung (Rn. 15 zu Art. 84); anders als gem.
Art. 86 S. 1 steht diese Vorschrift nicht unter dem Vorbehalt abweichender
gesetzlicher Regelung; im Übrigen gilt das bei Rn. 7 zu Art. 86 Gesagte entsprechend.

4   **b) Länderkompetenz.** Ihre **Gegenstände** sind gem. Abs. 2 S. 1 die übrigen, d. h. die nicht vom Anwendungsbereich des Abs. 1 S. 1 (oben Rn. 2) erfassten Steuern einschließlich der Gemeindesteuern (vgl. Abs. 4 S. 2). Durch
ein Gesetz gem. Abs. 4 S. 1 (unten Rn. 10) kann aber den Ländern die Verwaltungskompetenz für einzelne Steuern entzogen und für andere übertragen werden.

5   **Verwaltungsformen.** Die Organisationsgewalt der Länder (Rn. 1 zu
Art. 84) ist wie folgt eingeschränkt: Die Länder müssen Landesfinanzbehör-
den einrichten; diese können, müssen aber nach dem 2001 geänderten
(Einl. 3 Nr. 49) Abs. 2 S. 3 nicht dreistufig aufgebaut sein. Dass die Leiter der
Mittelbehörden ggf. im Einvernehmen mit der Bundesregierung bestellt

werden (Abs.2 S.3), ist ein Fall von Mischverwaltung (BVerfGE 106, 1/20; Rn.10 zu Art.30). Es besteht eine Ermächtigung für den Bundesgesetzgeber, Organisations- und Verfahrensregelungen zu treffen (unten Rn.9) sowie eine weitergehende Mischverwaltung vorzusehen (unten Rn.10). Ferner besteht eine Ermächtigung für die Bundesregierung, mit Zustimmung des Bundesrats allgemeine Verwaltungsvorschriften (Rn.14 zu Art.84) zu erlassen (Abs.7); soweit hiervon kein Gebrauch gemacht wird, sind die Länder kompetent (Seer BK 164; Heintzen MüK 49; Heun DR 24; Schlette MKS 118). Darüber hinaus ist wie folgt zu unterscheiden:

Die Verwaltungsform der **Auftragsverwaltung** ist gem. Abs.3 S.1 vorge- **6** schrieben für Steuern, die ganz oder zum Teil dem Bund zufließen (Rn.4–11 zu Art.106). Die damit in Bezug genommenen Regelungen des Art.85 werden aber modifiziert: Abs.2 S.2, 3, Abs.5 S.2 und Abs.7 verdrängen Art.85 Abs.1 und 2 (Maunz MD 43; Schlette MKS 55); Art.85 Abs.3, 4 ist anwendbar, wobei aber an die Stelle der Bundesregierung der Bundesminister der Finanzen tritt (Abs.3 S.2). Der Streit, ob allgemeine Weisungen als Zwischenform zwischen Einzelweisung und allgemeiner Verwaltungsvorschrift hier zulässig sind (vgl. Rn.6 zu Art.85), ist für die Praxis durch eine Vereinbarung zwischen Bund und Ländern beigelegt worden (Schneider AK 11; Schlette MKS 77; Seer BK 107 ff; krit. Heun DR 17; Siekmann SA 25). Im Rahmen der Auftragsverwaltung können Landesfinanzbehörden Erhebungsobjekt des Bundesrechnungshofs sein (BVerwGE 116, 92/95).

Die Verwaltungsform der **Landeseigenverwaltung** ist gem. Abs.2 S.1 **7** vorgeschrieben für Steuern, die ausschließlich den Ländern zufließen (Rn.5 zu Art.106). Die damit in Bezug genommenen Regelungen des Art.84 werden aber modifiziert: Abs.2 S.2, 3, Abs.5 S.2 und Abs.7 verdrängen Art.84 Abs.1 und 2; dagegen ist Art.84 Abs.3–5 anwendbar.

3. Gesetzgebungskompetenzverteilung

a) Steuerverwaltung des Bundes. Gem. Abs.1 S.2 bestehen für den **8** Aufbau, gem. Abs.5 S.1 bestehen für das Verfahren (Rn.4 f zu Art.84) der Bundesfinanzbehörden eine ausschließliche Bundesgesetzgebungskompetenz (Rn.5 zu Art.70), ein Regelungsauftrag (Rn.22 zu Art.70) sowie ein organisatorischer Gesetzesvorbehalt (Schneider AK 7, 16; Heun DR 13; Maunz MD 30, 56). Der Begriff „Aufbau" ist enger als der Begriff „Einrichtung" (Rn.3 zu Art.84) zu verstehen (Maunz MD 26; Seer BK 65, 81; Schlette MKS 45; a.A. Ruhe HÖ 6). Dies sind spezielle Vorschriften zur Organisationsgewalt des Bundes (BVerfGE 106, 1/22; Rn.2 zu Art.86).

b) Steuerverwaltung der Länder. Der Bund ist gem. Abs.2 S.2, Abs.5 **9** S.2 ermächtigt, nicht verpflichtet, durch zustimmungsbedürftiges (Rn.4–6 zu Art.77) Bundesgesetz den Aufbau und das Verfahren (oben Rn.8) der Landesfinanzbehörden, die einheitliche Ausbildung der Beamten sowie – für den Fall einer entsprechenden landesgesetzlichen Regelung (unten Rn.11) – das Verfahren der Gemeinden bei der Verwaltung der ihnen allein zufließenden Steuern zu regeln. Dies ist eine ausschließliche Bundesgesetzgebungskompetenz (Rn.5 zu Art.70) und ein organisatorischer Gesetzesvorbehalt (BVerfGE 106, 1/22). Für den Abzug von Bundesaufgaben von einer Oberfinanzdirektion ist kein zustimmungsbedürftiges Bundesgesetz oder eine Zustimmung des Bundesrats erforderlich (BVerfGE 106, 1/24 ff).

10   **c) Änderung der Steuerverwaltungskompetenzen.** Der **Bund** ist durch die ausschließliche Bundesgesetzgebungskompetenz (Rn.5 zu Art.70) mit Zustimmungspflichtigkeit des Bundesrats (Rn.4–6 zu Art.77) und den organisatorischen Gesetzesvorbehalt (BVerfGE 106, 1/22) gem. Abs.4 S.1 ermächtigt, nicht verpflichtet, die Verwaltungskompetenzverteilung (oben Rn.2–7) zu ändern: Es darf die Verwaltung der Steuern von Bundes- auf Landesfinanzbehörden und umgekehrt übertragen und ein Zusammenwirken von Bundes- und Landesfinanzbehörden vorgesehen werden; letzteres ist ein Fall von Mischverwaltung (BVerfGE 106, 1/18, 20 f, 26; Rn.10 zu Art.30). Eine Verpflichtung zu einem derartigen Zusammenwirken besteht nicht (BVerfGE 106, 1/20 ff). Das Gesetz darf die Verwaltungskompetenzverteilung nur punktuell durchbrechen, nicht aber aufheben (Schneider AK 12; Maunz MD 10, 47 ff; Siekmann SA 11). Voraussetzung ist ferner, dass durch das Gesetz der Vollzug der Steuergesetze erheblich verbessert oder erleichtert wird. Diese Voraussetzung kann auch durch eine Kostenersparnis erfüllt werden (Schlette MKS 86; a. A. Seer BK 118).

11   Die **Länder** sind gem. Abs.4 S.2 ermächtigt, nicht verpflichtet, die Verwaltung der Steuern, die den Gemeinden (Gemeindeverbänden) allein zufließen (Rn.15–17 zu Art.106), ganz oder zum Teil den Gemeinden (Gemeindeverbänden) zu übertragen. Hierfür ist ein nachkonstitutionelles Landesgesetz erforderlich (BVerwGE 66, 178/181; 97, 357/361). Für die örtlichen Verbrauch- und Aufwandsteuern (Rn.27 zu Art.105) ist diese Ermächtigung regelmäßig in den Kommunalabgabengesetzen der Länder enthalten. Durch diese Vorschrift werden die Gesetzgebungskompetenzen des Bundes bezüglich des Aufbaus der Länderfinanzbehörden (oben Rn.9) begrenzt; dagegen bleiben die Bundeskompetenzen gem. Abs.5, 7 unberührt.

12   **d) Finanzgerichtsbarkeit.** Aufgrund der ausschließlichen Bundesgesetzgebungskompetenz (Rn.5 zu Art.70) und des Regelungsauftrags (Rn.22 zu Art.70) gem. Abs.6 ist die FGO ergangen. „Einheitliche" Regelung bedeutet ein Verbot partiellen Rechts, wodurch eine Ermächtigung gem. Art.71 ausgeschlossen ist (Schlette MKS 108). Dagegen bleiben Art.92 ff unberührt; nach dem spezielleren Art.99 kann der Zugang zum BFH in Streitigkeiten über die Anwendung von Landessteuerrecht nur durch Landesrecht begründet werden. Im Übrigen bleibt es bei der Bundeskompetenz (Heun DR 27; a. A. Heintzen MüK 47; Maunz MD 65; Schlette MKS 112; Seer BK 52, 149: das Landessteuerrecht fällt insgesamt das aus der Kompetenz des Abs.8 heraus).

Art.**109** [Haushaltswirtschaft in Bund und Ländern]

(1) **Bund und Länder sind in ihrer Haushaltswirtschaft[1] selbständig und voneinander unabhängig[1 ff].**

(2) **Bund und Länder erfüllen gemeinsam die Verpflichtungen der Bundesrepublik Deutschland aus Rechtsakten der Europäischen Gemein-**

schaft auf Grund des Artikels 104 des Vertrags zur Gründung der Europäischen Gemeinschaft zur Einhaltung der Haushaltsdisziplin[5 ff] und tragen in diesem Rahmen den Erfordernissen des gesamtwirtschaftlichen Gleichgewichts Rechnung.[9 f]

(3) Die Haushalte von Bund und Ländern sind grundsätzlich ohne Einnahmen aus Krediten auszugleichen.[12] Bund und Länder können Regelungen zur im Auf- und Abschwung symmetrischen Berücksichtigung der Auswirkungen einer von der Normallage abweichenden konjunkturellen Entwicklung[15 f] sowie eine Ausnahmeregelung für Naturkatastrophen oder außergewöhnliche Notsituationen, die sich der Kontrolle des Staates entziehen und die staatliche Finanzlage erheblich beeinträchtigen,[17] vorsehen. Für die Ausnahmeregelung ist eine entsprechende Tilgungsregelung vorzusehen.[18] Die nähere Ausgestaltung regelt für den Haushalt des Bundes Artikel 115 mit der Maßgabe, dass Satz 1 entsprochen ist, wenn die Einnahmen aus Krediten 0,35 vom Hundert im Verhältnis zum nominalen Bruttoinlandsprodukt nicht überschreiten.[14] Die nähere Ausgestaltung für die Haushalte der Länder regeln diese im Rahmen ihrer verfassungsrechtlichen Kompetenzen mit der Maßgabe, dass Satz 1 nur dann entsprochen ist, wenn keine Einnahmen aus Krediten zugelassen werden.[14]

(4) Durch Bundesgesetz, das der Zustimmung des Bundesrates bedarf, können für Bund und Länder gemeinsam geltende Grundsätze für das Haushaltsrecht, für eine konjunkturgerechte Haushaltswirtschaft und für eine mehrjährige Finanzplanung aufgestellt werden[19].

(5) Sanktionsmaßnahmen der Europäischen Gemeinschaft im Zusammenhang mit den Bestimmungen in Artikel 104 des Vertrags zur Gründung der Europäischen Gemeinschaft zur Einhaltung der Haushaltsdisziplin tragen Bund und Länder im Verhältnis 65 zu 35[21]. Die Ländergesamtheit trägt solidarisch 35 vom Hundert der auf die Länder entfallenden Lasten entsprechend ihrer Einwohnerzahl; 65 vom Hundert der auf die Länder entfallenden Lasten tragen die Länder entsprechend ihrem Verursachungsbeitrag[21]. Das Nähere regelt ein Bundesgesetz, das der Zustimmung des Bundesrates bedarf[20].

Übersicht

Literatur: *Selmer,* Die Föderalismusreform II, NVwZ 2009, 1255; *Kemmler,* Schuldenbremse und Benchmarking im Bundesstaat, DÖV 2009, 549; *Christ,* Neue Schuldenregel für den Gesamtstaat, NVwZ 2009, 1333; *Tappe,* Die neue Schuldenbremse im GG, DÖV 2009, 881; *Ohler,* Maßstäbe der Staatsverschuldung nach der Föderalismusreform II, DVBl 2009, 1265; *Schmidt,* Die neue Schuldenregel und die weiteren Finanzthemen der zweiten Föderalismusreform, DVBl 2009, 1274; *Lenz/Burgbacher,* Die neue Schuldenbremse im GG, NJW 2009, 2561; *Pünder,* Staatsverschuldung, HbStR³ V, § 123; *Häde,* Zur Föderalismusreform in Deutschland, JZ 2006, 930; *Wieland,* Staatsverschuldung als Herausforderung für die Finanzverfassung, JZ 2006, 751; *Hellermann,* Die Europäische Wirtschafts- und Währungsunion als Stabilitätsgemeinschaft und der nationale Stabilitätspakt in der bundesstaatlichen Solidargemeinschaft, EuR 2000, 24; *Littwin,* Umsetzung der Konvergenzkriterien nach Art.104c I EGV im Bund-Länder-Verhältnis, ZRP 1997, 325; *Mehde,* Gesetzgebungskompetenz des Bundes zur Aufteilung der Verschuldungsgrenzen des Vertrags von Maastricht?, DÖV 1997, 616; *Lappin,* Kreditäre Finanzierung des Staates unter dem Grundgesetz, 1994.

1. Haushaltsautonomie von Bund und Ländern (Abs.1)

1   **aa)** In Konkretisierung des Bundesstaatsprinzips (Rn.16 zu Art.20) gewährleistet Abs.1 die Selbständigkeit und Unabhängigkeit der Haushaltswirtschaft von Bund und Ländern, um insb. die politische Autonomie von Bund und Ländern zu sichern (BVerfGE 86, 148/264). Die **Haushaltswirtschaft** umfasst alle unmittelbar auf die staatlichen Einnahmen und Ausgaben bezogenen haushälterischen Vorgänge (Hillgruber MKS 9). Berücksichtigt man die Begrenzung durch andere Verfassungsnormen (unten Rn.3), so werden nur Vorgänge erfasst, die unter Beachtung dieser Normen eigenständiger haushaltspolitischer Entscheidung zugänglich sind (i. E. Hillgruber MKS 11; Heintzen MüK 5; Heun DR 14; enger Siekmann SA 4); wegen der Einschränkungen im Bereich der Steuern (unten Rn.3) dürfen Haushaltswirtschaft und Finanzwirtschaft nicht gleichgesetzt werden (vgl. BVerfGE 101, 158/220). Nicht erfasst wird insb. der Finanzausgleich und das Geld- und Währungswesen (Siekmann SA 5).

2   **Selbstständigkeit** und **Unabhängigkeit** verlangen nicht nur getrennte Haushalte. Vielmehr müssen die zuständigen Organe von Bund und Ländern die Entscheidungen im Bereich der Haushaltswirtschaft in eigener Verantwortung treffen können, ohne Kontrollen und Einwirkungen der Länder bzw. des Bundes ausgesetzt zu sein (Heintzen MüK 9). Abs.1 schützt den *Bund* und die einzelnen *Länder,* jeweils in ihrer Gesamtheit, weshalb auch Einwirkungen des Bundes auf die Haushalte der Gemeinden erfasst werden (Rodi BK 129; Reimer EH 18). Den Gemeinden selbst vermittelt dagegen Abs.1 keine Rechte (Reimer EH 18). Nicht erfasst wird auch das Verhältnis eines Landes zu seinen Gemeinden (Siekmann SA 6; Hillgruber MKS 41; Rodi BK 131); insoweit ist Art.28 Abs.2 einschlägig (dazu Rn.14 zu Art.28).

3   **bb)** Die grundsätzliche Trennung der Haushaltswirtschaft wird durch abweichende Vorgaben des GG **begrenzt** (vgl. BVerfGE 1, 117/131; 20, 56/94; Heintzen MüK 6). Einschränkungen finden sich (außer in Abs.2–5) für die Einnahmen v. a. für den Steuerbereich in den (den Grundsatz erheblich verändernden) Regelungen der Art.105–108 (BVerfGE 1, 117/131; 101, 158/220) und für die Ausgaben in Art.91a, Art.91b, Art.104a und Art.104b (vgl. insb. Rn.4–8 zu Art.104a und Rn.2–6 zu Art.104b). Zudem ist der

Grundsatz des bundesfreundlichen Verhaltens zu beachten (vgl. BVerfGE 32, 199/218; allg. Rn.20f zu Art.20); eine begrenzte Verpflichtung zur Rücksichtnahme ist zulässig (BVerfGE 4, 115/140). Andererseits ist die Zielsetzung des Abs.1 bei der Konkretisierung anderer Verfassungsnormen zu berücksichtigen (Rodi BK 63).

cc) Im Einzelnen verbietet Abs.1, soweit nicht das GG anderes vorsieht, **4** eine Länderfinanzierung durch Dotationen bzw. Zuweisungen des Bundes (Heun DR 18; Siekmann SA 10), Mischfinanzierungen (Heintzen MüK 9) sowie eine gegenseitige Haushaltskontrolle (BVerfGE 1, 117/133). Dagegen steht Abs.1 der Einleitung gerichtlicher Verfahren gegen die Haushaltsgesetze des Bundes oder eines Landes nicht entgegen (BVerfGE 20, 56/94).

2. Allgemeine Vorgaben (Abs.2)

a) Verpflichtung des Art.126 AEUV (ex Art.104 EGV). aa) Die **5** 2009 wesentlich geänderte (Einl.3 Nr.57) Regelung des Art.109 Abs.2 betrifft die aus Art.104 EGV (heute Art.126 AEUV) resultierende Verpflichtung der Mitgliedstaaten der Europäischen Union (früher Europäische Gemeinschaft) zur Vermeidung übermäßiger öffentlicher Defizite, die durch das in Art.104 Abs.2 UAbs.2 EGV (heute Art.126 AEUV) angesprochene Protokoll (Nr.20) über das Verfahren bei einem übermäßigen Defizit ergänzt wird. Die Verpflichtung des Art.109 Abs.2 erstreckt sich auch auf die zur Konkretisierung des Art.126 AEUV (ex Art.104 EGV) ergangenen Vorschriften des sekundären Rechts (vgl. BT-Drs. 16/12410, 10). Zu nennen sind insb. die im Rahmen des reformierten Europäischen Stabilitäts- und Wachstumspakts ergangene Verordnung (EG) Nr.1466/97 über den Ausbau der haushaltspolitischen Überwachung (ABl 1997 L 209/1), die Verordnung (EG) Nr.1467/97 über die Beschleunigung und Klärung des Verfahrens bei einem übermäßigen Defizit (ABl 1997 L 209/6) sowie die zur Konsolidierung ergangene Verordnung (EG) Nr.479/2009 über die Anwendung des Protokolls über das Verfahren bei einem übermäßigen Defizit (ABl 2009 L 145/1).

Die Frage, wann ein **Defizit „übermäßig"** ist, hängt zunächst gem. **6** Art.104 Abs.2 EGV (heute Art.126 Abs.2 AEUV) davon ab, ob das Defizit 3% des Bruttoinlandsprodukts und der Schuldenstand 60% des Bruttoinlandsprodukts überschreitet; hinzu kommen weitere, in Art.104 Abs.3 (heute Art.126 Abs.3 AEUV) angesprochene Faktoren, die zu einer gewissen Relativierung der genannten Referenzwerte führen (dazu Kempen, in: Streinz, EUV/EGV, 2003, Art.104 Rn.15). Die Regelungen des EU-Rechts und damit auch die des Abs.2 zielen mittelfristig auf einen strukturell ausgeglichenen Haushalt oder einen Haushaltsüberschuss. Die angestrebte gesunde öffentliche Finanzlage soll zur Verbesserung der Preisstabilität und zu einem starken, nachhaltigen Wachstum beitragen, welche der Schaffung von Arbeitsplätzen förderlich sind (BT-Drs. 16/12410, 10). Die europäischen Vorgaben gelten für den öffentlichen Gesamthaushalt, unter Einschluss insb. der Sozialversicherung und der kommunalen Haushalte, wie dem Defizitprotokoll Nr.20 zu entnehmen ist.

bb) Abs.5 macht zunächst die EU-rechtlichen Vorgaben (oben Rn.5) zu **7** einer **verfassungsrechtlichen,** von Bund und Ländern gemeinsam zu erfüllenden **Pflicht**. Nationale Vorschriften sind EG-rechtskonform auszulegen. Vor allem aber wird der Bund wie jedes Land verpflichtet, keine übermäßigen öffentlichen Defizite in dem dargelegten Sinne (oben Rn.6) zu verursachen (Reimer EH 28). Abweichungen sind nur möglich, soweit sie durch einen anderen der Verpflichteten ausgeglichen werden. Die Verpflichtung gilt auch für Nebenhaushalte und Sondervermögen von Bund und Ländern (Reimer EH 51). Der Bund trägt zudem die Verantwortung für etwaige Defizite bundesrechtlicher Einrichtungen, etwa der Sozialversicherungsträger, während die Länder für etwaige Defizite landesrechtlicher Einrichtungen, etwa der Gemeinden und Gemeindeverbände verantwortlich sind (BT-Drs. 16/12410, 10; Reimer EH 52f). Lässt daher der Bund übermäßige Defizite der Sozialversicherung zu, muss er selbst dies in seinem Haushalt ausgleichen; Gleiches gilt für die Länder im Verhältnis zu den Kommunen (Christ, NVwZ 09, 1338).

8   Ist es zu einem **Verstoß gegen EU-rechtliche Vorgaben** gekommen, hat der jeweils Verantwortliche für eine entsprechende Haushaltssanierung zu sorgen (Reimer EH 30). Zudem müssen die Länder die im Hinblick auf Art.126 Abs.9 UAbs.2, Abs.11 Spst.1 AEUV notwendigen Daten übermitteln (Reimer EH 31).

9   **b) Berücksichtigung des gesamtwirtschaftlichen Gleichgewichts**. Gem. Abs.2 haben Bund und Länder bei ihrer Haushaltswirtschaft, was wie in Abs.1 (oben Rn.1) zu verstehen ist (Siekmann SA 16; Heun DR 27; Schneider AK 9; Rodi BK 238; a.A. Piduch/Dreßler, Lit. zu Art.110, Art.109 Rn.5), zudem dem gesamtwirtschaftlichen Gleichgewicht Rechnung zu tragen. Dies gilt allerdings nur, soweit das EU-rechtlich möglich ist, eine Einschränkung von begrenzter Bedeutung, weil auch das EU-Recht auf Ziele des gesamtwirtschaftlichen Gleichgewichts ausgerichtet ist (oben Rn.6). Unter **gesamtwirtschaftlichem Gleichgewicht** versteht man herkömmlich die Stabilität des Preisniveaus, einen hohen Beschäftigungsstand (geringe Arbeitslosigkeit), außenwirtschaftliches Gleichgewicht und angemessenes Wirtschaftswachstum (BVerfGE 79, 311/338f; Rodi BK 217ff). Der verfassungsrechtliche Begriff des gesamtwirtschaftlichen Gleichgewichts ist aber darauf nicht festgelegt, kann sich insb. weiterentwickeln (BVerfGE 79, 311/338). Zudem ist der Begriff im Lichte des Art.126 AEUV zu interpretieren (vgl. oben Rn.7); daher ist auch die Vermeidung übermäßiger Haushaltsdefizite dem gesamtwirtschaftlichen Gleichgewicht zuzuordnen (Rodi BK 584; Reimer EH 45; Hillgruber MKS 142).

10   Als **Rechtsfolge** verlangt Abs.2 lediglich eine Berücksichtigung des gesamtwirtschaftlichen Gleichgewichts, was eine Abwägung mit anderen Verfassungszielen erlaubt (Hillgruber MKS 62), etwa mit dem Umweltschutz. Dementsprechend ist die gerichtliche Überprüfungsbefugnis begrenzt (BVerfG-K, NVwZ 90, 357). Abs.2 enthält weder eine Verpflichtung zu antizyklischer Haushaltspolitik (Heun DR 24; Siekmann SA 21) oder zur Globalsteuerung noch die Verankerung eines bestimmten Wirtschaftssystems (Siekmann SA 22; Rodi BK 151; Heun DR 27). Weiter verleiht Abs.2 dem Bund keine Befugnisse gegenüber den Ländern (Hillgruber MKS 54). Die frühere Regelung des Art.109 Abs.4 a.F. zur Kreditbeschränkung wurde ge-

strichen, weil insoweit die neue Regelung des Art.109 Abs.3 für einen ausreichenden Ersatz sorgt (BT-Drs. 16/12410, 12). Zu über- und außerplanmäßigen Ausgaben zur Sicherstellung des gesamtwirtschaftlichen Gleichgewichts Rn.1 zu Art.112.

3. Haushaltsausgleich ohne Kredite (Abs.3)

a) Anwendungsbereich, Grundsatz, Ausgestaltung. aa) In Anknüp- **11**
fung an die aus Abs.2 folgende allgemeine Verpflichtung zu einem ausgeglichenen Haushalt (oben Rn.6) trifft die 2009 eingefügte (Einl.3 Nr.57) Vorschrift des Abs.3 nähere Regelungen für die Haushalte von Bund und
Ländern. Sie tritt allerdings gem. Art.143d Abs.1 vollständig erst ab 2016
bzw. 2020 (Rn.2f zu Art.143d) in Kraft. Sie gilt für die Haushaltsaufstellung,
aber auch für den Haushaltsvollzug (Christ, NVwZ 09, 1336). Von Abs.3
nicht erfasst werden die Haushalte anderer öffentlich-rechtlicher Einrichtungen, wie der Gemeinden und Gemeindeverbände und der Sozialversicherung (BT-Drs. 262/09, S.227; a.A. Reimer EH 52f); insoweit kommt aber
die allgemeine Verpflichtung von Bund und Ländern nach Abs.2 (oben
Rn.7) zum Tragen.

bb) Abs.3 S.1 enthält als *Grundsatz* die Verpflichtung, den Haushaltsaus- **12**
gleich **ohne Kredite** zu erreichen. Der Kreditbegriff entspricht dem des
Art.115 (Reimer EH 55) und umfasst alle Zuflüsse aufgrund von Darlehens-
verträgen u.Ä. (Rn.3 zu Art.115). Nicht erfasst werden Bürgschaften, Garantien und sonstige Gewährleistungen, die erst in künftigen Rechnungsjahren zu Ausgaben führen (Reimer EH 55). Das grundsätzliche Kreditverbot
unterliegt allerdings den in Abs.3 aufgeführten Ausnahmen (dazu unten
Rn.14–18). Weitere Ausnahmen, etwa unter dem Aspekt der Einheit der
Verfassung, sind ausgeschlossen (Lenz/Burgbacher, NJW 09, 2562; Reimer
EH 59). Art.109 Abs.3 (wie Art.115 Abs.2) enthält eine abschließende Regelung.

cc) Die Verpflichtung des Abs.3, insb. der Ausnahmen, bedarf **näherer** **13**
Ausgestaltung, ohne die Abweichungen vom Grundsatz des Abs.3 S.1
nicht möglich sind. Für den Bund finden sich die Regelungen gem. Abs.3
S.4 in Art.115 und in den dazu ergangenen Regelungen (dazu Rn.8f zu
Art.115). Die Länder treffen gem. Abs.3 S.4 in eigener Verantwortung ent-
sprechende Regelungen.

b) Strukturelle Ausnahme. Für den Bund wird die Ausgleichspflicht **14**
ohne Kredite durch Abs.3 S.3 und Art.115 Abs.2 S.2 dadurch begrenzt, dass
ein Ausgleich durch Kredite in Höhe bis 0,35% des Bruttoinlandssozi-
alprodukts zugelassen wird (dazu Rn.7 zu Art.115). Eine spätere Kompensation ist nicht vorgeschrieben. Begrenzt wird diese strukturelle Komponente der Verschuldung allerdings durch die nach Abs.2 verbindlichen EU-
rechtlichen Vorgaben (Christ, NVwZ 09, 1337). Für die Länder gilt gem.
Abs.3 S.4 die Pflicht zum Ausgleich ohne Kredite in strikter Form. Das verletzt nicht die Vorgaben des Art.79 Abs.3 zur Länderstaatlichkeit (Ohler,
DVBl 09, 1273; Christ, NVwZ 09, 1338; Lenz/Burgbacher, NJW 09, 2566;
BT-Drs. 16/12410, 6; a.A. Fassbender, NVwZ 09, 740).

15   **c) Ausnahmen zum Konjunkturausgleich.** Vom Grundsatz des Abs.3
S.1 können Bund und Länder zum einen abweichen, weil Abs.3 S.2 in Phasen des **konjunkturellen Abschwungs** konjunkturbedingte Defizite zulässt, wenn dadurch der Abschwung abgeschwächt werden kann. Voraussetzung ist, dass dem eine entsprechende Verpflichtung zur Erreichung von
Überschüssen im Aufschwung gegenübersteht und dadurch mittel- und
langfristig die Kreditaufnahme durch Überschüsse ausgeglichen wird (BT-
Drs. 16/12410, 11). Die Beschränkung von Defiziten gilt nicht nur für den
Haushaltsgesetzgeber, sondern auch für den Haushaltsvollzug (Lenz/Burg-
bacher, NJW 09, 2564). Für den Bund trägt dem Art.115 Abs.2 S.4 Rechnung; die Länder haben selbst funktional vergleichbare Vorkehrungen zu
treffen.

16   In den ausgestaltenden Regelungen (oben Rn.13) muss insb. für einen **effi-
zienten Ausgleich** der konjunkturellen Defizite durch entsprechende Überschüsse gesorgt werden. Dazu ist der Kreditfinanzierungsspielraum in guten
Jahren systematisch zu verkürzen, um in schlechten Jahren über den strukturellen Finanzierungsspielraum hinausgehende Kreditfinanzierungsmög-
lichkeiten zu eröffnen (BT-Drs. 16/12410, 11). Dies setzt ausreichend konkrete Festlegungen voraus.

17   **d) Ausnahmen bei Notsituationen.** Weiter können gem. Abs.3 S.2 in
Fällen von Naturkatastrophen und außergewöhnlichen Notsituationen Defizite in den Haushalten von Bund und Ländern zugelassen werden. Als **Naturkatastrophen** sind ähnlich wie bei Art.35 Abs.2, 3 unmittelbar drohende
Gefahrenzustände oder Schädigungen von erheblichem Ausmaß anzusehen,
die durch Naturereignisse ausgelöst werden, wie Erdbeben, Hochwasser, Un-
wetter, Dürre oder Massenerkrankungen (Reimer EH 65; BT-Drs. 16/
12410, 11; Rn.7 zu Art.35). Andere **außergewöhnliche Notsituationen**
sind etwa besonders schwere Unglücksfälle, also Schadensereignisse von großem Ausmaß und von Bedeutung für die Öffentlichkeit, die durch Unfälle,
technisches oder menschliches Versagen ausgelöst oder von Dritten absicht-
lich herbeigeführt werden (BT-Drs. 16/12410, 11; Reimer EH 66; Rn.7 zu
Art.35). Weiter rechnet hierher eine plötzliche Beeinträchtigung der Wirtschaftsabläufe in extremem Ausmaß augrund eines exogenen Schocks, die
aus Gründen des Gemeinwohls aktive Stützungsmaßnahmen des Staates zur
Aufrechterhaltung und Stabilisierung der Wirtschaftsabläufe gebietet (BT-
Drs. 16/12410, 11). Dagegen sind zyklische Konjunkturverläufe keine außergewöhnlichen Ereignisse. In allen Fällen (Lenz/Burgbacher, NJW 09,
2564) kommt Abs.3 S.2 nur zum Tragen, wenn die Situation außergewöhn-
lich ist, wenn sie auf äußeren Einflüssen beruht, die nicht oder im Wesentlichen nicht der staatlichen Kontrolle unterliegen und zudem den Haushalt
erheblich beeinträchtigen. Letzteres ist nur gegeben, wenn der Finanzbedarf
zur Bewältigung der Katastrophen bzw. Notsituationen gemessen an der Finanzkraft der entsprechenden Gebietskörperschaft außerordentlich hoch ist
(Christ, NVwZ 09, 1336).

18   Als Ausgleich verlangt Abs.3 S.2 für die Zulassung von Ausnahmen bei
Katastrophen und Notsituationen eine entsprechende, ausreichend konkrete
Tilgungsregelung. Sie muss festlegen, wann und in welchem Umfang der

aufgenommene Kredit getilgt wird (Reimer EH 75). Die Tilgungsregelung bindet spätere Haushaltsgesetzgeber, kann aber ihrerseits geändert werden (Reimer EH 76 ff).

4. Regelung der Haushaltsgrundsätze (Abs.4)

Die 1967 eingefügte (Einl.2 Nr.15) Kompetenz des Abs.4 ermächtigt den **19** Bund, mit Zustimmung des Bundesrates Grundsätze für die Haushaltswirtschaft festzulegen. Die damit eröffnete Gesetzgebungskompetenz ist ähnlich wie die frühere Rahmengesetzgebung inhaltlich auf Grundsätze beschränkt und verpflichtet ausnahmslos nur staatliche Organe (vgl. Hillgruber MKS 88; Heun DR 32). Gegenständlich erstreckt sich die Kompetenz auf das Haushaltsrecht, also auf die Rechtssätze, die die Haushaltswirtschaft öffentlich-rechtlicher Personen regeln (Siekmann SA 29); insb. geht es um die Sicherung der Konjunkturgerechtigkeit, also des gesamtwirtschaftlichen Gleichgewichts (dazu oben Rn.9) und um die mehrjährige Finanzplanung, die sich aber im Hinblick auf Abs.1 auf Form- und Verfahrensregeln sowie eine gemeinsame Systematik beschränken muss (Siekmann SA 32; Reimer EH 91; Hillgruber MKS 89 ff). Zudem kann Abs.4 zur Festlegung von Verpflichtungen gegen eine Haushaltsnotlage genutzt werden (BVerfGE 86, 148/266 f; 116, 327/393; a.A. Hillgruber MKS 93). Die Regelungen müssen einheitlich für Bund und Länder gelten; einseitige Bindungen sind unzulässig (Rodi BK 351). Der Bund darf daher von Regelungen nicht abweichen; ggf. müssen sie vorher geändert werden (Rengeling HbStR³ VI § 135 Rn.324; Heun DR 34; Hillgruber MKS 84; a.A. Siekmann SA 38 ff). Verpflichtete der Regelung können alle staatlichen Organe und Behörden sein, unter Einschluss der Gemeinden (Schneider AK 14; Heun DR 33). Von der Ermächtigung wurde mit dem HaushaltsgrundsätzeG und dem StabilitätsG Gebrauch gemacht.

5. EU-Sanktionen (Abs.5)

Wird eine der in Art.126 Abs.11 AEUV (ex Art.104 Abs.11 EGV) geregelten Sanktionsmaßnahmen, insb. eine Geldbuße, gegen die Bundesrepublik wegen Verstoßes gegen die EU-rechtlichen (früher EG-rechtlichen) Vorgaben zur Vermeidung übermäßiger öffentlicher Defizite verhängt, dann wird die Geldbuße entsprechend den Vorgaben in Abs.5 S.1, 2 auf Bund und Länder **verteilt.** Gleiches gilt für Sanktionen aufgrund von Normen, die auf Art.126 AEUV zurückzuführen sind (Reimer EH 96). Eine verwandte Regelung findet sich in Art.104a (Rn.12 f zu Art.104a). Weiter können gem. Abs.5 S.3 allein (Rn.5 zu Art.70) durch **Bundesgesetz** mit Zustimmung des Bundesrats konkretisierende Regelungen getroffen werden, und zwar auch im Hinblick auf Abs.5 S.1 (Reimer EH 102). Darauf wurde das Sanktionszahlungs-Aufteilungsgesetz (SZAG) vom 5. 9. 2006 (BGBl I 2104) gestützt.

Die **vertikale Aufteilung** zwischen Bund und Ländern ergibt sich aus **21** Abs.5 S.1: Der Bund hat 65% zu tragen, die Gesamtheit der Länder 35%; auf den Verursachungsbeitrag kommt es insoweit nicht an (krit. Heun DR 44). Die **horizontale Aufteilung** zwischen den Ländern regelt Abs.5 S.2: 35%

des Länderanteils (d. h. 12,25% des Gesamtbetrags) werden auf die Länder entsprechend ihrer Einwohnerzahl und 65% (d. h. 22,75% des Gesamtbetrags) entsprechend dem jeweiligen Verursachungsbeitrag aufgeteilt (Siekmann SA 64). Der Verursachungsbeitrag ergibt sich aus dem Anteil des Defizits des Landes am Defizitanteil aller Länder; Näheres regelt § 2 SZAG (vgl. oben Rn.20).

Art.109a [Vermeidung von Haushaltsnotlagen und Stabilitätsrat]

Zur Vermeidung von Haushaltsnotlagen regelt ein Bundesgesetz[1], das der Zustimmung des Bundesrates bedarf,

1. die fortlaufende Überwachung der Haushaltswirtschaft von Bund und Ländern durch ein gemeinsames Gremium (Stabilitätsrat),[2]

2. die Voraussetzungen und das Verfahren zur Feststellung einer drohenden Haushaltsnotlage,[5]

3. die Grundsätze zur Aufstellung und Durchführung von Sanierungsprogrammen zur Vermeidung von Haushaltsnotlagen.[6]

Die Beschlüsse des Stabilitätsrats und die zugrunde liegenden Beratungsunterlagen sind zu veröffentlichen.[3]

1. Stabilitätsrat: Grundlagen, Organisation, Aufgaben

1   Die Vorschrift des S.1 ermächtigt dazu, durch **Bundesgesetz**, einen Stabilitätsrat einzurichten, der die Haushalte von Bund und Ländern überwacht. Weiter kann durch das Gesetz ein Verfahren zur Feststellung und Vermeidung von Haushaltsnotlagen bei Bund und Ländern festgelegt werden, wie das durch das Bundesstaatsprinzip nahegelegt wird (BVerfGE 86, 148/266; 116, 327/393 f). Das Gesetz bedarf der Zustimmung des Bundesrats. Von der Ermächtigung wurde mit dem Stabilitätsratsgesetz (StabiRatG) vom 10. 8. 2009 (BGBl I 2702) Gebrauch gemacht.

2   Der **Stabilitätsrat** stellt gem. S.1 Nr.1 ein gemeinsames Gremium von Bund und Ländern dar, das mit finanzverfassungsrechtlichen Gemeinschaftsaufgaben betraut ist, nicht ein Bundesorgan (Reimer EH 3, 8). Die Zusammensetzung und Arbeitsweise des Gremiums wird durch Gesetz (oben Rn.1) geregelt. Der Rat unterliegt keinen Weisungen (Reimer EH 31); eine persönliche Unabhängigkeit der einzelnen Mitglieder ist aber verfassungsrechtlich nicht geboten (Reimer EH 13).

3   Weiter wird der **Aufgabenkreis** durch Gesetz (unter Beachtung der Vorgaben des Art.109) festgelegt. Die Aufgaben des Rats sind nicht auf die fortlaufende Überwachung der Haushalte von Bund und Ländern iSd S.1 Nr.1 beschränkt, sondern umfassen auch solche im Bereich von S.1 Nr.2, 3 (BT-Drs. 16/12410, 12; unten Rn.5–7). Hinzu treten für eine Übergangszeit die Aufgaben des Art.143d Abs.2 S.5 (Rn.6 zu Art.143d). Die Haushalte der Gemeinden und der Sozialversicherungen dürften nicht erfasst sein (vgl. Rn.11 zu Art.109; a. A. Reimer EH 73). Die Beschlüsse des Stabilitätsrats und die zugrunde liegenden Beratungsunterlagen sind gem. S.2 zu veröffentlichen, um eine Kontrolle durch die Öffentlichkeit zu ermöglichen und öffentlichen Druck zur Durchsetzung der Beschlüsse aufzubauen (BT-Drs. 16/

12410, 7; Reimer EH 57). Die Erfüllung der Pflicht kann von Bürgern über die Informationsfreiheit des Art. 5 Abs. 1 S. 1 erzwungen werden (Reimer EH 67; Rn. 16a zu Art. 5). Weitere Einzelheiten der Aufgabenerfüllung werden durch eine Geschäftsordnung geregelt.

2. Verfahren zur Vermeidung von Haushaltsnotlagen

Das in Art. 109a verankerte Verfahren zur Vermeidung von Haushaltsnotla- **4** gen umfasst vier Stufen (BT-Drs. 16/12410, 12): – *(1)* Der Stabilitätsrat **beobachtet** gem. S. 1 Nr. 1 kontinuierlich die Haushalte des Bundes und jedes Landes, und zwar auf der Basis von finanzwirtschaftlichen Kennzahlen, die durch Gesetz oder Beschluss des Stabilitätsrats festgelegt werden. Damit soll die Gefahr einer Haushaltsnotlage möglichst frühzeitig erkannt werden, damit rechtzeitig die erforderlichen Gegenmaßnahmen getroffen werden können. Die jeweilige Gebietskörperschaft ist zur Erteilung der notwendigen Auskünfte verpflichtet (Reimer EH 33; Schmidt, DVBl 09, 1284). Die *Überwachung* muss fortlaufend, insb. zeitnah erfolgen (Reimer EH 35).

(2) Ergeben sich bei der Überwachung Anhaltspunkte für eine drohende **5** Haushaltsnotlage, nimmt der Stabilitätsrat eine umfassende Analyse der Haushaltssituation vor. Auf der Basis der Kennzahlen **entscheidet** der Rat gem. S. 1 Nr. 2 darüber, ob die Gefahr einer **Haushaltsnotlage** besteht. Für die Auskunftserteilung gilt Entsprechendes wie bei der Überwachung (Reimer EH 37).

(3) Wird eine Haushaltsnotlage festgestellt, hat der Stabilitätsrat in Ab- **6** stimmung mit der fraglichen Körperschaft ein entsprechendes **Sanierungsprogramm aufzustellen.** Das Programm zielt gem. S. 1 Nr. 3 auf die Vermeidung von Haushaltsnotlagen, was die Beseitigung bereits eingetretener Notlagen einschließt (vgl. Reimer EH 82). Unabhängig davon ist die Körperschaft verpflichtet, in eigener Verantwortung alle Konsolidierungsspielräume auszuschöpfen.

(4) Die **Durchführung** des Sanierungsprogramms erfolgt durch die Ge- **7** bietskörperschaft und wird vom Sanierungsrat überwacht (Reimer EH 48 ff). Allerdings stehen ihm keine echten Sanktionsmöglichkeiten zur Verfügung (Schmidt, DVBl 09, 1284).

Art. 110 [Haushaltsplan und Haushaltsgesetz des Bundes]

(1) **Alle Einnahmen und Ausgaben des Bundes sind in den Haushaltsplan² einzustellen⁴; bei Bundesbetrieben und bei Sondervermögen brauchen nur die Zuführungen oder die Ablieferungen eingestellt zu werden⁴ᵃ. Der Haushaltsplan ist in Einnahme und Ausgabe auszugleichen⁵.**

(2) **Der Haushaltsplan wird für ein oder mehrere Rechnungsjahre, nach Jahren getrennt, vor Beginn des ersten Rechnungsjahres durch das Haushaltsgesetz festgestellt⁶, ¹². Für Teile des Haushaltsplanes kann vorgesehen werden, daß sie für unterschiedliche Zeiträume, nach Rechnungsjahren getrennt, gelten⁶.**

(3) **Die Gesetzesvorlage nach Absatz 2 Satz 1 sowie Vorlagen zur Änderung des Haushaltsgesetzes und des Haushaltsplanes werden gleich-**

zeitig mit der Zuleitung an den Bundesrat beim Bundestage eingebracht[10 f]; der Bundesrat ist berechtigt, innerhalb von sechs Wochen, bei
Änderungsvorlagen innerhalb von drei Wochen, zu den Vorlagen Stellung zu nehmen[11].

(4) In das Haushaltsgesetz dürfen nur Vorschriften aufgenommen werden, die sich auf die Einnahmen und die Ausgaben des Bundes und auf
den Zeitraum beziehen, für den das Haushaltsgesetz beschlossen wird[9].
Das Haushaltsgesetz kann vorschreiben, daß die Vorschriften erst mit
der Verkündung des nächsten Haushaltsgesetzes oder bei Ermächtigung
nach Artikel 115 zu einem späteren Zeitpunkt außer Kraft treten.

Übersicht

Literatur: *Tappe,* Das Haushaltsgesetz als Zeitgesetz, 2008; *Heintzen,* Staatshaushalt,
HbStR³, V, 2007, § 120; *Piduch/Dreßler,* Bundeshaushaltsrecht, 2. Aufl., Stand 2001;
Puhl, Budgetflucht und Haushaltsverfassung, 1996; *Elles,* Die Grundrechtsbindung des
Haushaltsgesetzgebers, 1996; *Häde,* Einführung in das Haushaltsverfassungsrecht, JA
1994, 80; *Walther,* Die Wirtschaftlichkeit als haushaltsrechtlicher Grundsatz und als ver-
fassungsrechtlicher Maßstab, VR 1993, 14. – S. Literatur zu Art.112, 114.

1. Bedeutung und Abgrenzung zu anderen Vorschriften

1   Die 1969 (Einl.3 Nr.20) erheblich veränderte Vorschrift enthält Vorgaben
zum Bundeshaushaltsplan (unten Rn.2–6) und zum Bundeshaushaltsgesetz
(unten Rn.7–16). Zusammen mit den Vorschriften der Art.111–115 regelt
sie die Haushaltsführung des *Bundes,* also der juristischen Person „Bund",
nicht jedoch die Haushaltsführung juristisch selbständiger Personen des Bundesrechts (Gröpl BK 101; Hillgruber MKS 17 ff; Puhl o. Lit. 124 f); vgl. allerdings Rn.6 zu Art.114. Dies gilt unabhängig davon, ob die verselbstständ-
digte Person öffentlich-rechtlicher oder privatrechtlicher Natur ist (Heintzen
MüK 5) bzw. unter vollständiger Kontrolle des Bundesrechts steht (Reimer
EH 21). Gemeinsame Regelungen für die Haushalte von Bund *und* Ländern
(einschl. der „zugehörigen" juristischen Personen) enthält Art.109.

2. Bundeshaushaltsplan

2   **a) Bedeutung und Inhalt.** Der Bundeshaushaltsplan ist „ein Wirt-
schaftsplan und zugleich ein staatsleitender Hoheitsakt" (BVerfGE 79, 311/
328 f). Er bildet die Grundlage für die Haushalts- und Wirtschaftsführung
des Bundes. Er besteht aus einem Gesamtplan und den Einzelplänen: Der

Gesamtplan enthält gem. § 13 Abs.4 BHO eine Zusammenfassung der Einzelpläne (Haushaltsübersicht), eine Berechnung des Finanzierungssaldos (Finanzierungsübersicht) und eine Darstellung der Einnahmen aus Krediten sowie der Tilgungsausgaben (Kreditfinanzierungsplan). Die Einzelpläne betreffen zumeist den Bereich eines Ressorts (Ministeriums) und sind nach Zwecken (Titel) geordnet (Siekmann SA 33). Zum Verhältnis von Haushaltsplan und Haushaltsgesetz unten Rn.7.

b) Grundsatz der Vollständigkeit. Gem. Abs.1 S.1 sind **alle** zu erwar- **3** tenden Einnahmen ebenso wie alle beabsichtigten Ausgaben im Haushaltsplan aufzuführen (BVerfGE 119, 96/118; Heintzen HbStR³ V § 120 Rn.25), und zwar in *einem* Plan (Siekmann SA 53; Heun DR 16). Der damit festgelegte Grundsatz der Vollständigkeit zielt darauf ab, „das gesamte staatliche Finanzvolumen der Budgetplanung und -entscheidung von Parlament und Regierung zu unterstellen" (BVerfGE 82, 159/179; 108, 186/216; 110, 370/388). Unzulässig sind Einnahme- und Ausgabekreisläufe außerhalb des Budgets (BVerfGE 82, 159/179; 91, 186/201 f; 93, 319/343) sowie „schwarze Kassen" (Heintzen HbStR³ V § 120 Rn.26; Mahrenholz AK 47; Heun DR 15). Der Grundsatz der Vollständigkeit schließt den Grundsatz der Wahrheit und damit der Schätzgenauigkeit ein (BVerfGE 119, 96/118, 129). Er dient der Haushaltsklarheit wie der Lastengleichheit der Bürger (BVerfGE 82, 159/178 f). *Einnahmen* sind die im Rechnungsjahr objektiv zu erwartenden Mittel aus Steuern und anderen Abgaben, aber auch einmalige Einnahmen, etwa aus Verkäufen, sowie Einnahmen aus Krediten (BVerfGE 119, 96/119; Hillgruber MKS 15). Nicht erfasst werden Kassenkredite, die nur der Zwischenfinanzierung dienen, sowie durchlaufende Mittel (BVerfGE 4, 7/14, 26). *Ausgaben* sind die Geldzahlungen, die der Bund im Rechnungsjahr voraussichtlich leisten wird (Hillgruber MKS 16). Ob auch Verpflichtungsermächtigungen erfasst werden, ist umstritten (dafür Heintzen HbStR³ VI § 135 Rn.25; a.A. Hillgruber MKS 32).

Des Weiteren ergibt sich aus dem Vollständigkeitsgebot das **Brutto-Prin- 4 zip,** d.h. die Forderung, Einnahmen und Ausgaben generell getrennt (und nicht bei bestimmten Posten saldiert) aufzuführen. Vom Brutto-Prinzip kann nur in begründeten Ausnahmefällen abgewichen werden, sofern dadurch die Funktion des Haushaltsgesetzgebers nicht beeinträchtigt wird (Mahrenholz AK 50; Heintzen HbStR³ V § 120 Rn.31; noch strenger Siekmann SA 49 ff; a.A. Hillgruber MKS 42). Umstritten ist, ob eine generelle Nettoveranschlagung der Kreditaufnahme damit vereinbar ist (dafür Heintzen HbStR³ § 120 Rn.31; Heun DR 18; dagegen Siekmann SA 51). Unzulässig ist eine Nettoveranschlagung bei Subventionen durch Steuervergünstigungen (Heintzen MüK 16).

Vollständigkeit und Brutto-Prinzip gelten nicht für Einnahmen und Aus- **4a** gaben **juristisch selbständiger Personen** (oben Rn.1). Insoweit enthält der Bundeshaushaltsplan nur die saldierte Zuführung bzw. Ablieferung (Reimer EH 46). Gleiches kann gem. Abs.1 S.1 Hs. 2 bei **Bundesbetrieben** und (sonstigen) **Sondervermögen** geschehen. Für Bundesbetriebe ist eine erwerbswirtschaftliche Ausrichtung, also ein Angebot von Waren oder Dienstleistungen gegen Entgelt, kennzeichnend (BVerwGE 129, 219 Rn.14). Sondervermögen dienen bestimmten Aufgaben und werden aufgrund eines Gesetzes getrennt verwaltet, wie das ERP-Sondervermögen. Unklar ist, wieweit der Grundsatz der Vollständigkeit ein solches Ausweichen in rechtlich selbständige Personen bzw. in Sondervermögen begrenzt (dazu Heintzen MüK 13; Pünder FH 31; Hillgruber MKS 23 ff). Im Bereich der Sonderabgaben sichern die insoweit geltenden verfassungsrechtlichen Grenzen (Rn.9–11 zu Art.105) auch den Grundsatz der Vollständigkeit (BVerfGE 82, 159/179; 101, 141/146).

5 **c) Weitere verfassungsrechtliche Anforderungen.** Gem. Abs.1 S.2 müssen Einnahmen und Ausgaben (dazu oben Rn.3) formal **ausgeglichen** sein (BVerfGE 119, 96/119). Das heißt, der Haushaltsplan darf nicht mehr Ausgaben vorsehen, als Einnahmen auf Grund von Schätzungen zu erwarten sind (Hillgruber MKS 53; Siekmann SA 65; Heintzen MüK 27). Kredite dürfen nur noch unter bestimmten Voraussetzungen und in bestimmten Grenzen herangezogen werden (Rn.6–11 zu Art.115). Weiter muss der Haushaltsplan dem **gesamtwirtschaftlichen Gleichgewicht** Rechnung tragen (dazu Rn.9 zu Art.109). Endlich wird das parlamentarische Budgetrecht nur gewahrt, wenn der Grundsatz der **Spezialität** beachtet wird: Einnahmen und Ausgaben sind unter ausreichend spezifizierter Angabe des Zwecks aufzuführen (Heun DR 24; Hillgruber MKS 77); Ausnahmen sind nur bei zwingenden Gründen möglich und müssen vom Bundestag geprüft werden (BVerfGE 70, 324/358). Leertitel sind daher vielfach unzulässig (vgl. VerfGH NW, NVwZ 92, 471).

6 Der Haushaltsplan ist gem. Abs.2 S.1 für **ein Jahr** oder – gegliedert nach Jahren – für **mehrere Jahre** im vorhinein (unten Rn.12) zu erstellen. In der Praxis ist die 1. Alternative üblich. Auch von den in Abs.2 S.2 vorgesehenen weiteren Möglichkeiten der Modifikation, die z.B. unterschiedliche Zeiträume für einen Verwaltungs- und einen Finanzhaushalt gestatten, wird kaum Gebrauch gemacht.

3. Bundeshaushaltsgesetz

7 **a) Inhalt.** Das (Bundes-)Haushaltsgesetz enthält zunächst die „Feststellung", d.h. die **Annahme des** (Bundes-)**Haushaltsplans.** Der Haushaltsplan ist daher in seiner Gesamtheit Bestandteil des Haushaltsgesetzes (Siekmann SA 22; Heintzen MüK 3; vgl. BVerfGE 20, 56/91; 38, 121/126), auch wenn die Formulierung des Abs.3 in anderer Weise verstanden werden könnte und in der Praxis getrennt über Haushaltsgesetz und Haushaltsplan abgestimmt wird (vgl. außerdem unten Rn.13). Zum Ergänzungs- und Nachtragshaushalt vgl. unten Rn.11.

8 Das Haushaltsgesetz bzw. der Haushaltsplan kann für bestimmte Ausgaben **Vorbehalte** und **Sperrvermerke** vorsehen. Vor der Inanspruchnahme solcher Ausgaben ist eine Genehmigung des (gesamten) Bundestags oder des Haushaltsausschusses erforderlich. Gegen die Notwendigkeit einer *Genehmigung durch* den *Bundestag* bestehen keine durchgreifenden verfassungsrechtlichen Bedenken (Heintzen HbStR[3] V § 120 Rn.75; Gröpl BK 74; Siekmann SA 91; teilweise a.A. Hillgruber MKS 70 f). Ein gesetzlich geregelter Son-

derfall sind die Ausgaben auf Grund eines Leertitels bei einer konjunkturellen Abschwächung gem. § 6 Abs.2, 8 StabG. Auch die Genehmigung durch den *Haushaltsausschuss* des Bundestags dürfte verfassungsrechtlich zulässig sein, sofern die Vorgaben im Haushaltsplan ausreichend präzise sind (Pünder FH 105; Siekmann SA 92; Heintzen HbStR³ V § 120 Rn.75; a.A. Hillgruber MKS 72; vgl. Rn.9 zu Art.80). Zwar liegt die Haushaltskompetenz an sich beim Bundestag als Ganzes. Wenn er aber eine bestimmte Ausgabe in Aussicht stellt, hat er seine wesentlichen Budgetfunktionen erfüllt. Bedenken können sich erst ergeben, wenn durch dieses Verfahren einzelnen Fraktionen oder Abgeordneten die Möglichkeit der Einflussnahme auf das Haushaltsgesetz genommen wird (BVerfGE 66, 26/38; 70, 324/356). Schließlich bestehen keine durchgreifenden Bedenken dagegen, die Inanspruchnahme bestimmter Mittel von einer Zustimmung des Bundesministers der Finanzen abhängig zu machen (Heintzen MüK Vorb.8; a.A. Hillgruber MKS 70).

Darüber hinaus enthält das Haushaltsgesetz regelmäßig **zusätzliche Vor-** **9** **schriften,** insb. die durch Art.115 vorgeschriebenen Ermächtigungen (Rn.4f zu Art.115). Solche Vorschriften sind mit dem *Bepackungsverbot* des Abs.4 S.1 nur vereinbar, wenn sie sich auf die Einnahmen und Ausgaben des Bundes beziehen, also finanzwirksam sind (Hillgruber MKS 106; Heintzen MüK 44), und zudem den Zeitraum betreffen, für den das Haushaltsgesetz gilt. Allerdings sind gewisse Überschreitungen der zeitlichen Grenzen gem. Abs.4 S.2 zulässig. Ein Verstoß gegen das Bepackungsverbot führt zur Nichtigkeit der entsprechenden Regelung (VerfG MV, LKV 06, 29f; Hillgruber MKS 115; Gröpl BK 134; Heintzen MüK 43; a.A. OVG Lüneburg, DÖV 89, 317). Im Rahmen des Bepackungsverbots werden vielfach auch materiellrechtliche Regelungen als zulässig angesehen (BSGE 37, 144/145ff; Heun DR 31; Heintzen MüK 43; Elles o. Lit. 24f), z.T. dagegen nur die Exekutive verpflichtende oder berechtigende Normen (Siekmann SA 25, 88; vgl. BVerfGE 79, 311/327); vgl. auch unten Rn.15f und Rn.5 zu Art.87a. Ein Verzicht auf materielle Normen fördert jedenfalls die Rechtsklarheit (vgl. Hillgruber MKS 114; Pünder FH 91).

b) Verfahren, Zeitpunkt. Das Haushaltsgesetz ergeht als förmliches **10** Bundesgesetz. Eine Delegation der Gesetzgebungsbefugnis und damit eine Feststellung des Haushaltsplans durch Rechtsverordnung ist ausgeschlossen (Hillgruber MKS 69; Gröpl BK 160; Heintzen MüK 35). Die Beratung erfolgt grundsätzlich öffentlich (BVerfGE 70, 324/358; Pünder FH 87; Siekmann SA 80); Ausnahmen davon sind jedes Jahr neu zu prüfen (BVerfGE 70, 324/358f; Hillgruber MKS 79). Jeder Abgeordnete hat „ein eigenes Recht auf Beurteilung des Haushaltsentwurfs" (BVerfGE 70, 324/356); zur Beteiligung der Fraktionen Rn.35 zu Art.38. Auf Fragen der Abgeordneten muss die Bundesregierung präzise und vollständige Antworten geben (Mahrenholz AK 29). Überlegenswert erscheint, ob nicht nach amerikanischem Vorbild neben dem Haushaltsausschuss die für die jeweiligen Ansätze sachlich zuständigen Ausschüsse beteiligt werden sollten (Jarass, NVwZ 84, 479). Der Bundesrat besitzt (lediglich) ein Einspruchsrecht, es sei denn, die zusätzlichen Regelungen (oben Rn.9) betreffen zustimmungspflichtige Materien (Hillgruber MKS 100f; Gröpl BK 168).

11   Das Recht der **Gesetzesinitiative** liegt, wie sich aus Abs.3 und Art.113 Abs.1 S.1 mittelbar entnehmen lässt, abweichend von Art.76 Abs.1, allein bei der Bundesregierung (BVerfGE 45, 1/46; Hillgruber MKS 88). Dies gilt auch für Ergänzungsvorlagen (Heintzen MüK 37; Siekmann SA 75; a. A. Heun DR 34) und Nachtragsvorlagen (BVerfGE 70, 324/357); unberührt bleiben Änderungen eingebrachter Vorhaben durch den Bundestag, sofern Art.113 beachtet wird (vgl. BVerfGE 70, 324/355). *Ergänzungs(haushalts)vorlagen* betreffen ein eingebrachtes, aber noch nicht verabschiedetes Haushaltsgesetz; *Nachtrags(haushalts)vorlagen* zielen dagegen darauf ab, ein bereits verabschiedetes Haushaltsgesetz zu ändern. Eine weitere Abweichung von den allgemeinen Vorschriften des Gesetzgebungsverfahrens, die für Ergänzungs- und Nachtragsvorlagen gilt, besteht darin, dass gem. Abs.3 und entgegen Art.76 Abs.2 aus Gründen der Beschleunigung des Verfahrens der Entwurf des Haushaltsgesetzes **gleichzeitig** dem **Bundesrat und** dem **Bundestag** zuzuleiten ist. Dies gilt für die Vorlage des Haushaltsgesetzes wie für Änderungsvorlagen, seien es Ergänzungs- oder Nachtragsvorlagen. Der Bundesrat hat gem. Abs.3 für seine Stellungnahme sechs Wochen Zeit, bei Ergänzungsvorlagen nur drei Wochen; soweit die allgemeine Regelung des Art.76 Abs.2 davon abweicht, kann auf sie nicht zurückgegriffen werden (Hillgruber MKS 94).

12   Das Haushaltsgesetz muss gem. Abs.2 S.1 **vor Beginn des betreffenden Rechnungsjahres** ergehen, um die Budgethoheit des Parlaments zu gewährleisten (BVerfGE 119, 96/120). Die Bundesregierung hat daher den Entwurf des Haushaltsplanes entsprechend frühzeitig vorzulegen (BVerfGE 45, 1/32 f; 66, 26/38). Das Haushaltsgesetz mit Verspätung zu erlassen, verstößt gegen diese Verpflichtung (BVerfGE 45, 1/33; Heintzen HbStR³ V § 120 Rn.42). Das verspätet erlassene Haushaltsgesetz ist gleichwohl rechtmäßig, wie Art.111 („bis zu seinem Inkrafttreten") entnommen werden kann. Es tritt rückwirkend zu Beginn des betreffenden Rechnungsjahres in Kraft (Siekmann SA 59; Heintzen MüK 7).

13   Die **Verkündung** des Haushaltsgesetzes ist durch den Grundsatz der Budgetöffentlichkeit geboten (BVerfGE 70, 324/359; 79, 311/344). Dabei wird regelmäßig nur der Gesamtplan des Haushaltsplanes als Anlage mitveröffentlicht. Auf eine Publizierung der Einzelpläne wird traditionell verzichtet, um das Bundesgesetzblatt nicht zu überlasten. Dies wird als mit Art.82 vereinbar angesehen (BVerfGE 20, 56/93; Heun DR 39; einschr. BVerfGE 65, 283/291); irgendeine Form der Publizierung wird man aber verlangen müssen (noch strenger Siekmann SA 86). Unabhängig davon sind die Einzelpläne Teil des Haushaltsgesetzes (oben Rn.7).

14   **c) Rechtsnatur, Bedeutung, Wirkungen.** Der klassische Streit um die Rechtsnatur des Haushaltsgesetzes und des darin enthaltenen Haushaltsplans ist (jedenfalls) heute überholt bzw. ohne Bedeutung (Heun DR 9; Pünder FH 70). Das Parlament ist nicht nur formell, sondern auch nach der materiellen Funktionenzuordnung Herr des Budgets (vgl. BVerfGE 45, 1/34; 70, 324/355; Heun DR 9; Siekmann SA 14), weshalb das Haushaltsgesetz nicht nur der Form nach ein Gesetz ist (Siekmann SA 23; Gröpl BK 53). Immerhin besitzt das Haushaltsgesetz im Unterschied zu den meisten Gesetzen, aber ähnlich wie andere Organgesetze, primär Innenwirkung:

Das Haushaltsgesetz hat in erster Linie Wirkungen innerhalb der Bundes- **15** exekutive **(Innenwirkung);** sie wird zu den im Haushaltsplan vorgesehenen Ausgaben ermächtigt (BVerfGE 20, 56/89 f). Gleichzeitig ist die Exekutive an die dort aufgeführten Zwecke gebunden (Siekmann SA 26) und darf die aufgeführten Summen nicht überschreiten (BVerfGE 45, 1/34; Heun DR 29; s. allerdings Rn.1 zu Art.112). Den Fachgesetzen kommt aber der Vorrang zu (Heun DR 31; Siekmann SA 36 f). Dagegen ergibt sich aus dem Haushaltsplan keine Verpflichtung zur Leistung bestimmter Ausgaben (Pechstein, VerwArch 1995, 359 ff; Heintzen MüK 32; Stern ST II 1207; für Sollensverpflichtung Pünder FH 118). Weitere Berechtigungen und Verpflichtungen der Exekutive können sich aus den sonstigen Vorschriften des Haushaltsgesetzes (oben Rn.9) ergeben, etwa eine Verpflichtung, Personalstellen abzubauen. Wegen dieser Wirkungen kann das Haushaltsgesetz Gegenstand einer Normenkontrolle sein (Rn.22 zu Art.93).

Unklar ist, wieweit das Haushaltsgesetz **Außenwirkungen** entfaltet, also **16** für die rechtlichen Beziehungen zwischen Bund und Dritten von Bedeutung ist. Was die *zusätzlichen Regelungen* des Haushaltsgesetzes angeht, wird insoweit auf die Ausführungen oben in Rn.9 verwiesen. Soweit das Haushaltsgesetz den *Haushaltsplan feststellt,* hat es grundsätzlich keine Außenwirkung (Heintzen HbStR³ V § 120 Rn.53; Pünder FH 69; Siekmann SA 24 f). Es begründet keine Rechte für die Personen, denen nach dem Haushaltsplan bestimmte Mittel zugute kommen sollen (BVerfGE 1, 299/307; 38, 121/ 125; BVerwGE 104, 220/222; Hillgruber MKS 65; Gröpl BK 139). Gesetzlich vorgesehene Ansprüche Dritter entfallen nicht deshalb, weil im Haushalt keine entsprechenden Mittel vorgesehen sind (BAGE 46, 394/400 f; Heintzen HbStR³ V § 120 Rn.18; Hillgruber MKS 66; Gröpl BK 57). Die Feststellung des Haushaltsplanes ist allerdings für Dritte insoweit bedeutsam, als eine Subventionsvergabe ohne entsprechende Grundlage im Haushaltsplan auch im Außenverhältnis rechtswidrig ist (BVerwGE 58, 45/48; OVG NW, NVwZ 82, 381; Heun DR 31; a.A. Siekmann SA 40), es sei denn, es besteht eine spezialgesetzliche Regelung (zum Vorrang des Fachrechts oben Rn.15).

Art.111 [Nothaushaltsführung des Bundes]

(1) **Ist bis zum Schluß eines Rechnungsjahres der Haushaltsplan für das folgende Jahr nicht durch Gesetz festgestellt¹, so ist bis zu seinem Inkrafttreten die Bundesregierung ermächtigt, alle Ausgaben zu leisten, die nötig sind,**

a) **um gesetzlich bestehende Einrichtungen zu erhalten und gesetzlich beschlossene Maßnahmen durchzuführen,**

b) **um die rechtlich begründeten Verpflichtungen des Bundes zu erfüllen,**

c) **um Bauten, Beschaffungen und sonstige Leistungen fortzusetzen oder Beihilfen für diese Zwecke weiter zu gewähren, sofern durch den Haushaltsplan eines Vorjahres bereits Beträge bewilligt worden sind².**

(2) **Soweit nicht auf besonderem Gesetze beruhende Einnahmen aus Steuern, Abgaben und sonstigen Quellen oder die Betriebsmittelrück-**

lage die Ausgaben unter Absatz 1 decken, darf die Bundesregierung die zur Aufrechterhaltung der Wirtschaftsführung erforderlichen Mittel bis zur Höhe eines Viertels der Endsumme des abgelaufenen Haushaltsplanes im Wege des Kredits flüssig machen[5].

Literatur: *Fischer,* Handeln in fremdem Interesse, VerwArch 2007, 543; *Kroll,* Das Teilhaushaltsgesetz, DÖV 2004, 986; *Röper,* Die Pflicht des Parlaments zur Nothaushaltsgesetzgebung, ZParl 2001, 758. – S. Literatur zu Art.110.

1. Bedeutung und Anwendungsbereich

1   Der Haushaltsplan muss an sich gem. Art.110 Abs.2 S.1 vor Beginn des Rechnungsjahres durch das Haushaltsgesetz festgestellt werden (Rn.12 zu Art.110). Für den Fall, dass dies nicht gelingt, ermächtigt Art.111 die Bundesregierung bis zur Verkündung des Haushaltsgesetzes (Siekmann SA 9; Schwarz MKS 14) auch ohne Haushaltsgesetz die Haushaltsführung in begrenztem Umfang fortzusetzen. Die Ermächtigung gilt bis zur Verkündung des Haushaltsgesetzes (Kube MD 37; Schwarz MKS 14). Art.111 ersetzt dann die Ermächtigung des Haushaltsgesetzes (BVerfGE 20, 56/90). Aus welchen Gründen der Haushaltsplan nicht rechtzeitig festgestellt wurde, spielt keine Rolle (Kube MD 30; Heintzen HbStR[3] V § 120 Rn.68; Heun DR 6); auch der Fall eines verfassungswidrigen Haushaltsgesetzes wird, nach einer entspr. Entscheidung des BVerfG, erfasst (Kube MD 28; Schwarz MKS 12). Die Ermächtigung des Art.111 ist für kurzfristige Konstellationen gedacht (BVerfGE 45, 1/32f; 66, 26/38; Heun DR 7), kann in Ausnahmefällen aber auch länger zum Tragen kommen (Kube MD 38). An Stelle des Art.111 kann ein vom Bundestag erlassenes *Nothaushaltsgesetz* die Grundlage liefern. Es kann die Grenzen enger als in Art.111 vorgesehen abstecken (Siekmann SA 10; Kube MD 16; a. A. Heintzen MüK 5); die Gegenauffassung wird der Budgethoheit des Parlaments nicht gerecht, die durch Art.111 nicht verdrängt wird (vgl. BVerfGE 45, 1/32f; 66, 26/38; Heun DR 6), und übersieht zudem, dass Art.111 Fälle mutmaßlicher Zustimmung des Bundestags enthält (Kube MD 2; unten Rn.4). Ein Nothaushaltsgesetz kann allerdings ebenso wenig wie ein reguläres Haushaltsgesetz die Vergabe gesetzlich vorgeschriebener Ausgaben behindern (Kube MD 16; vgl. Rn.16 zu Art.110). Mit Erlass des regulären Haushaltsgesetzes werden die aufgrund von Art.111 geleisteten Ausgaben zu planmäßigen Ausgaben, soweit sie vom Plan gedeckt sind. Im Übrigen bildet Art.111 dauerhaft die Ermächtigung (Kube MD 80, 82).

2. Folgen

2   **a) Ausgaben** können gem. Abs.1 von der Bundesregierung oder mit deren Einverständnis von der gesamten Exekutive des Bundes bis zum Erlass des Haushaltsgesetzes geleistet werden, sofern es um folgende Zwecke geht: *(1)* Die Erhaltung gesetzlich vorgesehener Einrichtungen, d.h. von Einrichtungen des Bundes, die ihre Grundlage in einem Gesetz, auch im vorangegangenen Haushaltsplan, finden (Kube MD 41f). *(2)* Die Durchführung gesetzlich beschlossener Maßnahmen, für die sich der Sachgesetzgeber vor

Beginn der etatlosen Zeit entschieden hat (Kube MD 45). *(3)* Die Erfüllung bindender Verpflichtungen des Bundes, die zu einem Anspruch eines Dritten führen (Heintzen MüK 10; Kube MD 47 f). *(4)* Die Fortsetzung von vor Beginn der etatlosen Zeit begonnenen Projekten und Beihilfen, für die im Haushaltsplan des Vorjahres Beiträge bewilligt wurden (dazu Kube MD 51 ff). – Die *Vorjahresansätze* können in allen Fällen überschritten werden, sofern dies für die angeführten Zwecke notwendig ist (Kube MD 66; Siekmann SA 13).

Weiter müssen die Ausgaben **zeitlich unaufschiebbar** sein, weil sie bei 3 einer Verschiebung auf die Zeit nach Erlass des Haushaltsplans keine oder unverhältnismäßig geringere Wirkungen hätten (Schwarz MKS 19; Kube MD 57). Dabei ist eine sorgfältige Prüfung geboten (Kube MD 57). An der Unaufschiebbarkeit fehlt es etwa regelmäßig bei Ausgaben für die Öffentlichkeitsarbeit (Siekmann SA 13).

Weiter wird vermutet, dass das Parlament entsprechenden Ausgaben zu- 4 stimmen würde (Heintzen MüK 9). Das heißt umgekehrt, dass die genannten Ausgaben nicht geleistet werden dürfen, wenn das Parlament sich gegen sie entschieden hat, etwa ein Haushaltsgesetz gerade wegen dieser Ausgaben scheiterte (Kube MD 60; Siekmann SA 14). Auf das Eingehen von Verpflichtungen für künftige Rechnungsjahre ist Art.111 ebenfalls anwendbar, wenn eine der Voraussetzungen des Abs.1 gegeben ist (Schwarz MKS 22), nicht dagegen auf das Eingehen von Bürgschaften, Sicherheitsleistungen oder anderer Garantien (Kube MD 65; a.A. Gröpl BK 66). Eine weitere, parallel anzuwendende Ausgabenermächtigung enthält Art.112 (Rn.1 zu Art.112). Dagegen können die Grenzen des Art.111 nicht unter Berufung auf Art.109 Abs.2 überschritten werden (Kube MD 8; Schwarz MKS 26; a.A. Heun DR 9).

b) Die **Einnahmen** des Bundes fließen auch ohne Haushaltsgesetz, wes- 5 halb für eine ausreichende Deckung der in Abs.1 vorgesehenen Ausgaben regelmäßig gesorgt ist. Lediglich Kreditaufnahmen u.ä. setzen gem. Art.115 eine gesetzliche Ermächtigung voraus (Heun DR 12). Davon macht Abs.2 eine äußerst großzügig bemessene Ausnahme (Kube MD 71) für den Fall, dass die ohnehin fließenden Einnahmen zur Deckung der in Rn.2 beschriebenen Ausgaben nicht genügen. Die Grenze des Art.115 Abs.2 (Rn.6–11 zu Art.115) ist allerdings zu beachten (vgl. Kube MD 75; Schwarz MKS 43).

Art. 112 [Über- und außerplanmäßige Ausgaben des Bundes]

Überplanmäßige und außerplanmäßige Ausgaben[1] bedürfen der Zustimmung des Bundesministers der Finanzen[2]. Sie darf nur im Falle eines unvorhergesehenen[5] und unabweisbaren Bedürfnisses[6] erteilt werden. Näheres kann durch Bundesgesetz bestimmt werden[1].

Literatur: *Gumboldt,* Zu den Grenzen des Notbewilligungsrechts des Finanzministers nach Art.112 GG, LKV 2007, 356; *Jahndorf,* Das Notbewilligungsrecht des Bundesministers der Finanzen nach Art.112 GG, DVBl 1998, 75 ff. – S. auch Literatur zu Art.110.

1. Grundlagen

1 **a) Bedeutung, Anwendungsbereich, Abgrenzung.** Die Exekutive darf an sich nur Ausgaben leisten, die im Haushaltsgesetz bzw. im Haushaltsplan vorgesehen sind (Rn.15 zu Art.110). Erweisen sich die Ansätze als zu gering, müssen Haushaltsgesetz und Haushaltsplan geändert werden (BVerfGE 45, 1/34; Gröpl BK 8). Von dieser *Regel* erlaubt die 1969 (Einl.3 Nr.20) geänderte Vorschrift des Art.112 in bestimmten *Ausnahmesituationen* eine Abweichung (BVerfGE 45, 1/31, 37; Heun DR 4) und ersetzt insoweit die Ermächtigung eines Haushaltsgesetzes (BVerfGE 20, 56/90; Siekmann SA 1; Schwarz MKS 12). Art.112 gilt sowohl für *überplanmäßige* Ausgaben, für die im Haushaltsplan ein Ansatz vorgesehen ist, die aber diesen Ansatz überschreiten (Siekmann SA 7; Kube MD 24 f; Schwarz MKS 14), wie für *außerplanmäßige* Ausgaben, d.h. Leistungen, für die überhaupt kein Ansatz vorhanden ist (Gröpl BK 26; Kube MD 30). Erfasst werden auch Verpflichtungen zu über- oder außerplanmäßigen Ausgaben (Schwarz MKS 16), nicht hingegen die Einnahmeseite, etwa eine überplanmäßige Kreditaufnahme (Kube MD 36). Die Vorschrift ist auch anwendbar, wenn das Haushaltsgesetz nicht rechtzeitig erlassen wurde und damit **Art.111** zum Tragen kommt (BVerfGE 45, 1/37; Siekmann SA 15; Heun DR 10, 17; a.A. Gröpl BK 104; Heintzen MüK 4). In diesem Falle ist die Ausgabe außerplanmäßig, wenn sie nicht gem. Art.111 Abs.1 getroffen werden darf (Kube MD 8; Heun DR 10). **Art.109 Abs.2** rechtfertigt keine von Art.112 nicht gedeckten über- und außerplanmäßigen Ausgaben (Siekmann SA 20 zu Art.109; Heun DR 17); insoweit müssen die Möglichkeiten eines konjunkturbezogenen Leertitels (Rn.8 zu Art.110) genutzt werden. Die Zustimmungspflicht gilt nicht nur für die fraglichen Ausgaben selbst, sondern bereits für Entscheidungen, die zu über- oder außerplanmäßigen Ausgaben verpflichten (Kube MD 32).

1a **b) Konkretisierung und Durchsetzung.** Durch ein **Gesetz** des Bundes (Rn.5 zu Art.70) nach S.3 können nur die näheren Einzelheiten geregelt werden. Insb. ist eine Abschwächung der Grenzen des S.2 nicht möglich (Siekmann SA 32), außer für Bagatellbeträge (BVerfGE 45, 1/39). Eine Verpflichtung zur Regelung besteht nicht (BVerfGE 79, 311/352; Reimer EH 22). Verstöße gegen Art.112 können vom Bundestag bzw. (in Prozessstandschaft) von Fraktionen im Organstreitverfahren geltend gemacht werden (Heintzen MüK 13; Kube MD 64; Rn.37 zu Art.38).

2. Zustimmung des Bundesfinanzministers

2 Ausgaben, für die eine haushaltsgesetzliche Ermächtigung vorliegt, können direkt von den Ressorts und den ihnen zugeordneten Behörden getroffen werden. Demgegenüber sind überplanmäßige und außerplanmäßige Ausgaben gem. Art.112 nur möglich, wenn der Bundesminister der Finanzen seine Zustimmung erteilt. Die Zustimmung muss **vor Leistung** der Ausgaben ergehen (Siekmann SA 26; Mahrenholz AK 11).

3 **a) In verfahrensrechtlicher Hinsicht** hat der Minister zunächst die Richtlinienkompetenz des Kanzlers gem. Art.65 S.1 (Rn.3 zu Art.65) und die Kompetenz der Bundesregierung gem. Art.65 S.3 zu beachten, wenn er

die Zustimmung erteilen will, nicht jedoch, wenn er sie verweigert (BVerf-GE 45, 1/47; Heintzen MüK 10; Kube MD 67; a.A. Schwarz MKS 32, 34; Gröpl BK 42). Wegen der Haushaltsverantwortung der Bundesregierung muss über den Wortlaut des Art.112 hinaus sogar ein positiver Beschluss der Bundesregierung ergehen, sofern es um Mittel von erheblichem Gewicht geht (BVerfGE 45, 1/48, 50f; Schuppert UC 17; a.A. Kube MD 68; Heun DR 8). Weiter muss der Minister das Parlament konsultieren, damit dieses evtl. noch ein Haushaltsgesetz erlassen kann (BVerfGE 45, 1/39; Heun DR 7; Schwarz MKS 40). Die Bundesregierung muss ggf. einen entsprechenden Nachtragshaushalt vorlegen (BVerfGE 45, 1/48 ff).

b) Sachlich ist die Zustimmung des Bundesfinanzministers nur unter den 4 unten in Rn.5f aufgeführten Voraussetzungen möglich (Schwarz MKS 20), die restriktiv auszulegen sind (BVerfGE 45, 1/37; Schwarz MKS 13). Sie unterliegen grundsätzlich einer vollen verfassungsgerichtlichen Überprüfung (Heun DR 11); bei der Frage, für welche Zwecke und in welcher Höhe ein Bedarf besteht, kommt dem Bundesfinanzminister ein weiter Spielraum zu (BVerfGE 45, 1/39; Schwarz MKS 20). Zur Konkretisierung der Grenze durch Gesetz oben Rn.1a.

aa) Die Ausgabe muss **unvorhergesehen** sein, d.h. sie bzw. ihre Dring- 5 lichkeit wurde „gleich aus welchen Gründen, vom Bundesminister der Finanzen oder der Bundesregierung bei der Aufstellung des Haushaltsplans oder vom Gesetzgeber bei dessen Beratung und Feststellung nicht vorhergesehen" (BVerfGE 45, 1/35). Auf die objektive Vorhersehbarkeit oder auf Kenntnisse eines Fachministers kommt es also nicht an (Siekmann SA 13). An der Unvorhergesehenheit fehlt es immer, wenn der Bundestag eine bestimmte Ausgabe abgelehnt hat, es sei denn, dass neue Aspekte hinzugetreten sind, die ein unabweisbares Bedürfnis erzeugen (Kube MD 41f; einschr. Schwarz MKS 25).

bb) Für die Ausgabe muss sachlich und zeitlich ein **unabweisbares Be-** 6 **dürfnis** bestehen (Schwarz MKS 27). „Nur wenn eine Ausgabe ohne Beeinträchtigung schwerwiegender politischer wirtschaftlicher oder sozialer Staatsinteressen nicht mehr zeitlich aufgeschoben werden kann", ist diese Voraussetzung gegeben (BVerfGE 45, 1/36). Je größer der entsprechende Betrag ist, umso gewichtiger müssen die fraglichen Staatsinteressen sein. An der Unabweisbarkeit fehlt es, wenn durch einen Nachtragshaushalt (vgl. Rn.11 zu Art.110) rechtzeitig noch eine Grundlage geschaffen werden kann (Kube MD 47; Schwarz MKS 27). Weiter ist eine pauschale Ausnahme für Rechtsverpflichtungen nicht möglich (Gröpl BK 61; Jahndorf, DVBl 98, 80). Gleiches gilt regelmäßig bei der Erhöhung des Kapitals eines bundeseigenen Unternehmens (BVerfGE 45, 1/45).

Art.113 [Finanzwirksame Bundesgesetze]

(1) Gesetze, welche die von der Bundesregierung vorgeschlagenen Ausgaben des Haushaltsplanes erhöhen oder neue Ausgaben in sich schließen oder für die Zukunft mit sich bringen², bedürfen der Zustimmung der Bundesregierung¹, ⁵. Das gleiche gilt für Gesetze, die Einnah-

meminderungen in sich schließen oder für die Zukunft mit sich bringen[2]. **Die Bundesregierung kann verlangen, daß der Bundestag die Beschlußfassung über solche Gesetze aussetzt**[3]. **In diesem Fall hat die Bundesregierung innerhalb von sechs Wochen dem Bundestage eine Stellungnahme zuzuleiten**[3].

(2) **Die Bundesregierung kann innerhalb von vier Wochen, nachdem der Bundestag das Gesetz beschlossen hat, verlangen, daß der Bundestag erneut Beschluß faßt**[4].

(3) **Ist das Gesetz nach Artikel 78 zustande gekommen, kann die Bundesregierung ihre Zustimmung nur innerhalb von sechs Wochen und nur dann versagen, wenn sie vorher das Verfahren nach Absatz 1 Satz 3 und 4 oder nach Absatz 2 eingeleitet hat**[5]. **Nach Ablauf dieser Frist gilt die Zustimmung als erteilt**[6].

Literatur: S. Literatur zu Art.110.

1. Zweck und Anwendungsbereich

1   Die 1969 (Einl.3 Nr.20) geänderte Vorschrift verlangt, dass Gesetze, die die Ausgaben des Bundes erhöhen oder die Einnahmen des Bundes vermindern, nur nach vorheriger **Zustimmung der Bundesregierung** ergehen dürfen. Damit soll im Interesse einer sachgerechten Haushaltswirtschaft und zur Sicherung der Bundesfinanzen für derartige Gesetze eine zusätzliche Hürde errichtet werden (Schwarz MKS 2); eine ähnliche Funktion hat die Regelung des Art.23 Abs.5 S.3 (dazu Rn.60 zu Art.23). Die praktische Bedeutung der Vorschrift ist allerdings gering (Schuppert UC 11; Kube MD 60 f). Sie steht im Übrigen selbständig neben Art.112 (Heun DR 9; Kube MD 9). Die Zustimmungspflicht erfasst das gesamte Gesetz (Kube MD 13).

2   Im Einzelnen **betrifft** Art.113 **fünf Gruppen finanzwirksamer Gesetze:** Die ersten drei, in Abs.1 S.1 angesprochenen Gesetzesarten führen zu *Mehrausgaben,* die durch das Haushaltsgesetz bedingt sein können (Schwarz MKS 13; a. A. Mahrenholz AK 4), aber auch durch sonstige Gesetze, insb. Leistungsgesetze. Ob eine Mehrausgabe vorliegt, ist beim Haushaltsgesetz durch Vergleich mit dem entsprechenden Entwurf der Bundesregierung festzustellen (Kube MD 23; Schwarz MKS 12); Gleiches gilt im etatlosen Zustand des Art.111 (Schwarz MKS 37). Sonstige Gesetze sind mit dem verabschiedeten Haushaltsgesetz zu vergleichen (Heintzen MüK 4; Kube MD 23). Die vierte und fünfte Gruppe der erfassten und in Abs.1 S.2 angesprochenen Gesetzesarten führen zu *Mindereinnahmen.* Vergleichsmaßstab sind hier die bisher geltenden Gesetze über die Einnahmen des Bundes, insb. die Steuergesetze (Schwarz MKS 12; Gröpl BK 68; Siekmann SA 10: auch Verwaltungsvorschriften). Geringfügige Abweichungen dürften den Zweck des Art.113 nicht beeinträchtigen (strenger Heintzen MüK 7). Dagegen geht es zu weit, lediglich solche finanzwirksamen Gesetze erfasst zu sehen, die den Haushaltsausgleich ernsthaft und nachhaltig stören können oder die von grundsätzlicher finanzpolitischer Bedeutung sind (Siekmann SA 11; Schwarz MKS 18). Finanzwirksame Entscheidungen des Bundesverfassungsgerichts werden **nicht erfasst** (Schwarz MKS 15 ff). Nicht erfasst werden zudem Gesetze, die allein

zu Mehr- oder Minderausgaben bei Ländern und Kommunen führen (Kube MD 28).

2. Einwirkung der Bundesregierung

Fällt ein Gesetz in den Anwendungsbereich des Art.113 (oben Rn.2), **3** kann die Bundesregierung gem. Abs.1 S.3 verlangen, dass der Bundestag vorläufig keinen Beschluss über das fragliche Gesetz fasst und die Stellungnahme der Bundesregierung abwartet **(Aussetzungsverlangen)**. Die Stellungnahme muss innerhalb von 6 Wochen nach Stellung des Aussetzungsverlangens dem Bundestag zugeleitet werden (Abs.1 S.4). Nach Zuleitung der Stellungnahme bzw. nach Ablauf der sechs Wochen kann der Bundestag über das Gesetz beschließen.

Alternativ oder kumulativ zu dem Vorgehen nach Abs.1 S.3 (oben Rn.3) **4** kann die Bundesregierung gem. Abs.2 nach der Beschlussfassung des Bundestags verlangen, dass **erneut** über das Gesetz **entschieden** wird (Mahrenholz AK 13). Dieses Verlangen ist innerhalb von vier Wochen nach der abschließenden Beschlussfassung des Bundestags zu stellen; es führt zur Unwirksamkeit der (ersten) abschließenden Beschlussfassung (Schwarz MKS 29; Heintzen MüK 10).

3. Zustimmung und Wirksamkeit der erfassten Gesetze

Bei der Entscheidung über die **Zustimmung** dürfte die Bundesregierung **5** einen weiten Spielraum haben; sie muss jedoch den Zweck des Art.113 (oben Rn.1) beachten (Schwarz MKS 19). Eine verfassungsgerichtliche Überprüfung ist nicht ausgeschlossen (Siekmann SA 13; Heintzen MüK 8). Die Verweigerung der Zustimmung ist gem. Abs.3 nur von Bedeutung, wenn sie innerhalb von sechs Wochen nach dem Zustandekommen des Gesetzes erfolgt und die Bundesregierung zudem gem. Abs.1 S.3 oder gem. Abs.2 vorgegangen ist. Andererseits führt die Verweigerung der Zustimmung zur Unwirksamkeit des *gesamten* Gesetzes (Kube MD 37, 56; Heintzen MüK 4).

Die unter Art.113 fallenden **Gesetze** (oben Rn.2) **werden** gem. Abs.3 **6** **wirksam,** wenn eine der drei folgenden Alternativen gegeben ist (Heintzen MüK 9; vgl. Heun DR 14): – **(1)** Die Bundesregierung hat weder ein rechtzeitiges Aussetzungsverlangen gestellt (oben Rn.3) noch eine Wiederholungsaufforderung (oben Rn.4). – **(2)** Die Bundesregierung erteilt ausdrücklich ihre Zustimmung. Eine teilweise Zustimmung genügt nicht (Kube MD 53); sie stellt weder eine Zustimmung noch eine Ablehnung dar. – **(3)** Die Bundesregierung trifft innerhalb von sechs Wochen nach Zustandekommen des Gesetzes (Rn.1 zu Art.78) keine ausdrückliche Entscheidung, ob sie die Zustimmung erteilt oder verweigert (Abs.3 S.2).

Art.114 [Rechnungsprüfung und Finanzkontrolle des Bundes]

(1) **Der Bundesminister der Finanzen hat dem Bundestage und dem Bundesrate über alle Einnahmen und Ausgaben sowie über das Vermö-**

gen und die Schulden im Laufe des nächsten Rechnungsjahres zur Entlastung der Bundesregierung Rechnung zu legen[1 f].

(2) **Der Bundesrechnungshof, dessen Mitglieder richterliche Unabhängigkeit besitzen[4], prüft die Rechnung[5] sowie die Wirtschaftlichkeit und Ordnungsmäßigkeit der Haushalts- und Wirtschaftsführung[5 ff]. Er hat außer der Bundesregierung unmittelbar dem Bundestage und dem Bundesrate jährlich zu berichten[8]. Im übrigen werden die Befugnisse des Bundesrechnungshofes durch Bundesgesetz geregelt[6].**

Literatur: *Gröpl,* Wirtschaftlichkeit und Sparsamkeit staatlichen Handelns, HbStR[3] V, 2007, § 121; *Blasius/Stadtmann,* Justiz und Finanzkontrolle, DÖV 2002, 12; *Degenhart/Schulze-Fielitz,* Kontrolle der Verwaltung durch Rechnungshöfe, VVDStRL 55 (1996), 190, 231; *Wieland,* Rechnungshofkontrolle im demokratischen Rechtsstaat, DVBl 1995, 894; *Blasius,* Prüfungs- und Erhebungskompetenzen des Bundesrechnungshofs im Länderbereich?, DÖV 1992, 18; *Jarass,* Reichweite der Rechnungsprüfung bei Rundfunkanstalten, 1992; *Böning/v. Arnim* (Hg.), Finanzkontrolle im repräsentativ-demokratischen System, 1990; *Blasius,* Der Rechnungshof als körperschaftlich-kollegial verfaßte unabhängige Einrichtung, JZ 1990, 954; *Kammer,* Finanzkontrolle und Finanzierungskompetenz des Bundes, DVBl 1990, 555; *Selmer,* Zur Intensivierung der Wirtschaftlichkeitskontrolle durch die Rechnungshöfe, Verw 1990, 1.

1. Rechnungslegung und Entlastung (Abs.1)

1   Nach der 1969 (Einl.3 Nr.20) geänderten Vorschrift des Abs.1 hat der Bundesminister der Finanzen nach Ablauf des betreffenden Rechnungsjahres gegenüber dem Bundestag wie gegenüber dem Bundesrat die Pflicht der **Rechnungslegung** (Mahrenholz AK 1 f; Schwarz MKS 34). Das heißt, er muss den Vollzug des Haushaltsplans darstellen (BVerfGE 79, 311/327 f), also über alle Einnahmen und Ausgaben des Bundes berichten, und sie den im Haushaltsplan vorgesehenen Einnahmen und Ausgaben gegenüberstellen (Schwarz MKS 20, 23; Kube MD 19). Hinsichtlich des Verwaltungs- und Finanzvermögens sowie der Schulden des Bundes sind die Veränderungen während des Rechnungsjahres nachzuweisen (Kube MD 21). Die Rechnungslegung muss „im Laufe des nächsten Rechnungsjahres" erfolgen, also im Jahr nach Ablauf des betreffenden Rechnungsjahres (Heun DR 11). Dies gilt auch im Falle eines mehrjährigen Haushaltsplans (Heintzen MüK 3; Schwarz MKS 35). Die Rechnungslegung des Bundesfinanzministers wird dann vom Bundesrechnungshof geprüft (unten Rn.5).

2   Gestützt auf die Rechnungslegung des Bundesfinanzministers (oben Rn.1) und den Bericht des Bundesrechnungshofs (unten Rn.5–8) haben **Bundestag** und **Bundesrat** jeweils selbständig (Kube MD 36; Heun DR 17) darüber zu entscheiden, ob sie der Bundesregierung die **Entlastung** erteilen (Abs.1). Die Entscheidung ergeht durch Beschluss gem. Art.42 Abs.2 bzw. Art.52 Abs.3 (Kube MD 40). Ihre Funktion besteht im Wesentlichen darin, die **parlamentarische Rechnungsprüfung** sicherzustellen. Die Entlastung selbst hat dagegen nur geringe Bedeutung. Sie hat keine rechtlichen Folgen, insb. berührt sie nicht die rechtliche Verantwortung der an der Haushaltsführung beteiligten Personen (Heintzen HbStR[3] V § 120 Rn.95; Schwarz MKS 42; Kube MD 42); sie ist politischer Natur (BVerfGE 45, 1/50). Daher wird durch die Entlastung die Geltendmachung von Schadensersatzansprü-

chen nicht ausgeschlossen (Heun DR 34). Umgekehrt hat auch die Verweigerung der Entlastung lediglich politische Bedeutung (Heun DR 34). Doch besteht bei Vorliegen der Voraussetzungen eine Rechtspflicht zur Entlastung (Schwarz MKS 45), weshalb die Verweigerung verfassungsgerichtlich überprüfbar ist (Heintzen MüK 38). Die Verweigerung der Entlastung stellt kein Misstrauensvotum im technischen Sinne dar, sofern nicht die Voraussetzungen des Art.67 vorliegen (Schwarz MKS 41). Die Entlastung kann nur im Ganzen erteilt oder verweigert werden, was andererseits Missbilligungen zu einzelnen Punkten nicht ausschließt (Kube MD 41 f; Butzer EH 10).
(unbesetzt)   3

2. Bundesrechnungshof (Abs.2)

a) Organisation. Nach der 1969 (Einl.3 Nr.20) geänderten Vorschrift   4
des Abs.2 ist ein Bundesrechnungshof einzurichten. Zu dessen Organisation wird lediglich festgelegt, dass seine Mitglieder die richterliche Unabhängigkeit (dazu Rn.3–12 zu Art.97) besitzen. Daraus folgt, dass der Bundesrechnungshof gegenüber anderen staatlichen Stellen (insb. gegenüber der Regierung) eine ähnlich unabhängige Stellung wie ein Gericht aufweisen muss (vgl. BSGE 52, 294/295 f). Zudem sind die Mitglieder des Rechnungshofs weithin wie Richter zu behandeln. Das setzt Weisungsfreiheit, auch bei der Wahl des Prüfungsgegenstandes und -schwerpunkts, voraus (Kube MD 54) sowie Unabsetzbarkeit (Heun DR 22; Schwarz MKS 110 f). Geschützt wird auch das Beratungsgeheimnis der BRH-Mitglieder, nicht der Prüfungsbeamten (BVerwGE 128, 135 Rn.7). Selbst eine Anordnung der Gleitzeit soll unzulässig sein (BGHZ 113, 36/38 ff). Richterliche Entscheidungs- und Durchsetzungsrechte brauchen ihnen dagegen nicht eingeräumt zu werden (Heintzen MüK 9). Weitere Einzelheiten der Organisation regelt das nach Abs.2 S.3 erlassene Gesetz über den Bundesrechnungshof. Der Bundesrechnungshof ist kein Verfassungsorgan (Schwarz MKS 77), wohl aber ein oberstes Bundesorgan iSd Art.93 Abs.1 Nr.1 (Siekmann SA 25; Heun DR 19; Rn.6a zu Art.93). Er ist der Exekutive zuzuordnen (Kube MD 61). Dementsprechend ist für Streitigkeiten mit anderen Rechtsträgern der Verwaltungsrechtsweg eröffnet (BVerfGE 74, 69/75 f; Kube MD 131).

b) Rechnungsprüfung und rechnungsunabhängige Finanzkontrol-   5
le. Die Aufgaben des Bundesrechnungshofs sind gem. Abs.2 S.1 **doppelter Natur: – (1)** Zum einen prüft er die Rechnung, d.h. die Rechnungslegung durch den Bundesfinanzminister (oben Rn.1) auf ihre sachliche Richtigkeit. Diese *administrative Rechnungsprüfung* ist der parlamentarischen Rechnungsprüfung (oben Rn.2) vorgeschaltet. – **(2)** Darüber hinaus hat der Bundesrechnungshof ganz generell die Haushalts- und Wirtschaftsführung aller Bundesbehörden unabhängig von der Rechnungslegung zu prüfen, also eine *rechnungsunabhängige Finanzkontrolle* vorzunehmen (Schwarz MKS 83). Die Kontrolle durch den Bundesrechnungshof kann auch bereits vor Abschluss der Rechnungslegung durch den Bundesfinanzminister einsetzen (Schwarz MKS 92); doch geht es nur um abgeschlossene Verwaltungsvorgänge (Kube MD 66; Heintzen MüK 8; a.A. Heun DR 25). Eine Beratung von Bundesregierung, Bundestag und Bundesrat *im Vorhinein* ist nur begrenzt möglich

(Schwarz MKS 97 f). Ausgestaltung und Umfang der Prüfung bzw. Kontrolle stehen im Ermessen des Bundesrechnungshofs (Kube MD 105).

6   Was die zu prüfenden **Gegenstände** angeht, so erstreckt sich die Kontrolle kraft Verfassungsrechts auf die gesamte unmittelbare Bundesverwaltung, einschl. der Sondervermögen (Kube MD 73) und (unselbständige) Bundesbetriebe. Erfasst wird auch die Legislative, etwa bei Fraktionszuschüssen (BVerfGE 80, 188/214), sowie die Judikative (Heintzen MüK 21). Auf der Grundlage des Abs.2 S.3 kann die Kontrolle durch Gesetz auch auf die selbstständigen öffentlich-rechtlichen Personen des Bundes erstreckt werden (BSGE 52, 294/298; Kube MD 76). Schließlich können dem Bundesrechnungshof auf der Grundlage des Abs.2 S.3 durch Bundesgesetz weitere Aufgaben übertragen werden, die allerdings mit den in Abs.2 S.1 angesprochenen Aufgaben (vgl. § 104 BRHG) in Zusammenhang stehen müssen, etwa die Prüfung öffentlicher Unternehmen oder die Kontrolle privater Stiftungen, die öffentliche Gelder nutzen (BVerwGE 74, 58/61). Im Verhältnis zu den Ländern und Gemeinden können die Aufgaben des Bundesrechnungshofs nur so weit reichen, wie die Ausgabenverantwortung des *Bundes* geht (näher Schwarz MKS 53, 56 ff); der Bundesrechnungshof kann daher auch bei Landesfinanzbehörden Ermittlungen vornehmen, sofern sie Bundesmittel verwalten (BVerwGE 116, 92/98). Erfasst werden auch die Bundesauftragsverwaltung (Kube MD 88), nicht aber die Gemeinschaftsaufgaben des Art.91a und die Finanzhilfen nach Art.104b (Kube MD 90, 92).

7   **Prüfungsmaßstab** für die Kontrolle des Bundesrechnungshofs ist zum einen die *Ordnungsmäßigkeit,* d. h. die rechnerische Richtigkeit der Rechnungsführung und die Übereinstimmung mit dem Haushaltsgesetz (Heintzen MüK 25; Heun DR 28). Nicht erfasst wird dagegen die sonstige Rechts- und Verfassungsmäßigkeit (BVerfGE 20, 56/95 f). Der zweite Maßstab der Kontrolle, die *Wirtschaftlichkeit,* verlangt ein angemessenes Verhältnis zwischen Aufwand und Nutzen, v. a. durch einen geringeren Aufwand bei gleichem Nutzen, aber auch durch einen größeren Nutzen bei gleichem Aufwand (Kube MD 101 f; ähnlich Heintzen MüK 24; Siekmann SA 14). Es geht um eine ergebnisorientierte Zweckmäßigkeits- und Effizienzkontrolle, nicht um die Beurteilung der Zwecke (Schwarz MKS 87). Der Maßstab gilt auch für juristische Personen, die lediglich einer Rechtsaufsicht unterliegen (BSGE 52, 294/298), die aber der Kontrolle des Rechnungshofs unterworfen wurden.

8   **c) Bericht.** Über das Ergebnis der Rechnungsprüfung wie der rechnungsunabhängigen Finanzkontrolle (oben Rn.5) hat der Bundesrechnungshof gem. Abs.2 S.2 die Bundesregierung und gleichzeitig bzw. unmittelbar dem Bundestag und dem Bundesrat jährlich zu berichten (Siekmann SA 15; Schwarz MKS 94). Der Bericht hat keine rechtlichen Auswirkungen auf die kontrollierten Akte bzw. Behörden (vgl. BVerfGE 20, 56/95 f). Eine Veröffentlichung der Prüfungsergebnisse ist grundsätzlich zulässig (Siekmann SA 16). Sie kann aber evtl. in Grundrechte Dritter eingreifen (Schwarz MKS 102 ff); in diesem Falle ist eine gesetzliche Grundlage notwendig (Jarass o. Lit. 51; Heintzen MüK 35). Für den Rechtsschutz sind die Verwaltungsgerichte zuständig (BVerfGE 74, 69/75 f).

Art. 115 [Kreditaufnahme des Bundes]

(1) Die Aufnahme von Krediten[3] sowie die Übernahme von Bürgschaften, Garantien oder sonstigen Gewährleistungen, die zu Ausgaben in künftigen Rechnungsjahren führen können, bedürfen einer der Höhe nach bestimmten oder bestimmbaren Ermächtigung durch Bundesgesetz[4 f].

(2) Einnahmen und Ausgaben sind grundsätzlich ohne Einnahmen aus Krediten auszugleichen.[5] Diesem Grundsatz ist entsprochen, wenn die Einnahmen aus Krediten 0,35 vom Hundert im Verhältnis zum nominalen Bruttoinlandsprodukt nicht überschreiten.[6] Zusätzlich sind bei einer von der Normallage abweichenden konjunkturellen Entwicklung die Auswirkungen auf den Haushalt im Auf- und Abschwung symmetrisch zu berücksichtigen.[7 f] Abweichungen der tatsächlichen Kreditaufnahme von der nach den Sätzen 1 bis 3 zulässigen Kreditobergrenze werden auf einem Kontrollkonto erfasst;[10] Belastungen, die den Schwellenwert von 1,5 vom Hundert im Verhältnis zum nominalen Bruttoinlandsprodukt überschreiten, sind konjunkturgerecht zurückzuführen.[10] Näheres, insbesondere die Bereinigung der Einnahmen und Ausgaben um finanzielle Transaktionen und das Verfahren zur Berechnung der Obergrenze der jährlichen Nettokreditaufnahme unter Berücksichtigung der konjunkturellen Entwicklung auf der Grundlage eines Konjunkturbereinigungsverfahrens sowie die Kontrolle und den Ausgleich von Abweichungen der tatsächlichen Kreditaufnahme von der Regelgrenze, regelt ein Bundesgesetz.[8] Im Falle von Naturkatastrophen oder außergewöhnlichen Notsituationen, die sich der Kontrolle des Staates entziehen und die staatliche Finanzlage erheblich beeinträchtigen, können diese Kreditobergrenzen auf Grund eines Beschlusses der Mehrheit der Mitglieder des Bundestages überschritten werden.[11] Der Beschluss ist mit einem Tilgungsplan zu verbinden.[11] Die Rückführung der nach Satz 6 aufgenommenen Kredite hat binnen eines angemessenen Zeitraumes zu erfolgen.[11]

Literatur: *Ohler,* Maßstäbe der Staatsverschuldung nach der Föderalismusreform II, DVBl 2009, 1265; *Schmidt,* Die neue Schuldenregel und die weiteren Finanzthemen der 2. Föderalismusreform, DVBl 2009, 1274; *Lenz/Burgbacher,* Die neue Schuldenbremse im TG, NJW 2009, 2561; *Tappe,* Das Haushaltsgesetz als Zeitgesetz, 2008; *Pünder,* Staatsverschuldung, HbStR[3], V, 2007, § 123; *Gröpl,* Schwächen des Haushaltsrechts, Verwaltung 2006, 215; *Jahndorf,* Grundlagen der Staatsfinanzierung durch Kredite und alternative Finanzierungsformen im Finanzverfassungs- und Europarecht, 2003; *Kloepfer/Rossi,* Die Verschuldung der Bundesländer im Verfassungs- und Gemeinschaftsrecht, VerwArch 2003, 319; *Wendt/Elicker,* Staatsverschuldung und intertemporäre Lastengerechtigkeit, DVBl 2001, 497; *Kirchhof,* Der notwendige Ausstieg aus der Staatsverschuldung, DVBl 2002, 1569; *Jahndorf,* Alternative Finanzierungsformen des Staates, NVwZ 2001, 620; *Schwarz,* Voraussetzungen und Grenzen staatlicher Kreditaufnahme, DÖV 1998, 721; *Bröcker,* Grenzen staatlicher Verschuldung im System des Verfassungsstaats, 1997; *Isensee,* Schuldenbarriere für Legislative und Exekutive, in: Wendt (Hg.), FS Friauf, 1996, 705; *Müller,* Die Geltung der verfassungsrechtlichen Kredithöchstgrenze des Art. 115 Abs. 1 S. 2 GG im Haushaltsvollzug, DÖV 1996, 490; *Isensee,* Staatsverschuldung im Haushaltsvollzug, DVBl 1996, 173; *Kriszeleit/*

Meuthen, Kredithöchstgrenze und Haushaltsvollzug, DÖV 1995, 461; *Tiemann,* Die
verfassungsrechtliche Kreditobergrenze im Haushaltsvollzug, DÖV 1995, 632; *Lappin,*
Kreditäre Finanzierung des Staates unter dem Grundgesetz, 1994; *Höfling,* Staatsschul-
denrecht, 1993; *Richter,* Staatsverschuldung, StWiss 1992, 171; *Müller,* Investitionen
und verfassungsmäßige Verschuldungsgrenze, DÖV 1992, 1005; *Osterloh,* Staatsverschuldung als Rechtsproblem?, NJW 1990, 145. – S. auch Literatur zu Art.110.

1. Grundlagen

1   **a) Bedeutung und Anwendungsbereich.** Die Bürger durch Leistungen zu erfreuen, die Lasten aber in die Zukunft zu verschieben, ist politisch
attraktiv. Das kommt in allen Bereichen zum Tragen. Auch verfassungsgerichtliche Entscheidungen haben vielfach die Einnahmen reduziert und die
Ausgaben erweitert. Die Folge ist eine ständig zunehmende **Schuldenbe-
lastung** (zu weiteren Ursachen BT-Drs. 16/12410, 5). Sie wuchs in den
40 Jahren vor 2009 von etwa 20% des Bruttoinlandsprodukts auf etwa 70%
(BT-Drs. 16/12410, 5). Dem sucht die 2009 (Einl.3 Nr.57) wesentlich veränderte Vorschrift des Art.115 Grenzen zu setzen, um den künftigen finanz-
politischen Spielraum zu sichern, nachdem die Reform von 1969 (Einl.3
Nr.20) sich als wenig wirksam erwiesen hat. Die Neuregelung gilt gem.
Art.143d Abs.1 ab dem Haushaltsjahr 2011.

2   Art.115 gilt für die Haushaltsführung des **Bundes,** nicht der Länder
(Rn.1 zu Art.110). Auch die *Sondervermögen* (dazu Rn.4a zu Art.110) des
Bundes werden erfasst, da die Ausnahmeregelung des Abs.2 a.F. 2009 entfal-
len ist (Reimer EH 11). Für bestehende Sondervermögen findet sich aller-
dings in Art.143d Abs.1 eine Übergangsregelung (Rn.1 zu Art.143d). Von
Art.115 nicht erfasst wird die Kreditaufnahme juristisch **selbstständiger
Einrichtungen** (Heun DR 35); dies darf aber nicht zur Umgehung von
Art.115 genutzt werden (näher Wendt MKS 70). Zudem muss der Bund
gem. Art.109 Abs.2 für eine Begrenzung der Defizite selbständiger bundesrechtlicher Einrichtungen sorgen (Rn.7 zu Art.109).

3   **b) Kreditbegriff.** Mit Kredit iSd Art.115 ist jede Begründung von Verbindlichkeiten zur Beschaffung von Geld oder zur Abgeltung von Ansprüchen (etwa Befriedigung von Lastenausgleichsansprüchen durch Hingabe
von Schuldtiteln) gemeint (Siekmann SA 20). Auch Leasing- und Mietkauf-
verfahren, bei denen der Finanzierungsaspekt im Vordergrund steht, dürften
erfasst sein (VerfGH RP, NVwZ-RR 98, 147 f; Wendt MKS 23; Reimer
EH 16.1 f; Jahndorf, NVwZ 01, 624; a.A. Heun DR 13). Nach ganz hM
nicht erfasst werden Verwaltungsansprüche, insb. Zahlungsfristen bei Verträgen (Heintzen MüK 8; Heun DR 11); werden allerdings die üblichen Zahlungsfristen deutlich überschritten, liegt ein Kredit vor (Reimer EH EH 16;
Siekmann SA 20).

2. Organisatorischer Gesetzesvorbehalt (Abs.1)

4   Abs.1 statuiert einen Gesetzesvorbehalt (vgl. Mahrenholz AK 9), begründet aber weder gegenüber den Ländern noch gegenüber dem Bürger Kompetenzen (BVerfGE 67, 256/281). Der Gesetzesvorbehalt gilt zum einen für
die Aufnahme von **Krediten** (zum Begriff oben Rn.3). Die Aufnahme er-

folgt bei einem Darlehen mit der Valutierung, beim Finanzierungsleasing u. ä. mit der Erlangung der wirtschaftlichen Verfügungsmacht (Reimer EH 18). Weiterhin ist eine gesetzliche Ermächtigung notwendig für **Bürgschaften,** mit denen Forderungen Dritter gegen den Leistungsempfänger abgesichert werden, für *Garantien,* die Risiken des Leistungsempfängers bei Geschäften mit Dritten absichern, sowie für andere **Gewährleistungen,** die zu Ausgaben in künftigen Rechnungsjahren führen können (Heun DR 12; Heintzen MüK 18).

Die Ermächtigung muss ausdrücklich (Heintzen MüK 11; Heun DR 16)   **5** durch das Haushaltsgesetz oder durch ein anderes (förmliches) Bundesgesetz erteilt werden (Pünder HbStR³ V § 123 Rn.15f; Wendt MKS 14; Siekmann SA 24) und jeweils der Höhe nach **bestimmt** oder doch bestimmbar sein (Heun DR 16; Wendt MKS 16). Wegen des Zusammenhangs mit Art.110 ist zusätzlich die Bestimmung des Zwecks der Ermächtigung zu verlangen (Jarass, NVwZ 84, 479; zum Gebot der Spezialität Rn.5 zu Art.110); dagegen wird immer wieder verstoßen.

3. Haushaltsausgleich ohne Kredite (Abs.2)

a) Grundsatz. Die 2009 eingefügte (Einl.3 Nr.57) Regelung des Abs.2   **6** begrenzt den Haushaltsausgleich durch Krediten und damit den Einsatz von Krediten zur Finanzierung öffentlicher Aufgaben. Der Ausgleich des Bundeshaushalts, wie er durch Art.110 Abs.1 S.1 vorgeschrieben ist (Rn.5 zu Art.110), darf gem. Abs.2 S.1 grundsätzlich **nicht durch Einnahmen aus Krediten** erfolgen, modifiziert durch Abs.2 S.2 (unten Rn.7). Die Regelung wird allerdings erst ab 2016 voll verbindlich (Rn.3 zu Art.143d).

Gem. Abs.2 S.2 (wie Art.109 Abs.3 S.3) wird allerdings dem Grundsatz   **7** ausreichend Rechnung getragen, wenn die Einnahmen des Bundes aus Krediten 0,35% des nominalen Bruttoinlandsprodukts nicht überschreiten; es handelt sich insoweit um eine **strukturelle Einschränkung** (Ohler, DVBl 09, 1271). Das Bruttoinlandsprodukt gibt den Gesamtwert aller Waren und Dienstleistungen an, die innerhalb eines Jahres in Deutschland hergestellt bzw. erbracht werden und dem Endverbrauch dienen. Nominal ist es, wenn es zu Marktpreisen, also nicht inflationsbereinigt angesetzt wird. Der durch Abs.2 S.2 eröffnete Verschuldungsspielraum soll Maßnahmen ermöglichen, die nicht nur der dauerhaften Stärkung von Wachstum und nachhaltiger Entwicklung dienen, sondern insb. künftigen Generationen zugute kommen, ohne dabei eine langfristig nicht tragbare Entwicklung der öffentlichen Finanzen zu verursachen (BT-Drs. 16/12410, 6). Als Bezugsjahr für die Ermittlung des Bruttoinlandsprodukts kann das dem Haushaltsjahr vorangehende Jahr herangezogen werden, wie das in § 4 S.2 G 115 vorgesehen ist. Abs.2 S.2 enthält eine Befugnis, keine Verpflichtung zu voller Ausnutzung (BT-Drs. 16/12410, 6). Eine spezielle gesetzliche Ermächtigung ist nicht erforderlich (Lenz/Burgbacher, NJW 09, 2562).

b) Konjunkturbedingte Einschränkung. aa) Die in Art.109 Abs.3 S.2   **8** vorgesehene *Befugnis* zu konjunkturbedingten Ausnahmen von der Verpflichtung zum Haushaltsausgleich ohne Kredite wird in Art.115 Abs.2 S.3, 4 durch eine **Verpflichtung zur Berücksichtigung der konjunkturellen**

Entwicklung bei der Ermittlung der zulässigen Kreditaufnahme für den Bund umgesetzt. Die Kreditaufnahme wird im konjunkturellen Aufschwung gegenüber Abs.2 S.2 eingeschränkt und im Abschwung eingeschränkt. Damit wird auch den Erfordernissen des gesamtwirtschaftlichen Gleichgewichts Rechnung getragen. Die Verpflichtung gilt für den Haushaltsgesetzgeber wie den Haushaltsvollzug (Lenz/Burgbacher, NJW 09, 2564). Einzelheiten können gem. Abs.2 S.5 durch ein **Ausführungsgesetz** geregelt werden. Es kann die Vorgaben des Art.115 nur konkretisieren, nicht einschränken. Von der Ermächtigung wurde mit dem Gesetz zur Ausführung des Artikel 115 GG (G 115) vom 10. 8. 2009 Gebrauch gemacht (BGBl. I 2704). Dies betrifft insb. die auf den Europäischen Stabilitäts- und Wachstumspakt zurückgehende Ausklammerung *finanzieller Transaktionen*, etwa von Privatisierungseinnahmen, Ausgaben für Vermögensbeschaffung oder Darlehensvergaben (BT-Drs. 16/12410, 13; Schmidt, DVBl 09, 1278 f; Lenz/Burgbacher, NJW 09, 2564; vgl. § 3 G 115; BVerfGE 119, 96/144).

9   **bb)** Die Verpflichtung betrifft zunächst die **Aufstellung** des Haushalts: Voraussetzung des Abgehens von einem ausgeglichenen Haushalt ist gem. Abs.2 S.3 eine **von der Normallage abweichende** konjunkturelle **Entwicklung**. Bezugsjahr ist gem. § 5 Abs.2 S.2 G 115 das Haushaltsjahr. Als Normallage wird man einen Korridor um den langjährigen Durchschnitt der konjunkturellen Entwicklung anzusehen haben (Lenz/Burgbacher, NJW 09, 2563). Näheres kann der Gesetzgeber regeln, sofern er ein hinreichend eindeutiges Verfahren wählt, das ein Unterlaufen der verfassungsrechtlichen Vorgaben ausschließt. § 5 Abs.2 G 115 hebt auf die Abweichung vom Produktionspotential der Volkswirtschaft ab (Ohler, DVBl 09, 1272; krit. Lenz/Burgbacher, NJW 09, 2563). Was die **Rechtsfolge** angeht, so müssen bei einer Abweichung der konjunkturellen Entwicklung (und der daraus resultierenden Auswirkungen auf den Haushalt) nach oben entsprechende Haushaltsüberschüsse erzielt werden; bei einem Abweichen nach unten sind in entsprechendem Umfang Kredite aufzunehmen. Der Umfang orientiert sich jeweils an der auf Grund der konjunkturellen Abweichung zu erwartenden Mehr- oder Mindereinnahmen (vgl. § 2 Abs.2 G 115). Hinsichtlich der Voraussetzungen wie des Umfangs der Rechtsfolge, dürfte dem Gesetzgeber ein Beurteilungsspielraum zustehen (vgl. BVerfGE 119, 96/140 ff), verbunden mit einer entsprechenden Begründungslast (vgl. BVerfGE 79, 311/344 f; HessStGH, NVwZ-RR 06, 662).

10   Die Verpflichtung des Abs.2 gilt auch für den **Haushaltsvollzug** (Schmidt, DVBl 09, 1280). In der Praxis sind Abweichungen der Kreditaufnahme im Haushaltsvollzug von der Soll-Kreditaufnahme aber kaum zu vermeiden. Dem trägt Abs.3 S.4 Rechnung: Weicht die tatsächliche Kreditaufnahme von der im Haushaltsplan vorgesehenen (konjunkturellen) Soll-Aufnahme ab, ist die Abweichung auf ein **Kontrollkonto** zu verbuchen, und zwar über das einzelne Haushaltsjahr hinaus, also kumulativ (vgl. § 7 G 115). Sobald negative Abweichungen 1,5% des Bruttoinlandsprodukts überschreiten, sind sie gem. Abs.2 S.4 konjunkturgerecht **zurückzuführen.** Unterhalb dieser Grenze ist eine Rückführung möglich; bei der Entscheidung darüber ist die Grundentscheidung des Art.115 Abs.2 S.2 zu berücksichtigen (vgl. § 7 Abs.3 G 115).

c) Ausnahmen bei Notsituationen. Die Ausnahmeklausel des Abs.2 **11**
S.6 für Naturkatastrophen und sonstige außergewöhnliche Notsituationen
entspricht der Regelung in Art.109 Abs.3, weshalb auf die dort gemachten
Ausführungen (Rn.17 f zu Art.109) verwiesen wird. Zusätzlich sieht Abs.2
S.6 vor, dass die Inanspruchnahme der Ausnahme in Einzelfall eine **Bundes-
tagsbeschluss** erfordert, der mit der Mehrheit der Mitglieder des Bundestags iSd Art.122 ergeht. Der Beschluss kann als Gesetzesbeschluss oder in
Zusammenhang mit dem Beschluss über das Haushaltsgesetz ergehen (BT-
Drs. 16/12410, 13). Zudem verlangt Abs.2 S.7 (wie bereits Art.109 Abs.3
S.2) einen **Tilgungsplan**, der die Rückführung der oberhalb der Regel-
grenzen liegenden Kreditaufnahme näher regelt. Die **Rückführung** muss
gem. Abs.2 S.7 in angemessener Zeit erfolgen; der insoweit gebotene Zeitraum hängt v. a. von der Größenordnung der erfolgten Kreditaufnahme und
der konkreten konjunkturellen Situation ab (BT-Drs. 16/12410, 13).

X a. Verteidigungsfall

Art. **115a** [Feststellung des Verteidigungsfalls]

(1) Die Feststellung, daß das Bundesgebiet mit Waffengewalt angegriffen wird oder ein solcher Angriff unmittelbar droht (Verteidigungsfall)[1], trifft der Bundestag mit Zustimmung des Bundesrates[4 f]. Die Feststellung erfolgt auf Antrag der Bundesregierung und bedarf einer Mehrheit von zwei Dritteln der abgegebenen Stimmen, mindestens der Mehrheit der Mitglieder des Bundestages[4].

(2) Erfordert die Lage unabweisbar ein sofortiges Handeln und stehen einem rechtzeitigen Zusammentritt des Bundestages unüberwindliche Hindernisse entgegen oder ist er nicht beschlußfähig, so trifft der Gemeinsame Ausschuß diese Feststellung mit einer Mehrheit von zwei Dritteln der abgegebenen Stimmen, mindestens der Mehrheit seiner Mitglieder[4].

(3) Die Feststellung wird vom Bundespräsidenten gemäß Artikel 82 im Bundesgesetzblatte verkündet[5]. Ist dies nicht rechtzeitig möglich, so erfolgt die Verkündung in anderer Weise; sie ist im Bundesgesetzblatte nachzuholen, sobald die Umstände es zulassen[5].

(4) Wird das Bundesgebiet mit Waffengewalt angegriffen und sind die zuständigen Bundesorgane außerstande, sofort die Feststellung nach Absatz 1 Satz 1 zu treffen, so gilt diese Feststellung als getroffen und als zu dem Zeitpunkt verkündet, in dem der Angriff begonnen hat[6]. Der Bundespräsident gibt diesen Zeitpunkt bekannt, sobald die Umstände es zulassen.

(5) Ist die Feststellung des Verteidigungsfalles verkündet und wird das Bundesgebiet mit Waffengewalt angegriffen, so kann der Bundespräsident völkerrechtliche Erklärungen über das Bestehen des Verteidigungsfalles mit Zustimmung des Bundestages abgeben[8]. Unter den Voraussetzungen des Absatzes 2 tritt an die Stelle des Bundestages der Gemeinsame Ausschuß[8].

Literatur: *Vitzthum,* Der Spannungs- und der Verteidigungsfall, HbStR VII, 1993, § 170; *Busch,* Die Entscheidung über Krieg und Frieden, NZWehrR 1992, 191. – S. auch Literatur zu Art. 80a und zu Art. 87a.

1. Bedeutung der Art. 115a–Art. 115l

1 Die 1968 (Einl. 2 Nr. 17) in das GG eingefügten Vorschriften der Art. 115a–Art. 115l (Teil X a des GG) regeln den **Verteidigungsfall** und damit den sog. **äußeren Notstand,** der durch einen (aktuellen oder drohenden) Angriff auf das Bundesgebiet von außen bedingt ist, im Unterschied zum inneren Notstand (vgl. Art. 91), der auf andere Ursachen zurückzuführen ist; zur Vorgängerregelung des Art. 59a a. F. Rn. 1 zu Art. 59a. Die Art. 115a–

Art.115l regeln des Weiteren nur eine Seite des äußeren Notstands: Die Veränderungen des verfassungsrechtlichen Organisationsrechts, mit denen der Kriegssituation Rechnung getragen wird, insb. Änderungen der Kompetenzverteilung zwischen den obersten Bundesorganen und zwischen Bund und Ländern sowie Verfahrenserleichterungen. Nicht unmittelbar geregelt wird dagegen, unter welchen Voraussetzungen die Streitkräfte eingesetzt werden können (dazu Rn.7–13 zu Art.87a). Auch ermächtigen die Art.115a–Art.115l mit Ausnahme des Art.115c Abs.2 nicht zu Einschränkungen der Grundrechte (Robbers SA 5 zu Art.115c; Heun DR 12 zu Art.115c); insoweit sind neben den allgemeinen Grundrechtsschranken Art.12a und Art.17a einschlägig (so zu Art.12a Vitzthum HbStR VII § 170 Rn.41). Dies gilt auch für den Rechtsschutz (Vitzthum HbStR VII § 170 Rn.53; vgl. Rn.1 zu Art.115g).

Dem Verteidigungsfall kann der **Spannungsfall** (dazu Rn.1 zu Art.80a) 2
vorgeschaltet sein. Eine besondere Variante des Verteidigungsfalls für den Fall eines Angriffs auf das gemeinsame Verteidigungsbündnis, wie das die Bündnisklausel des Art.80a Abs.3 als Variante zum Spannungsfall vorsieht, besteht nicht. Sollen daher die mit der Erklärung des Verteidigungsfalls verbundenen Wirkungen im Falle eines Angriffs auf die *Nato* erreicht werden, ist das nur durch Ausrufung des Verteidigungsfalls unter den dafür vorgesehenen Voraussetzungen möglich (vgl. insb. unten Rn.3). Geschieht das nicht bzw. liegen die Voraussetzungen nicht vor, sind die Art.115a–115l nicht anwendbar.

2. Erklärung und Wirkung des Verteidigungsfalls

a) Erklärung und Fiktion. aa) Die Erklärung des Verteidigungsfalls 3
setzt **sachlich** gem. Abs.1 S.1 voraus, dass ein **Angriff**, also eine mit militärischen Waffen durchgeführte Aktion gegen das Bundesgebiet iSd Rn.10 zur Präamb (vgl. Heun DR 6; Grote MKS 7) von außen, d.h. unter Verletzung der Grenzen (Hopfauf SHH 4), durchgeführt wird oder unmittelbar, d.h. mit an Sicherheit grenzender Wahrscheinlichkeit (Heun DR 7; Robbers SA 6 f; vgl. Grote MKS 22) droht. Ein Angriff iSd Abs.1 setzt eine vorsätzliche schädigende Einwirkung auf Ziele im Bundesgebiet voraus (Grote MKS 12); Übergriffe geringfügiger Art, wie Agententätigkeiten und Sabotage, genügen nicht (Deiseroth UC 12; Schmidt-Radefeldt EH 17; Grote MKS 14). Auch im Falle eines Angriffs auf ein *Nato-Land* kann der Verteidigungsfall nur erklärt werden, wenn ein Angriff auf das Bundesgebiet unmittelbar droht (Hopfauf SHH 4), was bei einem Angriff auf ein anderes Nato-Land der Fall sein kann (sog. isolierter Bündnisfall), aber nicht muss (Grote MKS 10; Deiseroth UC 11; Robbers SA 2 f). Nur bei unmittelbaren Kriegsauswirkungen auf das Bundesgebiet sind die in den Art.115b ff notwendigen Veränderungen der Kompetenzordnung erforderlich. Liegen die Voraussetzungen des Abs.1 vor, dann liegt die Entscheidung über die Erklärung des Verteidigungsfalls im Ermessen der zuständigen Organe (Robbers SA 10). Die Organe (unten Rn.4) haben dabei insb. zu beurteilen, ob die mit der Erklärung zwangsläufig verbundenen Folgen notwendig sind (Grote MKS 23).

4 Die Erklärung, die konstitutiv wirkt (Heun DR 8; Versteyl MüK 9), bedarf immer eines Antrags der Bundesregierung (Grote MKS 29) und erfolgt durch (schlichten) **Beschluss des Bundestags** mit einer $^2/_3$-Mehrheit der abgegebenen Stimmen, mindestens aber mit der Mehrheit seiner Mitglieder (dazu Rn.1 zu Art.121). Zudem muss der Bundesrat (mit der Mehrheit der abgegebenen Stimmen) zustimmen (Deiseroth UC 20). Darüber hinaus kann der **Gemeinsame Ausschuss** (dazu Rn.1 zu Art.53a) nach Abs.2 mit den entspr. Mehrheiten den Verteidigungsfall erklären, wenn der Bundestag nicht beschlussfähig (und nicht nur beschlussunwillig) ist und dies nicht rechtzeitig behoben werden kann (Hopfauf SHH 9 f); zu den Voraussetzungen (2) in Rn.2 zu Art.115e. Für die Beurteilung der Rechtzeitigkeit ist maßgebend, ob durch die Verzögerung für die Bundesrepublik ein erheblicher Schaden entsteht (Heun DR 13; Versteyl MüK 23). Die Alternative der Unmöglichkeit des Zusammentritts des Bundestags hat kaum mehr Bedeutung (vgl. (2) in Rn.2 zu Art.115e). Abs.2 ist analog anwendbar, wenn der *Bundesrat* nicht rechtzeitig entscheiden kann (Herzog MD 63 f; Heun DR 12; vgl. Rn.1 zu Art.53a; für Fiktion in diesem Falle Robbers SA 14; für alleinigen Beschluss durch Bundestag Grote MKS 27); bei der Abfassung des Art.115a wurde an diesen Fall nicht gedacht.

5 Die **Verkündung** des Beschlusses des Bundestags bzw. des Gemeinsamen Ausschusses erfolgt durch den Bundespräsidenten grundsätzlich nach Abs.3 S.1 entsprechend der Vorgaben des Art.82 Abs.1 S.1 (dazu, auch zur Gegenzeichnung und zum Prüfungsrecht Rn.2–6 zu Art.82). Die Erklärung wird zu dem vorgesehenen Zeitpunkt wirksam, im Übrigen mit dem Erscheinen des Bundesgesetzblatts; die Frist des Art.82 Abs.2 greift nicht (Grote MKS 36; Robbers SA 17). Ist eine rechtzeitige Verkündung auf diesem Wege nicht möglich, lässt Abs.3 S.2 auch jede andere Verkündungsform zu, etwa im Rundfunk oder in der Presse (Versteyl MüK 29); die Verkündung im Weg des Art.82 Abs.1 S.1 ist dann sobald wie möglich nachzuholen. Die Erklärung des Verteidigungsfalls unterliegt der Kontrolle durch das BVerfG (Heun DR 21).

6 **bb)** Sind weder der Bundestag und Bundesrat noch der Gemeinsame Ausschuss zu einer Entscheidung über die Erklärung des Verteidigungsfalls in der Lage, was ein extremer Ausnahmefall sein dürfte (Heun DR 17), dann gilt der Verteidigungsfall gem. Abs.4 als erklärt **(Fiktion),** sobald das Bundesgebiet mit Waffen angegriffen wurde. Voraussetzung ist die objektive Funktionsunfähigkeit der zuständigen Organe; die fehlende Beschlussbereitschaft genügt dagegen nicht (Grote MKS 44; Heun DR 16). Aus Gründen der Rechtsklarheit gibt der Bundespräsident gem. Abs.4 S.2 nach Gegenzeichnung durch den Bundeskanzler den Zeitpunkt des Fiktionseintritts (verbindlich) in geeigneter Weise bekannt (Grote MKS 46 f); die Bekanntgabe kann (in Zweifelssituationen) auch negativ sein. Aus Gründen der Rechtssicherheit ist eine (positive oder negative) deklaratorische Feststellung im Verfahren nach Abs.1 bzw. Abs.2 sobald wie möglich nachzuholen (Heun DR 18).

7 **b) Dauer und Wirkung.** Mit der wirksamen Erklärung und Verkündung des Verteidigungsfalls bzw. mit der Fiktion des Abs.4 (oben Rn.3–6) besteht bis zur Aufhebung (Rn.2 zu Art.115l) der Verteidigungsfall **(Dauer**

des Verteidigungsfalls). In dieser Zeit entfalten zunächst eine Reihe von Verfassungsnormen Wirksamkeit (vgl. Heun DR 5): Neben den Vorschriften der Art.115b–Art.115l sind dies Art.12a Abs.3, 5, Art.12a Abs.4, Art.12a Abs.6, Art.87a Abs.3 und Art.96 Abs.2 S.2. Der Streitkräfteeinsatz nach Art.87a Abs.1 setzt dagegen nicht die Erklärung des Verteidigungsfalls voraus (Randelzhofer MD 46 zu Art.24 II; Heun DR 22; a.A. Vitzthum HbStR VII § 170 Rn.34), auch nicht die sachlichen Voraussetzungen eines Verteidigungsfalls iSd Art.115a (vgl. Rn.9f zu Art.87a). Andererseits schließt die Erklärung des Verteidigungsfalls die Zustimmung des Bundestags (zu deren Notwendigkeit Rn.11 zu Art.87a) zum militärischen Einsatz der Bundeswehr ein (BVerfGE 90, 286/387; Epping MD 26 zu Art.115b). Des Weiteren entfalten alle *Gesetze* Wirksamkeit, die nach Maßgabe des Art.80a anzuwenden sind, da Art.80a Abs.1 S.1 auch auf den Verteidigungsfall verweist. Völkerrechtliche Wirkungen hat der Verteidigungsfall (allein) nicht (vgl. unten Rn.8).

c) Völkerrechtliche Erklärungen. Wurde das Bundesgebiet mit Waffen 8 angegriffen (ein bloßes Drohen des Angriffs genügt nicht) und zudem der Verteidigungsfall erklärt (und nicht nur nach Art.115a Abs.4 fingiert), kann der Bundespräsident gem. Abs.5 S.1 völkerrechtliche Erklärungen zum Verteidigungsfall abgeben (Grote MKS 48), etwa eine Kriegserklärung. Dabei bedarf er neben der Gegenzeichnung des Bundeskanzlers (Hopfauf SHH 13; Grote MKS 50) der Zustimmung des Bundestags bzw. (falls dieser iSv Abs.2 zu einer Entscheidung nicht in der Lage ist) gem. Abs.5 S.2 der Zustimmung des Gemeinsamen Ausschusses.

Art.115b [Befehls- und Kommandogewalt über Streitkräfte]

Mit der Verkündung des Verteidigungsfalles geht die Befehls- und Kommandogewalt über die Streitkräfte auf den Bundeskanzler über.

Literatur: S. die Literatur zu Art.115a.

Für die Dauer des Verteidigungsfalls (Rn.7 zu Art.115a) verliert der Bun- 1 desminister der Verteidigung den (ihm nach Art.65a zustehenden) *militärischen Zweig* seiner Ressortgewalt. Für die Bundeswehrverwaltung bleibt er zuständig (Epping MD 15); insoweit kann aber mangels verfassungsrechtlicher Vorgaben durch einen einfachen Organisationsakt die Zuständigkeit des Bundeskanzlers begründet werden (Robbers SA 7; Epping MD 13; Heun DR 9). Die Befehls- und Kommandogewalt über die Streitkräfte geht auf den Bundeskanzler über, mit der Folge, dass der Bundeskanzler nicht mehr auf die Richtlinien-Kompetenz beschränkt ist, sondern zum direkten Vorgesetzten der Streitkräfte wird (BVerfGE 90, 286/386). Das Kabinettsprinzip des Art.65 S.3 kommt nicht mehr zum Tragen (Heun DR 8; Grote MKS 7; a.A. Epping MD 13). Der Verteidigungsminister verliert seine Stellung in der militärischen Befehlshierarchie (Grote MKS 6; Heun DR 6; Hernekamp MüK 8). Der Bundeskanzler kann aber dem Verteidigungsminister die Befehls- und Kommandogewalt zur Ausübung ganz oder teilweise wieder überlassen (Heun DR 7; Hopfauf SHH 5; Epping MD 22; krit. Deiseroth

UC 10). Der bloße NATO-Bündnisfall (vgl. Rn.5 zu Art.80a) führt zu keinem Übergang der Befehls- und Kommandogewalt (Hopfauf SHH 2; Heun DR 5); auch auf andere Einsätze ist Art.115b nicht anwendbar (Epping MD 8). Allg. zur Bedeutung der Art.115a–Art.115l vgl. Rn.1f zu Art.115a.

Art.115c [Erweiterte Bundesgesetzgebungskompetenz]

(1) **Der Bund hat für den Verteidigungsfall das Recht der konkurrierenden Gesetzgebung auch auf den Sachgebieten, die zur Gesetzgebungszuständigkeit der Länder gehören[2]. Diese Gesetze bedürfen der Zustimmung des Bundesrates[2].**

(2) **Soweit es die Verhältnisse während des Verteidigungsfalles erfordern, kann durch Bundesgesetz für den Verteidigungsfall**

1. **bei Enteignungen abweichend von Artikel 14 Abs.3 Satz 2 die Entschädigung vorläufig geregelt werden[3],**
2. **für Freiheitsentziehungen eine von Artikel 104 Abs.2 Satz 3 und Abs.3 Satz 1 abweichende Frist, höchstens jedoch eine solche von vier Tagen, für den Fall festgesetzt werden, daß ein Richter nicht innerhalb der für Normalzeiten geltenden Frist tätig werden konnte[3].**

(3) **Soweit es zur Abwehr eines gegenwärtigen oder unmittelbar drohenden Angriffs erforderlich ist, kann für den Verteidigungsfall durch Bundesgesetz mit Zustimmung des Bundesrates die Verwaltung und das Finanzwesen des Bundes und der Länder abweichend von den Abschnitten VIII, VIIIa und X geregelt werden, wobei die Lebensfähigkeit der Länder, Gemeinden und Gemeindeverbände, insbesondere auch in finanzieller Hinsicht, zu wahren ist[4].**

(4) **Bundesgesetze nach den Absätzen 1 und 2 Nr.1 dürfen zur Vorbereitung ihres Vollzuges schon vor Eintritt des Verteidigungsfalles angewandt werden[1].**

Literatur: S. die Literatur zu Art.115a.

1. Allgemeines

1   Art.115c ermächtigt zum Erlass von Gesetzen, die ohne Verteidigungsfall mit dem GG nicht vereinbar wären; allgemein zur Bedeutung Rn.1f zu Art.115a. Der Erlass der Gesetze ist bereits vor Erklärung des Verteidigungsfalls zulässig (Heun DR 4). Die **Anwendung** der Gesetze ist aber grundsätzlich nur während der Dauer des Verteidigungszustandes (Rn.7 zu Art.115a) möglich (Robbers SA 2), wie der Ausnahmeregelung des Abs.4 im Umkehrschluss zu entnehmen ist. Nach dieser Vorschrift ist eine Anwendung der Gesetze außerhalb des Verteidigungsfalls lediglich „zur Vorbereitung ihres Vollzugs" möglich. Darunter fallen keine Maßnahmen, die in Rechte des Bürgers eingreifen (Grote MKS 20; Robbers SA 15). Gemeint sind etwa die Länder bindende Verwaltungsvorschriften, Schulung von Verwaltungspersonal etc. Von solchen Ausnahmen abgesehen, können daher gem. Art.115c erlassene Gesetze nach Aufhebung des Verteidigungsfalls (Rn.2 zu Art.115l) nicht mehr

angewandt werden (Rn.4f zu Art.115k). Dies muss auch für Gesetze des Gemeinsamen Ausschusses gelten, die auf Art.115c iVm Art.115e gestützt wurden. Da die Gesetze nach Art.115c nur Suspensivwirkung entfalten, lebt das außer Anwendung gesetzte frühere Landesrecht wieder auf (Rn.1 zu Art.115k).

2. Zulässige Abweichungen

aa) Abs.1 erweitert die konkurrierende Gesetzgebung des Bundes auf alle 2 Fälle der **ausschließlichen Landesgesetzgebung** (Vitzthum HbStR VII § 170 Rn.37). Die Voraussetzungen des Art.72 Abs.2 n.F. wird man auch auf die spezifischen Umstände des Verteidigungsfalls beziehen müssen (Grote MKS 6; Heun DR 4). Darüber hinaus dürfte Abs.1 auch im Bereich des Art.72 Abs.3 anwendbar sein, mit der Folge, dass die Frist des Art.72 Abs.3 S.2 nicht gilt. Gem. Abs.1 S.2 bedürfen solche Bundesgesetze ausnahmslos der Zustimmung des Bundesrats.

bb) Art.115a–Art.115l ermächtigen (allein den Bund) mit Ausnahme der 3 beiden folgenden Fälle nicht zu (weitergehenden) Einschränkungen der **Grundrechte** (BVerwGE 127, 302/364; Robbers SA 5; Heun DR 12): – **(1)** Abs.2 Nr.1 erlaubt abweichend von Art.14 Abs.3 S.2 den Erlass von *Enteignungsgesetzen,* ohne dass Art und Höhe der Entschädigung im Gesetz endgültig geregelt wird. Die endgültige Regelung ist sobald wie möglich nachzuholen (Robbers SA 7). Nicht erfasst werden Regelungen der Inhalts- und Schrankenbestimmung, insb. von enteignungsgleichen Eingriffen (Heun DR 6; Versteyl MüK 6). – **(2)** Abs.2 Nr.2 erlaubt Gesetze über *Freiheitsentziehungen* (Rn.11f zu Art.104) mit etwas verlängerten Fristen: Die Frist des Art.104 Abs.2 S.3 für die Höchstdauer einer Freiheitsentziehung der Polizei (dazu Rn.27 zu Art.104) wird auf vier Tage erweitert. Gleiches gilt für die Frist des Art.104 Abs.3 S.1 zur Vorführung bei einem Richter für Personen, die wegen des Verdachts einer Straftat festgenommen wurden (dazu Rn.26 zu Art.104). Die Verpflichtung zur Unverzüglichkeit nach Art.104 Abs.2 S.2 (Rn.24f zu Art.104) gilt aber auch im Verteidigungsfall (vgl. Heun DR 7).

cc) Abs.3 (geänd. 1969; Einl.3 Nr.21) ermächtigt (allein den Bund) zu 4 Änderungen im Bereich der **Verwaltungskompetenzen** und des **Finanzwesens.** Die Vorschrift gestattet zunächst Gesetze, die **Abweichungen von Art.83–91b** vorsehen, wohl mit Ausnahme des Art.87a und des Art.91 (Robbers SA 11; Deiseroth UC 27; a.A. Grote MKS 14; Heun DR 9). Insb. können die Gesetze den Einfluss des Bundes im Bereich der Landesverwaltung verstärken (Schmidt-Radefeldt EH 6), etwa zu einer Aufsicht über die Ausführung von Landesrecht ermächtigen, die Aufsicht bei der Ausführung von Bundesgesetzen als eigene Angelegenheit ausbauen oder den Bereich der Auftragsverwaltung bzw. der bundeseigenen Verwaltung ausdehnen. Die Maßnahmen dürfen aber zu keiner auf Dauer angelegten, unumkehrbaren Veränderung von Zuständigkeiten führen (Vitzthum HbStR VII § 170 Rn.39; vorsichtiger Heun DR 10). Ohne derartiges Ermächtigungsgesetz sind Weisungen nach Art.115f Abs.1 Nr.2 möglich (Hopfauf SHH 3). Des Weiteren können gem. Abs.3 Abweichungen von den Vorschriften der Finanzverfassung in *Art.104a–Art.115* durch Gesetz festgelegt werden. Angesichts der weiten Ermächtigung des Abs.3 wird der Grundsatz der Erforderlichkeit besonders betont und generell die Zustimmung des Bundesrats verlangt.

Art.115d [Vereinfachtes Bundesgesetzgebungsverfahren]

(1) **Für die Gesetzgebung des Bundes gilt im Verteidigungsfalle abweichend von Artikel 76 Abs.2, Artikel 77 Abs.1 Satz 2 und Abs.2 bis 4, Artikel 78 und Artikel 82 Abs.1 die Regelung der Absätze 2 und 3.**

(2) **Gesetzesvorlagen der Bundesregierung, die sie als dringlich bezeichnet, sind gleichzeitig mit der Einbringung beim Bundestage dem Bundesrate zuzuleiten. Bundestag und Bundesrat beraten diese Vorlagen unverzüglich gemeinsam²**. **Soweit zu einem Gesetze die Zustimmung des Bundesrates erforderlich ist, bedarf es zum Zustandekommen des Gesetzes der Zustimmung der Mehrheit seiner Stimmen. Das Nähere regelt eine Geschäftsordnung, die vom Bundestage beschlossen wird und der Zustimmung des Bundesrates bedarf.**

(3) **Für die Verkündung der Gesetze gilt Artikel 115a Abs.3 Satz 2 entsprechend.**

Literatur: S. die Literatur zu Art.115a.

1 Art.115d sieht als eine **Zwischenstufe** zwischen dem normalen Gesetzgebungsverfahren und der Gesetzgebung durch den Gemeinsamen Ausschuss (Heun DR 3) ein beschleunigtes Gesetzgebungsverfahren und eine Notverkündung für den Erlass von Bundesgesetzen vor, solange der Verteidigungsfall andauert (dazu Rn.7 zu Art.115a). Von dieser Möglichkeit kann, muss aber nicht Gebrauch gemacht werden (Heun DR 4). Allgemein zur Bedeutung der Art.115a–Art.115l vgl. Rn.1 zu Art.115a.

2 **(1)** Das **beschleunigte Verfahren** gilt gem. Abs.2 für alle von der Bundesregierung eingebrachten und von ihr als dringlich bezeichneten Gesetze, nicht für Vorlagen von Bundestag und Bundesrat (Heun DR 6; Hopfauf SHH 2). Erfasst werden auch Haushaltsgesetze, nicht jedoch verfassungsändernde Gesetze (Heun DR 5; Grote MKS 1; Hopfauf SHH 1). Statt der normalerweise vorgesehenen konsekutiven Beteiligung von Bundesrat und Bundestag erfolgt eine *gemeinsame* bzw. *gleichzeitige* Behandlung durch Bundestag und Bundesrat. Die Behandlung erfolgt *unverzüglich,* was wie sonst im GG und abweichend vom Zivilrecht objektiv zu verstehen ist (Rn.29 zu Art.13; Rn.25 zu Art.104; a.A. Heun DR 8; Versteyl MüK 5). Die Beschlussfassung erfolgt getrennt (Heun DR 9). Bei Einspruchsgesetzen ist umstritten, ob der Einspruch des Bundesrates entfällt (so Robbers SA 1) oder ob Art.77 Abs.4 anzuwenden ist (so Versteyl MüK 6; Grote MKS 7). Generell entfällt das Vermittlungsverfahren (Hopfauf SHH 6). – **(2)** Gem. Abs.3 gilt die Erleichterung des Art.115a Abs.3 S.2 (dazu Rn.5 zu Art.115a) für die **Verkündung** aller Gesetze und Rechtsverordnungen (Robbers SA 9).

Art.115e [Aufgaben des Gemeinsamen Ausschusses]

(1) **Stellt der Gemeinsame Ausschuß im Verteidigungsfalle mit einer Mehrheit von zwei Dritteln der abgegebenen Stimmen, mindestens mit der Mehrheit seiner Mitglieder fest, daß dem rechtzeitigen Zusammentritt des Bundestages unüberwindliche Hindernisse entgegenstehen oder daß dieser nicht beschlußfähig ist[2], so hat der Gemeinsame Ausschuß die Stellung von Bundestag und Bundesrat und nimmt deren Rechte einheitlich wahr[1, 3].**

(2) **Durch ein Gesetz des Gemeinsamen Ausschusses darf das Grundgesetz weder geändert noch ganz oder teilweise außer Kraft oder außer Anwendung gesetzt werden. Zum Erlaß von Gesetzen nach Artikel 23 Abs.1 Satz 2, Artikel 24 Abs.1 oder Artikel 29 ist der Gemeinsame Ausschuß nicht befugt[1].**

Literatur: *Fritz,* Handlungsbereich und Tätigkeitsdauer des Gemeinsamen Ausschusses im Verteidigungsfall, BayVBl 1983, 72. – S. außerdem die Literatur zu Art.53a und Art.115a.

Art.115e legt für die Dauer des Verteidigungsfalls (Rn.7 zu Art.115a) zum **1** einen fest, welche Aufgaben der Gemeinsame Ausschuss (zur Bedeutung und Organisation Rn.1f zu Art.53a) hat: Er übernimmt sämtliche **Funktionen des Bundestags** und des **Bundesrats,** subsidiär zu den eigentlich zuständigen Organen (Heun DR 3; Grote MKS 1). Dies ist unabhängig davon, ob es um Rechtsetzung (auch nach Art.115c), um die Kontrolle der Exekutive oder um die Wahl von Organen geht, soweit die Verfassung nicht ausdrücklich Grenzen vorsieht (Grote MKS 10), etwa in Art.115g, in Art.115h, in Art.115k und in Art.115l. Ausgenommen sind gem. Abs.2 verfassungsändernde Gesetze sowie Gesetze, die das GG in anderer Weise ganz oder teilweise außer Kraft oder Anwendung (zu diesem Unterschied Rn.3 zu Art.115k) setzen. Weiter sind Gesetze zur Übertragung von Hoheitsrechten auf die Europäische Union nach Art.23 Abs.1 S.2 oder auf internationale Einrichtungen nach Art.24 Abs.1 und Gesetze zur Neugliederung des Bundesgebiets nach Art.29 ausgenommen. Möglich sind dagegen insb. alle anderen Gesetze im Zusammenhang mit der Europäischen Union, etwa zur Umsetzung von EU-Recht. Eine weitere Einschränkung enthält Art.115g S.2. Allg. zur Bedeutung der Art.115a–Art.115l Rn.1f zu Art.115a.

Voraussetzung dieser Kompetenzübernahme durch den Gemeinsamen **2** Ausschuss ist: – **(1)** Die Erklärung des Verteidigungsfalls, unter den Voraussetzungen des Art.115a Abs.2 auch durch den Gemeinsamen Ausschuss (Rn.3–6 zu Art.115a). – **(2)** Der Bundestag muss beschlussunfähig sein, d. h. dass gemäß § 45 Abs.1 GO BT nicht die Mehrheit der Mitglieder im Saal anwesend ist. Die Alternative der Unmöglichkeit des Zusammentritts, die sich auf den erstmaligen Zusammentritt eines neu gewählten Bundestags bezieht (Heun DR 5), hat seit der Beseitigung der parlamentsfreien Zeit durch Art.39 Abs.1 S.2 kaum mehr Bedeutung (Robbers SA 6; a.A. Grote MKS 3). Die Hindernisse müssen „unüberwindlich" sein, dürfen sich durch den Einsatz aller Möglichkeiten nicht rechtzeitig ausräumen lassen (Versteyl MüK

4); auch muss der Beschluss unaufschiebbar sein (Grote MKS 4). Politische Entschlusslosigkeit genügt auf keinen Fall (Heun DR 5). – **(3)** Schließlich muss dieser Tatbestand durch den Gemeinsamen Ausschuss mit einer Mehrheit von $^2/_3$ der abgegebenen Stimmen und zudem mit der Mehrheit der gesetzlichen Mitgliederzahl (dazu Rn.1 zu Art.121) festgestellt werden, wohl zu Beginn jeder Sitzung (Robbers SA 11; Schmidt-Radefeldt EH 7; Grote MKS 8; a. A. Heun DR 6). Anders als die Feststellung des Verteidigungsfalls bedarf dieser Beschluss nicht der Verkündung analog Art.115a Abs.3 (Robbers SA 13; a. A. Deiseroth UC 6).

3   Die Kompetenzübernahme **endet,** sobald der Bundestag mit einer für die Beschlussfähigkeit notwendigen Zahl seiner Mitglieder zusammentritt (Heun DR 5; Deiseroth UC 18; Vitzthum HbStR VII § 170 Rn.44), der Gemeinsame Ausschuss seinen Beschluss gem. Art.115e Abs.1 wegen Fortfalls der Voraussetzungen zurücknimmt (Heun DR 6) oder der Verteidigungsfall aufgehoben wird (Hopfauf SHH 9; zur Aufhebung Rn.2 zu Art.115l). Zur Geltungsdauer und zur Wirksamkeit der vom Gemeinsamen Ausschuss erlassenen Gesetze Rn.1, 6 zu Art.115k.

Art.115f [Erweiterte Befugnisse der Bundesregierung]

(1) **Die Bundesregierung kann im Verteidigungsfalle[2], soweit es die Verhältnisse erfordern,**

1. **den Bundesgrenzschutz im gesamten Bundesgebiete einsetzen;**
2. **außer der Bundesverwaltung auch den Landesregierungen und, wenn sie es für dringlich erachtet, den Landesbehörden Weisungen erteilen und diese Befugnis auf von ihr zu bestimmende Mitglieder der Landesregierungen übertragen[1 f].**

(2) **Bundestag, Bundesrat und der Gemeinsame Ausschuß sind unverzüglich von den nach Absatz 1 getroffenen Maßnahmen zu unterrichten[1].**

Literatur: S. die Literatur zu Art.115a.

1   Art.115f ermöglicht bestimmte **Zentralisierungen** für die Dauer des Verteidigungsfalls (dazu Rn.7 zu Art.115a), sofern dies erforderlich ist. Die Grundsatzentscheidung muss durch die Bundesregierung als Kollegium getroffen werden, während die Durchführung, insb. das Erteilen einzelner Weisungen, einem Bundesminister übertragen werden kann (Schmidt-Radefeldt EH 3; Heun DR 5). Gem. Abs.2 sind der Bundestag und der Bundesrat oder der Gemeinsame Ausschuss unverzüglich (objektiv; vgl. Rn.2 zu Art.115d; a. A. Heun DR 15) davon zu unterrichten, dass und in welchem Umfang von den Regelungen des Art.115f Gebrauch gemacht werden soll, insb. welche Aufgaben dem Bundesgrenzschutz (der Bundespolizei) übertragen und in welchem Bereich Weisungen erteilt werden. Über einzelne Aktivitäten braucht die Bundesregierung nicht von sich aus zu informieren. Insoweit kommt das allgemeine Informationsrecht zum Tragen (vgl. Rn.34 zu Art.38 und Rn.2 zu Art.53 bzw. Rn.3 zu Art.53a). Allg. zur Bedeutung der Art.115a–Art.115l Rn.1 f zu Art.115a.

Im Einzelnen kann gem. Abs.1 Nr.1 der **Bundesgrenzschutz** (heute **2** Bundespolizei) über seine eigentlichen Aufgaben (dazu Rn.4 zu Art.87) hinaus im gesamten Bundesgebiet zu polizeilichen Aufgaben jeder Art eingesetzt werden (BVerfGE 97, 198/215; Hopfauf SHH 3), also auch im Bereich der den Ländern zustehenden Polizeiverwaltung. Des Weiteren kann gem. Abs.1 Nr.2 der Bundesregierung gegenüber allen Teilen der Bundesverwaltung und der Landesverwaltung einschl. der Kommunen (Heun DR 12) ein **Weisungsrecht** *zu Rechts- und Fachfragen* eingeräumt werden. Dies gilt auch für Einrichtungen, die keinerlei Weisungen unterliegen, wie etwa die Bundesbank (Grote MKS 10; Hopfauf SHH 4; Robbers SA 8; a.A. Risse HÖ 3). Weisungen (allgemeiner wie individueller Natur) im Bereich der Landesverwaltungen sind an die Landesregierungen zu richten; in dringlichen Fällen können sie auch direkt an die einzelnen Landesbehörden gerichtet werden. Zudem hat die Bundesregierung das Recht, ein *Mitglied der Landesregierung* als **Beauftragten** zu bestellen, der in ihrem Namen die Weisungsgewalt ausübt, um so die Bundesregierung zu entlasten (Deiseroth UC 19). Die unmittelbare Weisungsgewalt der Bundesregierung wird dadurch nicht eingeschränkt; auch kann sie dem Beauftragten jederzeit alle oder bestimmte Befugnisse entziehen (Grote MKS 20; Versteyl MüK 11). Zum Verhältnis des Art.115f Abs.1 Nr.2 zu Art.115c vgl. Rn.4 zu Art.115c.

Art.115g [Stellung des Bundesverfassungsgerichts]

Die verfassungsmäßige Stellung und die Erfüllung der verfassungsmäßigen Aufgaben des Bundesverfassungsgerichtes und seiner Richter dürfen nicht beeinträchtigt werden. Das Gesetz über das Bundesverfassungsgericht darf durch ein Gesetz des Gemeinsamen Ausschusses nur insoweit geändert werden, als dies auch nach Auffassung des Bundesverfassungsgerichtes zur Aufrechterhaltung der Funktionsfähigkeit des Gerichtes erforderlich ist. Bis zum Erlaß eines solchen Gesetzes kann das Bundesverfassungsgericht die zur Erhaltung der Arbeitsfähigkeit des Gerichtes erforderlichen Maßnahmen treffen. Beschlüsse nach Satz 2 und Satz 3 faßt das Bundesverfassungsgericht mit der Mehrheit der anwesenden Richter.

Literatur: S. die Literatur zu Art.115a.

Der Gemeinsame Ausschuss kann im Verteidigungsfall auch die Vorschrif- **1** ten über die Gerichte, unter Beachtung der allgemeinen verfassungsrechtlichen Grenzen, ändern (vgl. Rn.1 zu Art.115e). Eine Änderung des BVerfGG ist gem. S.2 nur mit vorheriger Zustimmung des BVerfG möglich (Robbers SA 8). Zwischenzeitlich kann das BVerfG *selbst* von den Vorgaben des BVerfGG abweichen, soweit dies erforderlich ist, um seine Arbeitsfähigkeit trotz des Verteidigungsfalls sicherzustellen. Die darüber hinausgehenden Gehalte des S.1 dienen lediglich der Klarstellung. Deutlich wird zudem, dass Notstandsmaßnahmen der verfassungsgerichtlichen Kontrolle unterliegen (Heun DR 4). Die Zustimmung nach S.2 und der Beschluss über das Abweichen nach S.3 bedarf nach S.4 (nur) der Mehrheit der anwesenden Richter; eine Mindestzahl der anwesenden Richter ist nicht vorgeschrieben. Allg. zur Bedeutung Rn.1 f zu Art.115a.

Art. 115h [Wahlperioden und Amtszeiten]

(1) **Während des Verteidigungsfalles ablaufende Wahlperioden des Bundestages oder der Volksvertretungen der Länder enden sechs Monate nach Beendigung des Verteidigungsfalles. Die im Verteidigungsfalle ablaufende Amtszeit des Bundespräsidenten sowie bei vorzeitiger Erledigung seines Amtes die Wahrnehmung seiner Befugnisse durch den Präsidenten des Bundesrates enden neun Monate nach Beendigung des Verteidigungsfalles. Die im Verteidigungsfalle ablaufende Amtszeit eines Mitgliedes des Bundesverfassungsgerichtes endet sechs Monate nach Beendigung des Verteidigungsfalles.**

(2) **Wird eine Neuwahl des Bundeskanzlers durch den Gemeinsamen Ausschuß erforderlich, so wählt dieser einen neuen Bundeskanzler mit der Mehrheit seiner Mitglieder; der Bundespräsident macht dem Gemeinsamen Ausschuß einen Vorschlag. Der Gemeinsame Ausschuß kann dem Bundeskanzler das Mißtrauen nur dadurch aussprechen, daß er mit der Mehrheit von zwei Dritteln seiner Mitglieder einen Nachfolger wählt.**

(3) **Für die Dauer des Verteidigungsfalles ist die Auflösung des Bundestages ausgeschlossen.**

Literatur: S. die Literatur zu Art.115a.

1 Die in Abs.1 vorgesehene **Verlängerung von Wahlperioden** und Amtszeiten in Bund und Ländern während der Laufzeit des Verteidigungsfalls (dazu Rn.7 zu Art.115a) gelten auch, wenn der Ablauf nach Aufhebung des Verteidigungsfalls (Rn.2 zu Art.115l), aber noch innerhalb der 6- bzw. 9-Monatsfrist erfolgt (Heun DR 4; Versteyl MüK 2; Grote MKS 4; a.A. Deiseroth UC 4; Robbers SA 3). Wird innerhalb der jeweiligen Frist der Verteidigungsfall erneut erklärt, kommt Art.115h wiederum zur Anwendung. Mit Ablauf der Wahlperiode des Bundestags ist der Zeitpunkt der Neuwahl gemeint (Heun DR 4). Abs.1 dürfte auch für kommunale Vertretungen gelten (Versteyl MüK 3; Heun DR 4; a.A. Grote MKS 6).

2 Gem. Abs.2 S.1 scheidet eine **Wahl des Bundeskanzlers** durch den Gemeinsamen Ausschuss aus, wenn der Bundestag zu einer Entscheidung in der Lage ist (vgl. dazu (2) in Rn.2 zu Art.115e). Gleiches gilt gem. Abs.2 S.2 für das konstruktive Misstrauensvotum iSd Art.67. Zur Bestimmung der Mehrheiten vgl. Rn.1 zu Art.121. Abs.3 schließt die Möglichkeiten der **Bundestagsauflösung** nach Art.63 Abs.4 und Art.68 aus (Heun DR 13). Abs.2 und Abs.3 gelten nur während der Laufzeit des Verteidigungsfalls (dazu Rn.7 zu Art.115a). Eine Auflösung des Bundestags unmittelbar nach Ende des Verteidigungsfalls ist daher möglich (Grote MKS 14; a.A. Heun DR 13). Allg. zur Bedeutung Rn.1 f zu Art.115a.

Art.115i [Erweiterte Befugnisse der Landesregierungen]

(1) Sind die zuständigen Bundesorgane außerstande, die notwendigen Maßnahmen zur Abwehr der Gefahr zu treffen, und erfordert die Lage unabweisbar ein sofortiges selbständiges Handeln in einzelnen Teilen des Bundesgebietes, so sind die Landesregierungen oder die von ihnen bestimmten Behörden oder Beauftragten befugt, für ihren Zuständigkeitsbereich Maßnahmen im Sinne des Artikels 115 f Abs.1 zu treffen.

(2) Maßnahmen nach Absatz 1 können durch die Bundesregierung, im Verhältnis zu Landesbehörden und nachgeordneten Bundesbehörden auch durch die Ministerpräsidenten der Länder, jederzeit aufgehoben werden.

Literatur: S. die Literatur zu Art.115a.

Die in Ergänzung zu Art.115 f ergangene Vorschrift des Art.115i, die für die Dauer des Verteidigungsfalls (dazu Rn.7 zu Art.115a) gilt (Heun DR 4; Deiseroth UC 4), setzt voraus, dass die zuständigen Bundesorgane, genauer (wegen des Verweises auf Art.115 f Abs.1) die Bundesregierung nicht in der Lage ist, Entscheidungen über **Maßnahmen nach Art.115 f Abs.1** zu treffen (Grote MKS 2); bloße Beschlussunwilligkeit genügt nicht (Grote MKS 4). In diesem Falle kann die jeweilige Landesregierung (oder die von ihr bestimmten Behörden oder Beauftragten) den Bundesgrenzschutz (Bundespolizei) einsetzen und Weisungen in Rechts- und Fachfragen an sämtliche Bundes- und Landesbehörden erteilen, jeweils beschränkt auf das Landesgebiet und unter der Voraussetzung, dass eine entsprechende Maßnahme dringend geboten ist. Möglich ist die Ernennung eines Beauftragten durch mehrere Landesregierungen (Versteyl MüK 9). Den Streitkräften können keine Weisungen erteilt werden (Robbers SA 5; Heun DR 9). **1**

Auf Abs.1 gestützte Maßnahmen können nach Abs.2 von der Bundesregierung **aufgehoben** werden. Soweit es um Maßnahmen der Landesbehörden und nachgeordneter Bundesbehörden und nicht der Landesregierung geht, steht ein entspr. Aufhebungsrecht den jeweiligen Ministerpräsidenten zu (Grote MKS 17; Heun DR 10; a.A. hinsichtlich der Landesregierung Versteyl MüK 12). **2**

Art.115k [Wirkung und Geltungsdauer der Vorschriften des Verteidigungsfalls]

(1) Für die Dauer ihrer Anwendbarkeit setzen Gesetze nach den Artikeln 115c, 115e und 115g und Rechtsverordnungen, die auf Grund solcher Gesetze ergehen, entgegenstehendes Recht außer Anwendung. Dies gilt nicht gegenüber früherem Recht, das auf Grund der Artikel 115c, 115e und 115g erlassen worden ist[1].

(2) Gesetze, die der Gemeinsame Ausschuß beschlossen hat, und Rechtsverordnungen, die auf Grund solcher Gesetze ergangen sind, tre-

ten spätestens sechs Monate nach Beendigung des Verteidigungsfalles außer Kraft[6].

(3) Gesetze, die von den Artikeln 91a, 91b, 104a, 106 und 107 abweichende Regelungen enthalten, gelten längstens bis zum Ende des zweiten Rechnungsjahres, das auf die Beendigung des Verteidigungsfalles folgt[5]. Sie können nach Beendigung des Verteidigungsfalles durch Bundesgesetz mit Zustimmung des Bundesrates geändert werden, um zu der Regelung gemäß den Abschnitten VIII a und X überzuleiten[5].

Literatur: S. die Literatur zu Art.115a.

1. Verhältnis der Notstandsgesetze zu früherem Recht

1   Vom Bundestag (ggf. mit Zustimmung des Bundesrats) oder vom Gemeinsamen Ausschuss (auf Grund von Art.115c, Art.115e oder Art.115g) erlassene **förmliche Gesetze** setzen gem. Abs.1 entgegenstehendes früheres Recht nicht außer Kraft, sondern nur außer Anwendung, **suspendieren** es (Versteyl MüK 5; zum Unterschied unten Rn.3). Mit dem Ende ihrer Anwendbarkeit (unten Rn.3–6) lebt das entgegenstehende frühere Recht wieder auf (Grote MKS 5). Anderes gilt lediglich im Verhältnis zu Normen, die ihrerseits auf Grund der Notstandsermächtigungen in Art.115c oder vom Gemeinsamen Ausschuss nach Art.115e (einschl. Art.115g S.2) erlassen wurden. Solche Normen werden durch spätere Vorschriften nach Art.115c **derogiert,** also aufgehoben (Robbers SA 4; Heun DR 7). Auf im vereinfachten Verfahren nach Art.115d erlassene Gesetze ist Art.115k nicht anwendbar (Heun DR 14).

2   Entsprechendes gilt für **Rechtsverordnungen,** die auf Gesetze nach Art.115c, Art.115e oder Art.115g gestützt wurden. Gegenüber förmlichen Gesetzen haben Rechtsverordnungen weder Suspensiv- noch Derogationswirkung. Insoweit gelten die allgemeinen Regeln (vgl. Rn.2f zu Art.129). Art.115k erlaubt also keine echten gesetzesvertretenden Verordnungen (Grote MKS 7).

2. Unanwendbarkeit und Außerkrafttreten der Notstandsgesetze

3   Das Ende der Anwendbarkeit und Geltung von Notstandsgesetzen (und -rechtsverordnungen) ist in Art.115k nur teilweise geregelt. Für ein vollständiges Bild muss zwischen dem „**Außerkrafttreten**" und der bloßen „**Unanwendbarkeit**" unterschieden werden, ähnlich wie bei der Normenkollision zwischen Derogation und Suspension (vgl. Rn.35 zu Art.20). Anders als außer Kraft getretene Normen treten die (nur) „unanwendbaren" Normen wieder in Kraft, wenn der zur Unanwendbarkeit führende Umstand entfällt. Im Einzelnen ist zwischen Gesetzen des Bundestags und des Gemeinsamen Ausschusses zu unterscheiden:

4   **aa)** Förmliche **Gesetze des Bundestags,** die auf Art.115c gestützt wurden, sowie auf Grund derartiger Gesetze erlassene **Rechtsverordnungen** sind mit dem Ende des Verteidigungsfalls nicht mehr anwendbar (Rn.1 zu Art.115c). Mit der Unanwendbarkeit der auf Art.115c beruhenden Gesetze und Rechtsverordnungen lebt das suspendierte frühere Recht wieder auf,

insb. auch Landesrecht. Ein Außerkrafttreten ist bei den auf Art.115c gestützten Vorschriften nicht vorgesehen. Sie können daher in einem späteren Verteidigungsfall wieder genutzt werden (Vitzthum HbStR VII § 170
Rn.39), sofern sie nicht aufgehoben werden (Hopfauf SHH 5); zur Aufhebung Rn.1 zu Art.115l.

Anderes gilt, soweit Gesetze nach Art.115c Abs.3 Abweichungen von **5**
Art.91a, Art.91b, Art.104a und Art.106 vorsehen. Solche Regelungen bleiben nach Abs.3 S.1 bis zum Ende des zweiten Rechnungsjahres nach Aufhebung des Verteidigungsfalls **anwendbar**, es sei denn, der Bundestag setzt sie
nach Abs.3 S.2 mit Zustimmung des Bundesrats bereits vorher außer Anwendung oder nähert die Vorschriften dem Normalverfassungsrecht an.

bb) Sämtliche **vom Gemeinsamen Ausschuss erlassenen Gesetze** **6**
treten gem. Abs.2 sechs Monate nach Aufhebung des Verteidigungsfalls (Rn.2
zu Art.115l) *außer Kraft* (Heun DR 8). Eine frühere Aufhebung ist möglich
(Rn.1 zu Art.115l). Gleiches gilt für Rechtsverordnungen, die auf Gesetze
des Gemeinsamen Ausschusses gestützt werden. Soweit i.ü. Gesetze des
Gemeinsamen Ausschusses oder darauf gestützte Rechtsverordnungen durch
Art.115c ermöglicht werden, sind sie bereits mit dem Ende des Verteidi-
gungsfalls nicht mehr anwendbar (Rn.1 zu Art.115c). Andererseits gilt die
Fristverlängerung des Abs.3 (oben Rn.5) auch für entsprechende Gesetze des
Gemeinsamen Ausschusses (Grote MKS 10; a.A. Versteyl MüK 11).

Art.115l [Aufhebung von Maßnahmen und Beendigung des Ver-
teidigungsfalles]

(1) **Der Bundestag kann jederzeit mit Zustimmung des Bundesrates
Gesetze des Gemeinsamen Ausschusses aufheben. Der Bundesrat kann
verlangen, daß der Bundestag hierüber beschließt. Sonstige zur Abwehr
der Gefahr getroffene Maßnahmen des Gemeinsamen Ausschusses oder
der Bundesregierung sind aufzuheben, wenn der Bundestag und der
Bundesrat es beschließen**[1].

(2) **Der Bundestag kann mit Zustimmung des Bundesrates jederzeit
durch einen vom Bundespräsidenten zu verkündenden Beschluß den
Verteidigungsfall für beendet erklären. Der Bundesrat kann verlangen,
daß der Bundestag hierüber beschließt. Der Verteidigungsfall ist unverzüglich für beendet zu erklären, wenn die Voraussetzungen für seine
Feststellung nicht mehr gegeben sind**[2].

(3) **Über den Friedensschluß wird durch Bundesgesetz entschieden**[2].

Literatur: S. die Literatur zu Art.115a.

Vom Gemeinsamen Ausschuss erlassene Gesetze und sonstige Maßnahmen **1**
bleiben wirksam, auch wenn der Bundestag wieder zusammentreten kann.
Der Bundestag kann aber in eigener Initiative **Gesetze** des Gemeinsamen
Ausschusses jederzeit nach Abs.1 S.1 mit Zustimmung des Bundesrats **auf-
heben**. Zudem steht das Initiativrecht gem. Abs.1 S.2 dem Bundesrat zu
(Robbers SA 3). Der Aufhebungsbeschluss bedarf generell der Zustimmung

des Bundesrats. Unberührt bleiben die Möglichkeiten der Aufhebung durch normales Gesetz. **Sonstige Maßnahmen** des Gemeinsamen Ausschusses sowie Maßnahmen der Bundesregierung auf Grund von Gesetzen des Gemeinsamen Ausschusses sowie nach Art. 115 f sind aufzuheben, wenn der Bundestag mit Zustimmung des Bundesrats dies verlangt; die Vorgabe „zur Abwehr der Gefahr getroffen" hat keine einschränkende Wirkung (Heun DR 7; Versteyl MüK 5). Nach Aufhebung des Verteidigungsfalls treten zu diesen (auf die Zeit während des Verteidigungsfalls zugeschnittenen) Regeln die Vorgaben über die Unanwendbarkeit bzw. das Außerkrafttreten von Gesetzen des Gemeinsamen Ausschusses (dazu Rn. 6 zu Art. 115k).

2   Die **Aufhebung des Verteidigungsfalls** erfolgt nach Abs. 2 S. 1 durch den Bundestag in eigener Initiative mit einfacher Mehrheit und mit Zustimmung der einfachen Mehrheit des Bundesrats (Schmidt-Radefeldt EH 4; Heun DR 10). Daneben hat gem. Art. 76 Abs. 1 der Bundesrat das Initiativrecht, aber auch die Bundesregierung (Grote MKS 14). Der Bundestag ist nach Abs. 2 S. 3 zur Aufhebung verpflichtet, wenn die sachlichen Voraussetzungen des Art. 115a Abs. 1 S. 1 (dazu Rn. 3 zu Art. 115a) nicht mehr vorliegen (Heun DR 9). Andererseits kann der Verteidigungsfall auch aufgehoben werden, wenn die sachlichen Voraussetzungen noch andauern (Heun DR 9; Grote MKS 11; vgl. zum Ermessen Rn. 3 zu Art. 115a). Hat der Gemeinsame Ausschuss den Verteidigungsfall erklärt, steht auch ihm die Aufhebungsbefugnis nach Abs. 2 zu (Versteyl MüK 11; Stern ST II 1432; a. A. Heun DR 9). Der Aufhebungsbeschluss wird wirksam, sobald er in der Form des Art. 82 Abs. 1 bekannt gemacht worden ist. Art. 115a Abs. 3 S. 2 ist anwendbar (Heun DR 10), auch wenn dafür kaum Bedarf sein dürfte.

3   Völkerrechtliche Erklärungen zum **Friedensschluss** erfolgen nach Abs. 3 unmittelbar durch Bundesgesetz; im Übrigen gilt Art. 59 Abs. 2, etwa für die Beteiligung des Bundesrats (Vitzthum HbStR VII § 170 Rn. 52). Militärische Abmachungen über Waffenruhe, Kapitulation etc. fallen nicht darunter (Grote MKS 18; Heun DR 12).

XI. Übergangs- und Schlussbestimmungen

Art.116 [Begriff des „Deutschen"; nationalsozialistische Ausbürgerung]

(1) **Deutscher im Sinne dieses Grundgesetzes**[1] **ist vorbehaltlich anderweitiger gesetzlicher Regelung**[2]**, wer die deutsche Staatsangehörigkeit besitzt**[2] **oder als Flüchtling oder Vertriebener deutscher Volkszugehörigkeit**[4 ff] **oder als dessen Ehegatte oder Abkömmling in dem Gebiete des Deutschen Reiches nach dem Stande vom 31. Dezember 1937 Aufnahme gefunden hat**[6 ff]**.**

(2) **Frühere deutsche Staatsangehörige, denen zwischen dem 30. Januar 1933 und dem 8. Mai 1945 die Staatsangehörigkeit aus politischen, rassischen oder religiösen Gründen entzogen worden ist**[11 f]**, und ihre Abkömmlinge**[13 f] **sind auf Antrag wieder einzubürgern**[17 f]**. Sie gelten als nicht ausgebürgert, sofern sie nach dem 8. Mai 1945 ihren Wohnsitz in Deutschland genommen haben und nicht einen entgegengesetzten Willen zum Ausdruck gebracht haben**[15 f]**.**

Übersicht

Literatur: *Renner,* in: Hailbronner/Renner, Staatsangehörigkeitsrecht, 4. Aufl. 2005, Teil II A, Art.116; *Grawert,* Staatsvolk und Staatsangehörigkeit, HbStR[3] II, 2004, § 16; *Eichmann/Siehr,* Das Recht auf die deutsche Staatsangehörigkeit für ausgebürgerte deutsche Jugend und ihre Nachkommen, ZAR 2002, 89; *Marx,* Kommentar zum Staatsangehörigkeitsrecht, 1997, 413 ff; *Silagi,* Von der heutigen Bedeutung des Art.116 GG, Recht in Ost und West 1986, 160; *Azzola,* Die deutsche Staatsangehörigkeit vom „Dritten Reich" ausgebürgerter Verfolgter, FS Podlech, 1994, 69; *v. Mangoldt,* Die deutsche Staatsangehörigkeit als Voraussetzung und Gegenstand der Grundrechte, in: HbStR V, 1992, § 119; *Zimmermann,* Rechtliche Möglichkeiten von Zuzugsbeschränkungen für Aussiedler, ZRP 1991, 85; *Bleckmann,* Anwartschaft auf die deutsche Staatsangehörigkeit?, NJW 1990, 1397; *Geisler,* Anwartschaft auf die deutsche Staatsangehörigkeit?, NJW 1990, 3059.

I. „Deutsche" und Status-Deutsche (Abs.1)

1. Der Begriff des „Deutschen" und Regelungsvorbehalt

1   **aa)** Abs.1 definiert, wer **Deutscher** ist, soweit dieser Begriff im GG benutzt wird. Darunter fallen zunächst die *deutschen Staatsangehörigen;* näher dazu Rn.2–4 zu Art.16. Zudem werden in begrenztem Umfang Staatsangehörige anderer Staaten sowie Staatenlose erfasst: Nachdem das nationalsozialistische Deutschland andere Staaten überfallen und unterdrückt und dort Millionen von Menschen Tod, Elend und Unfreiheit gebracht hatte, richtete sich die Rache und Vergeltung gegen die deutschstämmigen Personen in diesen Ländern (Zuleeg AK 13), mit der Folge von Vertreibung und Flucht. Diese Personen deutscher Volkszugehörigkeit sollten nach ihrer Aufnahme in Deutschland (unten Rn.6–8) hinsichtlich zahlreicher Vorgaben des GG den Staatsangehörigen gleichgestellt werden, solange der Gesetzgeber keine andere Regelung trifft. Man spricht insoweit von (bloßen) **Status-Deutschen** (Vedder MüK 4); zur Bedeutung des Status unten Rn.9 f. In der Folge wurde der Status auf alle deutschstämmigen Personen in kommunistischen Staaten ausgeweitet, unter weitreichender Ausblendung von kriegsbedingter Flucht und Vertreibung (Masing MKS 83, 133). Heute hat der Status nur noch geringe Bedeutung (unten Rn.3).

2   **bb)** Durch **Bundesgesetz,** nicht jedoch durch Landesgesetz (dazu Rn.5 zu Art.73), kann eine **abweichende Regelung** getroffen werden, wobei nur der Bereich der Status-Deutschen, nicht der der deutschen Staatsangehörigen gemeint sein dürfte (v. Mangoldt HbStR V § 119 Rn.15; Kokott SA 2; a.A. Vedder MüK 9; Wittreck DR 47). Die Staatsangehörigkeit kann allerdings auf anderer Grundlage geregelt werden (Rn.1 f zu Art.16). Doch sind die Regelungsmöglichkeiten im Bereich der Status-Deutschen deutlich weiter. Umstritten ist, ob der Regelungsvorbehalt neben der Einschränkung und Aufhebung (unten Rn.3) auch eine Ausweitung erlaubt (dafür v. Mangoldt HbStR V § 119 Rn.53; dagegen Vedder MüK 9).

3   Entsprechend dem Übergangscharakter des Abs.1 kann die Kategorie des Status-Deutschen durch Gesetz vollständig **abgeschafft** werden, jedenfalls wenn den Status-Deutschen die Option der Staatsangehörigkeit eingeräumt wird (Zuleeg AK 16; Vedder MüK 9). In der Sache ist die Kategorie heute überholt (Wittreck DR 54; Masing MKS 27; Kokott SA 2), weshalb sie nach dem StAG ab dem 1. 1. 2000 kaum mehr Bedeutung hat, da praktisch alle Status-Deutschen gem. §§ 7, 40a StAG deutsche Staatsangehörige wurden und werden (Masing MKS 21; Wittreck DR 54).

2. Voraussetzungen der Stellung eines Status-Deutschen

4   **a) Vertriebene deutscher Volkszugehörigkeit. aa)** Status-Deutsche (oben Rn.1) müssen zunächst Flüchtlinge oder Vertriebene mit deutscher Volkszugehörigkeit sein. **Flüchtling** bzw. **Vertriebener** ist, wer seinen Wohnsitz außerhalb des Gebiets des heutigen Bundesgebiets (Rn.10 zur Präamb) hatte (Kokott SA 4) und diesen Wohnsitz im Zusammenhang mit Er-

eignissen des Zweiten Weltkriegs aus Angst bzw. aufgrund einer Vertreibung durch fremde Staatsgewalt verloren hat (Masing MKS 60; Kokott SA 4). Gleichzustellen ist die Nichtrückkehr an den im Vertreibungsgebiet beibehaltenen Wohnsitz (BVerfGE 17, 224/230f). Der Wohnsitzverlust muss durch die Vertreibungsmaßnahmen verursacht sein (Vedder MüK 40). Die (verfassungsrechtlichen) Begriffe der Flüchtlinge und der Vertriebenen können durch einfaches Recht nicht verbindlich konkretisiert werden (Vedder MüK 38; Sachs, in: Stern, Staatsrecht, III/1, 599; Wittreck DR 60; a.A. Masing MKS 62), auch wenn der Gesetzgeber das gewollt hat. Zudem weichen die Begriffe in der Sache voneinander ab (Masing MKS 63). Der Vorbehalt abweichender Regelung erlaubt schließlich nur Abweichungen auf der Ebene des einfachen Rechts (a.A. Rennert UC 12a; wohl auch BVerfGE 17, 224/227f).

Weiter muss der Betreffende **deutscher Volkszugehöriger** sein. D.h. er **4a** muss sich in seiner früheren Heimat zum deutschen Volkstum bekannt haben und dies wurde durch bestimmte Merkmale wie Abstammung, Sprache, Erziehung und Kultur bestätigt (BVerwGE 5, 239/240f; 9, 231/232; Wittreck DR 63; Grawert HbStR³ II § 16 Rn.39), und zwar vor Beginn der Vertreibung bzw. Flucht (BVerfGE 59, 128/150f; Wittreck DR 67). Im Übrigen kommt es maßgeblich auf das einfache Recht an (BVerwGE 120, 292/295), was auch in zeitlicher Hinsicht Unterschiede erlaubt, wie sie in § 6 Abs.1, 2 BVFG vorgesehen sind (Wittreck DR 65f).

bb) Die gleiche Rechtsstellung besitzen **Ehegatten** und **Abkömmlinge** **5** (ohne deutsche Volkszugehörigkeit) von unter Rn.4f fallenden Personen, sofern sie die ursprüngliche Heimat wegen der Verbindung mit dem deutschen Volkszugehörigen verlassen haben. Bei Abkömmlingen genügt, wenn ein Elternteil Vertriebener deutscher Volkszugehörigkeit ist; dies gilt auch für nichteheliche Abkömmlinge (BVerfGE 37, 217/252; BVerwGE 85, 108/116; Wittreck DR 72). Durch eine Erwachsenen-Adoption wird die Stellung eines Abkömmlings nicht vermittelt (BVerwGE 125, 177 Rn.11ff). Darüber hinaus wird der originäre Erwerb des Status durch Abkömmlinge gem. § 4 Abs.1 Nr.3 BVFG auf vor dem 1. 1. 1993 Geborene beschränkt (Wittreck DR 73); zum abgeleiteten Erwerb bei Abkömmlingen unten Rn.10. Zur Aufnahme von Ehegatten und Abkömmlingen unten Rn.7.

b) Aufnahme in Deutschland. aa) Die erfassten Personen (oben **6** Rn.4–5) sind erst Deutsche iSd Art.116, nachdem sie Aufnahme in Deutschland gefunden haben (unten Rn.8). **Aufnahme** setzt voraus, dass „der Betroffene mit dem Zuzug einen ständigen Aufenthalt im Bundesgebiet erstrebt und auf Grund eines Tätigwerdens oder sonstigen Verhaltens der Behörden der Schluss berechtigt ist, dass ihm die Aufnahme nicht verweigert wird" (BVerwGE 90, 173/175; 119, 172/175). Eine förmliche Zuzugsgenehmigung ist unnötig (BVerwGE 9, 231/233f); durch Gesetz können aber strengere Vorgaben getroffen werden (vgl. BVerwGE 114, 332/334, 336f). Die Aufnahme ist auch noch nach Inkrafttreten des GG möglich (BVerfGE 8, 81/86; 17, 224/231; Wittreck DR 77; Vedder MüK 47). Dagegen fehlt es an einer Aufnahme iSd Abs.1, wenn der Betreffende vor der Niederlassung in Deutschland in einem anderen Staat Aufnahme gefunden hat, d.h. in zumutbarer Weise in das dortige Leben eingegliedert war (BVerwGE 9, 231/232 f) oder sich nur vorübergehend in Deutschland aufgehalten hat (BVerwGE 119, 172/177). Die Aufnahme muss **in Deutschland** (nach dem Stand vom 31. 12. 1937) erfolgt sein. Da aber zudem allein die Aufnahme durch eine *deutsche* Behörde relevant sein kann, geht es i. E. um eine Aufnahme im heutigen Bundesgebiet (Hillgruber EH 16; Vedder MüK 50; vgl. BVerwGE 38, 224/228; diff. Masing MKS 120 ff), also auch im Gebiet der früheren DDR (vgl. Grawert HbStR³ II § 16 Rn.38), nicht aber in den früheren Ostgebieten (BVerwGE 38, 224/228; Masing MKS 121). Die Aufnahme muss grundsätzlich in *engem zeitlichen und sachlichen Zusammenhang* mit der Vertreibung bzw. der Flucht stattgefunden haben (BVerfGE 2, 98/100 f; Wittreck DR 78).

7   Wegen dieses Zusammenhangs müssen **Ehegatten** und **Abkömmlinge** grundsätzlich mit den Volksdeutschen geflohen oder vertrieben (BVerwGE 84, 23/27 f) und aufgenommen worden sein; zumindest ist ein enger zeitlicher oder sachlicher Zusammenhang erforderlich (BVerwGE 90, 173/176 f; vgl. aber BVerwGE 115, 10/12). Gleichgestellt wird eine spätere Übersiedlung aus Gründen der familiären Einheit (BVerwGE 90, 173/177). Bei Ehegatten muss die Ehe im Zeitpunkt der Aufnahme bestehen (BVerwGE 90, 181/185) und auch der volksdeutsche Ehepartner Aufnahme in Deutschland gefunden haben (BVerwG, NVwZ-RR 90, 659; Wittreck DR 71).

8   **bb) Vor ihrer Aufnahme** in Deutschland sind die deutschen Volkszugehörigen keine Deutschen iSd GG (BGHZ 121, 305/314; BVerwGE 122, 313/315 f; Vedder MüK 47, 51; Antoni HÖ 4). Man kann sie als potentielle Deutsche bezeichnen (Vedder MüK 47). Einen Anspruch auf Einreise in das Bundesgebiet gewährt ihnen Abs.1 nicht (v. Mangoldt HbStR V § 119 Rn.73; Antoni HÖ 4; Hillgruber EH 17; Kokott SA 11; a. A. Wittreck DR 58; Vedder MüK 48). Andernfalls hätte die Beschränkung des Status auf Personen, die in Deutschland durch eine behördliche Entscheidung (oben Rn.6) Aufnahme gefunden haben, keinen rechten Sinn.

3. Folgen sowie Erwerb und Verlust der Stellung eines Status-Deutschen

9   Auf Status-Deutsche sind alle **Normen des GG,** die für „Deutsche" gelten, **anwendbar.** Das gilt auch für das Wahlrecht (Rn.4 zu Art.38; BVerwGE 90, 181/183). Im Bereich des Art.16 Abs.1 differenziert das GG dagegen zwischen Status-Deutschen und deutschen Staatsangehörigen. Wieweit außerhalb der Regelungen des GG für Deutsche im einfachen Recht eine Gleichstellung erfolgt, lässt Art.116 Abs.1 offen (vgl. Renner o. Lit. Art.116 Rn.7; für weitestgehende Gleichstellung Hillgruber EH 20; Wittreck DR 57). Die Rechtsstellung des Status-Deutschen ist keine (zweite) Staatsangehörigkeit (Vedder MüK 4; a. A. Zuleeg AK 3). Auch ergibt sich aus ihr kein (verfassungsrechtlicher) Anspruch auf Verleihung der deutschen Staatsangehörigkeit (Kokott SA 18). Unklar ist, ob und wieweit ein Anspruch auf diplomatischen Schutz besteht (dafür in gewissen Grenzen Kokott SA 15).

10   Die Rechtsstellung des Status-Deutschen **entsteht** mit der Aufnahme in Deutschland (oben Rn.6–8), vorausgesetzt, der Betroffene hat nicht einen

entgegenstehenden Willen zweifelsfrei bekundet (Wittreck DR 55). Die Rechtsstellung eines Deutschen geht in analoger Anwendung der Vorschriften zur Staatsangehörigkeit auf Abkömmlinge und Ehegatten über (Wittreck DR 55); zum originären Erwerb (oben Rn.5) tritt damit ein *abgeleiteter Erwerb* (BVerwGE 71, 301/304f.; v. Mangoldt HbStR V § 119 Rn.74; Masing MKS 16). Im Übrigen ist der Status weder übertragbar noch vererblich (BVerwG, NVwZ 01, 209). Der **Verlust** der Rechtstellung erfolgt entsprechend den Regeln für die deutsche Staatsangehörigkeit (Vedder MüK 51); es ist daher auch ein Verzicht möglich.

II. Nationalsozialistische Ausbürgerungen (Abs.2)

1. Zweck und Anwendungsbereich des Abs.2

a) Zweck sowie Rechtsschutz. Abs.2 dient der **Wiedergutmachung** 11 nationalsozialistischen Unrechts im Bereich des Staatsangehörigkeitsrechts (BVerfGE 8, 81/86; 54, 53/69f). Die erfassten Ausbürgerungen (unten Rn.12) waren offensichtlich rechtswidrig und daher grundsätzlich nichtig (BVerfGE 23, 98/108; 54, 53/68, 70; Kokott SA 32; krit. Masing MKS 146). Das schließt nicht aus, dass die Betreffenden in der Folge durch Verzicht die Staatsangehörigkeit verloren haben. Außerdem statuiert Abs.2 S.1 in bestimmten Fällen die Wirksamkeit der Ausbürgerungen, verbunden mit einem Einbürgerungsanspruch, um den Betroffenen die deutsche Staatsangehörigkeit nicht ohne ausreichende Anhaltspunkte für einen entsprechenden Willen aufzudrängen (Wittreck DR 81). Abs.2 erzeugt subjektive Rechte der Betroffenen, aber keine grundrechtsähnlichen Rechte (Wittreck DR 99). Eine auf Art.3 Abs.1 gestützte Verfassungsbeschwerde erlaubt aber auch eine Prüfung des Art.116 Abs.2 (BVerfGE 23, 98/104; 54, 53/66f).

b) Berechtigte. aa) Unter Abs.2 fallen alle Personen, die zwischen dem 12 30. 1. 1933 und dem 8. 5. 1945 aus politischen, rassischen oder religiösen Gründen (dazu Rn.123, 128f zu Art.3) ihre deutsche **Staatsangehörigkeit verloren** haben, unabhängig davon, ob dies durch Einzelakt oder Rechtsnorm erfolgte (BVerfGE 116, 24/43; Vedder MüK 72; Wittreck DR 88). Das Vorliegen des spezifischen Ausbürgerungsgrundes ergibt sich häufig schon aus den Vorschriften selbst, kann aber im Einzelfall auch mittelbar erschlossen werden (Vedder MüK 73; Lübbe-Wolff DR 47). Für Personen, die 1945 wieder als Österreicher in Anspruch genommen worden sind, gilt Abs.2 nicht (BVerwGE 85, 108/118; Masing MKS 181). Nicht unmittelbar anwendbar ist Abs.2, wenn jemand aus den fraglichen Gründen nicht eingebürgert wurde; doch ist dieser Umstand bei einem Einbürgerungsbegehren ausreichend zu berücksichtigen (BVerwGE 114, 195/204f; Wittreck DR 89). **Ehegatten** können sich nur dann auf Abs.2 berufen, wenn sie selbst die Voraussetzungen des Abs.2 erfüllen (BVerwGE 68, 220/226; Vedder MüK 74).

bb) Gleichgestellt sind die **Abkömmlinge** der oben in Rn.12 aufgeführ- 13 ten Personen, also deren Kinder, Enkel und weitere Nachkommen (BVerwGE 95, 36/37; Hillgruber EH 23.1; Masing MKS 154), sofern sie zum Ausgebürgerten in einem Verhältnis stehen, an das das Staatsangehörigkeitsrecht den Erwerb der deutschen Staatsangehörigkeit knüpft (BVerwGE 68, 220/ 222; 85, 108/110f; 95, 36/40f; Vedder MüK 75); dabei kommt es auf das im Zeitpunkt der Ausbürgerung oder später bis zur Antragstellung geltende Recht an (Wittreck DR 91). Voraussetzung ist, dass der Abkömmling infolge der Ausbürgerung des Elternteils nicht deutscher Staatsangehöriger geworden ist (*Kausalität;* BVerwGE 85, 108/112ff; BVerwG, NVwZ 92, 796). Unberücksichtigt bleibt allerdings der Verlustgrund des § 25 (Ru)StAG durch Erwerb einer anderen Staatsangehörigkeit (Masing MKS 157; Wittreck DR 91; vgl. unten Rn.17). Vor dem 1. 4. 1953 geborene nichteheliche Abkömmlinge werden trotz Art.6 Abs.5 nicht erfasst (BVerwGE 68, 220/234f; 85, 108/114; Kokott SA 25). Gleiches gilt für vor dem 1. 4. 1953 geborene eheliche Kinder ausgebürgerter Frauen (BVerwGE 85, 108/110ff).

14   Jeder Abkömmling ist grundsätzlich **selbst Träger** des Rechts nach Abs.2 und kann ins. auch dann geltend machen, wenn der Vorfahre den Anspruch nicht geltend macht (Wittreck DR 90). Andererseits scheidet die Geltendmachung des Anspruchs durch den Abkömmling aus, wenn der Vorfahre seinen Anspruch durch Verzicht verloren hat (BVerwGE 95, 36/42; Masing MKS 161).

2. Folgen des Abs.2

15   **a) Unwirksamkeit der Ausbürgerung (Abs.2 S.2).** Von den in den Anwendungsbereich des Abs.2 fallenden Personen (oben Rn.12–14) ist ein Teil deutscher Staatsangehöriger geblieben (Grawert HbStR³ II § 16 Rn.37; Wittreck DR 100); die Ausbürgerung ist von Anfang an unwirksam. Dies sind Personen, die ihren tatsächlichen **Wohnsitz** nach dem **8. 5. 1945 in Deutschland** genommen bzw. gehabt haben, sei es auch nach Inkrafttreten des GG (BVerfGE 8, 81/86; BGHZ 27, 375/377; Vedder MüK 83). Die Wohnsitznahme, auf die der Betroffene ein Recht hat (Wittreck DR 101; Hillgruber EH 28), kann auch heute noch erfolgen. Mit Deutschland ist jeweils Gesamt-Deutschland gemeint (Rennert o. Lit. Art.116 Rn.97), weshalb etwa auch eine Wohnsitznahme in der früheren DDR genügte (Masing MKS 177; Wittreck DR 102; zur Situation in den früheren Ostgebieten Masing MKS 177). Ein entgegenstehender Wille schließt die Unwirksamkeit der Ausbürgerung aus; er muss jedoch zweifelsfrei kundgetan werden (BVerfGE 8, 81/87), und zwar vor oder bei der Wohnsitznahme (Vedder MüK 84). Ist der Betroffene vor dem 8. 5. 1945 verstorben, bestand die Staatsangehörigkeit fort, sofern nicht konkrete Anhaltspunkte dafür vorlagen, dass er in ein freies und demokratisches Deutschland nicht zurückkehren wollte (BVerfGE 23, 98/112; Vedder MüK 86). Liegen die Voraussetzungen des Abs.2 S.2 vor, hat der Betreffende seine Staatsangehörigkeit (ex tunc) nie verloren (Hillgruber EH 26). Die Verlusttatbestände des Staatsangehörigkeitsrechts sind nicht anwendbar (BVerfGE 8, 81/88; Wittreck DR 105).

16   Mit der Wohnsitznahme gelten für Abkömmlinge und Ehegatten die allgemeinen Regeln des Erwerbs der Staatsangehörigkeit. Hinzu kommt, dass **Abkömmlingen** durch Abs.2 S.2 ein eigenes Recht vermittelt wird, unabhängig davon, ob der Vorfahre davon Gebrauch gemacht hat (oben Rn.14).

Unsicher ist, ob bei im Ausland geborenen Abkömmlingen eine Anzeige gem. § 4 Abs.4 StAG erforderlich ist (dagegen Wittreck DR 92). Der Abkömmling muss seinen Wohnsitz in Deutschland genommen haben; umgekehrt macht sein entgegenstehender Wille die Ausbürgerung für seine Person wirksam (BVerwGE 68, 220/222 f). Mit der Wohnsitznahme erwirbt der Abkömmling die deutsche Staatsangehörigkeit, da er sie regelmäßig noch nicht besessen hat (Vedder MüK 85).

b) Anspruch auf Wiedereinbürgerung (Abs.2 S.1). Soweit die in **17** Rn.12–14 aufgeführten Personen nicht unter Abs.2 S.2 (oben Rn.15) fallen (Wittreck DR 96), sind sie auf Antrag wieder „einzubürgern". Welche der Vorgaben oben in Rn.15 nicht erfüllt ist, spielt keine Rolle. Insb. greift Abs.2 S.1 auch dann, wenn zunächst ein gegen die deutsche Staatsangehörigkeit gerichteter Wille geäußert wurde (Kokott SA 32; Hailbronner/Renner, o. Lit., Art.116 Rn.40; Wittreck DR 96; vgl. BVerwGE 94, 185/195). Auch der Erwerb einer fremden Staatsangehörigkeit steht nicht entgegen (BVerfGE 23, 98/108; Vedder MüK 80), es sei denn, der Erwerb fand vor der Ausbürgerung statt (BVerwGE 94, 185/187) und stand nicht im Zusammenhang mit nationalsozialistischen Verfolgungsmaßnahmen. An den Antrag auf Wiedereinbürgerung dürfen keine zu hohen Anforderungen gestellt werden (BVerfGE 54, 53/71). Abkömmlinge müssen den Antrag selbst stellen (Masing MKS 164); zu deren Rechtsstellung oben Rn.14.

Obwohl die Ausbürgerungen als grundsätzlich nichtig einzustufen sind **18** (oben Rn.11), wirkt die Wiedereinbürgerung in den Fällen des Abs.2 S.2 nach ganz h.A. **ex nunc** (BSGE 50, 21/23 f; Wittreck DR 93; Vedder MüK 79; Rennert UC 37; a.A. BVerfGE *abwM* 54, 53/75). Jedenfalls wird der Betreffende vor Stellung des Antrags nicht als deutscher Staatsangehöriger betrachtet (BVerfGE 23, 98/108 f; 54, 53/69 f). Andererseits dürfen dem Betroffenen, dem Sinn des Abs.2 (oben Rn.11) entsprechend, durch die bloße Wiedereinbürgerung ex nunc keine unangemessenen Nachteile erwachsen.

Art.117 [Übergangsregelung zu Art.3 Abs.2 und Art.11]

(1) **Das dem Artikel 3 Absatz 2 entgegenstehende Recht bleibt bis zu seiner Anpassung an diese Bestimmung des Grundgesetzes in Kraft, jedoch nicht länger als bis zum 31. März 1953.**

(2) **Gesetze, die das Recht der Freizügigkeit mit Rücksicht auf die gegenwärtige Raumnot einschränken, bleiben bis zu ihrer Aufhebung durch Bundesgesetz in Kraft.**

Literatur: S. Literatur B zu Art.3.

Abs.1 ist seit dem 31. 3. 1953 im Wesentlichen überholt (näher Rn.80 zu **1** Art.3); die Pflicht zur Anpassung des Besatzungsrechts folgte aus Art.3 Abs.2 (vgl. Sachs SA 8; BVerfGE 15, 337/350 stützt sie dagegen auf Art.117 Abs.1). Art.3 Abs.2 S.2 wurde von vornherein nicht von Art.117 erfasst, da Art.117 bei Schaffung des Art.3 Abs.2 S.2 bereits obsolet war. Überholt ist auch die in **Abs.2** enthaltene Übergangsregelung zu Art.11 (Rn.18 zu Art.11).

Art.118 [Neugliederung im Südwesten]

Die Neugliederung in dem die Länder Baden, Württemberg-Baden und Württemberg-Hohenzollern umfassenden Gebiete kann abweichend von den Vorschriften des Artikels 29 durch Vereinbarung der beteiligten Länder erfolgen. Kommt eine Vereinbarung nicht zustande, so wird die Neugliederung durch Bundesgesetz geregelt, das eine Volksbefragung vorsehen muß.

1   Die Vorschrift erlaubte die Neugliederung im südwestdeutschen Raum in einem einfacheren Verfahren, als es in Art.29 vorgesehen ist. Da eine Vereinbarung iSv S.1 nicht zustande kam, wurde die Neugliederung durch die Gesetze v. 4. 5. 1951 (BGBl I 283 bzw. 284) entsprechend S.2 vorgenommen und in grundgesetzkonformer Weise (BVerfGE 1, 14/32 ff) das Land **Baden-Württemberg** geschaffen. Obwohl Art.118 damit keine Bedeutung mehr hat (Kunig MüK 4; Pernice DR 6, 8), wurde die Vorschrift „aus verfassungshistorischen Gründen" (Meyer-Teschendorf MKS 26) im GG belassen. Künftige Veränderungen im Raum Baden-Württembergs sind (allein) im Verfahren nach Art.29 möglich (BVerfGE 5, 34/45; Pernice DR 11; Umbach UC 26 ff).

Art.118a [Neugliederung Berlin/Brandenburg]

Die Neugliederung in dem die Länder Berlin und Brandenburg umfassenden Gebiet kann abweichend von den Vorschriften des Artikels 29 unter Beteiligung ihrer Wahlberechtigten durch Vereinbarung beider Länder erfolgen.

Literatur: *Tripke,* Sind die Länder Berlin und Brandenburg neugliederungsreif nach Art.118a GG?, 2009; *Keunecke,* Die gescheiterte Neugliederung Berlin-Brandenburg, 2001; *Dietlein,* Länderfusion und verfassungsgebende Gewalt „in statu nascendi", Staat 1999, 547; *Rüß,* Die Neugliederung der Region Berlin-Brandenburg, LKV 1995, 337. – S. auch Literatur zu Art.29.

1   Die Vorschrift erlaubt die Neugliederung der Bundesländer Berlin und Brandenburg, insb. ihren Zusammenschluss, nicht aber eine weitere Aufteilung (Schöbener FH 11), in einem einfacheren Verfahren, als es in Art.29 vorgesehen ist (BbgVerfG, LVerfGE 4, 114/129 f), verpflichtet aber nicht dazu (Meyer-Teschendorf MKS 31). Die Neugliederung erfolgt durch Staatsvertrag zwischen den beiden Bundesländern, ohne Beteiligung des Bundes (Pernice DR 11; Meyer-Teschendorf MKS 34). Der Staatsvertrag kann Vorgaben für das neugebildete Land enthalten (BbgVerfG, LVerfGE 4, 114/143). In ihm ist die Beteiligung der Wahlberechtigten näher zu regeln; eine Volksabstimmung ist aber nicht vorgeschrieben (BT-Drs.12/6000, 46; Pernice DR 13; Erb-

guth SA 5; Meyer-Teschendorf MKS 33). Die Landesregierungen dürfen in sachlicher Form für den Zusammenschluss werben (BVerfG-K, LKV 96, 334; BerlVerfGH, LVerfGE 3, 75/81; 4, 30/33 f). Die Vorschrift ist trotz der 1996 gescheiterten Volksabstimmung (dazu Kunig MüK 5 ff) weiterhin anwendbar (Kunig MüK 8; Pernice DR 9; Scholz MD 11). Daneben ist auch das Verfahren nach Art.29 möglich (Scholz MD 5; Umbach UC 8).

Art.119 [Flüchtlinge und Vertriebene]

In Angelegenheiten der Flüchtlinge und Vertriebenen, insbesondere zu ihrer Verteilung auf die Länder, kann bis zu einer bundesgesetzlichen Regelung die Bundesregierung mit Zustimmung des Bundesrates Verordnungen mit Gesetzeskraft erlassen. Für besondere Fälle kann dabei die Bundesregierung ermächtigt werden, Einzelweisungen zu erteilen. Die Weisungen sind außer bei Gefahr im Verzuge an die obersten Landesbehörden zu richten.

Die Vorschrift ist nicht mehr anwendbar (Masing DR 8; Hillgruber EH 3; Umbach UC 4; vorsichtiger Schaefer MüK 5), da mit dem BVFG entsprechende bundesgesetzliche Vorschriften erlassen wurden. Bei einer Aufhebung dieser Vorschriften lebt Art.119 nicht wieder auf (Muckel MKS 40 f).   1

Art.120 [Kriegsfolge- und Sozialversicherungslasten; Ertragshoheit]

(1) Der Bund trägt die Aufwendungen für Besatzungskosten[3] und die sonstigen inneren und äußeren Kriegsfolgelasten[3] nach näherer Bestimmung von Bundesgesetzen[4]. Soweit diese Kriegsfolgelasten bis zum 1. Oktober 1969 durch Bundesgesetze geregelt worden sind, tragen Bund und Länder im Verhältnis zueinander die Aufwendungen nach Maßgabe dieser Bundesgesetze[5]. Soweit Aufwendungen für Kriegsfolgelasten, die in Bundesgesetzen weder geregelt worden sind noch geregelt werden, bis zum 1. Oktober 1965 von den Ländern, Gemeinden (Gemeindeverbänden) oder sonstigen Aufgabenträgern, die Aufgaben von Ländern oder Gemeinden erfüllen, erbracht worden sind, ist der Bund zur Übernahme von Aufwendungen dieser Art auch nach diesem Zeitpunkt nicht verpflichtet[5]. Der Bund trägt die Zuschüsse zu den Lasten der Sozialversicherung mit Einschluß der Arbeitslosenversicherung und der Arbeitslosenhilfe[7 f]. Die durch diesen Absatz geregelte Verteilung der Kriegsfolgelasten auf Bund und Länder läßt die gesetzliche Regelung von Entschädigungsansprüchen für Kriegsfolgen unberührt[4, 6].

(2) Die Einnahmen gehen auf den Bund zu demselben Zeitpunkte über, an dem der Bund die Ausgaben übernimmt[9].

Literatur: *Glombick,* Das GG und die Finanzverantwortung für die Rentenversicherung, RiA 1993, 280; *Bieback,* Die Garantiehaftung des Bundes für die Sozialversicherung, VSSR 1993, 1.

**1. Finanzierungs- und Verwaltungsverantwortung für Kriegsfolge-
lasten und Sozialversicherung (Abs. 1)**

1   **a) Allgemeines.** Die 1965 (Einl. 3 Nr. 14) um die Sätze 2, 3, 5 erweiterte
Vorschrift des Abs. 1 enthält keine bloße Übergangsregelung, sondern regelt
auf Dauer abweichend von Art. 104a Abs. 1, dass in großem Umfang der
Bund (und nicht die Länder) die Kriegsfolgelasten und die Zuschüsse zur
Sozialversicherung zu tragen hat (Siekmann SA 1; Lübbe-Wolff DR 4f;
Axer FH 1f), sei es unmittelbar oder mittelbar (Muckel MKS 3). Dadurch
soll eine gleichmäßige Belastung der Bevölkerung des gesamten Bundesgebiets mit diesen Lasten erreicht werden (BVerfGE 113, 167/214; BSGE 47,
148/154; Schaefer MüK 2). Art. 120 regelt allein das Verhältnis **zwischen
Bund und Ländern** (BVerfGE 113, 167/207; Siekmann SA 8). Die Gemeinden zählen zu den Ländern (BSGE 34, 177/179f; Siekmann SA 8; vgl.
Rn. 6 zu Art. 30), nicht jedoch die Träger der Sozialversicherung (BVerfGE
14, 221/236; 113, 167/209f), da sie im Finanzausgleich nicht berücksichtigt
werden.

2   Abs. 1 regelt vollständig die **Finanzierungsverantwortung,** weshalb
Art. 104a Abs. 3 in diesem Bereich nicht anwendbar ist (Schaefer MüK 7;
Siekmann SA 29). Für die Verwaltungskompetenz gelten dagegen die allg.
Regeln (BSGE 102, 149 Rn. 34; Siekmann SA 5), weshalb Art. 104a Abs. 5
(dazu Rn. 12 zu Art. 104a) zur Anwendung kommt (Masing DR 5; Muckel
MKS 2; Schaefer MüK 23). Art. 120 gilt für alle auf den Zweck dieser Norm
bezogenen Kosten, während Art. 104a Abs. 5 nur für nicht zuordnungsfähige
allgemeine Verwaltungskosten gilt.

3   **b) Finanzierung der Kriegsfolgelasten. aa) Kriegsfolgelasten** sind
Lasten, „deren entscheidende – und in diesem Sinne alleinige – Ursache der
Zweite Weltkrieg ist" (BVerfGE 9, 305/324; ähnlich BVerwG, DÖV 00,
733). Die praktische Bedeutung der Kriegsfolgelasten wird dadurch im Laufe
der Zeit immer geringer (BVerfGE 9, 305/324ff; Lübbe-Wolff DR 6; Axer
FH 11). Zu den Kriegsfolgelasten gehören insb. Wiederaufbaukosten, Leistungen an Kriegsgeschädigte und -hinterbliebene, der Lastenausgleich zugunsten der Flüchtlinge und Vertriebenen und Wiedergutmachungsleistun-
gen (Lübbe-Wolff DR 7; Schaefer MüK 10) sowie Kosten einer Kampf-
mittel-Räumung (BVerwG, NVwZ-RR 07, 76). Keine Kriegsfolgelasten
sind die Folgelasten der nationalsozialistischen Gewaltherrschaft sowie der
deutschen Teilung (Schaefer MüK 9f; Siekmann SA 11). Gleiches gilt für
die nicht spezifisch kriegsbedingten Folgekosten der Wiedervereinigung
(Kaltenborn EH 2) und für die Folgekosten von DDR-Unrechtsmaßnah-
men (Masing DR 7) sowie für die Kosten für Spätaussiedler (Masing DR 7
Fn. 25; Schaefer MüK 9a; a. A. Siekmann SA 13). Was den Sonderfall der
Besatzungskosten angeht, hat Art. 120 nur noch für die Vergangenheit Bedeutung. Die Kosten der Stationierung ausländischer Truppen in der Bundesrepublik sind Verteidigungslasten, fallen also nicht unter Art. 120 (Masing
DR 7; Siekmann SA 15).

4   Die Kostentragungspflicht greift gem. Abs. 1 S. 1 nur „nach **näherer Bestimmung von Bundesgesetzen".** Das ermöglicht dem Bund nicht, den

Begriff der Kriegsfolgelasten näher zu bestimmen. Vielmehr wird dem Bund nur vorbehalten, festzulegen, ob und ggf. in welcher Weise Leistungen erbracht werden (Muckel MKS 17). Wenn aber der Bund die Erbringung von Leistungen im Bereich der Kriegsfolgelasten vorschreibt, dann muss er (vorbehaltlich der Einschränkungen unten in Rn.5) die Kosten tragen. Dies gilt auch dann, wenn die Regelungen von den Ländern ausgeführt werden (BVerfGE 9, 305/317f) und daher an sich die Länder die Ausgaben gem. Art.104a Abs.1 zu tragen hätten (Rn.2f zu Art.104a).

Die Kostentragungspflicht des Bundes iSd Rn.3f wird durch zwei Vorga- **5** ben **beschränkt,** die 1965 (Einl.3 Nr.14; vgl. dazu BVerwGE 24, 272/ 274ff) eingefügt und 1969 (Einl.3 Nr.24) geändert wurden: – **(1)** Nach der Bereinigungsvorschrift des Abs.1 S.2 haben die Länder Kriegsfolgelasten zu tragen, soweit dies in Bundesgesetzen vorgesehen ist, die vor dem 1. 10. 1969 ergangen sind (Übersicht bei Schaefer MüK 12). – **(2)** Abs.1 S.3 betrifft Kriegsfolgelasten, die bis zum 1. 10. 1965 von den Ländern, den Gemeinden oder sonstigen Einrichtungen, die Aufgaben von Ländern oder Gemeinden erfüllen, getragen wurden und in Bundesgesetzen (Schaefer MüK 15) nicht geregelt waren. Sie sind nicht vom Bund zu tragen. Werden allerdings in diesem Bereich neue Bundesgesetze erlassen, gilt gem. Abs.1 S.1 die Kostentragungspflicht des Bundes (Siekmann SA 21; Axer FH 21). Soweit der Bund vor dem Stichtag Leistungen ohne gesetzliche Grundlage erbrachte, bleibt die Kostentragungspflicht weiter bei ihm (Lübbe-Wolff DR 14; Siekmann SA 21; a. A. Schaefer MüK 16).

bb) Da Art.120 Abs.1 nur die Kostenverteilung zwischen Bund und Län- **6** dern regelt, begründet die Vorschrift, wie Abs.1 S.5 zudem klarstellt, **keine Ansprüche** auf Ersatz von Kriegsfolgelasten (BVerfGE 113, 167/211; Axer FH 19), seien es Ansprüche von Privatpersonen (Lübbe-Wolff DR 15; Kaltenborn EH 3; Muckel MKS 4), Ansprüche von Versicherungsträgern auf entspr. Zuschüsse (BVerfGE 14, 221/235; 113, 167/207f; BVerwGE 22, 314/317; BSGE 81, 276/285; Lübbe-Wolff DR 8; vgl. unten Rn.8) oder Ansprüche ausländischer Staaten (Siekmann SA 6). Auch das Bestehen von Reparationsforderungen u. ä. (zu jüngeren Fällen insoweit Schaefer MüK 10aff) wird durch Art.120 nicht geregelt.

c) Finanzierung der Zuschüsse zur Sozialversicherung. Die Sozi- 7 alversicherung iSd Abs.1 S.4 ist wie in Art.74 Abs.1 Nr.12 (dazu Rn.35 zu Art.74) zu verstehen (Muckel MKS 23). Erfasst werden die Kranken-, Renten-, Unfall- und die Pflegeversicherung (Muckel MKS 23). Dazu kommen kraft ausdrücklicher Regelung die Arbeitslosenversicherung und die Arbeitslosenhilfe. Zudem kann der Gesetzgeber weitere Sozialversicherungen schaffen (Kaltenborn EH 4; vgl. BVerfGE 87, 1/34). Mit den Kriegsfolgen muss kein Zusammenhang bestehen (Masing DR 16; Muckel MKS 26; Axer FH 26).

Abs.1 S.4 setzt die normative Regelung der Sozialversicherungsleistungen **8** durch den **Bund,** gestützt auf Art.74 Abs.1 Nr.12, voraus. Wie er das tut, wird durch die Vorschrift nicht geregelt (BVerfG-K, DVBl 01, 897). Insb. ergeben sich aus Art.120 keine Ansprüche der Träger der Sozialversicherung (BVerfGE 9, 305/318; 14, 221/235; 113, 167/207, 211; BSGE 81, 276/

285 f; Muckel MKS 37; Masing DR 16); auch zu Belastungen der Sozialversicherungsträger enthält Art.120 keine Vorgaben (BVerfGE 113, 167/208). Dementsprechend steht Art.120 einem Risikostrukturausgleich unter den Versicherungsträgern nicht entgegen (BVerfGE 113, 167/211). Zudem dürfte sich aus der Vorschrift keine Garantie für die Zahlungsfähigkeit der Versicherungsträger ergeben (BSGE 47, 148/154; Muckel MKS 40; Siekmann SA 28; a. A. Umbach UC 10); zum Sozialstaatsprinzip insoweit BSGE 47, 148/157. Erst recht ergeben sich aus der Vorschrift keine Ansprüche der Versicherten (Siekmann SA 26). Wenn aber durch Gesetz Leistungspflichten festgelegt werden, muss der Bund die notwendigen **Zuschüsse übernehmen** und darf sie nicht den Ländern auferlegen, auch dort nicht, wo die Sozialversicherungsträger zum Aufgabenbereich der Länder gehören (Siekmann SA 25). Nicht erfasst werden jedoch die Verwaltungskosten.

2. Überleitung der Ertragshoheit des Bundes (Abs.2)

9   Nach der heute obsoleten (Kaltenborn EH 15) Übergangsvorschrift des Abs.2 ging das Recht des Bundes auf Einnahmen gem. Art.106 nicht bereits mit Inkrafttreten des GG auf den Bund über, sondern erst mit der Übernahme der Ausgaben durch den Bund. Durch das 1. ÜberleitungsG vom 28. 11. 1950 (BGBl 773) wurde der Großteil der Einnahmen und Ausgaben zum 1. 4. 1950 auf den Bund „übergeführt" (Masing DR 17).

Art.**120a** [Durchführung des Lastenausgleichs]

(1) **Die Gesetze, die der Durchführung des Lastenausgleichs**[1] **dienen, können mit Zustimmung des Bundesrates bestimmen, daß sie auf dem Gebiete der Ausgleichsleistungen teils durch den Bund, teils im Auftrage des Bundes durch die Länder ausgeführt werden und daß die der Bundesregierung und den zuständigen obersten Bundesbehörden auf Grund des Artikels 85 insoweit zustehenden Befugnisse ganz oder teilweise dem Bundesausgleichsamt übertragen werden**[2]. **Das Bundesausgleichsamt bedarf bei Ausübung dieser Befugnisse nicht der Zustimmung des Bundesrates; seine Weisungen sind, abgesehen von den Fällen der Dringlichkeit, an die obersten Landesbehörden (Landesausgleichsämter) zu richten**[2].

(2) **Artikel 87 Abs.3 Satz 2 bleibt unberührt**[2].

Literatur: *Gallenkamp,* Der Lastenausgleich, NJW 1999, 2486.

1   Die 1952 eingeführte Vorschrift (Einl.3 Nr.2) betrifft die Durchführung von Lastenausgleichsgesetzen des Bundes (vgl. dazu den Überblick bei Siekmann SA 6 f). Im Interesse einer effektiven Bewältigung dieser Aufgabe sind von Art.83 ff abweichende Sonderregelungen vorgesehen (Siekmann SA 1). Mit **Lastenausgleich** ist ähnlich wie in § 1 LAG die Leistungsgewährung wegen materieller Kriegs-, Kriegsfolge- und (unmittelbarer) Nachkriegsschäden gemeint (Schaefer MüK 10); Art.120a geht Art.120 vor. Erfasst wird auch die Rückforderung von Lastenausgleichszahlungen, etwa im Gefolge der Wiedervereinigung (Siekmann SA 4; Masing DR 12). Ob die Materie des BVFG unter Art.120a fällt, ist umstritten (dafür Siekmann SA 6; dagegen Masing DR 6). Die Verwaltung eventueller Lastenausgleichs*abgaben* wird von Art.120a nicht erfasst (Muckel MKS 24).

Die Durchführung von Lastenausgleichsgesetzen kann gem. Abs.2 durch **2** mittlere und untere Bundesbehörden erfolgen, wovon aber kein Gebrauch gemacht wurde (Siekmann SA 11; Muckel MKS 35). Wichtiger ist daher die in Abs.1 enthaltene Ermächtigung, für diese Aufgabe durch Bundesgesetz mit Zustimmung des Bundesrats eine **Mischverwaltung** (dazu allg. Rn.10 zu Art.30) einzuführen, die bundeseigene Verwaltung und Auftragsverwaltung der Länder kombiniert (Masing DR 3; Muckel MKS 4; Siekmann SA 1). Dabei geht Abs.1 davon aus, dass der Bund ein Bundesausgleichsamt (als Bundesoberbehörde) schafft und es, jedenfalls zum Teil, mit den Aufgaben der bundeseigenen Verwaltung in diesem Bereich betraut. Weiter werden Landesausgleichsämter vorausgesetzt. Gem. Abs.1 S.1 können die an sich nach Art.85 im Rahmen der Auftragsverwaltung der Bundesregierung bzw. den obersten Bundesbehörden zustehenden Befugnisse auf das Bundesausgleichsamt übertragen werden (Siekmann SA 8; vgl. auch BSGE 39, 260/264). Dies gilt auch für den Erlass von Verwaltungsvorschriften, mit der zusätzlichen Besonderheit, dass die in Art.85 Abs.2 S.1 vorgesehene Zustimmung des Bundesrats gem. Abs.1 S.2 unnötig ist. Die Verwaltungsvorschriften können auch Zuständigkeiten regeln (BVerfGE 8, 155/167 ff). Weisungen sind direkt an die Landesausgleichsämter zu richten. Von den in Abs.1 vorgesehenen Möglichkeiten wurde durch eine Reihe von Gesetzen Gebrauch gemacht (näher Schaefer MüK 9). Das KriegsfolgenbereinigungsG von 1992 (BGBl I 2094) hat das Auslaufen des Lastenausgleichs eingeleitet (Masing DR 7; Muckel MKS 32).

Art.**121** [Mehrheit des Bundestages und der Bundesversammlung]

Mehrheit der Mitglieder des Bundestages[1] und der Bundesversammlung[1] im Sinne dieses Grundgesetzes ist die Mehrheit ihrer gesetzlichen Mitgliederzahl[2].

Literatur: *Pestalozza,* Die „gesetzliche Mitgliederzahl", Art.121 GG, LKV 2008, 49. − S. auch Literatur zu Art.42.

Die Vorschrift definiert den Begriff der **Mehrheit der Mitglieder** des **1** Bundestags und der Bundesversammlung (nicht: des Bundesrats; Klein MD 14) als die Mehrheit der gesetzlichen Mitgliederzahl (sog. absolute Mehrheit, Abgeordnetenmehrheit, Mitgliedermehrheit oder Kanzlermehrheit; vgl. Rn.2 zu Art.63). Mehrheit bedeutet mehr als die Hälfte (vgl. Art.63 Abs.3). Die von Art.121 vorgeschriebene Bezugsgröße der gesetzlichen Mitgliederzahl ist aber nach allgemeiner Meinung auch dann zugrunde zu legen, wenn nicht mehr als die Hälfte (sog. einfache Mitgliedermehrheit), sondern eine andere Mehrheit oder auch Minderheit des Bundestags verlangt wird, nämlich die Gesamtheit (Art.54 Abs.3), zwei Drittel (Art.61 Abs.1 S.3, 79 Abs.2), ein Drittel (Art.39 Abs.3 S.3, 93 Abs.1 Nr.2), ein Viertel (Art. 44 Abs. 1 S. 1, 61 Abs. 1 S. 2) oder ein Zehntel (Art. 42 Abs. 1 S. 2). Darüber hinaus ist Art. 121 anwendbar, wenn Gesetzes- oder Geschäftsordnungsbestimmungen ausdrücklich oder stillschweigend auf ihn verweisen (Magiera SA 2; Muckel MKS 6 f; Schneider AK 4). Da eine andere Bezugsgröße als die gesetzliche Mitgliederzahl ausdrücklich normiert sein müsste, bietet sich jedenfalls regelmäßig eine „gleichsinnige Auslegung" an (Morlok DR 8; krit. Höfling/Burkiczak FH 26; a. A. Klein MD 9). Von der absoluten Mehrheit des Art. 121 ist die relative Mehrheit der abgegebenen Stimmen (sog. einfache Abstimmungsmehrheit) zu unterscheiden (Rn. 4 zu Art. 42; weitere Differenzierung bei Klein MD 9). Nicht ein Verstoß gegen Art. 121 führt zur Unwirksamkeit der Entscheidung (so aber Magiera SA 1; Rechenberg BK 6; diff. Morlok DR 15), sondern der Verstoß gegen die eine bestimmte Mehrheit fordernde Verfahrensvorschrift (vgl. Rn. 2 zu Art. 76).

2 **Gesetzliche Mitgliederzahl** ist die Zahl der Mitglieder, die nach Maßgabe des BWahlG in der zum Zeitpunkt der Wahl des amtierenden Bundestags geltenden Fassung (Kretschmer SHH 3). im konkreten Zeitpunkt sitz- und stimmberechtigt sind (sog. konkreter Sollbestand; Klein MD 19; Magiera SA 4). Daher ist die Ausgangszahl des § 1 Abs. 1 S. 1 BWahlG durch Überhangmandate gem. § 6 Abs. 5 BWahlG zu erhöhen und durch folgende Umstände zu verringern: Mandatsverlust des Abgeordneten gem. §§ 46 ff BWahlG, solange der Sitz nicht wiederbesetzt ist (Magiera SA 5; Morlok DR 13; Rechenberg BK 8; Versteyl MüK 9; a. A. Höfling/Burkiczak FH 34; Schneider AK 3); Erschöpfung der Parteiliste gem. §§ 6 Abs. 4 S. 4, 48 Abs. 1 S. 3 BWahlG; Erledigung eines Wahlkreismandats gem. §§ 44 Abs. 3 S. 2, 46 Abs. 4 S. 2, 48 Abs. 2 S. 3 BWahlG; Parteiverbot gem. § 46 Abs. 4 BWahlG (vgl. aber Rn. 23 zu Art. 38). Bei der Ausgangszahl bleibt es dagegen, wenn ein Abgeordneter nur vorübergehend an der Ausübung seines Mandats verhindert ist, z. B. wegen Krankheit, Urlaub, Sitzungsausschluss (Magiera SA 5; Morlok DR 14; Rechenberg BK 8) oder auf Grund von Fraktionsabsprachen (sog. Pairing; Muckel MKS 15).

Art. 122 [Überleitung der Gesetzgebung]

(1) **Vom Zusammentritt des Bundestages an werden die Gesetze ausschließlich von den in diesem Grundgesetze anerkannten gesetzgebenden Gewalten beschlossen.**

(2) **Gesetzgebende und bei der Gesetzgebung beratend mitwirkende Körperschaften, deren Zuständigkeit nach Absatz 1 endet, sind mit diesem Zeitpunkt aufgelöst.**

1 Gem. **Abs. 1** stehen dem Bund die im GG vorgesehenen Gesetzgebungskompetenzen erst seit dem Zusammentritt des ersten Bundestages am 7. 9. 1949 zu (BVerfGE 16, 6/16; Kirn MüK 3). Vorher lag die Gesetzgebungskompetenz generell bei den Ländern bzw. bei den besatzungsrechtlich geschaffenen Gesetzgebungsorganen, auch im Bereich der ausschließlichen Bundesgesetzgebung (Wolff MKS 17; a. A. Kirn MüK 4; Stettner DR 10; offen gelassen BVerfGE 7, 330/339). Zum zeitlichen Anwendungsbereich

des GG im Übrigen Rn.2f zu Art.145. **Abs.**2 betrifft die Organe, die kraft Besatzungsrechts gesetzgebende oder gesetzesberatende Funktionen hatten (Wolff MKS 21), etwa den Wirtschaftsrat des Vereinigten Wirtschaftsgebiets (Rn.1 zu Art.133) oder den Länderrat der US-Zone (Stettner DR 12; Wolff MKS 23). Für Organe der Verwaltung und Rspr. enthält Art.130 eine vergleichbare Regelung.

Art.123 [Fortgeltung vorkonstitutionellen Rechts]

(1) **Recht[5] aus der Zeit vor dem Zusammentritt des Bundestages[7] gilt fort, soweit es dem Grundgesetze nicht widerspricht[8].**

(2) **Die vom Deutschen Reich abgeschlossenen Staatsverträge, die sich auf Gegenstände beziehen, für die nach diesem Grundgesetze die Landesgesetzgebung zuständig ist, bleiben, wenn sie nach allgemeinen Rechtsgrundsätzen gültig sind und fortgelten, unter Vorbehalt aller Rechte und Einwendungen der Beteiligten in Kraft, bis neue Staatsverträge durch die nach diesem Grundgesetze zuständigen Stellen abgeschlossen werden oder ihre Beendigung auf Grund der in ihnen enthaltenen Bestimmungen anderweitig erfolgt[11 f].**

Literatur: *Hofmann,* Die Entwicklung des Grundgesetzes von 1949 bis 1990, HbStR[3] III, 2003, § 9; *Brunner,* Fortgeltung des Rechts der bisherigen DDR, HbStR IX, 1997, § 210; vgl. außerdem Literatur zu Art.124.

1. Bedeutung und Abgrenzung zu anderen Normen

a) Bedeutung und Art des Fortgeltens. aa) Art.123 regelt zusammen   1
mit Art.124 und Art.125 (vgl. Rn.1 zu Art.124) die Fortgeltung von Rechtsnormen beliebiger Art aus der Zeit vor dem Zusammentritt des ersten Bundestags am 7. 9. 1949, und zwar in dem Gebiet, in dem das GG zu diesem Zeitpunkt galt (vgl. BGHZ 42, 70/76). Dort, wo das GG später in Kraft trat, ergibt sich die Geltung dieser Normen aus den Beitrittsregelungen. Liegen die noch zu erörternden Voraussetzungen (unten Rn.3, 5–9) vor, gilt die fragliche Rechtsvorschrift (als Bundes- oder Landesrecht) fort. Anderenfalls ist sie unwirksam; Lücken sind durch Richterrecht zu schließen (BVerfGE 37, 67/81; 49, 286/301 ff; 56, 37/51). Die Regelung des Fortgeltens in Art.123 ist konstitutiv, wie schon der Wortlaut nahe legt, nicht nur deklaratorisch (Stettner DR 10; Schulze SA 2; Hofmann HbStR[3] I § 9 Rn.2; a.A. Seiler EH 1.1; Wolff MKS 5). Am 28. 12. 1968 hat zudem das RechtsbereinigungsG (BGBl I 1451) altes *Bundes*recht außer Kraft gesetzt, soweit es in dem Gesetz nicht aufgeführt ist; die meisten Länder haben ähnliche Gesetze erlassen.

Der **Rang** der fortgeltenden Vorschrift ist derselbe wie im Zeitpunkt ih-   2
res Entstehens (BVerfGE 22, 1/12; 28, 119/139f; Kirn MüK 4; Stettner DR 15). Gesetzesvertretende Verordnungen sollen den Rang eines förmlichen Gesetzes haben (BVerfGE 22, 1/12; 52, 1/16; vorsichtig BVerwGE 75, 292/301). Gleiches gilt für die aufgrund des Ermächtigungsgesetzes vom 24. 3. 1933 erlassenen Regierungsgesetze (BVerfGE 10, 354/360f; 28, 119/

139 f; Wolff MKS 38); vgl. aber Rn.3a zu Art.129. Ob die Rechtsnorm als *Bundes- oder Landesrecht* fortgilt, wird durch Art.124, 125 geregelt.

3 **bb)** Die **Art.123–125** kommen **nicht** mehr **zum Tragen,** soweit eine fortgeltende Vorschrift nach dem 7. 9. 1949 geändert oder in sonstiger Weise in den Willen des nachkonstitutionellen Gesetzgebers aufgenommen (vgl. Rn.8 zu Art.100) wurde (Wolff MKS 24; Sachs SA 9 zu Art.129). Gleiches gilt für Ermächtigungsvorschriften, falls das zugehörige materielle Recht wesentlich geändert wird (s. auch Rn.5 zu Art.80). Solche Vorschriften müssen als **nachkonstitutionelle Regelungen** auch den formellen verfassungsrechtlichen Anforderungen entsprechen (vgl. unten Rn.9). Die Neubekanntmachung eines Gesetzes ist keine Änderung (BFHE 114, 564/565 ff; Wolff MKS 26; Rn.7 zu Art.82).

4 **b) Fortgelten von DDR-Recht.** Vergleichbare Probleme wie für das Fortgelten des vor dem 7. 9. 1949 erlassenen Rechts stellen sich, soweit das **Recht der** früheren **DDR** fortgilt (dazu Rn.2 zu Art.143). Diese wurden in Art.9 EV in Anlehnung an Art.123 geregelt, weshalb zur Auslegung dieser Norm die für Art.123 maßgeblichen Gesichtspunkte herangezogen werden können (Schulze SA 17; Seiler EH 3.1); eine unmittelbare Anwendung von Art.123 ist ausgeschlossen (unten Rn.5). Insb. wird nur die materiell-inhaltliche Vereinbarkeit mit dem GG vorausgesetzt (mit den durch Art.143 eröffneten Einschränkungen), nicht die Vereinbarkeit mit Verfahrensvorschriften und speziellen Ermächtigungsanforderungen in dem unten in Rn.9 beschriebenen Sinne (Wolff MKS 9; wohl auch Schulze SA 20), da andernfalls die entsprechende Anwendung des Art.129 Abs.3 durch den Einigungsvertrag (Rn.7 zu Art.129) keinen Sinn machen würde. Die Dispensierung von Ermächtigungsanforderungen dürfte aber nur übergangsweise gelten (Lerche, FS Helmrich, 1994, 59, 71; vgl. unten Rn.9). Relevanter Zeitpunkt ist grundsätzlich der 31. 8. 1990 (Schulze SA 18); vgl. allerdings Art.9 Abs.3 EV. Zur konkreten Normenkontrolle vgl. Rn.7a zu Art.100. Für die Frage der Fortgeltung als Bundes- oder Landesrecht enthält Art.9 Abs.4, 5 EV eine Art.124 entsprechende und von Art.125 abweichende Regelung.

2. Voraussetzungen der Fortgeltung

5 **a) Rechtsnormen früherer deutscher Organe.** Unter Recht iSd Abs.1 sind **Rechtsnormen jeder Art** zu verstehen (BVerfGE 28, 119/133), insb. förmliche Gesetze, auch Gesetze zur Übernahme völkerrechtlicher Verträge (Wolff MKS 13; vgl. unten Rn.11), Rechtsverordnungen (BVerfGE 28, 119/132 ff), Satzungen (vgl. BVerfGE 44, 216/226) und Gewohnheitsrecht (BVerfGE 41, 251/263), nicht jedoch Verwaltungsvorschriften (Wolff MKS 13) sowie Einzelregelungen (Wolff MKS 16). Im Landesrecht werden auch die Landesverfassungen erfasst. Aus welcher Zeit das Recht stammt, ist unerheblich, sofern es nur am 7. 9. 1949 wirksam war (unten Rn.7). Voraussetzung ist, dass das Recht zumindest in Teilen des Bundesgebiets des Jahres 1949 Geltung besaß und von deutschen Organen erlassen wurde (Wolff MKS 17). Reichsverfassungsrecht wird nicht erfasst (Wolff MKS 15). Die *Weimarer Reichsverfassung* ist mit Ausnahme der in Art.140 aufgeführten Vorschriften spätestens mit dem Inkrafttreten des GG außer Kraft getreten

(BVerfGE 15, 167/195; Stettner DR 10). Kein vorkonstitutionelles Recht iSd Art. 123 ist das fortgeltende *Recht der DDR* (Schulze SA 17; Wolff MKS 11; a. A. Kirn MüK 10 zu Art. 143); zu den insoweit einschlägigen Normen und der mittelbaren Bedeutung des Art. 123 oben Rn. 4.

Sofern **Besatzungsrecht** trotz des Erlöschens alliierter Rechte (Rn. 2 zu **6** Art. 144) noch fortgelten sollte (dagegen Deiseroth UC 28 zu Art. 139; wohl auch Vedder MüK 10 zu Art. 139; vgl. allerdings BVerfGE 95, 39/47 f), ist Art. 123 entsprechend anzuwenden (Kirn MüK 11; Wolff MKS 19). Es darf also materiell dem GG nicht widersprechen (Starck MKS 260 zu Art. 1; Stettner DR 19). Vor der Wiedervereinigung wurde Besatzungsrecht von Art. 123 nicht erfasst (BVerfGE 3, 368/375), desgleichen nicht deutsche Rechtsvorschriften, die in Vollzug bindender Weisungen der Besatzungsbehörden ergingen (BVerfGE 2, 181/202 f).

b) Gültigkeit nach altem Recht. Rechtsnormen gelten nur fort, wenn **7** sie im Zeitpunkt des Zusammentretens des ersten Bundestags, also am 7. 9. 1949 (Rn. 1 zu Art. 122), wirksam waren (Kirn MüK 4). Sie müssen nach dem Recht der Entstehungszeit wirksam zustande gekommen (BVerfGE 10, 354/360 f; BSGE 16, 227/233; Wolff MKS 21) und dürfen nach altem Recht nicht unwirksam geworden sein (BVerfGE 4, 115/138). Zu Rechtsnormen, die auf Grund des Ermächtigungsgesetzes vom 24. 3. 1933 ergingen, Rn. 3a zu Art. 129. Rechtsvorschriften, insb. aus der Zeit des Nationalsozialismus, sind von Anfang an als nichtig zu erachten, wenn sie fundamentalen Prinzipien der Gerechtigkeit evident widersprechen, auch wenn sie formal ordnungsgemäß zustande gekommen sind (BVerfGE 3, 58/119; 6, 132/198; 23, 98/106; Wolff MKS 23). Zur Änderung von Reichsrecht seit Kriegsende vgl. Rn. 1 zu Art. 122. Schließlich muss der Erlass der Rechtsnorm vor dem 7. 9. 1949 vollständig abgeschlossen, insb. ordnungsgemäß verkündet worden sein (BVerfGE 7, 330/337).

c) Kein Widerspruch zum Grundgesetz. aa) Die Rechtsnorm gilt **8** nur fort, wenn sie nicht im **Widerspruch** zum GG steht. Ein solcher Widerspruch besteht nur dann, wenn die Rechtsvorschrift **materiell** bzw. ihrem **Inhalt** nach mit einzelnen Bestimmungen oder mit Prinzipien des GG nicht vereinbar ist (BVerfGE 10, 354/361; BGHSt 21, 125/128); vgl. unten Rn. 9. Ist ein Gesetz teilweise mit dem GG nicht vereinbar, gelten die sonstigen Teile fort, sofern sie für sich noch eine sinnvolle Regelung darstellen (BVerfGE 7, 29/37; Kirn MüK 5). Art. 139 enthält eine Ausnahmeregelung. Für die Landesgrundrechte ist Art. 142 zu beachten (Stettner DR 16). Schließlich sind generell die Möglichkeiten der verfassungskonformen Auslegung auszuschöpfen, auch wenn dies den Zielen des ursprünglichen Gesetzgebers widerspricht (BVerfGE 78, 179/192 ff; Stettner DR 21).

Kein Widerspruch iSd Abs. 1 liegt dagegen in folgenden Fällen vor: – **9** **(1)** Die Rechtsvorschrift könnte im Hinblick auf **Form und Verfahren,** in der sie zustande kam, unter dem GG nicht mehr ergehen; anderenfalls hätte Art. 129 Abs. 3 keinen Sinn (Wolff MKS 31 f). Das hat v. a. Bedeutung für Rechtsverordnungen, die Art. 80 Abs. 1 nicht gerecht werden (Rn. 5 zu Art. 80); bei gesetzesvertretenden Rechtsverordnungen ist allerdings Art. 129

Abs.3 zu beachten (Rn.2f zu Art.129). Zudem sind generell die formellen
Voraussetzungen einzuhalten, wenn eine fortgeltende Vorschrift zur nachkonstitutionellen Regelung wird (oben Rn.3). – **(2)** Die Vorschrift könnte
im Hinblick auf (materielle) Vorschriften des GG, die spezielle **Anforderungen an Ermächtigungsnormen** stellen, unter dem Grundgesetz nicht
mehr ergehen (Wolff MKS 33; Sachs SA 8 zu Art.129). Dies betrifft v. a. das
Erfordernis einer ausreichenden formellgesetzlichen Grundlage für *grund-
rechtseinschränkende Rechtsverordnungen* (BVerfGE 14, 174/184f; 22, 1/13),
sofern die Ermächtigung nicht völlig unbestimmt war (BVerfGE 8, 71/78f;
BVerwGE 2, 114/116f). Weiter galt grundrechtseinschränkendes Gewohnheitsrecht fort, das allerdings über 50 Jahre nach Erlass des GG zu nach-
konstitutionellem Gewohnheitsrecht geworden ist und den dafür geltenden
Vorgaben unterliegt (vgl. Kirn MüK 8; für Beschränkung auf schwerwiegende Grundrechtsbeeinträchtigungen Stettner DR 21).

10   **bb)** Rechtsnormen, die iSd Art.123 im Widerspruch zum Grundgesetz
standen (oben Rn.8f), traten **außer Kraft**. Umstritten ist, ob das im Umkehrschluss zu Abs.1 zum 7. 9. 1949 geschehen ist (so Kirn MüK 6; Wolff
MKS 39) oder ob die Bindung des GG mit dessen Inkrafttreten am 24. 5.
1949 wirksam wurde (so BVerwGE 2, 114/117; Stettner DR 22; Schulze
SA 9). Für die zweite Auffassung spricht, dass auch die Exekutive und Judikative zu diesem Zeitpunkt strikt gebunden wurden. Das zwischen dem
24. 5. 1949 und dem 7. 9. 1949 erlassene Recht war dann gar nicht in Kraft
getreten, sofern es iSd Art.123 im Widerspruch zum Grundgesetz stand.

11   **d) Insb. völkerrechtliche Verträge.** Bei völkerrechtlichen Verträgen,
einschl. der Verwaltungsabkommen (Wolff MKS 44; vgl. Rn.20 zu Art.59), ist
die völkerrechtliche Bindung einerseits und die durch die Übernahme (dazu
Rn.1a zu Art.25) bedingte innerstaatliche Geltung andererseits zu unterscheiden (BVerfGE 6, 309/340f): Die Fortgeltung der **völkerrechtlichen Bindung** hängt allein vom Völkerrecht ab, auch im Bereich des Abs.2; Art.123
trifft dazu keine Aussage (BVerfGE 6, 309/341, 350; Schulze SA 14). Die
Fortgeltung der **innerstaatlichen Geltung** kommt (nur) unter den Voraussetzungen des Abs.1 zum Tragen (Wolff MKS 47); insb. darf der Vertrag seinem Inhalt nach mit dem GG nicht in Widerspruch stehen (BVerfGE 6,
309/344ff). Darüber hinaus ist das Fortgelten daran gebunden, dass die völkerrechtliche Verpflichtung selbst fortbesteht (dazu unten Rn.12), wie dies
Abs.2 („nach allgemeinen Rechtsgrundsätzen") für einen Teilbereich verdeutlicht (Stettner DR 25; vgl. BVerfGE 6, 309/345f).

12   Ob der Vertrag mit dem Rang von Bundesrecht oder von **Landesrecht**
fortgilt, ergibt sich entsprechend dem Gegenstand des Vertrags aus Art.124
und Art.125 (BVerfGE 6, 309/342f; BVerwG, NJW 95, 3401). Gelten Verträge, wie das Reichskonkordat, als Landesrecht fort, sind die Länder dem
Bund gegenüber nicht zur Beachtung der Verträge verpflichtet, wie Abs.2
entnommen werden kann; die Länder können also innerstaatlich abweichende Regelungen treffen (BVerfGE 6, 309/340ff; Wolff MKS 48). Zu Staatsverträgen der Länder vgl. auch Rn.6 zu Art.32.

Art.**124** [Fortgelten vorkonstitutionellen Rechts: Ausschließliche Gesetzgebung]

Recht[1], das Gegenstände der ausschließlichen Gesetzgebung des Bundes betrifft[2], wird innerhalb seines Geltungsbereiches Bundesrecht[4].

Literatur: *Grziwotz,* Partielles Bundesrecht und die Verteilung der Gesetzgebungsbefugnisse im Bundesstaat, AöR 1991, 588.

1. Allgemeines zu Art.124, 125

Die Art.124, 125 bestimmen, in welchen Fällen das gem. Art.123 fortgeltende Recht *Bundesrecht* wird (Wolfrum BK 1). Greifen die beiden Vorschriften nicht ein, wird das fortgeltende Recht ausnahmslos *Landesrecht* (Stettner DR 6; Schulze SA 2). Der **Anwendungsbereich** der Art.124, 125 ist das von Art.123 erfasste Recht deutscher Organe (Wolff MKS 7; Rn.5 zu Art.123), das am 7. 9. 1949 gültig war und dem Grundgesetz nicht widersprach (vgl. Langrock UC 5); näher zu den Voraussetzungen Rn.7–9 zu Art.123. Dies gilt auch für völkerrechtliche Verträge (Rn.11 zu Art.123). Erfasst wird insb. das Verfahrensrecht; ob der Bundesgesetzgeber bei Erlass entsprechender Gesetze die Zustimmung des Bundesrats benötigen würde, ist für Art.124, 125 unerheblich (BVerfGE 9, 185/190; Stettner DR 12). Für den Bereich des Art.131 enthält diese Vorschrift eine Sonderregelung (BVerfGE 15, 167/185). 1

2. Fortgelten im Bereich ausschließlicher Bundeskompetenz

a) Voraussetzungen. Gem. Art.124 wird Recht Bundesrecht, wenn es Gegenstände der **ausschließlichen** Gesetzgebung des Bundes betrifft. Dies ist der Fall, wenn es nach den am 7. 9. 1949 (BVerfGE 33, 206/216; Wolff MKS 10; Kirn MüK 3) geltenden Vorschriften des Art.73 und des Art.105 Abs.1, aber auch der im GG enthaltenen Sonderregelungen (etwa des Art.4 Abs.3 S.2, Art.21 Abs.3, Art.38 Abs.3, Art.131) oder kraft stillschweigender Bundeskompetenzen nur als Bundesrecht ergehen konnte (Stettner DR 12). Die Aufnahme einer Vorschrift in die Sammlung des Bundesrechts ist ohne Einfluss (BVerwGE 39, 77/83). 2

Die Entscheidung der Frage, ob das Recht der ausschließlichen Gesetzgebungskompetenz des Bundes unterliegt, muss an sich **für jede einzelne** Norm getroffen werden, mit der Folge, dass ein Gesetz teilweise Bundes- und teilweise Landesrecht geworden ist (BVerfGE 33, 206/216 f; Stettner DR 10). Andererseits ist zu beachten, dass die ausschließliche Bundeskompetenz auch kraft Sachzusammenhangs bestehen kann (Rn.9 zu Art.70), weshalb einzelne Normen, die für sich gesehen abweichend zu qualifizieren wären, meist das Geschick des gesamten Gesetzes teilen (Wolff MKS 12; i. E. Stettner DR 11). 3

b) Folgen. Liegen die Voraussetzungen des Art.124 (oben Rn.1–3) vor, gilt die betreffende Rechtsnorm ab dem 7. 9. 1949 als Bundesrecht. Galt es vorher nur für einen Teilbereich des Bundesgebietes, ändert sich daran nichts, wie Art.124 ausdrücklich klarstellt. Es kann also partikulares Bundes- 4 recht entstehen (Schulze SA 6). Das fortgeltende Bundesrecht hat die gleiche Wirkung wie neues Bundesrecht. Insb. derogiert es entgegenstehendes Landesrecht gem. Art.31 (BVerfGE 8, 229/235; einschr. für den Fall des Art.125 Abs.1 Nr.1 BVerfGE 9, 153/157 f). Anwendbar ist Art.71 (BVerfGE 8, 260/273).

Art.125 [Fortgelten vorkonstitutionellen Rechts: Konkurrierende Gesetzgebung]

Recht[1], das Gegenstände der konkurrierenden Gesetzgebung des Bundes betrifft[2 f], wird innerhalb seines Geltungsbereiches Bundesrecht,

1. soweit es innerhalb einer oder mehrerer Besatzungszonen einheitlich gilt[5],
2. soweit es sich um Recht handelt, durch das nach dem 8. Mai 1945 früheres Reichsrecht abgeändert worden ist[6].

Literatur: S. Literatur zu Art.124.

1. Allgemeines und Folgen

1   Art.125 regelt weitere Fälle des Fortgeltens als Bundesrecht und steht in Parallele zu Art.124. Was Bedeutung und Anwendungsbereich angeht, wird daher auf Rn.1 zu Art.124 verwiesen. Liegen die Voraussetzungen des Art.125 (und des Art.124) nicht vor, ist das Recht Landesrecht (Schulze SA 9), etwa bei unverändertem (örtlichen) Reichsrecht, das nur in einem Teil einer Besatzungszone galt (BVerwGE 89, 69/72 f). Für die Folgen gelten die Ausführungen in Rn.4 zu Art.124 entsprechend. Insb. kann ein Gesetz teilweise als Bundesrecht und teilweise als Landesrecht fortgelten (Wolff MKS 21). Allerdings gilt hier das Recht als *konkurrierendes* Bundesrecht fort.

2. Voraussetzungen des Art.125

2   a) Konkurrierende Gesetzgebung. Altes Recht gilt als Bundesrecht fort, wenn es **Gegenstände** der konkurrierenden Gesetzgebung betrifft. Dies bestimmt sich nach der am 7. 9. 1949 geltenden Fassung des Art.74, unter Berücksichtigung des Art.72 Abs.1 (BVerfGE 7, 18/27; 58, 45/60 f) bzw. des Art.105 Abs.2 (Wolff MKS 8). Die Voraussetzungen des Art.72 Abs.2 müssen nicht vorliegen (BVerfGE 7, 18/25; 23, 113/122; Wolff MKS 9; Stettner DR 9), auch nicht im Bereich des Art.105 Abs.2 (BVerfGE 7, 330/337). Auf die frühere Rahmengesetzgebung (Rn.2 zu Art.75) bezieht sich Art.125 nicht (Kirn MüK 2a; Stettner DR 5; Wolff MKS 11; offen gelassen BVerfGE 8, 186/192; a. A. BVerwGE 3, 335/339 f). Im Übrigen dürfte es kaum vorkonstitutionelle Rahmen- oder Grundsatzgesetze geben (Kirn MüK 2a; vgl. BVerfGE 7, 29/41).

3   Die Entscheidung der Frage, ob Recht der konkurrierenden Gesetzgebung unterliegt, muss ebenso wie bei Art.124 grundsätzlich **für jede einzelne Norm** erfolgen (BVerfGE 33, 206/216 f; s. aber auch BVerfGE 4, 178/183 f). Für die Auffassung, dass Art.125 insoweit völlig anders als Art.124 zu behandeln sei (so Stettner DR 10 zu Art.124; Schulze SA 5), gibt weder der Wort-

laut noch die Entstehungsgeschichte etwas her. Richtig ist allerdings, dass die Kompetenz des Sachzusammenhangs (Rn.9 zu Art.70) häufig dazu führt, dass einzelne Normen, die an sich anders zu qualifizieren wären, das Geschick des gesamten Gesetzes teilen.

b) Weitere Voraussetzungen. Recht aus dem Bereich der konkurrie- **4** renden Gesetzgebung wird nur dann Bundesrecht, wenn am Stichtag des 7. 9. 1949 (BVerfGE 4, 178/184; 11, 23/28; Rn.7 zu Art.123) eine der beiden folgenden Alternativen zutraf, die beide darauf abzielen, eine weitere Rechtszersplitterung im Bereich der konkurrierenden Gesetzgebung zu vermeiden (BVerwGE 89, 69/72):

(1) Das entsprechende Gesetz hat (in seiner Gesamtheit) iSd Nr.1 wenigs- **5** tens **in einer Besatzungszone einheitlich** gegolten (Wolff MKS 12). Weicht *eine* wesentliche Vorschrift inhaltlich ab, ist die Voraussetzung für das gesamte Gesetz nicht gegeben (BVerfGE 4, 178/184; Stettner DR 11). Andererseits stehen sachlich oder räumlich unbedeutende Abweichungen bzw. durch die Behördenorganisation oder die Behördenzuständigkeit bedingte Abweichungen einer Qualifikation als Bundesrecht nicht entgegen (BVerfGE 4, 178/184; BVerwGE 1, 140/141; BGHZ 11, 104/106; Schulze SA 7).

(2) Alternativ genügt es, wenn es sich iSd Nr.2 um Recht handelt, das **6** nach dem 8. Mai 1945 früheres **Reichsrecht,** also von einem Organ des Deutschen Reichs erlassenes Recht, **abgeändert** hat (vgl. Rn.1 zu Art.122). Mit Reichsrecht dürfte nur reichsweit oder zumindest in einer Besatzungszone einheitlich geltendes Recht gemeint sein (Kirn MüK 6; a.A. Wolff MKS 19), da andernfalls von einem Land geändertes Reichsrecht als Bundesrecht fortgelten würde, während es ohne Änderung Landesrecht wäre (Seiler EH 7). Unter Abänderung ist jeder Eingriff in den reichsrechtlichen Rechtsbestand gemeint, auch die Ersetzung eines reichsrechtlichen Regelungskomplexes durch eine landesrechtliche Gesamtregelung (BVerfGE 7, 18/26) oder die Änderung eines landesrechtlichen Gesetzes, das seinerseits Reichsrecht geändert hat (BVerfGE 7, 18/28), nicht jedoch eine landesrechtliche Neuregelung nach der Aufhebung reichsrechtlicher Bestimmungen durch die Besatzungsmächte (BVerfGE 11, 23/28).

Art.125a [Fortgelten von Recht bei Kompetenzverschiebung]

(1) **Recht, das als Bundesrecht erlassen worden ist[3], aber wegen der Änderung des Artikels 74 Abs.1, der Einfügung des Artikels 84 Abs.1 Satz 7, des Artikels 85 Abs.1 Satz 2 oder des Artikels 105 Abs.2a Satz 2 oder wegen der Aufhebung der Artikel 74a, 75 oder 98 Abs.3 Satz 2 nicht mehr als Bundesrecht erlassen werden könnte,[4 ff], gilt als Bundesrecht fort[7]. Es kann durch Landesrecht ersetzt werden[8].**

(2) **Recht, das auf Grund des Artikels 72 Abs.2 in der bis zum 15. November 1994 geltenden Fassung erlassen worden ist, aber wegen Änderung des Artikels 72 Abs.2 nicht mehr als Bundesrecht erlassen werden könnte[9], gilt als Bundesrecht fort[10]. Durch Bundesgesetz kann bestimmt werden, dass es durch Landesrecht ersetzt werden kann[11].**

(3) **Recht, das als Landesrecht erlassen worden ist, aber wegen Änderung des Artikels 73 nicht mehr als Landesrecht erlassen werden könnte**[12]**, gilt als Landesrecht fort**[13]**. Es kann durch Bundesrecht ersetzt werden**[13]**.

Literatur: *Kallerhoff,* Die übergangsrechtliche Fortgeltung von Bundesrecht, 2010; *Kirchhoff,* Artikel 125a GG und landesverfassungsrechtliche Regelungspflichten, NVwZ 2009, 754; *Ule,* Verfassungsnorm im Aufwind: Art.125a GG, DÖV 2006, 370; *Rengeling,* Föderalismusreform und Gesetzgebungskompetenzen, DVBl 2006, 1537; *Degenhart,* Die Neuordnung der Gesetzgebungskompetenzen durch die Föderalismusreform, NVwZ 2006, 1209; *Lindner,* Zur Änderungs- und Freigabekompetenz des Bundesgesetzgebers nach Art.125a Abs.2 GG, NJW 2005, 399; *Müller M.,* Auswirkungen der Grundgesetzrevision von 1994 auf die Verteilung der Gesetzgebungskompetenzen zwischen Bund und Ländern, 1996; *Rybak/Hofmann,* Verteilung der Gesetzgebungsrechte zwischen Bund und Ländern nach der Reform des Grundgesetzes, NVwZ 1995, 230. – S. auch die Literatur zu Art.72.

1. Bedeutung, Abgrenzung zu anderen Vorschriften, Heilung

1   Verfassungsänderungen, die Kompetenznormen betreffen, können zu einer Einschränkung der Gesetzgebungskompetenzen des Bundes oder der Länder führen. Welche **Folgen** das **für Rechtsvorschriften** hat, die auf fortgefallene Kompetenzen gestützt wurden, wird durch Art.125a geregelt. Abs.1 und Abs.2 wurden 1994 eingefügt (Einl.3 Nr.42); 2006 wurden die beiden Absätze geändert und Abs.3 angefügt (Einl.3 Nr.52). Abs.1 und Abs.2 betreffen den Wegfall der Gesetzgebungskompetenz des Bundes, wobei Abs.2 einen Sonderfall regelt. Weitere Sonderfälle werden von Art.125c erfasst. Zur Abgrenzung zu Art.125b Abs.1 vgl. Rn.1 zu Art.125b. Abs.3 regelt Fälle des Wegfalls der Landesgesetzgebungskompetenz.

2   Keine explizite Regelung hat die Frage erfahren, ob eine (von Bund oder Land) erlassene Rechtsvorschrift, die gegen die im Zeitpunkt des Erlasses geltenden Kompetenzvorgaben verstoßen hat, dadurch **„geheilt"** wird, dass sie nach einer späteren Verfassungsänderung zulässig wäre. Eine solche Regelung dürfte von Anfang an unwirksam sein und durch die spätere Verfassungsänderung nicht wirksam werden (Degenhart SA 3; Stettner DR 9; Rengeling HbStR³ VI § 135 Rn.347; Meyer 212).

2. Beschränkung der Bundesgesetzgebungskompetenz (Abs.1)

3   **a) Anwendungsbereich. aa)** Abs.1 betrifft **Bundesrecht,** das aufgrund der Änderung der in der Vorschrift genannten Kompetenzvorschriften nicht mehr als Bundesrecht erlassen werden kann (vgl. oben Rn.1). Erfasst werden förmliche Gesetze wie untergesetzliche Normen des Bundes (Uhle MD 20). Untergesetzliche Normen bestehen allerdings nach der Rspr. ohnehin fort, auch wenn die Ermächtigung später entfällt (Rn.15 zu Art.80; vgl. BVerfGE 110, 370/387). Abs.1 gilt für die Verfassungsänderungen von 1994 und von 2006 (näher unten Rn.4f), aber auch für künftige Änderungen der Verfassung (Uhle MD 18; Degenhart SA 3; Rengeling, DVBl 06, 1546). Erlassen ist ein Gesetz spätestens mit seiner Verkündung, nicht erst mit seinem In-Kraft-Treten (BVerfGE 110, 370/386).

bb) Die Vorschrift des Abs.1 betrifft zum einen die **1994 vorgenomme-** 4
nen Änderungen (Einl.3 Nr.42): Fortfall der konkurrierenden Bundeskompetenzen für die Staatsangehörigkeit in den Ländern in Art.74 Abs.1
Nr.8 a. F. und für das Erschließungsbeitragsrecht in Art.74 Abs.1 Nr.18 a. F.
(vgl. Rn.47 zu Art.74) sowie die Rahmengesetzgebungskompetenz für die
Rechtsverhältnisse des Films in Art.75 Abs.1 Nr.2 a. F. Nicht erfasst wird die
Beschränkung der Kompetenz des Kulturgüterschutzes durch die Verschiebung des entsprechenden Titels von Art.74 Abs.1 Nr.5 a. F. nach Art.75
Abs.1 Nr.6 a. F. (Wolff MKS 7; Uhle MD 23), da Art.73 Abs.1 Nr.5a inso-
weit nunmehr eine ausschließliche Bundeskompetenz vorsieht.

Weiter werden folgende **2006 vorgenommene Änderungen** (Einl.3 5
Nr.52) erfasst (Stettner DR 8): – **(1)** Fortfall der *konkurrierenden Bundeskom-*
petenzen für den Strafvollzug, einschl. des Untersuchungshaftvollzugs in
Art.74 Abs.1 Nr.1 a. F. (Rn.11 zu Art.74), für das Versammlungsrecht in
Art.74 Abs.1 Nr.3 a. F., für das Heimrecht in Art.74 Abs.1 Nr.7 a. F. (Rn.19
zu Art.74), für das Recht des Ladenschlusses, der Gaststätten, der Spielhal-
len, der Schaustellung von Personen, der Messen, der Ausstellungen und der
Märkte in Art.74 Abs.1 Nr.11 a. F. (Rn.31 zu Art.74), für das Recht der
Flurbereinigung in Art.74 Abs.1 Nr.17 a. F. bzw. in Art.74 Abs.1 Nr.18 a. F.
(Rn.43 zu Art.74), für Teile des Wohnungswesens in Art.74 Abs.1 Nr.18
a. F., für den landwirtschaftlichen Grundstücksverkehr, das landwirtschaftli-
che Pachtwesen und das Siedlungs- und Heimstättenwesen in Art.74 Abs.1
Nr.18 a. F. und für den Schutz vor verhaltensbezogenem Lärm in Art.74
Abs.1 Nr.24 (Rn.70 zu Art.74). – **(2)** Weiter erfasst wird der Fortfall der
Rahmengesetzgebungskompetenzen für die Besoldung und Versorgung sowie das
Laufbahnrecht der Landesbeamten und -richter in Art.74a a. F., in Art.75
Abs.1 S.1 Nr.1 a. F. (Rn.76 zu Art.74) und Art.98 Abs.3 S.2 a. F., außer im
Teilbereich des Art.74 Abs.1 Nr.27, wo Art.125b Abs.1 gilt (Seiler EH 3.2;
Rn.1 zu Art.125b). Erfasst werden zudem der Großteil des Hochschulrechts
mit Ausnahme der Hochschulzulassung und der Hochschulabschlüsse in
Art.75 Abs.1 S.1 Nr.1a a. F. (Rn.83 zu Art.74) und die allgemeinen Rechts-
verhältnisse der Presse in Art.75 Abs.1 S.1 Nr.2 a. F. – **(3)** Schließlich wird
im Bereich der Regelung der *Zuständigkeit* und des *Verfahrens* der Ausschluss
der Übertragung von Aufgaben auf Gemeinden und Gemeindeverbände in
Art.84 Abs.1 S.7 (Rn.7f zu Art.84) und in Art.85 Abs.1 S.2 (Rn.3 zu
Art.85) erfasst. Endlich ist die ausschließliche Landeskompetenz für die Bestimmung des Steuersatzes bei der Grunderwerbsteuer in Art.105 Abs.2a S.2
zu nennen (Rn.27 zu Art.105).

cc) Bundesrecht fällt unter Abs.1, wenn es **aufgrund der** beschriebenen 6
Änderungen (oben Rn.3–5), nicht mehr erlassen werden könnte. Die
Rechtsvorschriften müssen also vor dem Wirksamwerden der jeweiligen Verfassungsänderung erlassen worden sein, wobei der Erlass mit der Verkündung
erfolgte, nicht erst mit dem Inkrafttreten der Rechtsvorschrift (BVerfGE
110, 370/386). Weiter muss die Vorschrift vor der Änderung eine ausreichende Kompetenzgrundlage besessen haben.

b) Folgen. Für die unter Abs.1 fallenden Rechtsvorschriften (oben 7
Rn.3–6) stellt Abs.1 S.2 das **Fortgelten** klar, und zwar als Bundesrecht

(Stettner DR 6; Degenhart SA 4; Wolff MKS 10; a. A. Kirn MüK 3a). Insoweit greift, vorbehaltlich der Ersetzungskompetenz (unten Rn.8), der Vorrang des Bundesrechts (Uhle MD 26); Gleiches gilt für die Sperrwirkung (Kallerhoff, o. Lit., 60; a. A. Uhle MD 26). Über den unmittelbaren Wortlaut hinaus ermächtigt das den Bund zur **Fortschreibung des Bundesrechts** und seine Anpassung an geänderte Verhältnisse, sofern die wesentlichen Elemente des Bundesrechts erhalten bleiben (Wolff MKS 7; Uhle MD 27; Stettner DR 10; vgl. unten Rn.10; a. A. Degenhart SA 7; Meyer 216). Soweit Gemeinden für zuständig erklärt wurden, kann der Bund die Regelungen jedenfalls aufheben oder einschränken (Meyer 131); ob insoweit auch eine Ausweitung möglich ist, erscheint unsicher (dafür Jarass/Pieroth, GG, 8. A. 2006, Art.84 Rn.7a; dagegen Knitter, ZG 09, 21). Die Fortschreibungskompetenz endet, sobald ein Land von seiner Kompetenz (unten Rn.8) Gebrauch gemacht hat (Uhle MD 28), und zwar für den Bereich dieses Landes. Zudem kann der Bundesgesetzgeber das Bundesrecht aufheben, um ein dauerhaftes Nebeneinander von Bundes- und Landesrecht zu vermeiden (BT-Drs. 16/813, 20). Scheitert ein Antrag auf Erlass eines solchen Gesetzes im Bundestag oder im Bundesrat, kann eine Normenkontrolle gem. Art.93 Abs.2 eingeleitet werden.

8 Andererseits sind die **Länder** mit der Änderung der Kompetenznormen gem. Abs.1 S.2 befugt, das Bundesrecht **„durch Landesrecht zu ersetzen"**, ohne dass es – anders als bei Abs.2 – einer bundesrechtlichen Ermächtigung bedarf (Uhle MD 29). Ob und wieweit ein Land dies tut, steht ihm grundsätzlich frei. Die zunächst vorgeschlagene Formulierung „aufgehoben und ergänzt" wurde nicht geltendes Recht, um eine Aufhebung einzelner Vorschriften auszuschließen (Uhle MD 7f; Degenhart SA 6). Ein Land kann daher nur abgrenzbare Teilbereiche regeln, nicht aber einzelne Vorschriften ändern (BVerfGE 111, 10/29f zu Abs.2). Das Landesrecht muss die Materie, ggf. auch einen abgrenzbaren Teilbereich, „in eigener Verantwortung" regeln (BVerfGE 111, 10/30 zu Abs.2). Das verbleibende Bundesrecht muss eine sinnvolle Regelung darstellen (Wolff MKS 13; Uhle MD 30). Möglich ist auch „ein weitgehend mit dem bisherigen Bundesrecht gleichlautendes Bundesrecht zu erlassen" (BVerfGE 111, 10/30). Möglich ist zudem ein bloßes Aufheben von Bundesrecht, jedenfalls wenn damit ein Sachzweck verfolgt wird (Uhle MD 30; Degenhart SA 6). Ausgeschlossen ist aber eine Änderung des Bundesrechts durch die Länder (Stettner DR 10). Umstritten ist, ob die Ersetzung allein durch förmliches Landesgesetz (so Degenhart SA 4; Stettner DR 9) oder auch durch untergesetzliches Landesrecht erfolgen kann (so Uhle MD 30; vgl. Rn.26 zu Art.72). Dem Gesetz muss zu entnehmen sein, dass eine Ersetzung vorgenommen werden soll. Macht ein Land von seinem Gesetzgebungsrecht Gebrauch, gilt das bisherige Bundesrecht in den anderen Ländern als partikulares Bundesrecht fort (Kirn MüK 3a; Wolff MKS 13).

3. Sonderfall der Verschärfung der Erforderlichkeit (Abs.2)

9 **a) Anwendungsbereich.** Abs.2 betrifft **Bundesrecht,** also förmliche Gesetze und Rechtsverordnungen (näher oben Rn.3), die nach und aufgrund der 1994 erfolgten Änderung des Art.72 Abs.2 nicht mehr hätten erlassen werden können. Durch die Neufassung des Art.72 Abs.2 im Jahre 1994 wurden die Regelungsmöglichkeiten des Bundesgesetzgebers deutlich eingeschränkt, zumal die Vorgaben des Art.72 Abs.2 (Rn.17–23 zu Art.72) damals für den Gesamtbereich der konkurrierenden Gesetzgebung galten. Spätere Änderungen des Art.72 Abs.2 werden nicht erfasst. Art.125 Abs.2 setzt voraus, dass die fragliche Norm ursprünglich kompetenzgerecht ergangen ist (BVerfGE 110, 141/175). Weiter muss die Materie auch nach dem 1. 9. 2006 vom Bund aufgrund einer (ausschließlichen oder konkurrierenden) Kompetenz geregelt werden können (Meyer 227). Schließlich gilt die Regelung nicht für den durch die tatsächlichen Umstände bedingten nachträglichen Fortfall der Erforderlichkeit; insoweit ist Art.72 Abs.4 einschlägig (Seiler EH 6.2; vgl. Rn.24 zu Art.72). Art.125a Abs.2 S.3 a. F. erstreckte die Rechtsfolgen des Abs.2 S.1, 2 auf die Verschärfung des **Art.75 Abs.2** durch die Verfassungsänderung von 1994 (dazu Rn.2 zu Art.125b); die Regelung wurde 2006 gestrichen (Einl.3 Nr.52). Einschlägig sind nunmehr Art.125a Abs.1 und Art.125b Abs.1 (BT-Drs. 16/813, 20; vgl. oben Rn.4).

b) Rechtsfolgen. Bundesrecht, das in den Anwendungsbereich des Abs.2 **10** fällt (oben Rn.9), **gilt** gem. Abs.2 S.1 als Bundesrecht **fort** (Stettner DR 11; vgl. oben Rn.7). Ermächtigungen zum Erlass von Rechtsverordnungen können in vollem Umfang genutzt werden (BVerfGE 110, 370/386). Zudem bleibt der **Bund für Änderungen zuständig,** solange die wesentlichen Elemente der bisherigen Regelung beibehalten bleiben (BVerfGE 111, 10/31; 111, 226/269; Uhle MD 40; vgl. oben Rn.7). Die Änderungskompetenz ist eng auszulegen (BVerfGE 112, 226/250). Ausgeschlossen sind insb. erstmals geschaffene Neuregelungen in einem Gesetz (BVerfGE 110, 141/175). Der Bund konnte daher trotz fehlender Voraussetzungen des Art.72 Abs.2 die Ladenschlusszeiten im grundsätzlich beibehaltenen Ladenschlussgesetz ändern (BVerfGE 111, 10/28 ff), nicht aber grundlegend neue Personalstrukturen in den Hochschulen einführen (BVerfGE 111, 226/268 f) oder die Studiengebühren grundsätzlich anders regeln (BVerfGE 112, 226/250).

Der Bundesgesetzgeber kann gem. Abs.2 S.2 die Länder zum Ersetzen des **11** Bundesrechts **ermächtigen.** Die Bedeutung der Ermächtigung ist gering, weil seit 2006 der Anwendungsbereich der Erforderlichkeitsklausel stark eingeschränkt wurde (Rn.15 zu Art.72) und zudem zwischen 1994 und 2006 keine Ermächtigung erfolgte (Degenhart, NVwZ 06, 1211). Zum Begriff des Ersetzens gelten die Ausführungen oben in Rn.8. Solange keine solche Ermächtigung vorliegt, können die Länder keine Ersetzung bzw. Änderung vornehmen (BVerfGE 111, 10/29 f). Der Erlass der Ermächtigung steht an sich im Ermessen des Bundesgesetzgebers (Uhle MD 45). Wird aber eine Neukonzeption als erforderlich erachtet, muss der Bund nach dem Grundsatz des bundes- und länderfreundlichen Verhaltens die Länder zu Regelungen **ermächtigen,** sofern er selbst wegen Art.72 Abs.2 nicht mehr tätig werden kann (BVerfGE 111, 10/31). Zur Durchsetzung der Verpflichtung wurde das Kompetenzfreigabeverfahren des Art.93 Abs.2 (dazu Rn.79–83 zu Art.93) eingeführt.

4. Beschränkung der Landesgesetzgebungskompetenz (Abs.3)

12 **a) Anwendungsbereich.** Abs.3 betrifft **Landesrecht,** also förmliche Gesetze und untergesetzliche Normen landesrechtlichen Charakters, die aufgrund der 2006 erfolgten Änderung des Art.73 oder aufgrund späterer Änderungen der Vorschrift nicht mehr erlassen werden könnten. Die Vorschrift betrifft die 2006 (Einl.3 Nr.52) erfolgte Einführung der ausschließlichen Bundesgesetzgebung in folgenden Fällen: Melde- und Ausweiswesen in Art.73 Abs.1 Nr.3 (Rn.10f zu Art.73) anstelle der früheren Rahmenkompetenz in Art.75 Abs.1 S.1 Nr.5a. F., Kulturgüterschutz gegen Abwanderung in Art.73 Abs.1 Nr.5a (Rn.21 zu Art.73) anstelle der früheren Rahmenkompetenz in Art.75 Abs.1 S.1 Nr.6 a. F., das Waffen- und Sprengstoffrecht in Art.73 Abs.1 Nr.12 (Rn.37 zu Art.73) anstelle der früheren konkurrierenden Kompetenz in Art.74 Abs.1 Nr.4a a. F., das Kriegsopferrecht in Art.73 Abs.1 Nr.13 (Rn.38 zu Art.73) anstelle der früheren konkurrierenden Kompetenz in Art.74 Abs.10 a. F. und das Kernenergierecht in Art.73 Abs.1 Nr.14 (Rn.39 zu Art.73) anstelle der früheren konkurrierenden Kompetenz in Art.74 Abs.1 Nr.11a a. F.

13 **b) Rechtsfolgen.** Landesrecht, das in den Anwendungsbereich des Abs.3 fällt (oben Rn.12), **gilt** gem. Abs.3 S.1 **fort,** und zwar als Landesrecht. Über den unmittelbaren Wortlaut hinaus ermächtigt Abs.3 das Land zur **Fortschreibung des Landesrechts** und seine Anpassung an geänderte Verhältnisse, sofern die wesentlichen Elemente des Landesrechts erhalten bleiben (vgl. oben Rn.7); auch kann ein Land das Landesrecht aufheben. Andererseits kann der Bund mit der Änderung der Kompetenznorm gem. Abs.3 S.2 Landesrecht durch Bundesrecht ersetzen. Ob und wie der Bund das tut, steht ihm grundsätzlich frei. Für den Begriff der Ersetzung, insb. für die schlichte Aufhebung von Landesrecht ohne den Erlass bundesrechtlicher Regelungen, gelten die Ausführungen oben in Rn.8 entsprechend.

Art.125b [Übergangsregelung zu Rahmen- sowie Organisations- und Verfahrensrecht]

(1) **Recht, das auf Grund des Artikels 75 in der bis zum 1. September 2006 geltenden Fassung erlassen worden ist und das auch nach diesem Zeitpunkt als Bundesrecht erlassen werden könnte**[1f]**, gilt als Bundesrecht fort**[3]**. Befugnisse und Verpflichtungen der Länder zur Gesetzgebung bleiben insoweit bestehen**[3]**. Auf den in Artikel 72 Abs.3 Satz 1 genannten Gebieten können die Länder von diesem Recht abweichende Regelungen treffen, auf den Gebieten des Artikels 72 Abs.3 Satz 1 Nr.2, 5 und 6 jedoch erst, wenn und soweit der Bund ab dem 1. September 2006 von seiner Gesetzgebungszuständigkeit Gebrauch gemacht hat, in den Fällen der Nummern 2 und 5 spätestens ab dem 1. Januar 2010, im Falle der Nummer 6 spätestens ab dem 1. August 2008**[4f]**.

(2) **Von bundesgesetzlichen Regelungen, die auf Grund des Artikels 84 Abs.1 in der vor dem 1. September 2006 geltenden Fassung erlassen worden sind**[6]**, können die Länder abweichende Regelungen treffen,**[7f] **von**

Regelungen des Verwaltungsverfahrens bis zum 31. Dezember 2008 aber nur dann, wenn ab dem 1. September 2006 in dem jeweiligen Bundesgesetz Regelungen des Verwaltungsverfahrens geändert worden sind[6].

Literatur: *Kallerhoff,* Die übergangsrechtliche Fortgeltung von Bundesrecht, 2010. S. auch die Literatur zu Art.72, zu Art.84 und zu Art.125a.

1. Rahmenrecht

a) Anwendungsbereich. Art.125b Abs.1 – eingefügt 2006 (Einl.3   **1** Nr.52) – betrifft **Bundesrecht,** das bis zum 1. 9. 2006 aufgrund **der Rahmenkompetenz** des Art.75 a. F. (Rn.1 zu Art.75) erlassen wurde, unabhängig davon, ob es sich um förmliche Gesetze oder untergesetzliches Recht handelt (vgl. Rn.3 zu Art.125a). Im Unterschied zu Art.125a Abs.1, 2 geht es um Recht, das auch nach diesem Zeitpunkt als Bundesrecht ergehen könnte, sei es aufgrund ausschließlicher oder konkurrierender Gesetzgebungskompetenzen (BT-Drs. 16/813, 21; Stettner DR 7). Dies betrifft im Bereich der ausschließlichen Gesetzgebung das Melde- und Ausweiswesen in Art.73 Abs.1 Nr.3 (Rn.10 f zu Art.73) und den Schutz deutschen Kulturguts gegen Abwanderung ins Ausland in Art.73 Abs.1 Nr.5a (Rn.21 zu Art.73). Im Bereich der konkurrierenden Gesetzgebung geht es um die Regelungen für Beamte und Richter iSd Art.74 Abs.1 Nr.27 (vgl. Rn.5 zu Art.125a), das Jagdwesen in Art.74 Abs.1 Nr.28 (Rn.78 zu Art.74), den Naturschutz und die Landschaftspflege in Art.74 Abs.1 Nr.29 (Rn.79 zu Art.74), die Bodenverteilung in Art.74 Abs.1 Nr.30 (Rn.80 zu Art.74), die Raumordnung in Art.74 Abs.1 Nr.31 (Rn.81 zu Art.74), den Wasserhaushalt in Art.74 Abs.1 Nr.32 (Rn.82 zu Art.74) und die Hochschulzulassung und -abschlüsse in Art.74 Abs.1 Nr.33 (Rn.84 f zu Art.74).

Voraussetzung ist jeweils, dass das **Rahmenrecht zulässig ergangen** ist   **2** (Degenhart SA 4; Stettner DR 3). Die zwischen dem 15. 11. 1994 und dem 1. 9. 2006 ergangenen Rechtsvorschriften durften gem. Art.75 Abs.2 a. F. „nur in Ausnahmefällen in Einzelheiten gehende oder unmittelbar geltende Regelungen enthalten" (dazu BVerfGE 111, 226/249 ff), es sei denn, es ging um unwesentliche Änderungen (vgl. Rn.7 zu Art.125a). Kompetenzüberschreitungen, die vom neuen Recht gedeckt sind, werden nicht geheilt (Kallerhoff o. Lit. 128; Rn.2 zu Art.125a; a. A. Degenhart SA 5).

b) Rechtsfolgen. aa) Die in den Anwendungsbereich des Abs.1 fallen-   **3** den Rechtsvorschriften (oben Rn.1 f) **gelten** gem. Abs.1 S.1 auch nach dem 1. 9. 2006 **fort,** und zwar als *Bundes*rahmenrecht (Stettner DR 4), wie es auf der Grundlage des Art.75 a. F. bis zu diesem Zeitpunkt geregelt war; näher zu Begriff und Rechtsfolgen des Rahmenrechts oben Rn.2 und Jarass/Pieroth, GG, 8. A. 2006, Art.75 Rn.2–6. Die Länder sind daher weiterhin, den Regeln der Rahmengesetzgebung entsprechend, zur Umsetzung verpflichtet. Innerhalb des bundesrechtlich vorgegebenen Rahmens bleiben sie regelungsbefugt. Die Fortgeltung endet, sobald der Bund von seiner Gesetzgebungskompetenz Gebrauch gemacht hat.

bb) Darüber hinaus trägt Abs.1 S.3 der neuen, in Art.72 Abs.2 S.3 gere-   **4** gelten **Abweichungsbefugnis** der Länder in Teilbereichen der konkurrierenden Gesetzgebung Rechnung: Auf den Gebieten des Art.72 Abs.3 S.1 (Rn.28 zu Art.72) können die Länder seit dem 1. 9. 2006 abweichende Regelungen treffen; näher zu dieser Befugnis Rn.29–31 zu Art.72. Die Abweichungsbefugnis erlaubt, anders als die Ersetzungsbefugnis (Rn.8 zu Art.125a), das Abweichen von einzelnen Vorschriften des Bundesrechts (Stettner DR 4); unsicher ist, ob die Länder auch eine Vollregelung vornehmen können. Keine Abweichung dürfte vorliegen, wenn Bundesrecht lediglich wiederholt wird (Stettner DR 5). Aus Gründen der Rechtssicherheit müssen die bundesrechtlichen Regelungen, von denen abgewichen wird, im Abweichungsgesetz genannt werden (Franzius, NVwZ 08, 495; Stettner DR 5; Schulze-Fielitz, NVwZ 07, 255; Rn.30 zu Art.72).

5   **Erst später** kam das Abweichungsrecht in den Fällen des Art.72 Abs.2 S.3 Nr.2, 5, 6, also im Bereich des Naturschutzes und der Landschaftspflege (zur Abgrenzung Rn.79 zu Art.74), des Wasserhaushalts (Rn.82 zu Art.74) und des Hochschulzugangs und der Hochschulabschlüsse (Rn.84 f zu Art.74) zum Tragen. Hier mussten die Länder zunächst den erstmaligen Gebrauch der neuen konkurrierenden Bundesgesetzgebungskompetenz durch den Bund abwarten. Die Einschränkung der Abweichungsbefugnis sollte insb. den Erlass eines Umweltgesetzbuchs befördern (BT-Drs. 16/813, 21). Unabhängig davon konnten die Länder in den Fällen der Nr.2 und der Nr.5 spätestens ab dem 1. 1. 2010 abweichende Regelungen treffen, in den Fällen der Nr.5 bereits ab dem 1. 1. 2008.

6   Für **Verfahren** und **Folgen des Abweichungsrechts** der Länder dürften die Vorgaben der Grundregelung in Art.72 Abs.3 gelten: Zur Anwendung kommt die Regelung des Art.72 Abs.3 S.2 zur erneuten Änderung durch Bundesrecht (dazu Rn.31 zu Art.72). Für das Verhältnis von Bundes- und Landesrecht gilt Art.72 Abs.3 S.3 (Kallerhoff, o. Lit., 108); dazu Rn.32 zu Art.72.

2. Organisations- und Verfahrensrecht (Abs.2)

7   **a) Anwendungsbereich.** Art.125b Abs.2, eingefügt 2006 (Einl.3 Nr.52) betrifft Regelungen zur Einrichtung der Behörden, insb. zur Zuständigkeit (Rn.3 zu Art.84), und zum Verwaltungsverfahren (dazu Rn.4–5a zu Art.84), die auf Art.84 Abs.1 a. F. (dazu Jarass/Pieroth, GG, 8. Aufl. 2006, Art.84 Rn.2 ff) gestützt wurden, seien es förmliche Gesetze oder untergesetzliches Recht (vgl. Rn.3 zu Art.125a). Für Regelungen, die gemäß Art.125a Abs.1 fortgelten, obwohl sie wegen Art.84 Abs.1 S.7 nicht mehr erlassen werden können, dürfte dagegen allein Art.125a Abs.1 einschlägig sein. Die Regelungen müssen *rechtmäßig* ergangen sein (vgl. oben Rn.2).

8   **b) Rechtsfolgen.** Abs.2 trägt der 2006 eingeführten Abweichungsbefugnis der Länder in Art.84 Abs.1 S.2 Rechnung: Von bundesrechtlichem Organisations- und Verfahrensrecht (oben Rn.7), das vor dem 1. 9. 2006, gestützt auf Art.84 Abs.1 a. F., erlassen wurde, können die Länder **abweichen.** Für den Abweichungsbegriff gelten die Ausführungen oben in Rn.4 und in Rn.30 zu Art.72. Bei Regelungen zum *Verwaltungsverfahren* (dazu Rn.4–5a zu Art.84) greift das Abweichungsrecht vor dem 31. 12. 2008 nur dann, wenn in dem betreffenden Bundesgesetz Regelungen zum Verwaltungsverfahren geändert werden. Ist das der Fall, dann erstreckt sich das Abwei-

chungsrecht auf alle verfahrensrechtlichen Regelungen des Gesetzes (BT-Drs. 16/813, 21). Dies soll dem Bund eine Überprüfung des vorhandenen Normbestandes und ggf. eine Neuregelung ohne Abweichungsmöglichkeit gem. Art. 84 Abs. 1 S. 5 ermöglichen (BT-Drs. 16/813, 21). Im Bereich der *Einrichtung der Behörden,* insb. der Zuständigkeit, können die Länder bereits ab dem 1. 9. 2006 abweichen (BT-Drs. 16/813, 21).

Für die **Einzelheiten des Abweichungsrechts** der Länder dürften die 9 Vorgaben der Grundregelung in Art. 84 Abs. 1 gelten: Zur Anwendung kommt die Regelung des Art. 84 Abs. 1 S. 3 zur erneuten Änderung durch Bundesrecht (dazu Rn. 9 zu Art. 84). Für das Verhältnis von Bundes- und Landesrecht gilt aufgrund von Art. 84 Abs. 1 S. 4 die Regelung des Art. 72 Abs. 3 S. 3 (dazu Rn. 32 zu Art. 72). Schließlich kann das Abweichungsrecht durch Bundesgesetz auf der Grundlage des Art. 84 Abs. 1 S. 5, 6 unter den dort beschriebenen Voraussetzungen (Rn. 11 f zu Art. 84) ausgeschlossen werden. Dabei sind die Grenzen des Art. 84 Abs. 1 S. 7 zur Betrauung von Gemeinden und Gemeindeverbänden (Rn. 7 f zu Art. 84) zu beachten.

Art. 125c [Übergangsregelung zu Gemeinschaftsaufgaben und Finanzhilfen]

(1) **Recht, das auf Grund des Artikels 91a Abs. 2 in Verbindung mit Abs. 1 Nr. 1 in der bis zum 1. September 2006 geltenden Fassung erlassen worden ist, gilt bis zum 31. Dezember 2006 fort**[1 f].

(2) **Die nach Artikel 104a Abs. 4 in der bis zum 1. September 2006 geltenden Fassung in den Bereichen der Gemeindeverkehrsfinanzierung und der sozialen Wohnraumförderung geschaffenen Regelungen gelten bis zum 31. Dezember 2006 fort**[3 f]**. Die im Bereich der Gemeindeverkehrsfinanzierung für die besonderen Programme nach § 6 Abs. 1 des Gemeindeverkehrsfinanzierungsgesetzes sowie die sonstigen nach Artikel 104a Abs. 4 in der bis zum 1. September 2006 geltenden Fassung geschaffenen Regelungen gelten bis zum 31. Dezember 2019 fort, soweit nicht ein früherer Zeitpunkt für das Außerkrafttreten bestimmt ist oder wird**[3 f]**.**

Literatur: S. die Literatur zu Art. 91, zu Art. 104a und zu Art. 125a.

1. Gemeinschaftsaufgabe Hochschulbau (Abs. 1)

Art. 125c Abs. 1, eingefügt 2006 (Einl. 3 Nr. 52), betrifft den Fortfall der 1 Gemeinschaftsaufgabe **„Ausbau und Neubau von Hochschulen** einschl. Hochschulkliniken", wie sie bis 2006 in Art. 91a Abs. 1 Nr. 1 a. F. enthalten war. Das darauf bezogene und auf Art. 91a Abs. 1 a. F. gestützte Recht galt gem. Abs. 1 bis zum 31. 12. 2006 fort; danach erlosch es. Für den Fortfall der Regelungen und der darauf gestützten Finanzzuweisungen des Bundes führt Art. 143c ab dem 1. 1. 2007 zu einem gewissen Ausgleich. Abs. 1 betrifft das Gesetz über die Gemeinschaftsaufgabe „Ausbau und Neubau von Hochschulen" vom 1. 9. 1969 (BGBl I 1556), zuletzt geänd. am 9. 2. 2005 (BGBl I 230), den 34. Rahmenplan für den Hochschulbau 2005–2008 bzw.

den 35. Rahmenplan für den Hochschulbau 2006–2009 (Siekmann SA 5; Heun DR 6; BT-Drs. 16/813, 21). Erfasst werden nicht nur Rechtsvorschriften, sondern auch *Vereinbarungen,* die in den Bereich des Art.91a Abs.2 ivm Abs.1 Nr.1 a. F. gehören (BT-Drs. 16/813, S.21). Dagegen werden Vorschriften und Vereinbarungen in anderen Bereichen nicht erfasst, etwa zu der in Art.91b a. F. angesprochenen Bildungsplanung (Siekmann SA 5).

2. Finanzhilfen (Abs.2)

2   **a) Bedeutung und Folgen.** Art.125c Abs.2, eingefügt 2006 (Einl.3 Nr.59), enthält eine Folgeregelung für die 2006 erfolgte Ersetzung des Art.104a Abs.4 a. F. durch die Vorschrift des Art.104b. Diese Änderung führte zu einer Einschränkung des Rechts des Bundes, den Ländern Finanzhilfen zu gewähren und dazu entsprechende Regelungen zu erlassen. Die (vor der Änderung) auf Art.104a Abs.4 a. F. gestützten Regelungen treten nicht wegen der Einschränkung der Bundeskompetenz außer Kraft. Vielmehr sieht Abs.2 ein zeitlich gestuftes Fortgelten vor (unten Rn.3 f). Sieht die Regelung selbst bereits ein früheres Außerkrafttreten vor, wird daran nichts geändert, wie Abs.2 S.2 („bestimmt ist") entnommen werden kann. Eine Verlängerung der Geltung der Regelungen kann nur unter den Voraussetzungen des Art.104b erfolgen. Des Weiteren kann der Gesetzgeber, wohl unter Beachtung der den Vorgaben des Art.104a Abs.4 S.2 a. F. entsprechenden Anforderungen des Art.104b Abs.2 S.1, die Regelungen aufheben, wie Abs.2 S.2 („bestimmt ... wird") deutlich macht.

3   **b) Gemeindeverkehrsfinanzierung und Wohnraumförderung.** Abs.2 betrifft zunächst die 2006 erfolgte (oben Rn.2) Einschränkung der Finanzhilfen im Bereich der Gemeindeverkehrsfinanzierung und der sozialen Wohnraumförderung (dazu Rn.3 zu Art.143c). Für die soziale Wohnraumförderung stand dem Bund bis 2006 auch eine materielle Regelungskompetenz zu; das Fortgelten der darauf gestützten Regelungen bestimmt sich nach Art.125a Abs.1. Alle aufgrund von Art.104a Abs.4 a. F. ergangenen Regelungen zur Gemeindeverkehrsfinanzierung und zur sozialen Wohnraumförderung galten gem. Abs.2 S.1 bis zum 31. 12. 2006 fort. Danach traten die Regelungen außer Kraft. Für einen finanziellen Ausgleich sorgt Art.143c. Im Bereich der Gemeindeverkehrsfinanzierung gelten allerdings gemäß Abs.2 S.2 die auf Art.104a Abs.4 a. F. gestützten Vorschriften, insb. zu den besonderen Programmen nach § 6 Abs.1 GVFG („Bundesprogramme"), bis zum 31. 12. 2019 fort (vgl. allerdings auch oben Rn.2). Soweit Vorschriften des Gemeindeverkehrsfinanzierungsgesetzes, etwa § 10 Abs.2 S.1, 3 oder § 11 GVFG, nicht auf Art.104a Abs.4 a. F. gestuft wurden, werden sie von Art.125c nicht erfasst; sie gelten fort (BT-Drs. 16/813, 21; Siekmann SA 7).

4   **c) Regelungen zu sonstigen Finanzhilfen.** Abs.2 S.2 legt weiter das Fortgelten der anderen auf Art.104a Abs.4 a. F. gestützten Regelungen fest, wenn auch etwa versteckt; selbst die Begründung des Gesetzentwurfs zur Verfassungsänderung spricht die Festlegung nur an versteckter Stelle an (BT-Drs. 16/813, S.19). Abs.2 S.2 sieht das Fortgelten aller Regelungen (außerhalb der Gemeindeverkehrsfinanzierung und der Wohnraumförderung), die „nach" Art.104a Abs.4 a. F. geschaffen wurden, bis zum 31. 12. 2019 vor

(Heun DR 8; vgl. allerdings auch oben Rn.2). Unsicher ist, ob nur Regelungen erfasst werden, die zulässig auf Art.104a Abs.4 a. F. gestützt wurden (dafür Heun DR 9; dagegen Siekmann SA 7). Erfasst werden auch Verwaltungsvereinbarungen isd Art.104a Abs.4 S.2 a. F. Zu den von Abs.2 S.2 erfassten sonstigen Finanzhilfen werden insb. das Investitionsförderungsprogramm Aufbau Ost und das Ganztagsschul-Investitionsprogramm gerechnet (Siekmann SA 8 f; BT-Drs. 16/813, S.19).

Art.126 [Feststellung der Fortgeltung als Bundesrecht]

Meinungsverschiedenheiten über das Fortgelten von Recht als Bundesrecht entscheidet das Bundesverfassungsgericht[1 ff].

Literatur: S. Literatur zu Art.93.

1. Allgemeines

Die Vorschrift ergänzt Art.124 und 125 verfahrensrechtlich. Die Qualität **1** von fortgeltendem Recht (Rn.1 zu Art.123) mit Ausnahme des DDR-Rechts (Wolff MKS 12; Lechner/Zuck 5 vor § 86; a. A. Rühmann UCD 11 ff zu § 86; vgl. auch Rn.4 zu Art.123) als Bundes- oder Landesrecht soll allein vom BVerfG festgestellt werden. Es handelt sich also um einen Fall von Normenqualifikation. Dagegen entscheidet das BVerfG nicht (ausschließlich) über die Frage der Fortgeltung überhaupt (s. aber unten Rn.2) oder darüber, welchen Rang die fragliche Norm innerhalb des Bundesrechts hat (Schlaich/Korioth 190).

2. Zulässigkeit

Antrag durch **Verfassungsorgane:** – **(1)** *Antragsberechtigung* besitzen gem. **2** § 86 Abs.1 BVerfGG Bundestag, Bundesrat, Bundesregierung und Landesregierungen. – **(2)** *Meinungsverschiedenheit* innerhalb dieser Organe oder zwischen ihnen oder mit einer beachtlichen Auffassung in Literatur oder Rechtsprechung (vgl. BVerfGE 4, 358/369 f; 7, 18/23 f; 8, 186/191 f). – **(3)** *Prüfungsgegenstand* ist die Qualität von fortgeltendem Recht als Bundes- oder Landesrecht (BVerfGE 2, 341/346; 16, 329/331; Wolff MKS 11, 15 f); hierzu zählen auch Rechtsverordnungen (BVerfGE 28, 119/132 ff; Schulze SA 3; a. A. Pestalozza 233). Die Frage der Geltung ist als Vorfrage zu prüfen (BVerfGE 1, 162/165 f; 11, 89/93 f; 119/139). – **(4)** *Rechtsschutzbedürfnis* ist gem. § 87 Abs.1 BVerfGG nur gegeben, wenn von der Entscheidung die Zulässigkeit einer bereits vollzogenen oder unmittelbar bevorstehenden Maßnahme eines Bundesorgans, einer Bundesbehörde oder des Organs oder der Behörde eines Landes abhängig ist; für Anträge des Bundestags gilt dies nicht (Benda/Klein 910). Nach dem Erlass neuen Rechts ist die abstrakte Normenkontrolle gem. Art.93 Abs.1 Nr.2 lex specialis (Kirn MüK 3). – **(5)** *Form, Begründung.* Der Antrag ist gem. §§ 23 Abs.1, 87 Abs.2 BVerfGG schriftlich einzureichen und zu begründen. – **(6)** *Sonstiges.* Die obersten Verfassungsorgane können gem. §§ 88, 82 Abs.2, 77 BVerfGG in jeder Lage dem Verfahren beitreten.

3 Vorlage eines **Gerichts:** – **(1)** *Vorlageberechtigung* besitzen gem. § 86 Abs.2 BVerfGG die (staatlichen) Gerichte (Rn.5 zu Art.100). Bei Vorliegen der weiteren Voraussetzungen besteht eine Vorlagepflicht (BVerfGE 7, 18/23). Ein Verstoß gegen diese Pflicht verletzt Art.101 Abs.1 S.2 (Rn.12 zu Art.101; Hopfauf SHH 9). – **(2)** *Meinungsverschiedenheit* entsprechend dem oben Rn.2 Gesagten (krit. Benda/Klein 911). Meinungsverschiedenheiten der Parteien des Ausgangsverfahrens sind weder erforderlich (Kirn MüK 4; Wolff MKS 13 f) noch ausreichend (BVerwGE 25, 55/59; DVBl 60, 283), außer wenn ein Bundesland Partei ist (Wolff MKS 14 unter Berufung auf BVerfGE 9, 153/157). – **(3)** *Prüfungsgegenstand* entsprechend dem oben Rn.2 Gesagten. – **(4)** *Entscheidungserheblichkeit* ist gem. § 86 Abs.2 BVerfGG nur gegeben, wenn das vorlegende Gericht die Norm für gültig hält (BVerf-GE 4, 214/216) und z.B. ihre Revisibilität (BVerfGE 7, 18/20), die Reichweite der Aufhebung einer vorkonstitutionellen Norm durch den Bundesgesetzgeber (BVerfGE 33, 206/213) oder die Sperrwirkung (Rn.2 zu Art.71, Rn.11–14 zu Art.72) von vorkonstitutionellem nunmehrigem Bundesrecht für Landesrecht (BVerfGE 23, 113/121; 28, 119/132) in Frage steht. Ausnahmsweise kann auch eine Entscheidungserheblichkeit gegeben sein, wenn das vorlegende Gericht die Norm für ungültig hält, nämlich dann, wenn für eine heute unstreitig ungültige Norm streitig ist, ob sie früher einmal gültiges Bundesrecht war (vgl. BVerfGE 33, 206/213). Wie bei der konkreten Normenkontrolle (Rn.14 zu Art.100) legt das BVerfG die Rechtsauffassung des vorlegenden Gerichts zugrunde, es sei denn, sie ist offensichtlich unhaltbar (BVerfGE 4, 178/181; 7, 18/24 f; 33, 206/215). Die konkrete Normenkontrolle gem. Art.100 Abs.1 ist nicht lex specialis (Kirn MüK 5). – **(5)** *Form, Begründung.* Gem. §§ 86 Abs.2, 80 Abs.2 BVerfGG gelten die gleichen Anforderungen wie bei der konkreten Normenkontrolle (Rn.16 f zu Art.100). – **(6)** *Sonstiges.* Die Parteien des Ausgangsverfahrens sind nicht Verfahrensbeteiligte vor dem BVerfG, wohl aber gem. §§ 88, 82 Abs.3 BVerfGG äußerungsberechtigt.

Art.127 [Recht des Vereinigten Wirtschaftsgebiets]

Die Bundesregierung kann mit Zustimmung der Regierungen der beteiligten Länder Recht der Verwaltung des Vereinigten Wirtschaftsgebietes, soweit es nach Artikel 124 oder 125 als Bundesrecht fortgilt, innerhalb eines Jahres nach Verkündung dieses Grundgesetzes in den Ländern Baden, Groß-Berlin, Rheinland-Pfalz und Württemberg-Hohenzollern in Kraft setzen.

1 Die Vorschrift ermöglichte es, das als Bundesrecht fortgeltende Recht des Vereinigten Wirtschaftsgebiets (Rn.1 zu Art.133), also Rechtssätze, die von einem Organ des Vereinigten Wirtschaftsgebiets erlassen wurden (Maunz/Klein MD 7), im Wege der Rechtsverordnung (Stettner DR 4; Wolff MKS 5) auf das Gebiet der französischen Besatzungszone zu erstrecken, auch auf den bayerischen Kreis Lindau (BVerfGE 1, 117/142). Davon wurde reger Gebrauch gemacht (BGBl 1950, 332). Die Erstreckung auf Groß-Berlin blieb allerdings folgenlos (Stettner DR 1). Soweit förmliche Gesetze ausgeweitet wurden, behielten sie ihren Rang, obwohl die Ausweitung durch Rechtsverordnung erfolgte (Maunz/Klein MD 3). Die Ermächtigung ist mit dem Ablauf des 23. 5. 1950 erloschen (Maunz/Klein MD 20; Stettner DR 4; Rn.2 zu Art.145).

Art.128 [Fortbestehen von Weisungsrechten]

Soweit fortgeltendes Recht Weisungsrechte im Sinne des Artikels 84 Abs.5 vorsieht, bleiben sie bis zu einer anderweitigen gesetzlichen Regelung bestehen.

Art.128 betrifft Rechtsvorschriften, die gem. Art.123–125 als Bundesrecht **1** fortgelten, (unter dem GG) in landeseigener Verwaltung ausgeführt werden (Maunz/Klein MD 9; Wolff MKS 14f) und zu Einzelweisungen ermächtigen, die ihrer Ausgestaltung nach Art.84 Abs.5 entsprechen (Stettner DR 6; Suerbaum EH 5), insb. hinsichtlich der Weisungsadressaten (Maunz/Klein MD 14). Erfasst werden auch Rechtsverordnungen (BVerwGE 67, 173/176; Maunz/Klein MD 16; a.A. Wolff MKS 6) sowie Regelungen aus der Zeit nach Schaffung des Einheitsstaates im Jahre 1934 (BVerwGE 67, 173/176; Maunz/Klein MD 11). Sind in solchen Vorschriften (innerdienstliche) Weisungsrechte enthalten, so bestehen diese Rechte fort. Weisungsrechte der Reichsregierung (als Ganzes) gehen auf die Bundesregierung als Ganzes über, Weisungsrechte eines Ministers auf den heute zuständigen Bundesminister (BVerwGE 67, 173/176f; Wolff MKS 18; Wehowsky UC 3; vgl. Rn.4 zu Art.129). Art.84 Abs.5 S.2 ist anwendbar (Stettner DR 10). Als Weisungsrechte sind auch Zustimmungsvorbehalte anzusehen (BVerwGE 67, 173/175f; Maunz/Klein MD 6). Allerdings müssen sie auf besondere Fälle beschränkt sein (vgl. Art.84 Abs.5 S.1); Ermächtigungen zum Erlass genereller Weisungen haben keinen Bestand (Maunz/Klein MD 4). Nicht erfasst wird jedenfalls das 1934 eingeführte allgemeine Aufsichts- und Weisungsrecht der Reichsregierung (Stettner DR 7).

Art.129 [Fortgelten von Ermächtigungen]

(1) **Soweit in Rechtsvorschriften, die als Bundesrecht fortgelten, eine Ermächtigung zum Erlasse von Rechtsverordnungen oder allgemeinen Verwaltungsvorschriften sowie zur Vornahme von Verwaltungsakten enthalten ist, geht sie auf die nunmehr sachlich zuständigen Stellen über[4]. In Zweifelsfällen entscheidet die Bundesregierung im Einvernehmen mit dem Bundesrate; die Entscheidung ist zu veröffentlichen[4].**

(2) **Soweit in Rechtsvorschriften, die als Landesrecht fortgelten, eine solche Ermächtigung enthalten ist, wird sie von den nach Landesrecht zuständigen Stellen ausgeübt[5].**

(3) **Soweit Rechtsvorschriften im Sinne der Absätze 1 und 2 zu ihrer Änderung oder Ergänzung oder zum Erlaß von Rechtsvorschriften an-**

stelle von Gesetzen ermächtigen, sind diese Ermächtigungen erloschen[2 f].

(4) Die Vorschriften der Absätze 1 und 2 gelten entsprechend, soweit in Rechtsvorschriften auf nicht mehr geltende Vorschriften oder nicht mehr bestehende Einrichtungen verwiesen ist[6].

Literatur: *Lerche,* Fortgeltung von DDR-Recht und Gesetzesvorbehalt, in: Letzgus (Hg.), FS Helmrich, 1994, 57.

1. Fortgelten von Ermächtigungen und darauf gestützten Vorschriften (Abs.3)

1   a) Fortgelten von Ermächtigungen. aa) Vorkonstitutionelle Vorschriften (dazu Rn.3 zu Art.123), gleich welcher Art (BVerfGE 28, 119/143), die zum Erlass von Rechtsvorschriften ermächtigen, **gelten** grundsätzlich **fort,** unabhängig davon, ob die Ermächtigungsnorm formell oder hinsichtlich spezifischer Anforderungen an die Ermächtigungsnormen materiell mit dem Grundgesetz vereinbar ist (Uhle EH 2; Rn.9 zu Art.123). Dies wird zT im Umkehrschluss zu Art.129 Abs.3 hergeleitet (BVerfGE 2, 307/326 ff; 78, 179/197; Wolff MKS 20), lässt sich aber schlüssiger auf Art.123 stützen (Bauer DR 7; Sachs SA 3), zumal die Ermächtigungen nicht fortgelten, wenn sie materiell mit dem Grundgesetz nicht vereinbar sind. Ob die Ermächtigungen als Bundes- oder Landesrecht fortgelten, bestimmt sich nach Art.124, 125; zum Rang Rn.2 zu Art.123. Bei der Nutzung der Ermächtigungen sind Art.80 Abs.1 S.3, 4 sowie Art.80 Abs.2 zu beachten (Wolff MKS 24).

2   bb) Abweichend vom grundsätzlichen Fortgelten der Ermächtigung **erlöschen** gem. Abs.2 alle Rechtsvorschriften, die zu ihrer Änderung oder Ergänzung oder zum Erlass von Rechtsvorschriften an Stelle von Gesetzen ermächtigen (Uhle EH 11). Mit dieser missglückten Formulierung (Bauer DR 7) sind alle Rechtsvorschriften gemeint, die eine freie Änderung oder Ergänzung bzw. Erweiterung des ermächtigenden Gesetzes ermöglichen (Wolff MKS 29) oder zum Erlass *gesetzesvertretender Rechtsverordnungen* ermächtigen, d. h. zu Verordnungen, denen der Vorrang des förmlichen Gesetzes zukommt (BVerfGE 2, 307/330; Klein MD 21), die also allen früher erlassenen förmlichen Gesetzes vorgehen. Wenn allerdings ein Gesetz die Exekutive ermächtigt, durch Rechtsverordnung Abweichendes von *bestimmten* Vorgaben des ermächtigenden Gesetzes zu erlauben (sog. Verordnungsvorbehalt; vgl. dazu Ossenbühl HbStR[3] V § 103 Rn.26 f; Rn.14 zu Art.80), liegt darin keine Ermächtigung iSd Abs.3 (Klein MD 23; Wolff MKS 29).

2a   Ermächtigungen, die unter Abs.3 fallen, sind mit dem 7. 9. 1949 außer Kraft getreten (BVerfGE 2, 307/326; Sachs SA 12). Dies gilt auch für entsprechende Ermächtigungen in Rechtsverordnungen (BVerfGE 28, 119/143). Vergleichbare Ermächtigungen in Verwaltungsvorschriften und Verwaltungsakten werden von Abs.3 nicht erfasst (Sachs SA 11); sie sind gem. Art.123 iVm Art.20 Abs.2 außer Kraft getreten (Wolff MKS 25). Die Ermächtigung kann auch teilweise erlöschen, falls sie nur teilweise unter Abs.3 fällt (BVerwGE 38, 322/323; Bauer DR 16).

b) Fortgelten der auf Ermächtigungen gestützten Staatsakte. Das 3
Erlöschen einer Ermächtigung gem. Abs.3 berührt nicht die Gültigkeit von
darauf gestützten Staatsakten, die vor dem 7. 9. 1949 (entsprechend dem
damaligen Recht) wirksam geworden sind (Sachs SA 13; Klein MD 15), etwa
von Rechtsverordnungen (BVerfGE 22, 1/12; 31, 357/362 f; 78, 179/199;
Rn.15 zu Art.80), von Satzungen (BVerfGE 44, 216/226) oder von Verwaltungsakten (Kirn MüK 3; Bauer DR 17). Auch behalten die Regelungen ihren ursprünglichen Rang (Wolff MKS 34). Andererseits ist festzuhalten, dass
„der in den Übergangsbestimmungen des Grundgesetzes enthaltene Verzicht
auf heutigen Anforderungen entsprechende Eingriffsgrundlagen auch von der
Erwägung getragen war, regellose Zustände zu vermeiden; seither hatte der
Gesetzgeber genügend Zeit, rechtsstaatlichen Erfordernissen Rechnung zu
tragen" (BVerfGE 78, 179/199). Daher können auf Ermächtigungen iSd
Art.129 Abs.3 gestützte Rechtsvorschriften, die zu Grundrechtseingriffen ermächtigen, heute jedenfalls dann keinen Fortbestand mehr haben, wenn sie zu
gewichtigen Grundrechtseingriffen führen (BVerwGE 118, 319/323 f; etwas
vorsichtiger Lerche o. Lit. 62 ff; Wolff MKS 35; Kirn MüK 2; a. A. Bauer DR
18; Klein MD 15).

Dieser Befund hat auch Folgen für die auf das **Ermächtigungsgesetz** 3a
vom 24. 3. 1933 gestützten und von der Reichsregierung erlassenen (förmlichen und sonstigen) Gesetze, was bislang, soweit ersichtlich, noch nicht erkannt wurde: Das ErmächtigungsG wäre unter Art.129 Abs.3 gefallen, wenn
es nicht schon 1945 durch das KontrollratsG aufgehoben worden wäre. Die
auf das Ermächtigungsgesetz gestützten formellen Gesetze der Reichsregierung waren, trotz des Verstoßes des ErmächtigungsG gegen die WRV (BVerf-
GE 6, 309/331), zunächst weiterhin anwendbar (BVerfGE 28, 119/139 f;
BVerwGE 2, 295/295 f; Stettner DR 15 zu Art.123). Die Gründe für eine
Begrenzung des Fortbestands von Rechtsvorschriften, die auf Ermächtigungen iSd Art.129 Abs.3 gestützt wurden (oben Rn.3), gelten hier aber erst
recht, mit der Folge, dass solche Vorschriften unter den beschriebenen Voraussetzungen nicht mehr anwendbar sind, soweit sie nicht nachkonstitutionellen Charakter erlangt haben. In der Praxis werden entsprechende Gesetze
gleichwohl ohne Einschränkung weiter angewandt.

2. Zuständigkeiten (Abs.1, 2, 4)

aa) Abs.1 betrifft Vorschriften, die (gem. Art.124, 125) als Bundesrecht 4
fortgelten und zum Erlass von Rechtsverordnungen, Verwaltungsvorschriften
oder Verwaltungsakten ermächtigen **(bundesrechtliche Ermächtigungen).** Dazu gehören auch Ermächtigungen zur Zustimmung zu Verwaltungsakten (BVerwGE 67, 173/177; Wolff MKS 6) sowie Weisungsrechte
(Bauer DR 9; Klein MD 11; vgl. Rn.1 zu Art.128). Die Ermächtigung geht
auf die Stelle über, die nach der Kompetenzverteilung des GG und den dazu
ergangenen einfachen Zuständigkeitsvorschriften am 7. 9. 1949 (Klein MD
10) bei einer inhaltsgleichen Neuregelung zuständig gewesen wäre (BVerfGE
4, 193/203; BVerwGE 15, 240/247; Sachs SA 15). Das kann ein Bundes-
oder ein Landesorgan sein (Bauer DR 10; Uhle EH 5). Dagegen spielt die
Frage der Rechtsnachfolge keine Rolle (BVerfGE 4, 193/203; Klein MD

12). Bestehen Zweifel, welches Organ zuständig ist, entscheidet gem. Abs.1 S.2 die Bundesregierung im Einvernehmen, also mit Zustimmung des Bundesrats (dazu Sachs SA 17). Die Entscheidung ist vom BVerfG überprüfbar (Klein MD 17; Uhle EH 7; Sachs SA 18; a. A. Wolff MKS 16), das im Übrigen (auf Antrag) auch ohne vorherige Entscheidung der Bundesregierung tätig werden kann (BVerfGE 11, 6/13). Sonstige Gerichte können auf die Frage im Rahmen einer Inzidentprüfung eingehen (Kirn MüK 9). Für die Nutzung der fortgeltenden Ermächtigung gelten die allgemeinen Vorschriften; insb. ist beim Erlass von Rechtsverordnungen Art.80 Abs.2 zu beachten (BVerfGE 4, 193/203).

5   **bb)** Ermächtigen Vorschriften, die *nicht* unter Art.124, 125 fallen und daher als Landesrecht fortgelten, zum Erlass von Rechtsverordnungen, Verwaltungsvorschriften oder Verwaltungsakten **(landesrechtliche Ermächtigungen)**, geht die Ermächtigung gem. Abs.2 auf die nach Landesrecht zuständige Stelle über. Neuen gesetzlichen Regelungen zur Zuständigkeit steht das nicht entgegen (BayVerfGH, DÖV 86, 390; Bauer DR 13; Klein MD 18).

6   **cc)** Verweisen die oben in Rn.4f umschriebenen Ermächtigungsnormen auf Vorschriften, die nicht mehr in Kraft sind oder auf Einrichtungen, die nicht mehr bestehen, so treten nach der **subsidiären Generalklausel** des Abs.4 an deren Stelle die Normen bzw. Einrichtungen, die sachlich an die Stelle der früheren Normen bzw. Einrichtungen getreten sind (Bauer DR 19).

3. Ermächtigungen und Verweisungen des DDR-Rechts

7   Für **Ermächtigungen** zum Erlass von Rechtsverordnungen, Anordnungen oder allg. Verwaltungsvorschriften in als Bundesrecht fortbestehendem DDR-Recht (dazu Rn.4 zu Art.123) ist Art.129 Abs.1–3 gem. Abs.5 der Vorbemerkung zur Anlage II EV entsprechend anzuwenden (dazu Sachs SA 21). Dies gilt für die Zuständigkeit (dazu oben Rn.4–6) wie das ausnahmsweise Erlöschen (dazu oben Rn.2f). Auch bei Ermächtigungen zum Erlass von Verwaltungsakten dürfte über den Wortlaut hinaus nichts anderes gelten, desgleichen für als Landesrecht fortbestehendes DDR-Recht (Bauer DR 20; Klein MD 27). Eine Art.129 Abs.4 entsprechende Regelung für **Verweisungen** trifft Abs.4 der Vorbemerkungen zur Anlage II EV (Klein MD 29).

Art.130 [Überleitung von Verwaltungs- und Rechtsprechungseinrichtungen]

(1) Verwaltungsorgane und sonstige der öffentlichen Verwaltung oder Rechtspflege dienende Einrichtungen, die nicht auf Landesrecht oder Staatsverträgen zwischen Ländern beruhen[1] **sowie die Betriebsvereinigung der südwestdeutschen Eisenbahnen und der Verwaltungsrat für das Post- und Fernmeldewesen für das französische Besatzungsgebiet unterstehen der Bundesregierung**[2]**. Diese regelt mit Zustimmung des Bundesrates die Überführung, Auflösung oder Abwicklung**[2]**.**

(2) **Oberster Disziplinarvorgesetzter der Angehörigen dieser Verwaltungen und Einrichtungen ist der zuständige Bundesminister[2].**

(3) **Nicht landesunmittelbare und nicht auf Staatsverträgen zwischen den Ländern beruhende Körperschaften und Anstalten des öffentlichen Rechtes unterstehen der Aufsicht der zuständigen obersten Bundesbehörde[3].**

1. Unmittelbare Staatsverwaltung (Abs.1, 2)

Art.130 Abs.1, 2 **erfasst** neben den beiden ausdrücklich genannten Ein- 1 richtungen aus dem Bahn- und Postbereich alle vor Inkrafttreten des GG bereits bestehenden Verwaltungsorgane und -einrichtungen, die der unmittelbaren Staatsverwaltung zuzurechnen sind (Klein MD 7; zur mittelbaren Staatsverwaltung unten Rn.3). Zudem werden Rechtsprechungsorgane erfasst. Voraussetzung ist, dass die Rechtsgrundlage der Einrichtungen als **Bundesrecht** weiter gilt oder auf Besatzungsrecht beruht (Sachs SA 4; Klein MD 13; Hermes DR 10). Weiter erfasst Art.130 Einrichtungen, die Verwaltungsvorschriften bzw. sonstigen Organisationsakten des Reiches oder der Besatzungsmächte ihre Entstehung verdanken (Klein MD 9). Art.130 setzt voraus, dass die Einrichtung nach dem GG *als Bundesbehörde bzw. Bundesgericht möglich* wäre, da Art.130 die Kompetenzverteilung zwischen Bund und Ländern in sachlicher Hinsicht nicht durchbrechen will (Klein MD 14; Hermes DR 6). Dementsprechend kann der Katalog der Bundesgerichte über Art.130 nicht erweitert werden (vgl. BVerwGE 32, 21/23; Rn.13 zu Art.92). Dagegen kommt es auf die formellen Voraussetzungen der Art.83 ff, 92 ff, etwa eine gesetzliche Grundlage, nicht an (Mager MüK 6; Hermes DR 6). Zudem darf die Einrichtung nicht auf einem *Länderstaatsvertrag* beruhen (Dietlein MKS 4; Mager MüK 2); wurde allerdings der Staatsvertrag in Rechtsvorschriften umgesetzt, ist entscheidend, ob diese als Bundes- oder Landesrecht fortgelten (Klein MD 12). Eine Art.130 vergleichbare Regelung treffen Art.13 f EV für die Überführung von DDR-Einrichtungen (dazu Sachs SA 14 ff; Suerbaum EH 4).

Die oben in Rn.1 genannten Einrichtungen werden gem. Abs.1 S.1 der 2 Bundesregierung unterstellt. Das heißt, dass sie zum organisatorischen Bereich des Bundes gehören (Hermes DR 12; vgl. Sachs SA 5). Die Frage von Weisungsrechten wird nicht geregelt (Dietlein MKS 7; Klein MD 17, 23). Abs.2 führt zur dienstrechtlichen Unterstellung der Beschäftigten der Einrichtung unter den zuständigen Bundesminister (Hermes DR 13). Auf Grund des Abs.1 S.2 kann die Überführung in den Bundes- oder Landesbereich oder die Auflösung, einschl. der Abwicklung (BVerfGE 84, 133/150; Klein MD 22), durch die Bundesregierung mit Zustimmung des Bundesrats geregelt werden. Sofern die Errichtung der Behörde auf einer Rechtsvorschrift beruht oder dem Vorbehalt des Gesetzes untersteht, ist eine Rechtsvorschrift erforderlich (Klein MD 21; Sachs SA 7; strenger Dietlein MKS 11). In materieller Hinsicht ist eine Fortführung im Bereich des Bundes nur möglich, wenn dies nach den allg. Bestimmungen zu den Verwaltungs- und Rechtsprechungskompetenzen des Bundes möglich wäre (Hermes DR 16; Klein MD 15; Sachs SA 9).

2. Mittelbare Staatsverwaltung (Abs.3)

3 Einrichtungen der mittelbaren Staatsverwaltung, also juristische Personen des öffentlichen Rechts, werden gem. Abs.3 der Aufsicht der zuständigen obersten Bundesbehörde unterstellt (Mager MüK 2), sofern sie bei Inkrafttreten des GG nicht der Aufsicht einer Landesbehörde unterstanden, unabhängig davon, welchen Rechtscharakter ihre Rechtsgrundlage besitzt (Klein MD 25 f). Dies gilt auch für die nicht erwähnten Stiftungen (Hermes DR 17; Suerbaum EH 18; Mager MüK 9). Die Landesaufsicht über die Versorgungsanstalt der deutschen Bühnen ist dementsprechend unzulässig (BVerwG, NJW 88, 355). Wieweit die Aufsicht geht, hängt von den einschlägigen Rechtsvorschriften ab.

Art.131 [Frühere Angehörige des Öffentlichen Dienstes]

Die Rechtsverhältnisse von Personen einschließlich der Flüchtlinge und Vertriebenen, die am 8. Mai 1945 im öffentlichen Dienste standen, aus anderen als beamten- oder tarifrechtlichen Gründen ausgeschieden sind und bisher nicht oder nicht ihrer früheren Stellung entsprechend verwendet werden, sind durch Bundesgesetz zu regeln[1 f]. Entsprechendes gilt für Personen einschließlich der Flüchtlinge und Vertriebenen, die am 8. Mai 1945 versorgungsberechtigt waren und aus anderen als beamten- oder tarifrechtlichen Gründen keine oder keine entsprechende Versorgung mehr erhalten[1 f]. Bis zum Inkrafttreten des Bundesgesetzes können vorbehaltlich anderweitiger landesrechtlicher Regelung Rechtsansprüche nicht geltend gemacht werden[1].

Literatur: *Langhorst,* Beamtentum und Art.131 des GG, 1994; *Merten/Lecheler (Hg.),* Grundfragen des Einigungsvertrags unter Berücksichtigung beamtenrechtlicher Probleme, 1991.

1 Nach dem Zusammenbruch des nationalsozialistischen Deutschland wurden viele **Dienstverhältnisse** im öffentlichen Dienst **nicht fortgesetzt,** etwa weil die betreffende Dienststelle nicht fortbestand oder weil die Angehörigen des öffentlichen Dienstes kriegsgefangen oder vertrieben waren. Des Weiteren wurden eine Vielzahl von Angehörigen im Rahmen der Entnazifizierung entlassen. Um die daraus resultierenden Probleme zu bewältigen, verpflichtet S.1 den *Bundes*gesetzgeber (BVerfGE 7, 305/313; 15, 167/184 ff) zu einer Regelung der dienstrechtlichen Ansprüche und S.2 zu einer Regelung der Versorgungsansprüche. Gleichzeitig sollte durch S.3 deutlich gemacht werden, dass die Betroffenen weder aus altem Recht noch auf Grund der sonstigen Vorschriften des GG, etwa nach Art.33 Abs.5, Rechtsansprüche geltend machen können. Die Notwendigkeit einer gesetzlichen Regelung ergab sich auch daraus, dass alle **Dienstverhältnisse** im öffentlichen Dienst wegen der Verbindung mit dem nationalsozialistischen Unrechtsstaat **erloschen** waren, wie das BVerfG festgestellt hat (BVerfGE 3, 58/113 f; 15, 80/100; 22, 387/408; 28, 163/173; Dietlein MKS 5; a. A. BGHZ 13, 265/292 ff; wohl auch Kunig MüK 2). Gleiches gilt für *Versorgungsansprüche* aus solchen Dienstverhältnissen (BVerfGE 28, 163/173).

Die Verpflichtung und Ermächtigung des Art. 131, die Ausdruck staatli- **2**
cher Fürsorge ist (BVerfGE 3, 58/146; 15, 105/120), eröffnet dem Gesetzgeber einen **weiten Spielraum** dabei, wie er den entsprechenden Personenkreis abgrenzt und welche Rechte er ihnen einräumt (BVerfGE 3, 58/
134; 12, 264/273; 25, 198/206). An Art. 14 bzw. Art. 33 Abs. 5 ist er nicht
gebunden (BVerfGE 28, 163/174; 76, 256/328 f; vgl. auch BVerfGE 12,
264/274), wohl aber an den Gleichheitssatz (BVerfGE 15, 46/75; 27, 133/
138 ff). Personengruppen, die in besonderer Weise an der Verwirklichung
der nationalsozialistischen Gewaltherrschaft und Unrechtsideologie mitgewirkt haben, wie das für die Gestapo gilt, können völlig ausgeschlossen werden (BVerfGE 6, 132/205; 22, 387/408 f; Umbach UC 8). Davon wurde
erstaunlicherweise nur sehr begrenzt Gebrauch gemacht.

Die Ermächtigung wurde durch verschiedene Regelungen genutzt, die **3**
durch das Kriegsfolgen-AbschlussG vom 20. 9. 1994 (BGBl I 2452) aufgehoben wurden (Masing DR 5). In den **neuen Bundesländern** wurde
Art. 131 gem. Art. 6 EV „vorerst" nicht in Kraft gesetzt (Lübbe-Wolff DR 2;
Dietlein MKS 4); dies soll mit Ablauf der Frist des Art. 143 Abs. 2 anders sein
(Scholz MD 14 zu Art. 143; Schwarz MKS 22 zu Art. 143). Eine vergleichbare Problematik ergab sich nach Untergang der DDR in Hinblick auf die
DDR-Dienstverhältnisse (dazu Dietlein MKS 7). Die Dienstverhältnisse bestanden hier aber im Grundsatz fort (BVerfGE 84, 133/147; 92, 140/154 ff;
96, 189/199 f).

Art. 132 [Ausschluss aus dem Öffentlichen Dienst]

(1) **Beamte und Richter, die im Zeitpunkte des Inkrafttretens dieses
Grundgesetzes auf Lebenszeit angestellt sind, können binnen sechs Monaten nach dem ersten Zusammentritt des Bundestages in den Ruhestand oder Wartestand oder in ein Amt mit niedrigerem Dienstein-
kommen versetzt werden, wenn ihnen die persönliche oder fachliche
Eignung für ihr Amt fehlt. Auf Angestellte, die in einem unkündbaren
Dienstverhältnis stehen, findet diese Vorschrift entsprechende Anwendung. Bei Angestellten, deren Dienstverhältnis kündbar ist, können
über die tarifmäßige Regelung hinausgehende Kündigungsfristen innerhalb der gleichen Frist aufgehoben werden.**

(2) **Diese Bestimmung findet keine Anwendung auf Angehörige des
öffentlichen Dienstes, die von den Vorschriften über die „Befreiung von
Nationalsozialismus und Militarismus" nicht betroffen oder die anerkannte Verfolgte des Nationalsozialismus sind, sofern nicht ein wichtiger Grund in ihrer Person vorliegt.**

(3) **Den Betroffenen steht der Rechtsweg gemäß Artikel 19 Absatz 4
offen.**

(4) **Das Nähere bestimmt eine Verordnung der Bundesregierung, die
der Zustimmung des Bundesrates bedarf.**

Die Vorschrift ist mit Ablauf der 6-Monate-Frist am 7. 3. 1950 obsolet **1**
geworden (Dietlein MKS 1) und hat zudem nur begrenzte praktische Be-

deutung erlangt (vgl. Masing DR 4), da die Verordnung gem. Abs.4 erst am 17. 2. 1950 erging (BGBl 34).

Art.133 [Verwaltung des Vereinigten Wirtschaftsgebiets]

Der Bund tritt in die Rechte und Pflichten der Verwaltung des Vereinigten Wirtschaftsgebietes ein.

1   Rechte und Pflichten der Verwaltung des Vereinigten Wirtschaftsgebiets der amerikanischen und der britischen Besatzungszone (vgl. Stolleis HbStR[3] I § 7 Rn.107 ff) gingen auf den Bund über, was u. a. für die Dienstverhältnisse der beschäftigten Personen bedeutsam war (Mager MüK 3). Heute hat die Vorschrift keinen aktuellen Regelungsgehalt mehr (Höfling/Burkiczak FH 8).

Art.134 [Überleitung des Reichsvermögens]

(1) Das Vermögen des Reiches[1f] wird grundsätzlich Bundesvermögen[3].

(2) Soweit es nach seiner ursprünglichen Zweckbestimmung überwiegend für Verwaltungsaufgaben bestimmt war, die nach diesem Grundgesetze nicht Verwaltungsaufgaben des Bundes sind, ist es unentgeltlich auf die nunmehr zuständigen Aufgabenträger und, soweit es nach seiner gegenwärtigen, nicht nur vorübergehenden Benutzung Verwaltungsaufgaben dient, die nach diesem Grundgesetze nunmehr von den Ländern zu erfüllen sind, auf die Länder zu übertragen[4]. Der Bund kann auch sonstiges Vermögen den Ländern übertragen[7].

(3) Vermögen, das dem Reich von den Ländern und Gemeinden (Gemeindeverbänden) unentgeltlich zur Verfügung gestellt wurde, wird wiederum Vermögen der Länder und Gemeinden (Gemeindeverbände), soweit es nicht der Bund für eigene Verwaltungsaufgaben benötigt[5].

(4) Das Nähere regelt ein Bundesgesetz, das der Zustimmung des Bundesrates bedarf[6f].

Literatur: *Isensee,* Staatsvermögen, HbStR[3] V, 2007, § 122; *Geulen,* Der Streit um das frühere Reichsvermögen in Berlin, LKV 2005, 158; *Höfling,* Kommunale Ansprüche auf Rückübertragung ehemaliger Reichsvermögens, DVBl 1997, 1301; *Bartlsperger,* Der Rückfall stationierungsrechtlich genutzten früheren Reichsvermögens, 1994; *Hahn,* Voraussetzung und Umfang des Rechtserwerbs nach Art.21 III EV und dessen Verhältnis zu Art.134 und 135 GG, 1993; *Ipsen/Koch,* Zuordnung volkseigenen Vermögens und Restitution früheren Eigentums der öffentlichen Hand, DVBl 1993, 1.

1. Anwendungsbereich und Abgrenzung zu anderen Vorschriften

1   Die Vorschrift regelt die Verteilung des **Reichsvermögens** auf Bund und Länder, soweit es dem Deutschen Reich am 24. 5. 1949 zustand. Die Zuordnung des Reichsvermögens zum Völkerrechtssubjekt Bundesrepublik Deutschland wird vorausgesetzt, nicht geregelt (Heun DR 19; Mager MüK

4). Sonderregelungen bestehen für Reichswasserstraßen (Rn.1 zu Art.89) sowie für Reichsautobahnen und Reichsstraßen (Rn.1f zu Art.90); Art.134 wird insoweit verdrängt (Heun DR 22; a.A. Mager MüK 17). Für die Reichsbahn und die Reichspost gilt dagegen Art.134; Art.87 a.F. setzte zwar einen entsprechenden Vermögensübergang voraus, bewirkte ihn aber nicht selbst. Zum Landesvermögen findet sich eine Regelung in Art.135.

In räumlicher Hinsicht wurde das Reichsvermögen im Bereich der Bun- **2** desrepublik von 1949 erfasst, einschl. des Westteils von Berlin (Mager MüK 8; zu den Einschränkungen in West-Berlin Heun DR 20). In den **neuen Bundesländern** konnte Art.134 frühestens mit dem Beitritt wirksam werden; zu diesem Zeitpunkt war aber das Reichsvermögen längst in andere Hände übergegangen (BVerwGE 99, 283/289f; Heun DR 21; i.E. BVerfGE 95, 250/264; Umbach/Clemens UC 3; Mager MüK 7; a.A. Koch SA 18ff; Mußgnug/Hufeld BK 52f). Dementsprechend ging man bei den Beratungen zum Einigungsvertrag und damit auch zur Ausweitung des GG nicht von einer Anwendung des Art.134 aus; vielmehr schuf man in Art.21 Abs.3 Hs. 2 EV und Art.22 Abs.1 S.7 EV eigenständige (Art.134 Abs.1 entsprechende) Regelungen. Auch eine analoge Anwendung von Art.134 Abs.3 ist ausgeschlossen (BVerfGE 95, 250/264f; BVerwGE 99, 283/290f).

2. Vermögensübergang und Vermögensübertragung

a) Vermögensübergang nach Abs.1. Das Reichsvermögen ist gem. **3** Abs.1 mit dem Inkrafttreten des GG (Rn.2 zu Art.145) **Bundesvermögen** geworden (Mager MüK 2; Umbach/Clemens UC 7), ohne dass es eines Gesetzes bedarf (BVerwGE 111, 188/192; Koch SA 4; Heun DR 7). Erfasst wird das *Verwaltungsvermögen,* das überwiegend der unmittelbaren Erfüllung öffentlicher Aufgaben dient, wie das sonstige Vermögen, das *Finanzvermögen,* das durch seinen Wert oder durch seine Erträge nur mittelbar öffentlichen Zwecken dient, etwa die Beteiligung an Unternehmen (Heun DR 8; Mager MüK 3; Kaltenborn EH 1). Erfasst werden Aktiva und Passiva (BVerwGE 96, 231/234; BGHZ 128, 393/399; Koch SA 6), jedenfalls im Rahmen des Abs.4 (BVerfGE 15, 126/133f; Rn.2 zu Art.135a). Zur Einschränkung des Übergangs durch Gesetz unten Rn.6.

b) Vermögensübertragungspflichten. aa) Gem. Abs.2 S.1 hat der **4** Bund Vermögen in zwei Fällen zu übertragen: **(1)** Vermögen, das nach seiner Zwecksetzung **vor** dem 8. 5. 1945 für **Verwaltungsaufgaben** bestimmt war, für deren Ausführung nach dem GG heute die Länder (einschl. der Gemeinden) zuständig wären (Heun DR 10) sowie **(2)** Vermögen, das **gegenwärtig** (d.h. nach dem AusführungsG nach Abs.4 am 1. 8. 1961) nicht nur vorübergehend der Erfüllung **öffentlicher Aufgaben** durch die Länder dient (Heun DR 11). Abs.2 S.1 kommt Vorrang vor Abs.3 zu (Koch SA 17). Darüber hinaus *kann* der Bund gem. Abs.2 S.2 sonstiges Vermögen, d.h. Finanzvermögen auf die Länder übertragen (Heun DR 12).

bb) Gem. Abs.3 besteht eine Rückübertragungspflicht bei **Vermögen, das** **5** dem Reich von den Ländern, Gemeinden oder Gemeindeverbänden **unent-**

geltlich (irgendwann vor dem 24. 5. 1949) **zur Verfügung gestellt** wurde, ggf. auch über Dritte (Dietlein MKS 9). Unentgeltlichkeit meint auch Fälle eines deutlichen Missverhältnisses von Leistung und Gegenleistung (Heun DR 14; Dietlein MKS 9; Mager MüK 13). Die Rückübertragungspflicht entfällt, wenn der Bund den Vermögensgegenstand zur (unmittelbaren) Erfüllung von Verwaltungsaufgaben benötigt. Als Verwaltungsaufgabe des Bundes ist auch die Überlassung von Grundvermögen an die Streitkräfte der Nato-Verbündeten anzusehen (BVerwGE 111, 188/194 f). Der Rückübertragungsanspruch muss gem. § 5 Abs.1 S.2 ReichsvermögenG bis zum 31. 7. 1962 geltend gemacht worden sein, was mit Art.134 vereinbar ist (BVerwGE 111, 188/191 ff; a. A. Dietlein MKS 12; Heun DR 15; Koch SA 16). In Berlin (West) endete die Frist zulässigerweise am 3. 10. 1991 (BVerfGE 119, 394/418). Fällt der Bedarf später weg, kommt Art.134 Abs.3 nicht mehr zum Tragen, da die Vorschrift zu einer endgültigen Zuordnung der Vermögensgegenstände führen sollte (BVerwGE 111, 188/193 f); dies gilt auch für Vermögen, das den Stationierungsstreitkräften überlassen wurde (BVerwGE 111, 188/194 f; a. A. Koch SA 15; Dietlein MKS 10). Der Grundsatz des bundesfreundlichen Verhaltens könnte allerdings in solchen Fällen verlangen, eine Überlassung zu überprüfen. Die Regelung des Abs.3 analog in den neuen Bundesländern anzuwenden (dafür Koch SA 22; Bartlsperger o. Lit. 215 ff), scheitert daran, dass im Einigungsvertrag bewusst eine abweichende Regelung getroffen wurde (BVerwGE 99, 283/290 f; Dietlein MKS 15; Umbach/Clemens UC 13; Mußgnug/Hufeld BK 117). Zur einschlägigen Regelung des Art.21 f EV vgl. Dietlein MKS 17 ff.

3. Ausführungsgesetz

6   Gem. Abs.4 kann durch *Bundes*gesetz (dazu Rn.5 zu Art.70), das der Zustimmung des Bundesrats bedarf, das Nähere geregelt werden, was mit dem ReichsvermögensG (BGBl 1961 I 597) geschehen ist. Da der Vermögensübergang **gem. Abs.1** (oben Rn.3) nur „grundsätzlich" erfolgt, kann das Gesetz den **Übergang einschränken.** Dies gilt insb. im Bereich der *Schulden* (BVerfGE 15, 126/136 ff; 19, 150/159; 41, 126/152), wie dies auch Art.135a Abs.1 verdeutlicht. Dies erlaubt besonders weitreichende Eingriffe in Art.14; verlangt wird nur eine Berücksichtigung der Verbindlichkeit „nach Maßgabe des Möglichen" (BVerfGE 29, 413/425 f; 41, 126/152 f; vgl. BVerwGE 45, 250/254). Art.3 Abs.1 ist allerdings zu beachten (BVerfGE 15, 126/145; 46, 299/307 ff). Dagegen ist die spätere wirtschaftliche Entfaltung Deutschlands unerheblich (BVerfGE 27, 253/288 f; 94, 315/326). Im **Bereich des Abs.2** (oben Rn.4) kann der Gesetzgeber nichts Abweichendes vorsehen. Soweit allerdings Fragen ungeregelt sind, kommt ihm ein Konkretisierungsspielraum zu. Das betrifft insb. die Geltendmachung von Ansprüchen (vgl. oben Rn.5). Zur zusätzlichen Übertragung von Finanzvermögen oben Rn.4.

Art.135 [Vermögensnachfolge bei Auflösung]

(1) Hat sich nach dem 8. Mai 1945 bis zum Inkrafttreten dieses Grundgesetzes die Landeszugehörigkeit eines Gebietes geändert, so steht in diesem Gebiete das Vermögen des Landes, dem das Gebiet angehört hat, dem Lande zu, dem es jetzt angehört[1].

(2) Das Vermögen nicht mehr bestehender Länder und nicht mehr bestehender anderer Körperschaften und Anstalten des öffentlichen Rechtes geht, soweit es nach seiner ursprünglichen Zweckbestimmung überwiegend für Verwaltungsaufgaben bestimmt war, oder nach seiner gegenwärtigen, nicht nur vorübergehenden Benutzung überwiegend Verwaltungsaufgaben dient, auf das Land oder die Körperschaft oder Anstalt des öffentlichen Rechtes über, die nunmehr diese Aufgaben erfüllen[2].

(3) Grundvermögen nicht mehr bestehender Länder geht einschließlich des Zubehörs, soweit es nicht bereits zu Vermögen im Sinne des Absatzes 1 gehört, auf das Land über, in dessen Gebiet es belegen ist[2].

(4) Sofern ein überwiegendes Interesse des Bundes oder das besondere Interesse eines Gebietes es erfordert, kann durch Bundesgesetz eine von den Absätzen 1 bis 3 abweichende Regelung getroffen werden[3].

(5) Im übrigen wird die Rechtsnachfolge und die Auseinandersetzung, soweit sie nicht bis zum 1. Januar 1952 durch Vereinbarung zwischen den beteiligten Ländern oder Körperschaften oder Anstalten des öffentlichen Rechtes erfolgt, durch Bundesgesetz geregelt, das der Zustimmung des Bundesrates bedarf[3].

(6) Beteiligungen des ehemaligen Landes Preußen an Unternehmen des privaten Rechtes gehen auf den Bund über[2]. Das Nähere regelt ein Bundesgesetz, das auch Abweichendes bestimmen kann[3].

(7) Soweit über Vermögen, das einem Lande oder einer Körperschaft oder Anstalt des öffentlichen Rechtes nach den Absätzen 1 bis 3 zufallen würde, von dem danach Berechtigten durch ein Landesgesetz, auf Grund eines Landesgesetzes oder in anderer Weise bei Inkrafttreten des Grundgesetzes verfügt worden war, gilt der Vermögensübergang als vor der Verfügung erfolgt[1].

Literatur: S. die Hinweise zu Art.134.

Da nach dem 8. 5. 1945 mehrere Länder aufgelöst (Preußen, Braun- **1** schweig, Oldenburg, Lippe, Lippe-Schaumburg) und bestimmte Gebiete umgegliedert wurden (Pfalz, Bremerhaven), regelt Art.135 den **Übergang von Landesvermögen** in diesen Fällen. Die Vorschrift gilt allein für Veränderungen, die zwischen dem 8. 5. 1945 und dem 24. 5. 1949 eingetreten sind, nicht für spätere Veränderungen (BVerfGE 95, 250/263f; Pernice DR 6; Umbach/Clemens UC 4), etwa im Bereich der neuen Bundesländer (Koch SA 1; Mager MüK 2). Der Übergang gem. Art.135 Abs.1–6 erfolgte zum 24. 5. 1949 kraft Verfassung (Pernice DR 5); im Falle des Abs.7 bereits früher. In den Abs.1–3, 6 finden sich sachliche Vorgaben dazu, an wen das Vermögen übergeht. Im Überschneidungsfalle haben Abs.2 und Abs.6 Vorrang vor Abs.1 und Abs.3 (Umbach/Clemens UC 17). Zu Abweichungen durch Gesetz unten Rn.3.

2   **Im Einzelnen** handelt es sich um folgende Vorgaben: – **(1)** Das *Verwaltungsvermögen* (zum Begriff Rn.3 zu Art.134) *aufgelöster Länder* sowie der ihnen angehörenden *juristischen Personen des öffentlichen Rechts,* gleich welcher Art, geht gem. Abs.2 auf den Funktionsnachfolger über, unabhängig davon, wo es sich im Zeitpunkt der Auflösung befand. Dies betrifft insb. die Stiftung Preußischer Kulturbesitz (BVerfGE 10, 20/38); vgl. allerdings unten Rn.3 – **(2)** *Finanzvermögen,* also anderes Vermögen als Verwaltungsvermögen (vgl. Rn.3 zu Art.134), von *aufgelösten Ländern* sowie *Verwaltungs- und Finanzvermögen umgegliederter Gebiete* (oben Rn.1) – jeweils soweit es sich in dem betreffenden Gebiet befand – geht gem. Abs.1 auf das Land über, dem das betreffende Gebiet nunmehr zugewiesen ist. – **(3)** Die Beteiligungen des *preußischen Staates an privaten Gesellschaften* gehen gem. Abs.6 S.1, auch ohne nähere Regelung (Mager MüK 9), auf den Bund über. – **(4)** Gem. Abs.3 geht *Grundvermögen* aufgelöster Länder, das sich außerhalb der betreffenden Gebiete befand, auf das Land über, in dem das Grundvermögen liegt (Koch SA 6). Wegen des Vorrangs von Abs.2 (oben Rn.1) betrifft das allein das Finanzgrundvermögen (Umbach/Clemens UC 9; Mager MüK 6).

3   Gem. Abs.4 und Abs.6 S.2 kann von den oben in Rn.2 beschriebenen Vorgaben durch **Bundesgesetz** abgewichen werden, das der Zustimmung des Bundesrats bedarf. Der Gesetzgeber besitzt dabei einen erheblichen Spielraum (BVerfGE 10, 20/40; Pernice DR 11). Davon wurde insb. durch das G zur Stiftung Preußischer Kulturbesitz vom 25. 7. 1957 (BGBl I 841) Gebrauch gemacht (dazu BVerfGE 10, 20/42; Dietlein MKS 8). Weiter ermächtigt Abs.5 zur **Regelung von Problemen,** die durch die Auflösung oder Gebietsänderungen von Ländern und anderen juristischen Personen bedingt sind, in Art.135 aber nicht unmittelbar geregelt wurden, etwa das Erlöschen von Ansprüchen (BVerfGE 29, 413/425 f), wie auch Art.135a klarstellt. Der Bund hat von der Ermächtigung des Abs.5 durch das Rechtsträger-AbwicklungsG vom 6. 9. 1965 (BGBl I 1065) Gebrauch gemacht. Durch die Gesetze gem. Abs.4–6 wird ggf. eine **Verwaltungskompetenz des Bundes** unabhängig von Art.87 Abs.3 S.1 begründet (BVerfGE 10, 20/45; 12, 205/253).

Art.135a [Alte Verbindlichkeiten]

(1) **Durch die in Artikel 134 Abs.4 und Artikel 135 Abs.5 vorbehaltene Gesetzgebung des Bundes kann auch bestimmt werden, daß nicht oder nicht in voller Höhe zu erfüllen sind**

1. **Verbindlichkeiten des Reiches sowie Verbindlichkeiten des ehemaligen Landes Preußen und sonstiger nicht mehr bestehender Körperschaften und Anstalten des öffentlichen Rechts,**
2. **Verbindlichkeiten des Bundes oder anderer Körperschaften und Anstalten des öffentlichen Rechts, welche mit dem Übergang von Ver-**

mögenswerten nach Artikel 89, 90, 134 und 135 im Zusammenhang
stehen, und Verbindlichkeiten dieser Rechtsträger, die auf Maßnahmen der in Nummer 1 bezeichneten Rechtsträger beruhen,
3. Verbindlichkeiten der Länder und Gemeinden (Gemeindeverbände),
die aus Maßnahmen entstanden sind, welche diese Rechtsträger vor
dem 1. August 1945 zur Durchführung von Anordnungen der Besat-
zungmächte oder zur Beseitigung eines kriegsbedingten Notstandes
im Rahmen dem Reich obliegender oder vom Reich übertragener
Verwaltungsaufgaben getroffen haben[1 f].

(2) Absatz 1 findet entsprechende Anwendung auf Verbindlichkeiten
der Deutschen Demokratischen Republik oder ihrer Rechtsträger sowie
auf Verbindlichkeiten des Bundes oder anderer Körperschaften und Anstalten des öffentlichen Rechts, die mit dem Übergang von Vermögenswerten der Deutschen Demokratischen Republik auf Bund, Länder
und Gemeinden in Zusammenhang stehen[3], und auf Verbindlichkeiten,
die auf Maßnahmen der Deutschen Demokratischen Republik oder ihrer Rechtsträger beruhen[3 f].

Literatur: *Haratsch,* Die Befreiung von Verbindlichkeiten nach Art. 135a Abs. 2 GG,
1998; *Bernsdorff,* Aufhebung oder Kürzung von Verbindlichkeiten der DDR, NJW
1997, 2712. – S. auch die Literatur zu Art. 134.

1. Verbindlichkeiten des Reiches und seiner Einrichtungen (Abs. 1)

Abs. 1 wurde 1957 eingefügt (Einl. 3 Nr. 9), um Zweifelsfragen auszuräu-   **1**
men, und betrifft Verbindlichkeiten, die vor **Inkrafttreten des GG** entstanden sind. Der Begriff der Verbindlichkeit ist weit zu verstehen und umfasst
alle vermögenswerten Verpflichtungen (Haratsch BK 10 f), auch dingliche
Herausgabeansprüche. Ob private oder öffentlich-rechtliche Personen bzw.
Einrichtungen Gläubiger sind, spielt keine Rolle (Dietlein MKS 3). Ausgenommen sollen aber ausländische Gläubiger sein (Dietlein MKS 1; Mager
MüK 1). Über den Wortlaut hinaus werden auch Verbindlichkeiten von
Stiftungen erfasst (Heun DR 6; Haratsch BK 19). Voraussetzung ist, dass
die Verbindlichkeiten wirksam entstanden waren (BVerfG-K, NJW 06,
2543).

Was die **Rechtsfolge** angeht, so wird durch die Vorschrift nicht geregelt,   **2**
ob die Verbindlichkeiten fortbestehen und gegen wen sie sich richten. Abs. 1
hält nur fest, dass die eine ausschließliche Bundesgesetzgebungskompetenz
enthaltenden Ermächtigungen des Art. 134 Abs. 4 und die des Art. 135 Abs. 5
zur Beschränkung oder Aufhebung solcher Verbindlichkeiten (dazu Rn. 6 zu
Art. 134, Rn. 3 zu Art. 135) auch für die in Nr. 1–3 beschriebenen Verbindlichkeiten gelten (BVerfGE 15, 126/140, 144; Mager MüK 1). Insb. stellt
Abs. 1 Nr. 2 klar, dass die mit dem Vermögensübergang gem. Art. 89 Abs. 1,
Art. 90 Abs. 1, Art. 134 und Art. 135 zusammenhängenden Verbindlichkeiten
durch gesetzliche Regelung beseitigt oder beschränkt werden können, wie
dies bereits aus Art. 134 Abs. 4 bzw. Art. 135 Abs. 5 folgt (BVerfGE 29, 413/
427; 41, 126/152; Bernsdorff UC 10; Heun DR 4). Das Gesetz bedarf der
Zustimmung des Bundesrats (Haratsch BK 23). Der Gesetzgeber besitzt dabei einen sehr weiten Spielraum (BVerfGE 15, 126/140; Heun DR 9); zur

Einschränkung von Art.14 vgl. Rn.6 zu Art.134. Nach der Wiedervereinigung ist Abs.1 auch auf Verbindlichkeiten des Reiches etc. in den neuen Bundesländern anwendbar (BGHZ 139, 152/163). Von der Ermächtigung des Abs.1 wurde insb. durch das Allgemeine KriegsfolgenG vom 5. 11. 1957 (BGBl I 1747) Gebrauch gemacht (dazu Dietlein MKS 7 ff).

2. Verpflichtungen der DDR und ihrer Einrichtungen (Abs.2)

3 Abs.2 wurde 1990 eingefügt (Einl.3 Nr.36) und betrifft zunächst **Verbindlichkeiten der** früheren **Deutschen Demokratischen Republik** und ihrer Rechtsträger bzw. Verbindlichkeiten, die auf Maßnahmen dieser juristischen Personen beruhen. Zudem werden Verbindlichkeiten des Bundes und (westdeutscher) öffentlich-rechtlicher Personen erfasst, die mit dem Übergang von Vermögen der DDR auf sie (vgl. Art.21 ff EV) in Zusammenhang stehen (Bernsdorff UC 23). Erfasst werden alle vermögenswerten Verpflichtungen (Haratsch BK 33), auch Enteignungsentschädigungen (BVerfGE 84, 90/128 f) und Rückübertragungsansprüche (Haratsch BK 34). Unerheblich ist, ob es sich um private oder öffentliche Gläubiger handelt (Dietlein MKS 11); ausgenommen sein sollen jedoch ausländische Gläubiger (Mager MüK 6; Dietlein MKS 12). Bei den in Zusatz- und Sonderversorgungssystemen begründeten Rentenansprüchen scheidet eine Anwendung von Abs.2 aus, weil der Gesetzgeber eine Übergangsregelung getroffen hat (BVerfGE 100, 1/47 f; Dietlein MKS 17). Abs.2 kommt nur zum Tragen, wenn der Gesetzgeber erkennbar von der Möglichkeit des Abs.2 Gebrauch machen wollte (BVerfGE 100, 1/49).

4 Was die **Rechtsfolge** angeht, so ermächtigt Abs.2 den Bund in ausschließlicher Kompetenz (Rn.5 zu Art.70), durch Gesetz die Verbindlichkeiten zu beschränken und aufzuheben. Die Vorschrift geht vom Übergang der Verbindlichkeiten aus (BVerwGE 96, 213/234; BGHZ 128, 393/399 f), regelt ihn aber nicht selbst (BGHZ 165, 159/164; Mager MüK 8; Haratsch BK 50; Dietlein MKS 10). Die Nichterfüllung oder Teilerfüllung von Verbindlichkeiten ist aber nur möglich, „wenn dies erforderlich ist, um einer Gefährdung der staatlichen Aufgabenerfüllung infolge übermäßiger Verschuldung zu begegnen" (BVerfGE 100, 1/48 f; Haratsch BK 42). Bei der Beurteilung dieser Frage kommt dem Gesetzgeber ein weiter Gestaltungsspielraum zu (BGHZ 127, 285/296; BSGE 78, 168/174; Papier MD 278 zu Art.14). Art.14 bietet, soweit überhaupt einschlägig, nur sehr geringen Schutz (Mager MüK 7; vgl. Rn.6 zu Art.134). Die Vorgaben des allgemeinen Gleichheitssatzes sind jedoch zu beachten (BVerfGE 84, 90/128); doch beschränken sie sich auf das Willkürverbot (Rn.59 zu Art.3). Die Einfügung des Abs.2 war verfassungsgemäß (Heun DR 13). Der Gesetzgeber hat von der Ermächtigung durch das Entschädigungsgesetz von 1994 Gebrauch gemacht (dazu Rn.10 zu Art.143); zu weiteren Gesetzen Dietlein MKS 18; Haratsch BK 56 ff).

Art. 136 [Übergangsregelungen für Bundesrat und Bundespräsident]

(1) **Der Bundesrat tritt erstmalig am Tage des ersten Zusammentrittes des Bundestages zusammen.**

(2) **Bis zur Wahl des ersten Bundespräsidenten werden dessen Befugnisse von dem Präsidenten des Bundesrates ausgeübt. Das Recht der Auflösung des Bundestages steht ihm nicht zu.**

Die Vorschrift wurde mit dem ersten Zusammentritt des Bundestags **1** (Rn.1 zu Art.122) bzw. der Wahl des ersten Bundespräsidenten am 12. 9. 1949 obsolet. Immerhin kann man Abs.2 S.2 im Umkehrschluss entnehmen, dass dem Bundesratspräsidenten im Normalfall des Art.57 alle Befugnisse zustehen (Bauer DR 6; Dörr EH 2; Höfling/Burkiczak FH 8).

Art. 137 [Wählbarkeit von Angehörigen des Öffentlichen Dienstes u. a.]

(1) **Die Wählbarkeit[3] von Beamten, Angestellten des öffentlichen Dienstes, Berufssoldaten, freiwilligen Soldaten auf Zeit und Richtern[5] im Bund, in den Ländern und den Gemeinden[6] kann[8] gesetzlich[7] beschränkt werden[3 f].**

(2) **Für die Wahl des ersten Bundestages, der ersten Bundesversammlung und des ersten Bundespräsidenten der Bundesrepublik gilt das vom Parlamentarischen Rat zu beschließende Wahlgesetz[2].**

(3) **Die dem Bundesverfassungsgerichte gemäß Artikel 41 Abs.2 zustehende Befugnis wird bis zu seiner Errichtung von dem Deutschen Obergericht für das Vereinigte Wirtschaftsgebiet wahrgenommen, das nach Maßgabe seiner Verfahrensordnung entscheidet[2].**

Literatur: *Schwidden,* Beamte und kommunales Mandat, RiA 2001, 77; *Epping,* Die Trennung von Amt und Mandat, DÖV 1999, 529; *Menzel,* Unvereinbarkeit von Amt und Mandat in den Ländern, DÖV 1996, 1037; *Grünert,* Amt, Mandat und „Mehrfach-Alimentation", VR 1992, 413.

1. Bedeutung

Die 1965 (Einl.3 Nr.7) auf Soldaten erweiterte Vorschrift des **Art.137 1 Abs.1** erlaubt eine Beschränkung der Art.38 Abs.1 S.1, 28 Abs.1 S.2 und 48 Abs.2 (BVerfGE 48, 64/89; Magiera SA 3; Rn.25 zu Art.38; Rn.5 zu Art.48). Die Regelung, die keineswegs Übergangscharakter hat, soll die organisatorische Gewaltenteilung (dazu Rn.30 zu Art.20) gegen Gefahren absichern, die durch ein Zusammentreffen von Exekutiv- bzw. Richteramt und Abgeordnetenmandat entstehen können (BVerfGE 42, 312/339; 57, 43/62; 98, 145/160; Stober/Lackner BK 105 ff). Sie vermochte jedoch in der Praxis nicht zu verhindern, dass der Öffentliche Dienst in den Parlamenten weit überrepräsentiert ist (vgl. BVerfGE 40, 296/321; Stober/Lackner BK 72 ff). Die Ermächtigung des Abs.1 hat *abschließenden Charakter;* daneben ist eine Beschränkung der Wählbarkeit in Anknüpfung an ein Dienstverhältnis durch einfaches Gesetz nicht zulässig (BVerfGE 58, 177/191; 98, 145/160; BbgVerfG, LVerfGE 9, 111/117; HambVerfG, LVerfGE 8, 227/240; Klein HbStR³ III § 51 Rn.26; Stober/Lackner BK 208). Art.55 Abs.1 und Art.94 Abs.1 S.3 enthalten Spezialregelungen zu Art.137 Abs.1 (Stober/Lackner BK 81 f).

2 Die Regelungen des **Art.137 Abs.2, 3** sind durch Zeitablauf überholt (Klein MD 89 ff; Stober/Lackner BK 22 zu Art.137 Abs.2 u. 3; Versteyl MüK 31 f). Zur Entscheidung des Parlamentarischen Rats nach Abs.2 BVerfGE 95, 335/351.

2. Anwendungsbereich des Abs.1

3 **a) Beschränkung der Wählbarkeit.** Wählbarkeit umfasst zum einen das passive Wahlrecht (vgl. Rn.3 zu Art.38), d.h. die Möglichkeit, sich um ein Mandat zu bewerben, sich als Kandidat aufstellen zu lassen, gewählt werden zu können und die Wahl anzunehmen, und zum andern einen Aspekt der Freiheit des Mandats (vgl. Rn.23 zu Art.38, Rn.5 zu Art.48), d.h. die Möglichkeit, das Mandat während der Legislaturperiode innezuhaben und auszuüben (BVerfGE 38, 326/337). Beschränkung der Wählbarkeit liegt namentlich bei Regelungen der Inkompatibilität von Amt und Mandat vor, die das passive Wahlrecht unberührt lassen, aber die Mandatsannahme und -ausübung von der Aufgabe des Amts abhängig machen (BVerfGE 12, 73/77 f; 57, 43/67; 58, 177/192).

4 Nicht unter Abs.1 fällt dagegen der **Ausschluss der Wählbarkeit** (sog. Ineligibilität), d.h. dass ein Amtsinhaber an der Bewerbung um ein Mandat und an dessen Annahme oder Ausübung rechtlich gehindert ist (BVerfGE 48, 64/88; 57, 43/67). Faktisch liegt ein Ausschluss der Wählbarkeit auch vor, wenn der Gewählte sich wegen der Folgen der Inkompatibilitätsregelung außerstande sieht, sich für das Mandat zu entscheiden (BVerfGE 38, 326/338; 48, 64/88; 98, 145/156). Eine zulässige Wählbarkeitsbeschränkung liegt in diesen Fällen nur vor, wenn der Gesetzgeber Folgeregelungen trifft, die die Nachteile der Inkompatibilitätsregelung für den Betroffenen auffangen und ihm eine Wahlmöglichkeit belassen (BVerfGE 48, 64/88; 98, 145/156). Das gilt allerdings dann nicht, wenn – wie im kommunalen Bereich – der Gefahr von Interessenkonflikten nur durch Ausschluss der Wählbarkeit wirksam begegnet werden kann (BVerfGE 48, 64/89 f; 57, 43/67; 58, 177/193; BVerwGE 117, 11/14 ff). Die Folgeregelungen dürfen aber nicht zu einer Begünstigung von Abgeordneten aus dem Öffentlichen Dienst führen (Masing DR 21); die Abgeordnetenentschädigung (Rn.6 f zu Art.48) bildet idR einen hinreichenden Ausgleich für den Verzicht auf ein Amt (vgl. BVerfG-K, NVwZ 96, 2499), es reichen aber auch andere Möglichkeiten zur Sicherung der Existenzgrundlage aus (vgl. HambVerfG, LVerfGE 8, 227/242).

5 **b) Personenkreis.** Wer **Beamter** ist, „bestimmt sich nach dem allgemeinen Beamtenrecht" (BVerfGE 18, 172/180; 48, 64/83; 57, 43/59 f). Da-

zu gehören auch Professoren und Lehrer (BayVerfGHE 23, 32/42; Stober/ Lackner BK 313, 316; Versteyl MüK 7; s. auch unten Rn. 8), Wahlbeamte (Klein MD 52; Magiera SA 12), sowie Beamte auf Zeit (BVerfGE 18, 172/180f), Probe oder Widerruf (Kohl UC 16), nicht jedoch Ehrenamtsträger (BVerfGE 18, 172/184; BbgVerfG, LVerfGE 9, 111/120; krit. Masing DR 9; a. A. Klein MD 51; Tsatsos, ParlRPr 722f), Beamte im Ruhestand (BVerfGE 57, 43/59) sowie Regierungsmitglieder (HessStGH, DÖV 70, 245f; Masing DR 9). **Angestellte** des Öffentlichen Dienstes sind alle in einem Dienstverhältnis zu einem öffentlichen Arbeitgeber stehenden Personen, die weder Beamte noch Arbeiter sind (BVerfGE 48, 64/84; 58, 177/ 192; BVerwGE 117, 11/13), sowie leitende, nicht aber sonstige Angestellte eines von der öffentlichen Hand beherrschten privatrechtlichen Unternehmens (BVerfGE 38, 326/338f; 48, 64/83f; BbgVerfG, LVerfGE 9, 111/121; BayVerfGH, NVwZ-RR 05, 755); der Gesetzgeber hat einen Einschätzungsraum, bei wem im Einzelnen die Möglichkeit von Interessen- und Entscheidungskonflikten besteht (BVerfGE 98, 145/161; LVerfG SAn, LVerfGE 7, 261/269f; krit. Klein MD 53). Auf Arbeiter im Öffentlichen Dienst ist Abs.1 nicht anwendbar (vgl. BVerfGE 48, 64/84; BVerwGE 117, 11/18f; krit. Stober/Lackner BK 325; Versteyl MüK 10). Der Begriff des **Soldaten** entspricht dem des § 1 Abs.1 S.1 SoldG (Versteyl MüK 11f; dagegen wollen Klein MD 50, 54; Sannwald SHH 12 die wehrpflichtigen Soldaten herausnehmen). Unter **Richtern** sind auch die ehrenamtlichen Richter zu verstehen (Masing DR 15; Stober/Lackner BK 338; Tsatsos, ParlRPr 706f; a. A. Versteyl MüK 14). Kirchliche Bedienstete fallen nicht unter Abs.1 (BVerfGE 42, 312/340f; Stober/Lackner BK 89ff); doch sind entsprechende kirchliche Regelungen möglich (Rn.27 zu Art.4).

c) Betroffene Gremien. Abs.1 betrifft die Wählbarkeit zum Bundestag, 6 zu den Landesparlamenten sowie zu den Volksvertretungen der Gemeinden und Gemeindeverbände (BVerfGE 48, 64/82f; 58, 177/191; BVerwGE 117, 11/13), unabhängig davon, ob der Betreffende im Dienst des Bundes, der Länder oder der Gemeinden steht (BVerfGE 18, 172/183f; 58, 177/193f; krit. Klein MD 48; vgl. auch Rn.6 zu Art.28). Dagegen wird die Wählbarkeit in supra- und internationale Organe von Abs.1 nicht erfasst (Klein MD 46; Stober/Lackner BK 358).

d) Die gesetzliche Beschränkung muss durch ein **förmliches Gesetz** 7 (Versteyl MüK 28; Magiera SA 19; Masing DR 24) erfolgen, für dessen wahlrechtliche Aspekte der Wahlrechtsgesetzgeber (dazu Rn.21 zu Art.38) zuständig ist, während die dienstrechtlichen Aspekte nur vom Dienstrechtsgesetzgeber geregelt werden können (Stober/Lackner BK 189f; vgl. Magiera SA 21f; v. Campenhausen MKS 11). Die gesetzliche Beschränkung kann auch durch die Landesverfassung erfolgen (BbgVerfG, LVerfGE 4, 85/94f; krit. Klein MD 81). Bund und Länder haben von der Ermächtigung des Abs.1 in einer Reihe von Gesetzen in mehr oder minder großem Umfang Gebrauch gemacht (vgl. Klein MD 73ff; Magiera SA 23; Stober/Lackner BK 5, 232ff; Versteyl MüK 5ff).

3. Rechtsfolgen des Abs.1

8 Diese Vorschrift enthält eine Ermächtigung zu den Beschränkungen (oben Rn.3–7), die darüber hinaus nicht besonders gerechtfertigt werden müssen (**a.A.** BVerfGE 98, 145/161). Sie enthält also keine Pflicht zur Beschränkung (BbgVerfG, LVerfGE 4, 85/94; HambVerfG, LVerfGE 8, 227/243 f; Klein MD 38; Magiera SA 19; a.A. Versteyl MüK 27). Die Ermächtigung muss auch nicht voll ausgeschöpft werden (Sannwald SHH 17; Stober/ Lackner BK 173). Ordnet der Gesetzgeber nur für einen Teil des in Abs.1 angesprochenen Personenkreises (oben Rn.5) eine Unvereinbarkeit an, muss diese Differenzierung vor Art.3 Abs.1 und den Anforderungen der Wahlrechtsgleichheit (dazu Rn.6 f, 11, 18–20 zu Art.38) Bestand haben (BVerfGE 48, 64/89 f; BbgVerfG, LVerfGE 9, 111/120; Klein MD 43), während die Wahlrechtsgleichheit für die generelle Einführung einer Inkompatibilität nicht gilt (BVerfGE 38, 326/340). Keine Bedenken bestehen dagegen, Professoren und Lehrer von der Inkompatibilität auszunehmen (BVerfGE 18, 172/185). Andererseits ist es zulässig, eine Inkompatibilität für den gesamten Anwendungsbereich des Abs.1 anzuordnen (vgl. BVerfGE 40, 296/320 f; HambVerfG, LVerfGE 8, 227/244).

Art. 138 [Süddeutsches Notariat]

Änderungen der Einrichtungen des jetzt bestehenden Notariats in den Ländern Baden, Bayern, Württemberg-Baden und Württemberg-Hohenzollern bedürfen der Zustimmung der Regierungen dieser Länder.

1 Die Vorschrift schließt es aus, das 1949 in den angeführten Ländern bestehende Notariatssystem durch einfaches Bundesgesetz zu ändern, sofern die Regierungen Baden-Württembergs bzw. Bayerns nicht zustimmen. Das Notariatssystem in den anderen Ländern wird nicht erfasst, auch nicht in den neuen Bundesländern (Klein MD 6; Höfling/Burkiczak FH 8; Stettner DR 14). In Baden-Württemberg ist jeweils nur das 1949 in den einzelnen Landesteilen Baden, Württemberg-Baden und Württemberg-Hohenzollern bestehende System betroffen. Generell lassen zulässige Änderungen des Notariatssystems den Schutz des Art.138 entfallen (Wenckstern UC 19; Klein MD 9). Eine Änderung des Art.138 unter den Voraussetzungen des Art.79 (ohne Zustimmung der betroffenen Länder) wird nicht ausgeschlossen, zumal die Vorschrift in Art.79 Abs.3 nicht aufgeführt ist (Stettner DR 14; Wenckstern UC 14; Klein MD 19; krit. Degenhart SA 5). Die Ausgestaltung des Notariats muss im Anwendungsbereich des Art.138 den Anforderungen des Art.12 gerecht werden (BVerfGE 16, 6/21 f; 17, 371/376; 47, 285/318 f; Höfling/Burkiczak FH 14; Degenhart SA 4). Art.138 statuiert allein einen Zustimmungsvorbehalt; „inhaltlich ist das Landesrecht dadurch vom Verfassungsgeber nicht gebilligt worden" (BVerfGE 111, 191/223; Degenhart SA 3).

Art.139 [Entnazifizierungsvorschriften]

Die zur „Befreiung des deutschen Volkes vom Nationalsozialismus und Militarismus" erlassenen Rechtsvorschriften werden von den Bestimmungen dieses Grundgesetzes nicht berührt.

Literatur: *Lübbe-Wolff,* Zur Bedeutung des Art.139 GG für die Auseinandersetzung mit neonazistischen Gruppen, NJW 1988, 1289.

Die Vorschrift des Art.139, eine Absage an den Nationalsozialismus **1** (BVerfG-K, NJW 01, 2077), betraf Regelungen, die das primäre Ziel verfolgten, Nationalsozialisten aus den Schaltstellen des öffentlichen Lebens zu entfernen (BGH, NJW 54, 228; Masing DR 6). Seit der Aufhebung der Regelungen, der Art.139 nicht entgegenstand (BVerwG, NJW 90, 135), ist die Bedeutung der Vorschrift gering (Masing DR 9; Sachs SA 4; Vedder MüK 5; vgl. dagegen Hofmann HbStR[3] I § 9 Rn.7 f; Ladeur AK 3). Unabhängig davon hat das GG an zahlreichen Stellen deutlich gemacht, dass es eine dem nationalsozialistischen System entgegengesetzte Ordnung errichtet hat (BVerfGE 111, 147/158; 124, 300/328; Deiseroth UC 23; Lübbe-Wolff, NJW 88, 1294). Dies ist insb. für die Auslegung und Anwendung der Grundrechte bedeutsam (vgl. Rn.65 zu Art.5).

Art.140 [Übernahme von Glaubensbestimmungen der Weimarer Reichsverfassung]

Die Bestimmungen der Artikel 136, 137, 138, 139 und 141 der deutschen Verfassung vom 11. August 1919 sind Bestandteil dieses Grundgesetzes[1 f].

Literatur: *Ehlers,* Die Bindungswirkung von Staatskirchenverträgen, in: Festschrift Maurer, 2001, 333; *Anke,* Die Neubestimmung des Staat-Kirche-Verhältnisses in den neuen Ländern durch Staatskirchenverträge, 2000; *Jeand'Heur/Korioth,* Grundzüge des Staatskirchenrechts, 2000. – S. auch Literatur zu Art.4 Abs.1, 2 und zu Art.140/137 WRV.

1. Übernahme und Bedeutung von Bestimmungen der Weimarer Reichsverfassung

Da man sich bei der Schaffung des GG auf keine positive Regelung der **1** die Kirchen betreffenden Fragen einigen konnte, beschränkte man sich – rechtstechnisch wenig befriedigend – darauf, die Art.136, Art.137, Art.138, Art.139 und Art.141 der Weimarer Reichsverfassung (WRV) in das GG zu übernehmen (v. Campenhausen MKS 6). Diese Vorschriften sind **vollgültiges Verfassungsrecht** und stehen gegenüber den anderen Artikeln des GG nicht auf einer Stufe minderen Rangs (BVerfGE 19, 206/219; Korioth MD 8; Ehlers SA 2). Sie sind in Zusammenhang mit der Glaubensfreiheit des Art.4 Abs.1, 2 zu lesen (BVerfGE 99, 100/119) und funktional auf die Inanspruchnahme und Verwirklichung des Grundrechts des Art.4 Abs.1, 2 angelegt (BVerfGE 102, 370/387). Die Vorschriften betreffen die individuelle

Glaubensfreiheit, vor allem aber die kollektive oder korporative Glaubensfreiheit bzw. das Verhältnis zwischen Staat und Religions- sowie Weltanschauungsgemeinschaften. Dies führt zu Überschneidungen mit Art.4 Abs.1, 2, die zahlreiche Unklarheiten bergen.

2   Art.140 enthält **kein Grundrecht** oder grundrechtsgleiches Recht, das mit der Verfassungsbeschwerde geltend gemacht werden kann (BVerfGE 19, 129/135; Hemmrich MüK 4; a. A. Magen UC 22; Ehlers SA 3; diff. Kästner BK 150, 153); Gleiches gilt für Art.136–139, 141 WRV, da alle diese Normen in Art.93 Abs.1 Nr.4a nicht aufgeführt sind (zur Definition von Grundrechten u. ä. Vorb.1 vor Art.1). Ist allerdings eine Verfassungsbeschwerde (etwa unter Berufung auf Art.4) zulässig, prüft das BVerfG jeden Verfassungsverstoß (BVerfGE 70, 138/162; 99, 100/119; 102, 370/384; vgl. Rn.72 zu Art.93). Vor sonstigen Gerichten ist bedeutsam, dass die Art.136–138, 141 WRV subjektive Rechte enthalten (vgl. Morlok DR 31), die man als sonstige verfassungsmäßige Rechte (dazu Vorb.1 vor Art.1) bezeichnen kann.

2. Anhang: Konkordate und Kirchenverträge

3   Die Beziehungen zwischen Staat und Religionsgemeinschaften werden in erheblichem Umfang durch **Verträge** (Konkordate bzw. Kirchenverträge) geregelt. Dies ist verfassungsrechtlich nur zulässig, soweit die Verträge materiell mit den Vorgaben des GG vereinbar sind (Korioth MD 24 f). Soweit daher Landesverfassungen eine von den grundgesetzlichen Vorgaben unabhängige Vertragsbindung vorsehen, sind sie unwirksam (Morlok DR 51; vgl. BVerfGE 6, 309/363). Die Verträge haben den Rang des Zustimmungsgesetzes (Korioth MD 25), idR also den Rang förmlichen Landesrechts (vgl. Rn.11 zu Art.123). Späteren Gesetzen kommt der Vorrang zu, auch wenn dadurch der Vertrag verletzt wird (BVerfGE 6, 309/363; Morlok DR 51; vgl. v. Campenhausen MKS 59 f); andererseits sind die Gesetze im Zweifel vertragskonform zu interpretieren. Dies gilt (innerstaatlich) auch dann, wenn der Vertrag völkerrechtlichen Charakter hat.

Art.136 WRV [Individuelle Glaubensfreiheit und -gleichheit]

(1) **Die bürgerlichen und staatsbürgerlichen Rechte und Pflichten[2] werden durch die Ausübung der Religionsfreiheit weder bedingt noch beschränkt[1 ff].**

(2) **Der Genuß bürgerlicher und staatsbürgerlicher Rechte[2] sowie die Zulassung zu öffentlichen Ämtern[1] sind unabhängig von dem religiösen Bekenntnis[1 ff].**

(3) **Niemand ist verpflichtet, seine religiöse Überzeugung zu offenbaren[4]. Die Behörden haben nur soweit das Recht, nach der Zugehörigkeit zu einer Religionsgesellschaft zu fragen, als davon Rechte und Pflichten abhängen oder eine gesetzlich angeordnete statistische Erhebung dies erfordert[5].**

(4) Niemand darf zu einer kirchlichen Handlung oder Feierlichkeit oder zur Teilnahme an religiösen Übungen oder zur Benutzung einer religiösen Eidesform gezwungen werden⁶ᶠ.

Literatur: *Muckel*, Religiöse Freiheit und staatliche Letztentscheidung, 1997. – S. auch Literatur A zu Art.4 und Literatur A zu Art.33.

1. Glaubensgleichheit (Abs.1, 2)

a) Bedeutung, Systematik und Verhältnis zu anderen Normen. 1
Abs.1 enthält eine generelle Verpflichtung zur **Gleichbehandlung** im Hinblick auf die Ausübung des Glaubens, die für den Bereich der Rechte in Abs.2 wiederholt wird, insb. für den Teilbereich des Zugangs zu öffentlichen Ämtern (v. Campenhausen MKS 9; Ehlers SA 2). Damit wird auch die religiös-weltanschauliche Neutralität des Staates gesichert (Rn.5 zu Art.4). Art.136 Abs.1, 2 enthält allerdings kein Grundrecht (dazu sowie zum Rechtsschutz Rn.2 zu Art.140). Verpflichtet werden allein Träger öffentlicher Gewalt (Kästner BK 211). Im Bereich der Rechte des Abs.2 dürfte die Regelung des Art.33 Abs.3 vorgehen (v. Campenhausen MKS 14; i. E. Pieroth/Schlink 477; für Parallelität Korioth MD 6); jedenfalls gelten insoweit die gleichen Überlegungen. Weiter überschneidet sich Art.136 Abs.1, 2 WRV mit Art.3 Abs.3, da diese Norm ebenfalls eine Ungleichbehandlung wegen der Ausübung religiöser Auffassungen verbietet (Rn.128 zu Art.3). Wegen dieser Überschneidungen hat Art.136 Abs.1, 2 WRV im Bereich der Rechtsgewährung geringe eigenständige Bedeutung. Die in Abs.1 festgelegte Gleichheit der Pflichten ist dagegen bedeutsam, weil sie in gewissem Umfang **Beschränkungen der Glaubensfreiheit durch allgemeine Gesetze** ermöglicht (str., vgl. Rn.28 zu Art.4).

b) Ungleichbehandlung. Abs.1 kommt bei jeder **Ungleichbehand-** 2
lung wegen der Ausübung oder Nichtausübung der Glaubensfreiheit iSd Art.4 Abs.1, 2 zum Tragen (Korioth MD 34). Erfasst sein dürften auch mittelbare bzw. indirekte Ungleichbehandlungen (Korioth MD 36). Die *bürgerlichen* und *staatsbürgerlichen Rechte* sowie Pflichten umfassen alle Rechte und Pflichten des privaten wie des öffentlichen Rechts (Morlok DR 14; Korioth MD 39; Rn.27 zu Art.33). Zudem ist Art.136 Abs.1, 2 in Anlehnung an Art.137 Abs.7 auch auf Weltanschauungsvereinigungen anzuwenden (Korioth MD 33). Subjektiv kommt Abs.1, 2 jeder natürlichen Person, nicht aber juristischen Personen zugute (Korioth MD 22); im Bereich der kollektiven Glaubensfreiheit ergibt sich ganz Entsprechendes aus Art.4 (Rn.24 zu Art.4).

c) Eine **Rechtfertigung** von Ungleichbehandlungen kann aufgrund kol- 3
lidierenden Verfassungsrechts zulässig sein (Morlok DR 12; Korioth MD 38). Für die Bekenntnisschule ist insoweit Art.7 Abs.5 einschlägig (Korioth MD 66). Für die Kirchensteuerpflicht ist Art.137 Abs.6 WRV bedeutsam. Darüber hinaus gelten im Bereich des Abs.1 die Ausführungen in Rn.134f zu Art.3 entsprechend, und im Bereich des Abs.2 die Darlegungen in Rn.31 zu Art.33. Ggf. kann eine formale Ungleichbehandlung dadurch gerechtfertigt werden, dass damit materielle Gleichheit hergestellt wird (Korioth MD 30). Weiter dürfte eine Befreiung von Geistlichen vom Wehrdienst nicht ge-

nerell ausgeschlossen sein (Ehlers SA 6; Hemmrich MüK 12; a.A. Korioth MD 45; Morlok DR 18). Zu „konfessionsgebundenen Staatsämtern" u.Ä. Rn.32f zu Art.33. Vgl. auch die Einzelfälle in Rn.140 zu Art.3 und in Rn.43 zu Art.4.

2. Negative Glaubensfreiheit (Abs.3, 4)

4 **a) Freiheit von Offenbarungspflichten.** Abs.3 betrifft einen wichtigen Aspekt der *negativen Glaubensfreiheit,* der bereits durch Art.4 Abs.1, 2 gewährleistet wird (vgl. Morlok DR 20; v. Campenhausen MKS 35, 41). Abs.3 S.1 wird durch jede Pflicht beeinträchtigt, die **religiöse Überzeugung** zu offenbaren. Darunter fällt auch eine Pflicht zur Angabe der Mitgliedschaft in einer Religionsgemeinschaft (BVerfGE 49, 375/376; 65, 1/39). Abs.3 wird durch jede verpflichtende Frage beeinträchtigt (Korioth MD 78). Entspr. Art.137 Abs.7 wird auch der Zwang zur Angabe von Weltanschauungen erfasst (Korioth MD 77). An einer Beeinträchtigung dürfte es fehlen, wenn die Glaubhaftmachung der religiösen Überzeugung von jemandem verlangt wird, der unter Berufung auf diese Überzeugung eine Ausnahme von allgemeinen Gesetzen begehrt (Magen UC 46; vgl. BVerwGE 94, 82/87; 109, 40/52); jedenfalls ist die Beeinträchtigung zulässig.

5 Eine **Rechtfertigung** von Beeinträchtigungen ist generell durch kollidierendes Verfassungsrecht möglich (a.A. Korioth MD 103). Im Bereich der Frage nach der Mitgliedschaft in einer *Religionsgemeinschaft* sind gem. Abs.3 S.2 weitere Einschränkungen möglich, die auch für Art.4 Abs.1, 2 bedeutsam sind (BVerfGE 65, 1/39; restr. Morlok DR 20). Die in Abs.3 S.2 angesprochenen Rechte und Pflichten müssen durch Gesetz und unter Beachtung der verfassungsrechtlichen Vorgaben festgelegt sein (Korioth MD 91). Generell ist der Grundsatz der Verhältnismäßigkeit zu wahren. Zulässig ist der Offenbarungszwang bei einer Volkszählung (BVerfGE 65, 1/38f) und die Angabepflicht auf der Lohnsteuerkarte (BVerfGE 49, 375/376; BVerfGK, NVwZ 01, 909; a.A. Korioth MD 92). Zur Frage nach der Religionszugehörigkeit bei der Aufnahme in ein staatliches Krankenhaus Rn.1 zu Art.140/141 WRV. Verstößt eine Frage gegen Art.136 Abs.3, hat der Betroffene ein Recht auf Lüge (Korioth MD 75). Eine (private) Arbeitsvermittlung kann nach der Verbindung zu Scientology gefragt werden (BSGE 87, 208/215).

6 **b) Freiheit vor Zwang zu religiösen Handlungen.** Eine weitere Ausprägung der negativen Glaubensfreiheit enthält Abs.4. Die Regelung gilt für **religiöse Handlungen** und Feierlichkeiten einer Religionsgemeinschaft (Korioth MD 115) sowie für **religiöse Übungen,** die nicht von einer Religionsgemeinschaft organisiert sind und im staatlichen Bereich stattfinden (BVerfGE 108, 282/302; Korioth MD 124). Schließlich wird die Benutzung einer religiösen Eidesformel erfasst. **Zwang** iSd Abs.4 besteht in einer unmittelbaren Verpflichtung wie in einem mittelbaren Zwang, indem der Staat mit der Teilnahme Vorteile verbindet oder wegen der Nichtteilnahme dem Einzelnen Nachteile auferlegt (Korioth MD 111).

7 Eine **Rechtfertigung** von Beeinträchtigungen des Abs.4 ist allenfalls durch kollidierendes Verfassungsrecht möglich (a.A. Korioth MD 128). Doch dürften die Voraussetzungen regelmäßig nicht gegeben sein. Daher dürfte der Befehl „Helm ab zum Gebet" bei der Bundeswehr unzulässig sein (Korioth MD 126; Ehlers SA 8; a. A. v. Campenhausen MKS 44). Zum Schulgebet Rn.35 zu Art.4. Zur Eidespflicht Rn.22 zu Art.4.

Art.137 WRV [Kollektive Glaubensfreiheit und öffentlich-rechtliche Organisation]

(1) **Es besteht keine Staatskirche**[2].

(2) **Die Freiheit der Vereinigung zu Religionsgesellschaften wird gewährleistet**[12]. **Der Zusammenschluß von Religionsgesellschaften innerhalb des Reichsgebiets unterliegt keinen Beschränkungen**[12].

(3) **Jede Religionsgesellschaft ordnet und verwaltet ihre Angelegenheiten selbständig innerhalb der Schranken des für alle geltenden Gesetzes**[7 ff]. **Sie verleiht ihre Ämter ohne Mitwirkung des Staates oder der bürgerlichen Gemeinde**[7].

(4) **Religionsgesellschaften erwerben die Rechtsfähigkeit nach den allgemeinen Vorschriften des bürgerlichen Rechtes**[12].

(5) **Die Religionsgesellschaften bleiben Körperschaften des öffentlichen Rechtes, soweit sie solche bisher waren**[14]. **Anderen Religionsgesellschaften sind auf ihren Antrag gleiche Rechte zu gewähren, wenn sie durch ihre Verfassung und die Zahl ihrer Mitglieder die Gewähr der Dauer bieten**[15]. **Schließen sich mehrere derartige öffentlich-rechtliche Religionsgesellschaften zu einem Verbande zusammen, so ist auch dieser Verband eine öffentlich-rechtliche Körperschaft**[14].

(6) **Die Religionsgesellschaften, welche Körperschaften des öffentlichen Rechtes sind, sind berechtigt, auf Grund der bürgerlichen Steuerlisten nach Maßgabe der landesrechtlichen Bestimmungen Steuern zu erheben**[21 f].

(7) **Den Religionsgesellschaften werden die Vereinigungen gleichgestellt, die sich die gemeinschaftliche Pflege einer Weltanschauung zur Aufgabe machen**[3].

(8) **Soweit die Durchführung dieser Bestimmungen eine weitere Regelung erfordert, liegt diese der Landesgesetzgebung ob**[4].

Übersicht

Literatur: *Mückl,* Grundlagen des Staatskirchenrechts, HbStR³, 2009, § 159; *Becker,* Theologische Fakultäten und das Neutralitätsgebot, Staat 48 (2009), 327; *Quaas,* Begründung und Beendigung des öffentlich-rechtlichen Körperschaftsstatus von Religionsgemeinschaften, NVwZ 2009, 1400; *Oebbecke,* Der Islam als Herausforderung für das deutsche Recht, KuR 2009, 110; *Czermak,* Religions- und Weltanschauungsrecht, 2008; *Heinig/Walter (Hg.),* Staatskirchenrecht oder Religionsverfassungsrecht?, 2007; *Uhle,* Ein „rätselhafter Ehrentitel"?, in: Depenheuer (Hg.), FS Isensee, 2007, 1033; *Classen,* Religionsrecht, 2006; *Kloepfer,* Der Islam in Deutschland als Verfassungsfrage, DÖV 2006, 45; *Kazele,* Ausgewählte Fragen des Staatskirchenrechts, VerwArch 2005, 267, 421, 557; *Magen,* Körperschaftsstatus und Religionsfreiheit, 2004; *Grzeszick,* Staatlicher Rechtsschutz und kirchliches Selbstbestimmungsrecht, AöR 129 (2004), 168; *Korioth,* Vom institutionellen Staatskirchenrecht zum grundrechtlichen Religionsverfassungsrecht?, in: Festschrift für Badura, 2004, 727; *Classen,* Religionsfreiheit und Staatskirchenrecht in der Grundrechtsordnung, 2003; *Heinig,* Öffentlich-rechtliche Religionsgesellschaften, 2003; *Weber,* Kontroverses zum Rechtsschutz durch staatliche Gerichte im kirchlichen Amtsrecht, NJW 2003, 2067; *Brauser-Jung,* Religionsgewerbe und Religionsunternehmerfreiheit, 2002; *Weber,* Muslimische Gemeinschaften als Körperschaften des öffentlichen Rechts unter dem Grundgesetz, in: Oebbecke (Hg.), Muslimische Gemeinschaften im deutschen Recht, 2003, 85; *Lindner,* Körperschaftsstatus für Muslime?, ZevKR 2003, 178; *Hillgruber,* Das Selbstbestimmungsrecht der Kirchen und die Jurisdiktionsgewalt des Staates, FS Rüfner, 2003, 297; *Wilms,* Glaubensgemeinschaften als Körperschaften des öffentlichen Rechts, NJW 2003, 1083; *Brauser-Jung,* Religionsgewerbe und Religionsunternehmerfreiheit, 2002; *Pieroth/Görisch,* Was ist eine „Religionsgemeinschaft"?, JuS 2002, 937; *Michael,* Verbote von Religionsgemeinschaften, JZ 2002, 482; *Weber,* Kirchenfinanzierung im religionsneutralen Staat, NVwZ 2002, 1443; *Bohl,* Der öffentlich-rechtliche Körperschaftsstatus der Religionsgemeinschaften, 2001; *Hillgruber,* Der Körperschaftsstatus von Religionsgemeinschaften, NVwZ 2001, 1347; *Ehlers,* Der Bedeutungswandel im Staatskirchenrecht, in: Pieroth (Hg.), Verfassungsrecht und soziale Wirklichkeit in Wechselwirkung, 2000, 85; *Brenner,* Staat und Religion, VVDStRL 59 (2000), 264; *v. Campenhausen,* Staatskirchenrecht, 3. Aufl. 1996; *Bock,* Das für alle geltende Gesetz und die kirchliche Selbstbestimmung, 1996; *Kirchhof,* Die Kirchen und Religionsgemeinschaften als Körperschaften des öffentlichen Rechts, HbStKirchR, 1994, § 22. – S. außerdem Literatur A zu Art.4 und zu Art.140.

1. Grundlagen

1   **a) Bedeutung und Begriffe.** Die Vorschrift des Art.137 WRV ist vollgültiger Teil des GG (Rn.1 zu Art.140) und abgestimmt mit Art.4 zu interpretieren (Rn.3 zu Art.4). Sie regelt in Abs.2–4 wichtige Fragen der kollektiven Glaubensfreiheit und in Abs.5, 6 Sonderfragen der öffentlich-rechtlichen Organisation. Übergreifende Vorgaben finden sich in Abs.1, Abs.7 und Abs.8. Art.137 WRV enthält kein Grundrecht oder grundrechtsgleiches Recht, sondern ein sonstiges verfassungsmäßiges Recht (dazu sowie zum Rechtsschutz

Rn.2 zu Art.140). Terminologisch benutzt Art.137 die älteren Begriffe der „Religionsgesellschaften" und der weltanschaulichen „Vereinigung". Im neueren Sprachgebrauch wird in Anlehnung an Art.7 Abs.3 S.2 von Religions- und Weltanschauungs*gemeinschaften* gesprochen (Korioth MD 13; Pieroth/Görisch, JuS 02, 937), ohne dass dies einen Unterschied bedeutet; zum Kreis der „Gemeinschaften" Rn.19–21 zu Art.4. Zum Begriff der Glaubensfreiheit, der die Religions- und Weltanschauungsfreiheit umfasst, Rn.2 zu Art.4; zum Begriff der *kollektiven* (korporativen) Freiheit Rn.19 zu Art.4.

b) Trennung von Staat und Kirche. Eine besondere Ausprägung des **2** objektiv-rechtlichen Gehalts der Glaubensfreiheit enthält das Verbot der Staatskirche in Abs.1. Die Vorschrift enthält, zusammen mit dem allgemeineren Grundsatz der *weltanschaulich-religiösen Neutralität* (Rn.5 zu Art.4), ein grundsätzliches Verbot aller staatskirchlichen Rechtsformen (BVerfGE 19, 206/216; 93, 1/17). Ausgeschlossen sind daher die Wahrnehmung von Staatsaufgaben durch kirchliche Amtsträger wie die Wahrnehmung religiöser Aufgaben durch staatliche Amtsträger sowie gemeinsame Organisationen (Morlok DR 18). Ausnahmen bedürfen einer verfassungsrechtlichen Grundlage (Morlok DR 23; Korioth MD 4; vorsichtiger Magen UC 56; v. Campenhausen MKS 3), wie sie etwa in Art.7 Abs.3, 5 in Art.137 Abs.5, 6 WRV und in Art.141 WRV bestehen. Wegen dieser Ausnahmen handelt es sich um eine gemäßigte, „hinkende" *Trennung von Staat und Kirche* (BVerfGE 42, 312/331; Magen UC 52). Durchbrechungen, die allein durch die Tradition gerechtfertigt werden, sind nicht möglich (Morlok DR 23; vgl. BVerfGE 19, 1/11f; 19, 206/223f). Auch ein Konkordat liefert keine Grundlage für Durchbrechungen (BVerfGE 19, 1/12). Keine Ausnahme gilt für die Amtshilfe (Morlok DR 19). Eine Förderung der Glaubensgemeinschaften steht Abs.1 nicht entgegen (Kästner BK 271f).

c) Gleichstellung der Weltanschauungsvereinigungen. Gem. Abs.7 **3** haben Weltanschauungsvereinigungen verfassungsrechtlich die gleiche Stellung wie sie für Religionsgesellschaften vorgesehen ist (BVerwGE 37, 344/362f), so wie im Rahmen von Art.4 Religion und Weltanschauung gleichbehandelt werden (Rn.7 zu Art.4). Das gilt nicht nur im Rahmen von Art.137 WRV, sondern auch bei anderen Verfassungsnormen, etwa bei Art.136 WRV, Art.138 WRV, Art.141 WRV und bei Art.7 Abs.3 (Morlok DR 126; v. Campenhausen MKS 300; Korioth MD 103; a.A. Magen UC 122). Eine Ungleichbehandlung wegen (im betreffenden Zusammenhang) unterschiedlicher Aktivitäten ist möglich (BVerfGE 83, 130/150f).

d) Gesetzgebungskompetenz. Abs.8 stellt klar, dass die Gesetzgebungs- **4** kompetenz im Bereich des Staatskirchenrechts bei den Ländern liegt. Der Bund kann nur tätig werden, soweit andere Vorschriften des GG dies vorsehen (v. Campenhausen MKS 305), wie etwa Art.138 Abs.1 S.2 WRV (dazu Rn.1 zu Art.140/138 WRV). Das gilt gem. Abs.6 auch im Steuerbereich.

2. Kollektive (korporative) Glaubensfreiheit

a) Bedeutung und Abgrenzung. Abs.2–4 regeln wichtige Fragen der **5** Religionsgesellschaften bzw. der Religionsgemeinschaften (oben Rn.1), gleich wie sie organisiert sind; gleichgestellt sind Weltanschauungsvereinigungen (oben Rn.3). Zu Sonderregeln für öffentlich-rechtliche Einrichtungen unten Rn.13–22. Abs.2–4 hängen inhaltlich eng zusammen; insb. werden mit der Gründung einer Gemeinschaft wesentliche Entscheidungen der Selbstbestimmung getroffen. Insgesamt betreffen die Abs.2–4 die kollektive bzw. korporative Glaubensfreiheit; zu diesen Begriffen oben Rn.1.

6 Die Vorgaben des Art.137 Abs.2–4 WRV gehen nicht weiter als der Schutzbereich des Art.4 Abs.1, 2. Das gilt für die Regelung des Art.137 Abs.2 WRV (BVerfGE 83, 341/354 f; Magen UC 57) und des Art.137 Abs.4 WRV (BVerfGE 83, 341/356 f), und wohl auch für Art.137 Abs.3 WRV (Morlok DR 45; Listl HbStKirchR I 465; Lücke, EuGRZ 95, 653 ff; wohl auch BVerfGE 99, 100/118 f; a.A. Korioth MD 21; Hesse HbStKirchR I 523 ff). Was das Verhältnis zu Art.4 angeht, wird zT Art.137 Abs.3 ein Vorrang zuerkannt (Korioth MD 21; teilweise Magen UC 65), was aber nicht dazu passt, dass Art.4, nicht aber Art.137 Abs.3 WRV ein Grundrecht enthält. Sachgerechter ist daher eine Parallelanwendung (v. Campenhausen MKS 27 ff; unklar BVerfGE 53, 366/401; 72, 278/289). Insgesamt dürften Abs.2–4 im Wesentlichen eine **Konkretisierung der Glaubensfreiheit** darstellen. Zusätzliche Gehalte ergeben sich allerdings aus den Schranken, insb. den allgemeinen Gesetzen in Art.137 Abs.3 WRV, die auch im Bereich des Art.4 bedeutsam sind (str.; vgl. Rn.29 zu Art.4).

6a **b) Berechtigter** des Abs.2–4 ist jede Religionsgesellschaft, also ein Verband, „der die Angehörigen ein und desselben Glaubensbekenntnisses oder mehrerer verwandter Glaubensbekenntnisse zu allseitiger Erfüllung der durch das gemeinsame Bekenntnis gestellten Aufgaben zusammenfasst" (BVerwGE 123, 49/54). Aber auch die anderen Träger der kollektiven Glaubensfreiheit (Rn.20 zu Art.4) dürften sich auf die Rechte des Abs.2–4 berufen können (Ehlers SA 5; für Abs.3 BVerfGE 70, 138/162; restr. Magen UC 66), etwa einer Kirche zugeordnete Einrichtungen (BAGE 120, 55 Rn.27).

7 **c) Selbstbestimmung. aa)** Abs.3 sichert den Religionsgesellschaften die Freiheit bei der Ordnung und Verwaltung ihrer Angelegenheiten; Ordnung bezieht sich auf die Rechtsetzung (Korioth MD 23). Die Abgrenzung dieser **eigenen Angelegenheiten** ist eine staatliche Entscheidung unter Berücksichtigung des Selbstverständnisses der jeweiligen Glaubensgemeinschaft (Kästner BK 304). Soweit es um Beziehungen zu Personen geht, die nicht der Religionsgemeinschaft angehören, handelt es sich in keinem Fall um eine eigene Angelegenheit (BVerwGE 116, 86/89 f).

7a **Im Einzelnen** rechnen zu den Angelegenheiten iSd Abs.3: arbeits- und dienstrechtliche Gestaltung (BVerfGE 70, 138/165; BVerwGE 66, 241/ 243 ff; vgl. Art.137 Abs.3 S.2 WRV), Berufsbildung im kirchlichen Dienst (BVerfGE 72, 278/290), Mitbestimmung und Personalvertretung (BVerfGE 46, 73/94 f; BAGE 51, 238/244), das Ordensrecht (BVerwG, NJW 87, 207), Fragen der Mitgliedschaft (BVerfGE 30, 415/422), Beitrags- und Gebührenerhebung durch die Kirchen, nicht jedoch die vom Staat erhobene Kirchensteuer (BVerfGE 19, 206/217), die kirchliche Gerichtsbarkeit (BVerwG, NJW 81, 1972; BAGE 71, 157/160; vgl. Rn.46 zu Art.19 und unten Rn.23–25), das Hausrecht (BVerfGE 57, 220/243 f), territoriale Grenzen (BVerfGE 18, 385/388; 19, 206/216 f), die Veröffentlichung kirchlichen Rechts (BFHE 138, 303/307) und Inkompatibilitäten (unten Rn.11). Die Besetzung der Ämter ist als wichtiger Unterfall (Morlok DR 49) in Abs.3 S.2 ausdrücklich aufgeführt. Die Frage, welche glaubensgeleiteten Tätigkeiten im Übrigen zu den eigenen Angelegenheiten iSd Abs.3 zählen, etwa das Kirchenasyl (ablehnend Morlok DR 51), ist wenig bedeutsam, da jedenfalls der Schutzbereich des Art.4 Abs.1, 2 greift.

Eine **Beeinträchtigung** des Selbstbestimmungsrechts liegt unter den glei-   **8** chen Voraussetzungen wie bei der Glaubensfreiheit vor (Morlok DR 53), kann also in Eingriffen oder relativen Benachteiligungen bestehen (vgl. Rn.22–24 zu Art.4), idR dagegen nicht in einem Unterlassen von Leistung (Rn.43a zu Art.4). Eher können Schutzansprüche beeinträchtigt werden (Rn.25 zu Art.4). Unterhält der Staat ausnahmsweise glaubensbezogene Einrichtungen wie die theologischen Fakultäten, muss der Kirche in bestimmten Fragen ein Mitwirkungsrecht eingeräumt werden (BVerfGE 122, 89/113).

bb) Die Gewährleistung wird gem. Abs.3 S.1, 2 durch den Vorbehalt des   **9** „**für alle geltenden Gesetzen**" begrenzt (BVerfGE 70, 138/166; 72, 278/289; BVerwGE 68, 62/66; Morlok DR 57). Darunter fallen alle Gesetze, die für die Religions- und Weltanschauungsgemeinschaften „dieselbe Bedeutung haben wie für jedermann" (BVerfGE 66, 1/20; 42, 312/334; Korioth MD 45), womit anderes als im Falle des Art.5 Abs.2 gemeint sein soll (BVerfGE 42, 312/333; BVerfG-K, DVBl 07, 1561; a.A. zu Recht Mager MüK 64 zu Art.4; Magen UC 74; Morlok DR 60). Das allgemeine Gesetz muss verhältnismäßig sein (Korioth MD 49; allg. Rn.83–90a zu Art.20). Insb. ist eine **Güterabwägung** zwischen dem Selbstbestimmungsrecht und dem Schrankenzweck geboten (BVerfGE 53, 366/404; 70, 138/167; 72, 278/289; BVerwG, NVwZ 90, 865). Dabei kommt dem Selbstverständnis der religiösen oder weltanschaulichen Gemeinschaft besonderes Gewicht zu (BVerfGE 66, 1/22; 70, 138/167; 72, 278/289), ohne dass es aber verbindlich wäre (Morlok DR 63). Bei Religionsgesellschaften des öffentlichen Rechts bestehen die gleichen Beschränkungsmöglichkeiten (unten Rn.16). Zu den konfessionsgebundenen Staatsämtern Rn.32 f zu Art.33.

Der Vorbehalt des allg. Gesetzes soll im Bereich der rein internen Angele-   **10** genheiten (sog. **rein innerkirchliche Angelegenheiten**) nicht anwendbar sein (BVerfGE 42, 312/334; 66, 1/20; 72, 278/289; BVerfG-K, DVBl 07, 1561; einschr. BGH, NJW 00, 1556). Zu den rein internen bzw. innerkirchlichen Angelegenheiten werden das Organisationsrecht gerechnet (BVerfGE 18, 385/388; vorsichtiger BVerfG-K, DVBl 07, 1561) und das kirchliche Amts- und Dienstrecht, jedenfalls soweit nicht ausschließlich vermögensrechtliche Fragen betroffen sind (BVerfGE 42, 312/335 ff, 342 ff). Demgegenüber wird im Schrifttum mit guten Gründen die *Abwägungslehre* vertreten (v. Campenhausen MKS 129; Korioth MD 47; Magen UC 76; Ehlers SA 12; Morlok DR 62; Kästner BK 343 f): Danach gilt der Vorbehalt des allgemeinen Gesetzes in allen Bereichen. Je weniger jedoch der rein innerkirchliche Bereich überschritten wird, umso eher fällt die notwendige Abwägung (oben Rn.9) zugunsten der Religionsgemeinschaft aus. Daher führen die allgemeinen Gesetze zu keiner Beschränkung etwa bei der Teilung einer Kirchengemeinde (i. E. BVerfGE 18, 385/388).

11 **cc) Im Einzelnen** sind Buchführungspflichten in kirchlichen Krankenhäusern zulässig (BVerfG-K, NJW 84, 970), die Beschränkung des Glockengeläuts aus Gründen des Gesundheitsschutzes (BVerwGE 68, 62/66 ff) und die Anwendung des Strafrechts. Unzulässig ist hingegen die Beschränkung einer kirchlichen Inkompatibilitätsregelung (BVerfGE 42, 312/326 ff).

12 **d) Zusammenschluss und Organisationsform. aa)** Abs.2 S.1 gewährleistet die *Freiheit des Zusammenschlusses* zu einer Religionsgemeinschaft bzw. (über Abs.7) zu einer Weltanschauungsgemeinschaft; vgl. Rn.15 zu Art.4. Abs.2 S.2 schützt zudem den Zusammenschluss von zwei oder mehreren Religions- oder Weltanschauungsgemeinschaften zu einer Gemeinschaft. Über Abs.2 S.2 hinaus dürfte für grenzüberschreitende Zusammenschlüsse nichts anderes gelten (Ehlers SA 3). Die Regelung verdrängt im Verbund mit Art.4 Abs.1, 2 das Grundrecht des Art.9 (Rn.2 zu Art.9); zum Verbot religiöser Organisationen Rn.42 zu Art.4. – **bb)** Abs.4 stellt als *Organisationsform* die entsprechenden Vorschriften des Privatrechts zur Verfügung; dazu Rn.16 zu Art.4. Damit kommt der Vorbehalt des allgemeinen Gesetzes auch hier zum Tragen (vgl. Korioth MD 60). Unter bestimmten Voraussetzungen ist auch eine öffentlich-rechtliche Organisation möglich (dazu unten Rn.13–15). Zum *Rechtsschutz* unten Rn.23–25.

3. Insb. öffentlich-rechtliche Organisation

13 **a) Grundlagen.** Abweichend vom Grundsatz der Trennung von Staat und Kirche (oben Rn.2) können gem. Abs.5 S.1 Religionsgesellschaften und gem. Abs.7 Weltanschauungsvereinigungen (oben Rn.3) als öffentlich-rechtliche Körperschaften organisiert sein und dadurch gewisse Sonderrechte erlangen (unten Rn.16–22). Damit soll die Entfaltung der Glaubens- bzw. Religionsfreiheit gefördert werden (BVerfGE 102, 370/387; Magen UC 93).

14 **b) Die Berechtigung** zu öffentlich-rechtlicher Organisation steht gem. Art.137 Abs.5 WRV den Religionsgemeinschaften zu, die bei Inkrafttreten des GG öffentlich-rechtlich organisiert waren, auch im Gebiet der späteren DDR (BVerwGE 105, 255/261 f). Des Weiteren ist allen religiösen und (gem. Abs.7) allen weltanschaulichen Gemeinschaften der öffentlich-rechtliche Status auf Antrag zu verleihen, sofern sie die unten in Rn.15 beschriebenen Voraussetzungen erfüllen. Das Recht der öffentlich-rechtlichen Organisation steht auch lokalen Untergliederungen einer öffentlich-rechtlichen Vereinigung zu, etwa einer Kirchengemeinde (BVerfGE 53, 366/393 ff) sowie gem. Art.137 Abs.5 S.2, Abs.7 WRV einem Zusammenschluss öffentlich-rechtlicher religiöser bzw. weltanschaulicher Vereinigungen (BVerwGE 123, 49/59). Die Entscheidung, ob eine Untergliederung besteht, liegt bei der Religionsgemeinschaft (BVerwG, NVwZ 09, 391). Das Recht zu öffentlich-rechtlicher Organisation kann insb. durch eine auf Art.4 gestützte Verfassungsbeschwerde durchgesetzt werden (BVerfGE 102, 370/383; anders Ehlers SA 29), da die Verweigerung des Status eine Benachteiligung darstellt (vgl. Rn.24 zu Art.4). Der Status kann entzogen werden, wenn die Voraussetzungen weggefallen sind (Ehlers SA 30).

Die Verleihung des öffentlich-rechtlichen Status hängt von folgenden **15** **Voraussetzungen** ab, für deren Beurteilung das Verhalten der Religionsgemeinschaft und nicht ihr Glaube entscheidend ist (BVerfGE 102, 370/394): – **(1)** Die Vereinigung muss Gewähr für die **Dauerhaftigkeit ihres Bestandes** bieten. Dies hängt von ihrer „Verfassung", ggf. iSv tatsächlichem Gesamtzustand, und von ihrem Mitgliederbestand ab (BVerfGE 102, 370/ 384f; vgl. BVerfGE 83, 341/357). Auf eine Organisation als rechtsfähiger Verein o.ä. kommt es nicht an (BVerfGE 102, 370/385f). Auch ein Mindestmaß an „Amtlichkeit" kann nicht verlangt werden, da gerade dies eine Frage des religiösen Selbstverständnisses sein kann (vgl. Korioth MD 75). – **(2)** Außerdem darf die Vereinigung nicht systematisch gegen die in **Art.79 Abs.3 verankerten Grundsätze** verstoßen (BVerfGE 102, 370/392), darf nicht die Grundrechte Dritter in einem Maße beeinträchtigen, die zu einem staatlichen Eingreifen berechtigen oder gar verpflichten (BVerfGE 102, 370/393; Magen UC 111); näher dazu BVerwG, NVwZ 01, 925f. Zudem muss die Vereinigung Gewähr dafür bieten, „dass das Verbot einer Staatskirche sowie die Prinzipien von Neutralität und Parität unangetastet" bleiben (BVerfGE 102, 370/394). Schließlich dürfen die Voraussetzungen des Art.9 Abs.2 nicht gegeben sein (BVerfGE 102, 370/389); auch muss Gewähr für die Nichtgefährdung der in Art.79 Abs.3 verankerten Gehalte bestehen (BVerfGE 102, 370/392). Dagegen ist weder eine demokratische Binnenstruktur noch eine weiter gehende Loyalität gegenüber dem Staat notwendig (BVerfGE 102, 370/395f; strenger noch BVerwGE 105, 117/126).

c) Folgen des öffentlich-rechtlichen Status. aa) Aus der Organisa- **16** tion als öffentlich-rechtliche Körperschaft folgt **keine Gleichstellung mit anderen öffentlich-rechtlichen Körperschaften,** da die Religionsgesellschaften oder Weltanschauungsvereinigungen nicht in den Staat eingegliedert und keiner Staatsaufsicht unterliegen (BVerfGE 18, 385/386f; 66, 1/19f). Es handelt sich um einen Körperschaftsstatus sui generis (BVerfGE 102, 370/387f; Morlok DR 80). Trotz der öffentlich-rechtlichen Organisation sind die Vereinigungen als gesellschaftliche Einrichtungen, nicht als staatliche zu verstehen (BVerfGE 66, 1/19; vgl. BVerfG-K, NVwZ 94, 159). Die Freiheit der Vereinigung kann daher nicht stärker als bei privatrechtlich organisierten Vereinigungen eingeschränkt werden (BVerfGE 66, 1/20). Zur Grundrechtsfähigkeit der öffentlich-rechtlichen Religions- und Weltanschauungsgemeinschaften Rn.19–21 zu Art.4 und Rn.29 zu Art.19. Zur Bindung durch die Grundrechte Rn.37 zu Art.1. Die öffentlich-rechtlichen Vereinigungen stehen dem Staat nicht gleichberechtigt gegenüber, sondern besitzen ebenso wie privatrechtliche Vereinigungen „nur" einen verfassungsrechtlich geschützten Freiraum gegenüber dem Staat (Morlok DR 82; Renck, BayVBl 88, 226). Zu Staatskirchenverträgen Rn.3 zu Art.140.

bb) Dem öffentlich-rechtlichen Status werden folgende **Befugnisse zu- 17 geordnet** (vgl. Mückl HbStR³ VII § 159 Rn.107): – **(1)** *Steuerrecht* gem. Abs.6 (unten Rn.21f). – **(2)** *Dienstherrenfähigkeit* (BVerfGE 102, 370/388), mit der Folge, dass die Religionsgemeinschaft die Arbeitsverhältnisse öffentlich-rechtlich ausgestalten und damit dem Arbeits- und Sozialversicherungsrecht entziehen kann (Morlok DR 90); da auch die Beamtengesetze für kirchliche Beamte nur gelten, wenn sie für anwendbar erklärt wurden (BVerfGE 55, 207/230f; vgl. BVerwG, NVwZ 86, 391), besteht insoweit kein staatlicher Schutz des Arbeitnehmers, was nicht unproblematisch ist. – **(3)** *Organisationsgewalt* zur Bildung öffentlich-rechtlicher Untergliederungen und Organe (Magen UC 99). – **(4)** *Rechtsetzungsgewalt* zu öffentlich-rechtlichen Regelung der Beziehungen zu den Mitgliedern (Morlok DR 94). – **(5)** Befugnis zur Widmung *öffentlich-rechtlicher Sachen* (BVerfGE 102, 370/388; Korioth MD 88). – **(6)** *Parochialrecht:* Zugehörigkeit der Mitglieder zur Gemeinde einer Religionsgemeinschaft (nicht aber zu einer Religionsgemeinschaft) durch Wohnsitznahme (Morlok DR 95).

18 **cc)** Darüber hinaus können den öffentlich-rechtlichen Religions- und Weltanschauungsgemeinschaften durch Gesetz **weitere Vorteile** eingeräumt werden, wovon in der Praxis in großzügiger Weise Gebrauch gemacht wurde (vgl. Ehlers SA 21; Magen UC 102; krit. Brenner, VVDStRL 2000, 284 ff). Wegen der religiös-weltanschaulichen Neutralität des Staates (Rn.5 zu Art.4) ist aber eine Ungleichbehandlung unter öffentlich-rechtlichen Gemeinschaften wie im Verhältnis zu privatrechtlich organisierten Gemeinschaften nur möglich, wenn die Ungleichbehandlung einer strengen Verhältnismäßigkeitsprüfung gerecht wird (vgl. Rn.135 zu Art.3; noch strenger Sachs B4 Rn.42; großzügiger Magen UC 103). Dies gilt auch dann, wenn eine Ungleichbehandlung mit dem öffentlich-rechtlichen Status gerechtfertigt wird (zu großzügig BVerfGE 19, 129/134f), zumal bestimmten religiösen Vereinigungen ihr glaubensgeprägtes Selbstverständnis eine solche Organisationsform verbietet. Ausgeschlossen sind Regelungen zulasten *Außenstehender* (BVerwG, NVwZ 08, 1358).

19 **Im Einzelnen** dürfte die Ungleichbehandlung bei der Konkurs- bzw. Insolvenzunfähigkeit zulässig sein (nach BVerfGE 66, 1/17 ff soll sie sogar geboten sein), weiter die Ungleichbehandlung bei der Erlaubnisfreiheit von Straßensammlungen (BGH, NJW 80, 462) sowie beim Ausschluss von Subventionen (BVerwG, NVwZ 87, 678), **nicht** jedoch die Befreiung der Mitglieder von der Schulpflicht (BVerwGE 42, 128/131) oder die gerichtliche Gebührenbefreiung (BSG, SGb 82, 353f). Zur Förderung von Schulen Rn.72 zu Art.3 und Rn.28f zu Art.7.

20 **dd)** Umstritten ist, ob öffentlich-rechtliche Religionsgemeinschaften grundsätzlich öffentlich-rechtlich handeln. Zum Teil wird ein **öffentlich-rechtliches Handeln** nur akzeptiert, soweit durch spezielles Gesetz öffentlich-rechtliche Befugnisse übertragen wurden (Korioth MD 68; v. Campenhausen MKS 222; Morlok DR 83). Die Rspr. nimmt öffentlich-rechtliches Handeln bei allen kirchlichen Aktivitäten im engeren Sinne an, etwa bei sakralem Glockenschlagen (BVerwGE 68, 62/64f) oder Aussagen über Sekten (BGHZ 148, 307/309f), nicht aber beim Zeitschlagen der Kirchenglocken (BVerwG, NJW 94, 956). Zum **Rechtsschutz** unten Rn.23–25.

21 **d) Insb. Kirchensteuer.** Die Organisation als öffentlich-rechtliche Körperschaft gibt der Vereinigung gem. Art.137 Abs.6 WRV einen Anspruch gegen das zuständige Land, ihr das **Besteuerungsrecht** zu verleihen, die Erhebung gesetzlich zu regeln, sich an dem Vollzug einschließlich des Verwal-

tungszwangs zu beteiligen und insgesamt die Möglichkeit geordneter Verwaltung der Kirchensteuern sicherzustellen (BVerfGE 19, 206/217; 44, 37/57; 73, 388/399). Das Land kann sich auf die allgemeine Ermächtigung zur Erhebung von Kirchensteuern beschränken und die Einzelregelung des formellen und materiellen Kirchensteuerrechts den steuerberechtigten Religionsgesellschaften überlassen oder aber die Kirchensteuererhebung selbst näher gesetzlich regeln (BVerfGE 19, 253/258; 73, 388/399; BVerwG, NVwZ 09, 534). Als landesrechtliche Bestimmung im Sinne des Abs.6 genügt eine beim Inkrafttreten der WRV vorhandene allgemeine staatliche Anerkennung (BVerfGE 19, 253/257 f). Art.80 Abs.1 ist nicht anwendbar (Rn.3 zu Art.80). Zulässig sind die Einziehung der Kirchensteuer durch staatliche Finanzämter und die Ausgestaltung der Kirchensteuer in Abhängigkeit von der Einkommensteuer (BVerfGE 20, 40/43 ff; 44, 103/104), die Einbehaltung der Kirchensteuer durch den Arbeitgeber (BVerfGE 44, 103/104) sowie unterschiedliche Steuersätze in verschiedenen Landesteilen (BVerfG-K, NVwZ 02, 1498).

Die Erhebung der Kirchensteuer muss die **individuelle Glaubensfrei-** 22 **heit** des Steuerpflichtigen beachten (BVerfGE 44, 37/55; BVerwGE 79, 62/63; Rn.32 zu Art.4). Die Kirchensteuerpflicht setzt daher voraus, dass der Betroffene in die Mitgliedschaft eingewilligt hat und jederzeit die Möglichkeit besitzt, die Mitgliedschaft jedenfalls kirchensteuerrechtlich zu beenden (vgl. BVerfGE 30, 415/423 f; Morlok DR 113). Diese Voraussetzung liegt nicht vor, wenn anstelle einer Einwilligung des Betroffenen eine kirchenrechtliche Vermutungsregelung zur Mitgliedschaft führt (vgl. Magen UC 118; a.A. BVerwG, NVwZ 92, 67), wenn an Abstammung oder Wohnsitznahme angeknüpft wird (BFHE 188, 245/248; Kokott SA 28 zu Art.4; vgl. oben (6) in Rn.17). Mit dem Austritt erlöschen (jedenfalls für das staatliche Recht) alle Pflichten (BVerfGE 44, 37/52 ff; Rn.33 zu Art.4); eine Besteuerung ist allein bis zum Ende des folgenden Monats zulässig (BVerfGE 44, 59/68; vgl. BFHE 140, 489/491), wobei eine gleichmäßige Aufteilung des Jahreseinkommens nicht generell hingenommen werden muss (BVerwGE 79, 62/64). Unzulässig ist es, Ehen, in denen nur ein Partner steuerpflichtig ist, pauschal mit dem halben Einkommen heranzuziehen (BVerfGE 19, 268/273 ff; vgl. BVerwGE 52, 104/113 f; einschr. BVerfGE 20, 40/42 ff; a.A. Morlok DR 115). Die Kirchensteuer ist an der wirtschaftlichen Leistungsfähigkeit auszurichten (BVerwG, NJW 89, 1748). Zur Eintragung der Religionszugehörigkeit auf der Lohnsteuerkarte Rn.5 zu Art.140/136 WRV.

4. Rechtsschutz gegenüber Glaubensgemeinschaften

a) Rechtsschutz der Mitglieder. Soweit Religionsgemeinschaften öf- 23 fentliche Gewalt iSd Art.19 Abs.4 ausüben, sichert diese Vorschrift den Mitgliedern den Rechtsweg (Rn.46 zu Art.19). Im Übrigen wird der Rechtsweg durch den allgemeinen Justizgewährungsanspruch (dazu Rn.91 zu Art.20) für Streitigkeiten zwischen Religionsgemeinschaften und ihren Mitgliedern gewährleistet (BGHZ 154, 306/309 f; vgl. BVerwGE 116, 86/88 f). Anderes soll jedoch gelten, wenn es um rein **innerkirchliche Angelegenheiten** (oben Rn.10) geht (BVerfGE 18, 385/387 f; BVerfG-K, NJW 10,

1196; BVerwGE 117, 145/147 ff; zu abw. Auffassungen unten Rn.24). Bei Streitigkeiten um die Besetzung von Ämtern sei daher der Rechtsweg nicht gewährleistet, ja ausgeschlossen (BVerwGE 95, 379/380; 117, 145/147 ff); offen gelassen wurde, ob auch Klagen hinsichtlich vermögensrechtlicher Auswirkungen unzulässig sind (BVerwGE 66, 241/249 f; BVerfG-K, NJW 83, 2570). Selbst in privatrechtlichen Streitigkeiten um die Ämterbesetzung soll der Rechtsweg unzulässig sein, sofern nicht das staatliche Arbeitsrecht eingesetzt wird (BAGE 74, 131/136).

24 Richtigerweise wird der Rechtsweg **uneingeschränkt** verfassungsrechtlich garantiert und damit **eröffnet;** nur der für die Begründetheit bedeutsame Umfang der gerichtlichen Kontrolle kann Beschränkungen unterliegen (BGHZ 154, 306/309 ff; Korioth MD 56 ff; Magen UC 81; Ehlers SA 17; Morlok DR 72; Ibler FH 105 zu Art.19 IV; Schulze-Fielitz DR 42 zu Art.19 Abs.4). Dies gilt auch dann, wenn bei der Anwendung staatlichen Rechts religionsgemeinschaftliche Vorfragen zu klären sind (BGH, NJW 00, 1556). Der staatliche Rechtsweg ist auch nicht gegenüber dem kirchlichen Rechtsweg subsidiär (BGH, NJW 00, 1556; a. A. BVerfG-K, NJW 99, 350); die für Schiedsgerichte geltenden Begrenzungen (vgl. Rn.93 zu Art.20) können aber auch hier greifen (Ehlers SA 17; vgl. Korioth MD 58). Dem Selbstbestimmungsrecht der Religionsgemeinschaft ist in der Begründetheitsprüfung Rechnung zu tragen, was bei innerkirchlichen Angelegenheiten zu einer weit reichenden Begrenzung der Kontrolle führt (BGHZ 154, 306/312). Auch bildet nur staatliches Recht den Prüfungsmaßstab (BVerwGE 116, 86/88 f), weshalb etwa Klagen gegen die Teilung einer Kirchengemeinde oder wegen Verletzung innerkirchlicher Vorschriften regelmäßig ausgeschlossen sind (vgl. BVerwG, NVwZ 93, 672; BAGE 61, 376/382). Schließlich ist bei allen präjudiziellen Vorfragen des religionsgemeinschaftlichen Bereichs (insb. des Inhalts religiöser Lehren und des Kirchenrechts) die Auffassung der Religionsgemeinschaft zugrunde zu legen (BGH, NJW 00, 1556; Ehlers SA 16; Steiner, NVwZ 89, 413; Schmidt-Aßmann MD 115 zu Art.19 IV; Magen UC 82; Rüfner HbStKirchR II 1089 ff). Dies gilt etwa für die Entscheidung, ob eine Untergliederung der Religionsgemeinschaft noch angehört (BVerwG, NVwZ 09, 391).

25 **b) Rechtsschutz Dritter.** Im Verhältnis von öffentlich-rechtlichen Glaubensgemeinschaften und Dritten ergeben sich für den Rechtsschutz keine Einschränkungen. Praktisch geworden ist das etwa bei der Störung durch Kirchenglocken (BVerwGE 68, 62/63).

Art.138 WRV [Staatsleistungen und Eigentum der Religionsgesellschaften]

(1) **Die auf Gesetz, Vertrag oder besonderen Rechtstiteln beruhenden Staatsleistungen an die Religionsgesellschaften werden durch die Landesgesetzgebung abgelöst. Die Grundsätze hierfür stellt das Reich auf[1 f].**

(2) **Das Eigentum und andere Rechte der Religionsgesellschaften und religiösen Vereine an ihren für Kultus-, Unterrichts- und Wohltätig-**

keitszwecke bestimmten Anstalten, Stiftungen und sonstigen Vermögen werden gewährleistet³ ff.

Literatur: *Droege,* Staatsleistungen an Religionsgemeinschaften im säkularen Kultur- und Sozialstaat, 2004; *Czermak,* Die Ablösung der historischen Staatsleistungen an die Kirchen, DÖV 2004, 110; *Wolff,* Die Struktur des Grundsätzegesetzes zur Ablösung der Staatsleistungen an die Religionsgesellschaften, FS Badura, 2004, 839; *Sailer,* Die staatliche Finanzierung der Kirchen und das Grundgesetz, ZRP 2001, 80; *Lücke,* Die Weimarer Kirchengutsgarantie als Bestandteil des GG, JZ 1998, 534; *Kästner,* Die zweite Eigentumsgarantie im GG, JuS 1995, 784; *Isensee,* Staatsleistungen an die Kirchen und Religionsgemeinschaften, HbStKirchR, 1994, § 35. – S. auch Literatur zu Art.137 WRV.

1. Staatsleistungen (Abs.1)

Abs.1 des gem. Art.140 anzuwendenden Art.138 WRV enthält im Interesse der Trennung von Staat und Religionsgesellschaften (Morlok DR 13; Ehlers SA 1) den **bindenden Auftrag** an die Länder, alle vermögenswerten Staatsleistungen an Religionsgesellschaften abzulösen (Morlok DR 21). D.h., die fraglichen Leistungen sind gegen angemessene Entschädigung aufzuheben, was keineswegs einen vollen Wertersatz verlangt (Ehlers SA 4; Korioth MD 11). Dem entgegenstehende Regelungen des Landesrechts bzw. des Vertragsrechts sind unwirksam (Morlok DR 21). Die Aufhebung durch die Länder setzt nach ganz h.A. erst eine bundesrechtliche Grundsatzregelung iSd Abs.1 S.2 voraus (Morlok DR 25), zu deren Erlass Abs.1 S.2 den Bund (zwingend) verpflichtet, die aber bislang nicht ergangen ist. Angesichts des fortwährenden Verfassungsverstoßes kann diese Einschränkung des Landesgesetzgebers keinen Bestand mehr haben (i.E. Preuß AK 65; a.A. Korioth MD 9; Morlok DR 25). Zu den **Leistungen** iSd Abs.1 gehören nur Leistungen, die bei Inkrafttreten der WRV durch Landesrecht als Ausgleich für die Säkularisation von Kirchengut gewährt wurden (BVerwG, NVwZ 96, 787), nicht durch das Reich (BVerfG-K, NVwZ 01, 318). Zudem müssen sie wiederkehrender Natur sein (Morlok DR 15). In diesem Rahmen wird auch die Befreiung der Glaubensgemeinschaften von Steuern erfasst, nicht jedoch von Gerichtsgebühren (BVerfGE 19, 1/13; BVerfG-K, DVBl 01, 274; BVerwG, NVwZ 96, 786). **1**

Ob wiederkehrende Staatsleistungen **neu begründet** werden können, ist umstritten (dagegen Morlok DR 22; Sailer, ZRP 01, 84; dafür Isensee HbStKirchR I 1010; v. Campenhausen MKS 19). Jedenfalls müssen sie die religiösweltanschauliche Neutralität des Staates (dazu Rn.5 zu Art.4) wahren (Magen UC 129); sie müssen allen religiösen und weltanschaulichen Vereinigungen in gleicher Weise zugute kommen (Rn.24 zu Art.4 und Rn.18 zu Art.140/137 WRV). **2**

2. Schutz des Eigentums von Religionsgesellschaften (Abs.2)

Abs.2 des Art.138 WRV enthält eine Konkretisierung des Art.4 Abs.2 (BVerfGE 99, 100/119) und zielt auf die **sächlichen Grundlagen** der durch Art.4 Abs.1, 2 und Art.137 WRV gewährleisteten Stellung und Freiheit der Religionsgesellschaften (BVerfGE 123, 148/178), einschl. der religi- **3** ösen Vereine (BVerfGE 99, 100/120), und auch der Weltanschauungsgemeinschaften (Korioth MD 14; Rn.3 zu Art.140/137 WRV). Die Rechtsform spielt keine Rolle (BVerfGE 99, 100/120). Art.138 Abs.2 WRV enthält kein Grundrecht, sondern ein sonstiges verfassungsmäßiges Recht (dazu sowie zum Rechtsschutz Rn.2 zu Art.140).

4 Geschützt werden das **Eigentum** und andere **vermögenswerte Rechte**, die der Erfüllung des religiösen Auftrags dienen (BVerwGE 87, 115/121 f; Magen UC 132; Korioth MD 16). Zu den sonstigen Rechten zählen insb. Gebrauchsüberlassungsrechte privatrechtlicher wie öffentlich-rechtlicher Natur (BVerfGE 99, 100/120 f). Geschützt werden auch Rechte aus einer gemeindlichen Kirchenbaulast (BVerwG, NVwZ-RR 09, 591). Ähnlich wie Art.14 schützt Art.138 Abs.2 WRV das Vermögen „nur in dem Umfang, wie es nach Maßgabe des einschlägigen zivilen oder öffentlichen Rechts begründet ist" (BVerfGE 99, 100/121; Korioth MD 18). Dementsprechend stellt ein Widerruf keinen Eingriff dar, soweit das Recht mit einem entsprechenden Vorbehalt verbunden war (BVerfGE 99, 100/121).

5 Das Eigentum unterliegt der **Beschränkung** durch allgemeine Gesetze (BVerwGE 87, 115/124 f; Morlok DR 36; Ehlers SA 10; Rn.29 zu Art.4). Dies gilt insb. für Beschränkungen durch das Ordnungs- und Umweltrecht. Enteignungen sind möglich (Ehlers SA 10; Sieckmann FH 55 zu Art.14), wobei die Vorgaben des Art.14 Abs.3 zu beachten sind. Unsicher ist, ob eine speziell gegen die Kirchen gerichtete Enteignung nach Art der Säkularisierung zulässig sein kann (dafür Papier MD 215 f zu Art.14; dagegen Ehlers SA 10). Generell muss bei Beschränkungen eine Abwägung mit der **Wertentscheidung** des Art.4 stattfinden (vgl. Rn.30 zu Art.4).

Art.139 WRV [Sonn- und Feiertagsruhe]

Der Sonntag und die staatlich anerkannten Feiertage bleiben als Tage der Arbeitsruhe und der seelischen Erhebung gesetzlich geschützt.

Literatur: *Häberle,* Der Sonntag als Verfassungsprinzip, 2. Aufl. 2006; *Stollmann,* Zum subjektivrechtlichen Gehalt des Art.140 GG/139 WRV, VerwArch 2005, 348; *Dietlein,* Das Feiertagsrecht in Zeiten des religiösen Wandels, FS Rüfner, 2003, 131; *Morlok/Heinig,* Die Garantie des Sonn- und Feiertagsschutzes als subjektives Recht im Lichte des Art.139 WRV, NVwZ 2001, 846; *Kästner,* Der Sonntag und kirchlichen Feiertage, HbStKirchR II, 1995, § 51.

1 Die nach Art.140 anzuwendende Vorschrift des Art.139 WRV enthält eine Institutsgarantie (BVerfGE 111, 10/50; BVerwGE 79, 118/122; HessStGH, NVwZ 00, 432), genauer einen **Schutzauftrag** (Korioth MD 20 ff) zugunsten des Sonntags und der anerkannten (religiösen oder nichtreligiösen) Feiertage. Sie enthält kein Grundrecht oder grundrechtsgleiches Recht (BVerfG, DVBl 10, 109; Ehlers SA 1; Korioth MD 4, 42; a. A. Morlok DR 18 ff). Der *individuelle* Schutz des Genusses religiöser Feiertage (auch Sabbat etc.) folgt aus Art.4 (Rn.10 zu Art.4). Der Schutz soll die religiöse und seelische Erhebung, aber auch Erholung und individuellen Ausgleich vom Alltag ermöglichen (BVerfGE 111, 10/51). Die Vorschrift bindet auch

den Gesetzgeber (BVerfGE 87, 363/393); bei Feiertagen ist aber die Anerkennung durch staatliches Gesetz vorausgesetzt (Morlok DR 13; Ehlers SA
6), weshalb einzelne Feiertage abgeschafft werden können. Art und Ausmaß
des Schutzes unterliegen der gesetzlichen Ausgestaltung; nur ein Kernbestand ist unantastbar (BVerfGE 111, 10/50). Eine Ladenöffnung an allen Ad-
ventssonntagen ist unzulässig (BVerfG, DVBl 10, 112 ff).

    Art.139 WRV vermag **Grundrechtseinschränkungen** zu **rechtfertigen** **2**
(BVerwGE 79, 236/243; Rn.116 zu Art.5; Rn.54 zu Art.12; s. aber auch
Rn.84 zu Art.5), vorausgesetzt, die fragliche Tätigkeit beeinträchtigt die
Funktion der Sonn- und Feiertagsruhe, was bei einem Betrieb von Sonnen-
studios der Fall sein soll (BVerwGE 90, 337/343), des Weiteren bei Video-
theken (BVerwG, NVwZ-RR 95, 516). Die Beschränkungen müssen verhältnismäßig sein (BVerwGE 79, 118/123; 90, 337/341; BAGE 73,
118/134), was nicht immer zureichend beachtet wird (vgl. Korioth MD 55).
Bei Arbeiten *für* den Sonn- und Feiertag kann die Abwägung eher zugunsten der Arbeiten ausfallen (BVerfGE 111, 10/51 f). Notwendig ist zudem
eine ausreichend bestimmte gesetzliche Regelung.

Art.141 WRV [Anstaltsseelsorge]

    **Soweit das Bedürfnis nach Gottesdienst und Seelsorge im Heer, in
Krankenhäusern, Strafanstalten oder sonstigen öffentlichen Anstalten
besteht, sind die Religionsgesellschaften zur Vornahme religiöser
Handlungen zuzulassen, wobei jeder Zwang fernzuhalten ist.**

    Literatur: *Ennuschat,* Militärseelsorge, 1996; *Seiler,* Seelsorge in Bundeswehr und
Bundesgrenzschutz, HbStKirchR II, 1995, § 68.

    Nach der auf Grund von Art.140 anzuwendenden Vorschrift des Art.141
WRV haben Religions- und Weltanschauungsgemeinschaften (Morlok DR **1**
8; Rn.3 zu Art.140/137 WRV), unabhängig von ihrer öffentlich-rechtlichen
oder privatrechtlichen Organisation (BVerfGE 102, 370/396), einen Anspruch auf Zugang zur Bundeswehr, zu Krankenhäusern, zu Strafvollzugsan-
stalten oder zu sonstigen öffentlichen Anstalten, sofern aus der Sicht der An-
staltsnutzer (Morlok DR 10; Korioth MD 7; a. A. v. Campenhausen MKS 8)
ein Bedürfnis besteht. Druck zur Teilnahme an religiösen Veranstaltungen
darf weder von der Glaubensgemeinschaft noch vom Staat ausgeübt werden
(BVerwGE 73, 247/249); vgl. auch Rn.11 zu Art.4. Die Frage nach der
Religionszugehörigkeit bei der Aufnahme in ein Krankenhaus ist nur zulässig, wenn gleichzeitig auf die Freiwilligkeit der Antwort hingewiesen wird
(BVerfGE 46, 266/267 f; Morlok DR 20). Art.141 WRV enthält kein
Grundrecht, sondern ein sonstiges verfassungsmäßiges Recht (dazu sowie
zum Rechtsschutz Rn.2 zu Art.140). Für eine *staatliche* Anstaltsseelsorge und
die darin liegende Durchbrechung der Trennung von Staat und Kirche nach
Art.137 Abs.1 WRV (dazu Rn.2 zu Art.140/137 WRV), insb. für beamtete
Militärseelsorger, liefert Art.141 WRV keine ausreichende Grundlage (Morlok DR 16; Höfling BK 331 zu Art.33; Magen UC 147; Korioth MD 3,
14 ff; a. A. Mückl HbStR³ VII § 161 Rn.63; v. Campenhausen MKS 16).

Art.141 [Vorbehalt für Religionsunterricht]

Artikel 7 Abs.3 Satz 1 findet keine Anwendung in einem Lande, in dem am 1. Januar 1949 eine andere landesrechtliche Regelung bestand.

Literatur: *Landes,* Ein neuer Kulturkampf?, 2006; *Tangermann,* Die Bremer Klausel (Art.141 GG) angesichts neuer Fragestellungen, ZevKR 2005, 184; *Ogorek,* Geltung und Fortbestand der Verfassungsgarantie staatlichen Religionsunterrichts in den neuen Bundesländern, 2004; *Link,* „LER", Religionsunterricht und das deutsche Staatskirchenrecht, FS Hollerbach, 2001, 747; *Schlink/Poscher,* Der Verfassungskompromiss zum Religionsunterricht, 2000; *Pieroth/Kingreen,* Die Einschlägigkeit des Art.141 für das Land Brandenburg, GS Jeand'Heur, 1999, 265. – S. auch Literatur B zu Art.7.

1　　**Anwendungsbereich.** Zu den Ländern, in denen am 1. 1. 1949 eine von Art.7 Abs.3 S.1 abweichende landesrechtliche, d. h. landesverfassungsrechtliche oder einfach-rechtliche Regelung bestand, gehört unstreitig Bremen (Hemmrich MüK 4; Richter AK 4); daher wird die Vorschrift auch „Bremer Klausel" genannt. Außerdem galt Art.141 für West-Berlin und gilt er seit der Vereinigung für ganz Berlin (BVerwGE 110, 326/331 ff; Badura MD 7; a. A. Fritz, BayVBl 02, 135; Hofmann SHH 2). Nach der Vereinigung zählen auch die neuen Länder Brandenburg, Mecklenburg-Vorpommern, Sachsen, Sachsen-Anhalt und Thüringen hierzu (Goerlich, NVwZ 98, 819; Lörler, ZRP 96, 123; Pieroth/Kingreen, GS Jeand'Heur, 1999, 265; Schmitt-Kammler SA 13 ff; Renck, DÖV 94, 32; Schlink, NJW 92, 1008). Die Gegenauffassung postuliert ohne Grund als „stillschweigende Voraussetzung" des Art.141, dass ein Land, dessen Recht Art.7 Abs.3 S.1 durchbrechen soll, zwischen dem 1. 1. 1949 und dem 3. 10. 1990 „ununterbrochen als Rechtssubjekt existiert haben muss" (v. Campenhausen MKS 7; vgl. auch Badura MD 5; Mückl, AöR 97, 542; Uhle, DÖV 97, 409; de Wall, ZevKR 1997, 353; Starck, FS Listl, 1999, 391) oder argumentiert mit einer eng zu interpretierenden Ausnahme gegenüber der Regel des ordentlichen Lehrfachs (Gröschner DR 15 ff). In den Anwendungsbereich des Art.141 fallen auch Länder, in denen nur bezüglich einzelner Schularten, z. B. Berufsschulen, eine andere Regelung bestand (Hemmrich MüK 4; Schmitt-Kammler SA 6; a. A. Richter AK 4).

2　　**Rechtsfolgen.** Die Verpflichtungen des Staates aus Art.7 Abs.3 S.1 (Rn.7 zu Art.7) samt der daran anknüpfenden einfach-rechtlichen Verpflichtungen, insb. der Schüler, bestehen nicht. Damit entfallen auch die darauf bezogenen Berechtigungen (Rn.8–10 zu Art.7). Die unter den Anwendungsbereich des Art.141 fallenden Länder sind aber befugt, einen Religionsunterricht iSd Art.7 Abs.3 S.1 einzuführen (Badura MD 2; Richter AK 4; Schmitt-Kammler SA 3; a. A. Renck, DÖV 94, 32). Sie sollen auch den Begriff der Religionsgemeinschaften anders definieren dürfen (BVerwGE 110, 326/337 ff).

Art.142 [Landesgrundrechte]

Ungeachtet der Vorschrift des Artikels 31 bleiben Bestimmungen der Landesverfassungen auch insoweit in Kraft, als sie in Übereinstimmung

mit den Artikeln 1 bis 18 dieses Grundgesetzes Grundrechte gewährleisten.

Literatur: *Wermeckes,* Landesgrundrechte − Bestandssicherung durch Kollisionsvermeidung, DÖV 2002, 110; *Poscher,* Landesgrundrechte und Bundesrecht, NJ 1996, 351; *Uerpmann,* Landesrechtlicher Grundrechtsschutz und Kompetenzordnung, Staat 1996, 428; *Zierlein,* Prüfungs- und Entscheidungskompetenzen der Landesverfassungsgerichte bei Verfassungsbeschwerden gegen landesrechtliche Hoheitsakte, die auf Bundesrecht beruhen oder in einem bundesrechtlich geregelten Verfahren ergangen sind, AöR 1995, 205; *Rozek,* Landesverfassungsgerichtsbarkeit, Landesgrundrechte und die Anwendung von Bundesrecht, AöR 1994, 450; *Kunig,* Die rechtsprechende Gewalt in den Ländern und die Grundrechte des Landesverfassungsrechts, NJW 1994, 687; *H. Dreier,* Einheit und Vielfalt der Verfassungsordnungen im Bundesstaat, in: K. Schmidt (Hg.), Vielfalt des Rechts − Einheit der Rechtsordnung, 1994, 113; *Dietlein,* Landesgrundrechte im Bundesstaat, Jura 1994, 57. − S. auch Literatur zu Art.31.

1. Bedeutung

Die Vorschrift ist als lex specialis und Ausnahmevorschrift zu Art.31 kon- **1** zipiert worden (vgl. v. Campenhausen MKS 2; Huber SA 3); dem widerspricht aber, dass Landesverfassungsrecht, das mit dem GG übereinstimmt, ohnehin durch Art.31 nicht gebrochen wird (Rn.5 zu Art.31); insofern bestätigt Art.142 den Art.31 (Dreier DR 31; Sacksofsky BK 4ff). Durch die Geltung von Grundrechten in den Landesverfassungen wird die Verfassungsautonomie der Länder (Rn.1 zu Art.28) bekräftigt und den Landesverfassungsgerichten ein Prüfungsmaßstab für die Landesverfassungsbeschwerde gegeben (BVerfGE 96, 345/369f; Clemens UC 18; Pietzcker HbStR³ VI § 134 Rn.66). Zugleich ergibt sich aus Art.142, dass die Art.1−18 keine abschließende Regelung für Grundrechte enthalten, sondern lediglich ein grundrechtliches Mindestniveau garantieren (v. Münch MüK 9). In der Praxis haben die Landesgrundrechte (Bestandsaufnahme bei Sacksofsky BK 127ff) bisher wenig Gewicht gewonnen (v. Campenhausen MKS 17; Pietzcker HbStR³ VI § 134 Rn.66).

2. Voraussetzungen

Grundrechte sind nicht nur in Art.1−18, sondern auch in Art.19 Abs.4 **2** und außerhalb des ersten Abschnitts gewährleistet (BVerfGE 22, 267/271; 96, 345/364; HessStGH, ESVGH 21, 1/3). Die Landesverfassungen dürfen also auch grundrechtsgleiche Rechte (Rn.52, 72 zu Art.93) gewährleisten (Kunig MüK 10; Pietzcker HbStR³ VI § 134 Rn.67; Sacksofsky BK 20). Unerheblich ist, ob die Landesgrundrechte vor oder nach Inkrafttreten des GG erlassen worden sind oder werden (BVerfGE 96, 345/364f; StGH BW, VBlBW 56, 153) und ob sie zum Teil des Landesrechts erklärt werden oder nicht (Korioth MD 10). Art.142 gilt für Grundrechte jeder Art, also sowohl für Abwehr- als auch für Leistungs-, Teilhabe-, Mitwirkungs- (Pietzcker HbStR³ VI § 134 Rn.67) und soziale Grundrechte (Sacksofsky BK 24ff; a. A. für „grundrechtlich formulierte Staatszielbestimmungen Korioth MD 8), nicht aber für Grundpflichten (Dreier DR 40; Korioth MD 8).

3   **Übereinstimmung** liegt vor: **(1)** bei Inhaltsgleichheit, wobei sprachliche Abweichungen insoweit unerheblich sind (Korioth MD 13 f; Sacksofsky BK 37 f), **(2)** bei weitergehendem Schutz durch Landesgrundrechte, d. h. wenn das GG eine landesgrundrechtliche Gewährleistung in sachlicher oder persönlicher Hinsicht nicht oder nicht so kennt oder wenn die Einschränkungsmöglichkeiten des Landesgrundrechts gegenüber dem GG geringer sind (hM; a. A. Quaritsch HbStR V 666 f; Einzelfälle bei Clemens UC 94 ff zu Art.31), sowie **(3)** auch, wenn Landesgrundrechte einen gegenüber dem GG geringeren Schutz bieten (BVerfGE 96, 345/365; BbgVerfG, LKV 99, 459 f; Clemens UC 23; Dreier, o. Lit., 134 ff; Huber SA 13; Korioth MD 14; Kunig MüK 9; Pietzcker HbStR³ VI § 134 Rn.70 ff; a. A. v. Campenhausen MKS 8), d. h. wenn der Schutzbereich des Landesgrundrechts kleiner ist als der des Bundesgrundrechts oder die Einschränkungsmöglichkeiten des Landesgrundrechts gegenüber dem GG größer sind. Denn die weniger weit reichenden Landesgrundrechte haben regelmäßig nicht den Sinn, weitergehenden Schutz durch andere Vorschriften auszuschließen, so dass auch keine Kollision mit dem Bundesgrundrecht vorliegt. Übereinstimmung ist entsprechend der Bedeutung des Art.142 (oben Rn.1) insgesamt als Nicht-Widerspruch zu verstehen.

3. Rechtsfolgen

4   Das Inkraftbleiben bedeutet Berechtigung der Landesangehörigen und Bindung der jeweiligen Landesstaatsgewalt. Landesgrundrechte binden Landesrichter auch bei der Anwendung von Bundesverfahrensrecht, dessen Gültigkeit aber nur nach dem GG zu beurteilen ist (BVerfGE 96, 345/366 f; HessStGH, LVerfGE 9, 195/197 f). Landesverfassungsgerichte haben bei einer Überprüfung im Rahmen einer Landesverfassungsbeschwerde ein mehrstufiges Verfahren einzuhalten (vgl. BVerfGE 96, 345/372 ff; Korioth MD 21; krit. Wittreck, DÖV 99, 634; Sacksofsky BK 105 ff). Nach allgemeiner Meinung gilt dies aber nur, soweit kein Kollisionsfall vorliegt; im Kollisionsfall brechen (vgl. Rn.5 zu Art.31) sonstige Vorschriften des GG sowie (gültiges) Bundesrecht beliebigen Ranges die Landesgrundrechte (BVerfGE 1, 264/280 f; 96, 345/365 f; Clemens UC 28; Denninger AK 5; Kunig MüK 4; Pietzcker HbStR³ VI § 134 Rn.66). Der Kollisionsfall liegt insb. vor, wenn die Landesgrundrechte von den Bundesgrundrechten nicht zugelassene Einschränkungen von Rechten Dritter zur Folge haben (Pietzcker HbStR³ VI § 134 Rn.76; Dreier DR 51; Krings FH 15). Ein Landesgrundrecht, das mehr Schutz als das GG gewährt, kollidiert allerdings dann nicht mit Bundesrecht, wenn dieses Spielräume für die Berücksichtigung von weitergehendem Landesrecht lässt (BVerfGE 96, 345/366). Im Übrigen bleibt die Landesstaatsgewalt auch im Fall des Inkraftbleibens von Landesgrundrechten an das gesamte für sie einschlägige Bundesrecht gebunden (SaarlVerfGH, LVerfGE 9, 239/242; Kunig MüK 8; Dreier DR 54; Sacksofsky BK 41; a. A. BAG, NJW 89, 190).

Art.**142a** (aufgehoben)

Die 1954 eingefügte (Einl.3 Nr.4) Regelung des Art.142a a. F. zur Verein- **1** barkeit des ‚Vertrages über die Beziehungen der Bundesrepublik Deutschland und den Drei Mächten' und des ‚Vertrages über die Gründung der Europäischen Verteidigungsgemeinschaft' mit dem GG wurde 1968 aufgehoben (Einl.3 Nr.17).

Art.**143** [Sondervorschriften für neue Bundesländer und Ost-Berlin]

(1) **Recht**[3] **in dem in Artikel 3 des Einigungsvertrags genannten Gebiet kann längstens bis zum 31. Dezember 1992 von Bestimmungen dieses Grundgesetzes abweichen, soweit und solange infolge der unterschiedlichen Verhältnisse die völlige Anpassung an die grundgesetzliche Ordnung noch nicht erreicht werden kann**[2 f]**. Abweichungen dürfen nicht gegen Artikel 19 Abs.2 verstoßen und müssen mit den in Artikel 79 Abs.3 genannten Grundsätzen vereinbar sein.**[3]

(2) **Abweichungen von den Abschnitten II, VIII, VIIIa, IX, X und XI sind längstens bis zum 31. Dezember 1995 zulässig.**[2, 4]

(3) **Unabhängig von Absatz 1 und 2 haben Artikel 41 des Einigungsvertrags und Regelungen zu seiner Durchführung auch insoweit Bestand, als sie vorsehen, daß Eingriffe in das Eigentum auf dem in Artikel 3 dieses Vertrags genannten Gebiet nicht mehr rückgängig gemacht werden.**[5 ff]

Literatur: *Schmidt-Preuß,* Die Transformation der DDR-Wirtschaft und die offenen Vermögensfragen, in: FS 50 Jahre BVerfG, 2001, Band 1, 131; *Ossenbühl,* Eigentumsfragen, HbStR, IX, 1997, § 212; *Uechtritz,* Bodenreform II – Ende der Diskussion?, DVBl 1996, 1218; *Badura,* Der Ausgleich für sozialistisches Unrecht als Wiedergutmachung nach den Grundsätzen des sozialen Rechtsstaats, FS Renners, 1995, 383; *Papier,* Eigentumsrechtliche Probleme in den neuen Bundesländern, in: Ipsen (Hg.), Verfassungsrecht im Wandel, 1995, 147; *Sachs,* Vom Grundgesetz abweichendes Recht nach der Wiedervereinigung Deutschlands, in: Ipsen (Hg.), FS Heymanns Verlag, 1995, 193; *Feddersen,* Rechtseinheit durch Rechtszweiheit, DVBl 1995, 502; *Sendler,* Restitutionsausschluß verfassungswidrig?, DÖV 1994, 401; *Maurer,* Die Eigentumsregelung im Einigungsvertrag, JZ 1992, 183; *Herdegen,* Die Verfassungsänderungen im Einigungsvertrag, 1991; *Leisner,* Das Bodenreform-Urteil des BVerfG, NJW 1991, 1569; *Papier,* Verfassungsrechtliche Probleme der Eigentumsregelung im Einigungsvertrag, NJW 1991, 193; s. auch Literatur zur Präambel und zu Art.146.

1. Allgemeines

Art.143 enthielt ursprünglich einen 1951 (Einl.3 Nr.1) aufgehobenen **1** Straftatbestand für verfassungswidrige Aktivitäten. 1956 trat an seine Stelle eine Regelung zum inneren Notstand (Einl.2 Nr.7), die 1968 aufgehoben wurde (Einl.3 Nr.17). Die heutige Fassung wurde durch das EinigungsvertragsG eingefügt (Einl.3 Nr.36). Durch dieses Gesetz und den damit verbundenen Einigungsvertrag wurde das GG (im Wesentlichen) in den ostdeutschen Ländern sowie im Ostteil von Berlin in Kraft gesetzt (näher Rn.3 zu Art.145). Art.143 sieht dazu bestimmte befristete Ausnahmen (unten Rn.2–4) sowie eine dauerhafte Einschränkung (unten Rn.5–10) für die Geltung des GG in diesen Gebieten vor. Zur Vorschrift des Art.131 vgl. Rn.3 zu Art.131.

2. Übergangsregelungen (Abs.1, 2)

2   Im Hinblick auf die mit der Wiedervereinigung verbundenen außerordentlichen Probleme im Rechtsbereich gestatteten Abs.1, 2 **übergangsweise,** dass das im Beitrittsgebiet, also in den neuen Bundesländern und in Berlin (Ost) geltende Recht teilweise mit dem Grundgesetz nicht vereinbar war (BVerfGE 107, 218/236). Die Vorschriften waren Ausdruck des sog. „Annäherungsprinzips" (Berlit AK 4). Unter Recht iSd Abs.1 und des Abs.2 sind Rechtsnormen jeder Art zu verstehen, deren Geltung sich auf den beigetretenen Teil Deutschlands beschränkte (Scholz MD 5; Wieland DR 19). Erfasst wurde v. a. das **DDR-Recht,** soweit es nicht gem. Art.8 EV durch bundesdeutsches Recht ersetzt wurde (dazu Wolff MKS 10 zu Art.123) und daher fortgalt, sofern die materiellen Vorgaben des GG beachtet werden (Rn.4 zu Art.123; Meixner BK 38). Von Abs.1, 2 wurde zudem (partikulares) Bundesrecht erfasst, das nur im Beitrittsgebiet galt (Schwarz MKS 2), aber auch (innerhalb der fraglichen Fristen) neu erlassenes Landesrecht in diesem Gebiet. Da Abs.1, 2 den Spielraum des Gesetzgebers erweiterte, wurden Sonderregelungen für das Beitrittsgebiet nicht ausgeschlossen, die mit sonstigem Verfassungsrecht, insb. mit Art.3 Abs.1, vereinbar waren (BVerfGE 107, 218/235 f).

3   Abs.1 erlaubte **beliebige Abweichungen** vom GG **bis zum 31. 12. 1992,** sofern dies weder dem Wesensgehalt der Grundrechte iSd Art.19 Abs.2 (dazu Rn.9 zu Art.19) noch den durch Art.79 Abs.3 gewährleisteten Grundsätzen (dazu Rn.8–12 zu Art.79) widersprach. Abweichungen mussten zudem durch die unterschiedlichen Verhältnisse in beiden Teilen Deutschlands gerechtfertigt sein (BVerfGE 84, 133/145; 85, 360/371). Sie mussten sich „zwangsläufig und unmittelbar aus der temporär unüberwindlichen Unterschiedlichkeit der Verhältnisse ableiten lassen" (BVerfGE 100, 1/53; Meixner BK 40). Endlich war eine verfassungskonforme Interpretation (dazu Rn.34 zu Art.20) des DDR-Rechts geboten (Wendt SA 8). Ein vollständiger Ausschluss des Rechtswegs war daher nicht möglich (BVerfGE 87, 68/80). Mit Ablauf der Frist traten die mit dem GG unvereinbaren Normen außer Kraft, soweit nicht Abs.2 zum Tragen kam. Abs.1 hat daher nur noch für Altfälle Bedeutung (Meixner BK 35).

4   Abs.2 erlaubte Abweichungen allein von **Art.20–37, Art.83–115** und **Art.116–142,** und zwar zeitlich beschränkt **bis zum 31. 12. 1995.** Nach Ablauf der Frist wurden Regelungen, die zu Abweichungen führen, unwirksam. Hinsichtlich der Notwendigkeit von Abweichungen galten die gleichen Überlegungen wie im Bereich des Abs.1 (oben Rn.3), da Abs.2 die Regelung des Abs.1 nur modifiziert (Schwarz MKS 4, 20; Speckmaier UC 10; Wendt SA 16).

3. Besatzungsrechtliche und ähnliche Enteignungen (Abs.3)

a) Bedeutung und Vereinbarkeit mit sonstigem GG. Art.143 Abs.3 5
hat die Funktion, die Regelung des Art.41 EV (BGBl 1990 II 903 f; abgedr.
bei Berkemann UC 14) verfassungsrechtlich abzusichern (Berkemann UC
16). Die Regelung schließt in Art.41 Abs.1, 3 EV die Rückgängigmachung
von **Enteignungen der sowjetischen Besatzungsmacht** aus, wie der in
Abs.1 angeführten Nr.1 der Gemeinsamen Erklärung der Regierung der
Bundesrepublik Deutschland und der Regierung der Deutschen Demokratischen Republik (BGBl 1990 II 1237 f; abgedr. bei Berkemann UC 15) entnommen werden kann: „Die Enteignungen auf besatzungsrechtlicher bzw.
besatzungshoheitlicher Grundlage (1945 bis 1949) sind nicht mehr rückgängig zu machen"; die Frage eventueller Ausgleichsleistungen blieb gem.
Nr.1.54 der Erklärung offen (Wieland DR 27). In Art.41 Abs.2 EV wurde
die Rückgängigmachung **sonstiger,** in der DDR durchgeführter **Enteignungen** ausgeschlossen, soweit dies im Einzelfall zur Verwirklichung einer
volkswirtschaftlich förderungswürdigen Investitionsentscheidung gerechtfertigt ist; der Eigentümer ist dabei zu entschädigen. Der Schwerpunkt des
Art.143 Abs.3 liegt im Bereich der besatzungsrechtlichen Enteignungen
(Berkemann UC 16). Die Vorschrift enthält, anders als Art.143 Abs.1, 2,
eine Dauerregelung (Meixner BK 53; Schwarz MKS 24). Verletzungen des
Art.143 Abs.3 können von den neuen Ländern im Wege eines Bund-
Länder-Streits geltend gemacht werden (BVerfGE 94, 297/310 f).

Die gegen die Einfügung des Abs.3 erhobenen **verfassungsrechtlichen** 6
Bedenken (etwa Wasmuth, DtZ 93, 334 ff) sind nicht begründet (BVerfGE
84, 90/118 ff; 94, 12/34; 112, 1/24 ff; BVerwGE 96, 8/11 ff; näher Ossenbühl HbStR IX § 212 Rn.54 ff; Schwarz MKS 42 ff; Berkemann UC 34;
Papier MD 255 ff zu Art.14). Art.143 Abs.3 ist zunächst, ebenso wie die anderen Verfassungsänderungen, durch das Gesetz zum Einigungsvertrag formal rechtmäßig zustande gekommen, weil insoweit das Wiedervereinigungsgebot eine ausreichende Legitimation lieferte (BVerfGE 82, 316/320; 84,
90/118). In materieller Hinsicht ist die Einfügung des Abs.3 verfassungsmäßig, weil die Stellen, die die Enteignungen durchführen, aus räumlichen und
zeitlichen Gründen nicht durch das GG gebunden waren, wie sich insb. aus
Art.23 a.F. ergab (BVerfGE 112, 1/29; Schmidt-Preuß o. Lit. 138; vgl.
BVerfGE 84, 90/122). Wenn die Bundesrepublik Deutschland die Enteignungen anerkennt (vgl. Rn.34a zu Art.14), verstößt das trotz der fehlenden
Entschädigungsregelung nicht gegen Art.14, weil eine Verfassungsänderung
nur an Art.79 Abs.3 zu messen ist (Schwarz MKS 27) und daher allenfalls
der Menschenwürdegehalt des Art.14 entgegengehalten werden kann (dazu
Rn.10 zu Art.79) und andererseits die fraglichen Eigentumspositionen 1990
nicht mehr bestanden oder praktisch wertlos waren (BVerfGE 84, 90/124 f;
112, 1/20; Papier, NJW 91, 196). Zudem rechtfertigt das Verlangen der
DDR und der Sowjetunion im Rahmen der Wiedervereinigungsverhand-
lungen, die Enteignungen aufrecht zu erhalten (BVerfGE 84, 90/127 ff).

b) Besatzungsrechtliche Enteignungen und Restitutionsausschluss. 7
aa) Der Ausschluss **besatzungsrechtlicher Enteignungen** in Art.41
Abs.1, 3 EV betrifft Enteignungen iwS (Berkemann UC 71) auf dem Gebiet

der sowjetischen Besatzungszone bzw. der DDR, die unmittelbar durch die sowjetische Besatzungsmacht eingeleitet wurden, aber auch die Enteignungen im Rahmen der Bodenreform bis zur Gründung der DDR (BVerfGE 84, 90/113f) sowie sonstige (besatzungshoheitliche) Enteignungen deutscher Stellen, die dem Willen der sowjetischen Besatzungsmacht entsprachen (BVerwGE 99, 268/270f; Schwarz MKS 29). Eine exzessive, rechtsstaatlich bedenkliche Auslegung der besatzungsrechtlichen Vorgaben steht der Anwendung des Art.143 Abs.3 nicht entgegen (BVerfGE 84, 90/115; BVerfG-K, NJW 97, 449; BGHZ 133, 98/106). Nicht erfasst werden Enteignungen vor dem 8. 5. 1945. Enteignungen nach der Gründung der DDR am 7. 10. 1949 werden nur dann erfasst, „wenn sie objektiv weiterhin der Verantwortung der Besatzungsmacht zuzurechnen sind" (BVerwGE 98, 1/4; Berkemann UC 57; Berlit AK 38). Dazu rechnen etwa die Enteignungen kommunaler Stellen im sowjetischen Sektor von Berlin nach der sog. Liste 3 (BVerwGE 98, 1/7; a.A. Schwarz MKS 31). Die gesetzliche Ausnahme für bereits in der Nazi-Zeit enteignete Güter, die später nochmals enteignet wurden, dürfte mit Art.143 Abs.3 vereinbar sein, da es hier primär um eine Korrektur nationalsozialistischer Enteignungen geht (BVerfGE 101, 239/268; Kirn MüK 19; Berkemann UC 110; Schwarz MKS 32; a.A. Uechtritz, DVBl 95, 1164f).

8 **bb)** Aus Abs.3 ergibt sich, dass der **Ausschluss der Rückgängigmachung** der erfassten Enteignungen (oben Rn.7) mit dem GG vereinbar ist. Insoweit tritt insb. das Grundrecht des Art.14, soweit es überhaupt einschlägig ist, zurück (oben Rn.6). Unklar ist, ob gleichwohl durch einfaches Gesetz eine Restitution angeordnet werden kann (so Scholz MD 29; Wendt SA 26; teilw. Schwarz MKS 41) oder ob wegen Art.41 Abs.3 EV eine Verfassungsänderung notwendig wäre (so Kirn MüK 18; Berkemann UC 47; Berlit AK 26; Sendler, DÖV 94, 408ff); eine prinzipielle Umkehr ist dem einfachen Gesetzgeber jedenfalls verwehrt (Schwarz MKS 41). Ein Rückübertragungsanspruch bei Zweckverfehlung der Enteignung ist verfassungsrechtlich nicht vorgegeben (BVerfGE 97, 89/100; BVerwGE 96, 172/175f; Schwarz MKS 51; Ossenbühl HbStR IX § 212 Rn.72). Abs.3 deckt nicht nur die Regelungen selbst, die der Funktion dieser Vorschrift dienen, sondern auch deren Auslegung (BVerfGE 95, 48/60). Daher sichert Abs.3 den Bestand von Rechtsnormen, die die Rückgängigmachung eines jedenfalls faktisch eingetretenen Rechtsverlusts ausschließen und damit zum Verlust evtl. noch vorhandener formaler Rechtspositionen führen (BVerfG-K, NJW 98, 222; NJW 98, 2583).

9 Ein Ausschluss von finanziellen Entschädigungs- oder **Ausgleichsansprüchen** im Bereich der erfassten Enteignungen berührt nicht Art.14 (BVerfGE 84, 90/126; Ossenbühl HbStR IX § 212 Rn.76). Ein Ausschluss jeglicher Ausgleichsleistungen wird allerdings als mit Art.3 unvereinbar eingestuft (BVerfGE 84, 90/129). Zudem wird man aus Gründen der Gleichheit auch an eine Wiedergutmachung für die Beeinträchtigung anderer Rechtsgüter als des Eigentums zu denken haben; wenn Eigentumsverluste entschädigt werden, nicht aber die mit dem Entzug von Freiheit, insb. beruflicher Entfaltung verbundenen Vermögensverluste (ganz zu schweigen von den immateriellen Verlusten), ist das schwerlich mit Art.3 und der Wertentscheidung der einschlägigen Freiheitsrechte vereinbar (vgl. BVerfGE 84, 90/ 130f; 102, 254/301; Ossenbühl HbStR IX § 121 Rn.115f; Wieland DR 25). Gewährt der Gesetzgeber finanzielle Ausgleichsleistungen, kommt ihm ein weiter Spielraum zu (BVerfGE 84, 90/130; Ossenbühl HbStR IX § 212 Rn.78; vgl. Rn.59 zu Art.3); insb. kann er das Gesamtvolumen der wiedergutzumachenden Schäden und den Wiederaufbau in den neuen Bundesländern berücksichtigen (BVerfGE 84, 90/131; Ossenbühl HbStR IX § 212 Rn.102). Dementsprechend erwiesen sich die Regelungen des *Ausgleichsleistungsgesetzes* vom 27. 9. 1994 (BGBl I 2628) als verfassungsmäßig (BVerfGE 102, 254/297f; 112, 1/38).

c) Sonstige Enteignungen in der DDR. Art.143 Abs.3 iVm Art.41   **10** Abs.2 EV betrifft sonstige „Eingriffe in das Eigentum", insb. Enteignungen, in der DDR bis zum 2. 10. 1990 (Berkemann UC 54, 57). Sie müssen nicht rückgängig gemacht werden, wenn dies aus den in Art.41 Abs.2 EV näher ausgeführten Gründen der Investitionsförderung gerechtfertigt ist. Die Eigentümer sind gem. Art.41 Abs.2 S.3 EV zu entschädigen. Umstritten ist, ob der (in anderen Fällen) durch das Gesetz zur Regelung offener Vermögensfragen gewährte Restitutionsanspruch durch Art.14 GG geschützt wird (dafür BVerfGE 95, 48/58; 101, 239/258; dagegen Ossenbühl HbStR IX § 212 Rn.98; Schwarz MKS 64; Bryde MüK 44 zu Art.14). Jedenfalls kann er durch Gesetz eingeschränkt werden, etwa im Falle des gutgläubigen Erwerbs (BVerfGE 101, 239/258), wobei eine Entschädigung zu gewähren ist. Die Entschädigung muss nicht notwendig am Verkehrswert orientiert sein (Schmidt-Preuß o. Lit. 146ff; a.A. Schwarz MKS 69; Ossenbühl HbStR IX § 212 Rn.112), zumal Art.135a Abs.2 zum Tragen kommt (Meixner BK 52; Berkemann UC 50; Rn.4 zu Art.135a). Die entsprechenden Regelungen im *Entschädigungsgesetz* vom 27. 9. 1994 (BGBl I 2624) sind trotz des begrenzten Umfangs der Entschädigung verfassungsgemäß (BVerfGE 102, 254/ 297ff; Schmidt-Preuß o. Lit. 147f; a.A. Schwarz MKS 80f). Dies gilt insb. für die „Wertschere" zwischen Restitutions- und Entschädigungsansprüchen (Schmidt-Preuß o. Lit. 146ff), auch wenn eine Vermögensabgabe für wiedererlangtes Eigentum der Gleichbehandlung noch besser Rechnung getragen hätte (vgl. Ossenbühl HbStR IX § 212 Rn.117; Schwarz MKS 71). Die Aufhebung der Regelung des § 9 VermG zu den Entschädigungsgrundsätzen war verfassungsmäßig (BVerwGE 114, 291/292ff; Wendt SA 45).

Art.143a [Übergangsrecht für Bundeseisenbahnen]

(1) Der Bund hat die ausschließliche Gesetzgebung über alle Angelegenheiten, die sich aus der Umwandlung der in bundeseigener Verwaltung geführten Bundeseisenbahnen in Wirtschaftsunternehmen ergeben. Artikel 87e Abs.5 findet entsprechende Anwendung[1]. Beamte der Bundeseisenbahnen können durch Gesetz unter Wahrung ihrer Rechtsstellung und der Verantwortung des Dienstherrn einer privatrechtlich organisierten Eisenbahn des Bundes zur Dienstleistung zugewiesen werden[3].

(2) Gesetze nach Absatz 1 führt der Bund aus[2].

(3) Die Erfüllung der Aufgaben im Bereich des Schienenpersonennahverkehrs der bisherigen Bundeseisenbahnen ist bis zum 31. Dezember 1995 Sache des Bundes. Dies gilt auch für die entsprechenden Aufgaben der Eisenbahnverkehrsverwaltung. Das Nähere wird durch Bundesgesetz geregelt, das der Zustimmung des Bundesrates bedarf[1–3].

Literatur: S. Literatur zu Art.87e.

1   Die 1993 eingefügte (Einl.3 Nr.40) Vorschrift enthält Übergangsrecht für die durch Art.87e erfolgte Umwandlung der Bundeseisenbahnen in privatrechtliche Wirtschaftsunternehmen, die früher in bundeseigener Verwaltung geführt wurden (Möstl MD 7; Merpmann MüK 7; dagegen sieht Vesting AK 1 in Abs.3 heute eine Aufgabenzuweisung an die Länder zur Sicherung entwicklungsfähiger öffentlicher Nahverkehrsnetze). Abs.1 S.1 stellt klar, dass der Bund insoweit eine **ausschließliche Gesetzgebungskompetenz** (Rn.5 zu Art.70) besitzt. Diese Gesetze bedürfen der Zustimmung des Bundesrats (Rn.4–7 zu Art.77), wie der Verweis des Abs.1 S.2 auf Art.87e Abs.5 verdeutlicht (Battis SA 6; Wieland DR 6; BT-Drs. 12/6280, 9; krit. Gersdorf MKS 4). Davon wurde mit dem EisenbahnneuordnungsG vom 27. 12. 1993 (BGBl I 2378, ber. 2439) Gebrauch gemacht. Die Ermächtigung gilt auch für Vorschriften, die später erlassen werden, sofern die Umwandlung weiterer Regelungen bedarf (Möstl MD 10; Merpmann MüK 2).

2   Die **Ausführung** der auf Abs.1 gestützten Gesetze erfolgt nach Abs.2 in obligatorischer unmittelbarer Bundesverwaltung (Rn.2 f zu Art.87; Rn.1 zu Art.87e). Schließlich lag die Verwaltungskompetenz für den Schienenpersonennahverkehr (und damit dessen Finanzierung; vgl. Rn.1 zu Art.106a) nach Abs.3 bis zum 31. 12. 1995 beim Bund (vgl. Rn.1 f zu Art.87e). Seitdem gehört sie zum Verwaltungsbereich der Länder (Fromm, DVBl 94, 193 f). Auch insoweit besteht eine ausschließliche Bundesgesetzgebungskompetenz (Rn.5 zu Art.70) mit Zustimmungsbedürftigkeit des Bundesrats (Rn.4–7 zu Art.77).

3   Die Vorschrift des Abs.1 S.3 regelt nicht die Gesetzgebungskompetenz des Bundes für die **Zuweisung von Beamten an eine privatrechtliche Bundeseisenbahn.** Insoweit ist bereits Abs.1 S.1 einschlägig. Die Norm stellt vielmehr klar, dass eine solche Zuweisung, insb. im Hinblick auf Art.33 Abs.5, verfassungsrechtlich zulässig ist (Battis SA 9; Möstl MD 13). Im Einzelnen ermöglicht die Regelung, Beamte der Bundeseisenbahnen auch gegen ihren Willen einer privatrechtlich organisierten Eisenbahn des Bundes zuzuweisen (Gersdorf MKS 6; Möstl MD 17; a. A. Vesting AK 8). Die Beamten behalten aber ihre Rechtsstellung, d. h. ihren allgemeinen beamtenrechtlichen Status, was Veränderungen hinsichtlich des übertragenen Amtes wie der wahrgenommenen Tätigkeiten nach Maßgabe einschlägiger Regelungen (vgl. BVerwGE 123, 107/114) nicht ausschließt (BR-Drs. 130/93, 14; Möstl MD 23 ff). Dadurch kann ihre Amtsträgerschaft entfallen (BGHSt 49, 214/217 ff). Möglich sind auch Änderungen bei der betrieblichen Interessenvertretung. Wahrung der Verantwortung des Dienstherrn bedeutet, dass der Bund Dienstherr bleibt und aus den Ansprüchen seiner bei der Deutschen Bahn AG tätigen Bediensteten aus dem Beamtenverhältnis

verpflichtet wird (BVerwGE 108, 274/276; 123, 107/114; 133, 297 Rn.32; vgl. aber Rn.4 zu Art.143b). Dadurch wird zwar eine gesetzliche Beleihung mit einzelnen Dienstherrenbefugnissen nicht ausgeschlossen (Gersdorf MKS 9; Umbach/Clemens UC 11; a. A. Uerpmann MüK 5; diff. Möstl MD 10), aber dem Bund müssen insoweit „in tatsächlicher und rechtlicher Hinsicht effektive Steuerungs- und Kontrollmöglichkeiten eingeräumt" sein (BVerwGE 133, 297 Rn.37).

Art. 143b [Übergangsrecht im Postbereich]

(1) **Das Sondervermögen Deutsche Bundespost wird nach Maßgabe eines Bundesgesetzes in Unternehmen privater Rechtsform umgewandelt. Der Bund hat die ausschließliche Gesetzgebung über alle sich hieraus ergebenden Angelegenheiten[1].**

(2) **Die vor der Umwandlung bestehenden ausschließlichen Rechte des Bundes können durch Bundesgesetz für eine Übergangszeit den aus der Deutschen Bundespost POSTDIENST und der Deutschen Bundespost TELEKOM hervorgegangenen Unternehmen verliehen werden[2]. Die Kapitalmehrheit am Nachfolgeunternehmen der Deutschen Bundespost POSTDIENST darf der Bund frühestens fünf Jahre nach Inkrafttreten des Gesetzes aufgeben[3]. Dazu bedarf es eines Bundesgesetzes mit Zustimmung des Bundesrates[3].**

(3) **Die bei der Deutschen Bundespost tätigen Bundesbeamten werden unter Wahrung ihrer Rechtsstellung und der Verantwortung des Dienstherrn bei den privaten Unternehmen beschäftigt. Die Unternehmen üben Dienstherrenbefugnisse aus. Das Nähere bestimmt ein Bundesgesetz[4].**

Literatur: S. Literatur zu Art.87 f.

Die 1994 eingefügte (Einl.3 Nr.41) Vorschrift enthält Übergangsrecht zu 1 Art.87 f. Gem. Abs.1 S.1 besteht ein **Gesetzgebungsauftrag,** die früher in bundeseigener Verwaltung geführte Deutsche Bundespost in privatrechtliche Wirtschaftsunternehmen umzuwandeln, um die durch Art.87 f Abs.2 S.1 angeordnete privatwirtschaftliche Struktur von Post und Telekommunikation zu verwirklichen (Lerche MD 6). Abs.1 S.2 stellt klar, dass der Bund insoweit eine **ausschließliche Gesetzgebungskompetenz** (Rn.5 zu Art.70; abw. Gersdorf MKS 5) besitzt. Davon wurde v. a. mit dem PostumwandlungsG vom 14. 9. 1994 (BGBl I 2339) Gebrauch gemacht (Badura BK 14).

Gem. Abs.2 S.1 können die der Deutschen Bundespost zustehenden **aus-** 2 **schließlichen (Monopol-)Rechte,** soweit sie den Aufgabenbereich des Postdienstes und der Telekommunikation (nicht aber der Postbank) betreffen, den entsprechenden Nachfolgeunternehmen, also der Deutschen Post AG und der Deutschen Telekom AG (Lerche MD 18; Wieland DR 9), für eine Übergangszeit verliehen werden. Daraus folgt kein verfassungsrechtliches Gebot (BVerwG, NVwZ 07, 1327). Diese Vorschrift verdrängt Art.12 Abs.1 in dem monopolisierten Bereich (BVerfGE 108, 370/389). Die zulässige Länge der Übergangszeit ergibt sich aus den mit der Regelung verfolgten Zwecken, eine Benachteiligung der Deutschen Post AG gegenüber neuen Wettbewerbern auszuschließen, einen Einklang mit dem sekundären Europäischen Unionsrecht zu gewährleisten und die Fähigkeit der Nachfolgeunternehmen zu sichern, die besonderen finanziellen und sozialen Verpflichtungen, insb. die Pensionslasten, zu tragen (BVerfGE 108, 370/390 ff). Die Maßgaben des Art.87 f Abs.1 und Abs.2 S.1 (Rn.3–5 zu Art.87 f) gelten auch in der Übergangszeit (BVerfGE 108, 370/392 ff).

3   Der Bund darf seine **Kapitalanteile** an den Nachfolgeunternehmen abgeben bzw. veräußern. Gem. Abs.2 S. 2 darf er aber die Kapitalmehrheit an der Deutschen Post AG frühestens fünf Jahre nach Inkrafttreten des PostneuordnungsG vom 14. 9. 1994 (BGBl I 2325), also zum 1. 1. 2000, aufgeben (BVerwGE 113, 208/211). Das ist seither schrittweise geschehen (Battis SA 6). Außerdem errichtet Abs.2 S.3 hierfür den Vorbehalt eines Gesetzes, das in ausschließlicher Bundesgesetzgebungskompetenz steht (Rn.5 zu Art.70) und der Zustimmung des Bundesrats bedarf (Rn.4–7 zu Art.77). Diese Grenzen für eine materielle Privatisierung gelten nicht für die Deutsche Telekom AG und die Deutsche Postbank AG. Eine Verpflichtung zu materieller Privatisierung besteht in keinem Bereich (Badura BK 4; Lerche MD 21; Gersdorf MKS 14).

4   Abs.3 enthält besondere Regelungen für die im Zeitpunkt des Entstehens der Nachfolgeunternehmen im Postbereich beschäftigten **Bundesbeamten** (Lerche MD 28). Abs.3 S.1 stellt klar, dass die Beschäftigung von Beamten bei privaten Unternehmen, insb. im Hinblick auf Art.33 Abs.5, verfassungsrechtlich zulässig ist (Battis SA 10; Kienemund SHH 17). Die Beamten behalten aber ihre Rechtsstellung, d. h. ihren allgemeinen beamtenrechtlichen Status einschließlich der Funktionsämter (BVerwGE 126, 182 Rn.14 f; 132, 40 Rn.11) und des Disziplinarrechts (BVerwGE 103, 375/377 f), was Veränderungen hinsichtlich des übertragenen Amtes wie der wahrgenommenen Tätigkeit (Lerche MD 31) und sachlich gerechtfertigte Unterschiede bei der Besoldung (a. A. BVerwGE 132, 299 Rn.42 ff) nicht ausschließt. Die Wahrung der Verantwortung des Dienstherrn bedeutet, dass der Bund Dienstherr bleibt (BVerwGE 103, 375/377), schreibt aber keine Fachaufsicht vor (Gersdorf MKS 23). Gem. Abs.3 S.2 werden aber den privaten Unternehmen im Wege der Beleihung (BT-Drs. 12/7269, 6; Vesting AK 15 f; Badura BK 26 ff; Lerche MD 26, 33) Dienstherrenbefugnisse zur Ausübung übertragen. Für die Einzelheiten des Sonderstatus der Beamten besteht eine ausschließliche Bundesgesetzgebungskompetenz (Rn.5 zu Art.70) und ein Regelungsauftrag (Rn.32 zu Art.70) gem. Abs.3 S.3 (vgl. Lerche MD 34; abw. Gersdorf MKS 24). Davon wurde mit dem PostpersonalrechtsG vom 14. 9. 1994 (BGBl I 2353) Gebrauch gemacht.

Art.143c [Übergangsregelung für Bundesfinanzzuweisungen]

(1) **Den Ländern stehen ab dem 1. Januar 2007 bis zum 31. Dezember 2019 für den durch die Abschaffung der Gemeinschaftsaufgaben**

Ausbau und Neubau von Hochschulen einschließlich Hochschulkliniken und Bildungsplanung¹ sowie für den durch die Abschaffung der Finanzhilfen zur Verbesserung der Verkehrsverhältnisse der Gemeinden und zur sozialen Wohnraumförderung¹ bedingten Wegfall der Finanzierungsanteile des Bundes jährlich Beträge aus dem Haushalt des Bundes zu. Bis zum 31. Dezember 2013 werden diese Beträge aus dem Durchschnitt der Finanzierungsanteile des Bundes im Referenzzeitraum 2000 bis 2008 ermittelt² ᶠ.

(2) **Die Beträge nach Absatz 1 werden auf die Länder bis zum 31. Dezember 2013 wie folgt verteilt:**

1. **als jährliche Festbeträge, deren Höhe sich nach dem Durchschnittsanteil eines jeden Landes im Zeitraum 2000 bis 2003 errechnet;**
2. **jeweils zweckgebunden an den Aufgabenbereich der bisherigen Mischfinanzierungen.**

(3) **Bund und Länder überprüfen bis Ende 2013, in welcher Höhe die den Ländern nach Absatz 1 zugewiesenen Finanzierungsmittel zur Aufgabenerfüllung der Länder noch angemessen und erforderlich sind² ᶠ. Ab dem 1. Januar 2014 entfällt die nach Absatz 2 Nr.2 vorgesehene Zweckbindung der nach Absatz 1 zugewiesenen Finanzierungsmittel; die investive Zweckbindung des Mittelvolumens bleibt bestehen⁴. Die Vereinbarungen aus dem Solidarpakt II bleiben unberührt⁵.**

(4) **Das Nähere regelt ein Bundesgesetz, das der Zustimmung des Bundesrates bedarf.¹**

Literatur: S. die Literatur zu Art.91, zu Art.104 und zu Art.125c.

1. Bedeutung und Folgen

Art.143c – eingefügt 2006 (Rn.3 zu Nr.52) – enthält finanzielle Übergangs- und Folgeregelungen zur Verfassungsänderung 2006: Zum einen geht es um die zum 31. 12. 2006 erfolgte Abschaffung der auf Art.91a Abs.1 Nr.1 a. F. beruhenden **Gemeinschaftsaufgabe** „Ausbau und Neubau von *Hochschulen* und Hochschulkliniken" (unten Rn.3) und um die Abschaffung der auf Art.91b S.1 a. F. beruhenden Gemeinschaftsaufgabe *„Bildungsplanung"* (unten Rn.3) sowie um die damit jeweils verbundene Förderung durch den Bund. Weiter ist die Beendigung der auf Art.104a Abs.4 a. F. beruhenden **Finanzhilfen** zur Verbesserung der *Verkehrsverhältnisse der Gemeinden* (dazu unten Rn.3) und zur sozialen *Wohnraumförderung* (dazu unten Rn.3) zum 31. 12. 2006 betroffen. Zur Kompensation verpflichtet Art.143c Abs.1 S.1 den Bund, bestimmte Beträge in den Jahren 2005–2019 aus seinem Haushalt an die Länder zu leisten. Den Ländern steht ein entsprechender Rechtsanspruch zu, ohne dass diese eine entsprechende Kofinanzierungspflicht trifft (Siekmann SA 5). Einzelheiten sind gem. Abs.4 durch ein *Bundesgesetz* mit Zustimmung des Bundesrates zu regeln. Darauf gestützt erging das Entflechtungsgesetz vom 5. 9. 2006 (BGBl I 2102).

1

2. Höhe und Verteilung der Leistungen

2   **a) Regelungen für 2007–2013.** Die Höhe der Ausgleichsleistungen und deren Verteilung auf die Länder ist zunächst für die Zeit vom 1. 1. 2007 bis zum 31. 12. 2013 näher geregelt: Die **Höhe der Leistungen** an alle Länder ergibt sich gem. Abs.1 S.2 aus dem Durchschnitt der entsprechenden Leistungen in den Jahren 2000–2008, wobei es für die Leistungen in den Jahren 2000–2003 auf die tatsächlich geleisteten Zahlungen des Bundes und für die Jahre 2004–2008 auf die im Finanzplan des Bundes vorgesehenen Summen ankommt (Siekmann SA 6; BT-Drs. 16/813, 22). Zu den Einzelheiten der erfassten Leistungen enthält die Begründung zum Entwurf der Verfassungsänderung nähere Hinweise (BT-Drs. 16/813, 22). Die **Aufteilung auf die Länder** erfolgt gem. Abs.2 Nr.1 nach Maßgabe der in den Jahren 2000–2003 in den einzelnen Mischfinanzierungsbereichen durchschnittlich erhaltenen Bundesmittel. Konkretisiert wurde dies durch § 4 EntflechtungsG (oben Rn.1).

3   Zudem ergibt sich aus Abs.2 Nr.2 eine **Zweckbindung** der Mittel für die von den abgeschafften Mischfinanzierungtatbeständen erfassten Aufgabenbereiche. Die Länder müssen die Mittel jeweils in den fraglichen Aufgabenbereichen einsetzen (Siekmann SA 17). Konkretisiert wurde dies durch § 5 EntflechtungsG (oben Rn.1). Im Einzelnen geht es um folgende Bereiche: – (1) *Ausbau und Neubau von Hochschulen und Hochschulkliniken* (vgl. dazu die in Rn.1 zu Art.125c aufgeführten Regelungen; Siekmann SA 19 ff); – (2) *Bildungsplanung* (dazu Siekmann SA 22), die weit zu verstehen ist (Heun DR 7); – (3) *Gemeindeverkehrsfinanzierung,* also die Förderung von Vorhaben des kommunalen Straßenbaus und des öffentlichen Personennahverkehrs, mit Ausnahme der in Art.125c Abs.2 angesprochenen Bundesprogramme (Siekmann SA 23; Heun DR 7); – (4) *Soziale Wohnraumförderung,* also die Förderung des Wohnungsbaus zur Unterstützung von Haushalten mit Mietwohnungen und Wohnungseigentum (früher sozialer Wohnungsbau).

4   **b) Regelungen für 2014–2017.** Für die Zeit vom 1. 1. 2014 bis zum 31. 12. 2019 ist gem. Abs.3 S.1 rechtzeitig eine Angemessenheits- und Erforderlichkeitsprüfung der Leistungen des Bundes an die Länder vorzunehmen und dann eine entsprechende **Neuregelung** durch ein Gesetz nach Abs.4 zu treffen. Damit soll der Weg zur eigenfinanzierten Aufgabenwahrnehmung von Bund und Ländern beschritten werden (Siekmann SA 25), weshalb eine Erhöhung der Mittel ausgeschlossen sein dürfte (Meyer 245, 248). Bei der Neuregelung besteht ein sehr weiter Gestaltungsspielraum. Eine nach Ländern differenzierende Rückführung ist aber nicht möglich; allein der Gesamtbetrag kann verändert werden (Heun DR 8; Siekmann SA 25). Zudem entfällt ab diesem Zeitpunkt gem. Abs.3 S.2 die *Zweckbindung* des Abs.2 Nr.2 an die einzelnen Aufgabenbereiche; die Mittel müssen dann nicht mehr im Bereich der fortgefallenen Gemeinschaftsaufgaben und Finanzhilfen eingesetzt werden (Siekmann SA 22). Auch ab 2014 müssen aber die Mittel für investive Zwecke eingesetzt werden; Investitionen sind Ausgaben für Maßnahmen, die die Produktionsmittel der Volkswirtschaft erhalten, vermehren oder verbessern.

Abs. 3 S. 3 stellt klar, dass die Vereinbarungen aus dem **Solidarpakt II** 5
(BR-Drs. 485/01 – Beschluss, Nr. 1; SolidarpaktfortführungsG vom 20. 12.
2001, BGBl I 3955) zugunsten der neuen Länder und der Seehäfen (Siekmann SA 29 f) durch die Überprüfungspflicht nicht verdrängt oder eingeschränkt werden. Es wird verdeutlicht, dass die in Art. 143c vorgesehenen
Zahlungen auch nach 2014 nicht auf die Solidarpaktmittel angerechnet werden (Meyer 250). Die Vereinbarungen zum Solidarpakt II dürften damit aber
nicht zum Verfassungsrecht werden (Ruhe HÖ 4; a. A. Siekmann SA 28).
Abs. 3 S. 3 schließt daher Änderungen des Solidarpakts II und des Solidarpaktfortführungs G nicht aus.

Art. 143d [Anwendung neuen Haushaltsrechts und Konsolidierungshilfen]

(1) **Artikel 109 und 115 in der bis zum 31. Juli 2009 geltenden Fassung sind letztmals auf das Haushaltsjahr 2010 anzuwenden.[1] Artikel 109 und 115 in der ab dem 1. August 2009 geltenden Fassung sind erstmals für das Haushaltsjahr 2011 anzuwenden; am 31. Dezember 2010 bestehende Kreditermächtigungen für bereits eingerichtete Sondervermögen bleiben unberührt.[1] Die Länder dürfen im Zeitraum vom 1. Januar 2011 bis zum 31. Dezember 2019 nach Maßgabe der geltenden landesrechtlichen Regelungen von den Vorgaben des Artikels 109 Absatz 3 abweichen.[2] Die Haushalte der Länder sind so aufzustellen, dass im Haushaltsjahr 2020 die Vorgabe aus Artikel 109 Absatz 3 Satz 5 erfüllt wird.[2] Der Bund kann im Zeitraum vom 1. Januar 2011 bis zum 31. Dezember 2015 von der Vorgabe des Artikels 115 Absatz 2 Satz 2 abweichen.[3] Mit dem Abbau des bestehenden Defizits soll im Haushaltsjahr 2011 begonnen werden.[3] Die jährlichen Haushalte sind so aufzustellen, dass im Haushaltsjahr 2016 die Vorgabe aus Artikel 115 Absatz 2 Satz 2 erfüllt wird; das Nähere regelt ein Bundesgesetz.[3]**

(2) **Als Hilfe zur Einhaltung der Vorgaben des Artikels 109 Absatz 3 ab dem 1. Januar 2020 können den Ländern Berlin, Bremen, Saarland, Sachsen-Anhalt und Schleswig-Holstein für den Zeitraum 2011 bis 2019 Konsolidierungshilfen aus dem Haushalt des Bundes in Höhe von insgesamt 800 Millionen Euro jährlich gewährt werden.[4,8] Davon entfallen auf Bremen 300 Millionen Euro, auf das Saarland 260 Millionen Euro und auf Berlin, Sachsen-Anhalt und Schleswig-Holstein jeweils 80 Millionen Euro.[5] Die Hilfen werden auf der Grundlage einer Verwaltungsvereinbarung nach Maßgabe eines Bundesgesetzes mit Zustimmung des Bundesrates geleistet.[5] Die Gewährung der Hilfen setzt einen vollständigen Abbau der Finanzierungsdefizite bis zum Jahresende 2020 voraus.[6] Das Nähere, insbesondere die jährlichen Abbauschritte der Finanzierungsdefizite, die Überwachung des Abbaus der Finanzierungsdefizite durch den Stabilitätsrat sowie die Konsequenzen im Falle der Nichteinhaltung der Abbauschritte, wird durch Bundesgesetz mit Zustimmung des Bundesrates und durch Verwaltungsvereinbarung geregelt.[6] Die gleichzeitige Gewährung der Konsolidierungshilfen und Sa-**

nierungshilfen auf Grund einer extremen Haushaltsnotlage ist ausgeschlossen.[7]

(3) **Die sich aus der Gewährung der Konsolidierungshilfen ergebende Finanzierungslast wird hälftig von Bund und Ländern, von letzteren aus ihrem Umsatzsteueranteil, getragen.**[8] **Das Nähere wird durch Bundesgesetz mit Zustimmung des Bundesrates geregelt.**[8]

1. Anwendung neuen Haushaltsrechts (Abs.1)

1   **a) Grundsätzliches Inkrafttreten.** Die Neufassung des Art.109 und des Art.115 durch die 2. Stufe der Föderalismusreform von 2009 (Einl.3 Nr.57) kommt gem. Abs.1 S.2 ab dem Haushaltsjahr 2011 zur Anwendung. Für das Haushaltsjahr 2010 (und frühere Jahre) gilt gem. Abs.1 S.1 noch die alte Fassung der Vorschriften. Darüber hinaus gilt für die Kreditaufnahme bestehender *Sondervermögen* (dazu Rn.4a zu Art.110) auf Grund von bis zum 31. 12. 2010 erlassener Kreditermächtigungen die alte Ausnahmeregelung des Art.115 Abs.2 a. F., auch wenn die Ermächtigungen nach 2010 genutzt werden. Für neue Sondervermögen und Kredite aufgrund später erlassener Ermächtigungen gilt dagegen die neue Regelung des Art.115.

2   **b) Übergangsphase.** Die **Länder** können gem. Abs.1 S.3 von den Vorgaben des Art.109 Abs.3 bis zum 31. 12. 2019 (Übergangsphase) nach Maßgabe der 2009 geltenden landesrechtlichen Regelungen abweichen. Andererseits haben sie gem. Abs.1 S.4 durch eine geeignete Gestaltung der Haushalte in der Übergangsphase die Einhaltung der Vorgaben ab 2020 sicherzustellen; wie sie das tun, bleibt ihnen überlassen, sofern nur die Zielerreichung ab 2020 nicht gefährdet wird.

3   Für den **Bund** besteht eine entsprechende Übergangsphase gem. Abs.1 S.5 lediglich bis zum 31. 12. 2015. In dieser Zeit kann er von den Vorgaben des Art.115 Abs.2 S.2 (dazu Rn.7 zu Art.115) abweichen. Gem. Abs.1 S.6 soll aber mit dem Abbau des Defizits im Haushaltsjahr 2011 begonnen werden; der Haushalt soll also mehr Einnahmen als Ausgaben aufweisen. Die Soll-Regelung trägt der Prognoseunsicherheit Rechnung, da im Jahre 2011 möglicherweise noch weitere Maßnahmen zur Bekämpfung der Finanzmarktkrise erforderlich sind (BT-Drs. 16/12410, 13 f). Darüber hinaus sind die Haushalte 2011–2015 gem. Abs.1 S.7 so zu gestalten, dass ab 2016 eine vollständige Erreichung der Vorgaben des Art.115 Abs.2 S.2 möglich ist. Zur näheren Konkretisierung dieser Verpflichtung ermächtigt Abs.1 S.7 zum Erlass eines Ausführungsgesetzes.

2. Konsolidierungshilfen (Abs.2, 3)

4   **a) Empfänger, Zweck und Umfang.** Abs.2 S.1 ermächtigt zur Gewährung von Konsolidierungshilfen an die Länder Berlin, Bremen, Saarland, Sachsen-Anhalt und Schleswig-Holstein in den Jahren 2011 bis 2019. Die Hilfen sollen es diesen Ländern angesichts ihrer schwierigen Haushaltssituation ermöglichen, die Vorgabe eines strukturell ausgeglichenen Haushalts, wie sie aus Art.109 Abs.3 folgt, ab dem Jahr 2020 einhalten zu können (BT-Drs. 16/12410, 14).

Die Konsolidierungshilfen können gem. Abs.2 S.2 bis zu folgenden **5** **Obergrenzen** gewährt werden: an Bremen bis zu 300 Mio. €, an das Saarland bis zu 260 Mio. € und an Berlin, Sachsen-Anhalt und Schleswig-Holstein jeweils bis zu 80 Mio. €. Die Obergrenzen erhöhen sich nicht, wenn eines der Länder weniger Mittel in Anspruch nimmt. Die Hilfen werden gem. Abs.2 S.3 auf der Grundlage einer **Verwaltungsvereinbarung** zwischen dem Bund, den Geber- und den Nehmerländern gewährt. Die wesentlichen Inhalte der Verwaltungsvereinbarung werden gem. Abs.2 S.3 durch ein **Bundesgesetz** geregelt, das der Zustimmung des Bundesrats bedarf. Davon wurde mit dem Konsolidierungshilfegesetz (KonsHilfG) vom 10. 8. 2009 (BGBl I 2705), insb. in § 1 Gebrauch gemacht.

b) Voraussetzungen. Die Gewährung der Konsolidierungshilfen setzt **6** gem. Abs.2 S.4 voraus, dass die Empfängerländer ausreichende **Vorkehrungen für einen Abbau der Finanzierungsdefizite** treffen, sodass sie spätestens ab 2020 die Vorgaben des Art.109 Abs.3 einhalten können. Näheres zu dieser Verpflichtung wird gem. Abs.2 S.5 zunächst durch ein Bundesgesetz, das der Zustimmung des Bundesrats bedarf, und im Übrigen durch eine Verwaltungsvereinbarung zwischen Bund und Ländern geregelt. Gesetz und Verwaltungsvereinbarung treffen insb. Regelungen zu den jährlichen Abbauschritten der Finanzierungsdefizite, zur Überwachung des Abbaus der Defizite durch den Stabilitätsrat (dazu Rn.2 zu Art.109a) und die Konsequenzen im Falle der Nichteinhaltung der Abbauschritte. Von der Ermächtigung wurde insb. in § 2 KonsHilfG (oben Rn.5) Gebrauch gemacht. Wird eines der Nehmerländer diesen Vorgaben nicht gerecht, dann kommt es zu einer entsprechenden Kürzung der Finanzierungshilfen, wie § 2 Abs.3 KonsHilfG entnommen werden kann.

Schließlich schließt Abs.2 S.6 die gleichzeitige Inanspruchnahme von **7** Konsolidierungshilfen iSd Abs.2 und von **Sanierungshilfen auf Grund einer extremen Haushaltsnotlage** (dazu Rn.12 zu Art.107) aus. Das hat insb. zur Folge, dass die Länder im Falle einer Inanspruchnahme von Konsolidierungshilfen ihre auf Zahlung von Sanierungshilfen gerichteten Klagen vor dem BVerfG für erledigt erklären müssen (BT-Drs. 16/12410, 14).

c) Verfahren und Verpflichtete. Die Konsolidierungshilfen werden **8** gem. Abs.2 S.1 aus dem Haushalt des Bundes geleistet; die Auszahlung erfolgt durch den Bund (BT-Drs. 16/12410, 14). Aufzubringen sind die Mittel jedoch gem. Abs.3 S.1 vom Bund und den Ländern je zur Hälfte. Der Anteil beträgt somit jeweils 400 Mio. €, es sei denn, es kommt zu einer Kürzung der Hilfen wegen Nichteinhaltung der Verpflichtung nach Abs.2 S.4 (vgl. § 3 KonsHilfG). Der Anteil der Länder wird gem. Abs.3 S.1 aus deren Umsatzsteueranteil entnommen. Einzelheiten werden gem. Abs.3 S.2 im Finanzausgleichsgesetz geregelt. Davon wurde in § 1 dieses Gesetzes Gebrauch gemacht.

Art.144 [Annahme des Grundgesetzes; Vorbehalte der Alliierten]

(1) **Dieses Grundgesetz bedarf der Annahme durch die Volksvertretungen in zwei Dritteln der deutschen Länder, in denen es zunächst gelten soll[1].**

(2) **Soweit die Anwendung dieses Grundgesetzes in einem der in Artikel 23 aufgeführten Länder oder in einem Teile eines dieser Länder Beschränkungen unterliegt, hat das Land oder der Teil des Landes das Recht, gemäß Artikel 38 Vertreter in den Bundestag und gemäß Artikel 50 Vertreter in den Bundesrat zu entsenden**[2 f].

Literatur: *Luchterhandt,* Die staatliche Teilung Deutschlands, HbStR[3] I, 2003, § 10; *Raap,* Das Ende der Vier-Mächte-Rechte, BayVBl 1991, 196. – S. auch Literatur zur Präambel.

1. Annahme des Grundgesetzes (Abs.1)

1   Von den Volksvertretungen der zwölf ursprünglichen Bundesländer (Einl.1), auf die sich Abs.1 bezieht, haben in der Zeit vom 16. bis 22. 5. 1949 zehn dem GG zugestimmt, womit die Mehrheit des Abs.1 gegeben war. Allein der Bayerische Landtag hat seine Zustimmung verweigert, gleichzeitig aber die Mehrheitsentscheidung als verbindlich bezeichnet (Dreier DR 21; Huber SA 2). Berlin wurde wegen der besatzungsrechtlichen Sondersituation nicht in die Abstimmung einbezogen (Klein MD 16; Hillgruber EH 2; Dreier DR 18); seine Mitwirkung erfolgt über Art.145 Abs.1. Zur Frage, wer Verfassungsgeber war, Rn.3 zur Präamb. Eine direkte Beteiligung des Volkes bei der Annahme des GG erfolgte nicht, um den vorläufigen Charakter des GG zu betonen (Klein MD 10); die demokratische Legitimität des GG zeigte sich aber bereits bei der ersten Wahl zum Bundestag (Klein MD 22; Mußgnug HbStR[3] I § 8 Rn.100 ff; Dreier DR 13).

2. Vorbehalte der Alliierten

2   Die **Anwendung** des GG unterlag ursprünglich den Beschränkungen durch die Vorbehalte der Alliierten (Mußgnug HbStR I § 8 Rn.77 ff), die im Genehmigungsschreiben der Militärgouverneure vom 12. 4. 1949 enthalten waren (BVerfGE 7, 1/8; 119, 394/414). Die Vorbehalte wurden zunächst schrittweise reduziert, v. a. durch den Überleitungsvertrag und den Deutschlandvertrag von 1952 (idF des Pariser Protokolls über die Beendigung des Besatzungsregimes von 1954; BGBl 1955 II 305 bzw. 405) und durch die Erklärung der Drei Mächte von 1968 zur Ablösung der alliierten Vorbehaltsrechte (BGBl 1968 I 714). Seit dem 3. 10. 1990 sind die Vorbehalte durch den Vertrag über die abschließende Regelung in Bezug auf Deutschland vom 12. 9. 1990 (BGBl II 1318) und durch die Erklärung der Vier Mächte zur Aussetzung der Wirksamkeit der Vier-Mächte-Rechte und -Verantwortlichkeiten in Bezug auf Deutschland vom 1. 10. 1990 **vollständig aufgehoben** worden (Huber SA 10; Hillgruber EH 4; Hopfauf SHH 16). Zum Besatzungsrecht Rn.6 zu Art.123.

3   Das GG galt seit 1949 auch in **Berlin** (BVerfGE 7, 1/7 ff; 37, 57/62), genauer im Westteil von Berlin (Luchterhandt HbStR[3] I § 10 Rn.47). Die Anwendung des GG wurde allerdings durch die Vorbehalte der Westmächte im Genehmigungsschreiben zum GG (oben Rn.2) erheblich beschränkt (BVerfGE 37, 57/62). Berlin durfte nicht „durch den Bund regiert" werden (dazu BVerfGE 20, 257/266; Luchterhandt HbStR[3] I § 10 Rn.44). Dement-

sprechend wurden Bundesgesetze durch Beschluss des Abgeordnetenhauses übernommen, galten aber gleichwohl als Bundesrecht (Klein MD 35). Zu weiteren Einzelheiten Jarass/Pieroth, GG, 1. Aufl. 1983, Art.23 Rn.8. Des Weiteren betrafen die Vorbehalte die Beteiligung Berlins im Bundestag und im Bundesrat (Klein MD 29 ff). Dem trug Abs.2 Rechnung, ohne dass dies im Wortlaut deutlich wird (vgl. BVerfGE 4, 157/175 f). Mit dem Fortfall der Vorbehalte der Alliierten (oben Rn.2) wurde Abs.2 obsolet (Dreier DR 25) und sollte gestrichen werden (Umbach UC 16). Die Vorschrift ist auf die *ostdeutschen Länder*, ihrer Entstehungsgeschichte entsprechend, nicht anwendbar (Huber SA 12; Kunig MüK 13; Dreier DR 25).

Art.145 [Inkrafttreten des Grundgesetzes]

(1) **Der Parlamentarische Rat stellt in öffentlicher Sitzung unter Mitwirkung der Abgeordneten Groß-Berlins die Annahme dieses Grundgesetzes fest, fertigt es aus und verkündet es**[2].

(2) **Dieses Grundgesetz tritt mit Ablauf des Tages der Verkündung in Kraft**[2].

(3) **Es ist im Bundesgesetzblatte zu veröffentlichen**[2].

Literatur: *Jauernig,* Wann ist das Grundgesetz in Kraft getreten?, JZ 1989, 615.

Der Zeitpunkt des Inkrafttretens des GG bestimmt den **zeitlichen Anwendungsbereich** des GG. Die Anforderungen des GG gelten für alle staatlichen Maßnahmen, die nach diesem Zeitpunkt durchgeführt werden (BVerfGE 4, 331/341; 17, 99/108; 29, 166/175 f; BGH, NVwZ 82, 459; Höfling/Burkiczak FH 10; Klein MD 12; s. auch Rn.82 zu Art.3). Gesetze aus der Zeit vor dem Inkrafttreten müssen allerdings in materieller Hinsicht dem GG entsprechen, um fortzugelten (Rn.8 f zu Art.123). Diese Vorgaben gelten auch für den zeitlichen Anwendungsbereich der *Grundrechte*. Insb. führt Art.1 Abs.3 zu keiner Rückwirkung (BVerfGE 29, 166/175; Robbers UC 92 zu Art.1 III; Sachs A3 Rn.8). 1

Was das Inkrafttreten des GG **in den ursprünglichen Bundesländern** 2 (Einl.1) angeht, so wurde das GG am 23. 5. 1949 durch Unterzeichnung der Originalurkunde des GG durch den Parlamentarischen Rat und unter Beteiligung von Vertretern Berlins **ausgefertigt** und durch den Präsidenten des Parlamentarischen Rates mündlich **verkündet** (Dreier DR 5 ff). Die in Abs.3 vorgesehene Veröffentlichung im Bundesgesetzblatt (BGBl 1949, 1) hatte nur noch deklaratorischen Charakter (Klein MD 10; Hopfauf SHH 8; Hillgruber EH 3). Gem. Abs.2 trat das GG am 23. 5. 1949, 24.00 Uhr, in Kraft (Dreier DR 10; Huber SA 5; Höfling/Burkiczak FH 9; für 24. 5. 1949, 00.00 Uhr, v. Campenhausen MKS 6; Kunig MüK 5); das BVerfG spricht teilweise vom 23. 5. 1949 (BVerfGE 4, 331/341), teilweise vom 24. 5. 1949 (BVerfGE 11, 126/129). Damit war die Bundesrepublik Deutschland gegründet (Klein MD 11; Höfling/Burkiczak FH 10; Huber SA 5; vgl. auch BVerfGE 3, 58/148). Zum Entstehen des GG Einl.2.

Was das Inkrafttreten in den **sonstigen Bundesländern** angeht, in denen 3 das GG gem. Art.23 S.1 a. F. zunächst nicht galt, so ist das GG im *Saarland* zum

1. 1. 1957 in Kraft getreten (Rn.5 zur Präamb). In den Ländern *Brandenburg, Mecklenburg-Vorpommern, Sachsen, Sachsen-Anhalt und Thüringen* sowie im *Ostteil von Berlin,* in denen das GG zunächst nicht galt (Rn.8 zur Präamb), trat das GG gem. Art.3 EV zum 3. 10. 1990 um 0 Uhr in Kraft (Meixner BK 13 zu Art.143); zur Wiedervereinigung Rn.5 zur Präamb. Zum Sonderfall des Art.131 vgl. Rn.3 zu Art.131. Die Vorschriften der Finanzverfassung traten gem. Art.7 EV nach Maßgabe detaillierter, teilweise bis Ende 1996 laufender Übergangsvorschriften in Kraft (Weis, AöR 1991, 26); soweit damit die Frist des Art.143 Abs.2 überschritten wird, soll das verfassungswidrig sein (Schwarz MKS 22 zu Art.143). Darüber hinaus ließ bzw. lässt Art.143 vom GG, auch soweit es in Kraft getreten ist, gewisse Abweichungen zu (näher Rn.2–4, 7–10 zu Art.143).

Art.146 [Geltungsdauer des Grundgesetzes]

Dieses Grundgesetz, das nach Vollendung der Einheit und Freiheit Deutschlands für das gesamte deutsche Volk gilt[1], verliert seine Gültigkeit an dem Tage, an dem eine Verfassung in Kraft tritt, die von dem deutschen Volke in freier Entscheidung beschlossen worden ist[2 ff].

Literatur: *Hofmann,* Verfassungsrechtliche Auswirkungen der Ergebnisse des Verfassungskonvents, ZG 2003, 57 ff; *Meyer,* Art.146 GG. Ein unerfüllter Verfassungsauftrag?, in: v. Arnim (Hg.), Direkte Demokratie, 2000, 67; *Stückrath,* Art.146 GG: Verfassungsablösung zwischen Legalität und Legitimität, 1997; *Moelle,* Der Verfassungsbeschluß nach Art.146 GG, 1996; *Baldus,* Eine vom deutschen Volk in freier Entscheidung beschlossene Verfassung, KritV 1993, 429; *Fliegauf,* Verfassungsgesetzgebung und Volksentscheid, LKV 1993, 181; *Isensee,* Schlußbestimmung des Grundgesetzes: Artikel 146, in: HbStR VII, 1993, § 166; *Wiedern,* Die Verfassungsgebung im wiedervereinigten Deutschland, AöR 1992, 410; *Heckmann,* Verfassungsreform als Ideenwettbewerb zwischen Staat und Volk, DVBl 1991, 847; *Würtenberger,* Art.146 GG n. F., in: Stern (Hg.), Deutsche Wiedervereinigung, Bd. I, 1991, 95; *Busse,* Das vertragliche Werk der deutschen Einheit, DÖV 1991, 345; *Kempen,* Grundgesetz oder neue deutsche Verfassung?, NJW 1991, 964; *Kriele,* Art.146 GG: Brücke zu einer neuen Fassung, ZRP 1991, 1; *Wahl,* Die Verfassungsfrage nach dem Beitritt, StWiss 1990, 468; *Tomuschat,* Wege zur deutschen Einheit, VVDStRL 49 (1990), 70; *Bartlsperger,* Verfassung und verfassungsgebende Gewalt im vereinigten Deutschland, DVBl 1990, 1285; *Sterzel,* In neuer Verfassung?, KJ 1990, 385. – S. auch Literatur zur Präambel und zu Art.116.

1. Grundlagen

1 **a) Änderung nach Wiedervereinigung.** Art.146 wurde 1990 durch das EinigungsvertragsG (Einl.2 Nr.36) wesentlich geändert und knüpft an die Wiedervereinigung Deutschlands am 3. 10. 1990 (Rn.5 zur Präamb) an. Die Vorschrift stellt zunächst fest, dass das GG (seitdem) für das gesamte deutsche Volk gilt, das Wiedervereinigungsgebot des GG also erfüllt ist (Hillgruber EH 3). Damit wird auch der völkerrechtliche Verzicht auf die früheren Ostgebiete innerstaatlich bekräftigt (Murswiek BK 292 zur Präamb.; BT-Drs. 11/7760, 358). Die Neuregelung ist gültiges Verfassungsrecht, verstieß insb. nicht gegen Art.79 Abs.3 (a. A. Hillgruber EH 8.1); das BVerfG hat die Vorschrift jedenfalls mehrfach angewandt, ohne ihre Gültigkeit in Frage zu stellen (etwa BVerfGE 89, 155/180; 123, 267/332).

b) Neue Verfassung. Der wesentliche Gehalt des Art.146 liegt darin, **2** den Erlass einer neuen Verfassung zu ermöglichen, und zwar durch eine Entscheidung des deutschen Volkes. Damit wird die verfassungsgebende Gewalt des Volkes verrechtlicht (Huber SA 11; vgl. BVerfGE 5, 85/131; 123, 267/332). Die Ermächtigung ist nicht auf die Phase nach der Wiedervereinigung beschränkt (Isensee HbStR VII § 166 Rn.59; Huber SA 7; Kirn MüK 4; oben Rn.1; a.A. Lerche, FS Lobkowicz, 1996, 306). Schließlich enthält Art.146 keinen Auftrag zum Erlass einer neuen Verfassung, sondern eine Option (Hillgruber EH 12; Dreier DR 51). Gegenstand ist immer der Erlass einer neuen, vom GG abweichenden Verfassung, nicht das Außerkraftsetzen des GG (Speckmaier UC 16f). Bei einem positiven Abstimmungsergebnis tritt aber das Grundgesetz außer Kraft. Art.146 ändert nichts daran, dass das GG die dauerhafte Verfassung der Bundesrepublik Deutschland ist (vgl. Kirchhof HbStR VII 865; Rn.2 zur Präamb). Die Vorschrift enthält kein Grundrecht (BVerfGE 89, 155/180), etwa auf Volksabstimmung (BVerfG-K, NVwZ-RR 00, 474); doch kann die Beachtung des Art.146 ggf. iVm den Grundrechten gerügt werden (BVerfGE 123, 267/332).

2. Voraussetzungen einer neuem Verfassung

a) Verfahren. Zur Frage, in welchem Verfahren die neue Verfassung zu er- **3** lassen ist, enthält Art.146 nur die Aussage, dass dies im Wege einer *freien Entscheidung des deutschen Volks* erfolgen soll. Sie muss „frei von äußerem und innerem Zwang" sein (BVerfGE 5, 85/131). Damit ist zunächst eine *Volksabstimmung* über die neue Verfassung gemeint (Speckmaier UC 15f, 25; Dreier DR 52), wie das auch der gemeinsam mit Art.146 erlassenen Regelung des Art.5 EV zu entnehmen ist, die unter der amtlichen Überschrift „Verfassungsänderungen" festlegt, dass den gesetzgebenden Körperschaften der Bundesrepublik empfohlen wird, sich insb. „mit der Frage der Anwendung des Artikels 146 des Grundgesetzes und in deren Rahmen einer Volksabstimmung" zu befassen. Alternativ ist, deutscher Verfassungstradition entsprechend, auch die *Wahl einer Nationalversammlung* durch das Volk möglich, die dann ihrerseits über die Verfassung entscheidet (Dreier DR 52; Hillgruber EH 5).

Unklar ist, ob Art.146 erst nach Erlass einer **Ausführungsregelung** ge- **4** nutzt werden kann und welche Qualität diese Regelung haben muss. Überwiegend wird eine entsprechende Verfassungsänderung unter Beachtung des Art.79 Abs.2 vorausgesetzt (Badura HbStR VII § 160 Rn.19; Kirn MüK 14; Huber SA 16; noch strenger v. Campenhausen MKS 16). Auch ohne eine solche Regelung dürfte möglich sein, den Entwurf der neuen Verfassung im Weg des Art.79 Abs.2 zu erstellen und dann anschließend die wahlberechtigten Bürger (durch einfache Mehrheit) entscheiden zu lassen (Speckmaier UC 22, 28). Dagegen ist zweifelhaft, ob es zudem möglich ist unmittelbar auf der Grundlage des Art.146 nach einer Verfassungsinitiative des Volkes oder einem schlichten Beschluss von Bundestag oder Bundesrat eine Volksabstimmung durchzuführen (dafür Dreier DR 53).

b) Materielle Voraussetzungen. Umstritten ist, ob die Vorgaben des **5** Art.79 Abs.3 auch für die nach Art.146 zustande kommende Verfassung gelten (dafür Schneider HbStR VII § 158 Rn.38f; Isensee HbStR VII § 166

Rn.61 f; Kirchhof HbStR VII § 183 Rn.21; dagegen Dreier DR 50; Huber SA 11; wohl auch BVerfGE 5, 85/131). Angesichts der extensiven Auslegung des Art.79 Abs.3 durch das BVerfG (vgl. Rn.35 zu Art.23 und Rn.6 zu Art.79), wird man das ablehnen müssen, da andernfalls die verfassungsgebende Gewalt des Volkes zu sehr beschränkt würde (vgl. Scholz MD 14 ff). Falls daher Art.79 Abs.3 einen europäischen Bundesstaat ausschließt (dazu Rn.35 zu Art.23), kann er über Art.146 erreicht werden (Schmehl SO 5; Huber SA 18; Kirn MüK 15; Dreier DR 57 zu Art.79 III; a. A. Isensee HbStR VII § 166 Rn.68).

Anhang

Gesetz über das Bundesverfassungsgericht (Bundesverfassungsgerichtsgesetz – BVerfGG)[1]

in der Fassung der Bekanntmachung vom 11. 8. 1993

(BGBl. I S.1473), zuletzt geändert durch Gesetz
vom 1. 12. 2009 (BGBl. I S.3822)

(BGBl. III 1104-1)

Inhaltsübersicht

---

[1] Vgl. auch die Geschäftsordnung des BVerfG idF der Bekanntmachung v. 15. 12. 1986 (BGBl. I S.2529), zuletzt geänd. durch Beschluss v. 7. 1. 2002 (BGBl. I S.1171).

I. Teil. Verfassung und
Zuständigkeit des Bundesverfassungsgerichts

§ 1 [Stellung, Sitz, Geschäftsordnung]. (1) Das Bundesverfassungsgericht ist ein allen übrigen Verfassungsorganen gegenüber selbständiger und unabhängiger Gerichtshof des Bundes[1].

(2) Der Sitz des Bundesverfassungsgerichts ist Karlsruhe.

(3) Das Bundesverfassungsgericht gibt sich eine Geschäftsordnung, die das Plenum beschließt[2].

§ 2 [Senate]. (1) Das Bundesverfassungsgericht besteht aus zwei Senaten.

(2) In jeden Senat werden acht Richter gewählt.

(3) Drei Richter jedes Senats werden aus der Zahl der Richter an den obersten Gerichtshöfen des Bundes gewählt. Gewählt werden sollen nur Richter, die wenigstens drei Jahre an einem obersten Gerichtshof des Bundes tätig gewesen sind[3].

§ 3 [Qualifikation der Richter].[3] (1) Die Richter müssen das 40. Lebensjahr vollendet haben, zum Bundestag wählbar sein und sich schriftlich bereit erklärt haben, Mitglied des Bundesverfassungsgerichts zu werden.

(2) Sie müssen die Befähigung zum Richteramt nach dem Deutschen Richtergesetz besitzen oder bis zum 3. Oktober 1990 in dem in Artikel 3 des Einigungsvertrages genannten Gebiet die Befähigung als Diplomjurist erworben haben und nach Maßgabe des Einigungsvertrages einen gesetzlich geregelten juristischen Beruf aufnehmen dürfen.

(3) Sie können weder dem Bundestag, dem Bundesrat, der Bundesregierung noch den entsprechenden Organen eines Landes angehören. Mit ihrer Ernennung scheiden sie aus solchen Organen aus.

(4) Mit der richterlichen Tätigkeit ist eine andere berufliche Tätigkeit als die eines Lehrers des Rechts an einer deutschen Hochschule unvereinbar. Die Tätigkeit als Richter des Bundesverfassungsgerichts geht der Tätigkeit als Hochschullehrer vor.

§ 4 [Amtszeit der Richter]. (1) Die Amtszeit der Richter dauert zwölf Jahre, längstens bis zur Altersgrenze.

(2) Eine anschließende oder spätere Wiederwahl der Richter ist ausgeschlossen.

(3) Altersgrenze ist das Ende des Monats, in dem der Richter das 68. Lebensjahr vollendet.

(4) Nach Ablauf der Amtszeit führen die Richter ihre Amtsgeschäfte bis zur Ernennung des Nachfolgers fort.

§ 5 [Wahlorgane].[3] (1) Die Richter jedes Senats werden je zur Hälfte vom Bundestag und vom Bundesrat gewählt. Von den aus der Zahl der Richter an den obersten Gerichtshöfen des Bundes zu berufenden Richtern werden einer von dem einen, zwei von dem anderen Wahlorgan, von den übrigen

---

[1] Vgl. dazu Rn.2–4 zu Art.93.
[2] Vgl. dazu Rn.2 zu Art.93.
[3] Vgl. dazu Rn.1 zu Art.94.

Richtern drei von dem einen, zwei von dem anderen Wahlorgan in die Senate gewählt.

(2) Die Richter werden frühestens drei Monate vor Ablauf der Amtszeit ihrer Vorgänger oder, wenn der Bundestag in dieser Zeit aufgelöst ist, innerhalb eines Monats nach dem ersten Zusammentritt des Bundestages gewählt.

(3) Scheidet ein Richter vorzeitig aus, so wird der Nachfolger innerhalb eines Monats von demselben Bundesorgan gewählt, das den ausgeschiedenen Richter gewählt hat.

§ 6 [Wahlverfahren im Bundestag].[1] (1) Die vom Bundestag zu berufenden Richter werden in indirekter Wahl gewählt.

(2) Der Bundestag wählt nach den Regeln der Verhältniswahl einen Wahlausschuss für die Richter des Bundesverfassungsgerichts, der aus zwölf Mitgliedern des Bundestages besteht. Jede Fraktion kann einen Vorschlag einbringen. Aus den Summen der für jeden Vorschlag abgegebenen Stimmen wird nach dem Höchstzahlverfahren (d'Hondt) die Zahl der auf jeden Vorschlag gewählten Mitglieder errechnet. Gewählt sind die Mitglieder in der Reihenfolge, in der ihr Name auf dem Vorschlag erscheint. Scheidet ein Mitglied des Wahlausschusses aus oder ist es verhindert, so wird es durch das nächste auf der gleichen Liste vorgeschlagene Mitglied ersetzt.

(3) Das älteste Mitglied des Wahlausschusses beruft die Mitglieder des Wahlausschusses unverzüglich unter Einhaltung einer Ladungsfrist von einer Woche zur Durchführung der Wahl und leitet die Sitzung, die fortgesetzt wird, bis alle Richter gewählt sind.

(4) Die Mitglieder des Wahlausschusses sind zur Verschwiegenheit über die ihnen durch ihre Tätigkeit im Wahlausschuss bekanntgewordenen persönlichen Verhältnisse der Bewerber sowie über die hierzu im Wahlausschuss gepflogenen Erörterungen und über die Abstimmung verpflichtet.

(5) Zum Richter ist gewählt, wer mindestens acht Stimmen auf sich vereinigt.

§ 7 [Wahlverfahren im Bundesrat]. Die vom Bundesrat zu berufenden Richter werden mit zwei Dritteln der Stimmen des Bundesrates gewählt.

§ 7a [Wahlverfahren in besonderen Fällen]. (1) Kommt innerhalb von zwei Monaten nach dem Ablauf der Amtszeit oder dem vorzeitigen Ausscheiden eines Richters die Wahl eines Nachfolgers auf Grund der Vorschriften des § 6 nicht zustande, so hat das älteste Mitglied des Wahlausschusses unverzüglich das Bundesverfassungsgericht aufzufordern, Vorschläge für die Wahl zu machen.

(2) Das Plenum des Bundesverfassungsgerichts beschließt mit einfacher Mehrheit, wer zur Wahl als Richter vorgeschlagen wird. Ist nur ein Richter zu wählen, so hat das Bundesverfassungsgericht drei Personen vorzuschlagen; sind gleichzeitig mehrere Richter zu wählen, so hat das Bundesverfassungsgericht doppelt so viele Personen vorzuschlagen, als Richter zu wählen sind. § 16 Abs.2 gilt entsprechend.

(3) Ist der Richter vom Bundesrat zu wählen, so gelten die Absätze 1 und 2 mit der Maßgabe, dass an die Stelle des ältesten Mitglieds

---

[1] Vgl. dazu Rn.1 zu Art.94.

des Wahlausschusses der Präsident des Bundesrates oder sein Stellvertreter tritt.

(4) Das Recht des Wahlorgans, einen nicht vom Bundesverfassungsgericht Vorgeschlagenen zu wählen, bleibt unberührt.

§ 8 [Vorschlagslisten]. (1) Das Bundesministerium der Justiz stellt eine Liste aller Bundesrichter auf, die die Voraussetzungen des § 3 Abs.1 und 2 erfüllen.

(2) Das Bundesministerium der Justiz führt eine weitere Liste, in die alle Personen aufzunehmen sind, die von einer Fraktion des Bundestages, der Bundesregierung oder einer Landesregierung für das Amt eines Richters am Bundesverfassungsgericht vorgeschlagen werden und die Voraussetzungen des § 3 Abs.1 und 2 erfüllen.

(3) Die Listen sind laufend zu ergänzen und spätestens eine Woche vor einer Wahl den Präsidenten des Bundestages und des Bundesrates zuzuleiten.

§ 9 [Wahl des Präsidenten und seines Stellvertreters]. (1) Bundestag und Bundesrat wählen im Wechsel den Präsidenten des Bundesverfassungsgerichts und den Vizepräsidenten. Der Vizepräsident ist aus dem Senat zu wählen, dem der Präsident nicht angehört.

(2) Bei der ersten Wahl wählt der Bundestag den Präsidenten, der Bundesrat den Vizepräsidenten.

(3) Die Vorschriften der §§ 6 und 7 gelten entsprechend.

§ 10 [Ernennung].[1] Der Bundespräsident ernennt die Gewählten.

§ 11 [Amtseid]. (1) Die Richter des Bundesverfassungsgerichts leisten bei Antritt ihres Amtes vor dem Bundespräsidenten folgenden Eid:

„Ich schwöre, dass ich als gerechter Richter allezeit das Grundgesetz der Bundesrepublik Deutschland getreulich wahren und meine richterlichen Pflichten gegenüber jedermann gewissenhaft erfüllen werde. So wahr mir Gott helfe."

Wird der Eid durch eine Richterin geleistet, so treten an die Stelle der Worte „als gerechter Richter" die Worte „als gerechte Richterin".

(2) Bekennt sich der Richter zu einer Religionsgemeinschaft, deren Angehörigen das Gesetz die Verwendung einer anderen Beteuerungsformel gestattet, so kann er diese gebrauchen.

(3) Der Eid kann auch ohne religiöse Beteuerungsformel geleistet werden.

§ 12 [Recht auf jederzeitige Entlassung]. Die Richter des Bundesverfassungsgerichts können jederzeit ihre Entlassung aus dem Amt beantragen. Der Bundespräsident hat die Entlassung auszusprechen[2].

§ 13 [Zuständigkeit des Gerichts].[2] Das Bundesverfassungsgericht entscheidet

1. über die Verwirkung von Grundrechten (Artikel 18 des Grundgesetzes),
2. über die Verfassungswidrigkeit von Parteien (Artikel 21 Abs.2 des Grundgesetzes),
3. über Beschwerden gegen Entscheidungen des Bundestages, die die Gültigkeit einer Wahl oder den Erwerb oder Verlust der Mitgliedschaft eines

---

[1] Vgl. dazu Rn.1–3 zu Art.60.
[2] Vgl. dazu Rn.1 zu Art.93.

Abgeordneten beim Bundestag betreffen (Artikel 41 Abs.2 des Grundgesetzes),

4. über Anklagen des Bundestages oder des Bundesrates gegen den Bundespräsidenten (Artikel 61 des Grundgesetzes),

5. über die Auslegung des Grundgesetzes aus Anlass von Streitigkeiten über den Umfang der Rechte und Pflichten eines obersten Bundesorgans oder anderer Beteiligter, die durch das Grundgesetz oder in der Geschäftsordnung eines obersten Bundesorgans mit eigenen Rechten ausgestattet sind (Artikel 93 Abs.1 Nr.1 des Grundgesetzes),

6. bei Meinungsverschiedenheiten oder Zweifeln über die förmliche oder sachliche Vereinbarkeit von Bundesrecht oder Landesrecht mit dem Grundgesetz oder die Vereinbarkeit von Landesrecht mit sonstigem Bundesrecht auf Antrag der Bundesregierung, einer Landesregierung oder eines Viertels der Mitglieder des Bundestages (Artikel 93 Abs.1 Nr.2 des Grundgesetzes),

6 a. bei Meinungsverschiedenheiten, ob ein Gesetz den Voraussetzungen des Artikels 72 Abs.2 des Grundgesetzes entspricht, auf Antrag des Bundesrates, einer Landesregierung oder der Volksvertretung eines Landes (Artikel 93 Abs.1 Nr.2a des Grundgesetzes),

6b. darüber, ob im Falle des Artikels 72 Abs.4 die Erforderlichkeit für eine bundesgesetzliche Regelung nach Artikel 72 Abs.2 nicht mehr besteht oder Bundesrecht in den Fällen des Artikels 125a Abs.2 Satz 1 nicht mehr erlassen werden könnte, auf Antrag des Bundesrates, einer Landesregierung oder der Volksvertretung eines Landes (Artikel 93 Abs.2 des Grundgesetzes),

7. bei Meinungsverschiedenheiten über Rechte und Pflichten des Bundes und der Länder, insbesondere bei der Ausführung von Bundesrecht durch die Länder und bei der Ausübung der Bundesaufsicht (Artikel 93 Abs.1 Nr.3 und Artikel 84 Abs.4 Satz 2 des Grundgesetzes),

8. in anderen öffentlich-rechtlichen Streitigkeiten zwischen dem Bund und den Ländern, zwischen verschiedenen Ländern oder innerhalb eines Landes, soweit nicht ein anderer Rechtsweg gegeben ist (Artikel 93 Abs.1 Nr.4 des Grundgesetzes),

8a. über Verfassungsbeschwerden (Artikel 93 Abs.1 Nr.4a und 4b des Grundgesetzes),

9. über Richteranklagen gegen Bundesrichter und Landesrichter (Artikel 98 Abs.2 und 5 des Grundgesetzes),

10. über Verfassungsstreitigkeiten innerhalb eines Landes, wenn diese Entscheidung durch Landesgesetz dem Bundesverfassungsgericht zugewiesen ist (Artikel 99 des Grundgesetzes),

11. über die Vereinbarkeit eines Bundesgesetzes oder eines Landesgesetzes mit dem Grundgesetz oder die Vereinbarkeit eines Landesgesetzes oder sonstigen Landesrechts mit einem Bundesgesetz auf Antrag eines Gerichts (Artikel 100 Abs.1 des Grundgesetzes),

11 a. über die Vereinbarkeit eines Beschlusses des Deutschen Bundestages zur Einsetzung eines Untersuchungsausschusses mit dem Grundgesetz auf Vorlage nach § 36 Abs.2 des Untersuchungsausschussgesetzes,

12. bei Zweifeln darüber, ob eine Regel des Völkerrechts Bestandteil des Bundesrechts ist und ob sie unmittelbar Rechte und Pflichten für den einzelnen erzeugt, auf Antrag des Gerichts (Artikel 100 Abs.2 des Grundgesetzes),

13. wenn das Verfassungsgericht eines Landes bei der Auslegung des Grundgesetzes von einer Entscheidung des Bundesverfassungsgerichts oder des Verfassungsgerichts eines anderen Landes abweichen will, auf Antrag dieses Verfassungsgerichts (Artikel 100 Abs.3 des Grundgesetzes),

14. bei Meinungsverschiedenheiten über das Fortgelten von Recht als Bundesrecht (Artikel 126 des Grundgesetzes),

15. in den ihm sonst durch Bundesgesetz zugewiesenen Fällen (Artikel 93 Abs.3 des Grundgesetzes).

§ 14 [Zuständigkeit der Senate].[1,2] (1) Der Erste Senat des Bundesverfassungsgerichts ist zuständig für Normenkontrollverfahren (§ 13 Nr.6 und 11), in denen überwiegend die Unvereinbarkeit einer Vorschrift mit Grundrechten oder Rechten aus den Artikeln 33, 101, 103 und 104 des Grundgesetzes geltend gemacht wird, sowie für Verfassungsbeschwerden mit Ausnahme der Verfassungsbeschwerden nach § 91 und der Verfassungsbeschwerden aus dem Bereich des Wahlrechts. Das Gleiche gilt, wenn eine Landesregierung zusammen mit einem Normenkontrollantrag (§ 13 Nr.6) nach Satz 1 einen Antrag nach § 13 Nr.6a oder 6b stellt.

(2) Der Zweite Senat des Bundesverfassungsgerichts ist zuständig in den Fällen des § 13 Nr.1 bis 5, 6a bis 9, 11a, 12 und 14, ferner für Normenkont-

---

[1] Siehe hierzu A des Beschl. des Plenums des BVerfG vom 15. 11. 1993 gemäß § 14 Abs.4 dieses Gesetzes (BGBl. I S.2492): Mit Wirkung vom 1. Januar 1994 ist abweichend von § 14 Abs.1 bis 3 des Gesetzes über das Bundesverfassungsgericht der Zweite Senat des Bundesverfassungsgerichts auch zuständig:

I. für Normenkontrollverfahren (§ 13 Nr.6 und Nr.11 BVerfGG) und Verfassungsbeschwerden aus den Rechtsbereichen

  1. des Asylrechts;

  2. des Ausländergesetzes und der internationalen Rechtshilfe in Strafsachen;

  3. des Staatsangehörigkeitsrechts;

  4. des öffentlichen Dienstes und der Dienstverhältnisse zu Religionsgesellschaften, deren Recht dem Recht des öffentlichen Dienstes nachgebildet ist, einschließlich des jeweiligen Disziplinarrechts;

  5. des Wehr- und Ersatzdienstes einschließlich des diesen Bereich betreffenden Disziplinarrechts;

  6. des Strafrechts und des Strafverfahrensrechts mit Ausnahme von Verfahren, in denen Fragen der Auslegung und Anwendung des Art.5 oder des Art.8 GG überwiegen;

  7. des Vollzugs von Untersuchungs- und Strafhaft und von freiheitsentziehenden Maßregeln der Sicherung und Besserung sowie der Anordnung und des Vollzugs anderer Freiheitsentziehungen;

  8. des Bußgeldverfahrens;

  9. des Einkommensteuerrechts einschließlich des Kirchensteuerrechts.

II. 1. im Übrigen für Normenkontrollverfahren und Verfassungsbeschwerden,

    a) bei denen die Auslegung und Anwendung von Völkerrecht oder primärem Europarecht von erheblicher Bedeutung sind;

    b) bei denen andere Fragen als solche der Auslegung und Anwendung der Art.1 bis 17, 19, 101 und 103 Abs.1 GG (auch in Verbindung mit dem Rechtsstaatsprinzip) überwiegen;

  2. darüber hinaus für Verfassungsbeschwerden aus dem Bereich der Zivilgerichtsbarkeit (mit Ausnahme des Familienrechts und des Erbrechts) von Beschwerdeführern mit den Anfangsbuchstaben L bis Z, in denen Fragen einer Verletzung der Rechte aus Art.101 Abs.1 oder Art.103 Abs.1 GG überwiegen.

[2] Vgl. auch die Geschäftsverteilungspläne der Senate; z.B. für das Geschäftsjahr 2003 Beschluss des Ersten Senats vom 17. 12. 2002 und des Zweiten Senats vom 13. 12. 2002 unter www.bundesverfassungsgericht.de.

rollverfahren und Verfassungsbeschwerden, die nicht dem Ersten Senat zugewiesen sind.

(3) In den Fällen des § 13 Nr.10 und 13 bestimmt sich die Zuständigkeit der Senate nach der Regel der Absätze 1 und 2.

(4) Das Plenum des Bundesverfassungsgerichts kann mit Wirkung vom Beginn des nächsten Geschäftsjahres die Zuständigkeit der Senate abweichend von den Absätzen 1 bis 3 regeln, wenn dies infolge einer nicht nur vorübergehenden Überlastung eines Senats unabweislich geworden ist. Die Regelung gilt auch für anhängige Verfahren, bei denen noch keine mündliche Verhandlung oder Beratung der Entscheidung stattgefunden hat. Der Beschluss wird im Bundesgesetzblatt bekanntgemacht.

(5) Wenn zweifelhaft ist, welcher Senat für ein Verfahren zuständig ist, so entscheidet darüber ein Ausschuss, der aus dem Präsidenten, dem Vizepräsidenten und vier Richtern besteht, von denen je zwei von jedem Senat für die Dauer des Geschäftsjahres berufen werden. Bei Stimmengleichheit gibt die Stimme des Vorsitzenden den Ausschlag.

§ 15 [Vorsitz und Beschlussfähigkeit]. (1) Der Präsident des Bundesverfassungsgerichts und der Vizepräsident führen den Vorsitz in ihrem Senat. Sie werden von dem dienstältesten, bei gleichem Dienstalter von dem lebensältesten anwesenden Richter des Senats vertreten.

(2) Jeder Senat ist beschlussfähig, wenn mindestens sechs Richter anwesend sind. Ist ein Senat in einem Verfahren von besonderer Dringlichkeit nicht beschlussfähig, ordnet der Vorsitzende ein Losverfahren an, durch das so lange Richter des anderen Senats als Vertreter bestimmt werden, bis die Mindestzahl erreicht ist. Die Vorsitzenden der Senate können nicht als Vertreter bestimmt werden. Das Nähere regelt die Geschäftsordnung.

(3) Nach Beginn der Beratung einer Sache können weitere Richter nicht hinzutreten. Wird der Senat beschlussunfähig, muss die Beratung nach seiner Ergänzung neu begonnen werden.

(4) Im Verfahren gemäß § 13 Nr.1, 2, 4 und 9 bedarf es zu einer dem Antragsgegner nachteiligen Entscheidung in jedem Fall einer Mehrheit von zwei Dritteln der Mitglieder des Senats. Im Übrigen entscheidet die Mehrheit der an der Entscheidung mitwirkenden Mitglieder des Senats, soweit nicht das Gesetz etwas anderes bestimmt. Bei Stimmengleichheit kann ein Verstoß gegen das Grundgesetz oder sonstiges Bundesrecht nicht festgestellt werden.

§ 15a [Kammern und Verteilung der Verfassungsbeschwerden].[1]

(1) Die Senate berufen für die Dauer eines Geschäftsjahres mehrere Kammern. Jede Kammer besteht aus drei Richtern. Die Zusammensetzung einer Kammer soll nicht länger als drei Jahre unverändert bleiben.

(2) Der Senat beschließt vor Beginn eines Geschäftsjahres für dessen Dauer die Verteilung der Anträge nach § 80 und der Verfassungsbeschwerden nach den §§ 90 und 91 auf die Berichterstatter, die Zahl und Zusammensetzung der Kammern sowie die Vertretung ihrer Mitglieder.

§ 16 [Plenarentscheidungen]. (1) Will ein Senat in einer Rechtsfrage von der in einer Entscheidung des anderen Senats enthaltenen Rechtsauffassung

---

[1] Vgl. Fn.2 zu § 14.

abweichen, so entscheidet darüber das Plenum des Bundesverfassungsgerichts.

(2) Es ist beschlussfähig, wenn von jedem Senat zwei Drittel seiner Richter anwesend sind.

II. Teil. Verfassungsgerichtliches Verfahren

Erster Abschnitt. Allgemeine Verfahrensvorschriften

§ 17 [Anwendung von Vorschriften des Gerichtsverfassungsgesetzes]. Soweit in diesem Gesetz nichts anderes bestimmt ist, sind hinsichtlich der Öffentlichkeit, der Sitzungspolizei, der Gerichtssprache, der Beratung und Abstimmung die Vorschriften der Titel 14 bis 16 des Gerichtsverfassungsgesetzes entsprechend anzuwenden.

§ 17a [Rundfunk- und Filmaufnahmen]. (1) Abweichend von § 169 Satz 2 des Gerichtsverfassungsgesetzes sind Ton- und Fernsehrundfunkaufnahmen sowie Ton- und Filmaufnahmen zum Zwecke der öffentlichen Vorführung oder der Veröffentlichung ihres Inhalts zulässig
1. in der mündlichen Verhandlung, bis das Gericht die Anwesenheit der Beteiligten festgestellt hat,
2. bei der öffentlichen Verkündung von Entscheidungen.

(2) Zur Wahrung schutzwürdiger Interessen der Beteiligten oder Dritter sowie eines ordnungsgemäßen Ablaufs des Verfahrens kann das Bundesverfassungsgericht die Aufnahmen nach Absatz 1 oder deren Übertragung ganz oder teilweise ausschließen oder von der Einhaltung von Auflagen abhängig machen.

§ 18 [Ausschluss eines Richters]. (1) Ein Richter des Bundesverfassungsgerichts ist von der Ausübung seines Richteramtes ausgeschlossen, wenn er
1. an der Sache beteiligt oder mit einem Beteiligten verheiratet ist oder war, eine Lebenspartnerschaft führt oder führte, in gerader Linie verwandt oder verschwägert oder in der Seitenlinie bis zum dritten Grade verwandt oder bis zum zweiten Grade verschwägert ist oder
2. in derselben Sache bereits von Amts oder Berufs wegen tätig gewesen ist.

(2) Beteiligt ist nicht, wer auf Grund seines Familienstandes, seines Berufs, seiner Abstammung, seiner Zugehörigkeit zu einer politischen Partei oder aus einem ähnlich allgemeinen Gesichtspunkt am Ausgang des Verfahrens interessiert ist.

(3) Als Tätigkeit im Sinne des Absatzes 1 Nr. 2 gilt nicht
1. die Mitwirkung im Gesetzgebungsverfahren,
2. die Äußerung einer wissenschaftlichen Meinung zu einer Rechtsfrage, die für das Verfahren bedeutsam sein kann.

§ 19 [Ablehnung eines Richters wegen Besorgnis der Befangenheit]. (1) Wird ein Richter des Bundesverfassungsgerichts wegen Besorgnis der Befangenheit abgelehnt, so entscheidet das Gericht unter Ausschluss des Abgelehnten; bei Stimmengleichheit gibt die Stimme des Vorsitzenden den Ausschlag.

(2) Die Ablehnung ist zu begründen. Der Abgelehnte hat sich dazu zu äußern. Die Ablehnung ist unbeachtlich, wenn sie nicht spätestens zu Beginn der mündlichen Verhandlung erklärt wird.

(3) Erklärt sich ein Richter, der nicht abgelehnt ist, selbst für befangen, so gilt Absatz 1 entsprechend.

(4) Hat das Bundesverfassungsgericht die Ablehnung oder Selbstablehnung eines Richters für begründet erklärt, wird durch Los ein Richter des anderen Senats als Vertreter bestimmt. Die Vorsitzenden der Senate können nicht als Vertreter bestimmt werden. Das Nähere regelt die Geschäftsordnung.

§ 20 [Akteneinsicht]. Die Beteiligten haben das Recht der Akteneinsicht.

§ 21 [Beauftragte von Personengruppen]. Wenn das Verfahren von einer Personengruppe oder gegen eine Personengruppe beantragt wird, kann das Bundesverfassungsgericht anordnen, dass sie ihre Rechte, insbesondere das Recht auf Anwesenheit im Termin, durch einen oder mehrere Beauftragte wahrnehmen lässt.

§ 22 [Verfahrensvertretung]. (1) Die Beteiligten können sich in jeder Lage des Verfahrens durch einen Rechtsanwalt oder durch einen Lehrer des Rechts an einer deutschen Hochschule vertreten lassen; in der mündlichen Verhandlung vor dem Bundesverfassungsgericht müssen sie sich in dieser Weise vertreten lassen. Gesetzgebende Körperschaften und Teile von ihnen, die in der Verfassung oder in der Geschäftsordnung mit eigenen Rechten ausgestattet sind, können sich auch durch ihre Mitglieder vertreten lassen. Der Bund, die Länder und ihre Verfassungsorgane können sich außerdem durch ihre Beamten vertreten lassen, soweit sie die Befähigung zum Richteramt besitzen oder auf Grund der vorgeschriebenen Staatsprüfungen die Befähigung zum höheren Verwaltungsdienst erworben haben. Das Bundesverfassungsgericht kann auch eine andere Person als Beistand eines Beteiligten zulassen.

(2) Die Vollmacht ist schriftlich zu erteilen. Sie muss sich ausdrücklich auf das Verfahren beziehen.

(3) Ist ein Bevollmächtigter bestellt, so sind alle Mitteilungen des Gerichts an ihn zu richten.

§ 23 [Einleitung des Verfahrens]. (1) Anträge, die das Verfahren einleiten, sind schriftlich beim Bundesverfassungsgericht einzureichen. Sie sind zu begründen; die erforderlichen Beweismittel sind anzugeben[1].

(2) Der Vorsitzende oder, wenn eine Entscheidung nach § 93c in Betracht kommt, der Berichterstatter stellt den Antrag dem Antragsgegner, den übrigen Beteiligten sowie den Dritten, denen nach § 27a Gelegenheit zur Stellungnahme gegeben wird, unverzüglich mit der Aufforderung zu, sich binnen einer zu bestimmenden Frist dazu zu äußern.

(3) Der Vorsitzende oder der Berichterstatter kann jedem Beteiligten aufgeben, binnen einer zu bestimmenden Frist die erforderliche Zahl von Abschriften seiner Schriftsätze und der angegriffenen Entscheidungen für das Gericht und für die übrigen Beteiligten nachzureichen.

---

[1] Vgl. dazu Rn.15, 67 f zu Art.93; Rn.16 f zu Art.100.

§ 24 [A-limine-Abweisung]. Unzulässige oder offensichtlich unbegründete Anträge können durch einstimmigen Beschluss des Gerichts verworfen werden. Der Beschluss bedarf keiner weiteren Begründung, wenn der Antragsteller vorher auf die Bedenken gegen die Zulässigkeit oder Begründetheit seines Antrags hingewiesen worden ist.

§ 25 [Mündliche Verhandlung – Urteil – Beschluss]. (1) Das Bundesverfassungsgericht entscheidet, soweit nichts anderes bestimmt ist, auf Grund mündlicher Verhandlung, es sei denn, dass alle Beteiligten ausdrücklich auf sie verzichten.

(2) Die Entscheidung auf Grund mündlicher Verhandlung ergeht als Urteil, die Entscheidung ohne mündliche Verhandlung als Beschluss.

(3) Teil- und Zwischenentscheidungen sind zulässig.

(4) Die Entscheidungen des Bundesverfassungsgerichts ergehen „im Namen des Volkes".

§ 25a [Protokollierung]. Über die mündliche Verhandlung wird ein Protokoll geführt. Darüber hinaus wird sie in einer Tonbandaufnahme festgehalten; das Nähere regelt die Geschäftsordnung.

§ 26 [Beweiserhebung]. (1) Das Bundesverfassungsgericht erhebt den zur Erforschung der Wahrheit erforderlichen Beweis. Es kann damit außerhalb der mündlichen Verhandlung ein Mitglied des Gerichts beauftragen oder mit Begrenzung auf bestimmte Tatsachen und Personen ein anderes Gericht darum ersuchen.

(2) Auf Grund eines Beschlusses mit einer Mehrheit von zwei Dritteln der Stimmen des Gerichts kann die Beiziehung einzelner Urkunden unterbleiben, wenn ihre Verwendung mit der Staatssicherheit unvereinbar ist.

§ 27 [Rechts- und Amtshilfe]. Alle Gerichte und Verwaltungsbehörden leisten dem Bundesverfassungsgericht Rechts- und Amtshilfe. Fordert das Bundesverfassungsgericht Akten eines Ausgangsverfahrens an, werden ihm diese unmittelbar vorgelegt.

§ 27a [Sachkundige Dritte]. Das Bundesverfassungsgericht kann sachkundigen Dritten Gelegenheit zur Stellungnahme geben.

§ 28 [Zeugen und Sachverständige]. (1) Für die Vernehmung von Zeugen und Sachverständigen gelten in den Fällen des § 13 Nr.1, 2, 4 und 9 die Vorschriften der Strafprozessordnung, in den übrigen Fällen die Vorschriften der Zivilprozessordnung entsprechend.

(2) Soweit ein Zeuge oder Sachverständiger nur mit Genehmigung einer vorgesetzten Stelle vernommen werden darf, kann diese Genehmigung nur verweigert werden, wenn es das Wohl des Bundes oder eines Landes erfordert. Der Zeuge oder Sachverständige kann sich nicht auf seine Schweigepflicht berufen, wenn das Bundesverfassungsgericht mit einer Mehrheit von zwei Dritteln der Stimmen die Verweigerung der Aussagegenehmigung für unbegründet erklärt.

§ 29 [Beteiligtenrechte bei Beweisaufnahme]. Die Beteiligten werden von allen Beweisterminen benachrichtigt und können der Beweisaufnahme beiwohnen. Sie können an Zeugen und Sachverständige Fragen richten. Wird eine Frage beanstandet, so entscheidet das Gericht.

§ 30 [Entscheidung; abweichende Meinung]. (1) Das Bundesverfassungsgericht entscheidet in geheimer Beratung nach seiner freien, aus dem Inhalt der Verhandlung und dem Ergebnis der Beweisaufnahme geschöpften Überzeugung. Die Entscheidung ist schriftlich abzufassen, zu begründen und von den Richtern, die bei ihr mitgewirkt haben, zu unterzeichnen. Sie ist sodann, wenn eine mündliche Verhandlung stattgefunden hat, unter Mitteilung der wesentlichen Entscheidungsgründe öffentlich zu verkünden. Der Termin zur Verkündung einer Entscheidung kann in der mündlichen Verhandlung bekanntgegeben oder nach Abschluss der Beratungen festgelegt werden; in diesem Fall ist er den Beteiligten unverzüglich mitzuteilen. Zwischen dem Abschluss der mündlichen Verhandlung und der Verkündung der Entscheidung sollen nicht mehr als drei Monate liegen. Der Termin kann durch Beschluss des Bundesverfassungsgerichts verlegt werden.

(2) Ein Richter kann seine in der Beratung vertretene abweichende Meinung zu der Entscheidung oder zu deren Begründung in einem Sondervotum niederlegen; das Sondervotum ist der Entscheidung anzuschließen. Die Senate können in ihren Entscheidungen das Stimmenverhältnis mitteilen. Das Nähere regelt die Geschäftsordnung.

(3) Alle Entscheidungen sind den Beteiligten bekanntzugeben.

§ 31 [Verbindlichkeit der Entscheidungen].[1] (1) Die Entscheidungen des Bundesverfassungsgerichts binden die Verfassungsorgane des Bundes und der Länder sowie alle Gerichte und Behörden.

(2) In den Fällen des § 13 Nr.6, 6a, 11, 12 und 14 hat die Entscheidung des Bundesverfassungsgerichts Gesetzeskraft. Das gilt auch in den Fällen des § 13 Nr.8a, wenn das Bundesverfassungsgericht ein Gesetz als mit dem Grundgesetz vereinbar oder unvereinbar oder für nichtig erklärt. Soweit ein Gesetz als mit dem Grundgesetz oder sonstigem Bundesrecht vereinbar oder unvereinbar oder für nichtig erklärt wird, ist die Entscheidungsformel durch das Bundesministerium der Justiz im Bundesgesetzblatt zu veröffentlichen. Entsprechendes gilt für die Entscheidungsformel in den Fällen des § 13 Nr.12 und 14.

§ 32 [Einstweilige Anordnungen]. (1) Das Bundesverfassungsgericht kann im Streitfall einen Zustand durch einstweilige Anordnung vorläufig regeln, wenn dies zur Abwehr schwerer Nachteile, zur Verhinderung drohender Gewalt oder aus einem anderen wichtigen Grund zum gemeinen Wohl dringend geboten ist.

(2) Die einstweilige Anordnung kann ohne mündliche Verhandlung ergehen. Bei besonderer Dringlichkeit kann das Bundesverfassungsgericht davon absehen, den am Verfahren zur Hauptsache Beteiligten, zum Beitritt Berechtigten oder Äußerungsberechtigten Gelegenheit zur Stellungnahme zu geben.

(3) Wird die einstweilige Anordnung durch Beschluss erlassen oder abgelehnt, so kann Widerspruch erhoben werden. Das gilt nicht für den Beschwerdeführer im Verfahren der Verfassungsbeschwerde. Über den Widerspruch entscheidet das Bundesverfassungsgericht nach mündlicher Ver-

---

[1] Vgl. dazu Rn.2 zu Art.94.

handlung. Diese muss binnen zwei Wochen nach dem Eingang der Begründung des Widerspruchs stattfinden.

(4) Der Widerspruch gegen die einstweilige Anordnung hat keine aufschiebende Wirkung. Das Bundesverfassungsgericht kann die Vollziehung der einstweiligen Anordnung aussetzen.

(5) Das Bundesverfassungsgericht kann die Entscheidung über die einstweilige Anordnung oder über den Widerspruch ohne Begründung bekannt geben. In diesem Fall ist die Begründung den Beteiligten gesondert zu übermitteln.

(6) Die einstweilige Anordnung tritt nach sechs Monaten außer Kraft. Sie kann mit einer Mehrheit von zwei Dritteln der Stimmen wiederholt werden.

(7) Ist ein Senat nicht beschlussfähig, so kann die einstweilige Anordnung bei besonderer Dringlichkeit erlassen werden, wenn mindestens drei Richter anwesend sind und der Beschluss einstimmig gefasst wird. Sie tritt nach einem Monat außer Kraft. Wird sie durch den Senat bestätigt, so tritt sie sechs Monate nach ihrem Erlass außer Kraft.

§ 33 [Aussetzung des Verfahrens; vereinfachte Tatsachenfeststellung]. (1) Das Bundesverfassungsgericht kann sein Verfahren bis zur Erledigung eines bei einem anderen Gericht anhängigen Verfahrens aussetzen, wenn für seine Entscheidung die Feststellungen oder die Entscheidung dieses anderen Gerichts von Bedeutung sein können.

(2) Das Bundesverfassungsgericht kann seiner Entscheidung die tatsächlichen Feststellungen eines rechtskräftigen Urteils zugrunde legen, das in einem Verfahren ergangen ist, in dem die Wahrheit von Amts wegen zu erforschen ist.

§ 34 [Kosten und Gebühren]. (1) Das Verfahren des Bundesverfassungsgerichts ist kostenfrei.

(2) Das Bundesverfassungsgericht kann eine Gebühr bis zu 2600 Euro auferlegen, wenn die Einlegung der Verfassungsbeschwerde oder der Beschwerde nach Artikel 41 Abs.2 des Grundgesetzes einen Missbrauch darstellt oder wenn ein Antrag auf Erlass einer einstweiligen Anordnung (§ 32) missbräuchlich gestellt ist.

(3) Für die Einziehung der Gebühr gilt § 59 Abs.1 der Bundeshaushaltsordnung entsprechend.

§ 34a [Auslagenerstattung]. (1) Erweist sich der Antrag auf Verwirkung der Grundrechte (§ 13 Nr.1), die Anklage gegen den Bundespräsidenten (§ 13 Nr.4) oder einen Richter (§ 13 Nr.9) als unbegründet, so sind dem Antragsgegner oder dem Angeklagten die notwendigen Auslagen einschließlich der Kosten der Verteidigung zu ersetzen.

(2) Erweist sich eine Verfassungsbeschwerde als begründet, so sind dem Beschwerdeführer die notwendigen Auslagen ganz oder teilweise zu erstatten.

(3) In den übrigen Fällen kann das Bundesverfassungsgericht volle oder teilweise Erstattung der Auslagen anordnen.

§ 35 [Regelung der Vollstreckung]. Das Bundesverfassungsgericht kann in seiner Entscheidung bestimmen, wer sie vollstreckt; es kann auch im Einzelfall die Art und Weise der Vollstreckung regeln.

Zweiter Abschnitt. Akteneinsicht außerhalb des Verfahrens

§ 35a [Geltung des Bundesdatenschutzgesetzes]. Betreffen außerhalb des Verfahrens gestellte Anträge auf Auskunft aus oder Einsicht in Akten des Bundesverfassungsgerichts personenbezogene Daten, so gelten die Vorschriften des Bundesdatenschutzgesetzes, soweit die nachfolgenden Bestimmungen keine abweichende Regelung treffen.

§ 35b [Auskunft und Akteneinsicht]. (1) Auskunft aus oder Einsicht in Akten des Bundesverfassungsgerichts kann gewährt werden

1. öffentlichen Stellen, soweit dies für Zwecke der Rechtspflege erforderlich ist oder die in § 14 Abs.2 Nr.4, 6 bis 9 des Bundesdatenschutzgesetzes genannten Voraussetzungen vorliegen,
2. Privatpersonen und anderen nicht-öffentlichen Stellen, soweit sie hierfür ein berechtigtes Interesse darlegen; Auskunft und Akteneinsicht sind zu versagen, wenn der Betroffene ein schutzwürdiges Interesse an der Versagung hat. § 16 Abs.3 des Bundesdatenschutzgesetzes findet keine Anwendung; die Erteilung der Auskunft und die Gewährung der Akteneinsicht sind in der Akte zu vermerken.

Auskunft oder Akteneinsicht kann auch gewährt werden, soweit der Betroffene eingewilligt hat.

(2) Akteneinsicht kann nur gewährt werden, wenn unter Angabe von Gründen dargelegt wird, dass die Erteilung einer Auskunft zur Erfüllung der Aufgaben der die Akteneinsicht begehrenden öffentlichen Stelle (Absatz 1 Nr.1) oder zur Wahrnehmung des berechtigten Interesses der die Akteneinsicht begehrenden Privatperson oder anderen nicht-öffentlichen Stelle (Absatz 1 Nr.2) nicht ausreichen würde oder die Erteilung einer Auskunft einen unverhältnismäßigen Aufwand erfordern würde.

(3) Aus beigezogenen Akten, die nicht Aktenbestandteil sind, dürfen Auskünfte nur erteilt werden, wenn der Antragsteller die Zustimmung der Stelle nachweist, um deren Akten es sich handelt; gleiches gilt für die Akteneinsicht.

(4) Die Akten des Bundesverfassungsgerichts werden nicht übersandt. An öffentliche Stellen können sie übersandt werden, wenn diesen gemäß Absatz 2 Akteneinsicht gewährt werden kann oder wenn einer Privatperson auf Grund besonderer Umstände dort Akteneinsicht gewährt werden soll.

§ 35c [Nutzung durch das Gericht]. Das Bundesverfassungsgericht darf in einem verfassungsgerichtlichen Verfahren zu den Akten gelangte personenbezogene Daten für ein anderes verfassungsgerichtliches Verfahren nutzen.

III. Teil. Einzelne Verfahrensarten

Erster Abschnitt. Verfahren in den Fällen des § 13 Nr. 1
[Grundrechtsverwirkung]

§ 36 [Antragsberechtigung].[1] Der Antrag auf Entscheidung gemäß Artikel 18 Satz 2 des Grundgesetzes kann vom Bundestag, von der Bundesregierung oder von einer Landesregierung gestellt werden.

§ 37 [Vorverfahren]. Das Bundesverfassungsgericht gibt dem Antragsgegner Gelegenheit zur Äußerung binnen einer zu bestimmenden Frist und beschließt dann, ob der Antrag als unzulässig oder als nicht hinreichend begründet zurückzuweisen oder ob die Verhandlung durchzuführen ist.

§ 38 [Beschlagnahme und Durchsuchungen]. (1) Nach Eingang des Antrags kann das Bundesverfassungsgericht eine Beschlagnahme oder Durchsuchung nach den Vorschriften der Strafprozessordnung anordnen.

(2) Das Bundesverfassungsgericht kann zur Vorbereitung der mündlichen Verhandlung eine Voruntersuchung anordnen. Die Durchführung der Voruntersuchung ist einem Richter des nicht zur Entscheidung in der Hauptsache zuständigen Senats zu übertragen[2].

§ 39 [Entscheidungsinhalt].[3] (1) Erweist sich der Antrag als begründet, so stellt das Bundesverfassungsgericht fest, welche Grundrechte der Antragsgegner verwirkt hat. Es kann die Verwirkung auf einen bestimmten Zeitraum, mindestens auf ein Jahr, befristen. Es kann dem Antragsgegner auch nach Art und Dauer genau bezeichnete Beschränkungen auferlegen, soweit sie nicht andere als die verwirkten Grundrechte beeinträchtigen. Insoweit bedürfen die Verwaltungsbehörden zum Einschreiten gegen den Antragsgegner keiner weiteren gesetzlichen Grundlage.

(2) Das Bundesverfassungsgericht kann dem Antragsgegner auf die Dauer der Verwirkung der Grundrechte das Wahlrecht, die Wählbarkeit und die Fähigkeit zur Bekleidung öffentlicher Ämter aberkennen und bei juristischen Personen ihre Auflösung anordnen.

§ 40 [Aufhebung der Verwirkung]. Ist die Verwirkung zeitlich nicht befristet oder für einen längeren Zeitraum als ein Jahr ausgesprochen, so kann das Bundesverfassungsgericht, wenn seit dem Ausspruch der Verwirkung zwei Jahre verflossen sind, auf Antrag des früheren Antragstellers oder Antragsgegners die Verwirkung ganz oder teilweise aufheben oder die Dauer der Verwirkung abkürzen. Der Antrag kann wiederholt werden, wenn seit der letzten Entscheidung des Bundesverfassungsgerichts ein Jahr verstrichen ist.

§ 41 [Wiederholung eines Antrags]. Hat das Bundesverfassungsgericht über einen Antrag sachlich entschieden, so kann er gegen denselben Antragsgegner nur wiederholt werden, wenn er auf neue Tatsachen gestützt wird.

§ 42 (weggefallen)

---

[1] Vgl. dazu Rn. 6 f zu Art. 18.
[2] Vgl. Fn. 2 zu § 14.
[3] Vgl. dazu Rn. 6 f zu Art. 18.

**Zweiter Abschnitt. Verfahren in den Fällen des § 13 Nr.2
[Parteiverbot]**

§ 43 [Antragsberechtigung].[1] (1) Der Antrag auf Entscheidung, ob eine Partei verfassungswidrig ist (Artikel 21 Abs.2 des Grundgesetzes), kann von dem Bundestag, dem Bundesrat oder von der Bundesregierung gestellt werden.

(2) Eine Landesregierung kann den Antrag nur gegen eine Partei stellen, deren Organisation sich auf das Gebiet ihres Landes beschränkt.

§ 44 [Vertretung der Partei]. Die Vertretung der Partei bestimmt sich nach den gesetzlichen Vorschriften, hilfsweise nach ihrer Satzung. Sind die Vertretungsberechtigten nicht feststellbar oder nicht vorhanden oder haben sie nach Eingang des Antrags beim Bundesverfassungsgericht gewechselt, so gelten als vertretungsberechtigt diejenigen Personen, die die Geschäfte der Partei während der Tätigkeit, die den Antrag veranlasst hat, zuletzt tatsächlich geführt haben.

§ 45 [Vorverfahren]. Das Bundesverfassungsgericht gibt dem Vertretungsberechtigten (§ 44) Gelegenheit zur Äußerung binnen einer zu bestimmenden Frist und beschließt dann, ob der Antrag als unzulässig oder als nicht hinreichend begründet zurückzuweisen oder ob die Verhandlung durchzuführen ist.

§ 46 [Entscheidungsinhalt].[2] (1) Erweist sich der Antrag als begründet, so stellt das Bundesverfassungsgericht fest, dass die politische Partei verfassungswidrig ist.

(2) Die Feststellung kann auf einen rechtlich oder organisatorisch selbständigen Teil einer Partei beschränkt werden.

(3) Mit der Feststellung ist die Auflösung der Partei oder des selbständigen Teiles der Partei und das Verbot, eine Ersatzorganisation zu schaffen, zu verbinden. Das Bundesverfassungsgericht kann in diesem Fall außerdem die Einziehung des Vermögens der Partei oder des selbständigen Teiles der Partei zugunsten des Bundes oder des Landes zu gemeinnützigen Zwecken aussprechen.

§ 47 [Beschlagnahme, Durchsuchungen usw.]. Die Vorschriften der §§ 38 und 41 gelten entsprechend.

**Dritter Abschnitt. Verfahren in den Fällen des § 13 Nr.3
[Wahl- und Mandatsprüfung]**

§ 48 [Zulässigkeit].[3] (1) Die Beschwerde gegen den Beschluss des Bundestages über die Gültigkeit einer Wahl oder den Verlust der Mitgliedschaft im Bundestag kann der Abgeordnete, dessen Mitgliedschaft bestritten ist, ein Wahlberechtigter, dessen Einspruch vom Bundestag verworfen worden ist,

---

[1] Vgl. dazu Rn.30 zu Art.21.
[2] Vgl. dazu Rn.36 zu Art.21.
[3] Vgl. dazu Rn.4–6 zu Art.41.

wenn ihm mindestens einhundert Wahlberechtigte beitreten, eine Fraktion oder eine Minderheit des Bundestages, die wenigstens ein Zehntel der gesetzlichen Mitgliederzahl umfasst, binnen einer Frist von zwei Monaten seit der Beschlussfassung des Bundestages beim Bundesverfassungsgericht erheben; die Beschwerde ist innerhalb dieser Frist zu begründen.

(2) Die Wahlberechtigten, die einem Wahlberechtigten als Beschwerdeführer beitreten, müssen diese Erklärung persönlich und handschriftlich unterzeichnen; neben der Unterschrift sind Familienname, Vornamen, Tag der Geburt und Anschrift (Hauptwohnung) des Unterzeichners anzugeben.

(3) Das Bundesverfassungsgericht kann von einer mündlichen Verhandlung absehen, wenn von ihr keine weitere Förderung des Verfahrens zu erwarten ist.

Vierter Abschnitt. Verfahren in den Fällen des § 13 Nr.4 [Präsidentenanklage]

§ 49 [Anklageschrift].[1] (1) Die Anklage gegen den Bundespräsidenten wegen vorsätzlicher Verletzung des Grundgesetzes oder eines anderen Bundesgesetzes wird durch Einreichung einer Anklageschrift beim Bundesverfassungsgericht erhoben.

(2) Auf Grund des Beschlusses einer der beiden gesetzgebenden Körperschaften (Artikel 61 Abs.1 des Grundgesetzes) fertigt deren Präsident die Anklageschrift und übersendet sie binnen eines Monats dem Bundesverfassungsgericht.

(3) Die Anklageschrift muss die Handlung oder Unterlassung, wegen der die Anklage erhoben wird, die Beweismittel und die Bestimmung der Verfassung oder des Gesetzes, die verletzt sein soll, bezeichnen. Sie muss die Feststellung enthalten, dass der Beschluss auf Erhebung der Anklage mit der Mehrheit von zwei Dritteln der gesetzlichen Mitgliederzahl des Bundestages oder von zwei Dritteln der Stimmen des Bundesrates gefasst worden ist.

§ 50 [Frist für Anklage]. Die Anklage kann nur binnen drei Monaten, nachdem der ihr zugrunde liegende Sachverhalt der antragsberechtigten Körperschaft bekannt geworden ist, erhoben werden.

§ 51 [Beendigung des Amtes bzw. der Legislaturperiode]. Die Einleitung und Durchführung des Verfahrens wird durch den Rücktritt des Bundespräsidenten, durch sein Ausscheiden aus dem Amt oder durch Auflösung des Bundestages oder den Ablauf seiner Wahlperiode nicht berührt.

§ 52 [Rücknahme der Anklage]. (1) Die Anklage kann bis zur Verkündung des Urteils auf Grund eines Beschlusses der antragstellenden Körperschaft zurückgenommen werden. Der Beschluss bedarf der Zustimmung der Mehrheit der gesetzlichen Mitgliederzahl des Bundestages oder der Mehrheit der Stimmen des Bundesrates.

(2) Die Anklage wird vom Präsidenten der antragstellenden Körperschaft durch Übersendung einer Ausfertigung des Beschlusses an das Bundesverfassungsgericht zurückgenommen.

---

[1] Vgl. dazu Rn.2 zu Art.61.

(3) Die Zurücknahme der Anklage wird unwirksam, wenn ihr der Bundespräsident binnen eines Monats widerspricht.

§ 53 [Einstweilige Anordnungen]. Das Bundesverfassungsgericht kann nach Erhebung der Anklage durch einstweilige Anordnung bestimmen, dass der Bundespräsident an der Ausübung seines Amtes verhindert ist.

§ 54 [Voruntersuchung]. (1) Das Bundesverfassungsgericht kann zur Vorbereitung der mündlichen Verhandlung eine Voruntersuchung anordnen; es muss sie anordnen, wenn der Vertreter der Anklage oder der Bundespräsident sie beantragt.

(2) Die Durchführung der Voruntersuchung ist einem Richter des nicht zur Entscheidung in der Hauptsache zuständigen Senats zu übertragen[1].

§ 55 [Mündliche Verhandlung]. (1) Das Bundesverfassungsgericht entscheidet auf Grund mündlicher Verhandlung.

(2) Zur Verhandlung ist der Bundespräsident zu laden. Dabei ist er darauf hinzuweisen, dass ohne ihn verhandelt wird, wenn er unentschuldigt ausbleibt oder ohne ausreichenden Grund sich vorzeitig entfernt.

(3) In der Verhandlung trägt der Beauftragte der antragstellenden Körperschaft zunächst die Anklage vor.

(4) Sodann erhält der Bundespräsident Gelegenheit, sich zur Anklage zu erklären.

(5) Hierauf findet die Beweiserhebung statt.

(6) Zum Schluss wird der Vertreter der Anklage mit seinem Antrag und der Bundespräsident mit seiner Verteidigung gehört. Er hat das letzte Wort.

§ 56 [Entscheidungsinhalt].[2] (1) Das Bundesverfassungsgericht stellt im Urteil fest, ob der Bundespräsident einer vorsätzlichen Verletzung des Grundgesetzes oder eines genau zu bezeichnenden Bundesgesetzes schuldig ist.

(2) Im Falle der Verurteilung kann das Bundesverfassungsgericht den Bundespräsidenten seines Amtes für verlustig erklären. Mit der Verkündigung des Urteils tritt der Amtsverlust ein.

§ 57 [Ausfertigungen des Urteils]. Eine Ausfertigung des Urteils samt Gründen ist dem Bundestag, dem Bundesrat und der Bundesregierung zu übersenden.

Fünfter Abschnitt. Verfahren in den Fällen des § 13 Nr.9 [Richteranklage]

§ 58 [Zulässigkeit und Verfahren].[3] (1) Stellt der Bundestag gegen einen Bundesrichter den Antrag nach Artikel 98 Abs.2 des Grundgesetzes, so sind die Vorschriften der §§ 49 bis 55 mit Ausnahme des § 49 Abs.3 Satz 2, der §§ 50 und 52 Abs.1 Satz 2 entsprechend anzuwenden.

(2) Wird dem Bundesrichter ein Verstoß im Amt vorgeworfen, so beschließt der Bundestag nicht vor rechtskräftiger Beendigung des gericht-

---

[1] Vgl. Fn.2 zu § 14.
[2] Vgl. dazu Rn.3 zu Art.61.
[3] Vgl. dazu Rn.1 zu Art.98.

lichen Verfahrens oder, wenn vorher wegen desselben Verstoßes ein förmliches Disziplinarverfahren eingeleitet worden ist, nicht vor der Eröffnung dieses Verfahrens. Nach Ablauf von sechs Monaten seit der rechtskräftigen Beendigung des gerichtlichen Verfahrens, in dem der Bundesrichter sich des Verstoßes schuldig gemacht haben soll, ist der Antrag nicht mehr zulässig.

(3) Abgesehen von den Fällen des Absatzes 2 ist ein Antrag gemäß Absatz 1 nicht mehr zulässig, wenn seit dem Verstoß zwei Jahre verflossen sind.

(4) Der Antrag wird vor dem Bundesverfassungsgericht von einem Beauftragten des Bundestages vertreten.

§ 59 [Entscheidungsinhalt; Ausfertigung]. (1) Das Bundesverfassungsgericht erkennt auf eine der im Artikel 98 Abs.2 des Grundgesetzes vorgesehenen Maßnahmen oder auf Freispruch.

(2) Erkennt das Bundesverfassungsgericht auf Entlassung, so tritt der Amtsverlust mit der Verkündung des Urteils ein.

(3) Wird auf Versetzung in ein anderes Amt oder in den Ruhestand erkannt, so obliegt der Vollzug der für die Entlassung des Bundesrichters zuständigen Stelle.

(4) Eine Ausfertigung des Urteils mit Gründen ist dem Bundespräsidenten, dem Bundestag und der Bundesregierung zu übersenden.

§ 60 [Aussetzung eines Disziplinarverfahrens]. Solange ein Verfahren vor dem Bundesverfassungsgericht anhängig ist, wird das wegen desselben Sachverhalts bei einem Disziplinargericht anhängige Verfahren ausgesetzt. Erkennt das Bundesverfassungsgericht auf Entlassung aus dem Amt oder auf Anordnung der Versetzung in ein anderes Amt oder in den Ruhestand, so wird das Disziplinarverfahren eingestellt; im anderen Falle wird es fortgesetzt.

§ 61 [Wiederaufnahme des Verfahrens]. (1) Die Wiederaufnahme des Verfahrens findet nur zugunsten des Verurteilten und nur auf seinen Antrag oder nach seinem Tode auf Antrag seines Ehegatten, Lebenspartners oder eines seiner Abkömmlinge unter den Voraussetzungen der §§ 359 und 364 der Strafprozessordnung statt. In dem Antrag müssen der gesetzliche Grund der Wiederaufnahme sowie die Beweismittel angegeben werden. Durch den Antrag auf Wiederaufnahme wird die Wirksamkeit des Urteils nicht gehemmt.

(2) Über die Zulassung des Antrages entscheidet das Bundesverfassungsgericht ohne mündliche Verhandlung. Die Vorschriften der §§ 368, 369 Abs.1, 2 und 4 und der §§ 370 und 371 Abs.1 bis 3 der Strafprozessordnung gelten entsprechend.

(3) In der erneuten Hauptverhandlung ist entweder das frühere Urteil aufrechtzuerhalten oder auf eine mildere Maßnahme oder auf Freispruch zu erkennen.

§ 62 [Verfahren gegen Landesrichter].[1] Soweit gemäß Artikel 98 Abs.5 Satz 2 des Grundgesetzes fortgeltendes Landesverfassungsrecht nichts Abweichendes bestimmt, gelten die Vorschriften dieses Abschnitts auch, wenn das

---

[1] Vgl. dazu Rn.1 zu Art.98.

Gesetz eines Landes für Landesrichter eine dem Artikel 98 Abs.2 des Grundgesetzes entsprechende Regelung trifft.

Sechster Abschnitt. Verfahren in den Fällen des § 13 Nr.5
[Bundesorganstreitigkeit]

§ 63 [Parteifähigkeit].[1] Antragsteller und Antragsgegner können nur sein: der Bundespräsident, der Bundestag, der Bundesrat, die Bundesregierung und die im Grundgesetz oder in den Geschäftsordnungen des Bundestages und des Bundesrates mit eigenen Rechten ausgestatteten Teile dieser Organe.

§ 64 [Antragsbefugnis; Antragsfrist]. (1) Der Antrag ist nur zulässig, wenn der Antragsteller geltend macht, dass er oder das Organ, dem er angehört, durch eine Maßnahme oder Unterlassung des Antragsgegners in seinen ihm durch das Grundgesetz übertragenen Rechten und Pflichten verletzt oder unmittelbar gefährdet ist[2].

(2) Im Antrag ist die Bestimmung des Grundgesetzes zu bezeichnen, gegen die durch die beanstandete Maßnahme oder Unterlassung des Antragsgegners verstoßen wird.

(3) Der Antrag muss binnen sechs Monaten, nachdem die beanstandete Maßnahme oder Unterlassung dem Antragsteller bekannt geworden ist, gestellt werden[3].

(4) Soweit die Frist bei Inkrafttreten dieses Gesetzes verstrichen ist, kann der Antrag noch binnen drei Monaten nach Inkrafttreten gestellt werden.

§ 65 [Beitritt zum Verfahren; Unterrichtung]. (1) Dem Antragsteller und dem Antragsgegner können in jeder Lage des Verfahrens andere in § 63 genannte Antragsberechtigte beitreten, wenn die Entscheidung auch für die Abgrenzung ihrer Zuständigkeiten von Bedeutung ist[4].

(2) Das Bundesverfassungsgericht gibt von der Einleitung des Verfahrens dem Bundespräsidenten, dem Bundestag, dem Bundesrat und der Bundesregierung Kenntnis.

§ 66 [Verbindung und Trennung von Verfahren]. Das Bundesverfassungsgericht kann anhängige Verfahren verbinden und verbundene trennen.

§ 66a [Mündliche Verhandlung]. In Verfahren nach § 13 Nr.5 in Verbindung mit § 2 Abs.3 des Untersuchungsausschussgesetzes sowie in Verfahren nach § 18 Abs.3 des Untersuchungsausschussgesetzes, auch in Verbindung mit den §§ 19 und 23 Abs.2 des Untersuchungsausschussgesetzes, kann das Bundesverfassungsgericht ohne mündliche Verhandlung entscheiden. Gleiches gilt bei Anträgen gemäß § 14 des Gesetzes über die parlamentarische Kontrolle nachrichtendienstlicher Tätigkeit des Bundes in Verbindung mit § 63.

§ 67 [Entscheidungsinhalt].[5] Das Bundesverfassungsgericht stellt in seiner Entscheidung fest, ob die beanstandete Maßnahme oder Unterlassung des

---

[1] Vgl. dazu Rn.5–7 zu Art.93.
[2] Vgl. dazu Rn.8–12 zu Art.93.
[3] Vgl. dazu Rn.15a zu Art.93.
[4] Vgl. dazu Rn.16 zu Art.93.
[5] Vgl. dazu Rn.8 f zu Art.93.

Antragsgegners gegen eine Bestimmung des Grundgesetzes verstößt. Die Bestimmung ist zu bezeichnen. Das Bundesverfassungsgericht kann in der Entscheidungsformel zugleich eine für die Auslegung der Bestimmung des Grundgesetzes erhebliche Rechtsfrage entscheiden, von der die Feststellung gemäß Satz 1 abhängt.

Siebenter Abschnitt. Verfahren in den Fällen des § 13 Nr.7
[Verfassungsrechtliche Bund-Länder-Streitigkeit]

§ 68 [Parteifähigkeit].[1] Antragsteller und Antragsgegner können nur sein:
für den Bund die Bundesregierung,
für ein Land die Landesregierung.

§ 69 [Antragsbefugnis und -frist; Verfahren; Entscheidungsinhalt].[2] Die Vorschriften der §§ 64 bis 67 gelten entsprechend.

§ 70 [Frist].[3] Der Beschluss des Bundesrates nach Artikel 84 Abs.4 Satz 1 des Grundgesetzes kann nur binnen eines Monats nach der Beschlussfassung angefochten werden.

Achter Abschnitt. Verfahren in den Fällen des § 13 Nr.8
[Nichtverfassungsrechtliche Bund-Länder-Streitigkeit,
Länderstreitigkeit, Landesstreitigkeit]

§ 71 [Parteifähigkeit; Antragsfrist]. (1) Antragsteller und Antragsgegner können nur sein
1. bei öffentlich-rechtlichen Streitigkeiten gemäß Artikel 93 Abs.1 Nr.4 des Grundgesetzes zwischen dem Bund und den Ländern:
die Bundesregierung und die Landesregierungen[4];
2. bei öffentlich-rechtlichen Streitigkeiten gemäß Artikel 93 Abs.1 Nr.4 des Grundgesetzes zwischen den Ländern:
die Landesregierungen[5];
3. bei öffentlich-rechtlichen Streitigkeiten gemäß Artikel 93 Abs.1 Nr.4 des Grundgesetzes innerhalb eines Landes:
die obersten Organe des Landes und die in der Landesverfassung oder in der Geschäftsordnung eines obersten Organs des Landes mit eigenen Rechten ausgestatteten Teile dieser Organe, wenn sie durch den Streitgegenstand in ihren Rechten oder Zuständigkeiten unmittelbar berührt sind[6].
(2) Die Vorschrift des § 64 Abs.3 gilt entsprechend.

§ 72 [Entscheidungsinhalt].[7] (1) Das Bundesverfassungsgericht kann in seiner Entscheidung erkennen auf

---

[1] Vgl. dazu Rn.29 zu Art.93.
[2] Vgl. dazu Rn.30–32 zu Art.93.
[3] Vgl. dazu Rn.15 zu Art.84.
[4] Vgl. dazu Rn.36 zu Art.93.
[5] Vgl. dazu Rn.38 zu Art.93.
[6] Vgl. dazu Rn.40–43 zu Art.93.
[7] Vgl. dazu Rn.37, 39, 44 zu Art.93.

1. die Zulässigkeit oder Unzulässigkeit einer Maßnahme,
2. die Verpflichtung des Antragsgegners, eine Maßnahme zu unterlassen, rückgängig zu machen, durchzuführen oder zu dulden,
3. die Verpflichtung, eine Leistung zu erbringen.

(2) In dem Verfahren nach § 71 Abs.1 Nr.3 stellt das Bundesverfassungsgericht fest, ob die beanstandete Maßnahme oder Unterlassung des Antragsgegners gegen eine Bestimmung der Landesverfassung verstößt. Die Vorschriften des § 67 Satz 2 und 3 gelten entsprechend.

Neunter Abschnitt. Verfahren in den Fällen des § 13 Nr.10 [Zugewiesene Landesstreitigkeit]

§ 73 [Parteifähigkeit; Antragsfrist].[1] (1) An einer Verfassungsstreitigkeit innerhalb eines Landes können nur die obersten Organe dieses Landes und die in der Landesverfassung oder in der Geschäftsordnung eines obersten Organs des Landes mit eigenen Rechten ausgestatteten Teile dieser Organe beteiligt sein.

(2) Die Vorschrift des § 64 Abs.3 gilt entsprechend, sofern das Landesrecht nichts anderes bestimmt.

§ 74 [Entscheidungsinhalt]. Bestimmt das Landesrecht nicht, welchen Inhalt und welche Wirkung die Entscheidung des Bundesverfassungsgerichts haben kann, so gilt § 72 Abs.2 entsprechend.

§ 75 [Verfahren]. Für das Verfahren gelten die allgemeinen Vorschriften des II. Teiles dieses Gesetzes entsprechend.

Zehnter Abschnitt. Verfahren in den Fällen des § 13 Nr.6 und 6a [Abstrakte Normenkontrolle]

§ 76 [Zulässigkeit]. (1) Der Antrag[2] der Bundesregierung, einer Landesregierung oder eines Viertels der Mitglieder des Bundestages gemäß Artikel 93 Abs.1 Nr.2 des Grundgesetzes ist nur zulässig, wenn der Antragsteller Bundes- oder Landesrecht[3]
1. wegen seiner förmlichen oder sachlichen Unvereinbarkeit mit dem Grundgesetz oder dem sonstigen Bundesrecht für nichtig hält oder
2. für gültig hält, nachdem ein Gericht, eine Verwaltungsbehörde oder ein Organ des Bundes oder eines Landes das Recht als unvereinbar mit dem Grundgesetz oder sonstigem Bundesrecht nicht angewendet hat[4].

(2) Der Antrag des Bundesrates, einer Landesregierung oder der Volksvertretung eines Landes gemäß Artikel 93 Abs.1 Nr.2a des Grundgesetzes ist nur zulässig, wenn der Antragsteller ein Bundesgesetz wegen Nichterfüllung der Voraussetzungen des Artikels 72 Abs.2 des Grundgesetzes für nichtig hält; der Antrag kann auch darauf gestützt werden, dass der Antragsteller das

---

[1] Vgl. dazu Rn.2 zu Art.99.
[2] Vgl. dazu Rn.19 zu Art.93.
[3] Vgl. dazu Rn.21–23 zu Art.93.
[4] Vgl. dazu Rn.24 f zu Art.93.

Bundesgesetz wegen Nichterfüllung der Voraussetzungen des Artikels 75 Abs.2 des Grundgesetzes für nichtig hält.

§ 77 [Anhörung].[1] Das Bundesverfassungsgericht gibt

1. in den Fällen des § 76 Abs.1 dem Bundestag, dem Bundesrat, der Bundesregierung, bei Meinungsverschiedenheiten über die Gültigkeit von Bundesrecht auch den Landesregierungen und bei Meinungsverschiedenheiten über die Gültigkeit einer landesrechtlichen Norm der Volksvertretung und der Regierung des Landes, in dem die Norm verkündet wurde,

2. in den Fällen des § 76 Abs.2 dem Bundestag, dem Bundesrat, der Bundesregierung sowie den Volksvertretungen und Regierungen der Länder

binnen einer zu bestimmenden Frist Gelegenheit zur Äußerung.

§ 78 [Entscheidungsinhalt].[2] Kommt das Bundesverfassungsgericht zu der Überzeugung, dass Bundesrecht mit dem Grundgesetz oder Landesrecht mit dem Grundgesetz oder dem sonstigen Bundesrecht unvereinbar ist, so erklärt es das Gesetz für nichtig. Sind weitere Bestimmungen des gleichen Gesetzes aus denselben Gründen mit dem Grundgesetz oder sonstigem Bundesrecht unvereinbar, so kann sie das Bundesverfassungsgericht gleichfalls für nichtig erklären.

§ 79 [Folgen für Einzelfallentscheidungen]. (1) Gegen ein rechtskräftiges Strafurteil, das auf einer mit dem Grundgesetz für unvereinbar oder nach § 78 für nichtig erklärten Norm oder auf der Auslegung einer Norm beruht, die vom Bundesverfassungsgericht für unvereinbar mit dem Grundgesetz erklärt worden ist, ist die Wiederaufnahme des Verfahrens nach den Vorschriften der Strafprozessordnung zulässig.

(2) Im Übrigen bleiben vorbehaltlich der Vorschrift des § 95 Abs.2 oder einer besonderen gesetzlichen Regelung die nicht mehr anfechtbaren Entscheidungen, die auf einer gemäß § 78 für nichtig erklärten Norm beruhen, unberührt. Die Vollstreckung aus einer solchen Entscheidung ist unzulässig. Soweit die Zwangsvollstreckung nach den Vorschriften der Zivilprozessordnung durchzuführen ist, gilt die Vorschrift des § 767 der Zivilprozessordnung entsprechend. Ansprüche aus ungerechtfertigter Bereicherung sind ausgeschlossen.

**Elfter Abschnitt. Verfahren
in den Fällen des § 13 Nr.11 und 11a
[Konkrete Normenkontrolle und Untersuchungsausschuss]**

§ 80 [Zulässigkeit].[3] (1) Sind die Voraussetzungen des Artikels 100 Abs.1 des Grundgesetzes gegeben, so holen die Gerichte unmittelbar die Entscheidung des Bundesverfassungsgerichts ein.

---

[1] Vgl. dazu Rn.26 zu Art.93.
[2] Vgl. dazu Rn.27 zu Art.93.
[3] Vgl. dazu Rn.5–16a zu Art.100.

(2) Die Begründung muss angeben, inwiefern von der Gültigkeit der Rechtsvorschrift die Entscheidung des Gerichts abhängig ist und mit welcher übergeordneten Rechtsnorm sie unvereinbar ist. Die Akten sind beizufügen.

(3) Der Antrag des Gerichts ist unabhängig von der Rüge der Nichtigkeit der Rechtsvorschrift durch einen Prozessbeteiligten.

§ 81 [Entscheidungsgegenstand]. Das Bundesverfassungsgericht entscheidet nur über die Rechtsfrage.

§ 81a [Verwerfung wegen Unzulässigkeit durch Kammer]. Die Kammer kann durch einstimmigen Beschluss die Unzulässigkeit eines Antrages nach § 80 feststellen. Die Entscheidung bleibt dem Senat vorbehalten, wenn der Antrag von einem Landesverfassungsgericht oder von einem obersten Gerichtshof des Bundes gestellt wird.

§ 82 [Entscheidungsinhalt; Folgen; Beitritt; Anhörung].[1] (1) Die Vorschriften der §§ 77 bis 79 gelten entsprechend.

(2) Die in § 77 genannten Verfassungsorgane können in jeder Lage des Verfahrens beitreten.

(3) Das Bundesverfassungsgericht gibt auch den Beteiligten des Verfahrens vor dem Gericht, das den Antrag gestellt hat, Gelegenheit zur Äußerung; es lädt sie zur mündlichen Verhandlung und erteilt den anwesenden Prozessbevollmächtigten das Wort.

(4) Das Bundesverfassungsgericht kann oberste Gerichtshöfe des Bundes oder oberste Landesgerichte um die Mitteilung ersuchen, wie und auf Grund welcher Erwägungen sie das Grundgesetz in der streitigen Frage bisher ausgelegt haben, ob und wie sie die in ihrer Gültigkeit streitige Rechtsvorschrift in ihrer Rechtsprechung angewandt haben und welche damit zusammenhängenden Rechtsfragen zur Entscheidung anstehen. Es kann sie ferner ersuchen, ihre Erwägungen zu einer für die Entscheidung erheblichen Rechtsfrage darzulegen. Das Bundesverfassungsgericht gibt den Äußerungsberechtigten Kenntnis von der Stellungnahme.

§ 82a [Kontrolle der Einsetzung eines Untersuchungsausschusses].[2]
(1) Die §§ 80 bis 82 gelten vorbehaltlich der Absätze 2 und 3 sinngemäß für die Überprüfung der Vereinbarkeit eines Beschlusses des Deutschen Bundestages zur Einsetzung eines Untersuchungsausschusses mit dem Grundgesetz auf Vorlage nach § 36 Abs.2 des Untersuchungsausschussgesetzes.

(2) Äußerungsberechtigt sind der Bundestag und die qualifizierte Minderheit nach Artikel 44 Abs.1 des Grundgesetzes, auf deren Antrag der Einsetzungsbeschluss beruht. Ferner kann das Bundesverfassungsgericht der Bundesregierung, dem Bundesrat, Landesregierungen, der qualifizierten Minderheit nach § 18 Abs.3 des Untersuchungsausschussgesetzes und Personen Gelegenheit zur Äußerung geben, soweit sie von dem Einsetzungsbeschluss berührt sind.

(3) Das Bundesverfassungsgericht kann ohne mündliche Verhandlung entscheiden.

---

[1] Vgl. dazu Rn.17f zu Art.100.
[2] Vgl. dazu Rn.2 zu Art.44.

Zwölfter Abschnitt. Verfahren in den Fällen des § 13 Nr. 12
[Völkerrecht als Bundesrecht]

§ 83 [Entscheidungsinhalt; Beitritt; Anhörung].[1] (1) Das Bundesverfassungsgericht stellt in den Fällen des Artikels 100 Abs. 2 des Grundgesetzes in seiner Entscheidung fest, ob die Regel des Völkerrechts Bestandteil des Bundesrechts ist und ob sie unmittelbar Rechte und Pflichten für den einzelnen erzeugt.

(2) Das Bundesverfassungsgericht hat vorher dem Bundestag, dem Bundesrat und der Bundesregierung Gelegenheit zur Äußerung binnen einer zu bestimmenden Frist zu geben. Sie können in jeder Lage des Verfahrens beitreten.

§ 84 [Zulässigkeit; Anhörung].[2] Die Vorschriften der §§ 80 und 82 Abs. 3 gelten entsprechend.

Dreizehnter Abschnitt. Verfahren in den Fällen des § 13 Nr. 13
[Divergenzvorlage]

§ 85 [Zulässigkeit; Anhörung; Entscheidungsgegenstand].[3] (1) Ist die Entscheidung des Bundesverfassungsgerichts gemäß Artikel 100 Abs. 3 Satz 1 des Grundgesetzes einzuholen, so legt das Verfassungsgericht des Landes unter Darlegung seiner Rechtsauffassung die Akten vor.

(2) Das Bundesverfassungsgericht gibt dem Bundesrat, der Bundesregierung und, wenn es von einer Entscheidung des Verfassungsgerichts eines Landes abweichen will, diesem Gericht Gelegenheit zur Äußerung binnen einer zu bestimmenden Frist.

(3) Das Bundesverfassungsgericht entscheidet nur über die Rechtsfrage.

Vierzehnter Abschnitt. Verfahren in den Fällen des § 13 Nr. 14
[Fortgeltung als Bundesrecht]

§ 86 [Antragsberechtigung].[4] (1) Antragsberechtigt sind der Bundestag, der Bundesrat, die Bundesregierung und die Landesregierungen.

(2) Wenn in einem gerichtlichen Verfahren streitig und erheblich ist, ob ein Gesetz als Bundesrecht fortgilt, so hat das Gericht in sinngemäßer Anwendung des § 80 die Entscheidung des Bundesverfassungsgerichts einzuholen.

§ 87 [Zulässigkeit]. (1) Der Antrag des Bundesrates, der Bundesregierung oder einer Landesregierung ist nur zulässig, wenn von der Entscheidung die Zulässigkeit einer bereits vollzogenen oder unmittelbar bevorstehenden Maßnahme eines Bundesorgans, einer Bundesbehörde oder des Organs oder der Behörde eines Landes abhängig ist.

---

[1] Vgl. dazu Rn. 19 zu Art. 100.
[2] Vgl. dazu Rn. 20 zu Art. 100.
[3] Vgl. dazu Rn. 21 f zu Art. 100.
[4] Vgl. dazu Rn. 2 f zu Art. 126.

(2) Aus der Begründung des Antrags muss sich das Vorliegen der in Absatz 1 bezeichneten Voraussetzung ergeben.

§ 88 [Entscheidungsfolgen; Anhörung; Beitritt]. Die Vorschrift des § 82 gilt entsprechend.

§ 89 [Entscheidungsinhalt]. Das Bundesverfassungsgericht spricht aus, ob das Gesetz ganz oder teilweise in dem gesamten Bundesgebiet oder einem bestimmten Teil des Bundesgebiets als Bundesrecht fortgilt.

Fünfzehnter Abschnitt. Verfahren in den Fällen des § 13 Nr.8a [Verfassungsbeschwerde]

§ 90 [Beschwerdebefugnis; Rechtswegserschöpfung]. (1) Jedermann kann mit der Behauptung, durch die öffentliche Gewalt in einem seiner Grundrechte oder in einem seiner in Artikel 20 Abs.4, Artikel 33, 38, 101, 103 und 104 des Grundgesetzes enthaltenen Rechte verletzt zu sein, die Verfassungsbeschwerde zum Bundesverfassungsgericht erheben[1].

(2) Ist gegen die Verletzung der Rechtsweg zulässig, so kann die Verfassungsbeschwerde erst nach Erschöpfung des Rechtswegs erhoben werden[2]. Das Bundesverfassungsgericht kann jedoch über eine vor Erschöpfung des Rechtswegs eingelegte Verfassungsbeschwerde sofort entscheiden, wenn sie von allgemeiner Bedeutung ist oder wenn dem Beschwerdeführer ein schwerer und unabwendbarer Nachteil entstünde, falls er zunächst auf den Rechtsweg verwiesen würde[3].

(3) Das Recht, eine Verfassungsbeschwerde an das Landesverfassungsgericht nach dem Recht der Landesverfassung zu erheben, bleibt unberührt.

§ 91 [Kommunalverfassungsbeschwerde].[4] Gemeinden und Gemeindeverbände können die Verfassungsbeschwerde mit der Behauptung erheben, dass ein Gesetz des Bundes oder des Landes die Vorschrift des Artikels 28 des Grundgesetzes verletzt. Die Verfassungsbeschwerde zum Bundesverfassungsgericht ist ausgeschlossen, soweit eine Beschwerde wegen Verletzung des Rechtes auf Selbstverwaltung nach dem Rechte des Landes beim Landesverfassungsgericht erhoben werden kann.

§ 92 [Begründung der Beschwerde].[5] In der Begründung der Beschwerde sind das Recht, das verletzt sein soll, und die Handlung oder Unterlassung des Organs oder der Behörde, durch die der Beschwerdeführer sich verletzt fühlt, zu bezeichnen.

§ 93 [Beschwerdefrist].[6] (1) Die Verfassungsbeschwerde ist binnen eines Monats zu erheben und zu begründen. Die Frist beginnt mit der Zustellung oder formlosen Mitteilung der in vollständiger Form abgefassten Entscheidung, wenn diese nach den maßgebenden verfahrensrechtlichen Vorschriften

---

[1] Vgl. dazu Rn.48–56 zu Art.93.
[2] Vgl. dazu Rn.57–61 zu Art.93.
[3] Vgl. dazu Rn.63 f zu Art.93.
[4] Vgl. dazu Rn.74–77 zu Art.93.
[5] Vgl. dazu Rn.67 f zu Art.93.
[6] Vgl. dazu Rn.69 f zu Art.93.

von Amts wegen vorzunehmen ist. In anderen Fällen beginnt die Frist mit der Verkündung der Entscheidung oder, wenn diese nicht zu verkünden ist, mit ihrer sonstigen Bekanntgabe an den Beschwerdeführer; wird dabei dem Beschwerdeführer eine Abschrift der Entscheidung in vollständiger Form nicht erteilt, so wird die Frist des Satzes 1 dadurch unterbrochen, dass der Beschwerdeführer schriftlich oder zu Protokoll der Geschäftsstelle die Erteilung einer in vollständiger Form abgefassten Entscheidung beantragt. Die Unterbrechung dauert fort, bis die Entscheidung in vollständiger Form dem Beschwerdeführer von dem Gericht erteilt oder von Amts wegen oder von einem an dem Verfahren Beteiligten zugestellt wird.

(2) War ein Beschwerdeführer ohne Verschulden verhindert, diese Frist einzuhalten, ist ihm auf Antrag Wiedereinsetzung in den vorigen Stand zu gewähren. Der Antrag ist binnen zwei Wochen nach Wegfall des Hindernisses zu stellen. Die Tatsachen zur Begründung des Antrags sind bei der Antragstellung oder im Verfahren über den Antrag glaubhaft zu machen. Innerhalb der Antragsfrist ist die versäumte Rechtshandlung nachzuholen; ist dies geschehen, kann die Wiedereinsetzung auch ohne Antrag gewährt werden. Nach einem Jahr seit dem Ende der versäumten Frist ist der Antrag unzulässig. Das Verschulden des Bevollmächtigten steht dem Verschulden eines Beschwerdeführers gleich.

(3) Richtet sich die Verfassungsbeschwerde gegen ein Gesetz oder gegen einen sonstigen Hoheitsakt, gegen den ein Rechtsweg nicht offensteht, so kann die Verfassungsbeschwerde nur binnen eines Jahres seit dem Inkrafttreten des Gesetzes oder dem Erlass des Hoheitsaktes erhoben werden.

(4) Ist ein Gesetz vor dem 1. April 1951 in Kraft getreten, so kann die Verfassungsbeschwerde bis zum 1. April 1952 erhoben werden.

§ 93a [Annahme].[1] (1) Die Verfassungsbeschwerde bedarf der Annahme zur Entscheidung.

(2) Sie ist zur Entscheidung anzunehmen,

a) soweit ihr grundsätzliche verfassungsrechtliche Bedeutung zukommt,
b) wenn es zur Durchsetzung der in § 90 Abs.1 genannten Rechte angezeigt ist; dies kann auch der Fall sein, wenn dem Beschwerdeführer durch die Versagung der Entscheidung zur Sache ein besonders schwerer Nachteil entsteht.

§ 93b [Ablehnung der Annahme]. Die Kammer kann die Annahme der Verfassungsbeschwerde ablehnen oder die Verfassungsbeschwerde im Falle des § 93c zur Entscheidung annehmen. Im Übrigen entscheidet der Senat über die Annahme.

§ 93c [Stattgebende Kammerentscheidung]. (1) Liegen die Voraussetzungen des § 93a Abs.2 Buchstabe b vor und ist die für die Beurteilung der Verfassungsbeschwerde maßgebliche verfassungsrechtliche Frage durch das Bundesverfassungsgericht bereits entschieden, kann die Kammer der Verfassungsbeschwerde stattgeben, wenn sie offensichtlich begründet ist. Der Beschluss steht einer Entscheidung des Senats gleich. Eine Entscheidung, die mit der Wirkung des § 31 Abs.2 ausspricht, dass ein Gesetz mit dem Grund-

---

[1] Vgl. dazu Rn.46f zu Art.93.

gesetz oder sonstigem Bundesrecht unvereinbar oder nichtig ist, bleibt dem Senat vorbehalten.

(2) Auf das Verfahren finden § 94 Abs.2 und 3 und § 95 Abs.1 und 2 Anwendung.

§ 93d [Verfahren bei Kammerentscheidung]. (1) Die Entscheidung nach § 93b und § 93c ergeht ohne mündliche Verhandlung. Sie ist unanfechtbar. Die Ablehnung der Annahme der Verfassungsbeschwerde bedarf keiner Begründung.

(2) Solange und soweit der Senat nicht über die Annahme der Verfassungsbeschwerde entschieden hat, kann die Kammer alle das Verfassungsbeschwerdeverfahren betreffenden Entscheidungen erlassen. Eine einstweilige Anordnung, mit der die Anwendung eines Gesetzes ganz oder teilweise ausgesetzt wird, kann nur der Senat treffen; § 32 Abs.7 bleibt unberührt. Der Senat entscheidet auch in den Fällen des § 32 Abs.3.

(3) Die Entscheidungen der Kammer ergehen durch einstimmigen Beschluss. Die Annahme durch den Senat ist beschlossen, wenn mindestens drei Richter ihr zustimmen.

§ 94 [Anhörung Dritter; Beitritt; mündliche Verhandlung]. (1) Das Bundesverfassungsgericht gibt dem Verfassungsorgan des Bundes oder des Landes, dessen Handlung oder Unterlassung in der Verfassungsbeschwerde beanstandet wird, Gelegenheit, sich binnen einer zu bestimmenden Frist zu äußern.

(2) Ging die Handlung oder Unterlassung von einem Minister oder einer Behörde des Bundes oder des Landes aus, so ist dem zuständigen Minister Gelegenheit zur Äußerung zu geben.

(3) Richtet sich die Verfassungsbeschwerde gegen eine gerichtliche Entscheidung, so gibt das Bundesverfassungsgericht auch dem durch die Entscheidung Begünstigten Gelegenheit zur Äußerung.

(4) Richtet sich die Verfassungsbeschwerde unmittelbar oder mittelbar gegen ein Gesetz, so ist § 77 entsprechend anzuwenden.

(5) Die in den Absätzen 1, 2 und 4 genannten Verfassungsorgane können dem Verfahren beitreten. Das Bundesverfassungsgericht kann von mündlicher Verhandlung absehen, wenn von ihr keine weitere Förderung des Verfahrens zu erwarten ist und die zur Äußerung berechtigten Verfassungsorgane, die dem Verfahren beigetreten sind, auf mündliche Verhandlung verzichten.

§ 95 [Entscheidungsinhalt und –wirkungen].[1] (1) Wird der Verfassungsbeschwerde stattgegeben, so ist in der Entscheidung festzustellen, welche Vorschrift des Grundgesetzes und durch welche Handlung oder Unterlassung sie verletzt wurde. Das Bundesverfassungsgericht kann zugleich aussprechen, dass auch jede Wiederholung der beanstandeten Maßnahme das Grundgesetz verletzt.

(2) Wird der Verfassungsbeschwerde gegen eine Entscheidung stattgegeben, so hebt das Bundesverfassungsgericht die Entscheidung auf, in den Fäl-

---

[1] Vgl. dazu Rn.72 f zu Art.93.

len des § 90 Abs.2 Satz 1 verweist es die Sache an ein zuständiges Gericht zurück.

(3) Wird der Verfassungsbeschwerde gegen ein Gesetz stattgegeben, so ist das Gesetz für nichtig zu erklären. Das Gleiche gilt, wenn der Verfassungsbeschwerde gemäß Absatz 2 stattgegeben wird, weil die aufgehobene Entscheidung auf einem verfassungswidrigen Gesetz beruht. Die Vorschrift des § 79 gilt entsprechend.

§ 96 (weggefallen)

Sechzehnter Abschnitt. Verfahren in den Fällen des § 13 Nr.6b[1]
[Kompetenzfreigabeverfahren]

§ 97 (1) Aus der Begründung eines Antrags nach Artikel 93 Abs.2 Satz 1 des Grundgesetzes muss sich das Vorliegen der in Artikel 93 Abs.2 Satz 3 des Grundgesetzes bezeichneten Voraussetzung ergeben.

(2) Das Bundesverfassungsgericht gibt den anderen Antragsberechtigten sowie dem Bundestag und der Bundesregierung binnen einer zu bestimmenden Frist Gelegenheit zur Äußerung.

(3) Ein Äußerungsberechtigter nach Absatz 2 kann in jeder Lage des Verfahrens beitreten.

IV. Teil. Schlussvorschriften

§ 98 [Versetzung in den Ruhestand]. (1) Ein Richter des Bundesverfassungsgerichts tritt mit Ablauf der Amtszeit (§ 4 Abs.1, 3 und 4) in den Ruhestand.

(2) Ein Richter des Bundesverfassungsgerichts ist bei dauernder Dienstunfähigkeit in den Ruhestand zu versetzen.

(3) Ein Richter des Bundesverfassungsgerichts ist auf Antrag ohne Nachweis der Dienstunfähigkeit in den Ruhestand zu versetzen, wenn er sein Amt als Richter des Bundesverfassungsgerichts wenigstens sechs Jahre bekleidet hat und wenn er

1. das 65. Lebensjahr vollendet hat oder
2. schwerbehinderter Mensch im Sinne des § 2 Abs.2 des Neunten Buches Sozialgesetzbuch ist und das 60. Lebensjahr vollendet hat.

(4) In den Fällen des Absatzes 3 gilt § 4 Abs.4 sinngemäß.

(5) Ein Richter im Ruhestand erhält Ruhegehalt. Das Ruhegehalt wird auf der Grundlage der Bezüge berechnet, die dem Richter nach dem Gesetz über das Amtsgehalt der Mitglieder des Bundesverfassungsgerichts zuletzt zugestanden haben. Entsprechendes gilt für die Hinterbliebenenversorgung.

(6) § 70 des Beamtenversorgungsgesetzes gilt entsprechend.

§ 99 (weggefallen)

---

[1] Vgl. dazu Rn.79–83 zu Art.93.

§ 100 [Übergangsgeld]. (1) Endet das Amt eines Richters des Bundesverfassungsgerichts nach § 12, so erhält er, wenn er sein Amt wenigstens zwei Jahre bekleidet hat, für die Dauer eines Jahres ein Übergangsgeld in Höhe seiner Bezüge nach Maßgabe des Gesetzes über das Amtsgehalt der Mitglieder des Bundesverfassungsgerichts. Dies gilt nicht für den Fall des Eintritts in den Ruhestand nach § 98.

(2) Die Hinterbliebenen eines früheren Richters des Bundesverfassungsgerichts, der zurzeit seines Todes Übergangsgeld bezog, erhalten Sterbegeld sowie für den Rest der Bezugsdauer des Übergangsgeldes Witwen- und Waisengeld; Sterbegeld, Witwen- und Waisengeld werden aus dem Übergangsgeld berechnet.

§ 101 [Bisheriges Amt].[1] (1) Ein zum Richter des Bundesverfassungsgerichts gewählter Beamter oder Richter scheidet vorbehaltlich der Vorschrift des § 70 des Deutschen Richtergesetzes mit der Ernennung aus seinem bisherigen Amt aus. Für die Dauer des Amtes als Richter des Bundesverfassungsgerichts ruhen die in dem Dienstverhältnis als Beamter oder Richter begründeten Rechte und Pflichten. Bei unfallverletzten Beamten oder Richtern bleibt der Anspruch auf das Heilverfahren unberührt.

(2) Endet das Amt als Richter des Bundesverfassungsgerichts, so tritt der Beamte oder Richter, wenn ihm kein anderes Amt übertragen wird, aus seinem Dienstverhältnis als Beamter oder Richter in den Ruhestand und erhält das Ruhegehalt, das er in seinem früheren Amt unter Hinzurechnung der Dienstzeit als Richter des Bundesverfassungsgerichts erhalten hätte. Soweit es sich um Beamte oder Richter handelt, die nicht Bundesbeamte oder Bundesrichter sind, erstattet der Bund dem Dienstherrn das Ruhegehalt sowie die Hinterbliebenenbezüge.

(3) Die Absätze 1 und 2 gelten nicht für beamtete Lehrer des Rechts an einer deutschen Hochschule. Für die Dauer ihres Amtes als Richter am Bundesverfassungsgericht ruhen grundsätzlich ihre Pflichten aus dem Dienstverhältnis als Hochschullehrer. Von den Dienstbezügen aus dem Dienstverhältnis als Hochschullehrer werden zwei Drittel auf die ihnen als Richter des Bundesverfassungsgerichts zustehenden Bezüge angerechnet. Der Bund erstattet dem Dienstherrn des Hochschullehrers die durch seine Vertretung erwachsenden tatsächlichen Ausgaben bis zur Höhe der angerechneten Beträge.

§ 102 [Mehrere Bezüge]. (1) Steht einem früheren Richter des Bundesverfassungsgerichts ein Anspruch auf Ruhegehalt nach § 101 zu, so ruht dieser Anspruch für den Zeitraum, für den ihm Ruhegehalt oder Übergangsgeld nach § 98 oder § 100 zu zahlen ist, bis zur Höhe des Betrages dieser Bezüge.

(2) Wird ein früherer Richter des Bundesverfassungsgerichts, der Übergangsgeld nach § 100 bezieht, im öffentlichen Dienst wiederverwendet, so wird das Einkommen aus dieser Verwendung auf das Übergangsgeld angerechnet.

---

[1] Vgl. dazu Rn.1 zu Art.94.

(3) Bezieht ein früherer Richter des Bundesverfassungsgerichts Dienstbezüge, Emeritenbezüge oder Ruhegehalt aus einem vor oder während seiner Amtszeit als Bundesverfassungsrichter begründeten Dienstverhältnis als Hochschullehrer, so ruhen neben den Dienstbezügen das Ruhegeld oder das Übergangsgeld aus dem Richteramt insoweit, als sie zusammen das um den nach § 101 Abs.3 Satz 3 anrechnungsfreien Betrag erhöhte Amtsgehalt übersteigen; neben den Emeritenbezügen oder dem Ruhegehalt aus dem Dienstverhältnis als Hochschullehrer werden das Ruhegehalt oder das Übergangsgeld aus dem Richteramt bis zur Erreichung des Ruhegehalts gewährt, das sich unter Zugrundelegung der gesamten ruhegehaltsfähigen Dienstzeit und des Amtsgehalts zuzüglich des anrechnungsfreien Betrages nach § 101 Abs.3 Satz 3 ergibt.

(4) Die Absätze 1 bis 3 gelten entsprechend für die Hinterbliebenen. § 54 Abs.3 und Abs.4 Satz 2 des Beamtenversorgungsgesetzes gilt sinngemäß.

§ 103 [Versorgungsrecht]. Soweit in den §§ 98 bis 102 nichts anderes bestimmt ist, finden auf die Richter des Bundesverfassungsgerichts die für Bundesrichter geltenden versorgungsrechtlichen und beihilferechtlichen Vorschriften Anwendung; Zeiten einer Tätigkeit, die für die Wahrnehmung des Amts des Richters des Bundesverfassungsgerichts dienlich ist, sind Zeiten im Sinne des § 11 Abs.1 Nr.3 Buchstabe a des Beamtenversorgungsgesetzes. Die versorgungsrechtlichen Entscheidungen trifft der Präsident des Bundesverfassungsgerichts.

§ 104 [Rechtsanwälte und Notare als Richter am Bundesverfassungsgericht]. (1) Wird ein Rechtsanwalt zum Richter am Bundesverfassungsgericht ernannt, so ruhen seine Rechte aus der Zulassung für die Dauer seines Amtes.

(2) Wird ein Notar zum Richter am Bundesverfassungsgericht ernannt, so gilt § 101 Abs.1 Satz 2 entsprechend.

§ 105 [Ruhestand; Entlassung]. (1) Das Bundesverfassungsgericht kann den Bundespräsidenten ermächtigen
1. wegen dauernder Dienstunfähigkeit einen Richter des Bundesverfassungsgerichts in den Ruhestand zu versetzen;
2. einen Richter des Bundesverfassungsgerichts zu entlassen, wenn er wegen einer entehrenden Handlung oder zu einer Freiheitsstrafe von mehr als sechs Monaten rechtskräftig verurteilt worden ist oder wenn er sich einer so groben Pflichtverletzung schuldig gemacht hat, dass sein Verbleiben im Amt ausgeschlossen ist.

(2) Über die Einleitung des Verfahrens nach Absatz 1 entscheidet das Plenum des Bundesverfassungsgerichts.

(3) Die allgemeinen Verfahrensvorschriften sowie die Vorschriften des § 54 Abs.1 und § 55 Abs.1, 2, 4 bis 6 gelten entsprechend.

(4) Die Ermächtigung nach Absatz 1 bedarf der Zustimmung von zwei Dritteln der Mitglieder des Gerichts.

(5) Nach Einleitung des Verfahrens gemäß Absatz 2 kann das Plenum des Bundesverfassungsgerichts den Richter vorläufig seines Amtes entheben. Das Gleiche gilt, wenn gegen den Richter wegen einer Straftat das Hauptverfah-

ren eröffnet worden ist. Die vorläufige Enthebung vom Amt bedarf der Zustimmung von zwei Dritteln der Mitglieder des Gerichts.

(6) Mit der Entlassung nach Absatz 1 Nr.2 verliert der Richter alle Ansprüche aus seinem Amt.

§ 106 (Inkrafttreten)[1]

§ 107 (weggefallen)

---

[1] Das BVerfGG ist in seiner ursprünglichen Fassung vom 12. 3. 1951 (BGBl. I S.243) am 17. 4. 1951 in Kraft getreten.

Sachverzeichnis

Die Verweise beziehen sich auf Artikel (fett gedruckt) und Randnummern (mager gedruckt). Mit Einl, Präamb und Vorb wird auf die Randnummern zur Einleitung, zur Präambel bzw. zu den Vorbemerkungen vor Art. 1 verwiesen. „WRV" verweist auf die nach Art. 140 folgenden Artikel der Weimarer Reichsverfassung. Ä = Ae usw.

Sachverzeichnis

Sachverzeichnis

Sachverzeichnis

Sachverzeichnis

Sachverzeichnis

Sachverzeichnis

Sachverzeichnis

Sachverzeichnis

Sachverzeichnis

Sachverzeichnis

Sachverzeichnis

Sachverzeichnis

Sachverzeichnis

Sachverzeichnis

Sachverzeichnis

Sachverzeichnis

Sachverzeichnis

Sachverzeichnis

Sachverzeichnis

Sachverzeichnis

Sachverzeichnis

Sachverzeichnis

Sachverzeichnis

Sachverzeichnis

Sachverzeichnis

Sachverzeichnis

Sachverzeichnis

Sachverzeichnis

Sachverzeichnis